國家古籍整理出版專項經費資助項目

中國社會科學院海外中國歷史文獻研究中心主持編纂

越南漢文碑銘萃編

第一輯

（上）

孫曉　耿慧玲　主編

SWUP
西南大學出版社
國家一級出版社　全國百佳圖書出版單位

圖書在版編目（CIP）數據

越南漢文碑銘萃編. 第一輯 / 孫曉，耿慧玲主編
. -- 重慶 : 西南大學出版社，2024.5
ISBN 978-7-5621-8604-5

I. ①越… II. ①孫… ②耿… III. ①漢字－碑刻－彙編－越南 IV. ①K877.42②K883.337.42

中國國家版本館 CIP 數據核字(2024)第 102387 號

ISBN 978-7-5621-8604-5

9 787562 186045 >

越南漢文碑銘萃編（第一輯）
孫曉　耿慧玲 主編

策劃編輯：黄　璜　徐林平
責任編輯：徐林平　許微微　韓　悦　杜艷茹
責任校對：劉艷強　王仁霞　彭　麗
版式設計：郭清霞
裝幀設計：丁奔亮
出版發行：西南大學出版社（原西南師範大學出版社）
地址：重慶市北碚區天生路 2 號
市場營銷部：023-68868624
郵編：400715
印　　刷：重慶新金雅迪藝術印刷有限公司
成品尺寸：210mm×295mm
印　　張：129.25
字　　數：2477 千字
版　　次：2024 年 5 月第 1 版
印　　次：2024 年 5 月第 1 次印刷
書　　號：ISBN 978-7-5621-8604-5

定　　價：2680.00 元（全三册）

《越南漢文碑銘萃編》編纂委員會

凡 例

本書各篇編排順序據銘刻收藏時流水編號爲次，與《越南漢喃銘文拓片總集》（TỔNG TẬP THÁC BẢN VĂN KHẮC HÁN NÔM VIỆN NAM，已出22册，高等研究應用學院、漢喃研究院、法國遠東學院編，文化通訊出版社2005–2009年版）同。各篇碑銘釋讀由篇題、引言、附圖、釋文、題後等五部分組成。各部分細則如下。

一、篇題

篇題擬定之原則有以下五條。

（一）銘文篇題以銘文性質爲命名之原則，使讀者能瞭解銘文之記載内涵。

（二）銘文原有碑題及額題，且題意清楚者，以原碑題或額題爲篇題，如篇號〇三二《刊聖經寄先人勸善碑》、〇八七《高山大王神祠碑銘並序》、一〇六《明德三年己丑科進士題名記》。

（三）銘文無碑題，然有額題，或有碑題無額題，且無法明確標示銘文性質者，則重新擬定篇題。如篇號〇〇二原僅有額題“後忌碑記”，今改爲“瑞璋坊東甲阮氏昞暨夫祭忌碑記”；無碑題及額題者，以碑銘性質及銘文内容重新訂定篇題，如篇號〇〇四《重修玉山寺文昌祠碑記》。

（四）根據銘文性質分爲五類，分别爲祭祀、宗教及民間信仰、儒學、記事、記人，其篇題擬定原則分别爲：

1. 祭祀類，依銘刻立處與相關之祭祀人名，如篇號〇一四《河口坊朱大宅祭忌碑記》、〇七三《羅溪社黎鑑後神碑記》；

2. 宗教及民間信仰類，依廟宇名，如篇號一〇三《天福寺水閣補經碑》；

3. 儒學類，依銘刻立處名，如篇號〇七九《羅陽社斯文碑記》；

4. 記事類，依銘刻立處及事件名，如篇號一一九《花板社新造買亭文契碑記》；

5. 記人類，依人物名，如篇號〇九七《黎時海事業勳名碑記》。

二、引言

本書各篇著引言一篇，著録銘刻立處、拓片形制及紋飾、撰者、書者、潤者、銘刻刊刻時間及該篇銘刻之内容摘要。

（一）銘刻立處以拓片題籤記載爲主，輔以《越南漢喃碑銘拓片目録提要》（THƯ MỤC THÁC BẢN VĂN KHẮC HÁN NÔM VIỆT NAM，已出 8 册，文化通訊出版社 2007—2012 年版）之説明。

（二）拓片之形制包括行數字數、有無界綫、界格、紋飾，並載明拓片數（即銘刻面數）。

（三）銘刻撰、書、刻、潤者。越南漢文銘刻與中國不同者，在於銘刻除一般的撰者、書者、刻者之外，部分銘文尚有潤文者，當一併記之。

（四）銘刻刊刻時間。銘刻若有刊刻時間，需先考訂是否爲不同時代之重刻、復刻，再加以書明；若没有刊刻時間，則依據銘刻内容，題簽記載，考訂後推斷記之。

（五）内容摘要。簡單説明刊刻的源由、相關人物、事蹟等。

三、附圖

本書附圖大部分出自《越南漢喃銘文拓片總集》（以下簡稱《拓片總集》）第 1 至 4 册，即圖號 00001 至 04000 的範圍内。少部分出自其他册内。

四、釋文

釋文部分由銘刻録文和注釋組成。

（一）銘刻録文原則條例如下。

1. 録文包含額題、碑題、内文等諸内容。額題、碑題並有的，通常以【】符號標示額題；僅有額題無碑題者，則額題不加【】符號。

2. 録文依新式標點符號斷句標點。

3. 録文於每行分行處以/表示。

4. 銘刻若有注文，則本文録文方式不變，注文小一號字，不加粗體，雙行改單行，轉行處以/表示。

5. 録文有尊諱提格，三格以下空格與銘刻同，三格以上至多空三格；録文時無尊諱提行，以空五格表示之。

6. 録文對於銘刻記載之空格，四格以下一如銘刻，至多空四格。

7. 銘刻殘泐無法辨讀者，以□表示，如“然紀侯大去其國□”；銘刻殘泐但仍可辨讀者，於可讀字外加方框表示，如“失於蔽敵”；

8. 銘刻缺字可補字者，於補字外加菱形框表示，如“特進、金紫◇榮◇禄大夫”。

9. 越南特色俗字，依銘刻原文，不改動，加注説明之，如“�”；若爲喃字，則依原文録入，如“[illegible]”“[illegible]”等；若爲借漢字爲喃字，音與義均同漢字者，視爲漢字，如“龍”。

10. 越南避諱字，依銘刻原文，不改動，加注説明之，如“𨔍”。

11. 中文俗體字，改爲正體字，如“灵”，改爲“靈”；俗體字兼正字者，改爲正字，並加注説明，如“后”，改爲“後”。

（二）銘刻注釋原則條例如下。

1. 銘刻中所涉之專名，包括人名、地名、官爵、年號及其他專名。

2. 銘刻中涉及中國典故、越南歷史故實、宗教名相者。

3. 喃字、避諱字、俗字等。

4. 與銘刻形制有關之特殊狀況，皆加注説明，如：

（1）銘刻篇題不論原有無標題，均依内容及性質保留原標題或重新擬定篇題名，同時皆加注説明之；

（2）銘刻爲多面刻，且銘文内容有接續關係者，於每面文末加注説明之，如篇號一八九《洪武社杜氏慈恩後神碑記》。

五、題後

收録之銘刻有可校正者，加入如下内容。

（一）與銘刻相關之内、外考證，諸如立銘刻時間、撰、書、刻銘刻及立銘刻人之生平事蹟，有可考述者。

（二）銘刻記載與文獻、史實間可相互校證、增補者。

（三）與銘刻内容有關之人物世系，則製録世系表，以裨查閲。

（四）銘刻立處有其他銘刻，將製表呈顯；表格置於第一次出現該地點之銘刻題後，其餘同地點銘刻題後不再置表。

序一
——“漢文化整體”概念與越南碑刻文獻整理

孫　曉

一

作爲漢字文化圈的重要組成部分，古代越南曾長期使用漢字，累積形成了大量漢字歷史文獻資料，漢字碑刻就是其中之一。據調查統計，越南的碑刻銘文文獻時間跨度長達1000多年，從郡縣時期到20世紀皆有分佈；以分佈範圍來看，從官衙佛寺到鄉間亭祠，皆有散落。由於越南古代封建統治的需要，越南本土喃字也出現在了碑刻當中。近代以來，在法國人主持下産生的拉丁國語字也在碑刻中有所體現。但是漢字碑銘仍然佔據絶大部分的比例，顯示了碑刻在人們心目中的神聖性和漢字在越南古代文化發展過程中的正統地位。由於越南地理環境處於高熱高濕的熱帶地區，紙本文獻的保存相對困難，存世紙本文獻的年代也相對較晚，使得金石文獻的重要性在越南歷史研究中得以凸顯。

從目前著録的碑銘數據來看，現今在越南發現的最早碑刻是2013年在北寧省順城縣陶璜廟出土的《晉故持節冠軍將軍交州牧陶列侯碑》，碑陽刻有“建興二年”字樣，建興是西晉愍帝司馬鄴的年號，建興二年即公元314年，碑文敘述交州刺史陶璜生平事跡，部分史實可補充“二十四史”《三國志》和《晉書》的記載；碑陰則刻有“元嘉二十七年”字樣，元嘉是南朝宋文帝劉義隆的年號，元嘉二十七年即公元450年，則此應爲當時的交州刺史蕭景憲重修陶璜廟時所立，碑文歌頌陶璜功德，顯示陶璜以及陶氏家族在越南的深厚影響力，並成爲中原政權國家祭祀體系的一份子。

此外，還有若干年代久遠的郡縣時期碑銘，如《舍利塔銘》，發現於北寧省順城縣，刻立於隋仁壽元年（601）；《大隋九真郡寶安道場之碑文》，發現於清化省東山縣，刻立於隋大業十四年（618）；《青梅社鐘銘》，發現於河西省青威縣，刻立於唐貞元十四年（798）；《日早古鐘銘》，發現於河内市慈廉縣，刻立於五代十國南漢乾和六年（948）；等等。這些碑銘實物可謂是交州故地與中原政權緊密聯繫的最直觀的歷史證據。

越南進入自主時期以後，漢文化得到進一步發展和深化，相關的漢文碑刻數量也逐步增多，現今留存下來的總量計有數萬種。早期的私家立碑往往被嚴行禁止，後期的碑銘則大量出自村社民間，立碑人身份的拓展，豐富了碑銘所承載的内容，時至今日，越南漢文碑刻已成爲重要的漢文化遺産。據調查統計，依内容標準，這些漢文碑銘大致可分爲八類：1. 朝廷令旨與官方文書；2. 鄉里村社的組織管理；3. 寺廟等古跡的歷史；4. 家譜與家族世系；5. 人物行狀與功績；6. 神譜事跡；7. 詩文題頌唱和；8. 扁額、界碑及其他。而依立碑者的身份來看，則大致可分爲四類：1. 由北屬時期中國行政機構官員所立；2. 由中國旅越華僑華裔所立；3. 由越南自主時期統治者所立；4. 由越南本土居民所立。

碑銘文獻具有傳世文獻所無法比擬的可信度與多樣性。學界普遍認爲，這些資料對歷史學、文學、宗教學、文化學以及文字學等多個學科有着重要的學術價值。二十世紀以來，敦煌學、西夏學這類的“冷門絶學”能够成爲人們高度關注的“顯學”，很大程度上仰賴於新史料，也就是敦煌文書、黑水城文書等文獻的出土和發掘。當下，域外漢籍研究已經成爲一門充滿生機的新興學科，也得益於新的資料不斷被發現，不斷被研究，故而成果迭出。這些域外碑銘屬於域外漢籍的重要板塊之一，無疑可以拓寬研究者的學術視野，加深人們對漢文化的理解。細究起來，從内容到形式，越南碑銘具有如下幾個突出的學術價值特徵。

第一，碑銘材料作爲歷史研究的“一手”資料，可補傳世文獻之不足，越南碑銘表現在其文本記録了大量古代中越兩國人物往來的事跡以及歷史事件的細節。其中，會館碑記和華僑村社碑記則是明清時期中國閩、粤商人或移民在越南生存繁衍的生動記録；越南碑銘中數量可觀的“北使”碑記，則包含了古代越南官員奉命出使中國的見聞，反映了中越官方交流往來的歷史事實，與存世燕行録、燕行圖可以相互補充驗證，補充了中國傳統文獻記載的缺漏。

第二，越南漢碑記録了中國重要歷史人物在越南的事跡和神靈化現象。如東漢時期伏波將軍馬援在越南南征平叛，後在當地形成“伏波神”崇拜，《重修白馬廟碑》《重修漢伏波將軍祠碑記》等碑銘記録了馬援的事跡以及他在越南人民心中的神聖地位；漢末循吏士燮造福交阯而受到吏民擁戴，死後被尊爲“士王”，亦成爲越南民間宗教信仰中的重要神祇。高駢、王勃等唐代著名人物也在越南得到了人們的祭祀和愛戴。

第三，許多碑銘記録的信息，涉及禮制、職官、宗法等中國制度文化對周邊國家和民族的影響。比如，數量衆多的進士題名碑（僅河内文廟内就有 80 多通），反映了源自中國王朝的科舉制度在越南的發展與嬗變；王室名宦行狀碑刻，反映了中國官僚制度對越南官制的影響；華人村莊的村社契約，則反映了中國民間宗法制度在越南本土化的演變。

第四，這些碑銘還是進行區域文化研究的寶貴資料。根據統計，越南銘文分佈最密集的是順化以北諸省份，特别是紅河三角洲一帶，占銘文總數量的 95%，而紅河三角洲北接中國西南疆域，正是古代中越文化交流最爲密切的地區。碑銘中鄉約、信仰等關於鄉里社會的大量資料，對研究包括中國西南地區、越南中北部地區在内的瀾滄江-紅河流域的區域文化，彌足珍貴。

第五，越南碑銘以漢字爲主要記録工具，是漢字文化在漢文化圈得以傳承和在域外傳播的重要載體，其文本通過漢字珠連來映射時代信息，從中可以觀察 1800 年來，漢字在越南的傳播以及演變的軌跡，如“懷”字，從李朝時期的“懷”演變爲阮朝時期的“㤜”；又如“德”字，從陳朝時期的“德”演變爲阮朝時期的“彳?”。越南碑銘是儲存民間俗字、地域漢字的寶庫，是研究漢字發展規律解疑釋惑的基礎資料，它與韓國漢字、日本漢字的字形演變形成横向對照，與中國各個歷史時期的漢字形成縱向比較，生動地展現出漢字在海外演變的歷史特徵和空間特徵。

此外，碑銘的其他外在形式，比如刻立地點、碑刻紋樣等也都是值得我們關注的，如華人會館碑銘《鼎建粵東會館碑記》、越南本土村社後神碑銘《安穫社上、棟、廣納等三村黎忠義後神碑記》均有九疊篆文“壽”字，並輔以龍紋或蓮花紋等，極具漢文化審美特色。

二

有關於越南碑銘的重要文化價值，法國學界最先認識並加以整理。法國遠東學院曾於1910年至1945年間在越南進行調查，收集了11651通碑銘，製成20980件拓片；1990年之後，越南方面進行了第二次搜集，又獲得三萬餘件拓片。這些碑銘主要以漢字寫就，間以喃字。目前，越南社會科學院漢喃研究院仍在繼續這項工作，加上已有成果，該院總共收集約六萬八千件碑銘拓片，並録入數據庫。2005年，法國遠東學院與越南漢喃院合作，將其中兩萬兩千餘件銘文拓片彙編出版爲《越南漢喃銘文拓片總集》，共22册，並陸續編寫了提要（按，目前已出版8册，涉及一萬六千件拓片）。與此同時，胡志明市人文社會科學大學的一批學者也開始著手整理越南南方的漢字碑銘。

除了越南學者和法國學者參與整理工作之外，中國學者在此領域也獲得諸多成就。香港學者陳荊和先生曾收集越南西南部越柬邊境河仙地區鄭氏家族墓誌銘文45篇，以及峴港、會安地區銘文若干篇。臺灣學者鄭阿財、毛漢光、耿慧玲等編有《越南漢喃銘文匯編》，共兩集，收録了北屬時期至陳朝的重要碑銘，每篇皆有考證文章，用力精勤，堪稱碑銘整理之典範。中國大陸則有何華珍、劉正印等學者所作的《越南碑銘文獻的文字學研究》，對一萬多件碑銘文獻的用字進行了整理和辨析，成爲解讀越南碑銘的重要著作。華人學者李塔娜與越南學者阮錦翠合作出版了《胡志明市華人會館中的漢文碑銘》，整理了包括温陵會館、義安會館、穗城會館、瓊府會館、明鄉會館、麗朱會館等在内的多座華人會館碑銘。最近幾十年來發現的年代較早的碑銘，皆有中國學者撰文考釋。

以上觀之，法、越兩國學者的工作以收集文獻、製作拓片和數據庫爲主，或者翻譯爲現代越南語；而中國學者則擔當起了釋文、考證的深入工作，爲相關研究進行歸納整理。這是基於不同的文化、學術背景，不同國家學者發揮各自專長的表現。以歷史的眼光來看，近代以來，漢文化在東亞、東南亞地區有所式微，日本、韓國、越南等國文人學者的漢文水準有所退化，因此，中國學者有必要也有義務擔當起深入發掘的重任，以使這批資料在現時社會中發揮其最大的研究價值和文化價值，以使漢文化的遺存在更廣的層面上得到保存和傳承。

三

我們對越南碑銘文獻的整理，肇始於《域外漢籍珍本文庫》（2009-2018，被列入國家“十一五”重大文化出版工程）的編纂過程中。基於多年來收集整理域外漢籍的實踐經驗，我們對“漢文化”“漢文獻”“漢籍”等學術概念進行了一些理論思考。比如，關於“漢籍”的概念，我們認爲，不應該簡單從民族視角來理解，而應該從文化視角來解釋。漢籍不能狹隘地看作漢民族或中國的古籍，而應該更寬泛地理解爲不同民族、不同國家用漢字寫就的作品，都是在漢文化薰染的背景下誕生的。對這些概念的訂正，有助於拓寬海外漢文化、漢文獻的研究視野；也給飄零在世界各地的漢文獻找到了歸屬感。這種思考得到了文史學界的廣泛認同。南京大學張伯偉教授提出的“作爲方法的漢文化圈”、法國華人學者陳慶浩先生提出的“漢文化整體研究”的理念與我們的思考基本上是一致的。

我們在編纂“今注本二十四史”文化工程（1994-2025，被列入國家“十一五”重點圖書出版規劃項目）的過程中，利用碑刻文獻在釐清歷史事實、勾勒人物譜系方面發揮了巨大的作用，特別是利用域外碑刻資料豐富了“二十四史”中關於遼-高麗、金-高麗、宋-越、元-越、明-越等雙邊關係的記載，提供了另一種觀察中國歷史的視角。爲此，我們萌生了整理域外漢文碑刻的計劃。

越南與中國淵源頗深，現存的漢文碑刻數量巨大，爲我們整理工作提供了堅實的資料基礎，其中不乏珍品，具有很高的文化價值和研究價值。但其利用却十分不便。越南漢喃院與法國遠東學院合編的《越南漢喃銘文拓片總集》，屬資料彙編，不公開發售，衹有個別重要研究機構得到贈藏，普通學者難得一見，相關學術研究非常受限。我們認爲很有必要將此類重要文獻引薦回國，從而爲中國學者提供研究便利。爲此，我們提出了編纂一套《越南漢文碑銘萃編》的設想。

2011年至2017年，我們三次赴越，先後訪問了越南社會科學院漢喃研究院和歷史研究院，並經臺灣成功大學陳益源教授的引薦和協助，陸續得到了鄭克孟、丁克順、阮俊強等學者的支持，向漢喃院購買了《越南漢喃銘文拓片總集》（第1-22册）以及《越南漢喃銘文拓片目録提要》（第1-8册）。自2013年開始，我們有序推進越南碑刻的選編、標點、校注以及撰寫提要（引言）等工作，以求盡可能細緻地提取碑銘所揭示的信息；隨後又延請了碑刻專家、臺灣朝陽科技大學耿慧玲教授、北京大學外語學院夏露教授等專家學者共襄其事。歷史學、金石學、語言學等多方面的專家學者參與其中，讓我們有了充分的底氣去做好這部書。

本項目計劃從數萬件越南漢文碑銘拓片中精選約兩千件予以整理出版。其挑選標準有二：一是與中國歷史文化關係密切的碑銘文獻；二是在越南歷史上具有代表性的碑銘精品。本項目内容豐富，資料性强，文獻時間跨度長，很直觀地展現了中國文化在越南傳播的歷史，間接驗證了文獻中記載的歷史事件。

我們的整理思路有如下三條。其一，撰寫内容提要（引言），簡要介紹該碑銘的名稱、所在地點、建立時間、主要内容、特點等。其二，以通用繁體字轉録文本，並用新式標點加以點讀，對銘文中的錯訛文字進行校勘，並對人名、地名、王朝年號及其他疑難字詞作簡要解釋。越南碑銘中的一大難點在於，碑刻文本的漢字中間常夾有喃字，必須對譯爲漢字纔能釋讀；同時，書中的個别詞句涉及越南特色文化，也應當加以必要的注釋。其三，雖然法、越同行對碑刻文獻拓片廣蒐博集，但衹是按發現順序對拓片進行簡單編號，仍然是零散而龐雜的，因此有必要對同類文獻加以歸納勾勒，同時和其他文獻對照並深度解讀。顯然，整理越南漢文碑銘，所涉及的工作難度大大超越以往的各類漢文古籍項目。

爲解決這些難題，我們還參考了已經出版的《越南漢文小説集成》（校點本）、《越南漢文燕行文獻集成·越南所藏編》（影印本）等成果的優秀經驗。在編纂過程中，不斷有相關學者和愛好者詢問本項目的進展，可見該類選題備受學界和文化界的關注，亦可知當下的文史學界亟需新材料的發現與挖掘。在實施過程中，本項目被列爲中國社會科學院古代史研究所"海外中國歷史文獻研究中心"重點項目，並獲得了國家古籍整理出版專項經費資助，也爲我們提供了項目進展的經費。

隨着"一帶一路"政策的推進，中國與海外的往來越來越頻繁。海外漢文獻整理，有助於我們思考中國文化與漢文化圈的歷史關係和現實意義，深刻認識漢文化在海外發展的生命力和包容力，並進而關注當下中國與世界各國的關係。越南漢碑的整理，恰恰是我們爲此做出的有益嘗試。當然，囿於學識和條件，其中的錯誤仍然在所難免，還望方家批評指正。

二〇二四年三月十五日

序二
——越南銘刻的分類與定位

耿慧玲

二十世紀二三十年代，越南尚處於法國殖民時期，法國遠東學院（École Française d' Extrême- Orient，簡稱 EFEO）在越南全境對石刻與鐘銘進行了一次大規模的搨拓工作（1910–1945），結果共採集了石碑、銅鐘、木刻 11651 通，搨拓 20980 張拓片[①]。此次拓片採集搨拓的品質還算不錯，然主要以市鎮或大路附近爲主，未能大規模蒐集偏遠地區的金石銘刻，這些資料也都陸續在《通報》上發佈。1958 年法國遠東學院將這批資料轉交給越南中央書院（國家圖書館）。在此之後至 1990 年間，越南又對二十世紀二三十年代之金石進行再次搨拓。其中 1983 年至 1986 年間，各文化機構和研究機構進行各單位之銘文蒐集，以河内文化所對河内及其郊外四郡、四縣之蒐集最全面。1990 年漢喃研究院開始進行第二次大規模拓片蒐集，至 2005 年拓片已累積爲五萬張。[②]

1970 年代越南社會科學委員會所屬漢喃委員會開始進行整理相關的銘刻資料，1970 年至 1975 年由裴清波領導的小組陸續整理出《（漢喃）碑文》29 册（未刊本），主要爲法國遠東學院所蒐集之拓片資料。該書有碑題、編號、作者、書者、刻者、年代、處所、形制特點、内容提要，附年代索引、地名索引，並有《碑文簡略書目》，補充人物索引和碑石處所索引。其後，1984 年至 1986 年間，

① 此項資料據［越］阮文原《越南銘文及鄉村碑文簡介》，《成大中文學報》第 17 期（2007 年 7 月），頁 197–206；另據黄文樓先生 1995 年在臺灣中正大學之演講資料，應有石碑、銅鐘 10360 通，搨拓 25000 張拓片；而 1998 年《越南漢喃銘文匯編 · 第一集》（北屬時期——李朝）出版時，據潘文閣先生所撰前言，漢喃院當時已有三萬多件拓本，其中 20979 件爲法國遠東學院所移交，其他則爲漢喃院 1958 年所增拓者。

② 五萬張拓片的説法根據《越南漢喃銘文拓片總集》（高等研究應用學院、漢喃研究院、法國遠東學院主編，文化通訊出版社 2005–2009 年版）序文，頁 XI；阮文原 2007 年資料記述僅爲三萬張。

越南社會科學院所屬越南漢喃研究院根據 EFEO 留存在漢喃研究院的拓片庫編撰了《越南碑文簡目》（黄黎主編，内部材料），收録包括第二次世界大戰前後所蒐集的拓片。1991 年又編輯了《越南漢喃銘文拓片書目》（内部材料，1991 年），這一本目録乃以越文著録，完全没有漢字，對於不懂越文的國外學者使用頗爲不便。1992 年漢喃研究院成立了整理越南漢喃銘文小組，由阮光紅先生主持，該小組遴選了 1919 張拓片，編輯爲《越南漢喃銘文》，並對其所出版的 1919 篇碑文作了摘要。[①]

越南在譯文（越文今譯）與出版方面也有一些成果，如越南國家科學中心、文學研究院編輯的《李陳詩文》以漢文、拼音、越譯文、考異、注釋的方式整理了 17 篇李陳朝的銘文資料。此外還有《河内碑文選集》二集，計 63 篇，該書除漢文、越文之著録翻譯之外，並製作人名索引及年代索引，方便檢索；又有《諒山碑文》43 篇與《河西碑文》82 篇翻譯成越文，《莫朝碑文》計 148 篇（越文）、30 篇（漢文），並附有前言、碑銘索引、地名索引。

越南曾與法國遠東學院、中國臺灣中正大學合作，進行系統性的銘刻資料整理。該計劃始自 1994 年，原本爲法國遠東學院與越南漢喃研究院之合作計劃，自 1997 年 7 月申請蔣經國國際學術基金會之補助，轉爲三方合作。至 2002 年 6 月，具體成果表現爲《越南漢喃銘文匯編》兩集（共三册）的出版，第一集爲北屬時期至李朝，第二集則爲陳朝部分。其中，《越南漢喃銘文匯編》第二集編輯體例較爲完整，每篇統一篇題，依中國新式標點符號進行標點及注釋。有中英越文小引，内容包括：銘文載體的形制、立處、書者、刻者、撰者、内容及其考證、拓本來源、存處與編號、前人研究結果及小引撰寫所參考之相關書目。每篇針對該銘文之獨特價值予以學術性的考證和評價。書末並製作名詞索引，凡人名、地名、官爵、年號、專名等，依其筆畫順序排列編目，同筆畫則以永字八法爲前後依據，不分類别，以便於學者翻查，也爲後續整理提供了範本。

2005 年開始，漢喃研究院與 EFEO 合作進行銘文拓片數字化，並出版了 22 册

---

① 資料請參考［越］潘文閣、［法］蘇爾夢主編《越南漢喃銘文匯編・第一集》（北屬時期——李朝）前言，法國遠東學院、越南漢喃研究院 1998 年版，頁 XXVI。

《越南漢喃銘文拓片總集》（後簡稱《拓片總集》），一共蒐集了 22000 張拓片。[1]根據鄭克孟所言，此批拓片資料“包括先前由 EFEO 搜集的拓片和近年來越南漢喃研究院搜集的拓片兩大部分，總共包括五萬件拓片”[2]，然而，由於這些拓片雖是兩個來源，但搨拓的地點却大致相同，雖然補收“有價值而先前未曾收入的新材料”，如“補充了 30 多份李陳時期的銘文，80 多份庯憲（興安）銘文”，但“其中重複者，也不在少數”。由於一碑可能不僅刻一面，有多至四面、六面或八面者，故拓片數與銘刻實體數有一定的差異。黄文樓先生 1996 年曾受邀在臺灣作有關越南銘刻的演講，其統計銘刻數爲 11651 通，拓片數爲 25000 張，則其比例大約爲 1∶2.1，如果以這樣的比例，則 50000 張拓片應該不超過 20000 通銘刻。值得注意的是，迄今似乎没有任何一個機構或者學者，真正地把越南的銘刻實體與銘刻拓片的總數作一明確的統計，即便是同一個單位同一位學者對於數量的統計仍然會有許多的衝突，這當然與不斷發現新資料及重複搨拓有密切的關係。從前面公佈的一些數據來看，越南銘刻實體的總數應該不少於 11651，不多於 20000。這個數目也代表了越南銘刻至少記載了 1 萬餘件不同的歷史事件，這對於研究越南歷史與文化，是一個非常重要的資料寶庫。

除了銘刻的搨拓之外，越南歷代文獻中也有對於銘刻資料的記載，如《大越史記全書》、黎貴惇《黎朝通史》《見聞小録》、裴輝璧《黄閣遺文》《翰閣叢談》《皇越文選》、胡德頊《愛州碑記》、黄叔會《柴山詩録》均收集了清化與國威等地的銘刻資料，另如《今文類聚》《洪鐘銘文》《金甌寺碑記》《碑記表文集》《碑記詔表册文祭文抄録》《藍山碑記影集》之類也有許多銘刻資料的彙編。

一　越南銘刻的分類

根據越南銘刻蒐集的狀況，大致可以將越南的銘刻分成三個大的時期：

（一）銘刻初期：從七世紀到十四世紀（北屬時期至陳朝）；

---

① 原本預計出版 40 册，依據其體例每册爲 1000 張，則此次出版之拓片圖版，預計有四萬之數，但是迄今僅出版 22 册，亦即兩萬兩千張拓片。

② ［越］鄭克孟《越南漢喃碑銘拓片目録提要・前言》，頁 4。

（二）銘刻發展時期：從十五世紀到十八世紀（後黎朝至西山朝）；

（三）銘刻興盛時期，或稱廣泛深入發展時期：十九世紀以後（阮朝）。[①]

銘刻初期，又可以分爲三個時段：1. 北屬時期（111 B.C.—967A.D.）；2. 丁、黎朝；3. 李、陳朝。北屬時期原有四通金石，分別爲《大隋九真郡寶安道場之碑文》（隋大業十四年，618）、《青梅社鐘》（唐貞元十四年，798）、《天威徑新鑿海派碑》（唐咸通十一年，870）及《日早古鐘》（南漢中宗乾和六年，948）。其中《天威徑新鑿海派碑》碑石已佚，這四通金石，對於瞭解北屬時期越南北部地區的社會及歷史發展有非常重要的價值。近十多年來，北屬時期的碑銘又有新的發現。2012 年 8 月在北寧省發現了一通隋文帝仁壽元年（601）《舍利塔銘》，[②] 而這正是隋文帝仁壽年間三次建塔活動的第一次，此次共於三十州建立舍利塔，交州禪衆寺亦爲起塔建寺的一員。按，文帝三次共建塔一百餘座，中國現僅存十二通舍利塔銘，越南北寧省發現的這一通，正可以補充史志中的不足。[③] 2013 年在北寧省順城縣清姜社青懷村發現西晉交州牧陶璜的碑誌，碑誌所在地亦正是陶璜長期被封爲城隍供奉的祠堂。[④] 此碑誌的出現，不僅可以補中越史書對於陶璜記載的不足，亦可以瞭解越南民間盛行的城隍信仰及其與歷史人物之間的對應關係；當然，這樣的信仰狀態，顯然也反映出北屬時期作爲州郡的越南與中國的聯結性。

丁、黎朝（968–1009）約四十年的時間，僅留下丁朝太子丁璉所建陀羅尼經幢 16 座，其經幢中所刊刻的造幢記對於短暫的丁朝政治有廓清的作用。李、陳朝（1010–1400）近四百年的歷史，一共留下不到 60 通的金石銘刻，多與佛寺碑銘有關，但隨着時代的發展，這個時期的後面的朝代陳朝，其銘文的内容逐漸呈現多樣化，除了宗教性的銘文之外，尚有紀功、記事等其他形式記載，並出現了詩文類的銘刻資料，喃字的使用也是這個時期銘刻非常重要的内容。

---

① 以上依據黄文樓先生 1996 年在臺灣中正大學的演講内容稍作修改。

② ［越］丁克順《關於北寧順城禪衆寺舍利塔銘文的新發現》，《漢喃雜誌》2013 第 4 期，頁 14–22。

③ 有關隋文帝仁壽建舍利塔之研究，可參考游自勇《隋文帝仁壽頒天下舍利考》，《世界宗教研究》2003 年第 1 期，頁 24–30；盛會蓮《隋仁壽年間幽州藏舍利史事再檢討》，《文物春秋》2011 年第 5 期，頁 12–16；李志鴻《隋代的王權與佛教——以仁壽社塔活動爲核心》，《中華佛學研究》第 16 期（2015），頁 105–126。

④ ［越］潘黎輝《清懷村廟發現劉宋碑文認識》，《漢喃學通報》（2014），2014 年 12 月漢喃研究院漢喃學會議材料。

銘刻發展時期約近四百年的時間，包含了後黎朝、莫朝、黎鄭、西山幾個時期，相較於之前北屬時期至李陳朝，可以說是政治勢力最複雜的一段時期。這一個時期的銘刻數量較之前期有大量的增加，約有 6000 多通的銘刻資料。除了延續宗教性寺觀的銘刻之外，一般性建築如橋、亭、文址等地方建築銘刻也大量出現，展現出銘刻的普及化。另外最重要的就是進士題名碑與後神、後佛這種“後碑”的出現，展現出獨立自主之後融合式的文化特色：既有中國儒家文化的確立，也有屬於越南民間文化的特色。

銘刻興盛時期即指阮朝（1802–1945），有一百多年的時間。現存阮朝銘刻數量衆多，這時期的銘文格式趨向一致，呈現規範化、簡單化，大量的祠堂碑是其重要的内容。

當銘刻達到上萬條的記載量，其記載内容的累積已經足够讓研究者針對其量的改變而進行質的研究。這些銘刻究竟反映怎樣的内容？根據阮文原《越南銘文及鄉村碑文簡介》一文[①]中的歸納，可以分成下列十種：

1. 表揚善人善事，爲鄉村所做之義舉；

2. 朝廷令旨與官方文件；

3. 家譜、宗族世系，包括從皇家、官吏、名人、僧侶至平民等各階層家族譜系，内容涉及祖先來源、家庭傳統、資産流傳、前人遺訓遺囑等；

4. 人物行狀、功績；

5. 鄉村各種生活活動；

6. 古跡寺廟歷史，包括各地神祠、佛寺、亭宇、文廟、文址、祠堂、寶塔等古跡的創始、存在及流傳過程；

7. 神譜事跡；

8. 詩文類；

9. 寺廟建設、重修；

10. 雜類。

根據阮文原這個分類的架構，大致上又可以再簡單地歸納爲三類：記事、記人

① ［越］阮文原《越南銘文及鄉村碑文簡介》，頁 200–201。

與雜類。記事類包含公文書、民間契約（含鄉約、鄉規）、記事（功）、詩文、宗教信仰等，其中宗教信仰又包含祠廟碑、神跡、後神、後佛碑在内；記人類則可包含功德碑、家譜、世系、行狀等；雜類則爲内容簡略，如楹聯、匾額等缺乏完整記載、無法有效分類之銘刻。

筆者於2015年4月開始協助中國社會科學院歷史研究所（現中國社會科學院古代史研究所）與西南師範大學出版社（現西南大學出版社），擬對前述《總集》進行《越南漢文碑銘萃編》的編纂校注工作。由於《總集》出版的方式，是依照拓片編號，這個編號既不是按照年代順序，也不是完全以區域分類，純粹衹是搨拓入帳的流水號。這樣的編排方式無法發揮大批量的銘刻資料所能够產生的研究能量。本人因此擬構編注流程時，先將總體銘刻的内容做系統性梳理，同時爲了能够結構性瞭解整體資料的可運用性，特地編纂一個有性質分類的目録，目録的編纂依據篇次展開，按篇題、性質分類、立碑時間、銘刻立處、編號/碑面、形制、撰書刻潤者與備注分成八個欄位。其中“性質分類”是銘刻的内容性質分類，筆者在通讀大量碑銘之後認爲，應當分爲祭祀、宗教、儒學、記人、記事及其他六類。具體如下：

1. 祭祀指的是祠堂、寄忌等屬於家族性祭祀的内容，如後神碑、祠堂碑之類；
2. 宗教則爲佛、道、民間信仰等資料，如重修龍慶寺碑、高山大王祠碑之類；
3. 儒學乃有關儒家之祟祀、制度等，如進士題名碑、文址之類；
4. 記人爲個人事蹟之記載，如釋誾誾大師碑記、奉聖公主碑記之類；
5. 記事纂言則包含記載事件與詩文記載，如修橋記、詩文之類；
6. 其他則爲無法歸於上列諸類，或者記載不完整者。

其範式大致如下表：

篇題	性質分類	立碑時間	碑誌立處	編號/碑面	形制	撰書刻潤者	備注
社壇坊阮妙香後佛碑記	祭祀	後黎熙宗永治元年（1676）	環龍縣安下總社壇坊金鞍寺	00369/一 00372/二	碑刻雙面，拓片長57公分、寬87公分，有紋飾，有喃字，有界綫。 碑一，共十七行字，滿行二十四字，碑額題“金鞍寺後伏碑”六字，碑題“阮氏號妙香後伏碑敘並銘”；碑二，共十二行字，滿行約二十三字。	撰者：翰林院校理范日輝； 書者：侍書寫將范日明； 刻者：太醫院良醫副阮廷。	奉天府壽昌縣社壇坊碑文拓片。 歲次丙辰，當清康熙十五年。
珠林寺集福碑	宗教	後黎熙宗正和二十年（1699）	瑞珪坊福珠寺前右邊	00060/前 00063/後	碑刻雙面，拓片長120公分、寬84公分，有紋飾，有喃字。 碑前有方界格，碑額題“珠林寺集福碑”，碑題“珠林寺號婆釘碑記”，共三十四行字，滿行約四十三字；碑後有界綫，碑額題“新造功德立記”，共二十七行字，滿行約六十七字。	未載	中都奉天府廣德縣瑞璋坊碑文拓片。 歲次己卯，當清康熙三十八年。
景興四十年己亥科進士題名記	儒學	後黎顯宗景興四十一年（1780）	河內文廟	01312	碑刻單面，拓片長200公分、寬123公分，有紋飾，碑額題“己亥盛科進士碑記”，共二十一行字，滿行約五十五字。	撰者：户部左侍郎潘仲藩。	河内文廟國子監碑文拓片。 歲次庚子，當清乾隆四十五年。
黎時海事業勳名碑記	記人	後黎裕宗永盛十二年（1716）	清化省壽春府雷陽縣上谷總群仲社	01197/後 01219/前	碑爲兩面，拓片長寬均爲140公分，有紋飾。 碑後共三十一行字，滿行約三十五字；碑前碑額題“黎相公事業勳名碑記”，碑題“敘述勳名碑記”，共三十八行字，滿行三十七字。	撰者：國子監司業武晟； 書者：侍内書寫鄭世科； 刻者：石匠局黎勳名； 潤者：參從兵部尚書阮登道。	清化省壽春府雷陽縣上谷總群仲社拓片。 歲次丙申，當清康熙五十五年。

（續表）

篇題	性質分類	立碑時間	碑誌立處	編號/碑面	形制	撰書刻潤者	備注
仙侶社內村鄉規碑	記事纂言	後黎神宗盛德四年（1656）	山西省國威府仙侶總仙侶社亭左邊	01971/後 01972/前	碑刻雙面，拓片長 61 公分、寬 42 公分，有紋飾，有喃字。 碑後碑額題“立券約事”，共十四行字，滿行約十九字；碑前碑額題“本村新造石碑”，共十七行字，滿行約二十三行字。	未載	國威府安山縣仙侶社内村碑文拓片。歲次丙申，當清順治十三年。

由銘刻內容中的性質與年代的分佈現象可以探究越南社會與歷史的發展趨向，以編號 00001- 01003 爲例，可分析如下表①：

年代＼分類	祭祀	宗教	儒學	記人	記事	總計②
莫朝	0	1	0	0	0	1
黎中興	125	50	4	9	13	201
西山朝	8	1	0	2	0	11
阮朝	325	53	20	18	39	455
不明	54	13	0	9	7	83
總計	512	118	24	38	59	751

表中可以看出祭祀類所佔數量與比例最大，此類記載的是祠堂、寄忌等屬於家族性祭祀的資料，尤其寄忌碑所佔之比例幾乎超過一半，在後續的資料中所呈

① 《拓片總集》的編號基本上就是碑刻拓片入藏的流水號，具有一定程度的自然採樣功能，故本文在做分析時，擬以 1000 個單位爲示例，但由於銘刻本身有刻兩面、三面、四面者，故而無法準確地以整數編號，本表以編號 00001-01003 爲示例。

② 總計之數額乃以銘刻拓片爲數，亦即一通銘刻可能有一至四面之刻文，此處依據拓片數量爲計算基準，説明 1000 號並非等同於 1000 通碑。

現的現象也大致如此，如編號 01004- 04000 統計如下：

編號	祭祀	宗教	儒學	記人	記事	其他	總計
01004-02002	333	110	87	10	38	3	581
02003-03002	302	80	28	27	73	19	529
03003-04000	311	89	15	18	63	5	501
總計	946	279	130	55	174	27	1611

這種統計結果凸顯出寄忌、立後在越南社會生活中所佔據的地位；而儒學與宗教銘刻的數量，也值得進一步比較，以思考傳統概念所認爲的越南儒學與宗教在歷史發展過程中所佔據的真實地位。另，記事的數量與比例均較記人爲高，若推究整體銘刻的内容，祭祀、宗教與儒學這三類的記載内容也偏向記事，因而記事的數量較之記人會更多，這與中國墓誌與功德碑大量出現的現象略有不同。這種差異也是值得比較研究的。

越南銘刻大致分佈在各名山勝景、佛寺、宫廟、機關、陵墓、祠廟、亭宇、社村、住舍、橋樑、渡口、交通要道等地，與中國的銘刻分佈特徵相同，充分反映出銘刻所具有的宣示性、公告性、久遠性、標誌性的特色。[①]

依據阮文原先生的統計，越南銘刻主要分佈在順化以北的地區，其中紅河流域佔 95%，中南部地區僅佔 5%，這些銘刻主要以漢喃銘文爲主[②]。在越南中南部原占城地區亦存有占文[③]、梵文[④]與吉蔑文的銘刻，這些銘刻資料則與歷史上的占城（亦稱占婆、環王、林邑）、扶南等先民歷史有關，與漢文化間有着相當大的

① ［越］阮文原《越南銘文及鄉村碑文簡介》，頁 200-201。

② 同上，頁 199。

③ 艾提奈・艾莫烈（Étienne Aymonier）1885 年在安南南圻蒐集占文石刻，拓本藏法國國立圖書館及亞洲協會圖書館。

④ 艾貝爾・貝爾甘（Abel Bergaigne）蒐集大量梵文碑銘，死後由弗朗西斯・巴斯（Francis Barth）、列維（Sylvain Lévi，1863-1935）出版爲《占婆之梵文碑誌》（Inscriptions Sanscrites de Champa），成爲碑銘翻譯和研究的先驅著作。喬治・戈岱斯（Georges Coedés，1886-1969）在《占婆與柬埔寨之碑文目録》（Inventaire des Inscriptions du Champa et du Cambodge）一書中彙編了中南半島著名的梵文碑銘。每一塊碑銘都附有原文和法文翻譯以及歷史和文化背景的資料。

差異。然而當大航海時代來臨，大量的中國移民以自願或非自願的方式來到越南中南部，越南當時的統治者阮主，亦即後來阮朝建立者的祖先，也依托着這些漢人移民開拓南方。這些移民帶來了明清時期的漢人文化，這些文化也反映在南方會館、祠宇、廟寺與其他的銘刻之中。

二　越南銘刻的定位

欲以越南銘刻進行歷史研究，必須先瞭解越南銘刻的特色，並給予越南銘刻一個定位。因爲資料的書寫與呈現，必然與其書寫的時代有着密切的關聯，時間縱度的變化當然會影響到身處在當時的書寫者；反過來説，書寫者所書寫完成的資料，也可以反映當時的歷史現象。地理環境是人類生活的舞臺，地理環境的不同也會造成書寫人生活、思想上的不同，因此，銘刻内容也必然會反映地理環境所造成的因素。面對一整批的資料，必須尋找時代的坐標，尋找性質的坐標，尋找地理的坐標，進而系統化地整理整批資料。

越南地處中國與印度兩大文明之間，其北部地區與中國廣西、雲南交界，邊界綿長，在自然地理上山水相連，生活環境相似，迄今爲止居住着許多的跨境民族，如壯族、傣族、布依族、苗族、瑶族、漢族、彝族、哈尼族、拉祜族、仡佬族、京族、回族、布朗族等。跨境民族在邊界居住往來，使得文化也自然有着相似的基因，如都爲農耕文明，同屬“那”文化圈①，亦同樣有着祖先崇拜的習俗②。這些都反映在基層的社會人民之中。而中越歷史的互動關係，更始自上古時期③，至秦始皇開通靈渠，南征百越，移五十萬刑徒墾戍，開發了嶺南地區，設南海、象郡、桂林等郡，將嶺南納入中國領土；其後，趙佗建立南越國，繼續開發嶺南地區；漢武帝滅南越，增設交趾、九真、日南等郡，又將越南北部及中北部

---

① 中國華南及東南亞地區廣泛分佈着冠以“那”字的地名。在當地許多民族的語言中，“那”表示“水田”的意思，分佈在這個地區的民族共同文化的特徵，就是以稻作生活爲傳統的生活模式。見覃乃昌《“那”文化圈論》，《廣西民族研究》1999 年第 4 期，頁 40–47。

② 請參考［新西蘭］尼古拉斯·塔林主編《劍橋東南亞史》第一卷，雲南人民出版社 2003 年版，頁 216。

③ 由現代考古所發現的牙璋，中國雲南、廣西與越南地區所流傳的銅鼓，都可以看到中國與越南自上古時期即已有密切的來往。見氏著《牙璋、銅鼓與絲綢貿易——中國與越南的三條交通路綫》，“域外漢籍整理與研究國際學術研討會”會議論文，2013 年 12 月重慶。

地區納入版圖，設官置守，漢文化大量擴散至越南地區，越南北部地區即在漢文化的滋潤下成長。

除了陸疆的接壤，兩廣、交趾與海南島之間形成一個如同西方的地中海的內海——北部灣，北部灣灣邊的地區藉由内海便捷而有效的交通，形成非常重要的文化交流區，這也使得中國西南地區與越南交趾、九真地區維持頻繁的互動。在很長一段時間中，“交廣”一帶在行政區劃的共同發展下，經濟與文化也形成一整個區塊。

越南南部是東南亞地區重要的交通要道，原與北部並非同一個文化區。然而自古以來，中國與越南中南部（即林邑、環王、占城、占婆）亦有着密切的文化經濟往來，隨着越南京族的逐漸向南發展和大航海時代的來臨，中國與越南中南部地區的聯繫出現了新局面。

值得注意的是，越南在唐末五代趁着中國中央政權力量衰弱之時，於政治上實現獨立自主，而這個自主政權的核心力量則來自於對中國權力結構的模仿[①]。正如英國學者 O. W.沃爾特斯所言，除越南外，在早期東南亞歷史中都没有如同中國所認爲的“國家”這樣的政權存在[②]。中國與越南所形成的宗藩關係，對於越南國家的摶成也有着非常密切的關係，在整個東南亞地區，衹有越南形成一種有“王朝繼承體制，且具有固定的國家界限”的“國家”體制。這種影響可以從越南的官制組織所形成的國家架構看得出來。然而即便是越南在政治上選擇獨立自主，但是在文化上却與政治脱鈎，選擇追隨漢文化發展的脚步。這種政治與文化分離的現象，也是值得多加探討的。[③]

依據越南銘刻的内容記載，銘刻刊刻的主要目的是“恐日久朽爛，難以永存，爰兹托之於石，以記其事、壽其詞，垂之久遠”（《寄忌碑記》，漢喃院拓片編號 01413）；或“第年紀經久，紙札難以流傳，仍設立石碑，列明睿號，俾後者

① 請參考氏著《擬血緣關係與古代越南的權力結構研究》，《朝陽學報》第 12 期（2007），頁 173-184。

② ［英］O. W.沃爾特斯著，程鵬譯《東南亞視野下的歷史、文化與區域：文化模式的特徵》，《南洋資料譯叢》2011 年第 1 期（總第 181 期），頁 46-51。

③ 可參考氏著《越南丁朝的雙軌政治研究》，《饒宗頤與華學國際學術研討會論文集》，2011 年 12 月泉州，頁 457-480；與《越南碑銘中漢文典故研究》，《域外漢籍研究集刊》第五輯，中華書局 2009 年版，頁 325-370。

追思而祀之，以傳不朽”（《後神碑記》，漢喃院拓片編號 03869）。這與中國金石銘刻的功能是一致的。而根據阮文原等漢喃院碑文工作小組專家的分析，銘刻的刊立者大部分是越南的底層“官員”，如“色目”，或是鄉村的“鄉老會”“斯文會”“善會”“信施會”“鄉飲”等會社團體；而撰書者則多爲退休朝官、地方下級官員、社村頭目、僧侶或鄉民。由立碑者與撰寫者的階層與身份來看，這些人大部分是文人、儒生、社官，至少也是稍通漢字者。[1] 以漢文作爲書寫的主要用字，甚難不受到文字所傳達信息中各種思想的潛移默化。如，銘刻大部分豎立於宗教寺廟之中，由通漢字的僧侶、官員及地方鄉紳所撰、寫、刻、立，其文體風格受到漢文化的影響，所接受的宗教思想亦來自於漢傳的大乘佛教，而非東南亞大部分地區所崇奉的小乘佛教。由此，即便是在地方的基層，也融合了中國儒家思想、漢傳佛教與官僚體制的獨特文化型態。

越南的銘刻與東南亞其他國家不同，東南亞地區所出現的漢文銘刻大都出於華人之手；在越南，銘刻者却不一定是華人。這使得越南的銘刻内容呈現更複雜的樣貌；越南銘刻不祇是華人在越南的歷史與文化的展述，更是越南地區特殊文化型態的展述。這種融合了漢型與越型的文化，成爲越南文化的主要核心。

越南現存銘刻在時間的分佈上並不均匀，以量而言，漢喃銘刻發展時期（後黎朝至西山朝）是銘刻最多的時期；之前（北屬時期至陳朝）的銘刻數量不超過 200 篇。然而這些銘刻初期的資料雖然少，但都彌足珍貴。因爲越南銘刻所展現的是一種符合漢式文化却具有特殊環境特質的歷史。如《大隋九真郡寶安道場之碑文》是大業十四年（618）四月八日的碑刻，這一年的三月十一日，隋煬帝在江都被宇文化及縊殺，五月十四日李淵受禪登基，在中國正是朝代變换的時期，當年已有隋恭帝義寧二年的年號，但越南仍然使用並保存了大業十四年的年號。同時，大業九年（613）隋煬帝下詔改寺爲道場，而《大隋九真郡寶安道場之碑文》正是以“道場”爲名，這種保留且延續中原傳統的方式，成爲研究中國歷史、越南歷史及中越關係史非常重要的參考資料。

他如青梅社鐘及日南古鐘，分别記載了唐貞元十四年（798）與南漢乾和六

---

① ［越］阮文原《越南銘文及鄉村碑文簡介》，頁 202。

年 (948) 越南地方“社”的歷史資料。社邑在中國魏晉南北朝大量出現，它是結合了中國古代的祭祀與佛教信仰群體所形成的一種民間生活共同體。青梅社鐘與日南古鐘的鐘體都是具有中國特色的“梵”鐘，由青梅社鐘和日南古鐘的出現，可以證明大乘佛教在越南地區傳播的基本狀態。而由銅鐘銘文中又可以發現，地屬“邊陲”的交趾地區，村民融合了“玄儒二門”共造“太上三尊”並“鑄（梵）鐘記之”，所形成的宗教信仰共同體，基本上接受了中國的思想與信仰，却在早已未受中國政權之直接統治時，融合出我們前面所説“漢越型文化”的基本特色[①]。換句話説，從越南現存銘刻資料中，我們可以研究的不是單純的中國對越南的政治統治，或者文化的“傾壓”，而是在歷史發展中自行選擇了一種生活文化的越南；它受到中國的影響，但這是主動的一種選擇。這種選擇可能是基於長期歷史的傳習，也可能是民族文化、環境特徵上的共融結果，但是確實形成了一種與中國緊而不黏，鬆又相繫的特殊狀態。

在越南銘刻初期，學者可以運用越南銘刻資料重新檢視越南歷史發展的態勢，如李朝大比例數量的佛寺碑銘，固然展現的是宗教信仰的普及與興盛，但透過建造佛寺、刊立碑石、鑄造銅鐘的宗室世族，也可以對李朝的政治結構與權力的分佈有清楚的了解；[②] 又如陳朝出現多體裁的銘刻內容，也出現喃字與越南語法的句型，這些有意無意的記載方式對於研究越南如何自主的發展，其文化的内涵與之前的李朝及北屬時期有何異同，可以另一種角度予以觀察。[③]

值得關注的是，越南在陳朝即已處心積慮嘗試以本土的方式進行政治與文化上的自主，但是到了後黎朝却又在銘刻中顯示出大幅度傾向漢文化的企圖。後黎朝一共舉行了七十三屆科舉，刊勒了自黎太宗大寶三年 (1442) 以來的進士題名碑，目前現存越南進士題名碑系統分成國家級與地方級兩個類别。河内 82 通與順

---

① 氏著《越南南漢時代古鐘試析》，“中國社會科學論壇：第三届中國古文獻與傳統文化國際學術研討會”會議論文，中國社會科學院歷史研究所、香港理工大學中國文化學系、北京師範大學古籍與傳統文化研究院合辦，2012 年 12 月北京。

② 氏著《越南文獻與碑誌中的李常傑》，收入張伯偉編《風起雲揚——首届南京大學域外漢籍研究國際學術研討會論文集》，中華書局 2009 年版，頁 469-484。

③ 氏著《佛耶・儒耶・儒學家在越南陳朝的困境》，收入鍾彩鈞主編《東亞視域中的越南》，中華書局 2009 年版，“中央研究院”中國文哲研究所 2015 年版，頁 43-75。

化所保留的33通[①]進士題名碑是屬於國家級類别；興安文廟現存的9通進士題名碑，北寧文廟現存的12通進士題名碑，屬於地方級類别。其餘分佈在省級、府級至村級的進士題名碑有60通。[②] 越南進士碑反映了中央對於儒學的重視，都是儒風所生的産物。而後黎朝是擊退了曾重新將越南納入國土的明朝之後所建立的王朝，既已擺脱中國中央的直接統治，爲何又開始實施中國的科舉制度，並將之規範化？爲何藉由皇家刊立"進士題名碑"，將"進士群"形成一種特定的社會階級和特殊的身份象徵？[③]

科舉制度既然被歷朝君王視作擢拔人才的重要渠道，那麽，進士與越南官僚體制應該有一定程度的連結，進士題名碑提供了一份最高層科舉選拔的菁英份子名單，然而這些人是否真的因爲科舉而取得政治結構中的關鍵地位並成爲左右政局的人物？爲何後黎朝或其他朝代都出現官職遷轉相對淹滯，[④] 且與特定家族或人物有一定關聯的現象？再由科舉的記載資料中看，進士與擔任北使之間似乎有着非常密切的關係，則越南科舉制度與中國科舉制度究竟有着怎樣的異同？這使得我們探討越南與中國之間的離合涵融問題，有了更有趣味的深思空間。[⑤] 或許也是説明漢越型文化的可切入點。

若説越南在執行科舉制度的目的上可能與中國有所異同，那麽，在撰寫與刊刻進士題名碑的方式上，似乎也有一定程度的差異。很明顯，越南後黎朝進士題名碑的刊刻雖源自於中國，但與中國進士題名碑的組成方式略有不同，比如在進士的科第、名諱等個人信息之外，每碑皆有一篇記文，記述該科開科的狀況及皇帝的功業。這批資料建構了數百年來越南皇朝重視科舉制度的思想，對於研究越

① 鄭克孟教授認爲順化有34通進士碑，但是據潘青皇考證，順化衹有33通。參見［越］潘青皇《傳承與新變——黎朝進士題名碑研究》（臺灣中正大學2015年碩士論文）第四章"越南其他地區進士題名碑概況・順化"表4-1"順化進士題名碑總表"，頁66-73；又，［越］鄭克孟《進士題名碑及越南中代儒學科舉制度之教育政策》，收入陳文新、余来明編《科舉文獻整理與研究：第八屆科舉制度與科舉學國際學術研討會論文集》，武漢大學出版社2013年版，頁451。

② 地方性的進士題名碑數量，請參考鄭克孟《進士題名碑及越南中代儒學科舉制度之教育政策》，頁451。

③ 參考耿慧玲、潘青皇《從不規範到規範——黎朝科舉制度之特色》，《廈門大學學報（哲學社會科學版）》2016年第4期，頁16-26。

④ 見潘輝注《歷朝憲章類志》卷十九《官職志・考課》。

⑤ 氏著《越南碑銘中漢文典故的應用》，頁325-370。

南科舉非常重要。除了確切記載大科的進士題名碑之外，在儒學類中，尚可以看到許多地方文址所記載的中科、小科的資料，亦即參加會試、鄉試的儒生及其鄉里、籍貫等資料，加上各地文廟的建設與崇祀碑誌，可以完整地建構儒學在越南發展的狀況。也可以幫助學者們在諸多問題上進行探索，如後黎朝規範科舉制度的目的究竟是在官僚制度的人才架構，還是儒家思想的教育，還是策略性的外交需求等。

後黎朝以後大量出現的後神與後佛碑所展現的“立後”行爲，對於探討越南本土的社會結構與思想信仰，有着非常寬廣的空間，這與另一類位於村社中的鄉約券例所展現社區生活的實體規範，正好可以相互印證，對於架構性地研究越南社會亦有着非常重要的價值[①]。

越南中南部地區的漢喃銘刻雖然僅佔5%，但是與紅河流域地區的銘刻却有着不一樣的性質，因此在學術研究上仍然具有相當重要的地位。北部地區的越南與中國地域相連，在歷史發展的過程中緊密互動，因此漢越型文化的特色明顯，是研究越南歷史發展即中越關係非常重要的資料，甚至可以將之視作同一個可以互爲激發的文化區來研究。但是中南部地區則古非京族所有之地，是歷代越南國力擴張所産生的結果，在擴張的過程中，越南朝廷與中國漢民互爲援引，當中國處於朝代更迭之際，常有漢民舉族遷徙至此，或因爲經濟因素而播遷南方，如莫玖之開發河仙，華僑之建設會安之類。這些移民所刊勒銘刻資料與東南亞其他地區華僑所居地區相若，都是華人撰寫華人的碑銘，如會安、堤岸等地大量的會館銘刻以及義塚碑誌，此類對於研究華人的遷徙、華僑的生活以及越南地區的開發等，也是非常重要的資料。甚至於因爲這些銘刻的時代較晚，華僑的遷徙已經牽涉到整個世界殖民開發的歷程，對於當時廢除黑奴制度之後的苦力貿易，會館之銘刻亦可以提供相當豐富的資料，這也使得越南的銘刻資料可以突破僅爲越南本地區或僅能延展至與中國相互關係的界限，從而將越南銘刻的價值向上提升。

資料是歷史研究重要的核心，金石資料無論是在西方還是在中國都有着與一般易損毁資料不一樣的功能。中國金石學的發展歷史漫長並綿延至今，在歷史研

---

① 有關越南鄉約村規可參考朱鴻林《20世紀初越南北寧省的村社俗例》，《廣西民族大學學報（哲學社會科學版）》2007年第5期，頁47-53。

究上具有特殊地位。這種金石的記載習慣同樣影響着周邊的民族與國家，在我們習稱的漢字文化圈中的古代朝鮮、日本與越南，也同樣有着漢文漢式金石記載的傳統。本文透過越南銘刻資料的現況，及對越南銘刻資料的定位，説明越南銘刻在時空間的特殊性質。在不同的時代，越南銘刻的内容有着不一樣的面貌，而這些始自於當是時的銘刻記載，也同樣反映着時代對於銘刻所産生的制約。如以喃文發展狀況爲例，喃文的出現迄今仍無確切的説法，有人認爲在北屬時期，即有如今日越文之標音字的使用；若從碑誌上看，李陳朝已有部分個别的喃字出現，然而全部以喃字刊刻的碑誌，則根據阮氏香《喃文銘文資料初考》一文中的研究成果，展現如下表：

全喃文碑誌數量表

朝代	年代	數量	總計	比例%
黎初（1428–1527）	洪德	1	1	1.1
黎中興（1531–1789）	慶德	1	23	25
	盛德	2		
	正和	5		
	永盛	3		
	永慶	3		
	景興	9		
阮朝（1802–1945）	成泰	2	56	60.9
	維新	7		
	啟定	14		
	保大	33		
未確定年代		12	12	13
總計			92	100

資料來源：阮氏香《喃文銘文資料初考》，喃文國際研討會(順化)，2006 年版。

從上表中可知全喃文碑誌最早出現在黎聖宗洪德年間（1470–1497），近 100 年的時間，僅有一通全喃文碑；黎中興 258 年間有 23 通，約平均 11 年有 1 通；

阮朝 143 年有 56 通，約 2 年有 1 通。就越南碑誌約 11651–20000 通的總數來看，全喃文碑誌僅有不到 1% 的比例；如此，又可見漢文與漢喃文仍是越南碑誌最重要的記載方式。越南自李聖宗天貺寶象二年（神武元年，1069）起即“自帝其國”，黎利又於明宣宗宣德三年（1428）擊退明軍，迫使明朝退出在越南的統治，再次確立脱離中國直接統治而實現自主，這些歷史事件表明封建王朝具備很強的自言意識。並且自九世紀開始，即有極大的空間可以發展出與日本相似的文字系統。但是越南上至皇親國戚，下至黎民百姓，仍然廣泛使用漢文，僅間雜一些喃字。這種文化的發展情態，使得越南在歷史發展過程中與中國產生了特殊而緊密的聯繫。

根據阮氏香的資料，又可繪圖如下：

黎初至阮朝喃文碑誌趨勢圖

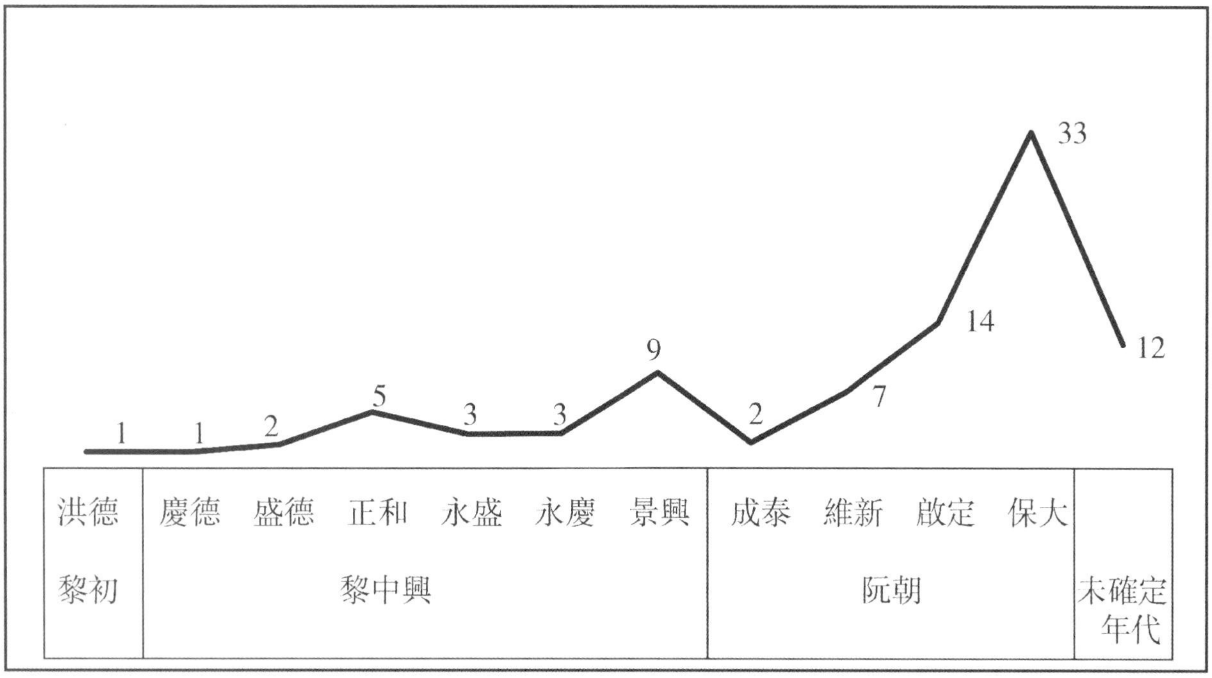
1
1
2
5
3
3
9
2
7
14
33
12
洪德
慶德
盛德
正和
永盛
永慶
景興
成泰
維新
啟定
保大
黎初
黎中興
阮朝
未確定年代

資料來源：作者據阮氏香《喃文銘文資料初考》繪成。黑實綫表明碑誌數量變化。

由上圖可以看出一種有趣的趨勢，即每一個朝代喃文碑誌數量都從“少”逐漸增加，至朝代末年達到高峰。由於喃文的使用具有本土性，這樣反復的發展趨勢，應該有一合宜的解釋來説明這一歷史現象，這合宜的解釋或許就是我們重新認識越南歷史文化的新切入點。

基本上，整體的趨勢綫由低而高，走向相同；然而黎中興時期有兩個高峰，以碑數論，峰點在正和與景興年間；然以年平均來看，分別在盛德與永慶年間。這些峰點與歷史發展之間的關聯與否，也是可以持續進行研究的方向。

三　本書的編纂過程

本書的出版有許多工作人員的努力。本書原本由中國社會科學院古代史研究所（原歷史所）孫曉、趙凱、劉中玉等研究人員與本項目編委會徐林平、杜艷茹、黃璜等同仁，負責精選《拓片總集》所收銘刻，並予以録文標點；此後，本人帶領團隊對其加以校注解題。

2012 年本人赴北京師範大學與首都師範大學訪問時，獲知古代史研究所有整理越南銘刻的想法，2013 年本人受邀參加重慶“域外漢籍整理與研究國際學術研討會”，主動詢問計劃狀況，得知碑文選目正在進行；2015 年本人受邀訪問中國社會科學院古代史研究所，再次詢問銘刻整理狀況，始知選目完成且初步標點完畢，然集釋部分尚未處理，由於難度較大，本人毛遂自薦，允諾在限定期限内完成集釋工作，並規劃出版之基本格式。由於銘刻有雙面或四面刻的狀況，但在集釋過程中，發現有些未收單元（篇）似乎更具有某些代表性，故予以補充收入；且已收單元，或因編目分離，尚不便利用。爲求更仔細的審視，故擬定拓片目録整理工作，並請陳中龍、朱振宏兩位教授協助學生徐筱妍、潘青皇（越南籍）、劉怡青、趙翔宇等人，[①] 先將四千張拓片編製成爲目録，再進行核對，經過整理，迄今完成標釋近五百張拓片，總計二百六十篇。

由於時間緊迫，故除本人完成録文句讀注釋外，並請徐筱妍、劉怡青、張允

---

① 中正大學自 1994 年開始與越南漢喃研究院合作，執行中法越漢喃碑誌研究計劃，並成立越南漢拓研究室。拓片目録之編製，主要以此研究室相關人員擔任：陳中龍副教授原爲計劃研究室助理，今爲朝陽科技大學通識教育中心副教授兼主任；朱振宏教授現任臺灣中正大學歷史學系教授、系主任、所長；徐筱妍（現福建農林大學安溪茶學院茶業科技系副教授）與潘青皇（現越南河内國家大學下屬陳仁宗院研究員）原爲臺灣中正大學歷史學系博士班學生；劉怡青原爲研究室助理，中國文化大學文學博士，陝西師範大學歷史文化學院博士後，現爲福建閩南師範大學歷史地理學院副教授；趙翔宇，原爲雲林科技大學漢籍資料整理研究所碩士。

欣[1]參考《越南漢喃碑銘拓片目録提要》[2] 撰寫每篇開始的引言，讓讀者可以瞭解每篇銘刻立處、形制、年代、拓片藏處，及内容大要。每篇若有可進一步討論及研究者，則撰寫"題後"予以提示，且因本書爲選録，雖然可以將有特色之銘刻彰顯出來，但不易呈現全貌，故對於所録銘刻刊立處之其他銘刻，編製爲表格。如本書所收篇號〇二一《重修河口坊亭門碑記》，位於河内還劍郡白馬祠，祠内同時樹立有十一通銘刻，分布三個地方，一爲三關内（即亭門），一爲祠内，一爲先哲家。三關内豎立的碑誌時間較早，碑數也較多，有《重修漢伏波將軍祠碑記》（正和八年，1687）、《白馬神祠碑記》（正和八年，1687）、《皂隸碑記》（景興四十二年，1781）、《重修白馬廟簽題録》（明命元年，1820）、《重修白馬廟碑記》（明命元年，1820）等五通。祠内豎立的是《建造方亭碑》（明命二十年，1839）、《雕漆方亭碑記》（明命二十一年，1840）、《香火屋碑》（嗣德元年，1848）等；先哲家有《重修河口坊亭門碑記》《文址碑記》《祠址宴老碑記》等。其中僅有《重修河口坊亭門碑記》《祠址宴老碑記》《重修白馬廟碑記》《重修漢伏波將軍祠碑記》《白馬神祠碑記》收入本書，故於編號最前面之《重修河口坊亭門碑記》題後，將十一通銘刻依編號、篇題、年代、位置四個項目製表，讓讀者能更全面取得銘刻的信息，以增強選録的研究功能。

越南漢喃銘刻的特點，是以漢文書寫越南歷史文化、社會風俗的記載，因此，記載中涵合中國的典故、越南的歷史故實，凡人名、地名、官爵、年號、宗教名相都具有複雜的内涵。因此，注釋成爲讀者可以輕鬆瞭解銘刻内容的必要手段。除上述人名、地名等專名及中國典故、越南歷史故實之外，越南喃字、避諱字、俗字等書寫文字的特殊性，也是釋讀越南銘刻時必須特別加以注釋者。另，越南宗教信仰在社會中所佔據的地位，也使得銘刻中出現大量的宗教記載，有關宗教部分的注釋，凡牽涉佛教義理知識，則請教南華大學宗教學研究所郭玉茹女士協助處理。

---

① 張允欣原爲倫敦政經學院語言學博士，現爲北京大學外國語學院訪問學者。

② 《越南漢喃碑銘拓片目録提要》爲原漢喃院院長鄭克孟等編輯，2007—2012 年編輯出版於河内，由於提要爲越文撰寫，故西南大學出版社（原西南師範大學出版社）曾邀請北京大學外語學院副教授夏露組織人員進行翻譯，然並未完卷，且有所疏漏，故編製目録時，仍須使用越文原書核對，再由越南籍博士生潘青皇補充翻譯。

本書之集釋工作雖然在期限内完成初稿，但因後續編輯、校稿，加上兩岸稿件傳遞等主客觀因素的限制，内容錯誤難以完全消除，這是對讀者的負疚。綜言之，本書的出版在起心動念之間，即已爲學術界開闢了一片福田，這是中國社會科學院古代史研究所諸先生與西南大學出版社諸同仁對學界的貢獻。作爲第一位的開墾者，美中不足者在在有之，乞讀者知我諒我。

二〇一七年六月十四日初稿於嘉義松園

二〇二三年十二月七日修訂

【補記】

剛過小滿，就接到怡青轉來徐林平編輯的訊息，告知下月《越南漢文碑銘萃編》即將付梓，十分興奮，却也不免惆悵，2017 年迄今，多少個年頭啊！依稀記起當年大膽承擔短期内完成計劃的一腔孤勇，却不知，出版的背後還需有更多的努力，2022 年獲知《萃編》即將付梓，曾希望能够再次確認内容，並補充多年來的新資訊，却未獲跟進，甚感遺憾。在這裏，我除了要再次感謝被我荼毒的學生與學友之外，更需要感激負責此書的杜艷茹、徐林平兩位前後接手的執行編輯，他們兩位完成了初稿的編輯；其後，徐林平與許微微、韓悦三位編輯，又進行第二、三個編次。在後續的編輯過程中，他們加入了新的研究成果，做了内容的更新與補充；删汰了重複的訊息，對相關文字識讀也做了更正和完善，甚至修改了編纂的凡例，使書稿的質量得以提升。撫今感昔，誠如前言所云出版工作是爲學術界種福田。感謝所有參與者的奉獻！

二〇二四年五月二十三日

總目次

凡例 …… 1
序一——“漢文化整體”概念與越南碑刻文獻整理/孫曉 …… 1
序二——越南銘刻的分類與定位/耿慧玲 …… 1

○○一　黎朝節義祠碑記 …… 1
○○二　瑞璋坊東甲阮氏㖧暨夫祭忌碑記 …… 11
○○三　玉山帝君祠記 …… 17
○○四　重修玉山寺文昌祠碑記 …… 23
○○五　天光禪寺碑記 …… 29
○○六　寄祀義田碑記 …… 39
○○七　釋寂鏗塔銘 …… 43
○○八　慈恩寺潘門劉氏祭忌碑記 …… 49
○○九　慈恩寺陳門劉氏暨彭門劉氏祭忌碑記 …… 55
○○○　劉門歷代祖先靈位 …… 59
○一一　劉、黎、鄧三門歷代先祖神位 …… 65
○一二　慈恩寺關門劉氏祭忌碑記 …… 71
○一三　慈恩寺朱氏後佛碑記 …… 77
○一四　河口坊朱大宅祭忌碑記 …… 83
○一五　重修含龍寺碑記 …… 87
○一六　振修南郊昭事殿碑記 …… 93
○一七　河口坊重建關聖廟簽題録(一) …… 101
○一八　重建關聖廟碑記 …… 107

〇一九　河口坊重建關聖廟簽題録（二）…… 115
〇二〇　河口坊武春播後神碑記 …… 121
〇二一　重修河口坊亭門碑記 …… 127
〇二二　河口坊祠址宴老碑記 …… 133
〇二三　重修白馬廟簽題録 …… 139
〇二四　重修白馬廟碑記 …… 145
〇二五　重修漢伏波將軍祠碑記 …… 151
〇二六　白馬神祠碑記 …… 157
〇二七　鼎建粵東會館簽題録 …… 165
〇二八　鼎建粵東會館碑記 …… 171
〇二九　重修粵東會館碑記 …… 177
〇三〇　重修粵東會館後座碑記 …… 183
〇三一　河口坊黄氏草等後佛碑記 …… 189
〇三二　刊聖經寄先人勸善碑 …… 195
〇三三　福建會館興創録 …… 201
〇三四　後黎憲宗御製《題龍光洞詩》…… 207
〇三五　後黎聖宗御製詩《題龍光洞并引》…… 211
〇三六　安穫社上、棟、廣納等三村黎忠義後神碑記 …… 215
〇三七　布衛鄉安穫社壽域等五村黎忠義後神碑記 …… 223
〇三八　安穫社黎忠義生祠碑記 …… 231
〇三九　安獲社鋭村三甲黎忠義後神碑記 …… 239
〇四〇　重修東門寺興功碑 …… 247
〇四一　社壇坊丁氏家族祭忌碑記 …… 253
〇四二　社壇坊阮氏妙香後佛碑記 …… 259
〇四三　阮方亭先生神道碑 …… 265
〇四四　乾安寺法慧塔碑銘 …… 275
〇四五　金縷中村文祠記 …… 281
〇四六　高海平奉事碑記 …… 287
〇四七　重修崇福寺廟庵碑記 …… 293

〇四八　上亭村公田碑記 …… 303
〇四九　金縷社修造文址並阮氏夫妻祭忌碑記 …… 309
〇五〇　金縷社阮氏蘋等後亭碑記 …… 313
〇五一　金江相國阮公神道碑 …… 319
〇五二　黎黄訒齋先生神道碑 …… 335
〇五三　仁睦社玉元和夫妻後神碑記 …… 341
〇五四　仁睦社玉英松夫妻後神碑記 …… 347
〇五五　仁睦社黎直夫妻後神碑記 …… 353
〇五六　天姥大王祠堂碑記 …… 359
〇五七　廣布坊陳絖夫妻祭忌碑記 …… 371
〇五八　弘恩寺碑記 …… 377
〇五九　大慈社壽老名碑 …… 383
〇六〇　苓塘社大慈村重修壽址碑記 …… 389
〇六一　苓塘社壽老壇碑記 …… 395
〇六二　慈廉縣前朝諸名科碑 …… 399
〇六三　安阜坊杜有用夫妻後神碑記 …… 415
〇六四　宜蠶坊黎氏贍等後神碑記 …… 421
〇六五　重修龍慶寺碑 …… 431
〇六六　清烈社朱文貞等先賢碑記 …… 437
〇六七　光烈社甲中村斯文會先賢碑記 …… 443
〇六八　清烈社小科碑記 …… 451
〇六九　清烈社中科碑記 …… 455
〇七〇　清烈社范氏田祭忌碑記 …… 459
〇七一　羅内社鄧令公後佛碑記 …… 467
〇七二　華嚴寺碑 …… 473
〇七三　羅溪社黎鑑後神碑記 …… 479
〇七四　羅溪社崇師報本祭忌碑記 …… 487
〇七五　羅内、綺羅二社崇師報本祭忌碑記 …… 495
〇七六　綾羅坊崇師報本祭忌碑記 …… 503

○七七　國老大王重修重光寺碑記 …… 511
○七八　重光寺石磬記 …… 517
○七九　羅陽社斯文碑記 …… 521
○八○　安牛社阮英健後神碑記 …… 529
○八一　安偉社阮伯卿後神碑記 …… 537
○八二　青池縣文典社先賢祠址碑記 …… 549
○八三　文典社范氏妙後神碑記 …… 557
○八四　鄭靖王正妃黃氏實祭忌碑記 …… 567
○八五　馮朓社吴法應祭忌碑記 …… 579
○八六　仁睦門社馮朓村二阮後神配位碑記 …… 585
○八七　高山大王神祠碑銘并序 …… 593
○八八　東鄂社重修城隍廟功德碑 …… 603
○八九　義都社上亭先上、中衙二村買唱籌碑記 …… 613
○九○　義都社下亭萬隆、安富二村買唱籌碑記 …… 619
○九一　農貢縣蒲河社光恩寺碑 …… 625
○九二　明杲社武氏玉釧並女祭忌碑記 …… 633
○九三　文貞公祠碑記 …… 645
○九四　重修文貞公廟碑記 …… 651
○九五　吴文肅碑記 …… 659
○九六　吴族世德碑記 …… 667
○九七　黎時海事業勳名碑記 …… 677
○九八　雷陽縣黎時海等祭忌碑記 …… 687
○九九　雷陽縣黎時海户兒碑記 …… 695
一○○　茂績大王事業碑 …… 701
一○一　重修佛跡山貝庵洞僊寺并施田養僧碑記 …… 707
一○二　佛跡山天福寺顯瑞庵碑銘 …… 713
一○三　天福寺水閣補經碑 …… 721
一○四　嗣德帝御製詩《懷如清使部潘輝泳等有作》 …… 727
一○五　總督大王神祠記 …… 733

一〇六　明德三年己丑科進士題名記 …… 739
一〇七　景興四十年己亥科進士題名記 …… 749
一〇八　大寶三年壬戌科進士題名記 …… 755
一〇九　重造大悲寺碑記 …… 765
一一〇　盛烈社沛郡公黎中和夫妻祭忌碑記 …… 775
一一一　嘉通大王事跡碑記 …… 785
一一二　虬山渡記 …… 791
一一三　靈光神祠碑 …… 795
一一四　厚德宫碑記 …… 801
一一五　後黎玄宗杲盛陵碑記 …… 813
一一六　大越光淑貞惠謙節和冲仁聖皇太后山陵碑銘并序 …… 819
一一七　大越韶陽公主神道碑 …… 831
一一八　壽安宫敬妃阮氏神道碑 …… 837
一一九　花板社新造買亭文契碑記 …… 843
一二〇　古跡靈祠碑記 …… 849
一二一　黎氏祠堂祭田碑記 …… 857
一二二　貝洞聖跡碑記 …… 863
一二三　萬福大禪寺碑 …… 873
一二四　扶董社王府宫嬪武氏玉釧後神碑記 …… 885
一二五　萬福寺普光塔記 …… 893
一二六　寶所寺寶鐵花燈檠碑 …… 901
一二七　釧玉侯阮黄釧外家黄宗碑記 …… 907
一二八　盛烈社黄温直等祭忌碑記 …… 915
一二九　修造神光寺碑記 …… 921
一三〇　扶寧社阮福衍夫妻後佛碑記 …… 929
一三一　重修法雲寺碑記 …… 937
一三二　扶明、董園二社侍内監達郡公阮景溶福神後神碑記 …… 945
一三三　阮憲祖御製詩《鐵港》一首 …… 957
一三四　安陽王祠碑記 …… 963

一三五　黄舍社文會碑記 …… 969
一三六　扶寧社上中二村阮遣後神碑記 …… 979
一三七　扶寧社陶國顯夫妻後神碑記 …… 987
一三八　夏陽總集市碑記 …… 997
一三九　安常等五社阮廷訓福神石案 …… 1003
一四〇　安常社阮福財夫妻後神石案 …… 1015
一四一　安常社阮氏家族後佛石案 …… 1023
一四二　夏陽社中村杜福慶夫妻後佛碑記 …… 1031
一四三　修造渡沫寺碑記 …… 1037
一四四　趙皇神祠碑記 …… 1047
一四五　重修報恩福林寺碑記 …… 1053
一四六　阮朝武功碑記 …… 1063
一四七　阮憲祖戒用外戚論 …… 1075
一四八　阮聖祖禁内侍干政論 …… 1081
一四九　國主阮福凋鼎建順化天姥寺碑記 …… 1087
一五〇　阮憲祖御製詩《詠天姥寺》七首 …… 1097
一五一　阮憲祖御製天姥寺福緣寶塔碑 …… 1107
一五二　阮景宗族碑記 …… 1117
一五三　鳳池社買亭唱籌文契碑記 …… 1125
一五四　月盎社登科碑記 …… 1131
一五五　重修月盎社文址牌記 …… 1141
一五六　大盎社阮氏罘暨夫後佛碑記 …… 1153
一五七　大盎社歷代先賢碑記 …… 1161
一五八　鄭西王令諭奉事士王殿碑記 …… 1167
一五九　青湘社阮仲宇祭忌碑記 …… 1175
一六〇　隴廛村重修士王殿碑記 …… 1183
一六一　阮世祖詔旨隴廛村仝除碑記 …… 1191
一六二　後黎愍帝詔旨三椏社仝除碑記 …… 1197
一六三　三椏社士王殿開支碑記 …… 1205

一六四　西山景盛帝詔三椏社量除碑記 …… 1211
一六五　三椏社士王殿重鑄銅馬碑記 …… 1217
一六六　鄭靖王令諭隴壥村仝除碑記 …… 1227
一六七　姜寺社陳�夫妻後佛碑記 …… 1235
一六八　敕旨姜寺社奉事古珠延應寺皂隷碑記 …… 1243
一六九　修造福林寺佛殿碑記 …… 1249
一七〇　阮憲祖御製詩《登護城山》 …… 1255
一七一　浴翠山詩題《山遊偶題》 …… 1261
一七二　浴翠山詩題《無題詩》兩首 …… 1265
一七三　浴翠山詩題《亂後登浴翠山》 …… 1269
一七四　浴翠山詩題《范義齋無題詩》一首 …… 1275
一七五　後黎憲宗御製《題浴翠山并引》 …… 1279
一七六　潙郡公胡相公祠堂碑記 …… 1283
一七七　胡接齋生墳記 …… 1293
一七八　鄭清王令旨寧福寺碑 …… 1301
一七九　寧福寺尼珠塔記 …… 1307
一八〇　寧福寺尊德塔記 …… 1315
一八一　雁塔社明行在在禪師祀田記 …… 1321
一八二　雁塔社長公主比丘尼妙慧塔記 …… 1329
一八三　寧福寺獻瑞庵報巖塔碑銘 …… 1337
一八四　勑建寧福禪寺碑記 …… 1347
一八五　雁塔社黎榮進等四人祭忌碑記 …… 1353
一八六　寧福寺明行在在禪師祀田碑記 …… 1359
一八七　金蘭社鄭延杲等四人後神記 …… 1365
一八八　東華鄭氏家譜碑記 …… 1375
一八九　洪武社杜氏慈恩後神碑記 …… 1387
一九〇　司禮監總太監後神并慶元生祠碑記 …… 1397
一九一　郁軒先生碑記 …… 1405
一九二　扶危拯渙大王上等神祠碑記 …… 1411

一九三　道秀社阮登舉暨妻後神碑記 …… 1421
一九四　道秀社史忠侯阮登擢暨父母後神碑記 …… 1429
一九五　大揚寺真郡公蔡廣衆等三人祭忌碑記 …… 1439
一九六　慧曌禪師重修大揚寺並供田碑記 …… 1445
一九七　富市社忠義里碑 …… 1451
一九八　魯溪社陳家後佛碑記 …… 1459
一九九　浯溪社泗忠侯阮公任祭忌碑記 …… 1465
二〇〇　春峰子阮寵儒家世科世禄碑記 …… 1471
二〇一　東岸縣官員賀阮寵家族榮盛碑記 …… 1487
二〇二　修造阮舍等社靈椿等寺南無等橋功德碑記 …… 1501
二〇三　同技社裴武相父母祭忌並修造祠宇碑記 …… 1511
二〇四　神溪縣高亭侯祠宇祭忌碑記 …… 1517
二〇五　農務社上村等三村阮俊暨妻後神碑記 …… 1527
二〇六　鄧舍社巨陀村裴氏做後神碑記 …… 1537
二〇七　觀晴社阮福寬夫妻後神碑記 …… 1545
二〇八　晴光社武宇明後神碑記 …… 1553
二〇九　鄧舍社阮氏祠堂寶訓銘 …… 1561
二一〇　鄧舍社阮氏祠堂後黎顯宗御製詩匾 …… 1567
二一一　鄧舍社車龍村黎舍社黄河村阮仕忠暨父母後神碑記 …… 1571
二一二　鄧舍社阮氏祠堂詩匾 …… 1579
二一三　嘉市社嘉林、嘉市二村阮廷珪後神碑記 …… 1589
二一四　隆壽侯阮廷珪碑記 …… 1599
二一五　嘉橋社程泰榮暨妻後神碑記 …… 1605
二一六　修造義住溪石橋碑記 …… 1611
二一七　嘉橋社陳文惠夫妻後神碑記 …… 1621
二一八　嘉橋社范氏捽後神碑記 …… 1629
二一九　麗密社張壽堅後佛碑記 …… 1637
二二〇　麗密社張高椿夫妻後神碑記 …… 1645
二二一　嘉市社椿村阮氏銓後佛碑記 …… 1653

二二二　重創嚴光寺并古靈社湛村性寶後佛碑記 …… 1661

二二三　靈郎大王碑記 …… 1669

二二四　修造闍梨寺行廊碑記 …… 1683

二二五　阮有功墓記 …… 1691

二二六　鉢場社總太監揆郡公阮福達夫妻後佛碑記 …… 1697

二二七　京北處承司衙門等官爲理斷洲土浮沙水孕訟事 …… 1705

二二八　鉢場、春蘭二社阮成珠配祀陶業先師暨祭忌碑記 …… 1717

二二九　仙捄社文址碑記 …… 1729

二三〇　快州文廟碑 …… 1735

二三一　金洞縣同除祠址碑 …… 1745

二三二　作磬石文記 …… 1751

二三三　永世社楊愷父子後神碑記 …… 1757

二三四　茶林社侍内宫嬪阮氏端莊後佛碑記 …… 1765

二三五　修造公河社文址碑記 …… 1777

二三六　内宫嬪阮氏玉欣修造延光寺並祭忌碑記 …… 1785

二三七　茶林社文會造立文廟碑記 …… 1791

二三八　茶林社海岳子阮名廉後神碑記 …… 1799

二三九　瓊壘社吴策詢等後神碑記 …… 1809

二四〇　基郡公阮成珍碑記 …… 1821

二四一　修造壽山亭並膠寺社鄧光進等後神碑記 …… 1829

二四二　阮進賢夫妻恭奉配祀碑記 …… 1841

二四三　楊烈社津渡村鄭氏玉藕等後神碑記 …… 1849

二四四　修造龍君殿碑記 …… 1855

二四五　月堂寺宗師碑記 …… 1863

二四六　赤藤社馬氏尌後神碑記 …… 1873

二四七　明珠香海禪師碑記 …… 1881

二四八　赤滕社潘五卿夫妻後神後佛碑記 …… 1889

二四九　藤蔓社孔名顯夫妻生祠後神碑記 …… 1897

二五〇　鄧舍社侍内宫嬪王氏玉圓尊神碑記 …… 1903

二五一　當境正位靈聰恭穆大王碑記 …… 1909
二五二　向善、向道居士大王碑記 …… 1917
二五三　界際社裕澤大爺碑記 …… 1925
二五四　香羅社總太監嶟郡公阮登用後神碑記 …… 1937
二五五　始造石梂槎處碑記 …… 1947
二五六　德光祠碑記 …… 1955
二五七　阮舍社侍宮嬪阮氏奏後神碑記 …… 1963
二五八　重修清光寺碑記 …… 1973
二五九　洛汭社阮海傳等後佛碑記 …… 1981
二六〇　勇烈社春荄村尊總太監藤福侯阮光耀等祔神碑記 …… 1987
主要參考文獻 …… 1997

上册目次

凡例 …… 1
序一——“漢文化整體”概念與越南碑刻文獻整理/孫曉 …… 1
序二——越南銘刻的分類與定位/耿慧玲 …… 1

〇〇一 黎朝節義祠碑記 …… 1
〇〇二 瑞璋坊東甲阮氏眖暨夫祭忌碑記 …… 11
〇〇三 玉山帝君祠記 …… 17
〇〇四 重修玉山寺文昌祠碑記 …… 23
〇〇五 天光禪寺碑記 …… 29
〇〇六 寄祀義田碑記 …… 39
〇〇七 釋寂鏗塔銘 …… 43
〇〇八 慈恩寺潘門劉氏祭忌碑記 …… 49
〇〇九 慈恩寺陳門劉氏暨彭門劉氏祭忌碑記 …… 55
〇〇〇 劉門歷代祖先靈位 …… 59
〇一一 劉、黎、鄧三門歷代先祖神位 …… 65
〇一二 慈恩寺關門劉氏祭忌碑記 …… 71
〇一三 慈恩寺朱氏後佛碑記 …… 77
〇一四 河口坊朱大宅祭忌碑記 …… 83
〇一五 重修含龍寺碑記 …… 87
〇一六 振修南郊昭事殿碑記 …… 93
〇一七 河口坊重建關聖廟簽題録(一) …… 101
〇一八 重建關聖廟碑記 …… 107
〇一九 河口坊重建關聖廟簽題録(二) …… 115

○二○　河口坊武春播後神碑記 …… 121
○二一　重修河口坊亭門碑記 …… 127
○二二　河口坊祠址宴老碑記 …… 133
○二三　重修白馬廟簽題録 …… 139
○二四　重修白馬廟碑記 …… 145
○二五　重修漢伏波將軍祠碑記 …… 151
○二六　白馬神祠碑記 …… 157
○二七　鼎建粵東會館簽題録 …… 165
○二八　鼎建粵東會館碑記 …… 171
○二九　重修粵東會館碑記 …… 177
○三○　重修粵東會館後座碑記 …… 183
○三一　河口坊黄氏草等後佛碑記 …… 189
○三二　刊聖經寄先人勸善碑 …… 195
○三三　福建會館興創録 …… 201
○三四　後黎憲宗御製《題龍光洞詩》 …… 207
○三五　後黎聖宗御製詩《題龍光洞并引》 …… 211
○三六　安穫社上、楝、廣納等三村黎忠義後神碑記 …… 215
○三七　布衛鄉安穫社壽域等五村黎忠義後神碑記 …… 223
○三八　安穫社黎忠義生祠碑記 …… 231
○三九　安獲社鋭村三甲黎忠義後神碑記 …… 239
○四○　重修東門寺興功碑 …… 247
○四一　社壇坊丁氏家族祭忌碑記 …… 253
○四二　社壇坊阮氏妙香後佛碑記 …… 259
○四三　阮方亭先生神道碑 …… 265
○四四　乾安寺法慧塔碑銘 …… 275
○四五　金縷中村文祠記 …… 281
○四六　高海平奉事碑記 …… 287
○四七　重修崇福寺廟庵碑記 …… 293
○四八　上亭村公田碑記 …… 303

〇四九　金縷社修造文址並阮氏夫妻祭忌碑記 …… 309
〇五〇　金縷社阮氏蘋等後亭碑記 …… 313
〇五一　金江相國阮公神道碑 …… 319
〇五二　黎黄訒齋先生神道碑 …… 335
〇五三　仁睦社玉元和夫妻後神碑記 …… 341
〇五四　仁睦社玉英松夫妻後神碑記 …… 347
〇五五　仁睦社黎直夫妻後神碑記 …… 353
〇五六　天姥大王祠堂碑記 …… 359
〇五七　廣布坊陳絖夫妻祭忌碑記 …… 371
〇五八　弘恩寺碑記 …… 377
〇五九　大慈社壽老名碑 …… 383
〇六〇　苓塘社大慈村重修壽址碑記 …… 389
〇六一　苓塘社壽老壇碑記 …… 395
〇六二　慈廉縣前朝諸名科碑 …… 399
〇六三　安阜坊杜有用夫妻後神碑記 …… 415
〇六四　宜蠶坊黎氏贍等後神碑記 …… 421
〇六五　重修龍慶寺碑 …… 431
〇六六　清烈社朱文貞等先賢碑記 …… 437
〇六七　光烈社甲中村斯文會先賢碑記 …… 443
〇六八　清烈社小科碑記 …… 451
〇六九　清烈社中科碑記 …… 455
〇七〇　清烈社范氏田祭忌碑記 …… 459
〇七一　羅内社鄧令公後佛碑記 …… 467
〇七二　華嚴寺碑 …… 473
〇七三　羅溪社黎鑑後神碑記 …… 479
〇七四　羅溪社崇師報本祭忌碑記 …… 487
〇七五　羅内、綺羅二社崇師報本祭忌碑記 …… 495
〇七六　綾羅坊崇師報本祭忌碑記 …… 503
〇七七　國老大王重修重光寺碑記 …… 511

○七八　重光寺石磬記 …… 517
○七九　羅陽社斯文碑記 …… 521
○八○　安牛社阮英健後神碑記 …… 529
○八一　安偉社阮伯卿後神碑記 …… 537
○八二　青池縣文典社先賢祠址碑記 …… 549
○八三　文典社范氏妙後神碑記 …… 557
○八四　鄭靖王正妃黄氏實祭忌碑記 …… 567
○八五　馮朓社吴法應祭忌碑記 …… 579
○八六　仁睦門社馮朓村二阮後神配位碑記 …… 585
○八七　高山大王神祠碑銘并序 …… 593
○八八　東鄂社重修城隍廟功德碑 …… 603
○八九　義都社上亭先上、中衙二村買唱籌碑記 …… 613
○九○　義都社下亭萬隆、安富二村買唱籌碑記 …… 619

○○一　黎朝節義祠碑記

引言

碑立於河内（奉天府廣德縣）瑞璋坊黎朝節義祠内。拓片編號爲 00028/00029，按拓片題簽，此碑内容分刻於兩碑，兩碑皆刻單面，編號 00028 爲節義祠内右邊第一碑，編號 00029 爲祠内左邊第一碑，然按《越南漢喃碑銘拓片目録提要》説明，此兩拓片爲一碑之兩面，不知何者爲誤。編號 00028 共二十行，滿行約四十字，編號 00029 共二十一行，滿行約三十八字碑額刻有“黎朝節義祠碑記”七字，今依此額題作爲篇題，碑文撰者爲河寧總督黄收。兩拓片四邊均刻有花草紋，年代皆署作嗣德（Tự Đức）十四年（1861）辛酉，嗣德爲阮翼宗（Nguyễn Dực Tông）阮福時（Nguyễn Phúc Thì）年號，同年爲清咸豐十一年。拓片現藏於漢喃研究院。

按碑文内容，編號 00028 是據禮部和工部的議定書寫成，大致内容爲阮翼宗下令河内省級官員建設節義祠，以供奉三十三位追隨後黎昭愍帝流亡清朝達十三年之久的官員。祠堂於嗣德十三年（1860）開工，至十四年（1861）完成。碑文上記録節義人士姓名及職位。編號 00029 的内容則爲河寧總督黄收於祠堂完工後，爲祠堂所寫碑記，内容簡述黎末動亂，後黎困於西阮，清乾隆帝雖幾次派兵支援，但後黎依舊滅亡，幸賴阮朝世祖殄滅僞西，爲後黎君臣報仇。阮翼宗特命甄録後黎名臣三十三人立祠專祀，以顯其忠孝之心。

編號：00029　出自《拓片總集》第一冊（下同）

00029
黎朝節義祠碑記
嗣德十四年辛酉仲夏吉日立

編號：00028

釋文

黎朝節義祠碑記[①]

黎朝節義祠成，明書牌位，蠲吉[②]行，肇禋禮[③]，既卒事，展閱列祀中人事狀原録，不覺撫今傷/昔，慨然繫之辭曰：夫士君子之生而爲世用也，興廢者幾，存亡推義，未有如黎季諸臣，淪/落人國，以君之故，罹於困辱。向非遭值/　　　　聖朝，施德於不報，存節於既亡，則天下後世又孰知其遇之可矜，而志之可尚哉！且僞西阮惠之/崛起也，暴於秦隋，黎氏委靡已久，昭統[④]初立，雖亦有志，小貞則吉，大貞則凶[⑤]，僞西非其敵也。/然紀侯大去其國□[⑥]，豈《春秋》所恕？可惜者，當日清乾隆帝制閫[⑦]非人：始也，孫士毅奉命來援，/失於玩敵[⑧]，爲德不卒，遂致反奔[⑨]；終也，福康安將命踟躕，失於蔽敵，轉義爲仇，陰圖了事。遂使黎/季播遷，君臣進退維谷，甍弗及知，存則分置，雖式微之傷泥露[⑩]，旄丘之怨蒙戎[⑪]，亦不如是之/甚者。幸哉！大南一統，　天命有歸，欽奉/　　　　世祖高皇帝興戎大定，殄滅僞西，既

---

① 此爲額題，今依額題爲篇題。

② “蠲吉”，即祭祀前齋戒沐浴選擇吉日的意思。《詩經・小雅・鹿鳴之什・天保》：“吉蠲爲饎，是用孝享。”毛亨傳：“吉，善；蠲，絜也；饎，酒食也、享獻也。”鄭玄箋云：“謂將祭祀也。”

③ “禋禮”，見《周禮・春官・大宗伯》：“以禋祀祀昊天上帝，以實柴祀日月星辰。”

④ “昭統”，即越南後黎朝黎愍帝（Lê Mẫn Đế）黎維祁（Lê Duy Kỳ）的年號，共計三年（1787–1789）。

⑤ “小貞則吉，大貞則凶”，見洪邁《容齋隨筆・小貞大貞》：“人君居尊位，倒持太阿，政令有所不行，德澤有所不下，身爲寄坐，受人指麾，危亡之形，且立至矣。故《易》有‘屯其膏，小貞，吉；大貞，凶’之戒，謂當以漸而正之。”

⑥ “紀侯大玄其國”，見《左傳・莊公四年》：“紀侯大去其國。”杜預注：“以國與（紀）季。季奉社稷，故不言滅；不見迫逐，故不言奔。大去者，不反之辭。”

⑦ “制閫”，統兵的將帥。見《續資治通鑑・宋理宗寶慶元年》：“我不參制閫，則曲在我。”

⑧ “玩敵”，即輕敵。見《三國志・吴書・孫策傳》：“策以書責而絶之。”裴松之注引晉張勃《吴録》：“今四方之人，皆玩敵而便戰鬬矣，可得而勝者，以彼亂而我治，彼逆而我順也。”

⑨ “反奔”，孫士毅援越事蹟在昭統二年（乾隆五十三年，1788），見校合本《大越史記全書續編》卷五。《清實録》卷之一千三〇七《高宗純皇帝實録・乾隆五十三年六月下》。

⑩ “式微之傷泥露”，見《詩經・邶風・式微》：“式微，式微！胡不歸？微君之故，胡爲乎中露！式微，式微！胡不歸？微君之躬，胡爲乎泥中！”

⑪ “旄丘之怨蒙戎”，見《詩經・國風・邶風・旄丘》：“旄丘之葛兮，何誕之節兮！叔兮伯兮，何多日也？何其處也？必有與也！何其久也？必有以也！狐裘蒙戎，匪車不東。叔兮伯兮，靡所與同。瑣兮尾兮，流離之子。叔兮伯兮，褎如充耳。”

爲黎家君臣雪仇，既而二十年間壯燕[①]羇族[②]，亡者得返塋，存者/得生還，亦　寵靈之足以憑仗也。既歸之後，存者、没者與其弗及從亡，而死于抗賊、罵賊、始/終爲黎者，並得　優賞錢幣，或給之葬資，加之恩蔭，各有差。有此困阨，遂有此榮光，百年之/是非定矣。惟事久迹湮，傳聞易誤，則伸于一辰[③]者猶恐未伸于百世，奉我/　　　　　皇上深以人心風俗爲念，特命甄録。得自黎侗[④]以下至陳鶴凡三十三人，其中專祀者專謚，列祀者/通謚，登之祀典，足以去訛而存信。收承督斯土，親理其事，既幸黎季諸臣名節之足以不朽，於/此有以一見/

聖朝之於故黎，始終有包荒[⑤]之大德，雖至於亡國遺臣，亦得永承庥於世世；則凡故鄉遺族，苗裔猶/存所宜，刻骨銘心，相勉於忠孝之風，以無負/　　　　　朝廷激勵風俗之至教，可也。謹記。

嗣德十四年辛酉[⑥]仲夏吉日立/

河寧總督黄收　恭撰/[⑦]

嗣德拾肆年，歲辛酉仲夏，河寧總督黄收[⑧]，太僕寺卿、領河内布政使阮克述[⑨]、署河内按

---

① “壯燕”，見（明）謝榛《寄懷顧近湖比部》（五言律詩，押先韻）：“莫測文園志，龍光薄海天。遥知變化日，稀見老成年。客路西淹晉，神州北壯燕。白雲樓上賦，秋色滿高筵。”

② “羇族”，見（明）謝榛《雨後立夏》（五言律詩，押真韻）：“園中緑已暗，寂寞問花神。興託清樽酒，愁欺白髮人。山城初雨過，天地尚餘春。又與東風别，堪嗟羇族身。”

③ “辰”，越南避諱字，即“時”字，避嗣德帝阮福時諱，下同不改。

④ “黎侗”，《皇黎一統志》作黎侗。又，《欽定越史通鑑綱目》卷四十七昭統元年（1787）作黎侗（Lê Quýnh，1750-1805）：“超類大卯人，允個之子，後從愍帝北奔十八年，全髮而還，卒於家。”黎侗於《北行叢記・自敘》自謂爲“江北順安府超類縣人”。

⑤ “包荒”，見《周易・泰》：“包荒，用馮河，不遐遺。”王弼注：“能包含荒穢，受納馮河者也。”謂度量廣大。

⑥ “嗣德”，越南阮翼宗（Nguyễn Dực Tông）阮福時（Nguyễn Phúc Thì）的年號，共計三十六年（1848-1883）。嗣德帝無子，死後由養子阮福膺禛（Nguyễn Phúc Ưng Chân）繼位，是爲育德帝（Vua Dục Đức），然三天之後即爲權臣阮文祥、尊室説廢黜，未有年號，仍使用嗣德年號。育德帝被廢黜後，阮文祥等人改立嗣德帝之弟朗國公阮福洪佚（Nguyễn Phúc Hồng Dật），是爲協和帝（Hiệp Hòa Tông）。即位四個月後，復爲權臣阮文祥罷黜並殺害，未及改元。故嗣德成爲三位皇帝共同使用之年號，但嗣德三十六年實際僅1883年短暫的四個月時間。“十四年辛酉”當公元1861年，清咸豐十一年。

⑦ 以上爲拓片編號00029内容。

⑧ “黄收”（Hoàng Thu），見《大南寔録正編・第四紀》：“（翼宗英皇帝，癸亥，嗣德十六年，1863）四月，以河寧總督黄收調補户部尚書……七月，户部尚書黄收卒。”

⑨ “阮克述”（Nguyễn Khắc Thuật），詳見《大南寔録正編・第四紀》卷二十七：“匪榅盛黨自北攙彰德慈廉屬河内，布政使阮克述、按察使黎有聲、欽派鄭履亨等殺退之。”又見陳重金《越南通史》（一名《越南史略》）：“當時河内布政使阮克述、山西省布政使使黎裕和興安省副領兵武早……纔戰勝賊軍。”

察使黎有聲[①]謹識：/

前者，禮、工二部臣遵議，黎朝節義合祠諸事宜，欽送到省，爰於永順縣瑞璋坊黎氏/故都西廓地，鼎建正堂、前堂合成一座，儀門一座，正堂之前稍西瓦屋一所，堂屋内/外墻垣，一依部式。以嗣德拾叁年五月初拾日鳩工，拾肆年貳月日落成。是祠背蘇/江[②]，面西湖[③]，一望闊然，不特水竹禽魚，自然之勝槩足以增色，而澄泓萬頃，與此祠相/爲終古，且寓激濁揚清之微意。至如牌位中先後次序，亦依議送碑于祠前，公諸覽者。/正中專祀一人，曰故黎節義、同平章事、長派侯，謚忠毅黎侗。左列祀十一人，曰故黎節/義、四城副提領，謚忠愍阮曰肇[④]；故黎節義、兵部尚書、筆峯侯，謚忠愍阮廷簡[⑤]；故黎節義、/京北署鎮守、琔武侯，謚忠愍陳光珠[⑥]；故黎節義、謚忠愍陳名偈[⑦]；故黎節義、户部右侍郎，謚忠愍阮輝濯[⑧]；故黎節義、署京北鎮守，謚忠愍黎昕[⑨]；故黎節義、都督指揮，謚忠愍黎允/值[⑩]；故黎節義、掌四寶，謚忠愍黎貴適[⑪]；故黎節義，謚忠愍阮雄忠[⑫]；故黎節義，謚忠愍黎松[⑬]；/故黎節義、京北鎮左

---

① "黎有聲"（Lê Hữu Thanh），嗣德四年（1851）辛亥科第二甲進士出身。見《國朝科榜録》記載："黎有聲，南定青蘭上尋，乙亥三十七庚戌舉人。有神童名。官寧平巡撫免。"又見《皇朝嗣德四年辛亥會試科進士題名碑》："舉人年庚乙亥三拾柒歲，南定省，建昌府，青蘭縣，上尋總，上尋社。"

② "蘇江"，即蘇歷江，珥河之支流。蘇歷江之名最早出現於校合本《大越史記全書·外紀》卷四："（李南）帝又敗於蘇歷江。"時爲梁大同十一年（545）。詳見《欽定越史通鑑綱目前編》卷四"唐穆宗長慶四年"注："蘇歷是珥河之支流。"又引《大清一統志》："蘇瀝江自交州府城東北，轉而西行，直抵鋭江。昔有人名蘇瀝者在此，故名。明永樂初，黄福重浚，因更名來蘇，今在河内省城之東，壽昌縣有江口，是從珥河分流處。"《讀史方輿紀要·廣西七·外國附考》："在府城東北，自富良江分流，轉而西，直抵鋭江。本名蘇歷江，相傳昔有蘇歷者開此江，因名。梁大同末，陳霸先敗李賁於蘇歷江，既而進克嘉寧，諸軍皆頓于江口。"胡氏曰："江口，蘇歷江入海之口也。永樂初，黄福爲交趾布政司，以江淤重浚，時王師吊伐，因更今名。"

③ "西湖"，即還劍湖，原名水軍湖，黎太祖時改爲環劍湖。楊伯恭《河内地輿》記載："水軍湖在城之東左右望村，黎朝操演水手之所，亦曰劍湖。世傳黎太祖游於此，忽見大龜浮出，以寶劍指之，龜含劍而去，故名。"

④ "阮曰肇"，《欽定越史通鑑綱目》記載："阮曰肇：南塘青水人。"《皇黎一統志》記載同。

⑤ "阮廷簡"，景興三十年（1769）己丑科第三甲同進士出身。《欽定越史通鑑綱目》記載："阮廷簡，弘化永治人，竝景興己丑科進士。"《登科録》記載："阮廷簡，弘化永治人，三十六中。"

⑥ "陳光珠"，《欽定越史通鑑綱目》卷四十七："嘉平浮灘人。"

⑦ "陳名偈"，《皇黎一統志》記載同。

⑧ "阮輝濯"，《欽定越史通鑑綱目》卷四十七："文江丹染人。"

⑨ "黎昕"，《皇黎一統志》作"黎忻"。又，《欽定越史通鑑綱目》卷四十七亦作"黎昕"，爲"南塘嫩柳人，後從愍帝奔"。

⑩ "黎允值"，《欽定越史通鑑綱目》卷四十七："超類大卯人，黎侗之弟。"

⑪ "黎貴適"，《皇黎一統志》作"黎貴通"。《欽定越史通鑑綱目》卷四十七作"黎貴適"，爲"安定同滂人"。

⑫ "阮雄忠"，《欽定越史通鑑綱目》卷四十七："舒池平安人。"

⑬ "黎松"，同上書卷四十七："慈廉西就人。"

参政使，謚忠慤黎仲瑞[①]。右列祀十一人，曰故黎節義、封靖難功臣、/御史兼副都御史，謚忠慤陳名案[②]；故黎節義、宣光處清刑憲察司副使，謚忠慤阮廷院[③]；故黎/節義、侍内，謚忠慤阮文涓[④]；故黎節義，謚忠慤陳珽[⑤]；故黎節義、都督同知，謚忠慤阮國/楝[⑥]；故黎節義、迪郡公，謚忠慤黄益曉[⑦]；故黎節義，謚忠慤阮廷綿[⑧]；故黎節義，謚忠慤譚/慎廠[⑨]；故黎節義、武尉，謚忠慤阮仲瑜[⑩]；故黎節義，謚忠慤黎式[⑪]；故黎節義、提領正四城/軍務、管山西鎮守，遥領宣光、興化等鎮，協理兵部、户部参與朝政、近光侯，謚忠慤范/如松[⑫]。又東厦從祀五人，曰故黎節義阮玉璉[⑬]、故黎節義阮玉肇[⑭]、故黎節義阮玉振[⑮]、故黎/節義韶尊洽[⑯]、故黎節義黎廷定[⑰]；西厦從祀五人，曰故黎節義陳琅[⑱]、故黎節義陳瑠[⑲]、故黎節義/武仲連[⑳]、故黎節義陳寅[㉑]、故黎節義陳鶴[㉒]。/[㉓]

---

① “黎仲瑞”，《皇黎一統志》記載同。
② “阮名案”，《欽定越史通鑑綱目》卷四十七：“嘉平寶篆人，昭統丁未科進士。”
③ “阮廷院”，同上書卷四十七：“興元美裕人，鄉貢。”
④ “阮文涓”，《皇越一統志》作“阮涓”。《欽定越史通鑑綱目》卷四十七亦作“阮文涓”，爲“東山布衛人”。
⑤ “陳珽”，《欽定越史通鑑綱目》卷四十七：“至靈滇池人，陳璡之子。”
⑥ “阮國楝”，同上書卷四十七：“良才琵琶人，皇妃之兄。”
⑦ “黄益曉”，《皇黎一統志》記載同。
⑧ “阮廷綿”，《欽定越史通鑑綱目》卷四十七：“慈廉香梗人。”
⑨ “譚慎廠”，同上書卷四十七：“東岸香墨人。”
⑩ “阮仲瑜”，《皇黎一統志》記載同。
⑪ “黎式”，《欽定越史通鑑綱目》卷四十七：“弘化答棣人。”
⑫ “范如松”，同上書卷四十七：“舒池安老人。”
⑬ “阮玉璉”，同上書卷四十七：“阮廷院之子，鄉貢。”
⑭ “阮玉肇”，《皇越一統志》記載同。
⑮ “阮玉振”，同上書記載同。
⑯ “韶尊洽”，同上書作“尊洽”。
⑰ “黎廷定”，同上書作“黎延定”。
⑱ “陳琅”，同上書作“陳良”。
⑲ “陳瑠”，同上書記載同。
⑳ “武仲連”，同上書作“武仲逸”。
㉑ “陳寅”，同上書記載同。
㉒ “陳鶴”，同上書記載同。
㉓ 以上爲拓片編號 00028 内容。

題後

此碑記載追隨後黎朝最後一位皇帝——昭統帝流亡清朝的三十三位官員事蹟，這一段歷史關涉後黎朝與西山朝。時昭統帝爲西山朝阮惠所迫，兩次求援於清朝，清廷初派兩廣總督孫士毅往援，不想大敗；而此時阮惠已即皇帝位於富春城（即順化城），改元光中，基本上已經統一安南南北全境。孫士毅的大敗，引起清廷的震動，乾隆命閣臣福康安爲兩廣總督、提督九省兵馬，料理安南事，福康安與阮惠均欲避戰。協調之後，阮惠遣使至廣西幕府謝罪歸降，福康安等人則以西山朝已然建立，昭統帝已無意復國爲説，建議乾隆受降。此時已逃至南寧的昭統帝進退維谷，被遷至京師編入漢八旗。後爲防止昭統帝尋求復國的機會，將隨行衆臣分散安置在各個地區，孤臣孽子格外艱辛。直至阮福映建立阮朝，衆臣始上表請將期間已經亡故的昭統帝、皇太后阮氏玉素、元子黎維詮，以及遺臣阮曰肇、阮文涓的遺骸一起送回安南。由於西山朝在越南的歷史定位，史君對於昭統之後至西山朝間的這一段歷史少有記載，因而隨行流亡的諸臣記録也並不完整。同前較爲詳細的記載可見於吴時仕、吴時悠、吴時任三兄弟所編纂的《皇黎一統志》。

《皇黎一統志》雖是歷史演義小説，然編著者均爲越南史家，且經歷後黎朝衰亡的歷史過程，因此一般咸認所敘事件精詳甚於正史。根據《皇黎一統志》第十七回的記載："自皇妃殉葬後，通國及清人皆以節義目之，於是北城總鎮誠郡公具題達，欽奉褒獎，命於京北良才琵琶鄉貫爲之立祠。准給田祭，並復其民。以供香火祀事，及豎碑敕文，以示旌表云。"可知作者編著之時，本碑誌已經由官方立祠樹碑。在《皇黎一統志》手抄本中，記録了三十三位從亡諸臣的姓名：

> 至從亡諸臣，皇朝嗣德十四年夏，部臣遵議甄録，特蒙旨準立祠於昇龍之西廊。地屬永順瑞璋坊，其牌位次第，依部議：正中位長派侯謚忠毅黎侗，左列十一人，提領阮曰肇、尚書筆峯廷簡、琁武侯陳光珠、陳名偈、右侍郎阮輝耀、鎮守黎忻、指揮黎兄值、掌四寶黎貴適、阮雄忠、黎松、京北左参政平望黎仲瑺；右列十一人，靖難功臣陳名案、宣光清刑憲察副使阮廷院、内侍阮涓、陳珽、督同阮國棟、迪郡公黄益曉、阮廷綿、譚慎廠、武尉阮仲瑜、黎式、近光侯范如松，共二十二人；通謚曰"忠敏"。東廈祀五人，曰：阮玉璉、王肇、玉振韶、尊洽、黎延定；西廈五人，曰：陳良、陳璒、武仲逸、陳寅、陳

鶴。自黎倜以下共三十三人，並冠以故黎節義臣，而祠亦名故“黎朝節義祠”。有以仰見朝廷激濁揚清，磨礪風俗之至教。而後之覽者，知有此困厄於此時，而有此榮光長留於萬世矣。

此内容與本碑誌對校後，可以補證部分碑誌不清晰之内容。然碑誌整體之記載，較之文本則完整許多，故具有非常重要的歷史價值。

○○二　瑞璋坊東甲阮氏眀暨夫祭忌碑記

引言

碑立於河内省懷德府永順縣瑞璋廟内，爲廟内右邊牆第四碑。碑刻單面，拓片編號爲00044，共十五行字，滿行約二十二字，額題刻有“後忌碑記”四字，今依内容及性質重定篇題爲“瑞璋坊東甲阮氏眑暨夫祭忌碑記”。碑四周刻有紋飾，碑額刻有雙龍昭日，其餘三邊刻有花草紋。年代署作皇朝嗣德三年歲次庚戌（1850），嗣德爲阮翼宗（Nguyễn Dực Tông）阮福時（Nguyễn Phúc Thì）年號，同年爲清道光三十年。拓片現藏於漢喃研究院。

碑文内容記載瑞璋坊東甲擬重修館舍，但缺少經費，阮氏眑爲此捐贈三百貫錢供東甲使用。修繕館舍的工程竣工後，鄉民商議在亭左立碑，以供奉其過世的丈夫裴文華，並於阮氏眑百年後一併祭祀。

00044
後忌碑記
蓋聞報施德之次也施而不報可乎河內省懷德府永順
縣中總瑞璋坊東甲官員鄉老黎文依該總阮加如隊長
武文台員子阮琥里長阮文進副里阮曰尊役目阮本總
阮文搽阮文本武文蔓武文熹合甲上下等謀修廨宇而
畬于財甲人故以文華之妻阮氏𥈭自出家貲叁百貫以
助其役役成甲人德之爰相謀曰秉彝好德天理之同然
而思遠思深人情之必至ㄦ阮氏𥈭鄉之從淑女也守寡
栓張每以百年之計為念爲此合甲應許之當忌事定
以逝年ㄦ循氏夫君忌日本甲推辦猪壹首粘米[illegible]酒
用足逝就亭宇行礼氏在堂逝年八帝所稱孚日[illegible]
鄉老同百歲后忌日亦如親夫礼以昭美報而立碑于亭
之左夫有施必報民德亦歸于厚矣碑以誌之
裴姓字裴廷香号福花　三月初三日忌
阮氏𥈭号妙蜜孺人　三月二十[illegible]日忌
皇朝嗣德叁年五月貳拾五日　合甲共記

編號：00044　出自《拓片總集》第一冊

釋文

後忌碑記[①]

蓋聞報施，德之次也，施而不報，可乎？河內省懷德府[②]永順/縣中總瑞璋坊東甲官員鄉老黎文作，該總阮加如，隊長/武文台，員子阮玳，里長阮文進，副里阮曰亨，役目阮文穗、/阮文撿、阮文本、武文義、武文素，仝甲上下等，謀修廨宇而/嗇於財，甲人故裴文華之妻阮氏昹，自出家貲叁百貫[③]以/助其役。役成，甲人德之，爰相謀曰："秉靈好德，天理之同然，/而思遠憂深，人情之必至。且阮氏昹，鄉之媛淑女也，守寡/撫孤，每以百年之計爲念，爲此仝甲應許之寄忌事，合定/以遞年凡值氏夫君忌日，本甲整辦豬壹首、粢[④]壹盤、芙[⑤]、酒/用足，遞就亭宇行禮。氏在堂，遞年入席、祈福等日致敬，與/鄉老同；百歲後忌日亦如親夫禮，以昭美報。"因立碑于亭/之左。夫有施必報，民德亦歸于厚矣，傳以嘉之。/

裴姓字裴廷香，號福花，三月初三日忌。/

阮氏昹，號妙密孺人，三月二十四日忌。/

---

① 此爲額題，今依內容及性質重定篇題爲"瑞璋坊東甲阮氏昹暨夫祭忌碑記"。

② "懷德府"，在河內省西七里，東西距十九里，南北距四十里。《大南一統志》記載："懷德府，在省城西七里，東西距十九里，南北距四十里。東至珥河對岸，北寧嘉林縣界九里。西至山西、丹鳳安山等縣界十里，南至常信府青池縣與應和府青威縣界三十一里。北至珥河對岸，北寧省東安縣與山西省安朗縣界九里。"按，懷德府治所在今越南河內市懷德縣。

③ "貫"，圓錢計數單位，有以五百文爲貫。（宋）陶岳《貨泉録》云："閩王審知鑄大鐵錢，五百文爲貫。"以千文爲貫，《金史·食貨志》云：興定元年（1217）二月，"通用貞元通寶，凡一貫當貞祐寶券千貫，千錢爲之一貫"。《明史·食貨志》："太祖初置寶源局於應天，鑄'大中通寶'錢，與歷代錢兼行。以四百文爲一貫，四十文爲一兩，四文爲一錢。"元末朱元璋鑄大中通寶錢，以四百爲一貫，四貫爲一兩，四文爲一錢。

④ "粢"，碑文原作"秶"，爲"粢"的異體字，下同不另出注。見《康熙字典·米部》。

⑤ "芙"，指芙蒥，一種藤類植物，越文作Cây lá trầu。與檳榔同爲喜慶時必有之象徵性植物，尤其是在傳統婚俗文化中，檳榔、芙蒥與石頭（石灰）是兄弟和睦、夫妻恩愛之象徵。可以參見《嶺南摭怪列傳·檳榔傳》。迄今越南傳統式的婚禮仍然採用芙蒥、酒、檳榔等物作爲重要的禮物。據黎貴惇《芸臺類語·品物》記載："芙蒥藤，根生，原無實，廣州人凡食檳榔必以芙蒥爲佐。霜雪盛時少蔞葉，亦屑其根鬚，而以石灰爲使蔞，即芙蒥也。"又引嵇含《南方草木狀》："檳榔食味竝澀，剖其上皮，煮其膚熟之，堅如乾棗，以芙蒥藤、石灰竝食，滑美，下氣消穀。交廣人以爲貴，婚族賓客必先進此，若解逅不設，自相嫌恨；今風俗尚然。"《本草》又云："出交州者形小味甘，廣州形大味澀。"又引《廣東新語》："瓊州人家，有檳榔之園，椰子之林，斯則膏腴之産矣。"又引《桂海虞衡志》："南人喜食檳榔，以銀錫做小盒，一則貯灰，一貯藤，一貯榔。"

皇朝嗣德叁年[1]五月貳拾五日/

仝甲共記/

題後

"後祭(後忌)"是越南地區一種特殊的"立後"風俗，又稱"寄忌"。所謂"寄忌"，可見二十世紀編纂完成的《安南風俗册》的解釋："其無子者，立嗣之外，又將田土寄於本甲本村，或本社，或他社，取花利錢，忌日辦禮供於祠堂，曰寄忌。"這種立後者需要對於籌辦寄忌的單位提供一定的"貢獻"，換取寄忌單位等對於"立後"者指定的特定人物進行身後的祭祀。這與明末清初廣東的屈大均著作的《廣東新語》卷十七《宫語》對於"小宗祠"的記載若合符節：

> 龐弼唐嘗有小宗祠之制。旁爲夾室二，以藏祧主。正堂爲龕三，每龕又分爲三，上重爲始祖，次重爲繼始之宗有功德而不遷者，又次重爲宗子之祭者同祀。其四代之主，親盡則祧。
>
> 左一龕爲崇德，凡支子隱而有德，能周給族人，表正鄉里，解訟息爭者；秀才學行醇正，出而仕，有德澤於民者，得入祀不祧。
>
> 右一龕爲報功，凡支子能大修祠堂，振興廢墜，或廣祭田、義田者，得入祀不祧。

可推知這種習俗與中國的移民與祠堂的建立有一定程度的關連。寄忌因地點的不同而有"後佛""後神""後亭"等稱謂，這種寄忌的碑文，在後黎朝與阮朝的碑誌中佔有相當大的數量，非常值得深入研究。

① "皇朝嗣德叁年"，即阮翼宗嗣德三年（1850），當清道光三十年，歲次庚戌。

○○三　玉山帝君祠記

引言

碑立於河内還劍湖玉山寺殿内，此爲内殿右邊一碑。碑刻單面，拓片編號爲 00061，共二十一行字，滿行四十字，碑題刻有“玉山帝君祠記”六字，今依額題爲篇題。四邊刻有花草紋。碑文撰者爲北寧學政武宗璠，書者爲青池縣仁睦舊社蘇岡，刻者爲新開村石匠阮文韓。年代署作紹治（Thiệu Trị）萬萬年之三歲癸卯（1843），紹治爲阮憲祖（Nguyễn Hiến Tổ）阮福暶（Nguyễn Phúc Tuyền）年號，同年爲清道光二十三年。拓片現藏於漢喃研究院。

玉山寺爲越南著名古寺，位於河内還劍湖之小島上，祀奉關帝與文昌帝君，迄今猶存。寺内有越南歷朝官方與民間立之多通碑誌，《拓片總集》第 1 至 4 册（本書内容所選範圍）中與玉山祠相關的拓片有八片，編號分别爲 00061、00062、00067、00068、00117、00118、00119、00120；本書收較有代表性之編號 00061《玉山帝君祠記》及編號 00119《重修玉山寺文昌祠碑記》兩片碑銘。

《玉山帝君祠記》記載紹治元年（辛丑，1841）嚮善會重修玉山寺之事。玉山寺原由信齋翁循舊關帝祠加葺而成，紹治元年由一群士子所組成的嚮善會發起重修，將原有鐘閣改造爲文昌帝君祠，次年秋竣工，成爲嚮善會士子們藏修游息之所，紹治三年立碑以誌其事。

《重修玉山寺文昌祠碑記》介紹見下一篇。

00061

玉山帝君祠記

由來河□永□□臺左□淺□稱還劍故識一名勝也湖面之北土山□出可□□□□□黎末
釣臺歲久者□□□□因有
關帝祠而如臺之名玉山寺□□南前起鐘閣伊景頗為之增色歲久而頹寺□□人淡遊矣近日鄉善
會有由科目中人者結會之初以勉行方便為主原奉
文昌帝君而未有祠信齋翁諸子頗與會相善情願讓焉仝會敬于
帝君前卜□□□創新磨白現光四方照耀任行歲從前自有根基在潤色增輝聲播揚仝□仍修補
關帝祠撤下鐘閣改造
文昌帝君祠祠三間正中奉安
新像左右廡各一間東西房各五間以辛丑冬起構暨壬寅秋工竣需量之費計會中所給並十方貲數
不下三千緡其規製較前增麗夫劒湖天然之勝山不在高水不在深併不以人工之有無而加損
也惟眼前有景豈終虛負倘有人焉自應與景湊合鄉善會卜祠而得之蓋一心之誠而佳景亦有
所待也嗣今享
神有所士夫相與周旋愛其景者因羨其名而會中之藏修游息者有其地水月山風之興所以助獨得
之善者亦多余登臨覽勝有年矣而今臨祠四望煥然一新固為擇得善者喜之而倍喜夫伊景之
不孤也若夫勉於為善
神其必鑒之不須繁贅是記
皇朝紹治萬萬年之三歲癸卯孟秋吉旦
丙戌科進士北寧學政洪州魯菴武奐甫　撰
會中青池縣仕睦舊社鄭岡　□書
新開村石匠阮文韓　恭刻

編號：00061　出自《拓片總集》第一冊

釋文

玉山帝君祠記[1]

由來河景未嘗虛置，左望湖舊稱還劍[2]，故畿一名勝也。湖面之北，土山浮出，可三四高，相傳是黎末/釣臺處，曩者蕊溪信齋翁因有/　　　　　關帝祠而加葺之，名玉山寺。寺面南，前起鐘閣，伊景頗爲之增色，歲久而頹，寺欲興，人俱逝矣。

近日嚮善/會有由科目中人者結會之，初以勉行方便爲主，原奉/　　　　　文昌帝君而未有祠，信齋翁諸子頗與會相善，情願讓焉。仝會敬于/　　　　　帝君前卜籤，籤云："寶劍新磨白現光，四方照耀任行藏。從前自有根基在，潤色增輝聲播揚。"仝會仍修補/關帝祠，撤下鐘閣，改造/　　　　　文昌帝君祠，祠三間，正中奉安/　　　　　新像，左右廡各一間，東西房各五間，以辛丑[3]冬起構，暨壬寅[4]秋工竣，需量之費計會中所給並十方貲，數/不下三千緡，其規製較前增麗。

夫劍湖，天然之勝，山不在高，水不在深，併不以人工之有無而加損/也。惟眼前有景，豈終虛負？倘有人焉，自應與景湊合。嚮善會卜祠而得之，蓋一心之誠，而佳景亦有/所待也。嗣今享/　　　　　神有所，士夫相與周旋，愛其景者因羡其名，而會中之藏修游息者有其地，水月山風之興，所以助獨得/之善者亦多。余登臨覽勝有年矣，而今臨祠四望，焕然一新，固爲擇得善者喜之，而倍喜夫伊景之/不孤也。若夫勉於爲善，/　　　　　神其必鑒之，不須繁贅，是記。/

時[5]/

皇朝紹治萬萬年之三歲癸卯[6]孟秋吉旦/

---

① 此爲額題，今依此爲篇題。

② "還劍"，即還劍湖，原名水軍湖，黎太祖時改名還劍湖。見楊伯恭等著《河内地輿》記載："水軍湖在城之東左右望村。黎朝操演水手之所，亦曰劍湖。世傳黎太祖游于此，忽見大龜浮出，以寶劍指之，龜含劍而去，故名。"一説爲襄翼帝事。

③ "辛丑"，應即阮憲祖（Nguyễn Hiến Tổ）阮福暶（Nguyễn Phúc Tuyền）紹治元年（1841），當清道光二十一年。

④ "壬寅"，應爲紹治二年（1842），當清道光二十二年。

⑤ "時"，爲避阮翼宗阮福時諱，故改作"旹"字，下同不另出注，逕改。

⑥ "紹治"（Thiệu Trị），爲越南阮憲祖（Nguyễn Hiến Tổ）阮福暶（Nguyễn Phúc Tuyền）的年號，共計7年（1841–1847）。"三歲癸卯"即紹治三年（1843），當清道光二十三年。

丙戌科進士、北寧學政、洪州魯庵武㑥甫[①]撰/

會中青池縣仁睦舊社蘇岡沐書/

新開村石匠阮文韓恭刻/

題後

《拓片總集》第 1 至 4 册與玉山祠相關的拓片有八片，詳細情況如下表：

拓片編號	篇題	年代	位置
00061	玉山帝君祠記*	阮憲祖紹治三年（1843）	玉山寺内殿右邊一碑
00062	合貲姓氏碑記	未注明	玉山寺内殿左邊一碑
00067	成泰癸卯年修葺捐銀芳名碑記	阮福昭成泰十五年（1903）	玉山寺内殿左邊一碑（卧碑）
00068	重修捐資官名左碑記	未注明	文昌廟内右邊第一碑
00117	修補玉山祠碑記	阮福昭成泰十五年（1903）	文昌廟内右邊第二碑
00118	修補玉山祠碑記	阮福昭成泰十六年（1904）	文昌廟内左邊第一碑
00119	重修玉山寺文昌祠碑記*	未注明	立於鎮波亭中
00120	重修捐資姓氏右碑記	未注明	文昌廟内左邊第二碑

注：* 表示此篇收入本書。

本書收年代較早之編號 00061《玉山帝君祠記》及立於鎮波亭之編號 00119《重修玉山寺文昌祠碑記》兩片碑銘。本碑記《玉山帝君祠記》爲重修關帝祠並創建文昌祠之碑記。值得注意的是此地原爲關帝祠（據《重修玉山寺文昌祠碑記》記載，關帝祠原修築於嘉隆年間），後由信衆信齋翁在舊址上加葺，命名爲“玉山寺”，紹治元年（1841）則由“科目中人”所集結的嚮善會修補關帝祠，並將原鐘閣改建爲文昌祠。今日在還劍湖上仍然保存着玉山寺，前殿供奉主神文昌帝君及陪侍諸神像，後殿供奉關帝（正中）、灶君（左側），及陳朝抗元名將興道王陳國峻（右側），充分展現出越南信仰的融合性。

---

① “武㑥甫”，即武宗璠，號魯庵，阮朝明命七年（1826）丙戌會試科第三甲同進士出身，與編著《欽定越史通鑑綱目》的潘清簡同科。《國朝科榜録》卷一有載：“武宗璠，北城奉天府壽昌寺塔，原唐安華堂人。甲子二十三。乙酉舉人。參協降北寧督學，告回。教習生徒，多所成就。”

○○四　重修玉山寺文昌祠碑記

引言

碑立於河内還劍湖玉山文昌廟鎮波亭内。碑刻單面，拓片編號爲00119，共二十行字，滿行二十五字，原碑無題，今依内容及性質重定篇題爲“重修玉山寺文昌祠碑記”。碑四邊均刻有花草紋。碑文撰者爲河内按察使鄧良軒，書寫者爲秀才武佐著。碑文未注明年代。拓片現藏於漢喃研究院。

碑文記載河内按察使鄧良軒繼前任按察使阮如吉之遺志，捐資重修還劍湖玉山祠文昌帝君祠之事。玉山寺爲越南著名古寺，寺内立有歷朝官方與民間刻之碑石多方。此碑未有立碑年月，是唯一樹立於鎮波亭中的碑誌。文昌祠是紹治元年（辛丑，1841）嚮善會重修玉山寺時，將原鐘閣改建所成，有關玉山寺與文昌祠相關碑誌，詳見本書編號〇〇三之“題後”文。

00119

記曰造設非點綴則不奇結構非自然則不勝河城昇龍[illegible]
歷閱名跡俯仰古今當如何觀城之東壽昌縣河津村有湖曰羅
劍湖之中有島曰玉山山之中有廟曰文昌泰景六自興安改
過方亭子攜儕年且告之曰還劍古甚大黎中興後累去其中為
輦路達珥河龍樓半湖之右名右望半湖之左名左望上於至望
中則釣臺嘉隆初始有關武帝廟紹治間又別廟奉文昌帝君
近者臬使阮君如吉訪湖山慨其規制樸陋且不修將壞議捐
及作未及行調領東藩乃代主其事載考天官書斗魁戴匡六星
曰文昌宮魁下六星兩兩相比曰三台文昌寔主天下文明而丙
近文昌二星曰上台其下一星主剝揚越分也開闢以來我公文
軌於諸夏者象如此新廟成前繼水為鎮波亭以寓文瀾砥柱左
栖旭橋之東起硯臺又東於獨尊山建筆塔以象文物閱三四載
藉捐費乃卒役願為記之於維文昌祠廟滿天下其教謂使人向
善而已然人之為善莫要於遏人欲存天理非求福而福自至吾
儒之教炳在經籍何以加諸自世人為梓潼帝君之說而報應輪
迴趣之日盛欲挽俗未易也顧其棟宇規模名物體勢觀文以意
起則亦異乎俗之所為矣雖然有造設自然之勝然後有結構點
綴之奇龍城故袚冕之區陵谷變遷名勝湮沒懷古修而復之足
為淦山生色盛衰之各有其機者歟閱名跡者古今當作如是觀
河內按察使鄧良軒謹記　壽塔秀才武[illegible]書

編號：00119　出自《拓片總集》第一册

釋文

重修玉山寺文昌祠碑記[1]

記曰：造設非點綴則不奇，結構非自然則不勝。河城昇龍[2]之故都，/歷閱名跡，俯仰古今，當如何觀？城之東壽昌縣河清村有湖曰還/劍，湖之中有島曰玉山，山之中有廟曰文昌，忝臬[3]方自興安改莅，遇方亭子[4]携偕往，且告之曰："還劍古甚大，黎中興後，累土其中爲/輦路，達珥河[5]龍樓[6]，半湖之右名右望，半湖之左名左望，山於左望/中則釣臺處。嘉隆初始有關武帝廟，紹治間又别廟奉文昌帝君。"/近者臬使阮君如吉訪湖山，慨其規制樸陋，且不修將壞，議捐貲/改作，未及行，調領東藩，乃代主其事。載考《天官書》："斗魁[7]戴匡[8]六星/曰文昌宫[9]。魁下六星，兩兩相比，曰三台。"文昌，實主天下文明。而西/近文昌二星曰"上台"[10]，

---

① 原碑未有額題與碑題，今重定篇題爲"重修玉山寺文昌祠碑記"。

② "昇龍"，即今河内，越南李、陳、後黎朝的京都。楊伯恭等著《河内地輿》："昇龍内城即古之鳳城故處，大羅城爲城外古壘。唐長慶肆年，李元嘉以都護府城有逆水，恐州人多生叛意，乃移府治于蘇瀝江，初築小城；大中間，王式至府，樹荔木爲栅，深塹其外，植以刺竹，號曰竹城。咸通肆年置靜海軍，命高駢爲節度使，據府稱王，築羅城。李順天元年，定都……陳初因之，定泊京城……黎光順初，砌築大羅城，又因李陳之制，廣築鳳城，延廣八里。"又據校合本《大越史記全書·本紀》卷二記載："秋七月，帝自華閭城徙都於京府大羅城，暫泊城下，黄龍見於御舟，因改其城曰昇龍。"

③ "臬"，此處指撰者河内按察使鄧良軒。

④ "方亭子"，方亭即阮文超（Nguyễn Văn Siêu，1799-1872），據本書篇號○四○《阮方亭先生神道碑》，阮文超有子三人：集馨、穎及闈。神道碑並云嗣德時，"集馨先亡，次穎遺命以主祀事，今授編修，知金山縣。次闈"。

⑤ "珥河"，即紅河，又稱富良江、瀘江。《河内地輿》："珥河，有名瀘江，亦曰富良江，水流沙如砵，至秋始清，自内地雲南來。"又，《大南一統志》曰："按珥河之名，明黄福築大羅城，見江流灣回如垂珥，因名之。"

⑥ "龍樓"，見《河内地輿》："舊樓村之蓮池寺，乃黎朝龍樓故處，其地自都府之宣武門横截水軍湖，砌石橋以通之。西龍津、銃場、船廠皆在焉，爲商旅一大都會。"

⑦ "斗魁"，指北斗七星之第一至第四星，即樞、璿、璣、權。見《史記·天官書》及《漢書·天文志》。

⑧ "戴匡"，星座名。即文昌宫。因其在斗魁之上，形似筐，故稱。見《史記·天官書》及《漢書·天文志》。

⑨ "斗魁戴匡六星曰文昌宫"，文昌六星，一曰上將，二曰次將，三曰貴相，四曰司命，五曰司中，六曰司禄。見《史記·天官書》及《漢書·天文志》。（清）徐朝俊《高厚蒙求》云："文昌六星在北斗之左，其六星各有神司職守，一上將，主建威武；二次將，主正左右；三貴相，主理文緒；四司禄，主賞功進爵；五司命，主滅咎；六司寇，主佐理寶。"

⑩ "上台"，見《宋史·天文志二·太微垣》："三台六星，兩兩而居，起文昌，列抵太微。一曰天柱，三公之位也。在人曰三公，在天曰三台，主開德宣符。西近文昌二星，曰上台，……又曰上台，上星主兖、豫，下星主荆、揚。"

其下一星主荆揚，越分也。開闢以來，我人文/軋於諸夏者象如此。新廟成，前繼水爲鎮波亭，以寓文瀾砥柱；左/栖旭橋之東起硯臺，又東於獨尊山建筆塔，以象文物。閲三四載，/藉捐費乃卒役，願爲記之。

於維！文昌祠廟滿天下，其教謂使人向/善而已，然人之爲善，莫要於遏人欲、存天理，非求福而福自至，吾/儒之教，炳在經籍，何以加諸？自世人爲梓潼帝君[①]之説，而報應輪/迴趣之日盛，欲拔俗未易也。顧其棟宇規模、名物體勢，觀文以意/起，則亦異乎俗之所爲矣！雖然，有造設自然之勝，然後有結構點/綴之奇，龍城故裓冕之區，陵谷變遷，名勝湮没，懷古修而復之，足/爲江山生色，盛衰之各有其機者歟！閲名跡，考古今，當作如是觀。/

河内按察使鄧良軒謹記

壽塔秀才武佐著書/

題後

玉山寺是一個以三重門闕、大殿、廊房和亭、塔、橋、樓組成的建築群，在第一重山門後内庭院左側石堆上，有一座書爲“寫青天”的五級棱錐形石塔，塔頂作筆頭狀，故稱“筆塔”。塔座前亂石中一小石牌上書“泰山石敢當”，塔旁一小石龕，題曰“山神廟”。在進入二重門闕“硯臺”之前，有左右兩道石壁，右壁雕龍飾額題“龍門”，有楹聯“硯臺筆塔大塊文章，唐科宋榜士子梯階”，左壁爲“虎榜”，楹聯作“竇桂王槐國家楨幹，虎榜龍門善人緣法”；連結“硯臺”與三重門闕“得月樓”間，是一座名爲“栖旭橋”的紅漆木板橋。“得月樓”門樓兩側壁上，則有彩繪《龍馬河圖》《神龜洛書》。由這些建築、聯文與碑誌合觀，文昌祠的建立充分展現出儒道結合的文化特色。

---

① “梓潼神君”，即文昌帝君，據道書《清河内傳》（《正統道藏》洞真部譜録類），梓潼神君姓張名亞，字霈夫，“生爲孝子，歿爲明神”，宋景定五年三月二十九日敕以其“夙著孝行，炳靈西蜀，禦患救災，七曲名山聞天下，而士之發策決科者皆歸焉”。又，（明）曹安《讕言長語》：“天下學宫皆立文昌祠，奉之以主可也，而人其像，春秋祀之以牲，世俗相傳其神爲周時賢士張仲，死後爲之。《搜神記》又按，《清河内傳》爲吴會間人張户老之子，名亞。又有七十三化之説，近又刊七十九化書，使人可驚可怪，而儒者亦信之。不知北斗之前有星曰文，主管人間功名禄位。”明弘治元年（1488），張九功奏請天下學宫皆立文昌祠，清代尤盛，文昌祠廟遂遍及各地。

○○五　天光禪寺碑記

引言

碑立於懷德府壽昌縣左嚴總樹禡村，搨拓時地屬河内第八户塘化和馬寺，拓片編號爲00122、00123。編號00122爲碑前，共二十六行，滿行約四十一字；編號00123爲碑後，共十七行，滿行約五十五字。兩面額題均有“天光禪寺碑記”六字，00122面碑題刻有“懷德府壽昌縣左嚴總樹禡村天光寺號樹禡宫碑文”二十一字，今依性質及内容以額題爲篇題。兩碑面均碑額無紋飾，碑左右邊刻有花紋，碑底刻有幾何紋。年代署作皇朝嘉隆（Gia Long）十三年(1814)歲次甲戌，嘉隆爲阮世祖（Nguyễn Thế Tổ）年號，同年爲清嘉慶十九年。拓片現藏於漢喃研究院。

碑文記載名天光禪寺(今稱和馬寺）住持寂鏗因該寺年久失修，故重修上殿、燒香前堂、鑄鐘、塑像，並於文末記録捐資重修天光寺的功德主。據碑文記載，後黎朝歷代皇帝均曾到此禮拜、清修，但在《大南一統志》等地輿志中却没有天光禪寺或和馬寺的記載。

天光寺内立有許多碑刻，在《拓片總集》前四千件拓片中，共收録了十九方的碑誌。其内容請參看“題後”文。

天光禪寺碑記

編號：00122　出自《拓片總集》第一冊（下同）

00123
天光禪寺碑記
旹
皇朝嘉隆十三年歲次甲戌仲冬月穀日
天光寺住持僧比丘字宗鋐撰
銘曰
皇圖鞏固　帝道遐昌　佛日增輝　法輪常轉
風調雨順　天下太平　百福駢臻　諸灾消滅
一願
十方三寶　諸佛証明　十八靈山　神祇會上
伽藍圣地　明照殿前　昔日光明　來臨証鑒
良年良月　吉日吉辰　設立銘文　永爲常住
往來今古　若有何人　千秋碑文　難逃鉄綱
南無十方常住三寶作大證明

編號：00123

釋文

【天光禅寺碑記】

懷德府壽昌縣左嚴總樹禡村天光寺號樹禡宮碑文

蓋聞/　　　　佛本慈悲，端在修身，道長人能，得享有常之餘慶；發功無礙，應淵無量之洪庥。積福爲蹤，誠一念行善一聞/於竇氏五枝生[①]，折桂蟾宫；積德再見於彭公八百壽，疇添鶴算。陰全陽有報，因實果無苿，人人能積善于/家，世世享有餘之慶。兹乃天光寺原從古跡名藍[②]，/　　　　黎朝皇帝幸御郊廟，信敬香燈[③]，整更衮黼。柰自經年累日，摧朽棟樑，佛寺傾頽，風撞雨撼。兹微僧於己未年/住持，字寂鏗，忝以幸生南越府處建昌青里本鄉，定生陳姓。自有少時衣缽，參無遮[④]教于鎮國宗師，長道/修身，適于懷德，禅林朽裂，嘆起寸心，崇修本寺前堂上殿，造像鑄鐘，蓋訖，後堂碑文設立，貽流萬世，次第/爲之。忝乃聞梁武心存虔佛，捨施多壽，享耆頣達，拏金砌祇園[⑤]，道登彼岸[⑥]，遠鶩來，特切于懷。念其春若不/耕，抑亦秋無所獲。欣以幸逢聖教，造詣尊妙相于金容；由斯慶集善緣，興一念誠心之功德。叵柰無妨世/寶，捐金百小之青蚨[⑦]；彌深興積福緣，庸保二時[⑧]之功德。美哉！完訖，欣以落成功德姓名開于後。/

---

① “一聞於竇氏五枝生”，見（宋）文瑩《玉壺清話》卷二：“竇禹鈞生五子：儀、儼、侃、偁、僖等，相繼登科，馮瀛王（道）贈禹鈞詩，有‘靈椿一株老，丹桂五枝芳’，時號竇氏五龍。”

② “名藍”，著名之伽藍，伽藍爲梵語，即指寺院。

③ “香燈”，一謂焚香與燃燈，二謂寺廟中掌管佛堂之焚香、燃燈等工作者。見《百丈清規證義記》卷九：“香燈，打掃廚房内外，打茶，催本寮人課誦上殿，除公事若止靜不到者，白典座。朔望到庫房，取廚神供果香燭，及廚用茶葉。”

④ “無遮”，寬容而無遮現之謂。丁福保引《圓覺經》：“爲願不捨無遮大悲，爲諸菩薩開秘密藏。”

⑤ “祇園”，“祇樹給孤獨園”的簡稱，梵文的意譯。印度佛教聖地之一。相傳釋迦牟尼成道後，憍薩羅國大商人給孤獨長者用大量黄金購置舍衛城南祇陀太子園地，建築精舍，請釋迦説法。祇陀太子也奉獻了園内的樹木，故以二人名字命名。玄奘去印度時，祇園已毁。後爲佛寺的代稱。

⑥ “彼岸”，見《大智度論》卷十二：“以生死爲此岸，涅槃爲彼岸。”喻生死之境界。

⑦ “青蚨”，見《太平御覽》卷九五〇引（漢）劉安《淮南萬畢術·青蚨還錢》：“青蚨一名魚，或曰蒲，以其子母各置甕中，埋東行陰垣下，三日後開之，即相從。以母血塗八十一錢，亦以子血塗八十一錢，以其錢更互市，置子用母，置母用子，錢皆自還。”後因用以指錢。

⑧ “二時”，見《陳書·徐陵附弟孝克傳》：“孝克，陵之第三弟也。少爲《周易》生，有口辯，能談玄理。……後東遊，居於錢塘之佳義里，與諸僧討論釋典，遂通《三論》。每日二時講，旦講佛經，晚講《禮傳》，道俗受業者數百人。”

一興功水軍□中翼奇該奇官□阮文豐，室中張氏當；貫在□□府福□縣/福田總興富村。一興功中軍前支該隊、堂玉侯阮文堂，妻裴氏落等，貫在歸仁府扶離縣特和□永安村里美邑。/

一興功黄心珠號妙德、男子潘鉉修、潘氏算號妙勝等。　一興功阮氏禄號妙寶，女子汝姓改牟氏顯、號妙榮。　一興功阮有慶、妻武氏珠。　一興功陶氏玄號妙微，女子范氏□、范氏憲。/

一興功高氏判號妙能、妾武氏料等。　一興功白儀民，男子白文□、前妻潘氏書等。　一興功范廷玲，妻武氏霑號妙嚴、男子陳文僚字福繞等。　一興功陳顯周，妻朱氏梅號妙祥、女子陳氏全號妙□、親母蘇氏□號妙□。/

一興功黎伯挺，妻黄氏叶，女子黎氏横、壻陳生四等。　一興功阮氏活號妙心、男子武貴文、武貴正等。　一興功黄氏金號妙道，男子陳文仕、陳文皋、陳文元等。　一興功阮廷較、妻陳氏□、男子闞文欽、阮文堵。/

一興功胡玉張，妻裴氏載等。　一興功劉伯實、妻武氏楚號妙富等。　一興功阮氏詮號妙全、男子范文矯等。　一興功杜氏並親父杜廷桂，親母陳氏基等。　一興功黄氏於號妙定、男子蔡玉撣等。/

一興功陳氏重，女子蔡氏培、蔡氏錦、蔡氏釧等。　一興功阮氏藴，女子范氏湞、范氏德等。　一興功黄氏金，男子范文雅、女子范氏早、親父黄廷巴三。　一興功黄廷明，妻武氏助，女子吴氏錦、范氏女等。　一興功武春海、妻武氏□號妙□。/

一興功阮氏顧，男子杜廷培、杜廷桂、女子杜氏洽、杜氏旺等。　一興功尼僧號妙信、弟子陳光英、陳氏墻、陳氏□號妙明等。　一興功阮廷貯、妻阮氏□號妙嚴、男子阮文親等。一興功陳氏營號妙理、男子周仲純、周仲貴、周仲舊、周仲德等。/

一功德以下：舒池縣清本社陳氏新號妙芳仝家等。　中軍復屯後定奇後□□□該隊仁義侯、妻陳氏惠等，貫黄□府平山縣平山社。　清本社阮氏廷號妙壽。/

武伯𠄩[①]、妻陶氏愛等。　武氏綿、女子陶氏罒[②]等。　潘承業、男子陳如怒、陳如森等。　阮氏炎及衆孫等。　黎氏色號妙清、女子黎氏然號妙獻等。/

阮氏喧，女子武氏亨等，　阮氏兑、女子陳氏合、陳氏錦、陳氏罒等。　范氏

---

① “𠄩”，喃字，“二”的意思，下同不另出注。

② “罒”，喃字，“四”的意思，下同不另出注。

順號妙合，男子陳飛珍等。　　知縣阮智欽，妻范氏指等。　　阮杜洽、妻劉氏填、男子阮國柱、阮文完等。/

段登機、妻黎氏春等。　　阮廷琔，妻阮氏尤等。　　鄧文輝、妻謝氏然等。　　杜令霑，妻杜氏仙等。　　吴氏妙、男子吴文淡等。　　吴氏禪等。男子陳文□。/

參諭陳輝兼、妻阮氏□等。/　　鄧氏築號妙牽等。　　鄧氏禄號妙榮及衆孫等。　　阮氏棣號妙詒、孫阮文砃等，東華門段氏蘇號妙知等。/

朱氏罘號妙心等。　驕□社武氏□號□□、男子黎有諆、婚黎氏赤、丁氏潘。丁氏寧號妙富。　　范氏美，男子武貴遜等。　　前阮登仕字福基，妻阮氏想號慈莊等。/

□□□□□□□□，陶延柏，妻霞氏丹等。□□□□□□□□，　□□□□□□，鄧富強妻朱氏言等。/

□□□□□□□□□□，□□□□□□□□，□□□□□□□□，□□□□□□□□，武氏詠號妙慶等，□□□□□□。/[1]

一興功上殿、供舊本寺湖貳口共陸高，留爲香燈前。黎春名字福價，妻陶氏美號慈良，男子黎春強、黎春臺、黎春□、婚楊氏榮、阮氏傾、阮氏會等。/

一興功燒香同春坊永泰甲前文氏霜號慈漿、衆子阮氏炎、阮有合等。　　一興功洪鐘壹果，四淳村阮丕滔、妻陳氏鷚、男子阮曰諺等。/

一興功前堂西定府長艚庯阮文玄字法念、妻鄭氏芳、男子阮文才、阮文禄、阮文規、阮氏富等。/

一興功水軍前翼奇正官奇欽差該奇、心成侯裴文心、正室阮氏意。貫在嘉定城建安□□西/和平總江□□石安□社。/

一功德水軍前翼奇四隊該隊、利才侯阮文利妻阮氏禄貫在莅仁府遺□□□□社。/

一興功南昌縣陳蒼社吴廷本、妻鄭氏俄、女子吴氏恒，供舊湖本寺壹口貳高留爲香燈。/

時[2]/

---

[1] 以上爲拓片編號 00122 内容。

[2] “時”，碑原作“旹”，爲“時”之古字，見《廣韻·平聲·之韻》，下同逕改，不另出注。

皇朝嘉隆十三年歲次甲戌[①]仲冬月穀日[②]。/

天光寺住持[③]僧比丘字寂鏗撰/

銘曰：/

皇圖鞏固，帝道遐昌。佛日增輝，法輪常轉。/

風調雨順，天下太平。百福駢臻，諸災消滅。/

一願/

十方[④]三寶[⑤]，諸佛証明。十八靈山，神祇會上[⑥]。/

伽藍土地，明照殿前。彗日光明，來臨証鑒。/

良年良月，吉日吉辰。設立銘文，永爲常住。/

從兹來古，若有何人。干犯碑文，難逃鐵網[⑦]。/

舊户番勾稽陶阮垣奉寫

南無十方常住三寶作大證明[⑧]

---

① “嘉隆”（Gia Long），爲越南阮世祖（Nguyễn Thế Tổ）阮福暎（Nguyễn Phúc Ánh）的年號，共計十八年（1802-1819）。十三年（1814）歲次甲戌當清嘉慶十九年。

② “穀日”，即吉日，《詩經·國風·陳風·東門之枌》：“穀旦于差，南方之原，不績其麻，市也婆娑。”毛亨傳曰：“穀，善也。”

③ “住持”，見《敕修百丈清規》卷二：“佛教入中國四百年而達磨至，又八傳而至百丈，唯以道相授受，或岩居穴處，或寄律寺，未有住持之名。百丈以禪宗寖盛，上而君相王公，下而儒老百氏，皆嚮風問道，有徒實蕃，非崇其位，則師法不嚴，始奉其師爲住持。”禪宗由於住在寺内的徒衆甚多，故各寺均設住持一人，其下另置若干職位。至後世，此住持之稱也通用於其他諸宗。

④ “十方”，爲四方、四維、上下之總稱，即指東、西、南、北、東南、西南、東北、西北、上、下。佛教主張十方有無數世界及淨土，稱爲十方世界、十方法界、十方淨土、十方剎等。又其中之諸佛及衆生，則稱爲十方諸佛、十方衆生。見《觀佛三昧海經》卷四、《大佛頂首楞嚴經》卷四、《十住毘婆沙論》卷五《除業品》。

⑤ “三寶”，指爲佛教徒所尊敬供養之佛寶、法寶、僧寶等三寶。見《增壹阿含經》卷第十二云：“爾時，世尊告諸比丘：‘有三自歸之德，云何爲三？所謂歸佛第一之德，歸法第二之德，歸僧第三之德。’”

⑥ 靈山，全稱靈鷲山，爲釋迦牟尼説《法華經》之會處。即謂靈鷲山爲釋尊報身常住之淨土。據《法華經》卷五《如來壽量品》載，釋尊爲度化衆生，故方便示現涅槃，而實無滅度，常住靈鷲山説法；劫末火災起時，世界悉皆燒盡，唯此淨土不毀壞，常住安穩，天人充滿。見《佛光大辭典》引《金光明最勝王經》卷一《如來壽量品》、《觀普賢菩薩行法經》、《妙法蓮華經憂波提舍》卷下、《法華玄論》卷九、《法華文句》卷十上。

⑦ “鐵網”，見《觀佛三昧海經》卷五（大一五·六六八下）：“阿鼻地獄縱廣正等八千由旬。七重鐵城，七層鐵網。下十八隔，周匝七重，皆是刀林。”

⑧ 以上爲拓片編號 00123 之内容，上有額題“天光禪寺碑記”。

題後

以《拓片總集》前4000件拓片爲調查範圍，天光寺共立有碑記十九方，列表如下：

編號	篇題	立碑時間	碑誌立處	備注
00122-00123	天光禪寺碑記*	阮世祖嘉隆十三年（1814）	和馬寺右邊一碑	住持寂鏗自撰修天光禪寺記，陶阮垣書。
00124	後忌碑記	阮維新帝維新三年（1909）	和馬寺後家第二間第二碑	陶氏蟄、范氏賴爲家先立寄忌碑。
00125	諸靈碑記	阮成泰帝成泰四年（1892）	和馬寺後家第二間第三碑	何氏、阮氏、陳氏等立寄忌碑。
00126	後忌碑記	阮成泰帝成泰十四年（1902）	和馬寺後家第二間地一碑	住持僧永典等人重修三寶及劉氏寄忌碑。
00127	無題	阮嗣德帝嗣德二十七年（1902）	和馬寺後家第一間第一碑	阮氏調等立寄忌碑。
00128	寄忌碑	阮嗣德帝嗣德九年年（1856）	和馬寺後家第一間第二碑	黄氏鍾捐資修寺並爲家人立寄忌碑。
00129	後神碑記	阮明命帝明命十八年（1837）	和馬寺後家第一間第三碑	阮慈江等人捐資修寺並爲家人立寄忌碑。
00130	寄忌碑記	阮成泰帝成泰四年（1892）	和馬村後家第三間第一碑	禪僧叶爲修寺請捐並爲善信立寄忌碑。
00131	寄忌碑記	阮成泰帝成泰四年（1892）	和馬村後家第三間第二碑	禪僧叶爲修寺請捐並爲善信立寄忌碑。
00132	後神碑記	阮成泰帝成泰四年（1892）	和馬村後家第三間第三碑	禪僧叶爲修寺請捐並爲善信立寄忌碑。
00133	寄祀義田碑記*	阮明命帝明命十八年（1837）	和馬寺寒林所一碑	義塚墓田記。
00134	無題	未注明	和馬寺第一塔第一碑	普淨肉身菩薩塔銘。
00135	無題	阮嗣德帝嗣德十九年（1866）	和馬寺第一塔第二碑	妙明法師修建天光寺塔並記捐資者姓名。
00136	無題	未注明	和馬寺第二塔一碑	寂玖皎皎禪師塔銘。
00137	釋寂鏗塔銘*	阮明命帝明命七年（1826）	和馬寺第三塔一碑	武氏寂鏗禪師塔誌銘。
00138	寄忌碑記	未注明	和馬寺第四塔第一碑	沙彌普淨及鄉人等捐資印佛經，並立寄忌碑。
00139	無題	未注明	和馬寺第四塔第二碑	如蓮、性宣、海揚和寂燸禪師牌位。
00140	無題	未注明	和馬寺第四塔第三碑	春停社與東結社善信人題名。
00141	無題	阮明命帝明命十八年（1837）	和馬寺第四塔第四碑	天光寺住持照性禪師，修建天光寺並恭薦照晏、照欽、照清和照誠四位禪師。

注：* 表示此篇收入本書。

由上表内容可以看出來，天光寺自阮世祖嘉隆十三年（1814）開始，在明命、成泰有多次修繕天光寺的記録，而每次修繕都有寄忌碑的刊立，顯示阮朝捐資修繕寺廟後立寄忌的情況已經形成一定的風尚。

天光寺碑記中，尚有編號00134、00136、00137、00139四方碑記是記載天光寺禪師的塔誌銘，對於越南河内地區佛教法系的研究也有值得參考的地方。

碑誌編號00133是一方義冢墓田記，碑中敘明爲了收納無名屍骨，善信人施棺槨、安厝義墳，並捐置義田，以租例支持善行的永續，而這些安置的措施均由天光寺僧主持。

○○六　寄祀義田碑記

引言

碑立於河城第八户塘化和馬寺寒林所。碑刻單面，拓片編號00133，共十行，滿行約十九字，額題刻有“寄祀田碑記”五字，今依性質及内容重定篇題爲“寄祀義田碑記”。碑四邊刻有捲草花紋，碑額中間刻有一“壽”字。年代署作明命（Minh Mạng）十八年（1837）歲次丁酉，明命爲阮聖祖（Nguyễn Thánh Tổ）年號，同年爲清道光十七年。拓片現藏於漢喃研究院。

碑文記載復林小村村民捐錢埋葬無主骸骨，並捐義田以供和馬寺耕作，義田收成之物作爲祭祀孤魂之資。

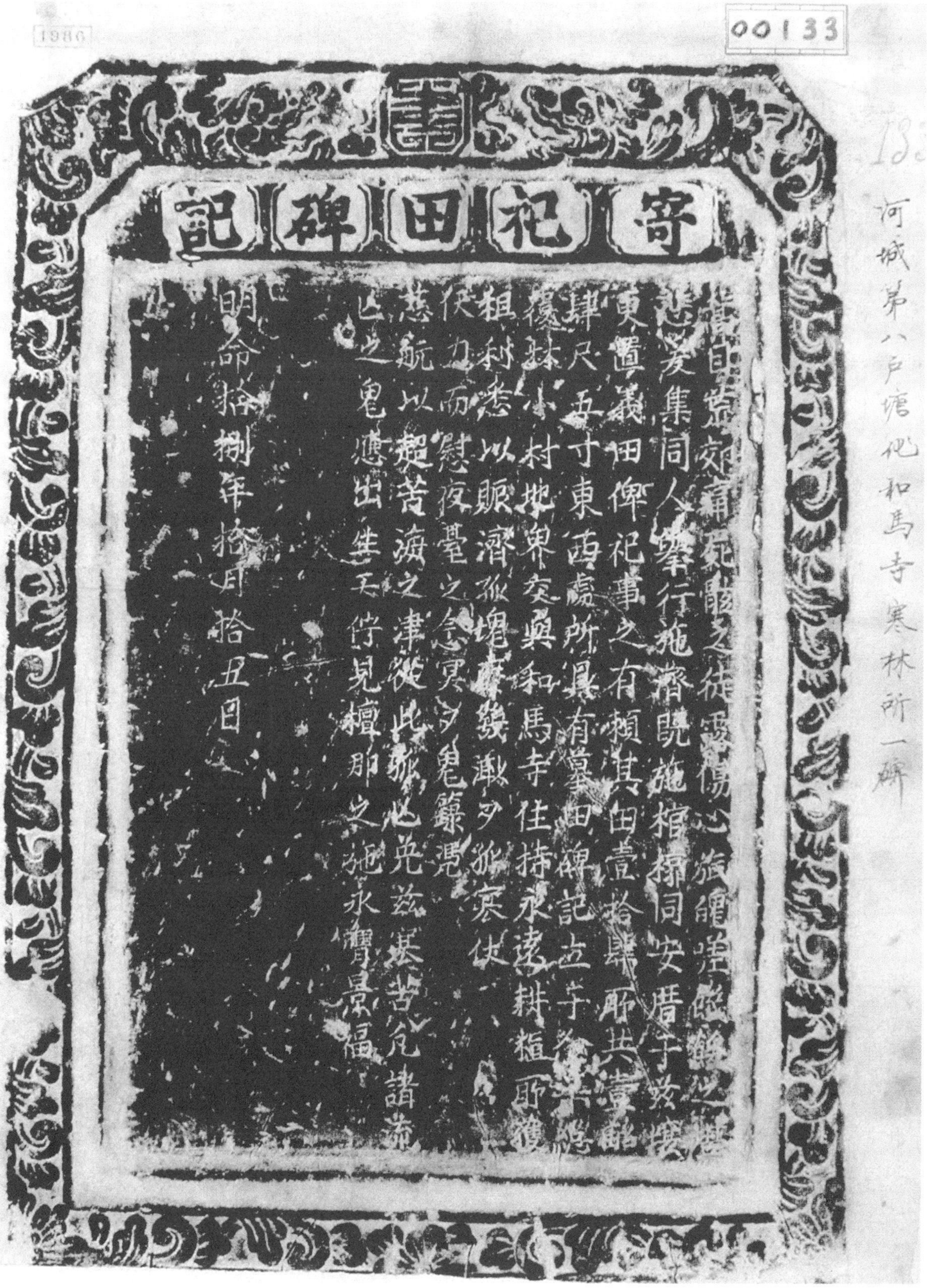
1986
00133
寄祀義田碑記
嘗自寃刻痛死骸之徒靈傷心旋館塋魂無之
悲哀集同人攀行施濟既施檜槨同安厝于茲塋
更置義田俾祀事之有賴其田壹拾肆畝共壹畝
肆尺五寸東西處所具有墓田碑記立于各
饒妹小村地界交與和馬寺住持永遠耕植所獲
租利悉以賑濟孤塊幾瀎夕孤寒伏
佚力而慰夜臺之念冥夕鬼籙憑
慈航以超苦海之津從此孤必免茲寒苦凡諸
亡之鬼應出生天佇見檀那之施永霄景福
明命拾捌年拾月拾五日立
133
河城第八戶瘖𠊎和馬寺寒林所一碑

編號：00133　出自《拓片總集》第一冊

釋文

寄祀田碑記[①]

蒿目荒郊，痛屍骸之徒露；傷心旅魄，嗟饑餒之堪/悲。爰集同人，舉行施濟。既施棺槨，同安厝于兹壤；/更置義田，俾祀事之有賴。其田壹拾肆所，共壹畝/肆尺五寸，東西處所具有墓田，碑記立于□□總/覆林小村地界，交與和馬寺住持永遠耕植，所穫/租利，悉以賑濟孤魂。庶幾渺渺孤寒，仗/　　　　佛力而慰夜臺[②]之念；冥冥鬼籙，憑/　　　　慈航以超苦海之津。從此孤亡，免兹含苦。凡諸流/亡之鬼，應出生天[③]；佇見檀那[④]之施，永膺景福。/

明命拾捌年[⑤]拾月拾五日

題後

此碑立於河内和馬寺寒林所，是少見的義塚、義田碑記，由善心人士收納無名屍骸，並專置義田，交由天光寺住持耕種，以俾賑濟孤魂之祭祀。

---

① 此爲碑額。

② “夜臺”，即墳墓，因死後閉於墳墓，不見光明，故稱爲“夜臺”。《藝文類聚·人部·哀傷》引阮瑀《七哀詩》：“丁年難再遇，富貴不重來。良時忽一過，身體爲土灰。冥冥九泉室，漫漫長夜臺。”

③ “生天”，即生於天界。（後秦）佛陀耶舍、竺佛念譯《長阿含經》卷四：“阿難！我般泥洹後，族姓男女念佛生時，功德如是。佛得道時，神力如是。轉法輪時，度人如是。臨滅度時，遺法如是。各詣其處，遊行禮敬諸塔寺已，死皆生天，除得道者。”

④ “檀那”，即施主或布施。（北宋）釋道誠《釋氏要覽·中食·長食》：“梵語陀那鉢底，唐言施主，今稱檀那。訛陀爲檀，去鉢底留那也，又稱檀越者。檀即施也，此人行施，越貧窮海。”

⑤ “明命拾捌年”，當清道光十七年（1837），歲次丁酉。

○○七　釋寂鏗塔銘

引言

碑立於河城第八户塘化和馬寺，爲寺内第三塔一碑。碑刻單面，拓片編號00137，共二十三行，滿行約三十字。額題刻有“念南無大方廣佛華嚴經”十字，碑左右有梵文對聯，對聯下方刻有蓮花紋，今依性質及内容重定篇題爲“釋寂鏗塔銘”。碑文撰者爲進士阮侯、書寫者爲北城書寫司阮光璧。年代署作皇朝明命（Minh Mạng）七年歲次丙戌（1826），明命爲阮聖祖（Nguyễn Thánh Tổ）阮福晈（Nguyễn Phúc Kiểu）的年號，同年爲清道光六年。拓片現藏於漢喃研究院。

此爲天光寺住持釋寂鏗法師的塔銘。銘文記載寂鏗法師自幼出家修行，擔任天光寺住持期間，多次修繕天光寺。法師於辛已年間去世，徒弟照性集合各方善士之力量，於寺中供奉其畫像，並於寺廟後建塔安放其骸骨，文末有記録功德主題名。

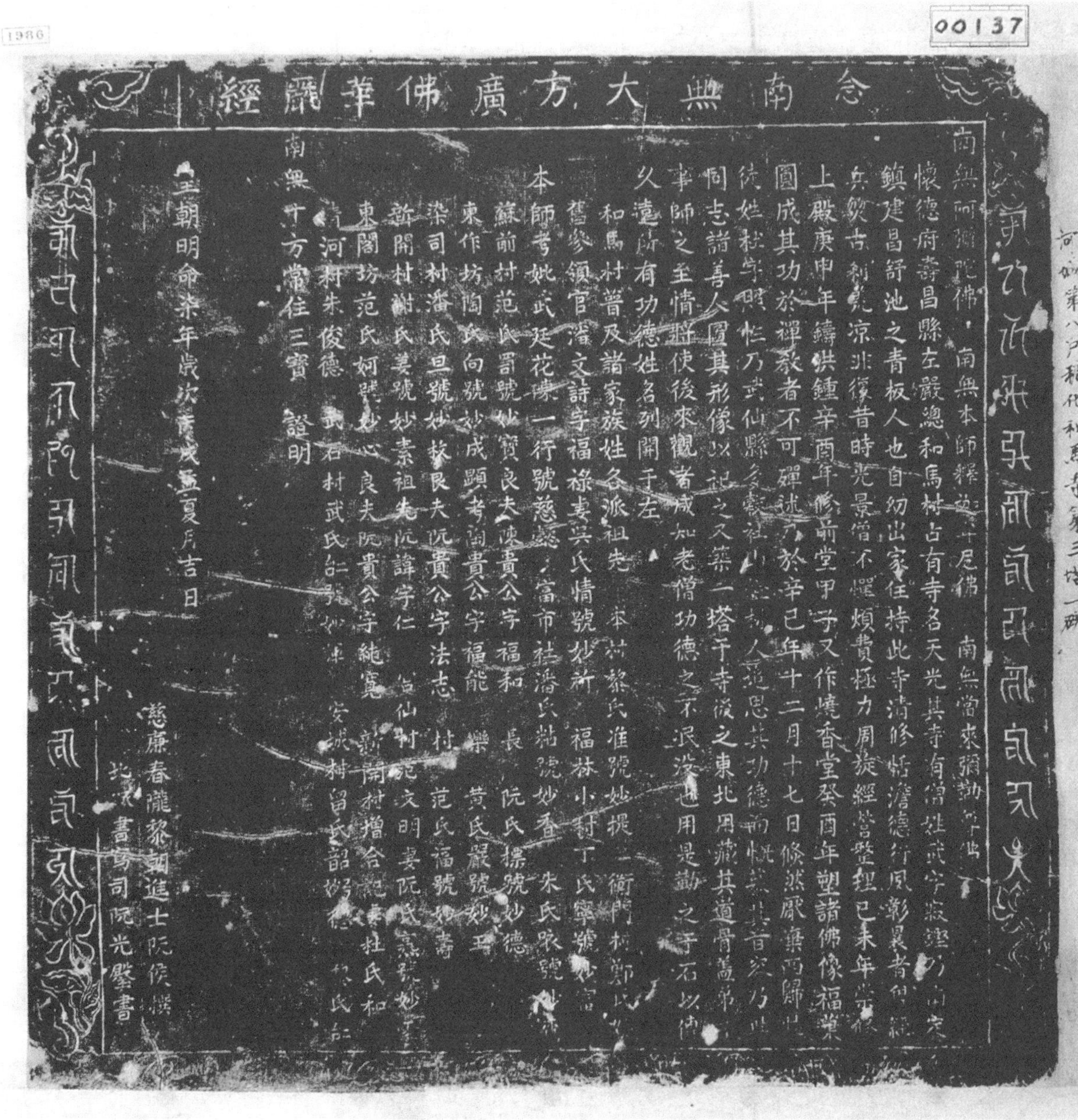

00137

念南無大方廣佛華嚴經

南無阿彌陀佛．南無本師釋迦牟尼佛　南無當來彌勒尊佛
懷德府壽昌縣左嚴總和馬村古有寺名天光其寺有僧姓武字寂鏗乃[illegible]
鎮建昌舒池之青板人也自幼出家住持此寺清修[illegible]濬德行風彰晨者[illegible][illegible]
兵燹古刹荒涼非復昔時光景僧不憚煩費極力周旋經營整理己未年[illegible][illegible]
上殿庚申年鑄洪鐘辛酉年修前堂甲子又作燒香堂癸酉年塑諸佛像福業
圓成其功於禪教者不可殫述乃於辛巳年十二月十七日倏然厭棄西歸此
徒姓杜字照性乃武仙縣多穀社山[illegible]村人追思其功德而[illegible]其音容乃共
同志諸善人圖其形像以祀之又築一塔于寺後之東北用藏其道骨蓋為
事師之至情使後來觀者咸知老僧功德之不泯沒也用是勒之于石以傳
久遠亦有功德姓名列開于左
和馬村普及諸家族姓各派祖先　本村黎氏准號妙提　[illegible]衙門村鄭氏[illegible]
舊參領官潘文詩字福祿妻吳氏情號妙新　福林小封丁氏寧號[illegible]富
本師考姚武廷花[illegible]一行號慈懿　富市社潘氏粘號妙香　朱氏眾號[illegible]
蘇前村范氏罰號妙寶良夫陳貴公字福和　長阮氏[illegible]號妙德
東作坊陶氏向號妙成顯考陶貴公字福能　樂　黃氏嚴號妙玉
染司村潘氏旦號妙[illegible]良夫阮貴公字法志　村范氏福號妙壽
新開村謝氏姜號妙素祖先阮諱字仁　白仙村范文明妻阮氏[illegible]妙[illegible]
東閣坊范氏婀號妙心良夫阮貴公字純寬　新開村增合[illegible]妻杜氏和
清河村朱俊德　武石村武氏仁號妙[illegible]　安城村留氏韶號[illegible]　[illegible]氏仁
南無十方常住三寶　證明
皇朝明命柒年歲次丙戌孟夏月吉日
慈廉春瀧黎朝進士阮侯撰
北京書[illegible]司阮光璧書

編號：00137　出自《拓片總集》第一冊

釋文

念南無大方廣佛華嚴經[①]

南無阿彌陀佛・南無本師釋迦牟尼佛　南無當來彌勒尊佛/

懷德府壽昌縣左嚴總和馬村，古有寺名天光，其寺有僧姓武，字寂鏗，乃南定/鎮建昌舒池之青板人也。自幼出家，住持此寺，清修恬澹，德行夙彰。曩者，曾經/兵燹，古刹荒涼，非復昔時光景，僧不憚煩費，極力周旋，經營整理。己未年[②]崇修/上殿，庚申年[③]鑄洪鐘，辛酉年修前堂，甲子[④]又作燒香堂，癸酉年[⑤]塑諸佛像，福果/圓成，其功於禪教者，不可殫述。乃於辛巳年[⑥]十二月十七日、倏然厭棄西歸。其/徒姓杜，字照性，乃武仙縣多穀社山燈村人，追思其功德，而慨慕其音容，乃與/同志諸善人，圖其形象以祀之；又築一塔于寺後之東北，用藏其道骨。蓋弟子/事師之至情，將使後來觀者，咸知老僧功德之不泯没也。用是勒之于石，以傳/久遠，所有功德姓名，列開于左：

和馬村普及諸家族姓、各派祖先。　本村黎氏准，號妙提。　衡門村鄭氏娥。/

舊参領官潘文詩，字福禄；妻吴氏情，號妙祈。　福林小村丁氏寧，號妙富。/

本師考妣武廷花、陳一行，號慈懿。　富市社潘氏粘，號妙香；　朱氏咏，號妙鸞。/

蘇前村范氏罥，號妙寶；良夫陳貴公，字福和。/

東作坊陶氏向，號妙成；顯考陶貴公，字福能。/

染司村潘氏旦，號妙枚；良夫阮貴公，字法志。/

新開村謝氏姜，號妙素；祖先阮、諱字仁。　宮仙村范文明妻阮氏熟，號妙□。/

東閣坊范氏妸，號妙心；良夫阮貴公，字純寬。　新開村增合記妻杜氏和。/

清河村朱俊德。　武石村武氏𠲖，號妙輝。　安城村留氏韶，號妙德；　黎氏台二。/

---

① 此爲碑額，今依内容及性質重訂篇題爲“釋寂鏗塔銘”。

② “己未年”，應爲西山朝阮光纘景盛七年（1799），當清嘉慶四年。

③ “庚申年”，應爲西山朝阮光纘景盛八年（1800），當清嘉慶五年。

④ “甲子”，應爲阮世祖嘉隆三年（1804），當清嘉慶九年。

⑤ “癸酉”，應爲阮世祖嘉隆十二年（1813），當清嘉慶十八年。

⑥ “辛巳”，應爲阮聖祖明命二年（1821），當清道光元年。

長樂村阮氏標，號妙德；黃氏嚴，號妙玉；范氏福，號妙壽。[1] /

南無十方常駐三寶，證明

皇朝明命柒年歲次丙戌[2]孟夏吉日/

慈廉春隴黎朝進士阮侯撰/

北城書寫司阮光鑒書/

題後

本碑爲明命七年（1826）天光寺住持照性，爲其師寂鏗所撰寫的塔銘。寂鏗則是嗣德九年（1856）重修天光寺時的住持，本書篇號〇〇五的《天光禪寺碑記》的撰者，但在該碑中對於寂鏗修寺的過程僅簡單的“崇脩本寺前堂上殿，造像鑄鐘，蓋訖，後堂碑文設立，貽流萬世，次第爲之”；本碑則對修寺的過程敘述詳細。本碑亦記載了寂鏗的卒日，惟《天光禪寺碑記》記載寂鏗“生南越府處建昌青里本鄉”，而本塔記則云“南定/鎮建昌舒池之青板人”；《天光禪寺碑記》曰寂鏗姓陳，而本碑則謂寂鏗姓武，由於《天光禪寺碑記》爲寂鏗自撰文，似乎應以《天光禪寺碑記》爲準。

---

① 以上“長樂村”橫寫一行14–16行下，阮氏標號妙德、黃氏嚴號妙玉、范氏福號妙壽分三行書寫，列“長樂村”下方。

② “皇朝明命柒年歲次丙戌”，即明命七年（1826），當清道光六年。

○○八　慈恩寺潘門劉氏寄忌碑記

引言

碑立於河内城第八户塘化慈恩寺，爲寺内左邊第三碑。拓片編號爲00144，碑刻單面，共十行，滿行二十七字，碑題刻有“潘門劉氏後碑”六字，今依内容及性質重定篇題爲“慈恩寺潘門劉氏寄忌碑記”。碑額刻有雙龍昭日，其餘三邊刻有雲紋。年代署作同慶（Đồng Khánh）元年（1886）歲次丙戌，同慶即阮景宗（Nguyễn Cảnh Tông）阮福昪（Nguyễn Phúc Biện）年號，同年爲清光緒十二年。拓片現藏於漢喃研究院。

碑文記載，慈恩寺原爲廣東省劉燕華堂於阮朝紹治三年（癸卯，1843）修建，因風化損毁嚴重，劉氏第十八代孫女潘劉氏捐贈鉛錢四百貫重修寺廟，爲劉氏家族祈福並求寄忌。寄忌對象上溯夫族的二十二代祖潘純亨。

此碑與編號00145《陳門劉氏暨彭門劉氏寄忌碑》、編號00146《劉門歷代祖先靈位》、編號00147《劉、黎、鄧三門歷代先祖神位》及編號00148《關門劉氏寄忌碑》同爲廣東劉燕華後代子孫所立的寄忌碑。

潘門劉氏后碑
慈恩寺原是廣東省廣州府順德縣江村司馬亭都龍江保忠義
儒林鄉會龍社長路坊　彭城劉燕華堂所建也
寺成於紹治癸卯之歲經有年矣久而虫穿木壞今住持僧叶與
本族謀圖復舊　劉姓十八世女孫謂其既可述前人之事也樂出銀
錢肆百貫以助成之祈願同族陽眷人等壽添鶴數同躋仁壽之天
莫倚閒浮共證道邦之境者也古云立功爲不朽因銘于石以壽其傳
祇薦潘公二十二世祖諱純亨字元則号漢清府君貫大清國河清鄉今君
大南國河內省行帆庸寄太甲生於戊戌年四月十六日子辰壽六十四終於辛丑年正月初
七日亥辰
歲次同慶丙戌年五月五日立碑

編號：00144　出自《拓片總集》第一冊

釋文

潘門劉氏後碑[①]

慈恩寺原是廣東省廣州府順德縣江村司馬寧都、龍江堡忠義/儒林鄉會龍社長路坊彭城劉燕華堂所建也，/　　　　寺成於紹治癸卯[②]之歲，經有年矣，久而蟲穿木蠹。今住持僧叶與/本族謀圖復舊，劉姓十八世女孫謂其此可述前人之事也，樂出鉛/錢肆百貫以助成之，祈願同族陽眷人等，籌添鶴數，同躋仁壽之天；/果滿閻浮[③]，共證蓮邦[④]之境者也。古云立功爲不朽，因銘於石，以壽其傳。/

祇薦潘公二十二世祖，諱純亨，字元則，號漢清府君，貫大清國河清鄉，今居/大南國河内省行帆庯密太甲。生於戊戌年四月十六日子辰[⑤]，壽六十四，終於辛丑年正月初七日宎[⑥]辰。歲次同慶丙戌年[⑦]五月五日立碑/

題後

河内慈恩寺是廣東廣州順德龍江長路劉燕華，於阮憲祖紹治三年（1843）所創建，阮景宗同慶元年（1886）因年久寺損，劉姓十八世女孫等遂捐資重修慈恩寺，並爲劉姓及夫族祇薦寄忌。

---

① 此爲碑額，今重定篇題爲“慈恩寺潘門劉氏祭忌碑記”。

② “癸卯”，爲阮憲祖紹治三年（1843），清道光二十三年。

③ “閻浮”，即“閻浮提”，《慧琳一切經音義・大般若波羅蜜多經卷第一・初分緣起品之一・釋經題本梵語》：“南贍部洲，此大地之總名也。古譯或名譫浮，或名琰浮，或名閻浮提，皆梵語訛轉也。……《阿毘曇論》云：有贍部樹生此洲北邊、泥民陀羅河南岸，正當洲之中心；北臨水上，於樹下水底，南岸下有贍部，黄金古名閻浮檀金，樹因金而得名，洲因樹而立號，故名贍部。”

④ “蓮邦”，即極樂世界，見《阿彌陀經疏鈔》卷二：“蓮華者，乃卸凡殼之玄宫，安慧命之神宅，往詣之國，號曰蓮邦。”也指西方淨土，因彼土衆生化生於蓮花中，故稱“蓮邦”。

⑤ “辰”，越南阮朝避諱字，避阮翼宗阮福時諱，下同不另出注。

⑥ “宎”，或即“寅”字。

⑦ “同慶”，爲越南阮朝阮景宗（Nguyễn Cảnh Tông）阮福昪（Nguyễn Phúc Biện）的年號，共計四年（1885–1888）。阮福昪 1885 年八月丁丑即位，“是月竝後九月仍著成咸宜年號，十月以後改爲同慶乙酉年”，明年丙戌（1886）始稱同慶元年，當清光緒十二年。詳見《大南寔録正編・第六紀》卷一。

慈恩寺中共有七通碑誌如下表（考察範圍爲《拓片總集》前四册）：

編號	篇題	年代	位置
00143	慈恩寺後碑	阮景宗同慶元年（1886）	不詳
00144	慈恩寺潘門劉氏祭忌碑記*	阮景宗同慶元年（1886）	左邊第三碑
00145	慈恩寺陳門劉氏暨彭門劉氏祭忌碑記*	阮景宗同慶元年（1886）	左邊第四碑
00146	劉門歷代祖先靈位*	清光緒丁亥年（1887年） 阮景宗同慶二年	河城第八户塘化慈恩寺
00147	劉、黎、鄧三門歷代先祖神位*	未注明	右邊第二碑
00148	慈恩寺關門劉氏祭忌碑記*	阮景宗同慶元年（1886）	右邊第三碑
00149	慈恩寺朱氏後佛碑記*	阮翼宗嗣德二十五年（1872）	右邊第四碑

注：* 表示此篇收入本書。

其中除00143、00149外，均爲劉燕華的十八世女孫等，於阮景宗同慶年間捐資重修慈恩寺或劉氏後代的寄忌靈位碑記，其中00146仍然使用清光緒丁亥年的紀年。而00144（本碑）爲嫁與潘門的女孫、00145爲嫁與陳氏與彭氏的女孫，00147爲劉氏與黎氏家族共同的寄忌碑、00147爲劉氏十八世孫女之嗣子（同時也是姨甥）關過登爲關氏與劉氏所立之寄忌碑。值得注意的是，這些寄忌碑均以女性爲主要捐資人，寄忌的對象除了劉氏家族之外，均兼及夫族。同是劉氏家族的五方碑記，可以作爲探討華人移居越南的研究資料。

而編號00149是慈恩寺碑刻中比較早的寄忌碑，是何啓恩爲養母朱氏所立之寄忌碑，刊刻於阮翼宗嗣德二十五年；00143則爲原海陽省平江府現寄籍河内省懷德府武氏軒捐資爲其夫婦及内外家立寄忌的碑刻。綜觀這些資料，寄忌現象是否與無嗣有關，可以進一步研究。

又，00143與00149這兩通碑誌與前面劉氏家族不同者，在於劉氏家族爲廣東人移居越南，在00146諸靈碑中仍署以光緒年；而此兩碑，則似乎是越南本地人士所立，這表明寄忌這樣的風俗似乎已經普及於越南地方，不盡爲某種人群所獨有。

○○九　慈恩寺陳門劉氏暨彭門劉氏祭忌碑記

引言

碑誌立於河内城第八户塘化慈恩寺内，爲寺内左邊第四碑。碑刻單面，拓片編號爲00145，共十一行字，滿行二十七字，碑題刻有“陳門劉氏彭門劉氏後碑”十字，今依内容及性質重定篇題爲“慈恩寺陳門劉氏暨彭門劉氏祭忌碑記”，碑額刻有雙龍昭日，其餘三邊刻有雲紋。年代署作同慶丙戌年（1886），同慶即阮景宗（Nguyễn Thánh Tổ）阮福昪（Nguyễn Phúc Biện）年號，丙戌即同慶元年，同年爲清光緒十二年。拓片現藏於漢喃研究院。

碑文記載慈恩寺乃廣東省劉燕華於紹治三年（癸卯，1843）修建，同慶元年因風化損毀嚴重，劉氏第十八代孫女劉氏釭等，捐贈兩百貫鉛錢重修寺廟，以祈求劉氏陽世子孫長命百歲，及對陳門劉氏與彭門劉氏寄忌，寄忌對象也包含了彭門劉氏之夫彭仕錕。有關慈恩寺劉氏家族的寄忌狀況，請參看篇號〇〇六“題後”文。

陳門劉氏彭門劉氏后碑

慈恩寺　原是廣東省廣州府順德縣汪村司馬寧都胡江
堡忠義儒林御會龍社長路坊　彭城劉燕華堂所建也寺成
於紹治癸卯之歲經有年矣久而虫穿木蠹今住持僧咭與本族
謀圖復舊劉姓十八世女孫謂其此志可述前人之事也樂心出銀
錢貳百貫以助成之祈願同族陽眷人等籌添鶴數同躋仁壽
之天藥滿閻浮共證蓮邦之境者也古云立功為不朽因銘于石以壽
其傳

陳門刘氏台号慈俞生甲午年正月二十八日卯辰終於丁酉十月初五日戌辰

彭仕鳳号麗端　生于己丑年正月二十九日巳時終於丙戌五月[illegible]日午時

彭門劉氏諱罰　生于己亥年貳月初叁日辰刻終于丁丑年六月初貳日卯刻

歲次同慶丙戌年五月五日立碑

編號：00145　出自《拓片總集》第一冊

釋文

陳門劉氏彭門劉氏後碑[①]

慈恩寺原是廣東省廣州府順德縣江村司馬寧都龍江/堡忠義儒林鄉會龍社長路坊彭城劉燕華堂所建也，寺成/於紹治癸卯[②]之歲，經有年矣，久而蟲穿木蠹。今住持僧叶與本族/謀圖復舊，劉姓十八世女孫謂其此志可述前人之事也，樂出鉛/錢貳百貫以助成之，祈願同族陽眷人等籌添鶴數，同躋仁壽/之天，果滿閻浮[③]，共證蓮邦[④]之境者也。古云立功爲不朽，因銘於石，以壽/其傳。/

陳門劉氏𠄩號慈俞，生甲午年正月二十八日卯辰，終於丁酉十月初五日戊辰。/

彭仕鋸號麗端，生於己丑年正月二十九日巳時，終於丙戌五月十六日午時。/

彭門劉氏諱罒，生於己亥年貳月初叁日辰刻，終於丁丑年六月初貳日卯刻。/

歲次同慶丙戌[⑤]年五月五日立碑。

題後

本碑記同爲廣東省廣州府順德縣劉燕華十八世女孫，捐資重修劉燕華所建慈恩寺，並爲家眷立寄忌。此碑之陳門劉氏與彭門劉氏應該均爲劉燕華之後代，然由兩人的名字，一名劉氏𠄩，一名劉氏罒，基本上已經從越南女性取名之方式，且𠄩（即“二”）、罒（即“四”）二字均爲字喃，可見經過四十餘年（1843–1886）的時間，廣東劉氏家族已逐漸越南本土化。

---

① 此爲碑額，今重定篇題爲“慈恩寺陳門劉氏暨彭門劉氏祭忌碑記”。

② “癸卯”，爲阮憲祖紹治三年（1843），當清道光二十三年。

③ “閻浮”，即“閻浮提”，《慧琳一切經音義·大般若波羅蜜多經卷第一·初分緣起品之一·釋經題本梵語》：“南贍部洲，此大地之總名也。古譯或名譫浮，或名琰浮，或名閻浮提，皆梵語訛轉也。……《阿毘曇論》云：有贍部樹生此洲北邊、泥民陀羅河南岸，正當洲之中心；北臨水上，於樹下水底，南岸下有贍部，黄金古名閻浮檀金，樹因金而得名，洲因樹而立號，故名贍部。”

④ “蓮邦”，乃極樂世界之別稱，也指西方淨土，因彼土衆生化生於蓮花中，故稱“蓮邦”。注詳見篇號〇〇六。

⑤ “同慶丙戌”，爲阮景宗同慶元年（1886），清光緒十二年。

○一○　劉門歷代祖先靈位

引言

碑誌立於河城第八户塘化慈恩寺内。碑刻單面，拓片編號爲00146，共二十三行字，滿行五十三個字，四邊無紋飾，碑題刻爲“恭薦劉門堂上歷代祖先各諸靈位之碑記”十七字，今依内容及性質重定篇題爲“劉門歷代祖先靈位”。年代署作歲次光緒丁亥年（1887），即阮景宗（Nguyễn Thánh Tổ）阮福昪（Nguyễn Phúc Biện）同慶二年。拓片現藏於漢喃研究院。

慈恩寺是由廣東省劉燕華修建於清道光癸卯年（1843），即阮紹治三年，讓後世子孫世代供奉劉氏先祖。碑上刻有此支劉氏之始祖到第十九代的族譜。

此碑與編號00145-00148同爲劉氏一族相關碑文，劉氏一族是由廣東省遷入河内的華人，可作爲華人家族在越南的發展的研究資料。碑文内容除了記載劉門歷代祖先之外，也同時供奉黎門和鄧門歷代祖先。

00146

歟寺於道光癸卯之歲原是廣東省廣州府順德縣江村司馬寧都龍江堡會龍社忠義儒林鄉長路坊劉蕭華堂所建也以為世立子孫
等奉祀　宗祖列位聰　公開經同生極樂永傳苗裔之榮祥福祿斯之慶謹列
始祖考諱萬益字嗣興號仲才　妣鄧氏　二世祖諱應祖字[illegible]成號南山　妣薛氏　三世祖諱童良字以守號帥與　妣謝氏
四世祖諱祖斌號　明德　妣柯氏　五世祖諱孔成號　南坡　妣黎氏　六世祖諱[illegible]字廣羽　號月浦　妣周氏[illegible]周氏
七世祖諱璟字鏊之　號東敍　妣陳氏何氏　八世祖諱古奇字邵正號石橋　妣[illegible]鄧[illegible]氏　九世祖諱鳴樂字闌卿號崇山　妣潘氏
十世祖諱賜鳳字公裔號尉吾　妣梁氏　十一世祖諱孔嬉　字子相　妣盧氏　十二世諱瑞瑤字穎甫　妣左氏
十三世祖諱兆參　字儀臣　妣蔡氏　十四世諱光元　字斯賢　妣黃氏　十五世祖諱宗成字卓五號逸軒　妣[illegible]氏[illegible]氏
十六世祖諱[illegible]貴　字濟遠　妣　氏　十五世祖諱兆貢　字協遠　妣鍾氏　十六世祖諱顯貴　字丕遠　妣鄧氏蕭氏
十六世祖妣劉門黎氏潘號妙仁　十六世祖諱上貴　字信遠　妣　氏　十六世祖諱應貴　字敬遠　妣　氏
十七世祖諱[illegible]昌字富清號慧吉　妣陳氏　十七世祖諱賢昌字英清號慧祥　妣李氏[illegible]　十七世祖諱泉昌字[illegible]清號[illegible]　妣黎氏月傑
十七世祖諱兆昌字福清號慧壽　妣潘氏　十七世女孫劉氏妹　劉氏珍　劉氏意　劉氏四　劉氏孫　劉氏足　劉[illegible]號淑芳
劉[illegible]蓮號妙信　婿等　盧以仁　何延安　潘廷典　何炳才　邵彤光　陳貴炳　潘紀[illegible]　彭仕[illegible]

恭龍

劉門堂上歷代祖先　各諸靈位　立碑記

十七世女孫何門劉氏[illegible]將號淑芳　七世女孫潘門劉氏諱蓮號妙信　十七世祖妣劉門張氏諱月傑　妣孫氏李氏
十七世祖妣劉門潘氏諱卯號妙康　十八世劉紹耆　劉錫銓　劉啟祥　十八世祖諱啟煒字瑞[illegible]號芝山
十八世祖諱啟[illegible]字[illegible]號瑞臺　妣[illegible]氏閒氏　十八世女孫[illegible]門劉氏諱卿　號喜慶　十八世女孫開門劉氏諱[illegible]　號慈帆
十八世女孫陳門劉氏諱[illegible]號慈　十八世女孫潘門劉氏諱歸　號慈　十八世女孫彭門劉氏諱[illegible]　號慈念
十八世祖妣劉門潘氏諱[illegible]　號妙和　十八世祖妣劉門李氏諱粘　號慈　十八世祖妣劉門楊氏諱[illegible]　號慈總
十八世祖妣劉門[illegible]氏諱興　號長春　十八世祖妣劉門[illegible]氏諱順　號[illegible]卿　十八世祖妣劉門關氏諱情　號[illegible]卿
十九世孫　劉[illegible]林　劉[illegible]　劉國田　劉垣邦　劉[illegible]邦　劉滌邦　劉[illegible]邦　十九世女孫劉[illegible]號[illegible]花
皆及
[illegible]門堂上劉門堂上歷代祖先　諸靈位
歲次光緒丁亥年正月吉日　順德龍江鄉長路坊十八世孫等　拜立

編號：00146　出自《拓片總集》第一冊

釋文

恭薦劉門堂上歷代祖先　　各諸靈位　　　　之[1]碑記[2]

斯寺於道光癸卯之歲，原是廣東省廣州府順德縣江村司馬寧都、龍江堡會龍社忠義儒林鄉長路坊劉燕華堂所建也，以爲世世子孫/等奉祀　宗親列位，聽　法聞經，同生極樂，永傳苗裔之榮，祥靄螽斯[3]之慶。謹列：/

始祖考諱萬益，字嗣興，號仲才；妣鄧氏。二世祖諱應祖，字裕成，號南山；妣薛氏。三世祖諱帝長，字以守，號帥興；妣謝氏。/

四世祖諱祺斌，號明德；妣柯氏。五世祖諱孔成，號南波；妣黎氏。六世祖諱諒，字廣朝，號月浦；妣關氏、周氏。/

七世祖諱璟，字器之，號東藪；妣陳氏、何氏。八世祖諱士奇，字邦正，號石橋；妣馮氏、鄧氏、蕭氏。九世祖諱鳴舉，字聞鄉，號蒙山；妣潘氏。/

十世祖諱錫鳳，字公裔，號冠吾；妣梁氏。十一世祖諱孔熺，字子相；妣盧氏。十二世祖諱瑞璋，字禎甫；妣左氏。/

十三世祖諱飛登，字俊臣；妣蔡氏。十四世祖諱光元，字斯賢；妣黄氏。十五世祖諱宗成，字卓五，號逸軒；妣蕭氏、黄氏、梁氏。/

十六世祖諱和貴，字濟遠；妣□氏。十六世祖諱池貴，字楊遠；妣鍾氏。十六世祖諱顯貴，字丕遠；妣蔡氏、蕭氏。/

十六世祖妣劉門黎氏浩，號妙仁；十六世祖諱壬貴，字信遠；妣□氏。十六世祖諱應貴，字敬遠；妣□氏。/

十七世祖諱永昌，字壽濟，號慧長；妣陳氏。十七世祖諱贊昌，字貴清，號慧祥；妣李寬印。十七世祖諱求昌，字壽清，號慧長；妣張氏月僊。/

十七世祖諱兆昌，字福清，號慧壽；妣潘氏。十七世女孫劉氏妹、劉氏珍、劉氏意、劉氏四、劉氏琼、劉氏定、劉氏荷號淑芳。/

---

① “之”，原作“𫡔”，越南俗字。

② 此爲碑題，今篇題去掉“恭薦”二字。

③ “螽斯之慶”，謂子孫興盛。見《詩經·周南·螽斯》：“螽斯羽，薨薨兮。宜爾子孫，繩繩兮。”

劉氏蓮號妙信，壻等　盧以仁、何延安、潘廷典、何炳才、關彤光、陳貴謙、潘純亨、彭仕錕。/

十七世女孫何門劉氏諱荷，號淑芳；十[1]七世女孫潘門劉氏諱蓮，號妙信；十七世祖妣劉門張氏諱月僊。/

十七世祖妣劉門潘氏諱節號妙康；十八世劉紹蕃、劉鶴齡、劉啓祥；十八世祖諱啟輝，字琼萼，號芝山；妣潘氏、李氏。/

十八世祖諱啟基，字瑶萼，號璟臺；妣凌氏、關氏。十八世女孫蕭門劉氏諱卿，號善慶；十八世女孫關門劉氏諱全，號慈慎。/

十八世女孫陳門劉氏諱⿰缶二，號慈□；十八世女孫潘門劉氏諱𠀧[2]，號慈⿱罒司；十八世女孫彭門劉氏諱□，號慈念。/

十八世祖妣劉門潘氏艚，號妙和；十八世祖妣劉門李氏諱粘，號慈𠀧；十八世祖妣劉門楊氏諱□，號慈懿。/

十八世祖妣劉門廖氏諱興，號長春；十八世祖妣劉門凌氏諱順，號瑞卿；十八世祖妣劉門關氏諱情，號瑜卿。/

十九世考劉煒林、劉煒柏、劉國相、劉垣邦、劉煋邦、劉濼邦、劉浚邦；十九世女孫劉媄婷，號蓉花。/

普及/

黎門堂上、鄧門堂上歷代祖先　　諸靈位。/

歲次光緒丁亥年[3]正月吉日

順德龍江鄉長路坊十八世孫等　拜立/

---

① 原碑没有“十”字。

② “𠀧”，喃字，“三”的意思。

③ “光緒丁亥年”，爲越南阮朝同慶二年（1887）。

題後

本碑與拓片編號000144、000145與000147、00148，同爲廣東省廣州府順德縣劉燕華的十八代女孫們，爲重修先祖所建慈恩寺並建立家族寄忌的碑記。本碑則爲劉氏一世祖至十九世歷代祖先牌位。由其他碑記内容可知，河内慈恩寺係由廣東省廣州府順德縣劉燕華在紹治三年（1843）所建，再由劉氏十八世女孫重修於同慶元年（1886），期間爲四十三年。因此，劉燕華應爲十五世或十六世，來到越南定居的時間大約在阮朝建立初期。由本碑所記靈位來看，也可以發現，自十六世開始，人名的稱謂已經有了一些不同，在十五世之前靈位均爲“祖諱某，字某；妣某氏”，然自十六世開始，有不記祖考而直記“十六世祖妣劉門黎氏浩，號妙仁”的記載。按，越南女性稱謂均爲“某氏某”與中國“某氏”或“某某”不同。其後也可以看到女性稱謂呈現這兩種不同的稱謂形式，如十七世有“妣李寬印”“妣張氏月僊”。又，十七世女孫有名“劉氏四”者，而十八世女孫則有稱“劉氏諱罚”者，按，喃字“罚”即“四”之意義，亦即至十八世，劉氏家族的姓名已經越南化。凡此皆反映出劉燕華家族與越南本地家族融合而在地化的現象。

另，碑記後半段記載似乎以女性爲記載之中心，而由何門劉氏、劉門潘氏等記載，可以進一步分析本家族的聯姻狀況。

又，值得注意的是，雖然劉氏家族已經在許多家族結構上産生了在地化的情況，但此靈位却仍然以清“光緒丁亥”紀年，並書“順德龍江鄉長路坊十八世孫等　拜立”，可見劉氏家族對於母鄉仍然有極深眷念。

○一一　劉、黎、鄧三門歷代先祖神位

引言

碑誌立於河城第八户塘化慈恩寺内，爲寺内右邊第二碑。碑刻單面，拓片編號爲00147，共十七行字，滿行約三十字，碑額刻有“壽”字，碑題刻有“大清廣東廣州順德龍江長路劉門歷代先祖暨諸靈神位”二十三字，今依内容及性質重定篇題爲“劉、黎、鄧三門歷代先祖神位”，碑額刻有雙龍昭日，其餘三邊刻有花草紋。碑上未載明立碑時間。拓片現藏於漢喃研究院。

拓片編號00145-00147同爲廣東省廣州府順德縣劉燕華家族的寄忌碑記。本碑文記載三個家族的祖先牌位：祖籍廣州順德的劉氏家族、祖籍北江省順安府嘉林縣鄧舍禮村的黎氏家族和未注明祖籍何處的鄧氏家族。由整組碑記内容相互考訂，可以作爲十九世紀華人遷入河内定居後的研究資料。

00147
大清廣東廣州順德龍江長路劉門歷代先祖暨諸靈神位
北江天德順安嘉林鄉舍禮村黎門歷代先祖暨諸靈神位
鄧門歷代先祖暨諸靈神位
百世不遷萬代如見
河城第八戶壙化慈恩寺內右邊第二碑

編號：00147　出自《拓片總集》第一冊

釋文

大清廣東廣州順德龍江長路劉門歷代先祖暨諸靈[1]神位：/

曾祖考劉俊臣位，曾祖妣蔡氏安人位； 顯祖考劉斯賢位，顯祖妣黃氏、梁氏位。/

顯考劉卓伍之位，顯妣劉正室葉氏位， 側室黃氏孺人之位。/

賢夫皇清恩贈登仕郎、諱顯貴，字丕遠； 嫡室蔡氏、次室蕭氏。/

賢兄劉濟遠、劉揚遠，賢嫂鍾氏之位， 賢弟劉信遠、敬遠。/

逝子劉永昌，字慧長，號受清。 逝女劉氏妹、氏珍、氏官、氏荷、氏意、氏定。/

婿何允齡，字延安； 潘廷典，謚敦敏位。 堂姪謙恭勤敏劉紹蕃之位。/

北江天德順安嘉林鄧舍禮村黎門歷代先祖暨諸靈神位：/

曾祖考黎登銓，謚□哲；曾祖妣裴妙陶。 祖伯父黎、字福佳；伯母阮氏，號妙敬位。/

顯祖考黎俊彦，謚忠正；顯祖妣華慈盛， 側室裴氏、號慈順位。/

顯考黎、字智勇，謚醇正；顯妣節，號慈裕。 伯父黎壓，謚醇雅；伯母鄧氏，號慈原位。/

叔黎恥菴，號醉夫，謚□通；嬸母裴淑弘。 賢兄黎、字明直，嫡室阮寬厚、次阮明翊。/

賢兄二郎黎功允、賢娣黎氏，號妙環位； 賢兄黎、字醇樸，號完善；嫂阮號淑質位。/

賢弟黎、字瑞平，號恢明；弟婦華號淑義。 侄黎永元，號明毅；侄黎功弁。/

鄧門歷代先祖暨諸靈神位：/

外祖考鄧、字忠正，謚曉達位； 外祖妣杜氏，號妙懿孺人之位。/

百世不遷，萬代如見。/[2]

---

① “靈”，本作“灵”，“灵”爲俗字，見《宋元以來俗字譜·雨部》，下同不另出注。

② 以上爲編號00147之内容。按，此篇無額題及明顯的碑題，今依内容性質重定篇題名爲“劉、黎、鄧三門歷代先祖神位”。

題後

此爲廣東省廣州府順德縣劉燕華家族第十六世祖劉顯貴及其姻族黎氏、鄧氏家族之靈位。據碑文，本靈位爲劉顯貴之妻所立，上溯至曾祖，下及於堂侄，並可以與慈恩寺其他劉氏家族寄忌碑對校。本碑比較特殊的地方是有“謚號”，按，“謚號”原爲中國古代對於有功、有德貴族之表彰。《逸周書》卷六《謚法解》云：“維周公旦、太公望，開嗣王業，建功於牧之野，終將葬，乃制謚。遂敘謚法。謚者，行之跡也。號者，功之表也。車服者，位之章也。是以大行受大名，細行受細名，行出於己，名生於人。”雖有私謚，但也僅限於士大夫，由門人、朋友甚至親屬給予謚號。但此碑中的北江天德順安嘉林黎氏家族，自曾祖考、祖考、考、叔、均有謚，而廣東劉氏“賢夫”劉顯貴曾受“皇清恩贈登仕郎”却與其他家族人士一般没有謚號，則謚號就越南在地文化中或許有與中國不一樣的解讀。

○一二　慈恩寺關門劉氏祭忌碑記

引言

碑誌立於河城第八户塘化慈恩寺内，爲寺内右邊第三碑。碑刻單面，拓片編號爲00148，共十四行字，滿行約三十三字，碑額題有“關門劉氏後碑”六字，今依内容及性質重定篇題爲“慈恩寺關門劉氏祭忌碑記”，碑四邊無紋飾。年代署作歲次同慶丙戌年，即阮景宗同慶元年(1886)，同年爲清光緒十二年。拓片現藏於漢喃研究院。

此碑與編號00145-00147同爲廣東省廣州府順德縣劉燕華家族的寄忌碑記。此碑文記載三個家庭的祖先牌位，即祖籍廣州順德的劉氏家族、祖籍北江省順安府嘉林縣鄧舍村的黎氏家族和未注明祖籍何處的鄧氏家族。這組碑記内容相互考訂，可以作爲十九世紀華人遷入河内定居後的研究資料。

00148

河城第八户塘化慈恩寺内右邊第三碑

關門劉氏忌碑

粤以同慶丙戌之歲慈恩寺住持僧量修
寶院貴貴魚千　今關姓關遇登乃　劉氏之姨甥承繼　劉姓廿八世女孫劉氏諱
全之嗣子也以斯寺本是廣東省廣州府順德縣江村司馬寧都龍江堡忠義儒林鄉
會龍社長路坊彭城　劉燕華堂創始爲成之吾子孫敢不祇肅寓仍樂出鉛錢肆
百貫交與禪僧助成
佛事祈薦　伯父伯母之靈承祀於本寺侍
佛闍經同登極樂之邦留種靈苗獲報來生之葉東顯全族陽春春多吉慶夏傑
安秋光三页冬迎百福記之于石以壽其傳者也
關門老氏諱萬　生于戊子年陸月初壹日辰牌　終于甲申拾壹月拾肆日卯牌
關昆培字彤光　生于己丑年十二月十八日子牌　終于壬子年十一月初三日未牌
關門劉氏諱全　生于辛卯年三月十五日亥牌　終于癸未年四月二十八日午牌
又另有此忌緣其年以幼故同此碑而刻之
劉姓十九世女孫劉娸婷　生于丁卯年十二月十一日寅刻　終于辛甫年十月初一日酉刻
歲次同慶丙戌年五月五日立碑

編號：00148　出自《拓片總集》第一册

釋文

關門劉氏後碑[①]

粤以同慶丙戌[②]之歲，慈恩寺住持僧重修/ 寶院，貲費鉅千， 今關姓關遇登乃 劉氏之姨甥，承繼 劉姓十八世女孫劉氏諱/全之嗣子也。以斯寺本是廣東省廣州府順德縣江村司馬寧都龍江堡忠義儒林鄉/會龍社長路坊彭城 劉燕華堂創始，鼎力成之，吾子孫敢不祗肅焉。仍樂出鉛錢肆/百貫交與禪僧，助成/ 佛事，祈薦 伯父、伯母之靈，承祀於本寺，侍/ 佛聞經，同登極樂之邦；智種靈苗，獲報來生之果。更願仝族陽眷，春多吉慶，夏保平/安，秋免三灾，冬迎百福，記之于石，以壽其傳者也。/

關門老氏諱萬， 生于戊子年陸月初壹日辰牌， 終于甲申拾壹月拾肆日卯牌。/

關昆培字彤光， 生于己丑年十二月十八日子牌， 終于壬子年十一月初三日未牌。/

關門劉氏諱全， 生于辛卯年三月十五日亥牌， 終于癸未年四月二十八日午牌。/

又另有此后緣其年少幼故，同此碑而刻之：/

劉姓十九世女孫劉媄婷， 生于丁卯年十二月十一日寅刻，終于壬申年十月初二日酉刻。/

歲次同慶丙戌年[③]五月五日立碑。

---

① 此爲碑額，今重定篇題爲“慈恩寺關門劉氏祭忌碑記”。

② “同慶丙戌”，爲阮景宗同慶元年（1886），當清光緒十二年。

③ “歲次同慶丙戌年”，同前注。

題後

此碑額題刻爲“關門劉氏後碑”，爲廣東省廣州府順德縣劉氏家族十八代女孫繼子關遇登、損資重修河内慈恩寺，並爲伯父母及繼母所立的寄忌碑。

根據碑文，關遇登爲劉氏全的姨甥，其母親亦爲劉氏家族之女性，但在前面編號00146《劉門歷代祖先靈位》碑記中並未有另一位關門劉氏，極可能在立寄忌碑時，關遇登的親生父母親尚健在，故關遇登係爲其已亡故的伯父關昆培及伯母老氏萬、繼母劉氏全設立寄忌。而由前面《劉門歷代祖先靈位》中可以看到關氏與劉氏互爲婚姻，如劉氏十八世祖劉啟基有妻關氏；十八世女孫劉氏全嫁與關氏；而關氏情復嫁與劉氏十八世祖某。

○一三　慈恩寺朱氏後佛碑記

引言

碑立於河城第八户塘化慈恩寺内，爲寺内右邊第四碑。碑刻單面，拓片編號00149，共十三行字，滿行約三十一字，碑額刻有“后佛寄忌事誌”六字，今依内容及性質重定篇題爲“慈恩寺朱氏後佛碑記”，四邊刻有花草紋。年代署作皇朝嗣德（Tự Đức）萬萬年之壬申，嗣德爲阮翼宗（Nguyễn Dực Tông）阮福時（Nguyễn Phúc Thì）年號，壬申年爲嗣德二十五年（1872），同年爲清同治十年。拓片現藏於漢喃研究院。

碑文記載原貫大清國廣東省之何凱恩，於越南立業，居住在壽山縣延興坊。其堂嬸朱氏年事已高且無子，何凱恩接其回家奉養。辛未年間朱氏去世，何凱恩爲其戴孝三年，後捐贈三百鉛錢給慈恩寺爲朱氏超度並寄忌，復祈求家人平安、健康。

后佛寄忌事誌

蓋聞福德惟人孝忠在心誠之可以壽其端也若孝信何啟恩原籍大清國廣東
省人朱南生業居河內懷德縣壽昌之延興坊因有堂嬸何門朱氏生世有年嗣
息無依餘躬何媒請歸其舍而養之如生至　辛未年十一月二十四日
業報滿終捨化歸眞德造一度孝心由發喪服三年節儀依常再出家資
銘錢叁百貫寄于　慈恩禪寺住僧專辦各款先祈陰靈超生淨
土次願陽眷富壽康寧此是全其福孝之義也因碣石以誌其事云
銘曰　昇龍城外　慈恩善地　何朱誌立　善菓圓固
北人南境　孝我福祿　浸飯佛德　永久千年
皇朝嗣德萬萬年之壬申七月佛歡喜日立
一遞年十一月二十四日正忌何門朱氏號慈和眞塊寺僧西歸寶殿謹設花菓品譬立千席先献
三寶後供七室次誦念祈生安養
一徒為家先[illegible]
[illegible]
南無造法船渡苦海觀音如來度衆生頹　慈恩寺住持僧撰

釋文

後佛寄忌事誌[①]

蓋聞福德惟人，孝忠在意，誌之石以壽其跡也。玆孝信何啟恩，原籍大清國廣東/省人，來南生業，居河内懷德壽昌之延興坊，因有堂嬸何門朱氏住世有年，嗣/後無依竛竮[②]，何據請歸其舍，而養之如生。至辛未年十一月二十四日/業報滿終，捨化歸壙。禮遞一辰，孝心由發；喪服三年，節儀依常。再出家貲/鉛錢叁百貫寄于　慈恩禪寺，仗命住僧專辦各款，先祈陰靈超生淨/土，次願陽眷富壽康寧，此是全其福孝之義也。因碣石以誌其事云。/

銘曰：

昇龍城外，慈恩金蓮。何朱誌立，善果團圓。

北人南境，孝義福緣。憑皈佛德，永久千年。/

皇朝嗣德萬萬年之壬申[③]七月佛歡喜日立。/

一遞年十一月二十四日正忌何門朱氏號慈和真魂，寺僧洒掃寶殿，謹設燈花果品齋盤于席，先獻/　　三寶[④]，後供亡靈，次誦念祈生安養。/

一從薦家先翁鴻裝、婆𠀧[⑤]、全英、奇芳，朱成記，普請何朱堂上歷代内外等諸香魂同來配享，共赴超生。/

一買恩田陸高在金蓮總□□砦之地界，遞年拾貫/□錢□□□。一壙墓塋在本總教坊村之慈恩寺外。正朱氏慈/和之墓。

---

① 此爲碑額，今重定篇題“慈恩寺朱氏住後佛碑記”。

② “竛竮”，又作“竮竛”，孤單的樣子。范成大《石湖居士詩集·臨溪寺》：“萬山繞竮竛，二水奔澒洞。亭亭林中寺，金碧燦棡棟。”又作“伶俜”，《樂府詩集·雜曲歌辭十三·古辭·焦仲卿妻》：“晝夜勤作息，伶俜縈苦辛。”又，《文選》賦辛之二《潘安仁寡婦賦》：“嗟予生之不造兮，哀天難之匪忱。少伶俜而偏孤兮，痛忉怛以摧心。”李賢注：“伶俜，單孑貌。”

③ “壬申”，爲阮翼宗嗣德二十五年（1872），當清同治十一年。

④ “三寶”，指爲佛教徒所尊敬供養之佛寶、法寶、僧寶等三寶。見《增壹阿含經》卷第十二云：“爾時，世尊告諸比丘：‘有三自歸之德，云何爲三？所謂歸佛第一文德，歸法第二之德，歸僧第三之德。’”

⑤ “𠀧”，喃字，“三”的意思。

南無造法，船遊苦海，觀音如來，度盡衆生願。

慈恩寺正住持僧撰

題後

此碑立於河内城塘化慈恩寺内，爲寺内右邊第四碑，與慈恩寺其他劉氏家族寄忌碑不同，立碑者與寄忌者均非劉氏家族，但均爲“大清國廣東省”人士。立碑者何凱恩因堂嬸朱氏無後，故奉養之，在朱氏亡故後，爲其戴孝三年，但將朱氏之靈位置放於慈恩寺，由寺僧每年超度祭祀，看得出中國傳統禮制在越南的改異。

○一四　河口坊朱大宅祭忌碑記

引言

碑立於河城第八户塘化復古坊長慶寺内，爲寺内右邊一碑。碑刻單面，拓片編號爲00150，共十五行字，滿行約三十字，碑額刻有“朱大宅后碑”五字，今依内容及性質重定篇題爲“河口坊朱大宅祭忌碑記”，碑額刻有雙龍昭日，其餘三邊刻有雲紋。碑文撰者原寧江知府阮潤，年代署作成泰（Thành Thái）六年歲次甲午，即阮朝成泰帝（Vua Thành Thái）阮福昭（Nguyễn Phúc Chiêu）六年（1894），同年爲清光緒二十年。現藏於漢喃研究院。

此碑文記載，原籍大清國廣東省人朱大宅，現居於河口坊行帆庯，其先外祖於壽昌縣金蓮總復古坊之地修建長慶寺，後此寺毁壞嚴重，故朱大宅重修寺廟，鑄造千手千眼觀音像，於寺廟周圍植樹，並起十餘間草屋以供租用，所收租銀作爲修補與祭忌之資，同時又立朱瑞會與其亡夫陳瑞朝爲後神。

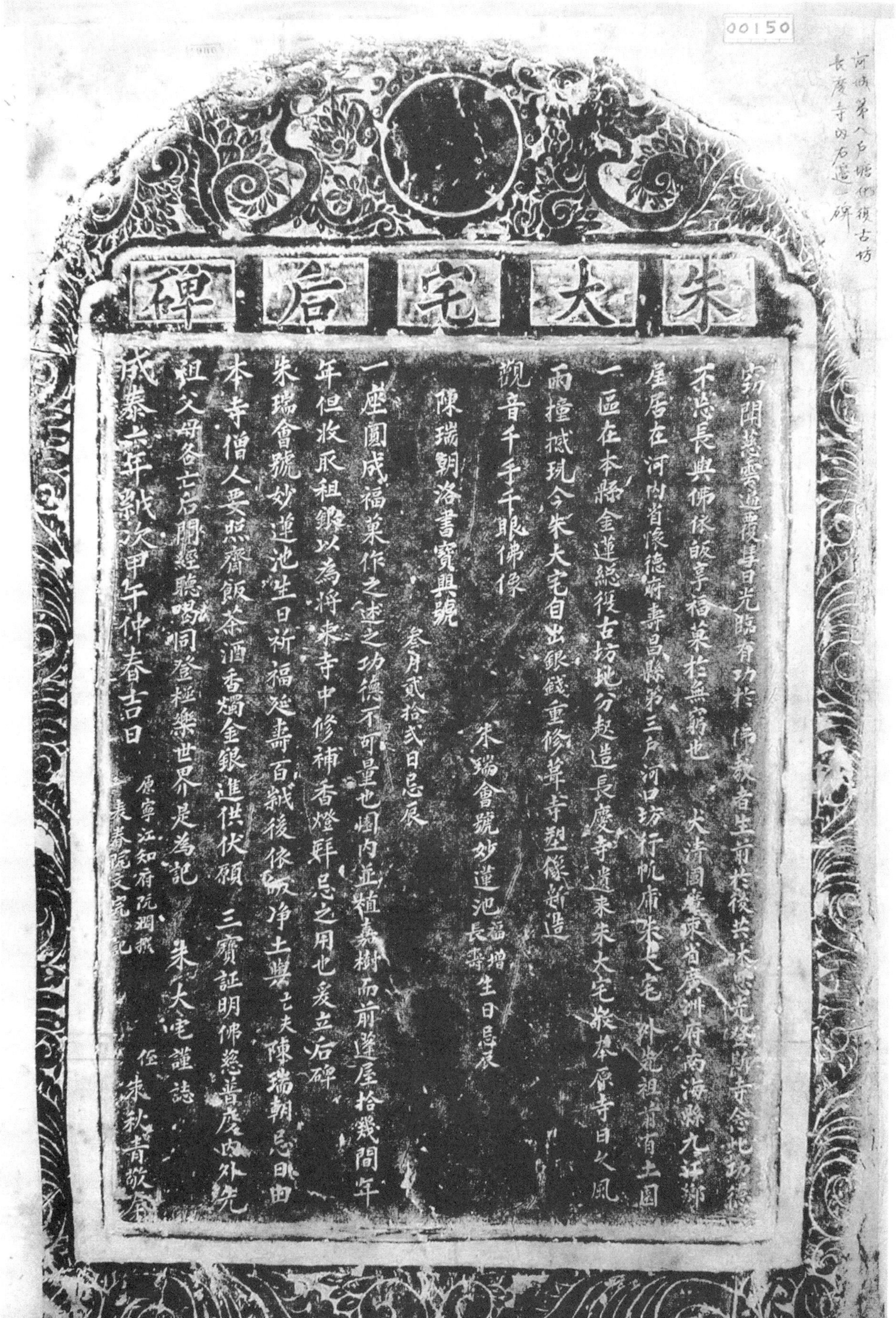
00150

河城第八戶總作復古坊
長慶寺內右邊一碑

朱大宅忌碑

竊聞慈雲遍覆 佛日光臨 有功於 佛教者生前於後共永□光證寺念此功德
不忘長與佛依皈享福菓於無窮也　大清國廣東省廣州府南海縣九江鄉
屋居在河內省懷德府壽昌縣第三戶河口坊行帆庯朱大宅 外妣祖前有土園
一區在本縣金蓮總復古坊地分起造長慶寺遺來朱大宅㨂奉原寺日久風
雨撞撼現今朱大宅自出銀錢重修葺寺塑像新造
觀音千手千眼佛像
朱瑞會號妙蓮池 福增長壽生日忌辰
陳瑞朝洛書寶與號　叄月貳拾弍日忌辰
一座園成福菓作之述之功德不可量也國內並植嘉樹而前邊屋拾幾間年
年但收取租錢以為將來寺中修補香燈拜忌之用也爰立后碑
朱瑞會號妙蓮池生日祈福延壽百歲後依皈淨土與亡夫陳瑞朝忌日由
本寺僧人要照齋飯茶酒香燭金銀進供伏願　三寶証明佛慈普度內外先
祖父母各亡后聞經聽鳴同登極樂世界是為記　朱大宅謹誌
成泰六年歲次甲午仲春吉日　原寧江知府阮𤀗撰　侄朱秋青敬書
□表春院交完記

釋文

朱大宅後碑[①]

竊聞慈雲遍覆，彗日光臨，有功於佛教者，生前於後，共沐恩光。登斯寺，念此功德，/不忘長與佛依皈，享福果於無窮也。

大清國廣東省廣州[②]府南海縣九江鄉/屋居在河内省懷德府壽昌縣第三户河口坊行帆庯朱大宅。外先祖前有土園/一區在本縣金蓮總復古坊地分，起造長慶寺，遺來朱大宅敬奉。原寺日久風/雨撞撼，現今朱大宅自出銀錢重修葺寺塑像，新造/　　　　觀音千手千眼佛像。/

朱瑞會、號妙蓮池福增/長壽，生日忌辰。/

陳瑞朝洛書寶興號，/　　　　叁月貳拾貳[③]日忌辰。/

一座圓成福果，作之述之，功德不可量也。園内並植嘉樹，而前蓬屋拾幾間，年/年但收取租銀，以爲將來寺中修補、香燈拜忌之用也。爰立後碑。/

朱瑞會、號妙蓮池，生日祈福延壽，百歲[④]後依皈淨土，與亡夫陳瑞朝忌日由/本寺僧人要照齋飯、茶、酒、香燭、金銀進供。伏願　三寶証明佛慈普度内外，先/祖父母各亡后，開經聽喝，同登極樂世界，是爲記。

朱大宅謹誌/

成泰六年歲次甲午[⑤]仲春吉日

原寧江知府阮潤撰

表眷阮文完　記

侄朱秋青敬奉

---

① 此爲碑額，今重定篇題爲“河口坊朱大宅祭忌碑記”。

② “州”，碑文原作“洲”。

③ “貳”，碑文原作“弍”。

④ “歲”，原作“𡻕”，爲“歲”之俗字，請參看《增廣字學舉隅・古文字略》，下同不另出注。

⑤ “成泰”（Thành Thái），爲阮朝成泰帝（Vua Thành Thái）阮福昭（Nguyễn Phúc Chiêu）的年號共計十九年（1889-1907）。“甲午”爲成泰六年（1890），當清光緒二十年。

○一五　重修含龍寺碑記

引言

碑立於河城含慶庯路含龍寺内，爲寺内右邊一碑。碑刻單面，拓片編號 00160，共二十九行，滿行約三十八字。碑額與碑題均刻有“含龍寺碑記”五字，今依内容及性質重定篇題爲“重修含龍寺碑記”。碑額有三層紋飾，上層爲吉祥紋，中層爲雲紋，下層刻有額題並在其二側刻有雲龍紋，其餘三邊亦刻有雲龍紋。碑文撰者爲參從户部尚書、兼東閣大學士、少傅阮貴德，書寫者爲侍内選侍内書寫户番、進功庶郎所使阮廷桓。年代署作皇朝永盛（Vĩnh Thịnh）萬萬年之十龍輯甲午（1714），永盛爲後黎裕宗（Lê Dụ Tông）黎維禟（Lê Duy Đường）年號，同年爲清康熙五十三年。現藏於漢喃研究院。

碑文記載含龍寺爲京師復古坊一重要之古寺，黎裕宗永盛年間第七代鄭主鄭棡（Trịnh Cương，1686–1729）之母太妃張氏玉柠（Trương Thị Ngọc Chử）提議由鄭棡出資重修含龍寺。

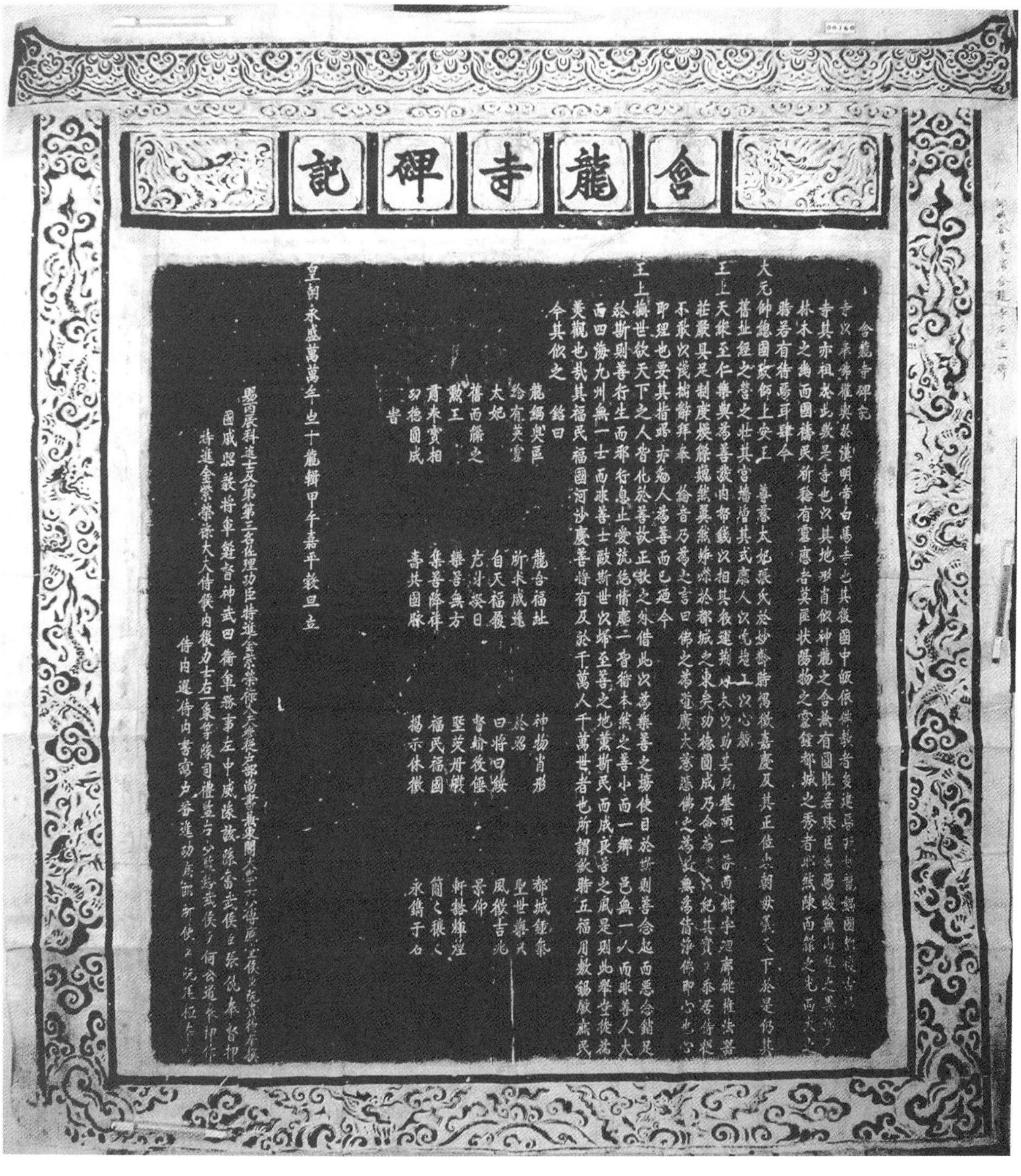
含龍寺碑記

編號：00160　出自《拓片總集》第一册

釋文

含龍寺碑記[①]

寺以奉佛，權輿[②]於漢明帝白馬寺也；其後國中皈依[③]佛教者，多建焉。我越龍編國都復古坊含龍/寺，其亦祖於此歟！是寺也，以其地形肖似神龍之含，兼有圓堆若珠，因名焉。峻無山阜之異，邃不/林木之幽，而國禱民祈，稔有靈應者，莫匪狀陽物之靈，鍾都城之秀者耶？然陳而新[④]之，光而大之，/時若有待焉耳。肆今/　　　　大元帥、總國政、上師、安王[⑤]尊慈太妃張氏於妙齡時偶徵嘉慶，及其正位東朝，母儀天下，於是仍其/舊址，經之營之，壯其宫牆，增其式廓，人以□趨，工以心競，/　　　　王上天縱至仁，樂與爲善，發内帑錢以相其役，運荆山木以助其成，整頓一番，而紺宇[⑥]廻廊、犍椎[⑦]法器，/莊嚴具足，制度焕新，巍然翼然，崢嶸於都城之東矣。功德圓成，乃命爲文，以紀其實。臣忝居侍從，/不敢以淺拙辭，拜奉　綸音，乃爲之言曰："佛之爲道，廣大慈悲；佛之爲教，無爲清淨。佛即心也，心/即理也，要其指歸，亦勉人爲善而已。迺今/　　　　王上撫世，欲天下之人皆化於善，故正教之外，借此以爲樂善之場，使目於斯則善念起而惡念銷，足/於斯則善行生而邪行息，止愛流、絶情塵，一皆循本然之善。小而一鄉一邑，無一人而非善人；大/而四海九州，無一士

---

① 此爲碑題，今重定篇題爲"重修含龍寺碑記"。

② "權輿"，開始、萌芽的意思，見《詩經·國風·秦風·權輿》："於我乎！夏屋渠渠，今也每食無餘。于嗟乎！不承權輿。"毛亨傳曰："權輿，始也。"

③ "皈依"，又作"歸依"，指歸敬依投於佛、法、僧三寶。見《優婆塞戒經》卷五："云何三歸依者？善男子！謂佛法僧。佛者，能説壞煩惱因，得正解脱。法者，即是壞煩惱因，真實解脱。僧者，稟受破煩惱因，得正解脱。"又，《阿毘達磨俱舍論》卷十四："諸有歸依佛，及歸依法僧，於四聖諦中，恆以慧觀察。知苦知苦集，知永超衆苦，知八支聖道，趣安隱涅槃。必因此歸依，能解脱衆苦。"

④ "新"，原作越南諱字。

⑤ "大元帥、總國政、上師、安王"，原作"大元帥、總國政、師上安王"，黎裕宗永盛五年（1709）第六代鄭主鄭柄去世，其子節制太尉、安國公鄭棡繼任鄭主，進封爲元帥、總國政、安都王，見校合本《大越史記全書續編》卷二"永盛五年九月"，又"永盛十六年五月"："進尊王爲大元帥、總國政、上師、尚父、威仁明功盛德安王。"

⑥ "紺宇"，乃寺之别稱。《祖庭事苑》卷四："紺園即紺宇也。釋名曰：紺含也，謂青而含赤色也。内教多稱紺目紺髮，取此義也。"

⑦ "犍椎"，即犍稚，又作揵稚、犍遲、犍地、犍抵、犍植、犍槌、犍錘。《增一阿含》云："降伏魔力怨，除結盡無餘。露地擊犍稚，比丘聞當集。諸欲聞法人，度流生死海。聞此妙響音，盡當雲集此。"又，《玄應音義·大方等大集經第十二卷》曰："揵椎，直追反，經中或作揵遲。案梵本臂吒揵稚，臂吒，此云打；揵稚，此云所打之木。或檀或桐，此無正翻。以彼無鐘磬故也。"

而非善士。毆斯世以歸至善之地，薰斯民而成良善之風，是則此舉豈徒爲/美觀也哉？其福民福國，河沙慶善，將有及於千萬人、千萬世者也。所謂‘斂時五福，用敷錫厥庶民’[①]，/今其似之。”

銘曰：/

龍編奥區，龍含福址。神物肖形，都城鍾氣。/

稔有英靈，所求咸遂。於昭　聖世，樂只/　太妃。　自天福履，曰將曰綏[②]。夙徵吉兆，/舊而新之。

庀才揆日，督輸[③]役倕[④]。景仰/　勳王，樂善無方。

墍茨丹雘[⑤]，軒豁輝煌。/肅奉寶相，集善降祥。

福民福國，簡簡穰穰[⑥]。[⑦] /

功德圓成，壽其國脈。揭示休徵，永鐫于石。[⑧] /

時皇朝永盛萬萬年之[⑨]十龍輯甲午[⑩]嘉平穀旦立/

---

① “斂時五福，用敷錫廠庶民”，見《尚書・周書・洪範》：“五，皇極：皇建其有極，斂時五福，用敷錫厥庶民。惟時厥庶民，于汝極，錫汝保極。”孔安國傳：“斂是五福之道以爲教，用布與衆民，使慕之。”

② “自天福履，曰將曰綏”，《詩經・國風・周南・樛木》：“南有樛木，葛藟纍之。樂只君子，福履綏之。南有樛木，葛藟荒之。樂只君子，福履將之。南有樛木，葛藟縈之。樂只君子，福履成之。”毛亨傳：“綏，安也。……將，大也。”

③ “公輸”，春秋時期有名的工匠家族。《禮記・檀弓下》：“季康子之母死，公輸若方小，斂，般請以機封。”鄭玄注：“公輸若，匠師也。般、若之族，多伎巧者也。”

④ “垂”即“工倕”，《莊子・外篇・達生》：“工倕旋而蓋規矩，指與物化而不以心稽。”陸德明《經典釋文》：“工倕，堯工巧人也。……倕工巧任規，以見爲圓，覆蓋其句指，不以施度也。是與物化之，不以心稽留也。”

⑤ “丹雘”，即對良木彩飾。據《説文解字・丹》：“雘。善丹也。”《山海經・南次三經》：“南次三經之首，曰天虞之山……又東五百里，曰雞山，其上多金，其下多丹雘。”《尚書・梓材》：“若作室家，既勤垣墉，惟其塗墍茨。若作梓材，既勤樸斫，惟其塗丹雘。”

⑥ “簡簡穰穰”，見《詩經・周頌・清廟之什・執競》：“鐘鼓喤喤，磬筦將將。降福穰穰，降福簡簡。威儀反反，既醉既飽，福禄來反。”毛亨傳：“喤喤，和也；將將，集也；穰穰，衆也；簡簡，大也；反反，難也，反復也。”鄭玄箋云：“反反順習之貌，武王既定天下，祭祖考之廟，奏樂而八音克諧，神與之福，又衆大謂如嘏辭也。”

⑦ 以上押平聲陽韻。

⑧ 以上“脈”“石”爲入聲陌韻。

⑨ “之”，原作“㞢”，越南俗字，下同不另出注。

⑩ “永盛”（Vĩnh Thịnh），爲後黎朝黎裕宗（Lê Dụ Tông）黎維禟（Lê Duy Đường）的第一個年號，共計十六年（1705-1720）。“甲午”，爲永盛十年（1848），當清康熙五十三年。

賜丙辰科進士及第第三名、佐理功臣、特進、金紫榮禄大夫、參從户部尚書、兼東閣大學士、少傅、廉堂侯、臣**阮貴德**[1]奉撰/

國戚、昭毅將軍、提[2]督神武四衛軍務事、左中威隊該隊、奮武侯臣張鐃奉督押/

特進、金紫榮禄大夫、侍候内後力士、右一象等隊、司禮監右少監、給武侯臣**何公道奉押作**/

侍内選侍内書寫户番、進功庶郎所使臣**阮廷桓奉寫**

題後

本碑記與編號00156-00159《重修含龍寺題捐碑記》、編號00162-00163《太妃張氏題捐碑記》，均爲黎裕宗永盛年間第七世鄭主鄭棡（Trịnh Cương，1686-1729）母親太妃張氏玉杵重修含龍寺的碑記。

① “阮貴德”（Nguyễn Quý Đức），永治元年（1676）丙辰科第一甲進士及第第三名。據《登科録》記載：“阮德貴，慈廉天姥人，二十九中。奉使，仕至吏部尚書兼郡公兼大學士。國老榮封佐理功臣。參預朝政致仕贈太宰，追封大王。貴恩之父貴慈之祖。”

② “提”，碑文原作越南諱字。

〇一六　振修南郊昭事殿碑記

引言

碑立於河城南郊殿。碑刻單面，拓片編號00161a/00161b/00161c/00161d，共四片，其中編號00161a/00161b爲碑座拓片，編號00161c/00161d爲完整碑文拓片。此碑文共二十三行字，滿行三十九字，碑額刻有“南郊殿碑記”五字，碑題刻有“振修南郊昭事殿碑記”九字，今依碑題爲篇題。碑四邊刻有紋飾，碑額刻有雙龍昭日、左右刻有龍鳳紋、下方中間刻有團花、花二邊刻有麒麟。碑文撰者爲東閣校書阮進朝，書寫者爲兵部郎中黎公振，潤飾者爲工部尚書兼東閣大學士胡士揚。年代署作皇朝永治（Vĩnh Trị）萬萬年之四歲次己未（1679），永治爲後黎熙宗（Lê Hy Tông）黎維祫（Lê Duy Cáp）年號，同年爲清康熙十八年。拓片現藏於漢喃研究院。

本碑文主要歌詠後黎玄宗（Lê Huyền Tông）景治（Cảnh Trị）元年（1663），第六世鄭主（Chúa Trịnh）定南王鄭根下令動工重修京城南郊作爲祭天所用的昭事殿之事。

00161a
河城南郊殿碑址

編號：00161a、00161b 出自《拓片總集》第一册（下同）

南郊發碑記

編號：00161c

南郊殿碑記
河城南郊殿碑記

編號：00191d

釋文

【南郊殿碑記】

振修南郊昭事殿碑記[1]

郊以昭事殿名者何？以其事/　　　　上帝也。明乎郊之禮，治國其如示諸掌乎！惟我/　　　　大越之肇造，奄兹萬里之提封，立鼎營城，克明於建國，辨方正位，致謹乎敬天，以南隅生育之鄉，創/南郊昭事之殿，歲之首，旦之元，於此乎迎之祀之，箇禮行之，歷世守之。然經營未見駿其功，丹雘[2]/未見致其巧，未足以大報乎天也，求其肇建自古所無之制作，興起自古所無之事功，必有待於/聖王施爲氣象大過人者。

肆今/　　　　大元帥、掌國政、尚師、太父、德功仁威明聖西王[3]天錫聰明，家傳忠厚，纘承　王業，保乂　皇圖，翊扶當今/　　　　皇上大統纂承，丕休克紹，專委/元帥、典國政、定南王[4]事機裁決，治具恢張，恒慮夫王者上承天地，下撫兆民，惟敬天則盛治可以常保，/太平可以常守。故惟時惟幾，未始不在乎天，遞年春正元辰，親扶/　　　　皇駕，總率臣僚，肅詣殿庭，載行大禮，敬之敬之，猶以是爲未足也。於是渙起　宸斷，竈蠲吉[5]旦，鳩集衆工，/楝樑選考練之材，繩墨引長生之尺，拆卸舊時陳迹，經營新用工夫。以　景治元年[6]癸卯秋至而當/構，二年甲辰歲杪而告成。殆見磚砌其基，石擎其柱。神誇餤角龍頭

---

① 此爲碑題，今依碑題爲篇題。

② “丹雘”，即對良木彩飾。據《説文解字·丹》：“雘。善丹也。”《山海經·南次三經》：“南次三經之首，曰天虞之山……又東五百里，曰雞山，其上多金，其下多丹雘。”《尚書·梓材》：“若作室家，既勤垣墉，惟其塗塈茨。若作梓材，既勤樸斫，惟其塗丹雘。”

③ “大元帥、掌國政、尚師、太父、德功仁威明聖西王”，爲鄭柞封號。校合本《大越史記全書》：“（戊申六年，清康熙七年，1668）四月，帝以王復國讎有大功，乃尊奉爲大元帥、掌國政、尚師、太父、德功仁威明聖西王。”

④ “元帥典國政，定南王”，爲鄭根封號。校合本《大越史記全書》：“（黎嘉宗甲寅陽德三年，清康熙十三年，1674）秋，七月十八日，帝以王世子、節制太尉、宜國公鄭根，功望隆重，晉封爲元帥、典國政、定南王。”

⑤ “蠲吉”，即齋戒沐浴選擇吉日的意思。見《詩經·小雅·鹿鳴之什·天保》：“吉益蜀爲饎，是用孝享。”毛亨傳：“吉，善蠲，絜也；饎，酒食也、享獻也。”鄭玄箋云：“謂將祭祀也。”

⑥ “景治”，爲後黎朝黎玄宗（Lê Huyền Tông）黎維禑（Lê Duy Vũ）年號，共八年（1663–1671）。“景治元年”，當清康熙二年（1663）。

見堂下，雙雙輝厲；廉隅[1]鰲足奠維中，兩兩奐爾。鼎新制度，依然復舊乾坤。是殿也，非惟昭欽敬於當時，抑亦欲永傳於來世，迺鐫功/勒成，以詔後人，使知/　　　　王上之爲心，欽存於中，恭見於外，其功厚，其德茂，有是功德，宜其有是福壽。天之福，天禄申重；天之壽，/天年長健。干禄百福，子孫千億，萬世惟帝惟王之業，永其天命也歟！謹記。/

時/

皇朝永治萬萬年之四冬十月癸未[2]縠旦。/

特進、金紫榮禄大夫、參從工部尚書、兼東閣大學士、濟郡公、瓊瑠完厚胡士揚[3]奉潤/

特進、輔國上將軍、該官署衛事、檢郡公、天本安鉅武公振奉督作/

光進、慎禄大夫、東閣校書、春澤男、福禄南阮阮進朝奉擬/

光進、慎禄大夫、該合[4]侍内書寫、兵部郎中、香壽男、嘉林□□黎公正奉寫

題後

“修南郊昭事殿”事，可見校合本《大越史記全書·本紀》卷十九“黎玄宗景治元年九月”條：“修南郊昭事殿。先是，南郊已有殿宇，而制度猶尚狹小，至是，王命增加營作，其正殿堂四角柱用石爲之基，庭内外並砌以石，棟梁榱桷一皆朱漆相金，規模制度焕爾鼎新。王復命詞臣胡士揚等撰文勒石，以記其事。……（二年十二月）南郊殿成。”

---

① “廉隅”，即棱角。《周禮·考工記·輪人》：“欲其幬之廉也”。（漢）鄭玄注：“幬，幔轂之革也。革急則裹木廉隅見。”（宋）蘇軾《章錢二君見和複次韻答之》：“醉裏冰髭失纓絡，夢回布被起廉隅。”

② “皇朝永治萬萬年之四冬十月癸未”，永治四年（1679）當清康熙十八年。

③ 胡士揚在家鄉乂安瓊瑠縣富厚總瓊堆社有祠堂碑及生墳記，見後文。

④ “該合”，爲正八品，等於六部司務，阮朝明命時期廢除。

〇一七　河口坊重建關聖廟簽題録（一）

引言

碑立於河城行帆庯關聖廟内，爲左邊一碑。碑刻單面，拓片編號 00167，共二十三行，滿行約四十八字，額題刻“重建關聖廟簽題録”八字，今依内容及性質定篇題爲“河口坊重建關聖廟簽題録（一）”。碑四邊有花紋。碑文内容以捐錢多寡，由右至左横列排序功德主題名與款項，總共六列。年代署作嘉隆（Gia Long）十四年（1815）歲次乙亥，嘉隆爲阮世祖（Nguyễn Thế Tổ）阮福暎（Nguyễn Phúc Ánh）年號，同年爲清嘉慶二十年。拓片現藏於漢喃研究院。

碑文記載捐錢重修關聖廟的功德主名單。

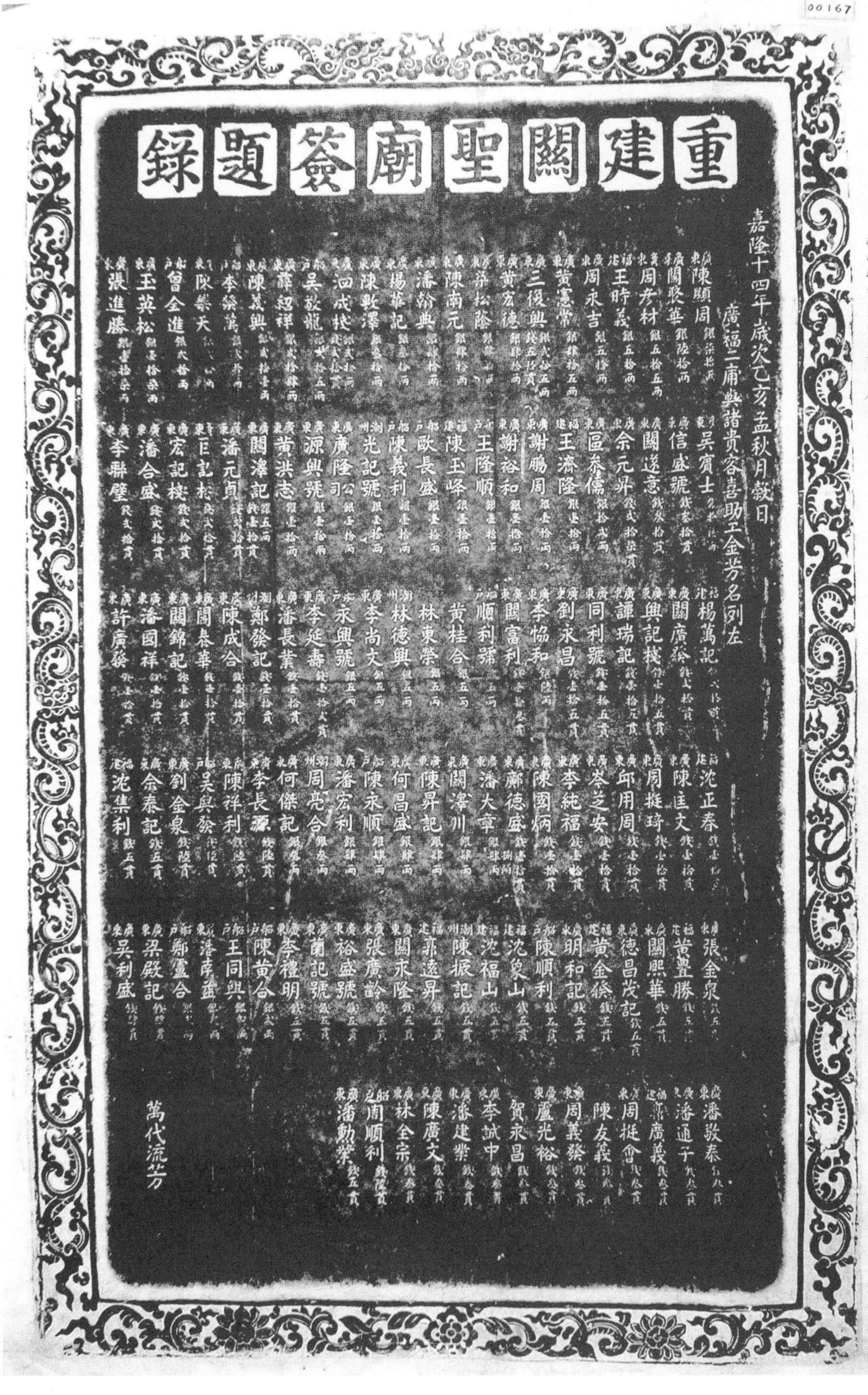

00167
重建關聖廟簽題録
嘉隆十四年歲次乙亥孟秋月穀日
廣福二庯與諸貴客喜助工金芳名列左
陳顯周　關聚華　周彥材　王時義　周永吉　黃憲常　三優興　黃宏德　徐松蔭　陳南元　潘裕典　楊華記　陳數澤　泗成棧　吳啟龍　薛紹祥　陳義興　李發萬　陳榮天　曾全進　王英松　張進勝
吳賓士　信盛號　關遂意　佘元昇　區恭儒　王濟隆　謝鵬周　謝裕和　王隆順　陳玉峰　歐長盛　陳義利　光記號　廣隆公司　源興號　黃洪志　關澤記　潘元貞　巨記棧　宏記棧　潘合盛　李鼎璧
楊萬記　關廣發　興記棧　譚瑞記　同利號　劉永昌　李協和　關富利　順利號　黃桂合　林東榮　林德興　李尚文　永興號　李延壽　潘長業　鄭發記　陳成合　閆春華　關錦記　潘國祥　許廣發
沈正春　陳廷文　周挺琦　邱用周　岑芝安　李純福　陳國炳　鄺德盛　潘大章　關澤川　陳昇記　何昌盛　陳永順　潘宏利　周亮合　何傑記　李長源　陳祥利　吳與發　劉金泉　佘泰記　沈集利
張金泉　黃豐勝　關熙華　德昌茂記　黃金發　明和記　陳順利　沈泉山　沈福山　陳振記　郭遠昇　關永隆　張廣齡　蘭記號　裕盛號　李禮明　陳黃合　王同興　潘序盛　鄭靈合　梁殿記　吳利盛
潘敬泰　潘通子　鄺廣義　周挺會　陳友義　周義發　盧光裕　賀永昌　李誠中　潘建業　陳廣文　林全宗　周順利　潘勳業
萬代流芳

編號：00167　出自《拓片總集》第一冊

釋文

重建關聖廟簽題録[①]

嘉隆十四年歲次乙亥[②]孟秋月穀日/

廣福二庯與諸貴客喜助工金芳名列左：/

廣東**陳顯周**銀柒拾兩，廣東**關聚華**銀陸拾兩，廣東**周彦材**銀五拾五兩，福建**王時義**銀五拾兩，廣東**周永吉**銀五拾兩，廣東**黄憲常**銀肆拾五兩，廣東**三復興**銀貳[③]拾五兩、錢五拾貫，廣東**黄宏德**銀肆拾兩，廣東**梁松蔭**銀肆拾兩，廣東**陳南元**銀肆拾兩，廣東**潘翰典**銀肆拾兩，廣東**楊華記**銀叁拾兩，廣東**陳敷澤**銀叁拾兩，廣東**泗成棧**銀貳拾兩、錢貳拾貫，船户**吴敬龍**銀貳拾五兩，廣東**薛紹祥**銀貳拾肆兩，廣東**陳義興**銀貳拾壹兩，船户**李發萬**銀貳拾兩，廣東**陳樂天**銀貳拾兩，船户**曾全進**銀貳拾兩，廣東**玉英松**銀壹拾柒兩，廣東**張進勝**銀壹拾柒兩。[④]

廣東**吴賓士**銀拾陸兩，廣東**信盛號**錢叁拾貫，廣東**關遂意**錢叁拾貫，廣東**佘元昇**錢貳拾柒貫，廣東**區參儒**銀拾貳兩，福建**王濟隆**銀壹拾兩，廣東**謝鵬周**銀壹拾兩，廣東**謝裕和**銀壹拾兩，船户**王隆順**銀壹拾兩，福建**陳玉峰**銀壹拾兩，船户**歐長盛**銀壹拾兩，船户**陳義利**銀壹拾兩，潮州**光記號**銀壹拾兩，廣東**廣隆公司**銀壹拾兩，廣東**源興號**銀壹拾兩，廣東**黄洪志**銀壹拾兩，廣東**關澤記**銀五兩、錢壹拾貫，廣東**潘元貞**錢貳拾貫，廣東**巨記棧**錢貳拾貫，廣東**宏記棧**錢貳拾貫，廣東**潘合盛**錢貳拾貫，廣東**李聯璧**錢貳拾貫。[⑤]

福建**楊萬記**錢貳拾貫，廣東**關廣發**錢貳拾貫，廣東**興記棧**錢壹拾五貫，廣東**譚瑞記**錢壹拾五貫，廣東**同利號**錢壹拾五貫，廣東**劉永昌**錢壹拾五貫，廣東**李協和**銀陸兩，廣東**關富利**錢壹拾叁貫，船户**順利號**銀五兩，**黄桂合**銀五兩，**林東榮**銀五兩，潮州**林德興**銀五兩，廣東**李尚文**銀五兩，船户**永興號**銀五兩，廣東**李延壽**錢壹拾貳貫，廣東**潘長業**錢壹拾貫，潮州**鄭發記**錢壹拾貫，廣東**陳成合**錢壹拾貫，廣東**關泰華**錢壹拾貫，廣東**關錦記**錢壹拾貫，廣東**潘國祥**錢壹拾貫，廣東**許廣發**錢壹拾貫。[⑥]

---

① 此爲額題，今依内容及性質重定篇題爲“河口坊重建關聖廟簽題録（一）。”

② “嘉隆十四年歲次乙亥”，當清嘉慶二十年（1815）。

③ “貳”，碑文原作“弍”，俗字逕改，下同不另出注。

④ 以上第一列。

⑤ 以上第二列。

⑥ 以上第三列。

福建**沈正春**錢壹拾貫，廣東**陳匡文**錢壹拾貫，廣東**周挺琦**錢壹拾貫，廣東**邱用周**錢壹拾貫，廣東**岑芝安**錢壹拾貫，廣東**李純福**錢壹拾貫，廣東**陳國炳**錢壹拾貫，廣東**鄺德盛**錢壹拾貫捌□，廣東**潘大章**銀肆兩，廣東**關澤川**銀肆兩，廣東**陳昇記**銀肆兩，廣東**何昌盛**銀肆兩，船户**陳永順**銀肆兩，廣東**潘宏利**銀肆兩，潮州**周亮合**銀叁兩，廣東**何傑記**銀叁兩，廣東**李長源**錢陸貫，廣東**陳祥利**錢陸貫，船户**吴興發**錢陸貫，廣東**劉金泉**錢陸貫，廣東**佘泰記**錢五貫，福建**沈集利**錢五貫。[①]

廣東**張金泉**錢五貫，福建**黄豐盛**錢五貫，廣東**關熙華**錢五貫，廣東**德昌茂記**錢五貫，福建**黄金發**錢五貫，廣東**明和記**錢五貫，船户**陳順利**錢五貫，福建**沈象山**錢五貫，福建**沈福山**錢五貫，潮州**陳振記**錢五貫，福建**郭遠昇**錢五貫，廣東**關永隆**錢五貫，廣東**張廣齡**錢五貫，廣東**裕盛號**錢五貫，廣東**蘭記號**錢五貫，廣東**李禮明**錢五貫，船户**陳黄合**銀貳兩，船户**王同興**銀貳兩，廣東**潘幸益**銀貳兩，船户**鄭盧合**錢貳兩，廣東**梁殿記**錢肆貫，廣東**吴利盛**錢肆貫。[②]

廣東**潘敬泰**錢叁貫，廣東**潘通子**錢叁貫，福建**郭廣義**錢叁貫，廣東**周挺會**錢叁貫，**陳友義**錢叁貫，廣東**周義發**錢叁貫，廣東**盧光裕**錢叁貫，**賀永昌**錢叁貫，廣東**李誠中**錢叁貫，廣東**潘建業**錢叁貫，廣東**陳廣文**錢叁貫，廣東**林全宗**錢叁貫，船户**周順利**錢陸貫，廣東**潘勳榮**錢五貫。[③]

萬代流芳/

題後

檢《拓片總集》（第 1–4 册），河内關聖廟中共有五通碑誌如下表：

編號	篇題	年代	位置
00167	重建關聖廟簽題録*	阮世祖嘉隆十四年（1815）	廟内左邊第一碑
00172- 00174	重建關聖廟碑記*	阮世祖嘉隆十四年（1815）	廟前右院
00175	河口坊重建關聖廟簽題録*	阮世祖嘉隆十四年（1815）	廟内右邊第一碑
00176	關聖廟硃漆碑記	阮聖祖明命七年（1826）	廟内右邊第二碑
00177	河口坊武春播後神碑記*	阮翼祖嗣德二十八年（1875）	廟内右邊第三碑

注：* 表示此篇收入本書。

① 以上第四列。
② 以上第五列。
③ 以上第六列。

其中拓片編號00167、00175與00176爲簽題録，00167記載的捐資人均爲籍貫中國福建、廣東、潮州的人士，以及一些船户，00175記載的捐資人均爲籍貫越南密太、北上、南下等地區的人士，00176没有注明捐資人籍貫。編號00172-00174内容記載嘉隆十四年(1815）重建關聖廟記事，並有年節祭禮的記載。而編號00177爲武春璠後神碑，武春璠曾在政府倡議樂捐時兩度捐錢，受封百户，其後捐資一千貫重修關聖廟，並以五間房子的租金作爲香火錢，因此被選立爲後神。

綜觀這些資料，編號00167、00172-00174與00175應爲記録同一次重建關聖廟的碑誌，這次重修關聖廟的捐資者特别以中國和越南籍貫分爲兩碑記録，而在編號00176、00177即明命、嗣德年間兩次重修時就没有類似的區分，可能當時的中國人已經落籍越南，或關聖信仰已爲當地越南人接受，可以進一步研究。

〇一八　重建關聖廟碑記

引言

碑立於河城行帆庯關聖廟前，爲廟前右院一碑。碑刻三面，拓片編號 00172/00173/00174，按拓片題簽，編號 00172 爲碑一，共十八行字，滿行約五十八字，編號 00173 爲碑二，共十行字，滿行約五十五字，編號 00174 爲碑三，共九行，滿行約五十三字。編號 00171 碑額題“重建關聖廟碑記”七字，碑題“重脩關聖帝君廟碑記”九字，今以額題爲篇題。編號 00171 面四邊刻有花草紋。碑文撰者爲侍中、舊己亥科同進士范適。年代署作嘉隆（Gia Long）十四年（1815）乙亥，嘉隆即阮世祖（Nguyễn Thế Tổ）阮福暎（Nguyễn Phúc Ánh）年號，同年爲清嘉慶二十年。拓片現藏於漢喃研究院。

河城關聖廟創建於後黎朝，至嘉隆年間已有百年歷史，廟宇經歷多次重修，碑文以記載甲戌年（1814）重修關聖廟之事爲主，碑左右兩側則記各甲歲時供奉與祭禮。

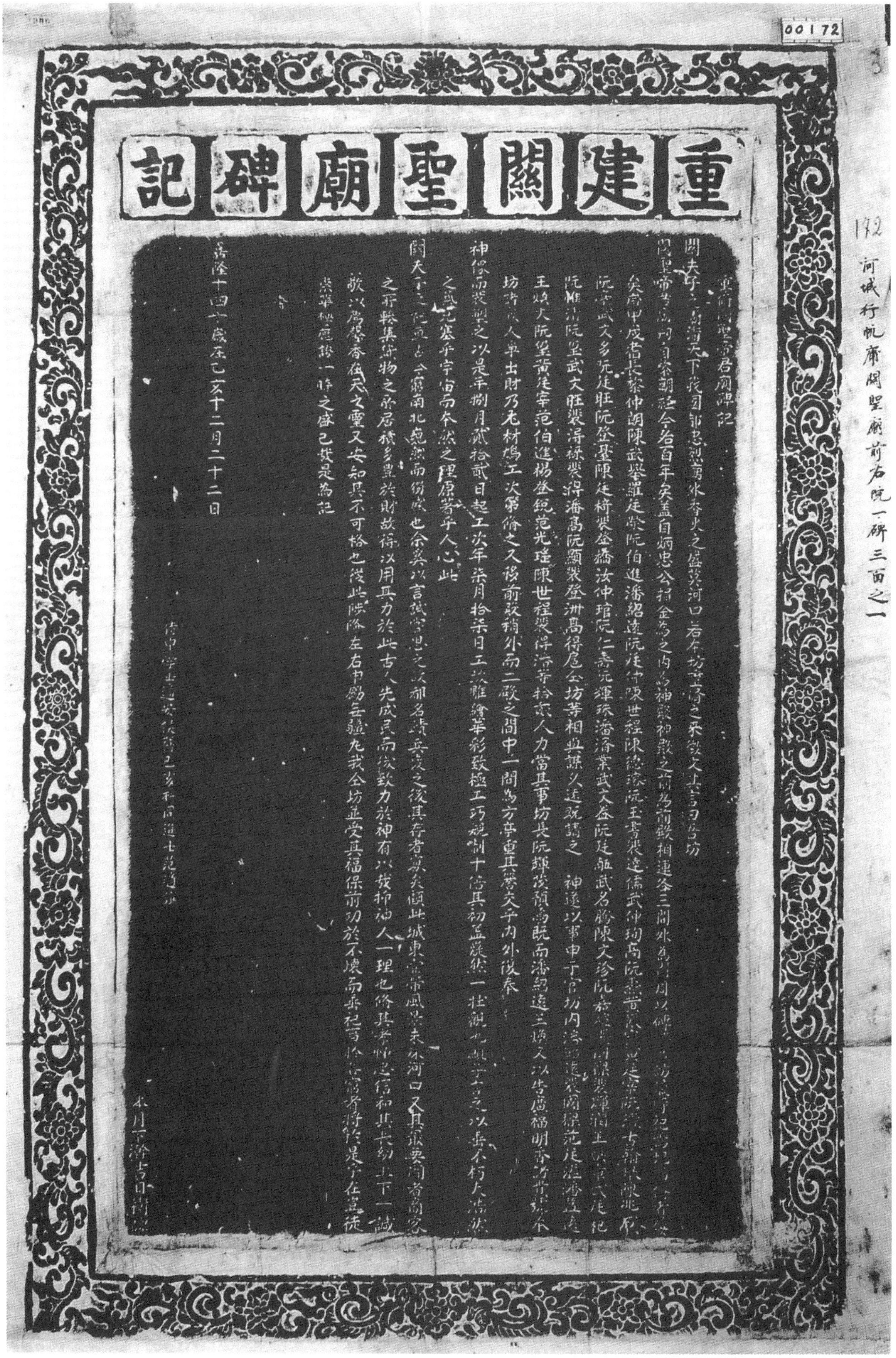

00172

172 河城行帆庯關聖廟前右院一碑三面之一

重建關聖廟碑記

重脩關聖帝君廟碑記

關夫子之忠義滿天下我國郡邑烈廟[illegible]香火之盛莫河口若本坊[illegible]之[illegible]文[illegible]坊

關聖帝君祠自黎朝經今殆百年矣蓋自炳忠公捐金為之内為神殿神殿之前為前殿相連各三間外為[illegible]周以碑[illegible]

矣爾中戍者長黎仲朗陳武鑾羅廷敬阮伯進潘紹遠阮廷仲陳世程陳德[illegible]阮玉書裴達儒武仲珣高阮[illegible]

阮[illegible]武文多阮廷旺阮登瑩陳廷椅裴登橋汝仲瑄阮仁壽阮輝璣潘濟業武文益阮廷[illegible]武名勝陳文珍阮[illegible]

阮惟[illegible]阮瑩武文旺裴得祿裴得潘高阮顯裴登洲高得[illegible]仝坊等相與謀久遂既請之　神遂以事申于官坊内[illegible]

王煥大阮瑩黃廷宰范伯進楊登鋭范光瑾陳世程裴得濟等拾貳人力當其事坊長阮輝[illegible]預為既而潘紹遠三[illegible]又以告[illegible]明[illegible]

坊[illegible]人[illegible]出財乃[illegible]材鳩工次第脩之又後前殿稍外而二殿之間中一間為方亭重其簷交乎内外復奉

神像而裝塑之以是年捌月貳拾貳日起工次年柒月拾柒日工竣雕繪華彩致極工巧規制十倍其初巍然一壯觀也[illegible]以無不朽夫浩然

之氣充塞乎宇宙而本然之理原著乎人心此

關夫子之[illegible]今廟南北[illegible]然而獨成也余[illegible]以言[illegible]之以郁名[illegible]兵[illegible]之後其存者[illegible]顧此城東[illegible]風[illegible]河口又其[illegible]者尚[illegible]

之所[illegible]集[illegible]物之所居積多豈於財故得以用其力於此古人先成民而後致力於神有以哉抑神人一理也修其孝悌忠信和其長幼上下一誠

敬以為馨香在天之靈又安知其不可格也從此陟降左右申錫無疆允我仝坊並受其福保前功於不壞而無[illegible]者將於是乎在豈徒

崇華[illegible]一時之盛已哉是為記

嘉隆十四年歲在乙亥十二月二十二日

[illegible]中學[illegible]安[illegible]乙亥和同進士范[illegible]

本月下浣吉日樹[illegible]

編號：00172　出自《拓片總集》第一冊（下同）

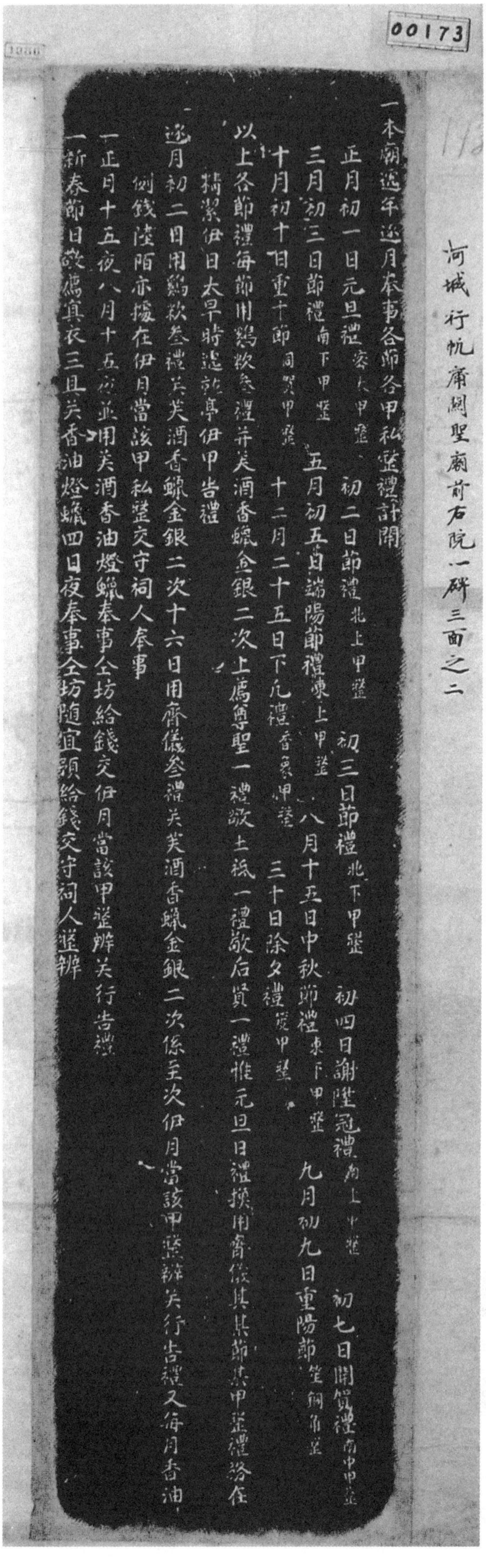
00173
河城行帆庯閗聖廟前右院一碑三面之二

一本廟遞年遞月奉事各節各甲私蹔禮計開
正月初一日元旦禮溪大甲蹔　初二日節禮北上甲蹔　初三日節禮北下甲蹔　初四日謝陞冠禮南上中蹔　初七日開賀禮南中甲蹔
三月初三日節禮南下甲蹔　五月初五日端陽節禮東上甲蹔　八月十五日中秋節禮東下甲蹔　九月初九日重陽節笙銅甲蹔
十月初十日重十節同賀甲蹔　十二月二十五日下元禮香象甲蹔　三十日除夕禮茂甲蹔
以上各節禮每節用鷄欵叁禮并芙酒香蠟金銀二次上薦尊聖一禮敬土祇一禮敬后賢一禮惟元旦日禮換用齋儀其其節某甲蹔禮務在
精潔伊日太早時遶乾亭伊甲告禮
一遞月初二日用鷄欵叁禮芙芙酒香蠟金銀二次十六日用齋儀叁禮芙芙酒香蠟金銀二次係至次伊月當該甲蹔辦芙行告禮又每月香油
例錢陸陌亦據在伊月當該甲私蹔交守祠人奉事
一正月十五夜八月十五夜並用芙酒香油燈蠟奉事仝坊給錢交伊月當該甲蹔辦芙行告禮
一新春節日敬薦真衣三且芙香油燈蠟四日夜奉事仝坊隨宜領給錢交守祠人蹔辦

編號：00173

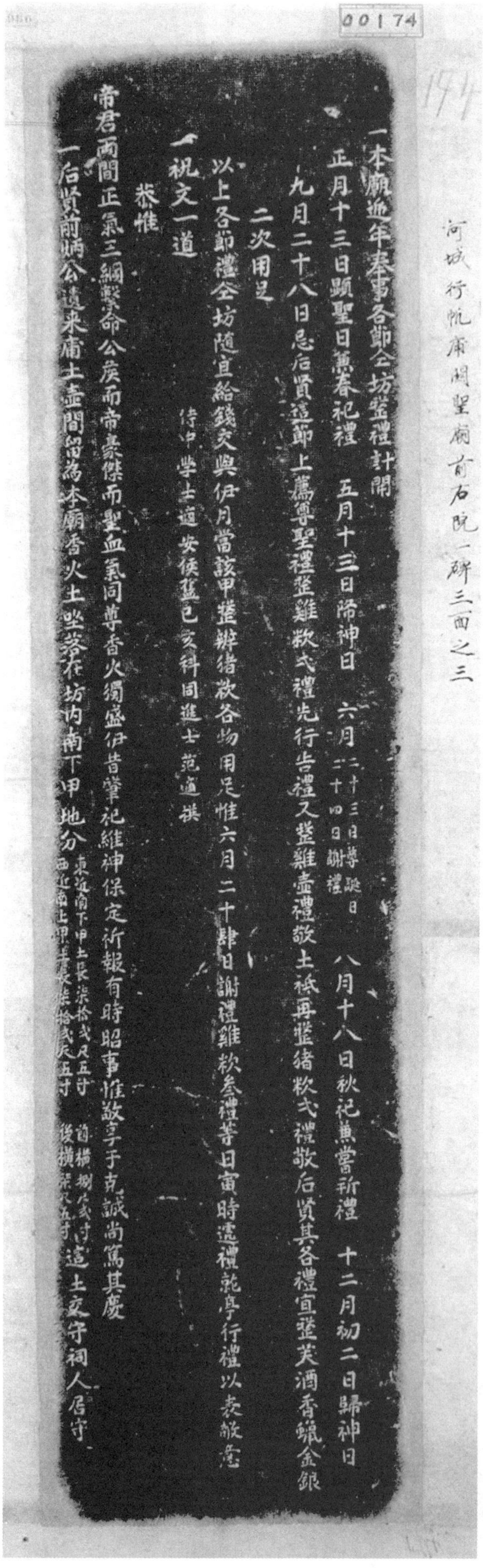
00174
河城行帆庯閗聖廟前右院一碑三面之三

一本廟遞年奉事各節仝坊蹔禮計開
正月十三日顯聖日薦春祀禮　五月十三日降神日　六月二十三日誕日二十四日謝禮　八月十八日秋祀兼嘗新禮　十二月初二日歸神日
九月二十八日忌后賢這節上薦尊聖禮蹔雞欵式禮先行告禮又蹔雞壹禮敬土祇再蹔豬欵式禮敬后賢其各禮宜蹔芙酒香蠟金銀
二次用足
以上各節禮仝坊隨宜給錢交與伊月當該甲蹔辦豬欵各物用足惟六月二十肆日謝禮雞欵叁禮等日寅時遶禮乾亭行禮以表敬意
侍中学士道安侯藍邑亥科同進士范適撰
一祝文一道
恭惟
帝君兩間正氣三綱繫命公庚而帝豪傑而聖血氣同尊香火獨盛伊昔肇祀維神保定祈報有時昭事惟敬享于克誠尚篤其慶
一后賢前炳公遺来庯土壹間留為本廟香火土坐落在坊内南下甲地分東近南下甲土長柒拾弍尺五寸西近南上甲土長柒拾弍尺五寸首橫捌尺弍寸後橫柒尺五寸這土交守祠人居守

編號：00174

釋文

【重修關聖廟碑記】

重修關聖帝君廟碑記[1]

關夫子之廟滿天下，我國都忠烈廟外香火之盛莫河口若，本坊重修之，來徵文，其言曰："吾坊/　　　　關聖帝君廟創[2]自黎朝，經今殆百年矣。蓋自炳忠公捐金爲之，内爲神殿，神殿之前爲前殿，相連各三間，外爲門，周以磚牆，吾坊歲時祀焉，圮而修者屢/矣。歲甲戌，耆長黎仲朗、陳武舉、羅廷榮、阮伯進、潘紹遠、阮廷仲、陳世程、陳德瑢、阮玉書、裴達儒、武仲珣、高阮熹、黄振寶、黄廷宰、阮瑨、古翰舉、陳兆成、/阮豪、武文多、阮廷旺、阮登臺、陳廷椅、裴登橋、汝仲琯、阮仁壽、阮輝珠、潘濟業、武文盎、阮廷䡣[3]、武名騰、陳文珍、阮嘉楦、裴國櫟、裴輝潤、王焕章、武廷杞、/阮惟清、阮𡈺、武文旺、裴浔禄、裴得潘、高阮顯、裴登洲、高得扂仝坊等，相與謀久遠，既請之　神，遂以事申于官坊内，潘紹遠、裴國櫟、范廷溢、潘益遠、/王焕文、阮𡈺、黄廷宰、范伯進、楊登鋭、范光瑶、陳世程、裴得潘等拾貳人，力當其事，坊長阮輝茂預焉。既而潘紹遠、王焕文以告廣福、明香諸貴號，本坊諸貴人爭出財，乃庀材鳩工，次第修之，又移前殿稍外，而二殿之間，中一間爲方亭，重其簷，交乎内外，復奉/神像而裝塑之，以是年捌月貳拾貳日起工，次年柒月拾柒日工竣，雕繪華彩，致極工巧，規制十倍其初，蓋嶷然一壯觀也，願子言之，以垂不朽。"

夫浩然/之氣克塞乎宇宙，而本然之理原著乎人心，此/　　　　關夫子之祀亘古今、窮南北，巍然而獨盛也，余奚以言！試嘗思之，故都名蹟，兵變之後其存者寡矣，顧此城東壹帶，風景未殊，河口又其最要鬧者，商客/之所輳集，貨物之所居積，多豐於財，故得以用其力於此。古人先成民而後致力於神，有以哉！抑神人一理也，修其孝悌忠信，和其長幼上下，一誠/敬以薦馨香在天之靈，又安知其不可格也？從此陟降左右，申錫無疆，凡我仝坊並受其福，保前功於不壞，而垂祀事於無窮者，將於是乎在！豈徒/崇華極麗，誇一時之盛已哉？是爲記。/

---

① 此爲碑題，今依額題爲篇題。

② "創"，碑文原作"㓣"，據《龍龕手鑑》與《玉篇》爲"創"之古字。

③ "䡣"，喃字"五"，下同不另出注。

時/

嘉隆十四年歲在乙亥[1]十二月二十二日/

侍中、學士、適安侯、舊己亥科同進士范適[2]撰/

本月下澣吉日樹碑/[3]

一本廟遞年逐月奉事各節各甲私整禮計開：/

正月初一日元旦禮密太甲整，初二日節禮北上甲整，初三日節禮北下甲整，初四日謝陞冠禮南上甲整，初七日開賀禮南中甲整，/三月初三日節禮南下甲整，五月初五日端陽節禮東上甲整，八月十五日中秋節禮東下甲整，九月初九日重陽節筌銅角整，/十月初十日重十節同賀甲整，十二月二十五日下凡禮香象甲整，三十日除夕禮笈[4]甲整。/

以上各節禮每節用雞粢[5]叁禮并芙[6]、酒、香蠟、金銀二次，上薦尊聖一禮，敬土祇一禮，敬后賢一禮。惟元旦日禮换用齊儀[7]，其某節某甲整禮務在/精潔。伊日太早時遞就亭伊甲告禮。/

逐月初二日用雞粢叁禮、并芙、酒、香蠟、金銀二次，十六日用齊儀叁禮、并芙、酒、香

① “嘉隆十四年歲次乙亥”，當嘉慶二十年（1815）。

② “范適”，即“范貴適”，景興四十年己亥盛科第三甲同進士出身。

③ 以上爲拓片編號 00172 内容。

④ “笈”，爲“皮”字之異體字，見《古文四聲韻・平聲・支韻》與《重校經史海篇直音・卷五・皮部》。

⑤ “粢”，碑原作“粆”，據《康熙字典》引《篇海》，“粢”“粆”同字。

⑥ “芙”，指芙蒥，是一種藤類植物，越文作 Cây lá trầu。與檳榔同爲喜慶時必有之象徵性植物，尤其是在傳統婚俗文化中，檳榔、芙蒥與石頭（石灰）是兄弟和睦、夫妻恩愛之象徵。可以參見《嶺南摭怪列傳・檳榔傳》。迄今越南傳統式的婚禮仍然採用芙蒥、酒、檳榔等物作爲重要的禮物。據黎貴惇《芸臺類語・品物》記載：“芙蒥藤，根生，原無實，廣州人凡食檳榔必以芙蒥爲佐。霜雪盛時少蔞葉，亦屑其根鬚，而以石灰爲使蔞，即芙蒥也。”又引嵇含《南方草木狀》：“檳榔食味竝澀，剖其上皮，煮其膚熟之，堅如乾棗，以芙蒥藤、石灰竝食，滑美，下氣消穀。交廣人以爲貴，婚族賓客必先進此，若解逅不設，自相嫌恨；今風俗尚然。”《本草》又云：“出交州者形小味甘，廣州形大味澀。”又引《廣東新語》：“瓊州人家，有檳榔之園，椰子之林，斯則膏腴之産矣。”又引《桂海虞衡志》：“南人喜食檳榔，以銀錫做小盒，一則貯灰，一貯藤，一貯椰。”

⑦ “齊儀”，即“齋儀”，道教有“黄籙齋”，佛教有“二時臨齋儀”之類。

蠟、金銀二次，係至次伊月當該甲整辨關行告禮。又每月香油/例錢陸陌[1]，亦據在伊月當該甲私整交守祠人奉事。/

一正月十五夜、八月十五夜並用芙、酒、香油、燈蠟奉事，仝坊給錢交伊月當該甲整辨[2]關行告禮。/

一新春節日敬薦冥衣三具，并香油、燈蠟，四日夜奉事，仝坊隨宜預給錢交守祠人整辨。/[3]

一本廟遞年奉事各節仝坊整禮，計開：/

正月十三日顯聖日兼春祀禮，　五月十三日降神日，　六月二十三日尊誕日、二十四日謝禮，　八月十八日秋祀兼嘗祈禮，　十二月初二日歸神日，/九月二十八日忌后賢。這節上薦尊聖禮整雞粢弍禮，先行告禮，又整雞壹禮敬土祇，再整豬粢弍禮敬后賢，其各禮宜整芙、酒、香蠟、金銀/二次用足。/

以上各節禮仝坊隨宜給錢，交與伊月當該甲整辨豬粢各物用足。惟六月二十肆日謝禮，雞粢叁禮等，日寅時，遞禮就亭行禮，以表敬意。/

一祝文一道

侍中、學士、適安侯、舊己亥科同進士范適撰/

恭惟/　　帝君、兩間正氣，三綱繫命，公侯而帝，豪傑而聖，血氣同尊，香火獨盛。伊昔肇祀，維神保定，祈報有時，昭事惟敬，享于克誠，尚篤其慶。/

一后賢前炳公遺來庯土壹間，留爲本廟香火土，坐落在坊内南下甲地分，東近南下甲，土長柒拾貳尺五寸；西近南上甲，土長柒拾貳尺五寸，前横捌尺貳寸，後横柒尺五寸，這土交守祠人居守。[4]

---

① “陌”，見《欽定越史通鑑綱目・正編》“黎盛宗光順八年”注“使錢、古錢”引黎貴惇《芸臺類語》云：“北人以百文爲一陌。本國以三十六文爲一陌，謂之‘使錢’；六十文爲一陌，謂之‘古錢’。‘使錢’十陌，乃是‘古錢’六陌，準爲‘使錢’一貫。其’古錢‘十陌乃使錢之一貫六陌四十文。使錢別名間錢，古錢別名貴錢。”《芸臺類語》原文在卷九《品物》引歐陽修《歸田録》及高士奇《天禄識餘》説明五代以來以七十七文爲陌，謂之省陌；至康熙時，京師以三十二文爲一陌，更有減至三十文爲一陌。然至黎貴惇生活的十八世紀中期，中原地區已經恢復一百文爲一陌。然而在越南則仍然有三十六文一陌與六十文爲一陌的用錢之法。

② “辨”，通“辦”，逕改，下同。

③ 以上爲拓片編號 00173 内容。

④ 以上爲拓片編號 00174 内容。

〇一九　河口坊重建關聖廟簽題録（二）

引言

碑立於河城行帆庸關聖廟内，爲右邊第一碑。碑刻單面，拓片編號00175，碑額刻有“重建關聖廟簽題録”八字，今依内容及性質重定篇題爲“河口坊重建關聖廟簽題録（二）”。碑四邊有祥龍、蔓草與花草紋。碑文内容以捐錢多寡，由右至左横列排序功德主題名與款項，共六列。年代署作嘉隆（Gia Long）十四年（1815）歲次乙亥，嘉隆爲（Nguyễn Thế Tổ）阮福暎（Nguyễn Phúc Ánh）年號，同年爲清嘉慶二十年。拓片現藏於漢喃研究院。

本碑内容記載捐錢重修關聖廟的功德主名單。

重建關聖廟簽題録
嘉隆十四年歲次乙亥孟秋月穀日
河口坊各甲諸貢善助工金芳名列左
一河口坊各甲公共錢古錢貳百貳拾伍貫

編號：00175　出自《拓片總集》第一册

釋文

重建關聖廟簽題録[①]

嘉隆十四年歲次乙亥[②]孟秋月穀日　　一河口坊各甲公共錢古錢[③]貳百貳拾伍貫

河口坊各甲諸員喜助工金芳名列左：

南下**潘紹遠**銀貳拾五兩，密太**王焕文**銀貳拾五兩，北下**潘益遠**銀貳拾兩，北上**武廷杞**銀壹拾五兩，北下**范廷溢**銀壹拾兩，北上**黄廷宰**銀壹拾貳兩，北下**羅廷榮**銀壹拾兩，密太**黄振寶**錢貳拾貫，南下**阮豪**錢貳拾貫，密太**王焕章**錢貳拾貫，南中**武文盎**錢貳拾貫，筊甲**裴國樑**錢壹拾貳貫，東下**陳世程**錢壹拾貳貫，同賀**裴得潘**錢壹拾貳貫，南中**阮坙**錢壹拾貳貫，南下**梁登□**錢壹拾貳貫，北下**阮輝做**錢壹拾貫，北下**楊登鋭**錢壹拾貫，北下**黄廷明**錢壹拾貫，南中**武仲琯**錢壹拾貫，南下**阮廷較**錢壹拾貫，香象**鄭曆記**錢壹拾貫。[④]

香象**陳廷椅**錢陸貫，南下**阮國番**錢陸貫，密太**阮國寶**錢陸貫，南中**阮輝茂**錢陸貫，南上**潘濟業**錢陸貫，北下**潘嘉業**錢陸貫，南中**范揆**錢陸貫，筊甲**裴達儒**錢五貫，南中**陳兆成**錢五貫，密太**黎仲朗**錢五貫，北上**陳武舉**錢五貫，生銅**陳德瑢**錢五貫，密太**汝仲琯**錢五貫，北上**杜廷選**錢五貫，東上**武名騰**錢五貫，香象**阮有騰**錢五貫，北下**范光瑶**錢五貫，密太**武維持**錢五貫，香象**高阮顯**錢五貫，南上**阮文奇**錢五貫，南上**阮有瑋**錢五貫，北上**阮文炳**錢五貫。[⑤]

北上**黄廷晟**錢五貫，北下**潘著德**錢五貫，南下**鄭曰謝**錢五貫，北上**阮貴豪**錢五貫，南中**吴有典**錢五貫，南上**阮伯進**錢肆貫，生銅**阮廷甲**錢肆貫，南上**潘進錢**肆貫，南上**潘楊**錢肆貫，北下**阮輝庶**錢肆貫，東上**阮廷仲**錢叁貫，南上**古翰舉**錢叁貫，同賀**阮玉書**錢叁貫，東下**裴得禄**錢叁貫，北上**阮致郁**錢叁貫，東下**阮廷攝**錢叁貫，南上**阮惟清**錢叁貫，密太**阮光熒**錢叁貫，北下**阮璜**錢叁貫，南下**阮廷**[⑥]錢叁

① 此爲碑額，今依内容及性質重定篇題爲“河口坊重建關聖廟題録（二）”。

② “嘉隆十四年歲次乙亥”（1815），當清嘉慶二十年。

③ “古錢”，見《欽定越史通鑑綱目·正編》“黎盛宗光順八年”注“使錢、古錢”引黎貴惇《芸臺類語》云：“北人以百文爲一陌。本國以三十六文爲一陌，謂之‘使錢’；六十文爲一陌，謂之‘古錢’。‘使錢’十陌，乃是‘古錢’六陌，準爲‘使錢’一貫。其‘古錢’十陌乃使錢之一貫六陌四十文。使錢别名閒錢，古錢别名貴錢。”

④ 以上第一列。

⑤ 以上第二列。

⑥ “𤭛”，喃字“五”，下同不另出注。

貫，同賀阮嘉楦錢叁貫，北上阮仁壽錢叁貫。[①]

北下阮輝珠錢叁貫，東上武文多錢叁貫，東上阮文兩錢叁貫，香象高得扈錢叁貫，同賀楊德澤錢叁貫，北上鄧潤錢叁貫，北下范光潤錢叁貫，北下范伯弘錢叁貫，南下杜文淵錢叁貫，東上阮廷院錢叁貫，密太黄廷林錢叁貫，密太汝公瑺錢叁貫，密太阮國綿錢叁貫，密太杜楊顯錢叁貫，北上阮玉源錢叁貫，同賀裴有益錢叁貫，香象范春桂錢叁貫，南上潘榮業錢叁貫，南上陳宏寬錢叁貫，密太汝廷理錢叁貫，密太王廷矩錢叁貫，東上武名懿錢叁貫。[②]

北上陳義燦錢叁貫，北上阮汝俊錢叁貫，北上潘贊典錢叁貫，北下阮德碩錢叁貫，南下朱國基錢叁貫，同賀阮文丁錢叁貫，同賀阮陳綏錢叁貫，北上汝廷鈞錢叁貫，密太王廷樸錢叁貫，密太王廷芳錢叁貫，北上阮義瑨錢叁貫，北上阮輝耀錢叁貫，北上林世美錢叁貫，密太王廷橋錢叁貫，密太武玉派錢叁貫，北上黎廷根錢叁貫，密太汝廷你錢叁貫，北上黎文祥錢叁貫，密太王廷釧錢叁貫，北上王廷銓錢叁貫，密太王廷佳錢叁貫，密太吴國琬錢叁貫。[③]

生銅石文鰲錢叁貫，密太黎文瑞錢叁貫，密太王廷彩錢叁貫，北上王廷講錢叁貫，北上關存興錢叁貫，北上王廷説錢叁貫，北上關順興錢叁貫，密太王廷木錢叁貫，北下武文森錢叁貫，北下陳文孚錢叁貫，南上阮廷綿錢叁貫，香象阮有榜錢叁貫，笼甲裴輝瑾錢叁貫，南下阮塼錢叁貫，南上潘廷典錢叁貫，大吉謝允堪錢叁貫，南上范氏積錢五貫，笼甲裴氏整錢叁貫，東上黄氏臺錢叁貫，東上阮氏開錢叁貫，東上范氏敬錢叁貫，北上阮氏線錢叁貫。

億年衍慶。[④]

---

① 以上第三列。
② 以上第四列。
③ 以上第五列。
④ 以上第六列。

○二○　河口坊武春璠後神碑記

引言

碑立於河内行帆庯關聖廟，爲廟内右邊三碑。碑刻單面，拓片編號00177，共二十六行字，滿行約四十八字，碑額刻有“貞石垂名”四字，今依内容及性質重定篇題爲“河口坊武春播後神碑記”。碑四邊有紋飾，碑額刻有雙龍昭日，其餘三邊刻有花草紋。年代署作皇朝嗣德（Tự Đức）萬萬年之乙亥（1875），嗣德即阮翼宗（Nguyễn Dực Tông）阮福時（Nguyễn Phúc Thì）年號，乙亥年即嗣德二十八年，同年爲清光緒元年。拓片現藏漢喃研究院。

碑文記載河口坊爲北江大庭人武春播立後神之事，並配祀其父母，碑最後録有武春播與父母忌日之祭供禮。乙亥年捐獻一千貫助河口坊重修廟宇、祀器之工事，又捐庯土屋二間、瓦屋三座予河口坊，以其租金作爲寺廟供奉事宜。

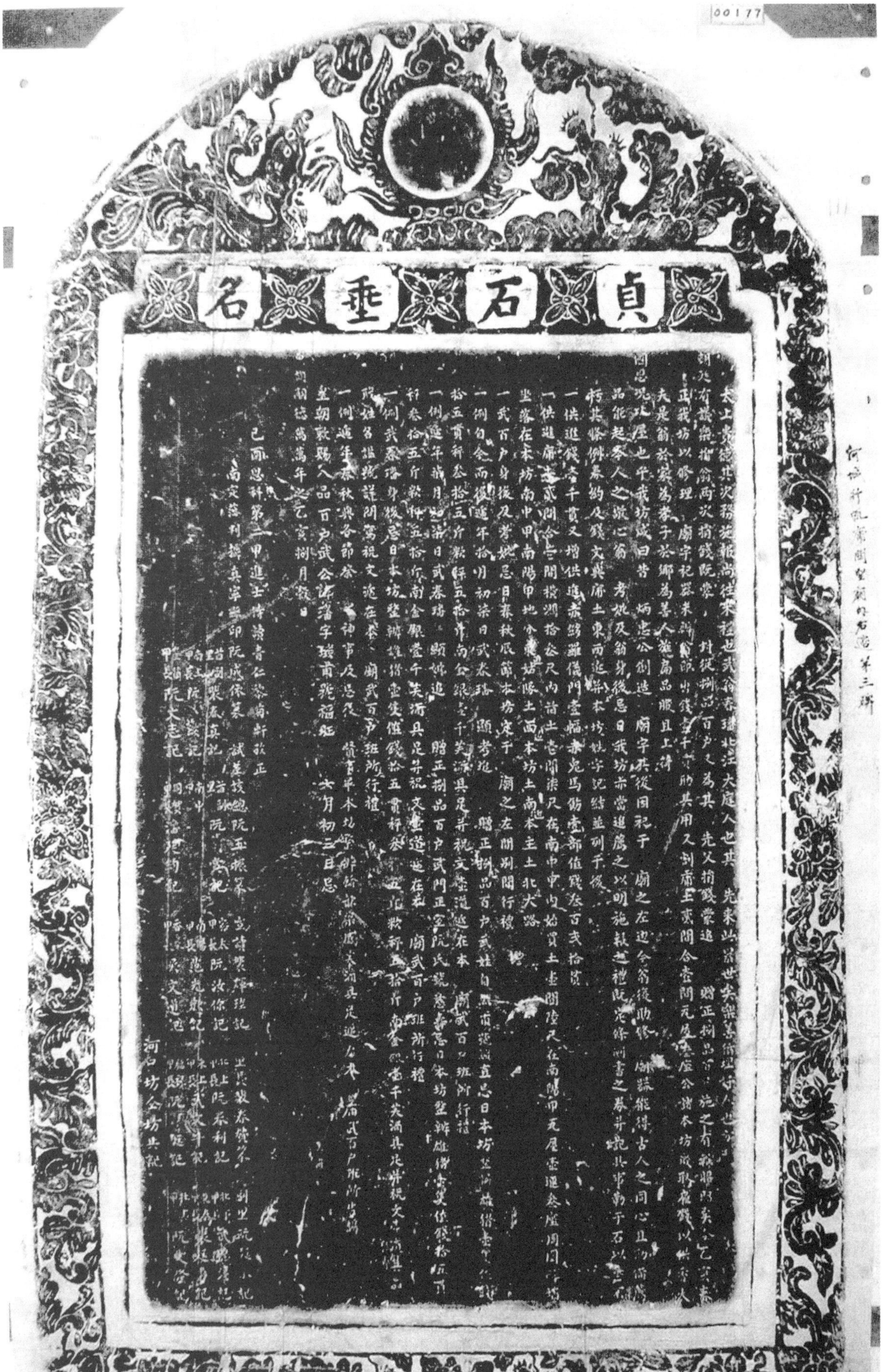
00177
貞石垂名

編號：00177 出自《拓片總集》第一冊

釋文

貞石垂名①

太上貴德，其次務施，報尚往來，禮也。武翁春播，北江大庭人也，其　先來此累世矣。樂善循理好人也，方/　　　　　　朝廷有議樂捐，翁兩次捐錢，既蒙　　封從捌品、百户，又爲其　先父捐錢，蒙追　　贈正捌品、百户，施之有報昭昭矣。

今乙亥②春/正，我坊以修理　廟宇、祀器未[辦]，翁即出錢壹千貫助其用，又割庯土貳、間合壹間、瓦屋叁座，公諸本坊，歲取雇錢以供香火。/夫是翁於家爲孝子，於鄉爲善人，旌扃③品服，且上荷/　　　　　　國恩，況比屋也乎？我坊咸曰：昔　炳忠公創造　廟宇，其後因祀于　廟之左邊，今翁復助修　廟器，能得古人之同心，且助備薦/品，能起今人之敬心。翁　考妣及翁身後忌日，我坊亦當追薦之，以明施報之禮。既定條例，書之券，并記其事，勒于石，以垂不/朽。其條例、券約及錢文與庯土東西近，并本坊姓字記結，並列于後。/

一供進錢壹千貫，又增供進赤□羅儀門壹幅，赤兔馬飾壹部，值錢叁百貳拾貫。/

一供進庯土貳間合壹間橫闊拾叁尺，内前土壹間柒尺在南中甲内，始買土壹間陸尺在南陽甲，瓦屋壹連叁座，周圍□墻，/坐落在本坊南中甲、南陽甲地分。東近姑隊土，西近本坊土，南近本主土，北近大路。/

一武百户身後及考妣忌日、春秋辰節，本坊定于　廟之左間别間行禮。/

一例自今而後，遞年拾月初柒日、武春播　顯考追　　贈正捌品百户，武姓自然甫號誠直忌日，本坊整辦雄豬壹隻，值錢/拾五貫秤叁拾五斤，粢秤五拾斤，南金銀壹千，芙④、酒具

---

① 此爲碑額，今依内容及性質重定篇題爲“河口坊武春播後神碑記”。

② “乙亥”，阮翼宗嗣德二十八年（1875），當清光緒元年。

③ “旌扃”，見《全唐文》黄滔《靈山塑北方毗沙門天王碑》：“如嶽斯立，如翼斯張，不有依憑，曷旌扃鐍。”

④ “芙”，指芙蔄，是一種藤類植物，越文作Cây lá trầu。與檳榔同爲喜慶時必有之象徵性植物，尤其是在傳統婚俗文化中，檳榔、芙蔄與石頭（石灰）是兄弟和睦、夫妻恩愛之象徵。可以參見《嶺南摭怪列傳・檳榔傳》。迄今越南傳統式的婚禮仍然採用芙蔄、酒、檳榔等物作爲重要的禮物。據黎貴惇《芸臺類語・品物》記載：“芙蔄藤，根生，原無實，廣州人凡食檳榔必以芙蔄爲佐。霜雪盛時少蔞葉，亦屑其根鬚，而以石灰爲使蔞，即芙蔄也。”又引嵇含《南方草木狀》：“檳榔食味竝澀，剖其上皮，煮其膚熟之，堅如乾棗，以芙蔄藤、石灰竝食，滑美，下氣消穀。交廣人以爲貴，婚族賓客必先進此，若解逅不設，自相嫌恨；今風俗尚然。”《本草》又云：“出交州者形小味甘，廣州形大味澀。”又引《廣東新語》：“瓊州人家，有檳榔之園，椰子之林，斯則膏腴之産矣。”又引《桂海虞衡志》：“南人喜食檳榔，以銀錫做小盒，一則貯灰，一貯藤，一貯榔。”

足，并祝文壹道，遞在本　廟武百户班所行禮。/

一例遞年柒月初柒日武春播　顯妣追　　贈正捌品百户，武門正室阮氏號慈壽忌日，本坊整辦雄豬壹隻值錢拾五貫/秤叁拾五斤，粢秤五拾斤，南金銀壹千，芙、酒具足，并祝文壹道，遞在本　廟武百户班所行禮。/

一例武春播身後忌日，本坊整辦雄豬壹隻，值錢拾五貫，秤叁拾五斤，粢秤五拾斤，南金銀壹千，芙、酒具足，并祝文壹道，具品/職姓名謚號詳開寫祝文，遞在本　廟武百户班所行禮。/

一例遞年春秋與各節祭　　神事及忌後　賢，事畢，本坊整辦□□粢盛，芙、酒具足，遞在本　廟武百户班所告焉。/

皇朝敕賜八品百户武公諱[播]，字璣甫，號福旺。　　六月初三日忌。/

皇朝嗣德萬萬年之乙亥[1]捌月穀日/

己酉恩科第二甲進士、侍讀、青仁黎菊軒孜正/

南定藩判攝真寧縣印阮成依篆

試差該總阮玉振篆

宣讀裴輝□記

里長裴春贊篆

副里阮廷[永]記/

[前]副里裴春真記，　[前]副里阮賞記，　密太甲長阮汝你記，　北上甲長阮春利記，　北下甲長武□□記，/南上甲長阮□記，　南中甲　　，　南陽甲長范光□記，　東上甲長武文[斗]記，　東□甲長裴廷□記，/□□甲長阮文志記，　同賀甲長潘廷鈞記，　香象甲長吴文道記，　福禄甲長阮□廷記，　北上甲長阮文登記。/

河口坊仝坊共記/

---

① “嗣德乙亥”，爲阮翼宗嗣德二十八年（1875），當清光緒元年。

○二一　重修河口坊亭門碑記

引言

碑立於河内城行帆庯白馬祠，爲祠之先哲家右邊第一碑。碑刻單面，拓片編號 00185，共二十四行，滿行約三十九字，碑額刻有“重修碑記”四字，今依内容及性質重定篇題爲“重修河口坊亭門碑記”。碑四邊有紋飾，碑額爲雙龍昭日，其餘三邊刻有花草紋。碑文撰者爲安泰進士阮文勝，年代署作嗣德（Tự Đức）元年（1848）歲次甲午，嗣德爲阮翼宗（Nguyễn Dực Tông）阮福時（Nguyễn Phúc Thì）年號，同年爲清道光二十八年。拓片現藏於漢喃研究院。

碑文記載阮憲祖（Nguyễn Hiến Tổ）阮福暶（Nguyễn Phúc Tuyền）紹治（Thiệu Trị）七年（歲次丁未，1847，清道光二十七年）時，昇隆城湖口坊密太、北上和北下三個甲決定重修白馬祠亭門的四根柱子，並把祭祀先賢的祠廟遷移至亭之後。碑文最後録有功德主姓名。

此碑内容是對於白馬祠介紹與讚揚，與重修亭門與先賢祠似無關係，然據本書篇號〇二二《河口坊祠址宴老碑記》記載明命年間於神廟之右設有先賢祠，之左别置祠址，祠址即鄉亭，説明三建築均在白馬祠内。

00185
重修碑記

編號：00185　出自《拓片總集》第一册

釋文

重修碑記[①]

河口坊神祠，唐高都護[②]創始之，以後代加修理，規模壯麗，香火繁盛，爲壹方大觀。歲在丁未[③]，三甲/以亭之四大柱蠹朽，改而補之，又於上層重加整理，及新造雕椅祀器各項。再以/　　　先賢舊址湫隘，改移亭後，壹新而高大之，雖曰重修，工役幾與創等，需凡三千上下，皆甲人及有恒/者捐助，以九月貳[④]拾柒日鳩工，拾弍月初叁日告蕆。徵文於余，余惟/　　　白馬靈祠爲昇隆[⑤]望祀，三甲其户兒也，向來憑伏寵靈，捍患除災，返風滅火，遠至方外，祈禱莫不響應，/是以亭宇益以爽塏，祀事益以昭明，蓋人蒙相協之庥而思以達昭事之處也，因據其寔而記之。/

捐助姓名臚列于左：

密太、北上、北下**三甲**公錢叁百貫，**潘勝記**錢伍拾貫以下，**美誠號**錢叁拾貫以下，**陳富隆**錢拾捌貫，**李信隆**錢拾貫以下，**陳南元**錢拾貫以下。/

潘隆盛壹百陸拾貫以下，**萬興裝**，振興**陳裝**，**長泰號**錢拾伍貫以下，**潘宣記**，**阮光恭**，/**湯進記**，裕隆**公司**，知簿**阮德**，**黎仲（璑）**，**關豪記**，**遠濟號**，/**先友記**，**全益裝**，**東昌號**，**萊文治**，**楊成記**，**阮光宜**，/**阮光嚴**，**萬隆裝**，**潘集英**，**阮玉記**，**阮光泰**，**富成號**錢六貫，/**劉同德**壹百肆拾貫，**同興裝**，**同安號**，**蕭成泰**，**潘培記**，**關兆安**錢伍貫以下，**黎寶隆**壹百弍拾貫，**關俊記**，**培元號**，**潘美源**，**慶元號**，**岑成利**，/**陳和合**壹百貫以下，**周泗記**，**鄧豫記**，**阮光宏**，**阮光允**，**錦盛號**，/**萬源棧**，**李和成**，**温益昌**，**德興號**，**源記號**，**生源號**，/**悦隆號**，**潘成昌**錢肆拾貫以下，**李聯芳**，**巨昌號**，**關□記**，**楊福記**，/**關佐廷**，**劉興記**，**關拔記**錢二十貫以下，**阮輝造**，**阮文奇**，

① 此爲碑額，今依内容及性質重定篇題爲“重修河口坊亭門碑記”。

② “高都護”，即高駢。唐懿宗咸通三年（862），南詔陷安南，懿宗以高駢爲都護平定南詔，咸通七年（866）詔置静海軍於安南，授駢爲節度使兼諸道行營招討使經營安南地區。參看兩《唐書·懿宗本紀》及高駢本傳。

③ “歲在丁未”，應爲阮憲紹治七年。按，本碑署年嗣德元年柒月拾壹日，即公元1848年，歲次戊申，當清道光二十八年。歲次丁未應在戊申之前，推前一個丁未應爲紹治七年（1847），清道光二十七年，亦即碑文刊刻前一年。

④ “貳”，碑原作“弍”，爲“貳”之古文。見《説文解字·二部》。

⑤ “昇隆”，應即“昇龍”，今河内地區。

陳榮芳，/阮義莊，恒源號，元吉號，胡美記，武文盎，阮文震，/陳敦記，朱廷記錢叁拾貫以下，萬利號，區粲合，阮文願，美合號錢叁貫以下，/周巨隆，黄廷銘，黎源隆，阮光厚，阮世佳，阮文肅，/梁遠承錢陸拾貫，李順興，財源陳裝。

嗣德元年[①]柒月拾壹日/

安泰進士阮文勝撰

題後

白馬祠位於河内還劍郡行帆街，共豎立了十一通碑誌（以《拓片總集》第1至4册爲調查範圍），如下表：

編號	篇題	年代	位置
00182	建造方亭碑	阮聖祖明命二十年（1839）	白馬祠内右邊第二碑
00183	雕漆方亭碑記	阮聖祖明命二十一年（1840）	白馬祠内右邊一碑
00184/191	皂隸碑記	景興四十二年（1781）	白馬祠三關内右邊第二碑二面之一/二
00185	重修河口坊亭門碑記*	嗣德元年（1848）	白馬先哲家右邊第一碑
00186	文址碑記	景興三十五年（1774）	白馬祠先哲家右第二碑
00187	香火屋碑	嗣德元年（1848）	白馬祠内左邊第一碑
00188	祠址宴老碑記*	明命二十一年	白馬祠先哲家左邊一碑
00189	重修白馬廟簽題録	明命元年（1820）	白馬祠三關内右邊第一碑
00190	重修白馬廟碑*	明命元年（1820）	白馬祠三關内左邊第二碑
00192	重修漢伏波將軍祠碑記*	黎熙宗正和八年（1687）	白馬祠三關内左邊第一碑二面之二
00193	白馬神祠碑記*	黎熙宗正和八年（1687）	白馬祠三關内右邊第一碑二面之一

注：* 表示此篇收入本書。

白馬祠的碑記分布三個地方，一爲三關内（即亭門），一爲祠内，一爲先哲家。三關内豎立的碑誌時間較早，碑數也較多，有《重修漢伏波將軍祠碑記》（正和八年，1687）、《白馬神祠碑記》（正和八年，1687）、《皂隸碑記》（景興四十二年，1781）、《重修白馬廟簽題録》

① “嗣德元年”，當清道光二十八年（1848），歲次戊申。

（明命元年，1820）、《重修白馬廟碑》（明命元年，1820），共五通；祠内豎立的是《建造方亭碑》（明命二十年，1839）、《雕漆方亭碑記》（明命二十一年，1840）、《香火屋碑》（嗣德元年，1848），共三通；先哲家有《重修河口坊亭門碑記》《文址碑記》《祠址宴老碑記》，共三通。白馬祠的信仰傳説有云始自於晉《交州記》者（見《粤甸幽靈集録·保國鎮靈定邦城隍大王》），此後越南各地方志大多引《越甸幽靈集》的記載，如《皇越一統志》即謂該祠“在壽昌縣河口坊，奉祀龍肚神君廣賴白馬大王”。而今傳《粤甸幽靈集録》《新訂較評越甸幽靈集》及《越甸幽靈集録全編》則謂此祠乃唐穆宗長慶中李元嘉所建城隍祠，祭祀蘇百，後高駢築羅城，尊爲“都府城隍神君”，又稱廣利大王者。而《嶺南摭怪》則謂祀蘇瀝江神，然亦云此祠此祀源自於唐安南都護高駢。有關白馬大王的信仰問題，可參考許文堂《越南民間信仰——白馬大王神話》（《南方華裔研究》2010年第4期）與王柏中《“伏波將軍”抑或“龍肚之精”——“白馬大王”神性問題辨析》（《世界宗教研究》2011年第4期）兩文。然而值得注意的不僅是白馬大王與伏波將軍究竟是一位神還是兩位神，還有在白馬祠信仰者的族群成分，究竟白馬祠是漢人的信仰還是已擴及至越南人，或許可以從祠廟中捐資的功德主的族群特徵進行研究。同時，白馬祠中的文址與宴老也基本上反映出白馬祠所具有的儒家氣息，如此則由伏波信仰轉而至龍肚信仰，或許可以從另一個角度進行思考。又，傳説建立此祠廟的是唐朝的安南都護高駢，高駢爲唐末名將，兩《唐書》皆有傳。按，自宣帝大中年任李琢爲安南都護，其人貪暴，交阯遂引南詔攻陷都護府，其後李鄠、王寬、蔡襲、宋戎等繼任都護十餘年間皆不能制；咸通四年（863）懿宗拜秦州經略使高駢爲安南經略招討使（《新唐書·懿宗本紀》），咸通五年（864）命高駢爲安南都護、本管經略招討使（《舊唐書》本傳），咸通六年（865）秋，高駢自海門進軍，破蠻軍，收復安南府。駢後，由駢子高潯及裨將曾衮續任安南都護，乾符後，唐朝已經失去控制安南的能力。然越南對於高駢則有相當程度的認同，稱之爲高王，許多民間傳説、術數等觀念與高駢有關。越南有關高駢的記載可參看《安南志略》《嶺南摭怪》及《越甸幽靈集録》等書籍。

〇二二　河口坊祠址宴老碑記

引言

碑立於河城行帆庯白馬祠内，爲先哲家左邊一碑。碑爲單面刻，拓片編號00188，共二十二行字，滿行約四十個字。碑四邊刻有花草紋，碑額刻有“祠址宴老碑記”六字，今依内容及性質重定篇題爲“河口坊祠址宴老碑記”。年代署作明命（Minh Mạng）二十一年（1840）歲次庚子，明命爲阮聖祖（Nguyễn Thánh Tổ）阮福晈（Nguyễn Phúc Kiểu）的年號，同年爲清道光二十年。拓片現藏於漢喃研究院。

碑文記載河口坊密泰、北上、北下三甲於鄉亭宴老一事，并録有三甲鄉老規約。

此碑爲目前整理的前四千件拓片中少見的鄉約碑，對於越南敬老習俗與地方規約的研究，具有重要的價值。

祠址宴老碑記

河內省懷德府壽昌縣東壽總河口坊容泰北上北下三甲原奉事白馬最靈祠從來遞年貳月八席日例有設先[illegible]祀於神廟之右茲因修葺寧宇乃別置祠址于廟左為合約遞年春秋貳仲各以餘音樂威先通于神次以牲醴之儀設饗致敬云其需費則取三甲公貫而儀物則當直甲輪次照辦俾事有專責庶可以妥幽馨而昭忠信也用勒之於石以傳千後

又鄉老約例記

蓋聞天下達尊三齒居其一皇疇錫福五壽為之先年之貴也久矣我同人久沐神庥均安樂土願以敬長之素合人心之所同而序齒之文亦古僕之心有由義起詎昔是而今非事與謀臧可茲創而伐纘爰約以春仲養神之會式陳壽筵樂老之儀咸斗酌而籩將裁般陳而核旅庶吾人分爰相孚欽愛之誠俾世代相承永裕雲仍之福凡有約例各條誌之于左

計

一三甲人年五十以上者登老席例錢叁貫豬款美酒用足神祠致饗訖款待三甲其錢留為鄉老公用係登席前於貳月初捌日具芙鄉肆盒預告老席與三甲次踊吉行禮

一遞年八席明鄉老各給錢陸陌交當設甲老席整禮照依蓋奉具例是日具色齊迎為廟行禮如儀

一宴老席當設甲整饌籩壹盤例用扶腰碗拾貳只五寸碟捌只儀各壹副每用圓餅肉脯方長糯餅各貳枚糕餅鴨蛋青黃蕉各壹赴席時直甲陪席酬侑二人是日三甲款給錢肆貫以供鄉老具餞

一年登六七十以上禮當慶賀應從登席例照辦本甲應免事神給徵錢凡遇祭祀大禮確有事故告欠笑留叁拾口

一某有全姓敬三甲者牲首分依老盤以示尚敬之義

一老席之設以重高年若某行止非儀借入坐次罰依舊例古錢叁陌

明命貳拾壹年捌月貳拾日

容泰甲仝甲共記

北上甲仝甲共記

北下甲仝甲共記

編號：00188　出自《拓片總集》第一冊

釋文

祠址宴老碑記[1]

河内省懷德府壽昌縣東壽總河口坊密泰、北上、北下三甲原奉事/　　　　白馬最靈祠，從來遞年貳月入席日，例有設先[賢]祀於神廟之右，兹因修葺亭宇，乃别置祠址於廟左焉。/合約遞年春秋貳仲各以翰音粢盛先通于神，次以牲醴之儀設饗致敬云。其需費則取三甲公貲，而儀/物則當直甲輪次照辦。俾事有專責，庶可以妥幽馨而昭忠信也，用勒之於石，以傳于後。/

又鄉老約例記

蓋聞天下達尊三，齒居其一[2]；皇疇錫福五，壽爲洗，壽爲之先[3]。年之貴也久矣。我同人久沐神庥，均安樂土，顧以敬/長之義乃人心之所同，而序齒之文亦古儀之必有，禮由義起，詎昔是而今非？事與謀臧，可兹創而後繼。/爰約以春仲賽神之會[4]，式陳壽筵燕老之儀[5]，咸斗酌而筐將[6]，載殽陳而核旅[7]，庶吾人合慶，相孚敬愛之誠；/俾世代相承，永裕雲仍[8]之福。凡有約例各條誌之于石。/

計：

一三甲人年五十以上者登老席，例錢叁貫，豬、粢、芙、酒用足，神祠致饗訖，款待三甲，

---

① 此爲額題，今依内容及性質重定篇題爲“河口坊祠址宴老碑記”。

② “天下有達尊三”，見《孟子·公孫丑下》：“天下有達尊三：爵一、齒一、德一。朝廷莫如爵，鄉党莫如齒，輔世長民莫如德。”趙岐注：“三者天下之所通尊也。”

③ “皇疇錫福五”二句，見《尚書·洪範》：“箕子乃言曰：‘我聞在昔，鯀堙洪水，汨陳其五行。’帝乃震怒，不畀‘洪範’九疇，彝倫攸斁。……九、嚮用五福：一曰壽，二曰富，三曰康寧，四曰攸好德，五曰考終命。”

④ “爰約以春仲賽神之會”，見《禮記·明堂位》：“是故夏礿、秋嘗、冬烝、春社、秋省，而遂大蜡，天子之祭也。”古時於立春後第五個戊日爲春社。於此日祭祀土神，以祈農事豐收。

⑤ “式陳壽筵燕老之儀”，見《禮記·王制》：“凡養老：有虞氏以燕禮，夏后氏以饗禮，殷人以食禮，周人脩而兼用之。五十養於鄉；六十養於國；七十養於學，達於諸侯；八十拜君命，一坐再至，瞽亦如之；九十使人受。”

⑥ “咸斗酌而筐將”，見《詩經·小雅·鹿鳴之什·鹿鳴》：“呦呦鹿鳴，食野之蘋。我有嘉賓，鼓瑟吹笙。吹笙鼓簧、承筐是將。人之好我、示我周行。”

⑦ “載殽陳而核旅”，見《詩經·小雅·桑扈之什·賓之初筵》：“賓之初筵，左右秩秩，籩豆有楚，殽核維旅。”

⑧ “雲仍”，亦作“雲礽”，遠孫的意思。《爾雅·釋親》：“舅孫之子爲仍孫，仍孫之子爲雲孫。”郭璞注：“言輕遠如浮雲。”

其錢留爲鄉老公用。/係登席前於貳月初捌日，具芙榔[1]肆盒，預告老席與三甲，次蠲吉[2]行禮。/

一遞年入席期，鄉老各給錢陸陌交當該甲，老席整禮照依舊奉具例，是日員色齊迎薦廟，行禮如儀。/

一宴老席當該甲整饌饍壹盤，例用折腰碗拾貳只，五寸碟捌只，俵[3]儀各壹副，每用圓餅、肉脯、方長樣餅各貳枚，糕餅、鴨蛋、青黄蕉各壹，赴席時直甲陪席酬侑一人，是日三甲該給錢肆貫，以供鄉老具錢。/

一年登六、七十以上禮當慶賀，應從登席例照辦，本甲應免事神給斂錢[4]，凡遇祭祀大禮，確有事故，告欠芙萏叁拾口。/

一某有全犺[5]敬三甲者，牲首分俵老盤以示同敬之義。/

一老席之設以重高年，若某行止非儀，僭入座次，罰依舊例古錢叁陌[6]。/

明命貳拾壹年[7]捌月貳拾日

密泰甲仝甲共記

北上甲仝甲共記

北下甲仝甲共記

---

[1] "芙榔"，即芙萏藤與檳榔。指芙萏，是一種藤類植物，越文作 Cây lá trầu。與檳榔同爲喜慶時必有之象徵性植物，尤其是在傳統婚俗文化中，檳榔、芙萏與石頭（石灰）是兄弟和睦、夫妻恩愛之象徵。可以參見《嶺南摭怪列傳・檳榔傳》。迄今越南傳統式的婚禮仍然採用芙萏、酒、檳榔等物作爲重要的禮物。據黎貴惇《芸臺類語・品物》記載："芙萏藤，根生，原無實，廣州人凡食檳榔必以芙萏爲佐。霜雪盛時少蔞葉，亦屑其根鬚，而以石灰爲使蔞，即芙萏也。"又引嵇含《南方草木狀》："檳榔食味竝澀，剖其上皮，煮其膚熟之，堅如乾棗，以芙萏藤、石灰竝食，滑美，下氣消穀。交廣人以爲貴，婚族賓客必先進此，若解逅不設，自相嫌恨；今風俗尚然。"《本草》又云："出交州者形小味甘，廣州形大味澀。"又引《廣東新語》："瓊州人家，有檳榔之園，椰子之林，斯則膏腴之産矣。"又引《桂海虞衡志》："南人喜食檳榔，以銀錫做小盒，一則貯灰，一貯藤，一貯榔。"

[2] "蠲吉"，即祭祀前齋戒沐浴選擇吉日的意思。《詩經・小雅・鹿鳴之什・天保》："吉蠲爲饎，是用孝享。"毛亨傳："吉，善；蠲，絜也；饎，酒食也、享獻也。"鄭玄箋云："謂將祭祀也。"

[3] "俵"，或爲"俵子"，古時散發給僧、道等人赴齋的憑證。（明）田汝成《西湖遊覽志餘・幽怪傳疑》："（張居士）一日社齋百分，先期散俵子，至日齎此赴齋。"又，動詞作"發散""施給"。

[4] "斂錢"，指自動湊集或募捐錢財，或向大家收取應交的錢或捐款。《搜神記》引王韶之《孝子傳》曰："周青，東郡人；母疾積年，青扶持左右，四體羸瘦，村里乃斂錢營助湯藥，母痊。"《後漢書・桓帝紀》："八月戊辰，初令郡國有田者畝斂稅錢。"《文獻通考・田賦考・歷代田賦志》："桓帝延熹八年初令郡國有田者畝稅斂錢，畝十錢也。按章帝時以穀貴乃封錢以布帛爲租，則錢帛蓋嘗迭用矣。此所謂畝稅斂錢，乃出於常賦三十取一之外，今所謂稅錢始此。"

[5] "犺"，疑當作"牲"。

[6] "古錢三陌"，等於一百八十文錢。

[7] "明命"，爲越南阮朝阮聖祖（Nguyễn Thánh Tổ）阮福晈（Nguyễn Phúc Kiểu）的年號，共二十一年(1820–1840)。"貳拾壹年"當公元1840年，清道光二十年。

題後

本碑立於白馬祠先哲家左邊。先哲家據碑記内文即先賢祠，此約例與中國先秦時期鄉飲酒禮略相彷彿，可以參見《儀禮·鄉飲酒禮》與《禮記·鄉飲酒義》。根據《禮記·鄉飲酒義》："鄉飲酒之禮，六十者坐，五十者立侍以聽政役，所以明尊長也。六十者三豆，七十者四豆，八十者五豆，九十者六豆，所以明養老也。民知尊長、養老，而后乃能入孝弟；民入孝弟、出尊長，養老而后成教，成教而後國可安也。君子之所謂孝者，非家至而日見之也。合諸鄉射教之，鄉飲酒之禮而孝弟之行立矣。"

○二三　重修白馬廟簽題録

引言

碑立於河内城行帆庯白馬寺三關内，爲三關内右邊第一碑。碑刻單面，拓片編號00189，正文共横列八行，直行二行，横列滿行大字五十四字，小字一至八字；左右各有直行，一行十九字，一行九字。碑額題“重修白馬廟簽題録”八字，今依額題爲篇題。碑額刻有雙龍昭日，其餘三邊飾以龍紋。年代署作明命（Minh Mạng）元年（1820），明命爲阮聖祖（Nguyễn Thánh Tổ）阮福晈（Nguyễn Phúc Kiểu）年號，同年爲清嘉慶二十五年，歲次庚辰。拓片現藏於漢喃研究院。

碑文爲捐錢修繕白馬寺者之芳名録，主要以廣東、福建、潮州三地之商號及善士爲主。

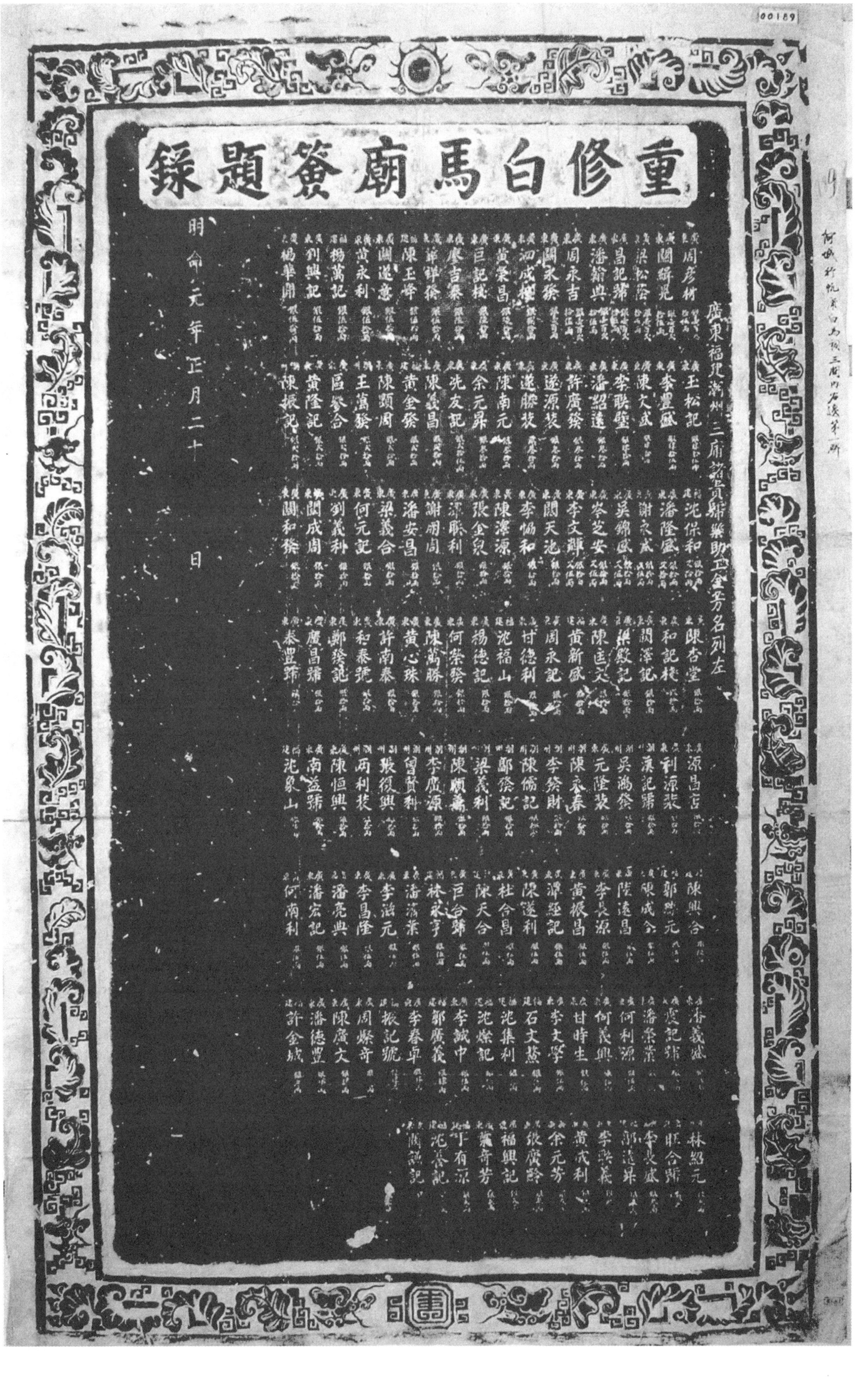
重修白馬廟簽題録
廣東福建漳州三府諸貴號樂助工金芳名列左
明命元年正月二十日

編號：00189　出自《拓片總集》第一冊

釋文

重修白馬廟簽題録[①]

廣東、福建、潮州三庯諸貴號樂助工金芳名列左：/

廣東周彦材銀壹百貳/拾伍兩，廣東關緝晃銀壹百貳/拾伍兩，廣東梁松蔭銀壹百貳/拾伍兩，廣東昌記號銀壹百貳/拾伍兩，廣東潘翰典銀壹百貳/拾伍兩，廣東周永吉銀壹百貳/拾伍兩，廣東關永發銀壹百兩，廣東泗成棧銀捌拾兩，廣東黄榮昌銀柒拾兩，廣東巨記棧銀陸拾兩，廣東廖吉泰銀陸拾兩，廣東薛祥發銀伍拾兩，福建陳玉峰銀伍拾兩，廣東關遂意銀伍拾兩，廣東黄永利銀伍拾兩，福建楊萬記銀伍拾兩，廣東劉興記銀伍拾兩，廣東楊華開銀伍拾兩；/[②]

廣東玉松記銀肆拾伍兩，廣東李豐盛銀肆拾伍兩，廣東陳文盛銀肆拾兩，廣東李聯璧銀肆拾兩，廣東潘紹遠銀叁拾兩，廣東許廣發銀叁拾兩，廣東遂源裝銀叁拾兩，廣東遂勝裝銀叁拾兩，廣東陳南元銀叁拾兩，廣東余元昇銀叁拾兩，廣東冼友記銀貳拾伍兩，廣東陳義昌銀貳拾兩，福建黄金發銀貳拾兩，廣東陳顯周銀貳拾兩，潮州王萬發銀貳拾兩，廣東區參合銀貳拾兩，廣東黄隆記銀貳拾兩，潮州陳振記銀貳拾兩；/[③]

福建沈保和銀拾兩/又拾兩，廣東潘隆盛銀拾兩/又拾兩，廣東謝永盛銀拾兩/又伍兩，廣東吴錦盛銀拾兩/又伍兩，廣東岑芝安銀拾兩/又伍兩，廣東李文輝銀拾兩/又伍兩，廣東關天池銀拾兩，廣東李協和銀拾兩，廣東陳澤源銀拾兩，廣東張金泉銀拾兩，廣東澤聯利銀拾兩，廣東謝朋周銀拾兩，廣東潘安昌銀拾兩，廣東梁義合銀拾兩，廣東何元記銀拾兩，廣東劉義利銀拾兩，廣東關成周銀拾兩，廣東關和發銀拾兩；/[④]

廣東陳杏堂銀拾兩，廣東和記棧銀拾兩，廣東關澤記銀拾兩，廣東梁殿記銀拾兩，廣東陳匡文銀拾兩，福建黄新盛銀拾兩，廣東周永記銀拾兩，廣東甘德利銀拾兩，福建沈福山銀拾兩，廣東楊德記銀拾兩，廣東何榮發銀拾兩，廣東陳萬勝銀拾兩，廣東黄心珠銀拾兩，廣東許南泰銀拾兩，廣東和泰號銀拾兩，廣東鄭發記銀拾兩，廣東廣昌號銀拾兩，廣東泰豐號銀拾兩；/[⑤]

---

① 此爲額題，今依額題爲篇題。
② 以上第一列。
③ 以上第二列。
④ 以上第三列。
⑤ 以上第四列。

廣東**源昌店**銀拾兩，廣東**利源裝**銀拾兩，潮州**漢記號**銀拾兩，潮州**吴鴻發**銀拾兩，廣東**元隆裝**銀拾兩，潮州**陳永春**銀拾兩，潮州**李發財**銀拾兩，潮州**陳儒記**銀拾兩，潮州**郭發記**銀拾兩，潮州**梁義利**銀拾兩，潮州**陳順萬**銀拾兩，潮州**李廣源**銀拾兩，潮州**曾賢利**銀拾兩，潮州**張復興**銀拾兩，潮州**兩利裝**銀拾兩，廣東**陳恒興**銀拾兩，廣東**南益號**銀拾兩，福建**沈象山**銀陸兩；/①

福建**陳興合**銀陸兩，福建**郭瑞元**銀伍兩，廣東**陳成合**銀伍兩，廣東**陸遠昌**銀伍兩，廣東**李長源**銀伍兩，廣東**黄振昌**銀伍兩，廣東**潭經記**銀伍兩，廣東**陳遂利**銀伍兩，廣東**杜合昌**銀伍兩，福建**陳天合**銀伍兩，廣東**巨合號**銀伍兩，福建**林永亨**銀伍兩，廣東**潘濟業**銀伍兩，廣東**李滋元**銀伍兩，廣東**李昌隆**銀伍兩，廣東**潘亮典**銀伍兩，廣東**潘宏記**銀伍兩，廣東**何南利**銀伍兩；/②

廣東**潘義盛**銀伍兩，廣東**震記號**銀伍兩，廣東**潘榮業**銀伍兩，廣東**何利源**銀伍兩，廣東**何義興**銀伍兩，廣東**甘時生**銀伍兩，廣東**李文學**銀伍兩，福建**石文鰲**銀伍兩，福建**沈集利**銀□兩，福建**沈燦記**銀伍兩，廣東**李誠中**銀伍兩，福建**郭廣義**銀肆兩，廣東**李春卓**銀肆兩，福建**振記號**銀肆兩，廣東**周燦奇**銀□兩，廣東**陳廣文**銀肆兩，廣東**潘德豐**銀肆兩，福建**許金城**銀叁兩；/③

廣東**林紹元**銀叁兩，廣東**旺合號**銀叁兩，廣東**李長盛**銀叁兩，福建**郭遠昇**銀叁兩，廣東**李聯義**銀叁兩，廣東**黄成利**銀叁兩，廣東**余元芳**銀叁兩，廣東**張廣齡**銀叁兩，廣東**福興記**銀貳兩，廣東**葉奇芳**銀貳兩，福建**丁有源**銀貳兩，福建**沈養記**銀貳兩，廣東**關謙記**銀貳兩。/④

明命元年⑤正月二十日

題後

白馬廟傳説是唐代高駢所建立的祠祀，敬祀龍肚神，又名蘇瀝江神，一説爲府城隍，封廣利大王、保國鎮靈定邦城隍大王。然白馬寺中同時亦有伏波將軍祠，這些神祇之間究竟有着怎樣的關連，爲何同祀於一座廟祠之中，其信仰究竟是越南地區人民普遍的信仰，還是僅爲“北客”的信仰？此碑刊刻於阮聖祖明命元年（1820），是白馬廟重修時捐資功德主的名録，由碑

① 以上第五列。
② 以上第六列。
③ 以上第七列。
④ 以上第八列。
⑤ “明命元年”，阮聖祖（Nguyễn Thánh Tổ）阮福晈（Nguyễn Phúc Kiểu）的年號，當清嘉慶二十五年（1820），歲次庚辰。

中署地可以看出捐資者俱爲廣東、福建商號與民人，可見本廟與中國原鄉的信仰間有着密切的關連。又，名録中出現不少潮州籍的商號與民人，並不歸入廣東，可見潮州地區的移民與廣東其他地區有着比較明顯的區隔。

○二四　重修白馬廟碑記

引言

碑立於河内城行帆庯白馬祠三關内，爲三關内左邊第二碑。碑刻單面，拓片編號 00190，共十六直行，十一横列。直行滿行約五十字，横列滿行約三十三大字，三十三至五十二小字。碑額題“重修白馬廟碑記”七字，今依此額題爲篇題。碑額刻雙龍昭日，其餘三邊飾以龍紋。碑文撰者景興四十一年 (1780) 己亥盛科第三甲同進士出身、侍中范貴適。年代署作皇朝明命 (Minh Mạng) 元年（1820），明命爲阮聖祖（ Nguyễn Thánh Tổ ）阮福晈（ Nguyễn Phúc Kiểu ）年號，同年爲清嘉慶二十五年，歲次庚辰。拓片現藏於漢喃研究院。

碑文記載河口坊古寺的白馬寺於正和（Chính Hòa）年間（黎熙宗正和八年，1687）重修。除了坊内三個甲的公共錢外，尚有“北客列庯諸號及商舶北來者”損資修繕並擴建寺廟。工程從嘉隆（Gia Long）十八年（1819）至明命元年完工。碑末則記録捐贈功德的名單。

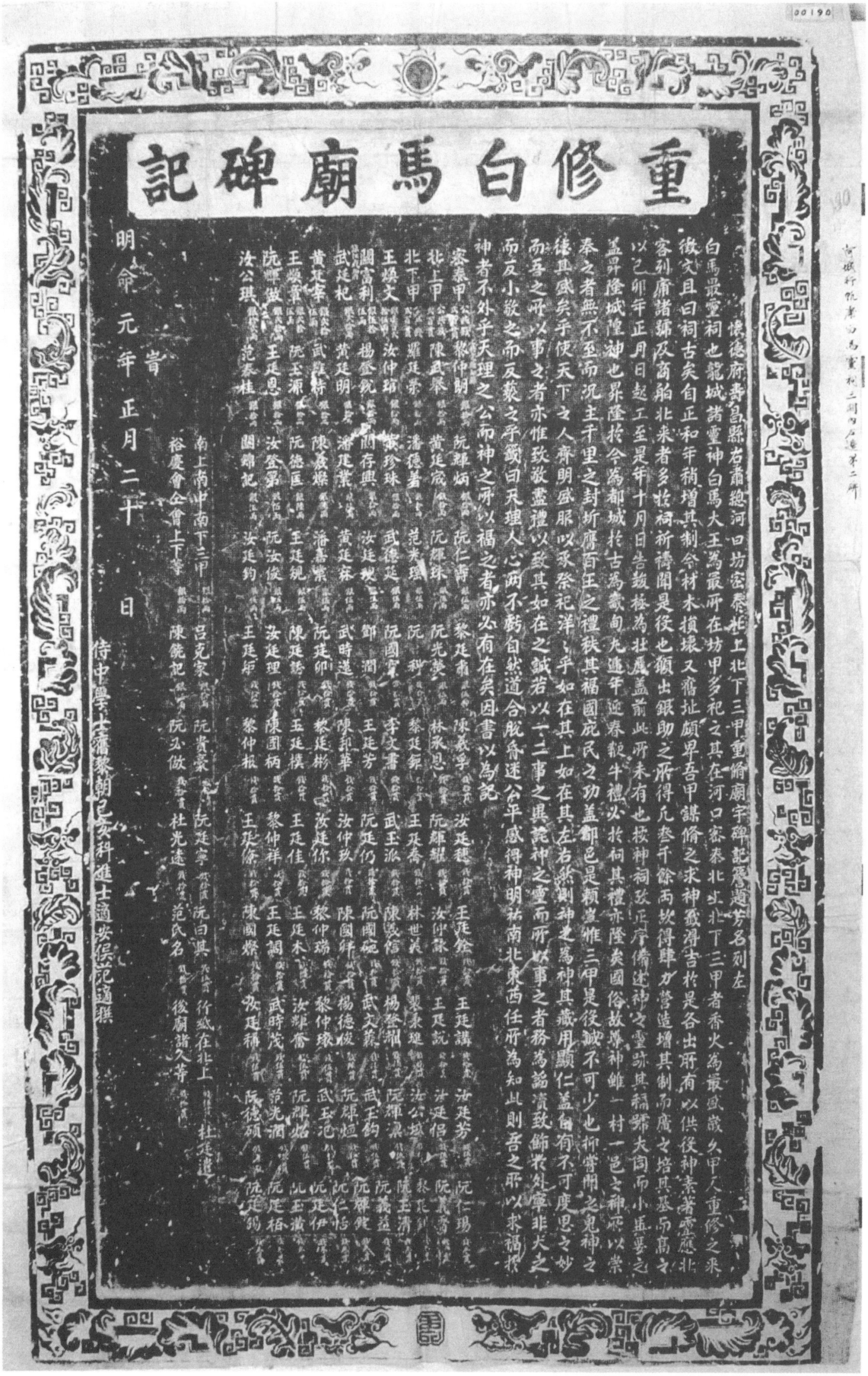
00190
重修白馬廟碑記
明命元年正月二十日

編號：00190　出自《拓片總集》第一冊

釋文

重修白馬廟碑記[①]

懷德府壽昌縣右肅總河口坊密泰、北上、北下三甲重修[②]廟宇碑記、簷題芳名列左：/

白馬最靈祠也，龍城[③]諸靈神，白馬大王[④]爲最，所在坊甲多祀之。其在河口密泰、北上、北下三甲者，香火爲最盛。歲久，甲人重修之，來/徵文，且曰："祠古矣，自正和年[⑤]稍增其制，今材木損壞，又舊址頗卑，吾甲謀修之，求神籤得吉。於是各出所有以供役，神素著靈應，北/客列庯諸號及商舶北來者多於祠祈禱，聞是役也，願出銀助之，所得凡叁千餘兩，故得肆力營造，增其制而廣之，培其基而高之。/以己卯年[⑥]正月日起工，至是年十月日告竣，極爲壯麗，蓋前此所未有也。"按《神祠考正序》備述神之靈跡，其稱號大同而小異，要之/蓋昇隆城隍神也。昇隆於今爲都城，於古爲畿甸，凡遞年迎春鞭牛禮[⑦]必於祠，其禮亦隆矣。國俗故尊神，雖一村一邑之神，所以崇/奉之者無不至，而況主千里之封圻，膺百王之禮秩。其福國庇民之功，蓋都邑是賴，豈惟三甲？是役誠不可少也。抑嘗聞之，鬼神之/德其盛矣乎！使天下之人齊明盛服以承祭祀，洋洋乎如在其上，如在其左右[⑧]。然則神之爲神，其藏用顯仁[⑨]，蓋自有不可度思之妙，/而吾之所以事之者，亦惟致敬盡禮，以致其如在之誠。若以一二事之

---

① 此爲額題，依此爲篇題。

② 碑文原作"脩"，另兼正字，故改，下同，不另注。

③ "龍城"，應即"昇龍城"，今河内。

④ "白馬大王"，又稱龍肚（度）神，傳説在唐高駢築羅城時曾顯神蹟，高駢以千金鐵壓之不成，遂建白馬祠。詳細内容請參看前文。

⑤ "正和年"，應即後黎熙宗黎維祫正和八年（1687）重修白馬祠事，見編號 00192《重修漢伏波將軍祠碑記》，該碑記爲目前白馬祠最早之記載。

⑥ "己卯年"，應爲阮世祖（Nguyễn Thế Tổ）阮福暎（Nguyễn Phúc Ánh）嘉隆（Gia Long）十八年（1819），當清嘉慶二十四年。

⑦ "鞭牛禮"，見（南宋）陳元靚《歲時廣記·立春·爭春牛》引《國朝會要》："令立春前五日，都邑並造土牛，耕夫、犁具於大門外之東。是日黎明，有司爲壇以祭先農，官吏各具綵仗，環擊牛者三，所以示勸耕之意。"

⑧ "使天下之人齊明盛服以承祭祀，洋洋乎如在其上，如在其左右"句，見《禮記·中庸》孔穎達正義曰："此一節明鬼神之道無形，而能顯著誠信。中庸之道與鬼神之道相似，亦從微至著，不言而自誠也。"

⑨ "顯人藏用"，應即"顯諸仁，藏諸用"，見《周易兼義·繫辭上》，孔穎達正義曰："顯諸仁者，言道之爲體顯見仁功；衣被萬物是顯諸仁也。藏諸用者，謂潛藏功用不使物知，是藏諸用也。鼓萬物而不與聖人同憂。"

異詫神之靈，而所以事之者，務爲諂瀆，致飾於外，寧非大之/而反小，敬之而反褻之乎？箴曰："天理人心兩不虧，自然道合脱昏迷，公平感得神明祐，南北東西任所爲。"知此則吾之所以求福於/神者，不外乎天理之公，而神之所以福之者，亦必有在矣！因書以爲記。/

密泰甲公共錢/貳百貫，北上甲公共錢/貳百貫，北下甲公共錢/貳百貫，王焕文銀壹百貳/拾伍兩，關富利銀伍拾/伍兩，武廷祀銀貳拾兩，黄廷宰銀貳拾/伍兩，王焕章銀貳拾/伍兩，阮輝做銀貳拾兩，汝公琪銀拾貳兩；/①

黎仲朗銀拾兩，陳武舉銀拾兩，羅廷榮銀拾兩，汝仲琯銀拾兩，楊登鋭銀拾兩，黄廷明銀拾兩，武維持銀拾兩，阮玉源銀拾兩，王廷恩銀拾兩，范春桂銀拾兩/②

阮輝炳銀拾兩，黄廷㞙銀拾兩，潘德著銀拾兩，黄珍珠銀拾兩，關存興銀拾兩，潘建業銀陸兩，陳羲燦銀陸兩，阮德匡銀陸兩，汝登第銀伍兩，關錦記銀伍兩/③

阮仁壽銀伍兩，阮輝珠銀伍兩，范光瑶銀伍兩，武德延銀伍兩，汝廷瓊銀伍兩，黄廷寀銀伍兩，潘嘉業銀伍兩，王廷規銀伍兩，阮汝俊銀伍兩，汝廷鈞銀伍兩/④

黎廷肅銀伍兩，阮光熒銀伍兩，阮科錢拾貫，阮國寶錢拾貫，鄧潤錢拾貫，武時蓮錢拾貫，阮廷卯錢拾貫，陳廷誘錢拾貫，汝廷理錢拾貫，王廷矩錢拾貫/⑤

陳羲孚錢拾貫，林承恩錢拾貫，黎廷鉅錢拾貫，李文書錢拾貫，王廷芳錢拾貫，陳邦華錢拾貫，黎廷彬錢拾貫，王廷樸錢拾貫，陳國柄錢拾貫，黎仲根錢拾貫/⑥

汝廷穗錢拾貫，阮輝耀錢拾貫，王廷喬錢拾貫，武玉派錢拾貫，阮廷仍錢拾貫，汝仲玖錢拾貫，汝廷你錢拾貫，王廷佳錢拾貫，黎仲祥錢拾貫，王廷僚錢拾貫/⑦

王廷銓錢拾貫，汝仲詠錢拾貫，林世美錢拾貫，陳羲信錢拾貫，阮國碗錢拾貫，陳國□錢拾貫，黎仲瑞錢拾貫，王廷木錢拾貫，王廷調錢拾貫，陳國燦錢拾貫；/⑧

王廷講錢拾貫，王廷説錢拾貫，裴秉璡錢陸貫，楊登耀錢陸貫，武文□錢陸貫，楊德俊錢陸貫，黎仲□錢伍貫，汝輝奮錢伍貫，武時茂錢伍貫，汝廷稱錢伍貫；/⑨

汝廷芳錢伍貫，汝廷侶錢伍貫，汝公域錢伍貫，阮輝凜錢伍貫，武玉鉤錢伍貫，阮輝烜錢伍貫，

---

① 以上第一列。
② 以上第二列。
③ 以上第三列。
④ 以上第四列。
⑤ 以上第五列。
⑥ 以上第六列。
⑦ 以上第七列。
⑧ 以上第八列。
⑨ 以上第九列。

武玉汜錢伍貫，**阮輝炤**錢伍貫，**范光潤**錢□貫，**阮德碩**錢叁貫；/[①]

阮仁瑒錢叁貫，**阮義晉**錢叁貫，**黎廷釧**錢叁貫，**阮玉清**錢叁貫，**阮義益**錢叁貫，**阮輝錠**錢叁貫，**阮仁恬**錢叁貫，**阮廷伊**錢叁貫，**阮玉潢**錢叁貫，**阮廷栢**錢叁貫，**阮廷錫**錢叁貫。/[②]

南上、南中、南下三甲銀拾兩，**吕克家**銀拾兩，**阮貴豪**錢拾貫，**阮廷寧**錢拾貫，**阮曰其**錢伍貫，**行紙在北上**錢伍貫，**杜廷遣**，/**裕慶會仝會上下等**銀拾兩，**陳饒記**銀伍兩，**阮必做**錢拾貫，**杜光遠**錢拾貫，**范氏名**錢拾貫，**後廟諸人等**錢拾貫。/

時/

明命元年[③]**正月二十日**。/

侍中、學士、舊黎朝己亥科進士、適安侯范適[④]**撰**/

題後

此碑與篇號〇二三的《重修白馬廟簽題録》(編號00189）同刊刻於明命元年（1820）正月二十日，應該是同一次重修白馬廟的碑記，然篇號〇二三之《重修白馬廟簽題録》拓片題簽注明爲三關内右邊第一碑，此碑題簽則爲左邊第二碑，則或爲相接續的碑記，但分開刊刻。

此碑對於白馬祠的記載頗爲詳細，撰文者爲前黎朝己亥盛科第三甲同進士出身范適，范適又名范貴適。據《黎朝歷科進士題名碑記》卷二："范貴適，壽昌報天坊，貫唐安華堂社。儒生中式，少雋，二十歲中禮部第二。"按，進士題名碑是越南相當重要的科舉資料，然而對於中舉者的生平職任，則無法有明確的記載，此碑記載范適於明命元年爲侍中、學士、適安侯，這樣的官歷是相當重要的研究資料。

① 以上第十列。

② 以上第十一列。

③ "明命元年"，當清嘉慶二十五年（1820），歲次庚辰。

④ "范適"，即"范貴適"，《鼎鍥大越歷朝登科録》後黎顯宗景興四十一年（1780）己亥盛科第三甲同進士出身："范貴適，唐安華堂人，居壽昌報天坊。二十中。"

○二五　重修漢伏波將軍祠碑記

引言

碑立於河城行帆街白馬祠三關内，根據拓片題簽的記載，本碑位於白馬祠三關内左邊第一碑。碑刻單面，拓片編號00192，共二十六行，滿行約三十五字，碑題“重修漢伏波將軍祠碑記”十字，今以此碑題爲篇題。四邊有紋飾，碑額爲雙鳳昭月，左右兩邊有纏枝花紋，碑底刻有蓮座。碑文作者與修倡首江氏家族任内殿首合侍内書寫，刊刻者則廣西桂林靈石匠局春禄。年代署作黎朝正和（Chính Hòa）八年（1687），正和爲後黎熙宗（Lê Hy Tông）黎維祫（Lê Duy Cáp）年號，同年爲清康熙二十八年，歲次丁卯。拓片現藏於漢喃研究院。

碑文記載黎正和七年丙寅年（1686）江潮海妻黎氏科、范氏娘，女子江氏祝，孫黎覩，外親母范氏榜等，與江西、廣東、福建、湖廣、江南和雲南省諸省功德信士，共同損資重修漢伏波將軍祠。碑末録有損資功德主之姓名。

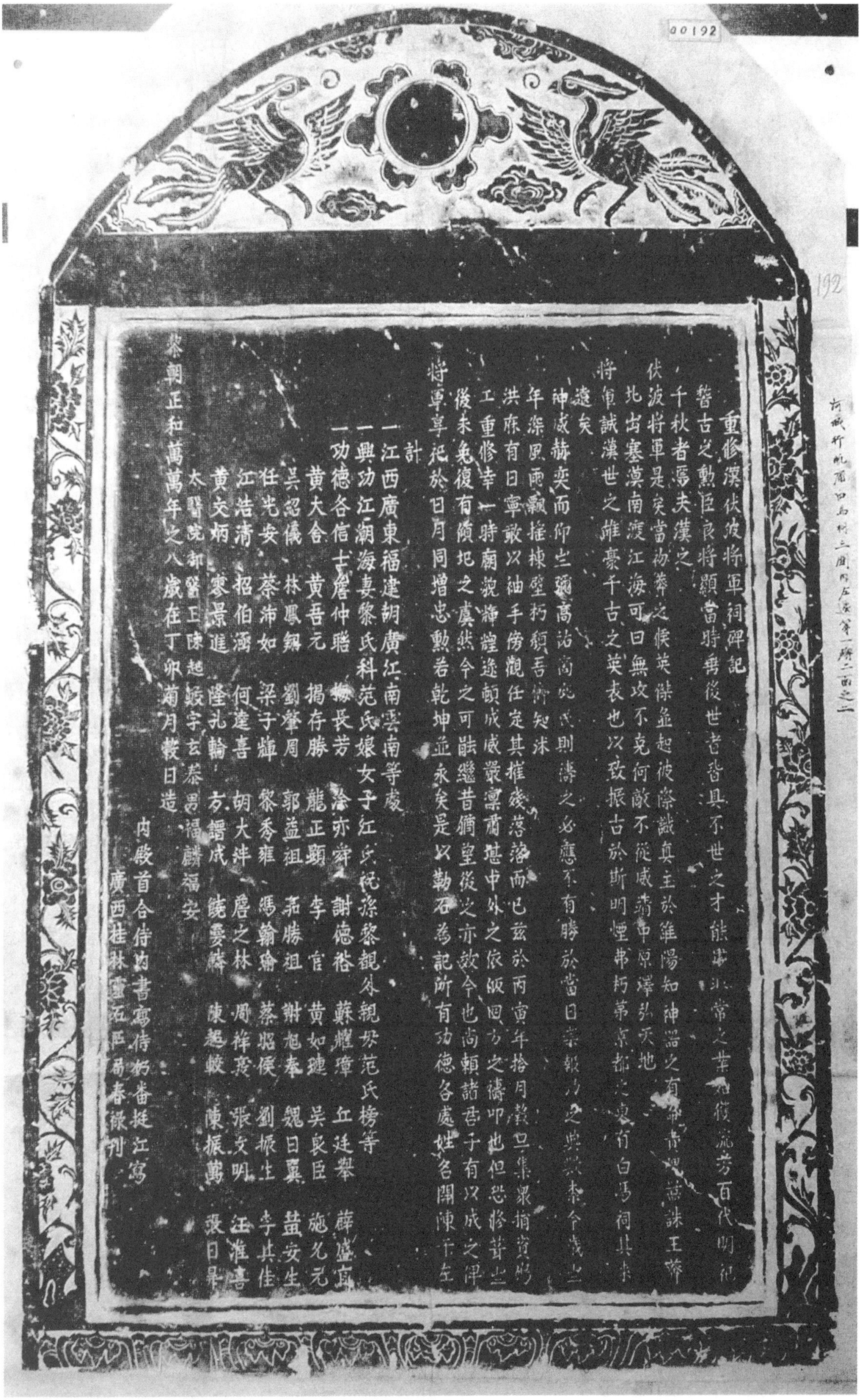
00192
重修漢伏波將軍祠碑記
稽古之勳臣良將顯當時垂後世者咸具不世之才能建非常之業名馥流芳百代明祀
千秋者焉夫漢之
伏波將軍是矣當新莽之候英傑並起彼際識真主於淮陽知神器之有歸貴協誅王莽
北虜塞漠南渡江海可曰無攻不克何敵不從威靖中原澤弘天地
將負誠漢世之雄豪千古之英表也以致振古於斯明煙弗朽第京都之東有白馬祠其來
遠矣
神威赫奕而仰止彌高詣崗此氏則禱之必應不有勝於當日崇報功之典歟李今歲丙
年滌風雨飄搖棟壁朽頹吾儕知沐
洪庥有日寧敢以袖手傍觀任定其摧殘落落而已茲於丙寅年拾月穀旦集衆捐資助
工重修幸一時廟貌輝煌遂頓成威嚴崇甚中外之依皈四方之禱叩也但恐於昔出
後未免復有傾圮之虞然今之可能繼昔猶望後之亦效今也尚賴諸君子有以成之俾
將軍享祀於日月同增忠勳着乾坤並永矣是以勒石為記所有功德各處姓名開陳于左
計
一江西廣東福建胡廣江南雲南等處
一興功江瀾海妻黎氏科范氏娘女子紅氏孫黎覩冬親娶范氏榜等
一功德各信士詹仲聰 梅長芳 涂亦舜 謝德裕 蘇耀璋 丘廷舉 薛盛宣
黃大舍 黃吾元 揭存勝 龍正顯 李官 黃如璉 吳良臣 施允元
吳紹儀 林鳳翔 劉肇周 郭益祖 嘉勝祖 謝旭奉 魏日翼 盖安生
任光安 蔡沛如 梁子輝 黎秀雍 馮翰榆 蔡兆候 劉振生 李其佳
江浩清 招伯濟 何達喜 胡大洋 詹之林 周祥亮 張文明 汪淮喜
黃文炳 廖景進 隆孔輪 方譜成 饒雲騰 陳超較 陳振萬 張日昇
太醫院都醫王陳超較字玄泰男福麟福安
黎朝正和萬萬年之八歲在丁卯菊月穀日造
內殿首合侍內書寫侍內番挺江寫
廣西桂林靈石匠呂春祿刊
192

編號：00192　出自《拓片總集》第一册

釋文

重修漢伏波將軍祠碑記[①]

稽古之勳臣良將顯當時、垂後世者，皆具不世之才，能建非常之業，始獲流芳百代，明祀/千秋者焉，夫漢之/　　　　　伏波將軍是矣。當初莽之候英傑並起，彼際識真主於雒陽，知神器之有命，責隗囂，誅王莽，/北出塞漠，南渡江海，可曰無攻不克，何敵不從，威靖中原，澤弘天地，/　　　　　將軍誠漢世之雄豪，千古之英表也。以致振古於斯，明煙弗朽。第京都之東，有白馬祠，其來/遠矣，/　　　　　神威赫奕，而仰之[②]彌高；祐商庇民，則禱之必應。不有勝於當日，崇報功之典歟？奈今歲之/年深，風雨飄摇，棟壁朽頽，吾儕知沐/

洪庥有日，寧敢以袖手傍觀，任定其摧殘落落而已！玆於丙寅年拾月穀旦集衆捐資，鳩/工重修，幸一時廟貌輝煌，遂頓成威嚴凜肅，堪中外之依皈，四方之禱叩也。但恐修葺之/後，未免復有傾圮之虞，然今之可能繼昔，猶望後之亦效今也，尚賴諸君子有以成之，俾/

將軍享祀於日月同增，忠勳若乾坤並永矣。是以勒石爲記，所有功德各處姓名開陳于左。/

計：/

一江西、廣東、福建、湖廣[③]、江南、雲南等處。/

一興功江潮海妻黎氏科、范氏娘；女子江氏祝，孫黎覩；外親母范氏榜等。/

一功德各信士詹仲聯[④]，梅長芳，涂亦舜，謝德裕，蘇耀璋，丘廷舉，薛[⑤]盛宜，/黃大舍，黃吾元，揭存勝，龍正顯，李官，黃如璉，吴良臣，施允元，/吴紹儀，林鳳翔，劉肇周，郭益祖，郭勝祖，謝旭奉，魏日翼，黃安生，/任光安，蔡沛如，梁子輝，黎秀雍，馮翰瑜，蔡昭侯，劉振生，李其佳，/江浩清，招伯涵，何逵喜，胡大洋，詹之林，周祥敦，張文明，汪淮喜，/黃文炳，寥景進，隆孔輪，方晉成，饒萝麟，陳超較，陳振萬，張日昇。/

太醫院御醫王陳起鮫，字玄泰；男福麟、福安。/

---

① 此爲碑題，今依碑題爲篇題。
② “之”，碑文作“㞢”字，下同不另出校。
③ “湖廣”，碑原作“胡廣”。
④ “聯”，碑原作“聯”。
⑤ “薛”，疑當作“薛”。

黎朝正和萬萬年之八[1]歲在丁卯菊月[2]穀日[3]造/

內殿首合侍內書寫侍仍番挺江寫/

廣西桂林靈石匠局春禄刊/

題後

此碑記（《重修漢伏波將軍祠碑記》）編號00192，與編號00193之《白馬神祠碑記》同樣刊刻於後黎熙宗正和八年（1687）。根據拓片題簽的記載，此碑記爲白馬祠三關内左邊第一碑二面之二，拓片編號00193之《白馬神祠碑記》則爲三關内右邊第一碑二面之一。兩碑的花紋大致相同，惟此碑碑額爲雙鳳昭日，編號00193爲雙龍昭日，也顯示出兩者爲同時期刊刻的碑記。與編號00193《白馬神祠碑記》不同，此碑記的捐資者爲江西、廣東、福建、湖廣、江南、雲南等地的善男信士。其中尤其以江氏家族對於本祠的貢獻最大，然而江朝海的妻、女、外親似乎都是越南本地人士，在姓名上呈現越南女子命名的方式。

本祠堂除伏波將軍外，亦敬祀白馬大王，有關信仰的研究可以參考：許文堂《越南民間信仰——白馬大王神話》，《南方華裔研究》2010年第4期；王柏中《“伏波將軍”抑或“龍肚之精”——“白馬大王”神性問題辨析》，《世界宗教研究》2011年第4期；滕蘭花（壯族）《清代以來越南境内的伏波信仰研究》，《民族文學研究》2012年第5期，［越］丁克順、葉少飛《越南河内白馬神祠漢喃碑銘研究》，《形象史學》2021年夏之卷。

---

① “黎朝正和萬萬年之八”，當清康熙二十六年（1687）。

② “菊月”，即農曆九月。（宋）陳元靚《歲時廣記》：“《提要録》曰九月爲菊月。”

③ “穀日”，即“吉日”。《詩經・國風・陳風・東門之枌》：“穀旦于差，南方之原，不績其麻，市也婆娑。”毛亨傳曰：“穀，善也。”

○二六　白馬神祠碑記

引言

碑立於河城行帆庸白馬靈祠，爲祠内右邊第一碑。碑刻單面，拓片編號00193，共三十五行字，滿行約五十二字，碑額題“白馬神祠碑記”六字，今依此額題爲篇題。碑刻有紋飾，碑額爲雙龍昭日，左右兩側飾以纏枝花紋，碑底爲蓮座。碑文撰者禮科都給事中汝進用、書寫者儒生汝顯忠等三人。年代署作黎朝正和（Chính Hòa）八年，正和爲黎熙宗（Lê Hy Tông）黎維祫（Lê Duy Cáp）年號，同年爲清康熙二十八年(1687)，歲次丁卯。拓片現藏於漢喃研究院。

碑文記載正和七年（1686）重修白馬寺立碑一事。河口坊密太、北上和北下甲村民爲修繕白馬寺一事，特地請禮科都給事中汝進用選址立碑，並説明重修前亭與補葺漏水處。碑末刻有捐贈者的芳名録，損資者包括黎熙宗在内的皇室成員，及河口坊中密泰三甲百姓。

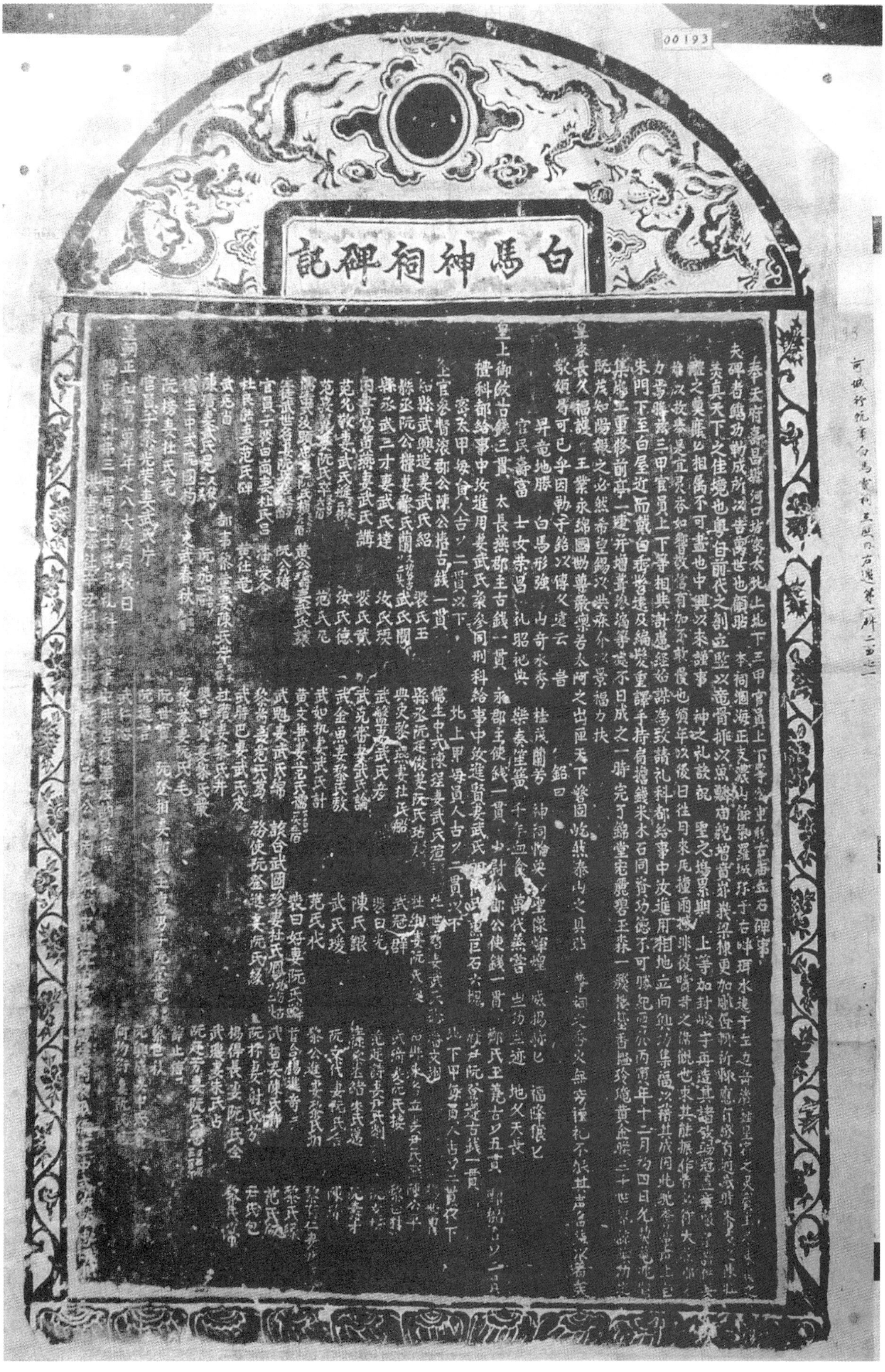
00193
白馬神祠碑記
河城府沅章白馬靈祠三版以方通第一件二面之一

編號：00193　出自《拓片總集》第一冊

釋文

白馬神祠碑記[①]

奉天府壽昌縣河口坊密太[②]、北上、北下三甲官員上下等，爲重修古廟立石碑事。/

夫碑者，鐫功勒成，所以告萬世也，故貼　本祠涸海正支，濃山餘氣，羅城環于右畔，珥水繞于左邊，岳瀆鍾星宿之靈，賓主盡東南之/美，真天下之佳境也。粤自前代之創立，豎以龍骨，插以魚鱗，廟貌增賁，巍峨梁棟，更加雕畫。輙祈輙應，有感有通，歲時黍麥之陳，牲/醴之奠，靡靡相屬，不可盡也。中興以來，謹事　神之禮，設祝　聖之場，累期　上等加封，峻宇再造，其諸攽賜冠蓋、章服、祭器、供具，/難以枚舉，是宜靈答如響，敬信有加，不敢慢也。

頃年以後，日往月來，風撞雨撼，非復疇昔之偉觀，世求其能振作者，必待大檀那[③]之/力焉。睠兹三甲官員上下等，相與計慮經始謀，爲致請禮科都給事中汝進用相地立向，興功集福，以藉其成，因此馳譽斐聲，上自/朱門，下至白屋[④]，近而戴白[⑤]垂髫[⑥]，遠及編髪重譯[⑦]，手持肩擔，錢米木石，同資功德，不可勝紀。迺於丙寅年十二月初四日，允契龜兆，督/集鳩工，重修前亭一連，並增葺滲漏等處，不日成之，一時完了，錦堂寵麗，碧玉森一；簇樓臺；香檻玲瓏，黄金映三千世界。諒陰功[⑧]之/既茂，知陽報之必然。[⑨] 希望錫以洪庥，介以景福。

---

① 此爲額題，今依此爲篇題。

② “密太”，篇號〇二四《重修白馬寺碑記》作“密泰”。

③ “檀那”，又作旦那、柁那、檀越、馱曩。中國、日本又將“檀那”“檀越”引申爲施主之稱。

④ “白屋”，爲窮賤人所居之處所。《漢書·蕭望之傳》：“今士見者皆先露索挾持，恐非周公相成王躬吐握之禮，致白屋之意。”師古曰：“白屋，謂白蓋之屋以茅覆之，賤人所居。”

⑤ “戴白”，謂滿頭白髮，後以爲老人之代稱。《漢書·嚴助傳》：“天下賴宗廟之靈，方内大寧，戴白之老，不見兵革。”

⑥ “垂髫”，古時童子不束髮，故稱童子爲“垂髫”。（晉）陶淵明《桃花源記》：“黄髮垂髫，並怡然自樂。”

⑦ “編髪重譯”，指相對於古代傳統漢人的邊遠民族。《史記·西南夷列傳》：“西南夷君長……皆編髪，隨畜遷徙，毋常處，毋君長，地方可數千里。”《尚書·歸禾》序正義：“交阯之南，有越裳國。周公居攝六年，制禮作樂，天下和平。越裳以三象，重譯而獻白雉，曰道路悠遠，山川阻深，音使不通，故重譯而朝。成王以歸周公。”

⑧ “陰功”，指不爲人所知的善行，或在人世間所做而在陰間可以記功的好事。蘇轍《新作南門》：“于公決獄多陰功，自知有子當三公，高作里門車馬通。”

⑨ “陽報”，見《淮南子·人間訓》：“夫有陰德者必有陽報，有陰行者必有昭名。”

力扶/　　　　皇家長久，福護　王業永綿。國勢尊嚴，凜若太阿之出匣[1]；天下磐固，屹然泰山之具岾。　尊祠之香火，無窮禋祀，不泯其聲名，益以著矣，/歌頌曷可已乎！因勒于銘，以傳久遠云。

時　　　　銘曰：/

昇龍地勝，白馬形強。山奇水秀，桂茂蘭芳。

神祠輪奂，聖像輝煌。威揚赫赫，福降穰穰[2]。/

官民壽富，士女榮昌。禮昭祀典，樂奏笙簧。

千年血食，萬代蒸嘗。之功之迹，地久天長。/

皇上御放古錢三貫，太長、燕郡主古錢[3]一貫。永郡主使錢[4]一貫，少尉□郡公使錢一貫，鄭氏玉蕘古錢五貫，鄭□古錢二貫。/

禮科都給事中汝進用妻武氏柔，參同刑科給事中汝進賢妻武氏□、□氏薰巨石六塊。府尹阮登遵古錢一貫。/

密太甲每員人古錢二貫以下，北上甲每員人古錢二貫以下，北下甲每員人古錢二貫以下。/

仝[5]官參都滚郡公陳公椿古錢一貫，儒生中式陳珵妻武氏瑄，杜世□妻武氏琜、潘文翊、楊氏胄。/

知縣武興造妻武氏紹，裴氏玉，縣丞阮廷俊妻阮氏玷，杜緗妻阮氏□，知縣朱各立妻尹氏燕、陳公平。/

縣丞阮公權妻黎氏蘭又功德古錢/二頭，武氏間；典史黎燕妻杜氏船，武冠群，武琦妻阮氏摟，黎世材。/

縣丞武三才妻武氏達，汝氏瑛，武盤妻武氏彦，裴曰光，范廷詩妻尹氏剡

---

① “太阿之出匣”，“太阿”又作“泰阿”，《越絶書·越絶外傳·記寶劍》：“（楚王）令風胡子之吴，見歐冶子、干將，使人作鐵劍（三枚）……一曰龍淵，二曰泰阿，三曰工布。……風胡子對曰：‘……欲知泰阿，觀其鈲，巍巍翼翼，如流水之波……’晉鄭王聞而求之，不得，興師圍楚之城，三年不解。……于是楚王聞之，引泰阿之劍，登成而麾之，三軍破敗，士卒迷惑，流血千里，猛獸歐瞻，江水折揚，晉鄭之頭畢白。”

② “穰穰”，五穀豐盛的様子。《史記·滑稽列傳》：“甌窶滿篝，汙邪滿車，五穀蕃熟，穰穰滿家。”

③ “古錢”，見《欽定越史通鑑綱目·正編》卷二十一後黎盛宗光順八年注“使錢、古錢”引黎貴惇《芸臺類語》云：“北人以百文爲一陌。本國以三十六文爲一陌，謂之‘使錢’；六十文爲一陌，謂之‘古錢’。‘使錢’十陌，乃是‘古錢’六陌，準爲‘使錢’一貫。其‘古錢’十陌乃使錢之一貫六陌四十文。使錢别名間錢，古錢别名貴錢。”

④ “使錢”，見前注。

⑤ “仝”，喃字，有“主”“長”的意思。

又功德古錢/一頭，阮文□。/

内書寫黄燕妻武氏講，裴氏貳，武克審妻武氏論，陳氏銀，生徒[1]黎丕緒、朱氏邁，阮壽才。/

范允敬妻武氏艞□□/二□，汝氏德，武金魚妻黎世敖，武氏瑗，阮文代妻阮氏合，陳玠。/

范敦翼妻阮氏卒又古錢/六陌，范氏尼，武如機妻武氏計，范氏代，黎公進妻黎氏切，黎有仁妻尹氏泠。/

儒生中式汝顯忠妻阮氏楨又古錢/六陌，黄公璹妻武氏讓，黄文兼妻范氏孺又古錢/一頭五陌，裴曰好妻阮氏鱗，首合楊進奇，黎氏緣。/

生徒武世名妻阮氏槎又古錢/六陌，阮公琦，武魁妻武氏綿，該合武國珍妻杜氏鳳功德古/錢二頭，武智妻陳氏特，范氏□。/

官員子裴曰崗妻杜氏吕，潘愛令，黎芮妻范氏葛，務使阮登進妻阮氏緣，阮□妻射氏芳，尹氏包。/

杜良能妻范氏碑，黄仕龍，武時巴妻武氏皮，楊得長妻阮氏仝，黎氏冪。/

武克首[2]，都事黎薰妻陳氏岸又木/二豎，杜纘妻黎氏井，武璣妻朱氏占。/

陳璌妻武氏冕又使錢/二頭，阮嘉又古錢/一陌，裴世資妻黎氏嚴，阮廷芳妻阮氏忍□□□/五百斤。/

儒生中式阮國杓，令史武春秋又古錢/九陌，黎苓妻阮氏毛，薛止信。/

阮榜妻杜氏究，阮世寶，阮登相妻鄭氏玉鴦，男子阮登龍古錢/一頭，黎世秋。/

官員子黎光榮妻武氏片，阮進言，阮興成妻申氏賓/。武仁恕，何均衍妻阮氏□。/[3]

皇朝正和萬萬年之八[4]大慶月穀日

賜甲辰科第三甲同進士出身、禮科都給事中、洪唐穫澤汝訥旻撰/

洪唐穫澤社辛丑科試中書筭書寫縣丞阮公權

丙寅科試中書算内書□黄□内□□

儒生中式汝顯忠□書

---

① “生徒”，見《欽定越史通鑑綱目·正編》卷十九“後黎聖宗光順三年”注：“生徒，鄉試中三場，謂之生徒。黎初衙吏多以監生、儒生、生徒爲之。”

② “首”，碑文原作“旹”，“旹”爲“首”之古字。見《字彙補》。

③ 武仁恕以下原在署年下。

④ “皇朝正和萬萬年之八”，當清康熙二十六年（1687），歲次丁卯。

題後

本碑記（《白馬神祠碑記》）編號00193與編號00192之《重修漢伏波將軍祠碑記》同刻於後黎熙宗正和八年（1687），根據拓片題簽的記載，爲白馬祠三關内右邊第一碑二面之一。兩碑的花紋大致相同，惟本碑碑額爲雙龍昭日，00192爲雙鳳昭日，也顯示出兩者爲同時期刊刻的碑記。與00192《重修漢伏波將軍祠碑記》的捐資者爲江西、廣東、福建、湖廣、江南、雲南等地的善男信士不同，本碑記損資者包含後黎朝皇帝、郡主等皇室人員及各級官員，顯示出白馬神與伏波將軍的信仰者有着明顯的差異。

○二七　鼎建粵東會館簽題録

引言

碑立於河城帆行街粵東會館。碑刻單面，拓片編號00195，共七横列、三直行，横列滿列大字八十四字、小字約一百六十八字，直行各行字數不一，碑額題“鼎建會館簽題録”七字，今依額題及立碑地點定篇題爲“鼎建粵東會館簽題録”。碑四邊刻有花紋，碑額中間刻有壽字，壽字兩側爲龍紋，碑底中爲蓮花，兩邊亦爲龍紋，碑左右兩側亦飾以龍紋。年代署作嘉隆（Gia Long）二年（1803），嘉隆爲阮世祖（Nguyễn Thế Tổ）阮福暎（Nguyễn Phúc Ánh）年號，同年爲清嘉慶八年，歲次癸亥。拓片現藏於漢喃研究院。

碑文内容記載捐資修建粵東會館的華人名册。内容包含姓名、籍貫和捐款金額。

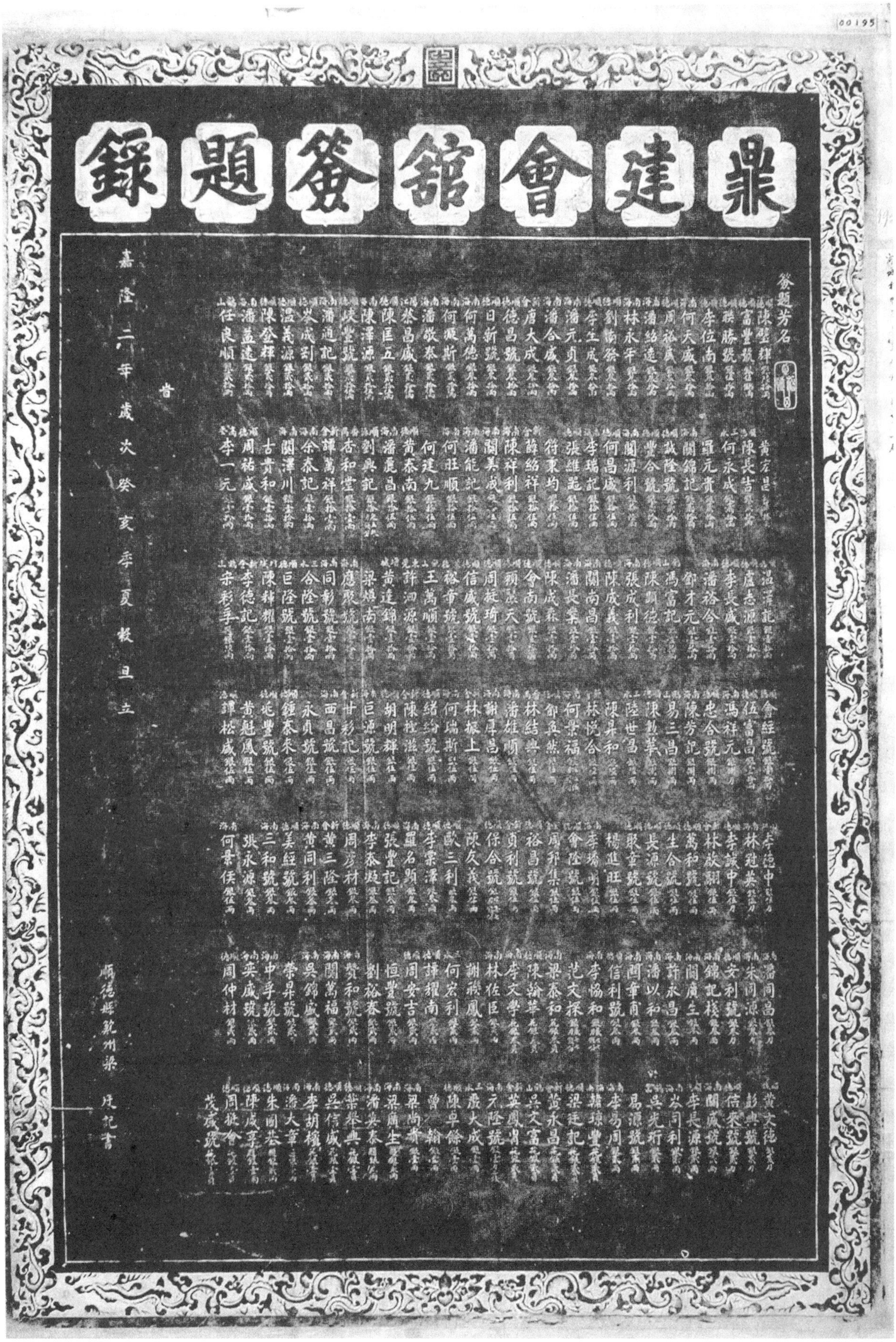

鼎建會館簽題錄

簽題芳名

陳璧輝 富豐號 槤勝號 李位南 何天盛 周裕盛 潘紹達 林永年 劉尚發 李生成 潘元貞 潘合盛 唐大成 德昌號 日新號 何萬德 何擬斯 潘敬泰 蔡昌盛 陳匡五 陳澤源 岐豐號 潘通記 蔡成釗 溫義源 陳登輝 潘益遠 任良順

黃宏昌 陳長吉 何永成 羅元貴 關錦記 裕隆號 豐合號 關源利 何昌盛 李瑞記 張維龍 符東均 薛紹祥 陳祥利 關美成 潘能記 何旺順 何建九 黃泰南 潘慶昌 劉興記 杏和堂 譚萬祥 余泰記 關澤川 古貴和 周祐盛 李一元

溫澤龍 盧志源 李長盛 潘裕合 鄧才元 馮富記 陳興德 張成利 陳盛義 關南昌 潘長榮 陳成泰 會南號 賴振天 周挺琦 信盛號 裕爭號 王萬順 許河源 黃達錦 梁焕南 應聚號 同彰號 合隆號 巨隆號 陳輝耀 李德記 余彩手

會經號 伍富昌 馮祥元 忠合號 陳芳記 易三昌 陳勤華 陸世昌 陳昇和 林悅合 何景福 鄧奐然 林結興 潘雄順 謝厚昌 林振上 何瑞斯 緒紛號 陳松滋 胡明輝 巨源號 世彩記 西昌號 永貞號 鍾泰來 兆豐號 黃魁鳳 譚松盛

李德中 林冠英 李誠中 林啟翔 萬和號 生合號 長源號 聚章號 楊進旺 李璠 會隆號 周邦集 裕昌號 貞利號 保合號 陳友義 歐三利 李棠澤 羅名顯 張豐記 李泰凝 周彥材 黃三隆 黃同利 美經號 三和號 張永源 何景佚

潘同昌 朱同源 安利號 錦記棧 關廣生 許永昌 潘以和 酉章貴 信利號 李協和 范文採 梁泰和 陳翰華 李文學 林佐臣 謝殿鳳 何宏利 譚耀南 周安吉 恆豐號 劉裕春 贊和號 關萬福 吳錦盛 榮昇號 中孚號 英盛號 周仲材

黃文德 彭典號 信泰號 關盛號 李長源 公司利 吳光祈 易源號 李易周 韓璟豐 梁廷記 黃永昌 吳文富 英鳳肖 元隆號 嚴大成 陳卓餘 曾翰 梁尚 梁廣生 潘奐泰 葉舉典 吳信盛 李胡權 潘大章 朱同芸 陳成亨 周挺會 茂盛號

昔

嘉隆二年歲次癸亥季夏穀旦立

順德縣龍州梁　　記書

編號：00195　出自《拓片總集》第一冊

釋文

鼎建會館簽題録[①]

簽題芳名：

順德陳璧輝銀陸拾兩，順德富豐號銀伍拾伍兩，順德聯勝號銀伍拾兩，順德李位南銀叁拾兩，南海何天盛銀叁拾兩，順德周裕盛銀叁拾兩，南海潘紹遠銀叁拾兩，南海林永年銀叁拾兩，順德劉南發銀叁拾兩，順德李生成銀叁拾兩，南海潘元貞銀叁拾兩，南海潘合盛銀叁拾兩，新會唐大成銀叁拾兩，順德德昌號銀叁拾兩，順德日新號銀叁拾兩，南海何萬德銀叁拾兩，南海何凝斯銀貳拾伍兩，南海潘敬泰銀貳拾伍兩，陽江蔡昌盛銀貳拾伍兩，順德陳匡五銀貳拾伍兩，南海陳澤源銀貳拾伍兩，順德岐豐號銀貳拾伍兩，南海潘通記銀貳拾兩，順德岑成剛銀貳拾兩，順德温義源銀貳拾兩，順德陳登輝銀貳拾兩，南海潘益遠銀貳拾兩，鶴山任良順銀貳拾兩；[②]

黄宏昌銀貳拾兩，順德陳長吉銀貳拾兩，三水何永成銀貳拾兩，羅元貴銀貳拾兩，南海關錦記銀貳拾兩，順德誠隆號銀貳拾兩，順德豐合號銀貳拾兩，南海關源利銀拾陸兩，順德何昌盛銀拾伍兩，南海李瑞記銀拾伍兩，順德張維器銀拾伍兩，符秉均銀拾伍兩，新會薛紹祥銀拾伍兩，南海陳祥利銀拾伍兩，南海關美成銀拾伍兩，南海潘能記銀拾伍兩，南海何旺順銀拾伍兩，何建九銀拾伍兩，順德黄泰南銀拾伍兩，南海潘麗昌銀拾伍兩，順德劉興記銀拾叁兩五錢貳分，番禺杏和堂銀拾壹兩，新會譚萬祥銀拾壹兩，南海余泰記銀壹拾兩，南海關澤川銀壹拾兩，古貴和銀壹拾兩，順德周祐盛銀壹拾兩，高要李一元銀壹拾兩；/[③]

順德温澤記銀壹拾兩，順德盧志源銀壹拾兩，順德李長盛銀壹拾兩，南海潘裕合銀壹拾兩，鄧才元銀壹拾兩，鶴山馮富記銀壹拾兩，順德陳顯德銀壹拾兩，南海張成利銀壹拾兩，順德陳成義銀壹拾兩，南海關南昌銀壹拾兩，南海潘長業銀壹拾兩，順德陳成森銀壹拾兩，順德會南號銀壹拾兩，順德賴麗天銀壹拾兩，順德周挺琦銀壹拾兩，順德信盛號銀壹拾兩，順德裕竜號銀壹拾兩，鶴山王萬順銀壹拾兩，東莞許泗源銀壹拾兩，增城黄達錦銀壹拾兩，梁焕南銀壹拾兩，南海應聚號銀壹拾兩，南海同彰號銀壹拾兩，三水合隆號銀壹拾兩，順德巨隆號銀壹拾兩，增城陳輝耀銀壹拾兩，新會李德記銀壹

① 此爲額題，今依此改作"鼎建粤東會館簽題録"篇題。按，其下刻有"福田心耕"四字。
② 以上第一列。/
③ 以上第二列。

拾兩，鶴山**宋彩孚**題銀陸兩；[1]

順德**會經號**銀壹拾兩，順德**伍富昌**銀壹拾兩，南海**馮祥元**銀捌兩，順德**忠合號**銀捌兩，南海**陳芳記**銀捌兩，鶴山**易三昌**銀捌兩，順德**陳勳華**銀捌兩，三水**陸世昌**銀陸兩，**陳昇和**銀陸兩，新會**林悦合**銀陸兩，南海**何景福**銀伍兩□錢伍分，順德**鄧奂然**銀伍兩，番禺**林結興**銀伍兩，南海**潘雄順**銀伍兩，南海**謝厚昌**銀伍兩，新會**林振上**銀伍兩，南海**何瑞斯**銀伍兩，順德**緒綸號**銀伍兩，新會**陳樫滋**銀伍兩，順德**胡明輝**銀伍兩，南海**巨源號**銀伍兩，新會**甘彩記**銀伍兩，南海**西昌號**銀伍兩，**永貞號**銀伍兩，順德**鐘泰來**銀伍兩，順德**兆豐號**銀伍兩，**黄魁鳳**銀伍兩，順德**譚松盛**銀伍兩；[2]

順德**李德中**銀伍兩，南海**林冠英**銀伍兩，順德**李誠中**銀伍兩，新會**林啓翩**銀伍兩，順德**萬和號**銀伍兩，順德**生合號**銀伍兩，順德**長源號**銀伍兩，順德**聚章號**銀伍兩，**楊進旺**銀伍兩，南海**李琇明**銀伍兩，順德**會隆號**銀伍兩，新會**周邦集**銀伍兩，順德**裕昌號**銀伍兩，新會**貞利號**銀伍兩，順德**保合號**銀肆兩壹錢七分，**陳友義**銀肆兩，順德**歐三利**銀叁兩，順德**李棠澤**銀叁兩，南海**羅名顯**銀叁兩，順德**張豐記**銀叁兩，南海**李泰凝**銀叁兩，順德**周彦材**銀叁兩，新會**黄三隆**銀叁兩，南海**黄同利**銀叁兩，順德**美經號**銀叁兩，南海**三和號**銀叁兩，**張永源**銀叁兩，南海**何景侯**銀伍兩；[3]

南海**潘同昌**銀叁兩，南海**朱同源**銀叁兩，順德**安利號**銀叁兩，南海**錦記棧**銀叁兩，南海**關廣生**銀叁兩，南海**許永昌**銀叁兩，南海**潘以和**銀叁兩，南海**關章甫**銀叁兩，順德**信利號**銀叁兩，南海**李協和**銀貳兩七錢七分，**范文探**銀貳兩七錢七分，南海**梁泰和**花銀叁貫，順德**陳翰華**花銀叁貫，南海**李文學**花銀叁貫，南海**林佐臣**銀貳兩，**謝聯鳳**銀貳兩，三水**何宏利**銀貳兩，順德**譚耀南**銀貳兩，順德**周安吉**銀貳兩，**恒豐號**銀貳兩，**劉裕春**銀貳兩，南海**贊和號**銀貳兩，南海**關萬福**銀貳兩，南海**吴錦盛**銀貳兩，**榮昇號**銀貳兩，南海**中孚號**銀貳兩，南海**奕盛號**銀貳兩，順德**周仲材**銀貳兩；[4]

順德**黄文德**銀貳兩，**彭興號**銀貳兩，順德**信來號**銀貳兩，南海**關盛號**銀貳兩，順德**李長源**銀貳兩，南海**岑同利**銀貳兩，鶴山**吴光珩**銀貳兩，**易源號**銀貳兩，南海**李易周**銀貳兩，海南**韓瓊豐**花銀貳貫，順德**梁廷記**花銀貳貫，新會**黄永昌**花銀貳貫，鶴山**吴文富**花銀貳貫，新會**英鳳胄**花銀貳貫，南海**元隆號**銀壹兩二錢，三水**嚴大成**銀壹兩，順德**陳卓餘**銀壹兩，**曾翰**銀壹兩，南海**梁尚貴**銀壹兩，南海**梁廣生**題銀貳兩，南海**潘英泰題**銀貳兩，順德**葉舉興**花銀壹貫，順德**吴信盛**花銀壹貫，南海**李胡檳**花銀壹貫，南海**潘大章**題銀貳兩，順德**朱國基**題銀貳兩，順德**陳咸亨**題銀壹兩，順德**周挺會**花銀壹貫，**茂**

---

① 以上第三列。
② 以上第四列。
③ 以上第五列。
④ 以上第六列。

盛號花銀壹貫。/①

時/

嘉隆二年②歲次癸亥季夏穀旦立/

順德縣鮑州梁廷記書/

題後

《拓片總集》第 1 至 4 册所收粤東會館碑銘計有七件，玆列表如下：

編號	篇題	立碑年代	位置
00194	重修捐報籙	阮聖祖明命元年（1820）	會館三關内右邊第一碑
00195	鼎建會館簽題録*	阮世祖嘉隆二年（1803）	相片的拓者説明部分被剪掉
00196	鼎建粤東會館碑記*	阮世祖嘉隆二年（1803）	會館三關内右邊第二碑
00197	重修簽題籙	阮聖祖明命元年（1820）	會館三關内左邊第二碑
00198	重修粤東會館碑記*	阮聖祖明命元年（1820）	會館三關内左邊第三碑
00199	重脩粤東會館後座碑記*	阮憲祖紹治四年（1844）	會館天后殿左邊第二碑
00200	重脩後座簽題籙	阮憲祖紹治四年（1844）	會館天后殿左邊第一碑

注：* 表示此篇收入本書。

拓片編號 00195-00200 均爲與粤東會館相關碑記，併立於會館内，此六碑同爲研究越南的廣東移民與商人的重要資料。本書僅選録編號 00195、00196、00198、00199 四碑，編號 00195、00197 與 00200 簽題録，内容爲捐獻者的名單，今選録 00195 作爲樣本，其餘二片不録。

① 以上第七列。
② “嘉隆二年歲次癸亥”，當清乾隆八年（1802）。

○二八　鼎建粤東會館碑記

引言

碑立於河城河口坊行帆庯粵東會館三關内，爲三關内右邊第二碑。碑刻單面，拓片編號00196，共二十四行字，滿行約四十四字，碑額題“粵東會館碑記”六字，碑題作“鼎建粵東會館碑記”八字，今依碑題爲篇題。碑額中間以九疊篆刻有一“壽”字左右刻龍文，其餘四邊飾以龍紋。碑文撰者南海縣香林潘紹遠，書寫者順德縣鮑州梁廷記，刻寫者東岸縣榆林社石工正局阮盛垣。年代署作嘉隆（Gia Long）二年（1803）歲次癸亥，嘉隆即阮世祖（Nguyễn Thế Tổ）阮福暎（Nguyễn Phúc Ánh）年號，同年爲清嘉慶八年。拓片現藏於漢喃研究院。

碑文記載粵東會館興建之緣由。昇龍爲古越南之都城，有華人遷居及經商於此，未適宜聚會、祭祀、同鄉會等活動場地，爲此坊中長者提議修建華人會館，會館於庚申年（1800）開始興修會館，並言興建完畢後會館之規模與祥瑞，同時亦爲捐贈財物的商户登名造册，以記此事。

粵東會館碑記
嘉隆二年歲次癸亥季夏穀旦立

編號：00196　出自《拓片總集》第一冊

釋文

【粵東會館碑記】

鼎建粵東會館碑記①

蓋自　王政有柔遠之經，旅之出塗，賈之藏市，熙熙穰穰適樂國②者，皆以赴/聖王仁商之政也。第在上既有迎送之恩，在下豈無聯合之好？况梯山航海，藉庇　神明，越國過都，情深鄉里，則酧/恩敦誼，而館設焉。玉帛衣冠之盛，枌榆③桑梓④之情，於斯會矣。郡而鴻者無論也，即廛而小者，未嘗闕是館焉。今/夫昇龍，南邦之都會也，亦東省之寶藏也，我客有歷世以居，有新到以處，舟車之輳集，貨殖之居奇，近古以來/於今爲盛。問其酧　神恩、敦鄉誼，未有咫尺⑤之階，每於歲時祭祀、公私讌會，嘗集湫隘之家，無以尊瞻視也。館/之設，向欲舉行而未果，歲己未⑥之秋，庯老何昌輝、張成利、李勝合、何天盛、陸世昌、周仲廣、陳登輝與紹建議，遂/通詳闔庯，僉曰："善哉！此舉不特酧曩者欲爲之志，抑且啓都人憑藉之天。"於是訂簿沿簽，樂解腰纏，雲集響應，/爰謀卜地，將成而復改者幾也，然以人人協力，决志圖成。迨庚申⑦孟夏之月購得庯土貳間，瓦屋凡五座，周圍/翼以磚墻，坐落南中香牌之界，前闊貳拾壹尺河口坊南中甲/地分，後闊貳拾捌尺東河坊香□甲/地分，前後相接，眺而覽

① 此爲碑題，今依此碑題爲篇題。

② "樂國"，見《詩經・魏風・碩鼠》："碩鼠碩鼠，無食我麥。三歲貫女，莫我肯德。逝將去女，適彼樂國。樂國樂國，爰得我直。"

③ "枌榆"，漢高祖故鄉的里社名，後借指帝鄉，泛指故鄉。見《史記・封禪書》："高祖初起，禱豐枌榆社。"裴駰集解引張晏曰："社在豐東北十五里。或曰枌榆，鄉名，高祖里社也。"

④ "桑梓"，謂父母之鄉。《詩經・小雅・小弁》："維桑與梓，必恭敬止。靡瞻匪父，靡依匪母。不屬於毛，不罹於裏。天之生我，我辰安在？"毛傳："父之所樹，已尚不敢不恭敬。"

⑤ "咫尺"，謂極短之距離。《説文》云："咫，中婦人手長八寸謂之咫，周尺也。"

⑥ "己未"，應爲西山朝景盛皇帝（Cảnh Thịnh Hoàng Đế）阮光纘（Nguyễn Quang Toản）景盛（Cảnh Thịnh）七年（1799），當清嘉慶四年。

⑦ "庚申"應即景盛八年（1800），己未之次年。

之，帶以蘇江[1]，/襟以左望[2]，聯濃山[3]之秀氣，挹珥水[4]之清流，真勝槩也。即於是月鳩工，因基而理，伉其門，廣其階，既塗既塈，丹雘[5]/有光，厥觀焕然矣。乃並/ 列聖神位而新之，采裝金碧，矞矞皇皇[6]，迎 神之日若近若遠，絡繹欣瞻，咸以爲曠古之所未有。是日也，滿天紅/日，暑氣尖蒸，倏見一片祥雲，輪囷[7]如蓋，浮於其上，隨處生涼，莫非 神赫厥靈歟！既而居歆[8]，有嚴有翼[9]，鳴鑼擂/鼓，音響以鏘，烈炬焚椒，馨香以達，一都赫奕之容，自今始矣。此舉計屋金及工費等需，不下青錢柒千餘貫，閱/月而竣，顧以經營伊始，編造維艱，雖非壯麗規模，亦足以歌孔固，從此 神妥矣而福攸歸，久聚矣而情如一，/恩崇矣而禮是修，誼篤矣而俗乃厚，奇居矣而例有常，璧合矣而樂其利。誠以上昭/ 聖朝柔遠之仁，下不負諸人喜題之舉，因紀其建造之由，以鐫諸石。所有事宜刻在碑後。/

時/

嘉隆二年歲次癸亥[10]季夏穀旦立/

南海縣香林潘紹遠拜撰/

南海縣天池關澤川拜訂/

順德縣鮑州梁廷記拜書/

東岸縣榆林社石工正局阮盛垣敬鐫/

---

① “蘇江”，即蘇歷江，珥河之支流。詳見本書篇號〇〇一《黎朝節義祠碑記》注釋。

② “左望”，即左望湖。按，還劍湖的左半邊稱左望，右半邊爲右望。詳見篇號〇〇四《重修玉山寺文昌祠碑記》。

③ “濃山”，在河内，一名龍肚山，在古昇龍西，楊伯恭《河内地輿》：“城之西土山層層聳起，有名篩山、三山、看山、濃山者，皆其支節也。”又，潘輝注《歷朝憲章類志·地輿志·河内》：“濃山在河内省城正中，李朝定都，以斯山爲正殿臺。迨黎朝爲敬天殿，今奉建爲皇宫前殿。古傳山中有一孔，乃是山澤通氣，故號龍肚。”

④ “珥水”，即珥河，又名瀘江，亦稱富良江。見《河内地輿》記載：“珥河，其形彎曲如耳，有名瀘江，亦曰富良江。水流沙如硃，至秋始清。自内地雲南來。”詳見篇號〇〇四《重修玉山寺文昌祠碑記》。

⑤ “丹雘”，即對良木彩飾。據《説文·丹》：“雘。善丹也。”《山海經·南次三經》：“南次三經之首，曰天虞之山……又東五百里，曰雞山，其上多金，其下多丹雘。”《尚書·梓材》：“若作室家，既勤垣墉，惟其塗塈茨。若作梓材，既勤樸斫，惟其塗丹雘。”

⑥ “矞矞皇皇”，見漢揚雄《太玄·交》：“物登明堂，矞矞皇皇。”司馬光集注引陸績曰：“矞皇，休美貌。”

⑦ “輪囷”，見《禮記·檀弓下》：“美哉輪焉。”鄭玄注：“輪，輪囷，言高大。”

⑧ “居歆”，見《詩經·大雅·生民》：“卬盛于豆，于豆於登。其香始升，上帝居歆。”孔穎達疏：“上帝則安居而歆饗之。”

⑨ “有嚴有翼”，謂嚴整有序的意思。見《詩經·小雅·六月》：“四牡修廣，其大有顒，薄伐玁狁，以奏膚功。有嚴有翼，共武之服，共武之服，以定王國。”

⑩ “嘉隆二年歲次癸亥”，“嘉隆”爲阮世祖阮福映的年號，二年歲次癸亥（1803），當清嘉慶八年。

○二九　重修粤東會館碑記

引言

碑立於河内城河口坊行帆庯粵東會館内，爲會館三關内左邊第三碑。碑刻單面，拓片編號00198，共二十三行字，滿行約四十一字，碑額題“重修會館碑記”六字，碑題作“重修粵東會館碑記”八字，碑題頂端又刻“永綏吉劭”四字章，今以碑題爲篇題。碑四邊刻有紋飾，碑額中間以九疊篆刻一壽字，兩旁飾有雲龍紋，左右兩邊亦刻有雲龍紋，碑底中間刻一蓮花，左右飾雲龍紋。碑文撰者南海縣庠生潘憲祖，書寫者南海縣楊蕃開，刊刻者東岸縣榆林社石工正局阮盛垣。旁有“珠聯”“璧合”二章。年代署作皇朝明命（Minh Mạng）元年（1820）歲次庚辰年，明命即阮聖祖（Nguyễn Thánh Tổ）阮福晈（Nguyễn Phúc Kiểu）年號，同年爲清嘉慶二十五年。拓片現藏於漢喃研究院。

碑文紀載粵東會館修建於阮世祖嘉隆二年（1803），隨着南來貿易者增多，故嘉隆十四年（1815），關天池會長建議下重新修繕擴建，歷經四年修建完畢，並藉此擇吉日供奉關聖大帝、贊順天后元君、三元三官大帝和伏波馬大元帥，以福佑衆人。

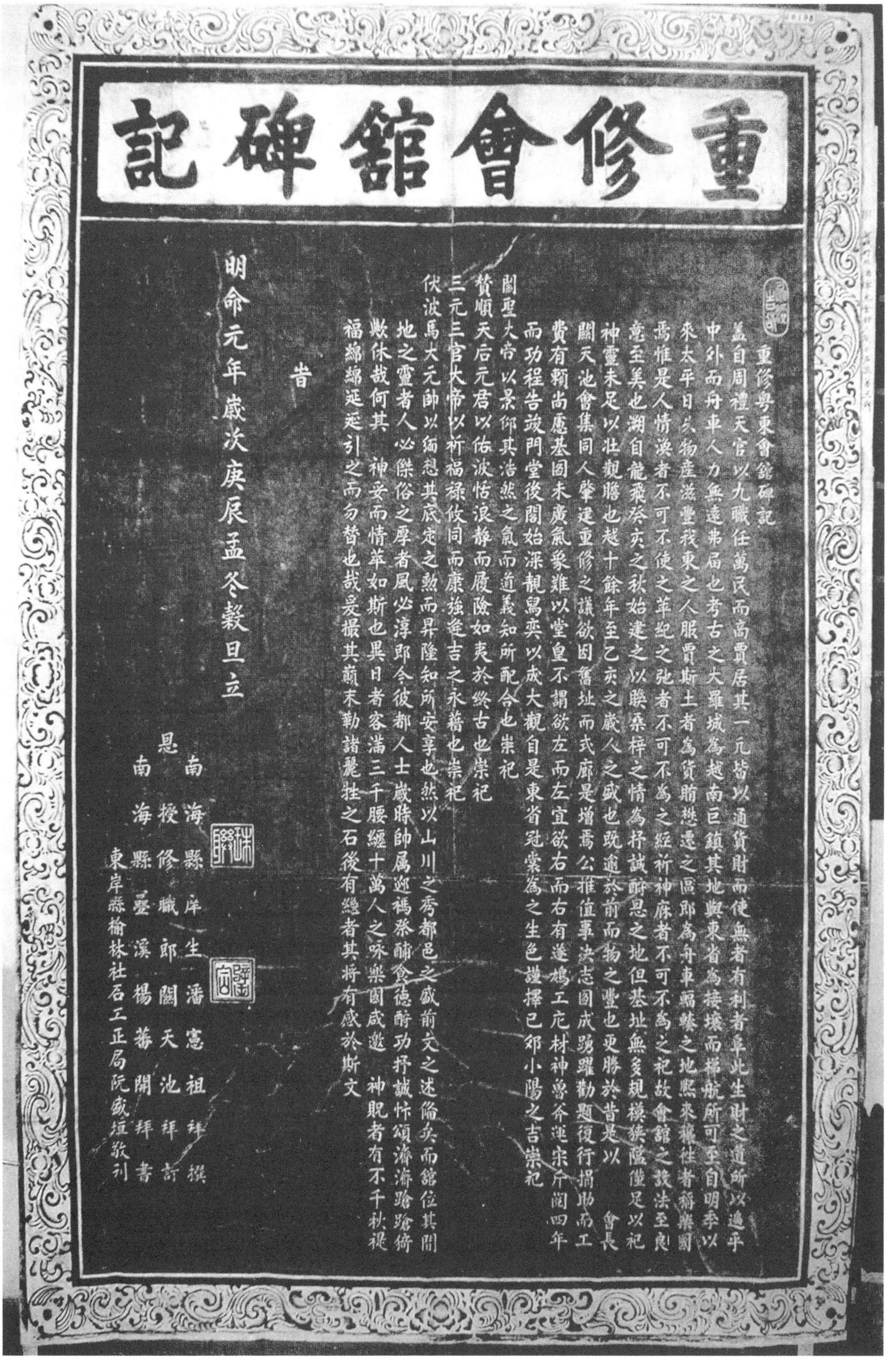

重修會館碑記

重修粵東會館碑記

蓋自周禮天官以九職任萬民而商賈居其一凡皆以通貨財而使無者有利者卑此生財之道所以通乎
中外而舟車人力無遠弗屆也考古之大羅城爲越南巨鎮其地與東省爲接壤而梯航所可至自明季以
來太平日久物產滋豐我東之人服賈斯土者爲貨賄懋遷之區即爲舟車輻輳之地熙來攘往者稱樂國
焉惟是人情渙者不可不使之萃紀之弛者不可不爲之經祈神庥者不可不爲之祀故會館之設法至良
意至美也溯自龍飛癸亥之秋始建之以聯桑梓之情爲抒誠酧息之地但基址無多規模狹隘僅足以祀
神靈未足以壯觀瞻也越十餘年至乙亥之歲人之盛也既逾於前而物之豐也更勝於昔是以 會長
闞天池會集同人肇建重修之議欲因舊址而式廓是增焉公推值事決志圖成踴躍勸題復行捐助而工
費有賴尚慮基圖未廣氣象難以堂皇不謂欲左而左宜欲右而右有逢鳩工庀材神斧運斤閱四年
而功程告竣門堂後閣始深靚翬奕以成大觀自是東省冠裳爲之生色謹擇己卯小陽之吉崇祀
關聖大帝以景仰其浩然之氣而道義知所配合也崇祀
贊順天后元君以佑波恬浪靜而履險如夷於終古也崇祀
三元三官大帝以祈福祿攸同而康強逢吉之永藉也崇祀
伏波馬大元帥以緬想其底定之勲而昇隆知所安享也然以山川之秀都邑之盛前文之述備矣而館位其間
地之靈者人必傑俗之厚者風必淳即今彼都人士歲時帥屬迎禡祭酺食德酧功抒誠忭頌濟濟蹌蹌猗
歟休哉何其 神妥而情萃如斯也異日者容滿三千腰纏十萬人之咏樂園咸遨 神貺者有不千秋禔
福綿綿延延引之而勿替也哉爰撮其巔末勒諸麗牲之石後有繼者其將有感於斯文

旹

明命元年歲次庚辰孟冬穀旦立

南海縣庠生潘憲祖拜撰
恩授修職郎闞天池拜訂
南海縣疊溪楊蕃開拜書
東岸縣榆林社石工正局阮威垣敬刊

編號：00198 出自《拓片總集》第一冊

釋文

【重修會舘碑記】

重修粵東會舘碑記[①]

蓋自《周禮·天官》以九職任萬民，而商賈居其一[②]。凡皆以通貨財，而使無者有利者，阜此生財之道，所以遍乎/中外，而舟車人力，無遠弗届也。考古之大羅城爲越南巨鎮，其地與東省爲接壤，而梯航[③]所可至。自明季以/來，太平日久，物産滋豐，我東之人，服賈斯土者，爲貨賄懋遷之區，即爲舟車輻輳之地，熙來穰往者，稱樂國[④]/焉。惟是人情涣者，不可不使之萃；紀之弛者，不可不爲之經；祈神庥者，不可不爲之祀。故會舘之設，法至良，/意至美也。溯自龍飛癸亥[⑤]之秋，始建之以聯桑梓[⑥]之情，爲抒誠酬[⑦]恩之地。但基址無多，規模狹隘，僅足以祀/神靈，未足以壯觀瞻也。越十餘年，至乙亥之歲[⑧]，人之盛也，既逾於前；而物之豐也，更勝於昔。是以　會長/關天池會集同人，肇建重修之議，欲因舊址，而式廓是增焉。公推值事，决志圖成，踴躍勸題，復行捐助，而工/費有賴。尚慮基圖未廣，氣象難以堂

---

① 此爲碑題，今依此爲篇題。

② “蓋自《周禮·天官》以九職任萬民，而商賈居其一”，見《周禮·天官·冢宰》：“大宰之職……以九職任萬民：一曰三農，生九穀。二曰園圃，毓草木。三曰虞衡，作山澤之材。四曰藪牧，養蕃鳥獸。五曰百工，飭化八材。六曰商賈，阜通貨賄。七曰嬪婦，化治絲枲。八曰臣妾，聚斂疏材。九曰閑民，無常職，轉移執事。”

③ “梯航”，即“梯山航海”，翻越山嶺，横渡海洋，比喻歷經險阻的長途跋涉。《藝文類聚·雜文部一》載南梁蕭繹《職貢圖序》：“皇帝君臨天下之四十載，垂衣裳而賴兆民，坐岩廊而彰萬國。梯山航海，交臂屈膝，占雲望日，重譯至焉。”

④ “樂國”，見《詩經·魏風·碩鼠》：“碩鼠碩鼠，無食我麥。三歲貫女，莫我肯德。逝將去女，適彼樂國。樂國樂國，爰得我直。”

⑤ “龍飛癸亥”，應爲阮世祖（Nguyễn Thế Tổ）阮福映（Nguyễn Phúc Ánh）嘉隆（Gia Long）二年（1803），當清嘉慶八年。

⑥ “桑梓”，謂父母之鄉。《詩經·小雅·小弁》：“維桑與梓，必恭敬止。靡瞻匪父，靡依匪母。不屬于毛，不罹于裏。天之生我，我辰安在？”毛傳：“父之所樹，已尚不敢不恭敬。”

⑦ “酬”，碑原作“酧”。《字彙·酉部》曰：“酧，俗作酬，古無此字。”《正字通·酉部》謂：“酧，俗酬字。”下同不另出注。

⑧ “乙亥之歲”，即阮世祖嘉隆十四年（1815），當清嘉慶二十年。

皇，不謂欲左而左宜，欲右而右有，遂鳩工庀材，神魯斧、運宋斤[①]，閱四年/而功程告竣，門堂後閣始深靚[②]，舄奕[③]以成大觀，自是東省冠裳爲之生色。謹擇己卯小陽之吉，崇祀/

關聖大帝，以景仰其浩然之氣，而道義知所配合也；崇祀/　　　　贊順天后元君[④]，以佑波恬浪靜，而履險如夷於終古也；崇祀/　　　　三元三官大帝[⑤]，以祈福禄攸同，而康強逢吉之永藉也；崇祀/　　　　伏波馬大元帥[⑥]，以緬想其底定之勳，而昇隆[⑦]知所安享也。然以山川之秀，都邑之盛，前文之述備矣。而舘位其間，/地之靈者人必傑，俗之厚者風必淳，即今彼都人士，歲時帥屬，迎禡祭酺[⑧]，食德酬功，抒誠忭頌[⑨]，濟濟蹌蹌[⑩]，猗/歟休哉，何其　神妥而情萃如斯也。異日者客滿三千，腰纏十萬，人之咏樂國，咸邀　神貺者，有不千秋禔/福，綿綿延延，引之而勿替也哉！爰撮其巔末，勒諸麗牲之石，後有繼者，其將有感於斯文。/

時/

明命元年歲次庚辰[⑪]孟冬穀旦立

南海縣庠生潘憲祖拜撰/

---

① “神魯斧、運宋斤”，斧，斧頭；斤，小刀，又稱削。《周禮·冬官·考工記》：“鄭之刀，宋之斤，魯之削，吴粵之劍，遷乎其地而弗能爲良。”“魯斧宋斤”，似乎在説魯宋地所産之良斧良刀，但與《考工記》原義不同。

② “深靚”，見《文選·賦·郊祀》揚雄《甘泉賦》：“排玉户而颺金鋪兮，發蘭惠與穹窮。帷弸彋其拂汨兮，稍暗暗而靚深。”李善曰：“暗暗，深空之貌。靚，即靜字耳。”

③ “舄奕”，蟬聯不絶之意。《後漢書·班固傳下》：“然猶於穆猗那，翕純皦繹，以崇嚴祖考，殷薦宗祀配帝，發祥流慶，對越天地者，舄奕乎千載。豈不克自神明哉！”李賢注曰：“舄奕，猶蟬聯不絶也。”

④ “贊順天后元君”，即媽祖，宋朝始封“順濟夫人”。清康熙二十三年（1684），清聖祖封“護國庇民妙靈昭應仁慈天后”，嘉慶五年（1814），清仁宗始加“贊順垂慈篤祐”爲“護國庇民妙靈昭應弘仁普濟福佑群生誠感咸孚顯神贊順垂慈篤祐天后”。本碑刊刻於阮聖祖明命元年（1820），故稱“贊順天后元君”。

⑤ “三元三官大帝”，俗稱三界公，是“上元九炁賜福天官曜靈元陽大帝紫微帝君”“中元七炁赦罪地官洞靈青虚大帝青靈帝君”和“下元五炁解厄水官金靈洞陰大帝暘谷帝君”的總稱，可參見（明）《萬曆續道藏》所收《太上三元賜福赦罪解厄消災延生保命妙經》，爲道教太極界神明中僅次於“玉皇上帝”的神祇。

⑥ “伏波馬大元帥”，伏波神有兩位，一位爲路博德，一位爲馬援，此處指馬援。

⑦ “昇隆”，即“升龍”。

⑧ “迎禡祭酺”，古代出兵，於軍隊所止處舉行的祭禮。見《周禮·春官·甸祝》：“掌四時之田，表貉之祝號。”鄭玄注：“田者習兵之禮，故亦禡祭。禱氣勢之十百而多獲。”賈公彦疏：“《詩》與《爾雅》據出征之祭，田是習兵，故亦禡祭。

⑨ “忭頌”，爲喜樂讚頌的意思。

⑩ “濟濟蹌蹌”，見《詩經·小雅·楚茨》：“濟濟蹌蹌，絜爾牛羊。”毛傳：“濟濟蹌蹌，言有容也。”鄭玄箋：“言威儀敬慎也。”

⑪ “庚辰”，阮聖祖明命元年（1820），當清嘉慶二十五年。

恩　授修職郎關天池拜訂/

南海縣疊溪楊蕃開拜書/

東岸縣榆林社石工正局阮盛垣敬刊/

題後

本碑記記載粵東會館崇祀的有四位主要神祇，分别是關聖帝君、贊順天后元君、三元三官大帝及伏波馬大元帥。祭祀這四位神祇的原因分别是："景仰其浩然之氣，而道義知所配合"；"佑波恬浪靜，而履險如夷於終古"；"以祈福禄攸同，而康強逢吉之永藉"及"以緬想其底定之勳"。然而這四位神祇都不是廣東或粵東地區的主祀神。根據阮朝維新年所編著的《大南一統志・河内》記載："粵東會館，在壽昌河口坊。嘉隆二年明鄉、屬客各自捐貲建造，奉事關大帝，左侍關公平，右侍周將軍昌，上元、中元、下元三關大帝，馬伏波大元帥，天后元君，左侍順風眼神將，右侍千里耳神將；都天致富財帛星君。"

○三○　重修粤東會館後座碑記

引言

碑立於河城河口坊行帆庯粵東會館天后宫殿内，爲殿内左邊第二碑。碑刻單面，拓片編號00199，共二十三行字，滿行約三十六字，碑額題“重修會館後座碑記”八字，今依内容及性質重定篇題爲“重修粵東會館後殿碑記”。碑四邊均刻纏枝蓮紋，四邊角落又刻有蝙蝠。碑文撰文與書寫者均爲邑庠士謝元。年代署作紹治（Thiệu Trị）歲次甲辰年，紹治爲阮憲祖（Nguyễn Hiến Tổ）阮福暶（Nguyễn Phúc Tuyền）年號，甲辰年爲紹治四年（1844），同年爲清道光二十四年。拓片現藏漢喃研究院。

碑文記粵東會館建於嘉隆（Gia Long）初年，紹治三年（1843）癸卯年因供奉天后的後殿狹小，故進行自創館以來的第二次修繕工程。工程内容除擴建供奉天后的後殿外，還新建財帛星君樓，樓上供奉財帛星君，樓下則作爲聚會大堂。碑末刻有主持修繕者芳名録。

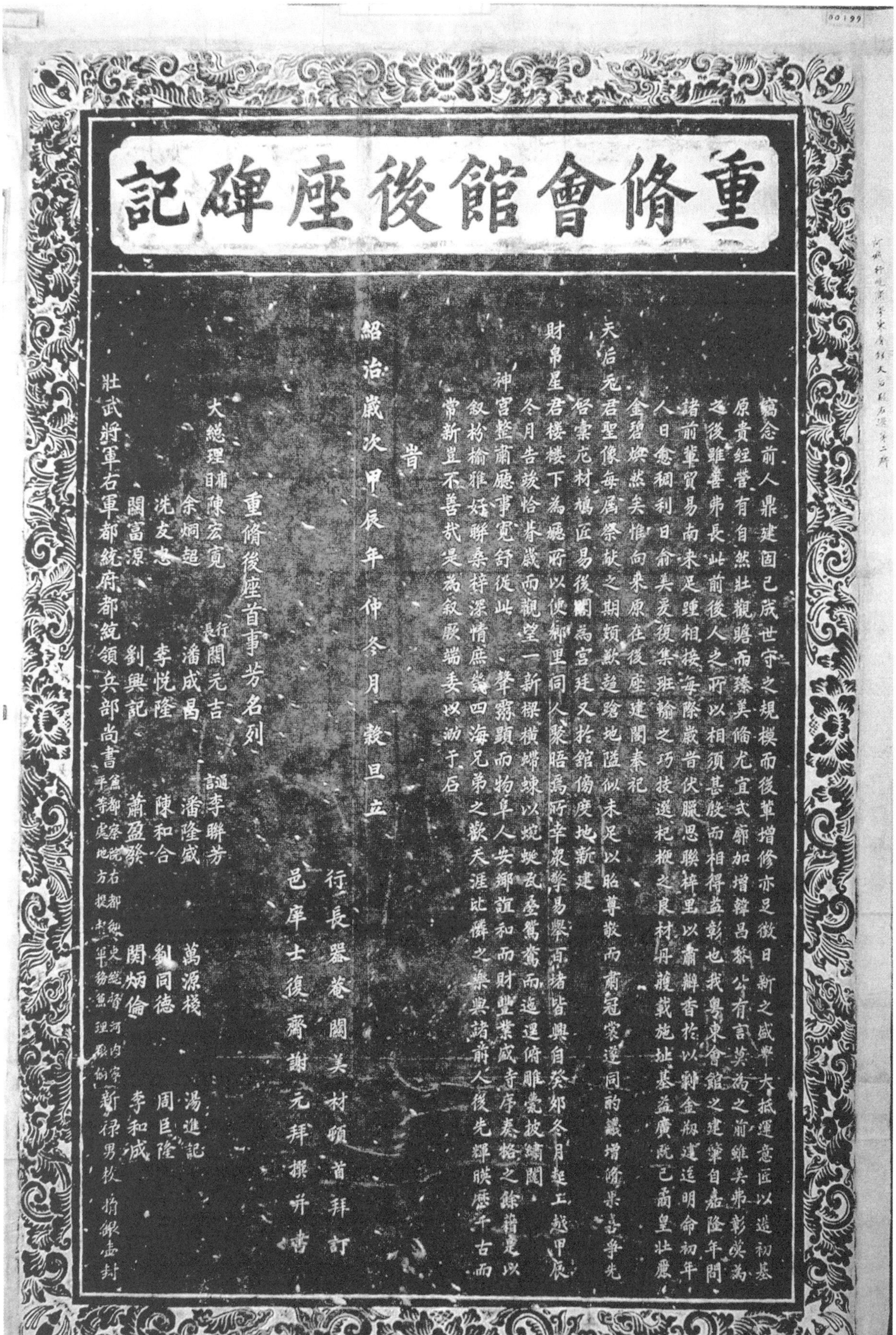

重脩會館後座碑記

竊念前人鼎建固已成世守之規模而後輩增修亦足徵日新之盛舉大抵運意匠以遂初基
原貴經營有自然壯觀賠而臻美備尤宜式廓加增韓昌黎公有言莫為之前雖美弗彰莫為
之後雖善弗長此前後人之所以相須甚殷而相得益彰也我粵東會館之建肇自嘉隆年間
諸前輩貿易南來足踵相接海際歲時伏臘思聯梓里以肅瓣香於以鳩金捐建迄明命初年
人日愈稠利日愈美爰復集班輸之巧技選杞梓之良材丹雘載施址基益廣既已崗皇壯麗
金碧煥然矣惟向來原在後座建閣奉祀
天后元君聖像每屆祭祀之期頒款趨蹌地隘似未足以昭尊敬而肅冠裳遂同酌議增脩衆喜爭先
啓棄朽材鳩匠易後閣為宮廷又於館偏度地新建
財帛星君樓樓下為廳所以便鄉里同人聚晤焉所幸衆擎易舉百堵皆興自癸卯冬月起工越甲辰
冬月告竣恰朞歲而觀望一新棟横螮蝀以蜿蜒亂疊鴛鴦而逶迤倚雕甍披繡閣
神宮整肅廳事寬舒從此聲靈顯而物阜人安鄉誼和而財豐業盛時序奏格之餘藉是以
叙枌榆雅好聯桑梓深情庶幾四海兄弟之歡天涯比隣之樂與諸前人後先輝映歷千古而
常新豈不善哉是為叙厥端委以勗于后

旹

紹治歲次甲辰年仲冬月穀旦立

行長署巻闗美材頓首拜訂

邑庠士復齋謝元拜撰并書

重脩後座首事芳名列

大總理目補陳宏寬　行長闗元吉　通言李聯芳　萬源棧　湯進記
余炯超　潘成昌　潘隆盛　劉同德　周巨隆
冼友忠　李悦隆　陳和合　閔炳倫　李和成
闗富源　劉興記　蕭盈發

壯武將軍右軍都統府都統領兵部尚書充都察院右都御史總督河内寧平等處地方提督軍務兼理糧餉新祿男枚捐錢壹封

00199

編號：00199　出自《拓片總集》第一冊

釋文

重修①會館後座碑記②

竊念前人鼎建，固已成世守之規模；而後輩增修，亦足徵日新之盛舉。大抵運意匠以造初基，/原貴經營；有自然壯觀瞻，而臻美備，尤宜式廓加增。韓昌黎公有言："莫爲之前，雖美弗彰；莫爲/之後，雖善弗長。"③ 此前後人之所以相須甚殷，而相得益彰也。

我粵東會館之建，肇自嘉隆年間，/諸前輩貿易南來，足踵相接，每際歲時伏臘④，思聯梓里，以肅瓣香⑤，於以劇金⑥創⑦建。迄明命初年，/人日愈稠，利日俞美，爰復集班輸之巧技，選杞梗之良材，丹雘⑧載施，址基益廣，既已翬皇壯麗，/金碧煥然矣。惟向來原在後座建閣奉祀/　　　　天后元君聖像，每届祭獻之期，額歉趨蹌，地隘似未足以昭尊敬，而肅冠裳。遂同酌議增修，果喜爭先/啓橐，庀材鳩匠，易後閣爲宫廷。又於館傍度地新建/　　　　財帛星君樓，樓下爲廳，所以便鄉里同人聚晤焉。所幸衆擎易舉，百堵皆興，自癸卯冬月起工，越甲辰/冬月告竣，恰朞歲而觀望一新，樑横螮蝀⑨以蜿蜒，瓦疊鴛鴦而迤邐⑩，俯雕甍⑪，披繡

---

① "修"，碑原字作"脩"，另兼正字故改，下同，不另注。

② 此爲碑題，今依内容及性質重定篇題爲"重修粵東會館後殿碑記"。

③ 此原文出韓愈《與于襄陽（頔）書》（《文苑英華・書・節度下》）："夫士之能享大名、顯當世者，莫不有先達之士、負天下之望者爲之前焉。士之能垂休光、照後世者，亦莫不有後進之士、負天下之望者爲之後焉。莫爲之前，雖美而不彰；莫爲之後，雖盛而不傳。"

④ "伏臘"，古代兩種祭祀的名稱。指伏祭和臘祭之日，"伏"在夏季伏日，"臘"在農曆十二月。或泛指節日。《文選・書上》楊惲《報孫會宗書》："田家作苦，歲時伏臘，烹羊炮羔，斗酒自勞。"李善注"伏臘"："《漢書》曰：秦繆公作伏祠。孟康曰：六月伏日也。《風俗通・禮傳》曰：夏曰嘉平，殷曰清祀，周曰大蜡，故改爲臘。"

⑤ "瓣香"，見（元）釋德輝《敕修百丈清規》卷一："淨下土之祲氛，庸致瓣香之誠。"因香之形狀似瓜瓣，意即一片一炷之香。

⑥ "劇金"，見（宋）周密《武林舊事・乾淳奉親》："淳熙七年十二月二十八日，南内遣御藥并後苑官管押進奉兩宫守歲合食，則劇金、銀錢、消夜、歲軸、果兒、錦歷、鍾馗、爆仗、羔兒、法酒、春牛、花朵等。"

⑦ "創"，原作"刅"，"創"之古字。見《龍龕手鑑・井部》。

⑧ "丹雘"，即對良木彩飾。據《説文解字・丹》："雘，善丹也。"《山海經・南次三經》："南次三經之首，曰天虞之山……又東五百里，曰雞山，其上多金，其下多丹雘。"《尚書・梓材》："若作室家，既勤垣墉，惟其塗塈茨。若作梓材，既勤樸斫，惟其塗丹雘。"

⑨ "螮蝀"，見《爾雅・釋天》："螮蝀謂之雩，螮蝀，虹也。"

⑩ "邐"，碑原作"逦"。

⑪ "雕甍"，即屋脊。

闤，/　　　　神宫整肅，廳事寛舒，從此　　聲靈[①]顯而物阜人安，鄉誼和而財豐業盛。詩序奏格之餘，藉是以/敘枌榆[②]雅好，聯桑梓[③]深情。庶幾四海兄弟之歡，天涯比鄰之樂，與諸前人後先輝映[④]，歷千古而/常新，豈不善哉！是爲敘厥端委，以泐于石。/

　　時/

紹治歲次甲辰年[⑤]仲冬月穀旦立。

行長器庵關美材頓首拜訂

邑庠士復齋謝元拜撰并書

　　重修後座首事芳名列：/

　　大總理庯/目陳宏寛，行長關元吉，通/言李聯芳，/

　　余炯超，潘成昌，潘隆盛，萬源棧，湯進記，/

　　冼友忠，李悦隆，陳和合，劉同德，周巨隆，/

　　關富源，劉興記，蕭盈發，關炳倫，李和成。/

　　壯武將軍、右軍都統府都統、領兵部尚書、兼都察院右都御史、總督河内、寧平等處地方、提督軍務、兼理糧餉、新禄男枚捐銀壹封

---

① “靈”，碑原作“霛”，爲“靈”之古字，見《玉篇・雨部》。

② “枌榆”，漢高祖故鄉的里社名，後借指“帝鄉”，泛指“故鄉”。見《史記・封禪書》：“高祖初起，禱豐枌榆社。”裴駰集解引張晏曰：“社在豐東北十五里。或曰枌榆，鄉名，高祖里社也。”

③ “桑梓”，謂父母之鄉。《詩經・小雅・小弁》：“維桑與梓，必恭敬止。靡瞻匪父，靡依匪母。不屬於毛，不罹於裏。天之生我，我辰安在？”毛傳：“父之所樹，已尚不敢不恭敬。”

④ “映”，碑原作“暎”。

⑤ “紹治歲次甲辰年”，當清道光二十四年（1844）。

○三一　河口坊黄氏草等後佛碑記

引言

碑立於白梅坊蓬派寺後家，爲右邊第四碑。碑刻單面，拓片編號00224，共十三行字，滿行約三十五字，碑額題“後佛碑記”四字，今依内容及性質重定篇題爲“河口坊黄氏草等後佛碑記”。碑四邊有紋飾，碑額爲日紋及雲紋，其餘三側爲花草紋。年代署作成泰（Thành Thái）六年（1894），成泰爲阮朝成泰帝（Vua Thành Thái）阮福昭（Nguyễn Phúc Chiêu）年號，同年爲清光緒二十年，歲次甲午。拓片現藏於漢喃研究院。

碑文記載壽昌縣東壽總河口坊南上甲黄氏草捐予寺廟肆拾元和五分地，以作爲其父母、公公祭忌之資，並配享其子女。

00224

后佛碑記

原夫立石以碑銘者將以紀其功德也　肴惟
河內省懷德府壽昌縣東壽總河口坊南上甲黃氏草號妙仁念感先德以及本身悉出寶
貲銀肆拾元助修福事又買田五高在淵敵處又心村之西陝竹壟留來忌辰顧當合西
後與永永頼寺主相承繼人人遞年月𥘉其忌辰備香灯齋儀品物先獻
三寶衆聖贊次恵碑前諸靈位普及有情同霑利樂使百世功德不遂道遥乎羨
嘗有所昭萬代孝賢如見解脫乎香火永依所謂求仁為善其斯之謂歟其后
忌姓名正忌及配享列後茲碑記　計
大清國廣東省廣州府順德縣龍江村沙田坊顯考黃貴公諱廣常字袁備　八月二十四日忌
河內省懷德府壽昌縣東壽總河口坊顯妣李氏稔號妙盛　拾月十四日忌
廣東省南海縣河清鄉永寧里顯考潘貴公諱紀繼字嘉則　捌月初五日忌
東壽總河口坊南上甲黃氏草號妙仁　上十二月廿四日下五月十二日
配以潘玉燕女靈　潘文生男靈
成泰陸年拾壹月貳拾捌日立碑記

白梅坊蓮派寺后家右邊第四碑

編號：00224　出自《拓片總集》第一冊

釋文

後佛碑記[①]

原夫立石以碑銘者，將以紀其功德也。　眷惟/　　　河内省懷德府壽昌縣東壽總河口坊南上甲黄氏草，號妙仁，念感先德，以及本身，樂出家/貲銀肆拾元助修福事。又買田五高，在洈畒處夾心村之西陲竹壘，留來忌辰。願當今而/後垂永永，賴寺主相承繼人人，遞年月臨某忌辰，備香燈齋儀品物，先獻/　　　三寶[②]衆聖賢；次悳[③]碑前諸靈位，普及有情，同霑利樂，使百世功德不遷。逍遥乎，蒸/嘗[④]有所；昭萬代，孝賢如見；解脱乎，香火永依。所謂求仁爲善，其斯之謂歟！其後/忌姓名、正忌及配享列後，玆碑記。

計：/

大清國廣東省廣州府順德縣龍江村沙田坊、顯考黄貴公諱廉，字敦庸，　八月二十四日忌/；

河内省懷德府壽昌縣東壽總河口坊、顯妣李氏穩，號妙盛，　拾月十四日忌；/

廣東省南海縣河清鄉永寧里、顯考潘貴公諱純鑑，字嘉則，　捌月初五日忌；/

東壽總河口坊南上甲黄氏草，號妙仁/。

配以潘玉燕女靈，　潘文生男靈，　上十二月廿四日，下五月十二日/。

成泰陸年[⑤]拾壹月貳拾捌日立碑記/

---

① 此爲額題，今依内容及性質重定篇題爲“河口坊黄氏草等後佛碑記”。按“後”，碑文原字作“后”，另兼正字，故改，下同，不另注。

② “三寶”，指爲佛教徒所尊敬供養之佛寶、法寶、僧寶等三寶。詳見本書篇號〇〇五《天光禪寺碑記》注釋。

③ “悳”，“惠”的俗字，見《漢隸字源·去聲·霽韻·惠字》。

④ “蒸嘗”，又作“烝嘗”，韋昭集解曰：“烝，冬祭也。嘗，嘗百物也。《月令》：‘孟冬，大飲烝。’傳曰：‘閉蟄而烝。’”見《國語·楚語下·子期祀平王》：“古者先王日祭、月享、時類、歲祀。諸侯舍日，卿、大夫舍月，士、庶人舍時。天子遍祀群神品物，諸侯祀天地、三辰及其土之山川，卿、大夫祀其禮，士、庶人不過其祖。日月會于龍，土氣含收，天明昌作，百嘉備舍，群神頻行。國於是乎烝嘗，家於是乎嘗祀。百姓夫婦擇其令辰，奉其犧牲，敬其粢盛，絜其糞除，慎其采服，禋其酒醴，帥其子姓，從其時享，虔其宗祝，道其順辭，以昭祀其先祖，肅肅濟濟，如或臨之。”

⑤ “成泰陸年”，當清光緒二十年（1894），歲次甲午。

題後

本碑文記有後忌、正忌和配享之位，對於越南傳統祭祀方式提供一個參考指標。另，白梅坊蓮派寺内共立有二十八通碑誌（以《拓片總集》第 1 至 4 册爲考察範圍），如下表：

編號	篇題	年代	位置
00202/00203	重興蓮派寺離塵院記	阮翼宗嗣德十二年（1859）	寺外前堂左邊第二碑
00204	重興蓮派寺離塵院别誌	阮翼宗嗣德二十五年（1872）	寺内前堂右邊第三碑
00205	謝氏三姨銘記	未注明	寺外前堂右邊第一碑（此面爲碑後）
00206	後佛碑記	阮翼宗嗣德八年（1855）	寺外前堂左邊第四碑
00207	後佛碑記	未注明	寺外前堂左邊第一碑
00208	後佛碑記	阮翼宗嗣德三十年（1877）	寺後家右邊第二碑
00209	後佛碑記	阮成泰帝成泰六年（1894）	寺後家右邊第三碑
00210	後佛碑記	阮翼宗嗣德三十年（1877）	寺後家右邊第一碑
00211	阮氏玩祭忌碑記**	阮翼宗嗣德二十八年（1875）	寺内前堂右邊第一碑
00212	祭忌蓮派寺碑	阮翼宗嗣德三十年（1877）	寺内前堂左邊第四碑
00213	蓮派寺後忌碑	阮成泰帝成泰二年（1890）	寺後家左邊第二碑
00214	後佛范名按字純慶正座	未注明	寺内前堂左邊第五碑（此爲神位）
00215	忌後碑銘	阮成泰帝成泰三年（1891）	寺外前堂左邊第五碑
00216	武氏夫婦祭忌碑記**	阮成泰帝成泰二年（1890）	寺内前堂左邊第三碑
00217	後佛碑記	阮同慶帝同慶元年（1886）	寺内前堂左邊第二碑
00218	祭忌蓮派碑	阮翼宗嗣德十八年（1865）	寺内前堂左邊第一碑
00219	忌後碑記	阮成泰帝成泰十二年（1900）	寺内前堂右邊第四碑
00220	配享碑記	己丑年（1889）	寺内前堂右邊第五碑
00221/00248	後佛碑記	後黎顯宗景興三年（1742）	寺外前堂右邊第二碑
00222/00256	後佛碑記	阮世祖嘉隆十七年（1818）	寺外前堂右邊第三碑
00223	後佛碑記	阮翼宗嗣德四年（1851）	寺内前堂右邊第二碑
00224	河口坊黄氏草等後佛碑記*	阮成泰帝成泰六年（1894）	寺後家右邊第四碑
00225	後佛碑記	後黎顯宗景興十七年（1756）	寺外前堂左邊第三碑
00226	後佛碑記	阮成泰帝成泰二年（1890）	寺後家左邊第一碑
00247	遞後忌碑	阮成泰帝成泰九年（1897）	寺外前堂左邊第八碑
00249	後佛碑記	阮聖祖明命五年（1824）	寺外前堂左邊第六碑
00250	祭忌碑	阮翼宗嗣德九年（1856）	寺外前堂左邊第七碑
00255	後佛碑記	阮世祖嘉隆十七年（1818）	寺外前堂右邊第一碑

注：* 表示此篇收入本書；** 表示原碑無題。

〇三二　刊聖經寄先人勸善碑

引言

碑立於河城真武觀，爲左邊牆第二碑。碑刻單面，有界綫，拓片編號00231，共十五行字，滿行二十二字，碑額題“刊聖經寄先人勸善碑”九字，今依額題爲篇題，碑額有雙層紋飾，内層爲雙龍昭日，外層以纏枝蓮花紋與左右兩邊相連。年代署作德隆（Đức Long）五年（1633），德隆爲後黎神宗（Lê Thần Tông）黎維祺（Lê Duy Kỳ）年號，同年爲明崇禎六年，歲次癸酉。拓片現藏漢喃研究院。

碑文記載河中府純佑縣河下社人武錦及其妻黎氏榮集合十方衆善，捐資爲道觀重刊《梓潼帝君系譜》《太上説感應》和《武當山垂訓》等經典，並將此功德轉予兩人父母。

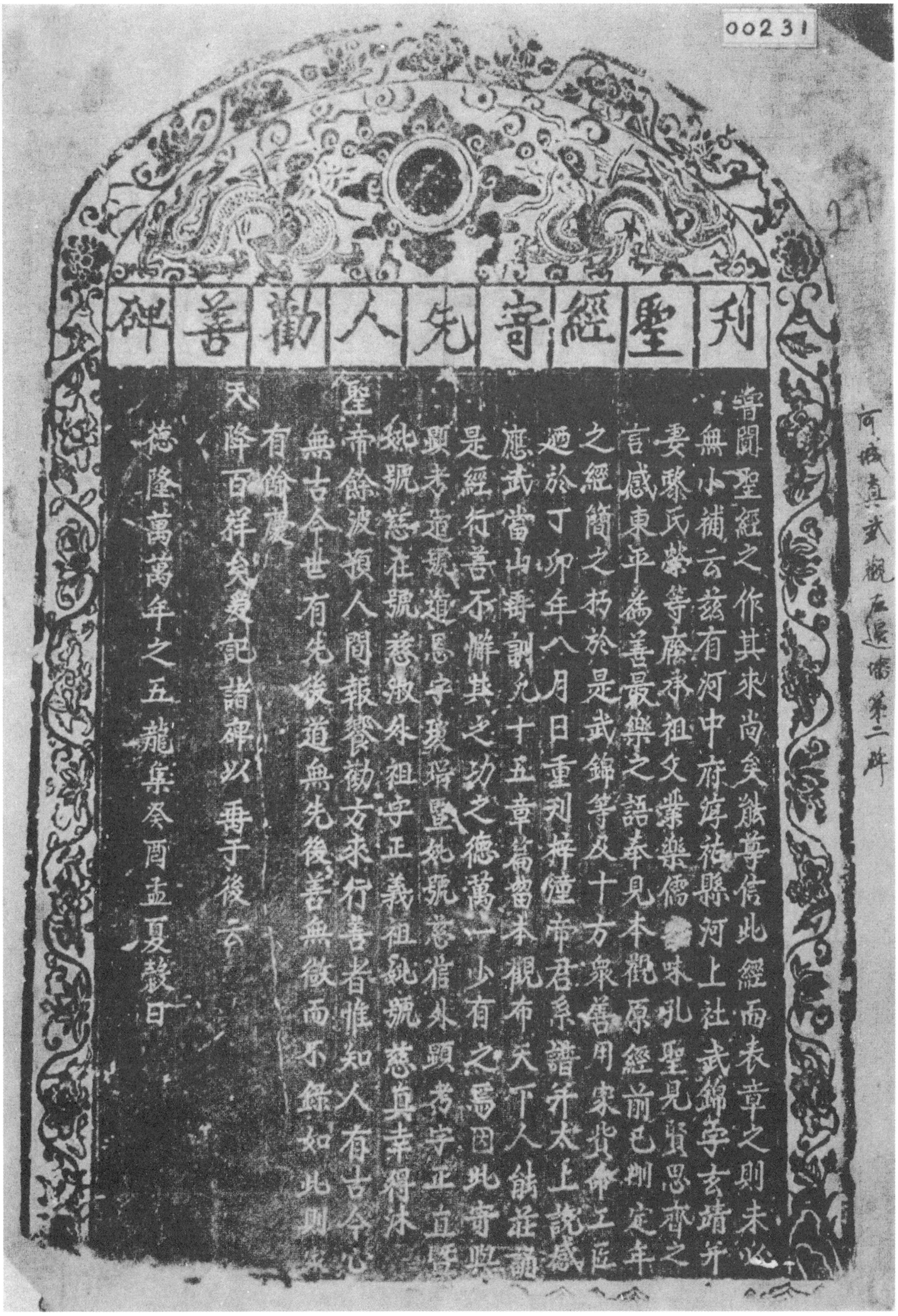
00231
刊聖經寄先人勸善碑
嘗聞聖經之作其來尚矣能尊信此經而表章之則未必
無小補云茲有河中府猗祇縣河上社武錦等玄靖并
妻黎氏榮等庶承祖父業樂儒一味孔聖見賢思齊之
言感東平為善最樂之語奉見本觀原經前已刪定年
之經簡之朽於是武錦等及十方衆舊用家貲命工匠
廼於丁卯年八月日重刊辨證帝君系譜并太上說感
應武當山尋訓九十五章篇當來觀布天下人能並誦
是經行善不懈其之功之德萬一少有之焉因此寄與
顯考道號道恩字瑛瑞暨妣號慈信外顯考字正直
妣號慈在號慈淑外祖字正義祖妣號慈真幸得沐
聖帝餘波預人間報饗勸女來行善者惟知人有古今心
無古今世有先後道無先後善無微而不錄如此則必
有餘慶
天降百祥矣爰記諸碑以垂于後云
德隆萬萬年之五龍集癸酉孟夏穀日

編號：00231　出自《拓片總集》第一冊

釋文

刊聖經寄先人勸善碑[①]

嘗聞聖經之作，其來尚矣，能尊信此經而表章之，則未必/無小補云。兹有河中府淳祐縣河上社武錦，字玄靖，并/妻黎氏榮等，廕承祖父，業樂儒□，味孔聖“見賢思齊”之/言[②]，感東平“爲善最樂”之語[③]。奉見本觀原經前已删定，年/之經，簡之朽，於是武錦等，及十方衆善，用家貲，命工匠，/廼於丁卯年八月日重刊《梓潼帝君系譜》并《太上説感/應》《武當山垂訓》[④]，凡十五章篇，留本觀布天下人，能莊誦/是經，行善不懈，其之功之德，萬一少有之焉。因此寄與/顯考道號道恩，字瓊琄，暨妣號慈信；外顯考字正直，暨/妣號慈在、號慈淑。外祖字正義，祖妣號慈真，幸得沐/　　　　聖帝餘波，預人間報饗。勸方來行善者，惟知人有古今，心/無古今；世有先後，道無先後，善無微而不録，如此則家/有餘慶，/

天降百祥矣。爰記諸碑，以垂于後云。/

德隆萬萬年之五[⑤]龍集癸酉孟夏穀日/

題後

本碑額以“聖經”二字作爲《梓潼帝君系譜》與《太上説感應武當山垂訓》之代稱凸顯道教碑銘特色，此碑可作爲研究道教於越南傳布與發展的參攷資料。以《拓片總集》第 1 至 4 册爲考察範圍，真武觀計有六件碑銘收録其中，兹列表如下：

---

① 此爲額題，今依額題爲篇題。

② “味孔聖‘見賢思齊’之言”，典出《論語·里仁》：“子曰：‘見賢思齊焉，見不賢而内自省也。’”

③ “感東平‘爲善最樂’之語”，典出《東觀漢紀·東平憲王蒼傳》：“上（漢章帝）嘗問東平王蒼曰：‘在家何業最樂？’蒼對曰：‘爲善最樂。’上嗟歎之。”

④ 鄭振鐸有嘉靖元年《武當山玄天上帝垂訓》抄本，今藏中國國家圖書館。按，《中國世界文化和自然遺產歷史文獻叢書》（上海交通大學出版社 2011 年版）曾據此影印。

⑤ “德隆”（Đức Long），爲後黎朝黎神宗（Lê Thần Tông）黎維祺（Lê Duy Kỳ）的第二個年號（1629–1635，明崇禎二年至八年），共計七年。“德隆萬萬年之五”，當明崇禎六年（1633）。

編號	篇題	年代	位置
00227	祀田碑記	阮翼宗嗣德十二年（1859）	河城真武觀左邊牆第一碑
00228	重修鎮武觀碑記	阮翼宗嗣德十年（1857）	河城第真武觀左邊牆第三碑
00229	真武觀石碑	阮成泰帝成泰五年（1893）	河城真武觀第一庭右邊一碑
00230	妙感修心見聞樂道碑	後黎神宗德隆五年（1633）	河城第真武觀左邊牆第一碑
00231	刊聖經寄先人勸善碑*	後黎神宗德隆五年（1633）	河城第真武觀左邊牆第二碑
00232	潘輝鐮碑記**	阮翼宗嗣德十一年（1858）	河城第真武觀右邊牆第二碑

注：* 表示此篇收入本書；** 表示原無題。

〇三三　福建會館興創録

引言

碑立於河城福建庯福建會館内，爲館内左邊一碑。碑刻單面，拓片編號00277，共二十九行，滿行約四十六字，碑額題“福建會館興創録”七字，今依此爲篇題。碑額與碑底刻有雙龍昭日，碑底日紋中以九疊篆刻有一“壽”字，左右兩側飾以雲龍紋。碑文撰者柴山遺老、舊進士、大夫謙受。年代署作嘉隆（Gia Long）十六年（1817）歲次丁丑，嘉隆爲阮世祖（Nguyễn Thế Tổ）阮福暎（Nguyễn Phúc Ánh）年號，同年清嘉慶二十二年。拓片現藏於漢喃研究院。

碑文記載福建移民與商賈感念天后庇佑，爲便於於祭祀，於昇隆集資買地建立天后廟，並以廟亭作爲會談以所，故名之爲會館。碑末並録有捐資修繕者之名單與捐款金額。

福建會館興創録

編號：00277 出自《拓片總集》第一册

釋文

福建會舘興創録[1]

嘗聞宇宙間人以類聚，而陰騭相協，惟神所司，厥有肅雍顯祀，芬苾隆儀，莫非沖漠中灝氣鑒格，而庇祐之者歟？恭惟/　　天宮聖慈，水德儲靈，坤儀裕化。宋建隆初，降誕于我閩之莆田縣林都□公家，光香室瑞，毓出英奇，侍護井符，悟成玄妙。尋以/道法圓完，飛昇于湄洲島，逍遥碧漢，鎮帖滄溟，濟人利物之恩，隨禱輒應，聲靈赫濯[2]，具載簡書，殆非可以縷數也。宋□宣/和以後，神庥顯著，封典優褒。元至元間晉封/　　天妃，歷朝增加徽號，榮貤崇錫，誥册焜煌。迨/　　大清康熙中加封/　　天后，鴻稱鉅典，允配/　　昊穹，至若湄洲殿閣與所在饗祀之處，並頒給公帑，差官製造，煒燁靈光將遍於□□矣。我閩地濱於海，慣以艚艙載貨，賣販/諸海國，上荷/　　聖慈訶護，巨浸安瀾，往無不利，世世沐恩久矣，靡不俎豆而祈賽焉！商船南來相就昇隆城居住，歲時饗祀，輪次排設瞻拜薦/獻之儀，殊覺歉如，屢欲別建祠廟，旋復耽擱。歲乙亥燈節，因會中商議各捐貲應給□創新廟，衆口欣然同辞，爰於舊東/華門處買土一區，分畫基宇，時有乂安良木船駕海而來，即以善價購之，並馳書回閩，造神像，採石器。規式既定，乃□置/其事，以仲夏起功，迨仲冬告竣，屹做一大宫宇。粤丙子春□像船飛帆適至，蠲吉[3]奉迎入廟安位，會□人落成，舉同歡忭。/且以廟外拜亭爲本庯會談之處，亦屬妥便，名會舘云。是役之始□也，工費浩繁，咸恐財力弗繼，而恭虔一念，莫或少懈；/窽會各中，矩矱[4]無違，纔八月間迄完，積年經始之思，留爲永世祝釐之所。雖係衆情之有孚，寔由靈貺之默相感應，之理/其淵乎！

---

① 此爲額題，今依此爲篇題。

② “聲靈赫濯”，讚美神明的神通道力廣大，福澤百姓。見《清史稿·樂志》：“《鐃歌大樂·鐃歌清樂凱歌辭》：‘駕六龍第十　駕六龍，御翠華，帝德光天下。薄海内，總一家。四徼外，正朔加者聲靈赫濯，被四表，暨荒遐。’”

③ “蠲吉”，即齋戒沐浴選擇吉日的意思。詳見本書篇號〇〇一《黎朝節義祠碑記》注釋。

④ “矩矱”，規矩法度。《楚辭·離騷》：“曰勉升降以上下兮，求矩矱之所同。”王逸《楚辭章句》注：“矩，法也；矱，於縛切，度也。”

從今君高[①]陟降，神享於誠，溟渤往來，人賴其慶，迓□寧之完福，臻蕃庶之丕庥，人煙日聚，貨源日洪，將見事□愈/昌，瞻禮愈虔，即輪奂初基，必有崇飭而拓大之，此尤有望於我後者。爰紀事實，勒之貞珉，以垂不朽。/

晉/江王新合銀壹千壹百兩，安/溪陳玉峯銀伍百肆拾兩，長/泰楊萬記銀伍百肆拾兩，同/安王濟隆銀貳百伍拾兩，晉/江王焕文銀壹百柒拾兩，龍/溪黄金發銀壹百伍拾兩，□/□沈福山銀壹百伍拾兩，晉/江王焕章銀壹百貳拾肆兩；[②]

詔/安沈象山銀柒拾兩，詔/安沈正春銀伍拾陸兩，海/澄林合興銀伍拾陸兩，同/安黄振寶銀伍拾兩，□/□沈南利銀叁拾柒兩，同/安黄豐勝銀叁拾兩，海/澄陳天賜銀叁拾兩，海/澄郭遠昇銀貳拾伍兩；[③]

龍/溪郭瑞源銀貳拾貳兩，同/安許金成銀貳拾兩，□/□林永亨銀貳拾兩，龍/溪黄新盛銀貳拾兩，南/安侯英美銀拾捌兩，龍/溪郭廣義銀拾伍兩，龍/溪蔡如松銀拾伍兩，晉/江林承恩銀拾伍兩；[④]

平/和石文鰲銀拾伍兩，海/澄黄寶盛銀拾肆兩，龍/溪葉恒茂銀拾貳兩，南/安沈集利銀壹拾兩，平/和石青山銀壹拾兩，詔/安戴西發銀壹拾兩，同/安蘇萬順銀陸兩，□/□陳松盛銀肆兩。[⑤]

時/

嘉隆十六年歲次丁丑[⑥]季冬月穀日立。/

董事王新合仝庸等/

柴山遺老、舊進士、大夫裕庵謙受甫敬　撰/

---

① “君高”，應作“焄蒿”，祭祀時祭品所發出的氣味，後亦用指祭祀。見《禮記・祭義》：“其氣發揚於上，爲昭明，焄蒿，悽愴，此百物之精也，神之著也。”鄭玄注：“焄謂香臭也，蒿謂氣蒸出貌也。”孔穎達疏：“焄謂香臭也，言百物之氣，或香或臭；蒿謂烝出貌。言此香臭烝而上出，其氣蒿然也。”

② 以上第一列。

③ 以上第二列。

④ 以上第三列。

⑤ 以上第四列。

⑥ “嘉隆十六年歲次丁丑”，當清嘉慶二十二年（1817）。

○三四　後黎憲宗御製《題龍光洞詩》

引言

碑立於清化省東山縣龍光洞岡珠亭，爲右邊第一碑。碑刻單面，拓片編號00296，共十四行字，滿行十二字，碑題“御製題龍光洞二首”八字，今依此碑題重定篇題爲“後黎憲宗御製詩《題龍光洞詩》。碑四邊刻有卷雲紋。碑文撰者上陽洞主，即黎憲宗（Lê Hiến Tông），書寫者中書監正字吴寧。年代署作景統（Cảnh Thống）四年（1501），景統爲黎憲宗黎鏳（Lê Tăng）年號，同年爲明弘治十四年，歲次辛酉。拓片現藏於漢喃研究院。

碑文内容爲後黎憲宗赴西京謁山陵祭拜，經過龍光洞時所題詠之兩首七言律詩。

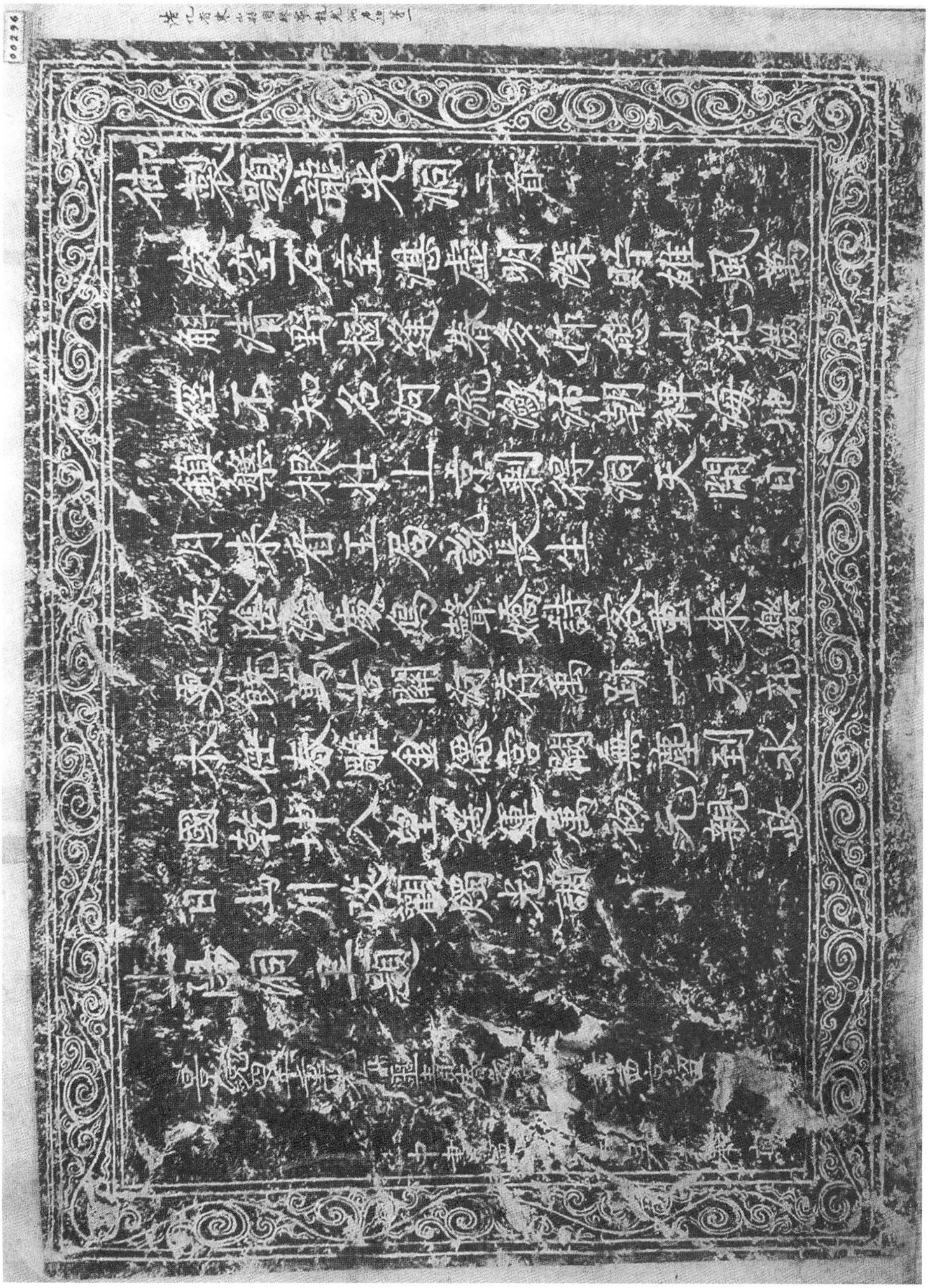

編號：00296　出自《拓片總集》第一冊

釋文

御製題龍光洞二首①

凌空石室湛虚明，深貯雄風萬/斛清。

野樹逢春多作態，山花滿/徑不知名。

河流潋沛朝裨海，地/鎮槃根壯上京。

剩得洞天閑日/月，來看玉局説長生。/

緑蔭深處鳥聲嬌，詩客重來樂/更饒。

萬古關河存禹跡，一天花/木任春雕。

金僊宫闕無塵到，水/國乾坤入望遥。

運屬初元親政/日，山川改觀燭光調。/

上陽洞主②題

景統四年③重光作噩④青春⑤之仲□[幸]西京留

中書監[正字]臣吴[寧]奉寫/

① 此爲碑題，今依内容及性質重定篇題爲“後黎憲宗御製《題龍光洞詩》”。

② “上陽洞主”，即後黎憲宗的尊號。見《大越史記全書·本紀》卷十四：“洪德二十八年正月，聖宗崩，於是即皇帝位，改元，大赦，以誕日爲天壽聖節，稱上陽洞主，後追上尊謚，廟號憲宗。”

③ “景統四年”，“景統”爲後黎憲宗年號，四年（1501），當明弘治十四年歲次辛酉。

④ “重光作噩”，爲太歲紀年。太歲紀年是中國曆家根據歲星在天空運行所處區域所取的名稱，並以此名稱紀年。分爲歲陰和歲陽的名稱。依次和十二個太歲年名相配，配法和後世天干地支的配法相同，組成六十個年名，六十年周而復始。重光屬歲陽，作噩屬歲陰，重光作噩相當於歲次辛酉。

⑤ “青春”，指春季。《楚辭·大招》：“青春受謝，白日昭只。”王逸注：“青，東方春位，其色青也。”

○三五　後黎聖宗御製詩《題龍光洞并引》

引言

碑立於清化省東山縣岡珠亭龍光洞，爲右邊第二碑。碑刻單面，拓片編號00297，共十五行字，八行大字，七行小字，滿行十至十四字，碑題“題龍光洞并引”六字，今依内容及性質重定篇題爲“後黎聖宗御製詩《題龍光洞并引》”，碑四邊刻有卷雲紋。碑文撰者天南洞主，即後黎聖宗（Lê Thánh Tông）。年代署作洪德（Hồng Đức）九年（1478），洪德爲黎聖宗黎思誠（Lê Tư Thành）年號，同年爲明成化十四年，歲次戊戌。拓片現藏於漢喃研究院。

碑文内容爲後黎聖宗於清化謁山陵祭拜之後，往返經過龍光洞時所題之七言律詩。

編號：00297　出自《拓片總集》第一冊

釋文

題龍光洞并引[①]

余謁罷/　　　　山陵，悠悠返旆，時河山照暖，花草雕/春，迢遞歸途，適經石洞，乃捨舟/登岸，步石臨高，嵐翠滴衣，禽聲/入耳，詩懷泉湧，野興風生，四韻/俱成，永留于石，時洪德之九二/月二十二日也。詩云：/

翠微有地可徘徊，望遠登/高宇宙恢。

却訝告成[②]封玉/檢[③]，殊非朱路[④]入天台[⑤]。

閑雲/滿地無人掃，虚室[⑥]凌霄鎮/日開。

窈窕澗窮林盡外，時/邀黄屋[⑦]翠華[⑧]來。

天南洞主[⑨]題

---

① 此爲碑題，今依碑題爲篇題。

② “告成”，上報所完成的功業。見《詩經·大雅·江漢》：“經營四方，告成于王。”孔穎達疏：“告其成功於宣王也。”

③ “玉檢”，見《漢書·武帝紀》：“登封泰山。”顔師古注引（三國魏）孟康曰：“王者功成治定，告成功於天。封，崇也，助天之高也。刻石紀號，有金策石函、金泥玉檢之封焉。”

④ “朱路”，亦作“朱輅”，即天子所乘之車，因其漆以深紅色，故稱。見《吕氏春秋·季夏》：“天子居明堂太廟，乘朱路，駕赤騮。”

⑤ “天台”，指三台星，台宿。喻指身居高位。

⑥ “虚室”，見（晉）陶潛《歸園田居》詩之一：“户庭無塵雜，虚室有餘閑。”

⑦ “黄屋”，古代帝王專用的黄繒車蓋。見《史記·秦始皇本紀》：“子嬰度次得嗣，冠玉冠，佩華紱，車黄屋。”裴駰集解引蔡邕曰：“黄屋者，蓋以黄爲裏。”後借指帝王。

⑧ “翠華”，天子儀仗中以翠羽爲飾的旗幟或車蓋。司馬相如《上林賦》：“建翠華之旗，樹靈鼉之鼓。”《文選》李善注：“翠華，以翠羽爲葆也。”後爲御車或帝王的代稱。

⑨ “天南洞主”，爲後黎朝黎聖宗（Lê Thánh Tông）黎維邦（Lê Duy Bang）的别號。

○三六　安穫社上、棟、廣納等三村黎忠義後神碑記

引言

碑立於清化省東山縣安穫社鋭村黎郡公祠，爲祠内左邊第二碑。碑刻雙面，拓片編號00299/00300，編號00299爲碑一，共二十八行字，滿行約四十七字，碑題刻有“東山縣安穫社上、楝、廣納等三村後神碑記”十七字；拓片編號00300爲碑二，共二十行字，滿行四十二字，碑額以九疊篆刻有“後神碑記”四字，今依兩面之碑題及内容重定篇題爲“安穫社上、楝、廣納等三村黎忠義後神碑記”。兩碑碑額二側上角均以九疊篆刻有“壽”字，其餘三邊均刻有花草紋。碑文撰者興化處守鎮所副首黎貴醇，書寫者侍内書寫兵番縣丞阮功勸，潤者文選奉侍内文職、侍南宫、僉知侍内書寫兵番、謹事佐郎陳阮望。年代署作皇朝景興（Cảnh Thống）四十三年（1782），景興爲後黎顯宗（Lê Hiến Tông）黎维祧（Lê Duy Diêu）年號，同年爲清乾隆四十七年，歲次壬寅。拓片現藏於漢喃研究院。

碑文記載安穫社上、楝和廣納三村村民立左都督、滿忠侯黎忠義爲後神，爲此黎忠義捐出兩百貫古錢和六畝地給出生地安穫社上村，亦分别捐出三百貫使錢和六畝地給楝村和廣納村以作爲日後祭祀之資，碑末並録有三村的祭忌規定與祭田所在位置與大小。

東山縣安獲社上棟廣納等三村后神碑記
嘗謂血食於億萬年後與天地相為無窮非盛德之神不當得后神之所以碑蓋其功澤之及人也遠人之敬而慕之遂以
祀神者祀之乎東山縣安獲社銳村仕
當朝特進輔國上将軍奉差京北處鎮守正首號後翊奇兼管一勍隊中軍都督府左都督満忠侯黎公諱忠義特地起家
早陪靚邃以亘諒荷　隆知內贊戎樞氷提武節名望之高勳緒之大屹然為萬里長城清顯前程蓋他日隆棟一巨手
閑猷躋業不在云云其處鄉黨也尤能以善化以仁濟復得賢助正夫人鄭氏諱符褒其懿美棠樾鉅蔭所及何可量耶
公之本社上村官貟御色陳有超黎異擢黎春寅陳廷宥黎登薫黎廷筭黎時寧黎異力黎異進黎王璦黎時亮陳廷審
黎有做黎廷志黎令閥陳伯寔黎登崇黎陳瑶黎異熠黎廷林黎仲黎王迪黎伯蘭黎時旋黎王摟黎曰色黎廷攏黎時
百黎異杂黎曰唉陳嗟黎有像黎功玹黎有惟棟村官貟御色黎異霖阮文曜黎異電黎仲賞阮文賟阮廷縞阮文揀阮
文崇朱廷筆阮王濁廣納村官貟御色吳景蜆張文䓁阮功卷張文亂黎吳勳吳仕匡阮廷炎吳曰刁陳廷連張文洽仝
社三村兵民上下等感其德共請與所居銳村並尊保為后神以香火之　公弗措牢辭罄許上村古錢貳百貫私田陸
畝棟村廣納村各使錢叁百貫私田各陸畝以助今後籩豆之費三村等遂得同銳村建祠址成求碑記於予予以公之
德卿之誼均為可碑乃記其事而銘之曰
銳有山　圜有水　公之祠　億萬禩
一三村尊保后神所有條約開列于左
上村例忌日禮猪壹口准古錢壹貫五陌粄壹盘用糯米拾官鉢酒壹圩准古錢壹陌芙蔔金銀香燈用足其本村貟目
等各齊整衣帽並就　祠宇行禮如儀祭畢其猪首敬俵族長存仍還本村二忌同　正旦禮鷄壹隻准古錢貳陌粄壹
盘用糯米叁官鉢酒壹圩准古錢叁拾陸文芙蔔金銀香燈用足遁供在　祠宇供畢其禮物仍還本村二月節春祭事
神隔二日後用猪壹口准古錢壹貫五陌粄壹盘用糯米拾貳官鉢酒壹圩准古錢壹陌芙蔔金銀香燈用足遁供在
祠宇伊日歌唱壹籌賞古錢叁貫供畢其猪首敬俵族長存仍還本村　九月嘗先禮鷄壹隻准古錢貳陌粄壹盘用糯
米叁官鉢酒壹圩准古錢叁拾陸文芙蔔金銀香燈用足遁供在　祠宇其本村貟目齊整衣帽行禮如儀供畢其禮物
仍還本村
棟村例忌日禮猪壹口准古錢壹貫五陌粄壹盘用糯米拾官鉢酒壹圩准古錢壹陌芙蔔金銀香燈用足其本村貟目
等各齊整衣帽並就祠廟行禮有文如儀祭畢其猪首敬俵族長存仍還本村二忌同　正旦禮鷄壹隻准古錢貳陌粄
壹盘用糯米叁官鉢酒壹圩准古錢叁拾陸文金銀芙蔔香燈用足遁供在　祠廟供畢其禮仍還本村　二月春祭事
神禮隔二日後唱歌在　祠廟壹籌賞用古錢叁貫禮祭同忌日　九月嘗先禮祭同正旦
廣納村例同棟村惟二月春祭事　神禮隔三日後唱歌在　祠廟
以上三村后神條約逮百歲後各遵約內饗祀

編號：00299　出自《拓片總集》第一册册（下同）

00300

壽　后神碑記　壽

一后神田各處所開列于左

一上村后神田陸畝

一所同朕處遙高

一所同寧處五高

一所同望處貳高

一所同寧處叁高

一棟村后神田陸畝

一所同河處壹高

一所多年處貳高

一所同園處秧田肆斗

一處納村后神田陸畝

一所同忌處貳畝捌高

一所茹蔑處叁高

一所同專處壹高

一所同寧處陸高

一所蒲寒處叁高

一所同朕處柒高

一所同朕處叁高

一所同瓢處五高

一所嫲媒侯處壹高

一所同禄處秧田肆斗

一所茹處處叁高

一所同專處叁高

一所閑厨處壹高

一所同寧處陸高

一所同朕處叁高

一所溆姤處叁高

一所群通處壹畝肆高

一所嫲榴處捌高

一所嫲槎處秧田陸斗

一所同固處貳高

一所同直處柒高

一所同莆處叁高

一所核槎處叁高

一所筱呂處肆高

一所槿槎處貳畝

一所同寧處五高

一所同哄處秧田五斗

一所同量處五高

一所同直處柒高

昔

皇朝景興萬萬年之四十三龍輯壬寅孟夏中浣

奉差興化處按守鎮所副首號右雄奇該官醇忠侯延河黎貴醇撰

同閑壬午亞魁元國子　御策第一中格文選奉侍内文職侍南宮僉知侍内書寫兵番謹事佐郎邁亭子陳

阮堅溫如潤

侍内書寫兵番縣丞瑯忠阮功勸承寫

編號：00300

釋文

東山縣安穫社上、棟、廣納等三村後[①]神碑記[②]

嘗謂血食於億萬年後，與天地相爲無窮，非盛德之神不當得，後神之所以碑，蓋其功澤之及人也遠，人之敬而慕之，遂以/祀神者祀之乎！東山縣安穫社鋭村仕/　　　　當朝特進、輔國上將軍、奉差京北處鎮守正首、號後翊奇兼管一勍隊中軍都督府左都督、滿忠侯，黎公諱忠義，特地起家，/早陪靚邃，以直諒荷　隆知，内贊戎樞，外提武節，名望之高，勳緒之大，屹然爲萬里長城，清顯前程，蓋他日隆棟一巨手，/閎猷韙業不在云云。其處鄉黨也，尤能以善化，以仁濟，復得賢助正夫人鄭氏諱㝉[③]襄，其懿美棠樾[④]，鉅蔭所及，何可量耶！/公之本社上村官員鄉色陳有超、黎異擢、黎春寅、陳廷宥、黎登蕙、黎廷筭、黎時寧、黎異力、黎異進、黎玉瑗、黎時亮、陳廷審、/黎有倣、黎廷志、黎令�、陳伯奐、黎登崇、黎陳瑶、黎異炤、黎廷林、黎仲、黎玉迪、黎伯蘭、黎時旋、黎玉樓、黎曰色、黎廷椀、黎時/百、黎異朵、黎曰唉、陳嗟、黎有像、黎功琺、黎有惟；棟村官員鄉色黎異霖、阮文曜、黎異電、黎仲賞、阮文暎、阮廷縞、阮文棟、阮/文崇、朱廷筆、阮玉燭；廣納村官員鄉色吴景蜆、張文專、阮功卷、張文胤、黎吴勳、吴仕匡、阮廷炎、吴曰刁、陳廷連、張文洽仝/社三村、兵民上下等，感其德，共請與所居鋭村，並尊保爲後神，以香火之，　公弗獲牢辞，留[⑤]許上村古錢[⑥]貳百貫、私田陸/畝，棟村、廣納村各使錢[⑦]叁百貫，私田各陸畝，以助今後籩豆[⑧]之費，三村等遂

---

① “後”，碑原作俗體字“后”，另兼正字故改，下同，不另注。

② 此爲拓片編號 00299 之碑題，今重定篇題爲“安穫社上、棟、廣納三村黎忠義後神碑記”。

③ “㝉”，喃字，“字”的意思。

④ “棠樾”，即“棠陰”，按《玉篇·木部》：“樾，禹月切。楚謂兩木交陰之下曰樾。”“棠樾”以召公聽民訟於甘棠之蔭，借喻受到長者或官吏的照護。

⑤ “留”，碑原作“畱”。

⑥ “古錢”，見《欽定越史通鑑綱目·正編》“黎盛宗光順八年”注：“使錢、古錢”引黎貴惇《芸臺類語》云：“北人以百文爲一陌。本國以三十六文爲一陌，謂之‘使錢’；六十文爲一陌，謂之‘古錢’。‘使錢’十陌，乃是‘古錢’六陌，準爲‘使錢’一貫。其‘古錢’十陌乃使錢之一貫六陌四十文。使錢别名閒錢，古錢别名貴錢。”

⑦ “使錢”，見本篇前注“古錢”。

⑧ “籩豆”，“籩”“豆”皆禮器，《爾雅·釋器》：“木豆謂之豆。竹豆謂之籩。瓦豆謂之登。”《禮記·禮器》：“大饗其王事與，三牲魚腊四海九州之美味也，籩豆之薦四時之和氣也。”又《禮記·郊特牲》：“鼎俎奇而籩豆偶，陰陽之義也。籩豆之實，水土之品也。不敢用褻味而貴多品，所以交於旦明之義也。”後以籩豆作爲祭祀的代稱。

得同鋭村建祠。址成，求碑記於予，予以公之/德、鄉之誼，均爲可碑，乃記其事，而銘之曰：/

鋭有山，圍有水。公之祠，億萬禩。/

一三村尊保後神所有條約開列于左：/

上村例：

忌日禮：豬壹口，准古錢壹貫五陌；粆[1]壹盤，用糯米拾官鉢；酒壹圩，准古錢壹陌；芙蓾[2]、金銀、香燈用足。其本村員目/等各齊整衣帽，並就　祠宇行禮如儀。祭畢，其豬首敬俵族長存，仍還本村。二忌同。

正旦禮：雞壹隻，准古錢貳陌；粆壹/盤，用糯米叁官鉢；酒壹圩，准古錢叁拾陸文；芙蓾、金銀、香燈用足，遞供在　祠宇。供畢，其禮物仍還本村。

二月節春祭事/神：隔二日後禮用豬壹口，准古錢壹貫五陌；粆壹盤，用糯米拾貳官鉢；酒壹圩，准古錢壹陌；芙蓾、金銀、香燈用足，遞供在/祠宇，伊日歌唱壹籌，賞古錢叁貫。供畢，其豬首敬俵族長存，仍還本村。

九月嘗先禮：雞壹隻，准古錢貳陌；粆壹盤，用糯/米叁官鉢；酒壹圩，准古錢叁拾陸文；芙蓾、金銀、香燈用足，遞供在　祠宇，其本村員目齊整衣帽，行禮如儀。供畢，其禮物/仍還本村。/

棟村例：

忌日禮：豬壹口，准古錢壹貫五陌；粆壹盤，用糯米拾官鉢；酒壹圩，准古錢壹陌；芙蓾、金銀、香燈用足。其本村員目/等各齊整衣帽，並就　祠廟行禮，有文如儀。祭畢，其豬首敬俵族長存，仍還本村。二忌同。

正旦禮：雞壹隻，准古錢貳陌；粆/壹盤，用糯米叁官鉢；酒壹圩，准古錢叁拾陸文；金銀、芙蓾、香燈用足，遞供在　祠廟。供畢，其禮仍還本村。

二月春祭事/神禮：隔二日後，唱歌在　祠廟壹籌，賞用古錢叁貫，禮祭同忌日。

九月嘗先禮：祭同正旦。/

廣納村例同棟村。惟二月春祭事　神禮：隔三日後，唱歌在　祠廟。

---

① “粆”，喃字，糯米的意思。

② “芙蓾”，是一種藤類植物，越文作Cây lá trầu。與檳榔同爲喜慶時必有之象徵性植物，尤其是在傳統婚俗文化中，檳榔、芙蓾與石頭（石灰）是兄弟和睦、夫妻恩愛之象徵，迄今越南傳統式的婚禮仍然採用芙蓾、酒、檳榔等物作爲重要的禮物。詳見本書篇號〇〇二《瑞璋坊東甲阮氏畇暨夫祭忌碑記》注釋。

以上三村後神條約，逮百歲後，各遵約内饗祀。/[①]

後神碑記[②]

一後神田各處所開列于左：/

一上村後神田陸畝：/

一所同朕處玖[③]高，一所同寧處陸高，一所同寧處陸高，一所同莆處參高，/一所同寧處五高，一所蒲寒處叁高，一所同朕處叁高，一所核槎處叁高，/一所同望處貳高，一所同朕處柒高，一所浟姤處叁高，一所矽吕處肆高/，一所同寧處叁高，一所同朕處叁高。/

一棟村後神田陸畝：/

一所同河處壹高，一所同瓢處五高，一所群通處壹畝肆高，一所槿槎處貳畝，/一所多年處貳高，一所墉媒侯處壹高，一所墉欗處捌高，一所同寧處五高，/一所同園處秧田肆斗，一所同禄處秧田肆斗，一所墉槎處秧田陸斗，一所同㖶處秧田五斗。/

一廣納村後神田陸畝：/

一所同忌處貳畝捌高，一所茹慮處叁高，一所同固處貳高，一所同量處五高，/一所茹蔞處叁高，一所同專處叁高，一所同直處柒高，一所同直處柒高，/一所同專處壹高，一所閣廚處壹高。/

時/

皇朝景興萬萬年之四十三龍輯壬寅[④]孟夏中浣。/

奉差興化處按守鎮所副首、號右雄奇該官、醇忠侯、延河黎貴醇撰/

同閈[⑤]壬午亞秋元國子　御策第一、中格、文選奉侍内文職、侍南宫、僉知侍内書寫兵番、謹事佐郎、邁亭子陳/阮玺温如潤/

侍内書寫、兵番縣丞、琅忠阮功勸承寫/[⑥]

---

① 以上爲拓片編號 00299 之内容。

② 此爲拓片編號 00300 之碑額，九疊篆刻。

③ “玖”，碑原作“𨕭”，爲越南諱字。越南私謚情況普遍，故除國家公布之避諱字外，尚有許多私謚的諱字，此類字多於字上加“巛”做標識。

④ “皇朝景興萬萬年之四十三龍輯壬寅”，爲後黎朝黎顯宗（Lê Hiến Tông）黎維祧（Lê Duy Diêu）的年號。“壬寅”，爲後黎顯宗景興四十三年（1782），當清乾隆四十七年。

⑤ “同閈”，同鄉里。“閈”，里巷之門。《漢書・敘傳下》：“綰自同閈，鎮我北疆，德薄位尊，非胙惟殃。”顔師古注引應劭曰：“閈音扞。盧綰與高祖同里，楚名里門爲閈。”

⑥ 以上爲拓片編號 00300 之内容。

題後

本碑記爲安穫社黎郡公祠左邊第二碑，碑有兩面，拓片編號分別是 00299 與 00300，與 00301/00308《布衛鄉安穫社壽域等五村黎忠義後神碑記》及 00302/00305/00306/00307《安獲社鋭村三甲黎忠義後神碑記》，均是東山縣安穫社的上、楝、廣納、壽域村、同曳村、文村、鋭村、東山縣布衛鄉橋代村、衛安村等地爲黎忠義設立的後神碑；另有 00303/00304 則爲黎忠義的生祠碑，其大致狀況如下表。

編號	篇題	年代	位置
00299/00300	安獲社鋭村三甲黎忠義後神碑記*	後黎顯宗景興四十三年（1782）	黎郡公祠左邊第二碑
00301/00308	布衛鄉安穫社壽域等五村黎忠義後神碑記*	後黎顯宗景興四十三年（1782）	黎郡公祠左邊第一碑
00303/00304	安穫社黎忠義生祠碑記*	後黎顯宗景興四十三年（1782）	黎郡公祠右邊第二碑
00302/00305 - 00307	安獲社鋭村三甲黎忠義後神碑記*	後黎顯宗景興四十三年（1782）	黎郡公祠右邊第一碑

注：* 表示此篇收入本書。

○三七　布衛鄉安穫社壽域等五村黎忠義後神碑記

引言

碑立於清化省東山縣安穫社鋭村，爲黎郡公祠左邊第一碑。碑刻雙面，拓片編號 00308/00301。拓片編號 00308 爲碑一，共二十九行，滿行約四十七字，碑額題“後神碑記”四字，碑題“東山縣布衛鄉橋代村衛安村安穫社壽域村同曳村文村等五村後後神碑記”三十字；編號 00301 爲碑二，共二十五行字，滿行約四十字，今依拓片編號 00308 碑題與内容重定篇題爲“布衛鄉安穫社壽域等五村黎忠義後神碑記”。兩碑四邊均刻有花草紋。碑文撰者興化處按守鎮所副首號右雄寄該官醇忠侯黎貴醇，書者弘渤縣丞、棠忠阮玶，潤者奉侍内文職、侍南宫、僉知侍内書寫、兵番謹事佐郎陳阮曌。年代署作皇朝景興（Cảnh Thống）萬萬年之四十三（1782），景興爲黎顯宗（Lê Hiến Tông）黎维祧（Lê Duy Diêu）年號，歲次壬寅，同年爲清乾隆四十七年。

碑文記載布衛鄉橋代、衛安村與安穫社壽域、同曳、文村等五村立滿忠侯、左都督黎忠義爲後神，爲此，黎忠義捐資與田畝地予五村，以作爲日後祭禮之資，文末記有五村各祭禮品項，與各村祭田方位大小。

00308

后神碑記

東山縣布衛鄉橋代村衛安村安穫社壽域村同曳村文村等五村后神碑記
嘗謂血食於億萬年後與天地相為無窮非盛德之神不當得后神之所以碑蓋其功澤之及人也遠人之敬而景之遂以
祀神者祀之乎東山縣安穫社鋭村仕
當朝特進輔國上將軍奉差京北處鎮守正首號後翊奇無管一勍隊中軍都督府左都督太宰滿忠侯黎公諱忠義特地
起家早陪覲遂以直諒荷　隆知内贊戎樞外提武節名望之高勳緒之大屹然為萬里長城清顯前程盖他日隆棟一
巨手開猷建業不在云云其處鄉黨也尤能以善化以仁濟復得賢助正夫人鄭氏諱管襄其懿美棠樾鉅蔭所及何可
量耶公之本縣布衛鄉橋代村官員鄉色阮兼釗裴潘春裴俊閔黃世占阮兼旺阮文權百户阮兼翊阮廷彬阮世進武
光輝仝村兵民上下等衛安村官員鄉色黎世濟黎有兴黎有湨黎廷奐阮文澗杜克鑛百户杜克凱千户諱仁哺百户
杜登提百户黎曰喬仝村兵民等公之本社壽域村官員鄉色阮瓊阮伯歡陳仲陳功棣陳訓陳世嘉阮國案朱文華阮
餘慶阮廷蘊陳揔陳将仝村兵民上下等同曳村官員鄉色阮玉車阮春長黎世煥阮春寔朱必智黎茹朱文崇朱必得
黎功盧黎脂仝村兵民上下等文村官員鄉色黎廷偉百户黎曰歷黎廷鬥黃功杓范文莱仝村兵民上下等仝五村感
其德共請與所居鋭村並尊保為后神以香火之　公弗拱牢辞留許橋代村古錢貳百貫私田陸畝衛安村古錢貳百
貫私田陸畝壽域村古錢壹百捌拾貫私田陸畝同曳村古錢壹百捌拾貫私田陸畝文村古錢五拾貫私田貳畝以助
今後籩豆之費五村等遂得同鋭村建祠址成求碑記於予予以公之德鄉之誼均為可碑乃記其事而銘之曰
鋭有山　圓有水　公之祠　億萬禩
一肆村橋代村衛安村壽域村同曳村等尊保后神有條約開列于左
壹忌日禮用猪壹口價古錢壹貫五陌粢壹盘用糯米拾官銅鉢酒壹圩准古錢壹陌芙蒥金銀香燈用足其本村員目
各斉整衣帽並就祠廟行禮如儀祭畢其猪首敬依族長存仍還本村貳忌同　正旦禮用鷄壹隻價古錢貳陌粢壹盘
用糯米叁官銅鉢酒壹圩准古錢叁拾陸文芙蒥金銀香燈用足迹禮在祠廟祭畢其禮物仍還本村　貳月節春祭事
神隴貳日後禮用猪壹口價古錢壹貫五陌粢壹盘用糯米拾貳官銅鉢酒壹圩准古錢壹陌芙蒥金銀香燈用足迹供
在祠廟伊日歌唱壹嗒賞古錢叁貫祭畢猪首敬依族長存仍還本村　從月嘗先禮用鷄壹隻准古錢貳陌粢壹盘用
糯米叁官銅鉢酒壹圩准古錢叁拾陸文芙蒥金銀香燈用足迹在祠廟其本村員目斉整衣帽行禮如儀祭畢禮物仍
還本村肆村各節禮物同
壹文村各節祭祀等禮　壹忌日禮用鷄壹隻價古錢叁陌粢壹盘用糯米拾官銅鉢酒壹圩金銀壹千芙蒥香燈用
足其員目各斉整衣帽並就祠廟行禮如儀祭畢禮物仍还本村貳忌同　正旦禮用鷄壹隻價古錢貳陌粢壹盘用糯
米陸官銅鉢酒壹圩准古錢叁拾陸文金銀芙蒥香燈用足迹就祠廟行禮如儀禮畢仍还本村　貳月春祭用鷄壹隻
價古錢貳陌粢壹盘用糯米陸官銅鉢酒壹圩准古錢叁拾陸文芙蒥金銀香燈用足迹就祠廟行禮如儀祭畢仍还本
村　嘗先禮鷄壹隻價古錢貳陌粢壹盘用糯米陸官銅鉢酒壹圩芙蒥金銀等物迹就祠廟行禮如儀祭畢仍还本村
以上五村后神條約逓百歲後各遵約内饗祀

編號：00308　出自《拓片總集》第一册（下同）

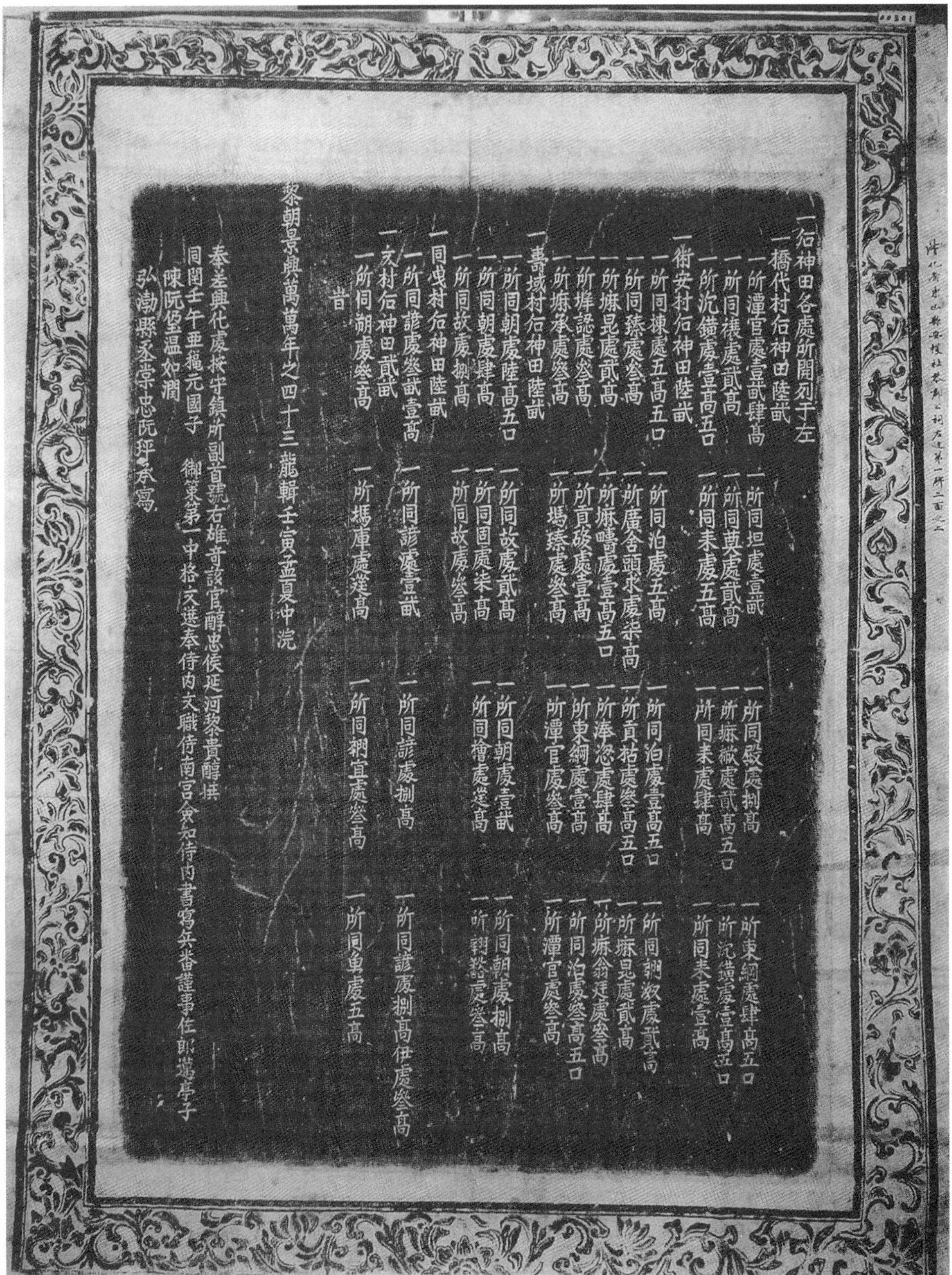

一𥓉神田各處所開列于左
一橋代村𥓉神田陸畝
一所潭官處壹畝肆高　一所同坦處壹畝　一所同殿處捌高　一所東網處肆高五口
一所同穠處貳高　一所同萸處貳高　一所痳撒處貳高五口　一所沉鐄處壹高五口
一所沉鐄處壹高五口　一所同耒處五高　一所同耒處肆高　一所同耒處壹高
一衛安村𥓉神田陸畝
一所同楝處五高五口　一所同泊處五高　一所同泊處壹高五口　一所同𦀰叙處貳高
一所同臻處叁高　一所廣舍頭求處柒高　一所貢秙處叁高五口　一所痳昆處貳高
一所痳昆處貳高　一所痳嘈處壹高五口　一所㴲慈處肆高　一所痳翁廷處叁高
一所擀謐處叁高　一所貢發處壹高　一所東網處壹高　一所同泊處叁高五口
一所痳承處叁高　一所瑪臻處叁高　一所潭官處叁高　一所潭官處叁高
一壽域村𥓉神田陸畝
一所同朝處陸高五口　一所同故處貳高　一所同朝處壹畝　一所同朝處捌高
一所同朝處肆高　一所同固處柒高　一所同檜處𨑨高　一所𦀰豁處叁高
一所同故處捌高　一所同故處叁高
一同戊村𥓉神田陸畝
一所同蔀處叁畝壹高　一所同蔀處壹畝　一所同蔀處捌高　一所同蔀處捌高伊處叁高
一文村𥓉神田貳畝
一所同湖處叁高　一所瑪庫處𨑨高　一所同𦀰宜處叁高　一所同皁處五高
旹
黎朝景興萬萬年之四十三龍輯壬寅孟夏中浣
奉差興化處按守鎮所副首號右雄奇該官醇忠侯延河黎貴醇撰
同閏壬午亞魁元國子　御策第一中格文進奉侍內文職侍南宮僉知侍內書寫兵番謹事佐郎邁亭子
陳阮堡溫如潤
弘勸縣丞常忠阮拜承寫

編號：00301

釋文

【後[①]神碑記】[②]

東山縣布衛[③]鄉橋代村、衛安村，安穫社壽域村、同曳村、文村等五村後神碑記[④]

嘗謂血食於億萬年後，與天地相爲無窮，非盛德之神不當得，後神之所以碑，蓋其功澤之及人也遠，人之敬而慕之，遂以/祀神者祀之乎！東山縣安穫社鋭村、仕/　　　　當朝特進、輔國上將軍、奉差京北處鎮守正首、號後翊奇兼管一勍隊中軍都督府左都督、太宰、滿忠侯，黎公諱忠義，特地/起家，早陪靚遂，以直諒荷　隆知，内贊戎樞，外提武節，名望之高，勳緒之大，屹然爲萬里長城，清顯前程，蓋他日隆棟一/巨手，閎猷韙業，不在云云。其處鄉黨也，尤能以善化，以仁濟。復得賢助正夫人鄭氏諱窌襄，其懿美棠樾，鉅蔭所及，何可/量耶？公之本縣布衛鄉橋代村官員鄉色阮兼釗、裴潘睿、裴俊閎、黄世占、阮兼旺、阮文權，百户阮兼翊、阮廷彬、阮世選、武/光輝仝村兵民上下等；衛安村官員鄉色黎世濟、黎有堅、黎有淏、黎廷焕、阮文潤、杜克鑌、百户杜克吼、千户譚仁哺、百户/杜登提、百户黎曰垂，仝村兵民等；公之本社壽域村官員鄉色阮瓊、阮伯歡、陳仲、陳功棣、陳訓、陳世嘉、阮國宷、朱文華、阮/餘慶、阮廷藴、陳槐、陳杍仝村兵民上下等；同曳村官員鄉色阮玉車、阮春長、黎世焕、阮春寔、朱必智、黎茄、朱文崇、朱必得、/黎功盧、黎脜仝村兵民上下等；文村官員鄉色黎廷偉、百户黎曰歷、黎廷魁、黄功拘、范文榮仝村兵民上下等；仝五村感/其德，共請與所居鋭村並尊保爲後神，以香火之，　公弗獲牢辞，留許橋代村古錢貳百貫、私田陸畝，衛安村古錢貳百/貫、私田陸畝，壽域村古錢壹百捌拾貫、私田陸畝；同曳村古錢壹百捌拾貫，私田陸畝；文村古錢五拾貫、私田貳畝，以助/今後籩豆[⑤]之費。五村等遂得同鋭村建祠，址

① “後”，碑文原作“后”，因另兼正字故改，下同，不另注。

② 此爲拓片編號 00308 之額題，今依内容及性質重定篇題爲“布衛鄉安穫社壽域等五村黎忠義後神碑記”。

③ “衘”，釋作“衛”，下同，不另注。

④ 此爲拓片編號 00308 之碑題。

⑤ “籩豆”，“籩”“豆”皆禮器，《爾雅・釋器》：“木豆謂之豆。竹豆謂之籩。瓦豆謂之登。”《禮記・禮器》：“大饗其王事與，三牲魚腊四海九州之美味也，籩豆之薦四時之和氣也。”又《禮記・郊特牲》：“鼎俎奇而籩豆偶，陰陽之義也。籩豆之實，水土之品也。不敢用褻味而貴多品，所以交於旦明之義也。”後以籩豆作爲祭祀的代稱。

成，求碑記於予，予以公之德、鄉之誼，均爲可碑，乃記其事，而銘之曰：

鋭有山，圍有水。公之祠，億萬禩。/

一肆村：橋代村、衛安村、壽域村、同曳村等尊保後神，有條約開列于左：/

壹忌日禮：用豬壹口，價古錢壹貫五陌；粄[1]壹盘，用糯米拾官銅鉢；酒壹圩，准古錢壹陌；芙蓾[2]、金銀、香燈用足，其本村員目/各齊整衣帽，並就祠廟行禮如儀。祭畢，其豬首敬俵族長存，仍還本村。貳忌同。

正旦禮：用雞壹隻，價古錢貳陌；粄壹盤，/用糯米叁官銅鉢；酒壹圩，准古錢叁拾陸文，芙蓾、金銀、香燈用足，遞禮在祠廟。祭畢，其禮物仍還本村。

貳月節春祭事/神：隔貳日後，禮用豬壹口，價古錢壹貫五陌；粄壹盤，用糯米拾貳官銅鉢；酒壹圩，准古錢壹陌；芙蓾、金銀、香燈用足，遞供/在祠廟，伊日歌唱壹疇，賞古錢叁貫。祭畢，豬首敬俵族長存，仍還本村。

玖[3]月嘗先禮：用雞壹隻，准古錢貳陌；粄壹盤，用/糯米叁官銅鉢；酒壹圩，准古錢叁拾陸文，芙蓾、金銀、香燈用足，遞在祠廟。其本村員目齊整衣帽，行禮如儀。祭畢，禮物仍/還本村。肆村各節禮物同。/

壹文村各節祭祀等禮：

壹忌日禮：用雞壹隻，價古錢叁陌；粄壹盤，用糯米拾官銅鉢；酒壹圩，金銀壹千；芙蓾、香燈用/足，其員目各齊整衣帽，并就祠廟行禮如儀。祭畢，禮物仍還本村。貳忌同。

正旦禮：用雞壹隻，價古錢貳陌；粄壹盤，用糯/米陸官銅鉢；酒壹圩，准古錢叁拾陸文，金銀、芙蓾、香燈用足，遞就祠廟行禮如儀，禮畢，仍還本村。

貳月春祭：用雞壹隻，/價古錢貳陌；粄壹盤，用糯米陸官銅鉢；酒壹圩，准古錢叁拾陸文；芙蓾、金銀、香燈用足，遞就祠廟行禮如儀，祭畢仍還本/村。

嘗先禮：雞壹隻，價古錢貳陌；粄壹盤，用糯米陸官銅鉢；酒壹圩；芙蓾、金銀等物，遞就祠廟，行禮如儀，祭畢仍還本村。/

以上五村後神條約，逮百歲後，各遵約内饗祀。/[4]

---

① “粄”，喃字，糯米之意。

② “芙蓾”，是一種藤類植物，越文作 Cây lá trầu。與檳榔同爲喜慶時必有之象徵性植物，尤其是在傳統婚俗文化中，檳榔、芙蓾與石頭（石灰）是兄弟和睦、夫妻恩愛之象徵，迄今越南傳統式的婚禮仍然採用芙蓾、酒、檳榔等物作爲重要的禮物。詳見本書篇號〇〇二《瑞璋坊東甲阮氏畘暨夫祭忌碑記》注釋。

③ “玖”，碑原作越南諱字“𨑮”。

④ 以上爲拓片編號 00308 内容。

一後神田各處所開列于左：/

一橋代村後神田陸畝：/

一所潭官處壹畝肆高，一所同坦處壹畝，一所同殿處捌高，一所東綱處肆高五口，/一所同禳處貳高，一所同奠處貳高，一所㙠□處貳高五口，一所沉鑛處壹高五口，/一所沉璜鑛處壹高五口，一所同耒處五高，一所同耒處肆高，一所同耒處壹高。/

一衛安村後神田陸畝：/

一所同楝處五高五口，一所同泊處五高，一所同泊處壹高五口，一所同𨷑溆處貳高，/一所同臻處叁高，一所廣舍頭求處柒高，一所貢枯處叁高五口，一所㙠昆處貳高，/一所㙠昆處貳高，一所㙠疇處壹高五口，一所溙淴處肆高，一所㙠翁廷處叁高，/一所岸[①]認處叁高，一所貢硶處壹高，一所東綱處壹高，一所同泊處叁高五口，/一所㙠承處叁高，一所□臻處叁高，一所潭官處叁高，一所潭官處叁高。/

一壽域村後神田陸畝：/

一所同朝處陸高五口，一所同故處貳高，一所同朝處壹畝，一所同朝處捌高/，一所同朝處肆高，一所同固處柒高，一所同檜處玖高，一所𨷑谿處叁高/，一所同故處捌高，一所同故處叁高。/

一同曳村後神田陸畝：/

一所同諺處叁畝壹高，一所同諺處壹畝，一所同諺處捌高，一所同諺處捌高伊處叁高。/

一文村後神田貳畝：/

一所同朔處叁高，一所墕庫處玖高，一所同𨷑宜處叁高，一所同魚處五高/。

時/

黎朝景興萬萬年之四十三龍輯壬寅[②]孟夏中浣。/

奉差興化處按守鎮所副首、號右雄奇該官、醇忠侯、延河黎貴醇撰/

同閈[③]壬午亞秋元國子　御策第一、中格、文選奉侍内文職、侍南宫、

僉知侍内書寫、兵番謹事佐郎、邁亭子，/陳阮玺温如潤/

弘渤縣丞、棠忠阮玶承寫[④]/

---

① “岸”，碑文作“峷”，爲“岸”之異體字。見《敦煌俗字譜·山部·岸字》。

② “景興萬萬年之四十三龍輯壬寅”，景興爲後黎顯宗（Lê Hiển Tông）黎维祧（Lê Duy Diêu）年號，四十三年爲公元1782年，同年爲清乾隆四十七年，歲次壬寅。

③ “同閈”，同鄉里。“閈”，里巷之門。詳見本書篇號〇三六《安穫社上、楝、廣納等三村黎忠義後神碑記》注釋。

④ 以上爲拓片編號00301内容。

題後

本碑記與篇號〇三六《安穫社上、棟、廣納等三村黎忠義後神碑記》《安穫社鋭村三甲黎忠義後神碑記》同刊刻於後黎顯宗景興四十三年（1782），撰者、書者、潤者與刻者均爲同人，惟本碑乃東山縣布衛鄉橋代村、衛安村及安穫社壽域村、同曳村、文村爲黎忠義所立之後神碑。碑文中約定黎忠義生前捐給五村之資——橋代村古錢貳百貫、私田陸畒，衛安村古錢貳百貫、私田陸畒，壽域村古錢壹百捌拾貫、私田陸畒，同曳村古錢壹百捌拾貫，私田陸畒，文村古錢五拾貫、私田貳畒，以作爲祭祀之費用；同時，這些後神的條約，將“百歲後，各遵約内饗祀”。

○三八　安穫社黎忠義生祠碑記

引言

碑立於清化省東山縣安穫社鋭村黎郡公祠，爲祠内右邊第二碑。碑刻雙面，拓片編號00303/00304。拓片編號00304爲碑一，共二十七行字，滿行約四十四字，碑額題“生祠碑記”四字，碑題“安穫左府黎公生祠碑記”十字；拓片編號00303爲碑二，共十行，滿行四十二字，今依内容及性質重定篇題爲“安穫社黎忠義生祠碑記”。兩碑面四邊均刻有花草紋。碑文撰者興化處按守鎮所副首號右雄奇該官黎貴醇，書者弘渤縣丞、棠忠阮玶，潤者奉侍内文職、侍南宫、僉知侍内書寫、兵番謹事佐郎陳阮坳。年代署作皇朝景興（Cảnh Thống）四十三年（1782），景興爲後黎顯宗（Lê Hiến Tông）黎维祧（Lê Duy Diêu）年號，同年爲清乾隆四十七年，歲次壬寅。拓片現藏於漢喃研究院。

拓片編號00304面内容記載安穫社爲左都督、滿忠侯黎忠義立生祠供奉之事。記録黎忠義經歷與軍功，爲此，安穫社特地爲之立生祠以供奉。

拓片編號00303面則爲昭統元年（1787）補録拓片編號00304未記之功，以及黎忠義因公亡故後，追封爲忠義福神、剛果雄毅大王之事。

00304
清化省東山縣安穫社視村黎都公祠石碑第二碑二面之一
生祠碑記
安穫左府黎公生祠碑記
生昌為其祠也有功在國有澤在民此左府公所以生而祠焉有祠不可無碑有碑不可無記記者記公之行狀也
公姓黎諱忠義東山之安穫人先世隱德弗耀　考贈少保公　妣贈郡夫人夏氏以行誼推於鄉有子三
公其長也手表環偉器宇貞方少不為俗羈奉侍
先朝迨陪蹕所丁亥　竜彪祐以奉御陞右篚點凤宵承弼忩著勤劳歷管奉四内趨行後雄一致前五隊累陞左篚
點左右監丞等職甲午冬　御駕南征率戰士扈從奉　准差海門巡禦管緝洋面擒獲賊渠并船隻兵械奉獎賞
白金一百兩陞同知監事乙未春奏凱以扈駕功陞僉太監易管優右行二等船尋授内差侍内書寫工番陞都太
監是年西南海黠梢煽特命管後内水隊前進功勳由山南基門出洋白鷂群亭屢獲全勝活捉偽渠并其黨五十
餘人捷奏奉堂書獎劳　敘賞銀子拾觔錢五百緡加陞總太監敀授都指揮使丙申春奉　命督運公粮往化
接濟頒敍軍有常需丁酉夏陞本番僉知尋命監督甲號内外工匠添管繕左奇再　准敘審察四城事務奸梳
舁息幾回肅清戊戌春陞參督神武四衛軍務歷陞左右校點都督僉事再奉　特旨推恩封蔭二代及其妻鄭氏
正夫人衆字弘信大夫顯恭大夫是年秋海氛荐熾奉　旨特差監察軍務督戰山南海陽安廣等道節所部精兵
貳千出爐户海門共山南鎮會勦大破海匪追至郁門收獲賊戰船六十隻銃口器械無筭捷聞奉命官郎軍中獎
戀孫為良将加賞銀鉀一面銀子一千两九月回兵涓壙猝遇賊徒掩至登岸追趕斬獲賊將名雲郡賊少邦將官
軍駐在輔隆逕口賊勢猖狂　公次前面用奇制敵逼戰克捷長驅至麟門俘獲其黨甚衆共海艘巨銃軍器不可
勝數奉加賞銀鉀一面巳亥春　朝廷以水匪未造清夷命將進討公領前鋒共賊戰于安廣青救帽山等地而生
拎賊黨三百餘人全獲賊船器械餘悉望風奔潰奉賞銀鉀二面加　敘所部義勇銀徫四十枚東南海忩從此肅
綫奉併錄戰功陞都督同知篚督都校點少保等職尋加副首號侍候衛右水奇是年春奉併護捉得滔偽并行赦
及假勅令共五跡　陞少傳職庚子春轉兵番僉知添管技北銃二侍厨等隊船辛丑冬奉併護捉得假作勅令
并行赦共三跡陞都督府右都督再由奉理作　東宮堂務　旨奉　敘賞巡一分加中軍都督府左都督是年今
奉差接鎮京北處行鎮守事務管後翊奇兼一勍隊　公到轄嚴信其號令蔑奸擿伏戢盜安民不數月而境轉為
而帖今年春伍處朝官及其員目以寧戢功狀達于朝奉　准敘正鎮守其機畧之掛聲華之茂由垣屏而棟梁以
建莫大之勳享莫大之貴有不容而可知矣嗟　公左右多年東南百戰以能為名將為良牧樹立如此其卓卓推
究其原無他忠厚而已蓋忠者處事盡心厚者推已及人之謂以忠厚事君則君諒之以忠厚待人則人感之本之
壹心達之萬事其功用為何如古人云以忠厚立朝始名言乎　公有此勳名而其功澤之博尤能棠樾于枌榆此
生祠之建所以引一邑香火於億萬年也敘予筆所記但能述往事之梗槩至於今後之勳閥之榮耀則自有所常
甚之鍾鼎新勒之非目前之筆所能盡是為記

編號：00304　出自《拓片總集》第一冊

釋文

【生祠碑記】

安穫左府黎公生祠碑記①

生曷爲其祠也？有功在國，有澤在民，此左府公所以生而祠焉。有祠不可無碑，有碑不可無記，記者，記公之行狀也。/

公姓黎，諱忠義，東山之安穫人，先世隱德弗耀，　　考贈少保公，　　妣贈郡夫人夏氏，以行誼推於鄉，有子三，/公其長也。丰②表環偉，器宇貞方，少不爲俗羈，奉侍/

先朝，邇陪邃所③，丁亥④　龍飛⑤初，以奉御陞右提⑥點，夙宵承弼，稔著勤勞，歷管奉四内趕行後雄一勁前五隊，累陞左提/點、左右監丞等職。甲午⑦冬，　御駕南征，率戰士扈從，奉　准差海門巡禦，哨緝洋面，擒獲賊渠并船隻兵械，奉奬賞/白金一百兩，陞同知監事。乙未春奏凱，以扈駕功陞僉太監，易管優右行二等船，尋授内差侍内書寫工番，陞都太/監。是年，西南海黠構煽，特命管後内水隊，前進功勦，由山南臺門出洋，白駒群亭，屢獲全勝，活捉僞渠并其黨五十/餘人。捷奏，奉璽書奬勞，　放賞銀子拾笏，錢五百緡，加陞總太監，改授都指揮使。丙申春，奉　命督運公糧⑧往[清]化，/⑨接濟頗敏，軍有常需。丁酉夏，陞本番僉知，尋命監督甲號内外工匠，添管繕左奇，再　准放密察四城事務，奸軌/屏息，幾甸肅清。戊戌春，陞參督神武四術⑩軍務，歷陞左右校點、都督僉事，再奉　特旨推霑封蔭二代及其妻

---

① 此爲拓片編號 00304 面之碑題，今重定篇題爲“安穫社黎忠義生祠碑記”。

② “丰”，即“豐”。《詩經·國風·鄭風·丰》：“子之丰兮，俟我乎巷兮，悔予不送兮。”毛亨傳：“丰，豐滿也。巷門外也。”

③ “邃所”，高堂邃宇。《楚辭·招魂》：“天地四方，多賊姦些。像設君室，靜閒安些。高堂邃宇，檻層軒些。”補注曰：“邃，深也。宇，屋也。”。

④ “丁亥”，景興四十三年之前的丁亥應爲後黎裕宗永盛三年（1707），當清康熙四十六年。

⑤ “飛”，碑文原作“兟”，越南“飛”之俗字。

⑥ “提”，越南諱字，越南私謚、私諱的情况普遍，此類字多於原字首上加“巛”或“从”表示。下同不另出注。

⑦ “甲午”，應爲後黎裕宗（Lê Dụ Tông）黎維禟（Lê Duy Đường）永盛十年（1714），當清康熙五十三年，歲次甲午。

⑧ “糧”，碑文原作“粮”字。

⑨ 據碑二拓片編號 00303 面内容補。

⑩ “術”，此爲越南俗字，釋作“衛”。

鄭氏/正夫人，衆子弘信大夫、顯恭大夫。是年秋，海氛薦熾，奉　旨特差監察軍務，督戰山南、海陽、安廣等道，簡所部精兵/貳千出鹽[①]户海門與山南鎮會勦，大破海匪，追至郁門，收獲賊戰船六十隻，銃[②]口器械無筭，捷聞，奉命官即軍中奬/慰，稱爲良將，加賞銀牌一面，銀子一千兩。九月，回兵渭潢，猝遇賊徒掩至，登岸追趕，斬獲賊將，名雲郡，賊少却。時官/軍駐在輔隆陘口，賊勢猖狂，　公次前面，用奇制敵，連戰克捷，長驅至鱗門，俘獲其黨，其衆與海艘巨銃軍器不可/勝數，奉加賞銀牌一面。己亥春，　朝廷以水匪未迄清夷，命將進討，公領前鋒，與賊戰于安廣、青枚、帽山等地面，生/擒[③]賊黨三百餘人，全獲賊船器械，餘悉望風奔潰，奉賞銀牌二面，加　攽所部義勇，銀體[④]四十枚，東南海寇從此清/綏，奉併録戰功，陞都督同知提督都校點、少保等職，尋加副首號、侍候衛右水奇。是年春，奉併議捉得潛僞並行劫/及假敕令共五跡，　陞少傅職。庚子春，轉兵番僉知，添管技北銃二侍廚等隊船。辛丑冬，奉併議捉得假作敕令/並行劫共三跡，陞都督府右都督，再由奉理作　東宫堂稱　旨，奉　攽賞巡一分加中軍都督府左都督。是年冬，/奉差按鎮京北處，行鎮守事務管後翊奇兼一勍隊，　公到轄，嚴信其號令，發奸擿伏，戢盜安民，不數月，朔境轉嚚/而帖。今年春[⑤]，伊處朝官及其員目以寧戢功，狀達于朝，奉　准攽正鎮守。其機畧之淵，聲華之茂，由垣屏而棟梁，以/建莫大之勳，享莫大之貴，有不察而可知矣。遡　公左右多年，東南百戰，以能爲名將，爲良牧，樹立如此其卓卓，推/究其原無他，忠厚而已。蓋忠者處事盡心，厚者推己及人之謂，以忠厚事君則君諒之，以忠厚待人則人感之，本之/壹心，達之萬事，其功用爲何如？古人云以忠厚立朝，殆名言乎？　公有此勳名而其功澤之傳尤能棠樾于枌榆，此/生祠之建所以引一邑香火於億萬年也歟！予筆所記，但能述往事之梗槩，至於今後之勳閥、之榮耀，則自有旂常[⑥]/旌之，鍾鼎勒之，非目前之筆所能盡。是爲記。/[⑦]

時

---

① “鹽”，碑文原作“塩”字。

② “銃”，碑文原作“銃”字。

③ “擒”，碑文原作“拎”字。

④ “體”，碑文原作“体”字。

⑤ “今年春”，即景興四十三年（1782）。

⑥ “旂常”，王侯的旗幟。《周禮·春官·大宗伯下》：“司常掌九旗之物，名各有屬，以待國事。日月爲常，交龍爲旂，通帛爲旜，雜帛爲物，熊虎爲旗，鳥隼爲旟，龜蛇爲旐，全羽爲旞，析羽爲旌，……國之大閲贊，司馬頒旗物，王建大常，諸侯建旂，孤卿建旜，大夫士建物，師都建旗，州里建旟，縣鄙建旐，道車載旞，斿車載旌。”

⑦ 以上爲拓片編號 00304 之内容。

皇朝景興萬萬年之四十三龍輯壬寅[①]孟夏中浣/

奉差興化處按守鎮所副首、號右雄奇該官、醇忠侯、延河黎貴醇撰/

同閈[②]壬午亞秋元國子、　御策第一、中格、文選奉侍内文職、侍南宫、

僉知侍内書寫、兵番謹事佐郎、邁亭子、陳阮玏温如潤/

弘渤縣丞、棠忠阮玶承寫/

辛丑年[③]奉攽鎮守京北處、正管後翊奇、添管一勍隊。癸卯年[④]奉攽輔佐正管後鋭奇，是年十一月日奉攽留守/清華處兼知安場府正管内鎮奇、添管拔石左右二隊。乙巳年[⑤]十一月日奉旨傳捉得僞稱真人，奉特攽/　郡公爵，是年十二月日奉攽大司空職。丙午年[⑥]奉攽鎮守興化處、奉管前匡奇，是年九月期奉差清/華處招討將軍，是年十月日將兵進至玉山縣穹越處，與西山夾陣而卒。至/　　　　　昭統元年贈封忠義福神、剛果雄毅大王，賜謚勇烈。/[⑦]

題後

本碑是東山縣安穫社鋭村黎郡公祠中唯一一通生祠碑記。與後神碑記需在百年之後方始履約祭祀不同，生祠之建，是“生而祠焉”。本碑記有兩面，00304 爲二面之一，00303 爲二面之二。二面之一未署年，二面之二有兩個年代，一個署年，刻在碑中央及偏左處，與其他三通後神碑同爲景興四十三年（1786），撰、書、潤者亦與三通後神碑一樣。另一署年在景興四十三年之次年，即昭統元年（1787）；並簡略記載黎忠義自辛丑年奉頒鎮守京北處正管開始，至景興四十七年（丙午）十月戰死，被封爲忠義福神剛果雄毅大王的經歷。這一段敘述應該是昭統元年補刻者，故本文將之置於景興署年與撰、書、潤者之後，以明脈絡。

---

① “景興萬萬年之四十三龍輯壬寅”，即景興四十三年（1782），當清乾隆四十七年。

② “同閈”，同鄉里。“閈”，里巷之門。詳見本書篇號〇三六《安穫社上、楝、廣納等三村黎忠義後神碑記》注释。

③ “辛丑年”，即景興四十二年（1781），當清乾隆四十六年。

④ “癸卯年”，即景興四十四年（1783），當清乾隆四十八年。

⑤ “乙巳年”，即景興四十六年（1785），當清乾隆五十年。

⑥ “丙午年”，即景興四十七年（1786），當清乾隆五十一年。

⑦ 以上爲拓片編號 00303 之内容。内容次序則有調整，因爲此碑二面之一碑額作“生祠碑記”，而自“辛丑年奉攽鎮守京北處”開始，至“昭統元年贈封忠義福神、剛果雄毅大王，賜謚勇烈”應爲黎忠義戰死之後，昭統元年（1787）追封“忠義福神、剛果雄毅大王”的補記。

有關黎忠義戰死之記載，可參看《大越史記全書續編》卷五："（景興）丙午四十七年，十月阮有整大舉入衛。晏都王（鄭槰）以清華鎮守内監滿忠侯（黎忠義）爲參領，督同潘輝益爲督視。召募清、乂散兵與所在豪目土兵，以擊整。滿遇整於玉山之濠門，戰死於陣。"亦可參見《欽定越史通鑑綱目·正編》卷四十六。

本碑記載黎忠義的生平經歷，是景興末年與昭統年間後黎朝安南政治局勢的重要研究資料。

○三九　安獲社鋭村三甲黎忠義後神碑記

引言

碑立於清化省東山縣安穫社鋭村黎郡公祠，爲祠内右邊第一碑。碑刻四面，拓片編號 00302/00305/00306/00307。拓片編號 00302 爲碑一，共二十五行字，滿行約四十五字，碑額以九疊篆題刻“後神碑記”四字，碑題“東山縣安穫社鋭村後神碑記”十二字；拓片編號 00306 爲碑二，共七行字，滿行約五十七字；拓片編號 00307 爲碑三，共二十四行字，滿行四十七字；拓片編號 00305 爲碑四，共七行字，滿行約五十七字，今依内容及性質重定篇題爲“安獲社鋭村三甲黎忠義後神碑記”。拓片編號 00302/00307 碑額左右二邊上角均以九疊篆刻“壽”字，其餘三邊則刻花草紋；拓片編號 00305/00306 碑額與碑底均刻蓮花紋，左右兩側飾以花草紋。碑文撰者與化處按守鎮所副首號右雄寄該官醇忠侯黎貴醇，書者侍内書寫兵番縣阮功勸，潤者選奉侍内文職、侍南宫、僉知侍内書寫、兵番謹事佐郎陳阮望。年代署作皇朝景興（Cảnh Thống）四十三年（1782），景興爲黎顯宗（Lê Hiển Tông）黎维祧（Lê Duy Diêu）年號，同年爲清乾隆四十七年，歲次壬寅。

碑文記載鋭村修、奈、神舍三甲爲滿忠侯、左都督黎忠義建生詞、立後神之事。爲此，黎忠義捐錢與私田予五村以作爲日後祭祀之資，文末録有三甲祭祀儀式、供品品項，祭田所在方位、大小，與日後修繕等規定。

東山縣安獲社鋭村后神碑記

嘗謂有無窮之需必有無窮之饗此左府　公所以祠於鄉而碑於後也

當朝特進輔國上將軍奉差京北處鎮守正首號後翊奇兼管一勍隊中軍都督府左都督滿忠侯黎公諱忠義東山

安獲人也少時磊落有大志其性直其量洪以　逐禁舊臣密紆

睿簡漨戎曹共武服內外宣勞今方以裏臣聲望垣屏于朔方其功名在邊郡事業在朝廷豈勒磻硍詎可量已　公

致位通顯而其處鄉黨恂恂如坦坦如與布衣時無異仁親睦族敬老慈幼見人之窮則濟之見人之難則救之

正夫人鄭氏諱符盖其禮糠之淑配也慈心善行每與　公相成帡幪所及一邑旄倪在人之澤已於口而可碑矣

公所居之本村曰鋭村奈脩神舍等甲官員鄉色黎廷珝阮宏而阮丞璸耒春種黎文玩阮張圍黎廷歲耒有條黎

玉鯨黎文洙黎廷用耒春為阮文逕阮宏財阮張祿耒有爵黎廷胤黎廷載阮丞班耒春盤侍京兵黎文議黎文楊

陶仲諧黎有玄黎廷登黎廷培阮張強耒春定阮廷延黎如琉仝村兵民上下等由衷之慕不謀同辞詣　公請建

生祠尊為　后神以香火于億年　公再三推辞請愈懇乃畱既本村古錢肆百貫私田拾陸畝為耒茲俎豆之助

鄉人感悅從記於予予曰有功德於民則祀之禮也遂命筆為之記記之下有銘四句於以壽　公之德鄉人之頌

之傳于永久云

銘曰

彼山之東　有石重重　廟貌其地　乾坤無窮

一鋭村尊保后神所有條約開列于左

鋭村例忌日禮豬壹口准古錢貳貫糉壹盘用糯米拾貳官鉢酒壹圩准古錢貳陌芙蕾叁拾口金銀壹千香燈用

足其本村貢目等各齋整衣帽並就祠廟行禮有文如儀祭畢其豬首敬俵後長存仍還本村二忌同　正旦禮豬

壹隻准古錢叁陌糉壹盘用糯米五官鉢酒壹圩准古錢叁拾陸文芙蕾叁拾口金銀叁百香燈用足逓供在

祠廟俱畢其禮仍還本村　正月賞春迎　神禮其本村貢目等各齋整衣帽並就　祠廟恭請香盃奠于　神位

之左禮用蒸食壹盘芙蕾香燈用足祭與　神同文祭畢迎　神還宮再迎香盃奠于　祠廟　二月春祭事　神

禮構一日後唱歌在　祠廟壹籌賞用古錢叁貫禮祭同忌日　五月唱歌迎　神禮同正月賞春　九月嘗先禮

祭同忌日十一月祈禾迎　神禮同正月賞春　十二月二十五日替席禮其本村貢目等並就　祠宇替席禮祭

同正旦

以上后神條約遶百歲後各遵約內饗祀

編號：00302　出自《拓片總集》第一冊

釋文

【後[①]神碑記】

東山縣安穫社鋭村後神碑記[②]

嘗謂有無窮之霑，必有無窮之饗。此左府　公所以祠於鄉，而碑於後也。/　　　　　當朝特進、輔國上將軍、奉差京北處鎮守正首、號後翊奇、兼管一勍隊中軍都督府左都督、滿忠侯，黎公諱忠義，東山/安穫人也，少時磊落有大志，其性直，其量洪，以　邃禁舊臣，密紓/　　　　　睿簡，蒞戎曹，其武服内外宣勞。今方以重[③]臣聲望，垣屏於朔方，其功名在邊郡，事業在朝廷，韙勒礌硠[④]，詎可量已？

公/致位通顯，而其處鄉黨恂恂如[⑤]，坦坦[⑥]如，與布衣時無異。仁親睦族，敬老慈幼，見人之窮則濟之，見人之難則救之。/　正夫人鄭氏諱𥦬，蓋其糟糠之淑配也，慈心善行每與　公相成，帡幪[⑦]所及，一邑旄倪[⑧]，在人之澤，已於口而可碑矣。/公所居之本村曰鋭村，柰、修、神舍等甲官員，鄉色黎廷玿、阮宏而、阮丞璝、未春種、黎文玩、阮張團、黎廷歲、未有條、黎/玉鯨、黎文述、黎廷用、未春爲、阮文迓、阮宏財、阮張禄、未有爵、黎廷胤、黎廷載、阮丞班、未春盤，侍京兵黎文議、黎文楊、/陶仲諧、黎有玄、黎廷登、黎廷培、阮張強、未春定、阮廷延、黎如琉，仝村兵民上下等，由衷之慕，不謀同辞，詣　公請建/生祠，尊爲

---

① “後”，碑額原作俗體字“后”，另兼正字故改，下同，不另注。

② 此爲拓片編號 00302 之碑題，今重定篇題爲“安獲社鋭村三甲黎忠義後神碑記”。

③ “重”，碑文作“褁”。

④ “礌硠”，指巨大而堅硬的石頭。

⑤ “恂恂如”，温恭之貌。《論語·鄉黨》：“孔子於鄉黨恂恂如也，似不能言者；其在宗廟朝廷，便便言唯謹爾；朝與下大夫言，侃侃如也。與上大夫言，誾誾如也。君在，踧踖如也，與與如也。”王肅曰：“恂恂，温恭之貌。”鄭玄曰：“便便，辯也，雖辯而謹敬。”孔安國曰：“侃侃，和樂之貌。誾誾，中正之貌。”馬融曰：“君在，視朝也；踧踖，恭敬之貌；與與，威儀中適之貌。”

⑥ “坦坦”，平易貌。《周易兼義上經·需傳·履》：“二履道坦坦，幽人貞吉。”孔穎達正義曰：“履道坦坦者，坦坦，平易之貌。九二，以陽處陰，履於謙退，已能謙退，故履道坦坦者，易无險難也。”

⑦ “帡幪”，本指帳幕，後亦引申爲覆蓋、庇蔭與庇護。揚雄《法言·吾子》：“震風陵雨，然後知夏屋之爲帡幪也。虐政虐世，然後知聖人之爲郛郭也。”李軌注曰：“帡幪，蓋覆。”（宋）吕頤浩《忠穆集·河間帥吴述古遷職再任啓》：“某猥慚疲鈍，獲托帡幪。欣聞成命之傳，彌切懦心之慶。”

⑧ “旄倪”，見《孟子·梁惠王下》：“王速出令，反其旄倪，止其重器，謀於燕衆，置君而後去之，則猶可及止也。”趙岐注：“旄，老耄也。倪，弱小倪倪者也。”

後神，以香火于億年。　公再三推辞，請愈懇，乃留[①]䝗本村古錢肆百貫，私田拾陸畝，爲來茲俎豆之助。/鄉人感悦，徵記於予，予曰："有功德於民則祀之，禮也。"遂命筆爲之記，記之下有銘四句，於以壽　公之德，鄉人之誼，/之傳於永久云。銘曰：/

彼山之東，有石重重。廟貌其地，乾坤無窮。/

一銳村尊保後神所有條約，開列于左：/

銳村例：

忌日禮：豬壹口，准古錢貳貫；粀[②]壹盤，用糯米拾貳官鉢；酒壹圩，准古錢貳陌；芙蕾[③]叁拾口，金銀壹千，香燈用/足。其本村員目等各齊整衣帽，並就祠廟行禮，有文如儀。祭畢，其豬首敬俵族長存，仍還本村。二忌同。

正旦禮：雞/壹隻，准古錢叁陌；粀壹盤，用糯米五官鉢；酒壹圩，准古錢叁拾陸文；芙蕾叁拾口，金銀叁百，香燈用足，遞供在/　　　　　祠廟，供畢，其禮仍還本村。

正月賞春迎　神禮：其本村員目等、各齊整衣帽，並就　祠廟，恭請香盂，奠于　神位/之左。禮用熟食壹盤，芙蕾香燈用足，祭與　神同文，祭畢迎　神還宫，再迎香盂，奠于祠廟。

二月春祭事　神/禮，隔一日後，唱歌在　祠廟壹籌，賞用古錢叁貫，禮祭同忌日。

五月唱歌迎　神禮，同正月賞春；　九月嘗先禮，/祭同忌日；十一月祈禾迎　神禮，同正月賞春；十二月二十五日替席禮，其本村員目等，並就　祠宇替席，禮祭/同正旦。

以上後神條約，逮百歲後各遵約内饗祀。/[④]

一后神田各處所開列于左：/

一銳村后神田拾陸畝：/

一所群山處叁高，一所群山處壹高，一所群山處壹高五口，一所群山處叁高，/一所群山處柒高，一所群山處叁高，一所群山處叁高，一所群山處叁高，/一所群山處叁高，一所群爊處壹高，一所群福處柒高，一所群福處叁高，/一所群福處貳高，一所群福處貳高，一所群休

---

① "留"，碑文作"畱"字，爲異體字。見《重訂直音篇·田部》。

② "粀"，喃字，糯米之意。

③ "芙蕾"，是一種藤類植物，越文作Cây lá trầu。與檳榔同爲喜慶時必有之象徵性植物，尤其是在傳統婚俗文化中，檳榔、芙蕾與石頭（石灰）是兄弟和睦、夫妻恩愛之象徵，迄今越南傳統式的婚禮仍然採用芙蕾、酒、檳榔等物作爲重要的禮物。詳見本書篇號○○二《瑞璋坊東甲阮氏畂暨夫祭忌碑記》注釋。

④ 以上爲拓片編號00302。

處貳高，一所同院處壹高五口，/一所同院處柒高，一所同院處玖[1]高，一所同院處肆高，一所洳鋭處五高五口/，一所同嫩處叁高，一所同嫩處叁高，一所潭塭處貳高，一所同源處貳高，/一所同源處參高，一所同源處肆高，一所同源處貳高，一所同源處貳高，/一所同源處壹高五口，一所同數處五高，一所同數處壹高五口，一所同數處貳高，/一所同數處壹高，一所同數處壹高五口，一所同數處壹高五口，一所同數處壹高，/一所同數處壹高，一所同數處壹高，一所同數處壹高，一所勤多處壹高五口，/一所洳蜂處壹高，一所群柰處壹高五口，一所同弩處壹高五口，一所同弩處壹高，/一所同弩處秧田叁斗，一所同弩處秧田叁斗，一所𡎝院處壹高五口，一所𡎝院處秧田叁斗，/一所梂楝處叁高，一所同弄處五口，一所同隻處陸高，一所同隻處貳高，/一所同隻處叁高，一所同場處貳高五口，一所同看處五高，一所同看處壹高，/一所同看處叁高，一所同歆處貳高，一所同歆處壹高，一所同轄處陸高，/一所同噀處秧田貳斗，一所同噀處秧田五斗，一所洳豪處秧田叁斗，一所𡎝院處秧田叁斗，/一所同燕處壹高五口。/

時/

皇朝景興萬萬年之四十三龍輯壬寅[2]孟夏中浣/

奉差興化處按守鎮所副首、號右雄奇該官、醇忠侯、延河黎貴醇撰/

同閈[3]壬午亞秋元國子、　御策第一、中格、文選奉侍内文職、侍南宫、

僉知侍内書寫[4]、兵番謹事佐郎、邁亭子、陳阮𡌽温如潤/

侍内書寫、兵番縣丞、琅忠阮功勸承寫/[5]

癸卯年[6]玖月貳拾日，後神東山縣安穫社鋭村修、奈、神舍等甲，中男[7]阮張慎、黎壽揭、黎文謙、末春𡍚、陶仕衡、阮廷顛、黎阮旗、末春全、阮名揚、阮廷已、黎/玉管、末春倫、阮承侃、黎文作、阮文西、末春延、黎文越、阮承帽、黎玉貸、黎文休、黎壽禮、黎廷祠、黎

---

① “玖”，碑文原作越南諱字“𨤼”，下同逕改，不另出注。

② “景興萬萬年之四十三龍輯壬寅”，景興爲後黎顯宗年號，四十三年歲次壬寅（1782），同年爲清乾隆四十七年。

③ “同閈”，同鄉里。“閈”，里巷之門。詳見本書篇號〇三六《安穫社上、楝、廣納等三村黎忠義後神碑記》注釋。

④ “侍内書寫”，黎聖宗朝翰林院正六品官，阮朝爲正五品官。

⑤ 以上爲拓片編號 00307 之内容。

⑥ “癸卯年”，應該是後黎顯宗景興四十四年（1783），亦即刊刻後神碑後一年。

⑦ “中男”，青壯年男子的注稱。

玉百、黎有操、陶仕隊、黎廷暑、黎文玼、末有亨、黎廷想/、黎壽㪯[①]、阮文蘭、末春矚[②]、黎廷浽、枚世哀、黎文萬、黎文珪、黎廷玶、枚世蚌[③]、末春勤、末春買、末春價、末春范、末春懇、黎有湯、末春衛、末春租仝三/甲[④]中男上下等，承見本村長官、當朝特進、輔國上將軍、奉差奉守　尊陵、兼理作寢廟，首號鎮内奇該奇官、中軍都督府左都督、太傅、滿忠侯，/留貺本村中男古錢壹百貫，私田捌畝，鉦皷各壹面，以助今後豆籩[⑤]之費。其叁甲中男等，䡅[⑥]情愛戴，不謀同辝，領取這錢田，並尊保爲後神，以香/火于億萬年。所有條約開列于後：

計

一係遞年二月春祭日後，擇取吉日，歌唱在祠宇，用壹籌，賞用古錢叁貫，沙牢[⑦]壹隻，准古錢五貫，粆、酒、芙蒥、/金銀、香燈用足。

一係遞年事神例，本社就　祠廟迎盂香就　殿廟之左，其三甲中男，各整衣帽及鉦皷，同與本社奠迎，　係本社奉迎。/[⑧]聖駕還宫，其中男半率[⑨]衣帽鉦皷如原同，與本社奠迎盂香還　祠廟。

一係　祠廟二連内外間，或磚瓦毁敝雨漏，内家本分修甲中男修理倒瓦[⑩]，外家本/分奈甲、神舍甲等修理倒瓦。

一係儀門一連間，或磚瓦毁敝雨漏，前㕑[⑪]本分修甲中男修理倒瓦，後㕑本分奈甲、神舍甲等中男修理倒瓦。

一係　祠廟周/圍[⑫]藩籬如有頹敝疎廣，其叁甲中男同整理作。

---

① “㪯”，即“舉”，見《宋元以來俗字譜・臼部》引《列女傳》。

② “矚”，或應作“矚”，據李添富考訂，《正字通・目部》：“矚，矚字之訛。”《龍龕手鑑》則以爲矚之俗字。

③ “蚌”，爲“蚌”之異體。段注本《説文解字・蟲部》：“蚌，蜃屬。從蟲，豐聲。”

④ 三甲謂脩、奈、神舍三甲。

⑤ “豆籩”，亦作“籩豆”，“籩”，碑文作“邊”字。“籩”“豆”皆禮器，《爾雅・釋器》：“木豆謂之豆。竹豆謂之籩。瓦豆謂之登。”《禮記・禮器》：“大饗其王事與，三牲魚腊四海九州之美味也，籩豆之薦四時之和氣也。”又《禮記・郊特牲》：“鼎俎奇而籩豆偶，陰陽之義也。籩豆之實，水土之品也。不敢用褻味而貴多品，所以交於旦明之義也。”後以籩豆作爲祭祀的代稱。

⑥ “䡅”，即“輿”，見《宋元以來俗字譜・車部》引《古今雜劇》。

⑦ “沙牢”，即少牢、小牢，指用豬羊或僅用羊作祭品的祭祀，區别於“太牢”“大牢”。此代指用作祭品的羊。

⑧ 以上爲拓片編號 00306 之内容。

⑨ “率”，碑原作“𢪏”，據校合本《大越史記全書》越南俗字、簡體字與慣用漢字對照表。

⑩ “瓦”，碑文原作“坬”，即喃字“瓦”，下同逕改，不另出注。

⑪ “㕑”，喃字，有方、面的意思，如前方、上方。

⑫ “圍”，碑文原作“囲”，俗字，可作“圍”，下同不另出注。

一係　祠廟内各石器并碑等項，如萬年某處傾頽，即叁甲中男整飭修理，填補如原。

一祠廟内周/圍産物及湖前養魚並留許叁甲中男守把食用。

一留付叁甲中男綿帳壹幅，係遞年歌唱及忌禮等日即遞這帳懸置如儀。

一係約成之後生/繼死除，各條照依例内，倘或後日面隔心萌，不拘條例，致雨屋漏，及藩籬疎廣、并石器傾頽，其本村見知，許本村罰豬壹隻，准古錢壹貫五陌，再/復役如原，以表奉事克爰。

一後神田各處所：

一所夏田并秧[1]田上自稙神下至祠宇共貳畝壹高。/

一所夏田同轄處五畝。

一所夏田同槎處肆高。

一所夏田外泑處五高。/[2]

題後

本碑記與本書篇號〇三六《安穫社上、楝、廣納等三村黎忠義後神碑記》、〇三七《布衛鄉安穫社壽域等五村黎忠義後神碑記》同爲安穫社黎郡公祠中爲黎忠義所立後神碑記。本碑爲黎忠義居住所在地鋭村之修、奈、神舍三甲所立之後神碑記，共四面（編號 00302/00305/00306/00307）。由於黎郡公祠即在本地，因此對於如何修繕祠宇、封碑特加約定。碑中也出現一些比較特殊的專有名詞，如“中男”“沙牢”之類；喃字的使用也比較普遍。

又，編號 00305/00306 爲碑兩側，00306 署年爲“癸卯年”，00305 首書聖駕還宫，這兩面應該是在景興四十三年（1782）壬寅後所刻之記載。

---

① 據本書其他碑記，此字或應即“秧”田。

② 以上爲拓片編號 00305 之内容。

○四○　重修東門寺興功碑

引言

碑立於河城行糖庯東門寺右家，爲左邊第二碑。碑刻單面，拓片編號00318，共二十七行字，滿行約三十四字，碑額題有“東門寺”三字，今依内容及性質重定篇題爲“重修東門寺興功碑”。碑額刻有二層紋飾，内層爲雙龍昭日，外層以花草紋與左右二側相連。年代署作陽和（Dương Hòa）五年（1639），陽和爲後黎朝黎神宗（Lê Thần Tông）黎維祺（Lê Duy Kỳ）年號，歲次己卯，同年爲明崇禎十二年。拓片現藏於漢喃研究院。

碑文記載參與重新修繕東門寺功德主題名，其中包括多位高官，以及乂安、山南、京北、海洋、山西、順化、中都、山南和清化等地區的善男信女。

00318
東門寺
河城行轄庯東門寺右家左邊第二碑
陽和五年三月初八日

編號：00318　出自《拓片總集》第一册

釋文

東門寺[①]

安南國乂安、清華、山南、京北、海陽、山西、順化、中都等承宣，重修東門寺上殿□燒香前堂、/後堂、左右行廊，所有姓名遺跡于後[②]。詩曰：/

中都士娓[③]發心禪，碑勒東門些景僊。

面映千尋鋪珥帶，背依百雉控龍編。/

靈鍾屹立梵宮鎮，安措陰扶國祚綿。

惟願興功并信施，河沙福享永流傳。/

一會主：興功輔國純信揚武威勇功臣、錦衣衛總知、勇山侯陳買，字道賢；親孫陳文貴羅山縣/□陵社；/王府侍内監總都太監事、桂岩侯阮文程，親姊阮氏禄，號慈賢金華縣/榔下社；阮氏諸，號道敏溪□社，/贊治功臣、兵部郎中、桂嶺侯阮知禮，字道和；妻阮氏玉貳，號慈幸；阮氏永，號慈賢羅山縣/華裔社，/陵正、廣禄子阮光輝，字茂廣；妻黎氏祚玉山縣/雲□社，舍人、司使指揮、文義侯潘麟妻裴氏度羅山縣/安舍社；/内府監總太監掌監事、嘉陵侯陳顯榮嘉□縣/瀾口社，内府監總太監權司禮參知監、芳嶺侯阮傳岩；/阮暢字道忠，妻黎氏仲，號慈惠玉山縣/文場社；太卜院院使、仁淵男范光進，字玄恩；妻阮氏槽□□□/□□□。/太卜院阮壽禄，字福山；妻范氏舍嘉定縣/東平社，太卜院院正、文智男武文涯，字德盛；妻武氏特□□/□□。/太卜院院正、文廷男阮嘉公，字法榮；妻阮氏曨嘉定縣/古□社，太□掌院、東鋭子武廷堅，字玄輝□□□/□澤社；/禪師阮道演，字德全安豐縣/大林社；僧統阮春琳，字福家；妻阮氏乙仙遊縣/□□社；阮伯明，字福實，妻阮氏雖唐安縣/□□社。/顯東侯陳文魁妻阮氏韶，陳文財妻黎氏廛羅山縣□□社。奇南侯黎桂瑟，字真道智雷□縣/□□□。

中都本寺寺使阮簾，字道德；妻黃氏書，號道康□化縣/霞□社。勾當士范文閣，字道通，妻阮氏禎，號道慎□□縣/□□社，/裴大典，號玉京嘉林縣，如京社，阮文通，字道理，楊登第，字德仙，妻阮氏紏，號惠擠。阮文塢，字德焉，妻阮氏□。/丁佐朝，字德揚，妻阮氏香上福縣

---

① 此爲額題。

② “後”，碑原作“后”，因另兼正字故改，下同，不另出注。

③ “士娓”，越南稱未出家，而在寺廟中爲寺廟工作的男性與女性。

紫/陽社四人。武瑞，字道禮，妻朱氏銀□□□/□□□。阮壽禄，字德惠，妻楊氏待盛光。/楊公作，字惠根；妻范氏德。楊公進，字惠知；妻丁氏堆上福縣/紫陽社。□曰秀妻梁氏某，/楊公勝妻武氏緣嘉林縣/土槐社，阮添妻武氏□押佳/坊。范文謀，字德蘭，妻楊氏頡號惠嵬，楊公錦妻丁氏郎紫陽社。/阮文林，字得福；妻范氏占，號道安同安/坊。阮文通，字萬福，號圓明；妻何氏東，號慈芳東安縣平民社。/阮文忠，字道榮；妻杜氏僚，號慈廣嘉定縣/大拜社。武文輝妻武氏饒鄒溪社。/

信娓丁氏永，號道恩□陽社；阮氏多，號惠明河口坊；阮氏泠，號慈廣；宋氏強，號慈禄同伴/社；陶氏梳，號惠廣；/阮氏通，號惠珍持重社，同氏鎮，號惠林黎舍社，阮氏舜華唐社；阮氏軒，號道蘭古□社；阮氏純，號惠真；/武光壽，字道明古□社；黎氏安，號慈好禮□社；陳氏珍，字道明，法號德通多牛社；陳氏玉倫，號慈榮□□/社；/鄧氏瑶，號慈緣春□社。/

陽和五年[①]三月初八日/

住持東門寺小僧阮經綸，字道忠；妻黎氏仲，號慈惠；/

□□東門寺僧籙司[②]僧統[③]改除[④]光進慎禄大夫、太常寺少卿、文錦子楊世科，字德潤；妻潘氏尚。/

---

① “陽和五年”，當明崇禎十二年（1639），歲次己卯。

② “僧籙司”，見《宋史》卷一百六十五：“左、右街僧録司，掌寺院僧尼帳籍及僧官補授之事。”《明史》卷七十四：“（洪武）十五年始置僧録司、道録司。”又：“僧録司。左、右善世二人，正六品，左、右闡教二人，從六品，左、右講經二人，正八品，左、右覺義二人，從八品。”《清史稿》卷一百十五：“天聰六年，定各廟僧、道以僧録司、道録司綜之。”

③ “僧統”，見《大宋僧史略》卷二：“秦制關中。立僧正爲宗首。……及魏世更名僧統，以爲正員，署沙門都，以分副翼，則都維那是也。”

④ “除”，碑原作越南避諱字。

題後

河内行糖庯東門寺中計有三通碑誌（以《拓片總集》第1至4册爲考察範圍），請參看下表：

編號	篇題	年代	位置
00317	東門寺記	後黎神宗永祚六年（1624）	寺後家左邊第一碑
00318	重修東門寺興功碑*	後黎神宗陽和五年（1639）	寺後家左邊第二碑
00319	重脩東門寺㞮碑	阮世祖嘉隆15年（1816）	寺後家左邊第三碑

注：* 表示此篇收入本書。

本碑記乃刊刻於後黎朝黎神宗陽和五年（1639）的重修碑記，中間記載了一位損資立碑者楊世科其官歷爲東門寺僧録司僧統，改除光進慎禄大夫、太常少卿、文錦子。按，越南官職主要依據中國的職官系統建立。潘輝注《歷朝憲章類志·官職志》自丁先皇時期“初定文武階品，有都護、士師、將軍、牙校等職；又定僧道階，有太師僧，道士：崇真威儀等號”，此後前黎朝“改定文武僧道官制，一遵於宋”，越南陳朝史家黎崱根據他實際參預越南中央官職的理解，將越南的官制分成九類：王侯爵號及品秩、宰執、武帥、文職、近侍官、方鎮、世襲鄉邑官、僧官、道官。可見自十世紀末的丁朝至十五世紀初的陳朝末年，僧官都持續存在，迄本碑誌刊刻的十七世紀僧統官依舊統管僧録，亦可改授太常職。

○四一　社壇坊丁氏家族祭忌碑記

引言

碑立於環龍縣安下總社壇坊金鞍寺，爲寺内右邊第四碑。碑刻單面，拓片編號00368，共二十四行字，滿行約三十字，碑額題“寄忌碑記”四字，今依内容及性質重定篇題爲“社壇坊丁氏家族祭忌碑記”。碑額紋飾爲雙龍昭日，左右兩側飾以花草紋。年代署作清光緒十五年(1889)，同年爲越南阮朝成泰帝成泰（Thành Thái）元年，歲次己丑。拓片現藏於漢喃研究院。

碑文記載嫁與中國廣州府海南縣彭姓的丁俊雅有感於内、外家族人丁分散於中國與越南，香火淒涼，故於社壇坊購置八分十尺田，其中一分十尺爲親人墓地，七分田捐予金鞍寺以作爲祭奠其内、外家等已故親戚之資。文末並記祭奠之人的名諱及祭日。

00368
寄忌碑記

編號：00368　出自《拓片總集》第一冊

釋文

寄忌碑記[1]

蓋聞木之千柯萬葉本於根，水之千流萬派本於源，人本乎祖亦猶是夫！且既/知其根必須栽培，然後柯葉敷榮，成其碩果；既知其源必須疏導，然後流派消/洩，達于河海。但念内外家先及諸親戚，或系北國，或系南國，間有乏嗣，香火淒/涼，於心不安，爰買田八篙[2]十尺于河内省安和總社壇坊，歸置墳墓，其餘設爲/祀田，以供歲辰忌臘[3]，而便省掃除。墓田一篙十尺，外尚存七篙，皈依[4]伊坊金鞍/禪寺，立石碑祀所于右邊，仍交伊坊耆老員人、轉交伊寺住持[辦]禮，仝年春正/月十五日、秋七月十五日，其何位應于這二期合祀，何位應行别忌，列計于左：/

一内派外派合祀于正、七兩月十五日，以下：/

彭門堂高曾祖考，高曾祖妣、叔伯弟兄、姑姨姊妹。/

丁門堂高祖考丁相公，字福真府君；/

高祖妣鄒氏，號淑真安人；高祖妹丁氏蘭；/

曾祖考、號純和丁府君。/

一外派别祀又于正、七兩月十五日，以下：/

外祖考諱鼎，號敦敏丁府君，正月十三日；/

外祖妣陳氏秀，諱蒼孺人，十二月初三日；/

顯考丁文璧，號剛直府君，六月初六日；/

顯妣丁門正室阮氏□，號慈愛，五月初八日。

一外派合祀于正、七兩月十五日，以下：/

親叔丁文捷，丁文甒，丁氏閑，丁氏□，丁氏日，/

---

① 此爲額題，今依内容及性質重定篇題爲“社壇坊丁氏家族祭忌碑記”。按，“祭忘”“寄忌”意。義相同。

② “篙”，越南的計量單位“分”，越南畝的十分之一，按越南北部地畝制，一分相當三百六十平方米；中部地畝制，則相當四百平方米。

③ “忌臘”，見（明）田藝衡《玉笑零音》：“人之初生，以七日爲臘；人之初死，以七日爲忌。一臘而魄成，故七七四十九日而七魄具矣。一忌而一魂散，故七七四十九日而七魂泯矣。”

④ “皈依”，又作“歸依”，指歸敬依投於佛、法、僧三寶。詳見本書篇號〇一五《重修含龍寺碑記》注释。

妹彭氏逸；女子梅青公主彭德卿，婚黄芳松。/

光緒十五年[①]十二月初六日立/

廣東省廣州府南海縣三江司大欖堡新村鄉彭門正室丁俊雅，號妙進謹誌。/

題後

金鞍寺内共立有六通碑誌（以《拓片總集》第1至4册爲考察範圍），如下表：

編號	篇題	年代	位置
00366/00370	奉事後佛碑記（優婆夷武氏權）	後黎熙宗正和二十年（1699）	金鞍寺右邊第二碑
00367	寄忌碑記（陳氏龍）	阮翼宗嗣德三十年（1877）	金鞍寺左第一碑
00368	社壇坊丁氏家族祭忌碑記*	光緒十五年（1889）	金鞍寺右第四碑
00369/00372	社壇坊阮氏妙香後佛碑記*	後黎熙宗永治元年（1676）	金鞍寺右第一碑
00371	寄忌碑記（阮妙順等）	阮成泰帝成泰十一年（1899）	金鞍寺左邊第二碑
00373- 00376	重脩社壇坊金鞍寺碑記	未注明	金鞍寺右邊第三碑

注：* 表示此篇收入本書。

① "光緒十五年"，當越南成泰帝（Vua Thành Thái）阮福昭（ Nguyễn Phúc Chiêu ）成泰元年（1889），歲次己丑。

○四二　社壇坊阮氏妙香後佛碑記

引言

碑立於環龍縣安下總社壇坊金鞍寺，爲寺内右邊第一碑。碑刻雙面，有界綫，拓片編號00369/00372。拓片編號00369爲碑一，共十七行字，滿行二十四字，碑額題“金鞍寺後佛碑”六字，碑題“阮氏號妙香後佛碑敘并銘”十一字；拓片編號00372爲碑二，共十二行字，滿行約十六字，今依内容及性質重定篇題爲“社壇坊阮氏妙香後佛碑記”。拓片編號00369碑額紋飾刻有二層，内層爲日紋，外層以幾何紋與左右兩邊相連，碑底刻有蓮座；拓片編號00372碑額亦刻有二層，内層爲日紋，外層以雲紋與左右兩邊相連，碑底紋飾似爲結繩紋。碑文撰者翰林院校理范日輝、書者侍書寫將臣吏范日明，刻者爲太醫院良醫副阮廷醫校工。年代署作永治（Vĩnh Trị）元年（1676），永治爲黎熙宗（Lê Hy Tông）黎維祫（Lê Duy Cáp）年號，同年爲清康熙十五年，歲次丙辰。拓片現藏於漢喃研究院。

碑文記載奉天府廣德縣工部坊范公逢以壽昌縣社壇坊許將其妻阮氏尊爲後佛於金鞍寺，故率其養子范公蘇、側室子范公裔、范氏彬並范氏枝等，樂捐田土池五分給社壇坊用於修葺鐘樓、廟祠之用，文末記有祭祀規定，並以四字二十八句銘文以詠此事作結。

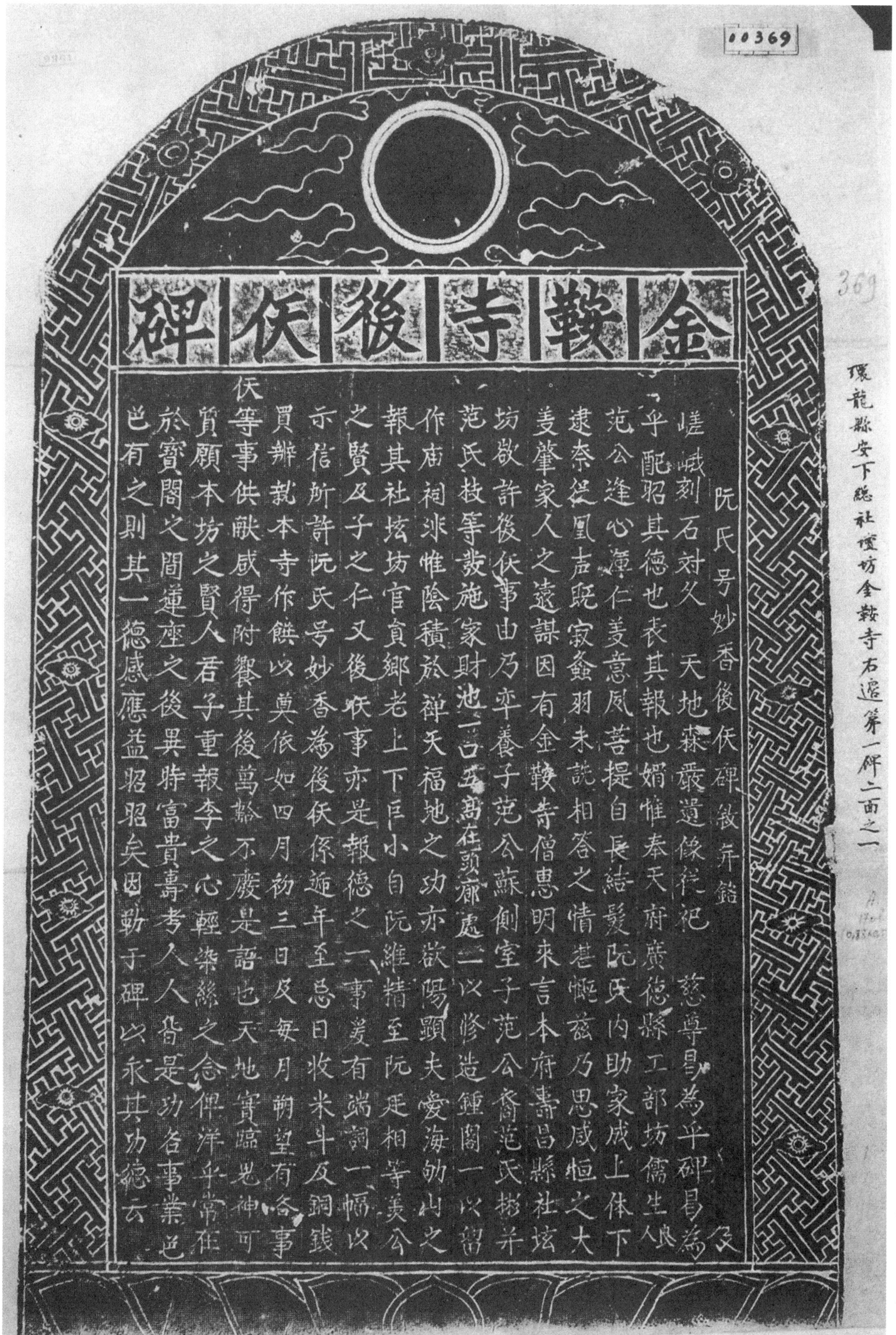
00369
369
環龍縣安下總社壇坊金鞍寺右邊第一碑二面之一
金鞍寺後佚碑
阮氏号妙香後佚碑敘并銘
嗟峨刻石対久　天地森嚴還像祀祀　慈尊是為平碑是為
乎配昭其德也表其報也媚惟奉天府廣德縣工部坊儒生人良
范公逢心渾仁姜意夙菩提自長結髮阮氏內助家成上体下
逮奈從凰声既家畚羽未諒相荅之情甚慨茲乃思感恒之大
姜肇家人之遠謀因有金鞍寺僧惠明来言本府壽昌縣社坛
坊敬許後佚事由乃卒養子范公蘇側室子范公裔范氏掛并
范氏枝等裝施家財池一吕五高在頭廊處二以修造鍾閣一以留
作庙祠非惟陰積於禅天福地之功亦欲陽顯夫愛海动山之
報其社坛坊官貞鄉老上下巨小自阮維精至阮廷相等美公
之賢及子之仁又後佚事亦是報德之一事爰有端詞一幅以
示信所許阮氏号妙香為後佚係逝年至忌日收米斗及銅錢
買辦就本寺作饌以奠依如四月初三日及每月朔望有各事
佚等事供献咸得附饗其後萬齡不廢是語也天地實臨鬼神可
質願本坊之賢人君子重報李之心輕染絲之念俾洋乎常在
於寶閣之間蓮座之後異時富貴壽考人人皆是功名事業邑
邑有之則其一德感應益昭昭矣因勒于碑以永其功德云

編號：00369　出自《拓片總集》第一冊（下同）

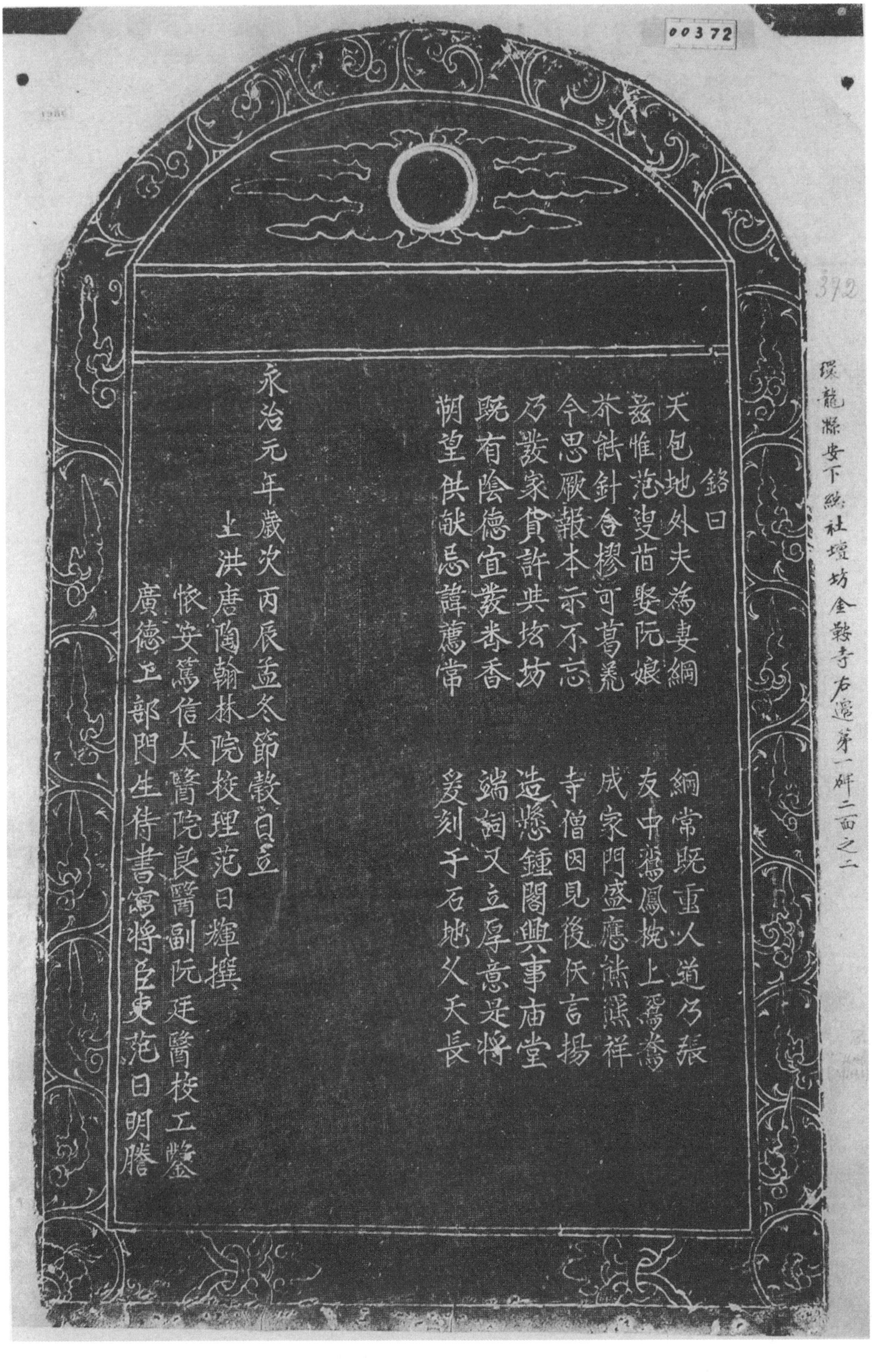
00372
環龍縣安下總社壇坊金鞍寺右邊第一碑二面之二

銘曰
天包地外夫為妻綱
茲惟范叟苗娶阮娘
夯餘針令樛可葛纍
今思厥報本示不忘
乃發家貲許供坊坊
既有陰德宜發春香
朔望供獻忌諱薦常

綱常既重人道乃振
友中鸞鳳挽上鷸鶿
成家門盛應熊羆祥
寺僧因見後伕言揚
造懸鍾閣興事庙堂
端詞又立厚意是將
爰刻于石地久天長

永治元年歲次丙辰孟冬節穀日立
上洪唐陶翰林院校理范日輝撰
恢安篤信太醫院良醫副阮廷醫校工鐫
廣德工部門生侍書寫將臣吏范日明謄

編號：00372

釋文

【金鞍寺後佛碑】

阮氏號妙香後佛[①]碑敘并銘[②]

嵯峨刻石，對久　天地；森嚴遺像，從祀　慈尊。曷爲乎碑？曷爲/乎配？昭其德也，表其報也。婿惟奉天府廣德縣工部坊儒生良/人/范公逢，心渾仁義，意夙菩提，自長結髮阮氏，内助家成，上體下/逮，奈從凰[③]聲既寂；螽羽未詵[④]，相答之情堪慨。玆乃思咸恒[⑤]之大/義，肇家人[⑥]之遠謀。因有金鞍寺僧惠明來言，本府壽昌縣社壇/坊欲許後佛事由，乃率養子范公蘇、側室子范公裔、范氏彬并/范氏枝等發施家財，池一口五高[⑦]在頭廊處，一以修造鍾閣，一以留/作廟祠，非惟陰積於禪天福地之功，亦欲陽顯夫愛海岉山之/報。其社壇坊官員鄉老上下巨小、自阮維精至阮廷相等，羡公/之賢及子之仁，又後佛事亦是報德之一事，爰有端詞一幅以/示信，所許阮氏號妙香爲後佛，係遞年至忌日收米斗及銅錢/買辦，就本寺作饌以奠，依如四月初三日及每月朔望，有各事/　　　　　　佛等事供獻，咸得附饗其後，萬齡不廢。是語也，天地實臨，鬼神可/質，願本坊之賢人君子重報李[⑧]之心，輕染絲[⑨]之念，俾洋乎常在/於寶閣之

---

① “佛”，碑原作“仸”，異體字，“仸”又兼正字，故改爲“佛”，下同逕改，不另出注。

② 此爲拓片編號 00369 之碑題，今依内容及性質重定篇題爲“社壇坊阮氏妙香後佛碑記”。

③ “凰”，典出《史記·司馬相如列傳》：“卓王孫有女文君，新寡，好音，故相如繆與令相重，而以琴心挑之。”司馬貞索隱曰：“其詩曰‘鳳兮鳳兮歸故鄉，遊遨四海求其皇，有一豔女在此堂，室邇人遐毒我腸，何由交接爲鴛鴦’也。又曰‘鳳兮鳳兮從皇栖，得託孖尾永爲妃。交情通體必和諧，中夜相從別有誰。’”

④ “螽羽未詵”，謂無子嗣或子嗣不繁。“螽斯”典出《詩經·國風·周南·螽斯》：“螽斯羽，詵詵兮，宜爾子孫振振兮。”

⑤ “咸恒”，見《周易正義》卷一“第五論分上下二篇”：“咸恒者，男女之始，夫婦之道也。人道之興，必由夫婦，所以奉承祖宗爲天地之主，故爲下篇之始，而貴之也。”

⑥ “家人”，見《周易兼義·下經咸傳》：“家人，利女貞。”王弼注曰：“家人之義各自脩一家之道，不能知家外他人之事也。統而論之，非元亨利君子之貞，故利女貞，其正在家内而已。”

⑦ “高”，即“篙”，越南的計量單位“分”，越南畝的十分之一，按越南北部地畝制，一分相當三百六十平方米；中部地畝制，則相當四百平方米。

⑧ “報李”，典出《詩經·大雅·蕩之什·抑》：“投我以桃，報之以李。”鄭玄箋云：“此言善往則善來，人無行而不得其報也。”

⑨ “染絲”，典出《墨子·所染》：“子墨子言見染絲者而歎曰：‘染於蒼則蒼，染於黄則黄，所入者變，其色亦變，五入必（同畢）而已，則爲五色矣。故染不可不慎也。非獨染絲然也，國亦有染。’”

間，蓮座之後，異時富貴壽考，人人皆是；功名事業，色/色有之。則其一德感應益昭昭矣。因勒于碑，以永其功德云。/[1]

銘曰：/

天包地外，夫爲妻綱。綱常既重，人道乃張。/

兹惟范叟，舊娶阮娘。友中鸞鳳，枕上鴛鴦。/

芥能針合[2]，樛可葛荒。[3] 成家門盛，應熊羆祥[4]。/

今思厥報，本示不忘。寺僧因見，後佛言揚。/

乃發家貨，許與壇坊。造懸鍾閣，興事廟堂。/

既有陰德，宜發繼[5]香。端詞又立，厚意是將。/

朔望供獻，忌諱薦常。爰刻于石，地久天長。/

永治元年歲次丙辰[6]孟冬節穀日立/

上洪唐陶翰林院校理范日輝撰/

懷安篤信太醫院良醫副阮廷醫校工鑿/

廣德工部門生侍書寫將臣吏范日明謄/

---

① 以上爲拓片編號 00369 内容。

② “芥能針合”，謂雖如墜針貫芥般的困難，也可以成功。“芥針”典出（隋）灌頂撰《大般涅槃經疏·純陀品中》（大正新修大藏經 No.1767）：“仰鍼於地，梵宫投芥，墮在鍼鋒，此事甚難。值佛生信復難於是。”

③ “樛可葛荒”，見《詩經·國風·周南·樛木》：“南有樛木，葛藟荒之，樂只君子，福履將之。南有樛木，葛藟縈之。樂只君子，福履成之。”毛亨傳曰：“荒，奄；將，大也。”鄭玄箋曰：“此章申殷勤之意。將，猶扶助也。”

④ “應熊羆祥”，見《詩經·小雅·鴻鴈之什·斯干》：“大人占之，維熊維羆，男子之祥；維虺維蛇，女子之祥。”

⑤ “繼”，碑原作“繼”，爲越南“繼”之俗字。

⑥ “永治元年歲次丙辰”，當清康熙十五年（1676）。

○四三　阮方亭先生神道碑

引言

碑立於河東省青池縣姜亭總金縷社方亭，爲亭内第一碑。碑刻雙面，拓片編號00395/00396。拓片編號00396爲碑前，共二十行字，滿行約六十字，碑額題“方亭志道先生神道碑”九字；拓片編號00395爲碑後，共二十行字，滿行約十字到二十九字不等，今依拓片編號00396額題與碑文内容重定篇題爲“阮方亭先生神道碑”。碑文撰者文明殿大學士阮仲合。年代署作成泰（Thành Thái）六年（1894），成泰爲阮朝成泰帝阮福昭（Nguyễn Phúc Chiêu）年號，同年爲清光緒二十年，歲次甲午。拓片現藏於漢喃研究院。

此碑爲阮文超弟子爲其所立之神道碑，内容記載阮文超家世、生平、任官經歷、著作、卒日葬地、子女與亡後配祀等，文末以四字三十二句銘文詠其風骨，並記有立碑之江源學堂弟子題名。

按，阮文超（Nguyễn Văn Siêu，1799–1872），字遜班，號方亭，亦號壽昌居士，青池縣（今屬河内市）人。阮朝大臣，文學家、地理學家，清道光二十九年（1849）以乙副使身份出使清朝，著有《方亭詩類》《方亭隨筆録》《大越地輿全編》《四海考説》等書。

00396
方亭志道先生神道碑
396
河東省青池縣長亭總金縷社方亭第一碑前面

編號：00396　出自《拓片總集》第一册（下同）

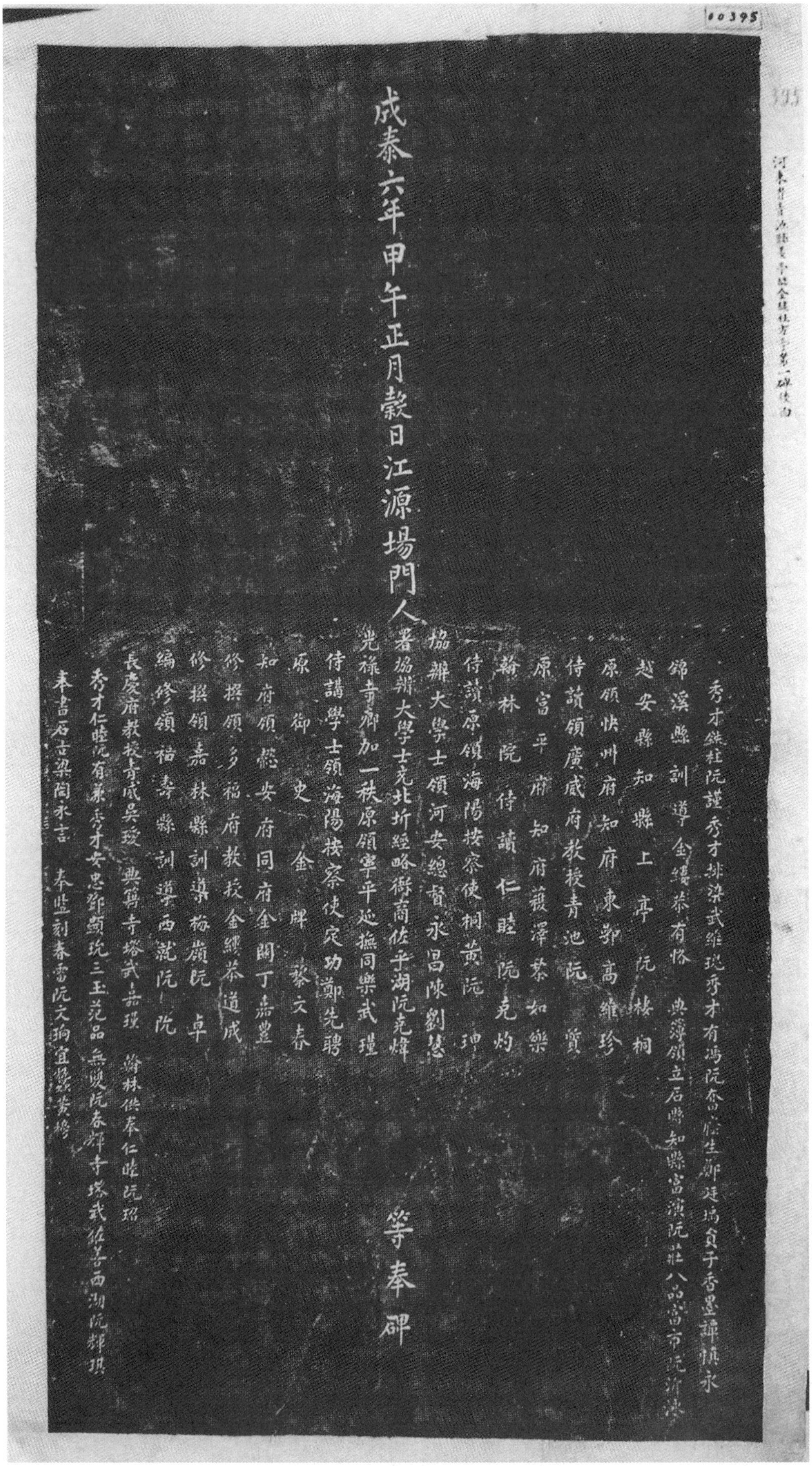

00395

秀才鉄柱阮謹　秀才排染武維珖　秀才有鴻阮畬　監生鄭廷瑀　貢子香臺譚慎永
錦溪縣訓導金縷蔡有恪　典簿領立石縣知縣富演阮莊　八品富市阮沂洤
越安縣知縣上亭阮梂桐
原領快州府知府東鄂高維珍
侍讀領廣威府教授青池阮質
原富平府知府葭澤蔡如樂
翰林院侍讀仁睦阮克灼
侍讀原領海陽按察使桐黄阮珅
協辦大學士領河安總督永昌陳劉慧
成泰六年甲午正月穀日江源場門人　　等奉碑
署協辦大學士充北圻經略衙商佐平湖阮克煒
光祿寺卿加一秩原領寧平延撫同樂武瑾
侍講學士領海陽按察使定功鄭先聘
原御史金牌黎文春
知府領慈安府同府金甌丁嘉豊
修撰領多福府教授金縷蔡道成
修撰領嘉林縣訓導梅嶺阮卓
編修領福壽縣訓導西就阮阮
長慶府教授青威吳璲　典簿寺塔武嘉璞　翰林供奉仁睦阮玿
秀才仁睦阮有兼　秀才安忠鄧㯋琓　三玉范品　無競阮春輝　寺塔武佐善　西湖阮輝琪
奉書石古梁陶永吉　奉監刻春雷阮文珣　宜蠶黃穆

編號：00395

釋文

方亭志道先生神道碑[1]

夫士君子生逢休嘉之運，其進而登廟堂，則述典誥、誦黃虞[2]，體國端朝，以康兆庶；退而處一室，則講學明道、孝悌忠信，爲斯世成人材。所遇雖殊，其道一也。我/　　　　　國朝治教昌明，神化醲郁，名賢接武而出，崇尚經術，一以正學爲歸，有光前古，而於《儒林傳》中卓然爲後學領袖，則推/　　　　　方亭阮先生。先生既歸道山二十餘年，門弟子相與論譔其生平學術行誼，謀徵文以壽諸貞石。竊惟先生爲吾尊峻望，宜有傳世而垂後，顧仲合闇愚無/能，尸位於先人之椠矱，不敢希其萬一，其何能銘？而諸子復固求不已，不可得而辭，謹按狀。

先生諱文超，字遜班，號方亭，其所稱“志道”，則門人私謚之也。自始祖/歷八世至大父公皆隱德，考弘毅公始以儒名家，博學好古，詳仲合[3]所輯《世譜圖》。先生其長子也，生有異質，體厚而面方，掌心如塗硃，聲音爽亮，望之有威，性伉直，少即/岐嶷，年纔成童，出語輒已驚人，弘毅公常以志操勉之。弱冠事立齋范公[4]，益潛心大業，肆力於古文辭，不拘拘[5]爲俗學，聲名藉甚。明命乙酉[6]領賢書[7]，屢辭不/赴選，在家侍養、撫教諸弟，歷有十餘年，

---

① 此爲拓片編號 00396 之額題，今依内容及性質重定篇題爲“阮方亭先生神道碑”。

② “黄虞”，指黄帝軒轅氏與有虞氏舜。揚雄《劇秦美新論》：“紹少典之苗，著黄虞之裔。”李善注引《史記》曰：“黄帝者，少典之子，姓公孫。《河圖著命》曰：握登見大虹，意生黄帝。”又《漢書》曰：“予惟黄帝、舜帝，咸有聖德，營求其後，將祚厥祀。於是封姚恂爲初睦侯，奉黄帝後，嬀昌爲始睦侯，奉虞帝後。”

③ “仲合”，即阮瑄，字仲合，嗣德十八年（1865）乙丑科第三甲同進士出身。見《國朝科榜録》阮翼宗嗣德十八年乙丑科第三甲同進士出身記載：“阮瑄，字仲合，以字行。河内青池金縷，甲午三十二戊午舉人。”

④ “范立齋”，即范貴適（Phạm Quý-Thích，1760–1825），又名范適。字與道，號立齋、華堂，别號草堂居士。唐安華堂社（今屬海陽省平江縣）人。據《黎朝歷科進士題名碑記》卷二：“范貴適。壽昌報天坊，貫唐安華堂社。儒生中式，少雋，二十歲中禮部第二。”後黎朝景興四十年（1779）登進士第，歷任東閣校書、翰林院校對、京北道監察御史等職。後黎朝滅亡後曾隨昭統帝奔走中國。阮朝建立後，返回越南，在侍中學士，任侍中學士有，受封適安侯，又任奉天府督學，不久即以病辭官。著有《海陽風俗記》《回京日程詩》《論語愚按》《立齋文集》等。

⑤ “拘拘”，見《莊子・大宗師》：“偉哉，夫造物者將以予爲此拘拘也！”成玄英疏：“拘拘，攣縮不申之貌也。”又，拘泥也。

⑥ “乙酉”，爲阮聖祖（Nguyễn Thánh Tổ）阮福晈（Nguyễn Phúc Kiểu）明命六年（1825），當清道光五年。

⑦ “賢書”，見韓愈《感二鳥賦》：“辱飽食其有數，況策名於薦書；時所好之爲賢，庸有謂餘之非愚。”《周禮・地官・鄉大夫》：“鄉老及鄉大夫、群吏獻賢能之書于王。”後世因稱鄉試考中爲“登賢書”。

後乃舉禮部，登戊戌科[①]副榜[②]，授翰林院檢討。紹治初，署禮部員外郎，以事免，復累遷内閣承旨。嗣德元年[③]，擢侍/講學士，其明年，充副使如清，有《萬里集》。還補集賢院，充經筵起居注，除河静按察使，俄改興安省，辰[④]方有休隄之議，條上其不便，言者是之。七年甲寅[⑤]，干議，鐫[⑥]三級離用，因/引病歸里，設講席於壽昌江源舊廬，無復有用世意。既而，鄰郡有寇警，先生以家食率鄉人團守，守臣上其狀，授翰林院侍讀致事。先生自筮仕後即以文章受/　　　　累朝知遇，朝廷每有大禮，高文典册多出其手。　　憲祖[⑦]常以“文學藴藉”稱之；　　翼廟[⑧]在潛邸日雅見重，及即位，顧之特異，隨有出使之命，　　上謂之曰：“卿學問淹/博，是行江山風物詳記，俟回日進覽。”其簡注如此。

先生既有重名，□其盛辰，雲標霞舉，一辰才傑皆屈之。迨晚年名德彌卲，接引後進，雖常温顔假辭，而見者/猶若登龍門云。爲學專講義理、經書，先儒注解有疑難處，必發明以衷諸是，學者多所成就。所著有《隨筆録》《地輿誌》、詩文諸集，味道之腴[⑨]與考摭之勤，神完氣/盛，綽乎登作者之堂，視諸名公鉅卿，有過之無不及也。壬申[⑩]六月初七日壽終，距己未年[⑪]七月三日生辰，享齡七十有四。前配黄氏，後配裴氏，子男三人，集馨/先亡；次穎，遺命以主祀事，今授編修，知金山縣。次闈。女四人，長適良堂武氏，夫亡，守志幾五十年，事聞旌表。季適定功鄭先聘，海陽按察使[⑫]，其二亦皆適名/族。十一月歸葬于金縷鄉寨處是所，自卜壽藏，禮也。

先生爲繼吾始祖太尊自考公遷壽昌江源甲，遂家焉。先生深惟先德，乃於本鄉立/

始祖祠，諸小宗登科有官禄者，皆置田，歲以冬至日合族致祭於兹，甲則爲之建祠，祀蘇

① “戊戌科”，應爲阮聖祖明命十九年（1838），當清道光十八年。

② “副榜”，明命帝在明命三年（1822，清道光二年）下令在鄉試外開會試、廷試以選拔進士，明命十年（1829，清道光九年）又命中格但不及分者可中副榜。

③ “嗣德元年”，嗣德爲阮翼宗（Nguyễn Dực Tông），諱阮福時（Nguyễn Phúc Thì）的年號，元年爲公元 1848 年，當清道光二十八年。

④ “辰”，避諱字，避嗣德帝阮福時諱，改“時”字爲“辰”字。

⑤ “七年甲寅”，即阮翼宗嗣德七年（1854），當清咸豐四年。

⑥ “鐫”，謫降、降職。

⑦ “憲祖”，即紹治帝阮福暶 Nguyễn Phúc Tuyền（原名阮福綿宗，Nguyễn Phúc Miên Tông）。

⑧ “翼廟”，即嗣德帝阮福時 Nguyễn Phúc Thì（原名阮福洪任，Nguyễn Phúc Hồng Nhậm）。

⑨ “味道之腴”，見班固《漢書·敘傳·幽通賦》：“慎修所志，守爾天符，委命供己，味道之腴。”顔師古曰：“腴，肥也。”

⑩ “壬申”，爲阮翼宗嗣德二十五年（1872），當清同治十一年。

⑪ “己未年”，應爲西山朝景盛皇帝（Cảnh Thịnh Hoàng Đế）阮光纘（Nguyễn Quang Toản）景盛七年（1799），當清嘉慶四年。

⑫ 據後署名鄭先聘，定功（今屬河内市黄梅郡）人，任侍講學士、領海陽按察使。

瀝江神[①]，尋奉/　　　　　　敕準先生與有陳進士都臺公春秋配享。禮有没則祀於社，其在斯乎？其在斯乎？銘曰：

蘇水[②]湯湯，其流孔長。維德之積，奕世而昌。

載生名人，則篤其慶。荆璞[③]挺/璧，蔚然成章。

黼黻耀采，爲邦家光。佩服周孔，賡歌虞唐。

兩漢制誥，六籍笙簧。莫邪虞缺[④]，退然善藏。

立幹垂條，斯文棟樑。研精賞理，大雅之堂。

樂得英才，學士/□牆。以道爲歸，在闇而彰。

功資養性，曰壽而康。白賁無咎[⑤]，視履考祥[⑥]。

維此景山，永久流芳。有卓貞珉，德音不忘。/

乙丑科同進士、輔政大臣、特進、榮禄大夫、文明殿大學士、充樞密院大臣、國史館總裁、兼管欽天監事務、永忠子，仲合謹譔/[⑦]

成泰六年甲午[⑧]正月穀日，江源場門人：

秀才、鐵柱阮謹，秀才、排梁武維瑅，秀才、有馮阮奮，蔭生、鄭廷瑀，員子、香墨譚慎永。/

錦溪縣訓導、金縷恭有恪；典簿、領立石縣知縣、富演阮莊，八品、富市阮沂泳。/

---

① “蘇瀝江神”，又名龍肚神，白馬大王，白馬祠傳説是唐代高駢所建立的祠祀。見篇號〇二三《重修白馬廟簽題録》及篇號〇二四《重修白馬廟碑記》。又，“蘇瀝江”，珥河之支流。蘇歷江之名最早出現於校合本《大越史記全書·外紀》卷四，梁大同十一年（545）：“（李南）帝又敗於蘇歷江。”詳見《欽定越史通鑑綱目前編》卷四“唐穆宗長慶四年”注：“蘇歷是珥河之支流。”又引《大清一統志》：“蘇瀝江自交州府城東北轉而西行直抵鋭江。昔有人名蘇瀝者在此，故名。明永樂初黄福重浚，因更名來蘇，今在河内省城之東，壽昌縣有江口，是從珥河分流處也。”

② “蘇水”，即蘇瀝江。見前注。

③ “荆璞”，即和氏璧。《文選·贈答詩三·盧子諒贈劉琨并書》：“妙哉蔓葛，得託樛木。葉不雲布，華不星燭。承侔卞和，質非荆璞。”

④ “莫邪虞缺”，見《新唐書·文藝中·李邕》：“（李）邕之文，於碑頌是所長，人奉金帛請其文，前後所受鉅萬計。邕雖詘不進，而文名天下，時稱李北海。盧藏用嘗謂：‘邕如干將、莫邪，難與爭鋒，但虞傷缺耳。’後卒如言。杜甫知邕負謗死，作八哀詩，讀者傷之。”

⑤ “白賁無咎”，見《周易·賁卦》：“上九，白賁無咎。”王弼注：“處飾之終，飾終反素，故在其質素，不勞文飾而無咎也。”

⑥ “視履考祥”，見《周易·履卦·上九》云：“視履考祥，其旋元吉”。孔穎達疏：“視履考祥者，祥謂徵祥，上九處履之極，履道已成，故視其所履之行善惡得失，考其禍福之徵祥。”

⑦ 以上爲拓片編號00396内容。

⑧ “成泰六年甲午”，當光緒二十年（1894）。

越安縣知縣、上亭阮棲桐。/

原領快州府知府、東鄂高維珍。/

侍讀、領廣威府教授、青池阮質。/

原富平府知府、穫澤黎如樂。/

翰林院侍讀、仁睦阮克灼。/

侍讀、原領海陽按察使、桐黄阮珅。/

協辦大學士、領河安總督、永昌陳劉慧。/

署協辦大學士、充北圻經略衙商佐、平湖阮克煒。/

光禄寺卿、加一秩、原領寧平巡撫、同樂武瑾。/

侍講學士、領海陽按察使、定功鄭先聘。/

原御史、金牌黎文春。/

知府、領懿安府同府、金關丁嘉豐。/

修撰、領多福府教授、金縷恭道成。/

修撰、領嘉林縣訓導、梅嶺阮卓。/

編修、領福壽縣訓導、西就阮阬。/

長慶府教授、青威吴瑷；典籍、寺塔武嘉瑾；翰林供奉、仁睦阮玿。/

秀才、仁睦阮有兼；秀才、安忠鄧顯玧；三玉范品；無雙阮春輝；寺塔武佐善；西湖阮輝琪/等奉碑。

奉書石古梁陶永言

奉監刻春雷阮文珣、宜蠶黄榜/[1]

題後

本碑撰者爲“乙丑科同進士、輔政大臣、特進、榮禄大夫、文明殿大學士、充樞密院大臣、國史館總裁、兼管欽天監事務、永忠子，仲合”（阮瑄），據後黎顯宗景興四十年（1779）編纂之《鼎鍥大越歷朝登科録》的記載，景興乙丑科第三甲同進士出身七名，其中有阮瑄爲

① 以上爲拓片編號00395内容。

“青池金縷社。仕至承天府尹文琚之子”；又阮朝成泰六年（1894）出版之《國朝科榜録》記嗣德十八年（1865）乙丑科敕賜第三甲同進士出身有：“阮瑄，字仲合，以字行。河内青池金縷。甲午三十二戊午舉人。舉人惟瓚之父，宿之子。郡公爵，贈太傅，公寀之玄孫。”本碑“仲合”應即阮瑄。又，本書篇號〇〇四《重修玉山寺文昌祠碑記》有提及方亭先生之子。篇號〇四五《金縷中村文祠記》中之文祠，爲阮瑄及其父所建。又篇號〇五一《金江相國阮公神道碑》即阮瑄之神道碑，可相互參看。

○四四　乾安寺法慧塔碑銘

引言

塔立於河東省環龍縣安下總南同寨乾安寺，爲乾安寺右邊第二行第一塔一碑。碑刻單面，拓片編號00423，共十七行字，滿行約三十二字，碑題“法慧墖并銘”五字，今依内容及性質重定篇題爲“乾安寺法慧塔碑銘”。年代署作丙辰年，按《越南漢喃碑銘拓片目録提要》一書推斷此碑立於景盛（Cảnh Thịnh）四年（1796），景盛爲西山朝景盛皇帝（Cảnh Thịnh Hoàng Đế）阮光纘（Nguyễn Quang Toản）年號，同年爲清嘉慶元年。拓片現藏於漢喃研究院。

此塔銘爲寂嚴、寂聽、寂靜等僧人記其師釋闇闇法師生平。内容記載，釋闇闇法師弱冠出家，參學於中國肇慶鼎湖山慶雲寺，後任乾安寺住持；仙逝於丙辰年（1796），其弟子及信衆將其火化，於寺院西面建塔納其骨骸；文末以四字十六句銘文吟詠此事作結。

00423

法?塔?銘

天地以同其大與日月以並其光云耳

銘曰

土緣出處　悟者心宗　灯光遶佚　正務[illegible]功　精嚴戒行　了悟真空

毋忽時至　嚼景眼瞳　[illegible]臨火化　收骨餅中　勝地建塔　標幟宗風

皇朝億載歲在丙辰三月望日建塔

編號：00423　出自《拓片總集》第一冊

釋文

京北會寧院親親述

門人比丘寂嚴請/

法慧墖并銘①

師法名比丘諱海苾、釋闇闇，寔山南天長上元百姓人也，阮族本命。丙申若冠②悟道/出家，初投于京師蓮湖大德剃染③焉，侍者荏苒，聞紫岑山禪風院晦跡上士博/覽投参，日久得旨。次晤蓮宗④法子⑤湛公，參學⑥於北國鼎湖山慶雲寺戒壇詳/體，闇闇遂整法服信，受具足壇儀⑦於湛公深明，奉命立志住持南洞社乾安/寺定功。夫香燈⑧長夜，繞佛⑨禪關⑩，精嚴戒行，奇持門庭，五時⑪切要，三學⑫精通，直/徹終身，修持正教，刊經弘法五十餘年，一心頓悟，

---

① 此爲碑題，今重定篇題爲“乾安寺法慧塔碑銘”。“塔”，碑文原作“墖”，異體字，見《字彙補·土部》。

② “若冠”，疑應作弱冠。

③ “剃染”，指出家爲僧。按，出家需要剃去頭髮，將衣服染成黑色的緇衣。

④ “蓮宗”，即淨土宗。願求往生阿彌陀佛淨土（蓮邦）之宗派。（明）袾宏《佛説阿彌陀經疏鈔》卷二：“池中蓮華”鈔曰：“六趣衆生，則中陰之身自求父母，往生善士，則一彈指頃蓮華化生。是蓮華者，乃卸凡殼之玄宫，安慧命之神宅。往詣之國，號曰蓮邦。同修之友，號曰蓮祐。約禪誦之期，號曰蓮漏。定趣向之極曰蓮宗，重其事也。”

⑤ “法子”，以歸入正信之出家沙門爲正法之口所化生，以其屬同一法種，故稱“法子”，又可指稱接受某一大寺院授記爲接法之人。見《白衣金幢二婆羅門緣起經》卷上：“若沙門，若婆羅門，若天、魔、梵；三界一切悉是我子，皆同一法，而無差别；正法口生，同一法種；從法所化，是真法子。”

⑥ “學”，碑文原作“斈”，俗字，見《宋元以來俗字譜》，下同逕改，不另出注。“參學”，全稱參禪學道，指禪者遊訪各禪剎，參訪各家風格、規矩後，隨從明師學習，但未成爲該寺院授記接法之人。

⑦ “受具足壇儀”，受具足壇儀即受具足戒，指比丘、比丘尼所應受持之戒律。

⑧ “燈”，碑文原作“灯”，爲“燈”的俗字。見《字彙·火部》《正字通·火部》及《宋元以來俗字譜》。

⑨ “佛”，碑文原作“仸”，“佛”異體字，又兼正字，下同逕改，不另出注。

⑩ “禪關”，謂禪法之關門。（宋）宗鑑集《釋門正統·弟子志》曰：“然啟禪關者，雖分宗不同，挹流尋源，亦不越經論之禪定，一度與今家之定，聖一行也。”

⑪ “五時”，從釋尊説法之順序分爲華嚴、鹿苑、方等、般若、法華涅槃等五時。

⑫ “三學”，又稱三無漏學，即“戒”“定”“慧”，爲學佛修道的基礎。戒是止惡修善，依戒生定；定是息緣静慮，依定發慧；慧是破惑證真，依慧成佛。

世運全功，德昭善護。至茲丙辰[1]正/月十日，春秋八十一世終，時至，密囑門人收衣[2]示寂[3]，門人及本社檀[4]信感切，闍維[5]火/化，收骨于缾，建塔于古殿之西，以爲禪門寶所，標幟千秋出塵事跡。繼[6]踵/住持，民安物盛，奉事長存，香燈依旨，對/　　天地以同其大，與日月以並其光云耳。　　銘曰：/

生緣出處，悟旨心宗。燈光繞佛，正務深功。

精嚴戒行，了悟真空。/世教[7]時至，囑累眼瞳。

俄臨火化，收骨缾中。勝地建塔，標幟宗風。/

僧輝民盛，永遠無窮。德風長布，普衆咸蒙。/

門人法子：寂嚴、寂通、寂靜、寂是、寂体、寂諦、寂林、善慧、妙全、妙休、妙恭

參學：寂朗、照添。/

皇朝僖載歲在丙辰三月望日建塔/

---

① “丙辰”，應即景盛四年，景盛爲西山朝景盛皇帝（Cảnh Thịnh Hoàng Đế）阮光纘（Nguyễn Quang Toản）年號，四年爲公元 1796 年，當清嘉慶元年。

② “收衣”，禪宗以受衣作爲傳法的象徵。《景德傳燈録》卷一：“告迦葉‘吾將金縷僧伽黎衣，傳付於汝。轉授補處，至慈氏佛出世，勿令朽壞。’迦葉聞偈，頭面禮足，曰‘善哉！善哉！我當依敕，恭順佛教。’”

③ “示寂”，又稱圓寂，舊譯滅度、入滅。音譯般涅盤。謂圓滿諸德，寂滅諸惡。後世轉而稱僧徒之死。又作歸寂、入寂。

④ “檀”，碑文原作“㭲”，爲“檀”之異體字。

⑤ “闍維”，又曰闍毘，闍維闍鼻多，耶維，耶旬。《玄應一切經音義》第三卷：“闍維，或言闍毘，或言闍維，皆訛也。正言闍鼻多，義是焚燒也。”猶言火葬。

⑥ “繼”，依據戴密微藏本《大越史記全書》越南俗字改。

⑦ “効”，見《集韻・去聲・效韻》，即“教”字。

○四五　金縷中村文祠記

引言

碑立於河東省青池縣姜亭總金縷社中村文祠内，爲祠内第一碑。碑刻單面，拓片編號00430，共十二行字，滿行二十六字，碑額題“金縷中村文祠記”七字，今依額題爲篇題。年代署作同慶（Đồng Khánh）二年（1887），同慶爲阮景宗（Nguyễn Cảnh Tông）阮福昪（Nguyễn Phúc Biện）年號，同年爲清光緒十三年，歲次丁亥。拓片現藏於漢喃研究院。

碑文記載桂坪公阮瑄與家鄉耆老文會士人商議於原有基礎上修葺祖先開創的文祠；工程始始於丙戌年（1886）冬，竣工於次年秋天，村文會特立此碑，以兹紀念。

00430

430
河東省青池縣姜亭總金縷社中村文祠第一碑

金縷中村文祠記

吾鄉文祠
先御史加贈嘉議大夫詹事府詹事阮公先生始卜建也森然拱垣山
迴水遶湖前徽啟後學其在斯乎今
乙丑科同進士詒授榮祿大夫協佐大學士桂坪公　先生令嗣也
恪佩忠教歷宦于朝甲申秋總督三宣辰方多事公力幹回民獲以
安尋奉充壯圻經略使移節河內公事旣理則與耆老文會咨詢僉
議允協公乃因舊址程材覆瓦輪奐斯美以丙戌冬鳩工越次年秋
告成俎豆是崇蘋蘩如在咸願有述以垂後觀夫吾鄉
先正名德接武寔開我人公克紹芳風為辰重望而自来領贒書躋仕
版者亦相屬其来蓋有自也斯祠也高山景行念茲在茲庶幾鄉香
善俗士樂成材久而益光是有關於風敎也謹書以為記
同慶二年歲在丁亥秋七月穀日本村文會謹譔

編號：00430　出自《拓片總集》第一冊

釋文

金縷中村文祠記①

吾鄉文祠，/　　　　先御史、加贈嘉議大夫、詹事府詹事、阮公先生②始卜建也。森然壇垣，山/廻水遶，溯前徽，啓後學，其在斯乎？今/　　　　乙丑科同進士、誥授榮禄大夫、協佐大學士、桂坪公③，　先生令嗣也，/恪佩忠教，歷官于朝。甲申④秋，總督三宣⑤，辰⑥方多事，公力幹回，民獲以/安。尋奉充北圻經略使，移節河内。公事既理，則與耆老文會咨諏，僉/議允協，公乃因舊址程材覆瓦，輪奐斯美，以丙戌⑦冬鳩工，越次年秋/告成，俎豆是崇，槼矱如在，咸願有述以垂後。觀夫吾鄉/　　　　先正名德接武，寔開我人。公、克紹芳風，爲辰重望，而自來領賢書⑧，躋仕/版者，亦相屬其來，蓋有自也。斯祠也，高山景行，念兹在兹，庶幾鄉胥/善俗，士樂成材，久而益光，是有關於風教也。謹書以爲記。

同慶二年歲在丁亥⑨秋七月穀日本村文會謹譔

---

① 此爲額題，今依額題爲篇題。

② “阮公先生”，即阮瑄之父阮文琚。《國朝科榜録》阮翼宗嗣德十八年（1865）乙丑科第三甲同進士出身：“阮瑄，清池金縷社，仕至承天府尹文琚之子。”

③ “桂坪公”，即阮瑄，字仲合，見《國朝科榜録》阮翼宗嗣德十八年（1865）乙丑科第三甲同進士出身記載：“阮瑄，字仲合，以字行。河内青池金縷，甲午三十二戊午舉人。惟瓚之父，㝊㝊之子，故黎三甲，郡公爵，贈太傅，公宷之玄孫。”

④ “甲申”，應爲阮簡宗（Nguyễn Giản Tông）阮福昊（Nguyễn Phúc Hạo）建福（Kiến Phúc）元年（1884），當清光緒十年。

⑤ “三宣”，即宣化、興化、山西三省。

⑥ “辰”，越南避諱字，即“時”字，避嗣德帝阮福時諱，下同不改。

⑦ “丙戌”，應爲阮景宗（Nguyễn Cảnh Tông）同慶（Đồng Khánh）元年（1886），當清光緒十二年。

⑧ “賢書”，見《周禮·地官·鄉大夫》：“鄉老及鄉大夫、群吏獻賢能之書于王。”見韓愈《感二鳥賦》：“辱飽食其有數，況策名於薦書；時所好之爲賢，庸有謂餘之非愚。”後世因稱鄉試考中爲“登賢書”。

⑨ “丁亥”，應爲同慶三年（1887），當清光緒十三年。

題後

本碑所記金縷中村文址爲阮翼宗嗣德十八年（1865）乙丑科第三甲同進士出身阮瑄及其父阮文琚兩人所建。根據《國朝科榜録》的記載："阮瑄，字仲合，以字行。河内青池金縷，甲午三十二戊午舉人。惟瓚之父，㝗㝗之子，故黎三甲；郡公爵，贈太傅，公案之玄孫。正定安山興宣總督，北圻欽差，權經略使，吏兵二部尚書、叶辦大學士，現輔政大臣、文明殿大學士、充機密院大臣、國史館總裁，兼管欽天監事務，晉封永忠子。公於同慶二年駕海赴召，纔抵瀚汛，奉有仲合抵沱之夢，迨　拜奉　敕示闗　御詩寵之有云：'龍成千里遠，鳳闕九重通，昨夜精神會，今朝義氣同。帶裘羊叔子，紳笏宋韓公。臺閣文章富，邊疆品味崇，何須勞肖象，庶叶兆飛熊。'篇末有云：'誰用江山責，賢卿信匪躬。'尋蒙擢文明殿銜，公表辭得如請，仍叶辦領吏部原職，嗣而假回，成泰元年復赴詔，再蒙擢今銜。"本書篇號〇四三《阮方亭先生神道碑》的撰者未書姓氏，署銜"乙丑科同進士、輔政大臣、特進、榮禄大夫、文明殿大學士、充樞密院大臣、國史館總裁、兼管欽天監事務、永忠子"與本碑阮瑄的結銜相同，是碑撰者應該即爲阮瑄。又，本書篇號〇五一《金江相國阮公神道碑》，即阮瑄神道碑，可互參。

○四六　高海平奉事碑記

引言

碑立於河東省青池縣姜亭總上亭社崇福寺，爲寺内右邊第四碑。碑刻雙面，有界綫，拓片編號00468/00467。拓片編號00468爲碑前，共十六行字，滿行二十四字，碑額題“奉事碑記”四字；拓片編號00467爲碑左，共三行字，滿行二十五字，今依内容及性質重定篇題爲“高海平奉事碑記”。拓片編號00468碑額有紋飾，上層似爲一寶蓋，中間有一“壽”字，下層爲回紋，三邊刻有花草紋；拓片編號00467之紋飾與拓片編號00468相同，唯碑額紋飾無“壽”字。拓片現藏於漢喃研究院。

碑文記載榴亭侯高海平曾爲任官之村申請免除賦税及徭役。爲此，此村村民在崇福寺爲其預立壽碑，記録其功德事蹟，並記百歲之後祭祀的相關規定。

00468
468
奉事碑記

編號：00468　出自《拓片總集》第一冊（下同）

00467
河東省青池縣姜亭總上亭社崇福寺右邊第四碑𡊰左面

編號：00467

釋文

奉事碑記[①]

謂栽者、培善者，福天道，本無私。德必報，功必酬，人心安有異[昭]/上下，罔間古今。茲竊見本村官/　　　　奉管把令右隊奉守密事、勾稽侍内書寫户番、武勳將軍、參督/神武四衛軍務，榴亭侯高貴衙，房杜勳名，蕭曹事業，歷登仕/版，改受武班，爵以五等，職以二品，禄以千鍾，貴且富矣。又不以富貴而驕舒，/在朝廷則以清持己，在鄉黨則以仁牧民。自本村别給員該壬寅而已[已]/垂三十年，村小役繁，難堪所受。公則憂民之憂者，冒陳洞達獲□/寬省之恩，暨仝社歸爲制禄，庚午而壬辰，經二十載，厚施薄[斂]，□/厥攸居。公則好民之好者，不事煩苛，咸被撫寧之澤，仰斯功德，難□/高深，因此本村在下等，衆口同辭[②]，預造壽碑一座，勒銘功德，將回/插[③]立在崇福寺前堂内右邊奉事，係百歲後，遞年諱日，與夏冬二務、照/補季錢等日，社村長、牧正，備各一禮，每禮雞一隻，粇[④]一盤，金銀五百，芙萾[⑤]、酒用足。/共準[⑥]古錢六陌，遞至碑所，行禮如儀。一以昭惠此[⑦]之盛心，一以表懷于[⑧]之至意。/這□□情，共叶銘刻，不忘聊備寸誠，永爲恒式。倘或後日，某各/人視常不據，廢欠某禮，願/　　　　佛神祇，照鑒不容，茲碑記。/[⑨]

---

① 此爲碑額，今依内容及性質重定篇題爲“高海平奉事碑記”。

② “辭”，原作“辝”，二字同音異義，後假借混用。

③ “插”，原作“揷”，“揷”爲越南俗字。

④ “粇”，喃字，糯米的意思。

⑤ “芙萾”，是一種藤類植物，越文作Cây lá trầu。與檳榔同爲喜慶時必有之象徵性植物，尤其是在傳統婚俗文化中，檳榔、芙萾與石頭（石灰）是兄弟和睦、夫妻相親相愛之象徵。

⑥ “準”，原作“准”，因另兼正字，故改之。

⑦ “惠此”，見《詩經·大雅·生民之什·民勞》：“民亦勞止，汔可小康。惠此中國，以綏四方。”鄭玄箋云：“汔，幾也；康、綏，皆安也；惠，愛也；今周民罷勞矣，王幾可以小安之乎！愛京師之人，以安天下；京師者，諸夏之根本。”

⑧ “懷”，見《詩經·國風·邶風·泉水》：“毖彼泉水，亦流于淇。有懷于衛，靡日不思。孌彼諸姬，聊與之謀。”鄭玄箋云：“懷至靡，無也。以言我有所至念於衛，我無日不思也。”

⑨ 以上爲拓片編號00468之内容。

乙巳年九月二十二日巳時歸仙[①]，壽生享齡七十五歲。/　　　特進、輔國上將軍、南軍都督府都督同知致仕，少保、榴亭侯，封贈/右都督，高相公字海平，賜謚雅鍊先生。/[②]

題後

崇福寺又名三玄寺，因寺廟山門名爲三玄門，故當地人又稱崇福寺爲三玄寺。崇福寺内共立有十二通碑誌（以《拓片總集》第1至4册爲考察範圍），如下表：

編號	篇題	年代	位置
00465/00480	良緣福社配禪宗**	後黎顯宗景興二十二年（1761）	崇福寺左邊第三碑
00466	後佛碑記	未注明	崇福寺左邊第四碑
00467/00468	高海平奉事碑記*	未注明	崇福寺右邊第四碑
00469/00475	重修崇福寺廟庵碑記*	後黎顯宗景興四十一年（1780）	崇福寺左邊第五碑
00470	崇福寺碑記	阮成泰帝成泰十九年（1907）	三玄寺左邊第二碑
00471	嘉隆十八年三月日奉造	阮世祖嘉隆十八年（1819）	崇福寺右邊第六碑
00472	重修崇福寺碑記	阮成泰帝成泰十九年（1907）	崇福寺右邊第一碑
00473	崇福寺碑記	阮成泰帝成泰十九年（1907）	崇福寺右邊第二碑
00474	自皈於佛	阮成泰帝成泰十九年（1907）	崇福寺右邊第四碑
00476/00477	興功信施	後黎敬宗弘定十五年（1614）	崇福寺右邊第五碑
00478	後神碑記	阮世祖嘉隆十二年（1813）	三玄寺碑亭第一碑
00479	崇福寺碑記	阮成泰帝成泰十九年（1907）	三玄寺左邊第一碑

注：* 表示此篇收入本書；** 表示原無題。

① “仙”，原作“僊”，“僊”爲“仙”之異體字，因另兼正字，故改爲“仙”。
② 以上爲拓片編號00467之内容。

〇四七　重修崇福寺廟庵碑記

引言

碑立於河東省清池縣姜亭總上亭社崇福寺，爲寺内左邊第五碑。碑刻雙面，有界綫，拓片編號00469/00475。拓片編號00469爲碑前，共二十四行字，滿行三十九字，碑額題“重修崇福寺廟庵碑記”九字，碑題“重修崇福寺廟庵碑敘記”十字；拓片編號00475爲碑後，共二十九行，滿行約六十一字，今依拓片編號00469額題爲篇題。拓片編號00469，碑額刻雙龍昭日，左右兩邊刻有花紋；拓片編號00475碑額題有“壽”一字，左右兩邊亦刻有花紋。碑文撰者太僕寺寺丞杜令銓；潤者吏部員外郎高國理；書寫者先興府同知府高得疇；續寫後碑者書寫兵番高黎。年代署作景興（Cảnh Thống）四十一年（1780），景興爲後黎顯宗（Lê Hiến Tông）黎维祧（Lê Duy Diêu）年號，同年爲清乾隆四十五年，歲次庚子。拓片現藏於漢喃研究院。

碑文内容爲崇福寺自丁卯年（1747）至己亥年（1779）多次整修之記事。自湛湛禪師與都指揮同知阮海玩於丁卯年，號召善男信女募集錢財重修奠堂、走廊、塑造佛像建庵、修石橋。於辛巳年（1761）增建普通塔，辛卯年（1771）建增輝殿，癸巳年（1773）修建和德殿，己亥年（1779）油漆祠内牆壁。末並記有各次修葺工程中捐獻者題名與所捐金額。

00469
重修崇福寺廟庵碑記

河東省青池縣姜亭總上亭社崇福寺左邊第五碑之前面

編號：00469　出自《拓片總集》第一冊（下同）

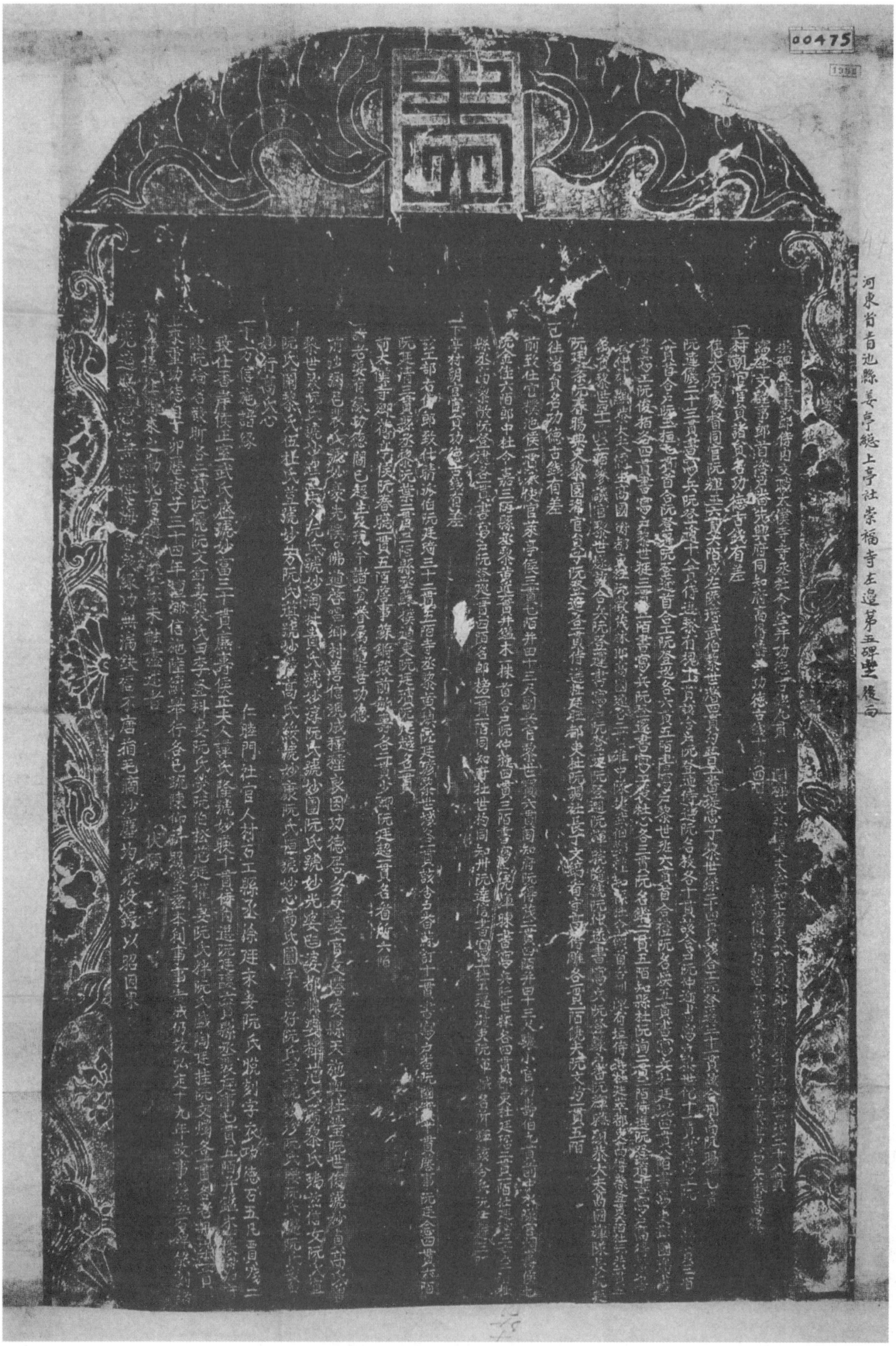

00475
壽
河東省青池縣姜亭總上亭社崇福寺左邊第五碑 後面

編號：00475

釋文

【重修崇福寺廟庵碑記】[①]

重修崇福寺廟庵碑敘記[②]

衲子[③]字海書，釋坦坦，早歲從師，久煩棒喝[④]；長承繼席本寺，請歷敘其始終修建之由。夫仁睦舊之有崇□/也，古也，即其引湖山而控龍頭，瞰蘇江[⑤]而枕七曜，瀘洱[⑥]繞乎前，柴傘峙其後，右列廟庵，左聯橋市，古□□/井泉如飴，洵是一天福地，以故邑中之聲名文物，色色有之。前作後述，不一而足，憶本朝弘定紀元□□/士姓阮，字福雄也，曾揮金修造，福不唐捐[⑦]，邇來迎度，居諸星霜，歷閲無慮二百六十餘年，見者易起古□/青之感。先尊宿比丘性泉，號湛湛禪師，晚懷法器，歷參頓漸[⑧]，乃於雲水之暇，飛錫[⑨]光臨，探江水以聞香，□/鐘而歎古，莖草毫端，擬弘法力。爾時本社上亭封大士、贈英毅將軍、都指揮使司都指揮同知、川芳侯，□/公字海潮；茂林郎，該合侍内書寫户番、通政使司司丞阮貴公，字海玩；以姻眷

---

① 此爲拓片編號 00469 額題，今依此爲篇題。

② 此爲拓片編號 00469 碑題。

③ “衲子”，又稱衲僧，禪僧之别稱。禪僧多著一衲衣而遊方，故名。但衲衣爲頭陀比丘之法衣，不限於禪僧。衲衣，即僧衣。係以破舊布之修補縫綴而成。又作弊衲衣、壇衲衣。因常以五色或多種顔色混合製成，故亦稱五衲衣。僧侣由於穿着衲衣，故亦自稱衲僧、老衲、布衲、野衲、拙衲等（丁福保《佛學大辭典》《佛光大辭典》）。

④ “棒喝”，禪宗祖師接化弟子之方式。禪家宗匠接引學人時，爲杜絶其虚妄思惟或考驗其悟境，或用棒打，或大喝一聲，以暗示與啟悟對方。《碧巖録》第二則（大四八・一四一中）：“直饒棒如雨點，喝似雷奔，也未當得向上宗乘中事。”相傳棒之施用，始於唐代德山宣鑒與黄檗希運；喝之施用，始於臨濟義玄（或謂馬祖道一）。以德山善用棒，臨濟善用喝，故有“德山棒，臨濟喝”之稱。以後禪師接引學人，多棒喝交施，無非欲藉此促人覺悟。後世對警醒人之執迷不悟，稱爲當頭棒喝（《佛光大辭典》）。

⑤ “蘇江”，即蘇瀝江，珥河之支流。明永樂初黄福重浚，因更名來蘇江。

⑥ “瀘洱”，即“珥河”，《大南一統志・河内・山川》：“珥河，在省城東北半里許，原出宣光之瀘江、滀江；興化之洮江、沱江；山西之底江；衆水會於山西省白鶴、三岐，河東南流入省轄懷德府慈廉縣。

⑦ “福不唐捐”，謂福不會落空。《全唐文・于頔・潭州法華院記》：“嘗聞於經曰，造塔廟，建形像，旃檀沈水，彩畫裝鉸，如是功德，福不唐捐。”

⑧ “頓漸”，頓教與漸教。智者大師《摩訶止觀》卷三：“四明漸頓者。漸名次第藉淺由深。頓名頓足頓極。此亦無别意還扶成偏圓。三教止觀悉皆是漸。圓教止觀名之爲頓。此是按名解釋其義已顯。”

⑨ “飛錫”，謂僧人雲遊四方。孫綽《遊天台山賦並序》：“王喬控鶴以沖天，應真飛錫以躡虚。騁神變之揮霍，忽出有而入無。”李善注引《百法論》曰：“并及八輩應真僧。然應真，謂羅漢也。”《大智度論》曰：“菩薩常應二時，頭陀常用錫杖、經傳、佛像。”言衆仙既登正道，故能騁其神變，出於衆有而入無爲也。

之親，大頭陀之舉，内董□/鄉村，外勸檀梛[1]善信，咸發優填波匿之心[2]，以丁卯年[3]穀辰鳩工，戊辰年[4]慶成，紺殿珠宮，長廊曲檻，燦然□/百新。既又爲之造聖像、刻真經，砌古庵，修靈廟，勒檀碑，設厲祭，賢墳甃而丹雘[5]重光，石橋架而輪蹄坦□。/僧有□，而寺有傳燈矣。放生有□而仁及飛潛矣。如斯種種，固可枚枚[6]。迨辛巳年[7]，吾尊宿以無聲三昧□/衲子與□鉅公及緇素等，于寺之西特建層塔，顔曰“普通”，以藏舍利，雖夢纏笈履，然繼述奉行之心猶□。/辛卯年[8]續建增輝殿于寺後，以奉薩道真容；癸巳年[9]又建和德殿于寺左，以奉帝君聖像，更於三玄門[10]□，/一帶粉牆，聯絡廟庵。己亥年[11]，内寺加朱漆畫繪，以極其容光；寺前豎下馬石碑，以昭其嚴肅。如事故山，□/巴福址，增崇寺曰“崇福”，名義真玄乎哉！嗚呼！鉼盤釵釧，本是一金；酥酪醍醐，初非異朱。如耳鳴者，固懷□/之私；乃目擊者，曷已讚歎之念。衲子身親其事也，身在其時也，故讚歎之下，不能無言矣；夫既有言矣，不□/形于筆墨間，用假數行鳥篆，勒諸龜趺，留片石語後來，以爲踵事增輝之望。俾聲名如舊，法界惟新[12]，不□/哉善哉，因書以爲記。　　時/

黎朝景興萬萬年之四十一歲在庚子[13]穀日

繼席本寺僧坦坦，字海書立/

興功、前太僕寺卿、川芳侯，贈特進、金紫榮祿大夫、承政使、加封贈英毅將軍、都指揮同知高得奮，捐貲古錢一百十二貫。/

---

① “檀梛”，又作“檀那”，即施主或布施。（北宋）釋道誠《釋氏要覽·中食·長食》：“梵語陀那鉢底，唐言施主，今稱檀那。訛陀爲檀，去鉢底留那也，又稱檀越者。檀即施也，此人行施，越貧窮海。”

② “咸發優填波匿之心”，語見王勃《廣州寶莊嚴寺舍利塔碑》：“是以憂填頓顙，思存電下之光。波匿投身，願奉巖間之影。”（《全唐文》）

③ “丁卯年”，應即後黎顯宗（Lê Hiển Tông）黎維祧（Lê Duy Diêu）景興八年（1747），當清乾隆十二年。

④ “戊辰年”，應該景興九年（1748），當清乾隆十三年。

⑤ “丹雘”，即對良木彩飾。據《説文·丹》：“雘，善丹也。”《山海經·南次三經》：“南次三經之首，曰天虞之山……又東五百里，曰雞山，其上多金，其下多丹雘。”《尚書·梓材》：“若作室家，既勤垣墉，惟其塗塈茨。若作梓材，既勤樸斫，惟其塗丹雘。”

⑥ “枚枚”，細密的様子。《詩經·魯頌·駉之什·閟宮》：“閟宮有侐，實實枚枚，赫赫姜嫄，其德不回。上帝是依，無災無害，彌月不遲，是生后稷，降之百福。”毛亨曰：“實實廣大也；枚枚礱密也。”

⑦ “辛巳年”，即景興二十二年（1761），當清乾隆二十六年。

⑧ “辛卯年”，即景興三十二年（1771），當清乾隆三十六年。

⑨ “癸巳年”，即景興三十四年（1773），當清乾隆三十八年。

⑩ “三玄門”，臨濟禪師教化大衆用的語句機鋒，有曰三玄門，即體中玄，指語句全無修飾，依理性應緣而出之言；句中玄，稍涉事物分别，闡述機鋒之言；用中玄，不經語言文句，直指心源之心用。

⑪ “己亥年”，即景興四十年（1779），當清乾隆四十四年。

⑫ “新”，原作諱字，避後黎敬宗（Lê Kính Tông）黎維新（Lê Duy Tân）名諱。下同改。

⑬ “景興萬萬年之四十一歲在庚子”，即後黎顯宗景興四十一年（1780），當清乾隆四十五年。

興功、前茂林佐郎、該合侍内書寫户番、通政使司司丞、瓚壽男阮文道，捐貲古錢一百七十六貫。/

會主、朝列大夫、諒山等處贊治、承政使司參政、□義男高得審，捐貲古錢二百十六貫。/

會主、特進、輔國上將軍、南軍都督府都督同知致仕、少保、榴亭侯高國璠，捐貲古錢三百九貫。/

會主、嘉行大夫、宣光等處贊治、承政使司承政使、勾稽侍内書寫兵番、連忠子阮登連，捐貲古錢二百三十貫。/[1]

撰碑文：謹事郎、侍内文職、太僕寺寺丞杜令銓，并功德古錢九貫。

潤碑文：弘信大夫、僉知工番、吏部員外郎高國理，并功德古錢二十八貫。/

寫碑文：謹事郎、首合户番、先興府同知府高得疇，并功德古錢十貫四陌。

續寫後碑：勾稽兵番承政使、連忠子，與書寫兵番高黎。/

一上村朝官官員諸員名功德古錢有差。/

舊太原處督同官阮輝玉六貫六陌，威左隊瓚武伯黎世瓚四貫。勾稽正番瑅忠子黎世鑠二十四貫，該合工阮登遏三十一貫，該合刑高阮暘十七貫。/

阮達儷二十三貫，書寫兵阮登逾十八貫，侍選黎有槐十一貫，該合户阮登迪，侍選阮名枚各十貫。該合户阮仲遞，書寫户黎世侘十一貫，書寫工阮輝照八貫三陌、□/八貫。首合户阮玉桓七貫，首合阮登□、阮登通，首合工阮登□各六貫五陌。書寫户黎世班六貫，首合禮阮名煥五貫，書寫兵杜廷琨四貫八陌；書寫吏鄧國璠，書□/書寫工阮俊柏各四貫。書寫户黎世挺三貫五陌。書寫兵阮登還，書寫工裴杜心，各三貫。阮名鏘二貫五陌，知縣杜阮洵二貫二陌。侍選阮登適，書寫户高得量，書□/裴仲輝，顯恭大夫、儒生高國衡，都吏杜阮徵，茂林郎高國璉各二貫。雄中隊、捷武伯鄭權，知縣杜□□，首合刑陳有垣，侍選杜廷萃，都吏高得畿各一貫六陌。杜阮時二貫五□，/屬員黎世罕一貫二陌，參議官黎世燧，該合兵阮登運，書寫户阮登□，阮登週，阮輝晥，隨號阮仲遂，書寫兵阮登鏁，户番阮輝曛，顯恭大夫高國輝，隊長阮廷□/阮廷案，阮春暘，典史黎國瑋，官員子阮登□各一貫。侍選杜廷旺，都吏杜阮調，社長丁文鎬，看守高得雕各一貫一陌。饒夫阮文芶一貫五陌。/

---

[1] 以上爲拓片編號 00469 之内容。

一已往諸員名功德古錢有差。

前致仕官、樸池侯一貫；承使官、萊亭侯三貫七陌、并田十三尺；副兵官黎世寶六貫，同知府阮得茂二貫四陌、并田十三尺；驤小官、瀏壽伯九貫；前中永隊官、炯壽侯七□，/阮金佳六陌，郎中杜令嘉三陌，縣丞黎黄近六貫、并鑑木一株；首合户阮仲璉四貫三陌，書寫户阮輝暕，書寫兵阮世暉各四貫，都吏杜廷琚二貫一陌，杜廷瑠二貫二陌。杜□，/縣丞高黎敞，阮登逮各一貫。書寫户阮登巡一貫四陌，名郎榜一貫一陌。同知府杜世杓，同知州阮達信，書寫工杜玉堤，提[1]吏阮輝晸，名所輝、該合兵阮廷冠三陌。/

一下亭村朝官官員功德古錢有差。/

玆工部右侍郎致仕，晴派伯阮廷琦三十二貫五陌；寺丞黎黄瑱、阮廷瑑、黎世域各一貫。該合户番蘇訂十一貫，書寫户番阮國□十貫，詹事阮廷念四貫六陌，□/阮廷清三貫，縣丞黎阮葉二貫三陌；縣丞蘇撲，通吏阮廷瑱、阮廷越各一貫。/

前太僕寺卿、舊亭侯阮春曉一貫五陌；詹事蘇鏘，殿前敏壽各二貫。少卿阮廷超一貫，名看所六陌。/

一諸老婆有緣功德間已超生及現今諸員眷屬隨喜功德。/

前沙彌尼裴氏，號妙豪。先悮○佛道，啟唱鄉村，善信現成，種種良因，功德居多。又婆官文塔婆縣天施與杜瑩、阮世俊號妙貞，高氏曾□、/黎世款，阮氏號妙理，正夫人阮氏號妙淘，杜貴氏號妙淳，阮氏號妙團，阮氏號妙光，婆𠱊，婆都順，婆棹，范氏□、黎氏瑞。玆信女阮氏宜□，/阮氏蘭，黎氏伍，杜氏荳號妙芳、阮氏瑱號妙□，高氏綏號妙康，阮氏恒號妙心，高氏圓字善好，阮氏堂號妙珍，阮氏腰，阮氏樾，阮氏安白，□/妙行，高氏心。/

一十方信施諸緣[2]。/

致仕、香岸侯正室武氏盛，號妙富，三十貫。廡壽侯正夫人譚氏隆，號妙映，十貫。侍内選阮廷馥，六貫。縣丞裴廷事，七貫五陌，并鎰木一株。前知府□/陳阮□，名殿昕，各二貫。阮儷，阮文釘妻裴氏田，李登科妻阮氏熒，阮伯松，范廷權妻阮氏粓，阮氏戲，陶廷桂，阮文燭各一貫，各老丹染一貫□□。/

上來重功德自丁卯歷庚子三十四年，檀梛、信施陸續舉行，各已疏陳仰新照鑒，玆本刹事事告成，仍效弘定十九年[3]故事，繼立石碑，銘刻諸□/所爲繼往開來之勸，脱有遺漏，某緣未

---

① “提”，原作諱字。

② “一十方信施諸緣”句下，又刻有“仁睦門社官人村石工縣丞除廷來妻阮氏悦刻字衣功德石五凡貫殘二”一句，似是後來加刻。

③ “弘定十九年”，弘定爲後黎敬宗年號，十九年當明萬曆四十六年（1618）。

能盡述者。　　伏願/　　　　　慈光遍照慧眼，兼臨俾海會衆緣功無漏鈌，福不唐捐，毛滴沙塵均蒙收録，以昭因果。[1] /

① 以上爲拓片編號 00475 之内容。

○四八　上亭村公田碑記

引言

碑立於河東省青池縣姜亭總上亭社廟内，爲社廟前堂第一碑。碑刻單面，拓片編號00481，共二十三行字，滿行五十三字，碑額題“上亭村公田碑記”七字，今依此額爲篇題。碑四邊無紋飾，碑文撰者杜孟享。年代署作維新（Duy Tân）四年（1910），維新爲阮朝維新帝（Vua Duy Tân）阮福晃（Nguyễn Phúc Hoảng）年號，同年爲清宣統二年，歲次庚戌。拓片現藏於漢喃研究院。

碑文内容記上亭村有八畝公田因公賣去，長達二十年無法贖回。後太平巡撫、侍郎王大人扶太慈夫人靈柩回來安葬，並欲修建墓園於上亭村，藉此村民將此事稟告，王大人乃上奏文明殿大學士延茂郡公黄相公，以求解决之道。黄相公後以私人名義贖回此地，並交予社民耕作，所得收入用於祭祀活動及貼補税賦。社民知恩，乃立碑記恩，配祀兩人，文末並記公田的用處和所在位置、尺寸。

00481

上亭村公田碑記

蓋聞不有君子則世道何所維持不有尊臣則小民何所倚賴烝富次憲祥里土輝我上亭社青池本縣其望邑也前公田捌畝以公[illegible]
也頃者耆從衆人因公按黄經卅餘載索續無從今適因
侍郎領太平巡撫使彰山王大人奉
尊太慈夫人靈柩下本村地分安厝設陵寢辰往來王家之裔太參天召伯之棠吟遍地訪御事之始終知民間之宿弊本村其以其事稟
悉公聆此語矣發仁心即轉稟於
文明殿大學士延茂郡公黄相公商說於
本省督部堂協辦大學士黄大臣大人加意經營盡心籌度遂自出花銀貳百元贖田還田準許全民耕作以奉 祠宇祭祀並助給遞年
被厥化我村人耕斯田者莫不仰
黄相公之大德
王撫臺之深恩百年春祀秋嘗享 神有所爾曰子耕婦饁惠我無私希瀾殊尤曠絕盛事紀御閣之韻會樹經井之風蘇若何人徹效於
前非則為祿弗延於後嗣爰勒碑銘於亭所用垂約誓於將來所有議定各條並逐田處所畝高奉列于左
一奉置田壹畝 王父忌日 正月初玖日 許屬處 一所相連拾壹尺 一所拾尺 一所壹高叁尺 一所拾四尺 一所拾貳尺 一所宜高 一所壹高
剳廚處 一所拾尺 核帝處 一所壹高 城多處 一所陸尺貳寸 一所壹高貳尺 同欘處 一所拾貳尺五寸 一所四尺貳寸
一奉置田壹畝供二村 春祭日 叁月初壹日 祠宇處 一所拾尺 園奇處 一所五尺五寸 劉儀處 一所[illegible] 一所壹高 求祖處 一所拾尺 一所玖尺
祭聖處 一所壹高 一所拾尺 一所拾貳尺 一所壹高拾貳尺 坡淹處 一所拾壹尺 招君處 一所玖尺 一所拾叁尺
一奉置田陸畝助給遞年公役 竦傑處 一所柒尺五寸 一所貳高貳尺 一所壹高拾貳尺 一所柒尺五寸 一所拾尺 一所拾貳尺
坡塘處 一所貳高叁壹尺 一所拾貳尺 一所拾叁尺 一所壹高 一所柒尺 同湖處 一所拾尺 一所壹高拾四尺 一所壹高五尺 一所壹高拾四尺
必道處 一所貳高三尺 一所三尺 一所貳尺 一所宜高五尺 一所拾陸尺 一所柒尺 一所叁尺 一所拾貳尺 一所壹高 一所壹高貳尺 一所壹高五尺 一所壹高
一所壹高 一所拾四尺 一所拾尺 招君處 一所陸高柒尺五寸 一所拾四尺 一所壹高貳尺 一所拾四尺 一所五尺 一所拾四尺 塘欖處 一所貳高叁尺 一所拾叁尺 一所叁尺
一所拾叁尺 一所壹高拾貳尺 一所壹高玖尺五寸 一所壹高五尺 一所拾叁尺 一所五尺 一所四尺 一所拾叁尺 一所拾尺 一所壹高
一所拾尺 一所壹高 一所拾尺 一所玖尺 一所壹高五尺
維新肆年柒月初壹日 立碑記
全村紳色着從奉鐫 本村人杜孟亭奉撰 河城南山號奉刻

河東省青池縣上亭總上亭社廟前堂第一碑

編號：00481 出自《拓片總集》第一冊

釋文

上亭村公田碑記[①]

蓋聞不有君子，則世道何所維持；不有尊臣，則小民何所倚賴？黍膏浹惠，梓里生輝，我上亭於青池本轄其望邑也，有公田捌畝以公用/也，頃者耆役數人因公擅[②]賣，經廿餘載，索贖無從。今適因/　　　　侍郎、領太平巡撫使、彰山王大人奉/　　　　尊太慈夫人靈柩于本村地分安厝，設陵寢，辰[③]往來，王家之喬木參天，召伯之棠陰遍地[④]，訪鄉事之始終，知民間之宿弊，本村具以其事稟/悉。公聆此語，矢發仁心，即轉稟於/　　　　文明殿大學士、延茂郡公黄相公，商説於/　　　　本省督部臺、協辦大學士黄大臣大人，加意經營，盡心籌度，遂自出花銀貳百元贖回這田，準許仝民耕作，以奉　祠宇祭祀，並[⑤]助給遞年/搜銀。凡我村人耕斯田者，莫不仰/　　　　黄相公之大德、/　　　　王撫臺之深恩，百年春祀秋嘗，享　神有所，爾日子耕婦饁，惠我無私，希濶殊尤，曠絶盛事，紀鄉關之韻會，樹疆井之風聲，若何人猶效於/前非，則苐禄弗延於後嗣，爰勒碑銘於亭所。用垂約誓於將來，所有議定各條，竝這田處所畝高奉列于左：/

一奉置田壹畝，王父忌日正月初玖日。**圩㕓□處，**一所相連拾壹尺，一所拾尺，一所壹高叁尺，一所拾四尺，一所拾貳尺，一所壹高，一所壹高。/**𣘃廚處，**一所拾尺。**核市處，**一所壹高。**坡多處，**一所陸尺貳寸，一所壹高貳尺。**同櫂處，**一所拾貳尺五寸，一所四尺貳寸。/

一奉置田壹畝供二村，春祭日叁月初壹日。**祠宇處，**一所拾尺。**園奇處，**一所五尺五寸。**𣘃儀處，**一所陸尺，一所壹高。**求坦處**，一所拾尺，一所玖尺。/**祭聖處，**一所壹高，一所拾尺，一所拾貳尺，一所壹高拾貳尺。**坡滝處，**一所拾壹尺。**招君處，**一所玖尺，一所拾叁尺。/

一奉置田陸畝助給遞年公穫。埬□處，一所柒尺五寸，一所貳高貳尺，一所壹高拾貳尺，一所柒尺五寸，一所拾尺，一所拾貳尺。/**坡塘處，**一所壹高拾壹尺，一所拾貳尺，一所拾叁尺，一所壹高，一所

---

① 此爲額題，今依此額爲篇題。

② “擅”，碑原作“抎”。

③ “辰”，爲“時”之避諱字。

④ “召伯之棠陰遍地”，見《詩經·國風·召南·甘棠》孔穎達正義：“謂武王之時，召公爲西伯，行政於南土，决訟於小棠之下，其教著明於南國，愛結於民心，故作是詩以美之。經三章皆言國人愛召伯，而敬其樹，是爲美之也。”

⑤ “並”，原作“竝”。

柒尺。**同湖處，**一所拾尺，一所壹高拾四尺，一所壹高五尺，一所壹高五尺，一所壹高拾四尺。/**必道處，**一所壹高，一所貳高五尺，一所五尺，一所貳尺，一所壹高五尺，一所拾貳尺，一所柒尺，一所叁尺，一所拾貳尺，一所壹高，一所壹高貳尺，一所壹高五尺，一所壹高，/一所壹高，一所拾四尺，一所拾尺。**招君處，**一所壹高柒尺五寸，一所拾四尺，一所壹高貳尺，一所拾四尺，一所五尺，一所拾四尺。**塘櫗處，**一所貳高叁尺，一所拾叁尺，一所叁尺，/一所拾叁尺，一所壹高拾貳尺，一所壹高玖尺五寸，一所壹高玖尺五寸，一所壹高五尺，一所拾叁尺，一所五尺，一所四尺，一所拾叁尺，一所拾尺，一所壹高，/一所拾尺，一所壹高，一所拾尺，一所玖尺，一所壹高五尺。/

維新肆年[1]柒月初壹日立碑記

本村人杜孟享奉撰/

仝村紳色耆役奉鐫

河城南山號奉刻/

① “維新四年”，維新爲阮朝維新帝（Vua Duy Tân）阮福晃（Nguyễn Phúc Hoảng）年號，四年當清宣統二年（1910），歲次庚戌。

〇四九　金縷社修造文址並阮氏夫妻祭忌碑記

引言

碑立於河東省青池縣姜亭總金縷社文村祠，爲文村祠址第一碑。碑刻單面，拓片編號00486，共十五行字，滿行約二十字，碑額題“斯文碑記”四字，今依内容與性質重定篇題爲“金縷社修造文址並阮氏夫妻祭忌碑記”。碑額飾有雙龍昭日，左右兩側爲花紋。碑文撰者爲阮香。年代署作嗣德（Tự Đức）九年（1856），嗣德爲阮翼宗（Nguyễn Dực Tông）阮福時（Nguyễn Phúc Thì）年號，同年爲清咸豐六年，歲次丙辰。拓片現藏於漢喃研究院。

碑文記載文村斯文會人士修葺文址，另有阮氏及其夫捐五十貫錢與兩分田於斯文會，以爲其夫妻二人寄忌。

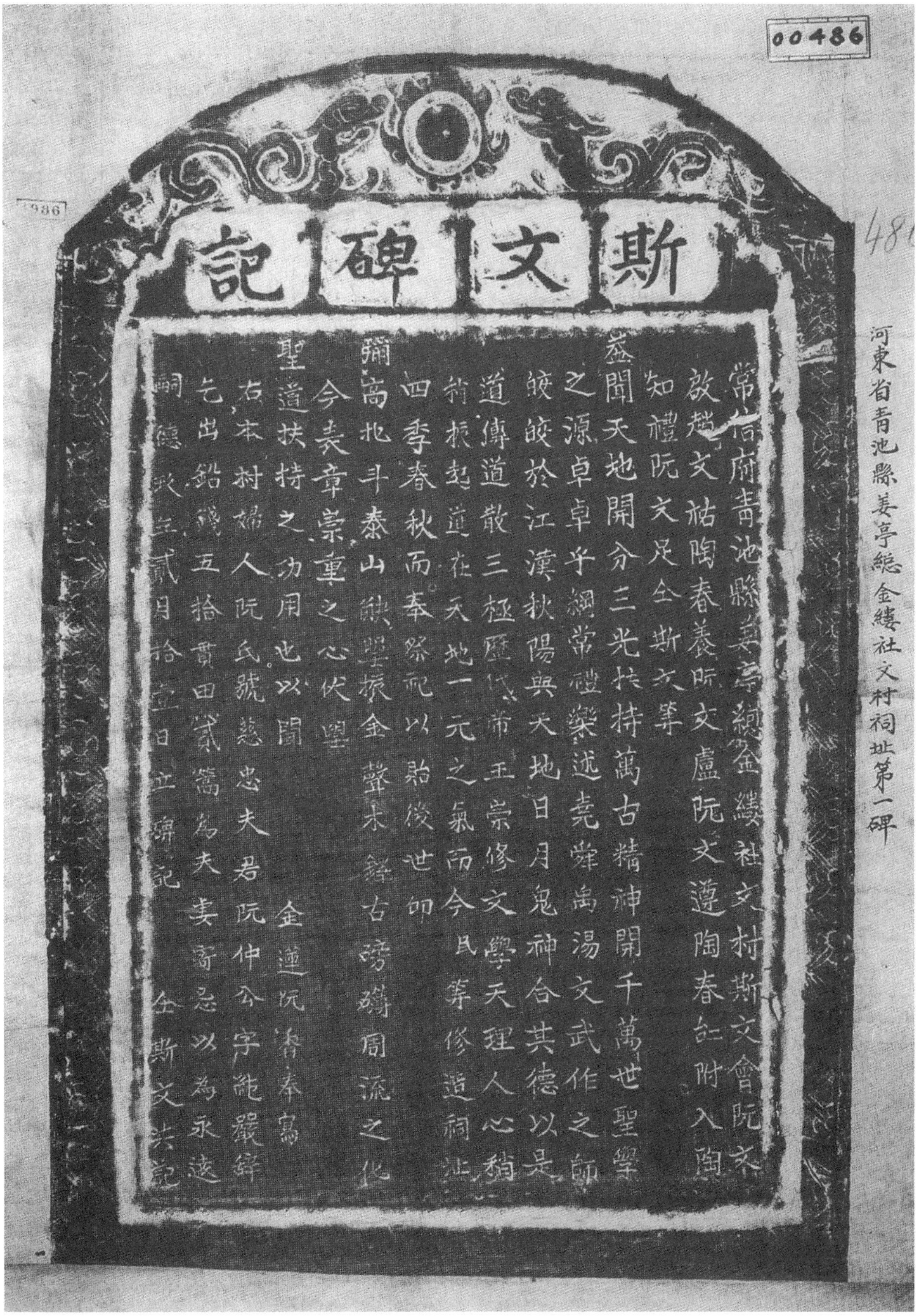
00486
斯文碑記
常信府青池縣姜亭總金縷社文村斯文會阮禾
啟趙文祐陶春養阮文盧阮文遵陶春缸附入陶
知禮阮文足仝斯文等
蓋聞天地開分三光扶持萬古精神開千萬世聖學
之源卓卓乎綱常禮樂述堯舜禹湯文武作之師
皎皎於江漢秋陽與天地日月鬼神合其德以是
道傳道散三極歷代帝王崇修文學天理人心猶
猶振起道在天地一元之氣而今民等修造祠址
四季春秋而奉祭祀以貽後世仰
彌高北斗泰山欽聖振金聲木鐸古磅礴周流之化
今表章崇重之心伏望
聖道扶持之功用也以聞　金蓮阮香奉寫
右本村婦人阮氏號慈忠夫君阮仲公字純嚴碎
乞出錢五拾貫田貳篙為夫妻寄忌以為永遠
嗣德玖年貳月拾五日立碑記　仝斯文共記

河東省青池縣姜亭總金縷社文村祠址第一碑

編號：00486　出自《拓片總集》第一冊

釋文

斯文碑記[1]

常信府青池縣姜亭總金縷社文村斯文會阮文/啓、趙文祐、陶春養、阮文盧、阮文遵、陶春䊵；附入陶/知禮、阮文足仝斯文等，/　　　　　蓋聞天地開分，三光扶持，萬古精神，開千萬世聖學/之源。卓卓乎綱常禮樂，述堯舜禹湯文武作之師；/皎皎於江漢秋陽，與天地日月鬼神合其德。以是/道傳道散三極，歷代帝王崇修文學，天理人心稍/稍振起，道在天地一元之氣，而今民等修造祠址，/四季春秋而奉祭祀，以貽後世，叩/　　　　　彌高北斗泰山，觖望振金聲木鐸。古磅礴周流之化，/今表章崇重之心，伏望/　　　　　聖道扶持之功用也，以聞。

金蓮阮香奉寫。/

右本村婦人阮氏，號慈忠；夫君阮仲公，字純嚴辭，/乞出鉛錢五拾貫、田貳篙[2]爲夫妻寄忌，以爲永遠。/

嗣德玖年[3]貳月拾壹日立碑記

仝斯文共記/

題後

本碑爲常信府青池縣姜亭總金縷社文村修造文址之記事碑，並載村婦人阮慈忠與其夫捐資田爲其夫婦立祭忌之事。一般祭忌之地多爲寺、觀等宗教場所，本碑則選在比較少有的文址。供養者夫妻二人雖均姓阮，然以女子爲先述對象，展現出越南女子（婦人）對於金錢的主導性。

---

① 此爲額題，今依内容及性質重定篇題爲“金縷社修造文址並阮氏夫妻祭忌碑記”。

② “篙”，越南的計量單位“分”，爲越南畝的十分之一。按越南北部地畝制，一分相當三百六十平方米；中部地畝制，則相當四百平方米。

③ “嗣德玖年”，當清咸豐六年（1856），歲次丙辰。

○五○　金縷社阮氏蘋等後亭碑記

引言

碑立於河東省青池縣姜亭總金縷社亭，爲社亭右邊第二碑，碑刻單面，拓片編號 00489，共十五行字，滿行約三十二字，碑額題“奉敕旌表碑記”六字，今依内容及性質重定篇題爲“金縷社阮氏蘋等後亭碑記”。碑額刻有雙龍昭日，左右兩邊則爲雲紋，碑底爲花草紋。年代署作成泰（Thành Thái）十一年（1899），成泰爲阮朝成泰帝（Vua Thành Thái）阮福昭（Nguyễn Phúc Chiêu）年號，同年爲清光緒二十一年，歲次己亥。拓片現藏於漢喃研究院。

碑文記載寓居於南定的金縷社人阮氏蘋，捐銀三百二十元以助金縷社社亭修建，另捐銀三百以購買田地以作爲祭祀雙親之用，後見修亭工程浩大，再捐銀一百五十。金縷社民念其恩德，立碑締約祭祀阮氏蘋與其雙親、夫君，亦將此事稟奏朝廷，以得其敕旨表揚。

00489
河東省青池縣姜亭總金縷社亭右邊第二碑

編號：00489　出自《拓片總集》第一冊

釋文

奉敕旌表碑記[1]

嘗聞興禮而鄉約立，追遠而民德厚，率由斯義，其可尚已。吾鄉在亭寄忌碑，蓋循古/俗。爰有寓南定同樂庸阮氏，字曰蘋，乃本村阮翁號剛直府君親女，妣曰慈善孺人，/我阮族之女也。翁其先出廣平，自少入籍爲本村人，今阮氏深惟桑梓之敬，以本村/興修亭宇，自願供銀叁百貳拾元助工，並銀叁百元置田在本社地分，以爲先人久/後永計。又以工程重大，增供銀壹百五拾元，經本村妥定，炤如前例，立石在亭之左/邊，這置田發耕，炤以田錢所出，遞年阮氏親生父母暨夫君忌日與氏百歲後，本村/辦豬、�[2]、芙[3]、酒、香、燭行禮，另立詞酌定，用彰厚道。夫以阮氏茹苦守志，報本追遠，作諸/義事節行，誠爲難能。事聞，欽蒙/

勅旨旌表，寔惟　朝廷風厲善俗至意，廼壽之貞珉，以永其傳云。茲將字號、忌日開列/如左方：

阮府君諱正，號剛直，四月二十日忌；/

阮府君正室阮氏諱詳，號慈善孺人，三月二十九日忌；/

陳府君諱道，字維平，六月初五日忌；/

陳門正室阮氏，字蘋，當在。/

皇朝成泰十一年歲在己亥[4]仲冬穀日。

金縷社中村立石/

---

① 此爲額題，今依内容及性質重定篇題爲“金縷社阮氏蘋等後亭碑記”。

② “粎”，喃字，糯米的意思。

③ “芙”，指芙蒥，是一種藤類植物，越文作Cây lá trầu。與檳榔同爲喜慶時必有之象徵性植物，尤其是在傳統婚俗文化中，檳榔、芙蒥與石頭（石灰）是兄弟和睦、夫妻恩愛之象徵，迄今越南傳統式的婚禮仍然採用芙蒥、酒、檳榔等物作爲重要的禮物。詳見本書篇號〇〇二《瑞璋坊東甲阮氏昞暨夫祭忌碑記》注釋。

④ “成泰十一年歲在己亥”，當清光緒二十五年（1899）。

題後

本碑乃後亭祭忌碑記，按，越南祭忌(寄忌)或稱立後的習俗，係由立後者貢進資財、田土等，“或架橋樑、修堤路、開集市、開墾田地、救助天災、賑給荒年、置勸學田、爲村社支付官役、繳納税課、代納兵率、退還舊債、候辦訟案等”，换取祠、廟、亭、村、社等處所，對於“立後”者指定的特定人物進行身後的祭祀。因此有後佛、後神、後聖、後賢、後鄉、後亭、後甲、後巷、後店、後覠、後族等等不同的稱謂，在碑記中，以後佛、後神的比例最高，本碑則是比較少見的後亭寄忌碑。

又，越南“亭”的概念與中國不同，據《北寧省考異》卷一“淫神在廟”：“是廟只有一壁，無有柱樑，無有覆蓋。此民恐何日供祭在廟，遇天雨下，濕其粄肉，故民欲作爲亭奉事，以免其雨暑者也。而神不欲民社作亭，蓋此神多淫慾之神，恐民作亭有門者，有門則閉，難出難入于亭中，此廟空曠易往易歸，故不欲此社作亭，只欲在廟，易欲於婦女之人也哉。”則北寧省安豐縣焦山總謝舍社的亭是有牆壁，而廟反而是無牆壁的。

○五一　金江相國阮公神道碑

引言

碑立於河東省青池縣姜亭總金縷社。碑刻雙面，拓片編號 00493/00492。拓片編號 00493 爲碑前，共二十四行字，滿行約五十三字，碑額題“金江相國阮公神道碑”九字；拓片編號 00492 爲碑後，共二十三行字，滿行約字五十三字，今依拓片編號 00493 額題爲篇題。碑兩面碑額均刻有雙龍紋。碑文撰者誥授中議大夫、光禄寺卿、領河内省督學武范誠，書者黄增賁，監刻者阮維瓊、阮維瑞。年代署作成泰（Thành Thái）十五年（1903），成泰爲阮朝成泰帝（Vua Thành Thái）阮福昭（Nguyễn Phúc Chiêu）年號，同年爲清光緒二十九年，歲次癸卯。拓片現藏於漢喃研究院。

此爲相國文明殿大學士阮瑄神道碑，碑文敘述阮瑄父祖事蹟、官歷與爲官時的重要事蹟，文末以七十二句四字銘文詠阮瑄而作結。

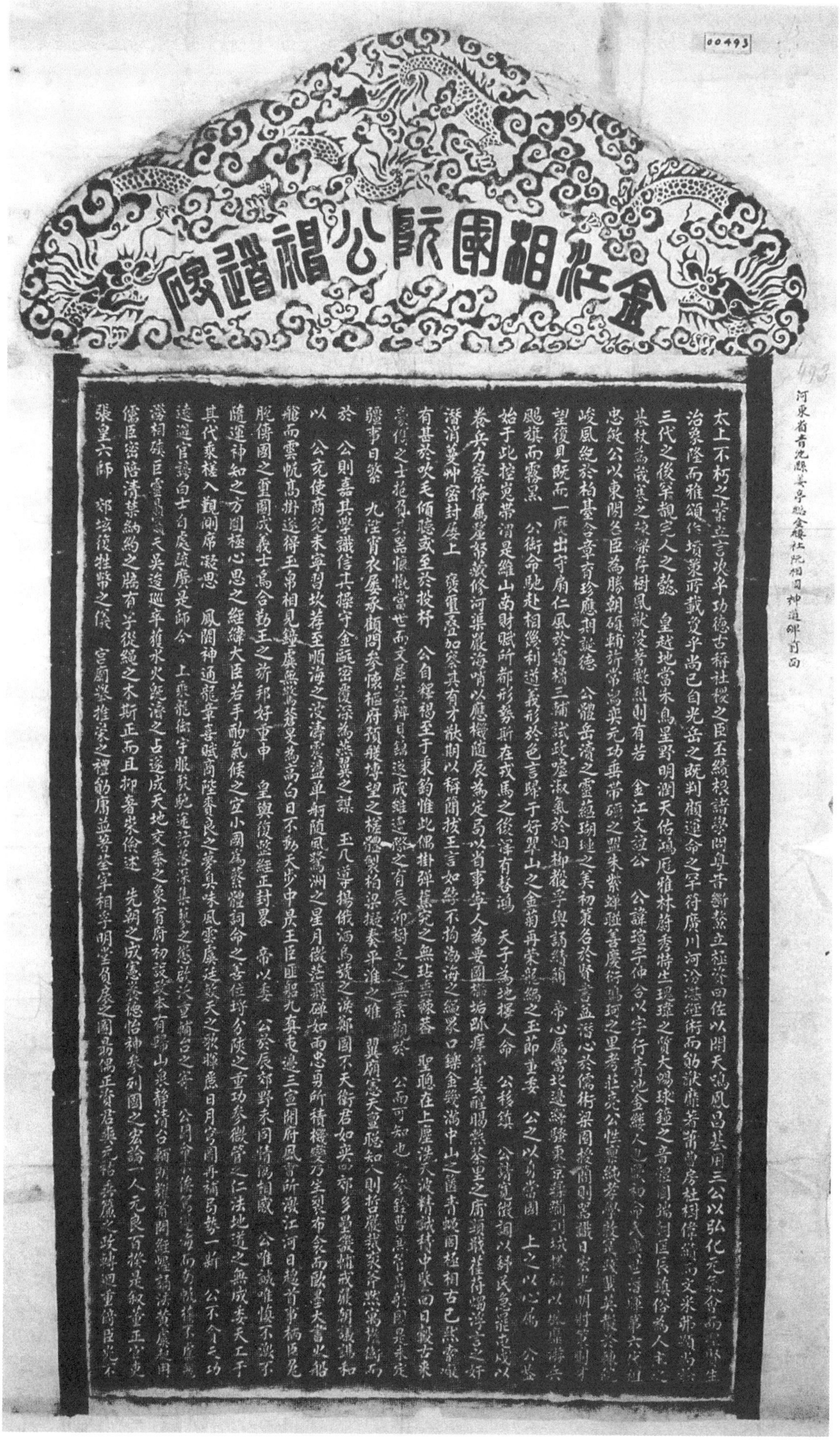
00493
金江相國阮公神道碑

編號：00493　出自《拓片總集》第一冊（下同）

00492
河東省青池縣蓋亭總金縷社阮相國神道碑後面

編號：00492

釋文

金江相國阮公神道碑[①]

太上不朽之業，立言次乎功德，古稱社稷之臣丕績[②]根諸學問，粵昔斷鰲立極[③]，資四佐[④]以開天；鳴鳳昌基[⑤]，用三公以弘化。元氣會而聖賢生，/治象隆而雅頌作。墳策[⑥]所載，夐乎尚已。自光岳之既判[⑦]，顧運命之罕符。廣川河汾，湛經術而勳猷靡著[⑧]；蕭曹房杜[⑨]，樹偉績而文采弗顯。尚論/三代之後，罕覩完人之懿。　皇越地當朱烏[⑩]，星野明潤。天佑鴻厖[⑪]，雅林蔚秀，特生瑰瑋之質，大暢球鐘[⑫]之音。體圓端朝，匡辰[⑬]鎮俗，爲人主之/基杖，爲歲寒之楝樑；存樹風猷，没著徽烈，則有若　金江文誼公。

公諱瑄，字仲合，以字行，青池金縷人也。厥初命氏，奕世潛暉，第六代祖/忠敏公，以

① 此爲拓片編號00493之額題，今依此爲篇題。

② “丕績”，即大功業。《書經·大禹謨》：“予懋乃德，嘉乃丕績。”

③ “斷鰲立極”，見《列子·湯問》：“然則天地亦物也，物有不足，故昔者女媧氏煉五色石，以補其闕，斷鰲之足，以立四極。”

④ “四佐”，見《逸周書·成開》：“三極：一，天有九列，别時陰陽；二，地有九州，别處五行；三，人有四佐，佐官維明。”孔晁注：“四佐，謂天子前疑、後丞、左輔、右弼。”劉向《説苑·君道》：“故明君在上，慎終擇士，務於求賢，設四佐以自輔，有英俊以治官。”

⑤ “鳴鳳昌基”，即“鳳鳴岐山”，以喻周朝的興起。《國語·周語上》：“周之興也，鸑鷟鳴於岐山。”韋昭注：“鸑鷟，鳳之别名也。”

⑥ “墳策”，即典籍。《後漢書·儒林傳》：“光武中興，愛好經術，未及下車，而先訪儒雅，採求闕文，補綴漏逸。先是四方學士多懷協圖書，遁逃林藪。自是莫不抱負墳策，雲會京師，范升、陳元、鄭興、杜林、衛宏、劉昆、桓榮之徒，繼踵而集。”

⑦ “光岳之既判”，指天地肇始。（元）馬端臨《文獻通考·自序》：“光岳既分，風氣日漓。”

⑧ “廣川河汾，湛經術而勳猷靡著”，見（明）尹臺《黄憲墓》：“漢季多高賢，黄生多淑妙。白璧出塵匱，羣琛仰孤照。偉哉弱冠年，名流屈乃少。汎濫赴深陂，清渾同涵抱。所悲朗粹質，中隕沉靈曜。雖寡河汾譔，不殊廣川調。我行歷楚墟，問道迴山嶠。側思千載人，悽惻墓堂弔。”廣川或指漢氏董仲舒，其爲廣川人河汾或指隋代王通，其設教河汾之間，受業者達千餘人，事見《新唐書·隱逸傳·王績》，後以“河汾”指稱王通及其學術流派。

⑨ “蕭曹房杜”，指漢代名相蕭何、曹參，及唐代名相房玄齡、杜如晦。

⑩ “朱烏”，即朱雀，南方七宿（井、鬼、柳、星、張、翼、軫）的總稱。

⑪ “鴻厖”，即鴻龐氏（Hồng Bàng），越南傳説時期最古的王朝，也被視爲越南國家的開端。

⑫ “球鐘”，即玉磬和大鐘。（唐）李善《上文選注表》：“步驟分途，星躔殊建；球鐘愈暢，舞詠方滋。”（《文選》）

⑬ “辰”，即“時”之諱字，下同。

東閣名臣，爲勝朝碩輔，旂常[1]舄奕[2]，元功垂帶礪之盟[3]；朱紫蟬聯，善慶衍鳴珂之里[4]。考莊亮公，性稟純孝，學敦寔踐，蜚英聲於棘院[5]，/峻風紀於柏臺[6]，含章育珍，應期誕德。

公體岳瀆之靈，藴瑚璉之美，初策名於賢書[7]，益潛心於儒術，梁園授簡[8]，則器識日宏；光明射策[9]，則才/望復見。既而一度出守，扇仁風[10]於霜橘；三輔試政，噓淑氣[11]於煙柳，𣪠[12]孚輿誦，績簡　帝心。屬當北邊繹騷[13]，東京蹂躪，列城捲旆以風靡，游兵/飈旗而霧黑。　公銜命馳赴，相幾利道，義形於色，言歸於好，翠山[14]之金菊再榮，龍編[15]之玉節重委。　公之以身當國，　上之以心屬　公，蓋/始於此。控嵬帶渭，是維山南財賦所都；形勢斯在，戎馬之

---

[1] “旂常”，即“旗常”，王侯的旗幟，後借指王侯。《周禮·春官·司常》：“日月爲常，交龍爲旗……王建大常，諸侯建旗。”

[2] “舄奕”，光彩蟬聯不絶，流傳久遠。《後漢書·班固傳下》：“以崇嚴祖考，殷薦宗配帝，發祥流慶，對越天地者，舄奕乎千載。”李賢注：“舄奕，猶蟬聯不絶也。”

[3] “帶礪之盟”，謂立誓，所封之國永存不廢。“帶礪”，指山河。典故見《史記·高祖功臣侯者年表序》：“封爵之誓曰：‘使河如帶，泰山若厲。國以永寧，爰及苗裔。’”

[4] “鳴珂之里”，指貴人居處。《新唐書·張嘉佑傳》：“嘉佑，嘉貞弟，有幹略。方嘉貞爲相時，任右金吾衛將軍。昆弟每上朝，軒蓋騶導盈閭巷，時號所居坊曰‘鳴珂里’。”

[5] “棘院”，科舉時代的試院。古代試士用棘圍試院，以防作弊。《舊五代史·周書·和凝傳》：“貢院舊例，放牓之日，設棘於門及閉院門，以防下第不逞者。”

[6] “柏臺”，即御史臺。漢御史府中列植柏樹，常有數千烏棲其上，故以柏臺稱御史臺。事見《漢書·朱博傳》。

[7] “賢書”，見韓愈《感二鳥賦》：“辱飽食其有數，況策名於薦書；時所好之爲賢，庸有謂餘之非愚。”按，《周禮·地官·鄉大夫》：“鄉老及鄉大夫、群吏獻賢能之書于王。”後世因稱鄉試考中爲“登賢書”。

[8] “梁園授簡”，見《昭明文選·賦庚·物色·雪賦》：“梁王……遊於兔園。……歌北風於衛詩，詠南山于周雅。授簡于司馬大夫，曰：‘抽子秘思，騁子妍辭，侔色揣稱，爲寡人賦之。’”

[9] “光明射策”，見（宋）喻良能《香山集》卷十一《次馬撫幹韻贈黄泰之狀元》：“褎然射策向明光，紫禁春深日正長。風細御爐烟冉冉，天晴宫柳絮茫茫。玉階親奉唐虞問，綵筆濃薰班馬香。千佛經中名第一，鴻文端不數長楊。”

[10] “扇仁風”，頌揚帝王或地方長官如風流布的德政。《世説新語·言語》：“江山遼落，居然有萬里之勢。”劉孝標注引《續晉陽秋》：“太傅謝安賞（袁）宏機捷辯速，自吏部郎出爲東陽郡，乃祖之於冶亭，時賢皆集。安欲卒迫試之，執手將别，顧左右，取一扇而贈之。宏應聲答曰：‘輒當奉揚仁風，慰彼黎庶。’”

[11] “淑氣”，温和之氣。（晉）陸機《悲哉行》：“蕙草饒淑氣，時鳥多好音。”又“噓淑氣”可見明狀元朱蘭（之蕃）《金陵圖詠·莫愁曠覽》收杜完三（士全）《和原韻一》：“一龍蟠據飲江流，有淹雲蒸鬱未收。借日光華常爛熳，隨風舒卷自春秋。鼎湖勢與三山壯，靈鷲晴看五色浮。應是驪頷噓淑氣，尋常氤氲繞皇州。”

[12] “𣪠”，釋“築”。《玉篇·殳部》音“訓”。

[13] “繹騷”，騷動的意思。見《詩經·大雅·常武》：“赫赫業業，有嚴天子。王舒保作，匪紹匪遊。徐方繹騷，震驚徐方。”

[14] “翠山”，即浴翠山。

[15] “龍編”，越南古代地名，故址在今越南河内市東，天德江北岸，爲交州和交趾郡治所。

後澤有嗸鴻[①]。　天子爲地擇人，命　公移鎮。　公請寬徵調，以舒民急，罷屯戍以/養兵力，察僚屬，釐帑藏，修河渠，嚴海哨，以應機隨辰爲定局，以省事寧人爲要圖。櫛垢爬癢[②]，膏萎醒暍[③]。熱茶里之庯，顯戢萑苻[④]；燭浮言[⑤]之奸，/潛消蔓艸[⑥]。密封屢上，　褒璽叠加，察其有才猷，期以稱簡拔。王言如綍[⑦]，不拘渤海之繩[⑧]；衆口鑠金，幾滿中山之篋[⑨]。青蠅罔極[⑩]，相古已然，索□/有甚于吹毛[⑪]，傾聽或至於投杼[⑫]。　公自釋褐，至于秉鈞[⑬]，惟此偶掛彈蕉[⑭]，究之無玷垂棘[⑮]，蓋　聖聰在上，塵洗天波[⑯]，精誠積中，鑒回日轂，古來/豪儁之士，抱負其器，慷慨當世，而文犀[⑰]莫辨，貝錦[⑱]遂成，雖遭際之有辰，抑樹立之無素，觀於　公而

---

① “嗸鴻”，形容饑民哀號求食的慘狀。《詩經·小雅·鴻雁》：“鴻雁於飛，哀鳴嗸嗸。”

② “櫛垢爬癢”，喻清除邪惡。見韓愈《試大理評事王君墓誌銘》：“君隨往改試大理評事攝監察御史觀察判官，櫛垢爬癢，民獲蘇醒。”

③ “膏萎醒暍”，此謂解民之倒懸。見韓愈《唐故江南西道觀察使太原王公神道碑銘》：“萎枯以膏，燠暍以醒，坦之敞之，必絶其徑。”“萎枯”即乾枯。“燠”釋“暖”，見《爾雅·釋言》；又，《尚書·洪範》：“曰燠曰寒。”“暍”，傷暑也，見《説文解字》。“燠暍”，即中暑。《漢書·武帝紀》：“夏，大旱，民多暍死。”

④ “萑苻”，原爲澤名，後以稱盜賊出没之處，或指盜賊。見《左傳·昭公二十年》：“鄭國多盜，取人於萑苻之澤。”杜預注：“萑苻，澤名。於澤中劫人。”

⑤ “浮言”，無根據的話。見《尚書·盤庚上》：“汝曷弗告朕，而胥動以浮言。”

⑥ “蔓艸”，即“蔓草”。泛指蔓生的野草。見《左傳·隱公元年》：“蔓草猶不可除，況君之寵弟乎？”

⑦ “王言如綍”，見《禮記·緇衣》：“王言如絲，其出如綸；王言如綸，其出如綍。”

⑧ “渤海之繩”，見《漢書·循吏傳》：“渤海左右郡歲飢，盜賊並起，二千石不能禽制。上（宣帝）選能治者，丞相御史舉遂可用……上聞遂對，甚説……遂曰：‘臣聞治亂民猶治亂繩，不可急也；唯緩之，然後可治。’”

⑨ “中山之篋”，見《戰國策·秦策二》：“魏文侯令樂羊將，攻中山，三年而拔之，樂羊反而語功，文侯示之謗書一篋，樂羊再拜稽首曰：‘此非臣之功，主君之力也。’”

⑩ “青蠅罔極”，見《詩經·小雅·桑扈之什·青蠅》：“營營青蠅，止於棘。讒人罔極，交亂四國。”

⑪ “吹毛”，即“吹毛求疵”，又作“吹毛求瑕”。見《三國志·吴書·步騭傳》：“擿抉細微，吹毛求瑕。”

⑫ “投杼”，語出《戰國策·秦策二》，以曾母投杼，比喻謡言衆多，即便是最親近者的信心都會動摇。

⑬ “秉鈞”，比喻執政。“鈞”爲製陶器所用的轉輪。唐宣宗《斷句》詩：“七載秉鈞調四序，一方獄市獲來蘇。”《舊唐書·崔彦昭傳》：“秉鈞之道，何所難哉。”

⑭ “彈蕉”，語出沈約《修竹彈甘蕉文》，以比喻手法，借“貞幹臣修竹”彈劾防賢妒善的甘蕉。

⑮ “垂棘”，原爲春秋晉國地名，以産美玉著稱，後借指美玉。見《左傳·僖公二年》：“晉荀息請以屈産之乘與垂棘之璧，假道于虞以伐虢。”杜預注：“垂棘出美玉，故以爲名。”

⑯ “塵洗天波”，喻皇帝的恩澤。陸機《謝平原内史表》：“則塵洗天波，謗絶衆口。”

⑰ “文犀”，即“靈犀”，傳説犀牛爲通靈之獸，其角有紋路可致神靈感應，紋，通“文”，故又稱“文犀”。

⑱ “貝錦”，比喻誣陷别人、羅織成罪的讒言。《詩經·小雅·巷伯》：“萋兮斐兮，成是貝錦。”朱熹集傳：“言因萋斐之形，而文致之以成貝錦，以比讒人者因人之小過而飾成大罪也。”

可知也。入參銓曹[①]，兼管商舶。國是未定，/疆事日繁。　九陛[②]宵衣[③]，屢承顧問。參懷樞府，預𧦝博望之槎[④]；體製柏梁[⑤]，擬奏平淮之雅[⑥]。　翼廟憲天[⑦]亶聰[⑧]，知人則哲；嚴裁衮斧[⑨]，默寓權衡，而/於　公則嘉其學識，信其操守。金甌密覆，深爲燕翼之謀[⑩]；　玉几導揚，俄灑烏號[⑪]之淚。鄭國不天[⑫]，衛君如奕[⑬]，四郊多壘，畿輔戒嚴，朝議講和，/以　公充使，商兑未寧[⑭]，習坎[⑮]荐至[⑯]。順海之波濤震盪，單舸隨風；鷺洲之星月微茫，飛磾如雨。忠勇所積，機變乃生，裂布衾而歐墨大書，火船/艙而雲帆高掛。遂得玉帛相見，鐘虡無驚；蒼旻爲

---

① “銓曹”，古代由吏部進行官員的詮選。

② “九陛”，帝王宫殿的臺階，有九階，故稱九陛。亦指朝廷或帝王。

③ “宵衣”，稱頌帝王勤於政事。（南朝陳）徐陵《陳文皇帝哀册文》：“勤民聽政，昃食宵衣。”

④ “博望之槎”，指漢張騫受武帝命，探訪河源之事。（宋）胡仔《苕溪漁隱叢話前集・杜少陵六》引南朝梁宗懍《荆楚歲時記》：“張華《博物志》：‘漢武帝令張騫窮河源，乘槎經月而去。’”

⑤ “體製柏梁”，漢武帝元封三年（前108），作柏梁臺，詔群臣二千，賦七言詩人各一句，每句用韻者乃得上坐。後世稱七言聯句或七言一韻到底的詩爲“柏梁體”。

⑥ “平淮之雅”，指柳宗元爲頌揚裴度平定淮西節度使吴元濟之大功，所撰寫的雅歌詩。

⑦ “憲天”，舊時上訴案件，希望上一級官員能平反冤情，因稱之爲“憲天”。

⑧ “亶聰”，謂天子之聰明，借指天子。《尚書・泰誓上》：“亶聰明，作元後，元後作民父母。”孔傳：“人誠聰明，則爲大君，而爲衆民父母。”

⑨ “衮斧”，謂褒貶。古代賜衮衣以示嘉獎，給斧鉞以示懲罰。

⑩ “燕翼之謀”，謂善爲子孫後代謀劃。《詩經・大雅・文王有聲》：“武王豈不仕，詒厥孫謀，以燕翼子。”孔穎達疏：“思得澤及後人，故遺傳其所以順天下之謀，以安敬事之子孫。”亦指輔佐。見《後漢書・鄭興傳》：“昔張仲在周，燕翼宣王，而詩人悦喜。”

⑪ “烏號”，原指良弓。《淮南子・原道訓》：“射者扜烏號之弓，彎棊衛之箭。”高誘注：“烏號，桑柘，其材堅勁，烏峙其上，及其將飛，枝必橈下，勁能覆巢，烏隨之，烏不敢飛，號呼其上。伐其枝以爲弓，因曰烏號之弓也。”又喻死亡，見《史記・封禪書》：“黄帝采首山銅，鑄鼎於荆山下。鼎既成，有龍垂胡髯下迎黄帝。黄帝上騎，羣臣後宫從上者七十餘人，龍乃上去。餘小臣不得上，乃悉持龍髯，龍髯拔，墮，墮黄帝之弓。百姓仰望黄帝既上天，乃抱其弓與胡髯號，故後世因名其處曰鼎湖，其弓曰烏號。”後引申爲對死者的哀悼。

⑫ “鄭國不天”，指鄭國不爲天所護佑。《左傳・宣公十二年》：“鄭伯肉袒牽羊以逆，曰：‘孤不天，不能事君，使君懷怒，以及敝邑，孤之罪也。’”杜預注：“不天，不爲天所佑。”

⑬ “衛君如弈”，同成語“舉棋不定”之出處。按，衛獻公爲寧殖所廢出逃齊國，得齊國之助，欲復辟，派使者求助於繼寧殖爲執政的寧喜，寧喜因獻公許其可獨攬大權而同意此事，大叔文子（大叔儀）感歎寧喜處事不謹慎，舉棋不定之下重立獻公必然會遭到報復。《左傳・襄公二十五年》：“衛獻公自夷儀使與寧喜言，寧喜許之。大叔文子聞之，曰：‘烏呼……今寧子（寧喜）視君不如弈棋，其何以免乎？弈者舉棋不定，不勝其耦，而況置君而弗定乎？必不免矣。九世之卿族，一舉而滅之，可哀也哉！’”

⑭ “商兑未寧”，見《易・兑卦》：“九四，商兑未寧，介疾有喜。”朱熹本義：“四，上承九五之中正而下比六三之柔邪，故不能決而商度所説，未能有定。”

⑮ “習坎”，意爲第危險重重。《易・坎卦》：“《彖》曰：習坎，重險也。”高亨注：“本卦乃二坎相重，是爲‘習坎’。習，重也；坎，險也。故曰：‘習坎，重險也。’”

⑯ “荐至”，應作“洊至”，再至、相繼而至之意。《易・坎》：“水洊至，習坎。”王弼注：“不以坎爲隔絶，相仍而至。”

高，白日不動。天步中昃[1]，王臣匪躬[2]，九真屯邊，三宣開府，風會所激，江河日趨。首事柄臣，免/脱傳國之璽；圖成義士，烏合勤王之旗。邦好重申，　皇輿復整。經正封畧，　帝以委　公於辰，郊野未同，情僞相感。　公、唯誠唯慎，不激不/隨[3]，運神知之方圓，極心思之經緯。大臣若手，酌氣候之宜；小國爲蘩[4]，體詞命之善。位埒分陝[5]之重，功參微管[6]之仁，法地道之無成，委天工于/其代，乘槎入覲，側席凝思。　鳳闕神通，龍章喜賦。商陛賚良之夢[7]，臭味風雲；虞廷勑天之歌[8]，暉麗日月。穹圖再補，局勢一新。　公不貪天功，/遠避官謗，白士自處，疏廣[9]是師。今　上乘龍御宇，服駁馳途，訪落深集蓼之懲[10]，啟沃[11]重輔台之寄。　公□命不俟駕，遵海而南。帆檣不虞，飛/滂相磢[12]；巨靈贔屭，天吴[13]逡巡。卒獲水火既濟[14]之占，遂成天地交泰之象。宥府[15]初設，政本有歸，山泉靜清，台輔朗耀，首開經幄，誦

---

① “中昃”，謂日過午而漸西斜。《尚書·無逸》：“自朝至於日中、昃。”孔傳：“從朝至日昳。”孔穎達疏：“言文王勤於政事，從朝不食，或至於日中，或至於日昃，猶不暇食，故經中、昃並言之。”

② “匪躬”，謂忠心耿耿，不以自身爲念。《玉篇》《類篇》皆有收。又見《易·蹇》：“王臣蹇蹇，匪躬之故。”孔穎達疏：“盡忠於君，匪以私身之故而不往濟君，故曰匪躬之故。”“躬”，原作“躳”，爲“躬”之異體字。

③ “不激不隨”，謂不偏激，不盲從。（明）周暉《金陵瑣事·修省書》：“清溪倪公嶽，弘治十二年任留樞參贊。秉正達變，不激不隨。百廢頓舉，兵民倚重，相戒不敢犯法，留都肅然。”

④ “小國爲蘩”，言小國微薄，猶蘩菜。《左傳·昭公元年》：“夏四月，趙孟、叔孫豹、曹大夫入于鄭，鄭伯兼享。……之穆叔賦《鵲巢》……又賦《采蘩》曰：‘小國爲蘩，大國省穡而用之，其何實非命。’”

⑤ “分陝”，相傳周初周公、召公分陝而治，後官僚出任地方官稱爲“分陝”。《左傳·隱公五年》：“自陝而東者，周公主之；自陝而西者，召公主之。”

⑥ “微管”，即“微管仲”。見《論語·憲問》：“微管仲，吾其被髮左衽矣。”

⑦ “商陛賚良之夢”，指武丁因夢得傅說輔佐之事。見《史記·殷本紀》：“帝武丁即位，思復興殷，而未得其佐。三年不言，政事決定於冢宰，以觀國風。武丁夜夢得聖人，名曰說。以夢所見視羣臣百吏，皆非也。於是乃使百工營求之野，得說于傅險中。”

⑧ “勑天之歌”，見《尚書注疏·益稷》：“帝庸作歌曰：‘勑天之命，惟時惟幾。’乃歌曰：‘股肱喜哉，元首起哉，百工熙哉。’”疏云：“言君之善政由臣也。”

⑨ “疏廣”，字仲翁，東海蘭陵人。漢宣帝時，疏廣、疏受叔侄二人官拜太子太傅、少傅，在皇太子劉奭十二歲的時候，疏廣以“知足不辱，知止不殆”“功遂身退，天之道”爲説，説服疏受復稱病告老回鄉，急流勇退，得以善終。見《漢書·疏廣傳》。

⑩ “集蓼之懲”，見《詩經·周頌·小毖》：“予其懲，而毖後患。莫予荓蜂，自求辛螫。肇允彼桃蟲，拚飛維鳥。未堪家多難，予又集於蓼。”集蓼，謂遭遇苦難。

⑪ “啟沃”，見《尚書·説命上》：“啟乃心，沃朕心。”孔穎達疏：“當開汝心所有，以灌沃我心，欲令以彼所見，教己未知故也。”後因以“啟沃”謂竭誠開導、輔佐君王。

⑫ “飛滂相磢”，形容海勢洶湧、波浪相互激蕩的樣子。《文選》木華《海賦》：“飛滂相磢，激勢相沏。”

⑬ “天吴”，水神名。木華《海賦》：“天吴乍見而髣髴，蝄像暫曉而閃屍。”《山海經》曰：“朝陽之谷，神爲天吴，爲水伯。”

⑭ “水火既濟”，《周易》第六十三卦，表示陰陽和諧，上下相通之意。

⑮ “宥府”，即樞密院。

法黃虞[1]。起用/儒臣，密陪清禁，納約之牖[2]有孚，從繩之木斯正[3]。而且抑奢崇儉，述　先朝之成憲；養德怡神，參列國之宏論。一人元良，百揆是敘，董正官吏，/張皇六師，　郊壇復牲幣之儀，　宮廟舉推崇之禮，勳庸並著，荃宰[4]相孚。明堂負扆[5]之圖勖偶，正資《君奭》；元佑垂簾之政轉迴[6]，重倚臣光。不[7]/逞之奸，無釁而作，烏喙[8]不效，魚腸[9]陰淬，　公示以坦蕩，密爲防閑，告于大邦，逆之境外，率致四裔之竄，寔憑　九廟之靈，曠觀[10]往牒，歷選明/徵[11]，太虛既邪，直翼視矢夫[12]之兆；元氣欲索，調和資國老之膏[13]。當夫鼎國中微，事叢釁

---

① “黃虞”，指黃帝和虞舜。（晉）陶潛《贈羊長史》詩：“愚生三季後，慨然念黃虞。”

② “牖”，應作“牖”，“納約之牖”又可稱“納牖”，謂人臣以忠信善道結於君心，後引申爲導人爲善。見《易·坎卦》：“六四，樽酒簋貳，用缶，納約自牖，終無咎。”程頤傳：“納約，謂進結於君之道；牖，開通之義。室之暗也，故設牖，所以通明。自牖，言自通明之處，以況君心所明處……人臣以忠信善道結於君心，必自其所明處乃能入也。”

③ “從繩之木斯正”，比喻匡正君失如依繩墨取直。《尚書·説命上》：“惟木從繩則正，後從諫則聖。”孔傳：“言木以繩直，君以諫明。”

④ “荃宰”，“荃”即昌蒲，又名“蓀”，比喻君主。《文選》任昉《宣德皇后令》：“要不得不彊爲之名，使荃宰有寄。”吕向注：“荃，君也；宰，臣也。”

⑤ “負扆”，指皇帝臨朝聽政。《淮南子·氾論訓》：“周公繼文王之業，履天子之籍，聽天下之政，平夷狄之亂，誅管蔡之罪，負扆而朝諸侯。”高誘注：“負，背也。扆，户牖之間。言南面也。”

⑥ “元佑垂簾之政轉迴”，元祐皇后孟氏爲宋哲宗的第一位皇后，被二度廢立，兩次於國勢危急之下垂簾聽政。事見《宋史紀事本末·孟后廢復》。

⑦ 以上爲拓片編號 00493 之内容。

⑧ “烏喙”，代指越王勾踐。（漢）趙曄《吴越春秋·勾踐伐吴外傳》：“夫越王爲人長頸烏喙、鷹視狼步，可以共患難而不可共處樂。”（唐）徐寅《勾踐進西施賦》：“烏喙年年，誓啄夫差之肉；稽山日日，拜聽范蠡之言。”

⑨ “魚腸”，寶劍名。見《越絶書·外傳·記寶劍》：“闔閭以魚腸之劍刺吴王僚。”

⑩ “曠觀”，縱觀。（明）方孝孺《憫知賦哀葉廷振》：“吾曠觀乎宇宙兮，等萬古於一漚。”

⑪ “明徵”，明證。《尚書·胤徵》：“聖有謩勳，明徵定保。”孔傳：“徵，證；保，安也。聖人所謀之教訓，爲世明證，所以定國安家。”

⑫ “矢夫”，正直之臣。揚雄《太玄·羡》：“大虛既邪，或直之，或翼之，得矢夫。測曰：虛邪矢夫，得賢臣也。”范望注：“矢，正也。”

⑬ “國老之膏”，見《醫部全録·傷寒門·國老膏方一》：“國老膏，治一切癰疽，能消腫逐毒，使毒不内攻，其效不可具述。”國老膏指甘草膏。《醫方類聚·衛生寶鑒二·藥類法象》：“甘草氣平，味甘。生用大涼，瀉熱火，炙則溫，能補上中下三焦元氣，調和諸藥，共爲力而不爭，性緩，善解諸急，故有國老之稱。”一説出陶弘景：“國老者，甘草之美稱也。甘草調和衆藥，使之不爭，堪稱國老矣。”按，此處“國老”即指國之重臣。

積[1]。所賴龐臣舊德，同夤協恭[2]；《伊訓》[3]《説命》[4]，古鑒常懸。蓋主/上官，奸謀自發。若篙櫓自主，鹽梅[5]不和，朝著[6]無所觀焉，國事伊于胡底[7]？　公之當軸[8]也，誠感　依寧，敬孚班行[9]，内平外成，出藩入衛，持大體[10]/以彌衮闕[11]，挽玄化[12]以康世屯[13]，而每辭圭組[14]、尚淵氷[15]，未嘗枉絲髮[16]、樹黨與。攖其鋒者，不屈而自折；蒙其潤者，日長而不知。所謂純

---

① “釁積”，見《周禮·夏官司馬·羊人》：“羊人掌羊牲凡祭祀飾羔，凡沈辜、侯禳、釁積，共其羊牲。”鄭司農謂：“釁國寶湞軍器也。”

② “同夤協恭”，喻同僚恭謹事君，共襄政事。夤，通“寅”。見《尚書·皋陶謨》：“百僚師師，百工惟時……天敘有典，敕我五典五惇哉！天秩有禮，自我五禮有庸哉，同寅協恭和衷哉。”孔傳：“使同敬合恭而和善。”

③ “伊訓”，《尚書》篇名。爲伊尹作訓以教導太甲。《尚書·伊訓》：“成湯既没，太甲元年，伊尹作《伊訓》《肆命》《徂后》。”

④ “説命”，《尚書》篇名。武丁夢見賢人，使百工營求諸野，得傅説於傅巖，作《説命》三篇。内容包括君臣的進諫及王、傅説的答辭與武丁的文告，及傅説向武丁的進言。

⑤ “鹽梅”，爲調味所需，喻指國家所需的賢才。《尚書·説命下》：“若作和羹，爾惟鹽梅。”孔傳：“鹽鹹梅醋，羹須鹹醋以和之。”

⑥ “朝著”，猶朝班。《左傳·昭公十一年》：“朝有著定。”杜預注：“著定，朝内列位常處，謂之表著。”

⑦ “伊于胡底”，謂不好的現象到什麼地步爲止。《詩經·小雅·小旻》：“我視謀猶，伊于胡底？”

⑧ “當軸”，喻官居要職，掌握大權。《晉書·孝懷帝孝湣帝紀論》：“選者爲人擇官，官者爲身擇利，而執鈞當軸之士，身兼官以十數。”

⑨ “班行”，朝班的行列或朝官的位次。黄庭堅《次韻宋楙宗僦居甘泉坊雪後書懷》：“漢家太史宋公孫，漫逐班行謁帝閽。”

⑩ “大體”，重要的義理，有關大局的道理。《史記·平原君虞卿列傳》太史公曰：“（平原君）未睹大體。”《三國志·魏書·陳矯傳》：“操綱領，舉大體。”

⑪ “衮闕”，指帝王職事的缺失。《詩經·大雅·烝民》：“衮職有闕，維仲山甫補之。”

⑫ “玄化”，聖德教化。左思《魏都賦》：“玄化所甄，國風所稟。”張銑注：“玄，聖；甄，成也。言皆聖化所成。”

⑬ “世屯”，指時世艱難。謝靈運《述祖德詩》：“委講綴道論，改服康世屯。”李善注：“屯，難也。”

⑭ “圭組”，即印綬，借指官爵。陳子昂《爲建安王獻食表》：“臣謬籍葭莩，叨榮圭組。”

⑮ “淵氷”，比喻小心謹慎，嚴肅敬畏，惟恐有失。氷，同“冰”。見劉克莊《和興化趙令君二首之一》：“嗟予景薄崦嵫矣，臨履淵冰尚凜然。”

⑯ “枉絲髮”，見張説《張燕公集·張騭墓誌銘》：“公執心好直，履法斷恩，觸雷霆而除惡，不避也；枉絲髮而干譽，不爲也。”枉，彎曲，曲就。

臣[①]，猶存古道，/廟堂倚重，茅土旌庸。逮群彦之將明[②]，顧丕辰之在讓[③]，稽首歸政[④]，　宸章弗俞，受命出疆，慎辭修贄，險夷一節[⑤]，彌縫萬難，恢　廟謨以溯　前/徽，固遠情以維全局。八載弼亮，一心沖淡，引疴[⑥]歸里，田園遂初[⑦]。　朝廷重賢達之尚，璽書賁後命[⑧]之寵，　皇情優老，明農[⑨]名堂，怡暮景於溪/山，隱遐思於霄漢。父老晨夕，恩誼相敦；邦好朝會，典禮無缺。修北直名臣之傳，命筆精嚴；閱南榮舊壤之風，寄懷綿邈。攝提紀歲，　六飛[⑩]辰/巡，　至尊臨幸，　玉音諄問，維始終之恩遇，寔名德之兩全，晷影不融，天弢[⑪]遽解。成泰十四年夏四月二十九日己未，以疾薨於里第，享齡/六十有九，僑終蹇謝[⑫]，遐邇同哀，　聖朝

① “純臣”，指明見事體、不溺近情者。葛洪《抱朴子·仁明》：“昔姬公非無友于之愛，而涕泣以滅親；石碏非無天性之慈，而割私以奉公。蓋明見事體，不溺近情，遂爲純臣。”《晉書·禮志下·嘉禮》：“王者之於四海，無不臣妾，雖復父兄之親，師友之賢，皆純臣也。”

② “將明”，奉行王命，明辨國事。語出《詩經·大雅·蕩之什·烝民》：“肅肅王命，仲山父將之；邦國若否，仲山父明之。”疏云：“能内奉王命，外治諸侯，是其賢之大也。既能明曉善惡，且又是非辨知，以此明哲擇安，去危而保全其身，不有禍敗。又能早起夜臥，非有懈倦之時，以常尊事此一人之宣王也。”

③ “丕辰之在讓”，“辰”即“時”。見《尚書·周書·君奭》：“其汝克敬德明，我俊民在讓，後人於丕時。”疏云：“其汝能敬行德明，我賢俊之人在於禮讓，則後人於此道大且是也。”

④ “稽首歸政”，見《漢書·宣帝紀》：“大將軍（霍）光稽首歸政，上謙讓委任焉。”

⑤ “險夷一節”，比喻臣子無論身處順境與逆境都能恪守節操。葛洪《抱朴子》：“竭身命以殉國，經夷險而一節者，忠臣也。”

⑥ “疴”，見《正字通·疒部》所云，“屙”，“痾”之正字。

⑦ “遂初”，謂去官隱居。徐鉉《寄江都路員外》詩：“縣齋曉閉多移病，南畝秋荒憶遂初。”

⑧ “後命”，指續發的命令。《左傳·僖公九年》：“夏會於葵丘，尋盟且修好，禮也。王使宰孔賜齊侯胙，曰：‘天子有事於文武，使孔賜伯舅胙。’齊侯將下拜，孔曰：‘且有後命，天子使孔曰以伯舅耋老加勞，賜一級無下拜。’”

⑨ “明農”，盡力務農；勸勉農業。明，通“勉”。見《尚書·洛誥》：“兹予其明農哉。”正義曰：“我其退老於州里，明教農人以義哉。”

⑩ “六飛”，又稱“六騑”，天子的車駕。《漢書·爰盎晁錯列傳》：“上從霸陵上，欲西馳下峻阪，盎攬轡。上曰：‘將軍怯邪？’盎言曰：‘臣聞千金之子不垂堂，百金之子不騎衡，聖主不乘危，不徼幸。今陛下騁六飛，馳不測山，有如馬驚車敗，陛下縱自輕，奈高廟、太后何？’上乃止。”如淳曰：“六馬之疾若飛也。”

⑪ “天弢”，謂天然的束縛。《莊子·知北遊》：“解其天弢，墮其天袠，紛乎宛乎，魂魄將往，乃身從之，乃大歸乎！”成玄英疏：“弢，囊藏也。”

⑫ “僑終蹇謝”，謂賢人俱逝。僑謂子産，蹇謂蹇叔。沈約《齊故安陸昭王碑文》：“豈唯僑終蹇謝，興謡輟相而已哉！”

震悼於上，特賜奠祭，追授休命，貴列大臣，雅敦瓊玖之好[①]，深致縞紵之情，方黄壚[②]之即窆，驅白馬[③]以/來集。于焉，觀禮展也同風，惟　公受質清臞[④]，植性[⑤]嚴重[⑥]，一德無爽[⑦]，萬變不摇。位台鼎，躬簿領[⑧]之勞；襲軒冕，帶山林之氣。廓虚懷以容物，恢卓/識以赴幾，故能光輔四君，邇表百辟。至於述作之茂，尤加謹嚴之旨，銜華[⑨]佩寔，立幹垂條。詩則溯源風騷，鏤彩於建安七子；文則上規姚姒，/取裁於漢魏六朝。蓋自人氣日浮，古味漸薄，化成之鉅觀遂邈，經國之大美不彰。　公有憂焉，思矯斯弊，述典則以明治道之一，尚體要以/維風習之頹。匪飭翰墨以爲勳，要拯文武之將墜。晚生末學，荷　公見知，宮懸厚冀於將來，錦段疊詒于遠道，風徽頓杳，感喟彌深。令嗣維□[⑩]、/維璘，美紹箕裘，痛深風木，猥以玄石，托諸素心，義不容辭，謹掇其寔，若夫班階命序，廷訓門儀，國史家牒詳焉，玆可得而畧也。所愧手無/大筆，難言姚相之神功，顧惟心嚮高山，謾仿晉鐘之遺則[⑪]。銘曰[⑫]：

三辰璧耀，天宇清焉。四氣斗運，歲功成焉。

庶明勵翼，王度貞焉。於穆　熙朝，/治化昌亨。

---

① “瓊玖之好”，瓊、玖，皆爲美玉。《詩經·衛風·木瓜》：“投我以木李，報之以瓊玖，匪報也，永以爲好也。”

② “黄壚”，黄泉；墳墓。亦作“黄廬”。見《淮南子·兵略訓》：“放乎九天之上，蟠乎黄廬之下。”（晉）陸雲《晉故散騎常侍陸府君誄》：“永棄高廈，黄廬是館。”范成大《伊尹墓》詩：“三尺黄壚直棘邊，此心終古享皇天。”原題注：“在空桑北一里，有碑堠刻云‘湯相伊公之墓’。相傳墓左右生棘，皆直如矢。”

③ “白馬”，古代凶喪輿服。《史記·秦始皇本紀》：“楚將沛公破秦軍入武關，遂至霸上，使人約降子嬰。子嬰即係頸以組，白馬素車，奉天子璽符，降軹道旁。沛公遂入咸陽。”裴駰集解引應劭曰：“素車白馬，喪人之服也。”

④ “臞”，原作“癯”，“臞”之别字，少肉也。見《廣韻·入聲·藥韻》。

⑤ “植性”，謂生性。《周書·劉志傳》：“（劉）志少好學，博涉羣書，植性方重，兼有武略。”

⑥ “嚴重”，嚴肅穩重。《後漢書·清河孝王慶傳》：“（劉）蒜爲人嚴重，動止有度，朝臣太尉李固等莫不歸心焉。”

⑦ “一德無爽”，謂法令劃一。沈約《齊故安陸昭王碑文》：“六幽允洽，一德無爽。”李周翰注：“一德，謂法令畫一也。”

⑧ “簿領”，謂官府記事的簿册或文書。《後漢書·南匈奴傳》：“當決輕重，口白單于，無文書簿領焉。”

⑨ “華”，原字缺筆，爲避諱字。

⑩ 據出版於成泰六年《國朝科榜録》的記載，阮瑄有子名惟瓊，舉人。

⑪ “晉鐘之遺則”，見王儉《褚淵碑文一首並序》：“故吏某甲等，感逝川之無捨，哀清暉之眇默。餐輿誦於丘里，瞻雅詠於京國。思衛鼎之垂文，想晉鍾之遺則。”李善注引《國語》晉悼公曰：“昔克路之役，秦來圖敗晉功。魏顆以其身却退秦師于輔氏，親止杜回。其勳銘于景鍾。”韋昭曰：“景鍾，景公鍾也。”“鐘”，全稿改爲“鍾”。

⑫ 以下銘文除前三句用洪武韻“先”韻外均用洪武韻“庚”韻。

峩峩濃山[1]，嶽降厥靈。肅肅元輔，苞純發英。

聘績康衢，吐龢明廷。三墳二雅，元音鏗訇。

由豫有得，遇坎不盈。鞠躬盡瘁，與辰偕行。

受/策出入，匪康匪寧。率禮蹈謙，端流平衡。

相我　沖人[2]，奠枕于京。鴻猷炳焕，神化丹青。

初日開霽，霖雨滋萌。晚霞霏霏，爛然景星[3]。

手扶雲漢，天/章爲明。鴻漸羽儀，忽焉冥冥。

乃如之人，胡不百齡。梁嶽頹峻，箕尾收精。

蒼蒼何極，滔滔莫停。瞻彼景山，我涕自零。

圖徽寄頌，毫素儀銘。來蘇/之江[4]，精光熒熒。

松檟有香，鐘石有聲。德音永播，來哲其型。/

辰方/

成泰十五年[5]仲冬穀日。/

敕賜壬辰科第一甲進士及第第三名三元、誥授

中議大夫、光禄寺卿、領本省督學書池晚生武范誠夢海拜譔/

男維瓊、維璘奉監刻，

外孫東鄂黄增賁奉書[6]/

---

① “濃山”，一名龍肚山，在安南李陳朝國都昇龍（今越南河内市）之西。楊伯恭《河内地輿》：“城之西土山層層聳起，有名篩山、三山、看山、濃山者，皆其支節也。”又，潘輝注《歷朝憲章類志·地輿志·河内》：“濃山在河内省城正中，李朝定都，以斯山爲正殿臺。迨黎朝爲敬天殿，今奉建爲皇宫前殿。古傳山中有一孔，乃是山澤通氣，故號龍肚。”

② “沖人”，年幼帝王的自稱。《尚書·金縢》：“王執書以泣曰：‘其勿穆卜，昔公勤勞王家，惟予沖人弗及知，今天動威以彰周公之德。’”孔安國曰：“言己童幼，不及知周公昔日忠勤。”

③ “景星”，見《史記·天官書》：“天精而見景星。景星者，德星也。其狀無常，常出於有道之國。”張守節正義：“景星狀如半月，生於晦朔，助月爲明。見則人君有德，明聖之慶也。”

④ “來蘇之江”，即蘇瀝江。《大清一統志》：“蘇瀝江，自交州府城東北轉而西行，直抵鋭江。昔有人名蘇瀝者在此，故名。明永樂初，黄福重浚，因更名來蘇，今在河内省城之東，壽昌縣有江口，是從珥河分流處也。”

⑤ “成泰十五年”，當清光緒二十九年（1903），歲次癸卯。

⑥ 以上爲拓片編號 00492 之内容。

題後

金江相公阮瑄，字仲合，爲本書篇號○四三《阮方亭先生神道碑》的作者；篇號○四五《金縷中村文祠記》爲阮瑄與其父修建中村文祠的記載；其生平可由此三篇碑文整理説明。

○五二　黎黄訒齋先生神道碑

引言

碑立於河東省青池縣姜亭總仁睦社訒齋碑亭，爲碑亭内第一碑。碑爲單面，拓片編號00560，共二十四行，滿行三十六字，碑額刻有“黎黄訒齋先生神道碑”九字，今依此額題爲篇題。碑四邊刻有紋飾，碑額爲雙龍昭日，其餘三邊飾以花草紋。碑文撰者裴春沂及太平府教授阮漣，書寫者裴春先，校定者清華道監察御阮輝猷、寧江府教授嚴韶，潤筆者定安官防總督鄧陳顯、河内巡撫阮炳、興化巡撫阮輝玘及寧平按察使梁歸正。年代署作嗣德（Tự Đức）二十一年（1868），嗣德爲阮翼宗（Nguyễn Dực Tông）阮福時（Nguyễn Phúc Thì）年號，同年爲清同治七年，歲次戊辰。拓片現藏於漢喃研究院。

碑文内容記載黎黄訒齋先生之事蹟。内容包含其姓氏之由、經歷、擔任教職之緣由，以及亡故後門人之哀悼與立碑之因，文末以十六句四字銘文詠其人以作結。

00560
黎黃訒齋先生神道碑

編號：00560　出自《拓片總集》第一冊

釋文

黎黄訒齋先生神道碑[①]

先生諱彭，又諱琰，登第辰名廷瑶，字葆光，號訒齋，青池仁睦人。其先姓黄，五代祖爲鄉中黎朝官/養子，始改黎黄複姓。故黎保泰甲辰[②]科同進士、工部侍郎致仕、蘇川侯即其曾大父[③]也。先生生/於景興，緣號壬子，四月六日，甲辰乙丑，天衷邁俊，才學兼人。年三十拔鄉解一經，春試不第，朝/廷[迫]於進用，兩膺教職，所至林立。性至孝，試尹政五月，以尊父喪弗及斂，含悲抱痛，若將殞身。/公除後，以尊母年老，辭病不仕，授徒以資禄養洎没。衡門[④]終晦[⑤]，樂朋善誘，士類資焉，朝野聞焉。/年五十，晚嗣日思念之，謀諸門弟，修祠堂，造祭器，合祀儀注，著以爲常。病亟，日囑以身後喪事，/惟約助葬所羸，量置祭田，蓋深爲先人百年享祀計也。年五十五，紹治丙午[⑥]三月五日卒于家，/寧厝于本社村園爺處之原，門生會葬千餘人，行執諸公莫不咨悼。辰清化學政、葛川汝先生/哀聯曰：

天有知而無知也，奈何八角，此間磨過，已停蘇水[⑦]北；

人則死其不死者，常在絳紗，幾度/澤流，曾到疊山[⑧]南。

南定進士、陽亭吴先生弔文曰：“早稱名士，晚爲人師，四方學者，虚往寔師。”又/曰：

---

① 此爲額題，今依此爲篇題。

② “保泰”，爲越南後黎朝黎裕宗（Lê Dụ Tông）諱黎維禟（Lê Duy Đường）的年號（1720–1729，清康熙五十九年至雍正七年），共九年。“甲辰”，爲保泰五年（1724），清雍正二年。

③ “其曾大父”，即“黎黄瑄”（Lê Hoàng Tuyên），見《鼎鍥大越歷朝登科録》後黎裕宗保泰五年（1724）甲辰科第三甲同進士出身記載：“黎黄瑄，青池仁睦人，舊三十三中仕。至工部侍郎，侯爵，致仕，壽八十七。”

④ “衡門”，横木爲門，貧者所居，後喻指隱逸。《詩經·陳風·衡門》：“衡門之下，可以棲遲。”注云：“衡門，横木爲門，言淺陋也。棲遲，遊息也。”箋云：“賢者不以衡門之淺陋則不遊息於其下。”又，蔡邕《郭有道碑》：“爾乃潛隱衡門，收朋勤誨，童蒙賴焉，用祛其蔽。”

⑤ “終晦”，窮究深微的義理。

⑥ “丙午”，爲阮朝紹治六年（1846），當清道光二十六年。

⑦ “蘇水”，即“蘇瀝江”。詳見《欽定越史通鑑綱目·前編》卷四“唐穆宗長慶四年”注：“蘇歷是珥河之支流。”又引《大清一統志》：“蘇瀝江，自交州府城東北轉而西行，直抵鋭江。昔有人名蘇瀝者在此，故名。明永樂初，黄福重浚，因更名來蘇，今在河内省城之東，壽昌縣有江口，是從珥河分流處也。”

⑧ “疊山”，見楊伯恭《河内地輿·形勢》：“疊山，在維先縣，土石鄉間，俯臨江流，望之如匠絹然。”

“嗚呼！師道亦大亦難，視兄所履，無忝抗顔，寧不虚美矣。”梁陰[①]既遠，祠貌改頹；永世孝思，九原/幽恨。

噫！自先生卒之後，門弟子私相誦習，考訂前聞，成達日以益衆，追惟餘澤，在人不忘，乃相與議置祀日，建壇屋于其兆域，以爲瞻拜之所。於是立碑表墓，追考狀文，高山仰止，其在兹乎？/謹系之銘[②]曰：/

俗好異尚，士學愈趨。樂育能教，誰其範模？

於休/　　　　先生，性全道周。孝心純至，錫類斯敷。

侍養之暇，設帳授徒。大成小就，化被澤濡。

典刑云遠，道統不/孤。數言勒石，壽我/　　　　師儒。/

嗣德貳拾壹年[③]陸月初壹日竪/

門人

太平府教授、舉人如鳳阮漣；舉人、雲耕裴春沂仝撰/

清化道監察御史、解元、上亭阮輝猷；寧江府教授、解元西姥嚴韶仝校/

巡撫護理定安總督關防、同進士、玉灘鄧陳顥；河内巡撫、舉人、壽昌阮炳；/

興化巡撫、舉人、安域阮輝玘；翰林侍講學士、領寧平按察、舉人、富溪梁歸正仝潤/

舉人河口裴春先繕寫/

---

① “梁陰”，見《文選》王儉《褚淵碑文一首並序》：“嵩構雲頹，梁陰載缺。”吕向注：“梁陰，梁木也。言褚公亡，如高山之頹墜，梁木之摧折。”

② 以下銘文均押洪武韻“模”韻。

③ “嗣德貳拾壹年”，當清同治七年（1868），歲次戊辰。

○五三　仁睦社玉元和夫妻後神碑記

引言

碑立於河東省慈廉縣驛望總中敬社和睦村亭，爲亭右邊第六碑。碑刻單面，拓片編號00562，共十六行文，滿行三十二字，碑額題“後神碑記”四字，碑題“山西處國威府慈廉縣仁睦社後神碑記”十六字，今依内容及性質重定篇題爲“仁睦社玉元和夫妻後神碑記”。碑四邊刻有紋飾，碑額爲雙龍昭日，其餘三邊飾以花草紋。年代署作明命（Minh Mạng）二年（1821），明命爲阮聖祖（Nguyễn Thánh Tổ）阮福晈（Nguyễn Phúc Kiểu）年號，同年爲清道光元年，歲次辛巳。拓片現藏於漢喃研究院。

碑文記載明命二年辛巳年（1821）仁睦社修繕寺廟之事。廣東省人玉英松與好友仁睦社裴國樑，樂捐一百貫古錢、十分良田以助仁睦社修繕寺廟。仁睦社民爲表感激，乃尊玉英松的父母玉元和夫婦爲後神，文末並記兩人之祭祀日期。

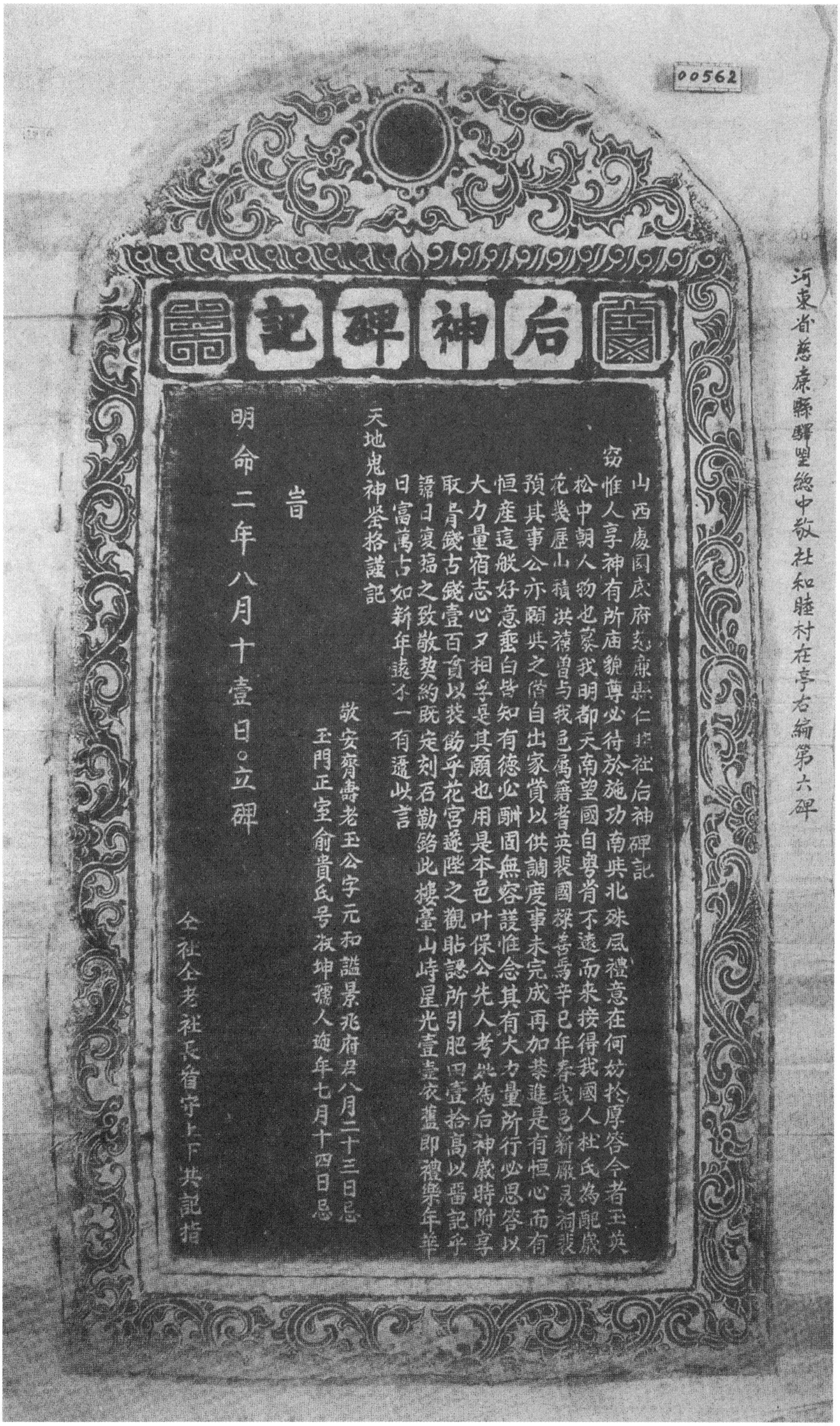
00562
河東省慈廉縣驛望總中敬社和睦村在亭右編第六碑
后神碑記
山西處國威府慈廉縣仁睦社后神碑記
窃惟人享神有所庙貌尊必待於施功南與北殊風禮意在何妨於厚啓今者玉英
松中朝人物也蒙我明都天南望國自粤省不遠而來接得我國人杜氏為配歲
花幾歷山積洪禧留与我邑属籍者英裴國祿善馬辛巳年春我邑新嚴灵祠裁
預其事公亦願與之偕自出家貲以供譾度事未完成再加禁進是有恒心而有
恒產這般好意盡白皆知有德必酬固無容護惟念其有大力量所行必思啓以
大力量宿志心又相孚是其願也用是本邑叶保公先人考妣為后神歲時附享
取肯錢古錢壹百貫以裝飾乎花宮殿陛之觀貼認所引肥田壹拾高以留記乎
譚日夏福之致敬契約既定刻石勒銘此捿臺山峙星光壹壺衣蓋即禮樂年華
日富萬古如新年遠歲久一有遺此言
天地鬼神鑒格謹記
敬安齊壽老玉公字元和謚景兆府君八月二十三日忌
玉門正室俞貴氏号淑坤孺人迹年七月十四日忌
旨
明命二年八月十壹日立碑
全社仝老社長皆守上下共記指

編號：00562　出自《拓片總集》第一冊

釋文

【後[①]神碑記】

山西處國威府慈廉縣仁睦社後神碑記[②]

竊惟人享神有所，廟貌尊必待於施功；南與北殊風，禮意在何妨於厚答。今者玉英/松，中朝人物也，慕我明都天南望國，自粵省[③]不遠而來，接得我國人杜氏爲配，歲/花幾歷，山積洪禧[④]，曾與我邑屬籍耆英裴國樑善焉。辛巳年[⑤]春，我邑新廠靈[⑥]祠，裴/預其事，公亦願與之偕，自出家貲以供調度，事未完成，再加恭進。是有恒心而有/恒産，這般好意，垂白[⑦]皆知。有德必酬，固無容議，惟念其有大力量，所行必思答以/大力量，宿志心心相孚，是其願也。用是本邑叶保公先人考妣爲後神，歲時附享，/取青錢古錢[⑧]壹百貫以裝飭乎花宫，遂陞之觀岾，認所引肥田壹拾高[⑨]以留記乎，/諱日復臨之致敬。契約既定，刻石勒銘。此樓臺山峙，星光壹壺；依舊即禮樂，年華/日富。萬古如新，年遠不一，有違此言，/　　　　天地鬼神鑒格，謹記。/

敬安齊壽老玉公，字元和，謚景兆府君，八月二十三日忌。/

玉門正室俞貴氏，號淑坤孺人，遞年七月十四日忌。/

時

---

① “後”，原作“后”，異體字又兼正字，下逕改，不另加注。

② 此爲碑題。今依内容及性質重定篇題爲“仁睦社玉元和夫妻後神碑記”。

③ 據本書篇號〇五四《仁睦社玉英松夫妻後神碑記》，玉英松“自南寧府新寧洲新庄村不遠而來”，則玉英松應該來自於南寧（桂，廣西）而非粵省（廣東）。

④ “洪禧”，即洪福。見《宋史・樂志九》：“寶命自天，鴻禧錫祚。”

⑤ “辛巳年”，即阮聖祖（Nguyễn Thánh Tổ）阮福晈（Nguyễn Phúc Kiểu）明命（Minh Mạng）二年（1821），當清道光元年，歲次辛巳。

⑥ “靈”，原作“灵”，“灵”爲“靈”之俗體字。

⑦ “垂白”，白髮下垂，謂年老。見《漢書・杜業傳》：“誠哀老姊垂白，隨無狀子出關。”顔師古注：“垂白者，言白髮下垂也。”

⑧ “古錢”，見《欽定越史通鑑綱目・正編》卷二十一“後黎盛宗光順八年”注“使錢、古錢”引黎貴惇《芸臺類語》云：“北人以百文爲一陌。本國以三十六文爲一陌，謂之‘使錢’；六十文爲一陌，謂之‘古錢’。‘使錢’十陌，乃是‘古錢’六陌，準爲‘使錢’一貫。其‘古錢’十陌乃使錢之一貫六陌四十文。使錢别名閒錢，古錢别名貴錢。”

⑨ 據本書篇號〇五四《仁睦社玉英松夫妻後神碑記》作“肥田拾貳高”。

明命二年八月十壹日〇立碑/

仝社仝[1]老社長看守上下共記指

題後

立於仁睦社亭的碑誌共有十五通(以《拓片總集》第1至4册爲調查範圍)，詳如下表：

編號	篇題	年代	位置
00561	後神碑記	阮聖祖明命二年（1821）	亭右邊第二碑
00562	仁睦社玉元和夫妻後神碑記*	阮聖祖明命二年（1821）	亭右邊第六碑
00563	來族後神碑記	阮聖祖明命九年（1828）	亭右邊第三碑
00564	仁睦社玉英松夫妻後神碑記*	阮聖祖明命二年（1821）	亭右邊第四碑
00565	仁睦社黎直夫妻後神碑記*	阮翼宗嗣德九年（1856）	亭右邊第五碑
00566	後神碑記	阮世祖嘉隆十七年（1818）	亭右邊第八碑
00570	寄忌碑記	阮成泰帝成泰五年（1893）	亭左邊第五碑
00571	後神碑記	阮翼宗嗣德二十四年（1871）	亭左邊第一碑
00572	東下甲教坊碑記**	後黎顯宗景興四十六年（1785）	亭右邊第一碑
00577	武族後神之碑	阮成泰帝成泰十五年（1903）	亭左邊第四碑
00579	來族寄忌碑記	阮翼宗嗣德十八年（1865）	亭左邊第三碑
00580	寄忌碑記	阮翼宗嗣德十年（1857）	亭左邊第七碑
00581	來族寄忌碑記	阮翼宗嗣德十九年（1866）	亭左邊第六碑
00582	後神碑記	阮聖祖明命二十一年（1840）	亭左邊第八碑
00583	後神碑記	阮翼宗嗣德八年（1855）	亭左邊第二碑

注：* 表示此篇收入本書；** 表示原無題。

---

① “仝”，喃字，主、頭目的意思。

本篇與篇號〇五四《仁睦社玉英松夫妻後神碑記》所記可相互參照，據後者所載，玉英松來自中國廣西南寧府新寧洲新莊村，後娶越南山西處三帶府安樂縣兩館洲人杜氏辛爲配。兩碑豎立時間均爲阮聖祖明命二年（1821），唯本碑爲玉英松爲其父玉元和與母親俞氏立寄忌，而另一碑則爲玉英松與其妻杜氏辛寄忌碑。

○五四　仁睦社玉英松夫妻後神碑記

引言

碑立於河東省慈廉縣驛望總中敬社和睦村亭，爲亭右邊第四碑。碑刻單面，拓片編號00564，共十五行，滿行約三十八字，碑額題“後神碑記”四字，碑題“山西處國威府慈廉縣仁睦社後神碑記”十六字，今依内容及性質重定篇題爲“仁睦社玉英松夫妻後神碑記”。碑四邊刻有纏枝蓮紋。年代署作明命（Minh Mạng）二年（1821），明命爲阮聖祖（Nguyễn Thánh Tổ）阮福晈（Nguyễn Phúc Kiểu）年號，同年爲清道光元年，歲次辛巳。現藏於漢喃研究院。碑文記載中國廣西南寧府人玉英松娶越南山西處三帶府安樂縣人杜氏辛爲妻，因其友裴國棎參與仁睦社修建社寺之事，故樂捐兩百貫錢作修寺之用。仁睦社感念其恩，尊舉玉英松夫婦爲後神，爲此仁睦社以玉英松十二分田，並加五十貫錢，以作爲日後祭祀之資。文末另記有玉英松夫婦兩人之祭祀日期。

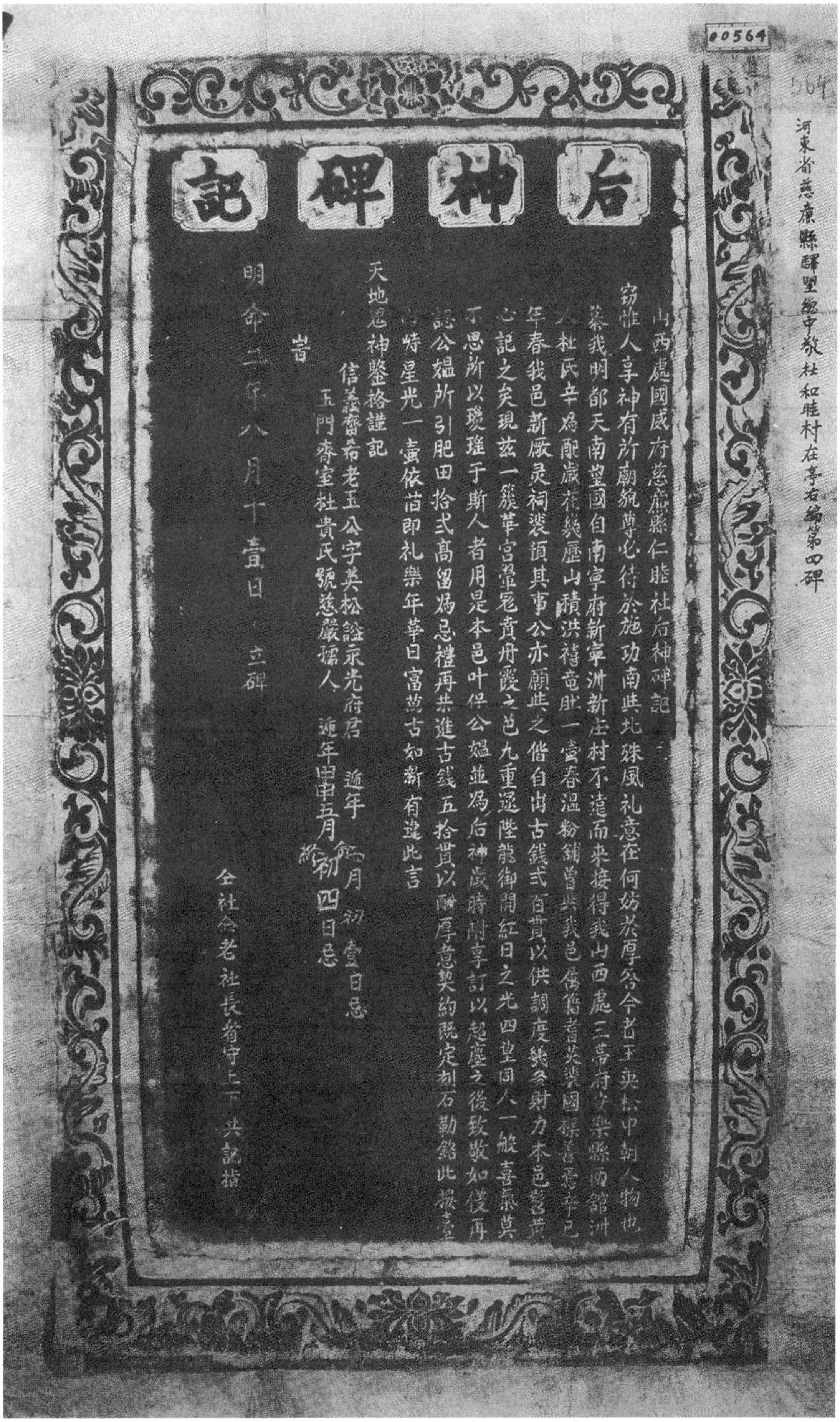
00564

564

河東省慈廉縣驛望總中敬社和睦村在亭右編第四碑

后神碑記

山西處國威府慈廉縣仁睦社后神碑記

窃惟人享神有所廟貌尊必待於施功南北殊風礼意在何妨於厚昝今者王英松中朝人物也慕我明都天南望國自南寧府新寧洲新庄村不遠而来接得我山西處三帯府安樂縣丙舘洲人杜氏辛為配歲在幾歷山積洪禧竜肚一畵春温粉舗曽與我邑屬舊耆英婆國孫善嘉辛巳年春我邑新厰灵祠裝頷其事公亦願與之偕自出古錢弍百貫以供調度幾多財力本邑甚荷心記之矣現茲一簇華宮翚宨賁冊霞之色九重逕陛龍御閒紅日之光四望同人一般喜氣莫不思所以瓊瑾于斯人者用是本邑叶保公媪並為后神歲時附享訂以起塵之後致敬如儀再認公媪所引肥田拾弍高留為忌禮再共進古錢五拾貫以酬厚意契約既定刻石勒銘此據壹時星光一畵依苗即礼樂年華日富萬古知新有違此言

天地鬼神鑒格謹記

信義齋希老王公字英松謚永光府君　逝年　月初壹日忌

玉門齋室杜貴氏號慈嚴孺人　逝年甲申五月初四日忌

皆

明命二年八月十壹日立碑

仝社會老社長肴守上下共記指

編號：00564　出自《拓片總集》第一冊

釋文

【後[1]神碑記】

山西處國威府慈廉縣仁睦社後神碑記[2]

竊惟人享神有所，廟貌尊必待於施功；南與北殊風，禮意在何妨於厚答。今者玉英松，中朝人物也，/慕我明都天南望國，自南寧府新寧洲新庄村不遠而來，接得我山西處三帶府安樂縣兩舘洲/人杜氏辛爲配。歲花幾歷，山積洪禧，龍[3]肚[4]一壺，春温粉舖，曾與我邑屬籍耆英裴國樑善焉。辛巳/年春，我邑新廠靈[5]祠，裴預其事，公亦願與之偕，自出古錢[6]貳百貫以供調度，幾多財力，本邑髫黄[7]/心記之矣。現兹一簇華宫，翬飛[8]賁丹霞之色；九重邃陛，龍御開紅日之光。四望同人，一般喜氣，莫/不思所以瓊瑶于斯人者。用是本邑叶保公媪並爲後神，歲時附享，訂以超塵之後，致敬如儀，再/認公媪所引肥田拾貳高，留爲忌禮，再恭進古錢五拾貫以酬厚意。契約既定，刻石勒銘，此樓臺/山峙，星光壹壺；依舊即禮樂，年華日富，萬古如新，有違此言，/　　　　天地鬼神鑒格，謹記。/

信義齋希老玉公，字英松，謚永光府君，　遞年四月初壹日忌。/

玉門齋室杜貴氏，號慈嚴孺人，　遞年甲申五月命終初四日忌。/

---

① “後”，原作“后”，異體字另兼正字，下逕改，不另出注。

② 此爲碑題。今重定篇題爲“仁睦社玉英松夫妻後神碑記”。

③ “龍”，原作“竜”，“竜”爲“龍”之俗體字。

④ “龍肚”，又作“龍度”，一名龍肚山，在古昇龍西，又借稱河内地區。楊伯恭《河内地輿》：“龍肚之地，千里沃衍，四方道均。西南沿山奠其坤維，東北大海爲之天塹。各山則天健、香積、龍隊、月恆，分布羅列。各水則浪泊、金牛、杜洞、蘇瀝，曲折縈紆。”

⑤ “靈”，原作“灵，”灵”爲“靈”之俗體字。

⑥ “古錢”，見《欽定越史通鑑綱目・正編》卷二十一“後黎盛宗光順八年”注“使錢、古錢”引黎貴惇《芸臺類語》云：“北人以百文爲一陌。本國以三十六文爲一陌，謂之‘使錢’；六十文爲一陌，謂之‘古錢’。‘使錢’十陌，乃是‘古錢’六陌，準爲‘使錢’一貫。其‘古錢’十陌乃使錢之一貫六陌四十文。使錢别名閒錢，古錢别名貴錢。”《芸臺類語》原文在卷九《品物》引歐陽修《歸田録》及高士奇《天禄識餘》説明五代以來以七十七文爲一陌，謂之省陌；至康熙時，京師以三十二文爲一陌，更有減至三十文爲一陌；至黎貴惇生活的十八世紀中期，中原地區已經恢復一百文爲一陌。然而在越南則仍然有三十六文一陌與六十文爲一陌的用錢之法。

⑦ “髫黄”，指兒童。古代兒童未冠時頭髮下垂。（晉）陶潛《桃花源詩並記》：“男女衣著，悉如外人；黄髮垂髫，並怡然自樂。”

⑧ “飛”，碑原作“飞”，“飛”之越南俗體字。

時/

明命二年[1]八月十壹日○立碑/

全社仝老社長看守上下共記指

① “明命二年”，當清道光元年（1821），歲次辛巳。

○五五　仁睦社黎直夫妻後神碑記

引言

碑立於河東省慈廉縣驛望總中敬社和睦村亭，爲亭右邊第五碑。碑刻單面，拓片編號00565，共十六行字，滿行約三十二字，額題刻二層，上層刻有“嗣德丙辰仲春清明日書”十字，第二層刻有“阮門黎氏寄忌碑記”八字，今依内容及性質重定篇題爲“仁睦社黎直夫妻後神碑記”。碑文撰者阮姓舉人。年代署作嗣德（Tự Đức）九年（1856），嗣德爲阮翼宗（Nguyễn Dực Tông）阮福時（Nguyễn Phúc Thì）年號，同年爲清咸豐六年，歲次丙辰。拓片現藏於漢喃研究院。

碑文記載慈山府東岸縣威努中社人阮公管之妻黎氏仁爲仁睦社人，兩人出資兩百餘貫錢爲中敬社購買祭神用之絲綢服飾。仁睦社社民爲表感激，配祀阮公管之岳父母黎直夫妻，故此兩人又捐田六分，以供祭祀之需。文末記録祭祀時之規定與公田尺寸、位置。

00565
嗣德丙辰仲春清明日書
阮門黎氏寄忌碑記
慎德府慈廉縣驛望總仁睦社阮文拔阮曰意阮曰膺来曰職来曰乾阮登書黎文
卒阮文鐘来曰卒来曰常寕文草馮公正阮勘為阮文禮来百得范文明里長阮文
撑阮曰僕仝社等為立碑記事茲有貫北寧省慈山府東岸縣遊街總威弩中社人
阮公管妻黎氏仁情願出家貲為社人製辦事　神緻衣全副通算至貳百貫錢
本社竊念阮公管是别省人而於妻鄉有此厚情誠為難得本社思欲圖報已於四
季事　神禮後為貴故岳父母配享於本社　先賢分獻位以服厚答茲阮公管
妻黎氏仁所有私田陸高寄交本社為貴岳父母忌禮之需這具情緣於義禮所當
然係逝年値貴故岳父母忌日前一日整卞翰音粢盛芙酒預告値錢壹貫正忌日
整辦猪數芙酒寘金全社上下置奈在碑前每禮值錢柒貫每年該二禮共錢拾陸
貫其這田分為三甲每甲貳高認取耕作仝年除納公租二務外每高取錢貳貫陸
陌肆拾文不計豐歉至日照收錢數卞禮事訖本社照據現在人數飲酒牲頭回像
事主以表厚情經立約詞貳道各相執照再勒于石以壽其傳是為記
黎貴公諱徳字純正　五月初四日忌　范貴氏諱行號妙勤
一所求讀處壹高半　一所瑪奇處半高
一所鄉藏處叁所相連共肆高
三壽舉人德軒合貞阮氏謹書
河東省慈康縣驛望總中敬社納睦村在亭右綿第五碑

編號：00565　出自《拓片總集》第一册

釋文

嗣德丙辰仲春清明日書阮門黎氏寄忌碑記①

懷德府慈廉縣驛望總仁睦社阮文技、阮曰意、阮曰齊、來曰職、來曰乾、阮登書、黎文/率、阮文□、來曰率、來曰常、寧文草、馮公工、阮勢②爲、阮文禮、來百得、范文明，里長阮文/撐、阮曰儀仝社等爲立碑記事。

玆有貫北寧省慈山府東岸縣遵例總威弩中社人/阮公管、妻黎氏仁，情願出家貲爲社人製辦事　神緞衣全副，通算至貳百貫餘，/本社竊念阮公管是别省人而於妻鄉有此厚情，誠爲難得，本社思欲圖報，已於四/季事　神禮後爲貴故岳父母配享於本社　先賢分獻位，以昭厚答。玆阮公管、/妻黎氏仁所有私田陸高③寄交本社，爲貴岳父母忌禮之需，這是情緣，於義禮所當/然。係遞年值貴故岳父母忌日前一日整卞④翰音、粢盛、芺⑤、酒預告，值錢壹貫。正忌日/整辦豬、粆⑥、芺、酒、冥金，仝社上下置祭在碑前，每禮值錢柒貫，每年該二禮共錢拾陸/貫，其這田分爲三甲，每甲貳高，認取耕作，仝年除納公租二務外，每高取錢貳貫陸/陌⑦肆拾文，不計豐歉。至日照收錢數卞禮。事訖，本社照據現在人數，飲酒牲頸回俵⑧/事主，以表

---

① 此爲額題，今依内容及性質重定篇題爲“仁睦社黎直夫妻後神碑記”。

② “勢”，原作“𪟽”，“𪟽”爲越南“勢”之俗字。見校合本《大越史記全書》附録一“越南俗字、簡體字與慣用漢字對照表”。

③ “高”，即“篙”，越南的計量單位“分”，爲越南畝的十分之一。按越南北部地畝制，一分相當三百六十平方米；中部地畝制，則相當四百平方米。

④ “卞”，見《集韻》：“蒲官切，音槃，同般。”《爾雅・釋詁》：“樂也。”

⑤ “芺”，即“芺蔃”，是一種藤類植物，越文作Cây lá trầu。與檳榔同爲喜慶時必有之象徵性植物，尤其是在傳統婚俗文化中，檳榔、芺蔃與石頭（石灰）是兄弟和睦、夫妻恩愛之象徵。詳見本書篇號〇〇二《瑞璋坊東甲阮氏昞暨夫祭忌碑記》注釋。

⑥ “粆”，喃字，糯米的意思。

⑦ “陌”，見《欽定越史通鑑綱目・正編》卷二十一後黎盛宗光順八年注“使錢、古錢”引黎貴惇《芸臺類語》云：“北人以百文爲一陌。本國以三十六文爲一陌，謂之‘使錢’；六十文爲一陌，謂之‘古錢’。‘使錢’十陌，乃是‘古錢’六陌，準爲‘使錢’一貫。其‘古錢’十陌乃使錢之一貫六陌四十文。使錢别名閒錢，古錢别名貴錢。”《芸臺類語》卷九《品物》引歐陽修《歸田録》及高士奇《天禄識餘》説明五代以來以七十七文爲一陌，爲謂之省陌；至康熙時，京師以三十二文爲一陌，更有減至三十文爲一陌；至黎貴惇生活的十八世紀中期，中原地區已經恢復一百文爲一陌。然而在越南則仍然有三十六文一陌與六十文爲一陌的用錢之法。

⑧ “俵”所東西分給别人。見（宋）朱彧《萍洲可談》卷二：“董爲飯以食饑者，又爲糗餌與小兒輩。方羅列分俵，饑人如牆而進，不復可制。”

厚情，經立約詞貳道，各相執照，再勒于石，以壽其傳。是爲記。/

黎貴公諱直，字純正，五月貳拾日忌。**范貴氏諱行，號妙勤，**拾壹月初拾日忌。/

一所求讀處壹高半，東近小路，南近茹流，/西近文董，北近氏謹。**一所墕奇處半高，**東近土□，南近翁□，/西近文定，北近賣主。/**一所鄉藏處，叁所相連共肆高，**東近文書，南近文結，/西近后田，北近小路。

嗣德丙辰仲春清明日書[①]

三壽舉人德軒合貞阮氏謹書/

① “嗣德丙辰仲春清明日書”，爲撰書年月，刊刻於碑額。嗣德丙辰爲嗣德九年（1856），當清咸豐六年。

○五六　天姥大王祠堂碑記

引言

碑立於河東省慈廉縣大姥總大姥社，爲大姥社大王家譜記第一碑。碑刻四面，拓片編號00587/00588/00589/00590。拓片編號 00587 爲碑一面，共十七行，滿行約四十七字，碑額題“天姥”二字，碑題“探花國老致仕太宰大王家譜記”十三字；拓片編號 00588 爲碑二面，共十七行，滿行約四十六字，碑額題“大王”二字；拓片編號 00589 爲碑三面，共十七行，滿行約四十六字，碑額刻“祠堂”二字；拓片編號 00590 爲碑四面，共十三行，滿行約四十六字，碑額刻“碑記”二字，合四面之額題爲“天姥大王祠堂碑記”，今即以此八字爲篇題。碑文撰者朝列大夫、東閣大學士何宗勳及昭文館司訓嚴伯斑。年代署作永佑（Vĩnh Hựu）二年（1736），永佑爲後黎懿宗（Lê Ý Tông）黎維祳（Lê Duy Thận）年號，同年爲清乾隆元年，歲次丙辰。拓片現藏於漢喃研究院。

碑文記載國老阮貴德的先人之葬處與受賜之封號，並詳述阮貴德生平、任官經歷，以及逝世後褒封之神名，亦記其子孫之經歷與婚姻對象。

00587
天姥

編號：00587　出自《拓片總集》第一册（下同）

大王
河東省慈廉縣大姥總大姥社大王家譜記第一碑之二面

編號：00588

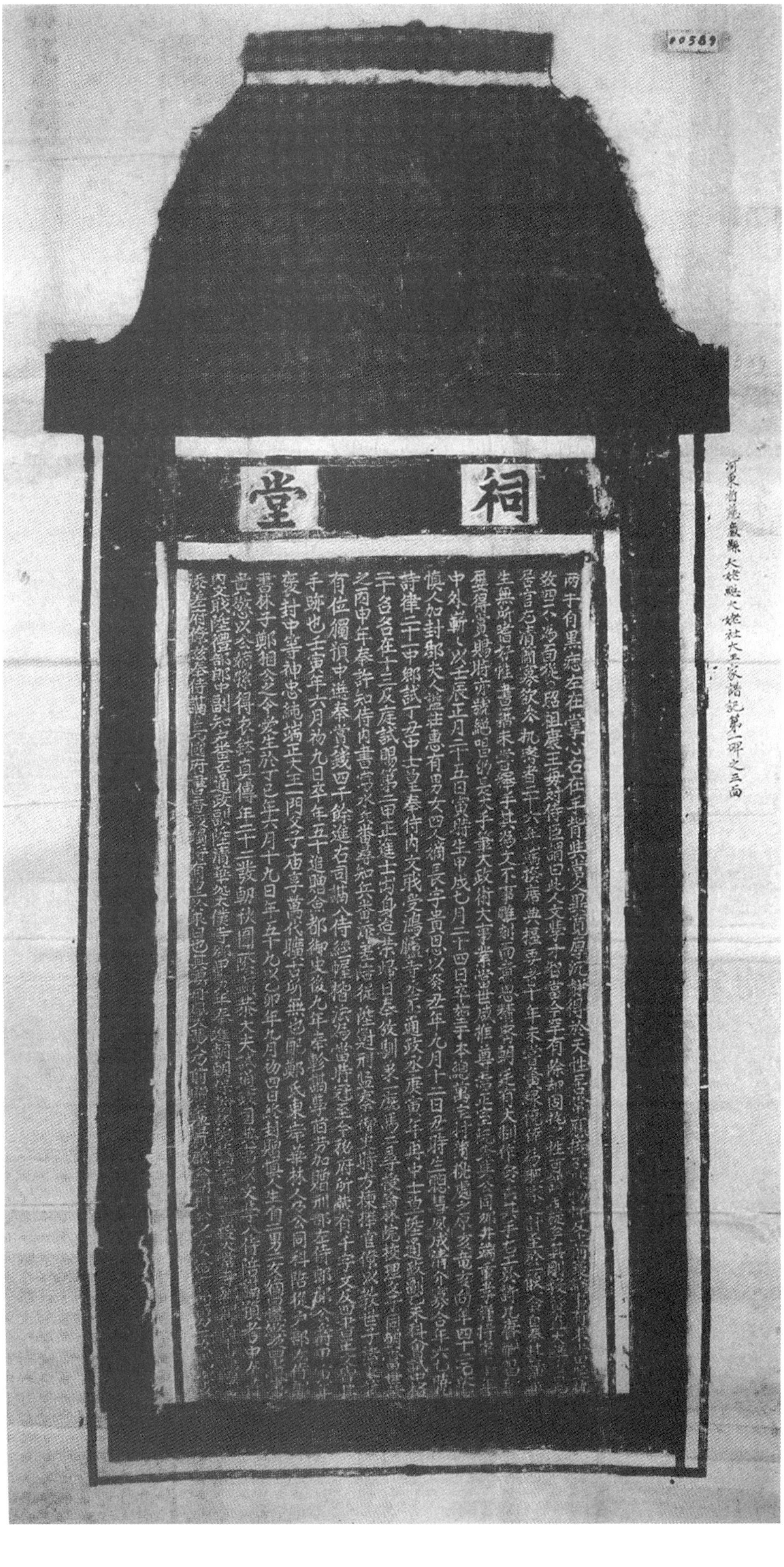
00589
祠
堂

編號：00589

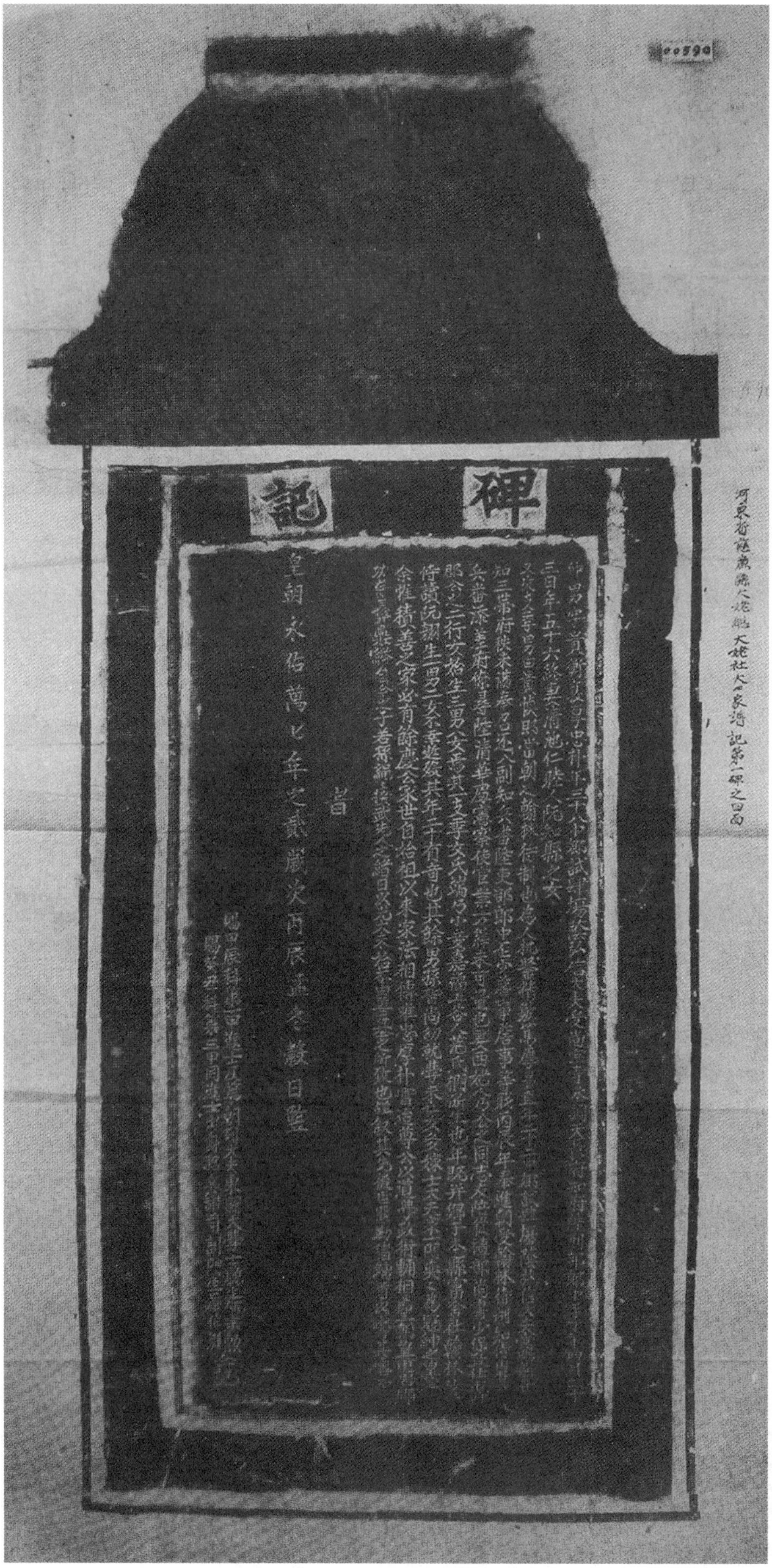
00590
碑記
皇朝永佑萬萬年之貳歲次丙辰孟冬穀日豎

編號：00590

釋文

【天姥/大王/祠堂/碑記】①

探花國老致仕太宰大王家譜記②

公世家天姥，六五代皆有隱德，不可考，始傳自福安公妣阮氏，號慈幸，其墳合葬在麻路處下段。生福勝公，於公爲顯祖，以/公貴，贈封禮部左侍郎、派澤侯，墳在麻路處上段，庚龍卯向③；妣阮氏，謚慈心，贈封正夫人，墳在麻傑處，艮龍丁向。生福祉公，/由府生贈封朝列大夫、京北處參政，加贈特進、金紫榮禄大夫、御史臺都御史、綿慶侯，墳在同瑩處，午龍癸向；妣/阮氏，本社人，謚慈懿，贈封正夫人，墳在同瑩處，午龍癸向④，有賢德。生二男一女，長男曰貴精，次女曰氏體，其季男即公也。/

公以戊子年三月十九日申時生，少而好學，八歲從本社先正望瀛縣知縣阮尊師受業，義理筆法只傳其妙，當時以奇/童稱之。年十六領癸卯科鄉薦，一舉既入太學，聞翰林院校討、雷陽三弄黎先生文章模範，乃往從游焉，學業益大。以□/庚戌⑤中宏詞科，奉入侍内文職，丙辰年⑥春試，合格者二十名，公名在第四，及進對大庭，賜第一甲進士及第第叁名，授翰林院/待制。庚申年⑦，奉差高平府督，同時蠻僚跳梁，公與鎮官料理機宜，破得扶景黨輩，邊徼爲清，弘廟嘉其能，發縱指示賞銀/叁拾兩。辛酉年⑧，服闋造朝，奉御旨許添差陪從，推恩陞禮科

---

① 此爲額題，今依此爲篇題。按，“天姥”“大王”“祠堂”“碑記”分别在編號00587/00588/00589/00590上。

② 此爲碑題。

③ “龍”，原作“竜”，“竜”爲“龍”之異體字。以下同，不出注。“庚龍卯向”，相地術的一種。堪輿家因山脈透迤起伏如龍形，故以龍喻指山勢。（宋）賴文俊所著《催官篇》全書分爲龍、穴、砂、水四篇，記載龍以二十四山分陰陽，以震、庚、亥爲三吉，巽、辛、艮、丙、兑、丁爲六秀，其變换受穴吉凶之應，均以方位爲斷，如午龍之丙山壬向，若砂水合矩則公侯至。

④ “癸向”，午龍的“丁山癸向”，可以“立見驟富官職榮”。見（宋）賴文俊《催官篇》。

⑤ “庚戌”，應爲後黎玄宗（Lê Huyền Tông）黎維禑（Lê Duy Vũ）景治（Cảnh Trị）八年（1670），當清康熙九年。

⑥ “丙辰年”，應爲後黎熙宗（Lê Hy Tông）黎維祫（Lê Duy Cáp）永治（Vĩnh Trị）元年（1676），當清康熙十五年。

⑦ “庚申年”，應爲後黎熙宗永治五年（1680），當清康熙十九年。

⑧ “辛酉年”，應爲後黎熙宗正和二年（1681），當清康熙十九年。

都給事中。丙寅年[①]，陞僉都御史。庚午[②]秋，值歲貢，期公爲一部/正使，以邊方宿弊，白其事，上國以良使稱之。及濟[③]國事回，陞刑部左侍郎、男爵，預内修[④]邦交，往復文書，時謂之東官，亦其/盛選也。癸酉年[⑤]，陞户部左侍郎，奉追榮其祖考妣官爵。甲戌年[⑥]，陞吏部左侍郎、歷都御史臺。丙子年[⑦]，偶得謗，左遷户部/右侍郎。戊寅年[⑧]，奉差權鎮海陽、安廣等處，時海陽桴皷數起，公至數月，吏民畏威懷惠，境内肅然，聖上嘉其有治劇之/才，旨書召還，遷吏部右侍郎，任使多稱賞，給附近民綺羅社爲恩禄，自是遂參預機密事。癸未年[⑨]，翊國府[⑩]厭世，時儲議/久不決，○奉昭祖[⑪]特召入内面議，公以一言定社稷大計，有旨以本官兼儲宫輔佐，□了世事，内外宣勞。○先聖王方在潛/龍，賜之金牌，刻曰："始終全義，與國同休。"琬琰之文，出自睿藻，誠所謂千載之遇，一體相親者也。甲申年[⑫]，陞户部左侍郎，復/陞吏部左侍郎。丁亥年[⑬]，考課内外官，公以課最陞都御史臺，理枉决滯，天下稱平。戊子秋，陞兵部尚書，班羣僚首，時公[⑭]年六十一也，握元樞，持國是，屹然有喬泰之望，兼知國子監，以教育英才爲己任。公事之暇，會諸生入國學品評考校，終/日不倦，卒能丕變士習，文體一復渾淳，○聖朝作成人才，於斯爲盛。己丑[⑮]夏五月，⊙昭祖倦于勤，公入受顧命；暨龍馭上/賓，從容調護，鎮動以靜，中外謐寧，人皆以德望才智稱之。⊙先聖王總政，嘉其佐理舊勳，陞户部尚書、少保、侯爵、兼東閣/大學士，是年以撰太上皇金册文，奉○皇上嘉其尊君實道，功義兩全，祈天景福，出自聖衷，敓賜御書一札，内有"子孫闔□，/繼世顯榮"等字，華衮

---

① "丙寅年"，應爲後黎熙宗正和七年（1686），當清康熙二十五年。

② "庚午"，應爲後黎熙宗正和十一年（1690），當清康熙二十九年。

③ "濟"，成也。《左傳・僖二十年》："以欲從人則可，以人從欲鮮濟。"

④ "修"，碑文原作"脩"。據《説文》，"修"屬"彡"部，"飾也，從彡攸聲"。"脩"屬"肉"部，"脯也，從肉攸聲。"後雖可通，然因"脩"自兼正字，故改爲"修"。

⑤ "癸酉年"，應爲後黎顯宗景興十四年（1753），當清乾隆十八年。

⑥ "甲戌年"，應爲後黎顯宗景興十五年（1754），當清乾隆十九年。

⑦ "丙子年"，應爲後黎顯宗景興十七年（1756），當清乾隆二十一年。

⑧ "戊寅年"，應爲後黎顯宗景興十九年（1758），當清乾隆二十三年。

⑨ "癸未年"，應爲後黎顯宗景興二十四年（1763），當清乾隆二十八年。

⑩ "翊國府"，即鄭柄（Trịnh Bính），鄭主昭祖鄭根之孫、鄭棪之子。鄭根五十歲嗣位，七十六歲去世，鄭柄和父親鄭棪都先於鄭根而死。

⑪ "昭祖"，即鄭根。

⑫ "甲申年"，應爲後黎顯宗景興二十五年（1764），當清乾隆二十九年。

⑬ "丁亥年"，應爲後黎顯宗景興二十八年（1767），當清乾隆三十二年。

⑭ 以上爲拓片編號 00587 之内容。

⑮ "己丑"，應爲後黎顯宗景興三十年（1769），當清乾隆三十四年。

之榮，古來未有也。甲午年[①]，御駕省方[②]，留公居守，既還京，奉賜綵衣一套，仍陞少傅職，榮封佐理功臣，/再加贈三代父母及封蔭子孫。丙申年，陞吏部尚書郡公爵。是年，奉旨重修國子監大成殿及兩廡，規模制度，焕然一新，/及車駕視學，嘉其用心，款曲獎諭。丁酉年，王上初開講筵，公以元臣獨先進講，時年已七十矣。因援例請問章三，上始得/准允，遂以太傅、國老、參預朝政致仕。陛辞日，御筆賜詩二首及蒲輪[③]廄馬以寵異之，奉許本縣各總社餞送榮鄉，再賜/圭田[④]三一畝以爲惠養始終，恩禮極其隆厚。

公既歸閒，逍遥山水間，嘗築樂壽亭，植柏數株，歲時游賞，人嘗比之裴/元老、文太師云。己亥冬，○先聖王有事于柴山，召公扈從，因幸其亭，詠國旨一律，御筆攽賜，令子孫環拜蹕下，賜賚銀錢甚/厚。公雖致政告歸，而眷倚不衰，時或宣召顧問，動至旬月，其勤勞鞅掌[⑤]，至老不懈。庚子年，屬疾，五月十四日辰時薨於/所居之正寢，年七十有三。訃聞，○先聖王爲之哀悼，遣中使慰吊者相屬，繼命吏部左侍郎、杲忠伯宣旨云："公歷仕三朝，/忠勤爲國，功勞多在，今遽爾即世，甚哀惜之。"因出内帑錢三十六萬。皇上賚賜又萬二千以給喪事，追贈太宰，賜謚貞穆，/卜塋于綺羅社麻燕之原，艮龍丙向，奉頒大輿一座，并許本縣三總民夫平治道塗，京兵五百護送至墳所。既又頒賜三/社民，准每歲古錢[⑥]三百貫以爲祀事。

葬之明年，邑人思慕不已，相率詣祠堂拜謁，願以每年仲春構草堂一區于慶源□，/設物

---

① "甲午年"，應爲後黎顯宗景興三十五年（1774），當清乾隆三十九年。

② "省方"，巡視四方。見《周易·觀》："先王以省方觀民設教。"孔穎達疏："省視萬方，觀看民之風俗。"

③ "蒲輪"，指用蒲草裹輪的車子，轉動時震動較小，常用於封禪或迎接賢士，以示禮敬。《史記·平津侯主父列傳》："始以蒲輪迎枚生，見主父而歎息。"《漢書·武帝紀》："遣使者安車蒲輪，束帛加璧，徵魯申公。"顔師古注："以蒲裹輪取其安也。"

④ "圭田"，卿、大夫、士祭祀用的田地。見《禮記·王制》："夫圭田無征。"《孟子·滕文公上》："卿以下必有圭田，圭田五十畝。"趙岐注："古者卿以下至於士皆受圭田五十畝，所以供祭祀也。圭，潔也。"

⑤ "鞅掌"，謂職事紛擾煩忙。見《詩經·小雅·谷風之什·北山》："或棲遲偃仰，或王事鞅掌。"孔穎達正義曰："傳以鞅掌爲煩勞之狀，故云失容；言事煩鞅掌然，不暇爲容儀也。今俗語以職煩爲鞅掌，其言出於此傳也。"

⑥ "古錢"，見《欽定越史通鑑綱目·正編》卷二十一"後黎盛宗光順八年"注"使錢、古錢"引黎貴惇《芸臺類語》云："北人以百文爲一陌。本國以三十六文爲一陌，謂之'使錢'；六十文爲一陌，謂之'古錢'。'使錢'十陌，乃是'古錢'六陌，準爲'使錢'一貫。其'古錢'十陌乃使錢之一貫六陌四十文。使錢別名閒錢，古錢別名貴錢。"《芸臺類語》卷九《品物》引歐陽修《歸田録》及高士奇《天禄識餘》説明五代以來以七十七文爲一陌，爲謂之省陌；至康熙時，京師以三十二文爲一陌，更有減至三十文爲一陌；至黎貴惇生活的十八世紀中期，中原地區已經恢復一百文爲一陌。然而在越南則仍然有三十六文一陌與六十文爲一陌的用錢之法。

肆享，開跂跌場以妥侑[1]之，其遺澤在人，義不能忘如此。歲在柔兆執徐[2]，奉今〇王上臨政之第八年也，追念公功在/王室，勑封爲恭純峻達大王，祀典視中等福神，命有司以時相事，香火俎豆，世世傳之無窮矣。

惟公夙抱奇質，相貌魁偉[3]，兩手有黑痣，左在掌心，右在手背，與常人異，寬厚沉静得於天性，居常應接不與物忤，及上前議論事有未當，堅執/教四不爲，面從〇昭祖康王每對侍臣謂曰："此人文學才智當今罕有，除却固執之性，可謂周旋矣。"其剛毅質直大槩可見。/居官尤清簡寡欲，參機密者二十六年，端揆席、典樞要者十年，未嘗夤緣僥倖爲肥家之計，至於一飲一食，自奉甚薄。平/生無所嗜好，惟書籍未嘗釋手。其爲文不事雕刻而意思精密，朝廷有大制作多出其手，尤工於詩，凡賡酬唱和/屢得賞賜，時亦號絶唱，的是大手筆、大政術、大事業，當世咸推尊焉。

正室阮氏與公同鄉井，端重孝謹，持家二十年/中外嶄嶄，以壬辰正月二十五日寅時生，甲戌七月二十四日卒，葬于本總萬寶村蒲槐處之原，亥龍亥向，年四十二，元蔭/慎人，加封郡夫人，謚莊惠。

有男女四人，嫡長字貴恩，以癸丑年九月十二日丑時生，聰慧夙成，清介寡合。年六七曉/詩律，二十一中鄉試，丁丑中士望，奉侍内文職，受鴻臚寺丞、丕通政丞。庚寅年，再中士望，陞通政副。乙未科會試，中格/二十名，名在十三。及庭試，賜第二甲正進士出身[4]。追榮歸日，奉放馹象一、廄馬二，尋授翰林院校理，父子同朝，當世榮/之。丙申年，奉許知侍内書寫水兵番，尋知兵番、添差陪從，陞提[5]刑監察御史，時方揀擇官僚以教世子法策，試/有位獨預中選，奉賞錢四千餘，進右司講入侍經幄。楷法爲當時冠，至今秘府所藏有《千字文》及四書正文，皆其/手跡也。壬寅年六月初九日卒，年五十，追贈僉都御史。後九年奉軫講學

---

[1] "妥侑"，見《詩經・小雅・谷風之什・楚茨》："以爲酒食，以享以祀，以妥以侑，以介景福。"注云："妥，安坐也。侑，勸也。"

[2] "柔兆執徐"，即丙辰。見《爾雅・釋天》："大歲在甲曰閼逢，在乙曰旃蒙，在丙曰柔兆，在丁曰强圉，在戊曰著雍，在己曰屠維，在庚曰上章，在辛曰重光，在壬曰玄黓，在癸曰昭陽。歲陽。大歲在寅曰攝提格，在卯曰單閼，在辰曰執徐，在巳曰大荒落，在午曰敦牂，在未曰協洽，在申曰涒灘，在酉曰作噩，在戌曰閹茂，在亥曰大淵獻，在子曰困敦，在丑曰赤奮若。"

[3] 以上爲拓片編號 00588 之內容。

[4] 據《鼎鍥大越歷朝登科録》後黎裕宗永盛十一年（1715）乙未科第二甲進士出身記載："阮貴恩，慈廉天姥人。士望，四十三中，仕至提刑左司講，加贈工部尚書；封中等大王。貴德之子，父子同朝，長子慗，進朝仕事，未封福神。"

[5] "提"，碑原作越南諱字"㨳"。

舊勞，加贈刑部左侍郎、郡公爵；甲寅年/褒封中等神、忠純端正大王。一門父子，廟享萬代，曠古所無也。配鄭氏東岸華林人，乃公同科、陪從户部左侍郎、/書林子、鄭相公[1]之令愛，生於丁巳年六月十九日，年五十九，以乙卯年九月初四日終，封贈慎人。生有二男二女，嫡曰貴慤，次曰貴憲。/貴慤以公嫡孫，得衣缽真傳，年二十二發軔秋闈，蔭顯恭大夫、試通政司典事，以文學入侍陪講，預考中奉侍/内文職，陞禮部郎中、副知户番丕通政副，陞清華處太僕寺卿。甲寅年，奉進朝朝保、翰林院校理，奉御旨授太常寺卿，知侍内書寫户番/添差府僚，兹奉侍講○亮國府，書香□躅，將有望於來日也。其妻丹鳳大馮[2]人，乃前贈左禮、鳳郡公、謝相公之女，始有四男二女焉。

次支[3]/仲男字貴衡，敦厚忠樸[4]，年三十八中鄉試肆場，蔭弘信大夫，受尚寶寺丞，調天長府知府，陞刑部郎中。壬子年四月二十/三日，年五十六終。妻清池仁睦人，阮知縣之女。/

又次支，季男曰貴慎，即當朝之翰林待制也，爲人機鑒精敏，篤厚易直。年二十二中鄉試肆場，蔭弘信大夫，受鴻臚寺，/知三帶府，秩未滿，奉召還入副知兵番，陞吏部郎中；歷少詹事、詹事等職。丙辰年，奉進朝受翰林待制、知侍内書/兵番、添差府僚，尋陞清華處憲察使，宦業方新[5]，未可量也。妻西姥人，乃公之同志友、陪從禮部尚書、少保致仕、壽/郡公之二行女，始生三男八女焉。其一支季女氏端，乃小妾嘉福上谷人范氏梱所生也。年既笄，歸于本縣富舍社翰林院/侍讀阮翹。生一男二女，不幸逝歿，其年二十有奇也。其餘男孫皆尚幼，就學未仕；女多嫁士大夫家。一門奕奕，爲冠紳之望□。/余惟積善之家，必有餘慶，公家世自始祖以來，家法相傳，唯忠厚樸實，迨尊公以道學、政術，輔相聖朝，望重岩廊[6]，/功存彝鼎。繼自今之子若孫，繩繩[7]接武[8]，先人之緒，日以光大，未始不由善基之所致也。謹敘其先後世□，勒諸螭首，以壽其傳云。/

---

① “鄭相公”，即鄭德潤。據《鼎鍥大越歷朝登科録》後黎熙宗永治元年（1676）丙辰科第三甲同進士出身記載：“東岸華林人，士望二十四中，仕至禮部右侍郎、男爵，贈户部左侍郎、子爵，澍之父。”

② “丹鳳大馮”，據《同慶地輿志·山西省》：“丹鳳縣，國威府統轄，縣莅原在中瑞社，後爲匪所破。今擬設於大馮社。……丹鳳上總十社村坊……大馮社。”

③ 以上爲拓片編號00589之内容。

④ “樸”，碑原作“朴”，異體字，另兼正字，下逕改，不出注。

⑤ “新”，碑原作諱字“辡”，越南私諱是普遍的現象，一般在原字上加“巛”表示。

⑥ “岩廊”，借指朝廷。（漢）桓寬《鹽鐵論·憂邊》：“今九州同域，天下一統，陛下優遊岩廊，覽羣臣極言。”

⑦ “繩繩”，衆多貌；綿綿不絶貌。《詩經·周南·螽斯》：“螽斯羽，薨薨兮。宜爾子孫，繩繩兮。”

⑧ “接武”，步履相接，前後相接，繼承。見劉勰《文心雕龍·物色》：“古來辭人，異代接武，莫不參伍以相變，因革以爲功。”

時/

皇朝永佑萬萬年之貳歲次丙辰孟冬穀日竪/

賜甲辰科第一甲進士及第、朝列大夫、東閣大學士、晚生何宗勳[①]

賜癸丑科第三甲同進士出身、昭文舘司訓、門生嚴伯珽[②]

仝記[③]/

題後

本碑爲慈廉縣天姥地區大王祠堂碑記，該祠爲敕封恭純峻達大王、祀典視中等福神阮貴德及其子忠純端正大王、中等神阮貴恩的家祠。本碑記可説是阮貴德的家譜，對其三代家世，包括官歷、婚姻、子嗣的記載都十分詳盡，可以補史傳的不足。

越南似乎自後黎朝開始，除國諱之外亦容許有私諱，在碑誌中也可以看到許多私諱字系統性的出現，而本碑誌中阮貴德與其子阮貴恩都被敕封爲中等神，這也是越南風俗與制度特殊的地方。又據《大南一統志·河内·人物》記載：“阮貴德，慈廉人，永治探花，歷官兵尚書兼郡公。爲政務禁煩苛，寛逋欠，省力役，人皆賴之，年七十一致仕。”或許阮貴德是因爲政績而被立爲中等神的。

① “何宗勳”，《鼎鍥大越歷朝登科録》後黎裕宗保泰五年（1724）甲辰科第一甲進士及第第二名記載：“何宗勳，安定金城人，士望二十八，中三，入參從叶鎮統領致仕，起復仕至兵部尚書，少保，徽郡公贈。”

② “嚴伯珽”，《鼎鍥大越歷朝登科録》後黎純宗龍德二年（1733）癸丑科第三甲同進士出身記載：“慈廉西姥人，五十一中，仕至東閣大學士，伯爵，致仕贈寺卿。”

③ 以上爲拓片編號00590之内容。

○五七　廣布坊陳絖夫妻祭忌碑記

引言

碑立於環龍縣上總廣布坊弘恩寺殿内，爲殿内右邊第二碑。碑刻單面，拓片編號00602，共十二行字，滿行約二十八字，碑額題“弘恩寺忌後碑”六字，今依内容及性質重定篇題爲“廣布坊陳絖夫妻祭忌碑記”。年代署作成泰（Thành Thái）八年（1896），成泰爲阮朝成泰帝（Vua Thành Thái）阮福昭（Nguyễn Phúc Chiêu）年號，同年爲清光緒二十二年，歲次丙申。拓片現藏於漢喃研究院。

碑文記載廣布坊後嫁與舊里長吴文扦的陳氏嫩，在村民與弘恩寺住持欲修繕該寺宇時，與其夫捐精銀十五元與一分半田，爲其父母陳絖夫婦寄忌，文末記有陳絖夫婦名號與祭祀日期。

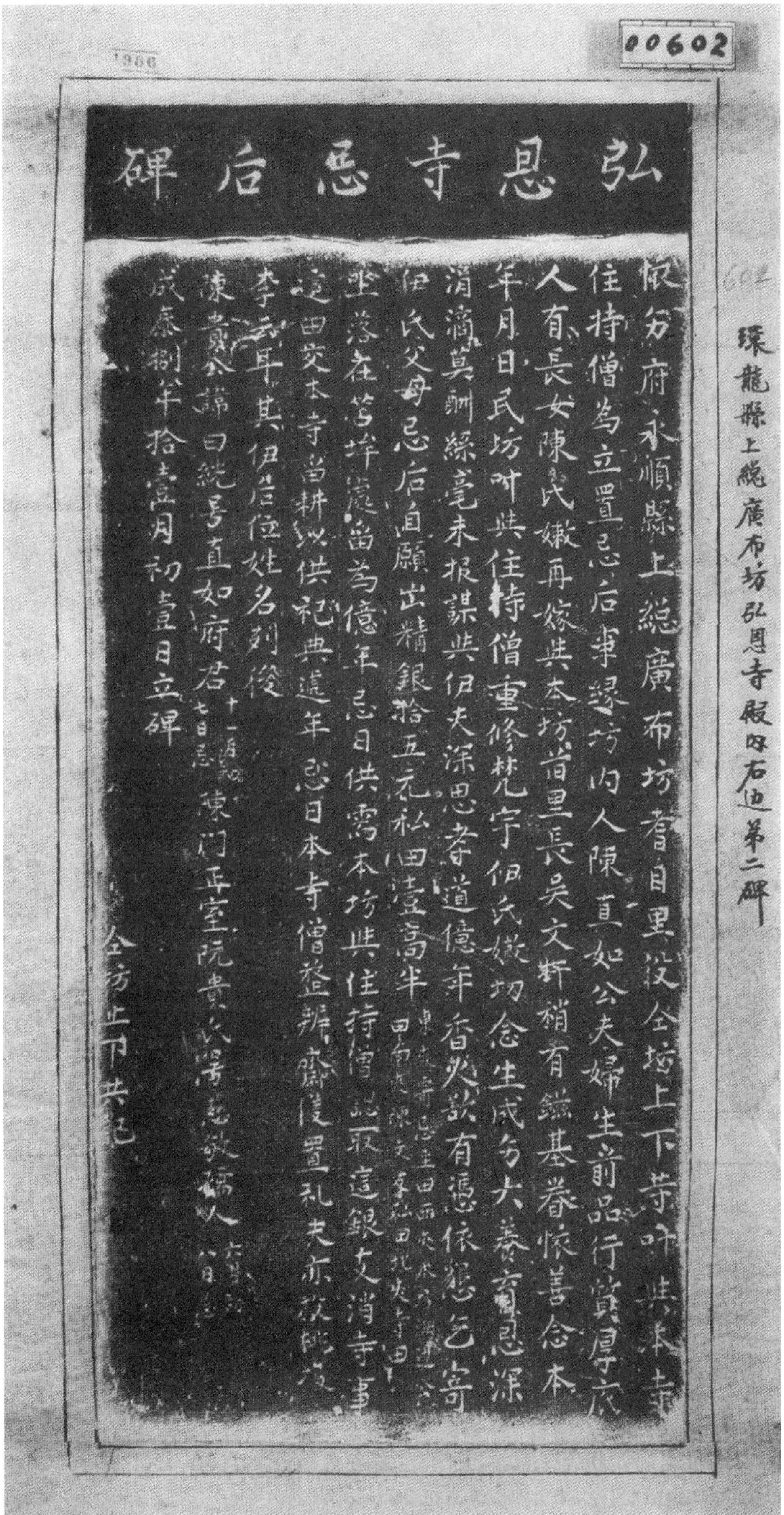
00602
1986
環龍縣上總廣布坊弘恩寺殿内右边第二碑
弘恩寺后碑
懷分府永順縣上總廣布坊耆目里役仝坊上下等叶共本寺
住持僧為立置忌后事緣坊内人陳直如公夫婦生前品行貧厚亢
人有長女陳氏嫩再嫁共本坊耆里長吳文軒稍有鐵基眷懷善念本
年月日民坊叶共住持僧重修梵宇伯氏嫩切念生成兮大養育恩深
涓滴莫酬絲毫未報謀共伯夫深思孝道億年香火欲有憑依懇乞寄
伯氏父母忌后自願出精銀拾五元私田壹高半
坐落在萬垰處留為億年忌日供需本坊共住持僧就取這銀文消寺事
這田交本寺當耕以供祀典遞年忌日本寺僧整辦齋筵置礼夫亦敬仰
李元年其伯后位姓名列後
陳貴公諱曰絖号直如府君 十一月初 七日忌 陳門正室阮貴氏号慈敬孺人
成泰捌年拾壹月初壹日立碑
仝坊上下共記

編號：00602　出自《拓片總集》第一冊

釋文

弘恩寺忌後[①]碑[②]

懷德府永順縣上總廣布坊耆目里役、仝坊上下等，叶與本寺/住持僧爲立置忌後事。

緣坊内人陳直如公夫婦，生前品行質厚，底/人有長女陳氏嫩再嫁與本坊舊里長吴文扦，稍有鎡基，眷懷善念，本/年月日民坊叶與住持僧重修梵宇。伊氏嫩切念生成德大，養育恩深，/涓滴莫酬，絲毫未報，謀與伊夫深思孝道，億年香火欲有憑依，懇乞寄/伊氏父母忌後，自願出精銀拾五元，私田壹高[③]半東夾寄忌主田，西夾本坊湖邊公/田，南夾陳文友私田，北夾寺田，/坐落在笘埠處，留爲億年忌日供需。本坊與住持僧認取這銀支消寺事，/這田交本寺留耕，以供祀典，遞年忌日本寺僧整辦齋儀置禮，夫亦投桃報/李云耳。伊後位姓名列後：

陳貴公諱曰絖、號直如府君，十一月初七日忌；陳門正室阮貴氏，號慈敬孺人，六月初/八日忌。

成泰捌年[④]拾壹月初壹日立碑

仝坊上下共記

題後

環龍縣上總廣布坊弘恩寺内共有二十二通碑誌（以《拓片總集》第 1 至 4 册爲調查範圍），如下表：

---

① “後”，碑原作“后”，異體字，因另兼正字，逕改，下同，不另出注。

② 此爲額題，今依内容及性質重定篇題爲“廣布坊陳絖夫妻祭忌碑記”。

③ “高”，又作“篙”“蒿”，爲越南的計量單位“分”，越南畝的十分之一，按越南北部地畝制，一分相當三百六十平方米；中部地畝制，則相當四百平方米。

④ “成泰捌年”，當清道光二十二年（1896）。

編號	篇題	年代	位置
00593	立碑寄忌	壬寅年	殿内左邊第一碑
00594	寄忌碑記	甲寅年	殿内左邊第二碑
00595	寄忌碑記	阮憲祖紹治五年（1845）	殿内左邊第三碑
00596	寄忌碑記	阮憲祖紹治四年（1844）	殿内左邊第四碑
00597	寄忌碑記	阮憲祖紹治四年（1844）	殿内左邊第五碑
00598	弘恩寺忌後碑記	阮成泰帝成泰七年（1895）	殿内左邊第六碑
00599	後佛碑記	阮聖祖明命九年（1828）	殿内左邊第七碑
00600	弘恩寺後碑記	阮成泰帝成泰十二年（1900）	殿内左邊第八碑
00601	後佛碑記	阮聖祖明命三年（1822）	殿内右邊第一碑
00602	廣布坊陳絖夫妻祭忌碑記*	阮成泰帝成泰八年（1896）	殿内右邊第二碑
00603	後佛碑記	景□元年	殿内右邊第三碑
00604	後佛碑	阮世祖嘉隆十四年（1815）	殿内右邊第四碑
00605	寄忌碑記	阮憲祖紹治四年（1844）	殿内右邊第五碑
00606	寄忌碑記	阮憲祖紹治二年（1842）	殿内右邊第七碑
00607	後佛碑記	阮聖祖明命十九年（1838）	寺前堂内右邊第一碑
00608	後佛碑記	未注明	寺前堂内右邊第二碑
00609	後佛碑記	未注明	寺前堂内右邊第三碑
00610	弘恩寺碑記**	阮憲祖紹治四年（1844）	寺前堂内右邊第四碑
00611	弘恩寺鑄像碑記**	阮憲祖紹治四年（1844）	寺前堂内左邊第一碑
00612	集福碑記	未注明	寺前堂内左邊第二碑
00613	弘恩寺碑記*	阮憲祖紹治二年（1842）	寺前堂内左邊第三碑
00614	後佛碑記	未注明	殿内右邊第七碑

注：* 表示此篇收入本書；** 表示原無題。

按，篇號〇五八《弘恩寺碑文》記載弘恩寺舊名“隆恩寺”爲後黎神宗玉秀公主於永祚十年(1628) 所建，至阮聖祖明命二年(1821) 敕命改名“崇恩寺”，及聖祖駕崩，因其孝陵寢殿名“崇恩殿”，阮憲祖遂於紹治元年(1841) 改賜名“弘恩寺”。或因其爲皇家寺院，故自紹治、成泰以來立有許多寄忌碑。

○五八　弘恩寺碑記

引言

碑立於河東省環龍縣廣布坊弘恩寺，爲寺前堂内左邊第三碑。碑刻單面，拓片編號00613，共十四行字，滿行約三十六字，碑題“弘恩寺碑文”五字，今依内容及性質重定篇題爲“弘恩寺碑記”。碑文撰者翰林院衆官員。年代署作紹治（Thiệu Trị）二年（1842），紹治爲阮憲祖（Nguyễn Hiến Tổ）阮福暶（Nguyễn Phúc Tuyền）年號，同年爲清道光二十二年，歲次壬寅。拓片現藏於漢喃研究院。

碑文主要記載弘恩寺改名之經過。弘恩寺舊名隆恩寺，爲後黎朝玉秀公主於永祚十年（1628）所建，後阮聖祖更名崇恩寺，至阮憲祖時，因聖祖孝陵之祭殿名爲崇恩殿，故禮部奏請爲寺更名，遂賜名弘恩寺。

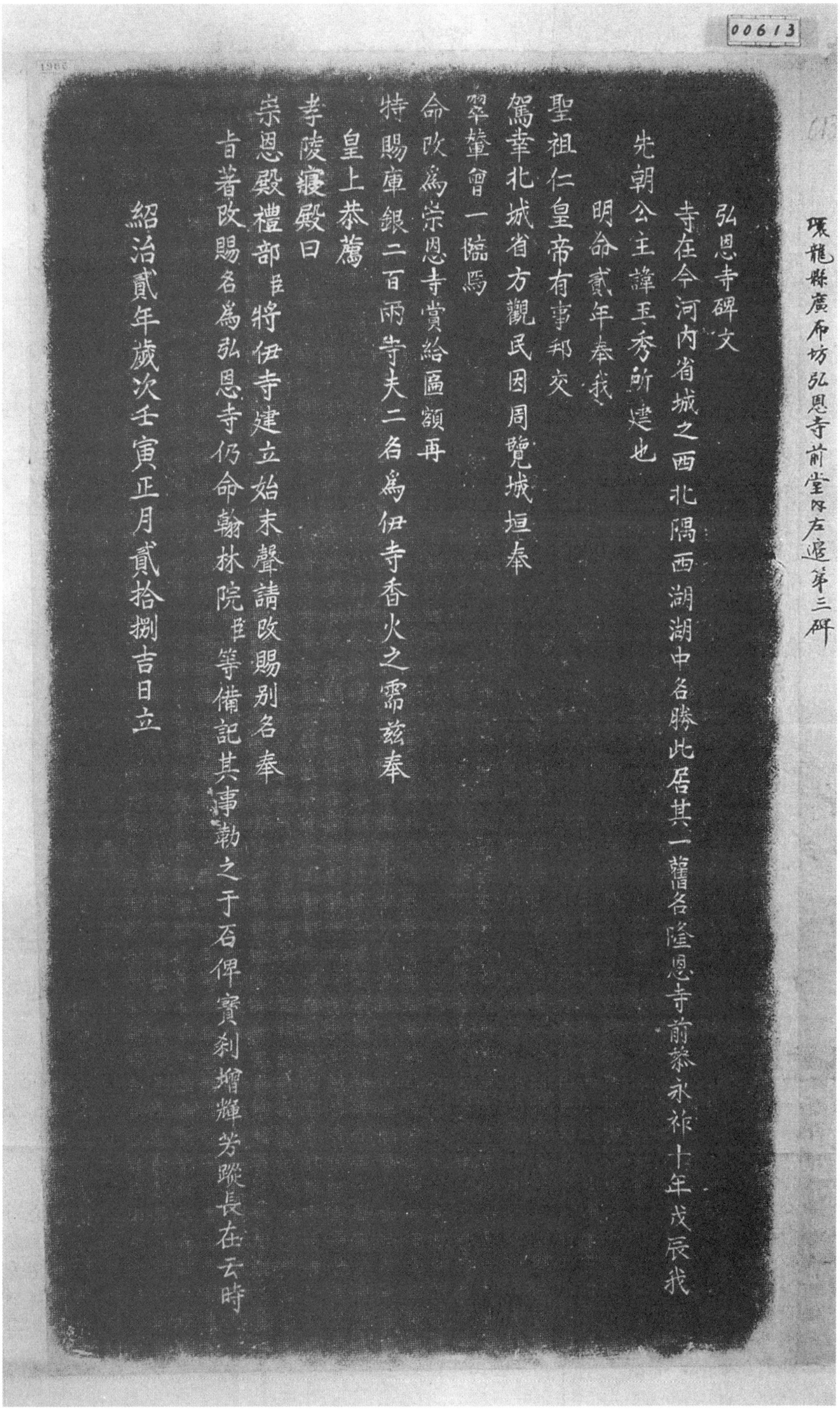

00613

環龍縣廣布坊弘恩寺前堂內左邊第三碑

弘恩寺碑文

寺在今河內省城之西北隅西湖湖中名勝此居其一舊名隆恩寺前黎永祐十年戊辰我

先朝公主諱玉秀所建也

明命貳年奉我

聖祖仁皇帝有事邦交

駕幸北城省方觀民因周覽城垣奉

翠輦曾一臨焉

命改爲崇恩寺賞給匾額再

特賜庫銀二百兩寺夫二名爲伊寺香火之需茲奉

皇上恭薦

孝陵寢殿曰

崇恩殿禮部臣將伊寺建立始末聲請改賜別名奉

旨著改賜名爲弘恩寺仍命翰林院臣等備記其事勒之于石俾寶刹增輝芳蹤長在云時

紹治貳年歲次壬寅正月貳拾捌吉日立

編號：00613　出自《拓片總集》第一冊

釋文

弘恩寺碑文[①]/

寺在今河内省城之西北隅西湖，湖中名勝，此居其一，舊名隆恩寺，前黎永祚十年戊辰[②]我/　　　先朝公主諱玉秀[③]所建也。/　　　明命貳年[④]奉我/　　　聖祖仁皇帝有事邦交，/　　　駕幸北城，省方觀民，因周覽城垣，奉/　　　翠輦[⑤]曾一臨焉，/命改爲崇恩寺，賞給匾額，再/　　　特賜庫銀二百兩、寺夫二名爲伊寺香火之需。兹奉/　　　皇上恭薦/　　　孝陵寢殿曰/　　　崇恩殿，禮部臣將伊寺建立始末，聲請改賜别名，奉/　　　旨著改賜名爲弘恩寺，仍命翰林院臣等備記其事，勒之于石，俾寶刹增輝，芳蹤長在云。

時/

紹治貳年歲次壬寅[⑥]正月貳拾捌吉日立/

題後

阮朝嗣德四年（1851）楊伯恭《河内地輿》載："隆恩寺，在廣布坊，後黎永祚十年所建，爲追建國朝列聖之所，明命二年，聖駕北巡，奉賜精銀貳百貫、寺夫二名，改匾額爲'崇恩殿'，紹治元年改爲弘恩寺；二年，聖駕巡幸，賞錢二百貫，再給碑文，備記其事，扁題云

① 此爲碑題，今依内容及性質重定篇題爲"弘恩寺碑記"。

② "永祚"，爲後黎朝黎神宗（Lê Thần Tông）黎維祺（Lê Duy Kỳ）的年號。十年歲次戊辰，當明崇禎元年（1628）。

③ "先朝公主諱玉秀"，據《大南一統志·河内·寺觀》："在永順縣廣布坊，後黎永祚十年，本朝公主玉秀，爲鄭梉配，建寺名隆恩。"

④ "明命貳年"，明命爲阮聖祖（Nguyễn Thánh Tổ）阮福晈（Nguyễn Phúc Kiểu）的年號，貳年當清道光元年（1821），歲次辛巳。

⑤ "翠輦"，飾有翠羽的帝王車駕。《北史·突厥傳》："啟人奉觴上壽，跪伏甚恭。帝大悦，賦詩曰：'鹿塞鴻旗駐，龍庭翠輦回。'"

⑥ "紹治貳年歲次壬寅"，當清道光二十二年（1842）。

‘敕賜弘恩寺，紹治元年十一月建’。”可與本碑相互參看。又，《大南一統志·河内·寺觀》記載本寺爲鄭梉之妻後黎朝公主黎玉秀所建的寺廟。按，鄭梉爲鄭主世祖明康太王鄭檢之孫，成祖哲王鄭松之子，翊扶真宗、神宗，進封大元帥，總國政、師父、清王，明朝册封副國王，加尊上主師父，臨政三十五年，壽八十一。（見《歷朝憲章類志·人物志·鄭王世系》）

○五九　大慈社壽老名碑

引言

碑立於河東省青池縣姜亭總大慈社寺，爲寺右字壽址碑第一號。碑刻單面，拓片編號00746，共二十行字，滿行約四十六字，碑額題“壽老名碑”四字，今依內容及性質重定篇題爲“大慈社壽老名碑”。碑額紋飾似爲雙龍昭日。碑文撰者張體，潤筆者阮登通。年代署作嗣德（Tự Đức）二十一年（1868），嗣德爲阮翼宗（Nguyễn Dực Tông）阮福時（Nguyễn Phúc Thì）年號，同年爲清同治七年，歲次戊辰。拓片現藏於漢喃研究院。

碑文記載，大慈社利用修建壽址之際，立碑銘記該社六十五歲以上耆老之姓名，以便春秋祭祀及民衆祭拜，以示後代子孫。按，文中多處補刻，如“杜如敏”“武伯録”“阮文艚”“黎仕閈”等。

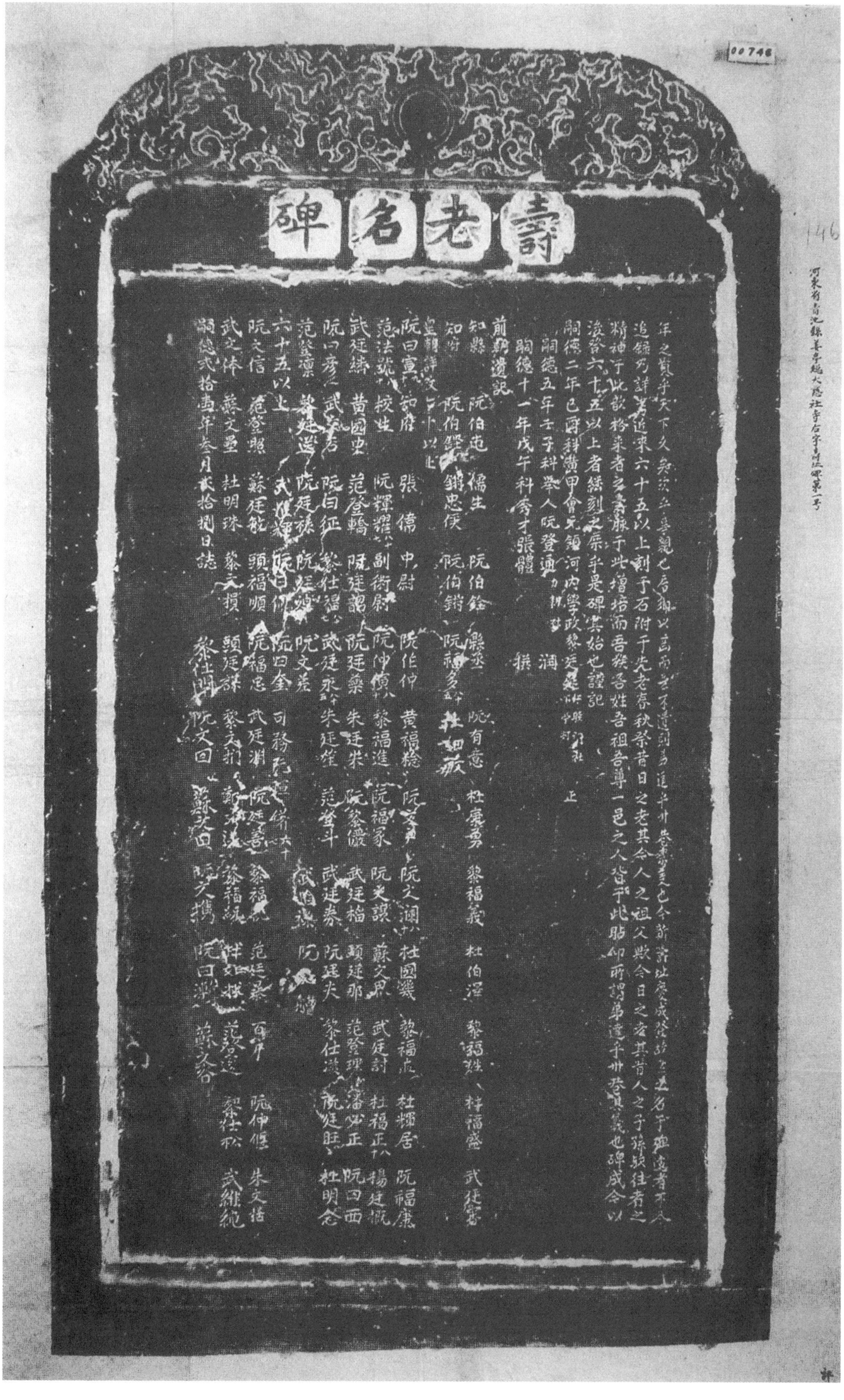

00748

146

河東省青池縣善亭總大慈社寺右拓碑第一子

壽老名碑

年之敬乎天下久矣茲本亭親之眷鄉以高而老不遺則易進乎卅卷壽差也今新靑社慶成發於之立名于碑遠者不入

追録列詳焉近來六十五以上刻于石附于先老春秋祭昔日之老其今人之祖父歟今日之老其昔人之子孫歟往者之

精神于此故格來者之壽脉于此增培而吾族吾姓吾祖吾尊一邑之人皆于此貼卯所謂弟達乎卅卷眞義也碑成今以

後自六十五以上者續刻之宗乎是碑實始也謹記

嗣德二年己酉科黃甲會元領河内學政黎廷延 [illegible] 正

嗣德五年壬子科舉人阮登通 [illegible] 潤

嗣德十一年戊午科秀才張體 撰

前朝遺記

知縣 阮伯迮 儒生 阮伯銓 縣丞 阮有意 杜廣勇 黎福義 杜伯澤 黎福雄 梓福盛 武廷寔

知府 阮伯鍵 鄧忠使 阮伯錫 阮福多五十 杜如敬

皇朝詳文六十以上

阮曰宣八十 知府 張儒 中尉 阮作仲 黃福穩 阮文尹 阮文澗六十 杜國畿 黎福庇 杜耀居 阮福康

范法號八十 校生 阮耀耀八十 副衛尉 阮仲傾八十 黎福進 阮福家 阮文讓 蘇文界 武廷討 杜福正八十 楊廷概

武廷繡 黃國忠 范登轎 阮廷韶 阮廷藥 朱廷米 阮黎儀 武廷楢 顏廷那 范登理 潘光正 阮曰西

阮曰彥 武為石 阮曰征 黎仕福七十 武廷永七十 朱廷堂 范登斗 武廷泰 阮廷夫 黎仕滿 阮廷旺 杜明念

范登璋 黎廷選 阮廷祿 阮廷[illegible] 阮文差 武伯孫 阮[illegible]體

六十五以上 武維輝 阮曰仰 阮曰全 司務阮[illegible]七十

阮文信 范登照 蘇廷能 顏福順 阮福恩 武廷淵 阮廷善 黎福[illegible] 范廷豪 百戶 阮仲僅 朱文楷

武文体 蘇文壘 杜明珠 黎文損 顏廷謀 黎文前 鄭[illegible]議 黎福綠 樣如棟 范登選 黎仕松 武維純

嗣德貳拾壹年叁月貳拾捌日誌 黎仕明 阮文回 蘇文回 阮文攜 阮曰準 蘇文答

編號：00746　出自《拓片總集》第一冊

釋文

壽老名碑①

年之貴乎天下久矣，次乎事親也，居鄉以親而老不遺，則弟達乎②州巷祭義也。今新壽址慶成，登故老之名于碑，遠者不盡/追録，乃詳考近來六十五以上刻于石，附于先老春秋祭，昔日之老其今人之祖父歟？今日之老其昔人之子孫歟？往者之/精神于此歆格，來者之壽脉于此增培，而吾族、吾姓、吾祖、吾尊，一邑之人皆于此瞻仰，所謂弟達乎州巷，其義也。碑成，今以/後登六十五以上者繼③刻之，庶乎是碑其始也。謹記。/

嗣德二年己酉科黄甲會元、領河内學政黎廷延④仁睦門社/下亭村正/

嗣德五年壬子科舉人阮登通力耕社潤/

嗣德十一年戊午科秀才張體撰/

前朝遺記：/

知縣阮伯屯；儒生阮伯銓；縣丞阮有意，杜康勇，黎福義，杜伯澤，黎福姓，杜福盛，武廷審。/

知府阮伯鏗；鏘忠侯阮伯鏘；阮福多八十五；杜如敏。/

皇朝詳改七十以上：/

阮曰宣九十，知府張偉，中尉阮伯仲，黄福稔，阮文□，阮文瀾八十，杜國幾，黎福直，杜輝居，阮福康，/范法號八十，校生阮輝耀八十七，副衔⑤尉阮仲演八十，黎福進，阮福家，阮文讓，蘇文界，武廷討，杜福正八十，楊廷概，/武廷繼，黄國史，范登轄，阮廷韶，阮廷藥，

---

① 此爲額題，今重定篇題爲“大慈社壽老名碑”。

② “弟達乎”，典出《禮記·祭義》：“虞、夏、殷、周，天下之盛王也，未有遺年者，年之貴乎天下，久矣，次乎事親也。是故朝廷同爵則尚齒，七十杖於朝，君問則席；八十不俟朝君問則就之，而弟達乎朝廷矣。”鄭玄注：“言其先老也。同爵尚齒，老者在上也。君問則席爲之，布席於堂上而與之言，凡朝位，立於庭。魯哀公問於孔子，命席不俟朝，君揖之即退，不待朝事畢也。就之，就其家也。老而致仕，君或不許異其禮而已。”

③ “繼”，碑原作“絗”，越南俗字，逕改，不另出注。

④ “黎廷延”，見編號16479《皇朝嗣德貳年己酉會試科進士題名碑》記載：“黎廷延：舉人，年庚甲申貳拾陸歲，河内省常信府青池縣姜亭總仁睦舊社下亭村。”又，《國朝科榜録》阮翼宗嗣德二年己酉科第二甲進士出身記載：“黎廷延，河内青池仁睦，甲申二十六，戊申舉人。司業領河内督學士子信從多所成立。”

⑤ “衔”，“衛”之俗字，下同，不另注。

朱廷宋，阮黎儼，武廷榴，頭[1]廷那，范登理，潘必正，阮曰西，/阮曰彦，武文石，阮曰征，黎仕福八十/七，武廷永八十/五，朱廷筌，范登斗，武廷券，阮廷夫，黎仕漢[2]，阮廷旺，杜明念，/范登凜，黎廷送，阮廷禄，阮廷迪，阮文差，武伯禄，阮文[3]艚。/

六十五以上：

武惟輝，阮曰侃[4]，阮曰奎，司務阮暄儲六十/七，/阮文信，范登照，蘇廷敏，頭福順，阮福忠，武廷淵，阮廷善，黎福□，范廷暴，百户阮仲偃，朱文括，/武文體，蘇文壘，杜明珠，黎文損，頭廷謀，黎文抈，鄭延選[5]，黎福□，杜如梂，范登邊，黎仕松，武維繩，/黎仕閈，阮文回，蘇文田，阮文攜，阮曰漸，蘇文咨。/

嗣德貳拾壹年[6]叁月貳拾捌日誌/

題後

大慈社寺内有立十通碑誌（以《拓片總集》第1至4册爲調查範圍），如下表：

編號	篇題	年代	位置
00718/00719/00720	青池縣苓塘社大慈村奉事碑記	後黎熙宗正和二十一年（1700）	寺右邊後碑第一號
00746	大慈社壽老名碑*	阮憲祖嗣德二十一年（1868）	寺右字壽址碑第一號
00747	寄忌碑	阮憲祖嗣德十九年（1866）	寺右邊第二碑
00748	大慈社謝氏早暨夫後神碑記**	阮憲祖嗣德三十一1年（1878）	寺右邊第三碑

---

① "頭"，原碑字不清楚，據本篇下文有"頭福順"，篇號○六○《苓塘社大慈村重修壽址碑記》有"頭廷謀"，故釋作"頭"。

② "漢"，據後篇號○六○《苓塘社大慈村重修壽址碑記》補。

③ 據後篇號○六○補。

④ 據後篇號○六○補。

⑤ 據後篇號○六○補。

⑥ 嗣德貳拾壹年，當清同治七年（1868）。

（續表）

編號	篇題	年代	位置
00749	寄忌碑	阮聖祖明命二十一年（1840）	寺右邊第四碑
00750	寄忌碑	阮憲祖嗣德二十九年（1876）	寺左邊第二碑
00751	苓塘社大慈村重修壽址碑記*	阮憲祖嗣德二十一年（1868）	寺右字壽址碑第二號
00752	苓塘壽老壇碑記*	阮憲祖嗣德七年（1854）八月十日	苓塘社壽老碑第一號前面
00847	前十里侯丁正室阮貴氏號妙色孺人之神位	未注明	寺前左邊第一碑
00848	前十侯丁延銓字法錦謚曰敦敏府君神位	未注明	寺前左邊第二碑

注：* 表示此篇收入本書；** 表示原無題。

按拓者所寫之題簽，立碑地點爲青池縣姜亭總大慈社寺，而據同立於一地的編號 00750 嗣德二十九年《寄忌碑》内文，則青池縣姜亭總大慈社，亦即常信府青池縣清烈總苓塘社地。

大慈社共收有十通碑誌，其中除 00746《大慈社壽老名牌》、00751《苓塘社大慈村重修壽址碑記》、00752《苓塘壽老壇碑記》三通碑誌外，其餘皆爲寄忌碑。

〇六〇　苓塘社大慈村重修壽址碑記

引言

碑立於河東省青池縣清烈總大慈社寺内，爲寺右字壽址碑第二號。碑刻單面，拓片編號00751，共十五行字，滿行約二十八字，碑額題“重修壽址碑記”六字，今依此額題與立碑地點重定篇題爲“苓塘社大慈村重修壽址碑記”，年代署作嗣德（Tự Đức）二十一年（1868），嗣德爲阮翼宗（Nguyễn Dực Tông）阮福時（Nguyễn Phúc Thì）年號，同年爲清同治七年，歲次戊辰。現藏於漢喃研究院。

碑文内容爲大慈村捐資以助重修壽址者之芳名録。

重修壽址碑記

河内省常信府青池縣清烈總苓塘社大慈村重修壽址所有與功出錢
諸人員列計于次
一本鄉老會公錢肆百肆拾柒貫 再貳百叁拾柒貫
阮廷狂 黎士潢 杜明念 范廷凛 朱文括 武文体 蘇文垦
杜明珠 杜如棣 頭廷謀 黎文澗 鄭廷遂 范登逡 黎士松
武惟純 陳文屬 黎士閑 阮文回 蘇文田 阮文携 阮曰漸
蘇文資 武惟祿 阮曰再 范文翰 阮伯僎 阮有盛 蘇文對
黎文繞 阮文語 阮文蘇 阮文穳 范文艮 武役卯 阮曰烝
杜文边 阮曰侃 武文瀏 武惟輝 阮作霖 范登扈 阮得銀
范文鍘 阮文管 阮曰奎 蘇文和
一會與功又丙戌年重修鄉老公錢叁百貫諸家供叁拾叁貫
原衛百户領該總阮仲偃
戊午科秀才張 體
一本鄉公錢壹百貫
諸家供進錢壹百陸拾陸貫
嗣德貳拾壹年叁月貳拾捌日碑誌

編號：00751 出自《拓片總集》第一冊

釋文

重修壽址碑記①

河内省常信府青池縣清烈總苓塘社大慈村重修壽址，所有興功出錢/諸人員列計于次：/

一本鄉老會公錢肆百肆拾柒貫，再貳百叁拾柒貫。/

阮廷旺，黎士漢，杜明念，范廷凜，朱文括，武文體，蘇文壘，/杜明珠，杜如棶，頭廷謀，黎文掦，鄭廷選，范登逡，黎士松，/武惟純，陳文屬，黎士閉，阮文回，蘇文田，阮文携，阮曰漸，/蘇文資，武惟禄，阮曰再，范文翰，阮伯俠，阮有盛，蘇文對，/黎文絿，阮文語，阮文蘇，阮文艚，范文艮，武俊卯，阮曰丞，/杜文邊，阮曰侃，武文闔，武惟輝，阮作霖，范登扂，阮得銀，/范文騶，阮文簹，阮曰奎，蘇文和。/

一會興功，又丙戌年重修鄉老公錢叁百貫，諸家供叁拾叁貫。/

原衛百户領該總阮仲偃。/

戊午科秀才張體。/

一本鄉公錢壹百貫，諸家供進錢壹百陸拾陸貫。/

嗣德貳拾壹年②叁月貳拾捌日碑誌/

題後

本碑記立於河東省青池縣清烈總大慈社寺内，據碑誌内容，此地嗣德時爲河内省常信府青池縣清烈總苓塘社大慈村。碑誌記載大慈村重修壽址事。該壽址主要由該鄉鄉老會出公錢六百八十四貫修建，與其他“公錢一百貫”、丙戌年重修餘款“三百貫”比起來，鄉老會的公錢是最重要的一筆修繕款。鄉老會與壽址究竟有何關係？《周禮・地官司徒》有“鄉老”一職，鄭玄注：“老，尊稱也。王置六鄉，則公有三人也。三公者，内與王論道，中參六官之事，外與

① 此爲碑額，今重定篇題爲“苓塘社大慈村重修壽址碑記”。

② “嗣德貳拾壹年”，當清同治七年（1868）。

六鄉之教，其要爲民，是以屬之鄉焉。”其内在精神則在於尊老尚齒，故《周禮》又曰：“昔者有虞氏貴德而尚齒，夏后氏貴爵而尚齒，殷人貴富而尚齒，周人貴親而尚齒。虞夏殷周天下之盛王也，未有遺年者，年之貴乎天下久矣，次乎事親也。”《周禮》遂謂鄉應設“鄉老，二鄉則公一人。鄉大夫，每鄉卿一人。州長，每州中大夫一人。黨正，每黨下大夫一人。族師，每族上士一人。閭胥，每閭中士一人。比長，五家下士一人”。迄漢高祖則“舉民年五十以上，有脩行，能帥衆爲善，置以爲三老，鄉一人。擇鄉三老一人爲縣三老，與縣令丞尉以事相教，復勿繇戍。以十月賜酒肉”。《儀禮》亦有鄉飲酒禮，賈公彦疏曰：“凡鄉飲酒之禮，其名有四，案此賓賢能，謂之鄉飲酒，一也。又案鄉飲酒義云‘六十者坐，五十者立侍’，是黨正飲酒，亦謂之鄉飲酒，二也。鄉射，州長春秋習射於州，序先行鄉飲酒，亦謂之鄉飲酒，三也。案鄉飲酒義，又有卿大夫士飲國中賢者，用鄉飲酒，四也。”這種尊老的習俗，是中國傳統文化的特色，而越南設立的鄉老會、壽址，則似與這種習俗有着相當密切的關係。

〇六一　苓塘社壽老壇碑記

引言

碑立於河東省青池縣清烈總苓塘社，爲壽老碑第一號前面。碑刻單面，拓片編號 00752，共十四行字，滿行約三十二字，碑額題“嗣德柒年捌月初拾日”九字，碑題“苓塘壽老壇碑記”七字，今依此碑題與立碑地點重定篇題爲“苓塘社壽老壇碑記”。碑額飾有雙龍昭日紋，左右兩邊爲花紋。碑文撰者爲集賢院侍講官黄廷專。年代署作嗣德（Tự Đức）七年（1854），嗣德爲阮翼宗（Nguyễn Dực Tông）阮福時（Nguyễn Phúc Thì）年號，同年爲清咸豐四年，歲次甲寅。拓片現藏於漢喃研究院。

碑文記載大慈社最初衹於先賢祠中設左壇祭祀先老，後鄉老黎文寶捐獻三十貫錢，加之鄉人響應，故另於邑亭左邊修建三壇，中壇供奉逾七十歲者，左壇供奉逾六十歲者，右壇供奉逾五十歲者，爲記此事，撰文立碑以兹説明。

00752
河東省青池縣清烈總苓塘社壽老碑第一号之前面
洪德柒年捌月初拾日

編號：00752　出自《拓片總集》第一册

釋文

苓塘壽老壇碑記[1]

年之貴于天下久矣，古者盛辰[2]以敬長教悌，而民興讓；以祀禮教敬，而民不苟。無非所/以爲風俗計也。我　國壽壇之立遍於州里，事雖未能盡合古禮，亦古人貴齒之遺/意歟！吾邑五十登老，鄉例也。清潭鍾秀，貴氣爲多，自古龎卲大年，視鄰近諸邑，不無/少遜；先老之祭，向來簡缺。紹治壬寅[3]年間，前黄甲[4]庭元公[5]營建鄉先賢祠址左壇，鄉先/老附焉，祭則有及，而壇所未能别築，蓋有所俟也。

兹鄉老黎文寶，樂捐家貲錢文叁/拾貫，謀諸會中黎文點、阮仲玟、阮廷聞、陳文奉、阮文活、蘇文俸、黎文造、阮世焆、蘇文/選，同心贊成其事，别建三壇于邑亭之左。祠成，定以中壇祀七十壽以上，左壇祀六/十壽，右壇祀五十壽，春秋二祀，致其誠焉。邑中諸老以事請教於余，併徵其文，垂之/不朽，余亦美其能知吾仲氏庭元公之初意。昔之有所待者，今克繼其迹，古道之教/悌教敬，庶乎仿佛其一二，而吾鄉壽脈，將由此滋培盛大，以跨越于前日耶！因紀其/事，俾鐫諸石，若夫祭禮品物之豐約，條目之詳細，蓋亦隨宜酌量，因事取中，固非余/言之所能悉，是爲記。/

嗣德柒年[6]捌月初拾日[7]/

己酉科進士、集賢院[8]侍講、充經筵起居注、蓮亭黄[9]撰/

---

① 此爲碑題，今重定篇題爲“苓塘社壽老壇碑記”。

② “辰”，阮朝避諱字，即“時”字。

③ “紹治壬寅”，“紹治”爲阮憲祖（Nguyễn Hiến Tổ）阮福暶（Nguyễn Phúc Tuyền）年號，“壬寅”爲紹治二年（1842），當清道光二十二年。

④ “黄甲”，在中國進士榜稱甲榜或甲科，因榜用黄紙書寫，故又稱黄甲或金榜。

⑤ “庭元公”，應即阮憲祖紹治二年（1842）壬寅恩科敕賜第二甲進士出身黄廷佐。見《國朝科榜録》紹治二年壬寅恩科敕賜第二甲進士出身：“黄廷佐，河内青池苓塘人，丙子二十七庚子舉人。”

⑥ “嗣德柒年”，歲次甲寅，當清咸豐四年（1854）。

⑦ 署年原在碑額。

⑧ “集賢院”，建於嗣德元年（1848）。見《大南寔録正編・第四記・卷三》：“初置集賢院，以來年開經筵故置此院，起居注官銜各以院名冠之。”

⑨ “蓮亭黄”，即黄廷專，阮翼宗嗣德二年（1849）己酉科第三甲同進士出身。編號 16479《皇朝嗣德貳年己酉會試科進士題名碑》記載：“黄廷專，舉人年庚壬申參拾捌歲，河内省常信府，青池縣清烈總，苓唐社苓唐村。”爲鄉先賢祠址左壇修建者黄廷佐的兄長，曾任宣光省按察使。《國朝科榜録》記載同。

○六二　慈廉縣前朝諸名科碑

引言

碑立於河東省慈廉縣文址，爲文址左邊前面第二碑。碑刻雙面，拓片編號 00788/00789。拓片編號 00788 爲碑前，共三十行，滿行約四十八字，碑額題“本府前進士題名碑”八字；拓片編號 00789 爲碑後，共十八行，滿行三十二字，碑額題“本府前朝諸名科碑”八字，今依兩面之額題與立碑地點重定篇題爲“慈廉縣前朝諸名科碑”。拓片編號 00788 碑四邊刻有龍紋，碑上方中間刻有一壽字，碑底中間刻有一蓮花。碑文撰者懷德知府阮文愛。年代署作嗣德（Tự Đức）二十五年（1872），嗣德爲阮翼宗（Nguyễn Dực Tông）阮福時（Nguyễn Phúc Thì）年號，同年清同治十一年，歲次壬申。拓片現藏於漢喃研究院。

碑文主要登録自李朝以來懷德府人氏中舉之名册。碑陽爲考取大科（進士）者，碑陰爲太學生科、明經科，或已考取進士又進考東閣科或制科者，以及考取其他科别如宏詞科、士望科、選舉科者。

00788
本府前進士題名碑
河東省慈廉縣文址左邊前面第二碑前面

編號：00788　出自《拓片總集》第一冊（下同）

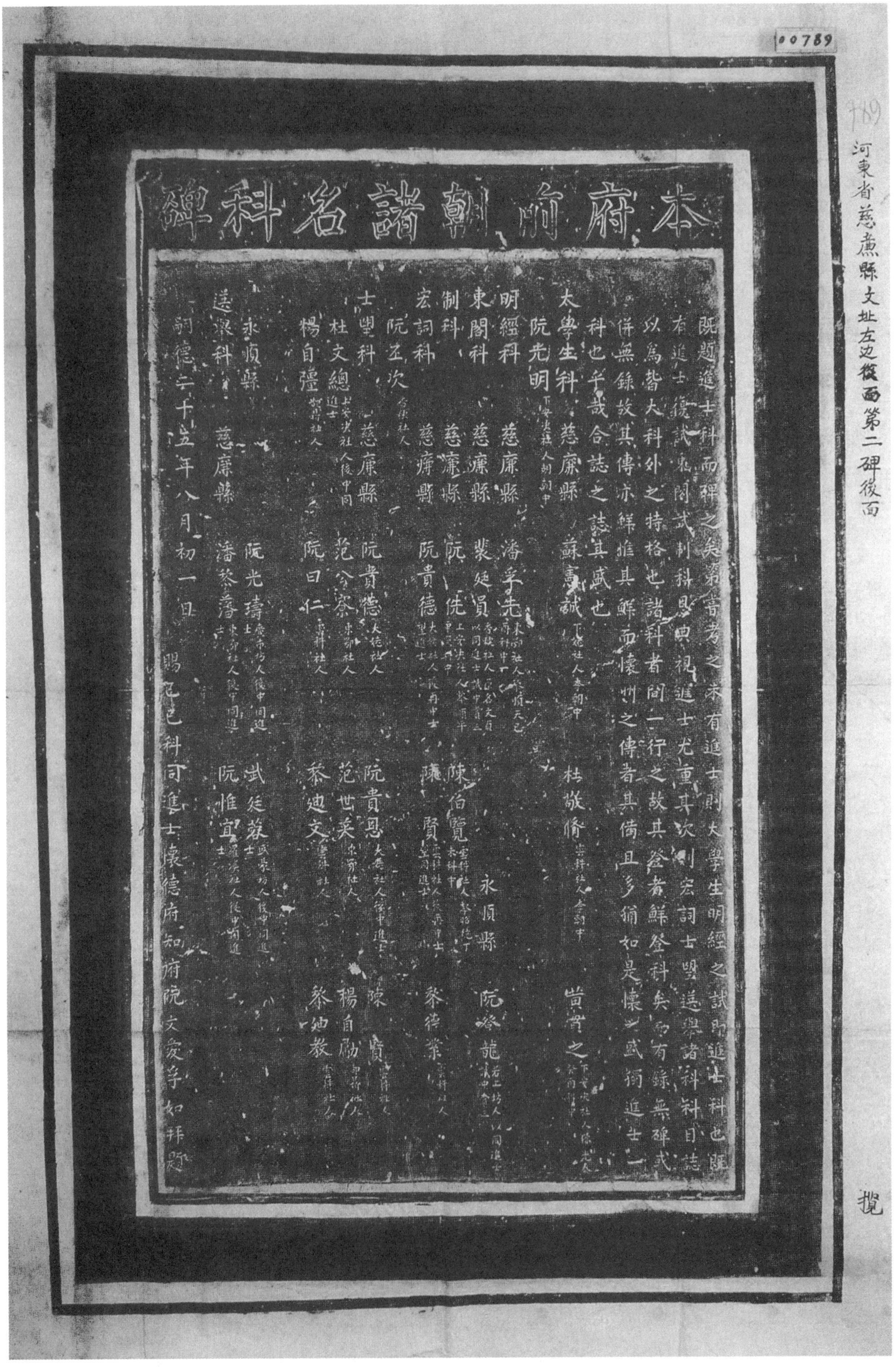
00789

789

河東省慈廉縣文址左边後面第二碑後面

本府前朝諸科名碑

既題進士科而碑之矣第嘗考之末有進士則太學生明經之試與進士科也既有進士復試東閣試制科與典視進士尤重其次則宏詞士望遙學諸科科目誌以爲皆大科外之特格也諸科者間一行之故其登者鮮登科矣而有錄無碑式併無錄故其傳亦鮮惟其鮮而懷州之傳者其備且多猶如是懷之盛獨進士一科也乎哉合誌之誌其盛也

太學生科　慈廉縣　蘇憲誠　杜敬脩　黃貴之

阮光明

明經科　慈廉縣　潘孚先

東閣科　慈廉縣　裴廷員

制科　慈廉縣　阮侁　陳伯覽　永順縣　阮登龍

宏詞科　慈廉縣　阮貴德　陳賢　黎德業

阮丕次

士望科　慈廉縣　阮貴德　阮貴恩　陳賢

杜文總　范公察　范世美　楊自勵

楊自彊　阮曰仁　黎迪文　黎廸教

永順縣　阮光璹　武廷蘇

遙學科　慈廉縣　潘黎藩　阮惟宣

嗣德二十五年八月初一日賜己巳科同進士懷德府知府阮文爱子如拜題

覽

編號：00789

釋文

本府前進士題名碑[①]

自古重甲科之選，預斯選者有題名碑，豈徒侈崇視哉！碑必於國學以勸士也。州縣學又州縣之士之所朝而夕者，所謂由□/序踐古人之迹，其當不在斯乎！懷之兼轄慈，於山古名邑，之其統壽永古，爲奉天府聲名文□之所尚焉，而皆隸於懷，故懷□/録寫盛第。

有懷自　國朝始是以以前碑誌未□焉。愛既謀郡學而新之，特建碑亭于學之陰，碑前朝之登甲科者，分甲第歸/縣社，凡以從簡約，便觀覽，爾非敢有所先後也，懷之士達於學，因登斯亭而覽斯碑，試爲一一歷□之，則某公某之先也，某則/某公之後也，不然則其鄉、若縣、若州者，傳有之，其則不遠。/

賜第一甲進士及第：[②] 第一名，永順縣，武濬昭[③]黎洪德乙未/日昭坊。第二名，慈廉縣，翁義達[④]黎洪德乙未/富家社，裴允篤[⑤]莫大正乙未/安壽社；范光宅[⑥]黎正和癸亥/東鄂社；/壽昌縣，裴元[⑦]黎端慶乙丑/東作坊。第三名慈廉縣，阮貴德[⑧]黎永治丙辰/大德社；壽昌縣，武晠[⑨]黎正和乙丑/寺塔村。/

---

① 此爲拓片編號 00788 之額題，拓片編號 00789 之額題作"本府前朝諸名科碑"，今據兩面碑額，重定篇題爲"慈廉縣前朝諸名科碑"。

② 進士姓名及籍貫依據阮俒校正，武綿、潘仲藩、汪士朗等編輯《鼎鍥大越歷朝登科録》，下同。

③ "武濬昭"，《鼎鍥大越歷朝登科録》後黎聖宗洪德六年（1475）乙未科第一甲進士及第第一名："武濬昭，廣德日昭坊人，屋西真古柳，五十歲中。仕至吏部左侍郎。"

④ "翁義達"，《鼎鍥大越歷朝登科録》後黎聖宗洪德六年（1475）乙未科第一甲進士及第第二名："翁義達，慈廉富家人。仕至都御使。"

⑤ "裴允篤"，《鼎鍥大越歷朝登科録》莫太宗大正六年（1535）乙未科第一甲進士及第第二名："裴允篤，慈廉安壽人，二十六歲中。仕至翰林。"

⑥ "范光宅"，《鼎鍥大越歷朝登科録》後黎熙宗正和四年（1683）癸亥科第一甲進士及第第二名："范光宅，慈廉東鄂人，三十一中會元。仕至禮部右侍郎，男爵。贈左侍郎子爵。"

⑦ "裴元"，《鼎鍥大越歷朝登科録》後黎威穆帝端慶元年（1505）乙丑科第一甲進士及第第二名："裴元，永昌縣人，屋慈廉天姥，三十二歲中應制合格。仕至尚書。"

⑧ "阮貴德"，《鼎鍥大越歷朝登科録》後黎熙宗永治元年（1676）丙辰科第一甲進士及第第三名："阮德貴：慈廉天姥人，二十九中。奉使，仕至吏部尚書兼郡公兼大學士。國老榮封佐理功臣。參預朝政致仕，贈太宰，追封大王。貴恩之父貴慈之祖。"

⑨ "武晠"，《鼎鍥大越歷朝登科録》後黎熙宗正和六年（1685）乙丑科第一甲進士及第第三名："武晠，壽昌報天人，屋唐安丹輪解元。二十二中。仕至兼都御使，被罷再召用。仕至寺卿。奉差教授贈參政。"

賜第二甲進士出身：

慈廉縣：阮如淵①黎光順己丑/下安決以下，**阮日壯**②黎光興乙未。**阮公爍**③黎永治庚申/上安洪社，**段仁淑**④黎景統壬戌/義都社；**杜致忠**⑤黎洪德乙未/下姥社；/**阮仲瑩**⑥黎統元癸未/永畿社；**阮維禎**⑦黎洪德辛丑/上葛社；**劉文源**⑧黎端慶乙丑/仁美社以下，**劉檄**⑨黎統元丙戌。**黎矩方**⑩莫廣和辛丑/雲耕社；**阮瑀**⑪黎洪順甲戌/大姥社以下，**阮貴恩**⑫黎永盛乙未。/**嚴弘達**⑬莫延成癸未/四德社；**范壽祉**⑭莫崇康丁丑/東鄂社；**裴興運**⑮莫永定丁未/羅内社；**阮瑀**⑯黎景統己未/義路社。

---

① “阮如淵”，《鼎鍥大越歷朝登科録》後黎聖宗光順十年（1469）己丑科第一甲進士及第：“阮如淵，慈廉下安決人，三十三歲中。仕至吏部尚書掌六部事兼國子監祭酒，入侍經筵致仕。”

② “阮日壯”，《鼎鍥大越歷朝登科録》後黎世宗光興十八年（1595）乙未科第二甲進士出身：“阮日壯，慈廉下安決人，三十八歲中會元。仕至佐理功臣，吏科給事中。”

③ “阮公爍”，《鼎鍥大越歷朝登科録》後黎熙宗永治五年（1680）庚申科第二甲進士出身：“阮公爍，慈廉上安決人，二十三中。仕至刑科給事中，奉差使命率。贈刑科都給事中，用乂之遠孫。”

④ “段仁淑”，《鼎鍥大越歷朝登科録》後黎憲宗景統五年（1502）壬戌科第三甲同進士出身：“段仁淑，慈廉義都人。仕至監察使。”

⑤ “杜致忠”，《鼎鍥大越歷朝登科録》後黎聖宗洪德六年（1475）乙未科第二甲進士及第：“杜致忠，慈廉下姥人，三十七歲中。”

⑥ “阮仲瑩”，《鼎鍥大越歷朝登科録》後黎恭皇統元二年（1523）癸未科第二甲進士出身：“阮仲瑩，慈廉永畿人，屋香粳社。仕至奉天府尹，伯爵。仁安之父。”

⑦ “阮維禎”，《鼎鍥大越歷朝登科録》後黎聖宗洪德十二年（1481）辛丑科第二甲進士出身：“阮維禎，慈廉上葛人，三十九歲。奉使。仕至刑部右侍郎。”

⑧ “劉文源”，《鼎鍥大越歷朝登科録》後黎威穆端慶元年（1505）乙丑科第二甲進士出身：“阮文源，慈廉仁美人。檄之父。”

⑨ “劉檄”，《鼎鍥大越歷朝登科録》後黎恭皇統元五年（1526）丙戌科第二甲進士出身：“劉檄，慈廉仁美人。仕至翰林。源之子。”

⑩ “黎矩方”，《鼎鍥大越歷朝登科録》莫憲宗廣和元年（1541）辛丑科第二甲進士出身：“黎矩方，慈廉雲耕人。仕至憲察使。德望之祖。”

⑪ “阮瑀”，《鼎鍥大越歷朝登科録》後黎襄翼洪順六年（1514）甲戌科第二甲進士出身：“阮瑀，慈廉天姥人，五十八歲中。仕至尚書兼東閣大學士，入侍經筵。”

⑫ “阮貴恩”，《鼎鍥大越歷朝登科録》後黎熙宗永盛十一年（1715）乙未科第二甲進士出身：“阮貴恩，慈廉天姥人，士望四十三中。仕至提刑左司講加贈工部尚書封中等大王。貴德之子，父子同朝，長子貴懿進朝，仕至尚書並封福神。”

⑬ “嚴弘達”，《鼎鍥大越歷朝登科録》莫英祖延成六年（1583）癸未科第二甲進士出身：“嚴弘達，慈廉西姥人，三十九歲中效順。仕至吏科都給事中。”

⑭ “范壽祉”，《鼎鍥大越歷朝登科録》莫英祖崇康十二年（1577）丁丑科：“范壽祉，慈廉東鄂人，三十九歲中。仕至監察御史。麟定之姪，顯名之祖。”

⑮ “裴興運”，《鼎鍥大越歷朝登科録》莫宣宗永定元年（1547）丁未科第二甲進士出身記載爲“裴運造”：“裴運造，慈廉羅内人，三十九歲中。仕至監察御史。”

⑯ “阮瑀”，《鼎鍥大越歷朝登科録》後黎憲宗景統二年（1499）己未科第二甲進士出身：“阮瑀，青威義路人。仕至右侍郎。”

壽昌縣：杜崧[1]黎端慶乙丑/□□；**阮克勤**[2]黎統元癸未/□□坊；/**阮稚**□□□丙戌/□□坊，以下，**阮用**[3]莫洪寧壬辰；**阮能紹**[4]黎福泰癸未/河口坊；**阮儔**[5]黎正和丁丑/東□坊；**阮德潤**[6]莫淳福乙丑/福□村；/**永順縣，阮廷完**[7]黎正和戊辰/□□坊；**阮胡頲**[8]黎龍德癸丑/國豪坊。/

賜第三甲同進士出身：

慈廉縣：謝子顛[9]黎太和戊辰/綺羅社，以下，**楊阮晛**[10]黎景興壬辰；**阮子美**[11]黎端慶乙丑/羅内社，以下，**鄧公茂**[12]黎保泰辛丑；**阮惟宜**[13]黎景興丙戌/羅溪社，以下；/**吴惟垣**[14]黎景興己丑；**吴惟澂**[15]黎景興乙未；**黎登舉**[16]黎景興己亥；/**阮□**黎光順癸未/□□社以下；**阮鑠**莫永定丁未；**阮庵**黎大和癸西

① "杜崧"，《鼎鍥大越歷朝登科録》後黎威穆端慶元年（1505）乙丑科第二甲進士出身："杜崧，永昌社壇人，二十二歲中。"

② "阮克勤"，《鼎鍥大越歷朝登科録》後黎恭皇統元二年（1523）癸未科第二甲進士出身："阮克勤，良才鄧舍人。仕至刑科都給事中。"

③ "阮用"，《鼎鍥大越歷朝登科録》莫英祖洪寧二年（1592）壬辰科第三甲同進士出身："阮用，壽昌鼓舞人，屋唐安華堂，三十八歲中，效順奉使。仕至兵部左侍郎，伯爵。"

④ "阮能紹"，《鼎鍥大越歷朝登科録》後黎真宗福泰元年（1643）癸未科第二甲進士出身："阮能紹，壽昌河口人，屋青池弘烈省元三十三中。仕至禮部尚書、郡公爵，被黜禮部左侍郎、伯爵，贈禮部尚書。"

⑤ "阮儔"，《鼎鍥大越歷朝登科録》後黎熙宗正和十八年（1697）丁丑科第二甲進士出身："阮儔，壽昌東作人，三十中。仕至刑部右侍郎，贈工部左侍郎，昌派侯。"

⑥ "阮德潤"，《鼎鍥大越歷朝登科録》莫英祖淳福元年（1565）乙丑科第二甲進士出身："阮德潤，壽昌曲浦人，屋青池弘烈，四十四歲中。仕至司業。志篤之兄。"

⑦ "阮廷完"《鼎鍥大越歷朝登科録》後黎熙宗正和九年（1688）戊辰科第二甲進士出身："阮廷完，廣德拜恩人，十五中鄉舉，二十八中。仕至兵部右侍郎、侯爵，贈兵部左侍郎郡公。"

⑧ "阮胡頲"，《鼎鍥大越歷朝登科録》後黎純宗龍德二年（1733）癸丑科第二甲進士出身："阮胡頲，廣德盛光人，省元會元，三十一中。仕至侍制。"

⑨ "謝子顛"，《鼎鍥大越歷朝登科録》後黎仁宗太和六年（1448）戊辰科第三甲同進士出身："謝子顛，慈廉綺羅人，奉使。仕至參政。别本綺羅一作雲耕。"

⑩ "楊阮晛"，《鼎鍥大越歷朝登科録》後黎顯宗景興三十三年（1772）壬辰科第三甲同進士出身："楊阮晛，慈廉倚羅人，二十五中。"

⑪ "阮子美"，《鼎鍥大越歷朝登科録》後黎威穆端慶元年（1505）乙丑科第三甲同進士出身："阮子美，慈廉羅内人，二十二歲中。仕至掌翰林院事、義山伯。"

⑫ "鄧公茂"，《鼎鍥大越歷朝登科録》後黎裕宗保泰二年（1721）辛丑科第三甲同進士出身："鄧公茂，慈廉羅内人，三十四中，奉使。仕至户部右侍郎致仕，贈尚書，壽七十八。"

⑬ "阮惟宜"，亦作"阮惟忠"。《鼎鍥大越歷朝登科録》後黎顯宗景興二十七年（1766）丙戌科第三甲同進士出身："阮惟宜，慈廉羅溪人，省元選舉，三十六中應制合格，改名惟忠。仕至侍讀。"

⑭ "吴惟垣"，《鼎鍥大越歷朝登科録》後黎顯宗景興三十年（1769）己丑科第三甲同進士出身："吴惟垣，慈廉羅溪人，四仲二十六中會元。惟澂之弟，兄弟同朝，改名仲珪。"

⑮ "吴惟澂"，《鼎鍥大越歷朝登科録》後黎顯宗景興三十六年（1775）乙未科第三甲同進士出身："吴惟澂，慈廉羅溪人，三十五中，惟垣之兄，兄弟同朝。"

⑯ "黎登舉"，《鼎鍥大越歷朝登科録》後黎顯宗景興四十年（1779）己亥科第三甲同進士出："黎登舉，慈廉羅溪人，四十中。"

/西姥社以下；**黄邵**[1]黎洪德乙未；/**阮富褒**[2]黎陽德癸丑；**嚴伯挺**[3]黎龍德癸丑；**杜**□□□□□□□/□□社以下；□□□□□□□□；□□□莫光寶丙辰；**阮**□□□□□□□/□□社以下；**阮**□□□□□□；/**阮春巖**[4]黎景統己未/下安決以下；**阮謙光**[5]黎統元癸未；**阮暉**[6]莫景曆癸丑；**黄培**[7]莫淳福戊辰；**阮用霑**[8]黎弘定壬寅；**鄧公瓚**[9]黎光紹慈廉/上安決以下；**黄曰愛**[10]黎統元丙戌；/**阮用乂**[11]莫崇康甲戌；**杜文總**[12]黎陽和庚辰；**杜文綸**[13]黎永壽己亥；**杜公纘**[14]黎正和癸亥；**阮名賢**[15]黎永盛

---

① "黄邵"，《鼎鍥大越歷朝登科録》後黎聖宗洪德六年（1475）乙未科第三甲同進士出身："黄邵，慈廉西姥人，屋安隴社三十三歲中。仕至刑部尚書致仕。"

② "阮富褒"，《鼎鍥大越歷朝登科録》後黎嘉宗陽德二年（1673）癸丑科第三甲同進士出身："阮富褒，慈廉西姥人，二十七中。奉使。仕至禮部尚書，郡公爵。壽八十贈少保。"

③ "嚴伯挺"，《鼎鍥大越歷朝登科録》後黎純宗龍德二年（1733）癸丑科第三甲同進士出身："嚴伯挺，慈廉西姥人，五十一中。仕至東閣大學士，伯爵致仕，贈寺卿。"

④ "阮春巖"，《鼎鍥大越歷朝登科録》後黎憲宗景統二年（1499）己未科第三甲同進士出身："阮春巖，慈廉下安決人。仕至承政使。如淵之姪。"

⑤ "阮謙光"，《鼎鍥大越歷朝登科録》後黎恭皇統元二年（1523）癸未科第三甲同進士出身："阮謙光，慈廉下安決人。仕至參政。如淵之孫，日壯之祖。"

⑥ "阮暉"，《鼎鍥大越歷朝登科録》莫宣宗景曆六年（1553）癸丑科第三甲同進士出身："阮暉，慈廉下安決人，四十二歲中。仕至尚書，義江伯致仕。"

⑦ "黄培"，《鼎鍥大越歷朝登科録》莫英宗淳福四年（1568）戊辰科第三甲同進士出身："黄培，慈廉下安決人。仕至承政使，效順隆，侍郎致仕。"

⑧ "阮用霑"，《鼎鍥大越歷朝登科録》後黎敬宗弘定三年（1602）壬寅科第三甲同進士出身："阮用霑，慈廉下安決人，四十二歲中。仕至户科都給事中。"

⑨ "鄧公瓚"，《鼎鍥大越歷朝登科録》後黎昭宗光紹五年（1520）庚辰科第三甲同進士出身："鄧光瓚，慈廉上安決人，三十七歲中。仕至刑部左侍郎。仙遊扶董公瓚之曾祖，公演之高高祖。"

⑩ "黄曰愛"，《鼎鍥大越歷朝登科録》後黎恭皇統元五年（1526）丙戌科第三甲同進士出身："黄曰愛，慈廉上安決人。仕至翰林。"

⑪ "阮用乂"，《鼎鍥大越歷朝登科録》莫英祖崇康七年（1574）甲戌科第三甲同進士出身："阮用乂，慈廉上安決人，屋福演社，四十四歲中。仕至都給事中，公爍之曾祖。"

⑫ "杜文總"，《鼎鍥大越歷朝登科録》後黎神宗陽和六年（1640）庚辰科第三甲同進士出身："杜文總，慈廉上安決人，三十四歲中。仕至兼都御史，贈刑部左侍郎。文綸、公纘之父。"

⑬ "杜文綸"，《鼎鍥大越歷朝登科録》後黎神宗永壽二年（1659）己亥科第三甲同進士出身："杜文綸，慈廉上安決人，省元，二十六中。仕至翰林校討。文總之子，公纘之兄。"

⑭ "杜公纘"，《鼎鍥大越歷朝登科録》後黎熙宗正和四年（1683）癸亥科第三甲同進士出身："杜公纘，慈廉上安決人，解元四十三中。仕至憲使，壽七十餘。文總之子，文綸之弟。"

⑮ "阮名賢"，《鼎鍥大越歷朝登科録》後黎裕宗永盛十四年（1718）戊戌科第三甲同進士出身："阮名賢，慈廉上安決人，二十五中，仕至校討。"

戊戌；**阮蘭**[1]黎洪德壬辰；**陳璿**[2]黎正和庚辰；/**阮榮盛**[3]黎永壽己亥；**黎世禄**[4]莫端泰丙戌/易望社；**杜文沆**[5]黎洪順甲戌/米池社；**阮文濯**[6]黎德隆辛未/梅驛社；**范麟定**[7]黎弘順甲戌/東鄂社以下；**范顯名**[8]黎福泰丙戌；**潘榮福**[9]黎正和乙丑；/**范光完**[10]黎正和甲戌；**范光容**[11]黎永盛丙戌；**范光寧**[12]黎永慶辛亥；**潘黎藩**[13]黎景興丁丑；**阮廷碩**[14]黎景興己亥；**阮光被**[15]莫大正戊戌/日早社以下；**阮公基**[16]黎

---

① "阮蘭"，《鼎鍥大越歷朝登科録》後黎聖宗洪德三年（1472）壬辰科第三甲同進士出身："阮蘭，慈廉義都人，三十三歲中。仕至刑科都給事中。"

② "陳璿"，《鼎鍥大越歷朝登科録》後黎熙宗正和二十一年（1700）庚辰科第三甲同進士出身："陳璿，慈廉義都人，三十八中。仕至參政，原父北國人。"

③ "阮榮盛"，《鼎鍥大越歷朝登科録》後黎神宗永壽二年（1659）己亥科第三甲同進士出身："阮榮盛，慈廉義都人，原貫下安決，三十四中，仕至提刑。日壯之曾孫，謙光之遠孫。"

④ "黎世禄"，《鼎鍥大越歷朝登科録》莫英祖端泰二年（1586）丙戌科第三甲同進士出身："黎世禄，慈廉驛望人，三十歲中效順。仕至工科都給事中。"

⑤ "杜文沆"，《鼎鍥大越歷朝登科録》後黎襄翼洪順六年（1514）甲戌科第三甲同進士出身："杜文沆，慈廉米池人，屋寡悔社。仕至侍郎。"

⑥ "阮文濯"，《鼎鍥大越歷朝登科録》後黎神宗德隆三年（1631）辛未科第三甲同進士出身："阮文濯慈廉梅驛人，三十四歲中。仕至禮部左侍郎侯爵，陞工部尚書兼郡公致仕，贈少保。壽七十五。"

⑦ "范麟定"，《鼎鍥大越歷朝登科録》後黎襄翼洪順六年（1514）甲戌科第三甲同進士出身："范麟定，慈廉東鄂人。仕至承政使。顯名之祖。"

⑧ "范顯名"，《鼎鍥大越歷朝登科録》後黎真宗福泰四年（1646）丙戌科第三甲同進士出身："范顯名，慈廉東鄂人，三十一中。仕至監察御史，男爵。麟定之曾孫，壽趾之孫，光宅、光完、光容之遠祖。"

⑨ "潘榮福"，《鼎鍥大越歷朝登科録》後黎熙宗正和六年（1685）乙丑科第三甲同進士出身："潘榮福，慈廉東鄂人，三十四中。仕至憲使，改名公福。"

⑩ "范光完"，《鼎鍥大越歷朝登科録》後黎熙宗正和十五年（1694）甲戌科第三甲同進士出身："范光完，慈廉東鄂人，三十中，改名公完。仕至承使，贈工部右侍郎。麟定之遠孫，壽趾之玄孫，顯名之從孫，光宅之姪，光容之兄，光寧之從兄。"

⑪ "范光容"，《鼎鍥大越歷朝登科録》後黎裕宗永盛二年（1706）丙戌科第三甲同進士出身："范光容，慈廉東鄂人，三十二中，改名公容。仕至刑部左侍郎，贈户部尚書。光宅之姪，完之弟，光寧之堂兄，麟定、壽趾之遠孫。"

⑫ "范光寧"，《鼎鍥大越歷朝登科録》後黎永慶三年（1731）辛亥科第三甲同進士出身："范光寧，慈廉東鄂人，三十二中。仕至東閣校書，陣亡贈右侍郎，侯爵。麟定之遠孫，壽趾之玄孫，光宅之子，光完、光容之堂弟。"

⑬ "潘黎藩"，《鼎鍥大越歷朝登科録》後黎顯宗景興十八年（1757）丁丑科第三甲同進士出身："潘黎藩，慈廉更鄂人，選舉二十三歲中，出鎮平南有功，仕至參從。"

⑭ "阮廷碩"，《鼎鍥大越歷朝登科録》後黎顯宗景興四十年（1779）己亥科第三甲同進士出身："阮廷碩，慈廉東鄂人，二十六中。"

⑮ "阮光被"，《鼎鍥大越歷朝登科録》莫太宗大正九年（1538）戊戌科第三甲同進士出身："阮光被，慈廉明杲人，屋古汭社。仕至參政，文會伯。"

⑯ "阮公基"，《鼎鍥大越歷朝登科録》後黎熙宗正和十八年（1697）丁丑科第三甲同進士出身："阮公基，慈廉明杲人，二十二中，奉使。歷陞兵部尚書兼東閣大學士，入侍經筵。改除武職，少保署府事郡公爵，贈人傳，輝之祖。"

正和丁丑；/**阮輝旺**黎景興乙未；**黎藻**莫明德己丑/富演社以下；**黃協心**黎永壽辛丑；**華貴欽**黎景興癸丑/古訥社；**阮珩**[1]莫大正壬辰/雲耕社以下；**吴靖**[2]莫廣和甲辰；**阮琬**莫□□□□；/**黎得望**黎陽和丁丑；**陳賢**[3]黎龍德癸丑；**李陳瓚**[4]黎景興丙戌；**李陳𣞻**[5]黎景興己丑；**裴文貞**[6]黎永壽己亥；**阮光惠**[7]莫大正乙未/富□社；**阮翊**□□□□□；/**阮璟**[8]莫廣和辛丑/上葛社以下；**陳良能**[9]黎永治丙辰；**阮珽**莫廣和辛丑/黃舍社；**陶黃實**[10]黎正和丁丑/上池社；**阮世歷**[11]黎景興乙未/安隴社。/

壽昌縣：阮光禄[12]黎光順丙戌/□□村以下；**阮亨嘉**[13]黎洪順甲戌；**阮有登**[14]黎景治丁未；**阮克文**[15]

---

[1] "阮珩"，《鼎鍥大越歷朝登科録》莫太宗大正三年（1532）壬辰科第三甲同進士出身："阮珩，慈廉雲耕人。仕至吏部左侍郎，宏良侯。琅之父。"

[2] "吴靖"，《鼎鍥大越歷朝登科録》莫憲宗廣和四年（1544）甲辰科三甲同進士出身："吴靖，慈廉雲耕人。仕至參政，儒林男。"

[3] "陳賢"，《鼎鍥大越歷朝登科録》後黎純宗龍德二年（1733）癸丑科第三甲同進士出身："陳賢，慈廉雲耕人，五十中。仕至待制，贈侍講。"

[4] "李陳瓚"，《鼎鍥大越歷朝登科録》後黎顯宗景興二十七年（1766）丙戌科第三甲同進士出身："李陳瓚，慈廉雲耕人，三十二中，原姓鄧。陳瑾之後，陳𣞻之兄，兄弟同朝。"

[5] "李陳𣞻"，《鼎鍥大越歷朝登科録》後黎顯宗景興三十年（1769）己丑科第三甲同進士出身："李陳𣞻，慈廉雲耕人，省元，四仲二十四中。仕至都給事中，原姓鄧。陳瓚之弟，兄弟同朝。"

[6] "裴文貞"，《鼎鍥大越歷朝登科録》後黎神宗永壽二年（1659）己亥科第三甲同進士出身："裴文貞，慈廉香粳人，四十五中，改廷貞。再中東閣。仕至兵部左侍郎，子爵，贈禮部左侍郎，伯爵。允篤五代孫。"

[7] "阮光惠"，《鼎鍥大越歷朝登科録》莫太宗大正六年（1535）乙未科第三甲同進士出身："阮光惠，慈廉富家人，屋日杲社，五十二歲中。仕至侍郎。"

[8] "阮璟"，《鼎鍥大越歷朝登科録》莫憲宗廣和元年（1541）辛丑科第三甲同進士出身："阮璟，慈廉上葛人，緣事入清化歸順。仕至左侍郎，贈尚書，文興伯。"

[9] "陳良能"，《鼎鍥大越歷朝登科録》後黎熙宗永治元年（1676）丙辰科第三甲同進士出身："陳良能，慈廉上葛人，貫玉山葛池，三十中。仕至參政。"

[10] "陶黃實"，《鼎鍥大越歷朝登科録》後黎熙宗正和十八年（1697）丁丑科第三甲同進士出身："陶黃實，慈廉上池人，解元，二十八中。仕至刑部尚書，鳳郡公，再致仕起復參從，奉侍五老。"

[11] "阮世歷"，《鼎鍥大越歷朝登科録》後黎顯宗景興三十六年（1775）乙未科第三甲同進士出身："阮世歷，慈廉安隴人，二十六中。"

[12] "阮光禄"，《鼎鍥大越歷朝登科録》後黎聖宗光順七年（1466）丙戌科第三甲同進士出身："阮光禄，永旦東閣坊人，四十九歲中。"

[13] "阮亨嘉"，《鼎鍥大越歷朝登科録》後黎襄翼洪順六年（1514）甲戌科第三甲同進士出身："阮亨嘉，永昌東閣人。"

[14] "阮有登"，《鼎鍥大越歷朝登科録》後黎玄宗景治五年（1667）丁未科第三甲同進士出身："阮有登，壽昌東閣人，屋上福平望，三十七中會元。仕至提刑。"

[15] "阮克文"，《鼎鍥大越歷朝登科録》後黎神宗永祚十年（1628）戊辰科第三甲同進士出身："阮克文，壽昌河口人貫青池弘烈，六十二歲中。仕至光禄寺卿，贈禮部右侍郎。克紹之父。"

黎永祚戊辰/河口坊；**阮崇觀**[1]黎洪德乙未/含□坊以下；**阮世寧**[2]莫景歷癸丑；/**范楊鷹**[3]黎景興癸未；**阮泰**[4]黎洪德辛丑/□□村以下；**阮益斷**[5]黎洪德丁未；**阮畜**[6]黎統元癸未；**武暄**[7]黎永盛壬辰；**武暉**[8]黎永盛壬辰；**陳廷楸**[9]黎保泰甲辰；/**阮倫**[10]黎永佑己未；**武輝琰**[11]黎景興壬辰；**范貴適**[12]黎景興己亥；**費璘**[13]黎光興丙戌/□□坊；**黎金桂**[14]莫延成庚辰/□利坊以下；**黎金榜**[15]莫洪寧壬辰；**武陳緒**[16]黎永佑己

---

① "阮崇觀"，《鼎鍥大越歷朝登科録》後黎聖宗洪德六年（1475）乙未科第三甲同進士出身："阮崇觀，永昌縣人，屋天本顯慶，四十八歲中。"

② "阮世寧"，《鼎鍥大越歷朝登科録》莫宣宗景歷六年（1553）癸丑科第三甲同進士出身："阮世寧，永昌鼓舞人，屋錦江石磊，以欠點不預庭試。"

③ "范楊鷹"，《鼎鍥大越歷朝登科録》後黎顯宗景興二十四年（1763）癸未科第三甲同進士出身："范楊鷹，壽昌復古人，貫唐安華堂省元，二十七歲中。"

④ "阮泰"，《鼎鍥大越歷朝登科録》後黎聖宗洪德十二年（1481）辛丑科第三甲同進士出身："阮泰，永昌人，四十六歲中。"

⑤ "阮益斷"，《鼎鍥大越歷朝登科録》後黎聖宗洪德十八年（1487）丁未科第三甲同進士出身："阮益斷，永昌縣人，屋東安縣，二十八歲中。仕至翰林。"

⑥ "阮畜"，《鼎鍥大越歷朝登科録》後黎恭皇統元二年（1523）癸未科第三甲同進士出身："阮畜，永昌縣人，屋唐豪遼舍。仕至參政。"

⑦ "武暄"，當作"武瑄"。《鼎鍥大越歷朝登科録》後黎裕宗永盛八年（1712）壬辰科第三甲同進士出身："武瑄，壽昌報天人，貫唐安丹輪，解元，四十三中。仕至東閣校書。珹之弟，暉之叔，並同朝。"

⑧ "武暉"，《鼎鍥大越歷朝登科録》後黎裕宗永盛八年（1712）壬辰科第三甲同進士出身："武暉，壽昌報天人，貫唐安丹輪，省元，二十七中。仕至右侍郎，奉使，道卒，贈刑部左侍郎。珹之子，瑄之姪。"

⑨ "陳廷楸"，《鼎鍥大越歷朝登科録》後黎裕宗保泰二年（1721）甲辰科第三甲同進士出身："陳廷楸，壽昌報天人，貫唐豪遼舍，省元，三十中。仕至寺卿，贈參政。"

⑩ "阮倫"，《鼎鍥大越歷朝登科録》後黎懿宗永佑五年（1739）己未科第三甲同進士出身："阮倫，壽昌報天人，屋唐安華堂，四十中。仕至待制。"

⑪ "武輝琰"，《鼎鍥大越歷朝登科録》後黎顯宗景興三十三年（1772）壬辰科第三甲同進士出身："武輝琰，唐安華堂人，省元，三十六中。"

⑫ "范貴適"，《鼎鍥大越歷朝登科録》後黎顯宗景興四十年己（1779）亥盛科第三甲同進士出身："范貴適，唐安華堂人，居壽昌報天坊，二十中。"

⑬ "費璘"，《鼎鍥大越歷朝登科録》，後黎世宗光興九年（1586）丙戌科第三甲同進士出身："費璘，廣德延代坊人，屋良才破浪，三十六歲中。仕至監察使。"

⑭ "黎金桂"，《鼎鍥大越歷朝登科録》莫英祖延成三年（1580）庚辰科第三甲同進士出身："黎金桂，永昌太極人，貫唐安鄺墅，三十一歲中。仕至監察御史。金榜之兄。"

⑮ "黎金榜"，《鼎鍥大越歷朝登科録》莫英祖洪寧二年（1592）壬辰科第三甲同進士出身："黎金榜，永昌太極人，貫唐安都墅，四十一歲中。"

⑯ "武陳緒"，《鼎鍥大越歷朝登科録》後黎懿宗永祐五年（1739）己未科第三甲同進士出身："武陳緒，壽昌太極人，屋唐安丹輪，二十四中，兩奉使，改名陳紹。仕至左户，伯爵，再奉使，道卒，贈尚書。"

未；/**陶武香**[1]黎景興壬辰；**阮伯伃**[2]黎景興甲戌/司樂坊；**陳□**黎□□甲辰/□□坊；**楊唯一**[3]莫大正戊戌/□□坊以下；**譚勸**[4]莫廣和甲辰；**譚功**[5]莫端泰丙戌；**吴慥**[6]莫崇康辛未/壽昌社；/**阮治篤**[7]莫光寶己未/□□坊以下；**程志森**[8]黎洪德丁未。/

永同縣：**杜金瑩**[9]黎光順己丑/部工坊以下；**阮得榮**[10]黎福泰丙戌；**阮登龍**[11]黎永治丙辰；**張廷瑄**[12]黎永佑己未；**范密**[13]黎洪德癸丑/盛光坊以下；**阮秉德**[14]黎洪順甲戌；/**武廷蓉**[15]黎龍德癸丑；**潘廷睦**[16]黎景統壬戌；**裴世榮**莫延成庚辰□□□；**阮□壽**黎永□□□□□□/；**林瑞□**黎□□壬戌/

---

[1] “陶武香”,《鼎鍥大越歷朝登科録》後黎顯宗景興三十三年（1772）壬辰科第三甲同進士出身：“陶武香，唐安丹輪人，三十中。仕至校討。”

[2] “阮伯伃”,《鼎鍥大越歷朝登科録》後黎顯宗景興十五年（1754）甲戌科第三甲同進士出身：“阮伯伃，壽昌同樂人，貫青池零塘，四十二中。仕至東閣學士，贈工部右侍郎。”

[3] “楊唯一”，亦作“楊維一”。《鼎鍥大越歷朝登科録》莫太宗大正九年（1538）戊戌科第三甲同進士出身：“楊維一，永昌永泰人，屋良才易使，奉使。仕至左侍郎，伯爵。贈尚書郡公爵。”

[4] “譚勸”,《鼎鍥大越歷朝登科録》莫憲宗廣和四年（1544）甲辰科三甲同進士出身：“譚勸，壽昌永泰人，屋嘉林嘉穀。仕至監察使。功之養父。”

[5] “譚功”,《鼎鍥大越歷朝登科録》莫英祖端泰二年（1586）丙戌科第三甲同進士出身：“譚功，壽昌永泰人，屋嘉林嘉穀。仕至給事中。”

[6] “吴慥”,《鼎鍥大越歷朝登科録》莫英祖崇康四年（1571）辛未科第三甲同進士出身：“吴慥，壽昌社壇人，屋嘉林蓮塘，四十歲中效順。仕至禮部左侍郎，和禮伯致仕。”

[7] “阮治篤”,《鼎鍥大越歷朝登科録》莫宣宗光寶五年（1559）己未科第三甲同進士出身：“阮治篤，永昌曲浦人，屋青池弘烈。仕至承政使。德潤之弟。”

[8] “程志森”,《鼎鍥大越歷朝登科録》後黎聖宗洪德十八年（1487）丁未科第三甲同進士出身：“程志森，永昌曲浦人，屋東安慈湖。仕至工部尚書，少保，掌六部事兼東閣大學士，從僞莫。”

[9] “杜金瑩”,《鼎鍥大越歷朝登科録》後黎聖宗光順十五年（1469）己丑科第三甲同進士出身：“杜金瑩，廣德工部坊人，籍上福武陵，二十一歲中會元。仕至參政。”

[10] “阮得榮”,《鼎鍥大越歷朝登科録》後黎真宗福泰四年（1646）丙戌科第三甲同進士出身：“阮得榮，廣德工部人，三十中。仕至監察御史。”

[11] “阮登龍”,《鼎鍥大越歷朝登科録》後黎熙宗永治元年（1676）丙辰科第三甲同進士出身：“阮登龍，廣德工部人，三十二中，再中東閣。仕至刑科都給事中，陞參政，男爵致仕，具三榮壽八十餘。原祖貫超類安越，阮傑之遠孫。”

[12] “張廷瑄”,《鼎鍥大越歷朝登科録》後黎懿宗永佑五年（1739）己未科第三甲同進士出身：“張廷瑄，廣德工部人，五十四中會元。仕至監察御史。”

[13] “范密”,《鼎鍥大越歷朝登科録》後黎聖宗洪德二十四年（1493）癸丑科第三甲同進士出身：“范密，廣德盛光坊人，三十八歲中。仕至承政使。”

[14] “阮秉德”,《鼎鍥大越歷朝登科録》後黎襄翼洪順六年（1514）甲戌科第三甲同進士出身：“阮秉德，廣德盛光人，屋慈廉香粳，二十二歲中。（僞莫）仕至尚書少傅兼東閣，郡公爵，贈姓莫。”

[15] “武廷蓉”，即武德蓉，《鼎鍥大越歷朝登科録》後黎純宗龍德二年（1733）癸丑科第三甲同進士出身：“武德蓉，慈廉盛光人，士望三十五中。仕至翰林院承旨，贈右侍郎，伯爵。”

[16] “潘廷睦”,《鼎鍥大越歷朝登科録》後黎憲宗景統五年（1502）壬戌科第三甲同進士出身：“潘廷睦，慈廉西湖人，二十九中。”

□□□；阮□□黎□□□□/□□□；□□權□□□□；**武寅亮**[①]黎景興己亥；**武仲梓**[②]黎昭統丁未；**阮國彦**[③]黎景興乙未。/[④]

本府前朝諸名科碑[⑤]

既題進士科而碑之矣，第嘗考之，未有進士，則大學生明經之試即進士科也；既/有進士，復試東閣、試制科，恩典視進士尤重。其次則宏詞、士望、選舉諸科，科目誌/以爲皆大科外之特格也。諸科者間一行之，故其登者鮮。登科矣，而有録無碑，或/併無録，故其傳亦鮮。惟其鮮而懷州之傳者，其備且多，猶如是懷之盛獨進士一/科也乎哉！合誌之，誌其盛也。

太學生科：慈廉縣蘇憲誠[⑥]下姥社人，李朝中；**杜敬修**[⑦]雲耕社人，李朝中；**黄貫之**[⑧]下安決社人，陳光泰/癸酉科中；/**阮光明**下安決社人，胡朝中。

明經科：慈廉縣潘孚先[⑨]東鄂社人，黎順天己/酉科中一。/

---

① "武寅亮"，《鼎鍥大越歷朝登科録》後黎顯宗景興四十年（1779）己亥科第三甲同進士出身："武寅亮，廣德安泰人，三十四中。"

② "武仲梓"，《鼎鍥大越歷朝登科録》後黎昭統元年（1787）丁未科第三甲同進士出身："武仲梓，廣德安泰，知縣。"

③ "阮國彦"，《鼎鍥大越歷朝登科録》後黎顯宗景興三十三年（1772）乙未科第三甲同進士出身："阮國彦，廣德拜恩人，二十六中。仕至給事。"

④ 以上爲拓片編號 00788 之内容。

⑤ 此爲拓片編號 00789 之額題。

⑥ "蘇憲誠"，見《歷朝憲章類志・人物志》："蘇憲誠，少有文武才略，德智兼優。（李）英宗初官太傅，預典兵事，……以功拜太尉……政隆寶應五年……英武既死，憲誠當國……天感至寶二年，册立龍幹爲太子，拜憲誠入内檢校太傅、平章軍國重事、王爵、輔翼東宫，帝弗豫，命憲誠抱太子攝政，迨大漸日，遺詔輔道太子，國家事務一委裁決。……高宗即位，拜太尉，領禁兵……貞符四年寢疾……及卒，帝減膳三日，輟朝六日，憲誠以元臣受重寄，盡心竭誠，善處變故，雖擊撞震撼而砥柱不移，卒使上安下順，不愧古大臣之風云。"

⑦ "杜敬修"，見《欽定越史通鑑綱目・正編》卷五"李高宗貞符七年"："（壬寅七年，1182，宋淳熙九年）李敬修：慈廉雲耕人，原姓杜賜國姓。英宗末，歷典兵曹，與憲誠輔政，是至號爲帝師。"《大越史記全書》壬寅七年亦有李敬修。

⑧ "黄貫之"，《鼎鍥大越歷朝登科録》陳順宗光泰六年（1393）："黄貫之，慈廉下安人，仕至審刑院尚書致仕。培之遠祖。"

⑨ "潘孚先"，《鼎鍥大越歷朝登科録》後黎太宗順天二年（1426）"潘孚先，慈廉東鄂人。我黎太祖朝。仕至知史院，著國史編集。"

東閣科：慈廉縣裴廷員[①]秀秧社人，原名文貞，/以同進士試中賞三；**永順縣阮登龍**[②]若工坊人，以同進士/試中賞三。

制科：慈廉縣阮佺[③]上安決社人，黎順平/甲辰科中；**陳伯覽**[④]雲耕社人，黎昭統丁/未科中。/

宏詞科：慈廉縣阮貴德[⑤]大姥社人，後再中士/望進士；**陳賢**[⑥]雲耕社人，後再中士/望、同進士；**黎德業**雲耕社人；/**阮丕次**香粳社人。

士望科：慈廉縣阮貴德大姥社人；**阮貴恩**[⑦]大姥社人，後中進士；**陳賢**雲耕社人。/**杜文總**[⑧]上安決社人，後中同/進士；**范公寮**東鄂社人；**范世英**東鄂社人；**楊自勵**□□社人；/**楊自彊**□□社人；**阮曰仁**雲耕社人；**黎迪文**雲耕社人；**黎迪教**雲耕社人。/

永順縣阮光璹[⑨]廣市坊人，後中同進/士、**武廷蓉**[⑩]盛豪坊人，後中同進/士。/

---

① “裴廷員”，亦作“裴廷貞”“裴文貞”。《鼎鍥大越歷朝登科録》後黎神宗永壽二年（1659）己亥科第三甲同進士出身：“裴文貞，慈廉香粳人，四十五中，改廷貞，再中東閣。仕至兵部左侍郎，子爵，贈禮部左侍郎，伯爵。允篤五代孫。”

② “阮登龍”，《鼎鍥大越歷朝登科録》後黎熙宗永治元年（1676）丙辰科第三甲同進士出身：“阮登龍，廣德工部人，三十二中，再中東閣。仕至刑科都給事中，陞參政，男爵致仕，具三榮壽八十餘。原祖貫超類安越。阮傑之遠孫。”

③ “阮佺”，《鼎鍥大越歷朝登科録》後黎中宗順平六年（1554）甲寅科第二甲同制科出身：“阮佺，慈廉上安決人，屋驛望社。始佺慕義向明時試期已到，第三場請入行文兼四場爲一預在中項。時人稱五日進士。仕至參政，榮封靖節功臣。”

④ “陳伯覽”，《鼎鍥大越歷朝登科録》後黎昭統元年（1787）丁未制科出身：“陳伯覽，慈廉雲耕，文職中式，陳賢之孫。”

⑤ “阮貴德”，《鼎鍥大越歷朝登科録》後黎熙宗永治元年（1676）丙辰科第一甲進士及第第三名：“阮貴德，慈廉天姥人，二十九中。奉使，仕至吏部尚書兼郡公兼大學士。國老榮封佐理功臣。參預朝政致仕贈太宰，追封大王。貴恩之父，貴慈之祖。”

⑥ “陳賢”，《鼎鍥大越歷朝登科録》後黎純宗龍德二年（1733）癸丑科第三甲同進士出身：“陳賢，慈廉雲耕人，五十中。仕至待制，贈侍講。”

⑦ “阮貴恩”，《鼎鍥大越歷朝登科録》後黎熙宗永盛十一年（1715）乙未科第二甲進士出身：“阮貴恩，慈廉天姥人，士望四十三中。仕至提刑左司講，加贈工部尚書封中等大王。貴德之子，父子同朝，長子貴懿進朝，仕至尚書並封福神。”

⑧ “杜文總”，《鼎鍥大越歷朝登科録》後黎神宗陽和六年（1640）庚辰科第三甲同進士出身：“杜文總，慈廉上安決人，三十四歲中。仕至兼都御史，贈刑部左侍郎。文綸、公纘之父。”

⑨ “阮光璹”，《鼎鍥大越歷朝登科録》後黎熙宗永治五年（1680）庚申科第三甲同進士出身：“阮光璹，安朗安朗人，三十三中。仕至監察御史。”

⑩ “武廷蓉”，亦作“武德蓉”。《鼎鍥大越歷朝登科録》後黎純宗龍德二年（1733）癸丑科第三甲同進士出身：“武德蓉，慈廉盛光人，士望三十五中。仕至翰林院承旨，贈右侍郎，伯爵。”

選舉科：慈廉縣潘黎藩①東鄂社人，後中同進/士；**阮惟宜**②羅溪社人，後中同進/士。/

嗣德二十五年③**八月初一日**/

賜己巳科同進士、懷德府知府阮文愛④**孚如拜題**⑤/

題後

按，以《拓片總集》第1至4册爲調查範圍，河東省文址計有四通碑誌，合八件拓片，如下表：

編號	篇題	年代	位置
00786/00787	慈廉縣重修祠宇碑記	阮翼宗嗣德四年（1851）	文址左邊前面第一碑
00788/00789	慈廉縣前朝諸名科碑*	阮翼宗嗣德二十五年（1872）	文址左邊後面第二碑
00790/00791	文址節次修理碑記	阮維新帝維新三年（1909）	文址右邊前面第一碑
00792/00793	國朝本府歷科碑記	阮維新帝維新三年（1909）	文址右邊前面第二碑

注：* 表示此篇收入本書。

越南自後黎聖宗洪德十五年（1484）刊立進士題名碑之後，歷代對於進士特加重視，亦認爲刻石立碑有助於“砥礪多士名節”“堅凝國家命脉”。故而除國家所立之進士題名碑外，各地方亦將其地取得功名者匯總立碑，本書收録之《慈廉縣前朝諸名科碑》即爲懷德府所立轄内歷朝進士之題名碑，以功名次第，按照各縣、年代纂刻而成，立於慈廉縣文廟中，碑刻兩面，碑陰處則刻進士科（大科）之外的特格，如太學生科、明經科、東閣科、制科、宏詞科、士望科、選舉科，這些科考的資料，史籍所載零散不全，是對於越南科舉、士人研究相當重要的參

---

① “潘黎藩”，《鼎鍥大越歷朝登科録》後黎顯宗景興十八年（1757）丁丑科第三甲同進士出身：“潘黎藩，慈廉東鄂人，選舉二十三歲中，出鎮平南有功，仕至參從。”

② “阮惟宜”，亦作“阮惟忠”。《鼎鍥大越歷朝登科録》後黎顯宗景興二十七年（1766）丙戌科第三甲同進士出身：“阮惟宜，慈廉羅溪人，省元選舉三十六中，應制合格，改名惟忠。仕至侍講。”

③ “嗣德二十五年”，當清同治十一年（1872），歲次壬申。

④ “阮文愛”，《國朝科榜録》阮翼宗嗣德二十二年（1869）己巳科第三甲同進士出身：“阮文愛，山西安樂受益人，丙申，三十四，丁卯，舉人。”

⑤ 以上爲拓片編號00789之内容。

考資料。

值得注意的是，本碑所載之進士籍貫未必爲立碑之懷德府。如“阮克勤”，根據《鼎鍥大越歷朝登科録》記載：“阮克勤，良才鄧舍人。”據《同慶地輿志·北寧省》有良才縣，而碑上所刊刻的壽昌縣屬河内省。另，碑上記載的進士，有的籍貫雖爲慈廉縣，但居住（碑文稱“屋”）却在另外的地方，如“費璘，廣德延代坊人，屋良才破浪”，“楊維一，永昌永泰人，屋良才易使”，“武濬昭，廣德日昭坊人，屋西真古柳”等；而有的雖住在慈廉，但籍貫却是别的地方，如“阮伯侟，壽昌同樂人，貫青池零（苓）塘”，“陳廷楸，壽昌報天人，貫唐豪遼舍”等。

○六三　安阜坊杜有用夫妻後神碑記

引言

碑立於河城第一户舊安阜學堂旁安阜亭，爲亭内左邊第二碑。碑刻單面，拓片編號00814，共二十二行字，滿行約三十四字，碑額題“造香火碑記”五字，碑題“建立少卿杜有用妻阮氏妃附神碑文”十五字，今依内容及性質重定篇題爲“安阜坊杜有用夫妻後神碑記”。碑四邊有紋飾，碑額刻兩層紋飾，内層爲雙龍昭日，外層以雲紋及卷草紋與其餘三邊相連。碑文撰者爲特進、金紫榮禄大夫、御史臺副都御史黎敬，書寫者黎姓光進慎禄大夫、大理寺寺丞，篆刻者武姓御用監鑾局局正。年代署作成慶德（Khánh Đức）三年（1651），慶德爲後黎神宗（Lê Thần Tông）黎維祺（Lê Duy Kỳ）年號，同年爲清順治八年，歲次辛卯。拓片現藏於漢喃研究院。

碑文記載，大理少卿杜有用與妻阮氏妃，勤儉節約。夫婦有感於安阜坊所供上等福神威靈郎大王之靈驗，爲求配祀於下，故捐一百五十兩銀子及四十分地予安阜坊，以作爲日後附於靈郎大王後之祭祀之資。

00814
造香火碑記
河城第一户安阜學塲蓋即安阜亭內左邊第二碑
814

編號：00814　出自《拓片總集》第一冊

釋文

【造香火碑記】

建立少卿杜有用妻阮氏妃附神碑文[①]

蓋聞分人以財謂惠，法言炳炳於軻書[②]；以財發身者仁，垂訓昭昭於曾傳[③]。足徵是理可法/于今。睠惟奉天府廣德縣槐街坊大理少卿、文廣子，姓杜諱有用，行庚[④]丙申年，簪紱□/□，矢弧健志[⑤]，持墨匪專，技一從事，恪迪坤三[⑥]。肆[⑦] 聖主，公攬權綱事務，那親繁細；親正/人，俾君左右大小，咸懷忠良。職修惟效者，詳事責尤，知所主，專司府庫。贏餘用足，唐財/預掌；籍圖多少，具知漢户。終始勉殫於素節[⑧]，寵褒幸結於隆知。稠疊[⑨]受 皇恩，職貳周/卿；等聯漢爵均，蒙食天禄。富儕陶氏[⑩]，貴比謝公[⑪]；龍雲喜遂於功名，家室允諧於琴

---

① 此爲碑題。今依内容及性質重定篇題爲“安阜坊杜有用夫妻後神碑記”。

② “分人以財謂惠，法言炳炳於軻書”，見《孟子注疏》：“分人以財謂之惠，教人以善謂之忠，爲天下得人者謂之仁。”

③ “以財發身者仁，垂訓昭昭於曾傳”，見（宋）衛湜《禮記集説》：“生財有大道……仁者以財發身，不仁者以身發財。”

④ “行庚”，指虚歲。

⑤ “健志”，國君世子生，以桑弧蓬矢射天地四方，期其志向遠大。後因以指男子當從小立大志。見《禮記・内則》：“國君世子生……射人以桑弧蓬矢六，射天地四方。”

⑥ “坤三”，見《周易・乾卦九三》：“坤三，以處下卦之上，故免龍戰之災。”

⑦ “肆”，見《周禮・大宗伯》：“以肆獻祼享先王，以饋食享先王。……肆者，進所解牲體，謂薦熟時也。”

⑧ “素節”，謂操守清白。見袁弘《後漢紀・桓帝紀》：“（建和）三年二月己丑詔……故光禄大夫周舉性侔夷齊，直同史魚，入參贊納，出司京輦，有密靜之風……其賜錢千萬以旌素節。”

⑨ “稠疊”，稠密重迭。見謝靈運《過始寧墅》詩：“巖峭嶺稠疊，洲縈渚連緜。”

⑩ “富儕陶氏”，指陶朱公事。見《史記・越王勾踐世家》：“（范蠡）乃歸相印，盡散其財，以分與諸友鄉黨，而懷其重寶，間行以去，止于陶……逐什一之利。居無何，則致貲累巨萬。天下稱陶朱公。”

⑪ “貴比謝公”，指中古時代以陳郡爲郡望的謝氏士族。自東晉至於陳朝，子孫蕃盛，名士輩出，百年不絶。淝水之戰，謝氏所領北府兵以少勝多，東晉政府追論功績，追封謝安爲廬陵郡公，封謝石爲南康郡公，謝玄爲康樂縣公，謝琰爲望蔡縣公。陳郡謝氏一門四公，奠定了一流士族的地位，常與琅琊王氏並稱爲王謝。唐朝詩人劉禹錫有詩稱：“舊時王謝堂前燕，飛入尋常百姓家。”

瑟。妻/阮氏妃，行庚辛丑歲，出由豪派，歸自名家。采藻采蘋[①]，先公奉敬誠意篤；爲絺爲絡[②]，内助/成勤儉風興。顯榮既耀於當時，名譽欲垂於後世。迺於本總母貫安[阜][③]坊/

上等神威靈郎大王，稟上天之王氣，爲本土之福神，國禱民祈，稔有靈應，其功德在人久/矣。意欲以本位附于其後，與本祠血食，萬代祀事，乃以天地之精銀，凡壹百伍拾兩，并/田肆拾高在白鶴縣[④]錦□社，肆至如文契内，留與安阜坊以爲香火信物，以供祀事。使/後來一邑之人。食斯田者，則思其功；目斯碑者，則愛其德。得不起投之以桃，報之以李[⑤]/之念，是享是宜，而不能忘也。將見千百載之下，廟貌生光，人心起畏。禮樂陳玉帛鐘鼓，/個序個和[⑥]；春秋薦黍稷牲牢，以侑以綏[⑦]。明信用，供常典，謳歌載侈，盛儀會見。誠兹歆享[⑧]/惠廣，帡幪[⑨]業慶，遂四民樂[⑩]，咸孚闔□，於焉而民物蕃阜，於焉而福禄[遂]成，致此功效，尚/賴神明默相之功。詩曰："百福攸宜"[⑪]，"百福攸同"[⑫]。又曰："百禄是遒"[⑬]，"百禄是總"[⑭]。愈久愈徵，則/　神之香火，永永無窮矣。其發身[⑮]之效，孰有大焉？遂鐫于石，以壽其傳。於是

---

① "采藻采蘋"，見《詩經·國風·召南·采蘋》："于以采蘋，南澗之濱，於以采藻，於彼行潦。"毛詩序："采蘋，大夫妻能循法度也。能循法度，則可以承先祖，共祭祀矣。"

② "爲絺爲絡"，應作"爲絺爲綌"。見《詩經·國風·周南·葛覃》："葛之覃兮，施於中谷，維葉莫莫，是刈是濩，爲絺爲綌，服之無斁。"毛詩序云："葛覃，后妃之本也。后妃在父母家，則志在於女功之事。"

③ "阜"，碑文原已殘泐，據拓片題簽云"碑立於河城第一户舊安阜學堂旁安阜亭"，碑文又云"上等神威靈郎大王，稟上天之王氣，爲本土之福神"。按，《河内地輿志》"弘濟最靈大王祠在永順守隸寨"，《河内地簿》永順縣上總七坊有安阜坊，故釋作"阜"。

④ "白鶴縣"，據《歷朝憲章類志·地輿志》，白鶴縣屬山西省永祥府，古稱峰州。

⑤ "投之以桃，報之以李"，見《詩經·大雅·抑》："投我以桃，報之以李。"

⑥ "個序個和"，見（南宋）陳淳《北溪字義·禮樂》："禮樂亦不是判然二物，不相干涉。禮衹是個序，樂衹是個和。纔有序便順而和，失序便乖而不和。"

⑦ "以侑以綏"，見《詩經·小雅·谷風之什·楚茨》："以爲酒食，以享以祀。以妥以侑，以介景福。……樂具入奏，以綏後禄。爾殽既將，莫怨具慶。"毛詩序："《楚茨》，刺幽王也。政煩賦重，田莱多荒，饑饉降喪，民卒流亡。祭祀不饗，故君子思古焉。"

⑧ "歆享"，指鬼神享受祭品、香火。《史記·孝文本紀》："朕既不德，上帝神明未歆享，天下人民未有嗛志。"《漢書·匡衡傳》："上天歆享，鬼神佑焉。"

⑨ "帡幪"，以帳幕覆蓋之意，後引申爲庇蔭，庇護。見《法言·吾子》："震風陵雨，然後知夏屋帡幪。"

⑩ "遂四民樂"，見《續資治通鑑長編·神宗熙寧七年》司馬光疏："苟忠讜退伏，阿諛滿側，而望百度之正，四民之樂，頌聲之洽，嘉瑞之臻，固亦難矣。"

⑪ "百福攸宜"，見《宋史·元符親郊五首》："千靈是保，百福攸宜。"

⑫ "百福攸同"，見《隋書·許素心·神雀賦》："未如神爵，近賀王宫，五靈何有，百福攸同。"

⑬ "百禄是遒"，見《詩經·商頌·長發》："不競不絿，不剛不柔。敷政優優，百禄是遒。"

⑭ "百禄是總"，見《詩經·商頌·長發》："敷奏其勇，不震不動。不戁不竦，百禄是總。"

⑮ "發身"，指成名；起家。白居易《唐故湖州長城縣令博陵崔府君神道碑銘序》："以學發身，以文飾吏。"

乎記。/

慶德萬萬年之三歲在辛卯月在壬辰穀日/

賜戊辰科第三甲同進士出身、特進、金紫榮禄大夫、

御史臺副都御史、衍壽伯、演東開鄉黎拙夫①撰/

光進慎禄大夫、大理寺寺丞、廣禄男、中奉廣瑞邑黎拙夫奉寫/

御用監鑾局局正、榮禄大夫、朝盛伯武/

題後

安阜亭内共立有七通碑誌（以《拓片總集》第 1 至 4 册爲調查範圍），如下表：

編號	篇題	年代	位置
00812/00813	後神碑記	後黎懿宗永佑四年（1738）	亭内左邊第一碑
00814	安阜坊杜有用夫妻後神碑記*	後黎神宗慶德二年（1650）	亭内左邊第二碑
00815/00816	後神碑記	西山景盛皇帝（阮光纘）景盛 6 年，歲次戊午（1798）	亭内右邊第五碑
00817/00818	後神碑記	後黎顯宗景興二十四年（1763）	亭内右邊第四碑
00819	後神碑記	碑殘泐，按拓片題簽補：西山景盛皇帝（阮光纘）景盛三年（1742）	亭内右邊第二碑
00820	後神碑記	阮世祖嘉隆六年（1807）	亭内右邊第三碑
00821	後神碑記	後黎顯宗景興二十四年（1763）	亭内右邊第一碑

注：* 表示此篇收入本書。

① "黎拙夫"，即黎敬，《鼎鍥大越歷朝登科録》後黎神宗永祚十年（1628）戊辰科第三甲同進士出身："黎敬，東城關中人。四十二歲中。仕至工部尚書，碩嵩侯，贈太保。碩郡公。教之父。父子同朝並尚書。"

○六四　宜蠶坊黎氏贍等後神碑記

引言

碑立於環龍縣上總宜蠶坊顯靈廟内，爲廟内左邊第二碑。碑刻四面，拓片編號 00835/00833/00836/00834。拓片編號 00835 爲碑一，共二十一行，滿行約四十三字，碑額題“新鐫後神碑記”六字；拓片編號 00833 爲碑二，上書“祭日陳器祭儀之圖”八字，此亦爲額題；拓片編號 00836 爲碑三，共七行字，滿行七字至二十七字不等；拓片編號 00834 爲碑四，共十行字，滿行約四十三字，今依内容及性質重定篇題爲“宜蠶坊黎氏贍等後神碑記”。碑四面皆有紋飾，拓片編號 00835 碑額分二層，外層飾有吉祥紋，内層與其餘三邊相連，碑兩側有對聯，右聯爲“芳聲垂後千年永”，左聯爲“血食依神萬禩新”，並飾蔓草紋；拓片編號 00836 碑額分二層，外層飾有吉祥紋，内層以纏枝蓮紋與其餘三邊相連；拓片編號 00833/00834 四邊刻有纏枝蓮紋。年代署作皇朝永佑（Vĩnh Hựu）二年（1736），永佑爲黎懿宗（Lê Ý Tông）黎维祳（Lê Duy Thận）年號，同年爲清乾隆元年，歲次丙辰。拓片現藏於漢喃研究院。

碑文記載乙卯年（1735）宜蠶坊對舊亭進行重修，但缺乏經費，縣丞阮伊及妻黎氏贍、坊正老饒阮如操及妻阮氏兮、坊正武有功及妻阮氏慎、老饒阮伯緒妻及陳氏情、坊史武世名及妻阮氏陞等共捐了一千五百貫錢和十四畝地，以作修建之資。宜蠶坊念其恩德，故選捐資者爲後神，並記祭祀時應有之祭品品項，與受祭者之名號、祭日、所捐項目，亦有陳器祭儀圖與祭文體式。

新鐫後神碑記

芳報垂後千秋永

血食依神萬禩新

奉天府廣德縣宜蚕坊官員鄉長鄉老鄉論東南二甲老饒阮成索武能容武玄讓阮無才江有容鄉長生徒江世業老饒阮晄倫良醫副范世平官員子張惟貴縣丞武仲播坊正陳名錦仝坊上下等為立碑記事

嘗謂投以李報以瓊結好者情猶欲永資其力倚其助顧本焉義所當行迹夫後神之得名[illegible]在人之遺澤所謂興便於一時流芳於萬世非苟云也玆本坊於乙卯年因脩理舊亭財用未敷會見本坊官員奉侍内書寫該合吏番芙蓉縣縣丞阮伊妻黎氏贍坊正老饒阮如操妻阮氏芳生徒坊正武有功妻阮氏慎老饒阮伯緒妻陳氏情坊史武世名妻阮氏陸等視品次高下雖曰不同然天理人心一皆平等家貲稍厚鄉計用資特出錢鈔使錢壹千伍百貫腴田拾肆畝仍此本坊共叶記詞係為後神再委芙蓉縣丞琴力趨事掄材鳩工經始于癸天告成辛秋月規模換舊制度維新亭宇尊嚴門墻壯麗凡諸供具祭儀皆齊慈其本坊上下等會論係後神等員名於生平之時有入席歌唱應取神惠敬依隨宜至其員名百歲之後本坊諸家行吊轉相送就所待潛平候認田收粟以供祭祀如官員縣丞阮伊坊長阮如操武有功等忌日本坊甚每忌古錢伍貫沙牢壹隻金銀欵飯酒茶芙蓉香燈庶品設立紙位其祭官禮生齊整衣帽致祭亭内東甲如黎氏贍阮氏芳阮氏慎老饒阮伯緒妻陳氏情武世名妻阮氏陸諸員名人到後來等忌日本坊甚每忌古錢叁貫[illegible]并金銀等物設立紙位俵祭如前以上等事各據遵行奏勒貞岷以壽其傳所有姓名及錢數田數開列于左

計

一官員本府校生奉侍内書寫該合吏番進功庶郎芙蓉縣縣丞阮令公字伯伊號徽義先生

一官員縣丞阮公正室黎貴氏號慈贍孺人　其本族衆子[illegible]來有田引本坊無忌

一老饒兼十里侯阮公字福鎬府君　正忌[illegible]月貳拾肆日　阮公正室阮氏號妙既孺人　正忌[illegible]

一本府校生兼十里侯武公字性朗府君　正忌十二月十九日　武公正室阮氏號妙嚴孺人　正忌[illegible]

一鄉老老饒阮公字福林府君　正忌九月十六日　阮公正室[illegible]妙瞋孺人　正忌柒月初五日

一鄉甲兼十里侯武公字性純府君　正忌十一月二十六日　武公正室阮氏號妙鈿孺人　正忌[illegible]

原碑田拾肆畝由有人自[illegible]

瓊瑰縣上院宜蚕坊願靈廟內左邊第二碑四面之一

編號：00835　出自《拓片總集》第一册（下同）

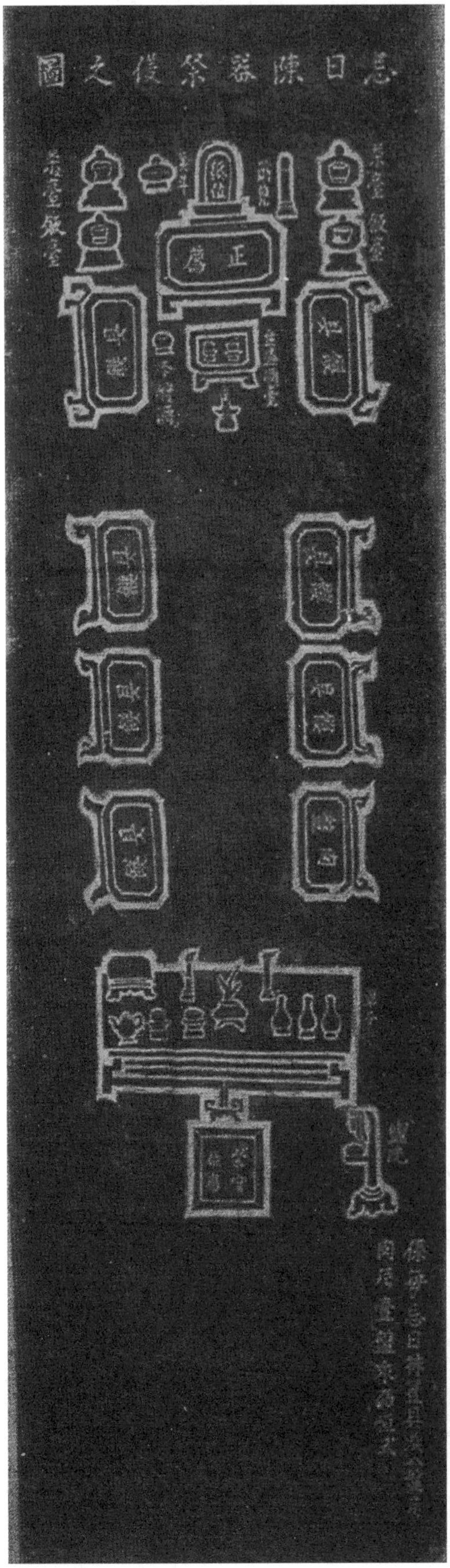
忌日陳器祭儀之圖

編號：00833（局部）

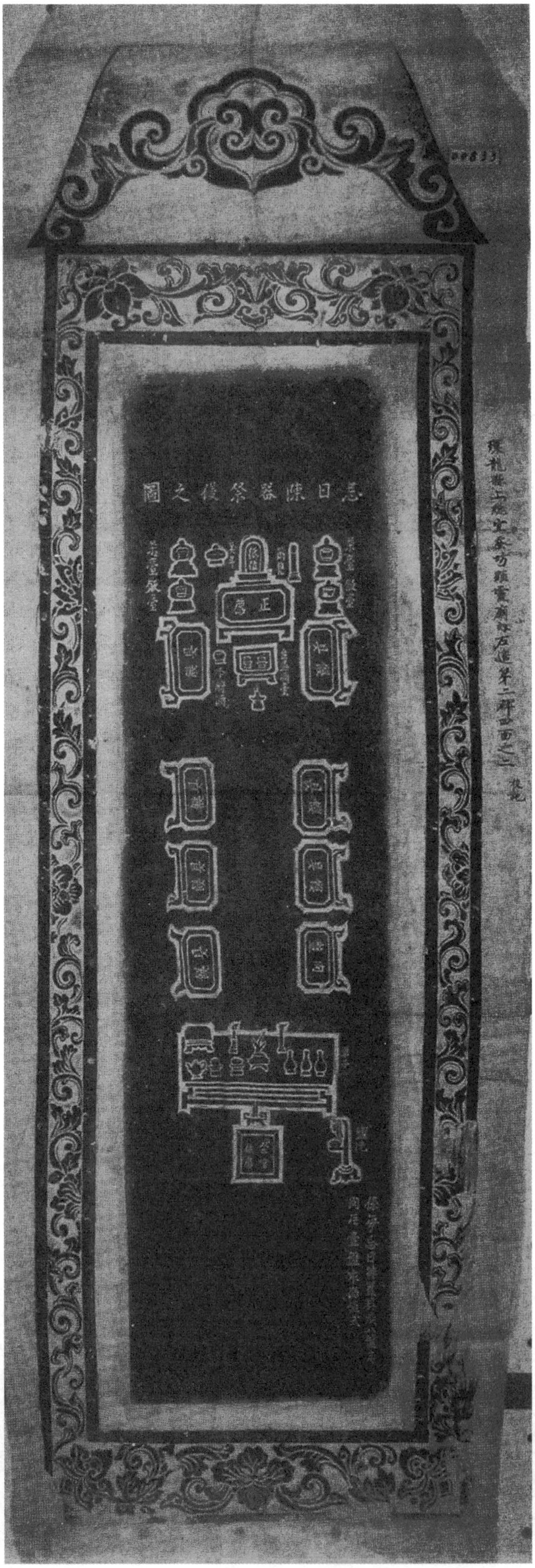
忌日陳器祭儀之圖

編號：00833

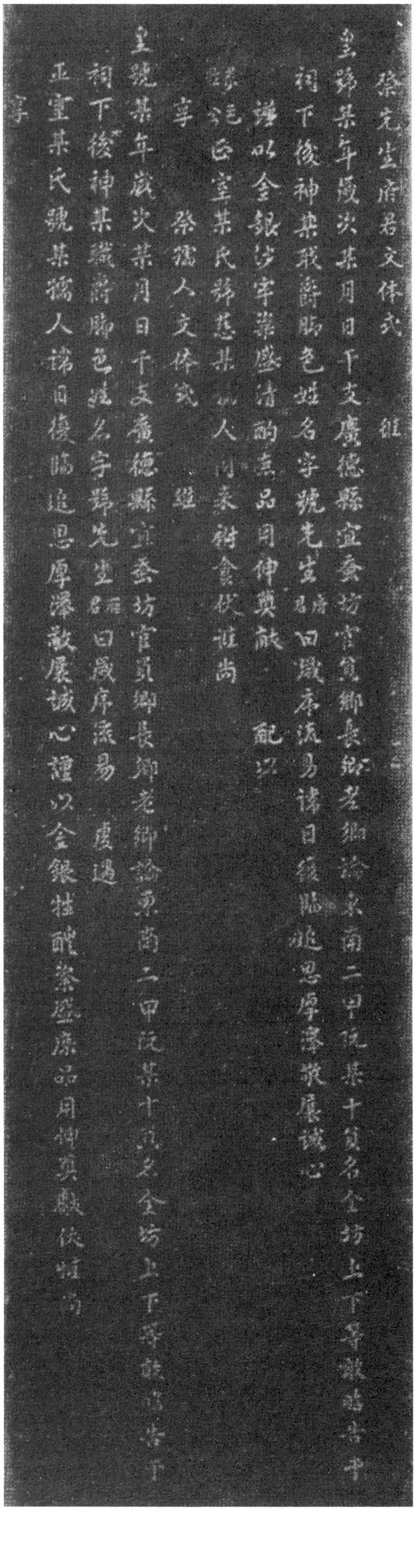
祭先生府君文体式　祖
皇號某年歲次某月日干支廣德縣宜蠶坊官員鄉長鄉老鄉論東南二甲阮某十員名仝坊上下等敢昭告于
祠下後神某職爵貼色姓名字號先生府君曰職序流易諱日復臨追思厚澤敬展誠心
謹以金銀沙牢藥盛清酌庶品用伸奠獻　配以
錄鄉匹室某氏號慈某孺人同來祔食伏惟尚
享
祭孺人文体式　祖
皇號某年歲次某月日干支廣德縣宜蠶坊官員鄉長鄉老鄉論東南二甲阮某十員名仝坊上下等敢昭告于
祠下後神某職爵貼色姓名字號先生府君曰職序流易　虔遇
正室某氏號某孺人諱日復臨追思厚澤敬展誠心謹以金銀牲醴粢盛庶品用伸奠獻伏惟尚
享

編號：00834（局部）

編號：00834

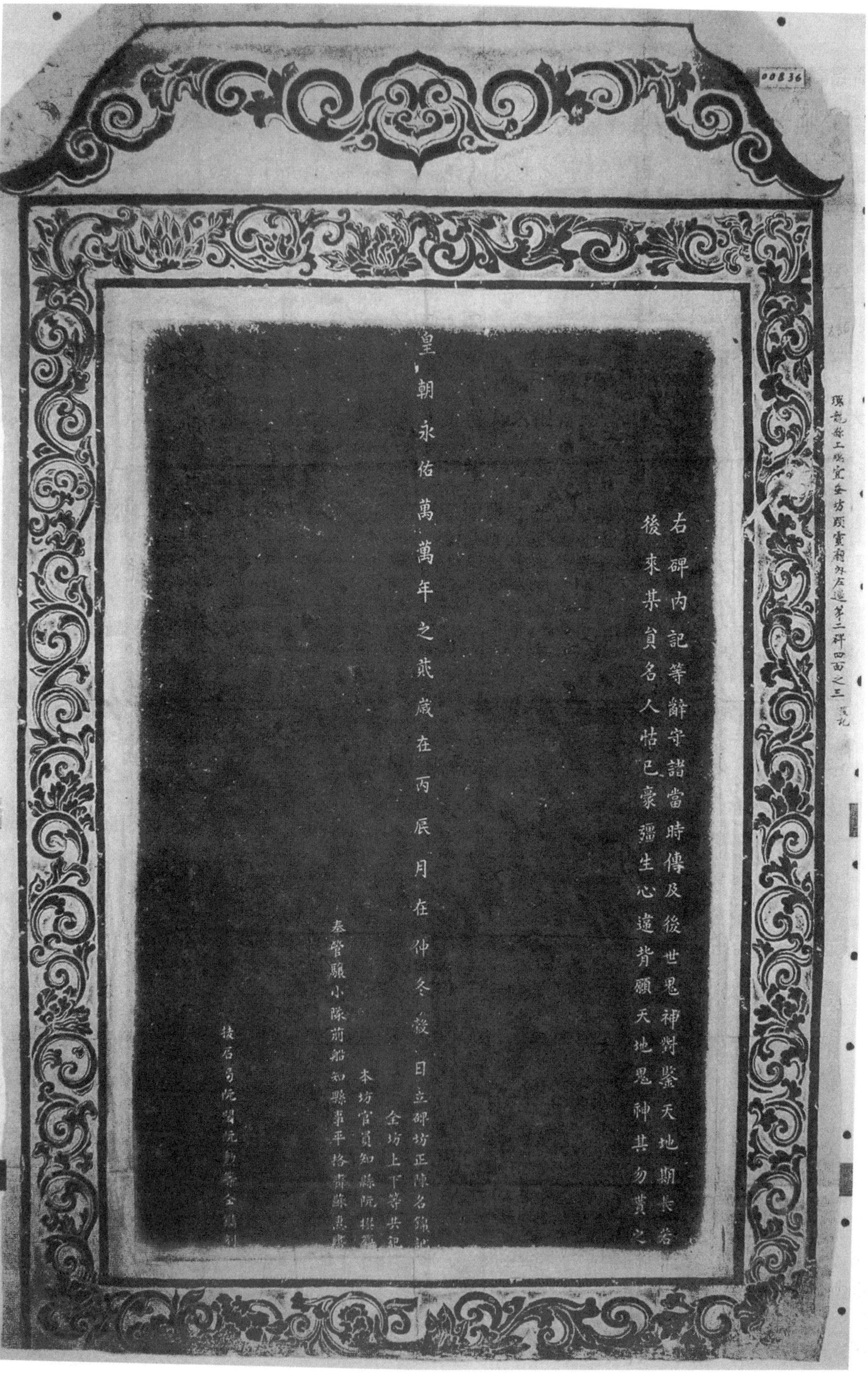
00836
右碑內記等辭守諸當時傳及後世鬼神對鑒天地期長若
後來其負名人怙已豪彊生心違背顧天地鬼神其勿貰之
皇朝永佑萬萬年之貳歲在丙辰月在仲冬穀日立碑坊正陳名鏡記
全坊上下等共記
本坊官員知縣阮挺
奉管縣小隊前船知縣事平格青蘇男肅
技石匠阮瑠阮勤等全鐫刻

編號：00836

釋文

新鐫後神碑記[①]

奉天府廣德縣宜蠶[②]坊官員、鄉長、鄉老、鄉論、東南二甲老饒[③]：阮成索、武能容、武玄璘、阮兼才、江有容；鄉長、生徒[④]/江世業，老饒阮珖倫；良醫副范世平，官員子張惟賢，縣丞武仲播，坊正陳名錦，仝坊上下等爲立碑記事。/

嘗謂投以李，報以桃[⑤]，結好者，情猶欲永；資其力，倚其助，顧本焉，義所當行。跡夫後神之得名，原以在人之遺澤，所/謂興便於一時，流芳於萬世，非苟云也。玆本坊於乙卯年因修[⑥]理舊亭，財用未敷，會見本坊官員、奉侍内書寫/該合吏番、芙蓉縣縣丞阮伊，妻黎氏贍；坊正老饒阮如操，妻阮氏兮；生徒、坊正武有功，妻阮氏慎，老饒阮伯緒，/妻陳氏情；坊史武世名，妻阮氏陞等，視品次高下，雖曰不同，然天理人心，一皆平等，家貲稍厚，鄉計用資，特出/錢鈔，使錢[⑦]壹千伍百貫、腴田拾肆畝。仍此本坊共叶記詞，保爲後神。再委芙蓉縣丞弩力趨事，掄材鳩工，經始/于夏天，告成于秋月，規模换舊，制度維新，亭宇尊嚴，門牆壯麗，凡諸供具祭儀，一皆齊整。其本坊上下等會論/係後神等員名，於生平之時，有入席歌唱，應取神惠，敬俵隨宜，至某員名百歲之後，本坊詣家行吊賻禮相送，/就所待澹平候，認田收粟，以供祭祀，如官員縣丞阮伊、坊長阮如操、武有功等忌日，本坊整每忌古錢伍貫，

---

① 此爲拓片編號 00835 之額題，今依内容及性質重定篇題爲“宜蠶坊黎氏贍等後神碑記”。

② “蠶”，原作“蚕”，“蚕”爲“蠶”之俗體字，下同。

③ “老饒”，越南指六十歲以上的老農民。見《欽定越史通鑑綱目·正編》卷三十四“後黎熙宗永治二年”“秋七月申定功臣文武世廕及吏民免役例”：“民年五十爲老項，六十爲老饒，各免役。”

④ “生徒”，見《欽定越史通鑑綱目·正編》卷十九“後聖黎聖宗光順三年”注：“生徒，鄉試中三場，謂之生徒，黎初衙吏多以監生、儒生、生徒爲之。”

⑤ “投以李，報以桃”，見《詩經·大雅·抑》：”投我以桃，報之以李。”“桃”，碑文作“兆”字。

⑥ “修”，原作“脩”，據《説文》，修屬“彡”部，“飾也，從彡攸聲。”脩屬肉部，“脯也，從肉攸聲”。後雖可通，然因“脩”自兼正字，故改爲“修”。

⑦ “使錢”，見《欽定越史通鑑綱目·正編》卷二十一“後黎盛宗光順八年”注“使錢、古錢”引黎貴惇《芸臺類語》云：“北人以百文爲一陌。本國以三十六文爲一陌，謂之‘使錢’；六十文爲一陌，謂之‘古錢’。‘使錢’十陌，乃是‘古錢’六陌，準爲‘使錢’一貫。其‘古錢’十陌乃使錢之一貫六陌四十文。使錢别名閒錢，古錢别名貴錢。”

買/沙牢[①]壹隻，金銀、粄[②]飯、酒茶、芙蒥[③]、香燈庶品，設立紙位，其祭官、禮生，齊整衣帽，致祭亭内。東甲如黎氏贍、阮氏兮、/阮氏慎、老饒阮伯緒妻陳氏情、武世名妻阮氏陞，諸員名人，到後來等忌日，本坊整每忌古錢叁貫，買豬壹口，/并金銀等物設立紙位，儀祭如前。以上等事各據遵行，爰勒貞岷，以壽其傳。所有姓名及錢數、田數，開列于左。/

計：/

一官員、本府校生、奉侍内書寫該合吏番、進功庶郎、芙蓉縣縣丞阮令公，字伯伊，號胤義先生；/

一官員、縣丞阮公正室黎貴氏，號慈贍孺人其本族衆子累期未有田引，本坊無忌；/

一老饒、兼十里侯阮公，字福萬府君正忌□臘月貳拾玖[④]日；阮公正室阮氏，號妙覎孺人正忌□月初壹；/

一本府校生、兼十里侯武公，字性朗府君正忌十二月十九日；武公正室阮氏，號玅嚴孺人正忌五月二十八日；/

一鄉老老饒阮公，字福林府君[⑤]使錢壹百貫田壹畝，/正忌九月十八日；阮公正室□武氏，號妙暎孺人使錢壹百貫田壹畝，/正忌柒月初五日；/

一鄉甲、兼十里侯武公，字性純府君使錢壹百貫田壹畝，/正忌十一月二十六日；武公正室阮氏，號妙知孺人使錢壹百貫田壹畝，/正忌其本族衆子累期未有田引，本坊無忌。/

原碑田拾肆畝，由有人自出壹畝，實存拾叁畝/[⑥]

右碑内記等辭，守諸當時，傳及後世，鬼神對鑒，天地期長，若/後來某員名人怙己豪彊，生心違背，願天地鬼神，其勿貰之！/

皇朝永佑萬萬年之貳歲在丙辰[⑦]月在仲冬穀日立碑

① “沙牢”，即“少牢”“小牢”，亦作“抄牢”，本指用豬羊作祭品或僅用羊作祭品的祭祀。此處代指用作祭品的羊。

② “粄”，喃字，糯米的意思。

③ “芙蒥”，一種藤類植物，越文作Cây lá trầu，與檳榔同爲喜慶時必有之象徵性植物。尤其是在傳統婚俗文化中，檳榔、芙蒥與石頭（石灰）是兄弟和睦、夫妻恩愛之象徵，迄今越南傳統式的婚禮仍然採用芙蒥、酒、檳榔等物作爲重要的禮物。詳見本書篇號〇〇二《瑞璋坊東甲阮氏畘暨夫祭忌碑記》注釋。

④ “玖”，碑原作諱字。

⑤ 此行字旁又有一行小字：“□□封□茂林郎□□□□□□□伯。”

⑥ 以上爲拓片編號 00835 之内容。

⑦ “皇朝永佑萬萬年之貳歲在丙辰”，當清乾隆元年（1736）。

坊正陳名錦記/

全坊上下等共記/

本坊官員知縣阮□籙/

奉管驤小隊前船知縣事平格齋蘇惠書/

拔石局阮聞、阮勳等仝鐫刻/[1]

忌日陳器祭儀之圖[2]

祭先生府君文体式：

維/

皇號某年歲次某月日干支，廣德縣宜蠶坊官員、鄉長、鄉老、鄉論、東南二甲阮某十員名，全坊上下等，敢昭告于/祠下，後神某職爵、脚色[3]、姓名、字號，先生府/君曰：歲序流易，諱日復臨，追思厚澤，敬展誠心，/　　　　謹以金銀、沙牢、粢盛、清酌庶品，用伸奠獻，　　配以/　　　　某邑/姓公正室某氏，號慈某孺人，同來祔食，伏惟尚/　　　　享！

祭孺人文体式：

維/

皇號某年歲次某月日干支，廣德縣宜蠶坊官員，鄉長、鄉老、鄉論、東南二甲阮某十員名全坊上下等，敢昭告于/祠下，後神某職爵、脚色、姓名、字號、先生府/君曰：歲序流易，　虔遇/　　　　正室某氏，號某孺人，諱日復臨，追思厚澤，敬展誠心，謹以金銀、牲醴、粢盛、庶品，用伸奠獻，伏惟尚/　　　　享！/[4]

---

① 以上爲拓片編號 00836 之内容。

② 此爲拓片編號 00833 之額題，並爲拓片編號 00833 文字内容部分。按，完整内容見拓片原圖。

③ "脚色"，又稱"根脚"，宋時入仕，必具鄉貫、户頭、三代名銜、家口、年齒、出身履歷，若注授轉官，則又加舉主有無過犯，謂之"脚色"。（清）梁紹壬《兩般秋雨盦隨筆・履歷》："今之履歷，古之脚色也。……宋末參選者具脚色狀，今謂之根脚。"然在《唐六典》已有"脚色"，見《唐六典・左右監門衛大將軍》："凡京司應以籍入宫殿門者，皆本司具其官爵、姓名，以移牒其官。"李林甫注曰："若流外官丞脚色，具其年紀顔狀。"

④ 以上爲拓片編號 00834 之内容。

題後

宜蠶坊顯靈廟中共立有六通碑誌(以《拓片總集》第1至4册爲調查範圍)，如下表：

編號	篇題	年代	位置
00822	寄忌碑	阮成泰帝成泰十五年（1903）	廟内左邊第三碑
00823	後神碑記	阮世祖嘉隆十七年（1818）	廟内左邊第六碑
00824-00827	後神碑記	後黎懿宗永佑三年（1737）	廟内左邊第一碑
00828/00829	後神碑記	後黎顯宗景興四十一年（1780）	廟内左邊第五碑
00830-00832	宜蠶坊黎氏歡夫妻後神碑記**	後黎熙宗正和二十四年（1703）	廟内左邊第四碑
00833-00836	宜蠶坊立黎氏贍等後神碑記*	後黎懿宗永佑二年（1736）	廟内左邊第二碑

注：* 表示此篇收入本書；** 表示原無題。

六通碑誌均爲寄忌碑，其中本篇碑記内容完整，包含碑陽、碑陰、祭文、陳器祭儀之圖等，所載祭文男女各不相同，是很好的參考資料。

○六五　重修龍慶寺碑

引言

碑立於河東省青池縣瓊壘社寺，爲寺前第一碑。碑刻單面，拓片編號00849，又有一拓本，拓片編號03642，共二十五行，滿行約四十六字，碑額題“重修龍慶寺碑”六字，碑題“重修龍慶寺碑并銘”八字，今以額題爲篇題。碑額刻有二層紋飾，内層爲雙龍昭日，外層以纏枝花紋與左右兩側相連，碑底爲蓮座。年代署作弘定（Hoằng Định）七年（1606），弘定爲後黎敬宗（Lê Kính Tông）黎維新（Lê Duy Tân）年號，同年爲明萬曆三十四年，歲次丙午。拓片現藏於漢喃研究院。

碑文記載甲辰年（1604），輔國上將軍錦衣衛都指揮使鄭柞及其族人出錢買木材，修龍慶寺前堂、燒香房、塑造護法像等，丙午年（1606）增修僧房、齋房、佛像等事。文末以十六句四字銘文歌詠此事，並録有此次捐修龍慶寺之鄭氏家族成員名單。

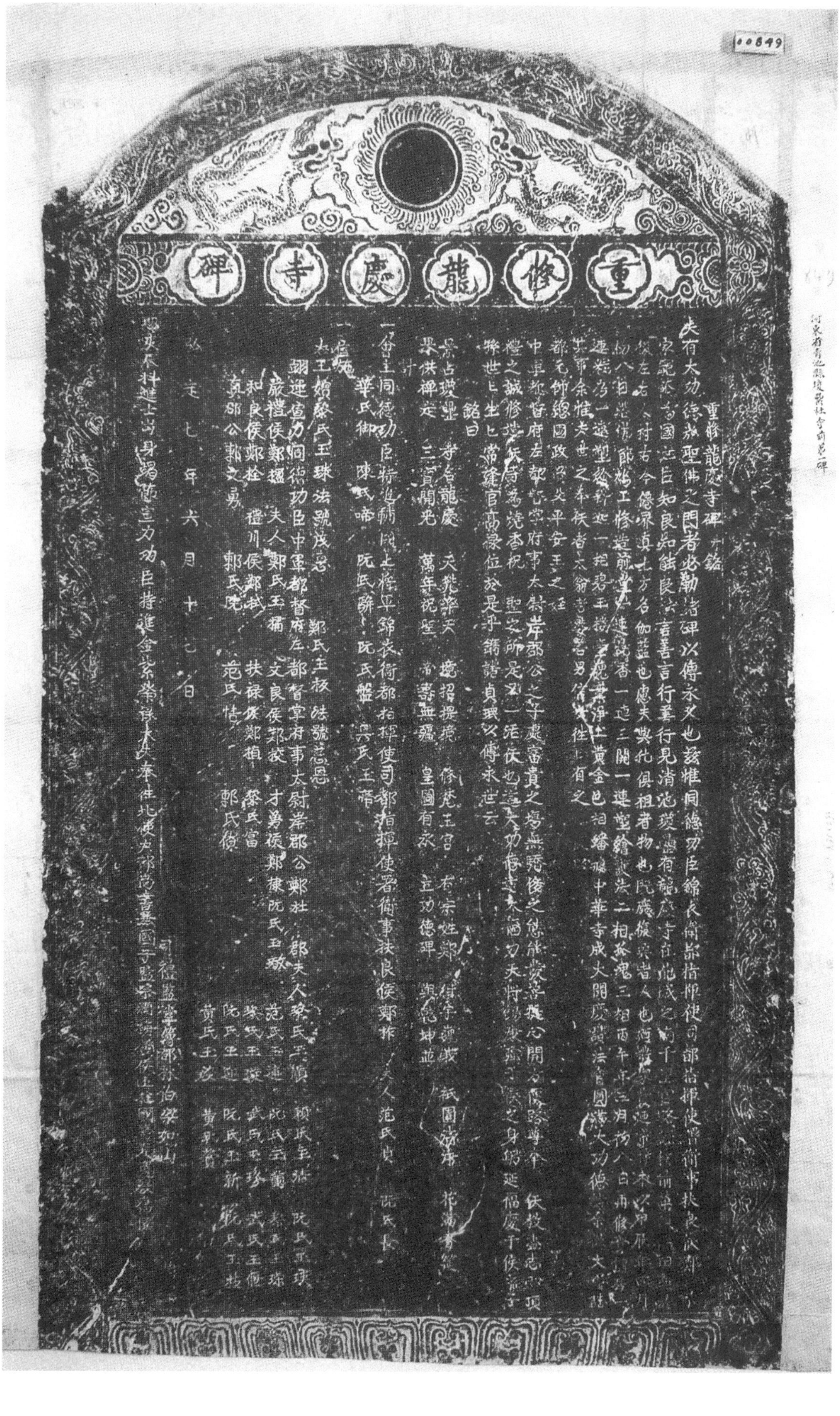
00849
重修龍慶寺碑

編號：00849　出自《拓片總集》第一冊

釋文

【重修龍慶寺碑】

重修龍慶寺碑并銘①

夫有大功德於聖佛之門者，必勒諸碑，以傳永久也。茲惟同德功臣、錦衣衛都指揮使司都指揮使署衛事、扶良侯鄭，□/家寵蔭，爲國世臣，知良知，能良能，言善言，行善行。見清池瓊疉有龍慶寺，在龍城之南，千里官路經於前，萬頃福田處於/後，左右人材，古今僊界，真上方名伽藍②也。慮夫與化俱祖者，物也；既廢復興者，人也。廼發家貲，廼市材木，以甲辰年四月/初八日浴佛節③鳩工修造前堂一連，燒香一連，三關一連，塑繪護法二相，孤魂三相。丙午年三月初八日，再修葺僧房一/連，𥽇④□房一連，塑繪釋迦一相。碧玉樓臺，巍業淨土；黄金色相，蟠據中華。寺成，大開慶讃法會，圓滿大功德⑤，詣余徵文，以誌/其事。余惟夫世之奉佛⑥者，太翁老婆，善男信女，往往有之，惟氏以/　　　　都元帥、總國政、尚父、平安王⑦之姪，/　　　　中軍都督府左都督掌府事、太尉、岸郡公⑧之子，處富貴之

---

① 此爲碑題。今依此爲篇題。

② “伽藍”，梵語音譯，又作僧伽藍摩、僧伽藍，意譯稱僧園、僧院。原意指僧衆所居之園林，然一般用以稱僧侶所居之寺院、堂舍。《十誦律》卷五十六：“地法者，佛聽受地，爲僧伽藍故，聽僧起房舍故。”

③ “浴佛節”，見《大宋僧史略》：“浴佛表何？通曰：像佛生時龍噴香雨浴佛身也。然彼日日灌洗，則非生日之意。疑五竺多熱，僧既頻浴，佛亦勤灌耳。東夏尚臘八，或二月四月八日，乃是爲佛生日也。”因此“浴佛節”又稱“佛誕節”，於每年四月八日以香湯、水、甘茶、五色水等物，從頂灌浴悉達多太子像。

④ “𥽇”，喃字，米粉所做的祭祀品。

⑤ “功德”，意指行善所獲之果報。見《大乘義章》：“言功德，功謂功能，善有資潤福利之功，故名爲功；此功是其善行家德，名爲功德。”意思指行善所獲之果報。

⑥ “佛”，碑文作“仸”字，下同，不另注。

⑦ “平安王”，即鄭松。第一世鄭主世祖明康太王鄭檢與阮淦女阮玉寶之子，後繼鄭松之位，爲第二世鄭主。

⑧ “岸郡公”，即鄭杜。爲平安王鄭松之弟，天祐十四年（1571），黎莫戰於保樂，黎軍勝，拜左相鄭松弟鄭杜爲少保、福演侯，鄭桐爲永壽侯，鄭檸爲廣延侯。後黎世宗嘉泰元年（1573）封鄭杜爲太保、岸郡公。見校合本《大越史記全書・本紀》卷十七。

場，無驕侈之態，能發菩提心①，開方便路②。尊奉　佛教，盡志心頂/禮之誠；修造佛寺，爲燒香祝　聖之所。是又一活佛也。這大功德、這大福力，天將錫康強于侯之身躬，延福慶于侯之子/孫，世世生生，常逢官高禄位，於是乎鐫諸貞珉，以傳永世云。/

銘曰：/

景占瓊罍，寺名龍慶。天兜率天③，境招提④境。

修梵王宫⑤，有宗姓鄭。紺宇⑥巍峨，祇園⑦清淨。

花滿春筵，/果供禪定。三寶⑧開光，萬年祝聖。

帝壽無疆，皇圖有永。立功德碑，與乾坤並。/

計：/

一會主：同德功臣、特進、輔國上將軍、錦衣衛都指揮使司都指揮使署衛事、扶良侯鄭柞，夫人范氏貞、阮氏長，/華氏御、陳氏啼、阮氏駢、阮氏盤，具氏玉帶。/

一信施：/太王⑨嬪黎氏玉珠，法號茂惠；鄭氏玉板，法號慈恩。/

翊運宣力同德功臣、中軍都督府左都督掌府事、太尉、岸郡公鄭杜，郡夫人黎氏玉順，賴氏玉清，阮氏玉暎。/

---

① “菩提心”，指成佛的心，全稱阿耨多羅三藐三菩提心。見《大智度論》卷四十一：“菩薩初發心，緣無上道：‘我當作佛’，是名‘菩提心’。”

② “方便路”，語出《修習瑜伽集要施食壇儀》卷一：“竪窮三際時，橫遍十方處。震法雷，鳴法鼓，廣演權實教（唵啞吽），大開方便路，若歸依能消滅，消滅地獄苦。”袾宏注：“唵啞吽大開方便路。經云，諸法從本來，常自寂滅相，不可以言宣。今佛於無身中現身，無法中説法，曲徇機宜，隨時設教，此所以爲開方便也。”

③ “兜率天”，亦稱“兜術天”。梵語音譯。佛教謂天分許多層，第四層叫兜率天。它的内院是彌勒菩薩的淨土，外院是天上衆生所居之處。見《法華經・勸發品》：“若有人受持讀誦，解其義趣，是人命終……即往兜率天上彌勒菩薩所。”

④ “招提”，寺院的别稱。梵語音譯。初爲“拓鬥提奢”，省作“拓提”，後誤爲“招提”。其義爲“四方”。四方之僧稱招提僧，四方僧之住處稱爲招提僧坊。北魏太武帝造伽藍，創招提之名，後遂爲寺院的别稱。

⑤ “梵王宫”，本指大梵天王的宫殿。泛指佛寺。見錢起《歸義寺題震上人壁》詩：“太陽忽臨照，物象俄光煦。梵王宫始開，長者金先布。”

⑥ “紺宇”，即紺園。佛寺之别稱。見王勃《益州德陽縣善寂寺碑》：“朱軒夕朗，似游明月之宫；紺宇晨融，若對流霞之闕。”

⑦ “祇園”，“祇樹給孤獨園”的簡稱。梵文的意譯。印度佛教聖地之一。詳見本書篇號〇〇五《天光禪寺碑記》注釋。

⑧ “三寶”，指爲佛教徒所尊敬供養之佛、法、僧三寶。詳見本書篇號〇〇五《天光禪寺碑記》注釋。

⑨ “太王”，即鄭檢。校合本《大越史記全書・本紀》卷十六後黎英宗正治十三年（1570，莫崇康五年，明隆慶四年）歲次庚午，二月十八日：“上相太國公鄭檢病篤，是日薨，追尊爲明康大王，謚忠勳。”

嚴禮侯鄭楹①，夫人鄭氏玉㰖；文良侯鄭校；才勇侯鄭棣，阮氏玉璥，范氏玉逋，阮氏玉蘭，黎氏玉璨。/

和良侯鄭栓，禮川侯鄭栻，扶禄侯鄭植，黎氏富，黎氏玉璇，武氏玉珍，武氏玉偃。/

真郡公陳②文勇，陳氏院，范氏情，陳氏僚，阮氏玉迎，阮氏玉新，阮氏玉枝，/黄氏玉淡，黄氏□。/

弘定七年③六月十七日/

司禮監掌簿、都林伯梁如山/

賜庚辰科④進士出身、竭節宣力功臣、特進、金紫榮禄大夫、奉往北使⑤、户部尚書、兼國子監祭酒、梅嶺侯、上柱國馮克寬⑥□□撰/

① "鄭楹"，是鄭氏政權的第九代領袖（1740-1767）。

② "陳"，碑原作諱字，下同，不出注。

③ "弘定七年"，當明萬曆三十四年（1606），歲次丙午。

④ "庚辰科"，《鼎鍥大越歷朝登科録》："庚辰光興三年復會試科，賜進士六名，是科至壬辰科並試于萬賴行在，雖分三甲，未有殿試。"

⑤ "奉往北使"，事見《大越史記全書》後黎世宗光興二十一年（1598）十二月初六日："先是，使臣馮克寬等齎貢物及代身金人、沈香、象牙至燕京，上表乞脩職貢。明帝見表大悦，復詔封帝爲安南都統使司都統使，管轄南國土地人民，及賜安南都統使司銀印一顆，使馮克寬等齎勑書回國。"

⑥ "馮克寬"，《鼎鍥大越歷朝科録》後黎世宗光興三年（1580）庚辰科第二甲進士出身："馮克寬，石室馮舍人，三十三歲中，兩奉使北朝，稱爲耆老而不名，仕至户部尚書兼國子監祭酒、梅郡公，贈太宰，封福神。"

○六六　清烈社朱文貞公等先賢碑記

引言

此碑立於河東省青池縣清烈總清烈社中村文廟，爲文廟前第一碑。碑刻雙面，分拓於拓片編號 00856/00857。00856 共十二行字，滿行約三十一字，碑額題有“先賢碑誌”四字；00857 共十二行字，滿行約三十三字，碑額題有“皇朝乙丑”四字，今依内容及性質重定篇題爲“清烈社朱文貞公等先賢碑記”。碑文撰者爲宣光省按察使黄廷專，兩面均無花紋。年代署作景興（Cảnh Thống）十八年（1757），景興爲後黎顯宗（Lê Hiến Tông）黎維祧（Lê Duy Diêu）年號，同年爲清乾隆二十二年，歲次丁丑，但據原文摘要所載，碑文上“黎景興”三字係僞造，推斷真實立碑年應爲翼宗嗣德（Tự Đức）十八年（1865），歲次乙丑。拓片現藏於漢喃研究院。

據拓片 00857 内容，瓊官社諸文廟均供奉越國大儒朱文安。中村斯文會於園潭區建文廟，唯地小局促。嗣德十六年（1864），秀才武輝耀與村民議重修新廟，建正中三間並左右講武堂，新祠完成，乃供奉朱文安與三位地方先賢，三位光賢分别爲朱三醒（朱文安之子）、朱廷寶（朱文安四世孫），及李陳坦。拓片 00856 刻有四位先生功名及官職。

按，朱文安（Chu Văn An，1292–1370），字靈澤，一作“泠澈”，號樵隱，籍貫清潭縣光烈社文村（今屬越南河内市清池縣清烈社）。陳朝時期大儒。歷任國子監司業、國子監祭酒等職。後隱居授徒。卒賜謚號“文貞公”並從祀文廟。著有《四書説約》《樵隱詩集》《國語詩集》《醫學要解集注》等書。

00856
先賢碑誌

編號：00856　出自《拓片總集》第一册（下同）

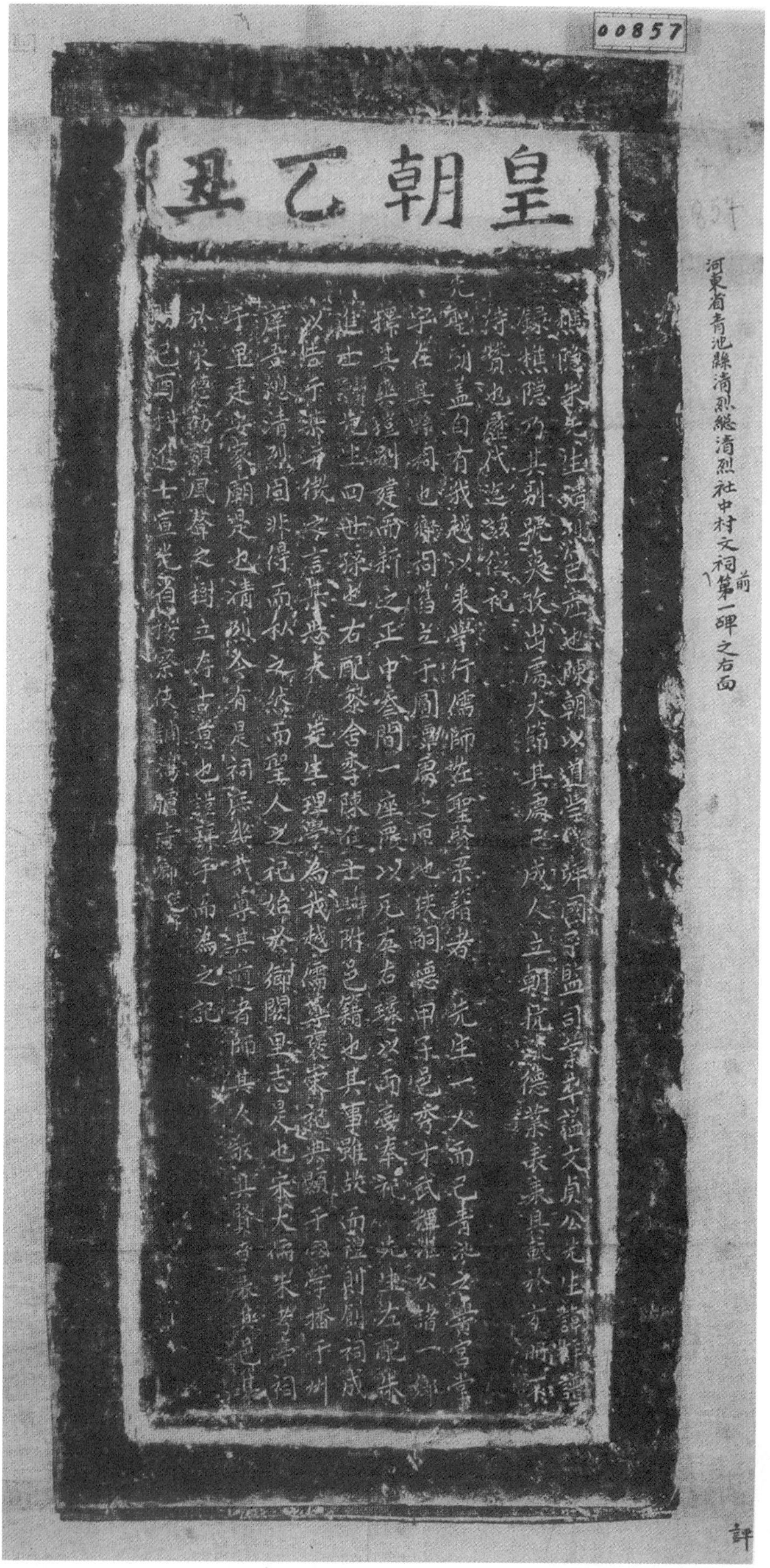
00857
皇朝乙丑
河東省青池縣清烈總清烈社中村文祠前第一碑之右面

編號：00857

釋文

先賢碑誌[①]

常信府青池縣清烈總清烈社舊元/烈仝社斯文等，爲修作祠址奉祀/　　　　　先賢，追述姓號事跡，具鐫于左。/

第一位/

陳朝國子監司業、追贈文貞公、從祀文廟，朱夫子[②]，號樵隱姓朱/諱安，賜謚康節先生，欽奉/　　　　　皇朝加贈潔行芳名懿矩清規卓偉上等神；/

第二位/

辛亥科鄉試中選、翰林院直學士、左刑院大夫，朱先生□□□/□□□/；□□進士□□□□□□□/本邑仍從□□□□□□。/

第三位/

甲辰科進士、中書監、典書朱先生諱廷寶，朱夫子/四世孫[③]；/

第四位/

己丑科進士、右司講、署興化處留守、贈兵部尚書、綏郡公，褒封大王，賜謚敏達李先生[④]。□□□□□□□/□□□□□□□/

黎景興[⑤]拾捌年歲次乙丑拾壹月拾五日[⑥]/

---

① 此爲拓片編號 00856 之額題，今重定篇題爲“清烈社朱文貞公等先賢碑記”。

② “朱夫子”，即朱文安。

③ 朱廷寶，據《鼎鍥大越歷朝登科録》後黎聖宗洪德十五年（1484）甲辰科第三甲同進士出身記載：“朱廷寶，清潭光烈人，三十三歲中，使奉，文安之曾孫。”

④ 按，“敏達李先生”應即景興三十年己丑科同進士出身李陳坦，據《鼎鍥大越歷朝登科録》後黎顯宗景興三十年（1769）乙丑科第三甲同進士出身：“李陳坦，維先黎舍人，四十九中應制合格，仕至侍讀右司講，出鎮興化，尋卒，贈刑部右侍郎，侯爵，贈尚書郡公爵，褒封大王。”

⑤ 按《越南漢喃碑銘拓片目録提要》説明，碑上的“黎景興”三字爲僞造。而依碑上記載的“十八年”與“乙丑年”推測，應爲阮翼宗嗣德十八年（1865），當清同治四年。

⑥ 以上爲拓片編號 00856 之内容。

皇朝乙丑[①]

樵隱朱先生，清烈邑産也，陳朝以道學，徵[拜]國子監司業，卒謚文貞公。先生諱詳譜/録，樵隱乃其别號。夷攷[②]出處大節，其處己成人，立朝抗疏，德業表表，具載於方册，不/待贊也。歷代迄兹從祀/　　　　先聖廟，蓋自有我越以來，學行儒師在聖賢系籍者，　先生一人而已。青池之黌宫堂/宇，在其縣祠也。鄉祠舊立于圓潭處，之原地狹，嗣德甲子，邑秀才武輝耀公[詣]一鄉，/擇其爽塏[③]，别建而新之，正中叁間，一座覆以瓦，左右環以兩廡，奉祀　先生，左配朱/進士諱廷/竇，先生四世孫也。右配黎舍李陳進士諱/坦，附邑籍也，其事雖故，而禮則創[④]。祠成，/以告于某，并徵之言。某思夫　先生理學爲我越儒尊，褒崇祀典，顯于國學，播于州/庠，吾總清烈，固非得而私之。然而聖人之祀，始於鄉，闕里[⑤]志是也；宋大儒朱考亭[⑥]祠/于里，建安[⑦]家廟是也。清烈今有是祠，庶幾哉！尊其道者師其人，敬其賢者表其邑，其/於崇德勸類，風聲之樹立，存古意也。謹拜手而爲之記。/

賜己酉科進士、宣光省按察使、調鴻臚寺卿[廷專][⑧]/[⑨]

---

① 此爲拓片編號 00857 之額題。

② “夷攷”，見《孟子・盡心下》：“古之人，夷考其行而不掩焉者也。”趙岐注：“夷，平也，考察其行，不能掩覆其言，是其狂也。”攷，“考”之異體字。

③ “爽塏”，高爽乾燥。見《左傳・昭公三年》：“景公欲更晏子之宅，曰：‘子之宅近市，湫隘囂塵，不可以居，請更諸爽塏者。’”杜預注：“爽，明；塏，燥。”

④ “創”，即“新造”。見《漢書・班固敘傳》：“叔孫奉常，與時抑揚，税介免胄，禮義是創。”師古曰：“創，始造之，音初良反。”

⑤ “闕里”，孔子的家鄉。

⑥ “朱考亭”，即朱熹。

⑦ “建安”，朱熹的家鄉。

⑧ “廷專”，即黄廷專（Hoàng Đình Chuyên），阮翼宗嗣德二年（1849）己酉科第三甲同進士出身。《皇朝嗣德貳年己酉會試科進士題名碑》編號 16479 記載：“黄廷專，舉人，年庚壬申參拾捌歲，河内省常信府，青池縣清烈總，苓唐社苓唐村。”

⑨ 以上爲拓片編號 00857 之内容。

○六七　光烈社甲中村斯文會先賢碑記

引言

此碑立於河東省青池縣清烈總清烈社中村文祠，爲祠前第二碑。碑刻三面，拓片編號00858/00859/00860。拓片編號00858爲碑前，共七行字，滿行約二十一字，碑額題“先賢碑記”四字；拓片編號00859爲碑後，共一行，計十七字，碑額題“百福增隆”四字；拓片編號00860爲碑左，共五行，滿行約三十一字，今内容與性質重定篇題爲“光烈社甲中村斯文會先賢碑記”。碑三面之兩側均刻有纏枝蓮紋，碑底均刻蓮座。年代署作景興（Cảnh Hưng）二十六年（1765），景興爲後黎顯宗（Lê Hiến Tông）黎維祧（Lê Duy Diêu）年號，同年爲清乾隆三十年，歲次乙酉。拓片現藏於漢喃研究院。

碑文記載光烈社甲中村斯文會修作祠宇，以供奉光烈社先賢朱文安與朱廷寶，並簡述二人之事蹟。

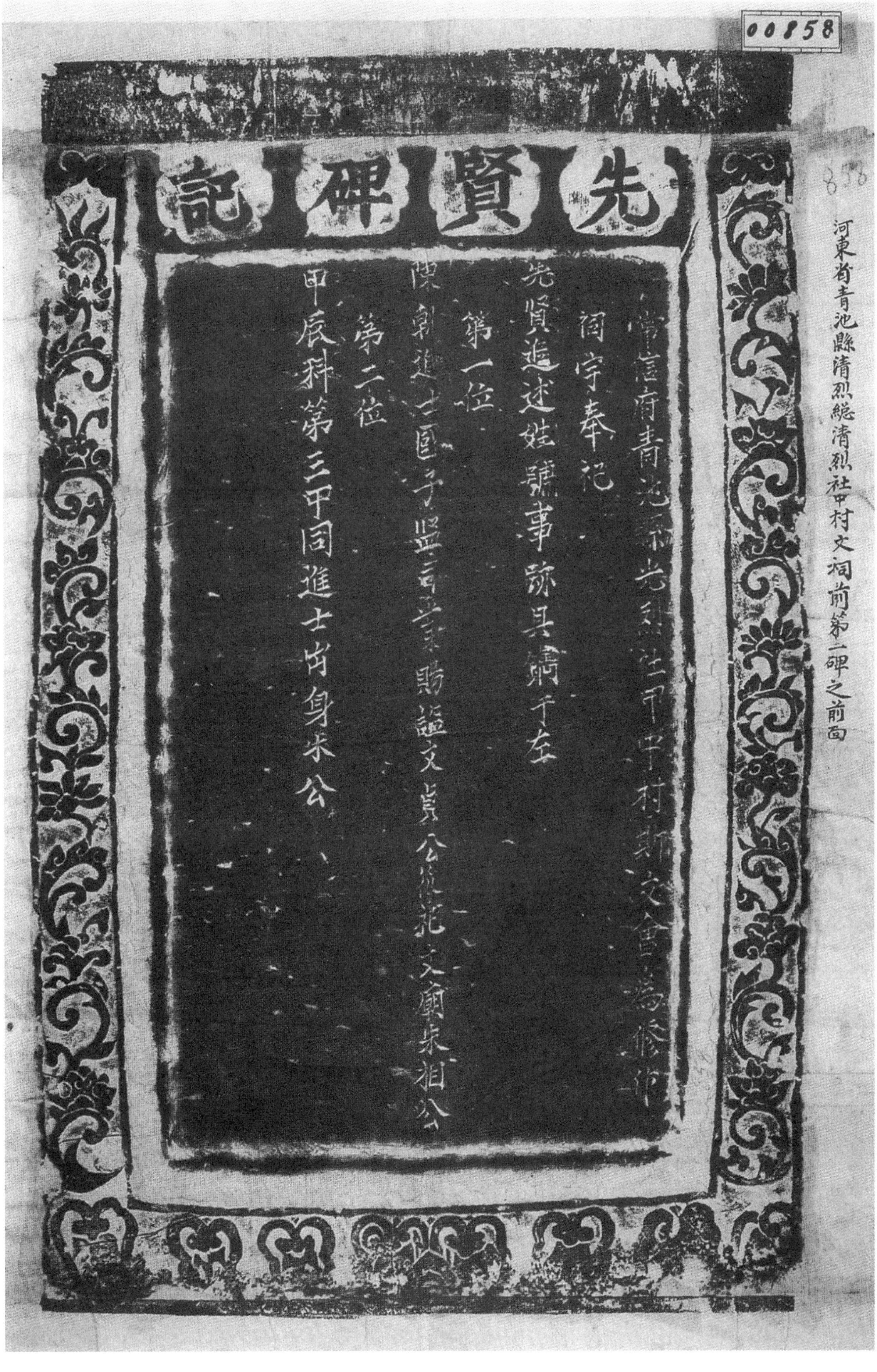
00858
858
先賢碑記
常信府青池縣光烈社甲中村斯文會為修作
祠宇奉祀
先賢進述姓號事跡具鐫于左
第一位
陳朝進士國子監司業贈謚文貞公從祀文廟朱祖公
第二位
甲辰科第三甲同進士出身朱公

河東省青池縣清烈總清烈社中村文祠前第一碑之前面

編號：00858　出自《拓片總集》第一冊（下同）

00859
百福增隆
皇朝景興貳拾陸年歲在乙酉仲夏穀日立
河東省青池縣清烈總清烈社中村文祠前之第二碑之後面

編號：00859

00860
1986
860
河東省青池縣清烈總清烈社中村文祠前之左面
第二碑

編號：00860

釋文

先賢碑記①

常信府青池縣光烈社甲中村斯文會，爲修作/祠宇奉祀/　　　　　先賢，追述姓號事跡，具鐫于左。/

第一位：/

陳朝進士、國子監司業、賜謚文貞公，從祀文廟朱相公；/

第二位：/

甲辰科第三甲同進士出身朱公②。/③

百福增隆④

皇朝景興貳拾陸年歲在乙酉⑤仲夏穀日立⑥/

朱相公字文安，本社文村人，陳朝擢進士第，歷仕四世，時或家居授徒，開[泰]⑦就徵爲/國子監司業。迨紹豐⑧間上疏乞斬佞臣七人，陳主不悟，即日掛冠辭歸至靈山⑨。累/朝榮加登

---

① 此爲拓片編號 00858 之額題，今重定篇題爲“光烈社甲中村斯文會先賢碑記”。

② “朱公”，即朱廷寶，甲辰科進士、中書監、典書，朱夫子四世孫。《鼎鍥大越歷朝登科録》後黎聖宗洪德十五年（1484）甲辰科第三甲同進士出身記載：“朱廷寶，青潭光烈人。三十三歲中。奉使。朱文安之曾孫。”

③ 以上爲拓片編號 00858 之内容。

④ 此爲拓片編號 00859 之額題。

⑤ “皇朝景興貳拾陸年歲在乙酉”，當清乾隆三十年（1765）。

⑥ 以上爲拓片編號 00859 之内容。

⑦ “開泰”（Khai Thái），陳明宗陳奣年號（1324–1329），共五年，當元泰定元年至天曆二年。

⑧ “紹豐”（Thiệu Phong），陳裕宗陳暭年號（1341–1357），共十七年，當元至正二年至十七年。

⑨ 事見《大越史記全書・本紀》卷七“陳藝宗紹慶元年十一月”：“國子監司業朱安卒，贈文貞公，賜從祀文廟。安清潭人，性剛介，清修苦節，不求利達，居家讀書，學業精醇，名聞遠近，弟子盈門，躡青雲登政府者，往往有之。如范師孟、黎伯适已爲行遣，亦各執子弟禮……明宗徵拜國子監司業，授太子經。裕宗逸豫，怠于政，權臣多不法，安諫不聽，乃上書乞斬佞臣七人，皆權幸者，時人號《七斬疏》。疏入不報，遂掛冠歸田里，愛至靈山，往居之。”

秩，至今爲福神，其〇祠宇夾在文村，乃縣國享祀之所，斯其本社私祀焉。/

朱公乃〇朱相公之曾孫，字廷寶，本朝洪德十五年甲辰科擢第二甲同進士出身/，本社從來奉祀，敬列第二位焉。/[①]

① 以上爲拓片編號 00860 之内容。

〇六八　清烈社小科碑記

引言

碑立於河東省青池縣清烈總清烈社中村文祠，爲祠前第四碑。碑刻單面，拓片編號00861，共五行字，滿行約二十七字，碑額題“小科碑誌”四字，今依地點及額題定篇題爲“清烈社小科碑記”。年代署作皇朝十八年歲次乙丑，據篇號〇六六《清烈社朱文貞等先賢碑記》引言所述，推斷立碑年號應爲阮翼宗（Nguyễn Dực Tông）阮福時（Nguyễn Phúc Thì）嗣德（Tự Đức）十八年（1865），同年爲清同治四年，歲次乙丑。拓片現藏於漢喃研究院。

碑文記載清烈社斯文會修作祠堂，右以奉祀阮朝明命帝（Minh Mạng）帝阮福晈（Nguyễn Phúc Kiểu）明命十二年（1831）辛卯科秀才阮錦，及翼宗阮福時嗣德元年（1848）丙申科秀才阮登兩位先賢。

00861
河東省青池縣清烈總清烈社中村文祠前第四碑
小科碑誌
先賢環以兩廡右邊以歷科秀才共拱號具鐫于左
明命辛卯科秀才姓阮諱錦號良能
丙午嗣德戊申恩科秀才姓阮諱登字善如號雙濟

編號：00861　出自《拓片總集》第一册

釋文

小科碑誌[①]

常信府清池縣清烈總清烈社舊光/烈仝社斯文會，爲修作祠址叁間，奉祀/先賢，環以兩廡，右配以歷科秀才，其姓號具鐫于左。/

明命辛卯科秀才，姓阮諱錦，號良能；/

[紹]治[②]丙午嗣德丙申　恩科秀才，姓阮諱登，字善如，號雙清。/

皇朝　　拾捌年歲次乙丑仲冬穀旦/

① 此爲拓片編號 00861 之額題，今依地點及額題定篇題爲“清烈社小科碑記”。

② “治”，前應有一“紹”，當爲漏刻。今據上下文義補。

〇六九　清烈社中科碑記

引言

碑立於河東省青池縣清烈總清烈社中村文祠，爲祠前第三碑。碑刻單面，拓片編號00862，共六行字，滿行約二十八字，碑額題“中科碑誌”四字，今依地點及額題定篇題爲“清烈社中科碑記”。碑邊刻有紋飾，碑額刻有雙龍昭日，左右兩邊刻有龍紋。年代署作皇朝十八年歲次乙丑，據篇號〇六六《清烈社朱文貞公等先賢碑記》引言所述，推斷立碑年號應爲阮朝翼宗（Nguyễn Dực Tông）阮福時（Nguyễn Phúc Thì）嗣德（Tự Đức）十八年（1865），歲次乙丑，同年爲清同治四年。拓片現藏於漢喃研究院。

碑文記載村中村斯文會修作祠堂，左以奉祀歷科舉人中格嘉福知縣阮福海、郊鄰府儒學訓導阮奮翼，及辛卯科舉人三農縣知縣文林郎阮朋伯三位先賢。

00862
中科碑誌
河東省青池縣清烈總清烈社中村文祠前第三碑

編號：00862　出自《拓片總集》第一冊

釋文

中科碑誌①

常信府清池縣清烈總清烈社舊光/烈仝社斯文會，爲修作祠址叁間，奉祀/　　　　　　先賢，環以兩廡，左配以歷科舉人中格鐫，其姓號、事蹟具鐫于左。/

黎朝訓導富平府歷陞嘉福縣知縣阮貴公，字福海，謚質直清齋先生　　田寄忌中村斯文會/遞年四月初九日。/

黎朝侍内文職二跡將仕郎奉鄰府儒學訓導阮貴公，字奮翼，謚敦正先生田寄忌下甲□□□□□烈□□田/在棣□處拾尺□□□□于祠□□前。/

辛卯科舉人三農縣知縣文林郎，字朋伯，號清勤，謚敦庸阮先生。/

皇朝　　拾捌年歲次乙丑仲冬穀旦/

① 此爲額題，今重定篇題爲“清烈社中科碑記”。

○七○　清烈社范氏田寄忌碑記

引言

碑立於河東省青池縣清烈總清烈社中村寺内。碑有二，拓片編號 00878/00877。按拓片題簽云，拓片編號 00877 爲寺内左邊第二碑，共十五行字，滿行約三十八字；拓片編號 00878 爲左邊第一碑，共二十二行，滿行約二十二字，有界綫，碑額題“范氏田寄忌碑誌”七字，今依此額題與立碑地點重定篇題爲“清烈社范氏田寄忌碑記”。拓片編號 00877 之碑四邊有紋飾，碑額有二層，内層爲花紋，外層爲雙龍昭日，其餘三側似爲花草紋；拓片編號 00878 之碑四邊爲花草紋。碑文撰者武耀。年代署作永佑辛巳，但據《越南漢喃碑銘拓片目録提要》所載，碑上年號“永佑”係僞造，推斷真實立碑年應爲阮翼宗（Nguyễn Dực Tông）阮福時（Nguyễn Phúc Thì）嗣德（Tự Đức）三十四年（1881），歲次辛巳。拓片現藏於漢喃研究院。

碑文記載，范氏田年輕守寡無子嗣，爲有祭祀香火，於己巳年間捐四甲一畝五尺地及錢四十八緡於寺廟，以忌供公婆、亡夫與自身，並刻碑銘記。十三年後，因碑舊生苔模糊不清，范氏田謀重刻舊碑，又逢社内四甲館因颶雨倒塌，故范氏捐資五十緡以助重修與立碑。並於另一碑上記載忌節田錢及各條例。

00878
范氏田寄忌碑誌

編號：00878　出自《拓片總集》第一冊（下同）

00877
河東省青池縣清烈總清烈社中村寺內左边第二碑

編號：00877

釋文

范氏田寄忌碑誌[①]

歲己巳　皇朝　萬年之廿二，恭值　國母六旬慶節，/敕所在地方旌褒節婦，嘉異行也。辰盛夏，余方避暑小齋，/一日，邑范氏適來言曰："姥今行年五十五，有義子三四，田/畝五六，舅姑、生父母各置田，交族屬管，以供忌臘[②]。念三十/年前，居寡食貧，以有今日，生父母、身夫婦百年後計尚闕，/姥雅愛禪，欲捐田貳高寄寺僧，再捐田壹畝五尺、錢肆拾/捌緡寄先夫所附南上下掖東兑四甲，以爲萬年香火計。/勒諸石以誌其事。"請余記，余曰："有心哉！古人云心昌者其/言昌，姥非其人歟！余聞無窮者，爲善之念；不死者，後世之/名。姥居孀三十餘年，共伯賢姜之泛柏[③]，夏侯令女之截髮[④]，/苦節貞心，真足千古。姥之心利以居貞，而其事勇於爲善，/塑佛[⑤]像則捐貲以給禪僧，添祠器則出錢以資邑甲。一片/婆[⑥]心，由其身以及其親，人依子孫之氣脈以爲後，姥依一/鄉之香火以爲後。無窮者善，不死者名，後之閱是碑者，姥/其將有辞乎！　聖朝褒奬節婦，恨無有表而揚之，以食報/於一國，而猶得食報於一鄉，余樂道夫人之善，因其來言，僭/出數語以誌。噫！世有以一錢爲命，而欲樹無邊福田[⑦]，其視/姥爲何如也？其後十有三稔，石碑蘚剥，字行烟滅，姥謀易/石而重鐫之，且刻姥本像，適值颶風，四甲館倒墜，姥再捐/錢五十緡以助重修，并記于後。"至如忌節田錢及各條例/具在

---

① 此爲拓片編號 00878 之碑額，今依内容及性質重定篇題爲"清烈社范氏田寄忌碑記"。

② "忌臘"，見（明）田藝衡撰《玉笑零音》："人之初生，以七日爲臘；人之初死，以七日爲忌。一臘而魄成，故七七四十九日而七魄具矣。一忌而一魂散，故七七四十九日而七魂泯矣。"

③ "共伯賢姜之泛柏"，典出《詩經・國風・鄘・柏舟》小序："柏舟，共姜自誓也。衛世子共伯蚤死，其妻守義，父母欲奪而嫁之，誓而弗許，故作是詩以絶之。"

④ "夏侯令女之截髮"，見《太平御覽・人事部・貞女中》引《列女傳》："譙國曹文叔妻者，同郡夏侯文寧之女，字令女。文叔早死，無子，喪畢，斷髪自誓不貳，其後家欲嫁之，又截兩耳。依文叔從兄爽，爽後被誅，文寧上書與曹氏絶婚，復欲嫁之，乃割鼻。其母謂曰：'曹氏夷滅已盡，守此欲爲誰乎！'令女曰：'仁者不以盛衰改節義者，不以存亡易心，曹氏前盛尚欲保終，況今衰滅，何忍棄之。'太傅司馬公聞而嘉嘆，聽乞子爲曹氏後。"

⑤ "佛"，碑本作"佚"。

⑥ "婆"，碑本作越南俗字。

⑦ "福田"，《成實論》卷一載"福田"之種類衆多："斷貪恚等諸煩惱盡，故名福田。……所得禪定，皆悉清淨；永離大小諸煩惱，故名福田。……能斷除五種心縛，心得清淨，故名福田。……能發心，欲行善法，尚多利益，故名福田。……諸賢聖常行善法，故名福田。"凡敬侍佛、僧、父母、悲苦者，即可得福德、功德，猶如農人耕田，能有收穫，故以田爲喻，則敬侍佛、僧、父母、悲苦者，即稱爲福田。

前碑。

邑秀士照甫武子耀謹誌

永佑辛巳嘉平月立春日重鐫①/

一碑竪在寺之左邊。/

一詳生父母、親夫姓號、忌日，并本身姓號如左。/

一顯考范貴公，字福讓，遞年肆月貳拾玖日忌。顯妣阮氏罰②，號妙良，遞年十二月十七日忌。/親夫阮加根，號純直，遞年二月十八日忌。本身范氏田，號妙潤。/

一例係臨諸忌日，本寺僧整齋一盤置牌前，告祝食文一通□行，四甲整椀五拾品、香蕉五拾菓、/芙蒥③叁拾口、金銀壹千，置牌前行禮。禮訖，本村有敬致者生父母交□范文銘，認身夫婦交長/阮加萬，認每忌敬長椀五品、香蕉五菓，敬寺僧亦依。/

一計置爲寺香燈田處所以下：

一所坐落在本社同蝩處地分貳高④陸寸東近廷疇田/，西近□舍人田。/

一計置爲四甲忌田□處所以下：/

一所在同蝩處貳高拾肆尺柒寸東近文帛田，/西近□舍人田，一所在依處壹高叁尺五寸東西□近域甲忌田。/

一所在同船處壹高貳尺貳寸東近民□田，/西近忌田，一所在頭堤處壹高陸尺陸寸東近嘉族忌田，/西近登□田。/

一所在依處拾尺陸寸東近□文田，/西近域甲忌田，一所在䦨寨處壹高柒寸東近寺田，/西近文□田。/

一所在森拾壹尺捌寸東近維漫田，/西近□村田，一所在頭堤處拾叁尺五寸東近域甲田，/西近□□田。/

一計錢肆拾捌貫，一所在□□處捌尺五寸東近□□，/西近阮□。/

---

① 以上爲拓片編號 00878 之内容。

② “罰”，喃字，“四” 的意思。

③ “芙蒥”，一種藤類植物，越文作 Cây lá trầu。與檳榔同爲喜慶時必有之象徵性植物，尤其是在傳統婚俗文化中，檳榔、芙蒥與石頭（石灰）是兄弟和睦、夫妻恩愛之象徵，迄今越南傳統式的婚禮仍然採用芙蒥、酒、檳榔等物作爲重要的禮物。詳見本書篇號○○二《瑞璋坊東甲阮氏𣈜暨夫祭忌碑記》注釋。

④ “高”，一作 “篙”“蒿”，越南計量單位 “分”，越南畝的十分之一。按越南北部地畝制，一分相當三百六十平方米；中部地畝制，則相當四百平方米。

總數田壹畝貳高五尺陸寸，錢五拾貫。/[1]

題後

以《拓片總集》第1至第4册爲調查範圍，中村寺計有以下若干碑記：

編號	篇題	年代	位置
00863-00866	光恩禪寺天臺柱石	後黎正和二十五年（1704）	中村寺後香臺
00872/00873	忌後碑記	未注明	中村寺外第一碑
00874/00875	光恩寺後佛田碑記	後黎景興三十年（1769）	中村寺後右廊第一碑
00876	光□社中村立謝氏猷後佛碑記	阮保泰帝保泰四年（1892）	中村寺後右廊第二碑
00877/00878	清烈社范氏田祭忌碑記*	推測爲阮翼宗嗣德三十四年（1881）	中村寺後内左邊第二碑/第一碑
00879/00880	光恩石柱石礄石館碑記	阮保泰帝保泰八年（1896）	中村寺軒右邊第一碑

注：* 表示此篇收入本書。

---

① 以上爲拓片編號00877之内容。此碑文據00878“至如忌節田錢及各條例/具在前碑”，原在00878碑文之前，今因閱讀方便，姑且置於00878之後。

○七一　羅内社鄧令公後佛碑記

引言

碑立於河東省慈廉縣羅内總羅内社普光寺内，爲左邊第三碑。碑刻雙面，拓片編號00884/00883。拓片編號00884爲二面之一，共九行字，滿行約三十三字，碑額題“左諒官碑”四字上刻龍紋；拓片編號000883爲二面之二，共有十二行字，滿行約三十三字，碑額題“普光後佛”四字，今參考兩碑額題與内容定篇題“羅内社鄧令公後佛碑記”。年代署作正和（Chính Hòa）十一年（1690），正和爲後黎熙宗（Lê Hy Tông）黎維祫（Lê Duy Cáp）年號，同年爲清康熙二十九年，歲次庚午，但據《越南漢喃碑銘拓片目録提要》所述，此年代係僞造，推斷真實立碑年應在阮朝或西山朝。拓片現藏於漢喃研究院。

碑文記載黎朝校生、隨往北使、祗受山圍縣官、贈諒山處左參政、綏禄男鄧令公家世顯赫，父任職工部，兄爲刑部尚書汪亭侯。羅内社華樂村尊鄧令公、其正室及側室爲後佛，其祭田由村民認耕並每年忌供，雖行之有年却未立碑，故華樂村村民乃碑記此事，並記鄧令公等三人忌日、祭田之細節以及忌供之内容。

00884
河東省慈廉縣羅內總羅內社普光寺左边第三碑二面之一
左諒官碑
天地神明照鑒
正和十一年冬月吉

編號：00884　出自《拓片總集》第一冊（下同）

00883
普光后佛
河東省慈廉縣羅内總羅内社普光寺左边第三碑二面之二

編號：00883

釋文

左諒官碑[①]

國威府慈廉縣羅內社華樂村官員斯文甲長老□仝村等爲立碑事/

嘗聞敬所敬、尊所尊，本是人情之極至；親其親、利其利，仍惟世德之永垂。本村前日/　　　　黎朝校生、隨往北使，祗受山圍縣官、贈諒山處左參政、綏祿男，鄧令公，乃○官員父工部/鄧相公之季子，○刑部尚書汪亭侯之胞弟也。奕世簪纓，一方喬閥[②]，本村於前世共協/令公與正室、側室叁位，爲普光寺後[③]/　　　　　佛[④]，其後田忌日仝村認耕。下禮經已有年，第世事叢忙[⑤]，未暇碑誌，歲月易流，人情易弛/，以永其傳。玆仝村其會勒石立碑，記頌功德，以壽其傳，嗣後其有違異者，/　　　　　天地神明照鑒。/

正和十一年[⑥]冬月吉[⑦]/

普光後佛[⑧]

一季冬月貳拾五日、□令公，字福寬忌日，後田共壹畝。/

一所淥滘粿處肆高五尺安路社/地分，一所埬平處壹高拾尺綺羅社/地分以下，一所□木處貳高拾尺，/一所瑪粘處壹高五尺。/

一仲冬月初壹日、令公正室阮氏，號慈容，忌日後田共壹畝。/

一所塘倍處叁高綺羅社地分/以下，一所塘塔處壹高，又一所伊處壹高。/

一所□溢處秧田壹高叁尺，一所淥滘粿處貳高十尺□□社/地分以下，一所衛衠[⑨]滘粿處拾叁尺。/

---

① 此爲拓片編號 00884 之額題，今重定篇題爲“羅內社鄧令公後佛碑記”。

② “喬閥”，高門閥閱之意。《後漢書・肅宗紀》建初元年詔：“每尋前世舉人貢士，或起甽畝，不繫閥閱。”注云：“《史記》曰：‘明其等曰閥，積其功曰閱。’言前代舉人務取賢才，不拘門地。”

③ “後”，碑文原作“后”。

④ “佛”，碑文原作“伕”。

⑤ “忙”，原作“恾”，據《廣韻》“恾”爲“忙”之同字。

⑥ “正和十一年”，當清康熙二十九年（1690），歲次庚午。

⑦ 以上爲拓片編號 00884 之內容。

⑧ 此爲拓片編號 00883 之額題。後佛，原作“後伕”。

⑨ “衠”，“衛”之越南俗字，下同，不另注。

一季冬月貳拾柒日，令公側室阮氏，號慈海，忌日後田共五高。/

一所暢奇處壹高羅内社/地分以下，一所暢卧處貳高拾尺，又一所伊處壹高。/一所衔頪廊粘處陸尺。/

向上共叁忌田，遞年仝村雇賣得錢若干，某忌先以五陌敬頌經禮，惟慈海忌敬叁陌[①]。/每忌買卞叁陌、薪　水叁陌，官員、甲長，卞禮豬、酒、金銀、芺葍[②]，隨時豐儉，係某人雇/田每忌整逐米粆[③]壹升，據本村□不得減少，違者罰錢陸陌爲例。/[④]

題後

以《拓片總集》第1至4册爲調查範圍，普光寺計有如下若干碑誌：

編號	篇題	年代	位置
00881/00882	後神碑記	阮世祖嘉隆十年（1811）	寺内左邊第一碑
00883/00884	羅内社鄧令公後佛碑記*	後黎熙宗正和十一年（1690）	寺内左邊第三碑
00887/00889	普光寺後佛碑記	後黎純宗龍德二年（1733）	寺内左邊第二碑（爲一碑四面，爲兩後佛碑記）
00888/00890	羅内社阮福山後佛碑記**	後黎顯宗景興十五年（1754）	
00939	普光寺碑記	壬子年	寺内左邊第四碑

注：* 表示此篇收入本書；** 表示原無題。

① “陌”，見《欽定越史通鑑綱目·正編》卷二十一“後黎盛宗光順八年”注“使錢、古錢”引黎貴惇《芸臺類語》云：“北人以百文爲一陌。本國以三十六文爲一陌，謂之‘使錢’；六十文爲一陌，謂之‘古錢’。‘使錢’十陌，乃是‘古錢’六陌，準爲‘使錢’一貫。其‘古錢’十陌乃使錢之一貫六陌四十文。使錢别名閒錢，古錢别名貴錢。”《芸臺類語·品物》引歐陽修《歸田録》及高士奇《天禄識餘》説明五代以來以七十七爲陌，爲謂之省陌；至康熙時，京師以三十二文爲一陌，更有減至三十文爲一陌；至黎貴惇生活的十八世紀中期，中原地區已經恢復一百文爲一陌。然而在越南則仍然有三十六文一陌與六十文爲一陌的用錢之法。

② “芺葍”，一種藤類植物，越文作Cây lá trầu，與檳榔同爲喜慶時必有之象徵性植物，尤其是在傳統婚俗文化中，檳榔、芺葍與石頭（石灰）是兄弟和睦、夫妻恩愛之象徵。迄今越南傳統式的婚禮仍然採用芺葍、酒、檳榔等物作爲重要的禮物。詳見本書篇號〇〇二《瑞璋坊東甲阮氏夘暨夫祭忌碑記》注釋。

③ “粆”，喃字，糯米的意思。

④ 以上爲拓片編號00883之内容。

○七二　華嚴寺碑

引言

碑立於河東省慈廉縣羅内總綺羅社寺内，爲寺内右邊第四碑。碑刻單面，拓片編號 00885，全文共十八行字，滿行約二十八字，碑額題“華嚴寺碑”四字，碑題“慈廉縣羅内、綺羅等社，太翁、老婆爲共家貲重修華嚴寺上殿碑”二十五字，今依額題爲篇題。碑四邊刻有紋飾，碑額有二層紋飾，内層爲日紋，外層以綫刻蔓草紋與其餘三邊相連。年代署作崇康（Sùng Khang）十年（1575），崇康爲莫朝莫英祖（Mạc Anh Tổ）莫茂洽（Mạc Mậu Hợp）年號，同年爲明萬曆三年，歲次乙亥。拓片現藏於漢喃研究院。

碑文記載慈廉縣羅内社、綺羅社等社民出資重修華嚴寺上殿之事，並有捐資者題名。

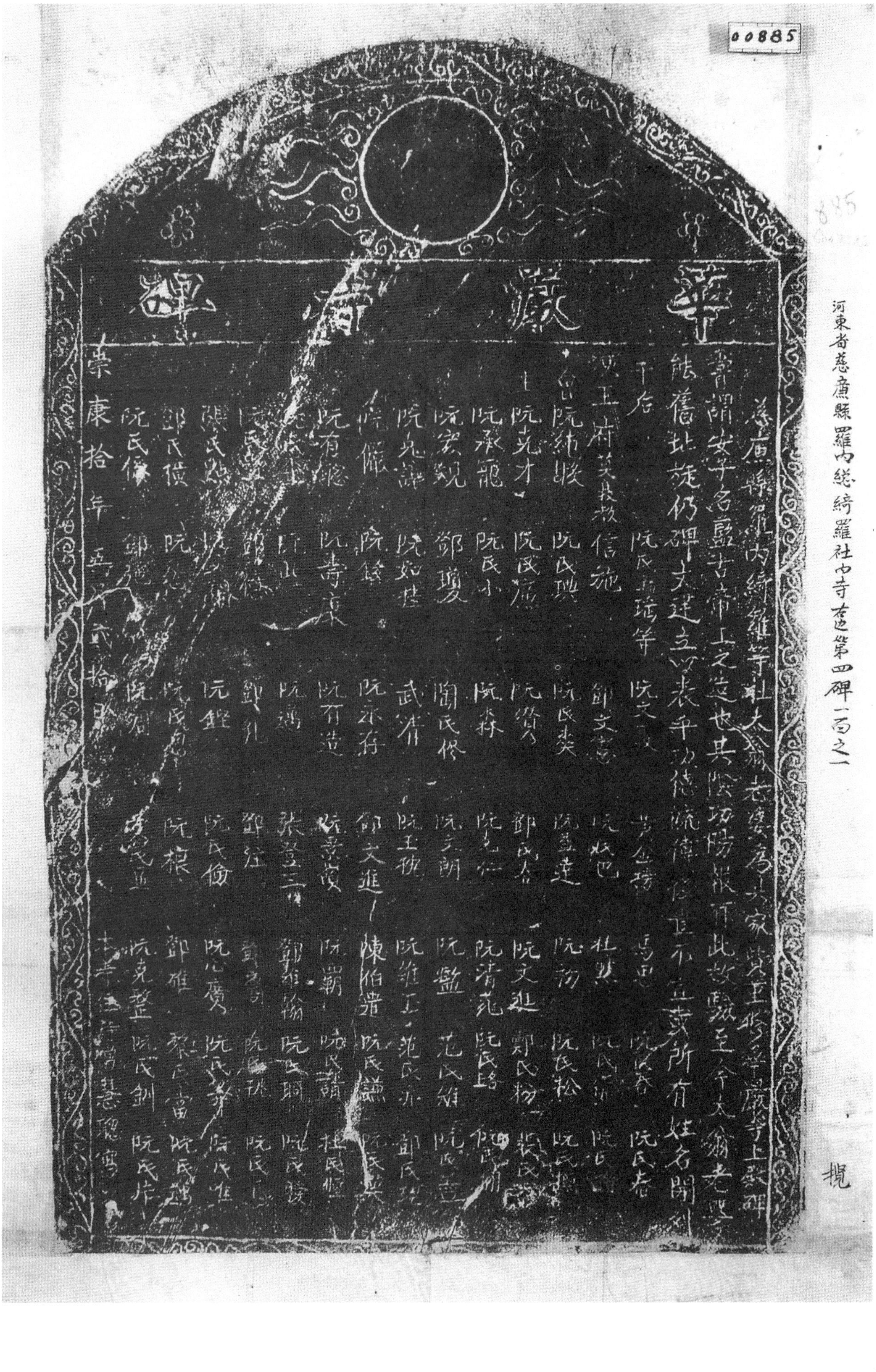
00885
華嚴寺碑
河東省慈廉縣羅内總綺羅社中寺造第四碑一面之一

編號：00885　出自《拓片總集》第一冊

釋文

【華嚴寺碑】[①]

慈廉縣羅内、綺羅等社，太翁、老婆爲共家貲重修華嚴寺上殿碑[②]

嘗謂安子[③]名藍，古帝工之造也，其陰功[④]陽報[⑤]有此效驗，至今太翁、老婆/能舊址旋仍碑文建立，以表乎功德，流傳後，豈不宜哉？所有姓名開列/于後[⑥]。

阮氏玉瑶等，阮文敦、黄金榜、馮思、阮氏春、阮氏春。/

演王府莫敦教。信施：鄧文憲，阮氏巴，杜默，阮氏仁，阮氏論。/

會主：阮純㟶，阮氏瑛，阮氏爽，阮益達，阮初，阮氏松，阮氏撫，/阮克才，阮氏廉，阮纘，鄧氏春，阮文進，鄭氏粉，裴氏□，/阮承寵，阮氏小，阮森，阮克仁，阮清苑，阮氏路，阮氏□，/阮宏規，鄧瓊，陶氏儘，阮文朗，阮監，范氏雉，阮氏蓋，/阮克讓，阮如桂，武清，阮玉枕，阮維玉，范氏亦，鄧氏□，/阮儼，阮□，阮永存，鄧文進，陳伯遣，阮氏謙，阮氏興，/阮有聰，阮壽康，阮有造，阮景嶺，阮霸，阮氏請，杜氏偃，/阮氏□，阮些，阮邁，張登三，鄧維翰，阮氏珦，阮氏暧，/阮氏□，鄧億，鄧□，鄧注，鄧裔，阮氏珧，阮氏民，/張氏點，□文瀾，阮鏗，阮氏儉，阮心廣，阮氏筭，阮氏唯，/鄧氏横，阮懇，阮氏恩，阮根，鄧確，黎氏當，阮氏邁，/阮氏□，鄧弛，阮□，□氏□，阮克整，阮氏釧，阮氏片。/

崇康拾年[⑦]五月貳拾日/

本寺住持僧慧聰寫/

---

① 此爲額題，今依此爲篇題。

② 此爲碑題。

③ “安子”，即“安子山”。見《大南一統志・海陽省・山川》：“安子山，在東潮縣東北三十五里，一名象山，左支降脈，爲海東群山之祖。……按，此山陳朝諸帝以爲參禪住庵名地，法螺、玄光皆嘗卓錫于此山。”

④ “陰功”，指不爲人所知的善行，或在人世間所做而在陰間可以記功的好事。《全宋詩》蘇轍《新作南門》：“于公決獄多陰功，自知有子當三公，高作里門車馬通。”

⑤ “陽報”，見《淮南子・人間訓》：“夫有陰德者必有陽報，有陰行者必有昭名。”

⑥ “後”，碑文原作“后”。

⑦ “崇康拾年”，當後黎世宗嘉泰三年（1575），明萬曆三年，歲次乙亥。

題後

以《拓片總集》第 1 至 4 册爲調查範圍，綺羅社寺内有四方碑記，如下：

編號	篇題	年代	位置
00885	華嚴寺碑*	莫英祖莫茂洽崇康十年（1575）	寺右邊第四碑
00886	古跡名藍華嚴寺碑	後黎神宗德隆五年（1633）	寺右邊第三碑
00924	後佛流傳萬代碑記	後黎熙宗正和十三年（1692）	寺右邊第二碑
00925	碑記	未注明	寺左邊第一碑

注：* 表示此篇收入本書。

本碑記爲四方碑記中最早的一方，刊刻於莫英宗崇康十年（1575），是少數莫朝的碑記。據碑文，華嚴寺位於安子山，《大南一統志・海陽省・山川》載："（安子山）有花煙寺，左右起浮屠院、鍾鼓樓、養僧宴客堂，山腰又有半棟宇達清涼處，中極幽僻，陳朝每歲春，御醫登山擣藥于此。"按，此山爲"陳朝諸帝以爲參禪住庵名地，法螺、玄光皆嘗卓錫于此山"。越南自丁朝以來均尊崇佛教，越南佛教三個主要的教派：毗尼多流支（Vinitaruci）派（又稱滅喜禪派、南方派）、無言通派（又稱觀壁派）與草堂派（又稱雪竇明覺派），都是來自中國地區的禪宗，也都與越南的皇室有着密切的關係。如丁先皇與（前）黎大行皇帝都以無言通派的吴真流作爲國師。至李朝，九位皇帝中就有四位是有僧人輔政，包括李太祖時期的萬行禪師，李聖宗時期的草堂禪師，李仁宗時期的枯頭禪師與李神宗時期的阮明空。草堂禪派共傳五代，其中有三位是李朝的皇帝——李聖宗、李英宗和李高宗。至陳朝，陳仁宗以帝皇之尊融合了毗尼多流支、無言通、草堂和臨濟禪派，形成屬於越南本土的越南禪宗系統，也將越南宗教帶入"一宗佛教"的路途。而安子山即爲陳朝皇帝與竹林禪派修禪的地方。有關陳黎朝的越南佛教與竹林禪派的法嗣源流，請參考紅蓼社刊板之《三祖實録》（漢喃院圖書館編號 A.786）；曹仕邦《李、陳、黎三朝的越南佛教與政治》，《新亞學報》第 10 卷，香港新亞研究所，1971 年；梁志明《略論越南佛教的源流和李陳時期越南佛教的發展》，《東南亞史論集》，河南人民出版社 1987 年版；張小欣《淺談禪宗在越南歷史上的傳播及其文化影響》，《東南亞》2003 年第 2

期；［越］沈氏月娥《壇經“無相戒”對越南竹林禪派的影響》，《文藝生活》2011年第9期；耿慧玲《佛耶·儒耶·儒學家在越南陳朝的困境》，“越南儒學近代東亞”國際學術研討會論文，2012年10月臺北。

○七三　羅溪社黎鑑後神碑記

引言

碑立於河東省慈廉縣羅内總羅溪社慶延寺，爲寺前庭右軒第四碑。碑刻雙面，有界綫，拓片編號 00897/00896。拓片編號 00897 爲二面之一，共十四行，滿行約四十字，碑額題“後神碑記”四字，碑題“羅溪社後神碑記文”八字；拓片編號 00896 爲二面之二，共十五行，滿行約三十五字，今依此碑文内容與性質重定篇題爲“羅溪社黎鑑後神碑記”。兩面皆有紋飾，拓片編號 00897 碑額爲雙龍昭日，兩邊飾以纏枝花紋，碑底爲蓮座；拓片編號 00896 之額題刻有日紋與雲紋，兩邊以雲紋爲主。碑文撰者快州府知府阮有翼，書者首合書寫工番吴尊達。年代署作正和（Chính Hòa）二十四年（1703），正和爲後黎熙宗（Lê Hy Tông）黎維祫（Lê Duy Cáp）年號，同年爲清康熙四十二年，歲次癸未。拓片現藏於漢喃研究院。

碑文記載羅溪社斯文仝生徒黎鑑學識淵博、精於醫術、能通道教，曾捐資以助於羅溪社社務，社民感念其恩故保其爲神，爲此黎鑑再捐七十貫錢，及牛、酒、具盤等物，文末記黎鑑生時與百歲之後應享之待遇，日後羅溪社不再祭祀後需償還款項與利息等内容，並録有作保之官員姓名。

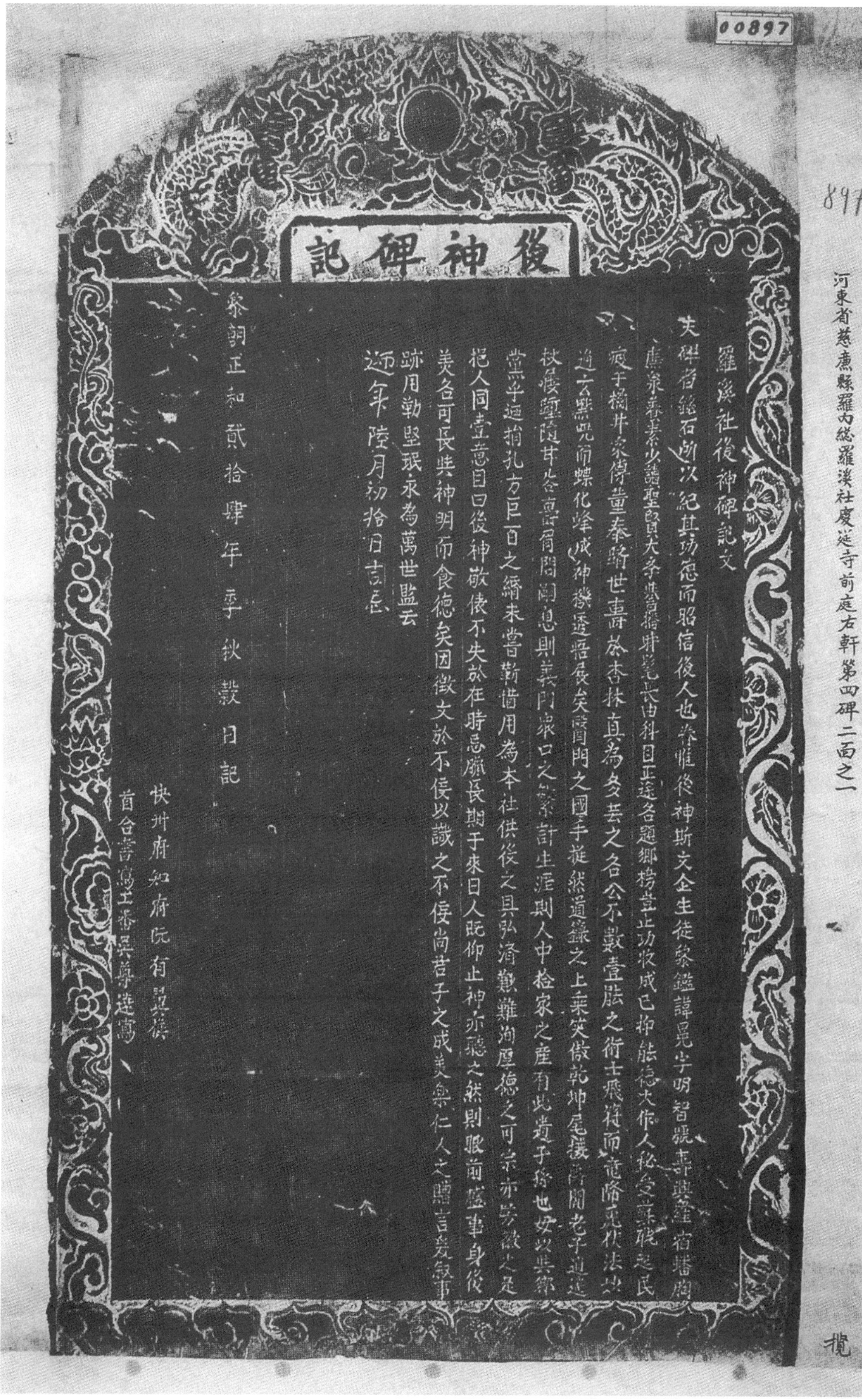
後神碑記
羅溪社後神碑記文

河東省慈廉縣羅內總羅溪社慶延寺前庭右軒第四碑二面之一

編號：00897　出自《拓片總集》第一冊（下同）

河東省慈廉縣羅內總羅溪社慶延寺前庭右軒第四碑二面之二

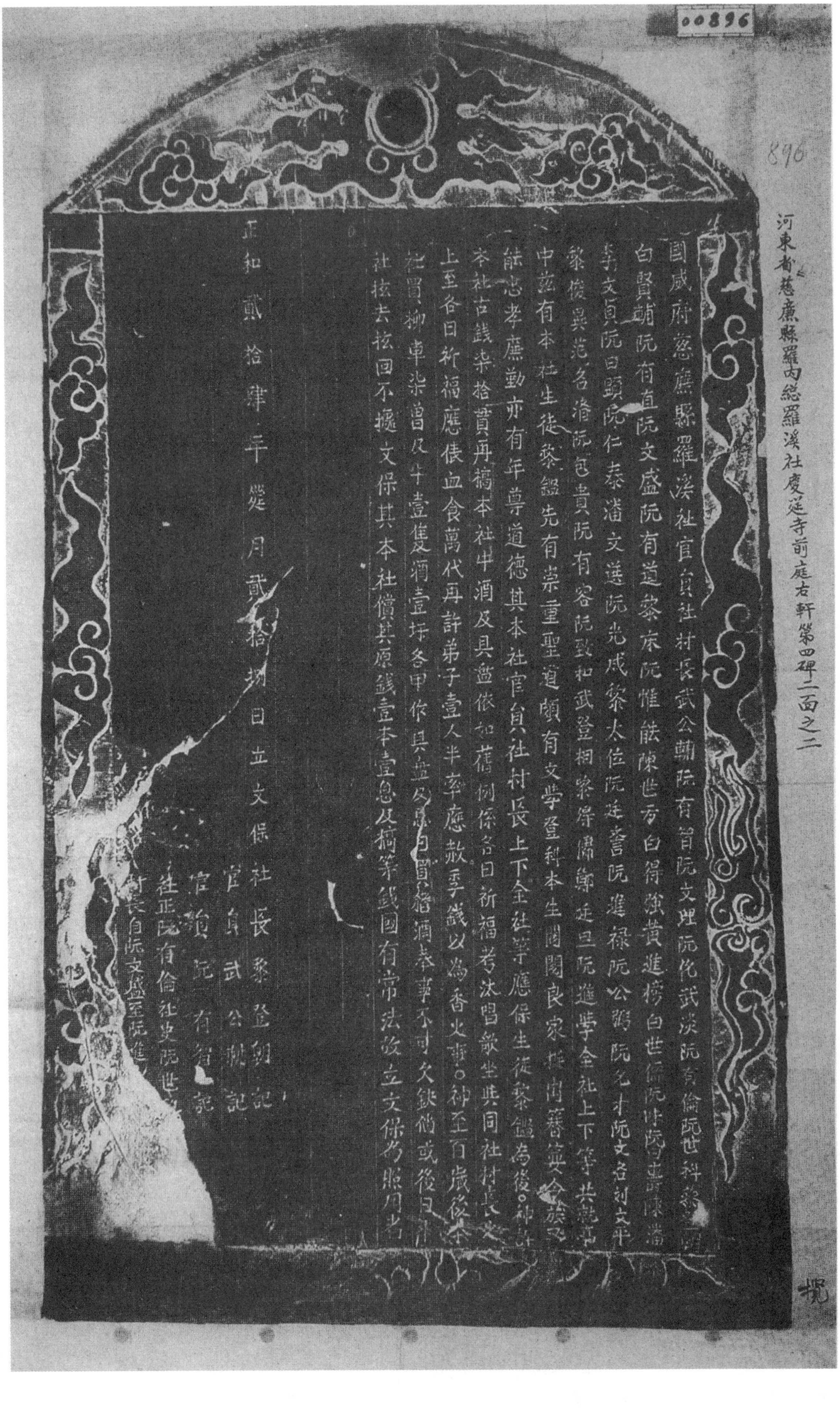
00896
國威府慈廉縣羅溪社官員社村長武公輔阮有智阮文理阮伦武淡阮有倫阮世科黎
白賢輔阮有直阮文盛阮有道黎庥阮惟能陳世秀白得強黃進榜白世信阮性阮智黃陳潘
李文員阮日顯阮仁泰潘文遂阮光咸黎太位阮廷意阮進祿阮公鶴阮名才阮文各刘文平
黎俊異范各潘阮包貴阮有容阮致和武登桐黎得佛鄭廷旦阮進學全社上下等共
中茲有本社生徒黎鐙先有崇重聖道頗有文學登科本生閣良家
能忠孝廉勤亦有年尊道德其本社官員社村長上下全社等應保生徒黎鐙為後。神許
本社古錢柒拾貫再禱本社中酒及具盤依如舊例係各日祈福考沐畧歛坐與同社村長
上至各日祈福應俵血食萬代再許弟子壹人半率應敬季錢以為香火事。神至百歲後
社買柳卓柒曽及午壹隻酒壹坏各甲作具盤及
社核去核回不擬文保其本社償其原錢壹本壹息及禱第錢國有常法故立文保為照用者
正和貳拾肆年癸月貳拾捌日立文保
社長黎登朝記
官員武公輔記
官阮有智記
社正阮有倫社史阮世科
村長白阮文盛至阮進

編號：00896

釋文

【後神碑記】

羅溪社後神碑記文[①]

夫碑者，銘石所以紀其功德，而昭信後人也；眷惟後神斯文仝[②]生徒[③]黎鑑，諱冕，字明智，號壽興，羅宿[④]蟠胸[⑤]，/廉泉[⑥]養素[⑦]。少讀聖賢，大學譽播時髦；長由科目，正途名題鄉榜。豈止功收成已，抑能德大作人。秘受蘇職，起民/疲于橘井[⑧]；家傳董奉，躋世壽於杏林[⑨]，

---

① 此爲碑題。今重定篇題爲“羅溪社黎鑑後神碑記”。

② “仝”，喃字，有“主”的意思。

③ “生徒”，見《欽定越史通鑑綱目·正編》卷十九“後黎聖宗光順三年”注記載：“生徒，鄉試中三場，謂之生徒。黎初衙吏多以監生、儒生、生徒爲之。”

④ “羅宿”，見王逸《楚辭·九章》“如列宿之錯置”注：“皇天羅宿，有度數也。”又，《藝文類聚·木部上》引（晉）劉柔妻王氏《春花賦》：“爛若羅宿之垂光，灼若隋珠之宵列。”

⑤ “蟠胸”，指滿腹或廣闊的心胸。（宋）袁燮《絜齋集·送治中楊司直》：“岷蜀古多士，聲名爭頡頏。……蟠胸富籌策，振羽方翱翔。”姚椿《題杜陸兩家詩集》：“朝廷尚多難，生理困愁疾；萬象入蟠胸，隻字歌中律。”

⑥ “廉泉”，比喻爲官廉潔，也可比喻風土習俗淳美。《晉書》卷九〇《吴隱之傳》：“廣州包帶山海，珍異所出，一篋之寶，可資數世，然多瘴疫，人情憚焉。唯貧窶不能自立者，求補長史，故前後刺史皆多黷貨。朝廷欲革嶺南之弊，隆安中，以隱之爲龍驤將軍、廣州刺史……未至州二十里，地名石門，有水曰貪泉，飲者懷無厭之欲。隱之既至……酌而飲之，因賦詩曰：‘古人云此水，一歃懷千金。試使夷齊飲，終當不易心。’及在州，清操踰厲。……贊曰：‘猗歟良宰，嗣美前賢。威同御黠，静若烹鮮。唯嘗吴水，但挹貪泉。人風既偃，俗化斯遷。’”又，《南史》卷四十七《胡諧之傳》：“（范）柏年本梓潼人，土斷屬梁州華陽郡。初爲州將，劉亮使出都諮事，見宋明帝。帝言次及廣州貪泉，因問柏年：‘卿州復有此水不?’答曰：‘梁州唯有文川、武鄉，廉泉、讓水。’又問：‘卿宅在何處?’曰：‘臣所居廉讓之間。’帝嗟其善答，因見知。”

⑦ “養素”，謂修養並保持其本性。《文選》載嵇康《幽憤詩》：“爰及冠帶，馮寵自放。抗心希古，任其所尚。託好老莊，賤物貴身。志在守樸，養素全真。”張銑注：“養素全真，謂養其質以全真性。”

⑧ “橘井”，喻良藥。語出《太平廣記·蘇仙公》：“（蘇仙公謂母曰）明年天下疾疫，庭中井水，簷邊橘樹，可以代養。井水一升，橘葉一枚……來年，果有疾疫。遠近悉求母療之，皆以水及橘葉，無不愈者。”

⑨ “杏林”，喻良醫。語出葛洪《神仙傳·董奉》：“君（董奉）異居山間，爲人治病，不取錢物，使人重病癒者，使栽杏五株，輕者一株，如此數年，計得十萬餘株，郁然成林。”

真爲多藝[①]之名公，不數壹能[②]之術士。飛符[③]而龍[④]降兔伏，法妙/通玄；默呪而蝶化蜂成，神機透悟。展矣醫門之國手，挺然道籙之上乘，笑傲乾坤。尾□繼開，老子逍遥；/杖屨踵隨，甘谷壽眉[⑤]。問嗣息，則義門衆口之繁；計生涯，則人中拾家之產。有此遺子孫也，毋以與鄉/黨乎？廼捐孔方[⑥]巨百之緡，未嘗靳惜；用爲本社供役之具，弘濟艱難。洵厚德之可宗，亦芳徽之足/挹，人同壹意，目曰後神，敬俵[⑦]不失於在時，忌臘[⑧]長期于來日，人既仰止[⑨]，神亦聽之。然則眼前盛事，身後/美名，可長與神明而食德矣。因徵文於不佞[⑩]以識之，不佞尚君子之成美[⑪]，樂仁人之贈言[⑫]，爰敘事/跡，用勒堅珉，永爲萬世監云。/

遞年陸月初拾日吉忌。/

黎朝正和貳拾肆年季秋穀日記/

快州府知府阮有翼撰/

---

① “多藝”，喻能爲政。《尚書·金縢》：“予仁若考，能多材多藝，能事鬼神。”“藝”，原作“芸”，據《角川漢和中辭典·艸部》，“芸”爲“藝”之異體。

② “壹能”，專一之技能。見《吕氏春秋·知度》：“正性是喜，羣衆不周，而務成一能。”高誘注：“一能，專一之能。”王符《潛夫論·實貢》：“一能之士，各貢所長。”

③ “飛符”，謂祭起符籙。見顧況《步虚詞》：“迴步遊三洞，清心禮七真。飛符超羽翼，禁（焚）火醮星辰。”

④ “龍”，原爲俗字“竜”，故改之，下同，不另注。

⑤ “甘谷壽眉”，見《太平廣記·飲甘菊谷水》：“南陽酈縣山中有甘谷水，所以甘者，谷上左右皆生甘菊，菊花墮其中，歷世彌久，故水味爲變。其臨此谷中居民，皆不穿井，悉飲甘谷水，飲者無不考壽，高者百四五十歲，下者不失八九十，無夭年，人得此，菊力也。”

⑥ “孔方”，錢的謔稱。語出（宋）鄭樵《通志·隱逸傳·魯褒》：“魯褒字元道，南陽人也。好學多聞以貧素自立。……著《錢神論》以刺之，其略曰：‘錢之爲體，有乾坤之象，内則其方，外則其圓。……爲世神寳，親之如兄，字曰孔方。失之則貧弱，得之則富昌。無翼而飛，無足而走，解嚴毅之顏，開難發之口。’”

⑦ “俵”，通“表”，顯揚表彰之意。《隸釋·漢濟陽太守孟郁修堯廟碑》：“復刊碑勒諜，昭示來世，俵著孟府君美勛於陽眛。”

⑧ “忌臘”，見（明）田藝衡《玉笑零音》：“人之初生，以七日爲臘；人之初死，以七日爲忌。一臘而魄成，故七七四十九日而七魄具矣。一忌而一魂散，故七七四十九日而七魂泯矣。”

⑨ “仰止”，嚮往仰慕的意思。《詩經·小雅·甫田之什·車舝》：“高山仰止，景行行止。四牡騑騑，六轡如琴。”

⑩ “不佞”，即“不才”，是對自己的謙稱。見《國語》：“寡君不佞，不能事疆埸之司。”韋昭注：“佞，才也。”

⑪ “君子之成美”，成就美善之事。語出《莊子·徐無鬼》：“凡成美，惡器也；君雖爲仁義，幾且僞哉！”郭象注：“美成於前，則僞生於後，故成美者乃惡器也。”王先謙集解：“凡欲成美名者，惡其滯於器也。”亦指已成之美事。

⑫ “仁人之贈言”，見《荀子·非相》：“凡人莫不好言，其所善而君子爲甚。故贈人以言，重於金石珠玉；觀人以言，美於黼黻文章；聽人之言，樂於鍾鼓琴瑟。”

首合書寫工番吴尊達寫/[①]

國威府慈廉縣羅溪社官員、社村長武公輔、阮有智、阮文理、阮俒、武淡、阮有倫、阮世科、黎登朝、/白賢輔、阮有直、阮文盛、阮有道、黎床、阮惟能、陳世方、白得強、黄進榜、白世儒、阮味、阮曰壽、陳潘、/李文貞、阮曰顯、阮仁泰、潘文選、阮光成、黎太位、阮廷耆”耆、阮進禄、阮公弼、阮允才、阮文名、劉文平、/黎俊異、范名濟、阮包貴、阮有容、阮致和、武登相、黎得儒、鄭廷旦、阮進學全社上下等共就亭/中。

玆有本社生徒黎鑑，先有崇重聖道，頗有文學登科。本生閥閲，良家挺出，簪纓令族，又/能忠孝廉勤，亦有年尊道德。其本社官員、社村長、上下全社等，應保生徒黎鑑爲後○神。許/本社古錢柒拾貫，再槁[②]本社牛、酒及具盤，依如舊例，係各日祈福，考汰唱歌，坐與同社村長之/上；至各日祈福，應俵血食萬代。再許弟子壹人，半率應赦季錢，以爲香火事○神。至百歲後，本/社買柳車柒曾及牛壹隻，酒壹圩，各甲作具盤；及忌日，買豬、酒奉事，不可欠缺。倘或後日本□/擅[③]去擅回，不據文保，其本社償其原錢，壹本壹息及槁等錢。國有常法，故立文保，爲照用者。/

正和貳拾肆年玖[④]月貳拾捌日立文保/

社長黎登朝記/

官員武公輔記/

官員阮有智記/

社正阮有倫、社史阮世科[⑤]/

村長自阮文盛至阮進學[⑥]□[⑦]

---

① 以上爲拓片編號 00897 之内容。

② “槁”，喃字，即“犒”。

③ “擅”，原作“抎”，據《宋元以來俗字譜・手部》引《目連記》，“抎”爲“擅”之俗字。“擅”有隨意、任意、自作主張的意思。見《墨子・號令》：“擅離署，戮。”

④ “玖”，原爲避諱字，意同故改之。

⑤ “阮世科”，“科”據前文補。

⑥ “阮進學”，“學”據前文補。

⑦ 以上爲拓片編號 00896 之内容。

題後

以《拓片總集》爲調查範圍，慶延寺計有如下碑誌涉及：

編號	篇題	年代	位置
00892/00893	後佛生碑記	後黎顯宗景興五年（1744）	寺前庭右軒第二碑
00894/00895	後神碑記	後黎顯宗景興二年（1741）	寺前庭右軒第五碑
00896/00897	羅溪社黎鑑後神碑記*	後黎熙宗正和二十四年（1703）	寺前庭右軒第四碑
00904/00918	遺錢許本社忌臘記	甲子年	寺前庭右軒第一碑
00911/00912	羅溪社官員鄉長端約	後黎熙宗永治元年（1676）	寺前庭右軒第八碑
00913/00914	後佛生碑記/遺錢許本社忌臘記	後黎熙宗正和四年（1683）	寺前庭右軒第七碑
00915/00916	後神碑記	後黎熙宗正和十二年（1691）	寺前庭右軒第六碑
00917	後神碑記	後黎顯宗景興四年（1743）	寺前庭右軒第三碑

注：* 表示此篇收入本書。

○七四　羅溪社崇師報本祭忌碑記

引言

碑立於河東省慈廉縣羅内總羅溪社庵内。碑刻雙面，拓片編號 00908/00891。拓片編號 00908 爲二面之一，共十九行字，滿行約四十七字，碑額題“崇師報本碑記”六字，碑題“祖師羅溪社織作烏紗坊仝長勾當上下等爲立碑祀事”二十二字；拓片編號 00891 爲二面之二，共十行字，滿行約三十八字，今依内容及性質定篇題爲“羅溪社崇師報本祭忌碑記”。碑兩面皆有紋飾，拓片編號 00908 碑額飾有雙鳳昭月，左右兩邊刻有花草紋，碑底中爲蓮花，蓮花兩側爲獸紋；拓片編號 00891 碑額則刻有日紋。年代署作永盛（Vĩnh Thịnh）十五年（1719），永盛爲後黎裕宗（Lê Dụ Tông）黎維禟（Lê Duy Đường）年號，同年爲清康熙五十八年，歲次己亥。拓片現藏於漢喃研究院。

碑文記載羅溪社烏紗坊感念北國（中國）張福道、莊福祥等十位先師傳授織作之法，故約定每年、清明及其忌日祭祀諸先師，以表感恩之心。文末刻有十人之名號，與並列仝長或勾當時應納之品項、錢數，及輕慢者之罰款等相關規定。

崇師報本碑記

編號：00908　出自《拓片總集》第一冊（下同）

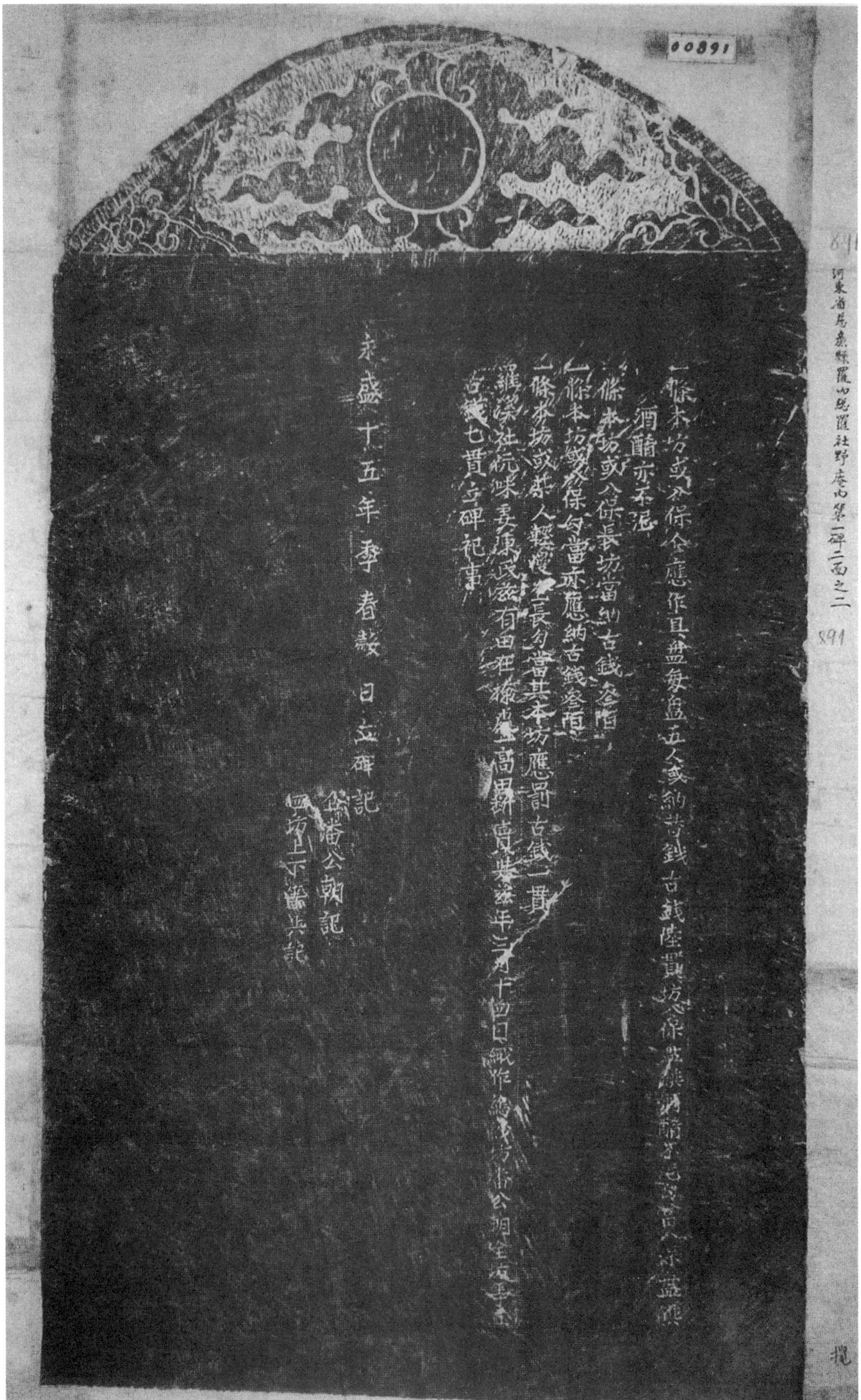
00891
永盛十五年季春穀日立碑記

編號：00891

釋文

【崇師報本碑記】

祖師羅溪社織作烏紗坊仝[①]長勾當上下等爲立碑祀事[②]

國威府慈廉縣羅溪社潘公朝、陳合、陳寧、白文成、武文成、阮佬、阮曰康、阮如切、阮味、阮富春、李文禎、阮有法、阮世仁、黎鑾、/范名賢、陳當、阮增屯、阮允酉、陳校、黎馭、李卓越、陳庶、阮朱、阮有志、武祺、阮世科、阮光禄、阮增卯、白文富、阮休、/范公禮、武仁忠、阮壇、阮增壽、阮允武、阮曰成、黄龍、張廷輝、陳德輝、吴璠、阮邑寧、鄭廷兼、阮致知、阮廷耀、阮浪、/阮學終、潘公平、武順、阮公住、白文順、武有容、阮有義、白文康、白文富、阮有用、鄭廷用、白賢俊、阮有實、黎基、阮廷僚、/阮棔、阮沛、潘公明、范興、阮惟信、阮有土、阮曰振、白文才、阮克位、白文條、阮曰富、阮學枘、阮增振、裴禮、阮廷鄰、阮名斷、/阮貼、白文固、陳體、阮世禄、阮添、阮曰哨、阮有富、裴川、阮台、阮世財、白文孝、潘公榮、黎公任、阮克券、阮增汊[③]、白文賢、/阮克忠、阮壗、阮要、陳直、阮有礼、黄公伯、武登春、阮瓊、阮允輦、阮學驢、阮廷用、陳代、阮惟、阮惟實、陳鮀、潘公才、阮咍、/范強、阮優、阮廷浹、阮增寧、阮應、阮贖、楊如、白文能、阮克有、鄭廷卞、阮興、范高、阮例、阮光鮮、阮學省、阮氏妙、阮氏進、/阮氏什、阮氏都、阮氏派、范氏言、阮氏奴、阮氏瓊、阮氏連四坊等，阮名榮、黎名才、范洄。/

嘗謂以道業教人者，師也，雖小工曲藝，莫不有之，故習其業者，各從其所得，而思報焉。玆羅溪社織作烏紗/坊，緬想/　　　　　北國諸先生，喬居鄉邑之日，以織紗本業教我先

① “仝”，喃字，有主、長、頭目的意思。
② 此爲碑題。今依内容及性質重定篇題“羅溪社崇師報本祭忌碑記”。
③ “汊”，喃字，波浪的意思。

人，習以經綸，授之機軸[①]，業成，相傳孫子，各授其徒，業益廣而/藝[②]益精，以是而通功易事[③]，以是而潤屋[④]單躬，財用贏餘，禮義興作，藝博矣，功大矣，追念此德，不可諠[⑤]兮。於是胥相造/約，係遞年二月初三清明日[⑥]，秋八月十三諱忌日，本坊共會以牛、以酒，以黍、以稷，合同敬祭，用伸報本之心。

嗚呼！此約/一立，後之得其緒、績其業[⑦]，當緝熙[⑧]敬述，百世傳之，萬世守之，縷縷綿綿，愈久而愈尊，不可泯也。爰書于石，以壽其傳云。/

一尊師姓號開陳于左：/

倉長張相公字福道，莊相公字福祥，李相公字福川，李相公字福賢，莊相公字純直，/李相公字福仁，何相公字福嚴，李相公字福嚴，陳相公字福心，副相公字福光。/[⑨]

一條本坊或入保仝應作具盤，每盤五人，或納替錢古錢[⑩]陸貫；坊入保盤饌酒醝不泥[⑪]，勾當人[⑫]保盤饌/酒醝亦不泥；/

一條本坊或入保長坊，當納古錢叁陌；/

---

① “機”，原作“机”，“機”與“机”古文爲兩字，“机”原爲“榿木”。《山海經・北山經》：“北山經之首，曰單狐之山，多机木，其上多華草。”郭璞注曰：“机木似榆，可燒以糞稻田，出蜀中。”“机”亦可通“幾”。然“機軸”是指織機上卷布帛的部件。（宋）梅堯臣《和孫端叟蠶具・織婦》：“常憂里胥來，不待雞黍熟。但言督縣官，立要斷機軸。誰知公侯家，賜帛堆滿屋。”故改做“機”。

② “藝”，原碑作“芸”。據《角川漢和中辭典・艸部》，“芸”爲“藝”之異體。

③ “通功易事”，謂人各有業，互通有無。語出《孟子・滕文公下》：“子不通功易事，以羨補不足，則農有餘粟，女有餘布。”

④ “潤屋”，使居室華麗生輝。語出《禮記・大學》：“曾子曰：‘富潤屋，德潤身，心廣體胖，故君子必誠其意。’”

⑤ “諠”，通“諼”，忘記的意思。見《漢書・敘傳上・幽通之賦》：“登孔、顥而上下兮，緯羣龍之所經，朝貞觀而夕化兮，猶諠己而遺形。”應劭曰：“貞，正也。觀，見也。諠，忘也。”

⑥ 按，此處刻寫爲二月初三日，然清明應爲三月初三，是古代中國上巳節。本書編號〇七五《羅内、綺羅二社崇師報本祭忌碑記》記爲三月初三。

⑦ “績其業”，本書篇號七十五作“續其業”。

⑧ “緝熙”，即光明、光輝的意思。見《詩經・周頌・閔予小子之什・敬之》：“維予小子，不聰敬止。日就月將，學有緝熙于光明。”鄭玄箋：“緝熙，光明也。”

⑨ 以上爲拓片編號 00908 之内容。

⑩ “古錢”，又稱貴錢。見《欽定越史通鑑綱目・正編》卷二十一“後黎盛宗光順八年”注“使錢、古錢”引黎貴惇《芸臺類語》云：“北人以百文爲一陌。本國以三十六文爲一陌，謂之‘使錢’；六十文爲一陌，謂之‘古錢’。‘使錢’十陌，乃是‘古錢’六陌，準爲‘使錢’一貫。其‘古錢’十陌乃使錢之一貫六陌四十文。使錢别名閒錢，古錢别名貴錢。”

⑪ “不泥”，不拘束，没有限制。《經典釋文・周易音義・周易上經・泰傳第二》：“大有，遏休命大車不泥用亨其彭。”

⑫ “勾當人”，指主管辦理某種公務的官員，宋時稱各路屬官爲勾當公事。《宋史・職官二・三司使・户部使》：“勾當公事官二員，以朝官充。掌分左右廂檢計、定奪、點檢、覆驗、估剥之事。”

一條本坊或入保勾當，亦應納古錢叁陌；/

一條本坊或某人輕慢仝長、勾當，其本坊應罰古錢一貫。/

羅溪社阮味妻陳氏兹有田在 棟 處一高，田斷賣與兹年三月十四日、織作烏紗坊潘公朝全坊等立。/

古錢七貫，立碑祀事。/

永盛十五年[1]季春穀日立碑記/

仝潘公朝記/

四坊上下等共記/[2]

題後

本碑立於河東省慈廉縣羅内總羅溪社，與立於綺羅社文廟中的《羅内、綺羅二社崇師報本祭忌碑記》(篇號〇七五) 及《綾羅坊崇師報本祭忌碑記》(篇號〇七六)，同爲感念"北國諸先生"傳授織紗、織錦工藝，故設立後神，以常年祭拜所刊刻的碑記。本碑記刊刻時間，介於三方碑記的中間，碑記豎立的地點與其他兩方不同。由三方碑記中所出現的坊名"烏紗坊""花綾坊""綾羅坊"，可以想見慈廉縣羅内總地區已是當時重要的紡織專業區，這三方碑記是中國人將紡織技術傳至越南，並成爲當地重要手工業的直接史料。

① "永盛十五年"，當清康熙五十八年 (1719)，歲次己亥。

② 以上爲拓片編號 00891 之内容。

〇七五　羅内、綺羅二社崇師報本祭忌碑記

引言

碑立於河東省慈廉縣羅内總綺羅社文廟内，爲廟内左邊第一碑。碑刻雙面，拓片編號00926/00927。拓片編號00926爲二面之一，共二十二行字，滿行約三十五字，碑額題“崇師報本碑記”六字，拓片左右兩側各有題字，右側題“祖師羅内綺羅貳社花綾坊仝長勾當上下等立碑記事”，左側題“又請仝長勾當等香魂係春秋貳期祭祀隨祖師附食”；拓片編號00927爲二面之二，共十三行字，滿行約二十七字，今依拓片編號00926額題與性質重定篇題爲“羅内、綺羅二社崇師報本祭忌碑記”。碑兩面均刻有紋飾兩面碑額均飾有日紋，拓片編號00927左右兩側另刻有蔓草紋。年代署作正和（Chính Hòa）二十五年（1704），正和爲後黎裕宗（Lê Dụ Tông）黎維禟（Lê Duy Đường）年號，同年爲清康熙四十三年，歲次甲申。拓片現藏於漢喃研究院。

碑文記載羅内、綺羅二社織紝坊感念北國（中國）吴福綿、張福道、楊壽兼等多位先師傳授織技，故約定每年、清明及其忌日舉行祭師之禮，以表感恩之心。文末記有授業祖師之名，並列仝長或勾當時應納之古錢金額，與輕慢仝長時罰款金額。

00926
崇師報本碑記
河東省慈廉縣羅內總綺羅社文址左边第一碑二面之一

編號：00926　出自《拓片總集》第一冊（下同）

00927
河東省慈廉縣羅內總綺羅社文址左边第一碑二面之二
一條本坊或為仝長納本坊古錢六貫具句當入席仝相見
一條本坊或公為句當納古錢叁陌
一條本坊或某人輕慢仝長句當罰古錢壹貫
皇朝正和萬乜年之貳拾五龍輯甲申年春穀旦立碑記
攬

編號：00927

釋文

崇師報本碑記[①]

國威府慈廉縣羅内、綺羅貳社鄧文舍、阮登仕、黄公心、楊登進、阮如莊、阮公名、阮伯才、楊山、□/曰洋、阮伯固、阮曰立、楊矣、阮曰來、阮曰拯、鄧文達、鄧壽益、阮光揚、黄公勉、鄧于□□□□□□□、/阮正蘭、鄧料、鄧文明、阮文明、鄧名科、阮必到、鄧文舘、阮公道、阮登相、阮必中、楊登□□□、/阮廷林全坊上下等，□楊文林、鄧文貞、鄧有財、阮佳、阮德明、劉叔廷、阮必達、楊自棱、阮有□、阮□□。/

嘗謂以道業教人者，師也，雖小工曲藝莫不有之，故習其[②]業者，各從其所得而思報[③]。/茲羅内、綺羅貳社織紙坊緬想鄧文頓、阮文敷、鄧文才、阮時來、阮曰貴、吴光道、阮得名、阮廷銓□/　　　　　北國諸先生喬居鄉邑之日，以綾羅紗縠本業教我先人，習以經綸，授之機軸[④]，業成，/孫子各授其徒，業益廣而藝益精，以是而通功易事，以是而潤屋單躬，財用贏餘[⑤]，禮義[⑥]/興作，利博矣，功大矣，追念此德，不可諠兮。於是胥相造約，係遞年春三月初三清明，八/月二十三諱忌日[⑦]，本坊共會以牛、以酒，以黍、以稷，合同敬祭，用伸報本之心。

嗚呼！此約一立，後之[⑧]/得其緒、續[⑨]其業，當緝熙敬述，百世傳之，萬世守之，縷縷綿綿，愈久而愈尊，不可□□，/爰書于石，以壽其傳云。/

---

① 此爲拓片編號 00926 之額題，今依内容及性質重定篇題爲“羅内、綺羅二社崇師報本祭忌碑記”。

② “習其”，據本書篇號○七四《羅溪社崇師報本祭忌碑記》補。

③ “思報”，據本書篇號○七四補。

④ “機”，原作“机”，“機”與“机”古文爲兩字，“机”原爲“榿木”。《山海經·北山經》：“北山經之首，曰單狐之山，多机木，其上多華草。”郭璞注曰：“机木似榆，可燒以糞稻田，出蜀中。”“机”亦可通“幾”。然“機軸”是指織機上卷布帛的部件。（宋）梅堯臣《和孫端叟蠶具·織婦》：“常憂里胥來，不待雞黍熟。但言督縣官，立要斷機軸。誰知公侯家，賜帛堆滿屋。”故改做“機”。

⑤ “贏餘”，據本書篇號○七四補。

⑥ “禮義”，據本書篇號○七四補。

⑦ “八”，據本書篇號○七四記載祭儀有兩次，一次爲清明，一次爲秋八月二十三日。故補“八”。

⑧ “後之”，據本書篇號○七四補。

⑨ “續”，本書篇號○七四作“績”。

一尊師姓號開陳于左：

倉[①]長花朗侯吴相公，字福綿；張相公字福道，楊相公字壽兼，吴相公字明德，/張相公字福師，朱相公字福綿，李相公字英毅，阮相公字□□，楊相公字□安，李相公/□曉局正，莊相公字福祥，陳相公字福盛，李相公字潛宇，張相公字福長，阮相公字福莊，/李相公字福長，李相公字景樓，李相公字福川，吴明德，阮相公字福安，張和字福，/黄相公字福兼，許相公字端睦，阮相公字福萬，齊相公字福安，吴氏□號妙珍，□□□/

吴相公字福仁[②]，/振相公字福明，妣號慈仁。/[③]

補縫局局正劉相公字福大[④]。楊相公字福榮[⑤]。

阮得壽，阮文顯，阮壽兼，鄧益興，阮才識，阮得寶，阮登□，阮有□，阮有育/，阮光儒，阮伯堅，阮文少。/　莊相公□[⑥]。/

時/[⑦]

一條本坊或爲仝長納本坊古錢六貫，具勾當入保仝相見盤饌不泥；/

一條本坊或入爲勾當納古錢叁陌；/

一條本坊或某人輕慢仝長勾當，罰古錢壹貫。/

皇朝正和萬萬年之貳拾五龍輯甲申[⑧]季春穀旦立碑記/

東甲裴仁德、楊公儒、楊/阮世歸/

南甲阮致選、景蠬/　楊自順、阮廷議、阮/

西甲鄧文榜、阮必禄、阮/鄧文止、阮文三、阮/

北甲阮如女、阮如事、□/

阮曰仙、阮廷忍、裴德潤全記/[⑨]

---

① “倉”，原作“仝”，據《彙音寶鑑·公上平聲》“仝”爲“倉”之古字。

② “吴相公字福仁”，當爲補刻。

③ “振相公字福明，妣號慈仁”，補刻於“時”字之下。

④ “補縫局局正劉相公字福大”，補刻於“時”字左行。

⑤ “楊相公字福榮”，補刻於碑二面之二，拓片編號 00927 之第四行。

⑥ 自“阮德壽”至“阮有育”，“阮光儒”至“莊相公”共兩行，分别鐫刻在“爰書于石，以壽其傳云”及“尊師姓號開陳于左”之下，或係後補刻者。

⑦ 以上爲拓片編號 00926 之内容。

⑧ “皇朝正和萬萬年之貳拾五龍輯甲申”，當清康熙四十三年（1704）。

⑨ 以上爲拓片編號 00927 之内容。

題後

以《拓片總集》爲調查範圍，綺羅社文廟計有四方碑記，如下表：

編號	篇題	年代	位置
00926/00927	羅内、綺羅二社崇師報本祭忌碑記*	後黎熙宗正和二十五年（1704）	文址左邊第一碑
00928	重修綺羅社先賢碑記（原題：景興肆拾五年正月穀日脩造）	後黎顯宗景興四十五年（1784）	文址右第一碑
00929	發科先賢碑	後黎顯宗景興四十五年（1784）	文址左第一碑
00930/00931	綾羅坊崇師報本祭忌碑記*	後黎顯宗景興三十七年（1776）	文址中間第一碑

注：* 表示此篇收入本書。

經查，其中有兩方均與“崇師報本”有關，一爲《羅内、綺羅二社崇師報本祭忌碑記》，一爲《綾羅坊崇師報本祭忌碑記》。兩碑刊刻的時間分别爲後黎熙宗正和二十五年（1704）與後黎顯宗景興三十七年（1776），兩碑均爲國威府慈廉縣羅内、綺羅兩社東西南北四甲共立，與刊立於後黎裕宗永盛十五年（1719）的《羅溪社崇師報本祭忌碑記》内容大致相同，均爲感念“北國諸先生”傳授織紗、織錦工藝，故設立後神，以常年祭拜。三方碑記刊刻時間不同，而其所記載的坊名也有“烏紗坊”“花綾坊”“綾羅坊”的不同，由此或許也可以看出這個地區紡織技術的發展情況。

○七六　綾羅坊崇師報本祭忌碑記

引言

碑立於河東省慈廉縣羅内總綺羅社文址，爲文址中間第一碑。碑刻雙面，拓片編號00930/00931。拓片編號00930爲二面之一，共十九行，滿行約四十四字，碑額題“崇師報本碑記”六字；拓片編號00931爲二面之二，共十四行，滿行約三十三字，今依内容及性質重定篇題爲“綾羅坊崇師報本祭忌碑記”。拓片編號00930之碑四邊有紋飾，碑額有兩層紋飾，内層爲雙龍昭日紋，外層似以雲紋與其餘三邊相連；拓片編號00931似有紋飾，惟拓片模糊無法辨識。碑文撰者慈廉縣知縣，書寫者縣丞。年代署作景興（Cảnh Hưng）三十七年（1776），景興爲後黎顯宗（Lê Hiến Tông）黎維祧（Lê Duy Diêu）年號，同年爲清乾隆四十一年，歲次丙申。拓片現藏於漢喃研究院。

碑文紀載，慈廉縣羅内、綺羅二社綾羅坊感念北國（中國）先師傳授織技，故約定每年舉行祭祀祖師之禮。文末並列舉祭祀日期、禮品等相關規定。

00930
崇師報本碑記
河東省慈廉縣羅坊總綾羅社文址中間第一碑二面之一

編號：00930　出自《拓片總集》第一冊（下同）

00931
河東省慈廉縣羅內總綺羅社文址中间第一碑二面之二
一條逓年或有交趺奉事〇先師以三月十二日例[illegible]一日四甲四日行
禮用肥鷄貳隻粢貳盤并陸官銅錢[illegible]分厘泲巻口分
為貳禮壹禮薦供〇本土位壹禮奉事〇先師[illegible]例古錢壹百[illegible]
不謹者卽伊篙攸受
一禮奉迎〇先師日用鷄酒共留貫古錢貳陌仝長所[illegible]奉爲〇先師日用鷄酒共
留貫古錢貳陌句當攸受
一禮供內寺貳期共五日夜燈燭燈油香封香降祭物[illegible]例古錢[illegible]付小寺登辦具
錢四甲所受
皇朝景興叁拾柒年歲次丙申夏天孟月穀日立碑
[illegible]記
甫甲屯社[illegible]記
先田社長[illegible]記
北甲[illegible]記
上下[illegible]記

編號：00931

釋文

崇師報本碑記[1]

國威府慈廉縣羅内、綺羅二社綾羅坊東西南北等甲，老甲阮世業、阮登輝、鄧文任、阮文藏、鄧□、杜□□、阮□、阮世□、/阮世禄、阮衆弘、劉廷槐、鄧名稱、黎弼彬、鄧曰珍、阮廷槐、阮惟銓、阮世得、劉廷活、阮伯知、鄧文弘、鄧文唱、阮名華、鄧文□、/阮登弟、阮功致、阮曰仕、裴幹、李伯俊，長甲裴槿、鄧廷邁、阮惟斷、阮有寧、鄧任、阮得好、阮世傳、杜廷□、/阮輝、阮文正、阮光致、阮伯鍾、阮文弼、阮才堅、阮文伯、鄧曰題、阮文率、阮世侑、楊功遂、阮種、楊成、阮廷財仝坊上下等。/

嘗謂師以藝術教人，而敬述其業，更相傳授者，則其道愈久而愈尊。睠兹羅内、綺羅二社織紝坊世以綾/羅紗縠爲業，經綸杼軸，錦繡成章，易事通工，其便溥厚，蓋肇端自/

北國諸先生僑居本邑，導我先人，傳之既久，技藝益精，功用益大，追念厥初，有功□作者，春秋賽報[2]。/既表微忱，現兹二社諸□仝[3]長教導勸相，惠我坊邑，更於敬祭舊址，用厥宏規，其顯揚闡發/之功當與創始而並匹也。仍此本坊共會立約，係百世之後遞年儀祀各節，合同敬祭，億萬斯年，/綿綿不泯，尊其所尊，豈不韙歟！爰鐫于石，表而揚之，以永其傳云。/

一仝長各員：/

侍仍勾稽侍内書寫兵番、指揮使司指揮同知、理亭伯鄧廷義，/縣丞阮穎，/饒夫阮文意，饒夫鄧廷槮，副隊長阮得禄，饒夫阮宗儀，饒夫阮有匡。/

一勾當各名：/

隊長阮名幹；通吏阮進香，社長鄧名幹、阮廷茹；生徒[4]李阮境、阮登進、楊必富、鄧廷能，/阮得盛、鄧益合、楊有用；副所阮才知；社長段功肇、阮世守、阮友恕、楊功財；生徒

---

① 此爲拓片編號 00930 之額題，今重定篇題爲“綾羅坊崇師報本祭忌碑記”。

② “賽報”，見《説文》：“賽，報也。從貝，塞省聲。”《説文長箋》：“今俗報祭曰賽神，借相誇勝曰賽。”

③ “仝”，喃字，有主、頭目、首領的意思。

④ “生徒”，見《欽定越史通鑑綱目・正編》卷十九“後黎聖宗光順三年”注：“生徒，鄉試中三場，謂之生徒。黎初衙吏多以監生、儒生、生徒爲之。”

阮琠；/生徒阮世名、鄧功芳、阮伯知；官員子阮皗、鄧廷語；社長鄧廷尊、阮登任、鄧廷輝、楊功豪、阮有□，/社長楊功迪；生徒楊功宏、阮名燧、鄧輝琚、阮惟喧；社目阮伯威、阮曰倫、裴輝紹，饒男阮伯達。/

慈廉縣知縣官撰

縣丞官寫/[1]

一條遞年或有交跌，奉事○先師以三月十二日例，五日内勾當一日、四甲四日，行/禮用肥雞貳隻；粆[2]貳盤，每盤陸官銅鉢；酒貳圩；芙蒥[3]貳匣，每匣柒拾口；分/爲貳禮，壹禮薦供○本土位，壹禮奉事○先師位，于籌每夜例古錢[4]壹陌，若/不謹者即伊籌所受。/

一禮奉迎○先師，日用雞、酒、芙蒥，價古錢貳陌，仝長所受奉送○先師，日用雞、酒、芙/蒥，價古錢貳陌，勾當所受。/

一禮供内寺貳期共五日夜，燈蠟、燈油、香封、香降、祭物等件，例古錢貳貫，付小寺整辨，其/錢四甲所受。/

皇朝景興叁拾柒年歲次丙申[5]夏天孟月穀日立碑/

東甲鄧曰題記/

南甲生徒裴槿記/

兑[6]甲社長阮得好記/

北甲副所使阮有寧記/

上下共記/[7]

---

① 以上爲拓片編號00930之内容。

② “粆”，喃字，糯米的意思。

③ “芙蒥”，一種藤類植物，越文作Cây lá trầu。與檳榔同爲喜慶時必有之象徵性植物，尤其是在傳統婚俗文化中，檳榔、芙蒥與石頭（石灰）是兄弟和睦、夫妻恩愛之象徵，迄今越南傳統式的婚禮仍然採用芙蒥、酒、檳榔等物作爲重要的禮物。詳見本書篇號〇〇二《瑞璋坊東甲阮氏眀暨夫祭忌碑記》注釋。

④ “古錢”，又稱貴錢。見《欽定越史通鑑綱目・正編》卷二十一“後黎盛宗光順八年”注“使錢、古錢”引黎貴惇《芸臺類語》云：“北人以百文爲一陌。本國以三十六文爲一陌，謂之‘使錢’；六十文爲一陌，謂之‘古錢’。‘使錢’十陌，乃是‘古錢’六陌，準爲‘使錢’一貫。其‘古錢’十陌乃使錢之一貫六陌四十文。使錢别名間錢，古錢别名貴錢。”

⑤ “皇朝景興叁拾柒年歲次丙申”，當清乾隆四十一年（1776）。

⑥ “兑”，見《周易・説卦》：“坤也者，地也，萬物皆致養焉，故曰致役乎坤。兑，正秋也，萬物之所説也，故曰：説言乎兑，戰乎乾。乾西北之卦也，言陰陽相薄也。”孔穎達疏：“兑，正秋也。……兑是象澤之卦，……又位是西方之卦，斗柄指西，是正秋八月也。”

⑦ 以上拓片編號00931之内容。

題後

此碑與刊刻於後黎熙宗正和二十五年（1704）的《羅内、綺羅二社崇師報本祭忌碑記》同立於慈廉縣羅内總綺羅社文廟内，和後黎裕宗永盛十五年（1719）的《羅溪社崇師報本祭忌碑記》，均爲羅内社内四甲爲感懷北國工匠教導社民紡織所立的祭忌碑。本碑記刊刻的時間最晚，與最早的碑記刊刻時間相差約七十餘年，且撰、寫者分别爲慈廉縣知縣與縣丞，與前面兩碑爲坊、甲民自撰自刻在性質上有了極大的變化，是值得注意的地方。

〇七七　國老大王重修重光寺碑記

引言

碑立於河東省慈廉縣大姥總大姥社重光寺内，爲寺左邊第一碑。碑刻雙面，拓片編號00937/00936。拓片編號00937爲二面之一，共十六行字，滿行約二十二字，碑額刻“重光寺碑記”五字，碑題“崇修重光寺功德碑記”九字；拓片編號00936爲二面之二，共十三行字，滿行約二十二字，今依此内容及性質重定篇題爲“國老大王重修重光寺碑記”。碑文撰者費廷瓆，年代署作景興（Cảnh Hưng）十三年（1752），景興爲後黎顯宗（Lê Hiến Tông）黎維祧（Lê Duy Diêu）年號，同年爲清乾隆十七年，歲次壬申。拓片現藏於漢喃研究院。

碑文記載永盛二年（1706）國老大王阮貴德及第後，捐資重修重光寺，澤庇後世。大王嫡孫敬郡公阮貴�光耀父祖，重光寺見證阮氏一族之功德，故特立此碑，令阮氏家族之功德永世流傳。

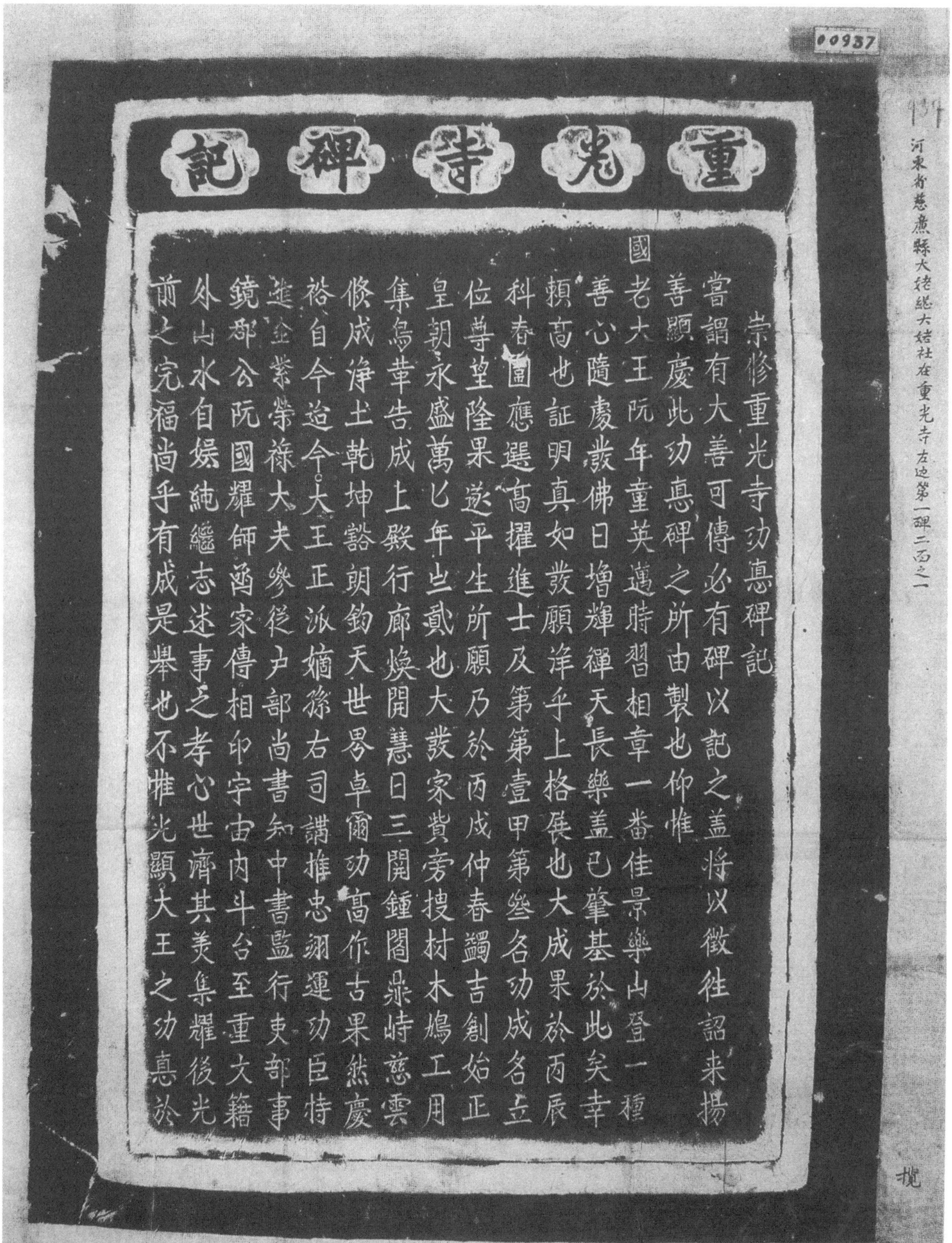

00937

重光寺碑記

崇修重光寺功悳碑記
嘗謂有大善可傳必有碑以記之蓋将以徵往詔来揚
善顯慶此功悳碑之所由製也仰惟
國老大王阮年童英邁時習相章一番佳景樂山登一種
善心隨處發佛日增輝禪天長樂蓋已肇基於此矣幸
賴高也証明真如發願浲乎上格㠯也大成果於丙辰
科春圍應選高擢進士及第第壹甲第叄名功成名立
位尊望隆果遂平生所願乃於丙戌仲春蠲吉創始正
皇朝永盛萬乙年㞢貳也大發家貲旁搜材木鳩工用
集烏葦告成上殿行廊煥開慧日三開鍾閣鼎峙慈雲
倏成淨土乾坤豁朗鈞天世界卓爾功高作古果然慶
裕自今迨今。大王正派嫡孫右司講推忠翊運功臣特
進金紫榮祿大夫參從户部尚書知中書監行吏部事
鏡郡公阮國耀師爵家傳相印宇宙內斗台至重文籍
外山水自娛純繼志述事之孝心世濟其美集耀後光
前之完福尚乎有成是舉也不惟光顯大王之功悳於

河東省慈廉縣大姥總大姥社在重光寺左边第一碑二面之一

編號：00937　出自《拓片總集》第一冊（下同）

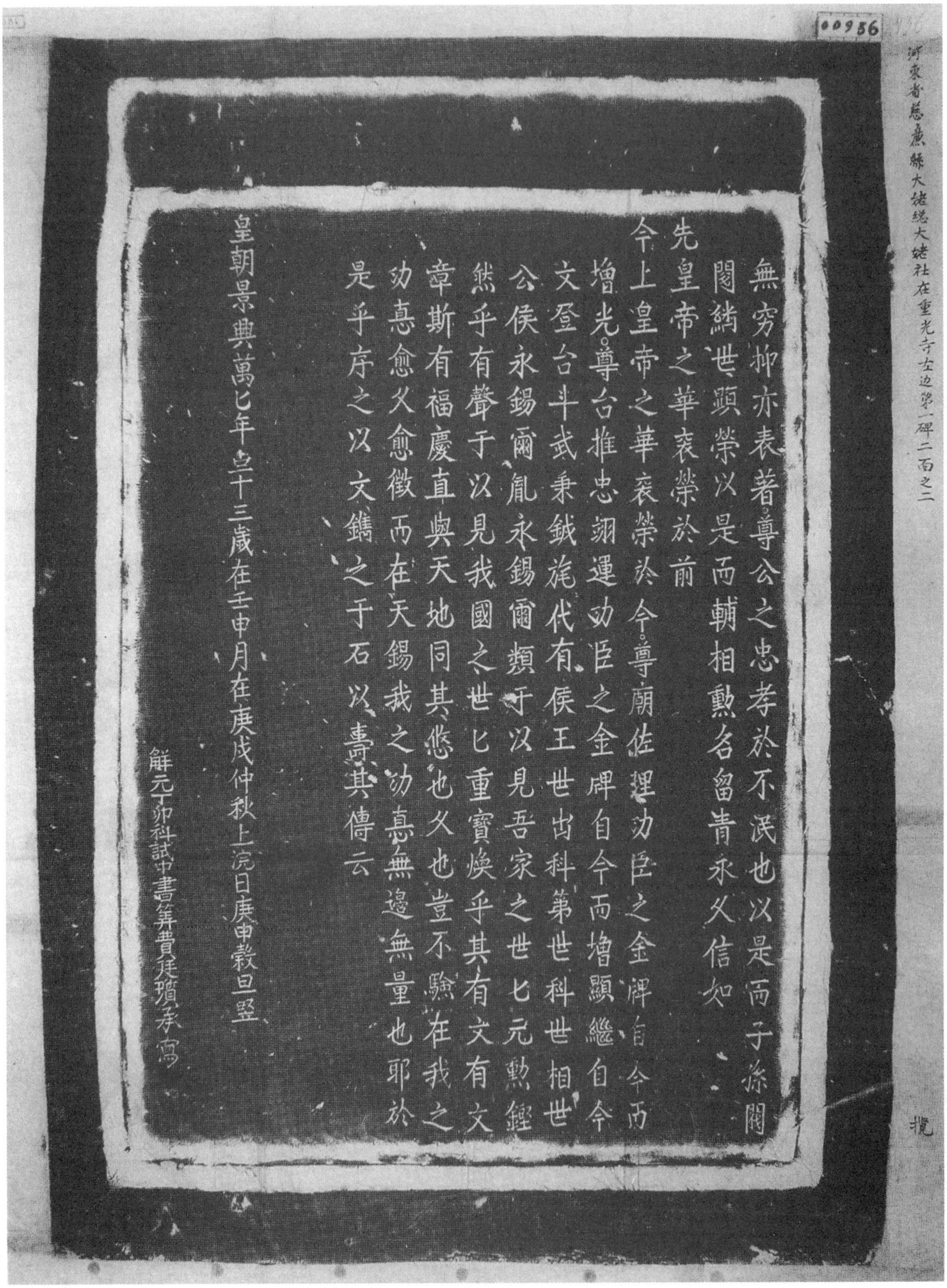
00956
河東省慈廉縣大姥總大姥社在重光寺左边第一碑二面之二
無窮抑亦表著尊公之忠孝於不泯也以是而子孫閥
閱繼世顯榮以是而輔相勳名留青永久信如
先皇帝之華衮榮於前
今上皇帝之華衮榮於今尊廟佐理功臣之金牌自今而
增光尊台推忠翊運功臣之金牌自今而增顯繼自今
文登台斗武秉鉞旄代有侯王世出科第世科世相世
公侯永錫爾胤永錫爾類于以見吾家之世七元勳經
然乎有聲于以見我國之世七重寶煥乎其有文有文
章斯有福慶直與天地同其悠也久也豈不驗在我之
功熹愈久愈徵而在天錫我之功熹無邊無量也耶於
是乎序之以文鐫之于石以壽其傳云
皇朝景興萬七年之十三歲在壬申月在庚戌仲秋上浣日庚申穀旦竪
解元丁卯科試中書算貴廷瓚承寫
攬

編號：00936

釋文

【重光寺碑記】

崇修重光寺功德碑記[①]

嘗謂有大善可傳，必有碑以記之，蓋將以徵往詔來，揚/善顯慶，此功德碑之所由製也。

仰惟/　　　　國老大王阮[②]，年童英邁，時習相章，一番佳景樂山登，一種/善心隨處發，佛日增輝，禪天長樂，蓋已肇基於此矣。幸/賴高世証明，真如發願，詳乎上格，展也大成，果於丙辰/科春圍應選，高擢進士及第第壹甲第叁名，功成名立，/位尊望隆，果遂平生所願。乃於丙戌仲春蠲吉[③]創始，正/皇朝永盛萬萬年之貳也。大發家貲，旁搜材木，鳩工用/集，鳥革[④]告成。上殿行廊，焕開慧日；三關鍾閣，鼎峙慈雲。/倏成淨土乾坤，豁朗鈞天。世界卓爾，功高作古；果然慶/裕，自今迨今。○大王正派嫡孫、右司講、推忠翊運功臣、特/進、金紫榮禄大夫、參從户部尚書、知中書監、行吏部事、/鏡郡公阮[⑤]，國耀師函，家傳相印，宇宙内、斗台至重，文籍/外、山水自娱。純繼志述事之孝心，世濟其美；集耀後光/前之完福，尚乎有成。是舉也，不惟光顯大王之功德於[⑥]/無窮，抑亦表著○尊公之忠孝於不泯也。以是而子孫閥/閱，繼世顯榮；以是而輔相勳名，留青永久。信如/　　　　先皇帝之華袞榮於前，/

　　今上皇帝之華袞榮於今。○尊廟、佐理功臣之金牌，自今而/增光；○尊台、推忠翊運功臣之金牌，自今而增顯。繼自今/文登台斗，武秉鉞旄，代有侯王，世出科第。世科、世相、世/公侯，永錫爾胤，永錫爾類，于以見吾家之世世元勳，鏗/然乎有聲；于以見我國之世世重寶，焕乎其有文。有文/章斯有福慶，直與天地同其悠也、久也；豈不驗在我之/功德，愈久愈徵；而在天錫我之功德，無邊無量也耶！於/是乎序之以文，鐫之于石，以壽其傳云。/

---

① 此爲拓片編號 000937 之碑題。今依内容及性質重定篇題爲“國老大王重修重光寺碑記”。

② “國老大王阮”即阮貴德。本書篇號○五六《天姥大王祠堂碑記》爲阮貴德之家譜，可詳參。

③ “蠲吉”，又作“吉蠲”，謂祭祀前齋戒沐浴，選擇吉日。詳見本書篇號○○一《黎朝節義祠碑記》注釋。

④ “鳥革”，見《尚書·虞書·堯典》：“日永星火，以正仲夏，厥民因，鳥獸希革。”王弼等注：“夏時，鳥獸毛羽希少改易。”

⑤ “大王正派嫡孫”至“鏡郡公阮”，應即阮貴德嫡阮貴�，永佑二年（1736）任太常寺卿，知侍内書寫户番添差府僚，奉侍講亮國府，可參見本書篇號○五六《天姥大王祠堂碑記》。

⑥ 以上爲拓片編號 00937 之内容。

皇朝景興萬萬年之十三歲在壬申[1]月在庚戌仲秋上浣日庚申穀旦竪/

解元丁卯科、試中書筭，費廷璸承寫[2]/

題後

本碑記立於河東省慈廉縣大姥總大姥社重光寺内，爲國老大王阮貴德嫡孫阮貴慭重修重光寺的碑記。有關阮貴德一家三代的記載，可參見本書篇號〇五六《天姥大王祠堂碑記》。本碑刊刻於《天姥大王祠堂碑記》之後，對於阮貴慭的官歷有進一步的補充。

① “皇朝景興萬萬年之十三歲在壬申”，當清乾隆十七年（1752）。

② 以上爲拓片編號 00936 之内容。

○七八　重光寺石磬記

引言

石磬位於河東省慈廉縣大姥總大姥社寺内。石磬爲單面刻，拓片編號00938，共二十行字，滿行約十六字，有題作“重光寺石磬記”六字，今依此題爲篇題。磬文撰寫者爲侍内書寫、縣丞黎廷眖。年代署作永盛（Vĩnh Thịnh）七年（1711），永盛爲後黎裕宗（Lê Dụ Tông）黎維禟（Lê Duy Đường）年號，同年爲清康熙五十年，歲次辛卯。拓片現藏於漢喃研究院。

磬文主述作磬之由。撰者黎廷眖言其友黎侯稱安穫山石爲鑿磬之上選，李朝李常傑以其所作石磬至今懸掛於重光寺内，且磬音清亮，黎廷眖故派人取石作磬，懸於重光寺前堂，期以磬音養行義、防淫佚。

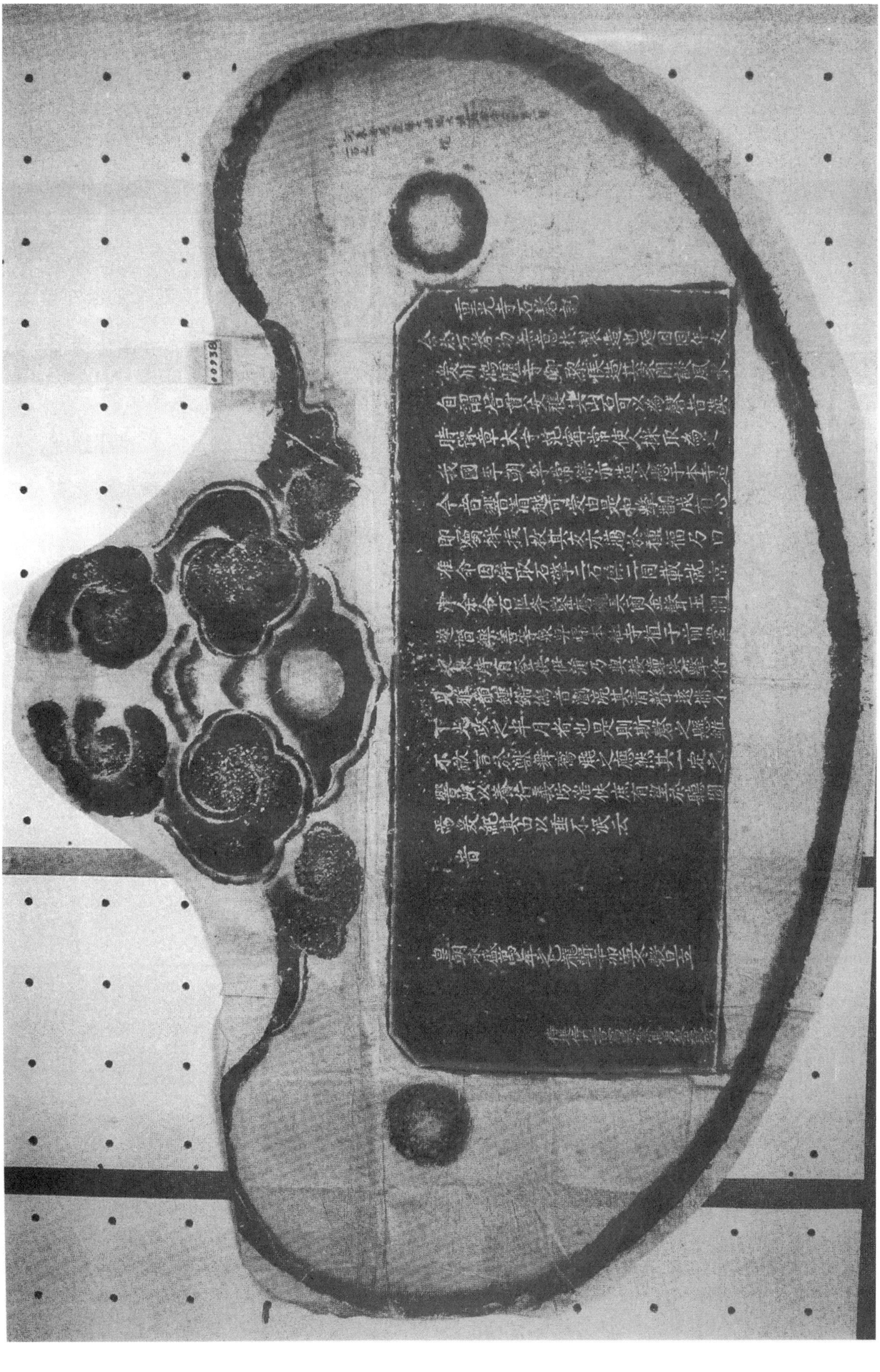

編號：00938　出自《拓片總集》第一冊

釋文

重光寺石磬記[1]

余於石磬，初無意於製造也，迺因同年友/愛州鴻臚寺卿黎侯造其家，閒談風水，/自謂□貫安穫，其山石可以爲磬，昔漢/時豫章太守范甯常使人採取爲之；/我國李朝李常傑亦造之，懸于本寺。迨/今音響清越可愛。由是扣擊，翻成有心，/即囑採[接]一枚，其友亦邁於種福，乃曰/"唯命"，因併取石擎二、石磉二，同載就京/津。余命石匠斧鑿磨礲，果爾金聲玉潤，/遂督樂善等衆，舁歸本社寺植于前堂，/□衆時有登供伊蒲[2]，乃與樓鐘迭擊，佇/見雅韻鏗鏘，鴻音瀏湸，其清聲遠播，不/下光政之半月[3]者也。是則斯磬之懸，雖/不敢言於獸舞鸞飛之應，然其一定之/響，所以養行義、防淫佚，庶有望於聽聞/焉。爰紀其由，以垂不泯云。/

時/

皇朝永盛萬萬年之七龍輯辛卯孟[4]冬穀旦立/

侍選、侍内書寫、縣丞、添恩男，黎廷貺寫/

---

① 此爲石磬題名，今以此爲篇題。

② "伊蒲"，爲"伊蒲饌"的省稱，即素食齋供。《書言故事·釋教》："齊供食曰伊蒲饌。"

③ "光政之半月"，典出（唐）段成式《酉陽雜俎·貝編》："歷城縣光政寺有磬石，形如半月，膩光若滴。扣之，聲及百里。"

④ "皇朝永盛萬萬年之七龍輯辛卯孟"，當清康熙五十年（1711）。

○七九　羅陽社斯文碑記

引言

碑立於河東省慈廉縣安隴總羅陽社文址内，爲廟内右邊第一碑。碑刻雙面，拓片編號00941/00942。拓片編號00941爲碑前，共十三行字，滿行約四十一字，碑額題“斯文碑記”四字；拓片編號00942爲碑後，共十四行字，滿行約三十八字，今依内容及性質定篇題爲“羅陽社斯文碑記”。拓片編號00941碑額及左右兩側皆刻有蓮花紋。碑文撰者陳廷暉，書寫者范世貴，校正者阮評。年代署作景興（Cảnh Hưng）四十五年（1784），景興爲後黎顯宗（Lê Hiến Tông）黎維祧（Lê Duy Diêu）年號，同年爲清乾隆四十九年，歲次甲辰。拓片現藏於漢喃研究院。

碑文記載羅陽社斯文會雖有祭祀先賢之禮，却遲遲未有先賢祠。直至庚辰年間，生徒陳廷暉與斯文會始草創先賢祠於尊亭之右；至癸卯年，范世貴等人與斯文會乃選地修建先賢祠，十三年後則有供田各所並買魚池，作爲敬祭之用，以見先賢祠之規模。文末録有樂捐者芳名録以及公田之細節。

00942
河東省慈廉縣安隴總羅陽社內文址古迹第一碑二面之後

編號：00942　出自《拓片總集》第一冊（下同）

00941
斯文碑記
河東省慈廉縣安隆總羅陽社文址右边第一碑二面之前

編號：00941

釋文

羅陽社斯文碑記[①]

嘗謂國之有國史，然後記其事於方來；家之有家譜，然後壽其傳於永世，況斯文有關名教，其可□/不歷陳其跡，而記其事於後代乎？

厥初西土分郊，羅陽立社，先賢祠所未有所依，本社斯文因循苟/且，春秋丁役于家而祭者有之，掃地而祭者亦有之，求其一番增葺，靡有攸聞。歷代科場，蔑有/可攷。至庚辰年生徒陳廷暉與斯文會等，始立先賢祠址于尊亭之右。雖是一初草創，然其/尊崇之意，亦不爲無益於名教焉。至壬午乙酉等年，有一科而聯中者二其人，亦有一科而頻中者三其人，科/目疊登，文風漸盛，何莫非先賢扶將之功用也？自此至玆，經五六科，秋圍應試不爲乏人，而率在孫山外者，/猶未見其能光于廟矣。歷至癸卯年，鄧廷□、范世貴、裴進富、范光珠叶與斯文等，擇得本社地分□廚□□/壹堰，可愛可□，士以龍[②]來，學堂水到，青龍屈曲，白虎繞旋，真足發聰明之奇地也。于是因其自然之地勢[③]，/經之營之，塑成一座，期以神歆其祀，士受其賜，庶幾哉吾儒之一幸也。果而仕科范進珩，十三載許，終一試而青錢預/選[④]，益驗夫先賢祠宇，寔一鄉賢士之所關，知道者，其可以小心視之哉！又有供田各所，遞年春秋敬祭，再買池叁高于/亭左而蓄魚；一以廣其祭所矣，一以供其祭物矣。向上事蹟可畧陳，以壽其傳云。/

景興四十五年[⑤]三月穀日/

□徒陳廷暉撰/

生徒[⑥]范世貴寫/

---

① 此爲依内容及性質重定之篇題。讀碑順序爲拓片編號 00942 在前，00941 在後。

② “龍”，碑原作“竜”，俗字，義同故改之。

③ “勢”，碑文原作“𫑥”，越南俗字。

④ “青錢預選”，喻中科舉。“青錢”喻優秀人才。見《新唐書・張薦傳附祖張鷟》：“祖鷟，字文成，……八以制舉皆甲科，……四參選，判策爲銓府最。員外郎員半千數爲公卿稱‘鷟文辭猶青銅錢，萬選萬中’，時號鷟‘青錢學士’。”

⑤ “景興四十五年”，當清乾隆四十九年（1784），歲次甲辰。

⑥ “生徒”，見《欽定越史通鑑綱目・正編》卷十九“後黎聖宗光順年”注：“生徒，鄉試中三場，謂之生徒。黎初衙吏多以監生、儒生、生徒爲之。”

本縣幕牢村監生[1]阮評訂/[2]

斯文碑記[3]

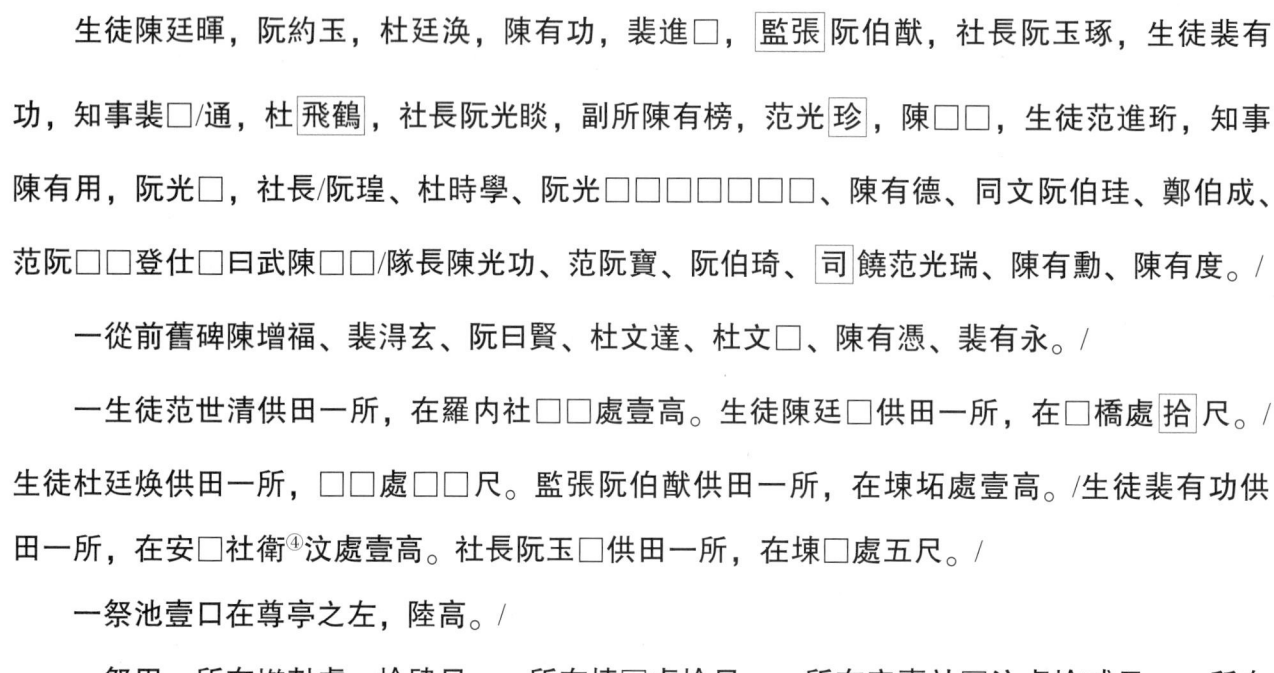

國威府慈廉縣羅陽社文會甲[爲]立碑事/

計：/

生徒陳廷暉，阮約玉，杜廷涣，陳有功，裴進□，[監張]阮伯猷，社長阮玉琢，生徒裴有功，知事裴□/通，杜[飛鶴]，社長阮光睒，副所陳有榜，范光[珍]，陳□□，生徒范進珩，知事陳有用，阮光□，社長/阮瑝、杜時學、阮光□□□□□□□、陳有德、同文阮伯珪、鄭伯成、范阮□□登仕□曰武陳□□/隊長陳光功、范阮寶、阮伯琦、[司]饒范光瑞、陳有勳、陳有度。/

一從前舊碑陳增福、裴潯玄、阮曰賢、杜文達、杜文□、陳有憑、裴有永。/

一生徒范世清供田一所，在羅内社□□處壹高。生徒陳廷□供田一所，在□橋處[拾]尺。/生徒杜廷焕供田一所，□□處□□尺。監張阮伯猷供田一所，在埬坫處壹高。/生徒裴有功供田一所，在安□社衛[4]汶處壹高。社長阮玉□供田一所，在埬□處五尺。/

一祭池壹口在尊亭之左，陸高。/

一祭田一所在墖尅處，拾肆尺。一所在埬□處拾尺。一所在安壽社□汶處拾貳尺。一所在塘運處參高[五]尺。/一所在□處壹高拾尺。一所在伊處壹高拾尺。一所在伊處壹高拾尺。/[5]

題後

本碑立於河東省慈廉縣安隴總羅陽社文址内，羅陽社文址計有四通碑記，本碑爲四通碑記中最早的一方斯文碑記，刊刻於後黎顯宗景興四十五年（1784）。如下：

---

① “監生”，見《欽定越史通鑑綱目·正編》卷十九“後黎聖宗光順年”注：“鄉試中四場，充入國子監，謂之監生。”

② 以上爲拓片編號 00942 之内容。

③ 此爲拓片編號 00941 之額題。

④ “衛”，碑文原作越南俗字“衜”，義同故改之。

⑤ 以上爲拓片 00941 之内容。

編號	篇題	年代	位置
00774	維新己酉	阮維新帝維新三年（1909）	文址右邊第一碑
00941/00942	羅陽社斯文碑記*	後黎顯宗景興四十五年（1784）	文址内後寺右邊第一碑
00943/00944	員目碑記	未注明	文址内後外野右邊第一碑
00945/00946	斯文碑記	阮世祖嘉隆十五年（1816）	文址内後寺左邊第一碑

注：* 表示此篇收入本書。

○八○　安牛社阮英健後神碑記

引言

碑立於河東省青池縣古典總安牛社寺，爲寺前第二碑。碑刻雙面，拓片編號00950/00951。拓片編號00950爲碑前，共十七行字，滿行約三十五字，碑額題“後神碑記”四字，碑額紋飾爲日紋；拓片編號00951爲碑後，共二十一行字，滿行約四十九字，今依内容及性質重定篇題爲“安牛社阮英健後神碑記”。碑文撰者鄭姓山常青監侍東宫副知番，書寫者侍内書左寫户番該合鄧廷鉞。年代署作景興（Cảnh Hưng）十年（1749），景興爲後黎顯宗（Lê Hiển Tông）黎維祧（Lê Duy Diêu）年號，同年爲清乾隆十四年，歲次己巳。拓片現藏於漢喃研究院。

本碑寄忌者爲壯節將軍指揮使銅武侯阮英健。碑文記載其父校尉掄忠侯原籍愛州雷陽，後入籍安牛社，將銅武侯遺産田二畝七尺八寸二分和三十貫古錢捐與安牛社以作祭祀之用。社民感念，尊銅武侯爲後神，使其每年享受忌供，文末記有錢數、田地方位和尺寸，與祭祀規定。

00950
河東省青池縣古典總安牛社寺前第二碑之前面
後神碑記
常信府青池縣安牛社官員文萬鄉老仝社上下等爲尊保後神立碑記事
祀人而奉以後神記事而重以立碑尊之至而期之遠也自非豐功厚德足以及人使敬慕而
不忘祈報於無窮綿綿然與山石并峙而並存者曷克臻此惟前壯節將軍侍候銳實并
奉馮等隊正隊長封贈馳威將軍指揮使司指揮同知銅武侯阮相公字英健賜謚忠達輝
雖至晉烝謁錄黃策馬弓高材挺拔藝奄附鳳天位安排彼蒼曷其終使公從
戎之志義恨以祥兹親文首號校尉論忠侯乃愛州雷陽人也卜居于青池縣之安牛遂籍焉
由來簪笏名家縉紳世族配得親安郡夫人阮貴氏賢之主饋也按結朱陳締俯秦晉婚儀
錫降稠叠天香麟趾挺生重雍户宇受享之福既富且貴而尤思以及人以安牛義鄉今
爲裕曲良田廣圓器物緡錢前後賜予無算升之老童穉沓愛慕欣欣知也于是衆口卒相謂
曰鄉之[illegible]君子盛心報德酬功古今道誼尊公於我亩曷瓌既深矣乖豈士才人哉去思所以教啣
環意也然公以國家貴戚珠玉金壁桓衮軒裳人間極處繁華皆分內所有我何以報而公亦豈
望報乎雖贈之以瓊琚不足以爲公之重事之以父師不足以爲公之榮惟前銅武侯公所憐愛珠其可
當爲此覓一條敬路以爲尊公長慮一尉懇或可相報其在此乎尊公知會益尚前銅武侯所遺之金
錢田效漆賜仝社以爲祭享之供户鄉拜賜益相喜曰德及于人則祀之吾儕于公之今子其可忽然
無情乎盍亦表今從祀社庙非千室中之一盛事耶因保爲本土後神凡奉事已具各命條列一紀爲
由天美地老香火不絕有道斯約徽日照雷壽即鐫于貞珉以壽其傳所有承付口錢數從祭
祀各例開列于后

編號：00950　出自《拓片總集》第一册（下同）

00951
河東省青池縣古典總安平社寺前第二碑之後面
計
一留其後神田貳畝柒尺捌寸[illegible]義分爻古錢叁拾貫以為祭祀之[illegible]
一田在黃黃社地分　一所塘塋處壹高壹尺陸寸捌分　一所蟆歸處壹高拾叁尺叁寸[illegible]分
一所淥造處拾肆尺[illegible]寸　一所伊處壹高[illegible]尺貳寸捌分　一所伊處壹高拾肆尺柒寸[illegible]分
一所又造處[illegible]尺壹寸肆分　一所伊處陸尺　一所蒲提處五高叁尺[illegible]寸叁分
一所伊處壹高捌尺壹寸捌分　二所相邇伊處貳高肆尺壹寸陸分一所伊處壹高拾尺五寸
一田在瓊都社地分　一所边造處壹高柒分
遞年祭祀各例終而復始永為不刊之典不得越廢欠
一例係遞年正月初一日謹用鷄壹隻粿壹盤酒壹壜芙蒥壹匣詣于祠堂祭祀如後
一例係遞年貳月日祈福事神禮於迎神日謹用祭具壹盤酒壹壜芙蒥壹匣遞就後神位祭祀至遞神日謹用祭禮亦如前例
一例係遞年五月中旬平田例隨月祭具壹盤酒壹壜芙蒥壹匣遞就後神位祭祀如後
一例係遞年陸月初捌日恭遇諱日謹用猪具壹盤猪壹口粿壹盤酒壹埒芙蒥壹匣金銀壹千詣于祠堂祭祀如後
一例係遞年捌月拾[illegible]日恭遇生日謹用鷄壹隻粿壹盤酒壹壜芙蒥壹匣詣于祠堂祭祀如後
一例係遞年[illegible]月日常饌禮謹用鷄壹隻粿壹盤酒壹壜芙蒥壹匣遞就後神位祭祀如後
一例係遞年拾貳月初貳日臘節禮謹用祭具壹盤酒壹壜芙蒥壹匣遞就後神位祭祀如後
以上等例本社色目陸廷佳陳得因鄉老陸文鈹謝士称社長謝世竹張廷振村長阮文衿社文申社文內陸文所
首領張[illegible]宗范典章完廷名謝世[illegible]發[illegible]陸廷[illegible]謝文勗社文選陸文交社文駭奉社上下等共作
碑
黎朝景興拾年拾壹月貳拾日

編號：00951

釋文

後神碑記[①]

常信府青池縣安牛社官員、文屬、鄉老、仝社上下等，爲尊保後神立碑記事/

祀人而奉以後神，記事而重以立碑，尊之至，而期之遠也。自非豐功厚德足以及人，使敬慕而/不忘，祈報於無窮，綿綿然，與山石對峙而並存者，曷克臻此？

睠惟前壯節將軍、侍候銃寶、并/牽馬等隊正、隊長，封贈馳威將軍、指揮使司指揮同知、銅武侯阮相公，字英健，賜謚惠達，輝/聯玉質，系問銀潢[②]，策馬彎弓，高材挺拔，攀龍[③]附鳳，天位安排[④]，彼蒼[⑤]曷嗇，其數使卷從/戎之志，齎恨以往。兹親父首號校尉、掄忠侯，乃愛州雷陽人也，卜居于青池縣安牛，遂籍焉。/由來簪笏名家，縉紳世族。配得親母郡夫人阮貴氏，賢主饋也，拔結朱陳[⑥]，締婚秦晉[⑦]，蟾僊[⑧]/錫降，稠惹天香。麟趾[⑨]挺生，重輝户宇，受享之福，既富且貴，而尤思以及人。以安牛義鄉，今/爲枌曲[⑩]，良田廣圃，器物緡錢，前後

---

① 此爲拓片編號00950之額題，今依内容及性質重定篇題爲“安牛社阮英健後神碑記”。

② “銀潢”，銀河；又，“潢”可作“天潢”，是天上的星宿，借指“皇室貴胄”。

③ “龍”，碑原作喃字“竜”，義同故改之。

④ “天位安排”，見《孟子·萬章》：“萬章問友，孟子曰：‘弗與共天位也，弗與治天職也，弗與食天禄也，士之尊賢者也，非王公尊賢也。’”趙岐注曰：“位、職、禄皆天之所以授賢者，而平公不與亥唐共之。”

⑤ “彼蒼”，見《詩經·國風·秦風·黄鳥》：“交交黄鳥，止于棘。誰從穆公，子車奄息。維此奄息，百夫之特，臨其穴，惴惴其慄。彼蒼者天，殲我良人。如可贖兮，人百其身。”鄭玄箋云：“如此奄息之死，可以他人贖之者，人皆百其身，謂一身百死，猶爲之，惜善人之甚。”又，小序：“黄鳥，哀三良也。國人刺穆公以人從死，而作是詩也。”

⑥ “朱陳”，見白居易《朱陳村》：“徐州古豐縣，有村曰朱陳。……一村唯兩姓，世世爲婚姻。”

⑦ “秦晉”，春秋時期，秦穆公爲與中原國家結好，求婚於晉獻公，獻公將女兒伯姬嫁給秦穆公；穆公爲籠絡晉國，復將女兒懷嬴嫁給獻公子重耳，重耳得到穆公的幫助成爲晉國國君，是爲晉文公。而秦晉因爲這樣的聯姻，相互得到奥援，晉文公與秦穆公因此相繼成爲春秋五霸，後世將秦晉相互姻婭稱作“秦晉之好”，亦作爲兩姓家族有良好婚姻的代稱。見《左傳》相關記載。

⑧ “蟾僊”，應指嫦娥。劉昭《後漢書·天文志上》引張衡《靈憲》：“月者，陰精之宗。積而成獸，象兔。陰之類，其數耦。其後有馮焉者。羿請無死之藥於西王母，姮娥竊之以奔月。將往，枚筮之於有黄，有黄占之曰：‘吉。翩翩歸妹，獨將西行，逢天晦芒，毋驚毋恐，後其大昌。’姮娥遂託身於月，是爲蟾蠩。”

⑨ “麟趾”，比喻有仁德、有才智的賢人。《詩經·周南·麟之趾》：“麟之趾，振振公子，于嗟麟兮。”鄭玄箋云：“喻今公子亦信厚，與禮相應，有似於麟。”

⑩ “枌曲”，喻指故鄉。語出《南齊書·沈文季傳》：“惟桑與梓，必恭敬止，豈如明府亡國失土，不識枌榆。”

賜予無筭，父老童穉，皆愛慕欣欣如也。于是衆口率相謂/曰："施仁敷惠，君子盛心，報德酬功，古今通誼。尊公於我曹，瓊睍渥矣，我豈土木人哉？盍思所以一效啣/環[①]意也。然公以國家貴戚，珠玉金璧，桓衮軒裳，人間極處，繁華皆分内所有，我何能報，而公亦豈/望報乎？雖贈之以瓊玖[②]，不足以爲公之重；事之以父師，不足以爲公之榮。惟前銅武侯公所憐愛殊甚，可/當爲此覓一條敬路，以爲尊公長慮一慰，或可相報，其在此乎？"尊公知會，益出前銅武侯[③]所遺來金/錢田數，添賜仝社，以爲祭享之供，户鄉拜賜，益相喜曰："德及于人則祀之，吾儕于公之令子，其可恝然/無情乎？盍亦表令從祀社廟，非十室中之一盛事耶？"因保爲本土後神，凡奉事忌臘[④]，各節條例，一如端/内，天荒地老，香火不絶，有違斯約，皦日鳴雷。尋即鐫于貞珉，以壽其傳。所有承付良田、錢數，及祭/祀各例，開列于後[⑤]。/[⑥]

計：

一留置後神田貳畒柒尺捌寸貳分及古錢叁拾貫，永爲祭祀之禮，不得别雇專賣。/

一田在翼黄社地分，一所塘墋處壹高壹尺陸寸捌分，一所螻鷍處壹高拾叁尺叁寸玖[⑦]分。/

一所淥造處拾肆尺玖寸，一所伊處壹高玖尺貳寸捌分，一所伊處壹高拾肆尺柒寸玖分。/

一所[边]造處玖尺壹寸肆分，一所伊處陸尺，一所蒲提處五高叁尺柒寸叁分。/

一所伊處壹高捌尺壹寸捌分，二所相連伊處貳高肆尺壹寸陸分，一所伊處壹高拾尺五寸。/

一田在瓊都社地分，一所边造處壹高柒分。/

遞年祭祀各例終而復始，永爲不刊之典，不得違越廢欠。/

---

① "啣環"，謂感恩圖報。《後漢書·楊震列傳》李賢注引（南朝梁）吴均《續齊諧記》曰："（楊震父）寶年九歲時，至華陰山北，見一黄雀爲鴟梟所搏，墜於樹下，爲螻蟻所困。寶取之以歸，置巾箱中，唯食黄花，百餘日毛羽成，乃飛去。其夜有黄衣童子向寶再拜曰：'我西王母使者，君仁愛救拯，實感成濟。'以白環四枚與寶：'令君子孫潔白，位登三事，當如此環矣。'"

② "瓊玖"，瓊和玖皆美玉。見《詩·衛風·木瓜》："投我以木瓜，報之以瓊玖。"毛傳："瓊、玖，玉名。"

③ "銅武侯"，即阮英健。

④ "忌臘"，見（明）田藝衡《玉笑零音》："人之初生，以七日爲臘；人之初死，以七日爲忌。一臘而魄成，故七七四十九日而七魄具矣。一忌而一魂散，故七七四十九日而七魂泯矣。"

⑤ "後"，碑原作"后"，另兼正字，故改。

⑥ 以上爲拓片編號 00950 之内容。

⑦ "玖"，碑文原作諱字。

一例係遞年正月初一日謹用雞壹隻、粆壹盤、酒壹埁、芙蒥[1]壹匣，詣于祠堂，祭祀如儀；/

一例係遞年貳月日祈福事神禮，於迎神日謹用齋[2]具壹盤、酒壹埁、芙蒥壹匣，遞就後神位祭祀，至送神日謹用祭禮，亦如前例；/

一例係遞年五月中自下田例，謹用齋具壹盤、酒壹埁、芙蒥一匣，遞就後神位，祭祀如儀；/

一例係遞年陸月初捌日恭遇諱日，謹用饌具壹盤、豬壹口、粆壹盤、酒壹圩、芙蒥壹匣、金銀壹千，詣于祠堂，祭祀如儀；/

一例係遞年捌月拾玖日恭遇生日，謹用雞壹隻、粆壹盤、酒壹埁、芙蒥壹匣，詣于祠堂，祭祀如儀；/

一例係遞年玖月日嘗新[3]禮，謹用雞壹隻、粆壹盤、酒壹埁、芙蒥壹匣，遞就後神位，祭祀如儀；/

一例係遞年拾貳月初貳日臘節禮，謹用齋具壹盤、酒壹埁、芙蒥壹匣，遞就後神位，祭祀如儀。/

以上等例，本社色目陸廷佳，陳得因，鄉老陸文鉞，謝士稱，社長謝世竹，張廷振，村長阮文衿，杜文申，杜文内，陸文所，/首項張伯宗，范典章，阮廷名，謝世廉，張俊嚴，陸廷辨，謝文勵，杜文逸，陸文交，杜文眩，舉社上下等共依。/

時/

黎朝景興拾年[4]拾壹月貳拾日/

山常青監侍東宫副知番鄭甫撰/

侍内書寫户番該合鄧廷鉞承寫/[5]

---

① "芙蒥"，一種藤類植物，越文作Cây lá trầu。與檳榔同爲喜慶時必有之象徵性植物，尤其是在傳統婚俗文化中，檳榔、芙蒥與石頭（石灰）是兄弟和睦、夫妻恩愛之象徵，迄今越南傳統式的婚禮仍然採用芙蒥、酒、檳榔等物作爲重要的禮物。詳見本書篇號〇〇二《瑞璋坊東甲阮氏麗暨夫祭忌碑記》注釋。

② "齋"，碑原作"斎"，越南俗字，又"齋"古字。

③ "新"，碑原作避諱字。

④ "景興拾年"，十年歲次己巳，當清乾隆十四年（1749），歲次己巳。

⑤ 以上爲拓片編號00951之内容。

題後

本碑記立於河東省青池縣古典總安牛社寺，寺中共有五通碑記，如下：

編號	篇題	年代	位置
00947/00948	乃造後佛獻題名碑記	後黎神宗永壽三年（1660）	安牛社寺前第三碑
00950/00951	安牛社阮英健後神碑記*	後黎顯宗景興十年（1749）	安牛社寺前第二碑
00996	鋭郡公正室贈郡夫人鄭貴氏號妙綿神位	未注明	安牛社寺内第一碑
00997	阮相公字英健賜謚惠達真性府君神位	未注明	安牛社寺内第二碑
00998	鋭郡公阮相相公字福善真性府君神位	未注明	安牛社寺内第三碑

注：* 表示此篇收入本書。

其中 00996、00997 及 00998 均爲置放在寺中的神位，本碑記則與 00947/00948《乃造後佛獻題名碑記》豎立在寺前。三塊神位中，00996 與 00998 應該是一對夫妻，分别是鋭郡公阮相相公字福善真性府君（00998）、鋭郡公正室贈郡夫人鄭貴氏號妙綿（00996），而 00997 則爲本碑記寄忌者銅武侯阮英健的神位。根據碑記的署年，寄忌碑刊刻於景興十年（1749），而神位則記載："壯節將軍、侍候銃寶、并牽馬等隊正、隊長、中尉，封贈指揮同知、銅武侯阮相公，字英健，賜謚惠達，真性府君神位，乙丑年六月初八日卒。"可知其卒年爲乙丑年，應是後黎景興五年（1745）。其對官職的記載，也略與寄忌碑不同。故本碑記是校尉、掄忠侯爲其子銅武侯所立的寄忌碑。

○八一　安偉社阮伯卿後神碑記

引言

碑立於興安省快州府東安縣安偉社太宰陵。碑刻四面，拓片編號 00984/00985/00983/00986。拓片編號 00984 爲碑右，共十七行，滿行約四十四字，拓片編號 00983 爲碑後，共十七行，滿行約四十三字，額題“庚寅年造”四字；額題“後神碑記”四字，碑題“安偉社祠後神碑記”八字；拓片編號 00985 爲碑左，共十六行，滿行約四十字，額題刻“後神碑記”四字；拓片編號 00986 亦作碑左，共二十二行，滿行約四十四字，碑額題“後神碑記”四字，今依内容及性質重定篇題爲“安偉社阮伯卿後神碑記”。碑四面皆爲花稜紋。碑文撰者殿前都校點、司右校點、權府事、忠派侯汝廷瓚，書寫者范姓侍内書寫户番、同知。年代署作景興（Cảnh Hưng）三十一年（1770），景興爲後黎顯宗（Lê Hiển Tông）黎維祧（Lê Duy Diêu）年號，同年爲清乾隆三十五年，歲次庚寅。拓片現藏於漢喃研究院。

碑文記載，安偉社因盜賊横行導致田地荒蕪，百姓離散，洎忠侯阮伯卿奉朝廷之命消滅賊寇，召回村民使其安居樂業，安偉社感念其功，故尊其爲後神，爲此阮伯卿將二十一畝五分田和三百貫古錢贈與安偉社上、中、下三村，以補貼歲時祭祀之開支。文末記有各村應輪流耕作及每年税務之處理，以及祭祀日期、貢品與金額等各項規定。

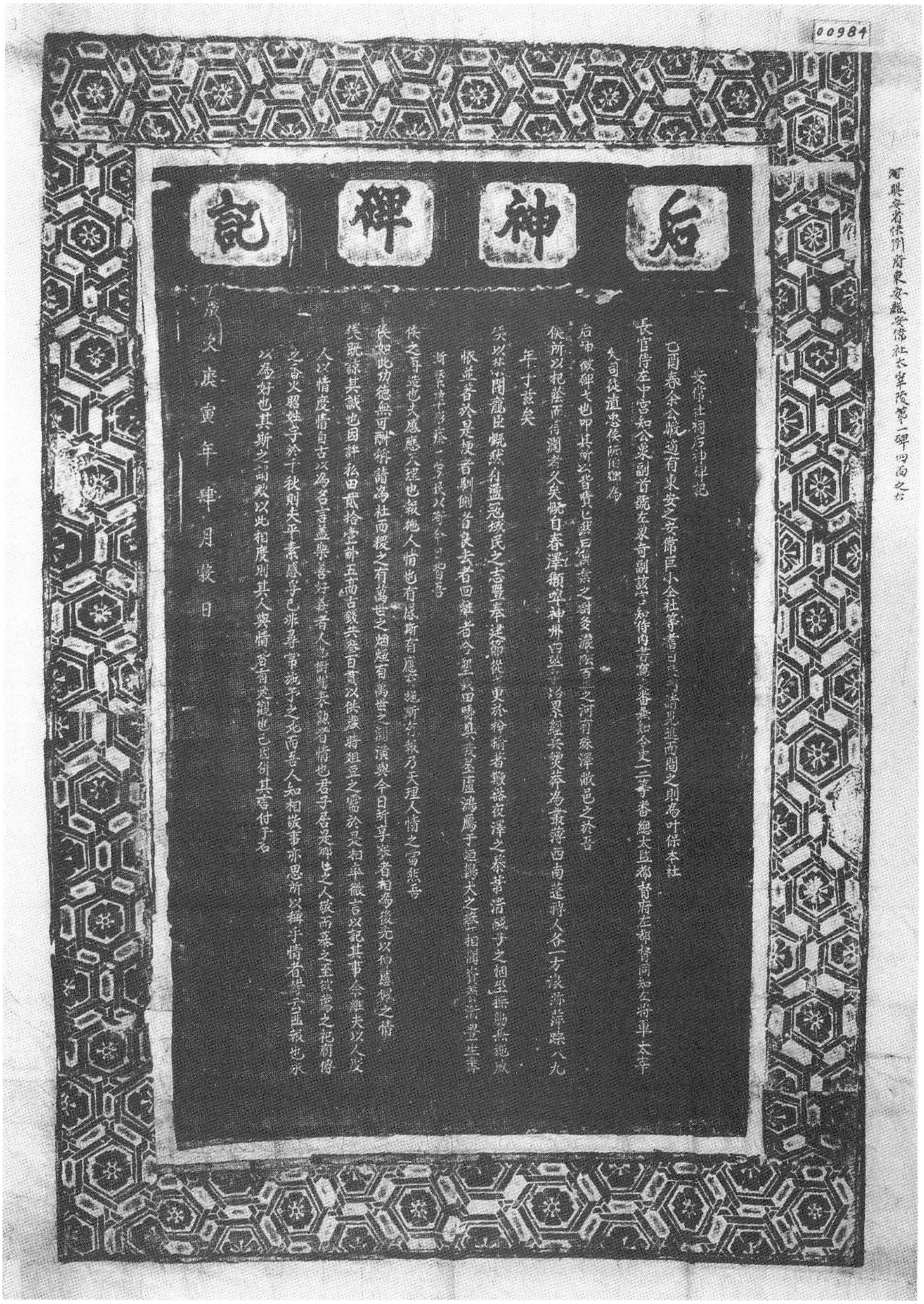

后神碑記

河與安省侠州府東安縣安偉社太平陂第一碑　四面之右

安偉社祠后神碑記

乙酉春余公[illegible]適有東安之安偉巨小全社等耆目[illegible]詣見進而問之則爲叶保本社

長官侍左中宮知公衆副首號左衆奇副該宁知侍內書寫番番長知令史一二等番總太監都督府左都督同知公將軍太宰

大司徒直忠侯阮伯卿爲

后神做碑文也叩其所以皆責己[illegible]之尉多濃[illegible]百[illegible]之河有[illegible]澤[illegible]邑之於吾

侯所以祀蒸而待潤者久矣既自春澤[illegible]神州四[illegible]浴界經兵燹蕪爲叢薄西南[illegible]將人各一方[illegible][illegible]萍蹤八九

年于茲矣

侯以[illegible]閣寵臣慨然有[illegible]冤域民之志豐奉建節從[illegible]更[illegible][illegible]者[illegible]路夜澤之[illegible]若清[illegible]子之[illegible]坐[illegible][illegible][illegible]咸

悵並者於是使者馴側首良去者回雄者今望[illegible]田疇具[illegible][illegible]虛鴻[illegible]于[illegible][illegible]大之[illegible][illegible]相關[illegible]養[illegible]豊生[illegible]

斯[illegible][illegible][illegible]参一[illegible][illegible]以[illegible]今日皆吾

侯之[illegible]造也夫感應天理也報施人情也有感斯有應[illegible]施斯[illegible]報乃天理人情之當然吾

侯如此功德無可酬報請爲社丙稷之有萬世之烟[illegible]有萬世之[illegible]演與今日所享祭者相爲後先以仰[illegible]報之情

侯既諒其誠也因許私田貳拾壹畝五高古錢共叁百貫以供歲時俎豆之需於是相與徵言以記其事余雖夫以人度

人以情度情自古以爲名言蓋樂善好義者人之所[illegible]者情也君子居是鄉[illegible]之人敬而慕之至欲爲之祀廟[illegible]

之奇[illegible]昭姓字於千秋則夫平素感孚已非尋常施予之比而吾人知相敬事亦思所以稱乎情者豈云[illegible]報也[illegible]

以爲好也其斯之[illegible]歟以此相度則其人與情[illegible]有足觀也已因併其言付于石

成泰庚寅年肆月穀日

編號：00984　出自《拓片總集》第一冊（下同）

00985
興安總快州府東安縣安偉社太宰凌第一碑四面之左
后神碑記
快州府東安縣安偉社上村官員左翊點檢壽侯阮世 參督阮文生 伯 阮
阮加仲馮所旺陳文世馮王瑞黃伯演黎有鍾阮勝力馮文賓阮得程王文允三千 阮辰陳
仝村上下寺
中村官員同知府阮儒 諱太謨諱有称阮進程阮廷挠阮廷僚陳有功諱文清諱宜當阮於
阮有禄阮曰存陶尌諱無才武淳杜伯鍾阮曰熙禪伯倫陳文軒阮賞仝村巨小寺
下村官員同知府武倬侯陳儒雜杜欣杜輝進武錦陳廷積武進教陳有寧杜范杜才雄陳紅
陳廷 王廷安陳義范堅杜涚武升社壘陳謙陳慎仝村上下寺
為尊保后神事蓋聞有德必報乃天地之常經今者長官上好仁以愛其下則下好義以報其上此實
伴之梓言亘古今之通道俶茲本社昔年偶遭兵火經被彫喪歷一年 墓去故
宅而旅客於他鄉徒抱孤丘之念空條土之情己酉年頼長官奮本國家華由鄉 今
撫集方民奉天威而勦除草冠賊党之自辈来降承王命而招諭流民流散者使营役業荒田則
督民開墾一境無公本之雜耕區壘則率衆循行四壁巡夜警之可虞長幼遂服田力穡齊陶給業
之天老童孚孥壤謡衢共播倉箱之詠致富裕優於縣內厰以寔頼於長官加以實恵弘推既許
每村良田五畝厚恩再結又加百貫古錢受賜甚多將何以報因此共叶
尊保長官侍左中宮知公衆副首號左衆奇副該官知侍內書寫夫番兼知令史二等黃侍近侍內監
司礼監總太監都督府左都督同知左將軍太宰大司徒直忠侯阮伯鄧為后神

編號：00985

00983
與安省快州府東安縣安偉社太平陵第一碑四面之後
庚寅年造

編號：00983

后神碑記

編號：00986

釋文

【後神碑記】[①]

安偉社祠後[②]神碑記[③]

乙酉春，余公暇，適有東安之安偉、巨小仝社等耆目來門請見，進而問之，則爲叶保本社/　　　　長官侍左中宫、知公象副首、號左象奇副該官、知侍内書寫史番、兼知令史、一二等番總太監、都督府左都督同知、左將軍、太宰、/大司徒、湞忠侯阮伯卿爲/後神，徵碑文也。叩其所以，皆嘖嘖然曰："萬葉之樹多濃陰，百里之河有殊澤，敝邑之於吾/　　　　侯，所以杞蔭而待潤者久矣。慨自春澤[④]獺嗥，神州四警，本路累經兵燹，莽爲叢薄，西南蓬轉，人各一方，浪跡萍蹤，八九/年于兹矣。/　　　　侯以禁闈寵臣，慨然有盪寇域民之志，暨奉建節從來，更於枌榆[⑤]著鞭，豁夜澤[⑥]之蓁葦，清鹹子[⑦]之煙塵，撫剿兼施，威/懷並著，於是梗者馴，側者良，去者回，離者合，墾我田疇，具我屋廬，鴻鴈于垣，雞犬之聲相聞，資養漸豐，生齒/漸繁，望彫瘵[⑧]之窮民，以有今日，皆吾/　　　　侯之再造也。夫感應，天理也；報施，人情也。有感斯有應，有施斯有報，乃天理人情之當然。吾/

侯如此功德，無可酬稱，請爲社而稷之，有萬世之烟煙，有萬世之澗潢，與今日所享賽者相爲後先，以伸感佩之情。"/　　　　侯既諒其誠也，因許私田貳拾壹畝五高，古錢共叁百貫，以供歲時俎豆之需，於是相率徵言以記其事。余維夫以人度/人，以情度情，自古以爲名

---

① 此爲拓片編號 00984 之額題，此篇之讀碑順序依序爲拓片編號 00984/00985/00983/00986。

② "後"，碑文原作"后"，另兼正字故改之，下同，不另注。

③ 此爲拓片編號 00984 之碑題。今依内文主旨重定篇題爲"安偉社阮伯卿後神碑記"。

④ "春澤"，即春雨，比喻爲恩澤。語出潘岳《西征賦》："弛秋霜之嚴威，流春澤之渥恩。"

⑤ "枌榆"，原爲漢高祖故鄉的里社名，後借指"帝鄉"，泛指"故鄉"。《史記·封禪書》："高祖初起，禱豐枌榆社。"裴駰集解引張晏曰："社在豐東北十五里。或曰：枌榆，鄉名，高祖里社也。"

⑥ "夜澤"，越南地名。據《大南一統志·興安省·古蹟》："一夜澤，在東安縣與河内上福縣自然洲相近。……按，《嶺南摭怪傳》，雄王率兵討仙客（容），駐於自然洲，猶隔大江，日暮未及進兵，夜半忽風雨大至，褚童子、客（容）仙所居室屋，居人雞犬一辰升飛，其地陷成一大澤，後人因立祠致祭，名其澤曰一夜澤。其洲約慢嶄洲。"另，《嶺南摭怪》卷一有《一夜澤傳》。

⑦ "鹹子"，即鹹子關越南地名。《大南一統志·興安省·古蹟》："鹹子關在東安縣鹹子社，陳光啟詩'擒胡鹹子關'即此處也。"按，《大越史記全書·本紀》紹寶七年："夏四月……官軍與元人交戰鹹子關。"

⑧ "彫瘵"，喻災害。語出《文選》載木華《海賦》："昔在帝嬀，巨唐之代，天綱浡潏，爲凋爲瘵。洪濤瀾汗，萬里無際。"《説文》曰："凋，半傷也。"《爾雅》曰："瘵，病也。"

言，蓋樂善好義者，人也；樹聞表勳者，情也。君子居是鄉，鄉之人敬而慕之，至欲薦之祀廟，傳/之香火，昭姓字於千秋。則夫平素感孚，已非尋常施予之比；而吾人知相敬事，亦思所以稱乎情者。詩云："匪報也，永/以爲好"也。[①] 其斯之謂歟！以此相度，則其人與情，皆有足觀也已，因併其言，付于石。/

歲次庚寅年[②]肆月穀日/[③]

【後神碑記】[④]

快州府東安縣安偉社上村官員，左提[⑤]點、活壽侯阮世幸；黎有贊、阮文生、阮伯瑋、阮仲瑜、阮曰□、/阮加仲、馮肝胆、陳文世、馮玉瑶、黄伯演、黎有鍾、阮勝力、馮文賓、阮得理、王文允、王午、譚芶、阮辰、陳□/仝村上下等。/

中村官員同知府阮儒宏、譚太謨、譚有稱、阮進程、阮廷機、阮廷僚、陳有功、譚文清、譚宜富、阮於□、/阮有禄、阮曰存、陶鮒、譚兼才、武淳、杜伯鍾、阮曰勳、譚伯倫、陳文軒、阮賞仝村巨小等。/

下村官員同知府武倬僎、陳儒雉、杜欣、杜輝璡、武錦、陳廷積、武進敕、陳有寧、杜花、杜才雄、陳缸、/陳廷□、王廷安、陳展、范堅、杜説、武井、杜壘、陳謙、陳慎仝村上下等。/　　　　爲尊保後神事。

蓋聞有德必報，乃天地之常經，今者○長官上好仁以愛其下，則下好義以報其上，此賢/傳之格言，而古今之通道。顧兹本社，昔年偶逢兵火，經被彫殘，歷十年餘，離親戚，棄墳墓，去故/宅，而旅客於他鄉，徒抱狐丘之念[⑥]，空懷土之情。已而幸賴○長官，喬木國家，華中鄉而祗承○命令；/撫集方民，奉天威而勦除草寇。賊黨之自舉來降，承○王命而招諭流民，流散者使皆復業，荒田則/督民開墾，一境無公本之雜耕；區壘則率衆循行，四壁絶夜驚之可

---

① "匪報也，永以爲好也"，見《詩經·國風·衛風·木瓜》："投我以木瓜，報之以瓊琚，匪報也，永以爲好也。"

② "庚寅年"，應即後黎顯宗（Lê Hiển Tông）黎維祧（Lê Duy Diêu）景興三十一年（1770），當清乾隆三十五年。

③ 以上爲拓片編號 00984 之内容。

④ 此爲拓片 00985 之額題。

⑤ "提"，碑文原作諱字。

⑥ "狐丘之念"，比喻不忘本或懷念故鄉。語出《淮南子·説林訓》："鳥飛返鄉，兔走歸窟，狐死首丘。"

慮。長幼遂服田力穡[①]，胥陶給足/之天；老童孚擊壤謡衢[②]，共播倉箱之[③]詠。致富獲優於縣內，厥功寔賴於〇長官。加以實惠弘推，既許/每村良田五畝，厚恩再結，又加百貫古錢，受賜甚多，將何以報？因此共叶/　　　　尊保長官、侍左中宫知公象副首、號左象奇副該官、知侍内書寫吏番、兼知令史、一二等番侍近侍内監/司禮監總太監、都督府左都督同知、左將軍、太宰、大司徒、滇忠侯，阮伯卿爲後神。/[④]

【庚寅年造】[⑤]

左將軍、太宰、大司徒、滇忠侯。/

一票安偉社中村官員、鄉老、色目上下等，係後神祀田前期已付許每村五畝，東西四至[⑥]依如本曰内，又添許每/村祀田壹畝、修理田壹畝，共柒畝，以上本社三村共田貳拾壹畝，係遞年付七人照次輪流耕種，終而復始，其耕修/理田每村壹畝，遞年定税，每畝古錢貳貫，納在本村收取留貯，待後日祠址與儀門如有毀裂，本社取以修補，/務在完固，這錢不得别用他役。其祀田每村陸畝，亦定税，每年每畝古錢貳貫，共古錢拾貳貫，係每年某村/某人耕田應納税，在本村收取。其本村照本年每節使用若干，應付錢在仝[⑦]長，依時價買下[⑧]，禮物應作潔淨/整足，依日早時遞就祠址，陳設整齊，應候本社午時祭禮如儀。若某村仝長買下禮物不得潔淨，整肅與/致祭遲緩暮夜，及減錢買禮慳[⑨]薄不中時價，許本村應捉，以警他日。這田間已付在本社三村耕守，以供承祀/防修補，後日子孫不得擅[⑩]自顛倒發賣，其本社各村亦不得擅許領回發賣，違者許族人與本社人鳴糾在當/任官，乞收回原田，付還本社，其買田人失其錢，其賣田人治其罪，玆票。/

一加許中村田五高在沈磨處，其本村擇某人耕種以爲剗削田，遞年每節前一二日整作欵、

---

① “服田力穡”，見《尚書・商書・盤庚上》：“若網在綱，有條而不紊。若農服田力穡，乃亦有秋。”孔安國傳曰：“下之順上，當如網在綱，各有條理而不亂也。農勤穡，則有秋；下承上則有福。”

② “擊壤謡衢”，見《論衡・感虛》：“堯時天下大和，百姓無事，有五十之民，擊壤於塗。觀者曰：‘大哉，堯之德也！’”

③ “倉箱”，喻豐收。典出《詩經・小雅・甫田之什・甫田》：“曾孫之稼，如茨如梁。曾孫之庾，如坻如京。乃求千斯倉，乃求萬斯箱。黍稷稻粱，農夫之慶，報以介福，萬壽無疆。”

④ 以上爲拓片編號 00985 之内容。

⑤ 此爲拓片編號 00983 之額題。

⑥ “至”，缺筆，爲避諱字。

⑦ “仝”，喃字，意思是首領、領袖。

⑧ “下”，原作“丅”，爲“下”之異體字，見戰國中期“鄂君啟車節”及包山楚簡 2.53。

⑨ “慳”，原作“揑”，碑體字中“手”部與“心”部常通用，下同，不另注。

⑩ “擅”，原作“抎”，“擅”之俗字，見《宋元以來俗字譜・手部》引《目連記》。

雞并香酒、金銀，就在/祠址所告詞，率使中男剗削中外，如見藤蘿凡卉，生於牆蓬石隙，與瓦上址下者，悉皆斬去掃淨，以待/至日祭祀。若承行忽畧不實，斬草不盡荄，剗基不盡穢，許上下二村會叶，慳者捉芙蔔[1]，重者捉雞酒，/准古錢叁陌，以警他日。/

皇朝景興叁拾壹年肆月穀日竪碑/

賜丙辰科進士、殿前都校點[2]、司右校點、權府事、忠派侯，唐安獲澤拙齋汝[3]撰/

侍内書寫户番、同知府范寫/[4]

【後神碑記】[5]

所有各節禮物開陳于後。/

計：/

一正旦節每村用粽果、酒壹圩、金銀壹千，并香燈、芙蔔叁拾口，准價古錢陸陌。/

一春節，入席唱歌前日預告，每村雞壹隻、�壹盤、酒壹圩、金銀壹千、芙蔔叁拾口并香燈，准價古錢陸陌。其還日并/迎送日，禮在祠址，并應酌，只有禮在亭中土祇内用齋禮。/

一生日三月初一日，每村禮用雞壹隻、粿壹盤、酒壹圩、金銀壹千，并香燈、芙蔔叁拾口，准價古錢陸陌。/

一春季三月十五日，每村禮用雞壹隻、粿壹盤、酒壹圩、金銀壹千，并香燈、芙蔔叁拾口，准價古錢陸陌。/

一忌日四月十九日，每村禮用熟豬壹口、粿壹盤、酒壹圩、金銀壹千，并香燈、芙蔔叁拾口，准價古錢叁貫。/

一夏季六月十五日，每村禮用雞壹隻、粿壹盤、酒壹圩、金銀壹千，并香燈、芙蔔叁拾口，准價古錢陸陌。/

一秋節普渡，入席前日預告，每村禮用雞壹隻、粿壹盤、酒壹圩、金銀壹千，并香燈、芙蔔叁拾口，准價古錢陸陌。存正/席各日，禮在祠址應酌，只用禮在廟下，仝社禮用每日雞壹

---

① “芙蔔”，藤類植物，越文作 Cây lá trầu。與檳榔同爲喜慶時必有之象徵性植物，尤其是在傳統婚俗文化中，檳榔、芙蔔與石頭（石灰）是兄弟和睦、夫妻恩愛之象徵，迄今越南傳統式的婚禮仍然採用芙蔔、酒、檳榔等物作爲重要的禮物。詳見本書篇號〇〇二《瑞璋坊東甲阮氏昖暨夫祭忌碑記》注釋。

② “都校點”，管理禁軍的官職，正二品。本爲都檢點，後因避諱明康太王鄭檢而改爲都校點。

③ “汝”，即汝廷瓚，《鼎鍥大越歷朝登科録》後黎懿宗永佑二年（1736）丙辰科第三甲同進士出身：“汝廷瓚，唐安獲澤人，三十四中會元，仕至參從、兵部尚書，改除武職，致仕特賜國老，壽七十二。進賢之子，仲台之從兄，公瑱之父，廷用之孫。”

④ 以上爲拓片編號 00983 之内容。

⑤ 此爲拓片編號 00986 額題。

隻、粎壹盤并酒、金銀、芙蔔具禮。/

一秋季九月十五日，每村禮用雞壹隻、粎壹盤、酒壹圩、金銀壹千，并香燈、芙蔔叁拾口，准價古錢陸陌。/

一臘節十二月初三日，每村禮用熟豬壹口[1]、粎壹盤、酒壹圩、金銀壹千，并香燈、芙蔔叁拾口，准價古錢叁貫。/

一冬季十二月十五日，每村禮用雞壹隻、粎壹盤、酒壹圩、金銀壹千，并香燈、芙蔔叁拾口，准價古錢陸陌。/

一係各節禮物迎在祠址，行禮如儀，祭畢，飲酒伊處，欠者並停。/

一各節買下禮物皆在仝長整作，係有宰豬，待祭畢後，仍許豬足貳件。/

一各節行禮係官員應祭，擇其官職優者爲祭官，各官員齊整衣帽，行禮如儀，其祭官飲福酒壹□，受胙、芙蔔壹封五/口。祭畢，官員任取豬頭均分，每員壹分，敬俵祭官壹分。係鄉老自六十歲以上各整備衣帽，並入陪拜，本村上下祭畢，/入拜，其齊頸豬任在鄉老均分，以表尊長。如有往差官在民敬俵豬首，本村應替受胙肉壹片、□肉壹割，□外□/務令好大，以重禮節，止存豬肉、粎、酒，本村應照見在上下仝飲食，欠者並停。/

一遞年各節行禮，例有請○長族官，芙蔔壹封五口証見。/

一係各節嗣後在祠宇，禮儀已承○長官指教，敬俵本族官。/[2]

---

① 碑文原作“豬熟一口”，據前文“忌日四月十九日”條，改作“熟豬臺口”。

② 以上爲拓片編號 00986 內容。

○八二　青池縣文典社先賢祠址碑記

引言

碑立於河東省青池縣古典總文典社祠址，爲祠址内第一碑。碑刻三面，拓片編號00987/00988/00989。依拓片題簽載應是碑刻四面然未見第四片拓片。拓片編號00987爲碑前，共十六行，滿行約三十字，碑題“青池縣文典社先賢祠址碑記”十二字；拓片編號00988爲碑左，共十三行，滿行約三十字；拓片編號00989爲碑右，共十四行，每行有大小字字數不等，今以拓片編號00987碑題爲篇題。碑文撰者存庵居士裴輝壁、書寫者阮德澤、鐫者跂石隊黄登甋。此碑未注明年代，據《越南漢喃碑銘拓片目録提要》推斷，應爲阮朝嘉隆（Gia Long）年間（1802–1819）所立，嘉隆爲阮福暎（Nguyễn Phúc Ánh）年號。拓片現藏於漢喃研究院。

碑文記載青池縣文典社早期祭祀先賢之事甚爲隨便，自景興朝癸亥年（四年，1743）始，鄉試中三場者七人，書吏試中者八人，兩人考中鄉貢，故文典社乃於蘇瀝江北岸立先賢祠，祠内正壇供朱文貞公，配以社中朝士及中第者，左壇供儒生、生徒和書吏，右壇供奉諸登科、職敕和有德之人，以彰先賢，以振儒風。文末記有捐資者芳名與官職，及所捐公田與池塘尺寸。

00987
河東省青池縣古典總文典社祠址第一碑四面之前

青池縣文典社　先賢祠址碑記
宇宙間惟賴吾
孔氏之教而萬世人紀立故其祠特盛於國都與諸路而　鄉賢之祠社則有之
鄉賢服　先聖之教者也　先聖不敢瀆而宗　鄉賢即所以溯於　先聖也
吾縣文典社其初斟問學每歲春秋隨便設　先聖位敬祭焉　景興癸亥以
後數十年間鄉試中三場者七書吏試中者八而貢於鄉綴仕籍者二於是砌
祠址蘇瀝江之北岸定以正壇敬祀
文貞公朱先生配以朝士與中場列位其從祀左壇則儒生生徒與書吏右壇則
教子登科與有職色有行誼者既造田池具儀品仍以二八月下丁設祭蓋其
祠始於已亥而其供祭之需則自是年迄今陸續庀辦以成之也夫社不祭
先聖懼其褻固也世之祠于社其社之儒先耳　朱先生非文典産也顧以
歸何哉古者國若無先師則祭鄰國之先師況我　朱先生為越甸儒宗而
青池之先輩也　先生致道篤行不求聞達以正直立朝進禮退義聞其風是
以起身靡世稱　先生著有四書說約今其書不傳然猶可以想其學之所自
得抑門弟子之傑然者斥寺搭觝恠奇以祛世惑其平日為教闡聖道闢邪說
以是作成一世之英才又可概見我越學者之志於希賢而入聖微　先生其

編號：00987　出自《拓片總集》第一冊（下同）

00988

河東省青池縣古典總文典社祠社第一碑四面之左

誰歸吾意文典事　聖朝其紳士嘗預周旋於籩豆之間是宜奇定識也自斯
道既南國爲文獻之國而有陳以前徐都或外求所謂學宮文廟未嘗一見今
不惟路各有學即微而一社亦知所從事如此明都之壞其涵浸於　聖教者
日益深不其盛歟今冬社會廿九人合議勒碑記其事請叙於余余以謂井温
則陽生可知矣草木明動則春煦可知矣社故未有事儒學近世乃宗尚之
賢祠之祭未之及最始創之乃成於今此其爲儒風振奮之象耶吾固喜文典
之人文將蔚然譽發自今也雖然嚮道慕德不詭於　文貞公之梗概以族
晩生小子之能自振拔者出焉此在今之二三長老所當自厚今同縣者有鄰
近往来之誼久矣故輙語以此蓋一念區區景行先哲之私尚蘄相與共繇於
其途耳矣若曰舉以誨爾則豈余之陋敢云乎哉同縣定功社屋盛烈社存菴
居士裴璧希章甫撰

一現今祀田并池共陸畝叁高貳口內諸員名敬祀田貳畝（叁高五口）同會造買田池
叁畝五高捌口其處所詳在編簿

編號：00988

00989

一前會撰香與當會置香姓名附刻于左

前會范志道　己卯開科舉場知縣 造田池捐壽

武登春　丙寅書中縣吏長壽

武尹璥　丁卯書中所使追進 祀田壹高常壽

范曰瑚　知事敬祀田壹高始 追捐壽

范克緒　秀林郎敬祀田壹高 平壽

黃名恭　縣丞追進祀田叁口

武登璸　社飲追進祀田壹高

當會范輝㻌

武登栢　丁酉書中同造田池

黃春爛　究高貳口 合敬祀田池共

阮珂　舊司副總進祀田谷

武登仕　丁酉書中同知州追 進祀田捌口

武金瑍　丁酉書中修正中壇 敬祀田壹高平

黃登瑜　叁場換修左壇

武法伯　社長追進祀田柒口

枚伯斑　行啟敬祀田五高 口壽

范克繼　行啟敬祀田五高貳 口壽

黃福瑞　鄉老追進祀田捌畢

黃達　丁酉三作下 同造田池平壽

范輝繳　總長修右壇祝版

范輝綬　合進田叁口半

阮凜　舊司副總進田陸口

黃時舉　乙酉科叁場常

武登佇　丁卯書中同知府

武貴昕　戊子科叁場常

黃福宣　鄉老追進祀田壹高

阮法理　追進祀田壹高

阮珖璐　社長

阮登迂　社長武登正

范輝縯　戊子同田池常

武輝弼　社長進祭器同造田池 又出資買石碑平壽

武登瓊　鄉老進田叁口半

同縣仁睦門社阮德澤敬書

㧞石隊黃登甋承鐫

河東省青池縣古典總文典社祠祉第一碑四面之右

編號：00989

釋文

青池縣文典社　先賢祠址碑記

宇宙間惟賴吾/　　　　孔氏之教，而萬世人紀立。故其祠特盛於國都與諸路，而　鄉賢之祠社則有之。/　　　　鄉賢，服　先聖之教者也。　先聖不敢瀆，而宗　鄉賢即所以溯於　先聖也。/吾縣文典社，其初尠問學，每歲春秋隨便設　先聖位敬祭焉。　景興癸亥[1]以/後數十年間，鄉試中三場者七，書吏試中者八，而貢於鄉、綴仕籍者二，於是砌/祠址蘇瀝江[2]之北岸，定以正壇，敬祀/　　　　文貞公朱先生，配以朝士與中場列位，其從祀左壇則儒生、生徒[3]與書吏，右壇則/教子登科與有職色、有行誼者。既造田池、具儀品，仍以二、八月下丁[4]設祭，蓋其/祠始於己丑，而供祭之需，則自是年迄今，陸續庀辨，以成之也。夫社不祭/　　先聖，懼其褻固也。世之祠于社，其社之儒先耳。　朱先生非文典産也，顧以/歸，何哉？古者，國若無先師，則祭鄰國之先師，況我　朱先生爲越甸儒宗，而/青池之先輩也。先生致道篤行，不求聞達，以正直立朝，進禮退義，聞其風足/以起卑靡，世稱　先生著有《四書説約》，今其書不傳，然猶可以想其學之所自/得，抑門弟子之傑然者。斥寺塔觝怪奇，以袪世惑，其平日爲教，明聖道，闢邪説，/以是作成一世之英才，又可概見我越學者之志，

---

① “景興癸亥”，爲後黎顯宗（Lê Hiển Tông）黎維祧（Lê Duy Diêu）景興四年（1743），當清乾隆八年。

② “蘇瀝江”，珥河之支流。蘇歷江之名最早出現於校合本《大越史記全書・外紀》卷四“梁大同十一年”（545）：“（李南）帝又敗於蘇歷江。”詳見《欽定越史通鑑綱目前編》卷四“唐穆宗長慶四年”注：“蘇歷是珥河之支流。”又引《大清一統志》：“蘇瀝江自交州府城東北轉而西行，直抵鋭江。昔有人名蘇瀝者在此，故名。明永樂初，黃福重浚，因更名來蘇，今在河内省城之東，壽昌縣有江口，是從珥河分流處也。”

③ “生徒”，見《欽定越史通鑑綱目・正編》卷十九後黎聖宗光順三年注：“生徒，鄉試中三場，謂之生徒。黎初衙吏多以監生、儒生、生徒爲之。”

④ “下丁”，即一個月中最後的一個丁日。中國舊時於每年陰曆二月、八月第一個丁日祭祀孔子，稱丁祭。隋唐日制不一。隋文帝時一年有四祭，唐武德年間改用中丁日祭祀，唐開元年後專用春、秋二仲的上丁日舉行祭祀。《南村輟耕録・丁祭》：“内翰王文康公鶚，字百一，開州東明人。國初，自保定應聘北行。時故人馬雲漢以宣聖畫像爲贈。既達北庭，值秋丁，公奏行釋奠禮。世祖説，即命舉其事。……自是春秋二仲，歲以爲常。”

於希賢而入聖，微　先生其/[1]誰歸？吾意文典事　聖廟，其紳士嘗預周旋於籩豆[2]之間，是宜有定識也。自斯/道既南，國爲文獻之國，而有陳以前，除都城外，求所謂學宫、文廟未嘗一見。今/不惟路各有學，即微而一社，亦知所從事，如此明都之壤，其涵浸於　聖教者/日益深，不其盛歟！今冬，社會廿九人合議勒碑記其事，請敘於余，余以謂井温/則陽生可知矣，草木明動則春煦可知矣。社故未有事儒學，近世乃宗尚之，/　　　賢祠之祭未之及，曩始創之，乃成於今，此其爲儒風振奮之象耶！吾固喜文典/之人文，將蔚然瞪發自今也，雖然，嚮道慕德不詭於　　文貞公之梗概，以竢/晚生小子之能自振拔者出焉，此在今之二、三長老所當自厚。余同縣者，有鄰/近往來之誼久矣，故輒語以此。蓋一念區區，景行先哲之私，尚蘄相與共繇於/其途耳矣。若曰舉以誨爾，則豈余之陋，敢云乎哉！

同縣定功社屋盛烈社存菴/居士裴壁[3]希章肅譔/

一現今祀田并池共陸畝叁高貳口，内諸員名敬祀田貳畝柒高/五口，同會造買田池/叁畝五高捌口，其處所詳在編簿。/[4]

一前會橫/看與當會直/看姓名附刻于左：/

前/會**范志道**己卯開科肆場知縣，/造田池，稍壽、**武登春**丙寅書中縣吏，長壽、**武尹璥**丁卯書中所使，追進/祀田壹高常壽、**范曰瑚**知事，敬祀田壹高，始/追　稍壽、**范克緒**秀林郎，敬祀田壹高，/平壽、**黄名恭**縣丞，追進祀田叁口、**武登瑱**社饒，追進祀田壹高[5]，**武登仕**丁卯書中同知州，/追進祀田捌口、**武金瑛**丁酉書中修正中壇，/敬祀田壹高平、**黄登瑜**癸亥叁場，填修左壇、**武法伯**社長，追進祀田柒口、**枚伯珽**行誼敬祀田五高貳/口，壽、**范克繼**行誼敬祀田五高貳/口，壽、**黄福臨**鄉老，追進祀田捌口半[6]、**黄時舉**乙酉科叁場常、**武登佇**丁卯書中同知府、**武貴昕**戊子科叁場常、**黄福直**鄉老，追進祀田壹高、

---

① 以上爲拓片編號00987之内容。

② “籩豆”，“籩”“豆”皆禮器，見《爾雅·釋器》：“木豆謂之豆。竹豆謂之籩。瓦豆謂之登。”《禮記·禮器》：“大饗其王事與，三牲魚腊，四海九州之美味也；籩豆之薦，四時之和氣也。”又《禮記·郊特牲》：“鼎俎奇而籩豆偶，陰陽之義也。籩豆之實，水土之品也。不敢用褻味而貴多品，所以交於旦明之義也。”後以籩豆作爲祭祀的代稱。

③ “裴壁”，即“裴輝璧”（Bùi Huy Bich，1744－1818），字希章，號存庵，後黎顯宗景興三十年（1769）己丑科第二甲同進士出身第一名。見《景興三十年己丑科進士題名記》編號01378記載：“裴輝璧青池縣，定功社，屋盛烈社，儒生中式。”著有《皇越詩選》《皇越文選》《朱禮節要》《性理節要》等書。

④ 以上爲拓片編號00988之内容。

⑤ 以上第一列。

⑥ 以上第二列。

阮法理勾稽，追進祀田壹高、**阮珖瑢**社長、**阮登迓**該[1]、知事阮曰仲、社長武克諧、社長武登正[2]。

當會范輝瑨甲□科肆場書内□/造田池，稍壽、**黄逵**丁酉儒生，理作，下/同，造田池，平壽、**范輝纘**戊子儒生同田池常、[3] /**武登栢**丁酉書中，同造田池、**范輝繳**總長，修右壇祝板一面、**武輝弼**社長，進祭器，同造田池，/又出財買石碑，平壽[4]、/**黄春爛**□□合，敬祀田池共/壹高貳口、**范輝授**舊該合進田叁口半、**武登瓊**鄉老，續進田叁口半[5]。**阮**�舊司副，續進祀田六口，**阮凜**舊司副，續進祀田陸口[6]。

同縣仁睦門社阮德澤敬　書

拔石隊黄登配承　鐫[7]

題後

下丁日即一個月中最後的一個丁日。中國舊時於每年陰曆二月、八月第一個丁日祭祀孔子，稱丁祭。《通志・禮略・吉禮下・釋奠》："周制，凡始立學必釋奠于先聖先師，及行事必以幣。凡學，春官釋奠于先師，秋冬亦如之。……釋奠，禮先聖先師，每歲春秋二仲，常行其禮；每月朔，祭酒領博士以下，及國子諸學生以上、太學四門博士升堂，助教以下、太學諸生階下拜孔子，揖顔回，日出行事。其郡學則於坊内立孔顔廟，博士以下亦每月朝。"（唐）韓鄂撰《歲華紀麗・八月》："上丁之日釋奠于國學，上戊之辰釋奠于太廟。"《（明萬曆序）文獻通考・學校考・祠祭上》："（元）武宗至大二年定釋奠禮，祭用二丁，牲用太牢。"《大清會典事例（光緒朝）・禮部・中祀・上丁釋奠於先師孔子》："上丁釋奠於先師孔子，〇崇德元年定。遣官致祭先師孔子。以顔子、曾子、子思子、孟子配饗。"則中國釋奠禮多行於上丁日，而越南此處則以下丁日行祀孔禮。

---

① 以上第三列。
② 以上三人小字一行。
③ 以上一列。
④ 以上一列。
⑤ 以上一列。
⑥ 以上一列。
⑦ 以上爲拓片編號 00989 之内容。

○八三　文典社范氏妙後神碑記

引言

碑立於河東省青池縣古典總文典社亭，爲社亭後第一碑。碑刻四面，拓片編號 00990/00993/00991/00992。拓片編號 00990 爲碑前，共十五行，滿行約二十六字，碑額題“創立後神碑記”六字，碑聯“道中絜矩四旁正，禮上緣情百世傳”；拓片編號 00993 爲碑左，共十五行，滿行二十四字，碑聯“及人功德人進祀，妙女謀謨女氏師”；拓片編號 00991 爲碑後，共十三行，滿行二十四字，碑聯“地久天長功不泯，牲肥黍潔德惟馨”；拓片編號 00992 爲碑右，共十八行，滿行三十一字，碑聯“金石一碑再有永，火鄉萬古享無窮”。今依內容及性質重定篇題爲“文典社范氏妙後神碑記”。碑四面均有紋飾，拓片編號 00990/00992 碑額與碑底均刻有花鳥紋，拓片編號 00991 碑額與碑底爲花紋，拓片編號 00993 碑額與碑底爲雙龍昭日，對聯則每字均以火紋圍繞。碑文撰者特進、金紫榮祿大夫、陪從、吏部右侍郎胡士揚。年代署作景治（Cảnh Trị）九年（1671），景治爲後黎玄宗（Lê Huyền Tông）黎維禑（Lê Duy Vũ）年號，同年爲清康熙十年，歲次辛亥。拓片現藏於漢喃研究院。

碑文記載文典社立范氏妙爲後神之事。范氏妙生於弘定十八年（1617），德隆（Đức Long）五年（1633）十七歲時嫁與綏良侯，陽和（Dương Hòa）二年（1636）生女枚氏玉絆。范氏於陽和五年（1639）任莫郡公鄭榁之乳母，後其女玉絆嫁與鄭榁。范氏妙雖享榮華未忘家鄉，故捐田畝與古錢與文典社，文典社四甲之民感其功德，尊其爲後神，每年並依歲時祭奠其父母，並於文末詳載忌供時所需祭品品項與金額。

00990
道中繫年四旁正
禮上緣情百世傳
創立後神碑記
嘗聞天生萬物得爲人一樂也而人有陰騭還有陽報我以此感
應其理之必然乎聽兹
王子乳養范貴氏夫人諱妙常信青池文典人
弘定十八年丁巳十一月十三日丑時生精神特異容貌殊常快王
之秀牽絲諧慢後之緣
德隆五年癸酉時年已一十有七合巹與前該官參督綏良侯中舘
當夫人之位爲正㐌惱斯千夢
陽和二年丙子十月十五日寅時此美淑姬枝貴氏王絆所生焉門
定見邂逅之願更諧錁羸徵小宛文
陽和五年己卯十一月二十三日其誕
王子右內軍營北軍都督府左都督署府事副將少傳奠郡公其
人於是乎乳自日黃視之如王因見姬之德色使奉公之櫛巾
親珍珠之寵遇不少富而因致富錢財之堆積者多福祿日來
日今夫人五十有五正是遭逢些好時節

編號：00990　出自《拓片總集》第一冊（下同）

00993
河東省青池縣古典總文典社亭後第一碑四面之左
妙女謀謨女氏御
及人功總人進祀

聖天亍五位光登四方明照寔賴
大元帥掌國政尚師太父德功仁威明聖西王千古英雄十分
靈宗社福集天地神人亭委
欽差節制各處水步諸營兼總政柄太尉宜國公位正元良事
肅而人悅海內富而禮興夫人既貴矣貴而不驕既富矣富
闘綺羅誇珍寶積錢幣表偉觀於當時曷若結鄉里傳香火
永於來世爰以夏務田十二畝秋務田四畝共肥田十六畝
鶴善內并古錢二百貫息與本社四甲均分耕種應用其施
愛良中愛有善等又思南甲乃父兮所生母兮所鞠起居飲
仍以田三高池一口銀子一鎰許為加厚其待禮也至矣既
自有仁禮之驗本社四甲官員社鄉長上下等卒相謂曰富
夫人其親行豈永以為好者吾曹其將如何將投之以金帛
非金帛將供之以酒骰則夫人所歡非酒骰又微徵臺閣之
敘則徒為務外誇詡而已不如愛之如父母事之如神明百
加見決乎其可也允乎已協之情因定不刊之典四甲以秋

編號：00993

河東省青池縣古典總文典社亭從第一碑四面之後
畓古錢二百貫均分者永為奉事之具南思以池一口田又三
優加者久留香火之傳設立廟宇附　上等之祠追尊夫人
人事生則逝年常例事　神與入席之日炊一盤用糯米五斗
一陌并酒一力鑾王禮云少之為貴百歲之後忌臘之辰事亦
差足償其福祿可以上及流年七月二十三日夫人之顯考范
府君其忌辰也四月二十三日夫人之顯妣阮貴氏號慈德孺
甲於此日子各猪一口當古錢一貫五陌炊一盤用糯米三十
十二月初十諱日每甲各盡餈一盂月三十器并酒一力鑾王
文久以箇禮如此典之為萬世其常典中如某人有違
上與神明是鑒盡勒之石碑以壽其傳豈止誇一鄉耀一時而
朝景治萬萬年之蹉孟春上元節穀日
賜壬辰科同進士出身己亥科東閣第二名特進金紫榮祿大夫陪從吏部右侍郎潤安伯
本總古典中書監華文褚偉本縣弘烈社法雲

編號：00991

00992
河東省青池縣古典總文典亭後第一碑四面之右
金石一碑壽有永
史香萬古享無窮

編號：00992

釋文

創立後神碑記[1]

嘗聞天生萬物，得爲人，一樂也[2]。而人有陰騭，還有陽報[3]，我以此感/應其理之必然乎？睠兹/　　　王子乳養范貴氏夫人，諱妙常信，青池文典人，/　　　弘定十八年丁巳[4]十一月十三日丑時生。精神特異，容貌殊常，映玉/之秀[5]，牽絲[6]諧幔後之緣。/　　　德隆五年癸酉[7]，時年已一十有七，合巹與前該官參督、綏良侯，中饋/當夫人之位，爲正虺蛇，協斯干夢[8]。/　　　陽和二年[9]丙子十月十五日寅時，此美淑姬枚貴氏玉絆所生焉。門/定

---

① 此爲拓片編號 00990 之額題，今重定篇題爲“文典社范氏妙後神碑記”。

② “得爲人，一樂也”，見《列子·天瑞》：“孔子遊於太山，見榮啟期行乎郕之野，鹿裘帶索，鼓琴而歌。孔子問曰：‘先生所以樂，何也？’對曰：‘吾樂甚多：天生萬物，唯人爲貴。而吾得爲人，是一樂也。男女之别，男尊女卑，故以男爲貴；吾既得爲男矣，是二樂也。人生有不見日月、不免繈褓者，吾既已行年九十矣，是三樂也。貧者士之常也，死者人之終也，處常得終，當何憂哉？’孔子曰：‘善乎！能自寬者也。’”

③ “人有陰騭，還有陽報”，“陰騭”即陰德，暗中做好事，可積累功德；“陽報”則謂有明確的回報。是《淮南子·人間訓》：“山致其高而雲起焉，水致其深而蛟龍生焉，君子致其道而福禄歸焉。夫有陰德者必有陽報，有陰行者必有昭名。”

④ “弦定十八年丁巳”，弘定爲後黎敬宗（Lê Kính Tông）黎維新（Lê Duy Tân）年號，“十八年歲次丁巳”（1617），當明萬曆四十五年。

⑤ “映玉之秀”，原謂王凝之妻謝道蘊之風采，後泛稱女子之風采。典出《晉書·列女傳·王凝之妻謝氏》：“初，同郡張玄妹亦有才質，適於顧氏，玄每稱之，以敵道韞。有濟尼者，遊於二家，或問之，濟尼答曰：‘王夫人神情散朗，故有林下風氣。顧家婦清心玉映，自是閨房之秀。’”

⑥ “牽絲”，謂選婿或擇妻。（後周）王仁裕《開元天寶遺事·開元·牽紅絲娶婦》：“郭元振少時美風姿，有才藝，宰相張嘉正欲納爲婿，元振曰：‘知公門下有女五人，未知孰陋，事不可倉卒，更待忖之。’張曰：‘吾女各有姿色，即不知誰是匹偶，以子風骨奇秀，非常人也，吾欲令五女各持一絲，幔前使子取便牽之，得者爲婿。’元振欣然從命，遂牽一紅絲綫，得第三女，大有姿色，後果然隨夫貴達也。”

⑦ “德隆五年癸酉”，德隆爲後黎神宗（Lê Thần Tông）黎維祺（Lê Duy Kỳ）年號，“五年癸酉”爲公元1633 年，當明崇禎六年。

⑧ “爲正虺蛇，協斯干夢”，謂生女兒。語出《詩經·小雅·鴻雁之什·斯干》：“乃寢乃興，乃占我夢，吉夢維何，維熊維羆，維虺維蛇。大人占之，維熊維羆，男子之祥；維虺維蛇，女子之祥。”

⑨ “陽和二年”，陽和爲後黎神宗（Lê Thần Tông）黎維祺（Lê Duy Kỳ）年號，“二年”爲公元 1636 年，當明崇禎九年。

見邂逅[①]之願，更諧蜾蠃[②]徵《小宛》文。/　　　　陽和五年己卯十一月二十三日，其誕/

王子、右内軍營北軍都督府左都督署府事、副將、少傅、奠郡公[③]，其/人於是乎，乳自曰黄，視之如玉，因見姬之德色，使奉公之櫛巾，/親珍珠之寵遇，不少富而因致富，錢財之堆積者多，福禄日來。/目今夫人五十有五，正是遭逢些好時節。/[④]　　　　聖天子五位光登，四方明照，寔賴/　　　　大元帥、掌國政、尚師太父、德功仁威明聖西王[⑤]，千古英雄，十分/靈宗，社福集天地神人，專委/　　　　欽差節制各處水步諸營、兼總政柄、太尉、宜國公[⑥]，位正元良，事/肅而人悦，海内富而禮興。夫人既貴矣，貴而不驕；既富矣，富/鬬綺羅。誇珍寶，積錢幣，表偉觀於當時，曷若結鄉里，傳香火，/永於來世！爰以夏務田十二畝、秋務田四畝，共肥田十六畝，/囑書内，并古錢二百貫，惠與本社四甲，均分耕種應用。其施/愛之中，愛有差等，又思南甲乃父兮所生，母兮所鞠，起居飲，/仍以田三高、池一口、銀子一鎰，許爲加厚，其待禮也，至矣。既/自有仁禮之驗，本社四甲官員，社、鄉長、上下等，率相謂曰："富，/夫人其親行之，永以爲好者，吾曹其將如何？將投之以金帛，/非金帛將供之以酒餚，則夫人所歉非酒餚，又欲徵臺閣之/敘，則徒爲務外誇詡而已，不如愛之如父母，事之如神明，百/加見決乎，其可也。"允孚已協之情，因定不刊之典[⑦]，四甲以秋/[⑧]畝古錢二百貫，均分者永爲奉事之具。南甲以池一口、田又三/優加者久留香火之傳。設立廟宇，附上等之祠，追尊夫人/人事。生則逓年常例，事　神與入席之日，粄一盤用糯米五斗、/一陌并

---

① "邂逅"，歡悦之貌。《詩經·國風·唐風·綢繆》："綢繆束芻，三星在隅。今夕何夕？見此邂逅。子兮子兮！如此邂逅何！"

② "蜾蠃"，"蠃"原誤作"羸"，"蜾蠃"喻收養義子。《詩經·小雅·節南山之什·小宛》："中原有菽，庶民采之。螟蛉有子，蜾蠃負之。"鄭玄箋曰："蒲盧（蜾蠃另名）取桑蟲之子負持而去，煦嫗養之，以成其子。"

③ "奠郡公"，即鄭榁，見《欽定越史通監綱目》與《大越史記全書》。

④ 以上爲拓片編號 00990 之内容。

⑤ "德功仁威明聖西王"，即鄭柞。見《大越史記全書》："（戊申六年，1668，清康熙七年）四月，帝以王復國讎有大功，乃尊奉爲大元帥、掌國政、尚師太父、德功仁威明聖西王。"

⑥ "宜國公"，即鄭根。西王鄭柞之子。後黎神宗盛德四年（1656）封佐國營副都將、太保、富郡公，賜佐國將軍印；後黎神宗永壽三年（1660）進封欽差節制各處水步諸營兼總政柄、太尉、宜國公，開理國府，頒銀印；後黎嘉宗陽德三年（1674）進封元帥、典國政、定南王；後黎熙宗正和五年（1684）進封大元帥、總國政、上聖父師、盛功仁明威德定王。見《大越史記全書本紀》。

⑦ "不刊之典"，指不能更改或磨滅的有關帝王的記載、欽定典制。《梁書·蕭子雲傳》："伏以聖旨所定樂論鍾律緯緒，文思深微，命世一出，方懸日月，不刊之典，禮樂之教，致治所成。謹一二採綴，各隨事顯義，以明製作之美。"

⑧ 以上爲拓片編號 00993 之内容。

酒一力壜，正禮云“少之爲貴”。百歲之後，忌臘[①]之辰，事亦/□足，償其福禄，可以上及流年。七月二十三日，夫人之顯考范/府君其忌辰也；四月二十三日，夫人之顯妣阮貴氏，號慈德孺〈人〉[②]。/甲於此日子各豬一口，當古錢一貫五陌；粎一盤，用糯米三十。/十二月初十臘日，每甲各熟食一盤，用三十器，并酒一力壜，正/文之以箇禮，如此典之，爲萬世其常典。中如某人有違/，　　　上與神明是鑒，盍勒之石碑，以壽其傳，豈止誇一鄉耀一時而/〈已〉[③]。

〈皇〉[④]朝景治萬萬年之玖[⑤]孟春[⑥]上元節縠日/

賜壬辰科同進士出身、己亥科東閣第二名、特進、金紫榮禄大夫、陪從、吏部右侍郎，潤裔[⑦]/

本總古典、中書監、華文褚偉，本縣弘烈社法雲/

順安府嘉定縣端拜社□□□□將作監玉石局局正，文安男阮錦□/[⑧]

文典社四甲官員、仝長、社、鄉長阮文擢、陸文譚、阮産、阮朝、阮世存、陸兼、陸邊、阮/□、黄文壽、陸文培、黄文洪、陸乙、阮勳、阮文代、阮廣、阮文梅、阮文榜、阮勱□、宗文丁、/武克明、阮鼎、宗文道、武文才、范文東、辛學、范文程、黄文言、阮文盃、阮勱扎、阮/尉、阮丁、陸隨、阮光擇等，/　　　神之爲德，其盛矣乎！而人有功有德，民之追尊，可配祀也。兹竊見本社官奉乳養/官參督、綏良侯夫人范氏妙，以本田夏田十二畝，秋田四畝，共十六畝，在各處所/貫留與本社四甲，均分連耕；再加南甲田三高、池一口、銀子一鎰，以爲香火傳子，/甲自阮文擢、陸隨等，○尊承乳婆爲後神，再恭承尊婆顯考，遞年諱忌臘等日，立鑒于碑。這/爲後神設立祠廟附于本　　上等靈祠，係有例事神及入席之日，奉事粎一盤、/一陌，酒一鎈；一至千歲之後，諱忌臘之日，奉事每甲粎一盤，當米五斗；雞一

① “忌臘”，見（明）田藝衡《玉笑零音》：“人之初生，以七日爲臘；人之初死，以七日爲忌。一臘而魄成，故七七四十九日而七魄具矣。一忌而一魂散，故七七四十九日而七魂泯矣。”

② 疑缺一“人”字。據上下文義補。

③ 疑缺一“已”字。

④ 疑缺一“皇”字。

⑤ “玖”，碑原作避諱字。

⑥ “〈皇〉朝景治萬萬年之玖孟春”，當清康熙十年（1671），歲次辛亥。

⑦ “潤裔”，即胡士揚。《鼎鍥大越歷朝登科録》後黎真宗慶德四年（1652）壬辰科第三甲同進士出身：“胡士揚，瓊瑠完厚人，乙酉科解元，戊子科帶上試充軍，辛卯科再中，三十一中一舉，再中東閣，奉使。仕至參從，刑部尚書兼東閣大學士，裔郡公，贈少保，兵部尚書。士寳之曾祖宗。”

⑧ 以上爲拓片編號 00991 之內容。

𦟐，當/婆祀事顯考范貴公，字無事府君，諱忌七月二十三日；并顯妣婆阮二娘，號慈德，/係遞年諱日、每甲豬一口，當古錢一貫五陌；粄一盤，米當三十斗，酒一鎈。遞年十/甲熟食一盤，當三十磁，酒一鎈。其這等例祀事如儀，永爲萬世留傳不判之典，或/許本社南甲，照典維持法例，以安祀事永遠之固，如或強違者，願/　　　　祠照鑒無私。玆端約：/

初五日，　本社四甲立文約，社正陸文通，社史阮廷尉，黎文當，阮中，阮曰/椿，阮毛，陸文祝，陸滿，辛策，黄文彬，黄文壽，范文科，范文顯，范文程，范文制，/□文力，阮文碧，阮林，阮禛，阮枝，阮苔，阮紒，阮鄧，阮景，本社四甲上下共記。/[1]

① 以上爲拓片編號 00992 之内容。

〇八四　鄭靖王正妃黄氏實祭忌碑記

引言

碑立於河東省青池縣清烈總岺塘社坤貞府，爲坤貞府第一碑。碑刻四面，拓片編號 01003/01001/01002/01000。拓片編號 01003 爲四面之前，共二十一行字，滿行約五十二字，碑額篆刻“坤貞碑記”四字，碑題“坤貞府碑記”五字；拓片編號 01001 四面之後，共二十三行字，滿行約六十一字；拓片編號 01002 爲四面之右，共二十三行字，滿行約六十一字，碑額篆刻“坤貞碑記”四字；拓片編號 01000 爲四面之左，共十一行字，每行滿行字數不一。今依内容及性質重定篇題爲“鄭靖王正妃黄氏實祭忌碑記”。四面皆有紋飾，拓片編號 01000 碑額與碑底皆刻兩方格，格内刻有龍紋，兩龍相對，碑左右兩側紋飾爲幾何紋外框，内刻花紋；拓片編號 01001/01002/01003 碑額與碑底皆分三方格，格内刻有花紋，碑左右兩側紋飾爲幾何紋外框，内刻花紋。碑文撰者御史臺僉都御史兼國子監祭酒阮儼、東閣大學士兼國子監司業潘仲藩，潤者鎮國上將軍、權府事同預政務都督府左都督汝公瓚，書者爲侍内書寫工番、右庶子、增忠伯□廷治，刻者詣曉拔石左右二隊仝隊。年代署作景興（Cảnh Thống）三十二年（1771），景興爲後黎顯宗（Lê Hiển Tông）黎維祧（Lê Duy Diêu）的年號，同年爲清乾隆三十六年，歲次辛卯。拓片現藏於漢喃研究院。

碑文記載鄭靖王正妃黄氏實爲岺塘社人，去世之後，岺塘總村官與社人奏請建立祠祀，并請將所捐之緍錢與肥田用作歲時祭忌之資，後黎顯宗並賜額“坤貞府”，碑文後記有岺塘、大慈、光烈、弘烈、就烈、平烈各社四季忌定例。

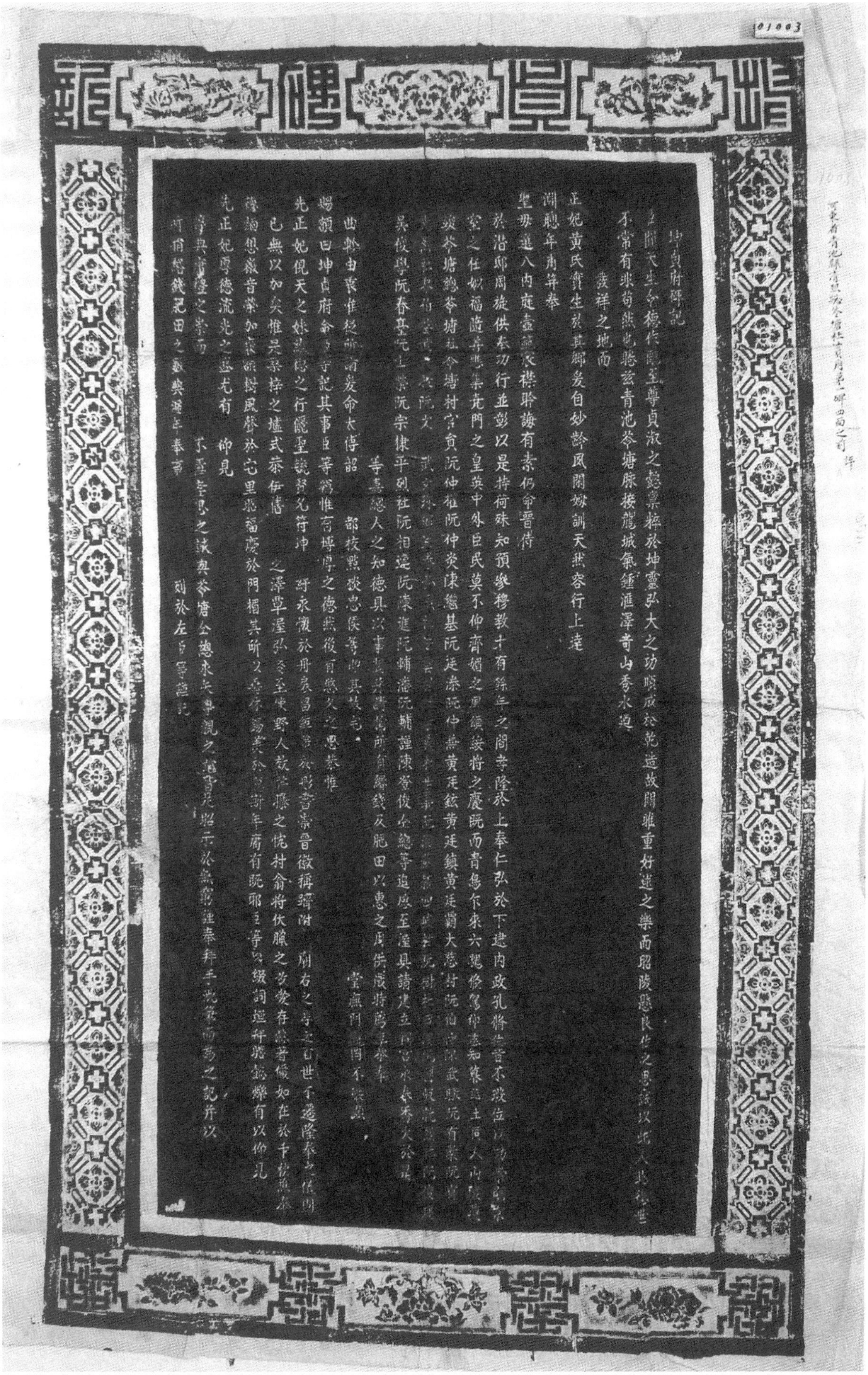

坤貞府碑記
立聞天生令德作配至尊貞淑之懿稟粹於坤靈弘大之功順成於乾造故關雎重好逑之樂而昭陵懸良佐之思誠以非人[illegible]世
不常有非苟然也聽玆青池岑塘脉接龍城氣鍾滙澤奇山秀水廼
發祥之地而
正妃黄氏實生於其鄉爰自妙齡夙閑姆訓天然容行上達
潤聽年甫笄奉
聖册選入内庭壹[illegible]衣襟聆誨有素仍命晋侍
於潜邸周旋供奉功行並彰以是持荷殊知預參穆教才有餘年之閒寺隆於上奉仁弘於下建内政孔脩徽音不改位[illegible]
室之任姒福隨身集克門之皇英中外臣民莫不仰齊媚之風須幾將之慶既而青鳥乍來六龍攸駕仰惟知[illegible]土百人[illegible]
發岑塘總岑塘社岑塘村官員阮仲桓阮仲炎陳繼基阮廷泰阮仲燕黄廷鉉黄廷鎮黄廷霸大慈村阮伯[illegible]武賦阮有業阮[illegible]
[illegible]阮文　武[illegible]
吳俊學阮春[illegible]阮士[illegible]阮宗律平列社阮相達阮濠進阮輔潘阮輔謹陳登俊仝總等追感至隆具請建立而[illegible]永[illegible]秀[illegible]
等壽總人之知德具以事[illegible]所有[illegible]錢及肥田以惠之民供歲時爲享奉
部核照發忠侯等[illegible]其[illegible]也。　堂無[illegible]不[illegible]
曲[illegible]由衷准從所請爰命太傅詔
賜額曰坤貞府命[illegible]等記其事臣等竊惟有博厚之德然後有悠久之恩恭惟
先正妃倪天之妹[illegible]之行儷聖[illegible]允符坤　府永[illegible]於冊[illegible]影音崇晋徽稱躋附　廟右之[illegible]百世不遷隆奉之[illegible]
已無以加矣推是桑梓之墟式恭[illegible]　之澤覃渥弘[illegible]至使野人鼓[illegible]之忱村翁將伏臘之[illegible]存[illegible]著儀如在於千秋萬[illegible]
徽[illegible]想[illegible]音[illegible]加[illegible]樹風聲於宅里[illegible]福慶於門楣其所以[illegible]斯年[illegible]有既耶臣等以綴詞[illegible]有以仰見
先正妃厚德流光之[illegible]尤有　仰見
[illegible]與[illegible]之崇而　不[illegible]之誠與岑塘仝總永矢[illegible]之[illegible]昭示於無窮謹奉拜手[illegible]而爲之記并以
所有[illegible]錢祀田之數與[illegible]年奉[illegible]　刻於左臣等謹記

編號：01003　出自《拓片總集》第二册（下同）

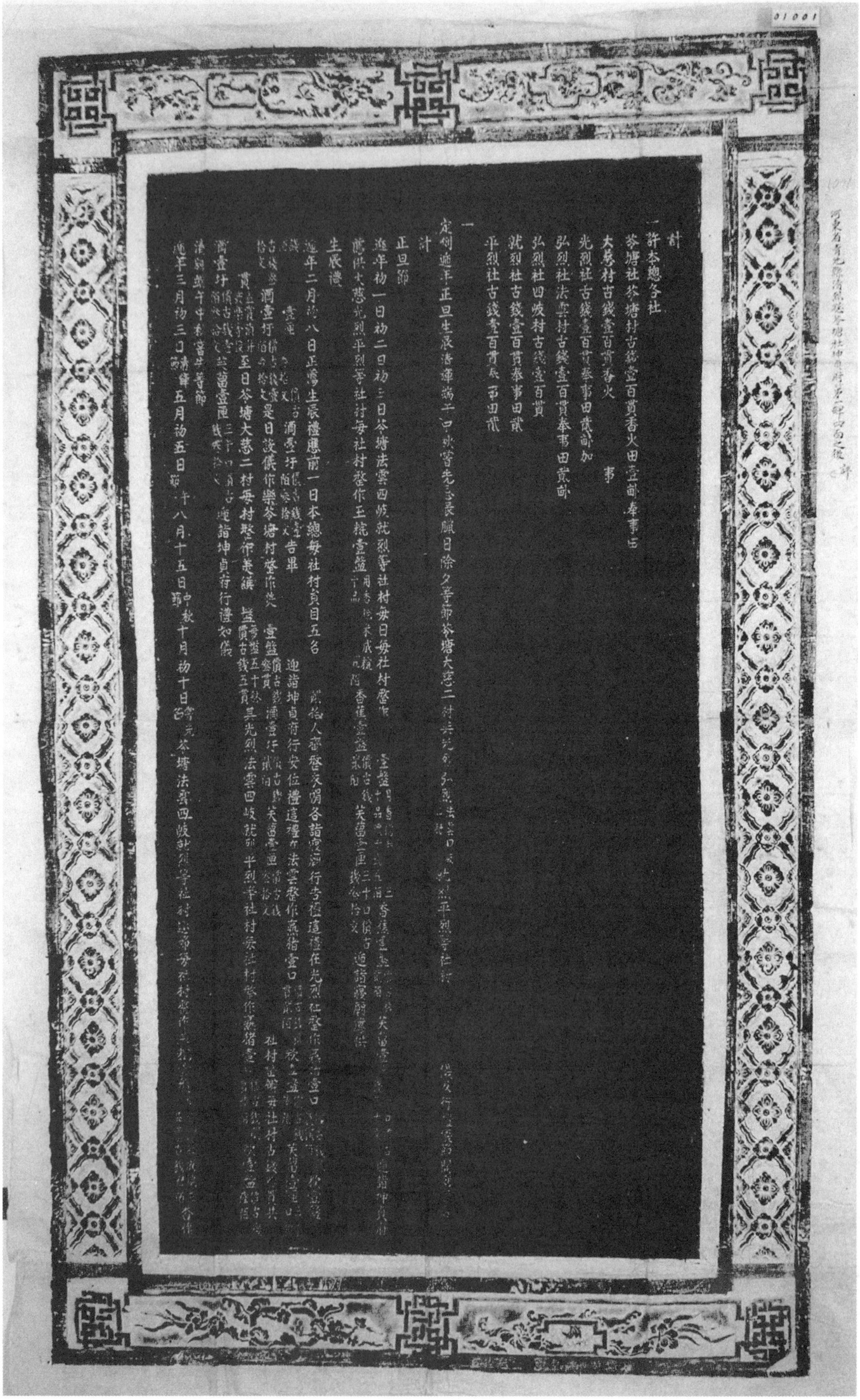

編號：01001

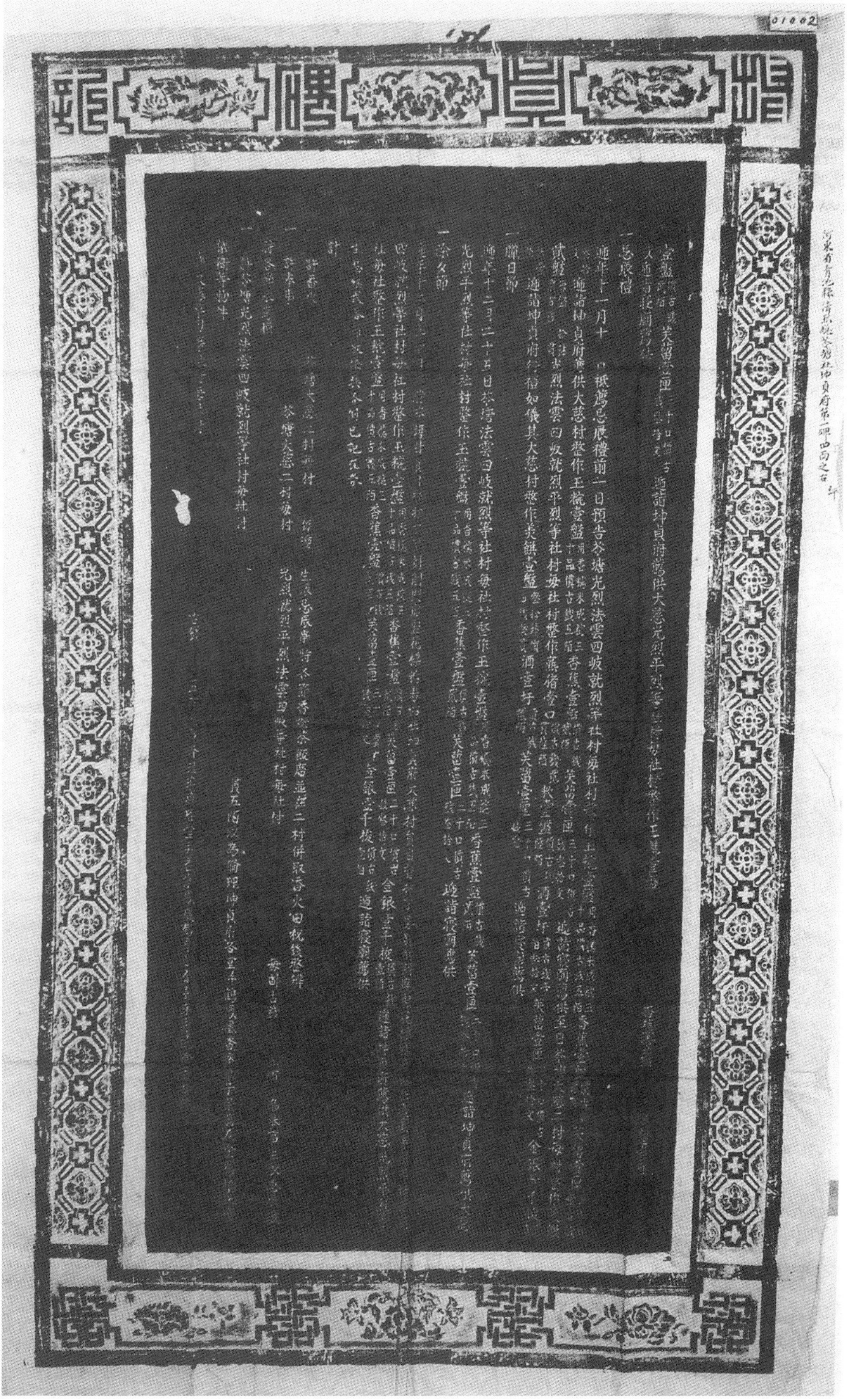

編號：01002

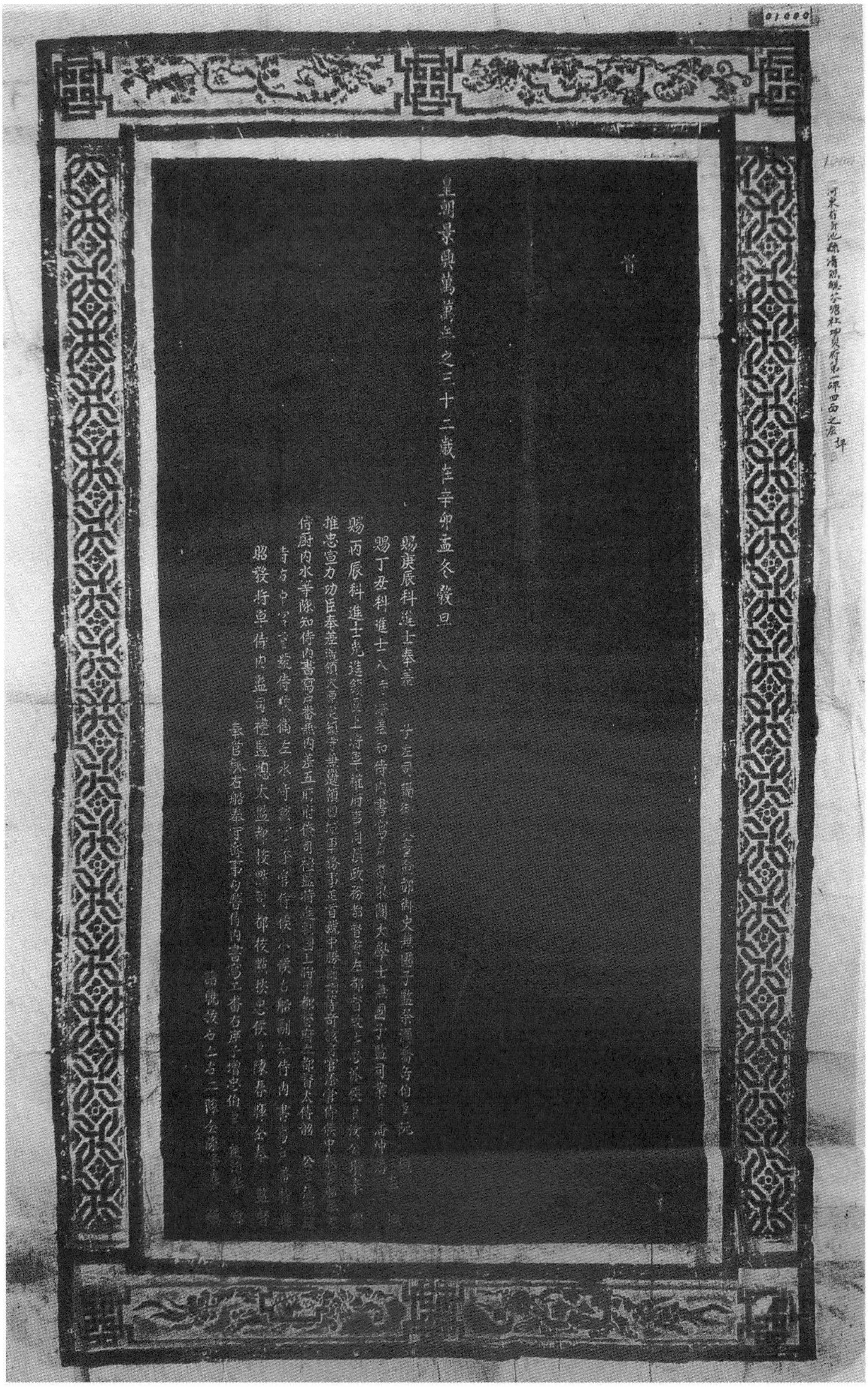
01000
首
皇朝景興萬萬年之三十二歲在辛卯孟冬穀旦

編號：01000

釋文

【坤貞碑記】[①]

坤貞府碑記[②]

臣聞天生令德，作配至尊。貞淑之懿，禀粹於坤靈；弘大之功，順成於乾造。故《關雎》重好逑之樂，而昭陵懸良佐之思，誠以此人此德，世/不常有，非苟然也。

睠兹青池苓塘，脈接龍城，氣鍾匯澤，奇山秀水，廼/　　　　發祥之地，而/

正妃黄氏實生於其鄉。爰自妙齡，夙閑姆訓，天然容行，上達/　　　　淵聰，年甫笄，奉/　　　　聖母選入内庭，壼範宸襟，聆誨有素，仍命晋侍/　　　　於潛邸，周旋供奉，功行並彰，以是特荷殊知，預參穆教，十有餘年之間，孝隆於上奉，仁弘於下逮，内政孔修[③]，德音不瑕。位以功崇，嗣京/室之任姒[④]；福隨善應，集堯門之皇英[⑤]。中外臣民莫不仰齊媚之風，頌綏將之慶[⑥]，既而青鳥[⑦]乍來，六騩[⑧]倏駕，仰慈知慕，□土同人，山陵奠/竣。苓塘總苓塘社苓塘村官員阮仲權、阮仲炎、陳繼基、阮廷滺、阮仲兼、黄廷鉉、黄廷鎮、黄廷霸。大慈村阮伯侍、陳武瞰、阮有嚴、阮有　。/光烈社黎伯整、武元駿、阮文　、武文琢、鄧廷眷。弘烈社法雲村杜世鼎、杜世義、阮□、蘇穎；四岐村阮樹、杜曰□、阮國岐。就烈社阮俊

---

① 此爲拓片編號01002/01003之額題，係九疊紋篆刻，今依内容及性質重定篇題爲“鄭靖王正妃黄氏實祭忌碑記”。

② 此爲拓片編號1001之碑題。

③ “修”，碑文原作“脩”，另兼正字故改，下同不另注。

④ “任姒”，神農氏的母親。（晋）皇甫謐《帝王世紀》云：“炎帝，神農氏，姜姓也。母曰任姒，有蟜氏之女，名女登，爲少典正妃，遊於華山之陽，有神龍首，感女登於常羊，生炎帝。”根據越南史書的記載，越南民族的始祖是神農氏；《大越史記全書·鴻厖紀》：“涇陽王諱禄續，神農氏之後也。”

⑤ “堯門之皇英”，堯帝有二女，一名娥皇、一名女英，後皆嫁於舜。“任姒”“皇英”並稱可見（漢）班婕妤《自悼賦》：“美皇英之女虞兮，榮任姒之母周。雖愚陋其靡及兮，敢舍心而忘兹。”

⑥ “頌綏將之慶”，見《詩經·國風·周南·樛木》：“南有樛木，葛藟纍之。樂只君子，福履綏之。南有樛木，葛藟荒之。樂只君子，福履將之。南有樛木，葛藟縈之。樂只君子，福履成之。”《詩序》曰：“樛木，后妃逮下也。言能逮下，而無嫉妒之心焉。”又，《宋會要輯稿·樂·御樓二》：“内命婦入門，《惠安》：天子九嬪，王宫六寢。有煒令儀，載秩華品。福履綏將，節用躬儉。矢其德音，于以來諗。”

⑦ “青鳥”，傳説爲西王母取食的使者。《山海經·西山經·西次三經·三危山》：“三危之山，三青鳥居之。”郭璞云：“三青鳥，主爲西王母取食者，别自棲息於此山也。”

⑧ “六騩”，周秦漢晋皇后車輿儀式。見《晋書·輿服志》：“皇后先蠶，乘油畫雲母安車，駕六騩馬。”注曰：“騩，淺黑色。”

斑、/吴俊學、阮春臺、阮士榮、阮宗棣。平烈社阮相連、阮陳進、阮輔潘、阮輔謹、陳登俊仝總等，追感至渥，具請建立祠宫，永奉香火。於是□□/□□□□□□□□□□□□等嘉總人之知德，具以事聞，并請捐所有緡錢及肥田以惠之，用供歲時薦享。恭奉/　　曲軫[①]由衷，准從所請，爰命太傅詔，　都校點、棪忠侯等，即其故宅，　　堂廡門觀，罔不嚴顯，/　　　賜額曰“坤貞府”，命臣等記其事。

臣等竊惟有博厚之德，然後有悠久之思，恭惟/　　　先正妃俔天[②]之妹，維德之行，儷聖毓賢，允符坤　，紓永懷於丹扆[③]，留鉅美於彤書[④]，崇晋徽稱，躋附　廟，右之享之，百世不遷，隆奉之儀，固/　已無以加矣。惟是桑梓之墟，式恭伊舊　之澤，覃渥弘多，至使野人效芹曝之忱[⑤]，村翁將伏臘[⑥]之敬。愛存慤著，儼如在於千秋；兼奉/德緬想徽音，榮加褒額。樹風聲於宅里，昭福慶於門楣，其所以垂休錫美於萬斯年，庸有既耶！臣等以綴詞垣，拜瞻懿爍，有以仰見/　　　先正妃厚德流光之盛，尤有　仰見/　　　惇典庸禮之崇，而　　不匱孝思之誠，與苓塘仝總永矢尊親之誼，皆足昭示於無窮。謹奉拜手泚筆[⑦]而爲之記，并以/　　　所捐緡錢、肥田之數，與遞年奉事　　列於左，臣等謹記[⑧]。

計：

一許本總各社：

---

① “曲軫”，謂皇帝垂念。如（宋）歐陽修《乞外任第三表》：“伏望皇帝陛下，曲軫睿慈，俯哀愚款。”（正月二十九日上，二月二日批答不允。）

② “俔天之妹”，原本惟文王讚頌其妻太姒之賢，尊之如天之女弟，後用以借指皇后或公主。語出《詩經·大雅·文王之什·大明》：“文王嘉止，大邦有子。大邦有子，俔天之妹。”鄭玄箋云：“文王聞大姒之賢，則美之曰‘大邦有子，女可以爲妃’乃求昏。既使問名還，則卜之。又知大姒之賢，尊之如天之有女弟。”

③ “丹扆”，見《禮記·明堂位》：“天子，負斧扆南鄉而立。”又，《曲禮》孔穎達疏：“扆，狀如屏風，以絳爲質，高八尺，東西當户牖之間，繡爲斧文，亦曰斧扆。天子見諸侯，則依而立負之，而南面以對諸侯。”

④ “彤書”，或即指“彤管”。《詩經·國風·邶風·静女》：“静女其孌，貽我彤管，彤管有煒，説懌女美。”正義曰：“以女史執此赤管，而書記妃妾進退日月所次序，使不違失，宜爲書説而陳釋之，成此妃妾之德美，故美之也。”

⑤ “野人效芹曝之忱”，《列子·楊朱》有兩則有關於所獻菲薄，却出於至誠的寓言。一爲“野人獻曝”，一爲“鄉人獻芹”：“昔者宋國有田夫，常衣緼黂，僅以過冬。暨春東作，自曝於日，不知天下之有廣厦隩室，綿纊狐狢。顧謂其妻曰：‘負日之暄，人莫知者，以獻吾君，將有重賞。’”又，“昔人有美戎菽，甘枲莖芹萍子者，對鄉豪稱之。鄉豪取而嘗之，蜇於口，慘於腹，衆哂而怨之，其人大慙”。後因以“芹獻”爲禮品菲薄的謙詞。後遂以“獻曝”“芹獻”作爲所獻菲薄、淺陋但出於至誠的謙詞。

⑥ “伏臘”，指古代兩種祭祀的名稱。“伏”在夏季，伏日是一年當中最熱的日子，南朝梁宗懔《荊楚歲時記》：“六月伏日，並作湯餅，名爲辟惡。”“臘”，在農曆十二月，後或泛指節日。

⑦ “泚筆”，以筆蘸墨。《新唐書·岑文本傳》：“時顔師古爲侍郎，自武德以來，詔誥或大事皆所草定。及得文本，號善職，而敏速過之。或策令叢遽，敕吏六七人泚筆待，分口占授，成無遺意。”

⑧ 以上爲拓片編號 01003 之内容。

苓塘社苓塘村古錢壹百貫，香火田壹畝，奉事田，/

大慈村古錢[1]壹百貫，香火　　事，/

光烈社古錢壹百貫，奉事田貳畝加，/

弘烈社法雲村古錢壹百貫，奉事田貳畝，/

弘烈社四岐村古錢壹百貫，/

就烈社古錢壹百貫，奉事田貳，/

平烈社古錢壹百貫，奉事田貳。/

一

定例遞年正旦、生辰、清輝、端午、中秋、嘗先、忌辰、臘日、除夕等節，苓塘、大慈二村，與光烈、弘烈，法雲、四岐/二村。就烈、平烈等社村　　儀及行禮儀節開列于後[2]。/

計：

正旦節：/

遞年初一日、初二日、初三日，苓塘、法雲、四岐、就烈等社村，每日每社村整作　　壹盤，用香糯米　　三/十品價古錢五陌。香蕉壹盤，價古錢/貳陌。芙留壹匣，　十口價古/錢三十文。遞詣坤貞府/薦供。大慈、光烈、平烈等社村，每社村整作玉粽壹盤，用香糯米成粽　/十品　　　五陌。香蕉壹盤，價古錢/貳陌。芙留壹匣，三十口價古/錢叁拾文。遞詣寢廟薦供。/

生辰禮：/

遞年二月初八日、正薦生辰禮，應前一日本總每社村員目五名，　貳拾人，齊整衣帽，各詣寢廟行告禮。這禮在光烈社整作熟豬壹口，價古錢□/貫□陌。粄[3]壹盤，/錢/陌。　　壹匣，　　價古/　叁拾文。酒壹圩，價古錢壹/陌叁拾文。告畢，　　　迎詣坤貞府行安位禮，這禮在法雲整作熟豬壹口，價古錢貳/貫貳陌。粄壹盤，價古錢/陸陌。芙留壹匣，三十/口價/古錢叁/拾文。酒壹圩，價古錢壹/陌叁拾文。是日設儀作樂。苓塘村整作美　壹盤，價古錢/叁貫。酒壹圩，價古錢/貳陌。芙留壹匣。價古錢/叁拾文。　　　　社村整辨，每社村古錢叁貫，共　/　貫。置賞消并/□樂等役。至日，苓塘、大慈二村，每村整作美饌　盤，每盤五十鉢/價古錢五貫。其光烈、

---

① “古錢”，見《欽定越史通鑑綱目·正編》卷二十一後黎盛宗光順八年注“使錢、古錢”引黎貴惇《芸臺類語》云：“北人以百文爲一陌。本國以三十六文爲一陌，謂之‘使錢’；六十文爲一陌，謂之‘古錢’。‘使錢’十陌，乃是‘古錢’六陌，準爲‘使錢’一貫。其‘古錢’十陌乃使錢之一貫六陌四十文。使錢别名閒錢，古錢别名貴錢。”

② “後”，碑文原作“后”，因另兼正字，故改。

③ “粄”，喃字，糯米的意思，下同不另注。

法雲、四岐、就烈、平烈等社村，每社村整作熟豬壹口，價古錢貳/貫陸陌。粆壹盤，價古錢/陸陌。/酒壹圩，價古錢壹/陌叁拾文。芙蔔壹匣，三十口價古/錢叁拾文。遞詣坤貞府行禮如儀。/

清輝、端午、中秋、嘗先等節：/

遞年三月初三日、清[輝]/節。五月初五日、　午/節。八月十五日、中秋/節。十月初十日，嘗先/節。苓塘、法雲、四岐、就烈等社村，逐節每社村整作玉粽壹盤，用香糯米成粽三/十品價古錢五陌。香蕉[1]/壹盤，價古錢/貳陌。芙蔔壹匣，三十口價古/錢叁拾文。遞詣坤貞府薦供。大慈、光烈、平烈等社村，每社村整作玉粽壹盤，/　　香蕉壹盤，　　芙蔔壹匣　　，/文遞詣寢廟薦供。/

一忌辰禮：/

遞年十一月十　日祇薦，忌辰禮前一日，預告苓塘、光烈、法雲、四岐、就烈等社村，每社村整作玉粽壹盤，用香糯米成粽三/十品價古錢五陌。香蕉壹盤，價古錢/貳陌。芙蔔壹匣，三十口/價古錢/叁拾/文。遞詣坤貞府薦供。大慈村整作玉粽壹盤，用香糯米成粽三/十品價古錢五陌。香蕉壹盤，價古錢/貳陌。芙蔔壹匣，三十口價古/錢叁拾文。遞詣寢廟薦供。至日，苓塘、大慈二村每村整作美饌/貳盤，每盤　拾鉢/價古錢　貫。光烈、法雲、四岐、就烈、平烈等社村，每社村整作熟豬壹口，價古錢貳/貫陸陌。粆價古錢/陸陌。酒壹圩，價古錢壹/陌叁拾文。芙蔔壹匣，三十口價古/錢叁拾文。金銀壹千梭，價/古/錢壹/陌。遞詣坤貞府行禮如儀，其大慈村整作美饌壹盤，叁拾鉢價/古錢叁貫。酒壹圩，價古錢/貳陌。芙蔔壹匣，三十口價古/錢叁。遞詣寢廟薦供。/

一臘日節：/

遞年十二月二十五日苓塘、法雲、四岐、就烈等社村，每社村整作玉粽壹盤，用香糯米成粽三十品價古錢五陌。香蕉壹盤，價古錢/貳陌。芙蔔壹匣，三十口價古/錢叁拾文。遞詣坤貞府薦供。大慈、/光烈、平烈等/社村，每社整作玉粽壹盤，用香糯米成粽三/十品價古錢五陌。香蕉壹盤，價古錢/貳陌。芙蔔壹匣，三十口價古/錢叁拾文。遞詣寢廟薦供。/

一除夕節：/

遞年十二月三十日□時，苓塘村員目督押丁男剗削門庭，竪花標、粘[春帖]在坤貞府。大慈村員目督押丁男剗削門庭，竪花標、粘春帖在寢廟；申時苓塘、法雲、/四岐、就烈等社村，每社村整作玉粽壹盤，用香糯米成粽三/十品價古錢五陌，香蕉壹盤，價古錢/貳陌。芙蔔壹匣，三十口價古/錢叁拾文。金銀壹千梭，價古錢/壹陌。遞詣坤貞府薦供。大慈、光烈、平烈等/社，每社整作玉粽壹盤，用香糯米成粽三/十品價古錢五陌。香蕉壹盤，價古錢/貳陌。芙蔔壹匣，三十口價古/錢叁

① 以上爲拓片編號 01001 之內容。

拾文。金銀壹千梭，價古錢/壹陌。遞詣寢廟薦供。/

生忌儀式各節敬俵與各例，已記在券。/

計：/

一許香火。　　　苓塘、大慈二村，每村　　係遞　生辰、忌辰、歲時各節，香燈、茶飯席，並在二村併取香火田税錢整辨。/

一許奉事。　　　苓塘、大慈二村，每村　　光烈、就烈、平烈、法雲、四岐等社村，每社村　　　每畝古錢　　二陌，　爲奉事生辰、忌辰、歲/時各節，永爲恒。/

一許苓塘、光烈、法雲、四岐、就烈等社村，每社村/　　　貫五陌，以爲修理坤貞府各堂，并鶴、鳳凰、香案、桌子、祭器及金鑾轎、床席、/儀衛等物件。/

一許大慈、平烈等社村，每社村　　　古錢　　五陌，以爲修理寢廟各堂，并香案、鳳凰、鶴、桌子、祭器、床席、儀衛等物件。/[1]

時/

皇朝景興萬萬年之三十二歲在辛卯[2]孟冬穀旦

賜庚辰科進士、奉差　　子左司講、御史臺僉都御史、兼國子監祭酒、喬岳伯臣阮儷[3]

賜丁丑科進士、入侍添差、知侍内書寫户番、東閣大學士、兼國子監司業臣潘仲藩[4]

奉　撰

賜丙辰科進士、光進鎮國上將軍、權府事，同預政務、都督府左都督致仕、

忠派侯臣汝公瓚[5]奉　潤/

---

① 以上爲拓片編號 01002 之内容。

② “景興萬萬年之三十二歲在辛卯”，景興爲後黎顯宗（Lê Hiến Tông）黎维祧（Lê Duy Diêu）年號，“三十二年”爲公元 1771 年，當清乾隆三十六年。

③ “阮儷”，或即爲阮俒，《鼎鍥大越歷朝登科録》後黎顯宗景興二十一年庚辰科（1760）第三甲同進士出身有阮俒：“宜春仙田人，二十七歲中選舉，應制合格。左司講。阮儼之子，僡之姪，父子同朝。平南有功改武職，兼鎮山西興化。”而越南漢喃研究院在《景興二十一年庚辰科進士題名碑》注三云：阮俒宜春縣仙田社，現在爲何静省宜春縣仙田社。仕至翰林院學士、大學士、左司講、吏部右侍郎……中試後，帝贈儷名，有資料記載他名爲阮儷。”然漢喃院注文並未説明此資料來源。按，《大越史記全書續編》景興三十九年（1778）：“以鄭自泰鎮守海陽，黄廷寶鎮守山南……由是廷寶權傾中外，山西鎮守阮俒、京北鎮守阮克遵，皆世子家臣，與廷寶彼此、朋黨之勢成矣。”而《欽定越史通鑑綱目》同年載阮克遵作阮芳挺，阮俒則作阮儷。

④ “潘仲藩”，或即潘黎藩，《鼎鍥大越歷朝登科録》後黎顯宗景興十八年丁丑科（1757）第三甲同進士出身：“潘黎藩，慈廉東鄂人，選舉二十三歲中，出鎮平南有功，仕至參從。”根據吴德壽在《越南漢學科舉登科會要》的考證：“潘中藩，慈廉東鄂人，現爲河内慈廉縣東鄂社東鄂村，後改名潘仲藩。”

⑤ “汝公瓚”，或即“汝廷瓚”。《鼎鍥大越歷朝登科録》後黎懿宗永佑二年丙辰科（1736）第三甲同進士出身：“進士十五名，此科府試。”第三甲同進士出身第六名有汝廷瓚：“唐安穫澤人，三十四中會元，仕至參從、兵部尚書，改除武職致仕，特賜國老，壽七十二。進賢之子，仲台之從兄，公瑱之父，廷用之孫。”四世登科。

推忠宣力功臣、奉差遥領太原處鎮守、兼提領四城軍務事正首、號中勝前翊等奇該奇官、
添管侍候中候左船奉差侍厨内水等隊、知侍内書寫户番、兼内差五府府僚司禮監、特進、
輔國上將軍、都督府左都督、太傅、韶　公臣范輝錠[1]/
侍右中宫首號侍候衛左水奇該官、添管侍候小候古船副知、侍内書寫户番、特進/昭毅將軍、
侍内監司禮監總太監、都校點司都校點、掞忠侯臣陳春暉/
仝奉　監督/
奉管駈右船奉守密事勾稽、侍内書寫工番、右庶子、增忠伯臣□廷治奉　寫/
詣曉拔石左右二隊仝隊等奉　鎸/[2]

題後

本碑主黄氏實，爲第十世鄭主鄭森的正妃，《大越史記全書續編》卷五：“（後黎顯宗景興三十四年夏，1769）追封昭儀黄氏爲王正妃。妃清池苓塘人也。嬪濳邸日久，薨時，恩王（鄭楹）贈淑訓，尋贈昭儀，立‘坤貞府’祠于鄉。至是進妃位，入祀宫廟。”由本碑可知皇妃名黄氏實。又，黄氏實由苓塘總苓塘社苓塘村、大慈村；光烈社；弘烈社法雲村、四岐村、就烈社、平烈社七個單位共同祭祀。

---

① “范輝錠”，見《欽定越史通鑑綱目・正編》卷四十四“黎景興三十四年”：“以宦者范輝錠署府事，黎貴惇入侍陪從。森初在亮府，輝錠最得幸，貴惇陰厚之。輝錠引與共事，尤親密，凡所以裁抑内殿者無所不爲，人皆畏其氣焰。國初定制，每月朔望設常朝，百官按班朝參，森專國，令府僚臺官各以月朔入府議事，謂之入閣，及貴惇得政，朔望日，文武諸臣往往托病告假，常朝惟皇子及内殿諸臣而已，百官無有至者。”

② 以上爲拓片編號 01000 之内容。

○八五　馮胱社吴法應祭忌碑記

引言

碑立於河東省慈廉縣大姥總馮朓社亭，爲亭内左邊第六碑。碑刻兩面，拓片編號 01010/01009。拓片編號 01010 碑文共十四行字，滿行約三十九字，碑額題“後神馮朓碑記”六字，碑題“豎造後神馮朓配位碑記”十字，今依内容及性質重定篇題爲“馮朓社吴法應祭忌碑記”。此面有紋飾，碑額刻有雙龍昭日，左右兩邊刻有雲紋。此面碑文年代署作皇朝保泰（Bảo Thái）貳年（1721），保泰爲後黎裕宗（Lê Dụ Tông）黎維禟（Lê Duy Đường）的年號，同年爲清康熙六十年，歲次辛丑。拓片編號 01009 爲碑後，碑文共十一行字，滿行約三十二字，碑額題“寄忌碑記”四字。此面碑文年代署作“皇朝貳年”，按《越南漢喃碑銘拓片目録提要》説明“碑上的年代一行被塗抹掉一些字，但仍然能够模糊的讀出年號嗣德，推斷應爲嗣德二十七年”，嗣德（Tự Đức）爲阮翼宗（Nguyễn Dực Tông）阮福時（Nguyễn Phúc Thì）的年號，二十七年（1874）爲清同治十三年。拓片現藏於漢喃研究院。

拓片編號 01010 碑文記載仁睦門社馮朓村因阮面諱爲人寬厚仁慈，故該社立馮朓後神時，一致選阮面諱爲後神配祀，以傳香火。碑文記載此事之外，亦告誡社人不可背義忘恩，不可去除此碑記。

拓片編號 01009 碑文記載癸酉年冬（按碑文載之立碑時間推算，癸酉年應爲後黎熙宗正和十四年，1693 年；如按目録提要推斷則爲阮翼宗嗣德二十六年，1873 年），吴法應所居之村因事而有急需，故吴法應與同村鄉老捐錢五百、捐田一畝，以供村内急用。吴法應要求其所捐助之款項與田地，日後作爲其百年後香火寄忌之需。在村人同意的情况下，吴法應請求立碑以記此事。

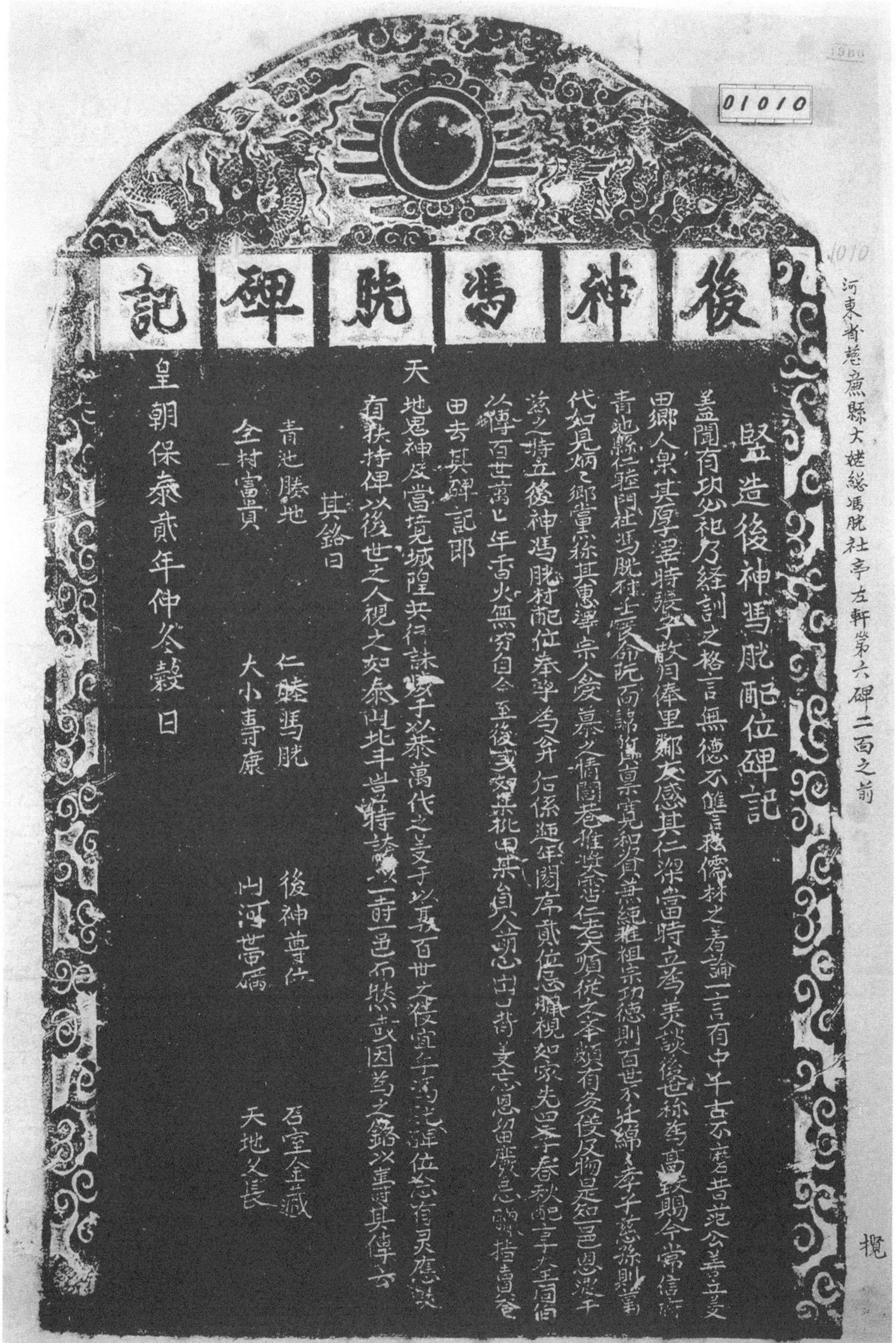
01010
1010
河東省慈廉縣大姥總馮朓社亭左軒第六碑二面之前
後神馮朓碑記
竪造後神馮朓配位碑記
其銘曰
青池勝地　仁睦馮朓　後神尊位　石室全藏
全村富貴　大小壽康　山河帶礪　天地久長
皇朝保泰貳年仲冬穀日

編號：01010　出自《拓片總集》第二冊（下同）

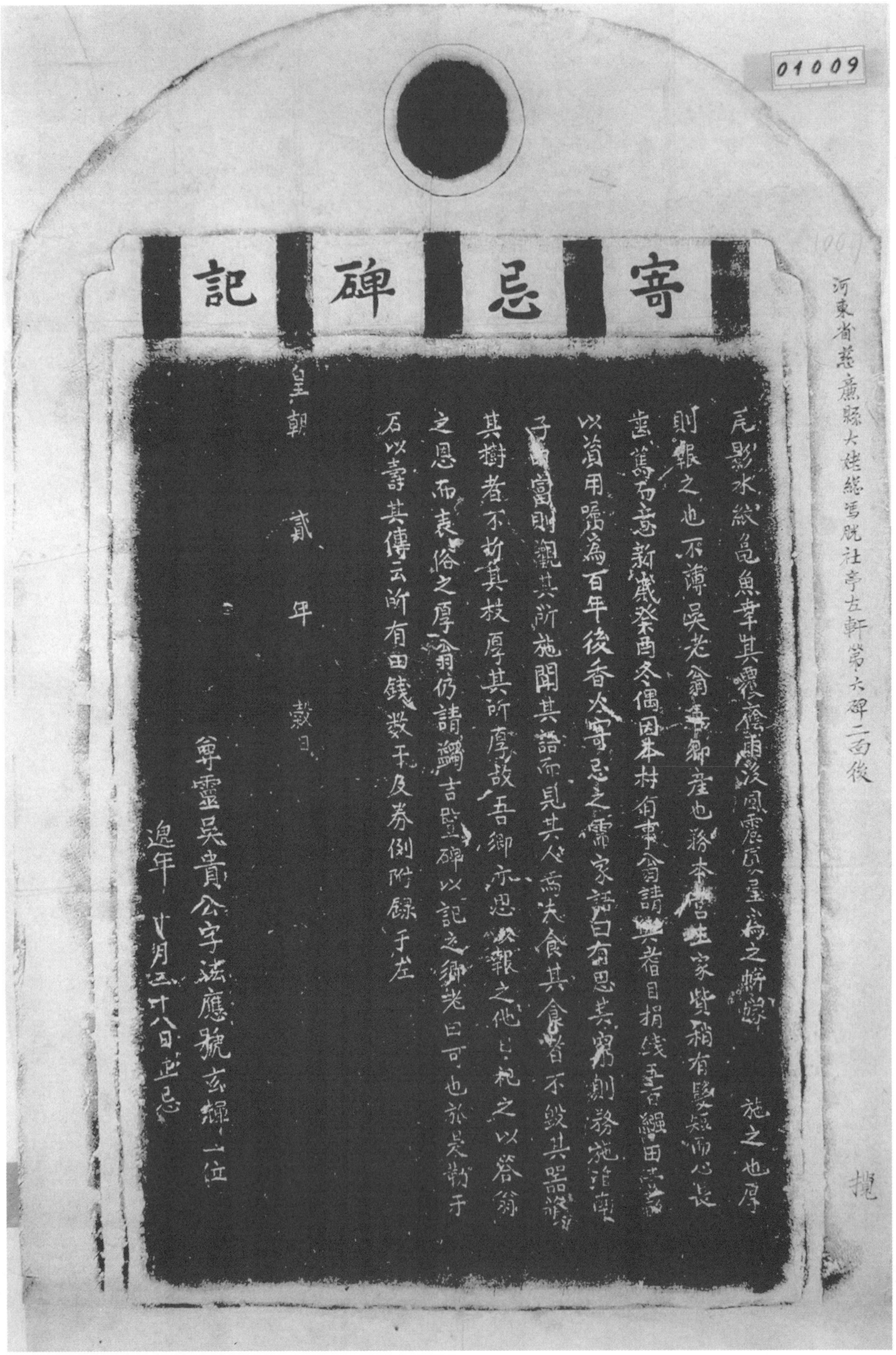

寄忌碑記

尾影水紋邑魚韋其霑蔭雨後風震宜之星為之解𧙃　施之也厚
則報之也不薄吳老翁本鄉產也務本營生家貲稍有嬰疑而心甚
嗇篤而意新歲癸酉冬偶因本村有事翁請與者目捐錢五百緡田五畝
以資用嗚爲百年後香火寄忌之需家語曰有恩其窮則務施於藥
子曰當則觀其所施聞其語而見其人焉夫食其食者不毀其器蔭
其樹者不折其枝厚其所厚故吾鄉亦思所報之他日祀之以答翁
之恩而表俗之厚翁仍請鐫吉豎碑以記之鄉老曰可也於是勒于
石以壽其傳云所有田錢数耗及券例附錄于左
皇朝　貳　年　穀日
尊靈吳貴公字法應號玄𣁽一位
逐年七月二十八日正忌

01009
河東省慈廉縣大姥總馮贶社亭左軒第六碑二面後

編號：01009

釋文

【後神馮胱碑記】

竪造後神馮胱配位碑記[①]

蓋聞有功必祀，乃經訓之格言；無德不餴，私儒林之著論。一言有中，千古不磨。昔范公善立義/田[②]，鄉人樂其厚澤；時張子散月俸，里鄰友感其仁深。當時立爲美談，後世稱爲高致。賜今常信府/青池縣仁睦門社馮胱村、壬辰[③]命阮面諱，質禀寬和，資兼純雅，祖宗功德，則百世不遷綿綿[④]；孝子慈孫，則萬/代如見炳炳[⑤]。鄉黨稱其惠澤，宗人愛慕之情；閭巷推奨霑仁，老大順從之舉。頗有多儀及物，是知一邑恩波，于/兹之時，立後神馮胱，材配位奉呼爲弁，後[⑥]係遞年閱序，貳位忌臘[⑦]，視如家先，四季春秋，配享大王，同伯/以傳百世，萬萬年香火無窮。自今至後，或如某批甲、某員人萌心出口，背義忘恩，留廢忌臘，指賣登/田，去其碑記，即/

天地鬼神，及當境城隍共行誅滅，于以恭萬代之義，于以敦百世之儀。宜乎馮胱碑位念有靈應，默/有扶持，俾以後世之人，視之如泰山北斗，豈特誇以一時一邑而然哉？因爲之銘，以壽其傳云。/

其銘曰：/

青池勝地，仁睦馮胱。後神尊位，石室金藏。/

全村富貴，大小壽康。山河帶礪[⑧]，天地久長。/

---

① 此爲拓片編號01010之碑題。今依内容及性質重定篇題爲“馮胱社吴法應祭忌碑記”。

② “昔范公善立義田”，見錢公輔《義田記》：“范文正公，蘇人也。平生好施與，擇其親而貧，疏而賢者咸施之。方貴顯時，置負郭常稔之田千畝，號曰‘義田’，以養濟羣族之人，日有食，歲有衣，嫁娶凶葬皆有贍，擇族之長而賢者主其計。”

③ “壬辰”，爲後黎裕宗（Lê Dụ Tông）黎維禟（Lê Duy Đường）永盛八年（1712），當清康熙五十一年。

④ “綿綿”，見《詩經·王風·葛藟》：“緜緜葛藟，在河之滸。”毛傳：“緜緜，長不絶之貌。”

⑤ “炳炳”，光彩照耀貌。見《漢書·司馬相如傳下》：“宛宛黄龍，興德而升，采色玄耀，炳炳輝煌。”

⑥ “後”，原碑文作“后”，因另兼正字故改。

⑦ “忌臘”，見（明）田藝衡《玉笑零音》：“人之初生，以七日爲臘；人之初死，以七日爲忌。一臘而魄成，故七七四十九日而七魄具矣。一忌而一魂散，故七七四十九日而七魂泯矣。”

⑧ “山河帶礪”，見《史記·高祖功臣侯者年表》：“太史公曰：古者人臣功有五品，以德立宗廟定社稷曰勳，以言曰勞，用力曰功，明其等曰伐，積日曰閱。封爵之誓曰：‘使河如帶，泰山若厲。國以永寧，爰及苗裔。’”裴駰引應劭曰：“封爵之誓，國家欲使功臣傳祚無窮。帶，衣帶也；厲，砥石也。河當何時如衣帶，山當何時如厲石，言如帶厲，國乃絶耳。”

皇朝保泰貳年[①]仲冬穀日/

【寄忌碑記】

瓦影水纹，龜鱼幸其覆廕；雨没風震，厦屋爲之帲幪[②]。　　施之也厚，/則報之也不薄。吴老翁，吾鄉産也。務本營生，家貲稍有，髮短而心長[③]，/齒舊而意新。歲癸酉冬，偶因本村有事，翁請與耆目捐錢五百緡、田壹畝，/以資用囑爲百年後香火寄忌之需。《家語》曰："有思其窮，則務施。"[④]《淮南/子》曰："富則觀其所施。"[⑤] 聞其語而見其人焉。夫食其食者，不毁其器；蔭/其樹者，不折其枝。厚其所厚，故吾鄉亦思以報之。他日祀之，以答翁/之恩，而表俗之厚。翁仍請蠲吉[⑥]竪碑以記之，鄉老曰"可也"，於是勒于/石，以壽其傳云。所有田錢數干，及券例附録于左。/

皇朝貳年穀日/

尊靈吴貴公，字法應，號玄輝一位/

逓年十月二十八日正忌/[⑦]

---

① "保泰二年"，當清康熙六十年（1721），歲次辛丑。

② "帲幪"，本指帳幕，後亦引申爲覆蓋、庇蔭與庇護。（漢）揚雄《法言・吾子》："震風陵雨，然後知夏屋之爲帲幪也。"（宋）吕頤浩《河間帥吴述古遷職再任啟》："某猥慚疲鈍，獲托帲幪。"

③ "髮短心長"，形容年老而智謀高。《左傳・昭公三年》："齊侯田於莒，盧蒲嫳見泣，且請曰：'余髮如此種種，余奚能爲！'公曰：'諾！吾告二子。'歸而告之，子尾欲復之，子雅不可，曰：'彼其髮短而心甚長，其或寢處我矣。'九月子雅放盧蒲嫳于北燕。"

④ "有思其窮，則務施"，見《孔子家語・三恕》："君子有三思，不可不察也。少而不學，長無能也；老而不教，死莫之思也；有而不施，窮莫之救也。故君子少思其長，則務學；老思其死，則務教；有思其窮，則務施。"

⑤ "富則觀其所施"，見《淮南子・氾論訓》："故論人之道，貴則觀其所舉，富則觀其所施，窮則觀其所不受，賤則觀其所不爲，貧則觀其所不取。"

⑥ "蠲吉"，即齋戒沐浴選擇吉日的意思。詳見本書篇號〇〇一《黎朝節義祠碑記》注釋。

⑦ 以上拓片編號 01009 之内容。

○八六　仁睦門社馮朓村二阮後神配位碑記

引言

碑立於河東省慈廉縣大姥總馮肬社亭内，爲亭内左邊第一碑。碑刻雙面，有界綫，拓片編號爲01011/01012。拓片編號01011爲碑前，共二十行字，滿行約四十字，爲阮氏𡛔後神碑記，碑額題有“後神馮肬碑記”六字，碑題刻有“竪造後神馮肬配位碑記并銘”十二字；拓片編號01012爲碑後，爲阮氏憒後佛碑記共十四行字，滿行約三十二字，碑四邊無紋飾。今依以上二碑記之内容及性質重定篇題爲“仁睦門社馮肬村二阮後神配位碑記。”拓片編號01011有紋飾，碑額刻有雙鳳昭月，三側邊紋飾以續刻一花二葉爲主，此面之碑文撰者爲阮姓南應青上監。編號01012共十四行字，滿行約三十二字，碑四邊無紋飾。編號01011年代署作皇朝正和（Chính Hòa）十九年歲次戊寅（1698），正和爲後黎熙宗（Lê Hy Tông）黎維祫（Lê Duy Cáp）年號，同年爲清康熙三十七年，歲次戊寅。拓片現藏於漢喃研究院。

拓片編號01011碑文内容主記仁睦門社馮肬村阮氏𡛔樂善好施，故馮肬村選其爲後神，並奉呼爲後婆，爲防後世村人忘恩負義，盜賣祭田，故刻碑記事。碑末並記有祭田位置與祭儀。

拓片編號01012碑文記仁睦門社馮肬村阮氏憒請求馮肬村將她與亡母立爲後佛以祭祀，故捐給馮肬村錢一百貫、田數畝以作寄忌之資，另每年忌供項目亦記録於碑文之中。

后神馮胱碑記
01011
河東省慈廉縣大姥總馮胱社亭左軒第一碑二面之前

編號：01011　出自《拓片總集》第二冊（下同）

01012
1012
河東省慈廉縣大姑総馮朧社亭左軒第一碑二面之後
攪

編號：01012

釋文

【後[1]神馮胱碑記】[2]

竪造後神馮胱配位碑記并銘[3]

嘗聞有功必祀，乃經訓之格言；無德不酬，斯儒林之著論。一言有中，千古不磨。昔范公善立義田，鄉人樂其厚/澤[4]；張公厚散月俸，里閈感其深仁。當時侈爲美談，後世稱爲高致。自非天資好善，疇能及兹！乃知輕財/愛人，爲君子之大節；尊賢樂義，實天下之至情。肆今常信府青池縣仁睦門社馮胱村、辛未命阮氏夆/諱，種德有常，樂善不倦。語其華族，則祖功宗德，炳炳[5]於前；論其豪門，則子孝孫賢，繩繩[6]於後。鄉黨稱其孝，/宗族稱其賢，非但仁以接物，和以待人，一鄉之人，欣然慕德慕義，頗有多儀。及物餘波，照臨一邑之内，未如實德/實心，是知有德人歸仰，立功人追思。于兹之時，全村貴賤子、車間妹，出此實心，售其保語，立爲後神。馮胱配/位奉呼爲後婆，係遞閱序二位忌臘[7]，視本家先人同鼈，四季春秋竝本土大王同侑[8]，期以一世、十/世、百世、千萬世、萬萬世，香火無窮。從今向後，或某盤甲、某員人，萌心出口，忘恩背義，留廢忌/臘，指賣祭田，撤踣記碑，即/　　天地鬼

---

① “後”，碑原作“后”，因另兼正字故改，下同不另注。

② 此爲拓片編號 01011 額題。今依内容及性質重定標題爲“仁睦門社馮胱村二阮後神配位碑記”。

③ 此爲拓片篇號 01011 碑題。

④ “昔范公善立義田”二句，見（北宋）錢公輔《義田記》：“范文正公，蘇人也，平生好施與，擇其親而貧，疏而賢者，咸施之。方貴顯時，置負郭常稔之田千畝，號曰義田，以養濟群族之人。日有食，歲有衣，嫁娶婚葬，皆有贍。……族之聚者九十口，歲入給稻八百斛；以其所入，給其所聚，沛然有餘而無窮。”

⑤ “炳炳”，光彩照耀貌。見《漢書·司馬相如傳下》：“宛宛黃龍，興德而升，采色玄耀，炳炳輝煌。”

⑥ “繩繩”，見《詩經·國風·周南·螽斯》：“螽斯羽，薨薨兮，宜爾子孫繩繩兮。”毛亨傳曰：“薨薨，衆多也；繩繩，戒慎也。”

⑦ “忌臘”，見（明）田藝衡《玉笑零音》：“人之初生，以七日爲臘；人之初死，以七日爲忌。一臘而魄成，故七七四十九日而七魄具矣。一忌而一魂散，故七七四十九日而七魂泯矣。”

⑧ “侑”，是陪祀或從祭。《宋會要輯稿·樂·鼓吹導引樂歌·高宗郊祀大禮》：“奉宗祧，新廟榜神毫，配侑享於郊。”《徐氏家學·主簿徐先生必茂》：“徐必茂字幼學，南昌人。宋侍郎卿孫之子。……丁侍郎憂，葬祭禮無違者，每之墓所，輒孺慕如初……思弗泯先德，得侑祠於學宫。”

神，及本土城隍，共行誅滅無遺，于以協《賁》五戔戔之義[①]，于以敦《語》十恂恂之情[②]。宜乎馮胱正位，嵇/有靈應，默有扶持。答謝塡門，洋洋[③]在上、在左右；顯休如響，涓涓福國、福民生。俾後之人，仰之如泰/山、北斗云。豈特誇一時、耀一鄉而已哉？因爲之銘，以壽其傳云。

其銘曰：/

青池勝地，仁睦馮胱。阮□挺出，孟氏優方。

性敦慈愛，銘藹菲芳。/財輕人愛，德垂功光。

人人敬慕，户户激昂。後神尊立，石室書藏。/

流傳香火，配享城隍。而今而後，不衍[④]不忘。

嵇有靈應，相衛[⑤]本鄉。/康寧富壽，大小陰陽。

山礪河帶，天久地長。/

所有祭田開計于後：

一各處所共田叁畝，并古錢玖[⑥]拾貫。/

一百歲之後諱日忌、阮氏搴，號慈意，忌禮抄牢[⑦]壹隻，并�[⑧]各批，每批粓一盤，并酒一圩，祭祀行禮如儀。/

皇朝正和拾玖年[⑨]仲冬穀日

南應青上監阮筆

---

① “于以協《賁》五戔戔之義”，見《周易·賁卦》：“（象曰）六五、賁于丘園，束帛戔戔，吝終吉。”王弼注：“處得尊位爲飾之主，飾之盛者也。施飾於物，其道害也。施飾丘園，盛莫大焉。故賁于束帛，丘園乃落賁于丘園，帛乃戔戔。”

② “于以敦《語》十恂恂之情”，見《論語·鄉黨》：“孔子於鄉黨，恂恂如也，似不能言者。”邢昺疏：“恂恂，温恭之貌。言孔子在於鄉黨中，與故舊相接，常温和恭敬，恂恂然如似不能言語者。道其謙恭之甚也。”

③ “洋洋”，美善之意。《尚書·商書·伊訓》：“嗚呼，嗣王祗厥身念哉！聖謨洋洋，嘉言孔彰。”孔安國曰：“洋洋，美善，言甚明可法。”

④ “衍”，疑當作“愆”。

⑤ “衛”，碑原作俗字“衞”。

⑥ “玖”，碑文原字爲避諱字。

⑦ “抄牢”，有做“沙牢”者，源自“少牢”“小牢”的祭祀規格術語，指用羊、豬而無牛的祭祀，或單指用羊的祭祀。此指代祭祀中的羊。

⑧ “粓”，喃字，糯米的意思，下同不另注。

⑨ “正和”（Chính Hòa），爲後黎熙宗（Lê Hy Tông）黎維祫（Lê Duy Cáp）的年號，“正和拾玖年”，當清康熙二十七年（1698），歲次戊辰。

十二月初八日臘日。豬一口，各批每批粢一盤，并酒一圩，祭祀行[1]。

仁睦門社阮氏憤後佛碑記[2]

蓋聞碑石之立者，豈徒爲文哉！蓋致永傳之切，以表其爲之人，而瞻萬代/之所瞻仰。

睠[3]惟　　　　　/本村人阮氏憤，號慈賢，誠心南土，昭跡員節，慈仁壹念，致惠賜生鄉村，兹/村所有公事色目、鄉長、看守、貴員、令長共六甲上下等，會合亭中，緣於本/人阮氏憤，號慈賢，情願與本村請寄忌，已與親母寄忌入寺爲後，所有碑/壹座，共貳忌，錢壹百貫，田座落在各處所，壹畝貳高，依如單内，以惠之此□情/忌勝□鄉村，上情下達，壹皆順許，共叶保爲後。

係遞年忌日，親母號淑敏，拾壹月/拾五日正忌，本村依辨忌禮，每甲�壹盤，雞壹隻，酒壹埕，芙蒥壹盒，金銀貳百□，□壹/奈將在本寺供行忌禮，其和阮氏憤，號慈賢，百歲之後，本村從依如前忌，供行禮遞/　　　　　佛億年歆寺與爲後佛永情。

阮氏憤，號慈賢，爲薦阮貴公，字福春，阮貴公，字福冷，不/欲以澗黄爲費也，加倍良田入寺，座落在各處所，貳所壹高二尺，寄入禪門，朝慕之　/燈，其爲本寺歲辰□享，此亦施之厚，而情之至者也。以記、以傳、以遠，所爲後佛，本村卷記。/

陳玉富記　阮廷德記/

隊長極點指　鄉長登爲記/

---

① 以上爲拓片編號01011之内容，記阮氏夆被村民選立後神之事。

② 以下爲拓片編號01012之内容，記阮氏憤成爲後佛之事。此碑刻有兩面，拓片編號01012之無碑額與碑題，内容與編號01011亦有所區别，故依内容與性質立此標題。

③ “睠”，碑文原作“勝”。

○八七　高山大王神祠碑銘并序

引言

碑立於河内省環龍縣金蓮總金蓮坊高山大王神祠，爲祠内左邊一碑。碑刻雙面，拓片編號01025/01026。拓片編號01025爲碑前，共四十五行字，滿行約六十七字，拓片碑額留有長方空白格，碑題刻“高山大王神祠碑銘并序”十字，今依碑題爲篇題；拓片編號01026爲碑後，共兩行字，滿行約四十二字。拓片編號01025碑額空白處上方刻有二層紋飾，内層爲龍紋，外層與其餘三側相連，刻有雲龍紋；拓片編號01026無紋飾。拓片編號01025記碑文撰於洪順（Hồng Thuận）二年（1510），洪順爲後黎朝襄翼帝（Lê Tương Dực）黎瀠（Lê Oánh）的年號，同年爲明正德五年，歲次庚午。撰者禮部尚書、東閣大學士兼國子監祭酒、知經筵事黎嵩等，書寫者中書監中書舍人杜如芝，刻者試鞍轡、誉漁所刊書匠匠副裴汝驛。拓片編號01026年代署作景興（Cảnh Thống）三十三年（1772），景興爲後黎顯宗（Lê Hiển Tông）黎維祧（Lê Duy Diêu）的年號，同年爲清乾隆三十七年，歲次壬辰。拓片現藏於漢喃研究院。

碑文主述聖祖高皇帝黎利（Lê Lợi）起義時，輔國丞相阮伯鄰、輔國將軍阮弘裕、大將軍阮文侣等奉命率軍平定叛亂，路過奉化府（治所在今越南南定省美禄縣）的高山大王神祠，祭拜之後，宛若神助，除亂事順利平叛外，黎襄翼帝（Lê Tương Dực）黎瀠（Lê Oánh）亦於己巳年（1509）登上皇位。故洪順二年（1510），黎襄翼帝敕令爲高山大王修建神祠，並派工部立碑以記此事，以詠高山大王之神蹟。

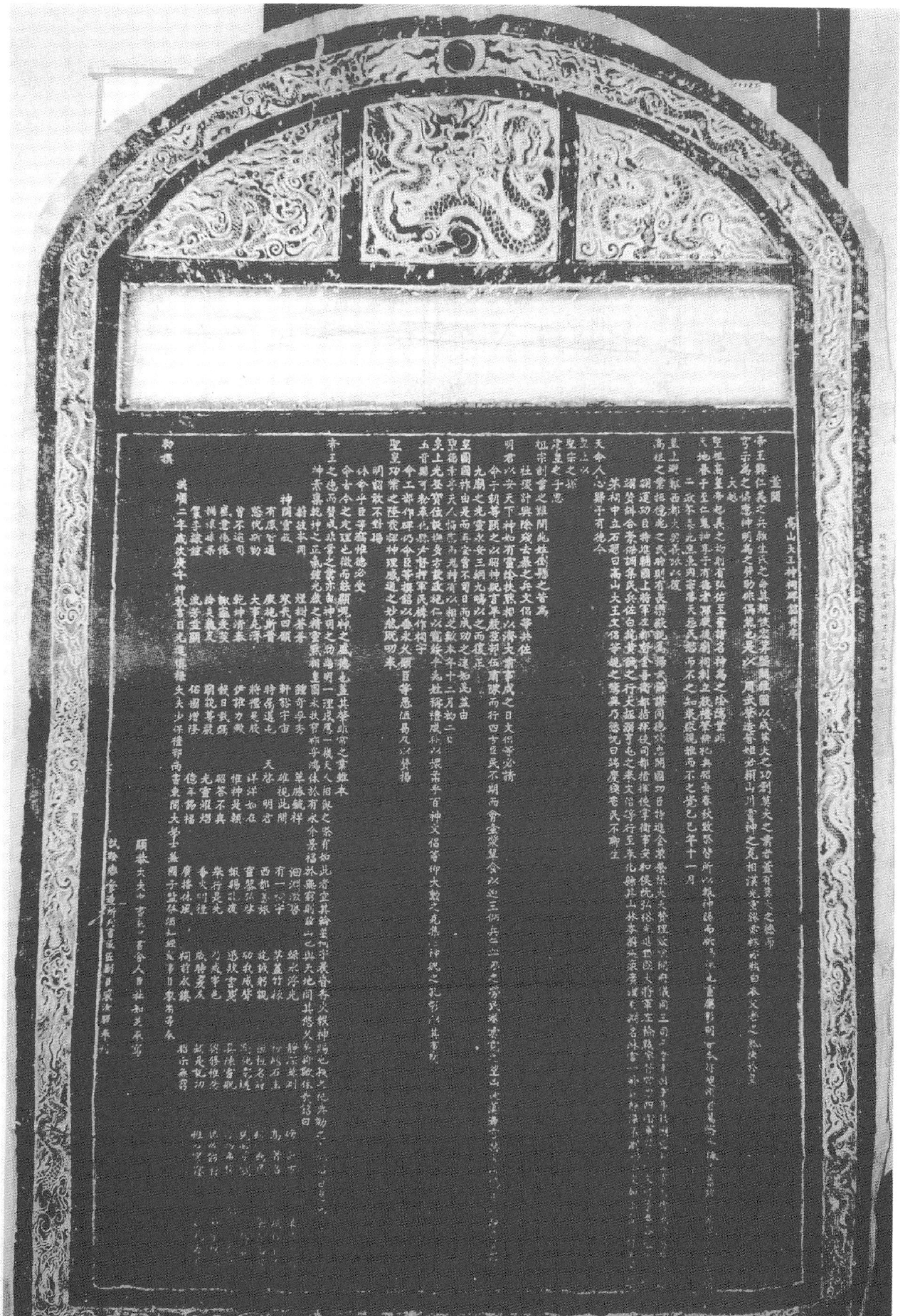

編號：01025　出自《拓片總集》第二冊（下同）

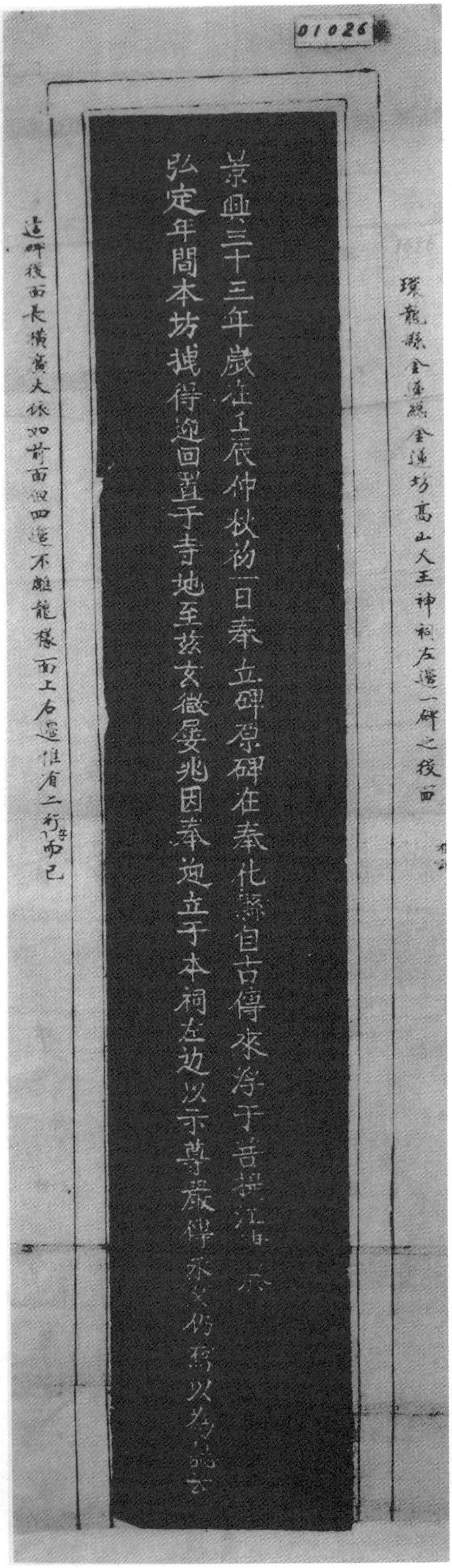
01026
環龍縣金蓮總金蓮坊高山大王神祠左邊一碑之後面
景興三十三年歲在壬辰仲秋初一日奉立碑原碑在奉化縣自古傳來浮于普提江
弘定年間本坊拽得迎回置于寺地至茲玄微嚴兆因奉迎立于本祠左边以示尊嚴俾承之仍焉以為記云
這碑後面長橫廣大依如前面但四邊不雕龍祿面上右邊惟有二行字而已

編號：01026

釋文

高山大王神祠碑銘并序[①]

蓋聞/　　　　帝王興仁義之兵，救生民之命，其規恢宏算，開闢[②]雄圖，以成莫大之功，創莫大之業者，蓋有莫大之德，而　　　　/穹示[③]爲之協應，神明爲之贊助，非偶然也。是以　周武肇造蒼姬[④]，必賴山川靈神之克相；漢光重興赤祚[⑤]，亦賴白衣父老之默扶[⑥]。於皇/　　　大越/　　　　聖祖高皇帝[⑦]起義之初，則有弘佑、至靈諸名神爲之陰騭，豈非/　　　　天地眷于至仁，鬼神享于有德者耶！厥後廟祠創立，殷禮肇稱，祀典昭垂，春秋致祭，皆所以報神賜，而祈鴻休也。靈應彰明，古今符契。頃者、厲愍[⑧]失德，凶暴肆行，外戚專權，内朝/　　干政，荼毒兆庶，魚肉宗藩。天怨民怒，而不之知；衆叛親[⑨]離，而不之覺。己巳年[⑩]十一月，/　　　　皇上避難西都，大興義旅，以復/　　　　高祖之業，拯億兆之民。時則有長樂殿親屬楊武協謀，同德效忠、開國功臣、特進、金紫榮禄大夫、贊理效

---

① 此爲碑題，今依此爲篇題。

② “開闢”，據本書篇號一二〇《古跡靈祠碑記》補；以下同，不出注。

③ “穹示”，本書篇號一二〇作“穹天”。

④ “蒼姬”，見《孟子注疏題詞解》：“孟子亦自知遭蒼姬之訖録。”孔穎達疏曰：“蒼姬者，周以木德王，故號爲蒼姬。”

⑤ “赤祚”，前漢尚赤，符火德，故稱赤祚。《史記・高祖本紀》：“乃立（劉）季爲沛公。祠黄帝，祭蚩尤於沛庭，而釁鼓旗，幟皆赤。由所殺蛇白帝子，殺者赤帝子，故上赤。”《漢書・高帝紀下・贊》：“漢承堯運，德祚已盛，斷蛇著符，旗幟上赤，協于火德，自然之應，得天統矣。”

⑥ “白衣父老之默扶”，光武帝劉秀爲王郎所逼，渡滹沱河，進至下博城西，遑惑不知所之。《後漢書・光武帝紀上》：“有白衣老父在道旁，指曰：‘努力！信都郡爲長安守，去此八十里。’光武即馳赴之，信都太守任光開門出迎。”

⑦ “聖祖高皇帝”，即黎太祖，其謚號爲“統天啟運聖德神功睿文英武寬明勇智弘義至明大孝高皇帝”。

⑧ “厲愍”，即威穆帝黎濬。《大越史記全書・本紀》卷十四：“簡脩公（襄翼帝）以帝（威穆帝）前日殺父母兄弟之慘，憤猶未解，使人以大砲置屍火處，砲發，散盡骸骨，止以餘燼回葬母鄉扶軫安陵，降爲愍厲公。”

⑨ “親”，本書篇號一二〇《古跡靈祠碑記》作“民”。

⑩ “己巳年”，即後黎威穆帝（Lê Uy Mục）黎濬（Lê Tuấn）端慶五年（1509），當明正德四年。

順、開府儀同三司、平章軍國重事、輔國丞相、上宰、太傅、威國公阮伯麟[1]，/　　翊運功臣、特進、輔國上將軍、左都督金吾衛都指揮使司都指揮使、掌衛事、安和侯阮弘裕，光進鎮國大將軍、左檢點、參督效力四衛軍務事阮文侣等，奉命徂征，同心/　　翊贊，糾合豪傑，調集民兵，佐白旄黄鉞之行，大拯溺亨屯[2]之舉。文侣等行至奉化縣[3]，其山林岑蔚，延袤廣漠。有淵名“淋”，當一畝許，静深不測，樹木交加，上有一祠，蓋以草/　　茅，祠中立石，題曰“高山大王”。文侣等覩之驚異，乃懇祝曰：“端慶殘虐，民不聊生，/天命人心，歸于有德，今/　　聖上[4]以/　　聖宗之孫、/　　建皇之子，思/　　祖宗創業之難，閔兆姓倒懸[5]之苦，爲/　　社稷計，興除殘去暴之兵，文侣等共佐/　　明君，以安天下，神如有靈，陰扶默相，以濟大業，事成之日，文侣等必請/　　命于朝，尊顯之以昭神貺。”言畢[6]，嚴整部伍，肅隊而行，四方臣民，不期而會，壺漿簞食，以迎王師。兵無血刃之勞，民遂雲霓之望，凶徒蕩滌，宫禁肅清。億年之鍾鼎益綿[7]/　　九廟[8]之光靈永妥。三綱九疇，以之而復正；/　　皇圖國祚，由是而再安。曾不旬日，而成功之速如此，蓋由/　　聖德素孚，天人協應，而鬼神有以相

① “阮伯麟”，又作“阮伯璘”，《鼎鍥大越歷朝登科録》後黎裕宗永慶三年辛亥科（1731）第三甲同進士出身記載：“阮伯麟，先豐古都人，三十一中會元。出鎮有功，仕至工部尚書，侯爵，致仕起復。”又，《大南一統志·山西省下·人物》：“阮伯璘，先豐縣人，父完以文章名家，伯璘之學，得之家庭，永慶會元進士，居官清甚，出鎮高平，撫民戢盜，累著功勞，入預朝政，執法不阿，壘千户不上書，壽八十六卒，贈太宰郡公。”

② “亨屯”，通達與困厄。《舊唐書·文苑傳上》載張藴古《大寶箴》：“固以聖人受命，拯溺亨屯，歸過於己，推恩於民。大明無偏照，至公無私親，故以一人治天下，不以天下奉一人。”

③ “奉化縣”，本書篇號一二〇《古跡靈祠碑記》作“寧山縣”。按，“奉化縣”當爲“奉化府”。奉化府爲明永樂時期所置交趾十五府之一。《明實録》載永樂五年（1407）六月，“定交趾所隸州縣交州，址北江、諒江、三江、建平、新安、那日、奉化、清化、鎮蠻、諒山、新平、演州、乂安、順化、總十五府。”

④ “今聖上”，即襄翼帝。《大越史記全書·本紀》襄翼帝序傳：“諱瀠，又諱晭，聖宗之孫，建王鑌之第二子也。在位八年，壽二十四，爲權臣鄭惟㦃所弑，葬元陵。……其母徽慈建皇太后鄭氏，諱瑄，乃雷陽水注人，都督僉事、兼左宗正仲峯之第四女也。”

⑤ “倒懸”，見《孟子·公孫丑》：“當今之時，萬乘之國，行仁政，民之悦之，猶解倒懸也。”趙岐注曰：“倒懸，喻困苦也。”

⑥ “言畢”，據本書篇號一二〇《古跡靈祠碑記》作“言悉”。

⑦ “綿”，據本書篇號一二〇補。

⑧ “九廟”，指帝王的宗廟。《禮記·王制》：“天子七廟，三昭三穆，與大祖之廟而七。”王莽增爲祖廟五、親廟四，共九廟；《漢書·王莽傳下》：“取其材瓦，以起九廟。”至唐玄宗特立九廟，《舊唐書·禮儀志六·祫禘》：“國朝始饗四廟……開元十年，玄宗特立九廟。”後遂以九廟代稱國家，《文苑英華·賦·絲帛二》載李君房《獻璽賦》：“是以獻繭之道，治國之要，將取媲於三推，明至誠於九廟。”

之歟！本年十二月初二日[①]/　　　　　皇上光登寶位，誕撫多方。發政施仁，以寬綏[②]乎兆姓；稱禮咸秩，以懷柔乎百神。文侶等、仰大勳之克集，思神貺之孔彰，以其事聞，/　玉音賜可。敕奉化縣尹[③]督押軍民，構作祠宇，/　　　　命工部作碑，仍命臣等撰銘以垂永久。顧臣等愚陋，曷足以贊揚/　　　　聖皇功業之隆，發揮神理感通之妙？然既叨奉/　　明詔，敢不對揚/　　　　休命乎？臣等竊惟德必受/　　　　命，古今之定理也；微而能顯，鬼神之盛德也。蓋其肇非常之業，雖本/　　　　帝王之德；而贊成非常之業，亦由神明之助。幽明一理，感應一機，天人相與之際，有如此者！宜其輪奐祠宇，晨昏香火，報神賜也；秩之祀典，勒之貞珉，昭靈應也。/惟　　　　神素稟乾坤之正氣，鍾光嶽之精靈，默相皇圖，永扶寶祚，孚鴻休於有永，介景福於無窮。則兹山也，與天地同其悠久矣！猗歟休哉！

銘曰：/

蔚彼岑岡，煙樹蒼蒼。鍾奇孕秀，萃勝毓祥。

洄淵瀲碧，綠水浮光。静深莫測，磅以無方。

艮重坎習，/神閟靈藏。

寥哉四顧，軒豁宇宙。雄視此間，有一祠宇。

茅蓋竹椽，粉題石主。高山著名，威儀孔阜。/

有感皆通，厥施斯[普][④]。

時屬邅屯，天啟　明君。西都奮旅，旄鉞躬親。

桓桓名將，糾糾義民。剿除[志锐]/，懇祝斯勤。

大事克濟，將禮是殷。洋洋[⑤]如在，靈鑒弘啓。

助我威聲，飆馳電邁。民心望霓，風傳掛旆。/

曾不逾旬，乾坤清泰。伊誰力歟？惟神是賴。

報賜孔[虔]，懇款雲箋。具陳靈貺，曰[賜]弗諼。

---

① “十二月初二日”，《大越史記全書·本紀》威穆帝端慶五年（1509）作初四日：“是月（十二月）初四日，簡脩公即皇帝位。”

② “寬綏”，本書篇號一二〇《古跡靈祠碑記》作“寵綏”。

③ “敕奉化縣尹”，本書篇號一二〇作“敕寧山縣紫沈社尹”。

④ “普”，據本書篇號一二〇補。

⑤ “洋洋”，美善之意。《尚書·商書·伊訓》：“嗚呼，嗣王祗厥身念哉！聖謨洋洋，嘉言孔彰。”孔安國傳曰：“洋洋，美善，言甚明可法。”

九重　俞允，/盛意惓惓。諏龜爰英[1]，穀日載蠲。

昭答不爽，舉[2]行是先。乃戒宰邑，興脩惟急。

鳩功飭材，□宇攸立。/楠榱棟樑，輪奂巍岌。

廟貌尊嚴，光靈耀熠。香火明禋，歲時爰及。

剡是記功，惟石穹窿。秋祀春禴[3]，/篆李隸鍾[4]。

流芳益顯[5]，佑國增隆。億年錫福，廣播休風。

祠前永鎮，昭示無窮。/

洪順二年歲次庚午[6]仲秋吉日

光進慎禄大夫、少保、禮部尚書、東閣大學士、兼國子監祭酒、

知經筵事臣黎嵩[7]等奉/　　　　敕撰/

顯恭大夫、中書監中書舍人臣杜如芝奉寫/

試鞍轡、營造所刊書匠匠副臣裴汝驛奉刊[8]/

景興三十三年[9]歲在壬辰仲秋初一日奉立碑。

原碑在奉化縣，自古傳來，浮于菩提江津[10]，於/　　　　弘定年間[11]本坊拽得迎回，置于寺地，至兹玄微屢兆，因奉迎立于本祠左邊，以示尊嚴傳永久，仍寫以爲誌云[12]。/

---

① "英"，本書篇號一二〇《古跡靈祠碑記》作"契"。

② "舉"，本書篇號一二〇作"奉"。

③ "秋祀春禴"，見《詩經・小雅・鹿鳴之什・天保》："吉蠲爲饎，是用孝享。禴祠烝嘗，于公先王。君曰：卜爾，萬壽無疆。"毛亨傳："春曰祠，夏曰禴，秋曰嘗，冬曰烝，公事也。"

④ "篆李隸鍾"，指李陽冰的篆書與鍾繇的隸書。

⑤ "流芳益顯"，本書篇號一二〇《古跡靈祠碑記》作"列方益顯"。

⑥ "洪順二年歲次庚午"，"洪順"（Hồng Thuận），後黎朝襄翼帝（Lê Tương Dực）黎瀠（Lê Oánh）的年號，"二年"爲公元1510年，當明正德五年。

⑦ "黎嵩"，越南黎朝著名史家，青廉安渠人，初姓楊，名邦本，後賜國姓，改名嵩。《鼎鍥大越歷朝登科録》後黎聖宗洪德十五年（1484）甲辰科第二甲進士出身："楊邦本，青廉安渠人，三十三歲中，奉使，仕至禮部尚書、少保、東閣大學士、兼國子監祭酒、知經筵事，敦書伯，賜國姓，改名嵩，作《越鑑（通考）總論》"。又見《欽定越史通鑑綱目・正編》卷二十六。

⑧ 以上爲拓片編號01025之内容。

⑨ "景興三十三年"，當清乾隆三十七年（1772），歲次壬辰。

⑩ "菩提江津"，在珥河附近，校合本《大越史記全書・本紀》莫茂洽洪寧二年（1592）："莫茂洽大驚，遂棄昇龍城，度珥河至菩提（碼頭），居於土塊館，留其大將分守城内各門。"

⑪ "弘定"，爲後黎敬宗（Lê Kính Tông）黎維新（Lê Duy Tân）的年號，共計二十年（1600–1619）。

⑫ 以上爲拓片編號01026之内容。

題後

此碑爲史家黎嵩所撰文，記載端慶五年（1509）威穆皇帝黎濬失德，簡脩公（後來的襄翼帝）發動政變，幾位功臣在起事時，受到高山大王神助；黎嵩亦爲此次政變的參與者。本碑記的記載與《大越史記全書·本紀》及《欽定越史通鑑綱目》之内容有出入。如史書載洪順二年（1510）論功加爵的功臣有："以義郡公阮文郎爲義國公、加紹郡公黎廣杜爲紹國公、諒郡公黎輔爲諒國公、威郡公黎伯璘爲威國公、户部尚書鄭維岱爲文郡公、殿前都檢點瑞陽侯鄭侑爲壽郡公、駙馬都尉黎茂昭爲延郡公、文郎子阮弘裕爲安和侯、鄭惟憧爲美惠侯、清華總兵僉事阮伯俊爲禮部尚書由禮伯、清華承宣使黎嵩爲吏部尚書敦書伯、清華參政阮時雍爲御史臺都御使良文伯、譚慎徽爲刑部尚書、翰林院侍讀參掌翰林院事梁得朋爲吏部左侍郎。"其中"威國公黎伯璘"碑文作"同德效忠、開國功臣、特進、金紫榮禄大夫、贊理效順、開府儀同三司、平章軍國重事、輔國丞相、上宰、太傅、威國公阮伯麟"。按，"阮伯麟"其人，《鼎鍥大越歷朝登科録》永慶三年（1731）辛亥科記載："阮伯麟，先豐古都人，三十一中會元。出鎮有功，仕至工部尚書，侯爵，致仕起復。"又，《大南一統志·山西省下·人物》："阮伯璘，先豐縣人，父完以文章名家，伯璘之學，得之家庭，永慶會元進士，居官清甚，出鎮高平，撫民戢盜，累著功勞，入預朝政，執法不阿，累遷户部尚書，壽八十六卒，贈太宰郡公。"又碑文中有阮文侶。按，黎末廣南地區因軍事敗於暹羅，政治、社會不安，遂有西山寨阮氏三兄弟阮文岳、阮文侶、阮文惠起事，後擊敗阮主、鄭主，推翻黎朝，建立西山朝。西山朝後爲舊阮主後代阮福映取代，在越南歷史中，將西山朝視爲僞朝，對於西山的記載極少，事蹟隱諱。本碑記中阮文侶爲此次參拜高山大王的主要發言者，但在史書記載中，此次"定難"事件並無阮文侶，而有阮文郎。史載："是時，長樂皇太后之親阮文郎……通韜略，精兵法，善觀天時，力能捕虎。於是文郎率占奴制謾、武伯、武接並清華三府人舉義師於西都城，以軍鎮神符海口。……簡脩公……挺身逃入西都，至神符海口見文郎，奉迎立爲盟主。"而碑文無阮文郎，却載有"長樂殿親屬楊武"；前文阮文郎爲"長樂皇太后之親"，不知是否即此碑文"長樂殿親屬"之緣由。

根據拓片編號01026之記載，本碑立於後黎顯宗景興三十三年（1772），云："原碑在奉化縣，自古傳來，浮于菩提江津，於弘定年間，本坊拽得迎回，置於寺地，至兹玄微屢兆，因奉迎立于本祠左邊。”按，弘定爲後黎敬宗黎維新的年號，共計二十年（1600-1619）。據此，應另有一碑原在奉化縣，於弘定年間（景興年之前約五十年）由珥河（紅河）順江漂至菩提碼頭，由金蓮坊人拽回，於景興三十三年奉立於高山大王祠址左邊。

又，據嗣德版《大南一統志·河内省·祠廟》的記載：“高山祠。在壽昌縣金蓮坊。神乃貉龍神君五十子歸山之一，傘圓祠第二位左山是也。祠原在清化，襄翼帝起兵，常禱于神，定難後，設壇于昇龍行宫，賽謝禮，後因其處，立祠祀之，命詞臣黎嵩撰碑文，刻石今存。”

又，本碑記與拓片編號01954《古跡靈祠碑記》（篇號一二〇）内容幾乎完全相同，《古跡靈祠碑記》碑立於山西省國威府不温總龍珠社山村祠址，可相互參校。

○八八　東鄂社重修城隍廟功德碑

引言

碑立於河東省慈廉縣春早總東鄂社亭，爲亭内左邊第三碑。碑刻兩面，拓片編號 01048/01047。拓片編號 01048 爲碑前，共二十六行字，滿行約三十六字，碑額題“重修神祠碑”五字，碑題“重修神祠碑記”六字；拓片編號 01047 爲碑後，共三十七行字，滿行約三十二字，碑額刻“恭獻看作誌”五字，今重定篇題爲“東鄂社重修城隍廟功德碑”。碑二面皆無花紋。碑文撰者據《越南漢喃碑銘拓片目録提要》爲陪從御史臺副都御史阮茂盛，書寫者爲符離縣縣丞阮登春。年代署作皇朝永盛（Vĩnh Thịnh）十五年（1719），永盛爲後黎裕宗（Lê Dụ Tông）黎維禟（Lê Duy Đường）的年號，同年爲清康熙五十八年，歲次己亥。拓片現藏於漢喃研究院。

碑文記載東鄂村午鄂處的城隍廟建廟六十多年來保佑地方太平使人民安居樂業。邑中前贈禮部左侍郎、鄂嶺男范公欲重修未果，後前工部右侍郎范敦謹藉由賣田所得三百貫錢假貸取息以作工資，及村中各官員主持下重修城隍廟。此廟於丁酉年（永盛十三年，1717）動工，戊戌年（永盛十四年，1718）完工。碑末並記有 127 位參加捐獻修葺祠廟者之姓名及所捐款項或物資。

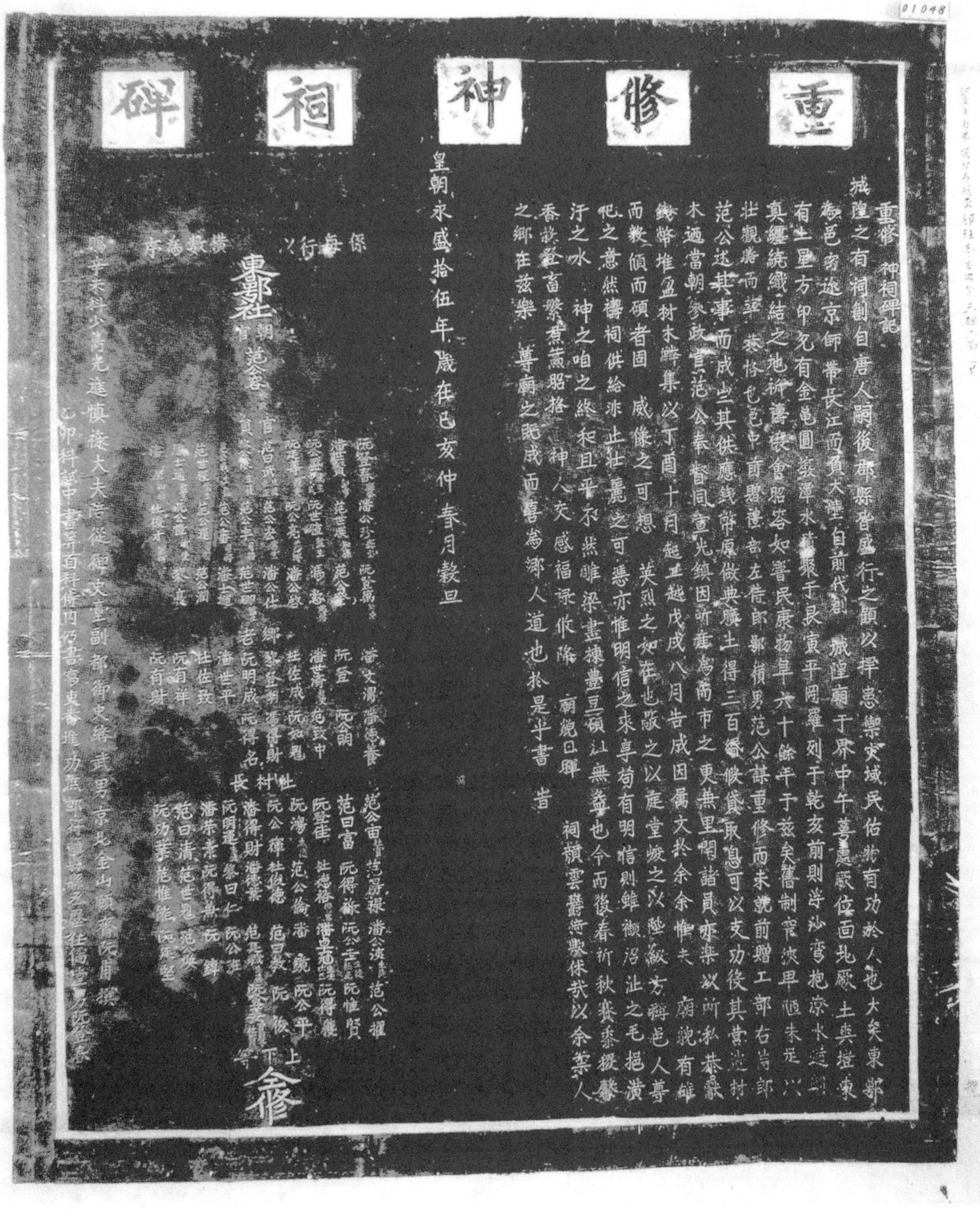
重修神祠碑

編號：01048　出自《拓片總集》第二冊（下同）

奉獻者作誌
慈廉縣良鄉社官員鄉老社村長上下等
神祠功後重大間有恭 獻者亦不可不表而錄之以垂永久所有諸員名人開錄于后
歲次己亥季春穀日

編號：01047

釋文

【重修神祠碑】

重修　神祠碑記[①]

城隍之有祠創自唐人，嗣後郡縣皆盛行之，顧以捍患禦災、域民佑物，有功於人也大矣。東鄂/爲邑，密邇京師，帶長江而負大壟，自前代創　城隍廟于界中午咢處，厥位面北，厥土爽塏，東/有土星方印，兑[②]有金龜圓墩，潭水積聚于艮寅[③]，平岡羅列于乾亥[④]，前則浮沙彎抱，潦水迎朝，/真纏繞織結之地。祈禱禳會，昭答如響，民康物阜，六十餘年于兹矣。舊制窄狹卑陋，未足以/壯觀瞻而萃恭恪也。邑中前贈禮部左侍郎、鄂嶺男范公，謀重修而未就；前贈工部右侍郎/范公述其事而成之。其供應錢幣原做典曠土得三百緡，假貸取息可以支功役，其營造材/木，迺當朝參政官范公，奉督同宣光鎮，因所産爲而市之，更兼里閈諸員，亦樂以所私恭○獻，/錢幣堆盈，材木鱗集，以丁酉十月起工，越戊戌八月告成，因屬文於余，余惟夫　廟貌有雄/而毅、傾而碩者，固　威儀之可想，　英烈之如在也，敞之以庭堂，峻之以陛級，方稱邑人尊/祀之意，然禱祠供給非止壯麗之可憑，亦惟明信之來享，苟有明信，則雖澗沼沚之毛，挹潢/汙之水[⑤]，　神之聽[⑥]之，終和且平。不然雕梁畫棟、豐豆碩俎無益也。今而後，春祈秋賽，黍稷馨/香，穀登畜繁，焄蒿[⑦]昭格，　神人交感，福禄攸降，　廟貌日暉，祠顔雲鬱，猗歟休哉！以余□人/之鄉在兹，樂　尊廟之既成，而喜爲鄉人道也，於是乎書。

時/

---

① 此爲拓片編號01048碑題。今依内容及性質重定篇題爲“重修城隍廟功德碑”。

② “兑”，指西方。

③ “艮寅”，即東北方。

④ “乾亥”，即西北方。

⑤ “沼沚之毛”，“潢汙之水”，謂輕賤低微之物。見《左氏春秋·隱公三年》：“君子曰：‘信不由中，質無益也。明恕而行，要之以禮，雖無有質，誰能間之？苟有明信，澗、谿、沼、沚之毛，蘋、蘩、薀藻之菜，筐、筥、錡、釜之器，潢、汙、行潦之水，可薦於鬼神，可羞於王公，而況君子結二國之信，行之以禮，又焉用質？’”

⑥ “聽”，碑文作“咱”字，越南以“咱”作“聽”。

⑦ “焄蒿”，物之精氣蒸發。《禮記·祭義》：“衆生必死，死必歸土，此之謂鬼。骨肉斃于下陰，爲野土；其氣發揚于上，爲昭明。焄蒿悽愴，此百物之精也，神之著也。”

皇朝永盛拾伍年歲在己亥[①]仲春月穀旦

係每行以横數爲序/

東鄂社朝/官：范公容□政；

官員：

阮登春縣丞，潘世賢知縣，阮公盛儒生/中式，阮廷尊□吏，范曰武建德/社正，黎公□生徒，范公義生徒，范世程儒生，潘士通監生，潘鏗知縣。[②] /

潘公珍縣丞，范世�知縣，阮世暄監生，阮公亮□□，范公宏儒生，范公宇司□，范公審司□，范公運司□，阮公愷所使，杜俊才□□。[③] /

阮登第□□，范公奎，馮懿□□，潘公啓，潘公仕，范世卿監生，潘士迎，范公潤，黎敦。[④] /

鄉老：/

潘文渭，阮登，潘世濟社吏，杜佐威，黎登明，阮明成，潘世平，杜佐致，阮有祥，阮有財。[⑤] /

潘德養，阮公明，范致中，阮如魁，馮得財，阮得名。[⑥] /

社村長：/

范公宙社官，范曰富，阮登佳，阮鴻生徒，阮公輝，潘得財，阮明運生徒，潘榮素，范曰清，阮功業。[⑦] /

范得禄，阮得禄，杜德裕□□，范公倫，杜俊德，潘德業，黎曰仁，阮得兼，范世魁，范惟能。[⑧] /

潘公浹生徒，阮公圭生徒/社正，潘卓冠生徒/社正，潘鏡，范曰教，范廷職生徒，阮公班，阮錞，范公焕，阮廷堅。[⑨] /

---

① "永盛十五年"，當清康熙五十八年（1719），歲次己亥。

② 以上爲第一列。

③ 以上爲第二列。

④ 以上爲第三列。

⑤ 以上爲第四列。

⑥ 以上爲第五列。

⑦ 以上爲第六列。

⑧ 以上爲第七列。

⑨ 以上爲第八列。

范公擢，阮惟賢，阮得獲，阮公平，阮俊，阮登姜官□/社胥。[1] /

上下等仝修/

賜辛未科少雋、光進慎禄大夫、陪從御史臺副都御史、繼武男、京北金山、頤齋阮甫撰/

乙卯科試中書算首科、侍内仍書寫吏番、進功庶郎、符離縣縣丞、歷任儒堂男阮登春[2]/

【恭獻看作者誌】

慈廉縣東鄂社官員鄉老社村長上下等/

神祠功役重大，間有恭　獻看作，不可不表而鐫之，以垂永久，所有諸員名人開陳于後[3]：/

計：

一恭　獻該壹佰貳拾柒員名人，每行以直數爲序。/

朝官：/

山南處承政使、贈工部右侍郎，范相公賜謚敦謹大社肆村/小社肆村/。

朝官：/

宣光處參政范公容大社肆村/小社肆村/。

官員：/

阮登春，縣丞，古錢/肆貫，潘世賢都事，古錢/貳貫，杜必勝前□□古錢/五貫，阮公盛□□□□古錢貳貫，潘公□府都史，古/錢貳貫，阮廷尊□吏，古錢貳貫，范曰武□□□□/大柱一株，黎公讓，范公成，/范世程儒生，古錢/貳貫，潘士通監生，古錢/貳貫，潘鏗知縣，古錢/貳貫，潘公珍縣丞大柱/壹株，范世□知縣古錢拾貫，阮世瑄監生，古錢貳貫，范琦前縣丞，古錢貳貫，阮公亮，范公宏，/范公宇司務，古錢/□貫五陌，范公審司務，古錢/肆貫，范公運司務，古錢/肆貫，阮公愷所使，古錢肆貫，杜俊才副所，/古錢壹貫，阮登第所使，古錢/貳貫，范公奎□□古錢/壹貫，馮懿，潘公敁，/潘公仕知事，古錢/肆貫，范世卿監生，古錢/壹貫五陌，潘士迎□□古錢/貳貫，范公潤副所，古錢壹貫，黎敦儒生，中式/古錢貳貫。/

鄉老：/

潘文渭古錢/一貫，阮登社史，大柱/壹株，潘世濟社史，古錢/貳貫，黎登明古錢/壹貫，潘世平古

---

① 以上爲第九列。

② 以上爲拓片編號 01048 之内容。

③ “後”，碑原作“后”，另兼正字故改，下同不另注。

錢壹貫/五陌，阮公明社胥，古錢/貳貫，杜生。/

社村長：/

范公宙社官，大柱/壹株，范曰富古錢/貳貫，阮登佳按吏，古錢/壹貫，阮鴻生徒，古錢/壹貫陸陌，阮公輝，古錢/壹貫，潘得財，/阮明運生徒，古錢/壹貫，潘榮素，范曰清，潘必齊□儒生，古錢□貫，阮得祿池六尺，杜德裕□吏，古錢/貳貫，前阮有德大柱壹株，杜俊德，潘德業，黎曰仁柱壹株，阮得兼，范世魁，/范惟能古錢壹貫，潘公浹生徒，古錢/貳貫，阮公圭，生徒社正，/古錢貳貫，潘卓冠生徒社正，/古錢貳貫，潘鏡古錢壹貫，范曰教，范廷職生徒，古錢貳貫，阮公班，/范公煥社吏，古錢貳貫，阮廷堅古錢壹貫，范公□古錢貳貫，阮公平古錢壹貫，阮俊古錢貳貫，阮登姜。/

各甲貳盤以下：/

阮廷位□□社□，古錢貳貫大柱壹株，阮登筵儒生，古錢壹貫，阮明鑑生徒，大柱壹株，范惟枚，阮登臺，潘公平，阮琦，潘悔，阮公岳，/阮明憲古錢壹貫，阮公珊古錢貳貫，阮公慕古錢貳貫，杜佐□，阮世匡，潘義軒，阮廷裕，阮允時，阮公銓，/阮浚生徒，古錢壹貫，潘廷鏘生徒，古錢壹貫，阮濯生徒，古錢壹貫，潘公璟，潘公瑄，阮伯錞，阮登高，潘公瓊，杜必稱/，潘世寶饒男，古錢壹貫，黃□古錢壹貫，阮德基大柱壹株，范世尊，黎曰掉，阮公規，范仁挺，潘義興，阮公瑩。/

婦人：

阮氏所古錢壹貫/石磊□□，范氏審，阮氏召，阮氏鼎，阮氏萃，阮氏頭，阮氏載，阮氏原，阮氏饒，/阮氏糁池六尺，杜氏暈，范氏傳，黎氏繞，閻氏艮，阮氏綏，潘氏瑄，黎氏俗，阮氏田。/

看作：

范公宙社官，范公成生徒，范曰富，阮登住按吏，阮鴻生徒，阮公輝，阮明運生徒，范曰清，阮得兼/，潘公浹生徒，潘卓冠，范公煥，阮公平，阮登姜。/

朝貴官集福功德/

奉差本處鎮首官管前匡奇陪從、禮部左侍郎、東徽男，阮公/

陪從御史臺副都御史、繼武男，阮茂盎/

別社恭　獻：　潘德業，潘德茂，范春，阮廷璣[道秀]社生徒/□□□□，孔仁中，阮氏用，范氏浚/

本社後恭　獻：范世副古錢壹貫，阮廷銓古錢壹貫，范公肅使錢壹貫，范公擢使錢壹貫，阮公滸□□古錢壹貫，范世馨，范世寧。/

歲次己亥季春穀日/[①]

題後

城隍信仰源自於中國，根據越南學者Hà Văn Tấn與Nguyễn Văn Kự的研究，城隍信仰約在唐代穆宗時（821–824）傳入越南。本碑文之刊刻在後黎裕宗永盛十五年（1719），文中記載慈廉縣春早總東鄂社所建之城隍廟，爲刊刻碑文前之六十年，即後黎神宗永壽三年（1660），亦即南明永曆十四年，顯示直至近世，越南仍然有修葺城隍廟的活動。觀察碑文中127位參與捐獻人的姓名與身份，可以發現多爲越南地方官員，此外則多爲生徒、儒生、監生等具有儒者（科舉）身份者。有關越南城隍的研究可以參考：［越］丁克順，阮文海《越南的城隍信仰與鄉村城隍事跡文本化過程》，《温州大學學報（社會科學版）》，2016年第4期。該文認爲越南的城隍信仰既有來自中國的城隍信仰，也有來源自越南的民間信仰，並在越南各地的村莊流行，其目的在於俾紀念有功之人，祈願神祇庇護以保境安民。

① 以上爲拓片編號01047之内容。

○八九　義都社上亭先上、中衕二村買唱籌碑記

引言

碑立於河東省慈廉縣驛望總義都社，爲義都社亭外庭第一碑。據拓者題簽此碑一碑四面，拓片編號 01066/01067/01068。拓片編號 01067 爲不相屬的後神碑記，本碑文實際以拓片編號 01066/01068 爲主；拓片編號 01066 爲四面之左，共十行，滿行約三十六字；拓片編號 01068 爲四面之後，共八行，滿行約三十九字，碑額題“唱籌碑記”四字，今依内容及性質重定篇題爲“義都社上亭先上、中衙二村買唱籌碑記”。兩面皆無紋飾。年代署作永慶（Vĩnh Khánh）萬萬年之元（1729），永慶爲昏德公黎維祊（Lê Duy Phường）的年號，同年爲清雍正七年，歲次己酉。拓片現藏於漢喃研究院。

碑文記載慈廉縣洪都社東下甲司教坊原享有各節日廟會期間在義都社唱亭唱籌的權利。但因官役煩多等原因，將唱亭諸多權利賣與義都社上亭先上村和中衙村，自此兩村可請别處唱司來此表演，慈廉縣東下甲司教坊等人不得禁錮亭門藉機勒索。

按，01067 爲壽昌同春南甲人裴台，爲其自身及正室黎氏、庶室宋氏立寄忌的碑記；與 01068/01066 所載義都社上亭先上等二村買唱籌碑記性質不同，雖然同屬義都社先上、中衙兩村共立之碑記，亦不能證明兩者間有絶對之聯繫，故將之分爲兩部分，僅録義都社上亭先上等二村買唱籌碑記。

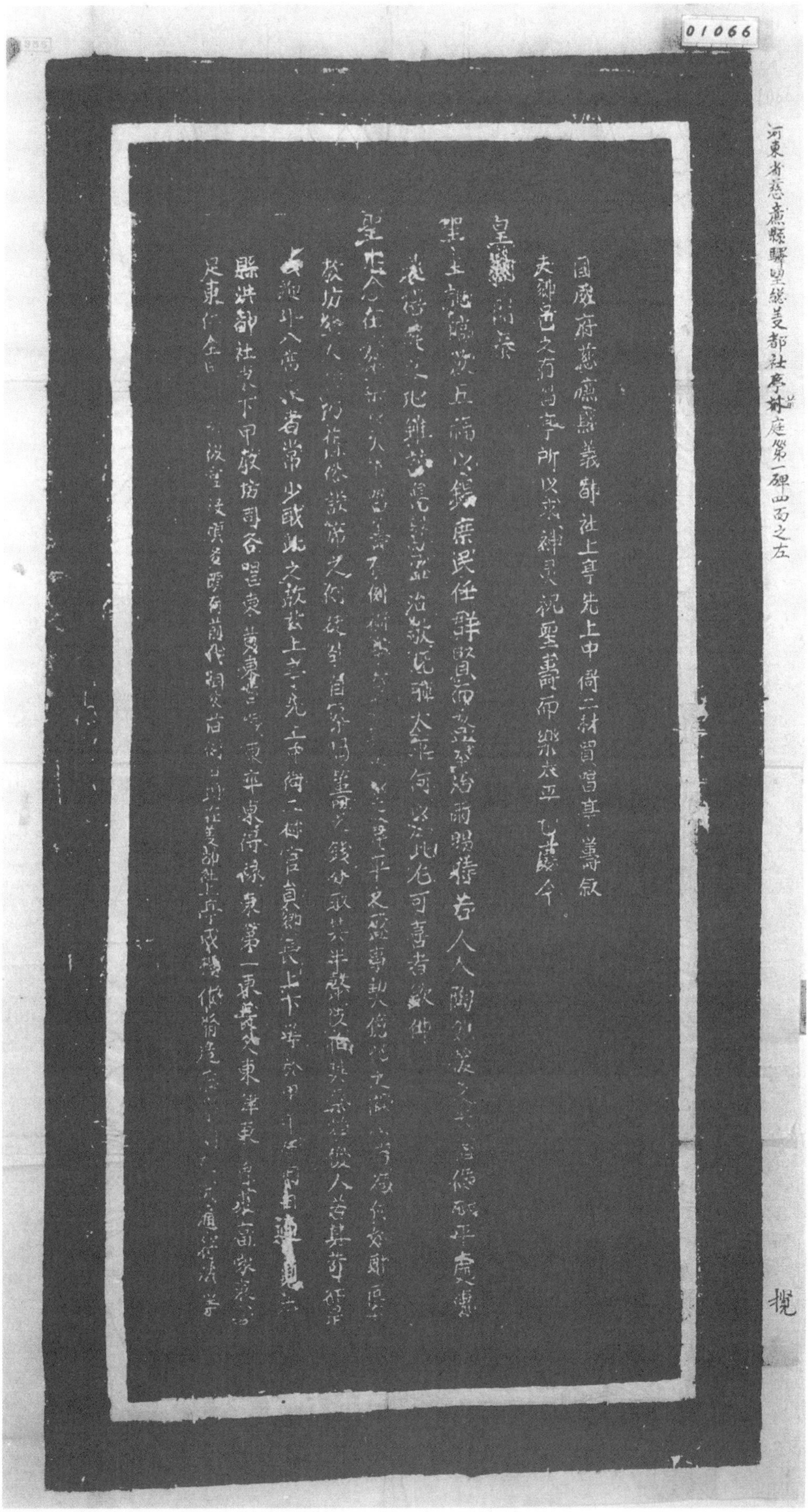
01066
河東省慈廉縣驛望總美都社亭村庭第一碑四面之左
國威府慈廉縣義都社上亭先上中衙二村買唱亭壽叙
夫鄉邑之有唱亭所以奉神靈祝聖壽而樂太平也若今

編號：01066　出自《拓片總集》第二冊（下同）

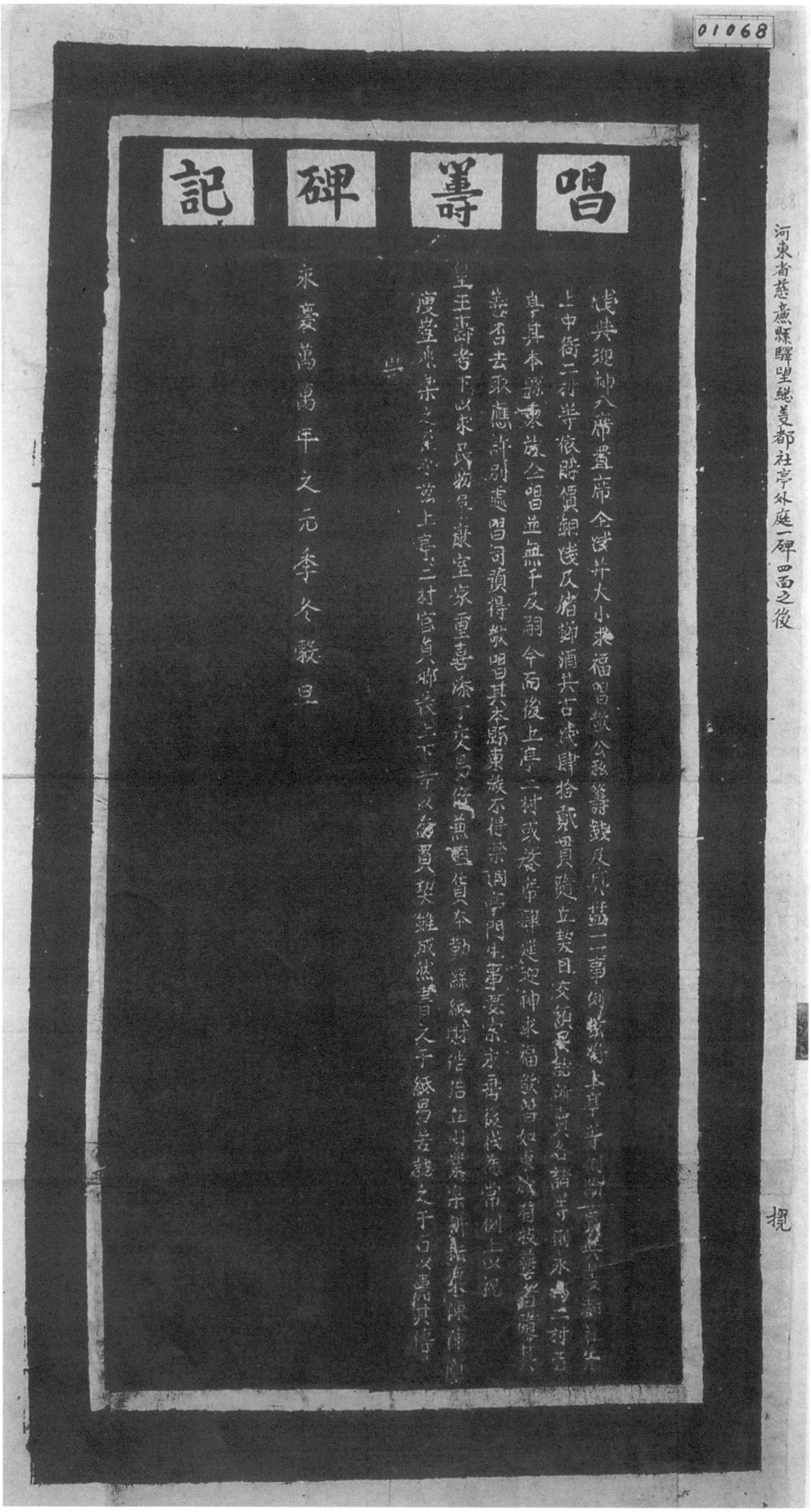
01068
唱善碑記
河東省慈廉縣驛望總美都社亭外庭一碑四面之後
永慶萬萬年之元季冬穀旦

編號：01068

釋文

【唱籌碑記】

國威府慈廉縣義都社上亭先上、中衙二村買唱亭籌敘[①]

夫鄉邑之有唱亭，所以求神靈，祝聖壽，而樂太平也。慶今/　　　　　皇朝開泰，/

　聖主誕臨，斂五福以錫庶民，任群賢而登至治。雨暘時若[②]，人人陶飽暖之天；僭僞砥平，處處/遂[③]嬉遊之地。雖詠鳧鷖[④]盛治，歌既《醉太平》[⑤]，何以加此？尤可喜者，欽仰/

　聖上念在蒼生，樂以天下，唱籌有例，衙[⑥]亭有禁，其所以表昇平之盛事，契億兆之歡心者，爲何如耶？叵奈/教坊仝人，猶[⑦]仍舊俗，設席之例，徒欲自專，唱籌之錢，分取其半，聲伎怕其氣焰，優人苦其苛征，是/以遞年入席，歌者常少，職此之故，兹上亭先上、中衙二村官員、鄉長上下等，於甲午年月日，適見本/縣洪都社東下甲教坊司，各唱東黄、東百歲、東平、東得禄、東第一、東長久、東津、東會、東富家、東富/足、東仁全甲等，所被官役煩多，既有前代祖父舊例、舊跡在義都社上亭，或構作修[⑧]造廊亭，例有開通符法等/[⑨]錢，與迎神、入席、置席仝[⑩]錢，并大小求福唱歌、公私籌錢，及具盤一一事例。兹將上亭等例，斷賣與義都社先/上、中衙二村等，依時價銅錢及豬、榔、酒共古錢[⑪]肆拾貳貫，隨立契日交領足

---

① 此爲拓片編號 01068 的碑題，今依此及本篇内容性質重定篇題爲“義都社上亭先上、中衙二村買唱籌碑記”。

② “雨暘時若”，見《尚書·洪範》：“曰休徵，曰肅，時寒若；曰乂，時暘若；曰晢，時燠若；曰謀，時寒若；曰聖，時風若。”孔穎達疏曰：“曰人君行敬，則雨以時而順之；曰人君政治，則暘以時而順之；曰人君照晢，則燠以時而順之；曰人君謀當，則寒以時而順之；曰人君通聖，則風以時而順之。”

③ “遂”，據本書篇號〇九〇《義都社下亭萬隆、安富二村買唱籌碑記》補。

④ “鳧鷖”，見《詩經·大雅·生民之什·鳧鷖》詩序：“鳧鷖，守成也。大平之君子能持盈守成，神祇祖考安樂之也。”

⑤ “《醉太平》”，樂章名。《禮部志稿·儀制司職掌·宴禮·小宴樂·永樂間定·侑食樂》：“一奏本太初之曲《朝天子》……二奏仰大明之曲《歸朝歡》……三奏民初生之曲《沽美酒》……四奏品物亨之曲《醉太平》。”

⑥ “衙”，據本書篇號〇九〇《義都社下亭萬隆、安富二村買唱籌碑記》補。

⑦ “猶”，據本書篇號〇九〇補。

⑧ “修”，碑原作“脩”，另兼正字，故改。

⑨ 以上爲拓片編號 01066 之内容。

⑩ “仝”，喃字，主、長、頭目的意思。

⑪ “古錢”，又稱“貴錢”。黎貴惇《芸臺類語》云：“北人以百文爲一陌。本國以三十六文爲一陌，謂之‘使錢’；六十文爲一陌，謂之‘古錢’。……古使錢别名閒錢，古錢别名貴錢。”

訖。所賣各諸等例，永爲二村己/亭其本縣東族仝唱，并無干及。嗣今而後，上亭二村或啓席肆筵，迎神求福，歌唱如東族，有技藝者，隨其/善否去取，應許別處唱司，預得歌唱，其本縣東族不得禁錮亭門，生事要索，永垂後代爲常例。上以祝/　　　　皇王壽考，下以求民物阜康，室家重喜添丁，交易倍兼殖貨。本勤絲紙，財浩浩丘山；業樂耕耘，粟陳陳廩/庾，豈非樂之至乎！茲上亭二村官員、鄉長、上下等，以爲買契雖成，然書之于紙，曷若誌之于石，以壽其傳。/

時/

永慶萬萬年之元[①]季冬穀旦[②]

題後

義都社計有三通碑記，分別在義都社亭外庭一碑（編號 01066/01068 及 01067）、内亭右邊一碑（01069/01070）與内亭左邊一碑（01071）。如下表：

編號	篇題	年代	位置
01066/01068	義都社上亭先上、中衙二村買唱籌碑記*	後黎昏德公永慶元年（1729）	義都社亭外庭一碑 01066 爲四面之左；01068 爲四面之後。
01067	後神碑記	未注明	四面之前
01069/01070	義都社下亭萬隆、安富二村買唱籌碑記*	後黎懿宗永佑元年（1735）	義都社内亭右邊一碑 01069 爲二面之前；01070 二面之後。
01071	保後神碑記	後黎顯宗景興二十二年	義都社内亭左邊一碑

注：* 表示此篇收入本書。

按，永慶元年（1729）與永佑元年（1735）所立之碑，碑記内容幾乎完全一樣。可見，洪都社東下甲司教坊將唱籌權利賣與多個村社。

---

① “永慶萬萬年之元”，“永慶”（Vĩnh Khánh）爲後黎朝後廢帝昏德公（Hôn Đức công）黎維祊（Lê Duy Phường）的年號，共計四年（1729–1732）。“元年”爲公元 1729 年，當清雍正七年，歲次己酉。

② 以上爲拓片編號 01068 之内容。

○九○　義都社下亭萬隆安富、二村買唱籌碑記

引言

碑立河東省慈廉縣驛望總義都社亭，爲亭内右邊一碑。碑刻雙面，拓片編號01069/01070。拓片編號01069爲碑前，共十四行字，滿行約三十九字，碑額題“唱籌碑記”四字，今依内容及性質重定篇題爲“義都社下亭萬隆、安富二村買唱籌碑記”；拓片編號01070爲碑後，共六行字，滿行約三十六字。拓片編號01069碑四邊有紋飾，碑額刻有雙龍昭日，其餘三側刻有花草紋；拓片編號01070無紋飾。年代署作永祐（Vĩnh Hựu）元年（1735），永祐爲後黎朝懿宗（Lê Ý Tông）黎維祳（Lê Duy Thận）年號，同年爲清雍正十三年，歲次乙卯。

碑文記載慈廉縣洪都社東下甲教坊原本享有在節日、廟會期間於義都社唱亭表演收賞錢的權利。後因訴訟事件，教坊將在亭門前唱戲表演的權利賣與萬隆村和安富村，自此兩村可請别處唱司來此表演，慈廉縣東下甲教坊等人不得禁錮亭門藉機勒索。

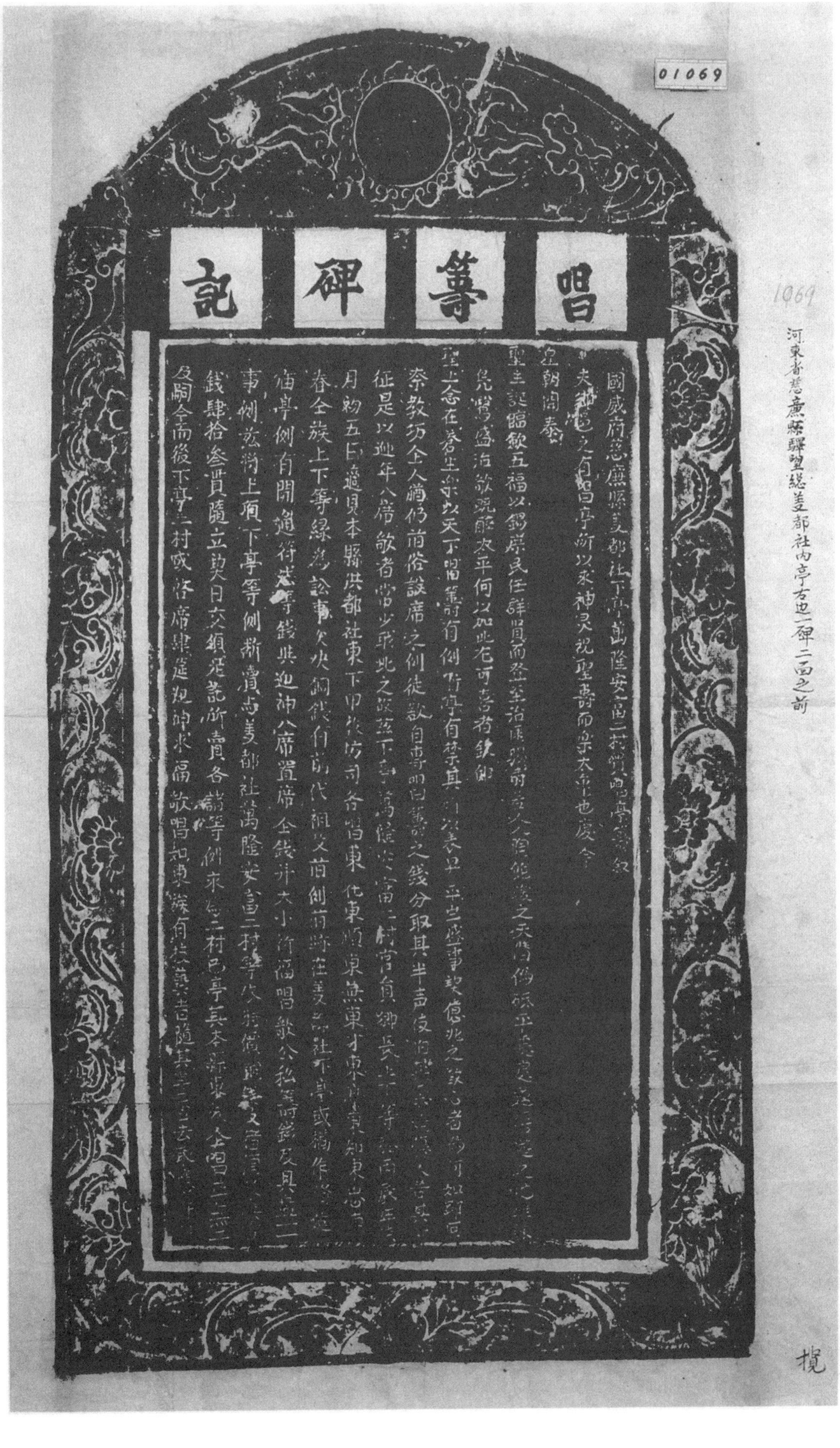
01069
唱籌碑記
1069
河東省慈廉縣驛望總美都社內亭右边碑二面之前
攬

編號：01069 出自《拓片總集》第二冊（下同）

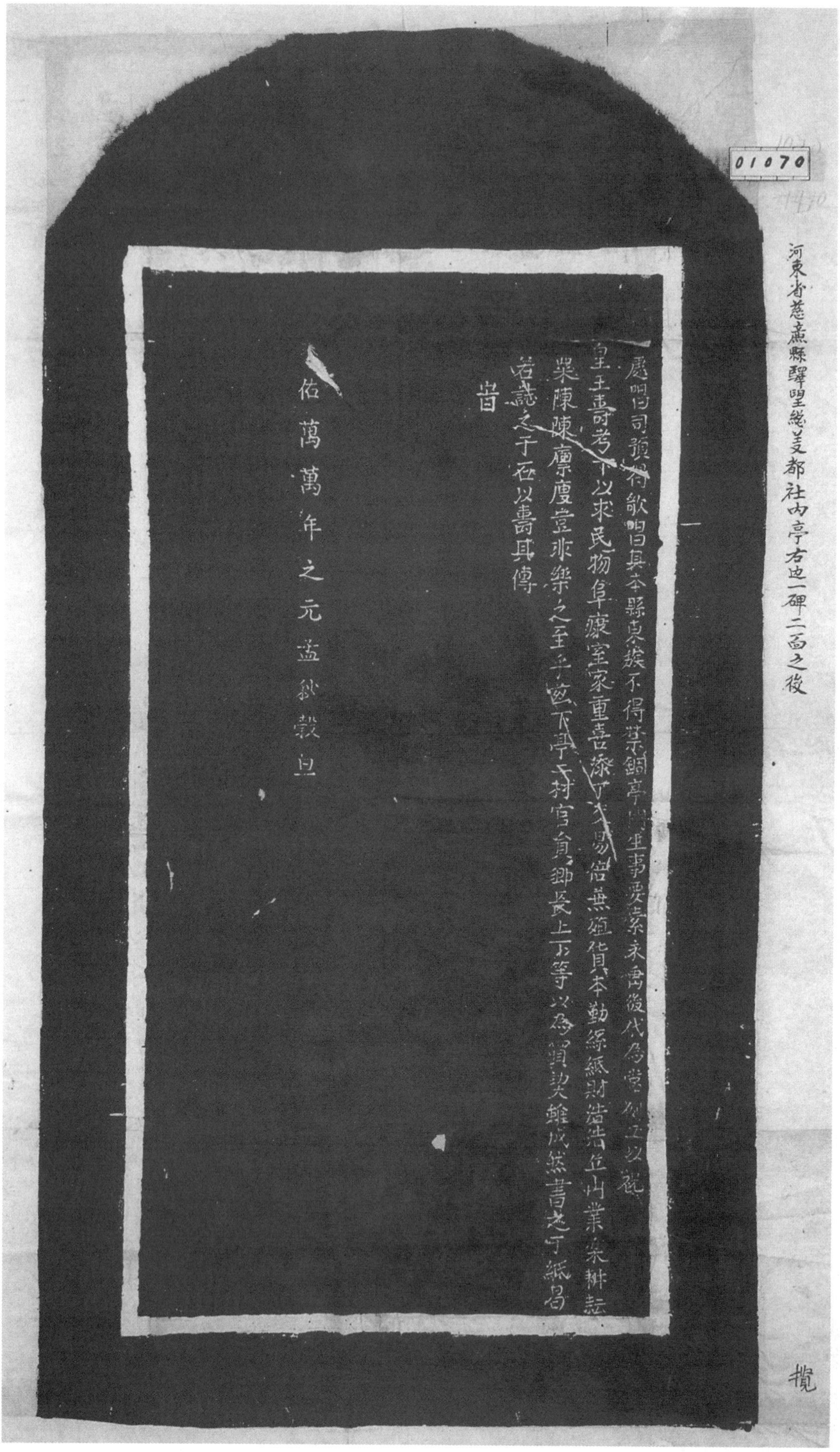
處明日司預符歆明日具本縣東旋不得禁鋪亭內坐事要案永壽後代為當例立以祀
皇王壽考下以求民物阜蕃室家重喜添丁易倍無殖貨本勤絲紙財浩浩丘山業永耕耘
渠陳陳庶慶亶永樂之至乎茲下亭下村官員鄉長上下等以為買效雖成然書之于紙恐
若誌之于石以壽其傳
旨
佑萬萬年之元孟秋穀旦
01070
河東省慈廉縣驛望總美都社內亭右邊一碑二面之後
攬

編號：01070

釋文

【唱籌碑記】

國威府慈廉縣義都社下亭萬隆、安富二村買唱亭籌敘[①]

夫鄉邑之有唱亭，所以求神靈、祝聖壽、而樂太平也。慶今/　　　　皇朝開泰，/

聖主誕臨，斂五福以錫庶民，任群賢而登至治，雨暘時若，人人陶飽暖之天，僭僞砥平，處處遂嬉遊之地。雖詠/鳧鷖[②]盛治，歌既《醉太平》[③]，何以加此？尤可喜者，欽仰/

聖上念在蒼生，樂以天下唱籌有例，衡亭有禁，其所以表昇平之盛事，契億兆之歡心者，爲何如耶！叵/奈教坊仝人猶仍舊俗，設席之例，徒欲自專，唱籌之錢，分取其半，聲伎怕其氣焰，優人苦其苛/征，是以遞年入席，歌者常少，職此之故，玆下亭萬隆、安富二村官員、鄉長、上下等，於丙辰年柒/月初五日，適見本縣洪都社東下甲教坊司，各唱東化、東順、東兼、東才、東亭、東知、東忠、東/春，仝族上下等，緣爲訟事，欠□銅錢，有前代祖父舊例、舊跡在義都社下亭，或構作修[④]造/廟亭，例有開通符法等錢，與迎神入席置席仝錢并大小祈福唱歌，公私籌錢及具盤一一/事例。玆將上項下亭等例斷賣與義都社萬隆、安富二村等，依時價銅錢及豬、酒、米，共古/錢肆拾叁貫，隨立契日交領足訖，所賣各諸等例，永爲二村己亭，其本縣東族仝唱并無干/及。嗣今而後，下亭二村或啓席肆筵、迎神求福，歌唱如東族，有技藝者，隨其善否去取，應許別/[⑤]處，唱司預得歌唱，其本縣東族，不得禁錮亭門，生事要索，永垂後代，爲常例。上以祝/　　　　皇王壽考，下以求民物阜康，室家重喜添丁，交易倍兼殖貨，本勤絲紙，財浩浩丘山；業樂耕耘，/粟陳陳廩庾。豈非樂之至乎？玆下亭二村官員、鄉長、上下等，以爲買契雖成，然書之于紙，曷/若誌之于石，以壽其傳。/

時/

---

① 此爲碑題，今依此及本篇内容、性質重定篇題爲“義都社下亭萬隆、安富二村買唱籌碑記”。

② “鳧鷖”，見《詩經·大雅·生民之什·鳧鷖》詩序：“鳧鷖，守成也。大平之君子能持盈守成，神祇祖考安樂之也。”

③ “《醉太平》”，樂章名。《禮部志稿·儀制司職掌·宴禮·小宴樂·永樂間定·侑食樂》：“一奏本太初之曲《朝天子》……二奏仰大明之曲《歸朝歡》……三奏民初生之曲《沽美酒》…四奏品物亨之曲《醉太平》。”

④ “修”，碑文原作“脩”，另兼正字故改，下同不另注。

⑤ 以上爲拓片編號 01069 之内容。

永佑萬萬年之元[1]孟秋穀旦[2]

① “永佑萬萬年之元”，“永佑”（Vĩnh Hựu），爲後黎朝懿宗（Lê Ý Tông）黎維祳（Lê Duy Thận）的年號，共計六年（1735–1740）。“元年”爲公元 1735 年，當清雍正十三年，歲次乙卯。

② 以上爲拓片編號 01070 之內容。

國家古籍整理出版專項經費資助項目

中國社會科學院海外中國歷史文獻研究中心主持編纂

越南漢文碑銘萃編

第一輯

（中）

孫曉　耿慧玲　主编

SWUP
西南大學出版社
國家一級出版社　全國百佳圖書出版單位

中册目次

○九一　農貢縣蒲河社光恩寺碑 …… 625
○九二　明杲社武氏玉釧並女祭忌碑記 …… 633
○九三　文貞公祠碑記 …… 645
○九四　重修文貞公廟碑記 …… 651
○九五　吴文肅碑記 …… 659
○九六　吴族世德碑記 …… 667
○九七　黎時海事業勳名碑記 …… 677
○九八　雷陽縣黎時海等祭忌碑記 …… 687
○九九　雷陽縣黎時海户兒碑記 …… 695
一○○　茂績大王事業碑 …… 701
一○一　重修佛跡山貝庵洞僊寺并施田養僧碑記 …… 707
一○二　佛跡山天福寺顯瑞庵碑銘 …… 713
一○三　天福寺水閣補經碑 …… 721
一○四　嗣德帝御製詩《懷如清使部潘輝泳等有作》 …… 727
一○五　總督大王神祠記 …… 733
一○六　明德三年己丑科進士題名記 …… 739
一○七　景興四十年己亥科進士題名記 …… 749
一○八　大寶三年壬戌科進士題名記 …… 755
一○九　重造大悲寺碑記 …… 765
一一○　盛烈社沛郡公黎中和夫妻祭忌碑記 …… 775
一一一　嘉通大王事跡碑記 …… 785
一一二　虬山渡記 …… 791
一一三　靈光神祠碑 …… 795

一一四　厚德宮碑記 …… 801
一一五　後黎玄宗杲盛陵碑記 …… 813
一一六　大越光淑貞惠謙節和冲仁聖皇太后山陵碑銘并序 …… 819
一一七　大越韶陽公主神道碑 …… 831
一一八　壽安宮敬妃阮氏神道碑 …… 837
一一九　花板社新造買亭文契碑記 …… 843
一二〇　古跡靈祠碑記 …… 849
一二一　黎氏祠堂祭田碑記 …… 857
一二二　貝洞聖跡碑記 …… 863
一二三　萬福大禪寺碑 …… 873
一二四　扶董社王府宮嬪武氏玉釧後神碑記 …… 885
一二五　萬福寺普光塔記 …… 893
一二六　寶所寺寶鐵花燈檠碑 …… 901
一二七　釧玉侯阮黃釧外家黃宗碑記 …… 907
一二八　盛烈社黃温直等祭忌碑記 …… 915
一二九　修造神光寺碑記 …… 921
一三〇　扶寧社阮福衍夫妻後佛碑記 …… 929
一三一　重修法雲寺碑記 …… 937
一三二　扶明、董園二社侍内監達郡公阮景溶福神後神碑記 …… 945
一三三　阮憲祖御製詩《鐵港》一首 …… 957
一三四　安陽王祠碑記 …… 963
一三五　黄舍社文會碑記 …… 969
一三六　扶寧社上中二村阮遣後神碑記 …… 979
一三七　扶寧社陶國顯夫妻後神碑記 …… 987
一三八　夏陽總集市碑記 …… 997
一三九　安常等五社阮廷訓福神石案 …… 1003
一四〇　安常社阮福財夫妻後神石案 …… 1015
一四一　安常社阮氏家族後佛石案 …… 1023
一四二　夏陽社中村杜福慶夫妻後佛碑記 …… 1031

一四三　修造渡沫寺碑記 …… 1037
一四四　趙皇神祠碑記 …… 1047
一四五　重修報恩福林寺碑記 …… 1053
一四六　阮朝武功碑記 …… 1063
一四七　阮憲祖戒用外戚諭 …… 1075
一四八　阮聖祖禁内侍干政諭 …… 1081
一四九　國主阮福凋鼎建順化天姥寺碑記 …… 1087
一五〇　阮憲祖御製詩《詠天姥寺》七首 …… 1097
一五一　阮憲祖御製天姥寺福緣寶塔碑 …… 1107
一五二　阮景宗族碑記 …… 1117
一五三　鳳池社買亭唱籌文契碑記 …… 1125
一五四　月盎社登科碑記 …… 1131
一五五　重修月盎社文址牌記 …… 1141
一五六　大盎社阮氏罙曁夫後佛碑記 …… 1153
一五七　大盎社歷代先賢碑記 …… 1161
一五八　鄭西王令諭奉事士王殿碑記 …… 1167
一五九　青湘社阮仲宇祭忌碑記 …… 1175
一六〇　隴廛村重修士王殿碑記 …… 1183
一六一　阮世祖詔旨隴廛村仝除碑記 …… 1191
一六二　後黎愍帝詔旨三椏社仝除碑記 …… 1197
一六三　三椏社士王殿開支碑記 …… 1205
一六四　西山景盛帝詔三椏社量除碑記 …… 1211
一六五　三椏社士王殿重鑄銅馬碑記 …… 1217
一六六　鄭靖王令諭隴廛村仝除碑記 …… 1227
一六七　姜寺社陳玿夫妻後佛碑記 …… 1235
一六八　敕旨姜寺社奉事古珠延應寺皂隸碑記 …… 1243
一六九　修造福林寺佛殿碑記 …… 1249
一七〇　阮憲祖御製詩《登護城山》 …… 1255
一七一　浴翠山詩題《山遊偶題》 …… 1261

一七二　浴翠山詩題《無題詩》兩首 …… 1265
一七三　浴翠山詩題《亂後登浴翠山》 …… 1269
一七四　浴翠山詩題《范義齋無題詩》一首 …… 1275
一七五　後黎憲宗御製《題浴翠山并引》 …… 1279
一七六　濬郡公胡相公祠堂碑記 …… 1283
一七七　胡接齋生墳記 …… 1293
一七八　鄭清王令旨寧福寺碑 …… 1301
一七九　寧福寺尼珠塔記 …… 1307
一八〇　寧福寺尊德塔記 …… 1315

○九一　農貢縣蒲河社光恩寺碑

引言

碑立於河東省慈廉縣驛望總義都社外寺，爲寺右邊一碑。碑刻雙面，拓片編號 01073/01072。拓片編號 01073 爲碑前，共二十二行字，滿行約三十三字，碑額題“光恩寺碑”四字，今依此重定篇題爲“農貢縣蒲河社光恩寺碑”，碑題刻有“光恩寺功德福田序”八字；拓片編號 01072 爲碑後，共十六行字，滿行三十一字，碑額題“三寶田記”四字。碑兩面皆有紋飾，拓片編號 01073 碑額刻有二層，内層爲雙龍昭日，龍尾突出纏繞至外層，碑額外層與碑其餘三側相連，左右邊刻有回紋與花紋，下邊刻雙獸紋；拓片編號 01072 碑額内層刻有雙龍昭日，外層刻火紋，並與其餘三側相連，左右兩邊刻有回紋與花紋，下邊刻獸紋。碑文撰者大明國僧人釋了一。年代署作景治（Cảnh Trị）二年歲次甲辰（1664），景治爲後黎玄宗（Lê Huyền Tông）黎維禑（Lê Duy Vũ）年號，同年爲清康熙三年。

碑文前詠帝王崇建佛寺以使百姓禮佛而正心，後則記皇后范氏科崇信佛教故奏請後黎玄宗捐三寶田給光恩寺，耕作收成之物以作爲香火之資，文末則以偈語歌頌此事。敕書内容與捐贈功德款的宫嬪名册一併載於碑後。

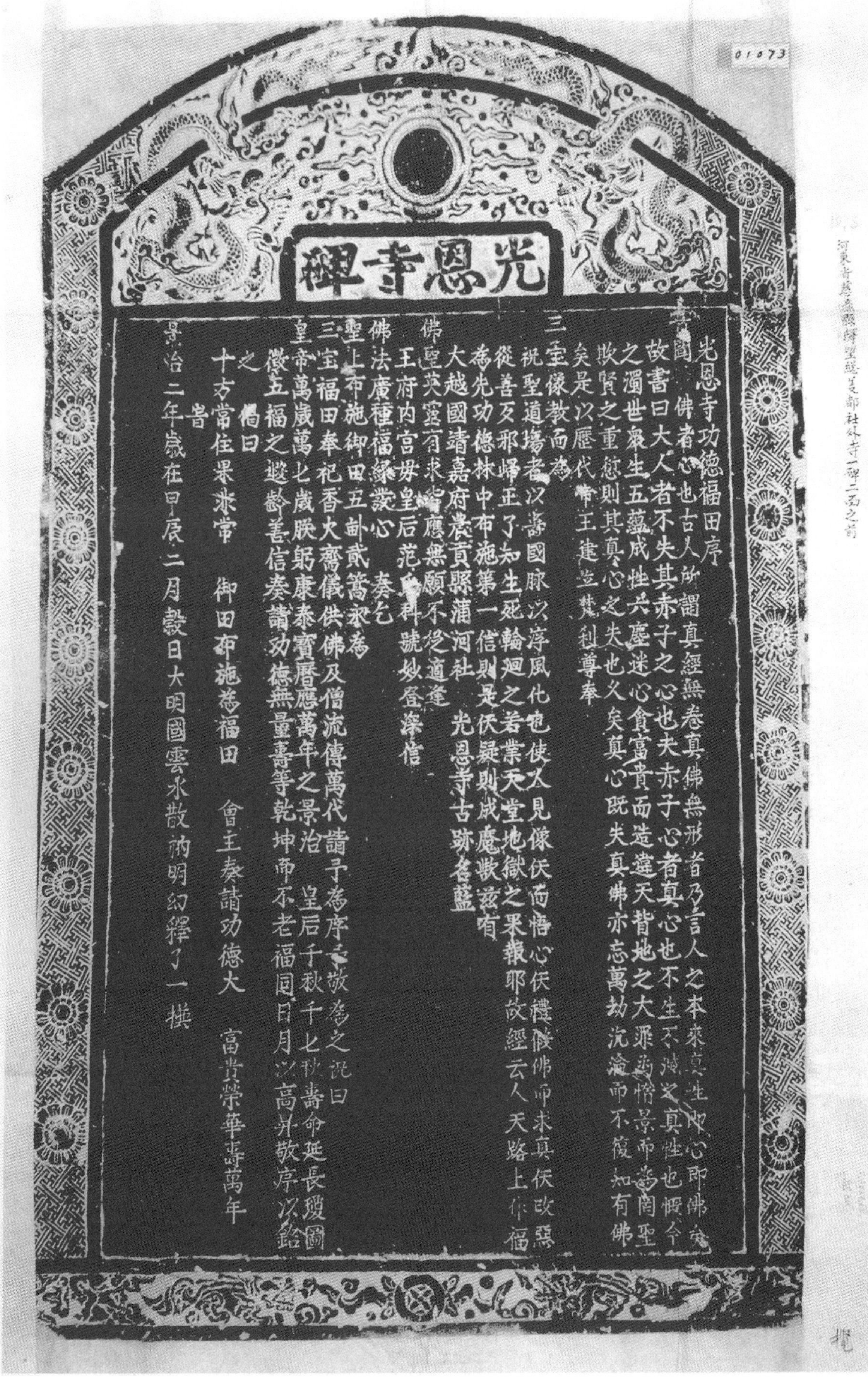

光恩寺碑

光恩寺功德福田序

嘗聞佛者心也古人所謂真經無卷真佛無形者乃言人之本來真性即心即佛矣

故書曰大人者不失其赤子之心也夫赤子心者真心也不生不滅之真性也慨今

之濁世衆生五蘊成性六塵迷心貪富貴而造違天背地之大罪爲惱景而爲閑聖

賢之重戀則其真心之失也久矣真心既失真佛亦忘萬劫沉淪而不復知有佛

矣是以歷代帝王建造梵刹尊奉

三寶像教而爲祝聖道場者以壽國脈以淳風化也使人見像佛而悟心佛禮假佛而求真佛改惡

從善反邪歸正了知生死輪廻之若業天堂地獄之果報耶故經云人天路上作福

爲先功德林中布施第一信則是佛疑則成魔歎茲有

大越國靖嘉府農貢縣蒲河社光恩寺古跡名藍

佛聖英靈有求必應無願不從適逢

王府內宮毋皇后范氏科號妙登奉信

佛法廣種福緣發心奏乞

聖上布施御田五畝貳篙永爲

三寶福田奉祀香火齋儀供佛及僧流傳萬代請予爲序之敬爲之說曰

皇帝萬歲萬乜歲朕躬康泰寶曆應萬年之景治　皇后千秋千乜秋壽命延長瓊圖

徽五福之遐齡善信奏請功德無量壽等乾坤而不老福同日月以高昇敬序以銘

之　偈曰

十方常住果來常　御田布施爲福田　會主奏請功德大　富貴榮華壽萬年

皆

景治二年歲在甲辰二月穀日大明國雲水散衲明幻釋了一撰

編號：01073　出自《拓片總集》第二冊（下同）

01072
三宝田記
奉抄
勅旨光恩寺係觀羅所官屯田在慈廉縣義都社𣴓礬堀禿寺處共田五畝貳高
肆至如田記內應供三宝田付與本寺道號玄淨逓年耕種以為米粮香油以
恭奉
佛日夜焚香祝
聖壽國脉係別負人不得爭阨欽此
下洪府青沔縣扶內社東村住持光恩寺吳氏表道號玄淨
清華承宣河中府義山縣石泉社
王府內宮賓枚貳玉　功德古錢五貫
國威府安山縣義都社
王府內宮嬪王氏玉鳳功德古錢五貫
國威府慈廉縣箕舍州
王府內宮嬪阮氏礎功德古錢五貫
先平府麗水縣小福祿社茲在慈廉縣㵢都社武氏綠號端莊親文武貴公
字福廣親母阮氏號慈明功德壹所田在㟎嬛處貳高
德祠閏七解

編號：01072

釋文

【光恩寺碑】[①]

光恩寺功德[②]福田[③]序[④]

嘗聞　佛者，心也。古人所謂真經無卷，真佛無形者，乃言人之本來真性，即心即佛矣！/故書曰："大人者，不失其赤子之心也。"[⑤] 夫赤子心者，真心也，不生不滅之真性也。慨今/之濁世[⑥]，衆生五蘊[⑦]成性，六塵[⑧]迷心。貪富貴，而造違天背地之大罪；函情景，而爲罔聖/欺賢之重愆。則其真心之失也久矣。真心既失，真佛亦忘，萬劫沉淪而不復知有佛/矣！是以歷代帝王建立梵刹[⑨]，尊奉/　　　　　　三寶[⑩]像教而爲/　　　　　　祝聖道場者，以壽國脈，以淳風化也。使人見像佛而悟心佛，禮假佛而求真佛，改惡/從善，歹邪歸正，了知生死輪迴[⑪]之

---

① 此爲拓片編號01073之額題，今重定篇題爲"農貢縣蒲河社光恩寺碑"。

② "功德"，見《大乘義章》卷九："言功德，功謂功能，善有資潤福利之功，故名爲功；此功是其善行家德，名爲功德。"意指行善所獲之果報。

③ "福田"，《成實論》卷一載"福田"之種類衆多："斷貪恚等諸煩惱盡故名福田。……所得禪定皆悉清浄，永離大小諸煩惱故名福田。……能斷除五種心縛心得清浄故名福田。……能發心欲行善法尚多利益故名福田。……諸賢聖常行善法故名福田。"凡敬侍佛、僧、父母、悲苦者，即可得福德、功德，猶如農人耕田，能有收穫，故以田爲喻，則敬侍佛、僧、父母、悲苦者，即稱爲福田。

④ 此爲拓片編號01073之碑題。

⑤ 語出《孟子·離婁下》："孟子曰：'大人者，不失其赤子之心者也。'"赤子之心，比喻人心地純潔善良。

⑥ "濁世"，見《阿彌陀經》："娑婆國土，五濁惡世。"佛教謂充滿五濁（劫濁、見濁、煩惱濁、衆生濁、命濁）之惡世爲"濁世"。

⑦ "五蘊"，見《大乘五蘊論》卷一："如薄伽梵略説五蘊：一者色蘊，二者受蘊，三者想蘊，四者行蘊，五者識蘊。"色蘊即一切色法之類聚；受蘊是苦、樂、捨、眼觸等所生之諸受；想蘊是眼觸等所生之諸想；行蘊是除色、受、想、識外之一切有爲法，亦即意志與心之作用；識蘊即眼識等諸識之各類聚。

⑧ "六塵"，又稱"六境"，指色、聲、香、味、觸、法等六種境界，猶如塵埃能污染人之情識，故稱六塵。

⑨ "梵（利）"，見《翻譯名義集》卷七："又復伽藍號梵刹者，如輔行云：'西域以柱表刹示所居處也。'梵語刺（力割）瑟胝，此云竿，即幡柱也。"因一般均有於佛堂前立刹之風俗，故稱寺院爲刹。

⑩ "三寶"，指爲佛教徒所尊敬供養之佛寶、法寶、僧寶等三寶。詳見本書篇號○○五《天光禪寺碑記》注釋。

⑪ "生死輪回"，見《本事經》卷七："我觀諸有情，由貪之所染，還來墮惡趣，受生死輪迴。""生死"也作"輪迴"，謂依業因而於天、人、阿修羅、餓鬼、畜生、地獄等六道迷界中生死相續、永無窮盡之意。

苦業，天堂地獄之果報耶！故《經》云："人天路上，作福/爲先；功德林中，佈[①]施第一。"[②]信則是佛，疑則成魔歟？

茲有/　　　　大越國靖嘉府農貢縣蒲河社　光恩寺古跡名藍[③]，/　　　　佛聖英靈，有求皆應，無願不從。適逢/　　　　王府内宫母皇后范氏科，號妙登，深信/　　　　佛法，廣種福緣，發心　奏乞/　　　　聖上佈施御田五畝貳篙[④]，永爲/　　　　三寶福田，奉祀香火齋儀，供佛及僧，流傳萬代，請予爲序，予敬爲之祝曰：/

皇帝萬歲萬萬歲，朕躬康泰，寶曆應萬年之景治；　皇后千秋千千秋，壽命延長，瓊圖/徵五福之遐齡。善信奏請，功德無量，壽等乾坤而不老，福同日月以高昇，敬序以銘/之，偈曰：

十方常住果非常，御田佈施爲福田。會主奏請功德大，富貴榮華壽萬年。/

時/

景治二年[⑤]歲在甲辰二月穀日

大明國雲水[⑥]散衲[⑦]明幻釋了一撰/[⑧]

【三寶田記】[⑨]

奉抄/

敕旨。光恩寺係觀羅所官屯田，在慈廉縣義都社泑穭堰秃等處，共田五畝貳篙，/肆至如田記内，應供三寶田，付與本寺道號玄淨，遞年耕種，以爲米粿香油，以/　　　　恭奉/

佛，日夜焚香祝/　　　　聖壽國脉，係別員人不得争阻。欽此。/

---

① "佈"，碑原作"布"，另兼正字故改。

② "人天路上"等四句，見《山房雜録》卷二云："人天路上，作福爲先，生死海中，念佛第一。"人間天上，快樂逍遥，皆因廣作諸福，最緊最要，故曰爲先。若欲高出人天，速超生死，直登不退，則有念佛往生一門，最尊最勝，故曰第一。

③ "名藍"，著名之伽藍，伽藍爲梵語音譯，即指寺院。

④ "篙"，越南的計量單位"分"，越南畝的十分之一。按越南北部地畝制，一分相當三百六十平方米；中部地畝制，則相當四百平方米。

⑤ "景治二年"，當清康熙三年（1664），歲次甲辰。

⑥ "雲水"，又稱雲水僧、雲水衆、雲兄水弟、行脚僧、雲衲。指爲尋師求道，至各地行脚參學之出家人，以其居無定所，悠然自在，如行雲流水，故以雲水喻之。見《佛光大辭典》引《從容録》第九則（大四八・二三二下）及《永平清規卷下・永平衆寮箴規》。

⑦ "衲"，原指僧衣，後又指僧侣，亦作衲子、衲僧，因禪僧多着一衲衣雲遊四方而得名。

⑧ 以上爲拓片編號 01073 之内容。

⑨ 此爲拓片編號 01072 額題。

下洪府青沔縣扶内社東村住持光恩寺吴氏表，道號玄淨；/

清華承宣河中府峩山縣石泉社/　　　　王府内宫嬪枚氏玉，　功德古錢五貫；/

國威府安山縣義都社/　　　　王府内宫嬪王氏玉扁，功德古錢五貫；/

國威府慈廉縣箕舍州/　　　　王府内宫嬪阮氏磋，功德古錢五貫；/

先平府麗水縣小福禄社，兹在慈廉縣義都社武氏緣，號端莊；親父武貴公，/字福廣；親母阮氏，號慈明，功德壹所，田在堣嬻處貳篙。/

德𥟉門七𨑮[1]

① 以上爲拓片編號01072之内容。又，“德𥟉門七𨑮”，喃字漢字的組合，意思爲嗣德十七年（1864）。

○九二　明杲社武氏玉釧並女祭忌碑記

引言

碑立於河東省慈廉縣春旱總春旱社武殿之鍾閣，爲閣内第二碑。碑刻四面，拓片編號01087/01086/01085/01088。拓片編號01087爲碑前，共二十一行字，滿行約三十一字，碑額題“瓊琚永好”四字，碑題“報德碑記”四字；拓片編號01086爲碑後，共二十二行字，滿行約三十三字，碑額題“甘棠遺澤”四字；拓片編號01085爲碑右，共十四行字，滿行約二十四字，碑額題“情文兼著”四字；拓片編號01088爲碑左，共十四行字，滿行約二十一字，碑額刻“籩豆静嘉”四字。今依内容及性質重定篇題爲“明杲社武氏玉釧並女祭忌碑記”。編號01085/01086/01088四邊花紋相同，碑額刻有二層紋飾，第一層爲經幡紋，第二層爲雙龍昭日，左右二側刻花紋，碑底爲蓮花座，蓮花瓣内又刻有花紋；拓片編號01087碑額、碑底與前三者相同，左右兩側則飾龍紋。碑文撰者據《越南漢喃碑銘拓片目録提要》題爲吏部右侍郎黎僖，書寫者爲侍内書寫兵番張錟，刻者爲阮維儒。年代署作正和（Chính Hòa）七年（1686），正和爲後黎熙宗（Lê Hy Tông）黎維祫（Lê Duy Cáp）年號，同年爲清康熙二十五年，歲次丙寅。拓片現藏於漢喃研究院。

碑文先簡述慈廉縣明杲社人王府第一宫嬪武氏玉釧與其女郡主鄭氏玉杠其人生平。後記兩人捐田給明杲社社人耕種，並出錢修祠廟，因有恩於此社，故社民崇舉兩位配祀於朔天王大聖左右，並立碑以流傳萬代。文末另記有兩人捐田之細目、祭文、春祭和正月初七忌供項目等訊息。

報德碑記

夫有功德於民則祀其禮之當然乎睠惟
正王府第二宮嬪昭儀武氏諱玉釧慈廉明杲人也以甲辰年三月初八日生年
十有四入侍
先聖弘祖陽王於潛龍時天作之合也規徽有鷄鳴之賢寵受陰魚貫之[illegible]德自
蒙而誕生郡主承天寵而榮進昭儀銀章青綬增華衆服舟軒耀彩今者年外
八旬福無康壽自求貞淑一德昌亮於此
王女郡主鄭氏諱玉柱以丁丑年三月十五日生婴女無光勵河宮寶下嫁之華
肅肅雝雝克閻之慶繩繩蟄蟄盛何加焉邑領睛翰疊荷國恩澤潤海河普霑
鄉里專務以煩苛為戒以撫恤為心民得安居樂業重以數銀財買膏腴之田
許民耕種出緡錢修聖神之祠使民奉承一門恩德洽乎春澤暖乎冬湯凡[illegible]
者童敬如神明仰如山嶽相率前來請云恃賴大德銘刻素依原有古廟奉事
祠天王大聖威靈顯應香火綿延今當敬奉尊德二位配列左右歲時奉祀一如
事神鑴功勒成告諸萬世敢有違悖明則有日月眷則有鬼神其癸臨之衆情
懇切尊意允諧鄉民欣然共為徵文樹碑用曉來者俾千載之下日斯碑則思
其功力斯田則念其德將見此功此德此義此情與天地同其長久與日月同
其貞明顧不韙歟宜勒堅貞用垂永遠
旹
皇朝正和萬萬年之七龍飛丙寅仲冬節穀旦立
賜進士第光進慎祿大夫[illegible]吏部右侍郎東山男華天山後黎撰
侍內府書寫兵番曹壽州[illegible]鐵寫　東山縣安穫社[illegible]山伯阮維[illegible]

河東省慈廉縣春早總春杲社武殿在鐘閣第二碑四面之前

編號：01087　出自《拓片總集》第二冊（下同）

01086

甘棠遺澤

留惠祭田
昭儀尊德戊午年發銀子參百兩買田拾畝貳高捌尺
一㵢花處三所田肆高拾尺　一𦂛觀處四所田五高拾貳尺　一求𤄯處二所田參高
一分沓處二所田貳高貳尺　一十罨處二所田壹高拾貳尺　一求勵處三所田參高
一賛罄處二所田貳高肆尺　一曲娄行處二所田壹高捌尺　一紛討處二所田貳高
一㾊隊處三所田參高肆尺　一㾊祖處二所田壹高拾肆尺　一求㪺處三所田參高
一圓場處四所田參高捌尺　一午沝處二所田貳高捌尺　一所洳鄭處田壹高捌尺
一求亭處二所田參高陸尺　一所洳曳處田壹高拾肆尺　一所坡榆處田壹高肆尺
一廟處四所田肆高拾貳尺　一所㾊宣處田壹高拾貳尺　一所求班處田壹高陸尺
一都曹處二所田壹高拾尺　一所大獸處田壹高　一𦂛廚祿處四所田五高拾肆尺
一頭塘處二所田壹高肆尺　一所杜林處田壹高　一同腰處拾縱所田貳畝陸高拾尺
一同𪁺處三所田壹高肆尺　一所午何處田壹高　一所隊鈧處田壹高陸尺
一所㾊錦處田拾尺　一所午孕處田壹高　一所㾊烇處田拾尺　一掩沓處二所田參高
都主尊德丙寅年買田池陸畝貳高
一賛罄處二所田肆高捌尺　一同洳處二所田肆高　一𦂛廚祿處四所田陸高[illegible]尺
一㾊隊處四所田肆高捌尺　一㾊祖處二所田肆高　一㵢花處三所田參高拾[illegible]
一同腰處五所田柒高拾尺　一求亭處三所田五高　一所同濁處田壹高捌尺
一掩沓處四所田五高捌尺　一所都曹處田拾肆尺　一所午䂖處池壹高捌尺
一所求隊處田肆高　一所㾊炉處田貳高　一所圖拳處田壹高　一所㯹里處田陸[illegible]
以上田池各處所付社民八甲輪流耕種奉祀，如後毋得典顧分占，有乖鄉約，敬祭
天主吳壓田壹畝、鄒鑀畑𤭛𨰻，其田應許住持僧人耕種用供歲時伊蒲之奉
明　一所㰝柚處田參高　一所求隊處田貳高　一所午沝處田參高　一所大獸處田貳高

河東省慈廉縣春早總春早社武殿在鐘冈第二碑四面之後

編號：01086

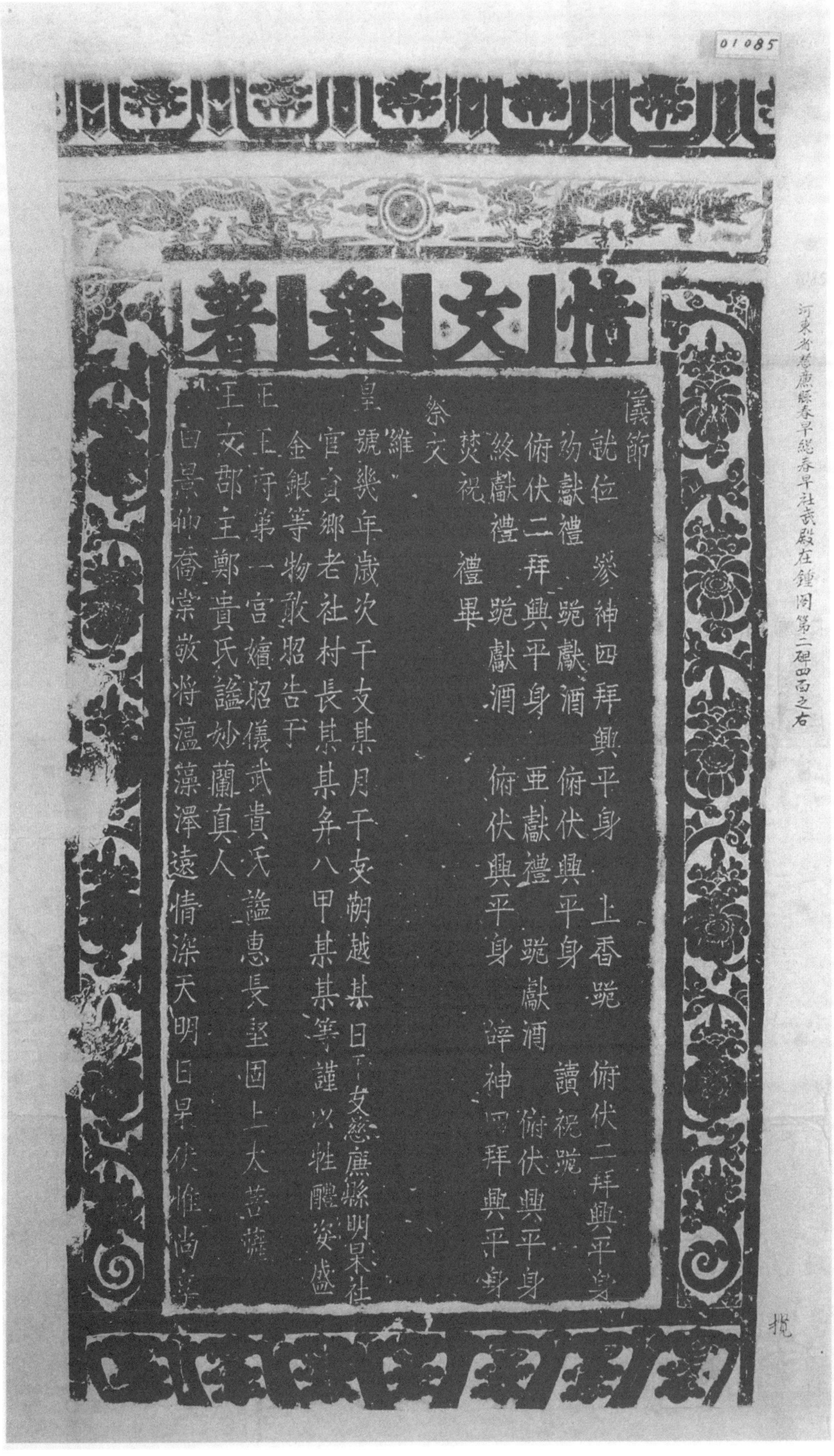

01085

情文參著

儀節
就位　參神四拜興平身　上香跪　俯伏二拜興平身
初獻禮　跪獻酒　俯伏興平身　讀祝跪
俯伏二拜興平身　亞獻禮　跪獻酒　俯伏興平身
終獻禮　跪獻酒　俯伏興平身　辭神四拜興平身
焚祝　禮畢
祭文
維
皇號幾年歲次干支某月干支朔越某日干支慈廉縣明杲社
官員鄉老社村長某某弁八甲某某等謹以牲醴粢盛
金銀等物敢昭告于
正王府第一宮嬪昭儀武貴氏謚惠長至固上太菩薩
王文部主鄭貴氏謚妙蘭真人
曰景仰喬棠敬將蘊藻澤遠情深天明日早伏惟尚享

河東考慈廉縣春早總春早社武殿在鍾冈第二碑四面之右

拓

編號：01086

01088
鐘亘靜嘉
奉祀禮儀
正月初柒日奉迎神禮
正聖位前行左右貳尊位影轎繼行
正聖位上齋物金銀紙錢壹盤誦經下嘉沙牢壹盤炊
叄拾盤酒壹圩
左尊位上齋物金銀紙錢壹盤下嘉沙牢壹隻炊五盤
酒壹圩
右尊位上齋物金銀紙錢壹盤下嘉沙牢壹隻炊五盤
酒壹圩
春祭日
正聖位上齋物金銀紙錢下嘉猪壹口炊壹盤酒壹圩
左尊位上齋物金銀紙錢下嘉猪壹口炊壹盤酒壹圩
右尊位上齋物金銀紙錢下嘉猪壹口炊壹盤酒壹圩
其祭文應用叄道
河東省慈廉縣春早總春早社武殿在鐘閣第二碑四面之左

編號：01088

釋文

【瓊琚永好/甘棠遺澤/情文兼著/籩豆靜嘉】[①]

報德碑記[②]

夫有功德於民則祀，其禮之當然乎？睠惟/　　　　正王府第一宮嬪昭儀武氏，諱玉釧，慈廉明杲人也。以甲辰年三月初八日生，年/十有四入侍/　　　　元聖弘祖陽王[③]於潛龍時，天作之合也。規儆有雞鳴之賢[④]，寵愛聯魚貫之序[⑤]，應月/夢[⑥]而誕生郡主，承天寵而榮進昭儀，銀章青綬增華，象服丹軿耀彩。今者年外/八旬，福兼康壽，自非貞淑一德，曷克臻此！/

　　王女郡主鄭氏，諱玉杠，以丁丑年三月十五日生，婺女垂光，渤河出寶。下嫁之車，/肅肅雝雝[⑦]；充閭之慶[⑧]，繩繩蟄蟄[⑨]。盛何加焉！邑頒脂粉，疊荷國恩，澤潤海河，普覃/鄉里，專務以煩苛爲戒，以撫恤爲心，民得安居樂業。重以發銀財、買膏腴之田，/許民耕種；出緡錢、修聖神之館，使民奉承。一門恩德，油乎春澤，暖乎冬陽；八甲/耆童，敬如神明，

---

① 此十六字四句分別爲編號 01087/01086/01085/01088 之碑額。

② 此爲拓片編號 01087 之碑題。今依内容及性質重定篇題爲“明杲社武氏玉釧並女祭忌碑記”。

③ “弘祖陽王”，即鄭柞。

④ “雞鳴之賢”，見《詩經·國風·鄭風·女曰雞鳴》：“女曰雞鳴，士曰昧旦。子興視夜，明星有爛。弋言加之，與子宜之。”鄭玄箋云：“此夫婦相警覺，以夙興言不留色也。”

⑤ “魚貫之序”，又作“貫魚之序”，見《周易兼義·上經隨傳·剥》：“六五貫魚，以宫人寵无不利。”孔穎達曰：“貫魚者，謂衆陰也。駢頭相次，似若貫穿之魚。此六五，若能處待衆陰，但以宫人之寵相似，宫人被寵，不害正事，則終无尤過，无所不利，故云无不利，故象云終无尤也。”

⑥ “月夢”，謂有生貴女之兆。《漢書·元后傳》：“初，李親任政君在身，夢月入其懷。及壯大，婉順得婦人道。”

⑦ “肅肅雝雝”，夫婦敬和。《詩經·國風·召南·鵲巢》：“何彼襛矣，唐棣之華。曷不肅雝，王姬之車。”毛亨傳曰：“肅，敬；雝，和。”

⑧ “充閭之慶”，能使門第光大的喜慶事。《晋書·賈充傳》：“賈充字公閭，平陽襄陵人也。父逵，魏豫州刺史、陽里亭侯。逵晚始生充，言後當有充閭之慶，故以爲名字焉。”

⑨ “繩繩蟄蟄”，子孫衆多且連綿不絶的樣子。《詩經·國風·周南·螽斯》：“螽斯羽，薨薨兮，宜爾子孫繩繩兮。螽斯羽，揖揖兮，宜爾子孫蟄蟄兮。”毛亨傳曰：“薨薨，衆多也；繩繩，戒慎也；揖揖，會聚也；蟄蟄，和集也。”

仰如山嶽。相率前來，請云：“帡幪[1]大德，銘刻素懷。原有古廟奉事/　　　　　朔天王大聖[2]，威靈顯應，香火緜延。今當敬奉尊德二位，配列左右，歲時奉祀，一如/事神。鐫功勒成，告諸萬世，敢有違悖，明則有日月，繼則有鬼神，其鑒臨之。”衆情/懇切，尊意允諧，鄉民欣然共爲徵文樹碑，用曉來者，俾千載之下，目斯碑則思/其勸，力斯田則念其德，將見此勸、此德、此義、此情，與天地同其長久，與日月同/其貞明，顧不韙歟？宜勒堅貞，用垂永遠。/

時/

皇朝正和萬萬年之七龍輯丙寅[3]仲冬節穀旦立/

賜進士第、光進慎禄大夫、陪從吏部右侍郎、萊山男，華天山溪黎撰/

侍内、仍書寫兵番，曹壽男，張錟寫

東山縣安穫社挾山伯阮維儒刊/[4]

留惠祭田[5]

昭儀尊德戊午年，發銀子叁百兩，買田拾畝貳篙捌尺。/

一潙花處三所田肆篙拾尺，一䂗觀處四所田五篙拾貳尺，一求通處二所田叁篙，/一分皆處二所田貳篙貳尺，一十罡處二所田壹篙拾貳尺，一求勘處三所田叁篙，/一贊罄處二所田貳篙肆尺，一曲娑行處二所田壹篙捌尺，一竍許處二所田貳篙，/一塛隊處三所田叁篙肆尺，一塛祖處二所田壹篙拾肆尺，一求퍄處三所田叁篙，/一圍場處四所田叁篙捌尺，一午泋處二所田貳篙捌尺，一所沕廊處田壹篙捌尺，/一求亭處二所田叁篙陸尺，一所沕曳處田壹篙拾肆尺，一所坡楡處田壹篙肆尺，/一廟處四所田肆篙拾貳尺，一所塛宜處田壹篙拾貳尺，一所求班處田壹篙陸尺，/一都曹處二所田壹篙拾尺，一所大獸處田壹篙，一䂗厨禄處四所田五篙拾肆尺，/一頭塘處二所田壹篙肆尺，一所杜林處田壹篙，一同腰處拾玖所田貳畝陸篙拾四尺，/一

[1] “帡幪”，本指帳幕，後亦引申爲覆蓋、庇蔭與庇護。（漢）揚雄《法言·吾子》：“震風陵雨，然後知夏屋之爲帡幪也。虐政虐世，然後知聖人之爲郛郭也。”李軌注曰：“帡幪，蓋覆。”（宋）吕頤浩《忠穆集·河間帥吴述古遷職再任啟》：“某猥慚疲鈍，獲托帡幪。欣聞成命之傳，彌切懦心之慶。”

[2] “朔天王大聖”，見嗣德版《大南一統志·河内省·祠廟》：“本朝封贈　朔天王祠，在慈廉縣明早社。神號毗沙天王，黎天福間匡越太師夢見，刻像立祠于平虜鄉衛靈山祀之。……至李朝，欲便祈禱，乃立祠于西湖之明早鄉，封爲上等神。歷朝累有加封。一説即董天王。”

[3] “正和萬萬年之七龍輯丙寅”，即正和七年（1686），當清康熙二十五年。

[4] 以上爲拓片編號 01087 内容。

[5] 此爲拓片編號 01086 之碑題。

同圍處三所田壹蒿肆尺，一所午何處田壹蒿，一所隊紈處田壹蒿陸尺，/一所墘錦處田拾尺，一所午孕處田壹蒿，一所墘烃處田拾尺，一拋皆處二所田叁蒿。/

郡主尊德丙寅年，買田池陸畝貳蒿。/

一贊馨處二所田肆蒿捌尺，一同泑處二所田肆蒿，一㘯厨禄處四所田陸蒿貳尺，/一墘隊處四所田肆蒿捌尺，一墘祖處二所田肆蒿，一澝花處三所田叁蒿拾肆尺，/一同腰處五所田柒蒿拾尺，一求亭處三所田五蒿，一所同濁處田壹蒿捌尺，/一拋皆處四所田五蒿捌尺，一所都曹處田拾肆尺，一所午砳處池壹蒿捌尺，/一所求隊處田肆蒿，一所墘爐處田貳蒿，一所圍善𢍰處田壹蒿，一所操里處田陸蒿。/

以上田池各處所付社民八甲輪流耕種，奉祀如儀，毋得典顧分占，有乖鄉約，敬祭/

朔天王大聖，田壹畝，昭儀田五蒿，/郡主田五蒿其田應許住持僧人耕種，用供歲時伊蒲[1]之奉。/一所□油處田叁蒿，一所求隊處田貳蒿，一所午洂處田叁蒿，一所大獸處田貳蒿。/[2]

儀節[3]

就位：　參神四拜，興，平身。　上香跪，　俯伏二拜，興，平身。/

初獻禮：　跪，獻酒。俯伏，興，平身。　讀祝、跪，/　俯伏二拜，興，平身。　亞獻禮：　跪，獻酒，　俯伏，興，平身。/終獻禮：跪，獻酒。俯伏，興，平身。　辭神四拜，興，平身，/焚祝，禮畢。

祭文：/

維/　　皇號幾年歲次干支某月干支朔越某日干支，慈廉縣明杲社/官員、鄉老、社村長某某並八甲某某等，謹以牲、醴、粢盛、/金银等物，敢昭告于/　　正王府第一宮嬪，昭儀武貴氏，謚惠長，堅固上大菩薩；/　　王女、郡主、鄭貴氏，謚妙蘭真人，/

曰：

景仰喬棠，敬將蘊藻。澤遠情深，天明日杲。

伏惟，尚享！/[4]

---

① “伊蒲”，爲“伊蒲饌”的省稱，即素食齋供。(明) 元賢集《禪林疏語考證・彝典門》：“斋供食曰伊蒲饌。後漢楚王映詣闕以縑贖罪，詔報曰：‘王好黄老之言，尚浮屠之教，還其贖以助伊蒲塞桑門之饌。’注：‘伊蒲塞即優婆塞。此言近住，言受戒行甚近僧住也。’”又《書言故事・釋教》：“齋供食曰伊蒲饌。”

② 以上爲拓片編號 01086 之内容。

③ 此爲拓片編號 01085 之碑題。

④ 以上爲拓片編號 01085 之内容。

奉祀禮儀[①]

正月初柒日奉迎神禮：/

正聖位前行，左右貳尊位影轎繼行。/

正聖位。上齋物、金銀紙錢壹盤，誦經；下、熟沙牢[②]壹盤、粇[③]/叁拾盤、酒壹圩。/

左尊位。上齋物、金銀紙錢壹盤；下、熟沙牢壹隻、粇五盤、/酒壹圩。/

右尊位。上齋物、金銀紙錢壹盤；下、熟沙牢壹隻、粇五盤、酒壹圩。/

春祭日：/

正聖位。上齋物、金銀紙錢；下、熟豬壹口、粇壹盤、酒壹圩。/

左尊位。上齋物、金銀紙錢；下、熟豬壹口、粇壹盤、酒壹圩。/

右尊位。上齋物、金銀紙錢；下、熟豬壹口、粇壹盤、酒壹圩。/

其祭文應用叁道。/[④]

題後

此碑立於河東省慈廉縣春早總春早社武殿鍾閣，鍾閣中計有二碑，如下：

編號	篇題	年代	位置
01083	明杲社珥郡公范貴衙後神碑	後黎顯宗景興八年（1747）	武殿鍾閣内第一碑後面
01084	明杲社珥郡公范貴衙後聖碑	後黎顯宗景興八年（1747）	武殿鍾閣内第一碑前面
01085/01086/01087/01088	明杲社武氏玉釧並女祭忌碑記*	後黎熙宗正和七年（1686）	武殿鍾閣内第二碑

注：* 表示此篇已收入本書。

編號 01083 與 01084 爲一碑之兩面，同爲珥郡公范貴衙的寄忌碑，刊刻時間均爲後黎顯宗

① 此爲拓片編號 01088 之碑題。

② “沙牢”，當源自“少牢”“小牢”，《左傳·襄公二十二年》：“祭以特羊，殷以少牢。”杜預注：“四時祀以一羊，三年盛祭以羊、豕。殷，盛也。”《大戴祀記·曾子天圖》：“大夫之祭牲，羊曰少牢。”孔廣森補注：“少牢，舉羊以豶豕。”可見，本指以羊或以羊豬二牲爲祭品的祭祀活動。此處代指祭品羊。

③ “粇”，喃字，糯米的意思，下同不另注。

④ 以上爲拓片編號 01088 之内容。

景興八年（1747），然而碑前（01084）額題爲後聖碑，碑後（01083）之碑額則題爲後神碑，甚爲少見。

本碑記題籤曰碑在武殿，據本碑記載之内容，本碑立於朔天王大聖祠内。嗣德版《大南一統志・河内省・祠廟》："本朝封贈朔天王祠，在慈廉縣明早社。神號毗沙天王，（前）黎天福間匡越太師夢見，刻像立祠于平虜鄉衛靈山祀之。及宋兵來侵，黎帝命就祠懇禱，兩軍來接，忽見一人踴出波間，披髮怒目，宋兵驚潰，遂命增立祠宇。至李朝，欲便祈禱，乃立祠于西湖之明早鄉，封爲上等神。歷朝累有加封。一説即董天王。"

本碑爲弘祖陽王鄭柞之妃武氏玉釧與其女玉杠的寄忌碑，據《鄭氏玉譜記》，鄭柞正妃爲慈厚陽王妃鄭氏玉瓏，次妃爲慈佐陽王妃武氏玉禮，鄭氏玉瓏並未與鄭柞育有子女，繼任鄭主鄭根即是武氏玉禮與鄭柞之子；又，《大越史記全書・本紀》後黎玄宗景治二年（1664）十一月："聘王次女鄭氏玉榼爲正宫。"與本碑記"應月夢而誕生郡主玉杠"，略有相符，然名諱不同，須待考證。

又，本碑記除編號01087記載寄忌事由外，01086登載昭儀武氏玉釧與郡主鄭氏玉杠捐贈的記田里畝；01085詳細記載祭祀的儀節及祭文的内容；01088則爲祭祀時所需使用的祭品，及使用的方式。體例完整，可以作爲瞭解越南寄忌内容之參考。

〇九三　文貞公祠碑記

引言

碑立於河東省青池縣古典總鸞官社朱文貞廟，爲廟内第一號碑。碑刻單面，拓片編號01127，共十八行字，滿行三十二字，碑額與碑題均刻有“文貞公祠碑記”六字，今依此爲篇題。碑刻有紋飾，碑額刻有雙鳳昭日，左右兩側則爲龍紋。碑文撰者義安道監察御史阮公宷。年代署作永盛（Vĩnh Thịnh）十三年（1717），永盛爲後黎裕宗（Lê Dụ Tông）黎維禟（Lê Duy Đường）的年號，同年爲清康熙五十六年，歲次丁酉。拓片現藏於漢喃研究院。

碑文記載朱文貞公生平事跡。朱古，亦作朱文安，古清潭縣（今河内市近郊清池縣）人，謚文貞，曾爲陳朝四代官員，後隱居於靈山，靈位被供奉在河内的文廟内，由於記録朱文貞事蹟的舊碑已磨平，故阮公宷再撰碑文以歌詠朱文貞成就與德行。

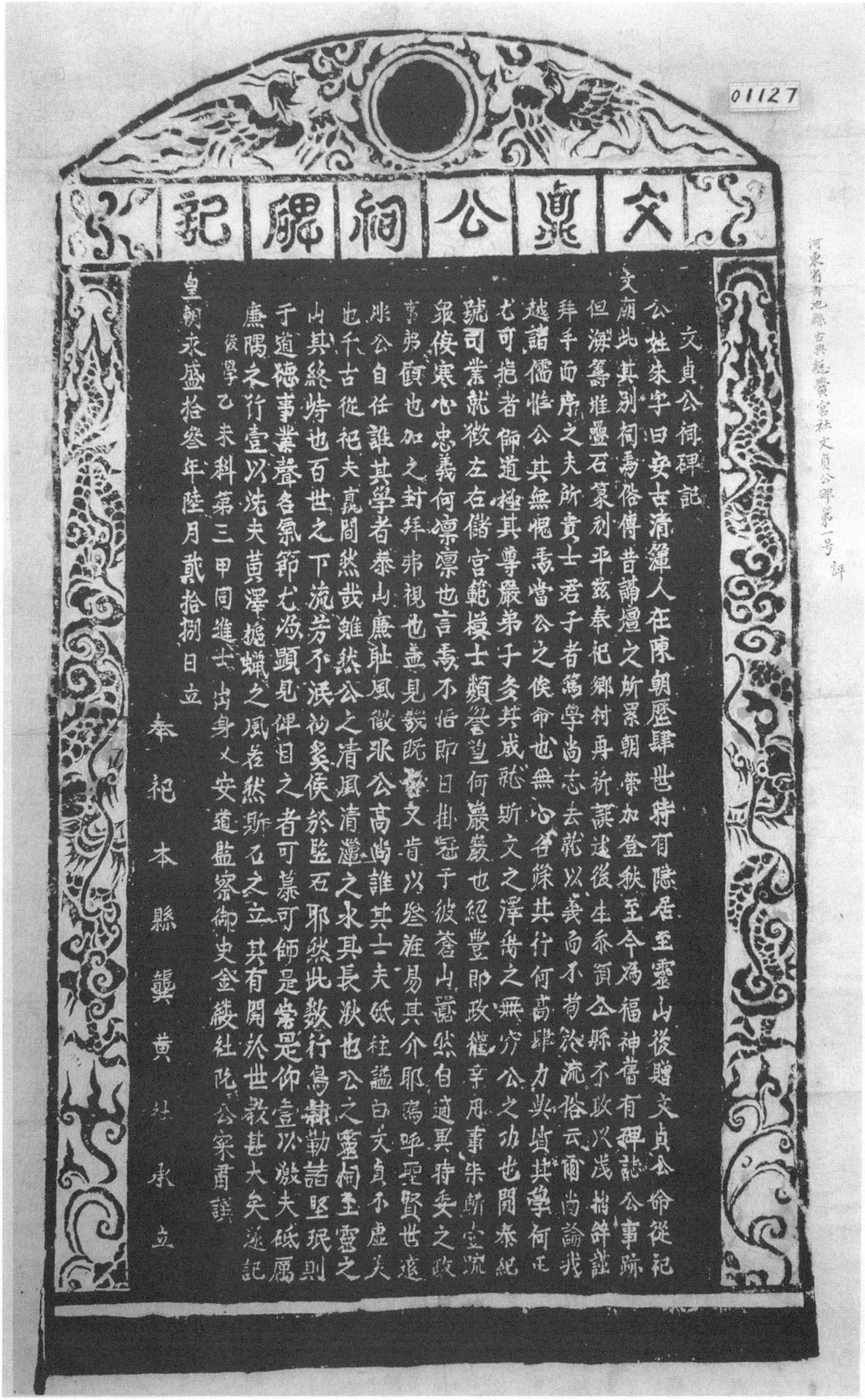
01127
河東省青池縣古典總靈官社文貞公碑第一号 評
文貞公祠碑記
文貞公祠碑記
公姓朱字曰安古清潭人在陳朝歷肆世特有隱居至靈山後贈文貞公命從祀
文廟此其別祠焉俗傳昔講壇之所累朝崇加登秩至今為福神舊有碑誌公事跡
但海籌堆疊石篆刻平兹奉祀鄉村再祈謀述後生忝預公縣不敢以淺拙辭謹
拜手而序之夫所貴士君子者篤學尚志去就以義而不苟於流俗云爾尚論我
越諸儒惟公其無愧焉當公之俟命也無心者徐其行何高肆力與皆其學何在
乞可指者師道極其尊嚴弟子多其成就斯文之澤無窮公之功也問奉紀
號司業就徵左右儲宮範模士類譽望何巖巖也紀豐即政權辛用事朱斯空流
衆俊寒心忠義何凜凜也言焉不俖即日掛冠于彼蒼山嚻然自適異特委之政
事弗顧也加之封拜弗視也盡見戮既發文肯以登難易其介耶嗚呼聖賢世遠
非公自任誰其學者泰山鹿趾風徵張公高尚誰其士夫砥柱謚曰文貞不虛矣
也千古從祀夫贏間然哉雖然公之清風清灘之永其長湫也公之靈祠至靈之
山其終峙也百世之下流芳不泯祠奚俟於監石耶然此數行為隸勒諸堅珉則
于道德事業聲名氣節尤為顯見俾目之者可慕可師是常是仰壹以激夫砥厲
廉隅之行壹以洗夫黄澤擔蠟之風者然斯石之立其有関於世教甚大矣遂記
後學乙未科第三甲同進士出身文安道監察御史金縷社阮公案甫譔
皇朝永盛拾叁年陸月貳拾捌日立
奉祀本縣龔黄社承立

編號：01127　出自《拓片總集》第二冊

釋文

【文貞公祠碑記】

文貞公祠碑記[1]

公姓朱，字曰安，古清潭[2]人，在陳朝歷肆世，時有隱居至靈山[3]，後贈文貞公，命從祀/文廟。此其別祠焉，俗傳昔講壇之所[4]。累朝榮加登秩，至今爲福神，舊有碑，誌公事跡，/但海籌堆疊，石篆刓平，玆奉祀鄉村，再祈譔述，後生忝預仝縣，不敢以淺拙辭，謹/拜手而序之。

夫所貴士君子者，篤學尚志，去就以義，而不苟於流俗云爾。尚論我/越諸儒，惟公其無愧焉。當公之俟命也，無心名利[5]，其行何高！肆力《典》《墳》，其學何正。/尤可挹者，師道極其尊嚴，弟子多其成就，斯文之澤，垂之無窮，公之功也。開泰紀/號，司業就徵，左右儲宮，範模士類，譽望何巖巖也。紹豐即政，權幸用事，《柒斬》[6]壹疏，/衆佞寒心，忠義何凛凛也。言焉不悟，即日掛冠于彼蒼山，囂然自適。異時，委之政/事，弗顧也；加之封拜，弗視也。蓋見幾既□，又肯以叁旌易其介耶！嗚呼！聖賢世遠，/非公自任，誰其學者泰山？廉恥風微，非公高尚，誰其士夫砥柱？謚曰“文貞”，不虛美/也。千古從祀，夫孰間然哉！雖然，公之清風，清潭之水其長湫也；公之靈祠，至靈之/山其終峙也。百世之下，流芳不泯，初奚俟於竪石耶？然此數行鳥隸，勒諸堅珉，則/于道德事業、聲名氣節，尤爲顯見，俾目之

---

① 此爲碑題。今依此爲篇題。

② “潭”，碑文原作越南避諱字。

③ “至靈山”，在清化省瑞原縣。嗣德版《大南一統志·清化省·山川》：“至靈山在（瑞原）縣西南五十二里，夾良正州。……黎史，黎祖戊辰初，爲明軍襲擊，與諸將潛棲此山三月餘，食盡兼旬，採竹甲草根充飢。”

④ “昔講壇之所”，見嗣德版《大南一統志·河内省·古蹟》：“龔黄古堂，在青池縣，陳儒朱文貞築室講學處，今縣人即其遺址，立祠祀之，龔黄社大阜是其地。”

⑤ “利”，碑文原作越南諱字。

⑥ “柒斬”，事見校合本《大越史記全書·本紀》卷七“陳藝宗紹慶元年十一月”：“國子監司業朱安卒，贈文貞公，賜從祀文廟。安，清潭人，性剛介，清修苦節，不求利達，居家讀書，學業精醇，名聞遠近，弟子盈門，躡青雲登政府者，往往有之。如范師孟、黎伯适已爲行遣，亦各執子弟禮……明宗徵拜國子監司業，授太子經。裕宗逸豫，怠于政，權臣多不法，安諫不聽，乃上書乞斬佞臣七人，皆權幸者，時人號《七斬疏》。疏入不報，遂掛官歸田里，愛至靈山，往居之。”

者，可慕可師，是崇是仰，壹以激夫砥礪/廉隅之行，壹以洗夫黃澤梔蠟之風[1]。若然，斯石之立，其有開於世教甚大矣，遂記。/

後學乙未科第三甲同進士出身、乂安道監察御史、金縷社阮公宲[2]肅撰/

皇朝永盛拾叁年[3]陸月貳拾捌日立/

奉祀本縣龔黄社承立

題後

碑立於河東省青池縣古典總鑾宫社朱文貞廟，廟中有碑三通，如下：

編號	篇題	年代	位置
01126	修理捐助碑誌	未注明	文貞廟碑第二號之後
01127	文貞公祠碑記*	後黎裕宗永盛十三年（1717）	文貞公碑第一號
01128/01129	重修文貞公廟碑記*	阮翼宗嗣德十八年（1865）	文貞公碑第二號

注：* 表示此篇已收入本書。

本碑記編號01127，即文貞公祠第一號碑，刻於黎裕宗永盛十三年（1717），朱文貞被稱爲“我越儒宗”，自陳藝宗紹慶元年（1370）歿後即配祀於文廟，本書篇號〇六六與〇六七亦爲朱文貞碑，即立於青池縣清烈總清烈社中村文廟，亦即朱文貞公當年講學的龔黄古堂。

---

① “黃澤梔蠟之風”，僞飾的面貌與言辭之風。文見《文苑英華・雜文・諷諭二》載柳宗元《鞭賈》：“富者子適市買鞭，出五萬，持以夸余。視其首，則拳蹙而不遂；視其握，則蹇急而不植；其行水者，一去一來，而不相承。其節朽黑而無文材，搯之滅爪，而不得其所窮，舉之飄然，若揮虛焉。余曰：‘子何取於是，而不愛五萬？’曰：‘吾愛其黃而澤，且賈者云。’余乃召僮爚湯以濯之，則遬然枯、蒼然白，嚮之黃者，梔也；澤者，蠟也。……今之梔其貌，蠟其言，以求賈伎於朝者，當其分則善，一誤而過其分則喜，當其分則反，怒曰余曷不至於公卿，然而至焉者，亦良多矣，居無事，雖過三年不害，當其有事，驅之於陳力之列，以㑹乎物，以夫空空之内，糞壤之理，而以責其大擊之効，惡有不折其用，而獲墜傷之患者乎。”

② “阮公宲”，《鼎鍥大越歷朝登科録》黎裕宗永盛十一年乙未科（1715）第三甲同進士出身第七名：“阮公宲，青池金縷人，省元；三十二中會元，再中東閣，仕至吏部尚書，四入參從，榮封功臣，出鎮郡公致仕，記復參從，卒贈太傅。”

③ “皇朝永盛拾叁年”，當清康熙五十六年（1717），歲次丁酉。

○九四　重修文貞公廟碑記

引言

碑立於河東省青池縣古典總鸞宫社文貞廟，爲廟内第二號碑。碑刻兩面，拓片編號爲01128/01129。拓片編號01128爲碑前，共十七行字，滿行約二十六字，碑題“青池先賢廟重修碑記”九字；拓片編號01129爲碑後，共横列三列，直行三行，每行列滿行字數不一，碑額題“文貞公祠碑記”六字，今依内容及性質重定篇題爲“重修文貞公廟碑記”。碑兩面四側均刻有紋飾，碑額刻有雙龍昭日，其餘三邊刻有卷草紋。碑文撰者阮文超、書寫者秀才武耀。碑文記載年代及部分官職、地名已被塗抹，《越南漢喃碑銘拓片目録提要》一書推斷其立碑年代爲嗣德（Tự Đức）十八年（1865），嗣德爲阮翼宗（Nguyễn Dực Tông）阮福時（Nguyễn Phúc Thì）的年號，同年爲清同治四年，歲次乙丑。拓片現藏於漢喃研究院。

碑文記載文貞公爲越南先儒，自陳朝起即供奉於青池縣升龍文廟内，據芩塘阮姓家譜等推斷鸞宫社文貞廟建於後黎景興（Cảnh Hưng）年間。因文貞公廟年代久遠而傾頽，故嗣德十三年（1860）庚申年鄭履亨和黄廷專出面召集倡議集資重修此廟，以念文貞公之功業。碑後以横列排序記有修廟捐資者題名與款項。

01128
青池先賢廟重修碑記

編號：01128　出自《拓片總集》第二冊（下同）

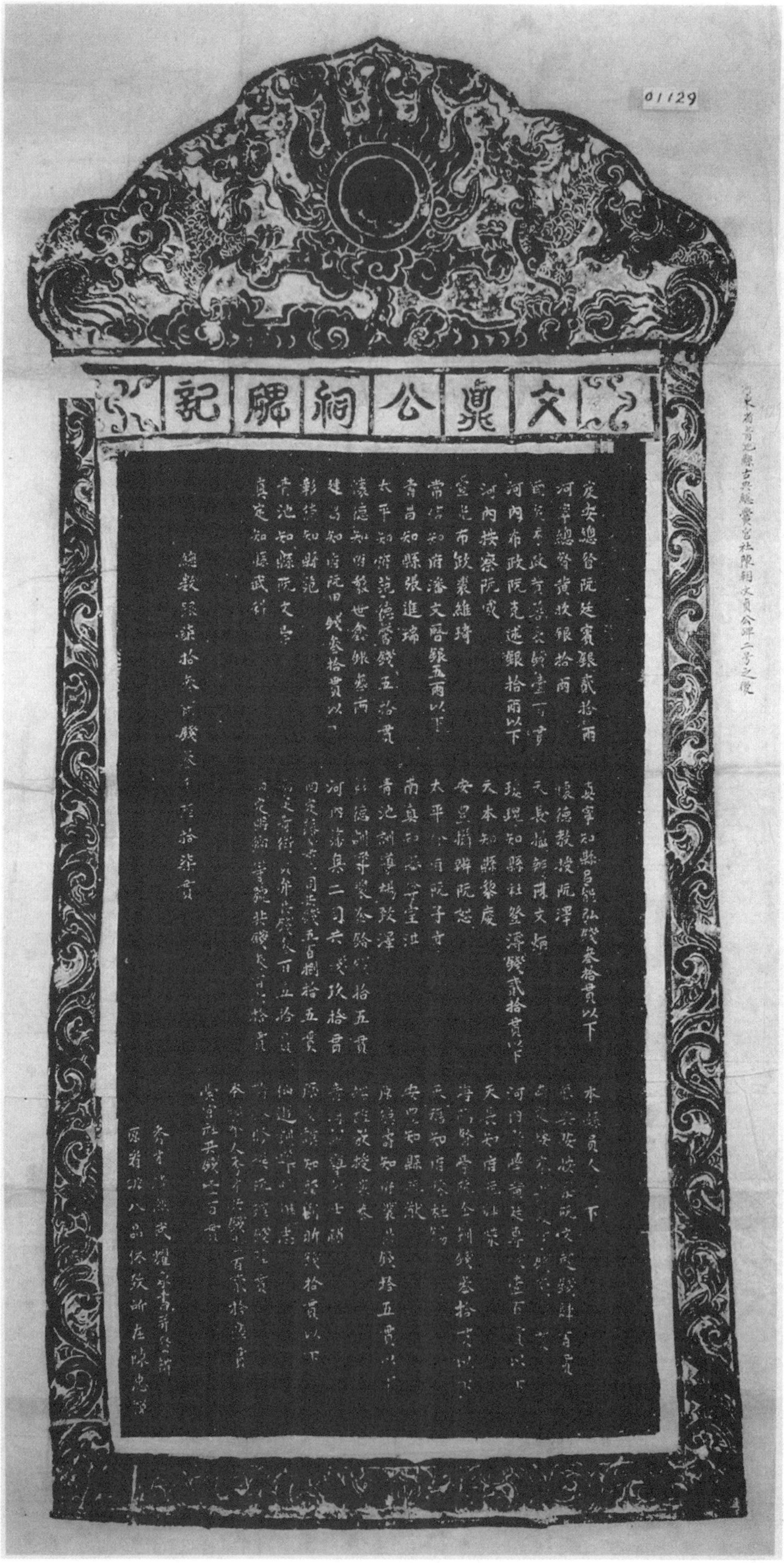
01129
文貞公祠碑記

編號：01129

釋文

【文貞公祠碑記】[①]

青池先賢廟重修碑記[②]

於維文貞公朱先正爲我越儒宗，百世景仰，豈止一鄉一邑祀焉而已？從祀　文廟，本自陳初，/鬢宫□□/龔黄別廟，爲我青池縣專祀，不知何始，質之遺碑，則所在鄉村福神祀耳，又所記年月自黎/永盛至兹，相去甚遠，斷非村廟舊物。因考苓塘阮族家乘，肇慶公阮子資建本縣祠址，及置祀/田，始詳今廟乃自黎景興年間，遺碑則仍舊存焉。顧規□簡略，榱棟傾頽，放牧其側，無□限制。/　　庚申春[③]、定臬定功鄭君履亨、河學苓墉黄君廷專[④]，唱議捐貲修理，材木略具，超親董其事。/正祠三間，易榱桷，改門扉，中造神龕，餘仍舊。外拜堂五間，左右廡各三間，構以名材，衛[⑤]以周垣，/又外包土壘，皆其一新，經今四年矣。新廟孔安，而捐者姓名尚闕如，弗獲已，繼刻于石，而僭以/數語先之。

夫可久，則賢人之德；可大，則賢人之業。士之進德修業，由希賢而希聖[⑥]。我越與中州/爲同文之國，祭奈自陳　没，幾千年未有一人，能繼朱文貞之遺躅，以並列於　孔聖夫子之庭，/豈先正爲果　學歟？閲碑文及史載，以正學導青宫[⑦]，以直言犯人主，不合則去，而權佞寒心。故/君崩，新君立，思其賢，官之則不拜，禄之亦不　，遠韻高風，真足千古！然遇如此事則如此做，惟/其所以能如此者，理義之存心有素也。生當陳末，佛説滋錮，道不可行，而一門師弟能以正道/自持，且其篤志精修，善養吾氣，隱居以後，著述雖無傳而存在，越音諸作得情　沖淡存心於/至静，即其　　　誠駸駸乎欲淨理明之境，若涉獵於書史文藝之場，

---

① 此爲拓片編號 01129 額題，爲便於閲讀，今移至此。

② 此爲拓片編號 01128 額題，今依内容及性質重定篇題爲“重修文貞公廟碑記”。

③ “庚申春”，即阮翼宗（Nguyễn Dực Tông）嗣德（Tự Đức）十三年（1860），當清咸豐十年。

④ “黄廷專”（Hoàng Đình Chuyên），阮翼宗嗣德二年（1849）己酉科第三甲同進士出身。編號 16479《皇朝嗣德貳年己酉會試科進士題名碑》記載：“黄廷專，舉人，年庚壬申叁拾捌歳，河内省常信府青池縣清烈總苓唐社苓唐村。”

⑤ “衛”，碑原作俗字“衞”，今改之，下同不另注。

⑥ “希”，有仰慕、效法之意。朱熹、吕祖謙《近思録・爲學》：“濂溪先生曰：‘聖希天，賢希聖，士希賢。’”

⑦ “青宫”，指太子。按，太子居於東宫，東屬木，色爲青，故以青宫借指太子。唐肅宗恭懿太子薨，肅宗詔贈太子。《舊唐書・肅宗十三子》：“興言痛悼，閔惜良深。宜賁寵於青宫，俾哀榮於玄穸。可贈太子，謚曰恭懿。”

逡　　禄紛華之見，/不求先正　　而徒高其風，雖曰尊賢而賢者之道日益孤矣。

乙丑[①]冬金縷/鄉紳阮文超[②]　　沐再拜記

餘捐助官職姓名另附碑陰[③]

定安總督阮廷賓銀貳拾兩；河寧總督黄收[④]銀拾兩；西□布政黄善長錢壹百貫；河内布政阮克述銀拾兩以下：河内按察阮威，宣光布政裴維琦；常信知府潘文曆銀五兩以下，壽昌知縣張進瑞；太平知府范德馨錢五拾貫；懷德知府黎世鑫銀叁兩；建昌知府阮甲錢叁拾貫以下：彰德知縣范，青池知縣阮文崇，真定知縣武科。[⑤] /

真寧知縣吕能弘錢叁拾貫以下：懷德教授阮澤，天長攝辨陳文炳；瓊瑰知縣杜登溥錢貳拾貫以下：天本知縣黎慶，安豐攝辨阮恕，太平分府阮子亨，南真知縣尊室淇，青池訓導楊致澤；彰德訓導裴金鈴錢拾五貫；河内藩臬二司共錢玖拾貫；南定藩臬二司共錢五百捌拾五貫；南定奇衛員弁共錢叁百五拾貫；南定明鄉等號共錢叁百六拾貫。[⑥] /

本縣員人以下：

原興安按察阮文超錢肆百貫；南定按察鄭履亨錢貳百貫；河内督學黄廷專錢壹百貫以下：天長知府阮輝榮；海陽督學阮金釧錢叁拾貫以下：天福知府陳杜錫，安豐知縣阮猷；原德壽知府裴景錢拾五貫以下：端雄教授裴恭，青河訓導黎士禎；原安謨知縣劉昕錢拾貫以下：仙遊訓導阮惟志；翰林修撰阮瑄錢陸貫；本縣舉人秀才共錢壹百貳拾陸貫；黌宫社共錢壹百貫。[⑦] /

總數銀柒拾叁兩，錢叁千陸拾柒貫/

秀才、清烈武耀承書并督辦/

原看辦八品、休致所在陳忠説/[⑧]

---

① “乙丑”，應爲阮翼宗嗣德十八年（1865），當清同治四年。

② “阮文超”，字遜班，號方亭，其生平可參考本書篇號○四三《阮方亭先生神道碑》。

③ 以上爲拓片編號 01128 之内容。

④ “黄收”（Hoàng Thu），見《大南寔録正編・第四紀》：“（翼宗英皇帝嗣德十六年，癸亥，1863）四月，以河寧總督黄收調補户部尚書……七月，户部尚書黄收卒。”

⑤ 以上第一列。

⑥ 以上第二列

⑦ 以上第三列。

⑧ 以上爲拓片編號 01129 之内容。

題後

此碑爲重修朱文貞祠碑記，由阮文超撰寫，署年僅曰乙丑冬，然阮文超卒於阮翼宗嗣德二十五年（1872），故乙丑冬，應即嗣德十八年（1865）。

又，根據拓片題籤，河東省青池縣古典總鑾宫社朱文貞廟有碑二，編號 01127 爲一號碑，即本書篇號〇九三後黎裕宗永盛十三年（1717）所刊刻之《文貞公祠碑記》。

拓片編號 01126/00128/00129 均爲“文貞碑二號”，然拓片編號 01129 與 01126 題籤皆曰“文貞廟碑第二號之後”，拓片編號 01128 與 01129 形制相同，應爲同一碑之前後，不知拓片編號 01126 是否爲同一碑之另一面。

〇九五　吳文肅碑記

引言

碑立於河東省青威縣青威總左青威社吴氏祠堂，爲祠堂内第一碑。碑刻兩面，拓片編號01188/01187。拓片編號01188爲碑前，共行十八字，滿行約三十九字，碑額題“衍澤祠恭述之碑”七字；拓片編號01187爲碑後，共十四行字，滿行約四十字，碑額題“紹聞衣德言”五字，碑題“恭録言懷詩”五字。今依内容及性質重定篇題爲“吴文肅碑記”。兩面皆有紋飾，拓片編號01188碑額刻有雙龍昭日，左右兩側爲蔓草紋；拓片編號01187碑額刻有龍紋，兩側爲幾何紋。拓片編號01188碑文撰者係内翰院供奉使、左威奇該奇御營使黎珏；拓片編號01187碑文撰者與書寫者爲吴時悠。碑上年代僅載丁丑年，按《越南漢喃碑銘拓片目録提要》一書推斷其刊刻年代爲嘉隆（Gia Long）十六年（1817），嘉隆爲阮世祖（Nguyễn Thế Tổ）阮福暎（Nguyễn Phúc Ánh）年號，同年爲清嘉慶二十二年，歲次丁丑。拓片現藏於漢喃研究院。

碑前之内容爲黎珏撰述吴文肅之生平。吴文肅名焘生於後黎純宗龍德元年（1732）壬子年，於後黎淳宗時考取宏詞科，曾任京北憲臺。後黎顯宗景興四十七年（1786）丙午年逢國難，因不願事二主而閉門謝客。阮世祖嘉隆元年（1802）壬戌年去世，享年七十一歲。碑後爲其子吴時悠節選之吴文肅《言懷詩》。按，吴時修，亦作吴悠，字徵甫，號文博，有詩文集傳正，爲《皇黎一統志》（又名《安南一統志》）著者之一。

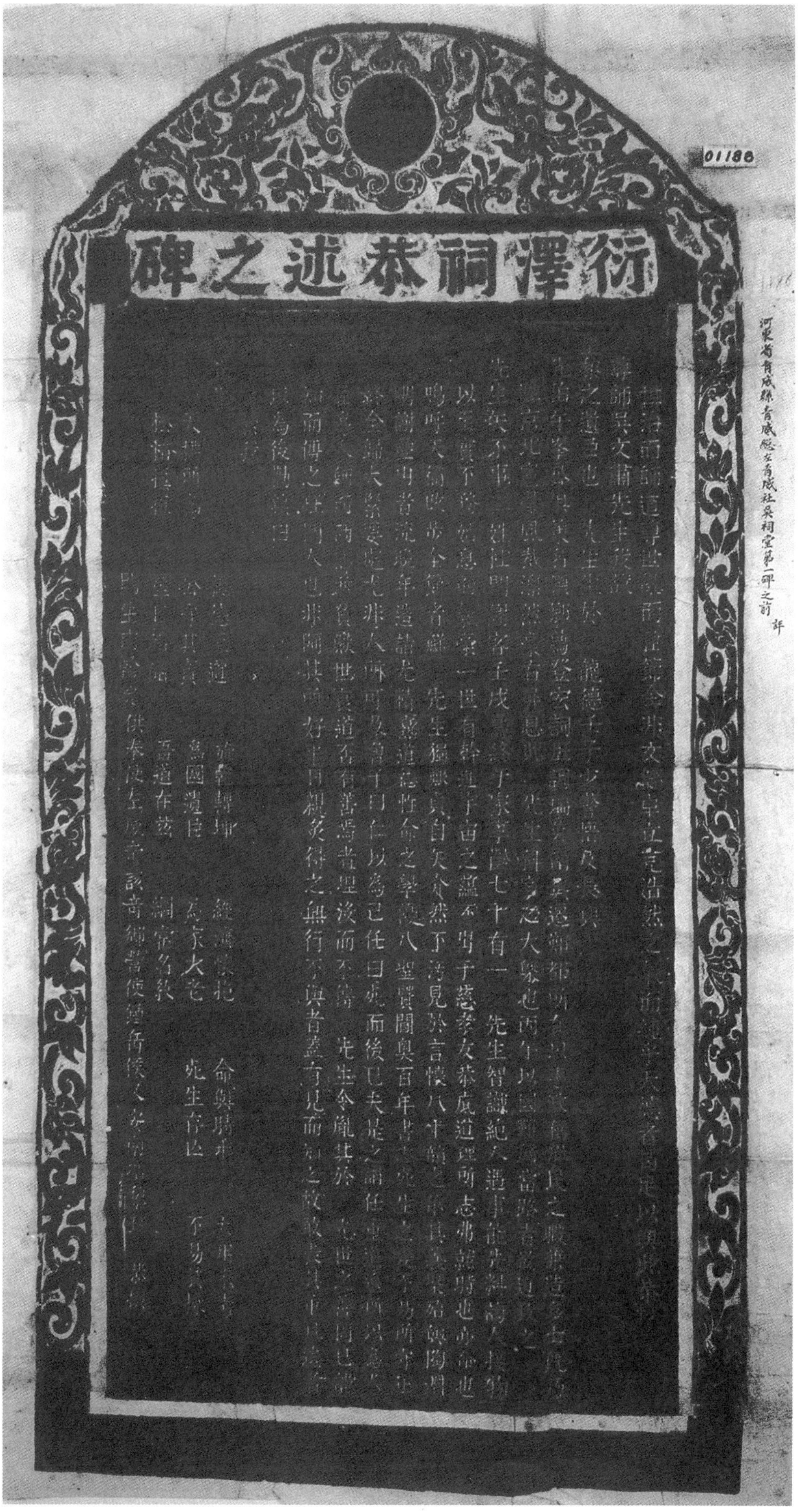
01188
衍澤祠恭述之碑

編號：01188　出自《拓片總集》第二冊（下同）

01187
恭錄言懷詩
丁丑季秋重陽節奉立
嗣子吳時悠恭述并書

編號：01187

釋文

衍澤祠恭述之碑[①]

世治而師道尊，世亂而臣節全，非文儒卓立充浩然之氣，而純乎天德者，曷足以與此？恭惟/　　　　尊師吴文肅先生，我故/　　　　皇黎之遺臣也。　先生生於　龍德壬子[②]，少警悟。及長，與/　　　　先伯午峰公[③]俱策名領鄉薦，登宏詞，歷調瑞英、南興，遷鄭都所在，以惠政稱。涖民之暇，兼造多士，既乃/陞京北憲臺，風裁凛然，豪右屏息，此　先生科宦之大概也。丙午[④]以國難歸，當路者欲迫致之，/　　　　先生矢不事二姓，杜門謝客。壬戌[⑤]壽終于家，享齡七十有一。　先生智識絶人，遇事能先料，誨人接物/以至實，不務姑息而氣豪一世，有幹運宇宙之藴，不出于慈孝友恭底道理，所志弗就時也，亦命也。/嗚呼！天衢改步，全節者鮮，　先生獨艱貞自矢，介然不污，見於《言懷》八十韻之録，其義概殆與陶淵/明、謝疊山[⑥]者流。晚年造詣尤精熟，道德性命之學優入聖賢閫奥，百年書志，死生之變，不易所守，正/終全歸，大緊要處尤非人所可及。曾子曰“仁以爲己任”，曰“死而後已”[⑦]，夫是之謂。任重道遠，所以爲人/臣、爲人師，而兩無所負歟！世衰道否，有善焉者埋没而不傳，　先生令胤，其於　先世之善固已能/知而傳之。玨，門人也，非阿其所好，平日親炙得之，無行不與者，蓋有見而知之，故敢表其重且遠者，/以爲後勸。

---

① 此爲拓片編號 01188 之額題，今依内容及性質重定篇題爲“吴文肅碑記”。

② “龍德壬子”，即後黎純宗（Lê Thuần Tông）龍德（Long Đức）元年（1732），當清雍正十年。

③ “午峰公”，即吴時仕（Ngô Thì Sĩ，1726-1780），一作吴時士，字世禄，號午峰，越南後黎朝末期歷史學家、文學家、儒學學者。越南吴家文派人物之一。亦爲《皇黎一統志》（《安南一統志》）著者之一。《鼎鍥大越歷朝登科録》後黎顯宗景興二十七年（1766）丙戌科第二甲進士出身第一名：“青威左青威人，進朝四十二中，是科三場至廷試並第一，時任之父，父子同朝。”

④ “丙午”，爲後黎顯宗（Lê Hiển Tông）景興（Cảnh Thống）四十七年（1786），當清乾隆五十一年。

⑤ “壬戌”，爲阮世祖（Nguyễn Thế Tổ）嘉隆（Gia Long）元年（1802），當清嘉慶七年。

⑥ “謝疊山”，即謝枋得（1226-1289）。《宋人軼事彙編・謝枋得》引《寶祐四年登科録》：“第二甲第一名謝枋得，字君宜，小名鍾，小字君和。年三十，治賦兼易。一舉本貫信州貴溪縣，居弋陽儒林里。”又引《筠廊偶筆》：“寶祐登科録……是科一甲第一名文公天祥，二甲第一名謝公枋得，二甲第二十七人陸公秀夫，忠節萃於一榜，洵千古美談。”又引《堅瓠集》：“德祐丙子，元師南下，入信州。枋得變姓名，入建寧山。至元間，程文海等交薦，累召不赴。行省參政魏天祐，被旨迫上道，臨行以詩别親知……至燕，不食死。”

⑦ “曾子曰”等二句，見《論語・泰伯》：“曾子曰：士不可以不弘毅，任重而道遠，仁以爲己任，不亦重乎！死而後已，不亦遠乎！”

銘曰：/

繄我/　　　　先生，純德至道。旋乾轉坤，經濟懷抱。

命與時乖，大用未考/。天拂所爲，公守其寶。

爲國遺臣，爲家大老。死生存亡，不易其操。/

松柏挺挺，星日皓皓。吾道在兹，綱常名教。/

門生、内翰院供奉使、左威奇該奇御營使、鍾岳侯，乂安南塘黎玨　恭撰/[1]

紹聞衣德言[2]

恭録《言懷詩》：/

天下有二道，惟出與處者。滔滔一世人，蹇眇徒相罵。

無可歸去來，迷途誰似我。問我似何人，南宋故臣/謝[3]。

熟認謝始終，時在元捕赦。一日母尚存，此生未可捨。

崎嶇山谷間，逃死非苟且。吾何容心哉，任他呼/牛馬。

參政驅北行，侍郎升轎卧。盈凡士友詩，張郎稍淵雅。

吾何容心哉，引身還造化。孤臣扶病泣，徵書/急星火。

人生誰無死，禮義操心柁。理勢若到頭，鋒刃寧頓挫。

吾何容心哉，身亡與國破。/　　　　皇天鑒此心，新命得不果。

老病獲歸田，村叟添一個。黄冠[4]與布衣[5]，得此奚不可。

吾何容心哉，陶鎔聽巧治。/起謝與面談，實非吾口啞。

熊掌惡兼魚，弦矢愛速射。死中又計算，古語稱擇禍[6]。

---

① 以上爲拓片編號 01188 之内容。

② 此爲拓片編號 01187 額題。

③ “南宋故臣謝”，即謝枋得。見前頁注。

④ “黄冠”，因道士戴黄色冠帽，後用以指道人。《全唐文・高宗武皇后一・釋教在道法上制》：“自今已後，釋教宜在道法之上，緇服處黄冠之前。”

⑤ “布衣”，古時平民百姓僅能著麻布衣，故用以借指平民百姓。《全唐文・中宗二・答敬暉請削武氏王爵表敕》：“昔漢祖以布衣取天下，猶封異姓爲王。”

⑥ “擇禍”，見《國語・晉語六・范文子論勝楚必有内憂》：“范文子曰：‘擇福莫若重，擇禍莫若輕，福無所用輕，禍無所用重，晉國故有大恥，與其君臣不相聽以爲諸侯笑也，盍姑以違蠻、夷爲恥乎。’”

烈烈睢陽憤[1]，悶悶首陽/餓[2]。仁以求而得，求在安之亞。

降此謀身名，類非尚謑髁[3]。兩存苦持寶，一敗如裂瓦。

矧復遇程嬰，何堪受/罵唾。當仁不讓師，又何辨儂些。

有父爲高士，準的爲我課。有母爲節婦，輗軏爲我駕。

有兄克肖父，衣袖/天香迓。有妹克類母，風節留瑳儺。

前世教化功，後人得憑藉。閔我生不辰，百罹多磥砢。

丁零説不盡，前/途真坎坷。德力貴量度，游騎懲溺墮。

列子詆忠賊，屈平失忠過。從容勝慷慨，遯狂難假借。

翟龔有先後，/昭焄同安妥。淹速惟天命，死是吾時也。此篇全豹總用八十韻，/中有脱簡，謹選四十韻。/

丁丑[4]季秋重陽節奉立

嗣子吴時悠恭述并書/[5]

---

① “睢陽憤”，指張巡、許遠守睢陽城死節的故實。文天祥《正氣歌》：“時窮節乃見，一一垂丹青。在齊太史簡，在晋董狐筆。在秦張良椎，在漢蘇武節。爲嚴將軍頭，爲嵇侍中血。爲張睢陽齒，爲顔常山舌。”張巡、許遠事跡，可參看兩《唐書・忠義傳》。

② “首陽餓”，指伯夷、叔齊不食周粟，餓死首陽山之事。見《史記・伯夷叔齊列傳》。

③ “謑髁”，見王先謙《莊子集釋》引《釋文》：“謑髁，訛倪不正貌。”王先謙案語：其用人雖謑髁不正，無可任使，而以天下尚賢爲笑。”

④ “丁丑”，即阮世祖嘉隆十六年（1817），當清嘉慶二十二年。

⑤ 以上爲拓片編號 01187 之内容。

○九六　吴族世德碑記

引言

碑立於河東省青威縣左青威總左青威社壇，爲社壇内第一碑。碑刻兩面，拓片編號 01191/01192。拓片編號 01191 爲碑前，共三十行字，滿行約四十七字，碑額題"吴族世德碑記"六字，今依此額題爲篇題，碑題"吴族奉先壇碑記"七字；拓片編號 01192 爲碑後，共二十九行字，滿行約五十五字，碑額題"天地神人共鑒"六字，碑題"吴族奉先壇引"六字。碑兩面均刻有紋飾，碑額刻有二層紋飾，内層爲日紋與雲紋，外層以蓮花紋與其餘三側相連，刻有蓮花紋。年代署作皇朝景盛（Cảnh Thịnh）萬萬年歲次乙巳，景盛爲西山朝阮光纘（Nguyễn Quang Toản）年號，景盛年間無乙巳年，《越南漢喃碑銘拓片目録提要》一書推斷立碑年代應爲紹治（Thiệu Trị）五年（1845），紹治爲阮憲祖（Nguyễn Hiến Tổ）阮福暶（Nguyễn Phúc Tuyền）的年號，同年爲道光二十五年，歲次乙巳。拓片現藏於漢喃研究院。

碑文記載吴氏祖先自大清移居到越南左青威社祖市村後，有兩支分别再遷至北寧安豐望月社與義安東城甲齋社。至今吴氏宗族已有二十代，子孫乃於祖市村的锐江岸邊立祖先供壇，取名爲奉先壇，每年春秋兩期舉行忌禮。文末記有捐錢捐田者的名册和忌供形式。

吴族世德碑記
01191

編號：01191　出自《拓片總集》第二冊（下同）

天地神人共鑒

編號：01192

釋文

【吴族世德碑記】[①]

吴族奉先壇碑記[②]

吾家世德其來遠矣，粤自/　　　　　始祖蒲篤公，號修德命道先生；妣慈慶徽人。先祖自清國邑于左青威之祖市村，寔始我族。爲生十八代祖、國子監學官，號福廣先/生；妣慈惠恭人。十七代祖、光禄大夫、行臺宣撫使、十三道監察御史，號福行先生；妣慈仁夫人。十六代祖蔭官，道號真性先生；妣慈/尊宜人。

十五代祖蔭官，道號福相先生；妣慈泰安人，生丁一支遷于北寧之安豐望月社。吴族廣三公嗣，發大科一支，遷于乂安之/東城甲齋社。吴族廣德公諱發，進士功臣一支。是我祖落居清國十載；有義祖刑部左調官范相公，號温博先生。

十四代祖府生，道/號福勝先生，妣尊慈孺人。十三代祖茂林郎、中三道監察御史，號祖川先生，妣慈順淑人。十二代祖謹事郎、清波縣縣丞、奉除禮部/都司務，號蘇川先生，妣陶氏慈愛宜人。十一代祖謹事郎、東城縣縣丞、奉除禮部都司務，號唐川先生，妣陶氏慈懿安人。十代祖輔/國上將、平興國衛宣武都指揮使司都指揮同知、順陽侯、柱國，號午□先生，妣陳氏慈彗夫人，繼室阮氏號慈德；禮科都司號慶山/先生。九代祖國子監監生、祇受講諭，謚通孝先生，妣吴氏慈謹恭人；嘉興府同知府、春□男，謚正直先生，國子監監生、祇受講諭、兼/海陽道書記，號玖敬先生。八代祖光進慎禄大夫、乂安處贊治、承政使司參議、美忠男，號敦禮先生，妣劉氏慈質淑人；海陽處贊治/、承政使司參議、桂嶺男，號守禮先生；蔭儒生、道號睿智先生；三農縣知縣、兑川子，號顯德先生；臨洮府知府，號顯宋先生；持威將軍、/錦衣衛指揮使司指揮同知、文溪伯，號守正先生；高平府訓導，號致忠先生。七代祖將仕郎、端雄府訓導，號樸雅先生，妣正室阮氏/淑美安人，配室陳氏號慈寬，側室阮氏號慈温；

---

① 此爲拓片編號 01191 額題，今依此額題爲篇題。

② 此爲拓片編號 01191 碑題。

甲戌科進士、行臺海陽道監察御史，號守法先生[1]；國子監監生，號明几先生；秀林局/儒生、號清雅先生；國子監監生，號直諒先生；黎陽縣知縣，號致恒先生。六代祖辛未科黃甲、追功郎、禮科都給事中、宣興等處督同，/字□卿，謚□道先生[2]，妣正室杜氏慈仁淑人，次室阮氏號慈淨；儒生、中式、宏詞科首選、南昌縣知縣，謚清節先生；嘉興府知府、義忠/子，謚厚慶先生；儒生、中式，號温恭先生；蔭儒生，號俊毅先生；永康縣縣丞、清忠子，號雅寔先生。

顯高祖考昭文館、金紫榮禄大夫、鴻/臚寺寺卿、喬峰伯，字秉寒，號清修先生，妣吴氏慈儉恭人；儒生、中式、入侍殿講，號福川先生；奮力將軍，號清岳先生；秀林局局正，號/質道先生。

顯曾祖考進功庶郎、金山縣縣丞，號敦厚先生，妣吴氏慈順安人；海陽處清刑憲察副使，號清慎先生；奠□縣縣丞，號道/毅先生；特賜進士、金紫榮禄大夫、户部左侍郎、諒山鎮協鎮、陞東閣大學士、青峰侯，號道充先生；副衛尉、威武伯，號公平先生；富禄/縣知縣、慎德子，號淳厚先生。

顯祖考朝列大夫、户科都給事中、智略子，字樂水，號循理先生，妣正室劉氏淑媛宜人，側室阮氏號慈/福；儒生、中式、祗受北寧鎮助教、香名男，號默軒先生；府生、道號剛正先生；國子監監生，號拙齋先生；翰林侍講、軍功都司、都招討、金/江侯，號英奇先生；嘉定縣知縣、炤德子，號思恭先生。顯考按察使司、正玖品，字安宅，號福正先生，妣劉氏慈順孺人；辛巳科舉人、/水棠縣知縣、威川子，號順濟先生。

恭惟/

列位祖、考、妣，肇始培終，開先昌後。遡五百年之文獻，永裕家聲；對二十代之明君，緬懷世德。按禮有壇，尊親之義也，爰築壇于/祖市锐江之湄，號奉先壇，以遞年春秋合祭。奉/　　　始祖蒲篤公至十九代列位長支，序其先，暨各支科宦、諸先正昭穆相當，並從

① “守法先生”，即吴爲儒，《鼎鍥大越歷朝登科録》後黎熙宗正和十五年（1694）甲戌科第三甲同進士出身第四名：“吴爲儒，青威左青威人，士望，三十六中，仕至監察，爲實之堂叔。”

② “□道先生”，即吴爲實，《鼎鍥大越歷朝登科録》後黎熙宗正和十二年（1691）辛未科第二甲進士出身第一名：“吴爲實，青威左青威人，二十九中，仕至禮部給事中，奉差督戰高平，卒贈禮科都給事中。”

次列，以明萃假[①]，而盡報本反始之道，□□□/雲仍[②]，宜率履不越其引。□議條，記事儀節，祭日處所，詳刻碑陰，以壽其傳云耳。合族恭記。/

時/

皇朝景盛萬萬年　　歲次乙巳仲秋穀日[③]

【天地神人共鑒】[④]

吴族奉先壇引[⑤]

□壇之□□體，　　前人孝志也。初置祭田貳畝零，遞年正月初陸致祭　中祖蘇川公，初玖致祭/　　　　始祖蒲篤公，均於墓前掃地而祭，嗣族内列先與各支，供田通計壹畝零□。至明命拾柒年[⑥]望月，族供田壹畝合供四畝餘，且族内/日益繁昌，世望名邑，正宜增修儀禮，合乎情文，則閥閱之家，庶爲無歉矣。

追姓雙青祖市吴族　前青峰侯，天性豪邁，義氣□□，□/　　　　先祖祭田□也。迨本邑之亭寺橋宇□□修□，凡□起者，無所不□□壇碑一□初建設祭□底于行爲子孫族黨者，其將志此事□何如□。/

□年春，闔族議成，爰討祠宇舊址，列建壇碑于锐江之湄。祖市村爲族内各支合祀之所，仍將這田均爲肆禮，遞年合正初□□□並□□前九□/□兹壇祭春用祚福，後秋用上田役，蓋酌乎情禮而然，壇内奉自　始祖並　列先與分支列祖、登科宦、諸先正，明著謚號，□十九代之□□/而饗祀之。此尊親以顯揚功德，庶幾上慰靈爽，下篤孝思，克泯無間。竪碑之日，内親咸在，仰瞻□制之落成，猶恐□□之□德。□年前之□□□/公日之壇碑，敬所尊，愛所親，同一禮意，夫禮義由賢者□焉。則　前人之名澤留有餘，而□無窮，□後之有心，□述實，並傳而不□/也。其祀事儀文，壇上祭日，并某員人供奉何項，一併刻之于石，以壽其

---

① “萃假”，見《周易兼義下經・夬傳》：“萃。亨。王假有廟，利見大人。亨，利貞。”孔穎達疏曰：“萃，卦名也。又，萃，聚也，聚集之義也……假，至也。天下崩離則民怨神怒，雖復享祀與无廟同，王至大聚之，時孝德乃昭，始可謂之有廟矣。”

② “雲仍”，亦作“雲礽”，遠孫之意。《爾雅・釋親》：“子之子爲孫，孫之子爲曾孫，曾孫之子爲玄孫，玄孫之子爲來孫，來孫之子爲晜孫，晜孫之子爲仍孫，仍孫之子爲雲孫。”郭璞注：“言輕遠如浮雲。”

③ 以上爲拓片編號 01191 之内容。

④ 此爲拓片編號 01192 之額題。

⑤ 此爲 01192 之碑題。

⑥ “明命拾柒年”，當清道光十六年（1836），歲次丙申。

傳云。/

一祀事儀節/

始祖公上一位，列祖同壇，暨各支諸先正祀享，左昭右穆。再壇之左祀上神，壇之右祀姑猛。至行禮日，本族朝官上祭，若有防阻，以族長與□目/行餘，並陪祭行禮，事清各就下禮家序□，以昭哀旌。　一壇土壹區三高玖尺玖寸□。/

前青峰侯供田貳畝拾，征茳處一所拾尺，車娄處一所五高□/尺，一所壹高拾肆尺□/□，一所壹高□尺，一所玖尺，/一所壹高貳尺柒寸，一所壹高拾貳尺，一所壹高壹尺貳寸，一所壹高拾壹尺五寸，一所壹高五尺，一所□高叁尺□寸，/一所壹高拾尺，一所玖尺柒寸，□吳有炎供田墓道□一所拾肆尺，□吳有上洪□□□處一所拾壹尺。/

前威武伯供田車娄處，前吳爲恩，前懷德子□□□□□/一所壹高，前吳武□供田貳高，□奇處一所拾叁尺。/

前智略子供田閑傳處一所，前吳致□，車娄處一所拾叁尺五寸，一所拾壹尺肆寸，□上處一所□尺貳寸。/

□□□慈山府安豐縣□□社吳族供田壹畝，車娄處一所肆高，一所壹高□□□五高，合祭□□□□□五尺五寸。/

一合族各支自八歲以上每員人各給錢陸陌。/

一供錢陸拾貫。/

一供錢拾貳貫，吳玟鈗。/

一供錢拾貫，前青峰侯次子吳爲，爲淹長族□爲□，吳有舍。/

一供錢陸貫，吳有詩，吳致璠，吳致卓，氏楝。/

一供錢叁貫，吳爲德。/

一供錢貳貫，吳輝璟，吳爲朵，吳文琠。/

一供錢壹貫，吳爲富，吳爲安，吳爲署，吳爲□，吳宋，/吳爲忠，吳爲緣，吳爲趣，吳氏，吳爲和。/

一供錢陸陌，吳爲兄，吳爲。/[1]

---

① 以上爲拓片編號 01192 之内容。

題後

青威吴氏是越南歷史上非常重要的儒學傳承家族之一。自十五代祖開始即有吴族廣三公嗣，發大科一支；吴族廣德公諱發，進士功臣一支。除碑記中所記載的甲戌科吴爲儒與辛未科吴爲實之外，尚有後黎熙宗正和二十一年（1700）庚辰科第三甲同進士出身第十四名："吴廷碩，青威左青威人，二十三中，奉使上國知府還兵部尚書入侍經筵，郡公，贈少保，廷礩之兄。"保泰二年（1721）辛丑科第三甲同進士出身第九名："吴廷礩，青威左青威人，三十六中，仕至兵部尚書，侯爵，榮封功臣致仕，起復，贈少保、郡公爵，廷碩之弟。"景興二十七年丙戌科第二甲進士出身第一名："吴時仕，青威左青威人，進朝，四十二中，是三場至庭試並第一，時任之父，父子同朝。"景興三十六年乙未科第三甲同進士出身第五名："吴時任，青威左青威人，三十中省元，詩賦第一，時仕之子，父子同朝。"許多都是父子登科、兄弟登科，篇號○九五《吴文肅碑記》與○九六《吴族世德碑記》恰可與傳世文本《吴家世譜》（按，又名《吴家世譜實編》《宗統傳聞記》，今藏漢喃研究院圖書館）相互對勘。

○九七　黎時海事業勳名碑記

引言

碑立於清化省壽春府雷陽縣上谷總群仲社廟前。碑刻兩面，拓片編號01219/01197。拓片編號01219面共三十八行字，滿行三十七字，碑額題“黎相公事業勳名碑記”九字，碑題“敘述勳名碑記”六字，今依額題重定篇題爲“黎時海事業勳名碑記”；拓片編號01197面共三十一行字，滿行約三十五字。兩面皆有紋飾，拓片編號01197碑額有兩層紋飾，内層刻有日紋與雲紋，外層以雲紋與其餘三側相連；拓片編號01219四側刻有雲紋。碑文撰者國子監司業武晠，書者侍内書寫、攻文番鄭世科，刻者石匠局黎勳名，潤者參從、兵部尚書阮登道。年代署作永盛（Vĩnh Thịnh）十二年（1716），永盛爲後黎裕宗（Lê Dụ Tông）黎維禟（Lê Duy Đường）的年號，同年爲清康熙五十五年，歲次丙申。拓片現藏於漢喃研究院。

此碑由萱郡公黎時湨所立，碑文記述其父少傅碩郡公黎時海的生平事業。黎時海生於後黎神宗陽和五年（1639）己卯年，後黎神宗盛德四年（1656）十八歲時開始跟隨伯父黎時憲出征，此後生平重要紀事皆記條列記載。黎時海於後黎裕宗永盛十年（1714）丙申年去世，享年七十八歲，追贈太傅，謚雄睿。

黎相公事業勳名碑記

編號：01219　出自《拓片總集》第二冊（下同）

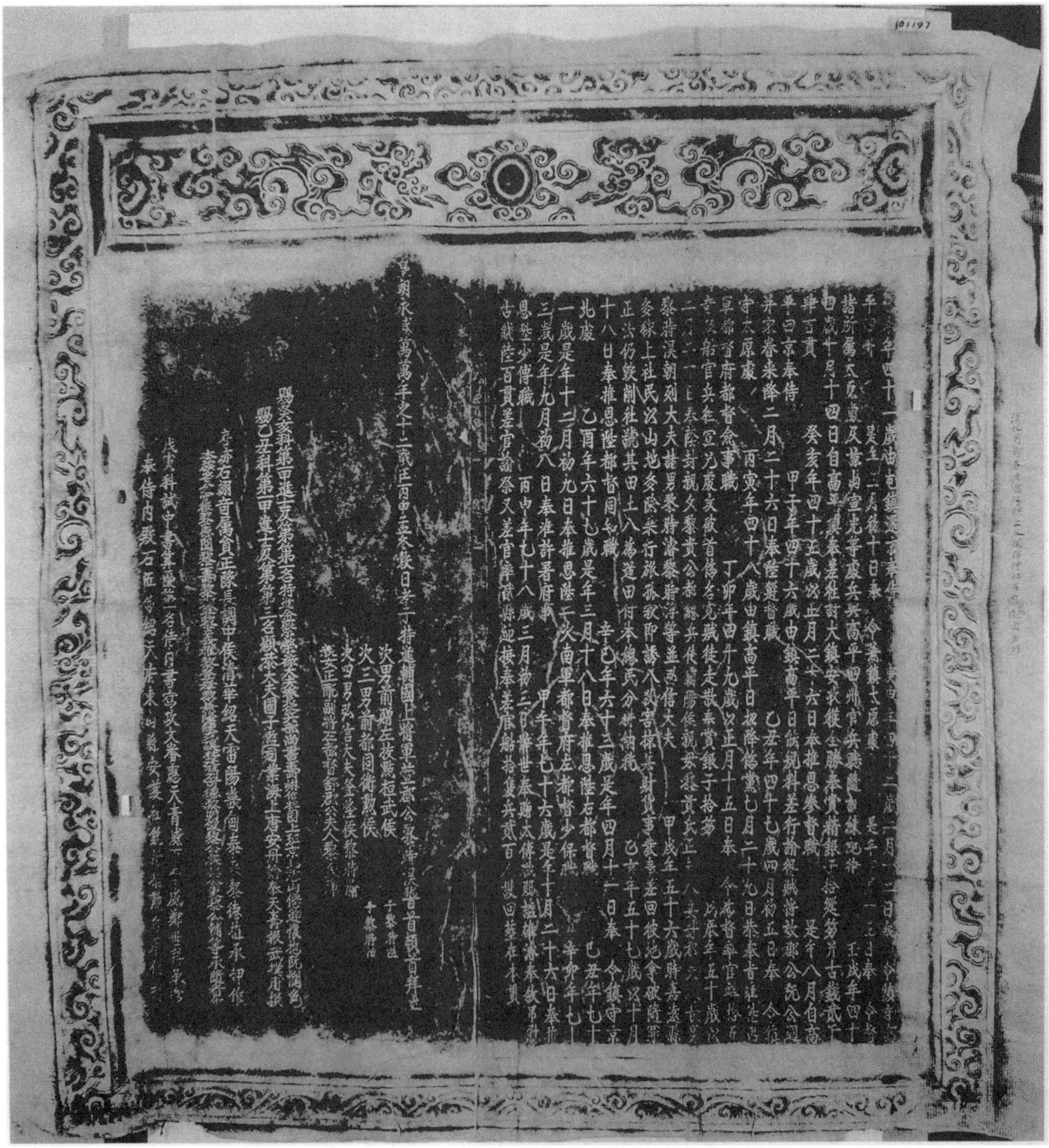

編號：01197

釋文

【黎相公事業勳名碑記】

敘述勳名碑記[1]

嘗謂遇明遭聖，聚精會神，樹功揚名，輝前映後，大丈夫志氣則兼也。憶惟/顯考特進、輔國上將軍、南軍都督府左都督署府事、少傅、碩郡公，封贈太傅、黎相公，字福全[2]，賜/謚雄濬府君，兼人智勇，高世才猷，承家庭付受之韜鈐，值天造經綸之時節。年方弱冠，志厲/枕戈，足躡行間，身先戎伍，從征西南，□著績屯守，而西鎮馳名。已而譽達/

九重，命膺三錫，躬專將幕，手握兵符，爵列公班，誼聯國壻，緣夙契龍雲魚水，力大攄心膂股肱，眷/注日深，勳庸時懋，奉行九伐[3]，則宣光、高平之寇，到處平夷，歷鎮諸藩，則太原、京北之民所在/寧帖。權參五府，贊廊廟之繁機；位配三合，重元臣之宿望。殷禮優崇於考妣，隆爵蔭及於兒/孫，全家共沐恩榮，舉族齊蒙寵渥。天壽平格，年幾八衮享遐齡；禮數有加，秩優三次殊褒典。/功成名遂，少貴老全，真足以繼前躅之流芳，垂後人之餘慶者矣。愚子時淏等，毛裏親生[4]，髮/膚遺體。撫鞠顯復，蒙罔極之深情；封殖栽培，仰無涯之至德。今以悲興陟岵[5]，念切見墻[6]，追思/積累之艱難，想慕忠勤之節概。謹述平生履歷，事業

---

① 此爲拓片編號01219之碑題，今依此及本篇内容性質重定篇題爲“黎時海事業勳名碑記”。

② “特進輔國上將軍……字福全”，即黎時海，《欽定越史通鑑綱目》作黎海，並注曰“一作黎誨”；陳文爲《黎史纂要》則作“時誨”（見校合本《大越史記全書續編》考證）；《大越史記全書續編》後黎裕宗永盛十二年（1716）：“春三月，署府事黎時海卒。”

③ “九伐”，原指對九種罪惡的討伐，後泛指征伐。《周禮・夏官・大司馬》：“以九伐之灋正邦國：馮弱犯寡則眚之；賊賢害民則伐之；暴内陵外則壇之；野荒民散則削之；負固不服則侵之；賊殺其親則正之；放弑其君則殘之；犯令陵政則杜之；外内亂、鳥獸行則滅之。”又《大戴禮記・朝事》：“明九伐之法，以震威之。”

④ “毛裏親生”，喻父母之恩。《詩經・小雅・節南山之什・小弁》：“維桑與梓，必恭敬止。靡瞻匪父，靡依匪母。不屬于毛，不罹于裏。天之生我，我辰安在。”毛亨傳：“毛在外，陽以言父；裏在内，陰以言母。”鄭玄箋云：“此言人無不瞻仰其父，取法則者；無不依恃其母，以長大者。今我獨不得父皮膚之氣乎，獨不處母之胞胎乎，何曾無恩於我。”

⑤ “陟岵”，喻思念父母。《詩經・國風・魏風・陟岵》：“陟彼岵兮，瞻望父兮。父曰：‘嗟！予子行役，夙夜無已。上慎旃哉！猶來無止。’”詩序曰：“陟岵。孝子行役，思念父母也。”

⑥ “見墻”，比喻念念不忘先賢。《後漢書・李固傳》：“昔堯殂之後，舜仰慕三年，坐則見堯於牆，食則睹堯於羹。”

初終，列之堅珉，豎之祠址。庶得時瞻規/範，日篤修[1]爲，克紹箕裘，益綿慶澤焉耳。緊我弟妹及我子孫，允有仁孝慈愛之念者，尚亦有/感于斯碑云！仍將勳業實跡，具列于左：/

顯考以己卯年[2]七月二十九日申時生，其諱名已在神主内及奉事碑，不敢贅述。/

丙申年[3]十八歲，隨　祖伯太傅、贈太守、豪郡公，進封高勳大王、謚嚴智府君[4]往征順廣，乃/　　　　顯考之親伯也。時化州狂寇，侵擾南河七縣，太宰公奉命督率一道，以顯考有謀勇智略，/視之如子，每出征伐，則以自隨，累期破敵建功。/　　　辛丑年[5]二十三歲，承祖伯太宰公薦，/遽起京奉侍。　　　丁未年[6]二十九歲，奉差爲首號率兵征高平。　戊申年[7]三十歲，奉/屬　太宰公在山西處屯守州老社。　　　庚戌年[8]三十二歲，是年奉差往宣光處，經畫謀/略，收復其地，奉賞銀子叁百笏。　　　辛亥年[9]三十三歲，奉配郡主鄭氏玉琢。　　　壬子/年[10]三十四歲，時六月初十日大舉南征，奉許爲首號，領各奇隊兵征順、廣，是年十二月十八/日奉　令開奇管侍中右奇。　　　癸丑年[11]三十五歲，奉留屯鎮在梂營。

　　　甲寅年三/十六歲，是年六月二十三日奉祗受郡公爵[12]，其制文曰：/

順/　　　天承運，/　　　皇上制曰：天子作則正四方，誕撫重亨之運；王制封功高五等，允旌同德之英。明綍煌煌，和朝穆/穆。特進、輔國上將軍、碩忠侯、柱國、上聯黎時海，矢弧健志[13]，簪綏華宗，乃祖以勳望之臣，服彰/衮[縑]緗；紀績乃父，

---

① “修”，碑原作“脩”，另兼正字，故改，下同不另注。

② “己卯年”，即後黎神宗（Lê Thần Tông）陽和（Dương Hòa）五年（1639），當明崇禎十二年。

③ “丙申年”，即後黎神宗（Lê Thần Tông）盛德（Thịnh Đức）四年（1656），當清順治十三年。

④ “嚴智府君”，即黎時憲，校合本《大越史記全書·本紀》後黎嘉宗德元二年（1675）九月：“（黎）時憲爲人志略勇敢，有機變才，治軍號令嚴肅，每出征伐，數立奇功，年六十有六，卒于鎮，贈太宰、賜謚嚴智，褒封爲福神，立祠祭祀。”

⑤ “辛丑年”，即後黎神宗（Lê Thần Tông）永壽（Vĩnh Thọ）四年（1661），當清順治十八年。

⑥ “丁未年”，即後黎玄宗（Lê Huyền Tông）景治（Cảnh Trị）五年（1667），當清康熙六年。

⑦ “戊申年”，即後黎玄宗景治六年（1668），當清康熙七年。

⑧ “庚戌年”，即後黎玄宗景治八年（1670），當清康熙九年。

⑨ “辛亥年”，即後黎玄宗景治九年（1671），當清康熙十年。

⑩ “壬子年”，即後黎嘉宗（Lê Gia Tông）陽德（Dương Đức）元年（1672），當清康熙十一年。

⑪ “癸丑年”，即後黎嘉宗陽德二年（1673），當清康熙十二年。

⑫ “奉祗受郡公爵”，校合本《大越史記全書》後黎嘉宗陽德三年甲寅（清康熙十三年，1674）：“（六月）賜碩忠侯黎時海郡公爵。”奉祗即奉旨。

⑬ “矢弧健志”，指男子當從小立大志於四方。《禮記·内則》：“國君世子生，告于君，接以大牢，宰掌具，三日，卜士負之，吉者宿齊，朝服寢門外，詩負之，射人以桑弧蓬矢六，射天地四方。”鄭玄注：“詩之言承也，桑弧蓬矢，本大古也。天地四方，男子所有事也。”

振箕裘之業[①]。冕華□竹帛垂名。繄爾晋侯，克家蒙子[②]。將門出將，授韜登曹/瑋之壇[③]；兵法用兵，傳祕得黄公之略[④]。志勉勤，龍攀鳳附；威勇奮，虎闞鷹揚。迪毅於北伐高平、/宣光之秋，召公執訊[⑤]；用命於南征烏州、順、廣之日，吉甫奏膚[⑥]。諒既著勞，能信與同富貴，矧今/日位端乾五[⑦]，正賴/　　　　王德，丕振紀綱；而丈人美擅坤三[⑧]，盍稽僉論，用答勳賞。爰加公秩，俾執桓圭[⑨]，于以表巽貞[⑩]，于以昭/渙獎。於戲！錫爾田，釐爾瓚[⑪]，予方推不吝之恩；守世禄，篤世忠，卿其保有終之譽。爲奉隨軍應/務討賊，頗有功勞，奉/　　　　欽差節制各處水步諸營、兼總政柄、太尉、宜國公，鄭[⑫]

---

① “箕裘之業”，指濡染之下，子承父業。《學記·禮記》：“良冶之子，必學爲裘；良弓之子，必學爲箕；始駕者反之，車在馬前。君子察於此三者，可以有志於學矣。”

② “克家蒙子”，見《周易兼義·上經乾傳·蒙》：“九二。包蒙吉，納婦吉，子克家。”孔穎達疏：“子孫能克荷家事，故云子克家也。”

③ “曹瑋”，爲宋朝大將曹彬之子，見《宋史·曹彬列傳附曹瑋傳》：“瑋字寶臣。……沉勇有謀，喜讀書，通《春秋》三傳，於左氏尤深。李繼遷叛，諸將數出無功，太宗問彬：‘誰可將者？’彬曰：‘臣少子瑋可任。’即召見，以本官同知渭州，時年十九。……瑋用士，得其死力。平居甚閒暇，及師出，多奇計，出入神速不可測。……將兵幾四十年，未嘗少失利。”

④ “黄公之略”，指黄石公授張良《太公兵法》事，見《史記·留侯世家》。

⑤ “召公執訊”，“執訊”謂報捷。見《詩經·小雅·鹿鳴之什·出車》：“春日遲遲，卉木萋萋。倉庚喈喈，采蘩祁祁。執訊獲醜，薄言還歸。赫赫南仲，玁狁于夷。”孔穎達疏：“我將帥正以此時，生執戎狄之囚可言問者，及所獲之衆，以此而來我，薄言還歸於京師以獻之也。説其事，終又美其功。”又，《詩經·大雅·蕩之什·崧高》：“申伯之功，召伯是營。有俶其城，寢廟既成。既成藐藐，王錫申伯。四牡蹻蹻，鉤膺濯濯。”鄭玄箋曰：“召公營位，築之已成，以形貌告於王，王乃賜申伯爲將遣之。”

⑥ “吉甫奏膚”，謂大將尹吉甫建立大功。“膚”，即膚功，大功的意思。《詩經·小雅·南有嘉魚之什·六月》：“四牡脩廣，其大有顒。薄伐玁狁，以奏膚公。有嚴有翼，共武之服。共武之服，以定王國。”毛亨傳：“奏，爲；膚，大；公，功也。”又，“戎車既安，如輊如軒。四牡既佶，既佶且閑。薄伐玁狁，至于大原。文武吉甫，萬邦爲憲。”毛亨傳：“吉甫，尹吉甫。”鄭玄箋：“吉甫，此時大將也。”

⑦ “乾五”，見《周易·乾卦·爻辭》：“九五。飛龍在天，利見大人。”王弼注曰：“龍德在天，則大人之路亨也。夫位以德興，德以位敘，以至德而處盛位，萬物之覩，不亦宜乎。”

⑧ “坤三”，見《周易·坤卦·爻辭》：“六三。含章可貞，或從王事，无成有終。”孔穎達正義：“含章可貞者，六三處下卦之極，而能不被疑於陽章美也。既居陰極，能自降退，不爲事始，唯内含章美之道，待命乃行，可以得正，故曰含章可貞。”

⑨ “桓圭”，見《周禮·春官·大宗伯》：“以玉作六瑞以等邦國：王執鎮圭、公執桓圭、侯執信圭、伯執躬圭、子執穀璧、男執蒲璧。”

⑩ “巽貞”，謂武人有堅定不移的操守。《周易兼義·下經豐傳·巽》：“巽，小亨，利有攸往，利見大人。……初六，進退，利武人之貞。”

⑪ “瓚”，帝王祭祀時的禮器。《詩經·大雅·文王之什·旱麓》：“瑟彼玉瓚，黄流在中。豈弟君子，福禄攸降。”鄭玄箋：“瑟，絜鮮貌；黄流，秬鬯也。圭瓚之狀，以圭爲柄，黄金爲勺，青金爲外，朱中央矣。殷王帝乙之時，王季爲西伯，以功德受此賜。”

⑫ “宜國公鄭”，即“鄭根”。

恭奉/　　大元帥、掌國政、尚師、太父、德功仁威明聖西王[①]旨，准有朝臣簽議，應陞郡公爵。可爲特進輔國/上將軍、碩郡公、上柱國、上階。　　是年十月二十九日奉推恩陞署衛事職。仍爵。/[②]

己未年[③]年四十一歲，由屯鎮還京奉侍。　　庚申年[④]四十二歲二月十二日奉　令鎮守高/平四州[⑤]。　　是年三月初十日奉　令兼鎮太原處。　　是年四月十五日奉　令督/諸所屬太原處，及諒山、宣光等處兵，與高平四州官兵聽隨訓練紀律。　　壬戌年[⑥]四十/四歲十月十四日，自高平鎮奉差往討大鎮安收獲全勝，奉賞精銀子拾玖[⑦]笏並古錢貳千/肆百貫。癸亥年[⑧]四十五歲，以正月二十六日奉推恩參督職。　　是年八月自高/平回京奉侍。甲子年[⑨]四十六歲由鎮高平日能規料差，行諭得賊將效郡公阮公迴/並家眷來降，二月二十六日奉陞提[⑩]督職[⑪]。　　乙丑年[⑫]四十七歲四月初五日，奉　令鎮/守太原處。　　丙寅年[⑬]四十八歲由鎮高平日招降僞黨，七月二十九日恭奉旨進陞西/軍都督府都督僉事職。　　丁卯年[⑭]四十九歲以正月十五日奉　令爲督率官率拾五/奇隊船官兵往宣光處攻破首僞名寬，賊徒走散，奉賞銀子拾笏。　　戊辰年[⑮]五十歲以/二月二十日奉蔭封親父黎貴公都總兵使、霸陽侯[⑯]；親母黎貴氏正夫人；妻封郡夫人；長男/黎時淏，朝列大夫；諸男黎時濬、黎時淳[⑰]等，

---

① “德功仁威明聖西王”，即鄭弘祖、陽王鄭柞。

② 以上爲拓片編號01219之内容。

③ “己未年”，後黎熙宗（Lê Hy Tông）永治（Vĩnh Trị）四年（1679），當清康熙十八年。

④ “庚申年”，後黎熙宗正和（Chính Hòa）元年（1680），當清康熙十九年。

⑤ 校合本《大越史記全書續編》後黎熙宗永治五年（1680）：“以黎時海爲高平鎮守。”是年十月之後改正和元年。

⑥ “壬戌年”，後黎熙宗正和三年（1682），當清康熙二十一年。

⑦ “玖”，原爲越南避諱字“𤥑”，改之，下同不另注。

⑧ “癸亥年”，後黎熙宗正和四年（1683），當清康熙二十二年。

⑨ “甲子年”，後黎熙宗正和五年（1684），當清康熙二十三年。

⑩ “提”，原爲越南避諱字“𨁪”，改之，下同不另注。

⑪ “奉陞提督職”，事據校合本《大越史記全書續編》後黎熙宗正和三年（1682）冬十二月：“高平鎮黎時海諭莫黨阮公迵，以部屬千餘人來降，授公迵提督、校郡公，陞時海提督。”

⑫ “乙丑年”，後黎熙宗正和六年（1685），當清康熙二十四年。事見校合本《大越史記全書續編》後黎熙宗正和六年：“（春）以碩郡公黎時海鎮守太原。”

⑬ “丙寅年”，後黎熙宗正和七年（1686），當清康熙二十五年。事見校合本《大越史記全書續編》後黎熙宗正和八年（1687）：“（春）命都督碩郡公黎時海，督視鄧廷相討逆寬餘黨於宣光。……夏……命黎時海鎮守諒山。”

⑭ “丁卯年”，後黎熙宗正和八年（1687），當清康熙二十六年。

⑮ “戊辰年”，後黎熙宗正和九年（1688），清康熙二十七年。

⑯ 據本書篇號〇九八《雷陽縣黎時海等祭忌碑記》，即黎福恩。

⑰ “淳”，據本書篇號〇九八補。

並弘信大夫。　　甲戌年[①]五十六歲時嘉遠縣/多稼上社民以山地多險，乘行旅孤寂即誘入殺害，掠其財貨，事發奉差回彼地，拿破隨罪/正法，仍毁削社號，其田土入爲迎田，付本總民分耕納税[②]。　　乙亥年[③]五十七歲以十月/十八日奉推恩陞都督同知職。　　辛巳年[④]六十三歲，是年四月十一日奉　令鎮守京/北處[⑤]。　　乙酉年六十七歲，是年三月十八日奉推恩陞右都督職。　　己丑年[⑥]七十/一歲，是年十二月初九日奉推恩陞一次南軍都督府左都督、少保職。　　辛卯年[⑦]七十/三歲，是年九月初八日奉准許署府事。　　甲午年[⑧]七十六歲，是年十月二十六日奉推/恩陞少傅職。　　丙申年[⑨]七十八歲，三月初三日辭世，奉贈太傅職，賜謚雄濬，奉敚吊慰/古錢[⑩]陸百貫，差官諭祭，又差官率貳縣迎接，奉差官船拾隻，兵貳百人護回，葬在本貫。/

皇朝永盛萬萬年之十二歲在丙申孟冬穀日

孝子、特進、輔國上將軍、萱郡公黎時淏稽首頓首拜立/

次男前贈左校點、桓武侯　　子黎時溢[⑪]/

次三男前督同衛、勳侯　　子黎時沺[⑫]/

次四男弘信大夫、登隆侯黎時瀚/

親女正配副將、左都督、舒郡公夫人黎氏琿/

賜癸亥科第一甲進士及第第一名、特進金紫榮禄大夫、參從、兵部尚書、壽崍伯、

---

① “甲戌年”，後黎熙宗正和十五年（1693），清康熙三十二年。

② 事見校合本《大越史記全書續編》正和十五年（1694）夏五月：“多稼上邑民有罪，夷之。其邑山地險僻，多崖谷，相與立私約，設巡香，殺過客投坚坑而分其財，積二十餘年，爲通衢之害。至是治官發其事，命碩郡公黎時海等往按之。收捕惡黨二百九十人，梟其首惡五十二人，餘悉刖指配流遠州，没其社號。多稼社屬嘉遠縣。”

③ “乙亥年”，後黎熙宗正和十六年（1695），當清康熙三十三年。

④ “辛巳年”，後黎熙宗正和二十二年（1701），當清康熙四十年。

⑤ 事見校合本《大越史記全書續編》後黎熙宗正和二十二年（1701）：“夏，四月，以碩郡公黎海爲京北鎮守。”

⑥ “己丑年”，後黎裕宗永盛五年（1709），當清康熙四十八年。

⑦ “辛卯年”，後黎裕宗永盛六年（1710），當清康熙四十九年。

⑧ “甲午年”，後黎裕宗永盛十年（1714），當清康熙五十三年。

⑨ “丙申年”，後黎裕宗永盛十二年（1716），當清康熙五十五年。

⑩ “古錢”，又稱“貴錢”。見《欽定越史通鑑綱目・正編》卷十一後黎聖宗光順八年（1467）注“使錢、古錢”引黎貴惇《芸臺類語》云：“北人以百文爲一陌。本國以三十六文爲一陌，謂之‘使錢’；六十文爲一陌，謂之‘古錢’。……使錢别名閒錢，古錢别名貴錢。”

⑪ “子黎時溢”，本書篇號○九八《雷陽縣黎時海等祭忌碑記》作“次男右校點、桓武侯黎時濬”。

⑫ “子黎時沺”，本書篇號○九八作“次叁男都僉衛勳侯黎時淳”。

柱國、上班、京北慈山、僊遊懷抱阮[1]潤色/

賜乙丑科第一甲進士及第第三名、顯恭大夫、國子監司業、海上唐安丹輪、

奉天壽報武撲甫[2]撰/

□□右翊奇屬員正隊長、調中侯，清華紹天雷陽、畿甸泰來黎德植承押作/

本族老父守後黎德閶[3]、黎壽、黎如銓、黎義雅、黎登岸，黎兼隆、陳克讓、杜廷柱、

劉可德、黎明俊、黎公暎、黎公吏、黎公輔等承隨看作/

戊寅科試中書筭優第一名、侍内書寫、攻文番、應天青威下青威鄭世科承寫/

奉侍内殿石匠局、紹天府東山縣安穫社锐村黎勳名承作刊/[4]

題後

本碑與篇號〇九八《雷陽縣黎時海等寄忌碑記》同立於清化省壽春府雷陽縣上谷總群仲社。《雷陽縣黎時海等寄忌碑記》刊刻於後黎裕宗永盛六年（1710），時黎時海尚在世，僅爲其已歿之父母、正妻設立寄忌碑。本碑記則爲黎時歿後所立，記録其海自十八歲以後的生平歷世，敘述詳盡，可以補史書之不足。

---

① 即阮登道。《鼎鍥大越歷朝登科録》後黎熙宗正和四年（1683）癸亥科第一甲進士及第第一名："阮登道，仙遊懷抱人。士望，三時三中應制合格，後改登璉，奉使，仕至參從，禮（部）尚書、伯爵、兼東閣學士，壽六十九，贈吏部尚書、卡郡公，登鎬之姪，登明之子，登尊之弟。"

② 即武𣈲，《鼎鍥大越歷朝登科録》後黎熙宗正和六年（1685）乙丑科第一甲進士及第第三名："武𣈲，壽昌報天人，屋唐安丹輪，解元，二十二中，仕至僉都御史，被罷再召用，仕至寺卿、奉差，教授武學，贈參政，暄之弟，暉之父。"

③ "閶"，碑文原作"閆"，《字學三正・體製上・時俗杜撰字》"閆"爲減劃俗字。

④ 以上爲拓片編號01197之内容。

○九八　雷陽縣黎時海等祭忌碑記

引言

碑立於清化省壽春府雷陽縣上谷總群仲社廟内。碑刻兩面，拓片編號01198/01199。拓片編號01198面爲地方立的祭忌碑，拓片編號01199面爲户兒碑（請見本書篇號〇九九）。本文所收爲拓片編號01198，碑文共五十四行字，滿行約三十三字，碑額題“萬世奉祀碑記”六字，碑題“黎將門萬世奉祀碑記”九字，今依内容及性質重定篇題爲“雷陽縣黎時海祭忌碑記”。碑額兩側飾有鳳紋，外層四邊以花草紋相連。碑文撰者俸差清華處督同官兵科級事中武晟、潤者禮部右侍郎范光澤與兵部尚書參訟阮登道。年代署作永盛（Vĩnh Thịnh）六年（1710），永盛爲後黎裕宗（Lê Dụ Tông）黎維禟（Lê Duy Đường）的年號，同年爲清康熙四十九年，歲次庚寅。拓片現藏於漢喃研究院。

此碑爲雷陽縣富豪社等社爲碩郡公黎時海父母及其正妻所立之祭忌碑。碑文記載碩郡公黎時海功勳卓著，爲國家立下汗馬功勞，雷陽縣爲公之籍貫，該縣富豪等社決議爲黎氏父母及其亡故正妻陶貴氏立祭忌，爲此黎時海捐給地方七千八百貫古錢和八百九十一畝土田作爲祭祀相關事宜所用。碑文並録有立條約以及每年供奉事項，文末以四十句四字銘文歌詠此事。

編號：01198　出自《拓片總集》第二冊（下同）

釋文

【萬世奉祀碑記】

黎將門奉祀碑記①

嘗聞有功則祀，《尚書》孔彰；有施必報，《禮記》恂述。是以恩隆者報重，德厚者祀崇。此天理之/當然，而古今之所同然也。茲惟/　　　　當朝元老、奉差京北處鎮守官、右翊奇該奇官、特進、輔國上將軍、南軍都督府左都督、少保、/碩郡公，黎尊公諱時海，廼清華紹天雷陽富豪東村將種也。心純忠孝，世授韜鈐，粵初/結髮從戎，即已搴旗著績。/
尊伯太宰、豪郡公、加封大王，謚嚴智府君，特深器異，撫鞠提挈，不啻所生。已而自任驅除，/當先衝突，寒□賊之膽，獻宣寇之俘，早結隆知，疊承天寵，配之郡主，加之公爵，委之奇/兵，任之方面，鎮高平則莫徒盡掃②，征保樂則逆寬就擒，膺維翰而遥鎮太原，當重寄而/來宣京北，威聲政績歷歷可紀，爲國家宣力五拾餘年于茲矣。肆今望隆台鼎，位重巖/廊，衮衣繡裳，桓圭赤舄，羽儀朝著。總督元戎，年邁七旬，而體質堅貞，言論英發，精神矍/鑠，久而不衰，憂愛忠勤，老而愈篤。/　　　　聖上委以心腹，資以股肱，生靈倚爲干城，恃爲命脉，耆年宿德，喬木世臣，達天下之三尊③，兼/箕疇之五福④，寔可企慕也。長男參督、昊⑤堂侯黎時淏，尚長郡主，預管親軍；次男右校點、/桓武侯黎時濬⑥，久陪潛邸，奉管舟師；

---

① 此爲碑題。今依内容及性質重定篇題爲“雷陽縣黎時海祭忌碑記”。

② “鎮高平則莫徒盡掃”，永治二年（1677），莫朝爲鄭氏攻滅。隨後黎時海鎮守於莫朝故地高手，並論其宮殿爲黎王廟，祭祀黎太祖。

③ “天下之三尊”，見班固《白虎通義·封公侯》：“天道莫不成於三，天有三光，日月星；地有三形，高下平；人有三尊，君父師。”

④ “箕疇之五福”，指《尚書·洪範》中箕子所提出的人生九種常道：“惟十有三祀，王訪於箕子。王乃言曰：‘嗚呼！箕子。惟天陰騭下民，相協厥居，我不知其彝倫攸敘。’箕子乃言曰：‘我聞在昔，鯀堙洪水，汨陳其五行；帝乃震怒，不畀洪範九疇，彝倫攸斁。鯀則殛死，禹乃嗣興，天乃錫禹洪範九疇，彝倫攸敘。’……九、五福：一曰壽，二曰富，三曰康寧，四曰攸好德，五曰考終命。”孔穎達正義曰：“（九疇）九類常道，始有次敘……五福者，謂人蒙福祐有五事也。”因爲是箕子提出九疇的説法，因此將之稱爲箕疇。

⑤ “昊”，碑原作“昍”，“昍”同“昊”。《字彙補·日部》：“昍，古‘昊’字。《六書索隱》曰：‘太昊、金昊，作昍。’”

⑥ “黎時濬”，本書篇號〇九七《黎時海事業勳名碑記》作黎時溢。

次叁男都僉、衛勳侯黎時淳①，配前公主，掌提禁旅；/親女黎氏珲、正配王孫、右都督、舒郡公；季男弘信大夫、黎時瀚，並承蔭勑。蟄蟄兮子孫②，/綿綿兮福澤③，蟬聯璣組，舄奕簪纓，賢子象賢，將門出將，勳名彪炳，爵禄穹崇，方將勒之/鼎彝，載之簡册，垂之竹帛，紀之旂常④，奚竢贅述也。惟其忠而報國，孝以顯親，中表賴其/敷榮，雲仍⑤仰其蔭庇，且又推胞與之念，體一視之仁，饑者食之，寒者衣之，窮者賑之，乏/者濟之，近自里閈，遠達鄰鄉，無一不霑其澤焉。於是本貫富豪社，外貫車擊社并本總/美豪、靖蠻、安富等社⑥，本縣畿甸、錦里等社與薄斂社南甲、北甲，富斂社北甲，上谷社富/壽村、谷順村，安快社密村、雷陽社多年村、壽域村、阿簃村、錦里村，三間社南甲，北甲，不/矜社東甲、北甲，青安社中正村官員、鄉色上下等，相與語曰："無恩不酬，無德不報，有人/心者何獨不然？我縣山水鍾靈，神人協相，挺我尊公，勳業譽望，既足爲吾邑之光；保愛/賙卹，又以全吾民之命。心乎敬矣，心乎愛矣，何以酬之，何以報之？與其獻酢歌号，祝賀/於一時；曷若黍稷烝嘗，奉承於萬世。以答此恩情之萬一乎！"衆口齊聲，一唱百和，具詞/懇請，往復再三，公知其意之終不釋也，乃肯惠然金諾，加許古錢⑦柒千捌百貫，土田捌/百玖⑧拾壹畝以爲當日費用之需，後來粢牲之具焉。仍相與立約，共奉事/　　　　顯考奉贈特進、輔國上將軍、都總兵使司都總兵使、霸陽侯黎相公，字福恩，謚德妙府君，/顯妣奉封正夫人、黎貴氏號慈惠，與今/　　　　尊公暨前正室、郡夫人陶貴氏，號慈淑，謚竭直，共肆位。其祠堂之制，左右對峙，左堂以奉/顯考、顯妣，右堂以奉尊公、夫人，其叁位正諱日同來奉祀，其尊公生日節并詣拜賀，遞/年

---

① "黎時淳"，本書篇號〇九七《黎時海事業勳名碑記》作黎時洄。

② "蟄蟄兮子孫"，見《詩經·國風·周南關雎·螽斯》："螽斯羽，詵詵兮，宜爾子孫振振兮。螽斯羽，薨薨兮，宜爾子孫繩繩兮。螽斯羽，揖揖兮，宜爾子孫蟄蟄兮。"毛亨傳曰："詵詵，衆多也，振振仁厚也。薨薨，衆多也；繩繩戒慎也。揖揖，會聚也，蟄蟄和集也。"

③ "澤"，字缺筆，應爲諱字。

④ "旂常"，是兩種王侯的旗幟。《周禮·春官·司常》："司常掌九旗之物，名各有屬，以待國事。日月爲常，交龍爲旂，通帛爲旜，雜帛爲物，熊虎爲旗，鳥隼爲旟，龜蛇爲旐，全羽爲旞，析羽爲旌。及國之大閱，贊司馬頒旗物，王建大常，諸侯建旂，孤卿建旜，大夫士建物，師都建旗，州里建旟，縣鄙建旐，道車載旞，斿車載旌。"

⑤ "雲仍"，亦作"雲礽"，遠孫之意。《爾雅·釋親》："子之子爲孫，孫之子爲曾孫，曾孫之子爲玄孫，玄孫之子爲來孫，來孫之子爲晜孫，晜孫之子爲仍孫，仍孫之子爲雲孫。"郭璞注："言輕遠如浮雲。"

⑥ "車擊社、美豪、靖蠻"，據本書篇號〇九九《雷陽縣黎時海户兒碑記》補。

⑦ "古錢"，又稱"貴錢"，見《欽定越史通鑑綱目·正編》後黎盛宗光順八年注"使錢、古錢"引黎貴惇《芸臺類語》："北人以百文爲一陌。本國以三十六文爲一陌，謂之'使錢'；六十文爲一陌，謂之'古錢'。……使錢别名閒錢，古錢别名貴錢。"

⑧ "玖"，碑原作越南諱字"㺦"，改之，下同不另注。

正旦叁日、四時仲祭[①]，端午、中元、嘗先，臘日、除夕等禮具盤儀節一一依計開内，迨百/歲後以生日賀節爲忌日禮，千萬斯年，遵承不易也。吁！威力之懾人也有限，德惠之感/人也無窮。尊公之於吾民也，平日累施嘉惠，輾轉者賴之以活，流散者賴之以存，是再/生之德也，今日更加厚貺，田畝則其數近千，緡錢則其數幾萬，是不貲之惠也，德如此/其深，惠如此其厚，吾民何心敢不慕之如父母，事之如神明，儕之於泰嶽，等之於滄渤/哉？然則今日之舉，非威力之是視，蓋德惠之有孚也。凡我後人居斯邑、有斯生者，但當/心其心，遵其約，尊所尊，愛所親，仰在上之洋洋[②]，感厥靈之濯濯[③]，祭祀之必莊必敬，儀禮/之無簡無虧，日月貞明，此心不昧，天地悠久，此約長存。如是則尊公之厚澤深仁，吾民/之真情實意，相與並傳於無極矣。約成徵文，豎碑以記其實，壽其傳，又從而爲之銘曰：/

紹府雷縣，富豪東村。地生英傑，時出將門。
黎公巨俊，/奕世戎軒。金戈日耀，鐵騎雲屯。
名揚宇宙，威震乾坤。/千群虎旅，萬里雄藩。
廟堂望重，台斗位尊。爲時之式，/維國之垣。
其忠克篤，於孝彌敦。蔭光前代，裕及後昆。/
男聯國婿，女配王孫。冠簪奕奕，福慶源源。
惠加鄉里，/澤遍黎元。撫綏煦暖，際接醇温。
感仁山重，戴德春暄。/衆心一致，萬口同言。
願供世祀，庶答洪恩。牲牷黍稷，/沼沚蘋蘩。
四位一體，萬載弗諼。貞岷屹立，終古長存。/

時/

皇朝永盛萬萬年之六歲[④]在庚寅孟春穀日/

賜癸亥科第一甲進士及第第一名、特進、金紫榮禄大夫、陪從、兵部尚書、

---

① “仲祭”，每季的第二個月，即農曆二、五、八、十一月。因處每季之中，故稱仲月。服虔注桓公五年傳云：“魯祭天以孟月，祭宗廟以仲月。”孔穎達疏《禮記·王制》“天子諸侯祭用牲牢及庶人所薦之物”曰：“周禮四仲祭者，因田獵而獻禽，非正祭也。”

② “洋洋”，美善之意。《尚書·商書·伊訓》：“嗚呼，嗣王祗厥身念哉！聖謨洋洋，嘉言孔彰。”孔安國曰：“洋洋，美善，言甚明可法。”

③ “濯濯”，光明的意思。《詩經·大雅·蕩之什·崧高》：“申伯之功，召伯是營。有俶其城，寢廟既成。既成藐藐，王錫申伯。四牡蹻蹻，鉤膺濯濯。”毛亨傳曰：“濯濯，光明也。”

④ “永盛萬萬年之六歲”，當清康熙四十九年（1710），歲次庚寅。

壽琳伯、柱國、上班、京北慈山、仙遊懷抱阮[①]潤色/

癸亥科會元、奉賜第一甲進士及第第二名、陪從禮部右侍郎、

山西國威、慈廉東鄂范[②]潤色/

賜乙丑科第一甲進士及第第三名、奉差清華處督同官兵科、給事中、

海陽上洪、唐安丹輪、奉天壽昌報天武撲甫[③]撰/

題後

本碑記與篇號〇九七《黎時海事業勳名碑記》爲一碑之兩面，其主人翁同爲碩郡公黎時海，同立於清化省壽春府雷陽縣上谷總群仲社。本碑記爲黎時海生前爲其父、其母與其正妻設立的寄忌碑，黎時海本人則預爲後神，故其刊刻時代較《黎時海事業勳名碑記》爲早，文中對於黎時海之後裔姓名互有參差，可相互校看。

① "仙遊懷抱阮"，即阮登道，《鼎鍥大越歷朝登科録》後黎熙宗正和四年（1683）癸亥科第一甲進士及第第一名："阮登道，仙遊懷抱人。士望，三時三中應制合格，後改登璡，奉使，仕至參從，禮（部）尚書、伯爵、兼東閣學士，壽六十九，贈吏部尚書、卡郡公，登鎬之姪，登明之子，登尊之弟。"

② "慈廉東鄂范"，即范光宅，《鼎鍥大越歷朝登科録》後黎熙宗正和四年癸亥科第一甲進士及第第二名："范光宅，慈廉東鄂人，三十一中會元，仕至禮部右侍郎，男爵，贈左侍郎、子爵，麟定之遠孫，壽趾之曾孫，顯名之姪，光宅、光容支叔，光寧之父。"

③ "武撲甫"，即武晠，《鼎鍥大越歷朝登科録》後黎熙宗正和六年（1685）乙丑科第一甲進士及第第三名："武晠，壽昌報天人，屋唐安丹輪，解元，二十二中，仕至僉都御史，被罷再召用，仕至寺卿、奉差，教授武學，贈參政，暄之弟，暉之父。"

○九九　雷陽縣黎時海户兒碑記

引言

碑立於清化省壽春府雷陽縣上谷總群仲社廟内。本碑爲一碑兩面，拓片編號01198/01199。拓片編號01198面爲地方立的祭忌碑（請見本書篇號〇九八），拓片編號01199爲户兒碑。本文爲拓片編號01199面的户兒碑，碑文共四十行，滿行共四十一字，碑額題“惠數”二字，碑題“會田賜錢等數”六字，今依内容及性質重定篇題爲“雷陽縣黎時海户兒碑記”。碑額題兩側飾有鳳紋，四邊刻有雲龍紋、花草紋。碑文書寫者爲内選侍内書寫、水兵番副所使杜世宙。年代署作永盛（Vĩnh Thịnh）六年（1710），永盛爲後黎裕宗（Lê Dụ Tông）黎維禟（Lê Duy Đường）的年號，同年爲清康熙四十九年，歲次庚寅。拓片現藏於漢喃研究院。

碑文記載，碩郡公黎時海以雷陽縣三十三個甲、村、社的百姓作爲護兒民，於每年生日、忌日、節日、端午、中元、除夕、四季忌禮之時供奉自己與妻子、父母等四位。文末記載關於土地、錢財等具體的使用規定。

編號：01199　出自《拓片總集》第二冊（下同）

釋文

【惠數】

惠田賜錢等數[①]

紹天府雷陽縣雷豪社東壽村、奉差京北處鎮守官、右翊奇該奇官、特進、輔國上將軍、南軍都督府左都督、/少保、碩郡公黎時海爲付田錢與奉祀各社村甲事。

玆見本貫富豪社，外貫車擊社，本總美豪、靖蠻、安富等/社，本縣畿甸、錦里等社與薄斂社南甲、北甲，富斂社北甲，上谷社富壽村、谷順村，安快社密村，雷陽社多年/村、壽域村、阿簃村、錦里村，三間社南甲、北甲，不矜社東甲、北甲，青安社中正村，共叁拾叁社村甲官員、鄉色、/社、村長，并各□上下等，有乞爲户兒，奉事　顯考、　顯妣、與余及前正室共肆位，遞年生日、忌日、正旦三日、/四時仲祭、端午、中元、嘗先[②]、臘日、除夕等禮，應出盤具粢牲，依如券文。計開内仍分許田錢有差，與祭器田及/守祠、守墳田土各共捌佰玖[③]拾壹畝，並古錢[④]柒千八佰貫。其錢則計領取消用，其田則均分輪流耕種，以供/盤具粢牲各禮之費。這田留傳萬代，不得移改；其我子孫族姓，不得奪取專賣；其户兒等社、村、甲，不得買賣/貿易。其當行禮日，並用備禮物，不得聽本族預納折乾[⑤]錢他用，而留棄不祀，違者經呈官司，按法治罪。所有/分許逐分，開陳于後[⑥]，仍付叁拾叁社、村、甲與守祠、守墳等，各執壹道，并勒于碑，以垂永久。/

計：/

一祠堂土基共拾壹畝，在外貫車擊社、羣仲村地分，坐落同具處東西南皆近本田及羣仲村

---

① 此爲碑題。今依内容及性質重定篇題爲“雷陽縣黎時海户兒碑記”。

② “嘗先”，指秋嘗，本指古代天子與諸侯於秋季舉行的宗廟祭祀，後來演變爲民間中秋祭祖活動。

③ “玖”，碑原作諱字“𨒢”，下同不另出注。

④ “古錢”，又名貴錢。見《欽定越史通鑑綱目·正編》卷二十一後黎聖宗光順八年注“使錢、古錢”引黎貴惇《芸臺類語》云：“北人以百文爲一陌。本國以三十六文爲一陌，謂之‘使錢’；六十文爲一陌，謂之‘古錢’。‘使錢’十陌，乃是‘古錢’六陌，準爲‘使錢’一貫。其‘古錢’十陌乃使錢之一貫六陌四十文。使錢别名閒錢，古錢别名貴錢。”

⑤ “折乾”，又稱“乾折”，俗稱以錢折替物品。（明）馮夢龍《醒世恒言·兩縣令競義婚孤女》：“（賈婆）唤過當直的分付，將賈公派下另一分肉菜錢，乾折進來，不要買了。”

⑥ “後”，碑文原作“后”，因另兼正字故改，下同不另注。

民私田，北近/小江。其土園構作左右祠堂，留傳萬代，不得買賣貿易。如後日久毁弊，則守祠等人通與富豪、車擊等社，/其富豪、車擊等社□報唱率同約奉祀，户兒各社、村、甲作急修[1]理，務在堅緻，不得過爲寵侈，以費民財。/

一左祠堂祭器田拾貳畝，在富豪、美豪等社地分，坐落各處所，肆至依如囑書田記内，付本貫富豪社叁甲/監守耕種，承守原付祭器等物奉祀。如後有毁弊，許照所留祭田拾貳畝各分，准錢買辦應作，以具器物，/至期陳設不得視常廢欠，違者許同約户兒各社、村、甲，照券内論罰。/

一右祠堂祭器田拾貳畝，在車擊社地分，坐落各處所，肆至依如囑書田記内，付外貫車擊社貳村，監守耕/種，承守原付祭器等物奉祀，如後有毁弊，許照所留祭田拾貳畝各分，准錢買辦應作，以具器物，至期陳/設不得視常廢欠，違者許同約户兒各社、村、甲，照券内論罰。/

一許户兒各社、村、甲等義田柒佰捌拾畝，在各社村地分，坐落各處所，肆至依如囑書田記内，并古錢柒千/捌佰貫。/

富豪社東壽甲義田五拾畝，在富豪美豪、靖蠻、錦里，安快、畿甸、錦舍等社地分，并古錢五百貫。/

不矜社東甲義田貳拾畝，在不矜社地分，并古錢貳百貫。/

不矜社北甲義田貳拾畝，在不矜社地分，并古錢貳百貫。/

青安社中正村義田貳拾畝，在青安社地分，并古錢貳百貫。/

一土園湖池共貳拾玖畝，在富豪、美豪等社地分，坐落各處所，肆至依如囑書田記内，間已種各木及由芽/等物，許守祠、守墳等人守把耕種；或有生芃任在取用；其材木并由芽，留爲補葺修理之具，不得妄用。這/此土園湖池留傳萬代，不得買賣貿易，其本族不得撤取買賣。/

一給許守祠、守墳等人田肆拾柒畝，在富豪、車擊、美豪、富斂等社地分，坐落各處所，肆至依如囑書田記内，/這田係有居住守把者、乃得耕食，廢者不在，其此田留傳萬代，不得買賣貿易，其本族不得撤取買賣。/

永盛六年[2]正月貳拾貳日/

---

① “修”，碑文原作“脩”，因另兼正字故改，下同另注。

② “永盛六年”，當清康熙四十九年（1710），歲次庚寅。

長男、武勳將軍、參督神武四衛軍務事、昊[1]堂侯黎時淏承據/

次男、都校點司右校點、桓武侯黎時濬承據/

次三男、都指揮僉事、衛勳侯黎時淳承據/

次四男、弘信大夫黎時瀚承據/

親女、右都督舒郡公夫人黎氏渾承據/

本奇屬員鋭前隊正隊長、調中侯、清華紹天雷陽畿甸泰來黎德植承押作/

戊寅科書算優分第一名、内選侍内書寫、水兵番副所使、京北順安、文江太樂杜世宙承寫/

題後

本碑記應爲篇號〇九八《雷陽縣黎時海等祭忌碑記》碑後（陰），記載碩郡公黎時海於三十三社、村、甲，設立本人及已歿父、母、元妻寄忌，其中有"乞爲户兒者"，本碑記即記載其捐貲與田産的使用約定。碑記中明確説明各社村甲户兒應該處理的事務，除遞年生日、忌日、正旦三日、四時仲祭、端午、中元、嘗先、臘日、除夕都應該奉祭之外，不同社、村、甲均負責不同的職責，如祭器的添補，祠、墳的守護與維修等。本碑記對於越南"户兒"的瞭解有重要參考價值。

① "昊"，碑原作"昍"，"昍"同"昊"。《字彙補・日部》："昍，古'昊'字。《六書索隱》曰：'太昊、金昊，作昍。'"

一〇〇　茂績大王事業碑

引言

碑立於清化省壽春府雷陽縣不撓總富豪社廟内。碑刻單面，拓片編號01200，共三十六行字，滿行五十五字，碑額刻“事業碑”三字，今依内容及性質重定篇題爲“茂績大王事業碑”。碑額紋飾刻有雙龍昭日，碑底則刻蓮座。碑文撰者陪從、東閣學士阮曰庶，潤者參從、工部尚書兼東閣大學士胡士揚，書寫者該合内書寫、兵番少卿鄧貞。年代署作永治（Vĩnh Trị）二年（1677），永治爲後黎熙宗（Vĩnh Thịnh）黎維祫（Lê Duy Cáp）的年號，同年爲清康熙十六年，歲次丁巳。拓片現藏於漢喃研究院。

碑文記載曾爲朝廷立下汗馬功勞的黎時憲，卒於鎮營，享壽六十六歲。爲感念其功績，故後黎嘉宗（Lê Gia Tông）加封太宰，謚號嚴智，封贈雄勇謀略剛毅聰達奮威護國靖邊茂績大王，列入祀典爲中等神，並遣陪從、兵部右侍郎武惟諧弔祭並慰錢二千貫，及下令建廟三間。小妾陳氏自盡殉葬，被封爲亞夫人，頒給二十畝田作爲忌田，另建亭單獨供奉。

01200
事業碑

編號：01200　出自《拓片總集》第二冊

釋文

事業碑[①]

封蔭朝列大夫、義舍侯、次子時宲，季子時寮；封蔭弘信大夫長孫時憲、封蔭顯恭大夫時窨，已先霜早落，惟時宲、時寮俱有將略登壇，/　　　　時宲管後翊奇，累陞署衙事、禎郡公，適公主鄭氏玉櫟；/　　　　時寮管内候中後、勁後、匡後等隊，累陞参督、弘威侯，/　　　　養子時海管右勝奇，累陞署衙事、碩郡公，適公主鄭氏玉栘；/　　　　長孫時憲管侍候勁左隊正隊長、陽美侯。/　　　　兒孫滿目，充間[②]勳業，光前振後，雖宋之曹公[③]，累世貴盛，何以加此？國家父子之恩，纖毫罔間；爵土山河之普，休美與同。令公累受厚恩，深懷上/答，鎮以長策，潰彼姦謀，正方滄水灌熒[④]，詎意氷枝稼木[⑤]。令公於是乙卯二年九月十一日戌時卒于鎮營[⑥]，年六十有六，屬纊之餘，遺戒不爽，軍/容增肅於亞夫[⑦]，賊膽獨驚於諸葛[⑧]，萬里之長城屹如也。訃聞，/　　　　聖上爲之悲慟，先旨下朝議示以殊禮，加贈太宰職，賜謚嚴智，褒封爲雄勇謀略剛毅聰達奮威護國靖邊茂績大王，列之祀典，爲中等神，府縣/衙門歲時致祭，復遣近臣董葬事，旌輿器具極其華麗，别遣文武六員往行邀祭于江津之旅次，兵民旗幟江岸衛行，榮顯□豫，怛然歸路，十/二月朔、克襄厥事。/

皇上復遣陪從、兵部右侍郎、書澤子武惟諧，往行諭祭，慰錢二千，又差舍人諸司催督本縣構立廟祠二連，儀門三間，繚墻四圍，准給本貫富豪、/日杲二社，皂隸、香火并石廩、南扶烈、永賴，家給等社册全年准使錢一千貫爲祀事，其所以答大勳，而妥義馨，爲何如哉！

---

① 此爲碑額，今依内容及性質重定篇題爲“茂績大王事業碑”。

② “充間”，光大門楣的意思。見《晋書・賈充傳》：“賈充字公閭，平陽襄陵人也。父逵，魏豫州刺史、陽里亭侯。逵晚始生充，言後當有充閭之慶，故以爲名字焉。”後以“充閭”作爲生子的祝詞。

③ “宋之曹公”，即宋代大將曹彬，其家族歷世爲將，在本書篇號○九八《雷陽縣黎時海等祭忌碑記》中亦曾以曹彬子曹瑋典故引喻黎氏家族是“將門出將”。

④ “滄水灌熒”，謂國家危殆。《史記・魏世家》“夫韓亡之後，兵出之日，非魏無攻已。秦固有懷、茅、邢丘，城垝津以臨河内，河内共、汲必危；有鄭地，得垣雍，決熒澤水灌大梁，大梁必亡。”

⑤ “氷枝稼木”，喻人辭世。見（宋）黄庭堅《山谷詩集・韓獻肅公挽詞三首》之三：“淚盡才難日，斯人遽隕傾。冰枝憂木稼，食昴恨長庚。名與具茨重，心如潁水清。堂堂萬夫表，直作閉佳城。”

⑥ 即黎時憲，校合本《大越史記全書・本紀》後黎嘉宗德元二年（1675）：“九月，鎮守乂安處兼鎮布政州統率官左中軍營副將、太傅、豪郡公黎時憲卒。”

⑦ “亞夫”，即周亞夫，西漢名將。見《史記・絳侯世家》。

⑧ “諸葛”，即諸葛亮。見《三國志・蜀書・諸葛亮傳》。

尤所喜道者，令公孽/妾乃石河縣瓜牙社市村之人陳氏庶，取義於公，竟舍生於斷腸草，則平日正修[①]以齊之化，率可想矣。/ 聖德又爲之旌其門，榜曰“義婦門”，贈亞夫人，給以祭田，於本社二十畝爲祀事，以厲風俗，則又千古之曠儀也。

令公麾下慕義於公，别立祠於權衡/村，則令公平昔甘苦與同之風旨，亦可想矣。朝廷又爲之復其民，許爲守看，以便祀事，則又九重之厚賜也。兹族長孝子駙馬都尉署衙事、禎郡公/黎時宲等上感/ 洪恩，永言孝念，復於祠宇之内端設石床、石香瓶以爲永遠之基，屬文紀其實跡。夫宗功元祀，國家所以厚恩待臣之盛典也，欽惟/ 聖朝，遠稽王制，厚答勳臣，而是之殊恩、殊禮，獨表於殊功，此君子所以爲令公榮也。然則令公始而公侯，終而廟食，其榮矣哉！聲施後世，慶流苗裔，/其盛矣哉！績紀于太常，行實載於青史，口碑傳誦，永永猶聞，古廟英靈洋洋[②]如在，顯仕於是鄉，有事於斯廟者，其尚知所敬云。/

銘曰：/

那山蒼蒼，諒水洋洋。/宗功元祀，地久天長。/

皇朝永治萬萬年之二[③]龍輯丁巳仲冬節穀日

賜甲辰科第二甲進士出身、丙辰科東閣第二名、顯恭大夫、陪從東閣學士、威鳳桐阮曰庶[④]撰/

賜壬辰科同進士出身、己亥科東閣第二名、特進、金紫榮禄大夫、參從工部尚書、

兼東閣大學士、濟郡公、柱國、上秩、瓊瑠完厚胡鈰用[⑤]拜潤/

奉差壬辰科書算優分第二名、該合内書寫兵番少卿、茂林子、鄧禎弘化月圓奉書/

奉差書寫將臣吏知薄、弘化月圓、文田男阮洋押作/

奉添差鎮守衙門隊長、多禄古牌等社、義林伯黎公曰；宣岩伯阮望等押作/

衛尉、富豪社、擇武子黎時得押作/

正隊長、古齋社，齊陽侯武永護押作石局等器/

正隊長、玉田社，磐珍侯阮璟旺排布/

---

① “修”，碑原作“脩”，另兼正字故改，下同不另注。

② “洋洋”，美善之意。《尚書・商書・伊訓》：“嗚呼，嗣王祇厥身念哉！聖謨洋洋，嘉言孔彰。”孔安國曰：“洋洋，美善，言甚明可法。”

③ “永治萬萬年之二”，當清康熙十六年（1677），歲次丁巳。

④ “阮曰庶”，《鼎鍥大越歷朝登科録》後黎玄宗景治二年（1664）甲辰科第二甲進士出身記載：“阮曰庶，丹鳳山桐人，二十一中應制合格再中東閣。奉使，仕至參從、刑部尚書，男爵，贈吏部尚書，子爵。致恭之舅，文廣之子，父子同朝。”

⑤ “胡鈰用”，即胡士楊。《鼎鍥大越歷朝登科録》後黎真宗慶德四年（1652）壬辰科第三甲同進士出身：“胡士楊，瓊瑠完厚人。乙酉科解元，戊子科代試、充軍，辛卯科再中。三十一中一舉，再中東閣，奉使。仕至參從，刑部尚書、兼東閣大學士，商郡公，贈少保、兵部尚書。士賓之曾祖，宗𧯞之遠裔。”

奉事隊富豪社正隊長、副正隊長共四員，并兵正隊長、都指揮同知、桂雲侯黎時朗；
副正隊長、雲騰侯黎如水、黎均、黎語、黎時望、黎言、黎登/
副正隊長、祥岩侯鄭輝；副正隊長、官員文派侯黎時裕、黎容、黎真、黎鎰、黎廷正/
保陀社監生黎仕璜相地，淳禄縣沛河社阮曰輔治葬灰隔，勁主社石匠局、紅蓼社刊字/

題後

本碑記立於清化省壽春府雷陽縣不撓總富豪社，碑記主黎時憲爲本書篇號〇九七、〇九八、〇九九碑記主黎時海的伯父，也是義父。其次子時宲封禎郡公，季子時寮封弘威侯、長孫封陽美侯；次子時宲與養子時海均尚鄭主公主，可以看出黎時憲家族與鄭主之間的密切關係。

一〇一　重修佛跡山貝庵洞僊寺并施田養僧碑記

引言

碑立於山西省國威府栗柴總瑞圭社柴山之西貝庵洞，爲洞内右邊第二碑。碑刻單面，拓片編號01222，共二十六行字，滿行約二十七字，碑額刻有“顯洞庵碑記”五字，碑題刻有“重修佛跡山貝庵洞僊寺并施田養僧碑記”十七字，碑邊刻有紋飾，碑額有二層紋飾，内層刻雙龍昭日，外層與左右兩邊相連，刻有蔓草紋。碑文撰者爲刑部左侍郎范克儉、書寫者爲生徒范留，篆者爲阮公韓。年代署作洪寧（Hồng Ninh）二年（1592）歲次壬辰，洪寧爲莫英祖（Mạc Anh Tổ）莫茂洽（Mạc Mậu Hợp）的年號，同年爲明萬曆二十年。拓片現藏於漢喃研究院。

碑文記載忠誠西岐王的二女兒莫氏玉漪，於佛跡山貝庵洞寺重修之時，捐出二畝六分田以作養僧田。故寺方立碑以記此事，以昭後人。

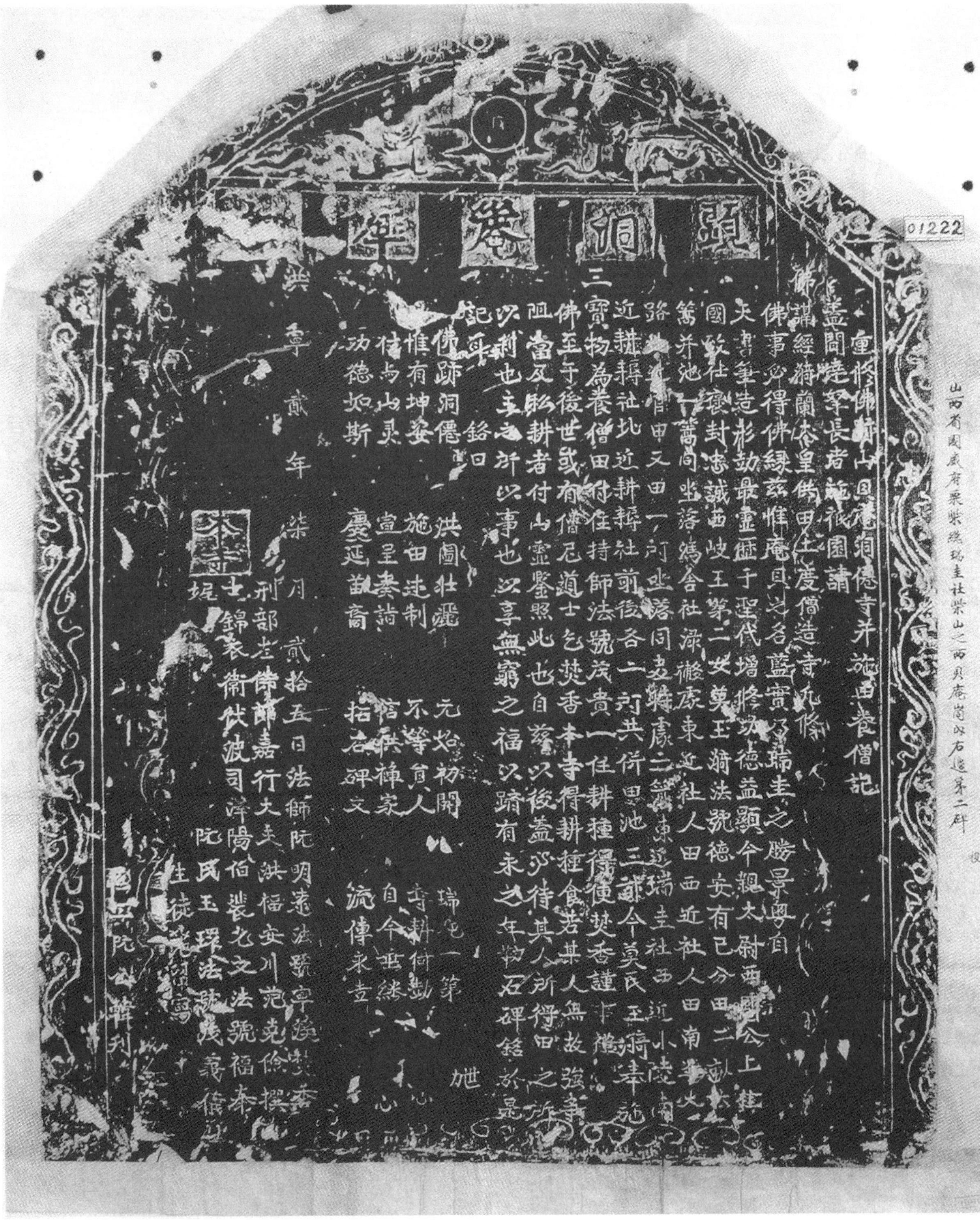
01222

編號：01222　出自《拓片總集》第二冊

釋文

【顯洞庵碑記】

重修佛跡山貝庵洞僊寺并施田養僧記[1]

蓋聞達拏[2]長者施祇園[3]，請/　　佛講經，漪蘭太皇供田土，度僧造寺，凡修/　　佛事必得佛緣，兹惟庵貝之名藍[4]，實乃瑞圭之勝景。粤自/　　天書筆造，形勢最靈，歷于聖代增修，功德[5]益顯，今親太尉、西國公、上柱/國致仕、褒封忠誠西岐王，第二女莫玉漪，法號德安，有已分田二畝六/篙[6]并池一篙，同坐落馮舍社淥襍處：東近社人田，西近社人田，南[近]大/路，[北近]官田；又田一所坐落同□時處二篙，東近瑞圭社，西近小陵，南/近耕耨社，北近耕耨社。前後各二所，共併田池三畝，今莫氏玉漪奉施/　　三寶物爲養僧田，付住持師法號茂貴，一任耕種，得使焚香，謹事禮/　　佛，至于後世，或有僧尼道士乞焚香本寺，得耕種食，若某人無故强争/阻當，及私耕者，付山靈鑒照，此也。自兹以後，蓋必待其人所得田之所/以利也，主之所以事也，以享無窮之福，以躋有永之年，勒石碑銘，於是/記耳。

銘曰：/

佛跡洞僊，洪圖壯麗。元始初開，瑞庵一第。/

惟有坤姿，施田過制。不等員人，奪耕倚勢。/

付與山靈，宣呈奏詣。信供禪家，自今垂繼。/

功德如斯，慶延苗裔。拓石碑文，流傳永世。/

---

① 此爲碑題，今據此爲篇題。

② “達拏”，梵名 Sudatta，又作須達、須達多、蘇達哆、善授、善與、善施、善給、善温。爲中印度舍衛城之長者，皈依佛陀後，建造祇園精舍供養佛陀。

③ “祇園”，“祇樹給孤獨園”的簡稱，梵文的意譯。印度佛教聖地之一。相傳釋迦牟尼成道後，憍薩羅國的給孤獨長者用大量黄金購置舍衛城南祇陀太子園地，建築精舍，請釋迦説法。祇陀太子也奉獻了園内的樹木，故以二人名字命名。玄奘去印度時，祇園已毁。後用爲佛寺的代稱。

④ “名藍”，著名之伽藍，伽藍爲梵語音譯，即指寺院。

⑤ “功德”，見《大乘義章》卷九：“言功德，功謂功能，善有資潤福利之功，故名爲功；此功是其善行家德，名爲功德。”意指行善所獲之果報。

⑥ “篙”，越南的計量單位“分”，越南畝的十分之一，按越南北部地畝制，一分相當三百六十平方米；中部地畝制，則相當四百平方米。

洪寧貳年[1]柒月貳拾五日

法師阮明遠、法號寧溪焚香/

刑部左侍郎、嘉行大夫、洪福安川范克儉撰/

錦衣衛伏波司、澤陽伯裴允文法號福泰/

本寺士阮氏玉環法號茂義儀/

娓　　　　生徒范留寫/

石工阮公韓刊/

題後

佛跡山在山西省國威府栗柴總瑞圭社，爲著名的佛教聖地，本書計有碑六方，如下：

編號	篇題	年代	位置
01222	重修佛跡山貝庵洞僊寺并施田養僧碑記*	莫英祖洪寧二年（1592）	栗柴總瑞圭社柴山之西貝庵洞内右邊第二碑
01223	佛跡山天福寺顯瑞庵碑銘*	後黎憲宗景統三年（1500）	栗柴總多福社鼎山寺顯瑞洞
01224	天福寺水閣補經碑*	莫太祖大正九年（1538）	栗柴總多福社柴山之東嶺山寺
01234	興功重修碑	後黎熙宗正和十三年（1692）	栗柴總瑞圭社柴山之西貝庵洞内右邊第三碑
01239	貝庵碑記	後黎熙宗正和二十三年（1702）	栗柴總瑞圭社柴山之西貝庵洞内右邊第一碑
01245	修建貝庵洞寺石香柱功德碑	後黎顯宗景興五年（1744）	栗柴總瑞圭社柴山之西貝庵洞内門第一碑

注：* 表示此篇已收入本書。

佛跡山又稱柴山，據《大南一統志・山西省・山川》的記載："柴山，在安山縣北六里，一名佛跡山，面臨平地，背臨江水，山頂有平坦處，可坐數十人，俗號天市，山脚有天福寺，

① "洪寧二年"，洪寧爲莫英祖（Mạc Anh Tổ）莫茂洽（Mạc Mậu Hợp）的年號，二年爲公元1592年，當明萬曆二十年，歲次壬辰。

上有岩洞，中、右有巨人足跡，徐道行住持此山，以其足印符合，俗人訛爲道行解尸處。……又山後貝庵寺。”

佛跡山自李朝徐道行駐錫之後，歷陳、黎初、莫朝、黎中興後期香火不斷，傳説頻仍，本書篇號一〇二《佛跡山天福寺顯瑞庵碑銘》即記載了後黎聖宗母、黎憲宗母求子、成帝的事蹟。

本碑記與刊立於莫太宗大正九年（1538）的《天福寺水閣補經碑》均是越南南北分峙時期莫朝的刻石。大正九年是黎莫南北朝剛開始的時候，其時莫朝佔有極大的優勢；而洪寧二年是莫英祖莫茂洽的年號，此時已經是莫朝末期，是年，莫英祖爲鄭松擒獲，莫氏朝廷被推翻，結束了黎莫南北朝的分峙。

一〇二　佛跡山天福寺顯瑞庵碑銘

引言

碑立於山西省國威府栗柴總多福社柴山之東嵿山寺顯瑞洞，爲洞内右邊第三碑。碑刻單面，拓片編號01223，共四十七行字，滿行約五十字，碑額題“顯瑞庵碑”四字，碑題“佛跡山天福寺顯瑞庵碑銘并序”十一字，今依碑題重定篇題爲“佛跡山天福寺顯瑞庵碑銘”。碑四側刻有花草紋，碑底則刻蓮座。碑文撰者禮部左侍郎、翰林院侍讀掌翰林院事阮保，書寫者中書監中書舍人、謹事郎裴士儒，篆者金光門侍詔蘇碍，刻者御用監刊書局局正范寶。年代署作景統（Cảnh Thống）三年（1500），景統爲後黎憲宗（Lê Hiến Tông）黎鏳（Lê Tăng）的年號，同年爲明弘治十三年歲次庚申。拓片現藏於漢喃研究院。

碑文記載後黎憲宗出生時於佛跡山天福寺發生的靈異之事。後黎聖宗時，光淑皇太后爲其選妃，禎國公阮德忠第二女入宫阮晅爲充儀，不久即有孕，是爲憲宗生母。爲此阮德忠於此寺中之徐公庵爲其女禱拜，祭拜之際突有飛石落其前，故阮德忠密令工匠將此石刻成佛，並建庵供奉，隔年其女爲聖宗生下一子，即爲後來的後黎憲宗。阮德忠去世前曾囑咐要立碑記下寺中飛石事蹟以流傳，並證後黎憲宗出生時的祥瑞。文末以七十二句四字銘文詠此事作結。

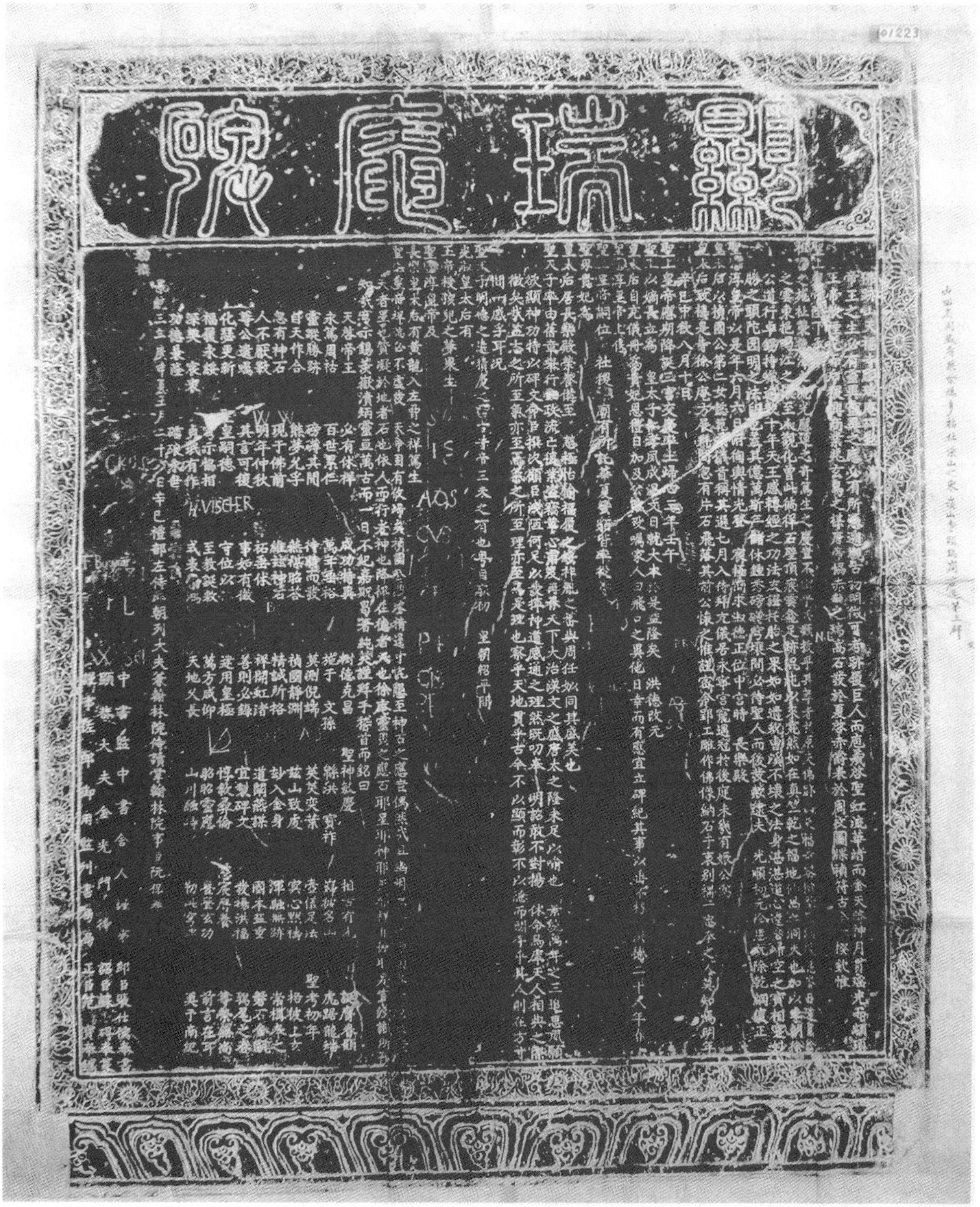

編號：01223　出自《拓片總集》第二冊

釋文

【顯瑞庵碑】

佛跡山天福寺顯瑞庵[①]碑銘并序[②]

帝王之生，必有靈異；靈異之應，必有所憑。遡觀古初，明徵可考。跡履巨人，而庖羲啓聖；虹流華渚，而金天降神。月貫瑶光，而顓頊/王帝；歆禋祀而后稷興。商業兆玄鳥之祺，唐帝協赤龍之瑞，嵩石發於夏啟，赤爵表於周文[③]。圖牒禎符，古今一揆[④]。欽惟/

聖上皇帝陛下承/　　　　祖宗之施祉，襲德澤之流光，應運之奇，篤生之慶，豈不出乎其類，拔乎其萃者哉！

原夫佛跡山天福寺，峰攢鷲嶺，洞□昆侖，西連□□/之雲，東挹喝江[⑤]之浪，至人觀化，曾此徜徉，石壁頂痕，雲龕足跡，混沌以來，宛然如在，真竺乾[⑥]之福地，仙島之洞天也。加

---

① “顯瑞庵”，見《大南一統志·山西省·山川》：“柴山，在安山縣北六里，一名佛跡山。山脚有天福寺，上有岩洞……顯瑞庵立於後黎景統年間，有碑記，尚書阮保所撰。”

② 此爲碑題，今依此重定篇題爲“佛跡山天福寺顯瑞庵碑銘”。

③ 以上始生神話均可見《宋書·符瑞志》。

④ “一揆”，即同一個道理的意思。孔安國《尚書序》：“至于夏商周之書，雖設教不倫，雅誥奧義，其歸一揆。”孔穎達疏曰：“聖人立教，亦同揆度於至理，故云‘一揆’。”

⑤ “喝江”，見《大南一統志·河内省·山川》：“喝江在省西偏南二十九里，源從珥河分流……亦入於珥河，迤邐二百三十二里，其上流，夏秋可行舟，春冬乾涸。”

⑥ “竺乾”，即古印度。《弘明集·誣論》：“老子即佛弟子也。故其經云：‘聞道竺乾，有古先生，善入泥洹，不始不終，永存綿綿。’竺乾者，天竺也。”

以李朝徐/公道行[①]卓錫，持臘[②]逾數十年，天王感轉經[③]之功，法友證托胎之果。如如遺蜕，曹溪[④]不壞之法身；湛湛道心，達磨[⑤]歸空之寶相。寔妙/勝之頭陀[⑥]，圜明之法印[⑦]也。蓋其億萬斯年，儲休鍾秀，磅礴穹壤間，必待聖人而後發歟！逮夫　光順初元[⑧]，陰慝既除，乾綱復正，/　　　　聖宗淳皇帝以是年六月六日俯徇輿情，光登　宸極，簡求淑德，正位中宮，時　長樂殿/　　　　皇太后以禎國公[⑨]第二女，懿範柔儀，首稱其選，七月入侍，拜充儀，居永寧宮，寵遇冠於後庭。未幾有娠，公爲/　　　　皇太后致禱是寺徐公庵，方展拜間，忽有片石飛落其前，公懷之惟謹，密令郢工[⑩]雕作佛像，納石于衷，別構一庵奉之，人莫知焉。明年/辛巳[⑪]中秋八月十日，/　　　　聖上皇帝應期降誕，三宮交慶，率土歸心。三年壬

① “徐道行”，即徐路。《大南一統志・山西省・寺廟・天福寺》：“禪師姓徐，名路，字道行，河内永順安朗人。爲世高僧，卓錫于此。”又見《大越史記全書》會祥大慶三年：“時帝春秋已高，無嗣，詔擇宗室子立爲嗣。帝弟崇賢侯未有嗣。適石室山僧徐道行至侯家，與語祈嗣事，道行曰：‘他日夫人臨誕時，必先相告，蓋爲之祈于山神也。’後三年，夫人因而有娠，生男陽煥。……（七年）夏六月，僧徐道行尸解於石室山寺。”注曰：“石室縣名，即今之寧山縣，名佛跡山，乃徐道行來遊時，見山洞中素石，有人足跡，道行以其足跡印之符合，俗傳道行尸解。先是，崇賢侯夫人杜氏懷娠，至是産難，侯追念道行前日之言，使人馳報，道行即易服澡身，入巖中尸解而逝。夫人尋生得男，即陽煥也。鄉人以其異納尸龕中奉事之，今佛跡山，是其處也。每歲春三月七日，士女會于寺，爲一方勝遊，後人訛以爲僧忌日。”

② “臘”，又作戒臘、法臘，爲比丘、比丘尼受具足戒後之年數。《釋氏要覽》卷下：“今釋氏，自四月十六日，前安居入制，至七月十五日，爲受臘之日，若俗歲除日也。至十六日，是五分法身生養之日，名新歲也，自夏九旬，統名法歲矣。”

③ “轉經”，見《梁高僧傳》卷十三：“天竺方俗凡是歌詠法言皆稱爲唄，至於此土詠經則稱爲轉讀，歌讚則號爲梵唄。”“轉讀”又分“轉經”與“真讀”，如大般若經之大部經卷，僅讀誦其初、中、後之數行，或僅翻頁擬作讀經狀，稱爲“轉經”，如完整誦讀一部經者，則稱爲“真讀”。

④ “曹溪”，六祖慧能從弘忍得法後，從印宗剃髮、受具足戒而歸曹溪寶林寺，人稱曹溪法門，此處指六祖慧能。

⑤ “達磨”，又稱菩提達摩、菩提達磨多羅、達磨多羅、菩提多羅，爲禪宗初祖。

⑥ “頭陀”，亦稱頭陀行、頭陀事、頭陀功德，《佛説十二頭陀經》云行頭陀法者，有十二事：“一者，在阿蘭若處；二者，常行乞食；三者，次第乞食；四者，受一食法；五者，節量食；六者，中後不得飲漿；七者，著弊納衣；八者，但三衣；九者，塚間住；十者，樹下止；十一者，露地坐；十二者，但坐不卧。”

⑦ “法印”，見《大智度論》卷二十二：“佛法印有三種：一者，一切有爲法，念念生滅皆無常；二者，一切法無我；三者，寂滅涅槃。”法印係指佛教之旗幟、標幟、特質，乃證明爲真正佛法之標準。

⑧ “光順初元”，應即後黎聖宗（Lê Thánh Tông）光順（Quang Thuận）元年（1460），當明英宗天順四年，歲次庚辰。

⑨ “禎國公”，即阮德忠。

⑩ “郢工”，即“郢匠”，《莊子・雜篇・徐無鬼》言及巧匠：“莊子送葬，過惠子之墓，顧謂從者曰：“郢人堊慢其鼻端若蠅翼，使匠石斲之。匠石運斤成風，聽而斲之，盡堊而鼻不傷，郢人立不失容。宋元君聞之，召匠石曰：‘嘗試爲寡人爲之。’匠石曰：‘臣則嘗能斲之。雖然，臣之質死久矣。’自夫子之死也，吾無以爲質矣，吾無與言之矣。”

⑪ “辛巳”，即後黎聖宗光順二年（1461），當明英宗天順五年。

午，/ 聖上以嫡長立爲 皇太子，仁孝夙成，温文日就，大木於是益隆矣。 洪德[①]改元，/ 皇太后自充儀册爲貴妃，恩禮日加。及公臨歿，囑家人曰："飛石之異，他日幸而有應，宜立碑紀其事，以垂不朽。" 洪德二十八年春，/ 聖宗淳皇帝上僊，/ 聖上皇帝嗣位， 社稷宗廟有所託，華夏蠻貊皆率從。/ 聖母貴妃爲/ 皇太后，居長樂殿[②]，榮養備至， 慈極怡愉，福履之綏，祚胤之蕃，與周任姒同其盛美也。/ 聖天子率由舊章[③]，舉行仁政，流亡復業，盜竊革心，甫及再朞[④]，天下大治，漢文之盛、唐太之隆未足以喻也。/ 景統萬年之三[⑤]，追思夙願，/欲顯神功，特以碑文命臣撰次，顧臣淺陋，何足以發揮神道感通之理？然既叨奉 明詔，敢不對揚 休命！烏虖！天人相與之際/微矣哉！蓋志之所至，氣亦至焉；氣之所至，理亦至焉。是理也，察乎天地，貫乎古今，不以顯而彰，不以隱而閟，□乎其人，則在方寸/間，内感孚耳。況/ 聖天子明德之遠，積慶之□，古昔帝三未之有也。粤自厥初， 皇朝紹平間，/ 光淑皇太后[⑥]有/ 玉帝授孩兒之夢，果生/ 聖宗淳皇帝。[⑦] 及/ 長樂皇太后，有黄龍入左脅之祥，篤生/ 聖上皇帝[⑧]，祥瑞必不虚發， 天命固有攸歸矣。禎國公識鑒精遠，寸忱懇至，神石之應，豈偶然哉！且幽明無二理，物類本一原，永垂

① "洪德"，後黎聖宗第二個年號，計二十八年（1470-1497）。

② "長樂殿皇太后"，即禎國公阮德忠第二女阮晅，生後黎憲宗鏳。見校合本《大越史記全書·本紀》後黎聖宗光順二年："八月初一日，皇長子鏳生。"注曰："後爲憲宗，鏳除更切，其母乃阮德忠第二女，初年選入宫，拜充儀，居永寧宫，後尊長樂皇太后。"又，《憲宗瑞皇帝序傳》："其母長樂聖慈皇太后阮氏，諱晅，宋山嘉苗外庄鄉、贈太尉、貞國公德忠之第二女也。"

③ "率由舊章"，依循以往的法則。《詩經·大雅·假樂》："干禄百福，子孫千億，穆穆皇皇，宜君宜王，不愆不忘，率由舊章。"

④ "再朞"，兩個週年。《尚書·堯典》："帝曰咨汝羲暨和，朞三百有六旬有六日，以閏月定四時，成歲。"孔安國《傳》云："四時曰朞。"

⑤ "景統萬年之三"，當明孝宗弘治十三年（1500），歲次庚申。

⑥ "光淑皇太后"，名吴氏玉瑶（Ngô Thị Ngọc Dao），是後黎太宗妃嬪、後黎聖宗之母。校合本《大越史記全書·本紀》大寶元年："六月，册封吴氏爲婕妤，居慶芳宫，即光淑皇太后也。"光淑文皇后（Quang Thục Văn Hoàng Hậu），洪德二十七年（1496）"崩於承華殿正寢，壽七十六"。

⑦ 校合本《大越史記全書·聖宗淳皇帝序傳》："光淑皇太后吴氏，清化安定洞滂人也。初太后爲婕妤，祈嗣，夢天帝錫以僊童，遂有娠。世傳太后臨誕時，因悶假寐，夢至上帝所，上帝令一僊童降爲太后子，僊童遲久不行，上帝怒，以玉笏擊其額出血。後夢覺，遂生帝，額上隱然有痕迹，如夢中所見，及其壽年，不改此痕迹也。"

⑧ 校合本《大越史記全書·本紀·黎憲宗睿皇帝序傳》："先是聖宗未有繼嗣，光淑皇太后嘗爲祈禱，命德忠禱于佛迹山徐公庵，夢至上帝前祈皇嗣，上帝曰：'許天禄爲阮氏子，乃抱坐前。'時長樂皇太后居永寧宫，即有娠。及彌月，夢黄龍自天而下，飛入所居，稍頃遂生帝。"

於/天者，星也；質凝於地者，石也；依人而行者，神也；降祥在德者，天也。徐庵靈異之應，石耶？星耶？神耶？天耶？祥耶？德耶？是豈淺識所預/知哉！穹示錫羡，嶽瀆炳靈，亙萬古而一日，不紀嘉貺，曷著純英？謹拜手稽首而銘曰：/

天啟帝王，必有休祥。成功特異，樹德克昌。

聖神毓慶，相古有光。

誕膺眷顧，/永篤周祜[①]。百世累仁，萬年垂裕。

施于　文孫[②]，緜洪　寶祚。

巋彼名山，虎踞龍蟠。/靈蹤勝跡，磅礴其間。

待時而發，莫測倪端。

英英奕葉，壼儀足法。　聖考初年，/自天作合。

熊夢[③]允孚，燕禖[④]昭答。

禎國静淵，兹山致虔。冥心默禱，格彼上玄。/

忽有神石，現于佛前。

維兹神石，精誠所格。玅入金身，渾融無跡。

崇構奉之，/人不厭斁。

明年仲秋，　□祐垂休。祥開虹渚，道闡燕謀。

國本益重，磐石金甌。/

尊公遺囑，其言可復。事如有徵，善則必録。

宜製碑文，發揚洪福。

鶉尾之春，/化瑟更新。　聖皇嗣德，守位以□。

建用皇極，惇敘彝倫。

慈宸膺養，尊榮無尚。/福履永綏，穹示協相。

至教誕敷，萬方咸仰。

---

① “周祜”，見《詩經·大雅·文王之什·下武》：“昭兹來許，繩其祖武，於萬斯年，受天之祜。”鄭玄箋云：“祜，福也，天下樂仰武王之德，欲其壽考之言也。”

② “文孫”，原指周文王之孫。《尚書·立政》：“繼自今文子文孫，其勿誤于庶獄，庶慎惟正，是乂之。”孔安國傳曰：“文子文孫，文王之子孫。”後泛作他人之孫的美稱。

③ “熊夢”，喻得賢才。《宋書·符瑞志上》：“（姬昌）將畋，史遍卜之，曰：‘將大獲，非熊非羆，天遺汝師以佐昌。臣太祖史疇爲禹卜畋，得皋陶。其兆如此。’王至于磻谿之水，吕尚釣於涯。”

④ “燕禖”，古時，燕子（玄鳥）至，是天子求子於高禖的時候。《禮記·月令》：“（仲春之月）是月也，玄鳥至。至之日，以太牢祠于高禖，天子親往，后妃帥九嬪御。”

昭昭靈應，亹亹玄功。前言在耳，/深契　宸衷。

貞珉有作，式表□鴻。

天地久長，山川融峙。勒此穹碑，奠于南紀。/

功德長隆，礌硠永世。/

景統三年庚申夏五月二十八日辛巳

禮部左侍郎、朝列大夫、兼翰林院侍讀、掌翰林院事臣阮保[①]奉/　　　　敕撰/

中書監中書舍人、謹事郎臣裴仕儒奉書/

顯恭大夫、金光門待詔臣蘇碍奉篆/

謹事佐郎、御用監刊書局局正臣范寶奉鐫/

題後

佛跡山爲宗教聖地，自李朝開始，即有徐道行尸解爲李神宗的傳説。本碑記則記載了後黎朝聖宗母光淑皇太后與憲宗母長樂皇太后祈子的故實，並引用中國歷代始祖神話的各種祥應。有趣的是，李神宗的即位是因爲伯父仁宗無後，過繼後方繼立爲帝；後黎聖宗則爲太宗三子，在正常狀況下，並没有繼承皇位的可能；而憲宗雖爲聖宗長子，但據傳説也是光淑皇太后感於聖宗無子，令憲宗外公阮德忠致禱於徐公庵的結果。因而三者所傳遞的祥異——徐道行的尸解、玉笏擊額、飛石傳異，顯見均與確立其即位的正統性有密切的關係。可參考耿慧玲《李英宗朝婚姻關係與權力結構研究》與《論越南李太宗的政治行爲》二篇文章，均收於《越南史論——金石資料的歷史文化比較》，新文豐出版公司，2004 年。

① “阮保”，又稱阮伯朋，《鼎鍥大越歷朝登科録》後黎聖宗洪德三年（1472）壬辰科第三甲同進士出身：“阮保，武仙芳萊人，仕至禮部尚書，掌翰林苑事，號珠溪，有詩行於世。”

一〇三　天福寺水閣補經碑

引言

碑立於山西省國威府栗柴總多福社柴山之東嶺山寺，爲寺前屏山第二碑。碑刻單面，拓片編號01224，共二十八行字，滿行約三十一字，碑額題“水閣補經碑”五字，碑題“太昭儀重修佛跡山天福寺水閣并刊補經印施序并序”二十二字，今重定篇題爲“天福寺水閣補經碑”。碑四側刻有花草紋。碑文撰者爲國子監中舍生阮伯述。年代署作大正（Đại Chính）九年（1538），大正爲莫太祖（Mạc Thái Tông）莫登瀛（Mạc Đăng Doanh）的年號，同年爲明嘉靖十七年，歲次戊戌。拓片現藏於漢喃研究院。

碑文記載莫朝大正九年太昭儀阮氏玉芳與其父兄及親屬等，共同出資修繕天福寺水閣，並印施佛經。文末以十四句四字銘文詠此事，並刻有功德主之姓名。

編號：01224　出自《拓片總集》第二冊

釋文

【水閣補經碑】

太昭儀重修佛跡山天福寺[1]水閣并刊補經印施序并銘[2]

佛跡山天福寺，真安南大名藍[3]已，洞垂靈跡，古來率多報應，間有水閣跡陳，金經/遺逸，今丹鳳縣丹鳳上社/　　　廣德殿太昭儀阮玉芳，廼於/　　　大正萬萬年之九[4]，與父阮文每、兄阮渌及諸親屬共發　　菩提心[5]，出家財/并普勸□府者必共修水閣，刊補佛經印施。及寧山縣□□總□□石砌□池，重/新佛境，以垂永久，則善端之見也。此心一發，仁果隨生，福履之綏，子孫之衆，古云/“積善有餘慶”，信夫！其於功德大矣、廣矣！兹立一碑，紀其事以爲後來勸。銘云：/

人有萬行，善根諸中。懿　昭儀德，繼賢淑風。

有父兄在，/惟功德崇。經本既補，水閣又隆。

所感者應，所欲者從。/慶綿子孫，箕壽　聖躬。

兹銘兹石，永世無窮。/

太昭儀阮玉芳/

康王莫仁甫、/第八/　　　皇子莫仁廣、/第四/　　　皇女莫玉出。/

貞富子阮文每、阮氏族/

秀林局儒生阮渌、謝氏瑂、阮氏玉春、陶氏琔、/阮氏陶/

序夫人阮氏合、裴氏馨、管氏桃、/阮氏近、/裴伯寧、阮伯逵、阮鵬舉/

---

① “天福寺”，見《大南一統志·山西省·寺觀》：“天福寺，在安山縣柴山社，古號香江庵，又號蒲陀院，寺左徐禪師像，右李神宗像，中則佛像也。”

② 此爲碑題。今依内容及性質重定篇題爲“天福寺水閣補經碑”。

③ “名藍”，著名之伽藍，伽藍爲梵語音譯，即指寺院。

④ “大正萬萬年之九”，大正（Đại Chính）爲莫太宗（Mạc Thái Tông）莫登瀛（Mạc Đăng Doanh）的年號，九年爲公元 1538 年，當後黎莊宗（Lê Trang Tông）元和（Nguyên Hòa）六年，明嘉靖十七年，歲次戊戌。

⑤ “菩提心”，指成佛的心，全稱阿耨多羅三藐三菩提心。見《大智度論》卷四十一：“菩薩初發心，緣無上道：‘我當作佛’，是名‘菩提心。’”

本府士娓[1]/

黄眙厥、阮伯昇、謝美、阮維肖、阮世枋、阮文奇、黎文□/、阮度、王允恭、□□□、阮文錦、阮慶來、吴□、阮□/、阮氏珢、陳氏勝、王氏蝶、段氏誠、阮克篤、阮褫、阮仁。/

大正九年季春穀日

國子監中舍生阮伯述撰/

本寺寺正阮□/

題後

本碑記立於大正九年(1538),時莫太宗莫登瀛在位。碑記主爲莫朝廣德殿太昭儀阮玉芳。太昭儀究竟屬於怎樣的身份?按,中國唐宋時期内命婦有“太儀”,相對於親王之母稱太妃,故稱公主之母爲太儀,見《唐會要·内職·雜録》:“貞元六年七月九日,太常卿崔縱奏:‘謹案《司封令》及《六典》,王母爲太妃,高祖宇文昭儀生韓王元嘉,後爲韓國太妃;太宗燕妃生越王貞,後爲越國太妃。今諸王母未有封號,請遵典故。’其月吏部郎中柳冕署狀稱:‘歷代故事及《六典》無公主母稱號,臣謹約文比義,公主母既因公主而貴,伏請降於王母一等,命爲太儀,各以公主本封加太儀之上。’旨依。”

① “士娓”,越南稱未出家而在寺廟中爲寺廟工作的男女。

一〇四　嗣德帝御製詩《懷如清使部潘輝泳等有作》

引言

碑立於山西省國威府栗柴總瑞珪社貝庵峝風峝一碑，按拓片題籤："這峝在登三聖廟路之右邊"。按，"峝" 同 "洞"。碑刻單面，拓片編號 01246，共三十一行字，滿行約三十四字，碑題有"御製" 二字，今重定篇題爲"嗣德帝御製詩《懷如清使部潘輝泳等有作》"。碑側無紋飾。撰者嗣德皇帝阮翼宗阮福時，書寫者潘輝泳。年代署作嗣德（Tự Đức）八年（1855），嗣德爲阮翼宗（Nguyễn Dực Tông）阮福時（Nguyễn Phúc Thì）的年號，同年爲清咸豐五年，歲次乙卯。拓片現藏於漢喃研究院。

碑文記載嗣德六年（1853）正月初十，潘輝詠等人的使節團出使大清國，嗣德帝深知使團此行的艱辛，於嗣德八年（1855）聞使團已達廣東即將回國時，特作七章詩以詠此事。

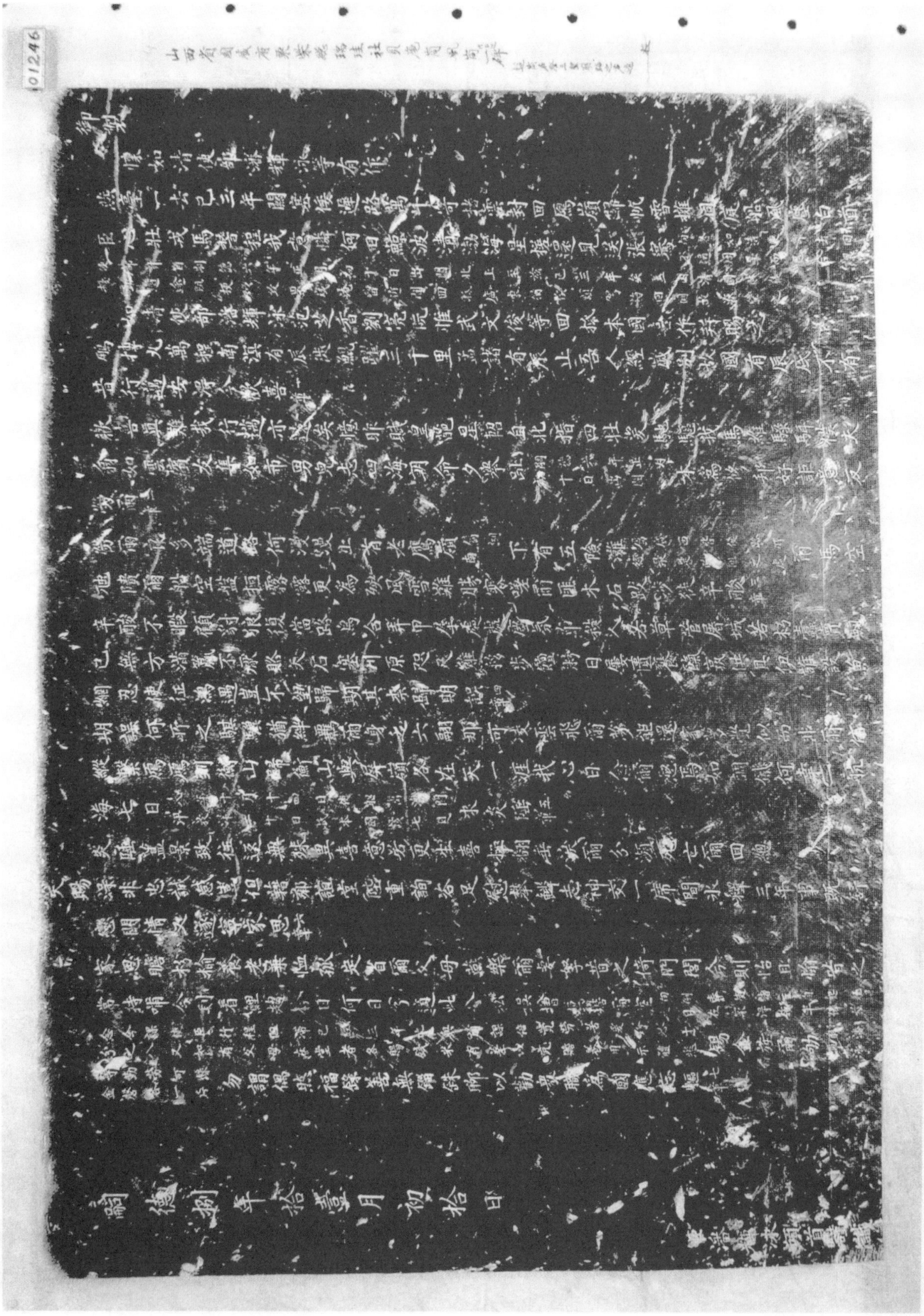

編號：01246　出自《拓片總集》第二冊

釋文

御製/懷如清使部潘輝泳等有作[1]

燕臺一去已三年，關塞倭遲路萬千。寄楮雲封回鴈嶺，歸帆雪擁洞庭船。風塵白首/臣心壯，戎馬稽程我意憐。何日鯨波清渤海，星槎還見送張騫。

向冬如清使部去回/不過周星而已，今課/使部計自嗣德六年正月初十日出關北上，至玆已三年矣，蓋因清國賊徒/擾動，道途既梗，以致累歲淹留，近聞回抵廣東，猶俟□駕海回國，故□望之。/

如清使部潘輝泳、范芝香、劉亮、阮惟、武文俊等，回抵本國喜作，并賜之。/

鵬摶九萬程，南溟有辰徙。鯤躍三千里，孟諸[2]有辰止。

吾人經歲別，故國有辰底。不有/昔行邁，安得今歡喜？一/章

歡喜真難哉，行邁亦遠矣。憶昨賦皇葩，星軺[3]自北指。

四牡爰馳驅[4]，我馬維騄駬[5]。僕夫/翕如雲，賓友集如市。

男兒志四海，朝命夕舉趾。嗣德六年正月/初十日出關。**本爲修邦好，詎意反/勞爾！**二/章/

勞爾良多端，道路何漫漫。上有老鷹嶺，屬□/南。**下有五險灘；**屬廣西，皆使路所/經，最是險阻之處。

爾馬空虺隤[6]，爾船空盤桓；霧露更爲殃，風雪難勝寒；

嗟爾匪木石，跋涉徒辛酸。三/章

辛酸不暇顧，豺狼復當路。烏合弄甲犀，處處塵氛布。

---

[1] 此爲碑題，今重定篇題爲"嗣德帝御製詩《懷如清使部潘輝泳等有作》"。

[2] "孟諸"，亦作"孟豬""孟潴"。古澤藪名。在今河南省商丘市東北、虞城縣西北。《尚書·禹貢》："導菏澤，被孟豬。"

[3] "星軺"，使者所乘的車。亦借指使者。（唐）白居易《奉使途中戲贈張常侍》詩："早風吹土滿長衢，驛騎星軺盡疾驅。"

[4] "四牡"，見《詩經·小雅·鹿鳴之什·四牡》："四牡騑騑，周道倭遲，豈不懷歸，王事靡盬，我心傷悲。"詩序曰："四牡，勞使臣之來也。"

[5] "騄駬"，指良馬。《史記·秦本紀》："造父以善御幸於周繆王，得驥、温驪、驊騮、騄耳之駟。西巡狩，樂而忘歸。"

[6] "虺隤"，疲極致病貌。見《詩經·國風·周南·卷耳》："陟彼崔嵬，我馬虺隤。"毛亨傳曰："虺隤，病也。"鄭玄箋曰："我，我使臣也。臣以兵役之事行，出離其列，位身勤勞於山險，而馬又病，君子宜知其然。"

殺人若草菅，屠城若朽蠹。賣劍[①]/已無方，滿籯[②]不厭賂。

矢石塞川原，咫尺難移步。饘粥日屢匱，饔飧孰供具。

伊誰設魚/網，忍使征鴻遇。豈不望歸期，其奈歸期誤。四/章

期誤何所之，騏驥猶絆羈。爾身乏之六翮[③]，那可凌雲飛。

爾夢能還家，夢覺似而非。爾□/縱繫鴈，鴈列衡山歸。

衡山與屏嶺，各在天一涯。我心日念爾，惄焉如調饑[④]。

何幸一航/海，七日八年十月十四日使船出□門/汛，放洋二十日抵本國該七日。來炎陲。五/章

炎陲舊景致，往返無殊異。喜意若更生，喜極翻垂淚。

爾兮瀕死亡，爾回總/　　　　天賜。得非忠誠感，豈但藉鄰誼。

堂陛重詢咨，足慰攀鱗[⑤]志。神交一席間，冰釋三年事。

既舒/戀闕情，又遂寧家思。六/章

家思瞻枌榆[⑥]，養老兼恤孤；定省爾父母，燕樂爾妻孥；

昔之倚門閭，今則怡且愉；昔之/常待哺，今則看鯉趨[⑦]；

今日何日兮，適此公私娱；增□瞻爾室，向例奉使諸臣自起□/之日，在家得領半俸，兹/念今課使臣行程阻滯已經三年，此與舊課倍覺勞苦，爰□給十/分之八，又如有父母在堂者，各賜錢米有差，以充贍養，用示體悉。錫金旌爾劬。□潘/輝泳/等勤勞可録/、金磬各一片。

勿謂偶然福，録善無錙銖；聊以勸衆職，爲國應忘軀。七/章

嗣德捌年[⑧]拾壹月初拾日/

臣潘輝泳頓首謹識/

---

① “賣劍”，指賣劍買牛，喻解甲歸田。《漢書・龔遂傳》：“（龔）遂見齊俗奢侈，好末技，不田作，乃躬率以儉約，勸民務農桑……民有帶持刀劍者，使賣劍買牛，賣刀買犢，曰：‘何爲帶牛佩犢！’”

② “滿籯”，指黄金滿筐的意思。《漢書・韋賢傳》：“（韋）賢四子：長子方山爲高寢令，早終；次子弘，至東海太守；次子舜，留魯守墳墓；少子玄成，復以明經歷位至丞相。故鄒魯諺曰：‘遺子黄金滿籯，不如一經。’”

③ “六翮”，謂鳥類雙翅中的正羽。用以指鳥的兩翼。《戰國策・楚策四・莊辛謂楚襄王》：“（黄鵠）奮其六翮而淩清風，飄摇乎高翔。”

④ “惄”，音逆，有飢餓與憂思之意。《詩經・國風・關雎・汝墳》：“遵彼汝墳，伐其條枚，未見君子，惄如調飢。”毛亨傳：“惄，飢意也。調，朝也。”鄭玄箋云：“惄，思也。未見君子之時，如朝飢之思食。”

⑤ “攀鱗”，指科舉及第。（元）王惲《送王子初總管奉詔北上》詩：“煙霞未遂攀鱗志，葵藿空懷向日誠。”

⑥ “枌榆”，家鄉的意思。

⑦ “鯉趨”，亦稱“鯉庭”，謂子受父訓。《論語・季氏》：“陳亢問於伯魚曰：‘子亦有異聞乎！’對曰：‘未也。嘗獨立，鯉趨而過庭，曰：學詩乎？對曰：未也。不學詩無以言。鯉退而學詩。”

⑧ “嗣德捌年”，清咸豐五年（1855），歲次乙卯。

一〇五　總督大王神祠記

引言

碑立河東省丹鳳縣楊柳總茂和社廟，爲廟内第二碑。碑刻單面，拓片編號01255，共十五行字，滿行約三十八字，碑題“總督大王神祠記上”八字，今依此重定篇題爲“總督大王神祠記”，碑額刻有兩層紋飾，内層有綫刻日紋，外層綫刻雲紋與其餘三側相連。碑文撰者修善尹阮益遜。年代署作洪順（Hồng Thuận）四年（1512），洪順爲後黎襄翼（Lê Tương Dực）皇帝黎瀠（Lê Oánh）的年號，同年爲明正德七年，歲次壬申。拓片現藏於漢喃研究院。

碑文記載總督大王神祠建立之緣由，並言總督大王生時勤於國事，亡後福澤百姓，故特撰碑文以誌之。

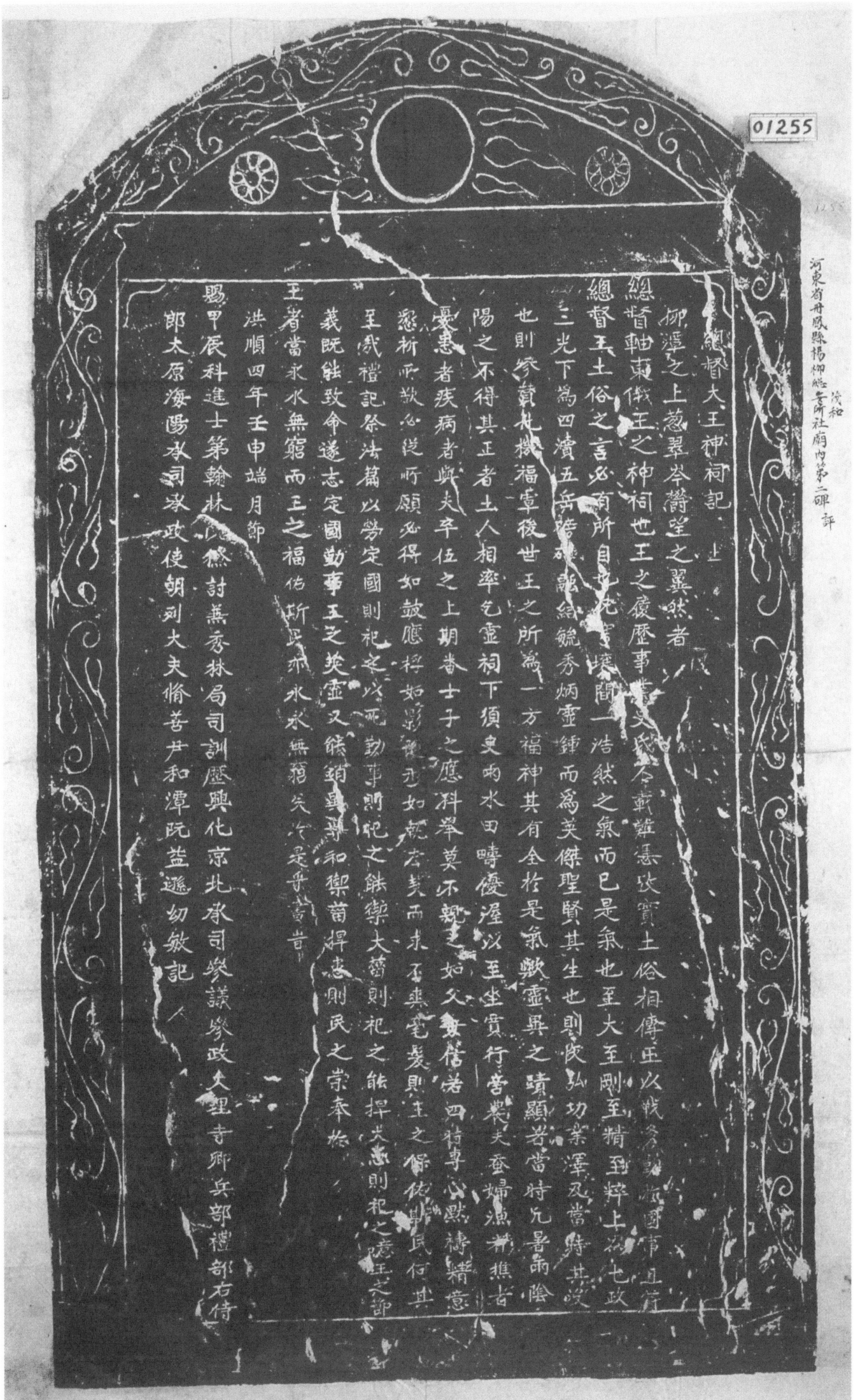
01255
總督大王神祠記
柳潭之上葱翠岑蔚望之翼然者
總督軸兼儀王之神祠也王之履歷事業文獻今載難憑攷實土俗相傳臣以戰
總督王土俗之言必有所自也
三光下爲四瀆五岳
也則參贊化機福韋後世王之所爲一方福神其有全於是氣歟靈異之蹟顯著當時凡暑雨陰
陽之不得其正者土人相率乞靈祠下須臾雨水田疇優渥以至坐賈行商農夫蚕婦漁者樵者
憂患者疾病者與夫卒伍之上朋番士子之應科舉莫不親之如父
懇祈所欲必從所願必得如鼓應桴如影
至哉禮記祭法篇以勞定國則祀之以死勤事則祀之能禦大菑則祀之能捍大患則祀之
義既能致命遂志定國勤事王之英靈又能
王者當永永無窮而王之福佑斯民亦永永無窮矣於是乎書
洪順四年壬申端月節
賜甲辰科進士第翰林
郎太原海陽承司承政使朝列大夫脩善尹和潭阮
河東省丹鳳縣楊柳
社廟內第二碑

編號：01255　出自《拓片總集》第二冊

釋文

總督大王神祠記　上[①]

柳潭之上，葱翠岑鬱，望之翼然者，/　　　　總督軸東俄王之神祠也。王之履歷事業，史氏不載，難憑考實。土俗相傳，王以戰[務]，勤於國事，且爵/　　　　總督王，土俗之言，必有所自也，況穹壤間一浩然之氣而已。是氣也，至大至剛，至精至粹，上爲七政/三光，下爲四瀆五岳，磅礴融結，毓秀炳靈，鍾而爲英傑聖賢。其生也，則恢弘功業，澤及當時；其没/也，則參贊化機，福覃後世。王之所爲，一方福神，其有全於是氣歟！靈異之蹟顯著當時，凡暑雨陰/陽之不得其正者，土人相率乞靈祠下，須臾雨水田疇，優渥以至。坐賈行商，農夫蚕婦，漁者樵者，/憂患者、疾病者，與夫卒伍之上期番、士子之應科舉，莫不親之如父母，信若四時，專心默禱，精意/懇祈，所欲必從，所願必得，如鼓應桴，如影隨形，如執[右]契[②]而求不爽毫髮，則王之保佑斯民，何其/至哉！《禮記・祭法篇》："以勞定國則祀之，以死勤事則祀之，能禦大菑祀之，能捍大患則祀之。"噫！王之節/義，既能致命遂志、定國勤事；王之英靈，又能銷異導和、禦菑捍患。則民之崇奉於/　　　　王者，當永永無窮；而王之福佑斯民，亦永永無窮矣。於是乎書。

時/

洪順四年壬申[③]端月節/

賜甲辰科進士第、翰林院檢討、兼秀林局司訓、歷興化京北承司、參議、參政、大理寺卿，兵部、禮部右侍/郎，太原、海陽承司承政使、朝列大夫、修[④]善尹、和潭阮益遜幼敏[⑤]記

---

① 此爲碑題，今依此重定篇題爲"總督大王神祠記"。

② "右契"，古契卷兩書一札，右者爲貴，見《禮記・曲禮上》："獻車馬者，執策綏；獻甲者，執胄；獻杖者，執末；獻民虜者，操右袂；獻粟者，執右契；獻米者，操量鼓；獻孰食者，操醬齊；獻田宅者，操書致。"孔穎達疏："獻粟者，執右契者，粟粱稻之屬也，契謂兩書一札，同而別之。鄭注此云契券要也，右爲尊，以先書爲尊故也。"

③ "洪順四年壬申"，"洪順"（Hồng Thuận）爲後黎襄翼帝（Lê Tương Dực）之年號，四年爲公元 1512 年，當明武宗正德七年。

④ "修"，碑原作"脩"，另兼正字故改。

⑤ "阮益遜"，黎聖宗洪德十五年（1484）甲辰科第三甲同進士出身第十五名："阮益遜，丹鳳茂和人，仕禮部右侍郎。"

題後

茂和社内計有如下碑記（以《拓片總集》爲考察範圍）：

編號	篇題	年代	位置
01252-01254	茂和社黄曰明夫妻功德碑記	後黎熙宗正和十六年（1695）	茂和社廟前一碑
01255	總督大王神祠記*	後黎朝襄翼帝黎瀠洪順四年（1512）	茂和社廟内第二碑
01256	茂和社脩造碑	西山景盛皇帝景盛八年（1800）	茂和社廟内第一碑

注：* 表示此篇已收入本書。

一〇六　明德三年己丑科進士題名記

引言

碑立於河内文廟内，爲廟内第四庭前左第三行第二碑。碑刻單面，拓片編號 01305a，共四十六行字，滿行約五十六字，額題與碑題均刻有“明德三年己丑科進士題名記”十二字，今依此爲篇題。碑四邊有紋飾，碑額刻有兩層，内層爲日紋與雲紋，外層以卷草花紋與其餘三側相連。碑文撰者東閣校書、資政上卿阮居仁，篆者金光門待詔、資政卿阮縉。年代署作明德（Minh Đức）三年（1529），明德爲莫太祖（Mạc Thái Tổ）莫登庸（Mạc Đăng Dung）年號，同年爲明嘉靖八年，歲次己丑。拓片現藏於漢喃研究院。

碑文記載莫朝明德三年（1529）己丑科科考相關事宜歷程，以及對新科進士的勉勵之語。文末則記録此年二十七名進士的姓名與籍貫。

編號：01305a　出自《拓片總集》第二冊

釋文

【明德三年己丑科進士題名記】

明德三年己丑科進士題名記①

明德己丑②/

皇上履寶位之三年，/ 天地文明之一初也。時當大比，士歌鹿鳴③而來者，多至四千餘，角藝春鬧，拔其尤者二十有七。二月十八日，/ 皇上臨軒，親策以理天下之道。 命提調官太保艷國公莫金鏕、兵部尚書慶溪侯莫寧止，暨有司百執，各供其事。

翌日，讀卷官禮部尚書東閣大/學士文譚伯阮清、吏部尚書國子監祭酒秉禮伯丁禛等奉卷進讀，上陳/ 睿覽，定其高下。賜杜綜等三名進士及第、阮雲光等八名進士出身、阮有焕等十六名同進士出身。

二十四日，/ 皇上御敬天殿，臚傳唱第，吏司頒 恩命，禮部捧 黄榜揭于太學門。是日，又 賜錢各有差。二十七日， 賜冠帶衣服，加諸常例。二十八日，/ 賜宴于禮部。三月初七日， 賜榮歸，頒錢有差， 恩至渥也。又 命冬官礱石，詞臣撰記。

臣等叨承/ 明命，爲斯文賀，謹拜手稽首而進言曰：真元合而天下之豪傑問世而生，/ □□□□天下之豪傑爲時之用。明良之會，感應之機，非偶然也。然豪傑之士由科目進。粤自有虞④詢岳闢門⑤，而科目之美意於是乎權輿。成周興/能升造，而科目之良法於是乎兆朕。迨漢而唐而宋，與夫我 越莫君誼辟之繼作，率皆以此而爲登進豪傑之梯階焉。

---

① 此爲碑題。今依此爲篇題。

② “明德己丑”，明德（Minh Đức）是莫朝太祖（Mạc Thái Tổ）莫登庸（Mạc Đăng Dung）的年號，共三年。己丑爲明德三年（1529），當明嘉靖八年。

③ 據吴高郎《黎朝歷科進士題名碑記》補。

④ “有虞”，所指爲舜，《册府元龜・帝王部》：“帝舜以土德王號曰有虞氏、繇虞氏。”

⑤ “詢岳闢門”，見（宋）夏僎《尚書集解・周書・君牙》：“張無垢謂舜典一篇，歷試禪位受終占象，祭告天地，巡狩黜陟。堯崩，舜格廟詢岳闢門，明目達聰之事，雜然並舉，其命九官事亦大矣。”

洪惟　　　　聖朝　　　　　/聖天子[1]以不世出之資，撫大有爲之運。抗武功而定天下，敷文教而淑人才，修學校以廣涵養，樂育之化，頒學規以神鼓舞振作之機。賁飾乎人文，/鼎新乎科目。凡試法之條貫，　恩榮之次第，視諸古昔，詳且備矣。

士而遭遇/　　　　　聖明，亮沐美化，入英雄之彀，登榮進之塗，且將姓名壽諸貞石，豈不榮且幸耶！固當佩服　隆恩，敦篤實，踐忠清，厲其節，禮義爲之閑，正其心術，不/倚不偏，措諸事業可大可久，如吕文、楊正自持而贊太平有道之盛，韓魏公垂縉紳笏，而措天下大山之安，俾人稱之曰真狀元、名進/士，則上不負/　　　　聖天子之設科，下不負平生之所學，而奇偉光明之勳業，輝映茲石矣。

倘或外方而内圓，先貞而後黷，所見不逮所聞，所行非其所學，則適爲科目/之累，茲石之玷耳，可不戒哉。

於虖，天理之在心，形則著。/　　　　聖化之及人久則徵。茲石立于太學，非惟表/　　　聖上隆儒之誠，揭　國初昭文之懿而已，將砥礪人心，培養士氣，而扶植世教於無窮也。他日章掖諸生目之屬之口之誦之，莫不感激興起，以科/第自期，以致澤自任，相繼而出，以輔/　　　　國家億萬年太平之治，培/　　　　社稷億萬年有永之基。是則茲石之立，其功用豈小輔云乎哉？/

同德功臣、特進金紫榮禄大夫、禮部尚書、太子太保、東閣大學士、少保、通郡公、上柱國、□□□□、/奉直大夫、東閣校書、資政上卿、臣阮居仁[2]同奉/敕撰/

通章大夫、中書監正字資政卿臣阮彦昭/敕書/

通章大夫、金光門待詔資政卿臣阮縉奉/敕篆/

明德三年歲在屠維赤奮若仲冬長至節立/

第一甲三名/

賜進士及第/

---

① "聖天子"，即莫太祖。

② "阮居仁"，《鼎鍥大越歷朝登科録》後黎昭宗光紹三年（1518）戊寅科第三甲同進士出身記載："善才翁樓人，屋良舍社。仕僞莫至尚書，伯爵，掌翰林院事。"

杜綜[1]文江縣賴屋社

阮沆[2]上福縣武陵社

阮文徽[3]東岸縣詠梂社/

第二甲八名/

賜進士出身/

阮雲光[4]東岸縣平山社

陳瑞[5]太平縣玉步社

范煇[6]青林縣墨溪社

鄧良佐[7]石室縣鄧舍社

阮晛[8]洽和縣德勝社/

阮允迪[9]洽和縣黄棐社

---

[1] “杜綜”，籍貫文江縣賴屋社，［越］吴德壽《昇龍文廟國子監進士題名碑》（河内出版社 2002 年版）一書認爲今是北寧省文江縣賴屋村。《鼎鍥大越歷朝登科録》：“細江賴屋人，二十六歲中，仕至刑部左侍郎。”吴高郎《黎朝歷科進士題名碑記》卷一：“細江縣賴屋社，二十六歲中。”碑文記載的籍貫與《鼎鍥大越歷朝登科録》和《黎朝歷科進士題名碑記》有區别。

[2] “阮沆”，籍貫上福縣武陵社，吴德壽認爲是今河内常信縣勝利社。《鼎鍥大越歷朝登科録》：“上福武陵人，屋青威縣，四十二歲中，仕至侍郎。”《黎朝歷科進士題名碑記》卷一記載同。

[3] “阮文徽”，籍貫東岸縣詠梂社，吴德壽認爲是今北寧省慈山縣同源社詠梂村。《鼎鍥大越歷朝登科録》：“東岸詠梂人，四十四歲中，仕至禮部尚書之事仕。仲綱、達善、顯績之父，教方之祖。”《黎朝歷科進士題名碑記》卷一：“阮輝徽，東岸縣詠梂社。”碑文與《黎朝歷科進士題名碑記》記載的人名有區别。

[4] “阮雲光”，籍貫東岸縣平山社，吴德壽認爲今是北寧省慈山縣。《鼎鍥大越歷朝登科録》：“東岸平山人，四十六歲中，仕至都給事中。儼之子。”《黎朝歷科進士題名碑記》卷一記載同。

[5] “陳瑞”，籍貫太平縣玉步社。《鼎鍥大越歷朝登科録》：“大安玉步人，仕至翰林。”《黎朝歷科進士題名碑記》卷一：“陳瑞，大安縣玉步社。”碑文記載的籍貫與《鼎鍥大越歷朝登科録》和《黎朝歷科進士題名碑記》有區别。

[6] “范煇”，籍貫青林縣墨溪社，吴德壽認爲是今海陽省南策縣明新社。《鼎鍥大越歷朝登科録》：“青林墨溪人，屋漫汭社，仕至參政。”《黎朝歷科進士題名碑記》卷一記載同。

[7] “鄧良佐”，籍貫石室縣鄧舍社，吴德壽認爲是今河内石室縣平富社。《鼎鍥大越歷朝登科録》：“石室鄧舍人，屋富塢社，仕至監察御史。”《黎朝歷科進士題名碑記》卷一記載同。

[8] “阮晛”，籍貫洽和縣德勝社，吴德壽認爲是今北江省洽和縣德勝社。《鼎鍥大越歷朝登科録》：“洽和德勝人，仕至刑部左侍郎，詹溪伯。”《黎朝歷科進士題名碑記》卷一記載同。

[9] “阮允迪”，籍貫洽和縣黄斐社，吴德壽認爲是今北江省洽和縣黄斐社。《鼎鍥大越歷朝登科録》：“洽和黄斐人，四十歲中，仕至吏部尚書兼國子監祭酒致仕。”《黎朝歷科進士題名碑記》卷一記載同。

費碩①石室縣香文社

阮昭義②丹鳳縣安□社/

第三甲十六名/

賜同進士出身/

阮有焕③光福縣春益社

阮迪教④嘉禄縣上谷社

黎湜⑤文江縣玉步社

黄克慎⑥淳祐縣大里社

黎藻⑦慈廉縣福溪社/

阮[**貴良**]⑧[附翼縣地靈社]

阮德驥⑨文江縣丹染社

安器使⑩南昌縣[竹度社]

---

① “費碩”，籍貫石室縣香文社，［越］吴德壽《昇龍文廟國子監進士題名碑》（河内出版社 2002 年版）一書認爲是今河内石室縣香文社。《鼎鍥大越歷朝登科録》：“石室香文人，仕至刑部尚書。涑木侯。”吴高郎《黎朝歷科進士題名碑記》卷一記載同。

② “阮昭義”，籍貫丹鳳縣安所社，吴德壽認爲是今河内懷德縣安所社。《鼎鍥大越歷朝登科録》：“丹鳳安所人，仕至翰林。”《黎朝歷科進士題名碑記》卷一記載同。

③ “阮有焕”，籍貫新福縣春盎社，吴德壽認爲是今河内朔山縣。《鼎鍥大越歷朝登科録》：“阮有焕，新福春盎人，仕至監察御史。”《黎朝歷科進士題名碑記》卷一記載同。

④ “阮迪教”，籍貫嘉禄縣上谷社，吴德壽認爲是今海陽省嘉禄縣嘉慶社。《鼎鍥大越歷朝登科録》：“長津上谷人，仕至監察御史。惟明之子。”《黎朝歷科進士題名碑記》卷一：“長津縣上谷社。”碑文記載的籍貫與《鼎鍥大越歷朝登科録》和《黎朝歷科進士題名碑記》有區别。

⑤ “黎湜”，籍貫細江縣玉步社，吴德壽認爲是今興安省文江縣龍興社。《鼎鍥大越歷朝登科録》：“細江玉步人，三十六歲中，仕至侍郎。文合伯。”《黎朝歷科進士題名碑記》卷一記載同。

⑥ “黄克慎”，籍貫淳祐縣大里社，吴德壽認爲是今清化省後禄縣大禄社。《鼎鍥大越歷朝登科録》：“淳祐大里人，二十五歲中，仕至吏部尚書。宏忠侯。”《黎朝歷科進士題名碑記》卷一記載同。

⑦ “黎藻”，籍貫慈廉縣福溪社，吴德壽認爲是今河内慈廉縣福明社。《鼎鍥大越歷朝登科録》：“慈廉福溪人，屋古汭社，二十九歲中，仕至吏部左侍郎。”《黎朝歷科進士題名碑記》卷一記載同。

⑧ “阮貴良”，籍貫附翼縣地靈社，吴德壽認爲是今太平省瓊副縣瓊明社。《鼎鍥大越歷朝登科録》：“附翼地靈人，仕至參政。”《黎朝歷科進士題名碑記》卷一記載同。

⑨ “阮德驥”，籍貫細江縣丹染社，吴德壽認爲是今興安省文江縣。《鼎鍥大越歷朝登科録》：“細江丹染人，二十八歲中，仕至高平府總兵。董山伯堯臣之祖。”《黎朝歷科進士題名碑記》卷一記載同。

⑩ “安器使”，籍貫南昌縣竹度社，吴德壽認爲是今河南省里仁縣。《鼎鍥大越歷朝登科録》：“南昌竹度人，二十四歲中，仕至侍郎。”《黎朝歷科進士題名碑記》卷一記載同。

武㟪①嘉禄縣段林社

朱三異②東岸縣芙蕾社/

潘濟③維先縣日舍社

丁瑞④東安縣松間社

范經邦⑤青威縣時中社

梁讓⑥安豐縣内除社

阮洋⑦超類縣茶林社/

阮光贊⑧安豐縣王月社/

題後

此拓片部分内容相當模糊，其撰者、潤色者、書寫者和篆刻者之姓名幾乎無法識讀，而相關信息可由阮朝吴高郎《黎朝歷科進士題名碑記》卷一所録《僞莫登庸明德三年己丑科進士題名碑記》補之。

---

① “武㟪”，籍貫長津縣陸林社，［越］吴德壽《昇龍文廟國子監進士題名碑》（河内出版社 2002 年版）一書認爲是今海陽省青冕社。《鼎鍥大越歷朝登科録》：“長津陸林人，二十二歲中，仕至尚書。家山侯，贈郡公。”吴高郎《黎朝歷科進士題名碑記》卷一記載同。

② “朱三異”，籍貫東岸縣芙蕾社，吴德壽認爲是今北寧省慈山縣新洪社。《鼎鍥大越歷朝登科録》：“東岸芙蕾人，三十六歲中，仕至翰林。”《黎朝歷科進士題名碑記》卷一記載同。

③ “潘濟”，籍貫維先縣日舍社，吴德壽認爲是今河南省維先縣。《鼎鍥大越歷朝登科録》：“維先日舍人，屋石室阮舍，仕至承政使。”《黎朝歷科進士題名碑記》卷一記載同。

④ “丁瑞”，籍貫東安縣松間社，吴德壽認爲是今興安省快州縣。《鼎鍥大越歷朝登科録》：“東安紫橘人，仕至翰林。”《黎朝歷科進士題名碑記》卷一記載同。

⑤ “范經邦”，籍貫青威縣時中社，吴德壽認爲是今河内青威縣。《鼎鍥大越歷朝登科録》：“青威時中人，仕至監察御史。曰茂之父。”《黎朝歷科進士題名碑記》卷一無記載。

⑥ “梁讓”，籍貫安豐縣内除社，吴德壽認爲是今北寧省安豐縣。《鼎鍥大越歷朝登科録》：“安豐内除人，二十九歲中，仕至参政。”《黎朝歷科進士題名碑記》卷一記載同。

⑦ “阮洋”，籍貫超類縣茶林社，吴德壽認爲是今北寧省順城縣。《鼎鍥大越歷朝登科録》：“超類茶林人，二十六歲中，仕至寺卿。演之弟。漆之祖。”《黎朝歷科進士題名碑記》卷一記載同。

⑧ “阮光贊”，籍貫安豐縣望月社，吴德壽認爲是今北寧省安豐縣三江社。《鼎鍥大越歷朝登科録》：“安豐望月人，二十八歲中會元，仕至監察御史。”《黎朝歷科進士題名碑記》卷一記載同。

另，本碑内容中有“阮迪教嘉禄縣上谷社”，此與《黎朝歷科進士題名碑記》載“阮迪教長津縣上谷社”[①] 在籍貫上有不同。據潘輝注《歷朝憲章類志·輿地誌·海陽·下洪府四縣》：“嘉福縣，古稱長津。黎洪順（1509－1515）改嘉福。近又改爲嘉禄。”[②] 由此可見，嘉禄之名到後黎朝之後纔有，故莫朝明德三年（1529）無嘉禄縣之名，推此碑可能係重刻。相關討論，可參考［越］阮翠娥《重刻十二通河内進士題名碑》，《漢喃雜誌》第二輯，2005年。

① 吴高朗（高圓齋）編輯《黎朝歷科進士題名碑記》，越南河内，漢喃研究院圖書館編號 A. 109/1－2。
② 潘輝注編著《歷朝憲章類志·輿地誌》卷一至五，抄本，越南河内，漢喃研究院圖書館編號 A2061/1。

一〇七　景興四十年己亥科進士題名記

引言

碑立於河内文廟前第四庭，爲庭前右第一行第九碑。碑刻單面，拓片編號01312，共二十一行字，滿行約五十五字，碑額刻有“已亥盛科進士碑記”八字。碑四邊有紋飾，碑額有兩層，内層爲雙龍昭日，外層以上纏枝蓮紋與其餘三側相連。碑文撰者户部左侍郎潘仲藩。年代署爲景興（Cảnh Hưng）四十一年（1780），景興爲後黎顯宗（Lê Hiến Tông）黎維祧（Lê Duy Diêu）的年號，同年爲清乾隆四十五年，歲次庚子。拓片現藏於漢喃研究院。

碑文記載景興四十年（1779）已亥科會試事宜與此科十五名進士的姓名、籍貫。

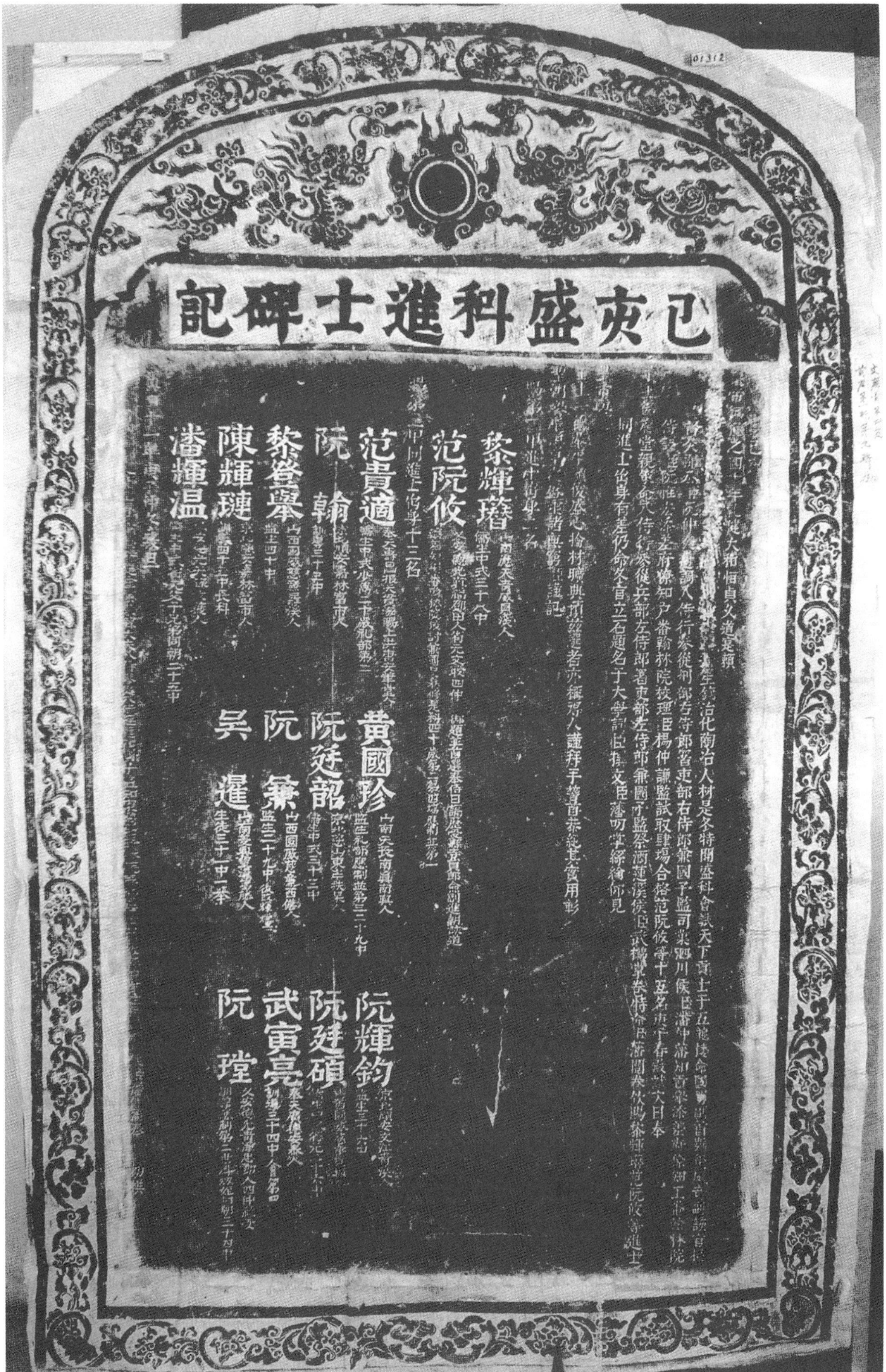
己亥科盛進士碑記

編號：01312　出自《拓片總集》第二冊

釋文

己亥[①]盛科進士碑記[②]

歲己亥，　　皇帝御極之四十年，乾健太和，恒貞久道。寔賴/

大元帥總國政師上尚父睿斷文功武德靖王[③]笙鏞治化，陶治人才。是冬特開盛科，會試天下貢士于五龍楼。命國舅副首、號後威奇、副該官提/督、炎郡公臣阮仲炎，提[④]調入侍行參從刑部右侍郎署、吏部右侍郎兼國子監司業、泗川侯臣潘仲藩[⑤]，知貢舉、添差府僚知工番、翰林院/侍講臣阮惟宏，添差府僚知户番、翰林院校理臣楊仲謙監試，取肆場合格范阮攸等十五名。

庚子春殿試。次日，奉/　　　　王上御府堂親策。命入侍行參從兵部左侍郎署、吏部左侍郎兼國子監祭酒、蓮溪侯臣武槸掌卷，特命臣藩閱卷。欽賜黎輝瓚、范阮攸等進士/同進士出身有差。仍命冬官立石題名于太學，詞臣撰文。

臣藩叩掌絲綸，仰見/　　　　皇帝與/　　　　王上一德恭孚，籲俊盛心，掄材曠典。預兹選者，亦稱得人，謹拜手稽首恭紀其實，用彰/　　　　聖朝譽髦思皇之盛，垂諸無窮。臣謹記。/

賜第二甲進士出身二名：/

黎輝瓚[⑥]山南應天青威貝溪人，/儒生中式，三十八中。/

---

① “己亥科”，爲後黎顯宗（Lê Hiển Tông）景興（Cảnh Thống）四十年（1779）己亥科。

② 此爲額題，今依内容及性質重定篇題爲“景興四十年己亥科進士題名記”。

③ 此行在碑中已經被鑿去，據吴高郎《黎朝歷科進士題名碑記》補，爲鄭森封號。見《大越史記全書續編》卷五：“（庚寅三十一年，清乾隆三十五年，1770）冬十一月，壬午。帝奉王爲大元帥總國政上尚父睿斷文功武德靖王。”

④ “提”，原作避諱字。

⑤ “潘仲藩”，或即潘黎藩，《鼎鍥大越歷朝登科録》後黎顯宗景興十八年（1757）丁丑科第三甲同進士出身有潘黎藩，並言“潘黎藩，慈廉東鄂人，選舉二十三歲中，出鎮平南有功，仕至參從”。根據吴德壽在《越南漢學科舉登科會要》的考證：“潘中藩，慈廉東鄂人，現爲河内慈廉縣東鄂社東鄂村，後改名潘仲藩。”

⑥ “黎輝瓚”，籍貫青威縣貝溪縣，［越］吴德壽《昇龍文廟國子監進士題名碑》（河内出版社 2002 年版）一書認爲是今河内青威縣三興社。《鼎鍥大越歷朝登科録》：“青威貝溪人，三十八中。”吴高郎《黎朝歷科進士題名碑記》卷四：“青威貝溪社人，儒生中式，三十八中。”

范阮攸[①]乂安德光真福鄧田人，省元，文職，四仲，　御題並首選奉侍日講，歷受縣寺員郎僉副進朝該道/添差知刑番、翰林院校討兼國史纂修。是科四十歲，第二、第四場應制並第一。/

賜第三甲同進士出身十三名：/

范貴適[②]奉天壽昌報天貫，海陽上洪唐安華堂人，/儒生中式，少儁，二十歲禮部第二。

黄國珍[③]山南天長南真南真人，/監生，禮部應制並第三，二十九中。

阮輝鈞[④]京北順安文江青溪人，/監生，三十六中。/

阮翰[⑤]京北順安嘉林富市人，/訓導，三十三中。

阮廷韶[⑥]京北慈山東岸扶杲人，/儒生中式，三十三中。

阮廷碩[⑦]山西國威慈廉東鄂人，/儒生中式省元，二十六中。/

黎登舉[⑧]山西國威慈廉羅溪人，/監生，四十中。

阮兼[⑨]山西國威慈廉西儋人，/監生，二十九中，後改輝爣。

---

① "范阮攸"，籍貫真福縣鄧田社，［越］吴德壽《昇龍文廟國子監進士題名碑》（河内出版社 2002 年版）一書認爲是今乂安省宜禄社。《鼎鍥大越歷朝登科録》："真福鄧田人，省元，進朝受校討添差知刑番，四十中會元第二第四場並第一。"吴高郎《黎朝歷科進士題名碑記》卷四："真福鄧田社人，省元，文職，四仲，御題並首選奉侍日講，歷受縣寺員郎僉副進朝該道/添差知刑番、翰林院校討兼國史纂修，是科四十歲第二第四場應制並第一。"

② "范貴適"，籍貫唐安縣華堂社，吴德壽認爲是今海陽省平江縣。《鼎鍥大越歷朝登科録》："唐安華堂人，居壽昌報天坊，二十中。"《黎朝歷科進士題名碑記》卷四："壽昌報天坊，貫唐安華堂社，儒生中式，少儁，二十歲中禮部第二。"

③ "黄國珍"，籍貫南真縣南真社，吴德壽認爲是今南定省南直縣。《鼎鍥大越歷朝登科録》："南真南真人，二十九中。"《黎朝歷科進士題名碑記》卷四："南真縣南真社人，監生，禮部應制並第三，二十九歲中。"

④ "阮輝鈞"，籍貫文江縣青溪社，吴德壽認爲是今興安省文江縣。《鼎鍥大越歷朝登科録》："文江青溪人，三十六中。"《黎朝歷科進士題名碑記》卷四："文江縣青溪社人，監生，三十六歲中。"

⑤ "阮翰"，籍貫嘉林縣富市社，吴德壽認爲是今河内嘉林縣。《鼎鍥大越歷朝登科録》："嘉林富市人，三十三中。"《黎朝歷科進士題名碑記》卷四："嘉林縣富市社人，訓導，三十三歲中。"

⑥ "阮廷韶"，籍貫東岸縣扶杲社，吴德壽認爲是今北寧省慈山縣。《鼎鍥大越歷朝登科録》："東岸扶杲人，三十三中。"《黎朝歷科進士題名碑記》卷四："東岸扶杲社人，儒生中式，三十三歲中。"

⑦ "阮廷碩"，籍貫慈廉縣東鄂社，吴德壽認爲是今河内慈廉縣。《鼎鍥大越歷朝登科録》："慈廉東鄂人，二十六中。"《黎朝歷科進士題名碑記》卷四："慈廉東鄂社人，儒生中式，省元，二十六歲中。"

⑧ "黎登舉"，籍貫慈廉縣羅溪社，吴德壽認爲是今河内河東郡。《鼎鍥大越歷朝登科録》："慈廉羅溪人，四十中。"《黎朝歷科進士題名碑記》卷四："慈廉羅溪社人，監生，四十歲中。"

⑨ "阮兼"，籍貫慈廉縣西儋社，吴德壽認爲是今河内慈廉縣。《鼎鍥大越歷朝登科録》："慈廉西儋人，二十九中。"《黎朝歷科進士題名碑記》卷四："慈廉西儋社人，監生，二十九歲中，後改輝爣。"

武寅亮[①]奉天廣德安泰人，/訓導，三十四中，會第四。/

陳輝璡[②]京北順安嘉林富市人，/訓導，四十五中長科。

吴暹[③]山南義興望瀛葛藤人，/生徒，三十一中一舉。

阮瑝[④]乂安德光青溪忠勤人，四仲，祇受/訓導，應制第二，世科叔侄，同朝三十四中。/

潘輝温[⑤]乂安德光天禄收穫人，/儒生中式省元，父子兄弟同朝，二十五中。/

景興四十一年庚子仲冬榖旦/

賜丁丑科同進士出身、少傔、特進金紫榮禄大夫、入侍經筵、知國子監、知東閣、

知翰林院、奉管侍候嚴後隊、户部左侍郎、泗川侯臣潘仲藩奉　勅撰/

---

① “武寅亮”，籍貫廣德縣安泰社，［越］吴德壽《昇龍文廟國子監進士題名碑》（河内出版社 2002 年版）一書認爲是今河内西湖郡。《鼎鍥大越歷朝登科録》：“廣德安泰人，三十四中。”《黎朝歷科進士題名碑記》卷四：“廣德安泰社人，訓導，三十四歲會第四。”

② “陳輝璡”，籍貫嘉林縣富市社，吴德壽《昇龍文廟國子監進士題名碑》一書認爲是今河内嘉林縣。《鼎鍥大越歷朝登科録》：“嘉林富市人，四十五中。”吴高郎《黎朝歷科進士題名碑記》卷四：“嘉林富市社人，訓導，四十五中。”

③ “吴暹”，籍貫望瀛縣葛藤社，吴德壽認爲是今南定省意安縣。《鼎鍥大越歷朝登科録》：“望瀛葛藤人，三十一中。”《黎朝歷科進士題名碑記》卷四：“望瀛葛藤社人，生徒，三十一中一舉。”

④ “阮瑝”，籍貫青縣忠勤社，吴德壽認爲是今乂安省南壇縣。《鼎鍥大越歷朝登科録》：“青漳忠勤人，三十四中。（阮）仲瑞之孫，仲瓃之姪，叔姪同朝。”《黎朝歷科進士題名碑記》卷四：“青彰忠勤社人，四仲，祇受訓導，應制第二，世科，三十四中。”

⑤ “潘輝温”，籍貫天禄收穫社，吴德壽認爲是今河静省石河縣。《鼎鍥大越歷朝登科録》：“天禄收穫人，省元，二十五中。輝盎之子，輝益之弟，父子兄弟同朝。”《黎朝歷科進士題名碑記》卷四：“潘輝温，天禄收穫社人，儒生中式，省元，父子兄弟同朝，二十六歲中。”

一〇八　大寶三年壬戌科進士題名記

引言

碑拓片未見有題籤，據其他進士題名碑題籤記載，碑應亦立於河内文廟内。碑刻單面，拓片編號01358，共五十三行字，滿行約六十六字，碑額與碑題均刻“大寶三年壬戌科進士題名記”十二字，今依此爲篇題。碑四側有紋飾，碑額有兩層，内層爲日紋與雲紋，外層以卷草花紋與其餘三側相連。碑文撰者東閣大學士申仁忠，書寫者中書監正字阮竦，篆者金光門待詔蘇碍。年代署作洪德（Hồng Đức）十五年（1484），洪德爲後黎聖宗（Lê Thánh Tông）黎思誠（Lê Tư Thành）年號，同年爲明成化二十年，歲次甲辰。拓片現藏於漢喃研究院。

碑文主要記録後黎太宗黎元龍於大寶三年（1442）首次開科取士之事，内容涉及壬戌科開科之緣由、經過與黎聖宗立碑目的等。文末記壬戌科三十三名進士的姓名、籍貫。

01358
第一甲三名
賜進士及第
第二甲七名
賜進士出身
第三甲二十三名
賜同進士出身

編號：01358　出自《拓片總集》第二册

釋文

【大寶三年壬戌科進士題名記】

大寶三年[1]壬戌科進士題名記[2]

洪惟/　聖明/　太祖高皇帝天錫智勇，業茂經綸[3]，去暴除殘，拯斯民於塗炭。及武功耆定，文德誕敷，思欲招致俊髦，作新治效。迺/　詔天下建學育材、内有國子監，外有各府學。/　上親進官員子孫、與凡民俊秀，充入侍、近侍、御前各局學生及國子監監生。又令有司廣選民間良家子弟充各府生徒，立師儒以訓教之，刊經籍以頒布之，育材之地固已/廣矣。至於取士之試，或以明經，或以賦論，或親問策題，各隨其材，不次擢用。當是時進士之科名雖未立，而崇師之實，取士之方，大概已備。開萬世太平之基，端在/是矣。於皇/　太宗文皇帝，紹休洪業，敷賁前光，觀乎人文，化成天下，以重道隆儒爲首務，以籲俊尊帝爲良圖。慮夫設科取士，爲治當先，□以黼黻皇猷，恢張治化者在此；所以修政立事，/化民善俗者亦在此。古先帝王，克臻治效，莫不由斯。/

聖祖皇帝已定規模，未及施用。光前振後，此惟其時。迺於大寶三年壬戌大開春闈，會試多士。時應舉者四百五十名，歷試四場，入彀者三十有三。莅事有司，以其名進，/

上命擇日賜對于廷。當時提調官則尚書左僕射臣黎文靈[4]、監試官則御史臺侍御史臣趙泰[5]，暨巡綽、收卷、彌封、謄録、封讀等官，各供其事。

---

① “大寶”（Đại Bảo），爲後黎太宗（Lê Thái Tông）黎元龍（Lê Nguyên Long）年號，共三年（1440–1442）。大寶三年（1442），當明正統十四年。

② 此爲碑題。今依此爲篇題。

③ 據吴高郎《黎朝歷科進士題名碑記》補。按，本篇帶有□者均據此書補之。

④ “黎文靈”，見《欽定越史通鑑綱目・正編》卷十八記載：“開國勳臣，三朝元老，深沈有智略，識大體，廟堂議論多所建明。黎察之獄直諫不阿，爲公論所歸，黷貨受賄，崇信浮圖，人亦此少之。年七十二卒。仕至太傅。”

⑤ “趙泰”，見《欽定越史通鑑綱目・正編》卷十七：“立石黄鐘人。”

二月初二日/　　　　上御會英殿，親賜策問。翌日，讀卷官翰林院承旨學士，兼中書國史事臣阮鷹[1]、中書省中書侍郎臣阮夢荀[2]、内密院知院事臣陳舜俞、國子監博士臣阮子晋奉卷進讀。上陳/睿覽，第其高下。賜阮直狀元，阮如堵榜眼，梁如鵠探花郎，陳文徽等七名進士，吴士連等二十三名附榜，因前代名稱也。

三月初三日唱名掛榜，示多士美觀也。恩命爵秩以/旌異之，冠帶衣服以粉飾之。瓊林賜宴，示懿惠之恩；厩馬送歸，表寵眷之意。長安士庶，到處聚觀，咸以爲/聖上崇儒古今罕見。

初四日，狀元阮直等拜謝恩表。初九日，辭陛榮歸。此/　　　　□□□□□□□□多士[3]，至今以爲美談。自時厥後，/　　　　聖繼神傳，率循舊典。於惟，　　　　/皇上中興大業，丕闡人文，制度一新，聲明大備。至於取士之法，尤所用情。凡先朝所已行者，遵而守之；先朝所未備者，增而廣之。臚傳揭榜之後，又有立石題名，所以示久遠/之致勸。良法美意，至意盡矣[4]。猗歟盛哉！

兹以大寶三年以來，諸科立石題名猶爲闕典，禮部尚書郭廷寶等祇承/上命，第其名次，勒于堅珉，且請改狀元、榜眼、探花郎爲進士及第，附榜爲同進士出身，以合今制。/　　　　上可其奏，命臣申仁忠等分撰記文，臣恭奉/　　　　德音，不勝欣幸。

仰惟，立石一舉，則/　　　　聖祖神宗求賢圖治之盛意，得以永傳。是乃礪世之大權，斯文之大幸。臣雖淺拙，安敢終辭，謹拜手稽首而記之，曰：

賢材國家之元氣，元氣盛則國勢强以隆，元氣餒則國勢/弱以污。是以/聖帝明王莫不以育材取士，培植元氣爲先務也。蓋士之關係於國家如此其重，故崇尚之意殆無終窮。既寵之以科名，又隆之以爵秩，恩至溥也，猶以爲未足，又標諸鴈塔/之題載，褒以

---

① “阮鷹”，見《欽定越史通鑑綱目・正編》卷十一：“山南上福縣人。”

② “阮夢荀”，見《欽定越史通鑑綱目・正編》卷十八：“東山圓溪人。”

③ 據吴高郎《黎朝歷科進士題名碑記》，此句爲“聖世初科，恩榮之盛事”，拓片則作“□□□□□□□□多士”。

④《黎朝歷科進士題名碑記》作“至意盡矣”，拓片則作“至矣盡矣”。

龍虎之號筵，開聞喜廷賀得人，無所不用其極也。

方今/　　　　聖明又以爲美觀盛事，雖已赫奕於一時；永譽流芳，未足昭垂於久遠。故又立題名石，置之賢關，俾多士仰瞻，歆羡興起，敦厲名節，勵相/皇家，豈徒尚虛名，事虛文而已哉。

吁！草茅場屋之士，一介甚微，而得/　　　　朝廷崇尚如此，其至爲士者，所以自重其身，而圖報效，當何如耶？

姑以此一科姓名而歷數之，其以文學政事黼黻治平，數十年來爲國家用者多矣。間以賄貨而敗，或/陷姦宄之流者亦不能無，蓋以生前未覩此貞石耳。倘使當時目及見之，則善心油然，惡念頓沮，其敢有此萌蘖乎？

然則斯石一立，裨益良多。惡者可以爲懲，善者/可以爲勸。明徵既往，廣示將來。一則爲砥礪多士名節之資，一則爲堅凝國家命脉之助。/　　　　聖神制作，夫豈徒然。凡屬觀瞻，□知深意。

臣謹記。/

奉直大夫、翰林院承旨、東閣大學士臣申仁忠[1]奉/　　　　勅撰/

謹事郎、中書監正字臣阮竦奉/　　　　勅書/

茂林郎、金光門待詔臣蘇碍奉/　　　　勅篆/

皇越洪德十五年八月十五日立/[2]

第一甲三名/

賜進士及第/

阮直應天府青威縣[3]

---

① “申仁忠”，《鼎鍥大越歷朝登科録》後黎聖宗光順十年己丑科（1469）第三甲同進士出身記載：“安勇安寧人，會元。仕至吏部尚書掌翰林院兼東閣大學士，入内輔政。與杜潤同入侍學。號騷壇副元帥。仁信、仁武之父，景雲之祖。”

② “洪德十五年”，洪德（Hồng Đức）爲後黎聖宗（Lê Thánh Tông）黎思誠（Lê Tư Thành）年號，十五年爲公元 1484 年，當明成化二十年，歲次甲辰。

③ “阮直”，籍貫青威縣貝溪社，［越］吴德壽《昇龍文廟國子監進士題名碑》（河内出版社 2002 年版）一書認爲是今河内青威縣。《鼎鍥大越歷朝登科録》：“青威貝溪人，屋安山義邦，二十歲中。仕至守中書令，知三館事大僚班授承旨兼祭酒。奉使。有名著《貝溪詩集》。”吴高郎《黎朝歷科進士題名碑記》卷一記載同。

阮如堵常信府清池縣①

梁如鵠下洪府長津縣②/

第二甲七名/

賜進士出身/

陳文徽洮江府不拔縣③

黄莘夫邵天府永寧縣④

阮鵠河華府石河縣⑤

武覽快州府金洞縣⑥

阮有孚國威府丹鳳縣⑦

范琚常信府上福縣⑧/

陳伯齡慈山府武江縣⑨/

第三甲二十三名/

賜同進士出身/

---

① “阮如堵”，籍貫青潭縣大蘭社，［越］吴德壽《昇龍文廟國子監進士題名碑》（河内出版社 2002 年版）一書認爲是今海陽省嘉林縣。《鼎鍥大越歷朝登科録》：“青潭大蘭人，屋上福紫陽，十九歲中會元。三奉使。仕至吏部尚書，少保致仕。壽一百二歲。如壎之伯父。”吴高郎《黎朝歷科進士題名碑記》卷一記載同。

② “梁如鵠”，籍貫下洪府長津縣，吴德壽認爲是今海陽省。見《鼎鍥大越歷朝登科録》：“長津紅蓼人。兩奉使。仕至都禦使致仕。壽八十二歲。”《黎朝歷科進士題名碑記》卷一記載同。

③ “陳文徽”，籍貫不拔縣泰拔社，吴德壽認爲是今河内巴維縣。《鼎鍥大越歷朝登科録》：“不拔泰拔人，一云光被人。奉使。仕至吏部尚書。瑾之父。”《黎朝歷科進士題名碑記》卷一記載同。

④ “黄莘夫”，籍貫永寧縣先橋社，吴德壽認爲是今清化省永禄縣。《鼎鍥大越歷朝登科録》：“永寧先橋人，二十九歲中。仕至黄門侍郎兼國子監修撰。”吴高郎《黎朝歷科進士題名碑記》卷一記載同。

⑤ “阮鵠”，籍貫石河縣古涇社，吴德壽認爲是今河静省石河縣。《鼎鍥大越歷朝登科録》：“石河古涇人，三十一歲中。仕至翰林。”《黎朝歷科進士題名碑記》卷一記載同。

⑥ “武覽”，籍貫金洞縣先橋社，吴德壽認爲是今興安省金洞縣。《鼎鍥大越歷朝登科録》：“金洞先橋人，屋嘉林金蘭。仕至御前學生。”吴高郎《黎朝歷科進士題名碑記》卷一：“黎賢，金洞先橋社人，屋嘉林金蘭社，一云姓武。”

⑦ “阮有孚”，籍貫丹鳳縣山桐社，吴德壽認爲是今河内懷德縣。《鼎鍥大越歷朝登科録》：“丹鳳山桐人。仕至太原上伴安撫使。”《黎朝歷科進士題名碑記》卷一：“阮有孚，丹鳳縣山桐社，三十歲中。”

⑧ “范琚”，籍貫上福縣羅浮社，吴德壽認爲是今河内常信縣。《鼎鍥大越歷朝登科録》：“上福羅浮人。奉使，仕至太僕寺鄉權參政。”《黎朝歷科進士題名碑記》卷一記載同。

⑨ “陳伯齡”，籍貫武寧縣市橋社，吴德壽認爲是今北寧省。《鼎鍥大越歷朝登科録》：“武寧市橋人。奉使。仕至審刑院，知東道君民簿籍。”《黎朝歷科進士題名碑記》卷一記載同。

吴士連應天府彰[德縣][1]

阮維則快州府仙侣縣[2]

阮居道[順]安府嘉定縣[3]

[潘][員][河華]府石河縣[4]

阮達常信府[青潭]縣[5]

裴祐應天府[彰德縣][6]/

范如忠南策府青林縣[7]

陳當快州府東安縣[8]

吴世裕北江府金華縣[9]

曲有誠[順]安府善才縣[10]

黎霖洮江府不拔縣[11]

---

① "吴士連"，籍貫彰德縣祝山社，［越］吴德壽《昇龍文廟國子監進士題名碑》（河内出版社 2002 年版）一書認爲是今河内彰美縣。《鼎鍥大越歷朝登科録》："彰德祝山人。仕至侍郎兼史院修撰致職。壽九十九歲。"吴高郎《黎朝歷科進士題名碑記》卷一記載同。

② "阮維則"，籍貫仙侣縣千冬社，吴德壽認爲是今興安省仙侣縣。《鼎鍥大越歷朝登科録》："仙侣千冬人，仕至憲察使。章之父。"《黎朝歷科進士題名碑記》卷一記載同。

③ "阮居道"，籍貫嘉定縣東塊社，吴德壽認爲是今北寧省順城縣。《鼎鍥大越歷朝登科録》："嘉定東塊人，奉使。仕至户部尚書知經筵。侗之父。"《黎朝歷科進士題名碑記》卷一記載同。

④ "潘員"，籍貫石河縣磐石社，吴德壽認爲是今河静省干禄縣。《鼎鍥大越歷朝登科録》："石河磐石人，二十二歲中。仕至國子監祭酒。應贇之父。"《黎朝歷科進士題名碑記》卷一記載同。

⑤ "阮達"，籍貫清潭縣延長社，吴德壽認爲是今河内常信省。《鼎鍥大越歷朝登科録》："清潭延長人。仕至尚書兼翰林院承旨。敬和之祖。"《黎朝歷科進士題名碑記》卷一記載同。

⑥ "裴祐"，籍貫彰德縣藍田社，吴德壽認爲是今河内彰美縣。《鼎鍥大越歷朝登科録》："彰德藍田人。奉使，仕至侍郎。福之兄。"《黎朝歷科進士題名碑記》卷一記載同。

⑦ "范如忠"，籍貫青林縣仁里社，吴德壽認爲是今海陽省南策縣。《鼎鍥大越歷朝登科録》："青林仁里人，三十歲中。仕至東閣校書。"《黎朝歷科進士題名碑記》卷一："青林縣仁里社，三十歲中。"

⑧ "陳當"，籍貫東安縣塵水社，吴德壽認爲是今興安省快州縣。《鼎鍥大越歷朝登科録》："東安塵水人。仕至提刑，監察御史。景謨之父。"《黎朝歷科進士題名碑記》卷一："東安塵水社人。"

⑨ "吴世裕"，籍貫金華縣溪女社，吴德壽認爲是今河内東英省。《鼎鍥大越歷朝登科録》："金華溪女人。仕至户部左侍郎。"《黎朝歷科進士題名碑記》卷一記載同。

⑩ "曲有誠"，籍貫善才縣善才社，吴德壽認爲是今興安省文林社。《鼎鍥大越歷朝登科録》："善才善才人，仕至兵部左侍郎。"《黎朝歷科進士題名碑記》記載同。

⑪ "黎霖"，籍貫不拔縣下邳社，吴德壽認爲是今河内巴維縣。《鼎鍥大越歷朝登科録》："不拔下邳人，仕至監察御史。"《黎朝歷科進士題名碑記》卷一記載同。

阮善積南策府平河縣[1]/

阮誼南策府青林縣[2]

鄭鐵長邵天府安定縣[3]

陳磐慈山府桂楊縣[4]

阮國杰慈山府東岸縣[5]

阮美下洪府永頼縣[6]

鄭克綏邵天府永寧縣[7]/

阮逿建興府大安縣[8]

裴雷甫常信府富川縣[9]

黎球國威府福禄縣[10]

黎顯南策府青林縣[11]

---

① “阮善積”，籍貫平河縣前烈社，［越］吴德壽《昇龍文廟國子監進士題名碑》（河内出版社 2002 年版）一書認爲是今海陽省清河社。《鼎鍥大越歷朝登科録》：“平河前烈人，仕至尚書。”吴高郎《黎朝歷科進士題名碑記》卷一記載同。

② “阮誼”，籍貫青林縣桌洲社，吴德壽認爲是今海陽省南策縣。《鼎鍥大越歷朝登科録》：“青林桌洲人。三十一歲中，仕至參政。”《黎朝歷科進士題名碑記》卷一記載同。

③ “鄭鐵長”，籍貫安定縣東里社，吴德壽認爲是今清化省壽春縣。《鼎鍥大越歷朝登科録》：“安定東里人。是科以不及第辭，後科再中。”《黎朝歷科進士題名碑記》卷一記載同。

④ “陳磐”，籍貫桂楊縣慈山社，吴德壽認爲是今北寧省桂武縣。《鼎鍥大越歷朝登科録》：“桂楊慈山人。奉使，仕至東閣大學士御大夫。”《黎朝歷科進士題名碑記》卷一記載同。

⑤ “阮國杰”，籍貫東岸縣壯烈社，吴德壽認爲是今北寧省慈山縣。《鼎鍥大越歷朝登科録》：“東岸壯烈人。仕至尚書兼審刑院。”《黎朝歷科進士題名碑記》卷一記載同。

⑥ “阮美”，籍貫永頼縣。《鼎鍥大越歷朝登科録》：“永頼人。仕至禮部左侍郎。”《黎朝歷科進士題名碑記》卷一記載同。

⑦ “鄭克綏”，籍貫紹天府永寧縣，吴德壽認爲是今清化省永禄縣。《鼎鍥大越歷朝登科録》：“紹天府永寧縣，三十歲中。”《黎朝歷科進士題名碑記》卷一：“永寧縣槊山鄉人，三十歲中。”

⑧ “阮逿”，籍貫大安縣務樂社，吴德壽認爲是今南定省義興縣。《鼎鍥大越歷朝登科録》：“大安務樂人。仕至左侍郎。”《黎朝歷科進士題名碑記》卷一記載同。

⑨ “裴雷甫”，籍貫浮雲縣陶舍社，吴德壽認爲是今河内富川省。《鼎鍥大越歷朝登科録》：“浮雲陶舍人，三十一歲中。”《黎朝歷科進士題名碑記》卷一記載同。

⑩ “黎球”，籍貫福禄縣南阮社，吴德壽認爲是今河内巴維縣。《鼎鍥大越歷朝登科録》：“福禄南阮人。”《黎朝歷科進士題名碑記》卷一記載同。

⑪ “黎顯”，籍貫青林縣樂實社，吴德壽認爲是今海陽省南策縣。《鼎鍥大越歷朝登科録》：“青林樂實人。奉使，仕至直學士。”《黎朝歷科進士題名碑記》卷一記載同。

阮原積南策府青林縣[1]/

題後

本文所録之《大寶三年（1442）壬戌科進士題名碑》載："陳伯齡慈山府武江縣。"與吴高郎《黎朝歷科進士題名碑記》"陳伯齡武寧縣市橋社人。"[2] 所録之籍貫有所不同。根據潘輝注《歷朝憲章類志·輿地志·京北·慈山府五縣》："武江縣，四十五社村，古號武寧。"[3] 又陶維英《越南歷代疆域——越南歷史地理研究》言："慈山府，府名始自黎朝初年，阮朝因之……武江縣：原爲武寧，後黎朝中興後，因避後黎莊宗（名寧）之諱改爲武江。今仍爲北寧省武江縣。"[4] 此碑雖言立於黎聖宗洪德十五年（1484），但當時並無武江縣之名，故推此碑可能重刻於後黎莊宗朝或之後。相關研究可參考［越］阮翠娥《重刻十二通河内進士題名碑》，《漢喃雜誌》第四輯，2005 年。

---

① "阮原積"，籍貫青林縣樂實社，［越］吴德壽《昇龍文廟國子監進士題名碑》（河内出版社 2002 年版）一書認爲是今海陽省南策縣。見《鼎鍥大越歷朝登科録》："青林樂實人，十八歲中。是科以不及第辭，後科再中。"吴高郎《黎朝歷科進士題名碑記》卷一："阮原積，青林樂實人，十八歲中。是科以不及第辭。"

② 吴高朗（高圓齋）編輯《黎朝歷科進士題名碑記》，越南河内，漢喃研究院圖書館編號 A.109/1-2。

③ 潘輝注編著《歷朝憲章類志》卷一至五，抄本，越南河内，漢喃研究院圖書館編號 A.2061/1。

④ ［越］陶維英著、鐘民岩譯、岳勝校《越南歷代疆域——越南歷史地理研究》，商務印書館 1973 年版，頁 221。

一〇九　重造大悲寺碑記

引言

碑立於河東省青池縣盛烈總甲禄村大悲寺，爲寺内左邊第一碑。碑刻兩面，拓片編號01683/01682。拓片編號01683爲碑前，共二十一行字，滿行約五十三字，碑額題“重造大悲寺碑”六字，今依此額題爲篇題。碑題“重造大悲寺再供三寶田碑銘并敘”十四字；拓片編號01682爲碑後，共十九行字，滿行約四十七字，碑額題“檀那信施記”五字。年代署作德隆（Đức Long）六年（1634），德隆係後黎神宗（Lê Thần Tông）黎維祺（Lê Duy Kỳ）的年號，同年爲明崇禎七年，歲次甲戌。拓片現藏於漢喃研究院。

碑文記載大悲寺爲著名古剎，青池縣盛烈社人王府宫嬪黎氏，除捐贈田産以作三寶之資外，亦捐財物，與諸善人重新修葺此寺，文末以五十六句四字銘文詠此事作結。

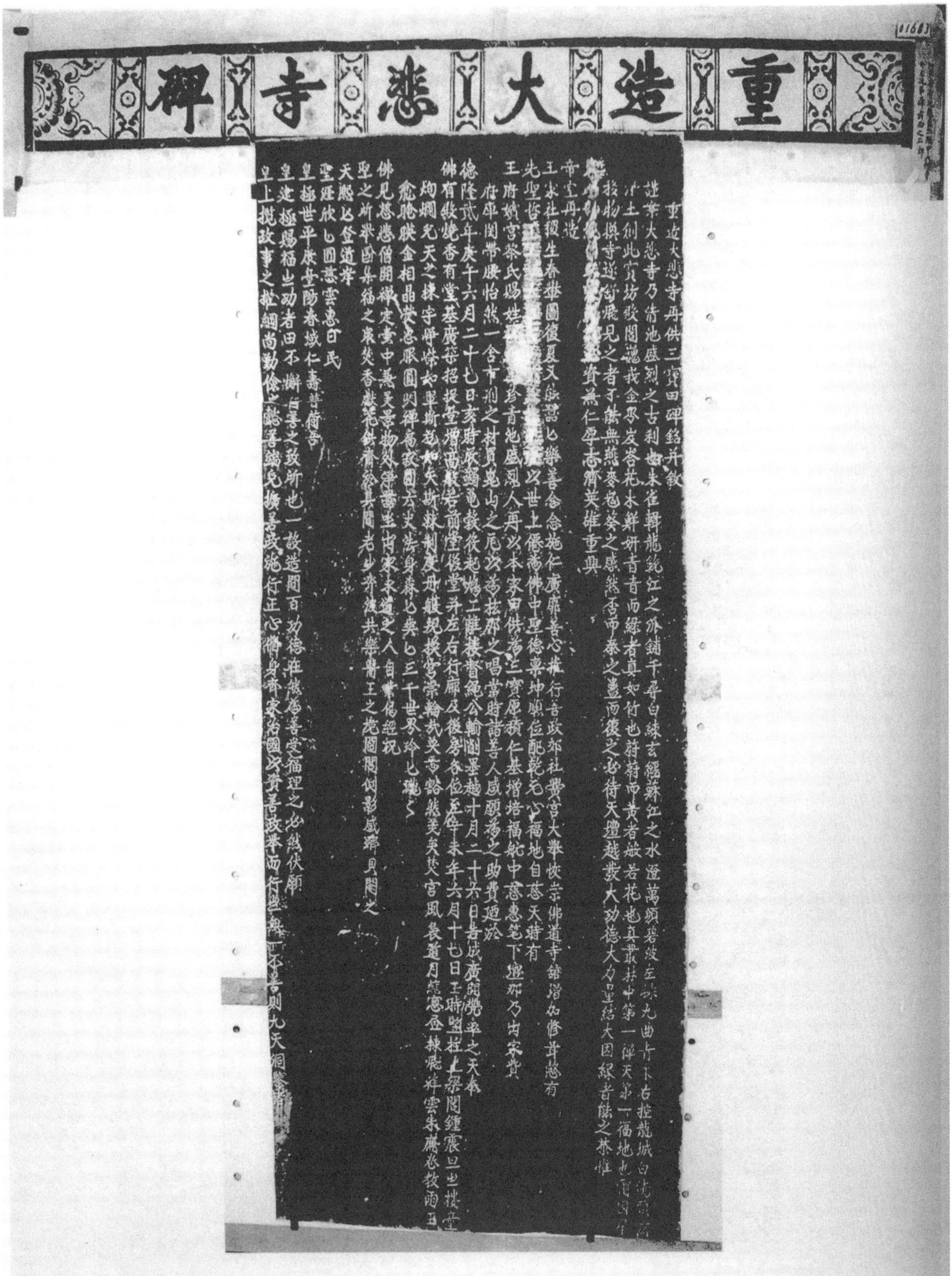
01683
重造大悲寺碑

編號：01683　出自《拓片總集》第二册（下同）

檀那信施記

編號：01682

釋文

【重造大悲寺碑/檀那信施記】[①]

重造大悲寺再供三寶田碑銘并敘[②]

謹案：大悲寺乃清池盛烈之古刹也，朱雀輯龍，锐江[③]之派，鋪千尋白練；玄□□[④]纏，蘇江[⑤]之水，澄萬頃碧波。左禄九曲青来，右控龍城白繞。顧兹/净土，創此寶坊，殿閣巍峨，金界[⑥]岌峇[⑦]。花木鮮妍，青青而緑者，真如[⑧]竹也；蔚蔚而黄者，般若[⑨]花也。真叢林[⑩]中第一禪天[⑪]、第一福地也。爾因星/移物换，寺遂舒飛，見之者不能無燕麥兔葵[⑫]之感，然否而泰之[⑬]，

---

① 此分别爲拓片編號 01683 和編號 01682 之額題。今依此重定篇題爲“重造大悲寺碑記”。

② 此爲拓片編號 01683 之碑題。

③ “锐江”，《河内地輿》記載：“锐江有名杜洞，自慈廉下姥八郎潭發源，或云源頭尖锐，故名。至扶演雲耕稍深，下至河柳，與蘇江合通之大河。”

④ 疑缺二字。或作“玄枵星次”。

⑤ “蘇江”，即蘇瀝江，見《欽定越史通鑑綱目·正編》卷四唐穆宗長慶四年注：“珥河之支流，《清一統志》蘇瀝江自交州府城東北轉而西行，直抵锐江。昔有人名蘇瀝者在此，故名。明永樂初，黄福重浚，因更名來蘇，今在河内省城之東，壽昌縣有江口，是從珥河分流處也。”

⑥ “金界”，即佛寺。

⑦ “岌峇”，是象聲詞。《文選》載馬融《長笛賦》：“雷叩鍜之岌峇兮，正瀏溧以風冽。”李善注：“言音如雷之叩鍜，岌峇爲聲也。”又，《五燈會元·天衣懷禪師法嗣·慧林宗本圓照禪師》：“山僧今日不惜眉毛，與汝諸人説破。拈起也，海水騰波，須彌岌峇；放下也，四海晏清，乾坤肅静。”

⑧ “真如”，見（唐）玄奘譯《成唯識論》卷九：“真謂真實，顯非虚妄。如謂如常，表無變易。謂此真實於一切法，常如其性，故曰真如。”

⑨ “般若”，爲梵語 praj 的音譯，意思是慧、智慧、明、黠慧。龍樹菩薩造，（後秦）鳩摩羅什譯《大智度論釋集散品》卷四十三：“般若者，秦言智慧。一切諸智慧中，最爲第一，無上、無比、無等，更無勝者，窮盡到邊。”又卷七十：“般若定實相，甚深極重；智慧輕薄，是故不能稱。”因此漢譯佛經多以音譯“般若”一詞。

⑩ “叢林”，見（明）比丘大建《禪林寶訓音義》：“叢林，乃衆僧所止之處，行人棲心修道之所也。草不亂生曰叢，木不亂長曰林，言其内有規矩法度也。”

⑪ “禪天”，色界有四重之天處。修各禪那生於此，所生之天人亦隨生。各有其禪那，故曰禪天，即初禪天乃至第四禪天也。

⑫ “燕麥兔葵”，形容景象荒涼。（唐）劉禹錫《再游玄都觀絶句引》：“重游玄都，蕩然無復一樹，唯兔葵燕麥，動摇於春風耳。”

⑬ “否而泰之”，表示境遇將由逆境轉向順境。《易·否卦》：“否，否之匪人，不利君子貞，大往小來。”又《泰卦》：“小往大來，吉亨。”

蠱而復之[①]，必待天壇，越發大功德、大力量、結大因緣者能之。

恭惟/ □□□□□□□□□□[②]，資兼仁厚，志濟英雄，重興/ 帝室，再造/ 王家，社稷生春，輿圖復夏，又能囂囂[③]樂善，念念施仁，廣廓善心，推行善政，郊社饗宮，大舉恢崇，佛道寺舘，增加修葺，慭有/ 先聖哲□□□□□□□□□□□□，以世上僊爲佛中聖，德禀坤順，位配乾元，心福地、自慈天。時有/ 王府嬪宮黎氏賜姓□□□珍，青池盛烈人，再以本家田供爲三寶，原積仁基，增培福航，中慈惠筆下壇那[④]，乃出家貲/ 府庫闉帶腰怡然，一舍市荆之材，買崑山之瓦，以爲柂那之唱。當時諸善人咸願爲之助費，迺於/ 德隆貳年庚午[⑤]六月二十七日亥時，辰鐲秋穀，役起鳩工，離樓[⑥]督繩，公輸[⑦]削墨[⑧]，越十月二十六日告成，廣開兜率之天[⑨]，奉/ 佛有殿，燒香有堂，基廣築招提[⑩]，臺增高般若，前堂後堂，并左右行廊

---

① “蠱而復之”，表示好運將不斷重複。《易·蠱卦》：“蠱：元亨，利涉大川。先甲三日，後甲三日。”《復卦》：“亨。出入无疾，朋來无咎。反復其道，七日來復，利有攸往。”

② 此處有十個字被鑿去，前篇《景興四十年己亥科進士題名記》，亦有十八字被剜去，據吴高郎《黎朝歷科進士題名碑記》可補爲“大元帥、總國政、上師、尚父、睿斷文功武德靖王”，顯然是因政治上的原因被蓄意剜去。下文“先聖哲”下也有十二字，“黎氏賜姓”下有三字被剜去。

③ “囂囂”，表示無欲自得的樣子。《孟子·盡心上》：“孟子謂宋句踐曰：‘子好遊乎？吾語子遊。人知之，亦囂囂；人不知，亦囂囂。’曰：‘何如斯可以囂囂矣？’曰：‘尊德樂義，則可以囂囂矣。故士窮不失義，達不離道。窮不失義，故士得己焉；達不離道，故民不失望焉。古之人，得志，澤加於民；不得志，脩身見於世。窮則獨善其身，達則兼善天下。’”

④ “壇那”，恐爲“檀那”之誤，“檀那”又作旦那、柁那、檀越、馱曩，中國、日本又將檀那、檀越引申爲施主之稱。

⑤ “德隆貳年庚午”，“德隆”（Đức Long）爲後黎神宗（Lê Thần Tông）黎維祺（Lê Duy Kỳ）的第二個年號，“貳年庚午”爲公元 1630 年，當明崇禎三年。

⑥ “離樓”，傳説中視力特强的人。《孟子·離婁上》：“孟子曰：‘離婁之明，公輸子之巧，不以規矩，不能成方圓。’”焦循正義：“離婁，古之明目者，黄帝時人也。黄帝亡其玄珠，使離朱索之。離朱，即離婁也，能視於百步之外，見秋毫之末。”

⑦ “公輸”，春秋時期有名的工匠家族。《禮記·檀弓下》：“季康子之母死，公輸若方小，斂，般請以機封。”鄭玄注曰：“公輸若，匠師也。般、若之族，多伎巧者也。”

⑧ “離樓督繩，公輸削墨”，“繩墨”是古代工匠以墨畫直綫的工具。《漢書·嚴朱吾丘主父徐嚴終王賈傳》：“則使離婁督繩，公輸削墨。雖崇臺五增延袤百丈，而不溷者工用相得也。”意謂以能工巧匠修建大悲寺。

⑨ “兜率之天”，又作都率天、兜術天、兜率陀天、兜率多天、兜師陀天、睹史多天、兜駛多天。《佛説立世阿毘曇論》卷六：“云何第四天名兜率陀，歡樂飽滿於其資具自知滿足，於八聖道不生知足，故説名爲兜率陀天。”

⑩ “招提”，見《翻譯名義集》卷七：“招提。經音義云：梵云招鬥提奢，唐言四方僧物，但筆者訛稱招提。此翻别房施，或云對面施，或云梵言僧鬘，此翻對面施。”又云：“後魏太武始光元年造伽藍創立招提之名。”因此“招提”指自四方來集之各方衆僧（即招提僧）均可止宿之客舍。

及後房各位。至辛未年[①]六月十七日壬時，竪柱上梁，閣鍾震旦[②]之樓臺，/絢爛兑天[③]之棟宇，峥嶸如翬斯飛，如矢斯棘，制度丹雘[④]，規換穹崇，輪哉奂焉，豁然美矣，焚宫風裊，道月□窻，畫棟飛祥雲，朱廉卷教雨，玉/龕晻暎，金相晶熒，惠眼圓明，禪扃寂圓。六丈法身，森森爽爽；三千世界，玲玲瓏瓏。/　　　　佛見慈悲，僧開禪定，壺中兼美景，物外淨囂坐，出家求道之人，自業偈經，祝/　　　　聖之所，舉國集福之衆，焚香獻花，供齋於其間。老少奔波，共樂醫王[⑤]之境；閻閭倒影，咸濟貝闕[⑥]之/　　　　天。熙熙登道岸/　　　　聖涯，欣欣圓慈雲惠日，民/　　　　皇極世平康臺，陽春域仁壽普荷。吾/　　　　皇建極，賜福之功者田，不懈行善之致所也，一設造間，百功德在，然爲善受福，理之必然，伏願/　　　　皇上攬政事之權綱，尚勤儉之懿善，端□擴，善政施行，正心、修[⑦]身、齊家、治國，以資善政，舉而行之，無一不善，則九天洞鑒，諸/[⑧]　　　　佛護持，永壽積善之基，厚畀純之眷，以此河沙[⑨]慶善，身躬康强，宫廷和穆，百福是總，萬世無疆，/　　　　聖善壽者，/　　　　王嬪顯貴，祚胤無窮，/　　　　王室增隆，國祚綿洪，社稷長千萬年之基圖，億萬年之緒業，永永無窮，遂銘于珉，以壽其傳云。/

銘曰：/

清池古郡，盛烈名鄉。大悲福地，創此寶坊。

---

① “辛未年”，即德隆三年（1631），當明崇禎四年。

② “震旦”，古天竺稱中國漢地爲震旦。《翻譯名義集·諸國篇·震旦》卷三：“東方屬震，是日出之方，故云震旦。《華嚴音義》翻爲漢地。《新唐書·西域列傳上·天竺國》：“戎言中國爲摩訶震旦。”

③ “兑天”，即西天，佛教的極樂世界位在西方，故稱西方極樂世界。

④ “丹雘”，即對良木彩飾。據《説文·丹》：“雘。善丹也。”《山海經·南次三經》：“南次三經之首，曰天虞之山……又東五百里，曰雞山，其上多金，其下多丹雘。”《尚書·梓材》：“若作室家，既勤垣墉，惟其塗塈茨。若作梓材，既勤樸斫，惟其塗丹雘。”

⑤ “醫王”，即佛菩薩。（宋）求那跋陀羅譯《雜阿含經》卷十五：“有四法成就，名曰大醫王者，所應王之具、王之分。何等爲四？一者善知病，二者善知病源，三者善知病對治，四者善知治病已，當來更不動發。……如來、應、等正覺爲大醫王，成就四德，療衆生病，亦復如是。……是故如來、應、等正覺名大醫王。”

⑥ “貝闕”，華美之宫室。《楚辭·九歌·河伯》：“魚鱗屋兮龍堂，紫貝闕兮朱宫。靈何爲兮水中，乘白黿兮逐文魚。”注曰：“言河伯所居，以魚鱗蓋屋，堂畫蛟龍之文，紫貝作闕，朱丹其宫，形容異制，甚鮮好也。”

⑦ “修”，碑原作“脩”，另兼正字，故改，下同不另注。

⑧ 以上爲拓片編號01683之内容。拓片編號01682第一句重複01683最後一句：“皇上攬政事之權綱，尚勤儉之懿善，端□擴，善政施行，正心、脩修身、齊家、治國，以資善政，舉而行之，無一不善，則九天洞鑒，諸”。

⑨ “河沙”，譬數之多如恒河之沙，亦喻長壽。（宋）宗鑑《釋門正統·曇鸞》曰：“其爲壽也，有劫石焉，有河沙焉。沙石之數有限，壽量之數無窮，是金仙氏長生也。”

烈市聚會，羅城穹隆。蘇江環繞，/锐派朝宗。

屢閱星霜，幾傾墻闕。剥而復亨，必待檀越[①]。

恭惟/　　　　聖主，總攬威權。功光復舊，心契道玄。

有兹聖母，德稟坤貞。治家有法，/善心自生。

賢哉嬪侍，以本家田。供爲三寶，永爲流傳。

再發錢府，買木荆州。/督繩離婁，削墨公輸。

紺宇重葺，塵囂物外。功德林中，一念修德。

百福總道，/禪扃舟臒[②]。森爽樓臺，峥嶸殿閣。

金相晻映，玉龕玲瓏。/　　　　皇天眷佑，諸佛扶護。

天錫王壽，壽高純嘏[③]。萬壽無疆，億年壽祐。

天錫王胤，/家受福祉。文子文孫，麟定麟趾。

聖妃壽耆，慶衍門庭。王嬪康健，福禄崇成。/

千年其量，萬世惟王。河沙慶善，天地久長。/

一會主/

瓊駙馬、池郡公、黎伯位/

玉石駙馬、贏郡公、鄧世材/

德隆陸年[④]太歲甲戌良月穀日構[⑤]

---

① “檀越”，見《南海寄歸内法傳》卷一：“梵云陀那鉢底，譯爲施主。陀那是施，鉢底是主。而言檀越者，本非正譯。略去那字取上陀音轉名爲檀，更加越字。意道由行檀捨自可越渡貧窮，妙釋雖然，終乖正本。”

② “丹臒”，碑文原誤作“舟臒”。

③ “純嘏”，碑文原誤作“純瑕”。按，“純嘏”謂“大福”，《詩經・小雅・甫田之什・賓之初筵》：“籥舞笙鼓，樂既和奏。烝衎烈祖，以洽百禮。錫爾純嘏，子孫其湛。”鄭玄箋：“純，大也；嘏，謂尸與主人以福也。湛，樂也。王受神之福於尸，則王之子孫皆喜樂也。”

④ “德隆六年”，六年歲次甲戌，當明崇禎七年（1634）。

⑤ 以上爲拓片編號 01682 之内容。

題後

甲禄村大悲寺計有六通碑銘(以《拓片總集》第1至4册爲調查範圍),如下表:

編號	篇題	年代	位置
01682/01683	重造大悲寺碑記*	後黎神宗德隆六年(1634)	寺内左邊第一碑
01699	修繕大悲寺功德碑**	乙亥七年(亙爲後黎神宗德隆七年,歲次乙亥,十月之後改爲陽和元年)	寺外左邊第一碑
01700/01701	重修大悲寺碑	後黎神宗德隆七年(1635)	寺前一碑
01702-01705	報德之碑	後黎熙宗正和十二年(1691)	寺後第一碑
01706-01709	盛烈社黎中和夫妻祭忌碑記*	後黎熙宗正和十一年(1690)	寺後第二碑
01710-01713	報恩碑記	後黎熙宗正和十年(1689)	寺左邊第二碑

注:* 表示此篇已收入本書;** 表示原無題。

本碑記爲鄭主府宫嬪黎氏以本家田供爲三寶的記載。碑文有明顯被剜去的痕跡,第五行有十個字被剜去,第八行“先聖哲”下有十二字、第九行“黎氏賜姓”下有三字亦分别被剜去。前篇《景興四十年己亥科進士題名記》亦有十八字被剜去的現象,據吴高郎《黎朝歷科進士題名碑記》可補爲“大元帥、總國政、上師、尚父、睿斷文功武德靖王”,應爲鄭主鄭森在景興三十一年(1770)冬十一月之後的官爵(《大越史記全書續編》卷五),被蓄意剜去顯然是因政治上的原因。根據碑文的内容有“重興帝室,再造王家”句,碑記則刊刻於德隆年間,按,德隆爲黎神宗黎維祺的年號,其時政權主要由鄭主掌控。神宗永祚五年六月,鄭主平安王鄭松因病疾,擬將兵權交由長子鄭梉掌理,引起次子鄭椿不滿,遂起兵反叛,後爲平安王設計所殺,平安王病薨,鄭梉繼立。時退居高平的莫朝莫敬寬因鄭主内閧,舉兵攻嘉林,鄭梉率軍隊大破莫敬寬,解除了黎朝朝廷的危機,永祚五年(1623)十一月進封協謀同德功臣、都將、節制各處水步諸營、兼總内外平章軍國重事、太尉、清國公鄭梉爲元帥、統國政、清都王。次年追封平安王鄭松爲恭和寬政哲王。

一一〇　盛烈社沛郡公黎中和夫妻祭忌碑記

引言

碑立於河東省青池縣盛烈總甲六村大悲寺，爲寺後第二碑。碑刻四面，拓片編號 01709/01706/01708/01707。拓片編號 01709 爲碑前，共十四行字，滿行約三十字；拓片編號 01706 爲碑左，共十四行，滿行約二十七字；拓片編號 01708 爲碑後，共十七行字，滿行約三十七字；拓片編號 01707 爲碑右，共十七行字，滿行約三十五字，四面碑額均刻有“德碑厚祀”四字，今依內容與性質重定篇題爲“盛烈社黎中和夫妻祭忌碑記”。碑四面兩側均刻有花紋，碑底則刻有蓮座。碑文撰者據《越南漢喃碑銘拓片目録提要》補爲山南道監察御史杜公攢、書寫者侍內書寫户番馮俊才、刻者爲偃武伯黎文龍。年代署作正和（Chính Hòa）十一年（1690），正和爲後黎熙宗（Lê Hy Tông）黎維祫（Lê Duy Cáp）年號，同年爲清康熙二十九年，歲次庚午。拓片現藏於漢喃研究院。

碑文記載王府侍內宫嬪黎氏玉琨爲報父母養育之恩，捐田三十畝與古錢二百貫於盛烈社，以作其父沛郡公黎中和與其母鄭氏玉樣寄忌之資。文末以二十二句四字銘文詠此事，及記録田地所在處、尺寸與祭祀時的品項，並録有該社爲沛郡公夫妻祭祀之文約，文約中説明黎氏玉琨捐助該社之緣由。

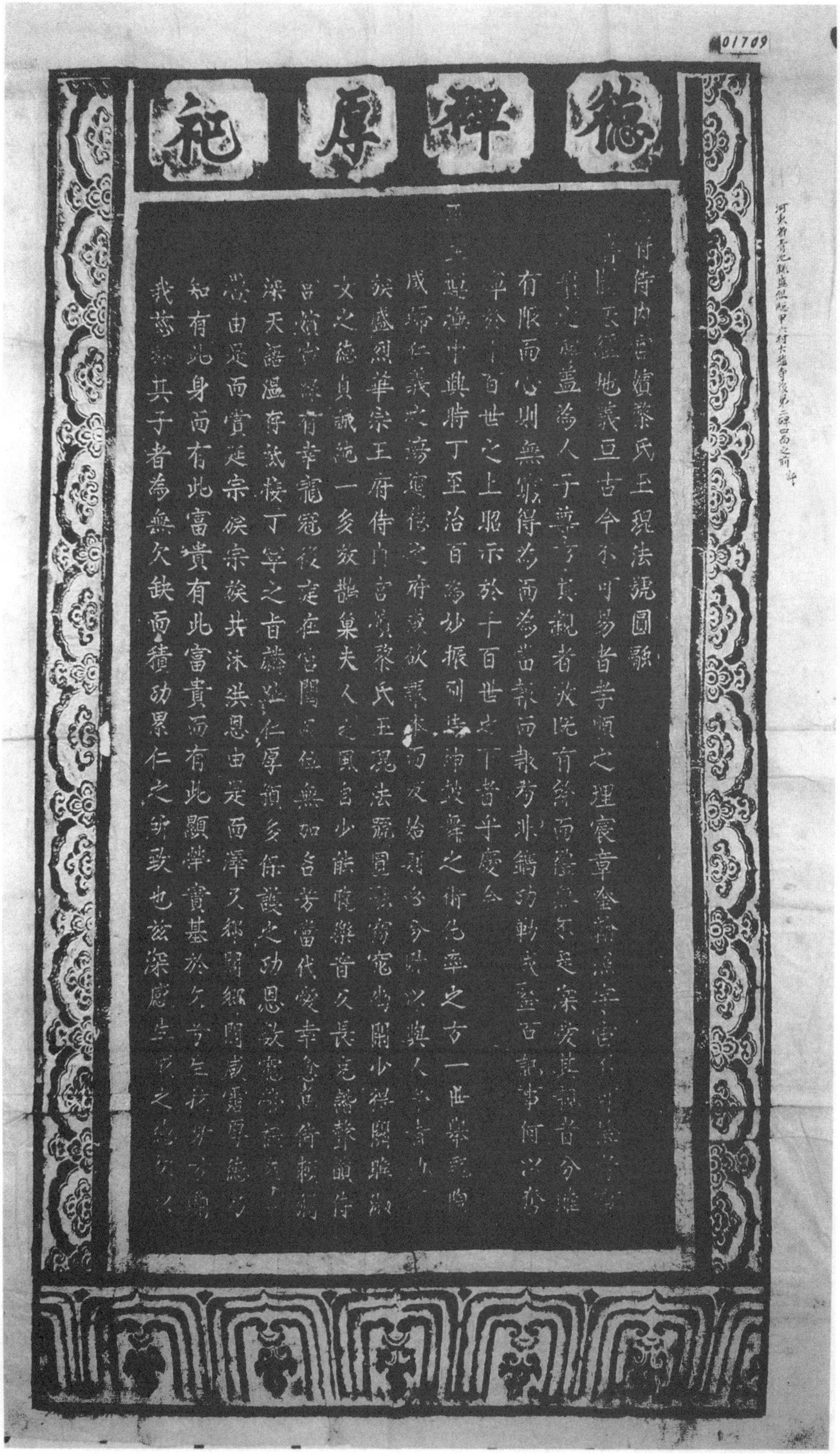
01709
德禪厚祀

編號：01709　出自《拓片總集》第二冊（下同）

德碑厚祀

報翰勞之恩敬所尊愛所親祭祀洋洋知在脩其廟傾其器香火永永[illegible]
傳方有始貿田叄畝留與本村裴一甲其古錢貳百貫留許本社八甲各
立約條奉事顯考鼎特進輔國上將軍東軍都督府都督僉事沛郡公
裴貴公字中和謚良正府君顯妣蔭封都督僉事沛郡夫人鄭氏玉樸
號妙貴以將意願我之所以為是者豈是要於人豈是求聞於世盖以
慰父母在天之靈盖以盡子孫事親之道爰崇祀典特立碑文此碑之傳
永對青天白日此為之立有同帶河礪山其或背約渝言革心易慮幾則
有鬼神鑒視明則有日月照臨慎時有古今而是孝之原於性者不以古
今為增損位有貴賤而是孝之出於心者不以貴賤為隆替此孝一去而
萬善從之其於立幼也乎何有亦可以見天理之在人心自有不可得而
泯沒者因銘于石以永其傳云

銘曰

聖皇撫運　明平臨民　九州一轍　四海同春
恭惟奉上　敬以事神　貫吾盛地　今挺貴人

編號：01706

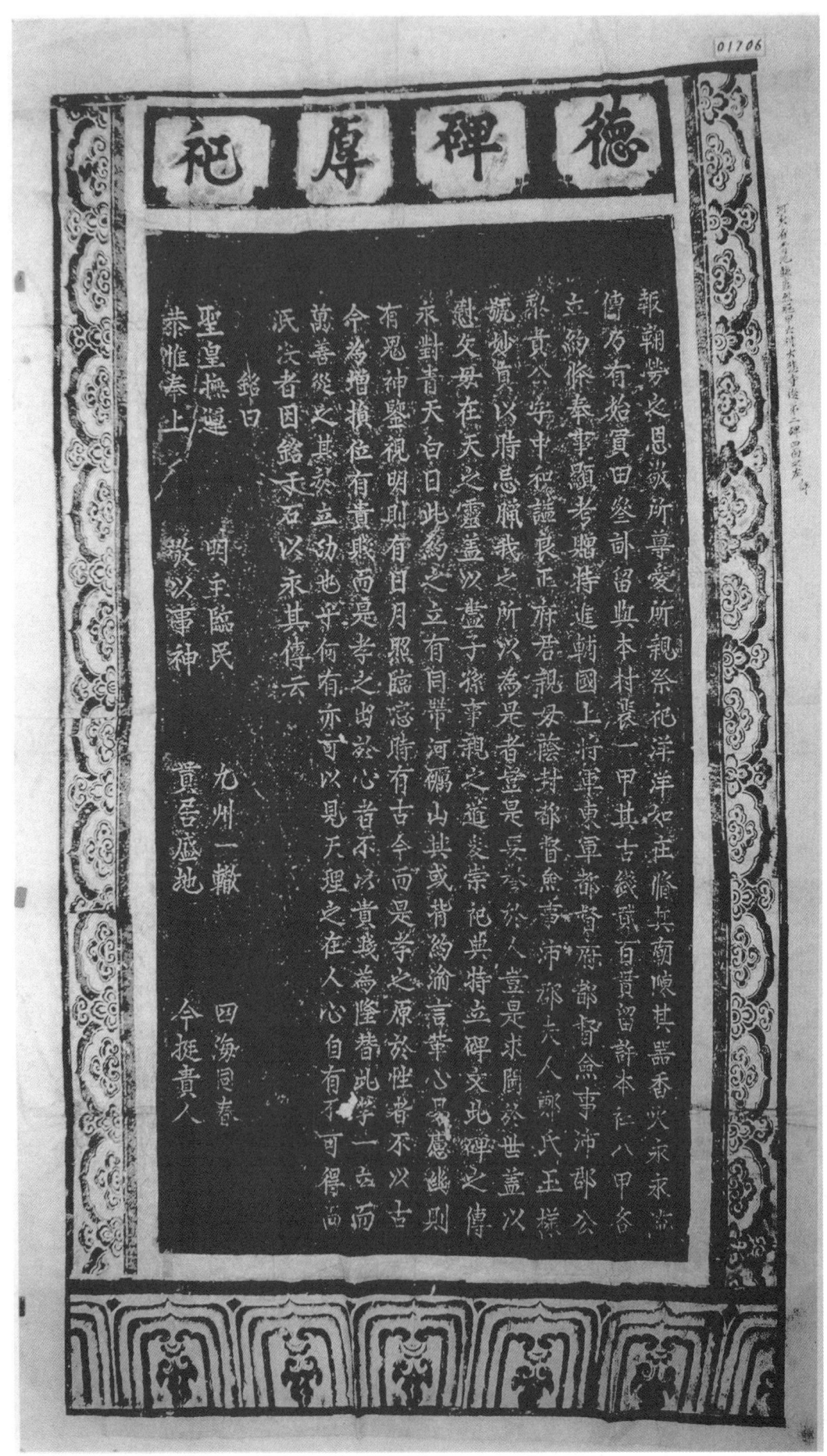

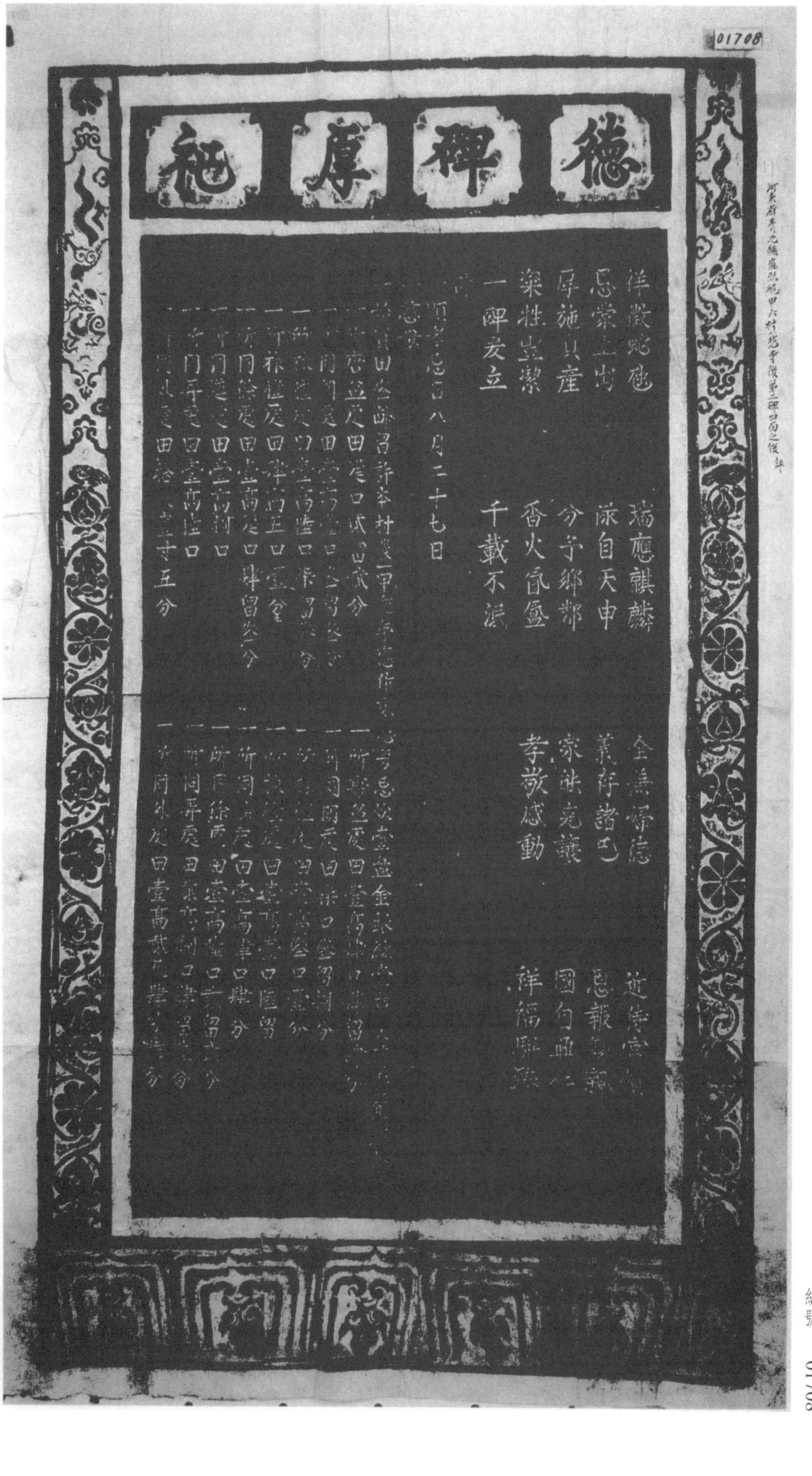
01708
德碑厚德
祥徵既德　瑞應麒麟
恩崇上尚　蔭自天申
厚施具產　分予鄉邦
粢牲豈潔　香火尤盛
一碑爰立　千載不泯
孝敬感動
祥福駢臻
八月二十七日

編號：01708

01707

德碑厚祀

一所同年處田拾貳尺壹寸叁分　一所金罡處田𡀔尺壹寸五分
一所同求處田壹高壹尺𡀔寸　一所同求處田壹高壹尺五分
一古錢貳百貫留許本社八甲逐年應作貳忌安忌炊壹盘金銀紙壹盘芙蒥壹匣酒壹埕
扳石右隊侍内監司禮監左監丞寅祿侯朱文榜捱作石碑
皇朝正和萬乙年之拾壹孟冬穀日　優武伯黎文龍刊
賜癸亥科第三甲同進士出身山南道監察御史山國葱上社撰
侍内書寫户番馮俊才寫
常信府青池縣盛烈社社村長裴廷謙阮公事高文罡鄭得祿裴廷銓
阮進奏社巠黎孜裴文貴裴仕佳阮進祿全社上下等
申
計
一茲年七月日承見奉傳韓水其本社未嘗官役雜於附二壹典券人其
本社八甲未有銅錢難於應後茲本社上下等已
王府侍内宫嬪德妾准許本社古錢貳百貫係逐年忌日翁[illegible]長老[illegible]甲
炊壹盘金銀紙壹盘芙蒥壹匣以供祀事其本社所携依如文約不敢欠
缺留傳萬代奉事恭敬若某甲流慶忌日祀事顧典
天地神灵照鑒打死不孝之義

編號： 01707

釋文

德碑厚祀[1]

王府侍内宫嬪黎氏玉琨法號圓融，/　　　　　甞聞天經地義，亘古今不可易者，孝順之理；宸章奎翰，照宇宙不可揜者，事/實之碑。蓋爲人子，尊事其親者，敬既有餘，而禮無不足；深愛其親者，分雖/有限，而心則無窮。得爲而爲，當報而報，茍非鐫功勒成，鑒石記事，何以奮/輝於千百世之上，昭示於千百世之下者乎？

慶今/　　　　　聖主運撫中興，時丁[2]至治，百爲妙振刷[3]，特神皷舞之術、化率之方；一世舉甄陶[4]，/咸歸仁義之場、道德之府。或欲報本而反始，則必分財以與人。予青池巨/族，盛烈華宗，王府侍内宫嬪黎氏玉琨，法號圓融，窈窕幽閑，少得《關雎》淑/女之德；貞誠純一，多效《鵲巢》夫人之風。自少能曉樂音，及長克諧聲韻，侍/宫嬪，寅緣有幸，寵冠後庭；在宫闈，品位無加，名芳當代。愛幸愈篤，倚賴彌/深。天語温存，祇接丁寧之旨；麟趾[5]仁厚，預多保護之功。恩數寵榮，禄來重/疊，由是而賞延宗族，宗族共沐洪恩；由是而澤及鄉閭，鄉閭咸霑厚德。乃/知有此身，而有此富貴；有此富貴，而有此顯榮。實基於父兮生我，母兮鞠/我，慈於其子者，爲無欠缺，而積功累仁之所致也。玆深感生成之德，欲以[6]/報鞠勞之恩。敬所尊，愛所親，祭祀洋洋[7]如在；修[8]其廟，陳其器，香火永永流/傳。乃有始買田叁畝，留與本村裴一甲；其古錢貳百貫，留許本社八甲，各/立約條，奉事顯考贈特進、輔國上將軍、

---

① 此爲拓片編號01709之額題，今依内容及性質重定篇題爲“盛烈社沛郡公黎中和夫妻祭忌碑記”。按，編號01761/01708/01707之額題均作“德碑厚祀”。

② “時丁”，時當、當其時的意思。《楚辭·九歎·惜賢》：“丁時逢殃，可奈何兮。勞心悁悁，涕滂沲兮。”注曰：“丁，當也。言己之生當逢遇殃咎，安可奈何？自閔而已。”

③ “振刷”，奮起振作之意。《宋史·馬天驥傳》：“馬天驥字德夫，衢州人。紹定二年進士……入對，言：‘周世宗當天下四分五裂之餘，一念振刷，猶能轉弱爲强。陛下有能致之資，乘可爲之勢，一轉移間耳。’”

④ “甄陶”，原爲燒製陶器，後喻爲造就、化育的意思。（漢）揚雄《法言·先知》：“甄陶天下者，其在和乎！剛則甈，柔則坏。”李軌注：“埏埴爲器曰甄陶，王者亦甄陶其民也。”

⑤ “麟趾”，喻有德行的公子。《詩經·國風·周南·麟》：“麟之趾，振振公子，于嗟麟兮。”鄭玄箋云：“興者，喻今公子亦信厚與礼相應，有似於麟。”

⑥ 以上爲拓片編號01709之内容。

⑦ “洋洋”，美善之意。《尚書·商書·伊訓》：“嗚呼，嗣王祇厥身念哉！聖謨洋洋，嘉言孔彰。”孔安國曰：“洋洋，美善，言甚明可法。”

⑧ “修”，碑原作“脩”，另兼正字，故改，下同不另注。

東軍都督府都督僉事、沛郡公/黎貴公，字中和，謚良正。府君親母蔭封都督僉事、沛郡夫人鄭氏玉樣/，號妙貢，以時忌臘[①]。我之所以爲是者，豈是要譽於人？豈是求聞於世？蓋以/慰父母在天之靈，蓋以盡子孫事親之道，爰崇祀典，特立碑文。此碑之傳，/永對青天白日；此約之立，有同帶河礪山。其或背約渝言，革心易慮，幽則/有鬼神鑒視，明則有日月照臨。噫！時有古今，而是孝之原於性者，不以古/今爲增損；位有貴賤，而是孝之出於心者，不以貴賤爲隆替。此孝一立，而/萬善從之，其於立功也乎何有？亦可以見天理之在人心，自有不可得而/泯没者，因銘于石，以永其傳云。/

銘曰：/

聖皇撫運，明主臨民。九州一轍，四海同春。/

恭惟奉上，敬以事神。貫居盛地，今挺貴人。/[②]

祥徵蛇虺，瑞應麒麟。全兼婦德，近侍宫嬪。/

恩蒙上出，禄自天申。義存諸己，恩報雙親。/

厚施貝産，分予鄉鄰。家能克讓，國自興仁。/

粢牲豐潔，香火氤氳。孝敬感動，祥福駢臻。/

一碑爰立，千載不泯。/

計：/

一顯考忌日八月二十七日。/

一慈母。/

一始買田叁畝留許本村裴一甲遞年應作貳忌，每忌�[③]壹盤、金銀紙壹盤、芙蔞[④]壹匣、酒壹埕。/

一所唐盆處田玖[⑤]口貳留貳分，一所唐盆處田壹高肆口肆留肆分；/

一所同朗處田壹高壹口叁留叁分，一所同朗處田柒口叁留捌分；/

一所梂猹處田壹高陸口柒留叁分，一所梂猹處田壹高叁口壹分；/

一所梂猹處田肆高五口壹分，一所梂猹處田壹高壹口陸留；/

---

① “忌臘”，見（明）田藝衡《玉笑零音》：“人之初生，以七日爲臘；人之初死，以七日爲忌。一臘而魄成，故七七四十九日而七魄具矣。一忌而一魂散，故七七四十九日而七魂泯矣。”

② 以上爲拓片編號 01706 之内容。

③ “粓”，喃字，糯米的意思，下同不另注。

④ “芙蔞”，是一種藤類的植物，越文作 Cây lá trầu。與檳榔同爲喜慶時必有之象徵性植物，尤其是在傳統婚俗文化中，檳榔、芙蔞與石頭（石灰）是兄弟和睦、夫妻相恩相愛之象徵。

⑤ “玖”，碑原作越南避諱字“𤥨”，下同不另注。

一所同餘處田壹高玖口肆留叁分，一所同餘處田壹高肆口肆分；/

一所同遒處田壹高捌口，一所同餘處田壹高陸口貳留貳分；/

一所同弄處田壹高陸口，一所同弄處田貳高捌口肆留陸分；/

一所同外處田拾尺壹寸五分，一所同外處田壹高貳尺肆寸陸分；/[1]

一所同矩處田拾貳尺壹寸叁分，一所金罡處田玖尺壹寸五分；/

一所同求處田壹高壹尺玖寸，一所同求處田壹高壹尺五分。/

一古錢貳百貫留許本社八甲，遞年應作貳忌，每忌�壹盤、金銀紙壹盤、芙蒥壹匣、酒壹埕。/

拔石右隊、侍內監、司禮監左監丞、寅禄侯、朱文榜押作石碑/

皇朝正和萬萬年之拾壹孟冬穀日

偃武伯黎文龍刊/

賜癸亥科第三甲同進士出身、山南道監察御史、山國慈上杜撰/

侍內書寫、户番馬俊才寫/

常信府青池縣盛烈社社村長裴廷讓、阮公事、高文罢、鄭得禄、裴廷銓、/阮進粟、杜堅、黎改、裴文貴、裴仕佳、阮進禄全社上下等，/申/

計/

一兹年七月日承見奉傳韓水其本社未嘗官役，難於附土，置與券人，其/本社八甲未有銅錢，難於應役，兹本社上下等乞/　　　　王府侍内宫嬪德婆、准許本社古錢貳百貫，係遞年忌日翁㹳婆㹳長老，每甲/粿壹盤、金銀紙壹盤、芙蒥壹匣以供祀事，其本社所據依如文約，不敢欠/缺，留傳萬代，奉事恭敬，若某甲流廢忌日祀事，願與/　　　　天地神靈照鑒，打死不孝之義。[2] /

---

① 以上爲拓片編號 01708 之内容。

② 以上爲拓片編號 01707 之内容。

一一一　嘉通大王事跡碑記

引言

碑立於山西省國威府黄舍總鳳格社亭内殿，爲右邊一碑。碑刻兩面，有界綫拓片編號01721/01722。拓片編號01721爲碑前，共十八行字，滿行約二十五字，碑額題“事跡碑記”四字；拓片編號01722爲碑後，共十一行字，滿行約二十四字。今重定篇題爲“嘉通大王事跡碑記”。碑文未載撰者。年代署作保泰（Bảo Thái）九年（1728），保泰爲後黎裕宗（Lê Dụ Tông）黎維禟（Lê Duy Đường）的年號，同年爲清雍正六年，歲次戊申。拓片現藏於漢喃研究院。

碑文記録嘉通大王李服蠻生前功績，以及亡故後顯靈、李太祖立祠設像之經過，並言嘉通大王有靈，戰亂時守護地方，亦有求必應，故香火無窮。文末以聯語詠嘉通大王作結。

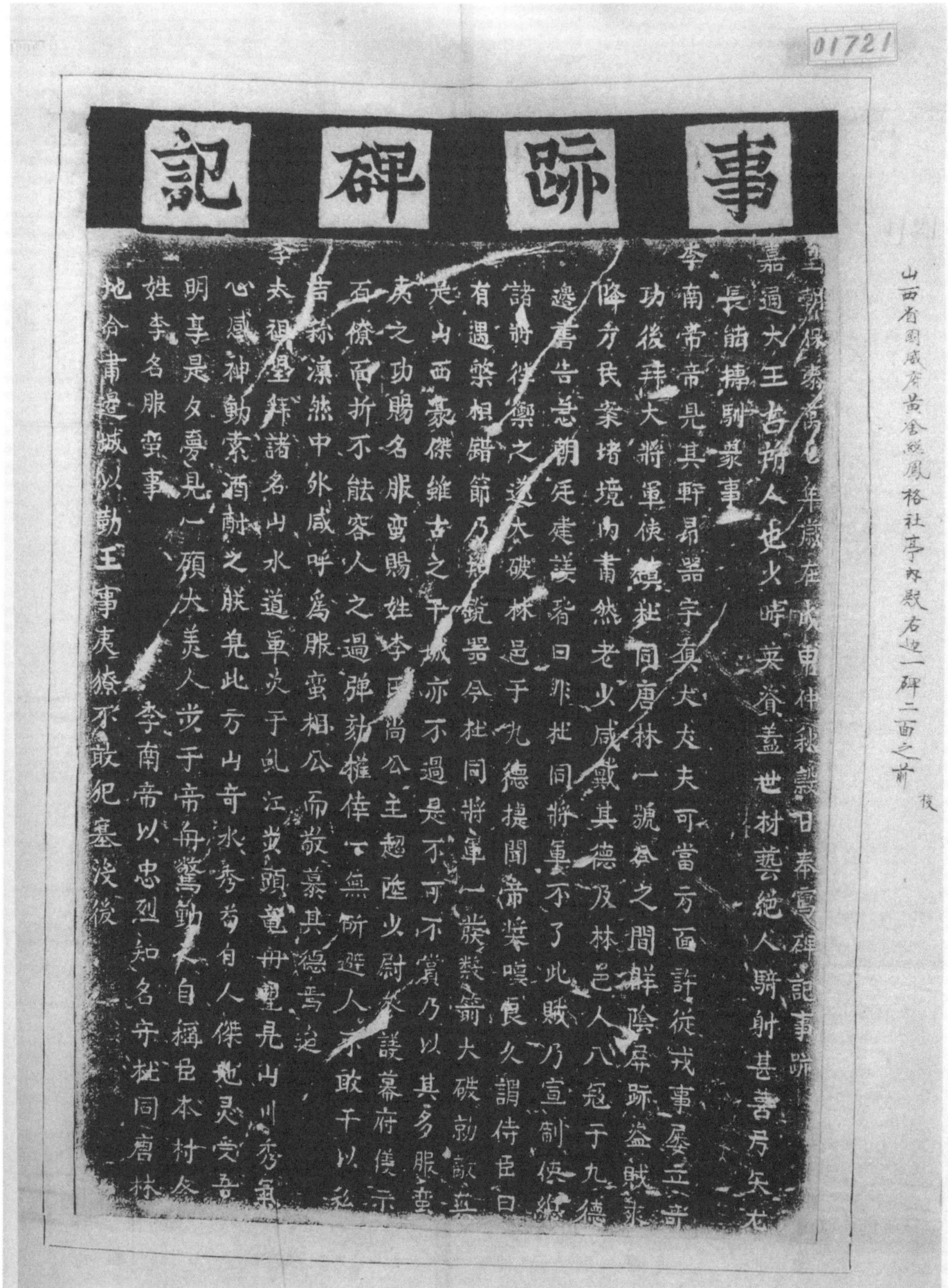
01721
事跡碑記
皇朝保泰□年歲在甲寅仲秋穀日奉寫碑記事跡
嘉通大王古猶人也少時英資蓋世材藝絕人騎射甚善弓矢尤
長能搏馴象事
李南帝帝見其軒昂器宇真大丈夫可當方面許從戎事屢立奇
功後拜大將軍使鎮扼同唐林一號合之間群險扼跡盜賊衆
降方民案堵境內肅然老少咸戴其德及林邑人入寇于九德
邊塞告急朝廷建議眷曰非扼同將軍不了此賊乃宣制使總
諸將往禦之遂大破林邑于九德捷聞帝嘉嘆良久謂侍臣曰
有遇槃根錯節乃知銳器今扼同將軍一鼓殲翦大破勍敵立
是山西豪傑雖古之干城亦不過是不可不賞乃以其多服蛮
夷之功賜名服蛮賜姓李氏尚公主超陞少尉參議幕府使示
百僚而折不能容人之過弹劾權倖一無所避人不敢干以私
吉孫凜然中外咸呼為服蛮相公而敬慕其德焉迨
李太祖登祚諸名山水道軍次于乩江岸頭艤舟望見山川秀氣
心感神動索酒酎之朕見此方山奇水秀必有人傑地靈党吾
明享是夕夢見一頎大美人岸于帝舟驚動人自稱臣本村人
姓李名服蛮事
李南帝以忠烈知名守扼同唐林
地今肅邊城以勤王事夷獠不敢犯塞沒後
山西省國威府黃金縣鳳格社亭內題右边一碑二面之前

編號：01721　出自《拓片總集》第二冊（下同）

01722

山西省國威府黄舍總鳳格社亭內殿右边一碑二面之後 後

上帝奬其忠直勅守戍如故領盧部兵一守戍久矣既而從容曰
天下遺棠眛忠臣匿姓名中天明日月亮不見其形帝驚悟以
憂語御史大夫梁任文曰此神要顯形像而言命群臣置环玟
者卅人立祠設像一如夢中所見封爲千方福神使人歲時奉
祀焉至陳危豐間韃靼凡寇至亂江船不得進村人率衆拒戰
賊皆奔散至重興間元兵入寇到處皆焚蕩而其邑如有防詰
賊不敢犯所居晏然又加徽號以旌偉績自此而後國家或遭
旱熯致祠求禱立之雨降又增加美字以表英靈以至士子應
舉武人行征及農夫蠶婦有求禱者無不感應故敬信有加而
香火無窮焉

李臣將後身陞降千古、

黎聖朝名相儔匹幾人

編號：01722

釋文

事跡碑記[1]

皇朝保泰萬萬年歲在戊申[2]仲秋穀日奉寫碑記事跡/

嘉通大王，古所人也。少時英資蓋世，材藝絶人，騎射甚善，弓矢尤/長，能搏馴象。事/

李南帝，帝見其軒昂器宇，真大丈夫，可當方面，許從戎事，屢立奇/功。後拜大將軍，使鎮杜同、唐林，一號令之間群陰屏跡，盜賊來/降，万民案堵，境内肅然，老少咸戴其德。及林邑人入寇于九德，/邊書告急，朝廷建議皆曰：“非杜同將軍不了此賊。”乃宣制使總/諸將往禦之，遂大破林邑於九德。捷聞，帝獎嘆良久，謂侍臣曰：/“有遇槃根錯結乃知鋭器，今杜同將軍一發數箭，大破勍敵，真/是山西豪傑，雖古之干城亦不過是，不可不賞。”乃以其多服蠻/夷之功賜名“服蠻”，賜姓李氏，尚公主，超陞少尉，參議幕府，儀示/百僚。面折不能容人之過，彈劾權倖一無所避，人不敢干以私，/聲稱凜然，中外咸呼爲“服蠻相公”，而敬慕其德焉。迨/ 李太祖望拜諸名山水道，軍次于虬江步頭，龍舟望見山川秀氣，/心感神動，索酒酎之：“朕見此方山奇水秀，苟自人傑地靈，受吾/明享。”是夕，夢見一碩大美人步于帝舟，驚動之，自稱“臣本村人，/姓李名服蠻，事 李南帝以忠烈知名，守杜同、唐林/地，合肅邊城，以勤王事，夷獠不敢犯塞，没後/[3] 上帝獎其忠直，敕守職如故，領瘟部兵 守職久矣”。既而從容曰：/“天下遭蒙昧，忠臣匿姓名。中天明日月，孰不見其形。”帝驚悟，以/夢語御史大夫梁任文曰：“此神要顯形像而言。”命群臣置環珓，/督卅人立祠設像，一如夢中所見，封爲一方福神，今人歲時奉/祀焉。至陳元豐間，韃靼入寇，至虬江，船不得進，村人率衆拒戰，/賊皆犇散。至重興間，元兵入寇，到處皆焚蕩，而其邑如有防護，/賊不敢犯，所居晏然。又加徽號，以旌偉績。自此而後，國家或遭/旱熯，致祠求禱，立之雨降，又增加美字以表英靈，以至士子應/舉，武人行征，及農夫蠶婦有求禱者，無不感應，故敬信有加而/香火無窮焉。/

---

① 此爲額題，今依内容及性質重定篇題爲“嘉通大王事跡碑記”。

② “保泰萬萬年歲在戊申”，即後黎裕宗保泰九年（1728），當清雍正六年。

③ 以上爲拓片編號01721之内容。

李臣將後身陟降千古，黎聖朝名相儔匹幾人。/[①]

題後

國威府黄舍總鳳格社亭，計立有八通碑記，如下：

編號	篇題	年代	位置
01714-01719	虬山社石柱記	後黎顯宗景興乙丑年（1745）	亭前右石柱
01721-01722	嘉通大王事跡碑記*	後黎裕宗保泰九年（戊申，1728）	亭内殿右邊一碑
01723-01726	後神碑記	後黎愍帝昭統元年（1787）	亭後左邊之北一碑
01727-01728	後忌碑記	後黎顯宗景興三十年（1769）	亭左廡第三碑
01729-01732	奉事碑	後黎熙宗正和十九年（1698）	亭後右邊之南一碑
01733-01734	祭忌碑記**	西山朝阮文惠光中二年（1789）	亭右廡第一碑
01735-01736	祭忌碑記**	西山朝阮文惠光中三年（1790）	亭右廡第六碑
01737	虬山渡記*	後黎恭帝統元四年（1525）	亭殿前右一碑

注：* 表示此篇已收入本書；** 表示原無題。

本碑記立於後黎裕宗保泰九年（1728），記載嘉通大王神（又稱服蠻大王神）的事跡。《大南一統志·山西省下·祠廟》有安所神祠的記載：“安所神祠，在丹鳳縣安所社，神伊社人。”其下所敘神跡大抵與本碑内容相同，但較爲簡略。不過對於服蠻大王的死因，文中則有比較清楚的説明：“後鎮林邑，爲占人所敗，自死，歸葬于古所江邊胡馬津。”又，《大南一統志·山西省下·陵墓》：“李服蠻墓，在丹鳳縣安所江江邊。”

① 以上爲拓片編號01722之内容。

一一二　虬山渡記

引言

碑立於山西省國威府黄舍總鳳格社亭殿，爲亭殿前右一碑。碑刻單面，拓片編號 01737，共十八行字，滿行約十九字，碑額題“虬山渡記”四字，并飾有日紋與雲紋。今以額題爲篇題。碑文撰者前部慎刑清吏司員外郎黄南金，刻者工部器械營造所玉匠匠正杜文廷。年代署作統元（Thống Nguyên）四年（1525），統元爲後黎恭皇（Lê Cung Hoàng）黎椿（Lê Xuân）年號，同年爲明嘉靖四年，歲次乙酉。拓片現藏於漢喃研究院。

碑文記載虬山渡口優美的風景，這一切歸功於前總長發心居士，表其功佈施改善環境，居士亦因其善念得以長壽，故前部慎刑清吏司員外郎黄南金爲發心居士撰寫此記以傳永久，後以七言絶句作結。

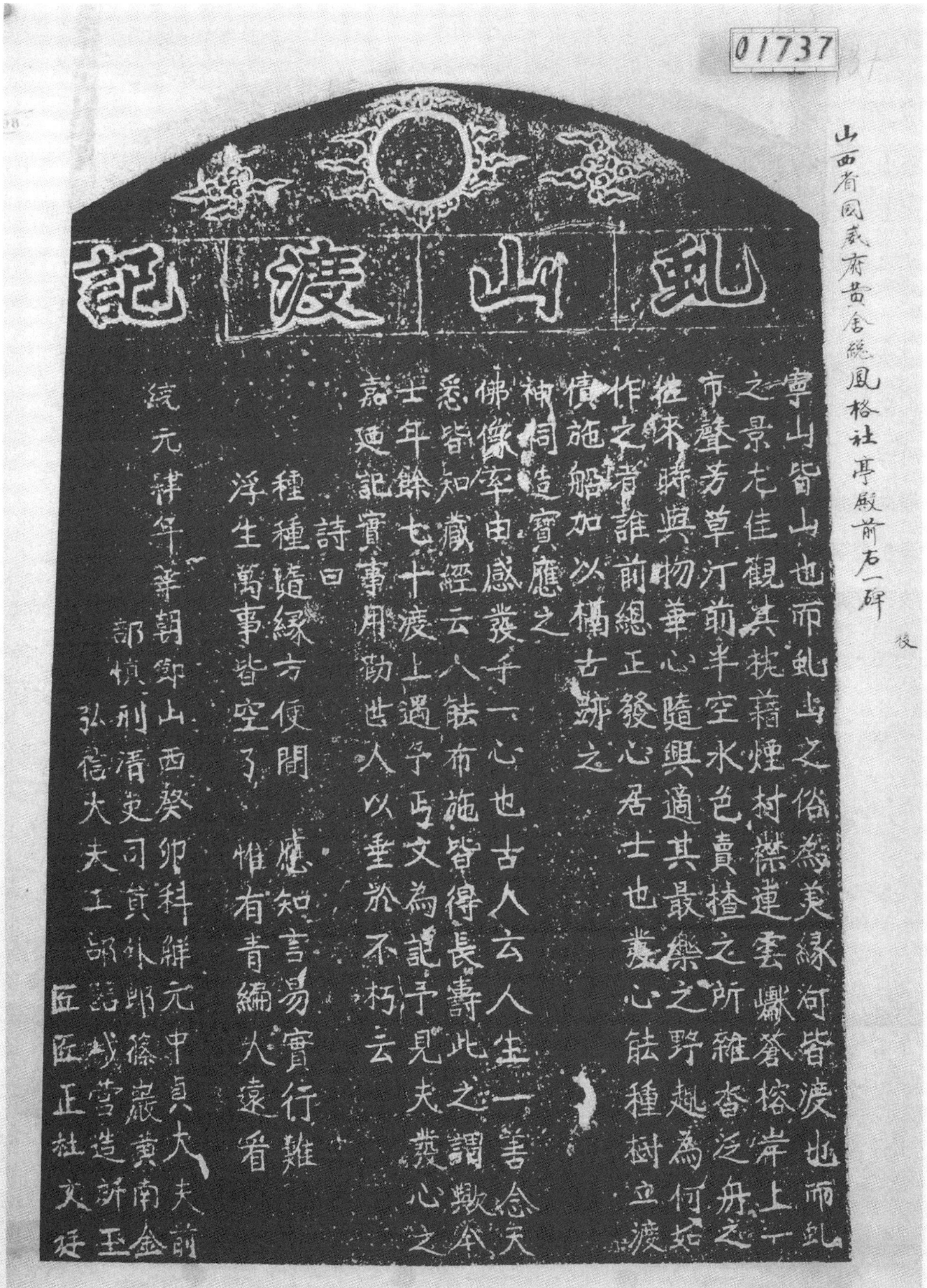
01737
虬山渡記
寧山皆山也而虬山之俗為美緣河皆渡也而虬
之景尤佳觀其枕藉煙樹襟連雲巘蒼榕岸上一
市聲芳草汀前半空水色貴楂之所雜沓泛舟之
往來時與物華心隨興適其最樂之野趣為何始
作之者誰前總正發心居士也叢心能種樹立渡
債施船加以構古跡之
神祠造寶應之
佛像率由感發乎一心也古人云人生一善念天
悉皆知藏經云人能布施皆得長壽此之謂歟今
士年餘七十渡上過予丐文為記予見夫發心之
嘉運記實事用勸世人以垂於不朽云
詩曰
種種隨緣方便間　應知言易實行難
浮生萬事皆空了　惟有青編久遠看
統元肆年　朝鄉山西癸卯科解元中貞大夫前
部慎刑清吏司員外郎孫巖黄南金
弘信大夫工部營繕營造所玉
匠匠正杜文廷

編號：01737　出自《拓片總集》第二冊

釋文

虬山渡記[①]

寧山皆山也，而虬山之俗爲美；緣河皆渡也，而虬/之景尤佳。觀其枕藉煙村，襟連雲巘，蒼榕岸上一/市聲，芳草汀前半空水。色賣楂[②]之所雜，沓泛舟之/往來，時與物華，心隨興適，其最樂之野趣爲何如？/作之者誰？前總正發心居士也，發心能種樹，立渡/債施船，加以構古跡之/　　　　神祠，造寶應之/　　　　佛像，率由感發乎一心也。古人云："人生一善念，/天悉皆知。"[③]《藏經》云"人能佈[④]施，皆得長壽"，此之謂歟！今/士年餘七十，渡上遇予，丐文爲記，予見夫發心之/嘉，廼記實事，用勸世人，以垂於不朽云。/

詩曰：/

種種隨緣方便間，應知言易實行難。/

浮生萬事皆空了，惟有青編久遠看。/

統元肆年[⑤]華朝節[⑥]

山西癸卯科解元、中貞大夫、前/部慎刑清吏司員外郎、篠巖黄南金/

弘信大夫、工部器械營造所玉/匠匠正杜文廷/

---

① 此爲額題，今依此定爲篇題。

② "楂"，同"茬"，是水中的浮舟。《先秦漢魏晋南北朝詩》載（梁）何遜《渡連圻詩二首》："連圻連不極。極望在雲霞。絶壁無走獸。窮岸有盤楂。"

③ 此句可參見（清）康熙《聖祖仁皇帝庭訓格言》："凡人處世，惟當常尋歡喜，歡喜處自有一番吉祥景象。蓋喜則動善念，怒則動惡念，是故古語云：'人生一善念，善雖未爲而吉神已隨之；人生一惡念，惡雖未爲而凶神已隨之。'此誠至理也夫。"

④ "佈"，碑原作"布"，因另兼正字故改。

⑤ "統元四年"，統元（Thống Nguyên）爲後黎恭皇（Lê Cung Hoàng）黎椿（Lê Xuân）的年號，四年爲公元 1525 年，當明世宗嘉靖四年，歲次乙酉。按，據此可知此碑爲鳳格社亭諸碑記中最早的一方。

⑥ "華朝節"，即"花朝節"，俗以春朝月夕爲遊賞最佳之季節，《歲時習俗資料彙編》收（明）李一楫編《月令採奇・春季總敘・二月逐日雜記・二日》引《壺中録》："洛陽風俗曰花朝節，士庶出郊遊賞。閩中風俗，以是日爲踏青節。"又，（清）蕭智漢《新增月日紀古・二月卷之下》引《風俗記》："浙江風俗言春序正中，百花競放，乃遊賞之時；花朝月夕，世所常言。宋制，守土官於花朝日出郊勸農。"故此爲二月二日或二月十五日。

一一三　靈光神祠碑

引言

碑立於山西省國威府黄舍總廣安社館後，爲館後右第二碑。碑刻兩面，拓片編號 01748/01749。拓片編號 01748 爲碑前，共二十二行字，滿行約二十九字，碑額題“靈光神祠碑”五字，今依此額題爲篇題；拓片編號 01749 爲碑後，共直行二行、横列五列，每行滿行字數不一，碑額題“庚辰年造”四字。碑兩面四側均刻有紋飾，碑額刻有兩層紋飾，拓片編號 01748 内層刻有雙龍昭日，拓片編號 01749 内層刻有雙鳳昭月，外層以蔓卷草紋與右左兩側。碑文撰者資政卿致仕阮有譽，書寫者山縣提吏阮玩。年代署作延成（Diên Thành）三年（1580）歲次庚辰，延成爲莫英祖（Mạc Anh Tổ）莫茂洽（Mạc Mậu Hợp）的年號，同年爲明萬曆八年。

碑文記載靈光神祠靈驗之事，廣洞社曾有猛虎出没故造成百姓恐慌，當地官員赴靈光神祠懇祈之後，抓獲猛虎爲民除害，地方特將此事上奏，朝廷下旨封主神爲中等神，並褒獎靈光神祠之靈驗，後以二十句四字銘文作結，碑末並記有參與立碑者題名。

靈光神祠碑
01748

編號：01748　出自《拓片總集》第二册（下同）

01749
庚辰年造

編號：01749

釋文

靈光神祠碑[①]

夫神乃造化之迹，惟神之爲德其盛矣乎！所以有祈焉，有報焉，有□□/焉，苟能去民之菑而有功烈者，得例祀之，可不立碑以傳諸悠久之乾/坤哉！國威寧山廣洞，是鄉古來有/

靈光神祠，洋乎如在，毅然有威，所感皆通，有求必遂，非他可比。且這是風/土，後有馬鞍山爲玄武，前有巾子山爲朱雀，左則喝江水爲縈迴之水，/右則陰陽山爲拱抱之山。而/

神祠基于兹，其爲　靈光中之最靈光，蓋已驗之。

比者，有猛虎縱出于此/地[方]，而風生雷吼之勢，誰其敢當？府縣等衙門官懇祈于　神，自然[捕]/得虎以除其害，厥有靈應焉。以此狀于上司，仍具本奉/　　　　敕旨是挾送禮部，封爲中等神，其辭略曰："保境安民，難名盛德。禦菑捍患，不/宰神功。感通尤妙於爽靈，褒獎宜隆於祀例，榮矣哉！門牆改觀，花木生/春，視古后土神祠碑、南海神廟碑殆不過是。自時厥後，或有禱雨而祈/晴，或有應試而求嗣，惟能陰扶民社，默相　國家，保之佑之，靈也光也，/則來日加封之禮，定有例在，而是碑之作，非惟昭盛德於一方，抑亦垂/芳名於萬世者矣。因而　　　銘曰：/

粵昔廣洞，有神靈光。精儲岳瀆，秀孕陰陽。/

盛德難名，至誠能動。使虎縱原，爲魚在網。/

境安郡縣，論愜憲承。虞廷疏奏，漢例秩登。/

一氣英靈，千年血食。祠宇上輝，山川出色。/

鳳嶺聳北，喝江遶東。碑其有立，傳之無窮。/

延成三年[②]閏四月十八日

本縣提吏黎玩寫/

通章大夫、諒山道贊治、承宣使司参政資政卿致仕、本縣鈍[庵]阮有譽承保撰[③]/

---

① 此爲額題，今依此定爲篇題。

② "延成三年"，"延成"（Diên Thành）爲莫英祖（Mạc Anh Tổ）莫茂洽（Mạc Mậu Hợp）的年號，三年爲公元 1580 年，當明萬曆八年，歲次庚辰。

③ 以上爲拓片編號 01748 之内容。

庚辰年造[①]

國威府寧山縣廣洞社官員社村長大小等干時/

計：/

社村長：

陳伯富、黄如玉、黄饒、阮有餘社正、范金鍾儒生、阮汝勝□□□□、黄嘉會□□、阮廷異刀田、武紹、阮金蘭、潘金瑺[②]、/吴跬、阮仁富、阮隊、阮仁昭、阮光啟[③]。/

鄉老：

范伯禄、杜夢松、□文廣、阮廷壽、阮照、阮自回，[④] 范金縷官員/子、阮金銓官員/子、范金絲官員/子，[⑤] 范金絹官員/子，范伯森官員/孫、范金珠儒生、阮些、阮味官員/孫、吴稟、阮書愢忠校/□、杜蕭、裴奇峰官員/孫、阮捧、杜中興、阮文淡、杜文梅、阮有臺校生、范伯儀官員/孫、阮仁碩、杜三[⑥]，/民文林、阮光開、范金鼎官員/孫、范金纏、阮有權、武罷、黎司、黄□力、阮有永、阮有慶、阮景□、范既□、黄文威、阮維新、潘公瑺、黄駢、范伯嚴、□金爲、阮□貴。[⑦] /

題後

廣安社館後，計立有如下碑記：

編號	篇題	年代	位置
01742-01743	立碑文契	後黎顯宗景興二十一年（1760）	館後右第三碑
01748-01749	靈光神祠碑*	莫英祖延成三年（1580）	館後右第二碑
01750-01751	碑造鑒文契	後黎玄宗景治七年（1669）	館後左第一碑

注：* 表示此篇已收入本書。

---

① 以上爲拓片編號 01749 之額題。庚辰即延成三年（1580）。

② 以上村社長第一列。

③ 以上村社長第二列。

④ 以上鄉老第一列。

⑤ 以上鄉老第二列。

⑥ 以上鄉老第三列。

⑦ 以上鄉老第四列。以上爲拓片編號 01749 之内容。

一一四　厚德宫碑記

引言

碑立於清化省壽春府廷豪總海澤社中宫祠前。碑刻四面，拓片編號 01899/01898/01896/01897。拓片編號 01899 爲碑前，共二十二行，滿行約三十五字，碑額題“厚德宫碑”四字，碑題題“厚德宫碑記”五字，今以碑題爲篇題；拓片編號 01898 爲碑左，共二十行，滿行約三十六字，碑題“儀文事例”；拓片編號 01896 爲碑右，共二十二行，滿行約三十五字；拓片編號 01897 爲碑後，共二十二行字，滿行約三十六字。編號 01896/01897 面，碑額均刻有“惠田逐分”。碑文撰者陪從吏部左侍郎阮曰庶，書寫者安場寺丞鄧禎，潤者參從户部尚書同存澤與陪從都御史臺入侍經筵阮名實，刻者敬主社石匠局黎盛世、武光顯、蘇富潤、武典、黎公振、范明、阮德料。年代署作正和（Chính Hòa）七年（1686），正和爲後黎熙宗（Lê Hy Tông）黎維祫（Lê Duy Cáp）年號，同年爲清康熙二十五年，歲次丙寅。拓片現藏於漢喃研究院。

碑文記載盛美及海毛二社立生祠厚德宫以供奉弘祖陽王（鄭柞）正妃鄭氏玉瓏，爲此鄭氏賜惠田以作日後祭祀之資，並於文末記録祭祀儀禮、祭文格式，禮畢祭品分配，與惠田所在位置、面積等事項。

01899
厚德宮碑
厚德宮碑記
皇越先聖考祖陽王正妃國太母鄭氏諱玉瓏迺永福縣槊山鄉屋作上鄉太宰廣郡公之
女右相太宰傍國公之孫福國公之七代孫雷陽盛美外皇宗吏部尚書太宰璦郡公之
外孫也太母以弘定十三年壬子三月甲子生年及笄配
先聖王於潛竜時天作之合也王晉尊王位冊封正妃正位宮中示儀天下萬慶閤
先聖王受遺輔政阿保
嘉宗美皇帝於幼冲之年太母承王命育聖躬及帝登大寶晉尊國太母與王太文等尊號
如舊以言其懿德則靜一端莊温柔慈惠奉養之孝得之内則祭祀之誠得之采蘩富貴
而儉勤葛覃其德寡安而覯儆雞鳴其賢衆妾樂樛木之仁四方仰關雎之化维風雅所
稱姜任太姒蔑以加焉迨
考祖陽王晏駕太母陵側哀思情踰於制此其行義之尤至者行存在已惠及於人至哉坤
元萬物資生太母以之蘓兹外鄉盛美社父仰瞻憐憫無由報荅願立生祠世世奉祀太母
順民之情卜地建宫于界南海毛社如惠之田永為遺澤侍御之臣以其事聞恭奉
大元帥統國政上聖文師盛功仁明威德定王命紀其事以彰懿德愚等竊惟有功德於天
下者必享天下之報太母以天下之母考地載之功德在上之後配享
宗廟與天地同其久日月同其明豈止一鄉一邑戀長之思而已哉然即此一事亦足以見
太母施德之厚而感人之深誠盛美事也因尊其宫為厚德宫大書于石以壽其傳云
旹
皇朝正和萬萬年之七歲在丙寅季孟春穀日立
賜丙戌科同進士出身特進金紫榮祿大夫參從戶部尚書姜齋子南至璽同存澤奉撰
賜己亥科第一甲進士及第第三名陪從御史臺都御史入侍經筵海山子阮名實奉潤
賜甲辰科進士丙辰和東閣先進慎祿大夫陪從吏部左侍郎梅山男威鳳嗣院曰廣奉撰

編號：01899　出自《拓片總集》第二冊（下同）

01898
儀文單例
祭文
維
皇號幾年歲次干支某月干支朔越某日干支
小等謹以清酌翰音粢盛茶銀等物敢昭告于
聖慈深仁厚德念斯感斯昊天罔極伏惟尚
饗

編號：01898

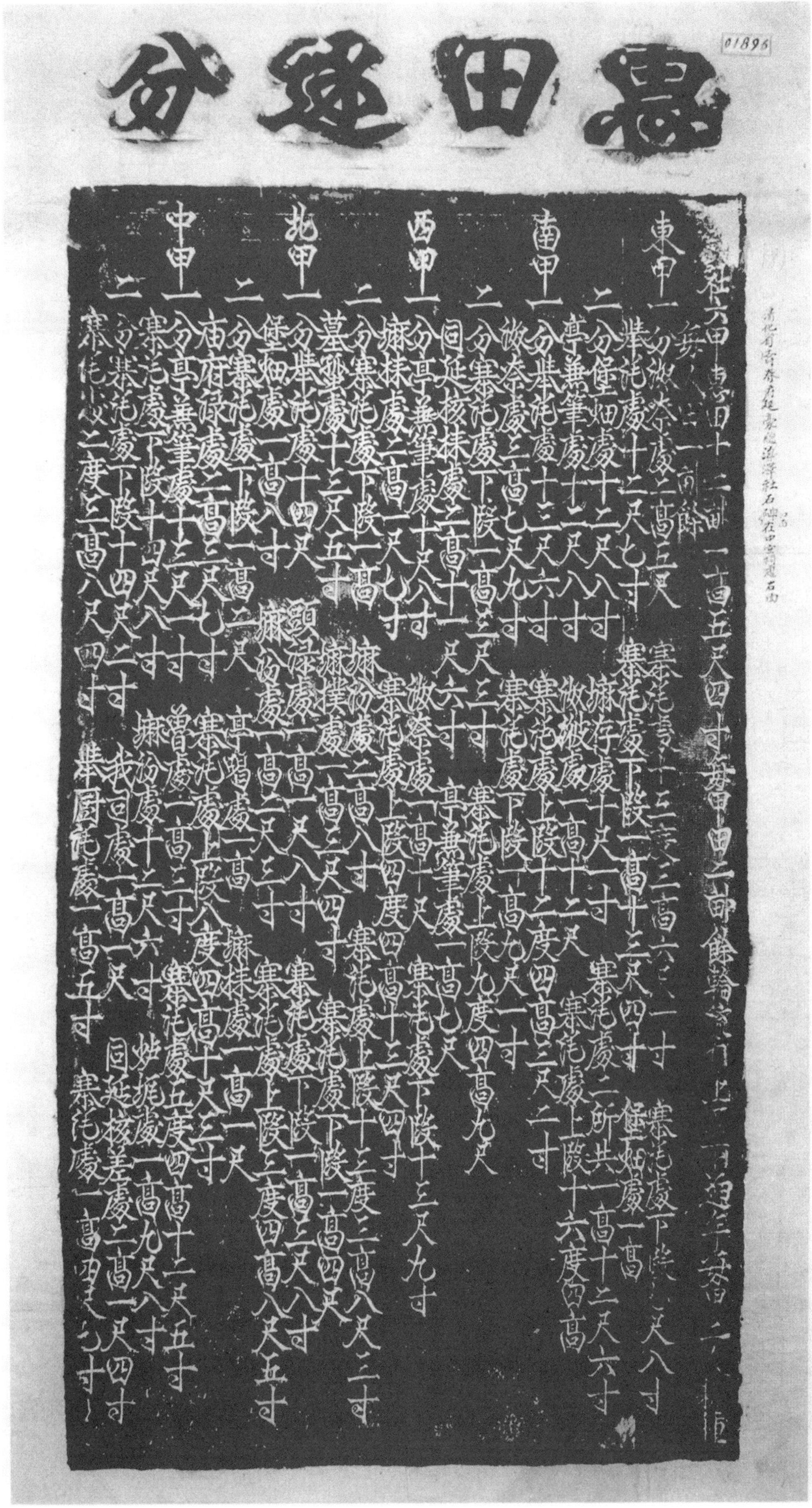
01896

編號：01896

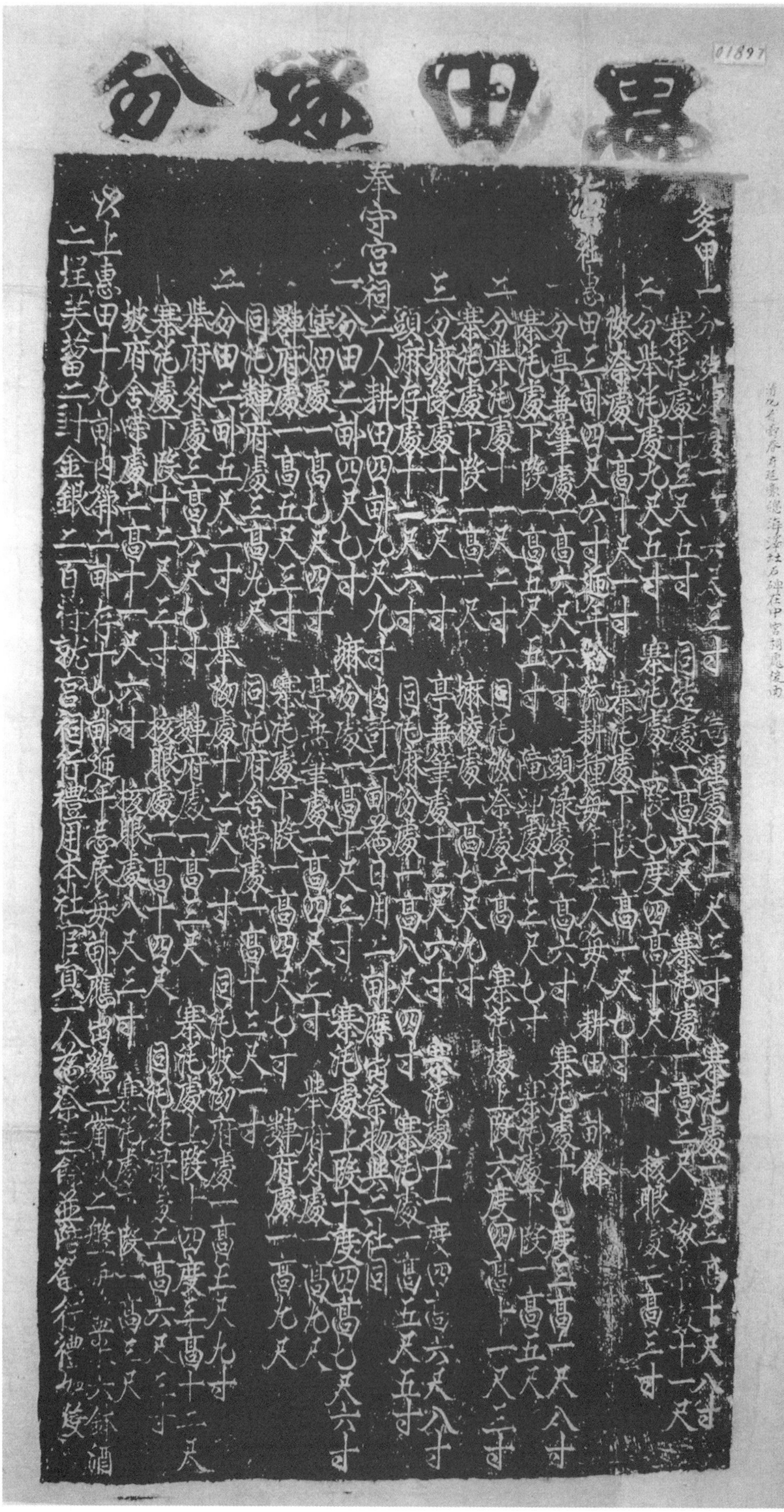
01897

編號：01897

釋文

【厚德宫碑】

厚德宫碑記[①]

皇越先聖弘祖[②]、陽王正妃、國太母鄭氏，諱玉瓏，廼永福縣槊山鄉屋汴上鄉太宰、廣郡公之/女，右相太宰儀國公之孫，福國公之七代孫，雷陽盛美外皇宗吏部尚書、太宰、瓊郡公之/外孫也。太母以弘定十三年壬子[③]三月甲子生，年及笄，配/　　　　先聖王於潛龍時，天作之合也。王晋尊王位，册封正妃，正位宫中，示儀天下。萬慶間[④]/　　　　先聖王受遺輔政阿保[⑤]，/　　　　嘉宗美皇帝[⑥]於幼沖之年，太母承王命育聖躬，及帝登大寶，晋尊國太母[⑦]，與王太父等，尊孰/加焉！以言其懿德，則静一端莊，温柔慈惠。奉養之孝，得之《内則》；祭祀之誠，得之《采蘩》。富貴/而儉勤，《葛覃》其德；宴安而規儆，《雞鳴》其賢。衆妾樂《樛木》之仁，四方仰《關雎》之化，雖《風雅》所/稱姜任、太姒，蔑以加焉。

迨/　　　　弘祖陽王晏駕[⑧]，太母陵側哀思，情逾於制，此其行義之尤至者。行存在己，惠及於人，至哉坤/元，萬物資生。太母以之睠兹外鄉，盛美社久仰帡幪[⑨]，無由報答，願立生祠，世世奉祀。太母/順民之情，卜地建宫於界南海毛社，加惠之田永爲遺澤，侍御之臣

---

① 此爲碑題，今依此爲篇題。

② “弘祖”，即鄭柞。

③ “弘定十三年壬子”，即公元1612年，當明萬曆四十年。

④ “萬慶”，爲黎神宗之年號，黎神宗永祚五年（1662）九月，神宗患疾遂改元爲“萬慶”，九月二十二日，帝崩，十一月皇太子即皇帝位，是爲玄宗，改次年爲景治元年，因此萬慶僅三個月。

⑤ 事見《大越史記全書·本紀》卷十八黎神宗永祚五年九月。

⑥ “嘉宗美皇帝”，即黎嘉宗維禬，《大越史記全書·本紀》卷十九嘉宗美皇帝序傳：“嘉宗美皇帝，諱維禬，神宗次子也。初，神宗崩，帝甫二歲，王命正妃鄭氏玉瓏養于宫中。玄宗崩，無嗣，遂登大寶，在位四年崩，壽十五歲，葬福安陵。”。

⑦ 事見《大越史記全書·本紀》卷十九黎玄宗景治九年（1671）。

⑧ 鄭祚卒於黎熙宗正和三年八月，見《大越史記全書續編》卷一黎熙宗正和三年八月：“戊戌，大元帥掌國政上師大父、德恭仁威明聖西王薨。壽七十七，追尊陽王，謚聰憲，葬萬賴册，廟號弘祖。”

⑨ “帡幪”，本指帳幕，後亦引申爲覆蓋、庇蔭與庇護。（漢）揚雄《法言·吾子》：“震風陵雨，然後知夏屋之爲帡幪也。”（宋）吕頤浩《河間帥吴述古遷職再任啓》：“某猥慚疲鈍，獲托帡幪。”

以其事聞，恭奉/　　大元帥、統國政、上聖父師盛功仁明威德定王[①]，命紀其事，以彰慈德。愚等竊惟有功德於天/下者，必享天下之報。太母以天下之母，弘地載之功，億年之後，配享/　　宗廟，與天地同其久、日月同其明，豈止一鄉一邑，悠長之思而已哉？然即此一事，亦足以見/太母施德之厚，而感人之深，誠盛美事也。因尊其宫爲"厚德宫"，大書于石，以壽其傳云。/

時/

皇朝正和萬萬年之七歲在丙寅[②]孟春穀日立/

賜丙戌科同進士出身、特進金紫榮禄大夫、參從户部尚書、義嶺子、南至瀌同存澤[③]奉潤/

賜己亥科第一甲進士及第第三名、陪從御史臺都御史、入侍經筵、海山子、阮名實[④]奉潤/

賜甲辰科進士、丙辰科[⑤]東閣[⑥]、光進慎禄大夫、陪從吏部左侍郎、梅山男、威鳳桐阮曰庶[⑦]奉撰/[⑧]

【儀文事例】[⑨]

就位；參神四拜、興、平身；上香跪；俯伏二拜，興、平身。初獻禮。/

跪獻酒；俯伏、興、平身；讀祝、跪；俯伏二拜，興、平身。亞獻禮。/

跪獻酒；俯伏、興、平身。終獻禮。

跪獻酒，俯伏、興、平身；/侑食；辭神四拜，興、平身；焚祝；徹饌；禮畢。/

---

① "威德定王"，即鄭根。據《大越史記全書續編》卷一黎熙宗正和五年（1684）記載："冬十月……進封王爲大元帥、總國政、上聖父師、盛功仁明威德定王。"

② "正和萬萬年之七歲在丙寅"，即正和七年（1686），當清康熙二十五年。

③ "同存澤"，《鼎鍥大越歷朝登科録》後黎真宗福泰四年（1646）丙戌科第三甲同進士出身第九名："同存澤，至靈廛陽人，三十中一，舉應制第一。仕至參從、户部尚書，侯爵，陞少保致仕，贈吏部尚書、郡公，秉猶之父，沆之孫。"

④ "阮名實"，《永壽二年己亥科進士題名碑記》與《鼎鍥大越歷朝登科録》作阮文實。《鼎鍥大越歷朝登科録》後黎神宗永壽二年（1659）第一甲進士及第記載："阮文實，嘉定大拜人，士望，二十九中。仕至兵部尚書，海山侯，入侍經筵，贈吏部尚書、郡公。"

⑤ "科"，碑文原誤作"和"。

⑥ "丙辰科東閣"，《鼎鍥大越歷朝登科録》後黎熙宗永治元年（1676）："丙辰科東閣六員，第二十一員，阮曰庶。陪從，吏科都給事中。"

⑦ "阮曰庶"，《鼎鍥大越歷朝登科録》後黎玄宗景治二年（1664）甲辰科第二甲進士出身："丹鳳山桐人，二十一中，應制合格，再中東閣。奉使，仕至參從、刑部尚書，男爵，贈吏部尚書、子爵，致恭之舅，文廣之子，父子同朝。"

⑧ 以上爲拓片編號 01899 之内容。

⑨ 以下爲拓片編號 01898 之内容，"儀文事例"四字爲碑額。

祭文：/

維/　　　　　皇號幾年歲次干支某月干支朔越某日干支，盛美、海毛等社官員、鄉老、社村長阮某阮某臣/小等，謹以清酌、翰音、粢盛、金銀等物敢昭告于/　　　　　聖慈，深仁厚德，念斯感斯，昊天罔極，伏惟尚/　　　　　饗！/

一祭畢，餘惠某社禮物見在，應祭者均分飲食；其守宮祠禮物俵族長半分，親族官員一分，/禮生二分，守宮祠半分。/

一宮祠土池共一畝七高[1]十二尺。在海毛社舍樑處許鄭日仕、黎德明世守奉祀。/

侍臣、特進輔國上將軍、提[2]督神武四衛軍務事、司禮監總太監、才郡公、順良、琵鄧仕恭奉監/

養子、特進輔國上將軍、神武四衛軍務事、提督、藤恩侯、柱國、鄭永派奉監/

壬辰科試中書筭第二名、該合將内書寫、堅二隊奉守安場寺丞、茂林男、河弘月鄧禎奉寫/

荊門府峽山縣敬主社石匠局黎盛世、武光顯、蘇富潤、武典、黎公振、范明、阮德料奉刊/

盛美社東甲陳有儒、黎秩評、阮世禄，南甲黎日遴、黎嘉樂、黎進禄，西甲黎廷判、范進才、陶貳，/北甲黎進諫、黎進學、陳有法，中甲郭伯夷、郭伯操，多甲陶公議、張公評，全社六甲等奉立/

海毛社范廷賚、范廷泰、梁如貴、何廷□、范廷體、阮廷心、梁如林、阮廷饒全社等仝奉立/[3]

【惠田逐分】[4]

盛美社六甲惠田十二畝一高五尺四寸，每甲田二畝餘，輪流自上及下遞年每甲二人耕種，/每人田一畝餘；/

東甲一分溆奈處二高五尺、寨汜處十五度三高六尺一寸、寨汜處下段七尺八寸，/舉汜處十二尺七寸，寨汜處下段一高十三尺四寸、堡畑處一高；

二分堡畑處十二尺八寸、墲存處十尺一寸、寨汜處二所共一高十二尺六寸、/亭兼筆處十二尺八寸、溆洑處一高十二尺、寨汜處上段十六度四高。/

南甲一分舉汜處十三尺六寸、寨汜處上段十二度四高三尺二寸、/溆奈處三高七尺九寸、寨

① “高”，同“篙”或“蒿”，即越南的計量單位“分”。即越南畝的十分之一。按越南北部地畝制，一分相當三百六十平方米；中部地畝制，則相當四百平方米。

② “提”，碑原作避諱字“𨁊”，今改，下同不另。

③ 以上爲拓片編號01898之内容。

④ 以下爲編號01896之内容，“惠田逐分”爲其額題。

汿下段一高九尺一寸。/

二分寨汿處下段一高三尺三寸、寨汿處上段九度四高九尺、/同延核材處二高十一尺六寸、亭兼筆處一高七尺。/

西甲一分亭兼筆處十尺八寸、溆奈處一高十尺、寨汿處下段十三尺九寸、/塴桃處二高一尺七寸、寨汿處上段四度四高十三尺四寸。/

二分寨寨汿處下段一高、塴汾處二高八寸、寨汿處上段十三度三高八尺三寸、/墓蝁處十三尺五寸、塴撲處一高三尺四寸、寨汿處下段一高四尺。/

北甲一分舉汿處十四尺、頭淥處一高一尺八寸、寨汿處下段一高三尺八寸、/堡畑處一高八寸、塴汾處一高二尺三寸、寨汿處上段三度四高八尺五寸。/

二分寨汿處下段一高二尺、亭喝處一高、塴桃處一高一尺、/廟府淥處二高三尺七寸、寨汿處上段八度四高十尺三寸。/

中甲一分亭兼筆處十三尺一寸、曾處一高三寸、寨汿處五度四高十二尺五寸、/寨汿處下段十四尺八寸、塴汾處十二尺六寸、爐坑處一高九尺八寸。/

二分寨汿處下段十四尺二寸、我司處一高一尺、同延核差處二高一尺四寸、/寨汿處二度三高八尺四寸、舉厨汿處一高五寸、寨汿處一高四尺七寸。[1] /

【惠田逐分】[2]

多甲一分爐煉處一高六尺三寸、隴踵處十一尺三寸、寨汿處一度三高十尺八寸、/寨汿處十三尺五寸、同造處一高六尺、寨汿處一高三尺、溆奈處十一尺/。

二分舉汿處九尺五寸、寨汿處上段七度四高十尺六寸、核眼處二高三寸/、溆奈處一高十尺一寸、寨汿處下段一高一尺七寸。/

海社惠田三畝四尺六寸，遞年輪流耕種，每年三人，每人耕田一畝餘。/

一分亭兼筆處一高六尺六寸、頭淥處二高六寸、寨汿處十七度三高一尺八寸、/寨汿處下段一高五尺五寸、隴踵處十三尺七寸、寨汿處下段一高五尺。/

二分舉汿處十一尺二寸、同汿溆奈處二高、寨汿處上段六度四高十一尺三寸、/寨汿處下段一高一尺、塴棱處一高七尺九寸。/

三分塴隊、處十三尺一寸、亭兼筆處十三尺六寸、寨汿處十一度四高六尺八寸、/頭塴存

---

① 以上爲拓片編號 01896 之內容。

② 以下爲拓片編號 01897 之內容，“惠田逐分”爲其額題。

處十二尺六寸、同汜塛汾處一高八尺四寸、寨汜處一高五尺五寸。/

奉守宫祠二人，耕田四畝，九尺九寸内許二畝爲日用，二畝應出祭物，與二社同。/

一分田二畝四尺七寸、塛汾處一高十尺三寸、寨汜處上段十度四高七尺六寸、/堡畑處一高七尺四寸、亭兼筆處一高四尺三寸、舉府外處一高九尺、/舉府處一高五尺三寸、寨汜處下段一高四尺七寸、舞府處一高九尺、/同汜舞府處三高九尺、同汜府舍喋處一高十三尺一寸。/

二分田二畝五尺二寸、舉沕處十二尺一寸、同汜坡沕府處一高五尺九寸、舉府外處三高六尺七寸、舞府處一高三尺、寨汜處上段十四度三高十二尺、/寨汜處下段十二尺三寸、核眼處一高十四尺、同汜速渌處二高六尺三寸、/坡府舍喋處二高十一尺六寸、核眼處八尺三寸、寨汜處下段一高三尺。/

以上惠田十九畝，内除[1]二畝，存十七畝，遞年忌辰每畝應出雞二觜、�二盤，每盤米六鉢、酒/二埕、芙蔷[2]二封、金銀二百，將就宫祠行禮，用本社官員一人爲祭主，餘並陪祭，行禮如儀。/

題後

《厚德宫碑記》記載鄭主鄭柞元妃鄭氏玉瓏的生平，又記鄭柞亡故之後，玉瓏於家鄉置立生祠，並預立寄忌的狀況。碑記内容完整，包含了碑記、儀典及祭文的内容，以及祭田分配和使用方式。本碑記可與鄭主鄭森的正妃黄氏實的《坤貞府碑記》相互校勘。

---

① “除”，碑文原作越南諱字。

② “芙蔷”，是一種藤類的植物，越文作 Cây lá trầu。與檳榔同爲喜慶時必有之象徵性植物，尤其是在傳統婚俗文化中，檳榔、芙蔷與石頭（石灰）是兄弟和睦、夫妻相恩相愛之象徵。可參《嶺南摭怪列傳·檳榔傳》。迄今越南傳統式的婚禮仍然採用芙蔷、酒、檳榔等物作爲重要的禮物。據黎貴惇《芸臺類語·品物》：“芙蔷藤，根生，原無實，廣州人凡食檳榔必以芙蔷爲佐。霜雪盛時少蔞葉，亦屑其根鬚，而以石灰爲使蔞，即芙蔷也。”又引嵇含《南方草木狀》：“檳榔食味竝澀，剖其上皮，煮其膚熟之，堅如乾棗，以芙蔷藤、石灰竝食，滑美，下氣消穀。交廣人以爲貴，婚族賓客必先進此，若解逅不設，自相嫌恨；今風俗尚然。”《本草》又云：“出交州者形小味甘，廣州形大味澀。”又引《廣東新語》：“瓊州人家，有檳榔之園，椰子之林，斯則膏腴之産矣。”又引《桂海虞衡志》：“南人喜食檳榔，以銀錫做小盒，一則貯灰，一貯藤，一貯榔。”

一一五　後黎玄宗杲盛陵碑記

引言

碑立於清化省壽春府上谷總果鐃上社後黎玄宗杲盛陵處。碑刻單面，拓片編號01915，共二十行字，滿行約三十五字，碑額與碑題均刻有“杲盛陵碑記”五字，今依此重定篇題爲“後黎玄宗杲盛陵碑記”。碑四邊有紋飾，碑額刻有二層，内層爲雙龍昭日，外層以花紋與左右兩側相連，碑底刻蓮座。碑文撰者翰林院待制郭佳、翰林院校理阮富湖、翰林院校討阮廷椿；書者同知府阮浩；刻者妙澹院僧録司佐國和尚阮公簪；潤者陪從、御史臺都御史、入侍經筵阮名實與陪從、禮部左侍郎入經筵阮公望。年代署作正和（Chính Hòa）七年（1686），正和爲後黎熙宗（Lê Hy Tông）黎維祫（Lê Duy Cáp）年號，同年爲清康熙二十五年，歲次丙寅。拓片現藏於漢喃研究院。

此碑爲後黎朝玄宗陵寢碑。内容簡短記載玄宗之生平，歌詠其功績，及記其卒日、尊號、陵寢所在之處。

01915

杲盛陵碑記

杲盛陵碑記

皇黎玄宗穆皇帝神宗之子真宗之弟范氏皇太后所生也帝諱維禑以甲午年十月二十

日未時生生而聰明長而寬敏純厚慈仁寬洪簡默[illegible]循人君之度也逮

神宗淵皇帝晏駕帝以

弘祖陽王嫡扶壬寅年入承大統中外無不尊親梯航畢同愛戴癸卯年改元景治大赦天

下中國臣民皆拭目引領而望太平者矣是時規模周密紀綱脩明[illegible]尊崇禮樂重[illegible]

至於大張羅網賓興賢能文德亦迪雷振維威靈消除寇孽武功亦抗矣德曰厚矣功曰

高矣允謂賢君世所希奈至辛亥年十月十五日午時升遐上尊號

玄宗穆皇帝歸陵于外貫杲銳上社擇平田四畝為陵號曰杲盛[illegible]轉良坐處向坤大江

接數支於後寇山聳一項於前于以對天地為無窮于以等山河為有永於是立之碑以

壽其傳云　音

皇朝正和萬萬年之初季冬穀日立

賜己亥科第一甲進士及第第三名特進金紫榮祿大夫陪從[illegible]侍經筵海山子臣[illegible]奉潤

賜癸亥科進士會元丙辰科東閣充進慎祿大夫陪從[illegible]左侍郎入侍經筵永岸男臣[illegible]奉潤

賜癸亥科第一甲進士及第第三名翰林院侍制[illegible]奉[illegible]

賜癸亥科第二甲進士出身翰林院校理臣阮富灝奉撰

賜癸亥科第三甲同進士出身翰林院[illegible]臣阮廷樣奉撰

外皇宗陵正翼率侍臣范澈奉監

副該合同知[illegible]男臣阮[illegible]

妙遵院僧錄司佑國和尚[illegible]臣阮[illegible]奉刊

釋文

【杲盛陵碑記】

杲盛陵碑記[①]

皇黎玄宗穆皇帝[②]，神宗之子，真宗之弟，范氏皇太后[③]所生也。帝諱維禑，以甲午年[④]十月二十/日未時生。生而聰明，長而敦敏，純厚慈仁，寬洪簡默，真有人君之度也。迨/

神宗淵皇帝晏駕，帝以/　　弘祖陽王匡扶，壬寅年入承大統，中外無不尊親，梯航[⑤]舉同愛戴。癸卯年改元景治，大赦天/下，中國臣民皆拭目引領，而望太平者矣。是時規模周密，紀綱修[⑥]明，北國晋尊，南天凜重。/至於大張羅網，賓興[⑦]賢能，文德亦迪焉；振耀威靈，消除寇孽，武功亦抗矣。德曰厚矣，功曰/高矣，允謂賢君世所希。奈至辛亥年[⑧]十月十五日午時升遐，上尊號/　　玄宗穆皇帝[⑨]，歸陵于外貫杲锐上社，擇平田四畝爲陵，號曰杲盛。亥龍[⑩]轉艮[⑪]，坐處向坤[⑫]，大江/接數支於後，冠山聳一頂於前，于以對天地爲無窮，于

---

① 此爲碑題。今依内容及性質重定篇題爲“後黎玄宗杲盛陵碑記”。

② “皇黎玄宗穆皇帝”，見《大越史記全書·本紀》載：“玄宗穆皇帝，諱維禑，神宗之子，真宗之弟，在位九年，壽十八歲而崩，葬眛盛陵。帝天資仁厚，神采端嚴，居拱之年，海内安治，年穀豐登，亦可謂賢君矣。享國不永，惜哉。”

③ “范氏皇太后”，即范氏玉厚。《大越史記全書·本紀》黎玄宗景治三年（1665）：“（秋八月）尊親生母范氏玉厚爲皇太后。”注曰：“太后，雷陽杲锐人。”

④ “甲午年”，後黎神宗（Lê Thần Tông）盛德（Thịnh Đức）二年（1654），當清順治十一年（1654）。

⑤ “梯航”，即梯山航海，歷經艱難之意。《文苑英華·應制詩·送餞》載賀知章《奉和聖製送張尚書巡邊》：“荒景盡懷忠，梯航已自通。九攻雖不戰，五月尚持戎。”

⑥ “修”，碑文原作“脩”，因另兼正字，故逕改，下同不另注。

⑦ “賓興”，原爲周代舉賢之法。《周禮·地官·大司徒》：“（大司徒）以鄉三物教萬民而賓興之。一曰六德：知、仁、聖、義、忠、和；二曰六行：孝、友、睦、婣、任、恤；三曰六藝：禮、樂、射、御、書、數。”鄭玄注：“興，猶舉也。民三事教成，鄉大夫舉其賢者能者，以飲酒之禮賓客之。既則獻其書於王矣。”科舉時代，地方官亦會設宴招待應舉之人。後“賓興”亦指稱鄉試。

⑧ “辛亥年”，即後黎玄宗（Lê Huyền Tông）景治（Cảnh Trị）九年（1671），當清聖祖康熙十年。

⑨ “玄宗穆皇帝”，《大越史記全書·本紀》載：“（辛亥九年）冬，十月十五日，帝崩，群臣上尊號曰豁達睿聰剛毅中正温柔和樂欽明文思允恭克讓穆皇帝，廟號玄宗。”

⑩ “亥龍”，又稱“水龍”，“龍”在風水中代表“山”，以十二地支分别代表一個方向，“亥龍”具體方位在正北偏西三十度的位置。

⑪ “艮”，在風水中屬正東北。

⑫ “坤”，在風水中屬正西南。

以等山河爲有永，於是立之碑以/壽其傳云。

時/

皇朝正和萬萬年之七①季冬穀日立/

賜己亥科第一甲進士及第第三名、特進金紫榮禄大夫、陪從御史臺都御史、

入侍經筵、海山子臣阮名實②奉潤/

賜癸丑科進士會元、丙辰科、東閣光進慎禄大夫、陪從禮部左侍郎、

入侍經筵、永岸男臣阮公望③奉潤/

賜癸亥科第一甲進士及第第三名、翰林院待制臣郭佳④奉撰/

賜癸亥科第二甲進士出身、翰林院校理臣阮富湖⑤奉撰/

賜癸亥科第三甲同進士出身、翰林院校討臣阮廷椿⑥奉撰/

外皇宗陵正、翼平侯臣范澂奉監/

副該合同知府、文學男臣阮浩奉寫/

妙澹院僧録司佐國和尚、莫崗男臣阮公篬奉刊/

---

① "正和萬萬年之七"，即正和七年（1686），當清康熙二十五年，歲次丙寅。

② "阮名實"，《永壽二年己亥科進士題名碑記》與《鼎鍥大越歷朝登科録》作阮文實。《鼎鍥大越歷朝登科録》後黎真宗永壽二年（1659）第一甲進士及第記載："阮文實，嘉定大拜人，士望二十九中。仕至兵部尚書，海上侯，入侍經筵，贈吏部尚書，郡公。"

③ "阮公望"，原名阮德望。《鼎鍥大越歷朝登科録》後黎嘉宗陽德二年（1673）癸丑科第三甲同進士出身，永治元年（1676）東閣第三記載："阮德望，東岸詠梂人，三十中會元，應制合格再中東閣，奉使。仕至都御史，贈户部尚書，伯爵。文徵之五代孫，仲炯之四代孫，達善、顯績、教方之堂孫，名教之堂祖，公垣、國益、仲褒之堂曾祖。"

④ "郭佳"，《鼎鍥大越歷朝登科録》後黎熙宗正和四年（1683）癸亥科第一甲進士及第記載："東岸浮溪人，有神童名，二十四中。仕至太常寺鄉。瓚之遠孫。"

⑤ "阮富湖"，《正和四年癸亥科進士題名碑記》與《鼎鍥大越歷朝登科録》作阮當湖。《鼎鍥大越歷朝登科録》後黎熙宗正和四年癸亥科第二甲進士出身記載："仙遊陽旭人，二十七中。仕至刑部尚書，郡公。"

⑥ "阮廷椿"，即阮廷柏。《鼎鍥大越歷朝登科録》後黎熙宗正和四年癸亥科第三甲同進士出身記載："阮廷柏，青池月盎人，二十五中，應制合格，改名廷椿。仕至權參政。廷柱之子，廷櫶之兄，國楨之姪，廷樌之從叔。"

題後

黎玄宗維禑是神宗維琪之子。神宗有四位兒子皆成爲皇帝，分别是阮氏玉帛所生的長子維祐（真宗）、范氏玉厚所生的維禑（玄宗）、黎氏玉環所生的維禬（嘉宗）及皇后鄭氏玉玠所生的維袷（熙宗）。事實上，當時的政權掌握在鄭主手中，帝王的廢立，皆由鄭主決定。如真宗的即位，是因爲鄭主强迫神宗退位所致，迨真宗早逝，又迎回神宗復位；而嘉宗從兩歲即爲鄭主養於鄭王宫中，熙宗母即清王鄭柮之女，玄宗則娶王次女玉榼爲正宫，可見當時鄭主實際操縱的力量之大。本碑記作爲一位帝王的山陵碑，較之前面鄭氏玉瓏（鄭主鄭柞的王妃）《厚德宫碑記》，内容却簡略許多。由此亦可證兩者權力之傾向。

碑文中尚有一點值得注意，即文中“癸卯年改元景治，大赦天下，中國臣民皆拭目引領，而望太平者矣”句，這樣稱謂反映出越南的國家概念，即亦以“中國”自居。

一一六　大越光淑貞惠謙節和冲仁聖皇太后山陵碑銘并序

引言

碑立於清化省壽春府廣安總福陵村。碑刻單面，拓片編號 01919/01919a/01919b。拓片編號 01919 爲原碑的全拓，拓片編號 01919a/01919b 爲原碑的局部拓片。全文共七十一行字，滿行約八十九字，碑額刻“坤元至德之碑”六字，碑題“大越光淑貞惠謙節和冲仁聖皇太后山陵碑銘并序”二十一字。碑有紋飾，碑額有二層，内層爲雙龍昭日，外層以龍紋與其他三側相連。據《越南漢喃碑銘拓片目録提要》考訂碑文撰者爲翰林院事掌阮保、翰林院侍讀參授翰林院事阮沖慤，書寫者爲中書監政事裴士儒。年代署作景統（Cảnh Thống）元年（1498），景統爲後黎憲宗（Lê Hiến Tông）黎鏳（Lê Tăng）年號，同年爲明弘治十一年，歲次戊午。拓片現藏於漢喃研究院。

碑文記載光淑貞惠皇太后吴玉瑶之家世與生平，又著重敘述仁宗末年諒山王黎宜民造反之事，再敘聖宗即位之經過，以及病危前其孫憲宗黎鏳親侍湯藥的故事。文末以一百二十句四字銘文作結。

編號：01919　出自《拓片總集》第二冊（下同）

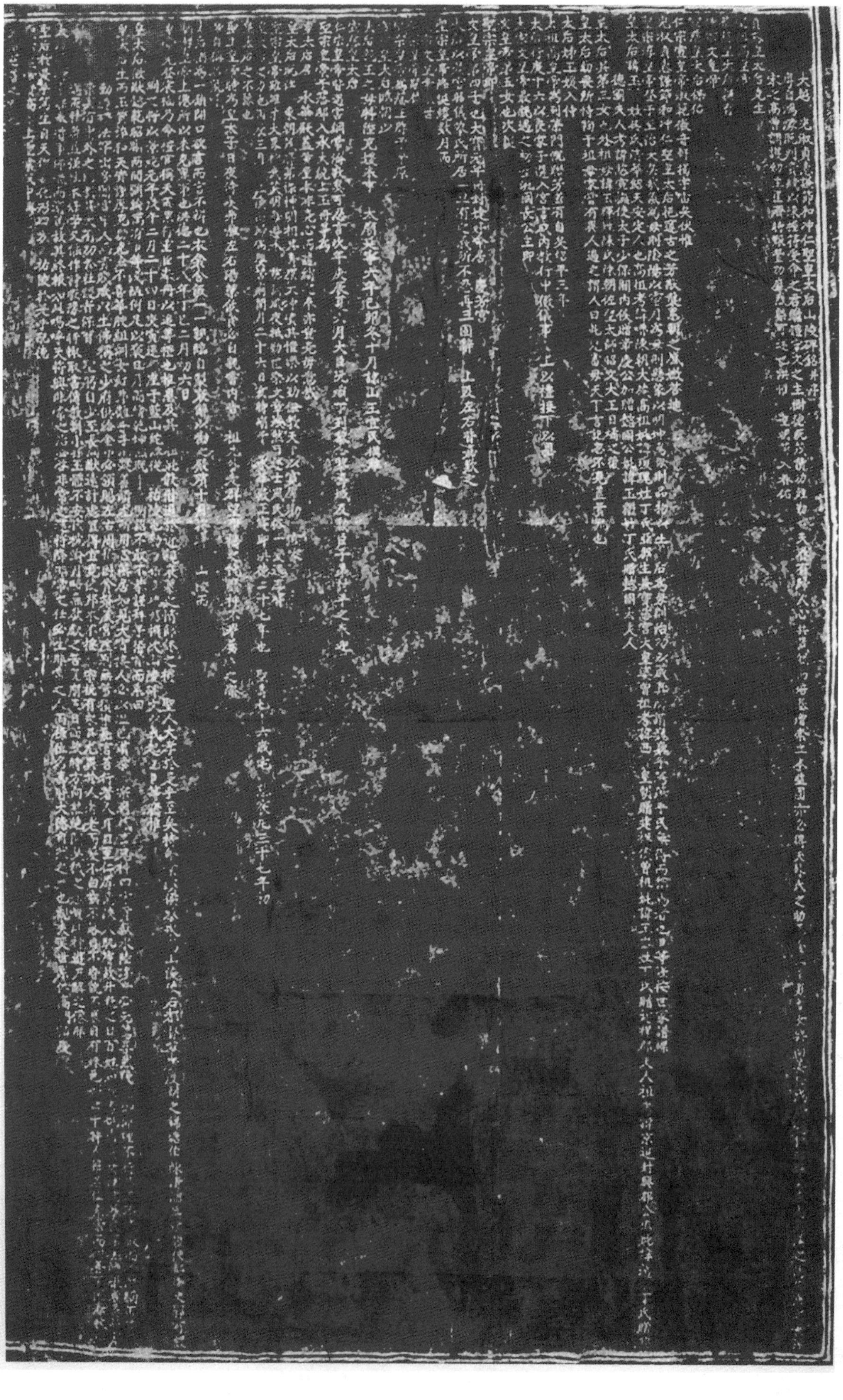

編號：01919a

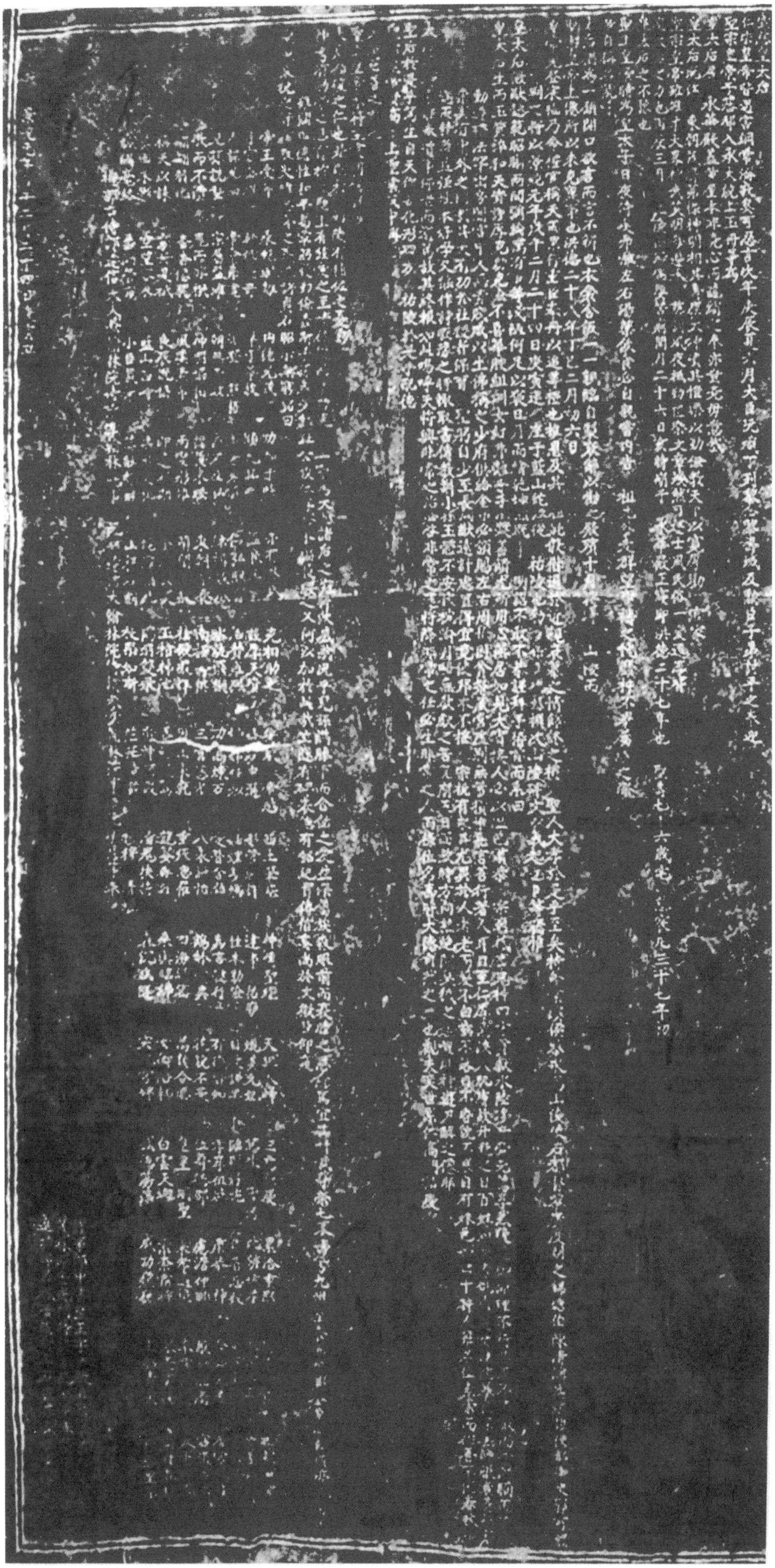

編號：01919b

釋文

【坤元至德之碑】

大越　光淑貞惠謙節和冲仁聖皇太后[①]山陵碑銘并序[②]

粤自鴻濛既判，貴賤以陳，握符受命之君，繼體守文之主，樹德既茂，僨功維勤。　天眷有歸，人心共□，然而培基增崇，立本堅固，亦必得夫外氏之助□，塗山□夏，□女興商，姜任□□，懿□昭顯，□□尚矣。漢之馬□，唐之長孫，/宋之高曹，調護幼主，匡濟時艱，亹功庶烈，□可遂也。洪惟　聖朝荷乂眷佑，/　　　　貞懿皇太后[③]，克生/　　　　聖祖高皇帝[④]，/　　　　恭慈皇太后[⑤]誕育/　　　　太[⑥]宗文皇帝[⑦]，/　　　　宣慈皇太后[⑧]保佑/　　　　仁宗宣皇帝[⑨]，淑範徽音，軒揭宇宙矣。

伏惟/　　　　光淑貞惠謙節和冲仁聖皇太后，挹邃古之芳猷，襲累朝之盛孅。啓迪/

聖宗淳皇帝登于至治，大矣哉。氣爲母則，陰陽以靈月爲母則，懸象以明坤爲母則，品物以土，　后爲母則，治功以箴，其所謂巍巍乎！蕩蕩乎！民樂得而稱焉者也。

---

① “光淑文皇后”（Quang Thục Văn Hoàng Hậu），即吴氏玉瑶（Ngô Thị Ngọc Dao），是後黎太宗妃嬪、聖宗之母，洪德二十七年（1496）“崩於承華殿正寢，壽七十六”。見《大越史記全書·本紀》卷十三。

② 此爲碑題，今依此爲篇題。

③ “貞懿皇太后”，應即“貞慈懿文皇太后”。《大越史記全書·本紀》卷十太祖高皇帝順天元年（1428）：“（夏四月）二十日，頒廟諱御名……廟號諱五：宣祖憲文皇帝諱曠，貞慈懿文皇太后諱蒼，御名諱利。后諱陳，皇兄諱學。”

④ “聖祖高皇帝”，見《大越史記全書·本紀》卷十二：“諱思誠，又諱灝，太宗第四子也。在位三十八年，壽五十六而崩，葬昭陵。”

⑤ “恭慈皇太后”，即范氏陳，清華雷陽群耒鄉人。見《大越史記全書·本紀》卷十一《太宗文皇帝序傳》。

⑥ “太”字據文意補。

⑦ “太宗文皇帝”，見《大越史記全書·本紀》卷十一：“諱元龍，太祖次子。在位九年，東巡而崩，壽二十，葬祐陵。”

⑧ “宣慈皇太后”，後黎仁宗黎邦基之母阮氏英，仁宗即位時年僅兩歲，由母親阮氏英輔政。

⑨ “仁宗宣皇帝”，見《大越史記全書·本紀》卷十一：“諱邦基，太宗第三子也。母宣慈皇太后阮氏，諱英，清化東山布衛人。帝以大寶二年辛酉六月九日甲戌誕生。三年六月六日立爲皇太子，八月十二日即位，改元太和，以誕日爲憲天聖節。在位十七年，壽一十九，葬穆陵。”

臣等謹按世家譜牒，/　　　　　皇太后諱玉瑤[1]，姓吴氏，清華紹天安定人也[2]。高祖考諱□，陳朝大族，高祖妣諱瓊瑰，姓丁氏，亞□生兼寶慈宫大皇婆。曾祖考諱西，　皇朝贈建祥侯；曾祖妣諱玉崙，姓丁氏，贈建祥郡夫人。祖考諱京，進封興郡公；祖妣諱邁，姓丁氏，贈興/德國夫人。考諱苾，宣撫使、太子少保、關内侯，贈章慶公，加贈懿國公；妣諱玉權，姓丁氏，贈懿國太夫人，/　　　　　皇太后其第三女也。外祖母諱玉輝，姓陳氏，陳朝佐聖太師、昭文大王日燏之後。/　　　　　皇太后幼喪所恃，鞠于祖母家，嘗有異人遇之，謂人曰："此兒當母天下。"言訖，忽不見，蓋貴兆也。/　　　　　太后姊玉媛入侍/　太祖高皇帝，爲列榮門、□聯芳，蓋有自矣。紹平三年[3]/　　　　　太后行庚十六，以良家子選入宫，言成内教，行中徽儀事之，　上以禮接下以恩，/　　　　　太宗文皇帝最親遇之，初生□國長公主，即/　　　　　文皇帝第五女也。次誕/　　　　　聖宗皇帝即/文皇帝第四子也。大寶元年[4]册封婕妤，命居　慶芳宫。/　　　　　太后以是宫昭儀黎氏所居，一旦有之，義所不忍，再三固辭。　上及左右皆嘉歎之。/　　　　　聖宗皇帝降誕纔數月，而/　　　　　太宗文皇帝□世，/　　　　　仁宗皇帝嗣位，/　　　　　聖宗皇帝爲藩王，胙于平原，/　　　　　宣慈皇太后臨朝，以/　　　　　太后親王之母，特陞充媛，奉事　太廟，延寧六年[5]己卯冬十月、諒山王宜民構難，/　　　　　宣慈皇太后、/　　　　　仁宗皇帝皆遇害[6]。綱常淪廢，奚可忍言。次年庚辰夏六月[7]，大臣阮熾、丁列、黎念、黎壽域及

---

① "瑤"，據史書補。

② 關於吴玉瑤籍貫，據《大越史記全書·本紀》卷十二："聖宗淳皇帝……其母光淑皇太后吴氏，清化安定洞滂人也。"

③ "紹平三年"，紹平（Thiệu Bình）爲後黎太宗（Lê Thái Tôn）黎元龍（Lê Nguyên Long）年號，三年爲公元1436年，當明英宗正統元年，歲次丙辰。

④ "大寶元年"，大寶（Đại Bảo）爲後黎太宗年號，元年爲公元1440年，當明英宗正統五年，歲次庚申。

⑤ "延寧六年"，延寧（Diên Ninh）爲後黎仁宗（Lê Nhân Tông）黎邦基（Lê Bang Cơ）年號，六年爲公元1459年，當明英宗天順三年，歲次己卯。

⑥《大越史記全書·本紀》卷十一："己卯延寧六年冬十月三日，諒山王宜民夜作梯，分三道上東門城，盜入宫禁。帝及宣慈皇太后俱遇害。先是，宜民母楊氏賁得罪於太宗，宜民不得立，乃陰懷異圖，窺脊神器，與其徒范屯、潘般、陳陵唱率無賴之人凡百餘，乘夜作梯，入城犯宫禁，帝遂遇害。明日，皇太后亦遇害。内人侍侯副掌陶表死之。時黎得寧以都指揮典禁兵當直，不能率先衛杖，乃擁兵助逆，故宜民得僭位號，而文武臣僚飲恨茹痛，四方百姓如喪考妣。至光順元年冬十月二十四日，招魂葬于藍山穆陵，廟號仁宗，其上尊睿號曰欽文仁孝宣明聰睿宣皇帝。"

⑦ 此年爲光順元年，光順爲後黎聖宗（Lê Thánh Tông）黎思誠（Lê Tư Thành）年號，元年爲公元1460年，當明英宗天順四年，歲次庚辰。

勳臣子弟討平之，奉迎/ 聖宗皇帝于藩邸，入承大統[①]，上玉册尊爲/ 皇太后，居 承華殿，蓋黄屋本非堯心[②]，而綾綃之奉，亦豈堯母意哉！/ 皇太后既位 東朝，茂膺茀禄[③]，神明相其壽康，大□資其愷樂[④]，以勤儉教天下，以寬厚勸 官家。/ 聖宗皇帝雖雄才大略，神武英明，每遵承 慈訓，夙夜祇勤，禮樂文章，涣然可述，士風民俗，一變□□，皆/ 皇太后之力也。丙辰三月 上侯西歸，偶嬰苦痾，閏月二十六日亥時，崩于 承華殿正寢，即洪德二十七年也[⑤]。 聖壽七十六歲，宅 慈宸凡三十七年。初/ 皇太后之不豫也，/ 聖上皇帝時爲皇太子，日夜侍矣，弗離左右，湯藥飲食，必自親嘗，内告 祖先，外□群望，□禱之忱，靡□不舉，屬纊之際，/ 帝自稱名號呼，/ 太后猶唯一顧，開口欲言，而言不□也，衣衾含飯，一一親臨，自製哀辭以□之，斂殯十月□□ 山陵，而/ 聖宗皇帝上僊，所以未克襄事也。洪德二十八年丁巳二月初六日，/ 皇帝光登宸福，乃命禮官稱天而累行，

---

① 《大越史記全書·本紀》卷十二：“（庚辰光順元年）六月初六日，諸大臣阮熾、丁列等倡義誅屯，般逆黨，降宜民爲侯，迎嘉王即帝位。時宜民簒位纔八月，崇信姦回，屠戮舊臣，祖宗法制，一切紛更，人怨天怒。於是勳舊大臣開府儀同三司入内檢校太傅平章軍國重事亞郡侯阮熾、丁列，入内檢校平章軍國重事亞上侯黎陵，司馬參預朝政亭上侯黎念，總知御前後軍亞侯黎仁順，總知御前中軍關内侯黎仁噌，總知御前善棹名軍冠服侯鄭文灑，僉知北道軍民簿籍鄭鐸，殿前司都指揮阮德忠，鐵突左軍大隊長阮煙，入内大行遣黎永長，殿前司指揮黎燕，黎解等相與議曰：‘今諒山王宜民甚於不德，率彼無賴之人范屯，潘般等，乘夜間梯城入宫禁中，弑君及國母皇太后，惡莫大焉。我等忝以勳舊之臣，面見此事，宜死於社稷，而居於悖逆之下，立於簒弑之朝，爲萬世之罪人，何面目見先生於地下乎。’朝退，俱坐於議事堂崇武門外，阮熾等倡義，弑首逆屯、般於議事堂前，因閉諸城門，各以禁兵平其内難，并誅逆黨陳陵等一百餘人。大臣既誅逆黨，相與謀曰：‘天位惟難，神器至重，倘非大德，何以克堪。今嘉王天資明睿，器略沉雄，卓冠群倫，非諸王比，人心咸屬，天意可知。’即日以乘與迎帝於于嘉邸。”

② “黄屋本非堯心”，見《文選·公讌詩》載范曄《樂遊應詔詩》：“崇盛歸朝闕，虚寂在川岑。山梁協孔性，黄屋非堯心。”李斐曰：“天子車以黄繒爲裹。堯以位禪務光、許由，故非堯心所悦。”又，“黄屋”原本爲帝王車飾，後以喻帝王。《漢書·高祖本紀》：“紀信乃乘王車，黄屋左纛，曰：‘食盡，漢王降楚。’楚皆呼萬歲，之城東觀，以故漢王得與數十騎出西門遁。”李斐注曰：“天子車以黄繒爲蓋裹。纛，毛羽幢也，在乘輿車衡左方上注之。”

③ “茀禄”，即福禄，見《詩經·大雅·生民之什·卷阿》：“爾受命長矣，茀禄爾康矣。豈弟君子，俾爾彌爾性，純嘏爾常矣。”鄭玄箋：“茀，福；康，安也。”

④ “愷樂”，“愷”又作“凱”，“愷”即“樂”，《詩經·國風·邶風·凱風》以凱風比作寬仁的母愛。又可作和樂歡暢的音樂。嵇康《聲無哀樂論》：“使心與理相順，和與聲相應，合乎會通。以濟其美。故凱樂之情，見于金石。含弘光大，顯于音聲也。若往則萬國同風，芳榮濟茂，馥如秋蘭。不期而信，不謀而誠。穆然相愛，猶舒錦綵，而粲炳可觀也。大道之隆，莫盛于兹。”

⑤ “洪德二十七年”，洪德（Hồng Đức）爲後黎聖宗（Lê Thánh Tông）年號，二十七年爲公元 1496 年，當明孝宗弘治九年，歲次丙辰。

重臣奉册以追尊，禮也。推恩及其　祖妣，□借過於近親，哀慕之情，飾終之極，　聖人大孝於是乎至矣。特命棠□侯蔡永爲山陵使，右都督黎廣度副之，錦塘伯陳清淵爲總□使、都御史郭有□/副之，將以景統元年[1]戊午二月二十四日庚寅還　瘞于藍山坨澤，從　祐陵也。敕□□□□□撰□山陵碑文以□起□。臣等竊惟/　　　　　皇太后徽猷懿範，昭晰兩間[2]，□□萬有。臣等淺陋，何足以褒日月，而繪乾坤。然既奉　明詔，不敢不恭謹，拜手稽首而系曰：/　　　　　皇太后生而玉質淬和，天資謹厚，克勤克儉，不喜華腴。組紃女紅，弗離乎手；酒漿羞饋，尤所用心。蘅居如見大賓，接人必以温色，肅恭　宗廟，祇敬鬼神，四方貢獻，水陸□□，必元薦享，然□　御□理不行，□正不□歡而不□□□□□，/動遵禮法，罕出房闈，宮中人無貴賤，咸以生佛稱之。少府供給金幣，必頒賜左右，周恤困貧，帑藏營虛，别無蓄積。惟嘉言善行，著人耳目；至仁厚惠，浹人肌膚。故升遐之日，百姓如喪考妣，内□女親號慕哀深，□服□□□□/□實有中外之□哉，其大有功於社稷者。保育　聖躬，自少至長，□猷遠計，處置得宜，竟使邦本不摇，　宗□有永，其尤異於人者，老而髮不白，窈不落，目不昏，貌不衰，自有殊色，如二十許人，雖名位素崇，而□善不化，春秋/□□□氣益强，性本好學，又能作詩，暇豫之時，輒取書傳，教訓小孫，玉體不安，扶枕踰月，略無欷歔之苦。既□五日而斂，時方向熱絶開吴越之□，貴比神遊尸解之僊耶！/　　　　　太□□□□□奉道，事佛老而彌篤，故其終報如此。嗚呼！天將興非常之治，必啟非常之運；將降非常之任，必生非常之人。而禄位名壽，皆大德自然之一也。觀夫奕世累仁，高門積慶，/　　　　　聖后於是乎篤生；自天作合，化形四方，　祐陵於是乎配德。/　　　　　聖宗皇帝□高　上聖□□中興/　　　　　太后寬善之對也。/　　　　　聖上皇帝□符□宸明□□□，/　　　　　太后顧復之，仁也。是□於　□□有□□之憂□/　　　　　神考有劬勞之恩，育於　聖上有鍾愛之至情□□而□功□　一聖焉大□諸后之□□□□□。況乎兒孫滿膝下，而含飴之愛生；深屬族森服前，而敦睦之思愈篤。宜其叶良尊榮七策□兮九州至養

[1] “景統元年”，景統（Cảnh Thống）爲後黎憲宗（Lê Hiến Tông）黎鐨（Lê Tăng）年號，元年爲公元1498年，當明孝宗弘治十一年，歲次戊午。

[2] “兩間”，謂天地之間，即人間。（唐）韓愈《原人》：“形于上者謂之天，形于下者謂之地，命于其兩間者謂之人。”

□□□□□□□□□□□□□/雖聞四德性和平《葛覃》□□□□，《螽斯》子孫□□□□公□仁厚□□福□□之又何以加於此哉。立隧有碑表德，有銘紀實，□□奚尚於文徵，臣仰窺/

皇□哀□之□□□大□思□之義，紀諸貞石，昭示無窮，銘曰：/

帝王受命，承乾□□。内德允茂，功加于時。

□有□氏，克相助之。□宸　帝越，西土肇慶。

神□聖繼，天與人歸。三□□慶，累洽重□。

□茂　聖后，□□闈微。/月宫垂耀，□□□母。

□于華□，顯允其□。温良王室，謹厚天資。

□□中選，彤管□□。建事　祐府，規美允址。

篤生　聖考，比跡伊□。□□□□，□□□□。/

人謀克□，帝命弗宅。□登　慈□，□□□□。

位弘□□，治贊□□。□□任姒。妯娌□□。

性本勤儉，□□謙卑。臨財好施，□□□□。

□□□□，□□□□。/兒孫□□，宗屬□維。

朝□干政，□不及弘。□構□□，□□□□。

功高煉万。□晋含□。克家懿行，有□皆知。

孝享祖妣，肅恭　神□。□必先薦，居常□□。/

敬而不瀆，□而非□。神明□相，福履來□。

來朝不□，南極有□。三宫慈孝，八表□怡。

鶴齡遠異，花貌不□。位尊德郡，慮澹仲明。

□□仙商，富道□□。/翩翩贊化，杳杳□□。

風□素帟，雨變彤帷。闈閣□□，桂殿□輝。

□山未就，重□忽罹，四海遏密，萬類合感。

皇皇　明聖，□□□□，□□□□，□卜□□。/

稱天以誄，□□是祗。良辰既□，即之有期。

金□□□，玉指□池。□□□□，□□□□。

桑輿臨紼，女御陪□。白雲天□，素□霜□。

□□□□，□□春□。/□曲來影，空望容□。

藍山西峙，梁水東挹。坨□□□，□羽□录。

獄神河□，清魂扶持。森沈□隧，實記宮碑。

盛德□□，成功望□。上昭青天，下□聖系。/

□□毫□，□□營□。小臣□□，莫能替□。

山流江割，□□如斯，茫茫□□，穆穆　清規。/

檀那、右侍郎、建信大夫、兼翰林院侍讀、掌翰林院事臣阮□

建信大夫[①]、翰林院侍讀、參受翰林院事臣阮□□等奉□/

謹事郎、中書監正字□□□□□□/

茂林郎、金光門待詔臣阮□□□□/

通功郎□□□□□□□□□□□□□/

景統元年戊午二月二十四日庚寅立

題後

本碑爲後黎聖宗母光淑皇太后吴氏玉瑶的山陵碑。其碑文對吴氏玉瑶的家世記載十分詳細，據此可知吴氏與後黎朝開國皇帝黎利同爲清化人。吴氏家族自陳朝以來即爲清化大族，自高祖起四個世代皆與丁氏聯姻（黎利之祖母也是丁氏）。玉瑶之外祖母則爲陳朝昭明大王陳日熵的後裔。陳日熵是陳太宗第六子，在陳仁宗重興年間（1285-1293）與蒙古的戰役中，陳日熵聯合宋遺民於重興元年（1285）在鹹子關共同擊潰了蒙古軍隊，成爲蒙越戰爭中的重要轉捩點。陳日熵以宗室的身份歷事聖宗、仁宗、英宗與明宗四朝，是陳朝政局穩定與發展的重要功臣。而後黎朝之建立，乃承繼陳朝之遺緒，黎利建國之前曾僞立陳朝後裔陳嵩爲帝，“以孚民望”，可見陳日熵等陳朝舊族在地方上應該仍有一定程度的影響力。吴氏玉瑶可以説是家世華貴。

然而，吴氏玉瑶所生子黎思誠僅爲太宗第四子，原本没有繼任皇帝的可能，不想被廢長兄宜民發動政變，殺害仁宗（第三子），方被群臣擁立爲帝。後黎聖宗即位後，在内政與外事均

---

① 據前文阮保結銜，碑文疑缺一“夫”字。

有亮麗的成就，曾頒行“洪德法典”，重整地方行政區劃，整頓財政與金融，令史官編纂越史，戰勝占城與哀牢以擴張領土，是後黎朝最昌盛的時期。後黎聖宗對於文化的推展也很重視，曾成立“騷壇會”，他崇尚儒學，使中國科舉制度在越南的規範化，並刊立進士題名碑以彰顯國家對人才與教育的重視。或許因爲聖宗的特殊經歷與表現，故而產生了許多附麗的傳説，如本書篇號一〇二《佛跡山天福寺顯瑞庵碑銘》即有光淑皇太后夢天帝賜兒的傳説，可資參考。

一一七　大越韶陽公主神道碑

引言

碑立於清化省壽春府廣安總廣詩村。碑刻單面，拓片編號01920，共三十二行字，滿行約五十六字，碑額題“珠光玉潔之碑”六字，碑題“大越韶陽公主神道碑”九字，今以碑題爲篇題。碑四側刻有紋飾，碑額刻有二層，内層爲雙鳳昭月，外層以卷雲紋與其他三側相連。碑文撰者杜姓翰林院校理，篆額者阮姓金光門待詔，刻者黄姓玉石匠匠副。年代署作景統（Cảnh Thống）元年（1498），景統爲後黎憲宗（Lê Hiến Tông）黎鏳（Lê Tăng）的年號，同年爲當明弘治十一年，歲次戊午。拓片現藏於漢喃研究院。

此神道碑記載後黎聖宗第五女韶陽公主之生平，對韶陽公主生卒年及其兩次婚姻關係均有明確的時間紀録。文末以四十句四字銘文作結。按，本碑記之内容可補史傳之不足。

大越韶陽公主神道碑

編號：01920 出自《拓片總集》第二册

釋文

【珠光玉潔之碑】

大越韶陽公主神道碑[1]

蓋聞《詩》詠肅雝[2]，王姬之美；以著稱元祉[3]，帝妹之賢。以彰聲跡寥寥，豈無振清芬而襲芳躅者耶？/

皇越韶陽公主□/　　聖宗淳皇帝第五女，/　　聖上皇帝之妹也[4]。因母慶雲宮昭容阮氏，贈入内司馬參知政事、亞侯阮□之女。公主以/　　光順六年乙酉[5]九月五日己酉戌時生。瓊苑茁華，珠淵生媚，貴可知矣。/　　洪德二年辛卯[6]七月十日辛巳□、/　　金册封韶陽公主，侈其户賦，錫矣爰□，富可知矣。/　　洪德十年己亥二月二十日丁未，下嫁于北軍都督府右都督丁師路子琼爲駙馬都尉，/　　賜府于□德之安華坊。才周四朞而丁侯即世，特贈崇遜侯，謚康懷。公主喪服如禮，哀既闋，/

聖宗皇帝憫其無育，酌義奪情，/　　洪德十六年乙巳七月十一日己未，議擇贈特進、輔國上將軍、殿前都檢點、司都檢點、華封侯、范德七子德歡爲駙馬都尉，公主/勉□女儀，恪遵姆訓，必敬必戒，不侈不驕，□宗以肥，門閭有慶，生男二，長曰德漱，次曰公漱；女一曰玉英，艾□錫寵，行淑履/榮□□疏心將行聽□之□。/　　洪德二十七年丙辰[7]三月十八日丙申，公主遘疾，/　　聖宗皇帝命中使醫官夙宵醫治，然修[8]短有期，丹

---

① 此爲碑題，今依此爲篇題。

② “肅雝”，敬和的意思。《詩經·國風·召南·何彼襛矣》：“何彼襛矣，唐棣之華。曷不肅雝，王姬之車。”毛亨傳：“肅，敬；雝，和。”按，毛詩序：“何彼襛矣，美王姬也。雖則王姬，亦下嫁於諸侯，車服不繫其夫，下王后一等，猶執婦道，以成肅雝之德也。”

③ “元祉”，大福的意思。《宋史·樂志七》：“輔德惟仁，永錫無祉。”

④ “聖上皇帝”，爲後黎憲宗（Lê Hiến Tông）黎鏳（Lê Tăng）。

⑤ “光順”（Quang Thuận），爲後黎聖宗（Lê Thánh Tông）黎思誠（Lê Tư Thành），又名黎灝（Lê Hạo）的年號，光順六年（1465），當明成化元年，歲次乙酉。

⑥ “洪德”（Hồng Đức），爲黎聖宗黎思誠的年號。洪德二年（1471），當明成化七年，歲次辛卯。

⑦ “洪德二十七年”，當明弘治七年（1496），歲次丙辰。

⑧ “修”，碑文原作“脩”，另兼正字故改，下同不另注。

藥難駐矣，是年閏三月二十二日戊□□□□□□□□□□□公主□□□□□□伉/儷之緣，有澗藻之恭，而無壽康之福，高臺曲池之淚，不能不墮也。訃聞，/　　　聖宗皇帝爲輟朝三日，命近臣董喪事，諸王、公主爲服□如禮制。既入殮，□□部尚書□□□諭祭□□□之典，弔賵之儀□□備矣□□，/景統元年戊午正月二十五日辛酉發引，/　　　景統元年戊午三月二十八日甲子，葬于□□□下之□原，從駙馬范氏鄉也。□□□□□□□□□□□□□□□□□□□□□□□□□，/山雲□長封郡國之□/　　　聖上皇帝同□□□閱川興歎，登□□望悠□，慨想□□□刻石流輝，炳炳□昭□□□□□□□□筆堅珉，以垂不朽，銘曰：/

寶婺垂精，銀潢□□。帝女挺生，燭宵儷美。

詩書簪珥，□□□□。□□□性，□□□□。/

肅穆御□，輝□□□。穠李正華，朱絃忽斷。

鸞衾夢冷，□□□飧。柏舟□□，□石弗渝。/

□□承光，先皇斯□。□□□□，香車再□。

命承□□，□□順從。□□崇儉，□□□□。/

堂邑嗣榮，阜陽□馥。階瑛碧□，庭森翠竹。

方祈□□，□□□□。金街月暗，□□□凋。/

容□□迷，棁□軺□。有蔚新阡，不忘舊壤。

聖情深軫，□□□□。堅珉□□，迢□□坤。/

陵廟六畝並禁/

茂林佐郎、翰林院校理臣杜□奉/　　　敕撰/

金光門待詔　阮□□奉篆額/

□所玉石匠匠副　黄□奉鐫□/

景統元年[①]戊午三月二十八日/

① “景統”（Cảnh Thống）爲後黎憲宗（Lê Hiến Tông）黎鏳（Lê Tăng）的年號，景統元年（1498）歲次戊午，當明弘治十一年。

一一八　壽安宫敬妃阮氏神道碑

引言

碑立於清化省壽春府南陽總閶堤社。碑刻單面，拓片編號01921，共三十七行字，滿行約五十一字，碑額題“桂掖流芳之碑”六字，碑題“壽安宫敬妃阮氏神道碑”十字，今以碑題爲篇題。碑四邊刻有紋飾，碑額刻有二層，内層爲雙鳳昭月，外層以花草紋與其他三側相連。碑文撰者翰林院侍讀兼崇文館秀林局司訓梁世榮，書寫者謹事郎中書監正字蔡叔廉，篆額者金光門待詔吴廷儀，刻者進功庶郎玉石匠匠副蔡福。年代署作洪德（Hồng Đức）十六年（1485），洪德爲後黎聖宗（Lê Thánh Tông）黎思誠（Lê Tư Thành）年號，同年爲明成化二十一年，歲次乙巳。拓片現藏於漢喃研究院。

碑文記載後黎聖宗敬妃阮氏之生平。内容前以記録阮氏籍貫、家世、經歷與所生子女爲主，後則以阮氏祭文與四十句四字銘文作結。

編號：01921　出自《拓片總集》第二册

釋文

【桂掖流芳之碑】

壽安宮敬妃阮氏神道碑[①]

維大越洪德十六年[②]歲次乙巳七月己酉朔，壽安宮敬妃靈柩葬于雷陽三間之原，從卜地也。有/ 勅翰林院撰神道文，臣 世榮[③]等，職叨□橐，不敢遜辭，謹拜手稽首，直述如左。

妃姓阮，行一，其先紹天府雷陽縣不矜社人。祖考安，贈昭毅將/軍、都督同知護軍；祖妣黎氏，贈貞人。父□毅，都督僉事、提督親軍指揮使司神武四衛軍務事，初失怙，故太保、簡恭侯黎囂子之，因籍/梁江縣藍山鄉；妣阮氏，贈淑人，河中府弘化縣大中社，故轉運使仁美次女。妃以大和三年[④]乙丑二月初六日庚戌生，光順元年[⑤]庚辰/七月選入掖庭，九月戊子望授列榮；四年癸未九月十三日己巳，生第三皇女瑞華公主；五年甲申十二月十九日戊戌，陞婕妤；七年/丙戌七月初二日辛未，陞充容，居/ 長春宮。洪德二年辛卯十一月二十日戊午，有/ 命育第八皇子鏁爲後；三年壬辰正月初四日辛丑，陞修[⑥]容，居/ 壽安宮；五年甲午閏六月初三日丙戌生第十二皇女；八年丁酉十月二十三日丁巳，位敬妃；十六年乙巳三月十一日壬辰，病薨，壽四/十一，殯于福林坊外宅，委德毅主喪焉。/ 特賜錢六萬、慰賵錢二十七萬，該三十三萬，飾終恩數，悉如彝典。二十七日戊申，/ 上命御用監都太監、兼御象御馬司黄禄諭祭，其略曰：爾粤從早歲，選入後庭，佩服柔

① 此爲碑題，今依此爲篇題。

② “洪德十六年”，爲公元 1485 年，當明憲宗成化二十一年，歲次乙巳。

③ 據後文撰文者“梁世榮奉敕撰”補。

④ “大和三年”，應爲“太和三年”，太和（Khánh Đức）爲黎仁宗（Lê Nhân Tông）之年號，三年爲公元 1445 年，當明英宗正統十年，歲次乙丑。

⑤ “光順元年”，光順（Quang Thuận）爲後黎聖宗（Lê Thánh Tông）年號，元年爲公元 1460 年，當明英宗天順四年，歲次庚辰。

⑥ “修”，碑原作“脩”，另兼正字故改，下同不另注。

儀。庶幾無忝/　天寶，篤維圖之慶時，已增寶婺之輝[1]。諒治平始于家，予方孚化[2]；奈修短繫乎命，爾遽反真。五月十二日辛酉，即遠期邇，又命内府監僉太監/兼上林院事范傑祭之，二十四日癸酉，發引，至是葬。

妃柔婉謙遜，儉約慎恭，喜愠不形于色，邪詖不宿于懷。敬畏情深，愛憂念切，與朋/友居，低聲款語，未嘗有觸激之言。/　聖躬偶或不安，則日夜勤恪，無懈怠容，供奉湯藥，捧進杯盤。掖庭中人，固有過焉，凡預入侍得/　上□□□□□愛恤，略無妬忌，絶忤物之意，多廣愛之思，視諸皇子、皇女，無異己生。好讀古書，稍通大義，方之古之賢淑，蔑能加之，其行實/有如此者。惟夫自古帝王紀綱人極，始由謹六宫之教，終必形四方之風，故云“家齊而後[3]國治，國治而後天下平”。妃自登桂掖，殆二紀/餘，行淑已孚，流光未艾，仰見/　聖天子風始[4]之被，福原之洪，豈不彰彰允驗？所可歎者，妃慶方來，妃年遽嗇，彼/　天亦杳杳哉！銘曰：/

自古辟王，繼/　天建極。化始閾門，羣方丕式。

烝哉/　皇上，治本家肥。用承内教，有若敬妃。

妃德伊何，謙恭柔王。和氣一團，/淑儀百行。

鼎茵必視，書史每怡。雝雝婦順，懇懇母慈。

衍慶允孚，降年宜迴。/詎意明靈，倏遊溟涬[5]。

玉奩長揜，珠箔空存。難言神理，惟景/　聖恩。

即遠届期，傃幽協筮。柳馭攸遷，枌鄉迄棁。

雷陽封裹，倬彼甫田。/背隆面坦，右抱左旋。

既禮/　后祇，廼營兆宅。乾確坤隤，永綏桂魄。

輝煌累福，演迆後人。貞碑爰立，/萬古如斯。/

---

① “寶婺”，原爲星宿名，即婺女星，又稱女宿，後借爲貴族婦女之美稱。見（晋）左思《吴都賦》：“婺女寄其曜，翼軫寓其精。”又，《全唐文》載唐中宗《封永年縣主制》：“韶容將寶婺分暉，惠質與瓊娥比秀。”

② “孚化”，即卵化。見（宋）張載《正蒙·中正》：“子而孚化之。”王夫之注：“子，禽鳥卵也；孚，菢也。”

③ “後”，碑原作“后”，另兼正字，故改，下同不另注。

④ “風始”，見《毛詩序》：“關雎，后妃之德也，風之始也，所以風天下而正夫婦也。”

⑤ “溟涬”，指天地未形成前混沌的狀態。見（漢）張衡《靈憲》：“太素之前，幽清玄浄，寂寞冥默，不可爲象。厥中惟靈，厥外惟無，如是者永久焉，斯謂溟涬。”

□□大夫、翰林院侍書、兼崇文館秀林局司訓、臣梁世榮[1]等奉/ 勅撰/

謹事郎、中書監正字、臣蔡叔廉奉書/

茂林郎、金光門待詔、臣吴廷儀奉篆額/

進功庶郎、玉石匠匠副、臣蔡福奉鐫/

洪德十六年七月一日立/

① “梁世榮”，《鼎鍥大越歷朝登科録》後黎聖宗光順四年（1463）第一甲進士及第記載：“天本高香人，二十三歲中，時號神童，應制第一。仕至翰林院侍講，掌院事，入侍經筵。”

一一九　花板社新造買亭文契碑記

引言

碑立於山西省國威府不濫總芳板社亭，爲亭左廡第三碑。本文所收録之拓片據題籤所記爲“第三碑二面之前”，拓片編號爲01933，共二十四行字，滿約三十三字，有界綫，碑額刻“新造買亭文契碑記”八字，今依内容與額題重定篇題爲“花板社新造買亭文契碑記”。碑額紋飾爲日紋，左右兩側刻有雲紋。年代署作景治（Cảnh Trị）元年（1663），景治爲後黎玄宗（Lê Huyền Tông）黎維禑（Lê Duy Vũ）年號，同年爲清康熙二年，歲次癸卯。拓片現藏於漢喃研究院。

碑文記載安山縣教坊因缺錢繳納官役，故以古錢六十九貫的價格將亭門唱籌權賣與花板社。兩方立下契約並昭示此事。

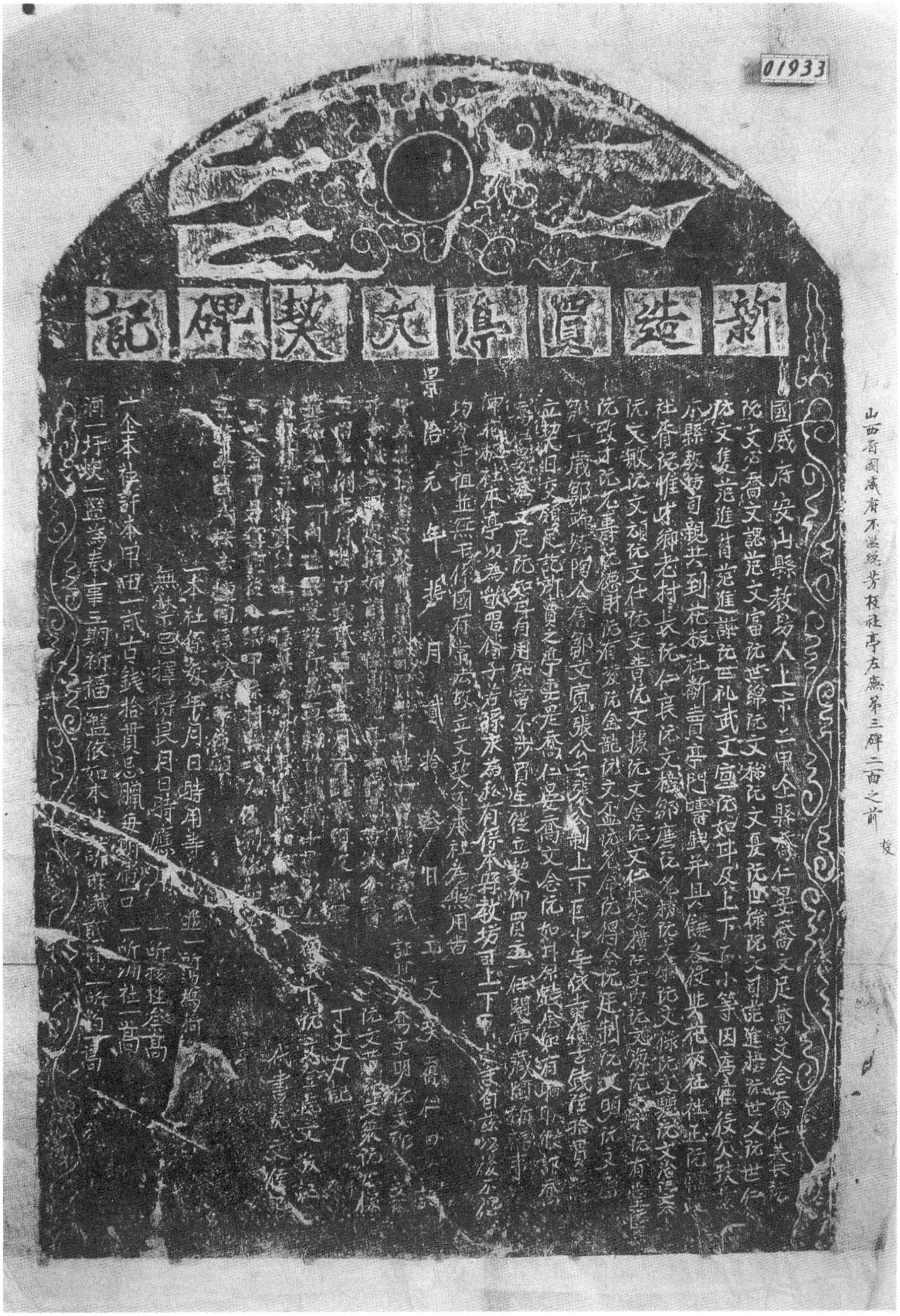
01933
新造買亭文契碑記
山西省國威府不溢縣芳板社亭左廡第三碑二面之前

編號：01933　出自《拓片總集》第二冊

釋文

新造買亭文契碑記[1]

國威府安山縣教坊人上下二甲：仝縣喬仁晏、喬文足、喬文念、喬仁養、阮□、/阮文必、喬文諰、范文富、阮世綿、阮文稱、阮文夏、阮世禄、阮文司、范進榜、阮世乂、阮世仁、/阮文隻、范進青、范進謀、阮世禮、武文宣、阮如并及上下巨小等，因爲寓役欠缺，兹/本縣教坊司親共到花板社斷賣亭門疇錢，並具饌，各役與花板社社正阮輔政、/社胥阮惟才，鄉老、村長阮仁良、阮文榜、鄒廉、阮允棱、阮文康、阮文禄、阮文驝、阮文治、阮文□、/阮文敏、阮文頑、阮文仕、阮文普、阮文據、阮文舍、阮文仁、朱文横、阮文内、阮文海、阮文才、阮有堂、阮文□、/阮致才、阮允壽、阮德財、阮有凌、阮金龍、阮文盃、阮允命、阮得念、阮廷制、阮文明、阮文産、/鄒千歲、鄒端隣、陶公會、鄒文寬、張公壬、張公制上下巨小等，依時價古錢陸拾貫，/立契日交領足訖，所賣之亭委是喬仁晏、喬文念、阮如并，原錢金如有□□假詐，喬□□、/喬仁晏、喬文足、阮如并，有用知當不涉買主，從立契仰買主一任開席藏□祈福事/神，花板社本亭以爲歌唱傳子若孫、永爲私有。係本縣教坊司上下巨小等，自兹以後不得/均分争祖並無干係，國有常法，故立文契，還本社爲照用者。/

景治元年[2]拾月貳拾叁日立文契

喬仁晏記/

一本社□□□□□□□□□買與本社□□修□壹貳●證見人喬文明、阮文、鄧爲文□/並□職□□處□□□□□□□□□□□□□□□□□□□　阮文□、阮文衆、阮□□。/

一□□例正月□古錢貳陌古□□□□□貳陌及鄰□　　丁文力記/

□□之□一□□□受□□□□□古錢貳十貫以上南甲下阮文登、阮文敬記/

□輕親三□□以□一□□□□□□□□□□□□□　　代書阮文侯記/

□□□甲□□□後□樂叩□村□□□□□□□□□/

□□□□□□□□□□□□□□□□□□□/

---

① 此爲碑額，今重定篇題爲“花板社新造買亭文契碑記”。

② “景治元年”，當清康熙二年（1663），歲次癸卯。

一本社係每年月日時用等□□並一所邊鳩猗□/

無禁忌擇得良月日時應用　一所核社叄高/

一仝本社許本甲田一畝古錢拾貫忌臘[1]每期豬一口　一所湧社一高。/

酒一圩、粄[2]一盤，爲奉事三期，祈福一盤依如本社□麻巇貳高，一所□一高。/

題後

芳板社亭計有如下碑記(以《拓片總集》第1至4册爲考察範圍)：

編號	篇題	年代	位置
01929/01930	後祀事碑	後黎顯宗景興四十六年（1785）	亭左廡第四碑
01931/01932	南甲後祀碑	後黎顯宗景興四十六年（1785）	亭左廡第一碑
01933	花板社新造買亭文契碑記*	後黎玄宗景治元年（1663）	左廡第三碑（碑前後兩面不同的碑記）
01934	造長紀事碑記	乙巳年（1665）	

注：* 表示此篇已收入本書。

① “忌臘”，見（明）田藝衡《玉笑零音》：“人之初生，以七日爲臘；人之初死，以七日爲忌。一臘而魄成，故七七四十九日而七魄具矣。一忌而一魂散，故七七四十九日而七魂泯矣。”

② “粄”，喃字，糯米的意思，下同不另注。

一二〇　古跡靈祠碑記

引言

碑立於山西省國威府不温總龍珠社山村祠，爲祠址左邊一碑。碑刻單面，拓片編號01954，共三十二行字，滿行約四十八字，碑額題“古跡靈祠碑記”六字，並有“雙龍昭日”之紋飾，碑題“高山大王神祠銘并序”九字，今以碑額爲篇題。碑文撰者東閣大學士兼國子監祭酒知經從事黎嵩，書寫者中書監中書舍人杜如芝，刊者試鞍轡営造所刊書匠匠副臣裴汝驛。年代署作洪順（Hồng Thuận）二年（1510），洪順爲後黎襄翼（Lê Tương Dực）帝黎瀠（Lê Oánh）的年號，同年爲明正德五年，歲次庚午。拓片現藏於漢喃研究院。

碑文敘述黎襄翼帝登基後，頒敕爲大王修建神祠，以記録高山大王保佑阮文侣等成功平定叛亂的靈驗事蹟。内容與本書篇號〇八七《高山大王神祠碑銘并序》(立於河内省環龍縣金蓮總金蓮坊高山大王祠内）内容幾乎完全相同，二者可互相參看。

古跡靈祠碑記
01954

編號：01954　出自《拓片總集》第二册

釋文

【古跡靈祠碑記】[1]

高山大王神祠銘并序[2]

蓋聞/　　　　帝王興仁義之兵，救生民之命，其規恢宏筭，闔闢[3]雄圖以成莫大之功，創莫大之業者，蓋有莫大之德而/　　　　穹天爲之協應，神明爲之贊助，非偶然也。是以/　　　　周武肇造蒼姬[4]，必頼山川靈神之克相；漢光重興赤祚[5]，亦頼白衣父老之默扶[6]。於皇/　　　　大越/　　　　聖祖高皇帝[7]起義之初，則有弘佑、至靈諸名神爲之陰騭，　　　　豈非/　　　　天地眷于至仁，鬼神享于有德者耶！厥後廟祠創立，殷禮肇稱，祀典昭垂，春秋致祭，皆所以報神賜，而祈鴻休也。靈應/彰明，古今符契。頃者，厲愍[8]失德，凶暴肆行，外戚專權，内朝干政，荼毒兆庶，魚肉宗藩。天怨民怒，而不之知；衆叛民[9]離/，而不之覺。己巳年[10]十一月，　　　　皇上避難西都，大興義旅，以復　高祖之業，拯億兆之民，時則有長樂殿親屬楊武叶謀，/同德效忠，開國功臣、特進、金紫榮禄大夫、贊理效順、

---

① 此爲額題，今依此爲篇題。

② 此爲碑題。

③ "闔闢"，本書篇號〇八七《高山大王神祠碑銘并序》作"開闢"。

④ "蒼姬"，見《孟子注疏題詞解》："孟子亦自知遭蒼姬之訖録。"孔穎達疏曰："蒼姬者，周以木德王，故號爲蒼姬。"

⑤ "赤祚"，前漢尚赤，符火德，故稱赤祚。《史記・高祖本紀》："乃立（劉）季爲沛公。祠黄帝，祭蚩尤於沛庭，而釁鼓旗，幟皆赤。由所殺蛇白帝子，殺者赤帝子，故上赤。"《漢書・高祖帝紀贊》："漢承堯運，德祚已盛，斷蛇著符，旗幟上赤，協於火德，自然之應，得天統矣。"

⑥ "白衣父老之默扶"，光武帝劉秀爲王郎所逼，渡滹沱河，進至下博城西，遑惑不知所之。《後漢書・光武帝本紀一上》："有白衣老父在道旁，指曰：'努力！信都郡爲長安守，去此八十里。'光武即馳赴之，信都太守任光開門出迎。"

⑦ "聖祖高皇帝"，即後黎太祖，後黎太祖謚號爲"統天啟運聖德神功睿文英武寬明勇智弘義至明大孝高皇帝"。見《大越史記全書》及《欽定越史通鑑綱目》。

⑧ "厲愍"，即威穆帝黎濬。《大越史記全書・本紀》卷十四："簡脩公（襄翼帝）以帝（威穆帝）前日殺父母兄弟之慘，憤猶未解，使人以大砲置屍火處，砲發，散盡骸骨，止以餘燼回葬母鄉扶軫安陵，降爲愍厲公。"

⑨ "民"，本書篇號〇八七《高山大王神祠碑銘并序》作"親"。

⑩ "己巳年"，即後黎威穆帝端慶五年、襄翼帝洪順元年（1509），當明正德四年，歲次己巳。

開府儀同三司、平章軍國重事、輔國丞相、上宰、太傅、威國公阮伯麟[①]、翊/運功臣、特進、輔國上將軍、左都督金吾衛[②]都指揮使司都指揮使、掌衛事、安和侯阮弘裕；光進鎮國大將軍、左檢點、參督效力四/衛軍務事阮文侶等奉命徂征，同心翊贊，糾合豪傑，調集民兵，佐白旄黄鉞之行，大拯溺亨屯[③]之舉，文侶等行至寧山縣[④]，/其山林岑蔚，延袤廣漠，有淵名淋，當壹畝許，静深不測，樹木交加，上有一祠，蓋以草茅，祠中立石題曰“高山大王”，文侶等覩之驚/異，乃懇祝曰：“端慶殘虐，民不聊生，　　　　　天命人心，歸于有德，今　　　聖上以　聖宗之孫、建皇之子[⑤]，思/祖宗創業之難，閔兆姓倒懸[⑥]之苦，爲社稷計，興除殘去暴之兵，文侶等共佐　明君以安天下，神如有靈，陰扶默/相，以濟大業，事成之日，文侶等必請〇命于朝，尊顯之以昭神貺。”言悉[⑦]，嚴整部伍，肅隊而行，四方臣民，不期而會，壺漿簞/食，以迎王師。兵無血刃之勞，民遂雲霓之望，凶徒蕩滌，宫禁肅清，億年之鍾鼎益綿，九廟[⑧]之光靈永妥，三綱九疇，以之而復正；/皇圖國祚，由是而再安。曾不旬日，而成功之速如此，蓋由〇聖德素孚，天人叶應，而鬼神有以相之歟！本年十二月初二日[⑨]，〇皇上光登寶位，/誕撫多方。發政施仁，以寵[⑩]綏乎兆姓；稱禮咸秩，以懷柔乎百神。文侶等仰大勳之克集，思神貺之孔彰，以其事聞，〇玉音賜可。勅寧山/縣紫沈社尹[⑪]督押軍民，構作祠宇，〇命工部作碑，仍命臣等撰銘以垂永久。顧臣等愚陋，曷足以贊揚聖皇功業之隆，發揮神/理感通

---

① “阮伯麟”，《鼎鍥大越歷朝登科録》後黎裕宗永慶三年（1731）辛亥科記載：“阮伯麟，先豐古都人，三十一中會元。出鎮有功，仕至工部尚書，侯爵，致仕起復。”

② “衛”，碑原作喃字“衜”，故改，下同不另注。

③ “亨屯”，通達與困厄。《舊唐書・文苑傳上》載張藴古《大寶箴》：“固以聖人受命，拯溺亨屯，歸過於己，推恩於民。大明無偏照，至公無私親，故以一人治天下，不以天下奉一人。”

④ “寧山縣”，本書篇號〇八七《高山大王神祠碑銘并序》作“奉化縣”。

⑤ “今聖上”，即後黎襄翼帝。《大越史記全書・本紀》襄翼帝序傳：“諱瀠，又諱晭，聖宗之孫，建王鑌之第二子也。在位八年，壽二十四，爲權臣鄭惟㦃所弑，葬元陵。……其母徽慈建皇太后鄭氏，諱瑄，乃雷陽水注人，都督僉事、兼左宗正仲峯之第四女也。”

⑥ “倒懸”，見《孟子・公孫丑》：“當今之時，萬乘之國，行仁政，民之悦之，猶解倒懸也。”趙岐注曰：“倒懸，喻困苦也。”

⑦ “言悉”，本書篇號〇八七《高山大王神祠碑銘并序》作“言畢”。

⑧ “九廟”，指帝王的宗廟。《禮記・王制》：“天子七廟，三昭三穆，與大祖之廟而七。”王莽增爲祖廟五、親廟四，共九廟；《漢書・王莽傳下》：“取其材瓦，以起九廟。”至唐玄宗特立九廟，《舊唐書・禮儀志六・祫禘》：“國朝始饗四廟，……開元十年，玄宗特立九廟。”後遂以九廟代稱國家，《文苑英華・賦・絲帛二》載李君房《獻璽賦》：“是以獻繭之道，治國之要，將取媲於三推，明至誠於九廟。”

⑨ “十二月初二日”，見《大越史記全書・本紀》威穆帝端慶五年：“是月（十二月）初四日，簡脩公即皇帝位。”

⑩ “寵綏”，本書篇號〇八七《高山大王神祠碑銘并序》作“寬綏”。

⑪ “敕寧山紫沈社尹”，本書篇號〇八七作“敕奉化縣尹”。

之妙？然既叨奉○明詔，敢不對揚○休命乎？

臣等竊惟德必受○命，古今之定理也；微而能顯，鬼神之盛德也。蓋其肇非常之業，/雖本○帝王之德，而贊成非常之業，亦由神明之助。幽明一理，感應一機，天人相與之際，有如此者！宜其輪奐祠宇，晨昏香火，報神賜/也。秩之祀典，勒之貞珉，昭靈應也。○惟○神素稟乾坤之正氣，鍾光岳之精靈，默相皇圖，永扶寶祚，孚鴻休於有永，介景福於無窮。/則兹山也，與天地同其悠矣！猗歟休哉！○銘曰：

蔚彼岑崗，煙樹蒼蒼。鍾奇孕秀，萃勝毓祥。

洄淵澄碧，緑水浮光。静深莫測，磅以[1]無方；

艮/重坎習，神閟靈藏。

寥哉四顧，軒豁宇宙。雄視此間，有一祠宇。

茅蓋竹椽，粉題石主。高山著名，威儀孔阜。

有感皆通，厥施斯普。

時/屬邅屯，天啟明君。西都奮旅，旄鉞躬親。

桓桓名將，糾糾義民。勦除志锐，懇祝斯勤。

大事克濟，將禮是殷[2]。洋洋如在，靈鑒弘啓。

助我/威聲，飆馳電邁。民慰望霓，風傳掛旌。

曾不逾旬，乾坤清泰。伊誰力歟？惟神是賴。

報賜孔虔，懇欵雲箋。具陳靈貺，日馬弗諼。

九重/俞允，盛意惓惓。諏龜爰契，穀日載蠲。

昭答不爽，奉行是先。乃戒宰邑，興修[3]惟急。

鳩功助材，華宇攸立。楠樣棟樑，輪奂巍岌。

廟貌尊嚴，/光靈燿熠。香火明煙，歲時爰及。

矧是記功，惟石穹窿。秋祀春禴[4]，篆李隸鍾[5]。

---

① “以”，據本書篇號○八七《高山大王神祠碑銘并序》補。

② “殷”，據本書篇號○八七補。

③ “修”，碑文原作“脩”，因另兼正字，故逕改，下同不另注。

④ “秋祀春禴”，見《詩經・小雅・鹿鳴之什・天保》：“吉蠲爲饎，是用孝享。禴祠烝嘗，于公先王。君曰卜爾，萬壽無疆。”毛亨傳：“春曰祠，夏曰禴，秋曰嘗，冬曰烝，公事也。”

⑤ “篆李隸鍾”，指李陽冰的篆書與鍾繇的隸書。

列方益顯[1]，佑國增隆。億年錫福，廣播休風。

祠前永鎮，昭示無窮。/

洪順二年歲次庚午仲秋吉日

進慎光祿大夫、少保、禮部尚書、東閣大學士、兼國子監祭酒[2]知經筵事、臣黎嵩等奉　勅撰/

顯恭大夫、中書監中書舍人、臣杜如芝奉寫

試鞍轡營造所刊書匠匠副、臣裴汝驛奉刊/

題後

本碑記與本書篇號〇八七《高山大王神祠碑銘并序》(刊立於河内環龍縣金蓮總金蓮坊)都和高山大王有關。《皇越地輿志・河内省》記有高山祠："在壽昌縣，東作坊，世傳神乃貉龍君五十子歸山之一，傘圓山祠第二位左山高山大王是也。神祠原在清華處，後黎朝襄翼帝起兵定難，嘗禱于神及至昇隆，神嘗顯靈助順，乃立壇禱謝于此，因立祠祀之，時黎嵩奉撰碑文，刻石至今猶存。"

---

① "列方益顯"，本書篇號〇八七《高山大王神祠碑銘并序》作"流芳益顯"。

② "酒"，據本書篇號〇八七補。

一二一　黎氏祠堂祭田碑記

引言

碑立於北寧省慈山府東岸縣芙蕾總芙蕾社市村黎觀德祠堂正寢。碑刻雙面，拓片編號02015/02016。拓片編號02015爲碑前，共十行字，滿行約二十九字；拓片編號02016爲碑後，共八行字，滿行約二十五字。碑兩面皆以九疊篆刻碑額，拓片編號02015面刻“祭田碑記”四字，拓片編號02016面刻“重倚官碑”四字，今依立碑地點及性質定標題爲“黎氏祠堂祭田碑記”。碑文未注明撰者，據《越南漢喃碑銘拓片目録提要》補爲登郡公撰。年代署作景興（Cảnh Hưng）貳拾年（1759），景興爲後黎顯宗（Lê Hiển Tông）黎維祧（Lê Duy Diêu）的年號，同年爲清乾隆二十四年，歲次己卯。拓片現藏於漢喃研究院。

碑文記載登郡公買田一畝與黎觀德祠堂土地肆尺以作承祀祭田，並告誡子孫祭祀時用錢項目、祭品種類與祭祀後祭品的分配方式。

02015
2015
北寧省慈山府東岸縣芙蒥總芙蒥社市村蔡觀德祠堂正寢一碑二面之前

編號：02015　出自《拓片總集》第三冊（下同）

北寧省慈山府東岸縣美蓄總美蓄社市村黎觀德祠堂正寢一碑二面之後

遺留有記

祇受累累朝欽受勑令余辛卯科試中奉侍歷朝外經三鎮内僑六宮或從鑾伐於西隅或奉欽差於北國積年從事均無違復餘之虞其間榮陞美調厚奉恩田既有代耕之祿仍思壽裕之謀乃擇市里壹畝及祠堂土肆尺立為祭田留為承祀以壽香火於無窮保血食於有永冀爾子孫繼世恪承訓諭之明言追休勤拳之厚意庶得表祖功宗德旹世不廷子孝孫賢萬代如見之至美也於是具以詞情徵諸佳鐫于石以壽其傳云　旹

皇朝景興萬萬年之貳拾歲在己卯冬拾月穀日立

後

編號：02016

釋文

祭田碑記/重倚官碑[①]

余辛卯科試中，奉侍歷朝，多期奉考中格，累三期，奉往/北國欽差，替將攽許太傅、登郡公，祗受光進慎禄大夫、/古法殿[②]少卿、登嶺男。/

一祭田遞年忌辰二禮，諸子至次受田。前日預告，准使錢五陌。至日作忌，只/許祭具叁盤并金銀、芙蒥[③]、茶、酒，各准每忌使錢叁貫錢。/

一至如孫侄至次受田禮，前日預告，准使錢叁陌。至日例有潔牲壹口，/粢盛壹盤，金銀叁百鎰，芙蒥、茶、酒用足，各准每忌使錢叁貫。祭時，用耕/田人爲祭主，受田人爲陪祭，其行禮用本族親義官員四員，各祭畢，其牲粎[④]/分爲四分，内取壹分，又分爲五俵[⑤]，官員四分，并首存壹分，許長支奉事，/止存叁分。孫侄與本族共會飲酒，以表有餕昭餘惠[⑥]，/[⑦]祗受累累，期欽受勑令。

---

① 此爲拓片編號02015面額題，今依内容及性質重定篇題爲"黎氏祠堂祭田碑記"。按，後附"重倚官碑"四字爲編號02016之額碑。

② "古法殿"（Cổ Pháp điện），又名都廟（Đền Đô）或李八帝廟，廟中祭祀李太祖、李太宗、李聖宗、李仁宗、李神宗、李英宗、李高宗、李惠宗等八位李朝帝王。右廳附祀文神李道成、蘇憲誠，左廳附祀武神李常傑、黎奉曉、陶甘沐。《欽定越史通鑑綱目·正編》卷二李太祖順天十年："春正月，立太廟於天德陵。"史臣按："古者建都前朝後市，左祖右社，則祖廟在國都之左，所以致孝享也。……至是始書立太廟於天德陵。"又史臣注曰："天德，府名，太祖順天元年升古法州爲府，今東岸縣。吴仕史注李諸帝歸葬天德，皆稱壽陵。"嗣德版《大南一統志·北寧省下·祠廟》："李八帝廟，東岸縣亭榜社，嘉隆二年置廟夫，以所在民充之。明命四年以太祖、聖祖、仁尊登列祀歷代帝王廟。接李朝始太祖庚戌，終昭皇正南，凡二百六十年。"

③ "芙蒥"，一種藤類的植物，越文作Cây lá trầu。與檳榔同爲喜慶時必有之象徵性植物，尤其是在傳統婚俗文化中，檳榔、芙蒥與石頭（石灰）是兄弟和睦、夫妻相恩相愛之象徵。

④ "粎"，喃字，糯米的意思，下同不另注。

⑤ "俵"，或爲"俵子"，古時散發給僧、道等人赴齋的憑證。（明）田汝成《西湖遊覽志餘·幽怪傳疑》："（張居士）一日社齋百分，先期散俵子，至日齎此赴齋。"此處爲比"分"還小的單位，當即上份。

⑥ "餕昭餘惠"，《禮記·祭義》："夫祭有餕，餕者，祭之末也，不可不知也。是故古之人有言曰：'善終者如始。'餕其是已。是故古之君子曰：'尸亦餕鬼神之餘也，惠術也，可以觀政矣。'"

⑦ 以上爲拓片編號02015之内容。

余辛卯科試中，奉侍歷朝，外經三鎮，内屬/六宫，或從燮伐[①]於西陲，或奉欽差於北國，積年從事，均無覆/餗[②]之虞。其間榮陞美調，厚奉惠田，既有代耕之禄[③]，仍思垂裕/之謀[④]，乃擇市田壹畝，及祠堂土肆尺，立爲祭田，留爲承祀，以垂香/火於無窮，保血食於有永。冀爾子孫繼世，恪承訓喻之明言，追體/勤拳[⑤]之厚意，庶得表祖功宗德，百世不遷，子孝孫賢，萬代如/見之至美也。於是具以詞情，徵諸佳鐫于石，以壽其傳云。

時/

皇朝景興萬萬年之貳拾歲在己卯[⑥]冬拾月穀日立[⑦]/

---

① "燮"，碑原作"義"，爲協和、調和的意思；《尚書·洪範》："六、三德：一曰正直，二曰剛克，三曰柔克。平康正直，彊弗友剛克，燮友柔克，沈潛剛克，高明柔克。"孔安國傳："燮，和也。世和順，以柔能治之。""燮伐"則有協同征伐的意思；《詩經·大雅·文王之什·大明》："有命自天命，此文王于周于京，纘女維莘，長子維行，篤生武王，保右命爾，燮伐大商。"

② "覆餗"，比喻力薄任重。《周易·鼎》："九四，鼎折足，覆公餗，其形渥，凶。"孔穎達疏："施之於人，知小而謀大，力薄而任重，如此必受其至辱，災及其身也，故曰其形渥，凶。"

③ "代耕"，指古代官吏的食禄。《禮記·王制》："制農田百畝，百畝之分，上農夫食九人，其次食八人，其次食七人，其次食六人；下農夫食五人，庶人在官者，其禄以是爲差也。諸侯之下士視上農夫，禄足以代其耕也。"

④ "垂裕"，謂爲後人留下業績或名聲。《尚書·仲虺之誥》："王懋昭大德，建中於民，以義制事，以禮制心，垂裕後昆。"孔安國傳曰："垂優足之道示後世。"

⑤ "勤拳"，懇切真誠。（唐）白居易《送毛仙翁》詩："玄功曷可報？感極惟勤拳。"

⑥ "景興萬萬年之貳拾歲在己卯"，景興（Cảnh Hưng）爲後黎顯宗（Lê Hiển Tông）黎維祧（Lê Duy Diêu）的年號，景興十二年爲公元1759年，當清乾隆二十四年。

⑦ 以上爲拓片編號02016之内容。

一二二　貝洞聖跡碑記

引言

碑立於河東省青威縣貝溪社寺，爲寺前第一碑。碑刻三面，拓片編號 02105/02106/02104。拓片編號 02105 爲碑前，共十八行字，滿行約二十六字，碑額題“貝洞聖跡碑記”六字，今依此作爲篇題；拓片編號 02106 爲碑後，共十四行字，滿行約二十六字；拓片編號 02104 爲碑左，僅記“太和十一年十二月二十三日碑記”一行十四字。年代署作太和（Đại Hòa）十一年（1453），太和爲後黎仁宗（Lê Nhân Tông）黎邦基（Lê Bang Cơ）年號，同年爲明景泰四年，歲次癸酉。拓片現藏於漢喃研究院。

碑文記載籍貫貝溪社的上等最靈顯聖開仙德明真人尊神的家世、生平、經歷等，並記真人於陳朝受封上等神之經過，亦言其神蹟載於《越甸幽靈集録》《大南一統志》《公餘捷記》等書籍。文末以二十八句四字銘文頌其功德，並記有因尊而私諱之字，如“女”“乳”“平”“安”“向”“花”等。

02105

貝洞聖跡碑記

天地之英華為河嶽，河嶽之靈鍾為聖神，聖神英靈普為雲雨，以
潤澤生民，與天地河嶽而並垂萬萬古者也。奉惟
上等最靈顯聖開僊德明真人尊神，南天靈祠之一。先世阮望族，
宅貝洞靈龜岩東，阿其外系也。陳朝初，應僊人降世，夢而生。天性
英慈，好放生。年六七歲，遇旱，嘗率羣牧活魚蝦于鋭水。十五歲，雲
遊四方，遇八十老人於僊侶院（屬國威），居十載，默會神通法，著禱雨經，
以得道聞。欽奉陞見，勅封真人，館長安寺。尋歸省掃，黑雲寶蓋現
于空中（故俗號璦顛）。既而辭去，葺居院，匠工百餘，飯只小堝，歸取貝宅鹽瓣
息田院（今稍神保陀本寺跡尚在），及登盤悉化為伊蒲饌。上樑日，著木屐步上橫子觀
看。是歲院成，年九十五。十二月十三日，入龕中坐，囑從者闔門百
日，清馨者祀之。正月初四日，從者啓之，異馨薰于遠近，一方民咸
崇奉焉。越十二日，本社並沐　恩等社立祠奉事。三月二十三日
望祭，循開龕禮也。後陳祈嗣靈應，勅封上等神，國祭給祀民潤胡。
末吳兵屯玉犖岡火院，三日寶像如生，忽顯報云：須具灯油置尖
石上（仙侶地分）化之。吳人依法，適被血雨，三刻半暴斃，又見金剛八部盡
落魄藥斗暈，軍始惶惧，塑像祠祭。餘靈所及，胡將授首，殆亦鄧虎
呪舟類也。嗣來官民禱雨輒應，其大有功於民為何如。若夫靈聲
顯跡，備見於幽靈蘇、一統志、公餘記、國音傳（所載非南嶺之南西岩之西所法盞紀云）。

編號：02105　出自《拓片總集》第三冊（下同）

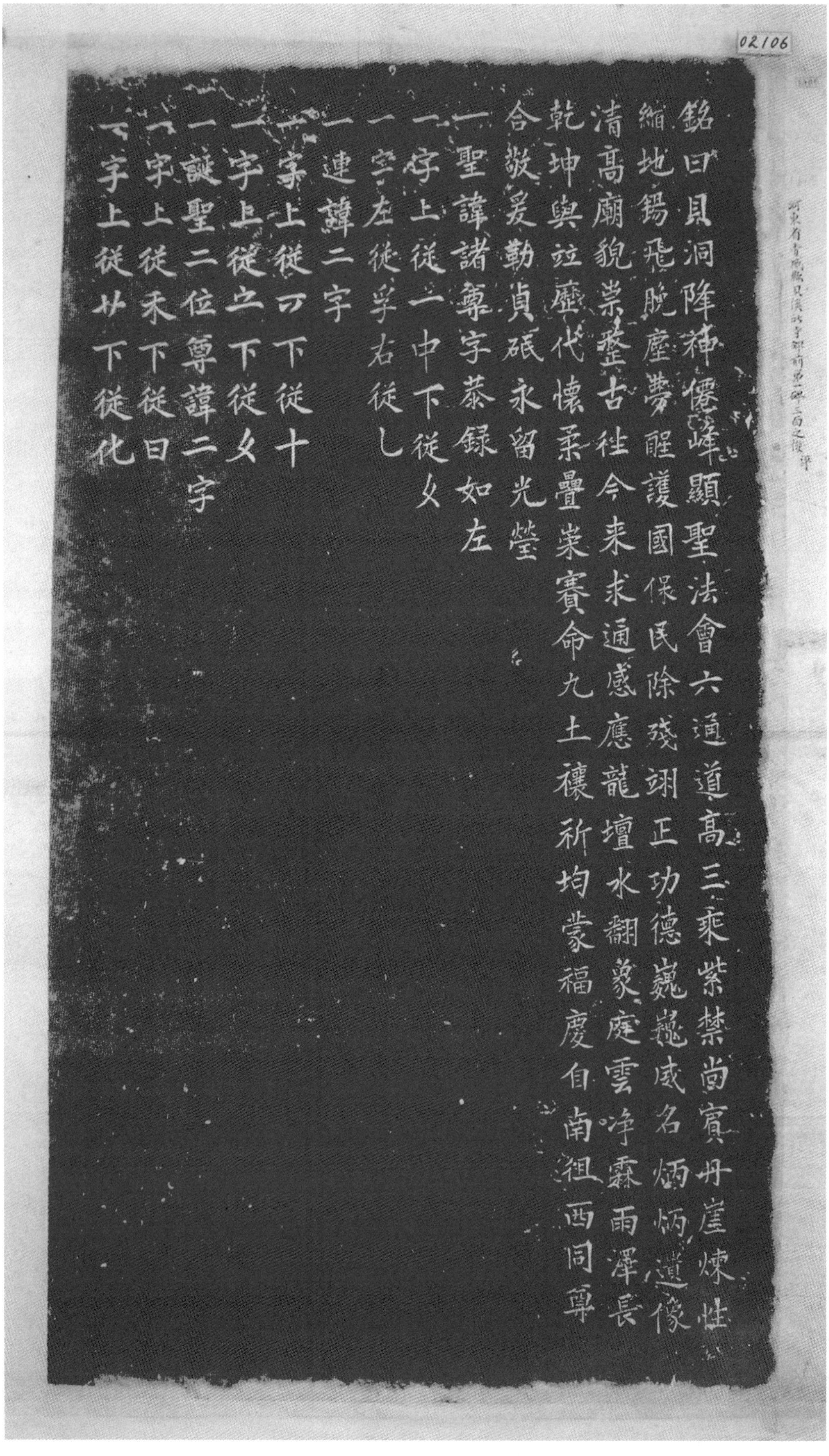
02106

銘曰貝洞降神僊峰顯聖法會六通道高三乘紫禁尚賓丹崖煉性
縮地錫飛脫塵夢醒護國保民除殘翊正功德巍巍威名炳炳遺像
清高廟貌崇臺古往今来求通感應龍壇水翻象庭雲凈霖雨澤長
乾坤與竝歷代懷柔疊崇賽命九土禳祈均蒙福慶自南徂西同尊
合敬爰勒貞碈永留光瑩
一聖諱諸尊字恭録如左
一字上從亠中下從夂
一字左從孚右從乚
一連諱二字
一字上從冖下從十
一字上從立下從夂
一誕聖二位尊諱二字
一字上從禾下從曰
一字上從廾下從化

編號：02106

02104
太和十一年十二月二十三日碑記

編號：02104

釋文

貝洞聖跡碑記[①]

天地之英，萃爲河嶽；河嶽之靈，鐘爲聖神。聖神英靈，普爲雲雨，以/潤澤生民，與天地河嶽而並垂萬萬古者也。奉惟　　　　/上等最靈顯聖開仙德明真人尊神、南天靈祠之一。

先世阮望族，/宅貝洞靈龜岩，東阿其外系也。陳朝初，應仙人降世夢而生，天性/英慈，好放生。年六、七歲遇旱，嘗率羣牧活魚蝦于鋭水[②]。十五歲，雲/遊四方，遇八十老人於仙侶院屬國/威，居十載，默會神通法，著《禱雨經》。/以得道聞，欽奉陛見，勅封真人，舘長安寺，尋歸省，掃黑雲，寶蓋現/于空中，故俗號/墁顛。既而辭去。葺居院，匠工百餘，飯只小堝。歸取貝宅鹽，瞬/息回院，今精神保陀/本寺跡尚在。及登盤，悉化爲伊蒲饌[③]。上樑日，著木屐步上橫子觀/看。是歲院成，年九十五，十二月十三日入龕中坐，囑從者闔門百/日，清馨者祀之。正月初四日，從者啟之，異馨薰于遠近，一方民咸/崇奉焉。越十二日，本社並沐　恩等社，立祠奉事。三月二十三日/望祭，循開龕禮也。後陳祈嗣靈應，勅封上等神、國祭，給祀民。潤胡/末，吴兵屯玉犖岡，火院三日，寶像如生，忽顯報云："須具燈油，置尖/石上仙侶/地分化

---

① 此爲拓片編號 02105 面碑額題，今依此爲篇題。

② "锐水"，即"锐江"。《大南一統志·河内省·山川》："锐江，在省城三十四里，或云源頭尖锐，故名。源自慈廉縣下姥社八郎潭，東南留入青威縣，東至青池縣河柳社，受蘇瀝江水折而南，逕上福之左佳社，分一支東合金牛江。其正流南入富川縣盛德社，復合金牛江，水繞三岐良江水，與沙江合；又轉至南昌縣卓筆總，分二派：一東北流轉東南逕富川、木凡、專業等總，入于珥河；一東流轉南逕維先縣，俗稱三岐彙水，東流經山明縣太堂社，受芳亭港水，俗號三岐沙水，轉而東流，逕富川縣唐川社，俗稱三岐良水，其夏秋可行舟，冬春乾涸，三岐濮水在平陸縣界，本珥河支流，自安令社注下，達流三岐潢江。"

③ "伊蒲"，即"優婆塞"。《後漢書·光武十王·楚王英》："詔報曰：楚王誦黄老之微言，尚浮屠之仁祠，……其還贖，以助伊蒲塞、桑門之盛饌。"注曰："伊蒲塞即優婆塞也，中華翻爲近住，言受戒行堪近僧住也。桑門即沙門。"後伊蒲饌遂成爲素食供品之謂，後泛稱素食。

之。”吴人依法，適被血雨三刻，半暴斃；又見金剛八部[①]，盡/落魄；築斗量軍[②]，始惶懼。塑像祠祭，餘靈所及，胡將授首，殆亦却虎/呪舟[③]類也。嗣來官民，禱雨輒應，其大有功於民爲何如！若夫靈聲/顯跡，備見於《幽靈錄》[④]《一統志》[⑤]《公餘記》[⑥]《國音傳》所載非南嶺之南，西/岩之西所能盡紀云。/[⑦]

銘曰：

---

① “金剛八部”，見《金剛仙論》卷一：“故説八部般若，以十種義，釋對治十。其第一部十萬偈（大品是）；第二部二萬五千偈（放光是）；第三部一萬八千偈（光讚是）；第四部八千偈（道行是）；第五部四十千偈（小品是）；第六部二千五百偈（天王問是）；第七部六百偈（文殊是）；第八部三百偈（即此金剛般若是）。此是八部之名。前之七部遣相未盡但稱般若，此第八部遣相最盡故別立金剛之名也。”故“金剛八部”即指八部般若中之“金剛般若”。

② “築斗量軍”，據《公餘捷記·神怪·貝溪寺記》：“大聖開天義存平等行善菩薩真人，青威貝溪人也。……值潤胡之末，吴兵來侵，欲壓我國諸靈祠，因火其像，經三日不壞，無可奈何，見一人前來謂曰：‘爾欲了此，當盛取燈心包裹，外沃水油焚之方可耳。’吴兵如其言，忽然血雨三日，吴兵病死者不可勝數，乃於保陀社築土爲斗，以量兵數，今斗跡現存。見其耗少太半，始憮然惶懼，自知威靈難犯，尋又悔心，再見顯迹謂曰：‘爾等欲保生還，當塑繪列像還我，不爾素愆未了。’吴人即遣人回本國造作一像如原，遞就貝溪社，設醮禱之，自此稍寧。”

③ “却虎呪舟”，據《嶺南摭怪列傳·徐道行阮明空傳》引《明空別傳》：“膠水鄉，有空路寺，有僧名明空，治平間出家住持此寺，以德行知名。一日明空從外來，其同房僧隱門内，躍出作虎聲以怖明空。明空笑曰：‘汝修行，欲作虎耶！吾當救汝。’後數年，僧尋没，化爲國王李氏生世子，年幾冠，忽遍體生毛，踴躍咆哮，亞如虎形。王廣求醫巫僧道，皆莫能措手。聞明空有法術，遣人乘船來請，明空以堝炮炊飯，欲食水手，使者笑曰：‘水手人多，恐難遍及。’明空曰：‘不然。與衆少喫，見我厚意。’由是棹卒四、五十人食之，終不能盡，人皆奇之。臨晚乘船，又戒：‘使者與水手皆熟睡一覺，待日出，貧僧呼起，方可開船，不然，我且不去。’使者懇請不得，偃卧假寐，但覺船下風聲泠然，移時日出，呼起，其船已在都灣下舶矣。明空乃騰空入宫中，煮水油以洗國王，應手毛落，體遂平復。王問其故，對曰：‘修行人一念迷者，懺洗而已，無難矣。’”

④ 《幽靈錄》，又名《越甸幽靈》（Việt Điện U Linh）、《越甸幽靈集録》（Việt Điện U Linh Tập Lục）、《新訂較評越甸幽靈集》（Tân Đính Hiệu Bình Việt Điện U Linh Tập）、《越甸幽靈附本國古跡録》（Việt Điện U Linh Phụ Bản Quốc Cổ Tích Lục）等，由李濟川編輯越南神話傳説人物，如后土夫人、傘圓山神等；及歷史人物，如士燮、二徵夫人之類，初編於陳開祐元年（1329），後又經過多次修訂。有關《幽靈録》的版本及流傳，請參考［法］陳慶浩、王三慶、鄭阿財等人編《越南漢文小説叢刊》第二輯“神話傳説類”之考訂。

⑤ 《一統志》，即《大南一統志》（Đại Nam Nhất Thống Chí），係阮朝國史館編定之地理志，由高春育擔任總裁，記載阮朝各省地理。今存印本十種，通行本爲昭和十六年（1941）東京日本印度支那研究會據阮朝國史館維新三年（1909）重印本。近年有西南師範大學出版社所出之嗣德版之影印本，詳情參考書前牛軍凱序言。

⑥ 《公餘記》，即《公餘捷記》（Công Dư Tiệp Kí），係編纂於後黎朝景興年間的筆記式著作，作者爲後黎懿宗永佑二年（1736）丙辰科進士武純甫（武芳題），收録有志怪故事、名儒行誼、世家名臣、節婦才子等諸類事跡，基本上集結了十八世紀流傳於越南的傳説；後由陳貴衙續編。

⑦ 以上为拓片編號 02105 之内容。

貝洞降神，仙峰顯聖。法會六通[①]，道高三乘[②]。

紫禁尚賓，丹崖煉性[③]。/縮地[④]錫飛[⑤]，脱塵夢醒[⑥]。

護國保民，除殘翊正。功德巍巍，威名炳炳。

遺像/清高，廟貌崇整。古往今来，求通感應。

龍壇水翻，象庭雲净。霖雨澤長，/乾坤與竝。

歷代懷柔，疊崇賽命。九土[⑦]禳祈，均蒙福慶。

自南徂西，同尊/合敬，爰勒貞珉，永留光瑩。/

一聖諱諸尊字，恭録如左：/

一字上從一，中下從女。/

一字左從孚，右從乚。/

一連諱二字。/

一字上從丷，下從十。/

一字上從亠，下從女。/

一誕聖二位，尊諱二字/

一字上從禾，下從曰。/

---

① “六通”，源自梵語，又作“六神通”。見《長阿含經》卷九：“云何六證法？謂六神通：一者神足通證，二者天耳通證，三者知他心通證，四者宿命通證，五者天眼通證，六者漏盡通證。”

② “三乘”，比喻運載衆生渡越生死到涅槃彼岸之三種法門，一是聲聞乘，二是緣覺乘，三是菩薩乘。

③ “丹崖煉性”，喻隱逸。《册府元龜·總録部·隱逸一》：“宋纖，燉煌效穀人，隱居于酒泉，南山太守楊宣畫其象於閣上，出入視之，作頌曰：‘爲枕何石，爲漱何流，身不可見，名不可求。’酒泉太守馬岌，高尚之士也，具威儀，鳴鐃皷造焉，纖高樓重閣，距而不見。岌歎曰：‘名可聞而身不可見，德可仰而形不可覩。吾今而後，知先生人中之龍也。’銘詩於石壁曰：‘丹崖百丈，青壁萬尋。奇木蓊欝，蔚若鄧林，其人如玉，維國之琛，室邇人遐，實勞我心。’”

④ “縮地”，傳説東漢時費長房可以縮短距離，千里可瞬間即至。典出（晋）葛洪《神仙傳·壺公》：“汝南費長房……嘗與客坐，使至市市鲊，頃刻而還。或一日之間，人見在千里之外者數處。”

⑤ “錫飛”，即“飛錫”。謂僧人雲遊四方。《文選》孫綽《遊天台山賦并序》：“王喬控鶴以沖天，應真飛錫以躡虚。騁神變之揮霍，忽出有而入無。”李善注引《百法論》曰：“并及八輩應真僧。然應真，謂羅漢也。”《大智度論》曰：“菩薩常應二時，頭陀常用錫杖、經傳、佛像。”言衆仙既登正道，故能騁其神變，出於衆有而入無爲也。

⑥ “脱塵夢醒”，見《全宋詩》載黄庭堅《寫真自贊五首并序》：“道是魯直亦得，道不是魯直亦得。是與不是，且置勿道。唤那箇作魯直，若要斬截一句，藏頭白海頭黑。似僧有髮，似俗無塵。作夢中夢，見身外身。”

⑦ “九土”，即“九州之地”。《國語·魯語上·展禽論祭爰居非政之宜》：“共工氏之伯九有也，其子曰后土，能平九土，故祀以爲社。”韋昭注：“九土，九州之土也。后，君也，使君土官，故曰后土也。”

一字上從艹，下從化。[①] /

太和十一年[②]十二月二十三日碑記/[③]

題後

貝溪社寺内共有九通碑誌，如下表：

編號	篇題	年代	位置
02087/02088	後佛碑銘	後黎神宗盛德三年（1655）	寺内右邊第四碑
02089/02090	大悲寺祭田碑記**	後黎顯宗景興三十五年（1774）	寺内左邊第三碑
02091/2096-2098	大悲寺碑	後黎神宗永祚十一年（1629）	寺内右邊第二碑
02092/02093	貝溪鄉大悲寺碑	莫太祖明德元年（1527）	寺内右邊第四碑
02094/02095	大悲寺碑	莫英祖崇康八年（1573）	寺内左邊第三碑
02099	(無題，僅録年代)	後黎敬宗弘定四年（1603）	寺内左邊第二碑
02100/02101	三關碑	未注明	寺右邊第一碑
02102/02103	大悲寺碑	未注明	寺内右邊第三碑
02104-02106	貝洞聖跡碑記*	後黎仁宗太和十一年（1453）	寺前第一碑

注：* 表示此篇已收入本書；** 表示原無題。

本碑記爲貝溪社大悲寺九通碑記中署年最早的一通，刊立於後黎仁宗太和十一年（1453），碑文記載了“上等最靈顯聖開仙德明真人尊神”的生平及神蹟，諸如“匠工百餘，飯只小堝”，“歸取貝宅鹽，瞬息回院”，“貝宅鹽……及登盤，悉化爲伊蒲饌”，“年九十五，十二月十三日入龕中坐，囑從者闔門百日，清馨者祀之。正月初四日，從者啟之，異馨薰于遠近，一方民咸崇奉”，“後陳祈嗣靈應”，“潤胡末，吴兵屯玉岡，火院三日，寶像如生……餘靈所及，胡將授首”，“禱雨輒應”之類，此與《大南一統志·山西省下·寺觀》的記載基本相合：“（山西省安山縣有廣嚴寺）在安山縣仙侶社山分，昔有青威縣貝溪人姓阮字平安，住持於此，

① 以上拓片編號 02106 内容。

② “太和十一年”，太和爲後黎仁宗（Lê Nhân Tông）黎邦基（Lê Bang Cơ）年號，十一年爲公元 1453 年，當明景泰四年，歲次癸酉。

③ 以上爲拓片編號 02104 之内容。

自有靈通之法，與衆食，變少成多，又能蹻步屋樑，往來其上，世稱爲得道真人，及没，異香馥郁，土人納尸于龕中事之。陳後帝以祈嗣顯靈，敕封慈悲菩薩，明人來侵，火其龕，明人死者無算，乃引兵歸，土人復新其龕事之，以正月四、五、六等日爲會，士人雲集，本朝歷加奉贈。”碑文中“却虎呪舟”的出處與《嶺南摭怪》卷二《徐道行阮明空傳》記載阮明空治療李神宗時“却虎呪舟”之事跡相合。而阮明空據《大越史記全書·本紀》卷三李英宗大定二年秋八月“國師明空卒”史臣注：“師長安府嘉遠縣譚舍社人，能顯靈事驗，凡水、旱災傷，禱之輙應。今膠水、普賴等寺皆有塑像奉事焉。”則確有其人。

本碑記署年爲後黎仁宗太和十一年（1453）。然碑文曰“若夫靈聲顯跡，備見於《幽靈籙》《一統志》《公餘記》《國音傳》”，按，《幽靈籙》即《越（粵）甸幽靈録》，《一統志》爲《大南一統志》，《公餘記》即《公餘捷記》。而《越（粵）甸幽靈録》之初本由李濟川著於陳開祐年間，又由阮文質續於後黎太和年間，但書中阮明空的記載，却直到阮嗣德十二年（1859）纔由吴甲豆所著《重補越甸幽靈集録全編》補全；《大南一統志》則爲阮朝嗣德年間開始編寫之著作（1849–1909）；撰寫《公餘捷記》的武純甫（武芳題）則在後黎景興十六年（1755）爲其著作作序。因此，本碑記的刊立時間，當晚於碑記所署之年代。然本碑記所立之貝溪社寺内尚有莫太祖明德元年（1527）《貝溪鄉大悲寺碑》、莫英祖崇康八年（1573）《大悲寺碑》、黎敬宗弘定四年（1603）《年號碑》、後黎神宗永祚十一年（1629）《大悲寺碑》、後黎神宗盛德三年（1655）《後佛碑銘》、後黎顯宗景興三十五年（1774）《大悲寺祭田碑記》（原碑無題），其中立於寺内右邊第三碑、未注明年月的《大悲寺碑》（編號02103）則記録貝洞供奉“平等行義存菩薩”的經過：“大悲寺乃青威貝溪之名藍也，有平等行義存菩薩聖像在焉。菩薩俗諱女，姓阮，生長于貝溪之鄉……尸解于僊侣之山，其貝溪鄉人見其神化，迎歸本鄉，創爲小庵于本寺之側，朝夕焚香事之，時有水旱，祈禱顯應，古賜號大方名藍者，以其此也。陳朝開佑十年、聖真公主既隨緣捨施，鎔作大鐘以爲寶器，時經閏胡兵變，鐘化烏有，逮（後黎）仁宗皇帝朝太和柒年殿内監知監事、兼知寶藏監裴公名雄，又會諸鄉人社卿阮惟節等購求遺迹，至今寶器存焉。自此以來或□修小樓閣，或創置彌陀山，前作後述，繼踵躡塵，要未嘗泯絶，每至孟春，有鄉人男女大小等同伸恭敬設立壇場，焚百和之香，結□年之果，士女畢會，遠近來遊，以爲吾鄉之美觀焉。”由此，可知貝洞平等行義存菩薩的崇祀當在陳聖宗開佑（1329–1341）之前即已開始。

一二三　萬福大禪寺碑

引言

碑立於北寧省慈山府仙遊縣佛跡社萬福寺，爲寺後家右邊一碑。碑刻雙面，拓片編號02146/02147，有方界格。拓片編號02146爲碑前，共三十六行字，滿行約五十字，碑額題“萬福大禪寺碑”六字，今以此額題爲篇題；拓片編號02147爲碑後，共三十五行字，滿行約四十八字，碑額題“建立三寶田祀事祖師恩光塔碑”十三字。拓片編號02146碑額並有兩層紋飾，内層爲雙龍昭日，外層以花紋與左右兩側相連；拓片編號02147碑額亦並有兩層紋飾，内層爲雙鳳昭月，外層以雲紋及回紋與左右兩側相連。碑文撰者仙遊縣佛跡社生徒，參訂者沙彌真和，書寫者法印和尚。年代署作正和（Chính Hòa）七年（1686），正和爲後黎熙宗（Lê Hy Tông）黎維祫（Lê Duy Cáp）年號，同年爲清康熙二十五年，歲次丙寅。拓片現藏於漢喃研究院。

碑文記載萬福寺創建沿革，及後黎朝時期南來傳法並圓寂於萬福寺的明僧人圓炆（號拙拙）之事跡，與王室修建圓炆寶塔之經過，文末以十八句四字銘文作結，並録有功德主姓名與所祭田大小、方位等内容。

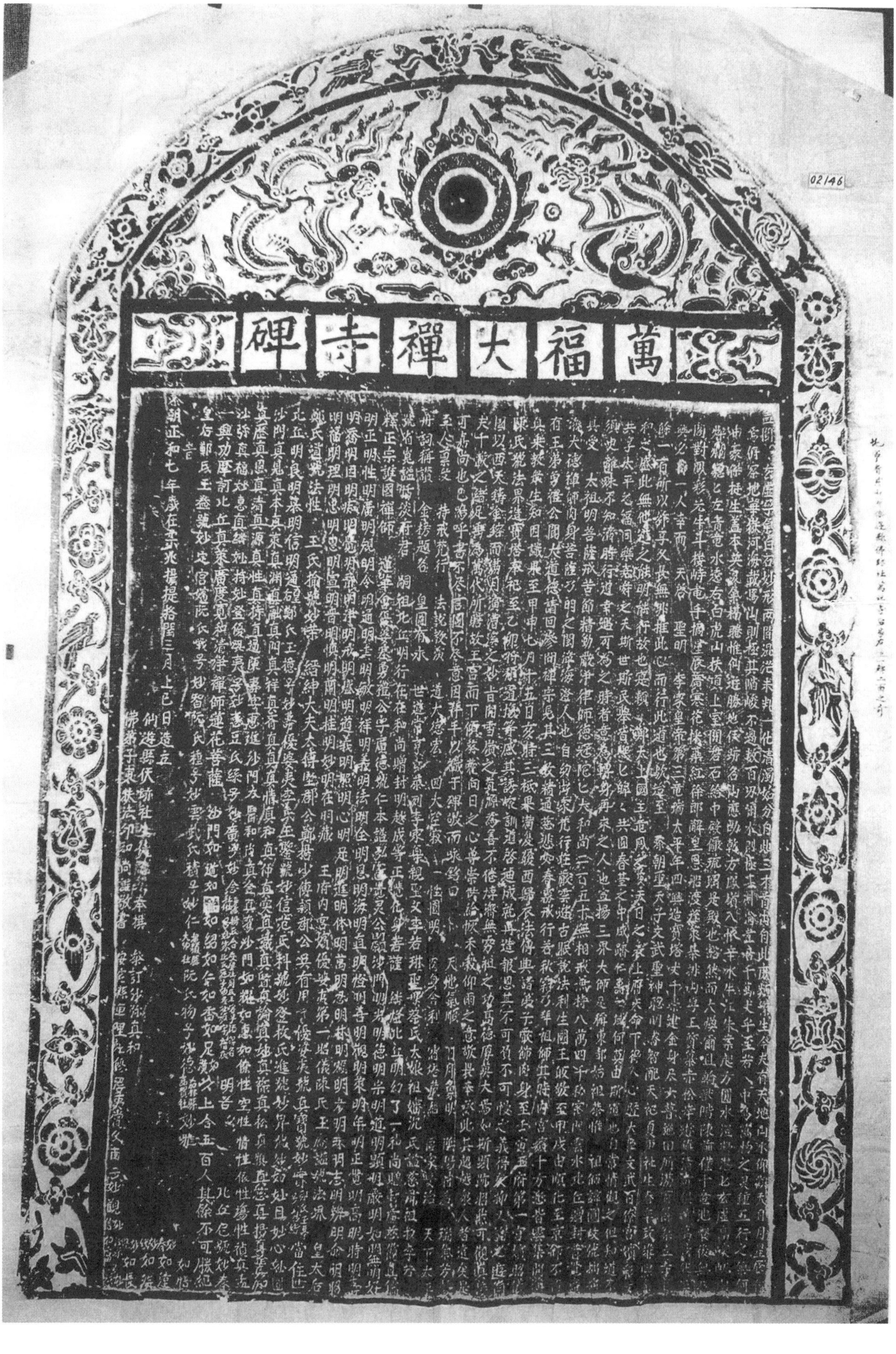
萬福大禪寺碑
02146

編號：02146　出自《拓片總集》第三冊（下同）

建立三宝田祀事祖師恩光塔碑記

編號：02147

釋文

萬福大禪寺碑[1]

蓋聞　玄虛孕氣，白石妙形，兩間[2]混茫未判，一化[3]清濁始分。自此三才[4]首出，自此庶類[5]繁生。今夫有天地山水，仰觀天，日月星辰係/焉；俯察地，華嶽河海載焉。山則極其陗峻，不過數百仞爾；水則極其淵淪，豈倍千萬丈乎？至若人中爲萬物之靈，鍾五行之氣，何/由豪傑挺生，蓋本英[靈]氣構。

睠惟仙遊勝地，佛[6]跡名山[7]，應勢[8]乾方鳳嶺，入懷辛水牛江。朱案起方圓，水澄凝湛湛；玄虛高崒屼，山/燦爛巍巍。左青龍水繞，右白虎山扶，頂上室開磐石，給中殿儼琉璃。是殿也，豁然而大焕爾，且輪獸階陳，前僅十龍池眷，後無[雙]/閣對鳳。彩光牛斗樓峙龍，手

---

① 此爲拓片編號 02146 額題，今依此作爲篇題。

② “兩間”，謂天地之間，即人間。（唐）韓愈《原人》：“形于上者謂之天，形于下者謂之地，命于其兩間者謂之人。”

③ “一化”，一切的變化。《莊子・大宗師》：“故聖人將遊於物之所不得遯而皆存。善妖善老，善始善終，人猶效之，又況萬物之所係，而一化之所待乎！”

④ “三才”，天地人也。《洛陽伽藍記・城東・平等寺》：“恭讓曰：‘天命至重，曆數匪輕，自非德協三才，功濟四海，無以入選帝圖，允當師錫。’” 注曰：“前書云：‘易之爲書也，廣大悉備，有天道焉，有人道焉，有地道焉，兼三才而兩之。’此三才即謂天、地、人。”

⑤ “庶類”，萬物，萬類。《國語・鄭語》：“夏禹能單平水土，以品處庶類者也。” 韋昭注：“單，盡也。庶，衆也。品，高下之品也。禹除水災，使万物高下各得其所。”

⑥ “佛”，碑文原作“伕”。

⑦ “佛跡名山”，見《安南志略》：“佛迹山，石上有足迹，故名。仙遊山，有盤石，隐然楸枰纹，昔傳仙奕于此。後樵女野合其上，石覆且裂。” 另《歷朝憲章類志・輿地志・慈山府》：“佛迹山在仙遊縣，又名遊仙山，昔有樵客王質入見二老叟松下爲棋，倚斧而觀，迨局残，回顧，不覺斧柯之爛，又名爛柯村。”

⑧ “勢”，原作“㔟”，越南俗字。

摘星辰廣寒花。採蕊紅，徐郎解皇恩，船渡蓬萊碁；排山碧，王質[1]慕赤松[2]，岸遊□清奇。俱□萬景，然崇/興必有一人。幸而　天啟　聖明，　李家皇帝第三龍瑞太平年四[3]，興造寶塔丈千，崇建金身尺六，普施田所滿百餘，築立寺座/餘一百，所以祚享久長，無非推此心，而行此道也歟。迨至　黎朝，聖天子文武聖神聰明睿智，配天祀夏，更社生春，率致雍熙泰/和之盛，此無他道之能明，能行故也，寔賴　鄭太上國主[4]龍鳳之質，天日之表，上膺天命，下得人心，暨大臣文武百僚、宫嬪彩女/，共享太平之福，同樂堯舜之天，斯世斯民，舉皆熙熙[5]皞皞[6]，共囿春臺之中，咸躋仁壽之域，何莫由斯道也。自常情觀之，但知道不/須臾離，殊不知濟時行道，幸遇可爲之時者，意爲轉身再來之人也。宣揚三界，大師足稱東都始祖。

---

① “王質”，傳説中因觀看仙人下棋，斧柯俱爛，後亦成仙。《歷世真仙體道通鑑·王質》：“王質，晋時東陽人也。入山伐木，至信安郡石室山，遇見石室中有數童子圍棋歌笑，一云遇赤松子與安期生奕棋。質置斧柯觀之，童子以物如棗核與質，令含咽其汁，便不覺飢渴。童子云：‘汝來已久，可還。’質取斧，柯爛已盡，質便歸家，計已數百年，親舊零落無復存者，復入山得道。百餘年人往往見之，後亦昇天而去。浙東信安有爛柯山，即其地也；一名斧柯山。今屬衢州西安縣，又廣東信安亦有爛柯山，今屬肇慶府。”

② “赤松子”，古代傳説中的仙人。（漢）劉向《列仙傳·赤松子》：“赤松子者，神農時雨師也。服水玉以教神農，能入火自燒。往往至崑崙山上，常止西王母石室中，隨風雨上下。炎帝少女追之，亦得仙，俱去。至高辛時，復爲雨師。今之雨師本是焉。”

③ “四”，龍瑞太平年，爲李朝李聖宗（Lý Thánh Tông）李日尊（Lý Nhật Tôn）年號，龍瑞太平四年爲公元1057年，當宋仁宗嘉祐二年。萬福寺之興建據《大南一統志·北寧省下》載：“萬福寺，在仙遊縣佛跡，在爛河山，李聖尊建。”“李聖尊”即指李聖宗。

④ “鄭太上國主”，即鄭裕祖鄭棡。《大越史記全書續編》黎懿宗永佑六年（1740）：“春正月，戊寅，進封王太弟攝政公，爲元帥、總國政、明都王；全王爲太上王。”又，潘輝注《歷朝憲章類志·人物志·鄭王世系》：“裕祖順王，諱棡，禧祖長子，初封節制水步諸營，兼總政機，太尉、盛國公，開奠國府。永慶二年進封爲元帥、總國政、威南王。壬子年，廢永慶帝爲昏德公，尊立純宗。是年進尊爲大元帥、總國政、上師、威王，又尊爲太傅、聰德英毅聖功威王，又嘉尊貞王，後改全王。翊扶純宗、懿宗，臨政十年，後得痼疾，好寂養，宦官洽郡弄柄，朝政舛紊，天下擾亂。永佑庚申，朝臣擁立明王，尊爲太上皇，遜居賞池宫二十年薨。”

⑤ “熙熙”，和樂之聲。《左傳·襄公二十九年》：“吴公子札來聘……請觀於周樂。……爲之歌《大雅》。曰：‘廣哉熙熙乎！曲而有直體，其文王之德乎。’”杜預注：“熙熙，和樂聲。”

⑥ “皞皞”，元氣廣大的樣子。《禮記·月令》孔穎達正義：“謂之皞者，按《異義》，古《尚書》説，元氣廣大謂之皞，天則皞皞，廣大之意。以伏犧德能同天，故稱皞。以東方生養，元氣盛大；西方收斂，元氣便小。故東方之帝謂之大皞，西方之帝謂之少皞。”

恭惟　祖師諱圓炆，號拙拙，/具受　太祖明菩薩戒[①]，苦節精勤嚴凈律師德冠陀陀大和尚[②]二百五十無相戒[③]，兼持八萬四千秘密門[④]；雲水比丘[⑤]，贈封普覺廣/濟大德禪師肉身菩薩，乃明之閩漳海澄人也。自幼出家，梵行莊嚴，雲遊古眠[⑥]，説法利生，國王皈敬。至甲戌，由順化至京師，不圖/有王弟勇禮公，聞大道德，請回，參問禪宗，見其三教精通，慈悲如春霧，戒行若秋霜，乃拜祖師。其時，内宫嬪、十方，悉皆雲集，開演/真乘，教衆生知因識果。至甲申[⑦]七月十五日亥時，三祇果滿，隻履西歸，衣法傳典，諸弟子嚴飾肉身。至壬寅[⑧]，王府第一宫嬪、昭儀/陳氏[⑨]，號法界，造寶塔奉祀。至乙卯將頽，道場等感其誘掖訓道，啟迪成就，再造報恩，其不可負、不可慢之義得矣。抑又論之遊南/國以西天，鑄金鎔而滿月，演漕溪[⑩]之妙旨，開雪嶺[⑪]之真源，爲善不倦，博濟無窮，祖之功高德厚莫大焉，如斯顯跡，昭然可觀，

① “菩薩戒”，大乘菩薩所受持之戒律。又作大乘戒、佛性戒、方等戒、千佛大戒。與小乘的聲聞戒或比丘戒不同。

② “陀陀大和尚”，是拙拙的師傅。根據拙拙弟子明行編纂的《祖師出世實録》記載：“（師）奔南山寺菩提庵謁狀元僧陀陀，法師見師奇異器之，語僧曰：‘異日我當避此人出百丈竿頭。’授以心宗要旨。”而大越演派的傳承法戒有“智慧清凈、道德圓明”。故陀陀稱“德冠陀陀”，而拙拙爲“圓炆拙拙”。

③ “二百五十無相戒”，“無相戒”謂持戒之人，心無所著，一切之戒，猶如虛空，了無持犯之相。（後秦）鳩摩羅什譯《金剛般若波羅蜜經・正信希有分第六》：“於我滅後，後五百歲，若復有人，能持大乘無相戒，不妄取諸相，不造生死業，一切時中，心常空寂，不被諸相所縛，即是無所住心。”而“二百五十戒”又稱“具足戒”，當出家男年滿二十歲，具足二百五十戒律儀則之後，得稱比丘；女子則需受三百四十八戒，得稱比丘尼。比丘之二百五十戒，爲四波羅夷，十三僧殘，二不定，三十捨墮，九十波逸提，四提舍尼，百衆學，七滅諍。見丁福保《佛學大辭典》；傅偉勳《大小兼受戒、單受菩薩戒與無戒之戒——中日佛教戒律觀的評較考察》，《中華佛學學報》，1993 年第 6 期，頁 73-101。

④ “八萬四千秘密門”，見（後秦）釋僧肇選《注維摩詰經・入不二法門品第九》：“（僧）肇曰，言爲世則謂之法，衆聖所由謂之門。”因衆生有八萬四千之煩惱，故佛爲之説八萬四千之法門。而秘密門有謂即身口意。

⑤ “雲水比丘”，又稱雲水僧、雲水衆、雲兄水弟、行脚僧、雲衲。指爲尋師求道，至各地行脚參學之出家人，以其居無定所，悠然自在，如行雲流水，故以雲水喻之。《佛光大辭典》引《從容録》第九則（大四八・二三二下）及《永平清規卷下・永平衆寮箴規》。

⑥ “古眠”，東南亞古國名，或即爲高蠻、高棉（綿）。亦有學者認爲“古眠”即爲嘉定。

⑦ “甲申”，應即後黎真宗（Lê Chân Tông）黎維祐（Lê Duy Hựu）福泰二年（1644），當明崇禎十七年、清順治元年。

⑧ “壬寅”，應即後黎神宗（Lê Thần Tông）黎維祺（Lê Duy Kỳ）萬慶元年（1662），當清康熙元年。

⑨ “第一宫嬪、昭儀陳氏”，據後文即陳氏玉庵。

⑩ “漕溪”，應即“曹溪”，禪宗六祖慧能在曹溪寶林寺演法，故曹溪既是“禪宗祖庭”，用以喻指佛法，也是惠能的別稱。

⑪ “雪嶺”，或即憨山之徒。按，憨山爲明代四大高僧，曾住錫曹溪，智旭曾從憨山之徒雪嶺剃度。

真接/夫千載之緒，足垂爲萬代所瞻，故王宫而下，傾葵藿向日之心[①]，尊崇供給；恢禾穀仰雨之意，敬畏奉承。此其超越衆人者遠矣，是/可嘉尚也已。嗚呼！書不盡言，圖不盡意，因拜手以識于碑，敬而咏銘曰：

天地氣順，日月象明。陰陽時若，瑞氣芳馨。/

至人[②]禀受，持戒梵行。法説教演，道大德宏。

四大空寂，一性圓明。肉身舍利，寶塔藏經。

國家安治，天下太平。/丹詞稱讚，金榜題名。

皇圖有永，世道常亨。

恭列李家尊親：

聖父李若琳、聖母蔡氏大娘，祖孀沈氏謚慈肅，祖叔李若□/號省崑，謚恬淡府君。　嗣祖比丘明行在在和尚，贈封明越成等正覺化身菩薩。　繼燈比丘明幻了一和尚，贈封廉慈簡直儒/釋正宗護國禪師。　蓮華會優婆塞勇禮公，字廣德，號仁本，謚弘憲覺靈公、明願，沙門明光、明德、明宗、明道、明顯、明嚴、明如、明無、明好、/明正、明性、明廣、明規、明令、明通、明圭、明敏、明祥、明義、明法、明全、明恩、明海、明直、明憕、明善、明觀、明萊、明年、明正、覺明、高明、時明、壽/明、喬明、因明、痴明、覺明、静明、净明、戒明、盛明、道義、明照、明心、明足、明進、明體、明萬、明忍、明林、明額、明彦、明珠、明志、明辨、明命、明昭、/明福、明理、明忠、明惠、明宣、明晋、明慎、明蘭、明桂、明妙、明在、明藏。

王府内宫嬪優婆夷第一昭儀陳氏玉庵[③]謚號法界。　皇太后/鄭氏道號法性[④]；　王氏揄號妙榮；　縉紳大夫、太傅、堅郡公鄭捃；少傅、穎郡公吴有用；　優婆夷號真寶，號妙實。鄭氏玉壽/號妙結。

當住世/比丘明良、明慕、明信、明通；皇/后鄭氏玉檍號妙壽，優婆夷李氏玉鑑號妙信，范氏科號妙登，枚氏進號妙昇；號妙如、妙目、妙心、妙圓。/

---

① “傾葵藿向日之心”，古人用以表示臣下對君主的忠誠。《文選》載曹植《求通親親表》：“臣伏以爲犬馬之誠，不能動人，譬人之誠不能動天，崩城隕霜，臣初信之，以臣心况，徒虚語耳。若葵藿之傾葉，太陽雖不爲之迴光，然終向之者，誠也。臣竊自比葵藿，若降天地之施，垂三光之明者，寔在陛下。”

② “至人”，見《莊子·天下》：“不離於宗，謂之天人。不離於精，謂之神人。不離於真，謂之至人。”又，《逍遥遊》：“至人無已，神人無功，聖人無名。”

③ “陳氏玉庵”，爲鄭柮的第一宫嬪，號法界。

④ “皇太后鄭氏道號法性”，即鄭氏玉竹。鄭氏玉竹爲清王鄭柮與阮氏玉琇之次女，黎神宗之后，從拙拙禪師受戒，法號法性。

沙門真見、真本、真萊、真淵、真融、真門、真祥、真齊、真真、真情、真和、真仲、真實、真識、真賢、真論、真妙、真禄、真松、真慎、真慈、真揚、真詮、真知、/真歷、真恩、真清、真源、真性、真持、真通；陳壽字惠進，沙門大賢和尚、真登、真鸞、沙門如耀、如惠、如僚，性空、性情、性依、性場、性禎、真孟。/

沙彌真福、妙惠、真繼、妙持、妙登；優婆夷號妙惠，豆氏絲號妙廣，號妙念、□□楊氏合□□杜劉氏□□號□得名/杜□號妙家阮氏□號妙□□□字福□。/　明若，　　比丘尼號妙春。/

一興功摩訶比丘[1]真萊、廣度寬和清净禪師蓮花菩薩。　沙門如道、如□、如紹、如仁、如香、如足、如/潢、以上合五百人，其餘不可勝紀。/

皇后鄭氏玉盎[2]號妙定，宫嬪阮氏戰號妙智，阮氏種號妙雲，武氏積號妙仁超類縣/大卯社，阮氏物號妙德嘉林縣/嘉賀社，妙雅。/

時/

黎朝正和七年[3]歲在柔兆攝提格[4]閏三月上巳日[5]造立/

仙遊縣佛跡社生徒[6]□□奉撰

参訂沙彌真和/

佛弟子東扶法印和尚誰敬書

安定縣車哩社優婆夷賞氏酉號妙觀妙信、□□如富號妙福。

妙春、妙統、妙堅。

---

① “摩訶比丘”，大勝比丘的意思。龍樹菩薩造、（後秦）鳩摩羅什譯《大智度論·大智度共摩訶比丘僧釋論第六》：“共摩訶比丘僧。論曰：‘摩訶’，秦言大，或多，或勝。……比丘名乞士，清净活命故，名爲乞士。……復次，‘比’名破，‘丘’名煩惱；能破煩惱，故名比丘。復次，出家人名比丘；譬如胡、漢、羌、虜，各有名字。復次，受戒時自言：我某甲比丘，盡形壽持戒，故名比丘。復次，‘比’名怖，‘丘’名能，能怖魔王及魔人民。”

② “鄭氏玉盎”，即“鄭氏玉榼”。鄭弘祖西定王鄭祚長女，後黎玄宗之皇后。《大越史記全書·本紀》卷十九黎玄宗景治三年（1665）：“秋八月，册立正宫鄭氏玉榼爲皇后。”

③ “正和七年”，“正和”爲後黎熙宗（Lê Hy Tông）的年號，七年爲公元1686年，當清康熙二十五年，歲次丙寅。

④ “柔兆攝提格”，即太歲丙寅。《爾雅·釋天》：“大歲在甲曰閼逢，在乙曰旃蒙，在丙曰柔兆，在丁曰强圉，在戊曰著雍，在己曰屠維，在庚曰上章，在辛曰重光，在壬曰玄黓，在癸曰昭陽。大歲在寅曰攝提格，在卯曰單閼，在辰曰執徐，在巳曰大荒落，在午曰敦牂，在未曰協洽，在申曰涒灘，在酉曰作噩，在戌曰閹茂，在亥曰大淵獻，在子曰困敦，在丑曰赤奮若。”

⑤ “上巳日”，古俗三月第一個“巳”日稱“上巳日”，是春浴日，也是祓禊的日子。《周禮·春官宗伯下·女巫》：“女巫掌歲時祓除釁浴。”鄭玄注：“歲時祓除，如今三月上巳如水上之類。釁浴，謂以香熏草藥沐浴。”

⑥ “生徒”，見《欽定越史通鑑綱目·正編》卷九黎聖宗光順三年：“生徒，鄉試中三場，謂之生徒。黎初衙吏多以監生、儒生、生徒爲之。”

如悟、如達、如海、如長/①

建立三寶田祀事祖師恩光塔碑記②

嘗謂　道無傳則不廣，祀無祭則不遠。故傳道必先有德之人，祭祀宜立香火之田。茲有祖師田及十方道□信□□奉記。/

祖師誕生二月初二日，入定七月十五日，二節所有田畝開陳于後③：/

計：

一所田一高在永福岩橋處東近官□田，/南北近民田。三所五高，坐落同棟處東南北近民田，/西近三□田。二所秧田一高，在橋吴處。東西/近民/田，南近池，/北進山脚。四所田五高坐落同□處。四至共/近民田。　明光、明良、/明如及弟子信供一所三高，坐落塘丐處四至共/近民田。　明義、/明全信供一所二高，坐落補黄處東南北近民田，/西近三寶田。　明善、明信、/内宫嬪李氏玉鑾號妙信、綸郡公鄭楦、郡主鄭氏玉擋④信供一所/一高，坐落同漤處四至共/近民田。　號妙忠信供二所三高，坐落同花處四至共/近民田。　號妙實信供一所一高，坐落同埋處四至共/近民田。/

　　　信供一所一高，坐落蒲坦處四至共/近民田。　號妙廣信供一所秧田一高，坐落同埋處東西南近民/田，北進山脚。内宫嬪號妙登、號妙仁/信供使錢二百貫買田作頓供道場一所一高，坐落斶衙處東北近小路，/□西近民田。　一所一高坐，坐落捕黄處東西南近民/田，北近小路。　一所二高，/坐落同花處東西北近三寶/田，南近小路。　一所田一高坐落塘丐處四至共/近民田。　一所一高八尺，坐落同漤處四至共/近民田。　一所一高八尺，坐/落坡潭處四至共/近民田。　一所一高，坐落同漤處東近三寶西/南北近民田。　三祖祭田忌辰十月十九日。　一所四高，坐落同花處東近民/田，南近/小路，西近民田/小路，西近民田，/北近三寶田。　一所三高，坐落同花處東北近民田，/西南近三寶。　一所二高，坐落同花處四至共/近民田。　一所一高八尺，坐落同花處四至/共近/民/田。　一所一高八尺，在坡潭處東南北近民/田，西近小路。　一所二高，坐落波坦處四至共/近民田。　一所二高，坐落塘丐處東西北近民/田，南近大路。　一所/三高，坐落橋吴處東近民田，西近路，/南近小路，北近□。　第一宫嬪昭儀號法界⑤，功德會田例正月十四日八席。　四所一畝三高，坐落同/兮處四至共/近民田。　一信供椛田。　一所田高，坐落塘昂處東西南近民/

---

① 以上爲拓片編號02146之内容。

② 此爲拓片編號02147額題。

③ “後”，碑原作“后”，另兼正字故改，下同不另注。

④ “鄭氏玉擋”，爲綸郡公鄭楦之妻，曾爲其姑長公主妙慧刊立碑記，見拓片編號02183/02184。

⑤ “第一宫嬪昭儀號法界”，即陳氏玉庵。

田，北近小路。　一所二高，坐落同艚處四至共/近民田。　一所六高八尺，坐落/同花處四至共/近民田。　二所五高，坐落雙溪四至共/近三寶。　三所六高，坐落泑耨處四至共/近民田。　一所五高，坐落蒲坦處四至共/近民田。　一所秩/田一高，坐落頭岗處東近三寶，西南近/民田，北近山脚。一所三高，在蒲坦處四至共/近民田。　一所二高，坐落塘昂處東西南近民/田，北近小路。　德柴禮信供　/德主昭儀號法界九月二十日忌。　一所三高，坐落同花處四至共/近民田。　明光信供祭田忌五月二十叁日。　一所二高，坐落蒲/坦處四至共/近民田。一所一高八尺，坐落雙溪東西南近民/田，北近小溪。　一所一高八尺，坐落同花處東西近民田，/西北近三寶。　一所一高，坐落塘昂處東/西/南近民田，/北近溪。　一所八尺，坐落橋魯處東近三寶，西北/近民田，南近溪。　明如信供祭田忌十月初二日。　一所八高，坐落同兮處東南北近民/田，西近三寶。/一所一高八尺，坐落同花處東北近民田，南近/小路，西近三寶。　内宫嬪號妙高信供祭田忌十一月初一日。　一所一高，坐落曲未處東南/北近/民田，西/進小路。　一所三高，坐落同珠處四至共/近民田。　一所二高，坐落塘丐處四至共/近民田。　一所一高八尺，坐落娄岗處四至共/近民田。　一所秧/田八尺，坐落㵍宜處東西南近民/田，北近大路。　號妙實信供忌四月初四日。　一所四高，坐落蒲坦處四至共/近民田。各所同田留與佛跡社。/官員社村長阮有用，嚴榜、杜黄名、阮曰剛、阮德潤、杜得禄、阮有義、張公進、阮有恬、張公信、阮廷禄、杜公事、阮得名、范曰貴、阮優、/曲廷光、杜仕叶、范曰富、阮完、杜曰寧、阮進諫、陳得涓、陳有義、杜公輔、阮德進、嚴有、黄文達、張公保、阮德威、嚴華、阮德才、杜得全、/杜進武、嚴請、阮公正、阮克亨、阮家、阮奇先、曲維午、杜公澤、阮伻、杜公復、阮世賢、杜得向、杜黄龍、阮有忍、杜黄明、阮奇揚、阮光立，/杜得藴、阮光輝、張公使、阮公平、范曰嚴、杜仕勝、杜曰登、□□、張公何、阮德□、杜公福、杜明揚、阮曰常、阮養、杜公歡、阮公珵、嚴書、/阮宜、張公亦、阮光判、杜仕實、阮廷擢、阮宅、阮寮、杜黄芪、杜緒、黄文捽、阮德裕、黎公翊、阮光運、阮光耀、阮光道、阮富、杜仕屬、阮記、/陳皞上下等，耕種流傳萬代，限每高粽盤十升并果，以承祭祀，若某員人倚恃權勢[①]，破壞石誌，奪占等田，願/　　　　皇天　諸佛誅滅，散失人身，謹碑　廣南處升華府禮楊縣周豐社五甲村優婆姨何氏通號妙心。信錢二貫二祭十月二奉/供十貫田高田一初日事。/

一興功摩訶比丘真來清净廣德蓮花菩薩禪師之位/

時/

黎朝正和萬萬壽之七[②]□閏三月初三日始造/

---

① 喃字，原碑作“�”，越南俗字。

② “黎朝正和萬萬壽之七”，即正和七年（1686），當清康熙二十五年。

一清化承宣紹天府永福縣不歿社黎進書，沙彌真來空廣德禪師。

前祖父會郡公黎慶餘字純義府君及郡夫人號慈好。/[1]

題後

佛跡社萬福寺内共有十通碑誌，如下表：

編號	篇題	年代	位置
02146/02147	萬福大禪寺碑*	後黎熙宗正和七年（1686）	寺後家右邊一碑
02179	書筆特賜	後黎顯宗景興十六年（1755）	三寶後第一碑
02180	後佛碑	後黎顯宗景興二十四年（1763）	三寶後第二碑
02181	密行禪師庵記	後黎顯宗景興二十年（1759）	寺後山上第一行第七塔一碑
02182	靈光塔	後黎熙宗正和二十年（1699）	寺之左仙主府前左一塔一碑
02183/02184	奉祀端碑記/普光塔碑記	後黎熙宗永治五年（1680）	寺後山上第一行第三塔
02185	奉事宗師父母田記	後黎顯宗景興五年（1744）	寺後家之後右一碑
02186	顯光塔記	後黎熙宗永治五年（1680）	寺後山上第二行第三塔一碑
02187	圓光塔碑記	後黎熙宗正和五年（1684）	寺後山上第三行第二塔一碑
02188	普光塔碑記*	後黎玄宗景治二年（1664）	寺後山上第一行第四塔一碑

注：* 表示此篇已收入本書。

拙公和尚在越南北方創立了拙公禪派，傳承十代，綿延近二百年，與拙拙禪師相關的碑記尚有收入本書之篇號一二五《萬福寺普光塔碑記》（拓片編號 02188）、一八三《寧福寺獻瑞庵報嚴塔碑銘》（拓片編號 02892/02893）、一七八《鄭清王令旨寧福寺碑》（拓片編號 02880）、一八一《雁塔社明行在在禪師祀田記》（拓片編號 02889）、一八二《雁塔社長公主比丘尼妙慧塔記》（拓片編號 02890）及未收入本書之《寧福寺三寶祭祀田記》（拓片編號 02895）、《寧福禪寺碑記/慶流碑記》（拓片編號 02876/02877/02878/02879）對於本碑記的内容及拙拙禪師的生平經歷，後黎朝皇室對於拙拙禪師之助法，都有相互參照的價值。有關拙拙禪師的研究，可參考譚志詞《越南閩籍僑僧拙公和尚與十七、十八世紀中越佛教交流》（廣州暨南大學 2005 年博士學位論文），［越］范文俊《十七世紀閩南與越南佛教交流之研究》（臺南成功大學 2015 年博士學位論文）。

---

① 以上爲拓片編號 02147 之内容。

一二四　扶董社王府宫嫔武氏玉釧後神碑記

引言

碑立於北寧省慈山府仙遊縣扶董總扶董社集福寺，爲寺三寶後左邊一碑。碑刻雙面，拓片編號02178/02177。拓片編號02178爲碑前，共二十三行，滿行約三十二字，碑額題“集福寺留惠碑”六字，碑題“王府第一宫嬪惠留與仙遊縣扶董社吴舍村碑敘并銘”二十二字；拓片編號02177爲碑後，共十七行字，滿行約三十字，碑額題“本社姓名”四字，今依内容及性質重定篇題爲“扶董社王府宫嬪武氏玉釧後神碑記”。碑兩面之四邊皆有紋飾，碑額皆有兩層，拓片編號02177面的内層爲雙鳳昭月，拓片編號02178爲雙龍昭日，碑兩面的碑額外層均爲火紋，左右兩邊爲花草紋，碑底爲獸紋。碑文書者爲沙彌明如。年代署作景治（Cảnh Trị）元年（1663），景治爲後黎玄宗（Lê Huyền Tông）黎維禑（Lê Duy Vũ）年號，同年爲清康熙二年，歲次癸卯。拓片現藏於漢喃研究院。

碑文記載王府第一宫嬪武氏玉釧捐銀予集福寺，扶董社民感激其功德，將其立爲後神，列入供祭之列。文末以二十四句四字銘文作結，並警告後人不可違約，另有見證者題名。

集福寄留惠碑
皇朝景治萬七年之元歲癸卯年秋穀日

編號：02178　出自《拓片總集》第三冊（下同）

02177
本社姓名
以上裴家貲精銀子貳百兩許與扶董社係茲後務在誠信便供祀事與丁
聖母祈福一〻如之望百世萬年之後享四時八節之祭若其扶董社後來亦
有某人自忘功德廢其祀事願
十方諸佛洞。聖母及伽藍真宰土地龍神照鑒此人誅之滅之
國祚綿洪吳鄉康泰所有姓名開陳于后
阮進登 阮文兼 尹有成 阮令譽 鄧世閏 范世濟
阮世漢 尹公美 阮文鑑 陳廠中 阮仁榮 陳文富
陳公泰 尹德祿 阮德勲 阮施仁 范文尚 閻文旋
阮世曽 阮富春 阮如進 黃賞 阮文貴 阮白賢
阮進祿 鄧有富 阮文瘦 阮百年 陳錋 阮識
阮登進 阮登朝 尹進榮 阮壽棠 阮文會 鄧進
陳忠厚 阮公正 閻維先 陳曰康 范得名 范文詠
鄧世郎 孔文富 阮德淨 阮德忠 阮仁明 鄧玩
陳文科 阮登任 閻維安 鄧世萬 陳剔 阮公齊
阮世脩 尹公正 阮文沛 阮有萬 陳文桂 阮仁厚
上下巨小等
臨賀社富圖村信娓優婆姨阮氏銓號妙芳

編號：02177

釋文

【集福寺留惠碑】

王府第一宫嬪惠留與仙遊縣扶董社吴舍村碑叙并銘[1]

按，《漢史》有“爲善最樂”[2] 之言，傳註有“爲善受福”[3] 之語，而分人以財之惠，又善中之一端也。茲/王府第一宫嬪武氏玉釧，號惠長堅固菩薩，乃上洪唐安鄖墅人也。坤順之資，承乾元/之德性，陪玉帳之邃嚴，生金枝之秀麗，簪纓增賁於宫庭，福澤益光於門户，欲留不盡/之福，以還子孫。乃發無量之財，以惠民社。睠茲慈山府仙遊縣扶董社吴舍村集福寺，/乃古跡名藍[4]也。前有智水之縈紆，後有仁山之峙立，左右皤旋龍虎，中間挺特樓臺，/　　　佛[5]相森莊嚴寶座，經章垂誦，獻玉階上，皈依元始天尊。一真有感，外對北漕溪鷲嶺；/萬物可人，四序開般若[6]之花。千年長真如之竹，真仙遊第一勝境也。境致人，人致/境，心即佛，佛即心。因以精銀子貳百兩，惠與扶董社，以爲香火之供，功德[7]之資。噫！/德之及人，而人祝頌之。/　　　　　　皇圖奠金甌鞏固，/　　　　　　王家傳玉葉延長。貴嬪之康壽，王母增介福之多；貴嬪之子孫，/　　　　　　皇極添厚福之錫。德之感人，而人思慕之。于茲之時，聖善享同佛，朔望祈福，禮無或/虧；萬代之後，貴嬪並後神，歲時奉事，物有常供。恩澤愈久而愈深，功德益彰而益/顯，其長與天德江並，其大與佛跡山齊。遂勒碑銘，以傳萬古云。/

銘曰：/

仙遊勝地，扶董名鄉。境稱净土，跡號寶坊。

---

① 此爲拓片編號 02178 碑題。今依内容及性質重定篇題爲“扶董社王府宫嬪武氏玉釧後神碑記”。

② “爲善最樂”，見《東觀漢記》卷七《宗室列傳・東平憲王蒼》：“（明帝）嘗問（劉）蒼曰：‘在家何業最樂？’蒼對曰：‘爲善最樂。’”

③ “爲善受福”，見《法句譬喻經・華香品第十二》：“世有二事，其報明審：爲善受福，爲惡受殃。”

④ “名藍”，著名之伽藍，伽藍爲梵語音譯，指寺院。

⑤ “佛”，原作“僕”，下文亦作“仸”，“仸”爲“佛”之異體字，見《宋元以來俗字譜・人部》引《東姙記》。“仸”另兼“弱”之正字，見《龍龕手鑑・人部》。

⑥ “般若”，梵語 praj 的音譯，意思是慧、智慧、明、黠慧。《大智度論》卷七十：“般若定實相，甚深極重；智慧輕薄，是故不能稱。”因此漢譯佛經多以音譯“般若”一詞。

⑦ “功德”，見《大乘義章》卷九：“言功德，功謂功能，善有資潤福利之功，故名爲功；此功是其善行家德，名爲功德。”意指行善所獲之果報。

山排崁屼，水繞汪洋。/地鍾特秀，人挺非常。

聖善鍾福，貴嬪侍王。鳳龍作合，蘭蕙生芳。/

仁培善果，福集慈航。白金分惠，香火流光。

祈福奉事，黍稷馨香。/名垂永永，福降穰穰①。

○皇王盛治，貴嬪壽康。河沙慶善，天地久長。/

時/

皇朝景治萬萬年之元歲癸卯②孟秋穀日/

佛弟子沙彌③明如下字④/

【本社姓名】⑤

以上發家貲精銀子貳百两，許與扶董社，係兹祭⑥務在誠信，便供祀事，與于/聖母祈福，一一如之。望百世萬年之後，享四時八節之祭，若其扶董社後來或/有某人自忘功德，廢其祀事，願/　　　十方諸佛，同○聖母及伽藍⑦、真宰、土地、龍神照鑒，此人誅之、滅之。/　　　國祚綿洪，吴鄉康泰，所有姓名開陳于後⑧。/

阮進登、阮文兼、尹有成、阮令譽、鄧世閱、范世濟、/阮世漢、尹公義、阮文鑑、陳厥中、阮仁榮、陳文富、/陳公泰、尹德禄、阮德勳、阮施仁、范文尚、陶文鉈、/阮世胄、阮富春、阮如進、黄實、阮文貴、阮曰賢、/阮進禄、鄧有富、阮文渡、阮百年、陳駟、阮識、/阮登進、阮登朝、尹進榮、阮壽榮、阮文會、鄧璡、/陳忠厚、阮公正、陶維先、陳曰康、范得名、阮文詠、/鄧世魁、孔文富、阮德淨、阮德忠、阮仁明、鄧玩、/陳文科、阮登任、陶維安、鄧世萬、陳馴、阮公鶩、/阮世濟、尹公正、阮文湍、阮有萬、陳文桂、阮仁厚、/上下巨

---

① “福降穰穰”，見《詩經・周頌・清廟之什・執競》：“鐘鼓喤喤，磬筦將將，降福穰穰，降福簡簡，威儀反反，既醉既飽，福禄來反。”毛亨傳曰：“穰穰，衆也。”

② “皇朝景治萬萬年之元歲癸卯”，即景治元年（1663），當清康熙二年，歲次癸卯。

③ “沙彌”，爲梵語音譯，全稱室羅摩拏洛迦、室羅末尼羅，又作室羅那拏，指求寂、法公、息惡、息慈、勤策、勞之少者。本義是止惡行慈、覓求圓寂之意，借指佛教僧團（即僧伽）中，已受十戒，未受具足戒，年齡在七歲以上、未滿二十歲之出家男子。俗稱小和尚。

④ 以上爲拓片編號 02178 之内容。

⑤ 此爲拓片編號 02177 之額題。

⑥ “祭”，原作“衩”，見《殷周金文集成引得》4649 戰國中期《陳侯因資敦》，又，9735 戰國晚期《中山王譽方壺》。

⑦ “伽藍”，梵語音譯，又作僧伽藍摩、僧伽藍，指僧園、僧院，僧衆所居之園林，即用以稱僧侣所居之寺院、堂舍。《十誦律》卷五十六：“地法者，佛聽受地，爲僧伽藍故，聽僧起房舍故。”

⑧ “後”，碑原作“后”，另兼正字，故改。

小等。/

臨賀社富園村信娓[1]優婆姨[2]阮氏銓，號妙芳/[3]

題後

扶董社集福寺内立有三通碑誌，如下表：

編號	篇題	年代	位置
02171-02174	修建集福寺香臺碑**	後黎熙宗正和十七年（1696）	寺前庭香石柱
02176	重修集福寺碑	後黎神宗永祚四年（1622）	三寶後右邊一碑
02177/02178	扶董社武氏玉釧後神碑記*	後黎玄宗景治元年（1664）	三寶後左邊一碑

注：* 表示此篇已收入本書；** 表示原碑無題。

① “信娓”，越南稱未出家而在寺廟中爲寺廟工作的女性。

② “優婆姨”，梵語又稱“優婆夷”，爲佛教四衆之一，又作優婆私訶、優婆斯、優波賜迦。譯爲清信女、近善女、近事女、近宿女、信女。《翻譯名義集》卷十三：“優婆塞、優婆夷。肇曰：義名信士男信士女。净名疏云：此云清净士、清净女，亦云善宿男、善宿女，雖在居家，持五戒，男女不同宿，故云善宿。”

③ 以上爲拓片編號 02177 之内容。

一二五　萬福寺普光塔記

引言

塔立於北寧省慈山府仙遊縣受福總佛跡社萬福寺，爲寺後山上第一行第四塔。拓片編號爲02188，全文大字二十九行，滿行二十六字；小字十一行，滿行約三十七字。有碑題作“普光塔碑記”五字，今依此及寺名重定篇題爲“萬福寺普光塔記”。碑文撰者大明國樞曹逸史蔣光廷，碑末題記撰者則爲高敬。年代署作景治（Cảnh Trị）二年（1664），景治爲後黎玄宗（Lê Huyền Tông）黎維禑（Lê Duy Vũ）年號，同年爲清康熙三年，歲次甲辰。拓片現藏於漢喃研究院。

塔文記載比丘尼玅慧之家世、出家經過，以及修築寶塔之緣由。比丘尼玅慧爲鄭皇太后之女、鄭清王之孫女，於三十歲由明僧人正覺（即明行在在）禪師剃度出家，正覺禪師圓寂後，繼承衣鉢主持道場，後發願修建普光塔。碑末題記記玅慧捐田於萬福寺爲三寶田，以作祭祀之資，佛跡社官員承諾年年供祭並警告後世子孫不可違背。

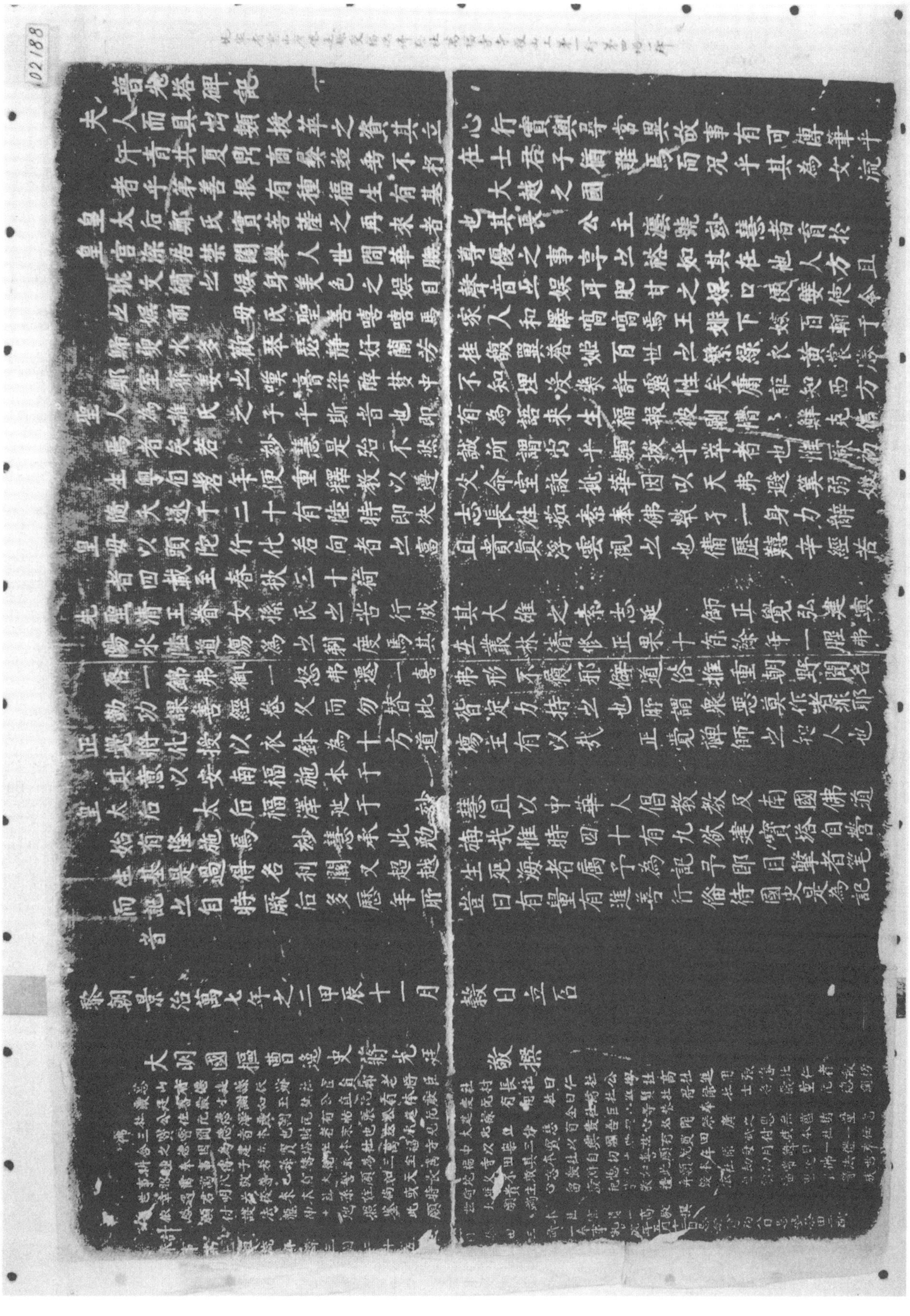

編號：02188　出自《拓片總集》第三冊

釋文

普光塔碑記[①]

夫人而具出類拔萃之資，其立心行實與尋常異，故事有可傳，筆乎/汗青，共夏鼎商彝，竝垂不朽，在士君子猶難焉，而況乎其爲女流/者乎！第善根有種，福生有基。　大越之國/

　　皇太后鄭氏、實菩薩之再來者也。其長　公主法[②]號玅慧者，育於/　　　　　皇宫，深居禁闥，舉人世間華膴尊優之事，享之裕如。其在他人，方且/黻文繡之娱身，美色之娱目，聲音之娱耳，肥甘之娱口，便嬖使令/之娱前，　母氏聖善嘻嘻焉，家人和懌嗃嗃焉[③]。王姬下嫁，百輛于/歸[④]；魚水多歡[⑤]，琴瑟静好[⑥]。蘭芳桂馥，冀蒼姬[⑦]百世之繁；绿衣黄裳[⑧]，勝/鄭室齊姜之嘆。膏粱醉夢[⑨]中，不知埋没幾許靈性矣。庸詎知西方/　　　　　聖人爲誰氏之子

---

① 此爲碑題名，今依此重定篇題爲“萬福寺普光塔記”。

② “法”，原作“灋”。段玉裁注《説文解字·廌部》云：“灋，刑也。平之如水，從水；廌所以觸不直者去之，從廌去。法，今文省。”

③ “嘻嘻”“嗃嗃”，典出《易·家人》：“九三。家人嗃嗃，悔厲吉；婦子嘻嘻，終吝。”孔穎達疏：“嗃嗃，嚴酷之意也；嘻嘻，喜笑之貌也。九三處下體之上，爲一家之主，以陽處陽，行剛嚴之政，故家人嗃嗃；雖復嗃嗃，傷猛，悔其酷厲，猶保其吉。故曰悔、厲吉，若縱其婦子慢黷嘻嘻，喜笑而无節，則終有恨辱，故曰婦子嘻嘻，終吝也。”

④ “王姬下嫁，百輛于歸”，語出《詩經·國風·召南·鵲巢》，序曰：“鵲巢，夫人之德也。國君積行累功以致爵位，夫人起家而居有之德如鳲鳩，乃可以配焉。”文曰；“維鵲有巢，維鳩居之。之子於歸，百兩御之。維鵲有巢，維鳩方之。之子於歸，百兩將之。維鵲有巢，維鳩盈之。之子於歸，百兩成之。”

⑤ “魚水多歡”，典出《管子·小問》：“桓公使管仲求甯戚，甯戚應之曰：‘疾浩乎！’管仲不知……婢子曰：‘詩有之，浩浩者水，育育者魚，未有室家，而安召我居。甯子其欲室乎。’”

⑥ “琴瑟静好”，典出《詩經·國風·鄭風·女曰雞鳴》：“女曰雞鳴，士曰昧旦。子興視夜，明星有爛。將翱將翔，弋鳧與雁。弋言加之，與子宜之。宜言飲酒，與子偕老。琴瑟在御，莫不静好。知子之來之，雜佩以贈之。知子之顺之，雜佩以問之。知子之好之，雜佩以報之。”

⑦ “蒼姬”，見（宋）孫奭疏《孟子注疏·題辭解》：“蒼姬者，周以木德王，故號爲蒼姬，姬周姓也云。”

⑧ “绿衣黄裳”，見《詩經·國風·邶風·绿衣》：“绿兮衣兮，绿衣黄裳。心之憂矣，曷維其亡。”鄭玄箋：“婦人之服，不殊衣裳，上下同色。今衣黑而裳黄，喻亂嫡妾之禮。”

⑨ “膏粱醉夢”，典出（唐）沈既濟《枕中記》，又稱《黄粱夢》（見《文苑英華·寓言·枕中記》）。故事講述書生盧生屢試不第，在旅店遇上道人吕翁，得一瓷枕，倚枕而眠，當時店主正在煮黄粱；盧生在夢中娶貴妻，豐家資，中進士，居高位、建功業，雖屢經顛簸，却最終高官厚爵子孫滿堂，人生圓滿，然而一夕夢醒，却發現仍然在旅店中，一鍋黄粱還未煮熟。後以黄粱夢喻人生如夢。

乎？斯時也，即有爲語來生福報，彼則[1]懵懵[2]鮮克信/焉者矣。若　玅慧是殆不然，誠所謂出乎類、拔乎萃者也[3]。惟厥初/生，粤自髫年，便重釋教，以遵父命，室詠桃華，因以天弗遐筭，弱媛/隨夭，遂于二十有陸時，即决志長往茹素奉佛，煢子一身，力辭/　　　　皇母，以頭陀[4]行化[5]，若向者之富且貴，真浮雲視之也。備歷艱[6]辛，經苦/者四載，至春秋三十，荷/　　　　先聖清王眷女孫氏之苦行[7]，成其大雄[8]之素志，延　師正覺[9]，弘建冥/陽水陸道場[10]，爲之剃度[11]焉。其在叢林[12]清修，正果[13]十有餘年，一腥弗/唇，一錦弗御，一怒弗遷，一喜弗形，不履邪僻，道俗推重，朝野聞名，/勤功課，善經卷，久而勿替。此皆定力[14]持之也，

---

① “則”，原作“鼎”；據大徐本《説文解字・刀部》，“鼎”爲“則”之籀文。

② “懵懵”，見《周禮・地官司徒下・遂人》：“凡治野以下劑致甿。”孔穎達疏曰：“甿者懵懵，皆是無知之皃也。”

③ “出乎類、拔乎萃”，典出《孟子・公孫丑上》：“麒麟之於走獸，鳳凰之於飛鳥，泰山之於丘垤，河海之於行潦類也，聖人之於民亦類也，出於其類，拔乎其萃，自生民以來，未有盛於孔子也。”形容才能特出，超越衆人。

④ “頭陀”，梵語者譯，亦稱頭陀行、頭陀事、頭陀功德。本義指抖擻浣洗煩惱，爲佛教僧侣所修的苦行。後用以借指行脚氣食的僧人。《佛説十二頭陀經》云行頭陀法者，有十二事：“一者，在阿蘭若處；二者，常行乞食；三者，次第乞食；四者，受一食法；五者，節量食；六者，中後不得飲漿；七者，著弊納衣；八者，但三衣；九者，塚間住；十者，樹下止；十一者，露地坐；十二者，但坐不卧。”

⑤ “行化”，是遊行教化之略稱。《佛説仁王般若波羅蜜經》卷下：“若以幻化身見幻化者，是菩薩真行化衆生。”

⑥ “艱”，原作“囏”；據《説文解字・堇部》，“囏”爲“艱”之籀文。

⑦ “苦行”，是印度各宗教一種修行的方法，人們通過苦行獲得神靈的祝福，或得到解脱。

⑧ “大雄”，見《妙法蓮華經》卷三：“大雄猛世尊，諸釋之法王。”此乃形容佛陀具有大智力，能降伏魔障，故稱之爲“大雄”。

⑨ “正覺”，即明行禪師。可參見本書篇號一八〇《寧福寺尊德塔碑記》、一八一《雁塔社明行在在禪師祀田碑記》與一八六《寧福寺明行在在禪師祀田碑記》。

⑩ “水陸道場”，又作水陸齋、水陸會、悲齋會，施餓鬼會之一。“水陸”名稱的由來，見（宋）遵式《金園集》卷三：“今吴越諸寺多置别院，有題牓水陸者，所以取諸仙致食於流水，鬼致食於净地之謂也。”

⑪ “剃度”，又作剃髮、薙髮、削髮、祝髮、落剃、落飾、落髮、净髮、莊髮。佛弟子出家皈依佛門時，剃除髮、鬚而成爲僧、尼。《過去現在因果經》卷二提到世尊剃髮時發願的情形：“爾時太子，便以利劍，自剃鬚髮。即發願言：‘今落鬚髮，願與一切，斷除煩惱及以習障。’”

⑫ “叢林”，禪宗稱寺院爲“叢林”，《禪林寶訓音義》：“叢林，乃衆僧所止之處，行人棲心修道之所也。草不亂生曰叢，木不亂長曰林，言其内有規矩法度也。”

⑬ “正果”，又作證果，謂學佛修道而有所證悟。

⑭ “定力”，見《雜阿含經》卷二十六：“有五力。何等爲五？信力、精進力、念力、定力、慧力。”“定力”屬於“五力”之一，指專心禪定以斷除情欲煩惱。

所謂衆惡莫作者，非耶？/　　　　　正覺將化，授以衣鉢[①]，爲十方[②]道場主有以哉！　正覺禪師之知人也，/其意以安南福施本于/　　　　　皇太后，　太后福澤延于　竗慧，且以中華人倡教，教及南國，佛道/始有隆施焉。　竗慧承此勉旃[③]哉！惟時四十有九，欲建寶塔，自營/生基，是過得名利關，又超越生死海[④]者，屬予爲記。予即目擊者，筆/而記之，自時厥後，多歷年所，豈曰有量有進，善行備待國史，是爲記。/

時/

黎朝景治萬萬年之二甲辰[⑤]十一月穀日立石/

大明國樞曹逸史蔣光廷　敬撰/

慈山府仙遊縣佛跡社官員郡老將臣社村長杜曰仁、杜公學、杜高、杜進用、張潘、杜仁者、嚴榜、/嚴廷審、嚴才、謝如玉，杜公直、阮有体、嚴度、阮有用、杜曰儒、杜進賢、杜得禄、杜士名、嚴量、阮德潤、/杜公佐、阮德澤、嚴朝、阮有怗、張公[庭]、阮進禄，　　　仝社巨小等恭　奉/　　　　佛三寶[⑥]，嘗聞德者本也，財者末也，兹承見大比丘竗慧，有發菩提心[⑦]，弘開深廣之恩，無蘊積量包/合之德，因爲建立寶塔，在本社萬福寺中，以崇三寶，以興國脉。兹有買田　歲付與本社，一任/耕種奉事，傳子若孫，繼續永爲三寶萬福寺田，其本社自切大誓願流年係每月諱日一禮奉/事，昭垂萬代敬尊。已有大誓願如天長地久，不敢忘廢懈怠。□如此願，本社刼刼常逢佛法，世/世幸遇君明。若後來本社孫姪，倘或時倚權貴，生心留廢祀事，敬禮并毁壞，自願當重罪等族。/□依感願，付護法龍神土地照鑒此願，兹大願端。/

本社官員□高敬撰/

計/

奉事第二祖流年諱三月二十五日，祭田三畝。

---

① “衣鉢”，原指佛教出家人所擁有之三衣與鉢。《六祖大師法寶檀經》云：“三更受法，人盡不知，便傳頓教及衣鉢，云：‘汝爲第六代祖，善自護念，廣度有情，流布將來，無令斷絶。’”後來禪家以道授受，謂之授受衣鉢。

② “十方”，佛教指東、西、南、北、東南、西南、東北、西北、上、下之總稱爲“十方”。《大般若波羅蜜多經》卷五十一：“善現！大謂十方，即是東南西北四維上下。”

③ “勉旃”，努力的意思，“旃”爲語助詞，“之焉”的合音字。《詩經·唐風·采苓》：“采苓采苓，首陽之巔，人之爲言，苟亦無信，舍旃舍旃，苟亦無人。”又，“旃”碑文原作“㫋”，“㫋”爲俗字，見《增廣字學舉隅》卷二《正鵠》：“旃；㫋，非。”

④ “生死海”，見《佛所行讚》卷三：“當乘智慧舟，超度生死海。”喻生死無邊際，猶如大海之無邊際，故稱爲生死海。

⑤ “黎朝景治萬萬年之二甲辰”，即景治二年（1664），當清康熙三年。

⑥ “三寶”，見《增壹阿含經》卷第十二云：“爾時，世尊告諸比丘：‘有三自歸之德，云何爲三？所謂歸佛第一之德，歸法第二之德，歸僧第三之德。’”指爲佛教徒所尊敬供養之佛寶、法寶、僧寶等三寶。

⑦ “菩提心”，見《大智度論》卷四十一：“菩薩初發心，緣無上道：‘我當作佛’，是名‘菩提心’。”菩提心就是成佛的心，全稱阿耨多羅三藐三菩提心。

一奉事孔述流年五月十二日忌翁，八月初八日忌婆，祭田二畝。/

題後

比丘尼竗（妙）慧即鄭主清王鄭梉的孫女黎氏玉緣，其母親鄭氏玉竹（一作㭊）爲鄭梉與阮氏玉琇之女，而阮氏玉琇則爲廣南阮氏第二代領袖阮潢之女。鄭氏玉竹原來被鄭梉嫁給强郡公黎柱，並育有四子女。後黎神宗德隆二年（1630），黎柱因罪入獄，鄭梉又將鄭氏玉竹上嫁神宗，神宗陽和九年（十月後爲真宗福泰元年，1643），神宗傳位於皇太子維祐，皇后鄭氏爲皇太后。事見《大越史記全書・本紀》卷十八。這時的鄭氏玉竹帶着她與黎柱所生的黎氏玉緣至筆塔寺修行。

有關黎氏玉緣也就是比丘尼妙慧的碑記有兩方，一爲篇號一二五之《萬福寺普光塔記》（即本篇），一爲篇號一八二之《雁塔社長公主比丘尼妙慧記》。本碑記立於北寧省慈山府仙遊縣受福總佛跡社萬福寺，爲寺後山上第一行第四塔一碑；而《雁塔社長公主比丘尼妙慧塔記》則立於北寧省順城府亭祖總筆塔社寧福寺内，爲寺内尊德塔碑記之右。這兩通碑記的内容在記載黎氏玉緣的生平歷世上没有差異，由碑記可以瞭解黎氏玉緣是鄭氏玉竹之女，尊父命結婚，然女兒夭折，遂於二十六歲開始茹素奉佛，三十歲時外祖父鄭梉延請明行在在禪師爲其剃度，法號竗慧。明行在在禪師即將坐化之際，又將衣鉢傳給妙慧。四十九歲時自建普光寶塔於萬福寺。本碑記的撰者爲大明國樞曹逸史蔣光廷，署年爲（後）黎玄宗景治二年（1664），而《雁塔社長公主比丘尼妙慧塔記》則缺撰者及署年。由於普光塔是黎氏玉緣的舍利塔，碑文中並有“惟時四十有九，欲建寶塔，自營生基，是過得名利關，又超越生死海者，屬予爲記。予即目擊者，筆而記之”句，且寧福寺並未有黎氏玉緣之舍利塔，則《雁塔社長公主比丘尼妙慧碑記》應爲後刻之作。兩碑記記載之内容雖然大體相同，但在行文上則有些許差異，比較值得注意的是明行在在將傳衣鉢給竗慧時的記載，《普光塔記》强調“以中華人倡教，教及南國，佛道始有隆施焉”，而《雁塔社長公主比丘尼妙慧塔記》則僅述“妙慧遂承聖母之心，悟成佛祖之道”故捐貲建塔之事。

鄭氏玉竹與黎氏玉緣都是明行在在禪師的支持者，有許多碑文記述二人協助明行在在及其師圓炆拙拙弘法並修建佛寺，如收於本書之篇號一七八《鄭清王令旨寧福寺碑》（編號

02880）、一八一《雁塔社明行在在禪師祀田記》（編號02889）、一八二《雁塔社長公主比丘尼妙慧塔記》（編號02890）、一八三《寧福寺獻瑞庵報巖塔碑銘》（編號02892/02893）以及未收入本書之《寧福寺三寶祭祀田記》（編號02895）、《寧福禪寺碑記/慶流碑記》（編號2876/2877/2878/2879）等。

按，此碑記爲晚明時期佛教南傳及本地化的重要歷史見證，所涉撰者蔣光廷亦爲受明清鼎革影響而南來的明人，其在明朝曾爲官，但在越南則隱其職銜，同時碑文内容措詞亦表明其對安南政治生態有了充分瞭解。

一二六　寶所寺寶鐵花燈檠碑

引言

碑立於河東省慈廉縣西就社寺，爲寺後右邊第二碑。碑刻雙面，拓片編號02225/02226。拓片編號02225爲碑前，共二十一行字，滿行約三十字，碑額題“寶鐵花燈槃碑”六字，碑題“寶鐵花燈槃銘”六字，今依額題重定篇題爲“寶所寺寶鐵花燈槃碑”，碑額飾有兩層紋飾，内層爲日紋，外層與左右兩側相連，刻有雲紋；拓片編號02226爲碑後，共四行字，每行字數不一，碑題“寶所寺碑”四字，無紋飾。碑文撰者海陽清刑憲察使司憲察使、謹事佐郎阮光憲，書者寶所寺僧人法澄與刑部都吏阮益增，刻者阮維新。年代署作廣和（Quảng Hòa）初年，廣和爲莫憲宗（Mạc Hiến Tông）莫福海（Mạc Phúc Hải）年號（1541－1546），當明嘉靖二十至二十五年，歲次辛丑至丙午。拓片現藏於漢喃研究院。

碑文記載西儋社在裴福多、阮益增等人號召之下，社民出資爲社内寶所寺鑄造寶花燈燈架，爲紀念此事及感念捐助者之功德，故刻碑以兹流傳。碑文末記有功德主題名。

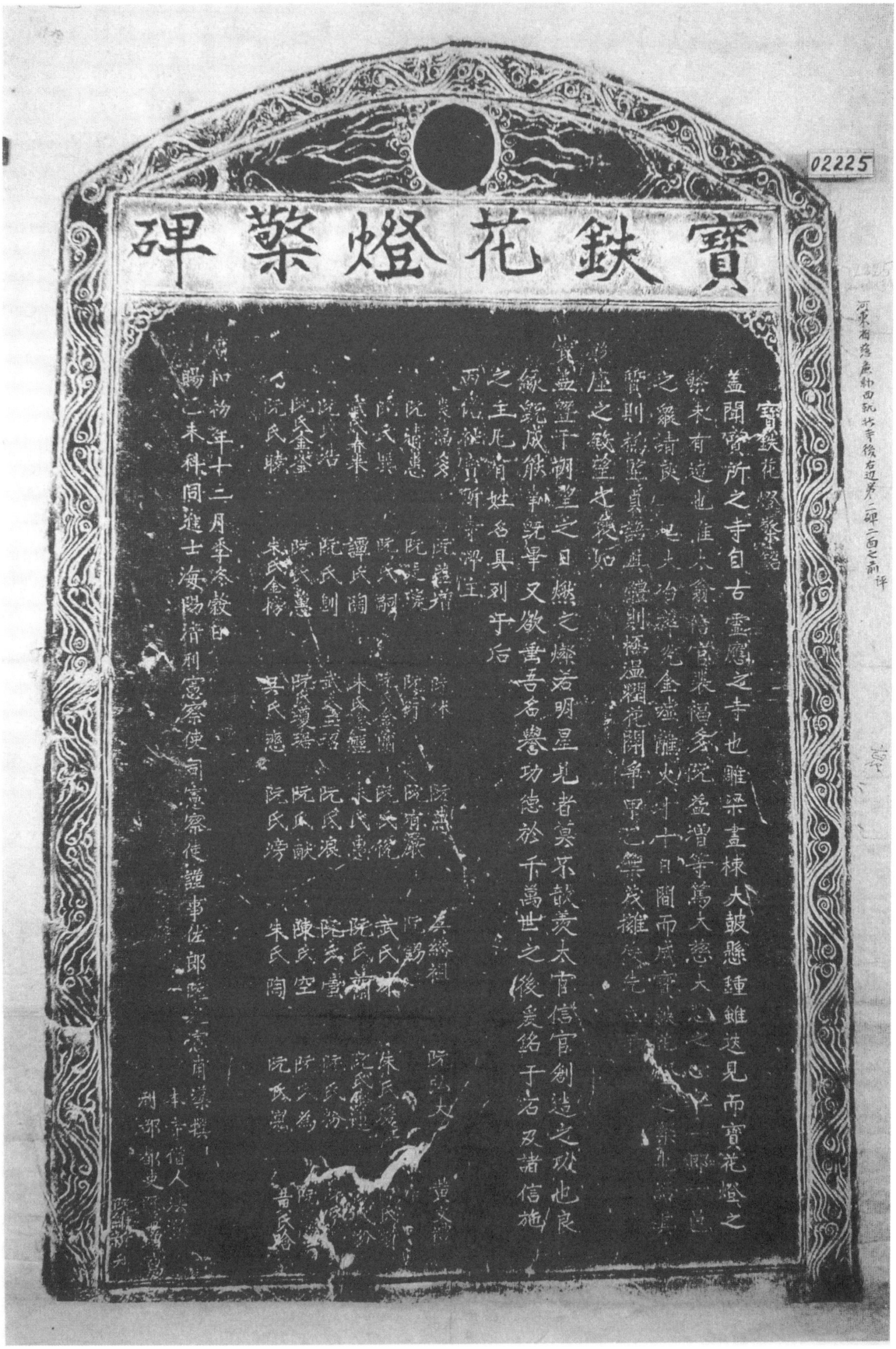
02225
寶鉄花燈㮣碑

編號：02225　出自《拓片總集》第三册（下同）

02226

編號：02226

釋文

【寶鐵花燈檠碑】

寶鐵花燈檠銘[①]

蓋聞寶所之寺，自古靈應之寺也。雕樑畫棟，大鼓懸鐘[②]，雖迭見，而寶花燈之/檠未有造也。惟太翁信官裴福多、阮益增等，篤大慈大悲之心，率一鄉一邑/之衆，請良　起大冶，碎兑金，嘘離火，才十日間，而成寶鐵花燈之檠也。語其/質，則極堅貞；語其體，則極温潤。花開争甲乙，葉茂擁後先，立于/　　　　　殿座之殿，望之□如/　　　　　寶蓋，暨于朔望之日，燃之燦若明星，見者莫不歆羡。太官、信官創造之功也，良/緣既成，能事既畢，又欲垂吾名譽功德於千萬世之後，爰銘于石，及諸信施/之主，凡有姓名，具列于後[③]：/

西儋社寶所寺碑主：/

裴福多、阮益增、阮休、阮惠、吴繼祖、阮弘大、黄文禮，/阮清惠、阮廷□、阮衍、阮有嚴、阮錫。/

阮氏巽、阮氏嗣、阮氏金蘭、阮氏悦、武氏□、朱氏瑗、阮氏瓚、/武氏春來、譚氏陶、朱氏金盤、朱氏惠、阮氏蘭、阮氏金蓮、□氏粉、/阮氏浩、阮氏釗、武氏玉玿、阮氏浪、阮氏壹、阮氏粉、阮氏淹、/阮氏金鑾、阮氏蕙、阮氏瓊琚、阮氏獻、陳氏空、阮氏爲、阮氏□、/阮氏曉、朱氏金榜、吴氏戀、阮氏滂、朱氏陶、阮氏嵬、黄氏唅。/

廣和初年[④]十二月季冬穀日/

賜乙未科同進士、海陽清刑憲察使司憲察使、謹事佐郎阮光憲甫藻撰/

本寺僧人法澄/

刑部都吏阮益增寫/

阮維新刊/[⑤]

---

① 此爲拓片編號 02225 碑題。今依此重定篇題爲“寶所寺寶鐵花燈檠碑”。

② “鐘”，碑文原作“鍾”。

③ “後”，碑原作“后”，因另兼正字，故改。

④ “廣和初年”，廣和（Quảng Hòa）爲莫憲宗（Mạc Hiến Tông）莫福海（Mạc Phúc Hải）年號，（1541－1546），當明嘉靖二十至二十五年。

⑤ 以上爲拓片編號 02225 之内容。

寶所寺碑/寶所寺碑/①

西儋社信施阮氏金釧、故阮貴公/字後溪先生、施寶所寺田一所同乾處。/②

題後

西就社寺内共四通碑誌，如下表：

編號	篇題	年代	位置
02220	興慶寺三關碑	後黎顯宗景興七年（1746）	寺之三關碑
00675/00734/02222/02223	貴台公留福碑	後黎裕宗永盛六年（1710）	拓片題籤云：00675/00734 立於西就社亭右宇；其餘兩面位於西就社祠宇。
02225/02226	寶所寺寶鐵花燈䕘碑*	莫憲宗廣和初年（1541-1546）	寺後右邊第二碑
02227/02228	西儋社林氏☐後佛碑記**	後黎懿宗永佑元年（1735）	寺後右邊第四碑

注：* 表示此篇已收入本書；** 表示原無題。

① 此碑額共兩行，行四字。

② 以上爲拓片編號 02226 之内容。

一二七　釗玉侯阮黄釗外家黄宗碑記

引言

碑立於河東省青威縣興教社寺廟，爲寺後第一碑。碑刻雙面，拓片編號 02301/02300。拓片編號 02301 爲碑前，共二十一行字，滿行三十五至四十字不等，碑額題“黄宗碑記”四字，今重定篇題爲“釧玉侯阮黄釧外家黄宗碑記”，碑額有飾紋爲雙龍昭日；拓片編號 02300 爲碑右，僅一行刻“黎朝景興五年歲在甲子仲秋穀日”十四字。碑文撰者爲懷德府安撫使阮黄釧。年代署作景興（Cảnh Hưng）五年（1744），景興爲後黎顯宗（Lê Hiển Tông）黎維祧（Lê Duy Diêu）年號，同年爲清乾隆九年，歲次甲子，然按《越南漢喃碑銘拓片目録提要》一書説明，碑文年代疑爲僞造，該書推斷立碑年代應爲阮朝紹治（Thiệu Trị）年間（1841–1847）。拓片現藏於漢喃研究院。

本碑爲釧玉侯阮黄釧爲其外家黄氏宗族所立之碑。碑文載黄氏宗族原籍彰德縣梁舍社，於福川公時因戰亂遷至青威縣，自皇黎開科，黄氏連中宏詞、正直等科，爲記黄氏先祖之功名，故詳記歷科諸名公謚號，使後人知曉並得到勉勵。

黃宗碑記
02301

編號：02301 出自《拓片總集》第三冊（下同）

02300
2300
河東省青威縣興教社寺後第一碑二面之右 评
黎朝景興五年歲在甲子仲秋穀日

編號：02300

釋文

黄宗碑記[①]

欽差掌奇、行懷德府按撫使、釗玉侯阮黄釗述/

外祖黄族碑記

黄家，詩書望族也，貫彰德縣良舍社，從前世次不可得而詳知，徵之舊譜，則其所知者，自慶源公以/後焉。慶源公生性善公祖妣合葬在□/□社號沛□，性善公生福川公，世世皆有隱德，然而科名未著也。福川公以兵燹之故，徙居/青威縣，　　　　　□□□□□□□社/□今又□□□□授徒講學。仍娶杜氏女曰回光孺人，生竹谿公，□□没葬于伊村地分埬禀處/河塘是□古少□□往社/□□□□□□□□，坐乙向辛[②]。其後福川公壽終，門人承遺命，亦于伊處合葬焉。未□□竹谿公學業大進，○皇黎開/國間，連中宏詞、正直等科，歷事四朝，居清要職，再世以後，科甲蟬聯，簪纓繼襲。迨今近三百年間，子孫愈益蕃衍，/此實家先茂蔭之所垂裕，而興榮發越，未必非此地秀氣之所鍾也。噫！我○列祖文名顯著，在人耳目之所睹/記者，不碑亦自榮矣。顧欲垂諸久遠，示後雲仍[③]，不惟便於歲時饗祀，而仰碑誌之光華者，庶令有所勉/焉，此則碑之意耳。仍于靈墓旁竪碑，詳記歷科諸名公謚號，俾後人永監云。/

先祖考辛亥年[④]宏詞科中第三，至四年真儒正直科又預其選，少中大夫、門下省右司郎中、參知海西道軍/民簿籍、騎都尉，贈朝列大夫參政，兩使明國。黄相公名/清字直卿，號竹谿先生。/

先祖考賜甲辰科第三甲同進士出身，歷受東閣大學士、陪從禮部右侍郎，贈特進、金紫榮禄大夫、禮部/尚書。黄相公字克明，號水軒先生。[⑤] /

先祖考賜辛未科第一甲進士及第第一名，東閣大學士、兵部左侍郎，歷受監察御史、參知

---

① 此爲拓片編號02301額題，“宗”字缺筆避諱。今重定篇題爲“釗玉侯阮黄釗外家黄宗碑記”。

② “坐乙向辛”，以二十四山的方位概念，“坐乙向辛”即“坐東向西”。

③ “雲仍”，亦作“雲礽”，遠孫之意。見《爾雅·釋親》：“子之子爲孫，孫之子爲曾孫，曾孫之子爲玄孫，玄孫之子爲來孫，來孫之子爲晜孫，晜孫之子爲仍孫，仍孫之子爲雲孫。”郭璞注：“言輕遠如浮雲。”

④ “辛亥年”，應爲後黎太祖黎利順天四年（1431），當明宣宗宣德六年。

⑤ “黄克明”，即陳克明，《鼎鍥大越歷朝登科録》後黎聖宗洪德十五年（1484）甲辰科第三甲同進士出身：“陳克明，彰德莫舍人，屋青威丹倴，二十二歲中，原姓黄。仕至禮部尚書兼東閣大學士，良仁侯致仕。義富之父，濟美之祖。”

政事、参知/政府，贈特進、金紫榮禄大夫、太保、兩國狀元。黄相公字義富先生。[①] /

先祖考賜丙戌科第三甲進士出身，歷受翰林院直學士、茂林郎、乂安道監察御史。黄相公名/~~璁~~**。號直川先生。**[②] /

先祖考賜庚戌科進士出身[③]**，吏部左侍郎。黄相公字琅先生。**/

先祖考賜壬辰科第二甲進士出身，歷受翰林校理、清華處憲察御史，贈特進、金紫榮禄大夫、陪從/兵部左侍郎。黄相公字瑜先生。[④] /

先祖考賜戊戌科第三甲進士出身，歷受國子監、海陽處正二司承使，廛溪侯。黄相公字濟美先生。[⑤] /

先祖考謹事郎中，太原道贊治、承正使司主事。黄相公字中□，號士軒先生。[⑥] /

黎朝景興五年歲在甲子[⑦]**仲秋穀日/**[⑧]

題後

興教社寺共有二十二通碑誌，如下表：

① “黄義富”，《鼎鍥大越歷朝登科録》後黎襄翼帝洪順三年（1511）辛未科第一甲進士出身：“黄義富，彰德莫舍人，屋青威丹俟。仕至参知政事兼御史。濟美之父。克明之子。”

② “黄璁”，《鼎鍥大越歷朝登科録》後黎恭皇統元五年（1526）丙戌科第三甲同進士出身：“黄璁，彰德莫舍人。仕至監察御史。瑜之兄。”

③ 根據碑文的排序，“先祖考賜庚戌科進士出身”在“先祖考賜丙戌科第三甲進士出身”（黎恭皇統元五年丙戌科〔1526〕）和“先祖考賜壬辰科第二甲進士出身”（莫太祖大正三年壬辰科，1532）中間。依《鼎鍥大越歷朝登科録》開科紀録的記載，從1526年到1532年只有莫登庸明德三年（1529）己丑科，無庚戌年科。考據其他“庚戌科”的資料，有後黎聖宗洪德二十一年（1490）庚戌科、莫景曆三年（1550）庚戌科和後黎敬宗弘定十二年（1610）庚戌科三科，皆無符合本碑對此人紀録。玆存疑。

④ “黄瑜”，《鼎鍥大越歷朝登科録》莫太祖大正三年（1532）壬辰科第二甲進士出身：“黄瑜，彰德莫舍人，屋青威丹俟。仕至兵部左侍郎。璁之子。”

⑤ “黄濟美”，《鼎鍥大越歷朝登科録》莫太祖大正九年（1538）戊戌科第三甲同進士出身：“黄濟美，彰德莫舍人，屋青威丹俟。仕至承政使莫溪伯。義富之子、克明之孫。”

⑥ 以上爲拓片編號02301之内容。

⑦ “黎朝景興五年歲在甲子”，即景興五年（1744），當清乾隆九年。

⑧ 以上爲拓片編號02300之内容。

編號	篇題	年代	位置
02023-02026	興建後佛碑記/興福寺	後黎顯宗景興三十一年（1770）	河東省青威縣興教社左邊第四碑
02027/02028	興福寺/後佛碑記	後黎顯宗景興十五年（1754）	寺内右邊第五碑
02029/02030	後佛碑記/後佛碑記	後黎顯宗景興三十二年（1771）	寺内右邊第四碑
02031/02032	崇修後佛碑記	後黎顯宗景興三十二年（1771）	寺内左邊第三碑
02033/02034	興教社興福寺/修造石碑	後黎神宗永壽五年（1662）	寺内第一碑
02035/02036	後佛碑記	後黎顯宗景興三十五年（1774）	寺内左邊第七碑
02037	後佛碑記	後黎顯宗景興元年（1740）	寺後第一碑
02038/02039	後佛碑記	後黎熙宗正和八年（1687）	寺後第四碑
02040/02041	後佛碑記	後黎熙宗正和十年（1689）	寺後第三碑
02042/02043	後儷碑記	後黎熙宗正和九年（1688）	寺後第二碑
02044/02045	修造石碑/興教社興福寺	後黎熙宗正和十八年（1697）	寺内左邊第六碑
02046/02047	奉立碑記祀	後黎顯宗景興二十六年（1765）	寺内右邊第六碑
02048/02049	修造石碑/興福寺	後黎裕宗保泰三年（1722）	寺内左邊第五碑
02050/02051	興福寺田/候佛碑記	後黎顯宗景興五年（1744）	寺内左邊第九碑
02052/02053	後佛碑記/興福禪寺	後黎顯宗景興三十六年（1775）	寺内右邊第三碑
02054/02055	後佛碑記/興福寺田	後黎顯宗景興五年（1744）	寺内左邊第二碑
02056/02057	修造石碑/興福寺	後黎裕宗保泰三年（1722）	寺内左邊第十碑
02058-02061	興教社/修造石碑/興福寺/古跡名藍	後黎神宗永祚九年（1627）	寺前第一碑
02062	後佛碑	後黎顯宗景興四十三年（1778）	寺内右邊第二碑
02063	興福寺碑	後黎世宗光興十六年（1593）	三關碑
02298/02299	興教社碑/興福寺—修造石碑	後黎熙宗正和十五年（1694）	寺内第八碑
02300/02301	釗玉侯阮黄釧外家黄宗碑記*	後黎顯宗景興五年（1744）	寺後第一碑

注：* 表示此篇已收入本書。

本碑記記載了越南後黎朝河東省青威縣一個重要的科舉世家——黄氏家族，後黎朝三百年裏，黄氏家族有一位宏詞科、六位進士科，其中克明、義富、濟美三代登科。其中黄璁與黄瑜的關係比較矛盾，由於碑記中僅記載爲“先祖考”，所以無法斷定兩者的關係，而《鼎鍥大越歷代登科録》在後黎恭皇統元五年（1526）丙戌科科榜中記載黄璁爲黄瑜之兄，但在莫太祖大正三年（1532）壬辰科的科榜中則記載黄瑜爲黄璁之子，不知何者爲是。又，三代登科中的黄克明，曾改姓爲陳，《鼎鍥大越歷朝登科録》記載：“陳克明，彰德莫舍人，屋青威丹侯，二十二歲中，原姓黄。仕至禮部尚書兼東閣大學士，良仁侯致仕。義富之父，濟美之祖。”本碑記對於這些人物仕宦經歷的記載比進士題名碑詳細，可相互校勘。

一二八　盛烈社黄温直等祭忌碑記

引言

碑立於河東省青池縣盛烈社甲六村寺，爲後家第一碑。碑刻雙面，拓片編號 02303/02302，拓片編號 02303 爲碑前，共十行字，滿行約三十四字，碑額題“南無阿彌陀佛”六字，碑額與左右兩側均刻有蓮花紋；拓片編號 02302 爲碑右，内容僅記“龍德萬萬年之三歲在甲寅月”一行十二字。今依内文重定篇題爲“盛烈社黄温直等祭忌碑記”。年代署作龍德（Long Đức）三年（1734），龍德爲後黎純宗（Lê Thuần Tông）黎維祥（Lê Duy Tường）年號，同年爲清雍正十二年，歲次甲寅。然據《越南漢喃碑銘拓片目録提要》一書言，“龍德”二字係僞造，同時推斷其立碑年代應是阮朝時期。拓片現藏於漢喃研究院。

碑文記載黄氏霜感激父母養育之恩，又因其兄無子繼承香火，故捐錢修繕社寺，並買田以作供養之資，藉此爲父母、兄嫂及本人委託祭忌。碑文末記有委託祭祀人之名號與祭日。

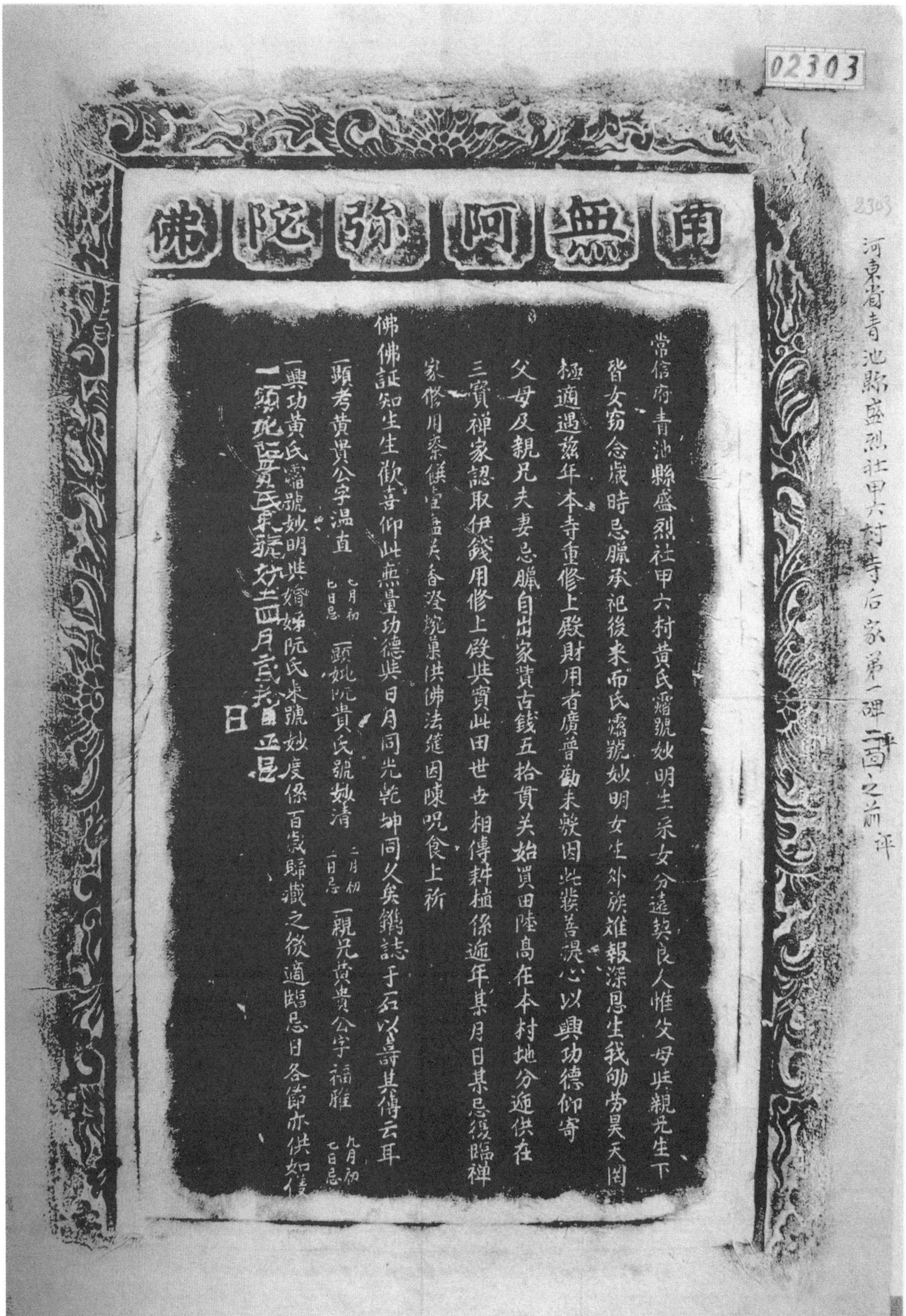
02303
南無阿彌陀佛
常信府青池縣盛烈社甲六村黃氏霜號妙明生𤯱女分遠契良人惟父母與親兄生下
背女窃念歲時忌臘承祀後來而氏霜號妙明女生外族難報深恩生我劬勞昊天罔
極適遇玆年本寺重修上殿財用者廣普勸未發因此發善渴心以興功德仰寄
父母及親兄夫妻忌臘自出家貲古錢五拾貫𠍪始買田陸高在本村地分逈供在
三寶禪家認取伊錢用修上殿與寶此田世世相傳耕植係逈年某月日某忌後臨禪
家脩用粢饌𡨧盂兵香燈𢄂菓供佛法筵因陳呪食上祈
佛佛証知生生歡喜仰此無量功德與日月同光乾坤同久矣鐫誌于石以壽其傳云耳
一顯考黃貫公字溫直　七月初七日忌　一顯妣阮貴氏號妙清　二月初二日忌　一親兄黃貴公字福雅　九月初七日忌
一興功黃氏霜號妙明與媳婦阮氏𤯱號妙度係百歲歸藏之後適臨忌日各節亦供如侵
一顯妣阮貴氏[illegible]號妙[illegible]四月貳拾[illegible]日正忌
河東省青池縣盛烈社甲六村寺后家第一碑二面之前平

編號：02303　出自《拓片總集》第三冊（下同）

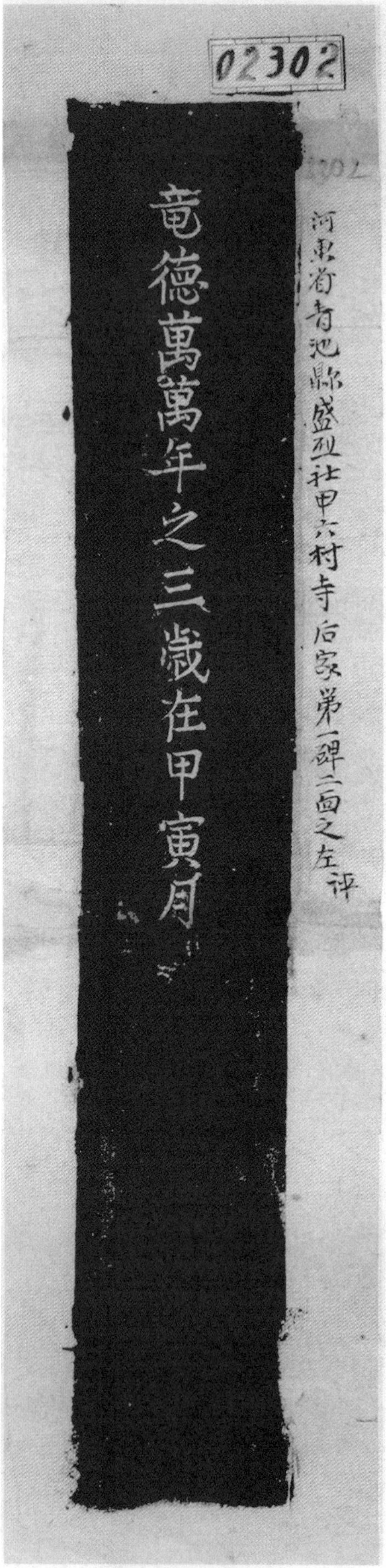
02302
竜德萬萬年之三歲在甲寅月
河東省青池縣盛烈社甲六村寺后家第一碑二面之左评

編號：02302

釋文

南無阿彌陀佛①

常信府青池縣盛烈社甲六村黄氏露，號妙明，生來女分，遠契良人。惟父母與親兄生下/皆女，竊念歲時忌臘②，承祀後來，而氏露號妙明，女生外族，難報深恩，生我劬勞，昊天罔/極。適遇兹年本寺重修上殿，財用者廣，普勸未敷，因此發菩提心，以興功德，仰寄/

父母及親兄夫妻忌臘，自出家貲古錢③五拾貫關始，買田陸高④在本村地分，遞供在/

三寶禪家，認取伊錢用修上殿與買此田，世世相傳耕植，係遞年某月日某忌復臨禪/家，修用祭饌壹盤，關香燈椀果供佛法筵，因陳呪食，上祈/　　　　　佛佛證知，生生歡喜，仰此無量功德，與日月同光，乾坤同久矣。鐫誌于石，以壽其傳云耳。/

一顯考黄貴公，字温直七月初/七日忌。

一顯妣阮貴氏，號妙清二月初/二日忌。

一親兄黄貴公，字福雅九月初/七日忌。/

一興功黄氏露，號妙明；與婚姊阮氏束，號妙度；係百歲歸藏之後，適臨忌日各節，亦供如儀。/

一顯妣阮貴氏束，號妙土，四月貳拾日正忌。/⑤

龍德萬萬年之三歲在甲寅⑥月/⑦

---

① 此爲拓片編號 02303 之額題，今依内容及性質重定篇題爲“盛烈社黄温直等祭忌碑記”。

② “忌臘”，見（明）田藝衡《玉笑零音》：“人之初生，以七日爲臘；人之初死，以七日爲忌。一臘而魄成，故七七四十九日而七魄具矣。一忌而一魂散，故七七四十九日而七魂泯矣。”

③ “古錢”，又稱貴錢。見《欽定越史通鑑綱目正編·黎盛宗光順八年》注“使錢、古錢”引黎貴惇《芸臺類語》云：“北人以百文爲一陌。本國以三十六文爲一陌，謂之‘使錢’；六十文爲一陌，謂之‘古錢’。‘使錢’十陌，乃是‘古錢’六陌，準爲‘使錢’一貫。其‘古錢’十陌乃使錢之一貫六陌四十文。使錢别名間錢，古錢别名貴錢。”

④ “高”，又作“篙”“蒿”，越南的計量單位“分”，越南畝的十分之一，按越南北部地畝制，一分相當三百六十平方米；中部地畝制，則相當四百平方米。

⑤ 以上爲拓片編號 02303 之内容。

⑥ “龍德萬萬年之三歲在甲寅”，即龍德三年（1734），當清雍正十二年，歲次甲寅。

⑦ 以上爲拓片編號 02302 之内容。

題後

本碑記根據拓片題籤的記載，立於河東省青池縣盛烈社甲六村寺後家爲第一碑，有兩面，署年在碑之左面，僅一行十二字："龍德萬萬年之三歲在甲寅月。"然字跡與碑前之記文不同，如"三""甲"之類，筆風絶不相類，漢喃研究院亦推斷此年月或爲阮朝後刻。

又盛烈社甲六村寺尚有一碑，拓片編號爲02309，題籤繼爲寺後家第二碑，記載盛烈社甲六村黎氏允捐資協助修建大悲寺，故僧人爲其父母設立祭忌。

一二九　修造神光寺碑記

引言

碑立於南定省春長府行善總行善社寺，爲寺内行廊左邊一碑。碑刻三面，拓片編號02312/02313/02314，三面拓片皆有界綫。拓片編號02312爲碑前，共二十六行字，滿行約三十字，碑額題“修造神光寺碑記”七字，碑題“修造行宫庄神光寺碑記”十字，今依額題爲篇題；拓片編號02313爲碑後，共二十四行字，滿行約三十一字；拓片編號02314爲碑左，共三行字，第行滿行字數不一。拓片編號02312/02313刻有紋飾，兩面碑額紋飾皆有兩層，拓片編號02312碑額内層刻有雙龍昭日，拓片編號02313碑額内層爲日紋，兩面外層紋飾皆以雲紋與左右兩側相連。碑文撰者國子監監生杜時譽，刻者真定縣高邁社石匠修福。年代署作弘定（Hoằng Định）十三年（1612），弘定爲後黎敬宗（Lê Kính Tông）黎維新（Lê Duy Tân）的年號，同年爲明萬曆四十年，歲次壬子。拓片現藏於漢喃研究院。

本碑内容爲重修神光寺一事。碑文記行宫莊的村民們與善信們捐資修繕寺廟燒香閣、寶殿、前堂等處，文末以八句四字銘文歌詠此事，並録有功德主題名。

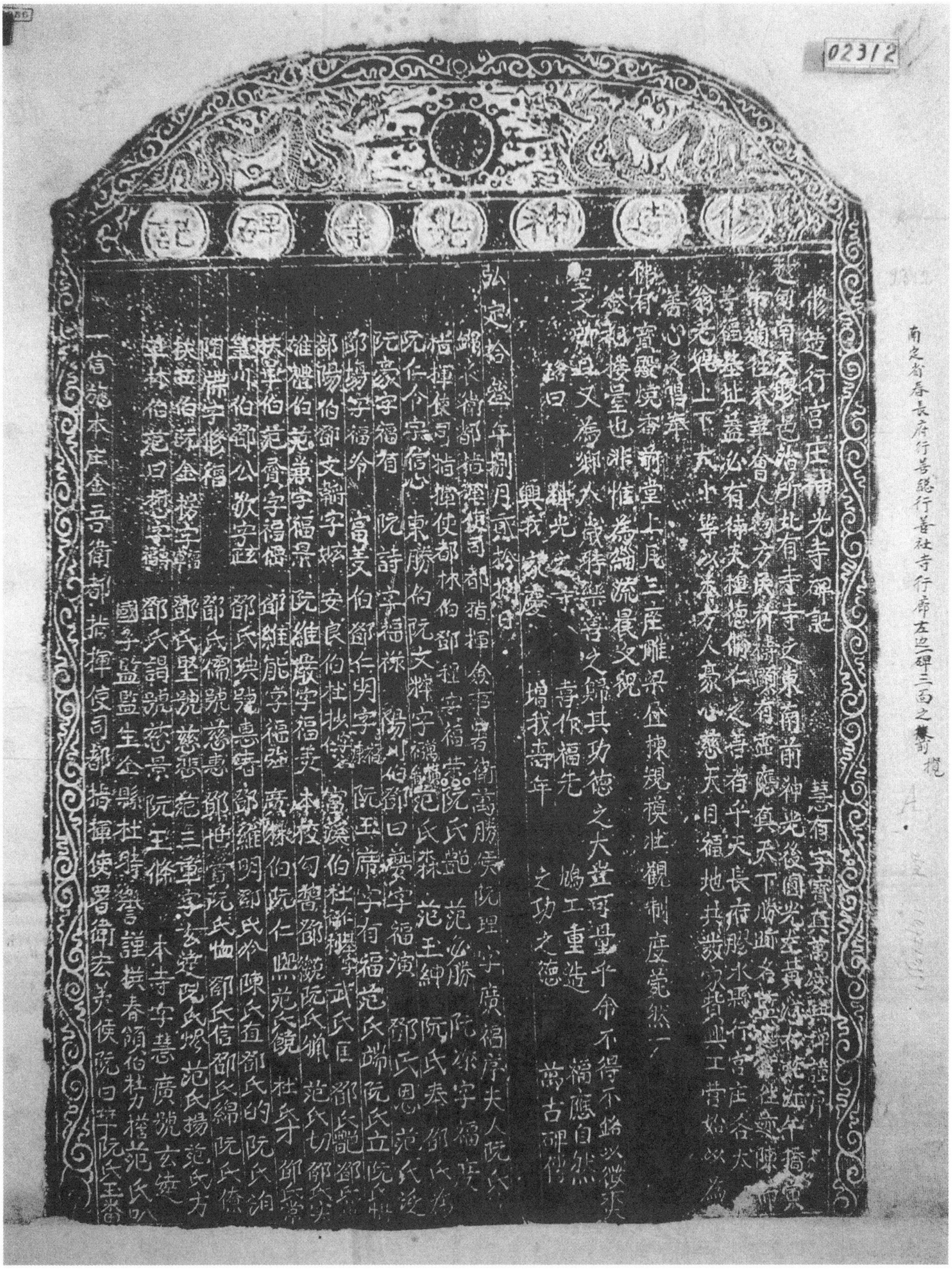
02312
修造行宮庄神光寺碑記

編號：02312　出自《拓片總集》第三冊（下同）

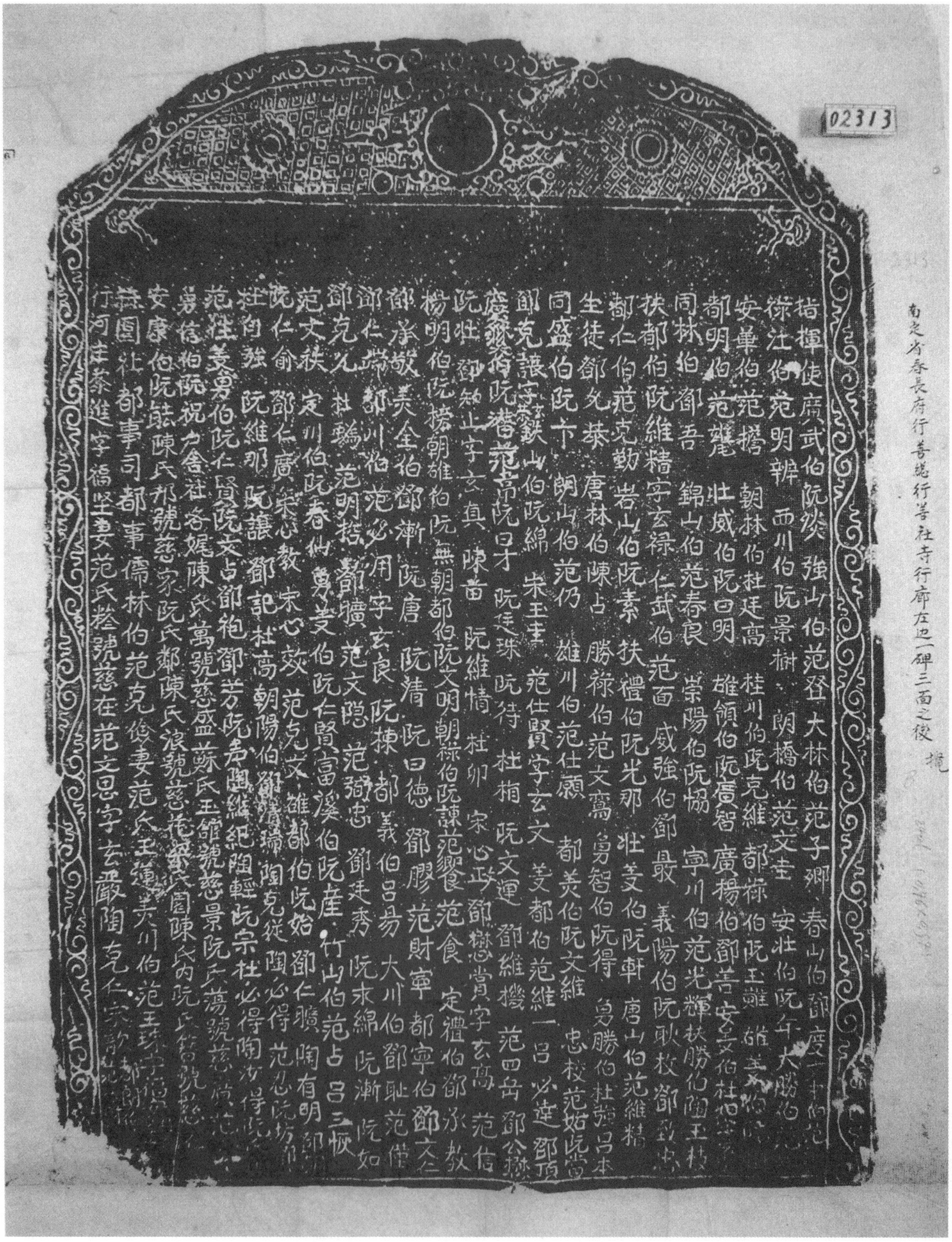
02313
南定省春長府行善總行善社寺行廊左边一碑三面之後

編號：02313

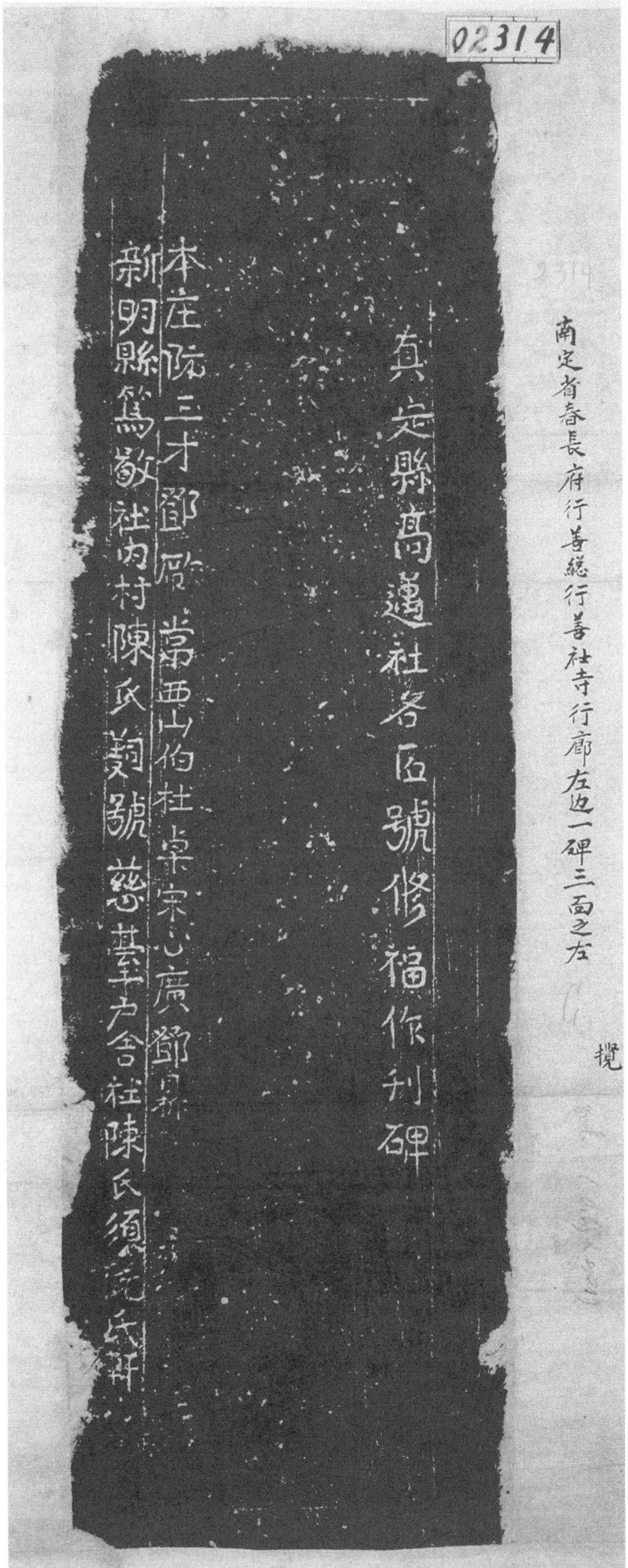
02314
真定縣高邁社各丘號修福作刊碑
本庄阮三才鄧啓
新明縣篤敬社內村陳氏
南定省春長府行善總行善社寺行廊左边一碑三面之左

編號：02314

釋文

【修造神光寺碑記】[①]

修造行宮庄神光寺碑記[②]

慧有字寶真，萬慶興禪謹序/

越甸南天膠邑治所北，有寺；寺之東南，前神光，後圓光，左黄河，右□江，午橋寅/市，通往來，萃會人物，方民祈禱，顯有靈應，真天下勝跡，名藍迺□往迹陳而/善福基址，蓋必有待夫種德修[③]仁之善者乎！天長府膠水縣行宮庄各太/　翁老娓[④]上下大小等，以本方人豪心慈，天目福地，共發家貲，興工營始，以爲/善心之唱，奉/　　　佛有寶殿，燒香前堂，上瓦三座，雕樑畫棟，規模壯觀，制度菀然一□/　　　金相樓臺也。非惟爲緇流晨夕祝/　　　聖之所，且又爲鄉人歲時樂善之歸，其功德之大，豈可量乎？余不得不銘以徵永大。/

銘曰：

神光之寺，喜作福先。鳩工重造，福應自然。/

興我家慶，增我壽年。之功之德，萬古碑傳。/

弘定拾叁年[⑤]捌月貳拾捌日/

錦衣衛都指揮使司都指揮僉事署衛、萬勝侯阮理，字廣福序。夫人阮氏㦝。/

指揮使司指揮使、都林伯鄧程，字福榮。阮氏豔，范必勝，阮添字福度，/阮仁令字信心；東勝伯阮文粹，字萬/福/横/看；范氏森，范玉紳，阮氏奉，鄧氏爲。/阮豪字福有，阮詩字福禄；陽川伯鄧曰夔，字福演；鄧氏恩，范氏泛，/鄧場字福冷；富義伯鄧仁明，字福/康；阮玉席字有福，范氏端，阮氏立，阮氏惜；/都陽伯鄧文韜，字玄/妙；安良伯杜抄，字□/仁；富溪伯杜仁基，字/福利；武氏匡，鄧氏豔，鄧氏蓮。/雄禮伯范兼，字福景；阮維嚴，字福美，本校勾稽鄧克/綏、阮氏獵，范氏切，鄧氏實；/扶華伯范賢，字福仙；鄧維能，字福强；廣林伯阮仁熙，

① 此爲拓片編號02312額題，今依此爲篇題。
② 此爲拓片編號02312碑題。
③ “修”，碑文原作“脩”，另兼正字，故改。
④ “娓”，越南稱未出家而在寺廟中爲寺廟工作的女性。
⑤ “弘定拾叁年”，當明萬曆四十年（1612），歲次壬子。

范氏饒，杜氏才，鄧氏常；/筆川伯鄧公敬，字玄/正；鄧氏琠，號惠春；鄧維明，鄧氏冷，陳氏直，鄧氏的，阮氏洎，/陶牒，字修福；鄧氏儒，號慈惠；鄧世賞，阮氏恤，鄧氏信，鄧氏綿，阮氏僚；/扶西伯阮金榜，字福/寧；鄧氏堅，號慈悲；范三重，字玄達；阮氏熡，范氏揚，范氏方；/華林伯范曰懋，字專/福；鄧氏謁，號慈景；阮玉條，本寺字慧廣，號玄達。/

國子監監生仝縣杜時譽謹撰

春領伯杜力擔、范氏叭/

一信施本庄金吾衛都指揮使司都指揮使署衛、宏美侯阮曰華，阮氏玉番。/[1]

指揮使廣武伯阮淡，强山伯范登，大林伯范子卿，春山伯鄧度，文中伯范湧，/禄江伯范明辨，西川伯阮景樹，朗橋伯范文圭，安壯伯阮年，大勝伯范□，/安華伯范擔，朝林伯杜廷高，桂川伯阮克維，都禄伯阮玉難，雄義伯阮潤，/都明伯范瓖，壯威伯阮曰明，雄領伯阮廣智，廣楊伯鄧善，安義伯杜如字玄宗，/同林伯鄧吾，錦山伯范春良，崇陽伯阮協，寧川伯范光輝，扶勝伯陶玉枝，/扶都伯阮維精字玄禄，仁武伯范面，威强伯鄧最，義陽伯阮耿枚、鄧致忠，/都仁伯范克勤，岩山伯阮素，扶禮伯阮光那，壯義伯阮軒，唐山伯范維精，/生徒[2]鄧允恭，唐林伯陳占，勝禄伯范文鸞，勇智伯阮得，勇勝伯杜强、吕本，/同盛伯阮卞，朗山伯范仍，雄川伯范仕願，都美伯阮文維，忠校范始、阮當，/鄧克讓字玄/榮，鐵山伯阮綿，宋玉圭，范仕賢字玄文，義都伯范維一、吕必達，鄧頂，/廣豫伯阮潛，范韋，阮曰才，阮廷珠，阮待，杜梋，阮文運，鄧維機，范四岳，鄧公懋，/阮壯，鄧知止字玄真，陳留，阮維情，杜卯，宋心政，鄧懋賞字玄高，范信，/揚明伯阮榜，朝雄伯阮無，朝都伯阮文明，朝禄伯阮諫，范饗，范食，定禮伯鄧承教，/鄧承敬，美全伯鄧漸，阮唐，阮清，阮曰德，鄧膠，范財寧，都寧伯鄧文仁，/鄧仁端，都川伯范必用字玄良，阮楝，都義伯吕易，大川伯鄧恥[3]，范僅，/鄧克允，杜蝺，范明哲，鄧曠，范文隱，范弼忠，鄧廷秀，阮求綿，阮漸，阮如，/范文秩，定川伯阮春仙，勇義伯阮仁賢，富溪伯阮産，竹山伯范占，吕三恢，/阮仁俞，鄧仁廣，宋心教，宋心效，范克文，雄都伯阮始，鄧仁曠，陶有明，鄧朝，/杜自强，阮維那，阮讓，鄧記，杜高，朝陽伯鄧清瑞，陶克從，陶必得，范忍，阮坊，鄧□，/范往，義勇伯阮仁賢，阮文占，鄧袍，鄧芳，阮聲，陶維紀，陶輕，阮宗，杜必得，陶汝得，阮氏顛，/勇信伯阮祝。

---

① 以上爲拓片編號02312之内容。

② “生徒”，見《欽定越史通鑑綱目·正編》卷九“後黎聖宗光順三年”注記載：“生徒，鄉試中三場，謂之生徒。黎初衙吏多以監生、儒生、生徒爲之。”

③ “恥”，碑原作“耻”，“耻”爲“恥”之隸變。

户舍社各娓，陳氏萬號慈盛，蘇氏玉館號慈景，阮氏蕩號慈廣，范氏□；/安康伯阮能，陳氏邦號慈家，阮氏鄰，陳氏浪號慈花，梁氏園，陳氏内，阮氏簪號慈仁。/

□園社都事司都事、儒林伯范克儉妻范氏玉蓮，美川伯范玉珠字福安□□□/□□□。/

行河庄黎進字福堅，妻范氏糁號慈在，范文思字玄嚴，陶克仁，宋歆，都朗伯范□財。/[1]

真定縣高邁社各匠號修福作刊碑/

本庄阮三才，鄧厥常，西山伯杜卓，宋心廣，鄧鼎。/

新明縣篤敬社内村陳氏㪺，號慈臺；户舍社陳氏須，阮氏軒。/[2]

題後

神光寺内共有四通碑誌，如下表：

編號	篇題	年代	位置
02312-02314	修造神光寺碑記/南無阿彌陀佛*	後黎敬宗弘定十三年（1612）	寺行廊左邊一碑
02315/02316	興造神光寺碑記/南無阿彌陀佛	後黎神宗永祚十年（1628）	寺行廊右邊一碑
02317/02318	南無阿彌陀佛/神光寺大法師碑	後黎玄宗景治九年（1671）	鐘閣第一碑
02319-02322	南無阿彌陀佛/重鑄聖像大法師碑記	後黎熙宗正和二十五年（1704）	鐘閣第二碑

注：* 表示此篇已收入本書。

由所收四碑可見神光寺自後黎敬宗弘定十三年（1612）起，歷經神宗永祚十年（1628）、玄宗景治九年（1671）至熙宗正和二十五年（1704）有持續近百年爲當地崇奉的歷史。碑記中之碑額均刻有南無阿彌陀佛聖號，對於佛教宗派在越南的發展，是值得研究的資料。

---

① 以上爲拓片編號02313之内容。

② 以上爲拓片編號02314之内容。

一三〇　扶寧社阮福衍夫妻後佛碑記

引言

碑立於北寧省東岸縣夏陽總扶寧社法雲寺，爲寺左廡第四碑。碑刻三面，拓片編號 02337/02338/02339，有界綫。拓片編號 02337 爲碑前，共十三行字，滿行約四十字，碑額刻“後佛碑記”四字，碑題“東岸縣扶寧社上中下三村奉事後佛碑記”十七字，今依内文及性質重定篇題爲“扶寧社阮福衍夫妻後佛碑記”；拓片編號 02338 爲碑右，共十行字，滿行約五十三字；拓片編號 02339 爲碑左，共十行字，滿行約三十九字。碑文撰者刑部右侍郎丁元亨。年代署作景興（Cảnh Hưng）四年（1743），景興爲後黎顯宗（Lê Hiển Tông）黎維祧（Lê Duy Diêu）年號，同年爲清乾隆八年，歲次癸亥。拓片現藏於漢喃研究院。

碑文記載扶寧社歷經戰火，以致社寺會錢花費等無所籌措，故“温厚勤恪大王”之妻阮氏度捐古錢一百貫錢及田二畝二分，以兹救濟。扶寧社民感念阮氏度之義舉，乃尊其父母阮福衍、阮氏慈宣爲後佛，以報答其恩情。碑文末記有供祭儀式、品項及田地所在位置。

一三〇　扶寧社阮福衍夫妻後佛碑記

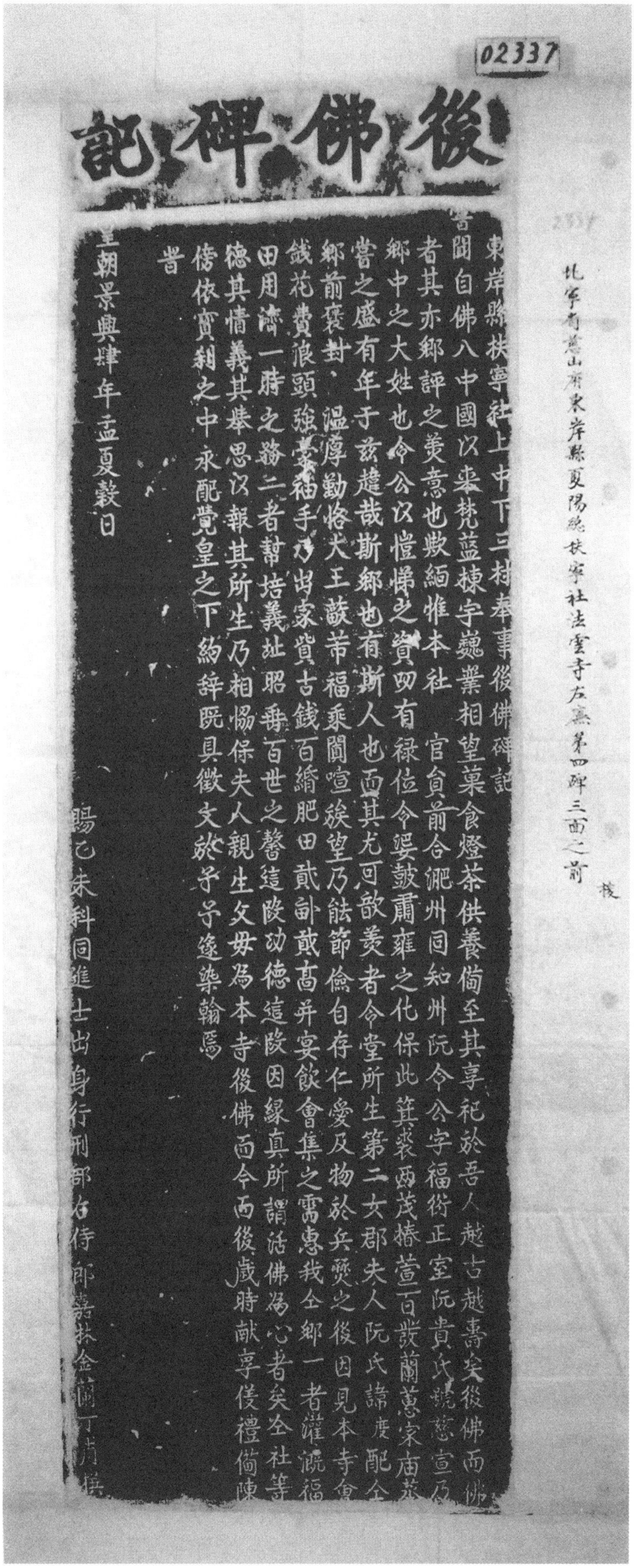

02337

後佛碑記

東岸縣扶寧社上中下三村奉事後佛碑記
嘗聞自佛入中國以來梵藍棟宇巍業相望菓食燈茶供養備至其享祀於吾人越古越壽矣後佛而佛
者其亦鄉評之美意也歟緬惟本社　官貟前合淝州同知州阮令公字福衍正室阮貴氏號慈宣乃
鄉中之大姓也令公以愷悌之資四有祿位令嬰鼓肅雍之化保此箕裘而茂椿萱百歲蘭蕙家庙蒸
嘗之盛有年于茲趍哉斯鄉也有斯人也而其尤可欽羡者令堂所生第二女郡夫人阮氏諱度配今
鄉前褒封，溫厚勤恪大王蘇苐福乘閶喧簇望乃能節儉自存仁愛及物於兵燹之後因見本寺會
錢花費浪頭強豪袖手乃出家貲古錢百緡肥田貳畝貳高并宴飲會集之需惠我全鄉一者灌溉福
田用濟一時之務二者幫培義址昭垂百世之馨這陂功德這陂因緣真所謂活佛爲心者矣全社等
德其情義其舉思以報其所生乃相協保夫人親生父母為本寺後佛而今而後歲時献享儀禮備陳
傍依寶刹之中永配覺皇之下約辭既具徵文於予予遂染翰焉
普
皇朝景興肆年孟夏穀日
賜乙未科同進士出身行刑部右侍郎嘉林金蘭丁甫撰

北寧省慈山府東岸縣夏陽總扶寧社法雲寺左廡第四碑三面之前

編號：02337　出自《拓片總集》第三册（下同）

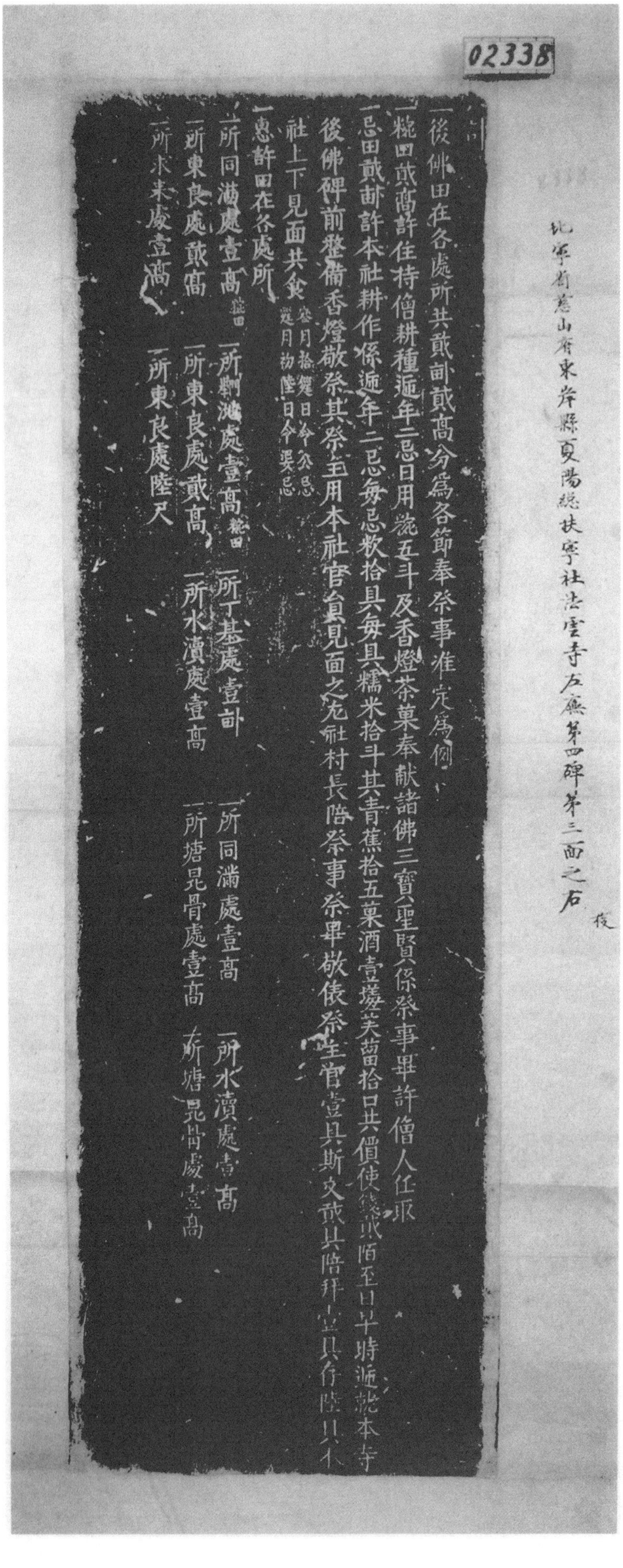
02338
北寧省慈山府東岸縣夏陽總扶寧社法雲寺左廡第四碑第三面之右

一後佛田在各處所共貳畝貳高分爲各節奉祭事准定爲例
一糙田貳高許住持僧耕種逓年二忌日用糙五斗及香燈茶菓奉献諸佛三寶八聖賢係祭事畢許僧人任取
一忌田貳畝許本社耕作係逓年二忌每忌粿拾具每具糯米拾斗共青蕉拾五菓酒壹壜芙蔔拾口共價使錢貳陌至日早時逓號本寺
後佛碑前整備香燈敬祭其祭主用本社官員見面之宄社村長陪祭事祭畢敬俵祭主官壹具斯文貳具陪拜壹具仵陸具不
社上下見面共食 癸月拾𩛖日令忝忌 選月初陸日令晏忌
一恩許田在各處所
一所同滿處壹高糙田 一所𠛌滝處壹高糙田 一所丁基處壹畝 一所同滿處壹高 一所水瀆處壹高
一所東良處貳高 一所東良處貳高 一所水瀆處壹高 一所塘晃骨處壹高 一所塘晃骨處壹高
一所水来處壹高 一所東良處陸尺

編號：02338

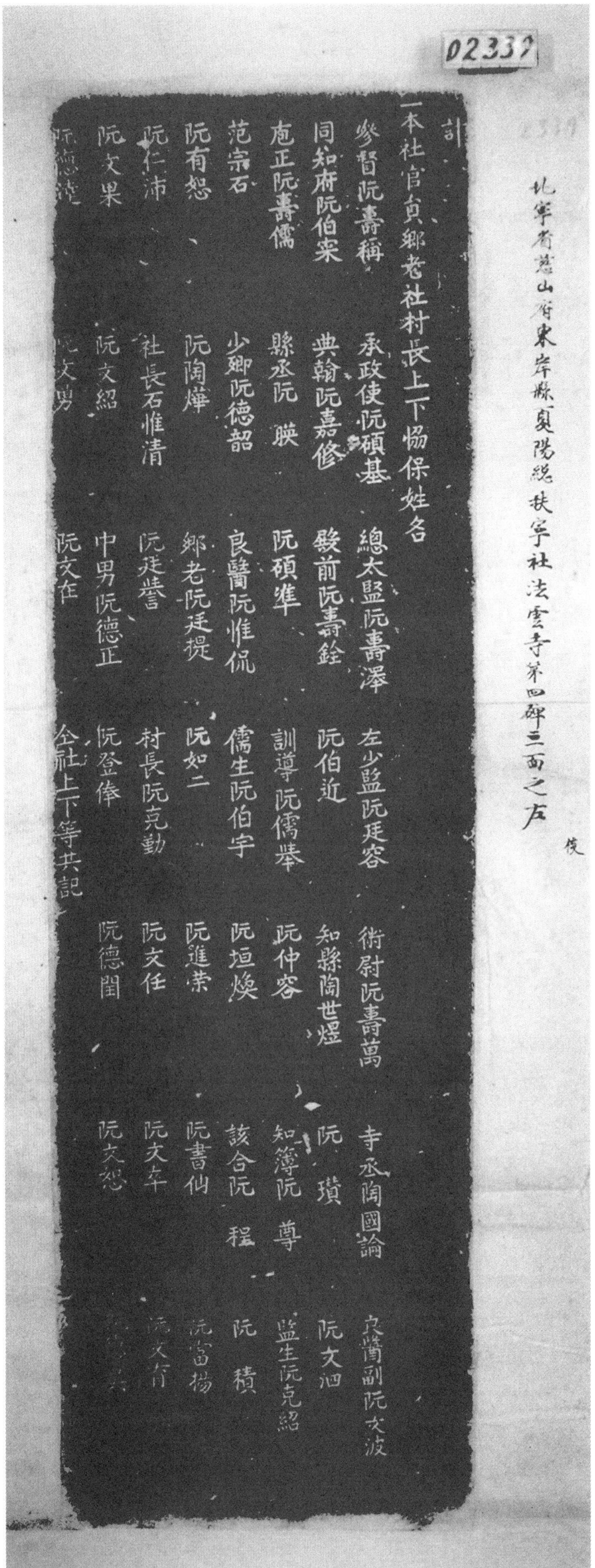
02339
北寧省慈山府東岸縣奧陽總扶寧社法雲寺第四碑三面之左
計
一本社官員鄉老社村長上下協保姓名
參督阮壽稱　承政使阮碩基　總太監阮壽澤　左少監阮廷容　衛尉阮壽萬　寺丞陶國論　良醫副阮文波
同知府阮伯案　典翰阮嘉修　殿前阮壽銓　阮伯近　知縣陶世煜　阮瓚　阮文泗
庵正阮壽儒　縣丞阮瑛　阮碩準　訓導阮儒埣　阮仲容　知簿阮尊　監生阮克紹
范宗石　少卿阮德韶　良醫阮惟侃　儒生阮伯宇　阮垣煥　該合阮程　阮積
阮有恕　阮陶燁　鄉老阮廷提　阮如二　阮進崇　阮書仙　阮當揚
阮仁沛　社長石惟清　阮廷瞽　村長阮克勤　阮文任　阮文卒　阮文育
阮文果　阮文紹　中男阮德正　阮登俸　阮德閭　阮文恕　[illegible]
阮德澄　阮文勇　阮文在　仝社上下等共記

編號：02339

釋文

【後佛碑記】

東岸縣扶寧社上中下三村奉事後佛碑記[①]

嘗聞自佛入中國以來，梵藍棟宇，巍業相望，果食燈茶，供養備至，其享祀於吾人越古越壽矣。後佛而佛/者，其亦鄉評之美意也歟！

緬惟本社　官員、前合淝州同知州阮令公，字福衍；正室阮貴氏，號慈宣，乃/鄉中之大姓也。令公以愷悌之資，叨有禄位，令婆皷肅雍之化[②]，保此箕裘[③]，兩茂椿萱，百發蘭蕙，家廟蒸/嘗[④]之盛，有年于兹㨗哉。斯鄉也，有斯人也。而其尤可歆羡者，令堂所生第二女、郡夫人阮氏諱度，配仝/鄉前褒封　温厚勤恪大王，蔽芾[⑤]福乘，闐喧族望，乃能節儉自存，仁愛及物。於兵燹之後，因見本寺會/錢花費浪頭，强豪袖手，乃出家貲古錢百緡，肥田貳畝貳高，并宴飲會集之需，惠我仝鄉。一者灌溉福/田，用濟一時之務；二者幫培義址，昭垂百世之馨。這段功德，這段因緣，真所謂活佛爲心者矣。仝社等/德其情，義其舉，思以報其所生，乃相協保夫人親生父母爲本寺後佛。而今而後，歲時獻享，儀禮備陳，/傍依寶刹之中，永配覺皇[⑥]之下。約辭既具，徵文於予，予遂染翰焉。/

時/

---

① 此爲拓片編號02337碑題。今依内容及性質重定篇題爲“扶寧社阮福衍夫妻後佛碑記”。

② “肅雍之化”，典出《詩經·國風·召南·何彼襛矣》：“何彼襛矣，唐棣之華，曷不肅雝，王姬之車。”毛亨傳：“肅，敬；雝，和。”

③ “箕裘”，指濡染之下，子承父業。《學記·禮記》：“良冶之子，必學爲裘；良弓之子，必學爲箕；始駕者反之，車在馬前。君子察於此三者，可以有志於學矣。”

④ “蒸嘗”，即“烝嘗”。《詩經·小雅·鹿鳴之什·天保》：“吉蠲爲饎，是用孝享。禴祠烝嘗，于公先王。君曰卜爾，萬壽無疆。毛亨傳：“春曰祠，夏曰禴，秋曰嘗，冬曰烝，公事也。”

⑤ “蔽芾”，小的意思。典出《詩經·國風·召南·甘棠》：“蔽芾甘棠，勿翦勿伐，召伯所茇。”毛亨傳：“蔽芾，小貌。”

⑥ “覺皇”，有兩解，其一即佛，覺悟真理者之意。亦即具足自覺、覺他、覺行圓滿，如實知見一切法之性相，成就等正覺之大聖者。乃佛教修行之最高果位。其二則爲越南竹林禪派的創立人陳仁宗。陳仁宗嗣法於無言通法系之慧忠，自號香雲大頭陀、竹林大士。重興九年（1293）禪位，赴安子山紫霄峰修行，興隆十六年（1308）於安子山卧雲庵入寂，世壽五十一，謚號“大聖陳朝竹林頭陀醒慧覺皇御祖佛”，所開創之宗派，被稱爲竹林禪派、安子山派。後世稱之爲竹林第一祖，在教義上陳仁宗融合了毗尼多流支、無言通、草堂和臨濟禪派，形成屬於越南本土的越南禪宗系統，也將越南宗教帶入“一宗佛教”的路途。

皇朝景興肆年[①]孟夏穀日/

賜乙未科同進士出身、行刑部右侍郎、嘉林金蘭丁甫[②]撰[③]/

計/

一後佛田在各處所，共貳畝貳高，分爲各節奉祭，事准定爲例。/

一𥻸田貳高，許住持僧耕種，遞年二忌日用𥻸五斗，及香、燈、茶、果奉獻諸佛、三寶、聖賢，係祭事畢，許僧人任取。/

一忌田貳畝，許本社耕作，係遞年二忌，每忌�[④]拾具，每具糯米拾斗，其青蕉拾五，果酒壹埕，芙蒥[⑤]拾口，共價使錢貳陌。至日早時遞就本寺/後佛碑前，整備香燈敬祭。其祭主用本社官員，見面之左社村長陪祭。事祭畢，敬俵祭主官壹具，斯文貳具，陪拜壹具，存陸具，本/社上下見面共食叁月拾玖[⑥]日令公忌/玖月初陸日令婆忌。/

一惠許田在各處所：/

一所同満處壹高𥻸田，一所闥沚處壹高𥻸田，一所丁基處壹畝，一所同滿處壹高，一所水瀆處壹高。/

一所東良處貳高，一所東良處貳高，一所水瀆處壹高，一所塘昆骨處壹高，一所塘昆骨處壹高。/

一所求耒處壹高，一所東良處陸尺。/[⑦]

計/

一本社官員鄉老社村長上下協保姓名：/

參督阮壽稱，承政使阮碩基，總太監阮壽澤，左少監阮廷容，衛尉阮壽萬，寺丞陶國論，良醫副阮文波，/同知府阮伯宲，典翰阮嘉修，殿前阮壽銓，阮伯近，知縣陶世煜，阮瓚，阮

---

① “皇朝景興肆年”，當清乾隆八年（1743），歲次癸亥。

② “丁甫”，或即丁元亨，《鼎鍥大越歷朝登科録》後黎裕宗永盛十一年（1715）乙未科第三甲同進士出身計十八人。嘉林金蘭丁姓僅丁元亨一人。又《登科録》記：“丁元亨，嘉林金蘭人，三十三中。仕至兵部左侍郎，侯爵致仕起復贈尚書。”最高官職爲兵部左侍郎，與本碑所載行刑部右侍郎不同。

③ 以上爲拓片編號 02337 之内容。

④ “粄”，喃字，糯米的意思，下同不另注。

⑤ “芙蒥”，是一種藤類的植物，越文作 Cây lá trầu。與檳榔同爲喜慶時必有之象徵性植物，尤其是在傳統婚俗文化中，檳榔、芙蒥與石頭（石灰）是兄弟和睦、夫妻相恩相愛之象徵。可以參見《嶺南摭怪列傳·檳榔傳》。迄今越南傳統式的婚禮仍然採用芙蒥、酒、檳榔等物作爲重要的禮物。

⑥ “玖”，碑原作“𤤻”，爲越南避諱字，下同不另注。

⑦ 以上爲拓片編號 02338 之内容。

文泗，/庖正阮壽儒，縣丞阮映[①]，阮碩準，訓導阮儒舉，阮仲容，知簿阮尊，監生阮克紹，/范宗石，少卿阮德韶，良醫阮惟侃，儒生阮伯宇，阮垣煥，該合阮程，阮積，/阮有恕，阮陶燁，鄉老阮廷提，阮如二，阮進榮，阮書仙，阮富揚，/阮仁沛，社長石惟清，阮廷譽，村長阮克勤，阮文任，阮文卒，阮文育，/阮文果，阮文紹，中男阮德正，阮登俸，阮德聞，阮文恕，阮德昊，/阮德達，阮文勇，阮文在，仝社上下等共記。/[②]

題後

法雲寺内共立有十二通碑誌，如下表：

編號	篇題	年代	位置
02329/02330	後佛碑記	後黎顯宗景興四十五年（1784）	寺左廡第一碑
02331/02332	後佛碑記/流傳萬代	後黎顯宗景興四年（1743）	寺右廡第二碑
02333/02334	後佛碑記	後黎顯宗景興二年（1741）	寺第二碑
02335/02336	後佛碑記	後黎裕宗永盛十五年（1719）	寺左廡第五碑
02337-02339	扶寧社阮福衍夫妻後佛碑記*	後黎顯宗景興四年（1743）	寺左廡第四碑
02340-02342	重修法雲寺碑記*	後黎純宗龍德二年（1733）	寺右廡第一碑
02343/02344	流傳萬代/後佛碑記	後黎裕宗保泰八年（1727）	寺左廡第三碑
02437/02438	後佛碑記	庚戌年	寺右廡第五碑
02459-02461	後佛碑記	後黎嘉宗德元二年（1674）	寺後宫左邊一碑
02462	後佛碑記	後黎顯宗景興二十二年（1761）（“景興”二字被鑿，但仍可辨）	寺右廡第六碑
02464/02465	寶信碑記/流傳萬代	後黎純宗龍德二年（1733）	寺右廡第四碑
02467/02468	扶寧社奉事後佛碑記	癸丑年	寺右廡第三碑

注：* 表示此篇已收入本書。

① “映”，碑文原作“暎”。
② 以上爲拓片編號 02339 之内容。

一三一　重修法雲寺碑記

引言

碑立於北寧省東岸縣夏陽總扶寧社法雲寺，爲寺右廡第一碑。碑刻三面，拓片編號 02340/02341/02342。拓片編號 02340 爲碑前，共十九行字，滿行三十五字，碑題“重修法雲寺碑記”七字，今依此爲篇題；拓片編號 02341 爲碑右，共六行字，滿行約四十四字；拓片編號 02342 爲碑左，共六行字，滿行約四十六字。碑文撰者參從兵部尚書兼東閣大學士、知翰林院事范謙益。年代署作龍德（Long Đức）二年（1733），龍德爲後黎純宗（Lê Thuần Tông）黎維祥（Lê Duy Tường）年號，同年爲清雍正十一年，歲次癸丑。拓片現藏於漢喃研究院。

碑文主記寧郡公阮長捐資重修法雲寺一事。扶寧社因感念寧郡公阮長重修寺廟的恩德，故立碑以詠阮長之德，碑末並記録官田、私田位置與處理情況，和供祭儀式規定。

重修法雲寺碑記
浮屠氏以精舍住三寶以象教悟衆生規摸壯麗色相莊嚴蓋將以顯神通攝歸止兆徒
雄美觀而已東岸扶寧法雲寺迺清華處留守總太監都指揮使司都指揮使寧郡公之所
營修也公姓阮諱長以帷幄之迹臣當屏翰之重任門施棨戟家裕鼎鍾波潤浹乎北鄰餘
澤及乎州里方且廣慈悲之善念勤積累之陰功不吝貲財力行方便見邑中古剎地猶宮
區制未潵宏乃卜經營用縶式廓奧區四闢福扯增若封木泉來尾礴山積背公輸之繩墨
延匠石之斧斤以辛亥孟春起工粵壬子仲夏慶成殆見香宇日明寶坊雲擕殿堂輪奐
擅牕牖於後前廊宇周迴欄檻彈聯於左右畫棟雕梁之璀璨星窻月户之玲瓏鍾樓鼓閣
對峙東西僧舍齋廚區分內外限俗之垣墻數仞濟人之門路四通貝樹曇花環列堦砌用
儼萃靄交擁儲胥恍然烟村塵界中幻出般若之樓臺祇園之景色昔簡而今備昔陋而今
豈一鄉之粉黛增華閭境之緇黃胥慰這般功德可謂光前而振後矣繼今以往善人君子
生斯邑者覩公之願力則思踵其步武而感發乎良心因公之舊貫則思繼其用葺而重新
乎德構將見法雲棟宇翬飛鳥革與浩刼而長存我公福澤川匯河流等恒沙而不竭其惠
溥矣豈但一時之稱譽一邑之瞻仰而已哉爰勒貞珉用垂永世
昔一原本社有官土壹坵在午斧美處壹高半於上上年前親叔寧郡公有私田壹所壹高
半坐落耒處茲得替易官土為私土私田為官田
皇朝龍德萬萬年之二歲在癸丑季冬穀旦
賜庚寅科第一甲進士及第第三名參從兵部尚書
兼東閣大學士知翰林院事少保述郡公范敬齋撰

北寧省東岸縣夏陽總扶寧社法雲寺右廡第一碑三面之前

編號：02340　出自《拓片總集》第三冊（下同）

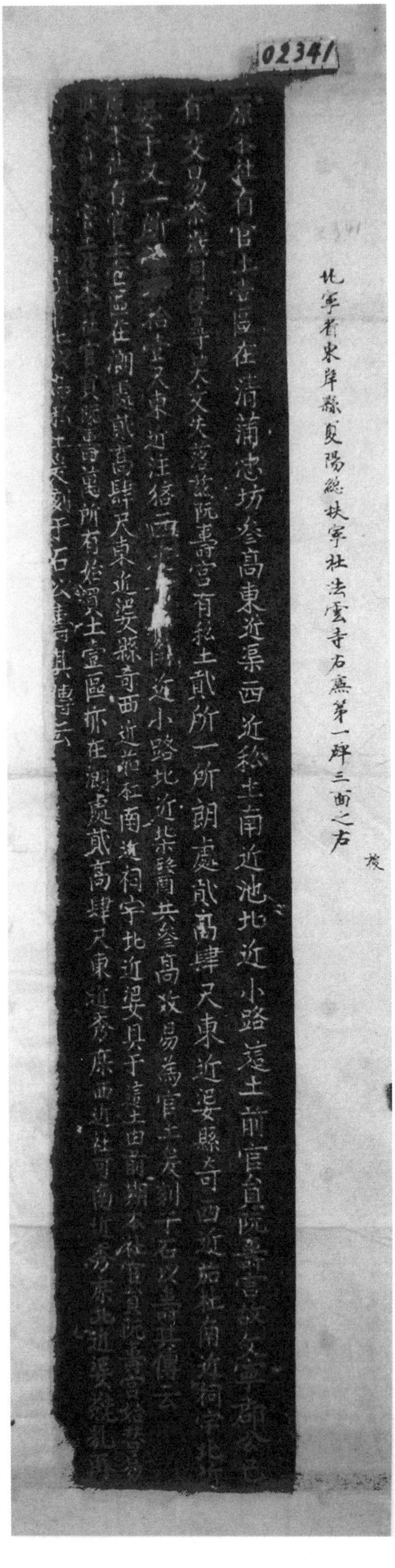
02341
北寧省東岸縣夏陽總扶寧社法雲寺右廡第一碑三面之右

編號：02341

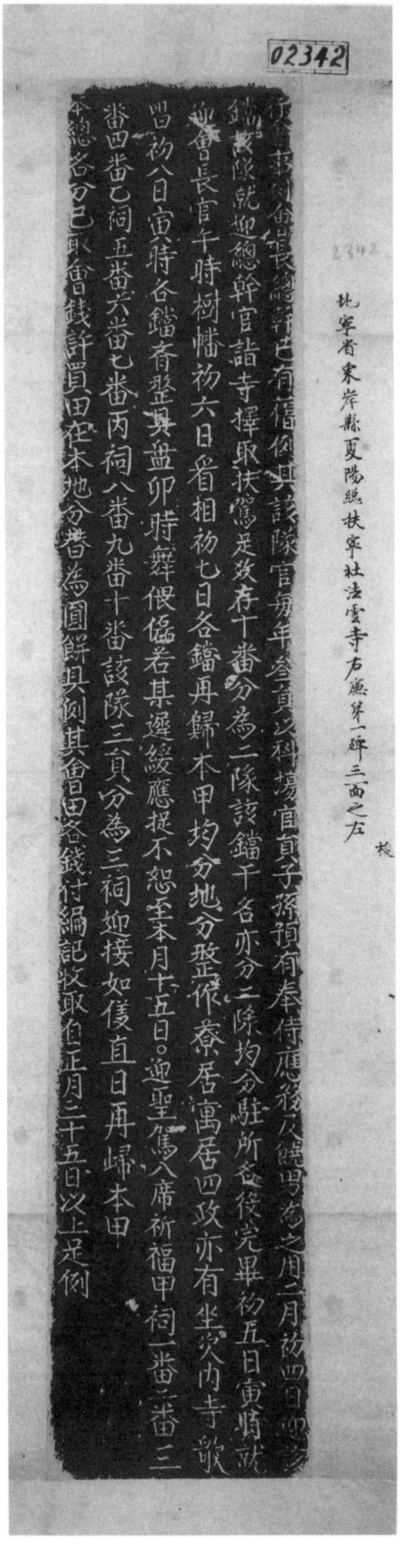
02342
北寧省東岸縣夏陽總扶寧社法雲寺右廡第一碑三面之左

編號：02342

釋文

重修法雲寺碑記[①]

浮屠氏以精舍住三寶，以象教悟衆生，規模壯麗，色相莊嚴，蓋將以顯神通、攝歸止，非徒誇/耀美觀而已。東岸扶寧法雲寺迺清華處留守總太監、都指揮使司都指揮使、寧郡公之所/營修也。公姓阮，諱長，以帷幄之途，臣當屏翰之重任，門施棨戟，家裕鼎鍾，波潤浹乎比鄰，餘/輝及乎州里，方且廣慈悲之善念，勤積累之陰功。不吝貲財，力行方便，見邑中古刹地猶窄/隘，制未敞宏，乃卜經營，用新[②]式廓，奥區四闢，福址增培，材木泉來，瓦磚山積，督公輸[③]之繩墨，/運匠石之斧斤。以辛亥初春起工，粤壬子仲夏慶成，殆見香宇日明，寶坊雲構，殿堂輪奂，簷/楹晻映[④]於後，前廊宇周迴，欄檻蟬聯於左右，畫棟雕梁之璀燦，星鼓[⑤]月户之玲瓏。鍾樓皷閣，/對峙東西；僧舍齋厨，區分内外。限俗之垣牆數仞，濟人之門路四通。貝樹曇花，環列堦砌；丹/霞翠靄，交映儲胥。恍然烟村，塵界中幻出，般若之樓臺，祇園之景色，昔簡而今備，昔陋而今/豐，一鄉之粉黛增華，闔境之緇黄[⑥]胥慰，這般功德，可謂光前而振後矣。繼今以往，善人君子/生斯邑者，覩公之願力，則思踵其步武，而感發乎良心，因公之舊貫，則思繼其丹茨而重新/乎。巍構將見，法雲棟宇，翬飛鳥革[⑦]，與浩劫[⑧]而長存；我公福澤，川匯河流，等恒沙[⑨]而不竭，其惠/博矣。豈但一時之稱譽，一邑之瞻仰而已哉，爰勒

---

① 此爲拓片編號 02340 碑題，今依此爲篇題。

② “新”，碑文原作諱字，越南有私諱，多於和字元字上加“巛”，漢字左右對調。下同逕改不另出注。

③ “公輸”，春秋時期有名的工匠家族。《禮記·檀弓下》：“季康子之母死，公輸若方小，斂，般請以機封。”鄭玄注：“公輸若，匠師也。般、若之族，多伎巧者也。”

④ “映”，碑原作“暎”，下同不另注。

⑤ “鼓”，碑原作“皷”，另兼正字，故改。

⑥ “緇黄”，指僧人與道士。

⑦ “翬飛鳥革”，形容宫室華麗壯觀。《詩經·小雅·鴻鴈之什·斯干》：“如跂斯翼，如矢斯棘，如鳥斯革。如翬斯飛，君子攸躋。”孔穎達疏：“毛以爲言宫室之制，如人跂足，竦此臂翼然；如矢之鏃，有此稜廉然；如鳥之舒，此革翼然；如翬之此奮飛然，宫室如此之美，君子所以升處也。”

⑧ “浩劫”，爲梵漢合璧語詞。浩指浩大、繁多的意思；劫是古印度時間的單位，也指極長的時間。《雜阿含經》卷三十四有芥子劫（梵語 sarsapopama-kalpa）、磐石劫（梵語 parvatopama-kalpa）之譬喻，《大藏法數》卷三十二有草木、沙細、芥子、碎塵、拂石等五大劫之名，皆説明劫之時量悠久無限，故又稱浩劫。

⑨ “恒沙”，見龍樹菩薩造，（後秦）鳩摩羅什譯《大智度論》卷七《大智度初品中放光釋論第十四》：“問曰：‘如閻浮提中種種大河，亦有過恒河者，何以常言恒河沙等？’答曰：‘恒河沙多，餘河不爾。’”

貞珉，用垂永世。/

時

一原本社有官土壹堰，在午弁義處，壹高半。於上上年前，親叔寧郡公有私田壹所，壹高/半，坐落來處，玆將替易官土爲私土、私田爲官田。/

皇朝龍德萬萬年之二歲在癸丑①季冬穀旦

賜庚寅科第一甲進士及第第三名、參從兵部尚書、/兼東閣大學士知翰林院事、

少保、述郡公范敬齋②撰/③

一原本社有官土壹區，在清蒲忠坊，叁高，東近渠、西近私土、南近池、北近小路。這土前官員阮壽宮故父寧郡公已/有交易，奈歲月侵尋，契文失落，玆阮壽宮有私土貳所，一所朗處貳高肆尺，東近娑縣、奇西近茄社、南近祠宇、北近/娑䊹；于又一所□□拾壹尺，東近注猝、西近□□、南近小路、北近柴醫共叁高，數易爲官土，爰刻于石，以壽其傳云。/

一原本社有官土壹區，在潮處貳高肆尺，東近娑縣、奇西近茄社、南近祠宇，北近娑。具于這土田，前期本社官員阮壽宮始替易/與本社爲官土，玆本社官員阮壽萬所有始買土壹區，亦在潮處，貳高肆尺，東近秀庶、西近社可、南近秀庶、北近娑䊹，乳再/浮替易，這依前項官土以爲私土，爰刻于石，以壽其傳云。/④

行會事例。會長總幹已有舊例，其該隊官每年叁員，以科場官員子孫預有奉侍應務及饒男爲之用，二月初四日迎該/鐺，該隊就迎總幹官，詣寺擇取，扶駕足數存十番，分爲二隊，該鐺千名，亦分二隊，均入駐所，各役完畢。初五日寅時就/迎會長官，午時樹幡，初六日看相，初七日各鐺再歸本甲，均分地分，整作寮居。寓居四政，亦有坐次，内寺歌/唱。初八日寅時，各鐺齊整具盤，卯時舞猥儡，若其遲緩，應捉不恕。至本月十五日〇迎聖駕入席祈福，甲祠一番二番三/番四番、乙祠五番六番七番、丙祠八番九番十番，該隊三員分爲三祠，迎接如儀，

① “皇朝龍德萬萬年之二歲在癸丑”，當清雍正十一年（1733）。

② “范敬齋”，即范謙益。《鼎鍥大越歷朝登科録》後黎裕宗永盛六年（1710）庚寅科第一甲進士及第第三名：“范謙益，嘉定寶篆人，貫嘉林金山。省元，三十二中，奉使，東閣第一。仕至吏部尚書、兼東閣大學士、太宰、述郡公，榮封功臣，出鎮統領，贈大司空。茂才之孫，茂異之堂孫，茂盛之弟，兄弟同朝，范公善之養子。”

③ 以上爲拓片編號 02340 之内容。

④ 以上爲拓片編號 02341 之内容。

直日再歸本甲。/

本總各分已取會錢，許買田在本地分替爲圓餅具例，其會田各錢付編記收取，自正月二十五日以上足例。/[1]

① 以上爲拓片編號 02342 之内容。

一三二　扶明、董園二社侍内監達郡公阮景溶福神後神碑記

引言

碑立於北寧省仙遊縣扶董總董園社園官處。碑刻四面，拓片編號 02365/02364/02366/02363。拓片編號 02365 爲碑前，共三十三行字，滿行約三十七字，碑題“侍内監達郡公碑記”八字，今依内容及性質重定篇題爲“扶明、董園二社侍内監達郡公阮景溶福神後神碑記”；拓片編號 02364 爲碑左，共十行字，滿行約三十七字；拓片編號 02366 爲碑後，共四十一行字，滿行約四十字；拓片編號 02363 爲碑右，共十二行字，滿行約四十五字。碑文撰者應是奉差察同提領四城提刑監察御史阮國靖。年代署作永盛（Vĩnh Thịnh）十二年（1716），永盛爲後黎裕宗（Lê Dụ Tông）黎維禟（Lê Duy Đường）年號，同年爲清康熙五十五年，歲次丙申。拓片現藏於漢喃研究院。

碑文記扶明與董園二社立達郡公阮景溶爲福神、後神之事。碑文前述達郡公阮景溶生平、官歷、財産分配與逝世後所享之禮制；由於阮景溶特將其財産中十塊田及一千貫錢，捐予其父母所籍之扶明和董園二社，後又爲董園社修建大亭，故兩社社民感激其恩情，尊其爲福神與後神，並在文末言明捐田所在位置與大小。

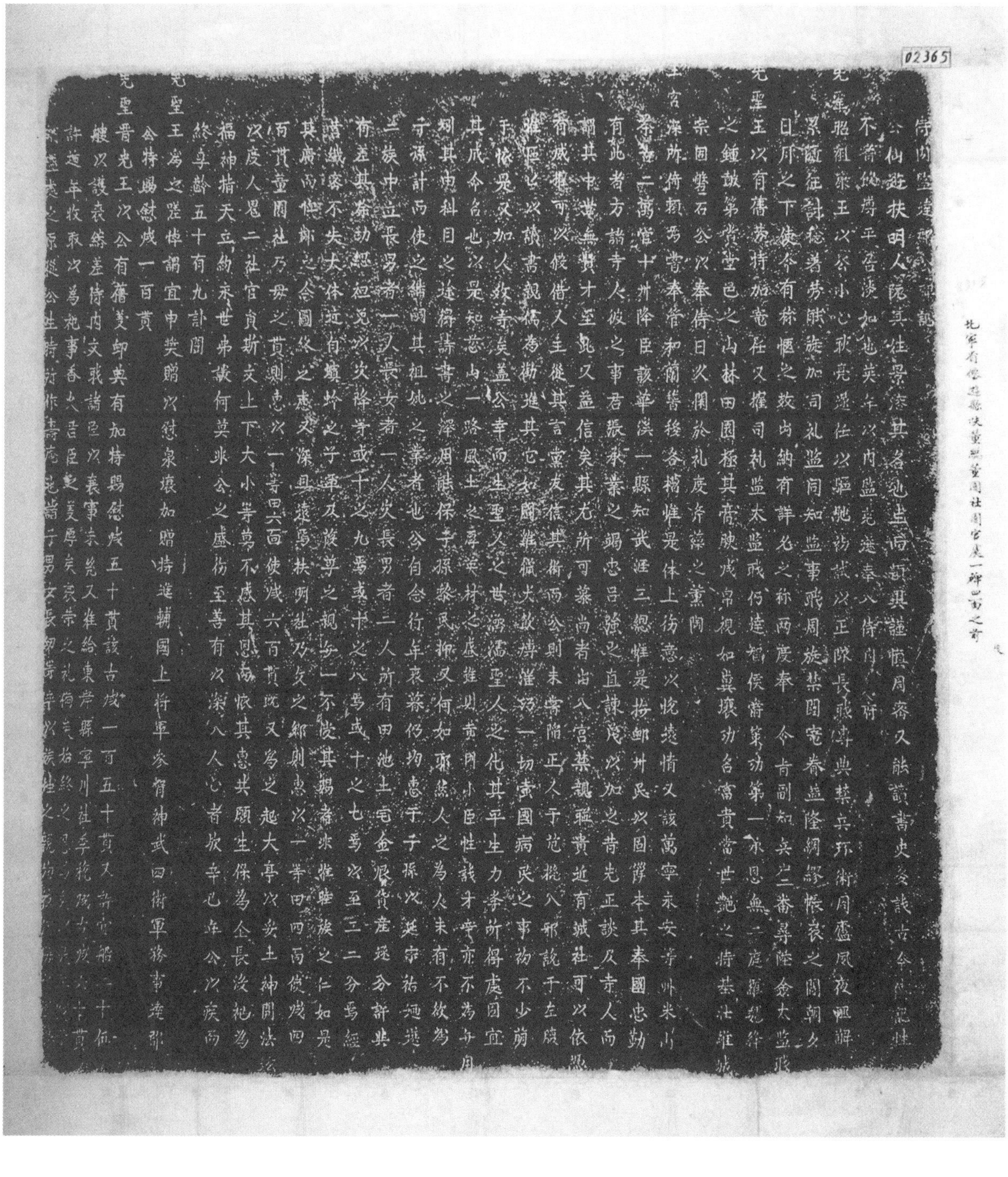

編號：02365　出自《拓片總集》第三册（下同）

02363
北寧省僊遊縣扶董總董團社團官庶一碑四面之左

編號：02363

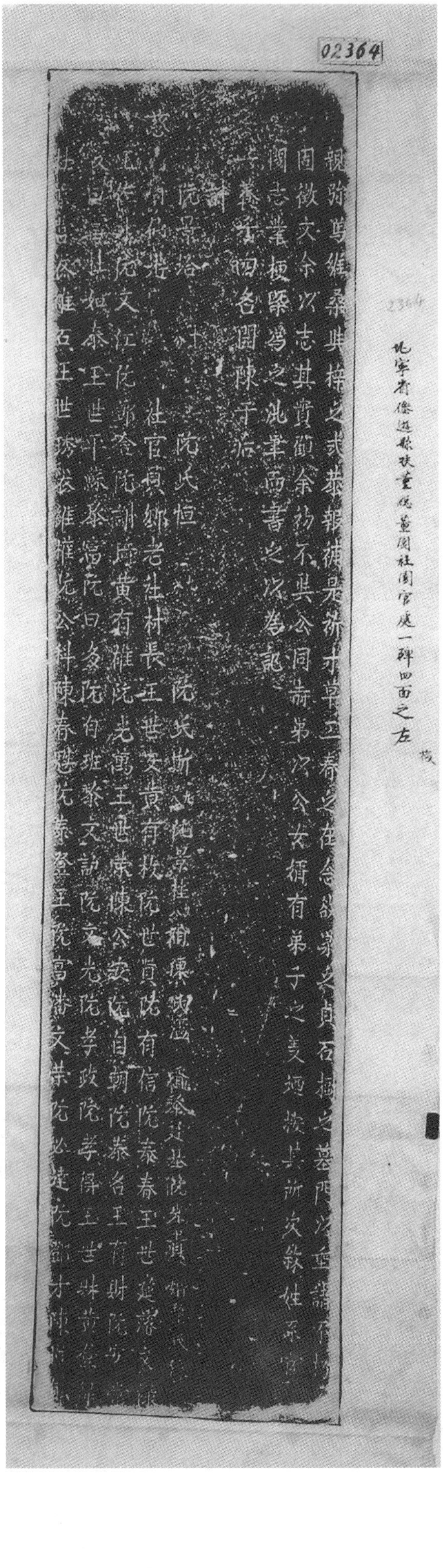
02364
北寧省僊遊縣扶董總董團社團官庶一碑四面之左

編號：02364

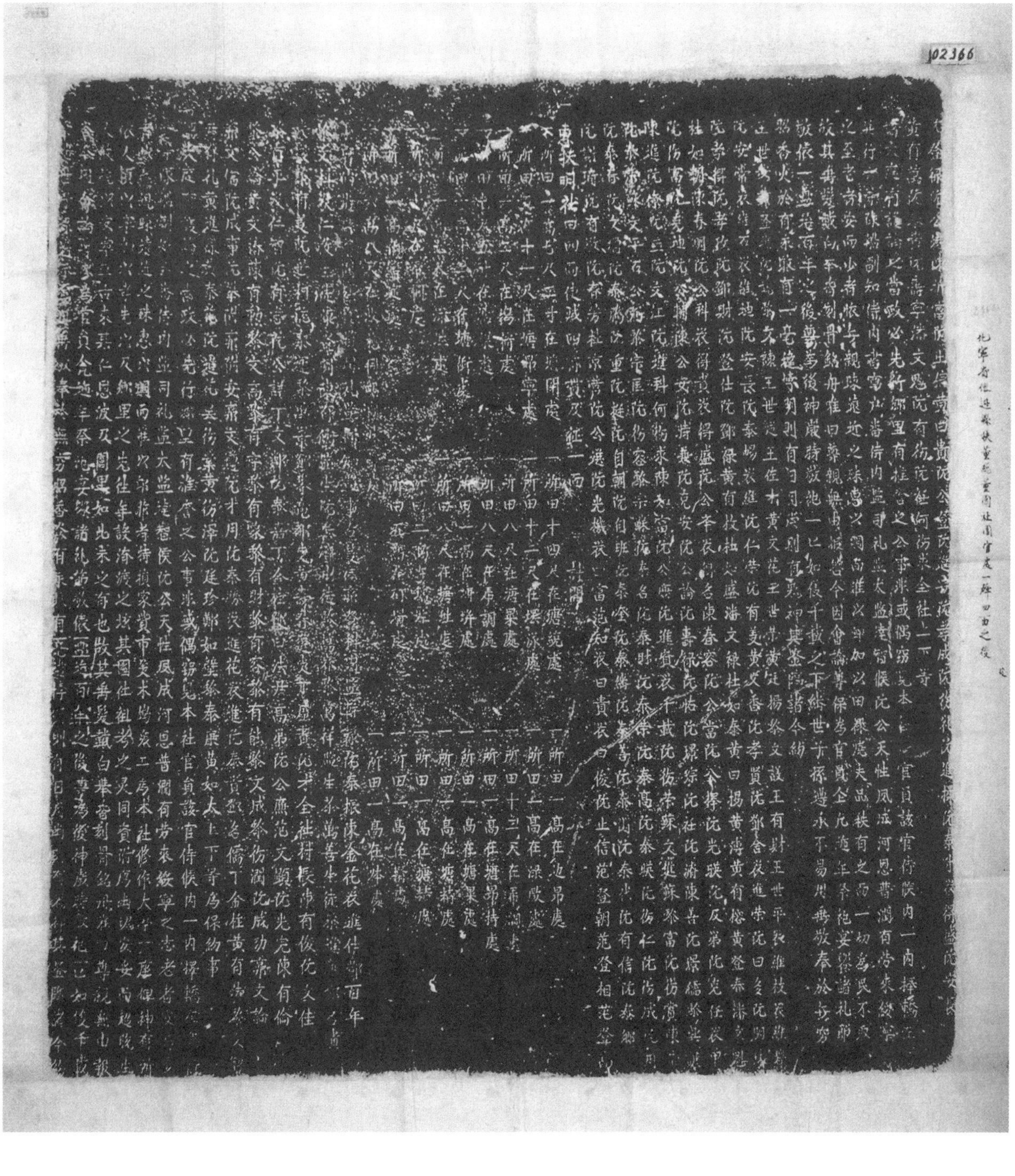

編號：02366

釋文

侍内監達郡公碑記[①]

公仙遊扶明人，阮其姓，景溶其名也。生而穎異，謹愼周密，又能讀書史，多識古今傳記，性/不嗜飲博，平居淡如也，英年以内監充選，奉入侍内　府。/　　　　　先聖昭祖康王[②]以公小心耿亮，遂任以驅馳，初試以正隊長職，專典禁兵，環衘[③]周廬，夙夜匪解。/累隨征討，稔著勞能，旋加司禮監同知監事職，周旋禁闥，寵眷益隆，綢繆帳袞之間，朝夕/日月之下，使令有稱愜之效，出納有詳允之稱，兩度奉　令旨副知兵户二番，尋陞僉太監職。/

　先聖王以有舊勞，特加寵任，又擢司禮監太監職，仍達智侯爵，策功第一，承恩無二，庭羅魏絳/之鍾皷，第賞堂邑之山林，田園極其膏腴，錢帛視如糞壤。功名富貴，當世艷之。時基壯維城，/宗固磐石，公以奉侍日久，閑於禮度斧藻之薰陶，/　　　　　王宮深所倚賴焉。嘗奉管和蘭，稽移各槽，惟是體上德意，以悦遠情，又該萬寧、永安等州，米山、/茶古二萬，管十州降臣，該華溪一縣，知武涯三總，惟是撫卹州民，以固邦[④]本。其奉國忠勤/有如此者，方諸寺人彼之事君[⑤]，張承業之竭忠[⑥]，吕强之直諫[⑦]，蔑以加之。昔先正談及寺人，而/謂其中豈無賢才，至此又益信矣。其尤所可慕尚者，出入宫禁，親聯貴近，有城社可以依憑，/有威權可以假借，人主從其言，黨友信其術，而公則未嘗陷正人于危機，入邪説于左腹。/惟區區以讀書親儒爲勸進，其它如鬥雞、獵犬、飲博、淫巧，一切蠹國病民之事，初不少萌/于懷，是又加人數[⑧]等矣。蓋公幸而生聖人之世，涵濡聖人之化，其平生力學所得處，固宜/其成令名也。以是知慈山一路風土之厚，英材之盛，雖則黄門小臣，性識才華，亦不爲無用，/矧其由

---

① 此爲碑題，今重定篇題爲“扶明、董園二社阮景溶福神後神碑記”。

② “昭祖康王”，即鄭根。見《歷朝憲章類志・人物志・鄭王世系》。

③ “衘”，越南俗字，音義同“衛”，下同不另注。

④ “邦”，原爲避諱字，避後黎英宗（Lê Anh Tông）諱。

⑤ “寺人彼之事君”，“寺人彼”應作“寺人披”。《左傳・僖公二十四年》載寺人披請見晋文公，曰：“君命無二，古之制也。除君之惡，唯力是視。”

⑥ “張承業之竭忠”，張承業原爲唐僖宗時宦官，後任河東監軍，得到晋王李克用器重。唐亡後任職於晋，仍爲監軍。克用病故後，受命輔助幼主李存勗，以忠心、正直著稱。見新舊《五代史・唐莊宗本紀》。

⑦ “吕强之直諫”，吕强是東漢靈帝時的中常侍，漢靈帝原欲例封其爲都鄉侯，但吕强辭讓懇惻，以“非功臣不侯”以拒絶。屢屢上疏直諫，史稱其“清忠奉公”。見《後漢書・宦官列傳・吕强傳》。

⑧ “數”，碑文原作“效”，爲越南“數”之俗字。

科目之途，得詩書之澤，用能保子孫黎民，抑又何如耶？然人之爲人，未有不欲爲/子孫計，而使之繼嗣其祖妣之業者也。公自念行年衰暮，仍均惠于子孫，以延宗[①]祐，迺選/二族中立長男者一人，長女者一人，次長男者二人，所有田池土宅金銀貨産，逐分許與/有差，其餘功緦袒免，以次降等，或十之九焉，或十之八焉，或十之七焉，以至三二分焉。經/營纖密，不失大體，近自螟蛉之子，覃及葭莩之親[②]，無一不受其賜者。非惟睦族之仁如是/其廣，而恤鄰之念，圖終之慮，又深且遠焉。扶明社乃父之鄉，則惠以一等田四面[③]，使錢[④]四/百貫；董園社乃母之貫，則惠以一等田六面，使錢六百貫。既又爲之起大亭，以妥土神、開法壇，/以度人鬼。二社官員、斯文、上下大小等，莫不感其恩，而懷其惠，共願生保爲仝[⑤]長，没祀爲/福神，指天立約，永世弗諼。何莫非公之盛德至善，有以深入人心者歟！辛巳年公以疾而/終，享齡五十有九。訃聞，/　　　　　先聖王爲之嗟悼，謂宜申獎贈，以慰泉壤，加贈特進、輔國上將軍、參督神武四衛軍務事、達郡/公，特賜慰錢一百貫。/　　　　　先聖晋光王以公有舊義，卹典有加，特賜慰錢五十貫，該古錢一百五十貫，又許官船二十伍/艘以護喪，繼差侍内文職諸臣以襄事。未幾，又准給東岸縣寧川社季税錢古錢六十貫，/許遞年收取以爲祀事香火。君臣之義厚矣，哀榮之禮備矣，始終之恩篤矣。以是年窆于/𨵩隘處之原，從公生時所作壽庵也。諸子男女長幼等率以族姓之親，均被河海之渥。尊[⑥]/親彌篤，維桑與梓之式恭；報補是祈，寸草三春之在念。欲篆之貞石，樹之墓門，以垂諸不朽。/固徵文余，以志其實。顧余初不與公同時，弟以公女婿有弟子之義，迺按其所次敘姓系官，/閱志業梗槩，爲之泚筆而書之，以爲記。/

一養子四名，開陳于後[⑦]。/

計/

阮景塔十/分，阮氏恒九/分，阮氏斯九/分，阮景桂九/分、婚陳氏□、婿黎廷基、阮光貴、婚

---

① “宗”，缺筆，爲避諱字。避越南及中國歷代皇帝的廟號。

② “葭莩之親”，謂比較疏遠的親戚。《漢書·景十三王傳·中山靖王勝傳》：“今羣臣非有葭莩之親，鴻毛之重，朋友相爲，使夫宗室擯却，骨肉冰釋。斯伯奇所以流離，比干所以横分也。”晋灼曰：“莩，葭裏之白皮也，皆取喻於輕薄也。”

③ “面”，即畝。

④ “使錢”，見《欽定越史通鑑綱目·正編》卷二十一“後黎盛宗光順八年”注“使錢、古錢”引黎貴惇《芸臺類語》云：“北人以百文爲一陌。本國以三十六文爲一陌，謂之‘使錢’；六十文爲一陌，謂之‘古錢’。‘使錢’十陌，乃是‘古錢’六陌，準爲‘使錢’一貫。其‘古錢’十陌乃使錢之一貫六陌四十文。使錢别名閒錢，古錢别名貴錢。”

⑤ “仝”，喃字，有“主”“長”的意思。

⑥ 以上爲拓片編號 02365 之内容。

⑦ “後”，碑原作“后”，另兼正字，故改。

黎氏焠。/

慈山府仙遊縣□□□社，官員、鄉老、社村長王世安、黄有枚、阮世賢、阮有信、阮泰春、王世延、藩文禄、/王佐才、阮文江、阮鄧舍、阮謝琦、黄有雄、阮光萬、王世榮、陳公安、阮自朝、阮泰名、王有財、阮安常、/裴曰富、杜如泰、王世平、蘇黎富、阮曰多、阮自班、黎文護、阮文光、阮孝政、阮孝得、王世財、黄登禄、/杜京營、裴維石、王世琇、裴維權、阮公科、陳春魁、阮泰登、王阮富、潘文榮、阮必達、阮鄧才、陳惟能[①]、/阮登禄、阮公選、陳折富、阮止信、黄曰貴、阮公登、阮進爵、阮孝成、阮德禮、阮進操、阮泰才、裴得盛、阮安長、/黄有萬、阮泰貴、阮壽寧、潘文魁、阮有德、阮袏、何德求、全社上下等。/

嘗謂大庭有議論之當，政必先行；鄉里有推譽之公，事非或偶。竊見本社　官員該官侍候内一内擇轄左/并行，一等隊船副、知侍内書寫户番、侍内監司禮監太監、達智侯阮公，天性夙成，河恩普潤。有勞來綏寧/之至，老者安而少者懷；無親疏遠近之殊，惠以賙而難以卹。加以田禄錢，夫品秩有之，而一切爲民不取，/故其垂髮戴白[②]，舉皆刻骨[③]銘丹[④]。唯曰尊親無由報答，今因會論，尊保爲官員，仝凡遞年祭祀宴饗，諸禮節/敬俵一盤。迨百年之後，尊爲後神，歲時敬祀，一一如儀。千載之下，繼世子孫，遵承不易，用垂敬奉於無窮，/昭香火於有永，敢有一毫違悖，明則有日月，幽則有鬼神，其鑒臨諸今約。/

王世安、黄登進、阮説、黎文諫、王世迎、王佐才、黄文花、王世榮、黄廷揚、黎文議、王有財、王世平、裴維枝、裴維碧、/阮安常、裴維石、裴維迪、阮安長、阮泰暢、裴維、阮仁榮、阮有義、黄文香、阮孝賢、阮鄧舍、裴進榮、阮曰多、阮明珠、/阮孝得、阮孝政、阮鄧財、阮登仕、阮鄧禄、黄有枚、杜如盛、潘文禄、杜如泰、黄曰揚、黄溥、黄有榕、黄登春、潘文魁、/杜如朝、陳春明、阮公科、裴得貴、裴得盛、阮公舉、裴得名、陳春容、阮公當、阮公擇、阮光映[⑤]、阮及第、阮克任、裴甲、/阮德富、阮克迪、阮公輔、陳公安、阮時兼、阮克安、阮公論、阮壽禄、阮祐、阮璟琮、阮袏、阮濬、陳善、阮璟儒、黎興護、/陳進、

---

① 以上爲拓片編號02364之内容。

② “垂髮戴白”，指童幼及父老。《後漢書·鄧寇列傳·鄧禹傳》：“禹所止輒停車住節，以勞來之，父老童穉，垂髮戴白，滿其車下，莫不感悦，於是名震關西。”李賢注：“垂髮，童幼也。戴白，父老也。”

③ “刻骨”，形容感受很深，難以忘却。《後漢書·皇后本紀·馬皇后》：“帝省詔悲歎，復重請曰：‘漢興，舅氏之封侯，猶皇子之爲王也。太后誠存謙虚，奈何令臣獨不加恩三舅乎？且衛尉年尊，兩校尉有大病，如令不諱，使臣長抱刻骨之恨。宜及吉時，不可稽留。’”

④ “銘丹”，見《全唐文·李嶠·上巡察覆囚使歷城張明府書》：“貞筠範操，秉楛羽以銘丹；秀蕤敷簡，搴菁華而抒素。”

⑤ “映”，碑原作“暎”，下同不另注。

阮僚、阮並、阮文江、阮進科、何德求、陳如富、阮公庶、阮進資、裴千載、阮德榮、蘇文進、蘇黎富、阮德賞、陳瑩、/阮泰榮、蘇文平、石公弼、黎宗匡、阮德容、黎宗蘇、阮泰名、阮泰財、阮泰榮、阮泰高、阮泰映、阮德仁、阮德成、阮用、/阮泰春、阮文增、阮泰騰、阮重、阮挺、阮自朝、阮自班、阮泰奎、阮泰繼、阮泰善、阮泰山、阮泰代、阮有信、阮泰鄉、/阮謝琦、阮有敬、阮春芳、杜京營、阮公選、阮光機、裴曰富、范知、裴曰貴、裴曰俊、阮止信、范登朝、范登相、范登高。/

一惠扶明社田四面，使錢四百貫，及鉦一面。

計開：/

一所田一高七尺二寸在塘閉處，一所田十四尺在塘繞處，一所田一高在邊昂處。/

一所田一高十一尺在塘昂寧處，一所田十二尺在擺漾處，一所田一高在渌飲處。/

一所田一高二尺在搗猗處，一所田八尺在塘杲處，一所田十三尺在遞調處。/

一所田七尺五寸在塘梁處，一所田八尺在遞調處，一所田一高在塘昂持處。/

一所田一高十二尺在塘衝處，一所田一高在塘垪處，一所田一高在塘杲處。/

一所田一高七尺在渌□處，一所田八尺在塘址處，一所田一高在塘精處。/

一所田十尺在遞調處，一所田二高在塘垼處，一所田一高在塘精處。/

一所田一高在□□□處，一所田五高在矿堉處，一所田一高在精處。/

一所田六高八尺在收施同韶同□□處，一所田一高在鉢處。/

慈山府仙遊縣□□社官員司禮監同知監事、右義□□登科□監幹禄[1]阮泰振、陳金花、裴進仕、鄧百年、/黎文科、裴仁敬、生徒陳登朝、陳有□，監生阮泰□、生徒黎萬春、黎萬祥，監生黎萬善、生徒黎進廉、鄧名瓆、/阮□、黎有義、阮世柯、阮泰運、黎萬景、鄧攀龍、都吏黄壽春、選吏丁盛貴、阮才全，社村長陳有俊、阮文佳、/黎有平、裴仁智、阮有志、阮公詳、丁文鄰、阮泰嘉、丁金桂、鄧曰法、尹高第、阮公廉、范文顯、阮光完、陳有倫、/黎公論、黄文椿、陳有勳、黎文高、黎有序、黎有象、黎有財、黎有容、黎有能、黎文成、黎德潤、阮成功、郭文論、/郭文儒、阮成事、阮攀附、郭袝安、郭文遵、阮才用、阮泰勝、裴進花、裴進、阮泰貴、鄧名儒、丁金柱、黄有法、黎文智、/尹有禮、黄進禄、黄泰花、阮進花、吴德業、黄德澤、阮廷珍、鄭如璧、黎泰康、黄如大，上下等爲保約事。/

---

[1] “幹禄”，南北朝時一種額外的俸給。胡三省注《資治通鑑·陳紀六·高宗宣皇帝中之上》太建七年“幹禄”：“魏、齊官制，凡禄各以品秩爲差。……禄率一分以帛，一分以粟，一分以錢。幹出所部之人，一幹輸絹十八匹，幹身放之。”

嘗謂大庭有議論之當，政必先行；鄉里有推譽之公，事非或偶。竊見本社官員該官侍侯内一内擇轎左並行，/一等隊船副、知户番侍内、監司禮監太監、達智侯阮公，天性夙成，河恩普潤，有勞來綏寧之志，老者安而少/者懷；無親疏遠近之殊，惠以賙而難以卹。昨者特捐家貲、市美木、鳩衆工，爲本社修作大亭一座，俾神有所/依，人賴以寧，加以孝先，以及鄉里之先。往年設濟渡之壇、其園社祖考之靈，同資附薦，幽魂安妥，而超脱生/人，攸悦以安寧，亘古來，其仁恩波及閭里，如此未之有也。故其垂髮戴白，舉皆刻骨銘丹，唯曰尊親無由報/答，今因會論尊保爲官員，仝凡遞年祭祀宴饗，諸禮節敬俵一盤。迨百年之後，尊爲後神，歲時敬祀，一一如儀。千載/之下，繼世子孫，遵承不易，用垂敬奉於無窮，昭香火於有永，敢有一毫違悖，明則有日月，幽則有鬼神，其鑒臨諸今約。/[1]

□□□□□□□□□□□□□□

計□

一所田一高在□壹□□一所田一高□尺五寸在渌□處。/

一□□□□□□□處一所田二□在□墓處，一所田二田在塔經處，一所田一高在□□處，一所田一高在□□處。/

一□□□□□□□□□□□一高□□在□處，一所田十二□貢處，一所田一高十尺在貢□處，一所田一高八尺在□處。/

一所田□□在□處□□□□□□□□□□□所田□高在渌□處，一所田一高在□□處，一所田二十尺在貢□處。/

一所田□□□□□□□□□□□□□一所田□尺在□處，一所田一高二尺在數處，一所田三高在□□處，一所田五高在敁□處。/

一所田□□在□□處，一所田□高七尺五寸在□□處，一所田□高在□□處，一所田三高在埬□處，一所田五高在同沺處。/

一□□□□□□□□□□□□□□□□一所田六高□尺在□□同□□黄□□處□□□□□□□村其長男□景□□□/二分許，□□爲敬□遞年四月二十五日，雞一隻、粄盤一□/□二□將就祠□□計□延□□□□王文通□/□都景云阮儒學王文才、□文選都佔□

① 以上爲拓片編號02366之内容。

仝村上下共□。/

皇朝永盛萬萬年之十二[①]龍輯四之日[②]

賜庚寅科進士、奉差察同提[③]領四城提刑監察御史慈東扶阮約甫[④]撰/

辛□科試中書算奉□充東岸縣提□慈山仙遊扶董阮寫/

① “皇朝永盛萬萬年之十二”，即永盛十二年（1716），當清康熙五十五年，歲次丙申。

② 以上爲拓片編號 02363 之内容。

③ “提”，碑文原作越南諱字。

④ “阮約甫”，或即永盛六年庚寅進士阮國靖。《鼎鍥大越歷朝登科録》黎裕宗永盛六年庚寅科進士：“第三甲同進士出身第四名：“阮國靖，東岸翁墨人，二十四中，仕至提刑，贈参政。”

一三三　阮憲祖御製詩《鐵港》一首

引言

碑立於乂安省演洲府東城縣高舍總集福社館巡處邊官路。碑刻單面，拓片編號02376，全文共有大小字十四行，碑題“鐵港”二字，今依内容及性質重定篇題爲“阮憲祖御製詩《鐵港》一首”，碑四邊刻有花草紋。碑文撰者爲阮憲祖（Nguyễn Hiến Tổ）。年代署作紹治（Thiệu Trị）二年（1842），紹治爲阮憲祖阮福暶（Nguyễn Phúc Tuyền）年號，同年爲清道光二十二年，歲次壬寅。拓片現藏於漢喃研究院。

碑文主記阮憲祖於紹治二年十二月所題之鐵港（即天威港）七言絶句，詩句中以小字注解“天威港”之由來與傳説。

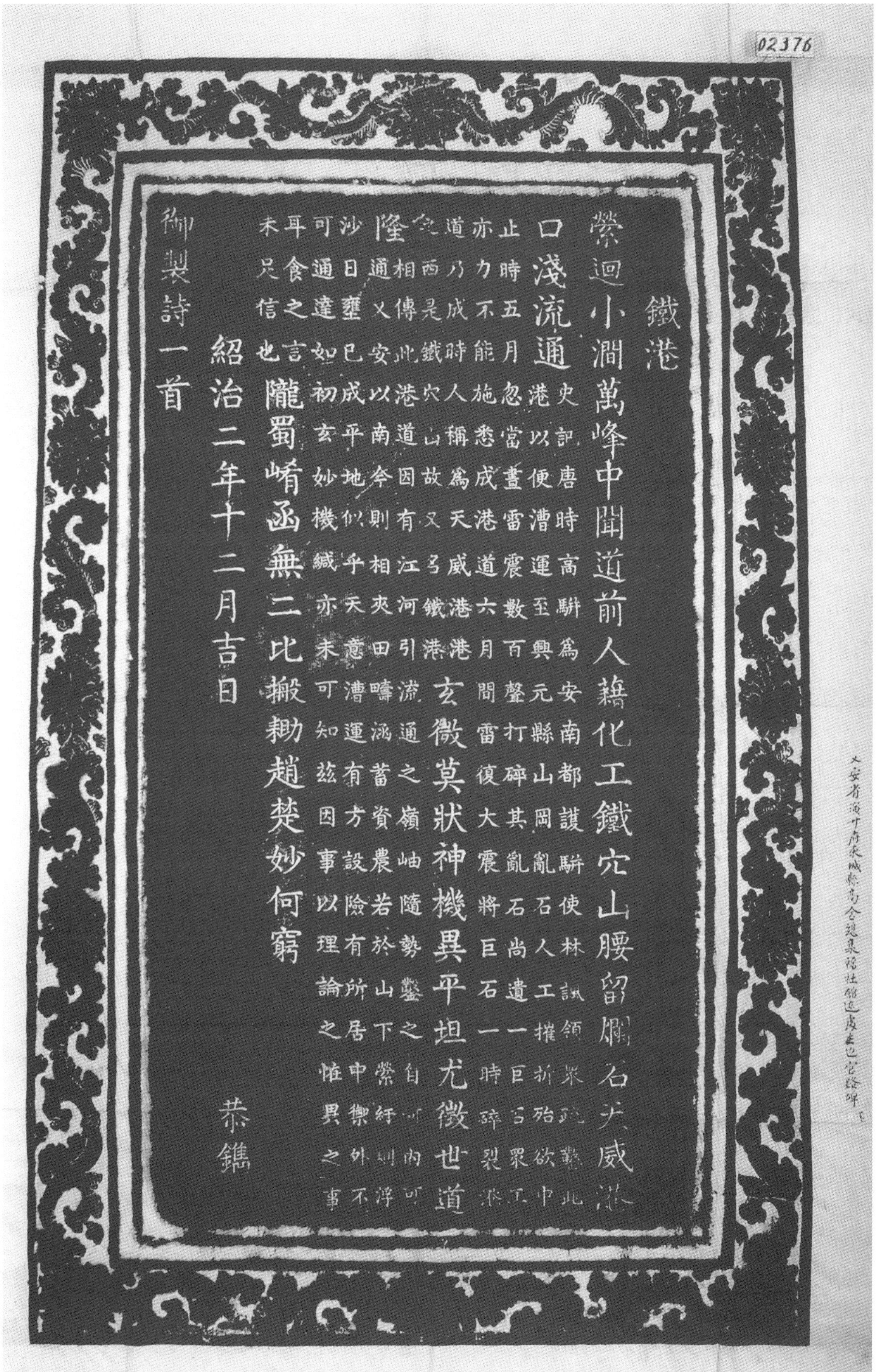

02376

鐵港

縈迴小澗萬峰中闢道前人藉化工鐵穴山腰留㵎石天威港

口淺流通史記唐時高駢爲安南都護駢使林諷領衆疏鑿此港以便漕運至興元縣山岡亂石人工摧折殆欲中止時五月忽當晝雷震數百聲打碎其亂石尚遺一巨石衆工亦力不能施悉成港道六月間雷復大震將巨石一時碎裂港道乃成時人稱爲天威港港之西是鐵穴山故又名鐵港玄微莫狀神機異平坦尤微世道

隆相傳此港道因有江河引流通之嶺岫隨勢鑿之自可內可通又安以南夸則相夾田疇涵蓄資農若於山下縈紆則浮沙日壅已成平地似乎天意漕運有方設險有所居中衛外不可通達如初玄妙機緘亦未可知茲因事以理論之惟異之事耳食之言未足信也隴蜀崤函無二比搬勳趙楚妙何窮

紹治二年十二月吉日

恭鐫

御製詩一首

編號：02376　出自《拓片總集》第三冊

釋文

鐵港①

縈迴小澗萬峰中，聞道前人藉化工。

鐵穴山腰留爛石，天威港/口淺流通。

史記唐時高駢爲安南都護，駢使林諷領衆疏鑿此/港，以便漕運，至興元縣，山岡亂石，人工摧折，殆欲中/止。時五月，忽當晝雷，震數百聲，打碎其亂石，尚遺一巨石，衆工/亦力不能施，悉成港道。六月間，雷復大震，將巨石一時碎裂，港/道乃成，時人稱爲天威港。港/之西是鐵穴山，故又名鐵港。

玄微莫狀神機異，平坦尤徵世道/隆。

相傳此港道因有江河引流，通之嶺岫，隨勢鑿之，自河内可/通乂安以南。今則相夾田疇，涵蓄資農，若於山下縈紆，則浮/沙日壅，已成平地，似乎天意。漕運有方，設險有所，居中禦外，不/可通達如初，玄妙機緘，亦未可知。玆因事以理論之，怪異之事，/耳食之言，/未足信也。

隴蜀崤函無二比，搬艞趙楚妙何窮。/

紹治二年②十二月吉日恭鐫。/

御制詩一首/

題後

嗣德版《大南一統志·乂安省·山川》："鐵港，在（興元）縣東北十五里，自禁江三十一里入馮江，以岸西南有鐵礦，故名；又名天威港。《越史外紀》：唐咸通八年高駢巡視至容州，江多巨石，舟遇之則覆，遂命長史林誂、湖南將軍余存古等領所部兵往疏鑿之，逾月幾通，惟中間巨石屹立，效夫刀斧無所施，將止，一日，忽大風暴作，雷震效百聲，巨石俱碎。

① 此爲碑題，今依此重定篇題爲"阮憲祖御製詩《鐵港》一首"。

② "紹治二年"，當清道光二十二年（1842），歲次壬寅。

史臣《吴仕連文集》云，港在吴州傳白縣，今屬廣西。光順因説亦云在邕廣二州，且謂鐵港乃陳朝所浚，俗傳此港爲天威，誤矣。詳此，則高駢所鑿之港，非是我國界分明矣。本朝紹治二年北巡，聖製鐵港詩勒石建碑亭于罷黄社地分。”《大南一統志》引越南史家吴仕連等人説法，謂此地不是高駢所建天威港，然阮獻祖阮福暶於紹治二年（1842）所製《鐵港》詩，則仍注此爲天威港，則即便是傳説，此地稱作天威港之由來已久，深入人心。

一三四　安陽王祠碑記

引言

本碑立於乂安省演州府東城縣高舍總集福社第三亭之左邊。碑刻單面，拓片編號 02377，全文共十行字，滿行二十一字，碑額題“安陽王祠碑記”六字，今依碑額爲篇題。碑文撰者范熙亮。年代署作嗣德（Tự Đức）二十七年（1874），嗣德爲阮翼宗（Nguyễn Dực Tông）阮福時（Nguyễn Phúc Thì）年號，同年爲清同治十三年，歲次甲戌。拓片現藏於漢喃研究院。

碑文言及范熙亮路過安陽王祠時，思及安陽王事迹，故記述下安陽王之傳説，以兹流傳。

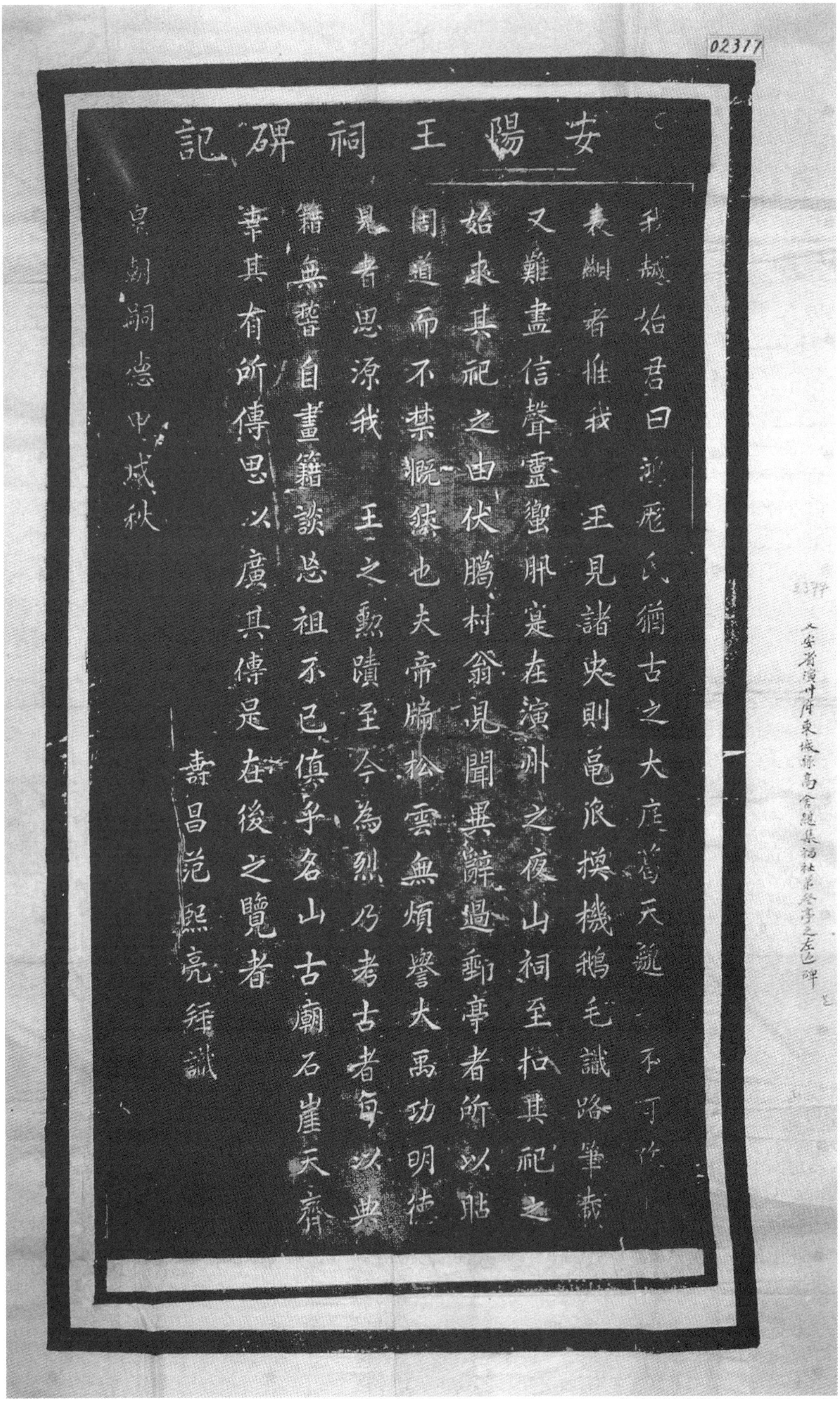
02377
安陽王祠碑記
我越始君曰安陽氏猶古之大庭葛天氏不可攷
表樹者惟我　王見諸史則龜爪撫機鵝毛識路筆載
又難盡信聲靈蠻肸蚃在演州之夜山祠至扣其祀之
始求其祀之由伏睹村翁見聞異辭過郵亭者所以貽
周道而不禁慨然也夫帝牖松雲無煩譽大禹功明德
見者思源我　王之勳蹟至今為烈乃考古者每以典
籍無晉自畫籍談恐祖不已慎乎名山古廟石崖天齋
幸其有所傳思以廣其傳是在後之覽者
壽昌范熙亮拜識
皇朝嗣德甲戌秋
又安省演州府東城縣高舍總具福社第叁亭之左邊碑

編號：02377　出自《拓片總集》第三冊

釋文

安陽王[①]祠[②]碑記[③]

我越始君曰鴻庬氏[④]，猶古之大庭、葛天，[⑤] 邈乎不可考[⑥]。其/表顯者，惟我　王見諸史，則龜爪换機[⑦]，鵝毛識路[⑧]，筆載/又難盡信。聲靈鬱肸[⑨]，寔在演州之夜山祠[⑩]，至扣其祀之/

---

① “安陽王”，本名蜀泮，古蜀的王子，於公元前四世紀輾轉到達今越南北部，建立甌雒國，定都於古螺城（今河内市近郊東英縣），校合本《大越史記全書・外紀》卷一：“安陽王，姓蜀，諱泮。巴蜀人也。都封溪。”注：“今古螺城是也。”又，“（雄）王有女曰媚娘，美而豔，蜀王聞之，詣王求爲婚，王欲從之，雄侯止之曰：‘彼欲圖我，以婚姻爲由耳。’蜀王以是銜怨。……媚娘既嫁山精，蜀王憤怒，囑其子孫，必滅文郎而併其國。至孫蜀泮，有勇略，乃攻取之。……王記併文郎國，改國號曰甌雒國。……築城于越裳，廣千丈，盤旋如螺形，故號螺城，又名思龍城。”

② “安陽王祠”，見嗣德版《大南一統志・乂安省・祠廟》：“安陽王祠，在東城暮夜山，香靄、集福、香關三社奉祀。《越史外紀》，王諱泮，巴蜀人，因失龜爪神弩，爲趙陀所敗，南奔入海，世傳暮夜山勢其處也。山多孔雀，人不敢取，明命二十一年大慶節，特遣京官來祭。”

③ 此爲額題，今依此爲篇題。

④ “鴻庬氏”，《大越史記全書》又稱“鴻厖紀”，是越南的歷史傳説時代。據記載，鴻庬紀從神農氏後裔涇陽王禄續建立赤鬼國開始，《大越史記全書・外紀・涇陽王》：“初，炎帝神農氏三世孫帝明，生帝宜。繼而南巡至五嶺，娶得婺仙女，生王（涇陽王），王聖智聰明，帝明奇之，欲使嗣位，王故讓其兄，不敢奉命。帝明於是立帝宜爲嗣，治北方，封王爲涇陽王，治南方，號赤鬼國。王娶洞庭君女曰神龍，生貉龍君。貉龍君諱崇纜……娶帝來女，曰嫗姬，生百男……是爲百粵之祖。……封其長爲雄王，嗣君位。……雄王之立也，建國號文郎國。”後文郎國爲安陽王所併。又，可參見《嶺南摭怪列傳・鴻厖氏傳》。

⑤ “大庭、葛天”，傳説中國的古帝王。司馬貞《史記索隱・三皇本紀》：“自人皇已後，有五龍氏、燧人氏、大庭氏、柏皇氏、中央氏、卷須氏、栗陸氏、驪連氏、赫胥氏、尊盧氏、渾沌氏、昊英氏、有巢氏、朱襄氏、葛天氏、陰康氏、無懷氏。”

⑥ “考”，碑文原作“攷”，“考”“攷”同，均另兼正字，故此處改爲“考”，下同不另出注。

⑦ “龜爪换機”，見《大越史記全書・外紀・蜀紀・安陽王》：丙午三年，載金龜協建螺城，城成，金龜辭歸，脱爪付安陽王以抗外敵，“王命臣皋魯造神弩，以爪爲機，名曰‘靈光金爪神弩’”。

⑧ “鵝毛識路”，見《大越史記全書・外紀・蜀紀・安陽王》：辛卯四十八年，載趙佗欲攻安陽王，以子仲始求婚王女媚珠，仲始毁靈光金爪神弩後潛歸，託以北歸省親，憂兩國失和，南北隔别，如欲南來相會，如何得見，媚珠以附身之鵝毛錦褥，拔毛置岐路爲識，佗因而破螺城，平甌貉國。

⑨ “鬱肸”，興作傳布。《漢書・司馬相如傳》引《子虚賦》：“應風披靡，吐芳揚烈，郁郁菲菲，衆香發越，肸鬱布寫，晻薆咇茀。”顏師古注：“肸鬱，盛作也。寫，吐也。晻薆咇茀，皆芳香意也。”

⑩ “夜山祠”，見嗣德版《大南一統志・乂安省・山川》：“暮夜山，一名夜每山，在（東城）縣南十八里，樹木陰森，山多孔雀，有安陽王祠。《外史》記蜀王與趙佗戰走至海濱，持七尺文犀入海去，是其處。”

始，求其祀之由，伏臘[1]村翁，見聞異辭，過郵亭者，所以眙/周道，而不禁慨然也。夫帝牖松雲，無煩譽大；禹功明德，/見者思源。我 王之勳蹟，至今爲烈。乃考古者，每以典/籍無稽自晝，籍談忘祖[2]不已傎乎！名山古廟，石崖天齊，/幸其有所傳，思以廣其傳，是在後之覽者。/

壽昌范熙亮拜識/

皇朝嗣德甲戌[3]秋/

---

① “伏臘”，碑文原作“伏臈”，《文選・志下・哀傷》載潘岳《閑居賦并序》：“灌園粥蔬，以供朝夕之膳；牧羊酤酪，以俟伏臘之費。”李善注：“《漢書》，秦德公作伏祠。孟康曰：六月伏日。歷忌釋曰：伏者何也，金氣伏藏之日也。四時代謝，皆以相生。立春木代水，水生木。立夏火代木，木生火。立冬水代金，金生水。至於立秋，以金代火。金畏火，故至庚日必伏，庚者金故也。臘者，《風俗通》禮傳曰：夏曰嘉平，殷曰清祀，周曰大蜡，漢改爲臘。臘，獵也，言獵取禽獸以祭其先祖，故曰臘也。”

② “籍談忘祖”，見《左傳・昭公十五年》：“十二月，晋荀躒如周，葬穆后，籍談爲介。……‘昔而高祖孫伯黶，司晋之典籍，以爲大政，故曰籍氏。及辛有之二子董之晋，於是乎有董史。女，司典之後也，何故忘之？’籍談不能對。賓出，王曰：‘籍父其無後乎！數典而忘其祖。’”

③ “嗣德甲戌”，即阮翼宗（Nguyễn Dực Tông）阮福時（Nguyễn Phúc Thì）嗣德二十七年（1874），當清同治十三年。

一三五　黄舍社文會碑記

引言

碑立於乂安省東城縣葵舍總黄舍社玉林村。碑刻四面，拓片編號 02396/02397/02395/02394，拓片編號 02396 題籤記爲“第一面之前”，共十四行字，滿行三十字，碑額題“黄舍社文會碑記”七字，今依此額題爲篇題；拓片編號 02397 題籤記“第一面之前右邊前碑”，共七行字，每行滿行字數不一，碑額題“監生舉人列位”六字；拓片編號 02395 題籤記爲“第二面之右”，共六行字，滿行約三十一字；拓片編號 02394 題籤記爲“第三面之左”，共四行字，滿行約二十七字。碑文撰者扶寧訓導舉人黎瑟齋，據《越南漢喃碑銘拓片目録提要》補爲黎輝纘，書者試生黄璝恭，刻者石匠阮文貫。年代署作景興（Cảnh Hưng）十五年（1754），景興爲後黎顯宗（Lê Hiển Tông）黎維祧（Lê Duy Diêu）年號，同年爲清乾隆十九年，歲次甲戌，按《提要》一書推斷本碑年代疑爲僞造，立碑時間應在阮朝。拓片現藏於漢喃研究院。

此碑爲黄舍社所立文會之碑。内容記載黄舍社歷年中試之事，文末分别以八句四字、十二句四字銘文以詠此社之學風，并録有科考中舉者之名單及祭田的位置。

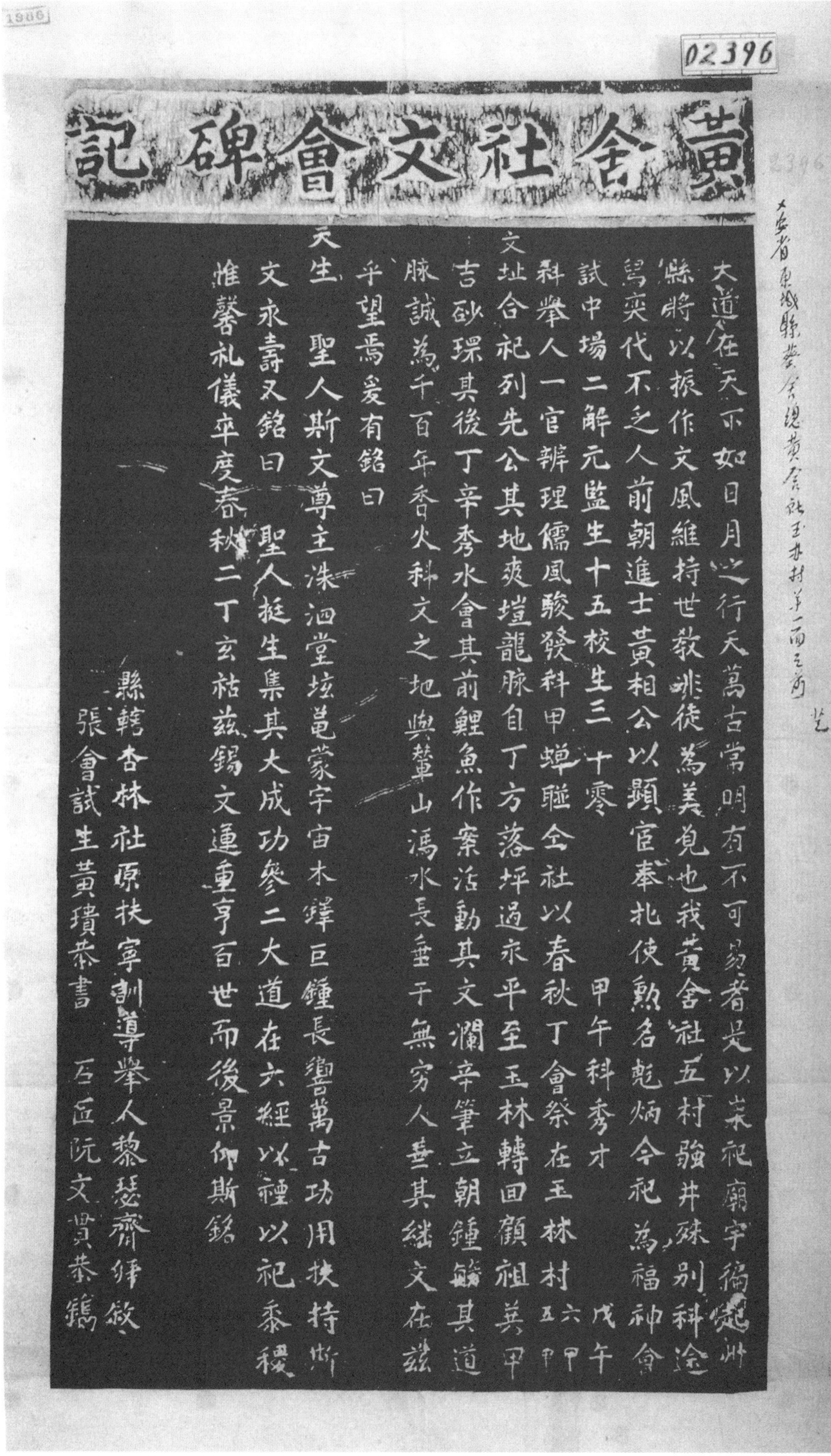
1986
02396

黄舍社文會碑記

大道在天下如日月之行天萬古常明有不可易者是以崇祀廟宇徧[illegible]州縣將以振作文風維持世教非徒爲美觀也我黄舍社五村騐井殊別科途舄奕代不乏人前朝進士黄相公以顯宦奉北使勲名彪炳令祀爲福神會試中場二解元監生十五校生三十零甲午科秀才戊午科舉人一官辦理儒風駿發科甲蟬聯全社以春秋丁會祭在玉林村六甲五甲文址合祀列先公其地爽塏龍脉自丁方落坪過永平至玉林轉回顧祖巽甲吉砂環其後丁辛秀水會其前鯉魚作案活動其文瀾辛筆立朝鍾鏇其道脉誠爲千百年香火科文之地與鞏山馮水長垂于無窮人蓋其繼文在兹乎望焉爰有銘曰

天生聖人斯文尊主洙泗堂坛亹蒙宇宙木鐸巨鐘長響萬古功用扶持斯文永壽又銘曰聖人挺生集其大成功參二大道在六經以禮以祀黍稷惟馨礼儀卒度春秋二丁玄祜兹錫文運重亨百世而後景仰斯銘

縣轄杏林社原扶寧訓導舉人黎琴齋拜敘

張會試生黄積恭書　石匠阮文貫恭鐫

編號：02396　出自《拓片總集》第三冊（下同）

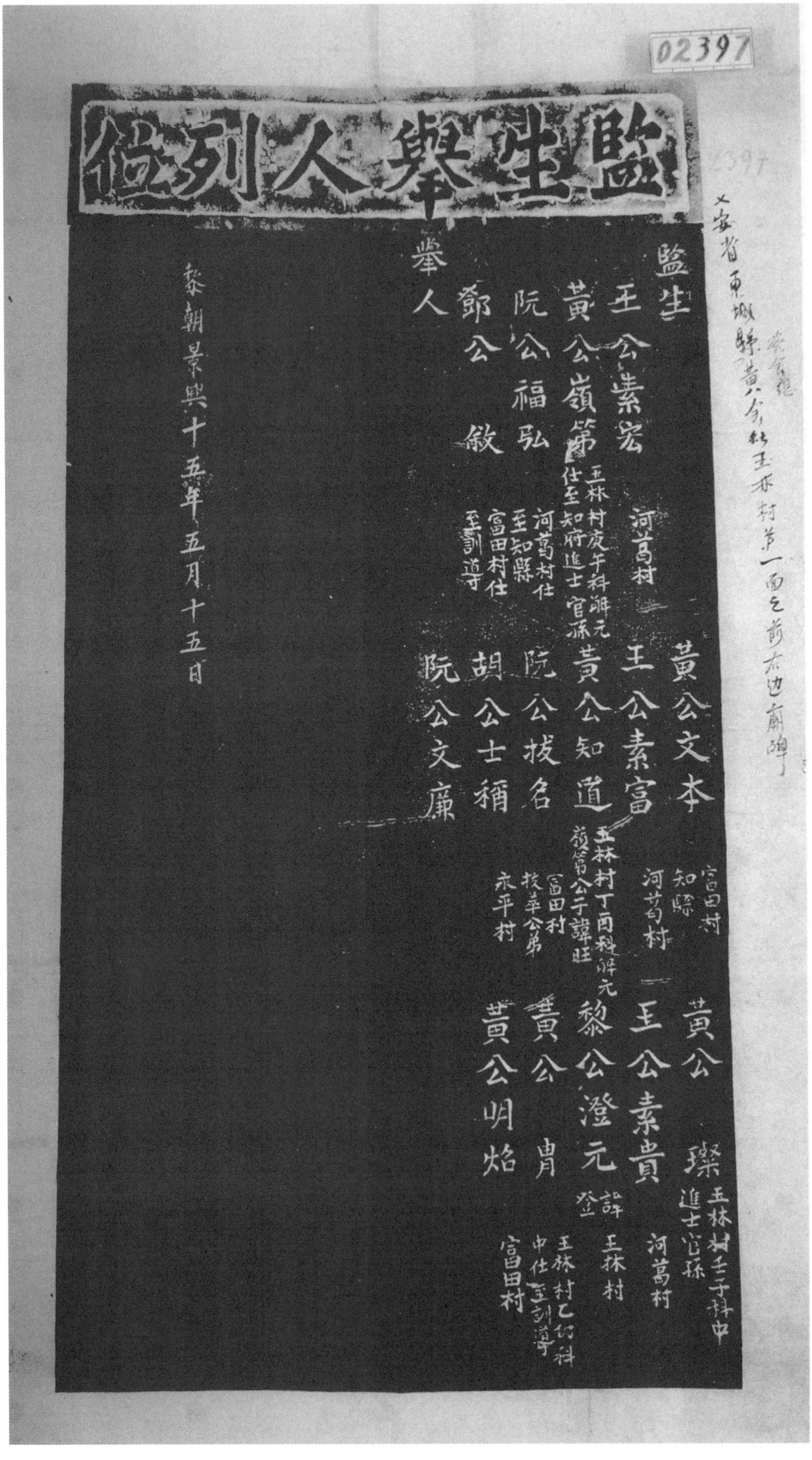

監生舉人列位

監生

王公素宏 河葛村

黃公嶺第 玉林村庚午科解元仕至知府進士官孫

阮公福弘 河葛村仕至知縣

鄧公敘 富田村仕至訓導

舉人

黃公文本 富田村知縣

王公素富 河葛村

黃公知道 玉林村丁酉科解元嶺第公子諱旺

阮公拔名 富田村拔萃公弟

胡公士稱 永平村

阮公文廉

黃公璨 玉林村壬子科中進士官孫

王公素貴 河葛村

黎公澄元 諱登 玉林村

黃公冑 玉林村乙卯科中仕至訓導

黃公明焰 富田村

黎朝景興十五年五月十五日

編號：02397

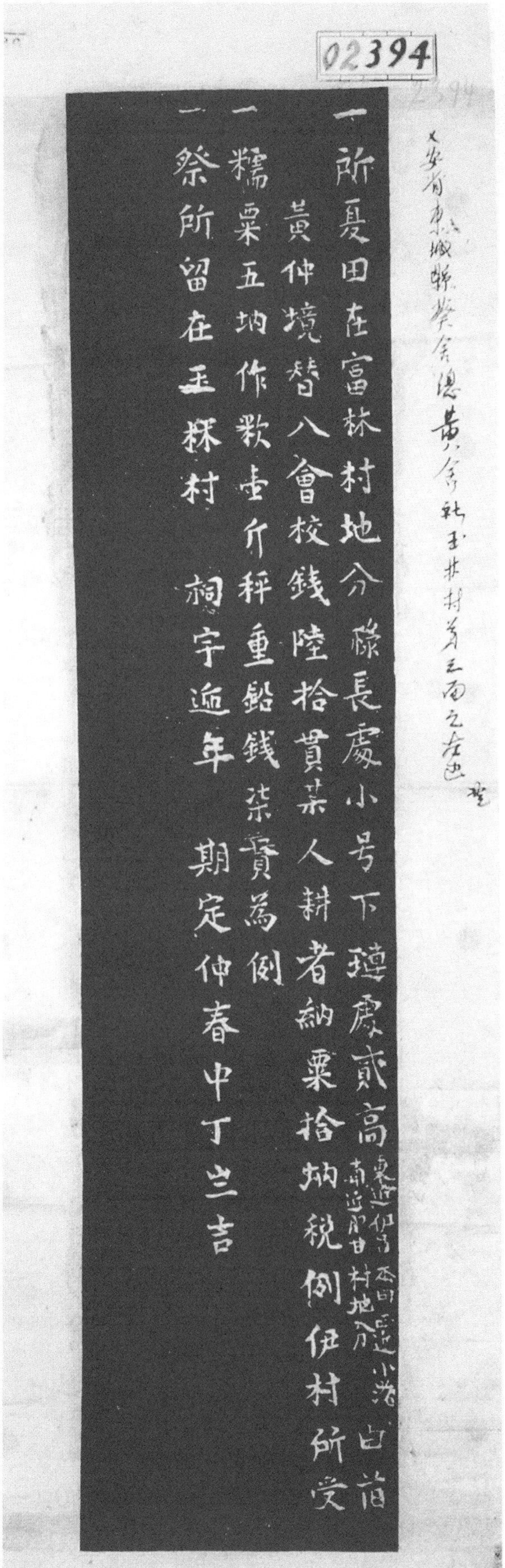
02394

文安省東城縣黄舍總黄舍社玉井村第三面之左邊

一所戛田在富林村地分篠長處小号下𨻶處貳高（東近伊子　西近小港　南近阝甘村地入𨻶）占苗

黄仲境替八會校錢陸拾貫其人耕者納粟拾坳税例伊村所受

一糯粟五坳作數壹斤秤重鉛錢柒貫爲例

一祭所留在玉株村　祠宇逓年　期定仲春中丁之吉

編號：02394

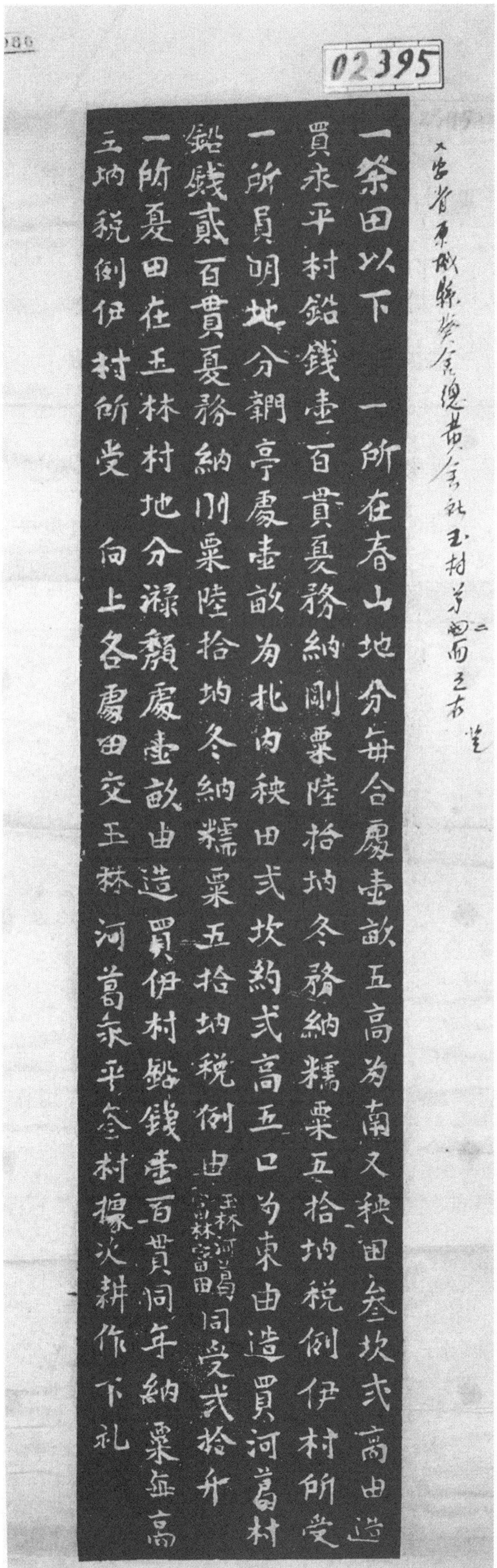
02395

文安省東城縣黄舍總黄舍社玉村第四面之右邊

一祭田以下　一所在春山地分毋合處壹畝五高為南又秩田叁坎式高由造

買永平村鉛錢壹百貫戛務納剛粟陸拾坳冬務納糯粟五拾坳税例伊村所受

一所員明地分鞩亭處壹畝為北內秩田式坎約式高五口为東由造買河葛村

鉛錢貳百貫戛務納𠕁粟陸拾坳冬納糯粟五拾坳税例由（玉林河葛　富山林富田）同受式拾升

一所戛田在玉林村地分禄顏處壹畝由造買伊村鉛錢壹百貫同年納粟每高

五坳税例伊村所受　向上各處田交玉林河葛永平叁村擄次耕作下礼

編號：02395

釋文

黄舍社文會碑記[1]

大道在天下，如日月之行天，萬古常明[2]，有不可易者。是以崇[3]祀廟宇，徧起州/縣，將以振作文風，維持世教，非徒爲美觀也。我黄舍社五村疆井殊别，科途/舄奕，代不乏人。前朝進士黄相公以顯宦奉北使，勳名彪炳，今祀爲福神。會/試中場二解元，監生十五，校生三十零　　甲午科秀才　　戊午/科舉人一官辨理，儒風駿發，科甲蟬聯，仝社以春秋丁[4]會祭在玉林村六甲/五甲/　　文址，合祀列先公。其地爽塏[5]，龍脉自丁方落坪，過永平，至玉林轉回，顧祖巽甲/吉砂[6]環其後，丁辛秀水會其前。鯉魚作案，活動其文瀾；辛筆立朝，鍾毓其道/脉。誠爲千百年香火科文之地，與輦山[7]、馮水[8]長垂于無窮，人垂其繼，文在玆/乎望焉。爰有銘曰：/

---

[1] 此爲拓片編號 02396 額題，今依此爲篇題。

[2] 碑文“明”字有缺筆，爲避諱字，下同不另出注。

[3] 碑文“崇”字有缺筆，爲避諱字。

[4] “春秋丁”，即“春秋丁祭”；古時每年的仲春（二月）及仲秋（八月）上旬的丁日祭奠孔子先聖先師，稱爲丁祭。按，隋唐日制不一。隋文帝時一年有四祭，唐武德年間論用中丁日祭祀，唐開元後專用春、秋二仲的上丁曰舉行祭祀，亦稱“春秋二丁”“春秋二仲”。又，越南“歲以仲春社祭後丁日，仲秋上丁日致祭”於文廟。見嗣德版《大南一統志·京師·壇廟·文廟》。

[5] “爽塏”，即高爽乾燥。《左傳·昭公三年》：“子之宅近市，湫隘囂塵，不可以居，請更諸爽塏者。”杜預注：“爽，明；塏，燥。”

[6] “吉砂”，風水名詞。風水穴的前後左右二十四方位有可以看到的山統稱爲砂，砂與人丁的數量與後代的素質均有重要的關聯。看砂之要領，與龍相似，龍以二十四山分陰陽，以震、庚、亥爲三吉，巽、辛、艮、丙、兑、丁爲六秀，而著其變换受穴吉凶之應。穴仍以龍爲主，而受氣有挨左挨右之異。向穴而有情者稱作吉砂，凡肥圓正方者主富，清奇秀麗者主貴。有關穴的討論，可參考（宋）賴文俊（賴布衣）《催官篇》專論龍、穴、砂、水，各爲之歌。

[7] “輦山”，即“高山”，嗣德版《大南一統志·乂安省·山川》：“高山，在（東城縣）關山社，夏同。高大峻峭，望之如輦，又名大輦山。山巔陰雲縹緲，老樹葱蔚，有高閣祠。”

[8] “馮水”，見嗣德版《大南一統志·乂安省·山川》：“馮江，在東城縣西北二里，源有二，一自雲苗之漏江、楡江，開中之吉溪；北流經蔡舍、保江，二十里。一自媒山東南流經觀潮總，十八里與保江合，東流十一里會鐵港，過馮舍社，驛路横渡，繞府城北二十七里，注溝海門。”

天生　聖人，斯文尊主。洙泗[①]**堂壇，龜蒙**[②]**宇宙。**

木鐸巨鍾，長響萬古。功用扶持，斯/文永壽。

又銘曰：

聖人挺生，集其大成。功參二大[③]**，道在六經。**

以禋以祀，黍稷/惟馨。禮儀卒度，春秋二丁。

玄祐兹錫，文運重亨。百世而後，景仰斯銘。/

縣轄杏林社原扶寧訓導、舉人黎瑟齋拜敘/

張會試生黄瓆恭書

石匠阮文貫恭鐫/[④]

監生舉人列位[⑤]

監生：

黄公文本，富田村/知縣。**黄公璨，**玉林村壬子科中/進士官孫。/

王公素宏，河葛村。**王公素富，**河葛村。**王公素貴，**河葛村。/

黄公嶺第，玉林村庚午科解元，/仕至知府，進士官孫。**黄公知道，**玉林村丁酉科解元，/嶺第公子，諱旺。**黎公澄元**諱登，玉林村。/

阮公福弘，河葛村，仕/至知縣。**阮公拔名，**富田村/，拔萃公弟。**黄公胄，**玉林村乙卯科/中，仕至訓導。/

鄧公敘，富田村，仕/至訓導。**胡公士稱，**永平村。**黄公明炤。**富田村。/

舉人：

阮公文廉/

---

① “洙泗”，即洙水和泗水。孔子曾在洙泗之間聚徒講學。《禮記・檀弓上》曾子謂子夏：“吾與女事夫子於洙泗之間，退而老於西河之上。”後亦以指代稱孔子或儒家。

② “龜蒙”，孔子家鄉魯國的兩座山脉。《詩經・魯頌・駉之什・閟宫》：“泰山巖巖，魯邦所詹。奄有龜蒙，遂荒大東。至于海邦，淮夷來同。莫不率從，魯侯之功。”毛亨傳：“詹至也。龜，山也；蒙，山也。”

③ “二大”，即“兩大”。《孔子家語・本姓解》：“齊太史子與適魯，見孔子……退而謂南宫敬叔曰：‘今孔子先聖之嗣……凡所教誨，束脩已上，三千餘人，或者天將欲與素王之乎，夫何其盛也。’敬叔曰：‘殆如吾子之言，夫物莫能兩大，吾聞聖人之後，而非繼世之統，其必有興者焉。’”

④ 以上爲拓片編號 02396 之内容。

⑤ 此爲拓片編號 02397 額題。

黎朝景興十五年[①]五月十五日/[②]

一祭田以下：

一所在春山地分，每合處壹畒五高，爲南又秧田叁坎貳高，由造/買永平村鉛錢壹百貫，夏務納剛粟陸拾坳，冬務納糯粟五拾坳，税例伊村所受。/

一所員明地分，𦊚亭處壹畒，爲北内秧田貳坎，約貳高五口；爲東由造買河葛村/鉛錢貳百貫，夏務納剛粟陸拾坳，冬納糯粟五拾坳，税例由玉林、河葛/富林、富田同受貳拾升。/

一所夏田在玉林村地分，渌頽處壹畒，由造買伊村鉛錢壹百貫，同年納粟每高/五坳，税例伊村所受。

向上各處田交玉林、河葛、永平叄村，據次耕作下禮。/[③]

一所夏田在富林村地分禄長處小號，下璉處貳高東近伊□本田，西近小路，/南近肥甘村地分。由舊/黄仲境替八會校錢陸拾貫，某人耕者納粟拾坳，税例伊村所受。/

一糯粟五坳，作粢壹斤，秤重，鉛錢柒貫爲例。/

一祭所留在玉林村　祠宇，遞年　期定仲春中丁之吉。/[④]

題後

根據《越南漢喃碑銘拓片目録提要》的記載，編號02394/02395/02396/02397爲同一碑四面的拓片，然而拓片題籤的紀録却有矛盾，拓片編號02396紀録爲“乂安省東城縣葵舍總黄舍社玉林村第一面之前”，拓片編號02397爲“乂安省東城縣葵舍總黄舍社玉林村第一面之右”，拓片編號02394爲“乂安省東城縣葵舍總黄舍社玉林村三面之左”，拓片編號02395爲“乂安省東城縣葵舍總黄舍社玉林村二面之右”。根據碑文内容則第一面之前（拓片編號02396）記載文會之源流，由舉人黎瑟齋撰文，未署年月；一面之右（拓片編號02397）則爲監生舉人名録，署年爲後黎朝景興十五年五月十五日；二面之右（拓片編號02395）爲祭田位置及授權玉

① “黎朝景興十五年”，當清乾隆十九年（1754），歲次甲戌。
② 以上爲拓片編號02397之内容。
③ 以上爲拓片編號02395之内容。
④ 以上爲拓片編號02394之内容。

林、河葛、永平耕種祭祀之記載；三面之左（拓片編號 02394）則記録一所夏田，由黄仲境納錢，耕種者納粟的基準，並注明每年仲春應行中丁之禮。如此，四面似乎形成一個完整的記載體系，祇是拓者不知爲何有一面、二面、三面之别。另，《越南漢喃碑銘拓片目録提要》拓片編號 02411/02412/02413/02414，亦有如是情况。《提要》記載此四編號之拓片同爲乂安省東城縣葵社總黄舍社玉林村同一碑之四面。拓片編號 02411 爲“第二面之後”刊刻中大科（進士）名録，署年後黎朝景興十五年五月十五日；拓片編號 02412 亦爲“第二面之後”，記録玉林、河葛、永平、富田、富林校生及秀才名録；拓片編號 02413 爲“第四面之左邊”，記載永平有井傷及龍脉，填平後交由永平人監管，不得妄開一事；拓片編號 02414 爲“第三面之右邊”，係供錢之記録。

由於此兩碑均位於“乂安省東城縣葵舍總黄舍社玉林村”，主要記載亦與科舉相關，署年亦均爲後黎朝景興十五年五月十五日，故内容可相互參照。然題籤記載之矛盾是否因搨拓記録有誤，還是越南立碑與搨拓方式認知不同，尚待釐清。

又，提要作者認爲署年有誤，或係阮朝時刻石，唯作者並未説明因何如此判斷，或許因爲碑載“前朝進士黄相公以顯宦奉北使”句推定。“前朝進士黄相公”究竟是誰，本碑並未説明，但在編號 02411 拓片中記載本地大科名録時，有“第三甲同進士黄相公諱岳，玉林村，（後）黎景統壬戌科第十三道監察御史奉使官”的記載，而《鼎鍥大越歷朝登科録》後黎景統壬戌科賜同進士出身第十四名亦有黄岳，“東城黄舍人，奉使占城”。此二碑撰文省均係後黎景興時人，爲何均稱黎初爲“前朝”，頗值深思。

一三六　扶寧社上中二村阮遺後神碑記

引言

碑立於北寧省慈山府夏陽總扶寧社，爲社亭右廡第四碑。碑刻雙面，拓片編號02457/02458。拓片編號02457爲碑前，共十三行字，滿行約三十一字，碑額題“後神碑記”四字，碑題“慈山府東岸縣扶寧社上中二村後神碑記”十七字，今依内容及性質重定篇題爲“扶寧社阮遣後神碑記”；拓片編號02458爲碑後，共十三行字，滿行約三十字，碑額題“流傳萬代”四字。拓片兩面除碑額無紋飾，其餘三邊均刻有花草紋。年代署作景興（Cảnh Hưng）四十七年（1786），景興爲後黎顯宗（Lê Hiển Tông）黎維祧（Lê Duy Diêu）年號，同年爲清乾隆五十一年，歲次丙午。拓片現藏於漢喃研究院。

本碑爲扶寧社上中二村爲兵部右侍郎扶禄男阮遣所立之後神碑。碑文記載阮遣之嫡孫阮德弦於丙午年（景興四十七年）夏季，扶寧社遭遇饑荒時幫助該社渡過難關，該社上、中二村村民感激其恩德，追選阮遣爲後神。碑文末載有祭日及每年供祀事項，與祭田位置、大小與用度。

02457
北寧省慈山府夏陽總扶寧社亭右廡第四碑二面之前

後神碑記

慈山府東岸縣扶寧社上中二村后神碑記
嘗聞夫享無窮之報必留不朽之傳是故古之人將欲壽于永遠莫不刻石勒碑
以爲銘焉况名之曰后神其香火血食盖於神人之下又有一等神人者
可無碑記以爲千萬世相傳之遺跡哉睠惟尊公賜丙戌科第三甲同
進士出身入侍陪從知侍内書寫兵番歲貢部副使奉天府少尹封贈
光進慎祿大夫兵部右侍郎扶祿男阮相公諱遣字伯宗號明哲賜謚和毅業
西爲士學得其真秋棘春圍以文章顯南朝北使以宦業聞其在鄉邑救灾
卹患民賴以安維其有章是以有慶子孫保之傳至於嫡孫阮德宣等迎憑祖
德因丙午年夏季偶遭亂歎鄉役頗多自出家貲以濟民用公之澤至是
而益廣是以本社二村追思功德衆臼同辞共恊保爲本亭后神位在本
廟右边逐年忌臘致祭始後必奉事各節依前尊公之禮而今而後曰此
右侍郎公后神之碑有聞於後不既崇乎因銘之以壽其傳云
黎朝景興萬萬年之四十七年歲在丙午季夏穀日

編號：02457　出自《拓片總集》第三册（下同）

02458
北寧省慈山府夏陽總扶寧社亭石柱第四面之後

流傳萬代

討
一石神田壹同床處一區相連壹畝壹高排乾處三畝半高共壹畝捌高均考
節係逐年二村當年甲聚后田輪耕每高壹具用秋祭柒斗鷄一隻價使錢二
陌并酒一缸美當一封發在清潔粢并金銀一千
逐年五月十三日正忌年拚當年整作具盘十具迎就本亭排置行礼知役其
二村當年甲長脊整衣帽為祭長各甲乞長陪祭乞畢斯文一具陪祭一具內祭
一分存陪祭均分依例存八具上下見面飲食
逐年十二月三十日臘節整作四具祭畢其斯文陪祭依忌日例
一田在排乾處一高為香火田逐年十二月二十五日買宜衣帽好炙置在本班其香燈
一田在同耒處一所三高留為筆齋錢逐年祈福日照收每高古錢五陌
一石田備或本社有脩理本亭用度指費乞暫取田上花以供用後其留忌臘每節
其致供後畢再據如原若本族何人萌心不孝妄認這田敢乞本社為官司
亦取田上花為損錢緩其作忌待陳鳴事訖即照碑內奉事如例

編號：02458

釋文

【後神碑記/流傳萬代】①

慈山府東岸縣扶寧社上中二村後②神碑記③

嘗聞夫享無窮之報，必留不朽之傳，是故古之人將欲垂于永遠，莫不刻石勒碑，/以爲銘焉。况名之曰後神，其香火血食，蓋於神人之下，又有一等神人者，/可無碑記以爲千萬世相傳之遺跡哉！

睠惟尊公賜丙戌科第三甲同/進士出身、入侍陪從、知侍内書寫兵番歲貢部副使、奉天府府尹、封贈/光進慎禄大夫、兵部右侍郎、扶禄男阮相公諱遣，字伯宗，號明哲，賜謚和毅④。業/而爲士，學得其真。秋棘春圍⑤，以文章顯；南朝北使，以宦業聞。其在鄉邑，救灾/恤患，民賴以安。維其有章，是以有慶，子孫保之。傳至於嫡孫阮德弦等，仰憑祖/德，因丙午年夏季偶遭饑歉，鄉役頗多，自出家貲以濟民，用公之澤，至是/而益廣。是以本社二村追思功德，衆口同辭，共協保爲本亭後神，位在本/廟右邊，遞年忌臘⑥致祭如儀，及奉事各節，依前尊公之禮。而今而後，曰此/右侍郎公後神之碑，有聞於後，不既榮乎！因銘之，以壽其傳云。/

黎朝景興萬萬年之四十七年歲在丙午⑦季夏穀日⑧/

計/

一後神田在同耒處，一區相連，壹畝壹高⑨；排乾處三所柒高，共壹畝捌高，均爲各/節係

---

① 此爲拓片編號 02457 額題，後附“流傳萬代”四字爲編號 02458 之額題。

② “後”，碑文原作“后”，因“后”另兼正字，故逕改，下同不另出注。

③ 此爲拓片編號 02457 碑題。今重定篇題爲“扶寧社上中二村阮遣後神碑記”。

④ “阮伯宗”，《鼎鍥大越歷朝登科録》後黎裕宗永盛二年（1706）丙戌科第三甲同進士出身記載：“阮伯宗，東岸扶寧人，二十六中。仕至府尹，奉使，卒贈兵部左（右）侍郎，男爵。”

⑤ “秋棘春圍”，或應作“秋貢春試”。《宋史・選舉志二・科目下》：“舊制，秋貢春試，皆置別頭場，以待舉人之避親者。自緦麻以上親及大功以上婚姻之家，皆牒送。”

⑥ “忌臘”，見（明）田藝衡《玉笑零音》：“人之初生，以七日爲臘；人之初死，以七日爲忌。一臘而魄成，故七七四十九日而七魄具矣。一忌而一魂散，故七七四十九日而七魂泯矣。”。

⑦ “黎朝景興萬萬年之四十七歲在丙午”，即景興四十七年（1786），當清乾隆五十一年。

⑧ 以上爲拓片編號 02457 之内容。

⑨ “高”，又作“篙”“蒿”，越南畝的十分之一，相當於面積單位“分”。按越南北部地畝制，一分相當三百六十平方米；中部地畝制，則相當四百平方米。

遞年二村當年甲，認取後田輪耕。每高壹具，用秋粢柒斗，鷄一隻，價使錢[1]二/陌，并酒一壜，芙蔔[2]一封，務在清潔，并金銀一千。/

一遞年五月十三日正忌午時，當年整作具盤十具，遞就本亭排置，行禮如儀。其/二村當年甲長齊整衣帽，爲祭長；各甲甲長陪祭。祭畢，斯文一具，陪祭一具，内零祭/長一分存，陪祭均分，依例存八具，上下見面飲食。/

一遞年十一月三十日臘節整作四具，祭畢，其斯文陪祭，依忌日例。/

一田在排乾處，一高，爲香火田，遞年十二月二十五日買冥衣帽好次，置在本班并香燈/排置。/

一田在同耒處，一所三高，留爲籌錢，遞年祈福日照收每高古錢五陌。/

一後田倘或本社有修[3]理本亭，用度損費，乞暫取田上花穀以供用役，只留忌臘，每節/具致供役畢，再據如原。若本族何人萌心不孝，妄認這田，敢乞本社鳴在官司，/亦取田上花穀以爲損錢，緩其作忌，待陳鳴事訖，即照碑内奉事如例。/[4]

題後

扶寧社亭有十通碑誌，如下表：

編號	篇題	年代	位置
02436	後神碑記	後黎玄宗景治八年（1670）	亭左廡第一碑
02453/02454	後神碑記	後黎顯宗景興五年（1744）	亭左廡第二碑
02455/02456	後神碑記	後黎裕宗永盛十五年（1719）	亭右廡第二碑

① “使錢”，見《欽定越史通鑑綱目・正編》“後黎盛宗光順八年”注“使錢、古錢”引黎貴惇《芸臺類語》云：“北人以百文爲一陌。本國以三十六文爲一陌，謂之‘使錢’；六十文爲一陌，謂之‘古錢’。‘使錢’十陌，乃是‘古錢’六陌，準爲‘使錢’一貫。其‘古錢’十陌乃使錢之一貫六陌四十文。使錢别名閒錢，古錢别名貴錢。”

② “芙蔔”，是一種藤類植物，越文作 Cây lá trầu。與檳榔同爲喜慶時必有之象徵性植物，尤其是在傳統婚俗文化中，檳榔、芙蔔與石頭（石灰）是兄弟和睦、夫妻相恩相愛之象徵。

③ “修”，碑文原作“脩”，另兼正字。

④ 以上爲拓片編號 02458 之内容。

（續表）

編號	篇題	年代	位置
02457/02458	扶寧社上中二村阮遣後神碑記*	後黎顯宗景興四十七年（1786）	亭右廡第四碑
02466/02469	流傳萬代/後神碑記	□□七年（己酉）	亭右廡第一碑
02471/02472	流傳萬代/後神碑記	後黎裕宗保泰八年（1727）	亭左廡第三碑
02473-02476	扶寧社陶國顯夫妻後神碑記*	後黎裕宗永盛十三年（1717）	亭左廡第四碑
02485/02486	夏陽總集市碑記*	後黎顯宗景興十九年（1758）	亭右廡第六碑
02487/02488	後神碑記/留傳萬代	後黎顯宗景興十七年（1756）	亭右廡第五碑
02493-02496	敬之如神/萬億其世/尊之如佛/仰止碑文	後黎顯宗景興二年（1741）	亭右廡第三碑

注：* 表示此篇已收入本書。

此碑爲慈山府東岸縣福寧社因後黎裕宗丙戌科進士阮遣（伯宗）嫡孫阮弦於丙午年出資救災，故尊奉阮遣爲本亭後神的碑記。阮遣以字顯，永盛二年進士題名碑記（拓片編號01319）僅記“阮伯宗，東岸縣扶寧社人”；本碑記可補阮伯宗名遣。又《鼎鍥大越歷朝登科録》對其經歷有簡短記載，“阮伯宗，東岸扶寧人，二十六中。仕至府尹，奉使，卒贈兵部左（右）侍郎，男爵”。然不同文本有作右侍郎者，又有作左侍郎者，據本碑則可補爲“賜丙戌科第三甲同/進士出身、入侍陪從、知侍内書寫兵番歲貢部副使、奉天府府尹、封贈/光進慎禄大夫、兵部右侍郎、扶禄男”。

一三七　扶寧社陶國顯夫妻後神碑記

引言

碑立於北寧省慈山府夏陽總扶寧社亭，爲亭左廡第四碑。碑刻四面，拓片編號 02473/02475/02474/02476。拓片編號 02473 爲碑前，共十三行字，滿行四十三字，碑額題“崇恩報德”四字，碑題“後神碑記”四字，今依内容及性質重定篇題爲“扶寧社陶國顯夫妻後神碑記”；拓片編號 02475 爲碑左，共十三行字，滿行四十字；拓片編號 02474 爲碑後，共十三行字，每行滿行字數不一，碑額題“後神之碑”四字；拓片編號 02476 爲碑右，共八行字，每行滿行字數不一。拓片編號 02473 之左右兩邊側有雲龍紋，碑底刻有蓮座；拓片編號 02474 左右兩側邊刻雲紋。碑文撰者陪從禮部尚書、入侍經筵阮德望，書者謹事郎同知府阮名公。年代署作永盛（Vĩnh Thịnh）十三年（1717），永盛爲後黎裕宗（Lê Dụ Tông）黎維禟（Lê Duy Đường）年號，同年爲清康熙五十六年，歲次丁酉。拓片現藏於漢喃研究院。

碑文記載陶國顯與其妻阮氏瑞捐六百使錢和三畝地助扶寧社民渡過饑荒及官役，扶寧社上、中、下三村村民感激其恩德，尊其爲後神之事。文末除以十六句四字銘文歌詠外，並記録每年供祭品項、儀式，惠田所在方位與大小，及見證此事之官員與村民題名。

02473

崇德報德

後神碑記

有功德於民則祀之祭法之義也禮尚往來報施之謂也東岸扶寧前陪從刑部右侍郎贈左侍郎岸祥伯姓陶字國顯京北之望族也自總角時以顯悟稱淹貫乎六經蒐羅乎諸子其文章則粹然而嵩正其器宇則卓高而不群甲子鄉試撤棘圖而入泮辛未大比趍蘭省而策名歷任監察給舍刑科疑刑都科寺職奉往北使事言還榮陞刑部右侍郎子爵陪從廟堂參議事務卒贈刑部左侍郎岸祥伯酬勲勞也蓋公於平日居於鄉黨之中素多惠愛加之正室慎人阮氏瑞克成其志頃年本社值時辦食官役頗紊乃出家財使錢陸百貫以給省之又許田叁畝以為來日祭田解澤免訖義兼之矣其於桐黨之惠照鄰之波愈久而愈不忘矣既無金玉乎長言奚音瓊瑤之以贈茲本社上中下三村等官員知縣阮秉衡至中男阮仁成等思報深恩以存厚道百人之中如尚一口香相會論以為吾曹之於鄉官有德如山重承恩如海深其何以報德應事之以為后神立石作記以紀其功德庶可以展其思慕之情焉爾矣嗣後逝年八席祈福迎接些儀設在於本土城隍些右香火之祖享些敬之如神明焉至於歲時忌臘各節儀文禮數沼止蘋蘩遵如約內萬世立食傳之無窮是約也與天地同其悠久與日月同其貞明矣本社自茲以後或有何人二三其德嫚慢不常明則有日月幽則有鬼神其鑒臨些所有惠賜銅錢及田畝各祈其義節如祈福八席祭祀四時忌臘各節本社約內姓名道人并銘具列于碑之陰

北寧慈山府夏隗總扶寧社亭左廡第四碑四面之前

編號：02473　出自《拓片總集》第三冊（下同）

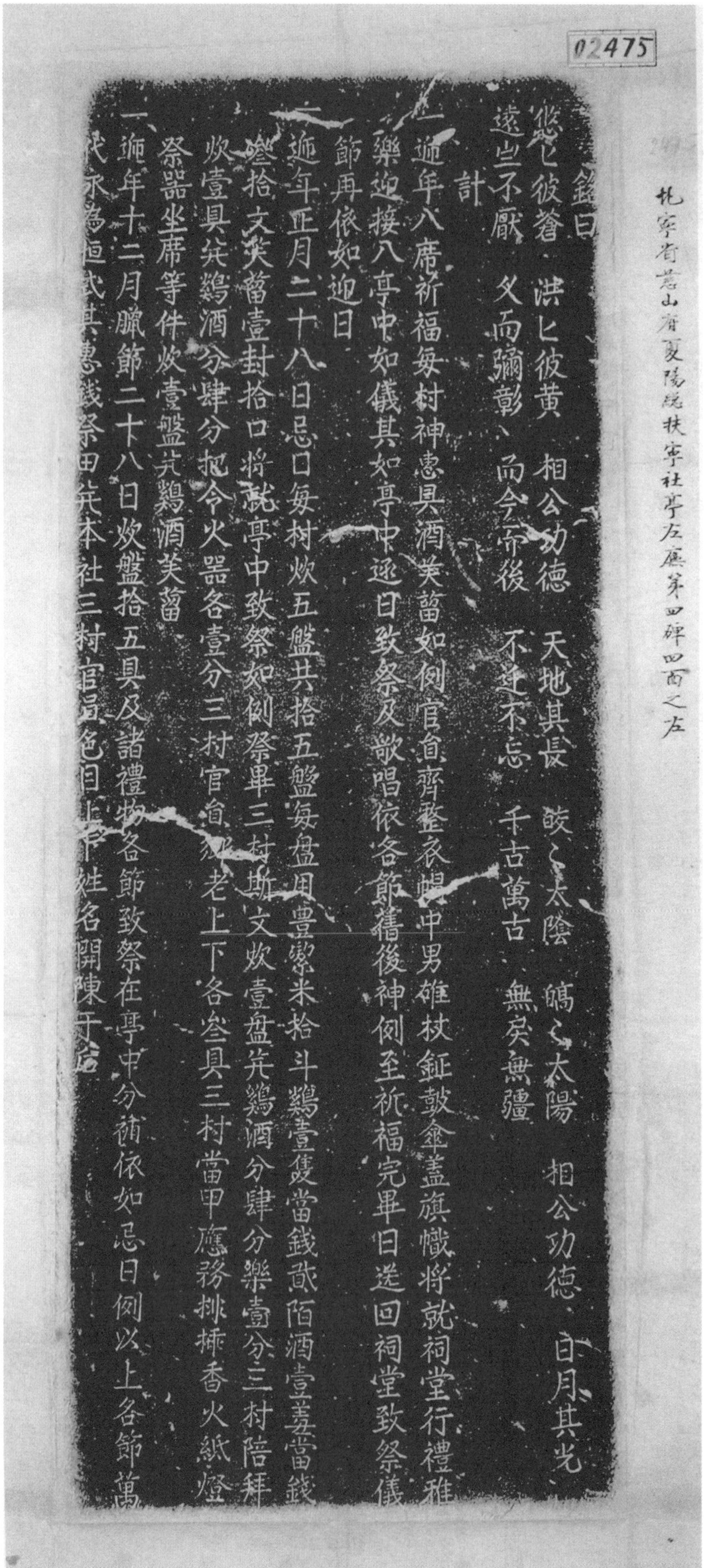

銘曰
悠〻彼蒼　洪〻彼黄　相公功德　天地其長　皎〻太陰　皜〻太陽　相公功德　日月其光
遠〻不厭　乂而彌彰　而今而後　不迹不忘　千古萬古　無窮無疆
計
一迎年八庵祈福每村神惠具酒芙蒥如例官員齊整衣帽中男雄杖鉦鼓傘蓋旗幟將就祠堂行禮雅
樂迎接八亭中如儀其如亭中逐日致祭及歌唱依各節舊後神例至祈福完畢日送回祠堂致祭儀
節再依如迎日
一迎年正月二十八日忌日每村炊五盤共拾五盤每盤用豊糯米拾斗鷄壹隻當錢貳陌酒壹罋當錢
叁拾文芙蒥壹封拾口將就亭中致祭如例祭畢三村斯文炊壹盤羌鷄酒分肆分樂壹分三村陪拜
炊壹具羌鷄酒分肆分扣令火器各壹分三村官員耆老上下各叁具三村當甲應務排抹香火紙燈
祭器坐席等件炊壹盤羌鷄酒芙蒥
一迎年十二月臘節二十八日炊盤拾五具及諸禮物各節致祭在亭中分補依如忌日例以上各節萬
代永爲恒式其惠錢祭田并本社三村官員邑目上下姓名開陳于后

北寧省慈山府夏陽總扶寧社亭左廡第四碑四面之左

編號：02475

02474
後神碑

編號：02474

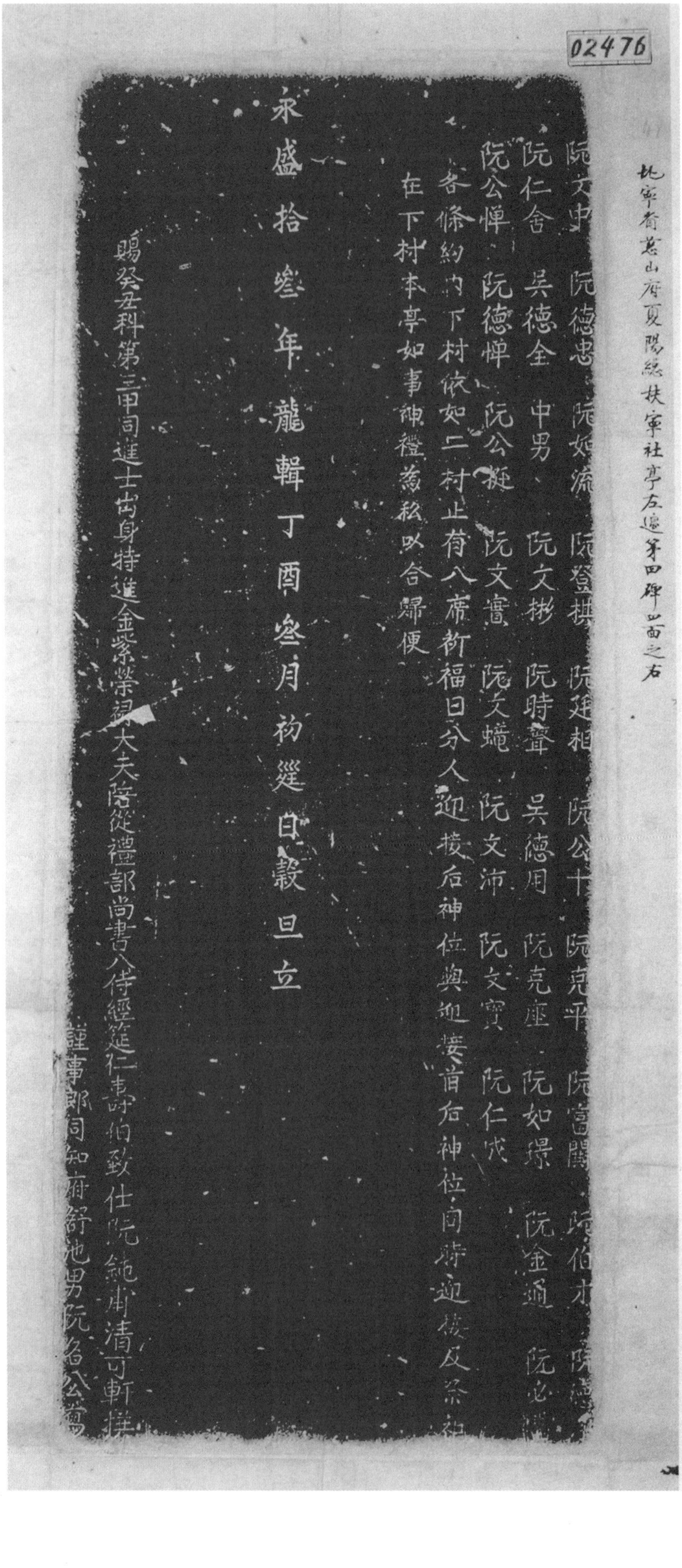
02476

北寧省慈山府夏陽總扶寧社亭左邊第四碑一面之右

阮文忠 阮德忠 阮如流 阮登揆 阮廷柏 阮公十 阮亮平 阮富閑 阮伯才 阮德

阮仁舍 吴德全 中男 阮文拶 阮時聲 吴德用 阮亮座 阮如璟 阮金通 阮必

阮公悼 阮德悼 阮公挺 阮文富 阮文蠅 阮文沛 阮文寶 阮仁戊

各條約內下村依如二村止荷八席祈福日分人迎接后神位與迎娶首后神位向祠迎接反祭神

在下村本亭如事神禮爲私以合歸便

永盛拾叁年龍輯丁酉叁月初綖白穀旦立

賜癸丑科第三甲同進士出身特進金紫榮祿大夫陪從禮部尚書入侍經筵仁壽伯致仕阮純嘏清可斬撰

謹事郎同知府舒池男阮名公篤

編號：02476

釋文

【崇恩報德】

後神碑記[①]

有功德於民則祀之，祭法之義也。禮尚往來，報施之謂也。東岸扶寧前陪從刑部右侍郎、贈左侍郎、岸祥伯姓/陶，字國顯，京北之望族也。自總角[②]時，以穎悟稱，淹貫乎六經，蒐羅乎諸子，其文章則粹然而出，正其器宇則卓爾/而不群。甲子鄉試，撤棘圍[③]而入泮。辛未[④]大比[⑤]，趨蘭省[⑥]而策名。歷任監察給舍、刑科、提[⑦]刑、都科等職，奉往北使，事濟/言還，榮陞刑部右侍郎、子爵，陪從廟堂，參議事務，卒贈刑部左侍郎、岸祥伯，酬勳勞也。蓋公於平日居於鄉黨之/中，素多惠愛，加之正室慎人阮氏瑞，克成其志，頃年本社值時艱食，官役頗緊，乃出家貲使錢陸百貫，以給貸之。/又許田叁畝以爲來日祭田，解澤兑説[⑧]，義兼之矣。其於惆黨之惠，照鄰[⑨]之波，愈久而愈不忘矣。既無金玉乎其音，/奚吝瓊瑶之以贈[⑩]。兹本社上中下三村等，自官員知縣阮秉衡，至中男阮仁成等，思報深恩，以存厚道，百人之中，/如出一口，

---

① 此爲拓片編號 02473 碑題。今重定篇題爲“扶寧社陶國顯夫妻後神碑記”。

② “總角”，古時少兒男未冠、女未笄時之髮型。頭髮梳成兩個髮髻，如頭頂兩角。此處用作少兒之代稱。

③ “棘圍”，即“秋棘春圍”，又作“秋貢春試”。《宋史・選舉志二・科目下》：“舊制，秋貢春試，皆置别頭場，以待舉人之避親者。自緦麻以上親及大功以上婚姻之家，皆牒送。”

④ “辛未”，後黎熙宗（Lê Hy Tông）黎維祫（Lê Duy Cáp）正和十二年（1691），當清康熙三十年。

⑤ “大比”，原爲周代三年考比鄉大夫政事，《周禮・小司徒》：“鄉之大夫使各登其鄉之衆寡，六畜、車輦，辨其物，以歲時入其數爲以施政教行徵令，及三年則大比，大比則受邦國之比要……及大比，六鄉四郊之吏，平教治正政事，攷夫屋及其衆寡六畜兵器以待政令。”後因三年一次舉行科舉，遂泛稱科舉爲大比。

⑥ “蘭省”，又稱“蘭臺”，原是漢代藏書處，由御史中丞兼管。（漢）衛宏《漢舊儀》：“御史中丞，兩梁冠，秩千石。内掌蘭臺。”後遂稱御史臺爲蘭臺；東漢另置蘭臺令史掌理書奏，班固以蘭臺令史奉命撰史，故又以史官爲蘭臺；唐高宗龍朔二年（662）改秘書監爲蘭臺，其監曰蘭臺太史；武后天授初一度改爲麟臺監；蘭臺遂又爲祕書省的别稱。見《唐六典・祕書省》：“初，漢御史中丞掌蘭臺祕書圖籍，故歷代制都邑，建臺省，以祕書與御史爲鄰。”

⑦ “提”，碑原作“㩗”，爲越南避諱字。

⑧ “解澤兑説”，見《周易・周易兼義・下經豐傳・兑》孔穎達正義：“兑，説也。説卦曰：説萬物者莫説乎澤，以兑是象澤之卦，故以兑爲名。澤以潤生萬物，所以萬物皆説。”

⑨ “照鄰”，見《文選・教・傅季友爲宋公修張良廟教》：“夫盛德不泯，義存祀典；微管之歎，撫事彌深，張子房道亞黄中，照鄰殆庶，風雲玄感，蔚爲帝師。”

⑩ “瓊瑶之贈”，見《詩經・國風・衛風・木瓜》：“投我以木桃，報之以瓊瑶，匪報也，永以爲好也。”毛亨傳：“瓊瑶，美玉。”

胥相會論，以爲吾曹之於鄉官，荷德如山重，承恩如海深，其何以報德？應事之以爲後[①]神，立石作記，以/紀其功德，庶可以展其思慕之情焉爾矣。嗣後遞年入席祈福，迎接之儀，設位在於本土城隍之右，香火之，俎豆/之，敬之如神明焉。至於歲時忌臘[②]各節，儀文禮數，沼沚蘋蘩[③]，遵如約内，萬世血食，傳之無窮。是約也，與天地同其/悠久，與日月同其貞明矣。本社自茲以後，或有何人二三其德，敬慢不常，明則有日月，幽則有鬼神，其鑒臨之。所/有惠賜銅錢及田畝各所，其儀節如祈福入席，祭祀四時、忌臘各節，本社約内姓名員人，并銘具列于碑之陰云。/[④]

銘曰：/

悠悠彼蒼，洪洪彼黄。相公功德，天地其長。

皎皎太陰，皜皜太陽。相公功德，日月其光。/

遠之不厭，久而彌彰。而今而後，不遷不忘。

千古萬古，無戻無疆。/

計/

一遞年入席祈福，每村神惠具酒、芙蒥[⑤]如例。官員齊整衣帽，中男雄杖鉦皷，傘蓋旗幟，將就祠堂行禮，雅/樂迎接入亭中，如儀。其如亭中，逐日致祭，及歌唱依各節舊後神例。至祈福完畢日，送回祠堂，致祭儀/節，再依如迎日。/

一遞年正月二十八日忌日，每村�[⑥]五盤，共拾五盤，每盤用豊潔米拾斗；鶏壹隻，當錢貳陌；酒壹羞，當錢/叁拾文；芙蒥壹封拾口；將就亭中致祭，如例。祭畢，三村斯文�壹盤，并鶏、酒分肆分，樂壹分，三村陪拜，/粫壹具，并鶏、酒分肆分，把令火器各壹分。三村官員鄉老上下各叁具，三村當甲應務排插香火、紙燈、/祭器、坐席等件，粫壹盤，并鶏、酒、

① “後”，碑文原作“后”，因另兼正字，故逕改，下同不另出注。

② “忌臘”，見（明）田藝衡《玉笑零音》：“人之初生，以七日爲臘；人之初死，以七日爲忌。一臘而魄成，故七七四十九日而七魄具矣。一忌而一魂散，故七七四十九日而七魂泯矣。”

③ “沼沚蘋蘩”，《詩经·國風·召南·鵲巢》有《采蘋》《采蘩》，均爲頌婦人能循法度，不失職以承先祖、共祭祀的篇章。其中《采蘩》：“于以采蘩，于沼于沚，于以用之，公侯之事。”毛亨傳曰：“蘩，皤蒿也。于、於。沼、池，沚、渚也。公侯夫人執蘩菜以助祭神，饗德與信，不求備焉。沼沚谿澗之草，猶可以薦，王后則荇菜也。”又，鄭玄《詩譜序·周南召南譜》有曰：“在召南之篇，亦是用之於樂……《采蘋》取其循澗，以《采蘋》喻循法度以成君事；《采蘩》取夙夜在公。各取其篇之義，以爲戒也。”

④ 以上爲拓片編號 02473 之内容。

⑤ “芙蒥”，是一種藤類的植物，越文作 Cây lá trầu。與檳榔同爲喜慶時必有之象徵性植物，尤其是在傳統婚俗文化中，檳榔、芙蒥與石頭（石灰）是兄弟和睦、夫妻相恩相愛之象徵。

⑥ “粫”，喃字，糯米的意思，下同不另注。

芙菑。/

一遞年十二月臘節二十八日，�盤拾五具及諸禮物，各節致祭在亭中，分補依如忌日例。以上各節，萬/代永爲恒式，其惠錢、祭田并本社三村官員、色目、上下姓名開陳于後。/[1]

後神之碑[2]

一青錢使錢陸百貫/

一惠田各所共叁畝。又盤木處一所，壹高拾尺，引文會祭田二位字福元/字温厚。/盤木處一所壹高，盤木處一所壹高半，盤木處一所壹高，盤木處一所叁高，/盤木處一所壹高，盤木處一所壹高五尺，未處一所壹高半，未處一所壹高半，/未處一所貳高半，未處一所壹高半，未處一所壹高半，未處一所壹高叁尺，/未處一所壹高，未處一所貳高，梂納處一所壹高，𨷑厨耨處一所貳高，/厨耨處二所肆高，光字處一所壹高五尺。/

一本社三村官員、鄉老、社村長上下姓名：知縣阮秉衡，知縣石惟明，同知府阮克池，右廣阮德基，/縣丞阮文淵，訓導阮公科，同知州阮公佳，副所使石公仲，知簿阮必得，副所使阮德裕，/副所使石公佳，副所使石公儼，副所使阮克嚴，監生阮儒舉，監生阮有容，弘信大夫阮德純，/儒生阮伯宏，儒生阮公億，生徒[3]阮公纘，生徒阮耀，生徒陳維翰，生徒阮克擢，生徒阮仲寧，/生徒阮謙，官員子石光運，官員子阮壽銓，官員子石光融，鄉老阮如瑀，謝進法，謝進領，/阮必諒，阮名顯，阮德海，阮仁創，吴德信，范廷富，村長阮德諫，阮壽義，阮公垣，阮公瓊。/[4]

阮文中、阮德忠、阮如流、阮登棋、阮廷相、阮公十、阮克平、阮富閧、阮伯才、阮德淨、/阮仁舍、吴德全。中男阮文彬、阮時聲、吴德用、阮克座、阮如璟、阮金通、阮必當、/阮公憚、阮德憚、阮公挺、阮文實、阮文蝱、阮文沛、阮文寶、阮仁成。/

各條約内，下村依如二村，止有入席。祈福日分人迎接後神位，與迎接舊後神位同時迎接。及祭祀/在下村，本亭如事神，禮爲私以合歸便。/

永盛拾叁年龍輯丁酉[5]叁月初九[6]日穀旦立/

---

① 以上爲拓片編號 02475 之内容。

② 此爲拓片編號 02474 額題。

③ “生徒”，見《欽定越史通鑑綱目・正編》卷九“後黎聖宗光順三年”記載：“生徒，鄉試中三場，謂之生徒。黎初衙吏多以監生、儒生、生徒爲之。”

④ 以上爲拓片編號 02474 之内容。

⑤ “永盛拾叁年龍輯丁酉”，即永盛十三年（1717），當清康熙五十六年。

⑥ “玖”，碑原作“𤤻”，爲越南避諱字。

賜癸丑科第三甲同進士出身、特進、金紫榮禄大夫、陪從禮部尚書、
入侍經筵、仁壽伯致仕阮鈍甫清可軒[①]撰/
謹事郎、同知府、舒池男阮名公寫/[②]

題後

此碑記乃後黎熙宗正和十二年（1691）第三甲同進士出身第一名陶國顯與其妻之後神碑記，《鼎鍥大越歷朝登科録》："陶國顯，東岸扶寧人，三十五中，奉使，仕至刑部左侍郎、子爵；贈刑部左侍郎、伯爵。"又，《大越史記全書續編》後黎裕宗永盛五年己丑（清康熙四十八年，1709）："春，正月，遣陳廷諫、黎珂琮、陶國顯、阮名譽等，如清歲貢。"據本碑陶國顯"甲子鄉試，撤棘圍而入泮。辛未大比，趨蘭省而策名。歷任監察給舍、刑科、提刑、都科等職，奉往北使，事濟言還，榮陞刑部右侍郎、子爵，陪從廟堂，參議事務，卒贈刑部左侍郎、岸祥伯，酬勳勞也"，可補史籍記載之不足。

① "阮鈍甫清可軒"，應爲阮德望，《鼎鍥大越歷朝登科録》後黎嘉宗陽德二年（1673）癸丑科第三甲同進士出身："東岸詠梂人，三十中會元，應制合格，再中東閣，奉使，仕至都御史，贈吏部尚書，伯爵。文徵之五代孫，仲炯之四代孫，達善、顯績、教方之堂孫，名教之堂祖；公垣、國益、仲敦之堂曾祖。"

② 以上爲拓片編號 02476 之内容。

一三八　夏陽總集市碑記

引言

碑立於北寧省慈山府夏陽總扶寧社亭，爲亭右廡第六碑。碑刻雙面，拓片編號 02485/02486。拓片編號 02485 爲碑前，共二十四行字，滿行約三十五字，碑額題“集市碑記”四字，今依内容及性質重定篇題爲“夏陽總集市碑記”，此面碑額與左右兩側相連，中間刻有日紋，左右並飾有雲紋；拓片編號 02486 爲碑後，共六行字，滿行約二十九字，有界綫。年代署作景興（Cảnh Hưng）十九年（1758），景興爲後黎顯宗（Lê Hiển Tông）黎維祧（Lê Duy Diêu）年號，同年爲清乾隆二十三年，歲次戊寅。拓片現藏於漢喃研究院。

碑文記述夏陽總六社擴建市集一事。文末提出市集條例和六社相關人員之題名。

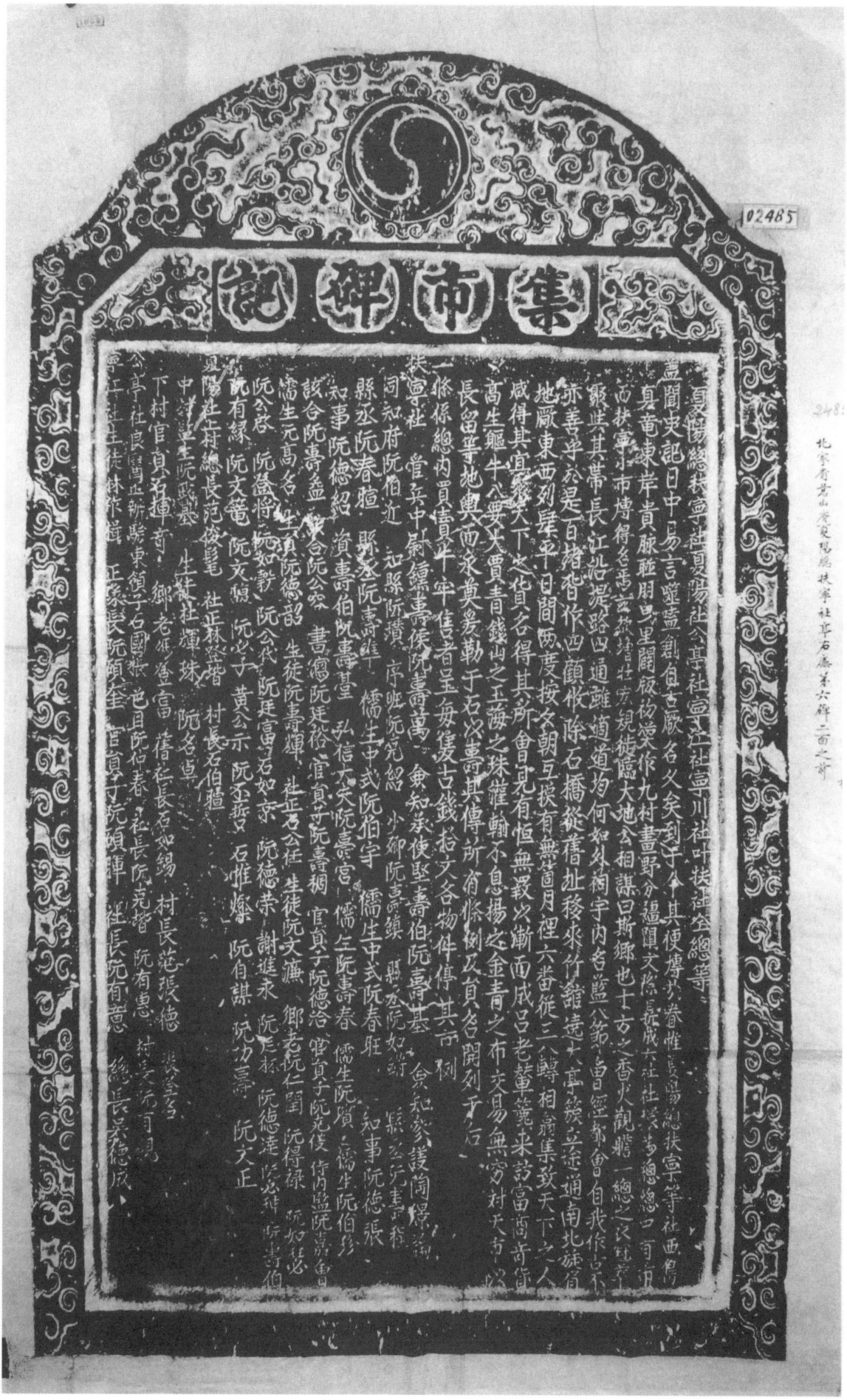
02485
集市碑記

編號：02485　出自《拓片總集》第三冊（下同）

02486
2486
北寧省慈山府貢隴縣扶亭社亭石碑第六碑二面之後

寧川社知簿范有秩 該合阮惟演 朝列阮壽甲 該合阮壽杏 生徒阮壽灌 社正阮春暢
鄉老阮金渦 社長阮洸耀 村長阮金苑 阮惟士 官員子潘德秀 鄉老杜維垣
叶扶社生員阮譚暢 題吏阮廷宝 劉所使阮宗萃
一總內六分每分古錢五貫五陌并竹柒一連三間
其叶扶社一分古錢叁貫壹陌
皇朝景興拾叁年叁月穀日

編號：02486

釋文

集市碑記[①]

夏陽總扶寧社、夏陽社、公亭社、寧江社、寧川社、叶扶社仝總等。/

蓋聞史記日中[②]，《易》言《噬嗑》[③]。創自古，厥名久矣；到于今，其便博哉。眷惟夏陽總扶寧等社，西島/真龍，東岸貴脉。聯朋曳里，闢版初渙作九村；畫野分疆，闡文際鼎成六社。社環爲總，總中有市，/而扶寧小市，博得名焉。茲欲增壯宏規，徙臨大地，公相謀曰：斯鄉也，十方之香火觀瞻，一總之衣冠萃/聚，與其帶長江、沿堤路，四通雖適，道均何如。外祠宇，内名藍[④]，八節曾經都會，自我作古，不/亦善乎！於是百楮皆作，四顧攸除，石橋從舊址移來，竹館遶大亭簇立，途通南北，旋肩/地廠，東西列肆。平日間兩度，按夕朝互換有無；箇月裡六番，從三八轉相翕集。致天下之人，/咸得其宜；聚天下之貨，各得其所。會見有恒無斁，以漸而成。吕老輦篚，來訪富商奇貨；/高生軀牛，入要大賈青錢。山之玉，海之珠，灌輸不息；楊之金，青之布，交易無窮。對天市以/長留，等地輿而永莫，爰勒于石，以壽其傳。所有條例及員名，開列于後[⑤]。/

一條係總内買賣牛牢，售者呈每隻古錢拾文，各物件停其市例。/

扶寧社：

管兵中尉、鍾壽侯阮壽萬，僉知承使、堅壽伯阮壽基，僉知參議陶璟論，/同知府阮伯近，知縣阮瓚，序班阮克紹，少卿阮壽鎮，縣丞阮如鏘，縣丞阮壽程，/縣丞阮春暄，縣丞阮壽準；儒生、中式阮伯宇，儒生、中式阮春旺，知事阮德張，/知事阮德紹，資壽伯阮壽臺，弘信大夫阮壽宫，儒生阮壽春，儒生阮璌，儒生阮伯珍，/該合阮壽益，該合阮公容，書寫阮廷裕，

---

① 此爲拓片編號02485額題，今依内容及性質重定篇題爲“夏陽總集市碑記”。

② “史記日中”，見《漢書·食貨志》：“《洪範》八政，一曰食，二曰貨。食謂農殖嘉穀可食之物，貨謂布帛可衣，及金刀龜貝，所以分財布利，通有無者也。二者，生民之本，興自神農之世。斲木爲耜，煣木爲耒，耒耨之利以教天下，而食足；日中爲市，致天下之民，聚天下之貨，交易而退，各得其所，而貨通。”

③ “《易》言《噬嗑》”，見《易·繫辭下》：“日中爲市，致天下之民，聚天下之貨，交易而退，各得其所，蓋取諸噬嗑。”

④ “名藍”，著名之伽藍，伽藍爲梵語音譯，即指寺院。

⑤ “後”，碑文原作“后”，因另兼正字，故逕改，下同不另出注。

官員子阮壽稠，官員子阮德洽，官員子阮克儀，侍内監阮嘉會，/儒生阮高名，生員阮德韶，生徒[1]阮壽輝，社正石公任，生徒阮文濂，鄉老阮仁閏，阮得禄，阮如瑟，/阮公啓，阮登將，阮如穀，阮公代，阮廷富，石如京，阮德榮，謝進永，阮廷林，阮德達，阮必珅，阮壽伯，/阮有緣，阮文籠，阮文馥，阮必子，黄公示，阮丕哲，石惟燦，阮有謀，阮功壽，阮文正。/

夏陽社：上村總長范俊髦，社正林登堦，村長石伯暄。/

中村監生阮武基，生徒杜輝珠，阮名卓。/

下村官員石揮奇，鄉老馮登富，舊社長石如錫，村長范張德，裴登名。/

公亭社：良醫正辦驗、東領子石國棖，色目阮仲春，社長阮克堦，阮有惠；村長阮有親。

寧江社生徒林作楫，正隊長阮碩奎，官員子阮碩暉，社長阮有意，總長吴德成。/[2]

寧川社知簿范有祿，該合阮惟演，朝列阮壽甲，該合阮壽譽，生徒阮壽灌，社正阮春暘/，鄉老阮金仙，社長阮珖耀，村長阮金花，阮惟士。/

叶扶社生員阮譚楊，題吏阮廷宝，副所使阮宗華，官員子潘德秀，鄉老林維垣，/

一總内六分，每分古錢五貫五陌，并竹栜一連三間。/

其叶扶社一分，古錢叁貫壹陌。/

皇朝景興拾玖[3]年[4]叁月穀日/[5]

① “生徒”，見《欽定越史通鑑綱目·正編》卷九“後黎聖宗光順三年”記載：“生徒，鄉試中三場，謂之生徒。黎初衙吏多以監生、儒生、生徒爲之。”

② 以上爲拓片編號02485之内容。

③ “玖”，碑原作“㺠”，爲越南避諱字。

④ “皇朝景興拾玖年”，當清乾隆二十三年（1758），歲次戊寅。

⑤ 以上爲拓片編號02486之内容。

一三九　安常等五社阮廷訓福神石案

引言

石案立於北寧省慈山府安常總安常社安市村阮相公祠，爲祠宇内前石香案。拓片編號02499/02500/02513。按《越南漢喃碑銘拓片目録提要》一書説明此石案刻三面，然按拓片上題籤云此石案刻有四面，唯第四面拓片筆者未見。拓片編號02499爲前，共三十九行大小字，滿行三十字，題目作“京北承宣慈山府東岸縣安常、亭尾、龜蒙等社村所福神碑記”二十四字，今依内容及刊刻之載體，重定篇題爲“安常等五社阮廷訓福神石案”；拓片編號02500爲右，共十九行字，滿行約四十一字；拓片編號02513爲左，共十六行字，滿行約四十一字。碑文撰者御史臺行僉都御史、翰林院校理、兼秘書閣國史校正吴時仕、書者通政使司通政使武金瑛。年代署作皇朝景興（Cảnh Thống）三十六年乙未（1775），景興爲後黎顯宗（Lê Hiến Tông）黎維祧（Lê Duy Diêu）年號，同年爲清乾隆四十年。拓片現藏於漢喃研究院。

此文言安常等社感念阮廷訓捐資修築社内大亭、廟宇之義舉，故選其爲福神，符阮廷訓百年之後定期供祭其本人與其雙親父母、祖父母，爲此阮廷訓又捐贈田地和錢財以作供祭之用。文末則記録每年節日奉事禮數，與各社村所分錢數與田所等内容。

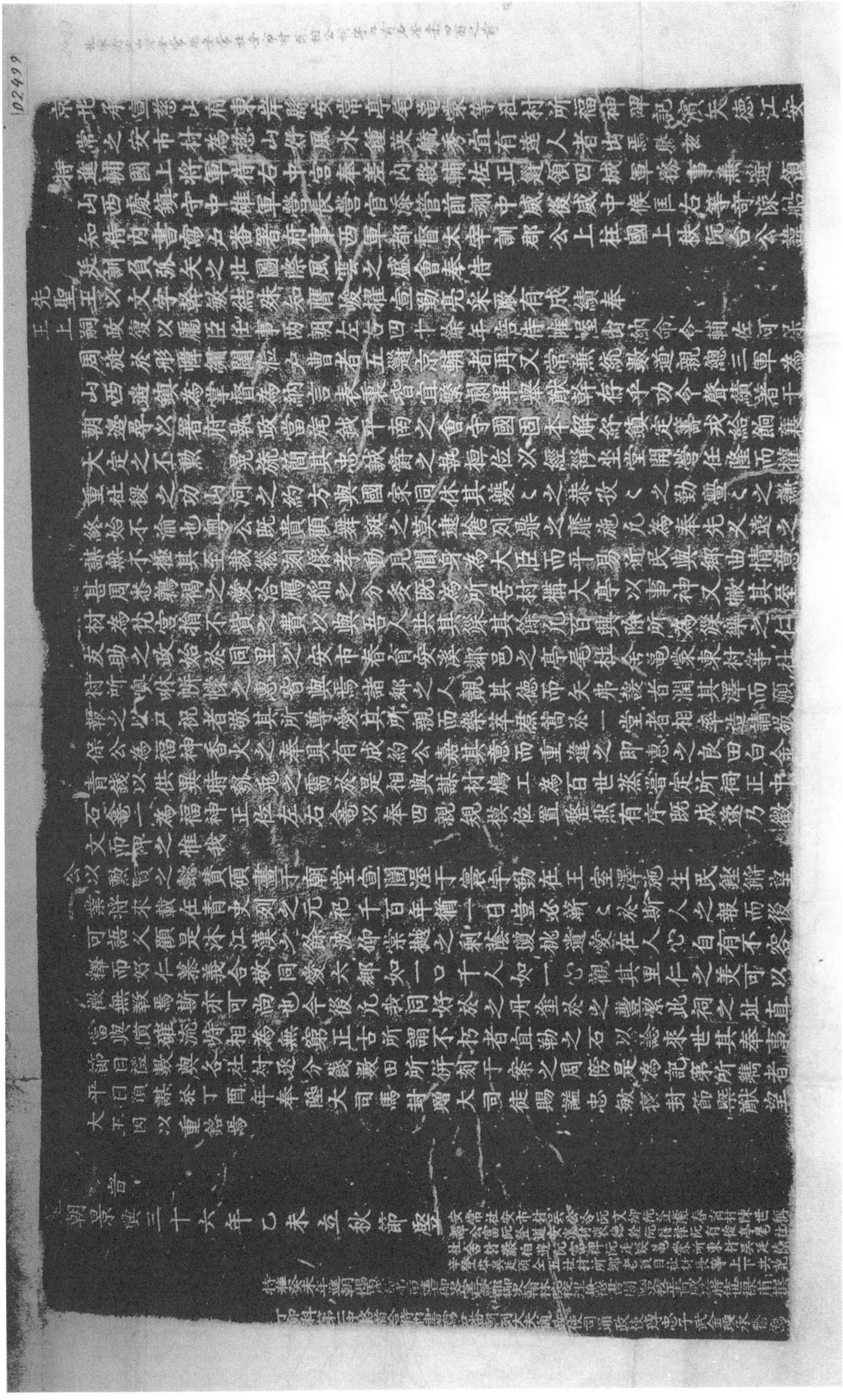

編號：02499　出自《拓片總集》第三冊（下同）

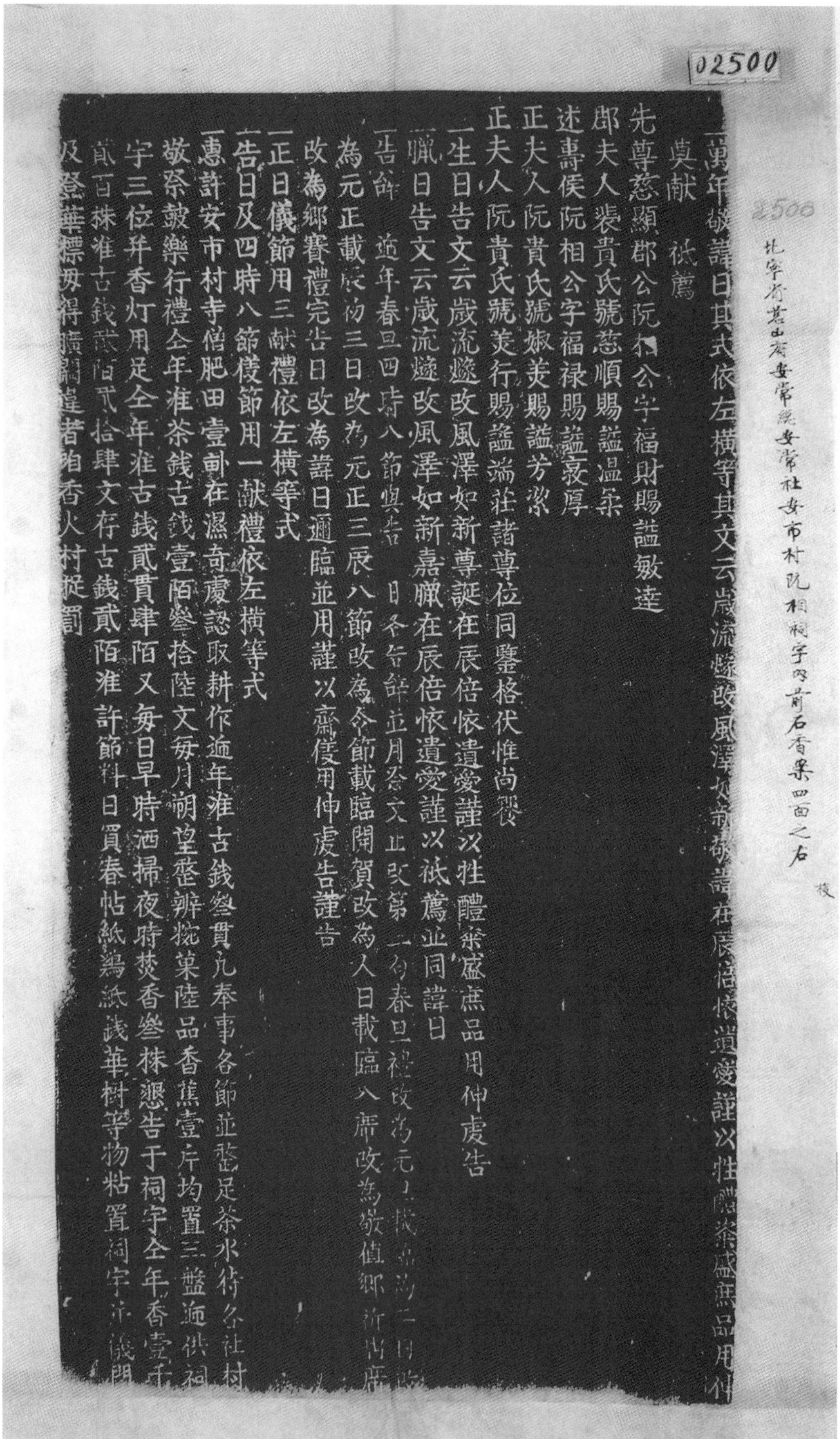
02500
2500
北寧省慈山府安常總安常社安市村阮相祠宇內前石香案四面之右

一萬年敬諱日其式依左横等其文云歲流遞改風澤如新敬諱在辰倍恢遺愛謹以牲醴粢盛庶品用仲
奠獻　祇薦
先尊慈顯郡公阮[illegible]公字福財賜謚敏達
郡夫人裴貴氏號慈順賜謚温柔
述壽侯阮相公字福禄賜謚衮厚
正夫人阮貴氏號嫩美賜謚芳潔
正夫人阮貴氏號美行賜謚端莊諸尊位同鑒格伏惟尚饗
一生日告文云歲流遞改風澤如新尊誕在辰倍恢遺愛謹以牲醴粢盛庶品用仲虔告
一臘日告文云歲流遞改風澤如新嘉臘在辰倍恢遺愛謹以祇薦並同諱日
一告辞　逓年春旦四時八節與告　日各告辞並用祭文止改第二句春旦禮改為元正載臨為二日改
為元正載辰初三日改為元正三辰八節改為令節載臨開賀改為人日載臨入席改為敬值鄉祈出席
改為鄉賽禮完告日改為諱日逓臨並用謹以齋儀用仲虔告謹告
一正日儀節用三獻禮依左横等式
一告日及四時八節儀節用一獻禮依左横等式
一惠許安市村寺僧肥田壹畝在濕奇處認取耕作逓年准古錢叁貫九奉事各節並甏足茶水待各社村
敬祭皷樂行禮仝年准茶錢古錢壹陌叁拾陸文每月朔望甏辦糍菓陸品香蕉壹斤均置三盤逓供祠
宇三位并香灯用足仝年准古錢貳貫肆陌又每日早時洒掃夜時焚香叁抹懇告于祠宇仝年香壹千
貳百株准古錢貳陌貳拾肆文存古錢貳陌准許節料日買春帖紙鷄紙錢華樹等物粘置祠宇并儀門
及登華標毋得曠闕違者殉香火村提罰

編號：02500

02513

2513

北寧省慈山府安常總安常社安市村阮相公祠宇內前石香案四面之左

許
一祠宇壹所貳高拾尺祠宇壹連叄間壹厦侵門壹連叄間並上覆尾坐落安市村內寺東邊四圍內外磚
墻及奉事祭器圖物等項許香火安市村監守
一安市村本分銀子壹百兩使錢五百貫田壹區五畝在本村耬耶處池壹口肆高壹尺在筃亭處文亭壹
連五間殿內壹連叄間侵門壹座並上覆尾周圍磚墻前面蜂石墻貳幅奉事　本土尊神與福神位并
寺燒香殿後堂貳連奉事　三寳及家先后佛位
一本村寺僧本分肥田壹畝在濕奇處
一春育村本分使錢五百貫田在本地分坐落同㵢處叄拾陸所共五畝陸尺
一安溪村本分使錢五百貫田在本地分坐落同𤇥處柒所壹畝五高貳尺坂柊篭處柒所壹畝肆高拾貳
尺壹寸濕上處貳所貳高拾尺陸寸同格處陸所五高拾貳尺柒寸同墓處肆所捌高貳寸㭊厨處貳所
叄高叄尺壹寸㭊亭處壹所拾肆尺共五畝𨑮尺柒寸
一亭尾社社舍村本分使錢五百貫田在本地分坐落耬同堰土公處壹區五畝
一菴棠所東村本分使錢五百貫田在社舍村地分耬同處壹區五畝并粟子貳萬官銅鉢
右惠許各社村與寺僧共使錢貳千五百貫銀子壹百兩肥田貳拾陸畝壹高池肆高壹尺并粟子貳萬官
銅鉢逐年取殖利息錢田池稅每高古錢叄陌共古錢柒拾𨑮貫五陌奉事節序儀數及留用修理祠宇
祭器諸物件照據後開逐分壁辦

編號：02513

釋文

京北承宣慈山府東岸縣安常、亭尾、龜蒙等社村所福神碑記[①]

濱天德江[②]安/常之安市村爲慈山好風水，鍾英毓秀，宜有達人者出焉。

睠兹/　　　　特進、輔國上將軍、侍右、中宫奉差、内殿輔佐、正提[③]領四城軍務事、兼遥領/山西處鎮、守中雄軍營長、營官添管，前翊、中威、後威、中候、匡右等奇隊船、/知侍内書寫户番、署府事、西軍都督、太宰、訓郡公、上柱國、上秩阮台公，諱/廷訓，負弧矢之壯圖，際風雲之盛會，奉侍/　　　　先聖王，以文字幹敏結殊，知膺峻擢，宣勤亮采，厥有成績。奉/　　　　王上嗣政，復以龐臣[④]任事兩朝，左右四十餘年，陪侍帷幄，出納命令，輔佐阿保[⑤]。/周旋於彤幃繡闥，涖户曹者五，提京輔者再。又常兼統數道，親總三軍，爲/山西遥鎮，爲掌督，爲納言，表裏皆宜，繁劇畢舉，猷幹存乎功令，聲績著于/朝邊。尋以署府執政，當旄鉞平南之會，守國固本，解紓鎮定，籌戎給餉，襄/大定之丕勳。　冕旒簡其忠誠，爵之執桓[⑥]，位以經邦[⑦]，坐堂開營，任隆而權/重。社稷之功，山河之約，方與國家同休。

---

① 碑無額題，此爲石案原碑題。今依内容及性質重定篇題爲“安常等五社阮廷訓福神石案”。

② “天德江”，位於北寧省。《大南一統志·北寧省·山川》：“天德江，在東岸縣西二十七里，自珥河分流入縣轄春耕社，東流十九里至安常橋，折而南經嘉林、仙遊、超類諸縣，凡六千六里。”

③ “提”，碑原作“㨱”，爲越南避諱字，下同不另作注。

④ “龐臣”，大臣的意思。見（清）李之鼎輯、（宋）鄭清之撰《安晚堂詩集·理宗御書昭勳崇德閣扁記》（《四明叢書》）：“矧如今日，丕視功載，龐臣碩輔，忠烈純白，卓然爲世標。”

⑤ “阿保”，保護撫養的意思。《漢書·宣帝紀》元康三年三月：“朕微眇時，御史大夫丙吉、中郎將史曾、史玄、長樂衛尉許舜、侍中光禄大夫許延壽皆與朕有舊恩。……故人下至郡邸獄復作嘗有阿保之功，皆受官禄田宅財物，各以恩深淺報之。”臣瓚曰：“阿，倚；保，養也。”

⑥ “執桓”，見《周禮·春官·宗伯》：“以玉作六瑞，以等邦國：王執鎮圭，公執桓圭，侯執信圭，伯執躬圭，子執穀璧，男執蒲璧。”

⑦ “邦”，此爲越南避諱字“𨙸”，爲越南避諱字，下同不另作注。

其夔夔[①]之恭，孜孜[②]之勤，亹亹[③]之謙，/終始不渝也。粤公既貴，顧舞斑[④]之莫逮，愴列鼎之靡施，凡爲奉先久遠之/謀，無不極其至。裁松[⑤]刻像，孝動見聞[⑥]。身爲大臣而平易近民，與鄉曲情意/甚周悉，鶉褐[⑦]之愛洽，鴈稻[⑧]之分多，既爲所居村構大亭以事神，又撤其屋/材爲梵宮，捐不貲之費，以與吾人共其利[⑨]。其餘凡百興除所，爲利樂之仁，/友助之政，始於同里之安市、春育、安溪，鄰邑之亭尾、杜舍、龜蒙、東村等社/村所，噢咻[⑩]帡幪[⑪]之惠皆與焉。諸鄉之人覿其德，而矢弗諼者；潤其澤，而願/報之以尸祝者，敬其所尊，愛其所親，而樂萃焄蒿[⑫]於一堂者，相率造請敬/保公爲福神，香火之奉，具有成約，公嘉其意而重違之，即惠之良

---

① “夔夔”，悚懼之貌。《尚書・虞書・大禹謨》：“帝（舜）初于歷山，往于田，日號泣于旻天，于父母，負罪引慝，祗載見瞽瞍，夔夔齋慄，瞽亦允若，至諴感神，矧兹有苗。”孔安國傳曰：“夔夔，悚懼之貌。”

② “孜孜”，勤勉不懈怠的意思。《尚書・虞書・益稷》：“禹拜曰，都，帝予何言，予思日孜孜。”孔穎達疏：“孜孜者，勉功不怠之意。”

③ “亹亹”，見《詩經・大雅・蕩之什・崧高》：“亹亹申伯，王纘之事，于邑于謝，南國是式。”鄭玄箋云：“亹亹，勉也。”

④ “舞斑”，即“舞斑衣”，亦即老萊子彩衣娱親故事。《太平御覽・人事部・孝中》引師覺授《孝子傳》：“老萊子者，楚人，行年七十，父母俱存，至孝蒸蒸，常着班蘭之衣。爲親取飲，上堂脚肤，恐傷父母之因，僵仆爲嬰兒啼。孔子曰：‘父母老，常言不稱老，爲其傷老也。若老萊子，可謂不失孺子之心矣。’”

⑤ “松”，碑原作“菘”，爲越南避諱字，下同不另作注。

⑥ “裁松刻像”二句，此爲丁蘭刻木爲親的故事。《宋書・樂志・魏陳思王鼙舞歌五篇・靈芝篇》：“丁蘭少失母，自傷蚤孤煢，刻木當嚴親，朝夕致三牲。”

⑦ “鶉褐”，又作“鶉衣”，指衣服破爛的如同禿尾的鶉鳥。語本《荀子・大略》：“子夏家貧，衣若縣鶉。”後作爲窮困境遇的比喻。（明）沈榜《宛署雜記・養濟院》：“籍名收養，多至數千餘人，歲費當若干！此外，又有舍飯，而鶉衣鷇食，扶攜顛連，號呼衢路者，猶然在也。”

⑧ “鴈稻”，見（唐）杜甫《重簡王明府》詩：“君聽鴻雁響，恐致稻粱難。”

⑨ “利”，碑原作“𥝖”，爲越南避諱字，下同不另作注。

⑩ “噢咻”，謂撫慰病痛或安撫。見（唐）陸贄《陸宣公文集・奉天請罷瓊林大盈二庫狀》：“何則天衢尚梗，師旅方殷，瘡痛呻吟之聲，噢咻未息；忠勤戰守之效，賞賚未行。而諸道貢珍，遽私别庫，萬目所視，孰能忍懷。”

⑪ “帡幪”，本指帳幕，後亦引申爲覆蓋、庇蔭與庇護的意思。（漢）揚雄《法言・吾子》：“震風陵雨，然後知夏屋之爲帡幪也。虐政虐世，然後知聖人之爲郛郭也。”李軌注曰：“帡幪，蓋覆。”（宋）吕頤浩《忠穆集・河間帥吴述古遷職再任啟》：“某猥慚疲鈍，獲托帡幪。欣聞成命之傳，彌切懦心之慶。”

⑫ “焄蒿”，指物之精氣蒸發。《禮記・祭義》：“衆生必死，死必歸土，此之謂鬼。骨肉斃于下陰，爲野土；其氣發揚于上，爲昭明。焄蒿悽愴，此百物之精也，神之著也。”

田、白金、/青錢以供異時瓠兔[1]之需。於是相與謀材鳩工，爲百世蒸嘗[2]。定所祠，正中/石龕一爲福神正位，左右龕以奉四親，規模位置整然有序。既成，遂乃徵/文而碑之。

惟我/　　　　公以勳賢之懿，贊碩畫[3]于廟堂，宣闓渥于寰宇，勤在王室，澤施生民。鏗鏘皇/業，將來載在青史；列之元祀，千百年猶一日。豈必蘄蘄於斯人之報，而後/可語久。顧是沐江漢之餘波，仰棠樾[4]之剩蔭，瓊桃[5]遺愛在人心，自有不容/釋，而好仁慕義，合敬同愛，六鄉如一口，千人如一心，觀其里仁之美，可以/徵無斁焉，斯亦可尚也。今後凡我同好，於之丹塗，於之豐潔，此祠之址，直/當與隤礶流峙，相爲無窮，正古所謂不朽者。宜勒之石，以諗來世，其奉事/節目禮數，與各社村逐分錢數田所，併刻于案之周傍，是爲記。第所鐫者/平日預謀，於丁酉年奉陞大司馬、封贈大司徒、賜謚忠敏，褒封節檗猷望/大王，因以重銘焉。/

時/

皇朝景興三十六年乙未[6]立秋節竪

安常社安市村吴公泠、阮文卿、阮登□。春育村陳世稱、/譚公富、阮登道。安溪村裴德銓、阮得禄、阮有俊。亭尾社/杜舍村嚴伯遊、阮富禅、阮廷焕。龜蒙所東村吴廷僚、/辛登本、吴廷碩。仝五社村所鄉老、員目、社村長等上下共記。/

特准癸未年進朝賜丙戌科第二甲進士、御史臺行僉都御史、翰林院校理、

兼秘書閣國史校正、青威吴時仕[7]世禄甫撰/

---

① “瓠兔”，意思是微薄的禮物。《左傳·昭公元年》：“夏四月趙孟、叔孫豹、曹大夫入于鄭。鄭伯兼享之，子皮戒趙孟，禮終，趙孟賦《瓠葉》。”杜預注：“受所戒禮畢而賦詩，《瓠葉》《詩小雅》，義取古人不以微薄廢禮，雖瓠葉、兔首猶與賓客享之。”

② “蒸嘗”，又作“烝嘗”，泛指祭祀。韋昭集解：“烝，冬祭也。嘗，嘗百物也。《月令》：‘孟冬，大飲烝。’傳曰：‘閉蟄而蒸。’見《國語·楚語下·子期祀平王》：“古者先王日祭、月享、時類、歲祀。諸侯舍日，卿、大夫舍月，士、庶人舍時。天子徧祀羣神品物，諸侯祀天地、三辰及其土之山川，卿、大夫祀其禮，士、庶人不過其祖。日月會于龍豵，土氣含收，天明昌作，百嘉備舍，羣神頻行。國於是乎烝嘗，家於是乎嘗祀。百姓夫婦擇其令辰，奉其犧牲，敬其粢盛，絜其糞除，慎其采服，禋其酒醴，帥其子姓，從其時享，虔其宗祝，道其順辭，以昭祀其先祖，肅肅濟濟，如或臨之。”

③ “碩畫”，遠大的擘畫。《全唐文》載劉禹錫《武陵北亭記》：“七年冬，詔書以竹使符授尚書水曹外郎竇公常曰：命爾爲武陵守。蒞止三月，以碩畫佐元侯，平裔夷，降渠魁。”

④ “棠樾”，即“棠陰”，按《玉篇·木部》：“樾，禹月切。楚謂兩木交陰之下曰樾。”“棠樾”即甘棠之陰，典出《詩經·召南·甘棠》，歌頌召公聽民訟於甘棠之蔭，後借喻受到長者或官吏的照護。

⑤ “瓊桃”，見《詩經·國風·衛風·木瓜》：“投我以木桃，報之以瓊瑶，匪報也，永以爲好也。”

⑥ “皇朝景興三十六年乙未”，即公元1775年，當清乾隆四十年。

⑦ “吴時仕”，《鼎鍥大越歷朝登科録》後黎顯宗景興二十七年（1766）丙戌科第二甲進士出身：“吴時仕，青威左青威人，進朝，四十二歲中，是科三場至庭試並第一。時任之父。父子同朝。”

丁卯科第二中格首合侍内書寫户番、朝列大夫、通政使司通政使、𤨛忠子武金瑛承謄寫/[1]

計/

一祠宇壹所貳高拾尺，祠宇壹連叁間，壹厦儀門，壹連叁間，並上覆瓦，坐落安市村内寺東邊，四圍内外磚/牆，及奉事祭器圖物等項，許香火安市村監守。/

一安市村本分銀子壹百兩，使錢五百貫，田壹區五畝在本村轆耶處，池壹口肆高壹尺在笪亭處，又亭壹/連五間，殿内壹連叁間，儀門壹座，並上覆瓦，周圍磚牆，前面蜂石牆貳幅，奉事　本土尊神與福神位，并/寺燒香殿後堂貳連，奉事　三寶及家先後[2]佛位。/

一本村寺僧本分肥田壹畝在濕奇處。/

一春育村本分使錢五百貫，田在本地分，坐落同霑處，叁拾陸所共五畝陸尺。/

一安溪村本分使錢五百貫，田在本地分，坐落同姨處，柒所壹畝五高貳尺；核柊篭處，柒所壹畝肆高拾貳/尺壹寸；濕上處，貳所高拾尺陸寸；同格處，陸所五高拾貳尺柒寸；同墓處，肆所捌高貳寸；闌厨處，貳所/叁高叁尺壹寸；闌亭處，壹所拾肆尺，共五畝玖[3]尺柒寸。/

一亭尾社杜舍村本分使錢五百貫，田在本地分，坐落轆同堰土公處，壹區五畝。/

/一龜蒙所東村本分使錢五百貫，田在杜舍村地分轆同處，壹區五畝并粟子貳萬官銅鉢。/

右惠許各社村與寺僧共使錢貳千五百貫，銀子壹百兩，肥田貳拾陸畝，壹高池肆高壹尺，并粟子貳萬官/銅鉢，遞年取殖利息錢，田池税每高古錢叁陌，共古錢柒拾玖貫五陌。奉事節序儀數及留用修理祠宇/祭器諸物件，照據後開逐分整辦。/[4]

一萬年敬諱日，其式依左横等，其文云歲流燧改，風澤如新，敬諱在辰，倍懷遺愛，謹以牲醴粢盛庶品，用伸/奠獻，　祇薦/

先尊慈顯郡公阮相公字福財，賜謚敏達。/

郡夫人裴貴氏號慈順，賜謚温柔。/

述壽侯阮相公字福禄，賜謚敦厚。/

正夫人阮貴氏號娰美，賜謚芳潔。/

正夫人阮貴氏號美行，賜謚端莊。諸尊位同鑒格，伏惟尚饗。/

一生日告文云，歲流燧改，風澤如新，尊誕在辰，倍懷遺愛，謹以牲醴粢盛庶品用伸

---

① 以上爲拓片編號 02499 之内容。
② “後”，碑原作“后”，另兼正字故改，下同不另注。
③ “玖”，碑原作“𠃩”，爲越南避諱字，下同不另注。
④ 以上爲拓片編號 02513 之内容。

虔告。/

一臘日告文云，歲流煫改，風澤如新，嘉臘在辰，倍懷遺愛，謹以祇薦，並同諱日。/

一告辞　遞年春旦、四時、八節與告　日各告辭，並月祭文，止改第二句：春旦禮改爲元旦載臨，初二日改/爲元正載辰，初三日改爲元正三辰，八節改爲令節載臨，開賀改爲人日載臨，入席改爲敬值鄉祈，出席/改爲鄉賽禮完，告日改爲諱日，邇臨並用。謹以齋儀用伸虔告。謹告。/

一正日儀節用三獻禮，依左横等式/

一告日及四時八節，儀節用一獻禮，依左横等式。/

一惠許安市村寺僧肥田壹畝，在濕奇處，認取耕作，遞年准古錢叁貫，凡奉事各節，並整足茶水待各社村，/敬祭鼓樂行禮，仝年准茶錢古錢壹陌叁拾陸文，每月朔望整辦粽果陸品，香蕉壹斤，均置三盤，遞供祠/宇，三位并香燈用足。仝年准古錢貳貫肆陌，又每日早時洒掃，夜時焚香叁株，懇告于祠宇。仝年香壹千/貳百株，准古錢貳陌貳拾肆文，存古錢貳陌，准許節料日買春帖、紙鷄、紙錢、華樹等物粘置祠宇并儀門。/及登華標毋得曠闕，違者聽[①]香火村捉罰。/[②]

題後

安常社阮相公祠内有三通碑誌，如下表：

編號	篇題	年代	位置
02499/02500/02513	安常等社阮廷訓福神石案*	後黎顯宗景興三十六年（1775）	阮相公祠宇内前石案
02502/02504	安常社阮福財夫妻後佛石案*	後黎顯宗景興三十四年（1773）	02502 爲祠宇内左石案第二碑記；02504 爲右石案第二碑記
02503/02505	安常社阮氏家族後佛石案*	後黎顯宗景興三十四年（1773）	02503 爲祠宇内右石案第一碑記；02505 爲左石案第一碑記

注：* 表示此篇已收入本書。

① “聽”，碑文原作“咱”，越南俗字。
② 以上爲拓片編號 02500 之内容。

北寧省慈山府安常總安常社安市村阮相公祠爲一方名祠，尊奉訓郡公阮廷訓爲福神。據《越南漢喃碑銘拓片目録提要》的記載，拓片編號 02499/02500/02513 爲同一石案之三邊，02499 爲四面之前，02500 爲四面之右，02513 爲四面之右。然而碑前的 02499 共三十九行，滿行三十字，長寬於高，形似卧碑；右側（02500）共十九行字，滿行四十一字；左側（02513），共十六行字，滿行四十一字；則 02500 與 02513 均呈高寬於長，疑不應是同一石案，但内容相接却又完整可讀。又，收録於本書之中、拓片編號 02502/02504，據《目録提要》亦爲同一石案，其内容記載本石案訓郡公阮廷訓親身父母之功德，刊刻於景興三十四年（1773），見篇號一四〇《安常社阮福財夫妻後佛石案》。而篇號一四一《安常社阮氏家族後佛石案》（拓片編號 02503/02505）則記載阮廷訓顯祖考、顯嫡祖妣、顯祖妣、顯曾祖考、顯曾祖妣、外顯祖考等人寄忌的内容。

一四〇　安常社阮福財夫妻後神石案

引言

石案立於北寧省慈山府安常總安常社安市村阮相公祠。石案刻雙面，拓片編號 02502/02504，有界綫。按題籤記載，拓片編號 02502 爲阮相公祠宇左石案第一碑記，共三十八行字，滿行約四十字，碑題“東岸縣安常社安市春育安溪三村後神碑記”十八字，今依内文與刊刻載體定篇題爲“安常社阮福財夫妻後神石案”；拓片編號 02504 爲阮相公祠宇石案第一碑記，共十七行字，滿行約三十八字。年代署作景興（Cảnh Hưng）三十四年（1773），景興爲後黎顯宗（Lê Hiển Tông）黎維祧（Lê Duy Diêu）年號，同年爲清乾隆三十八年，歲次癸巳。拓片現藏於漢喃研究院。

此文記安常社安市、春育、安溪三村因感念訓忠侯阮廷訓捐錢和土地以作爲修繕亭廟之用，故尊其父母顯郡公阮福財夫婦爲後神，爲此阮廷訓另捐一千五百貫使錢和九畝田以用於其父母之祭忌。文末記有田地位置大小、供祭禮數和祭忌儀節。

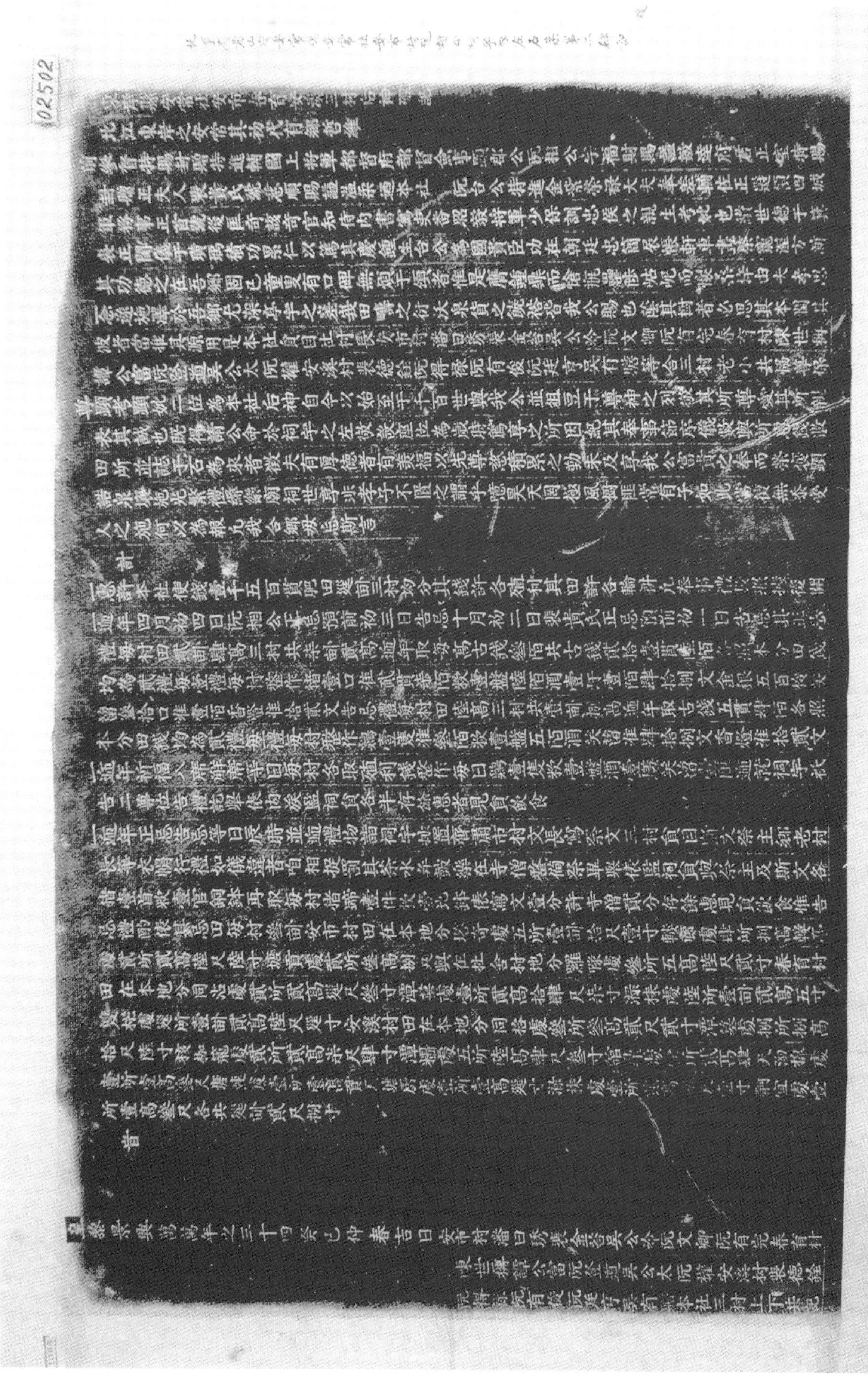

編號：02502 出自《拓片總集》第三冊（下同）

02504

2504

北寧省慈山府安常總安常社安市村阮相公祠宇內右石柒第二碑記

計

后神二尊位正忌儀節

陪祭員就位　祭官就位　參神鞠躬拜乞四興平身　詣香案前跪　上香　俯伏興平身

復位　初獻禮　詣香案前跪　酌酒　俯伏興平身　復位　詣讀祝位跪皆跪　展祝

讀祝　俯伏興拜興拜興平身　復位　亞獻禮　詣香案前跪　酌酒　俯伏興平身

復位　終獻禮　詣香案前跪　酌酒　俯伏興平身　復位　辭神鞠躬拜乞四興平身

焚祝　禮畢

一祭文式

維

皇號年月朔日干支安常社祭主阮某阮某仝三村上下等敢昭告于

后神官某位官爵謚號位前曰愛在存棠禮先恭梓祇逢諱日感切儆衷謹以某物用伸奠獻如

遇　阮相公忌　敬奉以　后神官裴貴氏謚號配　裴貴氏忌　敬奉以　后神官阮相公

官爵謚號同歆格伏惟尚饗

一告忌儀節

陪祭祭官各就位參神四拜禮皆跪內酌酒三獻讀告文俯伏興平身次辛神四拜禮焚祝禮畢

告文式依正忌文惟恭梓字下改寫近臨諱日預薦常儀謹以某物祇伸虔告〻

皇黎景興萬萬年之三十四癸巳仲春吉日

編號：02504

釋文

東岸縣安常社安市、春育、安溪三村後[①]神碑記[②]

北江東岸之安常，其初代有鄉哲，維/　　　　　前參督、特賜封贈特進、輔國上將軍、都督府都督僉事、顯郡公，阮相公字福財，賜謚敏達府君；正室特賜/封贈正夫人裴貴氏，號慈順，賜謚温柔，迺本社　阮台公特進、金紫榮禄大夫、奉差輔佐正提[③]領四城/軍務事、正首號後匡奇該奇官、知侍内書寫吏番、昭毅將軍、少保、訓忠侯之親生考妣也。纘世德于箕/裘[④]，正閨儀于璜瑀[⑤]，積功累仁，以篤其慶，鍾生台公，爲國貴臣，功在朝廷，忠簡扆帳[⑥]，軒車畫棨[⑦]，寵渥方新，/其功德之在吾鄉，固已童叟有口碑，無煩于頌者。惟是膺鍾鼎而愴瓶罍[⑧]，陟岵屺[⑨]而懷桑梓，由夫孝思/一念，遂施澤於吾鄉尤深；亭宇之嵯峨，田疇之衍沃，泉貨之饒裕，皆我公賜也。蔭其樹者必思其本，潤其/波者當推其源，用是本社員目社村長安市村潘曰琇、裴金苔、吴公冷、阮文卿、阮有完。春育村陳世稱、/譚公富、阮登道、吴公太、阮權。安溪村裴德銓、阮得禄、阮有俊、阮廷亨、吴有贍等合三村老小，共協尊保/

---

① “後”，碑原作“后”，因另兼正字，故改，下同不另注。

② 此爲拓片編號02502碑題，今依内容及性質重定篇題爲“安常社阮福財夫妻後神石案”。

③ “提”，碑原作“禔”，爲越南避諱字，下同不另作注。

④ “箕裘”，指濡染之下，子承父業。《學記·禮記》：“良冶之子，必學爲裘；良弓之子，必學爲箕；始駕者反之，車在馬前。君子察於此三者，可以有志於學矣。”

⑤ “璜瑀”，皆玉之屬。《詩經·國風·鄭風·女曰雞鳴》：“知子之來之，雜佩以贈之。知子之順之，雜佩以問之。知子之好之，雜佩以報之。”毛亨傳曰：“雜佩者，珩、璜、琚、瑀、衝牙之類。”

⑥ “扆帳”，屏風，古時天子接見諸侯時，負扆而立。《爾雅·釋宮》：“牖户之間謂之扆，其内謂之家。”《禮記·明堂位》：“天子。負斧扆南鄉而立。”《曲禮》：“疏扆狀如屏風，以絳爲質，高八尺，東西當户牖之閒，繡爲斧文，亦曰斧扆。天子見諸侯，則依而立負之，而南面以對諸侯。”

⑦ “畫棨”，古時公侯以降官爵的前導儀杖。（晋）崔豹《古今注·輿服》：“棨戟，殳之遺像也。《詩》所謂‘伯也執殳，爲王前驅’。殳，前驅之器也，以木爲之，後世滋僞，無復典刑。以赤油韜之，亦謂之油戟，亦謂之棨戟。公王以下通用之以前驅。”

⑧ “瓶罍”，見《詩經·小雅·谷風之什·蓼莪》：“蓼蓼者莪，匪莪伊蔚。哀哀父母，生我勞瘁。缾之罄矣，維罍之恥。鮮民之生，不如死之久矣。無父何怙，無母何恃，出則銜恤，入則靡至。”鄭玄箋曰：“缾小而盡，罍大而盈，言爲罍恥者，刺王不使富分貧衆恤寡。”

⑨ “陟岵屺”，見《詩經·國風·魏風·陟岵》：“陟彼岵兮，瞻望父兮。父曰：‘嗟！予子行役，夙夜無已，上慎旃哉，猶來無止。’陟彼屺兮，瞻望母兮。母曰：‘嗟！予季行役，夙夜無寐，上慎旃哉！猶來無棄！’”《毛詩序》：“陟岵，孝子行役，思念父母也。國迫而數侵削，役乎大國，父母兄弟離散，而作是詩也。”

尊顯考、顯妣二位，爲本社後神。自今以始，至于千百世，與我公並俎豆于尊神之列，敬其所尊，愛其所親，/表其誠也。既得請公命，於祠宇之左，敬設座位，爲歲時薦享之所，因紀其奉事節序儀數，與所惠錢數、/田所，並誌于石，爲來者徵。

夫有厚德者有美福，以先尊慈積累之勤，未及享我公富貴之奉，而榮褒顯/誥，泉壤施光，繁禮縟樂，廟祠世享，非孝子不匱之謂乎！噫！昊天罔極，風樹匪常，有子如此，當復無忝。受/人之施，何以爲報，凡我合鄉，毋忘斯言。/

計/

一惠許本社使錢壹千五百貫，肥田玖[①]畝，三村均分，其錢許各殖利，其田許各輪耕，凡奉事禮數，照據後開。/

一遞年四月初四日阮相公正忌，預前初三日告忌。十月初二日裴貴氏正忌，預前初一日告忌。其正忌/禮，每村田貳畝肆高，三村共柒畝貳高，遞年取每高古錢叁陌，共古錢貳拾壹貫陸陌，各照本分田錢，/均爲貳禮。每壹禮、每村整作豬壹口，准貳貫柒陌；粆[②]壹盤陸陌；酒壹圬壹陌肆拾捌文；金銀五百梭；芙/萹[③]叁拾口，准壹陌；香燈准拾貳文。告忌禮每村田陸高，三村共壹畝捌高，遞年取古錢五貫肆陌，各照/本分田錢，均爲貳禮。每一禮每村整作鷄壹隻，准叁陌；粆壹盤五陌；酒、芙萹准肆拾捌文；香燈准拾貳文。/

一遞年祈福入席、解席等日，每村各取殖利錢整作，每日鷄壹隻，粢壹盤，酒壹壜，芙萹壹匣，遞就祠宇，祇/告二尊位。告禮訖，舉俵内族監、祠員各半存，餘惠者見員飲食。/

一遞年正忌、告忌等日辰時，並遞禮物詣祠宇，排置齊肅，市村文長寫祭文，三村員目、斯文、祭主、鄉老、村/長等，衣帽行禮如儀，違者聽[④]相捉罰。其茶水并皷樂在寺僧整備，祭畢，舉俵監祠員與祭主及斯文，各/豬壹首，粆壹官銅鉢；再取每村豬蹄壹件，粆壹比鉢，俵寫文壹分，許寺僧貳分存，餘惠見員飲食。惟告/忌禮，酌俵其忌田，每村叁畝。安市村，田在本地分塔奇處，五所壹畝拾尺壹寸；�廊處肆所捌高；�亭/處貳所貳高陸尺陸寸；塘貢處貳所叁高捌尺；與在杜舍村地分曬幪處叁所五高陸尺貳寸。春育村，/田在本地分同沾處貳所貳高玖尺叁寸；潭墓處壹所貳高拾肆尺柒寸；淥梂處陸所壹畝貳高五寸；/雙梐處玖所壹畝貳高陸尺玖寸。安溪村，田在本地分同格處叁所叁高貳尺貳寸，潭墓處捌所捌高/拾尺陸寸，核枷

① “玖”，碑原作“𠃩”，越南避諱字，下同不另注。

② “粆”，喃字，糯米的意思，下同不另注。

③ “芙萹”，一種藤類的植物，越文作 Cây lá trầu。與檳榔同爲喜慶時必有之象徵性植物，尤其是在傳統婚俗文化中，檳榔、芙萹與石頭（石灰）是兄弟和睦、夫妻相恩相愛之象徵。

④ “聽”，碑文原作“咱”，“咱”爲越南“聽”之慣用字。

籠處貳所貳高柒尺肆寸，潭糯處五所陸高肆尺叄寸，館鼎處壹所貳高肆尺，泑樟處/壹所壹高叄尺，塘𨪝處壹所壹高貳尺，塘厨處壹所壹高玖寸，渌株處壹所貳高捌尺壹寸，𨷑宜處壹/所壹高叄尺，各共玖畝貳尺捌寸。/

時/

皇黎景興萬萬年之三十四癸巳[①]仲春吉日

安市村：潘曰琇、裴金苔、吴公冷、阮文卿、阮有完；

春育村/：陳世稱、譚公富、阮登道、吴公太、阮權；

安溪村：裴德銓/、阮得禄、阮有俊、阮廷亨、吴有贍。

本社三村上下共記/[②]

計/

一後神二尊位正忌儀節：/

陪祭員就位；祭官就位；參神鞠躬、拜，凡四興、平身；詣香案前跪；上香，俯伏、興、平身；/復位。

初獻禮：詣香案前、跪；酌酒；俯伏、興、平身；復位；詣讀祝位、跪、皆跪：展祝；/讀祝；俯伏、興、拜、興、拜、興、平身；復位。

亞獻禮：詣香案前、跪；酌酒；俯伏、興、平身；/復位。

終獻禮：詣香案前、跪；酌酒；俯伏、興、平身；復位。辭神、鞠躬、拜，凡四興，平身；/焚祝；禮畢。/

一祭文式/

維/

皇號年月朔日干支、安常社祭主阮某、阮某仝三村上下等，敢昭告于/　　　　後神官某位，官爵、謚號位前，曰：愛在存棠，禮先恭梓，祗逢諱日，感切微衷，謹以某物，用伸奠獻。如/遇　阮相公忌，　敬奉以　後神官裴貴氏謚號配　裴貴氏忌　敬奉以　後神官阮相公/官爵、謚號，同款格，伏惟尚饗。/

一告忌儀節/

陪祭、祭官各就位，參神四拜禮，皆跪，内酌酒三獻。讀告文，俯伏、興、平身。辤神四拜禮，焚祝，禮畢。/

---

① “皇黎景興萬萬年之三十四癸巳”，即景興三十四年（1773），當清乾隆三十八年。

② 以上爲拓片編號02502之内容。

告文式依正忌文，惟恭梓字下改寫近臨諱日，預薦常儀，謹以某物祗伸虔告。/

皇黎景興萬萬年之三十四癸巳仲春吉日/[1]

① 以上爲拓片編號 02504 之内容。

一四一　安常社阮氏家族後佛石案

引言

石案立於北寧省慈山府安常總安常社安市村阮相公祠。石案刻有雙面，拓片編號02503/02505。拓片編號02503，按拓片題籤記載爲祠宇内右右案第一碑記，共三十六行，滿行約四十字，題目作“東岸縣安常社安市村後佛碑記”十三字，今依内容及性質重定篇題爲“安常社阮氏家族後佛石案”；拓片編號02503，按拓片題籤記載爲祠宇内左右案第一碑記，共十五行，滿行約三十八字，有界綫。年代署作景興（Cảnh Thống）三十四年（1773），景興爲後黎顯宗（Lê Hiến Tông）黎維祧（Lê Duy Diêu）年號，同年爲清乾隆三十八年，歲次癸巳。拓片現藏於漢喃研究院。

此文記阮廷訓有恩於安常社，安常社新廟完工後，衆官員商議尊其先祖、祖父母、曾祖父母和外祖父母等七人爲後佛，故阮廷訓捐錢與田地以作祭祀之用。文末記録田地位置大小、祭祀禮事及祭文體例等。

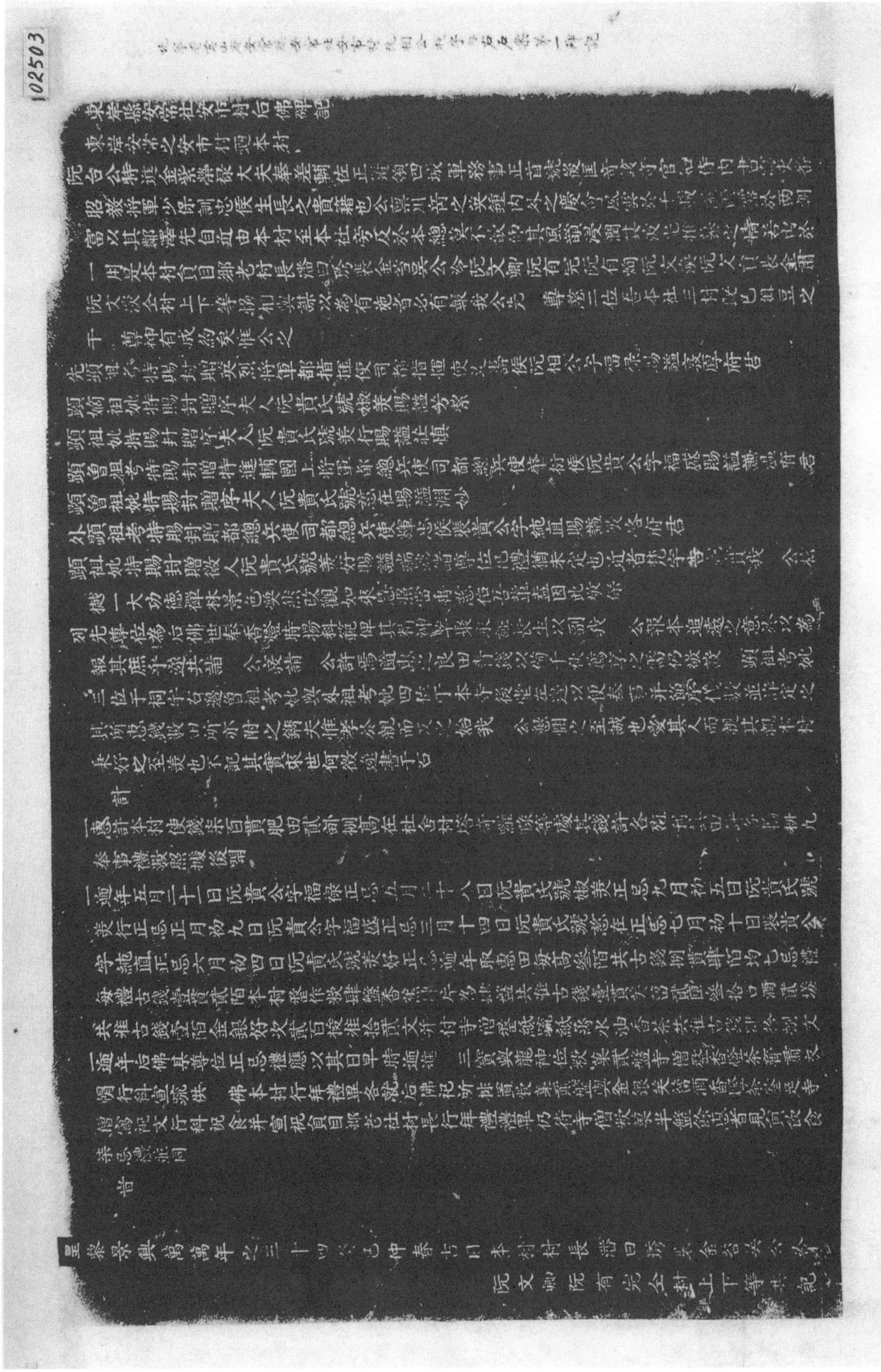

編號：02503　出自《拓片總集》第三册（下同）

02505

北寧省慈山府安常總安常社安市村阮村公祠字以左石票第一碑記

計

一后佛諸位忌日供 佛疏文式

伏以瓊桃誼重冀伸報荅之私龍象力弘庸仰加持之妙葵心懇懇蓮座巍巍即有南贍部洲

安南國京北道慈山府東岸縣安常社安市村貟目鄉老村長阮某阮某全村上下等伏為

后佛某位官爵謚號敬諱在辰慕深追遠恭憑　三寶賜度真靈伏望默鑒冊衷俯垂紏照

保護正薦某位謚號超飯淨域永享世祠盛大榮昌貴族稠膺於景福阜康繁衍全村丕迓

於純庥謹疏

一后佛諸位忌日祝文式

維

皇號干年歲次干支某月干支朔干支越某日干支安常社安市村貟目鄉老村長阮某阮某全村

上下等敢昭告于

后佛某位官爵謚號位前竊以法食恒河變少成多之無盡靈臺水鏡超凡入覺以涉難爪桃

靡展於涓埃水木有懷於源本敬逢諱日感切微衷既悲具範以讚揚虔奉蘋儀而薦獻齋

腆仰歆於法供長生永証於良因敬奉以

后佛諸尊位同鑒格謹告

皇黎景興萬萬年之三十四癸巳仲春吉日

編號：02505

釋文

東岸縣安常社安市村後[1]佛碑記[2]

東岸安常之安市村，迺本村/　　　　阮台公，特進、金紫榮禄大夫、奉差輔佐、正提[3]領四城軍務事、正首號後匡奇、該奇官，知侍内書寫吏番、/昭毅將軍、少保、訓忠侯，生長之貴籍也。

公禀川岳之英，鍾内外之慶，會風雲於千載，渥雨露於兩朝。/富以其鄰，澤先自近。由本村至本社，旁及於本總，莫不歆仰其風韻，浸潤其波光，推慕之情，若出於/一。用是本村員目、鄉老、村長潘曰琇、裴金苔、吴公冷、阮文卿、阮有完、阮有焒[4]、阮文涣、阮文員、裴金肅、/阮文淡，仝村上下等，恊相與謀，以爲有施者，必有報。我公先　尊慈二位，吾本社三村既已俎豆之/于　尊神，有成約矣。

惟公之/

先顯祖考、特賜封贈英烈將軍、都指揮使司都指揮使、述壽侯阮相公，字福禄，賜謚敦厚府君。/

顯嫡祖妣、特賜封贈序夫人阮貴氏，號娰美，賜謚芳潔。/

顯祖妣、特賜封贈序夫人阮貴氏，號美行，賜謚莊慎。/

顯曾祖考、特賜封贈特進、輔國上將軍、都總兵使司都總兵使、肇衍侯阮貴公，字福盛，賜謚謙温府君。/

顯曾祖妣、特賜封贈序夫人阮貴氏，號慈在，賜謚淵妙。/

外顯祖考、特賜封贈都總兵使司都總兵使、輝忠侯裴貴公，字純直，賜謚敏恪府君。/

顯祖妣、特賜封贈徽人阮貴氏，號美好，賜謚端懿。

諸尊位祀禮猶未定也。近者梵宇告完，實我　公檀/樾一大功德，禪林景色，涣然改觀，如來慧照，當垂慈佑，吾輩盍因此敬保/　　　　列先尊位爲後佛，世奉香燈，時揚科範，

---

① “後”，碑原作“后”，因另兼正字，故改，下同不另注。

② 此爲拓片編號 02503 碑題，今依此重定篇題爲“安常社阮氏家族後佛石案”。

③ “提”，碑原作“𧿹”，爲越南避諱字，下同不另注。據吴德壽教授考證，避諱字“提”最早出現在後黎世宗光興十四年（1591）《重修德橋彝碑》碑文，拓片編號 02391。

④ “焒”，字有缺筆，爲越南避諱字。

俾其精神萃聚，永證長生，以副我　公報本追遠之意，於以爲/報其庶乎！遂共詣　公敦請，　公許焉。隨惠之良田、青錢，以備千秋薦享之需。仍敬設　顯祖、考、妣/三位于祠宇右邊，曾祖考、妣與外祖考、妣四位于本寺後堂左邊，以便奉事，并節序儀數並詳定之，/其所惠錢數、田所亦附之鐫。夫惟孝於親而反之始，我　公懇惻之至誠也；愛其人而親其親，本村/秉好之至美也，不記其實，來世何徵？遂書于石。/

計/

一惠許本村使錢柒百貫，肥田貳畝捌高在杜舍村塔奇囉嘛等處，其錢許各殖利，其田許各輪耕，凡/奉事禮數，照據後開。/

一遞年五月二十一日、阮貴公，字福禄，正忌；五月二十八日、阮貴氏，號娺美，正忌；九月初五日、阮貴氏，號/美行，正忌；正月初九日、阮貴公，字福盛，正忌；三月十四日、阮貴氏，號慈在，正忌；七月初十日、裴貴公，/字純直，正忌；六月初四日、阮貴氏，號美好，正忌。遞年取惠田每高叁陌，共古錢捌貫肆陌，均七忌禮，/每禮古錢壹貫貳陌，本村整作�[①]肆盤；香蕉肆片，爲肆盤；共准古錢壹貫。芙蔔貳匣叁拾口；酒貳�，/共准古錢壹陌；金銀好次貳百梭，准拾貳文；并付寺僧整紙疏紙、函水、油、香、茶，共准古錢肆拾捌文。/

一遞年後佛某尊位正忌禮，應以其日早時遞進　三寶與龍神位，粘果貳盤，寺僧整香、燈、茶，齊肅衣/帽，行科宣疏供　佛。本村行拜禮畢，各就後佛祀所，排置粘果貳盤，與金銀、芙蔔、酒、香燈、茶整足，寺/僧寫祝文，行科祝食，并宣祝，員目、鄉老、社村長，行拜禮，禮畢，仍待寺僧粘果半盤，餘惠者見員飲食。/柒忌禮並同。/

時/

皇黎景興萬萬年之三十四癸巳[②]仲春吉日

本村村長潘曰琇、裴金苔、吴公冷/、阮文卿、阮有完仝村上下等共記/[③]

計/

一後佛諸位忌日供　佛疏文式：/

伏以瓊桃誼重，冀伸報答之私；龍象力弘，庸仰加持之妙。葵心懇懇，蓮座巍巍，即有南贍部洲/安南國京北道慈山府東岸縣安常社安市村員目、鄉老、村長阮某、阮某仝村上下等，伏爲/後佛某位官爵謚號敬諱在辰，慕深追遠，恭憑　三寶賜度真靈，伏望默鑒丹衷，俯垂紺

---

① “粘”，喃字，糯米的意思，下同不另注。

② “皇黎景興萬萬年之三十四癸巳”，即景興三十四年（1773），當清乾隆三十八年。

③ 以上爲拓片編號 02503 之内容。

照，/保護正薦某位謚號超皈净域，永享世祠，盛大榮昌，貴族稠膺，於景福阜康繁衍。仝村丕迓/於純庥，謹疏。/

一後佛諸位忌日祝文式：/

維/

皇號干年，歲次干支，某月干支，朔干支，越某日干支，安常社安市村員目、鄉老、村長阮某、阮某仝村/上下等敢昭告于/　　　　後佛某位官爵謚號位前：竊以法食恒河，變少成多之無盡；靈臺水鏡，超凡入覺以非難。瓜桃/靡展於涓埃，水木有懷於源本。敬逢諱日，感切徵衷，既憑貝範以讚揚，虔奉蘋儀而薦獻，齋/腆仰歆於法供，長生永證於良因。

敬奉以/　　　　後佛諸尊位同鑒格，謹告。/

皇黎景興萬萬年之三十四癸巳仲春吉日[1]/

① 以上爲拓片編號02505之内容。

一四二　夏陽社中村杜福慶夫妻後佛碑記

引言

碑立於北寧省慈山府夏陽總夏陽社中村顯光寺，爲寺内右邊第二碑。碑刻雙面，拓片編號02523/02524。拓片編號02523爲碑前，共兩行字，滿行十三字，爲後佛神位，碑額刻“奉事後佛”四字，碑額紋飾雙龍昭日，碑額下方紋飾十字花紋，左右兩側又分爲兩層，左邊外側爲纏枝蓮紋，右邊外側爲卷草紋，兩邊之内側主體爲仙鶴踏龜，鶴嘴叼有蓮花，碑底刻有蓮座，上承吉祥紋飾；拓片編號02524爲碑後，共二十三行字，滿行約三十一字，有界綫，碑額刻“顯光寺立碑記”六字，碑題“顯光寺後佛碑記”七字，今依内文及性質重定篇題爲“夏陽社中村杜福慶夫妻後佛碑記”，此面碑額飾有雙鳳昭月，額題左右兩側飾有十字花紋，碑兩側爲纏枝蓮紋，碑底爲一蓮座。碑文撰者爲楊姓國子監國子生，書者爲范姓縣丞。年代署作正和（Chính Hòa）二十年（1699），正和爲後黎熙宗（Lê Hy Tông）黎維祫（Lê Duy Cáp）年號，同年爲清康熙三十八年，歲次己卯。拓片現藏於漢喃研究院。

此爲夏陽社中村爲杜福慶與其妻杜慈善所立之後佛碑記。碑文記載杜氏夫妻感念父母，故捐使錢及田地尊父母二人爲後佛，並記有供祭禮事和田地尺寸、方位。碑前則刻杜福慶夫婦後佛之牌位。

02523
奉事後佛
前優婆夷杜貴氏號慈善之神主
前優婆塞杜貴公字福慶之神主

編號：02523　出自《拓片總集》第三冊（下同）

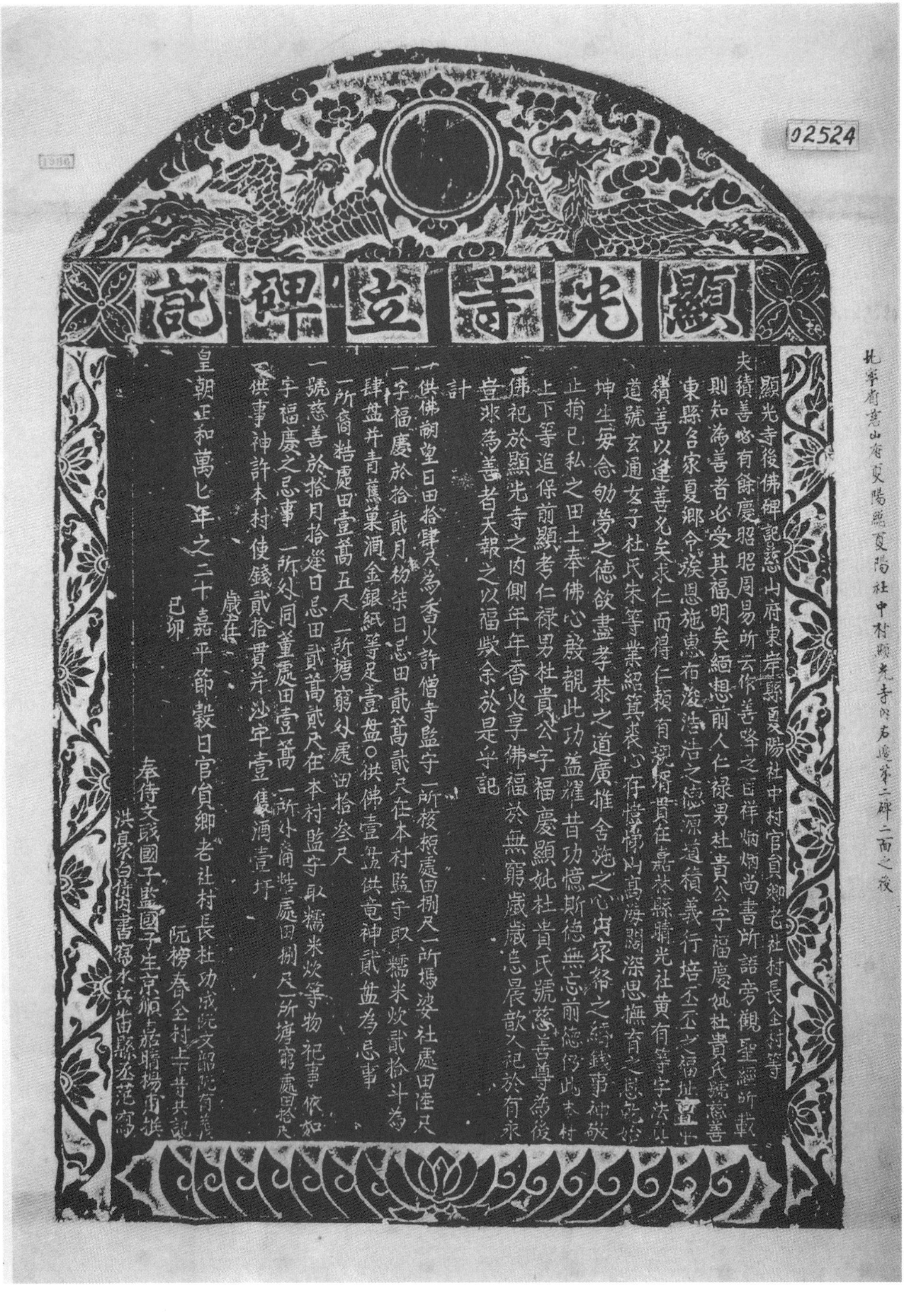

1986

02524

北寧省慈山府東陽總夏陽社中村顯光寺内右邊第二碑二面之後

顯光寺立碑記

顯光寺後佛碑記慈山府東岸縣夏陽社中村官員鄉老社村長全村等
夫積善必有餘慶照照周易所云作善降之百祥炳炳尚書所語旁觀聖經所載
則知為善者必受其福明矣緬想前人仁祿男杜貴公字福慶妣杜貴氏號慈善
東縣名家夏鄉令族恩施惠布潑浩浩之德源道積義行培丕丕之福址豈非
積善以逢善允矣求仁而得仁賴有親甥貫在嘉林縣睛光社黄有等字法號
道號玄通女子杜氏朱等業紹箕裘心存愷悌山高海闊深思撫育之恩乾始
坤生每念劬勞之德欲盡孝恭之道廣推舍施之心内家爺之緡錢事神敬
止捐已私之田土奉佛心殷覩此功益耀昔功憶斯德無忘前德仍此本村
上下等追保前顯考仁祿男杜貴公字福慶顯妣杜貴氏號慈善尊為後
佛祀於顯光寺之内側年年香火享佛福於無窮歲歲忌晨歆祀於有永
豈非為善者天報之以福歟余於是乎記
計
一供佛祠望日田拾肆尺為香火許僧寺監守一所校楨處田捌尺一所㩳婆社處田柒尺
一字福慶於拾貳月初柒日忌田貳高貳尺在本村監守取糯米炊貳拾斗為
肆盘并青蕉菓酒金銀紙等足壹盘〇供佛壹盘供竟神貳盘為忌事
一所𠓨粘處田壹高五尺　一所塘窮外處田拾叁尺
一號慈善於拾月拾𨒒日忌田貳高貳尺在本村監守取糯米炊等物祀事依如
字福慶之忌事　一所外同董處田壹高　一所外𠓨粘處田捌尺一所塘窮處田拾尺
一供事神許本村使錢貳拾貫并沙牢壹隻酒壹圩
歲在
己卯
皇朝正和萬七年之二十嘉平節穀日官員鄉老社村長杜功成阮文節阮有義
阮榜春全村上下等共記
奉侍文戰國子監國子生京順嘉林縣睛楊甫撰
洪豪白侍内書寫水兵苗縣丞范寫

編號：02524

釋文

【奉事後佛】[①]

前仁禄男杜貴公字福慶之神主

前優婆姨杜貴氏號慈善之神主[②]

【顯光寺立碑記】

顯光寺後佛碑記[③]

慈山府東岸縣夏陽社中村官員、鄉老、社村長全村等/

夫積善必有餘慶，昭昭《周易》所云[④]；“作善降之百祥”，炳炳《尚書》所語[⑤]。旁觀聖經所載，/則知爲善者必受其福，明矣！緬想前人仁禄男杜貴公，字福慶，妣杜貴氏號慈善；/東縣名家，夏鄉令族，恩施惠布，浚浩浩之德源，道積義行，培丕丕之福址。亶乎，/積善以逢善；允矣，求仁而得仁。賴有親壻，貫在嘉林縣晴光社，黄有等字法真，/道號玄通，女子杜氏朱等，業紹箕裘[⑥]，心存愷悌。山高海闊，深思撫育之恩；乾始/坤生，每念劬勞之德。欲盡孝恭之道，廣推舍施之心，出家帑之緡錢，事神敬/止，捐己私之田土，奉佛心殷。覩此功益耀昔功，憶斯德無忘前德，仍此本村/上下等，追保前顯考仁禄男杜貴公，字福慶，顯妣杜貴氏號慈善，尊爲後/佛，祀於顯光寺之内側，年年香火，享佛福於無窮；歲歲忌晨，歆人祀於有永。/豈非爲善者，天報之以福歟！余於是乎記。/

計/

---

① 此爲拓片編號 02523 額題，依内容及性質重定篇題爲“夏陽社中村杜福慶夫妻後佛碑記”。

② 以上爲拓片編號 02523 之内容。

③ 此爲拓片編號 02524 碑題。

④ “夫積善必有餘慶”二句，見《周易·周易兼義·上經乾傳·坤》：“積善之家，必有餘慶；積不善之家，必有餘殃。”

⑤ “作善降之百祥”二句，見《尚書·商書·伊訓》：“惟上帝不常，作善、降之百祥；作不善、降之百殃。”

⑥ “箕裘”，指濡染之下，子承父業。《學記·禮記》：“良冶之子，必學爲裘；良弓之子，必學爲箕；始駕者反之，車在馬前。君子察於此三者，可以有志於學矣。”

一供佛朔望日田拾肆尺爲香火，許僧寺監守，一所核柘處田捌尺，一所媽婆社處田陸尺。/

一字福慶，於拾貳月初柒日忌，田貳篙[①]貳尺，在本村監守，取糯米粎[②]貳拾斗爲/肆盤，并青蕉、果、酒、金銀紙等，足壹盤，○供佛壹盤，供龍神貳盤，爲忌事。/一所𡍴粘處，田壹篙五尺；一所塘窮外處，田拾叄尺。/

一號慈善，於拾月拾玖[③]日忌，田貳篙貳尺，在本村監守，取糯米粎等物，祀事依如/字福慶之忌事。一所外同薑處，田壹篙；一所外𡍴粘處，田捌尺；一所塘窮處，田拾尺。/

一供事神，許本村使錢貳拾貫，并沙牢[④]壹隻，酒壹圩。/

歲在/

皇朝正和萬萬年之二十歲在己卯[⑤]嘉平節穀日

官員、鄉老、社村長杜功成、阮文韶、阮有義、/阮榜春，全村上下等共記/

奉侍文職國子監國子生、京順嘉晴楊甫撰/

洪豪白侍内書寫、水兵番縣丞范寫/[⑥]

題後

本碑立於北寧省慈山府夏陽總夏陽社中村顯光寺内，文引《周易》《尚書》，祭祀時特以龍神一同供佛，展現出越南信仰的多樣化。

---

① “篙”，又作“高”“篙”，相當於面積計量單位“分”，一篙即越南畝的十分之一。按越南北部地畝制，一分相當三百六十平方米；中部地畝制，則相當四百平方米。

② “粎”，喃字，糯米的意思，下同不另注。

③ “玖”，碑原作“𤤻”，爲越南避諱字，下同不另注。

④ “沙牢”，源自“少牢”“小牢”，指用豬、羊二牲或僅用羊的祭祀。此處指代用於祭祀的羊。

⑤ 原碑“歲在己卯”四字位於“年之二十”左右兩邊。正和爲後黎熙宗（Lê Hy Tông）黎維祫（Lê Duy Cáp）年號，二十年爲公元1699年，當清康熙三十八年。

⑥ 以上爲拓片編號02524之内容。

一四三　修造渡沫寺碑記

引言

碑立於清化省弘化縣筆山總特達村渡沫寺，爲寺左行碑。碑刻雙面，拓片編號 02569/02570。拓片編號 02569 爲碑前，共二十五行，滿行約四十三字，碑額刻“渡沫寺碑”四字，碑題“河中府弘化縣霞抹社改爲霞揚社官員鄉老將臣社村長大小等爲修造渡沫寺佛相碑銘”，今依内文主旨重定篇題爲“修造渡沫寺碑記”；拓片編號 02570 爲碑後，共三十五行，滿行約五十二字，碑額刻“興功修造四字”。兩面均有紋飾，額題兩旁均飾有龍紋，字間飾有花紋。拓片編號 02569 面碑額刻有兩層，内層爲雙龍昭日，外層與左右兩側相連，刻有花紋與龍紋，碑底刻有麒麟紋；拓片編號 02570 面碑額刻有兩層，内層爲雙龍昭日，外層與左右兩側相連，刻有花紋與龍紋，碑底刻有蓮花座。碑文撰者工部尚書阮維竒，書者謹事郎，刻者玉石局工阮玠順。年代署作永祚（Lê Kính Tông）八年（1626），永祚爲後黎神宗（Lê Thần Tông）黎維祺（Lê Duy Kỳ）年號，同年爲明天啓六年，歲次丙寅。拓片現藏於漢喃研究院。

碑文記載霞揚社渡沫古寺後黎敬宗（Lê Kính Tông）弘定（Hoằng Định）四年（1603）鄭平安王曾下旨賜浮沙帶田地予渡沫寺作香火之用。後在永祚八年（1626）霞揚社官員重修佛堂，粉刷佛像，爲記此二事，故刻碑作銘以歌頌。碑前文末以三十二句四字銘文作結，碑後則録有修建寺廟功德主題名。

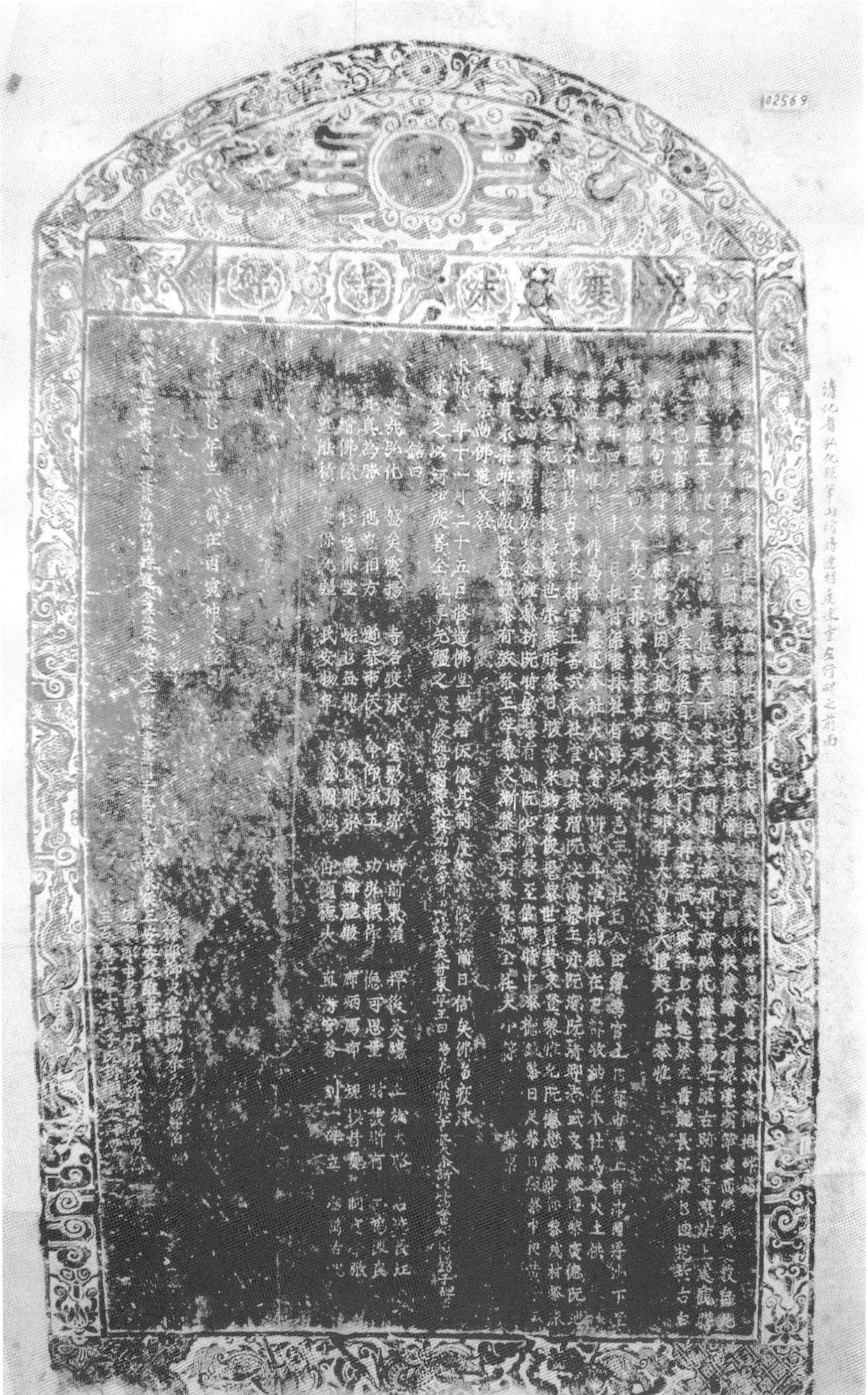

02569
渡沫寺碑

編號：02569　出自《拓片總集》第三冊（下同）

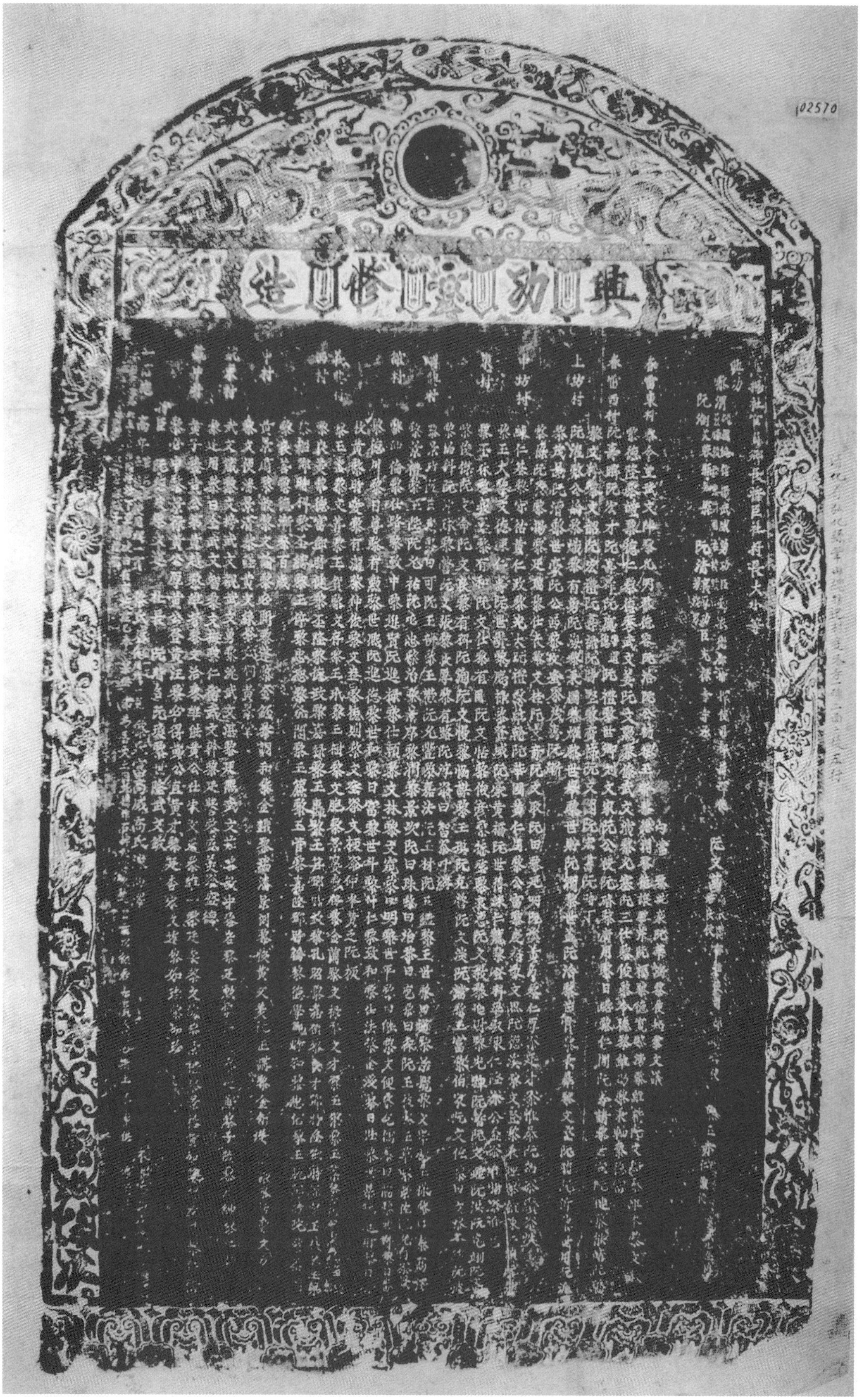
02570
興功修造

編號：02570

釋文

渡沫寺碑[①]

河中府弘化縣霞抹社改爲霞揚社，官員鄉老將臣社村長大小等，爲修造渡沫寺佛相碑銘。/

嘗聞佛乃聖人，在天竺[②]之國，自古以前未也，至漢明帝迎入中國，以佛[③]像繪之清凉臺、顯節陵[④]，而佛氏之教自此/始矣。歷至李陳之朝，崇尚尊信，詔天下各處立祠創寺。玆河中府弘化縣霞揚社，原古跡有寺“渡沫”，上處觀瞻。/是寺也，前有東嶺之山，以應朱雀；後有靈海之門[⑤]，以捍玄武。大路平平，旋遶於左青龍；長江滚滚，回抱於右白/虎。真越甸形跡第一勝地也。因大地勢[⑥]建大規模，非有大力量、大檀越[⑦]不能。

恭惟/ 都元帥、總國政、尚父、平安王[⑧]，推善政，發善心，迺於/ 弘定肆年四月二十一日，批付係霞抹社有浮沙帶，邑在本社，已入田簿爲官土，内有市□，上有沛岡浮沙，下至/塘渡，玆已准供 佛爲香火，應遷本社大小等分耕，遞年准停，納税在户部，收納在本社，爲香火土供/ 佛 ，若锐村不得私占爲本村官土。善哉！本社官員黎渭、阮文萬、黎玉赤、阮潮、阮清，鄉老武文濂、黎□、黎廣德、阮池、/黎允之、阮廉、黎俊禄、黎世榮、黎膌、黎日暖、黎采鉤、黎俊髦、黎世賢、黄文登、黎惟允、阮德懋、黎仲

---

① 此爲02569面之額題，今依内容及性質重定篇題爲“修造渡沫寺碑記”。

② “天竺”，見《大唐西域記》卷二：“天竺之稱，異議糾紛。舊云身毒，或云賢豆。今從正音，宜云印度。”

③ “佛”，碑刻原作“仸”，因另兼正字，故逕改。

④ “至漢明帝迎入中國”二句，語出《魏書》卷一百一十四《釋老志》：“後孝明帝夜夢金人，項有日光，飛行殿庭。乃訪群臣，傅毅始以佛對。帝遣郎中蔡愔、博士弟子秦景等使於天竺，寫浮屠遺範。……愔又得佛經《四十二章》及釋迦立像。明帝令畫工圖佛像，置清涼臺及顯節陵上。”陵，碑文原作“凌”，逕改。

⑤ “靈”，碑文原作“灵”，因繁简字，故逕改。

⑥ “勢”，碑文原作“勚”，爲越南“勢”俗字。

⑦ “檀越”，爲梵語音譯，意譯爲“施主”。《南海寄歸内法傳》卷一：“梵云陀那鉢底，譯爲施主。陀那是施，鉢底是主。而言檀越者，本非正譯。略去那字取上陀音轉名爲檀，更加越字。意道由行檀捨自可越渡貧窮，妙釋雖然，終乖正本。”

⑧ “都元帥總國政尚父平安王”，即鄭松，校合本《大越史記全書》記載：“（己亥二十二年，1599，明萬曆二十七年）進封都將節制各處水步諸營、兼總内外平章軍國重事、左相、太尉、長國公鄭松，爲都元帥、總國政、尚父、平安王。”

你、黎茂材、黎浗、/黎文端、黎遠、黄於、黎金鍾、黎祈、阮時敏、黎有諭、阮必賞、黎至信、鄧時中、黎德锐、黎日足、黎日照、黎中和、黄子成、/黎育永、梁堆、黎敵、黎克謹、黎有效、黎玉革、黎文漸、黎盛明、黎景福，全社大小等　　恭稟/　　　王命，崇尚佛道，又於/　　　永祚八年[①]十一月二十五日修造佛堂，塑繪佛[②]像，其制度規模陵於前日，信矣！佛名“渡沫”，/　　　沫度之以河沙，慶善全社享無疆之慶[③]，慶流苗裔如此，其功德[④]至□□護者矣。昔東平王曰“爲善最樂”[⑤]，其言甚大。余請以此爲今日頌，因留銘于碑石。/

銘曰：/

美哉弘化，盛矣霞揚。寺名“渡沫”，臺影“清凉”。

峙前東嶺，捍後靈場。左旋大路，右遶長江。/

此真爲勝，他豈相方。道恭事佛，命仰承王。

功弘振作，德可思量。財發斯有，工鳩彼良。/

迺繪佛像，修造佛堂。屹屹畫棟，燦燦雕梁。

殿輝龍殿，廊炳鴈廊。規模昔麗，制度今張。/

善毀能積，慶保允疆。民安物阜，家盛國强。

仰頌德大，直□穹蒼。刻一碑立，昭萬古光。/

永祚萬萬年之八歲在丙寅[⑥]仲冬穀日/

茂林郎御史臺協勘奉廣西□伯□/

賜戊戌科進士出身、翊運贊治功臣、特進、金紫榮禄大夫、工部尚書、兼國子監司業、芳泉侯，三安安阮維旹[⑦]撰/

謹事郎、中書監正字、順文□□亭男寫/

---

① “永祚”，爲後黎神宗黎維祺年號，永祚八年（1626），當明熹宗天啓六年，歲次丙寅。

② “佛”，碑文原作“仸”，因另兼正字，故逕改。

③ “無”，碑刻原作“无”，因繁簡字，故逕改。

④ “功德”，見《大乘義章》卷九：“言功德，功謂功能，善有資潤福利之功，故名爲功；此功是其善行家德，名爲功德。”“功德”意指行善所獲之果報。

⑤ 典出《後漢書·光武十王列傳·東平憲王蒼》：“日者問東平王處家何等最樂，王言爲善最樂，其言甚大，副是要腹矣。”

⑥ “永祚萬萬年之八歲在丙寅”，即公元1626年，當明熹宗天啓六年。

⑦ “阮維旹”，又作“阮維時”，黎世宗光興二十一年戊戌（1598）科第二甲進士出身。《鼎鍥大越歷朝登科録》：“安朗安朗人，二十七歲中，奉使。仕至佐理功臣、參從，吏部尚書、兼掌六部事、太傅、泉郡公、開秉鈞府。壽八十一歲，贈太宰，爲曉之父。”

玉石局工懷才良子阮玠順□□拜□鐫[1]/

霞揚社官員鄉長將臣社村長大小等/

一興功/

黎渭輔國純信揚武威勇功臣，錦衣衛都指揮使司都指揮使/勇勝侯臣□□司右校點□，**阮文萬**□衣衛都指使司都指揮使/□良侯，**黎玉赤**□□□□□□□□□□□□□□/仁敬侯，/**阮潮**芙蓉縣知縣，**阮清**敦厚功臣光禄寺寺丞/芳□男。/

勾當：黎北豪、阮華□、黎使知、黎文議。/

春雷東村：黎令望、武文陣、黎允明、黎德容、阮洽、阮公輔、黎玉幹、黎德潤、黎德讓、黎芹、阮福、黎德寬、黎滂、黎維精、阮文□、黎維本、黎文叔、/黎德隆、黎暟、黎德仁、黎德秀、武文姜、阮文勳、黎僚、武文演、黎允塞、阮三仕、黎俊、黎令德、黎維助、黎秉軸、黎德富。/

春雷西村：阮壽□、阮宏才、阮壽祚、阮廉字道/德、阮禮、黎世卿、劉[2]文家、阮公使、阮璿、黎廣用、黎日瞻、黎仁□、阮壽請、黎世宣、阮璉、黎能靖、阮璚、/黎文粹、黎文韶、阮宏禮、阮壽禄、阮時堅、黎廣禄、阮文閣、阮宏書、阮時丁。/

上坊村：阮濯、黎公論、黎熾、黎有勇、阮海、黎秉國、黎燿、黎世舉、黎世貯、阮潤、黎世蓋、阮洽、黎茂賞、黎秉彝、黎文整、阮勝、阮沂、黎世用、阮派、/黎茂兼、阮漕、黎世豪、阮公西、黎文畬、黎茂壽、阮漸、/黎禄、阮黄、黎揚、黎廷瑞、黎仕表、黎文桂、阮文奇、阮文取、阮田、黎廷明、阮□、黄乃、黎仁厚、黎廷才、黎惟泰、阮□、黎纘、黎昳。/

中坊村：練仁基、黎宗祐、黄仁政、黎光大、阮禮、黎維翰、阮華國、黄仁周、黎公富、黎慶福、黎文思、阮德溪、黎文登、黎秉理、黎誼、陳仁□、阮□□、/黎玉大、黎文德、練仁壽、阮世纘、黎慶禄、黎登域、阮豪、黄橋、阮世得、練仁籠、黎登科、梁馭、練仁隆、黎公益、黎維□、黎雅□。/

東村：黎丕休、黎敦壽、黎有和、阮文仕、黎有□、阮文恬、黎俊彦、黎振整、黎敦惠、阮文教、黎進財、黎光□、阮哲、阮文鍾、阮洪、阮克翊、阮文□、/黎俊傑、阮文命、阮文

[1] 以上爲拓片編號 02569 内容。

[2] "劉"，碑刻原作"刘"，因繁簡字，故逕改。

良、黎有科、阮洵、阮文慢、黎協謀、黎玉琪、阮克營、阮文淡、阮澢、黎玉富、黎伯家、阮文佐、黎曰文、黎丕緒、阮波、/黎協科、阮仲球、黎營、阮文張、黎敦厚、黎有路、阮淳、黎曰智、黎叶繼[①]。/

□興村：黎景班、阮曰□、黎曰可、阮玉□、黎玉歡、阮允豐、黎嘉法、阮玉材、阮五鑑、黎玉世、黎曰通、黎景攬、黎文舉[②]、黎玉[槏]、黎曰泰、高澤、/黎景禮、黎玉陛、阮允祐、阮[必]忠、黎治、黎景序、黎潤、黎景次、阮曰珠、黎曰治、黎曰庖、黎曰森、阮玉枝、黎玉草、黎景佐、阮允自、黎景。/

館村：黎仲倫、黎仕路、黎致中、黎進賢、阮進禄、黎仕賴、黎文林、黎文窺、黎曰明、黎世平、黎曰能、黎文便、黎克儒、黎曰儒、黎世科、黎日番、/黎德川、黎日尊、黎有勳、黎世熙、阮進德、黎世和、黎日富、黎世斗、黎仲仁、黎致和、黎仕法、黎企淺、黎日跬、黎世慕、阮進財、黎日□、/枚黃、黎時愛、黎有瀧、黎仲俊、黎文盎、黎德則、黎文奎、黎文梗、黎仲岑、黃乏、阮梗。/

義興村：黎玉□、黎文善、黎玉賀、黎文存、黎玉玳、黎玉樹、黎文胞、黎景宴、黎勝、黎金蘭、黎文禄、黎文才、黎玉檠、黎玉□、黎舍□、黎玉□□□□/□□。/

西村：黎良美、黎德富、鄧時健、黎丕隆、黎德政、黎嘉禄、黎玉轟、黎玉笋、鄧時□、黎孔昭、黎嘉偵、黎良才、鄧時隆、鄧時禄、黎玉枝、黎玉第、/黎船、鄧時科、黎丕繼、黎玉停、黎忠恕、黎嘉閣、黎玉簾、黎玉管、黎嘉隆、鄧時倫、黎德學、[範]時和、黎忠信、黎玉□、鄧時院、黎丕同、/黎良善、黎德漸、黎百歲。/

中村：黃景肅、黎歆、黎文諭、黎必[間]、黎蓬、黎金鉦、黎調和、黎金鐵、黎瑞、潘景例、黎忮、黃文美、阮正講、黎金□、□景讓、黎恬、黎文力、/黎文便、潘景清、黎磋、黃文緑、黎必侗、黃景堂。/

□東村：武文箴、黎文榜、武文覩、武文勇、黎沆、武文湛、黎廷熙、武文茹、黎敏中、黎岩、黎廷勳、黎仁樹、黎廷兼、黎子陵、黎□紳、黎仁□、/黎廷用、黎曰全、武文智、黎文梅、黎仁衡、武文幹、黎廷譽、黎盛美、黎盛德。/

□中村：黃子鞏、黃公第、黃越、黎維弩、黎文洽、黎維能、黃公仕、宋文□、黎維一、黎廷李、黎文海、黎景□、黎景裕、黃如□、黎文靖、黎仁衛、/黎必中、黎景禄、黃公厚、

---

① “繼”，碑刻原作“継”，因另兼正字，故逕改。

② “舉”，碑刻原作“举”，因繁體簡字，故逕改。

黄公登、黄汪、黎必得、黄公直、黄才、黎廷杏、宋文達、黎如珪、黎如珍。/

將臣：阮德皮、黎文運。社長：阮時名、阮瓊、黎世隆、武文欽。/

一信施

高年□□□/□□侯□用錢一貫　黎氏盛□□□/□□□一貫　黎氏富商威高氏□高澤□□□黎德成/

一本社□□□□□□□□□□□浮沙，下至□以内有市□兹已奉　□□□爲番□土，因此禱作石碑，□□□□自□以後，若某□人萌心斯土，不奉供　佛□□/

(此行漫漶不清)[1]

題後

以《拓片總集》第 1 至 4 册爲調查範圍，渡沫寺計有四通碑誌，如下表：

編號	篇題	年代	位置
02521/02522	顯光寺殿/奉後佛立碑記	後黎熙宗正和二十二年（1701）	寺内左邊第三碑
02523/02524	夏陽社中村杜福慶夫妻後佛碑記*	後黎熙宗正和二十年（1699）	寺内右邊第二碑
02525/02526	重修顯光寺立後佛碑記/一與功德心報碑誌永垂	後黎熙宗正和十九年（1698）	寺軒外左邊一碑
02527/02528	顯光寺/一信施	後黎敬宗弘定十□年（撰文）；裕宗保泰元年（1720）（立碑）	寺庭前一碑

注：* 表示此篇已收入本書。

① 以上爲拓片編號 02570 之内容。

一四四　趙皇神祠碑記

引言

碑立於南定省義興府安清溪總獨步社亭，爲亭左邊一碑。拓片編號02573，共二十九行字，滿行四十三字，碑額刻“趙皇神祠碑記”六字，碑題爲“重修趙皇帝神祠碑銘并序”十一字，今依額題爲篇題。碑四邊刻有紋飾，碑額刻有兩層，内層爲日紋，外層刻有捲雲紋與其餘三邊相連。碑文撰者禮部左侍郎致仕武邦傑，書者中書監華文學生阮克忱，刊者天施縣英鋭社刊書局匠人范文光。年代署作光寶（Quang Bảo）五年（1558），光寶爲莫宣宗（Mạc Tuyên Tông）莫福源（Mạc Phúc Nguyên）年號，同年爲明嘉靖三十七年，歲次戊午。拓片現藏於漢喃研究院。

碑記述莫朝謙太王之參將綏郡公謝永斁重修趙皇廟一事。碑文記載大安縣有供奉欽天明道皇帝趙光復（Triệu Quang Phục）即趙越王（Triệu Việt Vương）廟宇，莫朝時，謙太王巡查經過清化之地，曾派綏郡公謝永斁至廟中參拜。丁巳年應爲光寶四年（1557），綏郡公回到此地鎮守，見廟宇破敗，乃捐錢重修廟宇，文末以二十二句四字銘文歌咏此事作結。

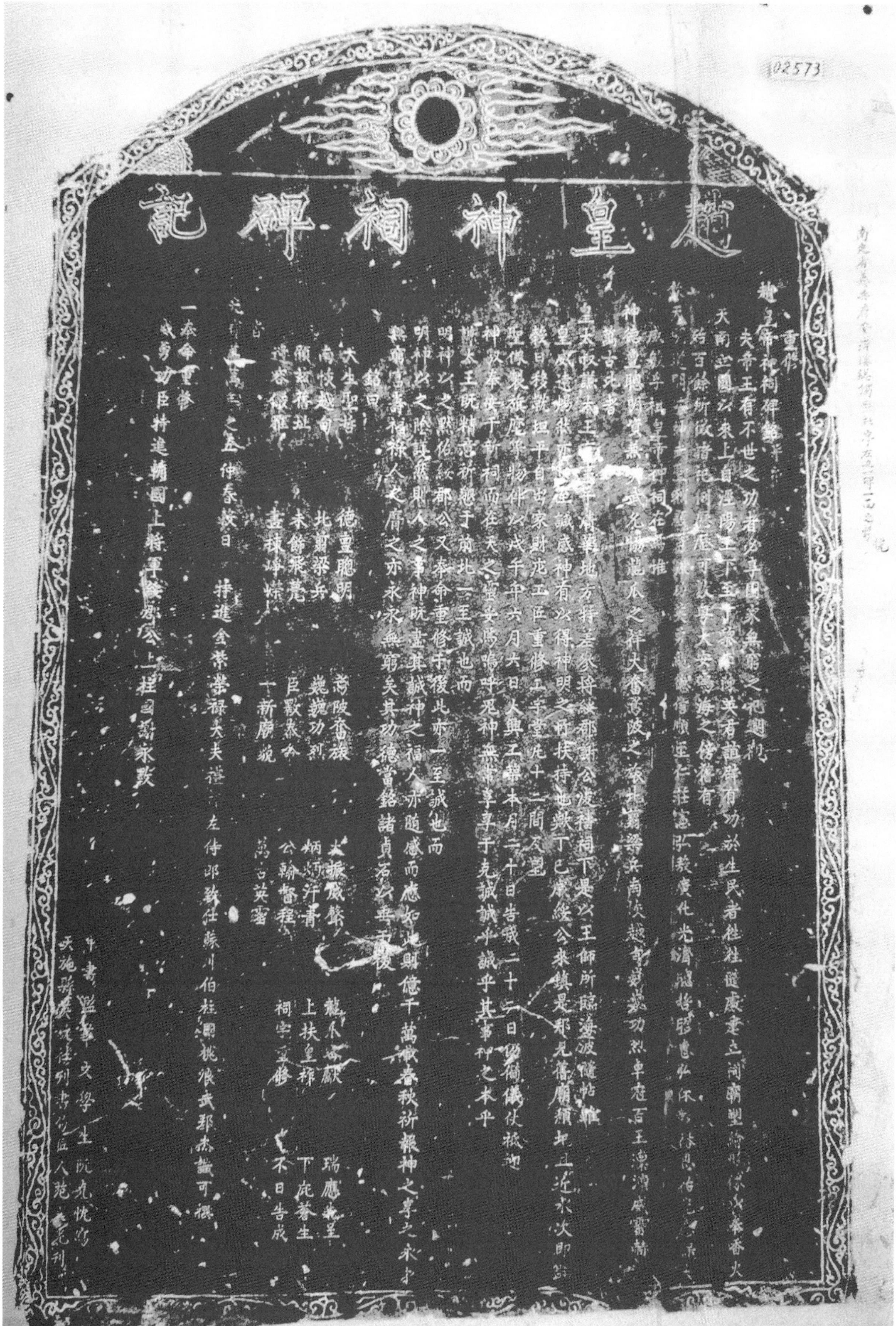
趙皇神祠碑記
02573

編號：02573　出自《拓片總集》第三冊

釋文

【趙皇神祠碑記】①

重修/　　　　趙皇帝神祠②碑銘并序

夫帝王有不世之功者，必享國家無窮之祀。遡觀/　　　　天南立國以來，上自涇陽王③，下至丁黎、李、陳英君，誼辟有功於生民者，往往隨處建立祠廟，塑繪形像，以奉香火，/殆百餘所，徵諸祀例，歷歷可數。粵大安鵐海④之傍，舊有/　　　　欽天明道開基神武聖烈顯靈□功英勇純德信順至仁莊憲弘毅廣化光濟聰哲昭惠弘休彰裕恩祐光應保大/威敏孚祺皇帝神祠在焉。

惟/　　　　神德亶聰明，資兼□武，允協龍爪之祥⑤，大奮鳶陂之旅，北翦梁兵，南恢越甸，巍巍功烈，卓冠百王，凜凜威靈，赫赫/萬古。

比者/　　　　皇太叔謙太王⑥有事于清華地方，特差參將綏郡謝公虔禱祠下，是以王師所臨，海波隨帖，雖/　　　　皇威遠暢，然亦□至誠感神，有以得神明之所扶持也歟！丁巳歲⑦綏公來鎮是邦，見舊廟頹圮，且近水次，即蠲/穀日移就坦平，自出家財，庀工匠重修工

---

① 此爲碑額，今依此爲篇題。

② “趙皇帝神祠”，據嗣德版《大南一統志·南定省·祠廟》：“趙武帝廟。在真定縣，瑞隴、金溪、枚渚等社，各有廟，《史記》王姓趙諱佗，真定人，秦末爲龍川令，後爲南海尉，起兵攻安陽自立。”

③ “涇陽王”，是越南傳説中的始祖，爲神農氏之後。《大越史記全書·外紀·鴻厖紀》：“涇陽王，諱禄續，神農氏之後也。壬戌元年。初，炎帝神農氏三世孫帝明，生帝宜。既而南巡至五嶺，接得婺仙女，生王。王聖智聰明，帝明奇之，欲使嗣位。王固讓其兄，不敢奉命。帝明於是立帝宜爲嗣，治北方，封王爲涇陽王，治南方，號赤鬼國。王娶洞庭君女，曰神龍，生貉龍君。”

④ “大安鵐海”，據嗣德版《大南一統志·南定省·關汛》：“遼海汛。在大安縣群遼、海浪等社，廣一百四十五丈，潮漲深七尺上下，潮落深一尺三寸，乃北拆海强關要重地，《舊越史》一名大鵐海口。李太尊改大安即此。黎中興後，設汛，商船抵此，差官勘寔，然後始咱（聽）入口。本朝嘉隆年間，載項官船出入，必由之路，後爲沙土涪壅，船舶不通。”

⑤ “龜爪之祥”，據《大越史記全書·外紀·蜀紀·安陽王》丙午三年（前 255）載金龜協建螺城，城成，金龜辭歸，脱爪付安陽王以抗外敵，“王命臣皋魯造神弩，以爪爲機，名曰‘靈光金爪神弩’”。

⑥ “謙太王”，即莫敬典（Mạc Kính Điển），莫憲宗莫福海之弟，太宗莫登瀛次子，太祖莫登庸之孫。莫福海卒後，其子莫福源襲位，年幼，委庶政於其叔謙王莫敬典總攝。福源卒後，長子茂洽年甫二歲，以應王敬讓入内輔政，尊祖叔敬典爲謙太王。是莫氏政權非常重要的權力核心。

⑦ “丁巳歲”，即莫宣宗光寶四年（1557），當後黎英宗黎維祁天祐元年，明嘉靖三十六年。是年，“莫以謙王敬典兼宗人府宗人令。秋七月，莫使敬典率兵侵清華。”見《大越史記全書·本紀》後黎英宗天祐元年。

宇堂凡十二間。及塑/　　　　聖像、製旗麾等物件，以戊午年[1]六月六日大興工築，本月二十日告成，二十二日仍備儀仗祇迎/　　　　神馭，奉安于新祠，而在天之靈妥焉。嗚呼！鬼神無常，[享]享于克誠。誠乎誠乎，其事神之本乎！/

謙太王既精意祈懇于前，比一至誠也，而/　　　　明神以之默佑，綏郡公又奉命重修于後，此亦一至誠也，而/　　　　明神以之陰護。然則人之事神，既盡其誠；神之福人，亦隨感而應。如此則億千萬載，春秋祈報[2]，神之享之，永永/無窮。富壽福禄，人之膺之，亦永永無窮矣。其功德當銘諸貞石，以垂于後。/

銘曰：/

天生聖哲，德亶聰明。鳶陂奮旅，大振威聲。

龍爪密獻，瑞應先呈。/南恢越甸，北翦梁兵。

巍巍功烈，炳炳汗青。上扶皇祚，下庇蒼生。/

顧兹舊址，未飾飛甍。臣戳奉命，公輸[3]督程。

祠宇重修，不日告成。/遺容儼雅，畫棟峥嶸。

一新廟貌，萬古英靈。/

時/

光寶萬萬年之五[4]仲春穀日

特進、金紫榮禄大夫、禮部左侍郎致仕、蘇川伯、柱國、桃浪武邦杰識可撰

一奉命重修/　　　　威勇功臣、特進、輔國上將軍、綏郡公、上柱國謝永戳/

中書監華文學生阮克忱寫/

天施縣英鈗社刊書局匠人范文光刊/

---

[1] “戊午年”，即莫宣宗光寶五年（1558），當後黎英宗正治元年，明嘉靖三十七年。

[2] “春秋祈報”，即春祈秋報。古人在春秋兩季祭祀土神，春祈豐收，秋報成熟。《周禮·春官宗伯·肆師》：“社之日，涖卜來歲之稼。”賈公彦疏：“祭社有二時，謂春祈、秋報，報者，報其成熟之功。”又（唐）韓鄂《歲華紀麗·春·二月·社日》：“秋報春祈。春祭所以祈五穀之生，秋祭所以報五穀之熟。”

[3] “公輸”，春秋時期有名的工匠家族。《禮記·檀弓下》：“季康子之母死，公輸若方小，斂，般請以機封。”鄭玄注：“公輸若，匠師也。般、若之族，多伎巧者也。”

[4] “光寶萬萬年之五”，光寶爲莫朝宣宗莫福源年號，五年爲公元1558年，當明嘉靖三十七年。

題後

趙佗被越南推崇爲“本國帝王之唱起始”，根據黎朝編纂之《皇越神祇總册》記載：“趙武皇帝。奉按國史，帝姓趙，諱佗，北國真定人，秦末爲龍州（川）令，代任囂行南海尉，滅安陽王，奄有其國，稱南越王，稱趙武帝，莫與抗衡，爲本國帝王之唱起始也。在位七十一年，傳國四世，皇后程氏，真定唐琛人，生子仲始，因以湯沐鄉名其縣，故今真定縣民多祀之矣。各處縣社民同奉事，共二十三社。”在《總册》中，除第一位聖祖雄王各處民社共七十三社同奉事外，其餘各代開國者如黎太祖黎利（三社）、士王士燮（十一社）、丁先皇帝（十四社）、安陽王（十社）、黎大行皇帝（九社）、李太祖（五社）、陳太宗皇帝（二社），越南對於趙佗崇祀的村社數明顯較多，也反映出趙佗在越南民間的地位。

一四五　重修報恩福林寺碑記

引言

碑立於南定省義興府安中總安中社上寺，爲寺内左邊一碑。碑刻雙面，拓片編號 02578/02577，拓片編號 02578 爲碑前，共三十一行字，滿行三十八字，碑額刻“報恩福林寺碑記”七字，碑題“營修報恩福林寺碑記”九字，今依内文主旨定篇題爲“重修報恩福林寺碑記”，此面碑額紋飾雙層，内層與碑底皆飾有雙龍昭日，外層與左右兩邊相連飾有蓮花藤紋；拓片編號 02577 爲碑後，共二十六行字，滿行三十九字，碑額刻“福林寺”三字，並有紋飾雙層，内層飾有雙龍昭日，外層與左右兩邊相連飾有花鳥紋。碑文撰者報恩福林寺住持門下阮公輔及裴文富，書者中書監華文學生阮春榮，刻者御用監刊書局局正阮廷珍與紅禄社石匠曾文思。年代署作弘定（Hoằng Định）四年（1603），弘定爲後黎敬宗（Lê Kính Tông）黎維新（Lê Duy Tân），同年爲萬曆三十一年，歲次癸卯。拓片現藏於漢喃研究院。

碑文記載建於陳朝的福林寺，在後黎朝時明康太王府亞國夫人陳氏玉嶺於甲午年［應是後黎世宗（Lê Thế Tông）黎維潭（Lê Duy Đàm）光興（Quang Hưng）十七年，1594］出面重修寺廟，更新匾額爲福林報恩寺。文中以三十四句四字銘文歌詠此事，並録有捐錢修寺功德主題名。碑後則記載永祚（Vĩnh Tộ）十年（1628），郡夫人陳氏玉緣重修報恩福林寺，及捐錢修建趙村橋，並增建丁先皇廟宇前堂之事。文末詳録陳玉緣所捐田土與錢財。

02578
重修報恩福林寺碑記

編號：02578　出自《拓片總集》第三冊（下同）

02577
福林寺

編號：02577

釋文

嘗修報恩福林寺碑記[①]

恭聞西天[②]瞿曇氏[③]，上古蓋[④]自有也。惟漢明帝永平二年夢見金人，□至殿庭，顧問羣臣，傅毅奏/曰："臣聞西域有得道者，其名曰　佛。"[⑤] 於是遣王遵等往西域，遇摩騰[⑥]、竺法蘭[⑦]，畫釋迦像，白馬馱/來，得《四十二章經》[⑧]，置于蘭臺[⑨]，因此沙門[⑩]入于中國，始有三寶[⑪]，是教盛矣。

况於/　　　　　南越大安福地，中古亦有也。粵自　陳[⑫]朝嚴峻禪師，瞻彼三隤之名鄉，斯見福林之勝境，然規/模尚未廣也。至今大興重造，乃開其額，雖古迹名藍[⑬]所不及。福林寺

---

① 此爲拓片編號 02578 面之碑題，今依内容及性質重定篇題爲"重修報恩福林寺碑記"。

② "西天"，指印度，因印度在中國的西方而得名。故《佛祖統記》卷五十三云："西天求法，東土譯經。"

③ "瞿曇氏"，爲印度刹帝利種中之一姓，釋迦者之姓也，即世尊之本姓。"瞿曇氏"又指"如來"，見《大方廣佛華嚴經》卷八十："諸佛子！如來於此四天下中，或名：一切義成，或名：圓滿月，或名：師子吼，或名：釋迦牟尼，或名：第七仙，或名：毘盧遮那，或名：瞿曇氏，或名：大沙門，或名：最勝，或名：導師。"

④ "蓋"，碑刻原作"盖"，因繁簡字，故逕改。

⑤ "惟漢明帝永平二年夢見金人"一事，見《魏書》卷一百一十四《釋老志》："後孝明帝夜夢金人，項有日光，飛行殿庭。乃訪群臣，傅毅始以佛對。

⑥ "摩騰"，梵語，又譯作迦葉摩騰、攝摩騰，竺攝摩騰。中天竺人，能解大小乘經。漢明帝遣蔡愔等於天竺求法，遇之，永平十年（67）與竺法蘭等共至洛陽，譯《四十二章經》等。

⑦ "竺法蘭"，中印度人，東漢明帝派遣蔡愔至西域求取佛經，師遂於永平十年（67）與摩騰結伴前來中國，居於洛陽白馬寺，與摩騰合譯《四十二章經》。另譯有《十地斷結經》《佛本生經》《佛本行經》《法海藏》等。後寂於洛陽，世壽六十餘。

⑧《四十二章經》，爲中國最早翻譯之佛教經典，相傳爲後漢摩騰與竺法蘭共譯，經中簡要説明早期佛教之基本教義。

⑨ "蘭臺"，語出《歷代三寶紀》卷四："孝明帝，至永平七年夜夢金人身長丈六。……欣感靈瑞詔遣使者。羽林中郎秦景博士弟子王遵等一十四人。往適天竺。於月支國遇攝摩騰。寫得佛經《四十二章》并獲畫像。……於即翻譯四十二章經，緘置蘭臺石室閣内。"

⑩ "沙門"，爲梵語音譯，又作娑門、桑門、喪門、沙門那，意譯有勤勞、功勞、劬勞、勤懇、静志、净志、息止、息心、息惡、勤息、修道、貧道、乏道等，爲出家者之總稱。

⑪ "三寶"，見《增壹阿含經》卷十二云："爾時，世尊告諸比丘：'有三自歸之德，云何爲三？所謂歸佛第一之德，歸法第二之德，歸僧第三之德。'"指爲佛教徒所尊敬供養之佛寶、法寶、僧寶等三寶。

⑫ "陳"，碑文原作越南避諱字"𨻫"。故逕改。下同。

⑬ "名藍"，著名之伽藍，伽藍爲梵語音譯，即指寺院。

近鵶海門[①]，接界其南，春省/琛而秋省網；瑰山寺屹立其北，朝聞梵而暮聞鍾[②]。應于後者，有黄河碧濤之連天；向于前者，有/翠山黄雲之覆隴[③]。貴人車馬，湊長徑於門前；寶月兔蟾，浸漕溪[④]於左右。一場爽塏，四顧蕭森，真/第一之禪天[⑤]耳。

矧兹/　　　　　聖天子還夏舊都，中興第一，百廢俱舉，萬景皆先。時則有　明康太王[⑥]府、亞國夫人陳氏玉嶺，法號/真智，以爲佛中聖目福地心慈天布達，金營祇舍[⑦]，開建名藍，迺於甲午年良月日時，臣工雲集，/材石山儲。斧斤樸斲，而化出天宫[⑧]；金碧輝華，而儼成寶刹[⑨]。更有重樓恃立，鯨魚乳千里之音；殿/宇後增，獅子捧諸座之位。可以爲釋迦禪定之所，可以爲彌陀[⑩]説法之鄉，彌勒[⑪]下生之府，觀音/化現之堂。亦曰金僊世界，惟大安一邑中之大勝會、之大亨是，古今之興一也。扁曰報恩福林/寺，以表禪師證道之圓滿，以成會主世福之無窮，適爲崇邑名藍，以傳三隮盛矣。則斯寺之盈，/豐碑之記，陰功之福，愚戇之辭，夫豈淺之云乎哉！是宜銘之，以壽永久。/

銘曰：/

---

① “鵶海門”，據嗣德版《大南一統志·南定省·關汛》：“遼海汛。在大安縣群遼、海浪等社，廣一百四十五丈，潮漲深七尺上下，潮落深一尺三寸，乃北坼海强關要重地，《舊越史》一名大鵶海口。李太尊改大安即此。黎中興後，設汛，商船抵此，差官勘寔，然後始咱（聽）入口。本朝嘉隆年間，載項官船出入，必由之路，後爲沙土涪壅，船舶不通。”

② “鐘”，碑文原作“鍾”，兩字原同，後各兼正字，故逕改。

③ “隴”，爲喃字，原意爲“田”。

④ “漕溪”，見《祖庭事苑》卷一：“漕溪當作曹溪。”按六祖慧能從弘忍得法後，從印宗剃髮、受具足戒而歸曹溪寶林寺，人稱曹溪法門。

⑤ “禪天”，色界有四重之天處，修各禪那生於此，所生之天人亦隨生，各有其禪那故曰禪天，即初禪天乃至第四禪天也。

⑥ “明康太王”，即第一任鄭主鄭檢。《歷朝憲章類志·人物志·鄭王世系》：“世祖明康太王。姓鄭諱檢，永福椝山人，屋汴上鄉，爲時貧乏，嘗爲盗以供母，及長而雄勇過人，往從興國公（阮淦），公奇之，妻之以女，使知馬軍，表封侯爵，多有戰功，遣入哀牢，奉迎莊宗，帝見狀貌非常，拜大將軍，進郡爵，時年三十七，興國公薨，帶領將士，進封節制各處水部諸營，太傅、諒國公，兼掌軍國重事，加封上相、大國公，歷輔莊宗、中宗、英宗三朝，攬政二十五年，壽六十八。”

⑦ “祇舍”，即“祇樹給孤獨園”，略稱祇洹精舍、祇園精舍，故亦簡稱祇舍。

⑧ “天宫”，乃梵語之意譯，音譯作“泥縛補羅”，指天人所居住之宫殿。《大方廣圓覺修多羅了義經》中云：“地獄天宫皆爲浄土，有性無性齊成佛道。”

⑨ “刹”，爲梵語音譯，意譯爲土田。“寶刹”爲佛土之敬稱，又可爲佛寺、佛塔之美稱。《佛説大乘無量壽莊嚴經》卷下云：“遍覆如來寶刹中。”

⑩ “彌陀”，是阿彌陀佛的略稱，又稱無量壽佛、無量光佛。此佛之由來據《佛説阿彌陀經》云：“從是西方過十萬億佛土，有世界名曰極樂。其土有佛，號阿彌陀，今現在説法。”

⑪ “彌勒”，爲梵語音譯，又譯作彌帝隸、梅低梨、迷諦隸、梅怛麗、每怛哩、梅怛麗藥等，意譯作慈氏。本爲南天竺之婆羅門，後繼承釋迦如來之佛位，爲補處之菩薩，先佛陀而入滅。據《佛説彌勒下生經》云：“爾時彌勒菩薩，於兜率天觀察父母不老不少，便降神下應從右脅生。”

至哉能仁，初轉法輪[1]。六度[2]萬行，四智[3]三身[4]。

宣揚福惠，能益天人。三草霑雨，/二木逢春。

千儀越世，萬跡歸真。

惟茲善士，於姓釋氏。辞親出家，證真空理。/

佛祖欽惟，禪宗仰止。人盡驚訝，世皆倫儗。

大安名勝，有幾福林。宏規壯觀，/靈應古今。

陳氏來址，構此梵金。平平極會，迄迄棟森。

貲隨普施，德與人欽。/爲善獲福，不顯亦臨。

家福久遠，世福澤深。之功之德，萬古碑陰。/

一興功會主/

明康太王府、亞國夫人陳氏玉嶺，法號真智；　亞國夫人黎氏玉珠，法號茂惠。/

都元帥、總國政、尚父、平安王鄭[5]；　王太妃賴氏玉儒，　亞國夫人黎氏玉娘法號。/

太傅、永郡公鄭[6]，法號真德；郡夫人陳氏玉珖，義郡夫人阮氏玉瓚。/

太尉、岸郡公鄭[7]；　信娓[8]趙氏欣，法號智寶。/

皇越弘定四年[9]二月二十八日

---

① "法輪"，對佛法之喻稱，以輪比喻佛法，有三義：一有催破之義，因佛法能摧破衆生之罪惡，猶如轉輪聖王之輪寶，能輾摧山嶽巖石；二有輾轉之義，因佛之説法不停滯於一人一處，猶如車輪輾轉不停；三有圓滿之義，因佛所説之教法圓滿無缺，故以輪之圓滿喻之。

② "六度"，即"六波羅蜜多"，乃大乘佛教中菩薩欲成佛道所實踐之六種德目，即佈施波羅蜜、持戒波羅蜜、忍辱波羅蜜、精進波羅蜜、禪定波羅蜜、智慧波羅蜜。

③ "四智"，指四種智慧，有多種意涵，在此指唯識宗所立，佛果之四智，全稱四智心品，即將有漏的第八識、第七識、第六識，及前五識轉變爲四種無漏智，即大圓鏡智、平等性智、妙觀察智、成所作智。

④ "三身"，又作三身佛、三佛身、三佛。身即聚集之義，聚集諸法而成身，故理法之聚集稱爲法身，智法之聚集稱爲報身，功德法之聚集稱爲應身。

⑤ "平安王"，即第三任鄭主鄭松，爲第一任鄭主鄭檢次子、第二任鄭主鄭檜之弟。《歷朝憲章類志・人物志・鄭王世系》："成祖哲王，諱松，世宗（鄭檢）次子，初封福良侯，太王薨，長子檜作亂降莫，英宗乃敕封爲節制、長郡公，董統諸營討賊，庚午破莫寇，次年進封左相、太尉、長國公。壬申，英宗信讒言，疑忌幸外，乃尊扶世宗即位。加封都將、節制各處水步諸營、兼總内外、平章軍國重事。光興十七年，親督諸將滅莫，克復京城，二十二年進封都元帥、總國政、尚父、平安王。……歷扶敬宗、神宗，臨政五十三年。晚苦痾疾，議立嗣，次子鄭椿作亂，焚都城，王出幸外至青春館，薨，壽七十四。"

⑥ "永郡公鄭"，即鄭桐，鄭檢之子，鄭松之弟。

⑦ "岸郡公鄭"，即鄭杜，鄭檢之子，鄭松之弟。

⑧ "信娓"，越南稱未出家而在寺廟中爲寺廟工作的女性。

⑨ "皇越弘定四年"，明萬曆三十一年（1603）。

南天竺[①]國三藏[②]沙門瑞光庵愚禪阮挺，法號真華嚴造/
報恩福林寺住持[③]門下阮公輔，字真德水；裴文富字真定等撰/
中書監華文學生阮春榮寫/
御用監刊書局局正、春陽伯阮廷珍、　紅蓼社曾文思等刊[④]/

清華承宣河中府弘化縣慈明社、西軍都督府左都督、贈副將、少保、水郡公黎洪國，字福仁，意有/郡夫人陳氏玉緣，號慈僊，迺於/　　　　永祚拾年[⑤]陸月穀日，茲有義興府大安縣桃溪社重修報恩福林寺，并信供田土作橋梁前堂廟/　　　　丁先皇帝，并恭進田土，及置作庵景壹處，以田土池分給與各亭等員人照耕，傳子若孫，以恭奉祀，流/垂萬代，所有田土池各處開陳[⑥]于後。[⑦] /

計/

一供進田土各所五畝陸高五尺，又許社民田池貳拾貳畝貳高拾尺，池肆口，共田土池貳拾/柒畝玖[⑧]高，肆口共價錢壹千捌百拾捌貫肆陌，又許銀子貳鎰。/

一構作福林寺内殿上殿共貳座，并重修鍾閣及行廊等處。/

一供三寶田并土園。/

一所田壹畝叁高，坐落石橋潮處，東西肆至，如囑書内。　一所田壹畝貳高，坐落[廟]舉處，東西肆至，如囑書内。**當錢壹百肆拾貳貫，**/一所土園共壹畝壹高拾尺，坐落廟園□寺處，東西肆至，如囑書内，已交換土庵□□□隤中隤下二甲，銀子拾□[邑]貳鎰。**土當錢肆拾肆貫。**柒/陌/

一恭進/　　　　丁先皇帝。/

---

① “天竺”，爲印度之古稱。《舊唐書》卷一百九十八：“天竺國，即漢之身毒國，或云婆羅門地也。在葱嶺西北，周三萬餘里。其中分爲五天竺：其一曰中天竺，二曰東天竺，三曰南天竺，四曰西天竺，五曰北天竺。”

② “三藏”，原指佛教大小乘之經藏、律藏與論藏，亦指精通經、律、論三藏而從事翻譯者。

③ “住持”，見《敕修百丈清規》卷二：“佛教入中國四百年而達磨至，又八傳而至百丈，唯以道相授受，或岩居穴處，或寄律寺，未有住持之名。百丈以禪宗寖盛，上而君相王公，下而儒老百氏，皆嚮風問道，有徒實蕃，非崇其位，則師法不嚴，始奉其師爲住持。”禪宗由於住在寺内的徒衆甚多，故各寺均設住持一人，其下另置若干職位。至後世，此住持之稱也通用於其他諸宗。

④ 以上爲拓片編號 02578 内容。

⑤ “永祚”，爲後黎神宗黎維祺年號，永祚拾年（1628），當明崇禎元年，歲次戊辰。

⑥ 此處“陳”字未避諱。

⑦ “後”，碑刻原作“后”，因繁簡字，故逕改。

⑧ “玖”，碑文原作越南避諱字“𤤻”，故逕改。

一構作前堂壹座；　一造橋潮村處拾壹間，一所田陸高，坐落潮寧①處，東西肆至，如囑書内。/一所田五高，坐落潮宁處，東西肆至，如囑書内。　**當錢五拾壹貫**/一所土拾尺五寸，坐落潮村處，東西肆至，如囑書内。**當錢叁拾貫五陌。**/

一奉祀庵田，　一所田壹畝，坐落潮神處，東西肆至，如囑書内。　**當錢柒拾貫。**/

一内市亭柒村分田池各所，一所田貳畝，坐落唐助處，東西肆至，如囑書内/。一所田肆高，坐落内市處，東西肆至，如囑書内。**當錢壹百肆拾貳貫。**/

一外市亭五村分田池各所，一所田貳畝，坐落舉厨□處，東西肆至，如囑書内。/一所田五高，坐落同舉處，東西肆至，如囑書内。/一所田柒高，坐落同厨處，東西肆至，如囑書内。田當錢壹百□拾陸貫□。/一所池叁高，坐落外市處，東西肆至，如囑書内。/一所池壹高，坐落外市村處，東西肆至，如囑書内。**當錢叁拾壹貫。**/

一下市亭五村分田池各所。一所田壹畝柒尺五寸，坐落□□處，東西肆至，如囑書内。一所田壹畝，坐落□□□處，東西肆至，如囑書内。一所田□□，坐落□□□。/田當錢壹百陸拾貫。一所池壹口，坐落下市村處，東西肆至，如囑書内。池當□五拾。/

一潮禄亭五村分田各所。一所田貳畝叁高，坐落□麻處，東西肆至，如囑書内。一所田□高，坐落□□處，東西肆至，如囑書内/。一所田肆高，坐落潮麻處，東西肆至，如囑書内。田當錢貳百壹貫。/

一厚村亭分田各所。一所田壹畝，坐落□□處，東西肆至，如囑書内。　一所田□□□□尺五寸，坐落潮□處，【以下漫漶不清】/一所田五高，坐落□□處，東西肆至，如囑書内。當錢貳百拾陸貫。/

一趙廟二村亭分田各所。一所田壹畝肆高，坐落□□處，東西肆至，如囑書内。一所田壹高，坐落□□處，東西肆至，如囑書内。一所【以下漫漶不清】/一所田壹畝□尺□□□坐落□功處，東西肆至，如囑書内。田當錢貳百拾捌貫柒陌。/

一大锐亭分田各所一所田□□，坐落□□處，東西肆至，如囑書内。一所田一□柒尺五寸，坐落□□處，東西肆至，如囑書内。/一所田壹畝壹高，坐落潮□處，東西肆至，如囑書内。一所田陸高，坐落□□處，東西肆至，如囑書内。/一所□田壹高，坐落奉厨處，東西肆至，如囑書内。**當錢貳百拾五貫。**/②

---

① “寧”，碑刻原作“宁”，因繁簡字，故逕改。下同。

② 以上爲拓片編號 02577 内容。

題後

據拓片題籤，本碑記立於南定省義興府安中總安中社上寺，兩面刻，分別爲後黎敬宗弘定四年（1603）及世宗永祚十年（1628）由鄭檢亞國夫人陳氏玉嶺及水郡公黎洪國夫人陳氏玉緣倡議並捐貲重修。嗣德版《大南一統志·南定省·寺觀》記載："福林寺，在舒池縣垌岱社，陳睿尊辰（時）所建，應天塔、泓海井，景致頗佳，今寺各有佛像、瓦橋、泓井尚在。"陳睿宗在位時間爲公元 1373 至 1377 年，則福林似應建於此四年中，據本碑記第一次重修已有數百年的歷史。第一次重修在弘定四年，由第一任鄭主鄭檢之亞國夫人陳氏玉嶺倡議修建，當時鄭檢的家人除陳氏玉嶺外，尚有另一位亞國夫人黎氏玉珠；鄭檢的兒子——第三任鄭主鄭松及王太妃賴氏玉儒；亞國夫人黎氏玉娘；鄭檢的三子、四子鄭杜、鄭桐及其家人郡夫人陳氏玉珖、義郡夫人阮氏玉璥均捐獻家資助成修建。這些供養人資料，可以補鄭主家庭尤其是女性成員的資料。

一四六　阮朝武功碑記

引言

碑立於承天府香茶縣安寧總安平社承天武廟。碑刻三面，拓片編號02579/02580/02581，另又有拓片編號05686/05685/05688，前者僅拓碑身、碑底，後者爲全拓，並有題籤云“承天府香茶縣安寧總安平社維新八年四月初五日”。拓片編號02581/05686面十四行字，滿行約四十二字，碑題作“武功碑記”四字，今重定篇題爲“阮朝武功碑記”；拓片編號02579/05685面共十四行字，滿行約三十二字，碑題“武功左碑”四字；拓片編號02580/05688面共十一行，滿行二十八字，碑題“武功右碑”四字。碑額均刻有牡丹捲草紋，並下刻花座，三面之四邊則均刻有回紋與捲草花紋。碑文撰者工部尚書、充機密院大臣鄧文和。年代署作明命（Minh Mạng）二十年（1839），明命爲阮聖祖（Nguyễn Thánh Tổ）阮福晈（Nguyễn Phúc Kiểu）年號，同年爲道光十九年，歲次己亥。拓片現藏於漢喃研究院。

碑爲阮朝世祖龍興與聖祖時平定南、北圻動亂與暹邏入侵之有功之臣的名録。碑文記載阮聖祖明命初年下令，將輔佐阮朝平定亂世之十位功臣題名，述其功勞與官歷，並置於武廟左右兩邊從祀，以表彰其忠烈。

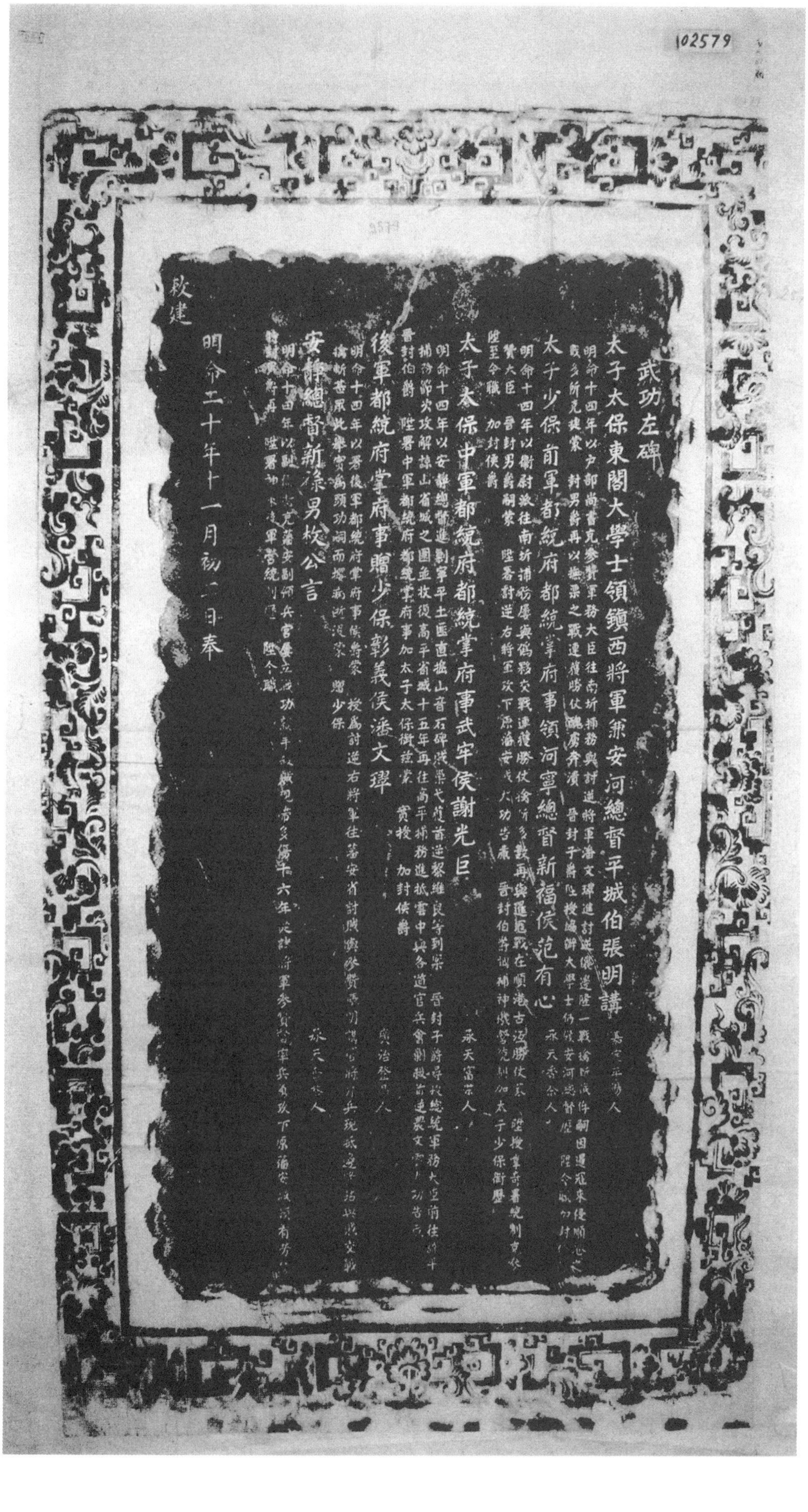
武功左碑
太子太保東閣大學士領鎮西將軍兼安河總督平城伯張明講
嘉定平陽人
太子少保前軍都統府都統掌府事領河寧總督新福侯范有心
承天香茶人
太子太保中軍都統府都統掌府事武牢侯謝光巨
承天富榮人
後軍都統府掌府事贈少保彰義侯潘文璻
廣治登昌人
安靜總督新條男枚公言
承天香茶人
明命二十年十一月初二日奉
敕建

編號：02579　出自《拓片總集》第三冊（下同）

02580
武功右碑
太子太保前軍都統府掌府事新隆侯阮春
太子太保左軍都統府都統掌府事信武侯范文典
兵部左侍郎協理京畿水師事務恩光子黎文德
前鋒營統制平慶子陳文智
明命二十年十一月初二日奉

編號：02580

02581

武功碑記

古者旂常紀績金石勒銘所以旌戰功也洪惟我
世祖高皇帝龍興之會當時奮庸佐命恒不乏人明命初年曾奉摘其勳烈炳著者升之從祀
廟庭矣奉我
皇上承平撫運不敢忘戰閱兵講武訓練有方曩因南北兩圻賊徒蠢動重以暹寇犯邊於是
赫然震怒命將出師機以全而授之威以斷而督之遂使文臣有勇武將有謀三四年間大功告成定惟
淵謨睿算莫可名狀迺奉
聖旨謙冲歸功臣下策勳欽至既簡者其勞能別壽宣封從舉行夫鉅典矣
諭兵部臣敘其勳伐再采論錄其武功最著者首大明講至[illegible]將等十人列為兩碑分竪于武廟庭前
之左右
特命翰林院臣等記其事併將十臣之官爵姓名事狀開列于左豐功偉績彪炳千秋非惟于古有光人足以
為千萬世有功者勸云
明命二十年十一月初二日
管翰林院太子少保工部尚書充機密院大臣鄧文和奉撰

編號：02581

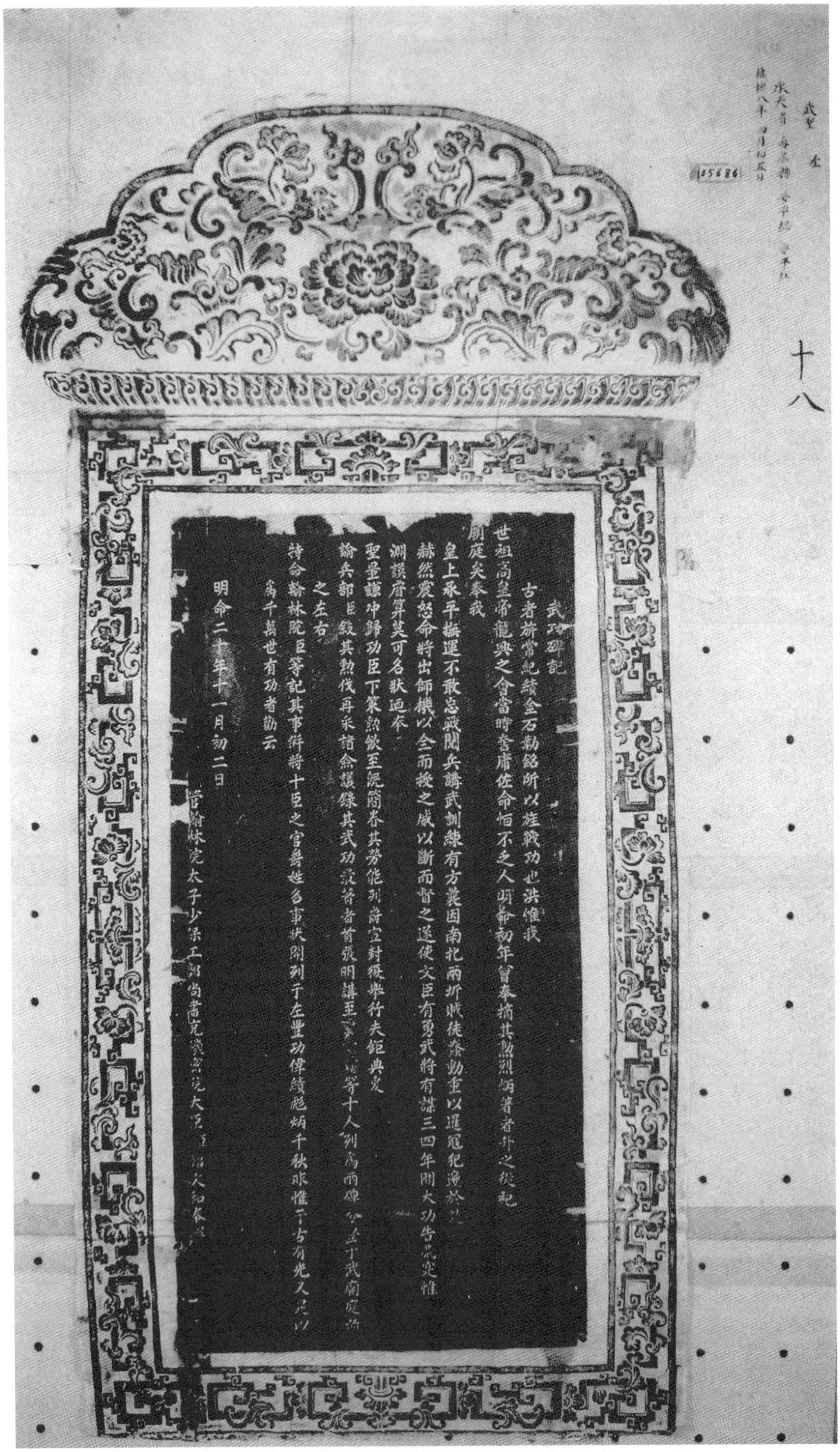
05686
十八

武功碑記

古者旂常紀績金石勒銘所以旌戰功也洪惟我

世祖高皇帝龍興之會當時奮庸佐命恒不乏人明命初年曾奉摘其勳烈炳著者升之從祀

廟庭矣奉我

皇上承平撫運不敢忘戰閱兵講武訓練有方曩因南北兩圻賊徒豢動重以暹寇犯邊於是

赫然震怒命將出師機以全而授之威以斷而督之遂使文臣有勇武將有謀三四年間大功告[illegible]寔惟

淵謨睿算莫可名狀迺奉

聖量謙冲歸功臣下策勳欽至寵賚春其勞能列爵宣封優舉行夫鉅典爰

諭兵部臣敘其勳伐再承諸僉議錄其武功最著者首張明講至[illegible]等十人列爲兩碑分立于武廟庭於

之左右

特命翰林院臣等記其事併將十臣之官爵姓名事狀開列于左豈功偉績彪炳千秋亦惟千古有光又足以

爲千萬世有功者勸云

明命二十年十一月初二日

管翰林院太子少保工部尚書充機密院大臣[illegible]臣[illegible]奉撰

編號：05686 出自《拓片總集》第六冊（下同）

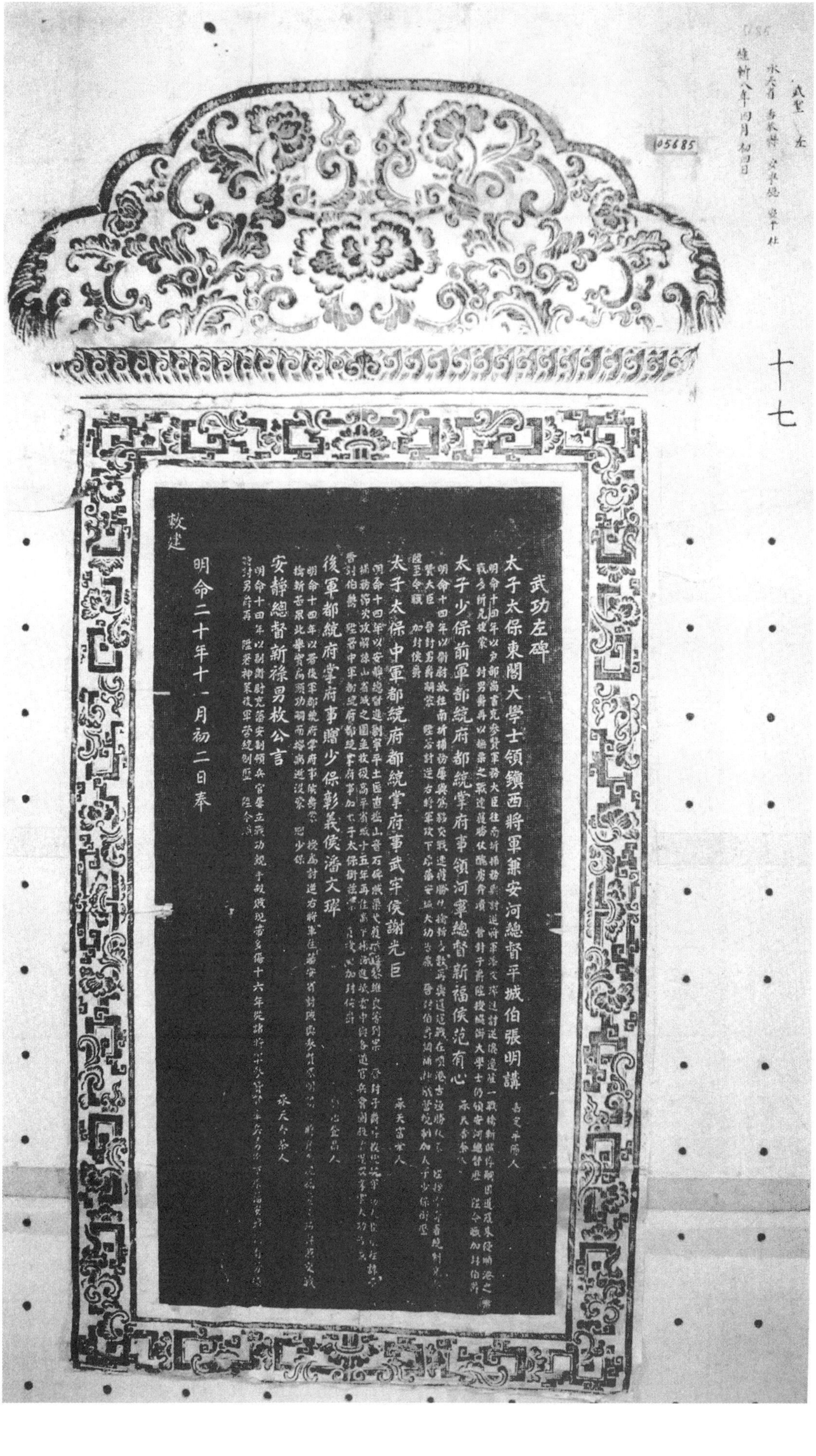
十七
武功左碑
太子太保東閣大學士領鎮西將軍兼安河總督平城伯張明講
太子少保前軍都統府都統掌府事領河寧總督新福侯范有心
太子太保中軍都統府都統掌府事武牢侯謝光巨
後軍都統府掌府事贈少保彰義侯潘文璀
安靜總督新祿男枚公言
明命二十年十一月初二日奉
敕建
05685

編號：05685

武功右碑
太子太保前軍都統府掌府事新隆侯阮春
清化東山人
太子太保左軍都統府都統掌府事信武侯范文典
永天富榮人
兵部左侍郎協理京畿水師事務恩光子黎文德
永隆保安人
前鋒營統制平慶子陳文智
明命二十年十一月初二日奉
敕建
十六

編號：05688

釋文

武功碑記[①]

古者旂常[②]紀績，金石勒銘，所以旌戰功也。洪惟我/ 世祖高皇帝龍興之會，當時奮庸佐命，恒[③]不乏人。明命初年，曾奉摘其勳烈炳著者，升之從祀/ 廟庭矣。

奉我/ 皇上承平撫運，不敢忘戰，閲兵講武，訓練有方。曩因南北兩圻，賊徒蠢動，重以暹寇犯邊，於是/ 赫然震怒，命將出師，機以全而授之，威以斷而督之，遂使文臣有勇，武將有謀，三四年間，大功告蕆。寔惟/ 淵謨睿算，莫可名狀。迺奉/ 聖量謙冲，歸功臣下，策勳飲至既簡，眷其勞能，列爵宣封，復舉行夫鉅典。爰/ 諭兵部臣敍其勳伐，再采諸僉議，録其武功最著者，首張明講至□□□[④]等十人，列爲兩碑，分竪于武廟庭前/ 之左右。/

特命翰林院臣等記其事，併將十臣之官爵姓名事狀開列于左。豐功偉績，彪炳千秋，非惟于古有光，又足以/ 爲千萬世有功者勸云。/

明命二十年[⑤]十一月初二日/

管翰林院、太子少保、工部尚書、充機密院大臣臣鄧文和奉撰[⑥]/

武功左碑[⑦]

太子太保、東閣大學士、領鎮西將軍、兼安河總督、平城伯張明講嘉定平陽人。/

---

① 此爲拓片編號02581的碑題，今依内容及性質重定篇題爲“阮朝武功碑記”。

② “旂常”，王侯的旗幟。《周禮·春官·大宗伯下》：“司常掌九旗之物，名各有屬，以待國事。日月爲常，交龍爲旂，通帛爲旜，雜帛爲物，熊虎爲旗，鳥隼爲旟，龜蛇爲旐，全羽爲旞，析羽爲旌……國之大閲贊，司馬頒旗物，王建大常，諸侯建旂，孤卿建旜，大夫士建物，師都建旗，州里建旟，縣鄙建旐，道車載旞，斿車載旌。”

③ “恒”，碑文原作“恒”缺筆，越南避諱字，故逕改。

④ 此處三字被剜去。

⑤ “明命”，爲阮聖祖阮福晈年號，明命二十年（1839），即清道光十九年，歲次己亥。

⑥ 以上爲拓片編號02581内容。

⑦ 此爲拓片編號02579碑題。

明命十四年以户部尚書充參贊軍務大臣往南圻捕務，與討逆將軍潘文璻進討逆𠌥①，邊隆一戰，擒斬賊俘，嗣因暹寇來侵，順港之/戰，多所克捷，蒙　封男爵。再以撫栗之戰，連獲勝仗，醜虜奔潰，　晋封子爵。陞授協辦大學士，仍領安河總督，歷　陞今職，加封伯爵。/

太子少保、前軍都統府都統、掌府事、領河寧總督、新福侯范有心承天香茶人。/

明命十四年以衛尉派往南圻捕務，屢與僞夥交戰，連獲勝仗，擒斬多數。再與暹寇戰在順港，古沔勝仗，蒙　陞授掌奇署統制充參/贊大臣，　晋封男爵，嗣蒙　陞署討逆右將軍，攻下原藩安城，大功告蕆，晋封伯爵。調補神機營統制，加太子少保銜，歷/　　　　陞至今職，加封侯爵。/

太子太保、中軍都統府都統、掌府事、武牢侯謝光巨承天富榮人。/

明命十四年以安静總督進勦寧平土匪，直搗山音石碑賊巢，弋獲首逆黎維良等到案，　晋封子爵，尋授總統軍務大臣，前往諒平/捕務，節次攻解諒山省城之圍，並收復高平省城。十五年再往高平捕務，進抵雲中，與各道官兵會勦，殺首逆農文雲，大功告蕆，/　　　　晋封伯爵。　陞署中軍都統府都統掌府事，加太子太保銜。兹蒙　實授，　加封侯爵。/

後軍都統府掌府事、贈少保、彰義侯潘文璻廣治登昌人。/

明命十四年以署後軍都統府掌府事侯爵，蒙　授爲討逆右將軍，往藩安省討賊，與參贊張明講管將弁兵，現抵邊隆站，與賊交戰，/擒斬甚衆，此舉實爲頭功。嗣而攖病逝没。蒙　贈少保。/

安静總督新禄男枚公言承天香茶人。/

明命十四年以副衛尉充藩安副領兵官，屢立戰功，親手殺賊，現帶多傷。十六年從諸將軍參贊督率兵勇，攻下原藩安城，頗有勞績，/特封男爵。再　陞署神策後軍營統制，歷　陞今職。/

明命二十年十一月初二日奉/　　　　敕建/②

武功右碑③

太子太保、前軍都統府掌府事、新隆侯阮春清化宋山人。/

---

① "逆𠌥"，即黎文𠌥，事見《大南實録正編》第二紀卷九十五："原左軍銘義衛衛尉黎文𠌥作亂，占據藩安省城。𠌥初干材板船艘之案，革職交藩安嚴審，内懷怨望，謀爲不軌，乃與同案原左保一衛副衛尉阮文勃陰集左保二衛尉尉蔡公朝、副衛尉黎得力、行人司劉信及清順奇副管奇鄧永膺悦之妾兄武永錢、左軍林射隊楊文雅、回良隊阮文魷等，謂之曰：'布政白春元爲人苛刻，又爲總督阮文桂所親信，材木船艘之案，皆其摘發，不殺彼，彼將陷我輩於死地矣……'衆皆從之，謀約既定，乃於十八日之夜，𠌥率黨六十餘人、象五匹……由懷來門入，直到布政廳……賊殺藩安布政白春元。"

② 以上爲拓片編號 02579 内容。

③ 此爲拓片編號 02580 碑題。

明命十四年以統制充參贊大臣，進討南圻逆賊黎文儴，再率兵勇前往安江攻剿暹寇，連獲勝仗，節次晋封至伯爵，　陞授都統，/仍領隆祥總督，尋奉　勑授爲討逆左將軍，又署前軍都統府掌府事，攻下原藩安城，大功告蕆，　加封侯爵，回　京供職，因病逝歿/，欽蒙　實授。/

太子太保、左軍都統府都統、掌府事、信武侯范文典承天富榮人。/

明命十四年以衛尉權充興化領兵官，時土匪圍繞該省城，乃能奮勇向前解圍，匪徒退走。十五年，從充提督前往宣光剿補土匪，所/至有功，蒙　封子爵，又同總督黎文德先搗雲中賊巢，燒弊首逆農文雲，大功告蕆，　晋封伯爵，再蒙　陞都統署左軍都統府掌府/事，　加太子太保銜，兹蒙　實授，　加封侯爵。/

兵部左侍郎、協理京畿水師事務、恩光子黎文德永隆保安人。/

明命十四年以署兵部尚書前往興化參贊軍務，尋授山興宣總督，仍充參贊，攻解宣省之圍，蒙　授爲總督，剿補宣省土匪，軍務節/次督飭弁兵，連獲勝仗，先抵雲中，燒弊首逆農文雲，告厥成功，蒙　封子爵，再　陞授協辦大學士，本年干咎降補今銜。/

前鋒營統制、平慶子陳文智嘉定新隆人。/

明命十四年以休致起復衛尉，討賊屢立戰功，蒙　陞掌奇署統制充參贊大臣，督率兵勇攻下原藩安城，預有勞績，蒙/　　　　　封子爵，並　陞授今職。/

明命二十年十一月初二日奉[1]/

題後

本碑立於承天府香茶縣安寧總安平社承天武廟，《大南實録正編》第二紀卷一百五十九“阮聖祖乙未明命十六年秋九月”：“初建武廟。屬香茶内銃邑。廟制，正楹前楹合爲一座，正楹三間二厦，前楹五間，左右從祀二座，各五間，四圍繞以甎垣，前面設儀門一，左右二面月門各一。正中周尚父姜太公；東序齊相國管仲、吴上將孫武子、漢大將韓信、唐衛公李靖、唐太尉李晟、明大將軍徐達；西序齊大司馬田穰苴、漢留侯張良、漢丞相諸葛亮、唐中書令郭子儀、宋少保岳飛；左廡從祀陳太師、上國公陳國峻，本朝開國功臣太保、英國公阮有進，本朝佐運尊臣尊人府左尊正、諒江郡公尊室會；右廡從祀黎司馬公黎魁，本朝開國功臣、太傅、静國公阮有鎰，本朝佐運功臣、太保、端雄郡公阮文張。”又，《大南一統志・京師・壇廟》：

① 以上爲拓片編號 02580 内容。

“武廟，在京城之西安寧社……以春秋二仲致祭，歷代帝王廟後一日致祭。庭前左右豎武功碑，明命十七年立，嗣德三年繼立。”

碑云十人，然僅有九人名諱事迹，在前序文中，“首張明講至”第十人的名字有剜刻痕迹。

一四七　阮憲祖戒用外戚諭

引言

碑立於承天省香茶縣安寧總安寧社文廟内。碑刻單面，有兩拓本，拓片編號 02583 僅拓碑身、碑底，拓片編號 05691 爲全拓並有題籤云“承天省香茶縣安寧總安寧社，維新八年四月初七日”。全文共十九行字，滿行約四十七字，原碑無額題及碑題，今依内文主旨定篇題爲“阮憲祖戒用外戚諭”，碑額刻有龍紋，三邊飾有捲草花紋。碑文撰者爲阮憲祖（Nguyễn Hiến Tổ），年代署作紹治（Thiệu Trị）四年（1844），紹治爲阮憲祖阮福暶（Nguyễn Phúc Tuyền）年號，同年爲清道光二十四年，歲次甲辰。拓片現藏於漢喃研究院。

碑爲阮憲祖之諭旨。諭旨内容爲阮憲祖告誡後代子孫不可隨意寵信臣，日後臣子見上位者濫寵時，可以此諭旨作爲對諍諫之用。憲祖亦命令將此諭旨交史館留存，並送太學府刻碑以垂訓後世子孫。

02583

紹治四年十月二十三日内閣臣黎慶禎臣阮德政臣武范啟臣阮文長奉
上諭歷古之外屬而謙恭畏慎善自保真如樊馬者蓋稀而二世操權五將秉政如王竇者甚衆可不懲戒之至者哉我
皇考尊慎重其事而善處之誠是為百世子孫之
良法也今戚里福國公之子胡文留胡文什等明命年間欽蒙
聖恩追念該國公於
中興時從
龍攀附一心汗馬功勞百戰
大定之後南宮歛至未已嘉延國公轉留弓治早孤單貧情殊可矜放襲之蔭銜用承延于世節加之管衛以備趨赴服勞
嗣朕祗紹
鴻圖遹追
先志因北巡之日派充隨蹕京城及追隨蹕道致得與人以次銓陞現預二品頗覺優加雖該等克振家聲奉公守法況朕
一秉大公至正國法無私該等斷不敢一毫縱肆于今日然嚴防未萌之機垂示將來之訓可不須諸方昭厚道也茲
著胡文留準以統制原銜胡文什準以掌衛原銜各奉朝請亦足抒臣分之誠懷著即解前錄管印管侍衛大臣[illegible]
駟院職任毋須從政預議任事率軍爾等天良未泯可思保全該國公忠誠勳烈之家聲勿涓無厭而抑退貶罷之也
應當立法垂訓百世子孫非以私恩而置他閒地也此是朕原始要終防微杜漸我之百世子孫克遵
家法無兇私恩重於名器也凡外戚權臣後宮宦寺一有弗能審慮善處于他必多生不好當思圖繼述以古為龜鑑也若
他日時君倘有沒濫寵任其為臣[illegible]者可將此次朕言引為諫諍期匡不及慎守成規以永迓明徵享丕平于萬世欲
欽休哉著將此諭錄交史館謹藏並送太學勒于貞珉用昭垂於以遠再著抄給中外俾知朕用人行政慎事秉公深
圖至計者也欽此

編號：02583　出自《拓片總集》第三冊

維新八年四月初七日
05691
二十二
紹治四年十月二十三日内閣臣黎慶禎臣阮德政臣武范啟臣阮久長奉
上諭歷古之外屬而謙柔畏慎善自保真如樊馬者
皇考嘗慎重其事而善處之誠是為百世子孫之
良法也今戚里福國公之子胡文留胡文什等明命
聖恩追念該國公於
中興時從
龍攀附一心汗馬功勞百戰
大定之後南宮敬至未已嘉延國公
嗣朕祇紹
鴻圖適追
先志因北巡之日派充巡護京城及追隨蹕道致得與人以次陞陞現預二品頗覺優加雖該等克振家聲奉公
一秉大公至正國法無私該等斷不敢一毫縱肆于今日然嚴防未萌之機垂示將來之訓
著胡文留準以統制原銜胡文什準以掌衛原銜各奉朝請亦足抒臣分之誠
馹院職任毋須從政預議任事率軍兩等天良未泯可思保全該國公忠誠默烈之家
應當立法垂訓百世子孫求以私恩而置他閒地也此是朕原始要終防微杜漸
家法無允私恩重於名器也凡外戚權臣後宮官寺一有
他日時君倘有泛濫寵任其為臣子者可將此次朕言引為諫諍期匡不及
欽休哉著將此諭錄交史館謹藏並送太學勒于貞珉用昭垂於久遠再著抄給中外俾知
國至計者也欽此

編號：05691　出自《拓片總集》第六冊

釋文

阮憲祖戒用外戚諭[①]

紹治四年[②]十月二十三日内閣臣黎慶禎、臣阮德政、臣武范啓、臣阮久長奉/
上諭：

歷古之外屬而謙柔畏慎，善自保真，如樊、馬者最稀[③]。而二世據權，五將秉政，如王竇者甚衆[④]，可不懲儆之至者哉！我/皇考嘗慎重其事，而善處之，誠足爲百世子孫之/良法也。今戚里福國公之子胡文留、胡文什等，明命年間欽蒙/　　聖恩，追念該國公於/　　中興時從/　　龍攀附一心，汗馬功勞百戰，/　　大定之後，南宫飲至[⑤]未已，嘉筵國公，轉留弓冶[⑥]，早孤單貧，情殊可軫。故襲之蔭銜，用永延于世節；加之管衛，以備趨赴服勤。/　　嗣朕祇紹/　　鴻圖，遹追/　　先志，因北巡之日，派充巡護京城，及追隨蹕道，致得與人以次銓陞，現預二品，頗覺優加，雖該等克振家聲，奉公守法，况朕/　　一秉大公至正，國法無私，該等斷不敢一毫縱肆于今日。然嚴防未萌之機，垂示將来之訓，可不慎諸，方昭厚道也。兹/　　著胡文留準以統制原銜，胡文什準以掌衛原銜，各奉朝請，亦足抒臣分之誠悃。著即解前鋒營印篆，管侍衛大臣、上/　　駟院職任，毋

---

① 原碑無額題與碑題，今依内容及性質定篇題爲“阮憲祖戒用外戚諭”。

② “紹治”，爲阮憲祖阮福暶年號。紹治四年，當清道光二十四年（1844），歲次甲辰。

③ “歷古之外屬而謙柔畏慎，善自保真，如樊、馬者最稀”，《顔氏家訓·書證》：“明帝時，外戚有樊氏、郭氏、陰氏、馬氏爲四姓。”明帝馬皇后對外家的抑制是歷史上的典範。《後漢書》卷十《皇后紀上·明德馬皇后》：“建初元年，〔帝〕欲封爵諸舅，太后不聽。”

④ “王竇”，西漢外戚權盛，尤以漢元帝皇后王政君家權勢最大，漢成帝時尊母親王政君爲皇太后。當時以皇太后兄長王鳳爲司馬大將軍，同母弟王崇爲安成侯。《漢書》卷九十八《元后傳》：“河平二年，上悉封舅譚爲平阿侯，商成都侯，立紅陽侯，根曲陽侯，逢時高平侯。五人同日封，故世謂之‘五侯’。”《後漢書》卷十《皇后紀上·明德馬皇后》：“太后詔曰：‘凡言事者皆欲媚朕以要福耳。昔王氏五侯同日俱封，其時黄霧四塞，不聞澍雨之應。又田蚡、竇嬰，寵貴横恣，傾覆之禍，爲世所傳。’”注曰：“田蚡，景帝王皇后同母弟武安侯也。爲丞相，貪驕，與淮南王覇上私語。部薨，武帝曰：‘使武安侯在者，族矣！’竇嬰，文帝竇皇后從兄子魏其侯也，爲丞相，坐與灌夫朋黨弃市也。”

⑤ “南宫飲至”，以漢高祖平臨江王亂後置酒南宫事，借言古代諸侯朝會盟伐後，祭告宗廟以叙功慶祝。事見《史記》卷八《高祖本紀》載高祖五年“天下大定。高祖都雒陽，諸侯皆臣屬。故臨江王驩爲項羽叛漢，令盧綰、劉賈圍之，不下。數月而降，殺之雒陽。五月，兵皆罷歸家。……高祖置酒雒陽南宫”。又，《左傳·隱公五年》：“三年而治兵，入而振旅，歸而飲至，以數軍實。”又，《桓公二年》：“冬，公至自唐，告于廟也。凡公行、告于宗廟；反行，飲至，舍爵、策勳焉，禮也。”

⑥ “弓冶”，謂以父子相承事業。見《禮記·學記》：“良冶之子，必學爲裘；良弓之子，必學爲箕。”

須從政預議，任事率軍。

爾等天良未泯，可思保全該國公忠誠勳烈之家聲，勿謂無罪而抑退貶罷之也。/應當立法，垂訓百世子孫；非以私恩，而置他間地也。此是朕原始要終，防微杜漸，我之百世子孫，克遵/　　　　家法，無昵私恩，重於名器也。凡外戚權臣、後宮宦寺，一有弗能審熟善處，于他必多生不好，當思圖繼述，以古爲龜鑑也。若/他日時君倘有泛濫寵任，其爲臣子者，可將此次朕言，引爲諫諍，期匡不及，慎守成規，以永迓明徵，享丕平于萬世。猗/歟休哉！著將此論，録交史館謹藏，並送太學，勒于貞珉，用昭垂於久遠。再著抄給中外，俾知朕用人行政，慎事秉公，深/圖至計者也。欽此。/

題後

縱觀《拓片總集》，承天文廟計有若干碑誌收入，如下表：

編號	篇題	年代	位置
02582（05699/16468）	皇朝明命柒年丙戌會試科進士題名碑	阮聖祖明命十二年（1831）	承天文廟
02583（05691）	阮憲祖戒用外戚論***	阮憲祖紹治四年（1844）	承天文廟廟前右碑亭（此碑有兩拓本）
02584（05690）	阮聖祖禁内侍干政論***	阮聖祖明命十七年（1836）	承天文廟廟前左碑亭（此碑有兩拓本）

注：*** 表示此篇已收入本書且原無題。

據題籤曰，本碑立於承天省香茶縣安寧總安寧社文廟内，按，《大南實録・正編第一紀》卷三十四世祖高皇帝戊辰嘉隆七年（1808）：“（二月）建文廟。帝以隆湖舊廟規制窄狹，乃卜地于安寧，移建之。”又，嗣德版《大南一統志・京師・壇廟》：“文廟，在京城外之西安寧社，廟制堂前堂各五間，正中龕奉至聖先師孔子神位，左右四龕設顔子、曾子、子思、孟子四配神位……廟前亭建碑亭二，左鐫聖祖仁皇帝御製《戒用宦官論》，右鐫憲祖章皇帝御製《戒用外戚論》。廟垣前曰大成門，左金聲門，右玉振門……其門之南，各列進士題名碑。”本篇《阮憲祖戒用外戚論》即《大南一統志》所載憲祖章皇帝御製《戒用外戚論》，除拓片編號02853外，尚有一拓本編號05691。

一四八　阮聖祖禁内侍干政諭

引言

碑立於承天文廟右邊。碑之拓本有二，拓片編號 02584 僅拓碑身，拓片編號 05690 爲全拓。拓片編號 02584 題籤記“承天文廟右邊”，編號 05690 題籤則云：“文聖□承天省香茶縣安寧總安寧社”，據《大南實録·正編第一紀》卷三十四世祖高皇帝戊辰嘉隆七年載：“（二月）帝以隆湖舊廟規制窄狹，乃卜地于安寧，移建之。”《大南一統志·京師·壇廟》文廟，載：“在京城外之西安寧社。……廟前亭建碑亭二，左鎸聖祖仁皇帝御製《戒用宦官諭》。”故兩拓片題籤所指同爲安寧社文廟。碑文共十七行字，滿行三十七字，原碑無額題及碑題，今依内文及主旨定篇題爲“阮聖祖禁内侍干政論”。碑額刻以龍紋爲主，龍紋下有花座，碑身三邊以雲龍紋相連，底則爲水波紋。年代署作明命（Minh Mạng）十七年，明命爲阮聖祖（Nguyễn Thánh Tổ）阮福晈（Nguyễn Phúc Kiểu）年號，十七年當公元 1836 年，同年爲清道光十六年。拓片現藏於漢喃研究院。

碑文所載爲阮朝聖祖明命帝之諭令，主要嚴禁太監干政，並將太監依職分作五等，嚴令太監僅爲内庭役使，永不得列於朝官與干預朝政，並諭後世子孫不得違背此令，如有違背，臣下可依此諭規勸。

02584

明命拾柒年貳月初壹日機密大臣臣張登桂臣潘伯達奉
上諭周禮寺人掌宮戒月令閹尹審門閭詩之小雅亦有巷伯之篇是則有天下國家而必有
宦者其來久矣然古者中官止以備役使供灑掃未有委之以職假之以權是以有奉承趨
走之勤無專擅恣横之弊後世浸不師古權紹柄事阿柄倒持如漢之十常侍唐之諸中官
明之四凶以及安南黎朝之黃公輔輩勢焰熏灼禍害相尋總緣時君世主始也忽其易使
信任太隆終焉權勢既成卒不能制履霜之漸歷鑒明矣我朝
列聖深戒其弊二百餘年宦豎無一人預政厲階永絕成憲孔昭迨我
皇考世祖高皇帝中興時僅有黎文悅起身閹宦供奉內庭以其預有軍功因得參節鉞不詡
此輩原非善類卒以恃功驕恣釀成亂階茲已明正罪名足昭炯戒重念宦者之流固不
授以職位而永巷黃門之職亦不可無不得不朗立成法別為等第不預官制品級以明不
齒於縉紳茲準定其等凡五官務太監典事太監僉為首等掄事太監奉儀太監僉為次等
承務太監典簿太監僉為中等供事太監護簿太監僉為亞等供奉太監承[illegible]太監僉為下
等使之各司其事以供役使內庭仍永遠不準預列朝官階品再該等所職止以備內庭使
令及傳命而已凡一切朝政外事並不得毫有干預犯者必行重懲斷無寬假朕既將切丁
寧深為善後至計此諭著于國子監勒石再錄付史館尊藏傳之我子孫萬萬年世世率遵
守而勿改若有欲行更改者在朝在外諸臣當舉朕言執以為諫用匡其過我之子孫亦須
懍然醒悟率由舊章毋得率自變更貽害不細宜深戒之宜深慎之欽此

編號：02584　出自《拓片總集》第三冊

05690
二十一

編號：05690 出自《拓片總集》第六册

釋文

阮聖祖禁内侍干政諭[①]

明命拾柒年貳月初壹日，機密大臣臣張登桂、臣潘伯達遠奉/　　　　上諭：

《周禮》寺人掌宮戒[②]、《月令》閹尹審門閭，[③]《詩》之《小雅》，亦有《巷伯》之篇[④]。是則有天下國家而必有/宦者，其來久矣。然古者中官止以備役使，供灑掃，未有委之以職，假之以權，是以有奉承趨/走之勤，無專擅恣横之弊，後世浸不師古，權貂[⑤]用事，阿柄倒持[⑥]，如漢之十常侍[⑦]、唐之諸中官、/明之四凶[⑧]，以及安南黎朝之黄公輔輩，勢燄薰灼，禍害相尋，總緣時君世主。始也，悦其易使，/信任太隆；終焉，權勢既成，卒不能制。履霜之漸[⑨]，厥鑒

---

① 原碑無額題與碑題，今依内容及性質定篇題爲“阮聖祖禁内侍干政論”。

② “《周禮》寺人掌宮戒”，見《周禮·天官·冢宰》：“寺人，掌王之内人及女宮之戒令，相道其出入之事而糾之。”

③ “《月令》閹尹審門閭”，見《禮記·月令第六》：“（仲冬之月）是月也，命奄尹申宮令，審門閭，謹房室，必重閉。奄尹主領奄豎之官也。於周則爲内宰，掌治王之内政，宮令幾出入及開閉之屬，重閉外内閉也。”

④ “《詩》之《小雅》，亦有《巷伯》之篇”，見《詩經·小雅·節南山之什·巷伯》：“巷伯，刺幽王也。寺人傷於讒，故作是詩也。”毛亨傳：“巷伯，奄官；寺人，内小臣也。奄官，上士四人，掌王后之命，於宮中爲近，故謂之巷伯，與寺人之官相近。”

⑤ “權貂”，見《太平御覽·服章部五》引應劭《漢官儀》曰：“侍中，金蟬左貂，金取堅剛不朽，蟬居高食潔，貂内勁悍，而外温潤。……又曰中常侍，秦官也。漢興或用士人，銀璫左貂；世祖以來，專用宦者，石貂金璫。”

⑥ “阿柄倒持”，見《漢書》卷六十七《梅福傳》：“至秦則不然，張誹謗之罔，以爲漢敺除，倒持泰阿，授楚其柄。”顔師古注：“泰阿，劍名，歐冶所鑄也。言秦無道，令陳涉、項羽乘間而發，譬倒持劍而以把授與人也。”

⑦ “漢之十常侍”，見《後漢書》卷七十八《宦者列傳》：“是時讓、忠及夏惲、郭勝、孫璋、畢嵐、栗嵩、段圭、高望、張恭、韓悝、宋典十二人，皆爲中常侍，封侯貴寵，父兄子弟布列州郡，所在貪殘，爲人蠹害。黄巾既作，盜賊糜沸，郎中中山張鈞上書曰：‘竊惟張角所以能興兵作亂，萬人所以樂附之者，其源皆由十常侍多放父兄、子弟、婚親、賓客典據州郡，辜榷財利，侵掠百姓，百姓之冤無所告訴，故謀議不軌，聚爲盜賊。’”

⑧ “明之四凶”，指明英宗時的王振、曹吉祥，明武宗時的劉瑾，明熹宗時的魏忠賢。

⑨ “履霜之漸”，見《新唐書》卷三《高宗紀》載弘道元年：“高宗溺愛衽席，不戒履霜之漸，而毒流天下，貽禍邦家。”語本《周易兼義·上經乾傳·坤》：“初六，履霜堅冰至。始於履霜，至于堅冰，所謂至柔而動也。剛陰之爲道，本於卑弱而後積著者也。”孔穎達疏：“初六，陰氣之微似若初寒之始，但履踐其霜，微而積漸，故堅冰乃至。義所謂陰道初雖柔順，漸漸積著乃至堅剛。”

明矣。我朝/　　　　　列聖深戒其弊，二百餘年，宦竪無一人預政，厲階[1]永絶，成憲孔昭。迨我/　　　　　皇考世祖高皇帝中興時，僅有黎文悦起身閹宦，供奉内庭，以其預有軍功，因得歷膺節鉞，不謂/此輩原非善類，卒以恃功驕恣，釀成亂階，兹巳明正罪名，足昭炯戒。重念宦者之流，固不當/授以職位，而永巷、黄門之職，亦不可無，不得不朗，立成法别爲等第，不預官制品級，以明不/齒於縉紳，兹準定其等凡五：管務太監、典事太監，並爲首等；檢事太監、奉儀太監，並爲次等；/承務太監、典帑太監，並爲中等；供事太監、護帑太監，並爲亞等；供奉太監、承辦太監，並爲下/等。使之各司其事，以供役使内庭，仍永遠不準預列朝官階品，再該等所職，止以備内庭使/令，及傳命而已。凡一切朝政外事，並不得毫有干預，犯者必行重懲，斷無寬假。朕既諄切丁/寧，深爲善後至計，此諭著于國子監，勒石再録，付史館尊藏，傳之我子孫萬萬年，世世凛遵，/守而勿改，若有欲行更改者，在朝在外，諸臣當舉朕言，執以爲諫，用匡其過，我之子孫亦須/憬然醒悟，率由舊章，毋得率自變更，貽害不細，宜深戒之，宜深慎之。欽此。/

題後

本碑記爲承天文廟三通碑記之一，立於文廟左碑亭，碑刊刻於阮聖祖明命十七年（1836），與立於右碑亭的《阮憲祖戒用外戚諭》同是阮憲祖所頒佈的示諭碑。本碑原無額題及碑題，其内容則爲阮朝第三任皇帝阮憲宗阮福暶（Nguyễn Phúc Tuyền，又稱阮福绵宗Nguyễn Phúc Miên Tông）示諭阮朝君臣以史爲鑒，禁止宦官干預朝政之碑記。按，黎中興之後，鄭主喜用宦官，由碑記中屢見宦官擔任重要的官職，掌有軍權可知。本碑記之内容則可知阮朝初期限令宦官衹可以"供役使内庭，仍永遠不準預列朝官階品"，"凡一切朝政外事，並不得毫有干預，犯者必行重懲"，與黎中興時期有明顯的差異。

---

① "厲階"，致禍的階梯。《詩經·大雅·蕩之什·桑柔》："國步滅資，天不我將。靡所止疑，云徂何往。君子實維，秉心無競。誰生厲階，至今爲梗。"毛亨傳："競，彊；厲，惡；梗，病也。"

一四九　國主阮福淍鼎建順化天姥寺碑記

引言

碑立於承天省香茶縣安寧總安寧社天姥寺内。碑僅單面，拓片編號爲02585，共二十五行字，滿行五十七字，碑題作“國主阮福淍嗣洞上正宗三十世，法名興龍，號天縱道人，鼎建順化天姥寺碑記銘”，今依此碑題重定篇題爲“國主阮福淍鼎建順化天姥寺碑記”。年代署作永盛（Vĩnh Thịnh）十一年（1715），永盛爲後黎裕宗（Lê Dụ Tông）黎維禟（Lê Duy Đường）年號，同年爲清康熙五十四年，歲次乙未。拓片現藏於漢喃研究院。

此碑記述阮主阮福淍下令建順化天姥寺一事。碑文記載，阮主阮福淍崇信佛法，爲大汕僧人之弟子，於順化擇地建天姥寺，文中特言此寺之方位、建寺經過與雄偉，文末以短賦歌咏此是以作結。

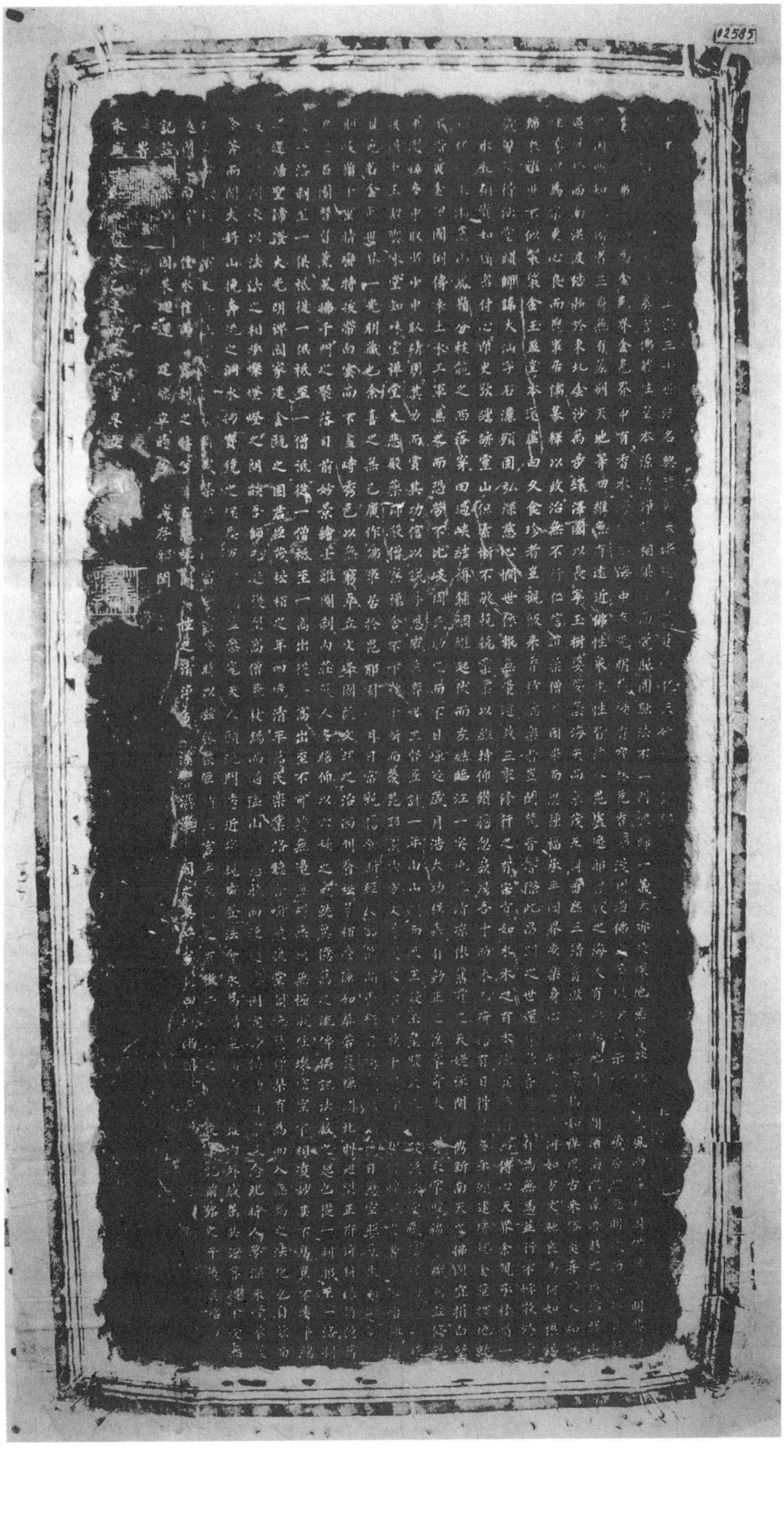

編號：02585　出自《拓片總集》第三册

釋文

國主阮福淍[①]嗣洞上正宗三十世，法名興龍，號天縱道人，鼎建順化天姥寺[②]碑記銘[③]

蓋聞廓然無象，至道奚言；佛[體]性空，本源清凈，[諸]相俱足，而覺照圓融，法不二門[④]，理歸一義，天亦旋環，地無中外，地水火風[⑤]，四輪[⑥]相因，佛性虛明，其體/[湛]徹。變佛體而爲金色界[⑦]，金色界中有香水海[⑧]，香水海中有光明藏[⑨]。復有寶林，花香瀰漫，周遍佛土，等

---

① “阮福淍”（Nguyễn Phúc Chu），出生於後黎嘉宗德元二年（1675），其父爲第六代廣南主阮英宗阮福溱，後黎熙宗正和十二年（1691）阮福溱去世，繼立爲阮主，在位三十四年，後黎裕宗保泰六年（1725）去世，享年五十一歲。在位期間拓張了越南在南方的領土，取得嘉定、河仙地區的控制權，佔領了賓同龍。取得了在占城及真臘的主導權。對於基督教與天主教採取壓制的方式，獎掖佛教的發展，其即位的第四年即邀請大汕和尚至順化傳法，本碑記即爲其重修天姥寺的紀録。

② “天姥寺”，據嗣德版《大南一統志・京師・寺觀》：“天姥寺，在京城外之西安寧坊。……謹案，本朝太祖嘉裕皇帝辛丑四十四年，上駕幸河溪，見平原突起，如龍頸迴故之狀，前瞰平江，後臨平湖，景致甚幽勝，因土人言其靈異，相傳昔人常見一老嫗，赤衣緑裙坐岡上，言曰當有真人來修此寺，聚靈氣以固龍脉，言迄不見，因號天姥山，上乃建寺，名天姥寺。”

③ “國主阮福淍……天姥寺碑記銘”，此爲碑題，今依此重定篇題爲“國主阮福淍鼎建順化天姥寺碑記”。

④ “不二門”，語出《維摩詰所説經》卷中：“文殊師利問維摩詰：‘我等各自説已，仁者當説何等是菩薩入不二法門？’時維摩詰默然無言，文殊師利歎曰：‘善哉！善哉！乃至無有文字、語言，是真入不二法門。’”

⑤ “地水火風”，佛教認爲物質（色法）係由地、水、火、風等四大要素所構成。

⑥ “四輪”，佛教之“四輪”有四種意涵：一指成立器世間之金輪、水輪、風輪、空輪。輪，持載之義。二指曼荼羅四輪。曼荼羅，輪圓具足之義，故稱爲輪。三指轉法輪四輪，即金剛輪，爲東方阿閦佛之法輪；寶輪，爲南方寶生佛之法輪；法輪，爲西方阿彌陀佛之法輪；羯磨輪，爲北方不空成就佛之法輪。四指轉輪聖王之四輪，又稱四輪寶，即金、銀、銅、鐵四種輪寶。

⑦ “金色界”，即“金色世界”，指世界之種種色相也。《大方廣佛華嚴經》卷十三曰：“金色世界，妙色世界，蓮華色世界，薝蔔花色世界，優鉢羅花色世界，金色世界，寶色世界，金剛色世界，玻璃色世界，平等色世界。”

⑧ “香水海”，略稱香海，即注滿香水之大海。據佛教之傳説，世界有九山八海，中央是須彌山，其周圍爲八山八海所圍繞，除第八海爲鹹水外，其他皆爲八功德水，有清香之德，故稱香水海。

⑨ “光明藏”，即光明之寶庫，亦指如來之身。《思益梵天所問經》卷一：“如來身者即是無量無邊光明之藏。”又自己之本心，破除無知，發揮真如之光，吸光明於其中，亦稱光明藏。《千手千眼觀世音菩薩廣大圓滿無礙大悲心陀羅尼經》：“當知其人，即是光明藏，一切如來光明照故。”

恒沙界①，示一光明藏，居此光明藏，而依報②正報③/之因歟！知此因者三身④無有差别；天地等四維無有遠近，佛性⑤衆生⑥，性皆流入毘盧遮耶⑦，智藏⑧之海。人有血脉，地有猍闟⑨，滄海之南，吾越之區焉。群山/迢遞於西南，洪波浩瀚於東北。金沙萬步，繯澤國以長寧；玉樹婆娑，蔭海天而永茂。五材蕃庶，三錯膏滋，虎似騶虞，鳥如祥鳳。古來俗美，喜得人和，咸/性善以爲宗，更心良而應事。居儒慕釋，以政治無不行仁；信道崇僧，就因果而思種福。承平國界，安樂身心。因知處豐屋，何如方丈⑩；馳良馬，何如振錫⑪。/錦衣耀世，不似袈裟⑫；金玉盈堂，本還虚白。久食珍者，豈觀飯菜香；積聽樂者，豈聞梵音⑬響。際此昌期之世，還尋歡喜之園，有爲無爲，並行不悖。

---

① “恒沙界”，謂一佛世界之成立，有五重之次第。《大智度論》卷五十曰：“三千大千世界，名一世界，一時起、一時滅；如是等十方如恒河沙等世界，是一佛世界。如是一佛世界數，如恒河沙等世界，是一佛世界海。如是佛世界海，數如十方恒河沙世界，是佛世界種。如是世界種，十方無量，是名一佛世界。”

② “依報”，諸衆生因先業而感之，其身依之而住，故名依報，又名依果，即指世界，國土，房舍，器具等。

③ “正報”，諸衆生各因先業感得此身，是正彼之果報，故名正報，又名正果，即五蘊之身也。

④ “三身”，爲梵語，又作三身佛、三佛身、三佛。身即聚集之義，聚集諸法而成身，故理法之聚集稱爲法身，智法之聚集稱爲報身，功德法之聚集稱爲應身。

⑤ “佛性”，爲梵語，又作如來性、覺性，即佛陀之本性，或指成佛之可能性、因性、種子、佛之菩提之本來性質，爲如來藏之異名。《大般涅槃經》卷二十七曰：“一切衆生悉有佛性，如來常住無有變易。”

⑥ “衆生”，爲梵語之意譯，指迷界之有情，又譯作有情、含識（即含有心識者）、含生、含情、含靈、群生、群萌、群類等，音譯作僕呼繕那、禪頭、社伽、薩埵等。《長阿含經》卷二十二：“無有男女、尊卑、上下，亦無異名，衆共生世，故名衆生。”

⑦ “毗盧遮那”，爲梵語，意爲照耀，是光明遍照的意思，釋迦牟尼的稱號之一。依佛教不同派系，有不同見解，或認爲是法身佛、報身佛或應化身佛。

⑧ “智藏”，有二義，一爲生起智慧之根本、源頭；二即指佛智。佛之智慧廣大，無所不包，含藏無限，故稱智藏。《華嚴一乘教義分齊章》卷一：“一切諸法，皆悉流入毘盧遮那智藏大海。”

⑨ “猍闟”，據Đoàn Khoách先生識讀補。

⑩ “方丈”，又作方丈室、丈室，指一丈四方之室，即禪寺中住持之居室或客殿，亦稱函丈、正堂、堂頭。印度之僧房多以方一丈爲制，維摩禪室亦依此制，遂有方一丈之説；轉而指住持之居室。今轉申爲禪林住持，或對師父之尊稱，俗稱“方丈”或“方丈和尚”。

⑪ “振錫”，謂僧人持錫杖出行，杖頭飾環，拄杖行則振動有聲。

⑫ “袈裟”，爲梵語音譯，又作袈裟野、迦邏沙曳、迦沙、加沙。意譯作壞色、不正色、赤色、染色，指纏縛於僧衆身上之法衣，以其色不正而稱名。袈裟之顔色在諸律中各有異説，然大抵贊同三種壞色之説，即以青、泥（皂、黑）、茜（木蘭色）三種爲袈裟之如法色。依佛本制，袈裟包括安陀會（即五條衣）、鬱多羅僧（即七條衣）、僧伽梨（即九條大衣）三種，稱爲三衣。

⑬ “梵音”，有兩義，一指佛菩薩之音聲，即佛報得清净微妙之音聲，亦即具四辯八音之妙音，又作梵聲；二爲梵唄之一種。

敬於昔/歲，曾延得法堂頭師諱大汕[1]，字石濂，願固弘深，慈心憫世，依報無量，道啓三乘，修行之有宗旨，如水木之有本源。發跡浙西，傳心天界，余親承棒喝[2]，一/一水乳，相資如嫡，密付心印[3]，更欲踵跡靈山[4]。但素慚不敏，競競業業以維持；仰鑽瞻忽，欲竭吾才而未已[5]。荷擔[6]有日，得法多年，願建瓊樓金莖[7]，擇地就/順化之上游；鸞山鳳嶺，分枝龍之西落。穿田過峽，結褥鋪裀，雄起伏而左結臨江，一突地勝，清凉依舊，貫之天姥禪關，欲鼎新南天之佛國[8]，宜捐白璧，/不惜黄金，但國[9]例傳來，土木工軍兼之，而恐勞不比岐周，民助之而不日[10]，憚延歲月，浩大功程，嘉有勤正之臣，掌奇、大掌奇、永掌、監綿等職，副監修就/軍選擇，多中取少，少中取精，用其力而賞其功，信以誠孚，恩威並濟，鳩工督匠，計一

① “大汕”，中國清初有名的畫僧。生於明崇禎六年（1633），卒於清康熙四十四年（1705）。俗姓徐，字廠翁，號石濂，江蘇吴縣人。清康熙三十四年（1695）大汕應越南阮主阮福凋之邀請至廣南國説法。大汕到順化後，被阮福凋封爲國師，居天姥寺，設壇傳介一千四百餘人。後游歷廣南國各地。歸國後將其經歷輯録成《海外記事》一書，有關事迹可參看大汕著《海外紀事》及序。

② “棒喝”，是禪宗祖師接化弟子之方式。禪家宗匠接引學人時，爲杜絶其虚妄思惟或考驗其悟境，或用棒打，或大喝一聲，以暗示與啓悟對方。相傳棒之施用，始於唐代德山宣鑒與黄檗希運；喝之施用，始於臨濟義玄（或謂馬祖道一）。以德山善用棒，臨濟善用喝，故有“德山棒，臨濟喝”之稱。

③ “心印”，又作佛心印。禪宗認爲，依語言文字無法表現之佛陀自内證，稱爲佛心；其所證悟之真理，如世間之印形决定不變，故稱爲心印。不依文字即可見性（悟自己之本性），稱爲傳心印。

④ “靈山”，即釋尊在靈鷲山説法度生時之會座。有二種説法：一指演説法華經之會座。《法華經科注》卷一：“靈山會上《妙法華經》，昔日世尊金口宣暢。”二指拈花付法之會座。據《大梵天王問佛決疑經》載：“爾時如來，坐此寶座，受此蓮華，無説無言，但拈蓮華，入大會中。八萬四千人天時大衆，皆止默然。於時長老摩訶迦葉，見佛拈華示衆佛事，即今廓然，破顔微笑。佛即告言是也，我有正法眼藏涅槃妙心。”

⑤ “競競業業以維持……而未已”，《論語・子罕》：“顔淵喟然歎曰：‘仰之彌高，鑽之彌堅，瞻之在前，忽焉在後。夫子循循然善誘人，博我以文，約我以禮，欲罷不能，既竭吾才，如有所立，卓爾雖欲從之，末由也已。’”

⑥ “荷擔”，用肩負物；挑擔，後引申承擔生活、工作、責任、事業等。

⑦ “金莖”，指用以擎承露盤的銅柱。班固《西都賦》：“抗仙掌以承露，擢雙立之金莖。”李賢注曰：“言承露之高也。《漢書》曰：‘孝武又作柏梁、銅柱、承露仙人掌之屬矣。’”又見《史記》卷十二《孝武本紀》：“其後則又作栢梁、銅柱、承露仙人掌之屬矣。”司馬貞《索隱》：“《三輔故事》曰：‘建章宮承露盤高三十丈，大七圍，以銅爲之。上有仙人掌承露，和玉屑飲之。’”

⑧ “佛國”，乃佛所住之國土，又佛所化之國土也。《維摩經略疏》卷一曰：“净穢等土無非佛國，若言净土但得净不兼穢。”净土固爲佛國，穢土就佛之所化，亦可云佛國，如娑婆世界爲釋迦如來之佛國。

⑨ “國”，據Đoàn Khoách先生識讀補。

⑩ “不日”，見《詩經・大雅・文王之什・靈臺》：“經始靈臺，經之營之，庶民攻之，不日成之。”

年，由山門而天王殿、玉皇殿、大雄[1]寶殿、説法堂[2]、藏經樓，兩傍則鐘/皷樓、十王殿、雲水堂[3]、知味堂、禪堂[4]、大悲殿[5]、藥師殿[6]、僧寮禪舍，不下數十所，而後毘耶[7]園、内方丈等處，又不下數十所，皆金碧輝煌，觀之者令人怡神驚/目，宛若金色世界一光明藏也。余喜之無已，廣作佛事，居於毘耶園一月，日常觀瞻，登斯經樓，豁然開泰，縱目憑欄，東則麗日懸空，照羣生而毓毓；南/則峻嶺千重，晴巒特拔，帶白雲而不盡，峙秀色以無窮，卓立文峰，國啓文明之治；西則蒼松翠栢，叠障如屏，若護禪閣；北則迴望正府，猗猗緑竹，隱萬/户之名園；習習熏風，拂千門之聚落。目前妙景，繪士難圖，剎内莊嚴，人多瞻仰，以六種之成就[8]，冀億萬之流傳。偶記法數之起也，從一刹那[9]，至一洛剎[10]；/從一洛剎，至一俱胝[11]；從一俱祇，至一僧祇[12]；從一僧祇，至一高出；從一高出，至不可轉，無邊無碍，無鞅無極，成

---

① “大雄”，爲佛的德號，我國寺院大殿之供奉佛陀者，即稱“大雄寶殿”。

② “説法堂”，乃七堂伽藍之一，相當於印度佛陀在世時已設有之“講堂”，禪宗特稱爲“法堂”，即禪林演佈大法之堂，位於佛殿之後方，方丈之前方。《禪苑清規》卷十：“不立佛殿，唯搆法堂者，表佛祖親受，當代爲尊也。”

③ “雲水堂”，爲尋師求道，至各地行脚參學之雲水僧挂搭之居處，稱爲“雲水堂”。

④ “禪堂”，禪家之衆僧爲行坐禪、睡眠，飲食等之道場稱爲“僧堂”，專指坐禪之道場則稱爲“禪堂”。

⑤ “大悲殿”，佛教寺院中供奉觀世音菩薩的殿堂稱爲“大悲殿”。

⑥ “藥師殿”，佛教寺院中供奉藥師佛的殿堂稱爲“藥師殿”。

⑦ “毘耶”，爲維摩居士所住之城市，據嗣德版《大南一統志・京師・寺觀》有關天姥寺的記載中，天姥寺在“寺之後建毘耶園”。

⑧ “六種之成就”，又稱六種成就、六事成就。謂每部佛經篇首之通序所必須具備的六項内容。見（唐）宗密《盂蘭盆經疏》卷下（大正 39・507a）：“一切經初皆云：如是我聞，一時佛在某處與某衆若干人俱。諸經多具六種成就，文或闕略，義必具之，謂（一）信、（二）聞、（三）時、（四）主、（五）處、（六）衆。六緣不具，教則不興，必須具六，故云成就。”

⑨ “刹那”，又作“叉拏”。爲佛教表時間之最小單位，意爲瞬間。意譯須臾、念頃，即一個心念起動之間。《慧苑音義》卷上云：“時之極促名也。”世親造，三藏法師玄奘譯《阿毘達磨俱舍論》卷十二：“何等名爲一刹那量？衆緣和合，法得自體頃，或有動法，行度一極微，對法諸師説，如壯士一疾彈指頃，六十五刹那。如是名爲一刹那量。”

⑩ “洛剎”，又作“洛叉”，（唐）菩提流志譯《一字佛頂輪王經》：“燒香供養誦三洛叉（梵言一洛叉，唐云十萬數）。”

⑪ “俱胝”，見［高麗］諦觀録、［南天竺］沙門蒙潤集注、（清）性權彙補、輔宏記《天台四教儀注彙補輔宏記》卷七之上：“《記》：‘唐譯華嚴阿僧祇品。心王菩薩問佛。云何阿僧祇。乃至不可説不可説。佛言。一百洛叉。爲一俱胝。俱胝俱胝。爲一阿庾多。’”

⑫ “僧祇”，又作阿僧伽、阿僧企耶、阿僧、僧祇。梵語 asajkhya 之音譯。爲印度數目之一，無量數或極大數之意。［印度］龍樹菩薩、（後秦）鳩摩羅什譯《大智度初品中・菩薩釋論第八》：“問曰：幾時名‘阿僧祇’？答曰：天人中能知算數者，極數不復能知，是名一阿僧祇。如：一一名二，二二名四，三三名九，十十名百，十百名千，十千名萬，千萬名億，千萬億名那由他，千萬那由他名頻婆，千萬頻婆名迦他，過迦他名阿僧祇。”

住壞空①，空不相凌，妙其不息②，豈不遠乎！總/之還歸聖諦，證大光明，裨國家建金甌之固，君臣茂松栢之年，四境清平，萬民樂業，路聽含哺，皷腹堂聞③，撫瑟彈琴，有爲而入，無爲而法化也。自兹而/後，繼往開來，以法法之相承，燦燈燈之朗餤。吾師已逝，復望高僧，飛杖錫而過隘山，駕慈航而泛越海，同宣妙偈，助贊宗風。念此時人，夢深未覺，舉盤/令斧，而開大好山，挽奔流之洞④水，拂寶鏡之埃塵⑤，互相利益，參究天人。願阮門遠近宗親，咸登法會，永爲福主，掄⑥作伽藍⑦。内外戚屬，共證菩提⑧，余受無/疆之頌，長逢⑨大有之年，土宇開闢，農商盛集，兵强⑩國富，守業⑪安時，以兹勝概⑫。臣請立言，庶至道之有徵，示願心之無倦⑬，援筆記前，銘之于後。其銘曰：/

越國之南兮，佳水佳山。寶刹之壯兮，日懸禪關。

性之清凈兮，溪響潺潺。國之奠安兮，四境幽閒⑭。

無爲之化兮，儒釋同班⑮。/記兹勝概兮，因果迴環。

建標立的兮，誠存邪閑。/

時/

---

① “成住壞空”，佛教之宇宙觀中，一個世界之成立、持續、破壞，又轉變爲另一世界之成立、持續、破壞，其過程可分爲成、住、壞、空四時期，又稱爲“四劫”。

② “息”，據Đoàn Khoách先生識讀補。

③ “路聽含哺，皷腹堂聞”，形容時代太平，人民無憂無慮的生活。《莊子·外篇·馬蹄》：“夫赫胥氏之時，民居不知所爲，行不知所之，含哺而熙，鼓腹而遊，民能以此矣。”

④ “洞”，據Đoàn Khoách先生識讀補。

⑤ “屬”，碑刻原作“属”，因繁簡字，故逕改。

⑥ “掄”，據Đoàn Khoách先生識讀補。

⑦ “伽藍”，梵語音譯，又作僧伽藍摩、僧伽藍，意譯稱僧園、僧院。原意指僧衆所居之園林，然一般用以稱僧侣所居之寺院、堂舍。《十誦律》卷五十六：“地法者，佛聽受地，爲僧伽藍故，聽僧起房舍故。”

⑧ “菩提”，是梵語，意譯覺、智、知、道。廣義而言，乃斷絶世間煩惱而成就涅槃之智慧。

⑨ “疆”“頌”“逢”，據Đoàn Khoách先生識讀補。

⑩ “開闢農商盛集兵强”，據Đoàn Khoách先生識讀補。

⑪ “業”，據Đoàn Khoách先生識讀補。

⑫ “概”，原碑文作“槩”，因另兼正字，故逕改。

⑬ “無倦”，據Đoàn Khoách先生識讀補。

⑭ “閒”，據Đoàn Khoách先生識讀補。

⑮ “儒釋同班”，據Đoàn Khoách先生識讀補。

永盛十一年歲次乙未[1]初冬之吉旦立/

題後

縱觀《拓片總集》，天姥寺計有若干碑誌涉及如下：

編號	篇題	年代	位置
02585	國主阮福淍鼎建順化天姥寺碑記*	後黎裕宗永盛十一年（1715）	承天天姥寺
02586（05682）	阮憲祖御製詩《詠天姥寺七首》*	阮憲祖紹治六年（1846）	承天天姥寺（此碑有兩拓本）
02587（05681）	阮憲祖御製天姥寺福緣寶塔碑*	阮憲祖紹治六年（1846）	承天天姥寺（此碑有兩拓本）
02588	御製聖德神功碑記	阮憲祖紹治元年（1841）	承天天姥寺

注：* 表示此篇已收入本書。

本碑記爲阮主阮國淍重修天姥寺之碑記，據嗣德版《大南一統志·京師·寺觀》："天姥寺。在京城之外西安寧坊，岡上舊有伕寺，因亂後廢，嘉隆十四年（1815）重建。……謹案，本朝太祖嘉裕皇帝辛丑四十四年（阮潢，1601），上駕幸河溪，見平原突起，如龍頸迴故之狀，前瞰平江，後臨平湖，景致甚幽勝，因土人言其靈異，相傳昔人常見一老嫗，赤衣緑裙坐岡上，言曰當有真人來修此寺，聚靈氣以固龍脉，言迄不見，因號天姥山，上乃建寺，名天姥寺。太宗己巳十七年（阮福瀕，1629）重修，顯宗庚辰十九年（阮福淍，1700）鑄大鍾，甲午二十三年（阮福淍，1714）又重修之，其制由山門而入，曰天王殿、玉皇殿、大雄寶殿、説法堂、藏書樓、十王殿、水雲堂、知味堂、大悲殿、樂（藥）師殿、僧寮、僧舍敘十所，寺之後建昆耶園、方丈等處，又不下數十所，乙未三十四年（應爲二十四年，1715）親製碑文勒于石，豎於寺前。江岸建釣臺，嘗臨幸焉。後爲兵火殘破，嘉隆初，禮部鄭德超猶記其處焉。其大鍾、石碑，今存。河溪社名，即今安寧。"而阮福淍之所以重修天姥寺，則因爲大汕和尚在

[1] "永盛十一年歲次乙未"，永盛爲後黎裕宗黎維禟年號，十一年爲公元 1715 年，當清康熙五十四年，阮主阮福淍二十四年。

此住錫，這在碑文中有明確的説明。

本碑記内容大量引用唐代文學家顧况《廣陵白沙大雲寺碑》的概念及内容，如顧况文章起始曰“地輪依水，水輪依火，火輪依風，風輪依虚空，虚空無所依佛體也。變佛體爲金色界，地輪是也。金色界中有香水海，水輪是也。香水海水中有光明藏，火輪是也。復有寶林香花，瀰漫周遍佛土，風輪是也。上至香積，下至金色一光明藏，依報、正報之因歟”，本碑作“法不二門，理歸一義，天亦旋環，地無中外，地水火風，四輪相因，佛性虚明，其體湛徹。變佛體而爲金色界，金色界中有香水海，香水海中有光明藏。復有寶林，花香瀰漫，周遍佛土，等恒沙界，示一光明藏，居此光明藏，而依報、正報之因歟”。顧文又有“法從數起，從一刹那至一洛刹，從一洛刹至一俱祇、至一僧祇，從一僧祇至一高出，從一高出至不可轉，無邊無碍，無鞅無極，重重成住壞空，空不相凌，滅其相，去也不亦遼乎”。本碑作“偶記法數之起也，從一刹那，至一洛刹；從一洛刹，至一俱祇；從一俱祇，至一僧祇；從一僧祇，至一高出；從一高出，至不可轉，無邊無礙，無鞅無極，成住壞空，空不相凌，妙其不息，豈不遠乎”。

一五〇　阮憲祖御製詩《詠天姥寺七首》

引言

碑立於承天省香茶縣安寧總安寧社天姥寺内。碑僅單面，拓本有二，拓片編號分别爲02586/05682。拓片編號02586僅拓碑身、碑底，拓片編號05682爲全拓，拓片題籤云："承天府香茶縣安寧總安平社維新八年三月二十七日。"全文共三十行，滿行約六十二字，碑題"御製詩"三字，今重定篇題爲"阮憲祖御製詩《詠天姥寺七首》"，碑額刻有雲龍紋，其下又刻有花座，四邊以回紋作框。碑文撰者爲阮憲祖（Nguyễn Hiến Tổ），年代署作紹治（Thiệu Trị）六年（1846），紹治爲阮憲祖阮福暶（Nguyễn Phúc Tuyền）年號，同年爲清道光二十六年，歲次丙午。拓片現藏於漢喃研究院。

碑爲阮憲祖御製詩。碑文記載阮憲祖所寫七首詠頌天姥寺景之詩。部分詩作有序以明作詩原委，亦有小注以言用韻、用典等。

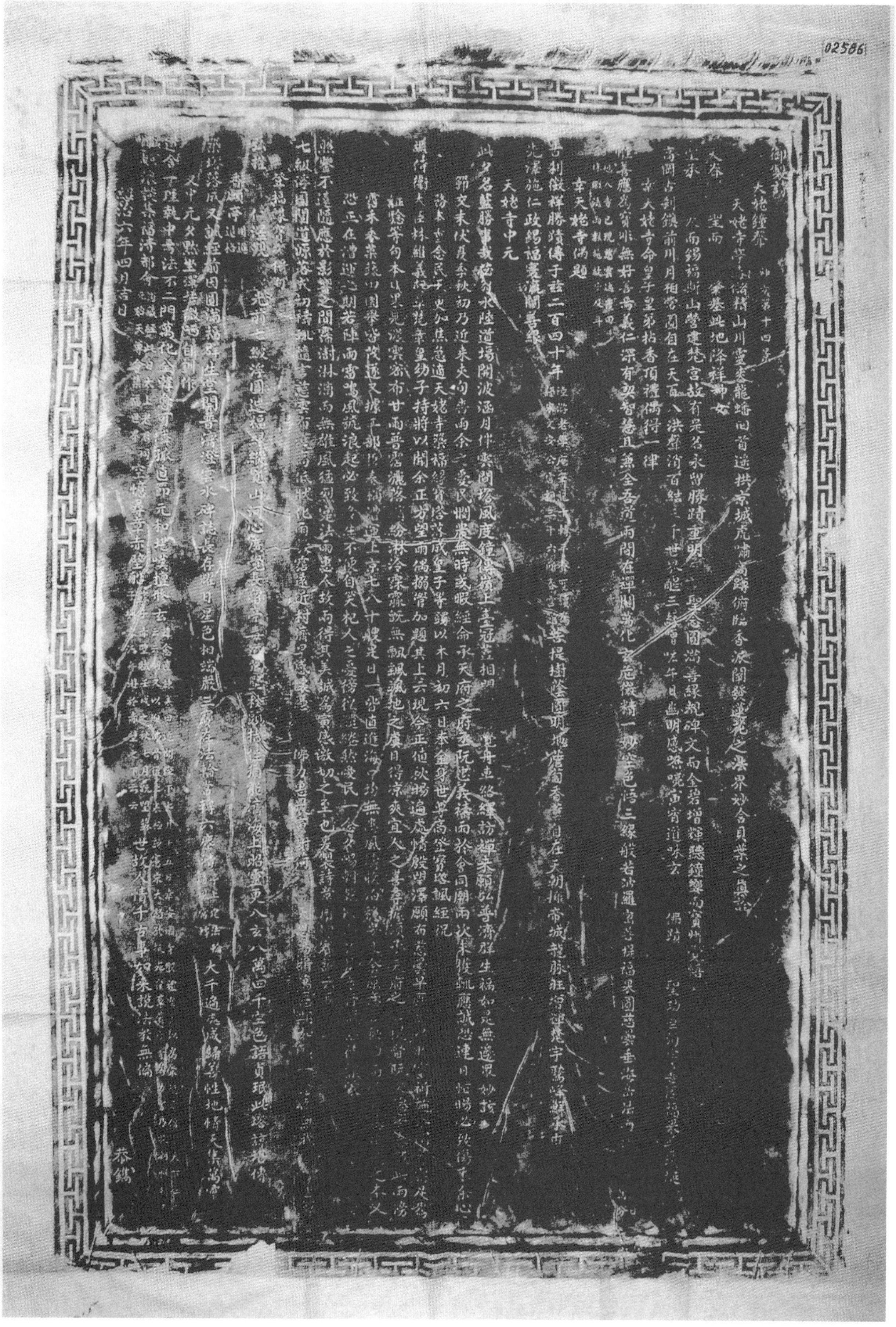
02586
御製詩
大姥鐘聲
天姥寺中元
幸天姥寺偶題
紹治六年四月吉日

編號：02586　出自《拓片總集》第三册

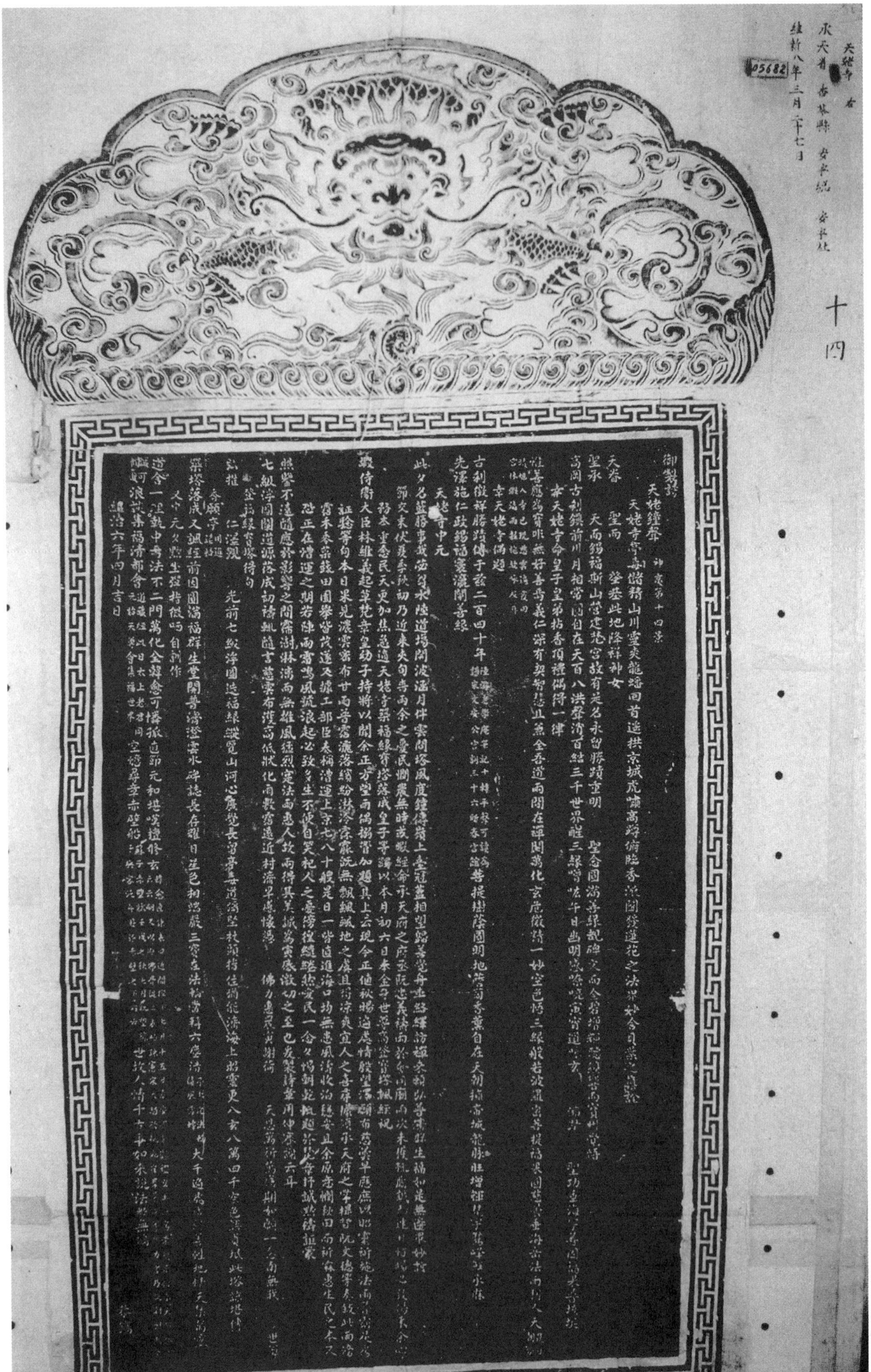

編號：05682　出自《拓片總集》第六册

釋文

御製詩[①]

《天姥鐘聲》神京第十四景/

天姥寺亭毒[②]儲精，山川靈爽，龍蟠回首，遥拱京城，虎嘯高蹲，俯臨香派，闡發蓮花之法界，妙合貝葉[③]之真詮。/ 天眷 聖而 肇基此地，降祥神女，/ 聖承 天而錫福斯山，營建梵宫，故有是名，永留勝蹟，重明/ 聖念，圓滿善緣，覩碑文而金碧增輝，聽鐘響而寶州覺悟。/

高岡古刹鎮前川，月相常圓自在天[④]。

百八洪聲消百結，三千世界[⑤]醒三緣[⑥]。

噌吰[⑦]午日幽明感，嘹喨寅宵道味玄。

佛蹟 聖功垂海宇，善因福果普垓埏[⑧]。/

---

① 此爲碑題，今依内容及性質重定篇題爲“阮憲祖御製詩《詠天姥寺七首》”。

② “亭毒”，養育、化育的意思。見老子《道德經》第一章：“無名天地之始，有名萬物之母。”王弼注：“凡有皆始於無，故未形無名之時，則爲萬物之始；及其有形有名之時，則長之、育之、亭之、毒之，爲其母也。”高亨《正詁》：“亭當讀爲成，毒當讀爲熟，皆音同通用。”

③ “貝葉”，是貝多羅葉的略稱，一種供書寫資料、經文的樹葉，古印度時以此作爲紙類之代用品。

④ “自在天”，爲“他化自在天”的省稱，《大智度論》卷九：“此天奪他所化而自娱樂，故言他化自在。”

⑤ “三千世界”，古代印度人以四大洲及日月諸天爲一小世界，合一千小世界爲小千世界；合一千小千世界爲中千世界；合一千中千世界爲大千世界，小千、中千、大千並提，則稱三千大千世界，又名三千世界、一大三千大千界或一大三千世界。

⑥ “三緣”，乃净土門所立，説念佛有三緣之功力，見《觀無量壽佛經疏》卷三：“一明親緣。衆生起行，口常稱佛，佛即聞之；身常禮敬佛，佛即見之；心常念佛，佛即知之。衆生憶念佛者，佛亦憶念衆生，彼此三業不相捨離，故名親緣也。二明近緣。衆生願見佛，佛即應念現在目前，故名近緣也。三明增上緣。衆生稱念，即除多劫罪。命欲終時，佛與聖衆自來迎接。諸邪業繫無能礙者，故名增上緣也。”

⑦ “噌吰”，鐘鼓之聲。（漢）司馬相如《長門賦》：“正殿塊以造天兮，鬱並起而穹崇。間徙倚於東廂廂兮，觀夫靡靡而無窮。擠玉户以撼金鋪兮，聲噌吰而似鍾音。”李善注：“噌吰，聲也。噌，音曽；吰，音宏。”

⑧ “垓埏”，天地之邊際。（漢）司馬相如《大人賦》：“大漢之德，逢涌原泉，沕潏漫衍，旁魄四塞，雲専霧散，上暢九垓，下泝八埏。”裴駰案：“《漢書音義》曰：‘暢，達；垓，重也。泝，流也。埏音延，地之際也。’言其德上達於九重之天，下流於地之八際也。”

《幸天姥寺命皇子皇弟拈香頂禮偶得一律》/

惟善應爲寶，非無好善焉。

義仁深有契，智慧且兼全。

吾道兩間[①]在，禪關萬化玄。

危微精一妙，空色悟三緣。

般若波羅密[②]，菩提[③]福果圓。慈曇垂海岳，法雨[④]利人天。是日/朝分，/晴旭入寺，已現慈雲遍覆；回/宫休暇，法雨數施，故咏及耳。/

《幸天姥寺偶題》/

古剎徵祥勝蹟傳，于兹二百四十年。陸游《老學庵筆記》："十"轉平聲可讀爲/"諶"，宋文安公《宫詞》：三十六所春宫館。

菩提樹蔭圓明地，薝蔔[⑤]香熏自在天[⑥]。

朝擁帝城龍脉旺，增輝梵宇鷲峰[⑦]鮮。

承庥/　　先澤施仁政，錫福寰瀛闡善緣。/

《天姥寺中元》/

此夕名藍[⑧]勝事哉，苾芻[⑨]水陸道場[⑩]開。

---

① "兩間"，謂天地之間，即人間。（唐）韓愈《原人》："形于上者謂之天，形于下者謂之地，命于其兩間者謂之人。"

② "般若波羅密"，梵語音譯，又作"般若波羅蜜"，意譯爲"通過智慧到達彼岸"。

③ "菩提"，梵語音譯，意譯覺、智、知、道。廣義而言，乃斷絶世間煩惱而成就涅槃之智慧。

④ "法雨"，意爲妙法能滋潤衆生，故譬之爲雨。《大般涅槃經》卷二："無上法雨，雨汝身田，令生法芽。"

⑤ "薝蔔"，一種産於印度黄色的香花。（明）弘贊輯《四分律名義標釋》："瞻婆，或云詹波，又云瞻蔔，亦作薝蔔。本是西音，何勞加艸，正云瞻博迦。《大論》云：黄華樹，華如金色，樹形高大，華小，亦甚香，其氣逐風彌遠。故云'瞻蔔雖萎，猶勝餘華'。"

⑥ "自在天"，謂欲界六欲天中之第六他化自在天也。《法華經序品》曰："自在天子，大自在天子。"同文句二曰："自在即第五，大自在即第六。"

⑦ "鷲峰"，是靈鷲山之異名，又名鷲頭山、鷲臺。《大唐西域記》卷九："宫城東北行十四五里，至姞栗陀羅矩吒山（唐言鷲峰，亦謂鷲臺。舊曰耆闍崛山，訛也）。接北山之陽，孤摽特起，既棲鷲鳥，又類高臺，空翠相映，濃淡分色。如來御世垂五十年，多居此山，廣説妙法。"

⑧ "名藍"，著名之伽藍，伽藍爲梵語音譯，即指寺院。

⑨ "苾芻"，又作比丘、苾蒭、煏芻、備芻。意譯乞士、除士、薰士、破煩惱、除饉、怖魔等。爲佛教教團五衆之一、七衆之一，即出家入道、受具足戒之男子。

⑩ "水陸道場"，又作水陸齋、水陸會、悲齋會，施餓鬼會之一。"水陸"名稱的由來，（宋）遵式在《金園集》卷三中云："今吴越諸寺多置别院，有題牓水陸者，所以取諸仙致食於流水，鬼致食於净地之謂也。"

波涵月伴雲間塔，風度鐘傳嶺上臺。

冠蓋相望歸善覺，舟車絡繹訪禪來。

願弘普濟群生福，如是無邊衆妙該。/

節交末伏，夏季秋初，乃近來夾旬啬雨，余之憂民憫農，無時或暇，經命承天府之府丞阮忠義，禱雨於會同廟[①]兩次，未獲輒應，誠恐連日恒暘，必致傷禾。余心/　　務本，重念民天，更加焦急。適天姥寺築福緣寶塔落成，皇子等竭以本月初六日、奉金身世尊高登寶塔，諷經祝/　　　　　　嘏，侍衛大臣林維義起草梵章，皇幼子持將以聞。余正方望雨，偶搦管加題其上，云“現今正值秋暘遍處，情殷望澤，願布慈雲，早應庶以昭靈，祈施法雨，普霑足爲/證驗”等句，本日果見濃雲密布，甘雨普霑，灑落繽紛，淋泠霖霢，既無飄飆颯地之虞，且得凉爽宜人之喜。尋據領承天府之掌提督阮文德等奏叙，此雨滂/霑禾麥，菜蔬田園舉皆茂遂，又據工部臣奏稱漕運上京七八十艘，是日一皆直進海口，均無患風濤，收泊穩妥。且余原意憫秋田而祈霖，恵生民之本，又/恐正在漕運之期，若陣雨雷鳴，風號浪起，必致多生不便。自笑杞人之憂，徬徨繾綣，然愛民一念，夕惕朝乾，怟題於梵章，抒誠默禱，詎蒙/

照鑒不遠，隨應於影響之間，霈澍淋漓，而無雄風猛烈，寔法雨恵人，故兩得其美，誠爲寅感激切之至也，爰製詩章，用伸賽謝云耳。/

七級浮圖[②]闡道源，落成初禱輒隨言。

慈云布濩高低狀，化雨敷霑遠近村。

濟旱感懷憑　　佛力，惠農寅謝荷　　天恩。

萬祈萬應期如願，一念南無我　　世尊。/

《登福緣寶塔得句》/

弘推　　仁澤覲　　光前，七級浮圖造福緣。

縱覽山河心廣覺，長留亭毒道彌堅。

杖頭指住猶能濟，海上昭靈更入玄。

八萬四千空色語，貞珉此塔諒堪傳。/

---

① “會同廟”，見嗣德版《大南一統志・承天府・祠廟》：“會同廟，在香茶縣朝山社。祀境内神祇，歲以春秋二仲，祭社稷後丙日，命官致祭。嘉隆初建，明命七年重修。”

② “浮圖”，爲梵語音譯，又作浮屠、佛圖、蒲圖、休屠等，有二義，一爲佛陀之訛譯。《魏書》卷一百一十四《釋老志》：“浮屠，正號曰佛陀，佛陀與浮圖聲相近，皆西方言，其來轉爲二音，華言譯之謂净覺。”二指佛寺、佛塔、卒塔婆。“七級浮屠”，即指七層高之佛塔，俗諺“救人一命，勝造七級浮屠”，比喻救人功德之大，用以勸人行善，或向人懇求救命。

《香願亭》用進/退格[①]/

築塔落成又諷經，前因圓滿福群生。

堂開普濟澄雲水，碑誌長存耀日星。

色相端嚴三寶[②]在，法輪[③]常轉六塵[④]清。亭上光法輪，/隨風常轉。

大千遍處咸歸善，性地情天集萬靈。/

《又中元夕默坐彈指微哂自訓作》/

道舍一理執中焉，法不二門[⑤]萬化全。

韓愈可憐孤直節，元和堪嘆擅修玄。韓愈《直諫表》曰："近聞陛下七月十五日幸安國寺，觀禮空王，以爲崇福示信，示天下仁心。"/云云。嗣又以迎佛骨，復上表極諫，憲宗大怒，欲抵死，崔群、裴度等爲力言，乃貶潮州刺史。/誠可/□哉！

浪談集福清都會，《道藏經》：此日太上老君同/元始天尊會集福世界。**空憶尋章赤壁船。**蘇子《赤壁賦》："壬戌之秋，七月既望，蘇/子與客泛舟遊於赤壁之下"云云。

世故人情千古事，如來説法教無偏。/

紹治六年[⑥]四月吉日　　恭鎸/

① "用進退格"，雜體律詩中用相鄰而不相通的二個韻部的字間押，一進一退，謂之進退格。（宋）嚴羽《滄浪詩話・詩體》："有轆轤韻者，雙出雙入。有進退韻者，一進一退。"又，（宋）胡仔《苕溪漁隱叢話・前集》引（宋）黄朝英《緗素雜記》："鄭穀與僧齊己、黄損等共定今體詩格云，凡詩用韻有數格：一曰葫蘆，一曰轆轤，一曰進退。葫蘆韻者，先二後四；轆轤韻者，雙出雙入；進退韻者，一進一退，失此則謬矣。"

② "三寶"，見《增壹阿含經》卷十二云："爾時，世尊告諸比丘：'有三自歸之德，云何爲三？所謂歸佛第一之德，歸法第二之德，歸僧第三之德。'"指爲佛教徒所尊敬供養之佛寶、法寶、僧寶等三寶。

③ "法輪"，爲對於佛法之喻稱，以輪比喻佛法有三義：一有催破之義，因佛法能摧破衆生之罪惡，猶如轉輪聖王之輪寶，能輾摧山岳巖石；二有輾轉之義，因佛之説法不停滯於一人一處，猶如車輪輾轉不停；三有圓滿之義，因佛所説之教法圓滿無缺，故以輪之圓滿喻之。

④ "六塵"，又稱"六境"，指色、聲、香、味、觸、法等六種境界，猶如塵埃能污染人之情識，故稱。

⑤ "法不二門"，語出《維摩詰所説經》卷中："文殊師利問維摩詰：'我等各自説已，仁者當説何等是菩薩入不二法門？'時維摩詰默然無言，文殊師利歎曰：'善哉！善哉！乃至無有文字、語言，是真入不二法門。'"

⑥ "紹治"，爲阮憲祖阮福暶年號，紹治六年（1846），當清道光二十六年，歲次丙午。

題後

天姥寺初建於阮潢在位之四十四年（1601），經過阮福瀕、阮福澗等阮主的重修擴建，已頗具規模。阮朝建立初期嘉隆帝對於經過戰火摧殘的天姥寺重新加以修葺，根據嗣德版《大南一統志・京師・寺觀》："嘉隆十四年（1815）重建，正中爲大雄殿，後左右厨家個一，又後爲彌陀殿，又後爲觀音殿，後之左爲藏經樓。大雄殿之前，東西十王殿堂各一，又前正中爲儀門，門上有樓，門内左爲鍾樓，右爲鼓樓，門外之左爲六角碑亭，右爲六角大鍾樓，四周繞以磚墻，大小門八，紹治三年（1843）聖製《神京二十景》，其一曰《天姥鐘聲》，勒之銅榜。"本碑記中《天姥鐘聲》即阮憲宗所著"神京二十景"中之一景。碑記一共刊刻七首憲祖御製詩，其中《香願亭》一首，特别注明"用進退格"，即用相鄰而不相通的二個韻部的字間押，一進一退，這種用韻的方式較爲特殊，常易被認爲失韻，憲宗因而在題後特别注明爲進退格，由此亦可知憲宗對於中國詩韻的熟悉。

一五一　阮憲祖御製天姥寺福緣寶塔碑

引言

碑立於承天省香茶縣安寧總安寧社天姥寺内。碑僅單面，拓本有二，拓片編號 02587/05681。拓片編號 02587 僅拓碑身，拓片編號 05681 爲全拓，並有題籤云："承天府香茶縣安寧總安平社，維新八年三月二十九日。"全文共二十七行字，滿行約七十字，碑題"御製天姥寺福緣寶塔碑"十字，今依此題與内容定篇題爲"阮憲祖御製天姥寺福緣寶塔碑"。碑額刻有雲龍紋，其下又刻有花座，四邊刻有回紋爲框。碑文撰者阮憲祖（Nguyễn Hiến Tổ）阮福暶（Nguyễn Phúc Tuyền）。年代署作紹治（Thiệu Trị）六年（1846），紹治爲阮憲祖阮福暶年號，同年爲清道光二十六年，歲次丙午。拓片現藏於漢喃研究院。

碑記述阮憲祖興建天姥寺福緣寶塔與香顔亭一事。碑文記載阮憲祖紹治六年時，天姥寺興建恰滿二百四十五年，其間曾有多次增修。至阮朝紹治年間，阮憲祖御令建造七層的"福緣塔"，同時增建"香願亭"，並詳述塔内各層供奉之佛像，塔建成之後，又際盂蘭之會，故舉辦水陸道場，以揚佛法。

編號：02587　出自《拓片總集》第三冊

05681
十五
御製 天姥寺福緣寶塔碑

編號：05681 出自《拓片總集》第六冊

釋文

御製　　天姥寺福緣寶塔碑[①]

朕聞儒有聞善以相告也，見善以相示也，能用善人，民之主也。昔兜率天[②]降神西域，值於周昭；涅槃[③]成道，值於周穆。凡説教言生生之類，皆因行業有三世，識神不滅，凡爲善惡，必有/報應，漸積勝業，陶冶粗[④]鄙，經無數形，澡煉神明，乃得成道也。

蓋窮理盡性，太覺之稱也。其道虚玄，固已妙絶常境，心不可以智知，形不可以象測。同萬物之爲，而居不爲之域；處言/數之内，而止無言之鄉。非有而不可爲無，非無而不可爲有，寂寞虚曠，物莫能測，起無緣之慈，應有機之名。迄于漢明，而道濟百靈，法傳千古。語其迹也，則行滿三袛[⑤]，相圓百劫[⑥]，降/神而乘玉象，掩耀而誕金姿。三十二祥庥，徵開於地府；一十八梵禎，瑞駭於天宫。靈相周於千方，神光顯乎八極。

述其本也，久證圓明，塵沙莫能算其壽；早登寂照，虚空無以量其/體。惟開發菩提心[⑦]，勸人爲善，弘施方便，力濟衆歸，良此是生善之妙緣，進行之深福也。故出其言善，則千里之

---

① 此爲碑額，今依重定篇題爲“阮憲祖御製天姥寺福緣寶塔碑”。

② “兜率天”，又作都率天、兜術天、兜率陀天、兜率多天、兜師陀天、睹史多天、兜駛多天。意譯知足天、妙足天、喜足天、喜樂天。此天有内外兩院，兜率内院乃即將成佛者（即補處菩薩）之居處，釋尊成佛以前，在兜率天，從天降生人間成佛。今則爲彌勒菩薩之净土，將來也從兜率天下降成佛。外院屬欲界的第四天，爲天衆之所居，享受欲樂。

③ “涅槃”，爲梵語音譯，又作泥曰、泥洹、泥畔、涅槃那等。音譯爲滅，滅度，寂滅，不生，無爲，安樂，解脱等。

④ “粗”，碑文原作“麤”，兩字原各有本義，《説文解字·米部》：“粗，疏也，從米且聲。”《説文解字·麤部》：“麤，行超遠也，從三鹿。”後因音同義近，《玉篇·米部·粗字》：“粗，在古、此胡二切，麤大也。”《廣韻·上聲·姥韻》：“粗，麤也。”“麤”遂爲“粗”之異體。參見簡宗梧研訂《教育部異體字字典》。故逕改。

⑤ “行滿三袛”，“三袛”即三個阿僧袛劫，阿僧袛是極大數，可譯爲“無央數”，劫，爲極長遠之時間名稱，也是菩薩修形成佛的年數，小乘之菩薩，終三大阿僧袛劫，而至等覺之位。

⑥ “相圓百劫”，菩薩在三阿僧袛劫間，修六度之行，更於百劫間修感三十二相之福業，乃成佛。龍樹造，（後秦）鳩摩羅什譯《大智度初品中·菩薩釋論》：“天人中能知算數者，極數不復能知，是名一阿僧袛。如：一一名二，二二名四，三三名九，十十名百，十百名千，十千名萬，千萬名億，千萬億名那由他，千萬那由他名頻婆，千萬頻婆名迦他，過迦他名阿僧袛。如是數三阿僧袛：若行一阿僧袛滿，行第二阿僧袛；第二阿僧袛滿，行第三阿僧袛。……若過三阿僧袛劫，是時菩薩種三十二相業因緣。……問曰：菩薩幾時能種三十二相？答曰：極遲百劫，極疾九十一劫。”

⑦ “菩提心”，見《大智度論》卷四十一：“菩薩初發心，緣無上道：‘我當作佛’，是名‘菩提心’。”菩提心就是成佛的心，全稱阿耨多羅三藐三菩提心。

外應之。德無常師，主善爲師，去煩宥善，莫不競勸，民之秉彝，好是懿/德。章善癉惡，以示民厚，民日遷善，而不知爲之者。是以天下皆知美之爲美，斯惡已；皆知善之爲善，斯不善已。《大學》八條，亦在止於至善，雖法不二門[①]，而道涵一理者也。

粵我大南，/　　　天生/　　　聖人，締造山河，肇開邦國，閱山川之形勝，有河溪之平原，突起高崗，蟠龍回顧。前臨香水，道味之源淵涵；後鎮平湖，清净之境自在。詢知天姥，時降曰："應天順人，真主興建梵宫，聚靈氣/　　以固龍脉"，信如其言也。時辛丑四十四年[②]乃建天姥寺于是山，以表發祥定鼎之福地者也。/　　　聖明世出，廣被善緣。庚寅十九年[③]鑄大洪鐘，甲午廿三年[④]重修梵宇，閲一年而落成；乙未[⑤]樹碑，垂示來許。從此寶殿、經樓、禪堂、慧室交相參錯，絡繹嶒崚，儼然鷲嶺[⑥]風光也。嘉隆乙亥[⑦]再/　　重恢，金壁增輝；明命年來復整理，丹邱[⑧]愈壯。總皆俯徇輿情，爲民祈福也。寺之建，閲歷于兹二百四十五年，勝蹟名藍[⑨]，其來尚矣。朕祗承/　　　先澤，用廣　　　前因，古希增祐，僊齡　　　大衍，追完香願，/　　　慈仁長在，　　　世德作求。今國家閒暇之時，正中外敉寧之際，聊支國帑，築七級之浮圖[⑩]，闡發善緣，布萬方之仁澤。迺親定體制，命羽林營右翊統制黄文厚董修造，建於紹治甲/　　辰[⑪]，迨于乙巳[⑫]，閲兩載而告成。起自山巔，矗空而上，高以古尺，度得八十七尺有零，以今尺度成五丈三尺二寸；皆不費民

---

① "法不二門"，語出《維摩詰所説經》卷中："文殊師利問維摩詰：'我等各自説已，仁者當説何等是菩薩入不二法門？'時維摩詰默然無言，文殊師利歎曰：'善哉！善哉！乃至無有文字、語言，是真入不二法門。'"

② "辛丑四十四年"，即阮太祖嘉裕皇帝阮潢在位之四十四年，當後黎敬宗弘定二年（1601），當明萬曆二十九年。

③ "庚寅十九年"，即阮顯宗阮福凋在位之十九年，後黎神宗永盛六年（1710），當清康熙四十九年。

④ "甲午廿三年"，即阮福凋在位之二十三年，後黎神宗永盛十年（1714），當清康熙五十三年。

⑤ "乙未"，即阮福凋在位之二十四年，後黎神宗永盛十一年（1715），當清康熙五十四年。

⑥ "鷲嶺"，即靈鷲山之異名。

⑦ "嘉隆乙亥"，即阮世宗阮福映嘉隆十四年，當清嘉慶二十年（1815）。

⑧ "丹邱"，即"丹丘"，仙人所居住的地方。（戰國）屈原《楚辭・遠遊》："聞至貴而遂徂兮，忽乎吾將行。仍羽人於丹丘兮，留不死之舊鄉。"王逸注曰："因就衆仙於明光也。丹丘，晝夜常明也。《九懷》曰：夕宿乎明光。明光，即丹丘也。《山海經》言有羽人之國，不死之民。或曰：人得道，身生毛羽也。"

⑨ "名藍"，著名之伽藍，伽藍爲梵語音譯，指寺院。

⑩ "浮圖"，爲梵語音譯，又作浮屠、佛圖、蒲圖、休屠等，有二義，一爲佛陀之訛譯。《魏書》卷一一四《釋老志》："浮屠，正號曰佛陀，佛陀與浮圖聲相近，皆西方言，其來轉爲二音，華言譯之謂净覺。"二指佛寺、佛塔、卒塔婆而言。"七級浮屠"，即指七層高之佛塔，俗諺"救人一命，勝造七級浮屠"，比喻救人功德之大，用以勸人行善，或向人懇求救命。

⑪ "紹治甲辰"，阮憲宗阮福暶紹治四年，當清道光二十四年（1844）。

⑫ "乙巳"，阮憲宗阮福暶紹治五年，當清道光二十五年（1845）。

財，不動民力，以天府之帑，宿衛之兵，鳩工鼎建，從容全成。/附構高亭，顔之爲“香願”；凌霄寶塔，名之爲“福緣”。廣推覺悟群生，福緣萬善，昭著化通，四大功德，十方永衍/

慈恩，咸孚衆願，敬於塔中七層，各奉金身世尊①，當圓月相照，依釋典奉古佛以來，其第一過去毘婆尸佛，第二尸棄佛，第三毘舍浮佛，第四拘留孫佛，第五拘那舍牟尼佛，第六迦葉佛，/第七中天調御本師釋迦牟尼文佛②。西天極樂③法王陪之，有阿難④、迦葉⑤尊者，莊嚴色相，寶珞焜煌。如是紺園⑥古刹之前，建窣堵波⑦。窣堵波又七寶⑧金支提⑨，依稀金色世界⑩，之中有香/水海⑪，香水海最上乘光明藏⑫。自性不歸，無所歸處，大福從心生，不在田一

---

① “世尊”，是佛之尊號，以佛具萬世所尊重故也。

② 釋迦牟尼文佛，釋迦佛及其出世前所出現之佛，共有七位，稱爲“過去七佛”，在《長阿含經》卷一中載有七佛佛名：“過九十一劫，有毘婆尸佛；次三十一劫，有佛名尸棄；即於彼劫中，毘舍如來出。今此賢劫中，無數那維歲；有四大仙人，愍衆生故出：拘樓孫、那含、迦葉、釋迦文。”

③ “極樂”，在《佛説阿彌陀經》中稱阿彌陀佛之净土爲“極樂”或“極樂國土”：“從是西方過十萬億佛土，有世界名曰極樂。其土有佛，號阿彌陀，今現在説法。舍利弗！彼土何故名爲極樂？其國衆生無有衆苦，但受諸樂，故名極樂。”

④ “阿難”，爲梵語，佛陀十大弟子之一，全稱阿難陀，意譯爲歡喜、慶喜、無染。《佛説阿羅漢具德經》：“復有聲聞具足定慧多聞第一，阿難苾芻是。”

⑤ “迦葉”，爲梵語音譯，佛陀十大弟子之一，全稱大迦葉、摩訶迦葉，又作迦葉波、迦攝波，意爲飲光。《佛説阿羅漢具德經》：“復有聲聞少貪常喜持頭陀行，大迦葉苾芻是。”

⑥ “紺園”，由於佛之毛髮如紺琉璃之色（青色），佛國土之色相爲紺青色，故僧寺亦稱爲“紺園”。《祖庭事苑》卷四：“紺園，梵語僧伽藍摩，此云衆園。西域有給孤獨園、祇園、金園、雞園之名。園以群生種植福慧爲義，皆佛祠之通稱。紺園，即紺宇也。《釋名》曰：‘紺，含也，謂青而含赤色也。’”

⑦ “窣堵波”，爲梵語音譯，意譯作高顯處、功德聚、方墳、圓塚、大塚、塚、墳陵、塔、廟、歸宗、大聚、聚相、靈廟等。

⑧ “七寶”，諸經説法不一，《妙法蓮華經》卷三：“縱廣正等五百由旬，皆以金、銀、琉璃、車璩、馬瑙、真珠、玫瑰、七寶合成。”《佛説無量壽經》卷上：“其佛國土自然七寶，金、銀、琉璃、珊瑚、琥珀、車璩、瑪瑙合成爲地。”《大智度論》卷十：“更有七種寶：金、銀、毘琉璃、頗梨、車璩、馬瑙、赤真珠（此珠極貴，非是珊瑚）。”《佛説阿彌陀經》：“極樂國土有七寶池……上有樓閣，亦以金、銀、琉璃、頗梨、車璩、赤珠、馬瑙而嚴飾之。”

⑨ “支提”，爲梵語音譯，又作枝提、支帝、脂帝、支徵。有積聚土石而成之也。《摩訶僧祇律》卷三十三：“有舍利者名塔，無舍利者名枝提。”

⑩ “金色世界”，指世界之種種色相也。《大方廣佛華嚴經》卷十三曰：“金色世界，妙色世界，蓮華色世界，薝蔔花色世界，優鉢羅花色世界，金色世界，寶色世界，金剛色世界，玻璃色世界，平等色世界。”

⑪ “香水海”，省稱香海，即注滿香水之大海。據佛教之傳説，世界有九山八海，中央是須彌山，其周圍爲八山八海所圍繞，除第八海爲鹹水外，其他皆爲八功德水，有清香之德，故稱香水海。

⑫ “光明藏”，即光明之寶庫，亦指如來之身。《思益梵天所問經》卷一：“如來身者即是無量無邊光明之藏。”又自己之本心，破除無知，發揮真如之光，吸光明於其中，亦稱光明藏。《千手千眼觀世音菩薩廣大圓滿無礙大悲心陀羅尼經》：“當知其人，即是光明藏，一切如來光明照故。”

念中，能行六波羅密多[①]，心不生滅，即是常道。故塔高，其道彌高；福廣，其緣益廣。巍峨峙立，對兩間[②]而布㵄/曇雲；崱屴[③]直衝，標萬宇而輝煌慧日。七層璀璨登臨，而八表普光；百仞岑嶔照徹，而三途了悟。净水澄澄，有會法海遥涵；群峰歷歷，低看靈山[④]仰止。鐘聲穿樹蔭，玄入圓通；塔影聳/天垠，妙含證覺。際此盂蘭之會[⑤]，開三七水陸道場[⑥]，燎他薝蔔[⑦]之香，著大千幽明説法。七寶之塔，長留于自在天；一誠之心，大願于真如佛[⑧]。/　　　　瑶臺晋祉，　　　　康彊無量壽之增隆；瓊派流輝，引翼美同休之貞吉。家齊國治定丕基，億載厖洪時若年，豐生生衆，群方富庶。内安外静，謳歌含哺[⑨]于康衢；君明臣良，喜起賡颺于/堂陛。方不負培福祉於净土，諒可爲闡善緣於寶洲。佛日增輝，國恩常在，莫謂虚無寂滅，自有證明；默扶感應庥徵，追思完願也。夫慈悲之立教，以善爲本，善念在心，心即佛也。《論/語》曰："擇其善者而從之。"[⑩]《易》言："君子以遏惡揚善，順天休命。"[⑪]《書》云"作善降

---

① "六波羅密多"，又稱"六波羅蜜多"，乃大乘佛教中菩薩欲成佛道所實踐之六種德目，即布施波羅蜜、持戒波羅蜜、忍辱波羅蜜、精進波羅蜜、禪定波羅蜜、智慧波羅蜜。

② "兩間"，即人間。

③ "崱屴"，高峻的樣子。見《文選》王逸《魯靈光殿賦并序》："亂曰：彤彤靈宫，巋嵬穹崇，紛厖鴻兮。崱屴嵫釐，岑崟崰嶷，駢巃嵸兮。"李善曰："皆峻嶮之貌。崱，助力切。屴，音力。嵫，音兹。"

④ "靈山"，即釋尊在靈鷲山説法度生時之會座。有二種説法：一指演説法華經之會座。《法華經科注》卷一："靈山會上玅法華經，昔日世尊金口宣暢。"二指拈花付法之會座。據《大梵天王問佛决疑經》："爾時如來，坐此寶座，受此蓮華，無説無言，但拈蓮華，入大會中。八萬四千人天時大衆，皆止默然。於時長老摩訶迦葉，見佛拈華示衆佛事，即今廓然，破顔微笑。佛即告言是也，我有正法眼藏涅槃妙心。"

⑤ "盂蘭之會"，爲漢傳佛教地區，根據《盂蘭盆經》而於每年農曆七月十五日舉行超度歷代宗親之儀式，又作烏藍婆拏、盂蘭盆會、盆會，意爲倒懸。

⑥ "水陸道場"，即"法界聖凡水陸普度大齋勝會"，又稱爲水陸齋、水陸會、悲齋會，施餓鬼會之一。起源於南北朝時的梁武帝，經唐代密教的充實發展，直至宋、元、明成熟定型。水陸法會一般需要七個晝夜方能圓滿，根據法會的大小，有三七日（三個七日）也有七七日（七個七日）不同的規模。

⑦ "薝蔔"，一種産於印度黄色的香花。（明）弘贊輯《四分律名義標釋》："瞻婆。或云詹波，又云瞻蔔，亦作薝蔔。本是西音，何勞加艸，正云瞻博迦。《大論》云：黄華樹，華如金色，樹形高大，華小，亦甚香，其氣逐風彌遠。故云'瞻蔔雖萎，猶勝餘華'。"

⑧ "真如佛"，大乘佛教之主張，一切存在之本性爲人、法二無我，乃超越所有之差别相，故稱真如，例如如來法身之自性即是。

⑨ "含哺"，形容時代太平，人民無憂無慮的生活。《莊子·外篇·馬蹄》："夫赫胥氏之時，民居不知所爲，行不知所之，含哺而熙，鼓腹而遊，民能以此矣。"

⑩ "擇其善者而從之"，典出《論語·述而》："子曰：三人行必有我師焉，擇其善者而從之，其不善者而改之。"

⑪ "君子以遏惡揚善，順天休命"，典出《周易·大有》："象曰：火在天上，大有，君子以遏惡揚善，順天休命。"

之百祥。"[①] 諒無傷於國經，庶少補於王化者也。閣臣叩請敷言，用顯　　　崇徽，而彰勝概[②]。爰不吝萬幾清/　暇，翰墨之娱，摛毫以紀之，繫銘而識也。其銘曰：/

皇天眷命兮，　篤生　　　聖神。　闢我炎疆兮，惠我烝民。

建篤基勤兮，定鼎富春。教人爲善兮，若　　　聖與仁。/

禪關增賁兮，勝蹟絶倫。世彰國慶兮，時轉法輪[③]。

瑶圖永奠兮，寶塔焕新。咸躋仁壽兮，福禄駢臻。

時

紹治六年[④]四月吉日建/

題後

天姥寺始建於阮主阮潢在位之四十四年，阮潢之父阮淦擁立黎莊宗對抗莫朝，爲越南史家稱作"黎中興"時期，也開始了黎莫對峙的南北朝時代，但阮淦挾天子以令諸侯，黎朝皇帝並無實權，唯阮淦早逝，權力落入女婿鄭檢手中，阮淦長子阮汪與次子阮潢，深爲鄭檢所疑忌，在鄭檢殺死阮汪之後，阮潢爲求自保，退往南方順化一帶，退居順化的阮潢，避免了與中國可能直接衝突的政治壓力，開始有規模的進行順化以南的經營，新擴張的土地與不斷招募開墾的移民，最終形成北鄭南阮的政治局面，越南最後的王朝阮朝，正是阮潢後裔所建立的統一王朝，而天姥寺的興建、重修、擴建，也基本上反映了阮氏家族在南方開墾的歷史進程。

本碑記爲阮憲宗紹治五年建福緣寶塔之後所鎸刻的碑記，對於天姥寺的創立、重修、擴建有清楚的記載。有關於碑記所建之福緣寶塔可參考嗣德版《大南一統志·京師·寺觀》："（紹治）五年又於儀門外正中砌塔高五丈三尺二寸，名福緣寶塔，塔中七層，各奉金身世尊，塔前

① "作善降之百祥"，典出《尚書·商書·伊訓》："惟上帝不常作善，降之百祥；作不善，降之百殃。爾惟德罔小，萬邦惟慶；爾惟不德罔大，墜厥宗。"

② "概"，碑刻原作"槩"，因另兼正字，故逕改。

③ "法輪"，爲對於佛法之喻稱，以輪比喻佛法有三義：一有催破之義，因佛法能摧破衆生之罪惡，猶如轉輪聖王之輪寶，能輾摧山岳巖石；二有輾轉之義，因佛之説法不停滯於一人一處，猶如車輪輾轉不停；三有圓滿之義，因佛所説之教法圓滿無缺，故以輪之圓滿喻之。

④ "紹治六年"，紹治爲阮憲祖阮福暶年號，六年爲公元 1846 年，當清道光二十六年，歲次丙午。

爲香願亭上設法輪隨風旋轉，又於左右建碑亭各一，前左右三面施以欄杆，前臨香江岸上，砌華表柱。”

一五二　阮景宗族碑記

引言

碑立於乂安省英山府都梁總都梁社長盛村祠殿内。碑刻雙面，拓本有二，編號 02636/02637。拓片編號 02636 爲碑前，共二十一行字，滿行約四十一字，碑額刻“阮景族碑記”五字，並飾有雲紋，今依内容及性質重定篇題爲“阮景宗族碑記”；拓片編號 02637 爲碑後，共二十二行字，滿行約四十三字，碑額刻“供錢田園誌”五字，並飾有回紋。碑文撰者舉人阮蔡仝，書者阮汶等人。年代署作景興（Cảnh Hưng）七年（1746），景興爲後黎顯宗（Lê Hiển Tông）黎維祧（Lê Duy Diêu）年號，同年爲清乾隆十一年，歲次丙寅，據《越南漢喃碑銘拓片目録提要》一書推斷立碑年代爲阮成泰帝（Vua Thành Thái）成泰（Thành Thái）七年（1895）。拓片現藏於漢喃研究院。

碑文記述阮景世系、各支系子孫與建宗祠之經過，並録有捐資建祠者之題名、款項、田地。

02636
阮景族碑記
歲甲午冬吉梁之阮族顯者來晤余徵補記問實系則曰世德本東潮之千里籍於州白
肇先侯載也逮發跡先塋三封乍梁山腹處玉山 岬街處玉潭寺處三世追封侯若郡至
太傅晉國公公奕貲於黎中興日總兵討賊爲最勳臣相將枼軼也且其仗義守節則又千秋希卓者汝從
國師和正奉敕回卜吉塋於禁山之注靈列祖公侯附塋者多再敕立廟在同倫社國祭累朝加封大字令贈卓偉上等
神胎有奮武侯忠郡疆郡立郡子有舒郡豪郡帥大兵還廟矢克遂先志在孫則有若滕郡澄郡會立下則
有若僚郡嘉郡儈郡均之花其繼也厥後則世襲而卿侯伯子者不一最後又繼而卿貢校生科榜官爵者
今 興朝文則制科黃甲官四品卿舉秀鏻閭書武則會副榜官五品卿武舉前積稔祠於州者幾偏長盛
祠奉祀列先也正祠伊村始之中下祠族增設景興年間校生少詹事神兎之列祖之有官爵科宦者同迎
祔今敕封多至十六寶錫其祀典則忌辰及春秋嘗祀外有十年例從古也分支稠且遠都梁於祠爲地
主歲嘗日丈人在相語曰我禋祀迄用有成矣顧祭有儀品有圭田議醵諸有恒者儲用議令迄各自隨資
忘財均畨奉今田編就欲永之余聞曰美哉明德遠矣猗歟大明明聲國乘者若
晉國公之義於黎而抗於莫者堂堂然大節喬木已乎山岳也允宜前既霄漢之後且基宇之夏庇之使遥
遥花冑厥從克昌則忠義之賜也德厚流光是謂也後世之漢宋衣冠而崇元上爵者衛閣公之風以惕
念耶是誠可爲天下道而不僅爲實系傳者遂記因録出供於列于碑陰田園處所鋁于左右辰
景興柒年乙未孟夏月穀日
晚生安亭舉人阮蔡愃拜　書
司務同休蔡呉瑒恭　撿
本省布政使鳳川范子進恭　閱
總辦　官員父阮豐
監辦　阮寧阮衙阮占阮農阮浪阮振阮詠
砟碑　前秀才阮愕長子阮景琰信供

編號：02636　出自《拓片總集》第三冊（下同）

02637

供錢田園誌

少詹事神[illegible]秀[illegible]典[illegible]阮德奎五拾貫總裁阮栢寧隊阮點各叁拾貫[illegible]副總阮淨陸貫嗣孫阮歲鄉[illegible]阮常
各拾貫班長阮宏陸貫[illegible]生阮[illegible]拾貫生徒阮玿總裁阮琣各陸貫該村阮[illegible]總裁阮良生徒阮瑫田弍高[illegible]
仝鄉阮發鄉長阮樸各陸貫副總阮歲試生阮沂各五貫仝長阮翠拾貫知社阮漢阮庠各叁貫監禮阮嚴肯
監禮試生阮滾各拾貫試生阮振通邑阮卷各拾五貫通邑阮[illegible]阮宴阮烱阮鑑阮詠各叁貫試生阮員五貫
儒長阮揚叁貫外孫驛目阮得拾貫管督阮傳子阮景琼田壹高[illegible]連五口[illegible]
假德侯仝派田弍高[illegible]前該奇阮　仝[illegible]田弍高[illegible]仝總阮曆前後肆百[illegible]鄉老阮[illegible]五貫[illegible]阮豐叁拾
貫八品文階阮盛田壹畝[illegible]正總阮議壹百貫秀才阮廷論田壹高[illegible]總目阮寧拾五貫[illegible]長阮根九品阮華
通邑阮敬各五貫試生阮衛阮玿各拾五貫舉人補授典籍阮允文叁拾貫試生阮[illegible]拾五貫秀才阮景合弍
拾貫阮英陸拾貫儒長阮超阮舉各拾貫秀才阮允元之子阮樊田壹高[illegible]儒長阮[illegible]拾貫阮[illegible]陸貫阮[illegible]
再供田壹高[illegible]阮貞阮當各陸貫外孫禮義村秀才陶和肆拾貫仁厚村阮斌田壹高[illegible]錦玉村阮橫陸貫
九品文階阮議再墓誌錢弍拾貫[illegible]寺丞派通邑阮完五貫驛目阮得再五貫
丹染顯義侯派敎授阮約訓導阮造秀才阮登秀才阮愷秀才阮榘仝派叁拾貫
總長員派試生阮敏阮焴秀才阮玹各五貫試生阮鳳叁貫該村阮項拾貫該村阮樹阮開儒長阮[illegible]各陸貫
少鄉派該社阮洸五貫秀才阮洽之子試生阮清田叁高[illegible]九品阮泓拾五貫試生阮汶拾貫[illegible]吏阮揚[illegible]
上阮燿阮熚阮汝阮弼各五貫知鄉阮常五貫外孫鄉目吳直拾貫　参督侯派該村阮古拾[illegible]阮首[illegible]叁
偏美侯派鄉老阮[illegible]陸貫阮祥阮[illegible]各叁貫　永康知縣派仝邑阮潤該林阮陵各五貫知社阮次陸貫[illegible]
于阮堂張邑阮好各叁貫　蔡郡公仝派拾貫秀才阮求同秀阮貴秀才阮肇秀才阮[illegible]之子阮定各叁[illegible]
通縣阮光拾貫阮琢五貫　盛郡公丹染派總目阮罰拾貫生徒阮練五貫　忠郡公派試生阮運拾貫
九品阮植拾捌貫生徒阮得生徒阮咸各陸貫阮緒五貫　彊郡公清高仝派拾貫[illegible]老阮宜陸貫
假德侯派仝總阮庶室黎氏從[illegible]同秀阮氏運[illegible]阮氏資[illegible]義婦阮氏泰田弍高[illegible]圖叁高[illegible]八品阮[illegible]
妾阮氏[illegible]黃氏珠阮氏歲[illegible]女[illegible]寄王[illegible]阮氏春[illegible]辛隊亞室阮氏綺[illegible]阮氏空阮氏焴阮氏燈各陸貫
[illegible]管督阮庶室阮氏肴田壹高[illegible]

編號：02637

釋文

阮景族碑記/供錢田園誌①

歲甲午冬，吉梁之阮族顯者來晤，余徵祊記問寶系，則曰：世德本東潮之千里，籍於州，自/　　　　　肇先侯載也，逮發跡，先塋三封，乍梁山腰處，玉山/𡾵衛②處，玉濃寺處。三世追封侯若郡。至/　　　　　太傅晉國公，公委質於黎，中興日總兵討賊爲最，勳臣相將崇秩也，且其仗義守節，則又千秋希卓者。没後，/國師和正奉敕回，卜吉塋於禁山之注霴，列祖公侯/附葬者多。再敕立廟在同倫社，國祭累朝，加封美字，今贈卓偉上等/神。胞有奮武侯忠郡、彊郡、立郡，子有舒郡、豪郡，帥天兵還廟，矢克遂先志；在孫則有若勝郡、菘郡；曾玄下則/有若僚郡、嘉郡、伶郡，均之花其繼也，厥後則世襲而卿侯、伯、子者不一，最後又繼而鄉貢、校生、科榜、官爵者。/今　興朝，文則制科黃甲、官四品，鄉舉秀、鱗間書；武則會副榜、官五品，泖武舉、前積稔。祠於州者幾徧，長盛/祠奉祀列先也，正祠伊村始之，中下祠族增設。景興年間，校生少詹事神風之列祖之有官爵、科宦者同迎/袝，今敕封多至十六，寶錫其祀典，則忌辰及春秋嘗祀外，有十年，例從古也。分支稠且遠，都梁支於祠爲地/主，歲嘗日支人在相語曰：我禋祀迄用有成矣。顧祭有儀品，有圭田，議醵諸有恒③者儲用議合，遂各自隨資/庀財，均留奉今田編就，欲永之。余聞曰：美哉！明德遠矣。矧又大明明聲國乘者，若/　　　　　晉國公之義於黎，而抗於莫者，堂堂然、大節喬木，已乎山岳也。允宜前既霄漢之後，且基宇之夏庇之，使遥/遥花冑，厥後克昌，則忠義之賜也，德厚流光是謂也，彼世之漢宋衣冠，而莽元圭爵者，寧不聞公之風以惕/念耶！是誠可爲天下道，而不僅爲寶系傳者，遂記，因録出供者，列于碑陰；田園處所，銘于左右④。

辰/

景興柒年乙未⑤孟夏月穀日/

---

① 此爲拓片編號02636之額題，今依此爲篇題。按，後附“供錢田園誌”五字爲編號02637之額題。

② “衛”，碑刻原作俗字“衞”，兩字義同，故逕改。

③ “恒”，碑刻原作越南避諱字“恒”，恒字缺本筆，故逕改。

④ 據此，碑既應有四面，碑陰記捐資者，兩側記田園處所。然今所收拓片僅拓有碑陽（02636）、碑陰（02637），失田園處所之左右兩面。

⑤ “景興柒年乙未”，景興爲後黎顯宗年號，景興七年爲丙寅年，當清乾隆十一年（1746）；乙未則爲景興六年，當清乾隆十年（1745）。

晚生安亭舉人阮蔡慎拜　書/

司務回休蔡吴瑒恭　檢/

本省布政使鳳川范子進恭　閱/

總辦　官員父阮豐/

監辦　阮寧、阮衡、阮占、阮嚴、阮浪、阮振奉/寫

阮汶奉/寫/

砟碑　前秀才阮鼎，長子阮景琔母/子信供①/

少詹事神派：秀才典總約阮德奎五拾貫，總教阮栢、率隊阮點各叁拾貫，副總阮净陸貫，嗣孫阮歲、鄉老阮常/各拾貫，班長阮宏陸貫、試生阮賞拾貫，生徒②阮玿、總教阮琚各陸貫，該村阮景琼/别供、總教阮良、生徒阮琯，田貳高值八/十貫/，仝③鄉阮發、鄉長阮樸各陸貫，副總阮晟、試生阮沂各五貫，仝長阮翠拾貫，知社阮溪、阮序各叁貫，監禮阮嚴、舊/監禮試生阮浪各拾貫，試生阮振、通邑阮卷各拾五貫，通邑阮勗、阮宴、阮炤、阮鑾、阮詠各叁貫，試生阮員五貫，/儒長阮揚叁貫外孫、驛目阮得拾貫，管督阮傳長/子、阮景琼田壹高，值四/十貫。連五口共九/十貫。/

偃德侯仝派田貳高，值七/十貫。前該奇阮　仝支田貳高，值七/十貫。仝總阮曆，前後肆百貫；鄉老阮甒五貫，族監管。阮豐叁拾/貫，八品文階阮盛田壹畝，值四/百貫。正總阮議壹百貫，秀才阮廷論田壹高，值四/十貫。總目阮寧拾五貫，支長阮根、九品阮萃、/通邑阮敬各五貫，試生阮衡、阮玿各拾五貫，舉人補授典籍阮允文叁拾貫，試生阮捷拾五貫，秀才阮景合貳/拾貫，阮英陸拾貫，儒長阮超、阮翠各拾貫，秀才阮允元之子阮樊田壹高，值壹/百貫。儒長阮衍拾貫，阮琚陸貫，阮景琔/再供田壹高，值七/十貫。阮貞、阮當各陸貫外孫，禮義村秀才陶釉肆拾貫，仁厚村阮斌田壹高，值四/十貫。錦玉村阮横陸貫。/九品文階阮議再墓誌錢貳拾貫又十/八貫。

寺丞派：通邑阮完五貫，驛目阮得再五貫。/

丹染顯義侯派：教授阮約、訓導阮造、秀才阮登、秀才阮愷、秀才阮椝仝派叁拾貫。/

總長員派：試生阮敏、阮炣、秀才阮琰各五貫，試生阮鳳叁貫，該村阮項拾貫，該村阮樹、阮開、儒長阮運各陸貫。/

① 以上爲拓片編號 02636 内容。

② “生徒”，見《欽定越史通鑑綱目》載：“生徒，鄉試中三場，謂之生徒。黎初衙吏多以監生、儒生、生徒爲之。”

③ “仝”，喃字，有“主”“長”之意。

少卿派：該社阮洗五貫，秀才阮洽之子試生阮清田叁高，值壹百/貳拾貫。九品阮泓拾五貫，試生阮汶拾貫，書吏阮楊、試/生阮燿、阮熚、阮汝、阮弼各五貫，知鄉阮常五貫外孫，鄉目吴直拾貫。

參督侯派：該村阮古拾五貫，阮舊叁/貫。/

倫美侯派：鄉老阮贈陸貫、阮祥、阮探各叁貫。

永康知縣派：仝邑阮潤，該村阮陵各五貫，知社阮次陸貫，員/子阮堂、張邑、阮好各叁貫。

莁郡公仝派：拾貫，秀才阮求、固秀阮貨、秀才阮肇、秀才阮朗之子阮定各叁貫，/通縣阮光拾貫，阮琢五貫。

盛郡公丹染派：總目阮罚拾貫，生徒阮練五貫。

忠郡公派：試生阮運拾貫，/九品阮植拾捌貫，生徒阮得、生徒阮威各陸貫，阮緒五貫。

彊郡公清高仝派拾貫，鄉老阮宜陸貫。/

偃德侯派：仝總阮庶室黎氏從叁十/貫，固秀阮氏蓮貳十/貫，阮氏資拾/貫，義婦阮氏泰田貳高，值壹百/五十貫。園叁高；值壹百/貳十貫。八品阮盛/妾阮氏質、黄氏珠、阮氏歲各貳/十貫，女孫管奇正室阮氏春十/貫，率隊亞室阮氏綸陸/貫，阮氏萱、阮氏爟、阮氏爟各陸貫，/管督阮庶室阮氏盾田壹高。值四/十貫。/[1]

① 以上爲拓片編號 02637 内容。

一五三　鳳池社買亭唱籌文契碑記

引言

碑立於河東省丹鳳縣鳳池社亭内。拓片編號 02690，共二十六行，滿行約三十四字。碑額刻“買籌文契之碑”六字，碑題“亭前碑記”四字，今依内文主旨重定篇題爲“鳳池社買亭唱籌文契碑記”，碑額刻有雙鳳昭月，左右兩側飾以祥鳥、蓮花藤紋，碑底刻有獸紋和蓮座。年代署作正和（Chính Hòa）五年（1684），正和爲後黎熙宗（Lê Hy Tông）黎維祫（Lê Duy Cáp）年號，同年爲清康熙二十三年，歲次甲子。拓片現藏於漢喃研究院。

碑文記載鳳池社亭門前歌唱權原屬丹鳳縣上、下司教坊所有，今二教坊將歌唱權以十貫古錢賣予鳳池社，自此各節日期間如有四方歌唱隊前來，丹鳳縣教坊不得禁止其表演與索取各項費用。

02690
買籌文契之碑

編號：02690 出自《拓片總集》第三冊

釋文

【買籌文契之碑】①

亭前碑記②

傳曰：里仁爲美③。粵畋鳳池之仙境也，觀其俗本仁厚之俗，其態存仁禮之心，家家稷契，人/人皋夔，萬物遂其生，四民安其業。上而事　神，則盡其實敬之心；下而事人，則盡其恭□/之道。玆本社官員、社鄉長巨小等，爲遞年入席求福，買本縣教坊司上下二甲，籌錢仝錢/并具盤，再不得禁錮外四政善藝人歌唱，所有文契闢陳于左。/

計/

國威府丹鳳縣教坊司上下二甲，丁有康、丁有功、阮廷歌、丁有强、丁有讓、阮廷達、丁有安、/丁有用、阮廷榮、丁有長、阮廷安、阮廷榴、丁有初。下甲兮文安、丁文全、阮文産、丁文牢、兮公/登、阮登明、阮文榮、阮文名、兮文堅、阮登瀛、阮文祝、阮登竜、兮文能、丁文物、兮文賢、丁文萬、/兮文用、丁文力、阮文綿、阮文春、阮文子、兮文裔，上下巨小等、原前祖父本縣各總社係入/席求福唱歌，籌錢、仝錢、具盤如例。其本縣教坊司查得鳳池社亭於上上年本府有仝府，/并各縣教坊司仝長共會宴飲，在亭中圓滿，仍有字付饒，其籌錢相報至。

玆本縣教坊司/上下二甲共論已有恩義，其本亭籌錢仝錢斷④賣與⑤鳳池社，後神阮如仙，社正陳廷倫，社/胥裴有田，内監、池禄伯裴公樓⑥，生徒阮榮、謝僉、陳俊，前社長裴俊□、阮登高、范登竜、翟得禄，/前將臣裴俊異，社長阮致和、阮相繼、裴進爵、裴俊用，將臣裴百壽、裴公朝，勸農陳廷僚，鄉/長范□明、阮致平、黄可知、范登僊、裴百工、范進財、裴

---

① 此爲額題，今依此及内容性質重定篇題爲“鳳池社買亭唱籌文契碑記”。

② 此爲碑題。

③ “里仁爲美”，語出《論語·里仁》：“子曰：里仁爲美。擇不處仁，焉得知？”

④ “斷”，碑文原作“断”，因係簡繁字，故逕改。

⑤ “與”，碑文原作“与”，因係簡繁字，故逕改。

⑥ “樓”，碑文原作“楼”，因係簡繁字，故逕改。

公輔、阮進財，上下巨小等，依時價銅/錢使錢[1]拾貫，隨立契日交領足訖，所賣仝錢籌錢并具盤各事委是上下二甲已物亭門，/如有瞞昧假詐，二甲自用，知當不涉，買主從立契後，仰買主一任歌唱，傳子若孫，永傳萬/代，係廟[2]亭，倘或春夏秋冬遞年有入席，藏鬮求福唱歌，籌錢仝錢及除殃選木各役其本/縣教坊司上下二甲並停，不得要索及外四政善藝人歌唱，舞女不得禁錮。係遞年春□/歌唱存置席壹籌，同結交鄰之義，國有常法，故立文契，還買主爲照用者。/

正和[3]五年叁月貳拾貳日

立文契教坊司丁有康記/

丁有功、阮廷歌、丁有强、丁有讓、丁有安/、兮文安、丁文全、阮文産、丁文牢、兮公登/、阮登明、阮廷榮上下二甲記/

本縣代書兮文堅記/

題後

以《拓片總集》爲調查範圍，鳳池社計有如下碑銘涉及：

編號	篇題	年代	位置
02690	鳳池社買亭唱籌文契碑記*	後黎熙宗正和五年（1684）	社亭前第三碑
02691/02695	後神碑記/永傳奉事文儀	後黎裕宗永盛二年（1706）（此爲02695面之年代）	社亭前第一碑（兩面似爲不同人之祭忌文）
02693/02694	後神碑記/建立後佛碑記	後黎裕宗永盛七年（1711）（此爲02694面之年代）	社亭前第二碑（兩面似爲不同人之祭忌文）

注：* 表示此篇已收入本書。

① “使錢”，見《欽定越史通鑑綱目·正編》“後黎盛宗光順八年”注“使錢”“古錢”引黎貴惇《芸臺類語》云：“北人以百文爲一陌。本國以三十六文爲一陌，謂之‘使錢’；六十文爲一陌，謂之‘古錢’。‘使錢’十陌，乃是‘古錢’六陌，準爲‘使錢’一貫。其‘古錢’十陌乃使錢之一貫六陌四十文。使錢別名閒錢，古錢別名貴錢。”

② “廟”，碑文原作“庙”，因係簡繁字，故逕改。

③ “正和”，爲後黎熙宗黎維祫年號，正和五年（1684），當清康熙二十三年，歲次甲子。

一五四　月盎社登科碑記

引言

碑立於河東省青池縣永寧總月盎社文址，爲文址第一碑。碑刻四面，拓片編號 02710/02712/02713/02711。拓片編號 02710 爲碑前，共十七行字，滿行二十四字，碑額刻“祠宇碑記”四字；拓片編號 02713 爲碑後，共十二行字，滿行約十八字，額題“魁元勳業”四字；拓片編號 02711 爲碑右，共十一行字，滿行約二十一字，額題“慶延文學”四字；拓片編號 02712，共十行字，滿行約二十二字，額題“登科實録”四字。今依内文主旨重定篇題爲“月盎社登科碑記”。碑四面之碑額均刻有兩層紋飾，上層爲十字花紋，下層爲雙龍昭日，左右兩側分别刻有回紋、花紋、鳳鳥紋、龍紋等，碑底則另飾有回紋、獸紋、雲紋等。碑文撰者陪從刑部右侍郎阮國魁。拓片編號 02710 面年代署作景治（Cảnh Trị）五年（1667），景治爲後黎玄宗（Lê Huyền Tông）黎維禑（Lê Duy Vũ）年號，同年爲清康熙六年，歲次丁未。拓片編號 02711/02712/02713 未有刊刻年代，然據拓片編號 02713 記阮春臺爲後黎熙宗正和十八年（1697）丁丑科進士，故此三面乃刊刻在黎熙宗正和十八年之後。拓片現藏於漢喃研究院。

碑文記載月盎社人阮國櫆（即阮國楨），與其弟阮廷柱及斯文會衆文人士紳，以月盎社自開科取士以來，共有七十七人中鄉試與二十人中會試，故建祠廟祭祀先賢以振文風，文末以十六句四字銘文以咏此事。另外三面則爲後刻之月盎社五位進士之登科實録。

02710
祠宇碑記
景治五年六月十一日　常信府青池縣月盎社陪從刑部右
侍郎阮國槐　爲創造祠宇登科實録碑事　洪惟
我朝運應奎明才森斗盛有由學舘州縣而進者不少迺觀登
進士歷寺卿偣子爵者自名壽始于今登進士首科阮廷柱
鑒銷事業焉求其素富詞章大魁天下有名國槐者出秋鄉
進首七十七人春會狀頭二十名輩翰林侍書職天語蒨捭
刑部右侍郎帝德充廣坐廟堂則謀參志叶奉使命則事濟
功成宰輔陛階者英娱會子孫榮盛福禄永綿多賴
聖道扶持功用之大仰若泰山北斗玆與親弟進士阮廷柱弁
文會甲等造立祠宇庶昭祀典及致祭本社
先賢以重斯道振文風世魁元世公侯代將相代致仕因立
碑作銘永傳萬代云　銘曰
南慶名山　月鄉勝地　仕途先開　儒科疊繼
弟進士榮　兄狀元貴　梁棟宏材　廟堂偉器
祠宇奐輪　魁文振起　寶柱韓桐　商衡周宰
公侯歷班　耆英致仕　鐫石勒碑　永垂萬世
祭位　朝官中行　監生左行　生徒胥吏右行

編號：02710　出自《拓片總集》第三冊（下同）

02712
登科實錄
賜辛未科第三甲同進士出身
阮名壽
二十五歲鄉試中一舉二十六歲會試
中叄場二十九歲中進士祇受京北又
安二道監察御史陞題刑陪從坐廟堂
陞鴻臚寺卿演禄子贈工部右侍郎
賜丙申科第三甲同進士出身
阮廷柱
國植之弟十九歲鄉試中一舉二十歲
會試中叄場三十歲中進士會庭應制
並第一祇受翰林院校討三十一歲陞
男爵

編號：02712

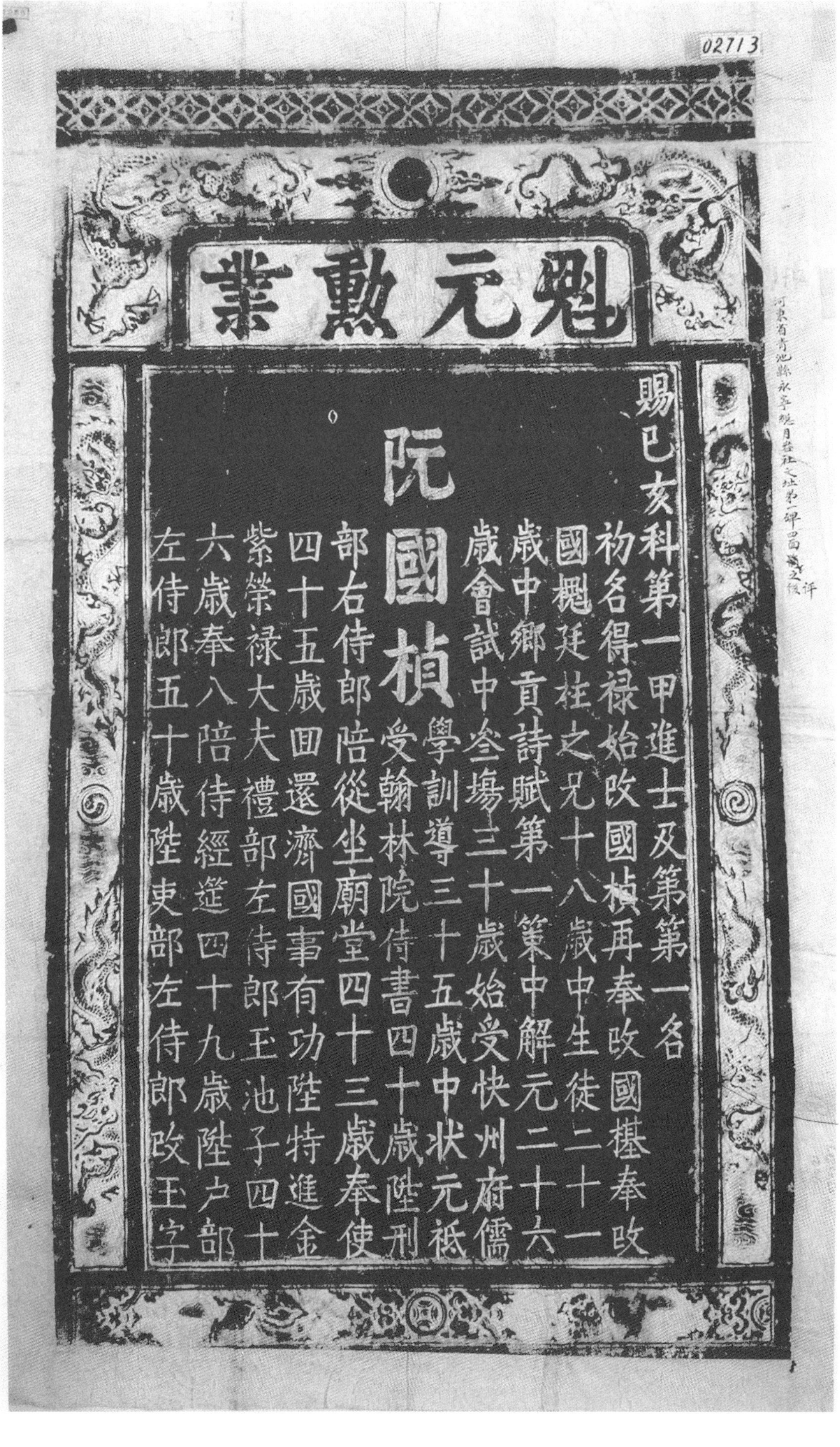
02713
魁元勲業
賜己亥科第一甲進士及第第一名
初名得禄始改國楨再奉改國基奉改
國櫆廷柱之兄十八歲中生徒二十一
歲中鄉貢詩賦第一策中解元二十六
歲會試中叁場三十歲始受快州府儒
阮國楨
學訓導三十五歲中狀元袛
受翰林院侍書四十歲陞刑
部右侍郎陪從坐廟堂四十三歲奉使
四十五歲回還濟國事有功陞特進金
紫榮禄大夫禮部左侍郎玉池子四十
六歲奉入陪侍經筵四十九歲陞户部
左侍郎五十歲陞吏部左侍郎改玉字
河東省青池縣永亭總月盎社文址第一碑四面

編號：02713

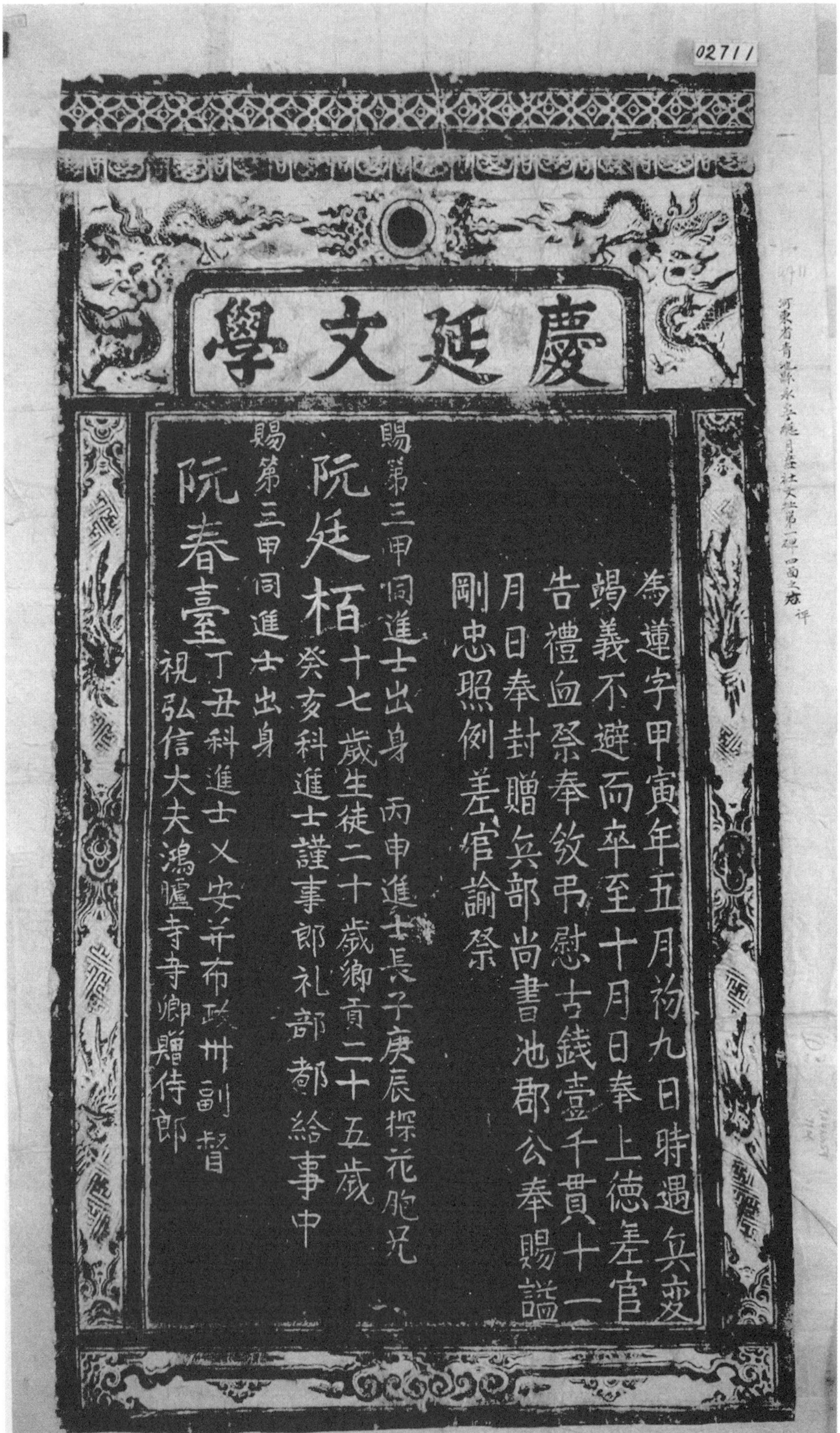

02711

慶延文學

為蓮字甲寅年五月初九日時遇兵变
竭義不避而卒至十月日奉上德差官
告禮血祭奉給弔慰古錢壹千貫十一
月日奉封贈兵部尚書池郡公奉賜謚
剛忠照例差官諭祭

賜第三甲同進士出身丙申進士長子庚辰探花胞兄
阮廷栢十七歲生徒二十歲鄉貢二十五歲
癸亥科進士謹事郎礼部都給事中

賜第三甲同進士出身
阮春臺丁丑科進士乂安并布政卅副督
視弘信大夫鴻臚寺寺卿贈侍郎

編號：02711

釋文

祠宇碑記[①]

景治五年[②]六月十一日，　常信府青池縣月盎社陪從、刑部右/　侍郎阮國槐　爲創造祠宇登科實録碑事。

洪惟/　　　我朝，運應奎明，才森斗盛，有由學館州縣而進者不少，遡觀登/進士、歷寺卿、僭子爵者，自名壽[③]始；于今登進士首科惟廷柱[④]，/　鏗鏘事業焉求。其素富詞章，大魁天下，有若國槐[⑤]者，出秋鄉/　選首七十七人，春會狀頭二十名。輩翰林侍書職，天語發揮；/　刑部右侍郎，帝德充廣。坐廟堂，則謀參志叶；奉使命，則事濟/　功成。宰輔陞階，耆英娛會，子孫榮盛，福禄永綿。多賴/　　　　　聖道扶持，功用之大，仰若泰山北斗。兹與親弟進士阮廷柱并/　文會[⑥]甲等造立祠宇，庶昭祀典，及致祭本社/　　　　　先賢，以重斯道，振文風，世魁元，世公侯，代將相，代致仕，因立/　碑作銘，永傳萬代云。

銘曰：/

南處名山，月鄉勝地。仕途先開，儒科疊繼。/

弟進士榮，兄狀元貴。梁棟宏材，廟堂偉器。/

祠宇奂輪，魁文振起。竇桂韓桐，商衡周宰。/

公侯歷班，耆英致仕。鐫石勒碑，永垂萬世。/

---

① 此爲拓片編號02710之額題，今依内容及性質重定篇題爲“月盎社登科碑記”。

② “景治”，景治爲黎玄宗黎維禑的年號，景治五年，即當清康熙六年（1667），歲次丁未。

③ “名壽”，即賜辛未科第三甲同進士出身阮名壽。《鼎鍥大越歷朝登科録》黎神宗德隆三年（1631）辛未科第三甲同進士出身記載：“阮名壽，青池月盎人，二十九歲中。仕至寺卿，陳禄子，贈工部右侍郎。”吴高朗《黎朝歷科進士題名碑記》記載同。

④ “廷柱”，即賜丙申科第三甲同進士出身阮廷柱。《鼎鍥大越歷朝登科録》黎神宗盛德四年（1656）丙申科第三甲同進士出身記載：“阮廷柱，青池月盎人，三十中會元應制第一。仕至翰林校討，男爵，壽七十七。國楨之弟，廷栢、廷檍之父。教習成才者多門弟子。接武鄧朝時稱天下□師。”吴高朗《黎朝歷科進士題名碑記》記載同。

⑤ “國槐”，即賜己亥科第一甲進士及第第一名阮國楨。《鼎鍥大越歷朝登科録》黎神宗永壽二年（1659）己亥科第一甲進士及第記載：“阮國楨，青池月盎人，鄉試四場並第一，三十五中。奉使。仕至吏部左侍郎，入侍經筵，蓮池侯，贈兵部尚書，公爵。追封福神許録用子孫。廷柱之兄，廷栢、廷檍之伯。”吴高朗《黎朝歷科進士題名碑記》記載同。

⑥ “會”，碑文原作“㑹”，缺筆，越南避諱字，故逕改。

祭/位：朝官中行，監生[①]左行，生徒[②]、循吏右行。/[③]

登科實録[④]

賜辛未科第三甲同進士出身/阮名壽[⑤]

二十五歲鄉試，中一舉。二十六歲會試，/中叁場。二十九歲中進士，祇受京北、乂/安二道監察御史，陞提[⑥]刑、陪從，坐廟堂，/陞鴻臚寺卿、演禄子、贈工部右侍郎。/

賜丙申科第三甲同進士出身阮廷柱[⑦]

國楨之弟，十九歲鄉試、中一舉。二十歲/會試、中叁場。三十歲中進士，會庭、應制/並第一，祇受翰林院校討，三十一歲陞/男爵。[⑧]

魁元勳業/慶延文學[⑨]

賜己亥科第一甲進士及第第一名阮國楨[⑩]

初名得禄，始改國楨，再奉改國椹，奉改/國檝，廷柱之兄。十八歲中生徒，二十一/歲中鄉貢，詩賦第一，策中解元。二十六/歲會試，中叁場。三十歲始受快州府儒/學訓導。三十五歲中狀元，祇/受翰林院侍書。四十歲陞刑/部右侍郎，陪從坐廟堂。四十三歲奉使，/四十五歲回還，濟國事有功，陞特進、金/紫榮禄大夫，禮部左侍郎、玉池子。四十/六歲奉入陪侍經筵，四十九歲陞户部/左侍郎，五十歲陞吏部左侍郎，改玉字/[⑪]爲蓮字。甲寅年[⑫]五月初九日，時遇

---

① “監生”，見《欽定越史通鑑綱目·正編》“後黎聖宗光順三年”記載：“鄉試中四場，充入國子監，謂之監生。”

② “生徒”，見《欽定越史通鑑綱目·正編》“後黎聖宗光順三年”記載：“生徒，鄉試中三場，謂之生徒。黎初衙吏多以監生、儒生、生徒爲之。”

③ 以上爲拓片編號 02710 内容。

④ 此爲編號 02712 面之碑額。

⑤ “阮名壽”，詳見本篇前注。

⑥ “提”，碑文原作越南避諱字“𨁟”，故逕改。

⑦ “阮廷柱”，詳見本篇前注。

⑧ 以上爲拓片編號 02712 内容。

⑨ 此爲拓片編號 02713 之碑額，後附“慶延文學”四字爲編號 02711 之碑額。

⑩ “阮國楨”，詳見本篇前注。

⑪ 以上爲拓片編號 02713 内容。

⑫ “甲寅年”，即後黎嘉宗黎維禬陽德三年（1674），十月之後改爲德元元年。《欽定越史通鑑綱目·正編》卷三：“德元元年夏五月，亂兵殺陪從阮國楨，掠毀參從范公著宅。”

兵變[①]，/竭義不避而卒，至十月日奉上德差官/告禮血祭，奉放玐慰古錢[②]壹千貫。十一/月日奉封贈兵部尚書、池郡公，奉賜謚/剛忠，照例差官諭祭。/

賜第三甲同進士出身、　丙申進士長子、庚辰探花胞兄/阮廷栢[③]，十七歲生徒，二十歲鄉貢，二十五歲/癸亥科進士，謹事郎、禮部都給事中。/

賜第三甲同進士出身阮春臺[④]，丁丑科進士，乂安并布政州副督、/視弘信大夫，鴻臚寺寺卿，贈侍郎。/[⑤]

題後

碑載阮國楨“甲寅年五月初九日，時遇兵變，竭義不避而卒，至十月日奉上德差官告禮血祭，奉放玐慰古錢壹千貫。十一月日奉封贈兵部尚書、池郡公，奉賜謚剛忠，照例差官諭祭”。甲寅年即黎嘉宗陽德三年，是年十月改元德元，《大越史記全書·本紀》卷十九記載：“夏五月初九日，陪從、吏部左侍郎、蓮池子阮國櫆卒。國櫆爲人慷慨敢言，訃聞，上深爲哀悼，贈兵部尚書、池郡公，賜謚剛忠。”然並未書其乃因“遇兵變，竭義不避而卒”。查《欽定越史通鑑綱目·正編》卷三十三“甲寅德元元年”：“夏五月，亂兵殺陪從阮國楨，掠毁參從范公著宅。辰清乂優兵恃功驕縱，國楨與公著議裁抑之，衆心不平，潘兼全、黎斆方坐貶不得志，因慫恿之，軍士大噪，遮殺國楨，掠公著第宅，公著逃出得脱。（鄭）柞大驚，遣官撫諭，予以銀錢，衆乃定。柞召公著入府，錫金慰勞，後補誅其首唱三人，以記國楨。贈兵部尚書、池郡公，謚剛忠，録用子孫。國楨在朝慷慨敢言，死於亂軍，人皆悼惜之。”史臣據潘輝温《登

---

① “變”，碑文原作“变”，因係簡繁字，故逕改。

② “古錢”，又稱“貴錢”。見《欽定越史通鑑綱目·正編》黎盛宗光順八年注“使錢”“古錢”引黎貴惇《芸臺類語》云：“北人以百文爲一陌。本國以三十六文爲一陌，謂之‘使錢’；六十文爲一陌，謂之‘古錢’。……使錢别名閒錢，古錢别名貴錢。”

③ “阮廷栢”，《鼎鍥大越歷朝登科録》黎熙宗正和四年（1683）癸亥科第三甲同進士出身記載：“阮廷栢，青池月盎人，二十五中應制合格，改名廷椿。仕至權參政。廷柱之子，廷櫶之兄，國楨之姪，廷樻之從叔。”吴高朗《黎朝歷科進士題名碑記》記載同。

④ “阮春臺”，《鼎鍥大越歷朝登科録》黎熙宗正和十八年（1697）丁丑科第三甲同進士出身記載：“阮春臺，青池月盎人，解元，二十八中，改名公堅。仕至寺卿，贈工部右侍郎。”吴高朗《黎朝歷科進士題名碑記》記載同。

⑤ 以上爲拓片編號 02711 内容。

科備考》及裴璧《旅中雜說》考按阮國楨確爲亂軍所殺，但也不明白史書爲何不書：“夫黎自中興以後，專倚清乂優兵，已成偏重之勢，遂至如此，驕縱由不能齊以紀律，因循苟且，將驕卒悍，終至於亡，秉史筆者，乃諱其事，曰‘國楨卒’，可怪也夫。”

一五五　重修月盎社文址牌記

引言

碑立於河東省青池縣永寧總月盎社文址，爲文址第二碑。碑刻四面，拓片編號 02714/02715/02716/02717。拓片編號 02714 爲碑前，共十三行字，滿行二十八字，碑額刻“興功碑記”四字，並飾有雙龍昭日紋；拓片編號 02715 爲碑後，共十八行字，滿行約二十六字，碑額刻“大科碑記”四字；拓片編號 02716 爲碑左，共十三行字，滿行字數不一，間有小字，額題“中科碑記”四字；拓片編號 02717 爲碑右，共十六行字，滿行約二十五字，額題“供德碑記”四字。今依内文主旨重定篇題爲“重修月盎社文址牌記”。碑文撰者阮廷椿。按《越南漢喃碑銘拓片目録提要》一書言碑上年代已遭人塗改，推測其立碑年代應爲阮朝嗣德（Tự Đức）時期。拓片現藏於漢喃研究院。

碑文記載月盎社重修文廟之事，同時記録樂捐修葺文廟者之姓名及錢數，又録有本社考取大科、中科和小科之士子與其職爵以流傳後世。

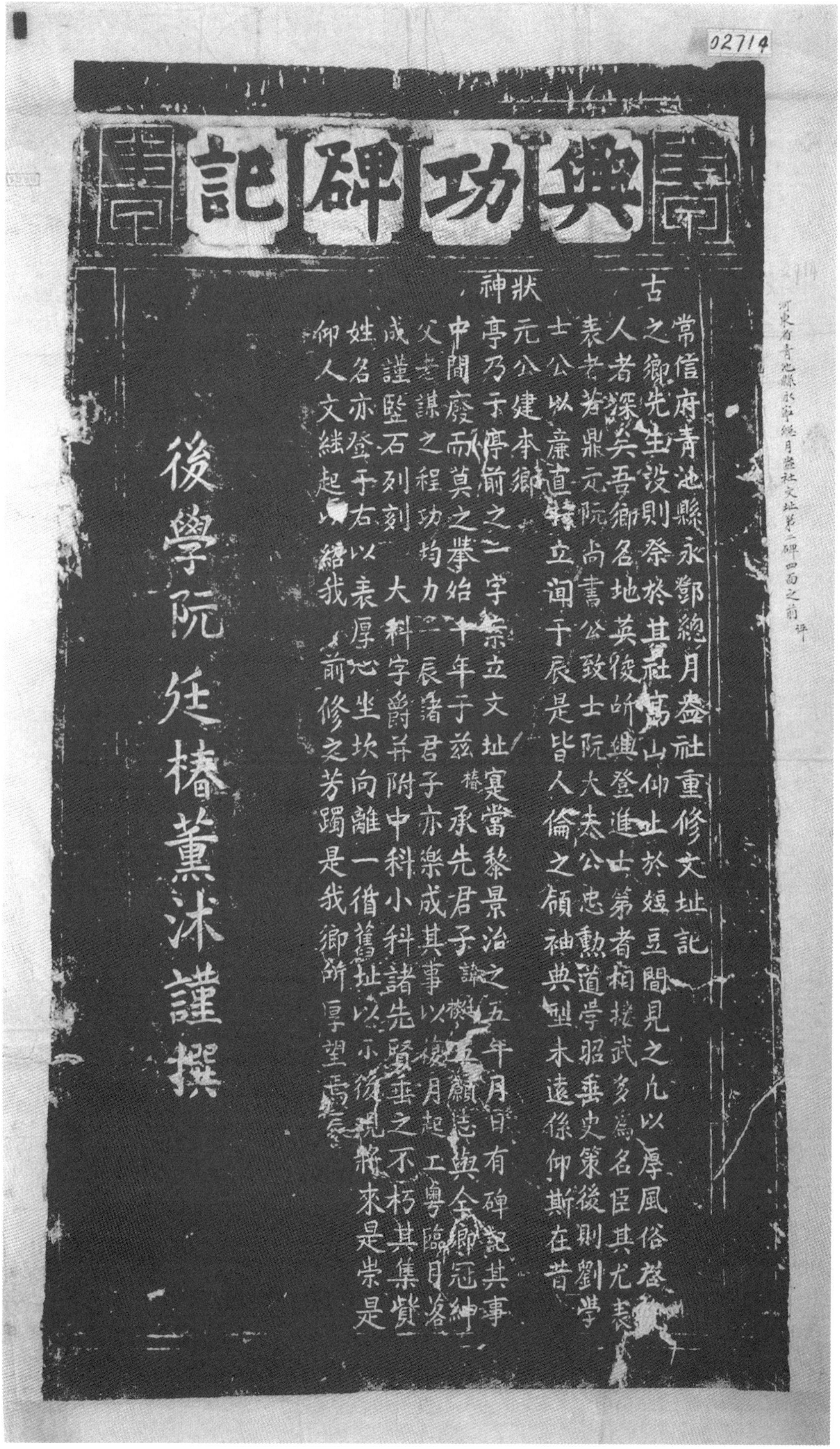
02714
興功碑記
常信府青池縣永鄧總月盎社重修文址記
古之鄉先生沒則祭於其社高山仰止於俎豆間見之凡以厚風俗啓
人者深矣吾鄉名地英俊所興登進士第者相接武多爲名臣其尤表
表者若鼎元阮尚書公致士阮大太公忠勳道學昭垂史策後則劉學
士公以廉直特立聞于辰是皆人倫之領袖典型未遠係仰斯在昔
狀元公建本鄉
神亭乃于亭前之二字崇立文址寔當黎景治之五年月日有碑記其事
中間廢而莫之葺始十年于茲 椿 承先君子諱[illegible]五顧志與全鄉冠紳
父老謀之程功均力二辰諸君子亦樂成其事以後月起工粵臨月落
成謹竪石列刻 大科字爵并附中科小科諸先賢垂之不朽其集貲
姓名亦登于右以表厚心坐坎向離一循舊址以示後視將來是崇是
仰人文繼起以紹我前修之芳躅是我鄉所厚望焉爰
後學阮 廷椿薰沐謹撰

編號：02714 出自《拓片總集》第三冊（下同）

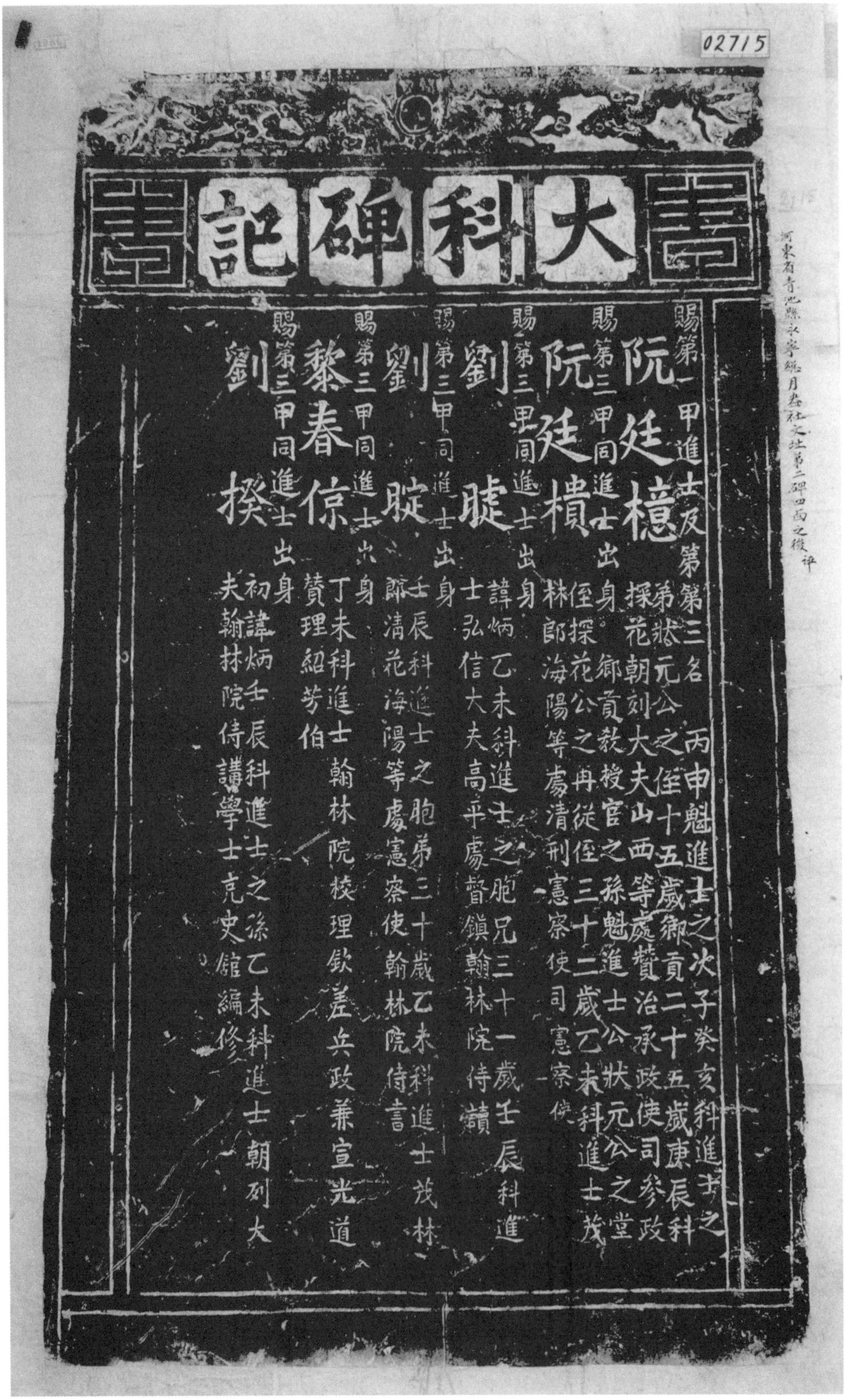

大科碑記

賜第一甲進士及第第三名阮廷檍丙申魁進士之次子癸亥科進士之弟狀元公之侄十五歲鄉貢二十五歲庚辰科探花朝列大夫山西等處贊治承政使司參政

賜第三甲同進士出身阮廷樻鄉貢教授官之孫魁進士公狀元公之堂侄探花公之再從侄三十二歲乙未科進士茂林郎海陽等處清刑憲察使司憲察使

賜第三甲同進士出身劉⿰目走諱炳乙未科進士之胞兄三十一歲壬辰科進士弘信大夫高平處督鎮翰林院侍讀

賜第三甲同進士出身劉⿰目定壬辰科進士之胞弟三十歲乙未科進士茂林郎清花海陽等處憲察使翰林院侍書

賜第三甲同進士出身黎春倞丁未科進士翰林院校理欽差兵政兼宣光道贊理紹芳伯

賜第三甲同進士出身劉揆初諱炳壬辰科進士之孫乙未科進士朝列大夫翰林院侍講學士充史館編修

編號：02715

02716
中科碑記
世科阮廷族父子兄弟伯侄同朝
中科以下
劉族兄弟同朝
中科以下
小科

編號：02716

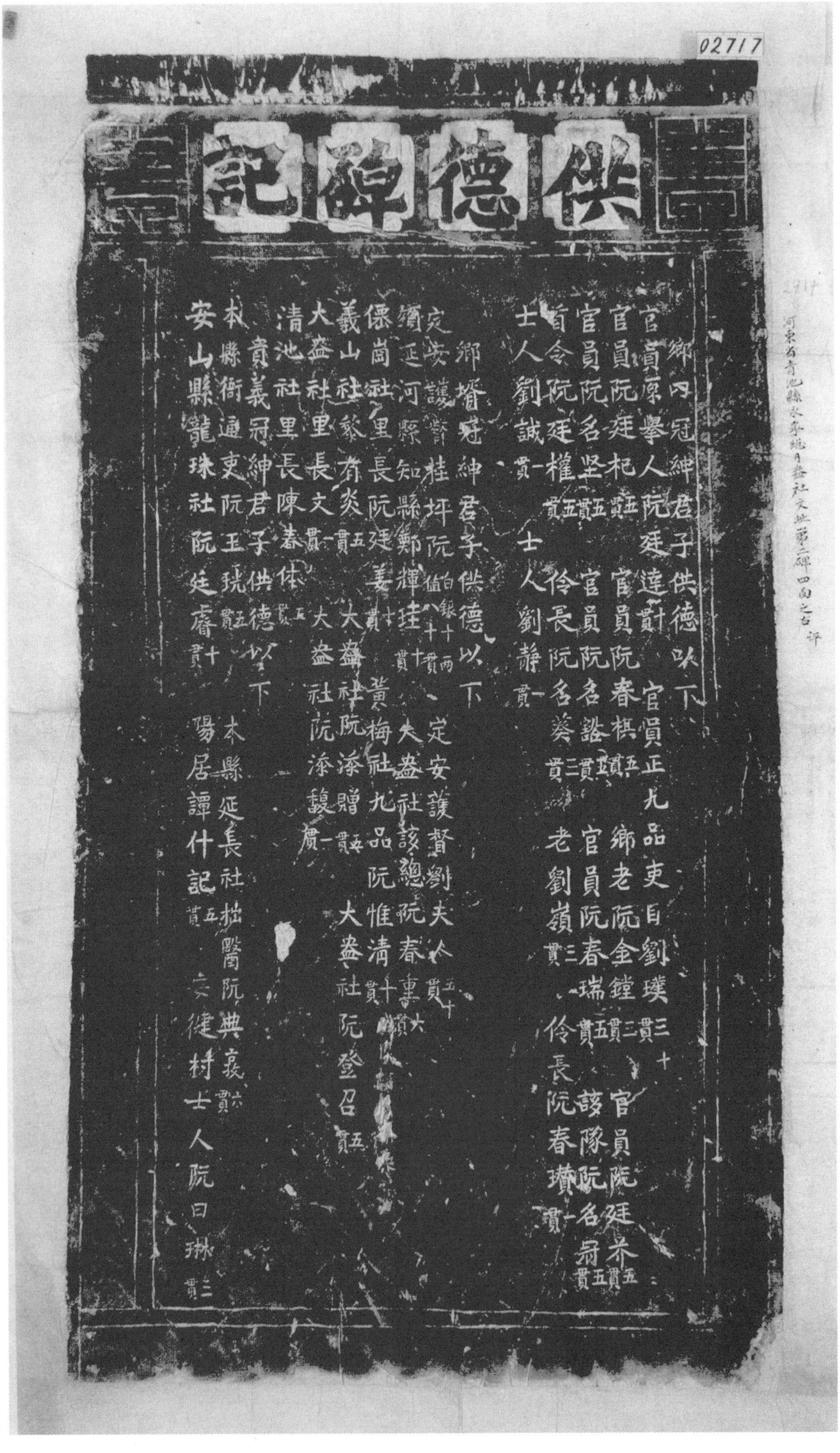
02717
供德碑記
鄉内冠紳君子供德以下
官貢原舉人阮廷連貫十
官員阮廷杞貫五
官員阮名堅貫五
首令阮廷權貫五
士人劉誠貫一
官員正九品吏目劉璞貫三十
官員阮春棋貫五
官員阮名鎣貫五
伶長阮名葵貫三
士人劉静貫一
鄉老阮金鐘貫二
官員阮春瑞貫五
老劉嶺貫三
官員阮廷乔貫五
該隊阮名舜貫五
伶長阮春瓚貫一
鄉播冠紳君子供德以下
定安護督桂坪阮值白銀十兩
領延河縣知縣鄭輝珪貫十
僊尚社里長阮廷姜貫十
義山社黎有炎貫五
大盎社里長文貫一
清池社里長陳春体貫五
定安護督劉夫人貫五十
大盎社該總阮春熏貫六
大盎社九品阮惟清貫十
黃梅社阮添贈貫五
大盎社阮添韞貫一
大盎社阮登召貫五
本貫義冠紳君子供德以下
本縣衙通吏阮玉琉貫五
安山縣龍珠社阮廷睿貫十
本縣延長社拙醫阮典褒貫六
陽居譚什記貫五
安徤村士人阮曰琳貫三

編號：02717

釋文

【興功碑記】[1]

常信府青池縣永鄧總月盎社重修文址記

古之鄉先生，没則祭於其社，高山仰止於俎豆間，見之凡以厚風俗、啓□/　人者深矣。吾鄉名地，英俊所興，登進士第者相接武，多爲名臣，其尤表/　表者，若鼎元阮尚書公，致士阮大夫，公忠勳道學，昭垂史策。後則劉學/　士，公以廉直特立聞于辰。是皆人倫之領袖，典型未遠，係仰斯在。昔/　　狀元公建本鄉/　　　　　　　　神亭，乃于亭前之一字案立文址，寔當黎景治之五年月日，有碑記其事，/　中間廢而莫之舉殆十年。于兹椿承先君子諱廷/棪□願，志與仝鄉冠紳/　父老謀之，程功、均力、一時[2]諸君子亦樂成其事，以復月起工，粵臨月落/　成。謹竪石列刻　大科字、爵，并附中科、小科諸先賢，垂之不朽，其集貲/姓名亦登于右，以表厚心。坐坎向離，一循舊址，以示後觀將來，是崇[3]是/仰，人文繼[4]起，以紹我　前修之芳躅，是我鄉所厚望焉。

時/

後學阮廷椿[5]薰沐謹撰[6]/

【大科碑記】[7]

賜第一甲進士及第第三名阮廷檍[8]

---

① 此爲拓片編號 02714 額題，今重定篇題爲“重修月盎社文址牌記”。

② “時”，碑語文原作“辰”，“辰”爲越南避諱字，即“時”，避阮朝嗣德皇帝阮福時之諱。

③ “崇”，碑文原作“崇”，缺筆，爲越南避諱字。

④ “繼”，碑文原作“継”，因另兼正字，故逕改。

⑤ “阮廷椿”，《鼎鍥大越歷朝登科録》黎熙宗正和四年（1683）癸亥科第三甲同進士出身記載：“阮廷柏，青池月盎人，二十五中應制合格，改名廷椿。仕至權參政。廷柱之子，廷檍之兄，國楨之姪，廷檟之從叔。”吴高朗《黎朝歷科進士題名碑記》記載同。

⑥ 以上爲拓片編號 02714 内容。

⑦ 此爲拓片編號 02715 額題。

⑧ “阮廷檍”，《鼎鍥大越歷朝登科録》黎熙宗正和二十一年（1700）庚辰科第一甲進士及第記載：“阮廷檍，青池月盎人，十五歲中鄉舉，士望二十五中。仕至參政。國楨之姪，廷柱之子，廷栢之弟，廷檟之從叔叔。”吴高朗《黎朝歷科進士題名碑記》記載同。

丙申魁進士[①]之次子，癸亥科進士[②]之/弟，狀元公[③]之侄，十五歲鄉貢，二十五歲庚辰科/探花，朝列大夫、山西等處贊治、承政使司參政。/

賜第三甲同進士出身阮廷樍[④]

鄉貢教授官之孫，魁進士公、狀元公[⑤]之堂/侄，探花公[⑥]之再從侄，三十二歲乙未科進士，茂/林郎、海陽等處清刑憲察使司憲察使。/

賜第三甲同進士出身劉噓諱炳[⑦]

乙未科進士[⑧]之胞兄，三十一歲壬辰科進/士，弘信大夫、高平處督鎮、翰林院侍讀。/

賜第三甲同進士出身劉晿[⑨]

壬辰科進士[⑩]之胞弟，三十歲乙未科進士，茂林/郎，清花[⑪]、海陽等處憲察使，翰林院侍書。/

賜第三甲同進士出身黎春倞[⑫]

丁未科進士，翰林院校理，欽差兵政兼宣光道/贊理、紹芳伯。/

賜第三甲同進士出身劉揆[⑬]初諱炳

---

① “丙申魁進士”，即阮廷柱，詳見本書篇號一五三《月盎社登科碑記》注釋。

② “癸亥科進士”，即阮廷栢，詳見本書篇號一五四《月盎社登科碑記》注釋。

③ “狀元公”，即阮國楨，詳見本書篇號一五四《月盎社登科碑記》注釋。

④ “阮廷樍”，《鼎鍥大越歷朝登科録》永盛十一年（1715）乙未科第三甲同進士出身記載：“阮廷樍，青池月盎人，士望三十二中。仕至憲使。國楨、廷柱之曾孫，廷檍、廷栢之姪。”吴高朗《黎朝歷科進士題名碑記》記載同。

⑤ “魁進士公、狀元公”，即阮國楨，詳見本書篇號一五四《月盎社登科碑記》注釋。

⑥ “探花公”，即阮廷檍，詳見本篇前注。

⑦ “劉噓”，景興三十三年（1772）壬辰科第三甲同進士出身。《鼎鍥大越歷朝登科》景興三十三年壬辰科第三甲同進士出身記載：“青池月盎人，三十一中。劉晿之兄，兄弟同朝。”吴高朗《黎朝歷科進士題名碑記》記載：“劉噓，青池月盎社監生三十二歲中。”

⑧ “乙未科進士”，即劉晿，景興三十六年（1775）乙未科第三甲同進士出身。

⑨ 劉晿，景興三十六年（1775）乙未科第三甲同進士出身。《鼎鍥大越歷朝登科》景興三十六年乙未科第三甲同進士出身記載：“青池月盎人，三十中，噓之弟。”吴高朗《黎朝歷科進士題名碑記》記載：“劉晿，青池縣月盎社，生徒。”

⑩ “壬辰科進士”，即劉噓，詳見本篇前注。

⑪ “花”，即“華”，越南避諱字。

⑫ “黎春倞”，昭統元年（1787）丁未制科第三甲同進士出身。《國朝科榜録》昭統元年（1787）丁未制科記載：“黎春倞，青池月盎，中式。”

⑬ “劉揆”，《國朝科榜録》明命十六年（1835）乙未科記載：“劉揆，河内青池月盎，辛未二十五辛卯舉人。”又《皇朝明命拾陸年乙未會試科進士題名碑》（拓片編號 05692）記載：“舉人，河内省常信府青池縣永登總月盎社，年庚辛未貳拾伍歲。”

壬辰科進士[①]**之孫，乙未科進士，朝列大夫、翰林院侍講學士，充史館編修。**[②] /

【中科碑記】[③]

世科阮廷族父子兄弟伯侄同朝　中科以下：/

阮功樹；功臣官長子，黎/鄉貢，知膠水縣。**阮文材；**功臣官次子，黎/鄉貢，官至教授。**阮廷槁；**狀元官之子，黎/鄉貢，知理仁府。**阮廷棣；**膠水縣官次孫，黎/鄉貢，知懿安縣。/**阮廷楹；**魁進士次子，黎/鄉貢，知普安縣。**阮廷楫；**魁進士次子，黎/鄉貢，知安山縣。**阮廷科；**魁進士次子，黎/鄉貢，山南左瘼。**阮廷楠；**癸亥科進士長子，/黎鄉貢，知景純縣。/**阮廷桃；**景純官長子，黎/鄉貢，授太常寺。**阮廷榆；**景純官次子，黎/鄉貢，山南右瘼。**阮廷楊；**景純官次子，黎/會三場，知河中府。**阮廷槤；**太常寺官次子，/黎鄉貢，知金山縣。/**阮廷榼；**景純官適孫，黎/鄉貢，國子監生。**阮廷栻；**左瘼官次孫，黎/鄉貢，知宜陽縣。**阮廷模；**黎鄉貢，會三場，/知金茶縣。**阮廷案；**監生官長子，　皇/戊子科舉人，天禄縣。/**阮廷達。**宜陽官次孫，/皇朝庚戌舉人。/

附小科：阮伯萬、阮伯誌、阮允明、阮金榜、阮廷欑、阮廷林、阮廷球、/阮廷森。/

登科劉族兄弟同朝　中科以下：/

劉壓廛，黎永祚鄉貢/國子監生。**劉輔，**黎庚子科，/鄉貢。**劉曄，**黎正□鄉貢，/知金洞縣。**劉石，**黎永壽鄉貢/，國子監監生。/**劉炅，**黎鄉貢，會中/叄場，授訓導。**劉忻，**皇朝　　舉/人，知安謨縣。**劉曜，**皇朝　　舉人，/知壽春府。**劉元瑥。**皇朝　　舉人，/授員外，贈郎中。/

附小科：劉[④]條、劉都、劉潤、劉旺、劉晴、劉暟、劉□、劉映、劉曉、劉昶、/劉昀、劉璋、劉瓆、劉造、劉瑁、劉焕。/

阮名筵，黎陽和/鄉貢。**阮名望，**黎福泰鄉貢，/知壽昌縣。**阮名宰，**黎永壽鄉貢，/授鴻臚寺班。**阮公鍈，**黎陽德/鄉貢。/**阮公錫，**黎陽德中士望，/仕至憲察使。**阮宗**[⑤]**横。**黎鄉貢，/授詹事。

小科：阮春霖。/[⑥]

---

① “壬辰科進士”，即劉噓，詳見本篇注。
② 以上爲拓片編號 02715 内容。
③ 此爲拓片編號 02716 額題。
④ “劉”，碑文原作“刘”，因係繁簡字，故逕改。之下“附小科”之“劉”字皆同，不再出注。
⑤ “宗”，缺筆，越南避諱字。
⑥ 以上爲拓片編號 02716 内容。

【供德碑記】[①]

鄉内冠紳君子供德以下：/

官員、原舉人阮廷達，十/貫。**官員、正九品吏目劉璞，**三十/貫。/**官員阮廷杞，**五/貫。**官員阮春棋，**五/貫。**鄉老阮金鐙，**三/貫。**官員阮廷芥，**五/貫。/**官員阮名堅，**五/貫。**官員阮名豁，**五/貫。**官員阮春瑞，**五/貫。**該隊阮名冠，**五/貫。/**首令阮廷權，**五/貫。**伶長阮名葵，**三/貫。**老劉嶺，**三/貫。**伶長阮春瓚，**一/貫。/**士人劉誠，**一/貫。**士人劉静。**一/貫。/

鄉壻冠紳君子供德以下：/

定安護督桂坪阮，白銀十兩/，值八十貫。**定安護督劉夫人，**五十/貫/。**領延河縣知縣鄭輝珪，**十/貫。**大盎社該總阮春重，**六/貫/。**僊崗社里長阮廷姜，**十/貫。**黄梅社九品阮惟清，**十/貫。/**羲山社黎有炎，**五/貫。**大盎社阮添贈，**五/貫。**大盎社阮登召，**五/貫。/**大盎社里長文，**一/貫。**大盎社阮添馥，**一/貫。/**清池社里長陳春体。**五/貫。/

貴義冠紳君子供德以下：/

本縣衙通吏阮玉珖，五/貫。**本縣延長社拙醫阮典敦，**六/貫。/**安山縣龍珠社阮廷睿，**十/貫。**陽居譚什記，**五/貫。**安健村士人阮曰琳。**三/貫。/[②]

題後

根據本篇（篇號一五五）和上篇（篇號一五四）的内容加以統計可知，劉氏有三名進士：劉𡀔（壬辰科，1772）、劉晲（乙未科，1775）、劉揆（乙未科，1835），八名中科和十六名小科，共二十七名。

阮名氏有一名進士阮名壽（辛未科，1631），六名中科，一名小科，共八人。而阮廷族則有六名進士，十七名中科，八名小科，共三十一人。根據世科阮廷家族來看，若按碑上的順序排列，作者推斷他可能與阮廷槛、阮廷槿同輩。之外小科的阮伯萬、阮伯誌、阮允明、阮金榜、阮廷欑、阮廷林、阮廷球、阮廷森存疑。今作登科世系圖如下：

① 此爲拓片編號02717額題。
② 以上爲拓片編號02717内容。

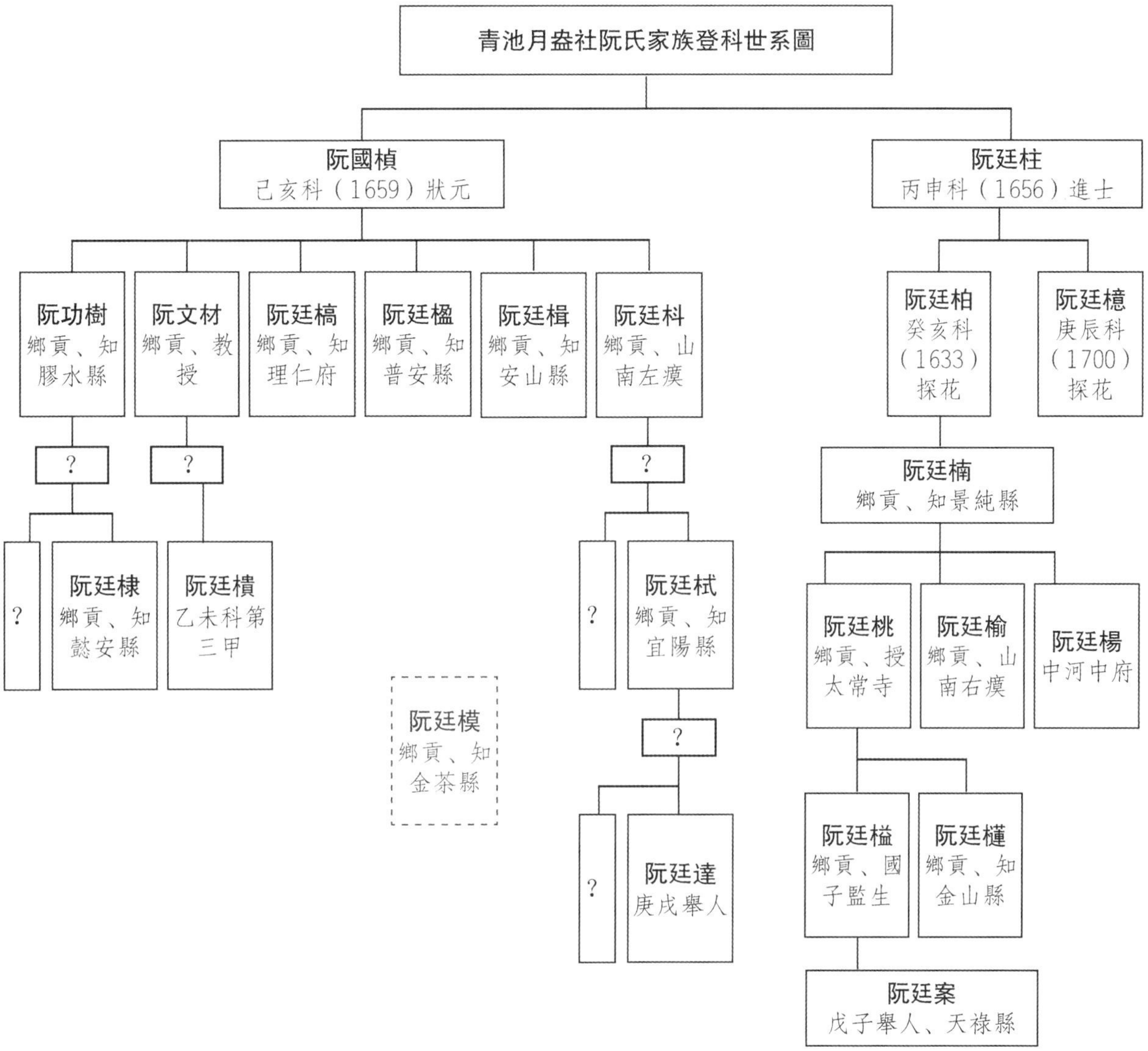
青池月盎社阮氏家族登科世系圖
阮國楨
己亥科（1659）狀元
阮廷柱
丙申科（1656）進士
阮功樹
鄉貢、知膠水縣
阮文材
鄉貢、教授
阮廷槁
鄉貢、知理仁府
阮廷楹
鄉貢、知普安縣
阮廷楫
鄉貢、知安山縣
阮廷科
鄉貢、山南左瘼
阮廷柏
癸亥科（1633）探花
阮廷檍
庚辰科（1700）探花
?
?
?
阮廷楠
鄉貢、知景純縣
?
阮廷棣
鄉貢、知懿安縣
阮廷樍
乙未科第三甲
?
阮廷栻
鄉貢、知宜陽縣
阮廷桃
鄉貢、授太常寺
阮廷榆
鄉貢、山南右瘼
阮廷楊
中河中府
阮廷模
鄉貢、知金茶縣
?
?
阮廷達
庚戌舉人
阮廷榏
鄉貢、國子監生
阮廷槿
鄉貢、知金山縣
阮廷案
戊子舉人、天祿縣

一五六　大盎社阮氏罕暨夫後佛碑記

引言

碑立於河東省青池縣永寧總大盎社寺，爲寺内第二碑。碑刻三面，拓片編號 02718/02721/02722。拓片編號 02718 爲碑前，共十八行字，滿行三十字，碑額刻“後佛碑記”四字，並飾有日紋與雲紋，碑身左右兩側刻有蓮花藤紋，碑底則爲蓮座；拓片編號 02721 爲碑右，共九行字，滿行三十三字；拓片編號 02722 爲碑左，共八行字，滿行約三十二字。今依内文主旨定篇題爲“大盎社阮氏𥻅暨夫後佛碑記”。碑文撰者爲墨客卿、蔡倫公，書者爲縣丞阮三壽。年代署作永祐（Vĩnh Hựu）元年（1735），永佑爲後黎懿宗（Lê Ý Tông）黎維祳（Lê Duy Thận），同年爲清雍正十三年，歲次乙卯。拓片現藏於漢喃研究院。

碑文記載大盎社人阮氏𥻅，捐錢及田地予大盎社作爲祭祀與道場之用，大盎社尊阮氏𥻅與其夫武廷堯爲後佛，文末以十六句四字銘文詠此事作結，並録有見證官員之題名、祭供品項、與阮氏𥻅所捐田地尺寸。

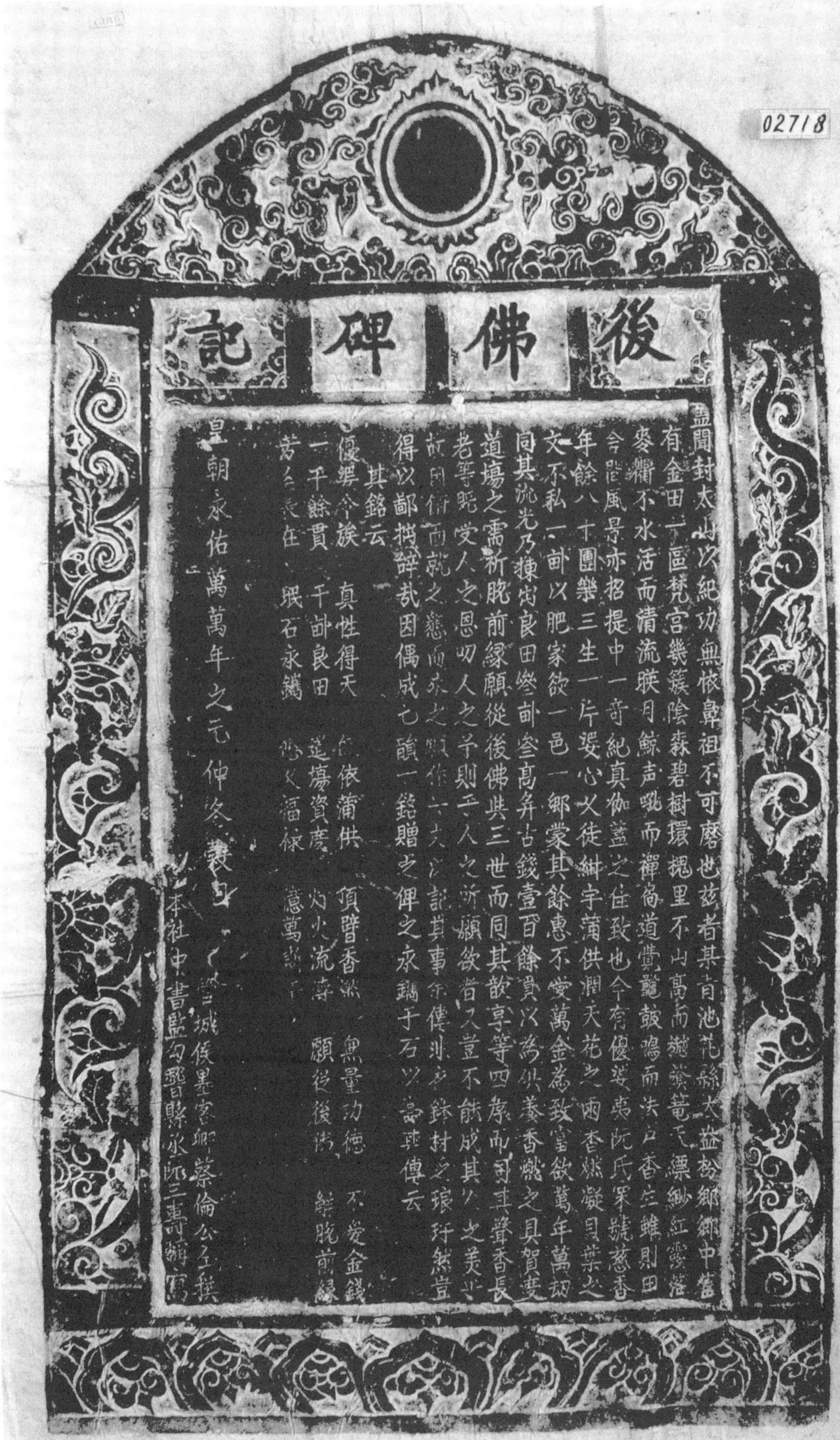

後佛碑記

盖聞封太山以紀功無依阜祖不可磨也茲者其肯池花縣大盎社鄉中舊
有金田一區梵宮幾簇陰森碧樹環𡖂里不山高而嶽簇竜飞縹緲紅雲落
麥𪗶不水活而清流朕月鯨声吼而禪高道覺龍鼓鳴而法戶香生雖則田
合𦘦風景亦招提中一奇紀真伽藍之住致也今有優婆夷阮氏罕號慈香
年餘八十圓樂三生一片婆心以徒紺宇蒲供潤天花之雨香燃凝貝葉之
文不私一畝以肥家欲一邑一鄉蒙其餘惠不愛萬金惹致富欲萬年萬劫
同其流光乃揀宲良田叁畝叁高并古錢壹百餘貫以為供養香燃之具賀変
道場之需祈脫前緣願從後佛共三世而同其歆享等四孝而同其聲香長
老等既受人之恩叨人之予則于人之所願欲者久豈不能成其少之美並
故因衙而就之懲而永之叔作一大以記其事示傳引之録封之琅玕然豈
得以鄙拙辭哉因偶成七韻一銘贈之俾之永鐫于石以寿其傳云

其銘云

優婆今族　真性得天　歆依蒲供　頂礼香煙　無量功德　不愛金錢
一千餘貫　千畝良田　道場資度　灯火流傳　願從後佛　解脫前緣
芳名長在　珉石永鐫　以介福祿　億萬斯年

皇朝永佑萬萬年之乙仲冬穀日

晉城侯墨客卿蔡倫公𡎝撰
本社中書監句留縣丞阮三壽謹寫

編號：02718　出自《拓片總集》第三冊

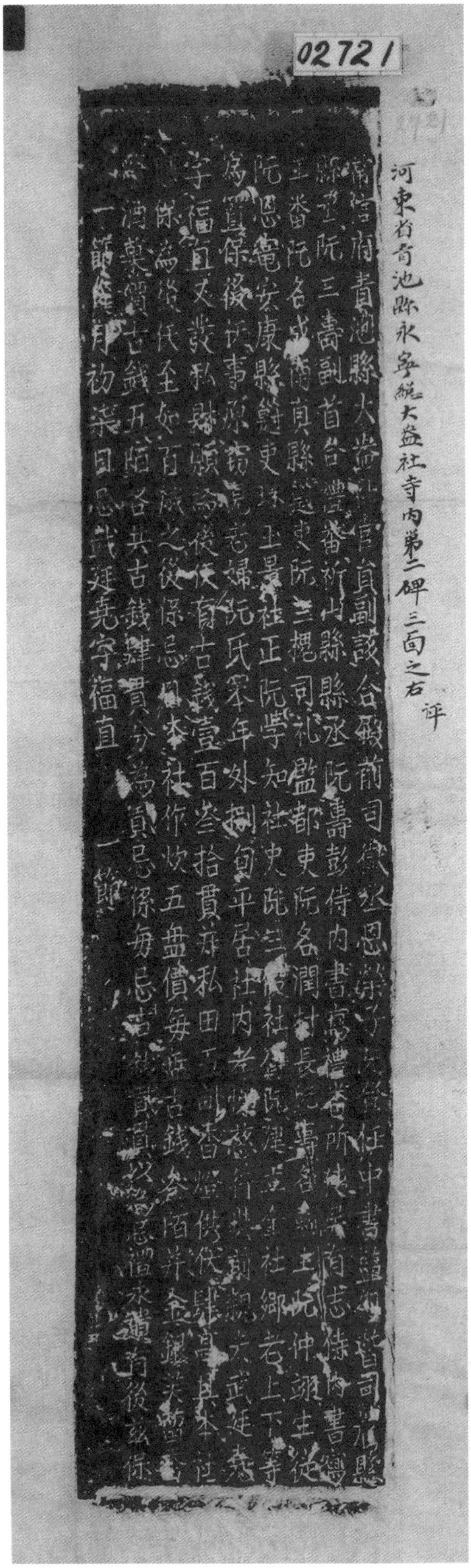
02721
河東省青池縣永亭總大益社寺内第二碑三面之右 评

編號：02721

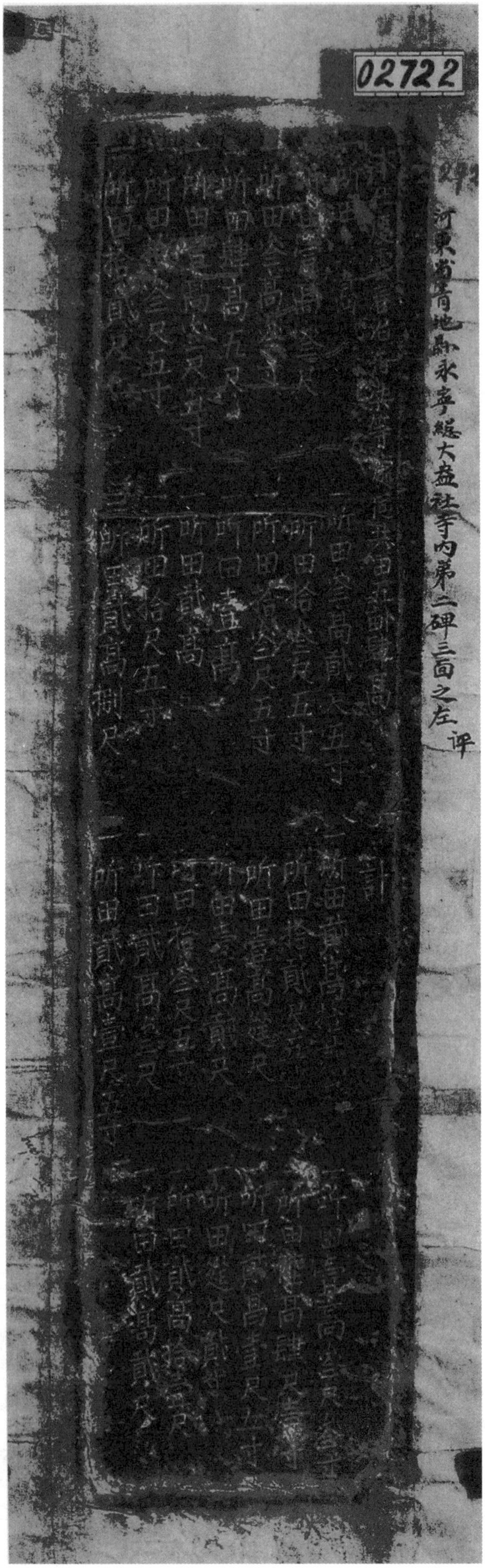
02722
河東省青池縣永亭總大益社寺内第二碑三面之左 评

編號：02722

釋文

後佛碑記[①]

蓋聞封太山以紀功，無懷鼻祖不可磨也[②]。玆者某青池花縣大盎枌鄉、鄉中舊/有金田一區，梵宫幾簇。陰森碧樹環槐里，不山高而樾蔭篭天；縹緲紅霞落/麥衢，不水活而清流映月。鯨聲[③]吼而禪扃道覺，鼉鼓鳴而法户香生，雖則田/舍間風景，亦招提[④]中一奇紀，真伽藍[⑤]之佳致也。今有優婆[⑥]夷[⑦]阮氏罘號慈香，/年餘八十，團樂三生，一片婆心，久徒紺宇[⑧]，蒲供[⑨]潤天花之雨，香燃凝貝葉[⑩]之/文。不私一畝以肥家，欲一邑一鄉蒙其餘惠；不愛萬金爲致富，欲

---

① 此爲拓片編號 02718 額題，今依内容及性質重定篇題爲“大盎社阮氏罘暨夫後佛碑記”。

② “蓋聞封太山以紀功”二句，見《管子・封禪》：“桓公既霸，會諸侯於葵丘，而欲封禪。管仲曰：‘古者封泰山、禪梁父者七十二家，而夷吾所記者十有二焉。昔無懷氏封泰山、禪云云；虙羲封泰山，禪云云；神農封泰山，禪云云；炎帝封泰山，禪云云；黄帝封泰山，禪亭亭；顓頊封泰山，禪云云；帝嚳封泰山，禪云云；堯封泰山，禪云云；舜封泰山，禪云云；禹封泰山，禪會稽；湯封泰山，禪云云；周成王封泰山，禪社首；皆受命然後得封禪。’”“蓋”，原碑文作“盖”，因係繁簡字，故逕改。

③ “聲”，碑刻原作“声”，因係繁簡字，故逕改。

④ “招提”，梵語音譯，寺院的别稱，音譯初爲“拓斗提奢”，省作“拓提”，後誤爲“招提”。其義爲“四方”。四方之僧稱招提僧，四方僧之住處稱爲招提僧坊。北魏太武帝造伽藍，創招提之名，後遂爲寺院的别稱。

⑤ “伽藍”，梵語音譯，又作僧伽藍摩、僧伽藍，意譯稱僧園、僧院。原意指僧衆所居之園林，然一般用以稱僧侣所居之寺院、堂舍。（後秦）弗若多羅譯《十誦律・比丘誦》：“地法者，佛聽受地，爲僧伽藍故，聽僧起房舍故。”

⑥ “婆”，碑刻原作喃字“娑”，兩字義同，故逕改。本篇下同不另注。

⑦ “優婆夷”，梵語者譯，爲佛教四衆之一，又作優婆私訶、優婆斯、優波賜迦。譯爲清信女、近善女、近事女、近宿女、信女。（宋）法雲編《翻譯名義集・七衆弟子篇》：“大論云：佛弟子七衆，一比丘，二比丘尼，三學戒尼，四沙彌，五沙彌尼，六優婆塞，七優婆夷。然諸經中標四衆者，自古皆以比丘、比丘尼、優婆塞、優婆夷爲四衆。”又，優婆塞、優婆夷，“肇曰：義名信士男信士女。净名疏云：此云清净士、清净女，亦云善宿男、善宿女，雖在居家，持五戒，男女不同宿，故云善宿。”

⑧ “紺宇”，即紺園。佛寺之别稱。（唐）王勃《益州德陽縣善寂寺碑》：“朱軒夕朗，似游明月之宫；紺宇晨融，若對流霞之闕。”

⑨ “蒲供”，以稱“伊蒲饌”、素食齋供。（明）元賢集《禪林疏語考證・彝典門》：“斋供食曰伊蒲饌。後漢楚王映詣闕以縑贖罪，詔報曰：王好黄老之言，尚浮居之教，還其贖以助伊蒲塞桑門之饌。注伊蒲塞即優婆塞。此言近住，言受戒行甚近僧住也。”又《書言故事・釋教》：“齋供食曰伊蒲饌。”

⑩ “貝葉”，是貝多羅葉的略稱，一種供書寫資料、經文的樹葉，古印度時以此作爲紙類之代用品。

萬年萬劫/同其流光。乃揀出良田叁畝叁高[①]、并古錢[②]壹百餘貫，以爲供養香燃之具，賀度/道場之需，祈脱前緣，願從後佛，與三世[③]而同其歆享，等四序而同其聲香。長/老等既受人之恩，叨人之予，則于人之所願欲者，又豈不能成其人之美乎！/故因俯而就之，懇而求之，願作一文以記其事，余傳非衣鉢，材乏琅玕，然豈/得以鄙拙辭哉！因偶成七韻一銘贈之，俾之永鐫于石，以壽其傳云。/

其銘云：/

優婆令族，真性得天。皈依[④]蒲供，頂臂香燃。

無量功德[⑤]，不愛金錢。/一千餘貫，千畝良田。

道場資度，燈火流傳。願從後佛，解脱前緣。/

芳名長在，珉石永鐫。悠久福禄，億萬斯年。/

皇朝永佑萬萬年之元[⑥]仲冬穀日/

管城侯墨客卿、蔡倫公仝撰/

本社中書監勾稽縣丞阮三壽稱寫/[⑦]

常信府青池縣大盎社官員、副該合、殿前司獄丞、恩榮子阮登任，中書監勾稽司農縣/縣丞阮三壽，副首合禮番、祈山縣縣丞阮壽彭，侍內書寫禮番所使吴有志，侍內書寫/工番阮名

① “高”，又作“篙”“蒿”，越南的計量單位“分”，越南畝的十分之一，按越南北部地畝制，一分相當三百六十平方米；中部地畝制，則相當四百平方米。

② “古錢”，又稱“貴錢”。見《欽定越史通鑑綱目・正編》“後黎盛宗光順八年”注“使錢”“古錢”引黎貴惇《芸臺類語》云：“北人以百文爲一陌。本國以三十六文爲一陌，謂之‘使錢’；六十文爲一陌，謂之‘古錢’。‘使錢’十陌，乃是‘古錢’六陌，準爲‘使錢’一貫。其‘古錢’十陌乃使錢之一貫六陌四十文。使錢别名閒錢，古錢别名貴錢。”

③ “三世”，又作“三際”“去來今”“去來現”“已今當”，乃過去世、現在世、未來世之總稱。

④ “皈依”，見《阿毘達磨俱舍論》卷十四：“諸有歸依佛，及歸依法僧，於四聖諦中，恒以慧觀察。知苦知苦集，知永超衆苦，知八支聖道，趣安隱涅槃。必因此歸依，能解脱衆苦。”故皈依又作“歸依”，指歸敬依投於佛、法、僧三寶。

⑤ “功德”，見《大乘義章》卷九：“言功德，功謂功能，善有資潤福利之功，故名爲功；此功是其善行家德，名爲功德。”意指行善所獲之果報。

⑥ “皇朝永佑萬萬年之元”，永佑爲後黎懿宗黎維祳年號，永佑元年（1735），當清雍正十三年，歲次乙卯。

⑦ 以上爲拓片編號 02718 内容。

成，南真縣提[1]吏阮三槐，司禮監都吏阮名潤，村長阮壽名，監生[2]阮仲翊，生徒[3]/阮恩，安康縣提吏珠玉景，社正阮學知，社史阮三俊，社胥阮建立，全社鄉老、上下等/爲置保後佛[4]事。

原竊[5]見老婦阮氏罕年外捌旬，平居社内，孝悌慈行，與前親夫武廷堯/字福直，又發私財願爲後佛，有古錢壹百叁拾貫，并私田五畝，香燈供佛肆高，其本社/應保爲後佛，至如百歲之後係忌日，本社作炊五盤[6]，價每盤古錢叁陌[7]，并金、銀、芙蔔[8]、香、/燈、酒、菓價古錢五陌，各共古錢肆貫，分爲貳忌，係每忌古錢貳貫，以爲忌禮，永遺有後。

茲保/　　　　一節玖[9]月初柒日忌，武廷堯字福直。　　一節/[10]

本社慶雲春泥岳梁等處同共田五畝肆高，　　　計：/

一所田壹高，一所田叁高貳尺五寸，一所田貳高拾貳尺，一所田壹高叁尺叁寸，/一所田壹高叁尺，一所田拾叁尺五寸，一所田拾貳尺五寸，一所田陸高肆尺壹寸，/一所田叁高叁寸，一所田拾叁尺五寸，一所田壹高玖尺，一所田貳高壹尺五寸，/一所田肆高五尺，一所田壹高，一所田壹高貳尺，一所田玖尺貳寸，/一所田壹高叁尺五寸，一所田貳高，一所田拾叁尺五寸，一所田貳高拾壹尺，/一所田拾叁尺五寸，一所田拾尺五寸，一所田貳高叁尺，一所田貳高貳尺，/一所田拾貳尺，一所田貳高捌尺，一所田貳高壹尺五寸。/[11]

---

[1] “提”，碑文原作越南避諱字“𨁼”，故逕改。本篇下同不另注。據吴德壽教授考證，“𨁼”最早出現在光興十四年（1591）《重修德橋彝碑》（拓片編號 02391）。提字是越南避諱提調官名。

[2] “監生”，見《欽定越史通鑑綱目》：“鄉試中四場，充入國子監，謂之監生。”

[3] “生徒”，見《欽定越史通鑑綱目》：“生徒，鄉試中三場，謂之生徒。黎初衙吏多以監生、儒生、生徒爲之。”

[4] “佛”，碑刻原作“伕”，因另兼正字，故逕改，下同，不另出注。

[5] “竊”，碑刻原作“窃”，因係繁簡字，故逕改。

[6] “盤”，碑刻原作“盘”，因係繁簡字，故逕改。

[7] “古錢叁陌”，“陌”是計錢的單位，《欽定越史通鑑綱目・正編》“後黎盛宗光順八年”注“使錢、古錢”引黎貴惇《芸臺類語》云：“北人以百文爲一陌。本國以三十六文爲一陌，謂之‘使錢’；六十文爲一陌，謂之‘古錢’。”此曰古錢三陌，故當爲錢一百八十文。

[8] “芙蔔”，是一種藤類的植物，越文作 Cây lá trầu。與檳榔同爲喜慶時必有之象徵性植物，尤其是在傳統婚俗文化中，檳榔、芙蔔與石頭（石灰）是兄弟和睦、夫妻相恩相愛之象徵。

[9] “九”，碑文原作越南避諱字“㲃”，故逕改。本篇下同不另出注。

[10] 以上爲拓片編號 02721 内容。

[11] 以上爲拓片編號 02722 内容。

題後

大盎社寺内尚有一刻立於後黎龍德三年（1734）的寄忌碑，碑記主人爲大盎社人阮氏輝，拓片編號爲02723至02725。兩碑刊立的時間相差一年，然或因阮氏罙捐資較爲豐厚，故由常信府青池縣大盎社各級官員作爲保立者。兩通碑記均爲女性無嗣求血食，故捐資求爲後佛，值得注意的是，阮氏罙、阮氏輝兩人均是接受三皈、受持五戒的優婆夷，却仍然期待往生之後的血食，反映出後黎朝越南的信仰質性。

一五七　大盎社歷代先賢碑記

引言

碑立於河東省青池縣永寧總大盎社文址。碑刻雙面，拓片編號02719/02720。拓片編號02719爲碑前，共二十一行字，滿行三十一字；拓片編號02720爲碑後，共十行字，滿行三十二字。兩面碑額皆刻"歷代先賢碑記"五字，今依額題定篇題爲"大盎社歷代先賢碑記"。兩面兩側皆飾有花草紋。年代署作後黎敬宗黎維新弘定（Hoằng Định）十一年（1610），同年爲明萬曆三十八年，歲次庚戌。《越南漢喃碑銘拓片目録提要》一書則認爲碑文上的年代爲僞造，推斷立碑年代應爲阮朝1894年之後。拓片現藏於漢喃研究院。

此爲大盎社斯文會立之科場碑，記録該社各科中榜者題名與職爵。

02719
歷代先賢碑記

編號：02719 出自《拓片總集》第三册（下同）

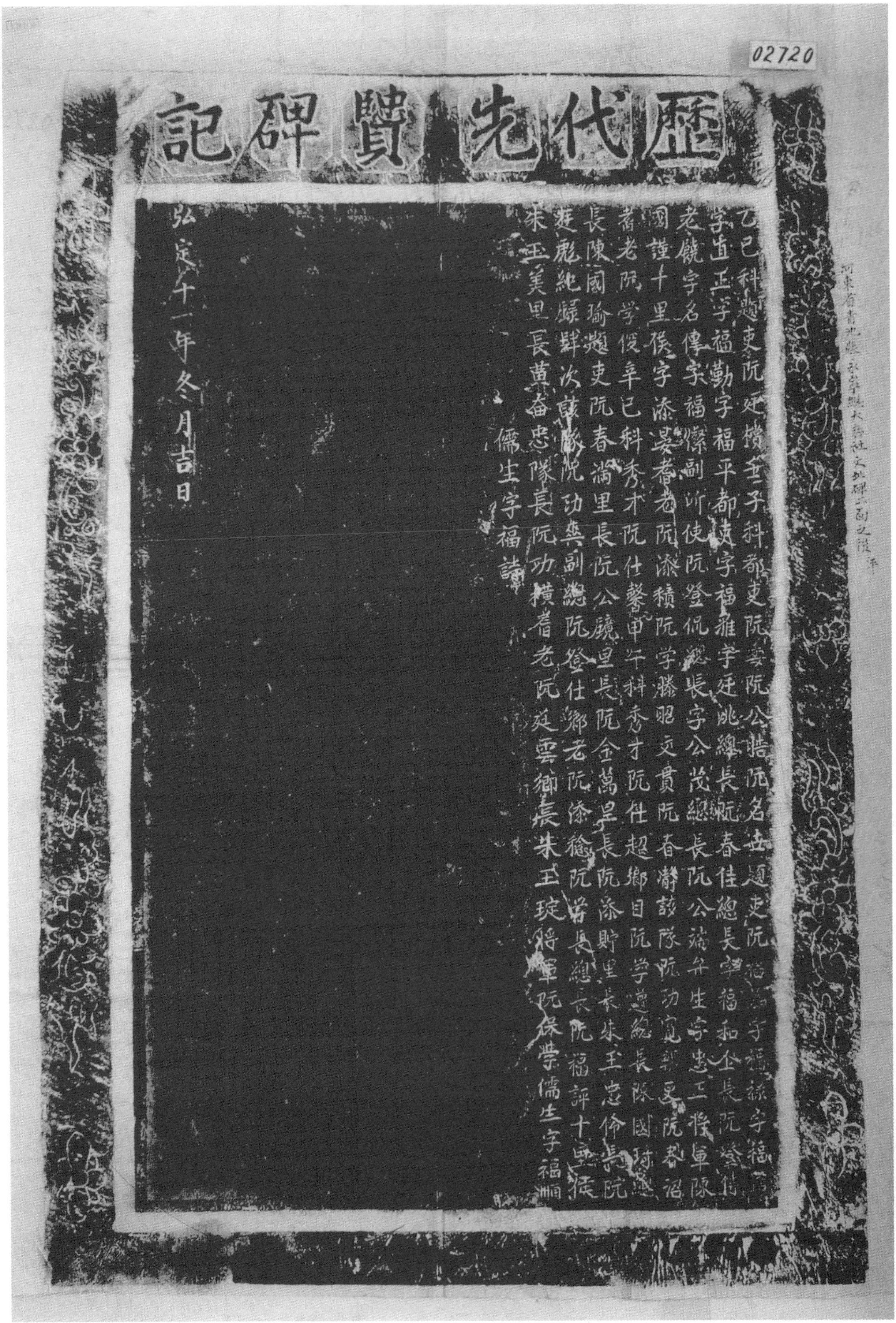
02720
歷代先賢碑記
弘定十一年冬月吉日

編號：02720

釋文

【歷代先賢碑記】[①]

河内省常信府青池縣大盎社斯文會　　恭　撰科場碑記

甲子科訓導阮賦；辛丑科知縣阮衍；甲午科訓導阮儒、阮仁壽；辛丑科縣丞阮/廷廉；丙午科知縣阮高光；戊寅科知府阮登任；壬午科阮玉□、阮廷緣；乙酉科阮/富勝；庚子科阮學而、陳廷政；辛丑科阮千歲、阮乇友、阮必得、阮千載；癸卯科阮廷諍、阮世魁；庚戌科阮廷栢；癸丑科阮富足、阮登榮、阮廷仕；甲子科阮登用、阮廷策、/阮良能；庚午科阮惟綱；癸酉科阮秉芳；己卯科員外郎阮春龍、阮廷植；辛卯科縣/丞阮三壽；甲午科阮仲慶、阮鴻勳；丁酉科阮恩寵；庚子科阮春條、阮春瑛；乙卯科/阮春樹；戊午科中尉阮春韶；癸亥科阮春播、阮壽彩；庚午科阮珽；丙子科鄉貢阮/名桓；乙卯科舉人阮春鳳；脚色太仆字盎川、太仆阮福廣；神武四衛阮樸直；前諶/諭阮福簾；監生阮福棣；少卿字慶衍；知縣字耆老；典簿字耆信；同知府字清溪；府/生字福源；府生字福元；府生字福隊；儒生字福安；儒生字福增；知府阮安良；訓導/阮懇篤；府生字福脣；知縣阮清源；知縣字貢州；縣丞阮純慤；儒生字福廉；府生字/玄莊；儒生字福嚴；少卿阮延壽；知縣字嚴慎；府生字榮；參議字雅量；府生字柔和；/府生字福全；府生字惠天；知縣字善質；縣丞字福簾；副所使字福直；府生字福高；/府生字雅質；府生字明智；府生字良正；府生字敦智；府生字福仁；府生字道忠；典/獄字福壽；府生字純忠；少卿字福純；府生字法彝；府生維信；府生賢正；少卿字名/重；監生字仲翊；將軍字福歡；府生字名茂；知簿字福幸；將軍字福道；府生福績；府/生字國楷；政使字福毅；儒生字謹信；府生字春機；府生字名栒；府生字純信；府生/字名播；儒生字國基；府生福科、福意；訓導阮德進；縣丞阮壽彭；將軍阮公鉅；壬辰/科題吏阮遴、阮三綱；丙寅科都吏阮公光、阮倅器；乙卯科題吏阮廷榜、阮名望、阮/公碩、阮廷美、阮公盛、阮公冠；辛卯科題吏阮三槐、阮公潤、朱廷璟、吴有志、阮公元；/[②]乙巳科題吏阮廷櫝；壬子科都吏阮委、阮公皓、阮名沯；題吏阮福爲、字福禄、字福信、/字直正、字福勤、字福平；都吏字福雅、字廷兆；總長阮春佳；總長字福和；仝長阮登侍；/老饒字名傳、字福傑；副所使阮登侃；總長字

---

① 此爲拓片編號02719及編號02720之額題，今依内容及性質重定篇題爲“大盎社歷代先賢碑記”。

② 以上爲拓片編號02719内容。

公茂；總長阮公端；弁生字忠正；將軍陳/國謹；十里侯字添晏；耆老阮添積、阮學滕、昭文貫、阮春滯；該隊阮功寬；辨吏阮春沼；/耆老阮学俊；辛巳科秀才阮仕馨；甲午科秀才阮仕超；鄉目阮学遵；總長陳國琦；總/長陳國瑜；題吏阮春滿；里長阮公鏡；里長阮金萬；里長阮添貯；里長朱玉忠；伶長阮/廷彪；紀録肆次該隊阮功爽；副總阮登仕；鄉老阮添稔、阮學長；總長阮福評；十里侯/朱玉美；里長黄奮忠；隊長阮功横；耆老阮廷雲；鄉長朱玉琔；將軍阮保學；儒生字福順；/儒生字福詩。/

弘定十一年①冬月吉日/

①“弘定”，爲後黎敬宗黎維新年號，弘定十一年（1610），當明萬曆三十八年，歲次庚戌。

一五八　鄭西王令諭奉事士王殿碑記

引言

碑立於北寧省順城府姜寺總隴溪社士王學菸殿，爲祭堂内之右邊第二碑。碑刻雙面，拓片編號 02785/02749，拓片編號 02785 爲碑前，共十九行字，滿行約二十七字，碑額刻“恭刊令諭奉事碑”七字；拓片編號 02749 爲碑後，共三十一行字，滿行約四十字，碑額刻“造本國聖祖文碑”七字，碑題“虔修士王殿碑文并銘事”十字，今依内文主旨定篇題爲“鄭西王令諭奉事士王殿碑記”。兩面之四邊刻有紋飾，碑額兩層，内層爲雙龍昭日，外層與左右兩側以有龍、鳳鳥、蓮花等紋飾相連，紋飾繁複。拓片編號 02749 記載碑文撰者爲國子監監生阮鏗，書者爲慈山府提吏武滙，年代則署作永治四年（1679）。拓片編號 02785 年代則署永治（Vĩnh Trị）元年（1676），永治爲後黎熙宗（Lê Hy Tông）黎維祫（Lê Duy Cáp）年號，元年爲清康熙十五年，歲次丙辰；四年爲清康熙十八年，歲次己未。拓片現藏於漢喃研究院。

拓片編號 02785 碑文主記西王鄭柞下令隴壥村爲士王（士燮）守隸之諭令，文中明訂祭禮儀式、品項等相關規定。拓片編號 02749 面則記士王祠的由來，並重申隴壥村祭祀士王時祭禮各項規定。

恭刊令諭奉事碑

編號：02785　出自《拓片總集》第三冊（下同）

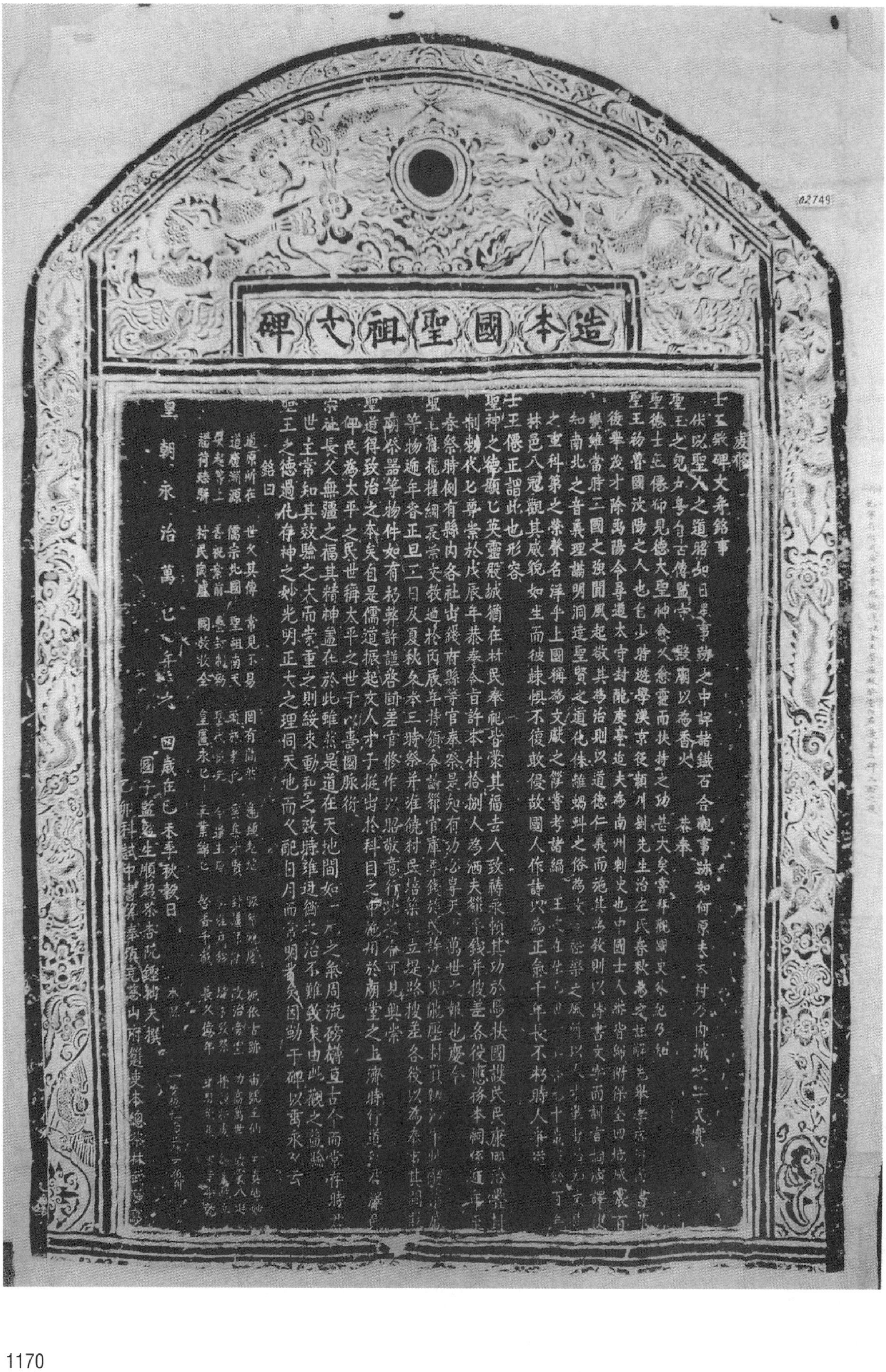

造本國聖祖文碑

編號：02749

釋文

【恭刊令諭奉事碑】[①]

順安府超類縣青湘社隴廛村，官員、鄉老、村長等，　恭奉/　　　　大元帥、掌國政、尚師、太父、德功仁威明聖西王[②]令，諭超類縣青湘社隴/廛村、兹專委/　　　　元帥、典國政、定南王[③]、總裁事機，恢張治具，係道學宗師，所當崇重。兹/　　　　前士王乃本國文字之祖，綱常道理，從斯創始，其奉事時祭，正可舉行，/已經論查實等因，應許隴廛村爲守隸，遞年春祭，已有府縣官應祭；/止有夏、秋、冬三時，并正旦節三日祭禮，仍量取村内季錢，共古錢[④]拾/柒貫壹陌[⑤]，准爲奉事。各節間、或殿廟及祭器等物件，如有朽弊，許謹/啓聞，差官修理應作，以昭敬意。其上項季錢已除[⑥]例内及户分，培築、/築立堤路、搜差各役，並准饒係所該并奉差，各衙門當奉除，不得擾捉，違者有罪，兹令諭。

計

一奉事殿廟各節祭禮，共准古錢拾柒貫壹陌錢。/

正旦節三日，　共古錢五貫柒陌。　每日豬壹口，准古錢壹貫五陌；　酒壹埕，准古錢壹陌；　炊壹盤，准古錢五陌。/

夏祭禮共古錢叁貫捌陌。　沙牢[⑦]壹隻，准古錢叁貫；　炊壹盤，准古錢五陌；　酒壹圩，准古錢叁陌。/

秋祭禮共古錢叁貫捌陌。　沙牢壹隻，准古錢叁貫；　炊壹盤，准古錢五陌；　酒壹圩，准古錢叁陌。/

---

① 此爲拓片編號02785額題，今依内容及性質重定篇題爲“鄭西王令諭奉事士王殿碑記”。

② “西王”，即鄭柞，文祖誼王鄭梉次子，成祖哲王鄭松之孫，世祖明康太王鄭檢曾孫，第四代鄭主。黎神宗永壽二年（1659）九月二日，封元帥、掌國政、西定王爲翊運贊治功臣、大元帥、掌國政、尚師、西王，見《大越史記全書本紀》卷十八。

③ “定南王”，即鄭根，鄭柞長子，第五代鄭主。黎嘉宗陽德三年（1674）秋七月十八日“帝以王世子節制、太尉、宜國公鄭根功望隆重，晋封爲元帥、典國政、定南王”，見《大越史記全書本紀》卷十九。

④ “古錢”，又稱“貴錢”。見《欽定越史通鑑綱目·正編》“後黎盛宗光順八年”注“使錢、古錢”引黎貴惇《芸臺類語》云：“北人以百文爲一陌。本國以三十六文爲一陌，謂之‘使錢’；六十文爲一陌，謂之‘古錢’。‘使錢’十陌，乃是‘古錢’六陌，準爲‘使錢’一貫。其‘古錢’十陌乃使錢之一貫六陌四十文。使錢别名閒錢，古錢别名貴錢。”

⑤ “陌”，計錢單位。

⑥ “除”，碑文原作越南避諱字“𨼅”，故逕改。本篇下同不另注。

⑦ “沙牢”，即少牢、小牢，用羊或豬祭祀。後來在越南用以指代作爲祭品的羊。

冬祭禮共古錢叁貫捌陌。 沙牢壹隻，准古錢叁貫； 炊壹盤，准古錢五陌； 酒壹圩，准古錢叁陌。/

永治元年[①]十二月十八日/

令諭/

一户兒隴廛村：阮廷明、阮有財、阮扶、阮廷科、阮有禮、阮禄壽、/阮仁多、杜魁、阮仁德、阮文忍、阮解、阮辛、/阮有成、阮騎、阮乙、杜硯、阮進高、阮時望、/杜文發、阮進楊、黄文曹、阮佐强、裴文敏、阮進財、/阮勘、阮諫、阮有樂、阮有仁、阮有體[②]、/阮有本、阮佐覩、阮有常。/

將仕庶郎、將作監玉石局局正、進禄男、阮富財嘉定縣端拜社□/[③]

【造本國聖祖文碑】[④]

虔修/　　　　士王殿碑文并銘事[⑤]

伏以聖人之道，昭如日星，事跡之中，詳諸鐵石，合觀事跡如何。原夫本村乃内城之子民，實/　　　　聖王之兒户，粤自古傳監守　殿廟，以爲香火，　　恭奉/　　　　聖德士王僊。仰見德大聖神愈久愈靈，而扶持之功甚大矣。嘗拜觀國史外紀，乃知/　　　　聖王初魯國汝陽之人也，自少時遊學漢京，從潁川劉先生治《左氏春秋》，爲之註解，先舉孝廉，補尚書郎，/　後舉茂才，除函陽令，尋遷太守，封隴度亭。迨夫爲南州刺史也，中國士人悉皆歸附，保全四境，威震百/　蠻，雖當時三國之强，聞風起敬。其爲治，則以道德仁義而施；其爲教，則以詩書文字而訓。言詞演譯，使/知南北之音；義理講明，洞達聖賢之道。化侏離[⑥]蝸蚪[⑦]之俗，爲文章禮樂之風。所以人才輩出，始知文學/之重，科第之榮，聲名洋乎上國，稱爲文獻之邦[⑧]。嘗考諸編，　王之在位凡四十年，壽九十歲，後餘百年，/　林邑入寇，觀其威貌如生，而彼竦懼，不復敢侵，故國人作詩以爲“正氣千年長不朽，時人争道/　　　　士王僊”，正謂此也。形容/　　　　聖神之德，顯顯英靈，殿城猶在，村民奉祀，皆蒙其福。

---

① “永治”，爲後黎熙宗黎維袷年號，永治元年（1676），歲次丙辰，當清康熙十五年。

② “體”，碑文原作“体”，因係繁簡字，故逕改。

③ 以上爲拓片編號 02785 内容。

④ 此爲編號 02749 之額題。

⑤ 此爲編號 02749 之碑題。

⑥ “侏離”，見（宋）范曄《後漢書·南蠻列傳》：“（高辛氏）於是使迎致（槃瓠）諸子。衣裳班蘭，語言侏離，好入山壑，不樂平曠。帝順其意，賜以名山廣澤。其後滋蔓，號曰蠻夷。”李賢注：“侏離，蠻夷語聲也。”

⑦ “蝸蚪”，或即《莊子·雜篇·則陽》：“有國於蝸之左角者曰觸氏，有國於蝸之右角者曰蠻氏，時相與争地而戰，伏尸數萬，逐北旬有五日而後反。”

⑧ “邦”，爲越南避諱字“餙”，下同不另注。

世人致禱[①]，永賴其功。於焉扶國護民，民康國治，疊封/制勅，代代尊崇。於戊辰年[②]恭奉令旨，許本村拾捌人爲洒夫，除乎錢并搜差各役應務，本祠係遞年至/　春祭，時例有縣内各社出錢，府縣等官奉祭，是知有功必享，天下萬世之報也。

慶今/　　　　聖主，總攬權綱，敦崇文教，迺於丙辰年[③]特頒令諭，除官庫季錢於民，許户兒隴壥村買辦[④]沙牢牲醴粢盛/　等物，遞年春正旦三日及夏秋冬奉三時祭，并准饒村民培築、築立堤路，搜差各役，以爲奉事，其間殿/　廟祭器等物件如有朽弊，許謹啓聞，差官修作，以昭敬意。行此之令，可見興崇/　　　　　聖道，得致治之本矣。自是儒道振起，文人才子、挺出於科目之中，施用於廟堂之上。濟時行道，致君澤民，/　俾民爲太平之民，世稱太平之世，于以壽國脉，衍/　　　　　宗社，長久無疆之福，其精神蓋[⑤]在於此。雖然是道在天地間，如一元之氣，周流磅礴，亘古今而常存，時君/　世主常知其效驗之大而崇重之，則綏來動和之效，時維迓衡之治[⑥]，不難致矣。由此觀之，益驗/　　　　　聖王之德，過化存神之妙[⑦]，光明正大之理，同天地而久，配日月而常明者矣。因勒于碑，以垂永久云。/

銘曰：/

道原所在，世久其傳。常見不易，罔有間然。

粇鍾起地，脉結隴壥。城依古跡，廟[⑧]號王仙。

王真神妙，/道廣淵源。儒宗北國，聖祖南天。

雨施教化，雲集才賢。封疆保守，政治旁宣。

功高萬世，威震八埏。/靈[⑨]超等上，香祝案前。

叠封制勅，歷代後先。今逢主聖，令准户錢。

---

① “禱”，碑文原作“祷”，因係繁簡字，故逕改。

② “戊辰年”，應爲後黎神宗黎維祺永祚十年（1628），據後文丙辰年頒令諭，丙辰即前文後黎熙宗永治元年（1676）鄭柞所頒令諭，上溯之戊辰，應即後黎神宗永祚十年，當明思宗崇禎元年。

③ “丙辰年”，即後黎熙宗黎維袷永治元年，當清康熙十五年（1676）。

④ “辦”，碑文原作“辨”，因另兼正字，故逕改。

⑤ “蓋”，碑文原作“盖”，因係繁簡字，故逕改。

⑥ “迓衡”，謂迎致太平之政。《尚書・洛誥》：“王若曰：公、明保予冲子。公、稱丕顯德，以予小子揚文武烈，奉荅天命，和桓四方民，居師。惇宗將禮，稱秩元祀，咸秩無文。惟公、德明光於上下，勤施于四方，旁作穆穆，迓衡不迷，文武勤教，予冲子夙夜毖祀。”孔安國傳：“四方旁來爲敬敬之道，以迎太平之政，不迷惑於文武所。”

⑦ “過化存神之妙”，典出《孟子・盡心上》：“霸者之民，驩虞如也；王者之民，皞皞如也。殺之而不怨，利之而不庸，民日遷善而不知爲之者。夫君子所過者化，所存者神，上下與天地同流，豈曰小補之哉？”

⑧ “廟”，碑文原作“庙”，因係繁簡字，故逕改。

⑨ “靈”，碑文原作“灵”，因係繁簡字，故逕改。

時常致祭，禮謹將虔。碑□屹立，/福荷臻駢。

村民陶盛，國教收全。皇圖永永，王業綿綿。

馨香千載，長久億年。道習厥後，事□乎乾。/

皇朝永治萬萬年之四歲在己未[①]季秋穀日

本縣□□□安檀社局匠□才伯刊/

國子監監生、順超茶杳阮鏗拙夫撰/

乙卯科試中書筭、奉填充慈山府提[②]吏、本總茶林武强寫[③]/

題後

龐塵村士王殿有以下五通碑誌，均收録於本書：

編號	篇題	年代	位置
02749/02785	鄭西王令諭奉事士王殿碑記	後黎熙宗永治四年（1679）	士王學菸殿祭堂内之右邊第二碑
02765/02768	青湘社阮仲宇祭忌碑記	後黎顯宗景興三十六年（1775）	士王學菸殿前右邊第一碑
02766/02767	龐塵村重修士王殿碑記	後黎神宗永壽四年（1661）	士王殿内右邊第二碑
02769/02770	阮世祖詔旨龐塵村仝除碑記	阮世祖嘉隆八年（1809）	士王殿祭堂内右邊第一碑
02779/02780	鄭靖王令諭龐塵村仝除碑記	後黎顯宗景興三十五年（1774）	士王殿祭堂内左邊第三碑

① "皇朝永治萬萬年之四歲在己未"，永治爲黎熙宗黎維祫年號，四年爲公元1679年，當清康熙十八年。

② "提"，碑文原作越南避諱字"𨁈"。據吴德壽教授考證，"提"最早出現在光興十四年（1591）《重修德橋彝碑》（拓片編號02391）。"𨁈"字是越南避諱提調官名。

③ 以上爲拓片編號02749内容。

一五九　青湘社阮仲宇祭忌碑記

引言

碑立於北寧省順城府姜寺總隴溪社士王學菑殿，爲殿前右邊第一碑。碑刻二面，拓片編號02768/02765，拓片編號02768爲碑前，共十九行字，滿行約三十九字，碑額刻“有功村内碑記”六字；拓片編號02765爲碑後，共十七行字，滿行約四十二字，碑額刻“永久不刊”四字，今依内容及性質重定篇題爲“青湘社阮仲宇祭忌碑記”。兩面均有紋飾，碑額皆刻有日紋與雲紋，拓片編號02768左右兩側爲草花捲紋，拓片編號02765面兩側則有鳳鳥紋、獸紋與花草紋。碑文撰者東閣大學士致仕阮輝胤，書者中立社都吏阮仫旺。年代署作景興（Cảnh Hưng）三十六年（1775），景興爲後黎顯宗（Lê Hiển Tông）黎維祧（Lê Duy Diêu）年號，同年爲清乾隆四十年，歲次乙未。拓片現藏於漢喃研究院。

碑是青湘社隴壥村爲文瀾社縣丞阮仲宇所立之祭忌碑記。碑文記述隴壥村在景興三十五年（歲次甲午，1774）選士王殿廟皂隸名額時，阮仲宇有功於隴壥村，故選阮仲宇祭忌於士王殿廟，爲此阮仲宇捐田地以作祭忌之資，文中並記阮仲宇所享之待遇。

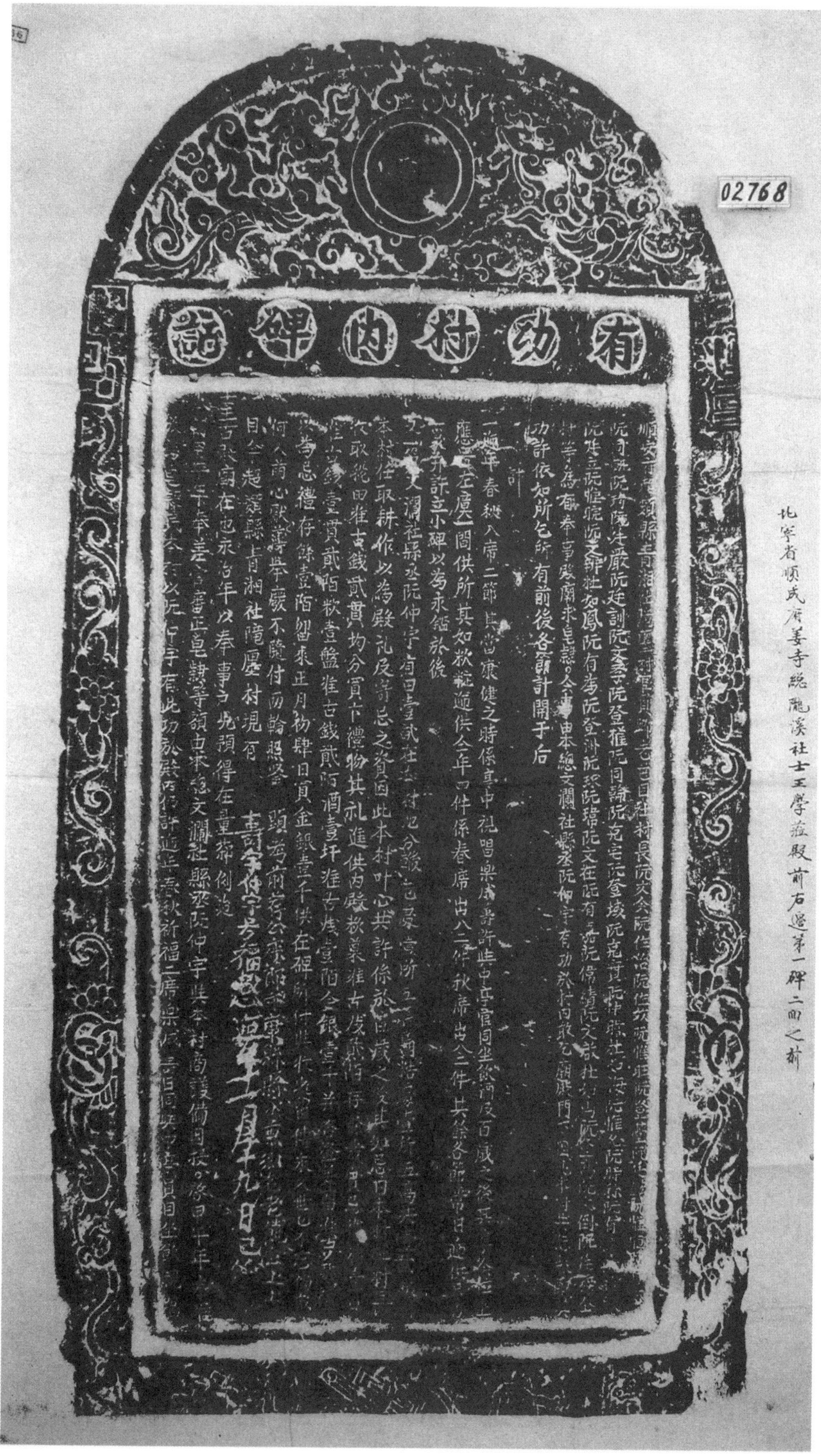
有功村內碑誌
02768

編號：02768　出自《拓片總集》第三冊（下同）

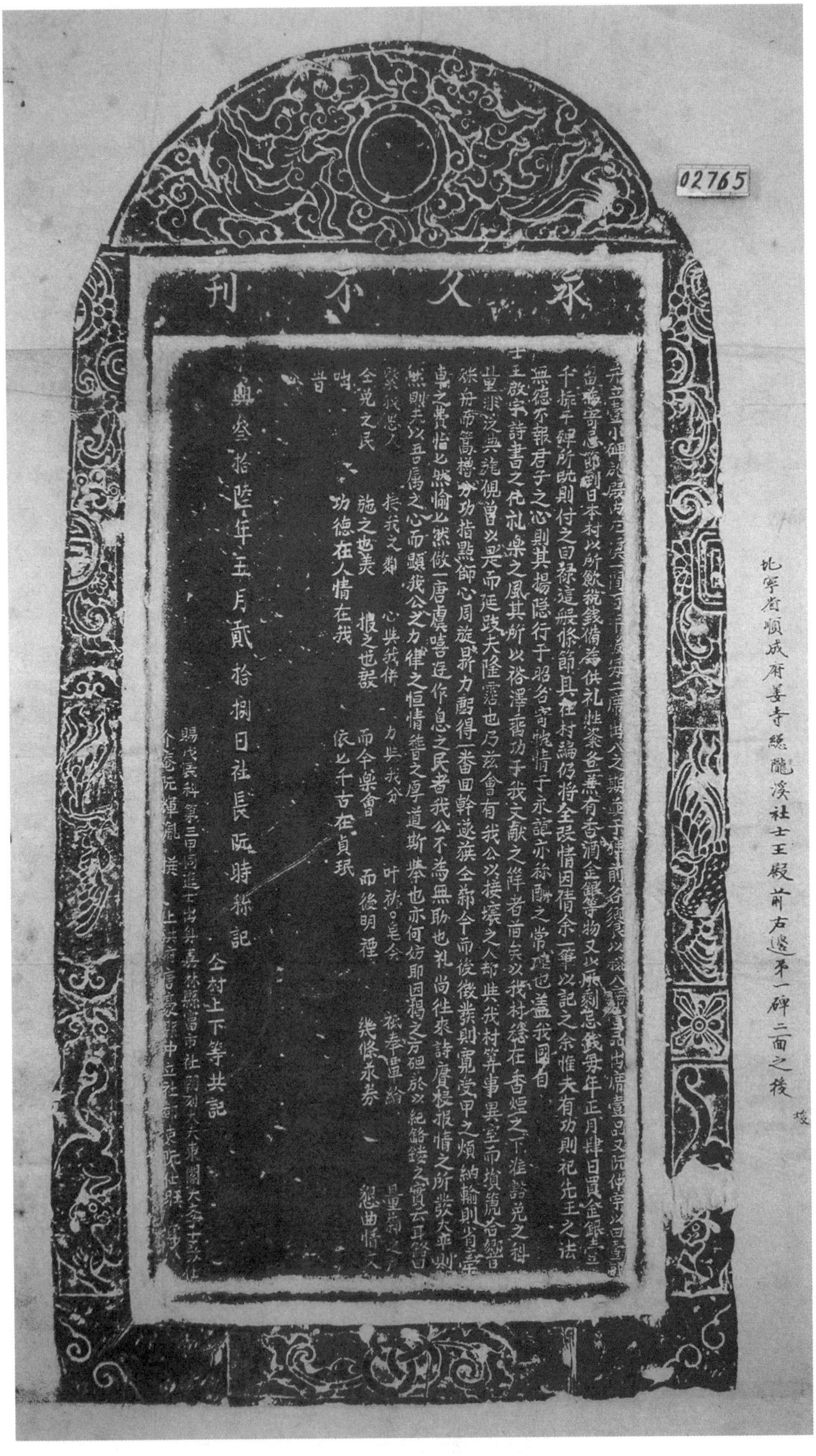
02765
永文不刊
北寧省順成府姜寺總隴溪社士王殿前右邊第一碑二面之後

編號：02765

釋文

有功村内碑記/永久不刊[①]

順安府超類縣青湘社隴廛村官員、鄉老、色目、社村長，阮文會[②]、阮佐治、阮佐數[③]、阮惟旺、阮登臺、阮廷鋐、阮惟晅、阮有志、/阮同軌、阮琦、阮廷嚴、阮廷訓、阮文學、阮登權、阮同輪、阮克宅、阮登域、阮克實、阮仲暐、杜如海、阮惟允、阮時稱[④]、阮有馮、阮惟□、/阮廷立、阮惟晥、阮文辨、杜如鳳、阮有爲、阮登洲、阮球、阮瑋、阮文在、阮有嘉、阮偉績、阮文啓、杜如山、阮登高、阮文倒、阮廷榜仝/村等，爲有奉事殿廟、求皂隸○會事由。本總文瀾社縣丞阮仲宇，有功於村内，敢乞廟殿門下，因此本村共□報酬其/功，許依如所乞，所有前後各節，計開于後[⑤]：/

計/

一遞年春秋入席二節，其當康健之時，係亭中視唱樂成籌，許與中亭官同坐飲酒。及百歲之後，其享會位坐/應置左一間供所，其如粄粽遞供，仝年四件，係春席出入二件，秋席出入二件，其餘各節常日遞供□香/一象，並許立小碑，以爲永鑑於後。/

又一節文瀾社縣丞阮仲宇有田壹畝，在本村地分輚屯處壹所五高，𪐴粘處壹所五高，共壹畝。敬引/本村任取耕作，以爲殿禮[⑥]及寄忌之資。因此本村叶心共許，係於百歲之後，其如忌日，本村社村長/收取稅田，准古錢[⑦]貳貫均分買下禮物，其禮進供内殿粄菓，准古錢貳陌；存餘發賣忌禮，豬壹口，/准古錢壹貫貳陌；粄壹盤，准古錢貳陌[⑧]；酒壹圩，准古錢壹陌；金銀壹千，並香燈、芙蕾，准古錢貳陌；/以爲忌禮。存餘壹陌，留來正月初肆日，買金銀壹千，

---

① 此爲拓片編號02768額題，今依内容及性質重定篇題爲“青湘社阮仲武宇祭忌碑記”。按，後附“永久不刊”四字爲編號02765之額題。

② “會”，碑文原作“会”，因係繁簡字，故逕改。本篇下同不另注。

③ “數”，碑文原作“敉”，越南俗字。

④ “稱”，碑文原作“称”，因係繁簡字，故逕改。本篇下同不另注。

⑤ “後”，碑原作“后”，因另兼正字，逕改，下同不另出注。

⑥ “禮”，碑文原作“礼”，因係繁簡字，故逕改。本篇下同不另注。

⑦ “古錢”，又稱“貴錢。”《欽定越史通鑑綱目·正編》“後黎盛宗光順八年”注“使錢”“古錢”引黎貴惇《芸臺類語》云：“北人以百文爲一陌。本國以三十六文爲一陌，謂之‘使錢’；六十文爲一陌，謂之‘古錢’。……使錢别名閒錢，古錢别名貴錢。”因係繁簡字，故逕改。

⑧ “陌”，計錢單位。見上注。

供在碑所，付與收之留傳，永久世世不忘。倘或/何人萌心厭薄，舉廢不隨，付兩輪照鑒　顯考、前薦[①]公庶郎、永康縣縣丞、兼鄉老、老饒、登上上/目、今超類縣青湘社隴廛村，現有[②]　士王古殿廟在也。永治年以奉事户兒，預得在量除[③]例。迨/　本朝甲午年奉差官審正皂隸等額，由本總文瀾社縣丞阮仲宇與本村商議，備因投○啓甲午年奉准/放爲皂隸民，本村以阮仲宇有此功，於殿内仍許遞年春秋祈福二席，樂成籌日同與中亭員目坐飲視唱，/[④]并立壹小碑於殿内左一間，百年後每二席出入之期，并于碑前各饗以粽，入席壹品，出席壹品。

又阮仲宇以田壹畝/留爲寄忌，節到日本村以所斂税錢，備爲供禮，牲粢各一，兼有香酒、金銀等物。又以所剩忌錢，每年正月肆日、買金銀壹/千，插[⑤]于碑所。既則付之回禄，這般條節具在村編，仍將全段情因倩余一筆以記之，余惟夫有功則祀，先王之法；/無德不報，君子之心。則其揚隱行于昭名，寄忱情于永誼，亦稱酬之常理也。蓋我國自/　士王啓宇，詩書之化，禮樂之風，其所以浴澤垂功于我文獻之邦[⑥]者，舊矣！以我村稔在香煙之下，准豁免之科，/量非泛典，旄倪[⑦]曾以是而延跂，夫隆霑也，乃兹會有我公，以接壤之人，却與我村筭事，異室而塤篪合響，/殊舟而篙櫓分功，指點師心，周旋鼎[⑧]力，虧得一番回幹，遂獲仝除，今而後，徵發則寬受甲之煩，納輸則省牽/車之費，怡怡然，愉愉然，做一唐虞嘻遊作息之民者，我公不爲無助也！禮尚往來，詩賡投報，情之所發，大率則/然，則夫以吾屬之心，而顯我公之力，律之恒情，稽之厚道，斯舉也，亦何妨耶，因揭之方碑，於以紀銘，鏤[⑨]之實云耳。銘曰：/

繄我恩人，接我之鄰。心與我併，力與我分。

叶禱[⑩]○皂會，祗奉覃綸。量除之户，/仝免之民。

施之也美，報之也殷。而今樂會，而後明禋。

---

① “薦”，碑文原作“荐”，因係繁簡字，故逕改。本篇下同不另注。
② “現有”字下，有後刻“壽字仲宇，號福□，遞年十一月十九日忌”。
③ “除”，碑文原作“𨻶”，爲越南避諱字，故逕改。本篇下同不另注。
④ 以上爲拓片編號 02768 内容。
⑤ “插”，碑文原作“揷”，爲越南俗字，故逕改。
⑥ “邦”，碑文原作避諱字“㨍”，本篇下同不另注。
⑦ “旄倪”，老人與小孩。見《孟子・梁惠王下》：“天下固畏齊之彊也。今又倍地而不行仁政，是動天下之兵也。王速出令，反其旄倪，止其重器，謀於燕衆，置君而後去之，則猶可及止也。”趙岐注：“旄，老耄也。倪，弱小倪倪者也。”
⑧ “鼎”，碑文原作“鼑”，爲越南俗字，此處逕改。
⑨ “鏤”，碑文原作“镂”，因係繁簡字，故逕改。
⑩ “禱”，碑文原作“祷”，因係繁簡字，故逕改。

幾條永券，懇曲情文。/咄！　　功德在人，情在我；　　依依千古，在貞珉。/

時/

景興叁拾陸年①五月貳拾捌日

社長阮時稱記/

仝村上下等共記/

賜戊辰科第三甲同進士出身、嘉林縣富市社、朝列大夫、東閣大學士致仕/介庵阮輝胤②撰

上洪府唐豪縣中立社都吏阮仚旺　寫/③

① “景興”，爲後黎顯宗黎維祧年號，景興叁拾陸年，當清乾隆四十年（1775），歲次乙未。

② “阮輝胤”，《景興九年戊辰科進士題名記》和《鼎鍥大越歷朝登科録》作“阮輝瑩”，景興九年（1748）戊辰科第一甲進士出身。《鼎鍥大越歷朝登科録》記載：“阮輝瑩，羅山萊石人，三十六中。奉使。仕至左吏致仕起復陞都御史。阮倜之兄。兄弟同朝。”

③ 以上爲拓片編號 02765 内容。

一六〇　隴廛村重修土王殿碑記

引言

碑立於北寧省順城府姜寺總隴溪社士王殿，爲殿内右邊第二碑。碑刻雙面，拓片編號02766/02767。拓片編號02766爲碑前，共十七行字，滿行約四十五字，碑額刻“重興聖廟碑”五字；拓片編號02767爲碑後，共十九行字，滿行四十三字，碑額刻“嬴樓城”三字，今依内文主旨重定篇題爲“隴廛村重修士王殿碑記”。兩面均有紋飾，碑額均有兩層紋飾，拓片編號02766碑額内層爲雙龍昭日，外層與左右兩側以祥鳥、蓮花紋相連；拓片編號02767碑額内層爲日紋與雲紋，外層與左右兩側以蔓草紋相連。碑文書者禮部右侍郎阮性。年代署作永壽（Vĩnh Thọ）四年（1661），永壽爲後黎神宗（Lê Thần Tông）黎維祺（Lê Duy Kỳ）年號，同年爲清順治十八年，歲次辛丑。拓片現藏於漢喃研究院。

此碑記述京北等處贊治阮名儒等官員資助重修士王殿一事。碑文記載阮名儒受户兒民阮有禮請往拜謁士王殿。阮名儒見該殿年久失修、祭器缺乏，便與妻子阮氏仁出錢修葺，並號召朝官參與修建，使士王殿得以修建如新。

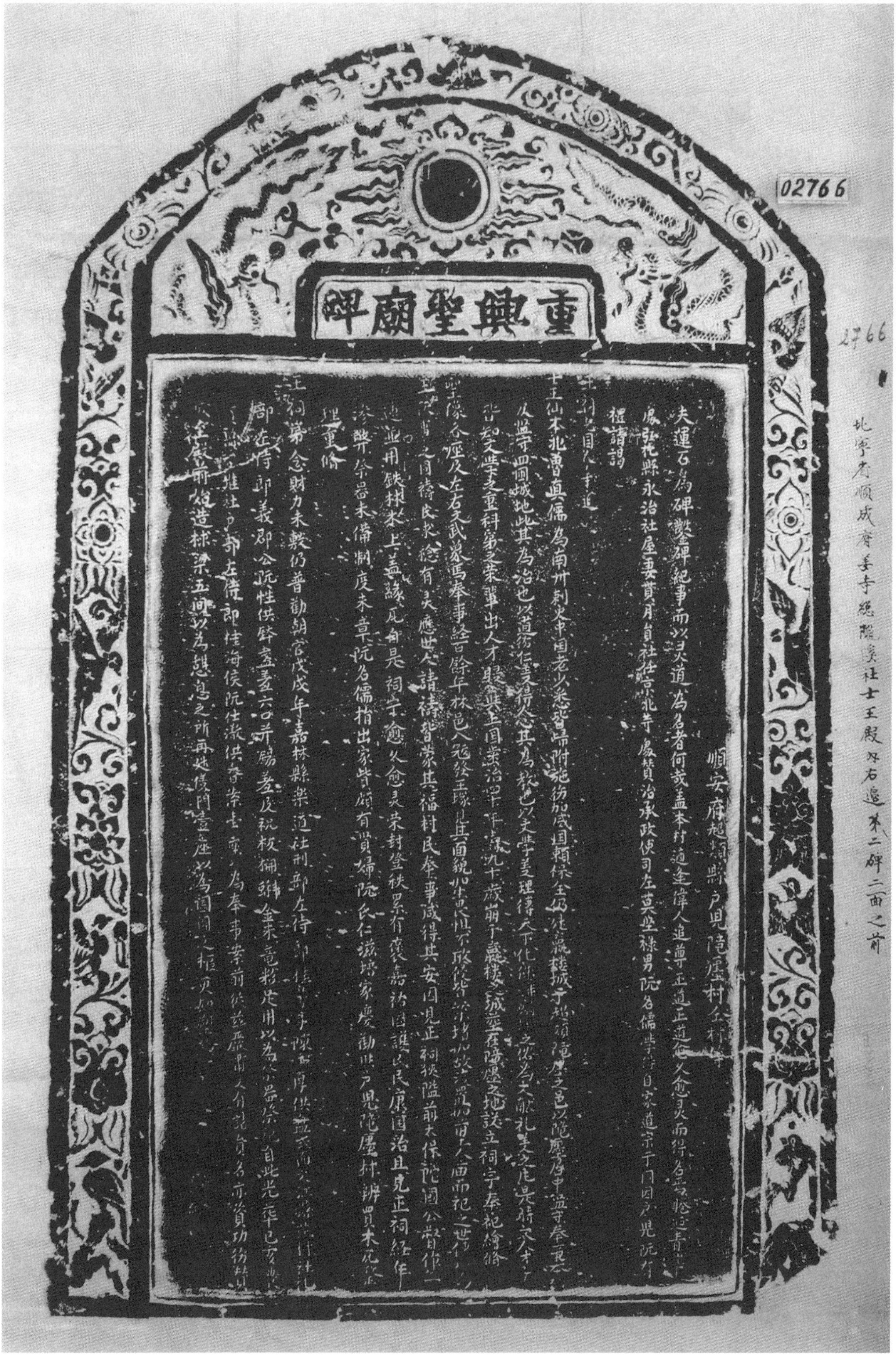
重興聖廟碑
02766

編號：02766　出自《拓片總集》第三冊（下同）

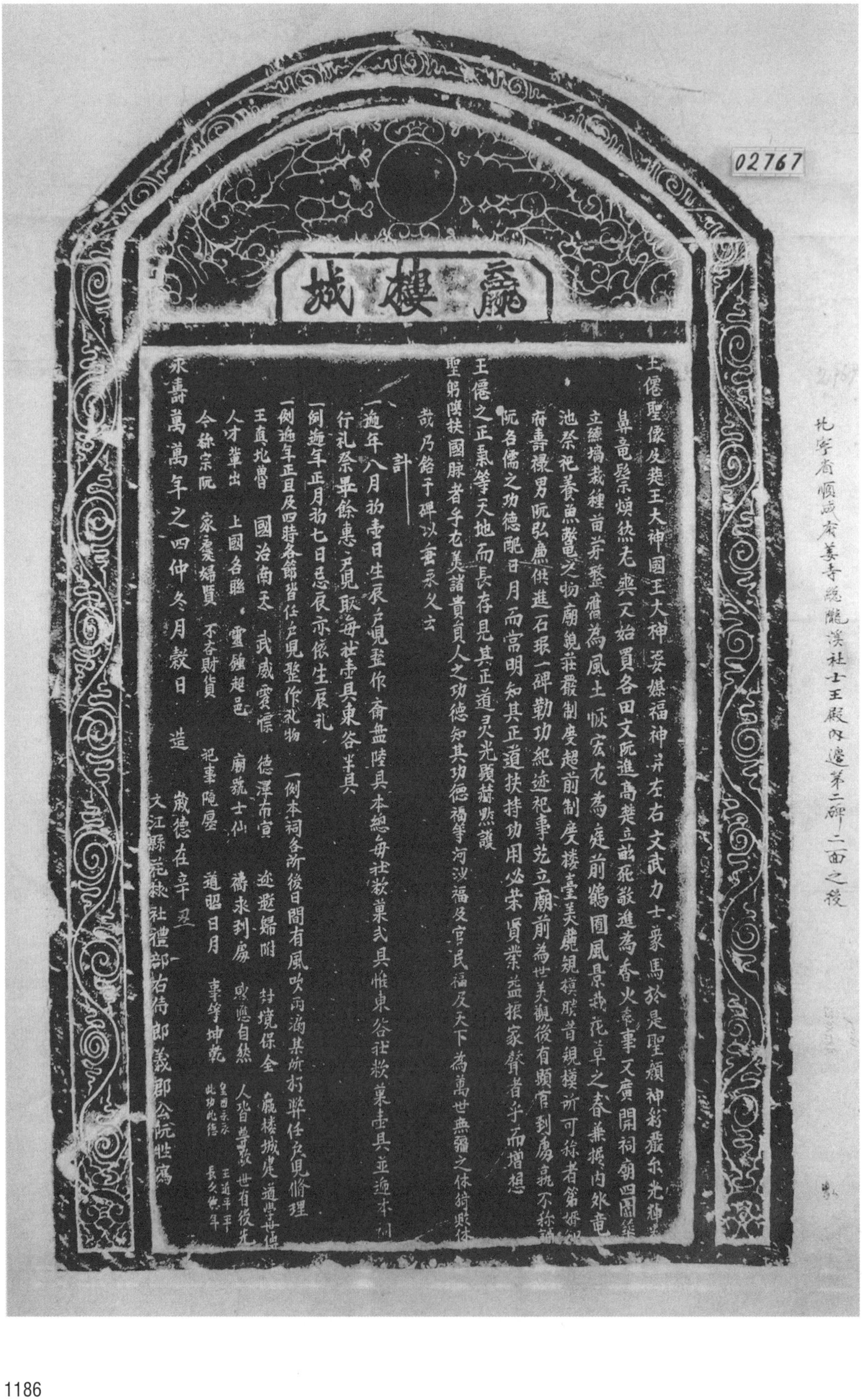
02767
扎字府順成府姜寺總龍溪社士王殿內邊第二碑二面之後
巍樓城
王僊聖像及楚王大神國王大神姿媒福神并左右文武力士象馬於是聖顏神彩蔚發光輝
鼻竜鬃宗煥然在兵又始買各田文阮進高楚立畝雍敬進為香火奉事又廣開祠廟四圍結
立繚墻栽種苗芽甃砌為風土城宏在為庭前鶴囿風景花草之春兼据内外竜
池祭祀養魚鼈竜之物廟貌莊嚴制度超前制度樓臺美麗規模朕昔規模所可稱者篤婚
府壽祿男阮弘應供進石琅一碑勒功紀迹祀事先立廟前為世美觀後有顯官到處亦不稱
阮各儒之功德配日月而常明知其正道扶持功用必茱賢業益振家聲者乎而增想
王僊之正氣等天地而長存見其正道靈光顯赫默護
聖躬陳扶國脉者乎在美諸貴員人之功德知其功德福等河沙福及官民福及天下為萬世無疆之休猗歟休
哉乃銘于碑以垂永久云
計
一遞年八月初壹日生辰户見整作齋盤陸具本總每社敉菓弍具惟東谷社敉菓壹具並迎本祠
行礼祭畢餘惠户見取每社壹具東谷半具
一例遞年正月初七日忌辰亦依生辰礼
一例遞年正旦及四時各節皆任户見整作礼物　一例本祠各所後日間有風吹雨滴其所損弊任户見脩理
王真北嘗　國治南天　武威震懔　德澤布宣　迹避歸附　封境保全　巍樓城是　道學世傳
人才輩出　上國名聯　靈鍾超邑　廟號士仙　禱來到處　感應自然　人皆尊敬　世有後先
今稱宗阮　家慶婦賢　不吝財貨　祀事隍壘　道昭日月　事等坤乾　皇圖永永　王道平平　此功此德　長久億年
永壽萬萬年之四仲冬月穀日　造
歲德在辛丑
文江縣苑秩社禮部右侍郎義郡公阮壯寫

釋文

重興聖廟碑[1]

順安府超類縣户兒隴廛村仝村等/

夫運石爲碑，鑿碑紀事，而以靈[2]道爲名者何哉？蓋[3]本村適逢偉人，追尊正道，正道愈久愈靈，而得名焉。睠迺青華/處弘化縣永治社屋妻貰月員社任京北等處贊治、承政使司左莫、堅[4]禄男阮名儒，學得自家道宗于國，因户兒阮有/禮請謁/　　　　王祠，見國人争道/

士王仙本北魯真儒，爲南州刺史，中國[5]老少悉皆歸附，施德加威，國賴保全，仍建羸樓城于超類隴廛之邑，以隴廛居中，監守奉事本祠，/及監[6]守四圍城地，此其爲治也，以道德仁義得人心，其爲教也，以文學義理傳天下，化侏離[7]蝸蚪[8]之俗，爲文獻[9]禮[10]義之風。是時文人才子，/　皆知文學之重，科第之榮，輩出人才，睲與上國，繼治四十年，壽九十歲，崩于羸樓[11]之城，葬在隴廛之地，設立祠宇奉祀，繪脩/　　　　聖像各座及左右文武象馬。奉事經百餘年，林邑入寇，發王塚，見其面貌如生，畏懼[12]不敢侵，皆案堵如故[13]，淩置如舊，土人廟而祀之，世傳以爲/　　　　王佛[14]事之，國禱民求，稔有靈應，世人請禱，皆蒙其福，

---

① 此爲拓片編號 02766 額題，今依内容及性質重定篇題爲“隴廛村重修士王殿碑記”。

② “靈”，碑文原作“灵”，因係繁簡字，故逕改。本篇下同不另注。

③ “蓋”，碑文原作“盖”，因係繁簡字，故逕改。本篇下同不另注。

④ “堅”，碑文原作“坚”，因係繁簡字，故逕改。

⑤ “國”，碑文原作“国”，因係繁簡字，故逕改。本篇下同不另注。

⑥ “監”，碑文原作“监”，因係繁簡字，故逕改。

⑦ “侏離”，見（南朝宋）范曄《後漢書》卷六八《南蠻列傳》：“（高辛氏）於是使迎致（槃瓠）諸子。衣裳班蘭，語言侏離，好入山壑，不樂平曠。帝順其意，賜以名山廣澤。其後滋蔓，號曰蠻夷。”李賢注：“侏離，蠻夷語聲也。”

⑧ “蝸蚪”，語出《莊子・雜篇・則陽》：“有國於蝸之左角者曰觸氏，有國於蝸之右角者曰蠻氏，時相與争地而戰，伏尸數萬，逐北旬有五日而後反。”

⑨ “獻”，碑文原作“献”，因係繁簡字，故逕改。

⑩ “禮”，碑文原作“礼”，因係繁簡字，故逕改。本篇下同不另注。

⑪ “樓”，碑文原作“楼”，因係繁簡字，故逕改。

⑫ “懼”，碑文原作“惧”，因係繁簡字，故逕改。

⑬ “案堵如故”，謂居住一切如舊，安然不變。《史記》卷八《高祖本紀》：“漢元年十月……與父老約，法三章耳：殺人者死，傷人及盜抵罪。餘悉除去秦法。諸吏人皆案堵如故。凡吾所以來，爲父老除害，非有所侵暴，無恐！”裴駰集解引應劭曰：“案，案次第；堵，牆堵也。”

⑭ “佛”，碑文原作“伕”，因另兼正字，故逕改。本篇下同不另注。

村民奉事，咸得其安。因見正祠狹隘，前太保、陀國公督作[三]/ 連，並用鐵[1]林木上蓋緣瓦。自是祠宇[2]愈久愈靈，榮封登秩，累有褒嘉，祐國護民，民康國治。且見正祠經年/滲弊，祭器未備，制度未章，阮名儒捐出家貲，頗有賢婦阮氏仁，滋培家慶，勸與户兒隴廛村辦[3]買木瓦整/理，重脩/ 王祠，第念財力未敷，仍普勸朝官。戊戌年嘉林縣樂道社刑部左侍郎、桂芳子陳玉厚，供盤[4]貳[5]面，文江縣花梂社禮/ 部左侍郎、義郡公阮性，供鉢盞羞六口，并錫羞及祝板棚蚪金未竜衫足用，以爲祭器，祭祀自此光華。己亥農/ 貢縣□堆社户部左侍郎、桂海侯阮仕[澈]供香案壹座，以爲奉事案前，從兹嚴肅，又有諸員各亦資功德贊/ 成，至殿前始造梂梁五間，以爲憩息之所。再建儀門壹座，以爲闔闢之樞，更加塑繪/[6] 王僊聖像及楚王大神、國王大神、婆[7]媒福神，并左右文武力士、象馬，於是聖顔神彩，嚴爾[8]光輝，□/ 鼻竜鬃，焕然尤爽。

又始買各田文，阮進高楚立[畝]，所敬進爲香火奉事。

又廣開祠廟，四圍築/ 立繚墻；栽種苗芽，整舊爲風土恢宏。尤爲庭前鶴囿，風景栽花草之春；兼掘内外竜/ 池，祭祀養魚鱉[9]之物。廟貌莊嚴，制度超前制度；樓臺美麗，規模勝昔。規模所可稱[10]者，第婿知/府、壽禄男阮弘廉供進石珉一碑，勒功紀迹祀事，迄立廟前，爲世美觀，後有顯官到處，孰不稱誦。/阮名儒之功德，配日月而常明，知其正道，扶持功用，必榮賢業，益振家聲者乎？而增想/ 王僊之正氣，等天地而長存，見其正道，靈光顯赫，默護/ 聖躬，陰扶國脉者乎？尤美諸貴員人之功德，知其功德，福等河沙，福及官民，福及天下，爲萬世無疆之休，猗歟休/哉！乃銘于碑，以垂永久云。/

計/

一遞年八月初壹日生辰，户兒整作齋盤陸具，本總每社�果貳具，惟東谷社粿果壹具，並

---

① “鐵”，碑文原作“鉄”，因另兼正，故逕改。
② “宇”，碑刻原作“宁”，“宇”字缺筆，爲越南避諱字，故逕改。
③ “辦”，碑文原作“辨”，因另兼正字，故逕改。
④ “盤”，碑文原作“盘”，因係繁簡字，故逕改。
⑤ “貳”，碑文原作“弍”，因另兼正字，故逕改。本篇下同不另注。
⑥ 以上爲拓片編號 02766 内容。
⑦ “婆”，碑刻原作喃字“𡛔”，兩字義同，故逕改。本篇下同不另注。
⑧ “爾”，碑文原作“尔”，因係繁簡字，故逕改。
⑨ “鱉”，碑刻原作喃字“鼈”，兩字義同，故逕改。本篇下同不另注。
⑩ “稱”，碑文原作“称”，因係繁簡字，故逕改。

遞本祠/行禮，祭畢餘惠户兒取，每社壹具，東谷半具。/

一例遞年正月初七日忌辰，亦依生辰禮。/

一例遞年正旦及四時各節皆任户兒整作禮物。

一例本祠各所後日間有風吹雨漏，某所朽弊，任户兒脩理。/

王直北魯，國治南天。武威震慄，德澤布宣。

邇遐歸附，封境保全。嬴樓城建，道學世傳。/

人才輩出，上國名聯。靈鍾超邑，廟號士仙。

禱求到處，感應自然。人皆尊敬，世有後先。/

今稱宗阮，家慶婦賢。不吝財貨，祀事隴塵。

道昭日月，事等坤乾。

皇圖永永，王道平平。/此功此德，長久億年。/

永壽萬萬年之四仲冬月穀日　造　歲德在辛丑[1]/

文江縣花林社禮部右侍郎、義郡公阮性寫[2]/

① “永壽萬萬年之四仲冬月穀日”，永壽爲後黎神宗黎維祺年號，四年爲公元1661年，當清順治十八年。

② 以上爲拓片編號02767內容。

一六一　阮世祖詔旨隴廛村仝除碑記

引言

碑立於北寧省順城府姜寺總隴溪社士王殿内，爲祭堂内右邊第一碑。碑刻雙面，拓片編號02769/02770。拓片編號02769爲碑前，共十一行字，滿行二十二字，碑額刻“恭奉詔旨仝除碑”七字；拓片編號02770爲碑後，共十八行字，滿行約三十一字，碑額刻“本國聖祖文碑”六字，今依内文主旨重定篇題爲“阮世祖詔旨隴壥村仝除碑記”。兩面碑額均刻有雙龍昭日。碑文撰者嬴樓城教學阮欽，書者永世社社長范鐘。年代署作嘉隆（Gia Long）八年（1809），嘉隆爲阮世祖（Nguyễn Thế Tổ）阮福映（Nguyễn Phúc Ánh）年號，同年爲清嘉慶十四年，歲次己巳。拓片現藏於漢喃研究院。

拓片編號02769内容爲阮世祖御旨除隴壥村之兵役、户役等賦役之詔令。拓片編號02770則記述士王事蹟與讚頌阮世祖免除隴壥村賦役之德，文末並以十六句四字銘文歌詠此事以作結。

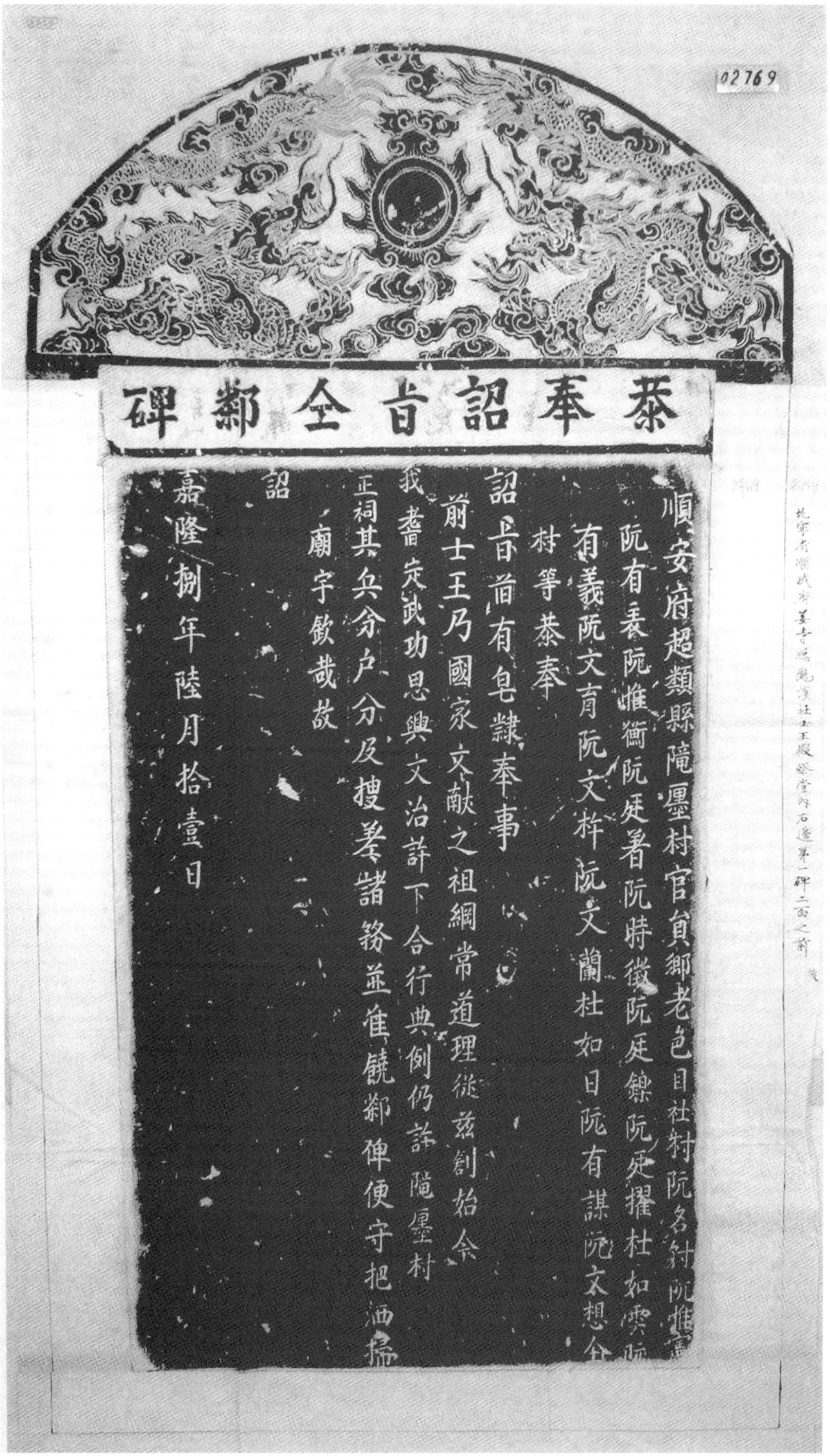
02769
恭奉詔旨仝鄉碑
順安府超類縣隴壥村官員鄉老色目社村阮名紂阮惟
阮有春阮惟衙阮廷著阮時徵阮廷鏶阮廷擢杜如雰阮
有義阮文育阮文枠阮文蘭杜如日阮有謀阮文想仝
村等恭奉
詔旨前有具隸奉事
前士王乃國家文獻之祖綱常道理從茲創始今
我耆定武功思興文治許下合行典例仍許隴壥村
正祠其兵分户分及搜差諸務並准饒鄉俾便守把洒掃
廟宇欽哉故
詔
嘉隆捌年陸月拾壹日

編號：02769　出自《拓片總集》第三册（下同）

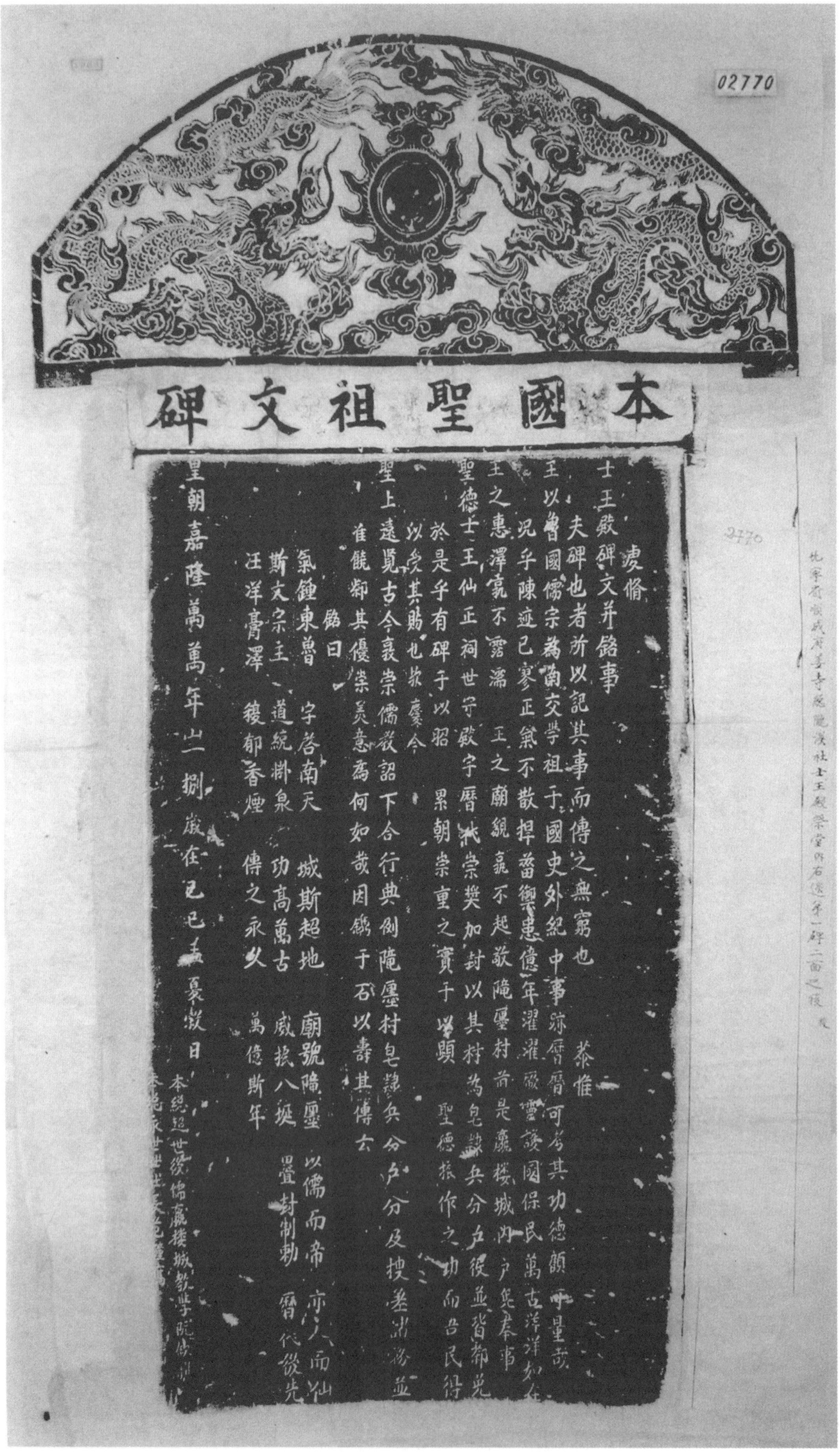
02770

本國聖祖文碑

凌脩　　　　恭惟
士王殿碑文并銘事
夫碑也者所以記其事而傳之無窮也
王以魯國儒宗為南交學祖于國史外紀中事跡曆曆可考其功德頗□量哉
況乎陳迹已寥正氣不散捍菑禦患億年濯濯威靈護國保民萬古洋洋如在
王之惠澤罔不露濡　王之廟貌罔不起敬隴壘村前是羸樓城內户兒奉事
聖德士王仙正祠世守殿宇曆代崇獎加封以其村為皂隸兵分户役並皆蠲免
於是乎有碑于以昭　累朝崇重之寳于□顛　聖德振作之功而吾民得
以受其賜也敬慶今
聖上遠覽古今襃崇儒教詔下合行典例隴壘村皂隸兵分户分及搜差諸務並
准饒郷其優崇美意為何如哉因鋟于石以壽其傳云
銘曰
氣鍾東魯　字啓南天　城斯超地　廟號隴壘　以儒而帝　亦人而仙
斯文宗主　道統淵泉　功高萬古　威振八埏　疊封制敕　曆代欽先
汪洋膏澤　馥郁香煙　傳之永久　萬億斯年
皇朝嘉隆萬萬年之捌歲在己巳孟夏穀日
本總超世從儒羸樓城教學阮□撰

北寧省順成府善寺總隴溪社士王殿祭堂內右邊第一碑二面之後

編號：02770

釋文

【恭奉詔旨仝除[①]碑】[②]

順安府超類縣隴壥村官員、鄉老、色目、社村阮名冠、阮惟憲、/　阮有表、阮惟衡、阮廷著、阮時徵、阮庭鑠、阮庭擢、杜如雲、阮/　有義、阮文育、阮文杵、阮文蘭、杜如日、阮有謀、阮文想仝/　村等恭奉/　　　　詔旨：

舊有皂隸奉事/　　　　前士王，乃國家文獻[③]之祖，綱常道理，從兹創始。今/　我耆定武功，思興文治，許下合行典例，仍許隴壥村/　　　　正祠，其兵分、户分及搜差諸務，並准饒除，俾便守把灑[④]掃/廟宇，欽哉！故/　　　　詔。/

嘉隆捌年[⑤]陸月拾壹日/[⑥]

【本國聖祖文碑】[⑦]

虔脩/　　　　士王殿碑文并銘事

夫碑也者，所以記其事而傳之無窮也。　恭惟/　　　　王以魯國儒宗，爲南交學祖，于國史外紀中事跡歷歷可考[⑧]，其功德顧可量哉？/　况乎陳迹已寥，正氣不散，捍災[⑨]禦患，億年濯濯[⑩]厥靈；護國保民，萬古洋洋[⑪]如在。/　　　　王之惠澤，孰不霑濡；　王之廟貌，孰不起敬？隴壥村舊是羸樓城内户兒，奉事/　　聖德士王仙正祠，世守殿宇，歷代崇獎加封，

---

① “除”，碑文原作越南諱字“𨻫”，故逕改。本篇下同不另注。

② 此爲拓片編號 02769 額題，今依内容及性質重定篇題爲“阮世祖詔旨隴壥村仝除碑記”。

③ “獻”，碑文原作“献”，因係繁簡字，故逕改。

④ “灑”，碑文原作“洒”，因另兼正字，故逕改。

⑤ “嘉隆”，爲阮世祖阮福映年號，嘉隆八年（1809），當清嘉慶十四年，歲次己巳。

⑥ 以上爲拓片編號 02769 内容。

⑦ 此爲編號 02770 之額題。

⑧ “歷歷可考”，碑文原作“曆曆可考”，本碑文“歷”皆作“曆”，故逕改。本篇下同不另注。

⑨ “災”，碑文原作“菑”，因另兼正字，故逕改。

⑩ “濯濯”，光明的意思。《詩經·大雅·蕩之什·崧高》：“申伯之功，召伯是營。有俶其城，寢廟既成。既成藐藐，王錫申伯。四牡蹻蹻，鉤膺濯濯。”毛亨傳：“濯濯，光明也。”

⑪ “洋洋”，美善之意。《尚書·商書·伊訓》：“嗚呼，嗣王祇厥身念哉！聖謨洋洋，嘉言孔彰。”孔安國傳：“洋洋，美善，言甚明可法。”

以其村爲皂隸，兵分、户役並皆除免，/　　於是乎有碑，于以昭　累朝崇重之實，于以顯　聖德振作之功，而吾民得/　　以受其賜也歟[①]！慶今/　　　　　聖上遠覽古今，敦崇儒教，詔下合行典例，隴廛村皂隸兵分、户分、及搜差諸務並/　　准饒除，其優崇美意爲何如哉！因鐫于石，以壽其傳云。/

銘曰：/

氣鍾東魯，宇啓南天。城斯超地，隴號隴廛。

以儒而帝，亦人而仙。/斯文宗主，道統淵泉。

功高萬古，威振八埏[②]，疊封制勅，歷代後先。/

汪洋膏澤，馥[③]郁香煙，傳之永久，萬億斯年。/

皇朝嘉隆萬萬年之[④]捌歲在己巳[⑤]孟夏穀日/

本總超世後儒嬴樓城教學阮欽撰/

本總永世社社長范鐘寫/[⑥]

---

① “歟”，碑文原作“欤”，因係繁簡字，故逕改。

② “八埏”，見《漢書》卷五十七下《司馬相如列傳·大人賦》：“大漢之德，逢涌原泉，沕潏曼羨，旁魄四塞，雲布霧散，上暢九垓，下泝八埏。”孟康曰：“泝，流也。埏，地之八際也。言德上達於九重之天，下流於地之八際。”

③ “馥”，碑文原作“稪”，按“稪”，據《玉篇·禾部》釋爲“禾臭”，又《集韻·入聲·屋韻》釋爲“穀名”，故逕改。

④ “之”，碑文原作喃字“㞢”，兩字義同，故逕改。

⑤ “皇朝嘉隆萬萬年之捌歲在己巳”，當清嘉慶十四年（1809）。

⑥ 以上爲拓片編號 02770 内容。

一六二　後黎愍帝詔旨三極社全除碑記

引言

碑立於北寧省順城府三椏總三椏社南教學祖殿，爲殿内右邊第一碑。碑刻雙面，拓片編號02775/02771。拓片編號02775爲碑前，共十七行字，滿行約四十四字；拓片編號02771爲碑後，共三行字，每行字數不一，字數最多者爲十五字。今依内文主旨定篇題爲“後黎愍帝詔旨三椏社仝除碑記”。碑文撰者進士陳承，年代署作昭統（Chiêu Thống）元年（1787），昭統爲後黎愍帝（Lê Mẫn Đế）黎維祁（Lê Duy Kỳ）年號，同年爲清乾隆五十二年，歲次丁未。拓片現藏於漢喃研究院。

此碑記述後黎愍帝御旨除三椏社之兵役等賦役，並將租庸錢作爲士王殿祭忌之資，三椏社民感念厚恩，故立碑記録此事，文末以十二句四字銘文咏此事作結。

編號：02775　出自《拓片總集》第三冊（下同）

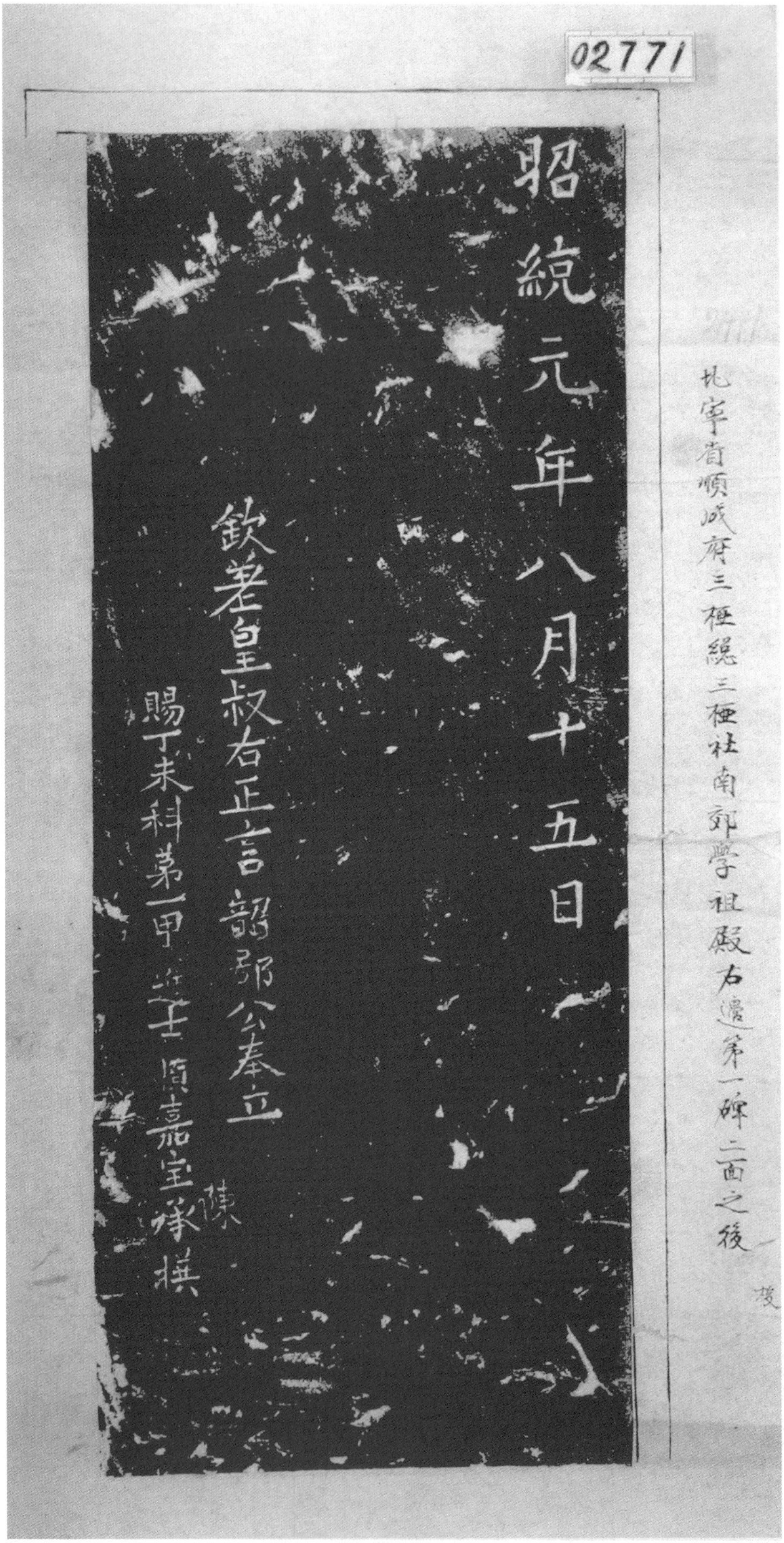
02771
北寧省順成府三極總三極社南郊學祖殿右邊第一碑二面之後
昭統元年八月十五日
欽差皇叔右正言韶郡公奉立
賜丁未科第一甲進士陳嘉寶承撰

編號：02771

釋文

黎愍帝詔旨三椏社仝除碑記[①]

嘗聞有功於人者，人必厚其報，自非聖神，孰能與於此哉？恭惟/　　　　　王旒鍾[②]秀氣，繼[③]述盛心，遊漢京，從潁[④]川得師資，於早歲讀《春秋》，治《左氏》，成註解於一家，《尚書》之義，益詳簡籍之中，悉/究其習於魯國之風流，有如此豈非所謂優於學問乎？已而孝廉一舉，補尚書郎；茂材一登，除巫陽令。其發於科舉/之事業有如此，豈非所謂達於從政乎！逮至靈帝中年，尋遷交州太守，封龍度亭侯。其在州也，寛厚愛人，謙虛下士，淑人心以/禮樂，化國俗以詩書。安南文獻[⑤]之邦，從兹創始；我越綱常之道，自此洪源。是不只施於當時，而有以及後世，豈不盛哉！龍編因是/而創立，陳朝因是而追封，祀典因是而無窮。肆今/

　國朝皇圖箕壽[⑥]金鏂[⑦]，文治奎開玉燭[⑧]，追思開物成務之功，不替報本反始之禮[⑨]，迺於丁未年三月十三日特敀勑旨，仝除監□陵殿。照本社仝/　年受例租庸錢米粟子貤外，共古錢[⑩]壹百肆拾壹貫叁陌拾捌文，内准古錢壹百拾壹貫，係遞年奉事生辰、忌辰、時節[各禮]，付

---

① 本碑無額題與碑題，今依内容及性質重定篇題爲“黎愍帝詔旨三椏社仝除碑記”。

② “鍾”，碑文原作“鐘”，“鐘”“鍾”互爲異體字，亦均另兼正字，今逕改。

③ “繼”，碑文原作“継”，因另兼正字，故逕改，本篇下同不另注。

④ “潁”，碑文原作“頴”，因另兼正字，故逕改。

⑤ “獻”，碑文原作“献”，因係繁簡字，故逕改。

⑥ “箕壽”，疑當作“箕疇”，箕疇是箕子所提出治理國土的九種方法，故稱爲“九疇”，亦稱“箕疇”。詳見《尚書・洪範》。

⑦ “金鏂”，應即“金樞”。《集韻・平聲・侯韻》：“鏂，門鋪謂之鏂銗。”《爾雅・釋宫室》：“樞，謂之椳。”吕伯雍云：“樞者，門扉開闔之所由也，一名椳。《易》曰‘樞機之發’是也。”《太平御覽・居處部・樞》引《傅子》曰：“漢武世，王侯觀殿，重階、金樞、紫墀。”故後以“金樞”作爲帝室的代稱。如《宋書》卷十《順帝紀》昇明元年九月《求賢才詔》：“朕襲運金樞，纂靈瑶極。負扆巡政，日晏忘疲。”

⑧ “玉燭”，謂四時之氣和暢，語出《爾雅・釋天》：“春爲青陽，夏爲朱明，秋爲白藏，冬爲玄英，四氣和謂之玉燭。”碑文“皇圖箕壽金鏂，文治奎開玉燭”以金樞、玉燭形容太平盛世。（元）雅琥《上執政四十韻》：“玉燭調元氣，金樞運大鈞。都俞聞密贊，諫論喜重陳。”

⑨ “禮”，碑文原作“礼”，因係繁簡字，故逕改。本篇下同不另注。

⑩ “古錢”，又稱貴錢。見《欽定越史通鑑綱目・正編》“後黎盛宗光順八年”注“使錢”“古錢”引黎貴惇《芸臺類語》云：“北人以百文爲一陌。本國以三十六文爲一陌，謂之‘使錢’；六十文爲一陌，謂之‘古錢’。‘使錢’十陌，乃是‘古錢’六陌，準爲‘使錢’一貫。其‘古錢’十陌乃使錢之一貫六陌四十文。使錢别名閒錢，古錢别名貴錢。”

餘古錢叁/　拾叁貫拾陌捌文，准爲修理廟[1]宇及祭器等錢。凡兵分、户分、及調錢，亭門、郵亭錢，搜差各役，並准饒除。由此觀之，/　　　　聖王之德，過化存神之妙[2]，光明正大之理，同天地而常久，配日月而並明者矣。因勒于石，以壽其傳云。其時節各禮，計開于左。/

一正旦節參日，共准古錢拾貳貫。每禮豬壹口，准古錢貳貫五陌；粃貳盤，准古錢壹貫；/金、銀、香、燈、酒，准古錢五陌。

一夏秋二節等禮，共准古錢肆拾五貫。□□□□□□敓□□□□□□□隻准古/錢拾貳貫；粃貳盤，准古錢□□貫；金、銀、香、燈、/酒，准古錢/壹貫。

一八月初壹日生辰、一正月初柒日忌辰等禮，各准古錢叁拾貫。每禮牛壹隻，准古錢拾貳貫；粃貳盤，准古錢貳貫；/金、銀、□香、燈、酒，准古錢壹貫。/

一清明、端午、中元、重九、重十、臘節等禮共准古錢貳拾肆貫。每禮豬壹口，准古錢貳貫五陌，粃貳盤，准古錢壹貫，/金、銀、香、燈、酒，准古錢五陌。/

以上奉事各節禮，共准古錢壹百拾壹貫，存古錢叁拾貫叁陌拾捌文，准爲修理錢。/

銘曰：/

北地儒宗，南天主宰。開拓道肩，恢張帝治。

功在兩間，恩垂萬世。歷代追封，仝除盡例。

三極[3]詔見，/香煙弗替。率土一天，清風萬紀[4]。/

昭統元年[5]八月十五日/

欽差、皇叔、右正言、韶郡公奉立/

賜丁未科第一甲進士、順嘉寶[6]陳承撰/[7]

---

① “廟”，碑文原作“庙”，因係繁簡字，故逕改。

② “過化存神之妙”，典出《孟子・盡心上》：“霸者之民，驩虞如也；王者之民，皞皞如也。殺之而不怨，利之而不庸，民日遷善而不知爲之者。夫君子所過者化，所存者神，上下與天地同流，豈曰小補之哉？”

③ “三極”，亦稱“三才”，語出《易經・繫辭上》：“六爻之動，三極之道也。”

④ 以上爲拓片編號 02775 内容。

⑤ “昭統”，昭統爲後黎愍帝年號，昭統元年（1787），當清乾隆五十二年，歲次丁未。

⑥ “寶”，碑文原作“宝”，因係繁簡字，故逕改。

⑦ 以上爲拓片編號 02771 内容。

題後

三椏社南郊學祖殿有四通碑誌，均收録於本書：

編號	篇題	年代	位置
02771/02775	黎愍帝詔旨三椏社仝除碑記	黎愍帝昭統元年（1789）	南郊學祖殿右邊第一碑
02772	三椏社士王殿開支碑記	黎顯宗景興二十四年（1763）	南郊學祖殿左邊第一碑
02773/02774	西山景盛帝詔三椏社量除碑記	西山景盛皇帝寶興元年（1801）	南郊學祖殿右邊第二碑
02776-02778	三椏社士王殿重鑄銅馬碑記	黎顯宗景興四十年（1779）	南郊學祖亭庭前一碑

一六三　三椏社士王殿開支碑記

引言

碑立於北寧省順成府三椏總三椏社南郊學祖殿，爲殿左邊第一碑。碑僅單面，拓片編號02772，共十二行字，滿行約三十六字，今依内文主旨定篇題爲“三椏社士王殿開支碑記”，碑文撰者吏部尚書陳承。年代署作景興（Cảnh Hưng）二十四年（1763），景興爲後黎顯宗（Lê Hiển Tông）黎維祧（Lê Duy Diêu）年號，同年爲清乾隆二十八年，歲次癸未。拓片現藏於漢喃研究院。

碑文記述三椏社爲士王殿皂隸，曾於後黎朝永盛七年（1711）及永慶二年（1730）量裁皂隸，景興二十四年再次下令量裁，並命令部分租庸税錢作爲祭禮之資，如殿廟、祭器朽損可呈報官員修葺，爲感念此事故刻石立碑，文末並以十六句四字銘文作結。

02772
北寧省順成府三極總三極社南部學祖殿左邊第一碑
景興二十四年十一月初八日
嘗聞
聖人之道周流磅礴昭如日星
香火　恭惟
聖王繼往開來立教傳道
必先克昌厥後
永盛七年六月初三日令諭許為皂隸
永慶二年十二月初三日再依量除皂隸乃知有功於天下萬世
越祚四春聖皇御極再准放逾年量取社內租庸稅錢全年古錢
斯民將使之人知趨向士共務吾家孔孟
于石以壽其傳云　銘曰

編號：02772　出自《拓片總集》第三冊

釋文

三桠社士王殿開支碑記[①]

景興[②]二十四年十一月初八日

欽差、特進、金紫榮禄大夫、吏部尚書、順嘉宝[③]陳承撰立/

嘗聞/　　　　聖人之道，周流磅礴，昭如日星，合觀事跡之中，莫若詳諸鐵石。原是本社皂隸護兒量除/　香火，　　恭惟/　　　　　　　　聖王，継[④]往開來，立教傳道。不悖不謬，開億年道脉之周流；愈久愈徵[⑤]，啓萬世治朝之追慕。有開/　　必先，克昌厥後。/

永盛七年[⑥]六月初三日令諭，許爲皂隸民，量取社内税錢，仝年古錢[⑦]柒拾貳[⑧]貫五陌，奉事各禮[⑨]，以昭敬意。/

永慶二年[⑩]十二月初二日，再依量除皂隸，乃知有功於天下萬世，必享天下萬世之報，蓋[⑪]權輿於此歟[⑫]。肆今/　　　　越祚回春，聖皇御極，再准頒遞年量取社内租庸税錢，仝年古錢柒拾貳貫五陌，分爲奉事各節，/間或殿廟[⑬]如有朽弊，許謹[啓]差官修理，以昭敬意。噫！留心典學，致意崇儒，非惟重斯道而福/　　斯民，將使之人知趨[⑭]向，士共琢磨，家孔孟而户程朱，人游夏而鄉鄒魯，生於斯世何幸哉！因刻/于石，以壽其傳云。

---

① 本碑無額題與碑題，今依内容及性質重定篇題爲“三桠社士王殿開支碑記”。

② “景興”，爲後黎顯宗黎維祧年號，景興二十四年（1763），當清乾隆二十八年，歲次癸未。

③ “寶”，碑文原作“宝”，因係繁簡字，故逕改。

④ “繼”，碑文原作“継”，因另兼正字，故逕改。

⑤ “徵”，碑文原作“徵”，因另兼正字，故逕改。

⑥ “永盛”，爲黎裕宗黎維禟年號，永盛七年（1711），當清康熙五十年，歲次辛卯。

⑦ “古錢”，又稱貴錢。見《欽定越史通鑑綱目·正編》“後黎盛宗光順八年”注“使錢、古錢”引黎貴惇《芸臺類語》云：“北人以百文爲一陌。本國以三十六文爲一陌，謂之‘使錢’；六十文爲一陌，謂之‘古錢’。‘使錢’十陌，乃是‘古錢’六陌，準爲‘使錢’一貫。其‘古錢’十陌乃使錢之一貫六陌四十文。使錢别名閒錢，古錢别名貴錢。”

⑧ “貳”，碑文原作“弍”，因另兼正字，故逕改。

⑨ “禮”，碑文原作“礼”，因係繁簡字，故逕改。

⑩ “永慶”，爲後廢帝昏德公黎維祊年號，永慶二年（1730），當清雍正八年，歲次庚戌。

⑪ “蓋”，碑文原作“盖”，因係繁簡字，故逕改。

⑫ “歟”，碑文原作“欤”，因係繁簡字，故逕改。

⑬ “廟”，碑文原作“庙”，因係繁簡字，故逕改，本篇下同不另注。

⑭ “趨”，碑文原作“趍”，因係繁簡字，故逕改。

銘曰：

東魯儒宗，南郊學祖。蕩蕩難名，循循善誘。

道在兩間，功高千古。引道白雲，歸陵赤土。/

王色如生，英氣不朽。莊嚴墻垣，□峨廟宇。

萬世名高，三椏監守。不□神明，無驗□壽。/

一六四　西山景盛帝詔三椏社量除碑記

引言

碑立於北寧省順城府三椏總三椏社南教學祖殿，爲殿右邊第二碑。碑刻雙面，拓片編號02774/02773。拓片編號02773拓片題籤記爲碑前，共九行字，滿行約三十一字，碑額刻“詔傳碑記”四字，今依此額題及碑文内容定篇題爲“西山景盛帝詔三椏社量除碑記”；拓片編號02774拓片題籤記爲碑後，共十二行字，滿行約三十四字。年代署作寶興（Bảo Hưng）元年（1801），寶興爲西山朝景盛皇帝（Cảnh Thịnh hoàng đế）阮光纘（Nguyễn Quang Toản）年號，同年爲清嘉慶六年，歲次辛酉。拓片現藏於漢喃研究院。

碑文記載三椏社爲士王陵廟皂隸，後黎朝曾量減三椏社之勞役，後黎昭統（Chiêu Thống）時期更免除所有賦税，至西山景盛皇帝時期則下詔申明三椏社祭祀士王陵廟時，如税收、勞役等之安排，並以原士王皂隸社青湘社位於嬴樓城之外，遂革除其皂隸資格。

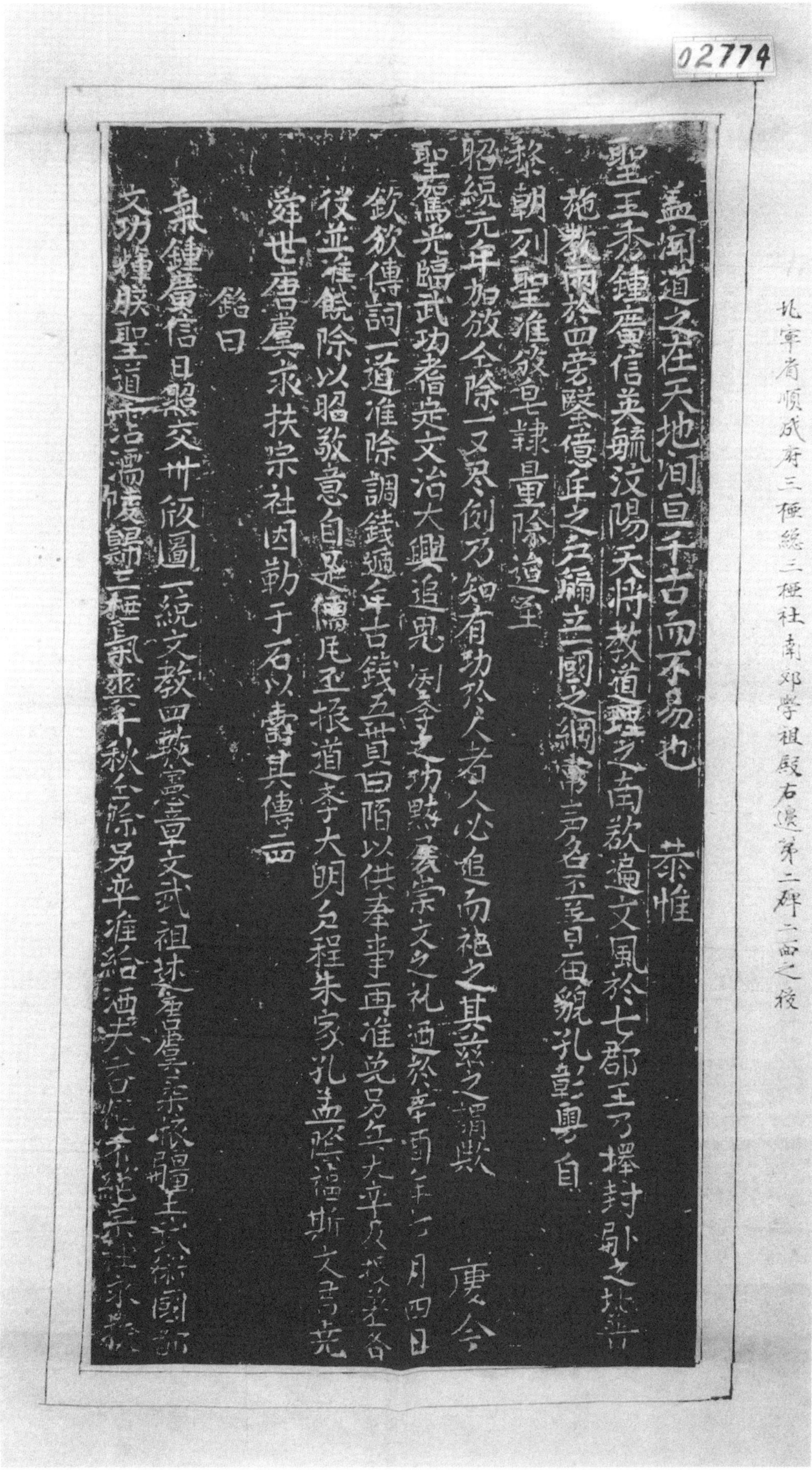
02774
北寧省順成府三極總三極社南郊學祖殿右邊第二碑二面之後

編號：02774　出自《拓片總集》第三册（下同）

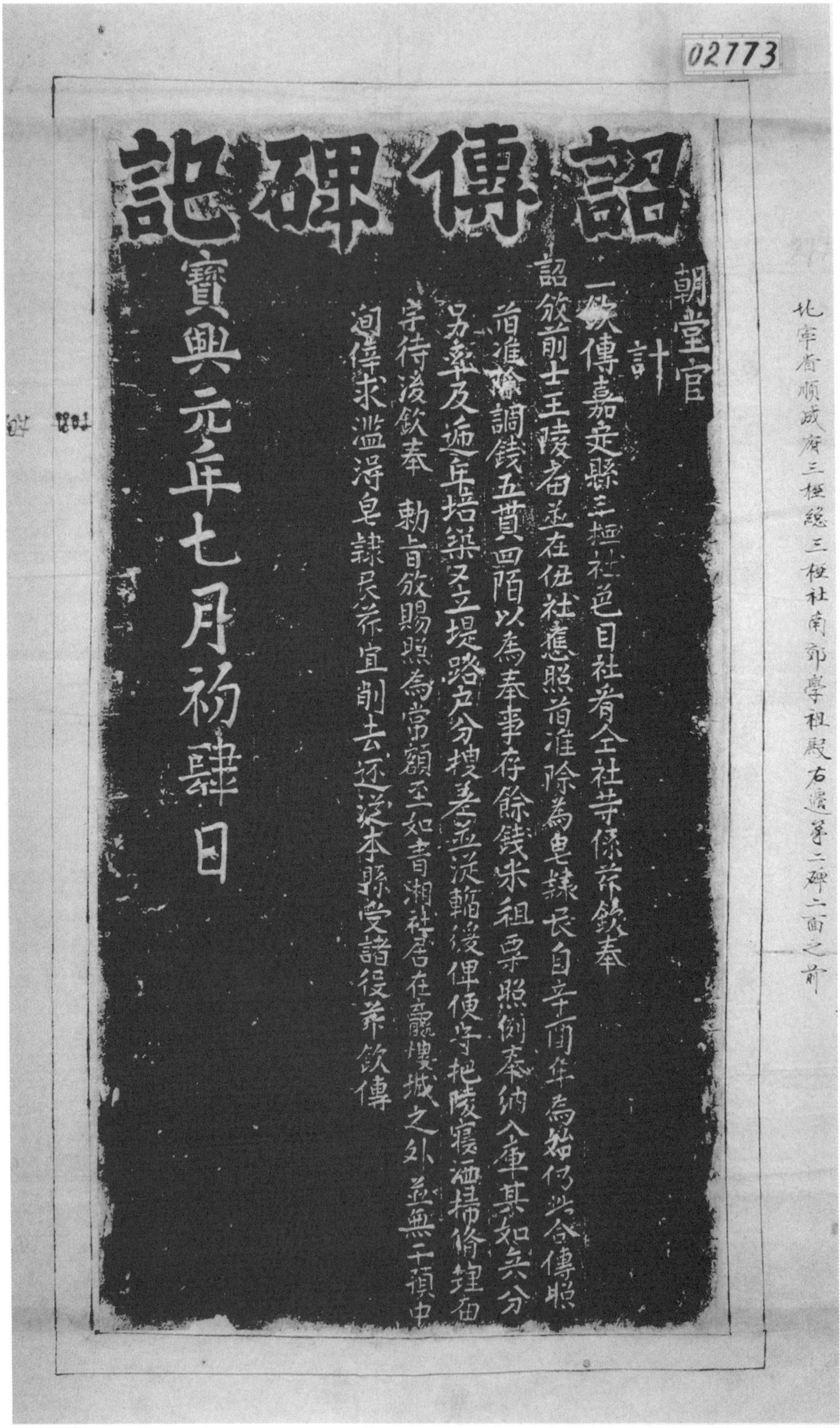

02773

詔傳碑記

朝堂官

計

一欽傳嘉定縣三極社邑目社看仝社社等係爲欽奉

詔放前士王陵畨並在伊社應照前準除爲皂隸長自辛酉年爲始仍此合傳照

前準除調錢五貫四陌以爲奉事存餘錢米祖粟照例奉納入庫其如兵分

另差及遞年培築及立堤路户分搜差並從輸後俾便守把陵寢灑掃脩理[illegible]

字待後欽奉 勅旨放賜照爲常額至如青湘社居在龍僂城之外並無干預中

逈停求濫得皂隸民爲宜削去還從本縣受諸役爲欽傳

寶興元年七月初肆日

北寧省順成府三極總三極社南郭學祖殿右邊第二碑二面之前

編號：02773

釋文

西山景盛帝詔三椏社量除碑記[①]

蓋[②]聞道之在天地間，亘千古而不易也。/　恭惟/　聖王，秀鍾廣信，英毓汶陽，天將教道理之南欲，遍文風於七郡。王乃擇封疆之北普，/施教雨於四旁；鑿億年之户牖，立一國之綱常。聲[③]名丕著，廟[④]貌孔彰。粵自/　黎朝列聖，准敓皂隸量除，迨至/　昭統元年加敓仝除，一一盡[⑤]例，乃知有功於人者，人必追而祀之，其玆之謂歟！

慶今/　聖駕光臨，武功耆定，文治大興，追思淵學之功，默展崇文之禮[⑥]。迺於辛酉年七月四日、/　欽敓傳詞一道，准除調錢遞年古錢[⑦]五貫四陌，以供奉事。再准免另兵九率及搜差各/　役，並准饒除，以昭敬意。自是儒風丕振，道學大明。户程朱，家孔孟，陰福斯文；君堯/　舜，世唐虞，永扶宗社。因勒于石，以壽其傳云。/

銘曰：/

氣鍾廣信，日照交州。版圖一統，文教四敷。

憲章文武，祖述唐虞。柔懷疆土，武衛[⑧]國都。/

文功輝映，聖道霑濡。陵歸三椏，氣爽千秋。

仝除另率，准給灑[⑨]夫。香燈不絶，宗社永扶。/[⑩]

---

① 此爲重定篇題，拓片編號 02774 原無額題及碑題。

② “蓋”，碑文原作“盖”，因係繁簡字，故逕改。

③ “聲”，碑文原作“声”，因係繁簡字，故逕改。

④ “廟”，碑文原作“庙”，因係繁簡字，故逕改，本篇下同不另注。

⑤ “盡”，碑文原作“尽”，因係繁簡字，故逕改。

⑥ “禮”，碑文原作“礼”，因係繁簡字，故逕改。

⑦ “古錢”，又稱“貴錢”。見《欽定越史通鑑綱目·正編》“後黎盛宗光順八年”注“使錢”“古錢”引黎貴惇《芸薹類語》云：“北人以百文爲一陌。本國以三十六文爲一陌，謂之‘使錢；六十文爲一陽，謂之‘古錢’。‘使錢’十陌，乃是‘古錢’六陌，準爲‘使錢’一貫。其‘古錢’十陌乃使錢之一貫六陌四十文。使錢別名閒錢，古錢別名名貴錢。”

⑧ “衛”，碑文原作越南俗字“衘”，兩字義同，故逕改。

⑨ “灑”，碑刻原作“洒”，因係繁簡字，故逕改。本篇下同不另注。

⑩ 以上爲拓片編號 02774 内容。

詔傳碑記[1]

朝堂官/

計/

一欽傳嘉定縣三椏社色目、社看、仝社等，係兹欽奉/　　　　　詔攽前士王陵廟並在伊社，應照舊准除爲皂隸民，自辛酉年[2]爲始，仍此合傳照/　舊准除調錢五貫四陌，以爲奉事，存餘錢米租粟照例奉納入庫。其如兵分/　另率及遞年培築，又立堤路、户分、搜差，並從暫緩，俾便守把陵寢、灑掃、脩理廟/宇，待後欽奉　勅旨，攽賜照爲常額，至如青湘社，居在嬴樓城之外，並無干預，中/間倖求濫[3]得皂隸民，兹宜削去，還從本縣受諸役。兹欽傳。/

寶興元年七月初肆日/[4]

---

① 此爲拓片編號 02773 碑額。

② “辛酉年”，爲西山朝景盛皇帝阮光纘寶興元年（1801），當清嘉慶六年。

③ “濫”，碑文原作“滥”，因係繁簡字，故逕改。

④ 以上爲拓片編號 02773 内容。

一六五　三椏社士王殿重鑄銅馬碑記

引言

碑立於北寧省順城府三桠總三桠社南郊學祖亭，爲亭庭前一碑。按拓片題籤云，此碑爲一碑四面，然《拓片總集》僅見碑前、碑後、碑右，即拓片編號02776/02777/02778。拓片編號02776爲碑前，共十七行字，滿行約五十二字，碑額刻“鑄銅馬碑”四字；拓片編號02777爲碑後，共十六行字，滿行約四十六字，碑額刻“十方恭進”四字；拓片編號02778爲碑右，共十六行字，滿行約四十字，碑額刻“本社恭進各社恭進”八字，今依内文主旨重定篇題爲“三桠社士王殿重鑄銅馬碑記”。碑文撰者京北等處憲查使、刑科都給事中阮廷簡，書者爲金塔社該合謝名。年代署作景興（Cảnh Hưng）四十年（1779），景興爲後黎顯宗（Lê Hiển Tông）黎維祧（Lê Duy Diêu）年號，同年爲清乾隆四十四年，歲次己亥。拓片現藏於漢喃研究院。

碑文記載三桠社爲士王陵皂隸民，士王陵祠原有兩銅馬，後被匪所毀，在社民集資之下重鑄銅馬，爲紀念此事三桠社特請京北等處署憲察使阮廷簡撰寫此文，文附録有捐助重鑄銅馬之人的姓名與捐款額。

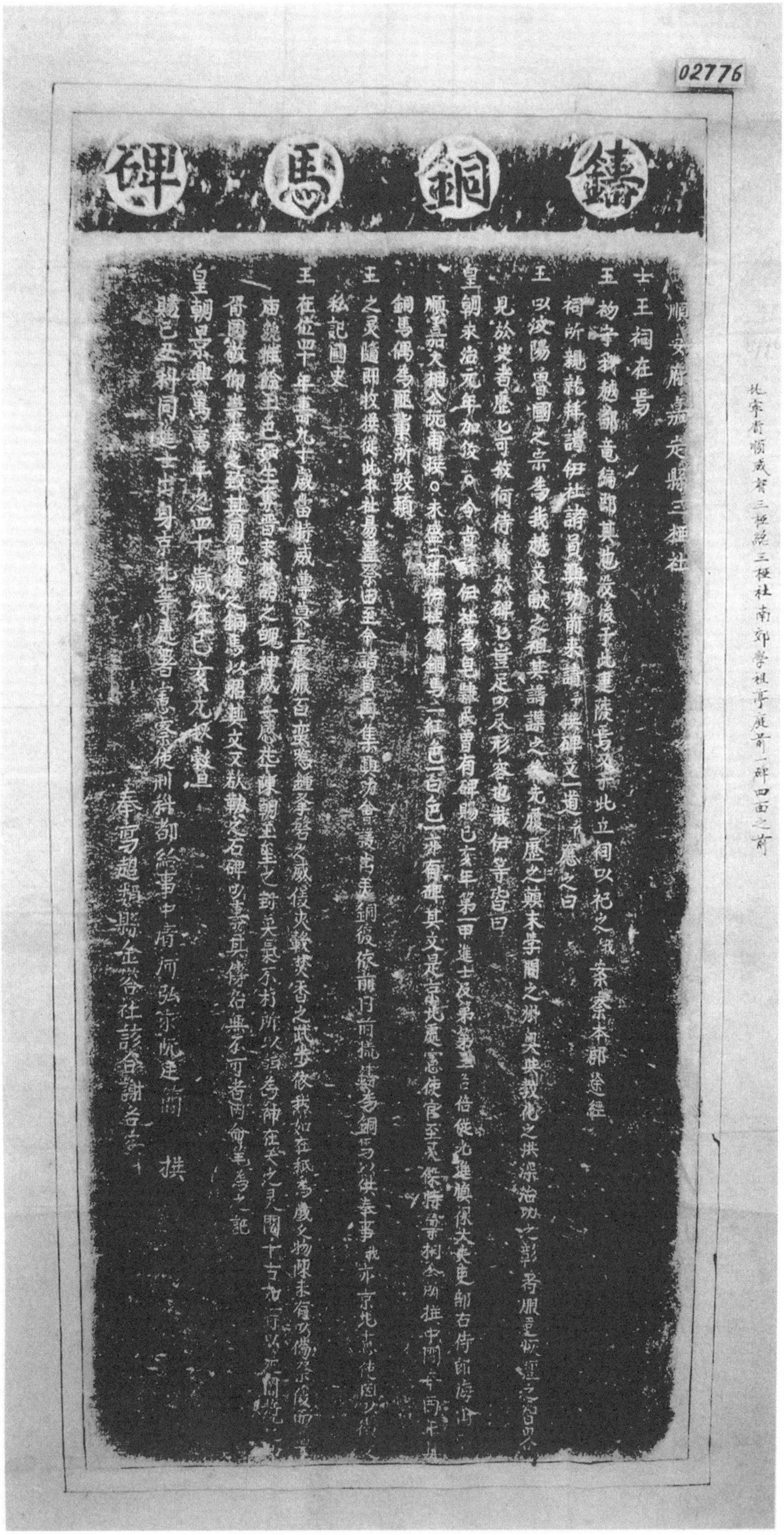
02776

鑄銅馬碑

順安府嘉定縣三椏社
士王祠在焉
王初守我越部竟歸即其地葬後人于此建陵焉又於此立祠以祀之歲[illegible]案本郡遂經
祠所親詣拜謁伊社諸員與功前來請予撰碑文一道以誌之予應之曰
王以交陽魯國之宗為我越文獻之祖其講讀之餘先履歷之艱未學問之淵奧與教化之洪深治功之彰著服[illegible]之皆四[illegible]
見於史者歷已可考何待贅於碑已豈足以盡形容也哉伊等皆曰
皇朝來治元年加役[illegible]令當[illegible]伊社為邑隸民曾有碑賜己亥年第一甲進士及第第三名倍從光進慎祿大夫吏部右侍郎海[illegible]
順天嘉文阮公阮甫撰。永盛二年[illegible]鑄銅馬一紅色一白色一並有碑其文是京北處憲使官至兵部[illegible]侍[illegible]中間有兩年[illegible]
銅馬偶為匪賊所毀頹
王之靈隨即收拾從此本社易置祭田至今諸員再集與功會議內美銅後依前日前樣鑄為銅馬以供奉事然亦京北[illegible]使[illegible]
私記國史
王在位四十年壽九十歲當時威尊熊上震服百蠻聲鍾[illegible]之威後夾轂焚香之武步依我如在歉為處之物陳未有以備祭後而
南越雄爾王色卿生[illegible]晉來[illegible]之魄神威[illegible]陳朝王聖之封[illegible]不朽所以為神在天之靈[illegible]十方加[illegible]以[illegible]
肯國敬仰尊奉之誠其同既鑄之銅馬以紀其文又欽勒之石碑以壽其傳然無不可者[illegible]命筆為之記
皇朝景興萬萬年之四十歲在己亥元秋穀旦
賜己丑科同進士出身京北等處督憲察使刑科都給事中府何弘[illegible]阮建甫　撰
奉寫趙[illegible]縣金谷社該合謝[illegible]

北寧省順成府三椏總三椏社南郊學祖亭庭前一碑四面之前

編號：02776　出自《拓片總集》第三冊（下同）

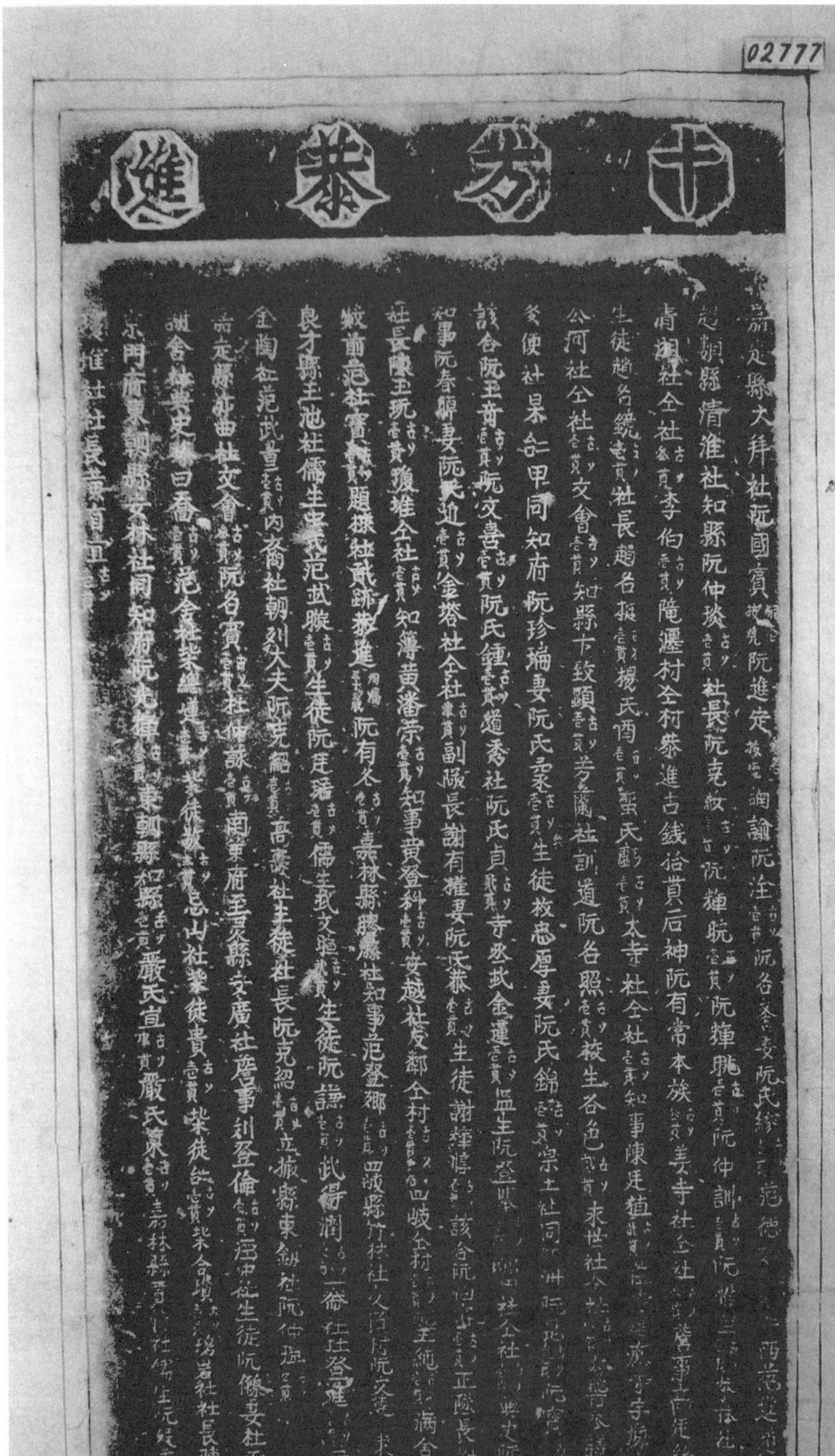
02777
十芳恭進
02777
北寧省順成府三極縣三柱社南郊学祖亭庭前一碑四面之後

編號：02777

本社恭進各社恭進

編號：02778

釋文

鑄銅馬碑[1]

順安府嘉定縣三椏社，/　　　　士王祠在焉。/　　　　王初守我越，都竜編，即其地，没後于此建陵焉，又于此立祠以祀之。我案察本郡，途經/　　　　祠所，親就拜謁，伊社諸員興功前来，請予撰碑文一道，予應之曰：/　　　　“王以汶陽魯國之宗，爲我越文獻[2]之祖，其譜牒之後先，履歷之顛末，學問之淵奥，與教化之洪深，治功之彰著，服遠恢疆之智略，/　見於史者，歷歷可考[3]，何待贅於碑，碑豈足以盡形容也哉!”伊等皆曰，/

皇朝永治元年加敓〇令旨，許伊社爲皂隸民，曾有碑，賜己亥年第一甲進士及第第三名、陪從、光進慎禄大夫、吏部右侍郎、海山南/　順嘉大相公阮甫撰。〇永盛二年伊社鑄銅馬二，紅色一、白色一，亦有碑，其文是京北處憲使官至靈[4]傑特尊相公所撰。中間辛酉年其/銅馬偶爲匪輩所毁，頼/　　　　王之靈，隨即收獲。從此本社易置祭田，至今諸員再集興功會，議出美銅，復依前日舊樣，鑄爲銅馬，以供奉事。我亦京北憲使，因以徵文。/

私記國史，/　　　　王在位四十年，壽九十歲，當時威尊莫上，震服百蠻[5]，鳴鍾擊磬之威儀，夾轂[6]焚香之武步[7]，依然如在，秖爲歲久物陳，未有以備祭儀而尊/廟[8]貌，惟餘王色如生，奪晋末林胡之魄，神威孚感，華陳朝玉璽之封，英氣不朽，所以能爲神在天之靈，閲千古如一日，以是闔境之中，/　胥同敬仰崇奉之致，其周既鑄之銅馬，以昭其文，又欲勒之石碑，以壽其傳，殆無不可者，因命筆爲之記。/

---

① 此爲拓片編號 02776 的額題，今依此重定篇題爲“三椏社士王殿重鑄銅馬碑記”。

② “獻”，碑文原作“献”，因係繁簡字，故逕改。

③ “考”，碑文原作“攷”，因另兼正字，故逕改。

④ “靈”，碑文原作“灵”，因係繁簡字，故逕改。

⑤ “蠻”，碑文原作“蛮”，因係繁簡字，故逕改。

⑥ “夾轂”，指跟隨在車子兩側擔任護衛。《後漢書》卷三十三《鄭弘列傳》注引謝承《後漢書》曰：“弘消息繇賦，政不煩苛。行春天旱，隨車致雨。白鹿方道，俠轂而行。弘怪問主簿黄國曰：‘鹿爲吉爲凶？’國拜賀曰：‘聞三公車轓畫作鹿，明府必爲宰相。’”按，“俠”，通“夾”。亦指擔任這種護衛的武裝衛隊。《南史》卷四十四《齊晋安王子懋傳》：“隆昌元年，爲征南大將軍、江州刺史，敕留西楚部曲助鎮襄陽，單將白直、俠轂自隨。”

⑦ “武步”，即“虎步”，形容舉步威武。《文苑英華·策問二》引杜甫《乾元元年華州試進士策問五道》：“今大軍武步，列國鶴立，山東之諸將雲合，淇上之捷書日至。”

⑧ “廟”，碑文原作“庙”，因係繁簡字，故逕改。

皇朝景興萬萬年之四十歲在己亥[①]元秋穀旦/

賜己丑科同進士出身、京北等處署憲察使，刑科都給事中、清河弘化阮廷簡[②]　撰/

奉寫超類縣金塔社該合謝名□□/[③]

本社恭進、各社恭進[④]

順安府嘉定縣三椏社恭進列名于後[⑤]/

計

社長阮名芳古錢[⑥]/壹貫，阮富禄古錢/壹貫，楊廷重古錢/壹貫，阮登蔑古錢/壹貫，阮名壯古錢/壹貫，/老饒[⑦]楊文漢古錢叁貫，老饒阮名位古錢貳貫，社長范名聞古錢壹貫，老饒阮功珍古錢壹貫，老饒阮克諧古錢/壹貫，/老饒阮德珪古錢壹貫，老饒阮名涓古錢壹貫，老饒阮名而古錢壹貫，老饒阮名山古錢壹貫，老饒楊名兑古錢/壹貫，/知事楊名望古錢壹貫，生徒阮登逵古錢壹貫，社長吴時用古錢壹貫，饒男阮登第古錢壹貫，社饒阮惟蕃古錢壹貫，/老饒阮名種古錢壹貫，阮名舉古錢壹貫，阮名櫰古錢壹貫，吴金鑑古錢壹貫，阮名溥古錢壹貫，阮名田古錢壹貫，/老饒阮廷俊古錢壹貫，阮登進古錢壹貫，阮克綏古錢壹貫，阮氏順古錢壹貫，楊名純古錢壹貫，饒男范廷僚古錢壹貫，/老饒阮得財古錢/壹貫，社饒阮富諒古錢/壹貫，阮春旦古錢/壹貫，首合范名成古錢/壹貫，老饒阮富五古錢/壹貫，阮伯仲古錢/壹貫，楊廷瑜古錢/壹貫。/

東瑰社仝社恭進古錢拾陸貫，社長黄珍古錢貳貫，副隊長阮必家古錢壹貫，社長阮惟允古錢壹貫，社長阮寶鑑古錢/壹貫，/杜世家古錢壹貫，劉[⑧]名正古錢壹貫，劉容古錢壹貫，陳廷穌古錢壹貫，王文麳古錢壹貫，王氏滆古錢/壹貫，至靈縣塔溪社楊名培古錢/壹貫，/寶龕社弘信大夫阮潤湘

---

① “皇朝景興萬萬年之四十歲在己亥”，“景興” 爲後黎顯宗黎維祧年號，四十年爲公元 1779 年，當清乾隆四十四年，歲次己亥。

② “阮廷簡”，《鼎鍥大越歷代登科録》黎顯宗景興三十年（1769）己丑科第三甲同進士出身第二名：“阮廷簡，弘化永治人，三十六中。” 而黎貴惇撰〈景興三十年己丑科進士題名記〉則記阮廷簡爲監生。

③ 以上爲拓片編號 02776 内容。

④ 此爲四面之右碑額題，編號 02778。

⑤ “後”，碑刻原作 “后”，因係繁簡字，故逕改。下同不另注。

⑥ “古錢”，又稱 “貴錢”。見《欽定越史通鑑綱目・正編》“後黎盛宗光順八年” 注 “使錢”“古錢” 引黎貴惇《芸臺類語》云：“北人以百文爲一陌。本國以三十六文爲一陌，謂之‘使錢’；六十文爲一陌，謂之‘古錢’。‘使錢’十陌，乃是‘古錢’六陌，準爲‘使錢’一貫。其‘古錢’十陌乃使錢之一貫六陌四十文。使錢别名閒錢，古錢别名貴錢。”

⑦ “老饒”，越南指五十歲以上的老農民。

⑧ “劉”，碑文原作 “刘”，因係繁簡，故逕改。本卷下同不另注。

古錢/壹貫，該合阮金錠古錢/壹貫，社長阮名揚古錢/壹貫，隨號阮廷欣古錢/壹貫，阮名丙古錢/壹貫，阮春霑古錢壹貫，/阮氏福古錢壹貫，阮名柀古錢壹貫，余舍社官員各職古錢叁貫，安定社田芽村王廷瑢銀子壹兩半，名茹權古錢壹貫，/富寧社莊村仝村古錢壹貫，塘茶村仝村古錢壹貫，涇村社長阮德澤古錢壹貫，阮輝益古錢/壹貫，蓬池社陳仲謝古錢壹貫，/湛露社内村寺丞武曰俊古錢/壹貫，生徒阮玉瓚古錢/壹貫，王文小古錢/壹貫，塘舊[1]村社長阮名義古錢/壹貫，阮壽益古錢/壹貫，玉池村社長阮金/玉/，社長劉有猷古錢/壹貫，百户杜曰康古錢/壹貫，阮伯[睿]古錢/壹貫，阮德開古錢/壹貫，平吴社仝社古錢/壹貫，快溪社仝社古錢/壹貫，端拜社仝社古錢/壹貫，/嘉定縣文會古錢/壹貫，本縣衙門官古錢/貳貫，寶篆社知府陳名良古錢/叁貫，河中府弘化縣勃上社保中村侍侯内匡隊阮仕焉古錢壹貫。/[2]

十方恭進[3]

嘉定縣大拜社阮國賓嗣壹/按鐃，阮進定嗣壹/按鐃，講論阮洤古錢/壹貫，阮名譽妻阮氏縿古錢/壹貫，范德妙古錢/壹貫，午西范進道古錢/壹貫，/超類縣清淮社知縣阮仲琰古錢/壹貫，社長阮克綏古錢/壹貫，阮輝晥古錢/壹貫，阮輝晀古錢/壹貫，阮仲訓古錢/壹貫，阮惟旦古錢/壹貫，茶林社仝社古錢/貳貫，楊文鞠壹貫，/清湘社仝社古錢/叁貫，李伯古錢/壹貫，聯�隴瀘村仝村恭進古錢拾貫，後神阮有常本族古錢/叁貫，姜寺村仝社古錢/叁貫，詹事高廷銓古錢/貳貫，號慈順古錢/壹貫，/生徒趙名鏡古錢/壹貫，社長趙名挺古錢/壹貫，楊氏酉古錢/壹貫，鑾氏虧古錢/壹貫，大寺社仝社古錢/壹貫，知事陳廷植古錢/貳貫，住持筵應寺字悔容古錢/叁貫，/　公河社仝社古錢/壹貫，文會古錢/壹貫，知縣卞致顯古錢/壹貫，芳蘭社訓道阮名照古錢/壹貫，校生各色古錢/貳貫，永世社仝社古錢/叁貫，勾稽參議儒忠楊恢古錢/壹貫，/多便社杲𠄼甲同知府阮珍瑀妻阮氏柔古錢/壹貫，生徒枚忠厚妻阮氏錦古錢/壹貫，樂土社同知洲[4]阮昆古錢/壹貫，阮寶古錢/壹貫，生徒阮如亨古[錢/壹貫]，/該合阮玉奇古錢/壹貫，阮文喜古錢/壹貫，阮氏鍾古錢/壹貫，道秀社阮氏貞古錢/貳貫，寺丞武金蓮古錢/壹貫，監生阮登舉古錢/壹貫，卯田社仝社古錢/壹貫，典史阮春譓妻阮氏卞古[錢/壹貫]，/知事阮春晫妻阮氏近古錢/壹貫，金塔社仝社古錢/肆貫，副隊長謝有權妻阮氏恭古錢/壹貫，生徒謝輝惇古錢/壹貫，該合阮伯審古錢/壹貫，正隊長謝名[家]古錢壹貫，/社長陳玉玩古錢/壹貫，瓊堆仝社古錢/壹

---

① “舊”，碑文原作“𦾉”，爲越南俗字，故逕改。下同不另注。

② 以上爲拓片編號 02778 内容。

③ 此爲四面之後碑額題，拓片編號 02777。

④ “洲”，疑當作“州”。

貫，知簿黃潘榮古錢/壹貫，知事黃登科古錢/壹貫，安越社友鄰仝村古錢/壹貫五陌，四岐仝村古錢/壹貫，阮玉純古錢/壹貫，滿舍仝社古錢壹貫，/殿前范杜寶古錢/壹貫，題棶社貳跡恭進□□/三十歲，阮有冬古錢/壹貫，嘉林縣膠滕社知事范登卿古錢/壹貫，四岐縣竹林社文員村阮文達壹/貫，東岸縣亭尾/社，阮□□古錢/壹貫，/良才縣玉池社儒生中式范武曔古錢/壹貫，生徒阮廷琚古錢/壹貫，儒生武文暄古錢/貳貫，生徒阮謙古錢/壹貫，武得潤古錢/壹貫，一齋社杜登進古錢/壹貫，二齋社阮春詠古錢/壹貫，/金陶社范武量古錢/壹貫，内裔社朝列大夫阮克紹古錢/壹貫，高壽社生徒社長阮克紹古錢/壹貫，立掖縣東釖社阮仲瑶古錢/壹貫。/

嘉定縣□曲社文會古錢/叁貫，阮名賓古錢/壹貫，杜仲詠古錢/壹貫，南策府至靈縣安廣社詹事劉登倫古錢/壹貫，涇中社生徒阮緿妻杜氏謹古錢壹貫，/謝舍社典史黎曰喬古錢/壹貫，范舍社柴總蓮古錢/壹貫，柴徒敬古錢/壹貫，忌山社柴徒貴古錢/壹貫，柴徒𠇍古錢/壹貫，柴合瑣古錢/壹貫，碧岩社社長陳阮琳古錢/壹貫，/京門府東朝縣安林社同知府阮光輝古錢/叁貫，東朝縣知縣古錢/壹貫，嚴氏宣古錢/肆貫，嚴氏菉古錢/壹貫，嘉林縣貢清社儒生阮廷重古錢/叁貫，/瓊堆社社長黃有宜古錢/壹貫。/[1]

① 以上爲拓片編號 02777 内容。

一六六　鄭靖王令諭隴廛村仝除碑記

引言

碑立於北寧省順城府姜寺總隴溪社士王殿，爲祭堂内左邊第三碑。碑刻雙面，拓片編號02779/02780。拓片編號02779爲碑前，共十六行字，滿行四十八字，碑額刻“恭奉令旨仝除碑”七字；拓片編號02780爲碑後，共十八行字，滿行約五十七字，碑額刻“造本國聖祖文碑”七字，碑題爲“虔修士王殿碑文并銘事”十字，今依内文主旨重定篇題爲“鄭靖王令諭隴壥村仝除碑記”。兩面碑額均刻有雙龍昭日。碑文撰者嘉定縣舊任知縣卞致顯，書者永康縣縣丞阮宗儒。年代署作景興（Cảnh Hưng）三十五年（1774），景興爲後黎顯宗（Lê Hiển Tông）黎維祧（Lê Duy Diêu）年號，同年爲清乾隆三十九年，歲次甲午。拓片現藏於漢喃研究院。

拓片編號02779爲鄭靖王之諭令，令青湘社隴壥村續爲士王殿皂隸民，租庸税錢爲祭禮之資，並仝除隴壥村户役、搜差等賦役，並詳列年中各期祭禮之開支。拓片編號02780則歌咏此事，後並以二十句四字銘文作結。

02779
奉令旨仝鄉碑
順安府超類縣青湘社隴壓村官員鄉老邑目社村長阮惟
阮登域阮惟允阮肆阮仲暐阮有馮阮惟
大元帥總國政師上尚父膺斷文功武德靖王令旨超類縣青湘社隴壓村邑目社村
前士王廟祠量鄉祖庸仝年古錢拾柒貫壹陌為奉事存餘進納及鄉各役
放差官修理已經付議應仍許為皂隷准鄉古錢拾柒貫壹陌并亭門錢
柒陌五拾捌文并米應准鄉以供修理殿宇祭器各役
役並准仝鄉其奉差及各衙門當遵奉鄉違者有國法在茲令
許
一奉事殿廟各節祭禮共准古錢拾柒貫壹陌
正旦節三日共古錢五貫柒陌
夏祭禮共古錢叁貫捌陌
秋祭禮共古錢叁貫捌陌
冬祭禮共古錢叁貫捌陌
一殿廟與祭器祠後如有朽弊許自辦取奉鄉每年古錢捌貫柒陌五拾捌文并米
景興三十五年十月初九日

編號：02779　出自《拓片總集》第三冊（下同）

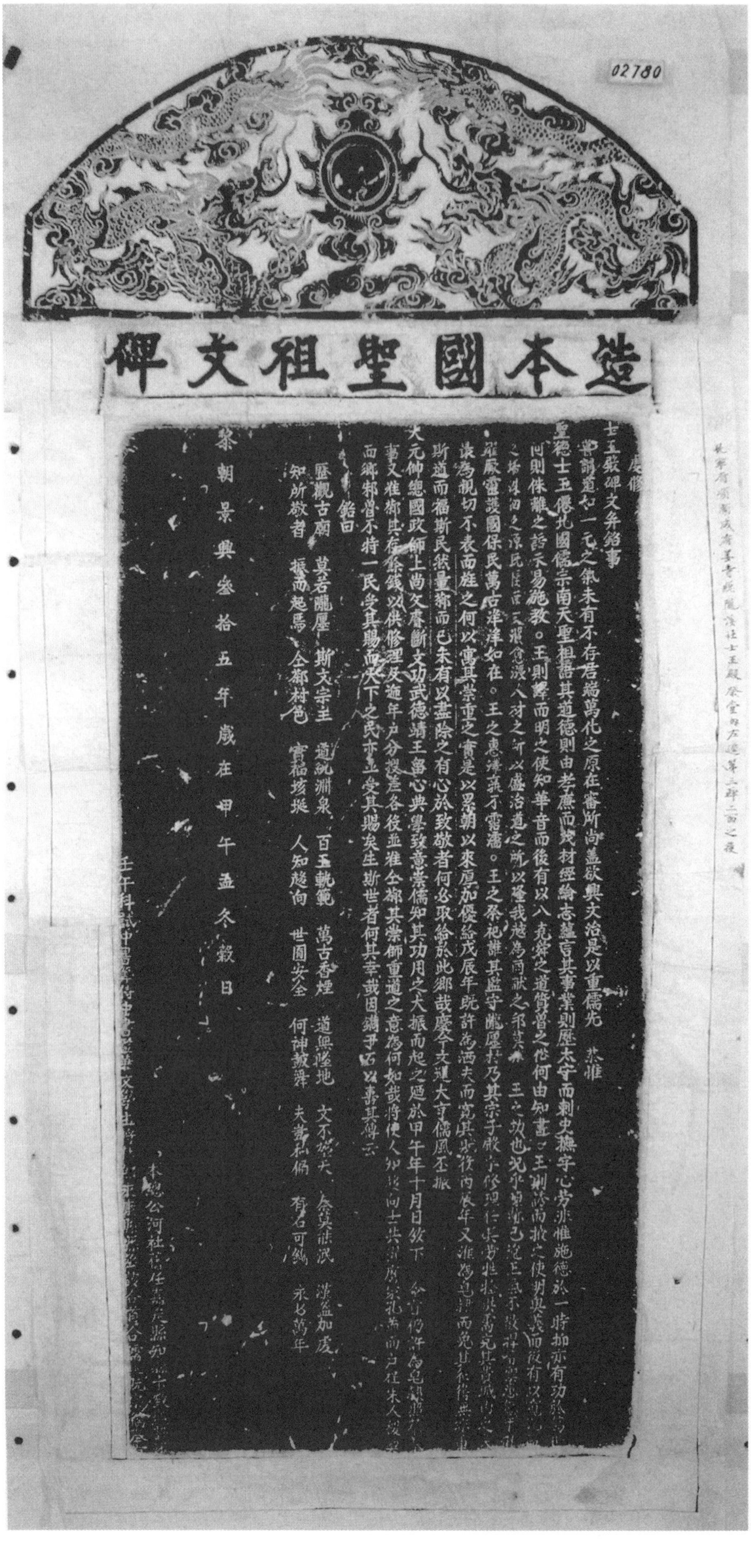

造本國聖祖文碑

慶脩

士王敍碑文并銘事

嘗謂道如一元之氣未有不存君端萬化之原在審所尚蓋欲興文治是以重儒先　恭惟

聖德士王德光國儒宗南天聖祖語其道德則由孝廉而茂材經綸志蘊言其事業則歷太守而刺史撫字心勞非惟施德於一時抑亦有功於[illegible]

何則侏離之語未易施教。王則譯而明之使知華音而後有以入堯舜之道質習之俗何由知書。王則誨而教之使明典義而後有以[illegible]

[illegible]人才之所以盛治道之所以隆我越為文獻之邦其[illegible]王之功也[illegible]

羅巖靈護國保民萬古洋洋如在。王之惠澤曩不靈濡。王之祭祀雖其監守龍屋於乃其宗子[illegible]

懷為親切不表而旌之何以寓其崇重之實是以累朝以來厚加優給戊辰年既許為洒夫而寬其[illegible]後丙辰年又准為[illegible]

斯道而福斯民然量鄉而已未有以盡除之有心於致敬者何必取給於此鄉哉慶今文運大亨儒風丕振

大元帥總國政師上尚文睿斷文功武德靖王留心典學致意崇儒知其功用之大振而起之迺於甲午年十月日較下[illegible]

事文雅鄉其存餘錢以供修理及逾年户分授差各役並准全鄉其崇師重道之意為何如哉將使人知[illegible]

而鄉邦曾不特一民受其賜而天下之民亦並受其賜矣生斯世者何其幸哉因鐫于石以壽其傳云

銘曰

歷觀古廟　莫若龍屋　斯文宗主　道統淵泉　百王軌範　萬古香煙　道與隆地　文不從夫　奈莫旅汎　湛溢加慶

知所敬者　振而起焉　全鄉村邑　實福攸挺　人知趨向　世圖安全　何神敢辨　夫黃私倆　有石可鐫　永之萬年

黎朝景興叁拾五年歲在甲午孟冬穀日

壬午科試中[illegible]文[illegible]

本總公河社[illegible]任嘉定縣知[illegible]

編號：02780

釋文

【恭奉令旨仝除碑】[①]

順安府超類縣青湘社隴廛村官員、鄉老、色目、社村長阮惟旺、阮登雲、阮惟晅、阮有志、阮琦、阮廷嚴、阮登權、阮同輪、阮名□、/　阮登域、阮惟允、阮瑋、阮仲暐、阮有馮、阮惟璇、阮時稱、杜如海、阮伯武、阮仲晐、阮俊琇、阮有疊、阮廷貴、阮有嘉，仝村等　恭奉/　　　　大元帥、總國政、師上尚父、睿斷文功武德靖王[②]令旨：

超類縣青湘社隴廛村色目、社村長、仝村等，係爾村舊皂隸奉事/　　　前士王廟祠，量除租庸仝年古錢[③]拾柒貫壹陌爲奉事，存餘進納及除各役，間或殿廟及祭器等物件如有朽弊，謹/　　　　啓差官修理，已經付議。應仍許爲皂隸，准除古錢拾柒貫壹陌并亭門錢，照舊奉事。各節禮物務在豐潔，其存餘錢古錢捌貫/　柒陌五拾捌文并米，應准除，以供修理殿宇、祭器各役。玆後殿廟與祭器如有朽弊，一任應作停領官錢，遞年户分、搜差各/役，並准仝除，其奉差及各衙門當遵奉除，違者有國法在。玆令。/

計/

一奉事殿廟各節祭禮共准古錢拾柒貫壹陌。/

正旦節三日，共古錢五貫柒陌。每日豬壹口，准古錢壹貫五陌；粢壹盤，准古錢叁陌；酒壹圩，准古錢壹陌。/

夏祭禮，共古錢叁貫捌陌。沙牢壹隻，准古錢叁貫；粢壹盤，准古錢五陌；酒壹圩，准古錢叁陌。/

秋祭禮，共古錢叁貫捌陌。沙牢壹隻，准古錢叁貫；粢壹盤，准古錢五陌；酒壹圩，准古錢

---

① 此爲拓片編號02779的額題。今依内容及性質重定篇題爲“鄭靖王令諭隴廛村仝除碑記”。“除”，碑文原作越南避諱字“䅘”，下同不另注。

② “靖王”，即鄭森，毅祖恩王鄭楹長子，《歷朝憲章類志·人物志·鄭王世系》：“聖祖盛王，諱森，毅祖長子，景興庚辰（二十一年，1760）册封欽差節制各處水步諸軍、兼掌政機、太尉、靖公，開諒國府。丁亥（二十八年，1767）明王薨，進封大元帥、總國政、靖都王。己丑（三十年，1769）進尊師上、靖王；庚寅（三十一年，1770）再晉尊師上、尚父、睿斷文功武德靖王。”

③ “古錢”，又稱“貴錢”。見《欽定越史通鑑綱目·正編》“後黎盛宗光順八年”注“使錢”“古錢”引黎貴敦《芸臺類語》云：“北人以百文爲一陌。本國以三十六文爲一陌，謂之‘使錢’；六十文爲一陌，謂之‘古錢’。‘使錢’十陌，乃是‘古錢’六陌，準爲‘使錢’一貫。其‘古錢’十陌乃使錢之一貫六陌四十文。使錢別名閒錢，古錢別名貴錢。”

叁陌。/

冬祭禮，共古錢叁貫捌陌。沙牢壹隻，准古錢叁貫；粢壹盤，准古錢五陌；酒壹圩，准古錢叁陌。/

一殿廟與祭器嗣後如有朽弊，許自辦[1]取，奉除每年古錢捌貫柒陌五拾捌文并米，留來應作。/

景興[2]三十五年十月初九日/

令旨[3]/

【造本國聖祖文碑】[4]

虔修/　　　　　士王殿碑文并銘事[5]

嘗謂道如一元之氣，未有不存；君端萬化之原，在審所尚。蓋[6]欲興文治，是以重儒先。恭惟/　　　　　聖德士王僊，北國儒宗，南天聖祖。語其道德，則由孝廉而茂材，經綸志藴；言其事業，則歷太守而刺史，撫字心勞。非惟施德於一時，抑亦有功於萬世。/　何則侏離[7]之語，未易施教，〇王則譯而明之，使知華音，而後有以入堯舜之道，質魯之俗。何由知書，〇王則誘而掖之，使明奧義，而後有以窺孔孟/之墻，洙泗之源，既□而文瀾愈漲，人材之所以盛，治道之所以隆。我越爲南獻[8]之邦，莫非〇王之功也。况乎陳跡已遠，正氣不散，捍災[9]禦患，億年濯/濯，厥靈護國保民，萬古洋洋如在。〇王之惠澤，孰不霑濡？〇王之祭祀，誰其監守？隴廛村乃其宗子，殿宇修理任其勞，牲牷供需充其費，城内之民/最爲親切，不表而旌之，何以寓其崇重之實？是以累朝以來，厚加優給。戊辰年既許爲灑[10]夫，而寬其賦役；丙辰年又准爲皂隸，而免其征徭。無非重/斯道，而福斯民。然量除而已，未有以盡除之，

---

① “辦”，碑文原作“辨”，因另兼正字，故逕改。
② “景興”，爲後黎顯宗黎維祧年號。三十五年爲公元1774年，當清乾隆三十九年，歲次甲午。
③ “令旨”二字雙勾。以上爲拓片編號02779內容。
④ 此爲後碑額題，拓片編號02780。
⑤ 此爲編號02780之碑題。
⑥ “蓋”，碑文原作“盖”，因係繁簡字，故逕改。
⑦ “侏離”，見（南朝宋）范曄《後漢書》卷六十八《南蠻列傳》：“（高辛氏）於是使迎致（槃瓠）諸子。衣裳班蘭，語言侏離，好入山壑，不樂平曠。帝順其意，賜以名山廣澤。其後滋蔓，號曰蠻夷。”李賢注：“侏離，蠻夷語聲也。”
⑧ “獻”，碑文原作“献”，因係繁簡字，故逕改。
⑨ “災”，碑文原作“菑”，因另兼正字，故逕改。
⑩ “灑”，碑文原作“洒”，因係繁簡字，故逕改。

有心於致敬者，何必取給於此鄉哉!

慶今文運大亨，儒風丕振，/　　　　　大元帥、總國政、師上尚父、睿斷文功武德靖王，留心典學，致意崇儒，知其功用之大，振而起之，迺於甲午年十月日攽下○令旨，仍許爲皂隸，照舊奉/事。又准除其存餘錢，以供修理，及遞年户分、搜差各役，並准仝除。其崇師重道之意，爲何如哉! 將使人知趨向士，共濯磨，家孔孟、而户程朱；人稷契、/而鄉邾魯，不特一民受其賜，而天下之民亦並受其賜矣。生斯世者，何其幸哉! 因鐫于石，以壽其傳云。/

銘曰：/

歷觀古廟，莫若隴廛。斯文宗主，道統淵泉。

百王軌範，萬古香煙。道無墜地，文不葬天。

秦莫能泯，漢益加虔。/知所敬者，振而起焉。

仝除村邑，實福垓埏。人知趨向，世囿安全。

何神鼓[①]舞，夫豈私偏。有石可鐫，永永萬年。/

黎朝景興叁拾五年歲在甲午孟冬穀日/

本總公河社舊任嘉定縣知縣卞致顯謹述/

壬午科試中書筭、侍中書監、華文學生、將仕郎、永康縣縣丞、該合首合、儒生阮宗儒奉寫/[②]

① “鼓”，碑文原作“皷”，因另兼正字，故逕改。

② 以上爲拓片編號 02780 内容。

一六七　姜寺社陳玿夫妻後佛碑記

引言

碑立於北寧省順城府姜寺總姜寺社延應寺，爲寺後家内第五碑。碑刻雙面，拓片編號02781/02782。拓片編號02781爲碑前，共二十行字，滿行約四十一字，碑額刻“古珠寺後佛碑”六字，碑題“順安府超類縣姜寺社後佛碑銘并叙”十五字；拓片編號02782爲碑後，共二十行字，滿行約四十字，碑額刻“相公夫人二位”六字，今依内文主旨重定篇題爲“姜寺社陳珆夫妻後佛碑記”。碑文撰者爲生徒趙名立，書者爲中書監勾稽、華文學生阮曰基。年代署作景興（Cảnh Hưng）二十四年（1763），景興爲後黎顯宗（Lê Hiển Tông）黎維祧（Lê Duy Diêu）年號，同年爲清乾隆二十八年，歲次癸未。拓片現藏於漢喃研究院。

碑文記載耀郡公陳珆之家世、生平，及其夫人與子女。並言陳珆有恩於姜寺社，故姜寺社尊陳珆與正夫人阮氏爲後佛。並記載祭祀時的祭文體式，與香火田位置、尺寸。

02781

古珠寺後佚碑

順安府超類縣姜寺社後佚碑銘并敘
後佚奉　丞相公及　夫人也　公海陽南策至靈滇池人姓陳諱珨又諱璟祖監生贈禮部左侍郎
裕派侯諱福謚文正祖母贈正夫人譚氏諱良號貞良父進士寺卿贈户部左侍郎芳池侯諱壽謚忠謹
母贈正夫人陳氏諱艷號明惠公以甲子年十一月十四日辰時生少孤力學名聞當時二十二乙酉科
儒生二十八辛卯科中式三十五戊戌科進士晚年以武功顯一歲四迁超陞工部尚書戢固辭不拜改
授吏部左侍郎入相封郡爵未幾辭權六十五援朝例復以工部尚書致仕與長子始進士錦旋同日當
世榮之尋起復再入相奉
御筆　旨傳　公宿德元老特立不倚兼性稟剛毅頗曉戎机茲許入侍机密宜宿夜盡心俾無負委任責
成之意　公受命孜孜盡力贊助居多歷工刑兵禮四部尚書七十三再乞閒七十五以戊寅年六月初
五日申時壽終于家訃聞
上輟朝三日封贈少保賜謚忠雅頒賜吊慰錢叁百伍拾貫循典也正室封蔭郡夫人阮氏諱平號慈厚
至靈傑特人進士致仕官之孫縣丞贈僉亭昌嶺伯之女以乙丑年十一月二十三日卯時生乙卯年五
月初八日申時殁亦壽七十五歲生三男二女長子戊辰進士次子癸亥辭元亞室武氏諱念號慈徽鳳
眼湛田人署衛雲郡公之孫參督盤郡公之女適夫人表妹生第六男次室阮氏諱備　夫人親妹
也生第七男早殁妾二人一生第四第五男一生季女諸孫蕃衍慶祉方隆詩書之澤信乎其無窮矣
公有文武之才經綸之學而忠纔自許惟知國事不顧家身故能屢立大功社稷是頼考其始終履歷四
旬仕宦半是冷官兩度台衡一如寒士其清約自守之操又如此居相位無所阿附不為詭隨請託不行
關節不到天下方仰其德而　公已老且病不克終治惜哉先是本社嘗受　公厚恩人人德之思有以
重其報遂奉　公與　正室夫人為後佚逾年忌禮每日粢盛貳盤花菓壹盤金銀壹千芙蔔壹台再於
四月初六日迎請行禮唱歌叁籌蓋以事佚亭神之禮而兼事之于以報　相公忭懞之德表吾鄉忠厚

2781
北寧省順成府姜寺總姜寺社延應寺后家內第五碑二面之前

編號：02781　出自《拓片總集》第三冊（下同）

02782

相公夫人二位

之心世世子孫不可忘也夫以千古名藍萬年香火我寺與天地相爲久長自此有感世之緣豈易以此
聞之　公之未誕也　太夫人于本寺禱焉既而熊夢協徵麟兒抱送其應之也如響　夫人每以謝
宜隆致囑然則　公之惠吾民者正所以報此佚恩而民之祟　公祀者乃所以奉夫佚子自然而遇
期之報冥冥之中其必有使之矣噫生應於此殁享於此真世間之異事也其爲無穷之祀宜哉於是乎
謹叙其事而銘于石因以爲通祀　公及　夫人之文曰
相公爲政　功德在民　年年同祀　世世相因
一兩忌倡歆等日祭文体式　維
皇號某年歲次干支某月（月無干支）某干支朔越某日干支敬遇（倡日文同但去自敬至日七字）
先相公（或先夫人）諱日順安府超類縣姜寺社某仝社等謹以粢盛花菓金銀芙蔔等物敢昭告于
賜戊戌科第三甲同進士出身特進金紫榮祿大夫參從禮部尚書入侍經筵
致仕起復耀郡公封贈少保賜謚忠雅陳相公
正室封蔭郡夫人阮氏號慈厚曰有祀必告禮也　恭惟（餘如）尚　饗
貫族供施香灯田貳畝在姜寺大寺等社地分（坐落東詠處一所壹高拾叁尺一所貳高陸尺坐落䏲以　一所楚尺坐落城犯處一所貳高陸尺一所貳高室尺坐）
落東蓮處一所貳高貳尺坐落東㙮處二所拾壹尺坐落東婁處二所壹高肆
尺又一遠所貳高參尺坐落芙蔔處一所參高坐落東覩處一所壹高參尺
旨
皇朝景興二十四年竜輯癸未孟秋節上吉日竪撰碑銘叙生徒老饒趙名立拜手
縣丞高廷衞侍内書寫兵番縣丞高廷璠知簿趙名满阮廷旺副所趙名萊生徒阮輝澤譚維徽
首社長譚曰奎楊廷遵老饒高廷藝鄧千春高廷濫高廷芳高廷裴阮廷謁楊廷無阮有霑鄧名求
高廷蘇阮宗維阮宗紹高廷蘭阮名域楊廷謙張文奮社長譚曰懿阮名宏趙曰瞭村長高文衍
阮文詢鄧文覆譚登棣鄧文蕉仝社上下等共記
中書監句瞽華文秀生嘉林富市阮□奉寫

北寧省順成府姜寺總姜寺社延慶寺后家碑第五碑二面之[illegible]

編號：02782

釋文

【古珠寺後佛[①]碑/相公夫人二位】[②]

順安府超類縣姜寺社後佛碑銘并叙[③]

後佛奉　丞相公及　夫人也。　公海陽南策至靈滇池人也，姓陳諱玿，又諱璟。祖監生[④]、贈禮部左侍郎、/裕派侯，諱福，謚文正；祖母贈正夫人譚氏，諱艮，號貞良。父進士、寺卿，贈户部左侍郎、芳池侯，諱璹，謚忠謹[⑤]；/母贈正夫人陳氏，諱艷，號明惠。公以甲子年[⑥]十一月十四日辰時生，少孤力學，名聞當時。二十二，乙酉[⑦]科/儒生。二十八，辛卯[⑧]科中式。三十五，戊戌科[⑨]進士。晚年以武功顯，一歲四遷，超陞工部尚書職，固辞不拜，改/授吏部左侍郎，入相、封郡爵。未幾，解權，六十五，援朝例，復以工部尚書致仕，與長子始進士錦旋同日，當/世榮之；尋起復，再入相。奉/　　　　御筆　旨傳：　公宿德元老，特立不倚，兼性禀剛毅，頗曉戎機[⑩]，玆許入侍機密，宜宿夜盡心，俾無負委任責/成之意。　公受命孜孜盡力，贊助居多，歷工、刑、兵、禮四部尚書。七十三，再乞閒。七十五，以戊寅年[⑪]六月初/五日申時壽終于家。訃聞，/　　　　上輟朝三日，封贈少保，賜謚“忠雅”，頒賜吊慰錢叁百伍拾貫，循舊典也。

正室封蔭郡夫人阮氏，諱平，號慈厚，/至靈傑特人；進士致仕官之孫，縣丞、贈僉事、

---

① “佛”，碑文原作“仸”，因係繁簡字，故逕改。本篇下同不另注。

② 此爲拓片編號 02781 額題。按，後附“相公夫人二位”六字爲拓片編號 02782 之額題。

③ 此爲編號 027812 碑題。今依碑題及内容重定篇題。

④ “監生”，見《欽定越史通鑑綱目》：“鄉試中四場，充入國子監，謂之監生。”

⑤ “諱璹，謚忠謹”，即陳璹，爲黎玄宗景治八年（1670）庚戌科第三甲同進士出身第九名。

⑥ “甲子年”，即後黎熙宗正和五年，當清康熙二十三年（1684）。

⑦ “乙酉”，即後黎裕宗永盛元年，當清康熙四十四年（1705）。

⑧ “辛卯”，即後黎裕宗永盛七年，當清康熙五十年（1711）。

⑨ “戊戌科”，即黎裕宗永盛十四年（1718）科考，是科共取進士十七名，第一甲進士及第第一名武公宰，第二甲進士出身二名：阮璿、寧迪；第三甲同進士出身十四名：黎有喬、阮名賢、阮公垣、阮錦、張有邵、黎如琦、何策譽、楊灌、杜令儀、阮廷柏、阮廷纂、黎登傅、阮國翼、陳璟。

⑩ “機”，碑文原作“机”，因係繁簡字，故逕改。本篇下同不另注。

⑪ “戊寅年”，即景興十九年（1758），《大越史記全書續編》卷四：“（景興）戊寅十九年……六月，致仕禮部尚書、郡公陳璟卒。璟有將略，知敵情地勢，屢立戰功，遂獲大用。晚在政府，尋以昏眊請辭位，未幾卒，贈少保。”

昌嶺伯之女，以乙丑年十一月二十三日卯時生，乙卯年五/月初八日申時歿，亦壽七十五歲。生三男二女，長子，戊辰進士[①]，次子，癸亥解元。亞室武氏諱念，號慈徽，鳳/眼湛田人，署衛[②]雲郡公之孫，參督、盤郡公之女，迺夫人表妹，生第六男。次室阮氏諱儲，　　夫人親妹/也，生第七男，早歿。妾二人，一生第四男、第五男；一生季女。諸孫蕃衍，慶祉方隆，詩書之澤，信乎其無窮[③]矣。/

公有文武之才，經綸之學，而忠誠[④]自許，惟知國事，不顧家身，故能屢[⑤]立大功，社稷是賴。考其始終，履歷四/旬，仕宦半是冷官，兩度台衡，一如寒士，其清約自守之操又如此，居相位無所阿附，不爲詭隨，請託不行，/關節不到，天下方仰其德，而　公已老且病，不克終治，惜哉！

先是本社嘗受　公厚恩，人人德之，思有以/重其報，遂奉　公與　正室夫人爲後佛，遞年忌禮，每日粢盛貳盤，花菓壹盤，金銀壹千，芙蔷[⑥]壹合，再於/四月初六日迎請行禮唱歌叄籌，蓋[⑦]以事佛、事神之禮而兼事之。于以報　相公帡幪[⑧]之德，表吾鄉忠厚/[⑨]之心，世世子孫不可忘也。

夫以千古名藍[⑩]，萬年香火，我寺與天地相爲久長，自非有夙世之緣，豈易以配/聞之。公之未誕也，　太夫人于本寺禱焉，既而熊夢[⑪]協徵，麟兒抱送，其應之也如響，　夫人每以謝禮/宜隆致囑。然則　公之惠吾民者，正所以報此佛恩；而民之崇　公祀者，乃所以奉夫佛子。自然而遇，不/期之報，冥冥之中其必有使之矣。噫！生應於此，歿享於此，真世間之異事也，其爲無窮之祀宜哉！於是乎/謹叙其事而銘于石，因以爲通祀　公及　夫人之文曰：/

---

① “戊辰進士”即陳璡，黎顯宗景興九年（1748）戊辰科第三甲同進士出身第八名，《鼎鍥大越歷朝登科録》：“陳璡，至靈湞池人，四十中應制合格，仕至翰林侍講，贈工部右侍郎，伯爵，璹之孫，璟之子。”

② “衛”，碑文原作越南俗字“衔”，故逕改。

③ “窮”，碑文原作“穷”，因係繁簡字，故逕改。

④ “誠”，碑文原作越南避諱字“䛨”，因係繁簡字，故逕改。

⑤ “屢”，碑文原作“屡”，因係繁簡字，故逕改。

⑥ “芙蔷”，一種藤類植物，越文作 Cây lá trầu。與檳榔同爲喜慶時必有之象徵性植物，尤其是在傳統婚俗文化中，檳榔、芙蔷與石頭（石灰）象徵兄弟和睦、夫妻相恩相愛。

⑦ “蓋”，碑文原作“盖”，因係繁簡字，故逕改。

⑧ “帡幪”，本指帳幕，後亦引申爲覆蓋、庇蔭與庇護。（漢）揚雄《法言・吾子》：“震風陵雨，然後知夏屋之爲帡幪也。虐政虐世，然後知聖人之爲郛郭也。”李軌注：“帡幪，蓋覆。”（宋）吕頤浩《忠穆集・河間帥吴述古遷職再任啓》：“某猥慚疲鈍，獲托帡幪。欣聞成命之傳，彌切懦心之慶。”

⑨ 以上爲拓片編號 02781 内容。

⑩ “名藍”，著名之伽藍，伽藍爲梵語音譯，意爲寺院。

⑪ “熊夢”，見《詩經・小雅・鴻雁之什・斯干》：“乃寢乃興，乃占我夢，吉夢維何，維熊維羆，維虺維蛇。大人占之，維熊維羆，男子之祥；維虺維蛇，女子之祥。”

相公爲政，功德在民。年年同祀，世世相因。/

一兩忌倡歌等日祭文體[①]式：

維/

皇號某年歲次干支某月月無/干支某干支朔，越某日干支、敬遇倡日文同，但去/自“敬”至“日”七字。/

先相公或先/夫人諱日，順安府超類縣姜寺社某、仝社等，謹以粢盛、花菓、金銀、芙蔔等物，敢昭告于/　　賜戊戌科第三甲同進士出身、特進、金紫榮禄大夫、參從、禮部尚書、入侍經筵/致仕、起復耀郡公、封贈少保、賜謚“忠雅”陳相公，/

正室封蔭郡夫人阮氏號慈厚，曰：有祀必告，禮也。　恭惟如/銘，尚　　饗。/

一貴族供施香燈[②]田貳畝，在姜寺、大寺等社地分。坐落埬詠處一所，壹高拾叁尺，一所貳高陸尺。坐落軛處/一所，玖[③]尺。坐落城處一所，貳高陸尺，一所貳高壹尺。坐/落埬蓮處一所，貳高貳尺。坐落埬瘦處一所，拾壹尺。坐落埬娄處一所，壹高肆/尺，又一連所貳高叁尺。坐落芙蔔處一所，叁高。坐落埬覩處一所，壹高叁尺。/

時/

皇朝景興二十四年竜輯癸未[④]孟秋節上吉日竪撰碑銘叙

生徒、老饒[⑤]趙名立拜手　記/

縣丞高廷衡，侍内書寫兵番、縣丞高廷璠，知簿趙名満、阮廷旺，副所趙名榮，生徒阮輝澤、譚維徽，/舊社長譚曰奎、楊廷遵，老饒高廷藝、鄧千春、高廷溢、高廷芳、高廷裴、阮廷講、楊廷兼、阮有霑、鄧名榮、/高廷鯨、阮宗維、阮宗紹、高廷蘭、阮名域、楊廷謙、張文奮，社長譚曰懿、阮名宏、趙曰寮，村長高文狩、/阮文詢、鄧文瓊、譚登棣、鄧文蕉，仝社上下等共記。

中書監勾稽、華文學生、嘉林富市阮曰基寫/[⑥]

---

① “體”，碑文原作“体”，因係繁簡字，故逕改。

② “燈”，原碑文作“灯”，因係繁簡字，故逕改。

③ “玖”，碑文原作越南避諱字“𤥨”，故逕改。

④ “皇朝景興二十四年竜輯癸未”，“景興”爲後黎顯宗黎維祧年號，二十四年爲公元 1763 年，當清乾隆二十八年，歲次癸未。

⑤ “老饒”，越南指五十歲以上的老農民。

⑥ 以上爲拓片編號 02782 内容。

題後

延慶寺内有九通碑誌，如下表所示：

編號	篇題	年代	位置
02752- 02755	延慶大禪寺記碑/十方善信資功德/興功修造中前堂/貴官各職資功德	後黎裕宗永盛十二年（1716）	寺三關内左邊第二碑
02756- 02759	丁巳年仲秋/興功創建造/和豐塔碑記/遺留萬世基	後黎懿宗永佑四年（1738）	寺前左一碑
02760	大寺社中二甲官員鄉老仝甲等立後佛碑	後黎顯宗景興二十一年（1760）	寺後家内第十一碑
02761	大寺社中二甲官員鄉老仝甲等立後佛碑	後黎顯宗景興三十年（1769）	寺後家内第十二碑
02762	後佛碑記	後黎顯宗景興三十六年（1775）	寺後家内第二碑
02763	姜寺社高廷銓夫妻後神碑記**	未注明	寺後家内第四碑
03764	後佛碑記	後黎顯宗景興二十一年（1760）	寺後家内第一碑
02781/01782	姜寺社陳玿夫妻後佛碑記*	後黎顯宗景興二十四年（1763）	寺後家内第五碑
02783/02784	敕旨姜寺社奉事古珠延應寺皂隷碑記*	未注明。按《提要》推斷此碑應是阮翼宗嗣德三十二年（1879）	寺内左邊一碑

注：* 表示此篇已收入本書；** 表示原無題。

《鼎鍥大越歷代登科録》黎裕宗永盛十四年（1718）戊戌科第三甲同進士出身第十四名："陳璟，至靈滇池人，三十五中，仕至刑部尚書、郡公，起復參從，璹之子，璡之父，父子同朝。"

一六八　敕旨姜寺社奉事古珠延應寺皂隸碑記

引言

碑立於北寧省順城府姜寺總姜寺社延應寺，爲寺内左邊一碑。碑刻雙面，拓片編號 02783/02784。拓片編號 02783 爲碑前，共二十行字，滿行約三十八字，碑額刻“敕旨古珠延應寺”，碑題“順安府超類縣姜寺社官員鄉老仝社上下等奉事本寺皂隷碑記”二十六字；拓片編號 2784 爲碑後，共十二行字，滿行約四十一字。今依内容及性質重定篇題爲“敕旨姜寺社奉事古珠延應寺皂隷碑記”。兩面均刻有紋飾，碑額皆爲雙龍昭日，左右兩側則爲花草紋。碑文未注明年代，按《越南漢喃碑銘拓片目録提要》所述，立碑年代應在阮翼宗（Nguyễn Dực Tông）嗣德（Tự Đức）三十二年（1879）以後。拓片現藏於漢喃研究院。

碑文記録姜寺社和延應寺於後黎朝景興（Cảnh Hưng）年間及阮朝所獲之封敕與奉頒之皂隷令旨。

02783
勅旨古珠延應寺

編號：02783　出自《拓片總集》第三冊（下同）

奉本
令旨
景興十二年四月二十日

編號：02784

釋文

【敕旨古珠延慶寺】[①]

順安府超類縣姜寺社官員、鄉老、仝社上下等奉事本寺皂隸碑記[②]

夫碑者，備載事跡，所以昭示後來。由本社奉事/　　　　　大聖法雲佛母出世最靈，歷代以來，國禱民求，現有《靈應拜觀實籙》表表可見矣。見本社香火/户兒奉事。/

嘉隆元年[③]八月日，奉頒許本寺廟[④]夫十五人搜差各役量除[⑤]，另兵三人酌免。係迎年四月期欽頒/　　　　　勅第一名藍[⑥]，大聖法雲玄通妙化牟顏慈德最靈大菩薩佛[⑦]，原屬[⑧]正神，係超類縣姜寺社從前奉事，/經有歷朝褒贈，玆國家輿圖混一，禮有登秩，可加贈美字三字，曰颾瑞闡祥編覆最靈大菩薩佛。故/勅。/

皇朝嘉隆九年[⑨]六月十五日旨壹道，拾年貳月日再奉收納。/

敕集吉凝祥靄瑞法雲佛上等神，護國庇民稔著靈應，節蒙頒給/　　　　　贈敕準許奉事，明命貳拾壹年，值我/　　　　　聖祖仁皇帝五旬大慶節，欽奉/　○寶詔，覃恩禮隆登秩，肆今丕膺/　　　　　耿命，緬念神庥，可加贈集吉凝祥靄瑞廣覆上等神，仍準許超類縣姜寺社依舊奉事，神其相佑，保我黎/民。欽哉！/

紹治[⑩]肆年捌月初壹日/

敕集吉凝祥靄瑞廣覆法雲佛上等神護國庇民，稔著靈應，節蒙頒給/　　　　　贈敕準許奉事，肆今丕膺　○耿命，緬念神庥，可加贈集吉凝祥靄瑞廣覆博孚上等神，仍準許超類/縣姜寺社依舊奉事，神其相佑，保我黎民，欽哉！/

紹治肆年玖月初五日/

---

① 此爲拓片編號 02783 額題。
② 此爲拓片編號 02783 碑題。今依内容及性質重定篇題爲“敕旨姜寺社奉事古珠延應寺皂隸碑記”。
③ “嘉隆”，阮世祖阮福映年號，元年爲公元 1802 年，當清嘉慶七年，歲次壬戌。
④ “廟”，碑文原作“庙”，因係繁簡字，故逕改。
⑤ “除”，碑文原作越南避諱字“𨻫”。本篇下同不另注。
⑥ “名藍”，著名之伽藍，伽藍爲梵語音譯，意爲寺院。
⑦ “佛”，碑文原作“仸”，因另兼正字，故逕改。
⑧ “屬”，碑文原作“属”，因係繁簡字，故逕改。
⑨ “皇朝嘉隆九年”，當清嘉慶十五年（1810），歲次庚午。
⑩ “紹治”，爲阮憲祖阮福暶年號，四年爲公元 1844 年，當清道光二十四年，歲次甲辰。

勅法雲佛原贈集吉凝祥靄瑞廣福博孚上等神，護國庇民，稔著靈應，節蒙頒給/

贈敕準許奉事，肆今丕膺　〇耿命，緬念神庥，可加贈集吉凝祥靄瑞廣福博孚粹穆上等神，仍準超類/縣姜寺社依舊奉事，神其相佑，保我黎民，欽哉！/

嗣德叁年[①]拾貳月貳拾日/[②]

恭奉/　　　　元帥、總國政、明都王[③]令旨。超類縣姜寺社官員、鄉老、仝社等，係所啓，謂本社奉事/　　　　大聖法雲佛母累奉頒許令旨，饒除爲皂隸民，上年被火燒失，乞再寫頒許，經議量除户分五十，率等因應，/許爲皂隸民奉事本寺。係遞年培築、立堤路、户分、郵亭、搜差各役，量除五十，率於丙寅年奉給官田十/二畝五高六寸，池五畝六尺一寸，以爲香燈田。其奉差與所該及各衙門當遵奉除，違者有國法在。兹令！/

景興[④]二年十二月十五日/

令旨：/

大元帥、總國政、尚師、明王[⑤]令旨。超類縣姜寺社仝社等，係有啟，備陳伊社奉事/

大聖法雲佛寺，累奉許爲皂隸民，照除户分五十，率兹彫殘尤甚，乞仍爲皂隸，准除各役等情，經議/許依所乞等因。應爲皂隸民奉事本寺，仝除租税舊/庸、兵分、户分、亭門教坊及搜差各役，以便奉事。其/奉差與所該及各衙門當遵奉除，違者有國法在。兹令！/

景興十二年[⑥]四月二十日/[⑦]

---

① “嗣德”，爲阮翼宗阮福時年號，三年爲公元 1850 年，當清道光三十年，歲次庚戌。

② 以上爲拓片編號 02783 内容。

③ “明都王”，即鄭毅祖恩王鄭楹。黎懿宗黎維祳永佑六年（1740）春正月，進封爲元帥、總國政、明都王。見《大越史記全書續編》卷三。

④ “景興”，爲後黎顯宗黎維祧年號，二年爲公元 1741 年，當清乾隆六年，歲次辛酉。

⑤ “明王”，黎顯宗景興三年（1742）歲次壬戌三月，顯宗命阮輝潤賫册進封鄭楹爲大元帥、尚師、明王。見《大越史記全書續編》卷四。

⑥ “景興十二年”，當清乾隆十六年（1751），歲次辛未。

⑦ 以上爲拓片編號 02784 内容。

一六九　修造福林寺佛殿碑記

引言

碑立於南定省豐盈縣上洞總黍米社寺，爲寺右邊之碑記。碑刻單面，拓片編號02788，共二十行字，滿行約二十三字。碑額刻“修造佛殿福林寺碑”，今依此重定篇題爲“修造福林寺佛殿碑記”。按拓片顯示碑額刻有紋飾，然拓片以拓碑身爲主，故碑額紋飾僅見額題上方有一日紋。拓片現藏於漢喃研究院。

碑文記述黍米社吕舍上村請興隆禪師修造福林寺佛殿與塑造佛像一事，並録有捐贈修寺的各會主姓名。

修造佛殿福林寺碑
02788

南定省豐盈縣上洞總黍米社寺右邊碑記一面

編號：02788　出自《拓片總集》第三冊

釋文

修造佛殿福林寺碑①

于時/　　　　世尊教法，流通歷廣，阿僧祇劫②，亘古來今，廷開　佛③道，壺中/南岳，永垂祝　聖，列燄禪燈臺上，西□綿緒，聯芳/　　　　聖果，精禪林釋子住持④，補陀⑤僊境，三界⑥上寺，靈鷲山雷音寺，/西天竺⑦國真人、特封道德和尚、靈光應現自在興隆禪師，/真性氣稟，生在越國山南義興大安仁澤，名鄉出家，自/幼青童⑧陰功，積德修道，以仁往望瀛縣黍米社吕舍上/村，如是果見勝地夾靈山，岐水遶相會，有情古跡名藍⑨/福林寺經久。兹本村和睦議請禪師就于己巳年至庚/午年七月穀日修造　佛殿三間，仝⑩鐵林蓋瓦并塑繪/佛像等事完成，權記石碑，滿圓功德。　上祝/　　　　皇朝永萬萬歲壽。/

一會王府生籍仝長劉⑪曰賢，字福信；仝長枚文會，字福和；/仝長劉知印；鄉老阮文登；

---

① 此爲拓片編號 02788 額題，今依此重定篇題爲“修造福林寺佛殿碑記”。

② “阿僧祇劫”，又譯“無央數劫”。“劫”爲古印度計算時間的單位，“阿僧祇”則指極大或不可數的數目單位。

③ “佛”，碑文原作“仸”，因另兼正字，故逕改。本篇下同不另出注。

④ “住持”，見《敕修百丈清規》卷二：“佛教入中國四百年而達磨至，又八傳而至百丈，唯以道相授受，或岩居穴處，或寄律寺，未有住持之名。百丈以禪宗寖盛，上而君相王公，下而儒老百氏，皆嚮風問道，有徒實蕃，非崇其位，則師法不嚴，始奉其師爲住持。”禪宗由於住在寺内的徒衆甚多，故各寺均設住持一人，其下另置若干職位。至後世，此住持之稱也通用於其他諸宗。

⑤ “補陀”，觀音佛之化身所住之補陀落山，是化土中之净土。（唐）不空譯《十一面觀自在菩薩心密言念誦儀軌經》：“如是我聞，一時薄伽梵住補陀落山大聖觀自在宫殿中。其山無量娑羅、多麼羅、瞻蔔、無憂阿底目、多迦，種種花樹莊嚴。與大苾芻衆八千人俱。復有九十九俱胝那庾多百千菩薩俱。無量百千净居天衆。”

⑥ “三界”，又稱“三有”，指衆生所居之三種世界：欲界、色界、無色界。居此三界中之衆生皆有煩惱及生死輪迴。

⑦ “天竺”，爲印度之古稱，《舊唐書》卷一百九十八《西戎傳》：“天竺國，即漢之身毒國，或云婆羅門地也。在葱嶺西北，周三萬餘里。其中分爲五天竺：其一曰中天竺，二曰東天竺，三曰南天竺，四曰西天竺，五曰北天竺。”

⑧ “青童”，指金剛童子，又作金剛兒，梵名 Kani-krodha。密教胎藏界曼荼羅金剛部院第三行上方第五位之尊。或謂係阿彌陀佛之化身，或謂與烏芻沙摩明王爲同體之尊。此尊於諸儀軌中有多種形像，身爲黄色者稱爲黄童子；身爲青色者，稱爲青童子。

⑨ “名藍”，著名之伽藍，伽藍爲梵語音譯，意爲寺院。

⑩ “仝”，喃字，有“主”“長”的意思。

⑪ “劉”，碑文原作“刘”，因係繁簡字，故逕改。本篇下同不另注。

鄉色社長、文盛男枚有儒；/社史、文筆男枚登第；守役、錦花伯丁光明；守役、芳岩伯/劉曰寶；仍官、盛才伯劉曰俊；仍官、仕宝伯阮文平，枚必得，/枚有顛；府生枚春宴，劉得禄，劉知謀，枚立致，劉知斷[1]，枚田，/阮登魁，枚進選，枚有慎，枚文曉，劉文餘，枚文丙，枚文致，/枚文高，劉曰良，劉曰爵，枚文振，枚文卯，阮文絲，劉文景，/枚有案，枚文預，杜旺，阮百長，普及會内檀那[2]信施等。/

① "斷"，碑文原作"断"，因係繁簡字，故逕改。

② "壇那"，又作檀那、旦那、柁那、檀越、馱曩，中國、日本又將檀那、檀越引申爲施主之稱，檀，碑文原作"坛"，因另兼正字，故逕改。

一七〇　阮憲祖御製詩《登護城山》

引言

寧平省浴翠山摩崖，拓片編號02809，共十二行字，滿行二十九字，石刻標題作“登護城山”四字，今依此重定篇題爲“阮憲祖御製詩《登護城山》”。撰者阮憲祖（Nguyễn Hiến Tổ）阮福暶（Nguyễn Phúc Tuyền）。年代署作紹治（Thiệu Trị）二年（1842），紹治爲阮憲祖阮福暶年號，同年爲清道光二十二年，歲次壬寅。拓片現藏於漢喃研究院。

本文爲阮憲祖之七言絶句《登護城山》，憲祖並於詩尾題跋以言“護城山”之緣由。

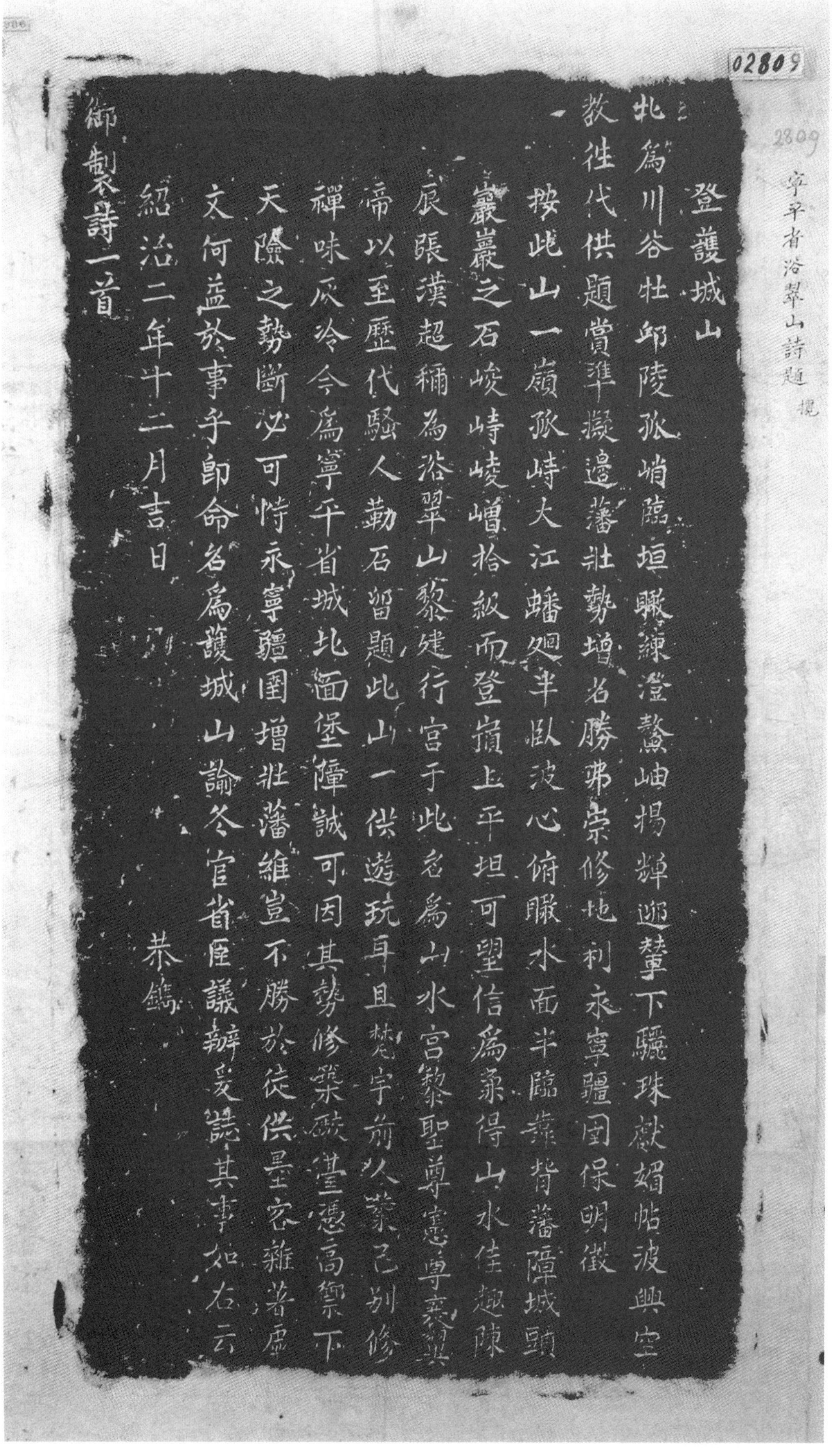
02809

2809

寧平省浴翠山詩題

登護城山

北爲川谷壯邱陵孤峭臨垣瞰練澄鰲岫揭獅迎輦下驪珠獻媚帖波興定

教往代供題賞準擬邊藩壯勢增名勝弗崇修地利永寧疆圉保明徵

一　按此山一巔孤峙大江蟠廻半臥波心俯瞰水面半臨韓背藩障城頭

巖巖之石峻峙崚嶒拾級而登嶺上平坦可望信爲兼得山水佳趣陳

辰張漢超稱爲浴翠山黎建行宮于此名爲山水宮黎聖尊憲尊襄翼

帝以至歷代騷人勒石留題此山一供遊玩耳且梵宇前以蒙巳別修

禪味冷冷今爲寧平省城北面堡障誠可因其勢修築礮臺憑高禦下

天險之勢斷必可恃永寧疆圉增壯藩維豈不勝於徒供登眺雜著虛

文何益於事乎即命名爲護城山諭冬官省臣議辦爰誌其事如右云

紹治二年十二月吉日　　恭鐫

御製詩一首

編號：02809　出自《拓片總集》第三冊

釋文

登護城山[①]

牝爲川谷牡丘[②]陵，孤峭臨垣瞰練澄。

鰲岫揚輝迎輦下，驪珠獻媚帖波興。

空/教往代供題賞，準擬邊藩壯勢增。

名勝弗崇[③]修地利，永寧疆圉保明徵。/

按：此山一嶺孤峙，大江蟠迴，半卧波心，俯瞰水面，半臨靠背，藩障城頭。/巖巖之石，峻峙崚嶒，拾級而登，頂[④]上平坦可望，信爲兼得山水佳趣。陳/時[⑤]張漢超稱爲浴翠山，黎建行宫于此，名爲"山水宫"，黎聖尊、憲尊、襄翼/帝以至歷代騷人勒石留題，此山一供遊玩耳。且梵宇前人業已别修/，禪味灰冷，今爲寧平省城北面堡障，誠可因其勢修築礮臺，憑高禦下，/天險之勢，斷必可恃，永寧疆圉，增壯藩維，豈不勝於徒供墨客，雜著虚/文，何益於事乎？即命名爲"護城山"，諭冬官省臣議辦。爰誌其事如右云。/

紹治[⑥]二年十二月吉日。　　恭鐫/

御製詩一首/

---

① 此爲拓片編號 02809 原標題，今依此重定篇題爲"阮憲祖御制詩《登護城山》"。

② "丘"，碑文原作"邱"，因另兼正字，故逕改。

③ "崇"，碑文原作"崇"，避諱缺筆，故逕改。

④ "頂"，即"頂"字。

⑤ "時"，碑文原作"辰"，越南避諱字，故逕改。

⑥ "紹治"，爲阮憲祖阮福暶年號，二年爲公元 1842 年，當清道光二十二年，歲次壬寅。

題後

浴翠山計有六通銘刻全部收入本書，如下表：

編號	篇題	年代	位置
02809	阮憲祖御製詩《登護城山》	阮憲祖紹治二年（1842）	寧平省浴翠山
02810	浴翠山詩題《山遊偶題》	後黎顯宗景興二十九年（1768）	寧平省浴翠山
02811	浴翠山詩題《無題詩》兩首	阮聖祖明命八年（1827）	寧平省浴翠山
02812	浴翠山詩題《亂後登浴翠山》	阮翼宗嗣德廿七年（1874）	寧平省浴翠山
02813	浴翠山詩題《范義齋無題詩》一首	阮翼宗嗣德廿九年（1876）	寧平省浴翠山
02814	後黎憲宗御製《題浴翠山並引》	後黎憲宗景統四年（1501）	寧平省浴翠山

據本篇所示，阮憲祖紹治二年（1842）改浴翠山爲護城山。按，浴翠山在寧平省城北安慶縣太登社，臨三岐江，乃寧平第一勝景，原名水山（一名山水山），李仁宗廣祐七年（1091）於此山建靈濟塔，陳時儒臣張漢超移居此地並改名爲浴翠山以來，歷代騷人墨客、皇王名臣均曾游覽此山，並留下詩文刻石。歷代地志均有記載，阮朝嗣德版《大南一統志・寧平省・山川》："護城山在省城北，臨三岐江，古名山水山，陳張漢超改爲浴翠山。……山之北，臨水有洞，中設三府神祠，山腰有一盤石臨流，上刻'瞰蛟亭'三大字；山之西南有祠，祀山晶、水晶之神，山巔舊有山水寺，本朝嘉隆年間，邑人移其寺祀于鳶翅山，明命二年大駕北巡，登覽，敕建樓于其上；紹治二年，大駕北巡登覽，敕改今名。合砌築女墻礟廠于其上，再奉御製詩勒石建碑亭于山腰。"則與本記文內容相關。

一七一　浴翠山詩題《山遊偶題》

引言

寧平省浴翠山摩崖，拓片編號02810，共八行字，滿行約十五字，標題作“山遊偶題”四字，今依内文主旨定篇題爲“浴翠山詩題《山遊偶題》”。撰者諒山道監察御史吴福臨，題者爲洪錫甫，年代署作景興（Cảnh Hưng）二十九年（1768），景興爲後黎顯宗（Lê Hiển Tông）黎維祧（Lê Duy Diêu）年號，同年爲清乾隆三十三年，歲次戊子。拓片現藏於漢喃研究院。

摩崖内容爲諒山道監察御史吴福臨於浴翠山上所題之七言律詩，以咏浴翠山。

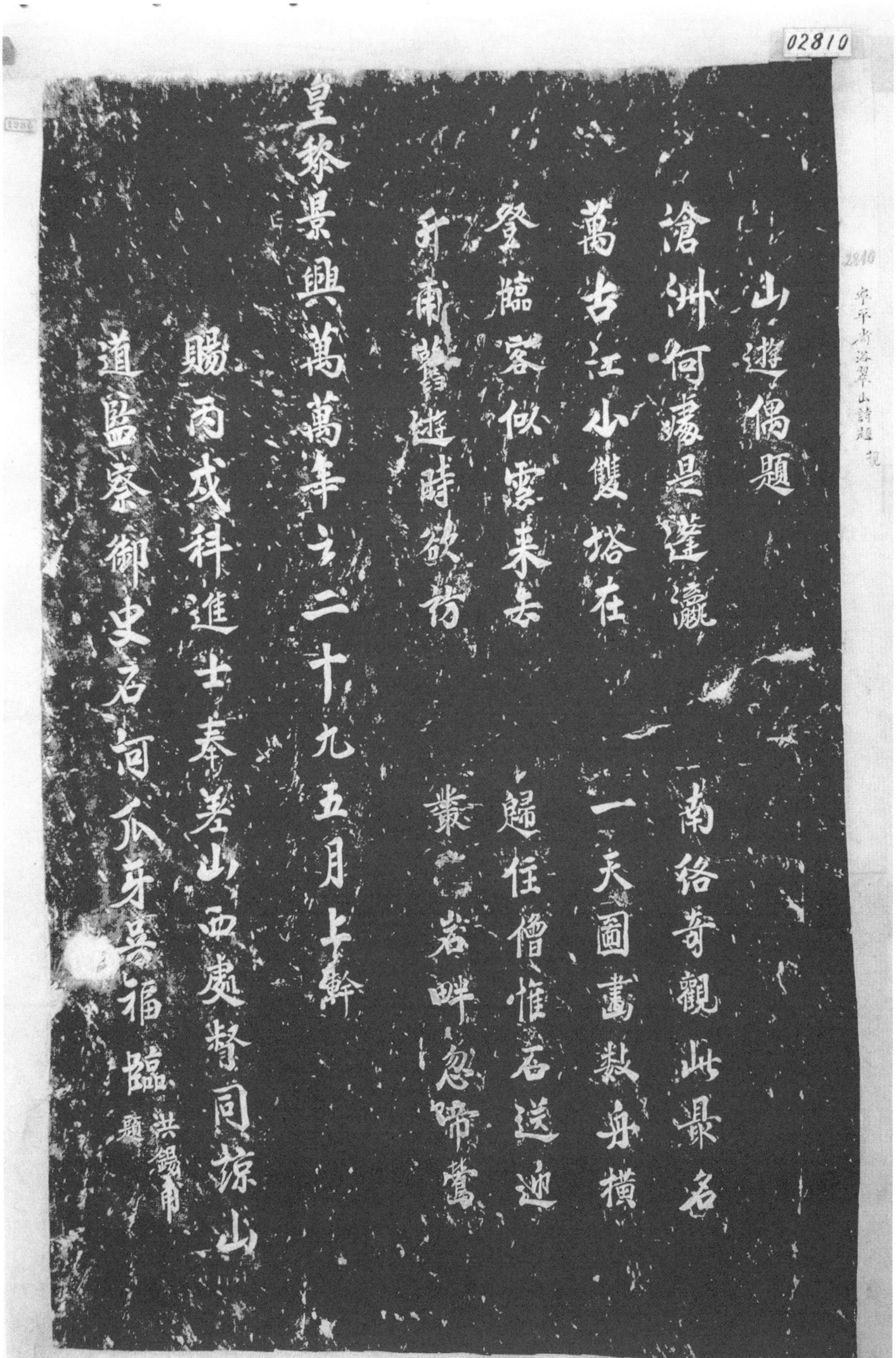
02810
山遊偶題
滄洲何處是蓬瀛　南絡奇觀此最名
萬古江山雙塔在　一天圖畫數舟橫
登臨客似雲來去　題任僧惟石送迎
千載舊遊時欲訪　叢叢巖畔忽啼鶯
皇黎景興萬萬年之二十九五月上幹
賜丙戌科進士奉差山西處督同掠山
道監察御史名司爪牙吳福臨題　洪錫甫

編號：02810　出自《拓片總集》第三冊

釋文

山遊偶題[1]

滄洲何處是蓬瀛，南洛奇觀此最名。/
萬古江山雙塔[2]在，一天圖畫數舟横。/
登臨客似雲来去，歸住僧惟石送迎。/
升甫[3]舊遊時欲訪，叢□岩畔忽啼鶯。/

皇黎景興萬萬年之二十九[4]五月上澣/
賜丙戌科進士、奉差山西處督同、諒山/道監察御史、石河爪牙吴福臨[5]洪錫甫/題/

---

① 此爲拓片編號02810原標題，今依此重定篇題爲“浴翠山詩題《山遊偶題》”。

② “雙塔”，李仁宗廣祐七年（1091）即於浴翠山水山上建塔，陳裕宗紹豐三年（1343）又有法螺禪師弟子智柔重修，命名“靈濟塔”，陳朝著名儒臣張漢超有《浴翠山靈濟塔記》一文記載此事。塔記刻於浴翠山山腰，今猶存，拓片則由漢喃研究院黄文甲研究員拓印，現藏於漢喃研究院，拓片編號30256。

③ “升甫”，張漢超的字。張漢超是陳朝著名儒臣，賜祀文廟。漢超本身即爲寧平地方福庵村人，晚年居住於水山，因山環境佳勝，故改“水山”爲“浴翠山”，並題詩爲文。

④ “皇黎景興萬萬年之二十九”，“景興”爲後黎顯宗黎維祧年號，二十九年爲公元1768年，當清乾隆三十三年，歲次戊子。

⑤ “吴福臨”，據《鼎鍥大越歷朝登科録》，黎顯宗景興二十七年（1766）丙戌科進士十一名，吴福臨爲第三甲同進士出身第八名：“吴福臨，石河爪牙人，四十五中。”

一七二　浴翠山詩題《無題詩》兩首

引言

寧平省浴翠山摩崖，拓片編號 02811，共十四行字，滿行約十四字。詩文無題，今依内容及性質定篇題爲“浴翠山詩題《無題詩》兩首”。撰者阮祐儀及黄炯烈。年代署作明命（Minh Mạng）八年（1827），明命爲阮聖祖（Nguyễn Thánh Tổ）阮福晈（Nguyễn Phúc Kiểu）年號，同年爲清道光七年，歲次丁亥。拓片現藏於漢喃研究院。

此文爲阮朝南定協鎮阮祐儀及道城參協黄炯烈於浴翠山上所題之兩首七言律詩。

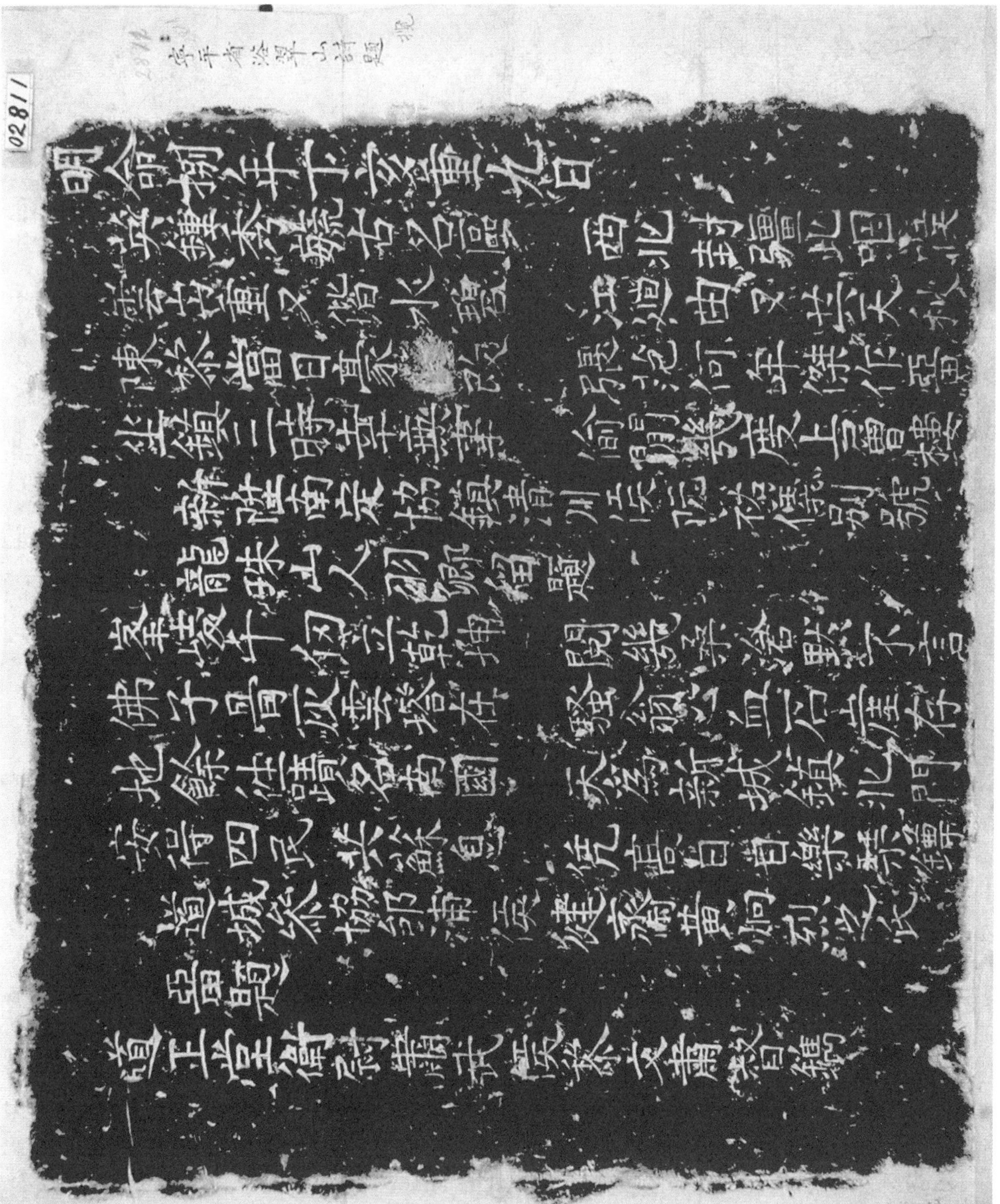
02811

編號：02811　出自《拓片總集》第三冊

釋文

浴翠山詩題《無題詩》兩首①

明命捌年丁亥②重九日/

英鍾秀毓古名區，西北封疆此咽喉。/

雲出重重偕水碧，江迴曲曲共天秋。/

陳黎當日豪□改，張范何年傑作留③。/

坐鎮三時幸無事，偷閒幾度上層樓。/

新陞南定協鎮、清川侯阮祐儀，別號/龍珠山人、羽卿留題/

峰峻千仞立乾坤，閲幾桑滄默不言。/

佛子骨灰雲塔在，騷翁心血石崖存④。/

地餘往蹟名南國，天爲新城鎮北門。/

安得四民共蘇息，憑高日日樂琴罇⑤。/

道城参協、郘浦侯、健齋黄炯烈之氏/留題/

道正堂衛尉、肅武侯黎文肅督鐫/

---

① 原摩崖無題，今依内容及性質定篇題爲“浴翠山詩題《無題詩》兩首”。

② “明命捌年丁亥”，“明命”爲阮聖祖阮福晈年號，八年爲公元1827年，當清道光七年，歲次丁亥。

③ “張范何年傑作留”，“張范”指張漢超與范師孟。張漢超曾有詩曰：“山色正依依，遊人胡不歸。中流光塔景，上界啓岩扉。浮世如今到，閑身晤（悟）昨非。五湖天地闊，好訪昔漁鹼（鹹）。”范師孟亦有詩曰：“扈蹕鵶頭浦，尋舟水石岩，鯨波天上下，鰲背水東南，蓬島連僧塔，瀛洲上客帆，行年六十四，六度訪伽藍。”見《歷朝憲章類志・地輿志・寧平省》。

④ “騷翁心血石崖存”，指張范等人在浴翠山的題詩。除上録張漢超與范師孟的詩作外，《歷朝憲章類志・地輿志・寧平省》尚録有黎聖宗詩一首：“三折流邊浴翠山，孤高如削玉峰寒。尋來廢寺凌峰上，賢盡荒碑帶嗔還。川密却號天地小，登高頓覺海雲寬。山光不改渾如昨，回首英雄一夢間。”

⑤ “琴罇”，碑刻原作“栞罇”，栞爲俗字，故逕改。“琴罇”又作“琴樽”“琴鐏”“琴尊”，自魏晋南北朝以來，琴與酒成爲文士悠閑生活的代表，“琴樽”遂成爲文士作品中經常出現的名詞。如謝朓《和宋記室省中》：“落日飛鳥還。憂來不可極。竹樹澄遠陰。雲霞成異色。懷歸欲乘電。瞻言思解翼。清揚婉禁居。秘此文墨職。無歎阻琴尊。相從伊水側。”陳叔寶《與江總書悼陸瑜》：“吾監撫之暇，事隙之辰，頗用譚笑娱情，琴樽閒作，雅篇艷什，迭互鋒起。”

一七三　浴翠山詩題《亂後登浴翠山》

引言

寧平省浴翠山摩崖，拓片編號02812，共十六行字，滿行八字，題名“亂後登浴翠山”六字，今依此題定篇題爲“浴翠山詩題《亂後登浴翠山》”。撰者寧平領輔陳子敏。年代署作嗣德（Tự Đức）甲戌，即嗣德二十七年（1874），嗣德爲阮翼宗（Nguyễn Dực Tông）阮福時（Nguyễn Phúc Thì）年號，同年爲清同治十三年，歲次甲戌。拓片現藏於漢喃研究院。

此文爲寧平領輔陳子敏於動亂後，登浴翠山有感所題之七言古詩。

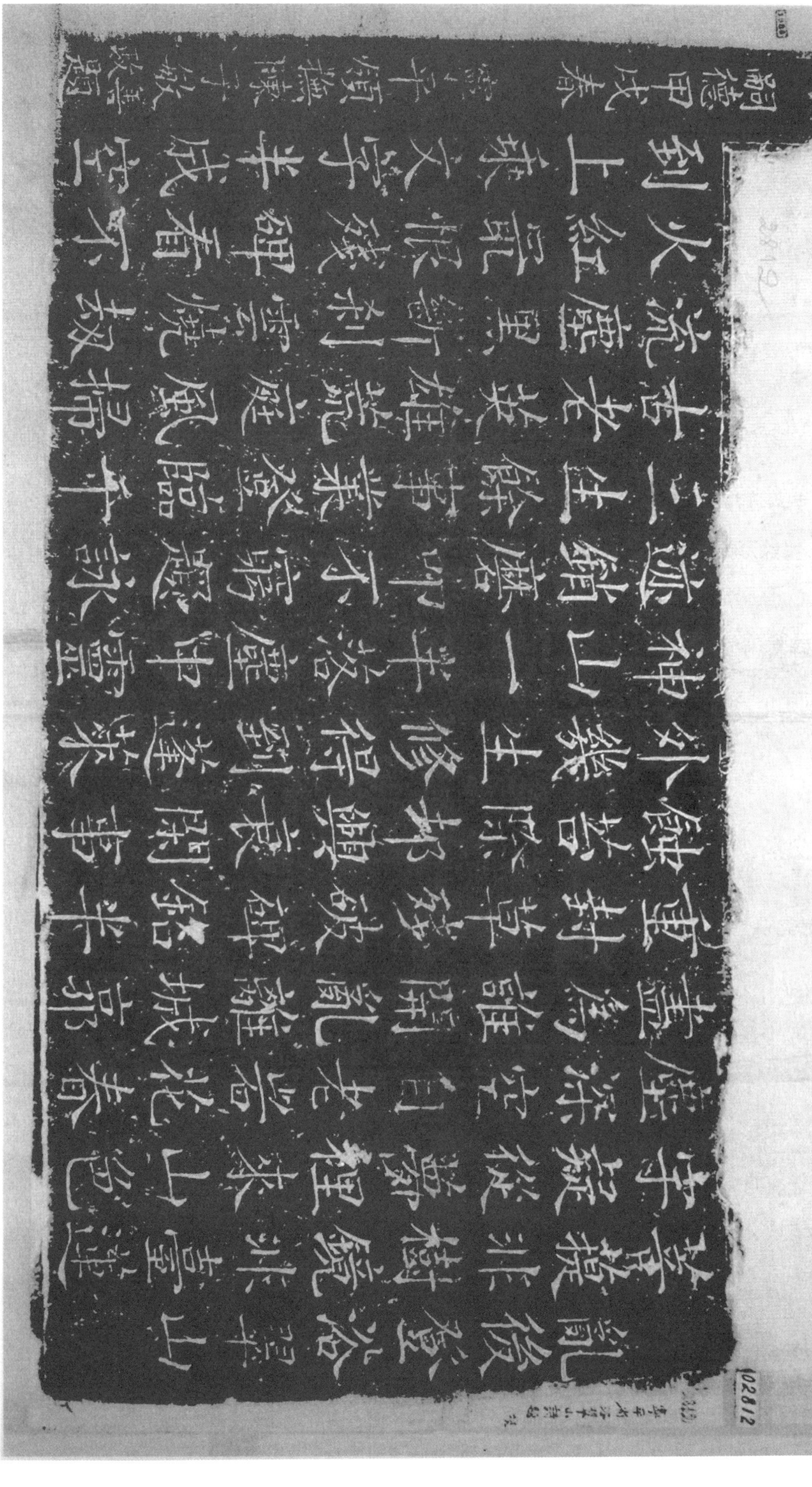

編號：02812　出自《拓片總集》第三冊

釋文

亂後登浴翠山①

菩提②非樹鏡非臺③，蓮/宇疑從夢裡來。

山色/塵深空自老，岩花春/盡爲誰開。

亂離城郭/重封草，殘破碑銘半/蝕苔。

除却興衰閑事/外，幾生修得到蓬萊。/

神山一半落塵中，靈/迹銷磨叩不窮。

題詠/三生餘事業，登臨千/古老英雄。

荒庭風掃/流塵黑，斷刹雲燒劫/火紅。

最恨殘碑看不/到，上乘文字半成空。/

嗣德甲戌④春

寧平領撫陳子敏善/政題/

題後

詩題署年“嗣德甲戌春”，即嗣德二十七年（1874），詩題“亂後登浴翠山”，應指嗣德二十六年（1873）發生在北圻的法國入侵事件。

按，嘉隆帝阮福映在對抗西山朝時數度流亡，曾經通過法國巴黎外方傳教會的關係，以取得法國的支持，後黎朝景興四十六年（西山朝泰德八年，1785）傳教士百多祿携阮福映的長子阮福景出使法國，並代表阮福映同法國政府簽訂《法越凡爾賽條約》，約定法國派兵援助阮福映，越南割讓沱瀼港（今峴港）和崑崙島給法國。然而不待法國的幫助阮福映已經回穩嘉定，

① 此爲拓片編號 02812 原標題，今依此重定篇題爲“浴翠山詩題《亂後登浴翠山》”。

② “提”，碑刻原作“蕿”，因另兼正字，故逕改。

③ “菩提非樹鏡非臺”，語出禪宗六祖慧能偈語：“菩提本無樹，明鏡亦非臺，本來無一物，何處惹塵埃？”

④ “嗣德甲戌”，即阮翼宗阮福時嗣德二十七年（1874），當清同治十三年，歲次甲戌。

所謂的《法越凡爾賽條約》成爲法越今後交涉時的懸點，法方認爲對越南南方的峴港（沱灢）、崑崙島已經有統治權，並具有貿易特權；但阮朝政府則認爲法國並未真正履行協助是次戰役，且簽約對象也已經改變，條約並不能生效，然而，阮福映仍然接受法國軍事上的援助，擊潰西山朝，建立阮朝，並建置阮朝的海軍。法國亦欲通過越南作爲侵入中國的跳板。嗣德二十六年（清同治十二年，1873）春正月，法國人涂普義（讓·迪皮伊 Jean Dupuis），透過北圻至雲南出售武器與私鹽，此時法國已經通過嗣德十五年（1862）所簽訂的《西貢條約》（即《柴棍條約》）取得西貢地區的統治權，故當越南官方取締涂普義的走私行爲時，法軍也扣押越南相關官員，越南政府因此派出代表至南圻交涉，法國則派遣安鄴（馬利·約瑟夫·弗朗西斯·加爾尼埃 Marie Joseph Francis Garnier）率領一百七十名士兵前往北圻處理涂普義事件，九月安鄴要求開放紅河被拒；十一月安鄴率兵占領河內、海陽等地，俘虜阮知方等官員，越史稱“北圻變故”。事故發生之後，越南請求中國天地會出兵協助抗法；十二月天地會首領劉永福率領黑旗軍來援，安鄴敗亡。越南政府爲達到政治平衡，一方面於次年三月簽訂《第二次西貢條約》，承認法國是越南的保護國；另一方面則任命劉永福爲“三宣副提督”，管理宣光、興化、山西三省，以黑旗軍阻止法軍北上。此次事件也成爲中法再次於北圻衝突的起因。事見《大南實録·正編第四紀》卷四十七至四十九。

一七四　浴翠山詩題《范義齋無題詩》一首

引言

寧平省浴翠山摩崖，拓片編號02813，共六行字，滿行約十字，詩文無題，今定其篇題爲“浴翠山詩題《范義齋無題詩》一首”。撰者范義齋。年代署作嗣德（Tự Đức）丙子，即嗣德二十九年（1876），嗣德爲阮翼宗（Nguyễn Dực Tông）阮福時（Nguyễn Phúc Thì）年號，同年爲清光緒二年，歲次丙子。拓片現藏於漢喃研究院。

内容爲范義齋五言律詩，以感嘆人事之變换。

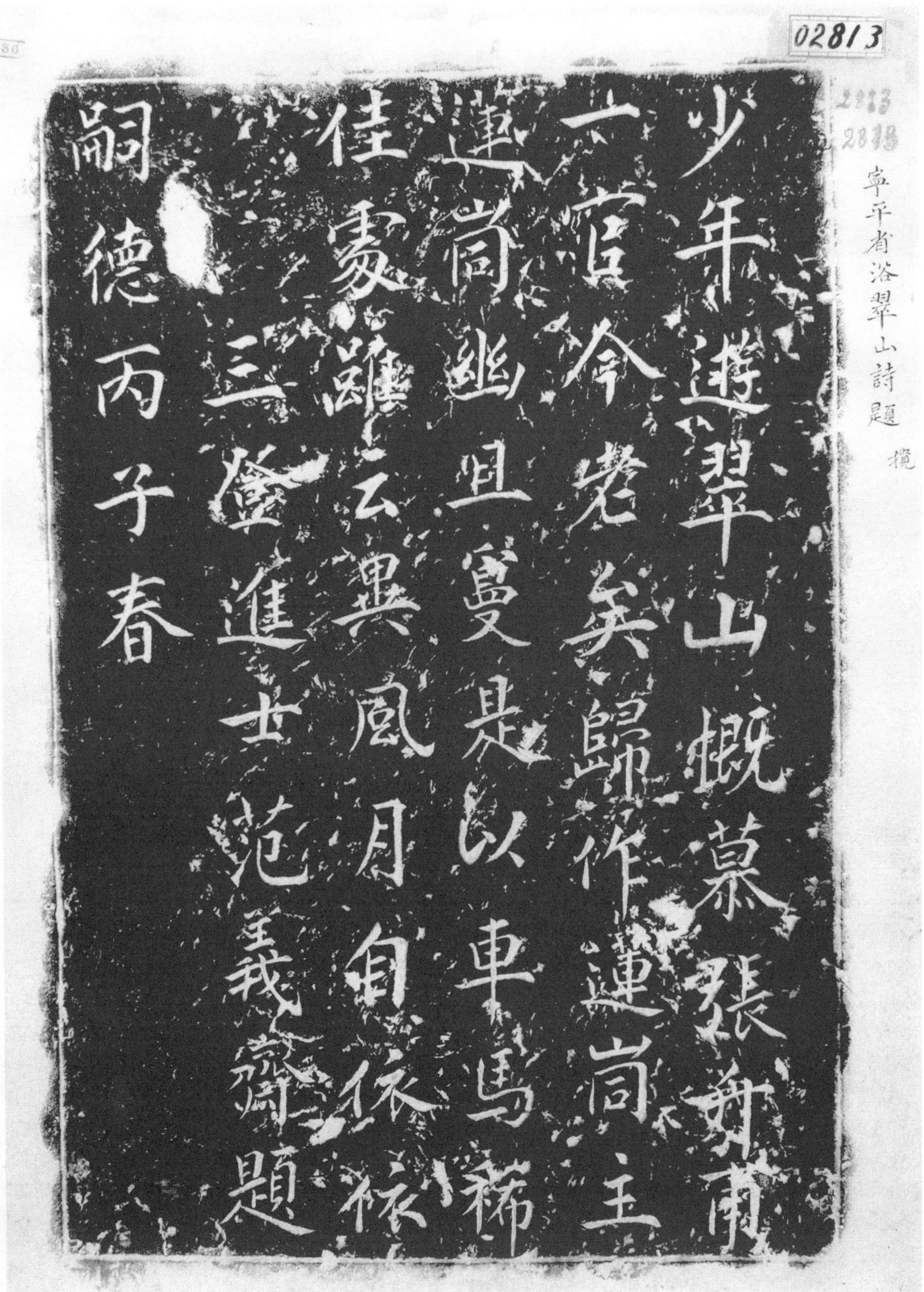
02813
2813
寧平省浴翠山詩題
攬
少年遊翠山慨慕張尹甫
一官今老矣歸作蓮嵩主
蓮嵩幽且曼是以車馬稀
佳處雖云異風月自依稀
三登進士范義齋題
嗣德丙子春

編號：02813　出自《拓片總集》第三冊

釋文

寧平省浴翠山詩題①

少年遊翠山，慨慕張升甫②。/

一官今老矣，歸作蓮岗主③。/

蓮岗幽且蔓，是以車馬稀。/

佳處雖云異，風月自依依。/

三登進士范義齋④題/

嗣德丙子⑤春/

---

① 原摩崖無題，此爲拓片題籤，今依内容及性質定篇題爲“浴翠山詩題《范義齋無題詩》一首”。

② “張升甫”，即張漢超。字升甫，陳朝著名儒臣，賜祀文廟。其晚年居住於水山，因此山環境佳勝，故改“水山”爲“浴翠山”，並題詩爲文。

③ “蓮岗主”，即范義齋，根據吴德壽《越南科榜人物》一書考：“范文誼，號義齋、蓮花洞主，作品有《松園詩集》《義齋場策文》和喃文的賦講述法國攻打北圻。”

④ “三登進士范義齋”，據《皇朝明命戊戌年會試科進士題名碑》（拓片編號05696）：“范文誼，舉人，南定省義興府大安縣安中上總三登社，年庚乙丑參拾肆歲。”又《國朝科榜録》記載：“范文誼，南定大安三登，副榜登講，舉人登訢、登諧、登譜之父。乙丑三十四，丁酉舉人。侍講學士，充南定、海防使，公慷慨有將略爲南州紳士所推尊，後退居花閭峒，蒙有頒賜銀藥及門多所成立。”陳名案在《了庵詩集》（越南國家圖書館抄本編號R. 1710）收有范義齋詩《在興安省與堂兄惠齋夜飲留别》《輓范拔卿》《賀白二甲》三首。

⑤ “嗣德丙子”，即阮翼宗阮福時嗣德二十九年（1876），當清光緒二年，歲次丙子。

一七五　後黎憲宗御製《題浴翠山並引》

引言

寧平省浴翠山摩崖，拓片編號02814，共十五行字，滿行八至十三字，石刻標題“御製題浴翠山并引”八字，今依此標題重定篇題爲“後黎憲宗御製《題浴翠山並引》”。撰者上陽洞主，即後黎憲宗（Lê Hiến Tông），書者中書監正字吴寧。年代署作景統（Cảnh Thống）四年（1501），景統爲後黎憲宗黎鏳（Lê Tăng）年號，同年爲明弘治十四年，歲次辛酉。拓片現藏於漢喃研究院。

此詩文爲景統四年春天，後黎憲宗拜謁寢陵途中登浴翠山賞景，即興所作之七言律詩。

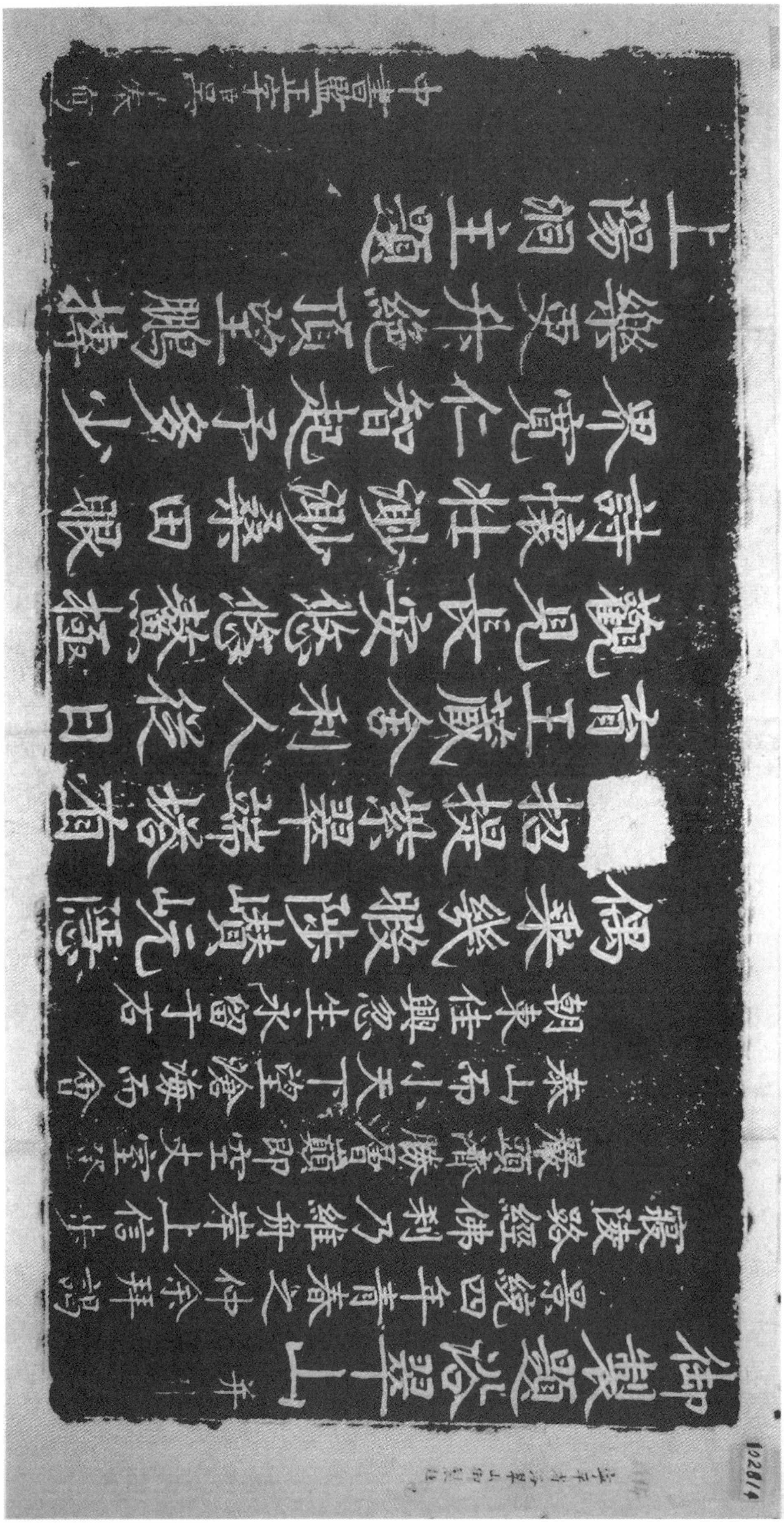

編號：02814　出自《拓片總集》第三冊

釋文

御製題浴翠山并引①

景統②四年青春之仲，余拜謁/寢陵，路經佛刹，乃維舟岸上，信步/巖頭，濟勝層巔，即空丈室，登/泰山而小天下，望滄海而會/朝東，佳興忽生，永留于石。/

偶乘幾暇陟巑岏，隱/□招提③紫翠端。

塔有/育王④藏舍利⑤，人從日/觀見長安。

悠悠鰲極/詩懷壯，渺渺桑田眼/界寬。

仁智起予多少/樂，更升絶頂望鵬搏。/

上陽洞主⑥題/

中書監正字臣吴寧奉寫/

---

① 此爲拓片編號 02814 原標題，今依此重定篇題爲“後黎憲宗御製《題浴翠山并引》”。

② “景統”，爲後黎憲宗黎鏳年號，四年爲公元 1501 年，當明弘治十四年，歲次辛酉。

③ “招提”，源自梵語，寺院的别稱，音譯初爲“拓鬥提奢”，省作“拓提”，後誤爲“招提”。其義爲“四方”。四方之僧稱招提僧，四方僧之住處稱爲招提僧坊。北魏太武帝造伽藍，創招提之名，後遂爲寺院的别稱。

④ “育王”，又稱阿育王、阿輸迦、阿輸伽、阿恕伽、阿戍笴、阿儵，意譯無憂王。指中印度摩揭陀國孔雀王朝第三世王，公元前三世紀左右出世，統一印度，爲保護佛教最有力之統治者。

⑤ “舍利”，又作實利、設利羅、室利羅，意譯體、身、身骨、遺身，通常指佛陀之遺骨，而稱佛骨、佛舍利，其後亦指高僧死後焚燒所遺之骨頭。《金光明經》卷四：“舍利者是戒定慧之所熏修，甚難可得最上福田。”

⑥ “上陽洞主”，即後黎憲宗。《大越史記全書·本紀》序傳：“憲宗睿皇帝，諱鏳，又諱暉，聖宗之長子也。在位七年，壽四十四歲而崩，葬裕陵。……光順三年三月册立爲皇太子。洪德二十八年正月，聖宗崩，於是即皇帝位，改元，大赦，以誕日爲天壽聖節，稱上陽洞主，後追上尊謚，廟號憲宗。”

一七六　濟郡公胡相公祠堂碑記

引言

碑立於乂安省瓊瑠縣富厚總瓊堆社，按拓片題籤記載此碑爲生墳碑。碑刻四面，拓片編號02820/02818/02819/02821。拓片編號02820爲碑前，共七行字，滿行二十字，碑題“尚書少保濬郡公胡相公祠堂碑記”十四字，今依此碑題重定篇題爲“濬郡公胡相公祠堂碑記”；拓片編號02818爲碑左，共六行字，滿行二十字；拓片編號02819爲碑後，共七行字，滿行二十字；拓片編號02821爲碑右，共六行字，滿行二十字。碑文撰者文德佳。年代署作景興（Cảnh Hưng）七年（1746），景興爲後黎顯宗（Lê Hiển Tông）黎維祧（Lê Duy Diêu）年號，同年爲清乾隆十一年，歲次丙寅。然據《越南漢喃碑銘拓片目録提要》所述，“景興”二字疑爲僞造，推算立碑年代爲阮翼宗（Nguyễn Dực Tông）阮福時（Nguyễn Phúc Thì）嗣德（Tự Đức）七年（1854）。拓片現藏於漢喃研究院。

碑文主要記載後黎朝濬郡公胡士揚（1622–1681）之生平、官歷，及功德，爲念其功德仍流傳於世，故撰此文以記之。

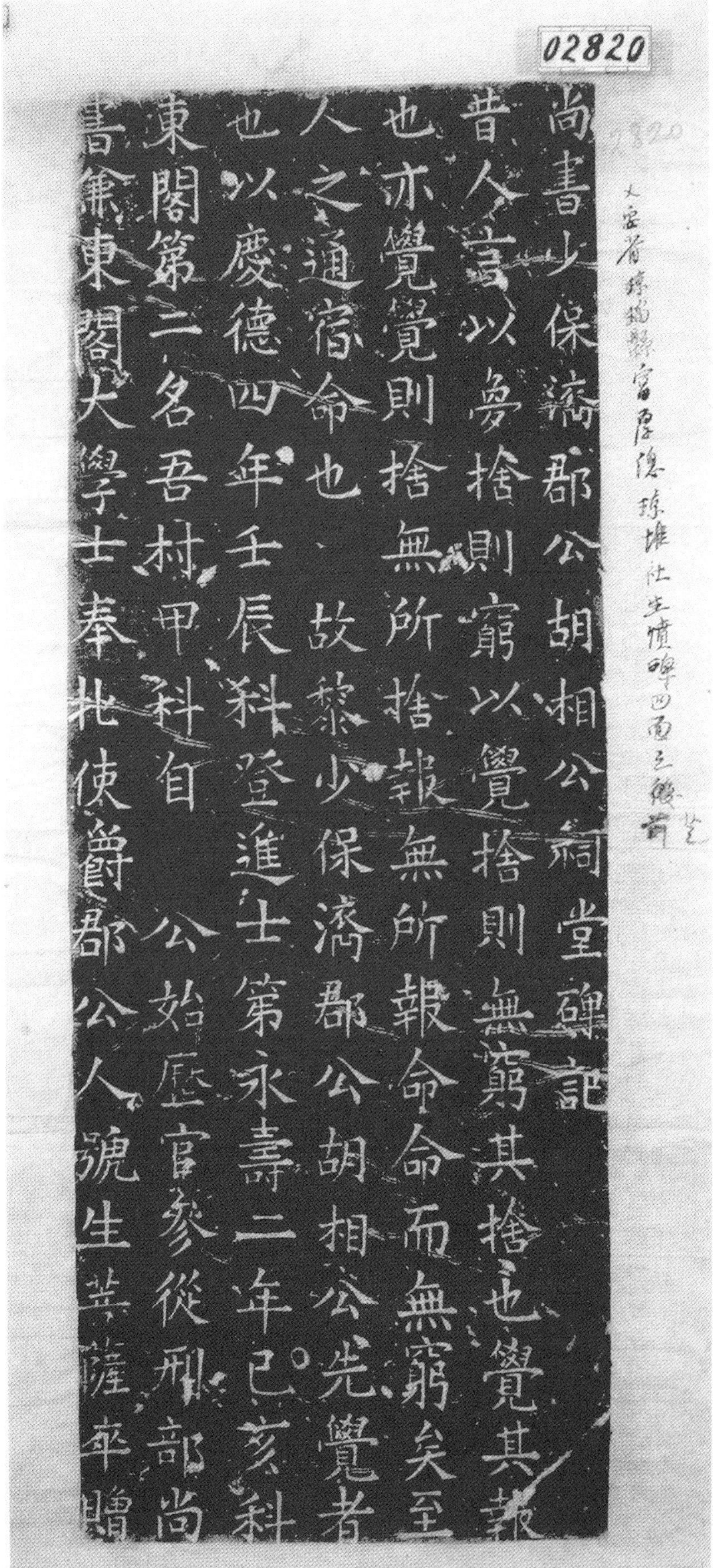
02820
尚書少保滄郡公胡相公祠堂碑記
昔人言以身捨則窮以覺捨則無窮其捨也覺其報
也亦覺覺則捨無所捨報無所報命命而無窮矣至
人之通窮命也故黎少保滄郡公胡相公先覺者
也以慶德四年壬辰科登進士第永壽二年己亥科
東閣第二名吾村甲科自公始歷官參從刑部尚
書兼東閣大學士奉北使爵郡公人號生菩薩卒贈

編號：02820　出自《拓片總集》第三冊（下同）

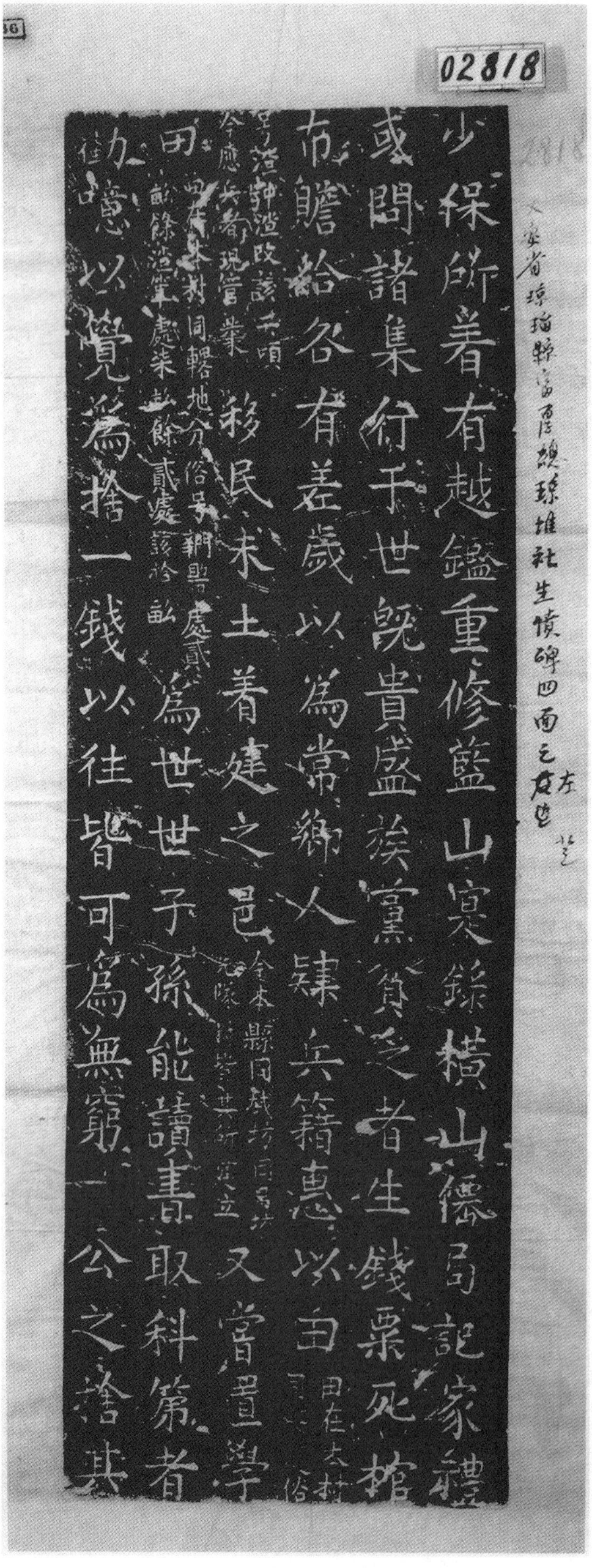
02818

乂安省瓊瑠縣富厚總瓊堆社生墳碑四面之左

少保所着有越鑑重修藍山寔錄横山儒局記家禮
或問諸集行于世既貴盛族黨貧乏者生錢粟死棺
布贍給各有差歲以爲常鄉人隸兵籍惠以田田在太村俗
号澄神澄政該兵頃今應兵奩現管業移民未土着建之邑全本縣同職坊同号坊先隊又嘗置學
田四在本村同轄地分俗号鄉與處貳畝餘澄葦處柒畝餘貳處該拾畝爲世世子孫能讀書取科第者
勸街口憶以覺爲播一錢以往皆可爲無窮一公之澹其

編號：02818

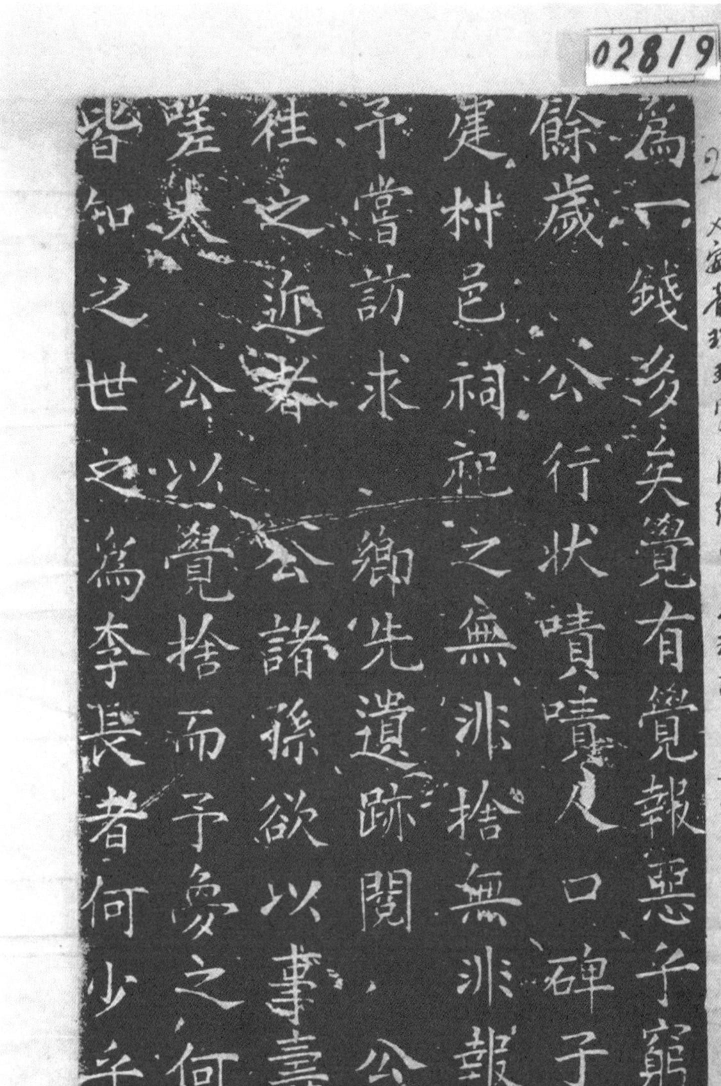
02819

爲一錢多矣覺有覺報惡予窮計度億□今三百有
餘歲公行狀嘖嘖人口碑子姓蕃衍世科鎊者所
建村邑祠祀之無非捨無非報無非命覺乎卓矣哉
予嘗訪求鄉先遺跡閱公世譜得與事心私嚮
往之迹者公諸孫欲以書壽子石徵予言以爲記
嗟□公以覺捨而予愛之何可哉雖然捨必報人
皆知之世之爲李長者何少乎昔人所嘆也予於

編號：02819

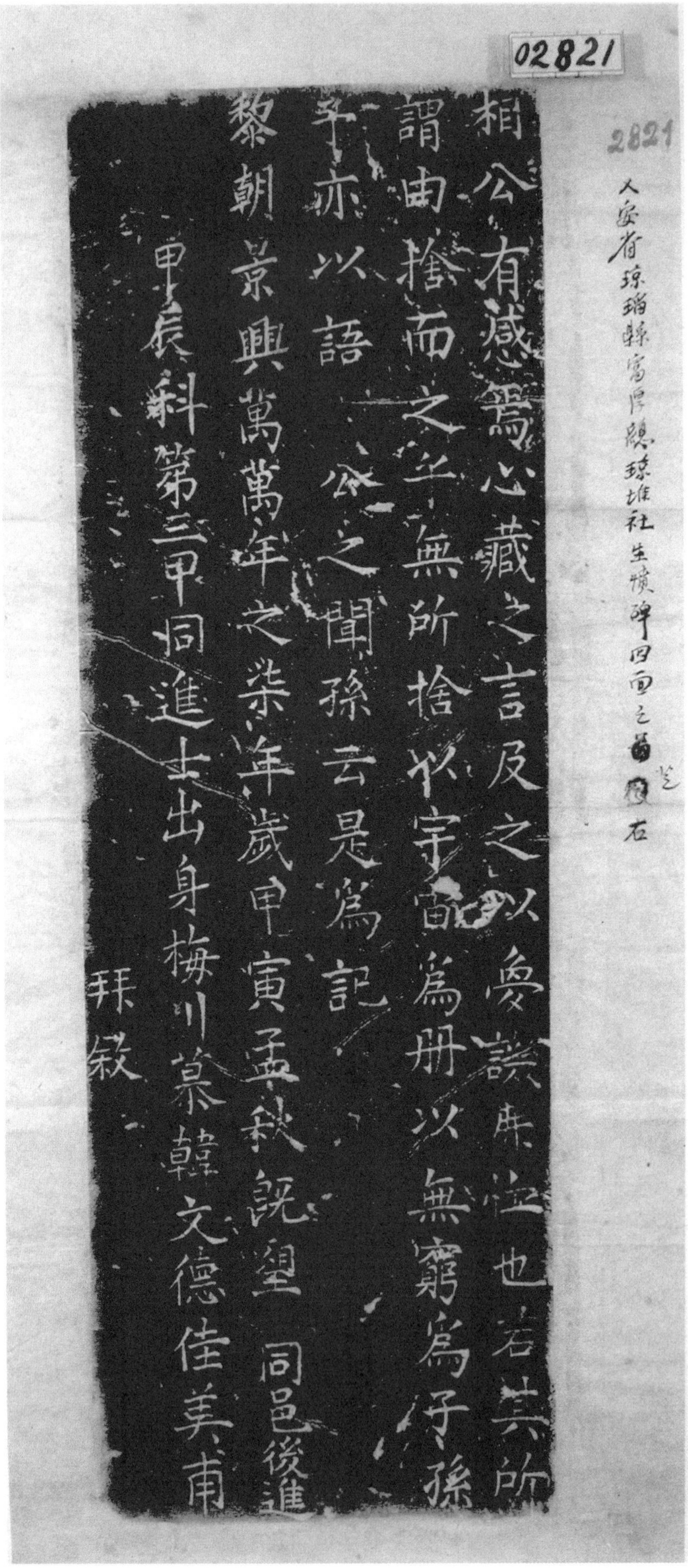

相公有感焉心藏之言及之以憂談庶幾也若其所
謂曲捲而之乎無所捨以字畜爲冊以無窮爲子孫
乎亦以語　公之聞孫云是爲記
黎朝景興萬萬年之柒年歲甲寅孟秋既望　同邑後進
甲辰科第三甲同進士出身梅川慕韓文德佳美甫
拜叙

編號：02821

釋文

尚書少保滳郡公胡相公[①]祠堂碑記[②]

昔人言，以夢捨則窮，以覺捨則無窮。其捨也覺，其報/也亦覺，覺則捨無所捨，報無所報，命命而無窮矣。至/人之通宿命也。　故黎少保、滳郡公胡相公，先覺者/也。以慶德[③]四年壬辰科、登進士第[④]，永壽二年己亥科/東閣[⑤]第二名，吾村甲科自　公始，歷官參從[⑥]、刑部尚

---

① 此碑爲胡士揚（1622–1681）之祠堂碑。

② 此爲拓片編號02820碑題，今依此重定篇題爲"滳郡公胡相公祠堂碑記"。

③ "慶德"，爲後黎神宗黎維祺年號，四年爲公元1652年，當清順治九年，歲次壬辰。

④ "登進士第"，《鼎鍥大越歷朝登科録》黎神宗慶德四年（1652）壬辰科第三甲同進士出身第一名："胡士楊，瓊瑠完厚人，乙酉科解元，戊子科代試，充軍。辛卯科再中，三十一中，一舉再中東閣，奉使，仕至參從、刑部尚書、兼東閣大學士、裔郡公，贈少保、兵部尚書。士賓之曾祖，宗鷟之遠裔。"《大越史記全書·本紀》卷十八："（黎神宗慶德壬辰四年，1652）四月，殿試，上親制策問以政事得失，賜馮曰脩等二名進士出身，胡士揚等七名同進士出身。"

⑤ "永壽二年己亥科東閣"，黎神宗永壽二年（1659）己亥有一般進士大科及試東閣，《鼎鍥大越歷朝登科録》："永壽二年己亥科進士二十名……永壽二年己亥科東閣五員……賞二一員胡士楊，吏科給事中、潤裔男。"《大越史記全書·本紀》卷十八："（己亥永壽二年，1659）冬十月，上親試東閣，取中格阮登鎬、胡士揚、阮儋、范維質、裴廷員等五名，除東閣大學士、學士、校書等職。"

⑥ "歷官參從"，見《大越史記全書續編》卷一："（黎熙宗永治元年，1676）冬十月，命兵部尚書阮茂材、工部尚書胡士揚並參從。"

/書，兼東閣大學士[1]，奉北使[2]，爵郡公[3]，人號生菩薩，卒贈/[4]少保[5]，所著有《越鑑》[6]《重修藍山寔録》《横山僊局記》《家禮/或問》諸集行于世。既貴盛，族黨貧乏者，生錢粟、死棺/布，贍給各有差，歲以爲常。鄉人肄兵籍惠以田，田在本村/同䕸處，俗/號渣㹞、渣改，該二頃，/今應兵者現管業。移民未土著建之邑，今本縣同域坊、同帛坊/、先隊村，皆其所建立。又嘗置學/田，田在本村同轄地分，俗號[7]閣處，貳/畝，餘渣筆處柒畝，餘貳處該拾畝。爲世世子孫能讀書取科第者/勸。噫！以覺爲捨一錢，以往皆可爲無窮。　公之捨，其/[8]爲一錢多矣。覺有覺報，惡乎窮計。慶德[9]距今二百有/餘歲，　公行狀嘖嘖人口碑，子姓蕃衍，世科榜諸，所/建村邑祠祀之，無非捨，無非報，無非命，覺乎卓矣哉！/予嘗訪求　鄉先遺跡，閱　公世譜，得其事，心私嚮/往之。近者　公諸孫欲以事壽于石，徵予言以爲記。嗟夫！　公以覺捨，而予夢之何可哉？雖然捨必報，人/皆知之，世之爲李長者何少乎？昔人所嘆也。予於/[10]　相公有感焉，心藏之，言及之，以夢譏弗恤也，若其所/謂由捨而之乎無所捨，以宇宙爲册，以無窮爲子孫，/予亦以語　公之聞孫[11]云，是爲記。/

---

[1] “東閣大學士”，見《大越史記全書·本紀》卷十九：“（癸卯景治元年，1663）二月，以胡士揚爲東閣大學士，陞子爵。”

[2] “奉北使”，見《大越史記全書·本紀》卷十八：“（永壽壬寅五年，1662）五月，命陪從胡士揚等往關上接北使。……（萬慶元年九月）復命胡士揚與翰林院待制阮名實等往關上候命。……（冬十一月）命胡士揚、阮名實與户科給事中嘉壽男阮廷正等往關上接使，領受北朝頒賞銀幣等物，並敕諭文。”《大越史記全書·本紀》卷十九黎玄宗景治三年（乙巳，1665）：“（十二月）加兵部右侍郎、潤裔子胡士揚伯爵，以其累往關上候命接使濟事故也。”黎玄宗景治五年（1667）：“五月，遣兵部右侍郎、潤裔伯胡士揚、東閣學士裴廷員往關上候命。”黎嘉宗陽德二年（1673）：“三月，遣正使阮茂材、胡士揚，副使陶公正、武公道、武惟諧等二部如清歲貢，附告哀事。”

[3] “爵郡公”，見《大越史記全書·本紀》黎嘉宗德元二年（1675）：“春三月，使臣阮茂材、胡士揚回國。夏四月……論奉使功，以阮茂材爲刑部尚書、子爵，胡士揚爲工部尚書、郡公爵，陶公正爲刑部右侍郎、武公道爲工部右侍郎，並男爵，武惟諧爲東閣大學士、子爵。”

[4] 以上爲拓片編號 02820 内容。

[5] “少保”，《大越史記全書·本紀》黎熙宗正和二年（1681）：“春……參從、刑部尚書胡士揚卒，贈户部尚書、少保。”

[6] “著有《越鑑》”，見《大越史記全書續編》卷一：“（丙辰永治元年，1676，清康熙十五年）秋七月，命工部尚書胡士揚監修國史。”

[7] “碑”，碑文原作“号”，因係繁簡字，故逕改。

[8] 以上爲拓片編號 02818 内容。

[9] “慶德”，後黎神宗黎維祺年號，計四年，公元 1649 年至 1652 年。

[10] 以上爲拓片編號 02819 内容。

[11] “聞孫”，具有聲譽的子孫。見《全唐文》韓愈《衢州徐偃王廟碑》：“姑蔑之墟，太末之里。誰思王恩，立廟以祀。王之聞孫，世世多有。唯臨兹邦，廟土實守。”

黎朝景興萬萬年之柒年歲甲寅[①]孟秋既望[②]

同邑後進/甲辰科第三甲同進士出身、梅川慕韓文德佳美甫/[③]拜叙/[④]

題後

胡士揚是本書篇〇一六《振修南郊昭事殿碑記》的撰寫者，《大越史記全書·本紀》卷十九黎玄宗景治元年（1663）九月："修南郊昭事殿。先是，南郊已有殿宇，而制度猶尚狹小，至是，是王命增加營作，其正殿堂四角柱用石爲基，庭内外並砌以石，棟梁榱桷皆朱漆相金，規模制度焕爾鼎新。王復命詞臣胡士揚等撰文勒碑，以記其事。"

---

① "黎朝景興萬萬年之柒年歲甲寅"，按景興朝無甲寅年，景興七年（1746）歲次爲丙寅，清乾隆十一年。

② 此碑署年黎朝景興七年，然後面作者文德佳爲阮朝紹治四年（1844）甲辰科進士，故此碑不應刻於黎朝，年代有疑問。

③ "文德佳"，字美甫，號梅川，又號慕韓。《國朝登科録》阮憲祖紹治四年（1844）甲辰科敕賜第三甲同進士出身第七名："文德佳，改奎。乂安瓊瑠富厚，丁卯三十八，癸卯舉人。前經募勇從嘉定軍次，及回屢升至富安布政，後充海安贊理，殉節，追授巡撫；生平有廉介聲。公早孤，及長，侍母盡禮。登第後，丁艱，盧（廬）墓三年，哀痛常如一日，人皆以孝行推。"

④ 以上爲拓片編號 02821 内容。

一七七　胡接齋生壙記

引言

碑立於乂安省演州府瓊瑠縣富厚總富良社，爲胡接齋生墳之碑。碑刻四面，拓片編號02837/02836/02834/02835。拓片編號02837爲碑前，共八行字，滿行十四字，碑題“胡接齋生墳記”六字，今依此碑題爲篇題；拓片編號02836爲碑後，共八行字，滿行十四字；拓片編號02834爲碑左，共五行字，滿行十四字；拓片編號02835爲碑右，共一行，滿行十二字。碑文撰者爲胡接齋。年代署作景興（Cảnh Hưng）三十九年（1778），景興爲後黎顯宗（Lê Hiển Tông）黎維祧（Lê Duy Diêu）年號，同年爲清乾隆四十三年，歲次戊戌。然按《越南漢喃碑銘拓片目録提要》説明，碑文中的年代“景興三十九年”爲僞造，推斷年代應爲嗣德（Tự Đức）三十五年（1882）之後。拓片現藏於漢喃研究院。

本文爲胡接齋自撰之生墳碑記，以言其剿匪之經歷，及建立生墳之由。

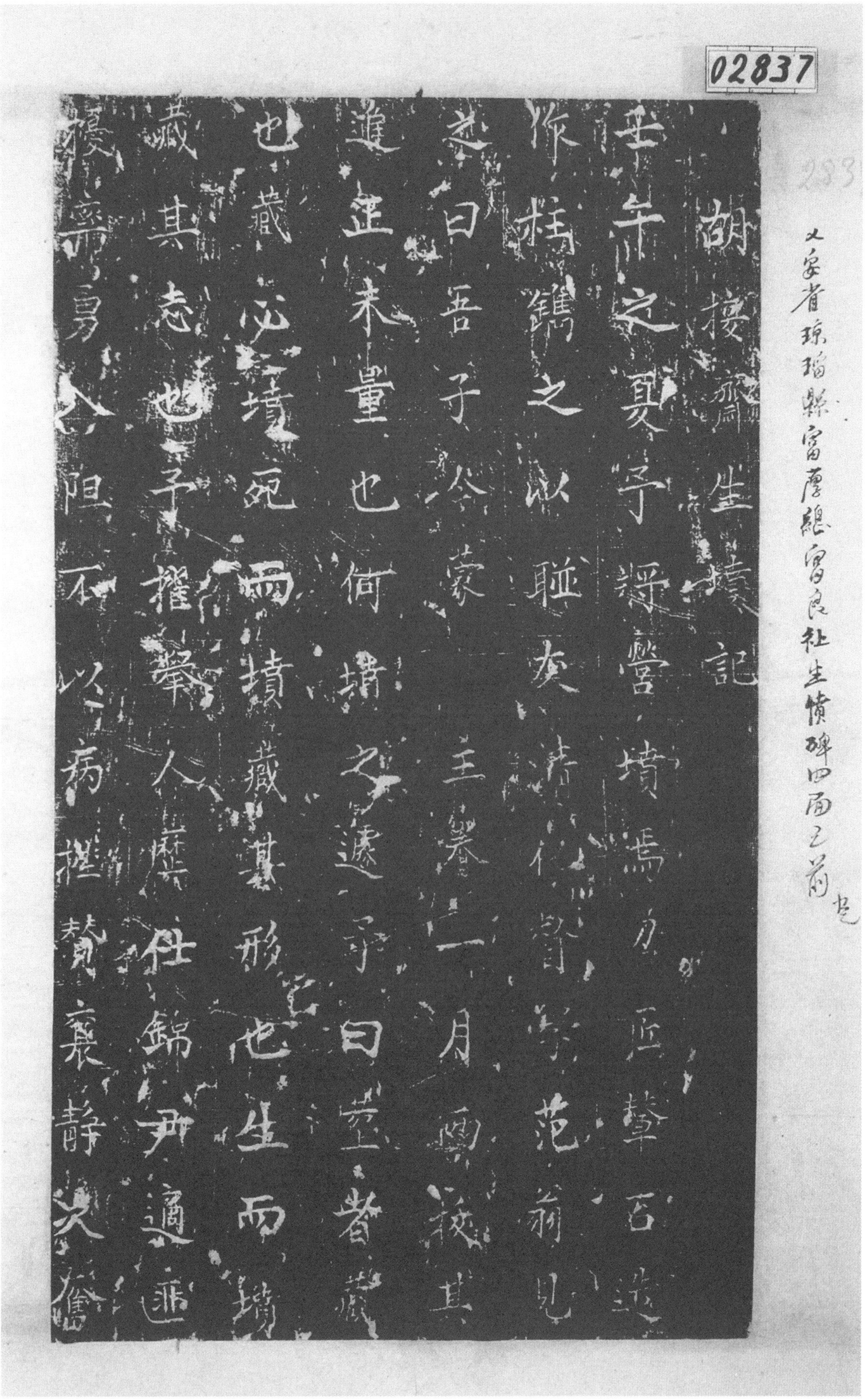
02837
胡接齋生壙記
辛未之夏予將營壙焉乃匠鑿石造
作椁鐫之以貽友清仁臀萍范翁見
者曰吾子今蒙王眷一月兩旌其
進主未量也何壙之遽乎曰豈者藏
也藏必壙死而壙藏其形也生而壙
藏其志也予權舉人歷仕錦衣適逝
接齋身今阻不以病推賛襄靜

編號：02837　出自《拓片總集》第三册（下同）

02836

乂安省瓊瑠縣富𤗆德當良社生懷碑四面之德堂

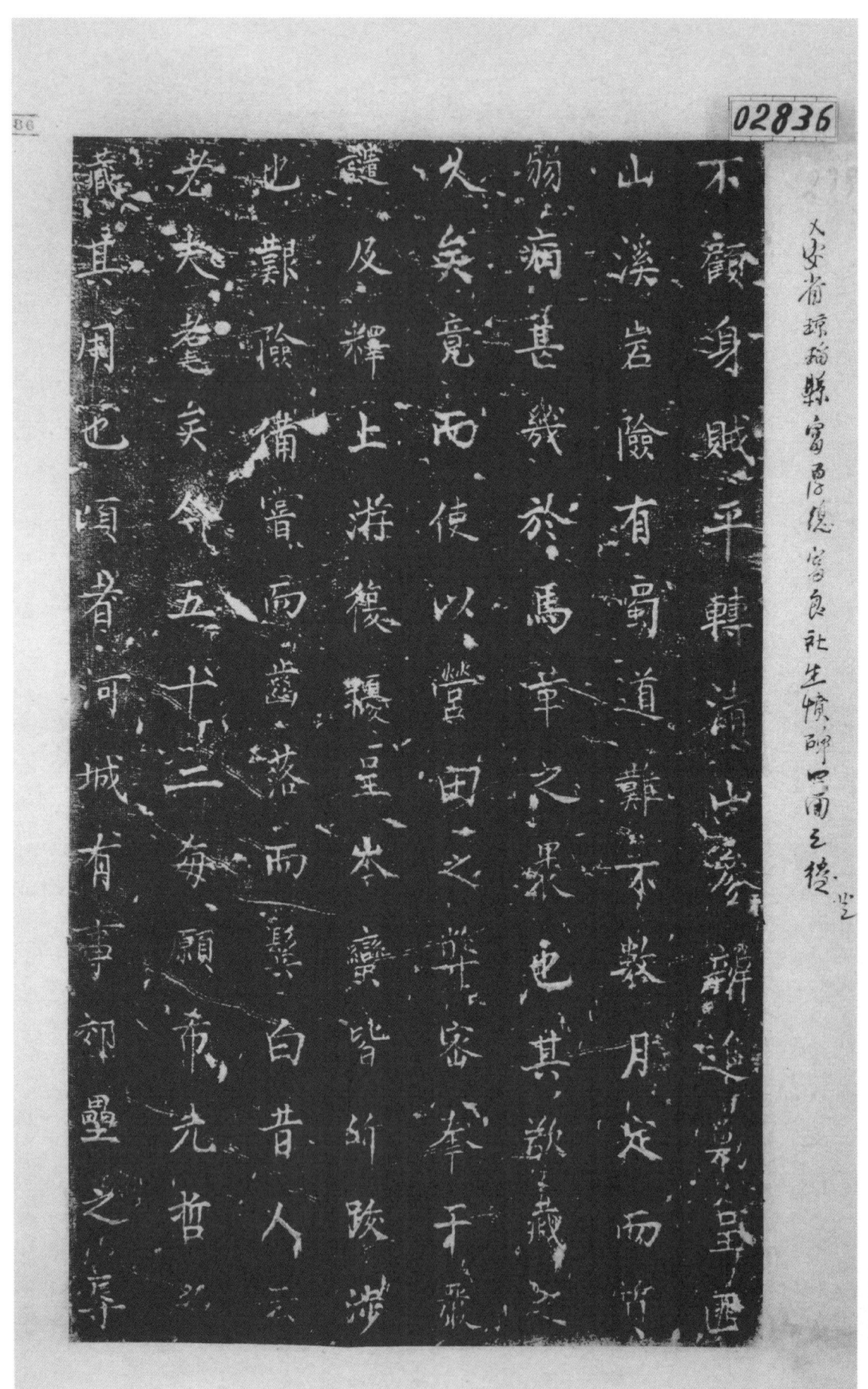

不顧身賊平轉清山嵠辭遷影呈過
山溪岩險有蜀道難不數月定而所
弱病甚幾於馬革之裹也其歎歲久
久矣竟而使以營田之業容奉于衆
遠及釋上游復穫呈本齋皆所跋涉
也艱險備嘗而齒落而鬢白昔人云
老夫耄矣今五十三每顧帝先哲之
藏其用也頃者可城有事郊壘之亭

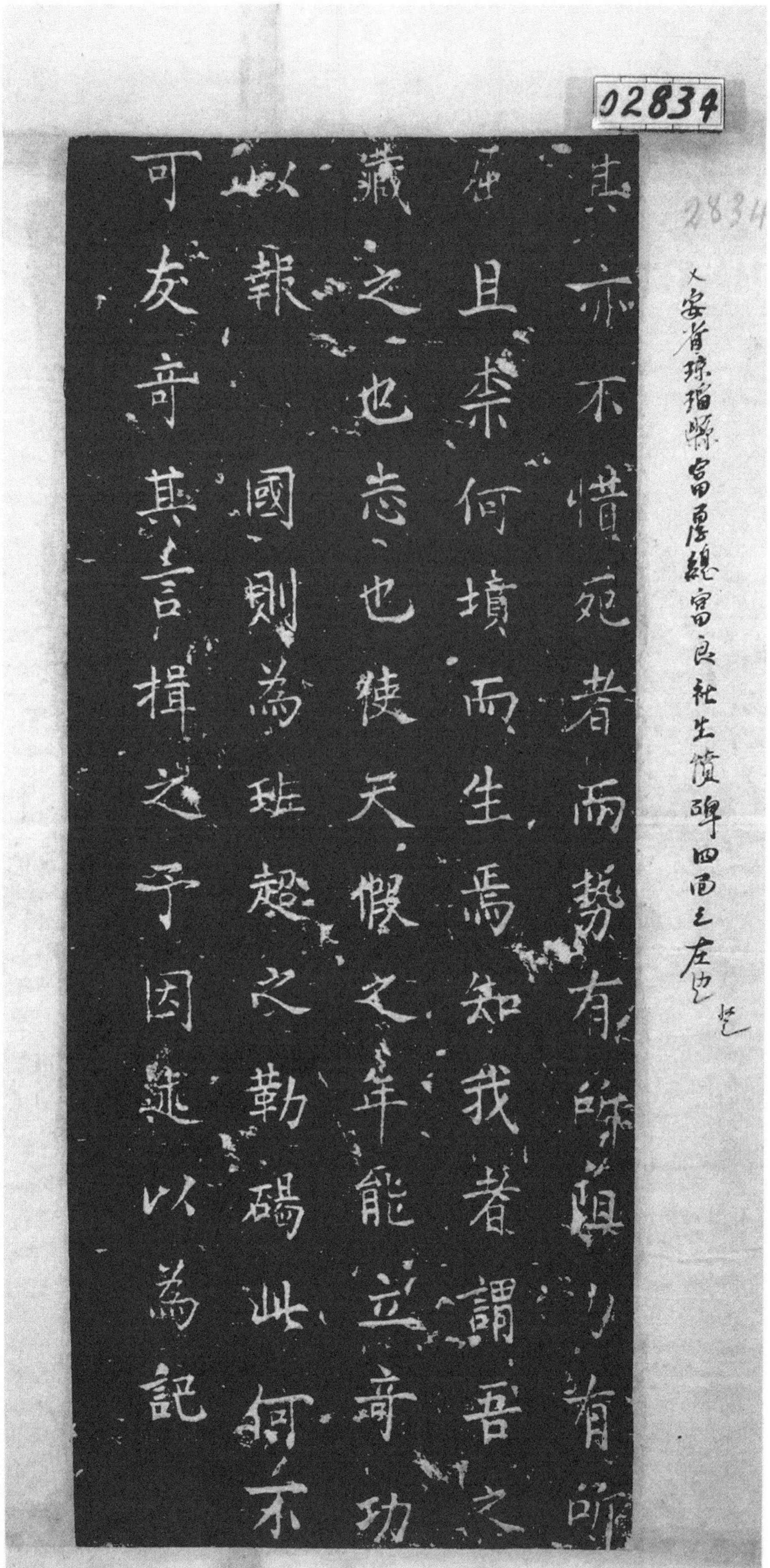
其亦不惜死者而勢有所顛少有所
[illegible]且柰何墳而生焉知我者謂吾之
藏之也志也使天假之年能立奇功
以報國則為班超之勤碣此何不
可友奇其言揖之予因述以為記

編號：02834

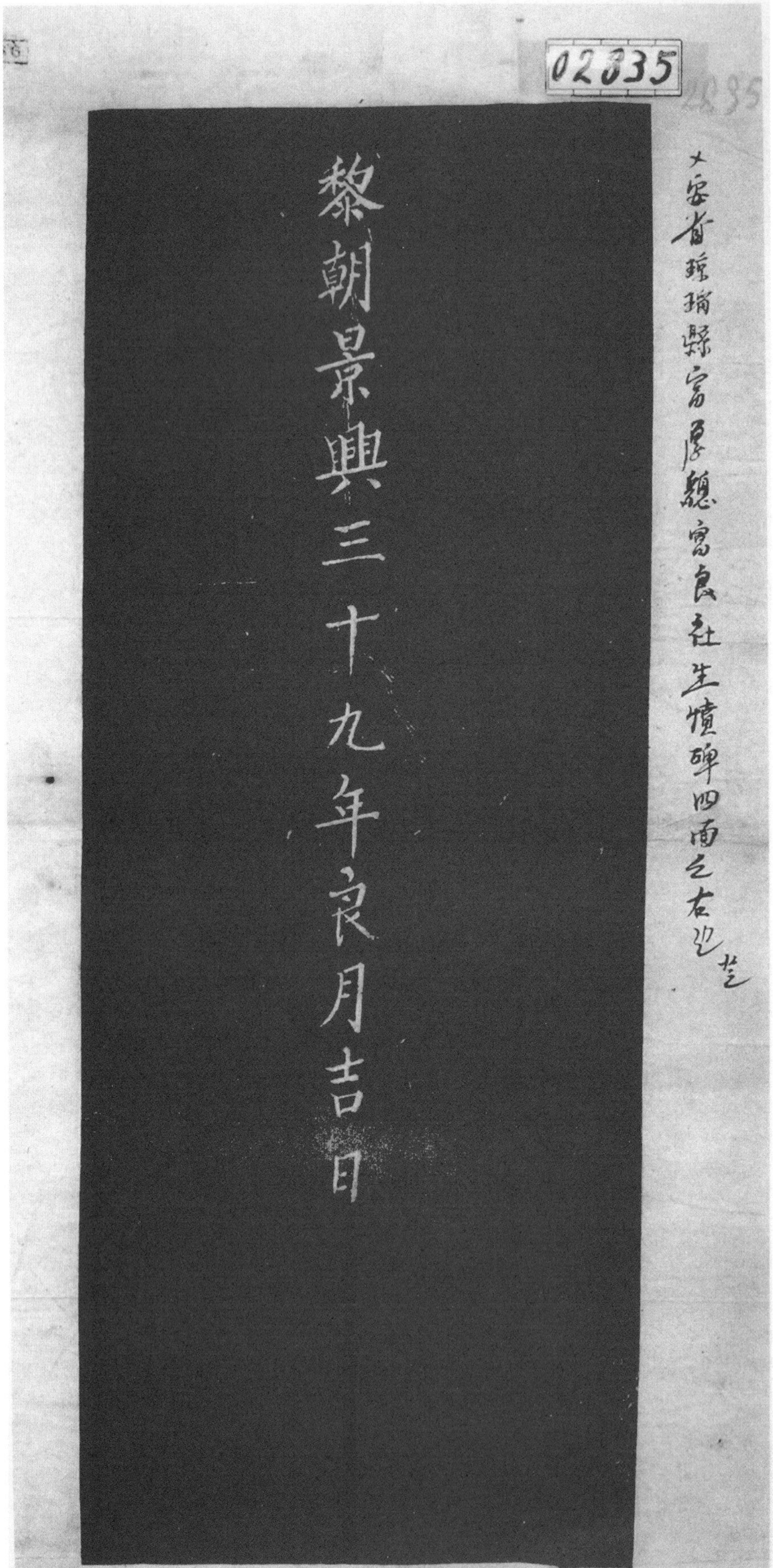
02835
黎朝景興三十九年良月吉日
文安省瑄瑠縣富厚總富良社生墳碑四面之右邊

編號：02835

釋文

胡接齋生墳記①

壬午②之夏，予將營墳焉，召匠輦石造/作柱，鐫之以聯③。友清化督學范翁見/之，曰："吾子今蒙　主眷，一月兩拔，其/進正未量也，何墳之遽?"予曰："葬者，藏/也，藏必墳。死而墳，藏其形也；生而墳，/藏其志也。予擢舉人，歷仕錦尹，適匪/擾，率勇入阻，不以病挫，贊襄静次，奮/④不顧身。賊平，轉清山參辦⑤，進勦呈匪。/山溪岩險，有蜀道難，不數月定，而質/弱病甚，幾於馬革之裹也。其欲藏之/久矣，竟而使以營田之弊，密奉干嚴/譴。及釋，上游復擾呈岑蠻，皆所跋涉/也，艱險備嘗，而齒落，而鬢白。昔人云，/老夫耄矣。今五十二，每願希先哲之/藏其用也。頃者，河城有事，郊壘之辱⑥，其亦不惜死者，而勢有所阻，力有所/屈，且柰何墳而生焉！知我者，謂吾之/藏之也，志也。使天假之年，能立奇功/以報國，則爲班超之勒碣，此何不/可?"友奇其言，揖之。予因述以爲記。/⑦

黎朝景興三十九年⑧良月吉日/⑨

---

① 此爲拓片編號 02837 碑題，今依此爲篇題。

② "壬午"，應指後黎顯宗黎維祧景興二十三年（1762），清乾隆二十七年。

③ "聯"，碑刻原作"𨻻"，因另兼正字，故逕改。

④ 以上爲拓片編號 02837 内容。

⑤ "辦"，碑刻原作"辨"，因另兼正字，故逕改。

⑥ 以上爲拓片編號 02836 内容。

⑦ 以上爲拓片編號 02834 内容。

⑧ "黎朝景興三十九年"，當清乾隆四十三年（1778），歲次戊戌。

⑨ 以上爲拓片編號 02835 内容。

一七八　鄭清王令旨寧福寺碑

引言

碑立於北寧省順城府亭祖總筆塔社寧福寺，爲寺右邊第一祖家前右第二碑。碑僅單面，拓片編號02880，共九行字，滿行約二十九字。碑身正文上刻有“奉令旨”三大字爲額題，今依内文主旨重定篇題爲“鄭清王令旨寧福寺碑”。碑文書者阮得壽。碑額刻有雙龍昭日，其下有蓮座。年代署作福泰（Phúc Thái）四年（1646），福泰爲後黎真宗（Lê Chân Tông）黎維祐（Lê Duy Hựu）年號，同年爲南明隆武二年、紹武元年，清順治三年，歲次丙戌。按《越南漢喃碑銘拓片目録提要》一書説明，福泰四年爲下令論之時，立碑年代應在其後。拓片現藏於漢喃研究院。

此文爲鄭清王令諭，以命雁塔社社民爲寧福寺皂隸民，並言皇太后鄭氏玉椕之女黎氏玉緣，所捐安謨縣業田以作雁塔社社民供佛之用，同時免除該社各項賦役。

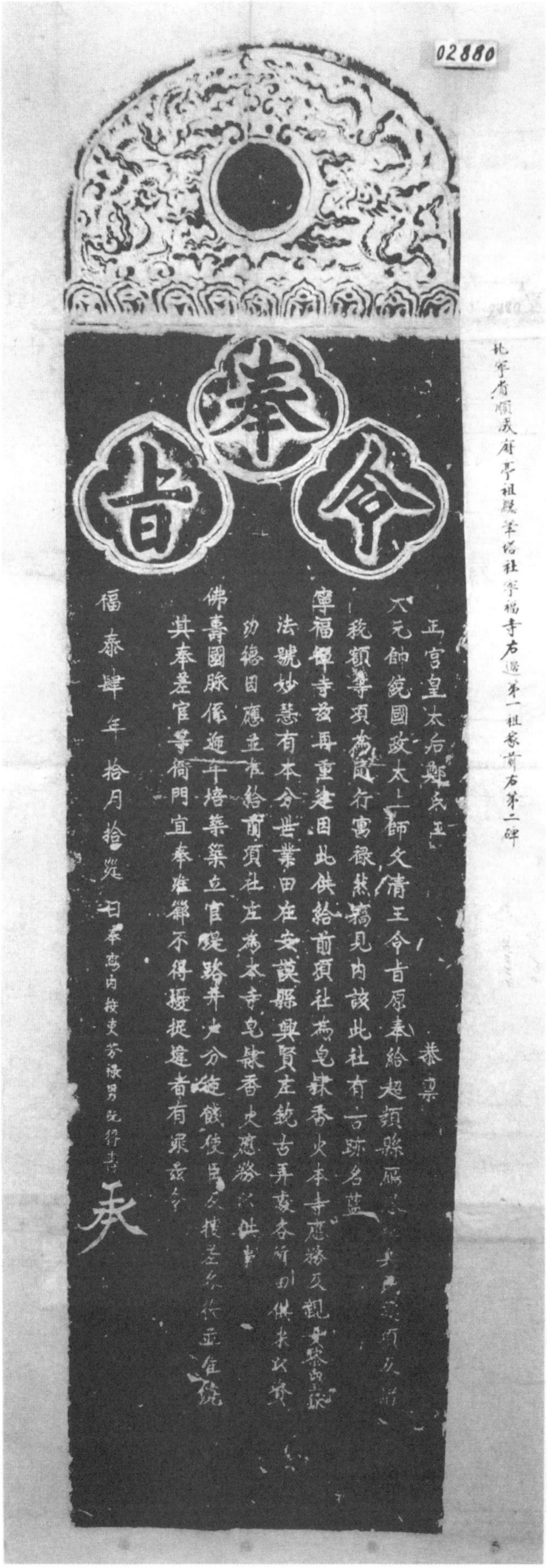
02880
奉令旨

編號：02880　出自《拓片總集》第三册

釋文

奉令旨[①]

正宮皇太后鄭氏玉-[②]　　恭稟/　　　　大元帥、統國政、太上師父、清王[③]令旨。原奉給超類縣鴈塔社兵民逐項及諸/稅額等項，爲隨行寓禄，然竊見内該此社有古跡名藍[④]/

寧福禪寺，玆再重建，因此供給前項社爲皂隸香火本寺應務。及親女黎氏玉緣，[⑤] /法號妙慧，有本分世業田，在安謨縣興賢庄銃古弄處，各所田供米以資/功德，因應並准給前項社莊[⑥]爲本寺皂隸香火應務，以供事/　　　　佛，壽國脉。係遞年培築，築立官堤路，并户分、遞餞使臣及搜差各役，並准饒/其奉，差官等衙門宜奉准除[⑦]，不得擾捉，違者有罪。玆令。/

福泰[⑧]肆年拾月拾玖[⑨]日

奉寫内按吏、芳禄男阮得壽

承/

---

① 此爲拓片編號02880額題，今依内容及性質重定篇題爲“鄭清王令旨寧福寺碑”。

② “鄭氏玉栴”，是大元帥、統國政、太上師父、清王鄭梉之女，《大越史記全書·本紀》黎神宗德隆二年（1630）：“（黎神宗）帝納王女鄭氏玉玠，立爲皇后。……真宗福泰元年冬十月，詔傳位於皇太子維祐，即皇帝位于勤政殿……尊帝爲太上皇，皇后鄭氏爲皇太后。”

③ “清王”，即鄭梉。《大越史記全書·本紀》：“德隆元年冬十月，進封元帥、統國政、清都王爲大元帥、統國政、師父、清王。”又，《歷朝憲章類志·人物志·鄭王世系》：“文祖誼王。諱梉，哲王之子，初封平郡公，改封太傅、清郡公；鄭椿之變，奉神宗回駕清華，是秋，進討協謀同德功臣、節制、太尉、清國公，尋復迎駕旋京，次年冬，尊封元帥、總國政、清都王。攬權之始已四十七，……前後翊扶真宗、神宗，進封大元帥、總國政、師父、清王。明朝册封副國王，加尊上主、師父、功高聰斷仁聖清王，臨政三十五年，壽八十一。”

④ “名藍”，著名之伽藍，伽藍爲梵語音譯，意爲寺院。

⑤ “黎氏玉緣”，是鄭氏玉栴在與强郡公黎柱的女兒，是拙拙與明行法師的主要供養者，出家爲尼，法號妙慧，居筆塔寺，圓寂後塔建在佛跡寺。

⑥ “莊”，碑刻原作“庄”，因係繁簡字，故逕改。

⑦ “除”，碑文原作越南避諱字“𨤮”，故逕改。

⑧ “福泰”，爲後黎真宗黎維祐年號，四年爲公元1646年，當南明隆武二年、紹武元年，清順治三年，歲次丙戌。

⑨ “九”，碑文原作越南避諱字“㐤”，故逕改。

題後

以《拓片總集》第 1 至 4 册爲調查範圍，寧福寺至少有十一篇碑文，如下表：

編號	篇題	年代	位置	備注
02876/02877/02879	慶流碑記/寧福禪寺碑記	後黎裕宗永盛十年（1714）	寺厨家内右邊一碑。	《拓片總集》書中編號 02878 拓片誤植爲 02889 拓片；無 02878 之拓片。
02880	鄭清王令旨寧福寺碑*	後黎真宗福泰四年（1646）	寺右邊第一祖家前右第二碑	
02882/02886/02888	寧福寺尼珠塔記*	後黎懿宗永佑三年（1737）	寺之尼珠塔碑記左/右/後	按題籤記載，碑記有左、右、後三面，推測可能缺失一面。
02883	寧福寺尊德塔記*	後黎神宗永壽三年（1660）	02883 爲寺之尊德塔第四層碑	《拓片總集》書中編號 02881 拓片誤植爲 02883 拓片；無 02881 之拓片。
02885	妙圓奉祀如隨禪師祀田碑記**	後黎懿宗永佑五年（1739）	02885 爲尊德塔碑記四面之前	《拓片總集》書中編號 02884 拓片誤植爲 02885 拓片；無 02884 之拓片。
02889	雁塔社明行在在禪師祀田碑記*	後黎熙宗正和二年（1681）	尊德塔碑記四面之後	《拓片總集》書中編號 02885 誤植爲 02889 拓片。
02890	雁塔社長公主比丘尼妙慧碑記*	未注明。《提要》推斷爲黎中興時期。	尊德塔碑記四面之右	
02892/02893	寧福寺獻瑞庵報巖塔碑銘*	後黎真宗福泰五年（1647）	寺右邊第一祖家前右第一碑	
02894/02895	勅建寧福禪寺碑記*	後黎真宗福泰五年（1647）	寺右廡内一碑	
02896	雁塔社黎榮進等四人祭忌碑記*	後黎真宗福泰五年（1647）	寺左廡内一碑之後	《拓片總集》書中編號 02887 誤植爲 02896 拓片；無 20887 之拓片。
02897	寧福寺明行在在禪師祀田碑記*	後黎嘉宗德元元年（1674）	寺左廡内一碑	《拓片總集》書中編號 02891 誤植爲 02897 兩拓片；無 02891 之拓片。

注：* 表示此篇已收入本書；** 表示原無題。

按，《拓片總集》之拓片編號與實際編號有出入，後黎裕宗永盛十年之《寧福禪寺碑記》

編號 02876 爲右一碑四面之前，02877 爲四面之後，四面之左編號 02879 誤植爲 02878，缺四面之右。又，《寧福寺尊德塔碑記》編號應爲 02883，02885 誤植爲 02884，02883 拓片複出，一副本誤植爲 02881。原無題之《妙圓奉祀如隨禪師祀田碑記》爲尊德塔碑四面之前拓片編號爲 02885，《拓片總集》誤植爲 02884。

一七九　寧福寺尼珠塔記

引言

塔立於北寧省順城府亭祖總筆塔社寧福寺。拓片題籤記爲“尼珠塔碑記”並言四面，但拓片僅見三面，拓片編號 02882/02888/02886。拓片編號 02882 爲左，共十行字，滿行十八字；拓片編號 02888 爲後，共二十行字，滿行十七字；拓片編號 02886 爲右，共八行字，滿行十六至二十四字。今依地點及拓片題籤定篇題爲“寧福寺尼珠塔記”，撰者寧福寺住持性諧，書者提吏阮名揚。年代署作永祐（Vĩnh Hựu）三年（1737），永祐爲黎懿宗（Lê Ý Tông）黎維祳（Lê Duy Thận）年號，同年爲清乾隆二年，歲次丁巳。拓片現藏於漢喃研究院。

此文爲寧福寺比丘尼塔誌銘。誌文記載該比丘尼之生平、修行於寧福寺之因，與建尼珠塔之原由。

此碑之拓片在《越南漢喃銘文拓片總集》中，僅有 02882/02888/02886 三面，然該書中缺 02878、02881、02884、02887 與 02891 五方拓片，並誤植 02882、02883、02889、02896、02897 此五方，《寧福寺尼珠塔碑記》其中一面可能即在缺録的五方之中。

02882

寧福寺住持比丘立性諸敬撰
失大千壺蓉包含萬象森羅數尺寒岩韜貯列
輪禪月原種善提無樹再生善巢深榮日添
月積禪宗以至釁流儒教謂天生德而不悟
也幸蒙延接壽昌東作鄉閭福地寶坊領
嚴君命帶班聯王簡餅賜紅綾輔佐
君王訓誘使下忠之人知所戒克謹節儉人君
羨德至朗善并叢現因地栽培慈母夢見斗
星呈祥便覺有娠而生立名曰瑞乳承厮養
輕裝錦繡幄帟茵褥雕胡細齏蹴蓏吐甘養

北平省順成府亭祖綫筆塔社寧福寺尼珠塔碑記四面之左

編號：02882　出自《拓片總集》第三册（下同）

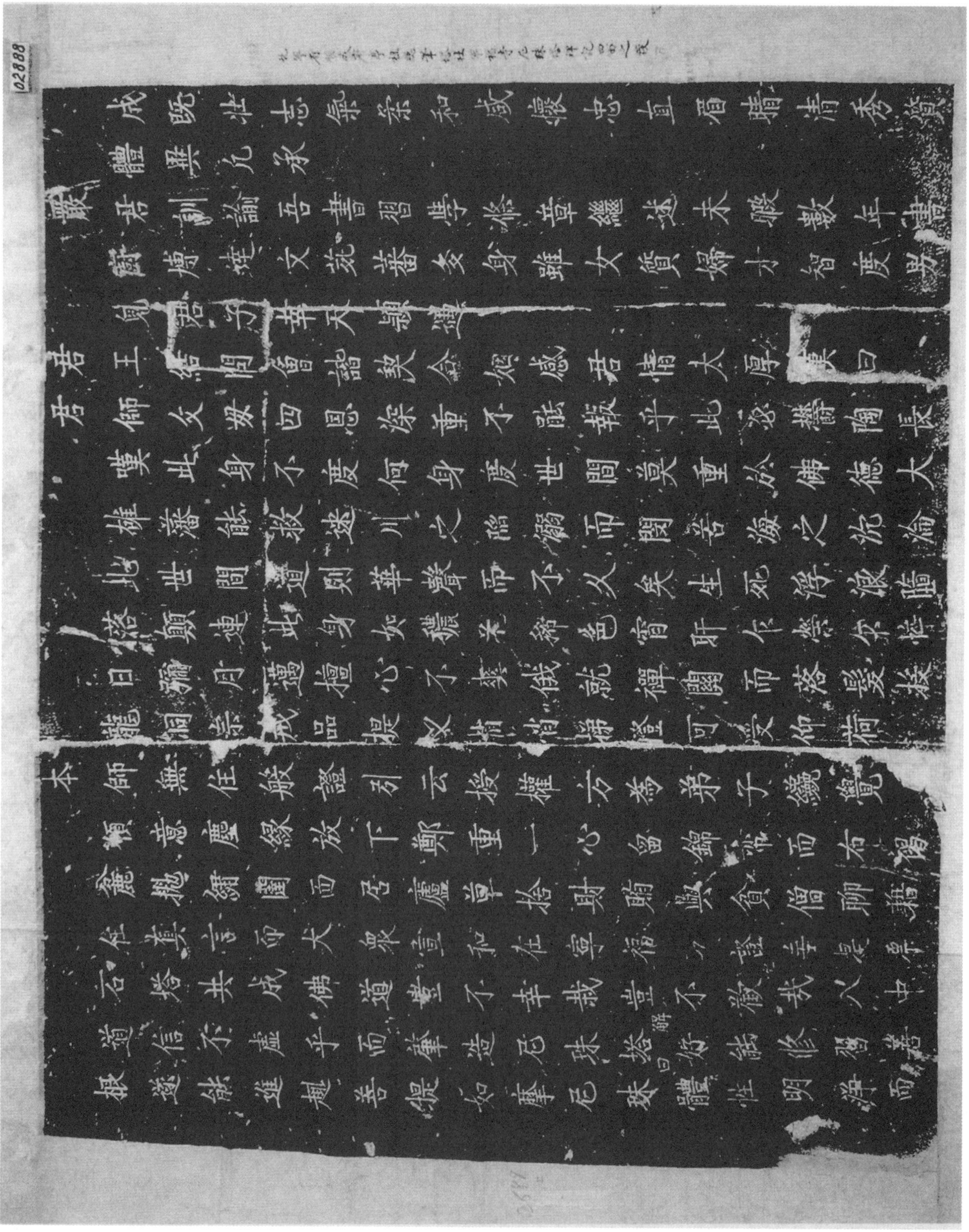

編號：02888

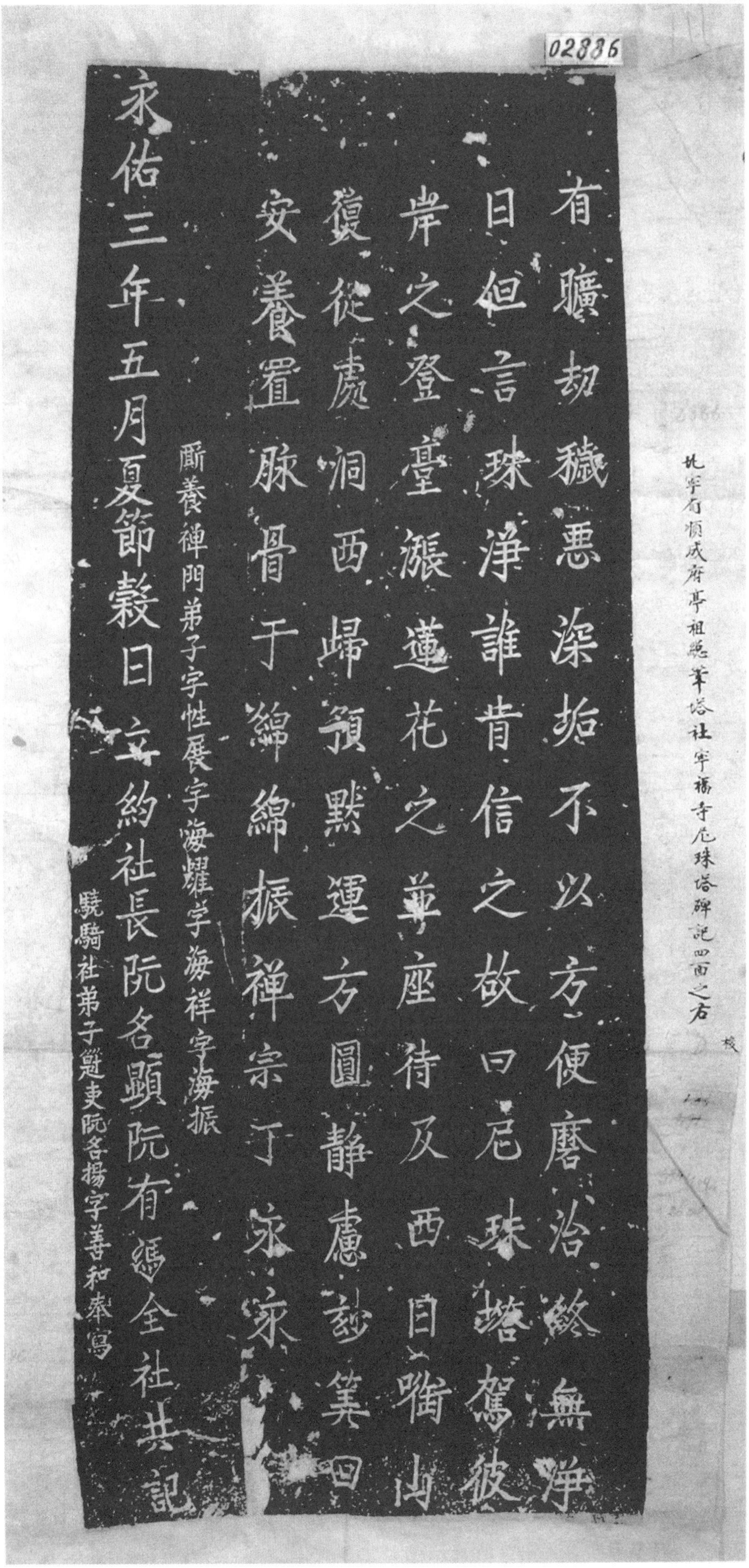
02886
北寧省順成府亭祖總華塔社寧福寺尼珠塔碑記四面之右
有曠劫穢惡滓垢不以方便磨治終無淨
日但言珠淨誰肯信之故曰尼珠塔駕彼
岸之登臺漲蓮花之華座待及西日崦山
復從處洄西歸預默運方圓靜慮彭箕回
安養置脉骨于緜綿振禪宗丁永家
斷養禪門弟子字性展字海耀字海祥字海振
永佑三年五月夏節穀日　辛約社長阮名顯阮有[illegible]全社共記
驍騎社弟子遐吏阮名揚字善和奉寫

編號：02886

釋文

寧福寺尼珠塔記①

寧福寺住持比丘性諧敬撰/

夫大千壺啓，包含萬象，森羅數尺，寒岩韜貯。列/輪禪月，原種菩提②；無樹再生，善菓深榮。日添/月積，禪宗以至釁流，儒教謂天生德，而不悟/也。幸蒙延接，壽昌東作，鄉閭福地，寶坊預/　　嚴，君命帶班，聯玉簡餅，賜紅綾輔佐/　　　　君王訓誘，使不忠之人知所戒，克謹節儉，人君/美德，至期善芽發現，因地栽培，慈母夢見斗/星呈祥，便覺有娠而生，立名曰瑞。乳承厮養，/輕裝錦繡，幄帟茵褥，雕胡③細嚼，嚥澀吐甘。養/④成既壯，志氣柔和，咸懷忠直，眉睛清秀，質/體異凡，承/　　　嚴君訓諭，吾書習學條章，繼述未暇，數年書/厨博達，文苑蕃多，身雖女質，婦才智度男/兒君子，幸天穎，遇/　　　君王結問，曾諧契合姻，感君情太厚，嘆曰：/　　　君、師、父、母四恩深重，不能報乎此，必鬱陶長/嘆，此身不度何身度，世間莫重於佛德，大/雄⑤藩能，救迷川之陷溺，而閔苦海之沉淪，/此世間道則華聲而不久矣。生死浮浪，墮/落顛連，此身如穠華，稀色宵盱，乍榮乍悴，/日彌月邁，檀心不爽，俄就禪關⑥而落髪，投/龍洞宗戒品提，必悄悄梯隥可受，仰荷/

本師無住般證引云授權，方爲弟子，纔覺　/□意，塵緣放下，鄭重一心，留錦帟而布褐/麄，抛繡闥而居廬草，捨財賄與貧僧，聊藉/住真言而大衆宣和，在寧福方證菩提，標/石塔共成佛道，豈不幸栽！豈不歡哉！入中/道信不虚乎！而肇造尼珠塔。解/曰好能修習善/根，遂能

---

① 此爲依地點及拓片題籤所定篇題。

② “菩提”，梵語音譯，意譯覺、智、知、道。廣義而言，乃斷絶世間煩惱而成就涅槃之智慧。

③ “雕胡”，即“菰米”。見《史記》卷一百一十七《司馬相如列傳》引司馬相如《子虛賦》：“其南則有平原廣澤：登降陁靡，案衍壇曼，緣以大江，限以巫山；其高燥則生葴菥苞荔，薜莎青薠；其埤濕，則生藏莨蒹葭，東蘠雕胡。”司馬貞索隱：“雕胡，案謂菰米。”

④ 以上爲拓片編號 02882 内容。

⑤ “大雄”，見《妙法蓮華經》卷三：“大雄猛世尊，諸釋之法王。”此乃形容佛陀具有大智力，能降伏魔障，故稱之爲“大雄”。

⑥ “禪關”，有二義，一爲禪法之關門，《釋門正統》卷三：“然啓禪關者，雖分宗不同，挹流尋源亦不越乎經論之禪定，一度與今家之定，聖一行也。”二爲坐禪之道場，即禪林，《景德傳燈録》卷十八：“白四羯磨後，全體戒定慧，豈準繩而可拘也？於是杖錫遍叩禪關。”

進趣菩提，如摩尼珠[1]，體性明淨而/[2]有曠劫[3]，穢惡深垢，不以方便磨治，終無淨/日，但言珠淨，誰肯信之？故曰尼珠塔，駕彼/岸之登臺，漲蓮花之並座，待及西日銜山，/復從處洞西歸。預默運方圓，静慮竗筭回/安養，置脉骨于綿綿，振禪宗于永永。/

厮養禪門弟子字性展、字海耀、字海祥、字海振/

永佑[4]三年五月夏節穀日

立約社長阮名顯、阮有馮全社共記/

驍騎社弟子提[5]吏阮名揚，字善和奉寫/[6]

---

① "摩尼珠"，寶珠名，梵語Maṇi，又作末尼。譯曰珠，寶，離垢，如意。珠之總名。玄應《一切經音義》卷二十三《對法論》曰："末尼，亦云摩尼，此云寶珠，謂珠之總名也。"法雲編《翻譯名義集》卷三《七寶篇》："摩尼，或云踰摩。應法師云，正云末尼，即珠之總名也。此云離垢，此寶光净，不爲垢穢所染。或加梵字，顯其净也。又翻增長，有此寶處，增長威德。"

② 以上爲拓片編號02888內容。

③ "曠劫"，丁福保《佛學大辭典》曰："言過去時之長，謂之曠劫；未來時之長，謂之永劫。"蓮池大師著、實賢注《西方發願文注・二懺悔三障》："我及衆生，曠劫至今。迷本净心，縱貪嗔癡。染穢三業，無量無邊所作罪垢，無量無邊所結冤業，願悉消滅。"

④ "永佑"，爲後黎懿宗黎維祳年號，三年爲公元1737年，當清乾隆二年，歲次丁巳。

⑤ "提"，碑刻原作越南避諱字"𨁪"，故逕改。

⑥ 以上爲拓片編號02886內容。

一八〇　寧福寺尊德塔記

引言

塔立於北寧省順城府亭祖總筆塔社寧福寺。拓片爲尊德塔第四層塔記，拓片編號02883，共十二行字，滿行二十四字，塔題記“勑建尊德塔券石”七字，今依此重定篇題爲“寧福寺尊德塔記”，碑文撰者未注明。年代署作永壽（Vĩnh Thọ）三年（1660），永壽爲後黎神宗（Lê Thần Tông）黎維祺（Lê Duy Kỳ）年號，同年爲清順治十七年，歲次庚子。拓片現藏於漢喃研究院。

此爲寧福寺明行禪師之塔誌銘。誌文記載明行禪師生平，與逝世後子弟建建尊德塔藏其舍利之事。

02883

北寧省順成府亭祖總𦊚塔社寧福寺尊德塔第四層碑

勅建尊德塔券石

勅贈　成等正覺大德禪師化身菩薩法名明行號在在人天

尊師俗本何姓係籍大明國江西省建昌府以　大越德隆

五年癸酉至國都從師普覺行教以　福泰二年甲申授衣

鉢主化行菩戒嚴道高德重說法度人石點點頭作福隨緣

蓮開呪口梵宮廣建變南國以西天瑞相莊嚴鑄金容而滿

月貴賤同宗教主脉点悉格中孚禪師住世紀臘六十有四

圓宗於　永壽二年己亥季春廿五日　勅弟子比丘比丘

尼沙彌沙彌尼優婆塞優婆夷等建寶塔安藏舍利庚子年

十一月望永鎮寧福萬億斯年別具心印實録碑誌隖塔社

香火田備發茲不贅券

黎朝永壽萬萬年之三庚子十一月吉日立券

釋文

勑建尊德塔劵石[①]

勑贈　成等正覺[②]大德禪師化身菩薩，法名明行，號在在人天/導師，俗本何姓，係籍大明國江西省建昌府，　以大越德隆/五年癸酉[③]至國都，從師普覺[④]行教，以　福泰二年甲申[⑤]，授衣/鉢主化[⑥]，行苦戒嚴，道高德重。說法度人，石默點頭；作福隨緣，/蓮開呪口。梵宮廣建，變南國以西天[⑦]；瑞相莊嚴[⑧]，鑄金容而滿/月。貴賤同宗，教主豚魚[⑨]；悉格《中孚》[⑩]，禪師

---

① 此爲拓片編號 02883 題記，今依内容及性質重定篇題爲“寧福寺尊德塔記”。

② “正覺”，爲梵語“三菩提”之意譯，又作正解、等覺、等正覺、正等正覺、正等覺、正盡覺。謂證悟一切諸法之真正覺智，即如來之實智，故成佛又稱“成正覺”。

③ “德隆五年癸酉”，“德隆”爲後黎神宗黎維祺年號，五年爲公元 1633 年，當明思宗崇禎六年，歲次癸酉。

④ “普覺”，即圓炆拙拙禪師，後黎真宗敕封爲“明越普覺廣濟大德禪師”，可參見本書篇號一八三《寧福寺獻瑞庵報嚴塔碑銘》。

⑤ “福泰二年甲申”，“福泰”爲後黎真宗黎維祐年號，二年歲次甲申，明崇禎十七年（1644），清順治元年。

⑥ “主化”，禪法盛時，有主化者必有分化者，大迦葉、東土六祖、五家宗派爲主化者，維摩詰、龐道玄、張無盡、宋景濂等人爲分化者。見（明）朱時恩《居士分燈録》。

⑦ “西天”，指印度，因印度在中國的西方。故《佛祖統記》卷五十三云：“西天求法，東土譯經。”

⑧ “莊嚴”，即布列諸種衆寶、雜花、寶蓋、幢、幡、瓔珞等，以裝飾嚴净道場或國土等。

⑨ “豚魚”，意微賤之物。《周易·中孚》：“中孚，豚魚吉，利涉大川，利貞。”孔穎達正義曰：“中孚，豚魚吉者。中孚，卦名也。信發於中，謂之中孚。魚者，蟲之幽隱；豚者，獸之微賤。人主内有誠信，則雖微隱之物，信皆及矣；莫不得所而獲吉，故曰豚魚吉也。”

⑩ “《中孚》”，《周易·中孚》孔穎達正義：“中孚，卦名也，信發於中，謂之中孚。”

住世。紀臘[①]六十有四，/圓寂[②]於　永壽二年己亥[③]季春廿五日。　敕弟子比丘[④]、比丘/尼[⑤]、沙彌[⑥]、沙彌尼[⑦]、優婆塞[⑧]、優婆夷[⑨]等建寶塔安藏舍利[⑩]。庚子年/十一月望，永鎮寧福，萬億斯年，别具心印，實録碑誌。鴈塔社/香火田備考[⑪]，兹不贅券。/

黎朝永壽萬萬年之三庚子[⑫]十一月吉日立券/

題後

明行在在禪師是圓炆拙拙禪師的弟子，兩人在中國臨濟宗傳入越南的過程中，起了非常重

---

① “臘”，又作戒臘、法臘，爲比丘、比丘尼受具足戒後之年數。《釋氏要覽》卷下：“今釋氏，自四月十六日，前安居入制，至七月十五日，爲受臘之日，若俗歲除日也。至十六日，是五分法身生養之日，名新歲也，自夏九旬，統名法歲矣。”

② “圓寂”，舊譯滅度、入滅。音譯般涅盤。又作歸寂、入寂、示寂。謂圓滿諸德，寂滅諸惡。後世轉而稱僧徒之死。“寂”，碑刻原作“宗”因另兼正字，故逕改。

③ “永壽二年己亥”，“永壽”爲後黎神宗黎維祺年號，二年爲公元1659年，當南明永曆十三年、清順治十六年。

④ “比丘”，梵語音譯，又作苾芻、苾蒭、煏芻、備芻、比呼。意譯乞士、乞士男、除士、薰士、破煩惱、除饉、怖魔。乃五衆之一，七衆之一。指出家得度、受具足戒之男子。

⑤ “比丘尼”，梵語音譯，又作苾蒭尼、苾芻尼、煏芻尼、備芻尼、比呼尼。又稱沙門尼、尼。意譯乞士女、除女、薰女。指出家得度受具足戒之女子。

⑥ “沙彌”，梵語音譯，全稱室羅摩拏洛迦、室羅末尼羅，又作室羅那拏，意譯求寂、法公、息惡、息慈、勤策、勞之少者。即止惡行慈、覓求圓寂之意，指佛教僧團（即僧伽）中，已受十戒，未受具足戒，年齡在七歲以上、未滿二十歲之出家男子。

⑦ “沙彌尼”，梵語音譯，全稱室羅摩拏理迦，意譯勤策女、息慈女。五衆之一，七衆之一。指初出家受持十戒而未受具足戒之女子，“彌”碑文原作“弥”，因另兼正字，故逕改。

⑧ “優婆塞”，爲梵語音譯，又作烏波索迦、優波娑迦、伊蒲塞。意譯爲近事、近事男、近善男、信士、信男、清信士。即在家親近奉事三寶、受持五戒之男居士。《翻譯名義集》卷十三：“優婆塞、優婆夷。肇曰：義名信士男信士女。净名疏云：此云清净士、清净女，亦云善宿男、善宿女，雖在居家，持五戒，男女不同宿，故云善宿。”

⑨ “優婆夷”，梵語音譯，又作優婆私訶、優婆斯、優波賜迦。意譯清信女、近善女、近事女、近宿女、信女。《翻譯名義集》卷十三：“優婆塞、優婆夷。肇曰：義名信士男信士女。净名疏云：此云清净士、清净女，亦云善宿男、善宿女，雖在居家，持五戒，男女不同宿，故云善宿。”

⑩ “舍利”，又作實利、設利羅、室利羅，意譯體、身、身骨、遺身，通常指佛陀之遺骨，而稱佛骨、佛舍利，其後亦指高僧死後焚燒所遺之骨頭。《金光明經》卷四：“舍利者是戒定慧之所熏修，甚難可得最上福田。”

⑪ “攷”，碑文原作“考”，因另兼正字，故逕改。

⑫ “黎朝永壽萬萬年之三庚子”，即公元1660年，當清順治十七年，歲次庚子。

要的作用。明行是中國江西建昌人，在圓炆拙拙第二次到廣南順化時，成爲拙拙禪師的弟子，後黎神宗德隆五年也就是明思宗崇禎六年（1633）隨拙拙至昇龍（河内），自此受到鄭主及其家屬的供養，以萬福寺與寧福寺爲基礎，建立法系，當時鄭主鄭梉、其女神宗皇后鄭氏玉竹、外孫女黎玉緣都是在在與拙拙的供養者。

本碑記與篇號一八六《寧福寺明行在在禪師祀田碑記》，同爲明行在在圓寂後皇太后鄭氏玉竹等供養弟子爲其修建尊德塔的碑記，本碑刊立的時間較早，在明行圓寂後次年，亦即永壽三年（1660），《寧福寺明行在在禪師祀田碑記》則刊立於後黎嘉宗德元元年（1674），晚於本碑十四年。兩碑的内容大致相同，不過，在《寧福寺明行在在禪師祀田碑記》多了“玆有弟子比丘尼妙慧，號善善，建立石碑”的資料，並多了祀田的記録。

國家古籍整理出版專項經費資助項目

中國社會科學院海外中國歷史文獻研究中心主持編纂

越南漢文碑銘萃編

第一輯

（下）

孫曉　耿慧玲　主編

SWUP
西南大學出版社
國家一級出版社　全國百佳圖書出版單位

下册目次

一八一　雁塔社明行在在禪師祀田記 …… 1321
一八二　雁塔社長公主比丘尼妙慧塔記 …… 1329
一八三　寧福寺獻瑞庵報巖塔碑銘 …… 1337
一八四　勅建寧福禪寺碑記 …… 1347
一八五　雁塔社黎榮進等四人祭忌碑記 …… 1353
一八六　寧福寺明行在在禪師祀田碑記 …… 1359
一八七　金蘭社鄭延杲等四人後神記 …… 1365
一八八　東華鄭氏家譜碑記 …… 1375
一八九　洪武社杜氏慈恩後神碑記 …… 1387
一九〇　司禮監總太監後神并慶元生祠碑記 …… 1397
一九一　郁軒先生碑記 …… 1405
一九二　扶危拯渙大王上等神祠碑記 …… 1411
一九三　道秀社阮登舉暨妻後神碑記 …… 1421
一九四　道秀社史忠侯阮登擢暨父母後神碑記 …… 1429
一九五　大揚寺真郡公蔡廣衆等三人祭忌碑記 …… 1439
一九六　慧曌禪師重修大揚寺並供田碑記 …… 1445
一九七　富市社忠義里碑 …… 1451
一九八　魯溪社陳家後佛碑記 …… 1459
一九九　浯溪社泗忠侯阮公任祭忌碑記 …… 1465
二〇〇　春峰子阮寵儒家世科世禄碑記 …… 1471
二〇一　東岸縣官員賀阮寵家族榮盛碑記 …… 1487
二〇二　修造阮舍等社靈椿等寺南無等橋功德碑記 …… 1501
二〇三　同技社裴武相父母祭忌並修造祠宇碑記 …… 1511

二〇四　神溪縣高亭侯祠宇祭忌碑記 …… 1517
二〇五　農務社上村等三村阮俊暨妻後神碑記 …… 1527
二〇六　鄧舍社巨陀村裴氏做後神碑記 …… 1537
二〇七　觀晴社阮福寬夫妻後神碑記 …… 1545
二〇八　晴光社武宇明後神碑記 …… 1553
二〇九　鄧舍社阮氏祠堂寶訓銘 …… 1561
二一〇　鄧舍社阮氏祠堂後黎顯宗御製詩匾 …… 1567
二一一　鄧舍社車龍村黎舍社黄河村阮仕忠暨父母後神碑記 …… 1571
二一二　鄧舍社阮氏祠堂詩匾 …… 1579
二一三　嘉市社嘉林、嘉市二村阮廷珪後神碑記 …… 1589
二一四　隆壽侯阮廷珪碑記 …… 1599
二一五　嘉橋社程泰榮暨妻後神碑記 …… 1605
二一六　修造義住溪石橋碑記 …… 1611
二一七　嘉橋社陳文惠夫妻後神碑記 …… 1621
二一八　嘉橋社范氏捽後神碑記 …… 1629
二一九　麗密社張壽堅後佛碑記 …… 1637
二二〇　麗密社張高椿夫妻後神碑記 …… 1645
二二一　嘉市社椿村阮氏銓後佛碑記 …… 1653
二二二　重創嚴光寺并古靈社湛村性寶後佛碑記 …… 1661
二二三　靈郎大王碑記 …… 1669
二二四　修造闍梨寺行廊碑記 …… 1683
二二五　阮有功墓記 …… 1691
二二六　鉢場社總太監撰郡公阮福達夫妻後佛碑記 …… 1697
二二七　京北處承司衙門等官爲理斷洲土浮沙水孕訟事 …… 1705
二二八　鉢場、春蘭二社阮成珠配祀陶業先師暨祭忌碑記 …… 1717
二二九　仙捄社文址碑記 …… 1729
二三〇　快州文廟碑 …… 1735
二三一　金洞縣同除祠址碑 …… 1745
二三二　作磬石文記 …… 1751

二三三　永世社楊愷父子後神碑記 …… 1757
二三四　茶林社侍内宫嬪阮氏端莊後佛碑記 …… 1765
二三五　修造公河社文址碑記 …… 1777
二三六　内宫嬪阮氏玉欣修造延光寺並祭忌碑記 …… 1785
二三七　茶林社文會造立文廟碑記 …… 1791
二三八　茶林社海岳子阮名廉後神碑記 …… 1799
二三九　瓊疊社吴策詢等後神碑記 …… 1809
二四〇　基郡公阮成珍碑記 …… 1821
二四一　修造壽山亭並膠寺社鄧光進等後神碑記 …… 1829
二四二　阮進賢夫妻恭奉配祀碑記 …… 1841
二四三　楊烈社津渡村鄭氏玉藕等後神碑記 …… 1849
二四四　修造龍君殿碑記 …… 1855
二四五　月堂寺宗師碑記 …… 1863
二四六　赤藤社馬氏尌後神碑記 …… 1873
二四七　明珠香海禪師碑記 …… 1881
二四八　赤滕社潘五卿夫妻後神後佛碑記 …… 1889
二四九　藤蔓社孔名顯夫妻生祠後神碑記 …… 1897
二五〇　鄧舍社侍内宫嬪王氏玉圓尊神碑記 …… 1903
二五一　當境正位靈聰恭穆大王碑記 …… 1909
二五二　向善、向道居士大王碑記 …… 1917
二五三　界際社裕澤大爺碑記 …… 1925
二五四　香羅社總太監嶽郡公阮登用後神碑記 …… 1937
二五五　始造石梂槎處碑記 …… 1947
二五六　德光祠碑記 …… 1955
二五七　阮舍社侍宫嬪阮氏奏後神碑記 …… 1963
二五八　重修清光寺碑記 …… 1973
二五九　洛汭社阮海傳等後佛碑記 …… 1981
二六〇　勇烈社春荄村尊總太監藤福侯阮光耀等祔神碑記 …… 1987
主要參考文獻 …… 1997

一八一　雁塔社明行在在禪師祀田記

引言

塔立於北寧省順城府亭祖總筆塔社寧福寺。拓片爲尊德塔之後，拓片編號 02889，共四十五行字，滿行約二十七字，今依内容主旨定篇題爲“雁塔社明行在在禪師祀田記”，碑文未注明撰者。年代署作正和（Chính Hòa）二年（1681），正和爲後黎熙宗（Lê Hy Tông）黎維祫（Lê Duy Cáp）年號，同年爲清康熙二十年，歲次辛酉。拓片現藏於漢喃研究院。

本文記載明行在在禪師於鴈塔社寧福寺修行與宣揚佛法之事，原爲皂隸民的鴈塔社，在禪師圓寂後，特别記録及公告祭祀禪師時的禮事，與各處香火田方位及大小。文末爲補記永祐（Vĩnh Hựu）五年（1739）僧人性諧重修寧福寺之事，並記太妃張氏玉渚等人亦捐獻功德以助此事。

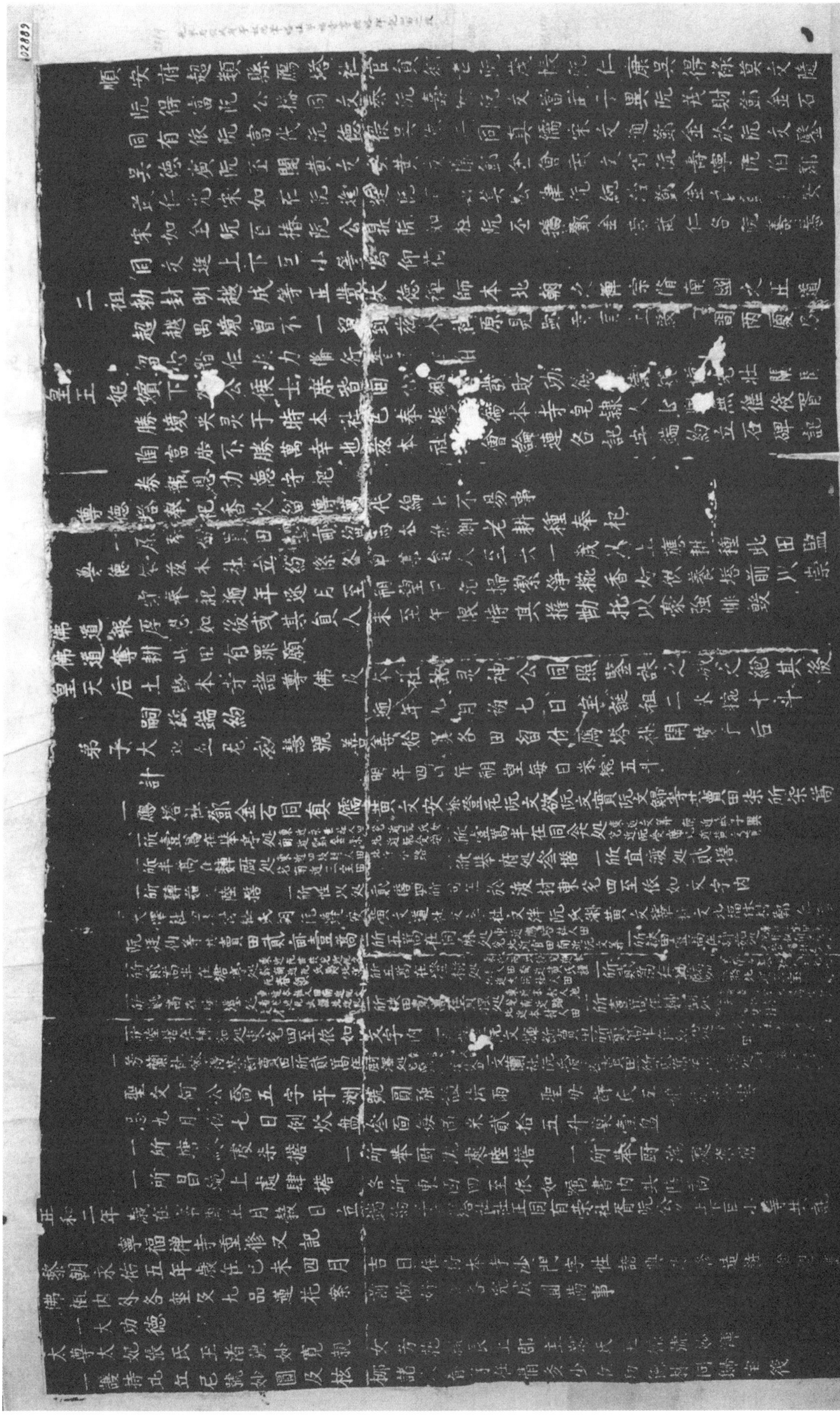

編號：02889　出自《拓片總集》第三冊

釋文

雁塔社明行在在禪師祀田記[①]

順安府超類縣鴈塔社官員鄉老阮茂帳、阮仁康、吴得禄、莫文隨、/阮得富、阮公播、同文泰、阮壽安、阮文當、武子異、阮茂財、鄧金石、/同有依、阮富代、阮德禄、吴德仁、同真儒、宋文通、鄧金於、阮文鑒、/吴德廣、阮丕閣、黄文安、黄文蘭、鄧金會、武文胡、阮壽寧、阮伯鄰、/武仁光、宋如在、阮進達、阮有財、莫公律、阮純治、鄧金良、鄧金安、/宋如全、阮百椿、阮公鼎[②]、阮如柱、阮丕鵝、鄧金榮[③]、武仁名、阮壽焉、/同文進，上下巨小等，爲仰荷/　　　　二祖敕封明越成等正覺大德禪師，本北朝之禪宗，脩南國之正道，/超越禺境，曾不一留，到兹本社原見跡寺，有上殿一間兩厦，乃/留心暫住，用力脩行，普及上自/　　　　皇王妃嬪，下及公侯士庶，皆回心鄉□，發財功德，□律規模，宏壯闡周，/勝境英靈[④]，于時本社已奉准□爲本寺皂隸，人人□無徭役，胥/陶富庶，不勝萬幸也。兹本社□會論連名，記字端約，立石碑記/券，報恩功德，守把/　　　　尊德塔，奉祀香火，留傳萬代，綿綿不易事。/

一原奉□買田四/高叁畝，留爲本社鄉老耕種奉祀/　　　　尊德。□兹本社立約，係各甲某員人至六十歲以上應耕種此田，監/守奉祀，遞年逐月至朔望日洒掃潔净，粽、香燈供養塔前，以崇/　　　　佛道、報厚恩。如後或某員人未至年限，恃其權勢[⑤]，托以豪强，悱毁/　　　　佛道，奪耕此田，有罪，願/　　　　皇天后土暨本寺諸尊佛、及本社諸靈神公同照鑒，誅之滅之，絶其後/嗣。

---

① 原無額題和碑題，今依内容及性質定篇題爲“雁塔社明行在在禪師祀田記”。
② “鼎”，碑文原作“鼑”，因另兼正字，故逕改。
③ “榮”，碑文原作“荣”，因係繁簡字，故逕改。
④ “靈”，碑文原作“灵”，因係繁簡字，故逕改。本篇下同不另注。
⑤ “勢”，原碑作“槛”，喃字。

兹端約：　　　遞年九月初七日寶[1]誕，祖二□�十斗，/　　　　　　弟子大比丘尼[2]玅慧[3]，號善善，始買各田留付鴈塔社，開陳于後[4]。/

計　　　明年四日并朔望每日米粇五斗。/

一鴈塔社鄧金石、同真儒、黄文安、黎登花、阮文欲、阮文實、阮文歸等共賣田柒所柒篙。/

一所壹篙[5]在舉亭處。東近永世社人田，兑近阮氏女，/南近鄧金榮，北近阮受安。一所壹篙半，在同弁處。東近文筭，南近武子異，/兑近阮受席，北近黄文蘭。/一所半篙，在𦬑厨處。東近四岐村人田，北近小路，/兑南近三寶田。一所舉府處叁擔；一所宜淩處貳擔/；一所𦬑茹處陸擔，一所性以處貳擔；四所同在於淩村，東兑四至依如文字内。/

一大澤社四岐村杜氏胡、阮遵安、黄文道、杜文學[6]、杜文洋、阮氏淵、黄文鞏、杜文比；福林村鄭仁智、/阮廷仙等共賣田貳畝壹篙。一所五篙在同麻處，東近鴈塔社人田，/兑北近官田，南近阮文筭。一所秧田壹篙在𦬑茹處，東近三寶田，兑近/阮有枚，南近阮文/才，北近福林村人田。/一所貳篙半在塘亭處，東近阮世枝，兑近阮文/幹，南近阮氏□，北近/阮春領。一所五篙在墱[樹]處，東近阮氏欽，兑近本/村人田，南近黄氏謹，/北近大同社人田。一所貳篙在埬[坧]處，東南近本社人田，兑/近大路，北近三寶。/一所貳篙在塘�處，□□□□東近本社人田，南近阮文/春，兑近阮氏[謹]，北近阮/文才。一所秧田壹篙在貢擺處，東近本村人池，/兑南近路，/北近本村人田。一所壹篙在𦬑厨處，東近□文安，兑近四岐村人/田，南近佛[7]寺，/北近福林村。/一所陸擔在𦬑茹處，東兑四至依如文字内。

一永世社阮文輝斷賣田一所貳篙半，在幼沁處。東兑四至皆近□□/社人田。/

一芳蘭社黎得榮斷賣田一所貳篙，在厨澤處，東近□□社人田，/兑南北近□□社人田。一文蘭社阮氏厚斷賣田一所貳篙，在墱□處。東近茹貢田，兑南/北近本社人田。/

聖父何公喬五，字平洲，號圓融，謚法雨；　聖母許氏五娘，謚慈雲，/　　　　　　忌九

---

① “寶”，碑文原作“宝”，因係繁簡字，故逕改。本篇下同不另注

② “比丘尼”，爲梵語之音譯，又作苾蒭尼、苾芻尼、煏芻尼、備芻尼、比呼尼。意爲乞士女、除女、薰女。又稱沙門尼、尼。指出家得度受具足戒之女子。

③ “玅慧”，即黎氏玉缘，清王鄭梉之外孫女，神宗皇后鄭氏玉竹與前夫强郡公黎柱之女。參見本書篇一二五《萬福寺普光塔碑記》、一八二《雁塔社長公主比丘尼妙慧塔記》。

④ “後”，碑文原作“后”，因係繁簡字，故逕改。

⑤ “篙”，又作“高”“蒿”，越南的計量單位“分”，越南畝的十分之一，按越南北部地畝制，一分相當三百六十平方米；中部地畝制，則相當四百平方米。

⑥ “學”，碑文原作“孝”，喃字，同“學”，因另兼正字，故逕改。

⑦ “佛”，碑文原作“仸”，因另兼正字，故逕改。

月初七日，例炊盤①釜面，每面米貳拾五升，菓壹盤。/

一所塘終處柒擔，一所舉厨沈處陸擔，一所舉厨沈處柒擔。/一所昌蝗上處肆擔，各所東西四至依如囑書内，共陸蒿。/

正和二年歲在辛酉②正月穀日，立端約字

鴈塔社社正同有榮，社胥阮公名，上下巨小等共記/

寧福禪寺重修又記/

黎朝永佑五年歲在己未③四月吉日，住持本寺沙門④字性諳，興功修造，粧金塑畫/

佛祖，内外各座及九品蓮花案前，做好各各完成圓滿事。/

一大功德：/ 　　　　太尊太妃張氏玉渚⑤，號妙寛；親女芳花；親長上郡主鄭氏玉椹，號妙輝。/

一護持：比丘尼，號妙圓、及檀那⑥諸人眷等，任情多少，仗功德林同歸寶筏。/

題後

寧福禪寺是明行在在的師傅圓炆拙拙所修建的大伽藍，本碑記分爲兩部分，第一部分記載第四代鄭主鄭柑外孫女，也是明行在在的傳法弟子黎氏玉緣（妙慧善善），在黎熙宗正和二年（1681）爲明行在在設立祀田的情形；第二部分則爲第七代鄭主鄭杠祖母張氏玉渚，於黎純宗

① "盤"，碑文原作"盘"，因係繁簡字，故逕改。

② "正和二年歲在辛酉"，"正和"爲後黎熙宗黎維祫的年號，二年爲公元1681年，當清康熙二十年，歲次辛酉。

③ "黎朝永佑五年歲在己未"，"永佑"爲後黎純宗黎維祥的年號，五年爲公元1739年，當清乾隆四年，歲次己未。

④ "沙門"，爲梵語音譯，又作娑門、桑門、喪門、沙門那，意譯有勤勞、功勞、劬勞、勤懇、静志、净志、息止、息心、息惡、勤息、修道、貧道、乏道等，爲出家者之總稱。

⑤ "太尊太妃張氏玉渚"，張氏應即爲鄭柄之妻，亦爲第七代鄭主鄭棡之母，由於鄭柄祖父鄭根長壽，鄭柄及其父鄭梂皆卒於鄭根之前，後黎裕宗永盛五年（1709）鄭棡繼位，七年尊爲太妃，昏德公永慶二年（1730）鄭杠嗣位，尊祖母張氏爲太尊太妃。見《大越史記全書續編》卷二。

⑥ "檀梛"，又作檀那、旦那、柁那、檀越、馱曩，中國、日本又將檀那、檀越引申爲施主之稱"檀"，碑文原作"柦"，因另兼正字，故逕改。

永佑五年（1739）重修寧福塔寺的記載，將近六十年的時間，展現出鄭主家族多代以來對於明行在在的支持。

明行在在是大明國江西建昌府人，本碑記記載了明行在在父母親的名諱：父親何公喬五，字平洲，號圓融，謚法雨；母親許氏五娘，謚慈雲。有關明行在在的事迹，可以參見本書篇號一八〇《寧福寺尊德塔記》題後。

一八二　雁塔社長公主比丘尼妙慧塔記

引言

塔立於北寧省順城府亭祖總筆塔社寧福寺内，在尊德塔之右。拓片編號02890，全文共四十八行字，滿行三十字，今依内文主旨定篇題爲“雁塔社長公主比丘尼妙慧塔記”。立碑年代未注明，按《越南漢喃碑銘拓片目録提要》一書推斷爲黎中興時期。拓片現藏於漢喃研究院。

此文記述比丘尼妙慧之生平與修行之經過。文末則記録比丘真慧買田捐與雁塔社，以作爲三寶田，並言明祭供規定與各塊田地的位置、面積。

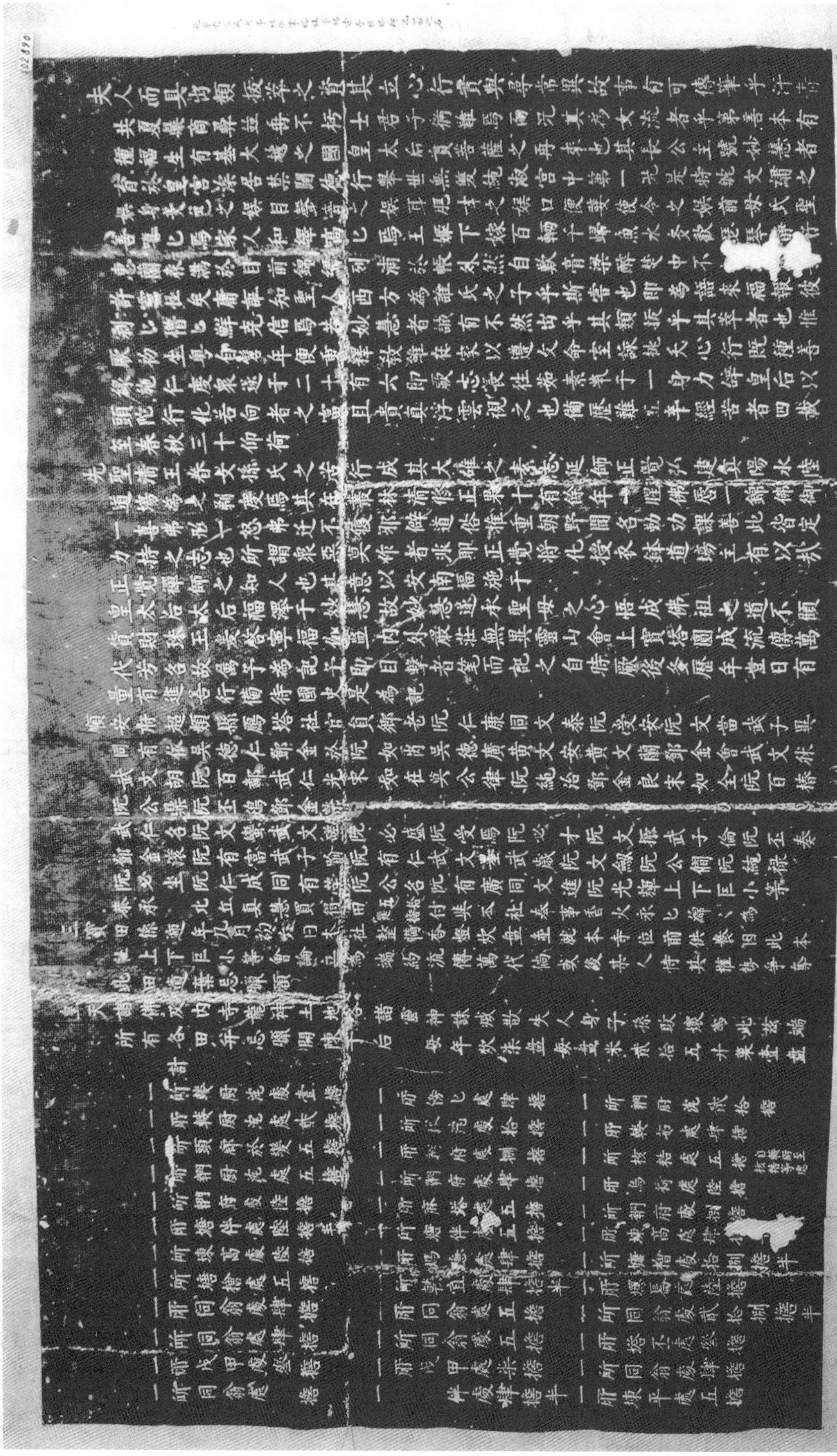

編號：02890　出自《拓片總集》第三冊

釋文

雁塔社長公主比丘尼妙慧塔記[①]

夫人而具出類拔萃之資，其立心行實與尋常異，故事有可傳，筆乎汗青，/共夏鼎商彝，竝垂不朽，士君子猶難焉，而况其爲女流者乎！第善本有/種，福生有基，大越之國皇太后實菩薩之再來也，其長公主，號妙慧者，/育於皇宫，深居禁闥，德行舉世無雙，純淑宫中第一。况是時躭文繡之/娱身，美色之娱目，聲音之娱耳，肥甘之娱口，便嬖使令之娱前；母氏聖/善嘻嘻焉，家人和繹嗃嗃焉[②]。王姬下嫁，百輛[③]千歸，魚水[④]多歡，琴瑟静好[⑤]，惠蘭森滿於目前，錦繡列浦於帳外。然自歎膏粱醉夢[⑥]中，不知埋没幾/許靈性矣，庸詎知聖人西方，爲誰氏之子乎！斯嘗也即，爲語來福報，彼/剥剥[⑦]懵懵[⑧]，鮮克信焉。若妙慧者，誠有不然，出乎

---

① 原無額題和碑題，今依内容及性質定篇題爲“雁塔社長公主比丘尼妙慧塔記”。

② “母氏聖善嘻嘻焉”二句，此以《周易·家人》卦爲説。卦曰：“家人，利女貞。……九三，家人嗃嗃，悔厲、吉。婦子嘻嘻，終吝。”孔穎達正義曰：“家人者，卦名也。明家内之道，正一家之人，故謂之家人。利女貞者，既修家内之道，不能知家外他人之事，統而論之，非君子丈夫之正，故但言利女貞。”又，“嗃嗃，嚴酷之意也；嘻嘻，喜笑之貌也。”

③ “百輛”，見《詩經·國風·召南·鵲巢》：“維鵲有巢，維鳩居之。之子于歸，百兩御之。維鵲有巢，維鳩方之。之子于歸，百兩將之。維鵲有巢，維鳩盈之。之子于歸，百兩成之。”毛亨傳：“百兩，百乘也。諸侯之子，嫁於諸侯，送御皆百乘。”

④ “魚水”，見《管子·小問》：“桓公使管仲求甯戚，甯戚應之曰：‘疾浩乎！’……婢子曰：‘《詩》有之：浩浩者水，育育者魚，未有室家，而安召我居。甯子其欲室乎。’”

⑤ “琴瑟静好”，見《詩經·國風·鄭風·女曰雞鳴》：“弋言加之，與子宜之。宜言飲酒，與子偕老。琴瑟在御，莫不静好。”

⑥ “膏粱醉夢”，典出（唐）沈既濟《枕中記》，又稱《黄粱夢》（見《文苑英華·寓言·枕中記》）。故事講述書生盧生屢試不第，在旅店遇上道人吕翁，得一瓷枕，倚枕而眠，當時店主正在煮黄粱；盧生在夢中娶貴妻、豐家資，中進士，居高位、建功業，雖屢經顛簸，却最終高官厚爵子孫滿堂，人生圓滿，然而一夕夢醒，却發現仍然在旅店中，一鍋黄粱還未煮熟。後以黄粱夢喻人生如夢。“粱”，碑刻原誤作“梁”，故逕改。

⑦ “剥剥”，見《周易·剥》：“剥剥不利，有攸往。”象曰：“剥，剥也；柔變剛也。”

⑧ “懵懵”，模糊不清或者無知。《文苑英華·寄贈詩》選江淹《貽袁常侍》：“昔我别楚水，秋月麗秋天。今君客吴坂，春日媚春泉。幽冀生碧草，沅湘含翠烟。鑠鑠霞上景，懵懵雲外山。涉江竟何望，留滞空採蓮。”又，《文苑英華·賦》岑参《感舊賦》：“上帝懵懵莫知我冤，衆人惛惛不爲我言，泣賈誼於長沙，痛屈平於湘沅。”

其類，拔乎其萃者也。惟/厥初生，粤自髫年，便重釋教[1]。雖在家以遵父命，室詠桃夭[2]；心行既種善/缘，施仁度衆。遂于二十有六，即厥志長往茹素，煢于一身，力辞皇后，以/頭陀[3]行化，若向者之富且貴，真浮雲視之也。備歷難□辛經苦者四載，/至春秋三十，仰荷/

先聖清王[4]眷女孫氏之苦行，成其大雄之素志，延師正覺[5]，弘建冥陽水陸/道場[6]，爲之剃度[7]焉。其在叢林[8]清修，正果[9]十有餘年，一腥佛唇，一錦佛御，/一喜弗形，一怒弗遷[10]，不履邪僻，道俗推重，朝野聞名，勤功課善，此皆定/力持之志也，所謂衆惡莫作者非耶？正覺將化，授衣鉢道場，主有以哉！/正覺禪師之知人也，其意以安南福施于/　　　　皇太后，太后福澤于妙慧，故妙慧遂承聖母之心，悟成佛祖之道，不顧/貨財珠玉，爰啓寧福，伽藍[11]内外，嚴莊無異，靈山[12]會上，寶塔圓成，流傳萬/代芳名，故屬予爲記。予即目擊者，筆而記之，自時厥後，多歷年，豈日有/量有進，善行備待國史，是爲記。/

順安府超類縣鴈塔社官員、鄉老，阮仁康、同文泰、阮受安、阮文當、武子異、/同有依、

---

[1] "釋教"，指釋尊所説之教法，與"佛教"同義，然則特用此稱者，源於中國古來佛教與道教並稱時，各取其教祖之名，稱爲釋老，遂稱釋教。

[2] "桃夭"，讚美男女婚姻以時，有室家之好，亦以指婚嫁。《詩經·國風·周南·桃夭》："桃之夭夭，灼灼其華。之子于歸，宜其室家。"

[3] "頭陀"，亦稱頭陀行、頭陀事、頭陀功德，《佛説十二頭陀經》云行頭陀法者，有十二事："一者，在阿蘭若處；二者，常行乞食；三者，次第乞食；四者，受一食法；五者，節量食；六者，中後不得飲漿；七者，着弊納衣；八者，但三衣；九者，塚間住；十者，樹下止；十一者，露地坐；十二者，但坐不卧。"

[4] "清王"，即鄭梉，平安王鄭松之子，太王鄭檢之孫。德隆元年（1629）十月進封大元帥、統國政、師父、清王。參見《大越史記全書·本紀》卷十八。

[5] "正覺"，即明行禪師。可參見本書篇號一八〇《寧福寺尊德塔記》、一八一《雁塔社明行在在禪師祀田碑記》與一八六《寧福寺明行在在禪師祀田碑記》。

[6] "水陸道場"，又作水陸齋、水陸會、悲齋會，施餓鬼會之一。"水陸"名稱的由來，（宋）遵式《金園集》卷三云："今吴越諸寺多置别院，有題牓水陸者，所以取諸仙致食於流水，鬼致食於净地之謂也。"

[7] "剃度"，又作剃髪、薙髪、削髪、祝髪、落剃、落飾、落髪、净髪、莊髪。是佛弟子出家歸依佛門時，剃除髪、鬚而成爲僧、尼。《過去現在因果經》卷二提到世尊剃髪時發願的情形："爾時太子，便以利劍，自剃鬚髪。即發願言：'今落鬚髪，願與一切，斷除煩惱及以習障。'"

[8] "叢林"，謂禪宗稱寺院，《禪林寶訓音義》："叢林，乃衆僧所止之處，行人棲心修道之所也。草不亂生曰叢，木不亂長曰林，言其内有規矩法度也。"

[9] "正果"，又作證果，謂學佛修道而有所證悟。

[10] "遷"，碑文原作"迁"，因係繁簡字，故逕改。

[11] "伽藍"，又作僧伽藍摩、僧伽藍，梵語音譯，意爲僧園、僧院。原意指僧衆所居之園林，然一般用以稱僧侶所居之寺院、堂舍。《十誦律》卷五十六："地法者，佛聽受地，爲僧伽藍故，聽僧起房舍故。"

[12] "靈山"，即釋尊在靈鷲山説法度生時之會座。有二種説法：一指演説《法華經》之會座。《法華經科注》卷一："靈山會上玅法華經，昔日世尊金口宣暢。"二指拈花付法之會座。據《大梵天王問佛决疑經》載："爾時如來，坐此寶座，受此蓮華，無説無言，但拈蓮華，入大會中。八萬四千人天時大衆，皆止默然。於時長老摩訶迦葉，見佛拈華示衆佛事，即今廓然，破顔微笑。佛即告言是也，我有正法眼藏涅槃妙心。"

吴德仁、鄧金於、阮如崗、吴德廣、黄文安、黄文蘭、鄧金會、武文𤞻、/武文胡、阮百鄰、武仁光、宋如在、莫公律、阮純治、鄧金良、宋如全、阮百椿、/阮公鼎、阮丕鳺、鄧金榮、/　武仁名、阮文鑾、武文磋、阮必盛、阮受焉、阮必才、阮文振、武子倫、阮丕奏、/鄧金滚、阮有富、武子喻、阮有仁、武文墨、武歲、阮文劍、阮公僩、阮純禄、/阮必坐、阮仁成、同有榮、阮公名、阮有廣、同文進、阮光輝上下巨小等，/　恭承　比丘真慧買得田五拾/玖[①]擔，付與本社奉事香火，永永綿綿爲/　三寶田，係遞年九月初六日本社整備香燈炊盤[②]並就本寺位前供養，因此本/社上下巨小等，會論立爲端約，流傳萬代。倘或後某人恃其權勢，争奪/此田，遺棄忌臘[③]，願/　皇天諸佛及内寺龍神、土地各諸靈神誅滅，散失人身，子孫敗壞，爲此，玆端/所有各田并忌臘開陳于後[④]。　每年炊柒盤，每盤米貳拾五升，菓壹盤。/

計/

一所軬厨沈[⑤]處壹擔，一所傍傍處肆擔，一所𨻫厨沈貳拾擔，/

一所軬厨沈處貳擔，一所棣沈處拾擔，一所軬茹處肆擔，/

一所頭廊於變五擔，一所𨻫府處捌擔，一所核粘處五擔，自軬厨至/核粘等處。/

一所𨻫厨沈處五擔，一所𨻫府處四擔，一所烏猗處陸擔，/陸

一所𨻫府處陸擔一所麻塔處五擔，一所𨻫府處捌擔，/

一所塘伴處陸擔半，一所塘伴處五擔，一所埬高處肆擔半，/

一所埬高處陸擔，一所堨隱處肆擔，一所塘檜處拾捌擔半，/

一所塘檜處五擔，一所軬宜處肆擔半，一所壜𩙻處陸擔，/

一所同翁處肆擔，一所同翁處五擔，一所同翁處貳拾捌擔半，/

一所同翁處肆擔，一所同翁處五擔，一所塔丕處叁擔，/

一所戊甲處叁擔，一所戊甲處柒擔，一所同翁處肆擔，/

一所同翁處□擔，一□□伴處肆擔半，一所埬平處五擔。/

---

① “玖”，原爲越南避諱字。
② “盤”，碑文原作“盘”，因係繁簡字，故逕改。本篇下同不另注。
③ “忌臘”，見（明）田藝衡《玉笑零音》：“人之初生，以七日爲臘；人之初死，以七日爲忌。”
④ “後”，碑文原作“后”，因係繁簡字，故逕改。
⑤ “沈”，碑刻原作俗字“洩”，故逕改。本篇下同不另注。

題後

本碑記與《萬福寺普光塔碑記》内容均爲鄭主清王鄭梉外孫女黎氏玉緣之塔銘。黎氏玉緣爲後黎神宗皇后鄭氏玉竹與前夫强郡公黎柱之女，受明行在在授記，出家，法名妙慧，法號善善。兩碑内容大致相同，可參看篇號一二五《萬福寺普光塔碑記》題後。

一八三　寧福寺獻瑞庵報巖塔碑銘

引言

碑立於北寧省順城府亭祖總筆塔社寧福寺内，爲寺内右邊第一祖家前右第一碑。碑刻雙面，拓片編號 02893/02892。拓片編號 02893 爲碑前，共十九行字，滿行四十七字，碑額刻“獻瑞庵報嚴塔碑銘”八字，並有碑題“贈封明越普覺廣濟大德禪師拙公和尚肉身菩薩塔銘”二十二字，今依内容重定篇題爲“寧福寺獻瑞庵報巖塔碑銘”；拓片編號 02892 爲碑後，共二十行字，滿行約五十字，碑額刻“獻瑞庵香火田碑記”八字，碑題“報嚴塔祭田碑記”七字。兩面碑額皆刻有兩層紋飾，均内層爲雙龍昭日，外層與左右兩邊以龍紋相連，碑底亦有兩層紋飾，内層爲蓮座、外層爲獸紋。碑文撰者歐陽彙登，書者沙彌真見。年代署作福泰（Phúc Thái）五年（1647），福泰爲黎真宗（Lê Chân Tông）黎維祐（Lê Duy Hựu）年號，同年爲清順治四年，歲次丁亥。拓片現藏於漢喃研究院。

此文主要分作兩部分，拓片編號 02893 爲拙拙和尚報巖塔碑銘，以記賜封爲“明越普覺廣濟大德禪師”的拙拙和尚其人其事，文末有每句四字共二十六句銘文作結。拓片編號 02892 面則記供奉拙拙和尚報嚴塔之祭田，含贈田者、田地所在地與大小等信息。

獻瑞庵報嚴塔碑銘

編號：02893　出自《拓片總集》第三冊（下同）

獻瑞庵香火田碑記
報嚴塔祭田碑記
正王府老宮嬪陳氏玉庵號法界　阮氏玉有號妙圓　梁氏玉進號致誠
祀奉
勅封明越普覺廣濟大德禪師肉身菩薩誕生入定二祭并年臘例節供養田畝開列于左
祖師俗姓李釋圓炆號拙拙閩漳海澄人氏
計開
本社田共肆所
大澤社四岐村田共肆所
大澤社福林村田貳所
芳蘭文蘭二社田在四岐村共叁所
黎朝福泰五年歲次丁亥蓮月佛浴日立

編號：02892

釋文

【獻瑞庵報巖塔碑銘】[1]

贈封明越普覺廣濟大德禪師拙公和尚[2]肉身菩薩[3]　塔銘[4]

拙拙非人也，又嘗失孝父母，忘恩嬸氏，滅却五倫，此其可以謂人也歟？以談空之術，縱葦渡江，古眠國王[5]以師禮之，不亦過/乎？曰，士有大言而無實，虚名不適於用者，亦未可以此料天下之士。夫士以氣爲主，方其勇禮公之尊貴而公卿大夫欲事/之者，兢兢[6]然惟恐不得及門。拙拙能使公執扇遊於市，其得志若是，復能受扯�之辱，非有蓋[7]世之氣，不世之心，而能如是/乎？使得志於廊廟，而忠孝之事必不違也。予以慈術避世至南有，會拙拙昇龍城看山寺[8]一談，予曰“狂士也”。久之，見其開濟/明豁，無礙辯[9]才，嘲戲公卿，安懷老幼，以天子爲善友，視錢財若草芥，本無重貲帶來。雖乞多寡，隨手以濟于貧；求得一衣，隨/時以施于寒。高氣冠古今，慈悲邁歷代，可謂出於其類，飄然有越于方，遊之外者矣，而氣節慈悲則

---

[1] 此爲拓片編號 02893 額題，今依内容重定篇題爲“寧福寺獻瑞庵報巖塔碑銘”。

[2] “拙公和尚”（1590-1644），俗名李天祚，法名圓炆，法號拙拙，慣稱拙公，大明國福建漳州海澄人，是臨濟宗第三十四代傳承人。有關拙拙生平可以參看本書篇號一二三《萬福大禪寺碑》。

[3] “肉身菩薩”，指生身菩薩，即以父母所生之身而至菩薩深位者。《大佛頂如來密因修證了義諸菩薩萬行首楞嚴經》卷八：“是清净人修三摩地，父母肉身不須天眼，自然觀見十方世界。”

[4] 此爲拓片編號 02893 碑題。

[5] “古眠”，東南亞古國名，又稱高蠻、高棉。

[6] “兢兢”，見《書經·皋陶謨》：“無教逸欲有邦，兢兢業業，一日二日萬幾。”

[7] “蓋”，碑文原作“盖”，因係繁簡字，故逕改。

[8] “看山寺”，見潘輝注《歷朝憲章類志·地輿志·河内省·懷德府》：“看山，在省城之西北角，山上有佛寺，黎朝聖宗嘗幸此山爲閲武藝，故名。陽德間，命官重修山寺，寺之正殿奉塑聖宗御容，朝暮崇祀之，迨景興己酉，西山亂，即山撤寺，寺僧因移神像安于外之毓慶寺。”

[9] “辯”，碑文原作“辨”，因另兼正字，故逕改。

盡善矣。予獨以無魯男/子[1]之風而厭之，拙自負有柳下惠之志[2]而許焉，予又未之信也。及同居數月，知蓮花不染心矣。其戒行忍辱之如此，變化屈/伸之又如此，予是敬服之。噫！慧之生也，信然矣。苟不得雪嶺之淵源，那有海澄真性，開此甘露之門[3]，成此一段因緣者，亦不/累丈夫之功名矣。能成此五由旬之塔廟者，亦不失弟子之孝行焉。浮屠[4]告成，并開示《語録》，祭田完備，在在[5]乞予文爲記，予/敬碑而銘之。

公清漳海郡李氏，釋圓炆，號拙拙。　銘曰：/

塔廟五旬，貯拙生形。□度無度，烏雀喧經。

天籟摇鈴，金石鏘鏘。道弘義大，/地久天長。

何至於斯，乞食十方。何有於是，靈鷲舊理。

得道而遊，適意而止。/

榮公不知，辱公無耻。饑向公飽，寒向公□。

賢者遇公，益之以智。迷者遇公，/啓之以機。

一念無生，對景不起。作賤黄金，寶道而已。/

時/

① “魯男子”，見《詩經・小雅・南山之什・巷伯》：“哆兮侈兮，成是南箕。”毛亨傳：“魯人有男子獨處于室，鄰之釐婦又獨處于室，夜暴風雨至，而室壞，婦人趨而託之，男子閉户而不納，婦人自牖與之言曰：‘子何爲不納我乎！’男子曰：‘吾聞之也，男子不六十不閒居。今子幼、吾亦幼，不可以納子。’婦人曰：‘子何不若柳下惠然，嫗不逮門之女，國人不稱其亂。’男子曰：‘柳下惠固可，吾固不可；吾將以吾不可，學柳下惠之可。’孔子曰：‘欲學柳下惠者，未有似於是也。’”

② “柳下惠之志”，柳下惠姓展，名獲，字子禽，春秋時魯國的賢者，有救世濟民之志。（漢）劉向《列女傳・賢明・柳下惠妻》：“柳下惠處魯，三黜而不去，憂民救亂。妻曰：‘無乃瀆乎！君子有二耻。國無道而貴，耻也；國有道而賤，耻也。今當亂世，三黜而不去，亦近耻也。’柳下惠曰：‘油油之民，將陷於害，吾能已乎！且彼爲彼，我爲我，彼雖裸裎，安能污我！’油油然與之處，仕於下位。柳下既死，門人將誄之。妻曰：‘將誄夫子之德耶，則二三子不如妾知之也。’乃誄曰：‘夫子之不伐兮，夫子之不竭兮，夫子之信誠而與人無害兮，屈柔從俗，不强察兮，蒙耻救民，德彌大兮，雖遇三黜，終不蔽兮，愷悌君子，永能厲兮，嗟乎惜哉，乃下世兮，庶幾遐年，今遂逝兮，嗚呼哀哉，魂神泄兮，夫子之謚，宜爲惠兮。’門人從之以爲誄，莫能竄一字。”

③ “甘露之門”，爲涅槃之譬喻，故趨赴涅槃之門户譬之爲“甘露門”，又作甘露法門。《長阿含經》卷一：“吾愍汝等，今當開演甘露法門。”

④ “浮屠”，梵語音譯，又作浮圖、佛圖、蒲圖、休屠等，有二義，一爲佛陀之訛譯。《魏書》卷一一四《釋老志》：“浮屠，正號曰佛陀，佛陀與浮圖聲相近，皆西方言，其來轉爲二音，華言譯之謂净覺。”二指佛寺、佛塔、卒塔婆而言。

⑤ “在在”，即“明行在在”，拙拙禪師在順化所收的弟子。

黎朝福泰五年歲次丁亥[1]蓮月　　佛　浴　日

嗣法弟子明行釋在在[2]立　石/

清源居士歐陽彙登，號體真撰/

東岸扶軫沙彌[3]真見薰沐奉寫[4]/

【獻瑞庵香火田碑記】[5]

報嚴塔祭田碑記[6]

嘗聞道無傳則不廣，祀無祭則不遠，故傳道必先於育德之人，祭祀宜立乎香火之田。茲有/　　鄭[7]王府老宮嬪陳氏玉庵[8]，號法界；　陶氏玉有，號妙圓，　梁氏玉進，號玅誠等，置買功德田壹百壹拾擔，付與鴈塔社皂隸耕種，以/　　祀奉/　　勑封明越普覺廣濟大德禪師肉身菩薩誕生、入定二祭，并年臘例節供養，田畝開列于左。/

祖師俗姓李，釋圓炆，號拙拙，閩漳海澄人氏。大明萬曆庚寅年二月初二辰時誕生/，大越福泰甲申年七月十五日亥時入定。/

計開/

本社田共肆所：/

一所坐落舉厨處，伍篙。東近大路，西近寺，南/近小路，北近三寶[9]田。/

一所坐落唐弟處，壹篙貳擔。東近阮百奇田，西近小路/，南近文進田，北近阮得財田。/

---

① “黎朝福泰五年歲次丁亥”，“福泰”爲後黎真宗黎維祐年號，五年爲公元1647年，當清順治四年，歲次丁亥。

② “明行釋在在”，即明行禪師（1595–1659），俗姓何，法名明行，法號在在，江西建昌（今江西省撫州市）人。約1630年至1633年拙公與弟子明行抵達河内。不久越南皇室貴族紛紛拜其爲師，他便住持河内看山寺，宣講佛法。不久赴北寧省住持佛跡寺，之後曾到河内看山寺、隆恩寺等地講法。大約在1642年住持北寧省寧福寺，直到1644年在該寺圓寂。明行禪師嗣承拙公衣鉢，住持寧福寺十五年，於1659年圓寂。

③ “沙彌”，梵語音譯，全稱室羅摩拏洛迦、室羅末尼羅，又作室羅那拏，意爲求寂、法公、息惡、息慈、勤策、勞之少者。即止惡行慈、覓求圓寂之意，指佛教僧團（即僧伽）中，已受十戒，未受具足戒，年齡在七歲以上、未滿二十歲之出家男子。

④ 以上爲拓片編號02893内容。

⑤ 此爲拓片編號02892額題。

⑥ 此爲拓片編號02892碑題。

⑦ “鄭”，碑文原作“正”，實指清王鄭梉之“鄭”，故逕改。

⑧ “陳氏玉庵”，清王鄭梉的昭儀、第一宫嬪。曾供養拙拙禪師修建萬福大禪寺，可參見本書篇號一二三《萬福大禪寺碑》。

⑨ “寶”，碑文原作“宝”，因係繁簡字，故逕改。本篇下同不另注。

一所坐落䩅茹處，壹篙叁擔。東近阮有原田，西近阮丕珍田/，南近武子義田，北近鄧金進田。/

一所坐落占帖處，叁擔。東近埬，西近小路，南近/莫公能田，北近武登高田。/

大澤社四岐村田共肆所：/

一所坐落同劇處，叁篙。東近文蘭社人田，西近大澤社/人田，南近三寶田，北近三寶田。/

一所坐落山門處，肆篙。東近文蘭社人田，西近文蘭社人田，/南近文蘭社人田，北近文蘭社人田。/

一所坐落唐庵處，貳篙。東近阮氏簪田，西近阮氏漢田，/南近阮文實田，北近小路。/

一所坐落唐庵處，貳篙貳擔。東近黎進賢田，西近阮文實田，/南近阮仁榮田，北近陳惟然田。/

大澤社福林村田貳所：/

一所坐落淩株處，壹篙。東近阮文中田，西近阮有原田，/南近武仁榮田，北近妙睦田。/

一所坐落馬塔處，壹篙壹擔。東近阮必勝田，西近阮氏[義]田，南/近福林村人田，北近阮有原田。/

芳蘭、文蘭二社田，在四岐村，共叁所：/

一所坐落山門處，壹篙叁擔。東近文蘭社人田，西近清相社人田，/南近文蘭社人田，北近文蘭社人田。/

一所坐落唐株處，壹篙叁擔。東近文蘭社人田，西近文蘭社人/田，南近小路，北近四岐村人田。/

一所坐落唐株處壹篙壹擔。東近四岐村人田，西近四岐村人田/田，南近三寶田，北近四岐村人田。/

時/

黎朝福泰五年歲次丁亥[①]蓮月[②]佛浴　日立/[③]

題後

寧福寺位於北寧省順城府亭祖總筆塔社，原名少林寺，根據寧福寺現存後黎神宗所賜匾額的署年，陽和八年（1642）圓炆拙拙與明行在在受到鄭主鄭梉與黎神宗的資助，重修寺宇，改

① “黎朝福泰五年歲次丁亥”，當清順治四年（1647），歲次丁亥。

② “蓮月”，農曆六月。

③ 以上爲拓片編號 02892 內容。

名寧福寺。寧福寺與萬福寺隔江而望，兩寺都成爲拙拙住持說法的地方。後來拙拙圓寂於寧福寺，在在與衆弟子修建“報嚴塔”，在在繼拙拙爲住持，在在圓寂後，即傳與妙慧善善（黎氏玉緣），亦修建了“尊德塔”，這兩做舍利塔，有如筆尖一般矗立在寺廟中，因此民衆亦稱寧福寺爲筆塔寺。

本碑記爲明行在在於其師圓炆拙拙圓寂後所修立的舍利塔，撰寫者歐陽彙登亦爲拙拙之俗家弟子，其内容對於拙拙的身世、經歷都有一手資料的價值，是研究圓炆拙拙重要的資料。

一八四　勅建寧福禪寺碑記

引言

碑立於北寧省順城府亭祖總筆塔社寧福寺内，爲寺内右廡第一碑。碑刻雙面，本篇所録爲碑前，拓片編號02894，碑文共十七行字，滿行四十二字。碑額刻“敕建寧福禪寺碑記”八字，碑題“重興寧福禪寺碑記”八字，今依額題爲篇題。碑文撰者爲雲水沙彌明行在在，書者沙彌真見。四邊均有紋飾，碑額刻有兩層，内層爲雙龍昭日，日中有一佛字，外層以龍紋與左右兩側相連，碑底飾有蓮座。年代署作福泰（Phúc Thái）五年（1647），福泰爲後黎真宗（Lê Chân Tông）黎維祐（Lê Duy Hựu）年號，同年爲清順治四年，歲次丁亥。拓片現藏於漢喃研究院。

碑文主要歌詠寧福寺之建制，並以七言律詩作結。文末並録有綸郡公之妻捐與雁塔社用於供奉祖先之祭田與禮事。

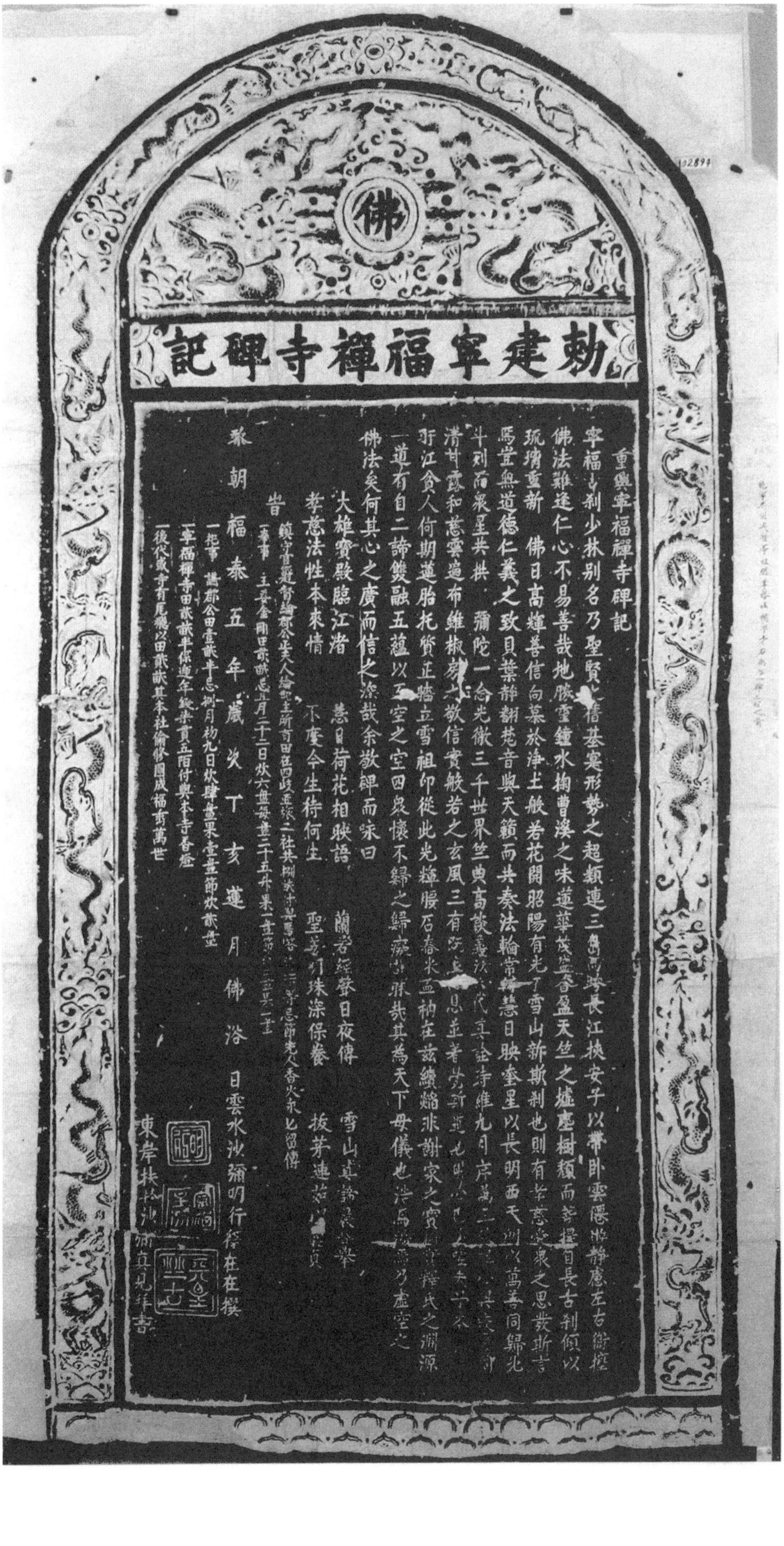
佛
勅建寧福禪寺碑記
重興寧福禪寺碑記

編號：02894　出自《拓片總集》第三冊

釋文

【勅建寧福禪寺碑記】[①]

重興寧福禪寺碑記[②]

寧福古剎，少林別名，乃聖賢之舊基，寔形勢之超類，連三島而跨長江，挾安子[③]以帶卧雲，僊遊静慮，左右衛擁，/佛法難逢，仁心不易，善哉！地勝靈鍾，水掬曹溪[④]之味；蓮華茂盛，香盈天竺[⑤]之墟。塵樹頹而菩提[⑥]自長，古刹傾/以琉璃重新。　佛日高輝，善信向慕於净土[⑦]；般若[⑧]花開，昭陽有光于雪山。新斯刹也，則有孝慈愛衆之思；發斯言/焉，豈無道德仁義之致。貝葉静翻，梵音與天籟而共奏；法輪[⑨]常轉，慧日映奎星以長明。西天朗以萬善同歸，北/斗列而衆星共拱。　彌陀[⑩]一念，光徹三千世界[⑪]；竺典高談，義法六代真詮。時維九月，

---

① 此爲拓片編號 02894 原額題，今以之爲本篇標題。

② 此爲原碑題。

③ “安子”，即安子山。《大南一統志・海陽省・山川》：“安子山。在東潮縣東北三十五里，一名象山，左支降脉，爲海東群山之祖。……按，此山陳朝諸帝以爲參禪住庵名地，法螺、玄光皆嘗卓錫于此山。”

④ “曹溪”，禪宗南宗别號。以六祖慧能在曹溪寶林寺演法而得名。（唐）柳宗元《曹溪大鑒禪師碑》：“凡言禪，皆本曹溪。”

⑤ “天竺”，見玄奘述、辯機編《大唐西域記》卷二：“天竺之稱，異議糾紛。舊云身毒，或云賢豆。今從正音，宜云印度。”

⑥ “菩提”，梵語音譯，意爲覺、智、知、道。廣義而言，乃斷絶世間煩惱而成就涅槃之智慧。

⑦ “净土”，指以菩提修成之清净處所，爲佛所居之所。全稱清净土、清净國土、清净佛刹。又作净刹、净界、净國、净方、净域、净世界、净妙土、妙土、佛刹、佛國。

⑧ “般若”，梵語 praj 音譯，意爲慧、智慧、明、黠慧。《大智度論》卷七十：“般若定實相，甚深極重；智慧輕薄，是故不能稱。”因此之故漢譯佛經多以音譯“般若”一詞。

⑨ “法輪”，爲對於佛法之喻稱，以輪比喻佛法有三義：一有催破之義，因佛法能摧破衆生之罪惡，猶如轉輪聖王之輪寶，能輾摧山岳巖石；二有輾轉之義，因佛之説法不停滯於一人一處，猶如車輪輾轉不停；三有圓滿之義，因佛所説之教法圓滿無缺，故以輪之圓滿喻之。

⑩ “彌陀”，是阿彌陀佛的略稱，又稱無量壽佛、無量光佛。此佛之由來，據《佛説阿彌陀經》云：“從是西方過十萬億佛土，有世界名曰極樂。其土有佛，號阿彌陀，今現在説法。”

⑪ “三千世界”，古代印度人以四大洲及日月諸天爲一小世界，合一千小世界爲小千世界；合一千小千世界爲中千世界；合一千中千世界爲大千世界，小千、中千、大千並提，則稱三千大千世界，又名三千世界、一大三千大千界或一大三千世界。

序屬三秋，禪心與皎月同/清，甘露[①]和慈雲遍布，雖椒房[②]之敬信，實般若之玄風，三有[③]既立，四恩[④]並著，覺斯道也，明必已矣。嗟夫！予本/　　　　盱江貧人，何期蓮胎托質。正牆立雪，祖印從此光輝；腰石舂米[⑤]，盂衲在兹續燄。非謝家之寶樹[⑥]，實釋氏之淵源。/一道[⑦]有自，二諦[⑧]雙融。五蘊[⑨]以不空之空，四衆[⑩]懷不歸之歸。癡哉，眛哉！其爲天下母儀也；浩焉，蕩焉，乃虚空之/佛法矣。何其心之廣，而信之深哉？余敬碑而咏曰：/

大雄[⑪]寶殿臨江渚，慧日荷花相映語。

蘭若[⑫]經聲日夜傳，雪山真諦晨昏舉。/

孝慈法性本來情，不度今生待何生。

聖善明珠深保養，拔茅連茹[⑬]以宗貞。/

---

① “甘露”，梵語音譯，又作阿密哩多，意爲不死、不死液、天酒。即不死之神藥，天上之靈酒。吠陀中謂蘇摩酒爲諸神常飲之物，飲之可不老不死，其味甘之如蜜，故稱甘露。

② “椒房”，見《漢書》卷六十六《車千秋列傳》：“曩者，江充先治甘泉宫人，轉至未央椒房。”師古注：“椒房，殿名，皇后所居也。以椒和泥塗壁，取其温而芳也。”

③ “三有”，佛教用語。謂三界之生死。一、欲有，欲界之生死；二、色有，色界之生死；三、無色有，無色界之生死。佛教認爲三界之生死境界有因有果，故謂之有。

④ “四恩”，佛教用語。指父母恩、衆生恩、國王恩、三寶恩，見《心地觀經》。又指父母恩、師長恩、國王恩、施主恩，見《釋氏要覽》。前者泛指世人當報之恩，後者專指僧徒當報之恩。《目連救母出離地獄升天寶卷》：“更願七祖先之，離苦生天，地獄罪苦，悉皆解脱，以此不盡功德，上報四恩，下資三有。”

⑤ “腰石舂米”，六祖慧能於黄梅山五祖弘忍法會中充任雜役，在厨房踏碓舂米，因體重太輕，就將一塊大石綁在腰間（據《曹溪大師别傳》），宗寶本《壇經・行由品第一》：“次日，祖（指五祖）潛至碓坊，見能（指慧能）腰石舂米。語曰：‘求道之人，爲法忘軀，當如是乎？’”

⑥ “非謝家之寶樹”，謙稱不是華貴出身的子弟，見《文苑英華》王勃《秋日登洪府滕王閣餞别序》：“勃三尺微命，一介書生，無路請纓，等終軍之弱冠；有懷投筆，愛宗慤之長風。捨簪笏於百齡，奉晨昏於萬里，非謝家之寶樹，接孟氏之芳隣。”

⑦ “一道”，一實之道也。《六十華嚴經》卷六曰：“一切無礙人，一道出生死。”《八十華嚴經》卷十三曰：“諸佛世尊，唯以一道，而得出離。”《涅槃經》卷十三曰：“實諦者，一道清净，無有二也。”《大日經疏》卷十七曰：“一道者即是一切無礙人，共出生死，直至道場之道也。而言一者，此即如如之道，獨一法界，故言一也。”《涅槃經》卷二十五曰：“一道者，謂大乘也。”

⑧ “二諦”，見《中論觀四諦品》曰：“諸佛依二諦爲衆生説法，以一世俗諦，二第一義諦。”

⑨ “五蘊”，即色蘊（即一切色法之類聚）、受蘊（苦、樂、捨、眼觸等所生之諸受）、想蘊（眼觸等所生之諸想）、行蘊（除色、受、想、識外之一切有爲法，亦即意志與心之作用）、識蘊（即眼識等諸識之各類聚）。

⑩ “四衆”，指構成佛教教團之四種弟子衆，又稱四輩、四部衆、四部弟子，即比丘、比丘尼、優婆塞、優婆夷；或僅指出家四衆，即比丘、比丘尼、沙彌、沙彌尼。

⑪ “大雄”，爲佛的德號，我國寺院大殿之供奉佛陀者，即稱“大雄寶殿”。

⑫ “蘭若”，是阿蘭若的略稱，又作阿練茹、阿練若、阿蘭那、阿蘭攘、阿蘭拏。意爲山林、荒野，指適合於出家人修行與居住之僻静場所。

⑬ “拔茅連茹”，比喻互相推薦，用一個人就連帶引進許多人。《周易・泰》：“泰，小往大來，吉亨。……初九，拔茅茹以其彙，徵吉。”王弼注：“茅之爲物，拔其根而相牽引者也。”

時鎮守官提①督綸郡公正夫人綸郡主，所有田在四岐、亞旅二社，共捌畝付與雁塔社上下等，忌節先人香火，永永留傳。/

一奉事，　主婆金剛田貳畝，忌五月二十二日，炊六盤②，每盤二十五升，果一盤，節炊二盤，果一盤。/

黎朝福泰五年歲次丁亥③蓮月佛浴日

雲水沙彌④明行釋在在撰/

一祀事，　譙郡公田壹畝半，忌捌月初九日，炊肆盤，果壹盤，節炊貳盤。/

一寧福禪寺田貳畝半，係遞年錢柒貫五陌付與本寺香燈。/

一後代或寺有瓦飛，以田貳畝，其本社偷修圓成，福垂萬世。

東岸扶軫沙彌真見拜書/

題後

本碑記爲明行在在所撰重修寧福禪寺碑。按，寧福寺原爲少林寺，後爲圓炆拙拙所重修，改名寧福寺，拙拙圓寂後，寧福寺的住持由明行在在接任，後黎真宗福泰五年（1647）明行在在爲拙拙建“報巖塔”並重修寧福寺，可參考本書篇號一八三《寧福寺獻瑞庵報巖塔碑銘》。又，碑面刊刻年月處，爲後世鎮守官提督綸郡公正夫人綸郡主刻入寄忌資料，不詳年月。

---

① “提”，碑文原作“㨶”，越南避諱字，故逕改。

② “盤”，碑文原作“盘”，因係繁簡字，故逕改。本篇下同不另注。

③ “黎朝福泰五年歲次丁亥”，“福泰”爲後黎真宗黎維祐年號，五年爲公元1647年，當清順治四年。

④ “沙彌”，梵語音譯，全稱室羅摩拏洛迦、室羅末尼羅，又作室羅那拏，意爲求寂、法公、息惡、息慈、勤策、勞之少者。即止惡行慈、覓求圓寂之意，指佛教僧團（即僧伽）中，已受十戒，未受具足戒，年齡在七歲以上、未滿二十歲之出家男子。

一八五　雁塔社黎榮進等四人祭忌碑記

引言

碑立於北寧省順城府亭祖總筆塔社寧福寺，爲寺内左廡内一碑。碑刻雙面，本篇所録爲碑後，拓片編號 02896，碑文共二十行字，滿行四十二字，碑額刻“寧福禪寺三寶祭祀田碑”十字，碑題爲“重興寧福禪寺三寶祭祀田碑記”十三字，今依内文重定篇題爲“雁塔社黎榮進等四人祭忌碑記”。碑四邊均有紋飾，碑額刻有兩層，内層爲雙龍昭日，日中有一佛字，外層以祥鳥、龍紋與左右兩側相連，碑底飾有雙麒麟拱日。年代署作福泰（Phúc Thái）五年（1647），福泰爲後黎真宗（Lê Chân Tông）黎維祐（Lê Duy Hựu）年號，同年爲清順治四年，歲次丁亥。拓片現藏於漢喃研究院。

此文記述比丘尼妙慧爲祭祀其生父黎榮進，養父母阮忠信、杜氏淑節，與善男子何公五，故買田予雁塔社耕種，以作爲祭祀之資，文末詳記田地大小及所在方位。

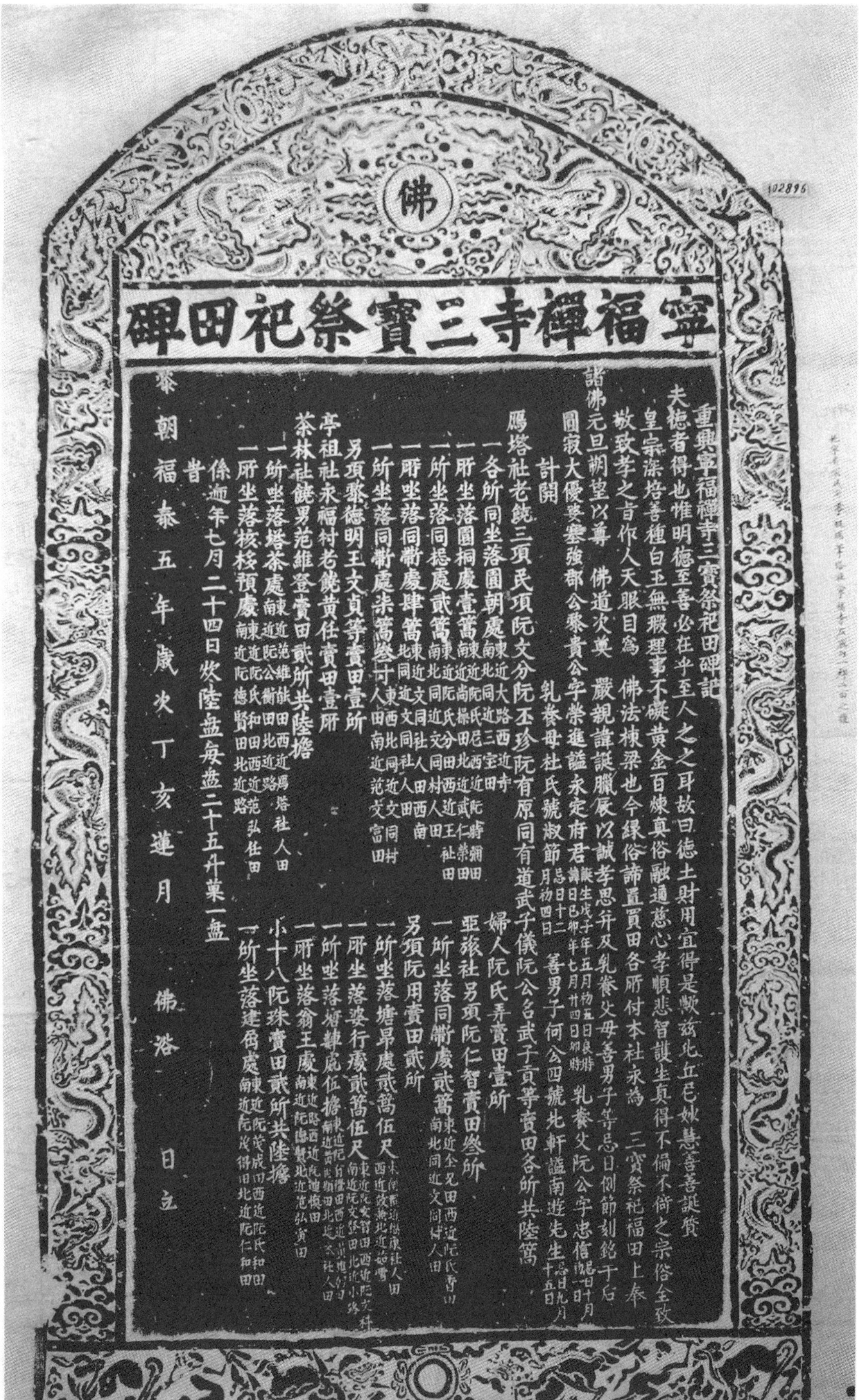
寧福禪寺三寶祭祀田碑

佛

重興寧福禪寺三寶祭祀田碑記
夫德者得也惟明德至善必在乎至人之之耳故曰德土財用宜得是歟茲北丘邑姚慧善誕資
皇宗深培善種白玉無瑕理事不礙黃金百煉真俗融通慈心孝順悲智護生真得不偏不倚之宗俗全致
敬致孝之旨作人天眼目為　佛法棟梁也今緣俗諦置買田各所付本社永為　三寶祭祀福田上奉
諸佛元旦朔望以尊　佛道次奠　嚴親諱誕臘辰以誠孝思并及乳養父母善男子等忌日例節刻銘于石
圓寂大優婆塞強都公黎貴公字榮進謚永定府君（誕生戊子年五月初五日辰時 諱日己卯年七月廿四日卯時）乳養父阮公字忠信
計開　乳養母杜氏號淑節（忌日十二月初四日）　善男子何公四號光軒謚南遊先生（忌日九月十五日）
鴈塔社老饒三項氏項阮文分阮丕珍阮有原同有道武子儀阮公名武子貢等賣田各所共陸篙
一各所同坐落圓朝處
一所坐落圓桐處壹篙
一所坐落同揭處貳篙
一所坐落同衛處肆篙
一所坐落同衛處柒篙叁寸
另項黎德明王文貞等賣田壹所
亭祖社永福村老饒黃任賣田壹所
茶林社饒男范維登賣田貳所共陸擔
一所坐落塔茶處
一所坐落核桵預處
係逈年七月二十四日炊陸盎每盎二十五升菓一盤
婦人阮氏弄賣田壹所
亞旅社另項阮仁智賣田叁所
一所坐落同衛處貳篙
另項阮用賣田貳所
一所坐落塘昂處貳篙伍尺
一所坐落婆行處貳篙伍尺
一所坐落婦韓處伍擔
一所坐落翁王處
小十八阮珠賣田貳所共陸擔
一所坐落建爲處
皆
皇朝福泰五年歲次丁亥蓮月　佛浴　日立

編號：02896　出自《拓片總集》第三冊

釋文

【寧福禪寺三寶祭祀田碑】[1]

重興寧福禪寺三寶祭祀田碑記[2]

夫德者，得也。惟明德至善，必在乎至人之之耳，故曰德土財用，宜得是歟！茲比丘尼妙慧善善，誕質/　　　　皇宗，深培善種，白玉無瑕，理事不礙，黃金百煉，真俗融通，慈心孝順，悲智護生，真得不偏不倚之宗俗，全致/敬致孝之旨，作人天眼目，爲　佛法棟梁也。今緣俗諦置買田各所，付本社永爲　三寶祭祀福田，上奉/　　　　諸佛元旦朔望，以尊佛道，次奠　嚴親諱誕臘辰，以誠孝思，并及乳養父母、善男子等，忌日例節，刻銘于後[3]。/

圓寂大優婆塞强郡公黎貴公，字榮進，謚永定府君，誕生戊子年五月初五日良時，/諱日己卯年七月廿四日卯時。**乳養父阮公，字忠信。**忌日十月/初一日。/**乳養母杜氏，號淑節，**忌日十二/月初四日。**善男子何公四，號北軒，謚南遊先生。**忌日九月/十五日。/

計開[4]

雁塔社老饒[5]三項民項阮文分、阮丕珍、阮有原、同有道、武子儀、阮公名、武子貢等，賣田各所共陸篙[6]：/

一各所同坐落園朝處，東近大路，西近寺，/南北同近三寶[7]田。/**婦人阮氏弄賣田壹所；/**

一所坐落園桐處壹篙。東近阮氏尼，西近阮時彌田，/南近尚操田，北近武仁榮田。/

亞旅社另項阮仁智賣田叁所；/

一所坐落同梞處貳篙，東近阮氏分田，西近王祉田，/南北同近文同村人田。/**一所坐落同㘨處貳篙；**東近仝兄田，西近阮氏香田，/南北同近文同村人田。/

一所坐落同㘨處肆篙，東近文同社人田，西南/北同近文同社人田。/

---

① 此爲拓片編號 02896 原額題。

② 此爲原碑題，今依内容及性質重定篇題爲“雁塔社黎榮進等四人祭忌碑記”。

③ “後”，碑文原作“后”，因係繁簡字，故逕改。

④ “計開”，碑文此二字原在“乳養母杜氏”一行之上，今依内文移至此。

⑤ “老饒”，越南指五十歲以上的老農民。

⑥ “篙”，又作“高”“蒿”，越南的計量單位“分”，越南畝的十分之一，按越南北部地畝制，一分相當三百六十平方米；中部地畝制，則相當四百平方米。

⑦ “寶”，碑文原作“宝”，因係繁簡字，故逕改。

另項阮用賣田貳所；/

一所坐落同罰處柒篙叁寸，東西北同近文同村/人田，南近范文富田。/一所坐落塘昂處貳篙伍尺；東南同近福康社人田，/西近效兼，北近茹雪。/

另項黎德明、王文貞等賣田壹所：

一所坐落婆行處貳篙伍尺。東近阮文智田，西近阮文科，/南近阮文登田，北近小路。/

亭祖社永福村老饒黃任賣田壹所：

一所坐落塘𡋂處伍擔。東近阮有禮田，西近黃進朝田，/南近黃世顯田，北近本社人田。/

茶林社饒男范維登賣田貳所共陸擔：

一所坐落翁王處；東近路，西近阮迪慎田，/南近阮德賢，北近范弘寅田。/

一所坐落塔茶處。東近范維能田，西近鴈塔社人田，/南近阮公衡田，北近路。/

小十八阮珠賣田貳所共陸擔：/

一所坐落核移預處；東近阮氏和田，西近范弘任田，/南近阮德賢田，北近路。/

一所坐落建屈處；東近阮茂成田，西近阮氏和田，/南近阮茂得田，北近阮仁和田。/

係遞年七月二十四日炊陸盤①，每盤二十五升，菓一盤。/

時/

黎朝福泰五年歲次丁亥②蓮月　　佛浴　　日立

題後

本碑記爲明行在在弟子比丘尼妙慧善善買田作爲寧福寺三寶田的碑記，三寶田除了上奉諸佛之外，亦爲其父强郡公黎柱、乳養父阮忠信、乳養母杜氏淑節及善男子何北軒設立寄忌。根據篇號一二五《萬福寺普光塔碑記》及一八二《雁塔社長公主比丘尼妙慧塔記》及《大越史記全書》的記載，妙慧即鄭主清王鄭梉外孫女黎氏玉緣。黎氏玉緣是後黎神宗皇后鄭氏玉竹與前夫强郡公所生的女兒，《大越史記全書·本紀》卷十八後黎神宗德隆二年（1630）記載：“五月，帝納王女鄭氏玉椕，立爲皇后。先是，玉椕已嫁皇宗伯强郡公黎柱爲夫人，生四子。

① “盤”，碑文原作“盘”，因係繁簡字，故逕改。

② “黎朝福泰五年歲次丁亥”，“福泰”爲後黎真宗黎維祐年號，五年爲公元1647年，當清順治四年，歲次丁亥。

時黎柱坐繫獄，王以玉桁上嫁，帝納之。”或許因爲複雜的關係，史書對於强郡公的記載僅衹如此，由本碑記，可以知道强郡公字榮進，誕生於後黎世宗十一年（1588），死亡於後黎神宗陽和五年（1639），享年五十二歲，若以史書記載鄭氏玉竹上嫁的時間來看，黎柱罹罪之後，經過九年才死亡。而妙慧善善在經歷父親罹罪、母親改嫁、幼女夭折的經歷後，經鄭梉的應允出家，成爲明行在在的弟子，也成爲明行在在與圓炆拙拙的主要供養者，當圓炆拙拙圓寂時，距其父去世經過了九個年頭，藉着建立報嚴塔並重修寧福寺的機會，妙慧爲其父設立寄忌，同時也爲其乳母及乳母夫共設寄忌，展現出妙慧善善的顧念之情。唯“善男子何北軒”不知究竟爲誰，與妙慧善善有何關係。

一八六　寧福寺明行在在禪師祀田碑記

引言

碑立於北寧省順城府亭祖總筆塔社寧福寺，寺内左廡内一碑。碑刻雙面，本篇所録碑前，拓片編號02897，碑文共十七行字，滿行三十四字，有方界格。碑額刻“寧福禪寺三寶祭祀田碑”十字，碑題“勑建尊德塔券石”七字，今依内文要義重定篇題爲“寧福寺明行在在禪師祀田碑記”。四邊有紋飾，碑額刻有兩層，内層爲雙龍昭日，外層以蓮花藤與祥鳥紋與左右兩側相連。年代署作德元（Đức Nguyên）元年（1674），德元爲後黎嘉宗（Lê Gia Tông）黎維禬（Lê Duy Cối）年號，同年爲清康熙十三年，歲次甲寅。拓片現藏於漢喃研究院。

此文前文重複《寧福寺尊德塔記》（編號一八〇）之内容，後則記明行在在禪師弟子妙慧買田予以雁塔社各甲，以作明行在在禪師祭祀之資，文末記有田地面積與方位。

寧福禪寺三寶祭祀田碑
勑建尊德塔券石
勑贈　成等正覺大德禪師化身菩薩法名　明行號在在人天導師俗本何姓係籍大明
國江西省建昌府以　大越德隆五年癸酉至國都從師普覺行教以　福泰二年甲
申授衣鉢主化行善戒嚴道高德重能法度人石點點頭作福隨緣道開呪口梵宮廣
建變南國以西天瑞相莊嚴鑄金容而滿月貴賤同宗教主豚魚悉格中孚禪師住世
紀臘六十有四圓寂於　永壽二年己亥季春二十五日　勑弟子比丘比丘尼沙弥
沙彌優婆塞優婆夷寺建寶塔安藏舍利庚子年十一月望永鎮寧福萬億斯年別具
心印實録碑誌茲有弟子比丘尼妙慧號善善建立石碑始買田在本社及本總各項
田共貳畝留與鴈塔社各甲巨小等為香火忌臘奉祀
二祖師流傳萬代所有買田各處開在于后
計
二祖八定三月二十五日係遞年例忌齋盘十面粟盘二面明年元旦三日例供米粿二十斗
黎朝德元元年歲次甲寅仲冬穀日旹

編號：02897　出自《拓片總集》第三冊

釋文

【寧福禪寺三寶祭祀田碑】[①]

敕建尊德塔券石[②]

敕贈　成等正覺[③]大德禪師化身菩薩，法名明行，號在在[④]人天導師，俗本何姓，係籍大明/國江西省建昌府，以　大越德隆五年癸酉[⑤]至國都，從師普覺行教，以　福泰二年甲/申[⑥]授衣鉢主化[⑦]，行苦戒嚴，道高德重，說[⑧]法度人，石默點頭；作福隨緣，蓮開呪口。梵宮[⑨]廣/建，變南國以西天[⑩]，瑞相莊嚴，鑄金容而満月，貴賤同宗，教主豚魚，悉格《中孚》[⑪]，禪師住世/

---

① 此爲拓片編號 02897 原額題，今依内容及性質重定篇題爲“寧福寺明行在在禪師祀田碑記”。

② 此爲原碑題。

③ “正覺”，爲梵語“三菩提”之意譯，又作正解、等覺、等正覺、正等正覺、正等覺、正盡覺。謂證悟一切諸法之真正覺智，即如來之實智，故成佛又稱“成正覺”。

④ “法名明行，號在在”，即明行禪師（1595-1659），俗姓何，法名明行，法號在在，江西建昌（今江西省撫州市）人。於 1644 年在其師拙拙圓寂後嗣承拙拙衣鉢，住持寧福寺十五年，於 1659 年圓寂。

⑤ “德隆五年癸酉”，“德隆”爲後黎神宗黎維祺年號，五年爲公元 1633 年，當明崇禎六年，歲次癸酉。

⑥ “福泰二年甲申”，“福泰”爲後黎真宗黎維祐年號，二年爲公元 1644 年，明崇禎十七年、清順治元年，歲次甲申。

⑦ “主化”，禪法盛時，有主化者必有分化者，大迦葉、東土六祖、五家宗派爲主化者，維摩詰、龐道玄、張無盡、宋景濂等人爲分化者。見（明）朱時恩《居士分燈録》。

⑧ “說”，碑文原作私諱字“䇾”，參考一八〇《寧福寺尊德塔記》改。

⑨ “梵宮”，原指梵天之宫殿，引申爲佛寺之通稱。

⑩ “西天”，指印度，因印度在中國的西方。故《佛祖統記》卷五十三云：“西天求法，東土譯經。”

⑪ “《中孚》”，見《周易・中孚》孔穎達正義：“中孚，卦名也，信發於中，謂之中孚。”

紀臘[①]六十有四，圓寂[②]於　永壽二年己亥[③]季春二十五日，　勑弟子比丘[④]、比丘尼[⑤]、沙彌[⑥]、/沙彌尼[⑦]、優婆塞[⑧]、優婆夷[⑨]等建寶塔，安藏舍利[⑩]。庚子年十一月望，永鎮寧福，萬億斯年，别具/心印，實録碑誌，兹有弟子比丘尼妙慧，號善善，建立石碑，始買田在本社及本總各項/田共貳畝，留與鴈塔社各甲巨小等，爲香火忌臘[⑪]奉祀。/

二祖師流傳萬代，所有買田各處開在于後[⑫]。/

計/

一三寶社阮氏驗斷[⑬]賣田貳高在頭廊處。東近路，兑近阮受安，/南近茹同，北近𢀨儒。/

一大澤社福林村阮氏榮親男杜玉差斷賣田陸高在埬高處。東近本社，西近阮公庭，/南近埬高，北近黎氏□。/

---

① “臘”，又作戒臘、法臘，爲比丘、比丘尼受具足戒後之年數。《釋氏要覽》卷下：“今釋氏，自四月十六日，前安居入制，至七月十五日，爲受臘之日，若俗歲除日也。至十六日，是五分法身生養之日，名新歲也，自夏九旬，統名法歲矣。”

② “圓寂”，舊譯滅度、入滅。音譯般涅盤。又作歸寂、入寂、示寂。謂圓滿諸德，寂滅諸惡。後世轉而稱僧徒之死。“寂”，碑文原作“宗”，因另兼正字，故逕改。

③ “永壽二年己亥”，“永壽”爲黎神宗黎維祺年號，二年爲公元1659年，當清順治十六年。

④ “比丘”，梵語音譯，又作苾芻、苾蒭、煏芻、備芻、比呼。意譯乞士、乞士男、除士、薰士、破煩惱、除饉、怖魔。乃五衆之一，七衆之一。指出家得度、受具足戒之男子。

⑤ “比丘尼”，梵語音譯，又作苾蒭尼、苾芻尼、煏芻尼、備芻尼、比呼尼。又稱沙門尼、尼。意譯乞士女、除女、薰女。指出家得度受具足戒之女子。

⑥ “沙彌”，梵語音譯，全稱室羅摩拏洛迦、室羅末尼羅，又作室羅那拏，意譯求寂、法公、息惡、息慈、勤策、勞之少者。即止惡行慈、覓求圓寂之意，指佛教僧團（即僧伽）中，已受十戒，未受具足戒，年齡在七歲以上、未滿二十歲之出家男子。“彌”，碑文原作“弥”，因係繁簡字，故逕改。

⑦ “沙彌尼”，梵語音譯，全稱室羅摩拏理迦，意譯勤策女、息慈女。五衆之一，七衆之一。指初出家受持十戒而未受具足戒之女子，“尼”，碑文原闕此字，據卷一百八十《寧德尊德塔記》補。

⑧ “優婆塞”，梵語音譯，又作烏波索迦、優波娑迦、伊蒲塞。意譯爲近事、近事男、近善男、信士、信男、清信士。即在家親近奉事三寶、受持五戒之男居士。《翻譯名義集》卷十三：“優婆塞、優婆夷。肇曰：義名信士男信士女。净名疏云：此云清净士、清净女，亦云善宿男、善宿女，雖在居家，持五戒，男女不同宿，故云善宿。”

⑨ “優婆夷”，梵語音譯，又作優婆私訶、優婆斯、優波賜迦。意譯爲清信女、近善女、近事女、近宿女、信女。《翻譯名義集》卷十三：“優婆塞、優婆夷。肇曰：義名信士男信士女。净名疏云：此云清净士、清净女，亦云善宿男、善宿女，雖在居家，持五戒，男女不同宿，故云善宿。”

⑩ “舍利”，又作實利、設利羅、室利羅，意譯體、身、身骨、遺身，通常指佛陀之遺骨，而稱佛骨、佛舍利，其後亦指高僧死後焚燒所遺之骨頭。《金光明經》卷四：“舍利者是戒定慧之所熏修，甚難可得最上福田。”

⑪ “忌臘”，見《玉笑零音》：“人之初生，以七日爲臘；人之初死，以七日爲忌。”

⑫ “後”，碑文原作“后”，因係繁簡字，故逕改。

⑬ “斷”，碑文原作“断”，因係繁簡字，故逕改。本篇下同不另注。

一別府縣三寶[1]社胡春鮮斷賣田貳高半在唐麻處。東近官田，西近莫馬狀，/南近芳蘭社官田，北近路。/

一三寶社阮氏面斷賣田在亞旅社共壹畝爲陸所。

一所在墓好處，東近王女征，西近申用才，/南近申用才，北近陳文儒。/

一所在垠處，東近唐□，西近范仁義，/南近武玉二，北近吴行展。/

一所在卞處，東近福康社田，西近申用才，/南近申用進，北近范仁義。/

一所在卞處，東近阮立，西近范仁義，/南近杜文祥，北近亞旅社田。/

一所在婁處，東西南近福康社田，/北近范仁義。/

一所在婁處。東近范仁義，西近阮氏香，/南近亞旅社田，北近陳文貴。/

二祖入定三月二十五日，係遞年例忌齋盤[2]十面，果盤二面，明年元旦三日例供米粽二十斗。/

黎朝德元元年歲次甲寅[3]仲冬穀日時/

題後

本碑與本書篇號一八〇《寧福寺尊德塔記》同爲明行在在圓寂後皇太后鄭氏玉竹等供養弟子爲其修建尊德塔的碑記，唯本碑立於德元元年（1674），晚於立於永壽三年（1660）的《寧福寺尊德塔記》十四年。本碑記於碑末詳録弟子所買之祀田，《寧福寺尊德塔記》則無。

① “寶”，碑文原作“宝”，因係繁簡字，故逕改。

② “盤”，碑文原作“盘”，因係繁簡字，故逕改。

③ “黎朝德元元年歲次甲寅”，“德元”爲後黎嘉宗黎維禬年號，元年爲公元1674年，當清康熙十三年，歲次甲寅。

一八七　金蘭社鄭延杲等四人後神記

引言

石案立於海陽省平江府錦江縣金關總金關社祠宇内。石刻有三面，拓片編號 02937/02935/02936。拓片編號 02937 爲碑前，共三十九行字，滿行二十六字，額刻“後神石案記”；拓片編號 02935 爲碑左，共二十七行字，滿行四十字，有方界格；拓片編號 02936 爲碑右，共六行字，滿行約三十三字。今依内文與性質重定篇題爲“金蘭社鄭延杲等四人後神記”。三面均有紋飾，拓片編號 02937 面左右兩邊飾有龍紋、祥鳥與花紋；拓片編號 02935 面額刻有日紋，左右兩邊爲花紋與回紋；拓片編號 02936 面額刻有雙鳳昭月，左右兩邊刻有捲草花紋。碑文撰者山南道監察御史張阮絛，書者壽昌縣提吏吴澤，刊者阮勝才。拓片編號 02935 面年代署作永佑（Vĩnh Hựu）四年（1738），永佑爲後黎懿宗（Lê Ý Tông）黎維祳（Lê Duy Thận）年號，同年爲清乾隆三年，歲次戊午；拓片編號 02936 面年代署作永佑五年（1739），同年爲清乾隆四年，歲次己未。拓片現藏於漢喃研究院。

此文叙述金蘭社以鄭廷杲有恩於地方，故尊鄭廷杲、及其父母、妻子爲後神之事，文末録有祭祀禮儀相關規定。

編號：02937　出自《拓片總集》第三冊（下同）

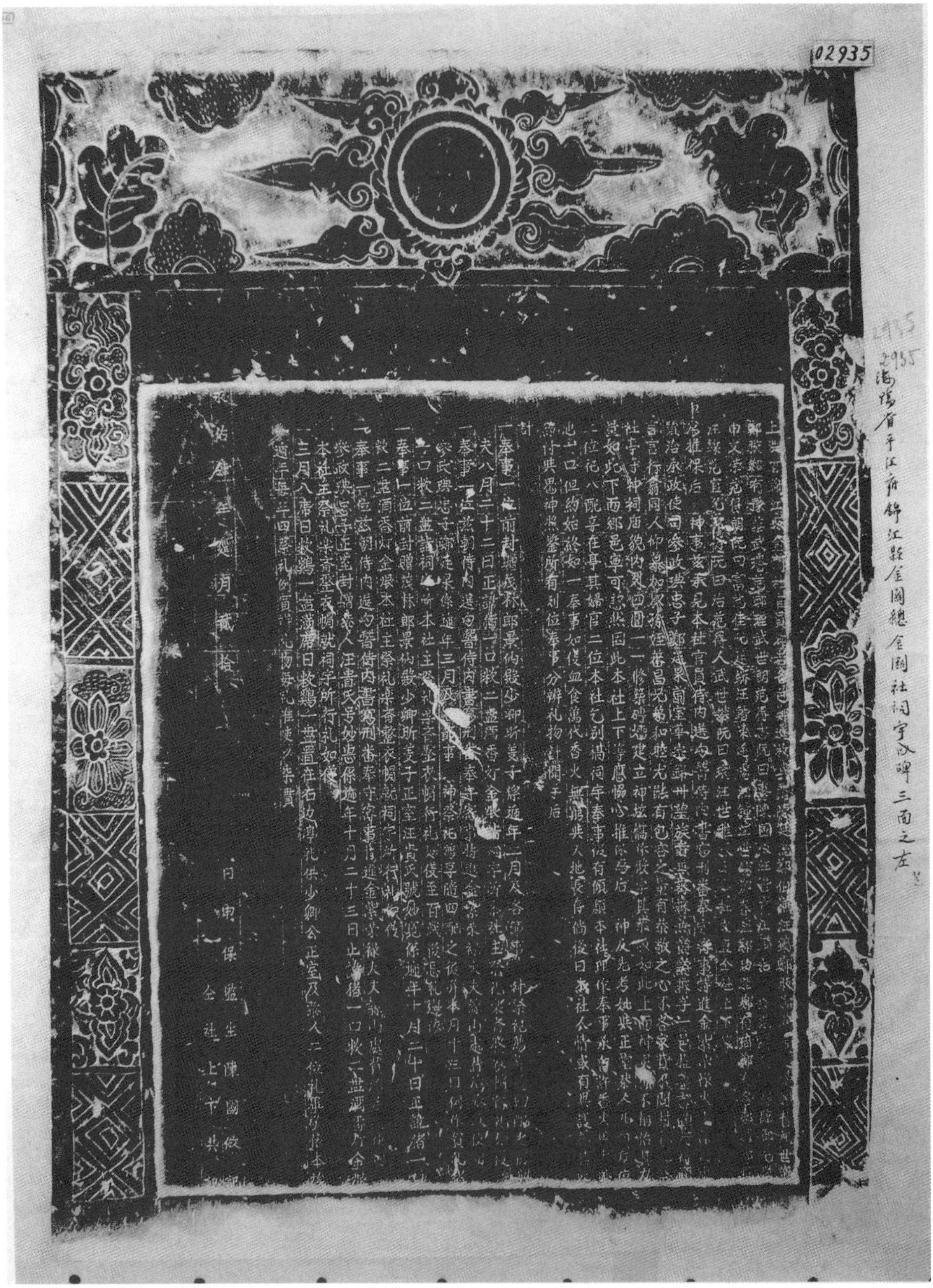

02935
2935
海陽省平江府錦江縣金關總金關社祠宇碑 三面之左

編號：02935

02936
皇朝永佑萬ㄑ年之五仲秋節穀白

編號：02936

釋文

後神石案記[①]

嘗謂有功德於人者，人必追思而祀之，古禮然也。睠惟/　　　　　當朝侍内選勾稽侍内書寫刑番、特進、金紫榮禄大夫、諒山等處贊治、/承政使司參政、映忠子鄭貴侯錦雲，金蘭人也。

侯丰姿穎秀，器宇/軒昂，芳齡頗事於儒流，長歲愈閑於吏道。楷法遒勁，得顏筋柳骨[②]/之長；筭學精明，出隸數[③]桑籌之右。粤奉侍於潛邸，便密結於隆知，/夙夜在公，案牘關掌，奉考中則，自首合而内選，累受副該合、該合，/再奉准刑番勾稽，奉覃澤則自丞判而同府，歷任殿少卿、寺卿，兹/奉陞諒山參政，朝班列四階之貴，子爵居五等之榮。/　　　　侯之際會顯達，既拔出輩項矣，加以少卿之職，贈於考妣；恭人之蔭，/及於亡妻。其顯親而揚名，爲何如哉？然不以一生富貴爲自足，尤/以萬禩聲名爲可慕，乃能念懷桑梓[④]，澤沛枌榆[⑤]，不吝家貲，力於爲/善，增脩佛寺，新[⑥]震旦[⑦]之樓臺，重構神祠，壯東天之輪奐，閶闔[⑧]豁三/關之户，磚瓦堅四壁之墻，架虹橋而脱人于泥，甃玉井而濟人之/渴，迹其施功於一時，興便於一邑，其心德顧可量歟！本社上下等，/私相語曰："吾邑文物之鄉，古來卿相不爲少矣。其惠澤溥博如吾/侯者，未之聞也。吾曹其可土木爲心，而不思所以報之乎！"於是衆/口一辭，同來

---

① 此爲拓片編號 02937 額題，今依内容及性質重定篇題爲"金蘭社鄭延杲等四人後神記"。

② "顏筋柳骨"，又作"顏精柳骨"，謂書法有顏真卿、柳公權之筆力。范仲淹《范文正公集·祭石學士文》："曼卿之筆，顏精柳骨，散落人間，寶爲神物。"

③ "隸數"，見《正統道藏·洞真部·玉訣類·元始無量度人上品妙經内義·暑三》："數者，始於一炁，道生一，太極生兩儀是也。既隸乎數，必有其終，此其所以難逃生死也。天人壽數，可得而推者，是隸數也，故不免有輪迴墜墮。"

④ "桑梓"，謂父母之鄉。《詩經·小雅·南山之什·小弁》："維桑與梓，必恭敬止。靡瞻匪父，靡依匪母。不屬于毛，不罹于裏。天之生我，我辰安在。"毛亨傳曰："父之所樹已尚，不敢不恭敬。"

⑤ "枌榆"，原爲漢高祖故鄉的里社名；後借指"帝鄉"，泛指"故鄉"。見《史記》卷二十八《封禪書》："高祖初起，禱豐枌榆社。"裴駰集解引張晏曰："社在豐東北十五里。或曰：枌榆，鄉名，高祖里社也。"

⑥ "新"，碑刻原作越南諱字"𣂰"，故逕改。

⑦ "震旦"，指中國。《梁書》卷五十四《諸夷列傳·海南諸國·盤盤國》："盤盤國，宋文帝元嘉，孝武孝建、大明中，並遣使貢獻。大通元年，其王使使奉表曰：'揚州閻浮提震旦天子：萬善莊嚴，一切恭敬，猶如天净無雲，明耀滿目，天子身心清净，亦復如是。'"

⑧ "閶闔"，見屈原《楚辭·離騷》："吾令帝閽開關兮，倚閶闔而望予。"

懇請，願奉/　　　貴侯爲本社後[1]神，并奉/　　　顯考、封贈茂林郎、景僊殿少卿昕義子；　　　顯妣、汪貴氏，號妙寬，及/　　　前正配、封贈恭人、汪貴氏，號妙惠，並同奉祀，一如事神之例。係遞年/亭中祈福，入席、及祠廟事神各節，貴侯與顯考二座著入祭文，獻/酒三旬三爵；並進其婦官二座，每入席日粎鷄一盤，滿席日粎鷄/一盤，敬設於本亭右邊。禮畢，敬俵本族官，與每年三忌一賀等禮/則，□來於祠宇行禮如儀。千秋之後，賀禮改爲忌禮[2]，始終體[3]例，具/在載書，億萬斯年，遵承不易，庶足以表厚誼之萬一耳。/

貴侯處心甚謙，牢辭弗撰，因而俯從，即以腴田十畝，好池一口，許與/本社，以爲香火之物。本社受賜，歡慶攸同，乃相與立約劑，具儀式，/徵文於余，以誌其實。余亦樂聞善事，因進耆老與之言曰："以德報/德，乃天理之自然，而人心之所同者也。今/　　　貴侯之遭際如是，榮樂如是，而其用心如是，吾邑於此而後神之，且/上及其親，下及其妻，其報德之心至矣，美矣。嗣後當以事父母者/而事之，以敬神明者而敬之，有翼其臨[4]，無射亦保[5]，粢牲酒醴，載潔/載清，鍾皷簫笙，以妥以侑[6]，天荒地老，此約弗渝，石爛海枯，此心不/變。庶乎/　　　貴侯，博施之德，等坱□以長存，而吾邑禮義醇厚之俗，亦與之相爲/無窮矣。千載之下，鄉人或生異議，有違此約，天地鬼神，其照鑒之。"/衆以爲然，百口一諾，於是乎勒之蒼碣，以壽其傳云。/

時/[7]

上洪府[8]錦江縣金蘭社官員、鄉老，各色，鄭暹、枚武□、陳廷僥、鄭伯謙、汪鎬、鄭皈、鄭肸、阮廷繙、鄭哲、汪世□、/鄭曔、鄭有豫、黎武璿、范鄭瑾、武世朗、范得志、阮曰壽、陳國儆、汪世實、汪鎰、范壽珪、范得靖、范得臨、鄭元豐、/申文榮、范得朗、阮曰富、

---

① "後"，碑文原作"后"，因係繁簡字，故逕改。本篇下同不另注。

② "禮"，碑文原作"礼"，因係繁簡字，故逕改。本篇下同不另注。

③ "體"，碑文原作"体"，因係繁簡字，故逕改。

④ "有翼其臨"，見《朱子文集·正集》卷十三《易五贊·警學》："讀易之法，先正其心，肅容端席，有翼其臨，於卦於爻，如筮斯得，假彼象辭，爲我儀則。"《朱子語類·問遺書》："'有翼其臨'；翼，敬也。"

⑤ "無射亦保"，見《詩經·大雅·文王之什·思齊》："雝雝在宫，肅肅在廟。不顯亦臨，無射亦保。肆戎疾不殄，烈假不遐。"箋云："臨，視也。保，猶居也。文王之在辟廱也，有賢才之質而不明者，亦得觀於礼；於六藝無射才者，亦得居於位。言養善，使之積小致高大。"

⑥ "以妥以侑"，見《詩經·小雅·谷風之什·楚茨》："我黍與與，我稷翼翼。我倉既盈，我庾維億。以爲酒食，以享以祀。以妥以侑，以介景福。"毛亨傳："妥，安坐也；侑，勸也。"

⑦ 以上爲拓片編號 02937 内容。

⑧ "上洪府"，《歷朝憲章類·輿地志·海陽》記載："上洪府三縣：唐豪縣，六十一社，今八十社村。唐安縣，五十九社。錦江縣，舊八十八社，今八十五社村坊。上洪府在海陽西南，古號洪州，後始分爲上下。三縣俱居上畔，邇連京北，洪江一帶自江北發源。東注蜿蜒七七間。"

范佳、阮廷繼、汪鍇、陳廷儒、汪鍾、汪世儒、鄭春暄、鄭功瞵、鄭有琦、鄭有名、鄭□、鄭□、/汪鑠、范宜允、鄭仍、阮曰治、范得人、武世攀、阮曰璃、汪世雅、張文辛、杜文豆，仝社上下等，/　　　　申爲推保後　神事。

兹承見本社官員、侍内選勾稽侍内書寫刑番、奉守密事、特進、金紫榮禄大夫、諒山處/贊治、承政使司參政、瑰忠子鄭廷杲，蘭室華宗，錦州望族。爵兼齒，齒兼爵，爵齒孚，一邑推尊；言顧行，行顧/言，言行翕，同人仰慕。加以孫姪蕃昌，兄弟和睦，尤能有包容之量，有恭敬之心，不吝家貲，不問村邑，凡本/社亭、寺、神祠，廟①貌内外四圍，一一修築磚墻，建立神壇②，構作殿宇，其恭敬如此，上而神靈③，靡不相佑，其力/量如此，下而鄉邑，寧可恝然？因此本社上下等，應協心推保爲後　神，及先考妣與正室恭人凡四後位、/二位祀、八配享在亭，其婦官二位，本社乞别構祠宇奉事，後有傾頹，本社理作奉事，承留許香火田十畝，/池一口，但約始終如一，奉事如儀，血食萬代，香火無窮，與天地長存。倘後日本社人情或有異議，忘其此/約，付與鬼神照鑒，所有列位奉事分辨禮物，計開于後。/

計/

一奉事一位，前封贈茂林郎、景仙殿少卿、昕義子，係遞年二月及各節事　神祭祀薦享，随四配之後，與/夫八月二十二日正諱，豬一口，�二盤，酒、香、燈④、金、銀詣祠宇所，本社主祭禮樂，齊整衣帽，行禮如儀。/

一奉事一位，兹朝侍内選勾稽侍内書寫刑番、奉守密事、特進金紫榮禄大夫、諒山處贊治、承政使司、/參政、瑰忠子鄭廷杲，係遞年三月及各節事　神祭祀、薦享，随四配之後，并本月十三日例作賀禮，豬/一口，粿二盤，詣祠宇所，本社主祭禮樂，齊整衣帽，行禮如儀。至百歲後忌禮遵依。/

一奉事一位，前封贈茂林郎、景仙殿少卿，昕義子正室汪貴氏，號妙寛，係遞年十月二十日正諱，豬一口，/粿二盤⑤，酒、香、燈、金、銀，本社主祭禮樂，齊整衣帽，就祠宇所，行禮如儀。/

一奉事一位，兹朝侍内選勾稽侍内書寫刑番、奉守密事、特進金紫榮禄大夫、諒山處贊治、承政使司、/參政、瑰忠子正室，封贈恭人汪貴氏，號妙惠，係遞年十月二十三日正諱，

① “廟”，碑文原作“庙”，因係繁簡字，故逕改。
② “壇”，碑文原作“坛”，因另兼正字，故逕改。
③ “靈”，碑文原作“灵”，因係繁簡字，故逕改。
④ “燈”，碑文原作“灯”，因係繁簡字，故逕改。本篇下同不另注。
⑤ “盤”，碑文原作“盘”，因係繁簡字，故逕改。本篇下同不另注。

豬一口，�二盤，酒、香、燈、金、銀，/本社主祭禮樂，齊整衣帽，就祠宇所，行禮如儀。/

一三月入席日，粿鷄一盤；滿席日，粿鷄一盤；置在右邊亭，禮供少卿公正室及恭人二位，禮畢，敬俵本族。/

一遞年每年四祭，禮例買辦禮物，每禮准使錢柒貫。/

永佑肆年玖[1]月貳拾日申保

監生陳國倣記/

仝社上下共記/[2]

計/

一田拾畝在各處所依如付田簿，并池壹口在梂棵處，留許本社奉事。/

一祠宇色木瓦磚貳連，每連叁間，并土壹高在午幫處，後日或有毁漏，本社修理奉事。/

皇朝永佑萬萬年之五[3]仲秋節穀日

賜癸丑科第三甲同進士、知侍内書寫刑番、謹事郎、山南道監察御史、京慈東春張甫[4]撰/

壽昌縣提[5]吏、京順嘉春吴澤寫/

石□荆門府水棠縣嘉德社阮勝才刻/[6]

題後

按，金闕社寺内尚有一後黎裕宗永盛二年（1706）刊刻之《天臺石柱》，共四面，拓片編號爲 02931 至 02934。内容爲安南國海陽道上洪府錦江縣金蘭社八陽寺敬天天臺石柱。

---

① “玖”，碑文原作越南避諱字“㺚”，故逕改。

② 以上爲拓片編號 02935 内容。

③ “皇朝永佑萬萬年之五”，“永佑” 爲後黎懿宗黎維祳年號，五年爲公元 1739 年，當清乾隆四年，歲次己未。

④ “張甫”，或爲張阮條。癸丑科應即黎純宗龍德二年（1733）癸丑科，據《鼎鍥大越歷朝登科録》記載是科取進士十八名，第三甲同進士出身者十五名，僅一人張姓，爲第十一名張阮條：“張阮條，東岸春耕人，屋嘉林韓樂，士望，四仲，四十九中，應制第二。被罷復用。仕至提刑。”

⑤ “提”，碑刻原作越南避諱字“𨁪”，故逕改。

⑥ 以上爲拓片編號 02936 内容。

一八八　東華鄭氏家譜碑記

引言

碑立於北寧省慈山府東岸縣會阜總名林社太堂東村亭，爲亭外右邊一碑。碑刻四面，拓片編號 02990/02989/02988/02987。拓片編號 02990 爲碑前，共十六行字，滿行三十二字，碑額刻“東華鄭進士”五字，碑題“鄭進士家譜碑記”七字；拓片編號 02989 爲碑左，共十六行字，滿行三十二字，碑額刻“家譜碑記”四字；拓片編號 02988 爲碑後，共二十行字，滿行約四十字，碑額及碑題皆刻“世次實叙”四字；拓片編號 02987 爲碑右，共十三行字，滿行約三十五字，碑額及碑題皆刻“繼述續誌”四字。今依拓片編號 02990/02889 面之額題重定篇題爲“東華鄭氏家譜碑記”。四面紋飾相同，碑額均刻經幡紋，左右兩側飾有花草與祥鳥紋，碑底則爲蓮座。碑文撰者清華等處贊治承政使司參政潘自彊，書者該合侍内書寫、管堅二隊奉守安場、楊合等府寺丞鄧禎，刊者锐石局局副黎廷相。拓片編號 02988/02989/02990 三面年代署作正和（Chính Hòa）十七年（1696），正和爲後黎熙宗（Lê Hy Tông）黎維祫（Lê Duy Cáp）年號，同年爲清康熙三十五年，歲次丙子；拓片編號 02987 面則爲景興（Cảnh Hưng）七年（1746），景興爲後黎顯宗（Lê Hiển Tông）黎維祧（Lê Duy Diêu）年號，同年爲清乾隆十一年，歲次丙寅。拓片現藏於漢喃研究院。

此文記録鄭德潤家族自七世祖以降，家族成員之名號與官歷與婚配，文中對鄭德潤官歷、婚姻等有詳實記録，亦録有鄭德潤七世祖至其父母之忌日、墓葬位置等信息。鄭德潤去世後，另有諸子爲其補録的“繼述續誌”，以補前所未録之官歷及葬處。

02990

東華鄭進士

鄭進士家譜碑記
大凡有天地而後有人物有祖宗而後有吾身生而恭揚膴仕以有累世餘慶所
此世系不可不明也竊茲奉差清華處參鎮官兼知安場府左捷奇翰林院侍講
姓鄭名德潤京北東岸華林人厥初　七世祖考字福心妣號慈懿　六世祖考
字福敏妣號慈安以逮于　高祖考字福良妣號慈意種善以啓後人　曾祖考
字福登妣號慈好行仁以培大業　祖考字福祐重學道爵鄉望酒禮　聖廟趨
九浩濟生民娶　妣號慈宣睦親崇道宗族賑濟以恩學生德侍不吝生下一男
四女女是公之諸姑男是公之　顯考也顯考字福康廿六初領鄉解春試累中
參場歷任奉天訓導天本令尹海陽左廣刑部員外在職[illegible]季擢任海陽憲[illegible]以
正自持不避權倖頌因蔓斐見議樂天安命自然娶　妣號慈明乃今外祖考
兵部郎中文岸子杜貴公字福登妣謝氏號慈和之令愛也稚有慈德法度閫家
生得公之同胞者五人　前長兄字袁雍鄉試中格場會試中參場士望任洛和
縣令上考陞國威太守子方育生產業贏富　第二姊名氏珍嫁榆林社前生徒
阮公生有男女婚婿俱賢家門增慶　前第三姊號端靖嫁力耕社鳳職知縣
名留在公造命以癸巳年十一月初二日壬申時生少承家訓勤於學習十八秋
圍優一舉大比詩賦文子楷名卅一春闈中參場士望考閣兄弟同榜卅四入侍

2990

北寧省慈山府會阜總名林社太堂東村亭外之右邊一碑四面之前

編號：02990　出自《拓片總集》第三冊（下同）

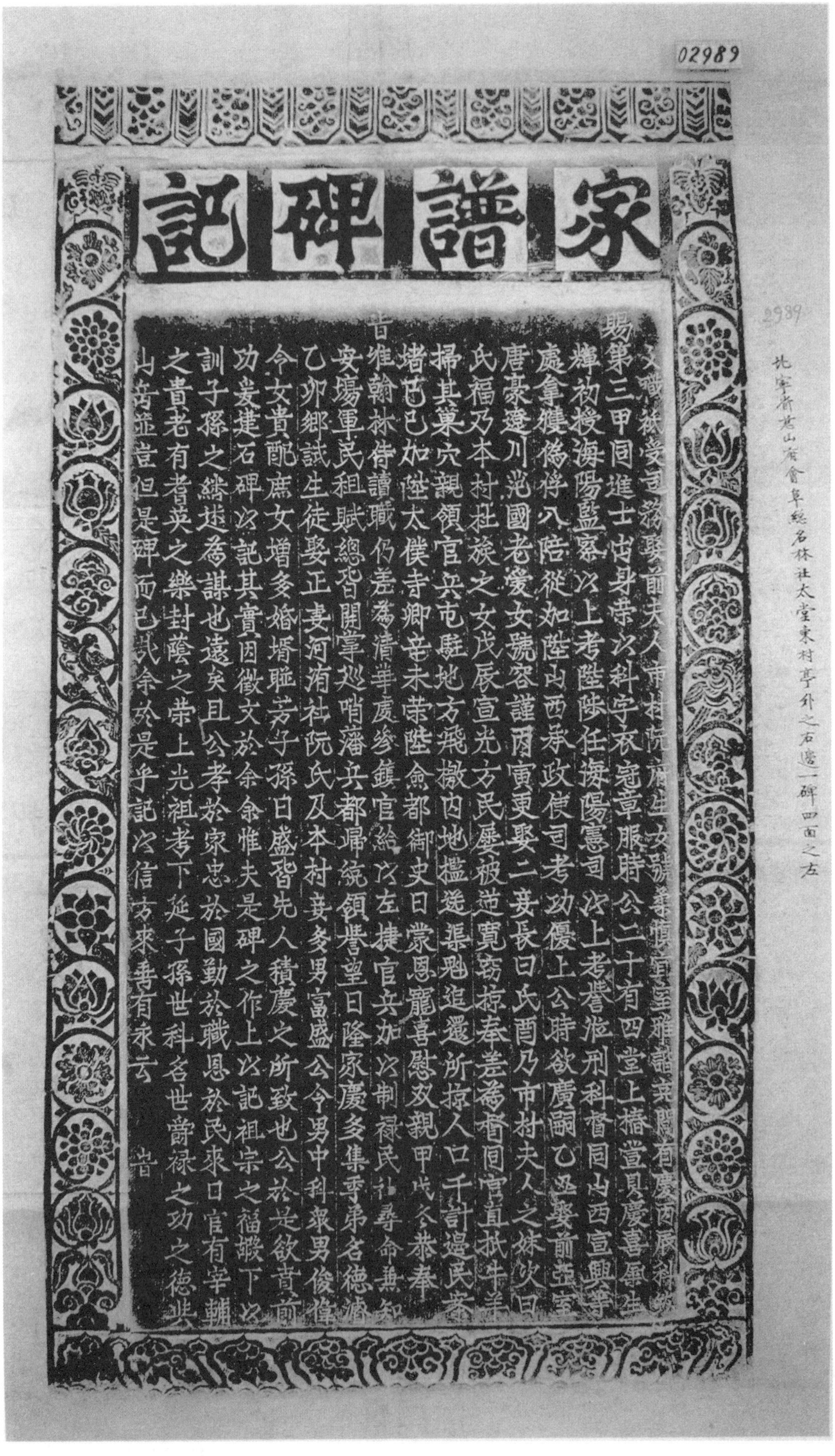

02989

2989

北寧省慈山府會阜總名林社太堂東村亭外之右邊一碑四面之左

家譜碑記

文職衿受司務娶前夫人市村阮府生女號善慎宜室雅端莫閑有慶酉辰科欽
賜第三甲同進士出身帝以科字衣冠章服時公二十有四堂上椿萱具慶喜學生
輝初授海陽監察以上考陞陸任海陽憲司以上考譽治刑科督同山西宣興學
處拿獲偽将八陪從如陞山西承政使司考功優上公時欲廣嗣乙丑娶前壺宮
唐豪遼川𣴓國老愛女號容謹丙寅更娶二妾長曰氏酉乃市村夫人之妹次曰
氏福乃本村莊族之女戊辰宣光方民屢被逆寬寇掠奉差為督同官直抵牛羊
掃其巢穴親領官兵屯駐地方飛檄内地擒逆渠魁追還所掠人口千計邊民老
堵芭已加陞太僕寺卿爵未榮陞僉都御史日蒙恩寵喜慰及親甲戌冬恭奉
旨准翰林侍讀職仍差為清華處參鎮官給以左捷官兵加以制禄民社壽命無知
安塲軍民租賦總督開掌巡哨藩兵都帰統領譽望日隆家慶多集季弟名德濟
乙卯鄉試生徒娶正妻河滀社阮氏及本村妾多男富盛公今男中科衆男俊偉
令女貴配庶女增多婚壻聯芳子孫日盛皆先人積慶之所致也公於是欲責前
功爰建石碑以記其實因徵文於余余惟夫是碑之作上以記祖宗之福蔭下以
訓子孫之緒垂為謀也遠矣且公孝於家忠於國勤於職恩於民來日官有宰輔
之貴老有耆英之樂封蔭之崇上光祖考下延子孫世科名世爵禄之功之德斯
山斋並豈但是碑而已哉余於是乎記以信方來壽有永云 皆

編號：02989

02988
世次譜敘
2988
北寧府茲山府會阜總太堂東村亭外之右邊一碑四面之後

編號：02988

02987
繼述續誌
繼述續誌
先考賜丙辰科進士光進慎祿大夫陪從禮部右侍郎書林男贈特進金紫榮祿大夫戶部
左侍郎書林子鄭相公字貞達賜謚俊穎府君自筮仕以來諸所履歷在鎮時鐫于石
至丁亥年回京奉侍以考課上第陞工部右侍郎庚寅年奉推恩陞禮部右侍郎加男爵
八陞各是年奉封贈顯祖考朝列大夫參政顯祖妣人顯妣慎人十十一月十
七日戊時壽終于正寢時年六十有一奉贈戶部左侍郎子爵加賜美謚奉敎部祭
等錢差官諭祭傳裳總內民丁迎接行禮是年權塟本邑地分洳森處甲子年三月二十
八日申時寧塟于育秀社丕村同晃處卯竜八首分金丁卯丁酉其所生下十一男而
秋圍登仕版者居其十六行文而配朝貴官者三適中寫官者二內以本支蕃昌盛大皆
先考裕慶之所由來也玄子孫等想慕功德因續誌以永其傳使世世雲仍勉紹箕裘懋加
冊艧以繼其芳躅云
音
皇朝景興萬七年之七歲在丙寅季秋下浣之吉
洋手誌
2987
北寧省茗山府會阜總名村社太堂東村亭外之右邊一碑四面之右

編號：02987

釋文

【東華鄭進士】[①]

鄭進士家譜碑記[②]

大凡有天地而後有人物，有祖宗而後有吾身，生而榮揚，膴仕[③]以有累世，餘慶所及，/此世系不可不明也。睠兹奉差清華處參鎮官、兼知安場府左捷奇、翰林院侍讀/姓鄭，名德潤[④]，京北東岸華林人。厥初　七世祖考，字福心；妣號慈緣。　六世祖考，/字福敏；妣號慈安。以逮于　高祖考，字福良；妣號慈意。種善以啓後人。　曾祖考/字福登，妣號慈好，行仁以培大業。　祖考字福祐，重學通醫，朔望洒掃　聖廟，丹/丸活濟生民，娶　妣號慈萱，睦親崇道，宗族賑濟以恩，學生遇待不吝，生下一男/四女，女是公之諸姑，男是公之　顯考也。

顯考字福康，廿六初領鄉解，春試累中/叁場，歷任奉天訓導、天本令尹、海陽左廉、刑部員外，在職無私，陞任海陽憲副，以/正自持，不避權倖，頃因萋斐[⑤]見議，樂天安命自然。娶　妣號慈明，乃公　外祖考/兵部郎中、文岸子、杜貴公字福登，妣謝氏，號慈和之令愛也；雅有懿德，法度閑家，/生得公之同胞者五人。　前長兄字敦雅，鄉試中肆場，會試中叁場，士望、任洽和/縣令，上考陞國威太守，子女育生，産業贏富。　第二姊名氏瑳，嫁榆林社前生徒/阮公，生有男女，婚壻俱賢，家門增慶。　前第三姊號瑞靖，嫁力耕社鳳眼知縣，香/名留在。公造命[⑥]以癸巳年[⑦]十一月初二日壬申時生，少承家訓，勤於學習，十八、秋/闈優一舉，

---

① 此爲拓片編號 02990 之額題。

② 此爲拓片編號 02990 之碑題，今依此與額題重定篇題爲“東華鄭氏家譜碑記”。

③ “膴仕”，見《詩經·小雅·節南山之什·節南山》：“弗躬弗親，庶民弗信。弗問弗仕，勿罔君子。式夷式已，無小人殆。瑣瑣姻亞，則無膴仕。”孔安國傳：“膴，厚也。”鄭玄箋：“壻之父曰姻，瑣瑣昏姻，妻黨之小人無厚任用之，置之大位重其禄也。”

④ “德潤”，即鄭德潤，黎熙宗永治元年（1676）丙辰科第三甲同進士出身。《鼎鍥大越歷朝登科録》：“鄭德潤，東岸華林人，士望，二十四中。仕至禮部右侍郎，男爵，贈户部左侍郎，子爵。澍之父。”

⑤ “萋斐”，謂受饞言之傷害。《詩經·小雅·節南山之什·巷伯》：“萋兮斐兮，成是貝錦。彼譖人者，亦已大甚。”毛亨傳：“興也。萋斐，文章相錯也；貝錦，錦文也。”鄭玄箋：“興者，喻讒人集作已過以成於罪，猶女工之集采色以成錦文。”

⑥ “造命”，主宰命運或創造命運。《新唐書》卷一百三十九《李泌傳》：“夫命者，已然之言。主相造命，不當言命。言命，則不復賞善罰惡矣。桀曰：‘我生不有命自天?’武王數紂曰：‘謂己有天命。’君而言命，則桀、紂矣。”

⑦ “癸巳年”，即後黎神宗黎維祺盛德元年，當清順治十年（1653）。

大比詩賦，父子聯名；廿一、春圍中叅場，士望考閲，兄弟同榜；廿二、入侍/[1]文職，衹受司務，娶前夫人市村阮府生女號柔慎，宜室雅諧，充閭有慶[2]；丙辰[3]科欽/賜第三甲同進士出身，榮以科字，衣冠章服，時公二十有四，堂上椿萱具慶，喜氣生/輝。初授海陽監察，以上考陞陟任海陽憲司，以上考譽涖刑科、督同山西宣興等/處，拿獲僞俘，入陪從，加陞山西承政使司，考功優上。公時欲廣嗣，乙丑[4]娶前亞室/唐豪遼川范國老愛女，號容謹；丙寅[5]更娶二妾，長曰氏酉，乃市村夫人之妹；次曰/氏福，乃本村杜族之女。戊辰[6]、宣光方民屢被逆寬竊掠，奉差爲督同官[7]，直抵牛羊[8]，/掃其巢穴，親領官兵屯駐地方，飛檄内地，檻送渠魁，追還所掠人口千計，邊民案/堵。己巳[9]，加陞太僕寺卿，辛未[10]，榮陞僉都御史，日蒙恩寵，喜慰雙親。甲戌[11]冬、恭奉/　　　　旨，准翰林侍讀職，仍差爲清華處參鎮官，給以左捷官兵，加以制禄民社，尋命兼知/安場，軍民租賦，總皆開掌，巡哨藩兵，都歸統領，譽望日隆，家慶多集。

季弟名德濬，/乙卯鄉試生徒，娶正妻河洧社阮氏，及本村妾，多男富盛。公令男中科，衆男俊偉；/令女貴配，庶女增多。婚壻聯芳，子孫日盛，皆先人積慶之所致也。公於是欲賁前/功，爰建石碑，以記其實，因徵文於余，余惟夫是碑之作，上以記祖宗之福蝦，下以/訓子孫之繼[12]述，爲謀也遠矣。且公孝於家，忠於國，勤於職，恩於民，來日官有宰輔/之貴，老有耆英之樂，封蔭之榮，上光祖考，下延子孫，世科名，世爵禄，之功之德，與/山岳並，豈但

---

① 以上爲拓片編號 02990 内容。

② “充閭有慶”，能使門第光大的喜慶事。《晋書》卷四十《賈充傳》：“賈充，字公閭，平陽襄陵人也。父逵，魏豫州刺史、陽里亭侯。逵晚始生充，言後當有充閭之慶，故以爲名字焉。”

③ “丙辰”，即後黎熙宗黎維祫永治元年，當清康熙十五年（1676）。

④ “乙丑”，即後黎熙宗正和六年，當清康熙二十四年（1685）。

⑤ “丙寅”，即後黎熙宗正和七年，當清康熙二十五年（1686）。

⑥ “戊辰”，即後黎熙宗正和九年，當清康熙二十七年（1688）。

⑦ “奉差爲督同官”，見《大越史記全書續編》卷一黎熙宗正和九年（1688）：“夏……時，清雲南開化府官侵佔渭水、保樂、水尾三州諸崗置巡司索商税。命海陽鎮守鄭楦往鎮宣興，鄭德潤、陳璹爲督同，移書申辯。又曉諭諸崗民回復，土官竟不肯退還。”

⑧ “牛羊”，即“牛羊崗”，事見《大越史記全書續編》卷一黎熙宗正和十年（1689）：“夏六月，清人執逆寬（武公俊）歸于我。先是，王命阮公朝結好蒙自縣李世屏，使人言於雲霄，令開化、廣南、臨安三府清查邊地。開化累送人口，有百二十餘人，遂約通溪屯將農文剛會境上，執逆寬來歸，其黨皆散，牛羊崗三村民奔淰求附，蝴蝶崗酋儂得爵亦遣人奉表龜順，命鎮官爲書慰諭之，撤三岐屯兵還京。”

⑨ “己巳”，即後黎熙宗正和十年，當清康熙二十八年（1689）。

⑩ “辛未”，即後黎熙宗正和十二年，當清康熙三十年（1691）。《大越史記全書續編》卷一黎熙宗正和十二年：“（二月）以鄭德潤爲僉都御史。”

⑪ “甲戌”，即黎熙宗正和十五年，當清康熙三十三年（1694）。

⑫ “繼”，碑刻原作“継”，因另兼正字，故逕改。

是碑而已哉！余於是乎記，以信方來，垂有永云。

時/[①]

【世次實敘】[②]

七世祖考字福心，妣號慈緣，合葬在本村田菩提處，有墓誌在。/

六世祖考字福敏，忌八月二十五日；妣號慈安，忌二月二十五日。合葬在梅軒社麻鶵處，有墓誌在。/

顯高祖考字福良，忌十二月二十三日；妣號慈意，忌三月初八日。合葬本田湲渡處，亥龍丙向，有墓誌在。/

顯曾祖考忠士、扶禮伯，諱兒，字福登，謚和毅府君，生命辛酉，壽七十六，丙子年五月十四日子時壽終，葬/在榆林安常地分麻胥處，丙龍入首，巳山亥向，有墓誌在。/

顯曾祖妣劉[③]氏諱駉，號慈好，生命癸亥，壽八十七，己丑年五月初四日子時壽終，葬在同投社田域檜處，/丙龍入右耳，未山丑向，有墓誌在。/

顯祖考鄉老、老饒、兼知府士諱參，字福祐，謚玄德府君，生命丁亥，壽六十五，辛卯年二月十四日未時壽/終，葬在僊會社麻廟處本買田，庚龍入右耳，酉山卯向，有墓誌在。/

顯祖妣阮氏諱羅，號慈萱，生命壬辰，壽六十六，丁酉年十二月十九日午時壽終，葬在本村田泑坦處，亥/龍壬山丙向，有墓誌在。/

顯考原前憲副諱，又致治，字福康，謚嚴直府君，生命庚申年八月十一日辰時，壽七十三，壬申年八月/初五日子時壽終，葬在同投地分域檜處本買田，丁龍入首，未山丑向，有墓誌在。乙丑年改葬在黎舍村/麻□處，癸龍坐卯向酉、/

顯妣杜氏諱衍，號慈明，生命乙卯年十月二十四日寅時，壽七十七，辛未年六月十五日辰時壽終，葬在/本社地分堰滁處，中腹巽龍入首，巳山亥向，有墓誌在。這堰一高十尺，已斷[④]買本社爲私。/

皇朝正和萬萬年之十七歲在丙子[⑤]孟冬穀日/

---

① 以上爲拓片編號 02989 內容。

② 此爲拓片編號 02988 之額題。

③ “劉”，碑文原作“刘”，因係繁簡字，故逕改。

④ “斷”，碑文原作“断”，因係繁簡字，故逕改。

⑤ “皇朝正和萬萬年之十七歲在丙子”，清康熙三十五年（1696），歲次丙子。

庚戌科第三甲同進士出身、朝列大夫、清華等處贊治、承政使司參政、安朗網羅潘甫[1]撰/
壬辰科[2]書筭優分第二名、該合侍内書寫、管堅二隊奉守安場、
楊舍等府寺丞、茂林男、河弘月圓鄧禎書/
紹東安鋭石局局副、仁美伯、黎廷相刊/[3]

【繼述續誌】[4]

先考賜丙辰科進士、光進慎禄大夫、陪從、禮部右侍郎、書林男，贈特進、金紫榮禄大夫、户部/左侍郎、書林子鄭相公，字貞達，賜謚俊穎府君。自筮仕以來，諸所履歷，在鎮時既鐫于石。/至丁亥年[5]、回京奉侍，以考課上第陞工部右侍郎，庚寅年[6]、奉推惠陞禮部右侍郎、加男爵、/入陪從，是年奉封贈○顯祖考、朝列大夫、參政職；顯祖妣令人，顯妣慎人。癸巳年[7]十一月十/七日戌時壽終于正寢，時年六十有一，奉贈户部左侍郎、子爵，加賜美謚，奉放賜卹祭品/等錢，差官諭祭，傳發總内民丁，迎接行禮，是年權葬本邑地分泑森處。甲子年[8]三月二十/八日申時，寧葬于育秀社丕村同冕處，卯竜入首，分金丁卯丁酉。其所生下十一男，而撤/秋圍，登仕版者，居其十，六行女而配朝貴官者三，適中場官者二。内外本支蕃昌盛大，皆/先考裕慶之所由來也。兹子孫等、想慕功德，因續誌以永其傳，使世世雲仍[9]，勉紹箕裘[10]，懋加/丹雘[11]，以繼其芳躅云。/

時/

---

[1] “潘”，即潘自彊。黎玄宗景治八年（1670）庚戌科第三甲同進士出身，《鼎鍥大越歷朝登科録》所載爲“潘自彊，安朗網羅人，三十五中。仕至僉都御史”。

[2] “壬辰科”，應爲後黎神宗黎維祺慶德四年，當清順治九年（1652）。

[3] 以上爲拓片編號 02988 内容。

[4] 此爲拓片編號 02987 之碑題。

[5] “丁亥年”，後黎裕宗黎維禟永盛三年，當清康熙四十六年（1707）。

[6] “庚寅年”，後黎裕宗永盛六年，當康熙四十九年（1710）。

[7] “癸巳年”，後黎裕宗永盛九年，當康熙五十二年（1713）。

[8] “甲子年”後黎顯宗黎維祧景興五年，當清乾隆九年（1744）。

[9] “雲仍”，遠孫如浮雲之遠。

[10] “箕裘”，指濡染之下，子承父業。《學記・禮記》：“良冶之子，必學爲裘；良弓之子，必學爲箕；始駕者反之，車在馬前。君子察於此三者，可以有志於學矣。”

[11] “丹雘”，“丹”是紅色，或塗染顔色；“雘”，《説文》：“雘，善丹也。”“丹雘”，即以上好的紅色塗飾器物，《尚書・梓材》：“若作梓材，既勤樸斲，惟其塗丹雘。”後又以“丹雘”引申作爲皇恩，《文選》顔延年《和謝監靈運》：“伊昔遘多幸，秉筆侍兩閨。雖慙丹雘施，未謂玄素睽。”李善注：“丹雘，喻君恩也。”

皇朝景興萬萬年之七歲在丙寅[①]季秋下浣之吉

諸子□、□、洋、澍、瀾/

嫡孫滂仝族等

拜手誌/[②]

題後

本碑爲北寧省京北府（今越南北寧省慈山市）東岸縣華林鄭德潤家族譜記，鄭德潤爲後黎熙宗永治元年丙辰科（1676）第三甲同進士出身第三名進士，後黎裕宗永盛九年（康熙五十二年，1713）卒，享年六十一歲，仕至禮部右侍郎，加男爵，入陪從，亦即擔任宰相的職任，然而史書中對於鄭德潤的生平歷事，記載簡略，本碑對於鄭德潤之生平有相當詳細的記載，對於他的家族世系也相當完備，充分展現碑誌在歷史研究上的重要。

① “皇朝景興萬萬年之七歲在丙寅”，“景興” 爲黎顯宗之年號，七年爲公元 1746 年，當清乾隆十一年，歲次丙寅。

② 以上爲拓片編號 02987 内容。乃鄭德潤諸子爲其所作之補述。

一八九　洪武社杜氏慈恩後神碑記

引言

碑立於太平省興仁縣効武總武楊社武村亭，爲亭所石邊一碑。碑刻四面，拓片編號 03024/03021/03022/03023。拓片編號 03024 爲碑前，共二十行，滿行約三十四字，碑題“碑文”二字；拓片編號 03021 爲碑右，共七行，滿行約二十四字；拓片編號 03022 爲碑後，共四行，滿行約二十三字，碑額刻“後神碑”三字；拓片編號 03023 爲碑左，共五行，滿行約二十八字。今依碑文内容與性質重新定篇題爲“洪武社杜氏慈恩後神碑記”。拓片編號 03022/03023 兩面刻有紋飾，拓片編號 03022 面碑額刻有兩層，上層爲經幡紋、下層爲與額題兩側刻有龍紋，左右兩邊亦刻有兩層紋飾，外層刻有花草紋、内層刻有祥鶴踏龜，鶴嘴銜蓮，其上又有祥鳥，碑底刻有蓮座；拓片編號 03023 面碑額刻兩層，上層爲經幡紋、下層爲龍紋，左右兩邊爲花草紋。年代署作正和（Chính Hòa）二十五年（1704），正和爲後黎熙宗（Lê Hy Tông）黎維祫（Lê Duy Cáp）年號，同年爲清康熙四十三年，歲次甲申。拓片現藏於漢喃研究院。

碑文記載杜氏慈恩曾出私財幫助洪武社武舍村建亭。村民敬重之，尊其爲後神，並爲念杜氏之恩，故立碑以傳永久。拓片編號 03023 面之牌位尚有其夫十里候謝福舍之名。

03024

3024

太平省秦仁縣動武總武楊社武村亭所在也四邑前攬

碑文

嘗聞國有鐵券所以騰録昔勞臣有石碑所以表揚功德進國家之正理亘古今之長風
行豈苟云蓋有以也恩昔杜令氏號慈恩慈進瑞之呈當壽年而茍妆容婉娩性閒端
莊精五饭寡洒濇縫衣裳得孟氏之遺教全四德服勤儉侶孝欽恍再締之良
人在市之宴妻能權然其輕重擬諸排屋列肆華鋭鈞各造往迎來不躬获使俗士
之高不及已迥觀人有異常天作之合内自文江縣奉公往詠龍詩之宜家人杭
御天縣武㐫村當奇易之在中饋必敬必戒以從順為道無非無儀惟酒食是將夙
夜在公寒暄掛慮討十年而積木條起高門進一簣以成山釀成富乃財產愈滋衆
人淺緣善酌於方滸視履考祥克闍有慶閨庭開毓郁叶二夢之熊蛇男女踐履
生平而行之章尾萬事定矣一念同之富以其鄉義義淳之給旨財分謂恵佬傳
笔之法言適癸行年呼庚遍敷於時乎公布鈔錢尚民恣所為不問其出入神無依所
發敬心於甫乎私責巨材召匠計其繩苟完其輪奐此人此德可慕可宗仍置係為後神
題名于紙尾生來則親如慈母嫗嫗承顏逝去則敬若靈神洋洋在上而旬不改千古之心
以在此無悉在彼無斁斯之謂也是宜德之得壽毛齒三更繹享七十餘歲鮐背斑文是
德必有與伯叔子貴沐九五洪恩竜箋出邑陰功陽報斷之不誣作善降祥昭昭問
省陳迹逮與思依尚其播之詩歌後之贊頌可以滙白叟黃童一句称快襄尚録諸功德
諸石碑足以流孝子慈孫萬代如見髮茲叢迹諸子前因廟貌崢嶸等嶽山之不老雲仍龜鑑同
妻之無疆口之則起敬目之則見親遠之則有望近之則不厭是碑也豈佩搓云尔是碑也冥
重乎哉鎮物摸星發靜鎮渾渾若在雖長秄延鍾漏堅剛鑿依存歷歷不刊種種可録文
題諡積詞十七韻重甲于在碑後來永監云

其銘

編號：03024　出自《拓片總集》第四冊（下同）

03021
太平省樂仁縣武防總武楊社武村亭祈右邊一碑當之右攬
京北名區 良面勝地 順安華州 先輿正策 文祉儒林 御天才子
奉公秀鍾 武舍精萃 滴北資名 晉泰得意 南鄉之流 北社之氏
自嗣之緒 不遠千里 配自同年 翻成甲第 瑞慶衍流 德澤浙淌
資已肥人 公財分惠 浸灌愈深 惓懷曷已 里閈尊如 親疎重寄
付遺編錄 特耀一時 爰勒石碑 傳諸百世 而後而今 在此在他
國脉永存 家聲不墜 盛德無斁 高山仰止
正和貳拾五年五月初穀日
延河縣富農社監生范名松
沛澤社觀吏阮擇

編號：03021

03022
後神碑
父男光進祿大夫與祥男永常縣縣丞謝有田
顯考前十里候兼總正知本村企後神謝貴公字福
顯妣後神贈顯壽杜貴氏號慈恩儒人
孝子進功庶郎光策縣縣丞謝公芳奉祀
太平省洪仁縣劝武總武揚社武村亭所右边一碑面之後

編號：03022

03023
南道先興府御天縣興武社武舍村高珖熙謝公
公仁范得壽謝公權謝公聧謝公碧全村寄界承本村婦人杜氏號
財不靳陰德久流仍置保為後神生迎尊敬今古馨香但念紙
誠往行前功爰尚石碑丕載功德俾後之人追思永監徵在碑
式明功德豈徒為華袞溢美正以騰碑演法言云
太平省興仁縣劝武總武楊社武村亭所一碑四面之左

編號：03023

釋文

碑文[①]

嘗聞國有鐵券[②]，所以謄録賢勞；民有石碑，所以表揚功德。通國家之正理，亘古今之長風。/吁！豈苟云，蓋有以也。思昔杜□氏號慈恩，應虺瑞之呈[③]，當奄年而茵，姿容婉嫕，性賢端/莊。精五飯，冪酒醬，縫衣裳，得孟氏之遺教[④]；全四德，服勤儉，佩孝敬，恍周婦之良心。/豈在市之婆娑，能權然其輕重，擬諸排廛列肆，華彩鈞名，送往迎來，不躬擐便，俗子/之萬不及已。邇觀人有其常，天作之合。出自文江縣奉公社，詠葩《詩》之宜家人[⑤]；伉與/御天縣武舍村，當奇《易》之在中饋[⑥]。必敬必戒，以從順爲道；無非無儀，惟酒食是將。夙/夜在公，寒暄掛慮。計十年而種木，倏起高門；進一簣以成山，釀成富户。財産愈滋於狠/戾，淺深善酌於方游[⑦]，視履考祥[⑧]，充閭有慶[⑨]，閨庭開馥郁，叶二夢之熊蛇；男女蹶厥/生，□□

---

① 此爲拓片編號03024之碑題，今依内容及性質重定篇題爲“洪武社杜氏慈恩後神碑記”。

② “鐵券”，古代帝王用丹書寫鐵板上賜給功臣世代享受優遇或免罪的憑證。荀悦《前漢紀・高祖四》：“（十二年）天下既定，命蕭何定律令，韓信申軍法，張蒼定章程，叔孫通制禮儀，陸賈進新語，又與功臣剖符作誓，丹書鐵券，藏之宗廟。”

③ “虺瑞之呈”，見《詩經・小雅・鴻鴈之什・斯干》：“下莞上簟，乃安斯寢。乃寢乃興，乃占我夢。吉夢維何？維熊維羆，維虺維蛇。大人占之：維熊維羆，男子之祥；維虺維蛇，女子之祥。”

④ “孟氏之遺教”，見（漢）劉向《列女傳・鄒孟軻母》引孟母曰：“夫婦人之禮，精五飯，冪酒漿，養舅姑，縫衣裳而已矣。”《儀禮・少牢饋食禮・尸又食》注：或言食，或言飯。食，大名，小數曰飯。《疏》食大名者，以其論語文多言食，故云食大名也。小數曰飯者，此少牢特言三飯五飯九飯之等，據一口謂之一飯，五口謂之五飯等，據小數而言，故云小數曰飯。

⑤ “宜家人”，見《詩經・國風・周南・桃夭》：“桃之夭夭，其葉蓁蓁，之子于歸，宜其家人。”毛亨傳曰：“一家之人盡以爲宜。”

⑥ “中饋”，見《周易注疏・周易兼義・下經咸傳・家人》：“六二。无攸遂，在中饋，貞吉。”王弼注：“居内處中，履得其位，以陰應陽，盡婦人之正義，无所必遂，職乎中饋，巽順而已，是以貞吉也。”

⑦ “方游”，謂僧人爲修行問道而周遊四方。（宋）范仲淹《上執政書》：“如已受度，而父母在，别無子孫，勿許方遊。”

⑧ “視履考祥”，見《周易注疏・周易兼義・上經需傳・履》：“上九。視履考祥，其旋元吉。”王弼注：“禍福之祥，生乎所履，處履之極，履道成矣。故可視履而考祥也。”

⑨ “充閭有慶”，見《晉書・賈充列傳》：“賈充字公閭，平陽襄陵人也。父逵，魏豫州刺史、陽里亭侯。逵晚始生充，言後當有充閭之慶，故以爲名字焉。”

行之璋瓦[①]。萬事足矣，一念同之；富以其鄰，契[交]辭之。私旨財分，謂惠□傳/筆之法言；適癸行年，呼庚[②]遽歎於時乎？公布鈔錢與民恣所爲，不問其出入，神無依所，/鬱敬心於時乎，私賣巨材，召匠計其繩，苟完其輪奐[③]，此人此德，可慕可宗，仍置保爲後神，/聯名于紙尾。生來則親如慈母，嫗嫗[④]承顔；逝去則敬若靈神，洋洋[⑤]在上。四時不改，千古一心，即/以在此無惡，在彼無斁，斯之謂也。是宜德必得壽，毛齒三更，新[⑥]享七十餘歲，鮐背[⑦]斑文；是宜/德必有興。伯叔二子，貴沐九五洪恩，竜箋出色。陰功陽報，斷斷不誣；作善降祥，昭昭罔爽。瞭/看陳跡，遥興思懷，與其播之詩歌，侈之贊頌，可以愜白叟黄童，一時稱快，孰與録諸功德，銘/諸石碑？足以流孝子慈孫，萬代如見，爰兹發迹，諸了前因。廟貌崢嶸，等嶽山之不老；雲仍[⑧]龜鑒，同亭/毒[⑨]之無疆。口之則起敬，目之則見親，遠之則有望，近之則不厭。是碑也，豈佻輕云爾，是碑也，寔崇/重乎哉。雖物換星移，靜鎮渾渾若在，雖鼎遷鍾漏，堅剛鑒依存，歷歷不刊，種種可録，又述/碑銘贊詞十七韻，重申于左，俾後來永監云。

其銘：[⑩] /

京北名區，山南勝地。順安華州，先興正氣。

文江儒林，御天才子。/奉公秀鍾，武舍精萃。

南北儕名，晉秦得意。南謝之流，北杜之氏。/

---

① “叶二夢之熊蛇”等三句，見《詩經·小雅·鴻鴈之什·斯干》：“大人占之，維熊維羆，男子之祥；維虺維蛇，女子之祥。乃生男子，載寢之牀，載衣之裳載弄之璋。乃生女子，載寢之地，載衣之裼，載弄之瓦。”鄭玄箋云：“大人占之，謂以聖人占夢之法占之也。熊羆在山，陽之祥也，故爲生男。虺蛇穴處，陰之祥也，故爲生女。”

② “呼庚”，乞糧也，後引身爲借錢。《左傳·哀公十三年》：“吴申叔儀乞糧於公孫有山氏，曰：‘佩玉蘂兮，余無所繫之；旨酒一盛兮，余與褐之父睨之。’對曰：‘粱則無矣，麤則有之。若登首山，以呼曰庚癸乎，則諾。’”杜預注：“軍中不得出糧，故爲私隱。庚西方、主穀，癸北方，主水。”

③ “輪奐”，言建築物高大而華麗。《禮記·檀弓下》：“晉獻文子成室，晉大夫發焉。張老曰：‘美哉輪焉，美哉奐焉。’”鄭玄注曰：“輪，輪囷，言高大；奐言衆多。”

④ “嫗嫗”，有如冬日般和悦的樣子。《文苑英華》載（唐）滕邁《黄人守日賦第二》：“隨冬曦之煦嫗，與夏日之恢照，然後竦輕軀，恣遐步，分明天表，雙美雲路。”

⑤ “洋洋”，美善的意思。《尚書·商書·伊訓》：“嗚呼！嗣王祗厥身念哉！聖謨洋洋，嘉言孔彰。”孔安國傳：“洋洋，美善。”

⑥ “新”，原作越南諱字。

⑦ “鮐背”，借指老人。《爾雅·釋詁》鮐背。邢昺疏：“老人皮膚消瘠，背若鮐魚也。”

⑧ “雲仍”，應爲“雲礽”，遠孫。《爾雅·釋親》：“晜孫之子爲仍孫，仍孫之子爲雲孫。”

⑨ “亭毒”，養育、化育的意思。見老子《道德經》第一章：“無名天地之始，有名萬物之母。”王弼注曰：“凡有皆始於無，故未形無名之時，則爲萬物之始；及其有形有名之時，則長之、育之、亭之、毒之，爲其母也。”高亨《正詁》：“亭當讀爲成，毒當讀爲熟，皆音同通用。”

⑩ 以上爲拓片編號 03024 的内容。

自繫一繩，不遠千里。配自同牢，翻成甲第。

瑞慶衍流，德澤漸漬。/瘠己肥人，公財分惠。

浸灌愈深，惓懷曷已。里閈尊如，親疏重倚。/

倘隨編録，特耀一時。爰勒[①]石碑，傳諸百世。

而後而今，在此在彼。/國脈永存，家聲不墜。

盛德無瑕，高山仰止。/

正和貳拾五年[②]五月初穀日

延河縣富農社監生范評格/

沛澤社親義阮擇[③]/

【後神碑】[④]

次男光進慎禄大夫、興祥男、水棠縣丞謝有田/

顯考前十里侯、兼總正知、本村仝後神謝貴公，字福舍府君/

顯妣後神、躋頤壽杜貴氏，號慈恩儒人/

孝子進功庶郎、光榮縣縣丞謝公芳奉祀[⑤]/

山南道先興府御天縣洪武社武舍村高珗熙、謝公榮、謝公勸、謝公登、謝/公仁、范得壽、謝公權、謝公職、謝公碧全村等，累承本村婦人杜氏，號慈恩，公/財不靳，陰德久流，仍置保爲後神，生逝尊敬，今古馨香。但念紙殘聲漏，難/識往行前功，爰出石碑，丕載功德，俾後之人追思永監，徵在碑文。兹述碑文，/式明功德，豈徒爲華衮溢美，正以騰確實法言云[⑥]。/

① “勒”，碑原誤作“勤”。

② “正和貳拾五年”，正和爲後黎熙宗黎維祫年號，貳拾五年爲公元1704年，當清康熙四十三年，歲次甲申。

③ 以上爲拓片編號03021的内容。

④ “後神碑”，爲拓片編號03022之額題，據題籤此面在四面之後。

⑤ 以上爲拓片編號03022的内容。

⑥ 以上爲拓片編號03023的内容。

題後

據《越南漢喃碑銘拓片目録提要》武楊社武村亭所右邊尚有一後神碑，據拓片題籤爲武村亭内第三碑，拓片編號爲03017至03020，計四面。

一九〇　司禮監總太監後神並慶元生祠碑記

引言

碑立於太平省延河縣耕農總富農社野外。碑刻雙面，拓片編號 03052/03050，拓片編號 03052 爲碑前，共二十三行字，滿行約三十三字，碑題“山南處先興府延河縣富農社上下仝社等奉事慶元祠碑記”；拓片編號 03050 爲碑右，共十三行字，滿行約四十二字。今依内容及性質重定篇題爲“司禮監總太監後神並慶元生祠碑記”。碑文撰者據《越南漢喃碑銘拓片目録提要》補爲東閣大學士鄭惠（字淨心），潤者工部尚書何宗勳。年代署作景興（Cảnh Hưng）十三年（1752），景興爲後黎顯宗（Lê Hiển Tông）黎維祧（Lê Duy Diêu）年號，同年爲清乾隆十七年，歲次壬申。拓片現藏於漢喃研究院。

此碑爲富農社爲司禮監總太監與其正夫人立之後神兼立生祠碑。碑文記載此位司禮監總太監奉侍上位者多年，又有監軍之功，故富農社尊選其與其正夫人二人爲後神，並爲其建生祠奉祀。爲此總太監捐三佰貫錢、五畝田地以及一面鉦、一隻鼓，用於供禮事宜，另亦記有祭文體式。

編號：03052　出自《拓片總集》第四冊（下同）

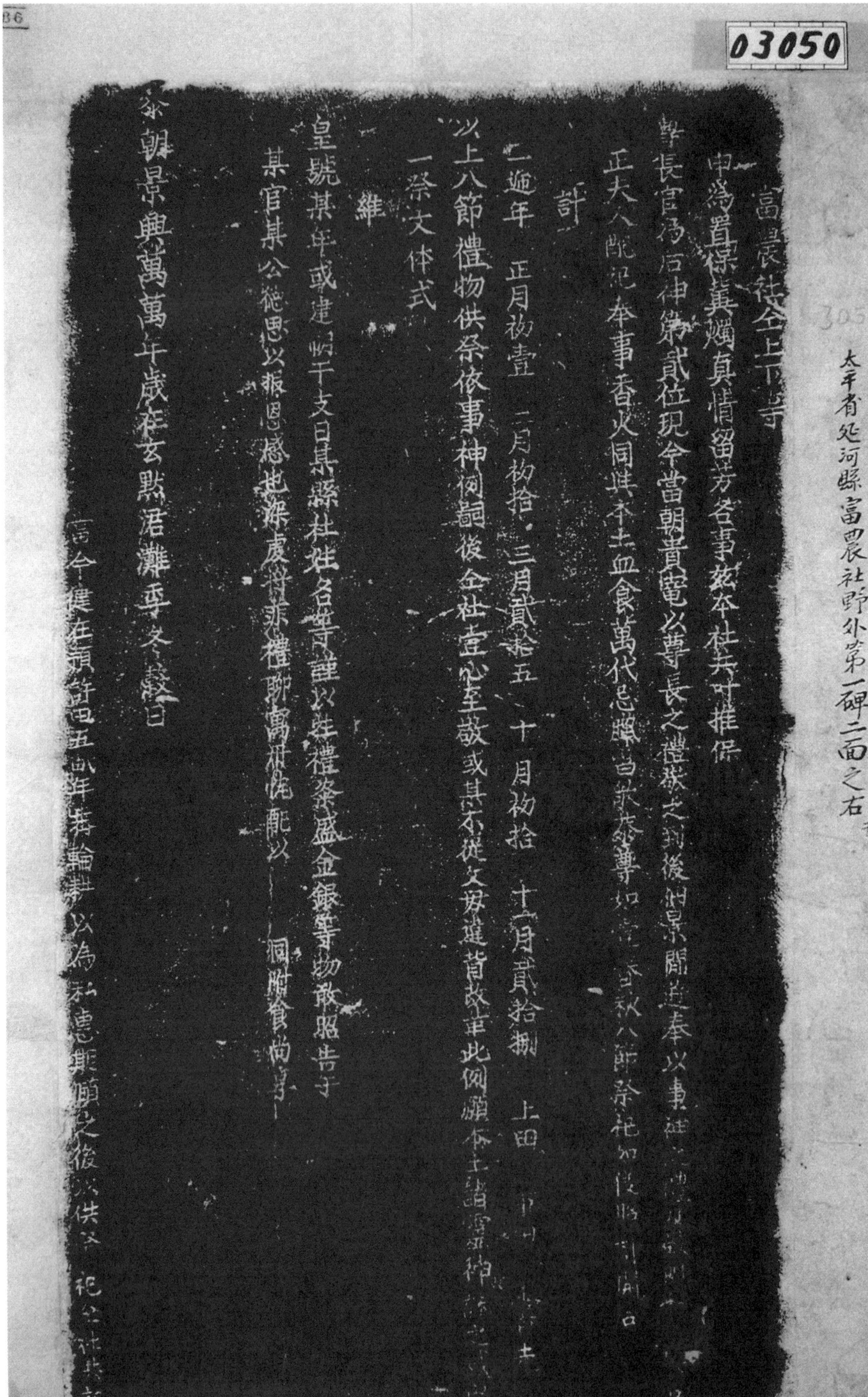

一富農社全上下等
中爲置保冀燭眞情留芳各事茲本社共叶推保
尊長官爲后神第貳位現今當朝貴寵以尊長之禮敬之茲後附景開進奉以事社[illegible]
正夫人配祀一奉事香火同與本土血食萬代忌臘當歲奉事如儀[illegible]春秋八節祭祀如役時[illegible]日
許
一遍年　正月初壹　二月初拾　三月貳拾五　十月初拾　十二月貳拾捌　上田[illegible]
以上八節禮物供祭依事神例嗣後全社壹心至敬或其不從文要違背故率此例願本土諸靈神[illegible]
一祭文体式
維
皇號某年或建朔干支日某縣社姓名等謹以牲禮粢盛金銀等物敢昭告于
某官某公德恩以振恩感世澤處將承禮聊寓[illegible]配以[illegible]洞附食尚享
今朝景興萬萬年歲在玄黓涒灘季冬穀日
富今[illegible]建在額許四五畝年耕輪耕以爲私忌期頭之後以供祭祀全社共記

太平省延河縣富農社野外第一碑二面之右

編號：03050

釋文

山南處先興府延河縣富農社上下仝社等奉事慶元祠碑記[①]

嘗聞有功德於民則祀之，祭法之正義也，可以當此者，其惟吾邑之大人乎？眷惟/

特進、金紫榮禄大夫、侍□宫侍候騎右、并牽馬等隊僉知侍内書寫刑番、侍近侍内監/司禮監總太監、都校點司左校點、□朝侯、封贈都督府都督、柱國上將軍，/　　　　累朝碩望，當世名臣，奉侍多年，周旋壹節，管軍自水、步、象、馬而環盧陞内差，歷吏、/兵、工、禮而陞僉知，夙夜惟寅，忠勤靡怠。推輪[②]取日[③]，匡扶多翊戴之功；扈駕從征，跋□/贊蕩平之績。監軍務而人皆□明，監饋餉而兵不乏糧。治水護民，頓息懷襄[④]於頃/刻；解圍督戰，迄清狂寇於笑談。代天□而慰勞將臣三軍，勵桓熊之勇；受上命而撫/綏邑里萬民，興澤鴈之歌，濯征□□□膚。公勳業炳彪，奕世賞賚，重膺厚貺，帡幪[⑤]疊/荷洪休，圭組聯輝，門廳榮耀，若可以□紳弁，而誇鄉里也。乃/　　　　貴侯之心則不然，爵位愈尊，德澤愈厚，施[⑥]米儲之所積，富以其鄰，不立町畦，不事祿/褟，忻忻[⑦]休休[⑧]，惟以濟人恤物爲心，凡瓜蔓

---

① 此爲拓片編號 03052 的碑題，今依内容及性質重定篇題爲“司禮監總太監後神並慶元生祠碑記”。

② “推輪”，扶着車轂推車前進，古代帝王任命將帥時的隆重禮遇。《關漢卿戲曲集・尉遲恭單鞭奪槊第一折・青哥兒》：“唐元帥捧轂推輪重賢才，那其間敢把你個將軍來待。”

③ “取日”，喻助廢帝復位。吕温《狄梁公立廬陵王傳讚并序》：“代天張機，取日虞淵，洗光咸池，潛授五龍，夾之以飛，臨終指麾，皇業再基。”

④ “懷襄”，即懷山襄陵。《尚書・虞書・堯典》：“帝曰：‘咨四岳，湯湯洪水方割，蕩蕩懷山襄陵，浩浩滔天，下民其咨有能俾乂？’僉曰：‘於鯀哉。’”

⑤ “帡幪”，本指帳幕，後亦引申爲覆蓋、庇蔭與庇護。（漢）揚雄《法言・吾子》：“震風陵雨，然後知夏屋之爲帡幪也。虐政虐世，然後知聖人之爲郛郭也。”李軌注曰：“帡幪，蓋覆。”（宋）吕頤浩《忠穆集・河間帥吴述古遷職再任敵》：“某猥慚疲鈍，獲托帡幪。欣聞成命之傳，彌切懦心之慶。”

⑥ “施”，碑文原作“㐌”，據《字彙》爲“施”之古字。

⑦ “忻忻”，欣喜得意貌。《淮南子・覽冥訓》：“背道德之本，而爭於錐刀之末，斬艾百姓，殫盡太半，而忻忻然常自以爲治，是猶抱薪而救火，鑿竇而出水。”高誘注：“忻忻，猶自喜得意之貌也。”

⑧ “休休”，形容寬容美大貌。《尚書・秦誓》：“昧昧我思之，如有一介臣，斷斷猗無他伎，其心休休焉，其如有容。”孔安國傳曰：“其心休休焉，樂善其如是，則能有所容言，將任之。”何休注《公羊傳・文公十二年》曰：“休休，美大貌。”

之親，枌榆[①]之舊，孰不沐其澤而潤其瀾？于/是仝社上下等，壹心攸同仰慕，永矢弗諼[②]，共叶推保/　　　　尊貴侯爲後[③]神第二位，以正夫人□□□□。自今健在，則兕觥釃酒，介景福以永年；/他日期頤，則清醴嘉殽，表芳名於後世。輿[④]情既協，具以其事詣京敦請，仰蒙/

貴侯鼎諾，更惠使錢[⑤]叁百貫，私田五畝，哀牢鉦壹面，鐵林鼓壹口，以表當時之盛事。於/是諏吉日，建生祠，義址仁基，歷萬年而不朽，完名顯號，垂百載以長存，歲時鼎俎，/芳菲班序，衣冠洋濟，凡諸品式，具在約條，爰勒堅珉，用垂永久，以壽其傳云。/

黎朝景興萬萬年歲在玄黓涒灘[⑥]仲秋穀日

賜甲辰科第壹甲進士及第第貳名、特進、金紫榮禄大夫、

工部/尚書、微川侯、紹天安定金域敬齋何肅夫[⑦]潤/

賜丙辰科第壹甲進士及第第壹名、朝列大夫、東閣大學士/

紹天永福槼山汴上、菊林居士鄭淨心[⑧]撰[⑨]/

富農社仝上下等/　　　　申爲置保，冀燭真情留芳各事。

---

① “枌榆”，原爲漢高祖故鄉的里社名；後借指“帝鄉”，泛指“故鄉”。見《史記·封禪書》：“高祖初起，禱豐枌榆社。”裴駰集解引張晏曰：“社在豐東北十五里。或曰：枌榆，鄉名，高祖里社也。”

② “永矢弗諼”，見《詩經·國風·衛風·考槃》：“考槃在澗，碩人之寬，獨寐寤言，永矢弗諼。”箋云：“寤、覺，永、長，矢、誓，諼、忘也。”

③ “後”，碑文原作“后”，因另兼正字，故逕改，下同不另出注。

④ “輿”，碑文原作“轝”，爲“輿”的累增字。

⑤ “使錢”，見《欽定越史通鑑綱目·正編》“後黎盛宗光順八年”注“使錢、古錢”引黎貴惇《芸臺類語》云：“北人以百文爲一陌。本國以三十六文爲一陌，謂之‘使錢’；六十文爲一陌，謂之‘古錢’。‘使錢’十陌，乃是‘古錢’六陌，準爲‘使錢’一貫。其‘古錢’十陌乃使錢之一貫六陌四十文。使錢別名閒錢，古錢別名貴錢。”

⑥ “玄黓涒灘”，是中國古代以太歲記年的方式，據《爾雅·釋天》，“玄黓涒灘”即壬申，如下表。景興壬申年即景興十三年（1752），當清乾隆十七年。

歲陽

天干	甲	乙	丙	丁	戊	己	庚	辛	壬	癸
爾雅歲名	閼逢	旃蒙	柔兆	強圉	著雍	屠維	上章	重光	玄黓	昭陽

歲陰

地支	子	丑	寅	卯	辰	巳	午	未	申	酉	戌	亥
爾雅歲名	困敦	赤奮若	攝提格	單閼	執徐	大荒落	敦牂	協洽	涒灘	作噩	閹茂	大淵獻

⑦ “何肅夫”，即何宋勳，《鼎鍥大越歷朝登科録》黎裕宗保泰五年（1724）甲辰科第一甲進士及第第二名：“何宋勳，安定金域人，士望，二十八中，三入參從，叶鎮統領致仕，起復仕至兵部尚書、少保、徽郡公。”

⑧ “鄭淨心”，即鄭槵，《鼎鍥大越歷朝登科録》黎懿宗永佑二年（1736）丙辰科第一甲進士及第第一名：“鄭槵，永福槼汴上鄉人，屋廣昌不群，三十三中，仕至尚書，侯爵；被貶承使，贈右侍郎。”

⑨ 以上爲拓片編號 03052 的内容。

兹本社共叶推保/　　　　尊長官爲後神第貳位，現今當朝貴寵，以尊長之禮敬之，到後仙景閒遊，奉以事神之禮。及敬附〇　長官/正夫人配祀奉事香火，同與本土血食萬代，忌臘[1]唱歌。恭尊如壹，春秋八節祭祀如儀，照計開後。/

計/

一遞年正月初壹，二月初拾，三月貳拾五，十一月初拾，十一月貳拾捌，上田，下田，嘗先。/以上八節禮物供祭依事神例。嗣後仝社壹心至敬，或其不從父母，違背改革此例，願本土諸靈神誅之滅之。/

一祭文體式：/

維/　　　　皇號某年或建朔干支日、某縣社姓名等，謹以牲禮粢盛金銀等物，敢昭告于/　　　　某官某公，德思以報，恩感也深，虔將菲禮，聊寓丹忱，配以/　　同附食，尚享。/

黎朝景興萬萬年歲在玄默涒灘季冬穀日/

當今健在，預許田五畝，年繼輪耕，以爲私惠。期頤之後，以供祭祀。仝社共記[2]。/

題後

根據《提要》的記載，富農社共有三方碑記，分別記載爲第一、第二與第三碑，如下：

編號	篇題	年代	位置
03050/03052	司禮監總太監後神並慶元生祠碑記*	後黎顯宗景興十三年（1752）	富農社野外第一碑
03051/03054	御天縣岩廊社福神碑記	後黎顯宗景興十三年（1752）	富農社野外第二碑（03051與03054爲複本）。
03053	延河縣亭午社福神碑記	後黎顯宗景興二十三年（1762）	富農社野外第三碑

注：* 表示此篇收入本書。

根據拓片題籤的記載，三碑揭拓時均屬於太平省延河縣耕農總富農社，然03050碑文記爲

① “忌臘”，見（明）田藝衡《玉笑零音》：“人之初生，以七日爲臘；人之初死，以七日爲忌。一臘而魄成，故七七四十九日而七魄具矣。一忌而一魂散，故七七四十九日而七魂泯矣。”

② 以上爲拓片編號03050的内容。

山南處先興府延河縣富農社，03051 碑文記爲御天縣岩廊社，03053 記爲延河縣亭午社。由此，一可見碑誌對於地方行政區劃改變的紀録；二可見三碑間相互之關係。本碑記較完整地記載慶元生祠建立的經過，乃延河縣富農社司禮監總太監捐資設田，求爲後神，富農社在其生前，先建生祠的記載。本碑記有數點可以注意：其一，總太監除爲自己設爲後神之外，並同時爲其“正夫人”一併設立寄忌；其二，在捐贈的項目中，有哀牢鉦、鐵林鼓，亦較少見；其三，碑記主官職有“僉知侍内書寫刑番”。“番”是鄭主所建立的官職體系，六番相對於皇室朝廷六部，碑記主管水、步、象、馬諸軍，歷吏、兵、工、禮、刑等部，封都督；又碑記撰者爲黎懿宗永佑二年（1736）丙辰科第一甲進士及第第一名鄭樬，潤文者爲黎裕宗保泰五年（1724）甲辰科第一甲進士及第第二名何宋勳，是年進士及第無第一名，因而何宋勳等於是第一名，兩位當年的狀元爲其撰碑記，可見其地位之一般，亦可印證史書所載鄭主寵信宦臣之記載。

拓片編號 03051 爲御天縣岩廊社立福神的記載，與本碑記同時刊刻，並同在慶元祠奉事香火，“某長官”所捐贈的項目有銀子五十兩、田三畝，重要的是，也捐贈了哀牢鉦一面，因此，此碑或許也是總太監某爲自己設立寄忌的碑記。又，編號 03053 爲延河縣亭午社設立福神的記載，刊刻時間爲景興二十三年（1762），較前述兩碑晚十年，内容與 03051 大致相同，唯捐使錢一百貫，田五畝，也有哀牢鉦一面，也爲奉事慶元祠之記載，由於景興十三年所設爲生祠，不知此碑之設，是否碑記主已經往生。

一九一　郁軒先生碑記

引言

碑立於北寧省慈山府義立總香墨社陵官助教内。碑爲單面，拓片編號 03123，碑文共二十行字，滿行約五十字，碑額刻“郁軒先生碑記”六字，今依此爲篇題。年代署作龍輯丁巳，據《越南漢喃碑銘拓片目録提要》一書推測爲西山朝景盛（Cảnh Thịnh）五年（1797），景盛爲西山朝景盛皇帝（Cảnh Thịnh hoàng đế）阮光纘（Nguyễn Quang Toản）的年號，同年爲清嘉慶二年。拓片現藏於漢喃研究院。

碑文記載譚慎伯郁軒先生之生平，與其去世時正逢黎末動亂，門生們爲其立祀田一事之波折。動亂後門生終立碑紀念，並購置田地作爲供奉郁軒先生之資。

03123

郁軒先生碑記

先生姓諱孫慎伯東岸[illegible]人
皇黎洪德庚戌科進士謁節翊運贊治功臣禮部尚書少保獲錄節義加封上等福神忠獻公九世孫儒生贈盤縣縣丞兼[illegible]公長子
也以永盛戊戌年生永佑戊午科一舉領鄉薦景興戊辰壬申甲戌春試連中會場三策文理俱優雖蹇遇不第而文傳于世
丙子堂除授[illegible]仁府訓導是年丁[illegible]庚辰循資授青蘭縣知縣持心廉謹士民愛慕之秩滿退居授徒無復仕進志戊朝
廷求宿儒[illegible]學多士擢國子監助教黽勉就職尋以疾辭己亥十月二十九日終于京館壽六十有二庚子春二月奉歸本貫[illegible]
節義祠之地　先生體貌豐偉性警[illegible]穎讀書十行俱下兼奉慈訓益勤學識日富歷從金域[illegible]眼何先生寂書東閣武先生受
業造詣極深當時咸以魁元目之科途[illegible]窒而聲價愈倍發望皆不滿　先生處之泰然也素恬靜無他好讀書餘暇惟閱子史
群書或象棋數局隨興消遣之庭[illegible]盆魚時親自在生意居常豆飯[illegible]羹綽有餘樂尤篤于天顯在尹時餘俸一[illegible]親[illegible]管理
田產不問[illegible]古人同財之義云其爲[illegible]不蹶等學者暑業所就每會之于心而不發之于言至於醫理星命[illegible]諸家亦[illegible]
洞究其[illegible]而未嘗輕語學者莫非至敎在[illegible]三十餘年間[illegible]門前後幾[illegible]人領鄉書者過半登進士者由昭統丁未以前凡[illegible]人
學顯臨終時妻子兼生繞七月[illegible]生理喪事[illegible]畢護置祀田爲千秋香火偶遭時變事未果行越乙卯[illegible]門生追感情不[illegible]
勝急欲遂成前護而喪亂之後久[illegible]離索見存者十不及一乃相與量給買田近[illegible]餘造諸邑人與後人謀供職[illegible]中有衣冠者
敎然起曰斯文會乃禮義之所自出諱姓爲大會之翻[illegible]書香衍奕名賢間出門閥高而功澤遠延及　先生才望超一世
先哲之餘慶其在斯乎而上世享受得於造化僅如此天下士大夫猶且爲　先生致憾矧魯[illegible]絕容止而聆謦欬其感慨又當何如
會名斯文而邑諠族讀咸在焉他日禮簡情真奉石質之俎豆可永對于先賢以表本會由衷之敬不亦善乎門人等是其說即
以田交本會俾供職時[illegible]之需丙辰冬文書成立於墓側豎之碑石嗟乎碑所以傳久也　先生可以之事業豈待碑而後傳
乎茲碑之設要亦攷其思[illegible]人之誠而切啟孔林樹[illegible]之意爾記曰善而弗知不明知而弗傳不仁　先生與其不可傳也[illegible]
生輩智足以知其可傳者爲大之間粗聞崖略敢知之而弗傳乎謹述所知傳之以示來者　[illegible]
龍輯丁巳孟冬之吉日
其里給置田與文書禮數並附于碑陰

北寧省慈山府義立總香墨社陵官助教內一碑

編號：03123　出自《拓片總集》第四冊

釋文

郁軒先生碑記[1]

先生姓譚，諱慎伯，東岸翁墨人，/ 皇黎洪德庚戌[2]科進士、竭節翊運贊治功臣、禮部尚書、少保、褒録節義、加封上等福神、忠獻公[3]九世孫；儒生、奠盤縣縣丞、秉衷公長子/也。以永盛戊戌年[4]生，永佑戊午[5]科一舉領鄉薦，景興戊辰[6]、壬申[7]、甲戌[8]春試，連中叁場，三策文理俱優，雖蹇運不第，而文傳于世。/丙子[9]、堂除授莅仁府訓導，是年丁憂。庚辰[10]、循資授青蘭縣知縣，持心廉謹，士民愛慕之。秩滿，退居授徒，無復仕進志。戊戌[11]，朝/廷求宿儒，講肄多士，擢國子監助教，黽勉就職，尋以疾辭。己亥[12]十月二十九日、終于京館，壽六十有二。庚子[13]春二月奉歸本貫，葬于/節義祠之北。

先生體貌豐偉，性警穎，讀書十行俱下，兼奉慈訓勗勤，學識日[14]富，歷從金域榜眼何先生、敦書東閣武先生受/業，造詣極深，當時咸以魁元目之，科途愈窒，而聲價愈倍，衆望皆不滿， 先生處之泰然也。素恬靜，無他好，講堂餘暇，惟閱子史/群書，戰象棋數局，隨興消遣，庭艸盆魚，時觀自在，生意居常，豆飯藜羹[15]，綽有餘樂，尤篤于天，顯在尹時，餘俸一委親弟管理，/田産不問出入，殆古人同財之義云。其爲教不躐等學者，器業所就，每每會之于心而不發之于言。至於醫理、星命、筭小諸家，亦悉/洞究其奥，而未嘗輕語學者，莫非

① 此爲額題，今依此爲篇題。
② “洪德庚戌”，洪德爲後黎聖宗黎思誠年號，庚戌爲洪德二十一年（1490），當明孝宗弘治三年。
③ “忠獻公”，即“譚慎徽”，詳情請見題後。
④ “永盛戊戌年”，永盛爲後黎裕宗黎維禟年號，戊戌爲永盛十四年（1718），當清康熙五十七年。
⑤ “永佑戊午”，永佑爲後黎懿宗黎維祳年號，戊午爲永佑四年（1738），當清乾隆三年。
⑥ “景興戊辰”，景興爲後黎顯宗黎維祧年號，戊辰爲景興九年（1748），當清乾隆十三年。
⑦ “壬申”，爲景興十三年（1752），當清乾隆十七年。
⑧ “甲戌”，爲景興十五年（1754），當清乾隆十九年。
⑨ “丙子”，爲景興十七年（1756），當清乾隆二十一年。
⑩ “庚辰”，爲景興二十一年（1760），當清乾隆二十五年。
⑪ “戊戌”，爲景興三十九年（1778），該年亦爲西山阮文岳泰德元年，當清乾隆四十三年。
⑫ “己亥”，爲景興四十年（1779），該年亦爲西山阮文岳泰德二年，當清乾隆四十四年。
⑬ “庚子”，爲景興四十一年（1787），該年亦爲西山阮文岳泰德三年，當清乾隆四十五年。
⑭ “日”，碑文原字闕筆，爲越南避諱字。
⑮ “藜羹”，用藜菜作的羹。泛指粗劣的食物。《莊子集解·雜篇·讓王》：“孔子窮於陳蔡之間，七日不火食，藜羹不糁。”成玄英疏：“藜菜之羹，不加米糁。”

至教在歟！三十餘年間，及門前後幾千人，領鄉書[①]者過半，登進士者由昭統丁未[②]以前凡九員，今多以文/學顯。臨終時妾子兼生纔七月，門生理喪事。心喪畢，議置祀田爲千秋香火，偶遭時變，事未果行。越乙卯，子兼没，門生追感，情不自/勝，急欲遂成前議，而喪亂之後，久經離索，見存者十不及一，乃相與量給買田近畝餘，造諸邑人與族人謀供𧦅忌。中有衣冠者/毅然起曰："斯文會乃禮義之所，自出譚姓爲文會之翹楚，書香衍奕，名賢間出，門閥高而功澤遠，延及　先生，才望超一世，/先哲之餘慶，其在斯乎！而生前享受得於造仕僅如此，天下士夫猶且爲　先生致憾，矧曾挹容止而聆謦欬，其感惻人當何如？/會名斯文而邑誼族誼咸在焉，他日禮簡情真，奉後賢之俎豆，可永對于先賢以表本會由衷之敬，不亦善乎？"門人等是其説，即/以田交文會，俾供𧦅時瓠兔[③]之需。丙辰[④]冬交書成，爰於墓側，監之碑云。嗟乎！碑所以傳久也，　先生可久之事業，豈待碑而後傳/乎？兹碑之設要，亦致其思慕之誠，竊取孔林樹木意爾。

記曰：

善而弗知，不明；知而弗傳，不仁。　先生與其不可傳者死矣，既非小/生輩智足以知其可傳者，函丈[⑤]之間粗聞崖略，敢知之而弗傳乎？謹述所知傳之，以示來者。

時/

龍輯丁巳[⑥]孟冬之吉日/

其量給置田與交書禮數並附于碑陰/

---

① "鄉書"，又稱"賢書"。《周禮・地官・鄉大夫》："鄉老及鄉大夫、群吏獻賢能之書于王。"後世因稱鄉試考中爲"登賢書"或"領鄉書"；《宋史・張孝祥列傳》："張孝祥字安國，歷陽烏江人。讀書一過目不忘，下筆頃刻數千言。年十六，領鄉書，再舉冠里選。"

② "昭統丁未"，爲後黎愍帝黎維祁昭統元年（1787），該年亦爲西山阮文岳泰德十年，當清乾隆五十二年。

③ "瓠兔"，意爲微薄的禮物。《左傳・昭公元年》："夏四月趙孟、叔孫豹、曹大夫入于鄭。鄭伯兼享之，子皮戒趙孟，禮終，趙孟賦《瓠葉》。"杜預注："受所戒禮畢而賦詩瓠葉詩小雅，義取古人不以微薄廢禮，雖瓠葉、兔首猶與賓客享之。"

④ "丙辰"，爲西山朝景盛皇帝阮光纘景盛四年（1796），當清嘉慶元年。

⑤ "函丈"，對老師的尊稱。因舊時講席間相隔一丈，以容人聽講，故稱。

⑥ "丁巳"，爲西山朝景盛皇帝阮光纘景盛五年（1797），當清嘉慶二年。

題後

碑記主郁軒先生九世祖即譚慎徽，《鼎鍥大越歷朝登科録》黎聖宗洪德二十一年（1490）庚戌科第三甲同進士出身第十七名："譚慎徽。東岸翁墨人，二十八歲中，預騷壇二十八宿；奉使、仕至竭節翊運贊治功臣、禮部尚書、知昭文館秀林局、兼翰林院侍讀、掌翰林院事、少保，入侍經筵、臨川伯，僞莫簒位，歸北江起義，勢寡不敵，飲毒卒，封福神。號默齋，有詩集行於世。"

一九二　扶危拯涣大王上等神祠碑記

引言

碑立於北寧省慈山府義立總香墨社節義祠，爲祠内右邊一碑。碑刻雙面，拓片編號03124/03125。拓片編號03124面爲碑前，共三十二行字，滿行約三十五字，碑額題“新造節義神道碑記”八字；拓片編號03125面爲碑後，共三十一行字，滿行約四十九字，碑額題“大王上等神祠”六字，今依内容及性質重定篇題爲“扶危拯涣大王上等神祠碑記”。碑兩面之四邊均有紋飾，拓片編號03124面之碑額刻有雙龍昭日，日紋中有一“日”字，左右兩邊刻有花草紋，碑底刻有蓮座；拓片編號03125面之碑額刻有兩層紋飾，内層爲月紋與雲紋，月紋中有一“月”字，外層與左右兩邊相連刻有蔓草紋，碑底刻有蓮花紋。碑文撰者爲太原道監察御史阮寵，書寫者爲奉勅旨填充提吏阮泰順，阮姓安越社玉石局局副。年代署作景治（Cảnh Trị）八年（1670），景治爲後黎玄宗（Lê Huyền Tông）黎維禑（Lê Duy Vũ）年號，同年爲清康熙九年，歲次庚戌。拓片現藏於漢喃研究院。

此碑爲譚氏宗族爲上等全德粹行謹節正容扶危拯涣大王譚默軒所立之碑。碑文記載上等大王譚墨軒官歷、家世與抗莫勤王之事跡，並以十二句四字銘文頌詠作結。碑文末録有譚氏宗族相關束約文，並録立約人之姓名與其先祖之名諱。

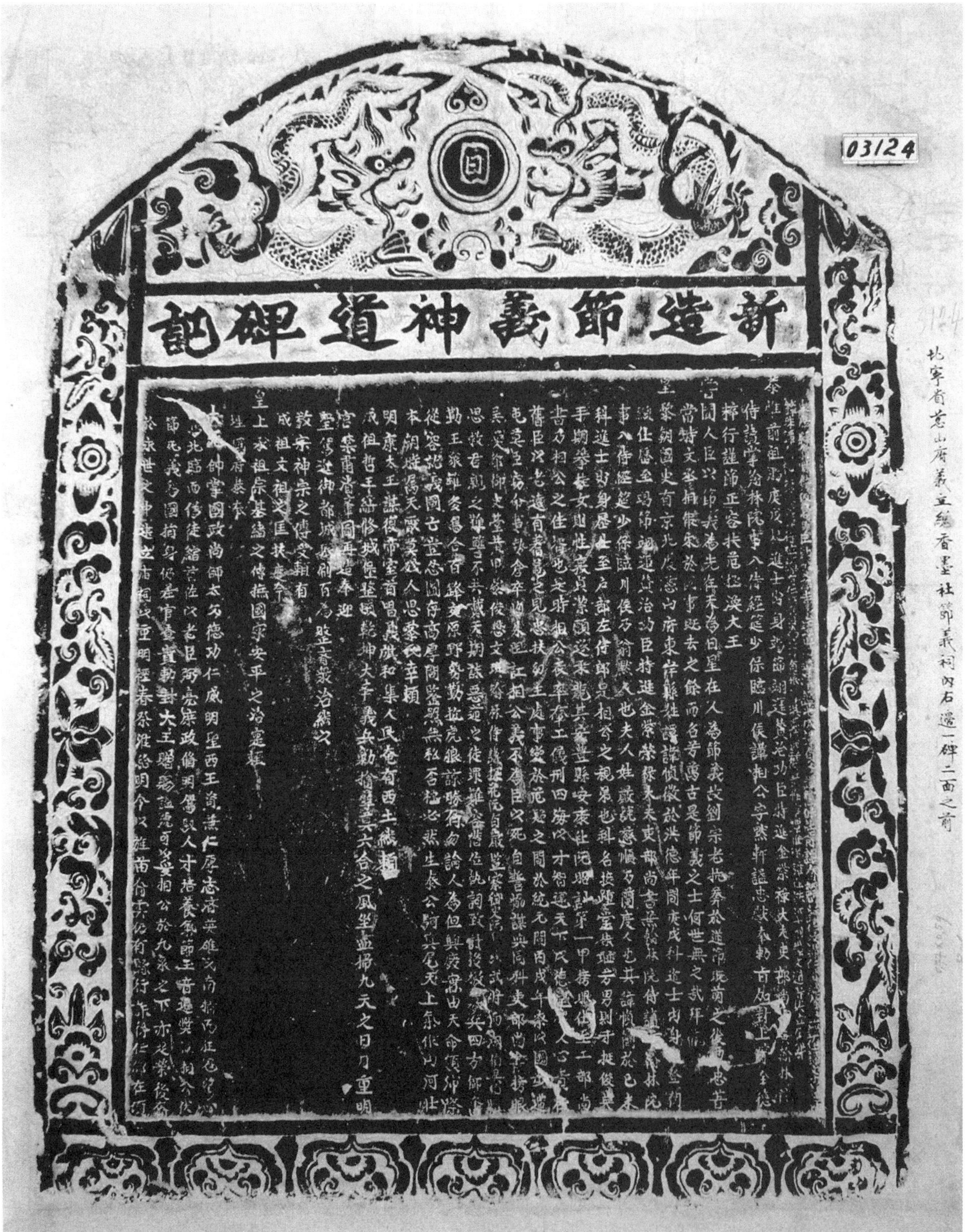
03124
新造節義神道碑記
北寧省慈山府義立總香墨社節義祠內右邊一碑二面之前

編號：03124　出自《拓片總集》第四冊（下同）

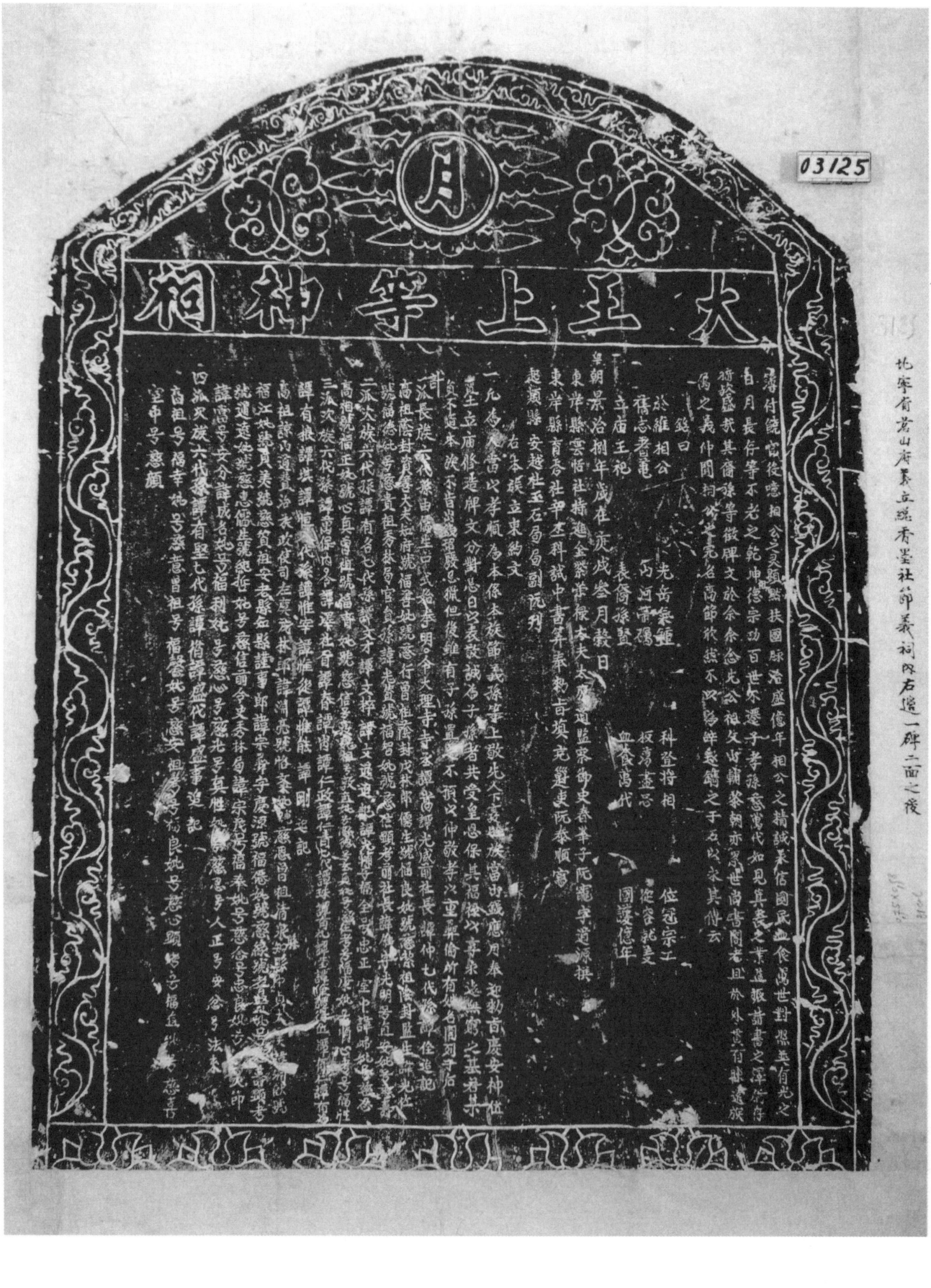
03125
月
大王上等神祠

編號：03125

釋文

新造節義神道碑記/大王上等神祠[1]

東岸縣翁默社後裔，功臣節義孫：寺丞譚嵩，導□譚光威、譚有名、譚萬保，社胥譚春、譚崗、譚仁政、譚仁貴、譚有堅、譚佺、譚文才、譚文□、/譚珠、譚有禮、譚僚、譚從位、譚有仁、譚有爲、譚有桭、譚琪、譚恒、譚循、譚惟宰、譚惟從、譚惟能、譚剛、譚文通等，共立石碑。/

恭惟前祖、賜庚戌科進士出身、竭節翊運贊治功臣、特進、金紫[2]禄大夫、吏部尚書、兼翰林院/侍讀、掌翰林院事、入侍經筵、少保、臨川侯譚相公，字默軒，謚忠獻，奉勅旨加封上等全德/粹行謹節正容扶危拯渙大王[3]。/

嘗聞人臣以節義爲先，在天爲日星，在人爲節義，故劉宗老抗莽於逆節既萌之後，迺忠著/當時；文丞相報宋於國事既去之餘，而名芳萬古。是節義之士，何世無之哉！

拜觀/　　皇黎朝國史，有京北處慈山府東岸縣姓譚，諱慎徽，於洪德年間庚戌科進士出身，□登朝/顯，仕歷至竭節翊運贊治功臣、特進、金紫榮禄大夫、吏部尚書、兼翰林院侍讀、掌翰林院/事、入侍經筵、少保、臨川侯，乃翁默人也。夫人姓嚴，號慈順，乃蘭度人也。

其諱慎簡，於己未/科進士出身[4]，歷仕至户部左侍郎，是相公之親弟也。科名接踵，棠棣[5]聯芳，男則才挺俊英，/手期攀桂；女則性敦貞潔，願遂乘龍，其安豐縣安康社阮昭[6]，計

---

① 此爲拓片編號03124之額題，今依内容及性質重定篇題爲“扶危拯渙大王上等神祠碑記”。按，後附“大王上等神祠”六字爲編號03125之額題。

② “金紫榮禄大夫”，碑文原漏缺“榮”字，以文義補。

③ “上等全德粹行謹節正容扶危拯渙大王”，即譚慎徽，見前篇題後。

④ “譚慎簡”，見《鼎鍥大越歷朝登科録》黎憲宗景統二年（1499）第二甲進士出身第十七名：“譚慎簡。東岸翁墨人，三十四歲中，仕至户部左侍郎，贈工部尚書。慎徽之弟。”

⑤ “棠棣”，又做“常棣”，引述兄弟應該互相友愛，方能家室和樂，見《詩經・小雅・鹿鳴之什・常棣》：“常棣之華，鄂不韡韡。凡今之人，莫如兄弟。……妻子好合，如鼓瑟琴。兄弟既翕，和樂且湛。宜爾家室，樂爾妻帑。是究是圖，亶其然乎。”

⑥ “阮昭”，應即“阮昭訓”。《鼎鍥大越歷朝登科録》黎襄翼帝洪順六年（1514）第一甲進士及第第二名：“阮昭訓。安豐安康人。奉使，仕至尚書，克寛之父。”

第一甲榜眼，仕至工部尚/書，乃相公之佳壻也。是時，相公表率群工，儀刑四海，以才智運天下，以德望寬人心。貴任/舊臣，以老遠有蓍龜之見；忠扶幼主，處事變於危疑之間。於統元間丙戌年奈以國步遭/屯，莫臣竊命，事勢倉卒，内外阻訌，相公義不爲臣，以死自誓，協謀與同科吏部尚書、榜眼/吴焕，都御史臺、黄甲黎俊懋；文班翰林侍讀、探花阮有嚴，監察御史阮自強，武將西湖伯吴伯驥；/思救君親之難，讎不共戴天；期誅惡逆之徒，罪難容僭位。執詞致討，移檄募兵，四方師奮/勤王，衆雖多烏合，百鋒交原野，勢勤抗虎狼，諒勝負勿論人爲，但興廢實由天命。顛沛際，/從容就義，國亡豈忍圖存；高厚[1]間，鑒照無私，否極必然生泰。公騎箕尾[2]天上，氣作山河壯，/本朝時屬天厭莫殘，人思黎氏，幸賴/　　　明康太王[3]謀復帝室，首唱義旗，和集人民，奄有西土，繼賴/　　　成祖哲王[4]繕修城堡，整頓乾坤，大舉義兵，剿擒孽莫，六合之風塵盡掃，九天之日月重明/，宫禁肅清，輿圖再造，奉迎/　　　聖駕，進御都城，振刷百爲，整齊衆治，繼以/　　　敬宗、神宗之傳受，

① “高厚”，即“天地”，《詩經·周頌·清廟之什·時邁》孔穎達疏引《白虎通》説“封禪”：“王者，易姓而起，必升封太山何？告之義也。始受命之時，改制應天，天下太平，功成封禪，以告太平也。所以必於太山何？萬物交代之處也。必於其上何？因高告高，順其類也。故升封者，增高也；下禪梁甫之山，基廣厚也。天以高爲尊，地以厚爲德，增太山之高以報天，附梁甫之基以報地，明天之所命，功成事就，有益於天地，若高者加高，厚者加厚矣。”

② “騎箕尾”，見《莊子集釋·内篇·大宗師》：“夫道，有情有信，无爲无形；可傳而不可受，可得而不可見……傅説得之，以相武丁，奄有天下，乘東維，騎箕尾，而比於列星。”成玄英疏曰：“傅説，星精也。而傅説一星在箕尾上，然箕尾則是二十八宿之數，維持東方，故言乘東維、騎箕尾；而與角亢等星比並行列，故言比於列星也。”按，二十八宿有東西南北四方各七個星宿，東方青龍七宿分别是：角（木、蛟）、亢（金、龍）、氐（土、貉）、房（日、兔）、心（月、狐）、尾（火、虎）、箕（水、豹）。尾宿中有星曰傅説。

③ “明康太王”，即鄭檢，黎英宗正治十三年（1570）二月十八日薨，追尊爲明康太王。見校合本《大越史記全書·本紀》卷十六；又，《歷朝憲章類志·人物志·鄭王世系》：“世祖明康太王。姓鄭諱檢，永福梁山人，屋汴上鄉，微時貧乏，嘗爲盗以供母，及長而雄勇過人，往從興國公，公奇之，妻以女，使知馬軍，表封侯爵，多有戰功，遣入哀牢，奉迎莊宗，帝見狀貌非常，拜大將軍，進郡爵。時年三十七，興國公薨，代領將士，進封節制各處水步諸營、太傅、諒國公，兼掌軍國重事，加封上相、大國公，歷輔莊宗、中宗、英宗三朝，攬政二十五年，壽六十八。”

④ “成祖哲王”，即鄭松。《歷朝憲章類志·人物志·鄭王世系》：“成祖哲王。諱松，世宗（祖）次子，初封福良侯，太王薨，長子檜作亂，降莫，英宗乃敕封爲節制、長郡公，壬申，英宗信讒言，疑忌幸外，乃尊扶世宗即位，加封都將、節制各處水步諸營、兼總内外平章軍國重事。光興十七年親督諸將滅莫，克復京城。二十二年進封都元帥、總國政、尚父、平安王。……歷扶敬宗、神宗，臨政五十三年，晚苦痢疾，議立嗣次子，鄭椿作亂，焚都城，王出幸外，至青春館薨，壽七十四。”

賴有/　　　　　成祖、文祖[①]之匡扶，慶今　　　　　皇上承祖宗基緒之傳，撫國家安平之治，寔賴/　　　　　理國府恭奉/　　　　　大元帥、掌國政、尚師、太父、德功仁威明聖西王[②]，資兼仁厚，志濟英雄，戈南指而狂寇驚心，/駕北臨而僞徒縮首。佐以老臣弼亮，庶政修明，駕馭人才，培養氣節，玉音遷獎，譚相公伏/節死義，爲國捐身，仍差官查實，敕封大王，贈賜謚號，可以妥相公於九泉之下，亦足榮後裔/於永世之中。建立廟祠，以重明禋，春祭准給明令，以旌苗裔，雲仍[③]有賢行，許得任郡在項[④]/簿，付饒官役。

噫！相公之靈顯默扶，國脈治盛億年；相公之精誠永信，國民血食萬世。對照並有光之/日月，長存等不老之乾坤，祖[⑤]德宗功，百世不遷。子孝孫慈，萬代如見，箕裘之業[⑥]益振，詩書之澤猶存。/猗歟盛哉！其裔孫等，徵牌文於余，余念先公祖父出輔黎朝，亦累世尚書閣老，且於外貫，有陳遠族，/屬之義仲，聞相公之完名高節，欣然不以爲辭，遂鐫之于石，以永其傳云。/

銘曰：/

於維相公，光岳氣鍾。科登將相，位冠宗工。/

舊志蓍龜，山河帶礪[⑦]。《板》《蕩》[⑧] 盡忠，從容就義。/

立廟王祀，表裔孫賢，血食萬代，國護億年。/

---

① “文祖”，即鄭棡。《歷朝憲章類志・人物志・鄭王世系》：“文祖誼王。諱棡，哲王之子，初封平郡公，改封太傅、清郡公，鄭椿之變，奉神宗回駕清華。是秋，進討協謀同德功臣、節制、太尉、清國公，尋復迎駕旋京，次年冬，尊封元帥、總國政、清都王。攬權之始，年已四十七，艮夷内難、和輯人民，宇内既定……扶真宗、神宗，進封大元帥、總國政、師父、清王。明朝册封副國王、加尊上主、師父；功高聰斷仁聖清王，臨政三十五年，壽八十一。”

② “西王”，即鄭柞。《歷朝憲章類志・人物志・鄭王世系》：“弘祖陽王。諱柞，誼王第二子，初封榮郡公，改封西郡公，進討節制、太尉、西國公。明朝封爲輔政王，清王薨，尊封元帥、掌國政、西定王，進尊大元帥、總國政、尚師、西王，後加尊尚師、太父、德功仁威明聖西王，翊扶神宗、玄宗、嘉宗、熙宗四朝……北復高瓶、殄除莫孽，勳烈號稱極盛，臨政二十五年，壽七十七。”

③ “雲仍”，亦作“雲礽”，遠孫的意思。見《爾雅・釋親》：“晜孫之子爲仍孫，仍孫之子爲雲孫。”郭璞注：“言輕遠如浮雲。”

④ 以上爲拓片編號 03124 的内容。

⑤ “祖”，字補刻右側。

⑥ “箕裘之業”，指濡染之下，子承父業。《學記・禮記》：“良冶之子，必學爲裘；良弓之子，必學爲箕；始駕者反之，車在馬前。君子察於此三者，可以有志於學矣。”

⑦ “山河帶礪”，語出《史記・高祖功臣侯者年表序》：“封爵之誓曰：‘使河如帶，泰山若厲。國以永寧，爰及苗裔。’始未嘗不欲固其根本，而枝葉稍陵夷衰微也。”

⑧ “《板》《蕩》”，都是《詩經・大雅》中譏刺周厲王無道而導致國家敗壞、社會動亂的詩篇。後因以指政局混亂或社會動盪。

皇朝景治捌年歲在庚戌[1]叁月穀日/

東岸縣雲恬社，特進、金紫榮禄大夫、太原道監察御史、

春峰子阮寵，字道源撰/

東岸縣育秀社，辛丑科試中書筭、奉勑旨填充提[2]吏阮泰順寫/

超類縣安越社玉石局局副阮刊/

右本族立束約文/

一凡爲人當以孝順爲本，係本族節義孫等上敬先人，下敦睦族，當出錢應用奉迎勑旨慶安神位，/買土立廟，修造牌文，分對忌日，以表敬誠。爲子孫者共受皇恩，保其福禄，以享永遠無窮之基，若某/員不遵本族，不肯出錢帑，廢忌臘[3]，但後雖有子孫，置之不預，以伸敬孝，以重彝倫，所有姓名開列于後[4]。/

計/

一派長族六代孫，由儒生中式、始奉明○令大理寺寺丞譚嵩、譚光威，前社長譚仲，七代孫譚佺追記。/

高祖，廕封資善大夫、知府，號福善；妣號慈行。曾祖，廕封戊林郎、儒生，號福良；妣號慈潔。祖，廕封監生，諱光佐，/號福德；妣號慈貴。祖，秀林局官員孫，諱光贊，號福智；妣號慈信。顯考，前社長，諱雄，字光明，號直安；妣號慈壽。/

二派次族、六代孫譚有名，七代孫譚文才、譚文粹、譚文通追記。

譚光輔字福全，號忠正；室中諱歸，妣號慈忍。/高祖號福正；妣號心真。曾祖號福齊；妣號慈信、號敦魏。祖號敦直，妣號慈德，號玄真；妣號慈在。考號福康，妣號順心；考號福性。/

三派次族六代孫譚萬保、内○令譚澤，社胥譚春、譚崗、譚仁政、譚仁青，七代譚珠、譚有禮、譚瑩、譚僚、譚得位、譚有仁、譚有爲、/譚有根、譚琪、譚恒，八代孫譚惟宰、譚惟從、譚惟能、譚剛追記。/

高祖，諒山道贊治、承政使司左廩、茂林郎，諱淵亮，號恪齋；妣號慈恩。曾祖清泉縣知

---

[1] “皇朝景治捌年歲在庚戌”，景治爲後黎玄宗黎維禑年號，捌年爲公元1670年，當清康熙九年。

[2] “提”，原爲避諱字。

[3] “忌臘”，見（明）田藝衡《玉笑零音》：“人之初生，以七日爲臘；人之初死，以七日爲忌。一臘而魄成，故七七四十九日而七魄具矣。一忌而一魂散，故七七四十九日而七魂泯矣。”

[4] “後”，碑文原作“后”，另兼正字，故逕改。下同，不另出注。

縣、中貞大夫，諱淵獻，號/福江；妣號貞美，號慈質。祖安老縣知縣謹事郎，諱宗彝，字慶源，號福僊；妣號慈緣。號耆賢；妣號慈壽。顯考/號通遠；妣號慈惠。儒生號純哲；妣號慈信。前令史秀林局諱宗茂，號福奉；妣號慈念。號忠良；妣號美節。/諱當，號安分。諱成名；妣號福利；妣號慈心，號慈光。號真性；妣號慈忍；號人正，號安忿，號法來。/

四派次族六代孫譚有堅，七代孫譚循、譚盛代、譚盛事追記。/

高祖號福幸，妣號慈意。曾祖號福馨，妣號慈安。祖考號福良，妣號慈心。顯考號福直，妣號慈喜，室中號慈顏。/

題後

本碑記立於北寧省慈山府義立總香墨社節義祠，爲譚氏子孫奉祀抗莫死節先祖譚慎徽之祠堂，碑文記載譚慎徽七代孫以上之家族頗爲詳細，可補史料之不足。譚慎徽因死節，受封爲“扶危拯涣大王上等神”。篇號一九一《郁軒先生碑記》之碑記主爲譚慎徽之九世孫——譚慎伯（郁軒先生）可參考。

又，撰者東岸縣雲恬社，特進、金紫榮禄大夫、太原道監察御史、春峰子阮寵，可參見篇號二〇〇《春峰子阮寵儒家世科世禄碑記》及篇號二〇一《東岸縣官員賀阮寵家族榮盛碑記》。

一九三　道秀社阮登舉暨妻後神碑記

引言

碑立於北寧省順成府東湖總道秀社，爲社亭左邊第一碑。碑刻雙面，拓片編號 03147/03146。拓片編號 03147 爲碑前，共十六行字，滿行約五十字；拓片編號 03146 爲碑後，共十行字，滿行四十字。今依内文要旨定篇題爲“道秀社阮登舉暨妻後神碑記”。碑文撰者舊奉侍文職弘信大夫、慈山府知府阮拙用。年代署作景盛（Cảnh Thịnh）二年（1794），景盛爲西山朝景盛皇帝（Cảnh Thịnh hoàng đế）阮光纘（Nguyễn Quang Toản）年號，同年爲清乾隆五十九年，歲次甲寅。拓片現藏於漢喃研究院。

此碑爲道秀社爲阮登舉夫妻所立之後神碑。碑文略述阮登舉其人，後言其妻子武氏莊捐贈給社裏二百一十貫錢和四畝二分田地，以作爲寄忌之資。故道秀社社民遂保舉二人爲後神，並將錢分予社内各甲，田地作寄忌之資。碑文末録有所有忌禮規定與田地位置、大小。

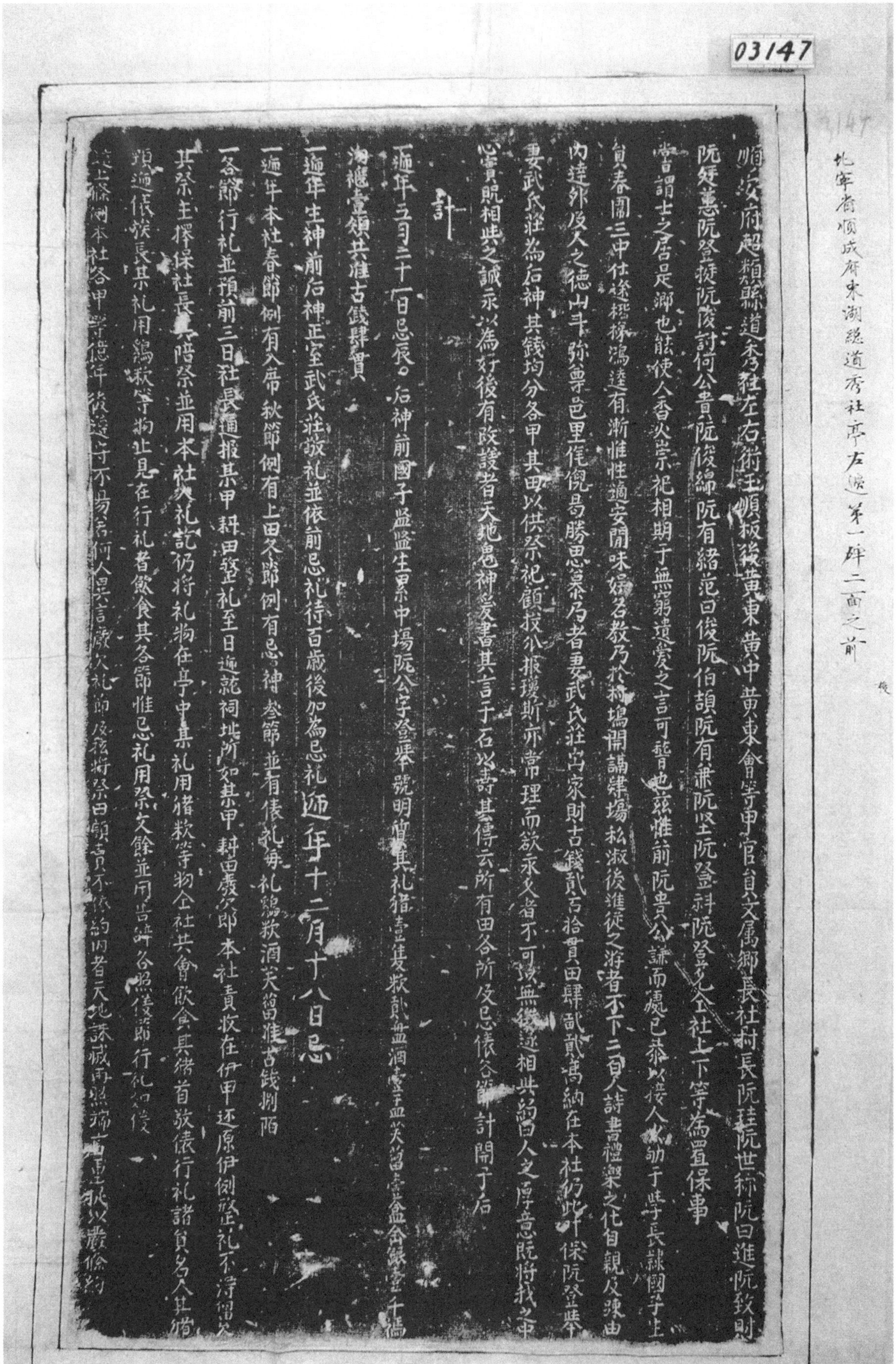
03147

北寧省順成府東湖總道秀社亭左邊第一碑二面之前

順安府超類縣道秀社左右衛王順叔後黃東黃中黃東會等甲官貟文屬鄉長社村長阮䤹阮世稱阮曰進阮致財
阮廷蕙阮登揆阮俊討何公貴阮俊綿阮有緒范曰俊阮伯頡阮有兼阮堅阮登斜阮登光仝社上下等爲置保事
嘗謂士之居是鄉也能使人香火崇祀相期于無窮遺愛之言可誓也茲惟前阮貴公謙而處己恭以接人劬于學長隷國子生
貟春闈三中仕途梯𨍵遠有漸惟性適安閒味嫌名教乃於村塲開講肄塲私淑後進從之游者不下二百人詩書禮樂之化自親及疎由
内達外及人之德山斗弥尊邑里侁倪曷勝思慕乃者妻武氏莊出家財古錢貳百拾貫田肆畝貳篙納在本社仍此保阮登舉
妻武氏莊爲后神其錢均分各甲其田以供祭祀顧投仏報瓊斯亦常理而欲永久者不可缺無後遂相與留人之厚意旣將我之帝
心肯旣相與之誠永以爲好後有敢護者天地鬼神必殛書其言于石以壽其傳云所有田各所及忌儀各節計開于后
計
一逓年五月二十一日忌辰。后神前國子監監生果中塲阮公字登舉號明齋其礼猪壹隻粿貳盆酒壹盂芙留壹盒金銀壹千隔
海總壹頌共准古錢肆貫
一逓年生神前后神正室武氏莊敬礼並依前忌礼待百歲後加爲忌礼逓年十二月十八日忌
一逓年本社春節例有入席秋節例有上田冬節例有忌神叁節並有俵礼每礼鷄粿酒芙留准古錢捌陌
一各節行礼並預前三日社長逓報其甲耕田登礼至日逓就祠址所如其甲耕田處欠即本社責𢾺在伊甲还原伊例登礼不得留欠
其祭主擇保社長共陪祭並用本社其礼訖仍將礼物在亭中其礼用猪粿等物仝社共會飲食其猪首放儀行礼諸貟名人其猶
預逓依族長其礼用鷄粿等物止見在行礼者飲食其各節惟忌礼用祭文餘並用告辭各照依前行礼如後
茲上條例本社各甲等德年後遵守不易若何人異言廢欠礼節及弦將祭田領責不依約内者天地誅滅再照號[illegible]以嚴條約

編號：03147　出自《拓片總集》第四册（下同）

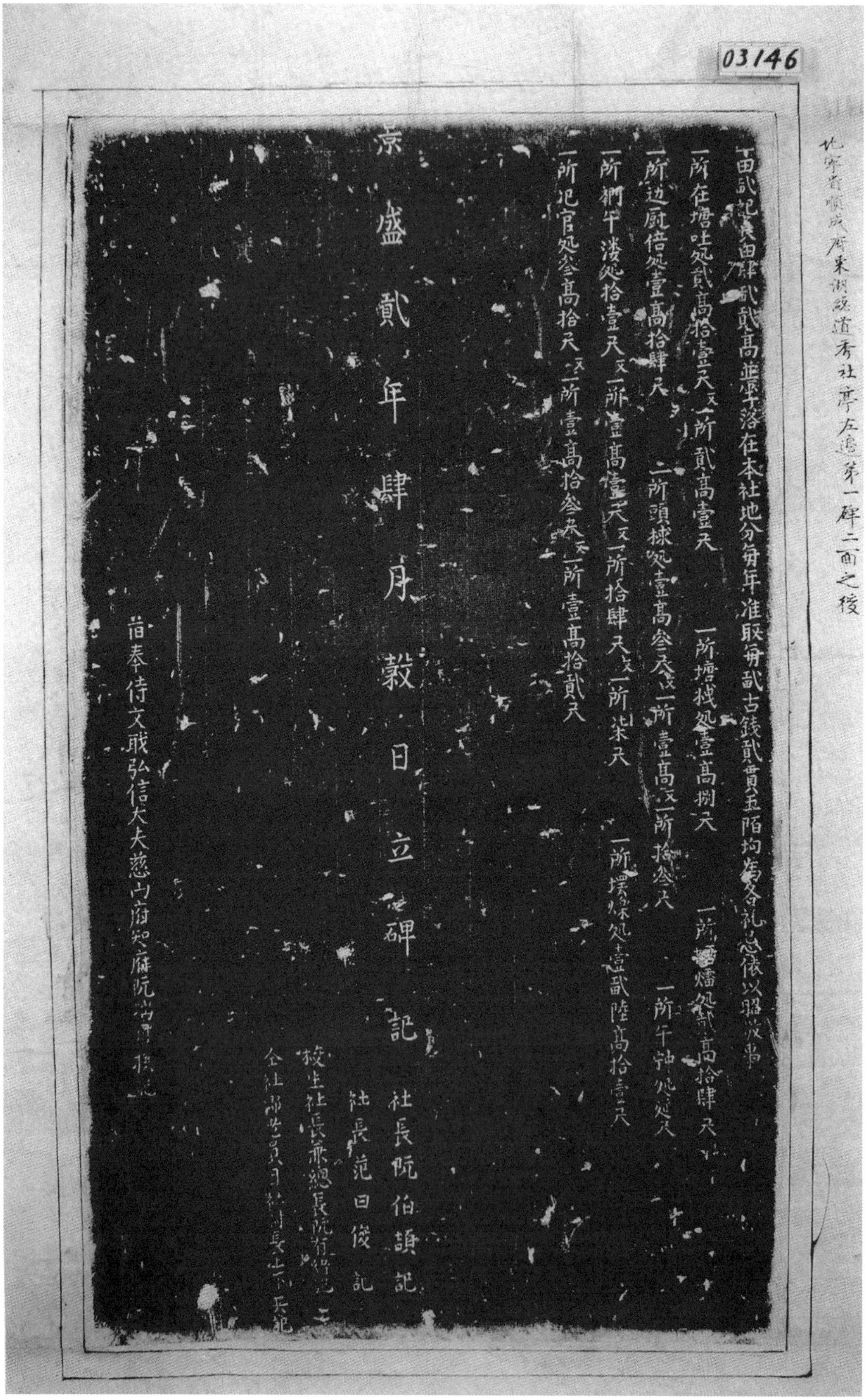
03146
田貳記良田肆畝貳高並坐落在本社地分每年准取每畝古錢貳貫五陌均為各祀忌依以照次事
一所在塘吐処貳高拾壹尺又一所貳高壹尺
一所塘枝処壹高捌尺
一所□燸処貳高拾肆尺
一所边廟倍処壹高拾肆尺
一所頭棘処壹高叁尺又一所壹高又一所拾叁尺
一所祀官処叁高拾尺又一所壹高拾叁尺又一所壹高拾貳尺
景盛貳年肆月穀日立碑記
社長阮伯頡記
社長范曰俊記
前奉侍文戒弘信大夫慈山府知府阮

編號：03146

釋文

道秀社阮登舉暨妻後神碑記①

順安府超類縣道秀社左右衛、玉順板、後黄、東黄、中黄、東會等甲官員，文屬鄉長社村長阮珪、阮世稱、阮曰進、阮致財、/阮廷蕙、阮登挺、阮俊討、何公貴、阮俊綿、阮有緒、范曰俊、阮伯頡、阮有兼、阮堅、阮登科、阮登允仝社上下等爲置保事。/

嘗謂士之居是鄉也，能使人香火崇祀，相期于無窮，遺愛之言可稽也。兹惟前阮貴公謙而處己，恭以接人，少劬于學，長隸國子生/員，春闈三中，仕途楷梯，鴻逵有漸②。惟性適安閒，味娱名教，乃於村塢開講肄場，私淑後進，從之游者不下二百人，詩書禮樂之化，自親及踈，由/内達外，及人之德，山斗彌尊，邑里旄倪③，曷勝思慕。乃者妻武氏莊出家財古錢④貳百拾貫，田肆畝貳高，納在本社，仍此叶保阮登舉/妻武氏莊爲後⑤神，其錢均分各甲，其田以供祭祀，顧投瓜報瓊⑥，斯亦常理，而欲永久者不可以無徵，遂相與約曰：人之厚意，既將我之中/心，實貺相與之誠，永以爲好，後有改議者，天地鬼神。爰書其言于石，以壽其傳云。所有田各所及忌俵各節，計開于後。/

計/

一遞年五月二十一日忌辰，○後神前國子監監生累中場阮公，字登舉，號明質，其禮豬壹隻，粿貳盤，酒壹盂，芙蔔壹盒，金銀壹千，禡/沕襪壹領，共准古錢肆貫。/

---

① 此爲重定之篇題。按，此碑無額題與碑題。

② “鴻逵有漸”，謂賢達君子的舉止高超。《易經·漸卦上九》：“鴻漸于陸。”程頤《易傳》：“安定胡公以陸爲逵。逵，雲路也，謂虚空之中。”朱熹《周易本義》云：“胡氏、程氏皆云陸當作逵，謂雲路也。今以韻讀之，良是。”參見黄沛榮《文獻整理與經點詮釋——以〈易經〉爲例》，葉國良主編《文獻及語言知識與經典詮釋的關係》，臺灣大學出版中心2004年版。

③ “旄倪”，指老人與小孩。《孟子·梁惠王章句下》：“王速出令，反其旄倪，止其重器，謀於燕衆，置君而後去之，則猶可及止也。”孫奭疏“旄倪”：“旄，老耄也；倪，弱小倪倪者也。”

④ “古錢”，見《欽定越史通鑑綱目·正編》“後黎盛宗光順八年”注“使錢、古錢”引黎貴惇《芸臺類語》云：“北人以百文爲一陌。本國以三十六文爲一陌，謂之‘使錢’；六十文爲一陌，謂之‘古錢’。‘使錢’十陌，乃是‘古錢’六陌，準爲‘使錢’一貫。其‘古錢’十陌乃使錢之一貫六陌四十文。使錢别名閒錢，古錢别名貴錢。”

⑤ “後”，碑文原作“后”，另兼正字，逕改，下同不另出注。

⑥ “投瓜報瓊”，見《詩經·國風·衛風·木瓜》：“投我以木瓜，報之以瓊琚，匪報也，永以爲好也。”

一遞年生神前後神正室武氏莊敬禮並依前忌禮，待百歲後加爲忌禮。遞年十二月十八日忌[①]。/

一遞年本社春節例有入席，秋節例有上田，冬節例有忌神，叁節並有俵禮，每禮雞、粎、酒、芙蒥[②]，准古錢捌陌。/

一各節行禮並預前三日社長通報某甲耕田整禮，至日遞就祠址所，如某甲耕田廢欠，即本社責收，在伊甲還原，伊例整禮，不得留欠。/其祭主擇保社長，其陪祭並用本社人。禮訖，仍將禮物在亭中，某禮用豬、粎等物，仝社共會飲，食其豬首，敬俵行禮，諸員名人，其豬/頸遞俵族長；某禮用雞、粎等物，止見在行禮者飲食，其各節惟忌禮用祭文，餘並用告辞，各照儀節行禮如儀。/

這上條例本社各甲等，億年後遵守不易，若何人異言，廢欠禮節，及移將祭田顧賣，不依約内者，天地誅滅，再照端言重捉，以嚴條約[③]。/

一田畝記良田肆畝貳高，並坐落在本社地分，每年准取每畝古錢貳貫五陌，均爲各禮忌俵，以昭敬事；/

一所在塘吐處貳高拾壹尺，又[④]一所貳高壹尺，一所塘栧處壹高捌尺，一所塘熖處貳高拾肆尺；/

一所邊[⑤]廚倍處壹高拾肆尺，又一所頭栜處壹高叁尺，又一所壹高，又一所拾叁尺，一所午𠁑處玖[⑥]尺；/

一所𨶛[⑦]午漤處拾壹尺，又一所壹高壹尺，又一所拾肆尺，又一所柒尺，一所堁爍處壹畝陸高拾壹尺；/

一所氾官處叁高拾尺，又一所壹高拾叁尺，又一所壹高拾貳尺。/

景盛貳年[⑧]肆月穀日立碑記

---

① “遞年十二月十八日忌”，爲後補刻。

② “芙蒥”，是一種藤類的植物，越文作 Cây lá trầu。與檳榔同爲喜慶時必有之象徵性植物，尤其是在傳統婚俗文化中，檳榔、芙蒥與石頭（石灰）是兄弟和睦、夫妻相恩相愛之象徵。

③ 以上爲拓片編號 03147 的内容。

④ “又”，原爲小字，下文同，不出注。

⑤ “邊”，碑文原簡作“边”，故逕改爲正字。

⑥ “玖”，碑文原作越南諱字“㐸”。

⑦ “𨶛”，喃字，碑文簡作“䦾”，即門之意思。另有異體字“𨷯”。

⑧ “景盛貳年”，“景盛”爲西山朝景盛皇帝阮光纘年號，“貳年”爲公元 1794 年，當清乾隆五十九年，歲次甲寅。

社長阮伯頡記/

社長范曰俊記/

校生、社長、兼總長阮有緒記/

仝社鄉老、員目、社村長上下共記/

舊[①]奉侍文職弘信大夫、慈山府知府阮拙用撰記[②]/

題後

本碑記亦爲一後神碑記，然記録一位鄉村教師在村塢開設講堂，講授儒學的現象。按，後黎朝建立之後，完善並規範了科舉制度，爲了宣示政府對於科舉與儒學的重視，後黎聖宗開始將登科進士名録刊刻在碑石上，然而進士是整個儒學教育最後的頂端，鄉村的教育纔是儒學得以深植的主要力量，根據《欽定越史通鑑綱目》記載，鄉試中三場，謂之生徒。後黎初，衙吏多以監生、儒生、生徒爲之。阮登舉“春闈三中”有成爲地方衙吏的資格，但他選擇開館教書，在他的有生之年，一共教授了二百人，也就是影響了二百人，由此可以擬想當時當地對於儒學傳播的基本力度。

① “舊”，碑文原作“苗”，爲越南俗字，故改之。

② 以上爲拓片編號 03146 的内容。

一九四　道秀社史忠侯阮登擢暨父母後神碑記

引言

碑立於北寧省順成府東湖總道秀社社亭，爲社亭左邊第二碑。碑刻雙面，拓片編號 03148/03149。拓片編號 03148 爲碑前，共二十三行字，滿行約四十九字，碑題“超類縣道秀社後神碑記”十字；拓片編號 03149 爲碑後，共三十三行字，滿行約五十二字。今依内容及性質重定篇題爲“道秀社史忠侯阮登擢暨父母後神碑記”。碑文撰者據《越南漢喃碑銘拓片目録提要》補爲入侍添差知侍内書寫、禮番行兵部右侍郎、入侍陪從兼國子監司業、翰林院侍書武㮰，與奉差太原處督同、翰林院待制兼直秘書閣吴時仕。年代署作景興（Cảnh Hưng）二十八年（1767），景興爲後黎顯宗（Lê Hiển Tông）黎維祧（Lê Duy Diêu）年號，同年爲清乾隆三十二年，歲次丁亥。拓片現藏於漢喃研究院。

此碑爲道秀社爲史忠侯阮登擢與其父母所立之後神碑。道秀社民以史忠侯阮登擢於國家有功、於民有恩，故保其爲後神，並追尊其父母爲後神，史忠侯爲此捐贈九畝田與三百貫錢作爲祭忌之資。文末詳録田地畝數、方位，與忌禮儀式和供品規定等事項。

按，武㮰（1718—1782），京北處順安府良才縣青蘭社（今北寧省良才縣臨洮社玉關村）人。歷任兵部右侍郎、國子監司業、兵部左侍郎等職，卒贈兵部尚書。嘗與阮院、黎貴惇等共同續修《大越史記全書續編》，又與阮侻、潘仲藩、汪士朗等合作編纂《大越歷朝登科録》。吴時仕（1726—1780），號午峯，道號二青居士。應和府青威縣（亦作清威縣，故治在今河西省應和縣南）人。曾任秘書閣正字、翰林院校理等職，參修國史。著有《越史標案》等書。

03148

超類縣道秀社后神碑記
嘗謂君子居是鄉其人相與俎豆而尸祝之不惟在其身又有以顯其　先崇奉愛敬相與于無斁其感應之真可徵也
勝茲本社
長官侍左中宮僖侯優後船內差侍內書寫吏番侍近侍內監司知監事史忠侯阮台公諱登擢器宇軒昂才猷環卓奉侍
當朝以文學結殊知左右帷幄旦夕承彌司喉舌典親軍僖崇被寵華聲烜赫從此衮裡珂笏彝鼎旂常勲業蓋未可量也廼其
孫以自救竟而救人見之周旋扮拚之鄉其德爲尤至焉江北向爲兵衝秀民靡所止定交第回復尚有科率供應之煩
我公爲之興便除害視民如己止戶曹之催督省鎮司之調役縫令史之徵刷回斡庇護蓋毗無疆俾兜渚來寧鴻垣究
宅及人之澤良不淺矣本社上下等念無以致其誠乃相與協保　我公爲后神令孫拜祝以祈壽千秋饗祀以將虔
又追保
先顯考封贈英敦將軍總兵使司總兵同知鄉忠伯阮相公賜謚勤敏府君
先顯妣封贈貞人黎貴氏賜謚慈端並爲后神一体奉事其約者云我公施德於民元羅區七于圖報者惟是邇挹休光遐濡
湛渥萬親懷慕聊伸涓滴之徵易世之後有改議者人其昇之神其殛之天地其誅之以無爲鄉里羞衆議既協以請於
公公重違其意仍愿許肥田參畝并使錢參百貫以供蘋藻之需再爲擇其地之塘泐處砦石爲址爲萬年獻薦之常所
本社尋遂相率詣予徵文以志其事予因進而語之以爲施報之義古人爲往來之禮君子尚焉　我公德惠在人澈
施既溥而吾人爰事之誠亦皆出於自然美施美報並宜壽之不朽者夫炎涼歲忽境異情殊則吾鄉之端言在也無煩
于文者本社請書其言于石以詔來世所有田各所及儀節禮數併勒之碑陰云
辛卯年顯考封贈都指揮使司都指揮僉事
顯妣封贈序夫人
昔
皇朝景興萬萬年之貳拾捌歲在丁亥季月貳拾日立
賜戊辰科進士入侍陪差知侍內書寫禮番行兵部右侍郎入侍陪從兼國子監
司業翰林院侍書良才春蘭武詥漢
奉進癸未年進朝賜丙戌科正進士奉差太原處督同翰林院侍制兼直祕書閣
青葳左青葳吳𢙱甫公撰

編號：03148　出自《拓片總集》第四冊（下同）

03149

計

一舥田在各處所共幾畝

一所媽頭棣處叁高（東近□□ 南近道秀社人田）
一所媽頭棣處叁高捌尺（東近道秀社人田 南近秀溪社人田）
一所塘祢處壹高拾尺（東近消秀社人田 北近小路）
一所相邊在同倍處柒高（東近道秀社人田 南近小路）
一所在網街處拾叁尺（東近秀溪社人田 南近小路）
一所在網檜處壹高貳尺（東近道秀社人田 南近小路）
一所在同倍處拾尺（東近道秀社人田 南近塘）
一所在媽頭棣處拾貳尺（東近塘 南近道秀社人田）

一所同倍處肆高（東近道秀社人田 南近道秀社人田）
一所媽頭棣處貳高肆尺（東近道秀社人田 南近秀溪社人田）
一所在塘䙡仁處叁高（東近豐土社人田 南近秀溪社人田）
一所在塘瞥處肆高捌尺（東近秀增社人田 南近侍田）
一所在同懣處壹高五尺（東近宗合田 南近道秀社人田）
一所在上發處柒尺（東近秀增社人田 南近小路）
一所在同汜處肆畝叁高（東近秀溪社人田 南近秀增社人田）
一所在塘㙮處拾叁尺（東近道秀社人田 南近塘）

一所媽頭棣處壹高拾貳尺
一所同倍處叁高（東近秀溪社人田 南近小路）
一所塘蒢處貳高貳尺（東近道秀社人田 南近小路）
一所同懣處壹高（東近秀增社人田 南近秀增社人田）
一所網街處拾叁尺（東近宗合田 南近東□社人田）
一所邊厨倍處壹高幾尺（東近塘 南近塘）
一所網檜處捌尺（東近塘 南近道秀社人田）
一所塘祢處壹高（東近道秀社 南近塘）

共貳拾肆所其錢使錢叁百貫均為陸甲人準其田幾畝均為幾分左右衛甲受貳分耕田貳畝王順坂甲受壹分耕田壹畝後黃甲受貳分耕田貳畝東黃甲受壹分耕田壹畝中黃甲受貳分耕田貳畝東檜甲受壹分耕田壹畝至如買辦各禮亦均為幾分多受多少者受少永為恒例

一遞年儀禮各節事例

一百年後係年月日忌禮猪壹口準使錢叁貫粿米拾伍官鉢酒壹坛準使錢肆陌金銀壹千芙蔞壹匣準使錢叁陌

一逐年捌月初捌日　公納官忌

一遞年肆月拾柒日　先尊顯考忌禮用猪壹口準使錢叁貫粿米拾伍官鉢酒壹坛準使錢肆陌芙蔞壹匣金銀壹千準使錢叁陌

一遞年正月貳拾叁日　先尊顯妣忌禮用猪壹口準使錢叁貫粿米拾伍官鉢酒壹坛準使錢肆陌芙蔞壹匣金銀壹千準使錢叁陌

一遞年春秋貳期本社例有事神祈福入席日禮用鷄壹隻準使錢伍陌粿米伍官鉢酒壹坛準使錢壹陌芙蔞壹匣準使錢叁陌

一遞年本社例有嘗先禮置供禮用鷄壹隻準使錢伍陌粿米伍官鉢酒壹坛準使錢壹陌芙蔞壹匣準使錢壹陌

一遞年拾壹月初貳日本社例有事神臘節置供禮用鷄壹隻準使錢伍陌粿米伍官鉢酒壹坛準使錢壹陌芙蔞壹匣準使錢壹陌

一遞年節料正旦日置供禮用鷄壹隻準使錢伍陌粿米伍官鉢酒壹坛準使錢壹陌芙蔞壹匣準使錢壹陌金銀伍千禮柏拾價準使錢貳貫

一各節行禮並預前叁日社長通報某甲耕田整禮至日遞就祠址所如某甲耕田廢文即本社責收在伊甲還原依例整禮不得留欠其祭主擇係社長為之陪拜並用本社人禮訖將禮物在亭中某禮用猪粿等物全社共會飲食其猪半首遞依族長舊禮用鷄粿等物止充在行禮者飲食其各節惟忌禮用祭文餘並用告辭各照儀節行禮如儀這上條例其本社各甲等千萬年後遵守不易若後日何人妄唱異言廢其禮節及拔將祭田顧賣不依約內者天地神祇誅殛再照端言重提以發條約

一各節行禮儀節　陪祭等就位　祭主就位　鞠躬拜興拜興　平身　跪　焚香　斟酒　皆跪　讀祝文　讀宣告辭　俯伏　興拜興拜興　平身　獻茶　鞠躬拜興拜興　平身　焚祝文　禮畢

一忌禮各節祭文（用通）　曰敬施於尊禮由幸義遺愛如存億年不替謹用薦儀處將告祭尚　饗

一各節行禮告辭　今以本日例有某節謹以兼羞用伸虔告　謹告

維歲日何人謹告於咸坟天地祇威丕錄

官員武金巍記
社長阮有貞記
全社上下等共記

編號：03149

釋文

超類縣道秀社後[①]神碑記[②]

嘗謂君子居是鄉，其人相與俎豆而尸祝之，不惟在其身，又有以顯其　先，崇奉愛敬，相期于無窮，其感應之真，可徵也。/睠茲本社/　　　　　　長官，侍左中宮侍候優後船内差、侍内書寫吏番、侍近侍内監同知監事、史忠侯阮台公，諱登擢。器宇軒昂，才猷環卓，奉侍/

　　當朝，以文學結殊知，左右帷幄，旦夕承弼，司喉舌，典親軍，僭榮被寵，華聲烜赫，從此袞桓珂笏[③]，彝鼎旂常[④]，勳業蓋未可量也。迺其/謙以自牧，寬而愛人，見之周旋枌梓[⑤]之鄉，其德爲尤至焉。江北向爲兵衝，方民靡所止定，次第回復，尚有科率供應之煩，/我公爲之興便除害，視民如己，止户曹之催督，省鎮司之調役，緩令史之徵刷，回斡庇護，益甿無疆，使鳧渚來寧，鴻垣究/宅，及人之澤，良不淺矣。本社上下等，念無以致其誠，乃相與協保　我公爲後神，今茲拜祝以祈壽千秋，饗祀以將虔。/又追保/　　　　　先顯考、封贈英毅將軍、總兵使司總兵同知、卿忠伯阮相公，賜謚勤敏府君；/　　　　　先顯妣、封贈貞人黎貴氏，賜謚慈端。並爲後神，一體奉事。其約若云：

我公施德於民元，匪區區于圖報者，惟是邇挹休光，近濡/湛渥，尊親懷慕，聊伸涓滴之微。易世之後，有改議者，人其屏之，神其殛之，天地其誅之，以無爲鄉里羞。

---

① “後”，碑文原作“后”，因另兼正字，逕改，下同不另出注。

② 此爲碑題，今依内容及性質重定篇題爲“道秀社史忠侯阮登擢暨父母後神碑記”。

③ “袞桓珂笏”，均爲公侯朝官的配飾。

④ “旂常”，王侯的旗幟。《周禮·春官·大宗伯下》：“司常掌九旗之物，名各有屬，以待國事。日月爲常，交龍爲旂，通帛爲旜，雜帛爲物，熊虎爲旗，鳥隼爲旟，龜蛇爲旐，全羽爲旞，析羽爲旌……國之大閱贊，司馬頒旗物，王建大常，諸侯建旂，孤卿建旜，大夫士建物，師都建旗，州里建旟，縣鄙建旐，道車載旞，斿車載旌。”

⑤ “枌梓”，原爲漢高祖故鄉的里社名；後借指“帝鄉”，泛指“故鄉”。見《史記·封禪書》：“高祖初起，禱豐枌榆社。”裴駰集解引張晏曰：“社在豐東北十五里。或曰：枌榆，鄉名，高祖里社也。”

衆議既協，以請於/公，公重違其意，仍惠許肥田玖[①]畝，并使錢[②]叁百貫，以供蘋藻之需[③]。再爲擇其地之塘�處，甃石爲址，爲萬年獻薦之常所。/本社等遂相率詣予徵文，以志其事，予因進而語之。以爲施報之義，古人務焉；往來之禮，君子尚焉。　我公德惠在人，厥/施既溥，而吾人瓊李之誠[④]，亦皆出於自然，美施美報，並宜垂之不朽。若夫炎涼敬忽，境異情殊，則吾鄉之端言在也，無煩/于文者。本社請書其言于石，以詔來世。所有田各所及儀節禮數併勒之碑陰云。/

辛卯年顯考封贈都指揮使司都指揮僉事/

顯妣封贈序夫人/

時

皇朝景興萬萬年之貳拾捌歲在丁亥[⑤]柒月貳拾日立/

賜戊辰科進士、入侍添差知侍内書寫禮番、行兵部右侍郎、

入侍陪從、兼國子監/司業、翰林院侍書、良才春蘭武訥漢[⑥]/

奉准癸未年進朝、賜丙戌科正進士、奉差太原處督同、

翰林院待制、兼直祕書閣/青威左青威吴拙甫[⑦]仝撰[⑧]/

---

① “玖”，碑文作避諱字“㐅”。

② “使錢”，見《欽定越史通鑑綱目·正編》“後黎盛宗光順八年”注“使錢、古錢”引黎貴惇《芸臺類語》云：“北人以百文爲一陌。本國以三十六文爲一陌，謂之‘使錢’；六十文爲一陌，謂之‘古錢’。‘使錢’十陌，乃是‘古錢’六陌，準爲‘使錢’一貫。其‘古錢’十陌乃使錢之一貫六陌四十文。使錢别名閒錢，古錢别名貴錢。”。

③ “蘋藻之需”，蘋與藻是古人常采作祭祀之用的水草，後歲爲祭品與祭祀的代稱。《詩經·國風·召南·鵲巢》有《采蘋》《采蘩》，均爲頌婦人能循法度，不失職以承先祖、共祭祀的篇章。其中《采蘩》：“于以采蘩，于沼于沚，于以用之，公侯之事。”毛亨傳曰：“蘩，皤蒿也。于、於。沼、池，沚、渚也。公侯夫人執蘩菜以助祭神，饗德與信，不求備焉。沼沚谿澗之草，猶可以薦，王后則荇菜也。”

④ “瓊李之誠”，比喻相互贈答，厚往薄來。《詩經·國風·衛風·木瓜》：“投我以木李，報之以瓊玖。匪報也，永以爲好也。”

⑤ “皇朝景興萬萬年之貳拾捌歲在丁亥”，“景興”爲後黎顯宗黎維祧年號，二十八年爲公元1767年，當清乾隆三十二年。

⑥ “武訥漢”，即“武㮋”，《鼎鍥大越歷朝登科録》黎顯宗景興九年（1748）戊辰科第三甲同進士出身第一名：“武㮋。良才春蘭人，三十一中，詩賦第一，會元，仕至行參從。”

⑦ “吴拙甫”，即“吴時仕”，越南吴家文派人物之一，《鼎鍥大越歷朝登科録》景興二十七年（1766）丙戌科第二甲進士出身第一名：“吴時仕，青威左青威人，進朝，四十二中，三場至廷試並第一，時任之父，父子同朝。”《大越史記全書續編》卷五“景興二十七年”：“殿試，賜給事中吴時仕第二甲進士出身，李陳瑨等並同進士出身。時仕以藩僚簡知，自禮部賦策廷對皆第一。王愛其才，榮歸日，賜御詩章及兵相衛餞。節制府亦賜詩章、錢鈔、廄馬，以寵異之。”

⑧ 以上爲拓片編號03148的内容。

計/

一肥田在各處所共玖[1]畝：/

一所瑪頭梂處叁高，東近路，/南近道秀社人田。/一所同倍處肆高，東近道秀社人田，/南近道秀社人田。/一所瑪頭梂處壹高拾貳尺。東近小路，/南近有哲田。/

一所瑪頭梂處叁高捌尺，東近道秀社人田，/南近秀溪社人田。/一所瑪頭梂處貳高肆尺，東近道秀社人田，/南近秀溪社人田。/一所同倍處叁高。東近秀溪社人田，南近小路。/

一所塘祚處壹高拾尺，東兑[2]近道秀社人田，/北近小路。/一所在塘襪缶乚處叁高，東近樂土社人田，/南近秀溪社人田。/一所塘荂處貳高貳尺。東近道秀社人田/，南近小路。/

一所相連在同倍處柒高，東近道秀社人田，/南近小路。/一所在塘嚕處肆高捌尺，東近秀塔社人田，/南近侍田。/一所同濍處壹高。東近秀塔社人田，/南近秀溪社人田。/

一所在𨷶[3]衛[4]處拾叁尺，東近秀溪社人田，/南近小路。/一所在同濍處壹高五尺，東近柴合田，/南近道秀社人田。/一所髒衛處拾叁尺。東近三寶田，/南近東潮社人田。/

一所在𨷶檜處壹高貳尺，東近道秀社人田，/南近小路。一所在上殿處柒尺，東近秀塔社人田，/南近小路。一所邊廚倍處壹高玖尺。東近□，/南近塘。/

一所在同倍處拾尺，東近道秀社人田，/南近塘。一所在同汜處肆畝叁高，東近秀溪社人田，/南近秀塔社人田。一所髒檜處捌尺。東近塘/，南近道秀社人田。/

一所在瑪頭梂處拾貳尺，東近塘，/南近道秀社人田。一所在塘振處拾叁尺，東近道秀社人田，/南近塘。一所塘祚處壹高。東近道秀社，/南近塘。/

共貳拾肆所，其錢使錢叁百貫，均爲陸甲，人率其田玖畝，均爲玖分。左右衛甲受貳分，耕田貳畝；玉順板甲受壹分，耕田壹畝；後黄甲/受貳分，耕田貳畝；東黄甲受壹分，耕田壹畝；中黄甲受貳分，耕田貳畝；東檜甲受壹分，耕田壹畝。至如買辦各禮，亦均爲玖分，多者/受多，少者受少，永爲恒例。/

一遞年儀禮各節事例：/

一百年後係年月日忌禮：豬壹口，准使錢叁貫；�米拾伍官鉢，酒壹圩，准使錢肆陌；金銀壹千，芙蔔壹匣，准使錢叁陌。/

一遞年捌月初捌日、　　出納官忌。/

---

① “九”，爲避諱字。

② “兑”，即“西”。

③ “𨷶”，喃字，門的意思。碑文原簡作“𨳍”。下同改，不另出注。

④ “衛”，原爲越南俗字“術”，下同，不另注。

一遞年肆月拾柒日，　　先尊顯考忌禮：用豬壹口，准使錢叁貫；粄米拾伍官鉢，酒壹坩，准使錢肆陌；芙留壹匣，金銀壹千，准使錢叁陌。/

一遞年玖月貳拾叁日，　　先尊顯妣忌禮：用豬壹口，准使錢叁貫，粄米拾伍官鉢，酒壹坩，准使錢肆陌，芙留壹匣，金銀壹千，准使錢叁陌。/

一遞年春秋貳期，本社例有事神、祈福、入席日禮：用雞壹隻，准使錢伍陌；粄米伍官鉢，酒壹坩，准使錢壹陌；芙留壹匣，准使錢壹陌。/

一遞年本社例有嘗先禮、置供禮：用雞壹隻，准使錢伍陌；粄米伍官鉢，酒壹坩，准使錢壹陌，芙留壹匣，准使錢壹陌。/

一遞年拾壹月初貳日，本社例有事神、臘節、置供禮：用雞壹隻，准使錢伍陌；粄米伍官鉢，酒壹坩，准使錢壹陌；芙留壹匣，准使錢壹陌。/

一遞年節料正旦日置供禮：用雞壹隻，准使錢伍陌；粄米伍官鉢，酒壹坩，准使錢壹陌；芙留壹匣，准使錢壹陌；金銀伍千，褐泊拾領，准使/錢貳貫。/

一各節行禮並預前叁日，社長通報某甲耕田整禮。至日，遞就祠址所，如某甲耕田廢欠，即本社責收，在伊甲還原，依例整禮，不得留欠。/其祭主擇保社長爲之，陪拜並用本社人。禮訖，仍將禮物在亭中，某禮用豬、粄等物，仝社共會飲，食其豬半首，遞俵族長某，禮用雞、/粄等物，止見在行禮者飲食。其各節惟忌禮用祭文，餘並用告辞，各照儀節行禮如儀。/

這上條例，其本社各甲等千萬年後遵守不易，若後日何人妄唱異言，廢欠禮節，及擅將祭田顧賣，不依約内者，天地神祇誅滅，再照/端言重捉，以嚴條約。/

一各節行禮儀節：陪祭等就位，祭主就位，鞠躬、拜凡/肆、興，平身，跪，焚香，斟酒□/□，皆跪，讀祝文，或宣告辞，俯伏，/興、拜凡/貳、興，平身，點茶，鞠躬、拜凡/肆、興，平身，焚祝文，禮畢。/

一忌禮各節祭文通/用：曰敬施於尊，禮由乎義，遺愛如存，億年不替，謹用菲儀，虔將告祭，尚　饗。/

一各節行禮告辞：今以本日例有某節，謹以菲儀用伸虔告，　謹告。/或後日何人謀爲破壞，天地誅滅、絶族。/

官員武金□記/

社長阮有貞記/

仝社上下等共記[①]/

---

① 以上爲拓片編號03149的内容。

題後

碑記主阮登擢曾任“侍近侍内監”，應爲内官，其碑記撰者是兩位進士，其中之一還是吴家文派的吴時仕，顯見當時地位之烜赫，碑記云“以文學結殊知，左右帷幄，旦夕承弼，司喉舌，典親軍，僭榮被寵，華聲烜赫”，史記鄭主好用宦者，正可以此互證。

一九五　大揚寺真郡公蔡廣衆等三人祭忌碑記

引言

碑立於北寧省嘉林縣金山總富市社，爲亭内左邊第一碑。碑刻雙面，本篇所録爲碑前，拓片編號03156，共二十二行字，滿行二十八字，有界綫，碑額刻“大揚寺田碑”五字，碑題“供養田奉祀碑銘”七字，今依内文要旨定篇題爲“大揚寺真郡公蔡廣衆等三人祭忌碑記”。書者普濟禪師慧鋻，年代署作陽和（Dương Hòa）五年（1639），陽和爲後黎神宗（Lê Thần Tông）黎維祺（Lê Duy Kỳ）年號，同年爲明崇禎十二年，歲次己卯。拓片現藏於漢喃研究院。

碑文記載王府侍蔡氏妃（後改名爲阮文性）捐資五貫錢，作爲修繕供奉李朝帝王之大揚寺之資，又出五錠白銀購買三寶田，作爲祭忌其父親、姊姊和弟弟之用，並以十句六字銘文以詠此事。文末記録田地面積和位置。

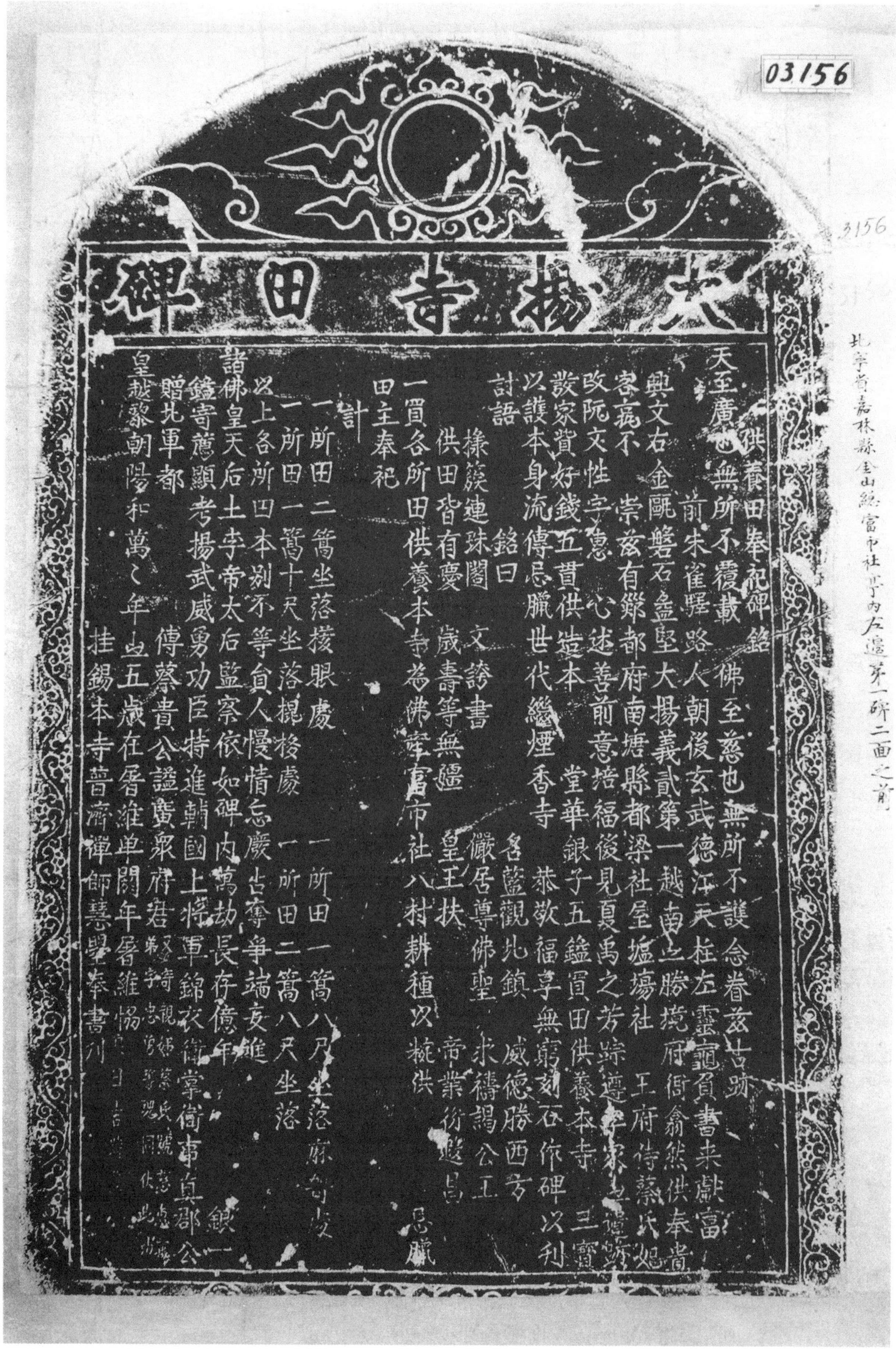
03156
大揚寺田碑
供養田奉祀碑銘
天至廣也無所不覆載　佛至慈也無所不護念眷茲古跡
前朱雀驛路人朝後玄武德江天柱左靈龜負書来獻富
興文右金甌磐石益堅大揚義貳第一越南之勝境府衙翕然供奉貴
客寵不崇茲有鄉都府南塘縣都梁社屋堰場社　王府侍蔡氏娼
改阮文性字惠心述善前意培福後見夏禹之芳踪遵孝家之遺跡
發家貲好錢五貫供造本　堂華銀子五鎰買田供養本寺　三寶
以護本身流傳忌臘世代繼煙香寺　恭敬福享無窮刻石作碑以利
討語　銘曰　各藍觀北鎮　威德勝西方
椽簇連珠閣　文誇書　徽居尊佛聖　求禱謁公王
供田皆有夏　歲壽等無疆　皇王扶　帝業衍遐昌
一買各所田供養本寺爲佛寧富市社八村耕種以粃供　忌臘
田主奉祀
計
一所田二篙坐落㮾眼處　一所田一篙八尺坐落麻奇坂
一所田一篙十尺坐落梘梫處　一所田二篙八尺坐落
以上各所田本別不等貧人慢情怠慶占奪爭端妄進
諸佛皇天后土李帝太后監察依如碑內萬劫長存億年　錄一
鐫寄薦顯考揚武威勇功臣特進輔國上將軍錦衣衛掌衛事眞郡公
贈北軍都　傳蔡貴公諡寬衆府君
皇越黎朝陽和萬萬年丙五歲在屠維單閼年屠維協
挂錫本寺普齋禪師慧璧奉書刊
3156
北寧省嘉林縣金山總富市社亭內左邊第一碑二面之前

編號：03156　出自《拓片總集》第四冊

釋文

【大揚寺田碑】

供養田奉祀碑銘[①]

天至廣也，無所不覆載；　佛至慈也，無所不護念。眷玆古跡，/　　　　前朱雀，驛路人朝；後玄武，德江天柱；左靈龜，負書來獻。富/　興文，右金甌。磐石益堅，大揚義貳。第一越南之勝境，府衙翕然，供奉貴/客，孰不　崇玆。有英都府[②]南塘縣都梁社屋鹽場社　王府侍、蔡氏妃/改阮文性，字惠　心，述善前意，培福後◎[③]，見夏禹之芳蹤，遵李家之遺跡。/發家貲好錢五貫，供造本　　堂華；銀子五鎰，買田供養本寺　三寶[④]，/以護本身，流傳忌臘[⑤]世代；繼煙香寺，　恭敬福享無窮。刻石作碑，以刊/討語。

銘曰：

名藍[⑥]觀北鎮，威德勝西方。/椽簇連珠閣，文誇書◎◎。

儼居尊佛聖，求禱謁公王。/供田皆有慶，歲壽等無疆。

皇王扶◎◎，帝業衍遐昌。/

一買各所田供養本寺爲佛産，富市社八村耕種，以椀供　　　忌臘/田主奉祀。/

計/

一所田二篙，坐落椮眼處。/一所田一篙八尺，坐落麻胥處。/一所田一篙十尺，坐落棍移處。一所田二篙八尺，坐落/

以上各所田本別不等，員人慢情忘廢，占奪爭端妄進，/　　　　諸佛、皇天后土、李帝、太后監察，依如碑内，萬劫長存億年。　　　銀一/鎰，寄薦顯考揚武威勇功臣、特進、

---

① 此爲碑題，今依内容及性質重定篇題爲“大揚寺真郡公蔡廣衆等三人祭忌碑記”。

② “英”，越南避諱字“郟”，“英都府”據《大南一統志・乂安省・建置沿革》引《天南餘暇集》記“英都府，領南唐、興光二縣”，又“英山府”下記“漢咸驩縣地，吴爲都洨縣，唐爲驩州日南郡。黎曰英都府，後避諱改爲都。本朝嘉隆初復曰英都府，明命三年改今名”。

③ “培富後”，三字後疑缺一字。

④ “三寶”，見《增壹阿含經》卷第十二云：“爾時，世尊告諸比丘：‘有三自歸之德，云何爲三？所謂歸佛第一之德，歸法第二之德，歸僧第三之德。’”指爲佛教徒所尊敬供養之佛寶、法寶、僧寶等三寶。

⑤ “忌臘”，見（明）田藝衡《玉笑零音》：“人之初生，以七日爲臘；人之初死，以七日爲忌。一臘而魄成，故七七四十九日而七魄具矣。一忌而一魂散，故七七四十九日而七魂泯矣。”

⑥ “名藍”，著名之伽藍，伽藍爲梵語音譯，即指寺院。

輔國上將軍、錦衣衛掌衛事，真郡公、/贈北軍都　　　傅蔡貴公，謚廣衆府君又寄親姊蔡氏號慈惠，親/弟字忠勇等，魂同伏此功。/

皇越黎朝陽和萬萬年之五歲在屠維單閼年[1]屠維協侯[2]良日吉時竪/

挂錫本寺普濟禪師慧嬰奉書刊/

題後

在編號00001至04000拓片中，北寧省嘉林縣金山總富市社亭共有六通碑誌，如下表：

編號	篇題	年代	位置
03155	大揚寺祭田碑**	後黎神宗德隆三年（1631）	亭内左邊第三碑
03156	大揚寺真郡公蔡廣衆等三人祭忌碑記*	後黎神宗陽和五年（1639）	亭内左邊第一碑（兩面爲不相關碑文）
03157	慧嬰禪師重修大揚寺並供田碑記*	後黎神宗陽和七年（1641）	
03158	大揚寺碑記	後黎神宗陽和二年（1636）	亭内左邊第二碑
03162/03163	富市社忠義里碑*	後黎顯宗景興二十五年（1764）	亭内右邊第二碑
03164/03165	構作殿堂碑記/薦後碑記	後黎昏德公永慶三年（1731）	亭内右邊第一碑

注：* 表示此篇已收入本書；** 表示原無題。

其中有四通碑記刊立於後黎神宗時期，分别是德隆三年（1631）、陽和二年（1636）、五年（1639）、七年（1641）；最晚的一通則立於後黎顯宗景興二十五年（1764），時間跨度近一百四十年，除景興二十五年《富市社忠義里碑》之外，均與大揚寺有關。

編號03155是最早一通碑記，紀録鄭主哲王兩位宫嬪黎氏玉恄、黄氏玉第捐資供養大揚寺的功德田地。值得注意的是兩位宫嬪供養大揚寺，除供佛外，並奉祀“李家四帝”。按，北寧省東岸縣是李朝皇室的湯沐邑，李太祖、李太宗、李聖宗、李仁宗、李神宗、李英宗、李高宗、李惠宗等八位李朝帝王的陵墓即在東岸縣亭榜社；並有李八帝廟。本碑記亦云“以上各所田本别不等，員人慢情忘廢，占奪爭端妄進，諸佛、皇天、后土、李帝、太后監察，依如碑

① “屠維”爲“己”，“單閼”爲“卯”，即陽和五年（1639），陽和爲後黎神宗黎維祺年號，當明崇禎十二年，歲次己卯。

② “屠維協”，三字後應缺一“洽”字，“屠維協洽”即干支“己未”。

内，萬劫長存億年”句。編號 03164/03165 碑記則記載順安府嘉林縣富市社阮氏緣捐資並設立寄忌事，碑文記載：“順安府嘉林縣富市社阮氏緣，乃超類縣蓼渚社海忠侯之貳室也。己亥年見本貫原奉事李朝皇太后前殿壹連叁間貳廈，歲久漸朽，爲克重修，迺請自出私財理作如故。”由是知大揚寺是供奉李朝皇太后之寺廟。

編號 03155 並未設立寄忌，然由碑記可知黎氏玉恎與黄氏玉第爲哲王鄭松的兩位宫嬪，宫闈間事蹟多隱諱不全，本碑記除可補兩位宫嬪外，尚記載黎氏玉恎有一男鄭柕任少保，封延郡公。此類記載皆可補史記之不足。

一九六　慧曌禪師重修大揚寺並供田碑記

引言

碑立於北寧省嘉林縣金山總富市社，爲亭內左邊第一碑。碑刻雙面，碑前爲《大揚寺真郡公蔡廣衆等三人祭忌碑記》（收入本書，篇號一九五）。本篇爲碑後，拓片編號03157，共十九行，滿行二十八字，有界綫，碑額刻“禪師慧墨供田碑”七字，今依額題與內容重定篇題爲“慧墨禪師重修大揚寺並供田碑記”。碑有紋飾，碑額刻有日紋，左右兩邊刻有花草紋。年代署作陽和（Dương Hòa）七年（1641），陽和爲後黎神宗（Lê Thần Tông）黎維祺（Lê Duy Kỳ）年號，同年爲明崇禎十四年，歲次辛巳。拓片現藏於漢喃研究院。

碑文主要記載普濟禪師慧於大揚寺挂錫期間，曾多次出錢整建該寺、塑造佛像，及與妻子阮氏玉春捐贈田地作爲三寶田之事。文並録有田地方位及大小。

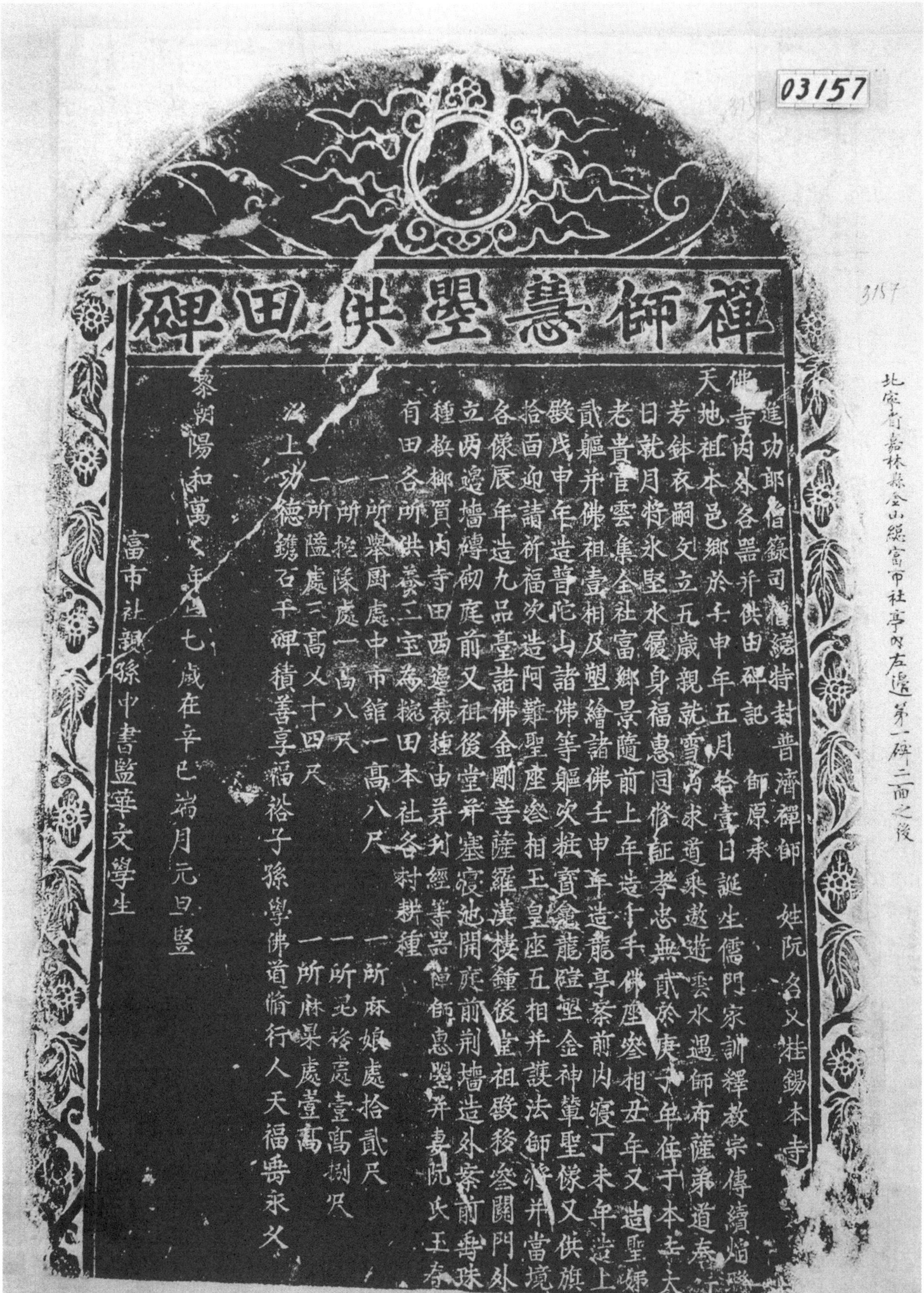
03157
3157
北寧省嘉林縣金山總富市社亭内左邊第一碑二面之後

禪師慧塁供田碑

進功郎僧籙司僧綜特封普濟禪師　姓阮名又莊錫本寺
佛寺内外各器并供田碑記　師原承
天地祖本邑鄉於壬申年五月拾壹日誕生儒門家訓釋教宗傳續焰[illegible]
芳鉢衣嗣文立五歲親就雪山求道乘遨遊雲水遇師布薩弟道奉[illegible]
日就月將永堅水儼身福惠同修証孝忠無貳於庚子年侔于本去太
老貴官雲集全社富鄉景隨前上年造千手佛座參相丑年又造聖婦
貳軀并佛祖壹相及塑繪諸佛壬申年造龍亭案前内寢丁未年造上
發戊申年造普陀山諸佛等軀次粧寶龕龍蹬塑金神輦聖像又供旗
拾面迎請祈福次造阿難聖座參相玉皇座五相并護法師淨并當境
各像辰年造九品臺諸佛金剛菩薩羅漢樓鍾後堂祖殿務參闕門外
立兩邊墻磚砌庭前又祖後堂并塞寢池開庭前荊墻造外案前毋珠
種栽鄉買内寺田西邊栽種由芽利經等器僧師惠塁并妻阮氏玉春
有田各所供養三寶為糍田本社各村耕種
一所舉厨處中市舘一高八尺　一所麻娘處拾貳尺
一所挖隊處一高八尺　一所忌後處壹高捌尺
一所隘處三高又十四尺　一所麻杲處壹高
以上功德鐫石千碑積善享福裕子孫學佛道脩行人天福毋永久
黎朝陽和萬々年之七歲在辛巳端月元旦竪
富市社親孫中書監華文學生

編號：03157　出自《拓片總集》第四册

釋文

禪師慧曌供田碑[①]

進功郎、僧籙司僧統[②]、特封普濟禪師，　姓阮，名乂，挂錫[③]本寺[④]□□□□/佛寺内外各器并供田碑記

師原承/　　　　天地，祖本邑鄉，於壬申年五月拾壹日誕生，儒門家訓，釋教宗傳，續焰聯/芳，鉢衣嗣文。立五歲，親就雪山求道乘，遨遊雲水[⑤]，遇師布薩[⑥]，弟道奉行，/日就月將[⑦]，氷堅水履，身福惠同修，証孝忠無貳。於庚子年住于本寺，大/老、貴官雲集，全社富鄉景隨。前上年造千手佛座叁相；丑年、又造聖娣/貳軀，并佛祖壹相及塑繪諸佛。壬申年[⑧]、造龍亭案前内寢；丁未年[⑨]、造上/殿；戊申年[⑩]、造普陀山諸佛等軀，次粧寶龕龍磑，塑金神輦聖像，又供旗/拾面，迎請祈福，次造阿難[⑪]聖座叁相，玉皇座五相，并護法師將，并當境/各

---

① 此爲額題，今依額題與内容重定篇題爲“慧曌禪師重修大揚寺並供田碑記”。

② “僧統”，爲北魏所設以統監全國僧尼事務之僧官，又稱沙門統、道人統、都統、昭玄統。《大宋僧史略》卷中：“秦制關中，立僧正爲宗首。魏尊北土，改僧統領緇徒。”

③ “挂”，碑原作“桂”，古部首“扌”“木”通用。“挂錫”即“掛錫”，因遊方僧投宿寺院時會將錫杖掛在僧堂上，故稱。

④ “本寺”，據此碑之碑前，篇號一九五《大揚寺真郡公蔡廣衆等三人祭忌碑記》之額題可知爲“大揚寺”。

⑤ “雲水”，又稱雲水僧、雲水衆、雲兄水弟、行脚僧、雲衲，指爲尋師求道，至各地行脚參學之出家人。以其居無定所，悠然自在，如行雲流水，故以雲水喻之。

⑥ “布薩”，原爲梵語音譯，又作布沙他、布灑他、逋沙他、褒沙陀、布薩陀婆，意譯作淨住、善宿、長養。出家之法，每半月（十五日與廿九日或三十日），集衆僧説戒經，使比丘住於淨戒中。能長養善法，謂之布薩；在家之法，於六齋日持八戒而增長善法，也謂之布薩。《大智度論》卷十三：“今日誠心懺悔。身清淨，口清淨，心清淨，受行八戒，是則布薩，秦言共住。”

⑦ “日就月將”，見《詩經·周頌·閔予小子之什·敬之》：“維予小子不聰，敬止，日就月將，學有緝熙于光明，佛時仔肩，示我顯德行。”鄭玄箋：“日就月行，言當習之以積漸也。”

⑧ “壬申年”，應爲後黎英宗黎維邦洪福元年（1572），當明隆慶六年。

⑨ “丁未年”，應爲後黎敬宗黎維新弘定八年（1607），當明萬曆三十五年。

⑩ “戊申年”，應爲後黎敬宗弘定九年（1608），當明萬曆三十六年。

⑪ “阿難”，爲梵語音譯，佛陀十大弟子之一，全稱阿難陀，意譯爲歡喜、慶喜、無染。《佛説阿羅漢具德經》：“復有聲聞具足定慧多聞第一，阿難苾芻是。”

像。辰年、造九品臺[1]、諸佛、金剛菩薩[2]、羅漢[3]、樓鐘[4]，後堂祖殿移叁關門外、/立兩邊墻，磚砌庭前；又祖後堂并塞寢池，開庭前荆墻，造外案前垂珠，/種檳榔，買内寺田，西邊栽種由芽、刊經等器。禪師惠曌[5]并妻阮氏玉春/有田各所供養三寶爲粇田，本社各村耕種。/

一所舉廚處中市舘一高八尺，一所麻娘處拾貳尺；/

一所控隊處一高八尺，一所昆栘處壹高捌尺；/

一所隘處三高又十四尺，一所麻杲處壹高。/

以上功德鐫石于碑，積善享福裕子孫；學佛道修，行人天福垂永久。/

黎朝陽和萬萬年之七歲在辛巳端月[6]元旦竪/

富市社親孫中書監華文學生/

題後

本碑記爲後黎神宗時僧籙司僧統普濟禪師阮乂重修大揚寺之記載，内容有許多難解之處。碑記禪師“立五歲，親就雪山求道乘”，掛錫大揚寺，爲僧籙司僧統，釋教宗傳，但有妻阮氏玉春，並有田供養三寶，不知其娶妻於何時？又，碑刊立於後黎神宗陽和七年（1641）歲在辛巳，由此向前推算，造普陀山諸佛之戊申年應該是後黎敬宗陽和九年（1608），丁未年應該是

① “九品臺”，即九品蓮花臺。又曰九品淨刹，九品安養。指有九品差别之淨土。據《觀無量壽經》，願往生之人，有九品之别，故所生之極樂淨土，亦有九品之殊。各修其品之行者，有來迎之真化，華開之遲速，悟道之早晚。故發願往生淨土之念佛行人，臨終時，佛、菩薩即手持蓮臺來迎。而蓮臺亦指佛、菩薩所坐之蓮華臺座。蓮花有出污泥而不染之德，故佛、菩薩之臺座係表示其居穢國而得離塵清淨、神力自在之意。

② “金剛”，爲梵語意譯詞，即金中最剛之義。音譯作伐闍羅、跋闍羅、跋折羅、伐折羅、跋日羅。經論中常以金剛比喻武器及寶石，以金剛比喻武器，乃因其堅固、鋭利，而能摧毁一切，且非萬物所能破壞。以金剛比喻寶石，及取其最勝之義。至於“金剛菩薩”通常指密宗金剛界之五金剛菩薩：一、金剛薩埵；二、欲金剛菩薩；三、觸金剛菩薩；四、愛金剛菩薩；五、慢金剛菩薩。參見慈怡主編《佛光大辭典》。

③ “羅漢”，爲阿羅漢的略稱，梵語音譯，又作阿盧漢、阿羅訶、阿囉呵、阿黎呵、遏囉曷帝。略稱羅漢、囉呵。意譯作應、應供、應真、殺賊、不生、無生、無學、真人。爲聲聞四果之一，如來十號之一。

④ “鐘”，碑原作“鍾”，因另兼正字，故逕改，下同，不另出注。

⑤ “惠曌”，額題與此碑碑前，即本書篇號一九四《大揚寺真郡公蔡廣衆等三人祭忌碑記》（拓片編號03156）俱作“慧曌”。

⑥ “端月”，即中國農曆正月。《史記·秦楚之際月表》：“（二世二年）端月。”司馬貞索隱：“二世二年正月也。秦諱‘正’，故云端月也。”

後黎敬宗陽和八年（1607）壬申年應爲後黎英宗洪福元年（1572），住於大揚寺的庚子應爲後黎莊宗元和八年（1540），然，如此，則自住於大揚寺至造普陀山諸佛，已經有101年之久，至前一次壬申（後黎襄翼帝洪順四年，1512）則有129年，是否有此高齡，令人生疑。

一九七　富市社忠義里碑

引言

碑立於北寧省嘉林縣金山總富市社，爲社亭内右邊第二碑。碑刻雙面，拓片編號 03163/03162。拓片編號 03163 爲碑前，共二十一行字，滿行三十六字，碑額刻“忠義里碑”四字，碑題作“嘉林縣富市社忠義里碑”十字，今以此碑題重定篇題爲“富市社忠義里碑”；拓片編號 03162 爲碑後，共十九行字，每行字數不一。拓片編號 03163 額題飾有回紋，碑額刻有雲紋，其餘三邊爲花草紋；碑文撰者顯恭大夫阮輝謹，書者侍内選户番同知府堅堂男阮廷貴，刻者安穫社該合黎廷仲。年代署作景興（Cảnh Hưng）二十五年（1764），景興爲後黎顯宗（Lê Hiến Tông）黎維祧（Lê Duy Diêu）年號，同年爲清乾隆二十九年，歲次甲申。拓片現藏於漢喃研究院。

碑文記載富市社忠義里受賜“忠義”之緣由，景興元年（歲次庚申，1740）至六年（歲次乙丑，1745）年間逆賊作亂，忠義里組織邑民抵抗殺敵，並與同總之其他村社建堡屯守。故於景興七年（歲次丙寅，1746）受封“忠義里”之美名。

03163
忠義里碑
北寧省嘉林縣金山總富市社亭右邊第二碑二面之前

編號：03163　出自《拓片總集》第四冊（下同）

03162

北寧省嘉林縣金山總富市社亭內石邊第二碑二面之後

計[illegible]

一朝貴官并官員巨目村長等共延[illegible]

翰林院[illegible]校任阮輝淵 監察御史[illegible]阮輝瀾 黃甲科進士會元阮輝瑾

[illegible]阮輝兆 郎中阮輝滑 鄭伯璜 僉事鄧[illegible] 阮廷[illegible] [illegible]郎鄭仲紹 知府[illegible]大夫阮[illegible]

陳伯傚 阮輝潊 縣尉阮春騎 寺丞高輝洪 朝列大夫[illegible]伯[illegible] 同知府阮廷貴 阮曰偕 阮廷[illegible]

[illegible]廷論 僉事高伯釧 郎中鄭阮[illegible] [illegible]阮[illegible] 阮輝漢 陳伯樹 阮伯經 高伯[illegible] 長醫正阮[illegible]

[illegible]林[illegible] 陳国鈗 阮輝[illegible] 高輝潊 阮有[illegible] 阮輝[illegible] 陳國頭 阮輝瞨 阮宗[illegible] 黃[illegible]燕 阮名[illegible]

阮輝[illegible] 阮伯[illegible] 阮功澤 黃伯[illegible] 同知州阮名[illegible] 黃國基 阮輝[illegible] 阮名樹 訓[illegible]阮輝[illegible] 副所[illegible]

高[illegible] 阮[illegible] 知事阮國[illegible] 陳登[illegible] 阮伯[illegible] 阮世培 阮輝濡 阮輝[illegible] 阮有[illegible] 阮伯湍 [illegible]

[illegible]衆甲 社長高[illegible] 監生高輝[illegible] 高伯[illegible] 黃[illegible]甲 該合阮輝[illegible] 阮[illegible]草 [illegible]生[illegible]輝[illegible]

[illegible]

官[illegible]阮[illegible] 祈甲 該合陵伯[illegible] 仰三阮伯歳 杜安甲 節東阮輝潘 校生阮[illegible] 校生阮伯[illegible]

儒生阮[illegible] 翁吏阮伯[illegible] 節東甲 該合陳伯珥 該合陳伯惠 阮伯雍 杜東甲 [illegible] 校生阮[illegible]

校生杜春[illegible] 杜[illegible] 首合杜[illegible]

景興萬七年之二十五歲在甲申季夏穀日

賜庚[illegible]科進士[illegible]大夫[illegible]阮[illegible]

侍内進士[illegible]堅堂[illegible]阮廷[illegible]

[illegible]社該合[illegible]仲[illegible]

仝七甲上下等共立

編號：03162

釋文

【忠義里碑】

嘉林縣富市社忠義里碑[①]

余惟夫忠義，美名也，吾邑何脩而得此耶？自庚申暨乙丑等年，群寇東侵，煙焰浸空，鼓鼙震夜，徵/兵索餉，星報紛飛地方，民攜裝而荷擔者，屢次矣。本邑日前糾率鄉丁，隨官攻剿。日後又與/本總結堡分屯，累破敵兵，保寧境内。丙寅年，恭奉/　　　　王上以撫諭官，啟　旨准褒嘉，特賜扁顔三字曰“忠義里”。贇黄舞蹈，蓬□輝華，噫！何其敬也？非/他，吾邑中支之地，鰲頭會秀，午脚分英，鍾之爲烈丈夫，毓之爲奇男子，兼以上而名臣碩輔，/次而宿學惇師，綱常典則之提持，禮樂詩書之點化。近於朱者赤，染於藍者青，則夫移孝而/作忠，發仁而爲義，邑中子弟之徒，同此心者素矣。一旦有以叩之，孰不瀝膽披肝，摩拳擦掌，甲/兵夫胡簋弓弩，夫鉤鋤馳驅，遚□之場，踴躍追逃之會，凡可以殲寇讎而報君父者，雖長鎗/大劔臨乎前，高壘深溝障乎左，亦不爲之閃睛而稽步矣。宜其以一時之敢，而□夫百世之芳/歟？嗚呼！邊塵坌霍之秋，我邑當朝貴仕，有參從司馬公阮輝潤[②]之協統東洋，有承旨公阮輝㳕/之參謀西徼，有署參政公阮輝瀜[③]之協同湯邑，經綸雷雨，寢寐風霜，率能破抛山，平石礫，清河道；/其精誠[④]，其壯烈，可以貫日月，可以凌河山，固已表表；然在□眉目□□□事吾人者，亦以此著/聞，益見夫忠臣[⑤]義士之風，無限朱門，而白屋[⑥]矣。然則我之里

---

① 此爲碑題，今依此重定篇題爲“富市社忠義里碑”。

② “阮輝潤”，見《大南一統志·北寧省下·人物》載：“阮輝潤，嘉林人，正和同進士。景興辛酉間，四方多警，潤出京北督鎮，訓將士、戒官吏、綏民安，戢盜有功，升户部尚書，保泰致仕，壽八十一，贈太司馬。子輝瀜、孫輝謹（漌）。”

③ “阮輝瀜”，見《大南一統志·北寧省下·人物》載：“阮輝瀜，嘉林人，景興進士，出爲山西參政。有平賊功，正安廣山西督銅、太原參政，後辭職，與子輝漢談論經籍，守静恬然，保有令名。”

④ “誠”，原爲越南避諱字“𧦝”，下同不另注。

⑤ “臣”，原誤作“巨”。

⑥ “白屋”，原謂庶人屋，後指平民。《漢書·王莽傳上》載孫竦、陳崇稱頌王莽功德：“開門延士，下及白屋。”顔師古注曰：“白屋，謂庶人以白茅覆屋者也。”又，（元）李翀《日聞録》：“白屋者，庶人屋也。《春秋》，丹桓宫楹，非禮也。在禮，楹天子丹，諸侯黝堊，大夫蒼，士黈，黄色也。按：此則屋楹循等級用採，庶人則不許，是以謂之白屋也。後世諸王皆朱其邸，及官寺皆施朱，非古矣。”

號忠義，其亦斯名之稱情也哉！古/詩云："名將天地久，文與日星高。"今其以斯文，而記斯名也，不惟所以顯我/　　　　皇王獎勵之施，而我邑里尊君[親]上之誠，亦昭晰于無窮矣，於是乎銘。

銘曰：/

時群匪，逼郊坰。朝火焰，暮鼙聲。紛如絮，沸如羹。惟我邑，翼于征。連我衆，/棘于行。有鼛[1]者警，有鞭者鳴。摧彼敵將，殺彼敵兵。乃休戰中，乃□編丁。/尊我君父，報我朝廷。剛風兮烈烈，銳氣兮錚錚。頑金輸其勁，介石怯其貞。/何敢同袍邑，何堅鈌角城。秩秩綸音播獎，煌煌扁字揚旌。慷慨一朝豪舉，/鏗鏘千古美名。

噫！忠義美名千古存，吾人好，顧斯銘[2]。/

計/

一朝貴官并官員色目村長等，共玖[3]拾員名：/

翰林院承旨致仕阮輝淓，監察御史署參政阮輝瀜，庚辰科進士會元阮輝瑾[4]。/

寺卿阮輝沇，郎中阮輝湑，鄭伯璸，詹事鄧輝機，阮廷湝，員外郎鄭仲紹，知府弘信大夫阮輝□，/陳伯傚，阮輝澈，縣尉阮春嘻，寺丞高暉淵，朝列大夫段伯貯，同知府阮廷貴，阮曰偕，阮廷琮，/裴廷講，詹事高伯釧，郎中鄭阮珪，殿前阮登權，阮輝漢，陳伯樹，阮伯鏗，高伯瑩，良醫正阮輝泳，/縣丞杜有凴，陳國鋭，阮輝洨，高輝潡，阮有徵，阮輝滚，陳國顯，阮輝暎，阮宗翰，黄卓燃，阮名榆，/阮輝澭，段伯仕，阮功澤，黄伯适，同知州阮名標，黄國基，阮輝瑩，阮名樹，訓導阮輝泂，副所使段功貯，/高廷任，高阮祔，知事阮國憐，陳登暎，阮伯儀，阮世培，阮輝湛，阮輝漸，阮有專，阮伯湍，百户杜春昕，/副所黎有達。

黄東甲：社長高廷格，監生高暉城，高伯沼。

黄榜甲：該合阮輝□，阮功草，校生楊輝暎，/楊輝儀，該合阮輝遵。

吕中甲：儒生阮榮進，提吏阮任賢，官員子阮嘉會，該合高輝瀷，黄阮金，/官員孫阮嘉賓。

汧甲：該合段伯金，儒生段伯戍。

---

① "鼛"，見《周禮·地官·鼓人》："凡軍旅，夜鼓鼛。"鄭玄注曰："鼛，夜戒守鼓也。"

② 以上爲拓片編號 03163 的内容。

③ "玖"，原爲越南避諱字。

④ "阮輝瑾"，見《大南一統志·北寧省下·人物》載："阮輝瑾，嘉林人，輝潤之子孫，輝瀜之子，以文學名。景興會元進士，辭，回里獨居一室，以文籍自娱，不履城市。及父瀜致仕，晨夕侍養，門廷晏如也。終養後，屢召不起，壽終於家。"又《鼎鍥大越歷朝登科録》黎顯宗景興二十一年（1760）庚辰科第三甲同進士出身第五名："阮輝瑾。嘉林富市人，三十二歲中，會元，輝胤之子、輝潤之孫，廷試同進士，辝歸不仕。"

杜安甲：都吏阮輝潘，校生阮濟美，校生阮仲楷，校生阮春□，/儒生阮春晫，都吏阮伯錦。

吕東甲：該合陳伯琱，該合陳伯惠，阮伯維。

杜東甲：杜春煥，校生阮春□，/校生杜春潑，杜春生，首合杜春梅。/

景興萬萬年之二十五歲在甲申[①]季夏穀日/

賜庚辰科進士第會魁、顯恭大夫、方巷阮輝瑾撰/

侍内選户番、同知府、堅堂男阮廷貴謄/

石匠局東山縣安穫社該合黎廷仲鐫/

仝七甲上下等共立[②]/

題後

本碑記載北寧省嘉林縣富市社社民抵禦阮選與陳晈攻擊都城的事跡，事見《大越史記全書續編》卷三黎顯宗景興元年（1740）十月："冬十月，王（鄭楹）親率大軍討銀笳（《通鑑綱目》作茄)。時，東南寇匪連結，焚掠諸州縣，寧舍賊方熾，而銀笳尤桀。銀笳隸南真，賊渠武廷鎔、段石振等聚衆劫掠，從者浸廣，遂謀叛。……王震怒，遂下令親征，欲略定東陲，然後移兵西南。……王振旅還京未至，寧舍賊阮選以王有事銀笳，使其黨陳晈，將乘虚直逼珥河，京師大駭。報至，王命諸軍晨馳，以救根本。時京城無兵，太妃居中調遣諸降，按四門盡率坊庸民丁烈河津爲守警，大號鼓令，衆以爲疑兵。王大軍回至金蘭磯，賊已遠遁。是役爲初政武功第一。"由於此次戰役的勝利對於鄭楹主掌政事非常關鍵，故特賜富市社"忠義里"之美號。由碑文也可以瞭解當地堅固的地方勢力。根據本碑立處其他碑銘之内容，可知此地爲李朝舊地，地方勢力之集結可謂深厚。

① "景興萬萬年之二十五歲在甲申"，景興爲後黎顯宗黎維祧年號，二十五年爲公元1764年，當清乾隆二十九年。

② 以上爲拓片編號03162的内容。

一九八　魯溪社陳家後佛碑記

引言

碑立於北寧省慈山府河魯總魯溪社光靈庵寺，爲寺内左邊一碑。碑刻單面，拓片編號03188，全共十七行字，滿行約三十五字，有界綫，碑額刻“陳家後佛碑”五字，碑題“輔國功臣署府事太傅致仕綿郡公誌家先墓碑”十九字，今依碑文内容主旨重定題名爲“魯溪社陳家後佛碑記”。碑文撰者爲陳姓太傅爵綿郡公，書者嘉林土塊同知府阮登保。年代署作景興（Cảnh Hưng）二十五年（1764），景興爲後黎顯宗（Lê Hiến Tông）黎維祧（Lê Duy Diêu）年號，同年爲清乾隆二十九年，歲次甲申。拓片現藏於漢喃研究院。

此碑爲綿郡公所撰自述其爲祖母和母親遷墓之事。綿郡公於壬寅年間將遷葬祖母至魯溪社。魯溪社社人尊選其祖母爲後佛，綿郡公因此捐了三錠白銀。後亦將其母之墓遷移至此，社民再保其母親爲後佛。爲此綿郡公又捐鉦和田地作爲祭忌之用。文末記有祭禮規定與田地大小與方位。

03188

陳家後佛碑

輔國功臣署府事太傅致仕綿郡公誌宗先墓碑

予安越良風人少時樂風水術壬寅年到東岸魯溪亭奠處之他麻愛其山水有情遂有辭于負目社村長等竟以使錢拾貫買取此地遷移顯祖妣墓葬焉鄉人因尊保予祖妣為本社後佛予即以銀子參笏許之逮壬申年予顯妣墓亦遷葬于此其鄉亦復尊保予顯妣為本社後佛予更以銅錢壹佰價古錢五拾貫許之又買肥田壹畝壹高肆尺捌寸許為逓年奉事各節因刻石記事以傳永久云

一顯祖妣封贈太保良郡公正夫人封贈郡夫人楊貴氏諡慈賢十一月十九日正忌

一顯妣封贈太保法郡公正夫人封贈郡夫人楊貴氏諡慈順九月初十日正忌

一逓年正月三節日及清明端午中元八席嘗先臘節除夕共每月朔望並用糯米參斗并金銀花菓芙蕾惟忌日每甲各款壹盤每盤用米五斗并金銀花菓芙蕾又別用五斗誦經供佛

一後佛田在各處所開陳于后

一所亭畝處貳高（東近茹曳　西近茹連）

一所轅厨處拾肆尺肆寸（東近阮津　西近後佛田）

一所鐧廊處壹高五尺柒寸（東近河曾人田　西近溪昭）

斬排處二所共貳高壹寸（東近河曾人田　西近茹曷）

下郡處二所共貳高拾肆尺陸寸（東近河曾人田　西近河曾人田）

一所在曾郊社求滝處共貳高（東近阮文行　西近官溪）

以上共壹畝壹高肆尺捌寸

黎皇朝景興萬七年之二十五歲在閼逢涒灘仲秋穀日

弟子嘉林土塊同知府阮登儀承書

318

北寧省慈山府河魯縣魯溪社光靈庵寺內左邊一碑

編號：03188　出自《拓片總集》第四冊

釋文

【陳家後佛碑】

輔國功臣署府事太傅致仕綿郡公誌家先墓碑[①]

予安越良風人，少時樂風水術，壬寅年到東岸魯溪亭美處之他麻[②]，愛其山水[之]有/情，遂有辞于員目社村長等，竟以使錢[③]拾貫買取此地，遽移顯祖妣墓葬焉。鄉/人因尊保予祖妣爲本社後佛，予即以銀子叁笏許之。逮壬申年、予顯妣墓亦遷/葬于此，其鄉亦復尊保予顯妣爲本社後佛，予更以銅鉦壹面，價古錢[④]五拾貫許/之，又買肥田壹畝壹高肆尺捌寸，許爲遞年奉事各節，因刻石記事，以傳永久云。/

一顯祖妣，封贈太保、良郡公正夫人，封贈郡夫人楊貴氏，謚慈賢，十一月十九日正忌。/

一顯妣，封贈太保、法郡公正夫人，封贈郡夫人楊貴氏，謚慈順，九月初十日正忌。/

一遞年正月三節日及清明、端午、中元、入席、嘗先、臘節、除夕與每月朔望，並用糯米叁斗并/金銀、花果、芙蔔[⑤]。惟忌日每甲各�壹盤，每盤用米五斗，并金銀、花果、芙蔔，又别用五/斗誦經供佛。/

一後佛田在各處所開陳于後[⑥]。

一所髀廊處壹高五尺柒寸。東近河魯人田/，西近婆昭。/

一所亭歆處貳高，東近茹曳/，西近茹連。一所髏廚處拾肆尺肆寸，東近阮津，/西近後佛田。䖸排處二所共貳高壹寸，東近河魯人/田，西近茹易。/下那處二所共貳高拾肆尺陸寸，東近河魯人田/，

---

① 此爲碑題，今依内容及性質重定篇題爲“魯溪社陳家後佛碑記”。

② “他麻”，即墓地、墳場。

③ “使錢”，見《欽定越史通鑑綱目·正編》“後黎盛宗光順八年”注：“使錢、古錢”引黎貴惇《芸臺類語》云：“北人以百文爲一陌。本國以三十六文爲一陌，謂之‘使錢’；六十文爲一陌，謂之‘古錢’。‘使錢’十陌，乃是‘古錢’六陌，準爲‘使錢’一貫。其‘古錢’十陌乃使錢之一貫六陌四十文。使錢别名閒錢，古錢别名貴錢。”

④ “古錢”，見前注。

⑤ “芙蔔”，是一種藤類的植物，越文作Cây lá trầu。與檳榔同爲喜慶時必有之象徵性植物，尤其是在傳統婚俗文化中，檳榔、芙蔔與石頭（石灰）是兄弟和睦、夫妻相恩相愛之象徵。

⑥ “後”，碑原作“后”，因另兼正字，故逕改，下同不另出注。

西近河魯人田。**一所在魯郊社求漇處共貳高。**東近阮文行/，西近官溪。/

以上共壹畝壹高肆尺捌寸。/

黎皇朝景興萬萬年之二十五歲在閼逢[1]涒灘[2]仲秋穀日/

弟子嘉林土塊同知府阮登保承書/

題後

本碑爲綿郡公所撰，自述其爲祖母和母親遷墓並設置寄忌之事。值得注意的是，綿郡公只遷葬其祖母與母親，署題綿郡公爲“輔國功臣署府事太傅致仕”，則其祖、其父若此時未卒，必十分長壽，基本上與理不合，綿郡公自言善風水，爲何不遷葬其祖及父？令人生疑。

① “閼逢”，天干“甲”也。
② “涒灘”，地支“申”也。

一九九　浯溪社泗忠侯阮公任祭忌碑記

引言

碑立於北寧省慈山府河魯總河溪社，爲社亭内一碑。碑刻雙面，拓片編號03197/03198。拓片編號03197爲碑前，共二十行字，滿行三十二字，碑額刻“後神碑記”四字，碑題“慈山府東岸縣浯溪社奉事碑記”十三字；拓片編號03198爲碑後，共十七行字，每行字數不一。今依内容及性質重定篇題爲“浯溪社泗忠侯阮公任祭忌碑記”。碑兩面之四邊均刻有紋飾，碑額皆爲雙龍昭日，左右兩邊則爲花草紋，碑底飾以蓮座。碑文撰者據《越南漢喃碑銘拓片目録提要》補爲陪從、工部左侍郎知水師署、中書監鄧廷相，書者侍内書寫、水兵番所使陶廷甲，刻者安獲社石匠局阮維仁。年代署作正和（Chính Hòa）二十三年（1702），正和爲後黎熙宗（Lê Hy Tông）黎維祫（Lê Duy Cáp）年號，同年爲清康熙四十一年，歲次壬午。拓片現藏於漢喃研究院。

此碑爲浯溪社爲泗忠侯阮公任所立之祭忌碑。碑文記載浯溪社曾請泗忠侯阮公任出資修建大亭一座，後泗忠侯又捐獻兩畝田地作爲香火田，浯溪社社民感念其恩，尊選其爲後神，該社更約定泗忠侯去世後之每年祭祀的相關規定。碑末並録有泗忠侯所捐之田地位置。

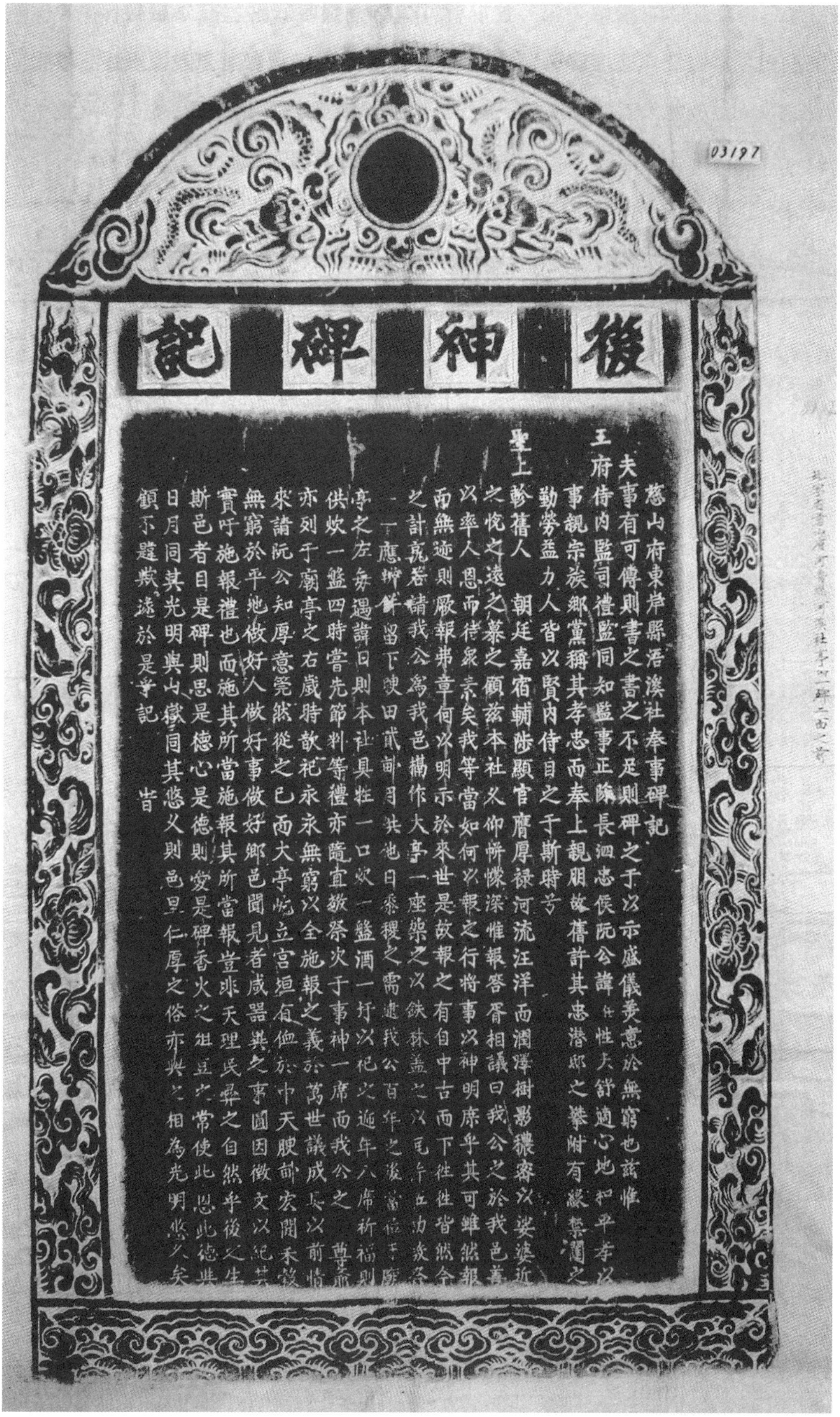
03197
後神碑記
慈山府東岸縣浯溪社奉事碑記
夫事有可傳則書之書之不足則碑之于以示盛儀美意於無窮也茲惟
王府侍内監司禮監同知監事正隊長泗忠侯阮公諱仕性大舒適心地和平孝以
事親宗族鄉黨稱其孝忠而奉上親朋故舊許其忠潛邸之攀附有緣禁闈之
勤勞益力人皆以賢内侍目之于斯時方
聖上齡舊人 朝廷嘉宥輔陟顯官膺厚祿河流汪洋而潤澤樹影穠密以婆娑近
之悅之遠之慕之顧茲本社久仰憐憫深惟報答胥相議曰我公之於我邑義
以率人恩而得衆泉矣我等當如何以報之行將事以神明庶乎其可雖然報
而無迹則厥報弗章何以明示於來世是故報之有自中古而下往往皆然今
之計亮吾請我公為我邑構作大亭一座檠之以鐵林蓋之以毛瓦功役各
一一應辦併留下塊田貳畝月共他日黍稷之需遣我公百年之後當位于廟
亭之左每遇諱日則本社具牲一口炊一盤酒一圩以祀之逓年八席祈福則
供炊一盤四時嘗先節料等禮亦隨宜敬祭次于事神一席而我公之尊前
亦列于廟亭之右歲時歆祀永永無窮以全施報之義於萬世議成已以前情
來請阮公知厚意莞然從之已而大亭屹立宮垣有侐於中天腴畝宏開禾穀
無窮於平地做好人做好事做好鄉邑聞見者咸器異之事圖因徵文以紀其
實吁施報禮也而施其所當施報其所當報豈非天理民彝之自然乎後之生
斯邑者目是碑則思是德心是德則愛是碑香火之祖豆六常使此恩此德與
日月同其光明與山嶽同其悠久則邑里仁厚之俗亦與之相為光明悠久矣
顧不韙歟遂於是乎記 皆

編號：03197　出自《拓片總集》第四冊（下同）

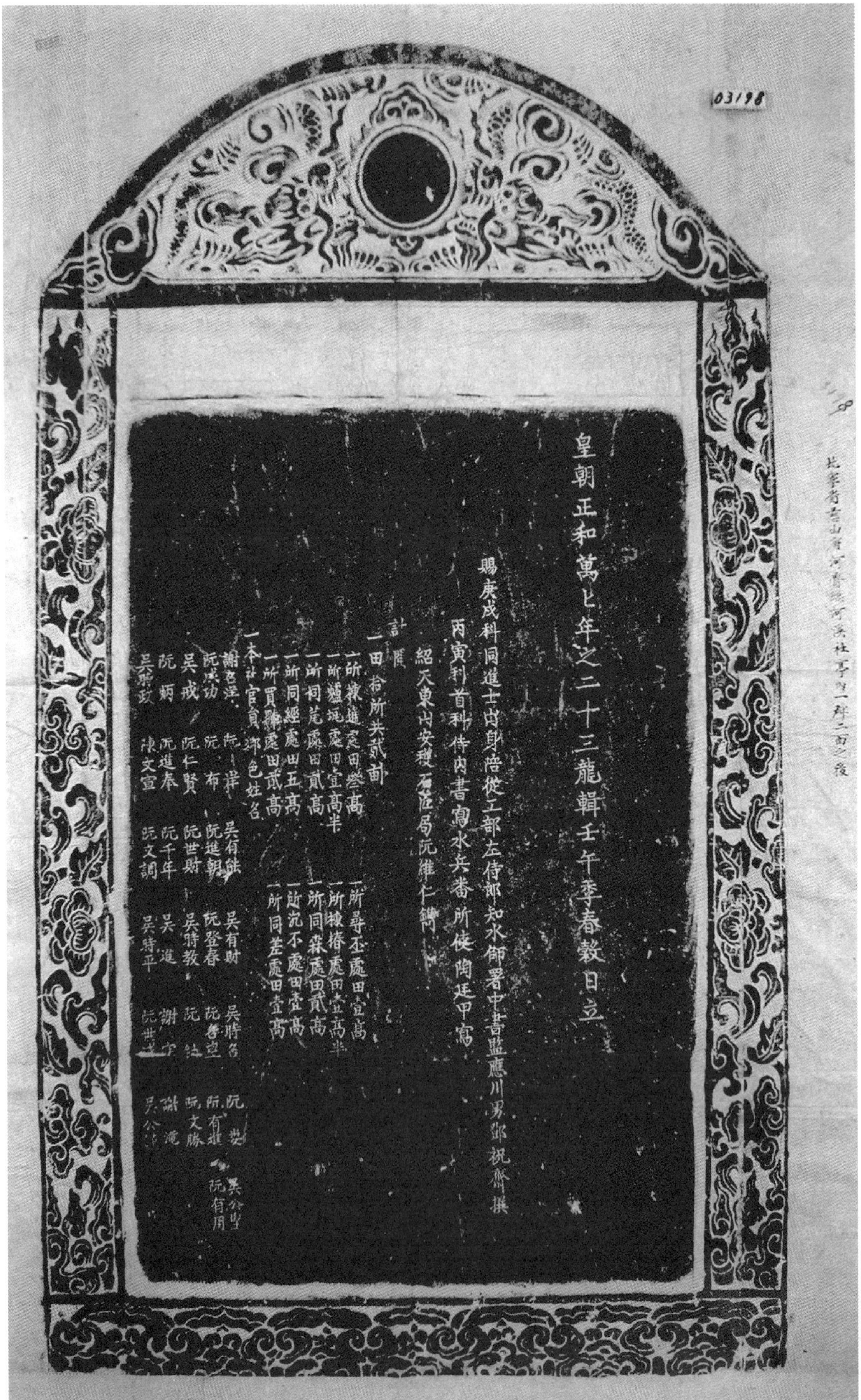
03198
皇朝正和萬七年之二十三龍輯壬午季春穀日立
賜庚戌科同進士出身陪從工部左侍郎知水御署中書監應川男鄧祝齋撰
丙寅科首科侍內書寫水兵番所使陶廷甲寫
紹天東山安穫石匠局阮維仁鐫
計開
一田拾所共貳畝
一所同經處田五高
一所買處田貳高
一所同森處田貳高
一所同不處田壹高
一所同差處田壹高
一本社官員鄉色姓名
吳有財
阮登春
吳時教
吳進
吳時平
阮文調
阮千年
阮世財
阮進朝
吳有用
阮仁賢
阮進奉
陳文宣
吳戒
阮炳
阮有進
阮文勝
阮有用

編號：03198

釋文

【後神碑記】

慈山府東岸縣浯溪社奉事碑記[①]

夫事有可傳則書之，書之不足則碑之，于以示盛儀美意於無窮也。兹惟/　　　　王府侍内監司禮監同知監事正隊長、泗忠侯阮公諱任，性天舒適，心地和平，孝以/事親，宗族鄉黨稱其孝；忠而奉上，親朋故舊許其忠，潛邸之攀附有緣，禁闈之/勤勞益力，人皆以賢内侍目之。于斯時兮/　　　　聖上軫舊人，　朝廷嘉宿輔，陟顯官，膺厚禄，河流汪洋而潤澤，樹影穠密以娑婆，近/之悦之，遠之慕之。顧兹本社久仰帲幪[②]，深惟報答，胥相議曰：我公之於我邑，善/以率人，恩而待衆素矣。我等當如何以報之？行將事以神明，庶乎其可，雖然，報/而無迹則厥報弗章，何以明示於來世！是故報之有自，中古而下，往往皆然。今/之計，孰若請我公爲我邑構作大亭一座，架之以鐵林，蓋之以瓦片，五功設祭，/一一應辦，併留下腴田貳畝，用供他日黍稷之需。逮我公百年之後，當位于廟/亭之左，每遇諱日則本社具牲一口，炊一盤，酒一圩以祀之。遞年入席祈福則/供炊一盤，四時嘗先節料等禮，亦隨宜敬祭，次于事神一席。而我公之尊　爺/亦列于廟亭之右，歲時歆祀，永永無窮，以全施報之義於萬世。議成，具以前情/來請，阮公知厚意，莞[③]然從之，已而大亭屹立，宮垣有侐於中天，腴畝宏開，禾穀/無窮於平地。做好人，做好事，做好鄉邑，聞見者咸嚣異之。事圓，因徵文以紀其/實。吁！施報，禮也；而施其所當施，報其所當報，豈非天理民彝之自然乎！後之生/斯邑者目是碑則思是德，心是德則愛是碑，香火之，俎豆之，常使此恩此德與/日月同其光明，與山嶽同其悠久，則邑里仁厚之俗，亦與之相爲光明悠久矣，/顧不韙歟。遂於是乎記。

時[④]/

---

① 此爲碑題，今依内容及性質重定篇題爲“浯溪社泗忠侯阮公任祭忌碑記”。

② “帲幪”，本指帳幕，後亦引申爲覆蓋、庇蔭與庇護。(漢) 揚雄《法言·吾子》：“震風陵雨，然後知夏屋之爲帲幪也。虐政虐世，然後知聖人之爲郛郭也。”李軌注曰：“帲幪，蓋覆。”(宋) 吕頤浩《忠穆集·河間帥吴述古遷職再任啟》：“某猥慚疲鈍，獲托帲幪。欣聞成命之傳，彌切懦心之慶。”

③ “莞”，碑原作“筦”，俗“艸”“竹”互通，故逕改。

④ 以上爲拓片編號03197的内容。

皇朝正和萬萬年之二十三龍輯壬午[1]季春穀日立/

賜庚戌科同進士出身、陪從工部左侍郎、知水師署、中書監、應川男鄧祝齋[2]撰/

丙寅科首科、侍内書寫、水兵番所使陶廷甲寫/

紹天東山安穫石匠局阮維仁鐫/

計開/

一田拾所共貳畝：/

一所棟通處田叁高，一所尋丕處田壹高，/

一所爐坈處田壹高半，一所棟椿處田壹高半，/

一所同�處田貳高，一所同森處田貳高，/

一所同經處田五高，一所沉不處田壹高，/

一所買蘚處田貳高，一所同差處田壹高。/

一本社官員鄉色姓名：/

謝召洋，阮岸，吴有能，吴有財，吴時名，阮婁，吴公堅，/阮成功，阮布，阮進朝，阮登春，阮名望，阮有進，阮有用，/吴戒，阮仁賢，阮世財，吴時教，阮□，阮文勝，/阮炳，阮進奉，阮千年，吴進，謝□，謝滝，/吴時政，陳文宣，阮文調，吴時平，阮世成，吴公謹[3]。/

題後

碑記主阮任是鄭王府的内侍，鄭主時期重用宦者，動輒封侯，由現存越南碑記中可以看到内侍如本碑記所記“陟顯官，膺厚禄”，或許因爲内侍無嗣，故立寄忌者甚衆，而爲其撰文、書、潤者多爲進士、鄉貢，可見當時地位之顯赫。

---

① “皇朝正和萬萬年之二十三龍輯壬午”，“正和”爲後黎熙宗黎維祫年號，“二十三年”爲公元 1702 年，當清康熙四十一年。

② 應即鄧國鼎，《鼎鍥大越歷朝登科録》黎熙宗正和二十一年（1700）庚辰科共進士十九名，第三甲同進士出身十五名，第四名鄧國鼎：“弘化葛川人，三十二中，仕至憲使。”

③ 以上爲拓片編號 03198 的内容。

二〇〇　春峰子阮寵儒家世科世禄碑記

引言

碑立於北寧省慈山府河魯總雲恬社文址，爲文址内第一碑。碑刻四面，拓片編號 03204/03205/03206/03207。拓片編號 03204 爲碑前，共二十二行字，滿行四十一字，碑題“賀阮候字道原儒家世科世禄榮盛刻石碑”十七字，今依碑文主旨重新定名爲“春峰子阮寵儒家世科世禄碑記”；拓片編號 03205 爲碑左，共二十三行字，滿行四十一字；拓片編號 03206 爲碑後，共二十二行字，滿行四十二字；拓片編號 03207 爲碑右，共二十三行，每行字數不一。碑文譔者吏部尚書兼東閣大學士、參預朝政堂、掌六部事范公著，書者將仕郎、清都府儒學訓導阮科第。碑文署作德元（Đức Nguyên）二年（1675），德元爲後黎嘉宗（Lê Gia Tông）黎維禬（Lê Duy Cối）年號，同年爲清康熙十四年，歲次乙卯。拓片現藏於漢喃研究院。

此碑爲是春峰子阮寵之門徒爲阮寵所立之碑。碑文記述阮寵一族之官歷、婚配與爵位，以明阮寵一族，代代相進科名之榮耀。文末録有阮寵弟子題名。

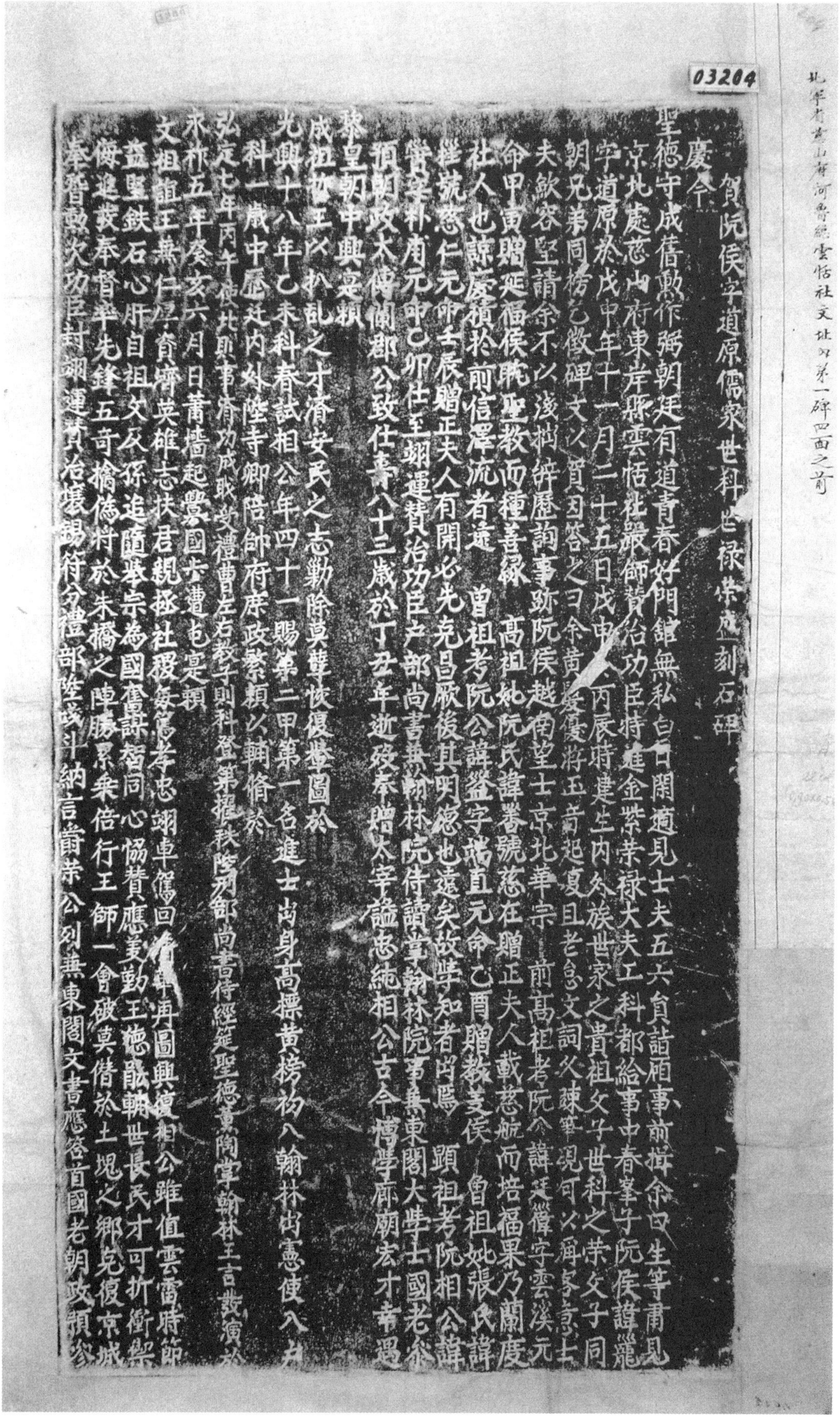
03204
北寧省安山府河魯總雲恬社文址又第一碑四面之前
賀阮侯字道原儒家世科世禄崇应刻石碑
慶今
聖德守成舊勲作弼朝廷有道青春好門館無私白日閑適見士夫五六負詣厢事前揖余曰生等甫見
京北慈山府東岸縣雲恬社嚴師贊治功臣特進金紫崇禄大夫工科都給事中春峯子阮侯諱寵
字道原於戊申年十一月二十五日戊申丙辰時建生内外族世家之貴祖父子世科之崇父子同
朝兄弟同榜乞徵碑文以貿因答之曰余黄髮優游五音起夏且老息文詞父棟筆硯可以屏客意士
夫欽容堅請余不以淺拙辨歷詢事跡阮侯越係望士京北華宗 前高祖考阮公諱廷衛守雲溪元
命甲寅贈延福侯號聖教而種善緣 高祖妣阮氏諱番號慈在贈正夫人載慈航而培福果乃蘭度
社人也諒慶積於前信澤流者遠 曾祖考阮公諱盜字端直元命乙酉贈教姜侯 曾祖妣張氏諱
權號慈仁元命壬辰贈正夫人有開必先克昌厥後其明德也遠矣故學知者尚焉 顕祖考阮相公諱
晉榮科甲元命乙卯仕至翊運贊治功臣戶部尚書兼翰林院侍讀掌翰林院事兼東閣大學士國老參
預朝政太傅蘭郡公致仕壽八十三歲於丁丑年逝殁奉贈太宰謚忠純相公古今博學廊廟宏才奇遇
黎皇朝中興寔賴
成祖哲王以撥亂之才濟安民之志勤除莫孽恢復舊圖於
光興十八年乙未科春試相公年四十一賜第二甲第一名進士尚身高標黄榜初入翰林出憲使入為
科一歲中歷廷内外陞寺卿陪仰府麾政繁賴以輔倚於
弘定七年丙午征北取事有功成戰受禮曹左右教字則科登第擢秩陞刑部尚書侍經筵聖德兼閣掌翰林王言數演於
永祚五年癸亥六月日蕭牆起釁國步遭屯寔賴
文祖誼王無仁厚資濟英雄志扶君親拯社稷每篤孝忠翊車駕回 再圖興復相公雖值雲雷時節
益堅鉄石心肝自祖父及孫追隨舉宗為國奮謀智同心協贊應義勤王德猷輔世長民才可折衝禦
侮進莪奉督率先鋒五奇擒偽將於朱橋之陣勝累乘倍行王師一會破莫僭於土塊之鄉克復京城
奉督敕次功臣封翊運贊治壞錫符分禮部陞戶斗納言爵崇公列兼東閣文書應答首國老朝政預參

編號：03204　出自《拓片總集》第四冊（下同）

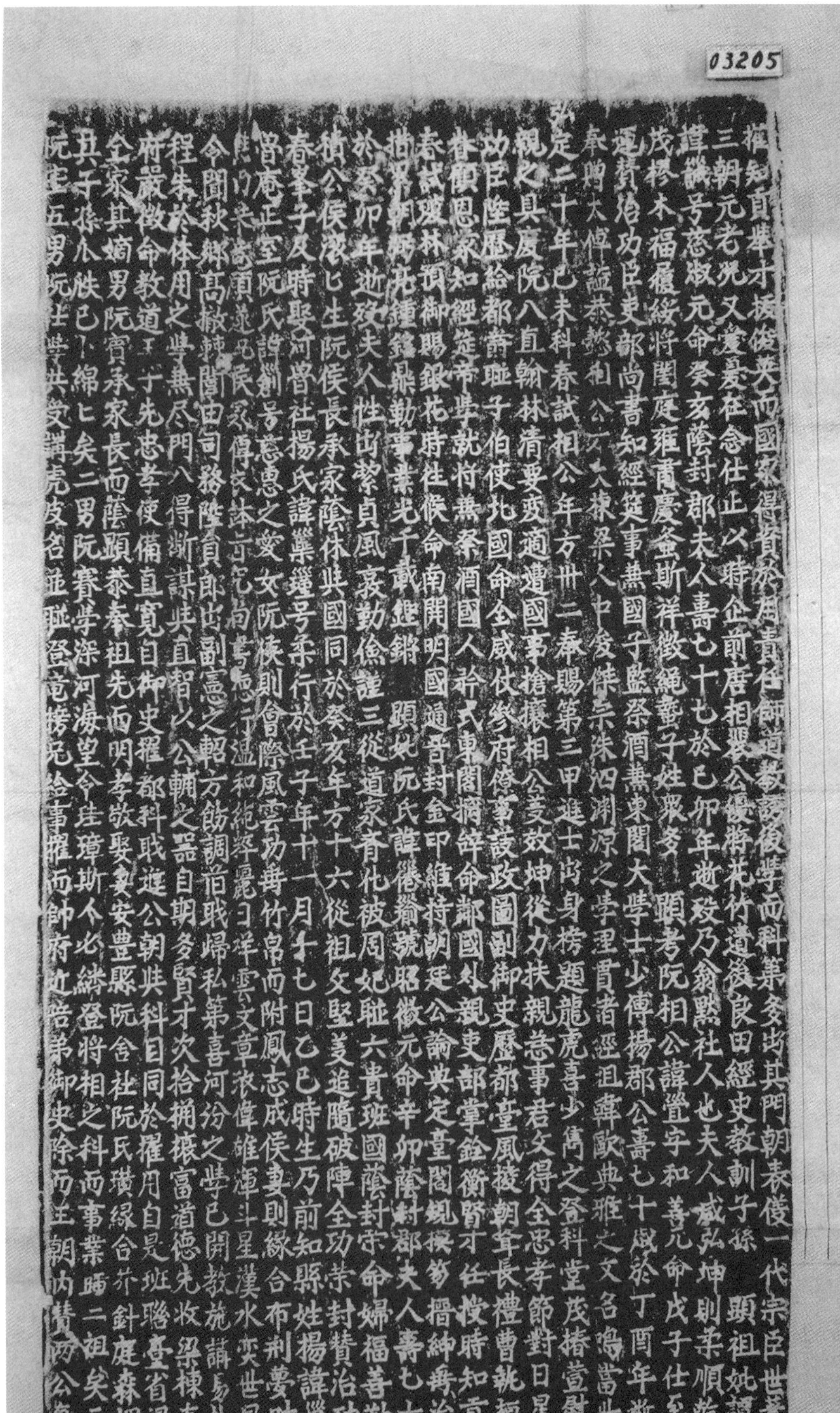

03205

權知貢舉才拔俊英而國家得資於用責任師道教誨後學而科第多出其門朝表儀一代宗臣世者
三朝元老既又黌憂在念仕止以時企前唐相裴公優游花竹遺後良田經史教訓子孫　顯祖妣譚氏
諱號慈淑元命癸亥蔭封郡夫人壽七十七於己卯年逝殁乃翁黙社人也夫人威弘坤則柔順乾承
茂膺木福履綏将閨庭雍肅慶螽斯祥徵繩蟄子姓衆多　顯考阮相公諱萱字和善元命戊子仕至翊
運贊治功臣吏部尚書知經筵事兼國子監祭酒兼東閣大學士少傅揚郡公壽七十歳於丁酉年逝殁
奉贈太傅謚恭懿相公一文入棘桑入中發傑宗洙泗淵源之學理貫者經沮韓歐典雅之文名鳴當世於
弘定二十年己未科春試相公年方卅二春賜第三甲進士出身榜題龍虎喜少隽之登科堂茂椿萱慰雙
親之具慶阮八直翰林清要爽適遭國事搶攘相公爰效坤從力扶親急事君文得全忠孝節對日星於
功臣陞歷給都爵瑯子伯使北國命全威仗參府僚事議政圖副御史歷都臺風棱朝章長禮曹執柩瑞
眷顧恩家知經筵帝學兼府兼祭酒國人矜式東閣摛辭命鄰國外親吏部掌銓衡賢才任授時知貢舉
春試瓊林預御賜銀花時往候命南開明國通晉封金印維持朝廷公論典定臺閣規模篤摺紳冊治安
揩界朝鍔充鍾鑄鼎勳事業光千載鏗鏘　顯妣阮氏諱倦翁號昭徽元命辛卯蔭封郡夫人壽七十三
於癸卯年逝殁夫人性出黎貞風哀勤儉謹三從道家齊化被周妃醜六貴班國蔭封宗命婦福善勤匕
積公侯滾匕生阮侯長承家蔭休與國同於癸亥年方十六從祖父堅美進隨破陣全功崇封贊治功臣
春峯子及時娶河曾社揚氏諱藥鑾号柔行於壬子年十一月十七日乙巳時生乃前知縣姓揚諱曼号
晉庵正室阮氏諱劉号慈惠之愛女阮侯則會際風雲功冊竹帛而附鳳志成侯妻則緣合布荊夢叶麟
趾門老壽須遂兒侯家傳衣鉢言見尚號惠行溫和純粹麗日祥雲文章浓偉雄渾斗星漢水奕世鳳騰
令聞秋鄉高擢轉階由司務陞員郎出副憲之軺方飭調省職歸私第喜河汾之學已開教施講易札法
程朱於体用之學無尽門人得斷謀與直智以公輔之器自期多賢才次拾搢紳富道德先收梁棟奉飭
府嚴徵命教道于先忠孝使備直寬自御史擢都科戰進公朝與科目同於擢用自是班聯臺省祿及
全家其嫡男阮實承家長而蔭顯恭奉祖先而明孝敬娶妻安豐縣阮舍社阮氏璜緣合芥針庭森槐蕙
其子孫瓜瓞已卜綿匕矣二男阮賽學深河海望令珪璋斯今必繼登将相之科而事業踊二祖矣三男
阮室五男阮生學共受講虎皮名並聯登竜榜兒給事擢而帥府並陪弟御史除而生朝內贊兩公真為

北寧省慈山府河曾總雲括社文址內第一碑四面之左

編號：03205

03206

庙堂燮理而勳業之超群也四男阮金承家善基積累荷國世祿遠延七男阮金儒侍府孫庚價手期
月桂高攀斯人必繼儒科之事業其妻阮氏乃廣昌縣清陽社人也第六女阮氏璹王溫良貞質君子好
逑章孫得歸章社儒生中式阮吳鍾潤閎世儒文章機軸是人必登科目之正途矣夫侯之子孫蕃衍侯
之族姓顯榮親叔總兵同知阮公諱當嬸母夫人吳氏諱璆及男弟海陽參議阮公諱鉉山南左廣阮公
諱業皆以功臣之胄並業詩書之業有氣遠長得應祿壽以及令姪弘智侯乃相門出將之良才以至君
姪亦儒家出儒之賢裔茲其衣之業不墜詩書之澤猶存且侯父子同朝君臣奇遇於壬子年六月奉
大元帥掌國政尚師太父德功仁威明聖西王翊扶
皇上御駕大舉南征順廣專委
元帥典國政定南王總大兵號令諸將其府阮侯奉令為督視同督率官率各儒奇屯有政州又奉令進
閱鄉兵捐為隊伍分巡水步累奉旨傳衛迎危弱軍人而生者得壽督押本州莫化病散軍士而死者得
超上以廣九重恢恢之量下以表陰德真真之中功德所及遠矣福澤其增盛焉所以赫奕勳業不替雲
仍由有祖如是父如是子如是相繼達科各王遇君可為臣可為府可為顯得行學術聰此門生等貴者
弦教絳帳親承入室者摘艷熏香升堂者采珠拾玉有為承司憲寮有權御史給都有登春試及中
瓊有領解鄉由於學館九教沐魚躍鳶飛舉心欲鵬翔鳳舞將欲載畫特蔱以衣貿悰不若求華袞之
以樂文字之飲客卷陳美事余因寓言夫以世胄而懲驕傲固可稱若任師道而維世教尤可敬侯但
當事者以忠教子以義知夫為民立極者師則法聖賢澤民之意使斯民登於春臺之中知夫為世開
者師則体聖賢憂世之心使一世躋於仁壽之域如此則皇天功格南斗壽增公朝謝事閒適寅陸聞韶
螽蘚芳聯枝枝桂子科第繼登茂增葉葉桐孫鈞衛累掌無富壽康之福五達尊爵德之尊三師弟名照
紀繼緗流傳有永斯文道長在天地貼御先窮倚歟盛哉如此則阮侯不特不忝祖父之相業而亦可踵
余之相業矣句云家庭學講詩書禮將相科登祖父孫是語也正為阮侯賀亦為諸生繼進賀又為天下
賀參賀參賀客服其言之當遂鐫于石碑以壽其傳賀皆
泰皇朝德元萬萬年歲在乙卯孟春月穀日

北寧省慈山府河魯縣雲恬社文址內第一碑四面之後

編號：03206

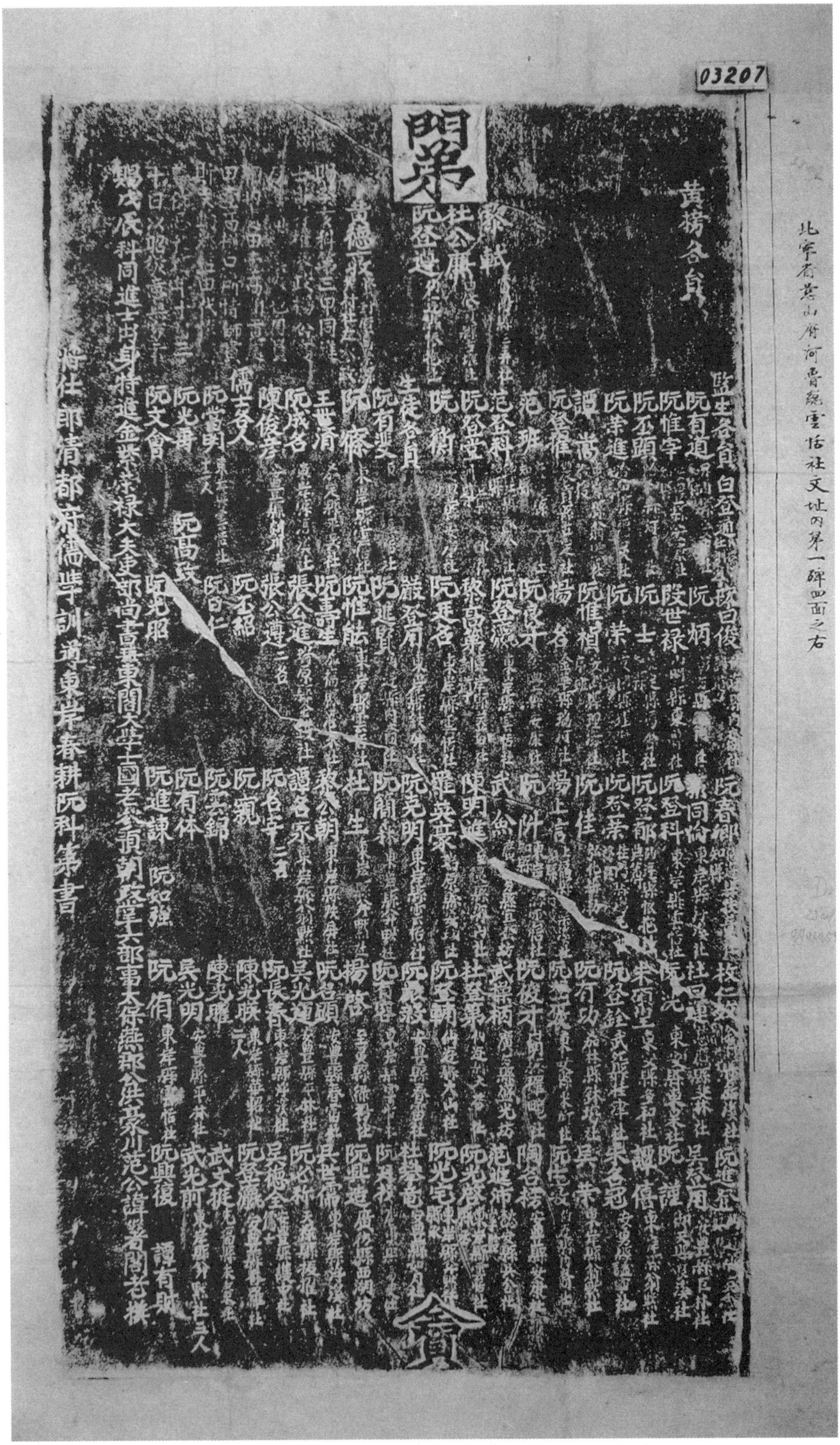

北寧省慈山府河曹總雲恬社文址內第一碑四面之右

編號：03207

釋文

賀阮侯字道原儒家世科世禄榮盛刻石碑[①]

慶今/　　　聖德守成，舊勳作弼，朝廷有道，青春好門舘無私，白日閑適，見士夫五六員詣顧事前，揖余曰："生等肅見/京北處慈山府東岸縣雲恬社嚴師、贊治功臣、特進、金紫榮禄大夫、工科都給事中、春峰子阮侯諱寵[②]，字道原，於戊申年十一月二十五日戊申□丙辰時建生，内外族世家之貴，祖父子世科之榮，父子同/朝，兄弟同榜，乞徵碑文以賀。"因答之曰："余黄髮[③]優游，玉音起復，且老怠文詞，久踈筆硯，何以稱客意？"士/夫歛容堅請，余不以淺拙辝，歷詢事跡。

阮侯越南望士，京北華宗，　前高祖考，阮公諱廷偉[④]，字雲溪，元/命甲寅、贈延福侯，耽聖教而種善緣。　高祖妣，阮氏諱香[⑤]，號慈在，贈正夫人，載慈航而培福果；乃蘭度/社人也。諒慶積於前，信澤流者遠。

曾祖考，阮公諱盆[⑥]，字端直，元命乙酉、贈教義侯；　曾祖妣，張氏諱/桂[⑦]，號慈仁，元命壬辰、贈正夫人。有開必先，克昌厥後，其明德也遠矣，故學知者出焉。

顯祖考，阮相公諱/實[⑧]，字朴甫，元命乙卯，仕至翊運贊治功臣、户部尚書、兼翰林院侍讀、掌翰林院事、兼東閣大學士、國老、參/預朝政、太傅、蘭郡公，致仕[⑨]。壽八十三歲，於丁丑年[⑩]逝歿，奉贈太宰，謚忠純[⑪]。相公古今博學，廊廟宏才，幸遇/　　　黎皇朝中興，

---

① 此爲碑題，今依内容及性質重定篇題爲"春峰子阮寵儒家世科世禄碑記"。

② "寵"，原作諱字。

③ "黄髮"，壽老也。《爾雅·釋詁》："黄髮、齯齒、鮐背、耇老，壽也。"郭璞注："黄髮，髮落更生黄者；齯齒，齒墮更生細者；鮐背，背皮如鮐魚；耇猶耆也；皆壽考之通稱。"

④ "偉"，原作諱字。

⑤ "香"，原作諱字。

⑥ "盆"，原作諱字。

⑦ "桂"，原作諱字。

⑧ "實"，原作諱字。

⑨ 《大越史記全書·本紀》卷十八黎神宗德隆六年（1634）："（夏）加禮部尚書、兼翰林院侍讀、掌翰林院事、東閣學士、國老、參預朝政、太保、蘭郡公阮實陞户部尚書、太傅，致仕。本朝恢復以來，以尚書、國老致仕，自實始。"

⑩ "丁丑年"，即後黎神宗黎維祺陽和三年（1637），當明崇禎十年。

⑪ 《大越史記全書·本紀》卷十八黎神宗陽和三年："十一月，致仕阮實卒，贈太宰，賜謚忠純，時年八十三。"注："實，東岸雲恬人。"

寔賴/　　　　成祖哲王[①]以扒亂之才，濟安民之志，勦除莫孽，恢復輿圖[②]。於/
光興十八年乙未科春試，相公年四十一，賜第二甲第一名進士出身，高標黄榜[③]；初入翰林，出憲使，入户/科，一歲中歷遷内外，陞寺卿，陪帥府，庶政繁，賴以輔脩。於/　　　　弘定七年丙午[④]使北，則事濟功成，職受禮曹。左右教子，則科登第擢，秩陞刑部尚書；侍經筵，聖德薫陶；掌翰林，王言發演。於/　　　　永祚五年癸亥[⑤]六月日蕭墙起釁，國步邅屯，寔賴/　　　　文祖誼王[⑥]，兼仁厚資，濟英雄志，扶君親，拯社稷，每篤孝忠，翊車駕，回清華，再圖興復[⑦]。相公雖值雲雷時節，/益堅鐵石心肝，自祖父及孫追隨，舉宗爲國奮謀，智同心協，贊應義，勤王德，能輔世，長民才，可折衝禦/侮，進發奉督，率先鋒五奇，擒僞將於朱橋之陣[⑧]；勝累乘倍行，王師一會，破莫僭於土塊之鄉[⑨]。克復京城，/奉稽勳次功臣，封翊運贊治，壤錫符分，禮部陞踐斗納言，爵榮公列，兼東閣文書應答首、國老、朝政預参[⑩]。/權知貢舉，才拔俊英，而國家得資於用；責任師道，教誘後學，而科第多出其門。朝表儀一代宗臣，世耆龜/三朝元老，況又愛憂在念，仕止以時。企前唐相，裴公優游花竹[⑪]；遺後

---

① “成祖哲王”，即都元帥、總國政、尚父、平安王鄭松，黎神宗永祚五年（1623）薨；六年（1624）追封鄭松爲“恭和寬政哲王”。見《大越史記全書·本紀》卷十八。

② 事見《大越史記全書·本紀》卷十七黎世宗光興六年（1583，莫延成六年）：“七月，莫兵侵清華，寇掠沿河各縣。節制鄭松差兵大擊於海門外，逐之而還。自是莫兵不敢復侵，而清華、乂安各處人民始得休息矣。”

③ 見《大越史記全書·本紀》卷十七黎世宗光興十八年（1595）：“三月，會試天下舉人于草津，賜阮實、阮曰壯進士出身，阮德茂等四人同進士出身。”

④ 見《大越史記全書·本紀》卷十八黎敬宗弘定七年（1606）：“遣正史黎弼四、副使阮用、阮克寬等如明進謝恩禮。又遣正使吴致和、阮實、副使范鴻儒、阮名世、阮郁、阮爲時等二部，如明歲貢。”

⑤ “永祚”，爲黎神宗年號，五年歲次癸亥，當明天啟三年（1623）。

⑥ “文祖誼王”，即平安王鄭松子鄭梉。

⑦ 指平安王鄭松兩子鄭梉、鄭椿爭奪王世子位，導致兵戎相見，平安王鄭松因而去世，神宗播遷的歷史事件，事變發生於黎神宗永祚五年（1623）六月，至八月平定。見《大越史記全書·本紀》卷十八。

⑧ “朱橋”，亦作“株橋”。事見《大越史記全書·本紀》卷十八黎神宗永祚五年八月：“二十一日，擊破春光賊于株橋，賊兵敗走。”

⑨ 事見《大越史記全書·本紀》卷十八黎神宗永祚五年：“秋，七月……莫敬寬僭號隆泰，竊據高平日久，聞國中有變，乃嘯聚山林氓隸之徒，乘虚直抵嘉林，屯駐于東畬土塊地方，烏合響應者，殆以萬數，人情騷憂，方民不得休息。八月，節制太尉清國公鄭檄欽奉皇上命，親提諸軍進發。二十一日，擊破春光賊於株橋，賊兵敗走。二十六日，大兵進至珥河，水步相接，大破敬寬於嘉林地方，斬殺甚衆，敬寬僅以身免，遁入山林。於是，天下人民復按堵如故，京城宫禁爲之肅清。”

⑩ 以上爲拓片編號 03204 的内容。

⑪ “唐相裴公”，指唐裴度。事見《舊唐書·裴度傳》：“度以年及懸輿，王綱版蕩，不復以出處爲意。東都立第於集賢里，築山穿池，竹木叢萃，有風亭水榭，梯橋架閣，島嶼迴環，極都城之勝概。又於午橋創别墅，花木萬株，中起涼臺暑館，名曰緑野堂。引甘水貫其中，釃引脉分，映帶左右。度視事之隙，與詩人白居易、劉禹錫酣宴終日，高歌放言，以詩酒琴書自樂，當時名士，皆從之遊。”

良田，經史教訓子孫。　顯祖妣，譚氏/諱誠[1]，號慈淑，元命癸亥，蔭封郡夫人，壽七十七，於己卯年[2]逝歿，乃翁默社人也。夫人咸弘坤則，柔順乾承，/茂樛木，福履綏將[3]；閨庭雍肅、慶螽斯，祥徵繩蟄，子姓衆多[4]。

顯考、阮相公諱宜[5]，字和善，元命戊子[6]、仕至翊/運贊治功臣、吏部尚書、知經筵事、兼國子監祭酒、兼東閣大學士、少傅、楊郡公[7]。壽七十歲，於丁酉年[8]逝歿，/奉贈太傅，謚恭懿。相公才文棟梁，人中俊傑。宗洙泗淵源之學[9]，理貫諸經；祖韓歐[10]典雅之文，名鳴當世。於/　　　　　弘定二十年[11]己未科春試，相公年方卅二，奉賜第三甲進士出身，榜題龍虎[12]，喜少雋之登科；堂茂椿萱，慰雙/親之具慶。院入直翰林清要，變適遭國事搶攘。相公義效坤從，力扶親急。事君父，得全忠孝節；對日星，軫/功臣陞歷，給都爵，聯子伯。使北國，命全威仗；參府僚，事議政圖。副御史，歷都臺，風稜朝聳；長禮曹，執桓瑞，/眷顧恩蒙。知經筵，帝學就將；兼祭酒，國人矜式。東閣摛辞，命鄰國外。親吏部，掌銓横，賢才任授。時知貢舉，/春試瓊林，預御賜銀花；時往候命，南開明國，通晉封金印。維持朝廷公論，典

---

① “誠”，原做越南諱字。

② “己卯年”，應爲後黎世宗黎維潭光興二年（1579），當明萬曆七年、莫延成二年。

③ “茂樛木，福履綏將”，語出《詩經·國風·周南·樛木》，詩序云：“樛木，后妃逮下也，言能逮下而無嫉妬之心焉。”“福履綏將”源自内文云：“南有樛木，葛藟累之。樂只君子，福履綏之。南有樛木，葛藟荒之。樂只君子，福履將之。南有樛木，葛藟縈之。樂只君子，福履成之。”

④ “慶螽斯，祥徵繩蟄，子姓衆多”，語出《詩經·國風·周南·螽斯》，詩序曰：“螽斯后妃子孫衆多也，言若螽斯。”文曰：“螽斯羽，詵詵兮。宜爾子孫，振振兮。螽斯羽，薨薨兮。宜爾子孫，繩繩兮。螽斯羽，揖揖兮。宜爾子孫，蟄蟄兮。”

⑤ “宜”，原作越南諱字。

⑥ “戊子”，應爲後黎世宗光興十一年（1588），當莫興治元年，明萬曆十六年。

⑦《鼎鍥大越歷朝登科録》黎敬宗弘定二十年（1619）己未科賜第三甲同進士出身第五名：“阮宜，東岸雲恬人，三十二歲中，奉使仕至吏部尚書，入侍經筵、兼國子監祭酒、少傅、陽郡公致仕。贈太傅實之子，父子同朝，並尚書寔仕之祖，審之曾祖。”

⑧ “丁酉年”，應爲後黎神宗盛德五年（1657），當清順治十四年。

⑨ “洙泗淵源之學”，洙泗即洙水和泗水。孔子曾在洙泗之間聚徒講學，《禮記·檀弓上》曾子謂子夏：“吾與女事夫子於洙泗之間，退而老於西河之上”後亦以之代稱孔子或儒家。

⑩ “韓歐”，指韓愈、歐陽修。《元詩選》（金）元好問《贈答劉御史雲卿》詩之三：“户牖徒自闢，膠漆本易投。九原如可作，吾欲起韓歐。”又，盧亘《送侍講學士鄧善之辭官還錢塘》十首之六：“與君契金蘭，投分何綢繆。清和謝夷惠，典刑追韓歐。”

⑪ “弘定二十年”，“弘定”爲後黎敬宗黎維新年號，“二十年”爲公元1619年，當明萬曆四十七年，歲次己未。

⑫ “榜題龍虎”，典出陸贄在唐貞元八年（792）主持的進士科試，當年有韓愈、歐陽詹、李觀等八人登第，時稱“龍虎榜”，譽爲“天下第一”。《新唐書·文藝列傳·歐陽詹》：“舉進士，與韓愈、李觀、李絳、崔羣、王涯、馮宿、庾承宣聯第，皆天下選，時稱‘龍虎榜’。”

定臺閣規模。笏搢紳垂，治安/措累朝弼亮；鐘[①]銘鼎勒，事業光千載鏗鏘。　顯妣阮氏，諱倦瑜[②]，號昭徽，元命辛卯[③]，蔭封郡夫人，壽七十三，/於癸卯年[④]逝歿。夫人性出潔貞，風敦勤儉，謹三從道，家齊化被周妃；聯六貴班國，蔭封榮命婦。福善勤勤/積，公侯滚滚生。

阮侯長承家蔭，休與國同，於癸亥年[⑤]方十六，從祖父堅義，追隨破陣全功，榮封贊治功臣、/春峯子。及時娶河魯社楊氏，諱蘂瑾[⑥]，號柔行，於壬子年[⑦]十一月十七日乙巳時生，乃前知縣姓楊諱晏[⑧]，號/魯庵；正室阮氏諱創[⑨]，號慈惠之愛女。阮侯則會際風雲，功垂竹帛，而附鳳志成[⑩]；侯妻則緣合布荆[⑪]，夢叶麟/熊[⑫]，而乘竜願遂[⑬]。況侯家傳衣鉢，旨究《尚書》。德行温和純粹，麗日祥雲；文章□偉雄渾，斗星漢水。奕世夙騰，/令聞秋鄉，高撤棘闈，由司務陞員郎，出副憲之軺，方飭調舊職，歸私第，喜河汾之學已開教，施講《易》、《禮》；法/程朱於體用之學，兼盡門入得斷謀與直智，以公輔之器，自期多賢才，次拾桷榱；富道德，先收梁楝。奉帥/府嚴徵，命教道王子。先忠孝，使備直寛。自御史擢都科，職進公朝，與科目同於擢用，自是班聯臺省，禄及/全家。

其嫡男阮賓，承家長而蔭顯恭，奉祖先而明孝敬；娶妻安豐縣阮舍社阮氏璸，緣合芥針[⑭]，庭森槐蕙，/其子孫瓜瓞，已卜綿綿矣。二男阮賽，學深河海，望令珪璋，斯人必繼登將相之

---

① “鐘”，碑原作“鍾”，通字，因另兼正字，故逕改。

② “倦瑜”，兩字原均爲諱字，篇號〇〇二作“瑜倦”。

③ “辛卯”，應爲後黎世宗黎維潭光興十三年（1590），當明萬曆十八年。

④ “癸卯年”，應爲後黎玄宗黎維禑景治元年（1663），當清康熙二年。

⑤ “癸亥年”，應爲後黎神宗黎維祺永祚五年（1623），當明天啟三年。

⑥ “蕊瑾”，兩字原均爲諱字。

⑦ “壬子年”，應爲後黎敬宗弘定十三年（1612），當明萬曆四十年。

⑧ “晏”，字原爲諱字。

⑨ “創”，字原爲諱字。

⑩ “附鳳志成”，指依附皇權而飛黄騰達。《晉書・王廙列傳》：“廙奏《中興賦》，上疏曰：‘臣託備肺腑，幼蒙洪潤，爰自齠齔，至於弱冠，陛下之所撫育，恩侔於兄弟，義同於交友，思欲攀龍鱗、附鳳翼者，有年矣。’”

⑪ “侯妻則緣合布荆”，見《南史・范雲列傳》：“（范）雲之幸於子良，江祏求雲女婚姻，酒酣，巾箱中取翦刀與雲，曰：‘且以爲娉。’雲笑受之。至是祏貴，雲又因酣曰：‘昔與將軍俱爲黄鵠，今將軍化爲鳳皇，荆布之室，理隔華盛。’因出翦刀還之，祏亦更姻他族。及祏敗，妻子流離，每相經理。”

⑫ “夢叶麟熊”，見《詩經・小雅・鴻鴈之什・斯干》：“大人占之，維熊維羆，男子之祥；維虺維蛇，女子之祥。”

⑬ “乘竜願遂”，見《漢書・司馬相如傳》引《子虚賦》：“左烏號之彫弓。”張揖注曰：“黄帝乘龍上天，小臣不得上，挽持龍髯，髯拔，墮黄帝弓，臣下抱弓而號，故名弓‘烏號’。”

⑭ “芥針相投”，謂人性情相合。（宋）周煇《清波雜志・原序》：“他日討論一事，適然針芥相投、車轍相合，方知此書之效。”

科，而事業踵二祖矣。三男/阮宔，五男阮仕，學共受講，虎皮名並，聯登竜榜。兄給事，擢而帥府近陪；弟御史，除而王朝内贊。兩公真爲[1]/廟堂偉器，而勳業必超羣也。四男阮全，承家善基，積累荷國，世禄遠延。七男阮佺，儒待席□珍，美價手期，/月桂高攀，斯人必繼儒科之事業；其妻阮氏，　乃廣昌縣清陽社人也。第六女阮氏璹，玉温美質，君子好/逑，牽絲得錦章社儒生、中式阮吴鍾，閥閱世儒，文章機軸，是人必登科目之正途矣。

夫侯之子孫蕃衍，侯/之族姓顯榮。親叔，總兵同知阮公諱富[2]，嬸母，夫人吴氏諱珍[3]，及男弟海陽參議阮公諱宏[4]，山南左廙阮公/諱宲[5]，皆以功臣之胄，並蒙爵禄之榮，有氣遠長，得應禄壽。以及令姪弘智侯，乃相門出將之良才；以至羣/姪，　亦儒家出儒之賢裔，箕裘之業[6]不墜，《詩》《書》之澤猶存，且侯父子同朝，君臣奇遇，於壬子年[7]六月奉/
大元帥、掌國政、尚師、太父、德功仁威明聖西王[8]，翊扶/　皇上，御駕大舉南征，順廣專委/　元帥典國政、定南王[9]，總提大兵，號令諸將。其時，阮侯奉令爲督視，同督率、官率各屬奇屯布政州[10]，又奉令選/閱鄉兵，補爲隊伍，分巡水步。累奉旨傳，衛遞危弱軍人，而生者得壽；督押本州，焚化病故軍士，而死者得/超。上以廣九重恢恢之量，下以表陰德冥冥之中，功德所及遠矣，福澤其增盛焉。所以赫奕勳業，不替雲/仍[11]，由有祖如是，父如是，子如是，相繼進科名；上遇君，可爲臣，可爲時，可爲顯，得行學術。睠此門生等員，杏/壇教樂，絳帳親承，入室者摘豔薰香，升堂者求珠採玉，有爲承司憲察，有擢御史給都，有登春試及中叁/場，有領解鄉田於學舘，凡教沐魚躍鳶飛，舉心欣鵬翔鳳舞。將欲載壺特蔌，以表賀悰，不若求華衮之褒，/以樂文字之飲。客悉陳美事，余因寓加言。

---

① 以上爲拓片編號 03205 的内容。

② “富”，字原爲諱字。

③ “珍”，字原爲諱字。

④ “宏”，字原爲諱字。

⑤ “宲”，字原爲諱字。

⑥ “箕裘之業”，指濡染之下，子承父業。《學記・禮記》：“良冶之子，必學爲裘；良弓之子，必學爲箕；始駕者反之，車在馬前。君子察於此三者，可以有志於學矣。”

⑦ “壬子年”，即後黎嘉宗黎維禬陽德元年（1672），當清康熙十一年。

⑧ “西王”，即鄭柞，清王鄭梉之子、哲王鄭松之孫。

⑨ “定南王”，即鄭根，西王鄭柞之子，清王鄭梉之孫。陽德三年（1674）秋七月十八日，以節制太尉宜國公，晉封爲元帥、典國政、定南王。見《大越史記全書・本紀》卷十九。

⑩ 事見《大越史記全書・本紀》卷十九“陽德元年十二月”：“命……陪從兵部右侍郎、海山男阮名實爲副督視，控御邊陲保安方民。”

⑪ “雲仍”，亦作“雲礽”，遠孫的意思。見《爾雅・釋親》：“舅孫之子爲仍孫，仍孫之子爲雲孫。”郭璞注：“言輕遠如浮雲。”

夫以世胄而懲驕侈，固可稱；若任師道而維世教，尤可敬。侯但/當事君以忠，教子以義，知夫爲民立極者師，則法聖賢澤民之意，使斯民登於春臺之中；知夫爲世開平/者師，則體聖賢憂世之心，使一世躋於仁壽之域。如此則皇天功格南斗，壽增公朝；謝事閑遊寅陛，聞《韶》/夢寐。芳聯枝枝桂子，科第繼登；茂增葉葉桐孫，鈞衡累掌。兼富壽康之福五[①]，達爵齒德之尊三[②]。師弟名昭/紀縑緗，流傳有永；斯文道長在天地，瞻仰無窮。猗歟盛哉！如此，則阮侯不特不忝祖父之相業，而亦可踵/余之相業矣。句云“家庭學講詩書禮，將相科登祖父孫”，是語也，正爲阮侯賀，亦爲諸生繼進賀，又爲天下/賀，多賀多賀。客、服其言之當，遂鐫于石碑，以壽其傳賀。

時/

黎皇朝德元萬萬年歲在乙卯[③]孟春月穀日[④]/

門弟

黄榜各員：

黎軾，雷陽縣三弄社。**杜公廉，**農貢縣古堆社。**阮登遵，**仙遊縣懷抱社。**黄德敦。**肇封府富榮縣/茂村社左参政。/

賜癸亥科第三甲同進/士出身，擢参政，楊公諱/淳嘉林樂道人也[⑤]。□□/□内處田壹高，□貢處/田壹高捌口，所恃師貫/斯文，輪流監田代作，□/尊師忌禮遞年十月三/十日，以昭敬意無窮云[⑥]。/

監生[⑦]各員：

白登通，内裔/社訓導。**阮曰俊，**仙遊縣内裔社/訓導。**阮春鄉，**仙遊縣扶董社/知縣。**枚仁效，**金洞縣磊溪社/訓導。**阮進登，**仙遊縣克念社/典簿。/**阮有道，**□山縣安中社/知府。**阮炳，**彰德縣□□社。/

---

① “兼富壽康之福五”，見《尚書·洪範》：“箕子乃言曰：我聞在昔，鯀堙洪水，汨陳其五行。帝乃震怒，不畀‘洪範’九疇，彝倫攸斁……九、嚮用五福：一曰壽，二曰富，三曰康寧，四曰攸好德，五曰考終命。”

② “達爵齒德之尊三”，見《孟子·公孫丑下》：“天下有達尊三：爵一、齒一、德一。朝廷莫如爵，鄉黨莫如齒，輔世長民莫如德。惡得有其一，以慢其二哉。故將大有爲之君，必有所不召之臣，欲有謀焉，則就之，其尊德樂道不如是，不足以有爲也。”

③ “德元乙卯”，即黎嘉宗德元二年（1675），當清康熙十四年。

④ 以上爲拓片編號 03206 的内容。

⑤ 據《鼎鍥大越歷朝登科録》黎神宗永祚十年（1628）戊辰科同進士出身補：“楊淳。嘉林樂道人，四十二歲中，仕至承政使，陞右侍郎致仕，壽八十一，贈刑部尚書、侯爵。福滋之孫，澔之父，濿、漼之曾祖、史遷之高祖。”

⑥ 以上第一列。

⑦ “監生”，見《欽定越史通鑑綱目·正編》卷十九黎聖宗光順三年“定文武官致仕年例”注記載：“鄉試中四場，充入國子監，謂之監生。”

郭同倫，東岸縣浮溪社。**杜曰運**，慈廉縣艾林社。**吴登用**，安豐縣巨林社。/**阮惟宰**，安豐縣安康社/知縣。**段世禄**，山門縣東魯社。**阮登科**，東岸縣雲恬社。/**阮洸**，東安縣東杲社。**阮謹**，御天縣良溪社。/**阮丕顯**，洽和縣河□社。/**阮士**，嘉定縣馮舍社/知縣。**阮登郁**，仙遊縣懷抱社/典簿。**朱碩望**，東安縣多和社。**譚僖**，東岸縣翁默社。/**阮榮進**，洽和縣□靈社/訓導。**阮榮**，□陽縣理□社/訓導。**阮登榮**，桂陽縣鴻毛社/務□。**阮登銓**，武江縣桂津社。**朱名冠**，安勇縣謐寧社。/**譚嵩**，東岸縣翁默社/教授。**阮惟禎**，安□縣理□社/序班。**阮佳**，弘化縣□□社。**阮有功**，嘉林縣鉢場社。**吴榮**，東岸縣翁默社。/**阮登擢**，農貢縣古定社。**楊名**，金華縣瑞河社。**楊止言**，上福縣榮溪社/知縣。**阮登褒**，東安縣米所社。**阮仕敦**，仙遊縣内裔社。/**范班**，廣安縣□□社/知縣。**阮良才**，安豐縣安康社。**阮阩**，東岸縣雲恬社/知縣。阮俊才，山明縣欏畽社。**陶名榜**，安豐縣安康社。/**范登科**，錦江縣鄧舍社/知縣。**阮登瀛**，東岸縣雲恬社。**武僉**，廣德縣宜蠶坊。**武操柄**，廣德縣盛光坊。**范進沛**，懿安縣吴舍社/掌監。/**阮登堂**，安豐縣□□社/訓導。**黎高第**，東岸縣芙薗社/訓導。**陳明進**，至靈縣□山社。**杜登第**，仙遊縣大□社。**阮光啟**，東岸縣雲恬社/縣丞。/**阮衡**，安豐縣安康社。**阮廷名**，東岸縣雲恬社。**羅英豪**，瑞原縣安□社。**阮登輔**，仙遊縣大山社。**阮光宅**，東岸縣翁默社/縣丞。/

生徒[①]各員：

嚴登用，東岸縣鐵屏社。**阮克明**，東岸縣雲恬社。**阮嚴毅**，安豐縣春雷社。**杜攀竜**，安豐縣如月社。/**阮有斐**，東岸縣雲恬社。**阮進賢**，仙遊縣内裔社。**阮簡森**，東岸縣翁默社。**阮有容**，東岸縣雲恬社。**阮廷□**，廣德縣□□社。/**阮篠**，東岸縣雲恬社。**阮惟能**，東岸縣雲恬社。**杜生**，東岸縣翁默社。**楊啟**，至靈縣緑楊社。**阮興造**，廣德縣西湖坊。/**王世濟**，嘉定縣平吴社。**阮壽生**，嘉福縣□永社。**黎公朝**，東岸縣鐵屏社。**阮名顯**，安豐縣春雷社。**吴世儒**，東岸縣浮溪社。/**阮成名**，東岸縣浯溪社。**張公進**，瑞原縣金鉷社。**譚名家**，東岸縣翁默社。**吴光運**，安豐縣平林社。**阮必稱**，天禄縣拔擢社。/**陳俊彦**，安豐縣剡川社。**張公遵**，二名。**阮名宰**，二名。**阮長春**，東岸縣浮溪社。**吴德全**，安豐縣護中社□、儒士。/

儒士[②]各人：

阮丕紹，**阮窺**，**陳光�**，東岸縣華軺社/二人。**阮登瀛**，安豐縣香羅社。/**阮當明**，東岸縣雲恬社/十二人。**阮曰仁**，**阮雲錦**，**陳光曜**，**武文挺**，先福縣朱棗社。/**阮光垂**，**阮高致**，**阮有體**，**吴光**

---

① “生徒”，見《欽定越史通鑑綱目》記載：“生徒。鄉試中三場，謂之生徒。黎初衙吏多以監生、儒生、生徒爲之。”

② “儒士”，又作“儒生”。《欽定越史通鑑綱目·正編》卷三十九黎顯宗景興二年“復鄉試舊制”注釋：“官員子中三場者謂之儒生，庶人中三場謂之生徒。”又，黎熙宗永治二年“秋七月申定功臣文武世廕及吏民免役例”：“武四品以下有軍功、文中場有歷授佐貳者，諸子并爲官員子。”

明，安豐縣平林社。**武光前，**東岸縣翁默社三人。/**阮文會，阮光昭，阮進諫，阮如強，阮侑，**東岸縣雲恬社。**阮興復，譚有財。**/

全賀

賜戊辰科同進士出身、特進、金紫榮禄大夫、吏部尚書、兼東閣大學士、國老、

參預朝政、掌六部事、太保、燕郡公、洪豪川范公諱著①閣老②撰/

將仕郎、清都府儒學訓導、東岸春耕阮科第書③/

題後

越南受中國的影響，也有避諱的制度，基本上，有四種形式：其一，用空白框取代一個字；其二，改用别字；其三，缺筆；其四，改樣（拆字倒部）。所謂倒部，是將字分爲兩部分（部首+偏旁）然後逆倒，再將字上方加上“从”表示左從右從，本碑記出現許多的諱字，均爲第四種方式。然而本碑記的諱字，並不是國家的避諱字，而是阮寵家的私諱。根據越南學者吴德壽《整理漢文文獻與研究越南歷代避諱的一些通報》（《第一屆東亞漢文文獻整理研究國際學術研討會論文集》）的研究，倒部諱字應該是在胡朝（1400－1407）時出現，在黎朝時開始盛行。

又，碑右側刊列阮氏門弟名諱，分成黄榜、監生、生徒與儒士四類。黄榜即中進士者，而監生、生徒與儒生，根據《欽定越史通鑑綱目・正編》的解釋（見卷十九黎聖宗光順三年秋八月“定文武官致仕年例”注，及卷三十四黎熙宗永治二年秋七月“申定功臣文武世廕及吏民免役例”注），分别爲：鄉試中四場者充入國子監，故名監生；庶人中三場謂之生徒。儒生又有二類，其一，官員子孫充昭文館秀林局讀書者爲之儒生；其二，在鄉試中，官員子中三場者謂之儒生。而所謂官員子，又可以分爲文武兩類，武官四品以下，有軍功者可爲官員子；文官在鄉貢、會試中三場（謂之中場）且擔任寺丞、長史、評事、録事等諸衙屬員者諸子，亦爲官員子。後黎初之

---

① “著”，原爲諱字。

② “范公著”，《鼎鍥大越歷朝登科録》黎神宗永祚十年（1628）戊辰科進士十八名，賜第三甲同進士出身第十名：“范公著。唐豪遼川人，二十七歲中，應制合格，仕至參從、吏部尚書、兼東閣大學士、掌六部事，少保、國老、燕郡公，壽六十一，贈太宰。公芳之父。”

③ 以上爲拓片編號 03207 的内容。

衙吏多以監生、儒生與生徒擔任。由此可知，監生、儒生與生徒是越南在後黎朝，尤其是後黎初，地方行政主要的官吏來源，這也反映出科舉制在後黎朝地方政治架構上的重要性。

二〇一　東岸縣官員賀阮寵家族榮盛碑記

引言

碑立於北寧省慈山府河魯總雲恬社文址内。碑刻四面，拓片編號03208/03209/03210/03211。拓片編號03208爲碑前，共二十二行字，滿行三十二字，碑題“東岸縣各總社官員總正社長各職等賀雲恬社贊治功臣特進金紫榮禄大夫太原道監察御史春峯子阮侯字道原家門榮盛科目繼登石碑文”五十七字；拓片編號03209爲碑左，共二十行字，滿行三十六字；拓片編號03210爲碑後，共二十行字，滿行三十五字；拓片編號03211爲碑右，共二十行字，滿行字數不一。今依内容及性質重定篇題爲“東岸縣官員賀阮寵家族榮盛碑記”。碑文撰者據《越南漢喃碑銘拓片目録提要》補爲陪從、刑部右侍郎武良，書者爲清都府訓導阮科第，刻者安越社有鄰村玉石局匠親弟子阮進車。年代署作德元（Đức Nguyên）元年（1674），德元爲黎嘉宗（Lê Gia Tông）黎維禬（Lê Duy Cối）年號，同年爲清康熙十三年，歲次甲寅。拓片現藏於漢喃研究院。

此碑爲東岸縣各總各社的官員祝賀春峯子阮寵一族之碑。碑文記載阮寵一族多人中試，在朝擔任官員，於黎皇、鄭主有卓越功勳，故記阮寵一族官歷、婚姻關係等訊息，文末並録參與立碑東岸縣官員題名。

03208

東岸縣各總社官員總正社長各職等
賀雲恬社贊治功臣特進金紫榮祿大夫太原道監察御史春峯子阮侯字道原
家門榮盛科目繼登石碑文
慶今
聖天子端拱九重憂勤庶務撫安中外保治國家是賴
大元帥掌國政尚師太父德功仁威明聖西王內統百官外均四海專委
元帥典國政定南王振脩紀綱裁決機務暨親勳大臣文武百官同心脩輔與致太
平當此之時國家閒暇余於講堂請聖賢之書適見東岸縣各員人詣蔡前敢乞
敘文碑以賀阮侯諱寵字道原妻楊氏諱瑾家門榮盛累世科名以表賀悰等詞
余因謂曰余年老耄登仕日久學識頗淺何以當此本縣各員固請至於再三余
因問曰阮侯家先功德事業可得聞歟本縣各員因述所聞而畧陳之曰阮侯越
[illegible]士[illegible]京北東宗
高高匕祖考阮公字普性配以祖妣阮氏號慈敏
高高祖考阮公字惠達配以祖妣阮氏號慈安
高祖考阮公諱廷偉字雲溪贈延福侯增加修德配以祖妣阮氏諱香號意在贈
正夫人益莊貞純
曾祖考阮公諱盛字端直贈教義侯德積徐卿善高滑叟配以祖妣張氏諱桂號
慈仁贈正夫人清莊貞淑毓秀端良且積善之家真慶有餘而公侯之生其間淡[illegible]
顯祖考阮相公諱寶字朴甫諡慈純於
光興十八年乙未科會試場第二甲正進士出身初入翰林則絲綸敷演內任憲察
使則山南勳將內陞都户寺卿等職則秉公心而持正論奉往北使脩事竣則全
君命而強國威歷陞禮部左右侍郎入侍經筵芳蘭侯刑部尚書至癸亥年有事

北寧省慈山府河魯總雲恬社文址內第二碑四面之前

編號：03208　出自《拓片總集》第四冊（下同）

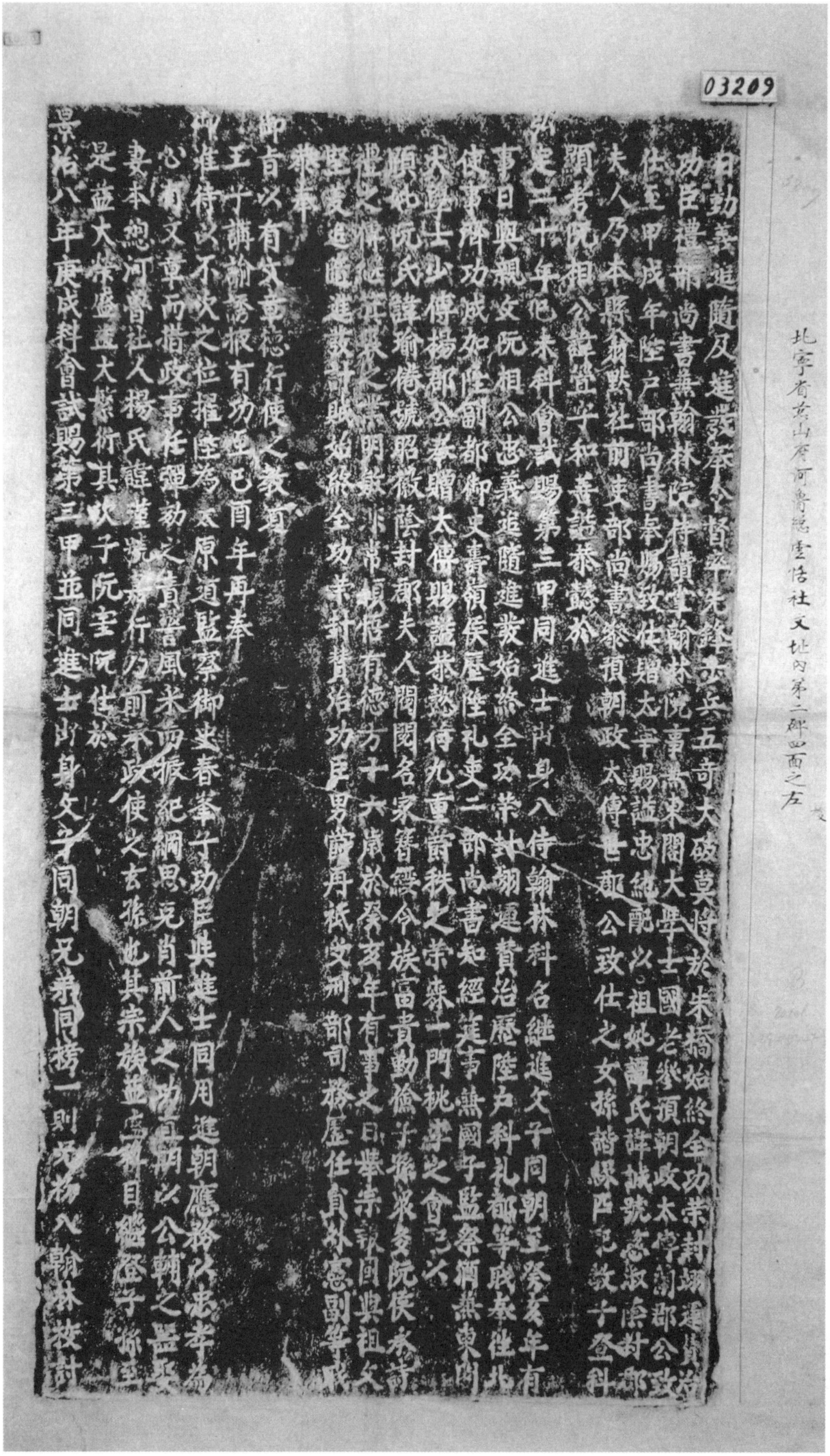

日勁義進隨及進叢莘□暫率先鋒故兵五奇大破莫將於朱橋始終全功崇封翊運贊治
功臣禮部尚書兼翰林院侍讀掌翰林院事兼東閣大學士國老參預朝政太傅蘭郡公致
仕至甲戌年陞户部尚書奉賜致仕贈太宰賜謚忠純配以祖妣譚氏諱誠號慈淑原封郡
夫人乃本縣翁默社前吏部尚書參預朝政太傅也郡公致仕之女孫諳縣户兒教于登科
題者阮相公諱登字和菴謚恭懿於
弘定二十年己未科會試賜第三甲同進士出身八侍翰林科名繼進父子同朝至癸亥年有
事日與親安阮相公忠義進隨進叢始終全功崇封翊運贊治歷陞户科礼部等職奉使北
使事辭功誠加陞副都御史壽嶺侯歷陞礼吏二部尚書知經筵事兼國子監祭酒兼東閣
大學士少傅楊郡公奉贈太傅賜謚恭懿侍九重爵秩之崇森一門桃李之會□□以
顯妣阮氏諱瑜佛號昭徽蔭封郡夫人閥閱名家簪纓令族富貴勤儉子孫衆多阮侯参寺
禮之靜德休□□□明敏非常□悟有德方十六歲於癸亥年有事之日舉宗救國與祖父
堅叢進隨進叢始終全功崇封贊治功臣男爵再祇受刑部司務歷任員外憲副等職
恭奉
御旨以有文章德行使之教習
王子講論勸振有功至己酉年再奉
內准侍以不次之位擢陞為太原道監察御史春峯子功臣與進士同用進朝應務以忠孝為
心有文章而措政事任彈劾之責著風采而振紀綱思克肖前人之功且期以公輔之器妥
妻本總河曾社人楊氏諱蓬號妙行乃前参政使之玄孫也其宗族並處□目繼登子孫至
是益大宗益大振衍其後子阮室阮仕於
景治八年庚戌科會試賜第三甲並同進士出身父子同朝兄弟同榜一則翰林檢討

03209
北寧省茲山府河魯總靈浩社文址內第二碑四面之左

編號：03209

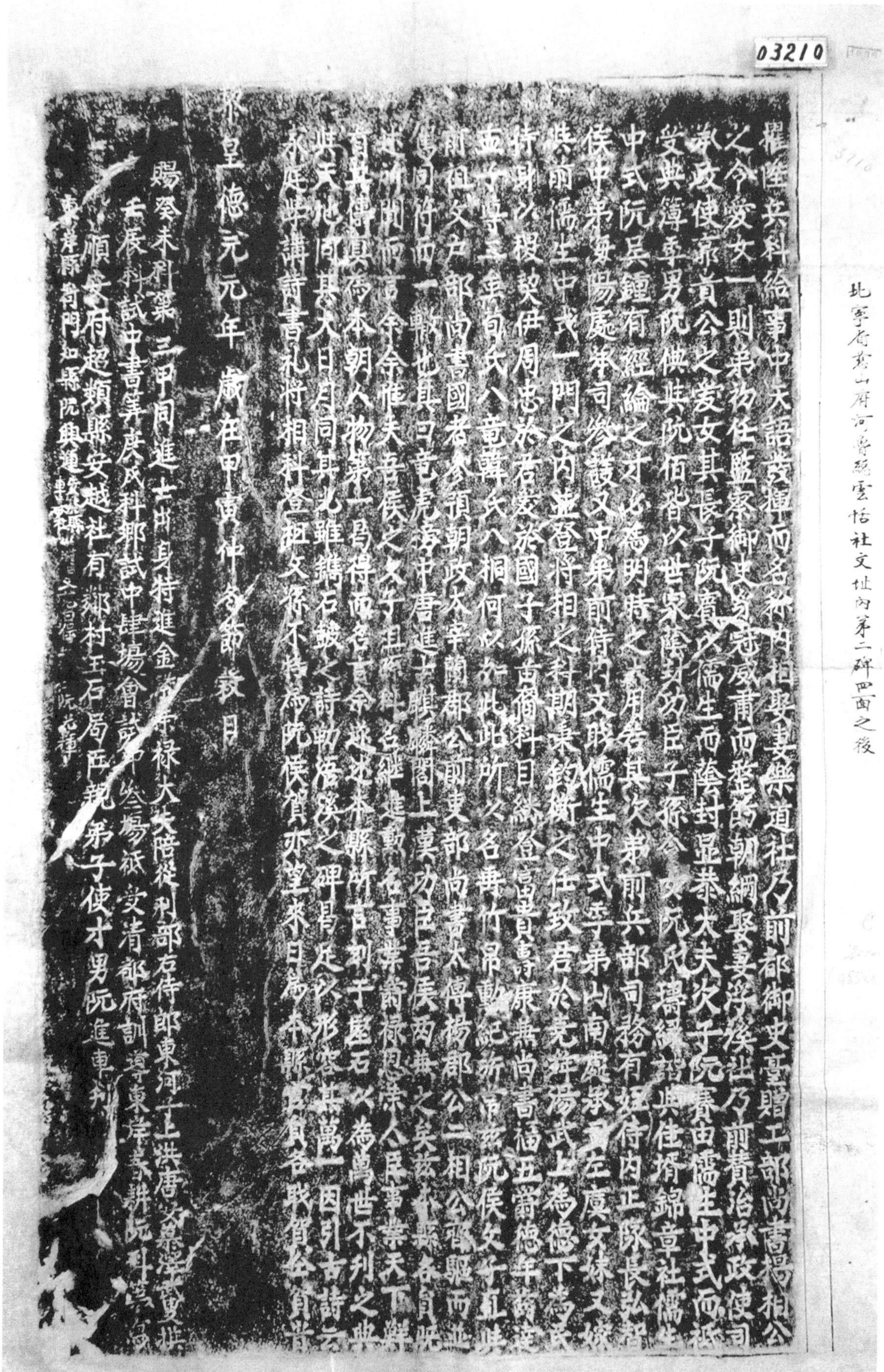
03210
北寧省慈山府河曾總雲恬社文址內第二碑四面之後

權陞兵科給事中大語裁擢而名新內拍娶妻樂道社乃前都御史臺贈工部尚書楊相公
之令愛女一則弟裕任監察御史號冠威肅而叢助朝綱娶妻浮溪社乃前贊治承政使司
參政使宗貴公之愛女其長子阮寶以儒生而蔭封显恭大夫次子阮賽由儒生中式而孫
受興簿季男阮儀其阮佰皆以世家蔭封功臣子孫公女阮氏璹緣諧與佳婿錦章社儒生
中式阮吳鍾有經綸之才必為明時之用吾長次弟前兵部司務有姪侍內正隊長弘智
侯中弟安陽處承司參議又中弟前侍內文職儒生中式季弟山南處承司左度支緑文嫁
洪前儒生中式一門之內並登將相之科朝秉鈞衡之任致君於堯舜湯武上為德下為民
特財以稷契伊周忠於君愛於國子孫再循科目繼登富貴壽康無尚書福五爵德年齒達
孟子尊三矣荀氏八竜韓氏八桐何以加此此所以名冊竹帛勳紀旂常茲阮侯女子丑其
前祖父戶部尚書國者參預朝政太宰蘭郡公前吏部尚書太傅楊郡公二相公齊驅而並
傳向符西一轍也其日竟亮爵中唐進士麒麟閣上冀功臣吾侯兩兼之矣茲本縣各員咸
其洲開而言令余惟夫吾侯之父子祖孫科名經進勳名事業爵祿恩榮人臣事業天下鮮
有其傳真為本朝人物第一君得而名言余述迹本縣所言刻于堅石以為萬世不刊之典
其天地同其大日月同其光雖鐫石敍之詩勒洛溪之碑君足以形容其萬一因引古詩云
永庭世講詩書礼將相科登祖文孫不特為阮侯賀亦望來日為本縣官員各賀今賀者
永皇德元年歲在甲寅仲冬節穀日
賜癸未科第三甲同進士出身特進金紫榮祿大夫陪從刑部右侍郎東河子上洪唐文嘉澤寅拱
壬辰科試中書算庚戌科鄉試中肆場會試中參場受清都府訓導東岸扶耕阮科[illegible]
順安府超類縣安越社有鄉村玉石局匠親弟子使才男阮進東刊
東岸縣衙門知縣阮典運[illegible]

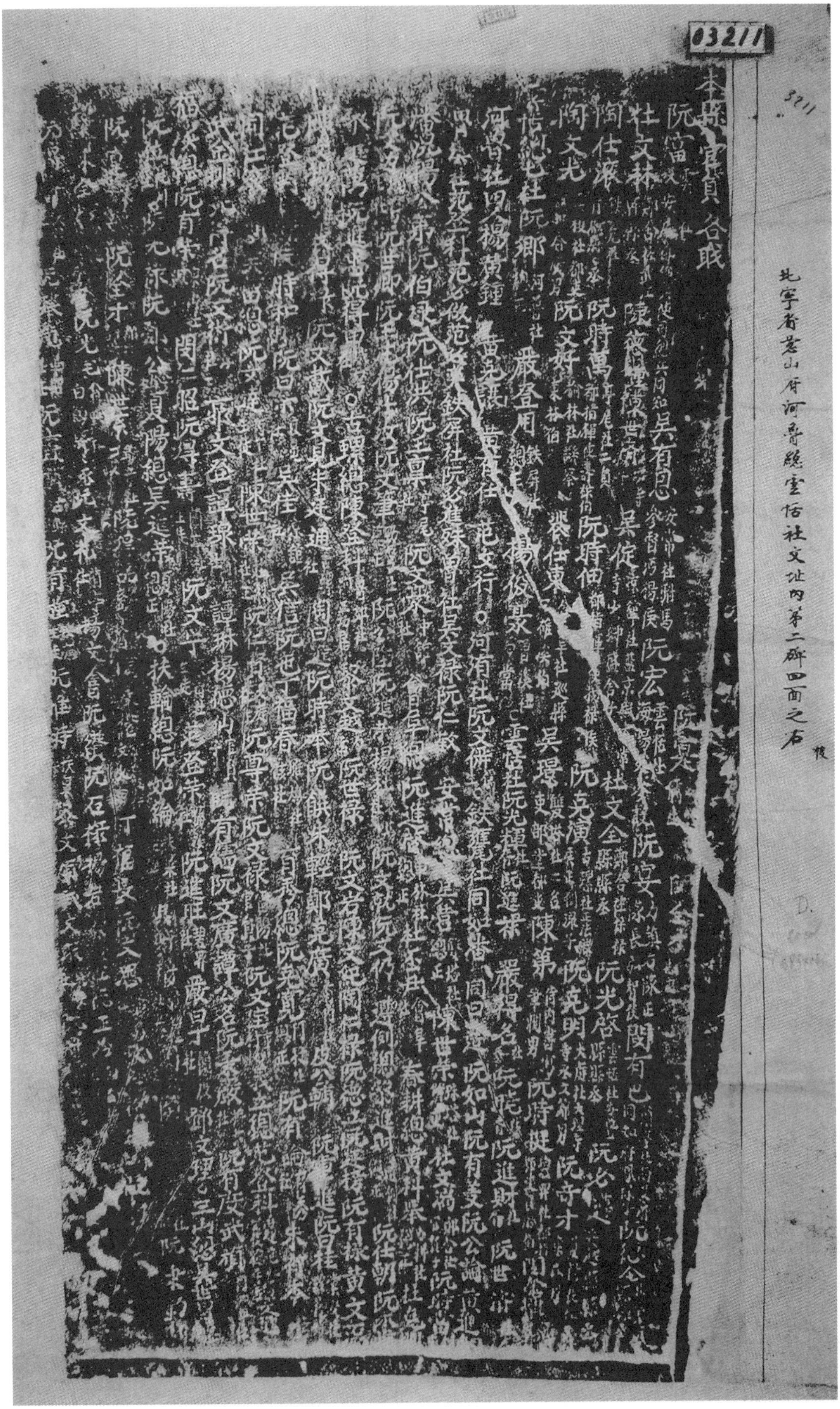
03211
北寧省慈山府河奇總雲恬社文址內第二碑四面之右

編號：03211

釋文

東岸縣官員賀阮寵家族榮盛碑記[①]

東岸縣各總社官員總正、社長各職等，/　　　　賀雲恬社贊治功臣、特進、金紫榮禄大夫、太原道監察御史、春峰子阮侯，字道原，/家門榮盛，科目繼登石碑文。/

慶今/　　　　聖天子端拱九重，憂勤庶務，撫安中外，保治國家，寔賴/　　　　大元帥、掌國政、尚師、太父、德功仁威明聖西王[②]，内統百官，外均四海，專委/　　　　元帥、典國政定南王[③]，振修[④]紀綱，裁決機務，暨親勳大臣文武百官同心修輔，興致太/平。當此之時，國家閒暇，余於講堂讀聖賢之書，適見東岸縣各員人詣案前，敢乞/敘文碑以賀。

阮侯諱寵，字道原；妻楊氏諱謹[⑤]，家門榮盛，累世科名，以表賀悰等詞。/余因謂曰："余年老耄，登仕日久，學識頗淺，何以當此！"本縣各員固請，至於再三，余/因問曰："阮侯家先功德事業可得聞歟？"本縣各員因述所聞而略陳之曰："阮侯越/南望士，京北豪宗，/

　高高高祖考，阮公，字善性，配以祖妣阮氏，號慈敏。/　　　　高高祖考，阮公字惠達，配以祖妣阮氏號慈愛。/　　　　高祖考，阮公諱廷偉，字雲溪，贈延福侯，增加修德，配以祖妣阮氏諱香，號慈在，贈/正夫人[⑥]，益篤貞純。/　　　　曾祖考，阮公諱盆，字端直，贈教義侯，德積徐卿[⑦]，善高渭叟[⑧]；配以祖妣張氏諱桂，號/慈仁，贈正夫人，靖莊貞淑，毓美端良。且積善之家，真慶有餘，而公侯之生其間滚出。/　　　　顯祖考，阮相公諱實[⑨]，字樸甫，謚忠純，於/　　　　光興十八年乙未科會試，賜第二甲正進士出身。初入

---

① 此爲原額題，今依内容及性質重定篇題爲"東岸縣官員賀阮寵家族榮盛碑記"。

② "西王"，即鄭柞，誼王鄭梉之子、哲王鄭松之孫，太王鄭檢之曾孫。

③ "定南王"，即鄭根，西王鄭柞之子，越南鄭氏王朝第六代領袖，1674 年進封定南王。

④ "修"，碑原作"脩"，因另兼正字，故改，下同，不另出注。

⑤ "楊氏瑾"，據前碑，楊氏瑾爲前知縣楊晏之女，名蘂瑾。

⑥ 據前碑，阮氏香爲蘭度人。

⑦ "德積徐卿"，見《全唐詩》卷二百一十九載杜甫《徐卿二子歌》："君不見徐卿二子生絶奇，感應吉夢相追隨。孔子釋氏親抱送，並是天上麒麟兒。大兒九齡色清澈，秋水爲神玉爲骨。小兒五歲氣食牛，滿堂賓客皆回頭。吾知徐公百不憂，積善衮衮生公侯。丈夫生兒有如此二雛者，名位豈肯卑微休。"

⑧ "善高渭叟"，指吕尚。《文選·贈答詩》載劉越石《重贈盧諶》："握中有懸璧，本自荊山璆。惟彼太公望，昔在渭濱叟。"李善注引《史記》："太公望以漁釣奸周。西伯將出獵，果遇太公于渭之陽。"

⑨ "實"，原作諱字。

翰林，則絲綸發演；出任憲察/使，則山岳動摇；内陞都户寺卿等職，則秉公心而持正論；奉往北使，濟事還，則全/君命而强國威。歷陞禮部左右侍郎，入侍經筵，芳蘭侯、刑部尚書。至癸亥年[①]，有事/[②]日[③]，勤義追隨，及進發，奉令督率先鋒步兵五奇，大破莫將於朱橋，[④] 始終全功，榮封翊運贊治/功臣、禮部尚書、兼翰林院侍讀、掌翰林院事、兼東閣大學士、國老、參預朝政、太傅、蘭郡公致/仕[⑤]。至甲戌年[⑥]，陞户部尚書，奉賜致仕。贈太宰，賜謚忠純[⑦]。配以○祖妣譚氏諱誠，號慈淑，蔭封郡/夫人，乃本縣翁默社、前吏部尚書、參預朝政、太傅、世郡公致仕之女孫，諧緣匹配，教子登科。/　　　　　顯考，阮相公諱宜[⑧]，字和善，謚恭懿，於/　　　　　弘定二十年己未科會試，賜第三甲同進士出身[⑨]，入侍翰林，科名繼進，父子同朝。至癸亥年有/事日，與親父阮相公，忠義追隨進發，始終全功，榮封翊運贊治，歷陞户科、禮都等職，奉往北/使，事濟功成，加陞副都御史、壽嶺侯，歷陞禮、吏二部尚書、知經筵事、兼國子監祭酒、兼東閣大學士、少傅、楊郡公、奉贈太傅，賜謚恭懿，荷九重爵秩之榮，森一門桃李之會。配以/　　　　　顯妣阮氏諱瑜倦[⑩]，號昭徽，蔭封郡夫人，閥閲名家，簪纓令族，富貴勤儉，子孫衆多。阮侯承《詩》/《禮》之傳，繼箕裘之業[⑪]，明敏非常，穎悟

---

① “癸亥年”，爲後黎神宗黎維祺永祚五年（1623），當明天啟三年。

② 以上爲拓片編號03208的内容。

③ “有事日”，指平安王鄭松兩子鄭椚、鄭椿爭奪王世子位，導致兵戎相見，平安王鄭松因而去世，神宗播遷的歷史事件。事變發生於黎神宗永祚五年六月，至八月平定。見《大越史記全書·本紀》卷十八。

④ “奉令督率先鋒步兵五奇，大破莫將於朱橋”，“朱橋”，亦作“株橋”。事見《大越史記全書·本紀》卷十八黎神宗永祚五年：“秋七月……莫敬寬僭號隆泰，竊據高平日久，聞國中有變，乃嘯聚山林氓隸之徒，乘虛直抵嘉林，屯駐于東畬土塊地方，烏合響應者，殆以萬數，人情騷憂，方民不得休息。八月，節制太尉清國公鄭橏欽奉皇上命，親提諸軍進發。二十一日，擊破春光賊於株橋，賊兵敗走。二十六日，大兵進至珥河，水步相接，大破敬寬於嘉林地方，斬殺甚衆，敬寬僅以身免，遁入山林。於是，天下人民復按堵如故，京城宫禁爲之肅清。”

⑤ 此官職亦見於《大越史記全書本紀》卷十八黎神宗德隆六年（1634）：“夏，……加禮部尚書、兼翰林院侍讀、掌翰林院事、東閣學士、國老、參與朝政、太保、蘭郡公阮實，陞户部尚書、太傅致仕。本朝恢復以來，以尚書、國老致仕，自實始。”

⑥ “甲戌”，爲後黎神宗黎維祺德隆六年，當明崇禎七年。

⑦ “至甲戌年、陞户部尚書，奉賜致仕。贈太宰，賜謚忠純”，按《大越史記全書·本紀》卷十八，應分成兩段敘述。致仕時間爲黎神宗德隆六年甲戌。“贈太宰，賜謚忠純”，則在神宗陽和三年（1637）：“十一月，致仕阮實卒，贈太宰，賜謚忠純，實年八十三。”

⑧ “宜”，原作諱字。

⑨ 《鼎鍥大越歷朝登科録》黎敬宗弘定二十年（1619）己未科，賜第三甲同進士出身第五名：“阮宜。東岸雲恬人，三十二歲中，奉使，仕至吏部尚書，入侍經筵，兼國子監祭酒、少傅、陽郡公致仕，贈太傅。實之子，父子同朝並尚書。宔、仕之祖，審之曾祖。”

⑩ “瑜倦”，篇號一九九作“倦瑜”。

⑪ “箕裘之業”，指濡染之下，子承父業。《學記·禮記》：“良冶之子，必學爲裘；良弓之子，必學爲箕；始駕者反之，車在馬前。君子察於此三者，可以有志於學矣。”

有德，方十六歲，於癸亥年有事之日，舉宗報國，與祖父/堅義追隨，進發討賊，始終全功，榮封贊治功臣、男爵，再祗受刑部司務，歷任員外、憲副等職。/恭奉/　　　　御旨，以有文章德行，使之教道/　　　　王子，講諭誘掖有功；至己酉年，再奉/　　　　御，准待以不次之位，擢陞爲太原道監察御史、春峰子，功臣與進士同用，進朝應務，以忠孝爲/心，有文章而措政事，任彈劾之責，警風采而振紀綱，思克肖前人之功，直期以公輔之器。娶/妻本總河魯社人楊氏，諱謹，號嘉行，乃前承政使之玄孫也。其宗族益盛，科目繼登，子孫至/是益大榮盛，益大繁衍。其次子阮宔[①]、阮仕[②]於/　　　　景治八年庚戌科會試，賜第三甲並同進士出身，父子同朝，兄弟同榜。一則兄初入翰林校討[③]，/擢陞兵科給事中，矢語發揮而名稱内相，娶妻樂道社，乃前都御史臺、贈工部尚書楊相公/之令愛女。一則弟初任監察御史，豸冠威肅，而整飭朝綱，娶妻浮溪社，乃前贊治、承政使司/承政使郭貴公之愛女。其長子阮賓，以儒生而蔭封顯恭大夫；次子阮賽，由儒生中式，而祗/受典簿；季男阮僙與阮佰，皆以世家蔭封功臣子孫。令女阮氏璹，緣諧與佳壻錦章社儒生/中式阮吴鍾，有經綸之才，必爲明時之大用。若其次弟，前兵部司務，有姪侍内正隊長弘智/侯，中弟海陽處承司參議，又中弟前侍内文職儒生中式；季弟山南處承司左廮；女妹又嫁/與前儒生中式。一門之内，並登將相之科期，秉鈞衡之任。致君於堯舜湯武，上爲德，下爲民；/待身以稷契伊周，忠於君，愛於國。子孫苗裔，科目繼登，富貴壽康，兼《尚書》福五[④]；爵德年齒，達/《孟子》尊三[⑤]。雖

---

① "阮宔"，《鼎鍥大越歷朝登科録》黎玄宗景治八年庚戌科，第三甲同進士出身第六名："阮宔。東岸雲恬人，三十三中，仕至刑部侍郎，贈太僕寺卿。實之曾孫，宜之孫，仕之兄，審之父。"又同榜，同進士出身第二十六名爲其弟阮仕。

② "阮仕"，《鼎鍥大越歷朝登科録》黎玄宗景治八年（1670）庚戌科第三甲同進士出身第二十六名："阮仕。東岸雲恬人，二十六中，仕至監察，實之曾孫、宜之孫、宔之弟、審之叔。"

③ 以上爲拓片編號 03209 的内容。

④ "《尚書》福五"，見《尚書·洪範》："箕子乃言曰：'我聞在昔，鯀堙洪水，汨陳其五行。帝乃震怒，不畀洪範九疇，彝倫攸斁……九、嚮用五福：一曰壽，二曰富，三曰康寧，四曰攸好德，五曰考終命。'"

⑤ "爵德年齒，達《孟子》尊三"，見《孟子·公孫丑下》："天下有達尊三：爵一、齒一、德一。朝廷莫如爵，鄉黨莫如齒，輔世長民莫如德。惡得有其一，以慢其二哉。故將大有爲之君，必有所不召之臣，欲有謀焉，則就之，其尊德樂道不如是，不足以有爲也。"

荀氏八竜[①]，韓氏八桐[②]，何以加此？此所以名垂竹帛，勳紀旂常[③]。兹阮侯父子直與/前祖父，户部尚書、國老、參預朝政、太宰、蘭郡公；前吏部尚書、太傅、楊郡公二相公，齊驅而並/駕，同符而一轍[④]也。其曰“竜虎榜中唐進士[⑤]，麒麟閣上漢功臣[⑥]”，吾侯兩兼之矣。兹本縣各員既/述所聞而言余，余惟夫吾侯之父子祖孫，科名繼進，勳名事業，爵禄恩榮，人臣事業天下鮮/有，其儔真爲本朝人物第一，曷得而名言？余遂述本縣所言刻于堅石，以爲萬世不刊之典，/與天地同其大，日月同其光，雖鐫石皷之詩[⑦]，勒浯溪之碑[⑧]，曷足以形容其萬一？因引古詩，/云“家庭學講《詩》《書》《禮》，將相科登祖父孫”。不特爲阮侯賀，亦望來日爲本縣官員各職賀，仝賀。

時/

黎皇德元元年歲在甲寅[⑨]仲冬節穀日/

賜癸未科第三甲同進士出身、特進、金紫榮禄大夫、陪從、

---

① “荀氏八竜”，見《後漢書·荀淑列傳》：“荀淑字季和，潁川潁陰人，荀卿十一世孫也。少有高行，博學而不好章句，多爲俗儒所非，而州里稱其知人。……有子八人：儉，緄，靖，燾，汪，爽，肅，尃，並有名稱，時人謂之‘八龍’。”

② “韓氏八桐”，謂宋韓億有子八人，皆爲宰相。（宋）吴曾《能改齋漫録·記詩·桐木韓家》：“韓子華（韓億子韓絳）兄弟皆爲宰相，門有梧桐，京師人以‘桐木韓家’呼之，以别魏公也。子華下世，陸農師作爲挽章云：‘棠棣行中排宰相，梧桐名上識韓家。’皆紀其實也。子華、其家呼爲三相公，持國爲五相公。”又，《宋史·韓億列傳》：“韓億字宗魏，其先真定靈壽人，徙開封之雍丘。舉進士，爲大理評事、知永城縣，有治聲。……八子：綱、綜、絳、繹、維、縝、緯、緬。”

③ “旂常”，王侯的旗幟。《周禮·春官·大宗伯下》：“司常掌九旗之物，名各有屬，以待國事。日月爲常，交龍爲旂，通帛爲旜，雜帛爲物，熊虎爲旗，鳥隼爲旟，龜蛇爲旐，全羽爲旞，析羽爲旌……國之大閲贊，司馬頒旗物，王建大常，諸侯建旂，孤卿建旜，大夫士建物，師都建旗，州里建旟，縣鄙建旐，道車載旞，斿車載旌。”

④ “同符而一轍”，見《全唐文》載梁肅《送韋拾遺歸嵩陽舊居序》：“初（韋）士儀（即韋況）與孔君述睿同隱於嵩邱。上嗣位，舉逸民。孔以諫議大夫徵，且調護太子，乘輿還自漢中。吾子方徜徉於松桂之下，鶴板入谷，拜左拾遺，固辭獻納之任，遂有江湖之適。議者稱孔之兼善，吾子之自得，出處一轍，消息同符。”

⑤ “龍虎榜”，見《新唐書·文藝下·歐陽詹》：“（歐陽）詹……舉進士，與韓愈、李觀、李絳、崔羣、王涯、馮宿、庾承宣聯第，皆天下選，時稱‘龍虎榜’。”

⑥ “麒麟閣”，見《漢書·蘇武傳》：“甘露三年，單于始入朝。上思股肱之美，乃圖畫其人於麒麟閣，法其形貌，署其官爵姓名。……皆有功德，知名當世，是以表而揚之，明著中興輔佐，列於方叔、召虎、仲山甫焉。凡十一人，皆有傳。”

⑦ “石皷之詩”，唐貞觀元年（627），在陳倉郡岐山（今陝西省寶鷄市石鼓山）北坡的荒郊發現十座外型上狹下寬，形似鼓的刻石，刻石上刻鑿上古文字，是中國現存最早的石刻文字，因其形似鼓，故稱石鼓，按照出土地或稱爲“岐陽石鼓”，也有稱爲“陳倉石碣”者。

⑧ “浯溪之碑”，浯溪位於今湖南省祁陽縣西湘江邊上。唐代詩人元結卜居此地，命曰“浯溪”。唐肅宗上元二年（761），元結作《大唐中興頌》，並請當時的大書法家顔真卿寫成楷書鐫刻於江邊崖上。

⑨ “德元元年歲在甲寅”，“德元”爲後黎玄宗黎維禑年號，元年爲公元1674年，當清康熙十三年。

刑部右侍郎、東河子、上洪唐安慕澤武叟[1]撰/

壬辰科試中書筭、庚戌科鄉試中肆場、會試中叁場、祗受清都府訓導、東岸春耕阮科第寫/

順安府超類縣安越社有鄰村玉石局匠親弟子、使才男阮進車刊/

東岸縣衙門知縣阮興運，安□縣/車□社，□□□范曰保□□□/□□□，阮光輝[2]/

本縣官員各職：/

阮寔，□□□/儒生。阮全才，□□□/□□□。/阮富，雲恬社，/乂安處都總兵使司總兵同知。吴有恩，安常社，駙馬/参督、沔楊侯。阮宏，雲恬社，/海陽處參議。阮宴，力鎮右隊正/隊長、弘智侯。閔有巴，甫亭社，□□府/同知府、鳳禄子。阮德全，□□社□/□□□□。/杜文林，鄭舍社，武江/縣縣丞。陳德鍾，陳世濟，□□寺/□□。吴　，涼舘社，藍京殿太常寺/少卿、盛舍子。杜文全，鄭舍社，保禄/縣縣丞。阮光啟，雲恬社，安豐/縣縣丞。阮必遵，安越縣縣丞。/陶仕滚，鐵□社/，青□縣縣丞。阮時萬，亭尾社二員，/都指揮使、壽禄伯。阮時佃，都指揮□使、楊禄侯。阮克演，古螺社，正法殿/殿正、閏湶子。阮克明，大庭社，大理寺/寺丞、文錦男。阮奇才，夏陽社知縣/東□男。/陶文光，雲□社，都吏/該□、春廣男。阮文好，榆林社，譏察、/東林伯。裴仕東，含□社，巡縣/雄溪伯。吴璟，雙塔社二名，/吏部掌都吏。陳第，侍内書寫/筆潤男。阮時挻，碧□社，都指/揮使、□勝伯。陶金□。（下殘泐，不詳字數）/

雲恬總七社：

阮鄉，河魯社/總正。嚴登用，鐵屏社/總正。楊俊豪，魯溪社/勾當。○雲恬社阮光輝，社/胥。阮進禄，嚴得名，社/胥。阮曉，社/胥。阮進財，社/胥。阮世濟，社/胥。/河魯社四人，楊黄鍾，黄克讓，黄有任，范文行。○河洧社阮文儼，儒/生。○鐵甕社同如潘，同曰造，阮如山，阮有義，阮公論，黄進□。/魯溪社范登科，范必做，范必奕。鐵屏社阮必進，殊魯社吴文禄，阮仁歡。

安常總：

□吴營，雙塔社/總正。陳世榮，珠塔社/簿吏。杜文湍，鄭舍社/宜□子。阮時當，□/□。/潘□，楊公第，阮伯禄，阮仕洪，阮玉稟，亭尾/社。阮文豪。中舘/社。

會阜總：

---

① “武叟”，即“武良”，《鼎鍥大越歷朝登科録》黎真宗福泰元年（1643）癸未科第三甲進士出身第七名：“武良。唐安慕澤人，三十八中，仕至刑部右侍郎，子爵，贈兵部左侍郎。伯爵有之玄孫，淳之從孫、廷臨之父、廷韶之祖，廷恩之曾祖。”

② 以上爲拓片編號 03210 的内容。

阮進啓，東林社/總正。**杜丕尹**。會阜/社。

春耕總：

黃科舉，春耕社/總正。**杜克□**，/**阮文邊**，□□/□社。**阮世卿**，**阮玉佐**，**楊仕汝**，**阮文筆**，勁弩社/總正。**阮公陞**，**阮進榮**，**楊杜**，□□/社。**阮文就**，**阮文仍**。

遵例總：

黎進財，□□社/總正。**阮仕朝**，**阮永進**，/**黎進萬**，**阮進忠**，**阮得田**。威弩/社。

○古螺總：

陳登科，魯郊社/總正功臣孫。**黎文越**，勾/當。**阮世禄**，**阮文岩**，**陳文紀**，**陶仁禄**，**阮德立**，**阮廷榜**，**阮有禄**，**黃文瀛**，/**陳文楊**，□□/□。**裴得禄**，**阮文載**，**阮文見**，**朱廷通**，古螺/社。**陶曰進**，**阮時舉**，**阮饌**，**朱輕**，**鄭克廣**，□内社。**皮公輔**，**阮重進**，**阮曰桂**，棠安社/□□□。/**范登明**，**阮時和**，□/□。**阮曰榮**，良□/社。**吴佳**，涼舘/社。**吴信**，**阮佈**，**丁福春**，睢□社/該社。

育秀總：

阮克寬，同投社/總正。**阮有論**，育秀社。**朱育本**，/**同江滚**。

芙蕾總：

阮文達，□个社/生徒。**陳世榮**，莊烈/社正。**阮仁賢**，大庭/社正。**阮尊榮**，**阮文禄**，雷陽社/官員子。**阮文寶**。□/□。

義立總：

范登科，□□□□□/□□□總正。**□文進**，/**武金□**，**范得名**，**阮文術**，□□/社。**郭文登**，**譚琼**，翁□/社。**譚琳**，**楊德仙**，官員/子。**阮有儒**，**阮文廣**，**譚公名**，**阮秉嚴**，將洞/社。**阮有度**，**武禎**□□□□。/

福溪總：

阮有榮，東山社/總正。**閔仁昭**，**阮得壽**，蘭亭社/生徒。**阮文寧**，東山社/生徒。**范登榮**，福□/社。**阮進旺**，碧□/社。**嚴曰丁**，□□/社。**鄧文理**。

○三山總：

吴世□□□/阮位□川/社，**○阮光禄**，**阮鄧公**。□/□。

夏陽總：

吴進榮。夏陽社/總正。

○扶輪總：

阮如綸，扶杲社/社□。**□□□**，□□社/社長。**□□**（以下殘泐不辨字數）社/（以下殘泐不辨字數)。**阮秉鈞，**□□。/**阮寔**□□□/□□□，**阮全才，**都□/□□。**陳世□，**錦奇社/□□。**阮得品，**□□□/裔□□。**陶文楷，**□□□□/文□□。**丁福長，阮文恩，**□□/社。□□□□□□□□/

□求全，□心社/□□□□。**阮光宅，**翁墨社/白鶴縣縣丞。**阮文禮，**蘭亭/社。**楊文會，阮纘，阮石椽，楊岩，□□□，阮正治，**□□社/□□。/**阮得□，**□□□/□□□。**阮舉龍，**□□/□□。**阮□□，**□□/□□。**阮有強，**□□/生徒。**阮惟時，**扶枭/社。**黎文□，□文職，**□□/社。**阮□**（以下殘泐不辨字數）。[1] /

題後

本碑記刊立於德元元年（1674），與篇號二〇〇同爲春峰子阮寵之家族碑。本碑由東岸縣官員所刊立；而篇號二〇〇則爲阮氏家族之“門弟”所刊立，兩碑對於家族生平記載詳略略有不同，可相互補證。又，兩碑題名一碑以科舉“門弟”爲主，而一碑以官員爲主，由於後黎朝地方行政官員大多以中鄉試者擔任，在題名中“門弟”記載了中鄉試者的官職，而“官員”又記載了鄉試的狀況，故可以藉此觀察後黎朝鄉試與地方行政相結合的範式。

---

① 以上拓片編號 03211 的内容。

二〇二　修造阮舍等社、靈椿等寺、南無等橋功德碑記

引言

碑立於太平省先帶府神溪縣古谷總元舍社市所。碑刻雙面，拓片編號03217/03218。拓片編號03217爲碑前，共三十七行字，滿行約五十五字，碑額刻“瓊華靈椿福廕萬寧”八字，碑題“修造神溪縣阮舍古舍等社靈椿瓊華福廕興福等寺南無偈溪等橋功德碑記并銘”三十三字，今依碑題重定篇題爲“修造阮舍等社、靈椿等寺、南無等橋功德碑記”；拓片編號03218爲碑後，共二十五行字，每行字數不一，碑額“神溪無事等之橋碑”八字。碑兩面皆刻有紋飾，除拓片編號03218面未無碑額最上層的火紋外，其餘紋飾皆相同，皆内層刻雙龍昭日、中層與左右兩邊相連刻花草紋，碑底刻蓮座。碑文撰者禮部左侍郎兼東閣學士阮澧，書者光禄寺寺丞裴德樹，刊者良傑局副范遠。年代署作弘定（Hoằng Định）十二年（1611），弘定爲後黎敬宗（Lê Kính Tông）黎維新（Lê Duy Tân）年號，同年爲明萬曆三十九年，歲次辛亥。拓片現藏於漢喃研究院。

碑文記載神溪縣阮舍社靈椿寺西面有南無橋，東面有瓊華寺、村亭及集市；北面有偈橋，南面有福音寺和興福寺。這些古跡年久失修，故總太監仁勝侯何有用夫婦出面彙集衆人之力出資、捐田以修繕各處，文末以八十句四字銘文歌詠此事，並録有捐田大小、方位，與參與信施之題名。

03217

編號：03217　出自《拓片總集》第四冊（下同）

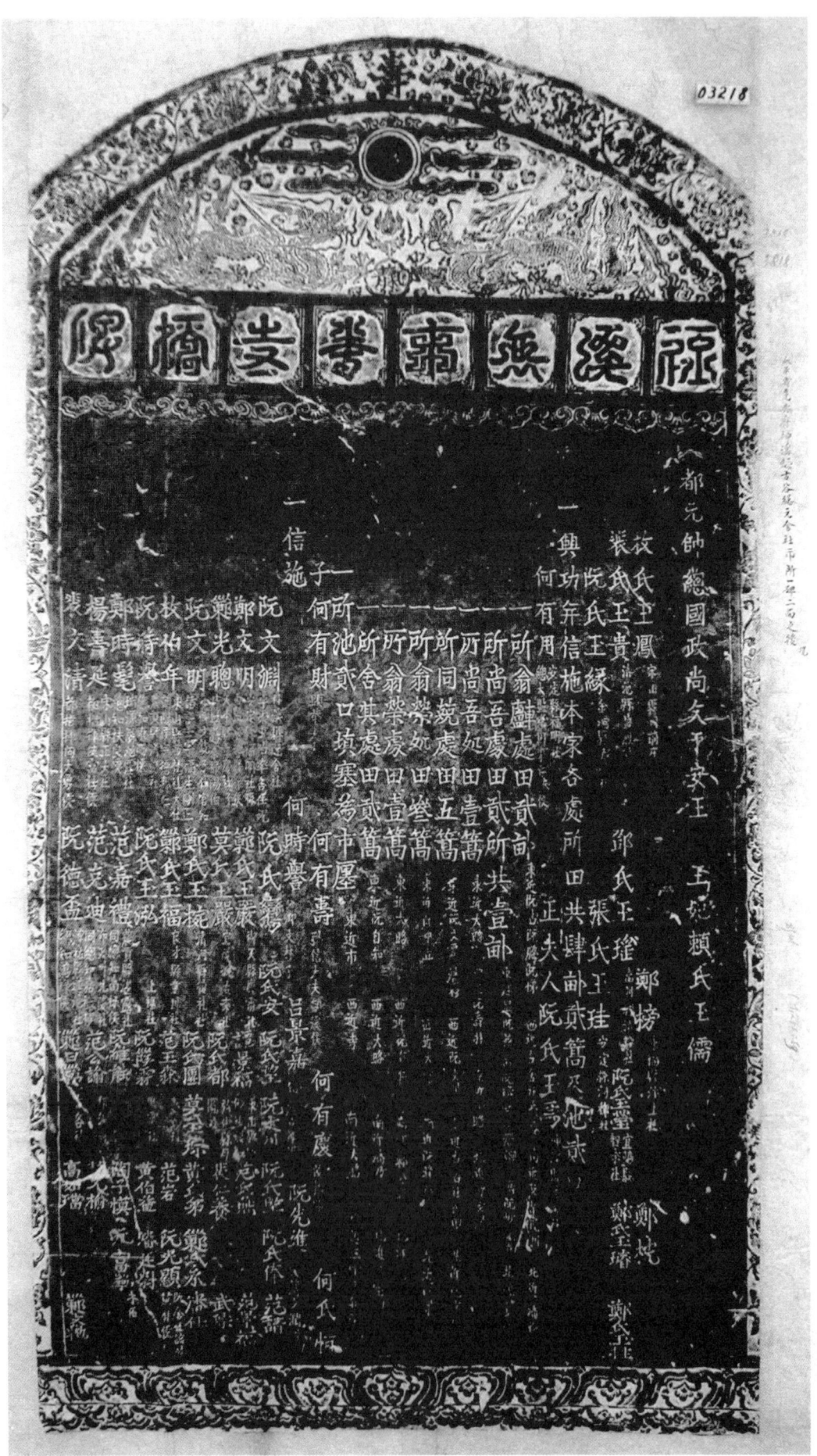

編號：03218

釋文

【瓊華靈椿福廕萬寧/神溪無事等之橋碑】[①]

修造神溪縣阮舍、古舍等社，靈椿、瓊華、福廕、興福等寺，南無、偈溪等橋功德碑記 并銘[②]

佛有寺殿，則香火得資依皈，乃佛法之獨尊；水有橋樑，則行人不憂徒涉，亦王政之一事。睠兹山南處先興府神溪縣阮舍社古跡有靈椿寺，東/接民村舍，外遶江心，西聯南無橋，北通江口。本縣古舍社古跡有南無橋，形勢所在，即靈椿寺。又阮舍社古跡有瓊華寺，亭市列於東，梵宮[③]對於/西，甫田倬於南，清溪拱於北；并有偈橋，下引小溪，東抱大江，西則村巷連接，南則畎澮開通，及福廕、興福等寺址園亦如之。若寺若橋，材木經舊，/基址尚存，能嗣而葺之，必待修福貲力，行惠規模，然後石龕碧樓增照映，天紳地帶共連延，爲當代之偉觀也。肆今/　　聖朝聖天子跡復都還，再造伊始，政通人和，百廢俱興，重念禪天諸名藍[④]，寺數居多佛[⑤]地，入福田，僊名居一，此寺橋之所創造，直以奉看□補造化，輔/贊彌違之者。時則有/　　推忠翊運竭節宣力功臣、都元帥、總國政、尚父、平安王[⑥]，棟樑柱石，賴以撐扶橋樑寺觀，急於繕理，以助行　王政，天下之人熙熙然、若登　王之臺，/　　王之域；蕩蕩然、咸遵　王之道，　王之路，斯民斯世，何其幸耶！能奉承此德意。

兹惟協謀佐理功臣特進、金紫榮禄大夫、總太監、掌宫門承制事、/仁勝侯、柱國何有用，安定福明人也；周之上士，唐之衷臣，奉侍帷幄，　啓告於中，參陪/　　府堂，　傳宣於外，侍衛有年，于兹一旦奮然勉力於仁，與室中正夫人阮氏玉焉修善緣、種福田，出□金以

---

① 前八字此爲編號03217之額題，後附“神溪無事等之橋碑”八字爲03218之額題。

② 此爲03217的碑題，今依此重定篇題爲“修造阮舍等社、靈椿等寺、南無等橋功德碑記”。

③ “梵宫”，原指梵天之宫殿，引申爲佛寺之通稱。

④ “名藍”，著名之伽藍，伽藍爲梵語，即指寺院。

⑤ “佛”，碑原作“仸”，因另兼正字，逕改，下同，不另出注。

⑥ “平安王”，即鄭松，太王鄭檢之子。

助之，度林木以收之。及同時士娓[1]阮文淵，/字崇重；阮氏鑾，號慈德等，咸樂爲之施，迺於癸卯春二月朔，修造靈椿寺前堂三間二廈，葺以鱗瓦，造　佛十三相，塑色十分春。丙午年[2]二月初/二日修造南無橋二十一間，上棟下宇，取象諸牲，並別立小庵一間，蓋瓦於橋首之東，以供清翫。本年九月二十三日修造瓊華寺上殿一間二/廈，前堂三間二廈，咸茨磚瓦以禦風雨，又構成　佛相十七以奉事之。且又廣施本家田四畝二高、池二口，留爲三寶[3]物以獻供之。丁未夏四月初二日，/構造偈溪橋七間，上葺密瓦，下鋪華板，坦坦安如堂□，步步登如金玉。本年秋八月初六日構作福廕寺一間二廈，造　佛二相，視昔有光。己酉/年　月　日修作興福寺一間二廈，建　佛三相，視前有加。這寺這橋，規模輪奐，如鳳之繞，如翬之飛，□社□淨檀林出，色青塑繪，金碧晶瑩，像/炳炳於座端；鰲背橫浮，鯨腰高跨，未雲何龍[4]，未霽何虹，形崇崇於地上。登斯寺也，則同祝/　　　　　聖，早來焚香之念；而榮觀鴈塔，見於慈恩題名之處。登斯橋也，則同謁/　　　　　君先賀破賊之歡；而高車駟馬，快於壯筆題柱之時。目茲寺，則朔望之椀之供，士民之香火之禱，咸以爲屬目之所，有□□靈；應足斯橋，則士農之朝/之野，商旅之市之途，咸以爲駐足之地，猶止於至善。其視陳[5]之同泰寺，唐之福先寺，□之朝天橋，□□益□□功德百之。以此河沙慶善[6]，菩提功/德，宜乎十方諸　佛證明，/　　　　玉皇上帝擁護，福于其身，與　國同富貴。自侯陞上公，/　　　　王命三錫，晝日三接錫焉。蕃庶恩之豐，禮之頻；年彌高，德彌邵。福于其夫人，于其子孫，榮膺□□□□恭封□□□□□福于其　國，　天之眷佑，/　　　　王躬千歲，　天之安定，/

　　聖壽萬年。置　國家於磐石之安，躋人民於仁壽之域，其陰功陽報，昭顯在人耳目，與　天地相爲永久矣。然則四寺二橋，修造之力，豈舉彼寸木/所能喻哉！是宜勒諸貞珉，以垂來世。

銘曰：/

自有乾坤，已有山水。橋架水行，寺因地起。

佛福萬靈，王政一事。睠茲神溪，乃古秀氣。

---

① “士娓”，越南稱未出家，而在寺廟中爲寺廟工作的男性與女性。

② “丙午年”，後黎敬宗黎維新弘定七年（1606），同年亦爲莫朝乾統十四年，當明萬曆三十四年。

③ “寶”，原作諱字。

④ “龍”，原作倒部諱字。

⑤ “陳”，原作倒部諱字。

⑥ “河沙”，譬數之多如恒河之沙，亦喻長壽。（宋）宗鑑《釋門正統・曇鸞》八曰：“其爲壽也，有劫石焉，有河沙焉。沙石之數有限，壽量之數無窮，是金仙氏長生也。”

阮舍名鄉，靈植名迹。古號瓊華，今存基址。

福廕寺崇，/興福寺美。偈橋雄臨，清溪密邇。

古舍邑名，南無橋峙。物易星移，蠱飭坎濟。

厥作伊誰，有人行惠。勝侯何公，安定上士。

遇主有緣，逢時顯仕。/宫門制承，府堂帷侍。

有功王家，立禮地位。廣居之仁，大道之義。

積德潤身，輕財好施。同種福田，夫人阮氏。

材木計牧，□金助□。善信衆生，/聽[①]從一意。

功筏筵前，慈航泛裏。於是營之，維□時矣。

靈椿既修，瓊華又繼。福廕天高，寺居地邃。

興福造來，美祥至止。古阮有橋，南無并偈。/

棟宇崢嶸，規模壯麗。佛像輝煌，禪林廕庇。

朔望燒香，禱祈應瑞。坦地如堂，周道如砥。

農野士朝，旅途商市。惠澤安人，功效及世。

宜乎後來，/佑之上帝。于身于家，同富同貴。

俱享尊榮，爰及苗裔。民壽域躋，國磐石置。/

聖壽萬年，三躬千歲。俾文而□，俾昌而熾。

萬古德功，萬古天地。/

弘定十二年歲在辛亥[②]冬十一月穀日立/

賜戊辰科進士、特進、金紫榮禄大夫、禮部左侍郎、兼東閣學士、

義溪侯、柱國、陽策靈傑雪堂阮澧文卿[③]撰/

光禄寺寺丞、文脩男、華中山姥臺裴德樹字玄德寬　奉行書畫/

天本良傑局副范遠刊[④]/

---

① “聽”，原作“咱”，越南以“咱”爲“聽”。

② “弘定十二年歲在辛亥”，同年亦爲莫朝乾統十九年（1611），當明萬曆三十九年。

③ “阮澧”，《鼎鍥大越歷朝登科録》黎英宗正治十一年（1568）戊辰：“僞莫賜進士十七名……第三甲同進士出身十二名。……阮澧，至靈傑特人，二十六歲中，效順，仕至尚書、泉郡公。”

④ 以上爲拓片編號 03217 的内容。

都元帥、總國政、尚父、平安王[1]**；王妃賴氏玉儒**。/

枚氏玉鳳，宋山縣□前莊。**鄭榜，**永福縣汴上社。**鄭桄，**/

裴氏玉貴，清池縣盛烈社。**鄧氏玉瑶，**富川縣靖□社。**阮氏玉瑩，**宜陽縣/智棠社。**鄭氏玉璿，鄭氏玉柱**。/

阮氏玉緣，金洞縣赤□社。**張氏玉珪**。安定縣河輝社。/

一興功并信施本家各處所田共肆畝貳篙及池貳口。/

何有用，安定縣福明社/總太監掌監事、仁勝侯。**正夫人阮氏玉焉**。神溪縣阮舍社。/

一所翁麟處田貳畝。東近阮占、阮騰、阮悌，西近古舍社民田，南近阮□、阮川，北近潘□。/

一所尚吾處田貳所共壹畝。東潘□阮蒸，西阮瑶阮岸潘卿，南阮□阮立，北阮□□。/

一所尚吾處田壹篙。東近大路，西近阮壽林，南近小路，北近阮文□。/

一所同兢處田五篙。東近阮□□、潘□，西近阮文川，南近古舍社民田，北近阮文□。/

一所翁榮處田叁篙。東近阮中立，西近大路，南近阮逢□，北近阮□。/

一所翁榮處田壹篙。東近大路，西近阮有仁，南近陳公正，北近□□。/

一所舍其處田貳篙。東近阮自知，西近大路，南近潘乃，北近三寶田。/

一所池貳口填塞爲市廛。東近市，西近寺，南近大路，北近三寶□□阮□。/

子何有財，顯恭大夫。**何有壽，**弘信大夫朝溪侯。**何有慶，**茂林郎。**何氏恒**。/

一信施：

何時譽，公卿文林子。**吕景嘉，**知□□□□。**阮先進，**□□文潤□。/

阮文淵，神溪縣阮舍社，/字崇重，唱率各任娓。**阮氏鸞，阮氏安，阮氏望，阮文川，阮氏堅，阮氏俸，范請；**/

鄭文明，安定縣福明社孫/□監□□□□侯。**陳**[2]**氏玉嚴，**御天縣□雷社。**譚景福，**東山縣學/□□□□。**范氏燕，范景福；**/

陳光聰，天本縣立慶社子/内監提[3]察禄陽伯。**莫氏玉嚴，**宜茂縣古齋社。**阮氏都，**弘□縣月/圓社。

---

① “平安王”，即第三任鄭主鄭松，係第一任鄭主鄭檢次子、第二任鄭主鄭檜之弟。《歷朝憲章類志・人物志・鄭王世系》：“成祖哲王，諱松，世宗（鄭檢）次子，初封福良侯，太王薨，長子檜作亂降莫，英宗乃敕封爲節制、長郡公，董統諸營討賊，庚午破莫寇，次年進封左相、太尉、長國公。壬申，英宗信讒言，疑忌幸外，乃尊扶世宗即位。加封都將、節制各處水步諸營、兼總内外、平章軍國重事。光興十七年，親督諸將滅莫，克復京城，二十二年進封都元帥、總國政、尚父、平安王。……歷扶敬宗、神宗，臨政五十三年。晚苦痢疾，議立嗣，次子鄭椿作亂，焚都城，王出幸外至青春館，薨，壽七十四。”

② “陳”，原作諱字。下文陳姓均同，不另注。

③ “提”，原作諱字。

裴仁養，武琮；/

阮文明，少卿文鋭子仕官加/諸□士，字福生，剛正。**鄭氏玉椀，**清河縣復禮社。**阮氏團，莫氏玉琮，黄氏弟，陳氏永，潘仕；**/

枚伯年，東山縣西梵社大位/朝陽侯、字德壽仁。**陳氏玉福，**良才縣童川社。**范玉森，**壽光縣。**范岩，阮光顯，**阮舍社該□/萬林侯。/

阮時譽，農貢縣清河社/總知淮陽侯。**阮氏玉泓，**上福社。**阮邦**[1]**霖，**□□社。**黄伯益，潘廷尉；**/

鄭時髦，瑞源縣地靈社/總知、扶良侯。**范嘉禮，**農貢縣湛露社/同總知、富禄侯。**阮惟能，陶子慔，阮富寧**[2]**；**木匠。/

楊壽延，宋山縣正大庄/都指揮使、富壯侯。**范克迪，**布政州先陵社/同總知、嘉禄侯。**范公諭，**□□□。**□□榆；**/

裴文清，都指揮□、大勇侯。**阮德盃，**淳祐縣延池社/總知、萬禄侯。**陳曰□，**□各社。**高如瑺，陳文抛**[3]。/

題後

本碑記撰者爲阮澧，結銜爲"賜戊辰科進士、特進、金紫榮禄大夫、禮部左侍郎、兼東閣學士、義溪侯、柱國、陽策靈傑雪堂阮澧文卿"。戊辰即後黎英宗正治十一年（1568），查《鼎鍥大越歷朝登科録》後黎英宗正治十一年戊辰科實爲"僞莫進士"；《大越史記全書·本紀》卷十六"黎英宗戊辰十一年"："春，莫開會試科，賜武有政進士及第、杜安等四人進士出身，甲澧等十二人同進士出身。"越南進士題名碑的刊刻始於後黎聖宗洪德十五年（1484），然莫朝進士僅明德三年己丑科（1529）有刊立題名碑，因此，有關莫朝進士的紀録，必須參考《鼎鍥大越歷朝登科録》。根據《鼎鍥大越歷朝登科録》的紀録，阮澧爲"至靈傑特人，二十六歲中，效順，仕至尚書、泉郡公"。由此文中"效順"二字，可知阮澧後來歸順了後黎朝，

① "邦"，原作諱字。

② "寧"，原作諱字。

③ 以上爲拓片編號 03218 的内容。

並做到“尚書”，封“泉郡公”。同科十七名進士中，僅范知止、阮澧、陶範、黄培、同得五人歸順黎朝，其中，陶範仕至參政（宰相），范知止、黄培皆至侍郎，同得至工科都給事中。此五人皆第三甲同進士出身，第一甲與第二甲均無歸順者。

按，後黎英宗正治十一年戊辰應爲莫茂洽崇康三年，《鼎鍥大越歷朝登科録》誤作淳福四年。

二〇三　同技社裴武相父母祭忌並修造祠宇碑記

引言

碑立於南定省務本縣呈川下總同美社祠内。碑文爲單面，拓片編號 03266，共二十八行字，滿行約三十四字，碑額刻“天南碑記”四字，碑題“南真縣同技社祠宇碑序銘”十一字，今依碑題及内容重定篇題爲“同技社裴武相父母祭忌並修造祠宇碑記”。碑四邊刻有花草紋。碑文撰者裴姓清華處太樸寺卿，書寫者杜姓侍内書寫工番。碑文年代署作景興（Cảnh Hưng）十七年（1756），景興爲後黎顯宗（Lê Hiến Tông）黎維祧（Lê Duy Diêu）年號，同年爲清乾隆二十一年，歲次丙子。現藏於漢喃研究院。

碑文記載南真縣同技社人裴武相長年捐資作爲供養或興繕寺廟之費用，於壬申年（1752）時南真縣官員共保其爲仝長，故捐獻了一百貫錢作爲惠錢和五畝田地爲祭田，並建一座三開間的祠堂以便供奉先師、先賢，及配祀父母，文末則以二十句三字銘文以詠其行。

天南碑記

編號：03266　出自《拓片總集》第四册

釋文

【天南碑記】

南真縣同技社祠宇碑序銘[①]

夫道在於天地，世以道自任者，家廟以奉之，畫像以祀之。其小也，求能奠祠址，廣祭田於千古之下，/有以延□閫之墜緒者，則未孝充乎宇宙，世以孝自名者，鍾鼎以食之，章誥以榮之。其常也，求能/麗泮宫、配饗宇於九泉之下，有以薰洙泗之餘香者[②]，尚無人所不能，己獨能之。迺於山南之天長/府南真縣同技社/　　　　王府　　裴武相，有取焉。

公/　　　　蜾肩得天，鵬摶有路，入紫排金，眼前富貴，紆朱拖綠[③]，身上榮光。内司喉[④]舌於鰲宫，北垣之雙斗也；外/列爪牙於豹帳，南瞻之一義也。鴻名夙著，令聞孔彰，而捧玉擎珠周旋於繡褓，又有年矣。步火覆金，/身既榮於仕版。傳燈飛錫[⑤]，念彌注於禪林；香籠錦袖，更濃優鉢之花[⑥]。珍列綺筵，尚憶伊蒲之饌[⑦]，或損/貲而供養，或傾橐以資扶，勳名如

---

① 此爲碑題，今依内容及性質重定篇題爲“同技社裴武相父母祭忌並修造祠宇碑記”。

② “洙泗”，即洙水和泗水。孔子曾在洙泗之間聚徒講學，《禮記·檀弓上》曾子謂子夏：“吾與女事夫子於洙泗之間，退而老於西河之上”後亦以之代稱孔子或儒家。

③ “紆朱拖綠”，義同“紆朱拖紫”“紆青拖紫”，形容地位顯貴。《文選·設論》揚雄《解嘲》：“客嘲楊子曰：“吾聞上世之士，人綱人紀，不生則已，生必上尊人君，下榮父母，析人之珪，儋人之爵，懷人之符，分人之禄，紆青拖紫，朱丹其轂。”李善注引《東觀漢記》曰：“印綬，漢制，公侯紫綬，九卿青綬。”又，《全唐文》卷四百六載平冽《開元字舞賦》：“匿跡於往來之際。更衣於倏忽之中。始紆朱而曳紫。旋布緑而攢紅。”

④ “喉”，碑原誤作“候”。

⑤ “飛錫”，佛教用語。謂僧人等執錫杖飛空。據（宋）道誠集《釋氏要覽》卷下：“今僧遊行，嘉稱飛錫。此因高僧隱峰遊五臺，出淮西，擲錫飛空而往也。若西天得道僧，往來多是飛錫。”又，“飛”碑原作俗體。

⑥ “優鉢之花”，據（唐）慧琳撰《一切經音義》卷第十三引《大寶積經》第四十六卷“烏曇跋羅”注云：“梵語花名，舊云優曇波羅花，或云優曇婆羅花。葉似梨，果大如拳，其味甜。無花而結子，亦有花而難值（植），故經中以喻希有者也。”

⑦ “伊蒲之饌”，即素食齋供。（明）元賢集《禪林疏語考證·彝典門》：“斋供食曰伊蒲饌。後漢楚王映詣闕以縑贖罪。詔報曰。王好黄老之言。尚浮屠之教。還其贖以助伊蒲塞桑門之饌。註伊蒲塞即優婆塞。此言近住。言受戒行甚近僧住也。”又《書言故事·釋教》：“齋供食曰伊蒲饌。”

是，富貴如是，冥功陰福又如是，君子哉若人！君子哉若人！枌鄉共/井[①]，蘭室同香，此本縣官員心乎愛之之心也歟！乃於壬申年[②]三月二十日仝縣會賀，議立保文，推保/爲本縣官員仝[③]長。爾時、公不以人之歆羡者有德色，而籟鳴乎萬世，仰山斗之赤誠[④]；不以人之企慕/者執矜心，而矢發乎萬世，蕒椿萱之孝感。乃出家錢百緡以爲惠錢，肥田五畝以爲祭田，築祠宇叁/間，覆以碧瓦，環以粉垣，以爲祀/　　　先師先賢之所，而公之/　　　親父、/

　　親母，/　　　歲時祭祀，皆預配享。事竣，徵文於甫，甫惟夫公監班中出也，而發此善[脥]，提此勝舉，一以道心發，/一以孝心生，洵矣哉！洵矣哉！其爲入道者之扃牆，達孝者之槖籥乎！將見耕斯田者，黍稷馨香，而/不匱春秋之祀；瞻斯祠者，鳶魚飛躍，而樂登詩禮之場。目配享名公，而竹笋之供[⑤]，斑舞之樂[⑥]，益以/發孝心之大道，派周流於闔境，仁風浹洽於環城，河沙功德，寧有邊涯？洵不可以橋樑、道路，小小/功程者等視，甫因嘉其心，羨其事，焚香泚筆，爲之序并銘，鐫之于石，以壽其傳。　　其銘云：/

人修[⑦]身，莫如道。人事親，莫如孝。

門庭私，知道少。口腹奉，爲孝小。

幾如公，/善念充。仰山斗，蕒萱椿。

黌宇拓，祭豐田。道心泰，孝德大。

一世瞻，千古賴。/河沙功，貞珉載。

時/

---

① “共井”，見《孟子·滕文公章句上》：“卿以下必有圭田，圭田五十畝，餘夫二十五畝，死徙無出鄉，鄉田同，出入相友，守望相助，疾病相扶持，則百姓親睦。方里而井，井九百畝，其中爲公田，八家皆私百畝，同養公田，公事畢，然後敢治私事，所以别野人也。”趙岐注曰：“同鄉之田，共井之家，各相營勞也。出入相友，相友耦也。”

② “壬申年”，即後黎顯宗黎維祧景興十三年（1752），當清乾隆十七年。

③ “仝”，喃字，主、長、頭目的意思。

④ “誠”，原作諱字。

⑤ “竹笋之供”，見《太平御覽·時序部·冬下》引《吴志》：“左臺御史孟宗，有孝道，母性嗜筍，及母亡，冬節至，宗入林哀泣而筍生，得以供祭祀。”又引《楚國先賢傳》：“孟宗字恭武，至孝，母好食竹笋，宗入林中哀號，方冬，筍爲之出，因以供養，時人皆以爲孝感所致。”

⑥ “斑舞之樂”，見《太平御覽·人事部·孝中》引師覺授《孝子傳》：“老萊子者，楚人，行年七十，父母俱存，至孝，蒸蒸常着班蘭之衣，爲親取飲，上堂脚胅，恐傷父母之，因僵仆爲嬰兒啼。孔子曰，父母老，常言不稱老，爲其傷老也。若老萊子，可謂不失孺子之心矣。”

⑦ “修”，碑原作“脩”，因另兼正字，故改，下同，不另出注。

皇朝景興萬萬年之拾柒歲在丙子[1]月仲春穀日銘

僉知侍内書寫工番、清華處太樸寺卿、裴撰/

侍内書寫工番、杜寫/

題後

以《拓片總集》第1至4册爲考察範圍，同美社計有如下碑誌涉及：

編號	篇題	年代	位置
03266	同技社裴武相父母祭忌並修造祠宇碑記*	後黎顯宗景興十七年（1756）	同美社祠所一碑
03273	天南同祠宇碑記	後黎顯宗景興三十四年（1773）	祠宇第左邊一碑

注：* 表示此篇已收入本書。

本碑記（編號03266）與編號03273同爲同技社裴武相家族所立之寄忌碑本碑立於後黎顯宗景興十七年（1756），是爲裴武相父母所立之寄忌碑，而編號03273“天南同祠宇碑記”則是裴武相與其妻譚氏隆之寄忌碑。由“天南同祠宇碑記”之記載内容可知，裴武相之官職爲“侍北官、知公象副首號後象奇副該官、副知侍内書寫工番、侍近、侍内監司禮監總太監致仕、都督府都督同知、廉壽侯”，因而又是一通内侍與其妻的寄忌碑記。本碑記的典故别立蹊徑，如以“紆朱拖緑”代替“紆朱拖紫”，以“豹帳”代“虎帳”，亦有個别錯字如“喉舌”誤作“候舌”之類。

---

① “皇朝景興萬萬年之拾柒歲在丙子”，“景興”爲後黎顯宗黎維祧年號，十七年爲公元1756年，當清乾隆二十一年。

二〇四　神溪縣高亭侯祠宇祭忌碑記

引言

碑立於太平省神溪縣高姥總高姥社廟。碑爲三面，拓片編號 03269/03270/03271。拓片編號 03269 爲碑前，共二十五行字，滿行三十九字，碑題“先興府神溪縣各社祠宇碑記”十二字；拓片編號 03270 爲碑左，共二十行字，滿行三十九字；拓片編號 03271 爲碑後，共十九行字，滿行三十九字。今依内容及性質重定篇題爲“神溪縣高亭侯祠宇祭忌碑記”。碑文撰者入侍參從、户部尚書、知中書監、兼知東閣國史總裁致仕、起復大司徒、春郡公阮儼。書者首合侍内書寫户番、同知府阮有琨，刻者拔石局東山安穫百户陶仕謹。碑文年代署作皇朝景興（Cảnh Hưng）三十三年（1772）歲次壬辰，景興是後黎顯宗（Lê Hiến Tông）黎維祧（Lê Duy Diêu）的年號，同年爲清乾隆三十七年。拓片現藏於漢喃研究院。

碑文記載韶郡公范輝錠澤惠故鄉神溪縣許多，神溪縣民爲感恩，故建造一座祠堂供奉其父高亭侯，爲此范輝錠捐獻一千貫錢用於祠堂之建設，並捐田二十餘畝於高姥和南魯兩社以作爲祭祀之資。文末録有田地畝數、方位位置，與預定歲時儀品之規定。

按，阮儼（1708-1775），字希思，號毅軒，别號鴻魚居士，乂安鎮宜春仙田（今屬河静省）人。越南大儒。曾爲黎顯宗朝宰相。著有《越史備覽》《春亭雜詠》等書，並參與續修《大越史記全書》。

03269

[illegible]神溪縣谷社祠宇碑記
記曰太上貴德其次務施報古之賢守所至有立祠宇者當宣惠政之報也至於[illegible]
不[illegible]斯世斯人[illegible]其厚澤即數十百世之後且[illegible]則夫貴其賢而親其親[illegible]其樂[illegible]
利其為報也又寧直暫時惠政之足[illegible]哉茲
當朝特進輔國上將軍推忠宣力[illegible]功臣奉差遣領太原[illegible]守[illegible]四城[illegible]事[illegible]
營奇長營官添管侍候侍廚內水中候左擇優[illegible]等隊船內差五府府[illegible]
中軍都督府左都督太宰[illegible]郡公范[illegible]以[illegible]之舊為腹心[illegible]
叢摘[illegible]墻之變矜防清陵[illegible]之塵固[illegible]簡
宸衷膺
天寵穹階上爵不次超遷一時勳望在人耳目有不可殫述者而其天性豈弟[illegible]愛親仁澤覃於一邑
而波及於四旁又[illegible]居縣內無慮萬餘口而毋[illegible]戴白皆愛慕欣欣焉爾時本縣各社相與謀曰
下里[illegible]經[illegible]會物[illegible]雙[illegible]賴有
太宰先公封贈特進輔國上將軍南軍都督府左都督高亭侯提挈[illegible]以有今日洎公克承先志
安之懷之興便除害濟急解紛圖境為愛其賜無之威望素孚豪[illegible]斂戢[illegible]榆百里熙然春臺吾人
愛之如父母望之如歲星托喬木之蔭而懷寸草之心圖有以報功而未能也與其衛風之[illegible]
若為安城之香火與謀既協爰卜經營厥居里有爽塏者中峙一星前瀦半月[illegible]蔚許久靈[illegible]
[illegible]即其地規而祠之為室三間堂五間外為儀門環以繚墻式廓一新庀工至作公亟聞其事不欲
煩民即惠以古錢貳千餘貫為舟艭之費肥田貳拾餘畝為蘋藻之需祠宇既成定為條約逾年而
拜壽即此為頌禱之場百歲而後神即此為饗祀之所因約之後樂世不忘欲得數言以傳不朽就
余[illegible]雖知夫公之為人且嘉該縣之知德也則語之曰古之遺愛者召公之棠寇公之竹
總之追思致慕未身親見若夫挹台光聽芝宇宊然顧貌人而神之則其及人之功德詎可測量哉
惟公之功在社稷德在閭閻是宜有此無窮之報今日而該縣敬奉之誠則為報德異時而
[illegible]廷褒崇之典則為報功不亦愈久而愈徵也耶今而後陵谷即可遷而台公在人之德則不遷木石
即可[illegible]而該縣崇德之儀則勿[illegible]好仁好義百世流芳該縣其勉旃歸以此言勸諸石永毋來鏡即
有惠既錢田數目及預定歲時儀品並臚列于碑之陰云

編號：03269　出自《拓片總集》第四冊（下同）

03270

一許奇老社佬村古錢叁百貫田五畝[illegible]量併仝年稅每畝古錢叁貫
共古錢拾五貫尾行各禮係逝年生辰忌辰二禮每禮猪壹口准古錢叁貫救壹盤准古錢壹貫酒
壹坪并金銀芙留准古錢五陌至日逝就祠宇敬祭祭畢許本村均分飲食係逝年
顯考顯妣二諱日每禮猪壹口准古錢貳貫救壹盤准古錢捌陌酒壹坪准古錢貳陌至日逝就祠
堂敬祭祭畢許本村均分飲食
一許高佬社壽高村古錢叁百貫田叁畝[illegible]量併仝年稅每畝古錢叁貫共古錢𢀲貫
係逝年生辰忌辰二禮每禮猪壹口准古錢叁貫救壹盤准古錢壹貫酒壹坪并金銀芙留准古錢
五陌至日逝就祠宇敬祭祭畢許伊村均分飲食
一許高佬社富榮村古錢叁百貫田叁畝[illegible]量併仝年稅每畝古錢叁貫共古錢𢀲貫
係逝年生辰忌辰二禮每禮猪壹口准古錢叁貫救壹盤准古錢壹貫酒壹坪并金銀芙留准古錢
五陌至日逝就祠宇敬祭祭畢許伊村均分飲食
[illegible]社古錢叁百貫田叁畝[illegible]量併仝年稅每畝古錢叁貫共古錢𢀲貫
係逝年生辰忌辰二禮每禮猪壹口准古錢叁貫救壹盤准古錢壹貫酒壹坪并金銀芙留准古錢
五陌至日逝就祠宇敬祭祭畢許伊社均分飲食
一許[illegible]社金盃村古錢叁百貫田叁畝[illegible]量併仝年稅每畝古錢叁貫共古錢
𢀲貫係[illegible]辰忌辰二禮每禮猪壹口准古錢叁貫救壹盤准古錢壹貫酒壹坪并金銀芙留准
古錢五陌至日逝就祠宇敬祭祭畢許伊村均分飲食
一許南曹社東曹村古錢叁百貫田叁畝[illegible]量併仝年稅每畝古錢叁貫共古
錢𢀲貫係逝年生辰忌辰二禮每禮猪壹口准古錢叁貫救壹盤准古錢壹貫酒壹坪并金銀芙留
准古錢五陌至日逝就祠宇敬祭祭畢許伊村均分飲食

太平省神溪縣古老總高佬社廟所一碑三面之左

編號：03270

03271

一許南曾社土塊村古錢參百貫田參畝[illegible]量併全年稅每畝古錢參貫共古錢
𨑮貫係逝年生辰忌辰二禮每禮豬壹口准古錢參貫粿壹盤准古錢壹貫酒壹埕并金銀芙蒥古
古錢五陌至日逝就祠宇敬祭祭畢許伊村均分飲食
一[illegible]量併全年稅每畝古錢參貫共古
錢𨑮貫係逝年生辰忌辰二禮每禮豬壹口准古錢參貫粿壹盤准古錢壹貫酒壹埕并金銀芙蒥
准古錢五陌至日逝就祠宇敬祭祭畢許伊社均分飲食
一各社村如有禮物敬祭其本族不得要索敬儀
一各社村分許上項田數應各世守以供祭祀或後日其社村其員名人妄自唱率專賣此田願
天地鬼神誅之殛之子孫殞滅及某名人聽買此田者其禍亦貫田入同罪
一上項田數分許各社村以供歲時祭祀其子孫苗裔有倚勢凌奪擅自專賣此田願
天地鬼神誅之殛之其各社村亦不得輕許專賣此田有違此言者願
天地鬼神証知身家殞滅

皇朝景興萬萬年之參拾參歲在壬辰季秋月穀日
賜辛亥科第二甲進士特進金紫榮祿大夫入侍參從戶部尚書知中書監
兼知東閣國史總裁[illegible]社起復大司徒春郡公宜春傳田阮儼布思甫撰
特進金紫[illegible]祿大夫奉管鄉左船旬普侍內書寫戶番左廉子
涵亭伯文[illegible]弄亭鄧惟珉督押
首合侍內書寫戶番同知府珐忠青池仁睦門阮有珖承寫
枝石局東山安穫百戶陶仕謹刊刻

編號：03271

釋文

先興府神溪縣各社祠宇碑記[①]

記曰：太上貴德，其次務施報，古之賢守所至，有立祠宇者，當官惠政之報也。至於情兼里閈，惠浹鄉閭，/不惟斯世斯人霑其厚渥，即數十百世之後且將沐其餘波，則夫賢其賢而親其親，樂其樂而利其/利，其爲報也，又寧直暫時惠政之足媲哉！

睠茲/　　當朝特進、輔國上將軍、推忠宣力壯烈功臣、奉差遥領太原處鎮守、兼提[②]領四城軍務事，中勝、前翊等/營奇長營官、添管侍候侍廚内水中候、左擇優前等隊船内差、五府府僚、知侍内書寫户番、司禮監、/中軍都督府左都督、太宰、韶郡公范輝錠，以潛邸從龍之舊，爲腹心帷幄之臣，内領四城，外兼重鎮，/發摘弭蕭牆之變，擒防清陵莽之塵，固已簡/　　宸衷，膺/　　天寵，穹階上爵，不次超遷，一時勳望，在人耳目，有不可殫述者，而其天性，豈弟泛愛親仁，澤覃於一邑，/而波及於四旁，以故羣居縣内無慮萬餘口，而垂髫戴白[③]皆愛慕欣欣焉。爾時本縣各社相與謀曰：/下里嚮經庀會，物力雙詘，賴有/　　太宰先公、封贈特進、輔國上將軍、南軍都督府左都督、高亭侯，提挈噢咻[④]，以有今日。洎公克承先志，/安之懷之，興便除害，濟急解紛，闔境均受其賜，兼之威望素孚，豪猾斂戢，枌榆[⑤]百里，熙然春臺[⑥]。吾人/愛之如父母，望之如歲星，托喬木之蔭，而懷寸草之心[⑦]，圖有以報功而未能也，與其《衛風》之瓊瑶[⑧]，□/若爲安城之香火，輿謀既協，爰卜

---

① 此爲碑題，今依内容及性質重定篇題爲“神溪縣高亭侯祠宇祭忌碑記”。

② “提”，碑原作越南諱字。

③ “戴白”，意指老人。《漢書·嚴助傳》：“天下賴宗廟之靈，方内大寧，戴白之老，不見兵革，民得夫婦相守，父子相保，陛下之德也。”顔師古注曰：“戴白，言白髪在首。”

④ “噢咻”，謂撫慰病痛或安撫。見（唐）陸贄《陸宣公文集·奉天請罷瓊林大盈二庫狀》：“何則天衢尚梗，師旅方殷，瘡痛呻吟之聲，噢咻未息；忠勤戰守之效，賞賚未行。而諸道貢珍，遽私别庫，萬目所視，孰能忍懷。”

⑤ “枌榆”，原爲漢高祖故鄉的里社名；後借指“帝鄉”，泛指“故鄉”。見《史記·封禪書》：“高祖初起，禱豐枌榆社。”裴駰集解引張晏曰：“社在豐東北十五里。或曰：枌榆，鄉名，高祖里社也。”

⑥ “熙然春臺”，典出《老子道德經》二十章：“荒兮其未央哉，歎與俗相返之遠也，衆人熙熙如享太牢、如登春臺，我獨泊兮其未兆，如嬰兒之未孩，儽儽兮若無所歸。”

⑦ “寸草之心”，典出《文苑英華》載孟郊《遊子吟》：“慈母手中綫，遊子身上衣。臨行密密縫，意恐遲遲歸。誰言寸草心，報得三春暉。”

⑧ “瓊瑶”，典出《詩經·國風·衛風·木瓜》，詳見前文注。

經營。厥居里有爽塏者，中峙一星，前瀦半月，岑蔚許久，靈暉隱然，/□即其地，規而祠之，爲室三間、堂五間，外爲儀門，環以繚墻[①]，式廓一新[②]，庶工丕作。公亟聞其事，不欲/煩民，即惠以古錢[③]貳千餘貫爲丹雘[④]之費，肥田貳拾餘畝爲蘋藻之需[⑤]。祠宇既成，定爲條約。遞年而/拜壽，即此爲頌禱之場；百歲而凝神，即此爲饗祀之所。同約之後，欒世不忘，欲得數言以傳不朽，就/余而請□□[⑥]。余雅知夫公之爲人，且嘉該縣之知德也，則語之曰："古之遺愛者，召公之棠[⑦]，寇公之竹[⑧]，/總之追思跂慕，未身親見，若夫挹臺光、瞻芝宇，突然廟貌人而神之，則其及人之功德，詎可測量哉！/惟公之功在社稷，德在閭閻，是宜有此無窮之報。今日而該縣敬奉之誠，則爲報德；異時而/　　　　朝廷褒崇之典，則爲報功。不亦愈久而愈徵也耶！今而後陵谷即可遷，而臺公在人之德則不遷，木石/即可壞，而該縣崇德之儀則勿壞，好仁好義，百世流芳，該縣其勉旃，歸以此言，勒諸石，永垂來鏡，即/有惠貺錢田數目及預定歲時儀品，並臚列于碑之陰云[⑨]。"/

一許高姥社姥村古錢叁百貫，田五畝，一所玖[⑩]高在楪寮處，一所捌高在矙□處，一所壹畝貳高在堰囊/處，一所捌高在園夜處，一所肆高在園夜處，一所玖高在廟□處。量併仝年税每畝古錢叁貫，/

---

① "繚牆"，即"圍牆"；"繚"有纏繞、圍繞的意思。《全唐文》盧肇《宣州新興寺碑銘並序》："於是霜斤沐楹。玉砂瑩礎。上下其響。音中桑林。不朞年而雲攢四棨。風搖寶鐸。蟉拏六扇。月照金鋪。勝紀一源。繚牆百雉。"

② "新"，原作諱字。

③ "古錢"，見《欽定越史通鑑綱目·正編》"後黎盛宗光順八年"注"使錢、古錢"引黎貴惇《芸臺類語》云："北人以百文爲一陌。本國以三十六文爲一陌，謂之'使錢'；六十文爲一陌，謂之'古錢'。'使錢'十陌，乃是'古錢'六陌，準爲'使錢'一貫。其'古錢'十陌乃使錢之一貫六陌四十文。使錢別名閒錢，古錢別名貴錢。"

④ "丹"，是紅色，或塗染顔色；"雘"，《説文》："雘，善丹也。""丹雘"，即以上好的紅色塗飾器物，《尚書·周書·梓材》："若作梓材，既勤樸斲，惟其塗丹雘。"後又以"丹雘"引申作爲皇恩，《文選》載顔延年《和謝監靈運》："伊昔遘多幸，秉筆侍兩閨。雖慙丹雘施，未謂玄素睽。"李善注曰："丹雘，喻君恩也。"

⑤ "蘋藻之需"，蘋與藻是古人常采作祭祀之用的水草，後歲爲祭品與祭祀的代稱。注見前文。

⑥ "而請□□"，四字爲人所剜去。

⑦ "召公之棠"，見《詩經·國風·召南·甘棠》詩序曰："甘棠，美召伯也。召伯之教，明於南國。"詩曰："蔽芾甘棠，勿翦勿伐，召伯所茇。蔽芾甘棠，勿翦勿敗，召伯所憩。蔽芾甘棠，勿翦勿拜，召伯所説。"

⑧ "寇公之竹"，見（宋）王闢之《澠水燕談録·事誌》："萊公（寇準）貶死雷州，喪還，過荆南公安縣，民懷公德，以竹插地，挂物爲祭，焚之，後生筍成林，以爲神，因爲公立祠，目其竹爲'相公竹'。王樂道爲記刊石，李承之有詩曰：'已枯斷竹鈞私被，既没賢公帝念深。仆木偃禾如不起，至今誰識大忠心。'"

⑨ 以上爲拓片編號 03269 的内容。

⑩ "玖"，原作諱字。以下同，不出注。

共古錢拾五貫，用行各禮。係遞年生辰、忌辰二禮，每禮豬壹口，准古錢叁貫；�壹盤，准古錢壹貫；酒/壹圩，并金銀、芙蕾，准古錢五陌。至日遞就祠宇敬祭，祭畢許本村均分飲食。係遞年　　　　　/顯考、顯妣二諱日，每禮豬壹口，准古錢貳貫；粿壹盤，准古錢捌陌；酒壹圩，准古錢貳陌。至日遞就祠/堂敬祭，祭畢許本村均分飲食。/

一許高姥社壽高村古錢叁百貫，田叁畝，一所捌高在同捈處，一所玖高在/坡多處，一所壹畝叁高在同察處。量併仝年税每畝古錢叁貫，共古錢玖貫。/係遞年生辰、忌辰二禮，每禮豬壹口，准古錢叁貫；粿壹盤，准古錢壹貫；酒壹圩，并金銀、芙蕾准古錢/五陌。至日遞就祠宇敬祭，祭畢許伊村均分飲食。/

一許高姥社富榮村古錢叁百貫，田叁畝，一所柒高在同□處，一所壹畝壹高/在轡廚處，一所壹畝貳高在同丘處。量併仝年税每畝古錢叁貫，共古錢玖貫。/係遞年生辰、忌辰二禮，每禮豬壹口，准古錢叁貫；粿壹盤，准古錢壹貫；酒壹圩，并金銀、芙蕾准古錢/五陌。至日遞就祠宇敬祭，祭畢許伊村均分飲食。/

一許 □□ 社 古 錢 叁 百 貫，田 叁 畝，一 所 □□□□□□□□□□□□□□□□□□□□處，/一所□□□□□□□□□□□□□□□□□□□□處。量併仝年税每畝古錢叁貫，共古錢玖貫。/係遞年生辰忌辰二禮，每禮豬壹口，准古錢叁貫；粿壹盤，准古錢壹貫；酒壹圩，并金銀、芙蕾准古錢/五陌，至日遞就祠宇敬祭，祭畢許伊社均分飲食。/

一許□□社金盃村古錢叁百貫，田叁畝，一所柒高在同□處，一所肆高拾尺在同樂處，/一所捌高在祖舍處，一所壹畝壹高在茶格處。量併仝年税每畝古錢叁貫，共古錢/玖貫。係遞年生辰、忌辰二禮，每禮豬壹口，准古錢叁貫；粿壹盤，准古錢壹貫；酒壹圩，并金銀、芙蕾，准/古錢五陌，至日遞就祠宇敬祭，祭畢許伊村均分飲食。/

一許南魯社東魯村古錢叁百貫，田叁畝，一所叁高拾尺在同東處，一所□高肆尺在同凍處，/一所壹畝壹高拾尺在同凍處，一所陸高在同□處。量併仝年税每畝古錢叁貫，共古/錢玖貫。係遞年生辰、忌辰二禮，每禮豬壹口，准古錢叁貫；粿壹盤，准古錢壹貫；酒壹圩，并金銀、芙蕾，准古錢五陌，至日遞就祠宇敬祭，祭畢許伊村均分飲食[1]。/

一許南魯社土塊村古錢叁百貫，田叁畝，一所壹畝在同羣處，一所捌高柒尺在同陵處，/一所柒高在同陵處，一所五高陸尺在同陵處。量併仝年税每畝古錢叁貫，共古錢/玖貫。係遞年生辰、忌辰二禮，每禮豬壹口，准古錢叁貫；粿壹盤，准古錢壹貫；酒壹圩，并金銀、芙蕾，准/古錢

① 以上爲拓片編號 03270 的内容。

五陌，至日遞就祠宇敬祭，祭畢許伊村均分飲食。/

一許□□社□□村□□田□畝，一所壹畝在𨻶□處，一所壹畝肆高捌尺在廚？梂？處，一所貳高柒尺/在域愈處，一所壹高拾貳尺在𨻶□處，一所壹高肆尺在浚肝處。量併仝年税每畝古錢叁貫，共古/錢玖貫。係遞年生辰、忌辰二禮，每禮豬壹口，准古錢叁貫；�壹盤，准古錢壹貫；酒壹圩，并金銀、芙蒥/准古錢五陌，至日遞就祠宇敬祭，祭畢許伊社均分飲食。/

一各社村如有禮物敬祭，其本族不得要索敬俵。/

一各社村分許上項田數應各世守，以供祭祀，或後日某社村某員名人妄自唱率，專賣此田，願/　　　　天地鬼神誅之殛之，子孫殞滅，及某名人聽買此田者，其禍亦賣田人同罪。/

一上項田數分許各社村以供歲時祭祀，其子孫苗裔有倚勢凌奪，擅自專賣此田，願/

天地鬼神誅之殛之，其各社村不得輕許專賣此田，有違此言者，願/　　　　天地鬼神證知身家殞滅。

皇朝景興萬萬年之叁拾叁歲在壬辰[1]季秋月穀日/

賜辛亥科第二甲進士、特進、金紫榮禄大夫、入侍參從、户部尚書、

知中書監、/兼知東閣國史總裁致仕、起復大司徒、

春郡公、宜春僊田阮儼希思[2]甫撰/

特進、金紫榮禄大夫、奉管𪀚左船勾稽、侍内書寫户番、

左庶子、/派亭伯、文江弄亭鄧惟玿督押/

首合侍内書寫户番、同知府、壇忠青池仁睦門阮有琨承寫/

拔石局東山安穫百户陶仕謹刊刻[3]/

① “皇朝景興萬萬年之叁拾叁歲在壬辰”，景興爲後黎顯宗黎維祧年號，三十三年爲公元1772年，當清乾隆三十七年。

② 阮儼，黎維祊永慶三年（1731）辛亥科進士十二名，第二甲進士出身第二名：“阮儼。宜春仙田人，二十四中，仕至參從、尚書、大司徒、春郡公致仕。起復獨相十餘年，護駕平南，奉敚左將軍。開營平南有功，尋卒，褒封中等福神。傂之弟，侃之父，父子同朝，兄弟並封福神。”

③ 以上爲拓片編號03271的内容。

題後

本碑記爲宦者范輝錠之寄忌碑。范輝錠爲鄭聖祖靖王鄭森之内侍，碑記曰其爲“潛邸從龍之舊”，“發摘弭蕭牆之變，擒防清陵莽之塵”。據《大越史記全書續編》卷五，黎顯宗景興三十年（1769）三月：“靖王捕皇太子黎維禕，囚之。初，太子丰資秀麗，英睿夙成，恩王甚禮重之，以正妃所生女配焉。靖王爲世子時，素以才忌太子。一日，太子與世子同入侍，恩王賜之膳，令子壻同坐。正妃曰：“王豈宜與帝並食。”乃命别之，世子變色而出。及襲位，與宦者韶郡公范輝錠謀廢太子而無辭，乃誣太子淫於恩王故宫人，以罪狀白帝，收補繫獄，廢爲庶人。”又三十二年十二月：“王殺故太子維禕及其門客陳仲琳、阮有琪等十四人。先是，太子既廢，琳等謀挾出爲變。范輝錠以狀聞，遂論太子絞刑，琳等棄市。尋命停皇后鄭氏號。”則碑記所云之功績即在此。范輝錠一直負責爲鄭森管理財賦，且行事高調，景興三十五年（1774）鄭森命黄五福征南方阮主，啟乞令乂安督視段阮俶漕運糧餉就洞海場，鄭森即命范輝錠與俶同往，“時，場米已盡，錠詰之，辭色俱厲，俶曰：‘俶雖奉理糧餉，寔無屬兵，至俶不舉所職，是豈俶之咎哉。’錠曰：‘居官不舉其職，國自有法。’俶大怒曰：‘即有譴責，惟上所命，君安得以言語相低昂耶。’即具啟乞歸田里，許之，尋卒。”由此可見范輝錠行事之一斑，也可見其受鄭主之簡知與寵信。

撰文者阮儼爲永慶三年辛亥科進士，家世顯赫，父子兄弟皆登科舉，景興二十六年（1765），阮儼即任參從，二十八年賜阮儼子孫出身伯爵，長子儷並陞翰林侍講，以阮儼知國子監；三十二年阮儼以參從、户部尚書、大司空春郡公致仕，陞大司徒。次年又以大司徒、參從起復。三十四年，以范輝錠、阮俒掌財賦，阮儼、阮芳挺、黎貴惇掌督民政。三十六年命阮儷（儼子）爲乂安參領“括富户粟以助軍”，是年冬，阮儼卒，年六十八，追封福神。

二〇五　農務社上村等三村阮俊暨妻後神碑記

引言

碑立於北寧省嘉林縣鄧舍總農務社上村阮相公祠堂。碑刻四面，拓片編號 03348/03350/03351/03349。拓片編號 03348 爲碑前，分爲上下二列，碑額刻“後神碑記”四字，下則刻有神位並飾以花草紋，其上刻有雲紋，其下刻有忌日；拓片編號 03350 爲碑後，共九行字，滿行三十八字，碑題“順安府嘉林縣農務社上、中二村、東林所務同村員色、社村長，仝三村上下等立後神碑記”三十五字；拓片編號 03351 爲碑右，共八行字，每行字數不一；拓片編號 03349 爲碑左，共九行字，滿行約三十九字。今依内容及性質重定篇題爲“農務社上村等三村阮俊暨妻後神碑記”。碑文年代署作寶興（Bảo Hưng）元年（1801），寶興是西山朝景盛皇帝（Cảnh Thịnh hoàng đế）阮光纘（Nguyễn Quang Toản）的年號，同年爲清嘉慶六年，歲次辛酉。拓片現藏於漢喃研究院。

此碑爲農務社上村、中村與務同村三村爲古法殿少卿伯爵阮俊夫婦所立之後神碑記。古法殿少卿伯爵阮俊有恩於三村，並在連年戰亂後，阮俊召集三村村民回鄉開墾荒地，並請朝廷免税。三村村民感念其之恩德，故保阮俊夫婦爲後神，爲此，阮俊又捐田以作日後祭祀之用，文末以四句四字銘文詠此事，並録有祭田大小、方位，與祭祀之儀禮規定。

03348
后神碑記
北寧省嘉林縣鄧舍總農務社上村阮相公祠堂內一碑四面之前

編號：03348　出自《拓片總集》第四冊（下同）

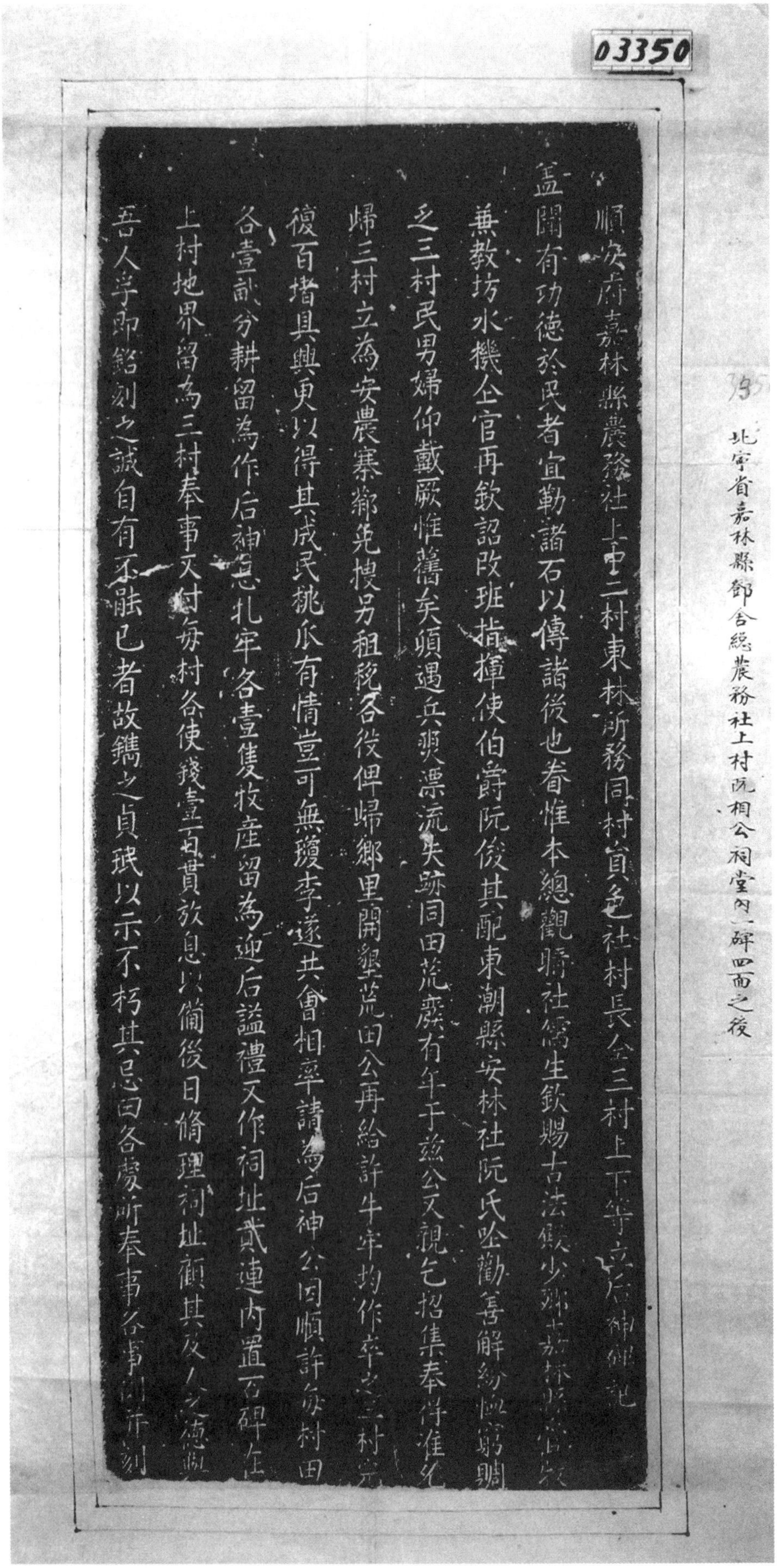
03350
順安府嘉林縣農務社上中二村東林所務同村貢邑社村長仝三村上下等立后神碑記
盖聞有功德於民者宜勒諸石以傳諸後也眷惟本總觀騎社儒生欽賜古法縣少卿士嘉林[illegible][illegible]敎
兼教坊水機仝官再欽詔改班指揮使伯爵阮俊其配東潮縣安林社阮氏瑩勸善解紛恤窮賙
乏三村民男婦仰戴厥惟舊矣頃遇兵燹漂流失跡同田荒廢有年于茲公又視乞招集奉得准免
帰三村立爲安農寨鄉免搜另租稅各役俾帰鄉里開墾荒田公再給許牛牢均作卒之三村完
復百堵具興更以得其成民挑瓜有情豈可無擭李遂共會相率請爲后神公因順許每村田
各壹畝分耕留爲作后神忌祀牢各壹隻妝產留爲迎后謚禮又作祠址貳連內置石碑在
上村地界留爲三村奉事又付每村各使錢壹百貫放息以備後日脩理祠址顧其及人之德與
吾人孚郎銘刻之誠自有不能已者故鐫之貞珉以示不朽其忌日各處所奉事各事例并刻
北寧省嘉林縣鄧舍總農務社上村阮相公祠堂內一碑四面之後

編號：03350

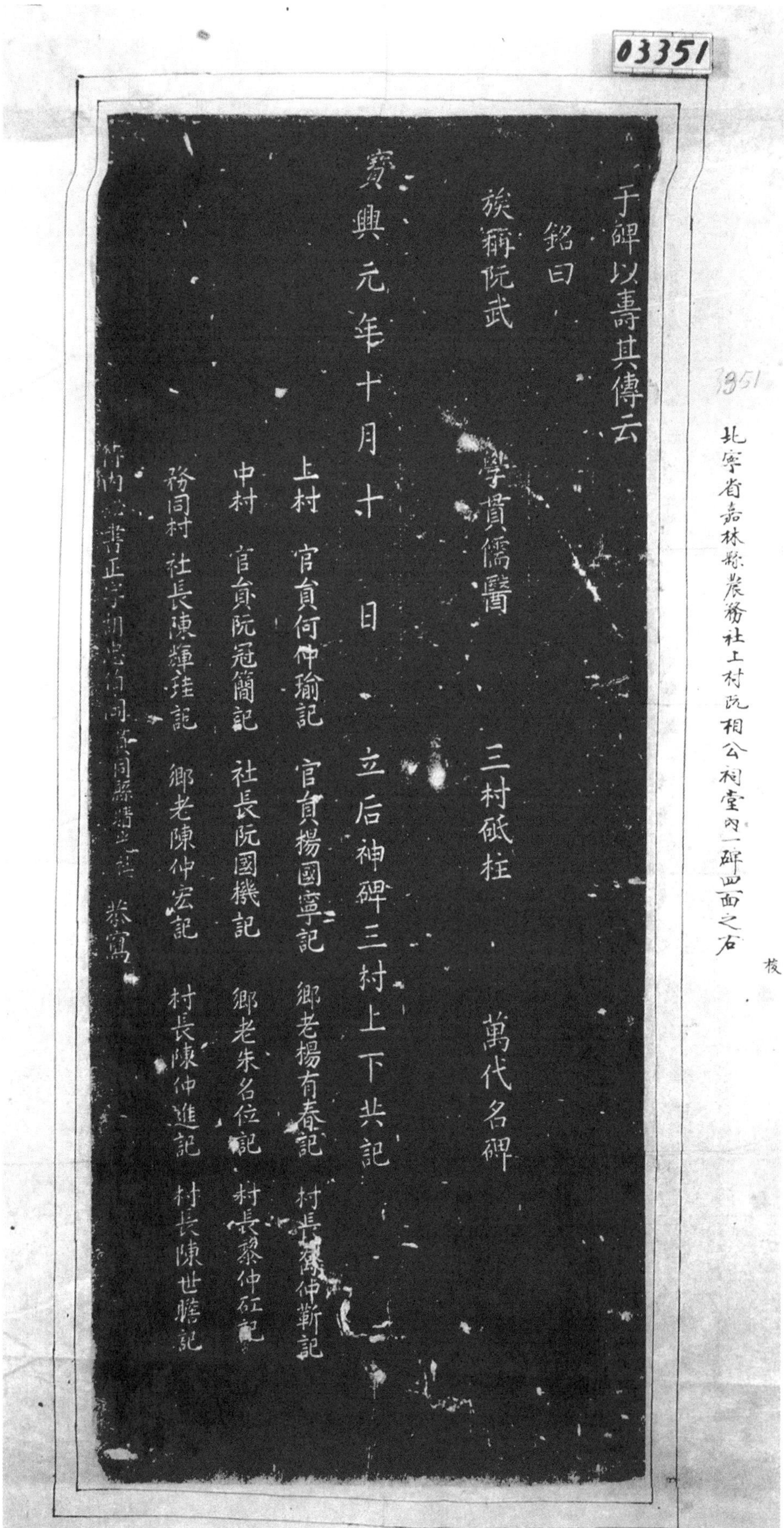

03351

于碑以壽其傳云

銘曰

族稱阮武　學貫儒醫　三村祗柱　萬代名碑

寶興元年十月十日　立后神碑三村上下共記

上村　官員何仲瑜記　官員楊國寧記　鄉老楊有春記　村長[illegible]仲靳記

中村　官員阮冠簡記　社長阮國機記　鄉老朱名位記　村長黎仲砬記

務同村　社長陳輝珪記　鄉老陳仲宏記　村長陳仲進記　村長陳世瞻記

付納[illegible]書正字[illegible]忠伯[illegible]同縣[illegible]恭寫

1351

北寧省嘉林縣農務社上村阮相公祠堂內一碑四面之右

校

編號：03351

03349

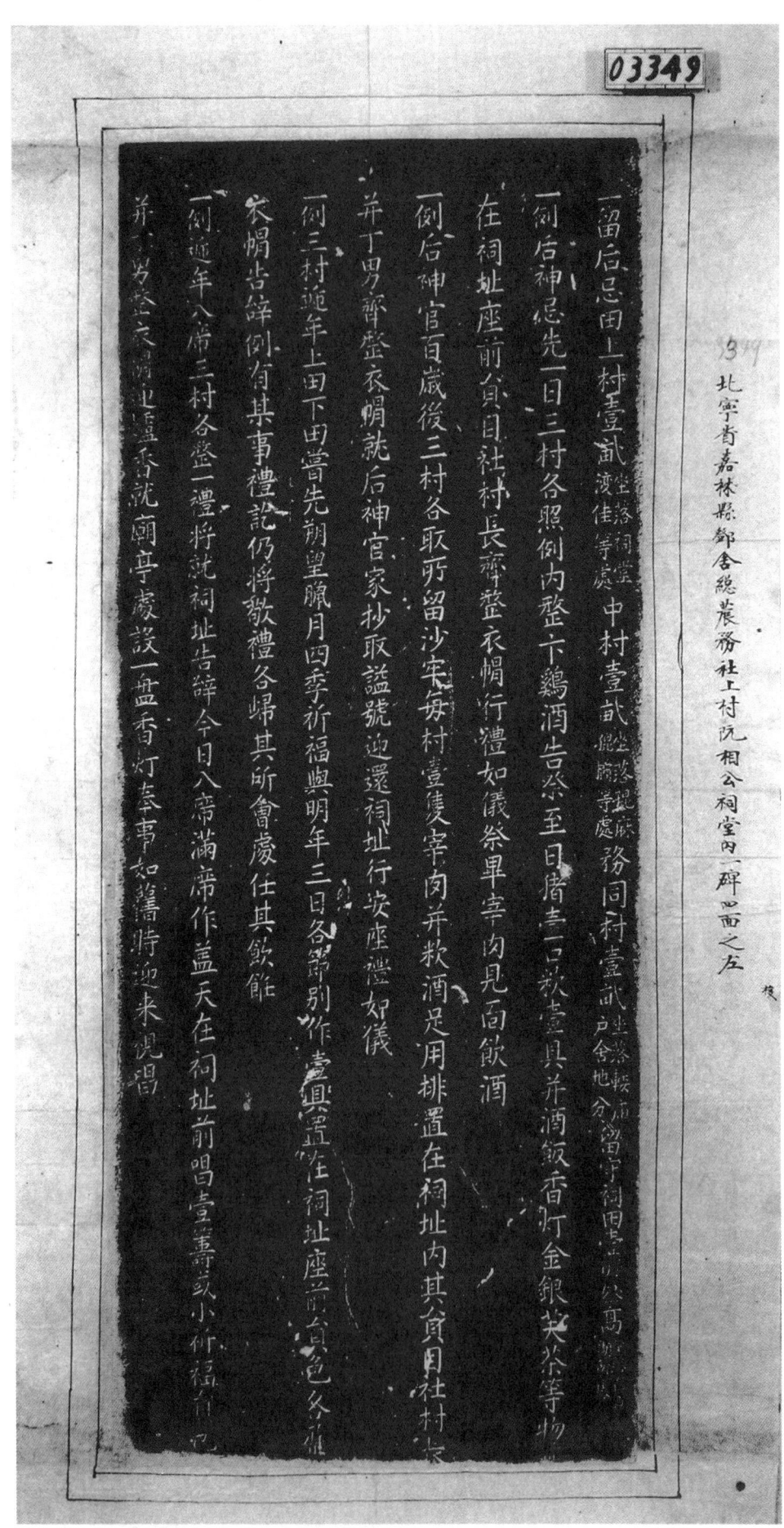

北寧省嘉林縣鄧舍總農務社上村阮相公祠堂內一碑四面之左

一留后忌田上村壹畝坐落渡佳等處中村壹畝坐落提麻等處務同村壹畝坐落鞍廊户舍地分留守祠田壹所坐落高[illegible]
一例后神忌先一日三村各照例内整卞鷄酒告祭至日猪壹口粢壹具并酒飯香灯金銀芙茶等物
在祠址座前貟目社村長齊整衣帽行禮如儀祭畢宰肉見面飲酒
一例后神官百歲後三村各取所留沙宅每村壹隻宰肉并粢酒足用排置在祠址内其貟目社村家
并丁男齊整衣帽就后神官家抄取謚號迎還祠址行安座禮如儀
一例三村逐年上田下田嘗先朔望臘月四季祈福與明年三日各節別作壹具置在祠址座前貟色各社
衣帽告辞例有其事禮訖仍將敬禮各歸其所會處任其飲餕
一例逐年八席三村各整一禮將就祠址告辞今日入席滿席作盖天在祠址前唱壹壽或小祈福[illegible]
并丁男整衣帽迎遙香就廟亭處設一盤香灯奉事如舊時迎来視唱

編號：03349

釋文

【後神碑記】

欽敓少卿、陞指揮使阮相公，謚善和，字福厚神位。遞年三月二十四日正忌。/

阮相公正配室宜人阮貴氏，謚敦敏，號慈聰神位。遞年三月二十一日正忌[①]。/

順安府嘉林縣農務社上、中二村、東林所務同村員色、社村長，仝三村上下等立後神碑記[②]

蓋聞有功德於民者，宜勒諸石，以傳諸後也，眷惟本總觀晴社儒生[③]、欽賜古法殿[④]少卿、嘉林縣管牧、/兼教坊水機仝[⑤]官、再欽詔改班指揮使、伯爵阮俊，其配東潮縣安林社阮氏唥，勸善解紛，恤窮賙/乏，三村民男婦仰戴，厥爲舊矣。頃遇兵燹，漂流失跡，同田荒廢有年。于茲公又親乞招集，奉得准允，/歸三村立爲安農寨，除[⑥]免搜、另租稅各役，俾歸鄉里，開墾荒田。公再給許牛牢，均作卒之，三村完/復，百堵具興，更以得其成民。桃瓜有情，豈可無瓊李，遂共會相率請爲後神，公因順許每村田/各壹畝分耕，留爲作後神忌禮，牢各壹隻，牧產

---

① 以上爲拓片編號 03348 的内容。

② 此爲 03350 的碑題，今依内容及性質重定篇題爲“農務上村社等三村阮俊暨妻後神碑記”。

③ “儒生”，見《欽定越史通鑑綱目・正編》卷三十九“黎顯宗景興二年”條載“復鄉試舊制”注釋：“官員子中三場者謂之儒生，庶人中三場謂之生徒。”又，黎熙宗永治二年“秋七月申定功臣文武世廕及吏民免役例”：“武四品以下有軍功、文中場有歷授佐貳者，諸子竝爲官員子。”

④ “古法殿”（Cổ Pháp điện），又名都廟（Đền Đô）或李八帝廟，廟中祭祀李太祖、李太宗、李聖宗、李仁宗、李神宗、李英宗、李高宗、李惠宗等八位李朝帝王。右廳附祀文神李道成、蘇憲誠，左廳附祀武神李常傑、黎奉曉、陶甘沐。《欽定越史通鑑綱目・正編》卷二“李太祖順天十年”：“春正月，立太廟於天德陵。”史臣按：“古者建都前朝後市，左祖右社，則祖廟在國都之左，所以致孝享也。……至是始書立太廟於天德陵。”又史臣注曰：“天德。府名，太祖順天元年升古法州爲府，今東岸縣。吴仕史注李諸帝歸葬天德，皆稱壽陵。”嗣德版《大南一統志・北寧省下・祠廟》：“李八帝廟。東岸縣亭榜社，嘉隆二年置廟夫，以所在民充之。明命四年以太祖、聖祖、仁尊登列祀歷代帝王廟，接李朝始太祖庚戌，終昭皇正南，凡二百六十年。”

⑤ “仝”，爲喃字。主、長之義。

⑥ “除”，原爲越南避諱字。

留爲迎後謚禮。又作祠址貳連，内置石碑，在/上村地界，留爲三村奉事。又付每村各使錢[①]壹百貫放息，以備後日修[②]理祠址。顧其及人之德，與/吾人孚即銘刻之誠，自有不能已者，故鐫之貞珉，以示不朽。其忌田各處所、奉事各事例并刻[③]/于碑，以壽其傳云。/

銘曰：/

族稱阮武，學貫儒醫。三村砥柱，萬代名碑。/

寶興元年[④]十月十日立後神碑，三村上下共記。/

上村：官員何仲瑜記，官員楊國寧記，鄉老楊有春記，村長喬仲靳記/

中村：官員阮冠簡記，社長阮國機記，鄉老朱名位記，村長黎仲砿記/

務同村：社長陳輝珪記，鄉老陳仲宏記，村長陳仲進記，村長陳世瞻記/

侍内秘書正字胡忠伯陶貫同縣晴光社恭寫[⑤]/

一留後忌田上村壹畝，坐落祠堂/淩佳等處。中村壹畝，坐落㭴麻/㭴橘等處。務同村壹畝，坐落𤔅廟/户舍地分。留守祠田壹畝叁高，坐落在户舍社/湖所處。/

一例後神忌，先一日三村各照例内，整卞雞酒，告祭至日，豬壹口，�壹具，并酒、飯、香、燈、金、銀、芙[⑥]、茶等物，/遞在祠址座前，員目、社村長，齊整衣帽，行禮如儀。祭畢，宰肉見面飲酒。/

一例後神官百歲後，三村各取所留沙牢[⑦]，每村壹隻，宰肉并粆、酒足用，排置在祠址内，其員目、社村長/并丁男，齊整衣帽，就後神、官家抄取謚號，迎還祠址，行安座禮如儀。/

一例三村遞年上田、下田嘗先、朔望、臘月、四季祈福，與明年三日各節，别作壹具，置在祠址座前，員色各整/衣帽，告辭例有某事，禮訖，仍將敬禮各歸其所會處，任其飲餠。/

一例遞年入席，三村各整一禮，將就祠址告辭，今日入席，滿席作蓋天，在祠址前唱壹

---

① “使錢”，見《欽定越史通鑑綱目・正編》“後黎盛宗光順八年”注“使錢、古錢”引黎貴惇《芸臺類語》云：“北人以百文爲一陌。本國以三十六文爲一陌，謂之‘使錢’；六十文爲一陌，謂之‘古錢’。‘使錢’十陌，乃是‘古錢’六陌，準爲‘使錢’一貫。其‘古錢’十陌乃使錢之一貫六陌四十文。使錢别名閒錢，古錢别名貴錢。”

② “修”，碑原作“脩”，

③ 以上爲拓片編號 03350 的内容。

④ “寶興元年”，“寶興”爲西山朝阮光纘最後之年號，僅一年。是爲公元 1801 年，當清嘉慶六年，歲次辛酉。

⑤ 以上爲拓片編號 03351 的内容。

⑥ “芙”，即“芙蓾”，是一種藤類的植物，越文作 Cây lá trầu。與檳榔同爲喜慶時必有之象徵性植物，尤其是在傳統婚俗文化中，檳榔、芙蓾與石頭（石灰）是兄弟和睦、夫妻相恩相愛之象徵。

⑦ “沙牢”，越文作 Sa Lao。即少牢。指有羊、豬而無牛的祭祀規格。後代指用作祭品的羊。

籌，或小祈福，員色/并丁男，整衣帽，迎爐香，就廟亭處，設一盤香燈，奉事如舊時，迎來視唱[1]。/

題後

本碑記爲觀晴社儒生阮俊與其妻阮氏吣的寄忌碑，正面刻有兩人牌位。本碑立於西山朝最後一年（阮光纘寶興元年，1801），由於西山朝在越南被視爲僞朝，故記載較少，本碑爲少有的碑記。碑記載阮俊在家鄉遭遇兵燹之後，重新召集民人，進行開墾，使得農務社上村、中村與務同村得以恢復的事蹟。阮俊爲儒生，按越南科舉制度，官員子在參與鄉試時，中三場，即被稱爲“儒生”，且前三場衹要參加就不淘汰，而阮俊在碑記中結銜爲“欽賜古法殿少卿、嘉林縣管牧仝、兼教坊水機仝官、再欽詔改班指揮使、伯爵”，由官職與銘文所記阮俊“學貫儒醫”，可窺知越南科舉與地方勢力的微妙結合。

又，篇號二〇七《觀晴社阮福寬夫妻後神碑記》爲阮俊父母之寄忌碑，立於後黎顯宗景興四十年（1779），是年阮文岳已經建立西山朝，年號泰德。

---

① 以上爲拓片編號03349的內容。

二〇六　鄧舍社巨陀村裴氏做後神碑記

引言

碑立於北寧省嘉林縣鄧舍總巨陀村鄉亭。碑刻雙面，拓片編號 03353/03354/03355/03356。拓片編號 03353 爲碑前，共十行字，滿行二十四字，碑題“後神碑記”四字；拓片編號 03354 爲碑左，共十二行字，滿行二十八字；拓片編號 03355 爲碑後，共十二行字，滿行約二十九字；拓片編號 03356 爲碑右，共十行字，滿行二十九字。今依内文主旨重定篇題爲“鄧舍社巨陀村裴氏做後神碑記”。拓片編號 03353（碑前）/03354（碑左）年代署作丙申年，應爲永盛（Vĩnh Thịnh）十二年（1716），同年爲清康熙五十五年，碑文撰者爲生徒阮德全；拓片編號 03355（碑後）/03356（碑左），書者爲高叢森，年代署作永盛十六年（1720），永盛爲黎裕宗（Lê Dụ Tông）黎維禟（Lê Duy Đường）年號，同年爲清康熙五十九年，歲次庚子。拓片現藏於漢喃研究院。

此碑爲鄧舍社巨陀村爲添壽侯吴公夫人裴氏做所立之後神碑。碑文記載添壽侯夫人裴氏做因感念其乳母乳養之恩，故捐田地與銀予巨陀村爲惠錢，巨陀村因此保裴氏做爲後神。文末記載裴氏捐田之大小、位置，及祭祀品項、忌日祭文。

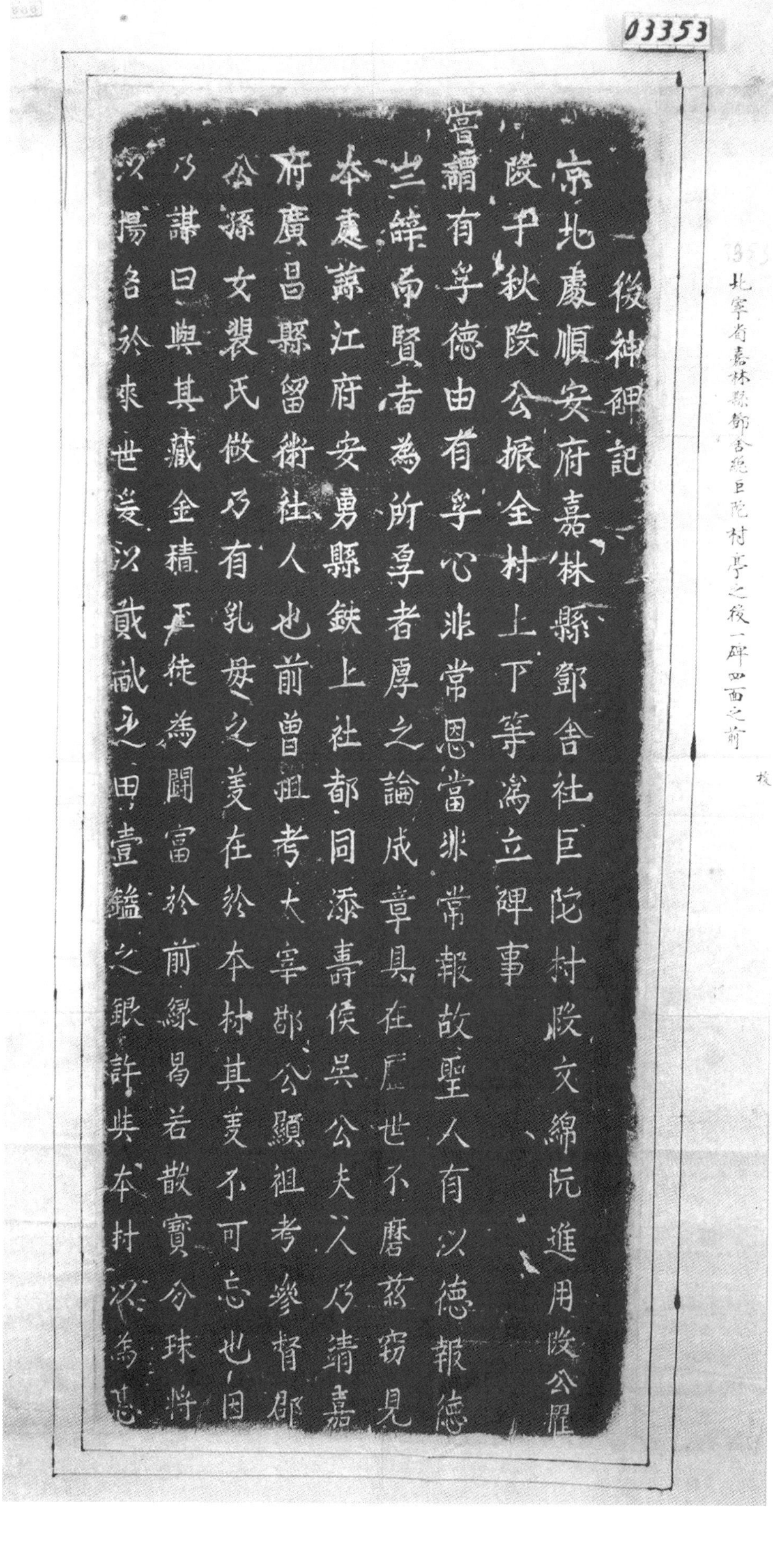
03353
後神碑記
京北處順安府嘉林縣鄧舍社巨陀村段文綿阮進用段公膺
段尹秋段公振全村上下等爲立碑事
嘗謂有孚德由有孚心非常恩當非常報故聖人有以德報德
豈韓南賢者爲所尊者厚之論成章具在歷世不磨兹窃見
本處薛江府安勇縣鉄上社都同添壽侯吳公夫人乃靖嘉
府廣昌縣留衛社人也前曾祖考太宰郡公顯祖考參督郡
公孫女裴氏做乃有乳母之美在於本村其美不可忘也因
乃講曰與其藏金積玉徒爲鬪富於前綠曷若散實分珠將
以惕各於來世爰以貳畝之田壹鎰之銀許與本村以爲忌
北寧省嘉林縣鄧舍總巨陀村亭之後一碑四面之前

編號：03353　出自《拓片總集》第四冊（下同）

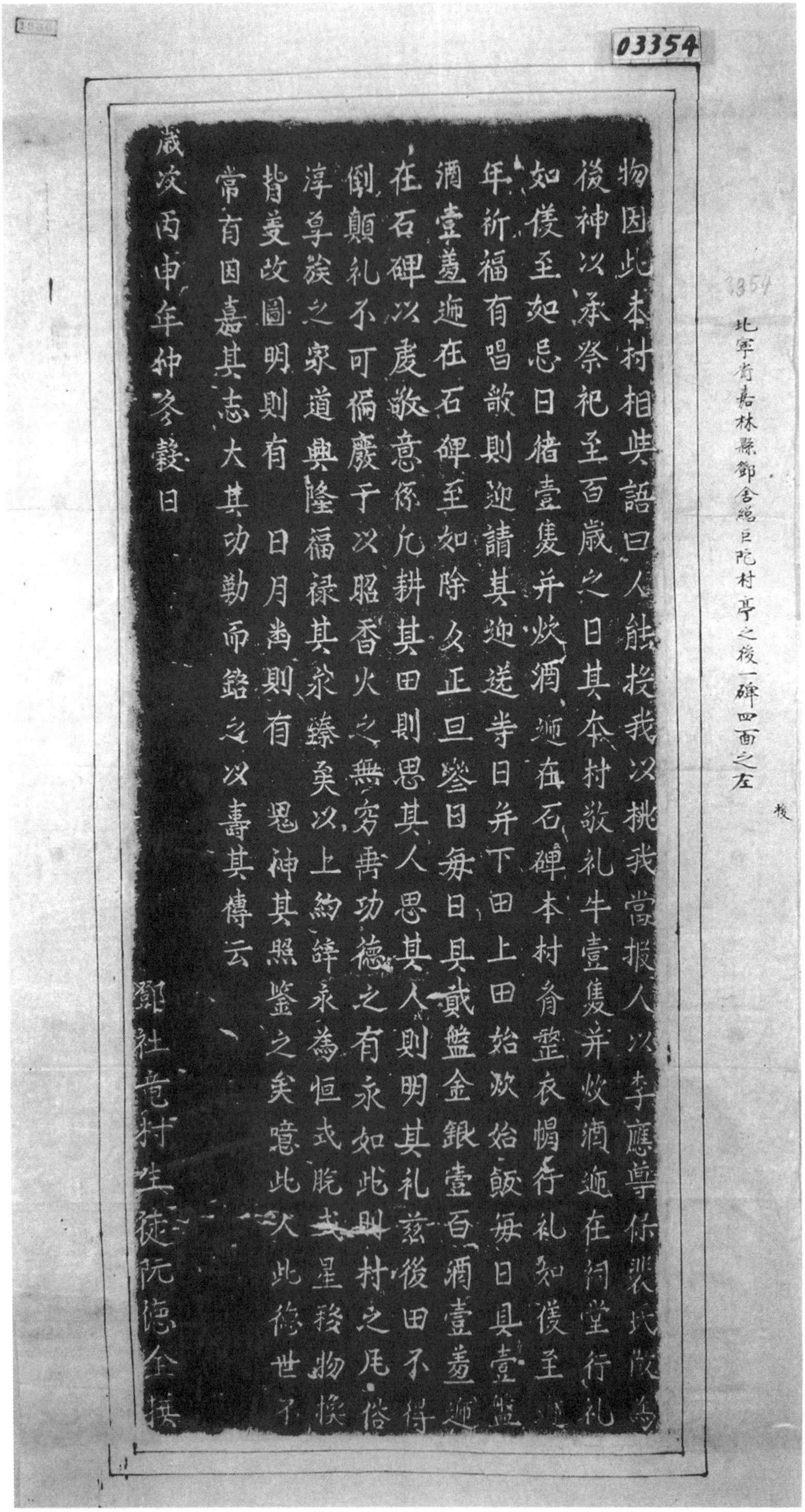
03354

物因此本村相共語曰人能挍我以挑我嘗報人以李應尊係裴氏散為
後神以承祭祀至百歲之日其本村敬礼牛壹隻并炊酒迊在祠堂行礼
如㑺至如忌日備壹隻并炊酒迊在石碑本村脊瑩衣帽行礼知㑺至迊
年祈福有唱歆則迎請其迎送并日并下田上田始炊始飯每日具壹盤
酒壹盞迊在石碑至如除夕正旦參日每日具貳盤金銀壹百酒壹盞迊
在石碑以處敬意係凡耕其田則思其人思其人則明其礼慈後田不得
倒顛礼不可偏廢于以昭香火之無窮再功德之有永如此則村之尾俗
淳尊族之家道興隆福祿其永臻矣以上約肄永為恒式脫或星移物換
背叛改圖明則有　日月幽則有　鬼神其照鑒之矣噫此人此為世不
常有因嘉其志大其功勒而銘之以壽其傳云
歲次丙申年仲冬穀日
鄧社竜村生徒阮德仝撰

3354
北寧省嘉林縣鄧舍總巨陀村亭之後一碑四面之左
板

編號：03354

03355

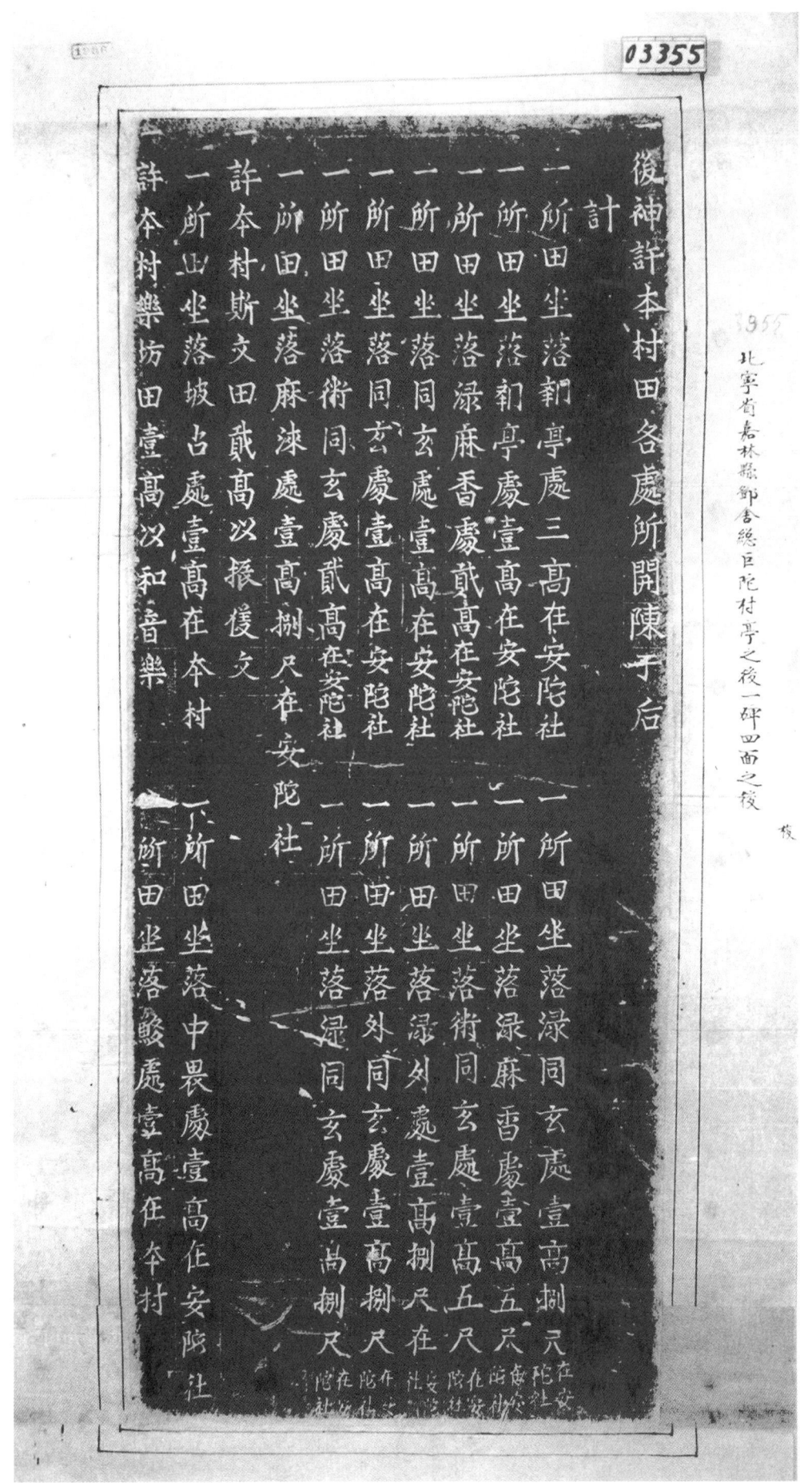

一後神許本村田各處所開陳于后

計

一所田坐落釘亭處三高在安陀社

一所田坐落釘亭處壹高在安陀社

一所田坐落淥麻香處貳高在安陀社

一所田坐落同玄處壹高在安陀社

一所田坐落同玄處壹高在安陀社

一所田坐落術同玄處貳高在安陀社

一所田坐落麻涞處壹高捌尺在安陀社

一許本村斯文田貳高以振優文

一所山坐落坡古處壹高在本村

一許本村樂坊田壹高以和音樂

一所田坐落淥同玄處壹高捌尺在安陀社

一所田坐落淥麻香處壹高五尺在安陀社

一所田坐落術同玄處壹高五尺在安陀社

一所田坐落淥外處壹高捌尺在安陀社

一所田坐落外同玄處壹高捌尺在安陀社

一所田坐落淥同玄處壹高捌尺在安陀社

一所田坐落中畏處壹高在安陀社

一所田坐落皷處壹高在本村

北寧省嘉林縣鄭舍總巨陀村亭之後一碑四面之後

編號：03355

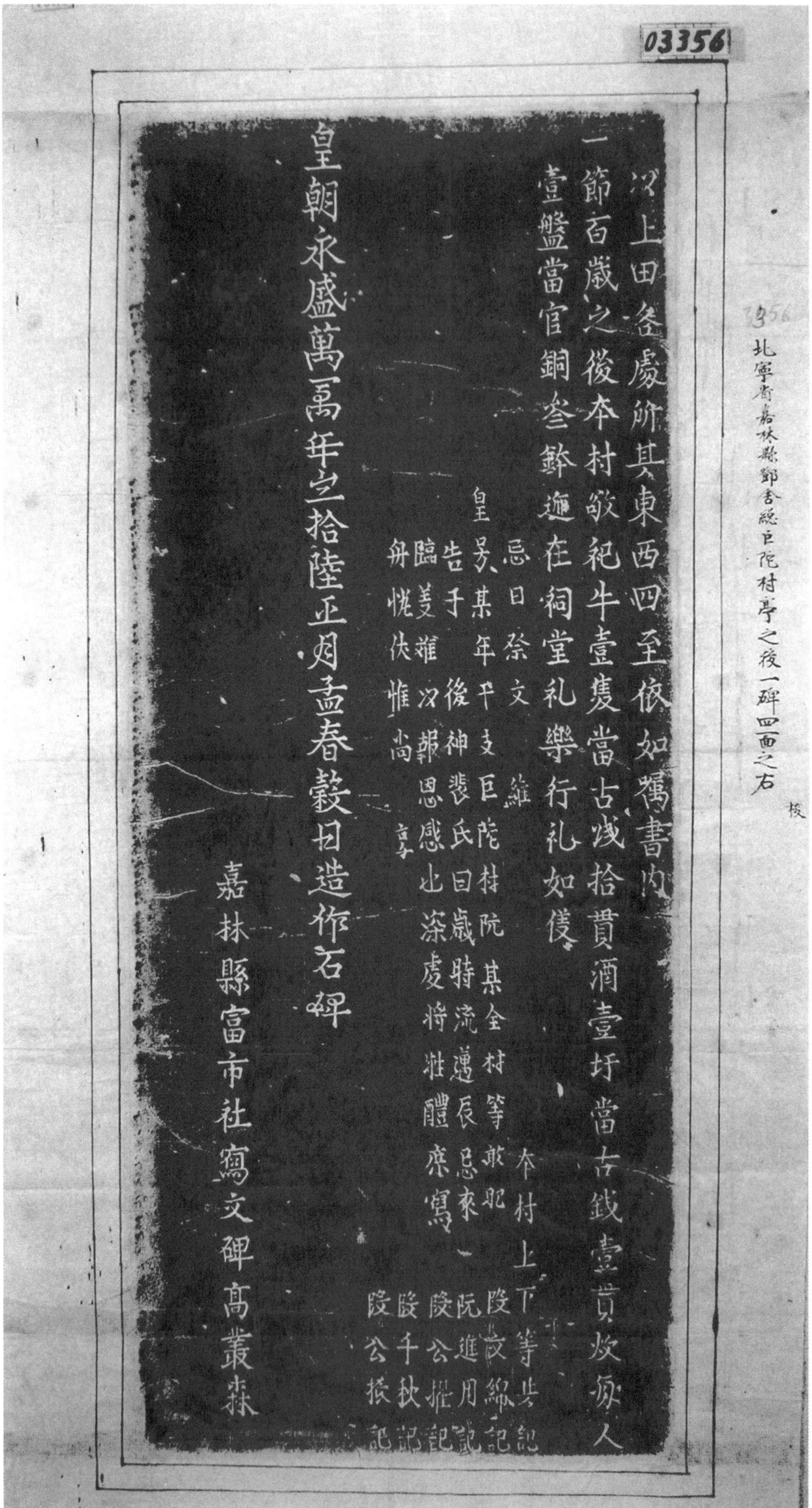
03356
以上田各處所其東西四至依如舊書內
一節百歲之後本村敬祀牛壹隻當古錢拾貫酒壹坩當古錢壹貫炊飯人
壹盤當官銅叁鉢進在祠堂礼樂行礼如儀
忌日祭文維
皇号某年干支巨陀村阮某全村等敢記
告于後神裴氏曰歲時流邁辰忌來一
臨美難以報恩感止深處將粧體來寫
舟恍佚惟尚享
本村上下等共記
段文綿記
阮進用試記
段公擢記
段千秋記
段公振記
皇朝永盛萬萬年之拾陸正月孟春穀日造作石碑
嘉林縣富市社寫文碑高叢森

3356
北寧省嘉林縣鄧舍總巨陀村亭之後一碑四面之右

校

編號：03356

釋文

後神碑記[①]

京北處順安府嘉林縣鄧舍社巨陀村段文綿、阮進用、段公擢、/段千秋、段公振全村上下等，爲立碑事。/

嘗謂有孚德由有孚心，非常恩當非常報，故聖人有以德報德/之辞，而賢者爲所厚者厚之論。成章具在，歷世不磨。兹竊見/本處諒江府安勇縣鐵上社都同、添壽侯、吴公夫人，乃靖嘉/府廣昌縣留衎[②]社人也。前曾祖考太宰郡公，顯祖考參督郡/公孫女裴氏做，乃有乳母之義，在於本村，其義不可忘也。因/乃謀曰：與其藏金積玉，徒爲鬬富於前緣，曷若散寶分珠，將/以揚名於來世！爰以貳畝之田，壹鎰之銀，許與本村以爲惠[③]/物，因此本村相與語曰：人能投我以桃，我當報人以李，應尊保裴氏做爲/後神，以承祭祀。至百歲之日，其本村敬禮牛壹隻并粅、酒，遞在祠堂行禮/如儀。至如忌日，豬壹隻并粅、酒遞在石碑；本村齊整衣帽，行禮如儀。至遞/年祈福有唱歌則迎請，其迎送等日并下田上田，始始飯，每日具壹盤，/酒壹羞，遞在石碑。至如除夕、正旦叁日，每日具貳盤，金銀壹百，酒壹羞，遞/在石碑，以虔敬意。係凡耕其田則思其人，思其人則明其禮，兹後田不得/倒顛，禮不可偏廢，于以昭香火之無窮，垂功德之有永，如此則村之風俗/淳厚，族之家道興隆，福禄其永臻矣。以上約辞永爲恒式，脱或星移物换，/背義改圖，明則有　日月，幽則有　鬼神，其照鑒之矣。噫！此人此德，世不/常有，因嘉其志，大其功，勒而銘之，以壽其傳云。/

歲次丙申年[④]仲冬穀日/

鄧社竜村、生徒阮德全撰[⑤]/

一後神許本村田各處所開陳于後[⑥]：/

計/

---

① 此爲拓片編號03353的碑題，今依内容及性質重定篇題爲“鄧舍社巨陀村裴氏做後神碑記”。
② “衛”，原越南喃字“衎”，下同不另注。
③ 以上爲拓片編號03353的内容。
④ “歲次丙申年”，應爲後黎裕宗黎維禟永盛十二年（1716），當清康熙五十五年。
⑤ 以上爲拓片編號03354的内容。
⑥ “後”，碑原作“后”，因另兼正字，逕改，下同，不另出注。

一所田坐落𣘃亭處三高，在安陀社；一所田坐落淥同玄處壹高捌尺，在安/陀社。/一所田坐落𣘃亭處壹高，在安陀社；一所田坐落淥麻香處壹高五尺，在安/陀社。/一所田坐落淥麻香處貳高，在安陀社；一所田坐落衕同玄處壹高五尺，在安/陀社。/一所田坐落同玄處壹高，在安陀社；一所田坐落淥外處壹高捌尺在安陀/社，/一所田坐落同玄處壹高，在安陀社；一所田坐落外同玄處壹高捌尺，在安/陀社。/一所田坐落衕同玄處貳高，在安陀社；一所田坐落淥同玄處壹高捌尺，在安/陀社。/一所田坐落麻淶處壹高捌尺，在安陀社。/一許本村斯文田貳高，以振儀文。/一所田坐落坡占處壹高，在本村；一所田坐落中畏處壹高，在安陀社。/

一許本村樂坊田壹高，以和音樂；一所田坐落𩵜處壹高，在本村[1]。/

以上田各處所其東西四至依如囑書内。/

一節百歲之後，本村敬祀牛壹隻，當古錢[2]拾貫；酒壹圩，當古錢壹貫；炊每人/壹盤，當官銅鉢叁鉢，遞在祠堂，禮樂行禮如儀。/

忌日祭文：

維

皇號某年干支，巨陀村阮某全村等，敢昭/告于　後神裴氏曰："歲時流邁，辰忌來/臨，義難以報，恩感也深，虔將牲醴，庶寫/舟恍，伏惟尚　享。/

皇朝永盛萬萬年之拾陸[3]正月孟春穀日造作石碑/

嘉林縣富市社寫文碑高叢森/

本村上下等共記/

段文綿記/

阮進用記/

段公擢記/

段千秋記/

段公振記[4]/

---

① 以上爲拓片編號 03355 的内容。

② "古錢"，見《欽定越史通鑑綱目·正編》"後黎盛宗光順八年"注"使錢、古錢"引黎貴惇《芸臺類語》云："北人以百文爲一陌。本國以三十六文爲一陌，謂之'使錢'；六十文爲一陌，謂之'古錢'。'使錢'十陌，乃是'古錢'六陌，準爲'使錢'一貫。其'古錢'十陌乃使錢之一貫六陌四十文。使錢别名閒錢，古錢别名貴錢。"

③ "永盛萬萬年之拾陸"，當清康熙五十九年（1720），歲次庚子。

④ 以上爲拓片編號 03356 的内容。

二〇七　觀晴社阮福寬夫妻後神碑記

引言

碑立於北寧省嘉林縣鄧舍社總觀晴社廟，爲廟左邊一碑。碑刻四面，拓片編號03357/03358/03359/03360。拓片編號03357爲碑前，共八行字，滿行約三十二字，碑額題“後神碑”三字，有界綫；拓片編號03358爲碑左，共七行字，滿行約三十一字，碑額題“尊事”二字，有界綫；拓片編號03359爲碑後，共七行字，滿行約三十三字，碑額題“留傳”二字，有界綫；拓片編號03360爲碑右，一行記立碑年代，六行小字記同保立碑官員之署名。今依内容主旨重定篇題爲“觀晴社阮福寬夫妻後神碑記”。年代署作景興（Cảnh Hưng）四十年（1779），景興爲後黎顯宗（Lê Hiển Tông）黎維祧（Lê Duy Diêu）年號，同年爲清乾隆四十四年，歲次己亥。拓片現藏於漢喃研究院。

此碑爲觀晴社爲儒生、少卿阮武俊之父母阮福寬與武氏妙德所立之後神碑記。碑文記載阮武俊於觀晴社有恩，除使觀晴社無增加勞役與租税外，亦於税賦期限過後補齊該社積欠之税額；並於社民饑困時，給予救助。故該社尊選阮武俊父母爲後神，爲此阮武俊捐田池以作爲祭祀之資。文末明述田池位置及祭忌規定。

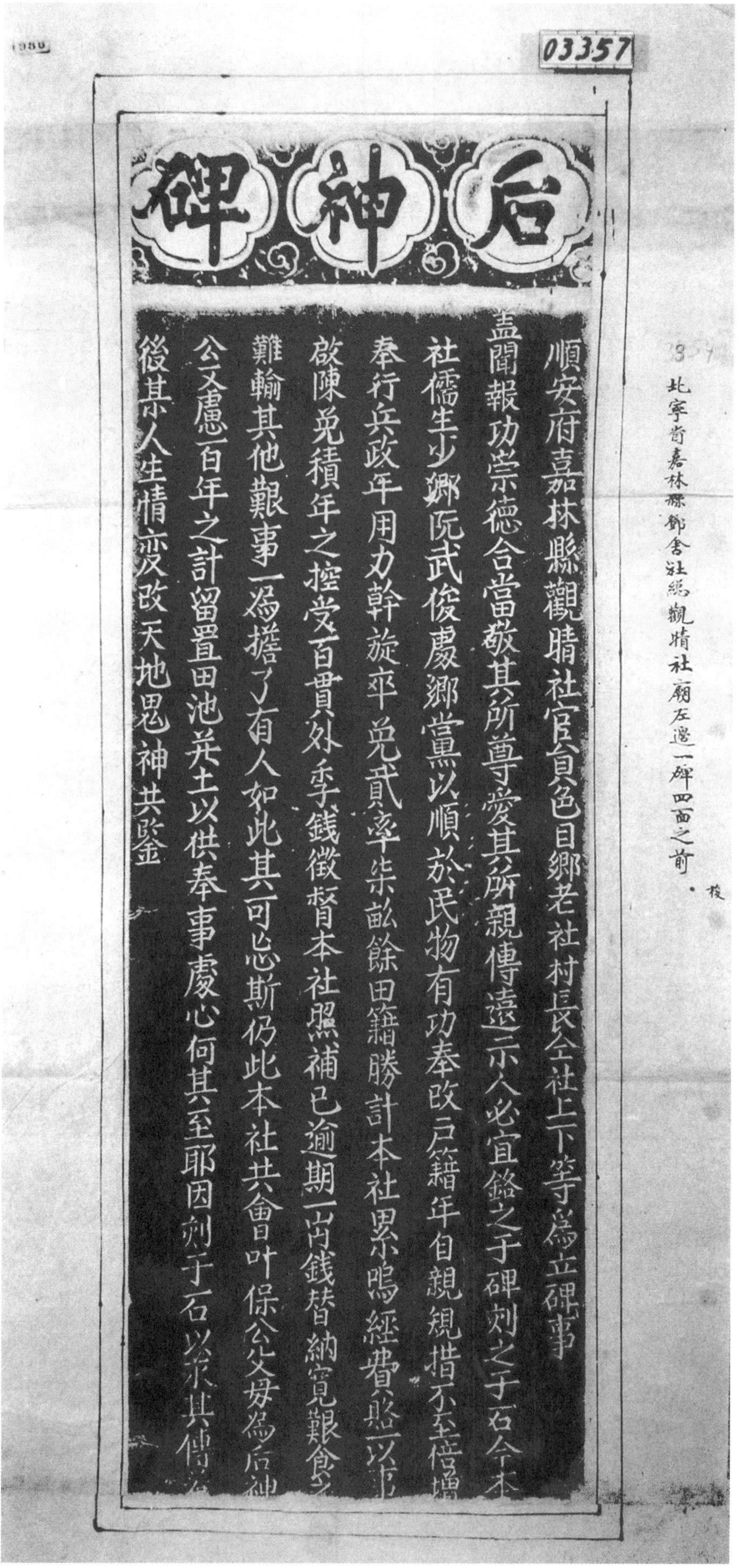
03357
后神碑
順安府嘉林縣觀睛社官員色目鄉老社村長仝社上下等爲立碑事
盖聞報功崇德合當敬其所尊愛其所親傳遠示久必宜銘之于碑刻之于石今本
社儒生少卿阮武俊處鄉黨以順於民物有功奉改户籍年自親覩措不至倍增
奉行兵政年用力幹旋卒免貳率柒畝餘田籍勝計本社累累鳴經費悉一以
啟陳免積年之控受百貫外季錢徵督本社照補已逾期一百錢替納寬艱食之
難輸其他艱事一爲擔了有人如此其可忘斯仍此本社共會叶保公父母爲后神
公又慮一百年之計留置田池并土以供奉事處心何其至耶因刻于石以永其傳爲
後其人生情變改天地鬼神共鑒
北寧省嘉林縣鄧舍總觀睛社廟左邊一碑四面之前
校

編號：03357　出自《拓片總集》第四冊（下同）

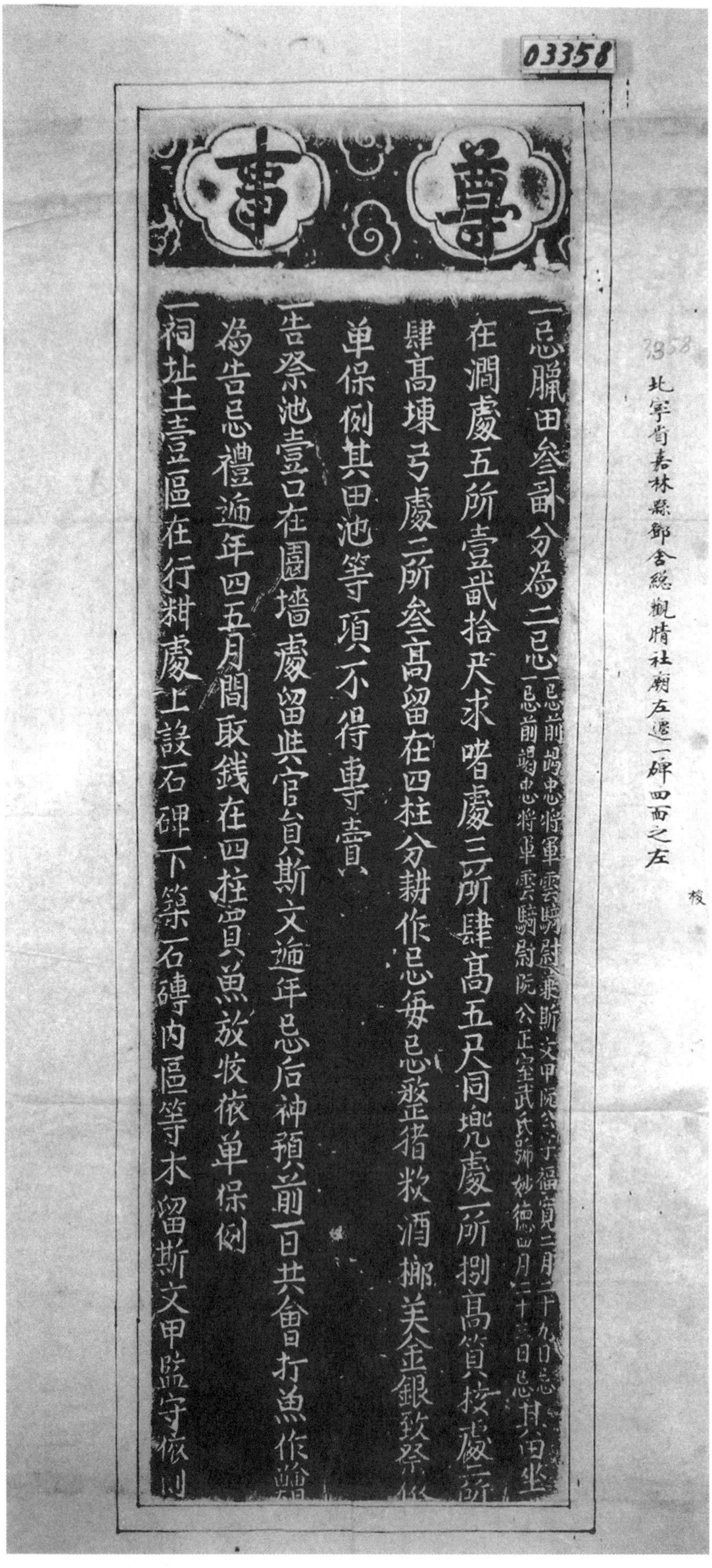
03358
尊專
一忌臘田叁畝分為二忌一忌前謁忠將軍雲騎尉兼斯文甲阮公字福寬二月二十九日忌 一忌前謁忠將軍雲騎尉阮公正室武氏號妙德四月二十三日忌其田坐
在澗處五所壹畝拾尺求嗜處二所肆高五尺同坨處一所捌高貿按處二所
肆高埬弓處二所叁高留在四社分耕作忌每忌盞豬救酒榔美金銀致祭從
单保例其田池等項不得專賣
一告祭池壹口在園墻處留與官員斯文逓年忌后神預前一日共會打魚作饋
為告忌禮逓年四五月間取錢在四社貿魚放被依单保例
一祠址土壹區在行耕處上設石碑下築石磚內區等木留斯文甲監守依則
北寧省嘉林縣鄧舍總觀情社廟左邊一碑四面之左
校

編號：03358

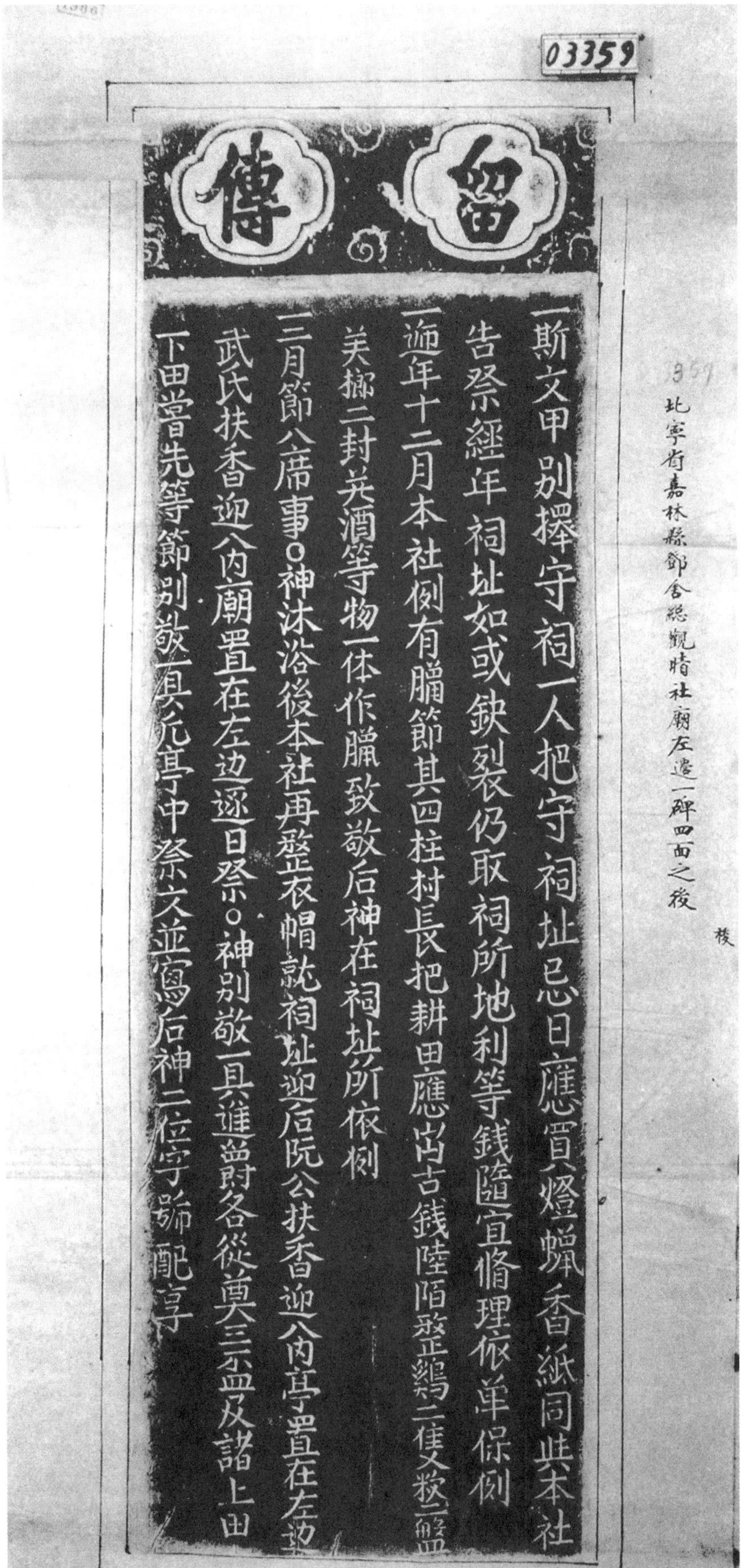

03359

留傳

一斯文甲别擇守祠一人把守祠址忌日應買燈蠟香紙同與本社
告祭經年祠址如或缺裂仍取祠所地利等錢隨宜脩理依準保例
一迺年十二月本社例有臘節其四柱村長把耕田應出古錢陸陌並鷄二隻又粢一盤
芙榔二封并酒等物一体作臘致敬后神在祠址所依例
一三月節八席事○神沐浴後本社再整衣帽就祠址迎后阮公扶香迎入内亭置在左边
武氏扶香迎入内廟置在左边逐日祭○神别敬一具進爵各從奠三盃及諸上田
下田嘗先等節别敬一具充亭中祭文並寫后神二位字號配享

北寧省嘉林縣鄧舍總觀晴社廟左邊一碑四面之後

編號：03359

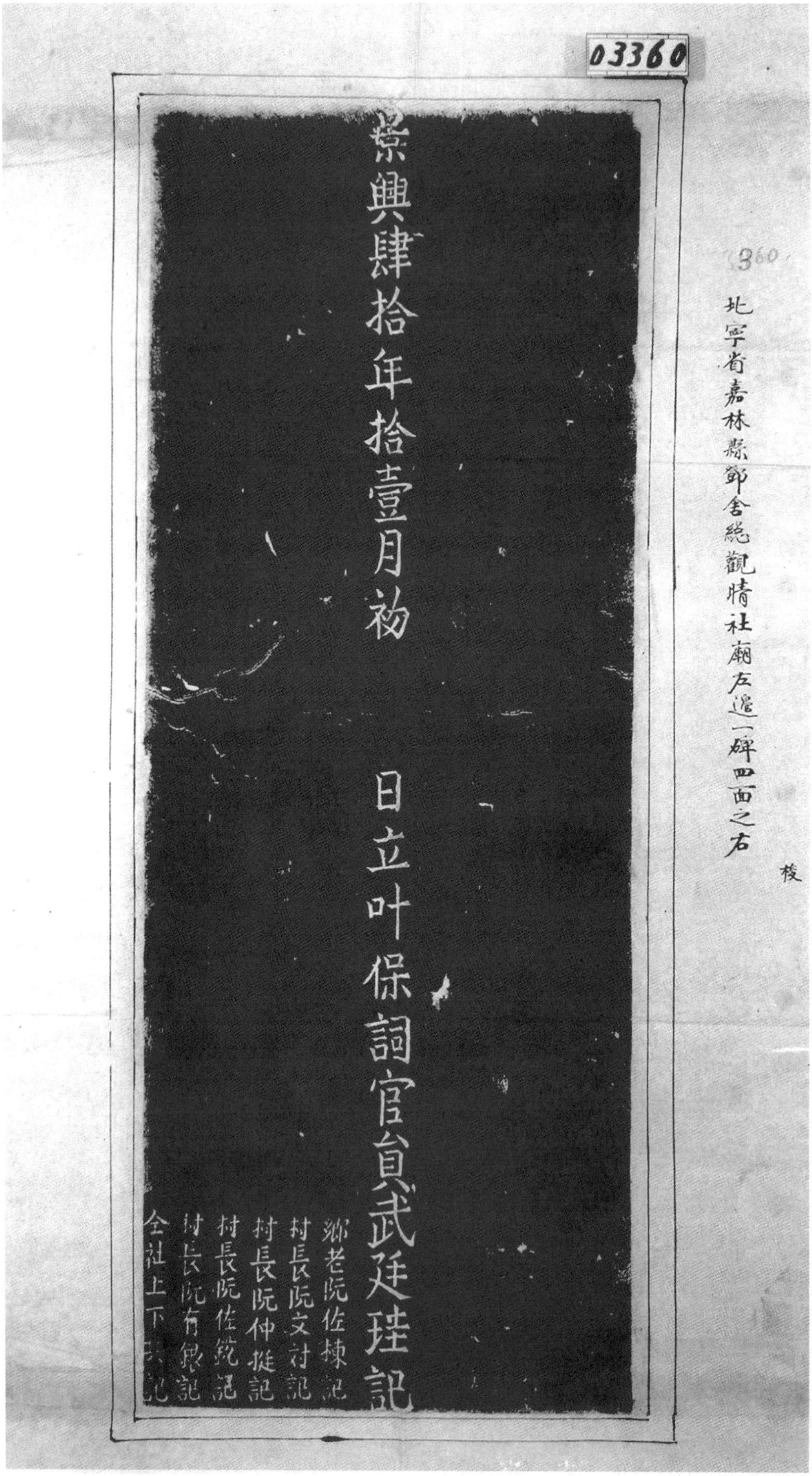
03360
景興肆拾年拾壹月初　日立叶保詞官貟武廷珪記
鄉老阮佐揀記
村長阮文討記
村長阮仲挺記
村長阮佐銃記
村長阮有銀記
全社上下仝記
北寧省嘉林縣鄧舍總觀情社廟左邊一碑四面之右

編號：03360

釋文

【後[1]神碑/尊事/留傳】[2]

順安府嘉林縣觀晴社官員、色目、鄉老、社村長、仝社上下等爲立碑事

蓋聞報功崇德，合當敬其所尊，愛其所親，傳遠示人，必宜銘之于碑，刻之于石。今本/社儒生、少卿阮武後，處鄉黨以順於民物有功。奉改户籍，年自親規措，不至倍增；/奉行兵政，年用力斡旋[3]，卒免貳率。柒畝餘田籍勝計，本社累嗚經費賂，一以事/啟陳，免積年之控受；百貫外季錢徵督，本社照補已逾期，一出錢替納，寬艱食之/難輸。其他艱事一爲擔了，有人如此，其可忘斯！仍此本社共會叶保公父母爲後神。/公又慮百年之計，留置田池并土以供奉事，慮心何其至耶！因刻于石，以永其傳。若/後某人生情變改，天地鬼神共鑒。/[4]

一忌臘田叄畝，分爲二忌一忌前竭忠將軍、雲騎尉、兼斯文甲阮公字福寬，二月二十九日忌；/一忌前竭忠將軍、雲騎尉阮公正室武氏號妙德，四月二十三日忌。其田坐/在澗處五所，壹畝拾尺；求堵處三所，肆高五尺；同兜處一所，捌高；貿核處二所，/肆高；埬弓處二所，叄高。留在四柱分耕作忌，每忌整豬、�、酒、榔、芙、金銀致祭，依/單保例，其田池等項，不得專賣。/

一告祭池壹口在園墻處，留與官員、斯文，遞年忌後神，預前一日共會打魚作鱠，/爲告忌禮，遞年四、五月間取錢在四柱買魚放牧，依單保例。/

一祠址土壹區在行柑處，上設石碑，下築石磚，内區等木留斯文甲監守依例。/[5]

一斯文甲別擇守祠一人把守祠址，忌日應買燈、蠟、香紙同與本社/告祭，經年祠址如或缺裂，仍取祠所地利等錢隨宜修理，依單保例。/

一遞年十二月本社例有臘節，其四柱村長把耕田應出古錢[6]陸陌，整雞二隻，粓二盤，/

---

① "後"，碑原作"后"，因另兼正字，逕改。

② 此爲拓片編號 03357 的額題，今依内容及性質重定篇題"觀晴社阮福寬夫妻後神碑記"。後附"尊事""留傳"分别爲拓片編號 03358/03359 之額題。

③ "斡旋"，碑原誤作"幹旋"。

④ 以上爲拓片編號 03357 的内容。

⑤ 以上爲拓片編號 03358 的内容。

⑥ "古錢"，見《欽定越史通鑑綱目・正編》"後黎盛宗光順八年"注"使錢、古錢"引黎貴惇《芸臺類語》云："北人以百文爲一陌。本國以三十六文爲一陌，謂之'使錢'；六十文爲一陌，謂之'古錢'。'使錢'十陌，乃是'古錢'六陌，準爲'使錢'一貫。其'古錢'十陌乃使錢之一貫六陌四十文。使錢別名閒錢，古錢別名貴錢。"

芙、榔二封，并酒等物，一體作臘，致敬後神，在祠址所，依例。/

一二月節入席事○神，沐浴後，本社再整衣帽就祠址迎後，阮公扶香迎入内亭，置在左邊；/武氏扶香迎入内廟，置在左邊，逐日祭○神，别敬一具，進爵各從奠三盃。及諸上田/、下田、嘗先等節，别敬一具，凡亭中祭文並寫後神二位字號配享。/①

景興肆拾年②拾壹月初　日立

叶保詞官員武廷珪記/

鄉老阮佐楝記/

村長阮文對記/

村長阮仲挺記/

村長阮佐鋭記/

村長阮有銀記/

仝社上下共記/③

題後

本碑與篇號二〇五均爲觀晴社儒生阮（武）俊家族寄忌碑，本碑爲阮（武）俊父母之寄忌碑，立於後黎顯宗景興四十年（1779）；篇號二〇五則爲阮俊與其妻阮氏吟之寄忌碑，立於西山朝阮光纘寶興元年（1801）。兩碑姓名略有不同，一稱阮武俊（本碑），一稱阮俊（篇號二〇五），事蹟則大致相同。篇號二〇五對於阮俊的官職記載較詳，應是西山朝時所任之職。

① 以上爲拓片編號 03359 的内容。

② “景興肆拾年”，景興爲後黎顯宗黎維祧年號，肆拾年爲公元 1779 年，當清乾隆四十四年，歲次己亥。

③ 以上爲拓片編號 03360 的内容。

二〇八　晴光社武宇明後神碑記

引言

碑立於北寧省嘉林縣鄧舍總晴光社亭，爲亭前左邊一碑。碑刻雙面，拓片編號 03373/3374。拓片編號 03373 爲碑前，共二十二行字，滿行二十九字，碑額題“後神碑”三字，碑題“順安府嘉林縣晴光社後神碑”十二字，今依内文主旨定篇題爲“晴光社武宇明後神碑記”；拓片編號 03374 爲碑後，共二十行字，滿行約四十字。兩面皆有界綫，拓片編號 03373 左右兩邊刻有花紋與捲雲紋，碑底刻有獸紋與蓮花紋；拓片編號 03374 左右兩邊刻有捲雲紋，碑底刻有蓮座。拓片編號 03373 年代署作龍德（Long Đức）元年（1732），龍德爲後黎純宗（Lê Thuần Tông）黎維祥（Lê Duy Tường）年號，同年爲清雍正十年，歲次壬子。拓片編號 03374 年代則署作歲次庚戌年，應爲後黎昏德公（Hôn Đức công）黎維祊（Lê Duy Phường）永慶二年（1730），同年爲清雍正八年。拓片現藏於漢喃研究院。

此碑係晴光社爲司禮監太監武宇明所立之後神碑記。此碑兩面之年代分作永慶二年（1730）與龍德元年（1732）。拓片編號 03373 面年代署爲龍德元年，内文記載晴光社保武宇明百年之後爲後神，爲此武宇明於永慶二年（1730）捐錢五百貫以作建亭之費，又於壬子年（1732）捐四畝田以作祭祀之資，文末並録有每年供祭儀式規定與田地位置。拓片編號 03374 面則爲選後神立約原文，年代署作永慶二年（庚戌年，1730），内容爲晴光社修建社亭時財力不敷，故武宇明捐古錢三百貫以資助，爲此晴光社感其恩惠保武宇明爲後神，並立約規定祭日、儀節。

03373
後神碑
順安府嘉林縣晴光社後神碑
嘗謂有惠澤於民者則祀之祀典之大經也惠非一端分人以財居其一詩
云投以木桃報以瓊瑤投以木李報以瓊玖蓋無德不報乃禮之常況以
德兼爵壽之尊合而將以施惠及人之厚意其祀事以報固宜茲本社
侍內監司禮監太監曆祿侯武栢公仁厚存心寬和種德其在鄉黨恂恂
如也宦雖貴而不以等威驕物權雖高而不以勢力脅人自束髮至白首
未嘗一以爭競爲心仰止景行行止奉社之人無不心悅實服愛慕欣欣
焉一日本社長老邑目貊謂曰我社之於尊台不惟慕其德亦嘗沐其恩
欲保爲後神奉以香火傳之無窮不亦可乎通諸社內上下大小唯唯應
命如出一口於是經申尊台欣然從之適於庚戌年發出家財使錢五百
貫以供構亭之用至壬子年冊加肥田肆畝以爲祀事之禮須立爲約百
年之後事爲後神各禮節日依如文保內其生日於三月二十八日鷄壹
隻准使錢參陌粄壹盤准米五斗酒壹壜芙留壹匣將就本亭西北上祭
畢卽本社村長共飲酒又日猶壹旦准使錢參貫粄壹盤准米拾五斗酒
芙苟芙蕾壹匣亦將於本亭西北上斯文甲齊整衣帽行禮如儀祭畢其
牲肴敬俟斯文教內本社上下共飲酒千載以下繼世子孫遵承不易定
約有一墨違悖明則有國風幽則有鬼神鑒臨今約既用有刻于石碑以
壽其傳云
皇朝龍德元年仲冬上澣穀日
北寧省嘉林縣鄧舍總晴光社亭前左邊一所二面之前

編號：03373　出自《拓片總集》第四冊（下同）

03374
北寧府嘉林縣節含總精光社亭前左邊一碑二面之後

順安府嘉林縣精光社官員鄉老社村長阮有德陶光輝陶富榮武黃無阮富強阮廷策武廷堅阮德
阮德潤阮得全武得敬阮德琥陶親賢武廷用陶日明阮世事陶文情甘文堂陶名重武廷竪至七歲
全社上下等爲交約事玆朗本社精衙亭中漸漸稍成功程頗重財力不敷見本社官員侍内司禮監
太監府承侯武之明年專德敬不吝家貲應出古錢叁百貫以資侍用其本社上下等感蒙恩澤協論
保爲後神歲將本亭自兹向後不敢違越故立文約爲照用者所有名節計開于后
計
春首祈迎祝西北之上壹座自八席至延席每日每具芥雞酒芙蕾
一四月祈安五月下田六月上田八月中秋九月嘗先十一月臘日每一節每村壹具將就祀所至后
百歲之後隨其田地多寡買辦奉事將就祀所行禮如儀
[illegible]庚戌年拾貳月拾壹日立文約社長阮德潤記
鄉老
阮有德陶光輝陶富榮武黃無阮富強阮廷策共記
村長
阮得全阮德全武得敬阮德琥陶親賢武廷用共記
長盤
陶日明阮世事陶文情甘文堂陶名重武廷竪共記
三盤四盤五盤六盤至七歲全社上下等共記
寫文保祈文甲
黃鍾陶欣阮秉暘武廷堅阮仁義陶泰祈阮德無
陶承張阮仁需吳丕顯阮致明陶宗紹陶元堂共記

編號：03374

釋文

【後神碑】

順安府嘉林縣晴光社後神碑[1]

嘗謂有惠澤於民者，則祀之，祀典之大經也，惠非一端，分人以財居其一，詩/云投以木桃，報以瓊琚，投以木李，報以瓊玖。[2] 蓋無德不報乃禮之常，況以/德兼爵壽之尊，合而將以施惠及人之厚意，其祀事以報固宜。

睠茲本社/侍内監司禮監太監、曆禄侯武相公，仁厚存心，寬和種德，其在鄉黨恂恂/如也[3]。官雖貴，而不以等威驕物；權雖高，而不以勢力脅人。自束髮至白首，/未嘗一言爭競，高山仰止，景行行止，[4] 舉社之人無不心悅實服，愛慕欣欣[5]/焉。一日，本社長老、色目相謂曰："我社之於尊臺，不惟慕其德，亦嘗沐其恩/，欲保爲後神，奉以香火，傳之無窮，不亦可乎?"通諸社内，上下大小，唯唯[6]應/聲，如出一口，於是經申尊臺，欣然從之。迺於庚戌年，發出家財使錢[7]五百/貫，以供構亭之用。至壬子年，再加肥田肆畝，以爲祀事之禮。預立爲約，百/年之後尊爲後神，各禮節日依如文保内。其生日於三月二十八日，雞壹/隻，准使錢叁陌；粿壹盤，准米五斗；酒壹埕，芙蔔[8]壹匣，將就本亭西北上，祭/畢，許本社村長共飲酒。

---

① 此爲拓片編號03373的碑題，今依内容及性質重定篇題爲"晴光社武宇明後神碑記"。

② "詩云投以木桃"四句，典出《詩經·國風·衛風·木桃》。

③ "鄉黨恂恂如也"，典出《論語·鄉黨》："孔子於鄉黨，恂恂如也，似不能言者。"陸德明釋文："恂恂，温恭之貌。"

④ "高山仰止"二句，典出《詩經·小雅·甫田之什·車舝》："高山仰止，景行行止。四牡騑騑，六轡如琴。"孔穎達疏："有高顯之德如山者，則慕而仰之。有遠大之行者，則法而行之。既慕德行善，則調御有法，如善御者使四牡之馬，騑騑行而不息，進止有度，執其六轡，緩急調和，琴瑟之相應也。"

⑤ "欣欣"，見《詩經·大雅·生民之什·鳧鷖》："鳧鷖在亹，公尸來止熏熏，旨酒欣欣，燔炙芬芬，公尸燕飲，無有後艱。"毛亨傳曰："欣欣然，樂也。"

⑥ "唯唯"，見《史記·太史公自序》："太史公曰："唯唯，否否，不然。"晉灼曰："唯唯，謙應也。否否，不通者也。"

⑦ "使錢"，見《欽定越史通鑑綱目·正編》"後黎盛宗光順八年"注"使錢、古錢"引黎貴惇《芸臺類語》云："北人以百文爲一陌。本國以三十六文爲一陌，謂之'使錢'；六十文爲一陌，謂之'古錢'。'使錢'十陌，乃是'古錢'六陌，準爲'使錢'一貫。其'古錢'十陌乃使錢之一貫六陌四十文。使錢別名閒錢，古錢別名貴錢。"

⑧ "芙蔔"，是一種藤類的植物，越文作Cây lá trầu。與檳榔同爲喜慶時必有之象徵性植物，尤其是在傳統婚俗文化中，檳榔、芙蔔與石頭（石灰）是兄弟和睦、夫妻相恩相愛之象徵。

忌日豬壹口，准使錢叁貫；�壹盤，准米拾五斗；酒/半圩，芙蒥壹匣，亦將就本亭西北上，斯文甲齊整衣帽，行禮如儀；祭畢，其/牲首敬俵斯文。粀、肉本社上下共飲酒。千載以下，繼世子孫遵承不易，定/約有一毫違悖，明則有日月，幽則有鬼神鑒臨，今約既用，有刻于石碑，以/壽其傳云。/

計

一所田貳高，在□□處；一所田[壹]高[肆]尺，在同[充]處；一所田[壹]高[叁]尺，在同[充]處；一所田叁高[半]在同[充]處。/

一所田貳高□尺，在□□處；一所田□高壹尺，在[同充]處；壹所田壹高五尺，在同落處；壹所田壹高肆尺，在[同落]處。/

一所田□高□尺□，在[同]落處；一所田□高□，在同□□□□處；一所田肆高叁尺，在同□處。一所田壹高，□□□□處。/

一所田貳高，在边□處；一所田肆高柒尺，在同功處；一所田壹高，在□處；一所田肆高，在□處。/

一所田貳高五尺，在□處；一所田貳高，在□□處；一所田壹高□尺，在□□處。/

皇朝龍德元年[①]仲冬上澣穀日/[②]

順安府嘉林縣晴光社官員、鄉老、社村長阮有德、陶光輝、陶富榮、武黄兼、阮富強、阮廷策、武廷堅、阮德兼、/阮德潤、阮得全、武得敬、阮德珖、陶親賢、武廷用、陶曰明、阮世事、陶文情、甘文堂、陶名重、武廷堅至七歲/全社上下等寫交約事。

兹期本社構作亭中，漸漸稍成，功程頗重，財力不敷，見本社官員侍近司司禮監/太監、曆禄侯武宇明，年尊德劭，不吝家貲，應出古錢[③]叁百貫以資任用，其本社上下等，感蒙惠澤，協論/保爲後神，歲時奉事，自兹向後，不敢違越，故立文約爲照用者，所有名節計開于後：

計/

一春首節，迎就西北之上壹座，自入席至送席，每日每具并雞、酒、芙蒥。/

一四月祈安，五月下田，六月上田，八月中秋，九月嘗先，十一月臘日，每一節每村壹具，將就祀所，至若/百歲之後，隨其田數多寡，買辦奉事，將就祀所行禮如儀。/

① “皇朝龍德元年”，龍德爲後黎純宗黎維祥年號，元年爲公元1732年，當清雍正十年，歲次壬子。

② 以上爲拓片編號03373的内容。

③ “古錢”，見前注所引。

歲次庚戌年[1]拾貳月拾柒日立。

文保社長阮德潤記/

鄉老：/阮有德、陶光輝、陶富榮、武黃兼、阮富強、阮廷策共記/

村長：/阮得好、阮德全、武得敬、阮德珖、陶親賢、武廷用共記/

長盤：/陶曰明、阮世事、陶文情、甘文堂、陶名重、武廷堅共記/

三盤四盤五盤六盤至七歲全社上下等共記/

寫文保斯文甲：/黄鍾、陶焕、阮秉陽、武廷堅、阮仁讓、陶泰昕、阮德兼、/陶秉張、阮仁霑、吴丕顯、阮致明、陶宗紹、陶元瑩共記/[2]

題後

本碑記爲晴光社爲司禮監太監武宇明設立寄忌的碑記，碑記中詳細載明越南民間重要的節祭有四月祈安禮、五月下田禮、六月上田禮、八月中秋祭、九月嘗先禮、以及十一月臘日祭，對於瞭解越南的民俗儀節，有一定的幫助。

① “歲次庚戌年”，應爲永慶二年（1730），永慶爲後黎昏德公黎維祊年號，二年當清雍正八年。

② 以上爲拓片編號 03374 的内容。

二〇九　鄧舍社阮氏祠堂寶訓銘

引言

此爲北寧省嘉林縣鄧舍社車龍村阮相公祠堂内第四匾。拓片編號爲03375，共二十七行字，滿行約二十三字，有界綫，無紋飾，匾題“祠堂寶訓銘”五字，今依内容及性質重定篇題爲“鄧舍社阮氏祠堂寶訓銘”。年代署作景興（Cảnh Hưng）二十七年（1766），景興爲後黎顯宗（Lê Hiến Tông）黎維祧（Lê Duy Diêu）年號，同年爲清乾隆三十一年，歲次丙戌。拓片現藏於漢喃研究院。

此匾爲肇義侯阮仕忠所撰之阮氏家訓並銘，内文簡述肇義侯阮仕忠之任職，及蒙獲皇帝御詩讚揚等事。阮仕忠爲勸勉後世子孫，寫下五十句四字銘文，將此訓鑄於鐵板、掛於祠堂，匾名“祠堂寶訓銘”，以勉後人。

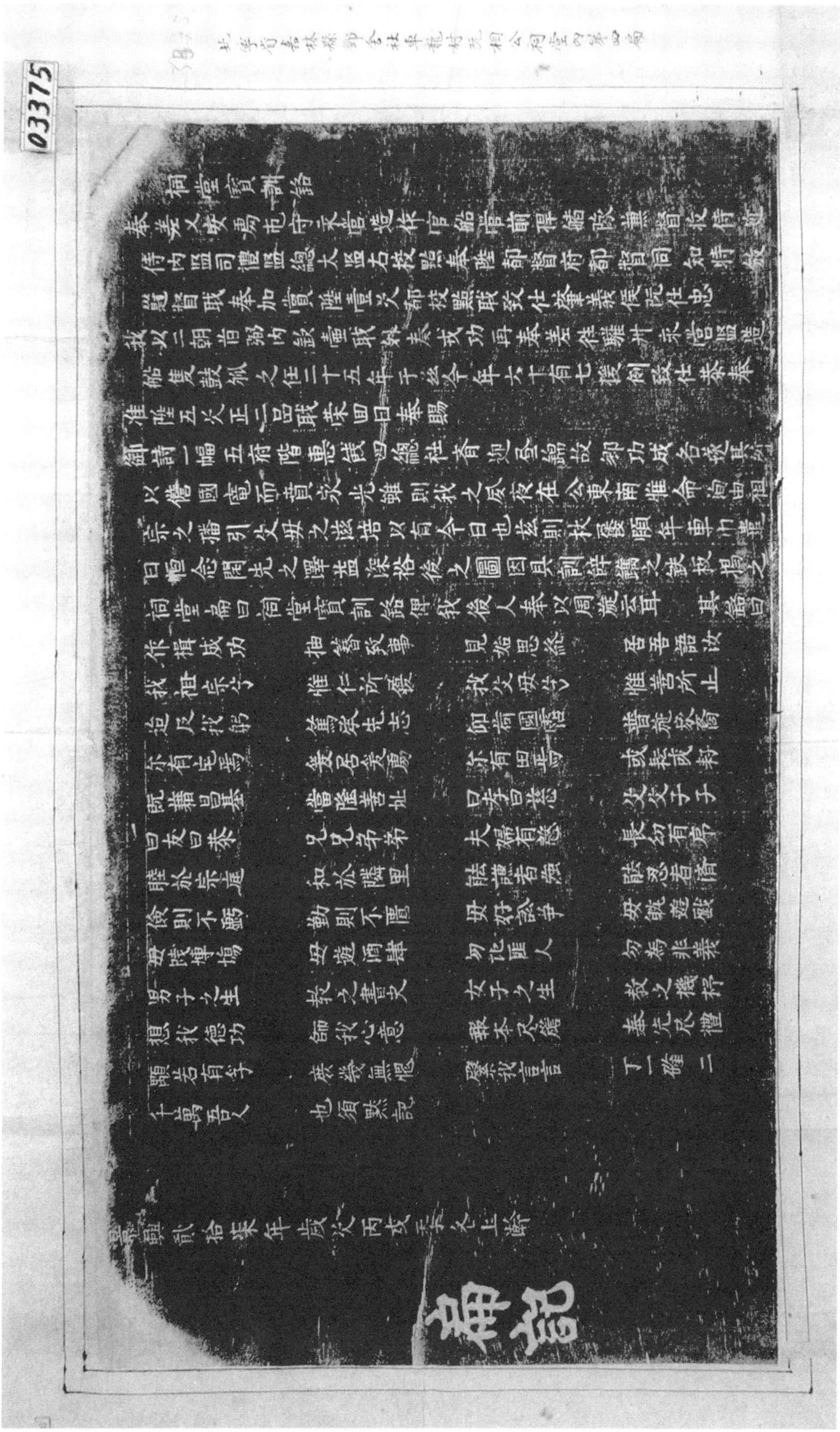

編號：03375 出自《拓片總集》第四冊

釋文

祠堂寶訓銘[①]

奉差乂安處屯守永營造作官船管前捍艄隊兼督牧、侍近/侍内監司禮監總太監、右校點、奉陞都督府都督同知、特放/提[②]督職，奉加賞陞壹次，都校點職致仕、肇義侯阮仕忠。/

我以二朝舊弼，内欽壼職，外奏戎功，再奉差往驩州永營監造/船隻，鼓狐[③]之任二十五年于兹，今年六十有七，援例致仕，恭奉/　准陞五次正二品職。榮回日、奉賜/　　　　　御詩一幅，五府階惠餞，四總社齊迎，晝錦故鄉[④]，功成名遂，其所/以僋國寵而賁家光。雖則我之夙夜在公，東南惟命，洵由祖/宗之播引，父母之滋培，以有今日也。兹則杖履[⑤]頤年，車巾[⑥]遣/日，恒念開先之澤，益深裕後之圖，因具訓辝，鐫之鐵板，揭之/祠堂，匾[⑦]曰“祠堂寶訓銘”，俾我後人奉以周旋云耳。

其銘曰：/

作楫成功，抽簪[⑧]致事。見始思終，居吾語汝。/

我祖宗兮，惟仁所履。我父母兮，惟善所止。/

追及我躬，篤承先志。仰荷國霑，普施家裔。/

爾有宅焉，爰居爰處。爾有田焉，或耘或耔。/

---

① 此爲匾題，今依此重定篇題爲“鄧舍社阮氏祠堂寶訓銘”。

② “提”，碑文原爲越南避諱字。

③ “鼓狐”，見（明）陶珽編《説郛續·周易會占·二爻變占》：“无妄，君子終日乾乾，夕惕若厲，无咎。傳言相誤，非于徑路，鳴鼓逐狐，不知跡處。”

④ “晝錦故鄉”，典出《史記·項羽本紀》：“王見秦宫皆以燒殘破，又心懷思欲東歸，曰：‘富貴不歸故鄉，如衣繡夜行，誰知之者！’”又，《文苑英華·碑悼》載李白《越中覽古》：“越王句踐破吴歸，義士還家盡錦衣。宫女如花滿春殿，只今惟有鷓鴣飛。”

⑤ “杖履”，見(宋) 王欽若等《册府元龜·宰輔部·褒寵一》：“尉眷，文成時與太宰嘗英等評尚書事，帝以眷元老，賜杖履上殿。”

⑥ “車巾”，即“巾車”，謂漢光武帝劉秀於巾車鄉（今河南省寶豐東縣）擒獲馮異，旋即赦而録用的故事。《後漢書·馮異列傳》：“漢兵起，異以郡掾監五縣，與父城長苗萌共城守，爲王莽拒漢。光武略地潁川，攻父城不下，屯兵巾車鄉。異閒出行屬縣，爲漢兵所執。時異從兄孝及同郡丁綝、吕晏，並從光武，因共薦異，得召見。異曰：“異一夫之用，不足爲彊弱。有老母在城中，願歸據五城，以効功報德。”光武曰“善”。異歸。”

⑦ “匾”，碑原作“扁”，因另兼正字故逕改。

⑧ “抽簪”，辭官隱退。《文選》載張協《詠史》：“達人知止足，遺榮忽如無。抽簪解朝衣，散髮歸海隅。”

既藉昌基，當隆善址。曰孝曰慈，父父子子。/

曰友曰恭，兄兄弟弟。夫婦有愨，長幼有序。/

睦於宗庭，和於鄰里。能謙者強，能忍者濟。/

儉則不虧，勤則不匱。毋好訟爭，毋躭遊戲。/

毋踐博場，毋遊酒肆。勿比匪人，勿爲非義。/

男子之生，教之書史。女子之生，教之機杼。/

想我德功，師我心意。報本盡誠[1]，奉先盡禮。/

顒若有孚[2]，庶幾無愧。綮我言言，丁一確二[3]。/

千萬吾人，也須默記。/

景興貳拾柒年歲次丙戌[4]季冬上澣/

匾記/

題後

本寶訓銘實爲木匾，置於北寧省嘉林縣鄧舍社車龍村阮仕忠相公祠。祠内除本匾外，尚有《鄧舍社阮氏祠堂後黎顯宗御製詩匾》（篇號二一〇）及《鄧舍社阮氏祠堂詩匾》（篇號二一二），均收入本書；另有《鄧舍社車龍村黎舍社黄河村阮仕忠暨父母後神碑記》（篇號二一一）一通，立於祠堂内，亦收入本書。

本文所云《寶訓銘》，即家訓，值得注意的是，阮仕忠是司禮監總太監，基本應是無後，但由此碑可見其家族觀念依舊很濃，其家訓内容中之“父父子子”“兄兄弟弟”“夫婦有愨，長幼有序”“睦於宗庭，和於鄰里”“男子之生，教之書史；女子之生，教之機杼”等觀念，則與中國儒家倫理基本相合。

在越南漢喃研究院所收家訓，尚有阮儼之的《積善家訓碑》（編號30461/30462）、范偉謙

---

① “誠”，碑文原爲越南避諱字。

② “顒若有孚”，見《周易·周易兼義·上經隨傳·觀》：“觀盥而不薦，有孚顒若。”孔穎達疏：“有孚顒若者，孚，信也。但下觀此盛禮，莫不皆化，悉有孚信而顒然，故云有孚顒若。”

③ “丁一確二”，表示明白確實。《朱子語類·易五·乾下》：“修辭便立誠，如今人持擇言語，丁一確二，一字是一字，一句是一句，便是立誠。”

④ “景興貳拾柒年歲次丙戌”，“景興”爲黎顯宗的年號，二十七年爲公元1766年，當清乾隆三十一年。

《新刊家訓碑》（編號 14534）、阮熾《祖先遺訓》（編號 30452）、阮謙素《祠堂碑記附家訓》（編號 14528）等。

二一〇　鄧舍社阮氏祠堂後黎顯宗御製詩匾

引言

此爲北寧省嘉林縣鄧舍社車龍村阮相公祠堂内第三匾。拓片編號爲03376，共十一行字，滿行約八字，匾額横寫“書筆特賜”四字，今依内容及性質重定篇題爲“鄧舍社阮氏祠堂後黎顯宗御製詩匾”，碑文撰者爲三九，即後黎顯宗，年代署作景興（Cảnh Hưng）二十六年（1765），景興爲後黎顯宗（Lê Hiến Tông）黎維祧（Lê Duy Diêu）年號，同年爲清乾隆三十年，歲次乙酉。拓片現藏於漢喃研究院。

此匾内容爲後黎顯宗御賜予肇義侯阮仕忠之七言律詩。

賜詩峯書
奉鼓詩
服勞于外許多年
完局如今樂歸旋
仕海波濤輕一掉
聖恩雨露頂重天
南州草木留餘慶
北野衣冠倏勝筵
巨楫長川猶係望
未應矍鑠老林泉
景興二十六年季秋
三元題

編號：03376　出自《拓片總集》第四冊

釋文

書筆特賜[1]

奉攽詩/

服勞于外許多年，/完局如今樂錦旋。/

仕海波濤輕一棹[2]，/　　　　聖恩雨露頂重天。/

南州草木留餘慶，/北野衣冠侈勝筵。/

巨楫長川猶係望，/未應矍鑠老林泉。/

景興二十六年季秋/

三九題/

題後

本詩匾與前篇號二〇九《鄧舍社阮氏祠堂寶訓銘》及篇號二一二《鄧舍社阮氏祠堂詩匾》，同爲司禮監總太監阮仕忠祠堂内之匾額，本詩匾爲後黎顯宗所賜御作。由篇號二〇九《鄧舍社阮氏祠堂寶訓銘》中之記載可知，阮仕忠爲"二朝舊弼"則阮仕忠在後黎懿宗時即已入宫。

---

① 此爲匾之第一横列。今依内容重定篇題爲"鄧舍社阮氏祠堂後黎顯宗御制詩匾"。

② "棹"，原作"掉"。

二一一　鄧舍社車龍村、黎舍社黄河村阮仕忠暨父母後神碑記

引言

碑立於北寧省嘉林縣鄧舍社車龍村阮相公祠堂，爲祠堂内第一碑。碑刻單面，拓片編號爲03377，拓片編號03377a/03377b爲此碑之局部拓片，内容共六十二行字，滿行約三十三字，碑題“順安府嘉林縣鄧舍社車龍村黎舍社黄河村後神碑記”二十二字，今依内容重定爲“鄧舍社車龍村、黎舍社黄河村阮仕忠暨父母後神碑記”。碑文書者是太僕寺卿、洪遠伯鄧慕直。年代署作爲景興（Cảnh Hưng）二十六年（1765），景興爲後黎顯宗（Lê Hiển Tông）黎維祧（Lê Duy Diêu）年號，同年爲清乾隆三十年，歲次乙酉。拓片現藏於漢喃研究院。

此碑爲鄧舍社車龍村、黎舍社黄河村爲阮仕忠及其父母所立之後神碑記。内容記載肇義侯阮仕忠捐予鄧舍社的車龍村和黎舍社的黄河村古錢七百貫、五頭水牛和酒錢十貫作爲聚會燕饗之費。故兩村村民追保其之父母爲後神，並保阮仕忠百歲之後附列爲後神。爲此，阮仕忠捐予兩村八畝田地和一口池塘，以用於祭祀香火事務。文末録有供祭規定與田地位置。

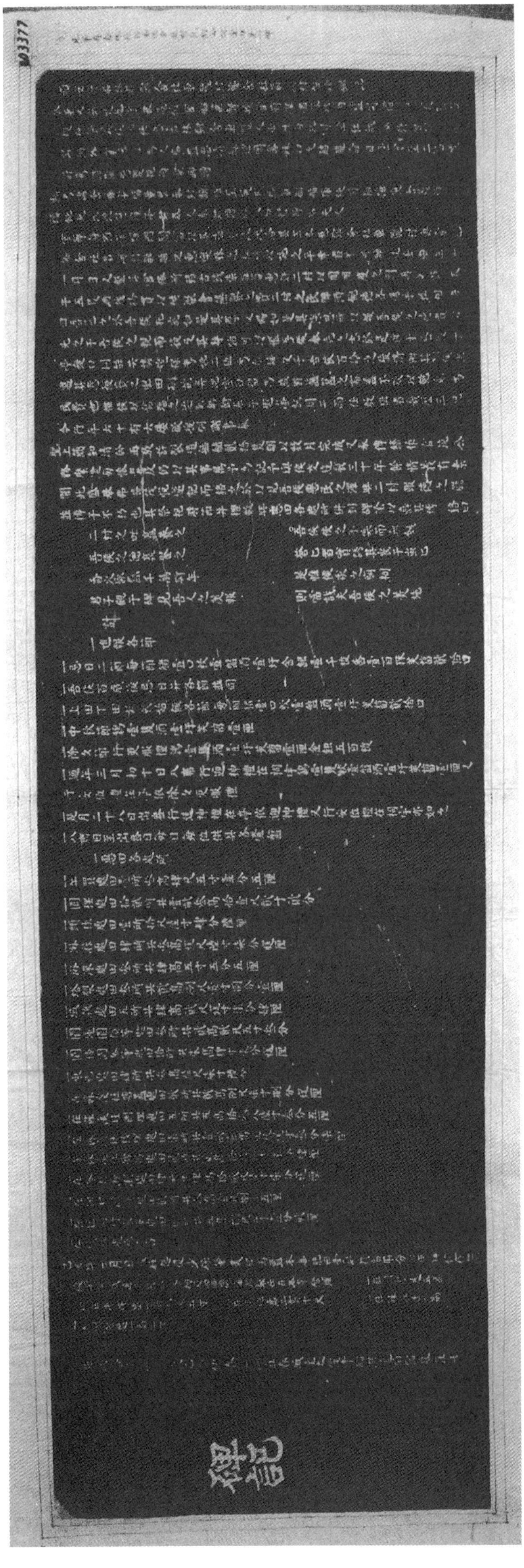
03377
碑記

編號：03377　出自《拓片總集》第四冊（下同）

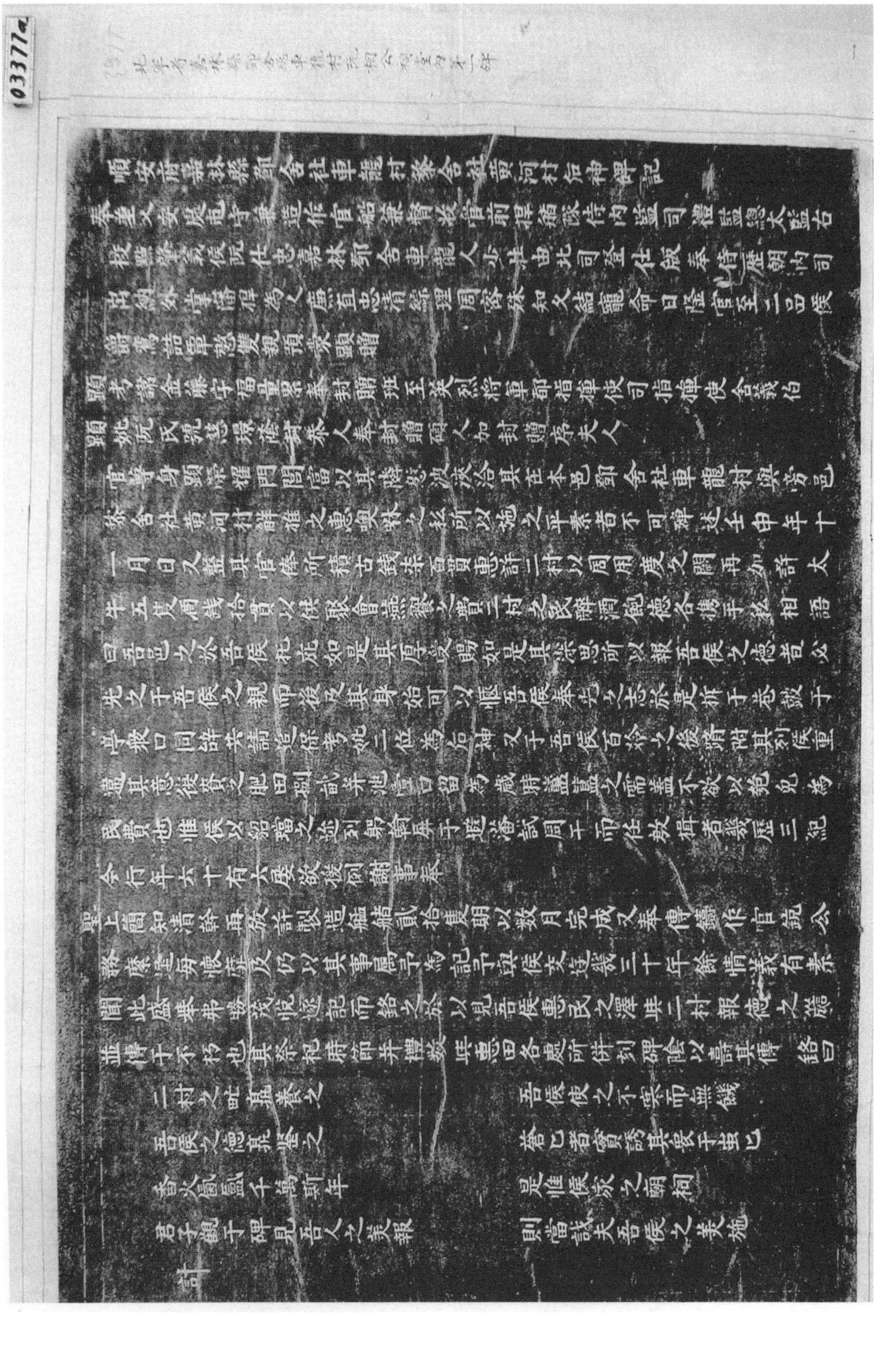

編號：03377a

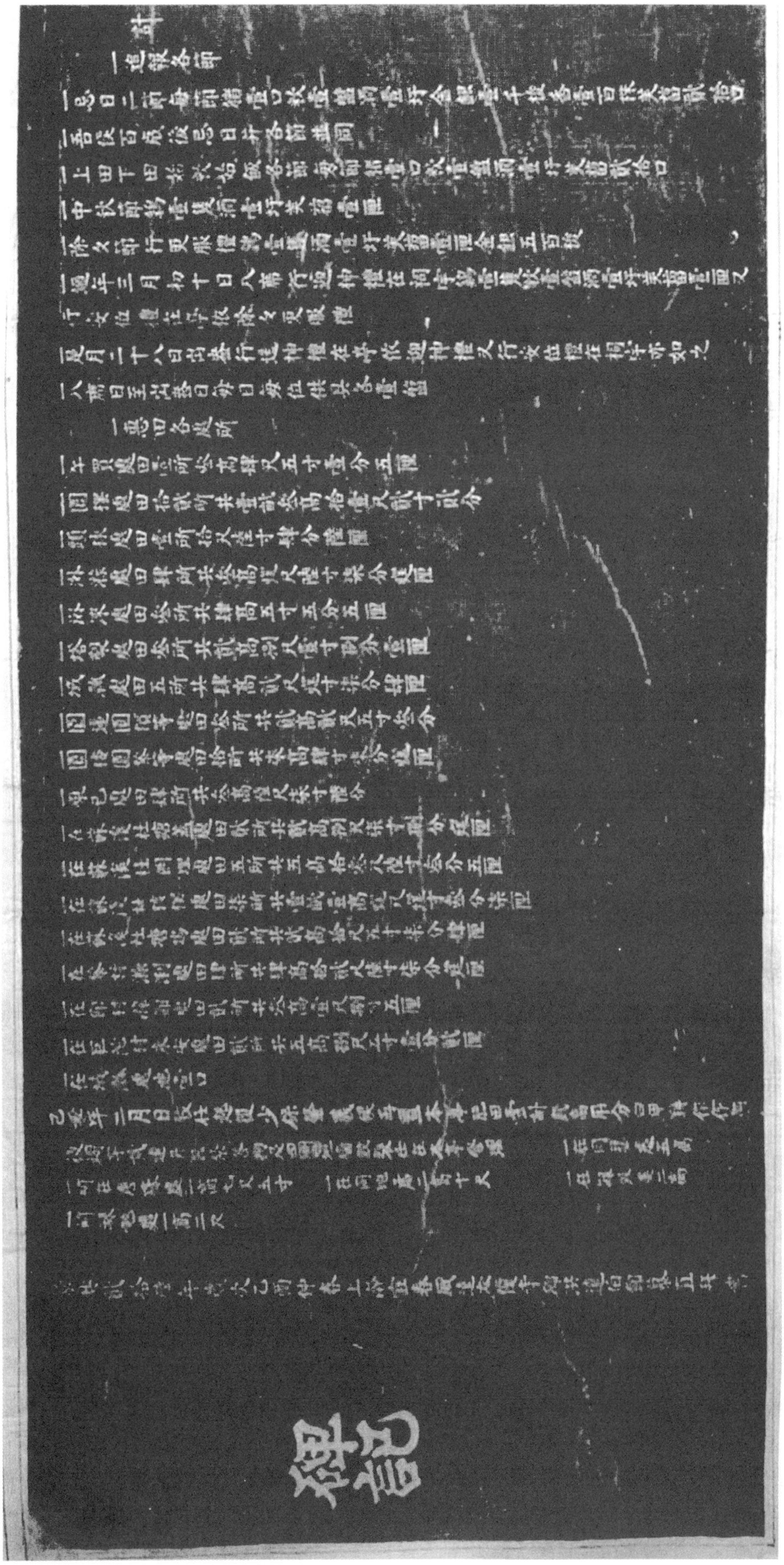

編號：03377b

釋文

順安府嘉林縣鄧舍社車龍村、黎舍社黄河村後神碑記[①]

奉差乂安處屯守、兼造作官船、兼督牧管前捍艍隊、侍内監司禮監總太監、右/校點、肇義侯阮仕忠，嘉林鄧舍車龍人，少壯由北司登仕版，奉侍歷朝内司/出納，外掌藩捍，爲人廉直忠清，綜理周密，殊知久結，寵命日隆，官至二品侯/爵，鸞誥覃恩，雙親預蒙顯贈。/

顯考諱金藤，字福量，累奉封贈班至英烈將軍、都指揮使司都指揮使、舍義伯；/

顯妣阮氏號慈璟，蔭封恭人，奉封贈碩人，加封贈序夫人。/官尊身顯，榮耀門閭，富以其鄰，恩波浹洽，其在本邑鄧舍社車龍村與旁邑/黎舍社黄河村，解推[②]之惠，噢咻[③]之私，所以施之平素者，不可殫述。壬申年[④]十/一月日，又整其官俸所積古錢[⑤]柒百貫，惠許二村以周用慶之闕；再加許太/牛五隻，酒錢拾貫，以供聚會燕饗之費。二村之民醉酒飽德，各攜手私相語/曰："吾邑之於吾侯，托庇如是其厚，受賜如是其深，思所以報吾侯之德者，必/先之于吾侯之親，而後及其身，始可以愜吾侯奉先之志。"於是柝于巷，鼓于/亭，衆口同辭，共請追保考妣二位爲後[⑥]神，又于吾侯百齡之後，躋附其列，俟重/違其意，復賫之肥田捌畝并池壹口，

① 此爲碑題，今依内容及性質重定篇題爲"鄧舍社車龍村黎舍社、黄河村阮仕忠暨父母後神碑記"。

② "解推"，即解衣推食。典出《史記·淮陰侯列傳》："漢王授我上將軍印，予我數萬衆，解衣衣我，推食食我，言聽計用，故吾得以至於此。"

③ "噢咻"，謂撫慰病痛或安撫。（唐）陸贄《陸宣公文集·奉天請罷瓊林大盈二庫狀》："何則天衢尚梗，師旅方殷，瘡痛呻吟之聲，噢咻未息；忠勤戰守之效，賞賚未行。而諸道貢珍，遽私别庫，萬目所視，孰能忍懷。"

④ "壬申年"，應爲後黎顯宗景興十三年（1752），當清乾隆十七年。

⑤ "古錢"，見《欽定越史通鑑綱目·正編》"後黎盛宗光順八年"注"使錢、古錢"引黎貴惇《芸臺類語》云："北人以百文爲一陌。本國以三十六文爲一陌，謂之'使錢'；六十文爲一陌，謂之'古錢'。'使錢'十陌，乃是'古錢'六陌，準爲'使錢'一貫。其'古錢'十陌乃使錢之一貫六陌四十文。使錢别名閒錢，古錢别名貴錢。"

⑥ "後"，碑原作"后"。

留爲歲時簠簋之需，蓋不欲以匏兔[1]爲/民費也。惟侯以貂璫[2]之邇列，躬翰屏[3]于遐藩，試周干[4]而任殷楫者，幾歷三紀，/今行年六十有六，屢欲援例謝事，奉/　　　　聖上簡知清幹，再放許製造艋艄貳拾隻，期以數月完成，又奉傳鑄作官銃，公/務糜遲，每懷靡及，仍以其事屬予爲記。予與侯交遊幾三十年餘，情義有素，/聞此盛舉，弗勝茂悦，遂記而銘之，於以見吾侯惠民之澤，與二村報德之誠[5]，/並傳于不朽也。其祭祀時節并禮數，與惠田各處所併刻碑陰，以壽其傳。

銘曰：/

二村之甿孰養之，吾侯使之不寒而無饑。/

吾侯之德孰鑒之，蒼蒼者實誘其衷于蚩蚩。/

香火氤氲千萬斯年，是惟侯家之廟祠。/

君子觀于碑見吾人之美報，則當識夫吾侯之美施。/

計/

一追報各節：/

一忌日二節，每節豬壹口，�壹盤，酒壹圩，金銀壹千梭，香壹百株，芙蔔貳拾口。/

一吾侯百歲後忌日并各節，並同。/

一上田、下田、始粣、始飯，各節每節豬壹口，粣壹盤，酒壹圩，芙蔔貳拾口。/

一中秋節、雞壹隻，酒壹圩，芙蔔壹匣。/

一除夕節、行更服禮，雞壹隻，酒壹圩，芙蔔壹匣，金銀五百梭。/

一遞年三月初十日、入席行迎神禮、在祠宇，雞壹隻，粣壹盤，酒壹圩，芙蔔壹匣；又/，行安位禮、在亭，依除夕更服禮。/

一是月二十八日、出盎行送神禮、在亭，依迎神禮。又，行安位禮、在祠宇，亦如之。/

一入席日至出盎日，每日每位供具各壹盤。/

---

① "匏兔"，應即"瓠兔"，古代祭祀時的祭品，後亦引申爲祭祀。《詩經·小雅·都人士之什·瓠葉》詩序："瓠葉大夫刺幽王也……思古之人不以微薄廢禮焉。"詩曰："幡幡瓠葉，采之亨之。君子有酒，酌言嘗之。有兔斯首，炮之燔之。君子有酒，酌言獻之。"

② "貂璫"，即貂尾和金、銀璫，是古代侍中、常侍的冠飾，後專任宦官，遂亦成宦官的代稱。《後漢書·朱暉列傳附孫朱穆傳》引漢應劭《漢官儀》："中當侍，秦官也。漢興，或用士人，銀璫左貂。光武已後，專任宦者，右貂金璫。"

③ "翰屏"，捍衛的意思。《晉書·晉文帝本紀》："所以方軌齊魯，翰屏帝室。"

④ "周干"，見《詩經·小雅·斯干》詩序，謂是周宣王建築宫室落成時的祝頌歌辭，後人用爲"儉宫室"之典。

⑤ "誠"，原作越南避諱字。

一惠田各處所：/

一午買處田壹所，叁高肆尺五寸壹分五釐[1]。/

一同擺處田拾貳所，共壹畝叁高拾壹尺貳寸貳分。/

一頭楝處田壹所，拾尺陸寸肆分陸釐。/

一汾淥處田肆所，共叁高玖[2]尺陸寸柒分玖釐。/

一汾浃處田叁所，共肆高五寸五分五釐。/

一塔梨處田叁所，共貳高捌尺壹寸捌分壹釐。/

一域□處田五所，共肆高貳尺玖寸柒分肆釐。/

一園連園□等處田叁所，共貳高貳尺五寸叁分。/

一園樓園黎等處田拾所，共柒高肆寸柒分玖釐。/

一□己處田肆所，共叁高陸尺柒寸陸分。/

一在蘇溪社塘蓋處田貳所，共貳高捌尺柒寸捌分玖釐。/

一在蘇溪社朗埋處田五所，共五高拾叁尺陸寸叁分五釐。/

一在蘇溪社核擺處田柒所，共壹畝壹高玖尺玖寸叁分柒釐。/

一在蘇溪社塘塢處田貳所，共貳高拾尺五寸柒分肆釐。/

一在黎村淥涮處田肆所，共肆高拾貳尺陸寸柒分玖釐。/

一在鄧村淥□處田貳所，共叁高壹尺捌寸五釐。/

一在巨陀村永安處田貳所，共五高捌尺五寸壹分貳釐。/

一在域□處池壹口。/

己丑年二月日致仕□、起復少保、肇義侯，再置本亭肥田壹畝貳高，用分四甲耕作，係□/復祠宇貳連，并□祭各物及四圍垣牆數□□在本亭登理。一在同瑟處五高，/一所在唐蘇處一高七尺五寸，一在同□處二高十尺，一在淥外處二高，/一所淥䤝處一高二尺。/

景興貳拾陸年歲次乙酉[3]仲春上澣

宜春殿□、太僕寺卿洪遠伯鄧慕直拜書/

碑記/

---

① “釐”，原作“厘”。

② “玖”，原作“譁”字。下同，不另出注。

③ “景興貳拾陸年歲次乙酉”，景興爲後黎顯宗黎維祧年號，貳拾陸年爲公元 1765 年，當清乾隆三十年。

二一二　鄧舍社阮氏祠堂詩匾

引言

此爲北寧省嘉林縣鄧舍社車龍村阮相公祠堂内第二匾。匾爲單面，拓片編號 03378，拓片編號 03378a/03378b 爲局部拓片，共五十八行字，滿行約三十字，有界綫，今依内容及性質重定篇題爲“鄧舍社阮氏祠堂詩匾”。年代署作景興（Cảnh Hưng）二十七年（1766），景興爲後黎顯宗（Lê Hiến Tông）黎維祧（Lê Duy Diêu）年號，同年爲清乾隆三十一年，歲次丙戌。拓片現藏於漢喃研究院。

此匾内容主要記載肇義侯阮仕忠回鄉時同僚敬賀之詩詞，前有詩序以述阮仕忠任官時之功績與留予同僚之詩，後則爲同僚依韻敬和之作，以賀阮仕忠。

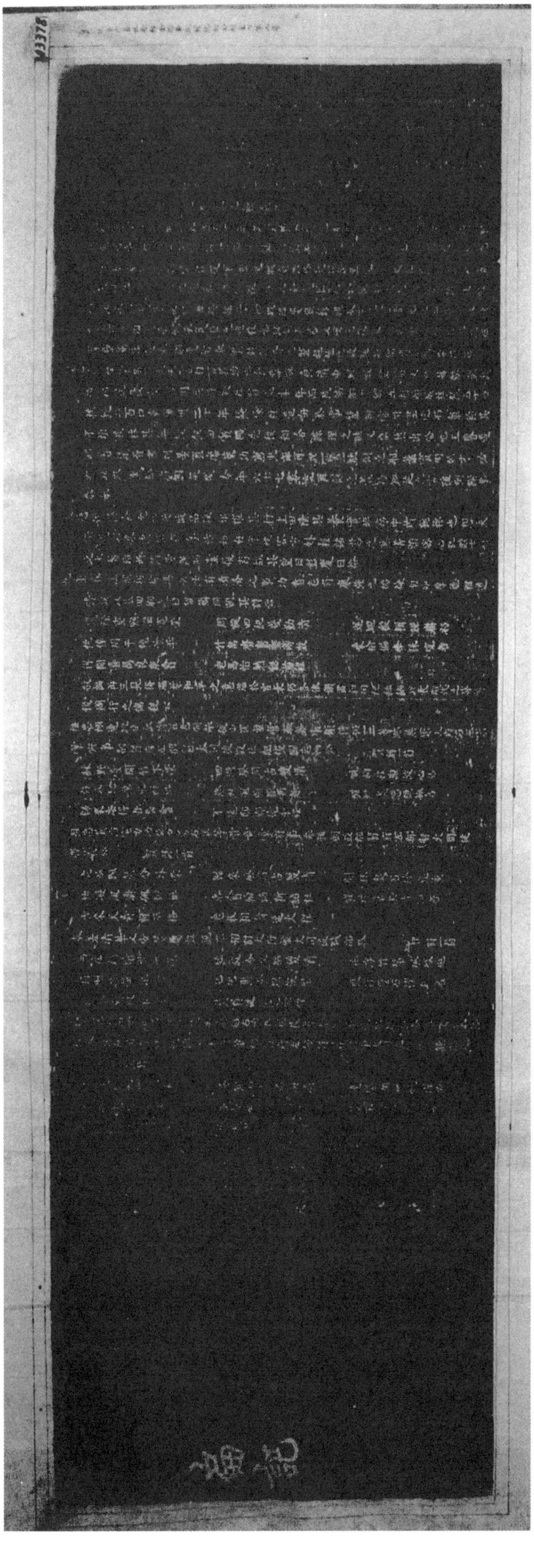

編號：03378　出自《拓片總集》第四冊（下同）

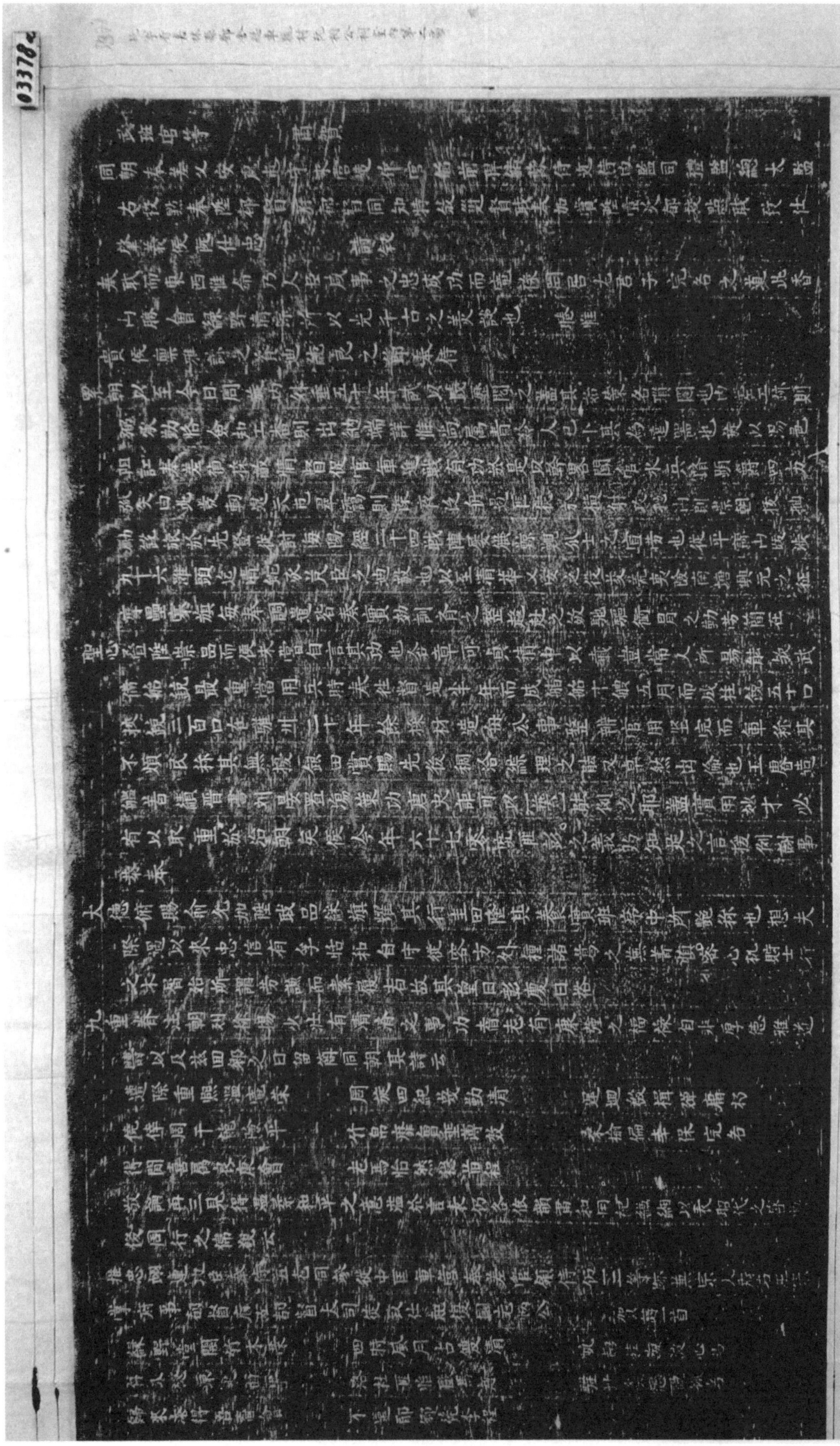

編號：03378a

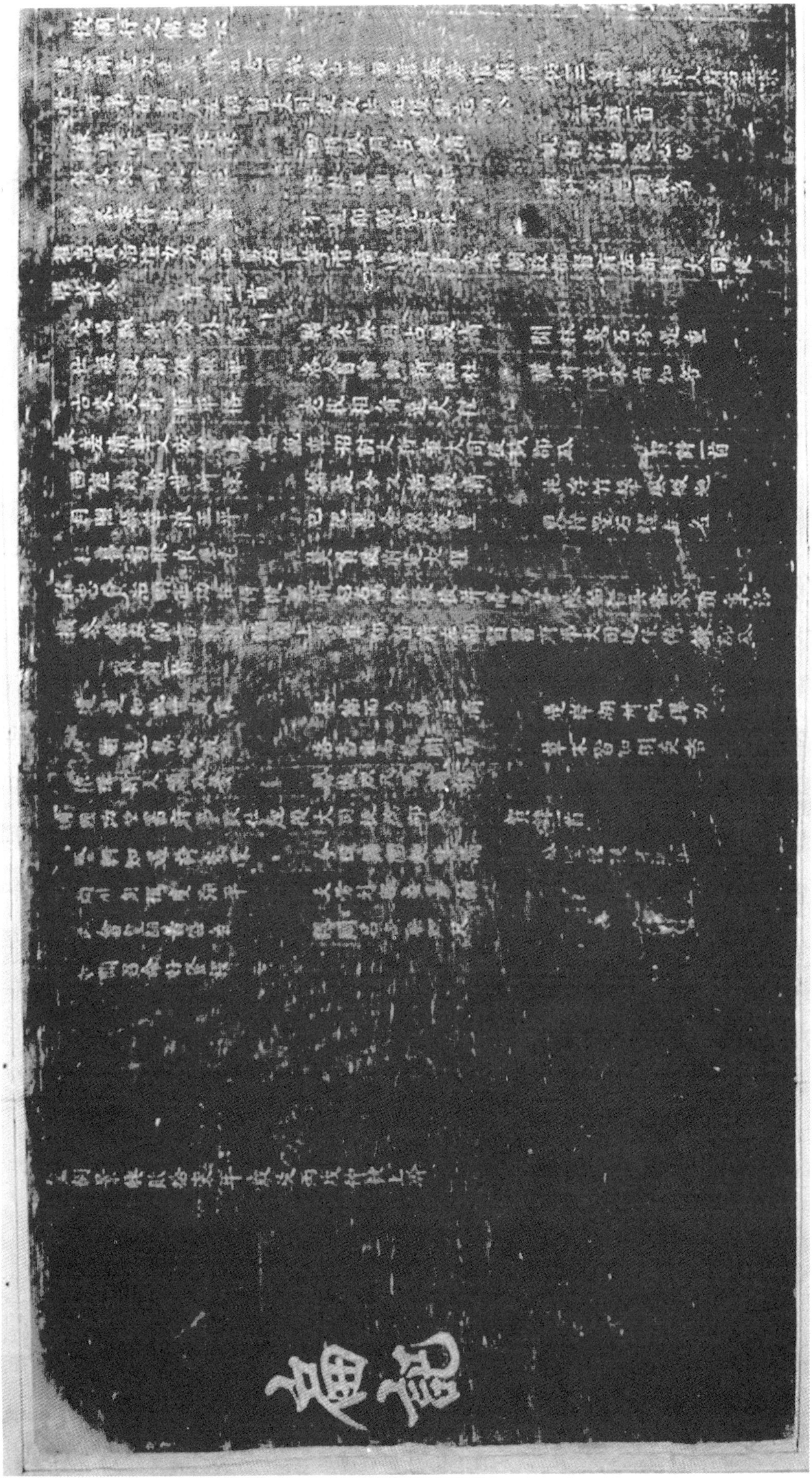

編號：03378b

釋文

鄧舍社阮氏祠堂詩匾[①]

武班官等　　肅賀/　　　　同朝奉差乂安處屯守、兼營造作官船、前捍艚隊侍近侍內監司禮監總太監、/右校點、奉陞都督府都督同知、特敀提[②]督職、奉加賞陞壹次、都校點職致仕、肇義侯阮仕忠　　詩敘：/

奉職而東西惟命，乃人臣咸事之忠；成功而寵禄罔居，尤君子完名之道。此香/山勝會，緑野清蹤，所以光千古之美談也。　睠惟/　　　貴侯稟雅諒之資，迪純良之節，奉侍/

累朝，以至今日，周旋内外，垂五十年。試以踐歷閲之，蓋其始策名瑣闥也。内差工跡，則/弼承勤恪；僉知工番，則出納端詳。惟尚屬青齡人，已卜其爲遠器也。旋以湯邑/阻訌，奉差偵探敵情，督促官軍進戰有功，於是以幹略聞。管水兵，躋顯爵，四方/弧矢由此發軔。逮夫屯翠靄則深夜泛舟，遏匪徒於横射；攻抛山則崇朝拔，/勵鋭旅於先登。從討海陽，經二十四戰陣，屢獲鯨鯢，爪士之宣勞也。從平諒山，跋涉/九十六灘頭，迄清蛇豕，藎臣之迪毅也。以至清華乂安之役，芟荒夷險；南塘興元之征，摩壘搴旗。每奉調遣皆奏實效，訓齊之整，趨赴之敏，馳驅衝冒之勤勞，簡在/　　　聖心，疊陞崇品，而侯未嘗自言其功也。含章可貞，積中以載，豈常人所易能歟！武/備、船銃最重，當用兵時，奉往督造。半年而成，艚船十艘；五月而成，柱銃五十口，/挾銃二百口。在驩州二十年餘，採材造舟，公事整辦，官用堅完，而軍稱其/不煩，民稱其無擾。銀田賞賜，先後稠洽，綜理之能，又卓然出倫也。王濬造/艦著績《晉書》[③]，劉晏置場策功《唐史》[④]，詎可以一藝一能例之耶？蓋實用妙才，必/有以取重於治朝矣。侯今年六十七零，究匪彭[⑤]之義，灼知足之言，援例謝事，/恭奉/

---

① 本碑原無額題及碑題，此爲重定之篇題。

② “提”，碑文原爲越南諱字。逕改。

③ “王濬”，原誤作“王睿”，王濬造船平吴事見《晉書·王濬傳》：“（晉）武帝謀伐吴，詔濬修舟艦。濬乃作大船連舫，方百二十步，受二千餘人。以木爲城，起樓櫓，開四出門，其上皆得馳馬來往。又畫鷁首怪獸於船首，以懼江神。舟楫之盛，自古未有。”

④ “劉晏”，唐代重要的財政大臣，曾擔任户部侍郎、度支、鹽鐵等使，行常平法平抑物價，整頓漕運，改革鹽法，新舊《唐書》皆有傳。相關事跡請參看《舊唐書》卷一百二十三、《新唐書》卷一百四十九本傳。

⑤ “匪彭”，摒除不正的奸人以致无灾咎。《周易兼義·上經需傳·大有》：“九三，公用亨于天子，小人弗克。象曰：‘公用亨于天子，小人害也。’九四，匪其彭无咎。”

大德，俯賜俞允，加陞職品，綵旗耀其行，圭田隆其養，實班序中所艷稱也。想夫/際遇以來，忠信有孚，恬和自守。從容方外，種諸葛之蕪菁[①]；慎密心機，貯士行/之木屑[②]。始所謂勞謙而素履者，故其望日彰，慶日裕，/　　　　九重眷注，朝列稱揚，少壯有清濟之事功，耆老有康強之福禄，自非厚德雅道，/疇以及兹。回鄉之日，留簡同朝，其詩云：/

遭際重熙濫寵榮，周旋四紀蔑勤清。

遲迴殷楫殫庸朽，/僥倖周干飽險平。

竹帛靡曾垂薄效，桑榆偏幸保完名。/

得閒喜屬良康會，老馬怡然穩舊程。/

敬誦再三，見得温柔和平之意，溢於言表，仍各依韻肅和，用紀縑緗，以表昭代之盛典，/侈周行之偉觀云。/

推忠翊運功臣、奉侍五老、同參從、中匡軍營奉差管領侍仍一二等跡、兼宗人府右正宗、/掌府事、都督府左都督大司徒致仕、起復國老、炳公　　賀詩一首：/

緑野堂開竹木榮，四時風月占雙清[③]。

帆超桂海[④]波心怗，/舟入□源水面平。

洛社□惟□馬□，驩州悉戀設狐名。/

歸來添得吾耆會，不遠鄺鄉後李程。/

推忠贊治宣力功臣、中勇右匡等營奇，掌府事、參預朝政、都督府左都督大司徒/□義公賀詩一首：/

---

① “種諸葛之蕪菁”，見（宋）王讜《唐語林・文學》：“諸葛亮所止，令兵士獨種蔓菁者，何也？曰：‘取其甲生啖，一也；葉舒者煮食，二也；久居則隨以滋長，三也；棄去不惜，四也；回則易尋而採之，五也；冬有根可斸食，六也。比諸蔬屬，其利博哉！’”

② “貯士行之木屑”，見《晉書・陶侃列傳》：“陶侃字士行……性聰敏，勤於吏職……時造船，木屑及竹頭悉令舉掌之，咸不解所以。後正會，積雪始晴，聽事前餘雪猶溼，於是以屑布地。及桓温伐蜀，又以侃所貯竹頭作丁裝船。其綜理微密，皆此類也。”

③ “雙清”，指心身皆不被世俗羈絆。（唐）杜甫《屏跡》詩：“用拙存吾道，幽居近物情。桑麻深雨露，燕雀半生成。村鼓時時急，漁舟個個輕。杖藜從白首，心跡喜雙清。”據《能改齋漫録・事實二・心跡雙清》：“杜詩‘心跡喜雙清’，蓋本謝靈運《齋中讀書詩》‘矧乃歸山川，心跡雙寂寞’。”按，謝詩原句作：“昔餘遊京華，未嘗廢丘壑。矧乃歸山川，心跡雙寂寞。虛館絶諍訟，空庭來鳥雀。臥疾豐暇豫，翰墨時間作。懷抱觀古今，寢食展戲謔。既笑沮溺苦，又哂子雲閣。執戟亦以疲，耕稼豈雲樂。萬事難並歡，達生幸可托。”

④ “桂海”，指“南海”，引申爲南方邊遠地區。《文選》載江淹《袁太尉從駕》：“甽謡響玉律，邑頌被丹絃。文軫薄桂海，聲教燭冰天。”李善引孔安國注《尚書》“外薄四海”曰：“薄，迫也，言至海也。南海有桂，故云桂海。”

完曷飄然分外榮，歸來風月占雙清。

間林泉石珍□重，/仕海波濤砥□平。

洛會輪蹄[①]新結社，驩州草木舊如名。/

古來天壽惟平格[②]，老我相看[③]遠大程。/

奉差清華乂安等處、兼統率招討大將軍、大司徒、□郡公　　賀詩一首：/

西座□□世所榮，錦旋今又括雙清。

花浮竹翠風□地，/月照綠竿浪正平。

已把惠金□族里，更將豐石耀年名。/

桂薑[④]看取良風老，莫負從前遠大程。/

推忠贊治翊正功臣、侍□□前□□右内□□□并牽馬等陳□督兵□、參預軍務/機密、兼右納言、特進、輔國上將軍、都督府左都督、署府事、大司徒、保傅、□郡公/　　賀詩一首/

□□如此世盛榮，晝錦[⑤]兩分萬海清。

覺岸□州帆得力，/□□□□□成平。

洛香□□□□□，草木皆知樹□名。/

□□私人□入夢，鳳城咫尺□□程。/

輔國功臣、署府事致仕、起復大司徒、綿郡公　　賀詩一首/

歷朝知遇荷光榮，今日□□□吐清。

---

① “輪蹄”，即車馬。（唐）杜牧《贈别》：“眼前迎送不曾休，相續輪蹄似水流。門外若無南北路，人間應免别離愁。蘇秦六印歸何日？潘岳雙毛去值秋。莫怪分襟銜淚語，十年耕釣憶滄洲。”

② “天壽平格”，謂有德者必壽考。《尚書・君奭》：“公曰：‘君奭！天壽平格，保乂有殷。’”孔穎達疏：“周公呼召公，曰‘君奭！皇天賦命，壽此有平至之君’，言有德者必壽考也。”

③ “老我相看”，見貢姓之《南湖集・送戴伯貞檢校還廣西》：“桂江煙水接瀟湘，逐客南歸道路長。卷裏漫多新製作，篋中猶是舊衣裳。逢人盡説官如水，老我相看鬢已霜。此去莫教音問斷，雁飛今喜過衡陽。”

④ “桂薑”，又作“薑桂”。見《韓詩外傳》卷七：“宋玉因其友見楚襄王，襄王待之無以異，乃讓其友。友曰：‘夫薑桂因地而生，不因地而辛；女因媒而嫁，不因媒而親。子之事王未耳，何怨於我？’”又，劉勰《文心雕龍・事類》：“夫薑桂同地，辛在本性；文章由學，能在天資。”後以“薑桂味辛”喻爲“剛強本性”。

⑤ “晝錦”，爲富貴還鄉。按《史記・項羽本紀》：“項王見秦宫皆以燒殘破，又心懷思欲東歸，曰：‘富貴不歸故鄉，如衣繡夜行，誰知之者！’”《漢書・項籍列傳》作“衣錦”；又，《北史・毛遐列傳附弟鴻賓》：“（北魏）明帝以鴻賓兄弟所定處多，乃改北地郡爲北雍州，鴻賓爲刺史。詔曰：‘此以晝錦榮卿也。’改三原縣爲建中郡，以旌其兄弟。”

公室□□才□□，/尚川□□度彌平。

大□補服多嘉□，/□會皇□□盛名。

□□吕□□咫尺，/如聞召命好登程。/

皇朝景興貳拾柒年歲次丙戌[1]仲□上澣/

題後

本匾額爲司禮監總太監阮仕忠致仕歸鄉，五位武班官員和其詩韻以爲賀，依“清”“平”“名”“程”爲韻，此四韻在洪武韻中皆爲平聲庚韻。

本詩匾有詩敘一首，對於阮仕忠的生平有較清楚的記載，可與本書篇號二〇九、二一〇、二一一相互較看。

① “皇朝景興貳拾柒年歲次丙戌”，景興爲後黎顯宗黎維祧年號，貳拾柒年爲公元1766年，當清乾隆三十一年。

二一三　嘉市社嘉林、嘉市二村阮廷珪後神碑記

引言

碑立於北寧省嘉林縣嘉瑞總嘉瑞社阮廷相公祠堂，爲祠堂後一碑。碑僅單面，拓片編號03404a/03404b，共八十五行字，滿行約三十六字，碑題“承祀阮相公靈光祠址碑記”十一字，今依内容及性質重定篇題爲“嘉市社嘉林、嘉市二村阮廷珪後神碑記”。碑文撰者吏部右侍郎阮暐，書者侍内書寫工番范進朝。年代署作永佑（Vĩnh Hựu）四年（1738），永佑爲後黎懿宗（Lê Ý Tông）黎維祳（Lê Duy Thận）年號，同年爲清乾隆三年，歲次戊午。拓片現藏於漢喃研究院。

此碑爲嘉市社之嘉林、嘉市二村爲坦壽侯阮廷珪所立之後神碑記。碑文記載總太監、坦壽侯阮廷珪捐資興建社亭、修建佛寺，並捐田地與銀錢以作祭祀之用，兩村村民感念其恩德，故尊其爲後神。文末詳録祭祀後神儀節事例及其對應禮田畝數、祭禮文式。

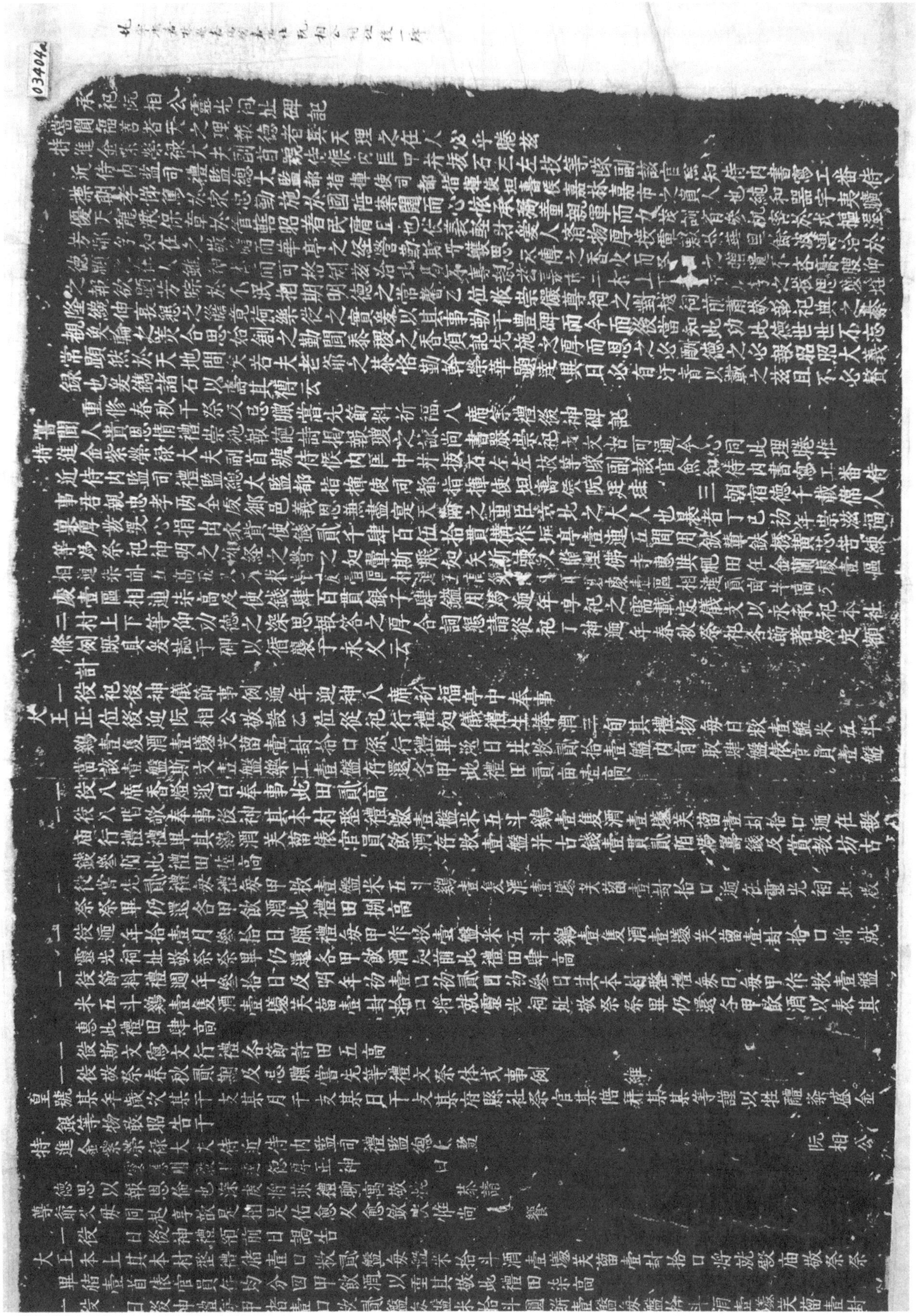

編號：03404a 出自《拓片總集》第四册（下同）

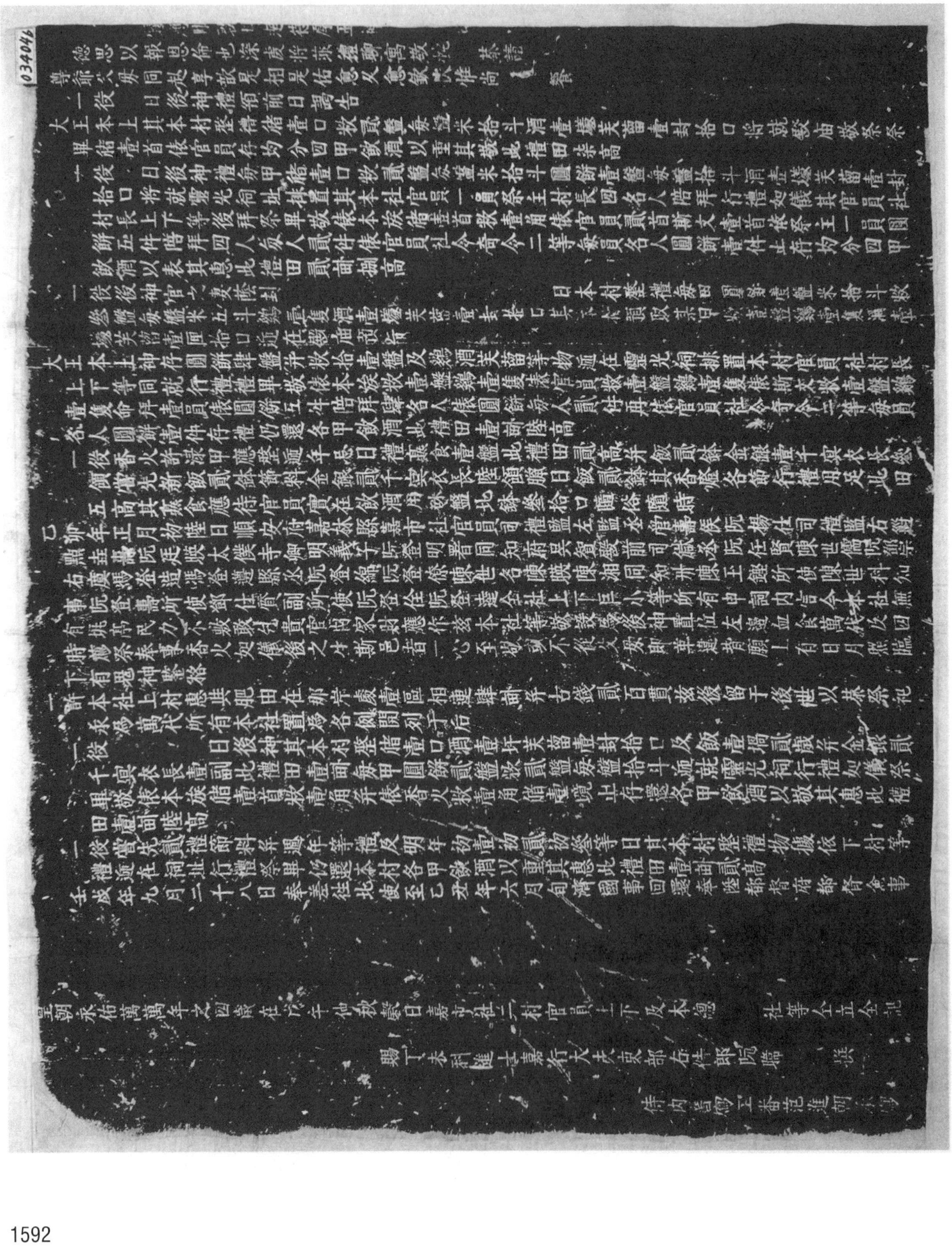

編號：03404b

釋文

承祀阮相公靈光祠址碑記[①]

嘗聞福善者天之理，報德者其天理之在人心乎！睠茲/　　　　特進、金紫榮祿大夫、副首號、侍候內匡中、并拔石左左技等隊副該官、僉知侍內書寫工番、侍/近侍內監司禮監總太監、都指揮使司都指揮使、坦壽侯[②]，嘉林嘉市之貴人也，純和器宇，夷曠/襟期，孝悌篤於家，忠勤施於國，陪禁闥而心懷承弼，董親軍而力茂訓齊。參機密於戎樞，渥/優天寵；飛保章於管轄，昭著民庸。且也仗義輕財，愛人濟物，厚接覃敷於華里，餘波溥洽於/芳鄰，孚如在之敬誠[③]，而華亭之經營，勤斯丹雘[④]，思永傳之香火，而祭田之贈遺不吝膏腴，仰/德顯之在人，雖神繼而可格，矧茲洽比，曷不尊親？茲嘉市二村上下[等]，仰瓜李之投，思瓊瑤/之報，欲顯芳蹤於不泯，相期明德之常馨。乙位攸崇，儼尊祠之對越；祠前肅敬，彰祀典之綦/隆。纔伸敦懇之誠，竟荷樂從[⑤]之實，爰以其事，勒于豐碑。而今而後，當知此功此德，世世不忘。/覩奐輪之美，合思始創之勤；聞黍稷之香，須記先施之厚。而恩之必酬，德之必報，昭昭大義，/常顯然於天地間矣。若夫老爺之恭恪勤幹，榮華顯達，異日必有汗青以載之，茲且不必贅/録也，爰鐫諸石，以壽其傳云。/

重修春秋于祭及忌臘、嘗先、節料、祈福、入席等禮，後神碑記[⑥]

嘗聞人貴恩情，禮崇施報，葩《詩》[⑦]揭報瓊之詠，《尚書》嚴崇祀之文，古可通今，心

---

① 此爲碑題之一，今依内容及性質重定篇題爲“嘉市社嘉林、嘉市二村阮廷珪後神碑記”。

② “坦壽侯”，篇號二一四《隆壽侯阮廷珪碑記》作“隆壽侯”。

③ “誠”，碑文原作越南避諱字。逕改，下同，不另出注。

④ “丹”，是紅色，或塗染顏色；“雘”，《説文》：“雘，善丹也。”“丹雘”，即以上好的紅色塗飾器物，《尚書·周書·梓材》：“若作梓材，既勤樸斲，惟其塗丹雘。”後又以“丹雘”引申作爲皇恩，《文選》載顏延年《和謝監靈運》：“伊昔遘多幸，秉筆侍兩閨。雖慙丹雘施，未謂玄素睽。”李善注曰：“丹雘，喻君恩也。”

⑤ “樂從”，見《史記·李將軍列傳》：“是時漢邊郡李廣、程不識皆爲名將，然匈奴畏李廣之略，士卒亦多樂從李廣，而苦程不識。”

⑥ 此爲碑題之二。

⑦ “葩詩”，即《詩經》。韓愈《進學解》：“先生之於儒，可謂有勞矣。沉浸醲郁，含英咀華，作爲文章，其書滿家。上規姚、姒，渾渾無涯。周誥、殷盤，佶屈聱牙。春秋謹嚴，左氏浮誇。易奇而法，詩正而葩。下逮莊、騷，太史所録，子雲、相如，同工異曲。”

同此理。睠惟/　　　　特進、金紫榮禄大夫、副首號、侍候内匡中并拔石左左技等隊副、該官僉知、侍内書寫工番、侍/近侍内監司禮監總太監、都指揮使司都指揮使、坦壽侯阮廷珪，

三朝宿德，千載偉人。/事君親忠孝兩全，處鄉邑義恩兼盡。寔天南之重臣，京北之大人也。曩者、丁巳初年[①]，崇滋福/果，厚發婆心，捐出家貲使錢[②]貳千肆百伍拾貫，構作瓦亭壹連五間，用鐵輦鐵梼黄芯苦綀/等，爲祭祀神明之所，經之營之，如翬斯飛，如矢斯棘[③]。又修[④]理佛寺，惠與肥田，在金蘭處壹區/相連柒畝五高五尺，又梂亭處壹區相連五高玖[⑤]尺，又□□處壹區相連貳畝半高，又/□□處壹區相連柒高，及使錢肆百貫，銀子肆鎰，用爲遞年享祀之需，載定儀文，以永承祀。本社/二村上下等，仰功德之深，思報答之厚，合詞懇請從祀[于]神，遞年春秋祭祀各節著爲定額，/條例既具，爰誌于碑，以循襲于永久云。/

計/

一役祀後神儀節事例，遞年迎神入席祈福亭中奉事。/　　　　大王正位後，迎阮相公敬設乙位從祀，行禮如儀。禮生捧酒三旬，其禮物每日�壹盤，米五斗，/雞壹隻，酒壹壜，芙蔔[⑥]壹封拾口，係行禮畢逐日共粿貳拾壹盤，内有取肆盤俵官員，壹盤/當該，壹盤斯文，壹盤樂工，壹盤存還各甲，此禮田貳畝壹高。/

一役入席香燈逐日奉事，此田貳高。/

一役入唱歌奉事後神，其本村整禮粿壹盤，米五斗，雞壹隻，酒壹壜，芙蔔壹封拾口，遞在殿/廟行禮，禮畢，其雞、酒、芙蔔，俵官員飲酒，存　壹盤，并古錢[⑦]壹貫貳陌爲籌錢，及賞教坊古/錢叁陌，此禮田陸高。/

一役嘗先貳禮每禮每甲粿壹盤，米五斗，雞壹隻，酒壹壜，芙蔔壹封拾口，遞在靈光祠址敬/祭，祭畢，仍還各甲飲酒，此禮田捌高。/

---

① “丁巳初年”，應爲永佑三年，永佑爲後黎懿宗黎維祳年號，三年爲公元1737年，當清乾隆二年。

② “使錢”，見《欽定越史通鑑綱目・正編》“後黎盛宗光順八年”注“使錢、古錢”引黎貴惇《芸臺類語》云：“北人以百文爲一陌。本國以三十六文爲一陌，謂之‘使錢’；六十文爲一陌，謂之‘古錢’。‘使錢’十陌，乃是‘古錢’六陌，準爲‘使錢’一貫。其‘古錢’十陌乃使錢之一貫六陌四十文。使錢别名閒錢，古錢别名貴錢。”

③ “如翬斯飛，如矢斯棘”，形容宫室華麗壯觀。《詩經・小雅・鴻鴈之什・斯干》：“如跂斯翼，如矢斯棘，如鳥斯革。如翬斯飛，君子攸躋。”孔穎達疏：“毛以爲言宫室之制，如人跂足，竦此臂翼然；如矢之鏃，有此棱廉然；如鳥之舒，此革翼然；如翬之此奮飛然，宫室如此之美，君子所以升處也。”

④ “修”，碑原作“脩”，因另兼正字，故改，下同，不另出注。

⑤ “玖”，碑文原爲越南避諱字，逕改，下同，不另注。

⑥ “芙蔔”，是一種藤類的植物，越文作Cây lá trầu。與檳榔同爲喜慶時必有之象徵性植物，尤其是在傳統婚俗文化中，檳榔、芙蔔與石頭（石灰）是兄弟和睦、夫妻相恩相愛之象徵。

⑦ “古錢”，見本篇前注所引。

一役遞年拾壹月叁拾日臘禮、每甲作粄壹盤，米五斗，雞壹隻，酒壹𡑓，芙蔔壹封拾口，將就/靈光祠址敬祭，祭畢，仍還各甲飲酒如前，此禮田肆高。/

一役節料禮、週年、叁拾日及明年初壹日、初貳日、初叁日，其本村整禮每日每甲作粄壹盤，/米五斗，雞壹隻，酒壹𡑓，芙蔔壹封拾口，將就靈光祠址敬祭，祭畢，仍還各甲飲酒，以表其/惠。此禮田肆高。/

一役斯文寫文行禮各節，許田五高。/

一役敬祭春秋貳期及忌臘[①]、嘗先等禮文祭體式事例：

維/

皇號某年歲次某干支某月干支某日干支，某府縣社祭官某、陪拜某某等謹以牲醴、粄盛、金/銀等物敢昭告于/　　　　特進、金紫榮禄大夫、侍近侍内監司禮監總太監　　　　阮相公/　　　　靈應剛毅明達德厚正神　　曰：/　　　　德思以報，恩降[②]也深，虔將菲禮，聊寓敬忱，　恭請/　　　　尊爺父母同赴享歆，是相是佑，愈久愈欽，伏惟尚　　饗。/

一役　日後神禮，預前日謁告/　　　　大王本土，其本村整禮豬壹口，粄貳盤，每盤米拾斗，酒壹𡑓，芙蔔壹封拾口，將就殿廟敬祭，祭/畢，豬壹首俵官員，存均分四甲飲酒，以重其敬，此禮田柒高。/

一役　日後神禮，每甲豬壹口，粄貳盤，每盤米拾斗，圓餅壹盤，每盤拾斗，酒壹𡑓，芙蔔壹封[③]/拾口，將就靈光祠址排置，其本社官員一員祭主，村長四名人陪拜，行禮如儀，其官員社/村長上下等後拜。祭畢，敬俵本族豬壹首，粄壹角，俵官員貳首，斯文壹首，俵祭主一員圓/餅五件，陪拜四人每人貳件，俵官員社令奇令二等每員名人圓餅壹件，止存均分四甲/飲酒，以表其惠。此禮田貳畝捌高。/

一役後神官之妻蔭封　　　　日，本村整禮每甲圓餅壹盤，米拾斗，粄/叁盤，每盤米五斗，雞壹隻，酒壹𡑓，芙蔔壹封拾口，其本村預取某甲粄壹盤，雞壹隻，酒壹/𡑓，芙蔔壹匣拾口，遞在殿廟預告/　　　　大王本土神，存圓餅肆盤并粄拾壹盤及雞、酒、芙蔔等物，遞在靈光祠排置，本村官員社村長/上下等同就行禮。禮畢，敬俵本族粄壹盤，雞壹隻，俵官員粄壹盤，雞壹隻，俵斯文粄壹盤，雞/壹隻，命拜壹員俵圓餅五件，陪拜肆名人俵圓餅每人貳件，再俵官員社令奇令二等，每員/名人圓餅壹件，存禮仍還各甲飲酒。此禮田壹畝陸高。/

---

① “忌臘”，見（明）田藝衡《玉笑零音》：“人之初生，以七日爲臘；人之初死，以七日爲忌。一臘而魄成，故七七四十九日而七魄具矣。一忌而一魂散，故七七四十九日而七魂泯矣。”

② “降”，原本作“夅”之俗字“𠊧”。據上下文義改。

③ 以上内容拓片編號03404a。

一役香火許渌甲應整遞年忌日禮，熟食壹盤，此禮田貳高，并飯貳鉢，金銀壹千，冥衣長叁/領，嘗先新飯貳鉢，節料金銀貳千，冥衣長陸領，臘日飯貳鉢，其香燈各節行禮用足。此田/五高，其熟食應待官員，實在飲酒用硃盤北鉢叁拾口隨俗隨時。/

乙卯年[①]正月初陸日順安府嘉林縣嘉市社官員司禮監左監丞管壽侯阮楊仕，司禮監右提[②]/點、垚壽侯阮廷�，太僕寺卿、明義子阮登明，署同知府吴智，殿前司獄丞阮任賢、陳世儒、阮鄧宗，/右�馮登造、馮登遵，縣丞阮登綿、阮登僚、陳世名、陳暎、陳湘，同知州陳玉鏗，所使陳世科，知/事阮登壽，所使鄧仕質，副所使阮登佺、阮登逵，全社上下巨小等，所有申詞内言今本社無/有坻亭，民力不敷，敢乞貴官出家財應作，玆本社等敬設爲後神，置位左邊，血食萬代，及四/時薦祭奉事香火如儀。後之生斯邑者一心至敬，或不從父母即革違背，願上有日月照臨，/下有鬼神鑒格。/

一許本社上村惠與肥田在那岸處壹區相連肆畝，并古錢貳百貫，玆後留于後世，以恭祭祀，/永爲萬代所有。本社置爲各例，開列于後[③]。/

一役　　　　日後神，其本村整豬壹口，酒壹圩，芙蓿壹封拾口，及飯壹堝貳歲并金銀貳/千，冥衣長壹副，此禮田壹畝。每甲圓餅貳盤，�貳盤，每盤拾斗，遞就靈光祠行禮如儀。祭/畢，敬俵本族豬壹首，粿壹角，并俵香火粿壹角，豬壹鏡，止存還各甲飲酒，以敬其惠，此禮/田壹畝陸高。/

一役嘗先貳禮、節料并週年等禮，及明年初壹、初貳、初叁等日，其本村整禮物據依下村等/禮，遞在祠址行禮。祭畢，仍還本村各甲飲酒，以重其惠，此禮田壹畝貳高。/

壬戌年九月二十八日奉差往北使，至乙丑年六月旬濟國事回還，奉陞都督府都督僉事。/

皇朝永佑萬萬年之四歲在戊午[④]仲秋穀日

嘉市社二村官員上下及本總　社等仝立仝記/

賜丁未科進士、嘉行大夫、吏部右侍郎阮暐[⑤]　撰/

侍内書寫工番范進朝承寫/

---

① “乙卯年”，應爲永佑元年（1735），當清雍正十三年。

② “提”，碑文原爲越南避諱字“𪟝”，逕改，下同不另注。

③ “後”，碑原作“后”，另兼正字，故改。

④ “皇朝永佑萬萬年之四歲在戊午”，即永佑四年（1738），當清乾隆三年。

⑤ “阮暐”，即阮德暐。《鼎鍥大越歷朝登科録》黎裕宗保泰八年（1727）丁未科第三甲同進士出身第一名：“阮德暐。仙遊伕跡人，省元。二十八中，改名阮暐，仕至工部尚書、太子少保，侯爵，致仕起復贈太子太傅。德暎之子、昀之父。”三世登科。

題後

北寧省嘉林縣嘉瑞總嘉瑞社有阮廷相公祠堂，中有兩碑，即本碑（篇號二一三）及篇號二一四《隆壽侯阮廷珪碑記》。本碑立於祠堂前，另一碑則立於祠堂後。本碑成卧碑型，刊刻了“承祀阮相公靈光祠址碑記”及“阮廷珪後神碑記”兩則碑記，其中“承祀阮相公靈光祠址碑記”與篇號二一四内容相同，亦均爲丁未科進士、嘉行大夫、吏部右侍郎阮暐於後黎懿宗永佑四年（1738）所撰文。根據本碑所載“阮廷珪後神碑記”中“重修春秋于祭及忌臘、嘗先、節料、祈福、入席等禮，後神碑記”之標題，本碑或爲重修後刻之碑記。

本碑最後一條記載“壬戌年九月二十八日奉差往北使，至乙丑年六月旬濟國事回還，奉陞都督府都督僉事”，碑若刻立於永佑四年，則在此之前之壬戌爲黎熙宗正和三年（1682），亦即五十六年前；按，篇號二一四《隆壽侯阮廷珪碑記》的記載，永佑四年阮廷珪已然致仕，依據《歷朝憲章類志·官職志·致仕例》懿宗永佑三年以前文臣七十致仕，是年開始六十五歲致仕，武官預班内監、自同知監事以上，七十致仕。如此，以阮廷珪致仕時間上推五十六年，出使時，阮廷珪僅十四歲。又，《大越史記全書續編》卷一正和三年壬戌記載：“春正月，遣申璿、鄧公瓆等如清歲貢。”然碑誌記載出使的時間是九月二十八日，顯然不合。如果阮廷珪確實於該年出使，根據碑文的結銜有“侍/近侍内監司禮監總太監”，則不知其内侍的身份是在出使之前，還是在此之後，這在理解越南黎朝的政治結構上是個值得探討的問題。

又，碑文中稱頌誌主“事君親忠孝兩全”，如其爲内侍，則中國傳統“不孝有三，無後爲大”的觀念，在越南並未推行；如果，其爲内侍而不需淨身，則越南的内侍制度又值得探討。

二一四　隆壽侯阮廷珪碑記

引言

碑立於北寧省嘉林縣嘉瑞總嘉瑞社阮相公祠堂，爲祠址前一碑。碑僅單面，拓片編號03405，共十七行字，滿行約三十五字，碑題“承祀阮相公靈光祠址碑記”十一字，今重定篇題爲“隆壽侯阮廷珪碑記”。碑文撰者吏部右侍郎阮暐，書者侍内書寫工番范進朝。立碑年代署作永佑（Vĩnh Hựu）四年（1738），永佑爲後黎懿宗（Lê Ý Tông）黎維祳（Lê Duy Thận）年號，同年爲清乾隆三年，歲次戊午。拓片現藏於漢喃研究院。

碑文紀載嘉林、嘉市二村爲感念總太監、隆壽侯阮廷珪建立亭址、又捐祭田，故尊其爲後神，以兹感恩。

03405

永祚阮相公靈光祠址碑記

嘗聞福善者天之理報德者其天理之在人心乎睠茲

特進金紫榮祿大夫副首號侍候內匠中奇振石左挾等隊副該官僉知侍內書寫工番

侍近侍內監司禮監總太監都督府都督同知隆壽侯阮廷珪嘉林嘉市之貴人也純和器宇

夷曠襟懷孝悌篤於家忠勤施於國陪禁闈而心依承職董親軍而力茂訓育參枫寄及

我樞璿偶天寵䘮保章於譽轄昭著民庸且也伏義輕財愛人濟物厚接覃敷於華里餘

派溥洽於芳鄉孚知在之敬纔而華高之經營勤斯冊艤思永傳之香火而祭田之贈潤

不吝膏腴仰德頌之在人雖神斧而可搭剎茲洽北邑不尊親者第二村上下等仰瓜

李之投思漫理之報欲顯芳踪於不泯相期明德之常馨乙位攸崇儀尊祠之對越河前

肅敬彰禮典之表隆德神衷懇之纔竟荷樂從之實爰以其事勒于豊碑而今而後當知

此功此德世世不忘觀奐輪之美念剏始之勤聞黍稷之香須記先人之厚而恩之必

酬德之必報昭昭大義常顯然於天地間矣若夫老爺之恭恪勤勞榮華顯達異日必有

汗青以載之茲且不必贅錄也爰鐫諸石以壽其傳云

前致仕封贈督隆壽侯阮相公

皇朝永佑萬萬年之四歲在戊午仲秋穀日嘉市社二村官員上下及本總　社等全立全記

賜丁未科進士嘉行大夫吏部右侍郎阮暐　撰

侍內書寫工番范進朝承寫

北寧省嘉林縣嘉瑞總嘉瑞社阮相公祠址前一碑

編號：03405　出自《拓片總集》第四冊

釋文

承祀阮相公靈光祠址碑記[①]

嘗聞福善者天之理，報德者其天理之在人心乎！睠茲/　　　　特進、金紫榮禄大夫、副首號、侍候内匿中并拔石左左技等隊副該官、僉知侍内書寫工番、/侍近侍内監司禮監總太監、都督府都督同知、隆壽侯[②]阮廷珪，嘉林嘉市之貴人也，純和器宇，/夷曠襟期，孝悌篤於家，忠勤施於國，陪禁闥而心懷承弼，董親軍而力茂訓齊，參機密於/戎樞，渥優天寵，飛保章於管轄，昭著民庸。且也仗義輕財，愛人濟物，厚接覃敷於華里，餘/波溥洽於芳鄰，孚如在之敬誠[③]。而華亭之經營，勤斯丹雘[④]，思永傳之香火，而祭田之贈遺/不吝膏腴，仰德顯之在人，雖神繼而可格，矧茲洽比，曷不尊親？茲嘉市二村上下等仰瓜/李之投，思瓊瑶之報，欲顯芳蹤於不泯，相期明德之常馨，乙位攸崇，儼尊祠之對越，祠前/肅敬，彰祀典之綦隆，纔伸敦懇之誠，竟荷樂從[⑤]之實，爰以其事，勒于豐碑，而今而後，當知此功此德，世世不忘。覩奂輪之羡，合思始創之勤；聞黍稷之香，須記先施之厚，而恩之必/酬，德之必報，昭昭大義，常顯然於天地間矣。若夫老爺之恭恪勤幹，榮華顯達，異日必有/汗青以載之，茲且不必贅録也，爰鐫諸石，以壽其傳云。/

前致仕、封贈提[⑥]督、隆壽侯阮相公/[⑦]

皇朝永佑萬萬年之四歲在戊午[⑧]仲秋穀日

嘉市社二村官員上下及本總　社等仝立全記/

---

① 此爲碑題，今依内容及性質重定篇題爲“隆壽侯阮廷珪碑記”。

② “隆壽侯”，篇號二一三《嘉市社嘉林、嘉市二村阮廷珪後神碑記》作“坦壽侯”。

③ “誠”，碑文原作越南避諱字。逕改，下文同，不另出注。

④ “丹”，是紅色，或塗染顔色；“雘”，《説文》：“雘，善丹也。”“丹雘”，即以上好的紅色塗飾器物，《尚書·周書·梓材》：“若作梓材，既勤樸斲，惟其塗丹雘。”後又以“丹雘”引申作爲皇恩，《文選》載顔延年《和謝監靈運》：“伊昔遘多幸，秉筆侍兩閨。雖慙丹雘施，未謂玄素睽。”李善注曰：“丹雘，喻君恩也。”

⑤ “樂從”，見《史記·李將軍列傳》：“是時漢邊郡李廣、程不識皆爲名將，然匈奴畏李廣之略，士卒亦多樂從李廣，而苦程不識。”

⑥ “提”，碑文原作越南避諱字，逕改。

⑦ 篇號二一三無此行字。

⑧ “皇朝永佑萬萬年之四歲在戊午”，即永佑四年（1738），當清乾隆三年。

賜丁未科進士、嘉行大夫、吏部右侍郎阮暐[1]　撰/

侍内書寫工番范進朝承寫/

題後

本碑與篇號二一三《嘉市社嘉林、嘉市二村阮廷珪後神碑記》同立於北寧省嘉林縣嘉瑞總嘉瑞社阮廷相公祠堂。本碑據題籤，爲立於祠址之後一碑，碑文撰者與篇號二一三同爲三世登科的進士阮德暐（後改名阮暐），記載内容也幾乎完全相同，僅本碑記主阮廷珪的爵號作“隆壽侯”，而篇號二一三作“坦壽侯”，本碑在文末有一行文字“前致仕、奉贈提督、隆壽侯阮相公”，篇號二一三則記載“壬戌年九月二十八日奉差往北使，至乙丑年六月旬濟國事回還，奉陞都督府都督僉事”，據篇號二一三“題後”之分析，阮廷珪出使的記載有着諸多疑問。篇號二一三除“承祀阮相公靈光祠址碑記”外尚刊刻“阮廷珪後神碑記”，其碑題作“重修春秋于祭及忌臘、嘗先、節料、祈福、入席等禮，後神碑記”，故本碑或爲祠堂較早之碑刻，篇號二一三則爲重修碑記。

---

① “阮暐”，即阮德暐。《鼎鍥大越歷朝登科録》黎裕宗保泰八年（1727）丁未科第三甲同進士出身第一名：“阮德暐。仙遊伕跡人，省元。二十八中，改名阮暐，仕至工部尚書、太子少保，侯爵，致仕起復贈太子太傅。德暎之子、昀之父。”三世登科。

二一五　嘉橋社程泰榮暨妻後神碑記

引言

碑立於北寧省嘉林縣嘉瑞總嘉橘社亭，爲亭内右邊一碑。碑刻單面，拓片編號03406，共十八行字，滿行三十一字，碑額與碑題均作“後神碑記”四字，今依内文主旨重定篇題爲“嘉橘社程泰榮暨妻後神碑記”，碑之四邊有紋飾，碑額刻有雙龍昭日，左右兩邊與碑底均刻龍紋。碑文撰者舊黎朝已丑科（1769）黄甲行參訟裴輝璧。記載年代爲己巳年，據《越南漢喃碑銘拓片目録提要》考訂，撰文者裴輝璧自1784年任職行參訟，故已巳年應爲嘉隆（Gia Long）八年（1809），嘉隆是阮世祖（Nguyễn Thế Tổ）阮福暎（Nguyễn Phúc Ánh）年號，同年爲清嘉慶十四年。拓片現藏於漢喃研究院。

碑文記載河口坊程氏先考程泰榮原籍中國廣東廣州，先妣黄妙貴爲刁鷂庯人，兩人生有五名子女，在程氏夫婦逝世後，皆葬於鄰近的嘉橘社，故其子女捐古錢一百五十貫錢協助嘉橘社修繕神祠，以求父母寄祭於嘉橘社，並捐三畝田地以作爲祭忌之用。

03406

后神碑記

后神碑記

記所云施報要亦衆之禮之宜未易言也今俗有賴其出資贍[illegible]鄉用[illegible]約以[illegible]
時備嵩祀稱后神此未見諸禮典抑不知其果如記之所云否[illegible]然則[illegible]爲乎[illegible]
之碑既緣俗則以其情與事識之爾文乎哉河口坊有程氏者其先考程翁自[illegible]
東廣州來妣黃氏故所居刁鷄庯與嘉林縣嘉橋社爲鄰卜兆在焉程氏女子[illegible]
長女孫一時來贍掃冀所以世其祀于斯土也會社有崇脩本土神祠之役助[illegible]
料古錢壹百五拾緡庀工竣事社合保其先考妣二位后神所將薦之需程氏置
祀田叁畝列之券要之明神有年矣既又將勒碑開載姓氏字號與祀田及常祀
儀品欲其傳之遠也請文于余余豈作者哉辭之數請益堅伐石以俟余重違其
㒓也聊爲之叙其實如此蓋余弗能文其事也況石有時剥落惟心則常存嘉橋
社若循土俗施不忘報明券故在有如大江非必係乎鐫刻之有無而又何有於
余言也是爲記東村叟譔　辛巳年十一月吉日重脩亭宇本社再題程族加供古錢壹百伍拾貫以資公用爰題

后神二位
程貴公字泰榮號有松府君　七月二十日忌
黃貴氏號妙貴孺人　七月十四日忌

旨
龍輯歲在己巳十一月二十二日
舊黎朝黃甲行參訟裴輝璧譔作[illegible]

北寧省嘉林縣嘉瑞總嘉橋社亭內右邊一碑

編號：03406　出自《拓片總集》第四冊

釋文

後[1]神碑記[2]

《記》所云施報要亦衷之、禮之，[3] 宜未易言也。今俗有賴其出資贍濟鄉用者，約以歲/時備將祀稱後神，此未見諸禮典，抑不知其果如《記》之所云否也。然則胡爲乎登/之碑？既緣俗則以其情與事識之爾文乎哉！

河口坊有程氏者，其先考程翁自廣/東廣州來，妣黄氏故所居刁鷄庯，與嘉林縣嘉橘社爲鄰，卜兆在焉。程氏女子五、/長女孫一，時來瞻掃，冀所以世其祀于斯土也。會社有崇修[4]本土神祠之役，助支/料古錢[5]壹百五拾緡，庀工竣事，社合保其先考妣二位後神。所將薦之需，程氏置/祀田叁畝，列之券，要之明神有年矣。既又將勒碑開載姓氏、字號、與祀田及常祀/儀品，欲其傳之遠也。請文于余，余豈作者哉？辭之數，請益堅，伐石以竢，余重違其/懇也，聊爲之敘，其實如此。蓋余弗能文其事也，況石有時剥落，惟心則常存，嘉橘/社若循土，信施不忘報，明券故在，有如大江，非必係乎鐫刻之有無，而又何有於/余言也，是爲記。東村叟撰。辛巳年[6]十一月吉日重修亭宇，本社再題，程族加供古錢壹/百伍拾貫，以資公用，玆題。/

後神二位：/

程貴公，字泰榮，號有松府君，七月二十日忌/

黄貴氏，號妙貴孺人，七月十四日忌/

時/

龍輯歲在己巳[7]十一月二十二日/

---

① “後”，碑原作“后”，因另兼正字，故改，下同不另出注。

② 此爲碑題，額題亦作“后神碑記”，今依此重定篇題爲“嘉橘社程泰榮暨妻後神碑記”。

③ “《記》所云施報要亦衷之、禮之”一句，語見《禮記·曲禮上》：“太上貴德，其次務施報。禮尚往來，往而不來非禮也；來而不往，亦非禮也。人有禮則安，無禮則危，故曰禮者不可不學也。”

④ “修”，碑文原作“脩”，因另兼正字，故改，下同不另出注。

⑤ “古錢”，見《欽定越史通鑑綱目·正編》“後黎盛宗光順八年”注“使錢、古錢”引黎貴惇《芸臺類語》云：“北人以百文爲一陌。本國以三十六文爲一陌，謂之‘使錢’；六十文爲一陌，謂之‘古錢’。‘使錢’十陌，乃是‘古錢’六陌，準爲‘使錢’一貫。其‘古錢’十陌乃使錢之一貫六陌四十文。使錢别名閒錢，古錢别名貴錢。”

⑥ “辛巳年”，應爲阮聖祖明命二年（1821），當清道光元年。

⑦ “龍輯歲在己巳”，據《越南漢喃碑銘拓片目録提要》考証爲阮世祖嘉隆八年（1809），當清嘉慶十四年。

舊黎朝黄甲、行參訟裴輝璧[1]撰作[2]

題後

據拓片題籤與《越南漢喃碑銘拓片目録提要》記載，嘉橘社亭内共有四方碑誌，如下表：

編號	標題	年代	位置
03406	嘉橘社程泰榮暨妻後神碑記*	阮世祖嘉隆八年（1809）	亭内右邊一碑
03411/03412	嘉橘社陳文惠夫妻後神碑記*	後黎玄宗景治九年（1671）	亭右邊第三碑
03413/03414	嘉橘社范氏捽後神碑記*	後黎熙宗正和二十四年（1703）	亭右邊第二碑
03439/03440	全社仝立約文/從祀後神碑記	後黎裕宗永盛七年（1711）	亭後右邊第一碑

注：* 表示此篇已收入本書。

本碑記爲最晚的一方，刊立於阮世祖嘉隆八年（1809），據最早一方的刊刻時間後黎玄宗景治九年（1671）已經有一百多年的差距，然兩者均記載來自中國的移民，娶了越南本地妻子之後，在妻鄉捐資重修當境大王神祠，以祈求附祀爲後神。且撰文者，均爲進士，一爲裴輝璧，一爲楊澔。本碑撰文者裴輝璧字熙章，號存庵。後黎顯宗景興十三年（1769）己丑科第二甲進士出身第一名，《鼎鍥大越歷朝登科録》記載其爲“青池寶功人，屋盛烈。二十六中，昌擇裴抹之後”。有《存庵文集》等文集，曾與阮楷選編陳黎各代文選爲《皇越文選》，被稱爲阮朝以前最重要的漢文詩選本。據《皇越文選・祭文》所收裴輝璧撰《桂堂先生成服禮門生設奠祭文》一文，裴輝璧自述其景興四十五年（1784）職爵爲“入侍、行參從[3]、入侍經筵、兼知東閣、兼國子祭酒、吏部侍郎、繼烈侯”，西山朝時辭官，阮朝時也未再出仕。作品另有《乂安詩集》《存庵文集》《退軒集》《碧溝詩集》等。

---

① “裴輝璧”，字熙章，號存庵。《鼎鍥大越歷朝登科録》黎顯宗景興十三年（1769）己丑科第二甲進士出身第一名：“裴輝璧。青池寶功人，屋盛烈。二十六中，昌擇裴抹之後。”任宜安協鎮，官至户部左侍郎，行知參從，繼烈侯。西山朝時辭官，阮朝時也未出仕。有《存庵文集》，曾與阮楷選編陳黎各代文選爲《皇越文選》。

② 下鈐“裴氏”“輝璧”篆文小印。

③ “行參從”，碑文記爲“行參訟”。

二一六　修造義住溪石橋碑記

引言

碑立於北寧省嘉林縣巨靈總巨靈社石椂村館。碑刻雙面，拓片編號 03409/03410。拓片編號 03409 爲館内右邊一碑，共二十一行字，滿行約四十五字，碑額題“石橋碑記”四字，碑題“新造義住溪石橋碑記”九字；拓片編號 03410 爲館内左邊一碑，共二十八行字，每行字數不一，碑額題“功德碑記”四字。今依拓片編號 03409 之碑題爲篇題。碑文撰者參從内閣大學士范謙益，陪從内閣大學士高暉濯及陪從兵部尚書段伯容。年代署作永佑（Vĩnh Hựu）四年（1738），永佑爲後黎懿宗（Lê Ý Tông）黎維祳（Lê Duy Thận）年號，同年爲清乾隆三年，歲次戊午。拓片現藏於漢喃研究院。

拓片編號 03409 内容記述建造嘉林縣巨靈石椂村義住橋之事。石椂村東面義住河的橋樑原爲木橋，歷多次重修。在太尊太妃武氏玉源主導之下，與朝中官員、王府侍内宫嬪一起捐助錢財，重建石橋一座，以利往來交通。拓片編號 03410 則爲捐助者功德録。

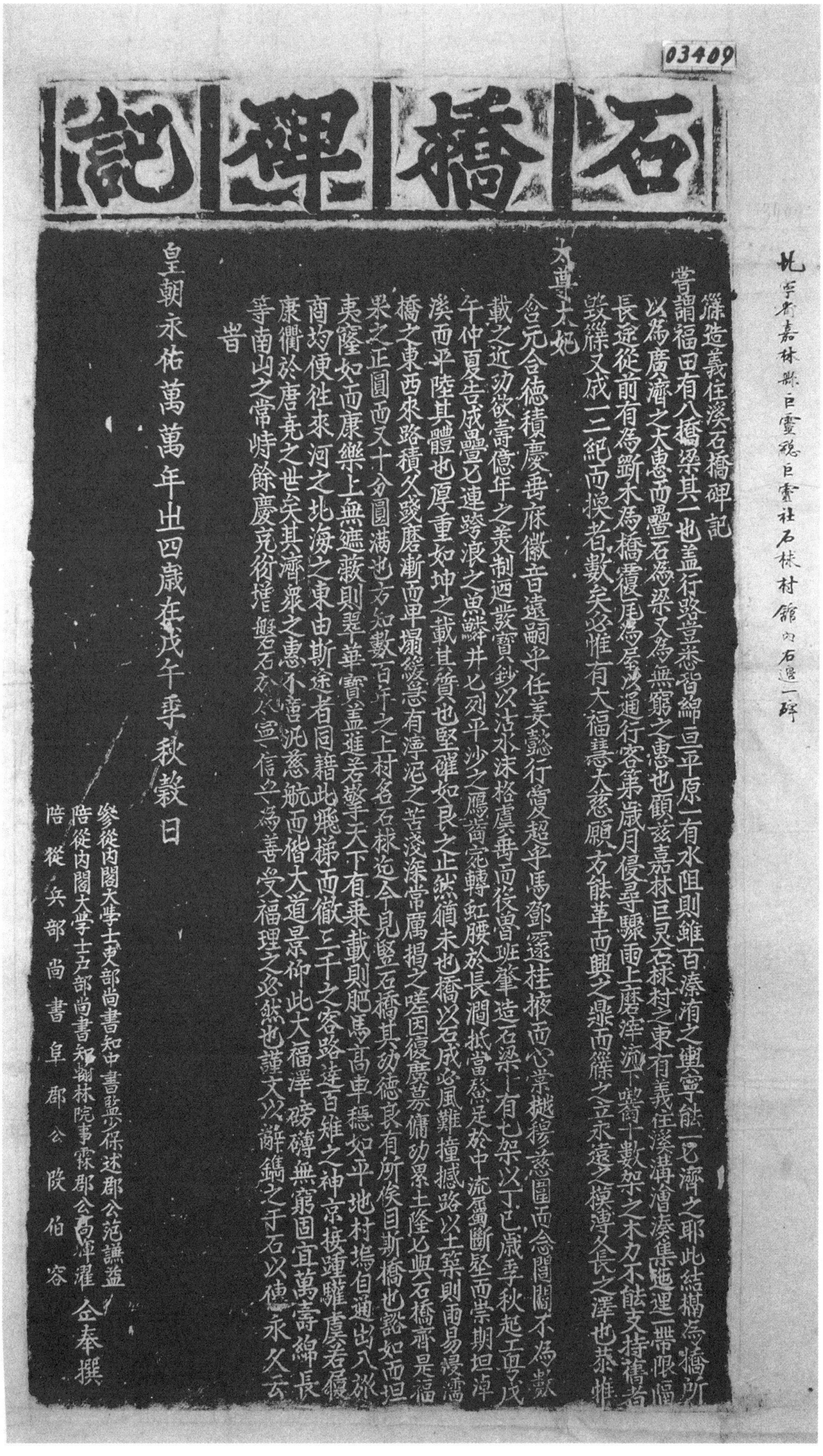

03409

石橋碑記

脩造義住溪石橋碑記

嘗謂福田有八橋梁其一也蓋行路豈悉皆綿亘平原一有水阻則雖百溱洧之輿寧能一一濟之耶此結構爲橋所以爲廣濟之大惠而疊石爲梁又爲無窮之惠也顧玆嘉林巨靈石椽村之東有義住溪溝澮湊集迤邐一帶限隔長途從前有爲斵木爲橋覆瓦爲屋以通行客第歲月侵尋驟雨上磨淬流下嚙十數架之木力不能支持舊者毀新又成一二紀而換者數矣必惟有大福慧大慈願方能革而興之鼎而新之立永遠之模溥久長之澤也恭惟

太尊太妃

含元合德積慶毓庥徽音遠嗣乎任姜懿行實又超乎馬鄧還逆桂掖而心棠攄穆慈闓而念閭閻不爲數載之近功欲壽億年之美制迺發寶貝鈔以沽水沫格虞毋而役魯班肇造石梁上有七架以丁巳歲季秋起工甲戌午仲夏告成疊七連跨浪之魚鱗井七列平沙之雁齒完轉虹腰於長澗抵當鰲足於中流屬斷壑而崇期坦淖溪而平陸其體也厚重如坤之載其質也堅確如艮之止然猶未也橋以石成必風難撞撼路以土築則雨易浸濡橋之東西來路積久毀磨漸而卑塌綏急有滓泥之苦淺深常厲揭之嗟因復廣募傭功累土隆七與石橋齊是福果之正圓而又十分圓滿也方知數百年之上村名石椽迄今見豎石橋其功德良有所俟目斯橋也豁如而坦夷窿如而康樂上無遮蔽則翠華寶蓋進若摯手天下有乘載則肥馬高車穩如平地村塢自通出入旅商均便往來河之北海之東由斯途者同藉此飛梯而徹三千之客路達百雉之神京接踵驩虞若履康衢於唐堯之世矣其濟衆之惠不啻汎慈航而階大道景仰此大福澤磅礴無窮固宜萬壽綿長等南山之常峙餘慶克衍增磐石之久宣信乎爲善受福理之必然也謹文以辭鐫之于石以傳永久云

旹

皇朝永祐萬萬年出四歲在戊午季秋穀日

參從內閣大學士吏部尚書知中書監少保述郡公范謙益

陪從內閣大學士戶部尚書知翰林院事霖郡公高烊濯　仝奉撰

陪從兵部尚書阜郡公阮伯容

此字貯嘉林縣巨靈總巨靈社石椽村館內石遞一碑

編號：03409　出自《拓片總集》第四冊（下同）

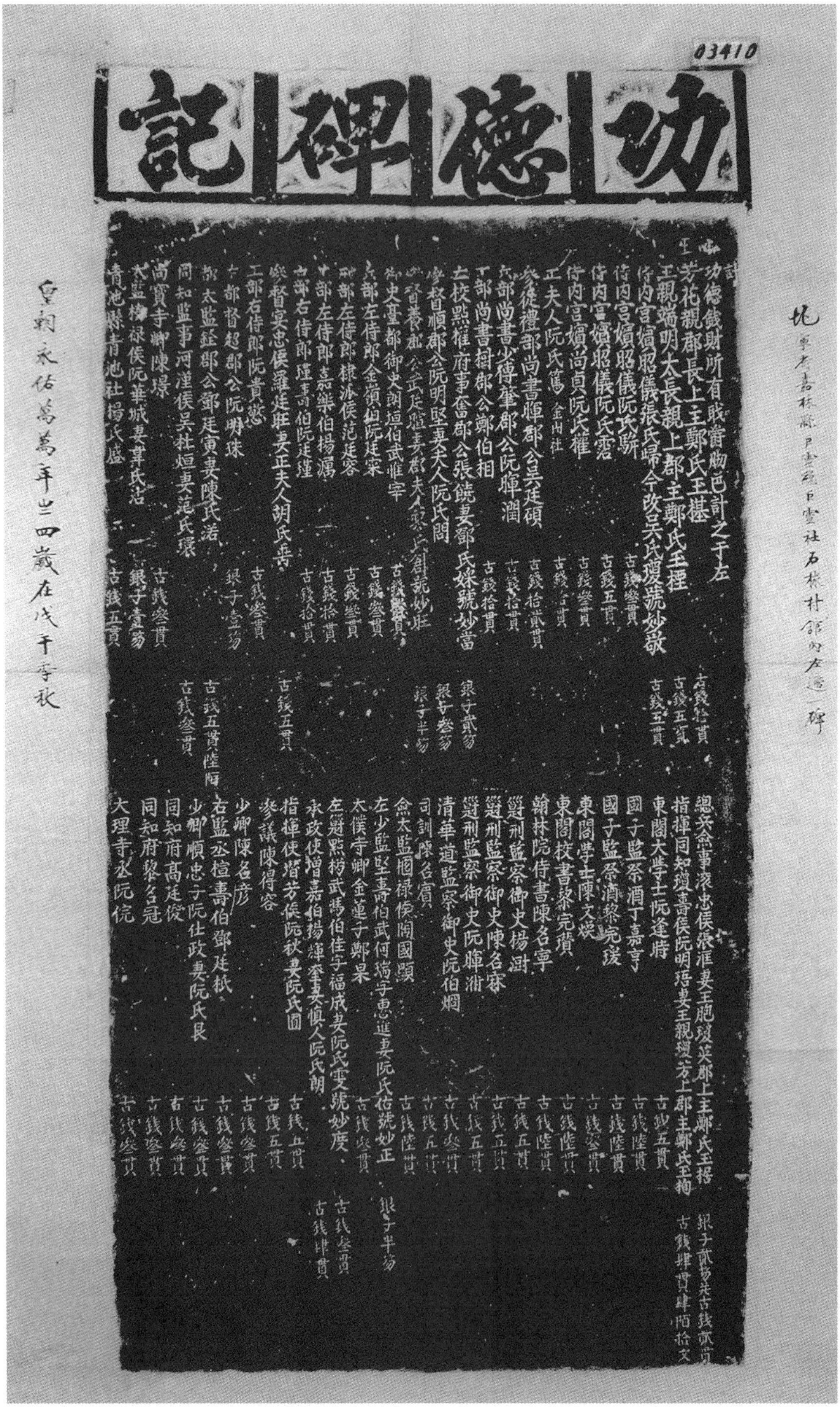

功德碑記

記功德錢財所有戢嘗勑邑計之于左
王芳花親郡長上主鄭氏玉堪
王親端明太長親上郡主鄭氏玉桂
侍內宮嬪昭儀張氏歸令改吳氏瓊號妙敬
侍內宮嬪昭儀阮氏駢
侍內宮嬪昭儀阮氏雲
侍內宮嬪尚貞阮氏權
正夫人阮氏篤 金山社
參從禮部尚書暉郡公吳廷碩
兵部尚書少傅肇郡公阮暉潤
工部尚書樹郡公鄭伯相
左校點權府事奮郡公張鐃妻鄧氏娽號妙當
參督順郡公阮明堅妻夫人阮氏問
督養郡公武廷瑄妻郡夫人黎氏創號妙庄
御史臺都御史朗垣伯武惟宰
兵部左侍郎金嶺伯阮廷寀
刑部左侍郎隸泳侯范廷容
工部左侍郎嘉樂伯楊澋
戶部右侍郎瓏壽伯阮廷瑾
參督寔忠侯羅廷旺妻正夫人胡氏[illegible]
工部右侍郎阮貴懿
右都督超郡公阮明珠
都太監銓郡公鄧廷寅妻陳氏諾
同知監事河潼侯吳杜烜妻范氏環
尚寶寺卿陳璟
太監椿祿侯阮華城妻葉氏浩
青池縣青池社楊氏盛

古錢叁貫
古錢五貫
古錢叁貫
古錢[illegible]貫
古錢拾貳貫
古錢拾貫
古錢拾貫
古錢叁貫
古錢叁貫
古錢叁貫
古錢拾貫
古錢拾貫
古錢叁貫
銀子壹笏
古錢叁貫
銀子壹笏
古錢五貫

古錢拾貫
古錢五貫
古錢五貫
銀子貳笏
銀子叁笏
銀子半笏
古錢五貫
古錢五貫陸陌
古錢叁貫

總兵僉事滚忠侯張淮妻王肥瓊英郡上主鄭氏玉樁
指揮同知瓊壽侯阮明珸妻王親瓊芳上郡主鄭氏玉梅
東閣大學士阮逢時
國子監祭酒丁嘉亨
國子監祭酒黎完瑗
東閣學士陳文煥
東閣校書黎完瓚
翰林院侍書陳名寧
憲刑監察御史楊澍
憲刑監察御史陳名寔
憲刑監察御史阮暉澍
清華道監察御史阮伯烱
司訓陳名賓
僉太監椆祿侯阮國顯
左少監堅壽伯武何猶字惠進妻阮氏佑號妙正
太僕寺卿金蓮子鄭杲
左憲點楊武蔫伯佳字福成妻阮氏雯號妙度
承政使增嘉伯楊禪參妻慎人阮氏朗
指揮使增芳侯阮秋妻阮氏圓
參議陳得容
少卿陳名彥
右監丞檀壽伯鄧廷秖
少卿順忠子阮仕政妻阮氏艮
同知府高廷俊
同知府黎名冠
大理寺丞阮侊

古錢五貫
古錢陸貫
古錢陸貫
古錢叁貫
古錢陸貫
古錢陸貫
古錢五貫
古錢五貫
古錢五貫
古錢五貫
古錢叁貫
古錢五貫
古錢陸貫
古錢叁貫
古錢五貫
古錢五貫
古錢叁貫
古錢叁貫
古錢叁貫
古錢叁貫
古錢叁貫
古錢叁貫

銀子貳笏共古錢貳貫
古錢肆貫肆陌拾文
銀子半笏
古錢叁貫
古錢肆貫

皇朝永佑萬萬年之四歲在戊午季秋

北寧省嘉林縣戶雲總戶雲社石榴村鄉內左邊一碑

編號：03410

釋文

【石橋碑記】

新[①]造義住溪石橋碑記[②]

嘗謂福田有八，橋梁其一也[③]，蓋行路，豈悉皆綿亘平原？一有水阻，則雖百溱洧之輿[④]，寧能一一濟之耶？此結構爲橋，所/以爲廣濟之大惠；而疊石爲梁，又爲無窮之惠也。

顧兹嘉林巨靈石梂村之東，有義住溪，溝澮湊集，迤邐[⑤]一帶，限隔/長途。從前有爲斵木爲橋，覆瓦爲屋，以通行客。第歲月侵尋，驟雨上磨，滓流下囓，十數架之木，力不能支持。舊者/毁，新又成，一二紀而换者數矣。必惟有大福慧、大慈願，方能革而興之，鼎而新之，立永遠之模，溥久長之澤也。

恭惟/　　　　　太尊太妃[⑥]/含元合德，積慶垂庥，徽音遠嗣乎任姜[⑦]，懿行夐超乎馬鄧[⑧]，

---

① “新”，碑文原作諱字。下同，不另出注。

② 此爲拓片編號 03409 之碑題，今依此爲篇題。

③ “嘗謂福田有八”二句，見沙門知周《梵網經菩薩戒本疏》卷四舉八種福田：一、曠路造美井；二、水路造橋梁；三、平治險路；四、孝養父母；五、供養沙門；六、供養病人；七、救濟危厄；八、設無遮會。

④ “一有水阻”二句，語出《孟子·離婁下》：“子産聽鄭國之政，以其乘輿濟人於溱洧。”趙岐注：“子産，鄭卿。爲政，聽訟也。溱、洧水名。見人有冬涉者，仁心不忍，以其乘車度之也。”

⑤ “邐”，原作“逦”。

⑥ “太尊太妃”，即武氏玉源，安都王鄭棡之妻，生第八代鄭主威南王鄭杠及第九代鄭主明都王鄭楹，昏德公永慶二年（1730）夏四月，太尉、盛國公鄭杠進封爲元帥、統國政、威南王，武氏玉源被尊爲太妃，見《大越史記全書續編》卷二；後尊爲太尊太妃。

⑦ “任姜”，見劉向《列女傳·母儀傳·周室三母》：“三母者，大姜、大任、大姒。大姜者，王季之母，有台氏之女。大王娶以爲妃。生大伯、仲雍、王季。貞順率導，靡有過失。大王謀事遷徙，必與。大姜。君子謂大姜廣於德教。大任者，文王之母，摯任氏中女也。王季娶爲妃。大任之性，端一誠莊，惟德之行。及其有娠，目不視惡色，耳不聽淫聲，口不出敖言，能以胎教。溲於豕牢，而生文王。文王生而明聖，大任教之，以一而識百，卒爲周宗。君子謂大任爲能胎教。”

⑧ “馬鄧”，指東漢明帝馬皇后，及和帝鄧皇后，兩人以恭儉，爲世所稱。《晉書·列女傳》：“大姙、大姒，衍昌姬之化；馬鄧恭儉，漢朝推德。”兩人事跡見《後漢書·后妃傳》。又全句典出《全宋詩》王安石《慈聖光獻皇后挽辭二首》：“國賴姜任盛，門歸馬鄧高。關雎求窈窕，卷耳念勤勞。聖淑才難擬，休明運繼遭。岡原今獻卜，帷扆正攀號。”

邃桂掖[①]而心棠樾[②]，穆慈圍而念閭閻，不爲數/載之近功，欲壽億年之美制，迺發寶鈔以沽水沫；格虞垂[③]而後魯班[④]，肇造石梁十有七架，以丁巳歲[⑤]季秋起工，粤戊/午[⑥]仲夏告成。疊疊連跨浪之魚鱗，井井列平沙之鴈齒，宛轉虹腰於長澗，抵當鰲足於中流，屬斷壑而崇期，坦淖/溪而平陸。其體也，厚重如坤之載；其質也，堅確如艮之止。然猶未也。橋以石成，必風難撞撼；路以土築，則雨易浸濡。/橋之東西來路，積久踐磨，漸而卑塌，緩急有濘泥之苦，淺深常厲揭之嗟[⑦]。因復廣募傭功，累土隆隆，與石橋齊，是福/果之正圓，而又十分圓滿也。方知數百年之上村名石梂，迄今見竪石橋，其功德良有所俟。目斯橋也，豁如而坦/夷，窿如而康樂。上無遮蔽則翠華寶蓋，進若擎天；下有乘載則肥馬高車，穩如平地。村塢自通，出入旅/商均便往來，河之北，海之東，由斯途者同藉此飛梯，而徹三千之客路，達百雉之神京[⑧]，接踵驩虞[⑨]，若履/康衢於唐堯之世矣。其濟衆之惠，不啻汎慈航而偕大道，景仰此大福澤，磅礴無窮。固宜萬壽綿長，/等南山之常峙；餘慶充衍，增磐石於永寧。信乎爲善，受福理之必然也。謹文以辭，鐫之于石，以傳永久云。/

時/

皇朝永佑萬萬年之四歲在戊午[⑩]季秋穀日/

參從内閣大學士、吏部尚書、知中書監、少保、述郡公范謙益

陪從内閣大學士、户部尚書、知翰林院事、霖郡公高暉濯

---

① “桂掖”，即桂宫或桂殿，后妃所居住的宫殿。《文選》張衡《西京賦》：“於是鉤陳之外，閣道穹隆。屬長樂與明光，徑北通乎桂宫。”李善注：“長樂、桂宫，皆宫名。明光，殿名也。”

② “棠樾”，即“棠陰”，按《玉篇·木部》：“樾，禹月切。楚謂兩木交陰之下曰樾。”“棠樾”以召公聽民訟於甘棠之蔭，借喻受到長者或官吏的照護。

③ “虞垂”，即堯時巧匠，見《莊子·達生》：“工倕旋而蓋規矩，指與物化，而不可以心稽。”陸德明《釋文》：“工倕，堯工，巧人也。”

④ “魯班”，春秋時期有名的工匠。《禮記·檀弓下》：“季康子之母死，公輸若方小，斂，般請以機封。”鄭玄注：“公輸若，匠師也。般、若之族，多伎巧者也。”

⑤ “丁巳歲”，應爲後黎懿宗永佑三年（1737），當清乾隆二年。

⑥ “戊午”，即後黎懿宗永佑四年（1738），當清乾隆三年。

⑦ “淺深常厲揭之嗟”，語出《詩經·國風·衛風·匏有苦葉》：“匏有苦葉，濟有深涉。深則厲，淺則揭。”毛亨傳：“以衣涉水爲厲，謂由帶以上也；揭，褰衣也，遭時制宜，如遇水深則厲，淺則揭矣。”

⑧ “百雉之神京”，見《左傳·隱公元年》：“初鄭武公娶于申曰武姜，生莊公及共叔段，莊公寤生驚姜氏故名曰寤生遂惡之；愛共叔段欲立之……請京，使居之，謂之京城大叔。祭仲曰：“都城過百雉，國之害也。”杜預注：“方丈曰堵，三堵曰雉；一雉之牆長三丈，高一丈。侯伯之城方五里，徑三百雉，故其大都，不得過百雉。”

⑨ “驩虞”，見《孟子·盡心上》：“孟子曰：‘霸者之民，驩虞如也。王者之民，皞皞如也。殺之而不怨，利之而不庸，民日遷善，而不知爲之者。’”

⑩ “皇朝永佑萬萬年之四歲在戊午”，即永佑四年（1738），當清乾隆三年。

陪從兵部尚書、阜郡公段伯容

仝奉撰[①]/

【功德碑記】

計/

功德錢財所有職爵脚色計之于左：/

芳花親郡長上主鄭氏玉椹，古錢[②]拾貫。總兵僉事、滚忠侯張涯妻王胞瓊英郡上主鄭氏玉椐，銀子貳笏共古錢貳貫。/

王親、端明太長親上郡主鄭氏玉榧，古錢五貫。指揮同知、瓊壽侯阮明珸妻王親瓊芳上郡主鄭氏玉枸，古錢肆貫肆陌拾文。/

侍内宫嬪、昭儀張氏歸、今改吴氏瓊，號妙敬，古錢五貫。東閣大學士阮逢時，古錢五貫。/

侍内宫嬪、昭儀阮氏騂，古錢叁貫。國子監祭酒丁嘉亨[③]，古錢陸貫。/

侍内宫嬪、昭儀阮氏霑，古錢五貫。國子監祭酒黎完瑗，古錢陸貫。/

侍内宫嬪、尚貞阮氏權，古錢叁貫。東閣學士陳文焕[④]，古錢叁貫。/

正夫人阮氏篤金山社，古錢拾貫。東閣校書黎完瓚，古錢陸貫。/

參從、禮部尚書、暉郡公吴廷碩[⑤]，古錢拾貳貫。翰林院侍書陳名寧[⑥]，古錢陸貫。/

---

① 以上爲拓片編號 03409 的内容。

② “古錢”，見《欽定越史通鑑綱目・正編》“後黎盛宗光順八年”注“使錢、古錢”引黎貴惇《芸臺類語》云：“北人以百文爲一陌。本國以三十六文爲一陌，謂之‘使錢’；六十文爲一陌，謂之‘古錢’。‘使錢’十陌，乃是‘古錢’六陌，準爲‘使錢’一貫。其‘古錢’十陌乃使錢之一貫六陌四十文。使錢别名閒錢，古錢别名貴錢。”

③ “丁嘉亨”，《大越史記全書續編》卷三黎純宗龍德三年（1734）：“殺故相諒山督鎮甸郡公黎英俊，以丁嘉亨權督鎮。”

④ “陳文焕”，《鼎鍥大越歷朝登科録》黎裕宗保泰五年（1724）甲辰科第三甲同進士出身第五名：“陳文焕。青沔慈烏人，三十五中，仕至承旨，奉使道卒，贈刑部左侍郎、侯爵，文熣之父。”又，文熣黎顯宗景興四年（1743）癸亥科第二甲進士出身第一名。“二十八中，仕至侍（待）制，署僉都御史文焕之子，父子同朝。”又，《大越史記全書續編》卷三黎懿宗永佑五年（1739）：“九月……時駕在桂棹。王（威南王鄭杠）尋命阮卓倫，陳文焕等，號清國欽使，自京師發遞，賫捧册璽，封爲安南國上王。”

⑤ “吴廷碩”，見《大越史記全書續編》卷三黎懿宗永佑三年（1737）：“命暉郡公吴廷碩參從，陞兵部尚書，與范謙益並參從。”永佑四年（1738）：“秋，九月，吏部尚書述郡公范謙益解參從，惟吴廷碩獨相。”永佑五年（1739）：“出參從、禮部尚書、入侍經筵、暉郡公吴廷碩爲諒山總撫，以鄭穗爲刑部尚書參從。”

⑥ “陳名寧”，《鼎鍥大越歷朝登科録》昏德公永慶三年（1731）辛亥科第二甲進士出身第一名：“陳名寧。嘉定寶篆人，二十九中，仕至左侍郎，侯爵，陞禮部尚書、贈少保。附翼之子，名寐之兄，兄弟同榜。”又，其父陳附翼爲黎熙宗正和四年癸亥科第三甲同進士出身第五名，“二十九中，仕至參政”。

兵部尚書、少傅、肇郡公阮暉潤，古錢拾貫。提[1]刑監察御史楊澍，古錢五貫。/

工部尚書樹郡公鄭伯相[2]，古錢拾貫。提刑監察御史陳名菻[3]，古錢五貫。/

左校點、權府事、奮郡公張饒妻鄧氏婇，號妙當，銀子貳笏。提刑監察御史阮暉淅[4]，古錢五貫。/

參督、順郡公阮明堅妻、夫人阮氏問，銀子叁笏。清華道監察御史阮伯炯[5]，古錢叁貫。/

參督、養郡公武廷暟妻郡夫人黎氏創，號妙旺，銀子半笏。司訓陳名賓[6]，古錢五貫。/

御史臺都御史、郎垣伯武惟宰[7]，古錢叁貫。僉太監、椢禄侯陶國顯，古錢陸貫。/

兵部左侍郎、金嶺伯阮廷宷，古錢叁貫。左少監、堅壽伯、武何瑞字惠進妻阮氏佑，號妙正，銀子半笏。/

刑部左侍郎、棣泒侯范廷容[8]，古錢叁貫。太僕寺卿、金蓮子鄭杲，古錢叁貫。/

工部左侍郎、嘉樂伯楊濿，古錢拾貫。左提點、杓武馮伯佳，字福成妻阮氏雯號妙度，古錢叁貫。/

户部右侍郎、瑾壽伯阮廷瑾，古錢拾貫。承政使、增嘉伯楊輝奎妻慎人阮氏朗，古錢肆貫。/

參督、宴忠侯羅廷旺妻、正夫人胡氏垂，古錢五貫。指揮使、壿芳侯阮秋妻、阮氏囿，古錢

---

① “提”，原作諱字，下同，不另出注。

② “鄭伯相”，見《大越史記全書續編》卷三黎懿宗永佑五年（1739）：“秋，七月，命鄭伯相入侍經筵。”黎顯宗景興元年（1740）：“六月，陪從刑部尚書鄭伯相卒，贈少保。”

③ “陳名菻”，《鼎鍥大越歷朝登科録》昏德公永慶三年（1731）辛亥科第三甲同進士出身第五名：“陳名菻。嘉定寶篆人，二十七中，仕至尚書，侯爵，致仕起復，贈少保。附翼之子，名寧之弟，兄弟同科。”

④ “阮暉淅”，《鼎鍥大越歷朝登科録》黎純宗龍德二年（1733）癸丑科第三甲同進士出身第十五名：“阮輝淅。嘉林富市人，四十四中，仕至承旨致仕。輝潤、輝潢之堂弟，輝胤之堂叔。”又，阮輝胤爲黎顯宗景興九年（1749）戊辰科第三甲同進士出身第二名，“省元，四十一中，應制合格，仕至寺卿，伯爵致仕。輝瑾之父，輝潤之子，輝潢、輝淅之姪。父子同朝。”又，阮輝瑾爲景興二十一年（1760）庚辰科第三甲同進士出身第五名。

⑤ “阮伯炯”，《鼎鍥大越歷朝登科録》黎純宗龍德二年（1733）癸丑科第三甲同進士出身第五名：“阮伯炯。南唐華林人，二十四中，仕至司業。逢時之子，父子同朝。”

⑥ “陳名賓”，《鼎鍥大越歷朝登科録》黎懿宗永佑二年（1736）丙辰科第三甲同進士出身第八名：“陳名賓。嘉定蓬池人，小十八一舉，二十九中。改名仲楝，仕至承政使。廷表之遠孫。”

⑦ “武惟宰”，見《大越史記全書續編》卷三黎懿宗永佑元年（1735）：“王（威南王鄭杠）雅好文藝，嘗以朝會之隙，召侍從諸臣曲宴閣中，時於養正堂八角亭，西宮鳳閣，數賜引見，討論墳籍，商榷文義，或示以真草隸篆字法，或押韻令試賦，旁及咨京記頌銘篏傳引，今朝詔制景物題詠悉有。考試中者，面加獎賞。又命編集本國詩文，彙目分類，詳作者姓名，以備進覽。時，霖郡公高輝濯多所酬奉，最稱旨。阮公宷，武惟宰，阮卓倫，楊濿，阮德暉，阮翹輩，亦以文學見親。管顥能背寫平吴大誥全篇，授山南督同，於是儒臣，莫不激勸。”

⑧ “范廷容”，見《大越史記全書續編》卷三黎純宗龍德四年（1735），作工部左侍郎、義派侯。

五貫。/

工部右侍郎阮貴�①，古錢叁貫。**參議陳得容**，古錢五貫。/

左都督、超郡公阮明珠②，銀子壹笏。**少卿陳名彦**，古錢叁貫。/

都太監、銓郡公鄧廷寅妻陳氏渃，古錢五貫陸陌。**右監丞、楦壽伯鄧廷?楚!**，古錢叁貫。/

同知監事、河漌侯吴杜烜妻范氏環，古錢叁貫。**少卿、順忠子阮仕政妻阮氏艮**，古錢叁貫。/

尚寶寺卿陳璟③，古錢叁貫。**同知府高廷俊**，古錢叁貫。/

太監、□禄侯阮華城妻韋氏沾，銀子壹笏。**同知府黎名冠**，古錢叁貫。/

青池縣青池社楊氏盛，古錢五貫。**大理寺丞阮侊**④，古錢叁貫。/⑤

---

① “阮貴�”，見《大越史記全書續編》卷三黎懿宗永佑六年（1740）：“春，正月，戊寅，進封王太弟攝政公爲元帥總國政明都王，全王爲太上王。先是，全王在位久，未有嗣，知太弟賢聖文武，當能定大業，欲以位與之。故使開府監國，使臣庶有所繫属，洽郡公黄公輔忌太弟英明，思裁損其權，令百官上事，改稟稱申，賜邸於南門府偏堂，太弟亦深自韜晦。公輔憑怙專弄，氣蹈薫灼，親黨皆握重兵，有所廢置，無敢違者。盜賊所在充斥，人情恟恟，疑旦夕且不測。王太妃武氏召講臣阮貴憼，諭勸太弟討清内難，以寧社稷。”又，“時内難甫平，國家庶事，多所裁整。王令阮貴憼宿直府中，日夕商究政理。貴憼内侍帷帳，外籌軍事，旬日之間，衆務就緒，解抒鎮定，多有勞焉。命武公宰，阮貴憼，阮公寀參從。”

② “阮明珠”，見《大越史記全書續編》卷二黎裕宗保泰元年（1720）：“十一月……京北鎮守陳登輔，役民沿途剪樹撤屋，人皆苦之。王憐其老，止命停任，以阮明珠代鎮。”又，保泰二年（1721）：“命鄭櫃，鄧廷潾掌府事，張仍，阮明珠署府事。”又，保泰四年（1723）：“乂安鎮守忠郡公黎時寮卒，以參領超郡公阮明珠代之。”又，昏德公永慶二年（1730）：“（六月）壬辰，命超郡公阮明珠鎮乂安，嘉郡公鄧廷潾鎮山南，諸鎮皆易置鎮守留守。”永慶四年（1732）：“春正月……陞賴澤侯范廷鏡爲户部左侍郎，鎬郡公蘇世輝爲禮部左侍郎，以超郡公阮明珠爲山西鎮守。”黎純宗龍德三年（1734）：“冬十月……以超郡公阮明珠領京北，尋轉山南。以吴福塔代鎮。”黎懿宗永佑二年（1736）：“春正月……貶太傅超郡公阮明珠爲右都督，屬乂安屯。先是，明珠鎮乂安。己酉聞國卹，自以握重兵，懷疑惧，百計求入朝。王時欲以明珠復鎮，會明珠言灾異不合。因以指斥罪，斥出之。……三月殺乂安督率添郡公張仍，以超郡公阮明珠代鎮。”

③ “陳璟”，見《大越史記全書續編》卷三黎顯宗景興元年（1740）：“閏七月……海陽道統領壁郡公黄義伯敗賊阮選於抛山。賞義伯金牌，以旌其功。贊理阮世楷協同陳璟屬將藤壽侯鄭楷等。”景興二年（1741）：“春，正月，以耀堂侯陳璟參從。”

④ “阮侊”，《鼎鍥大越歷朝登科録》黎顯宗景興四年（1743）癸亥科第三甲同進士出身第二名：“阮侊。農貢蘭溪人，省元，三十一中，會元，右司講。仕至參從、吏部尚書，郡公爵。國老、致仕起復參從、輔國功臣阮儆之子，父子同會元、同司講、同參從，世所稀有。”又，其父阮儆爲黎熙宗正和二十一年庚辰科第三甲同進士出身第二名“二十七中，會元左講，仕至佐理功臣、吏部尚書、太傅、郡公爵，追封大王。”

⑤ 以上爲拓片編號 03410 的内容。

題後

本碑記記載安都王鄭棡之妻武氏玉源，修繕義住溪石橋的事蹟。按，《大越史記全書續編》卷三黎懿宗永佑六年（1740）記載了武氏玉源主導的一場奪位政變。武氏玉源支持僚臣阮貴�、阮公寀、武公宰、張涯等推翻其長子鄭杠，擁立次子鄭楹爲第九代鄭主。本碑記中工部右侍郎阮貴憨，與“總兵僉事、滚忠侯張涯”正是參與此次政變中非常關鍵性的人物。由碑記中亦可知，張涯妻是鄭主的姊妹“瓊英郡上主鄭氏玉椐”。

除參與政變的核心人物外，與武氏玉源共同捐資修建義住溪石橋者，有許多科舉人物，如兩代進士的陳文焕，後黎裕宗保泰五年（1724）甲辰科第三甲同進士出身第五名，其子陳文燸爲後黎顯宗景興四年（1743）癸亥科第二甲進士出身第一名；兄弟同榜的陳名寧與陳名宷（後黎昏德公永慶三年辛亥科）；叔姪、父子同朝的阮輝淬［後黎純宗龍德二年（1733）癸丑科第三甲同進士出身第十五名］與其姪阮輝瑾［景興二十一年（1760）庚辰科第三甲同進士出身第五名；輝瑾父爲阮輝胤，後黎顯宗景興九年（1749）戊辰科第三甲同進士出身第二名］；父子同朝的阮伯烱［後黎純宗龍德二年（1733）癸丑科第三甲同進士出身第五名，其父阮逢時爲後黎裕宗永盛十一年（1715）乙未科第三甲同進士出身第十六名］；父子同會元、同司講、同參從的阮俔［後黎顯宗景興四年（1743）癸亥科第三甲同進士出身第二名，其父阮儆爲後黎熙宗正和二十一年庚辰科第三甲同進士出身第二名］。由此可知，科舉世家在黎朝政治上的影響力。

又，《大越史記全書續編》卷三黎懿宗永佑元年（1735）記載：“（威南王鄭杠）王雅好文藝，嘗以朝會之隙，召侍從諸臣曲宴閣中，時於養正堂八角亭，西宫鳳閣，數賜引見，討論墳籍，商榷文義，或示以真草隸篆字法，或押韻令試賦，旁及咨京記頌銘簌傳引，今朝詔制景物題詠悉有。考試中者，面加獎賞。又命編集本國詩文，彙目分類，詳作者姓名，以備進覽。時，霖郡公高輝濯多所酬奉，最稱旨。阮公寀，武惟宰，阮卓倫，楊灑，阮德暉，阮翘輩，亦以文學見親。管潁能背寫《平吴大誥》全篇，授山南督同，於是儒臣，莫不激勸。”這一段記載説明前段被推翻的鄭主鄭杠雅好文藝，其中以文學見親者有“阮公寀，武惟宰，阮卓倫，楊灑，阮德暉，阮翘”，而其中阮公寀却又是推翻他的核心人物，可見人物關係之微妙，則此次政變尚有許多值得探討的問題。

二一七　嘉橋社陳文惠夫妻後神碑記

引言

碑立於北寧省嘉林縣嘉瑞總嘉橘社鄉亭，爲亭右邊第三碑。碑刻雙面，拓片編號 03411/03412。拓片編號 03411 爲碑前，共二十一行字，滿行共三十一字，碑額刻“祀事碑記”四字，碑題“順安府嘉林縣嘉橘社官員社鄉長等爲預造立後神祀事碑銘記”二十六字；拓片編號 03412 爲碑後，共二十四行字，滿行約三十七字，碑額刻“立券約”三字，今依内容及性質重定篇題爲“嘉橘社陳文惠夫妻後神碑記”。碑兩面均刻有紋飾，拓片編號 03411 碑額刻有雙龍昭日，拓片編號 03412 碑額刻有雙鳳昭月，兩碑面之左右兩邊均刻有花草紋。碑文撰者據《越南漢喃碑銘拓片目録提要》補爲陪從、吏部左侍郎楊皓，書者爲嘉定縣提吏陳家，年代署作景治（Cảnh Trị）九年（1671），景治爲後黎玄宗（Lê Huyền Tông）黎維禑（Lê Duy Vũ）年號，同年爲清康熙十年，歲次辛亥。拓片現藏於漢喃研究院。

此碑爲嘉橘社爲陳文惠夫妻所立之後神碑記。碑文記載大明人陳文惠定居於鳳城，娶嘉橘社女黄氏訓爲妻。後出家資銀子叄拾捌鎰，爲嘉橘社贖回十二畝五分官田，社民感激，故尊選其夫妻爲後神，文中除以二十二句四字銘文以詠此事外，嘉橘社亦立約不可有違背，如有違背，陳文惠兩女可依此約告官。

祀事碑記

順安府嘉林縣嘉橋社官員社長等爲預造立後神祀事碑銘記
夫碑者記也所以紀其人之事跡茲惟
天朝大明人文惠陳貴公諡真福府君資兼明敏德本中和識藝有國士之風負
金玉之君子也時供苑蠶之泛舟致韓推之緣馬埼岬上於玉京旅館寓於鳳
城天早定藍橋之會配偶緣諧於文獻國京北承宣嘉林縣嘉橋之耶名家之淑
令嬡黃貴氏號妙香孺人性襄貞潔賢禀端莊諄諄謹齊家之道真寓苑之淑
安也喜見燈光鶴帳花燭洞房播桃夭之詠興棠棣之詩協于韓之配匹攸甌
庭森瑞草夢協羆呈藹芝蘭之馥郎致陶朱之實貨克溢露積富既潤於屋德
又潤於身心廣體胖應夫鬼神之德無所不包惟在乎人能敬畏奉承則可成
神明美美乃發自家之貲計銀錢會成參拾捌鎰買其田產供給妻鄉以遺後
祀典本土
大王配饗血食萬代興　神明之來格昭也如洋也如是哉也本鄉老稚已會職盟
立爲冊書鐵券上參于天下兩于地對越神明亘古今而不可易傳之愈久發
又裔亩詩云上帝臨汝無貳爾心千載如一遂勒浯溪之碑以壽其傳云
銘曰　天朝佳客　嘉邑名卿　陳公族望　黃氏貴娘　緣諧琴瑟
道配綱常　氣芳瑞草　兆應兆祥　賈趙呂范　富允陶王　銀錢發給
田產供揚　留傳本社　配後大王　迎年致祭　諱日虔將　告中稱務
在上洋洋　血食萬代　悠久無疆　民康物阜　地久天長
景治萬萬年之癸歲在辛亥季冬節穀日
賜庚辰科進士特進金紫榮祿大夫陪從吏部左侍郎延祿伯順安嘉樂揚拱
辛丑科試中書算奉勅書填嘉定縣斑吏儒林男藏家大卿社寫

03411
北寧府嘉林縣嘉瑞總嘉橋社亭石邊第三碑二面之前

編號：03411　出自《拓片總集》第四冊（下同）

03412
立券約
景治九年十二月十四日
立端字社官阮廣運記

編號：03412

釋文

【祀事碑記】

順安府嘉林縣嘉橋社官員社鄉長等爲預造立後神祀事碑銘記[①]

夫碑者記也，所以紀其人之事跡。玆惟/　　　　天朝大明人文惠陳貴公，謚真福府君，資兼明敏，德本中和，謙謙有國士之風，真/金玉之君子也。時快范蠡之泛舟[②]，效韓推之縱馬[③]。崎嶇上於玉京，旅館寓於鳳/城，天早定藍橋之會，配偶緣諧於文獻[④]。國京北承宣嘉林縣嘉橘之鄉，名家之/令媛黄貴氏，號妙香孺人，性敦貞潔，質稟端莊，諄諄謹齊家之道，真窈窕之淑/女也。喜見燈光錦帳，花燭洞房，播《桃夭》之詠[⑤]，興《棠棣》之詩[⑥]。協于韓之配匹，欣觀/庭森瑞草，夢協蛇呈[⑦]，藹芝蘭之馥郁，致陶朱[⑧]之寶貨，充溢露積，富既潤於屋，德/又潤於身，心廣體胖[⑨]。慮夫鬼神之德，無所不包，惟在乎人能敬畏奉承，則可成/神明英美。乃發自家之貲，計銀錢會成叁拾捌鎰，買其田産，供給妻鄉，以遺後/祀，與本土/

大王配饗，血食萬代，與　神明之來格，昭昭如，洋洋如。是時也，本鄉老稚已會歃

---

① 此爲碑題，今依内容及性質重定篇題爲“嘉橋社陳文惠夫妻後神碑記”。

② “范蠡泛舟”，范蠡在協助句踐復國之後，改名陶朱公，泛舟五湖四海，成爲巨富，事見《史記・貨殖列傳》：“范蠡既雪會稽之恥，乃喟然而歎曰：“計然之策七，越用其五而得意。既已施於國，吾欲用之家。”乃乘扁舟浮於江湖，變名易姓，適齊爲鴟夷子皮，之陶爲朱公。……十九年之中三致千金，再分散與貧交疏昆弟。此所謂富好行其德者也。……故言富者皆稱陶朱公。”

③ “韓推縱馬”，見《文苑英華・雜文》載韓愈《雜説四首》中有以馬爲喻，談必需要靠識才者，才能彰顯其才能，感慨千里馬多，而識馬之伯樂不足，人才常被埋没。

④ “藍橋之會”，見《太平廣記・神仙》引（唐）裴鉶《傳奇・裴航》，敘述裴航與雲英在藍橋的姻緣傳説，文中雲英姊曾賦詩預言這段佳話：“一飲瓊漿百感生，玄霜搗盡見雲英。藍橋便是神仙窟，何必崎嶇上玉清。”後遂引申爲有緣人相遇之處。

⑤ “桃夭”，《詩經》篇名，以喻女子年華正茂。《詩經・國風・周南關雎・桃夭》：“桃之夭夭，灼灼其華。之子于歸，宜其室家。”毛亨傳：“興也，桃有華之盛者；夭夭，其少壯也；灼灼，華之盛也。”

⑥ “棠棣”，又做“常棣”，亦爲《詩經》篇名，引述兄弟應該互相友愛，方能家室和樂。《詩經・小雅・鹿鳴之什・常棣》：“常棣之華，鄂不韡韡。凡今之人，莫如兄弟。……妻子好合，如鼓瑟琴。兄弟既翕，和樂且湛。宜爾家室，樂爾妻帑。是究是圖，亶其然乎。”

⑦ “夢蛇”，見《詩經・小雅・鴻鴈之什・斯干》：“乃寢乃興，乃占我夢，吉夢維何，維熊維羆，維虺維蛇。大人占之，維熊維羆，男子之祥；維虺維蛇，女子之祥。”

⑧ “陶朱”，即范蠡，他在輔助越國滅吴之後，棄官從商，定居於齊國陶邑，自稱朱公，爲後世尊爲商聖。

⑨ “富既潤於屋”三句，見《禮記・大學》：“曾子曰：‘十目所視，十手所指，其嚴乎！富潤屋，德潤身，心廣體胖，故君子必誠其意。’”

盟，/立爲丹書鐵券[①]，上參于天，下兩于地[②]，對越神明，亘古今而不可易，傳之愈久，爰/及裔苗。《詩》云“上帝臨女，無貳爾心”[③]，千載如一，遂勒浯溪之碑[④]，以壽其傳云。/

銘曰：

天朝佳客，嘉邑名鄉。陳公族望，黄氏貴娘。

緣諧琴瑟，/道配綱常。氣芳瑞草，兆應蛇祥。

賈超吕范[⑤]，富比陶王。銀錢發給，/田産供揚。

留傳本社，配後大王。遞年致祭，諱日虔將。

居中穆穆[⑥]，/在上洋洋[⑦]。血食萬代，悠久無疆。

民康物阜，地久天長。/

景治萬萬年年之玖[⑧]歲在辛亥[⑨]季冬節穀日/

賜庚辰科進士、特進、金紫榮禄大夫、陪從、吏部左侍郎、延禄伯，順安嘉樂楊[⑩]撰/

辛丑科試中書筭、奉敕旨填充嘉定縣提[⑪]吏、儒林男陳[⑫]家大卯社寫/[⑬]

---

① “丹書鐵券”，古代帝王用丹書寫鐵板上賜給功臣世代享受優遇或免罪的憑證。荀悦《前漢紀・高祖四》：“（十二年）天下既定，命蕭何定律令，韓信申軍法，張蒼定章程，叔孫通制禮儀，陸賈進新語，又與功臣剖符作誓，丹書鐵券，藏之宗廟。”

② “上參于天，下兩于地”，見《周易兼義・説卦》：“參天兩地，而倚數。”孔穎達疏曰：“鄭玄亦云天地之數備於十，乃三之以天，兩之以地。而倚託大演之數五十也，必三之以天，兩之以地者，天三覆，地二載，欲極於數，庶得吉凶之審也。”

③ “上帝臨女，無貳爾心”，語出《詩經・大雅・文王之什・大明》：“殷商之旅，其會如林。矢于牧野，維予侯興。上帝臨女，無貳爾心。”

④ “浯溪之碑”，見（宋）吴曾《能改齋漫録・記文・浯溪銘》：“湖南浯溪在永州北一百餘里，流入湘江，其溪水石奇絶。唐上元中，邕管經略使元結罷任居焉。以其所著《中興頌》刻之崖石，撫州刺史顔真卿書。結復爲浯溪石堂西峯四獻亭銘，皆刻於崖上石。”

⑤ “賈超吕范”，吕范指的是吕不韋與范蠡，二人均爲春秋戰國時期的大商賈。

⑥ “穆穆”，見《爾雅・釋訓》：“穆穆，敬也。”

⑦ “洋洋”，見《爾雅・釋訓》：“悠悠、洋洋，思也。”

⑧ “玖”，原作諱字。

⑨ “景治萬萬年年之玖歲在辛亥”，即景治九年（1671），當清康熙十年。

⑩ “順安嘉樂楊”，應即楊澔，《鼎鍥大越歷朝登科録》黎神宗陽和六年（1640）庚辰科賜第三甲同進士出身第二名：“楊澔，嘉林樂道人，二十六歲中，奉使、仕至御臺郡御史，贈尚書，郡公爵。浮之子，濿、湛祖，史、謙之曾祖。”

⑪ “提”，原作諱字。

⑫ “陳”，原作諱字。

⑬ 以上爲拓片編號 03411 的内容。

【立券約】[1]

順安府嘉林縣嘉橋社官員、鄉老阮興盛、黃文、阮壽強、金文民、阮仁康、阮公遵、阮文吏、阮惟鼎、/范伯森、阮文乙、阮有衙、阮文創、阮文攜、阮進勞、范伯助、阮兼壽、阮進曹、阮文猺、范伯寬、阮公陰、/阮有謂、金文安、黎文貴、費三品、阮文振、阮惟池、阮文井、武文尉、黎文初、阮文整、阮進忠、阮文船、/阮廣運、阮文歲、鄧伯簽、阮文禮、費文省、潘嘉除、阮文末、阮兼孝、阮興堅、阮文處、潘嘉沾、阮文嚴、/阮壽耆、阮文安、黃文湃、阮門、黃文猺、阮文鄧、阮仁榮、阮文隊、阮文術、阮文蹇、范伯隨、阮公及、/阮文丙、阮文平、阮文輩、阮文智、阮文□、阮文利、范得名、陳文獲、阮文塢、阮文閾、潘嘉欣、黎文卞、/阮文跬，及全社上下巨小等因爲共立約事。

原本社自前祖父有官田坐落同廟後寺陳尊、率/壇烈蘭各處所共拾貳畝五蒿[2]，其本社已賣各人至於丁未年月日、其本社官員、鄉老，自阮興盛、/黃文威、阮壽強、金文民、阮仁康、阮公遵、阮文吏、阮惟鼎至潘嘉欣、黎文卞、阮文跬及全社上下/巨小等，共就大明人陳文惠、妻黃氏訓，家有銀子叄拾捌鎰，依時價每鎰使錢[3]八貫，其本社官員、/鄉老自阮興盛至阮文跬，全社上下巨小等，領取銀子叄拾捌鎰，已依時價將回來贖各此田/各處所。至兹年本社官員、鄉老、上下巨小等同心敬愛，共立券約，乞奉祀大明人文惠陳貴公，/字真福府君；匹配黃貴氏，號妙香孺人爲後神，本社官員、鄉老全社上下巨小等，人民咸蒙其/惠，誓心共願，係遞年入席、迎福奉祀在廟内左邊，并每年貳忌。每忌豬壹口，酒壹坏，�肆盤，其/本社官員、鄉老、上下巨小等，共刻立碑祠，流傳萬代，血食無窮，永垂億載。若本社官員、鄉老，自/阮興盛至阮文跬，全社上下巨小等，或後有忘恩生心，欺薄留廢，對忌不有祀事，以致本族衆/子嘉定縣縣丞、義舍男阮士宇妻陳氏璉、男潘文顯妻陳氏樣等仍發告上官，其本社官員、鄉/老自阮興盛至阮文跬，全社上下巨小等甘受償其銀錢，依如端約内，其本社官員、鄉老上下巨小等共願/　　　　　皇天后土及本國山川諸靈神，併同本土當境大王照鑒，或本社某人

---

① “立券約”三字爲編號03412之碑額。

② “蒿”，又作“高”“篙”，越南的計量單位“分”，越南畝的十分之一，按越南北部地畝制，一分相當三百六十平方米；中部地畝制，則相當四百平方米。

③ “使錢”，見《欽定越史通鑑綱目・正編》“後黎盛宗光順八年”注“使錢、古錢”引黎貴惇《芸臺類語》云：“北人以百文爲一陌。本國以三十六文爲一陌，謂之‘使錢’；六十文爲一陌，謂之‘古錢’。‘使錢’十陌，乃是‘古錢’六陌，準爲‘使錢’一貫。其‘古錢’十陌乃使錢之一貫六陌四十文。使錢別名閒錢，古錢別名貴錢。”

忘恩不依端内，願誅滅三/族[①]，爲此兹端。/

景治九年十二月十四日

立端字社官阮廣運記/

社史費三品記/

社胥阮兼孝記/

本社官員、鄉老、自阮興盛至阮文跬、上下巨小等共記之/[②]

題後

本碑爲嘉橘社亭内四方碑記中最早的一方，刊立於後黎玄宗景治九年（1671），碑記與篇號二一五《嘉橘社程泰榮暨妻後神碑記》均爲漢人移民，本碑未如篇號二一五一般説明碑記主來自於廣東廣州地方，衹説爲“天朝大明人”。移居至越南後娶當地黄氏女爲妻，並捐資妻鄉，以配饗本土大王，按越南本土大王或當境大王都是城隍。本碑記撰文者爲楊澔，與篇號二一五的撰者裴輝璧同是進士，楊澔一門更有七位進士，分别是莫朝永定元年（1547）丁未科第一甲進士及第第一名楊福滋，後黎神宗永祚十年（1628）戊辰科第三甲同進士出身楊淳（楊澔父），神宗陽和三年（1637）丁丑科第三甲同進士出身第三名楊潢（福滋孫，楊澔兄弟），陽和六年（1640）庚辰科第三甲同進士出身第二名楊澔（碑記撰者，楊潢兄弟），後黎裕宗永盛八年（1712）壬辰科第三甲同進士出身第十名楊灦（澔之孫），後黎顯宗景興十五年（1754）甲戌科第三甲同進士出身第二名楊仲謙（澔曾孫，史之弟）、第三名楊史（澔曾孫，謙之兄）。以這樣出身之楊澔，爲陳文惠撰寫寄忌碑文，可見越南儒臣與“北人”之間的緊密關係。

---

① “三族”，有三説：1. 父、子、孫三族，見《周禮・春官・小宗伯》：“掌三族之别，以辨親疏。”鄭玄注：“三族，謂父、子、孫。”2. 父、母、妻三族；《大戴禮記・保傅》：“三族輔之。”盧辯注：“三族，父族、母族、妻族。”3. 父母、兄弟、妻子三族；《史記・秦本紀》：“法初有三族之罪。”裴駰集解引張晏曰：“父母、兄弟、妻子也。”

② 以上爲拓片編號 03412 的内容。

二一八　嘉橋社范氏捽後神碑記

引言

碑立於北寧省嘉林縣嘉瑞總嘉橘社亭，爲亭右邊第二碑。碑刻雙面，拓片編號 03413/03414，拓片編號 03413 爲碑前，共十九行字，滿行約三十四字，碑額刻“後神碑記”四字，碑題“創立後神永約碑”七字；拓片編號 03414 爲碑後，共十六行字，滿行約三十二字。今依内容及性質重定篇題爲“嘉橘社范氏捽後神碑記”。碑兩面之四邊均刻有紋飾，拓片編號 03413 碑額刻有雙鳳昭月，拓片編號 03414 碑額則刻日紋，碑兩面之左右兩邊與碑底均刻有花草紋。碑文撰者據《越南漢喃碑銘拓片目録提要》補爲陪從吏科給事中、知侍内書寫兵番敦純，書者則爲鄧姓侍内書寫。年代署作正和（Chính Hòa）二十四年（1703），正和爲後黎熙宗（Lê Hy Tông）黎維祫（Lê Duy Cáp）年號，同年爲清康熙四十二年，歲次癸未。拓片現藏於漢喃研究院。

此碑嘉橘社爲范氏捽所立之後神碑記。碑文記載嘉橘社之神祠舊亭原茅竹建構，范氏捽捐資一百貫錢，以用於修繕亭址，嘉橘社感念其恩德，故尊選其爲後神。文末並記録供祭禮事規定。

03413
乂寧省嘉林縣嘉瑞總嘉橋社亭右邊第二碑二面之背
後神碑記
刱立後神券約碑
嘗謂威灵扶卓留恩重福生民神之德其盛矣乎而後神一位鄧亭將與至仁茂德
以及益肆我嘉林嘉橋邑珥河清秀萃玉關聲明廼神祠一舊莽竹其亭火香雖在風
雨未除我人乞發真諸懷欲新其制然有爾未瞻故輸奐難施也聽惟范氏𢹿號慈芳
玉質瑰奇女中卓拳體益五有子之實德推井上多慕之洪恩心我為心敬吾
欲恐視清宗於祠祀深惟曾度以家貲共我百貫之錢分我餘緈之爛我於是採良木
鳩百工鋪構之周密之嚴正之塈飾之如鳥斯革如翬斯飛制度恢張規模廣大于
為我邑衣冠之所于以為我邑福履之呈我等奈明伸其敬祭祀昭其儀肅雝顯
相灵光佑助人物有阜康之美仰俯有事育之安豈非若人之助之所致歟吁投我
以木桃報之以瓊瑤禮則然也我等愛人之恩感人之惠其亦追思而祀之所乎
君子酬功報德之美行也今約學許為後神右邊配享逓年諱日并八席鷄壹隻
炊壹盤酒壹壜及芙留如下田上田嘗先歲周等節每日雜盤壹具酒壹壜芙留
壹匣以為祀事期頤之後禮亦如之爰銘條約金石用堅倘或改慮倍遲其
日月鬼神永為照鑒於　年　碑記
許
晉
一逓年諱日炊壹盤鷄壹隻酒壹壜芙留壹匣
一逓年入席祈福每日炊壹盤鷄壹隻酒壹壜芙留壹匣
一逓年下田上田嘗先歲周等節每節雜盤壹具酒壹壜芙留壹匣

編號：03413　出自《拓片總集》第四冊（下同）

黎朝正和萬萬年之二十四仲夏穀日造
03414
北寧省嘉林縣嘉瑞總嘉橋社亭右邊第二碑二面之後

編號：03414

釋文

【後神碑記】

創立後神永約碑[1]

嘗謂威靈扶宇宙，恩重福生民，神之德其盛矣乎！而後神一位，配享[四]時，非至仁茂德，□/以及兹。肆我嘉林嘉橘邑，珥河[2]清秀，萃玉闞聲，明迺神祠一舊，茅竹其亭，火香雖在，風/雨未除，我人人每寘諸懷，欲新其制，然育鞠[3]未瞻，故輪奂難施也。睠惟范氏捽，號慈華，/玉質瑰奇，女中卓犖，體益五有孚之實德[4]，推井上勿幕之洪恩[5]，心我爲心，敬吾所/敬，忍視蕭索於祠祀，深惟普度以家貲，與我百貫之錢，分我餘輝之燭我。於是採良木，/鳩百工，結構之，周密之，嚴正之，整飭之，如鳥斯革，如翬斯飛，[6] 制度恢張，規模廣大，于以爲我邑衣冠之所，于以爲我邑福履之呈。我等齋明[7]伸其敬，祭祀昭其儀，肅雝顯/相[8]，靈光佑助，

① 此爲碑題，今依内容及性質重定篇題爲“嘉橘社范氏捽後神碑記”。

② “珥河”，即紅河，又稱富良江、瀘江。《河内地輿》：“珥河。有名瀘江，亦曰富良江，水流沙如硃，至秋始清，自内地雲南來。”又，《大南一統志》曰：“按珥河之名，明黄福築大羅城，見江流灣回如垂珥，因名之。”

③ “育鞠”，即“鞠育”，養育之意。《詩經·小雅·谷風之什·蓼莪》：“父兮生我，母兮鞠我。拊我畜我，長我育我。顧我復我，出入腹我。欲報之德，昊天罔極。”箋云：“父兮生我者，本其氣也。畜，起也；育，覆育也；顧，旋視也；復，反覆也；腹，懷抱也。”

④ “體益五有孚之實德”，見《周易兼義·下經咸傳·益卦》：“九五。有孚惠心，勿問元吉，有孚惠我德。”王弼注：“得位履尊，爲益之主者也。爲益之大，莫大於信；爲惠之大，莫大於心。因民所利，而利之焉。惠而不費，惠心者也。信以惠心，盡物之願，固不待問。而元吉有孚，惠我德也。以誠惠物，物亦應之，故曰有孚惠我德。”

⑤ “推井上勿幕之洪恩”，見《周易兼義·下經夬傳·井卦》：“上九，井收勿幕，有孚元吉。”王弼注曰：“處井上極，水已出井，井功大成，在此爻矣，故曰井收也。群下仰之以濟，淵泉由之以通者也。幕猶覆也。不擅其有，不私其利，則物歸之，往无窮矣，故曰‘勿幕有孚，元吉’也。”

⑥ “如鳥斯革，如翬斯飛”，語出《詩經·小雅·鴻鴈之什·斯干》：“如跂斯翼，如矢斯棘。如鳥斯革，如翬斯飛，君子攸躋。”孔穎達疏：“毛（亨）以爲言宫室之制，如人跂足竦此臂翼然；如矢之鏃有此稜廉然，如鳥之舒此革翼然，如翬之此奮飛然。”

⑦ “齋明”，謹肅嚴明。《山谷詩集注·内集·次韻曾子開舍人遊籍田載荷花歸》：“維王調玉燭，時夏雨我田。壁掛蒼龍骨，溜渠故濺濺。三推勸根本，百穀收皐堅。官司極齋明，崇丘見升煙。”原注：“《左傳》曰分之官司彝器；《禮記》曰齋明盛服。”

⑧ “肅雝顯相”，語出《詩經·周頌·清廟》：“於穆清廟，肅雝顯相。”毛傳：“肅，敬；雝，和。”

人物有阜康之美，仰俯有事育之安，豈非若人一助之所致歟？吁！投我/以木桃，報之以瓊瑶，[1] 禮則然也。我等受人之恩，感人之惠，其亦追思而祀之，庶乎/君子酬功報德之美行也。今約尊許爲後神，右邊配享，遞年諱日并入席，雞壹隻、/炊壹盤、酒壹㙩及芙蔔[2]，如下田、上田、嘗先、歲周等節，每日雜盤壹具、酒壹㙩、芙蔔/壹匣，以爲祀事。期頤[3]之後，禮亦如之。爰銘條約，金石用堅，倘或改慮，倍還其錢，/日月鬼神，永爲照鑒，於是乎碑記。/

時/

計/

一遞年諱日炊壹盤、雞壹隻、酒壹㙩、芙蔔壹匣。/

一遞年入席祈福，每日炊壹盤、雞壹隻、酒壹㙩、芙蔔壹匣。/

一遞年下田、上田、嘗先、歲周等節，每節雜盤壹具、酒壹㙩、芙蔔壹匣。[4] /

黎朝正和萬萬年之二十四[5]仲夏穀日造

本社官員社正阮文增，社史費曰儒等記/

村長阮文興、阮公及、阮文平、阮文虔、/范文排、黄德澤、阮文增、阮文□、/阮仁砃、武文物、阮文獻、阮得壽、/范文俊、韶公鈞、阮仁逈、阮文利、/黄文朝、阮公榮、阮文罘、范伯縣、/武文蒼、阮文丑、阮文塢、阮文哩、/阮文□、范文計、阮文代、阮文壽、/阮文學、阮文制、阮文佇、阮文□、/黎文郎、阮文核、阮廣開、阮有隆、/阮仁理、阮有、阮文論、阮文軒、/阮文道、黄文砃、阮文蚄、范文史、/韶公場、阮文檜、阮文妥、費曰儒，/全社上下巨小等共記。/

賜癸亥科探花及第、陪從、吏科給事中、知侍内書寫兵番、慈山東岸浮溪敦純[6]撰/

上洪錦江王舍侍内書寫、水兵番鄧拙書/[7]

---

① “投我以木桃，報之以瓊瑶”，比喻相互贈答，厚往薄來。《詩經·國風·衛風·木瓜》：“投我以木李，報之以瓊玖。匪報也，永以爲好也。”

② “芙蔔”，是一種藤類的植物，越文作 Cây lá trầu 。與檳榔同爲喜慶時必有之象徵性植物，尤其是在傳統婚俗文化中，檳榔、芙蔔與石頭（石灰）是兄弟和睦、夫妻相恩相愛之象徵。

③ “期頤”，百歲。《禮記·曲禮》：“人生十年曰幼學，二十曰弱冠，三十曰壯有室，四十曰強而仕，五十曰艾服官政，六十曰耆指使，七十曰老而傳，八十、九十曰耄，七年曰悼，悼與耄雖有罪不加刑焉，百年曰期頤。”鄭玄注：“期，猶要也；頤，養也。不知衣服食味，孝子要盡養道而已。”

④ 以上爲拓片編號 03413 的内容。

⑤ “黎朝正和萬萬年之二十四”，即正和二十四年（1703），當清康熙四十二年，歲次癸未。

⑥ “敦純”，應即郭佳。《鼎鍥大越歷朝登科録》黎熙宗正和四年（1685）癸亥：“東岸浮溪人，有神童名，二十四中，仕至太常寺卿。瓚、㮚之遠孫。”

⑦ 以上爲拓片編號 03414 的内容。

題後

本碑記與《程泰榮暨妻後神碑記》《陳文惠夫妻後神碑記》同爲嘉橘社亭内四通碑記之一，本碑記位於亭右邊、爲第二碑。程榮泰與陳文惠均來自中國，碑建立的時間，一爲阮世祖嘉隆八年（1809），一爲後黎玄宗景治九年（1671），分别爲嘉橘社亭内最晚與最早的碑記，相隔138年之久，可見此處中國移民歷史之長遠。由於後神寄忌之立，必須有“功德”於當地民衆，程榮泰曾捐資古錢壹百五拾緡，助修本土神祠；陳文惠則發家資銀錢叁拾捌鎰，買田產，供給妻鄉。他們的義舉對於協助此地區之開發經營，有一定程度的貢獻。本碑記主人翁則爲“范氏捽”，依據中越不同之命名習慣，“范氏捽”應爲越南女性，亦因捐百貫之錢，助修社亭而得以奉祀爲後神。由此可見，中越雙方民衆對於這個地區的開發處於共同協作、各有貢獻的狀态。同時，三通碑記撰文者，一爲裴輝璧，一爲楊澔，一爲郭佳，均爲進士，且多爲累世科舉，任職中央，却爲地方後神碑記撰文，足見越南華人與當地儒士階層之關係。

二一九　麗密社張壽堅後佛碑記

引言

碑立於北寧省嘉林縣嘉瑞總麗密社古郊寺，爲寺左邊第一碑。碑刻雙面，拓片編號03417/03418。拓片編號03417爲碑前，共十六行字，滿行二十二字，碑額刻“後佛碑”三字，額題字間飾有回紋；拓片編號03418爲碑後，共二十二行字，碑額刻“許田錢記”四字，每行字數不一，今依内容及性質重定篇題爲“麗密社張壽堅後佛碑記”。碑兩面之四邊均有紋飾，兩面之碑額皆刻有雙龍昭日，左右兩邊則爲花草紋，拓片編號03417碑底飾以蓮座，拓片編號03418碑底則爲刻有雙鳥並花紋。碑文撰者據《越南漢喃碑銘拓片目録提要》補爲京北道監察御史阮廷柱，書者阮姓明廣縣縣丞，年代署作陽德（Dương Đức）三年（1674），陽德爲黎嘉宗（Lê Gia Tông）黎維禬（Lê Duy Cối）年號，同年爲清康熙十三年，歲次甲寅。拓片現藏於漢喃研究院。

此碑爲麗密社爲司禮監都太監堂郡公張壽堅所立後神碑。碑文記載張壽堅捐與麗密社田錢以創修寺廟，爲感念張壽堅之恩，該社社民尊選其爲後佛，文末除以二十句四字銘文詠此事，並列録該社上、下二村參與選後佛的官員、鄉老名單。

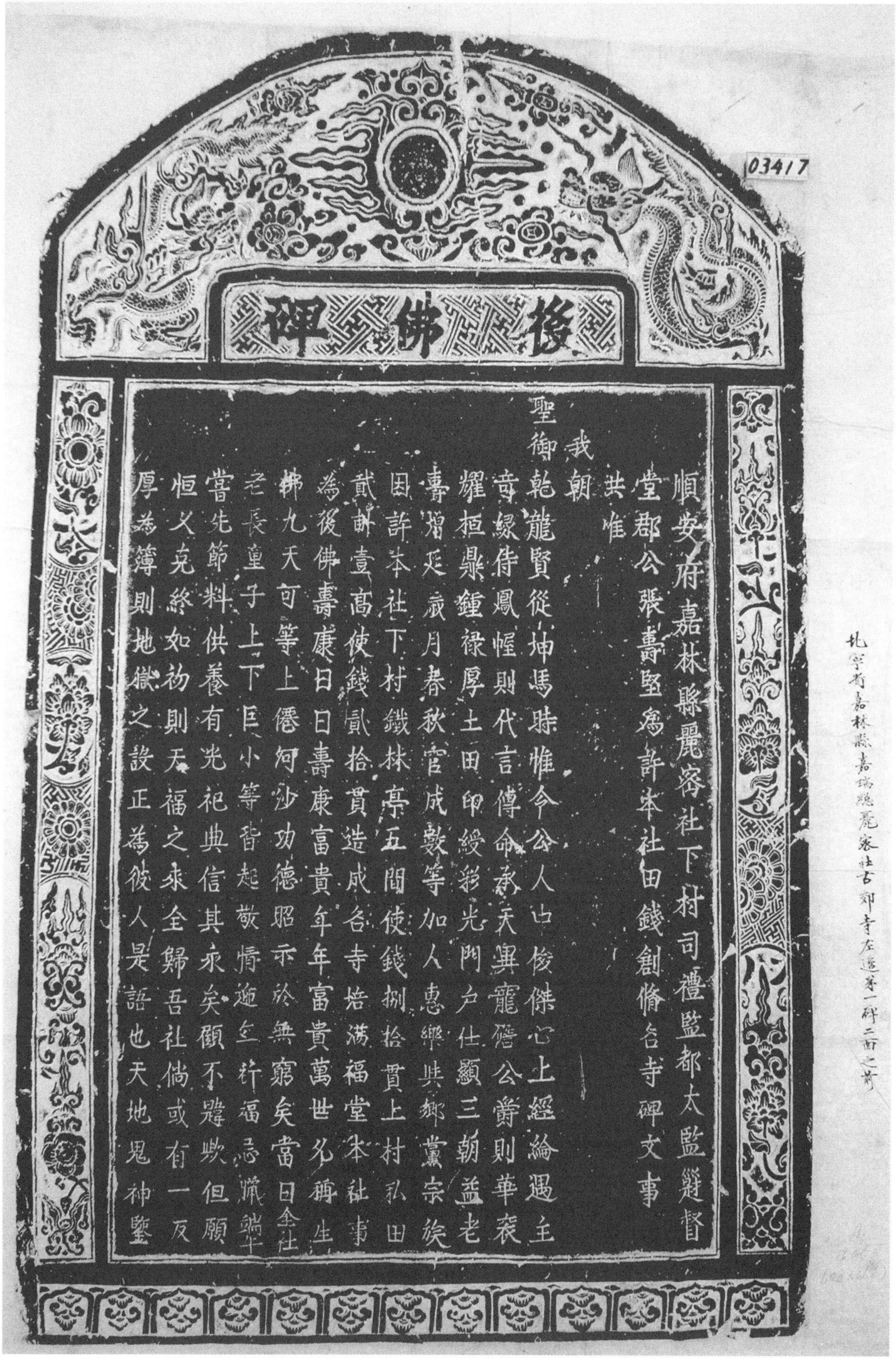
後佛碑

順安府嘉林縣麗密社下村司禮監都太監提督
堂郡公張壽堅為許本社田錢創脩各寺碑文事
共惟
我朝
聖御乾龍賢從坤馬時惟今公人山俊傑心上經綸遇主
奇緣侍鳳幄則代言傳命承天眷寵膺公爵則華袞
耀桓鼎鍾祿厚土田印綬彩光門户仕顯三朝益老
壽增延歲月春秋官成數等加人惠樂共鄉黨宗族
因許本社下村鐵林亭五間使錢捌拾貫上村私田
貳畝壹高使錢貳拾貫造成各寺培滿福堂本社事
為後佛壽康日日壽康富貴年年富貴萬世允稱生
佛九天可等上僊河沙功德昭示於無窮矣當日全社
老長童子上下巨小等皆起敬懷遡至祈福忌臘端午
嘗先節料供養有光祀典信其永矣顧不韙歟但願
恒久克終如初則天福之來全歸吾社倘或有一反
厚為薄則地獄之設正為彼人是語也天地鬼神鑒

編號：03417　出自《拓片總集》第四冊（下同）

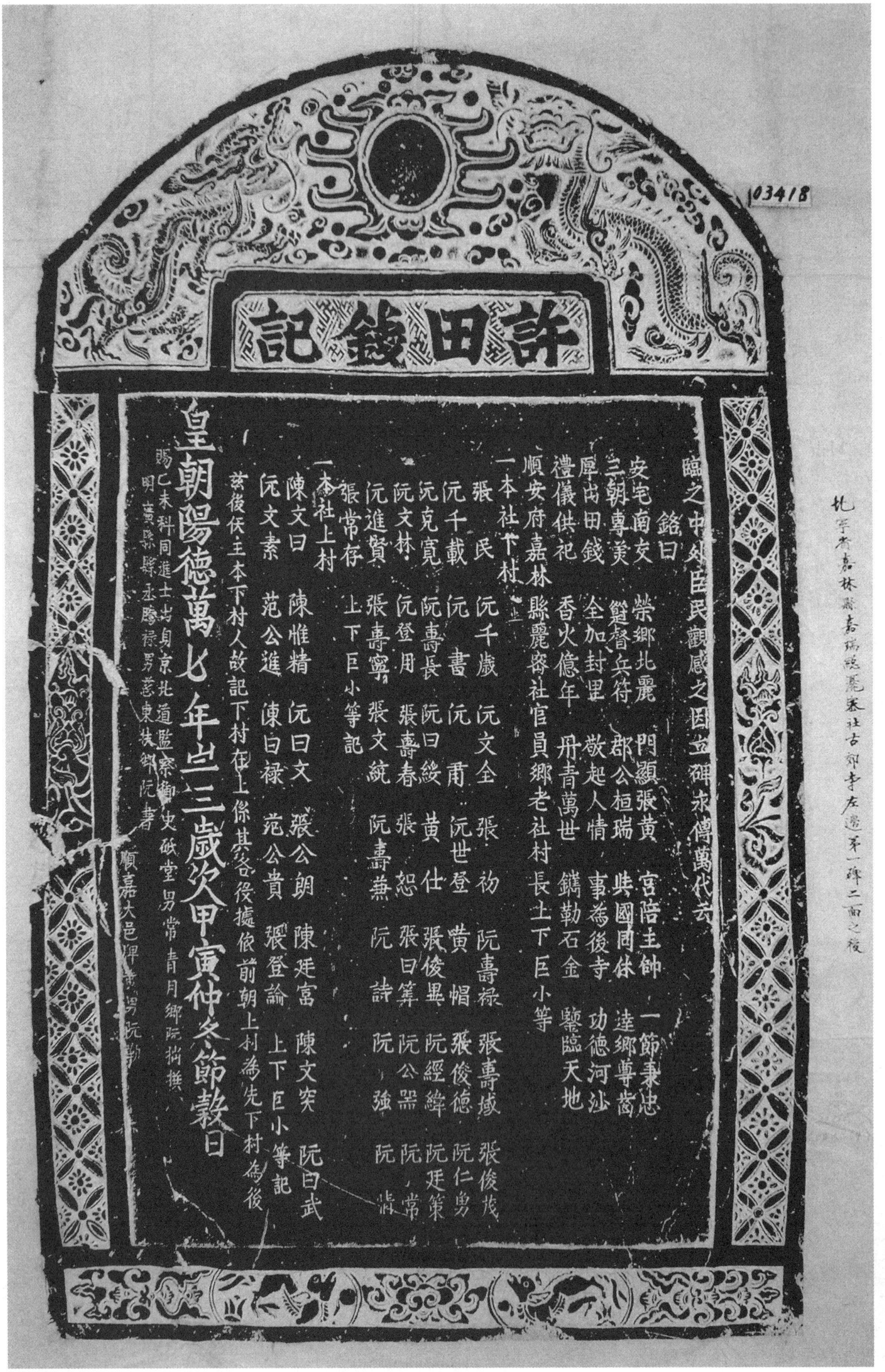
03418
許田錢記
臨之中外臣民觀感之因立碑永傳萬代云
銘曰
安宅南交　榮鄉北麗　門顯張黃　宮陪主帥　一節秉忠
三朝尊美　鎮督兵符　郡公桓瑞　與國同休　達鄉尊崗
厚出田錢　全加封里　敬起人情　事為後寺　功德河沙
禮儀供祀　香火億年　刋青萬世　鐫勒石金　鼇臨天地
順安府嘉林縣麗密社官員鄉老社村長上下巨小等
一本社下村上
張民　阮千歲　阮文全　張礽　阮壽祿　張壽域　張俊茂
阮千載　阮書　阮甫　阮世登　黃帽　張俊德　阮仁勇
阮克寬　阮壽長　阮曰綏　黃仕　張俊異　阮經緯　阮廷策
阮文林　阮登用　張壽春　張恕　張曰算　阮公器　阮常
阮進賢　張壽寧　張文統　阮壽兼　阮詩　阮強　阮靖
張常存　上下巨小等記
一本社上村
陳文曰　陳惟精　阮曰文　張公朗　陳廷富　陳文突　阮曰武
阮文素　范公進　陳曰祿　范公貴　張登論　上下巨小等記
茲後係主本下村人故記下村在上係其各役據依前朝上村為先下村為後
皇朝陽德萬萬年之三歲次甲寅仲冬節穀日
賜乙未科同進士出身京北道監察御史砥堂男常青月鄉阮揩撰
明實縣驛丞騰祿男慈東扶鄉阮書　順嘉大邑碑[illegible]男阮勤
北寧省嘉林縣嘉瑞總麗密社古郊寺左邊第一碑二面之後

編號：03418

釋文

後佛碑/許田錢記[①]

順安府嘉林縣麗密社下村、司禮監都太監、提[②]督、/堂郡公張壽堅爲許本社田錢，創修[③]各寺碑文事/

洪惟/　　　　我朝/　　　　　聖御乾龍[④]，賢從坤馬[⑤]，時惟令公，人中俊傑，心上經綸，遇主/奇緣。侍鳳幄則代言傳命，承天異寵；儋公爵則華衮/耀桓，鼎鍾禄厚。土田印綬，彩光門户，仕顯三朝，益老/壽增。延歲月、春秋官成數等；加人惠樂與鄉黨宗族。/因許本社下村鐵林亭五間，使錢[⑥]捌拾貫，上村私田/貳畝壹高[⑦]，使錢貳拾貫，造成各寺，培滿福堂。本社事/爲後佛，壽康日日壽康，富貴年年富貴，萬世允稱生/佛，九天可等上僊，河沙[⑧]功德，昭示於無窮矣。當日全社/老、長、童子、上下巨小等，皆起敬情，遞年祈福忌臘[⑨]、端午、/嘗先，節料供養，有光祀典，信其永矣，顧不韙歟！但願/恒久，克終如初，則天福之來，全歸

---

① 此爲拓片編號 03417 之額題，今依内容及性質重定篇題爲“麗密社張壽堅後佛碑記”。按，後附“許田錢記”四字爲編號 03418 之額題。

② “提”，原作諱字。

③ “修”，原作“脩”字，因另兼正字，故改。

④ “乾龍”，爲天子在位之象，亦以喻帝王。《周易兼義・上經乾傳・乾》：“九五，飛龍在天，利見大人。”孔穎達正義曰：“言九五陽氣盛至於天，故云飛龍在天。此自然之象，猶若聖人有龍德，飛騰而居天位。德備天下，爲萬物所瞻覩，故天下利見此居王位之大人。”

⑤ “坤馬”，見《周易兼義・上經乾傳・坤》：“利牡馬之貞。坤，元亨，利牝馬之貞。”孔穎達正義：“此一節是文王於坤卦之下陳坤德之辭，蓋乾坤合體之物，故乾後次坤，言地之爲體亦能始生萬物，各得亨通。故云元亨與乾同也。利牝馬之貞者，此與乾異，乾之所貞，利於萬事爲貞；此唯云利牝馬之貞。坤是陰道，當以柔順爲貞，正借柔順之象，以明柔順之德也。牝對牝爲柔，馬對龍爲順，還借此柔順以明柔道，故云利牝馬之貞。”

⑥ “使錢”，見《欽定越史通鑑綱目・正編》“後黎盛宗光順八年”注“使錢、古錢”引黎貴惇《芸臺類語》云：“北人以百文爲一陌。本國以三十六文爲一陌，謂之“使錢”；六十文爲一陌，謂之“古錢”。“使錢”十陌，乃是“古錢”六陌，準爲“使錢”一貫。其“古錢”十陌乃使錢之一貫六陌四十文。使錢別名閒錢，古錢別名貴錢。”

⑦ “高”，又作“蒿”“篙”，越南的計量單位“分”，越南畝的十分之一，按越南北部地畝制，一分相當三百六十平方米；中部地畝制，則相當四百平方米。

⑧ “河沙”，譬數之多如恒河之沙，亦喻長壽。（宋）宗鑑《釋門正統・曇鸞》八曰：“其爲壽也，有劫石焉，有河沙焉。沙石之數有限，壽量之數無窮，是金仙氏長生也。”

⑨ “忌臘”，見（明）田藝衡《玉笑零音》：“人之初生，以七日爲臘；人之初死，以七日爲忌。一臘而魄成，故七七四十九日而七魄具矣。一忌而一魂散，故七七四十九日而七魂泯矣。”

吾社，倘或有一反/厚爲薄，則地獄之設，正爲彼人，是語也，天地鬼神鑒[1]/臨之，中外臣民觀感之，因立碑永傳萬代云。/

銘曰：/

安宅南交，榮鄉北麗。門顯張黄，宫陪主帥。

一節秉忠，/三朝專美。提督兵符，郡公桓瑞。

與國同休，達鄉尊齒。/厚出田錢，全加封里。

敬起人情，事爲後寺。功德河沙，/禮儀供祀。

香火億年，丹青萬世。鎸勒石金，鑒臨天地。/

順安府嘉林縣麗密社官員、鄉老、社村長、上下巨小等。/

一本社下村：/

張民，阮千歲，阮文全，張初，阮壽禄，張壽域，張俊茂，/阮千載，阮書，阮肅，阮世登，黄帽，張俊德，阮仁勇，/阮克寬，阮壽長，阮曰綏，黄仕，張俊異，阮經緯，阮廷策，/阮文林，阮登用，張壽春，張恕，張曰筭，阮公器，阮常，/阮進賢，張壽寧，張文統，阮壽兼，阮詩，阮強，阮情，/張常存，上下巨小等記。/

一本社上村：/

陳文曰，陳惟精，阮曰文，張公朗，陳廷富，陳文突，阮曰武，/阮文素，范公進，陳曰禄，范公貴，張登諭，上下巨小等記。/

玆後佛[2]主本下村人，故記下村在上；係其各役，據依前朝上村爲先，下村爲後。/

皇朝陽德萬萬年之三歲次甲寅[3]仲冬節穀日/

賜乙未科同進士出身、京北道監察御史、砥堂男，常青月鄉阮拙[4]撰/

明廣縣縣丞、騰禄男，慈東扶鄉阮書/

---

① 以上爲拓片編號 03417 的内容。

② “佛”，碑原作“仸”，因另兼正字，故改。

③ “皇朝陽德萬萬年之三歲次甲寅”，“陽德”爲黎嘉宗黎維禬年號，“三年”爲公元 1674 年，當清康熙十三年。

④ “阮拙”，據《越南漢喃銘文拓片總集目録提要》考證，即阮廷柱。按阮廷柱據《鼎鍥大越歷朝登科録》記載爲黎神宗盛德四年（1656）丙申科第三甲同進士出身第一名非乙未科：“阮廷柱。青池月盎人，三十中，會元應制第一。仕至翰林校討，男爵，壽七十餘，國楨之弟，廷柏、廷僖之父。”而陽德三年（1674）歲次甲寅，上推乙未應爲盛德三年（1655），並無開科。

順嘉大邑牌黄男[1]阮勒/[2]

題後

本碑立於北寧省嘉林縣嘉瑞總麗密社古郊寺，寺内左廡尚有一碑，拓片編號03450/03451，其記載内容爲後黎裕宗保泰四年（1723）華林府仕何文財及妻梁氏穩捐資修建古跡古郊寺，於是被尊爲後神。而篇號二二〇《麗密社張高椿夫妻後神碑記》則爲本碑記主司禮監都太監、提督、堂郡公張壽堅父母張高椿、黄氏玉蓉之寄忌碑。

又，碑記署年爲“皇朝陽德萬萬年之三歲次甲寅仲冬節穀日”。按，陽德三年據《大越史記全書·本紀》卷十九“冬、十月，改元德元”，而碑曰陽德三年“仲冬節穀日”，仲冬應爲十一月，應已改稱德元元年，不應再書“陽德三年”；且撰文者爲“賜乙未科同進士出身”，更不應有此書寫錯誤。

再，撰文者爲“賜乙未科同進士出身”“常青月鄉”“阮拙”。按，“常青月鄉”即常信府青池縣月盎社之縮寫，本書篇號一五五《重修月盎社文址牌記》收歷代月盎各科（大、中、小）録取名録，並無“阮拙”此人，姓阮廷之乙未科進士僅有阮廷檟一人，其進士題名時間在後黎裕宗永盛十一年（1715）乙未科，晚於碑記刊刻時間（德元元年，1674）四十一年，故亦不合。《越南漢喃碑銘拓片目録提要》考定撰文者爲阮廷柱，但阮廷柱雖亦月盎人，但其中舉時間爲丙申年（1656），並非乙未，撰文者不可能弄錯自己的登科時間，故本碑之刊刻年月與撰文者頗爲可疑，猶俟後考。

---

① “黄男”，據《欽定越史通鑑綱目·正編》卷三李太宗明道元年（1042）十月“頒刑書”注：“吴仕史註李朝民年十八登黄册，謂之黄男，二十歲以上謂之大黄男，其保養私奴者，惟年未及黄男乃可。”

② 以上爲拓片編號03418的内容。

二二〇　麗密社張高椿夫妻後神碑記

引言

碑立於北寧省嘉林縣嘉瑞總麗密社亭，爲亭内右邊一碑。碑刻雙面，拓片編號03419/03420。拓片編號03419爲碑前，共二十行字，滿行約二十八字，碑額刻“後神碑”三字；拓片編號03420爲碑後，共十七行字，滿行約二十六字，碑額刻“許田銀”三字。今依内文主旨重定篇題爲“麗密社張高椿夫妻後神碑記”。碑兩面之四邊均刻有紋飾，兩面之碑額刻有雙龍昭日，拓片編號03419左右兩邊刻有龍紋，碑底有雙獸相對，拓片編號03420左右兩邊爲花草紋，碑底飾以蓮座。碑文撰者據《越南漢喃碑銘拓片目録提要》補爲京北道監察御史阮廷住，書者爲阮姓金龍殿陵丞，刻者亦爲阮姓人士年代署作景治（Cảnh Trị）八年（1670），景治爲後黎玄宗（Lê Huyền Tông）黎維禑（Lê Duy Vũ）年號，同年爲清康熙九年，歲次庚戌。拓片現藏於漢喃研究院。

碑文記載堂郡公張壽堅捐與麗密社下村六甲私田八畝和十二錠銀子，用於修繕亭址，以爲其父母張高椿與黄氏玉蓉祭忌，故麗密社社民們尊選其之父母爲後神。文中記録供祭日期，並以十八句四字銘文詠此事，且録有參選後神的官員、鄉老的姓名。

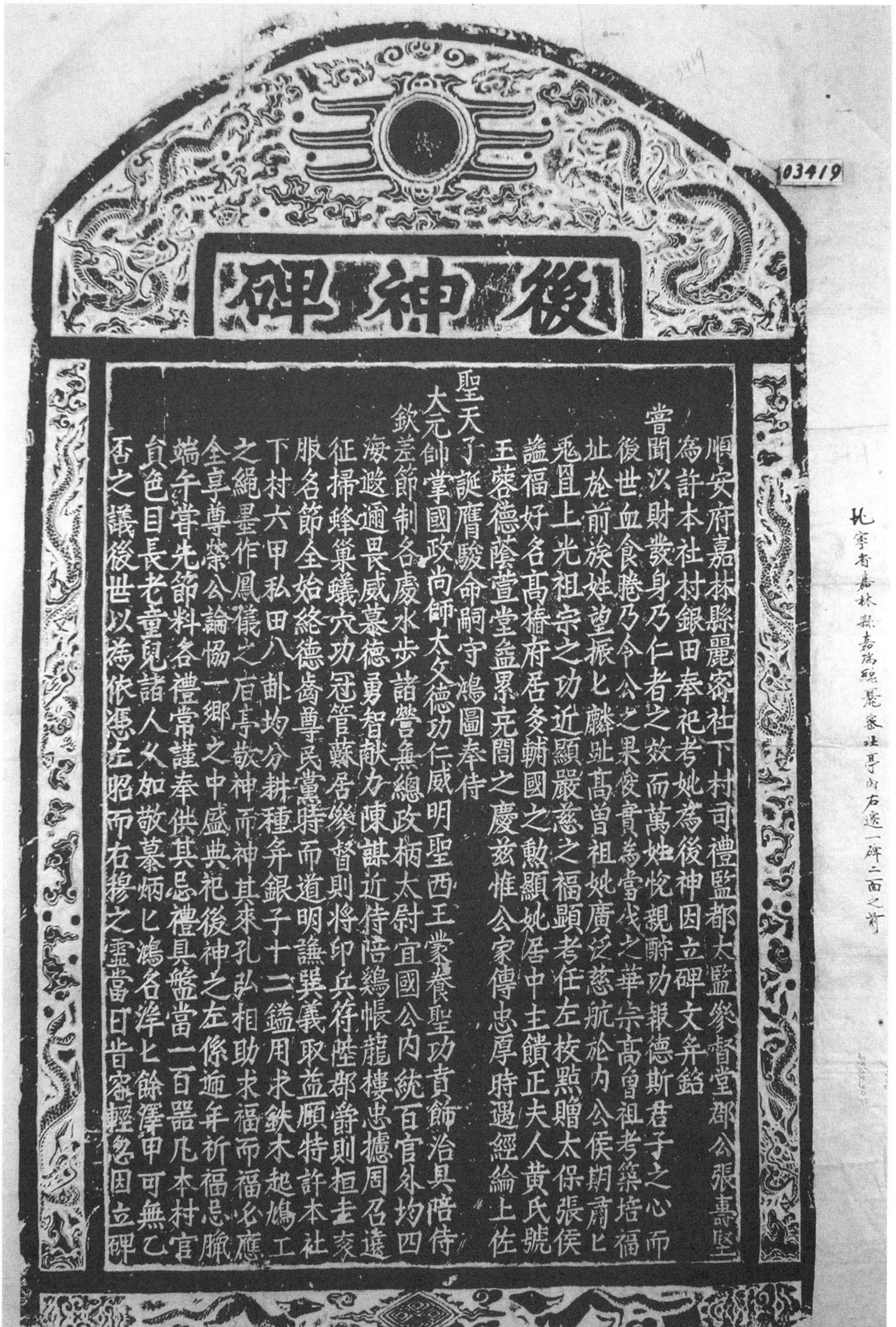
後神碑
順安府嘉林縣麗密社下村司禮監都太監參督堂郡公張壽堅
為許本社村銀田奉祀考妣為後神因立碑文弁銘
嘗聞以財發身乃仁者之效而萬姓悅親酧功報德斯君子之心而
後世血食聰乃令公之果發貴為當代之華宗高曾祖考築培福
址於前族姓望振〻麟趾高曾祖妣廣泛慈航於內公侯朔甫〻
兎罝上光祖宗之功近顯嚴慈之福顯考任左校點贈太保張侯
謚福好名高椿府居多輔國之勳顯妣居中主饋正夫人黃氏號
玉蓉德蔭萱堂益累克閭之慶玆惟公家傳忠厚時遇經綸上佐
聖天子誕膺駿命嗣守鴻圖奉侍
大元帥掌國政尚師太父德功仁威明聖西王蒙養聖功責飾治具陪侍
欽差節制各處水步諸營兼總政柄太尉宜國公內統百官外均四
海遐邇畏威慕德勇智獻力陳謀近侍陪鵷帳龍樓忠攄周召遠
征掃蜂巢蟻穴功冠管蘇居參督則將印兵符陞郡爵則桓圭袞
服名節全始終德齒尊民黨時而道明謙巽義取益願特許本社
下村六甲私田八畝均分耕種弁銀子十二鎰用求鉄木匙鴆工
之繩墨作鳳儀之盾亭歆神而神其來孔弘相助求福而福必應
全享尊榮公論協一鄉之中盛典祀後神之左係逓年祈福忌臘
端午嘗先節料各禮常謹奉供其忌禮具盤當一百器凡本村官
員色目長老童見諸人又加敬慕炳〻鴻名洋〻餘澤甲可無乙
否之議後世以為依憑左昭而右穆之靈當日昔容輕忽因立碑
03419
北寧省嘉林縣嘉瑞總麗密社亭內右邊一碑二面之前

編號：03419　出自《拓片總集》第四冊（下同）

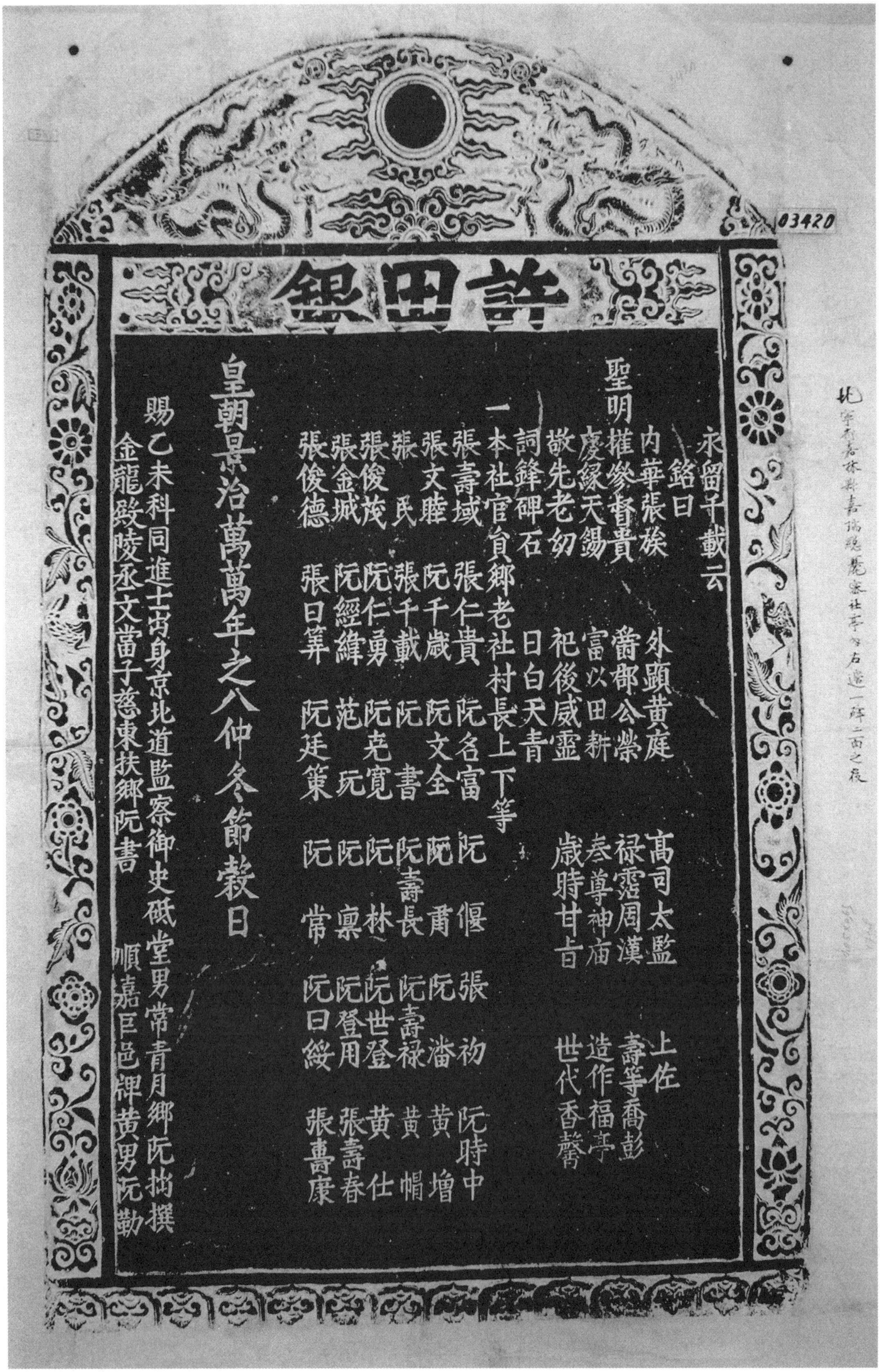

03420

許田銘

永留千載云

銘曰

內華張族　外顯黃庭　高司太監　上佐

聖明　權參耆貴　爵部公榮　祿霑周漢　壽等喬彭

慶緣天錫　富以田耕　奉尊神廟　造作福亭

敬先老幼　祀後威靈　歲時甘旨　世代香馨

詞鋒碑石　日白天青

一本社官員鄉老社村長上下等

張壽域　張仁貴　阮名富　阮偃　張初　阮時中

張文瘥　阮千歲　阮文全　阮甫　阮潘　黃增

張氏　張千載　阮書　阮壽長　阮壽祿　黃帽

張俊茂　阮仁勇　阮堯寬　阮林　阮世登　黃仕

張金城　阮經緯　范玩　阮稟　阮登用　張壽春

張俊德　張日算　阮廷策　阮常　阮日綏　張壽康

皇朝景治萬萬年之八仲冬節穀日

賜乙未科同進士出身京北道監察御史砥堂男常青月卿阮捣撰

金龍殿陵丞文當子慈東扶鄉阮書　順嘉巨邑稗黃男阮勤

編號：03420

釋文

後神碑/許田銀[①]

順安府嘉林縣麗密社下村，司禮監都太監、參督、堂郡公張壽堅，/爲許本社村銀田奉祀考妣爲後神，因立碑文并銘/

嘗聞以財發身，乃仁者之效，而萬姓悦親；酧功報德，斯君子之心，而/後世血食。睠乃令公之果俊，實爲當代之華宗。高曾祖考、築培福/址於前族姓望，振振麟趾[②]；高曾祖妣、廣泛慈航於内公侯期，肅肅/兔罝[③]。上光祖宗之功，近顯嚴慈之福。顯考、任左校點、贈太保張侯，/謚福好，名高椿府，居多輔國之勳；顯妣、居中主饋正夫人黄氏，號/玉蓉，德蔭萱堂，益累充閭之慶[④]。茲惟公家傳忠厚，時遇經綸，上佐/　　　　聖天子誕膺駿命，嗣守鴻圖；奉侍/　　　　大元帥、掌國政、尚師、太父、德功仁威明聖西王[⑤]，蒙養聖功，賁飾治具，陪侍/　　　　欽差，節制各處水步諸營，兼總政柄，太尉、宜國公[⑥]，内統百官，外均四/

---

① 此爲03419之額題，今依内容及性質重定篇題爲“麗密社張高椿夫妻後神碑記”。按，後附“許田銀”三字爲編號03420之額題。

② “振振麟趾”，語出《詩經·國風·周南·麟》：“麟之趾，振振公子，于嗟麟兮。麟之定，振振公姓，於嗟麟兮。麟之角，振振公族，於嗟麟兮。”

③ “肅肅兔罝”，語出《诗經·國風·周南·兔罝》：“肅肅兔罝，椓之丁丁。赳赳武夫，公侯干城。”

④ “充閭之慶”，見《晉書·賈充列傳》：“賈充字公閭，平陽襄陵人也。父逵，魏豫州刺史、陽里亭侯。逵晚始生充，言後當有充閭之慶，故以爲名字焉。”

⑤ “西王”，即鄭柞，誼王鄭梉之子、哲王鄭松之孫，太王鄭檢之曾孫。《歷朝憲章類誌·人物志·鄭王世系》：“弘祖陽王。諱柞，誼王第二子，初封榮郡公，改封西郡公，進討（封）節制太尉、西國公，明朝封爲輔政王。清王薨，尊封元帥，掌國政、西定王，進尊大元帥、總國政、尚師、西王，後加尊尚師、太父、德功仁威明聖西王，翊扶神宗、玄宗、嘉宗、熙宗四朝。臨政二十五年，壽七十七。”

⑥ “宜國公”，即鄭根，西王鄭柞之子。《歷朝憲章類誌·人物志·鄭王世系》：“昭祖康王。諱根，陽王長子，初封副都將、太保、富國公……進封爲欽差、節使水步諸營、兼總鄭柄、太尉、宜國公。嘉宗陽德三年，進封元帥、典國政、定南王；熙宗正和五年進封爲大元帥、總國政、上聖父師、盛功仁明威德定王。……翊扶熙宗，臨政二十六年，壽七十七。”

海，遐邇畏威，慕德勇智，獻力陳謀。近侍陪雞帳龍樓①，忠攄周召②；遠/征掃蜂巢蟻穴，功冠管蘇。居參督，則將印兵符；陞郡爵，則桓圭③衮/服。名節全始終，德齒尊民黨，時而道明謙巽④，義取益頤⑤，特許本社/下村六甲私田八畝，均分耕種，并銀子十二鎰，用求鐵木，起鳩工/之繩墨，作鳳儀之廟亭。敬神而神其來，孔弘相助；求福而福必應，/全享尊榮。公論協一鄉之中，盛典祀後神之左，係遞年祈福忌臘⑥、/端午、嘗先，節料各禮，常謹奉供，其忌禮具盤當一百器，凡本村官/員、色目、長老、童兒諸人，久加敬慕，炳炳鴻名，洋洋餘澤，甲可無乙/否之議，後世以爲依憑，左昭而右穆之靈，當日旨容輕忽？因立碑⑦/永留千載云。/

銘曰：/

內華張族，外顯黃庭。高司太監，上佐/　　　　聖明。

權参督貴，爵郡公榮。禄霑周漢，壽等喬彭⑧。/

慶緣天錫，富以田耕。奉尊神廟，造作福亭。/

敬先老幼，祀後威靈，歲時甘旨，時代香馨。/

詞鋒碑石，日白天青。/

一本社官員鄉老社村長上下等：/

---

① “雞帳”，應即“金雞帳”，（唐）姚汝能《安禄山事蹟》：“玄宗嘗御勤政樓，於御座東閑爲設一大金雞帳，前置一榻，坐之，卷去其簾，以示榮寵。”“龍樓”，本爲漢代太子宮門名，後借指太子所居之宮及太子，亦引喻爲朝堂。《文選》載王融《三月三日曲水詩序》：“儲后睿哲在躬，妙善居質。……出龍樓而問豎，入虎闈而齒胄。愛敬盡於一人，光耀究於四海。”五臣李周翰注：“龍樓，漢太子門名也。”《張淨峯文集・諫南廵疏》：“櫛風沐雨，孰與於龍樓雞帳之嚴；涉水登山，執與於桂掖椒房之邃。乃舍其逸而從其勞、是其不可者一也。”

② “周召”，指周成王時共同輔政的周公旦和召公奭。

③ “桓圭”，古代公爵於朝聘時所執之玉圭。《周禮・春官・宗伯》：“典瑞：掌玉瑞、玉器之藏，辨其名物與其用事，設其服飾。王晉大圭，執鎮圭，繅藉五采五就，以朝日。公執桓圭，侯執信圭，伯執躬圭，繅皆三采三就；子執穀璧，男執蒲璧，繅皆二采再就；以朝、覲、宗、遇、會、同于王。諸侯相見，亦如之。”

④ “謙巽”，見《周易兼義・下經夬傳・鼎》：“鼎，元吉亨。……巽而耳目聰明。”正義曰：“此明鼎用之益。言聖人既能謙巽大養聖賢，聖賢獲養則憂其事而助於己，明目達聰，不勞己之聰明，則不爲而成矣。”

⑤ “益頤”，益卦與頤卦。益卦上風下雷，風行雷動，爲萬物生長發展之重要元素；頤者，養也。

⑥ “忌臘”，見（明）田藝衡《玉笑零音》：“人之初生，以七日爲臘；人之初死，以七日爲忌。一臘而魄成，故七七四十九日而七魄具矣。一忌而一魂散，故七七四十九日而七魂泯矣。”

⑦ 以上爲拓片編號 03419 的内容。

⑧ “喬彭”，指王喬與彭祖，皆爲長壽神仙。《抱朴子・内篇・明本》：“或問曰：‘昔赤松子、王喬、琴高、老氏、彭祖、務成、鬱華皆真人，悉仕於世，不便遐遁，而中世以來，爲道之士，莫不飄然絶跡幽隱，何也？’”

張壽域，張仁貴，阮名富，阮偃，張初，阮時中，/張文睦，阮千歲，阮文全，阮肅，阮潘，黃增，/張民，張千載，阮書，阮壽長，阮壽禄，黃帽，/張俊茂，阮仁勇，阮克寬，阮林，阮世登，黃仕，/張金城，阮經緯，范玩，阮稟，阮登用，張壽春，/張俊德，張曰筭，阮廷策，阮常，阮曰綏，張壽康。/

皇朝景治萬萬年之八①仲冬節穀日/

賜乙未科同進士出身、京北道監察御史、砥堂男，常青月鄉阮拙②撰/

金龍殿陵丞、文當子，慈東扶鄉阮書

順嘉巨邑牌、黃男③阮勒/④

題後

以《拓片總集》第 1 至 4 册爲調查範圍，麗密社亭計有如下碑誌涉及：

編號	篇題	年代	位置
03419/03420	麗密社張高椿夫妻後神碑記*	後黎玄宗景治八年（1670）	亭内右邊一碑
03448/03449	阮進用後神碑/許粟錢	後黎熙宗正和二十四年（1703）	亭内左邊一碑

注：* 表示此篇已收入本書。

本碑爲篇號二一九《麗密社張壽堅後佛碑記》碑記主張壽堅爲其父母張高椿與其母黄氏玉蓉所立之寄忌碑。據碑記的内容，兩篇撰文者、書者與刻者都一樣，考辨可見篇二一九“題後”。不同的是張壽堅後佛碑記立於古郊寺，而本碑記立於嘉林縣嘉瑞總麗密社亭。

---

① “皇朝景治萬萬年之八”，當清康熙九年（1670），歲次庚戌。

② “阮拙”，按，“常青月鄉”即常信府青池縣月盎社之縮寫，本書篇一五五《重修月盎社文址牌記》收歷代月盎各科（大、中、小）録取名録，並無“阮拙”此人，姓阮廷之乙未科進士僅有阮廷櫕一人，其進士題名時間在後黎裕宗永盛十一年（1715）乙未科，晚於碑記刊刻時間（德元元年，1674）四十一年，故亦不合。《越南漢喃碑銘拓片目録提要》考定撰文者爲阮廷柱，但阮廷柱雖亦月盎人，其中舉時間爲丙申年（1656）並非乙未，撰文者不可能弄錯自己的登科時間，故，本碑之刊刻年月與撰文者，猶俟後考。

③ “黄男”，據《欽定越史通鑑綱目·正編》卷三李太宗明道元年（1032）十月“頒刑書”注：“吴仕史註李朝民年十八登黄册，謂之黄男，二十歲以上謂之大黄男，其保養私奴者，惟年未及黄男乃可。”

④ 以上拓片編號 03420 的内容。

二二一　嘉市社椿村阮氏銓後佛碑記

引言

碑立於北寧省嘉林縣嘉瑞總嘉瑞社寺祖家，爲左邊第四碑，碑爲雙面，拓片編號03431/03432。拓片編號03431爲碑前，共二十五行字，滿行三十一字，碑額刻“天應福林寺”五字；拓片編號03432爲碑後，共十九行字，滿行約四十二字，碑額刻“後佛碑記”四字，今依內文主旨定篇題爲“嘉市社椿村阮氏銓後佛碑記”。碑兩面四邊均刻有紋飾，拓片編號03431碑額刻有雙龍昭日，左右兩邊飾有鳳紋、花草紋，碑底爲蓮座，拓片編號03432碑額爲雙鳳昭月，左右兩邊爲花草紋，碑底飾以相對之雙鳥、雙獸。碑文撰、書及刻者僅記官爵，撰者爲侍内水師令使韶川男，書者爲侍内、仍書寫所使站陽男，刻者爲國子監將士庶郎、玉石局局副、富強男，立碑年代署“皇越萬萬年之二歲在乙卯”，據《越南漢喃碑銘拓片目録提要》推測立碑年代應爲德元（Đức Nguyên）二年（1675），德元爲後黎嘉宗（Lê Gia Tông）黎維禬（Lê Duy Cối）年號，同年爲清康熙十四年。拓片現藏於漢喃研究院。

此碑嘉市社椿村爲阮氏銓立之後佛碑。碑文記載阮氏銓捐予嘉市社椿村之福林寺三十貫，用以修葺寺之鐘樓，又捐田地一畝與嘉市社椿村作爲自己百年之後祭忌之資，該社椿村民尊其爲後佛。另録有見證此事之人員名録、所捐田地位置與錢之用處，並有供祭日與儀式規定，後又寄祭其祖父母與父母，與祀田一尺爲之語。文末則記杜氏榆胡所捐銅錢及買物功德。

03431
天應福林寺

編號：03431　出自《拓片總集》第四冊（下同）

03432
後佛碑記
及上市巨小等為立約事一國其德文家其惠及刻言曰我及未來等用娘之錢食娘之田而得哀娘之享祀
者賴人之福不忘義也至若田畝并茶錢效備載於係百年之後恭養
十方諸佛花事扶之幼之若後代其人忽應祭事
龍神土地并照依如碑約
一興功閣鐘錢并祭祀田及誕生忌臘等日開陳于后
計
一興功閣鐘使錢叁拾貫
一置祭田共壹畝
一所田共柒高捌尺在處　一所田貳高捌尺在田處
一每年正月初六日戊時應作齋效并盤并花菓
一供佛效壹盤　一供聖賢龍神共效壹盤　一供法性效貳盤　一係每月朔望日指何能供法性
至萬代之後忌臘日應作齋粢肆盤并圓餅及花菓等物
一寄忌祖考阮貴公字純信號貞節
一寄忌阮貴公字福明并妣號慈德　一寄共阮貴公字福安謚并妣陳氏號妙
一所田壹尺在處
皇越萬萬年之二歲在乙卯　在赤奮殼日
侍內水師令史照川男春撰
侍內仍書寫所楝時男不
國子監將士康郎王石為翁刻男泰刻
順安府嘉林縣嘉市社椿村優婆姨信徒杜氏榆號妙锡所有銅錢買物功德開列于后
計
一功德使錢叁貫捌陌買大柱作鍾
一功德使錢陸貫伍陌買鐵罌壹株
一功德使錢
大慈福林寺　三寶物依大柱
北寧省嘉瑞縣嘉瑞社寺祖家左邊第四碑二面之後

編號：03432

釋文

天應福林寺/後佛碑記[①]

夫人能行善於己，而以善及人，則人心思慕，愈久不忘，所以其事有終，而無悖慢/之患矣。/

京北道順安府嘉林縣臨賀社富園村優婆姨阮氏銓，號妙芳，爲人性中温淑，/容貌慈祥，樂《關雎》之風，惡鄭衛之聲，于歸而婦儀有得，人人無不歎美之也。迨/桑榆向晚[②]，弧帨[③]罔懸，意慽慽然於有三之大[④]，且復思及慎終追遠，申快快[⑤]無以/遺遠也。緣本縣有嘉市社椿村，村之人素淳厚之俗，於村中有/　　　　天應福林寺，名藍勝境，阮氏銓，號妙芳，見其人俗寺境，有得於心，欲爲固終之惠，/爰募來謀與其事。椿村人眷欣欣然曰：於此人此德，世所罕有，聞猶感敬不忘，/況斯惠之冒及，正魚熊兼得，可不設尸而享祀乎？因此功德閣鍾錢叁拾貫，故/置祀田壹畝與嘉市社椿村，以爲春秋誕諱烝嘗之計，於永永無窮之後，其社/村人、官員、社鄉長阮慶榮、阮仁昭、阮進朝、阮該、阮資、吴明，村長阮光奏、吴公卿、/范文富、武輕、阮進、阮伯庶、阮文治、阮如迪、阮仁昭、阮足、鄧時春、阮儀、陳千/年、阮艚、/武零、阮文林、阮必貴、阮鴈、黎斗、范文學、阮慶榮、吴鬱、范有仕、阮千年、阮進/朝、阮知/止、/阮富禮、阮文柄、阮墨、阮大安、鄧世糾、鄧強、阮伯朝、阮文行、范有/福、鄧稟、阮庶、阮德/□、/杜世朝、阮隊、阮慶有、吴贬、鄧世質、阮百禄、阮該、吴富春、范有朝、阮得猗、阮進明、/阮辭、黎維良、黎篤、阮納、吴質、黎質、阮有春、阮必省、張公禮、

---

① 此爲拓片編號03431之額題，今依内容及性質重定篇題爲“嘉市社椿村阮氏銓後佛碑記”。按，後附“後佛碑記”四字爲編號03432之額題。

② “桑榆”，日落時陽光照在桑榆間，因借指傍晚。又比喻人的晚年。《文選·詠史詩·顔延年秋胡詩》：“日暮行采歸，物色桑榆時。”李善注：“物色桑榆，言日晚也。”

③ “弧帨”，見《禮記·内則》：“妻將生子，及月辰居側室……子生，男子設弧於門左，女子設帨於門右。”鄭玄注：“表男女也。弧者，示有事於武也；帨，事人之佩巾也。”

④ “有三之大”，見《孟子·離婁上》：“不孝有三，無後爲大。”趙岐注：“於禮有不孝者三事：謂阿意曲從，陷親不義，一不孝也；家窮親老，不爲禄仕，二不孝也；不娶無子，絶先祖祀，三不孝也。三者之中，無後爲大。”

⑤ “快快”，亦“噲噲”，寬明歡愉的樣子。《詩經·小雅·鴻鴈之什·斯干》：“殖殖其庭，有覺其楹。噲噲其正，噦噦其冥。”鄭玄箋云：“噲噲，猶快快也。正，晝也。噦噦，猶煟煟也，冥夜也。言居之晝日，則快快然，夜則煟煟然，皆寬明之貌。”

杜世榮、阮如昔、阮昔/德、/阮三才、丁有財、阮鬱、阮艮、吴求、鄧公廉、武孝、吴世貴、杜世廣、鄧慎、阮競、陳公卿、/杜世隆、阮百春、阮財富、阮進楊、阮如海、武扒、陳仁義、阮慶、武敦、阮文/常、阮助、阮歡、/杜葛、阮獸、陳太平、阮得名、阮有酒、黎戰、陳耒、阮俸、范頓、阮文得、阮進安、阮富禄、/鄧世得、武勳、阮文貫、阮屈、丁有進、阮轎、阮文遵、吴文漢、阮咳、阮文碧、阮悑、吴幹、/鄧世儒、鄧貶、阮資、吴明、鄧淇、黎公正、阮得富、阮如猿、鄧全、阮盛/強、阮求、阮翰、杜世/蘭、/陳得貯、陳宴、吴賀、吴世公、阮文貴、阮進胡、阮有、鄧世興、阮有榮、陳當、阮必/得、黎協、/阮千載、阮伯貴、阮奎、阮幹、阮□顯、阮廷欣、阮旦、阮郡、阮有賢、阮公得、阮有/信、鄧金/榜、/黎鄭盛、陳榮、吴頂、阮文中、阮沛、阮得福、阮紲、阮郡、陳記、阮數、阮絲、鄧文喜、阮進/公、/陳毛、阮榮、阮添、黎盛、黎典、吴資、黎欣、阮仕科、阮奎、阮停、黎起、黎登科、阮得/伉、阮有/春，[①] /及上下巨小等，爲立約事。一感其德，又蒙其惠，乃刻言曰：我及未來等，用娘之錢，食娘之田，而悖忘娘之享祀/者，村人之福，不克終已也。至若田畝坐落、錢數備載於左，係百年之後恭養/　　　　　十方諸佛，祀事扶之幼之，若後代某人忘恩不事，/　　　　　龍神土地鑒照，依如碑約[②]。/

一興功閣鍾錢并祭祀田及誕生、忌臘[③]等日開陳于後[④]：/

計/

一興功閣鍾使錢[⑤]叁拾貫。/

一置祭田共壹畝。/

一田肆所共柒篙[⑥]捌尺，在棶櫓處。　　一所田貳篙捌尺在衢田處。/

一誕生日正月初六日戌時，應作齋炊肆盤并花果。/

一供佛炊壹盤；一供聖賢、龍神共炊壹盤；一供法性炊貳盤；一係每月朔望日常有糉供法

---

① 以上爲拓片編號 03431 的内容。

② “約”之下後添刻一“阮”字。

③ “忌臘”，見（明）田藝衡《玉笑零音》：“人之初生，以七日爲臘；人之初死，以七日爲忌。一臘而魄成，故七七四十九日而七魄具矣。一忌而一魂散，故七七四十九日而七魂泯矣。”

④ “後”，碑原作“后”，另兼正字，故改，下同，不另出注。

⑤ “使錢”，見《欽定越史通鑑綱目·正編》“後黎盛宗光順八年”注“使錢、古錢”引黎貴惇《芸臺類語》云：“北人以百文爲一陌。本國以三十六文爲一陌，謂之‘使錢’；六十文爲一陌，謂之‘古錢’。‘使錢’十陌，乃是‘古錢’六陌，準爲‘使錢’一貫。其‘古錢’十陌乃使錢之一貫六陌四十文。使錢別名閒錢，古錢別名貴錢。”

⑥ “篙”，又作“高”“蒿”，越南的計量單位“分”，越南畝的十分之一，按越南北部地畝制，一分相當三百六十平方米；中部地畝制，則相當四百平方米。

性。/

一至萬代之後忌臘日，應作齋潔肆盤并圓餅及花果等物。/

一寄與祖考阮貴公，字純信；并妣，號貞節。一寄與阮貴公，字良正；并妣，號慈惠。/

一寄與阮貴公，字福明；并妣，號慈德。一寄與顯考阮貴公，字福安，謚寧謐府君；并妣陳氏，號妙美。/一供田壹尺在舉廚處三寶物。/

皇越萬萬年之二歲在乙卯[1]月在赤奮[2]穀日

侍内、水師令史、韶川男奉撰/

侍内、仍書寫所使、站陽男奉寫/

國子監將士庶郎、玉石局局副、富強男奉刻/

順安府嘉林縣嘉市社椿村優婆姨[3]、信娓[4]杜氏榆，號妙楊，所有銅錢買物功德，開陳于後。/

計/

一功德使錢陸貫捌陌，買大柱作鍾閣。

一功德使錢陸貫五陌，買鐵燈壹株。

一功德使錢□陌買田壹篙，坐落同緻處，供/養/天應福林寺爲○三寶物作大證明[5]。/

題後

根據拓片題籤的記載，本碑立於北寧省嘉林縣嘉瑞總天應福林寺，同時有十三通碑誌，如下表：

① “皇越萬萬年之二歲在乙卯”，據《越南漢喃碑銘拓片目録提要》推測立碑年代應爲後黎嘉宗黎維禬德元二年（1675），當清康熙十四年。

② “赤奮”，應作“赤奮若”，即太歲紀年之地支“丑”月，見《爾雅・釋天》及《史記・天官書》。

③ “優婆姨”，又作“優婆夷”，即近信女。玄應《一切經音義・大菩薩經》第三卷：“鄔波斯迦。或云優波賜迦，此云近善女。言優婆夷者訛也。”

④ “信娓”，越南稱未出家，而在寺廟中爲寺廟工作的女性爲“娓”。

⑤ 以上爲拓片編號 03432 的内容。

編號	篇題	年代	位置
03421/03422	後佛碑記	後黎顯宗景興三年（1742）	天應福林寺左廡右邊第一碑
03423/03424	後佛碑記/天應福林寺	後黎懿宗永佑三年（1737）	天應福林寺祖家後左邊一碑
03425/03426	後佛碑記	後黎顯宗景興三十六年（1775）	天應福林寺左廡右邊第二碑
03427/03428	後佛碑記/天應福林寺	後黎裕宗永盛六年（1710）	天應福林寺祖家左邊第三碑
03429/03430	造佛碑/一功德記	後黎熙宗正和十三年（1692）	天應福林寺前堂外右邊一碑
03431/03432	嘉市社椿村阮氏銓後佛碑記*	後黎嘉宗德元二年（乙卯，1675）	嘉瑞社寺祖家左邊第四碑
03433/03434	尊爲後佛碑/興崇功德記	後黎嘉宗德元二年（乙卯，1675）	嘉瑞社寺左廡右邊第四碑
03435/03436	後佛碑	後黎裕宗永盛五年（1709）	嘉瑞社寺左廡右邊第三碑
03437/03438	後佛碑記	後黎裕宗永盛二年（1706）	嘉瑞社寺祖家左邊第五碑
03441/03442	後佛碑記	後黎顯宗景興七年（1746）	嘉瑞社寺祖家左邊第六碑
03443	後佛碑記	後黎懿宗永佑六年（1740）	嘉瑞社寺祖家左邊第一碑
03444/03445	後佛碑記	後黎顯宗景興三十三年（1772）	嘉瑞社寺祖家左邊第二碑
03446/03447	後佛碑記	後黎顯宗景興三年（1742）	嘉瑞社寺祖家左邊第七碑

注：* 表示此篇收入本書。

其中除編號03429/03430爲後黎熙宗正和十三年（1692）所刊刻的造佛像碑之外，其餘均爲寄忌碑。本碑署年“皇越萬萬年之二歲在乙卯月在赤奮穀日”，按，後黎朝“二年歲在乙卯”衹有後黎嘉宗德元二年（1675），故本碑爲十三通碑記中最早的一通。由最早的後黎嘉宗德元二年（1675）到最晚的後黎顯宗景興七年（1746），天應福林寺的寄忌碑記涵括了72年的時間，亦可見天應福林寺在此地區立寺之久，影響之深。

二二二　重創嚴光寺並古靈社湛村性寶後佛碑記

引言

碑立於北寧省嘉林縣巨靈總古靈社湛村嚴光寺，爲寺内右邊一碑。碑刻雙面，拓片編號03452/03453。拓片編號03452爲碑前，共二十二行字，大字滿行二十七字，小字滿行約五十字，碑題“重創嚴光寺碑記”七字；拓片編號03453爲碑後，共十七行字，滿行約五十字，今依内容及性質重定篇題爲“重創嚴光寺並古靈社湛村性寶後佛碑記”。碑文撰者東閣大學士黎恕呼。年代署作景興（Cảnh Hưng）三十年（1769），景興爲後黎顯宗（Lê Hiến Tông）黎維祧（Lê Duy Diêu）年號，同年爲清乾隆三十四年，歲次己丑。拓片現藏於漢喃研究院。

碑文記述古靈社湛村南面原有一佛寺“嚴光寺”，庚申年（1740）時因戰亂毀損嚴重。該村欲重新修造却無經費，幸僧正淨義子求得沙彌尼妙寶（俗名譚氏情）居於嚴光寺，並得妙寶資助重修，且於寺左新建一佛塔，及捐私錢二百貫贖回原屬嚴光寺之五畝五分田地，以作爲香火之資，古靈社湛村村民感念其恩，尊保沙彌尼妙寶爲後佛，除立約約束外，亦記祭祀敬禮項目。

03452
此寧省自靈總古靈社湛村嚴光寺內右邊一碑二面之前

重創嚴光寺碑記

嘉林古靈之湛村界在珥河北岸一竝都城人物繁麗村之南原舊山佛寺勢頗樂壇庚申兵燹後棟宇漂搖委諸萑騶村之耆長晏欲崇脩而財力不贍乃相與合辭懇祈東山縣雲仍太社沙彌名號妙寶達此福果尊邑欣然許諾乃捐家貲積材鳩工經營數年實刹告成煥然一新繼又出私錢貳百緡以贖本村所賣寺田以供香燈之費於是本村上下相與言曰尊邑與我等風馬牛不相及也一發菩提心使我寺昔晦而今顯其功德固可思議千萬世而下其可忘耶即協保為本寺伕后并立條約以垂永久徵記於予予義之遂書梗槩以照来世并刻券約于左

編號：03452　出自《拓片總集》第四册（下同）

03453
旨
賜戊辰科第三甲同進士出身唐豪遼舍東閣大學士黎如呼撰
皇朝景興萬万年之三十仲秋穀旦

北寧省巨靈總古靈社湛村震光寺內右邊一碑二面之後

編號：03453

釋文

重創嚴光寺碑記[①]

嘉林古靈之湛村，界在珥河北岸，一跂都城，人物繁麗。村之南原舊有/佛寺，勢頗爽塏[②]，庚申[③]兵燹後，棟宇漂摇，委諸萑翳村之耆長，屢欲崇/修[④]而財力不贍，乃相與合辭，懇祈東山縣雲仍太社沙彌尼[⑤]，號妙寶，/造此福果。尊尼欣然許諾，乃捐家貲，積材鳩工，經營數年，寶刹告成，/焕然一新。繼又出私錢貳百緡以贖本村所賣寺田，以供香燈之費。/於是本村上下相與言曰："尊尼與我等，風馬牛不相及也；一發菩提/心[⑥]，使我寺昔晦而今顯，其功德[⑦]固可思議，千萬世而下其可忘耶?"即/協保爲本寺佛後[⑧]，并立條約，以垂永久。徵記於予，予義之，遂書梗概，/以照來世，并刻券約于左。/

順安府嘉林縣古靈社湛村官員、色目、社村長陳林海、陳廷塘、武陳僚、武登逘、陳名代、陳公漢、陳紀、陳公鰄、林文品、陳公戭、阮國檍、/陳素、武輝映仝村上下等，爲立交約事。

原本村地分昔有名藍[⑨]，號嚴光寺，舊有三寶田在後寺，壹區上下相連及塘夷處，/共五畝壹高五尺，迺於上上年本村均分，遂分輪相專賣與本社，本總鄰里諸家，經累多年，無有來贖，而寺宇像法一向傾頽，/其本村進於修造。至丙子年[⑩]幸遇一僧蓮宗禪子、僧正[⑪]淨義子就于本寺，空苦何依，深思寶界重輝，但念無財

---

① 此爲碑題，今依内容及性質重定篇題爲"重創嚴光寺並古靈社湛村性寶後佛碑記"。

② "爽塏"，高爽乾燥的地方。《左傳·昭公三年》："初，景公欲更晏子之宅，曰'子之宅近市，湫隘囂塵，不可以居。請更諸爽塏者。'"杜預注："爽，明；塏，燥。"

③ "庚申"，應爲後黎顯宗黎維祧景興元年（1740），當清乾隆五年。

④ "修"，碑原作"脩"，因另兼正字，故逕改，下同，不另出注。

⑤ "沙彌尼"，爲梵語音譯，全稱室羅摩拏理迦，意譯勤策女、息慈女。五衆之一，七衆之一。指初出家受持十戒而未受具足戒之女子。

⑥ "菩提心"，見《大智度論》卷四十一："菩薩初發心，緣無上道：'我當作佛'，是名'菩提心'。"因此"菩提心"就是成佛的心，全稱阿耨多羅三藐三菩提心。

⑦ "功德"，見《大乘義章》卷九："言功德，功謂功能，善有資潤福利之功，故名爲功；此功是其善行家德，名爲功德。"意指行善所獲之果報。

⑧ "後"，碑原作"后"，因另兼正字，逕改，下同，不另出注。

⑨ "名藍"，著名之伽藍，伽藍爲梵語音譯，即指寺院。

⑩ "丙子年"，應爲景興十七年（1756），當清乾隆二十一年。

⑪ "僧正"，又稱僧主，係統領教團，並匡正僧尼行爲之僧官，爲僧綱之一，乃僧團中之最高職官。本制始於魏晉南北朝時代，爲中央僧官之職稱。惟自唐宋以降，多爲地方僧官，中央另設僧職機構。《大宋僧史略》卷中："所言僧正者何，正政也，自正正人，克敷政令故云也。蓋以比丘無法，如馬無轡勒，牛無貫繩，漸染俗風，將乖雅則。故設有德望者，以法而繩之，令歸于正，故曰僧正也。"

取辦，仍噹/本村同往赴京，冒請本尊本宗沙彌尼，號性寶，回居本寺。其本村上下同辞，敢乞崇修宇像，振作禪林，承本尊一順民情，體慈/悲道，出私財而崇修寶刹，費已物而塑繪金容，革故鼎新，難量功德。馴至己卯年[①]本尊惟懷永圖，始造磚塔在於寺左，/念寺無外禄之餘，何以繼香燈之供，仍出己私錢古錢[②]貳百貫，追贖本村前賣之田并文契各幅，將爲己物，一以供本寺香燈，一以供/佛塔、主忌臘[③]，留與内派本宗禪人住持[④]，特繼躅爲僧，一任耕種，以爲奉祀，世守相侍，綿綿不易。倘或後嗣本村何人輕棄前功，不遵/約内，故違正法，陰與别僧占奪此田，用情一任者，願/　　天地神祇鑒臨誅滅。又本村甘受陳囑，所在官司以違約論，于以留香火於無窮，于以答殊恩於罔極，玆立約文。又承尊娓官發菩提心，許/以就禋興功，因此本村官員、鄉老、色目、社村長、上下等，共保尊娓官譚氏情沙彌尼，號性寶爲後佛，又承許私田貳畝，付在本村，/監取耕作，以供奉事，係遞年生日、忌日及各節照計開内。倘或本村某人不據違遵者，其本村捉豬、酒，准古錢叁貫五陌。自玆以後，一/[⑤]皆遵處，如其不然，惟願/　　三寶證知，萬靈鑒格，仍此設立保詞，永爲後鑑。玆保：/

一保置尊娓[⑥]官爲後佛[⑦]，開山壹位，譚氏情，號妙寶。/

一置敬禮生日、忌日及各節計開于後：/

計/

一例係遞年生辰十二月初五日供佛，一禮糯米陸官銅鉢，又加古錢貳陌，付在本寺僧買香燈果物供佛。生辰禮，粎貳盤，每糯米/拾官銅鉢，并花盤貳具，拾肆鉢，又加古錢貳陌，其本村所買芙菜果物等奉事。/

一例後日萬歲、後忌日其本村置禮供○佛，糯米陸官銅鉢，又加古錢叁陌在本寺住持僧買香油果物供養。/

一例禮忌供粎肆盤，每盤陸官銅鉢，圓�壹百件，每鉢作叁件，并齋盤肆具，每盤貳拾肆鉢，又加古錢陸陌，本村以買芙茴、酒、果或新物及/金銀壹千，行禮如儀。/

一例遞年上元節置供粽果奉事如儀。一例遞年祈福事神各節供齋盤壹具及敬俵。/

---

① “己卯年”，應爲景興三十年（1769），當清乾隆三十四年。

② “古錢”，見《欽定越史通鑑綱目・正編》“後黎盛宗光順八年”注“使錢、古錢”引黎貴惇《芸臺類語》云：“北人以百文爲一陌。本國以三十六文爲一陌，謂之‘使錢’；六十文爲一陌，謂之‘古錢’。‘使錢’十陌，乃是‘古錢’六陌，準爲‘使錢’一貫。其‘古錢’十陌乃使錢之一貫六陌四十文。使錢别名閒錢，古錢别名貴錢。”

③ “忌臘”，見（明）田藝衡《玉笑零音》：“人之初生，以七日爲臘；人之初死，以七日爲忌。一臘而魄成，故七七四十九日而七魄具矣。一忌而一魂散，故七七四十九日而七魂泯矣。”

④ “住持”，見《敕修百丈清規》卷二：“佛教入中國四百年而達磨至，又八傳而至百丈，唯以道相授受，或岩居穴處，或寄律寺，未有住持之名。百丈以禪宗寖盛，上而君相王公，下而儒老百氏，皆嚮風問道，有徒實蕃，非崇其位，則師法不嚴，始奉其師爲住持。”禪宗由於住在寺内的徒衆甚多，故各寺均設住持一人，其下另置若干職位。至後世，此住持之稱也通用於其他諸宗。

⑤ 以上爲拓片編號 03452 的内容。

⑥ “娓”，越南稱未出家，而在寺廟中爲寺廟工作的女性爲“娓”。

⑦ “後佛”，碑原作“后伕”因皆另兼正字，故改，下同不另出注。

時/

賜戊辰科第三甲同進士出身、唐豪遼舍、東閣大學士黎恕呼①撰/

皇朝景興萬萬年之三十②仲秋穀旦/

阮曰伊/

本村上下等/

及本社衙村紫停柴同賜格寺四村共證知/③

題後

本碑撰文者黎恕呼即黎仲信，爲黎景興九年戊辰科第三甲同進士出身，三世六位進士。如下表：

① “黎恕呼”，即“黎仲信”，《鼎鍥大越歷朝登科録》黎顯宗景興九年（1748）戊辰科第三甲同進士出身第五名：“黎仲信。唐豪遼舍人，二十七中，有名之孫，有謀之子，有喜、有喬之姪，有容之堂兄，仕至（原文下缺）。”又，黎有容，景興三十六年（1775）乙未科第三甲同進士出身第二名，三十一中，有名之孫，有喬之子，有謀、有喜之姪，仲信之堂弟；黎有喬，黎裕宗永盛十四年，戊辰科第三甲同進士出身第一名，二十八中，奉使，仕至禮部尚書、參從、侯爵，致仕贈少保郡公，有名之子，有喜、有謀之弟，仲信之叔，有容之父，壽七十；黎有謀，黎裕宗永盛六年庚寅科第三甲同進士出身第九名，三十六中，仕至工部右侍郎，入侍經筵，贈工部左侍郎，有名之子，有喜之弟，有喬之兄，仲信之父，有容之伯，黎有喜，正和二十一年（1700）庚辰科第三甲同進士出身第七名，二十七中，仕至監察御史，有名之子，有謀、有喬之兄，仲信、有容之伯；黎有名，景治八年（1670）庚戌科第二甲進士出身第一名，士望，二十九中，仕至憲使，有喜、有謀、有喬之父，仲信、有容之祖。

② “皇朝景興萬萬年之三十”，清乾隆三十四年（1769），歲次己丑。

③ 以上爲拓片編號 03453 的內容。

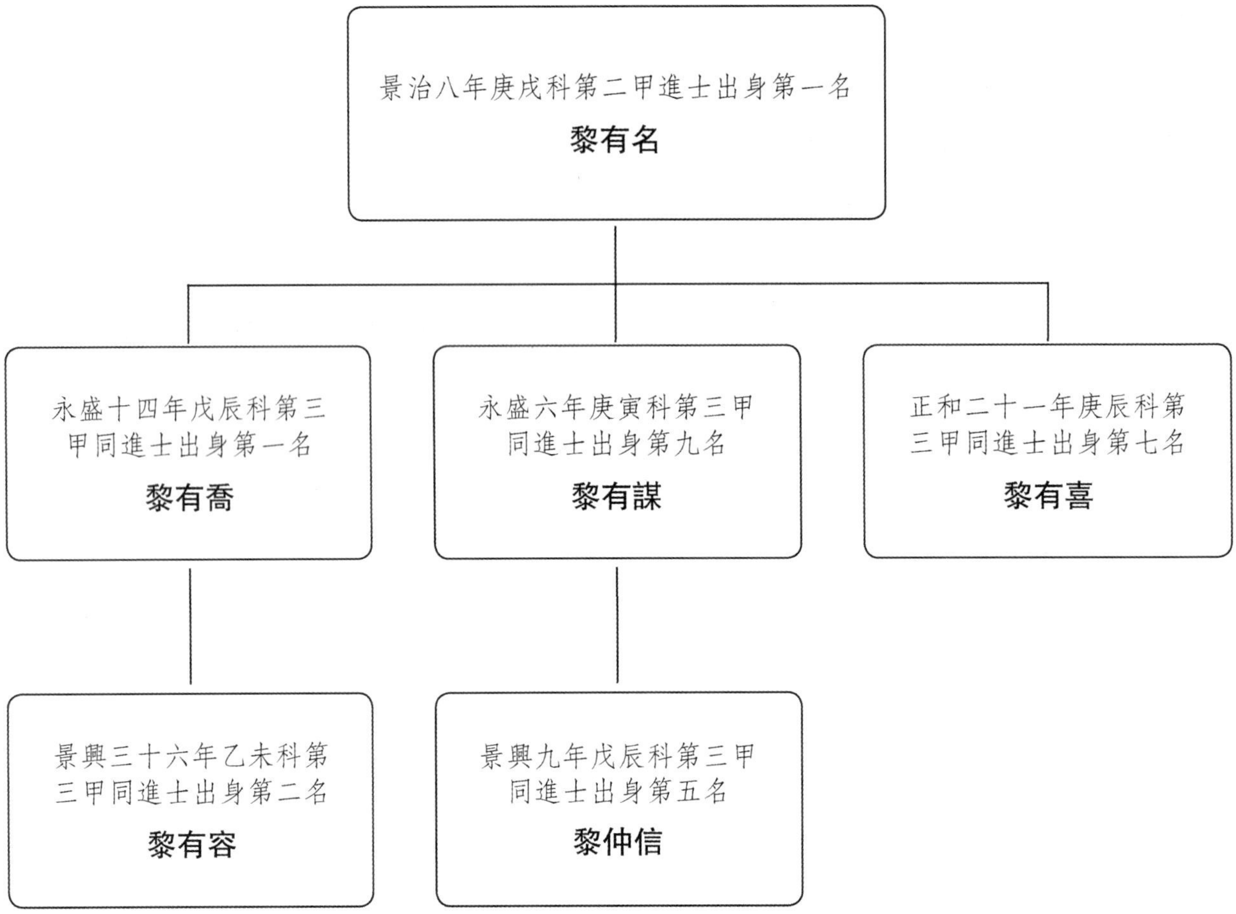
景治八年庚戌科第二甲進士出身第一名
黎有名
永盛十四年戊辰科第三甲同進士出身第一名
黎有喬
永盛六年庚寅科第三甲同進士出身第九名
黎有謀
正和二十一年庚辰科第三甲同進士出身第七名
黎有喜
景興三十六年乙未科第三甲同進士出身第二名
黎有容
景興九年戊辰科第三甲同進士出身第五名
黎仲信

二二三　靈郎大王碑記

引言

碑立於河東省懷德府蓬萊社聖母廟。碑刻四面，拓片編號 03465/03302/03300/03301，拓片編號 03465 爲碑前，共二十八行字，滿行約四十九字，碑額題“一門聖神”四字；拓片編號 03302 爲碑後，共四十行字，滿行約五十五字；拓片編號 03300 爲碑左，共四行字，滿行約四十三字；拓片編號 03301 爲碑右，共六行字，滿行約五十八字。今依内容及性質重定篇題爲“靈郎大王碑記”。拓片編號 03465/03302 刻有紋飾，拓片編號 03465 碑額刻有雙龍昭日，左右兩邊與碑底飾以花草紋；拓片編號 03302 碑額刻有龍紋，龍口有一“壽”字。碑文撰者翰林院東閣大學士阮炳，書者爲管監百神知殿少卿阮賢據《越南漢喃碑銘拓片目録提要》補。碑文原撰於洪福（Hồng Phúc）二年（1573）正月初十日，永佑（Vĩnh Hựu）三年（1737）遵依前朝舊本書寫。永佑爲後黎懿宗（Lê Ý Tông）黎維祳（Lê Duy Thận）年號，三年爲清乾隆二年，歲次丁巳。按《越南漢喃碑銘拓片目録提要》推斷永佑爲抄録原文之時，立碑年代應爲嗣德（Tự Đức）三年至五年（1850- 1852）。拓片現藏於漢喃研究院。

此碑拓片編號 03465/03302 主要内容敘述靈郎大王之神蹟，包含其母之生平、靈郎大王出生之神異，及永貞賊來犯時施展之神蹟，與敕封神格、建廟供奉之經過，文末另有其母、高行遣大王等之敕封記載，與各節國祭與慶賀，諱字功禁色服等並禁事項。拓片編號 03300/03301 刻於阮朝，内容包含記載聖母廟四周形制與歷年修建情況，以及示禁於廟前小路開鑿取土。

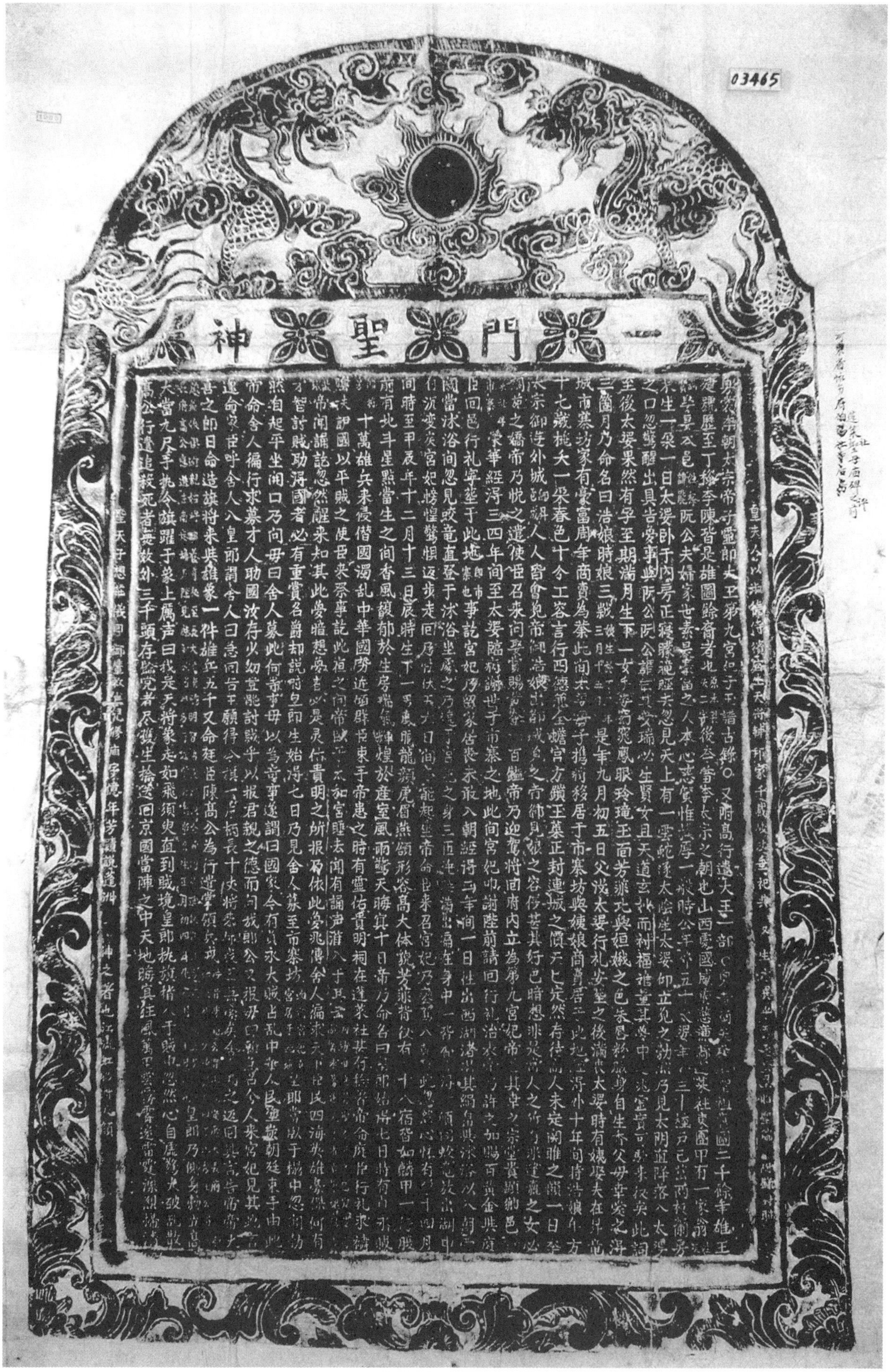
一門聖神

編號：03465　出自《拓片總集》第四冊（下同）

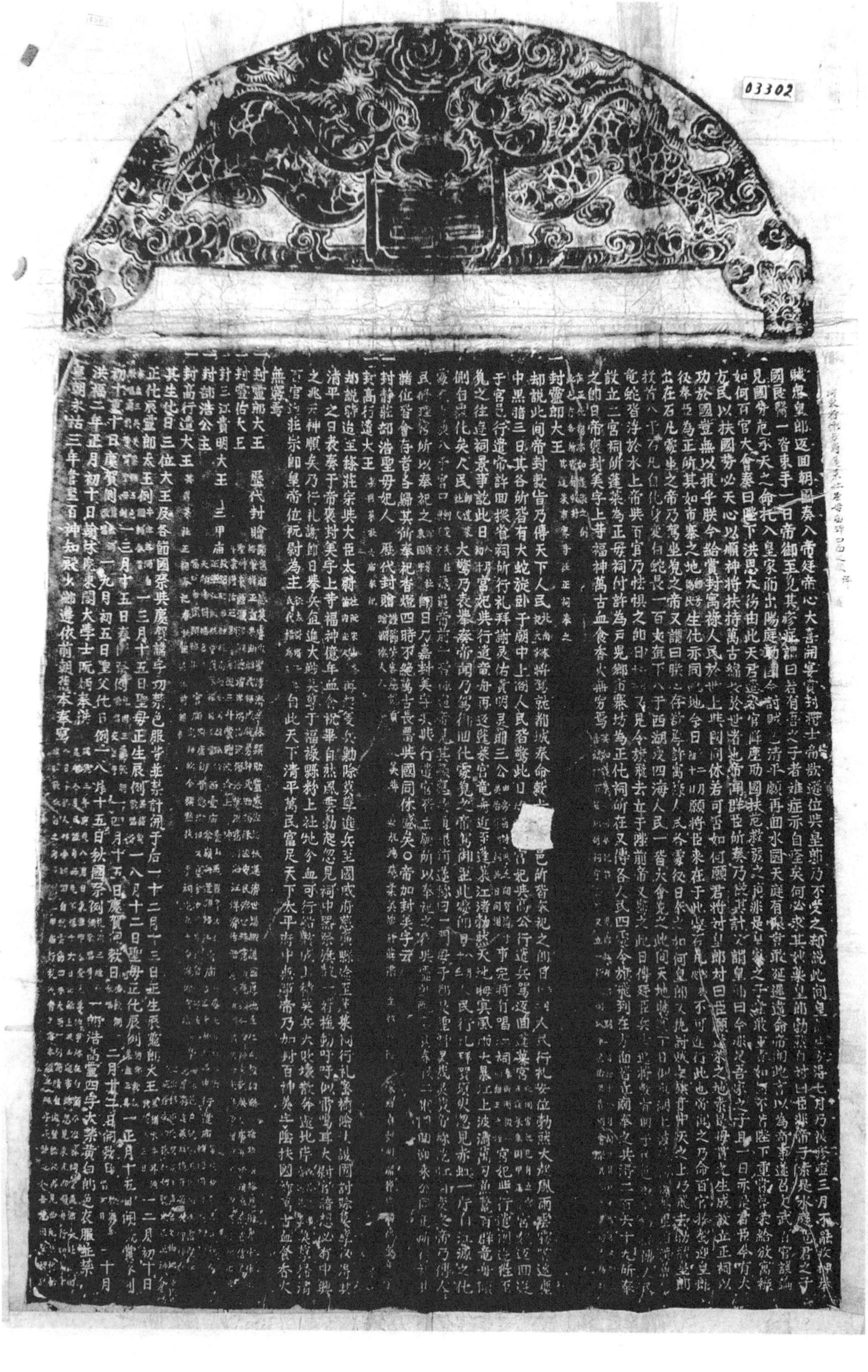
03302

編號：03302

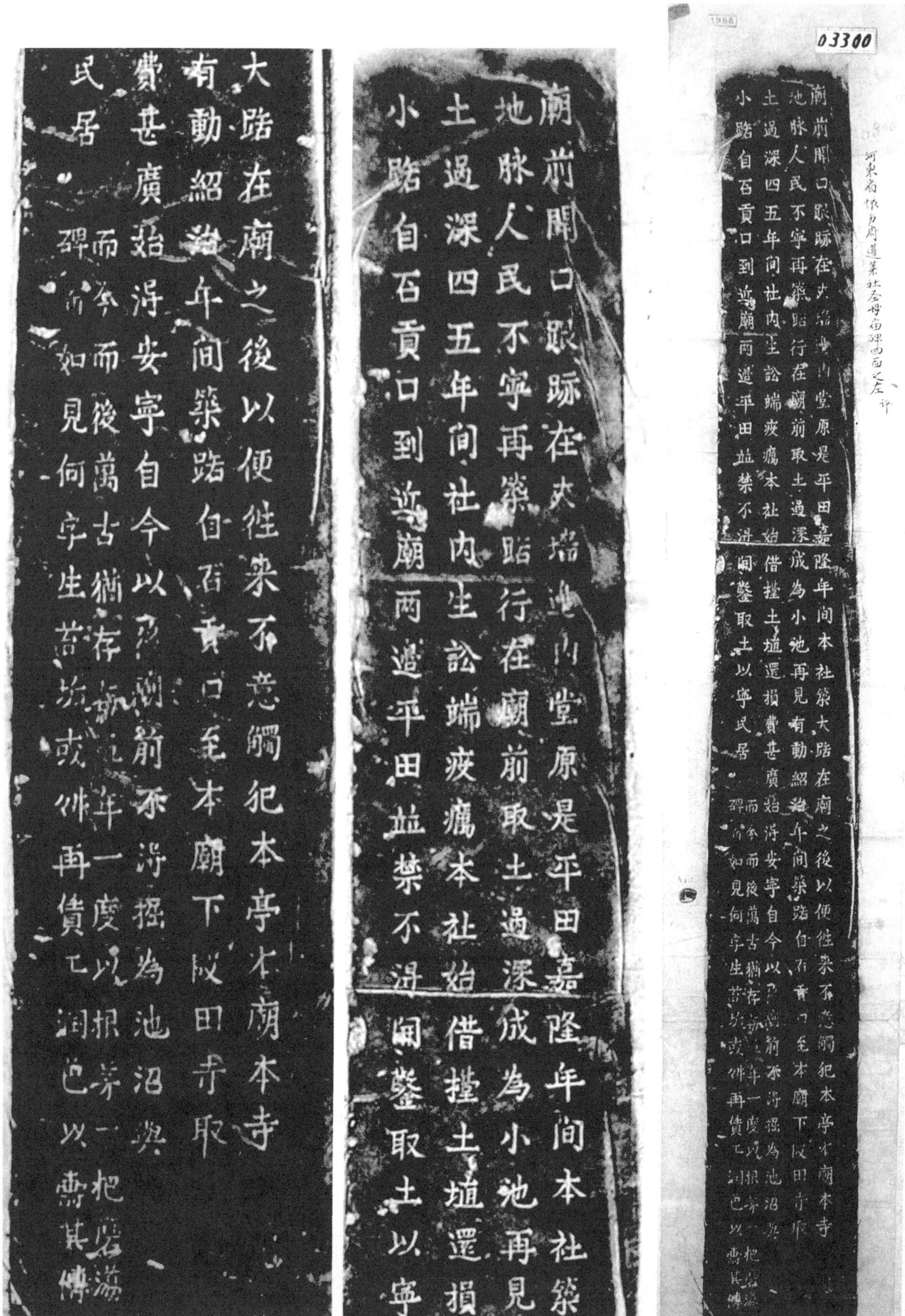
03300
河東省懷力府道茉社圣母廟碑西面之左 印
廟前閘口跟踪在大塲地內堂原是平田嘉隆年間本社築大踏在廟之後以便往來不意觸犯本亭本廟本寺
地脉人民不寧再築踏行在廟前取土過深成為小池再見有動紹治年間築踏自百貢口至本廟下段田寺取
土過深四五年間社內生訟端疲癘本社始借撻土塡還損費甚廣始得安寧自今以乃廟前不得掘為池沼與
小踏自百貢口到逆廟兩邊平田並禁不得闻鑿取土以寧民居
而今而後萬古猶存欣九年一度以报弟一把岩滿
碑前如見何字生苔於或俳再債乙润色以壽其傳

編號：03300

編號：03301

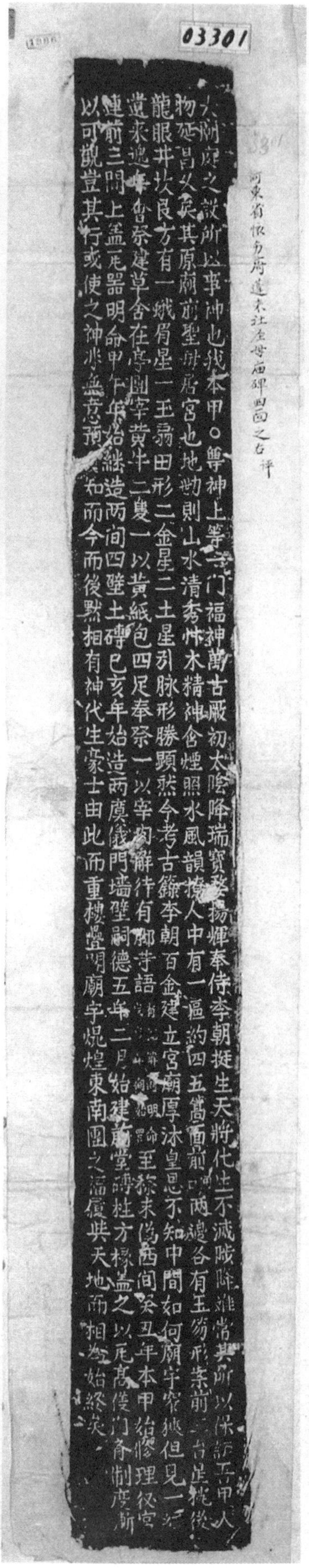
03301

夫祠庭之設所以事神也我本甲〇尊神上等一门福神劑古厳初太陰降瑞寶發揚輝奉侍李朝挺生天將化生不滅陂降雖常其所以保詐吾甲人
物延昌乂矣其原廟前聖母居宮也地𭑹則山水清秀艸木精神含煙照水風韻撿人中有一區約四五畝面前口兩邊各有玉笏形案前一台星挑從
龍眼井坎艮方有一娥眉星一玉翕田形二金星二土星引脉形勝顯然今考古錄李朝百金建立宮廟厚沐皇恩不知中間如何廟宇窄狹但見一絕
遺來遡年會祭建草舍在亭圍宰黄牛二隻一以黄紙包四足奉祭一以宰肉辦許有脚寺語（有□辯向明命　光□年向始置）至稼末偽西间癸丑年本甲始修理役宮
建前三間上蓋瓦器明命甲午年始繼造兩间四壁土磚巳亥年始造兩廣儀門墻壁嗣德五年二月始建前堂磚柱方椽蓋之以瓦高倿门脊制度漸
以可觀豈其行或使之神哉無意預知而今而後黙相有神代生豪士由此而重樓疊閉廟宇焜煌東南園之福履與天地而相為始終矣

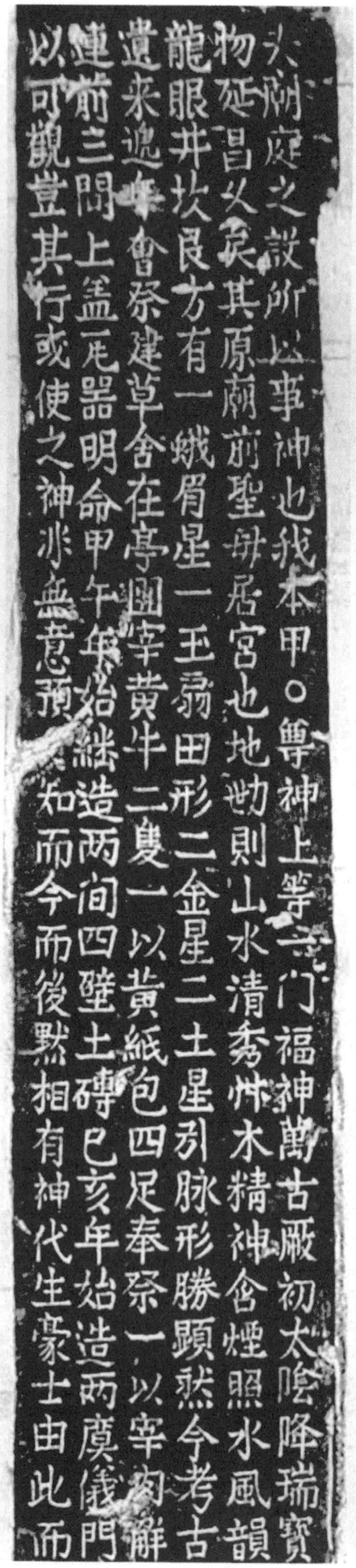
夫祠庭之設所以事神也我本甲〇尊神上等一门福神劑古厳初太陰降瑞寶
物延昌乂矣其原廟前聖母居宮也地𭑹則山水清秀艸木精神含煙照水風韻
龍眼井坎艮方有一娥眉星一玉翕田形二金星二土星引脉形勝顯然今考古
遺來遡年會祭建草舍在亭圍宰黄牛二隻一以黄紙包四足奉祭一以宰肉辦
建前三間上蓋瓦器明命甲午年始繼造兩间四壁土磚巳亥年始造兩廣儀門
以可觀豈其行或使之神哉無意預知而今而後黙相有神代生豪士由此而

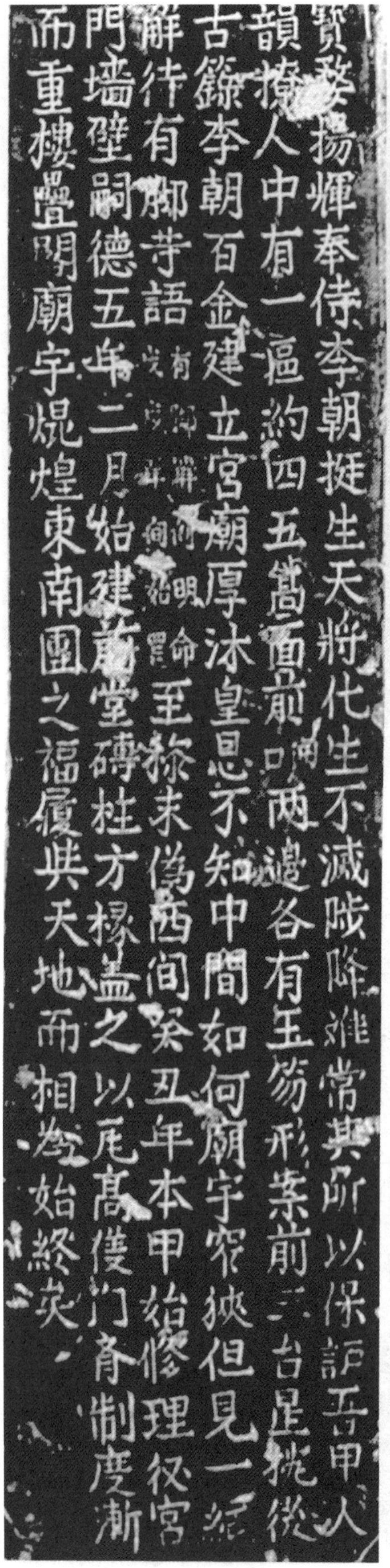
寶發揚輝奉侍李朝挺生天將化生不滅陂降雖常其所以保詐吾甲人
韻撿人中有一區約四五畝面前口兩邊各有玉笏形案前一台星挑從
古錄李朝百金建立宮廟厚沐皇恩不知中間如何廟宇窄狹但見一絕
辦許有脚寺語（有□辯向明命　光□年向始置）至稼末偽西间癸丑年本甲始修理役宮
門墻壁嗣德五年二月始建前堂磚柱方椽蓋之以瓦高倿门脊制度漸
而重樓疊閉廟宇焜煌東南園之福履與天地而相為始終矣

釋文

一門聖神[①]

皇夫人以淑德侍嬪宫，生天將輔邦家，千載峻功垂祀典　又　生亦異乎雲飛翰墨昭聖瑞　附録對聯[②]/

聖天子想莊儀回御輦，敕□兒修廟宇，億年芳蹟説蓬洲。　　神之著也江流虹彩對尺顔[③]

粤裳李朝太宗帝子靈郎大王[④]第九宫妃子玉譜古録，○又附高行遣大王一部

○粤昔南天啟運，聖祖膺圖二千餘年；雄王/建號，歷至丁黎李陳，皆是雄圖餘裔者也原本裂/失二字。**後李當李太宗之朝也，山西處國威府慈廉縣蓬萊社東團甲有一家翁**姓/阮，/諱/賢，**娶妻本邑**姓黎/諱能，**阮公夫婦家世素是豪富之人，本心慈質，惟樸厚一般，時公年外五十，太婆年外三十，桎户已茁兩枝，蘭房/未生一朵。一日太婆臥于内房正寢，朦朧睡去，忽見天上有一雲蛇逐太陰星，太婆仰立觀之，勃然乃見太陰直降，落入太婆/之口，忽驚醒，出，具告夢事與阮公，阮公謂曰："其受瑞，必生賢女，且天道玄妙，而禍[⑤]福難量，其夢中之兆，虚實可驗[⑥]來後矣。"此詞/至後，太婆果然有孕，至期滿月生下一女，丰姿窈窕，鳳眼玲瓏，玉面芳菲，比與姮娥[⑦]之色，朱唇粉臉，身自生香，父母幸愛之。得/三箇月乃命名曰浩娘。時娘三歲**娘生於丁丑年/三月十五日，**是年九月初五日父没，太婆行禮安葬之。後滿喪，太婆時有姨娶夫在昇竜/城市寨坊，家有豪富，周年商賣爲業，此間太婆母子攜將移居於市寨坊，與姨娘商賣居於此地。經得外十年間，時浩娘年方/十七歲，桃夭[⑧]一朵，春色十分，工容言行，四德兼全，**

---

① 此爲拓片 03465 之額題，今依内容及性質重定篇題爲"靈郎大王碑記"。

② 以上對聯右。

③ 以上對聯左。

④ "靈郎大王"，根據《皇越神祇總册》（越南漢喃研究院館藏號 A.833，法國遠東學院微捲序號Ⅰ.217）的記載："靈郎大王乃李太宗子。考之敕文有句云'八分功德疏徵玉牒，乾威名武穆之英聲；帝王州鎮定奠金甌，並白馬高山之顯跡'，累朝褒封，與白馬祠並爲左右城隍。各處社村同奉事，共一百二十一社村。"

⑤ "禍"，原作"𥚄"，越南俗字。

⑥ "驗"，原作"馸"，越南俗字。

⑦ "姮娥"，又稱"常娥""嫦娥"，《淮南子·覽冥訓》："羿請不死之藥於西王母，姮娥竊以奔月，悵然有喪，無以續之。"高誘注："姮娥，羿妻。羿請不死之藥於西王母，未及服之，姮娥盜食之，得仙，奔入月中，爲月精也。"後因避漢文帝劉恒諱，改爲常娥，後作嫦娥。

⑧ "桃夭"，《詩經》篇名，以喻女子年華正茂。《詩經·國風·周南關雎·桃夭》："桃之夭夭，灼灼其華。之子于歸，宜其室家。"毛亨傳："興也，桃有華之盛者；夭夭，其少壯也；灼灼，華之盛也。"

蟾宫方鎖，玉蕊正封，連城之價，天已定然，存待高人，未定關睢之韻[①]。一日，李/太宗御遊外城即昇/龍城，人人皆會觀帝御，浩娘出都城觀之，帝御見娘之容儀，甚其好色，暗想非是常人之所有，非蓬瀛[②]之女，必/閬苑[③]之嬌。帝乃悦之，遣使臣召來問娶，賞賜黄金一百鎰，帝乃迎駕將回府内，立爲第九宫妃，帝甚其幸之。宗堂貴顯，鄉邑即/蓬/萊社□/市寨榮華，經得三四年間，至太婆臨病謝世於市寨之地，此間宫妃叩謝陛前，請回行禮治喪，帝乃許之，加賜百黄金與庭/臣回邑行禮，寧葬於此地即市/寨也。事訖，宫妃乃留家居喪，未敢入朝，經得二年間，一日往出西湖渚，滐其絹帛與沐浴，以入朝帝/闕。當沐浴間，忽見蛟竜直登於沐浴坐處之，乃遶於宫妃之身三匝，唾涎滿出，徧在身中，一皆香□，得一頃間，蛟竜放出湖中，/自沈變矣。宫妃愫惶驚懼，返步走回，乃怯伏五六日，間[不]能起坐。帝命臣來召，宫妃乃鑾駕入朝，自此忽然心懷有孕，十四月/間時至甲辰年十二月十三日辰時，生下一男，鳳眼龍顔，虎眉燕頷，形容高大，體貌芳菲，背後有二十八宿，皆如麟甲一行，腹/前有北斗星點。當生之間，香風馥郁於生房，瑞氣輝煌於産室，風雨驚天，晦冥十日，帝乃命名曰"皇郎"。始得七日，時有貞永賊/即將/芳十萬雄兵來侵，僭國濁亂中華，國勢近傾，群臣束手，帝患之。時有靈佑貴明[④]祠在蓬萊社，甚有稔著，帝命庭臣行禮求禱，/陰扶護國，以平賊之，使臣來祭事訖。此夜之間，帝臥於太和宫睡去，聞有誦聲灌入耳云國劫唯范有聖才，天之已定豈憂/哉？若求募得人才者，貞永魂驚是/[敵]敗，帝聞誦訖，忽然醒來，知其此夢，暗想夢者必是靈佑貴明之所報，乃依此夢兆傳舍人，徧求天下臣民、四海英雄豪傑，何有/才智討賊助得國者，必有重賞名爵。

---

① "關睢之韻"，"關睢" 爲《詩經・國風》首篇，詩序云："風之始也，所以風天下，而正夫婦也。" 後以 "關睢" 爲美好婚姻祝願之詞。

② "蓬瀛"，即蓬萊山，神仙所居之地。東方朔《海内十洲記》："蓬丘，蓬萊山是也。對東海之東北岸，周回五千里。……上有九老丈人，九天真王宫，蓋太上真人所居。唯飛仙有能到其處耳。"

③ "閬苑"，即 "閬風顛"，西王母所治。東方朔《海内十洲記》："昆崙，號曰昆崚，在西海之戌地，北海之亥地，去岸十三萬里。又有弱水周回繞匝。山東南接積石圃……積石圃南頭……上有三角，方廣萬里，形似偃盆，下狹上廣，故名曰昆崙山三角。其一角正北，干辰之輝，名曰閬風巔；……金臺、玉樓，相鮮如流，精之闕光，碧玉之堂，瓊華之室，紫翠丹房，錦雲燭日，朱霞九光，西王母之所治也，真官仙靈之所宗。"

④ "貴明"，貴明大王，據《皇越神祇總册》："奉按國史、《傘圓山祠誌》：傘圓國王左聖右聖，並號貴王，俗傳國王之弟，名俊，天下崇祀者甚衆。各處社民同奉事，共一百五十社村。" 又，楊伯恭嗣德四年《河内地輿》："貴明大王，祠在東河坊，世傳王名俊，字貴明，貉龍君五十子之一，傘圓右山王也。王與傘圓君自海中而歸，至東河津顯聖，坊人立廟祀之。陽德年間，端雄一府，多被疫病，忽于玉燭山見一老直立，侍從以千數，府人以情密禱，遂得寧帖。保泰乙巳，上皇夢見一老叟，言 '我乃傘圓山判録，承命救民。' 端雄一方，皆得活命，乃封爲福神。永盛年間，考較百神，王裂絹旗，隨風而去，俄而負綴如初。遞年春祭土牛，府尹詣祠預禱，然後就白馬行禮。故例，兵户並除，以供祭祀。"

却説時皇郎生始得七日，乃見舍人募至市寨坊□□宫妃□/宫居于此地，皇郎當臥於榻中，忽聞，勃/然自起，平坐開口，乃問母曰："舍人募此何等事?"母以爲奇事，遂謂曰："國家今有貞永大賊占亂，中華人民塗炭，朝廷束手。由此，/帝命舍人徧行求募才人助國，汝存少幼，豈能討賊乎? 以報君親之德而問哉?"郎公又報母曰："願急召舍人來。"宫妃見其此言，/遂命家臣呼舍人入，皇郎謂舍人曰："急回告王，願得令旗一片，柄長十丈，將來付我，王無憂矣。"舍人聞之，返回具言告帝，帝大/喜之，即日命造旗將來，與雄象一件，雄兵五千，又命廷臣陳高公爲行遣，掌領兵戎，按，昔陳高公貫山南定□天長府　　縣/如欣社人，父陳嚴，母曰丁氏秀，生公得三/歲，爺娘俱逝，親姑將□養育，□至長大，□有聰明智□，文武兼全，資□利通，□□□方□□武□□□□/長府高公應選在南定場。及陛見應對稱旨□□□掌領兵事。公生正月初四日，化八月初十日，此也。皇郎乃側身勃立，高/大當九尺，手執令旗，躍于象上，厲聲曰："我是天將!"象走如飛，須臾直到賊境，皇郎執旗指入於賊中，忽然心自虛驚，大破亂散，/高公行遣追殺，死者無數外，三千頭存，餘黨者盡獲生擒，送回京國。當陣之中，天地晦冥，狂風萬里，雲霧霿迷，雷霆凜烈，掃清[1]/賊衆，皇郎返回朝國，奏入帝廷。帝心大喜，開宴賞封將士，帝欲遜位與皇郎，乃不受之。却説此間皇郎生方得七月，乃被疹痘，三月不能收押，舉/國良醫一皆束手，一日帝御至，觀其疹症，謂曰："若有吾之子者，難症亦自痊矣，何必求其妙藥?"皇郎勃然自對曰："臣非帝子，素是水庭竜君之子，/見國勢危，承天之命，托入皇家而出陽庭助國，今討賊已清平，願再回水國，天庭有限，豈敢延遲違命?"帝聞此言，以爲奇事，遂召文武百官議論/如何，百官大會奏曰："陛下洪恩大德，由此天君遣水官降塵，助國扶危救弱之，應非是皇家之子，豈敢重貴如何，不若陛下重賞尊榮，給放寓禄/方民，以扶國勢，必天心以順，神將扶持，萬古綿長於世者也。"帝聞群臣所奏，乃從其計，又謂皇郎曰："今非是吾家之子，且一日亦是君臣，今有大/功於國，豈無以報乎? 朕今給賞封寓禄人民，於世上與國同休，若可否如何，願君將對。"皇郎對曰："臣願蓬萊之地，素是母貫之生成，設立正祠，以/後奉臣爲正所，其如市寨之地即號/□伏生化亦同。此地今日二月/初十日願將臣來在于此處石瓦即符/伏不可遲行，此也。"帝聞之，乃命百官擺駕迎皇郎，/出在石瓦處坐之，帝乃駕坐觀之，帝又謂曰："朕心存欲厚許寓禄人民，各處後日奉之如何?"皇郎又執討賊之旗于中天之上乃飛去，□然皇郎/投首入于石瓦，自化身變白蛇，長一百丈，直下入于西湖淩，四海人民一皆大會觀

---

① 以上爲拓片編號 03465 的内容。

之。此間天地晦冥十日似夜，湖上波濤洶湧，萬里□□，魚鱉/竜蛇皆浮於水上，帝與百官乃怯懼之，即日二月/十二，又見令旗飛去立于陛前，帝又驚之，此日傳廷臣兵士遞將敕旨回于民邑即□□□/□市寨也，傳人民/設立二宮祠所，蓬萊爲正母祠，付許爲户兒鄉，市寨坊爲正化祠所在。又傳各人民，四處令旗飛到在方面皆立廟奉之，共得二百六十九所奉/之，即日帝褒封美字“上等福神”，萬古血食，香火無窮焉。其如蓬萊正祠奉祀許爲户兒，即□□□□期二月初十、八月初十其户兒□□又加□/□號一百□以修祠宇□□又立一所□□以奉靈佑□貴明會祭其□□寨坊□爲所/在正化祠亦如蓬萊之例/，此也存各所皆有敕封。/

一封靈郎大王其蓬萊、市寨等社正祠奉之。/

却説此間帝封敕旨乃傳天下人民，北南奉/祀大字。將駕就都城奉命敕旨□□邑所皆奉祀之。即日三月/十二人民行禮安位，勃然大起風雨，雲霧霽迷塵/中黑暗三日，其各所皆有大蛇旋臥於廟中上閣，人民皆驚。此日□□□/六日宮妃與高公行遣兵駕返回蓬萊宮，此間宮妃已有立宮/在蓬萊東團甲正貫。宮妃返回遊/于宮邑行遣，帝許回探省祠所，行禮拜謝靈佑、貴明、靈郎三公，由帝前封□之間有禱于/靈佑貴明祠，此日同謝。事完，時有喝江祠，奉徵側、徵二/□雄王之姪。宮妃與行遣間遊往至/觀之，往遊祠景，事迄，此日，八月/初十。宮妃與行遣竜舟再返蓬萊宮，竜舟近至蓬萊江渚，勃然天地晦冥，風雨大暴，江上波濤萬刃，魚鼈百群，竜舟傾/側自覆化矣。人民即蓬萊/社。人大驚，乃表舉奏，帝聞，乃駕御回化處觀之。帝駕御至此處，即日八月十二。人民行禮拜賀，須臾忽見赤虹一片，自江源之化/處有上□入于宮中即蓬萊社/蓬萊宮，飛過帝前，一皆輝煌。帝見其顯應靈通眼前，遂稱曰：一門母子，都是聖神，靈哉靈哉！帝稱訖，虹自變之，帝乃傳人/民修理宮所，以奉祀之。即蓬萊社/東園甲。即日乃嘉封美字，其與行遣官皆立廟所，以奉祀之□與靈郎配享，其春秋二期□回迎來公同正所行禮共/諸位皆會存者各歸其所奉祀，香燈四時不絶，萬古長留，與國同休，盛矣。○帝加封美字云：/

一封靜莊部浩聖母妃人。　歷代封贈謹節芳容慈懿貞□□美普□嘉貺端慈柔美端靜莊肅公主□□□□蒙贈貞懿明潔靜閒順德□□蒙/贈婣婉夫人/

一封高行遣大王其蓬萊社六廟祭祀/

却説時追至黎[①]莊宗與大臣太尉往阮家山□/苗内莊人再起義兵，剿除莫孽，進兵至國威府慈廉縣，途至蓬萊祠行禮，密禱陰扶護國討除莫孽，後得其/清平之日，表奏于帝，褒封美字上等福神，億年血食。祝畢，自然風雲勃起，忽見祠中器祭旗鼓一皆摇動，吁吁似雷鳴耳。太尉

① “黎”，原作諱字。

官暗想必有中興/之兆，天神順矣。乃行禮謝，即日舉兵直進大戰莫孽于福禄縣粉上社地分，血可行船，骸成山積，莫兵大敗壞散，奔還北岸□□□□/□□□□，莫孽掃清。/百官迎莊宗即皇帝位，阮尉爲主後太尉婿子□/氏代權爲王。自此天下清平，萬民富足，天下太平，府中無事，帝乃加封百神美字，陰扶國祚，萬古血食，香火/無窮焉。/

一封靈郎大王。歷代封贈顯應昭感英睿佐聖溥濟孚休顯助靈感佐治扶運濟世□嘏護國厚德巨仁剛毅□□□推功順裕恩□慶定休□/裕肇祥正直果斷昭義□威□勇神武勁□保國安民濟世赫靈□應顯仁□□文□英□睿□□□□烈善信美□/

一封靈佑大王。聖神□動灝□□德濬□□□□□浩蕩洪□河海汪洋濟泐浩□□□□□明命貳年榮贈以□□□□□□□□/年榮贈佑正顯□嗣德三年蒙贈□□上等神/

一封三江貴明大王。三甲廟□□□□□□□□□□□□□□/正繼社□□□□□□□□□□，西臺廟，疊山職監等功□/傘嶺舟還顯跡□。奇廟□鏖七百□□□/□□千秋□福神，行遣廟□□□□□□命□/□□□□□□□□。/

一封部浩公主。天顏□衍播名○/□□□□顯跡□宮廟□康□陰□□□乂□□□□□□□□□□□/□□□□□□□扶□□祠屹立古今□□宮廟/□亭□□邑户□□□代□□□聖□/□廣縣蓬萊社億年□□仰神□。/

一封高行遣大王其蓬萊社正祠奉祀春秋□□□前□□/

其生化日三位大王及各節國祭與慶賀，諱字功禁色服等並禁，計開于後[1]：

一　十二月十三日正生辰靈郎大王□豬□牛并酒/□□□三日。

一　二月初十日/正化辰靈王大王例牛牢並酒□/□□□□。

一　三月十五日聖母正生辰例□豬□/歌唱□。

一　八月十二日聖母正化辰例□□□□/�盤三具。

一　正月十五日開敕賞春例/粿盤三具，□黍□五卮/歌唱□□等賀聖母例。

一　三月十五日春開祭例禮用三□□酒/□□□□□□。

一　四月十五日慶賀開敕日□粿酒/歌唱。

一　二月十二日開敕日□粿□□/唱□日。

一　十月/初十、重十日慶賀例豬粿酒/歌唱。

一　九月初五日聖父化日例。

---

① “後”，碑原作“后”，另兼正字，故改，下同，不另出注。

一　**八月十五日秋國祭例**禮用三牲並/□歌唱等。

一“郎”“浩”“高”“靈”四字大禁，黄白郎色衣服並禁。/

洪福二年[①]正月初十日、翰林院東閣大學士阮炳奉撰/

皇朝永佑三年[②]、管監百神、知殿少卿，遵依前朝舊本奉寫/

□□三年庚辰八月日東園甲人□□尊功事□在白□□□□祠堂□□□社□□/□□□月日□□西風不□十六日□□上□□迎事跡忽見東風勁順舟行如□□/八日□□人□旁親□自□□窈□□□大廟一□節蹟自內豎□□再見西風□□□/□□□□□之□□□□甲廟行禮□□□舊本經年□□□□□□□□因登碑記。/[③]

夫廟庭之社所以事神也，我本甲○尊神上等一門福神，萬古厥初，太陰降瑞，寶婺[④]揚輝，奉侍李朝，挺生天將，化生不滅，陟降難常，其所以保護吾甲人/物延昌久矣。其原廟前聖母居宮也，地勢[⑤]則山水清秀，草木精神，含煙照水，風韻撩人，中有一區約四五篙，面前開/口，**兩邊各有玉笏形，案前三臺星，枕後/龍眼井，坎艮方有一峨眉星，一玉扇田形，二金星，二土星，引脈形勝顯然。今考古籙，李朝百金建立宫廟，厚沐皇恩，不知中間如何，廟宇窄狹，但見一網/遺來，遞年會祭，建草舍社在亭團，宰黄牛二隻，一以黄紙包四足奉祭，一以宰肉解行有脚等語。**有脚解例，明命/戊戌[⑥]年間始罷。**至黎末僞西間癸丑年[⑦]，本甲始修理後宫，/連前三間上蓋瓦器。明命甲午年[⑧]、始繼造兩間四壁土磚；己亥年[⑨]始造兩廈儀門牆壁；嗣德五年[⑩]二月、始建前堂磚柱、方椽，蓋之以瓦，高儀門齊，制度漸/以可觀，豈其行或使之神非無意預□知，而今而後默相有神，代生豪士。由此，而重樓疊閣，廟宇焜煌，東南團之福履，與**

---

① “洪福二年”，洪福爲後黎英宗黎維邦的年號，然，英宗洪福元年冬因懼左相鄭松的權勢，偕皇子四人逃離至乂安，鄭松遂另立皇五子禪爲帝，次年春正月改元嘉泰並即天子位。正月二十二日，鄭松詐迎英宗回朝，陰逼自縊。本碑記載碑撰於洪福二年正月初十日，時雖世宗已立，改元嘉泰，然英宗猶逃於乂安未卒，故稱洪福二年。

② “永佑”，爲後黎懿宗黎維祳的年號，永佑三年（1737），當清乾隆二年，歲次丁巳。

③ 以上爲拓片編號 03302 的内容。

④ “寶婺”，原爲星宿名，即婺女星，又稱女宿，後借爲貴族婦女之美稱。見（晉）左思《吴都賦》：“婺女寄其曜，翼軫寓其精。”又，《全唐文·唐中宗·封永年縣主制》：“韶容將寶婺分暉。惠質與瓊娥比秀。”

⑤ “勢”，原作“𠢞”，越南俗字。

⑥ “明命戊戌”，爲阮聖祖阮福晈之年號，戊戌爲明命十九年（1838），當清道光十八年。

⑦ “癸丑年”，即西山朝阮光纘景盛元年（1793），當清乾隆五十八年。

⑧ “明命甲午年”，即明命十五年（1834），當清道光十四年。

⑨ “己亥年”，即明命二十年（1839），當道光十九年。

⑩ “嗣德五年”，“嗣德”爲阮翼宗阮福時的年號，“五年”爲公元 1852 年，當清咸豐二年，歲次壬子。

天地而相爲始終矣[①]。/

廟前開口跟跡在夾牆邊，内堂原是平田，嘉隆年間[②]，本社築大路在廟之後，以便往來，不意觸犯本亭、本廟、本寺/地脈，人民不寧；再築路，行在廟前，取土過深成爲小池，再見有動。紹治年間，築路自石貢口至本廟下段田寺，取/土過深，四五年間社内生訟端，疫癘本社，始借擡土塡還，損費甚廣，始得安寧。自今以後，廟前不得掘爲池沼與/小路，自石貢口到近廟兩邊平田，竝禁不得開鑿取土，以寧民居。而今而後，萬古猶存。每五年一度，以根茅一把磨蕩/碑面，而如見何字生苔垢或舛，再賃工潤色，以壽其傳。/[③]

題後

本碑記載皇郎大王（封靈郎大王）與其母九宫妃子、及高行遣大王的神蹟。碑中所言皇郎大王的神蹟，多涉神奇，與《嶺南摭怪外傳・董天王傳》内容相似。而《皇越神祇總册》所載靈郎大王："奉閱王事跡，乃李太宗子，考之敕文，有句云'八分功德疏徵玉牒，乾威明武穆之英聲；帝王州鎮定奠金甌，並白馬高山之顯跡'，累朝褒封，與白馬祠並爲左右城隍。各處社村同奉事，共一百二十一社村。"又，楊伯恭《河内地輿》記載，河内有貴明大王祠與靈郎大王祠，靈郎大王又稱"弘濟最靈大王，祠在永順守隸寨，李朝所建"，其神蹟亦與本碑靈郎大王大致相同。

本碑的文辭也有許多值得注意的地方，如九宫妃子浩娘在父親去世後，與母親太婆移居市寨坊"姨娶夫"家，這"姨娶夫"應當就是贅夫，越南傳統有母氏崇拜和母系繼承，這姨娶夫是否反應這樣的社會現象，值得重視。又，碑文中曾兩次提及"中華"，一次提到貞永賊"僭國濁亂中華，國勢近傾，群臣束手，帝患之"，一次"國家今有貞永大賊占亂，中華人民塗炭，朝廷束手"。碑文記此事爲李朝太宗所遭遇之亂事，然而却以中華濁亂、中華人民塗炭爲説，則碑文之撰述者對於越南李朝與中國之關係，似有另一番的見解。

---

① 以上拓片編號03301的内容，據拓片題籤此爲聖母廟碑四面之右。

② "嘉隆"，爲阮世祖阮福映的年號，共十八年，自壬戌至己卯（1802–1819）。

③ 以上編號03300，據題籤此爲聖母廟碑四面之左。

二二四　修造闍梨寺行廊碑記

引言

碑立於於河東省懷德府伯陽社寺，爲寺後房第一碑。碑刻單面，拓片編號03466，共十九行字，滿行約三十三字，碑額刻“修造行廊碑記”六字，今依此重定篇題爲“修造闍梨寺行廊碑記”。碑文撰者闍梨寺住持丁金玉。年代署作光中（Quang Trung）四年（1791），光中是西山朝光中皇帝（Quang Trung Hoàng）阮文惠（Nguyễn Văn Huệ）的年號，同年爲清乾隆五十六年，歲次辛亥。拓片現藏於漢喃研究院。

此碑記述闍梨寺之行廊修造完成一事，並録有會主與功德主之名録，與讚詠此事之四字四句銘文。

03466
修造行廊碑記
河東省懷安府伯陽社寺后房第一碑

編號：03466　出自《拓片總集》第四冊

釋文

修①造行廊碑記②

嘗謂碑者所以建其崇基，銘其陳跡者也。睠兹國威府慈廉縣霸陽社内村太翁、老婆、/善男、信女、眷等，舊有闍梨③寺，古跡名藍④，平洋勝景。南無梵教，感通謹信婆心；西土如/來，供養虔伸密念。靜思浤浤⑤掛參禪，匪是空空懸解偈。仍此會同種福，總來無盡之財；隨/而多少任情，涣發有恒之産。行廊頃因修造鳩工，閣已告成，如鳥斯革，如翬斯飛，⑥ 如竹之苞，/如松之茂⑦，真如發願，有此恒心，有此恒産，有此福果，福等河沙⑧，慶流苗裔。憑法輪之常轉，萬/劫長留；指泰礪⑨以永存，億年如在。因銘于石，以壽其傳云。所有姓名開列于後⑩：

計/

會主臣范廷望妻阮氏審，范阮榮妻阮氏炅、妾阮氏干、杜氏徇；范功業妻范氏勅；阮世政，阮/世和妻阮氏笠、妾范氏戰；阮時達妻范氏措；阮曰瑛妻范氏襯；范克諧妻范氏仙、妾

---

① “修”，原作“脩”，此字另兼正字，故改，下同不另注。

② 此爲額題，今依此重定篇題爲“修造闍梨寺行廊碑記”。

③ “闍梨”，見《玄應一切經音義・菩薩内戒經》：“阿祇利。或言阿闍梨，皆訛也。正言阿遮利耶，或作夜。此譯云正行或言軌範師也。”丁福保《佛學大辭典》解釋：“阿闍梨之略。僧徒之師也。其義爲正行。謂能糾正弟子品行。又謂之軌範師。以其能爲弟子軌範也。梨亦作黎。”

④ “名藍”，著名之伽藍，伽藍爲梵語音譯，即指寺院。

⑤ “汯汯”，亦作“浤浤”。《文選》載木華《海賦》：“飛澇相磢，激勢相沏。崩雲屑雨，浤浤汩汩。”李善注：“浤浤汩汩，波浪之聲也。”劉良注：“浤浤汩汩，騰湧急激貌。”

⑥ “如鳥斯革，如翬斯飛”，語出《詩經・小雅・鴻鴈之什・斯干》：“如跂斯翼，如矢斯棘。如鳥斯革，如翬斯飛，君子攸躋。”孔穎達疏：“毛（亨）以爲言宫室之制，如人跂足竦此臂翼然；如矢之鏃有此棱廉然，如鳥之舒此革翼然，如翬之此奮飛然。”

⑦ “如竹之苞，如松之茂”，語出《詩經・小雅・鴻鴈之什・斯干》：“秩秩斯干，幽幽南山。如竹苞矣，如松茂矣。兄及弟矣，式相好矣，無相猶矣。”鄭玄箋云：“言時民殷，衆如竹之本生矣；其佼好又如松柏之暢茂矣。”

⑧ “河沙”，譬數之多如恒河之沙，亦喻長壽。（宋）宗鑑《釋門正統・曇鸞》八曰：“其爲壽也，有劫石焉，有河沙焉。沙石之數有限，壽量之數無窮，是金仙氏長生也。”

⑨ “泰礪”，言經時久遠。《史記・高祖功臣侯者年表》：“封爵之誓曰：‘使河如帶，泰山若厲。國以永寧，爰及苗裔。’始未嘗不欲固其根本，而枝葉稍陵夷衰微也。”應劭集解曰：“封爵之誓，國家欲使功臣傳祚無窮。帶，衣帶也；厲，砥石也。河當何時如衣帶，山當何時如厲石，言如帶厲，國乃絶耳。”

⑩ “後”，原作“后”，此字另兼正字，故改，下同不另注。

范氏宣；/范名根妻范氏時、妾阮氏招；阮氏慘，號妙敏；阮功班妻阮氏壯；丁金玉妻阮氏儋、次妻范氏様；范/廷權妻裴氏曰；阮世榮妻黄氏然；范曰盛妻范氏斷。隨緣范廷奎妻阮氏車，范登倫妻阮氏廠。/

一功德官員、鄉老、仝村等，又功德阮有權妻范氏目；阮氏燦，號妙淨；丁玉珆妻范氏庶；阮有義妻/范氏線、妾阮氏緣；阮文物妻范氏置；范氏貼號妙産；范伯張妻阮氏忝；阮氏禮，號妙輝；丁氏潞；阮/功信妻范氏晰；范氏有，號妙富；阮仲康妻夏氏謙；阮有鳳妻陳氏堂；阮玉琢妻范氏酉；范仲朗/妻夏氏駢；阮有班妻阮氏而；范氏涓；阮氏纏號妙員。

一功德信娓[1]等，林户社功德阮有賞妻/阮氏燦；春榜社功德朱氏閏，號妙霜；合仝檀那[2]諸人眷等。/

皇朝光中肆年歲在辛亥仲夏穀日/

其銘曰：

巍巍上殿，矗矗行廊。諸祥[3]攸集，仝社壽康[4]。/

會主、住持[5]本寺丁金玉，字汯永，號玄綏寫碑/[6]

題後

本碑據拓片題籤，立於河東省懷德府伯陽社寺。在伯陽社約有二十七通寄忌碑，題籤有稱“伯陽社”“伯陽市社”“伯陽内社寺”者，細究内文，大致均與“闍梨寺”或“月老寺”有

---

① “信娓”，越南稱未出家，而在寺廟中爲寺廟工作的女性爲“娓”。

② “檀那”，又作旦那、柁那、檀越、馱囊，法雲編《翻譯名義集·七衆弟子篇》引《要覽》曰：“或名檀那者。梵語陀那鉢底，唐言施主，今稱檀那。訛陀爲檀，去鉢底留那也。”又，“思《大乘論》云，能破慳悋嫉妬，及貧窮下賤苦，故稱陀。後得大富。及能引福德資糧，故稱那。又稱檀越者，檀即施也，此人行施，越貧窮海。”

③ “祥”原作諱字。

④ 自“其銘曰”至“仝社壽康”刻於碑之右邊。

⑤ “住持”，見《敕修百丈清規》卷二：“佛教入中國四百年而達磨至，又八傳而至百丈，唯以道相授受，或岩居穴處，或寄律寺，未有住持之名。百丈以禪宗寖盛，上而君相王公，下而儒老百氏，皆嚮風問道，有徒實蕃，非崇其位，則師法不嚴，始奉其師爲住持。”禪宗由於住在寺内的徒衆甚多，故各寺均設住持一人，其下另置若干職位。至後世，此住持之稱也通用於其他諸宗。

⑥ 此行字原刻於碑之左邊。

關，然據立於後黎顯宗景興五年（1744）《范曰連後神碑記》之碑文記載，四面碑額分别爲"古跡後佛"（編號 03493）、"作石碑記"（編號 03494）、"闍梨寺"（編號 03495）、"月老名藍"（編號 03496），則可知"闍梨寺"與"月老名藍"實爲同一地點。此二十七方碑誌，見下表：

編號	篇題	年代	位置
03466	修造闍梨寺行廊碑記*	西山朝阮文惠光中四年（1791）	寺後房第一碑
03467/03509	後佛碑記	後黎顯宗景興二十五年（1764）	寺後房第十五碑
03469/03488	闍梨寺後僊碑記	後黎裕宗保泰八年（1727）	寺後房第十七碑
03470	闍黎寺後佛碑記	後黎顯宗景興三十三年（1772）	寺後房第二十四碑
03472/03471	後佛碑記	後黎顯宗景興五年（1744）	寺後房第二十二碑
03473	寄忌碑記	後黎熙宗永治五年（1680）	寺後房第二十五碑
03474	後佛碑記	後黎顯宗景興八年（1747）	寺後房第二十九碑
03475	寄忌碑記	後黎顯宗景興戊申年（景興没有戊申年）	寺後房第九碑
03476	闍梨寺祭田碑**	後黎顯宗景興三十九年（1774）	寺後房第十三碑
03477	後佛碑記	後黎顯宗景興二十□年	寺後房第二十六碑
03478	闍梨寺功德碑記	後黎玄宗景治三年（1665）	寺後房第二十七碑
03486	後佛碑記	皇朝壽考萬萬年之捌	伯陽市社寺前第五碑
03489	月老寺後佛碑記	皇王壽考萬萬年之玖	寺前第一碑
03490	月老寺後佛碑記	後黎裕宗保泰八年（1727）	伯陽市寺前第三碑
03491	月老寺後佛碑記	後黎裕宗保泰八年（1727）	伯陽市寺前第二碑
03492	闍黎寺後佛碑記	後黎顯宗景興四十二年（1781）	伯陽内社寺後房第十九碑
03493/03494/03495/03496	范曰連後神碑記	後黎顯宗景興五年（1744）	伯陽内社寺後房第二碑
03497	後佛碑記	未注明	伯陽内社寺後房第二十四碑
03498/03500	後佛碑記	後黎顯宗景興十七年（1756）	伯陽内社寺後房第十六碑
03499	後佛碑記	後黎顯宗景興三十三年（1772）	伯陽内社寺後房第三碑
03506/03507	後佛碑記/月老寺	後黎熙宗正和十一年（1690）	伯陽市社寺前第八碑
03508	霸陽社市村黎延揚夫妻後佛碑記**	戊午年	伯陽市社寺前第四碑
03510	闍黎寺後佛碑記	後黎顯宗景興三十三年（1772）	伯陽内社寺後房第二十碑

（續表）

編號	篇題	年代	位置
03511	後佛碑記	西山朝阮光纘景盛六年（1798）	伯陽内社寺後房第十八碑
03512	後佛碑記	西山朝阮光纘景盛六年（1798）	伯陽内社寺後房第十二碑
03513	後佛碑記	後黎顯宗景興三十一年（1770）	伯陽社寺後房第四碑
03516	月老寺忌碑	後黎顯宗景興六年（1745）	伯陽市社寺前第七碑

注：* 表示此篇收入本書；** 表示原無碑題。

二二五　阮有功墓記

引言

墓碑位於北寧省嘉林縣東畲總鉢本場社阮相公祠堂前，碑爲單面，拓片編號03517，共十七行字，滿行約四十二字，有界綫，碑題“先考阮府君墓記”七字，今重定篇題爲“阮有功墓記”。立碑年代未注明，按拓片題籤所述此碑爲正和（Chính Hòa）十五年（1694）立，正和爲後黎熙宗（Lê Hy Tông）黎維祫（Lê Duy Cáp）的年號，同年爲清康熙三十三年，歲次甲戌。拓片現藏於漢喃研究院。

此爲是順安府嘉林縣鉢場社人阮有功之墓誌。誌文載其家世、生平、科名與官職，及家中成員所任之官職或婚嫁狀況。

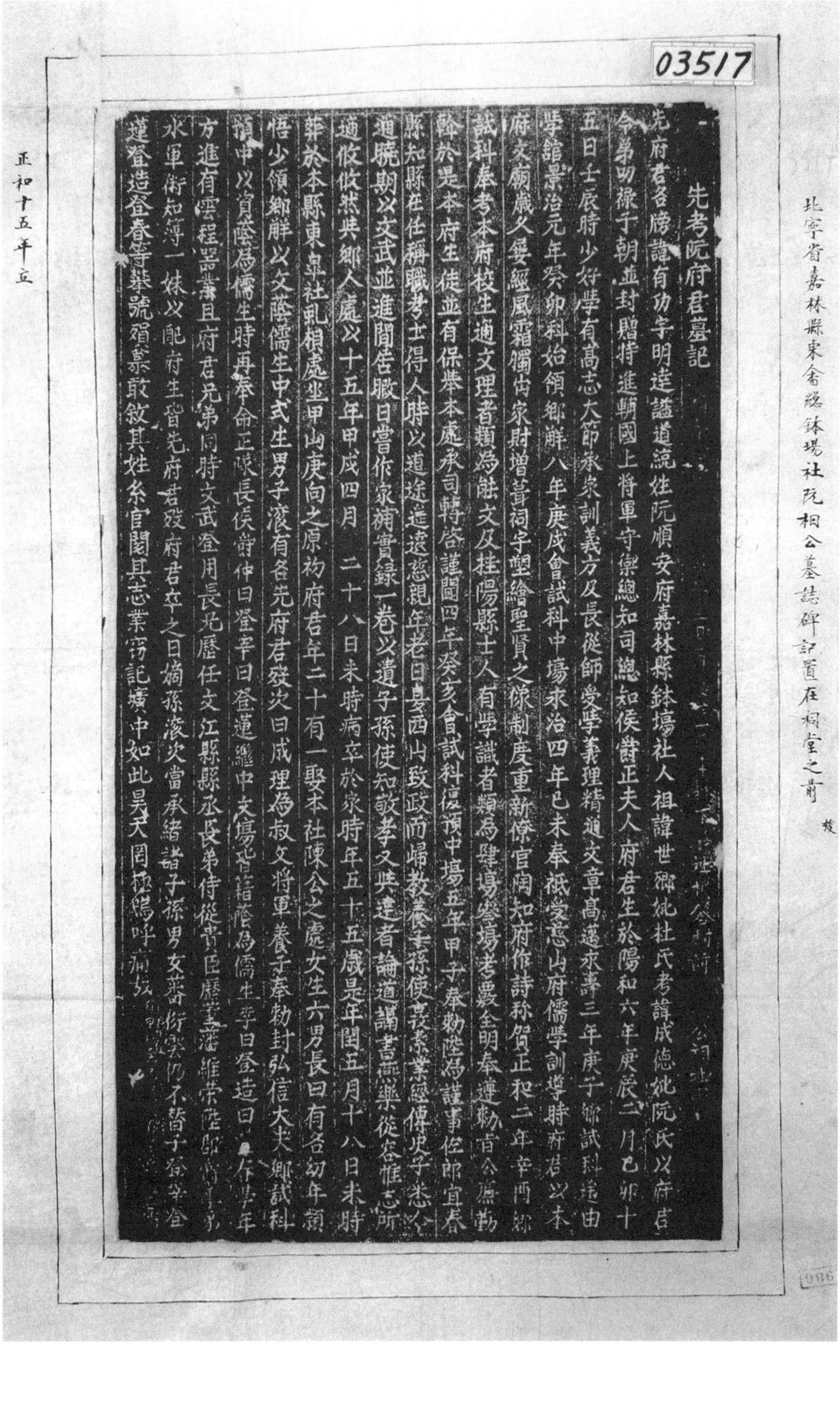

03517

北寧省嘉林縣東畬總鉢場社阮相公墓誌碑記置在祠堂之前　校

先考阮府君墓記

先府君名膀諱有功字明達謚道流姓阮順安府嘉林縣鉢場社人祖諱世卿妣杜氏考諱成德妣阮氏以府君令弟叨祿于朝並封贈特進輔國上將軍守衛總知司總知侯爵正夫人府君生於陽和六年庚辰二月己卯十五日壬辰時少好學有高志大節承家訓義方及長從師受學義理精通文章高邁永壽三年庚子鄉試科途由學館景治元年癸卯科始領鄉解八年庚戌會試科中場永治四年己未奉祗受慈山府儒學訓導時府君以本府文廟歲久屡經風霜獨出家財增葺祠宇塑繪聖賢之像制度重新僚官阮知府作詩称賀正和二年辛酉鄉試科奉考本府校生通文理者類為能文及桂陽縣士人有學識者類為肄場參場考覈全明奉遵勅旨公薦勸幹於是本府生徒並有保舉本處承司轉啓謹聞四年癸亥會試科復預中場五年甲子奉勅陞為謹事佐郎宜春縣知縣在任稱職考士得人時以道途遥遠慈親年老自是西山致政而歸教養子孫使袁素業經傳史子悉以道曉期以文武並進間居暇日嘗作家禮實錄一卷以遺子孫使知敬孝又其達者論道講書燕樂從容惟志所適攸攸然共鄉人處以十五年甲戌四月　二十八日未時病卒於家時年五十五歲是年閏五月十八日未時葬於本縣東皐社軋楨處坐甲山庚向之原初府君年二十有一娶本社陳公之處女生六男長曰有名幼年頴悟少領鄉解以文蔭儒生中式生男子滚有名先府君殁次曰成理為叔文將軍養子奉勅封弘信大夫鄉試科預中以資蔭為儒生時再奉命正隊長侯爵仲曰登辛曰登蓮繼中文場登籍蔭為儒生季曰登造曰[illegible]侍學年方進有雲程器業且府君兄弟同時文武登用長兄歷任文江縣縣丞長弟侍從貴臣歷奉藩維崇陞郎尚書弟水軍衛知簿一妹以配府生留先府君殁府君卒之日嫡孫滚次當承緒諸子孫男女蕃衍雲仍不替予登辛登蓮登造登春等攀號殞[illegible]敢敘其姓系官閥其志業窃記壙中如此昊天罔極嗚呼痛哉

正和十五年立

編號：03517　出自《拓片總集》第四冊

釋文

先考阮府君墓記[①]

先府君名牓，諱有功，字明達，謚道統，姓阮，順安府嘉林縣鉢場社人。祖諱世卿，妣杜氏。考諱成德，妣阮氏，以府君/令弟叨禄于朝，並封贈特進、輔國上將軍、守禦總知司總知、侯爵。正夫人。

府君生於陽和六年庚辰二月乙卯十/五日壬辰時，少好學，有高志大節，承家訓義方。及長、從師受學，義理精通，文章高邁。永壽三年庚子鄉試科途由/學館，景治元年癸卯科始領鄉解，八年庚戌會試科中場，永治四年己未奉祗受慈山府儒學訓導。時府君以本/府文廟歲久，屢經風霜，獨出家財增葺祠宇，塑繪聖賢之像，制度重新，僚官陶知府作詩稱賀。正和二年辛酉鄉/試科，奉考本府校生[②]，通文理者類爲能文；及桂陽縣士人，有學識者類爲肆場，叄場考覈全明，奉遵敕旨，公廉勤/幹[③]，於是本府生徒[④]並有保舉，本處承司轉啟謹聞。四年癸亥會試科復預中場，五年甲子奉勅陞爲謹事佐郎、宜春/縣知縣，在任稱職，考士得人，時以道途遥遠，慈親年老，日懸西山，致政而歸，教養子孫，使敦素業，經傳史子，悉令/通曉，期以文武並進。閒居暇日，嘗作《家補實録》一卷，以遺子孫，使知敬孝。又與達者論道講書，燕樂從容，惟志所/適，攸攸然與鄉人處。以十五年甲戌四月　二十八日未時，病卒於家，時年五十五歲，是年閏五月十八日未時、/葬於本縣東皋社虬棖處，坐甲山庚向之原。

初，府君年二十有一，娶本社陳公之處女，生六男，長曰有名，幼年穎/悟，少領鄉解，

---

① 此爲碑題，今依内容及性質重定篇題爲“阮有功墓記”。其下有“明命□□□□□□初三日再□□一在本縣下□社□谷村前□□公祠址田”字樣，字跡模糊，極難辨認。

② “校生”，見《欽定越史通鑑綱目·正編》“後黎太祖順天元年”：“置學校。帝初立國，留意作人，内設國子監，選官員子孫，及凡民俊秀充焉。外社路學選民閒良家子弟充路校生，立師儒教訓之。”

③ “斡”，或作“幹”。《漢書·百官公卿表第七上》：“治粟内史，秦官，掌穀貨，有兩丞。景帝後元年更名大農令，武帝太初元年更名大司農。屬官有太倉、均輸、平準、都内、籍田五令丞，斡官、鐵市兩長丞。”如淳注曰：“斡音筦，或作幹。斡，主也，主均輸之事，所謂斡鹽鐵而榷酒酤也。”

④ “生徒”，鄉試庶人中三場爲之生徒。《欽定越史通鑑綱目·正編》“後黎顯宗景興二年”條載“復鄉試舊制”注釋：“官員子中三場者謂之儒生，庶人中三場謂之生徒。”

以父蔭、儒生[①]中式，生男子滚；有名先府君歿。次曰成理，爲叔父將軍養子，奉勅封弘信大夫，鄉試科/預中，以資蔭爲儒生，時再奉命正隊長、侯爵。仲曰登宰，曰登蓮，繼中文場，皆藉蔭爲儒生。季曰登造，曰登春，學年/方進，有雲程器業，且府君兄弟，同時文武登用，長兄歷任文江縣縣丞；長弟侍從貴臣，歷董藩維，榮陞郡爵；季弟/水軍衛[②]知簿。一妹以配府生，皆先府君歿。府君卒之日，嫡孫滚、次當承緒。諸子孫、男女蕃衍，雲仍[③]不替。子登宰、登/蓮、登造、登春等，攀號殞慕，敢敘其姓系、官閱、其志業，竊記壙中如此，昊天罔極，嗚呼痛哉！自甲戌至己丑，□百□□□□□/

題後

本碑記爲順安府嘉林縣鉢場社人阮有功之墓記，相較於大量的記事碑誌，記人的碑誌數量及比例均甚少，且據題籤記載本墓記置於祠堂前，而非墓中。碑文在“先考阮府君墓記”行下有一行字，刻於明命年，字跡模糊極難辨認。約如下：“明命□□□□□□初三日再□□一在本縣下□社□谷村前□□公祠址田”；又文末“嗚呼痛哉”下刻“自甲戌至己丑，□百□□□□□”。

本碑記記載有些值得注意的地方，如碑文開頭即云“先府君名牓，諱有功，字明達，謚道統，姓阮”，既有名，又有諱，並有字及謚號。而述其六子，則云“長曰有名……次曰成理……仲曰登宰、曰登蓮……季曰登造，曰登春”，按“伯仲叔季”爲中國兄弟姊妹行輩長幼的排行，班固《白虎通義・姓名》：“稱號所以有四何？法四時用事先後，長幼兄弟之象也，故以時長幼號曰伯、仲、叔、季也。伯者，長也，伯者子最長，迫近父也。仲者，中也。叔者，少也。季者，幼也。”不知因何，本碑記仲有二，季有二，也不可能是男女分别排行，原因待查。

---

① “儒生”，見《欽定越史通鑑綱目・正編》卷三十九黎顯宗景興二年“復鄉試舊制”注釋：“官員子中三場者謂之儒生，庶人中三場謂之生徒。”又，黎熙宗永治二年“秋七月申定功臣文武世廕及吏民免役例”：“武四品以下有軍功、文中場有歷授佐貳者，諸子竝爲官員子。”

② “衛”，原爲俗體字“衛”，逕改，下同不另注。

③ “雲仍”，亦作“雲礽”，遠孫的意思。見《爾雅・釋親》：“晜孫之子爲仍孫，仍孫之子爲雲孫。”郭璞注：“言輕遠如浮雲。”

又，記中曰“教養子孫，使敦素業，經傳史子，悉令/通曉，期以文武並進”。不言“經史子集”，而曰“經傳史子”，則越南當時欲通曉之儒學類目與中國有偏重上的差異；且重視文武並進，並不全然文質化。

二二六　鉢場社總太監撰郡公阮福達夫妻後佛碑記

引言

碑立於北寧省嘉林縣東畬總鉢場社寶明殿後堂，爲後堂内右邊一碑。碑刻三面，拓片編號03519/03518/03520，拓片編號03519爲碑前，共十三行字，滿行約三十五字，碑額題“後佛碑記”四字；拓片編號03518爲碑左，共九行字，每行字數自二字至三十字不等；拓片編號03520爲碑右，共九行字，滿行約三十三字。今依内容及性質重定篇題爲“鉢場社總太監揆郡公阮福達夫妻後佛碑記”。三面之四邊刻有花草紋，其中拓片編號03518與拓片編號03520之碑額有兩層紋飾，於花草紋之上又刻有雲紋。立碑年代未注明，按《越南漢喃碑銘拓片目録提要》推斷年代爲黎中興時期，拓片題籤則述此碑爲黎朝永佑（Vĩnh Hựu）三年（1737）立，永佑爲後黎懿宗（Lê Ý Tông）黎維祳（Lê Duy Thận）年號，同年爲清乾隆二年，歲次丁巳。拓片現藏於漢喃研究院。

此碑爲鉢場社爲總太監揆郡公阮如圓之父母所立之後佛碑記。鉢場社社寺圮頹日久，但財力不敷，而揆郡公阮如圓出古錢二百貫與二畝田作爲修繕和供養之資，鉢場社社民爲感念其恩，故尊保其父母順嘉侯阮福達和阮氏慈惠爲後佛，文中除有八句四字之銘文歌詠此事外，亦以八句四字之語以作約束之言，末則録有供祭日與祭禮品項之規定，另有見證此事官員題名。

03519

後佛碑記

嘗謂寺以奉佛鼻祖於漢明從世皈依各建立焉然豈徒為壯麗以供美觀云乎哉抑亦為
果善緣初無心於要譽也睠惟本寺開闢兆成精靈鍾秀傘嶺拱前珥河繞後從來祈禱
稔有靈應焉第以奠爽寠經挹頹日久日㞢者易興善念而咸有心於理作也于是而官
貟文老善信底人念動慈航心開般若有施㞢以青蚨有給㞢以好肉但經營㞢未贍爾
財力㞢不敷茲見長官侍瓮宮知侍內書寫刑畨副首號左象奇副該官侍內監司禮監
總太監參督揆郡公阮相公字如圓爵五班優祿千鍾厚豈徒該鄉閭㞢甲第蓋亦優天
下㞢達尊尤且恩𢙇鞠育心發菩提仍出家貲古錢貳百貫田貳畝一以資興作一以給
供養於是乎衆匠斧斤星趨雲集相其役也四方村木川至山增助其役也閤七稟七殖
殖矗矗七經㞢營㞢輪焉奐焉規模革舊制度鼎明盖陳而繹㞢朽而堅之自今伊始耳厚
施厚報理必固然因此本社敬奠
顯考封贈英烈將軍都指揮使司都指揮使順嘉伯加贈順嘉侯阮貴公字福達府君
顯妣封贈貞人加贈正夫人阮貴氏號慈惠尊為後佛而今而後奉事如儀於是乎勒㞢于
石以壽其傳云　皆

黎朝永佑三年立

北寧省嘉林縣東畬總鉢場社寶明殿後堂內右邊一碑三面之前

編號：03519　出自《拓片總集》第四冊（下同）

03518
北寧省嘉林縣東畬總鉢場社寶明殿後堂内右邊一碑三面之左
銘曰
規模軒豁　棟宇穹崇　蟬聯蒲供　奕葉感通
施厚報厚　理同心同　朔望忌臘　天地始終
約曰
義雖女安　恩重確償　能無厚報　豈不永依
朔望致敬　天地為偕　有如不信　後日鳴雷
一功德田在各處所共貳畝以為朔望忌日等節
一遞年每月朔望日敬供貳座每座壹粿
一三月與四月忌日疏供壹道粿壹盤菓壹盤金銀壹千撥共准價古錢貳貫
黎朝永佑三年立

編號：03518

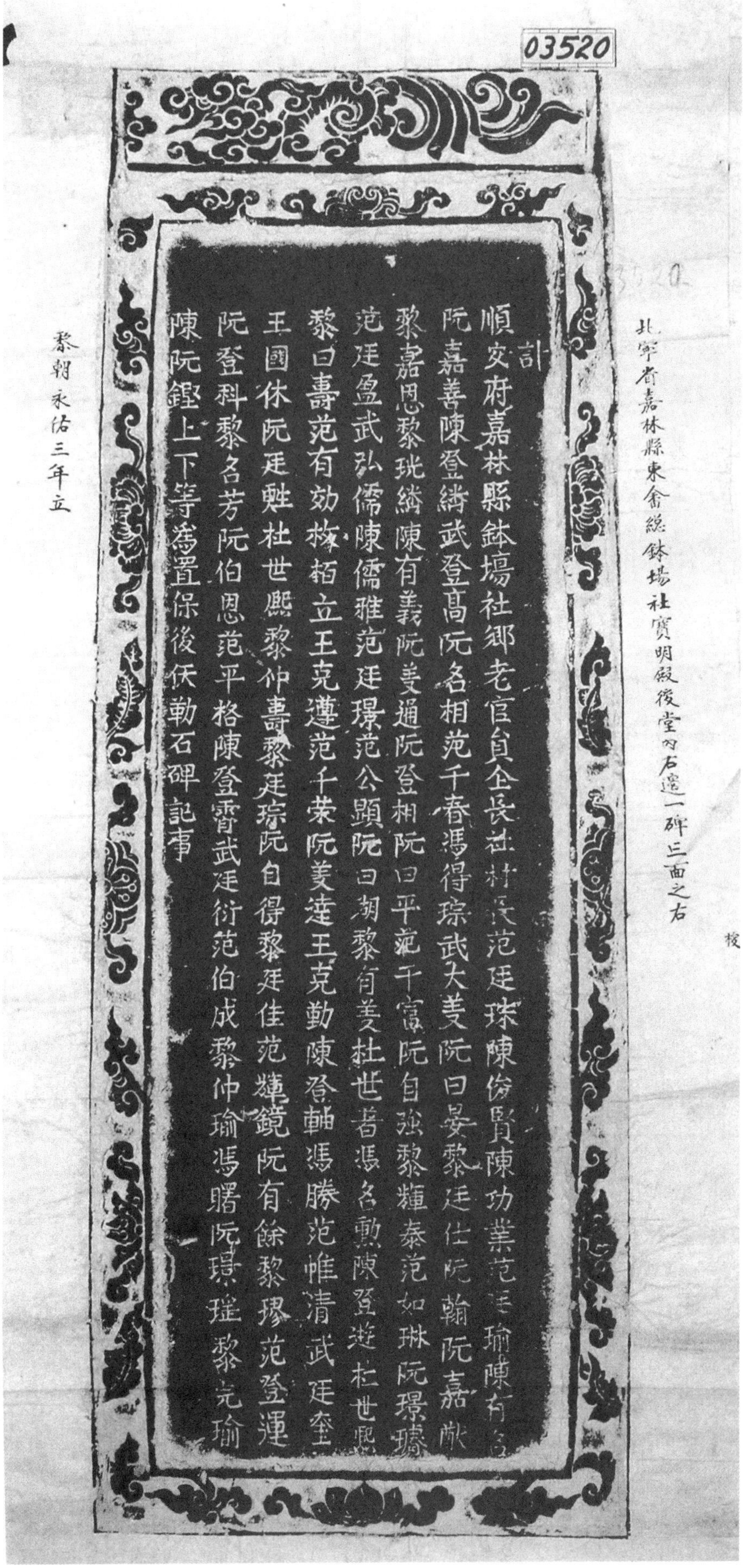

03520

北寧省嘉林縣東畬總鉢場社寶明殿後堂內右邊一碑三面之右

計
順安府嘉林縣鉢場社鄉老官員仝長社村長范廷琛陳份賢陳功業范廷瑜陳有名
阮嘉善陳登繼武登高阮名相范千春馮得琮武大姜阮曰晏黎廷仕阮翰阮嘉猷
黎嘉恩黎珧繼陳有義阮姜通阮登相阮曰平范千富阮自強黎輝泰范如琳阮璟璹
范廷盈武弘儒陳儒雅范廷璟范公顯阮曰湖黎有姜杜世著馮名勲陳登遊杜世熙
黎曰壽范有効椿栢立王克遵范千榮阮姜達王克勤陳登輔馮勝范帷清武廷奎
王國休阮廷魁杜世熙黎仲壽黎廷琮阮自得黎廷佳范輝鏡阮有餘黎璆范登運
阮登科黎名芳阮伯恩范平格陳登霄武廷衍范伯成黎仲瑜馮曙阮璟璀黎克瑜
陳阮鏗上下等爲置保後伕勒石碑記事

黎朝永佑三年立

校

編號：03520

釋文

後佛碑記[1]

嘗謂寺以奉佛，鼻祖於漢明，後世皈依[2]，多建立焉。然豈徒爲壯麗，以供美觀云乎哉？祇亦善/果善緣，初無心於要譽也。睠惟[3]本寺開闢兆成，精靈鍾秀，傘嶺[4]拱前，珥河[5]繞後，從來祈禱，/稔有靈應焉。第以蓂莢[6]屢經，圮頹日久，目之者易興善念，而咸有心於理作也。于是而官/員父老善信底人念動慈航，心開般若[7]，有施之以青蚨[8]，有給之以好肉，但經營之未贍，顧/財力之不敷。兹見長官侍亢宮知侍内書寫刑番副首號左象奇副該官、侍内監司禮監/總太監、參督、揆郡公阮相公，字如圓，爵五班優，禄千鍾厚，豈徒擅鄉閭之甲第，蓋亦優天/下之達尊[9]，尤且恩思鞠育，心發菩提[10]，仍出家貲古錢[11]貳百貫，田貳畝，一以資興作，一以

---

① 此爲額題，今依内容及性質重定篇題爲“鉢場社阮福達夫妻後佛碑記”。

② “皈依”，見《阿毘達磨俱舍論》卷十四：“諸有歸依佛，及歸依法僧，於四聖諦中，恒以慧觀察。知苦知苦集，知永超衆苦，知八支聖道，趣安隱涅槃。必因此歸依，能解脱衆苦。”故皈依又作歸依，指歸敬依投於佛、法、僧三寶。

③ “惟”，原作“帷”。

④ “傘嶺”，即傘圓山。

⑤ “珥河”，即紅河。

⑥ “蓂莢”，見（晉）葛洪《抱朴子・對俗》：“故太昊師蜘蛛而結網，金天據九鳫以正時，帝軒俟鳳鳴以調律，唐堯觀蓂莢以知月。”又，《文選・張平子東京賦》：“蓋蓂莢爲難蒔也，故曠世而不覿。”注曰：“蓂莢，瑞應之草。王者賢聖，太平和氣之所生。生於階下，始一日生一莢，至月半生十五莢；十六日落一莢，至晦日而盡，小月則一莢厭不落。王者以證知月之小大。”

⑦ “般若”，是梵語 praj 的音譯，意譯是慧、智慧、明、黠慧，《大智度論》卷七十：“般若定實相，甚深極重；智慧輕薄，是故不能稱。”因此之故漢譯佛經多以音譯“般若”一詞。

⑧ “青蚨”，蟲名，因傳説以蟲血塗錢，錢自歸來，故藉以稱錢。《太平御覽・蟲豸部》引《淮南萬畢術》：“青蚨還錢。青蚨一名魚，或曰蒲，以其子母各等置瓮中，埋東行陰垣下，三日後開之即相從，以母血塗八十一錢，亦以子血塗八十一錢，以其錢更市，置子用母，置母用子，錢皆自還。”

⑨ “達尊”，即“天下所通尊”。見《孟子・公孫丑下》：“天下有達尊三：爵一、齒一、德一。朝廷莫如爵，鄉黨莫如齒，輔世長民莫如德；惡得有其一以慢其二哉！故將大有爲之君，必有所不召之臣，欲有謀焉，則就之，其尊德樂道不如是，不足以有爲也。”注曰“三者天下之所通尊也，孟子謂賢者、長者、有德有齒，人君無德，但有爵耳，故云何得以一慢二乎。”

⑩ “菩提”，是梵語，意譯覺、智、知、道。廣義而言，乃斷絶世間煩惱而成就涅槃之智慧。

⑪ “古錢”，見《欽定越史通鑑綱目・正編》“後黎盛宗光順八年”注“使錢、古錢”引黎貴惇《芸臺類語》云：“北人以百文爲一陌。本國以三十六文爲一陌，謂之‘使錢’；六十文爲一陌，謂之‘古錢’。‘使錢’十陌，乃是‘古錢’六陌，準爲‘使錢’一貫。其‘古錢’十陌乃使錢之一貫六陌四十文。使錢别名閒錢，古錢别名貴錢。”

留/供養。於是乎衆匠斧斤，星趨雲集，相其役也；四方材木，川至山增，助其成也。閣閣槖槖[①]，殖/殖[②]矗矗[③]，經之營之，輪焉奐焉，規模革舊，制度鼎明，蓋陳而新[④]之，朽而堅之，自今伊始耳。厚/施厚報，理必固然，因此本社敬奠/　　　　顯考，封贈英烈將軍、都指揮使司都指揮使、順嘉伯、加贈順嘉侯阮貴公，字福達府君；/　　　　顯妣封贈貞人，加贈正夫人、阮貴氏號慈惠，尊爲後佛，而今而後，奉事如儀，於是乎勒之于/石，以壽其傳云。

時[⑤]/

銘曰：/

規模軒豁，棟宇穹崇。蟬聯蒲供[⑥]，奕葉感通。/

施厚報厚，理同心同。朔望忌臘[⑦]，天地始終。/

約曰：/

義同父母，恩重確隤。能無厚報，豈不永懷。/

朔望致敬，天地爲偕。有如不信，皎日鳴雷。/

一功德田在各處所共貳畝，以爲朔望忌日等節。/

一遞年每月朔望日敬供貳座，每座壹粽。/

一三月忌、四月忌，日疏供壹道，粽壹盤，果壹盤，金銀壹千梭，共准價古錢貳貫[⑧]。/

計/

順安府嘉林縣鉢場社鄉老、官員、仝長、社、村長范廷珠、陳俊賢、陳功業、范廷瑜、陳有名、/阮嘉善、陳登繼、武登高、阮名相、范千春、馮得琮、武大義、阮曰晏、黎廷仕、阮翰、阮嘉猷、/黎嘉恩、黎珖繼、陳有義、阮義通、阮登相、阮曰平、范千富、阮自強、黎輝泰、范如琳、阮璟璹、/范廷盈、武弘儒、陳儒雅、范廷璟、范公顯、阮曰瑚、黎有義、杜世

---

① “閣閣槖槖”，見《詩經・小雅・鴻鴈之什・斯干》：“約之閣閣，椓之槖槖。風雨攸除，鳥鼠攸去，君子攸芋。”毛亨傳曰：“約，束也；閣閣，猶歷歷也；槖槖，用力也。”

② “殖殖”，見《詩經・小雅・鴻鴈之什・斯干》：“殖殖其庭，有覺其楹。噲噲其正，噦噦其冥，君子攸寧。”毛亨傳：“殖殖，言平正也；有覺，言高大也。”

③ “矗矗”，見《漢書・司馬相如傳》引《子虛賦》：“於是乎崇山矗矗，巃嵸崔巍，深林巨木，嶄巖參差。”郭璞曰：“（矗矗、崔巍）皆高峻貌也。”

④ “新”，原作諱字。

⑤ 以上爲拓片編號 03519 的内容。

⑥ “蒲供”，即“伊蒲饌”，素食齋供。（明）元賢集《禪林疏語考證・彝典門》：“齋供食曰伊蒲饌。後漢楚王映詣闕以縑贖罪。詔報曰。王好黄老之言。尚浮屠之教。還其贖以助伊蒲塞桑門之饌。注伊蒲塞即優婆塞。此言近住。言受戒行甚近僧住也。”又《書言故事・釋教》：“齋供食曰伊蒲饌。”

⑦ “忌臘”，見（明）田藝衡《玉笑零音》：“人之初生，以七日爲臘；人之初死，以七日爲忌。”

⑧ 以上爲拓片編號 03518 的内容。

著、馮名勳、陳登遊、杜世熙、/黎曰壽、范有効、枚柏立、王克遵、范千榮、阮義達、王克勤、陳登軸、馮勝、范帷清、武廷奎、/王國休、阮廷甦、杜世熙、黎仲壽、黎廷琮、阮自得、黎廷佳、范輝鏡、阮有餘、黎璆、范登運、/阮登科、黎名芳、阮伯恩、范平格、陳登霄、武廷衍、范伯成、黎仲瑜、馮曙、阮璟瑶、黎完瑜、/陳阮鏗上下等，爲置保後佛，勒石碑記事。/[1]

題後

本碑記據題籤立於北寧省嘉林縣東畬總鉢場社寶明殿後堂，爲後堂内右邊一碑。記載侍内監司禮監總太監、參督、揆郡公阮如圓捐資修建佛寺，鉢場社社衆爲了感恩，爲阮如圓之父母設立寄忌，尊爲後佛，一體祭祀。與本碑記相關的碑記有拓片編號 03525 至 03528《京北處承司衙門等官爲理斷洲土浮沙水孚訟事碑》（收入本書，篇號二二七）及編號爲 03529 至 03532 的《鉢場等二社阮成珠配祀陶業先師暨祭忌碑記》（收入本書，篇號二二八）、編號 03535/03536《文江縣奉公社揆郡公阮成珠寄忌碑》。

據拓片題籤，《京北處承司衙門等官爲理斷洲土浮沙水孚訟事碑》（下稱訟事碑）與本碑均立於北寧省嘉林縣東畬總鉢場社寶明殿，本碑記爲後堂内右邊，《訟事碑》爲殿前左邊。而《鉢場等二社阮成珠配祀陶業先師暨祭忌碑記》（下稱陶業先師碑）與《文江縣奉公社揆郡公阮成珠寄忌碑》則分别在北寧省嘉林縣東畬總春關社揆郡公祠的左邊與右邊。四通碑記中，位於揆郡公祠的兩通均爲“侍衾宫知侍内書寫刑番副首號副該官、知公象左象奇、侍内監司禮監總太監、參督、揆郡公”，阮成珠的寄忌碑，但是鉢場社寶明殿的本碑記功德主阮如圓其官爵爲“侍衾宫知侍内書寫刑番副首號左象奇副該官、侍内監司禮監總太監、參督、揆郡公”可以説與阮成珠的官爵幾乎完全一樣，且三碑立碑時間均在後黎懿宗永佑三年（1737），如果阮如圓與阮成珠是兩個人，在同一個時期，爲什麼官爵，尤其是爵位“揆郡公”竟然相同？如果是同一個人，爲什麼在同一時間的姓名不同？

又由於阮如圓與阮成珠均封揆郡公，《陶業先師碑》題籤記載碑記所在位置爲鉢場社“揆郡公祠”，而本碑記與《訟事碑》則立於鉢場社“寶明殿”，揆郡公祠是否即寶明殿，又是否即“陶業先師祠廟”，其稱謂改變形成的歷史發展也值得關注。

---

① 以上爲拓片編號 03520 的内容。

二二七　京北處承司衙門等官爲理斷洲土浮沙水孕訟事

引言

碑立於北寧省嘉林縣東畬總鉢場社寶明殿前左邊。碑刻四面，拓片編號03525/03526/03527/03528。拓片編號03525爲碑前，共十三行字，滿行約四十一字，有碑題“京北處承司衙門等官位理斷洲土浮沙水孕訟事”二十四字，今以此爲篇題；拓片編號03526爲碑後，共二十四行字，滿行約五十一字；拓片編號03527爲碑左，共二十四行字，滿行約五十字；拓片編號03528爲碑右，共十六行字，滿行約四十二字。年代拓片編號03525署作盛德四年（1656），拓片編號03527盛德三年（1655）、拓片編號03528永壽二年（1659）、拓片編號03526正和二年（1681），盛德、永壽爲後黎神宗（Lê Thần Tông）黎維祺（Lê Duy Kỳ）年號，盛德三年與四年，同年爲清順治十二年與十三年，歲次乙未與丙申，永壽二年同年爲清順治十六年，歲次己亥；正和爲後黎熙宗（Lê Hy Tông）黎維祫（Lê Duy Cáp）年號，正和二年同年爲清康熙二十年，歲次辛酉。拓片現藏於漢喃研究院。

碑文記録東皐社與鉢場社爲爭奪沙洲的訟事，時間横跨盛德三年至正和二年，内容詳記縣府衙門對於此案的調查經過與判決。

03525

北寧省嘉林縣東畬總鉢塲社寶明殿前左邊一碑四面之前

京北處承司衙門等官爲理斷洲土浮沙水爭訟事
盛德四年三月據見屬内嘉林縣東皋社官貟社村長阮時亮陳文偕梁森阮知詩阮文鑑鄧金牛陶文包
陶文命阮有衆陶益阮如鄰阮文珗全社上下等有狀告等詞仍勾鉢塲社官貟社村長武秉勳阮璟并
黎進德武令審阮有臨阮擢黎有倫憑德容裴富王廷壽陳文科元瑾全社上下等有[illegible][illegible]等詞[illegible][illegible]兩
伴案内仍分差往前項縣二社拒爭洲土處拾集傍近金蘭東畬等社所供等言有左廪官親行[illegible][illegible]見
舊跡堤脚至大河則有洲土高培廣闊上則東畬有神佛寺下則鉢塲有神廟祠其形已著且有傍近等
社證人供言鉢塲社原有沿江店次防禦姦冰禰有客被盜劫累累受償其東皋社同田在内不有沿江
地分供言抄口收留案裏據本司左廪官呈堂得此參詳其訟係鉢塲社原有巾渡例額又有廟祠擽路
地分沿江已經縣府二衙門所斷若東皋社在内有界不待其辭之畢其爲直爲曲今然兩途孛牛必是
冰决矣其洲土浮沙水爭及邊江未滿究水處應斷還直伴鉢塲社依如舊跡以復祖宗土地以遺子孫
基業其東皋社在内田不得強爭過界違者糾舉案律奉行懲其頑訟玆斷
盛德肆年五月貳拾壹日對同阮廷諍
承司　花押

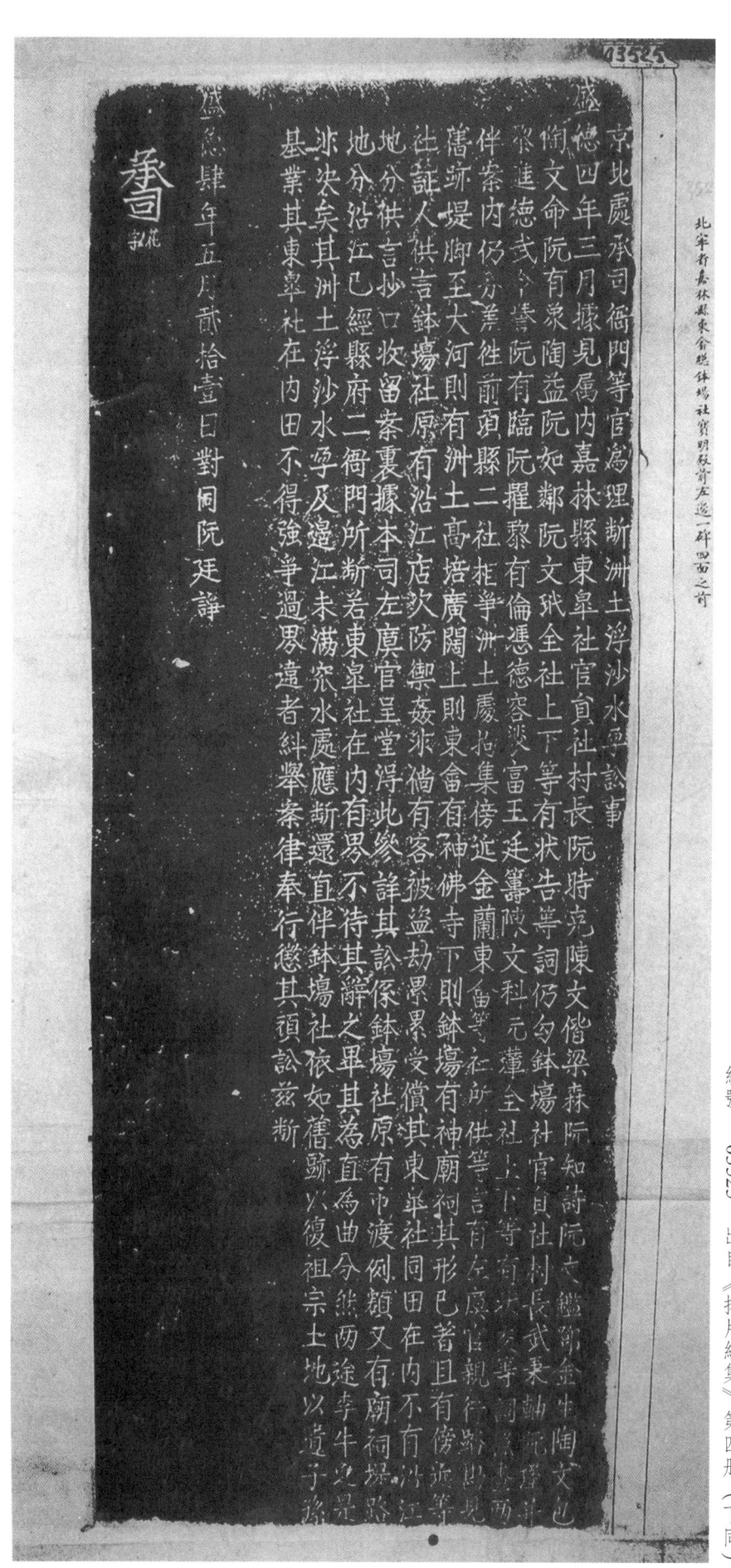

編號：03525　出自《拓片總集》第四册（下同）

03527

嘉林縣衙門等官為理斷剌人訟事於本年拾月貳拾捌日據屬內鉢塲社官員社村長武秉軸阮璉武今誉阮有臨阮[illegible]有[illegible]
阮暐范千歲阮文通等有告狀謂被別總東皋社侍其該縣府養奸人持戈鎗當日申押到鉢塲社界碣剌人不法事據此仍勾
東皋社其東皋社阮時克陳文偕梁森阮知詩阮文鑑鄧金生陶文巳陶文命阮有象陶益阮如鄭阮文珖上下等有狀交勘等
詞再勾証人本總金蘭春蘭東畬等社并調抄曰畧驗各幅共就衙門勘問再往此處拘集本總等社共就詞下查被跡人所在
被處堤下等調得此參詳其訟係是堤路者所以防水通行廟神者所以捍災禦患其鉢塲社祠廟在上堤路處已經年久有嫗
塋事也於直理其東皋社先下手剌人重跡已有本總畧驗為憑涉於非理應斷鉢塲社為直俾東皋社果是曲俾當償也亦恢
知律內若違強斷者即經呈上官科挙玆斷
盛德貳年拾貳月貳拾叁日該吏阮文敘
縣衙門
順安府衙門等官為理斷相爭洲土訟事
盛德叁年肆月拾捌日據屬內嘉林縣東皋社阮時克陳文偕梁森阮知詩阮文鑑鄧金生陶文命阮德澤阮有象全社等告狀謂
被本縣別總鉢塲社妄告縣官衙門其縣官衙門偏斷等詞始勾來查問其鉢塲社武秉軸阮璉黎進德范千載武今誉阮有臨
阮璉黎有倫裴富玉廷篤陳文科阮暐等再有狀交調被東皋社在內田意欲爭土各持器械押到廟祠剌人被跡已有告在本
縣衙門查實勘斷等因據此狀詞仍詳詰問西伴訟其原告東皋社備言原有外堤例有納稅無例稅民常控納其被告鉢塲社
又備言原本社地分在沿江上自東畬下至金蘭其市度例額界碣已有須知簿內且承鎮守官沿江地分亦有店次又乞行過
勘仍親行就相爭此處拘集兩伴訟各社指引踏查此疆彼界又勾查傍近東畬金蘭各社証人究問曲直及調東畬舊跡理斷
交約各憑又據各社証人所稱並就此處夾界絕立標表核下款誓又查東畬約內有東畬簿東皋鉢塲等社定立界碣見南邊
西邊夾大河近鉢塲社仍兆與鉢塲社理斷約內合同知兆一轍其兆與東皋社並不有近涉於顛倒又差吏與兩伴訟人並就
户科衙門抄寫須知簿見鉢塲社內外是赤百五拾萬及有市渡為此絡狀詞并供抄各幅後留案內審得參詳其訟係鉢塲社
在外墳沿江有浮沙常堆接連地分又有東畬証人歃血盟誓而供稱與譬如木有根枝若東皋社居在內田又無証人稱與[illegible]
如寄木無根托以鉢塲餘地私據耕種自起妄爭之意守本陵枝而又顛倒理斷違內約交則其曲直不待辨而自明今將前項
相爭洲土潭陶合斷還直俾依如舊跡約交及須知簿洲則耕居潭則攻魚各勤生業以為永遠之基若曲俾東皋社應保有[illegible]
疆田內不得越分強爭違者咱呈來得憑挙奏懲治茲理斷
盛德叁年𨒒月貳拾貳日對同邏吏阮世科

此字有嘉林縣東畬總鉢塲社實明殿前左邊一碑四面之左

編號：03527

03528

北寧省嘉林縣東會總鉢塲社實明敬前左邊一碑四面之石

順安府嘉林縣鉢塲社官員社村長武秉軸阮理黎進德武令譽阮有臨阮擢黎有倫馮德容裴富王廷[illegible]
陳文科阮瑋阮得名巨小等
申狀爲交勘爲被別總內同田頭民詭計侵爭洲土已訟隨次經縣府承司等衙門各三理斷同弁憲司所啓
而彼社妄啓强爲奉府堂舊官再批付依等衙門所斷未及還民收留案而彼社猶徂舊習妄啓强爲雷同
頑慢事等詞甚於不法爲此備因來
申爲交勘乞望恩旬調文案各幅審理施行懲不法塞强爭蘇民望
永壽貳年叄月初肆日申狀交勘鉢塲社社長阮得名記

付係嘉林縣鉢塲社與東皐社相爭洲土這訟已經縣府承憲二司等衙門官勘斷但
彼東皐社强爭洲致訟在本衙門茲已勾差查勘仍據見本總接近東會則供謂久有
挑洲土上自土堤下至鉢塲其本處神祠見鉢塲社奉事春蘭則供謂其外洲土上自東
畬下至鉢塲金蘭又供謂原祠廟邊江見鉢塲社奉事等祠具等社並已歃血盟誓
畢得此公同併勘仍查東皐社在本總內同田弁有神祠在內堤路其鉢塲社在本總
外沿江地分再有神祠在外沿江堤路這訟已有縣府承司等官憑斷等因仍使鉢塲
社並就本洲土盟誓事畢其前項洲土浮沙水爭應斷還鉢塲社地分以明界限息爭
端其東皐社本在內同田總宜守在內地分如原前有違者許申來得憑謹啓糾舉懲
治茲付

副都御史豐祿子吳
僉都御史東河子武[illegible]

編號：03528

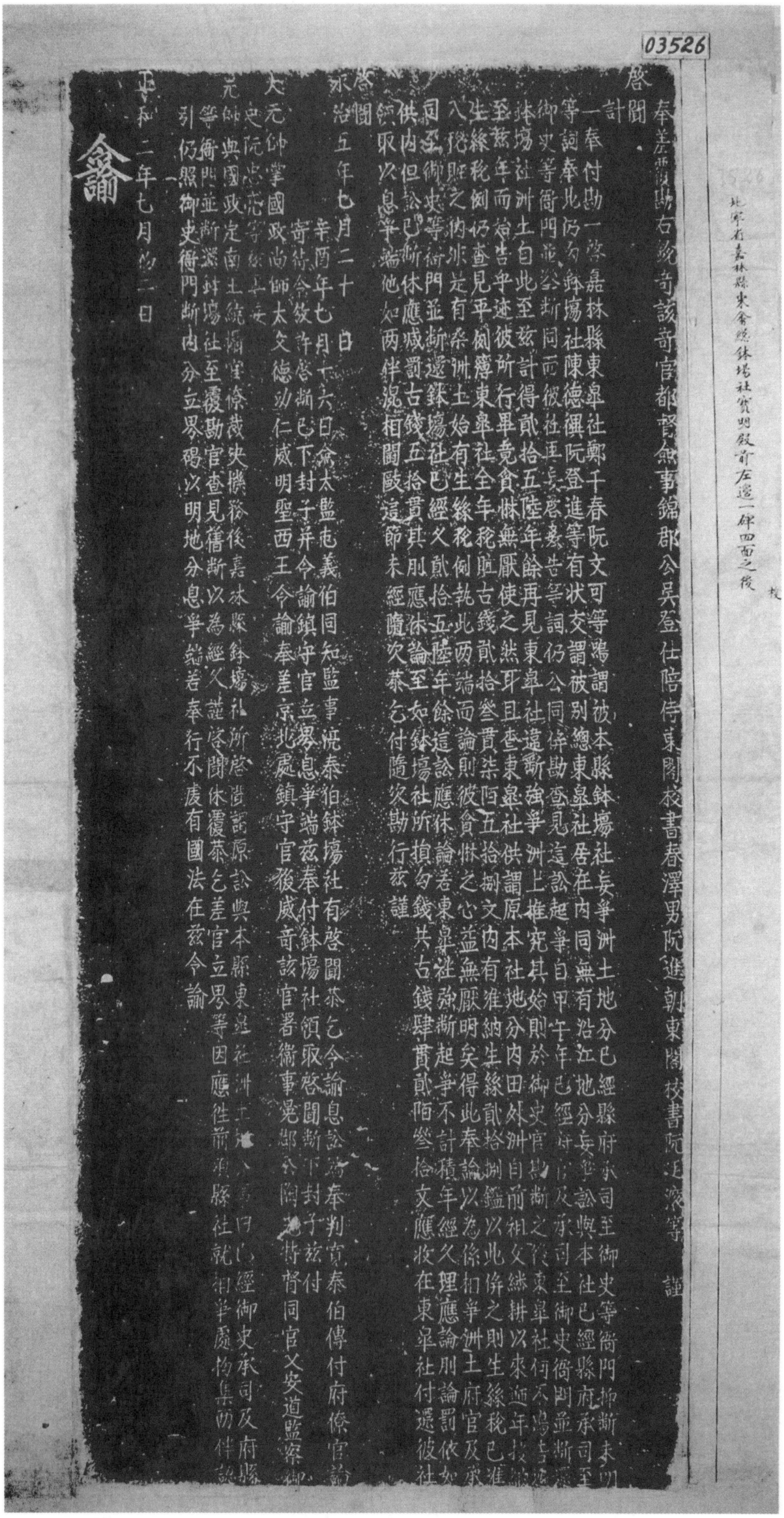
03526

北寧省嘉林縣東畬總鉢場社寶明殿前左邊一碑四面之後

奉差再勘右統奇該奇官都督僉事錦郡公吳登仕陪侍東閣校書春澤男阮進朝東閣校書阮廷滾等　謹
啓聞
計
一奉付勘一登嘉林縣東皋社鄭千春阮文可等鳴謂彼本縣鉢場社妄爭洲土地分已經縣府承司至御史等衙門抑斷未明
等詞奉兆仍勾鉢場社陳德偶阮登進等有狀交謂被別總東皋社居在內同無有沿江地分妄爭訟與本社已經縣府承司至
御史等衙門並訟斷同而彼社王吳啓嘉告等詞仍公同併勘查見這訟起爭自甲午年已經府官及承司至御史衙門並斷[illegible]
鉢場社洲土自此至茲計得貳拾五陸年餘再見東皋社還斷強爭洲上推究其始則於御史官勘斷之後東皋社何不鳴告[illegible]
至茲年而始告爭迹彼所行畢竟貪惏無厭使之然耳且查東皋社供謂原本社地分內田外洲自前祖父繼耕以來迺年[illegible][illegible]
生絲稅例仍查見平例齊東皋社全年稅歷古錢貳拾參貫柴陌五拾捌文內有准納生絲貳拾捌鑑以此併之則生絲稅已准
入稅貼之納永是有柰洲土始有生絲稅例執此兩端而論則彼貪惏之心益無厭明矣得此奉論以為條扣爭洲土府官及承
同至御史等衙門並斷還鉢場社已經久貳拾五陸年餘這訟應休論若東皋社殄斷起爭不計積年經久理應論刑論罰依如
供內但訟已斷休應減罰古錢五拾貫其刑應休論至如鉢場社所損勾錢共古錢肆貫貳陌參拾文應收在東皋社付還彼社
領取以息爭端他如兩伴混栢鬪毆這節未經隨次恭乞付隨次勘行茲謹
啓聞
永治五年七月二十日
辛酉年七月十六日僉太監屯義伯同知監事洸泰伯鉢場社有啓聞恭乞令諭息訟為奉判賞泰伯傳付府僚官諭
寄待令敘許啓斷已下封子并令諭鎮守官立界息爭端茲奉付鉢場社領取啓聞斷下封子茲付
大元帥掌國政尚師太父德功仁威明聖西王令諭奉差京北處鎮守官發威奇該官署衛事晃郡公附[illegible]特督同官乂安道監察御
史阮忠范等系[illegible]安
元帥典國政定南王統領寔僚裁決機務後嘉林縣鉢場社所啓嘗諸原訟與本縣東皋社洲土[illegible]入[illegible]曰[illegible]經御史承司及府縣
等衙門並斷還鉢場社至覆勘官查見舊斷以為經久謹啓聞休覆恭乞差官立界等因應往前項縣社就相爭處构集兩伴諭
引仍照御史衙門斷內分立界碣以明地分息爭端若奉行不虔有國法在茲令諭
正和二年七月初二日
諭

編號：03526

釋文

京北處承司衙門等官爲理斷洲土浮沙水孕訟事

盛德四年①三月據見屬内嘉林縣東皐社官員社村長阮時克、陳文偕、梁森、阮知詩、阮文鑑、鄧金生、陶文包、/陶文命、阮有象、陶益、阮如鄰、阮文玳全社上下等有狀告等詞，仍勾鉢場社官員、社村長武秉軸、阮瑾并、/黎進德、武令譽、阮有臨、阮擢、黎有倫、馮德容、裴富、王廷籌、陳文科、阮瓚全社上下等有狀交等詞。照查兩/伴案内，仍分差往前項縣二社相爭洲土處，拘集傍近金蘭、東畬等社所供等言，有左廩官親行踏勘，見/舊跡堤脚至大河，則有洲土高培廣闊，上則東畬有神佛寺，下則鉢場有神廟祠，其形已著，且有傍近等/社證人供言，鉢場社原有沿江店次防禦姦非，倘有客被盜劫，累累受償，其東皐社同田在内，不有沿江/地分。供言抄口，收留案裏，據本司左廩官呈堂，得此參詳，其訟係鉢場社原有市渡例額，又有廟祠堤路，/地分沿江，已經縣府二衙門所斷。若東皐社在内有界，不待其辭之畢，其爲直爲曲，分然兩途，李牛之是/非決矣，其洲土浮沙水孕及邊江未滿窊水處，應斷還直伴鉢場社，依如舊跡，以復祖宗土地，以遺子孫/基業。其東皐社在内，田不得強爭過界，違者糾舉，案律奉行，懲其頑訟，玆斷。/

盛德肆年五月貳拾壹日對同阮廷諍/

承司花/字②/

嘉林縣衙門等官爲理斷刺人訟事。於本年拾月貳拾捌日，據屬内鉢場社官員社村長武秉軸、阮瑾、武令譽、阮有臨、阮擢、黎有倫、/阮瓚、范千歲、阮文通等有告狀，謂被別總東皐社恃其該縣貯養奸人，持尖鎗，當日中押到鉢場社界碣，刺人不法事。據此仍勾/東皐社，其東皐社阮時克、陳文偕、梁森、阮知詩、阮文鑑、鄧金生、陶文包、陶文命、阮有象、陶益、阮如鄰、阮文玳，上下等，有狀交勘等/詞，再勾証人本總金蘭、春蘭、東畬等社，并調抄口署，驗名幅，共就衙門勘問，再往此處拘集本總等社共就詞，下查被跡人所在/被處堤下等，調得此參詳。其訟係是堤路者所以防水通行，廟神者所以捍災禦患，其鉢場社祠廟在上堤路處，已經年久，有驅/瘟事，近於直理，其東皐社先下手刺人重跡，已有本總署驗爲憑，涉於

---

① “盛德肆年”，“盛德”爲後黎神宗黎維祺年號，“四年”爲公元1656年，清順治十三年，歲次丙申。

② 以上爲拓片編號03525的内容，爲碑前。

非，理應斷鉢場社爲直伴，東皐社果是曲伴，當償此跡，依/如律内，若違強斷者，即經呈上官糾舉，兹斷。/

盛德貳年[1]拾貳月貳時參日該吏阮文欽/

縣花字/花押/

順安府衙門等官爲理斷相爭洲土訟事/

盛德參年[2]肆月拾捌日，據屬内嘉林縣東皐社阮時克、陳文偕、梁森、阮知詩、阮文鑑、鄧金生、陶文命、阮德澤、阮有象全社等告狀，謂/被本縣别總鉢場社妄告縣官衙門，其縣官衙門偏斷等詞。始勾來查，問其鉢場社武秉軸、阮瑾、黎進德、范千載、武令譽、阮有臨、/阮擢、黎有倫、裴富、王廷籌、陳文科、阮璀等再有狀交，謂被東皐社在内田意欲爭土，各持器械押到廟祠刺人被跡，已有告在本/縣衙門，查實勘斷等因。據此狀詞仍詳詰問兩伴訟，其原告東皐社備言，原有外堤，例有納税，然例税民常控納，其被告鉢場社/又備言原本社地分在沿江，上自東畬下至金蘭，其市渡例額、界碣已有須知簿内，且承鎮守官沿江地分亦有店次，又乞行踏/勘，仍親行就相爭此處，拘集兩伴訟各社指引踏查此疆彼界，又勾查傍近東畬、金蘭各社証人，究問曲直，及調東畬舊跡理斷/交約各憑；又據各社証人所稱，並就此處夾界繩、立標表，垓下歃誓。又查東畬約内有東畬簿，東皐、鉢場等社定立界碣，見南邊、/西邊夾大河，近鉢場社，仍比與鉢場社，理斷、約内合同如出一轍，其此與東皐社並不有近，涉於顛倒。又差吏與兩伴訟人並就/户科衙門抄寫須知簿，見鉢場社内外堤柒百五拾蒿，及有市渡，爲此除狀詞，并供抄各幅收留案内，審得參詳。

其訟係鉢場社/在外堤沿江有浮沙，帶挹接連地分，又有東畬証人歃血盟誓而供稱與，譬如木有根枝；若東皐社居在内田，又無証人稱與，譬/如寄木無根托。以鉢場餘地私擅耕種，自起妄爭，奚啻寄木陵枝，而又顛倒理斷，違内約交，則其曲直不待辨而自明，今將前項/相爭洲土、潭陶，合斷還直伴，依如舊跡約交及須知簿，洲則耕居，潭則攻魚，各勤生業，以爲永遠之基。若曲伴東皐社應保有舊/疆田内，不得越分強爭，違者咱呈來，得憑舉奏懲治，兹理斷。/

盛德參年玖[3]月貳拾貳日對同題[4]吏阮世科[5]/

---

① “盛德二年”，當清順治十一年（1654），歲次甲午。

② “盛德叁年”，當清順治十二年（1655），歲次乙未。

③ “玖”，爲越南避諱字“筵”，下同不另注。

④ “題”，爲越南避諱字“𩠐”，下同不另注。

⑤ 以上内容拓片編號 03527，爲碑左。

順安府嘉林縣鉢場社官員社村長武秉軸、阮瑾、黎進德、武令譽、阮有臨、阮擢、黎有倫、馮德容、裴富、王廷籌、/陳文科、阮瓘、阮得名巨小等/　　　　申狀嗚交勘，爲被別總内同田頑民詭計侵爭洲土，已訟隨次，經縣府承司等衙門各三理斷，同并憲司所啟，/而彼社妄啟強嗚，奉府堂舊官再批付，依等衙門所斷，未及還民收留案，而彼社猶狃舊習，妄啟強嗚，雷同/頑慢事等詞，甚於不法，爲此備因，來/　　　　申嗚交勘，乞望恩，勾調文案各幅，審理施行，懲不法，塞強爭，蘇民望。/

永壽貳年[①]玖月初肆日申狀交勘，鉢場社社長阮得名記/

副都御史豊禄子吴批/

僉都御史河東子武花/押/

付係嘉林縣鉢場社與東臯社相爭洲土，這訟已經縣府承憲二司等衙門官勘斷，但/彼東臯社強爭以致訟在本衙門，茲已勾差查勘，仍據見本總接近東畲，則供謂久有/洲土，上自土塊下至鉢場，其本處神祠見鉢場社奉事。春蘭則供謂其外洲土，上自東/畲下至鉢場。金蘭又供謂原祠廟邊江見鉢場社奉事等祠。其等社並已歃血盟誓，事/畢得此。公同併勘，仍查東臯社在本總内同田并有神祠在内堤路，其鉢場社在本總/外沿江地分，再有神祠在外沿江堤路。這訟已有縣府承司等官憑斷等因，仍使鉢場/社並就本洲土盟誓，事畢，其前項洲土浮沙水孕應斷，還鉢場社地分，以明界限，息爭/端。其東臯社本在内同田總，宜守在内地分如原前，有違者許申，來憑謹啟，糾舉懲/治，茲付[②]。/

奉差覆勘、右鋭奇該奇官、都督僉事、錦郡公吴登仕；陪侍東閣校書、春澤男阮進朝；東閣校書阮廷滚等　謹/　　　　啟聞：/

計/

一奉付勘一啟嘉林縣東臯社鄭千春、阮文可等嗚，謂被本縣鉢場社妄爭洲土地分，已經縣府承司至御史等衙門、抑斷未明/等詞。奉此，仍勾鉢場社陳德禩、阮登進等有狀交，謂被别總東臯社居在内同，無有沿江地分，妄爭訟與本社，已經縣府承司至/御史等衙門並參斷同，而彼社再妄啟姦告等詞，仍公同併勘查見。這訟起爭自甲午年，已經府官及承司至御史衙門並斷還/鉢場社洲土，自此至茲，計得貳拾五陸年餘，再見東臯社違斷，強爭洲土，推究其始，則於御史官勘斷之後，東臯社何不嗚告，遲/至茲年而始告乎？迹彼所行，畢竟貪惏無厭使之然耳。且查東臯社供謂原本社地分内田外洲，自前祖父繼耕以來，遞年投納/生絲税例，仍查

---

① “永壽二年”，“永壽” 爲後黎神宗黎維祺年號，“二年” 爲公元 1659 年，清順治十六年，歲次己亥。

② 以上爲拓片編號 03528 的内容，爲碑右。

見平例簿，東皐社全年税財古錢貳拾參貫柒陌五拾捌文，内有准納生絲貳拾捌鎰，以此併之，則生絲税已准/入税財之内，非是有桑洲土始有生絲税例，執此兩端而論，則彼貪惏之心益無厭、明矣。得此奉諭，以爲係相爭洲土，府官及承/司至御史等衙門並斷還鉢場社。已經久貳拾五陸年餘，這訟應休論，若東皐社強斷起爭，不計積年經久，理應論刖論罰，依如/供内，但訟已斷休，應減罰古錢伍拾貫，其刖應休論，至如鉢場社所損勾錢共古錢肆貫貳陌參拾文，應收在東皐社付還，彼社/領取，以息爭端，他如兩伴混相鬪毆這節，未經隨次，恭乞付隨次勘行。玆謹/　　　　　　啟聞。/

永治五年①七月二十日/

辛酉年②七月十六日僉太監、屯義伯、同知監事、浣泰伯，鉢場社有啟聞，恭乞令諭息訟端奉判，寬泰伯傳付僚官諭/寄，待令放許啟斷已下，封子并令諭鎮守官立界息爭端。玆奉付鉢場社領取啟聞，斷下封子，玆付/　　　　　　大元帥、掌國政、尚師太父、德功仁威明聖西王③令諭，奉差京北處鎮守官、後威奇該官署衛事、冕郡公陶□，特督同官乂安道監察御/史阮忠亮等，玆[專]□/　　　　　　元帥、典國政、定南王④，統攝官僚、裁決機務，係嘉林縣鉢場社所啟聞，謂原訟與本縣東皐社洲土地分事由，已經御史承司及府縣/等衙門並斷還鉢場社，至覆勘官查見舊斷，以爲經久，謹啟聞休覆，恭乞差官立界等因，應往前項縣社就相爭處拘集兩伴認/引，仍照御史衙門斷内分，立界碣，以明地分、息爭端。若奉行不虔，有國法在，玆令諭。/

正和二年⑤七月初二日/

令諭⑥/

---

① “永治五年”，“永治”爲後黎熙宗黎維祫年號，“五年”爲公元1680年，當清康熙十九年，歲次庚申。

② “辛酉年”，即後黎熙宗黎維祫正和二年（1681），當清康熙二十年。

③ “西王”，即鄭弘祖鄭柞，文祖誼王鄭梉次子，後黎神宗盛德五年鄭梉薨，永壽二年（1659）晉封西王，掌時政。

④ “定南王”，即鄭昭祖康王鄭根，弘祖鄭柞之子，後黎嘉宗陽德三年（1673）七月，晉封元帥、典國政定南王。

⑤ “正和二年”，爲公元1681年。

⑥ 以上爲拓片編號03526的内容，爲碑後。

題後

本碑記記載京北處嘉林縣東阜社與鉢場社爲爭奪洲土浮沙而爭訟二十多年的事情，事件屢經縣府承司等衙門調解，歷經多次纏訟，最後由西王鄭柞、定南王鄭根頒下令諭：由御史衙門勘定地界，立界碣，平息爭端。

碑刻四面，碑前（編號03525）記載後黎神宗盛德四年（1656）阮廷諍依據鉢場社有市渡例額及廟祠堤路，斷定洲土浮沙水孕及邊江未滿㝄水處，應斷還直伴鉢場社之事。

碑左（編號03527）與碑右（編號03528）則分别記載後黎神宗盛德二年（1654）、盛德三年（1655）、永壽二年（1659）鉢場社與東阜社相互爭告的經過及結果。據碑文可知，後黎神宗盛德二年（1654）該吏阮文欽受案，調查鉢場社告東阜社刺人事件，依據鉢場社使用堤路及廟祠驅瘟爲正理，判東阜社刺人敗訴。然盛德三年（1655）東阜社申訴盛德二年鉢場社誣攀刺人，實因外堤田土屬東阜社，請改判。經實地調查及鄰社證人供詞，又據東畬簿籍再次判定東阜社無理。永壽二年（1659）鉢場社官員再次請求確認執行前縣府承司等衙門之理斷結果。遂由副都御史批覆，僉都御史花押，再次確認。

碑後（編號03526）記載後黎熙宗時對於兩社爭地案最後的處理，熙宗永治五年（1679）東阜社二十五年之後，再告鉢場社妄爭土地，經再次調查，由掌國政鄭主西王與典國政定南王，頒下諭令，先罰東阜社違斷，判罰古錢五十貫並鉢場社之損失古錢四貫二陌三十文。爲徹底解決已歷經二十五年的土地糾紛，由官方派遣人員勘定地界，並立界碣，以明地分、息爭端。

這是一通完整記載地方土地糾紛處理的碑記，值得重視。

二二八　鉢場、春蘭二社阮成珠配祀陶業先師暨祭忌碑記

引言

碑立於北寧省嘉林縣東畬總春關社揆郡公祠址，爲祠址内左邊一碑。碑刻四面，拓片編號03529/03530/03531/03532，拓片編號03529爲碑前，共二十一行字，滿行五十二字，碑額刻“陶匠敬事碑記”六字；拓片編號03530爲碑後，共二十行字，滿行約五十四字，碑額“奉事碑記”四字；拓片編號03532爲碑右，共十六行字，滿行四十二字；拓片編號03531爲碑左，共十行字，滿行約三十一字。今依内容及性質重定篇題爲“鉢場、春蘭二社阮成珠配祀陶業先師暨祭忌碑記”。碑文撰者昭文館司訓兼吏科給事中陳槐軒。年代署作永祐（Vĩnh Hựu）三年（1737），永佑爲後黎懿宗（Lê Ý Tông）黎維祳（Lê Duy Thận）年號，同年爲清乾隆二年，歲次丁巳。拓片現藏於漢喃研究院。

此碑分爲兩文本，拓片編號03529/03530内容記載鉢場社感念㮨郡公阮成珠捐資修建供奉陶業祖師廟宇，故保阮成珠爲陶業先師之配祀，爲此阮成珠又捐八畝田以作爲祭祀之資，文末記有所有許田與各節例。拓片編號03531/03532則爲春蘭社請阮成珠爲後神，故阮成珠捐錢與田予春蘭社，以作爲日後祭祀之用，文末除有四字八句銘文歌詠此事，亦記忌臘及各節日祭禮品項。

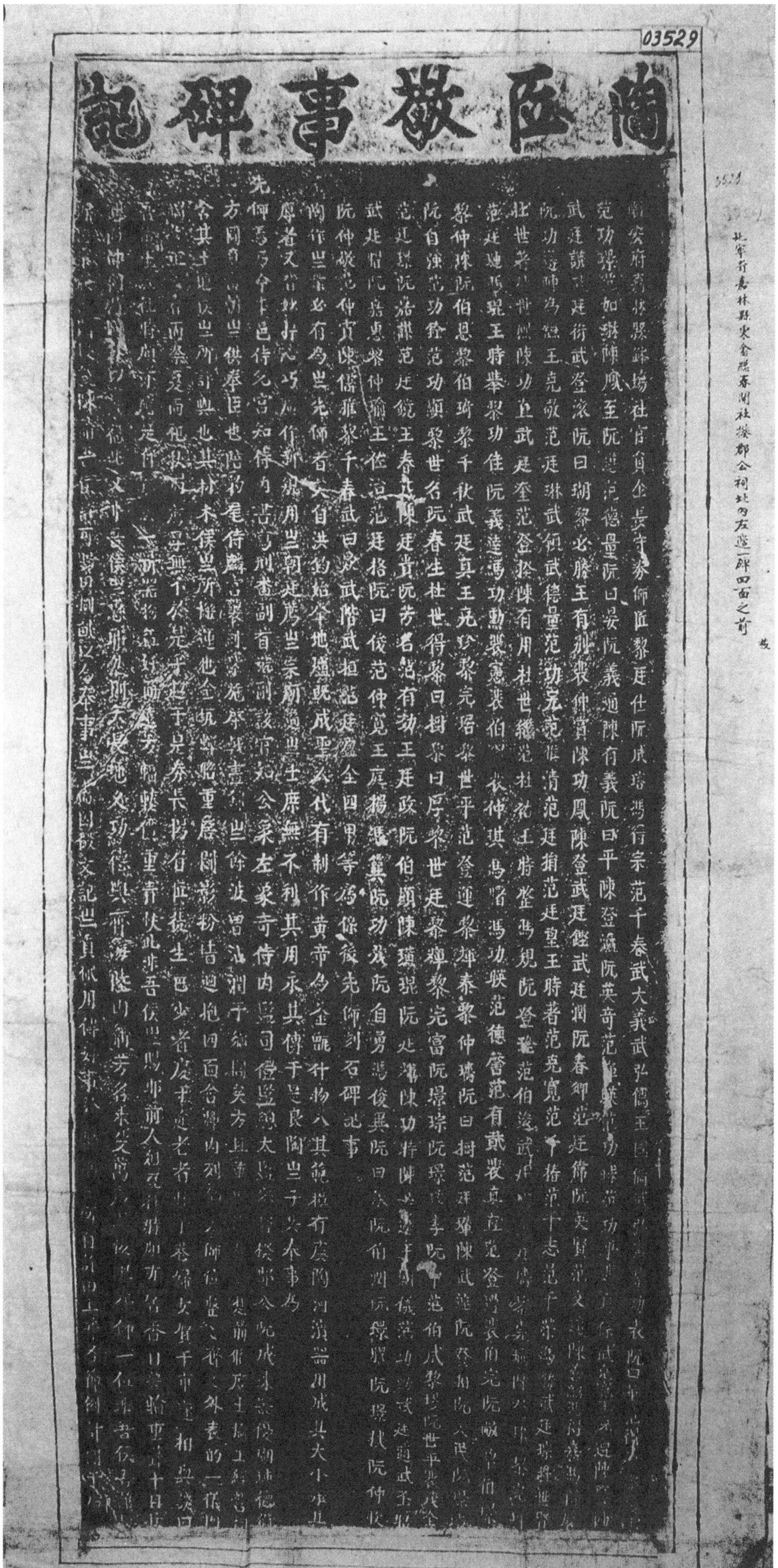
03529
陶匠敬事碑記
北寧省嘉林縣東舍總春蘭社撥郡公祠址內左邊一碑四面之前

編號：03529　出自《拓片總集》第四册（下同）

03530

北寧省嘉林縣東會總[illegible]關社據郡公祠址內左邊一所四面之後

奉事碑記

許本社師匠上貳高陛尺五寸坐落在[illegible]本處并爲作祠宇貳連每連梔家五間外包四圍墻及一儀內將土培基奉事陶作本藝先師共
[illegible]惠田在各處所共捌畝留爲忌田係百歲後坐左邊一位配享先師禮各節並同
一節本社侍例正月初十日有賞春闘基事甲長收取每率古錢壹陌前須三日仝長守券甲長并每甲五人坐視分補買辦寺物唱歌各坊
整備各後至初十日守券各員用猪壹口酒壹埕粿壹盤奉事先師行[illegible]畢作[illegible]具盤其坐視見員討酌并許各後其首牲敬依如
例至[illegible]一三各日守券各員各[illegible]日亭員有員行禮者任爲[illegible]設樂者任爲同文及每甲五人任爲陪祭各將齊整青吉
[illegible]照補作具依如舊例每盤九鉢務在清潔以供奉事[illegible]具足例每盤八盞以許祭二番畢然後而坐內自敬依二番
一節本社舊例逓年五月擇得吉日甲長收取本社每率古錢壹陌拾貳文買牛米等物前須一日諸就祠宇省牲[illegible]作具奉事其師匠仝
長守券前文同文陪祭各將齊整青吉衣幘行禮如儀祭畢照例分取敬依如例
一例[illegible]依長吉一具如有牛首敬依　一例呈牛單首如有許本社牛首者其本社有敬依一具若抗首則無依例
一例依守券各員一具肉如本社分并替首肉一斤價古錢叁陌　一例依斯文等員有應祭者依牛一頭
一例依同文有應祭者依肉一斤價古錢貳陌　一例陪祭依肉一斤價古錢貳陌　一例甲長等人依一具肉依如本社分
一節逓年八月十三日本社例有歌唱三籌奉事先師甲長收取每率古錢壹陌叁拾文前須一日守券甲長并每甲五人坐視照補買辦唱
率[illegible]整備各後完畢至日作具行禮守券斯文同文陪祭各將齊整衣幘坐籌等事依春節事例其如無有闘其歌唱者買牛米等物行
禮如儀敬依如例
一節長官係百歲後忌日其師匠仝長守券甲長并每甲五人前須一日並就祠宇收取銅錢至日買猪肆口粿[illegible]酒肆埕金銀肆千枚
以爲忌[illegible]
一節長官許本社師匠[illegible]田捌畝其師匠上下等分爲四甲每甲貳畝至禾穀熟時其甲長借人分穫留爲忌日買辦[illegible]物以供奉事
皇朝萬萬年之[illegible]龍飛丁巳年春穀日
賜癸丑科進士昭文館司訓兼吏科給事中[illegible]西國慈雲[illegible]陳甫撰

編號：03530

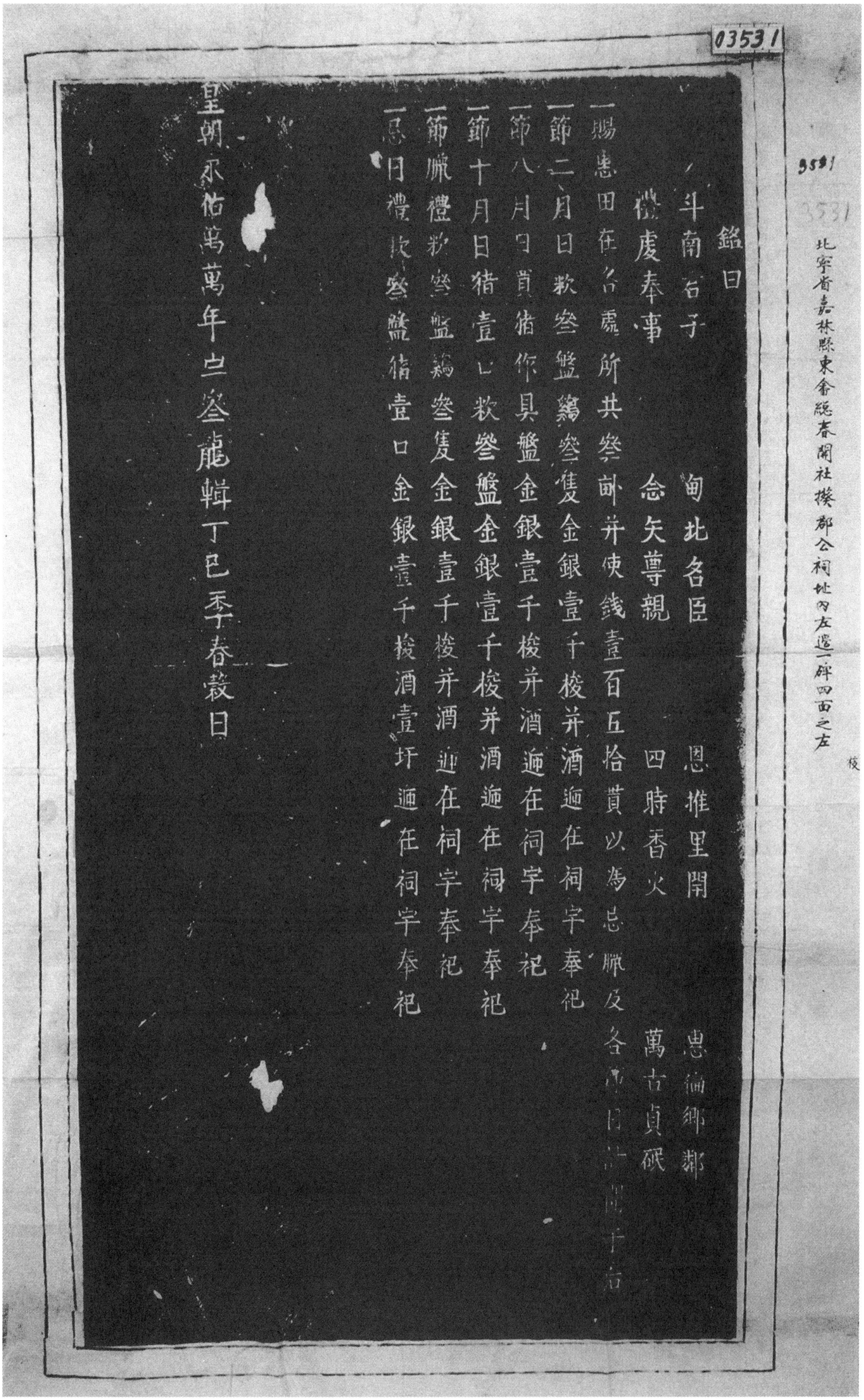
03531

3531

北寧省嘉林縣東畬總春閙社揆都公祠址內左邊一碑四面之左

校

銘曰
斗南名子　洵北名臣　恩推里閈　恩徧鄉鄰
燈虔奉事　念矢尊親　四時香火　萬古貞珉
一賜惠田在各處所共祭畝并使錢壹百五拾貫以為忌臘及各節日需用于右
一節二月日歉祭盤鷄祭隻金銀壹千梭并酒迺在祠宇奉祀
一節八月日貫猪作具盤金銀壹千梭并酒迺在祠宇奉祀
一節十月日猪壹口歉祭盤金銀壹千梭并酒迺在祠宇奉祀
一節臘禮粉祭盤鷄祭隻金銀壹千梭并酒迺在祠宇奉祀
一忌日禮𣏐祭盤猪壹口金銀壹千梭酒壹坩迺在祠宇奉祀
皇朝永佑萬萬年之叁龍輯丁巳季春穀日

編號：03531

03532

3532

北寧省嘉林縣東舍總春閣社揆郡公祠社內左邊一碑四面之右

剖
□安府嘉林縣春閣社鄉老阮所佩阮功明黎登科當有敬阮俊秀阮科第潘有常黎科譚登仕黎有敬阮登俊
黎有方□聰阮曰俊潘如憐阮進榮阮功慶譚文才阮農府黎有意阮文儒黎有恒阮得□阮進祿阮信達
阮文富譚登進鄭功育阮力□黎昇春鄧有義潘有堂阮北富祐仕進阮有才阮僊阮廷鄭阮必素潘有基
阮曰卿祐仕旺□有供阮科名黎文林武廷緣黎文四譚曰洪譚有□譚曰明阮如□譚文彔阮曰進黎德明
阮廷素黎有幸黎曰富阮人信潘如鳳譚光熙黎文景鄭功卿黎有彤黎人才鄭□成阮文才譚文明全鄉老
三甲上下等爲保役事勒石碑記事
竊謂有功於人人必追思而祀之敬事之義所由起也睠惟順安府嘉林縣鉢塲社侍兊宮知侍內書寫刑番
副首號副該官知公眾左象奇前內監司禮監總太監參督掾郡公阮成珠秉性恬和持心慈愛幾載翊戴
龍於乾五香火有緣一朝承錫馬於晉三竈莱無比錦谷之餘波曾霑濡於□闕內外矣玆有本縣春蘭社
地接枌榆心同葵日因詣公門乞恭孝事公因許以青蚨壹百五拾貫田共叁畝以爲奉事之需以妥愛慕
之情焉券約□定因詣予請㞢文一道以記其事余因援筆爲之讚曰世之溺情於富貴者黃金盈一塲下
見其有餘田園徧天下惟恐其不足剝削貧已益人振貧賙急行人之所不肯行乎公也不然北豈有享澳
儲不吝尚此□貲以蘇民瘼初非矯情於千金失色於羙豆者比也宜乎得民心愛慕如是之深殆亦一施
之執天理人心自然而然毫無不爽有如是夫詩云投瓊報瑤投桃報李此之謂也因命載之貞珉以永其
傳云　晉

編號：03532

釋文

陶匠敬事碑記①

計/

順安府嘉林縣鉢場社官員、仝長、守券師匠黎廷仕、阮成瑢、馮得宗、范千春、武大義、武弘儒、王國倫、武弘聲、黎功表、阮曰華、范得兼、黎敦儒、/范功璟、范如琳、陳鳳至、阮□、范德量、阮曰晏、阮義通、陳有義、阮曰平、陳登瀛、阮英奇、范輝�、范功球、范功平、裴真倧、武克寬、王克遵、陳登軸、/武廷議、武廷衍、武登滚、阮曰瑚、黎必勝、王有別、裴仲賞、陳功鳳、陳登、武廷鏗、武廷潤、阮春鄉、范廷偉、阮英賢、范文逯、陳善紹、馮得嘉、馮得厚、/阮功遵、陳爲謙、王克敬、范廷琳、武領、武德量、范功完、范惟清、范廷捐、范廷望、王時著、范克寬、范千椿、范千志、范千榮、馮勝、武廷琮、杜世賢、/杜世著、杜世熙、陳功直、武廷奎、范登揆、陳有用、杜世繼、范杜佑、王時整、馮規、阮登□、范伯逡、武廷□、范廷璹、黎完瑜、陳登肆、黎完珥、/范廷璉、馮琨、王時舉、黎功佳、阮義達、馮功勳、裴憲、裴伯璟、裴仲琪、馮曙、馮功暎、范德馨、范有貳、裴真直、范登遵、裴伯完、阮敞、黎伯璟/、黎仲球、阮伯恩、黎伯琦、黎千秋、武廷真、王克珍、黎完琚、黎世平、范登運、黎輝泰、黎仲璹、阮曰樹、范廷瓘、陳武逴、阮登相、阮天民、阮璟□/、阮自強、范功銓、范功顯、黎世名、阮春生、杜世得、黎曰樹、黎曰厚、黎世廷、黎輝、黎完富、阮璟琮、阮璟瑶、李阮□、范伯成、黎璆、阮世平、裴茂全、/范廷璟、阮嘉謀、范廷鏡、王春茂、陳廷貴、阮芳名、范有効、王廷政、阮伯顯、陳璜琨、阮廷輝、陳功特、陳□□、王國儀、范功勤、武廷逍、武丕昭、/武廷曜、阮嘉惠、黎仲瑜、王佐治、范廷格、阮曰俊、范仲寬、王庭楊、馮龔、阮功茂、阮自勇、馮俊異、阮曰承、阮伯潤、阮璟曜、阮璟機、阮仲收、/阮仲敬、范仲寅、陳儒雅、黎千春、武曰□、武階、武桓、范廷盈，全四甲等爲保後先師刻石碑記事。/

① 此爲拓片編號03529之額題，今依内容及性質重定篇題爲“鉢場、春蘭二社阮成珠配祀陶業先師暨祭忌碑記”。

陶作之業，必有爲之先師者矣。自洪鈞[①]始肇，地壚既成，聖人代有制作。黄帝爲釜甑什物，入其範模；有虞陶河濱器用，成其大小。承其/厚者，又皆妙抒心巧，廣作新規，用之朝廷，薦之宗廟，通之士庶，無不利其用，永其傳，于是良陶之子共奉事爲/　　　先師焉。

乃今本邑侍兑宫知侍内書寫刑番副首號副該官、知公象左象奇、侍内監司禮監總太監、參督、楧郡公阮成珠，器優瑚璉，德備/方圓，真當朝之供奉臣也。陪豹尾，侍麟宫，襲緋紫，施棨戟，晝錦[②]之餘波，曾沾潤于鄉閭矣。方且重思往聖，近想前修[③]，度土掄工，經營祠/舍。其土地，侯之所許與也，其材木，侯之所搬運也。金瓦蟬聯，重簷[④]鬪影，粉牆迴抱，四面含輝，内列的先師位整整齊齊，外表的一儀門/端端正正，春而祭，夏而祀，秋而薦享，無不於是乎趨。于是券長揚眉，匠徒生色，少者慶于途，老者□于巷，婦女賀于市。遂相與談曰：/吾輩生□往時，頗亦應是，自□法一新，器物益好，而遠方輻輳，價重青蚨，此非吾侯之賜耶！前人俎豆往時，頗亦馨香，自奂輪重葺，十目□/□而□□□□□□□福，此又非吾侯之惠耶！然則天長地久，功德與齊，海陸山□，芳名未殳，萬歲之後，配先師一位，非吾侯，吾誰與/歸？因□□□□投□陳請吾侯許可，賜田捌畝以爲奉事之需，因□文記之貞珉，用傳好事於無窮云。所有許田上并各節例計開于後[⑤]。/[⑥]

奉事碑記[⑦]

計/

一許本社師匠土貳高[⑧]陸尺五寸，坐落在塘珠處，并構作祠宇貳連，每連瓦家五間，外包四圍墻及一儀門，掘土培基，奉事陶作本藝先師，與/賜惠田在各處所共捌畝，留爲忌田，係百歲後坐左邊一位，配享先師，禮各節並同。/

---

① “洪鈞”，《文選·贈答詩》張華《答何劭二首》：“洪鈞陶萬類，大塊稟群生。”李善注：“洪鈞，大鈞，謂天也。大塊，謂地也。言天地陶化萬類，而群化稟受其形也。”

② “晝錦”，典出《史記·項羽本紀》：“王見秦宫皆以燒殘破，又心懷思欲東歸，曰：‘富貴不歸故鄉，如衣繡夜行，誰知之者！’”又，《文苑英華·碑悼》李白《越中覽古》：“越王句踐破吴歸，義士還家盡錦衣。宫女如花滿春殿，只今惟有鷓鴣飛。”

③ “修”，碑文原作“脩”，因另兼正字故改，下同不另出注。

④ “簷”，碑文原作“詹”。

⑤ “後”，碑文原作“后”，因另兼正字，故改，下同不另出注。

⑥ 以上爲拓片編號 03529 的内容。

⑦ 此爲碑後（編號 03530）碑額。

⑧ “高”，又作“蒿”“篙”，越南的計量單位“分”，越南畝的十分之一，按越南北部地畝制，一分相當三百六十平方米；中部地畝制，則相當四百平方米。

一節本社舊例，正月初十日有賞春鬥棊事，甲長收取每率古錢[1]壹陌。前預三日仝長、守券甲長并每甲五人，坐視分補買辦等物，唱率各坊/整備各役。至初十日，守券各員用豬壹口，酒壹圩，�壹盤，奉事先師行□□禮，祭畢作爲具盤，其坐視兄員對酌，并許力役其首牲敬俵如/所。至十□□一一三等日，守券任爲祭葢□田等員，有預科場者任爲斯文，□□鼓樂者任爲同文，及每甲五人任爲陪祭，各將齊整青吉/衣帽□□□□奉事照補作具，依如舊例。每盤九鉢，務在清潔，以供奉事。□□□具足例，每盤八盞，以許棊子。祭畢，照次而坐，内有敬俵二盤。/

一節本社舊例，遞年五月擇得吉日，甲長收取本社每率古錢壹陌拾貳文，買牛、米等物，前預一日詣就祠宇省牲瘞血作具奉事，其師匠、仝/長、守券、斯文、同文、陪祭，各將齊整青吉衣帽，行禮如儀。祭畢，照例分取，敬俵如例。/

一例敬俵長官一具，如有牛首敬俵。

一例呈牛單首，如有許本社牛首者，其本社有敬俵一具，若執首則無俵例。/

一例俵守券各員一具肉，如本社分并替首肉一斤價古錢叁陌。

一例俵斯文等員有應祭者俵牛一頸。/

一例俵同文有應祭者，俵肉一斤，價古錢貳陌。

一例陪祭俵肉一斤，價古錢貳陌。

一例甲長等人俵一具肉，依如本社分。/

一節遞年八月十三日本社例有歌唱三籌，奉事先師，甲長收取每率古錢壹陌叁拾文，前預一日守券甲長并每甲五人坐視，照補買辦唱/率各坊，整備各役完畢，至日作具行禮，守券、斯文、同文、陪祭，各將齊整衣帽坐籌等事，依春節事例，其如無有鬭棊歌唱者，買牛米等物行/禮如儀，敬俵如例。/

一節長官係百歲後忌日，其師匠、仝長、守券、甲長并每甲五人，前預一日並就祠宇收取銅錢，至日買豬肆口，粯肆盤，酒肆圩，金銀肆千梭，/以爲忌禮。/

一節長官許本社師匠田捌畝，其師匠上下等分爲四甲，每甲貳畝，至禾穀熟時，其甲長借人分穫，留爲忌日，買辦等物，以供奉事。/

---

[1] “古錢”，見《欽定越史通鑑綱目・正編》“後黎盛宗光順八年”注“使錢、古錢”引黎貴惇《芸臺類語》云：“北人以百文爲一陌。本國以三十六文爲一陌，謂之‘使錢’；六十文爲一陌，謂之‘古錢’。‘使錢’十陌，乃是‘古錢’六陌，準爲‘使錢’一貫。其‘古錢’十陌乃使錢之一貫六陌四十文。使錢別名閒錢，古錢別名貴錢。”

皇朝永佑萬萬年之叄龍輯丁巳/[1]季春穀日/

賜癸丑科進士、昭文舘司訓、兼吏科給事中、山西國慈雲槐軒陳甫[2]撰/[3]

計[4]/

順安府嘉林縣春蘭社鄉老阮阩陑、阮功明、黎登科、鄧有敬、阮俊秀、阮科第、潘有常、黎科、譚登仕、黎有敬、阮登俊、/黎有方、黎昭、阮曰俊、潘如憐、阮進榮、阮功度、譚文才、阮農時、黎有意、阮文儒、黎有恒、阮得才、阮進禄、阮信達、/阮文富、譚登進、鄭功青、阮功体、黎昇春、鄧有義、潘有堂、阮玭富、褚仕進、阮有才、阮僊、阮廷鄭、阮必素、潘有基、/阮曰卿、褚仕旺、黎有供、阮科名、黎文林、武廷緣、黎文四、譚曰選、譚有選、譚曰明、阮如從、譚文录、阮曰進、黎德明、/阮進素、黎有幸、黎曰富、阮人信、潘如鳳、譚光熙、黎文景、鄭功卿、黎有彤、黎人才、鄧玭成、阮文才、譚文明，全鄉老、/三甲上下等爲保後事。勒石碑記事。/

竊謂有功於人，人必追思而祀之、敬事之，義所由起也。睠惟順安府嘉林縣鉢場社侍兑宮知侍内書寫刑番/副首號副該官、知公象左象奇、侍内監司禮監總太監、參督、楑郡公阮成珠，秉性恬和，持心慈愛。幾載翊飛/龍於乾五[5]，香火有緣；一朝承錫馬於晉三[6]，寵榮無比。錦晝[7]之餘波曾霑濡於親疏内外矣。

---

① “皇朝永佑萬萬年之叄龍輯丁巳”，“永佑”爲黎懿宗黎維祳年號，“叄年”爲公元1737年，當清乾隆二年。

② “陳甫”，應爲“陳賢”。《鼎鍥大越歷朝登科録》黎純宗龍德二年（1733）癸丑科第三甲同進士出身第十名：“陳賢。慈廉雲耕人。伍十中，仕至待制，贈侍講。”

③ 以上爲拓片編號03530的内容。

④ “計”，以下爲左邊一碑四面之右。

⑤ “乾五”，見《周易兼義・上經乾傳・乾》：“九五，飛龍在天，利見大人。王弼注：“不行不躍，而在乎天，非飛而何？故曰：‘飛龍’也。”

⑥ “晉三”，見《周易兼義・下經咸傳・晉》：“晉，康侯用錫馬蕃庶，晝日三接。”孔穎達疏曰：“晉者，卦名也。晉之爲義，進長之名。此卦明臣之昇進，故謂之晉。康者，美之名也。侯謂昇進之臣也。臣既柔進，天子美之，賜以車馬，蕃多而衆庶，故曰“康侯用錫馬蕃庶”也。晝日三接者，言非惟蒙賜蕃多，又被親寵頻數，一晝之間，三度接見也。”

⑦ “錦晝”，即“晝錦”，謂衣錦還鄉，注詳見前文。

茲有本縣春蘭社，/地接枌榆[①]，心同葵日[②]，因詣公門，乞恭奉事，公因許以青蚨[③]壹百五拾貫，田共叁畝，以爲奉事之需，以妥愛慕/之情焉。券約[既]定，因詣予請撰文一道，以記其事。余因援筆爲之讚曰：世之溺情於富貴者，黄金盈一塢，不/見其有餘；田園徧天下，唯[恐]其不足。矧肯損己益人，振貧賙急，行人之所不肯行乎？公也不然，比埒有孚，渙/儲不吝，出此家貲，以蘇民瘼，初非矯情於千金，失色於羹豆者比也。宜乎得民心，愛慕如是之深，殆亦一施/一報，天理人心自然而然，毫髮不爽有如是。夫詩云投瓊報瑶，投桃報李，此之謂也。因命載之貞珉，以永其/傳云。

時/[④]

銘曰[⑤]：/

斗南君子，甸北名臣。恩推里閈，惠徧鄉鄰。/

禮虔奉事，念矢尊親。四時香火，萬古貞碮。/

一賜惠田在各處所共叁畝，并使錢[⑥]壹百五拾貫，以爲忌臘及各節日，計開于後：/

一節二月日粎叁盤，雞叁隻，金銀壹千梭、并酒，遞在祠宇奉祀。/

一節八月日買豬作具盤，金銀壹千梭、并酒，遞在祠宇奉祀。/

一節十月日豬壹口，粎叁盤，金銀壹千梭、并酒，遞在祠宇奉祀。/

一節臘禮粎叁盤，雞叁隻，金銀壹千梭、并酒，遞在祠宇奉祀。/

一忌日禮粎叁盤，豬壹口，金銀壹千梭、酒壹圩，遞在祠宇奉祀。/

皇朝永佑萬萬年之叁龍輯丁巳[⑦]季春穀日/[⑧]

---

① “枌榆”，原爲漢高祖故鄉的里社名；後借指“帝鄉”，泛指“故鄉”。見《史記·封禪書》：“高祖初起，禱豐枌榆社。”裴駰集解引張晏曰：“社在豐東北十五里。”

② “心同葵日”，以葵花向日，引喻下級對上級表示忠誠與仰慕。《文苑英華·詩》州府試附孫顧《清露被皐蘭》：“九皐蘭葉茂，八月露花清。稍與秋陰合，還將曉色并。向空羅細影，臨水泫微明。的皪添幽興，芊綿動遠情。夕芳人未採，初降鶴先驚。爲感生成惠，心同葵藿傾。”

③ “青蚨”，見《太平御覽》卷九五〇引（漢）劉安《淮南萬畢術·青蚨還錢》：“青蚨一名魚，或曰蒲，以其子母各等，置甕中，埋東行陰垣下，三日後開之，即相從。以母血塗八十一錢，亦以子血塗八十一錢，以其錢更互市，置子用母，置母用子，錢皆自還。”後因用以指錢。

④ 以上爲拓片編號 03532 的内容。

⑤ “銘曰”，以下爲左邊一碑四面之左。

⑥ “使錢”，見本篇前注所引。

⑦ “皇朝永佑萬萬年之叁龍輯丁巳”，即永佑三年（1737），當清乾隆二年。

⑧ 以上爲拓片編號 03531 的内容。

題後

本碑記以前、後、右、左的方式刊刻。前後皆有碑額，分別爲“陶匠敬事碑記”及“奉事碑記”，撰文者爲後黎純宗時第三甲同進士出身陳賢，記載永佑三年(1737)司禮監總太監阮成珠資助嘉林縣鉢場社修建製陶先師、匠祠廟之事，碑之左右兩側則爲阮成珠祭忌之碑。原祠廟奉事的對象包括“入其範模”的創始者黄帝，“成其大小”的虞舜，以及歷代“良陶之子”；而阮成珠則因資助之功，配列先師之側。又，位於揆郡公祠内右邊的《文江縣奉公社揆郡公阮成珠寄忌碑》(拓片編號03535/03536)是奉公社爲揆郡公阮成珠所立之祭忌碑，根據拓片題籤的記載，搨拓時兩碑所立處已成爲揆郡公阮成珠的祠堂，則原本主祀陶業之神的神祠已削弱其原有之地位。

二二九　仙捄社文址碑記

引言

碑立於興安省金洞縣仙抹社文址。碑刻單面，拓片編號03565，共二十二行字，滿行約四十四字，有界綫，碑額刻“僊抹社”三字，今依内文題主旨定篇題爲“仙抹社文址碑記”。碑額刻有雙龍昭日紋飾。碑文撰者奉議大夫邊和省督學楊伯恭，立碑年代未注明，然按據《越南漢喃碑銘拓片目録提要》推測應爲嗣德（Tự Đức）四年（1851），嗣德爲阮翼宗（Nguyễn Dực Tông）阮福時（Nguyễn Phúc Thì）年號，同年爲清咸豐元年，歲次辛亥。拓片現藏於漢喃研究院。

碑文敘述仙抹社崇尚禮教、詩書，名士亦有入朝爲官者，然仙抹社却無文廟，故社中耆老於乃選地修建文廟，以供奉先賢、先哲、先儒與該社之先進，文末並録有仙抹社先進之名録。

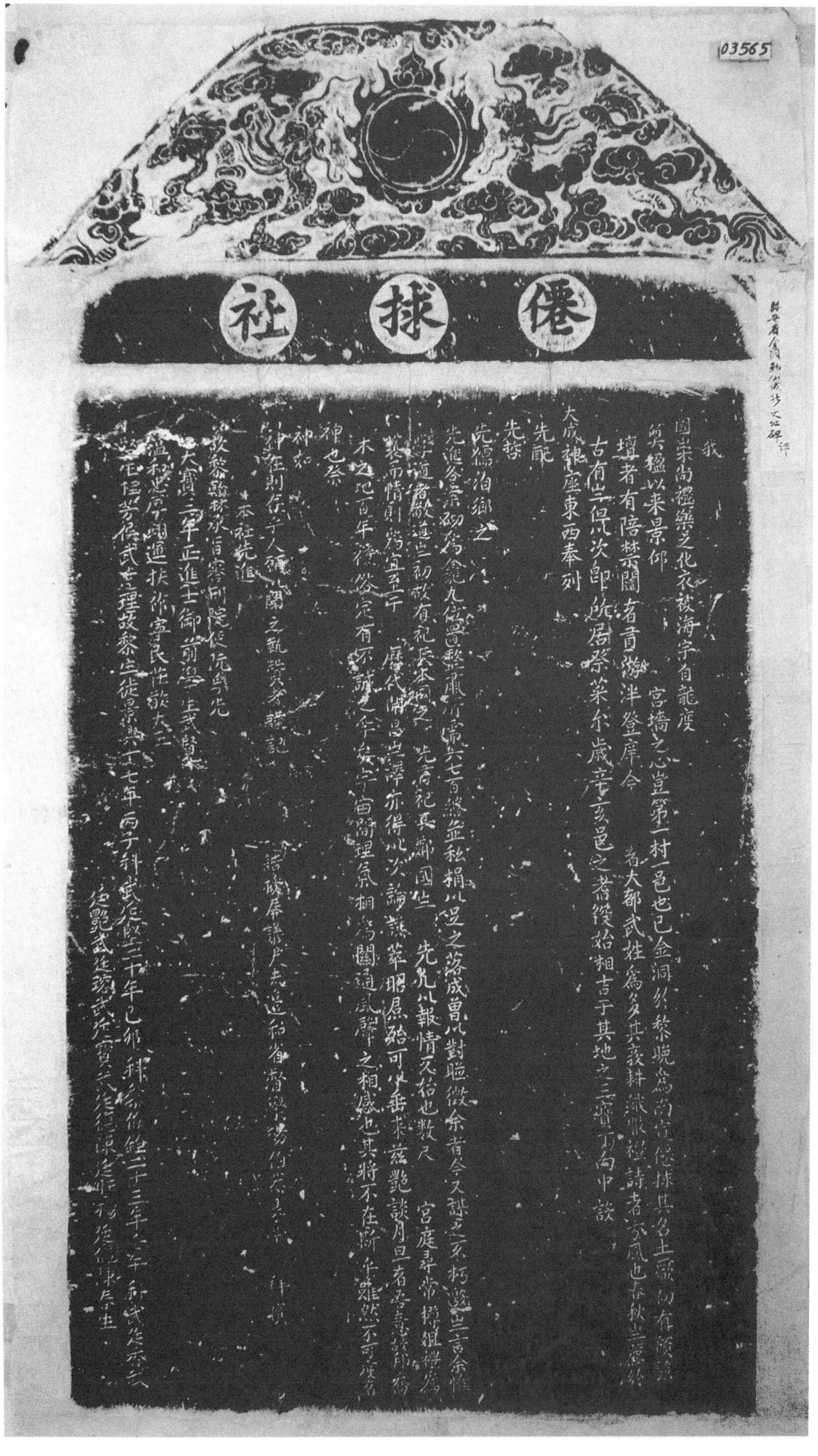
03565
僊㮛社

編號：03565　出自《拓片總集》第四册

釋文

僊捄社[1]

我/　　國崇尚禮樂之化，衣被海宇，自龍度[2]/　　奠楹以來，景仰/

宮牆之心，豈第一村一邑也已？金洞[3]於黎晚爲南宣，僊捄其名土，厥初有預騒/壇者，有陪禁闥者，貢游泮登庠，今　者大都武姓爲多，其敦耕、織服、禮詩者，方風也。春秋之薦，於/古有之，但以次即所居祭菜爾。歲辛亥、邑之耆役始相吉于其地之三寶，兩内中設/

大成神座，東西奉列/　　先配/　　先哲/　　先儒，洎鄉之/

先進各案砌爲龕九位置。整肅所需六七百緡，並私捐以足之，落成，曾以對聯徵余者，今又謀之不朽，邀之言。余惟/學道者，敬道之初，故有祀其本國之　先，肅祀其鄰國之　先，凡以報情反始也。數尺　宫庭，尋常樽俎，禮爲/□，而情則爲宜。至于　歷代開昌之澤，亦得以次論譔萃昭焄[4]，殆可以垂來兹，艷談月旦[5]者。吾意故邦喬/木之地，百年禮俗，定有不誠之孚矣。宇宙間理氣相爲關通，風聲之相感也，其將不在斯乎。雖然不可度者/　　神也，祭/　　神如/　　神在，則存乎人，願以聞之執贄者，謹記。

誥授奉議大夫、邊和省督學楊伯恭艮亭　拜撰/

本社先進：/

故黎翰林承旨、審刑院使阮孚先，/

---

① 此爲額題，今依内容及性質重定篇題爲“仙捄社文址碑記”。

② “龍度”，又作“龍肚”，一名龍肚山，又稱濃山，在古昇龍西，又借稱河内地區。楊伯恭《河内地輿》：“龍肚之地，千里沃衍，四方道均。西南沿山奠其坤維，東北大海爲之天塹。各山則天健、香積、龍隊、月恒，分布羅列。各水則浪泊、金牛、杜洞、蘇瀝，曲折縈紆。”又，潘輝注《歷朝憲章類志・地輿志・河内》：“濃山在河内省城正中，李朝定都，以斯山爲正殿臺。迨黎朝爲敬天殿，今奉建爲皇宫前殿。古傳山中有一孔，乃是山澤通氣，故號龍肚。”

③ “金洞”，據嗣德版《大南一統志》，屬興安省：“金洞縣。……漢交阯郡地，吴爲藤州。舊越史使君范白虎據藤州，即此。”

④ “昭焄”，見《禮記・祭義》：“其氣發揚于上，爲昭明焄蒿悽愴，此百物之精也，神之著也。”孔穎達正義：“人氣揚於上爲昭明，百物之精氣爲焄蒿，悽愴人與百物共同，但情識爲多，故特謂之神。”

⑤ “月旦”，見《後漢書・許劭傳》：“初，（許）劭與（許）靖俱有高名，好共覈論鄉黨人物，每月輒更其品題，故汝南俗有‘月旦評’焉。”

大寶三年[1]正進士御前學生武覽[2]，/

蘊和忠厚翊運扶祚寧民莊敬大王，/

監生、桂芳侯武達理，故黎生徒、景興十七年丙子科武廷堅，二十年己卯科黎伯銓，二十三年壬午科武廷香、武/廷艷、武廷瑢、武廷寶、武廷德、陳廷旺、楊廷□、陳春生。/

① “大寶三年”，“大寶”爲黎太宗黎元龍的第二個年號，“三年”爲公元1442年，明英宗正統七年，歲次壬戌。

② “武覽”，據《鼎鍥大越歷朝登科録》，武覽爲黎太宗大寶三年壬戌科賜第二甲進士出身第四名：“武覽。金洞先橋人，屋嘉林金蘭，仕至御前學生。”

二三〇　快州文廟碑

引言

碑立於興安省金洞縣青虬社祠，爲社祠之第三碑。碑刻雙面，拓片編號03567/03571，拓片編號03567爲碑前，共二十三行字，滿行約六十字，碑額“快州文廟碑”五字，今即依此碑額爲篇題；拓片編號03571爲碑後，共二十三行字，碑額“斯文永壽”四字。碑文撰者甲午科鄉薦士杜權，書者黎武懋，刻者拔石隊超忠。《越南漢喃碑銘拓片目録提要》一書推測立碑年代約在西山朝景盛皇帝（Cảnh Thịnh hoàng đế）阮光纘（Nguyễn Quang Toản）景盛（Cảnh Thịnh）四年（1796），同年爲清嘉慶元年，歲次丙辰。拓片現藏於漢喃研究院。

碑文記載快州府東安、金洞、天施、仙侶、芙蓉等縣之文廟原位於金洞縣延安社，後遷移至德聰社。因文廟年久失修，損毀殘破，故快州府的斯文會成員共同捐資，於延安社修建新的文廟，並塑孔子像和四配像。文末則記録參與修建文廟的快州府各縣社人員名録與捐資金額。

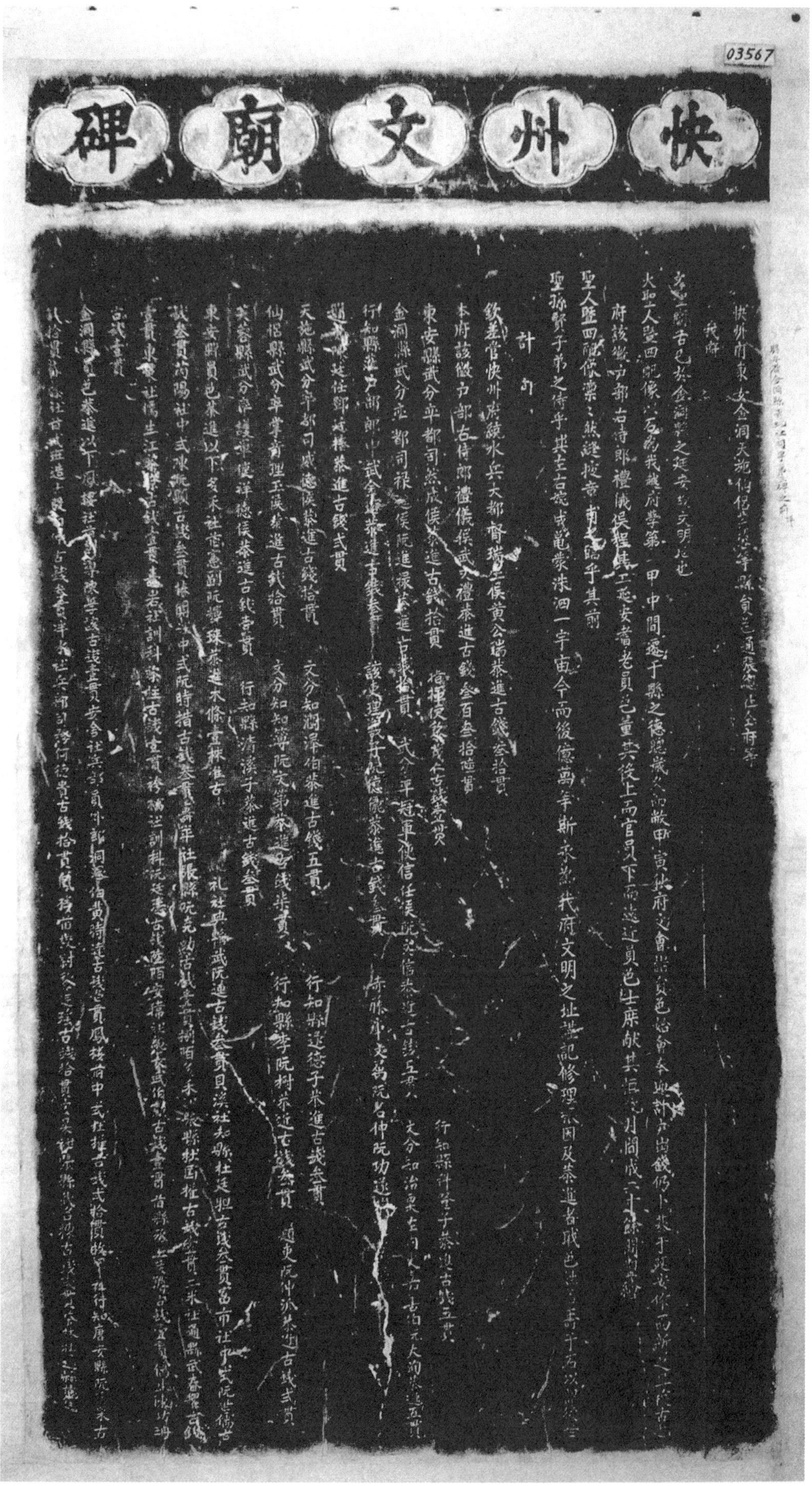
03567
快州文廟碑

編號：03567 出自《拓片總集》第四册（下同）

斯文來寺

編號：03571

釋文

快州文廟碑[①]

快州府東安、金洞、天施、仙侣、芙蓉等縣員色，通張總社仝府等。/

我府/ 文聖廟古巳於金洞縣之延安，故文明地也。/ 大聖人暨四配像以石，爲我越府學第一甲，中間遷于縣之德聰，歲久而敝。甲寅秋、府文會諸員色始會奉迎，計户出錢，仍卜基于延安，作而新之，且復古也。/府該徵户部右侍郎、禮儀侯程其工，延安耆老員色董其役；上而官員，下而遠近員色、士庶獻其恒，數月間成二十餘間，塑繪/

聖人暨四配像，凜凜然，縫掖章甫之臨乎其前，/ 聖孫賢子弟之侍乎其左右，婉成龜蒙[②]洙泗[③]一宇宙，今而後億萬年，斯永爲我府文明之址，謹記修理根因，及恭進者職色姓名壽于石，以詔後世。/

計/

欽差、管快州府統水兵大都督、瑞生侯黄公瑞，恭進古錢[④]叁拾貫。/

本府該徵、户部右侍郎、禮儀侯武文禮，恭進古錢叁百叁拾陸貫。/

東安縣武分率都司、然成侯，恭進古錢拾貫；指揮使黎茂仁古錢壹貫；行知縣、科登子，恭進古錢五貫。/

金洞縣武分率都司、禄進侯阮進禄，恭進古錢拾貫；武分率冠軍使、信任侯阮文信，恭進古錢五貫；文分知治栗左内史、嘉善伯阮大洵，恭進五貫。/

行知縣、莅户部郎中武金瑢，恭進古錢叁貫；該吏、理義子阮德儼，恭進古錢叁貫；赤藤庫文屬阮名仲、阮功遂，□□□□□□。/

---

① 此爲03567之額題，今依額題作篇題。

② “龜蒙”，孔子家鄉魯國的兩座山脉。《詩經·魯頌·駉之什·閟宫》：“泰山巖巖，魯邦所詹。奄有龜蒙，遂荒大東。至于海邦，淮夷來同。莫不率從，魯侯之功。”毛亨傳曰：“詹，至也。龜，山也；蒙，山也。”

③ “洙泗”，即洙水和泗水。孔子曾在洙泗之間聚徒講學，《禮記·檀弓上》曾子謂子夏：“吾與女事夫子於洙泗之間，退而老於西河之上。”後亦以之代稱孔子或儒家。

④ “古錢”，見《欽定越史通鑑綱目·正編》“後黎盛宗光順八年”注“使錢、古錢”引黎貴惇《芸臺類語》云：“北人以百文爲一陌。本國以三十六文爲一陌，謂之‘使錢’；六十文爲一陌，謂之‘古錢’。‘使錢’十陌，乃是‘古錢’六陌，準爲‘使錢’一貫。其‘古錢’十陌乃使錢之一貫六陌四十文。使錢别名間錢，古錢别名貴錢。”

提[①]吏陳廷任、鄧廷椿，恭進古錢貳貫。/

天施縣武分率都司、威德侯，恭進古錢拾貫；文分知潤澤伯，恭進古錢五貫；行知縣、逯德子，恭進古錢叁貫。/

仙侶縣武分率掌奇、理玉侯，恭進古錢拾貫；文分知知簿阮文第，恭進古錢柒貫；行知縣李阮樹，恭進古錢叁貫，提吏阮仲派恭進古錢貳貫。/

芙蓉縣武分率護軍使、祥德侯，恭進古錢壹貫，行知縣、清溪子，恭進古錢叁貫。/

東安縣員色恭進以下：

多禾社舊憲副阮輝琜，恭進木條壹株，准古錢壹貫；純禮社典輸武阮連，古錢叁貫；貝溪社知縣杜廷暅，古錢叁貫；富市社中式阮世儒，古/錢叁貫，芮陽社中式陳阮顯，古錢叁貫；椿關社中式阮時措，古錢叁貫；壽平社張縣阮克勤，古錢壹貫捌陌；多禾社張縣杜國權，古錢壹貫；二米社通縣武春耀，古錢/壹貫；東榮社儒生江黎□，古錢壹貫；壽岩社訓科黎柱，古錢壹貫；袴□社訓科阮廷濤，古錢陸陌；安偉社總長武伯勳古錢壹貫；舊縣丞王廷璿，古錢壹貫，儒生陳功玥，/古錢壹貫。/

金洞縣員色恭進以下：

鳳樓社舊訓導陳學該，古錢壹貫；安舍社兵部員外郎、洞□伯黄時達，古錢壹貫；鳳樓舊中式杜權，古錢貳拾貫；故□社行知唐安縣阮廷宋古/錢拾貫；赤藤社舊貳班造士段曰仲，古錢叁貫；泮水社兵部司務何德貴，古錢拾貫；鳳樓舊校尉黎廷瑶，古錢拾貫；安杲社張縣武名棟，古錢貳貫；恭林社通縣范廷□。/[②]

斯文永壽[③]

金洞縣員色恭進以下：

偈洲社總長杜元道，古錢叁貫。鳳樓社總長杜輝鑑，古錢叁貫；儒生黎廷直，古錢叁貫；舊校生段時習，古錢壹貫；社正杜輝莊，古錢壹貫。安樂社謝伯□，古錢叁貫。/黄雲社舊校生黄仕玶，古錢五貫。德聰社舊校生爲社正總長裴必貴，男子裴必克、裴必大、裴進，古錢拾貫。青岑社陶國體，古錢壹貫；劉伯誼，叁陌。□叢社舊校生□□□，古錢壹貫。永□/社舊

---

① “提”，原作諱字。下同者不另出注。

② 以上爲拓片編號 03567 的内容。

③ “斯文永壽”，爲拓片編號 03571，即金洞縣青虬社祠第三碑碑後之額題。

校生范廷僚，古錢叁貫；訓科高名遂，古錢□貫。梁舍社訓科裴延卿，古錢貳貫。

高舍社員色恭進以下：

鄭得宠，古錢壹貫；吕必弘，古錢壹貫；吕得邁，古錢五陌；阮國□，古錢叁貫；/□光勳，古錢叁陌；吕亮采，叁陌；裴惟和，叁陌；裴時兼、裴世美，古錢陸陌；鄭阮錫，叁陌；裴熩，叁陌；阮輝暎，古錢叁貫。鳳樓社舊知縣□□灼，古錢拾貫。枚舍社總正阮致任□□。/

天施縣上黄社序班黄可諒仝社等，恭進古錢叁貫；伊縣、張縣阮德允、蔡進，古錢貳貫。/

仙侶縣諸員色恭進以下：

靈夏社張縣阮貴，古錢貳貫；阮克家、梁□□，古錢壹貫；梁登擇，古錢壹貫；梁有智，古錢陸陌；阮有枚，叁陌。高陸社阮仲瓌，古錢陸陌。春點社阮有智，古錢陸陌。/鳳翔社高延玟，古錢貳貫；郭三，古錢壹貫；郭儒倫，古錢壹貫；郭儒琮，叁陌。本社古錢柒陌。内靈社阮名侻，古錢陸陌；阮名僖，叁陌，梁輝鑑，古錢壹貫；梁惟達，貳陌；阮□兵，壹陌。地靈社范□□，/叁陌。琅柱社阮有效，叁陌。安詔社謝倜，古錢壹貫；阮惟亮，叁陌；黄得自，壹陌。/

祠址延安社恭進以下：

斯文會，古錢五拾貫；仝社，古錢五拾貫；董役舊監生陳學典，古錢肆貫；附門生，古錢貳貫。東齋長、舊校生陳阮澗，古錢叁貫；董役、舊太醫院校生陳賢翰，古錢五貫；/舊校生阮光就，古錢壹貫五陌；董役、舊社長阮殊，古錢五貫叁陌；舊管廚二隊、督忠侯，古錢壹貫；兑齋□□社長阮德澤，古錢叁貫叁陌；舊副所陳登岸，古錢壹貫；老饒[1]黎廷禄，古錢壹貫；舊校生□貫；/□正陳阮□，古錢貳貫；舊校生陳國綿，古錢貳貫；舊總知陳阮詝，古錢壹貫；押作舊衛[2]尉阮春泰，古錢叁貫；押作舊縣丞阮德亨，古錢叁貫叁陌；押作舊校生爲社正阮德崇，古錢叁貫五陌；□作□/□□阮温其，古錢貳貫；舊縣丞阮進策，古錢壹貫叁陌；舊校生丁芳蘭，古錢壹貫五陌；舊校生陳鍊，古錢壹貫五陌；附門生，古錢壹貫；押作舊校生爲社正陳有香，古錢貳貫；舊校生阮義□，壹貫；/舊校生阮臺適，古錢壹貫；舊校生陳阮肇，古錢壹貫五陌；舊通政典事阮春□，古錢壹貫；舊通政典事爲社正阮春浹，古錢貳貫叁陌；舊

① “老饒”，越南年六十以上爲老饒。見《欽定越史通鑑綱目・正編》黎熙宗永治二年：“秋七月申定功臣文武世廕及吏民免役例”條：“民年五十爲老項，六十爲老饒。”

② “衛”，原爲俗體字“衞”。

千户阮有命，古錢陸陌；押作舊知事陳春生，古錢壹貫；/押作兼文書、舊知事劉國鈞，古錢貳貫；社長黎阮琳，古錢壹貫叁陌；社長黎國士，古錢壹貫叁陌；看守阮伯演，古錢壹貫；舊社長阮玉葉，古錢壹貫叁陌；押作舊社長范國衍，古錢壹貫叁陌；舊社長/陳阮超，古錢壹貫叁陌；舊知簿阮時透，古錢壹貫；舊知簿阮德義，古錢壹貫；舊副所陳惟能，古錢壹貫；生徒阮賚點，古錢壹貫；阮有守、陳阮洋、陳阮抽、阮稱，每古錢壹貫；生徒阮德量、舊知事范德迓/□□□□陳枚、舊知事何曰倩、劉國衡、阮國琨、阮春玉、陳登誾、阮春赫、阮春監、陳阮寧、范文德，每古錢陸陌；舊知簿阮名炳，古錢叁陌；舊知簿范阮椿、陳□宜、阮名望、黎阮獻、陳秀異、阮德錫、范德□、/何曰生、陳有功、阮德瑞、阮德淳、阮德□、阮德杏、劉文鍾，每古錢叁陌；陳俵，壹陌；阮德老，壹陌。舊該合阮有録，古錢六陌；阮伯春、阮伯盛，每五陌；婦人陳氏二、阮氏□、阮氏□、阮氏□，□氏□，□氏□，□氏□/阮斗、阮軫、阮南，古錢壹貫；阮名□，貳陌；黎惟和，壹貫陌；阮氏如，貳陌；□□□□□□阮氏□□壹陌，阮氏盛，三陌。/

別府員色恭進以下：

奉天府壽昌縣河口坊北□甲叁督、左中允周茂隆妻郡夫人吴氏宣，恭進古錢叁拾貫；富川古塘前該合阮延銓，恭進古錢壹貫；僑居延安水油坊，恭進貳貫；范惟先，叁陌；阮富庶、鄧簡、/南昌縣□樓社舊侍内文職阮益侑，恭進古錢貳貫。　　延安社生徒阮德□，恭進古錢壹貫；舊社阮光□，壹貫三陌；阮德信，三陌。青池盛烈黎氏容，古錢六陌；黄□□，古錢壹陌。/

時/

景盛肆年陸月初拾日/

碑

府金洞縣鳳樓社甲午科鄉薦士杜權秤甫頓首謹誌

赤藤仝社恭進碑石壹座/

清弘河林姬黎武懋奉寫

山安該援石隊超忠奉刻/[1]

① 以上爲拓片編號 03571 的内容。

題後

據拓片題籤記載，立於青虬社祠者有下列五碑：

編號	篇題	年代	位置
03567/03571	快州文廟碑*	西山朝阮光纘景盛四年（1796）	青虬社祠第三碑
03568	金洞縣同除祠址碑*	西山朝阮光纘景盛八年（1800）	青虬社祠第四碑
03569	金洞移建祠宇碑記	後黎顯宗景興元年（1740）	青虬社祠第五碑
03570	文聖廟碑	後黎熙宗正和十二年（1691）	青虬社祠第二碑
03572/03573/03574/03575	文址碑**	後黎熙宗永治四年（1679）	青虬社祠第四碑

注：* 表示此篇收入本書；** 表示原無題。

本碑與本書篇號二一三《金洞縣同除祠址碑》均爲快州文廟碑，同立於西山朝阮光纘景盛年間，由於西山朝僅有二十餘年之歷史（1778–1802），所存之資料本來就比較稀少，而在短短二十餘年的時間中，却刊刻了兩通文廟碑，甚值得注意。

據《大南一統志》的記載，興安省文廟“在省城西北赤藤社，明命二十年建。啟聖祠在文廟之右”；由於省城城池“在金洞縣仁育、安武、香蓋、香田等社”，則金洞縣所在之文廟，或即興安省文廟。然《大南一統志》謂興安文廟建立於明命二十年（1839），則較本碑刊立時間景盛三年（1795）晚了近五十年。且本碑記謂“我府文聖廟古已於金洞縣之延安”，則説明快州府文廟在西山朝之前，即已建有文廟。另，興安有延河文廟“在延河縣，故黎榜眼黎貴惇並縣内文紳會建。本朝（阮朝）明命九年準留祠祀”。故仍不知“快州文廟”是否即是“興安文廟”。

又，《大南一統志·風俗》記載興安省的風俗：“士敦詩書，民勤耕稼，崇檢約而戒奢靡，其俗尚與南定略同，與興仁之民間有刁頑，金洞之男，多事遊惰，亦氣習使然。”然《歷朝憲章類志·地輿志》言興安地區“科目之盛，金洞柒員，東安叁拾陸員，仙侶拾四員，天施拾壹員，芙蓉叁員”，則金洞縣科舉員額較同省其他縣分來的少，何以在此建立文廟？僅因在此爲省府所在？那，文風爲何未改？種種疑問，皆值得再深入探討。

二三一　金洞縣同除祠址碑

引言

碑立於興安省金洞縣青虬社祠宇，爲祠宇之第四碑。碑刻單面，拓片編號03568，共二十二行字，滿行約三十二字，碑額刻“本縣仝除祠址碑”七字，今依内容及性質重定篇題爲“金洞縣同除祠址碑”。碑刻有紋飾，碑額爲日紋，兩側邊飾有捲草紋。碑文撰者鳳樓中式儒生杜權，書者延安社知事陳嘉錦。年代署作景盛（Cảnh Thịnh）八年（1800），“景盛”爲西山朝景盛皇帝（Cảnh Thịnh hoàng đế）阮光纘（Nguyễn Quang Toản）年號，同年爲清嘉慶五年，歲次庚申。拓片現藏於漢喃研究院。

碑文記載新建於金洞縣延安社之文廟，原議由延安社承擔管理文廟之務，延安社爲避其利故推辭此事，改由快州府五縣輪流負責，但過程中爭議頗多，故再次議定延安社承擔文廟管理，並除延安社一歲二祭等務。

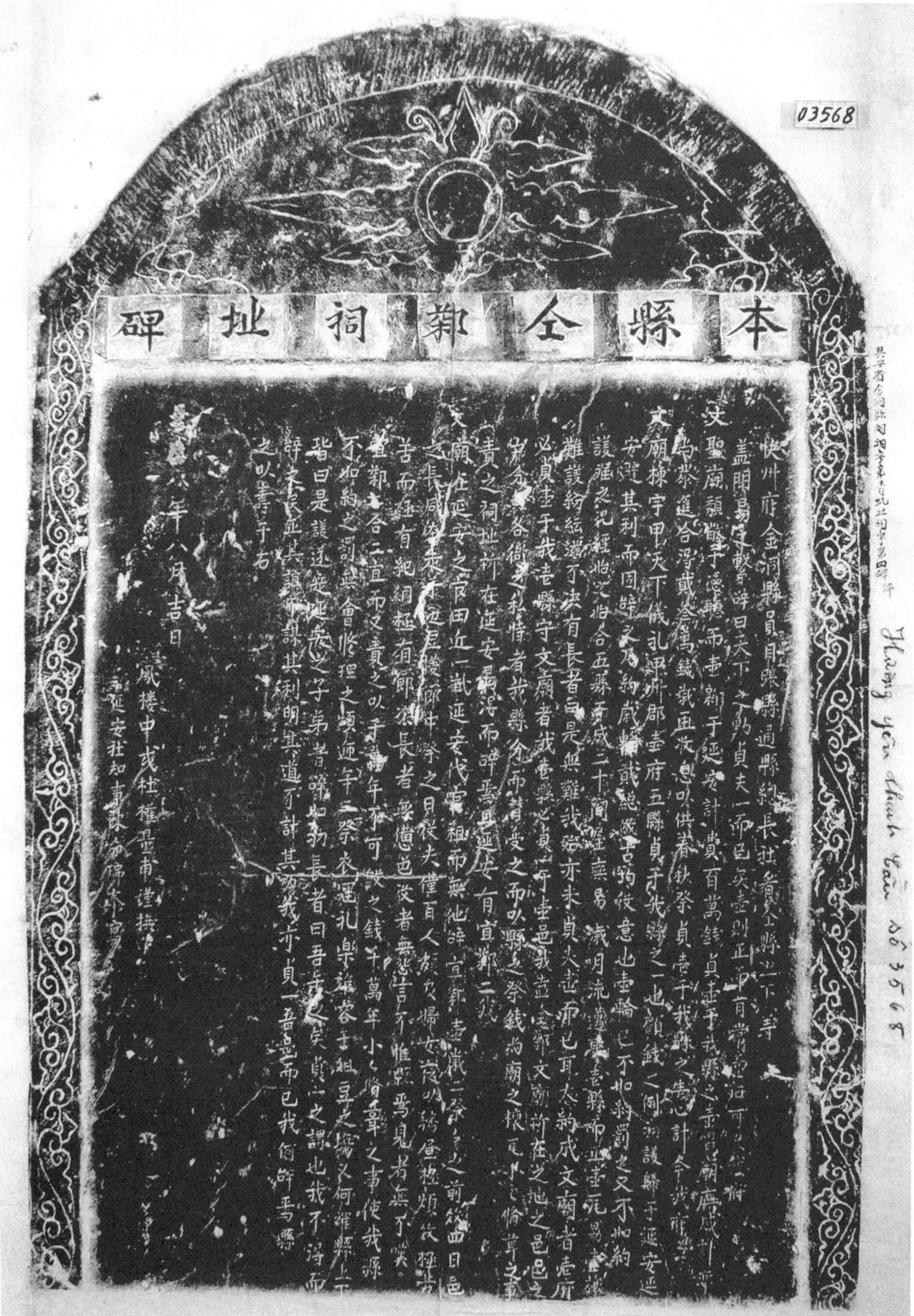
03568
本縣仝鄉祠址碑

編號：03568　出自《拓片總集》第四冊

釋文

本縣仝除祠址碑[①]

快州府金洞縣員目張縣通縣總長社看仝縣上下等/

蓋聞《易》之《繫辭》曰，“天下之動，貞夫一而已矣”[②]，“壹則正而有常”[③]，而後[④]可久。我府/　　　　文聖廟，頽敝于德聽，而壹新于延安，計費百萬錢，貞壹于我縣之壹唱，廟廡成，計率/與恭進，合得貳叄萬錢，歲再收息以供春秋祭，貞壹于我縣之壹心，計今我府/　　　　文廟，棟宇甲天下，儀禮甲州郡，壹府五縣貞于我縣之一也，顧錢之例，初議歸于延安，延/安避其利而固辞之，乃約歲輪貳總，倣古均役意也。壹輪已，不如約，罰之，又不如約，/議難之。況經始之始，合五縣而成，二十間屋廡，□歲月流邁，聚壹縣而正壹瓦，□壹□/難議紛紜，滋不決。有長者曰：是無難我，殆亦未貞夫壹而已耳。大約成文廟者，壹府/必貞壹于我壹縣；守文廟者，我壹縣必貞一于壹邑。我盍仝除[⑤]文廟所在之地之邑，邑之/户分均各衙之私恃者，我縣分而替受之，而以縣之祭錢爲廟之椽瓦，小小修[⑥]葺之事，/責之祠址所在，延安曷得而辞焉。且延安有宜除二：我/　　　　文廟在延安之官田近一畝，延安代官租而無他辞，宜除壹歲二祭，祭之前數四日，邑/之長咸奔走于籩豆儀節中，祭之日，役夫僅百人，頗及婦女，夜以繼晝，極煩數，極勞/苦，而極有紀綱，極有節次，長者無儯色，役者無怨言，不惟縣焉，見者無不嘆，/宜除二合二宜，而又責之以于萬年不可毁之錢，千萬年小小修葺之事，使我縣/不如約之罰，無會修理之煩，遞年二祭，衣冠禮樂雍容于俎豆之場，又何難。縣上下/皆曰是，議遂定，延安之子弟者，辞如初，長者曰：吾年之矣，貞一之謂也，我不得而/辞之矣。正其誼，不謀其利，明其道，不計其功，我亦貞一吾邑而已，我何辞焉，縣/之以壽于石。/

---

① 此爲額題，今依内容及性質重定篇題爲“金洞縣同除祠址碑”。

② “天下之動，貞夫一”，見《易·繫辭》：“天地之道，貞觀者也；日月之道，貞明者也，天下之動，貞夫一者也。”

③ “壹則正而有常”，見《易·繫辭》：“觀，官换反。夫，音扶。觀，示也。天下之動，其變无窮，然順理則吉，逆理則凶，則其所正而常者，亦一理而已矣。”

④ “後”，碑原作“后”，因另兼正字，故改，下同不另出注。

⑤ “除”，爲越南避諱字。

⑥ “修”，碑原作“脩”，因另兼正字，故改，下同不另出注。

景盛[①]八年[②]八月吉日/

鳳樓中式杜權量甫謹撰/
延安社知事陳嘉瑞奉寫/

題後

阮氏起兵民間，曾擊潰後黎南方阮主廣南國，殲滅北方的鄭主以及後黎朝，經過二十餘年之統治，爲廣南後裔阮福映所推翻，阮福映建立阮朝之後，視西山爲僞朝。是故，本碑記與前一篇《快州文廟碑》，兩篇在署年年號處均有被剜去的痕跡。

① 原碑“景盛”二字被鑿去。
② “景盛八年”，“景盛”爲西山朝景盛皇帝阮光纘年號，“八年”爲公元1800年，當清嘉慶五年，歲次庚申。

二三二　作磬石文記

引言

此磬石之拓片題籤模糊無法辨識，據《越南漢喃碑銘拓片目録提要》載此磬石立於河南省南昌縣愚芮總武舍社。磬石爲單面刻，拓片編號03583，共四十九行字，滿行約二十四字，額題“磬石德音”四字，碑題作“作磬石文記”五字，今依此爲篇題。石之兩邊刻有獸紋並日紋。書寫者阮文知，撰文者生徒范家光，製磬者黎文貴。年代署作永盛（Vĩnh Thịnh）四年(1708)，永盛爲後黎裕宗（Lê Dụ Tông）黎維禟（Lê Duy Đường）年號，同年爲清康熙四十七年，歲次戊子。現藏於漢喃研究院。

文中記載武舍社劉村村民崇信佛教，感念佛恩，故造磬石以明德音。文末録有功德主姓名與捐獻金額。

編號：03583　出自《拓片總集》第四冊

釋文

作磬石文記[1]

嘗聞磬者，金聲玉振也，昔者有金天氏之音，制浮磬以/通八表[2]之風，而諸神人和上下，至若以聲爲律之王，□/樂磬以待四方之士，而被仁德，普邇遐，與古同符，于/今再見。欽惟/

聖主志崇/　　佛法，心敬/　　皇天，獲中正之聲名，更迭敬詠，用磬德之影子，廣爲衆生，/既孚養人之性情，又振當時之耳目。兹本社各善仕娓[3]等，生逢/

聖世，性忝俗凡。朝念暮思，寡聞經之救苦；身修心正，乏知賢/之格言。欲開聲九重天，必皈命三清佛，行以仁，積以德，發菩/提心；謹其行，慎其言，遊娑婆界[4]。竊見舘之仙境，乃是趣之/蓬萊，山水有情。上列金臺玉闕，康衢通道；下遂鑿井/耕田[5]，已快于裏。心冀成於音樂，于時、興功造磬以響應，/效百年之鏗鏘，於是以身發財，垂名震億萬載之彪炳。/諒一心清淨，信五福兼全。出武出文，才多爲國柱石；若/農若賈，財餘滿匱金銀。生梁棟之巧工，扶國家之偉器，/盛衆子，盛孫姪，契雅螽斯之葩詩[6]；旺六畜，旺人丁，允/符良耜之篇什[7]。觀此功，觀此德，均享盛大悠久無疆之/福，故筆書之於磬石，以明德音在耳，不敢忘也。/

莅仁府南昌縣武舍社劉村官員、鄉長、上下等，爲有境/僊，觀前古未有造磬，至兹本村

---

① 此爲碑題，今依此爲篇題。

② “八表”，八方之外，指極遠的地方。《先秦漢魏晉南北朝詩》收魏明帝曹叡《苦寒行》：“光光我皇祖，軒耀同其榮。遺化布四海，八表以肅清。”

③ “仕娓”，越南稱未出家，而在寺廟中爲寺廟工作的男性與女性。

④ “娑婆界”，見（北涼）三藏曇無讖譯《悲華經·諸菩薩本授記品第四之三》：“爾時，寶藏如來告火鬘言：‘善男子！未來之世，過一恒河沙等阿僧祇劫，入第二恒河沙等阿僧祇劫後分之中，此佛世界當名娑婆。何因緣故，名曰娑婆？是諸衆生忍受三毒及諸煩惱，是故彼界名曰忍土。’”

⑤ “鑿井耕田”，見《帝王世紀》：“（帝堯）以尹壽、許由爲師，命伯夔放山川谿谷之音，作樂大章，天下大和，百姓無事，有八十老人擊壤於道。觀者歎曰：‘大哉帝之德也！’老人曰：‘吾日出而作，日入而息，鑿井而飲，耕田而食。帝何力於我哉？’”

⑥ “契雅螽斯之葩詩”，即《詩經·國風·周南·螽斯》篇，詩序曰：“螽斯，后妃子孫衆多也，言若螽斯；不妬忌則子孫衆多也。”

⑦ “允符良耜之篇什”，即《詩經·周頌·閔予小子之什·良耜》。孔穎達正義曰：“良耜詩者，秋報社稷之樂歌也。謂周公、成王太平之時，年穀豐稔，以爲由社稷之所祐，故於秋物既成，王者乃祭社稷之神，以報生長之功。”

同心作福，甫立磬器。既作/其文，以誦功德于前；又著姓名，以陳脚色[1]于後[2]。/

計/

鄉老武公蓋、武□、武公道字道慶、武公能、武公□、武公榮、武公用、/鄉長武惟門、武公直、阮體、武合、武公謙、武縞、武勉、武惟賢、/武公卿、阮文知、武公明、武公財、武長春、武佐、阮意、武瑞、/武公弘、阮穩、武些、武公賞、阮廷鎔、武公平、武明鑑、武公旺、/武□、武公量、武明俊、武廷全、武有禄、武公略、武訓、武陣、武禁、/武憫、武惟成、武用、楊文攀、武聽、武曰瓊、武□、阮陛、武弧。/

一本村生徒爲社官、兼守役本總本縣阮明名妻阮氏炙功德，古錢[3]/三陌。/武氏□寄與後佛號慈恩，古錢一陌。/

一興功本縣壽益社買上村阮得忠，字福養，妻陳氏熒，號妙林；/男子阮反爭甫造磬石；武進諌寄與□字□□古錢三十文。/

快州府金洞縣黄云社外村杜文枉妻阮氏萬。/

本縣禹□社陳光宅妻武氏請，男子陳光塓、陳光把、陳光蓋，功德古錢二陌。/

阮文玄功德古錢一陌，武文騫功德古錢一陌。/

武氏卞寄與武貴公，字道派，字武福；妣號慈歡，古錢三陌。/

武得衍，字福兼，寄與顯考後神武貴公，字福壽，古錢壹陌。

本縣壽益社宮仁村阮法，名順財妻邵氏探，功德古錢□陌。/

支隆社同克村阮公術妻武氏□、妾阮氏藴，功德古錢二陌。/

周有□妻范氏淡，功德古錢一陌。武文甫，功德古錢一陌。/

吴氏□男子武文杜寄與，字福兼，古錢一陌三十文。/

武文併寄與字福仁，古錢一陌三十文。/

應天府懷安縣燕□社□□村阮法勝，功德古錢一陌。/

本村阮文知，道號玄勷寫磬石記/

---

① “脚色”，即履歷或出身。《唐六典・左、右監門衛》：“凡京司應以籍入宮殿門者，皆本司具其官爵、姓名，以移牒其門，以門同送于監門，勘同，然後聽入。”原注：“若流外官承脚色，並具其年紀、顔狀。”

② “後”，碑原作“后”，因另兼正字，故改，下同不另出注。

③ “古錢”，見《欽定越史通鑑綱目・正編》“後黎盛宗光順八年”注“使錢、古錢”引黎貴惇《芸臺類語》云：“北人以百文爲一陌。本國以三十六文爲一陌，謂之‘使錢’；六十文爲一陌，謂之‘古錢’。‘使錢’十陌，乃是‘古錢’六陌，準爲‘使錢’一貫。其‘古錢’十陌乃使錢之一貫六陌四十文。使錢别名閒錢，古錢别名貴錢。”

永盛肆年①玖月穀日/

一本縣□□社生徒②范家光撰文/

紹天府東山縣安或社□村黎文貴製磬/

① “永盛肆年”，“永盛”爲後黎裕宗黎維禟年號，“肆年”爲公元1708年，當清康熙四十七年，歲次戊子。

② “生徒”，見《欽定越史通鑑綱目》記載：“生徒，鄉試中三場，謂之生徒。黎初衙吏多以監生、儒生、生徒爲之。”

二三三　永世社楊愷父子後神碑記

引言

碑立於北寧省超類縣姜寺總資世社亭，爲亭前左邊一碑。碑刻三面，拓片編號 03588/03589/03590，拓片編號 03588 爲碑前，共十九行字，滿行三十六字，碑額刻“後神碑記”四字，碑題“永世社後神碑記”七字；拓片編號 03590 爲碑後，共二十六行字，滿行四十七字，碑額刻“本社約例”四字；拓片編號 03589 爲碑右，僅一行字，共十七字。今重定篇題爲“永世社楊愷父子後神碑記”。年代署作景興（Cảnh Hưng）二十年（1759），景興爲後黎顯宗（Lê Hiển Tông）黎維祧（Lê Duy Diêu）年號，同年爲清乾隆二十四年，歲次己卯。拓片現藏於漢喃研究院。

此碑爲永世社爲世壽伯楊愷與承政使司叅議楊恢父子二人所立後神碑。其内容爲：永世社感念楊愷、楊恢父子二人捐錢以助重社亭修，故永世社共保父子二人爲後神，附於鄉亭左右供祭，由此楊氏父子捐古錢一百貫與良田三畝，以作日後祭祀之資。文末除以四句四字銘文作結外，並録有供祭日、祭禮相關規定，及祭田所在方位與面積。

03588

後神碑記

永世社後神碑記

盖聞澤及於人人必追思而祀之此天理之在人心亘古今之所全然也　春惟

顯恭太夫蓓事院少蓓事世壽伯楊愷顯恭大夫諒山處贊治承政使司參議揚恢家傳忠厚

世締箕裘少並擢科名長全登仕版乃里中之望人也李社旎傀胥相語曰吾邑何幸有是

文有是子生於斯長於斯其声譽既是為吾邑之光其惠澤又是為吾邑之助適因首亭經

久額艶制未宏敞獨委揚家橋梓千岗家貲一緡制度以戊寅季夏起工粤仲秋落成立見

廣厦連雲華棟麗日上之密如繇之茂下之固如竹之苞全社巨小感此功德徵諸詩曰拔

之以永報之以殯乃共協推保貳貢為後神壽眉日則慶生辰朔顧後則供忌禮附祔下左

右貳座在于本亭遞年求福及諸節序事神等禮一以附後從祀永矣弗緩惟貳貢知人

心之有孚也更加惠賜寳鈔百貫以為宴筵歌管之樂肥田叁畝以為忌節黍稷之供其有

孚惠心有孚惠德真可以上接於神靈而下孚於人心矣肆乃立約居于今年以及千萬

年相承而不易也吁積善逢善天道必然以德報德人心固有後之生斯邑為斯民者是斯

亭目斯碑口斯文心前人之心德前人之德祭祀之必莊必敬僕禮之無假無非如此則貳

貢忠厚之心吾民仁厚之俗共之而並傳矣約成徵文以壽其傳云爰觀

天地照鑒是約不移如山爰勒貞珉用壽永世豈止崇一時誇一邑而已哉然言之不足又銘

以讚之

銘曰

愛之如親　敬之如神

萬德永世　仰止碑文

此字者起頭縣姜寺總資世社亭前左邊一碑三面之前

後

編號：03588　出自《拓片總集》第四冊（下同）

03589
黎朝景興貳拾年歲次己卯肆月貳拾五日
北寧省超類縣姜寺總資世社亭前左邊一碑三面之右
校

編號：03589

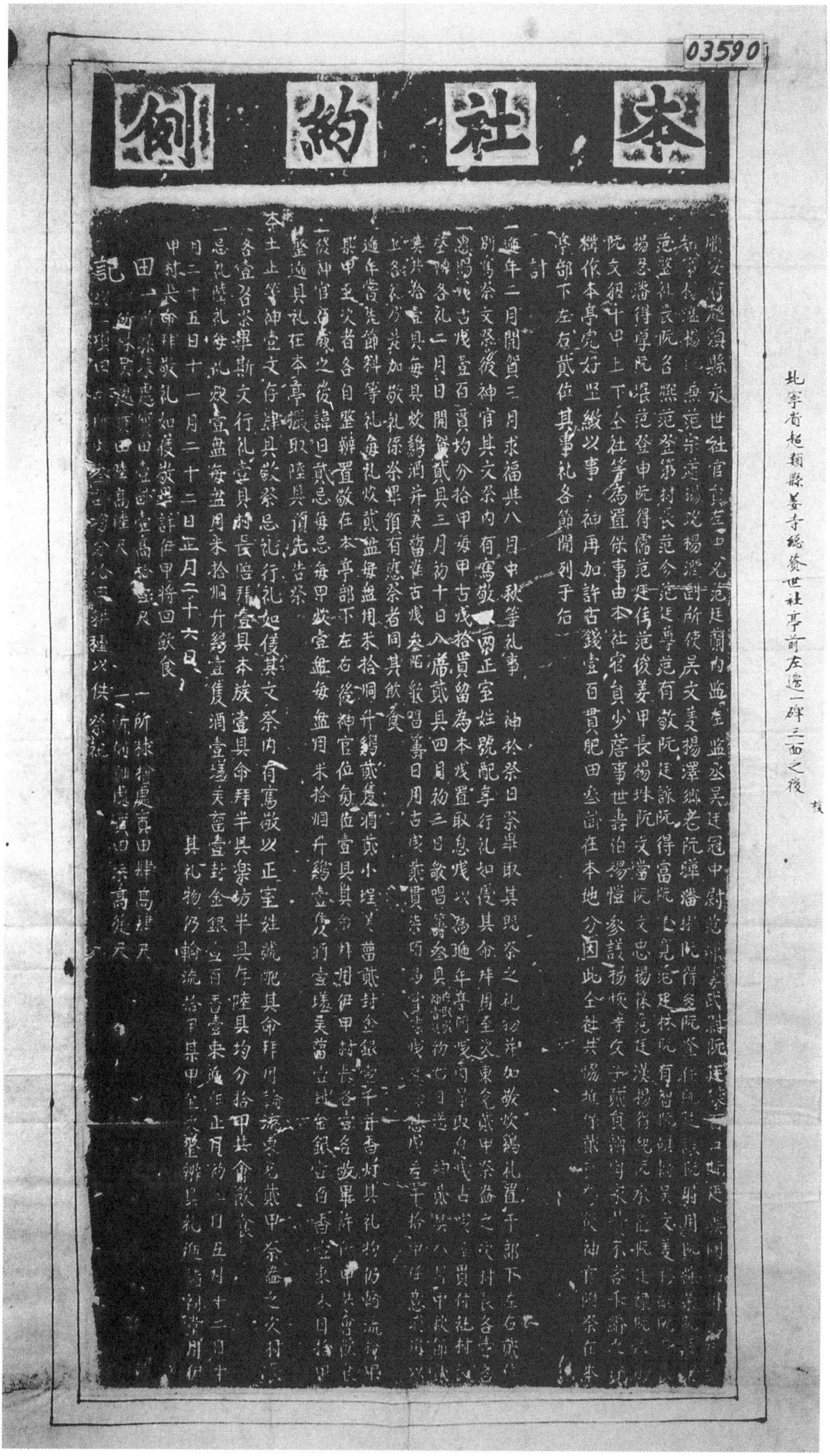
03590
本社約例

北寧省超類縣姜寺總永世社亭前左邊一碑三面之後

編號：03590

釋文

【後神碑記】

永世社後神碑記①

蓋聞澤及於人，人必追思而祀之，此天理之在人心，亘古今之所仝然也。　　眷惟/

顯恭大夫、詹事院少詹事、世壽伯楊愷；顯恭大夫、諒山處贊治、承政使司參議楊恢；家傳忠厚，/世繼箕裘②，少並擢科名，長仝登仕版，乃里中之望人也。本社旄倪③胥相語曰：吾邑何幸，有是/父，有是子，生於斯，長於斯，其聲譽既足爲吾邑之光，其惠澤又足爲吾邑之助，適因舊亭經/久頹弊，制未宏敞，獨委楊家橋梓④，千出家貲，一新⑤制度，以戊寅季夏起工，粵仲秋落成，立見/廣廈連雲，華棟麗日，上之密，如松⑥之茂，下之固，如竹之苞⑦。仝社巨小感此功德，徵諸詩曰"投/之以瓜，報之以瓊"⑧，乃共協推保貳員爲後神，壽眉⑨日則慶生辰，期頤⑩後則供忌禮，附部下左/右貳座在于本亭，遞年求福及諸節序事　神等禮一一附

---

① 此爲拓片編號 03588 的碑題，今依此重定篇題爲"永世社楊愷父子後神碑記"。

② "箕裘"，指濡染之下，子承父業。《學記·禮記》："良冶之子，必學爲裘；良弓之子，必學爲箕；始駕者反之，車在馬前。君子察於此三者，可以有志於學矣。"

③ "旄倪"，指老人和幼兒。《孟子·梁惠王下》："齊人伐燕，取之。諸侯將謀救燕，（孟子勸梁惠王曰）王速出令，反其旄倪，止其重器，謀於燕衆，置君而後去之，則猶可及止也。"趙岐注："速，疾也；旄，老耄也；倪，弱小倪倪者也。"

④ "橋梓"，謂父子也。見《説苑·建本》："伯禽與康叔封朝於成王，見周公三見而三笞……康叔封與伯禽見商子……商子曰：'二子盍相與觀乎南山之陽有木焉，名曰橋。'二子者往觀乎南山之陽，見橋竦焉實而仰，反以告乎商子，商子曰：'橋者父道也。'商子曰：'二子盍相與觀乎南山之陰，有木焉，名曰梓。'二子者往觀乎南山之陰，見梓勃焉實而俯，反以告商子，商子曰：'梓者、子道也。'"

⑤ "新"，碑原作倒部諱字。

⑥ "松"，原作諱字。

⑦ "上之密如松之茂"二句，語出《詩經·小雅·鴻雁之什·斯干》："秩秩斯干，幽幽南山。如竹苞矣，如松茂矣。"

⑧ "投之以瓜，報之以瓊"，比喻相互贈答，厚往薄來。《詩經·國風·衛風·木瓜》："投我以木李，報之以瓊玖。匪報也，永以爲好也。"

⑨ "壽眉"，又作"眉壽"。《詩經·魯頌·駉之什·閟宫》："俾爾昌而熾，俾爾壽而富。黄發台背，壽胥與試。俾爾昌而大，俾爾耆而艾。萬有千歲，眉壽無有害。"鄭玄箋："眉壽，秀眉，亦壽徵。"

⑩ "期頤"，即百年。《禮記·曲禮上第一》："人生十年曰幼學，二十曰弱冠，三十曰壯有室，四十曰強而仕，五十曰艾服官政，六十曰耆指使，七十曰老而傳，八十九十曰耄，七年曰悼，悼與耄雖有罪不加刑焉，百年曰期頤。"

後從祀，永矢弗諼[①]。

惟貳員知人/心之有孚也，更加惠賜寶鈔百貫，以爲宴筵歌管之樂，肥田叁畝以爲忌節黍稷之供，其有/孚惠心，有孚惠德，真可以上接於　神靈，而下孚於人心矣。肆乃立約，始于今年，以及千萬/年，相承而不易也。吁！積善逢善，天道必然；以德報德，人心固有。後之生斯邑，爲斯民者，足斯/亭，目斯碑，口斯文，心前人之心，德前人之德。祭祀之必莊必敬；儀禮之無假無非。如此則貳/員忠厚之心，吾民仁厚之俗，與之而並傳矣。約成徵文，以壽其傳云。僉願/　　　　天地照鑒，是約不移如山，爰勒貞珉，用垂永世，豈止榮一時，誇一邑而已哉？然言之不足，又銘/以讚之。/

銘曰/：

愛之如親，敬之如神/。萬億永世，仰止碑文。/[②]

黎朝景興貳拾年歲次己卯[③]肆月貳拾五日[④]/

【本社約例】[⑤]

順安府超類縣永世社官員左中允、范廷蘭，内監左監丞吴廷冠，中尉范輝蕚，武尉阮廷攀，百户阮廷驥，同知州阮承紹；/知事楊溢、楊阮兼、范宗逆、楊玧、楊潤；副所使吴文義、楊澤；鄉老阮暐、潘彬、阮得多、阮登任、阮廷讓、阮時用、阮輝榮、阮廷韶、/范整；社長阮名熙，范登第，村長范忩，范廷尊，范有敬，阮廷詠，阮得富，阮廷寛，范廷林，阮有智，阮碩輪，吴文義，楊雄，阮石長，/楊忍，潘得厚，阮墀，范登申，阮得儒，范廷佳，范俊姜；甲長楊珠，阮文當，阮文忠，楊筷，范廷漢，楊得紀，阮承值，阮廷禄，阮廷的，/阮文狃，十甲上下仝社等，爲置保事。由本社官員少詹事、世壽伯楊愷，參議楊恢等父子貳員辦出家貲，不吝千緡之費，/構作本亭，完好堅緻以事　神，再加許古錢[⑥]壹百貫、肥田叁畝在本地

① “永矢弗諼”，見《詩經·國風·衛·考槃》：“考槃在澗，碩人之寬，獨寐寤言，永矢弗諼。”箋云：“寤、覺，永、長，矢、誓，諼、忘也。”

② 以上爲拓片編號03588的内容。

③ “景興貳拾年歲次己卯”，“景興”後黎顯宗黎維祧年號，“拾年”爲公元1759年，當清乾隆二十四年。

④ 以上爲拓片編號03589的内容。

⑤ 此爲拓片編號03590碑額。

⑥ “古錢”，見《欽定越史通鑑綱目·正編》“後黎盛宗光順八年”注“使錢、古錢”引黎貴惇《芸臺類語》云：“北人以百文爲一陌。本國以三十六文爲一陌，謂之‘使錢’；六十文爲一陌，謂之‘古錢’。‘使錢’十陌，乃是‘古錢’六陌，準爲‘使錢’一貫。其‘古錢’十陌乃使錢之一貫六陌四十文。使錢别名閒錢，古錢别名貴錢。”

分，因此仝社共協推保貳員爲後神官，附祭在本/亭部下左右貳位，其事禮各節開列于後[1]。/

計/

一遞年二月開賀，三月求福，與八月中秋等禮，事　神於祭日，祭畢，取其既祭之禮物，并加敬�、雞禮，置于部下；左右貳位，/別寫祭文。祭後神官員，其文祭内有寫敬□兩正室姓、號、配享，行禮如儀。其命拜用，至次東兑貳甲祭盎之次，村長各壹名。/

一惠賜錢，古錢壹百貫，均分拾甲，每甲古錢拾貫，留爲本錢，置取息錢，以爲遞年亭門錢；内量取息錢古錢陸貫，付社村長，/整辦各禮。二月日開賀貳具，三月初十日入席貳具，四月初三日歌唱籌叅具内取敬/神壹具，初七日送　神貳具，八月中秋節貳/具，共拾壹具。每具粓、雞、酒并芙蒥，准古錢叁陌；歌唱籌日，用古錢貳貫柒陌，爲賞標錢。其餘息錢若干，拾甲任意消用。以/上各禮乃是加敬禮，係祭畢，預有應祭者，同其飲食。/

一遞年嘗先節料等禮，每禮粓貳盤，每盤用米拾銅升，雞貳隻，酒貳小埕，芙蒥貳封，金銀壹千，并香燈。其禮物仍輪流拾甲，/某甲至次者，各自整辦置敬，在本亭部下左右後神官位，每位壹具，其命拜用伊甲村長各壹名，敬畢許伊甲共會飲食。/

一後神官百歲之後，諱日貳忌，每忌每甲粓壹盤，每盤用米拾銅升，雞壹隻，酒壹埕，[2]芙蒥壹封，金銀壹百，香壹束，本日拾甲/整遞具禮，在本亭撮取陸具，預先告祭/本土上等神壹文存肆具，敬祭忌禮，行禮如儀。其文祭内有篤敬以正室姓號配其命，拜用輪流，東兑貳甲祭盎之次村長/各壹名，祭畢，斯文行禮壹具，村長陪拜壹具，本族壹具，命拜半具，樂坊半具，存陸具均分拾甲共會飲食。/

一忌禮陸禮，每禮粓壹盤，每盤用米拾銅升，雞壹隻，酒壹埕，芙蒥壹封，金銀壹百，香壹束，遞年正月初二日、五月十二日、十/月二十五日、十一月二十二日、正月二十六日，/

其禮物仍輪流拾甲，某甲至次整辦具禮，遞詣祠堂用伊/甲村長命拜，敬禮如儀，敬畢，許伊甲將回飲食。/

田記

一所淥沫處實田壹畝壹高拾壹尺；一所栐檜處實田肆高肆尺；/

一所栐吴處實田陸高陸尺；一所例𪗋處實田柒高玖[3]尺。/

以上項田肆所共叁畝，均分拾甲耕種，以供祭祀。/[4]

① “後”，原爲越南避諱字“后”，另兼正字，故改，下同不另注。

② “酒臺埕”，“埕”原作“㙗”，據上下文改。下同。

③ “玖”，原作倒部諱字。

④ 以上爲拓片編號 03590 的内容。

二三四　茶林社侍內宮嬪阮氏端莊後佛碑記

引言

碑立於北寧省超類縣姜寺總茶林社鄭族祠堂，爲祠堂前右邊一碑。碑刻四面，拓片編號03594/03595/03596/03597，拓片編號03594爲碑前，共二十一行字，滿行四十五字，碑題“奉事後佛碑記”六字；拓片編號03595爲碑左，共二十行字，滿行三十四字；拓片編號03596爲碑後，共十九行字，滿行四十五字；拓片編號03597爲碑右，共二十行字，滿行約二十一字。今依内容及性質重定篇題爲“茶林社侍内宫嬪阮氏端莊後佛碑記”。碑文書者侍内書寫阮仕濯，刻者東山縣安穫局石匠。年代署作正和（Chính Hòa）二十年（1699），正和爲後黎熙宗（Lê Hy Tông）黎維祫（Lê Duy Cáp）年號，同年爲清康熙三十八年，歲次己卯。

此碑爲茶林社爲侍内宫嬪阮氏端莊所立之後佛碑。文中永郡主鄭氏玉楠爲報先慈侍内宫嬪阮氏端莊養育之恩，故與其女陶氏玉梡捐錢與惠田予阮氏端莊籍貫茶林社，以保阮氏端莊爲茶林社後神，除所捐亦爲祭祀之資，亦於阮氏端莊原居處建祠祭拜，文末記有祭祀儀禮規定、惠田所在位置及見證此事者之題名。

03594

奉事後佛碑記

嘗謂佛以慈悲為德廣大為門同登斯岸者必有是慈悲有是廣大方克配而無愧焉後佛之號所由來已恭惟

前侍內宮嬪優婆夷阮貴氏諱㓊號端莊迺我順安超類茶林之令族也厥初 顯考特進輔國上將軍捧聖衛總知

六所贈參督仁義侯字福泰妣號惠義並皆蘊藉名流聲音殊技為一時之極選國俗俳倡唱歌之妙格是其淑始

也迨 先靈慈氷玉殊姿珩璜懿德專肆家業精妙入神方幾髫齔之年即領桂掖之侍初則律調簫管協鳳儀獸

舞之音後復曲製箏絃擅流水高山之興竹絲之藝內外是師雨露之恩庭闈特冠彼熊吉夢二協其祥女是今

永郡主鄭氏玉槁男是驩督調壽侯鄭棕玉葉金枝欝然覺秀焉慶今 郡主世上儷娶人間活佛以王姬之極貴

配于都督僉事永郡公陶相公係是太宰大王長子緣諧琴瑟福集家門長女陶氏玉梚克敬克慎無非無儀褒后

妃貞淑之德正配 前理政府欽差節制各處水步諸營兼掌府政太尉謙國公加封寬厚雄智掌宰上相公謚濬偉

嚴有翼可文可武兼衛公将相之才方且膝下承歡門庭戲綵洵然克家令子也遡觀一門之內忠孝所萃福履所

鍾和氣藹若瑞氣欝若推原其由蓋本於 先灵慈遺慶所積教誨所及也訶茲 尊德郡主髮垂霜素膝滿曾玄

而每詩咏蓼義詞吟陟屺未嘗不惘然興思潸然墮淚思慕之至老而彌殷實是以感動人心胥陶於孝敬之域也

本社等誼屬枌榆蔭資喬樾累世圓其德閭邑蒙其仁壺亦先後此心以贊成純至之德乎於是耆老鄉邑上下巨

小同心懇請奉 先灵慈為後佚歲時享供萬載弗渝 尊慈知其出於真意也遂惠以使錢貳百貫稔田壹百貳

拾播以為黍稷之資其正宮太夫人陶氏玉梚號妙圓許田貳拾播共成其事焉仍相與立約而今而後歲序朔望

供給與佚同尊其忌臘嘗先節料等禮齋果淨供一依如券文內始于今年以及千萬斯年不改也凡我邑民世世

相傳兢兢慎守愈久而愈敬愈久而愈篤與天地同其悠遠與山海同其高深如此則先灵慈之德令尊慈之孝等

浩劫以長存而吾民忠信仁厚之俗亦與之相為無窮矣約成徽文竪碑以紀其實壽其傳云

皆

皇朝正和萬万年之貳拾歲在己卯仲冬穀旦立

紹天東山安獲烏石炀姜信姜朗刊字

戊寅科試中侍內書寫戶番阮仕濯承寫

北寧省超類縣姜寺總茶林社鄭族祠堂前右邊一碑四面之前

編號：03594　出自《拓片總集》第四冊（下同）

03595

順安府超類縣茶林社官貟知縣阮滑知縣阮鉎所使阮公平該知六所阮仕綱社正
阮灞社胥黄文泓鄉長阮佐理阮能諫阮理阮眼阮時茶阮世力范潤登范文光全社
上下等共申約事
竊聞天之經地之義原來其孝也㒺人於生事於親曾何為孝者矣苟一孝以立則萬善
必從茲承見
王子永郡主鄭氏玉梅体德生成念恩養育孜孜心感劬勞切切義懷報答自以田禾壹
百貳拾擔并使錢貳百貫留㒺本社為惠田俾尊　慈德為後　佛并奉祀各句其本
社官貟鄉老上下等聞一雷聲咱從風靡欣欣然耕鑿堯田秩秩尒順帰虞俗皆相敬
慕共協追尊
前侍内宫嬪優婆姨阮貴氏號端莊儀人為後　佛皈依西境樂向僊階係逓年忌臘日
辰并嘗先節料等禮供薦如儀年年奉祀世世遵承次貽億萬斯年不刊之典所有禮
物各期開陳于左
計
一節料禮本社供奉炊五拾升盛為捌具
一忌辰四月十六日本社供奉炊壹百升盛為捌具并菓雀每盤使錢壹陌香油酒及芙蔔
一嘗先日本社供奉炊五拾升盛為捌具
一十二月十五日本社供奉炊壹百升盛為捌具并菓每盤使錢壹陌
一係祭忌儀節依如左边碑文
正和二十年十一月十七日立約文知縣阮滑　知縣阮鉎　所使阮公平
該知六所阮仕綱　儒生阮湜　社正阮灞　社胥黄文弘

北寧省超類縣姜寺總茶林社鄭族祠堂前右邊一碑四面之左

後

編號：03595

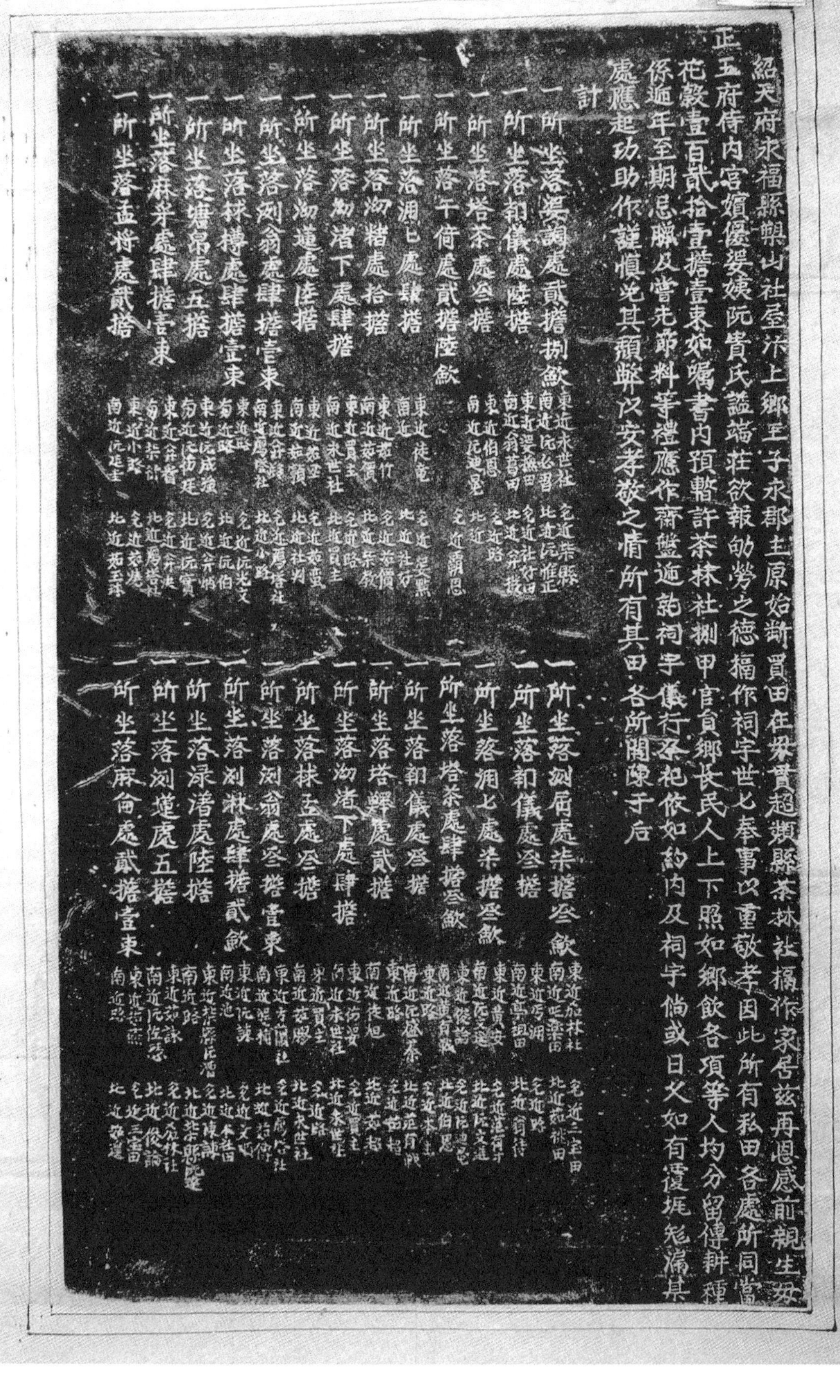

03596

紹天府永福縣鵝山社壘汴上鄉至子永郡主原始斷買田在安貴超類縣茶林社攝作家居茲再恩感前親生安
正玉府侍內宮嬪優婆姨阮貴氏謚端莊欲報劬勞之德攝作祠宇世乜奉事以重敬孝因此所有私田各處所同當
花穀壹百貳拾壹搭壹束如囑書內預暫許茶林社捌甲官員鄉長民人上下照如鄉飲各項等人均分留傳耕種
係逓年至期忌臘及嘗先節料等禮應作齋盤逓詣祠宇儀行祭祀依如約內及祠宇倘或日久如有侵掘毀漏其
處應起功助作謹慎免其頹弊以安孝敬之情所有其田各所開陳于后

計

一所坐落湲調處貳搭捌欽
一所坐落𥘶儀處陸搭
一所坐落塔茶處叁搭
一所坐落午倚處貳搭陸欽
一所坐落洞乜處玖搭
一所坐落㴱楮處拾搭
一所坐落㴱渚下處肆搭
一所坐落㴱蓮處陸搭
一所坐落𠛌翁處肆搭壹束
一所坐落林搏處肆搭壹束
一所坐落塘帛處五搭
一所坐落麻弁處肆搭壹束
一所坐落孟將處貳搭

一所坐落𠛌屑處柒搭叁欽
一所坐落𥘶儀處叁搭
一所坐落洞乜處柒搭叁欽
一所坐落塔茶處肆搭叁欽
一所坐落𥘶儀處叁搭
一所坐落塔𪀄處貳搭
一所坐落㴱渚下處肆搭
一所坐落抹丟處叁搭
一所坐落𠛌翁處叁搭壹束
一所坐落𠛌淋處肆搭貳欽
一所坐落渌潽處陸搭
一所坐落𠛌蓮處五搭
一所坐落麻侖處貳搭壹束

北寧省超類縣姜寺總茶林社鄭族祠堂前右邊一碑四面之後

編號：03596

北寧省超類縣姜寺總茶林社鄭族祠堂前右邊一碑四面之右

阮有養 阮有遇 范弘呼 阮涎 阮敬長 阮邁 阮晃 阮仁合 阮質 阮仁賢 阮德新 范文卞 范正壽 阮登富 阮文尾 阮仕科 阮必妛 阮詔 阮公槑 黄德年

阮文號 阮張 黄文鄰 阮德造 阮時共 阮瓊 范有才 阮登壽 阮時争 阮盛蓁 阮振 阮燦 阮順 阮拳 阮拱 范同倫 阮環 黎有巨 阮德玉 阮文才

范活 阮敬朝 阮文論 揚質 阮佐悉 阮敬碧 阮圖 阮佐踆 阮能判 阮女 阮情 阮承榮 阮游 阮拙 阮承挂 阮仁榮 阮機 阮頊 阮迪衛 阮道

阮蟄 阮文毛 范弘安 范正瑰 阮丕呪 阮臺 阮德貫 阮公卞 阮丕孟 阮迪晃 阮丕牙 阮必待 阮公克 阮俊珍 阮挑 范文超 阮仕濯 阮閥 阮世昭 阮文鳥

阮必弼 阮公流 阮椿 阮世奏 阮洪 黄德振 枚光輝 阮德立 范有禄 阮賚 阮有喜 阮淦 阮帝 阮銳 范有功 阮明 阮壽 阮德大 阮陣 阮濯

阮体 阮審 黄德恐 阮徒 阮長 阮標 阮武 阮佳 阮北 阮料 阮侖 范同朝 阮德 阮溈 范如養 阮給 阮成才 阮兎 阮買 本社上下等

阮代 阮惻 范如觀 范如滿 阮登明 阮當 阮論 阮脫 范如喜 阮進財 阮成朗 阮俊 阮琨 阮成有 阮行 阮仕續 阮貽 枚嵩 阮藥 共記

編號：03597

釋文

奉事後佛碑記[①]

嘗謂佛以慈悲爲德，廣大爲門，同登斯岸者，必有是慈悲，有是廣大，方克配而無愧焉；後佛之號所由來已。恭惟/　　　　　前侍内宫嬪、優婆夷[②]阮貴氏，諱𠇕，號端莊。迺我順安超類茶林之令族也。厥初　顯考、特進、輔國上將軍、捧聖衛總知/六所，贈參督、仁美侯，字福泰；妣號惠義；並皆藴藉名流，聲音殊技，爲一時之極選；國俗倡傜，唱歌之妙格，是其刱始/也。迨　先靈慈冰玉殊姿，珩璜懿德，專肄家業，精玅入神。方纔髫齔之年，即預桂椒[③]之侍。初則律調簫管，協鳳儀獸/舞之音；後復曲製箏絃，擅《流水》《高山》之興。竹絲之藝，内外是師，雨露之恩，庭闈特冠，虺熊吉夢[④]，二協其祥。女是今/　　　　　永郡主鄭氏玉椷，男是提[⑤]督、調壽侯鄭棕，玉葉金枝，欝然競秀焉。慶今　郡主世上僊婆，人間活佛，以王姬之極貴，/配于都督僉事、永郡公陶相公，係是太宰大王長子；緣諧琴瑟，福集家門。長女陶氏玉梚、克敬克慎，無非無儀，敦后/妃貞淑之德，正配　前理政府欽差、節制各處水步諸營、兼掌庶政、太尉、謙國公，加封寬厚雄智、掌宰上相公，謚濬[⑥]；偉/嚴有翼，可文可武，兼衛公將相之才，方且膝下承歡，門庭戲綵，洵然克家令子也。遡觀一門之内，忠孝所萃，福履所/鍾，和氣靄若，瑞氣欝若，推原其由，蓋本於　先靈慈遺慶所積，教誨所及也。矧玆　尊德郡主鬢垂霜素，膝滿曾玄/，而每詩詠《蓼莪》，詞吟《陟屺》，未嘗不憫然興思，

---

① 此爲碑題，今依内容及性質重定篇題爲“茶林社侍内宫嬪阮氏端莊後佛碑記”。

② “優婆夷”，爲梵語音譯，又作優婆私訶、優婆斯、優波賜迦。譯爲清信女、近善女、近事女、近宿女、信女。《翻譯名義集》卷十三：“優婆塞、優婆夷。肇曰：義名信士男信士女。《淨名疏》云：此云清淨士、清淨女，亦云善宿男、善宿女，雖在居家，持五戒，男女不同宿，故云善宿。”

③ “桂椒”，香料，借指后妃。《韓非子・外儲説・説一》：“楚人有賣其珠於鄭者，爲木蘭之櫃，薰以桂椒，綴以珠玉，飾以玫瑰，輯以翡翠，鄭人買其櫝而還其珠。”《漢書・車千秋列傳》：“曩者，江充先治甘泉宫人，轉至未央椒房。”顔師古注曰：“椒房，殿名，皇后所居也。以椒和泥塗壁，取其温而芳也。”

④ “虺熊吉夢”，見《詩經・小雅・鴻鴈之什・斯干》：“大人占之，維熊維羆，男子之祥；維虺維蛇，女子之祥。乃生男子，載寢之牀，載衣之裳載弄之璋。乃生女子，載寢之地，載衣之裼，載弄之瓦。”鄭玄箋云：“大人占之，謂以聖人占夢之法占之也。熊羆在山，陽之祥也，故爲生男。虺蛇穴處，陰之祥也，故爲生女。”

⑤ “提”，原作諱字。

⑥ 爲鄭定王鄭根次子鄭栢，因其兄鄭梀早薨，於後黎熙宗黎維祫正和五年（1684）受封：“爲欽差節制各處水步諸營、兼掌庶政太尉謙郡公、開理國府。”見校合本《大越史記全書・續編》卷一。《欽定越史通鑑綱目》作“謙郡公”爲“謙國公”。

潸然墮淚，思慕之至，老而彌殷，實足以感動人心，胥陶於孝敬之域也。/

本社等誼屬枌榆[①]，蔭資喬樾[②]，累世囿其德，闔邑蒙其仁，盍亦先後此心以贊成純至之德乎？於是耆老鄉色上下巨/小，同心懇請奉　先靈慈爲後佛，歲時享供，萬載弗渝。　尊慈知其出於真意也，遂惠以使錢[③]貳百貫，稔田壹百貳/拾擔，以爲黍稷之資。其正宮太夫人陶氏玉㫗，號妙圓[④]，許田貳拾擔，共成其事焉。仍相與立約，而今而後，歲序朔望，/供給與佛同尊，其忌臘[⑤]、嘗先、節料等禮齋果淨供，一依如券文内，始于今年，以及千萬斯年不改也。凡我邑民世世/相傳，兢兢慎守，愈久而愈敬，愈久而愈誠[⑥]，與天地同其悠遠，與山海同其高深，如此則先靈慈之德、今尊慈之孝，等/浩劫以長存，而吾民忠信仁厚之俗，亦與之相爲無窮矣。約成徵文，竪碑以紀其實，壽其傳云。/

時/

皇朝正和萬萬年之貳拾歲在己卯[⑦]仲冬穀旦立/

紹天東山安穫局石阮義信義學刊字/

戊寅科試中侍内書寫户番阮仕濯承寫/[⑧]

順安府超類縣茶林社官員知縣阮渭，知縣阮鏗，所使阮公平，該知六所阮仕綱，社正/阮灟，社胥黄文泓，鄉長阮佐理，阮能諫，阮理，阮眼，阮時茶，阮世力，范潤登，范文光，全社/上下等共申約事。/

竊聞天之經、地之義，原來其孝也，與人於生事於親，曾何爲孝者矣。苟一孝以立，則萬善/必從，兹承見/　　　　王子永郡主鄭氏玉楠，體德生成，念恩養育，孜孜心感劬勞，切切義懷報答，自以田禾壹/百貳拾擔，并使錢貳百貫，留與本社爲惠田，俾尊　慈德爲後　佛，

---

① “枌榆”，原爲漢高祖故鄉的里社名；後借指“帝鄉”，泛指“故鄉”。見《史記·封禪書》：“高祖初起，禱豐枌榆社。”裴駰集解引張晏曰：“社在豐東北十五里。或曰：枌榆，鄉名，高祖里社也。”

② “喬樾”，即“棠陰”，按《玉篇·木部》：“樾，禹月切。楚謂兩木交陰之下曰樾。”棠樾，以召公聽民訟於甘棠之蔭，借喻受到長者或官吏的照護。

③ “使錢”，見《欽定越史通鑑綱目·正編》“後黎盛宗光順八年”注“使錢、古錢”引黎貴惇《芸臺類語》云：“北人以百文爲一陌。本國以三十六文爲一陌，謂之‘使錢’；六十文爲一陌，謂之‘古錢’。‘使錢’十陌，乃是‘古錢’六陌，準爲‘使錢’一貫。其‘古錢’十陌乃使錢之一貫六陌四十文。使錢别名閒錢，古錢别名貴錢。”。

④ 根據篇號二五八《重修清光寺碑記》，或應作陶氏玉有。

⑤ “忌臘”，見（明）田藝衡《玉笑零音》：“人之初生，以七日爲臘；人之初死，以七日爲忌。一臘而魄成，故七七四十九日而七魄具矣。一忌而一魂散，故七七四十九日而七魂泯矣。”

⑥ “誠”，原作諱字。

⑦ “皇朝正和萬萬年之貳拾歲在己卯”，“正和”爲後黎熙宗黎維祫年號，“貳拾歲”爲公元 1699 年，當清康熙三十八年。

⑧ 以上爲拓片編號 03594 的内容。

并奉祀各旬，其本/社官員鄉老上下等，聞一雷聲，聽[1]從風靡，欣欣然耕鑿堯田，秩秩爾順歸虞俗，皆相敬/慕，共協追尊/　　　　前侍内宫嬪、優婆姨阮貴氏，號端莊儀人爲後　佛，皈依西境，樂向僊階，係遞年忌臘日/辰，并嘗先、節料等禮，供薦如儀，年年奉祀，世世遵承，以貽億萬斯年不刊之典，所有禮/物各期開陳于左。/

計/

一節料禮，本社供奉粄五拾升，盛爲捌具。/

一忌辰四月十六日，本社供奉粄壹百升，盛爲捌具，并果，准每盤使錢壹陌，香油、酒及芙蒥。/

一嘗先日，本社供奉粄五拾升，盛爲捌具。/

一十二月十五日，本社供奉粄壹百升，盛爲捌具，并果每盤使錢壹陌。/

一係祭忌儀節依如左邊碑文。/

正和二十年[2]十一月十七日立約文。

知縣阮渭，知縣阮鏗，所使阮公平/

該知六所阮仕綱，儒生阮湜，社正阮灞，社胥黄文泓/[3]

紹天府永福縣槊山社屋汴上鄉、王子永郡主原始斷買田在母貫超類縣茶林社構作家居，兹再恩感前親生母/正王府侍内宫嬪優婆姨阮貴氏，謚端莊，欲報劬勞之德，構作祠宇，世世奉事以重敬孝，因此所有私田各處所同當/花穀壹百貳拾壹擔壹束，如囑書内。預暫許茶林社捌甲官員、鄉長、民人上下，照如鄉飲各項等人均分，留傳耕種，/係遞年至期忌臘及嘗先、節料等禮應作齋盤，遞就祠宇儀行祭祀，依如約内。及祠宇倘或日久，如有覆瓦飛漏，某/處應起功助作，謹慎免其頹弊，以安孝敬之情。所有其田各所開陳于後[4]。/

計/

一所坐落婆調處貳擔捌斂，東近永世社，兑近柴縣/，南近阮必習，北近阮惟正。**一所坐落洌届處柒擔叁斂。**東近嘉林社，兑近三寶田/，南近吒樂田，北近茹祧田。/

一所坐落粄髀儀處陸擔，東近婆撫田，兑近社好田/，南近翁葛田，北近弁撥。**一所坐落髀儀處叁擔**東近丐洄，兑近路/，南近亭祖田，北近弁待。/

一所坐落塔茶處叁擔，東近伯恩，兑近路/，南近阮迪冕，北近。**一所坐落洄洄處柒擔叁斂。**東

---

① “聽”，原爲漢喃字“咱”，故改，下同不另注。

② “正和二十年”，當清康熙三十八年（1699），歲次己卯。

③ 以上爲拓片編號 03595 的内容。

④ “後”，碑文原作“后”，因另兼正字，故改。

近黄安，兑近范有才/，南近阮文運，北近阮文進。/

一所坐落干倚處貳擔陸斂，兑近灞恩，**一所坐落塔茶處肆擔叁斂。**東近俊論，兑近阮迪量/，南近黄有戰，北近伯恩。/

一所坐落湘湘處肆擔，東近徒竜，兑近婆點/，南近，北近社好。**一所坐落䏶儀處叁擔。**東近路，兑近本主/，南近阮盛蓁，北近范有戰。/

一所坐落泑䊸處拾擔，東近茹竹，兑近茹價，/南近茹價，北近柴教。**一所坐落塔䊜處貳擔。**東近路，兑近茹超，/南近徒旭，北近茹超。/

一所坐落泑渚下處肆擔，東近買主，兑近路，/南近永世社，北近買主。**一所坐落泑渚下處肆擔。**東近德婆，兑近買主，/南近永世社，北近永世社。/

一所坐落泑蓮處陸擔，東近茹留，兑近茹鑾，/南近茹顲，北近社判。**一所坐落林孟處叁擔。**東近買主，兑近路，/南近茹膠，北近永世社。/

一所坐落洌翁處肆擔壹束，東近弁䢉，兑近雁塔社，/南近雁塔社，北近小路。**一所坐落洌翁處叁擔壹束。**東近方蘭社，兑近雁塔社，/南近婆補，北近茹傳。/

一所坐落林樽處肆擔壹束，東近路，兑近阮光文，/南近路，北近阮伯。**一所坐落洌淋處肆擔貳斂。**東近阮諫，兑近文順，/南近池，北近本社田。/

一所坐落塘昂處五擔，東近阮成強，兑近弁炳，/南近阮德廷，北近阮實。**一所坐落渌潴處陸擔。**東近柴縣阮漕，兑近陳諫，/南近路，北近柴縣阮達。/

一所坐落麻采處肆擔壹束，東近弁看，兑近弁烘，/南近柴衍，北近雁塔社。**一所坐落洌蓮處五擔。**東近茹詠，兑近嘉林社，/南近阮佐瑟，北近俊論。/

一所坐落孟將處貳擔，東近小路，兑近茹燒，/南近阮廷圭，北近茹玉球。**一所坐落麻侖處貳擔壹束。**東近茹燕，兑近三寶田，/南近路，北近茹遑。/[1]

阮有養，阮文號，范活，阮蟄，阮必弼，阮體，阮代，/阮有遇，阮張，阮敬朝，阮文尼，阮公流，阮審，阮淵，/范弘呼，黄文鄰，阮文論，范弘安，阮椿，黄德忍，范如覩，/阮溗，阮德造，楊質，范正瑰，阮世奏，阮徒，范如滿，/阮敬長，阮時異，阮佐瑟，阮丕呪，阮淇，阮長，阮登明，/阮溝，阮瓊，阮敬碧，阮臺，黄德振，阮標，阮當，/阮昆，范有才，阮圖，阮德買，枚光輝，阮武，阮論，/阮仁合，阮登壽，阮佐䢉、阮公卞，阮德立，阮佳，阮昭，/阮質，阮時爭，阮能判，阮丕孟，范有禄，阮北，范如喜，/阮仁賢，阮盛蓁，阮女，阮迪冕，

[1] 以上爲拓片編號03596的內容。

阮蒼，阮料，阮進財，/阮德新，阮振，阮情，阮丕牙，阮有喜，阮侖，阮成朗，/范文卞，阮璨，阮承榮，阮必待，阮洤，范同朝，阮授，/范正㬊，阮順，阮澍，阮公克，阮革，阮德，阮瑅，/阮登富，阮糝，阮拙，阮俊珍，阮奓，阮湡，阮成冇，/阮文尾，阮拱，阮承桂，阮桃，范有功，范如養，阮行，/阮仕科，范同倫，阮仁榮，范文超，阮明，阮給，阮仕繽，/阮必晦，阮環，阮欑，阮仕濯，阮壽，阮成才，阮貼，/阮詔，黎有巨，阮嗔，阮閾，阮德大，阮免，枚嵩，/阮公貶，阮德玉，阮迪衛，阮世昭，阮陣，阮買，阮藥，/黃德牟，阮文才，阮湧，阮文烏，阮濯，本社上下等共記。/[①]

題後

碑記乃茶林社侍内宫嬪阮氏端莊女兒鄭氏玉楠爲其設立寄忌的碑文。據題籤，本碑立於北寧省超類縣姜寺總茶林社鄭族祠堂，亦即表示在搨拓碑文之時，此地仍爲鄭族祠堂所在。茶林社爲阮氏端莊的家鄉，根據鄭族祠堂前左邊一碑（拓片編號03637/03638/03639）的記載，茶林社亦爲鄭氏玉楠的奉管地，故其爲母親設寄忌於此，而拓片編號03637/03638/03639之《鄭氏玉楠寄忌碑》，則爲鄭氏玉楠爲己所立之寄忌碑。

本碑記載阮氏端莊以妙擅音律入侍鄭主，生永郡主鄭氏玉楠，及調壽侯鄭棕。根據《南風》《鄭氏世家（續）》（合刊第廿二卷第一百二十五期）的考證，西王（弘祖）鄭柞，有子調郡公鄭棕，則阮氏端莊應該是西王鄭柞的宫嬪。碑中記載阮氏端莊爲音樂世家，善奏箏曲，“擅《流水》《高山》之興”，這也是少數碑文中提及音樂的素材。

又碑文有“尊慈知其出於真意也，遂惠以使錢貳百貫，稔田壹百貳/拾擔，以爲黍稷之資。其正宫太夫人陶氏玉梡，號妙圓，許田貳拾擔，共成其事焉”，其中正宫太夫人陶氏玉梡，應即西王鄭柞之父清王鄭梉（文祖）之宫嬪，見本書篇號二五八《重修清光寺碑記》。根據本碑及《鄭氏玉楠寄忌碑》的内容，可知阮氏端莊上下四代的婚姻關係，如下表：

① 以上爲拓片編號03597的内容。

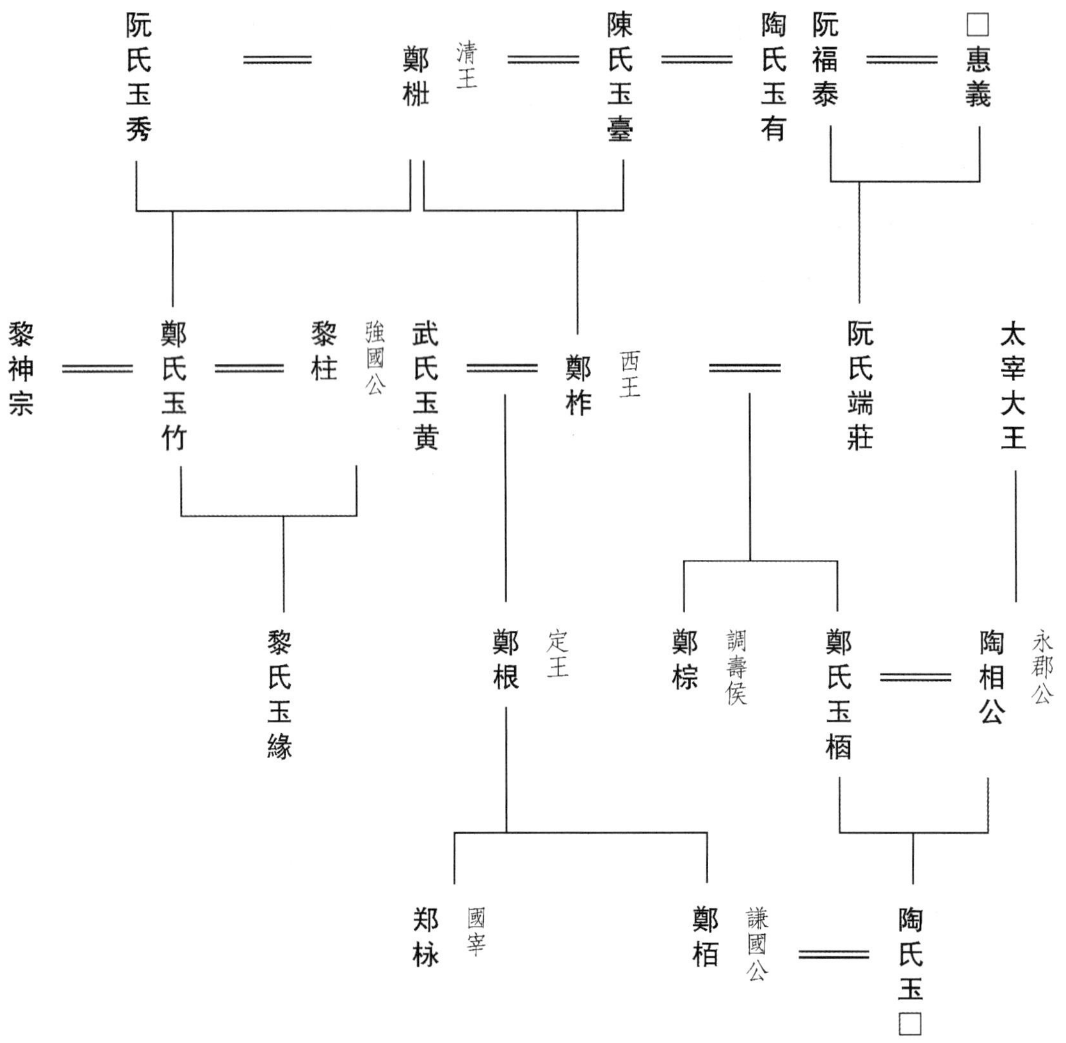
阮氏玉秀
清王
鄭棡
陳氏玉臺
陶氏玉有
阮福泰
□惠義
黎神宗
鄭氏玉竹
黎柱
強國公
武氏玉黃
鄭柞
西王
阮氏端莊
太宰大王
黎氏玉緣
鄭根
定王
鄭棕
調壽侯
鄭氏玉栖
陶相公
永郡公
郑棶
國宰
鄭栢
謙國公
陶氏玉□

二三五　修造公河社文址碑記

引言

碑立於北寧省超類縣姜寺總公河社文址，爲文址内左邊一碑。碑刻雙面，拓片編號03610/03611。拓片編號03610爲碑前，共二十行字，滿行三十四字，碑額刻“文會碑記”四字；拓片編號03611爲碑後，共二十二行字，滿行約三十八字，碑額刻“文會事例”四字。今重定篇題爲“修造公河社文址碑記”。碑文由知縣卞致顯述，縣丞何珍寫，黎貴游鐫。年代署作景興（Cảnh Hưng）三十七年（1776），景興爲後黎顯宗（Lê Hiển Tông）黎維祧（Lê Duy Diêu）年號，同年爲清乾隆三十一年，歲次丙申。拓片現藏於漢喃研究院。

碑文記載公河社雖文士與科第者不少，却無文廟，每逢丁祭之日祇能輪流於社民家中進行祭祀。因此，公河社斯文會乃擇地修建文廟，初時廟宇簡陋，知縣卞致顯除委其弟卞致知與斯文會，取公錢增購土地擴建文廟，亦捐樹遍植，以完善文廟之規模，爲念公河社文廟修建之經過，故刻碑以示來者，文末以十句四字之銘文讚詠，並記文廟之祭祀事例，及公河社先賢名録。

03610
文會碑記
順安府超類縣公河社文會知縣卞致顯生徒卞有志黎國棣卞致效阮各安張廷貴
阮如鎰阮德基卞致大阮玉振謝伯璩阮有為謝伯球阮春興阮肆奎社長阮玉璿
陳嘉猷範男阮玉坦全會等為立碑記事
嘗謂祠址之設所以崇先哲振儒風其有關於社內大矣我公河之有祠址何自始乎老
之前代文章科甲恒不乏人然丁癸未有其所每於輪文家中仍然簡陋重以庚申兵火
經十三年始回復業科場僅有二三幸而繼進科案外二十人文季作興於茲為盛文長
生徒前卞致中與全會議曰我邑之所以郁〻乎文者以聖道扶持之功用也可不思所
以崇儒先培道脉而發前代之所未發乎乃先致力於神祀一亭三廟二寺莫不一新於
丁丑戊寅等年然後擇取市旁乾淨地營立祠址草創之初粗有制度第尚窄狹未足壯
觀癸巳年長子知縣卞致顯委其弟監生前卞致知與本會取公用錢增買寺土數畝前
功四圍築墻三台設座夷平蕪蔓草之區為衣冠禮樂之所上為先正成之下為後進諸
冠紳者唱之無非欲適其宮墻矣然垣墉既底丹雘未遑卞致顯又於乙未年再出鄉木
十餘株備植其地相與潤色損益規模既定條例亦成行禮之日典章文物蔚然可觀往
來者莫不寄目與相語曰禮義之鄉固應如此閭有一儒者氣象占得地步却闔謂本會
曰崇儒重道誰無是心繼往開來右為美意本會既有名教樂地天必佑之固宜文運大
亨儒科疊進非但旁接所不能及北境名勝亦無以加蒼礦並斤所費幾何胡不鐫之以
示來者其言未已本會同聲曰可〻可因具道于寻亭采其言為之贊曰
超類公河　洙泗餘波　文彬〻盛　儒濟〻多　榮登周比　疊內漢科
相卿不絕　富貴無過　求之遺藁　信其然耶
本會條例開列于后
北寧省超類縣姜寺總公河社文址內左邊一碑二面之前

編號：03610　出自《拓片總集》第四冊（下同）

03611

本會事例

一計
一遞年春秋致祭先賢用二八月二十三日其禮物猪酒粢盛金銀取本社蘭佳錢每各古錢今
陌不足聽補其亯飨食具輪次每具盞鉢不過二十件務在適中午時行礼祭畢會在亭中飲酒
一從祀。先賢監生以上告礼用緡數一盤酒一圩芙蔔五十口生徒如有教子登科及弟子領中
在會者加古錢一貫亦許著名祀典以重師道無科場者不許其有功興造者事係後人
望八本會先用留備報謁礼猪一口價古錢七貫五陌糯米一二官鉢酒一圩芙蔔五十口古
錢叁貫若有脚色既蔭而無科場其舉用倍白丁者不許其祭文科場各在先監生以上照品而
坐生徒以下以齒行文讀祝並在科場不得妄爭
一遞年會祭在隴慶祠齊盞價古錢三陌以次輪流冬者皆在
一三月事神誕日行礼文者捉每日古錢一陌
一債口折費古錢一貫侯錢下封本會用救賑一具並衍往吊喪設奠以重其義
一本社先賢姓字以下　丙戌科賜第三甲同進士出身憲察使字文藻陳先生
清湖衛典簿字洵陳先生　上洪府儒學訓導字甲阮先生　文江縣知縣字良盈卞先生
國子監監生字栖黎先生　桂楊縣知縣字菴芳卞先生　國子監監生字致知卞先生
嘉定縣兼理良才縣字致顯卞致斎先生　國子監監生字春亘阮先生　樂會國子監監生字植阮譽斎先生
生徒字名相卞先生致中之父　生徒字冠世卞先生有志之師　生徒字致中卞先生致顯之父
生徒字公平陳先生知監之師　一生徒字良弼卞先生致斎之師　生徒字廷榷張先生廷貴之師
生徒字伯倣阮先生有爲之師　生徒字致敬卞先生致敬之父　生徒字曰理阮先生
錦江縣知縣字致泰卞江頭先生
景興叁拾柒年歲在丙申叁月穀柒日立碑
備任嘉定縣兼理良才縣知縣卞致顯述
縣丞侍内書寫上番縣丞何珍寫
石工譽總知黎貫游鐫

北寧省超類縣姜寺總公河社文址内左邊一碑二面之後

編號：03611

釋文

文會碑記[①]

順安府超類縣公河社文會。知縣卞致顯，生徒卞有志、黎國棟、卞致效、阮名立、張廷貴、/阮如鑑、阮德基、卞致大、阮玉振、謝伯瓌、阮有爲、謝伯球、阮春旦、阮輝奎，社長阮玉璿、/□□□[②]、陳嘉猷，饒男阮玉垣仝會等，爲立碑記事。/

嘗謂祠址之設，所以崇先哲、振儒風，其有關於社内大矣。我公河之有祠址何自始乎？考/之前代，文章科甲，恒不乏人，然丁祭[③]未有其所，每於輪次家中，仍然簡陋，重以庚申兵火[④]，/經十三年始回復業，科場僅有二三，幸而繼進科第外二十人，文學作興，於兹爲盛。文長/生徒[⑤]前卞致中與仝會議曰：我邑之所以郁郁乎文者，以聖道扶持之功用也，可不思所/以崇儒先，培道脈，而發前代之所未發乎？乃先致力於神，凡一亭三廟二寺，莫不一新於/丁丑[⑥]、戊寅[⑦]等年，然後擇取市旁乾淨地，營立祠址。草創之初，粗有制度，第尚窄狹，未足壯/觀。癸巳年[⑧]長子知縣卞致顯，委其弟監生[⑨]前卞致知與本會取公用錢增買寺土，敷賁前/功，四圍築牆，三臺設座，變平蕪蔓草之區，爲衣冠禮樂之所，上爲先正成之，下爲後進諸/冠紳者唱

---

① 此爲拓片03610之額題，今依内容及性質重定篇題爲“修造公河社文址碑記”。

② 名字爲人所剜去。

③ “丁祭”，即二月、八月第一個丁日祭祀孔子的祭典。（元）張德輝《嶺北紀行》：“戊申春，德輝釋奠，致胙於王。”姚從吾注：“釋奠，是設饌爵以祭祀先聖先師，即是今天的祀孔典禮。禮記文王世子：“凡學，春官釋奠於其先師，秋冬亦如之。”按舊時以陰曆仲春（二月）仲秋（八月）的上丁日，（第一個丁日）祭祀孔子，即是沿用古時的釋奠禮。胙，是祭肉；即丁祭以後，將祭時用過的牛、豬、羊肉，分割成長條小塊，分送給與祭的人，叫做分胙肉。這裏的致胙，即是張德輝等祭祀孔子以後，將祭肉奉獻給忽必烈，以示敬意。”

④ “庚申兵火”，應爲後黎顯宗景興元年（1740）。後黎懿宗永佑末年因朝局紊亂，寇賊大興，庚申年有寧舍賊阮選、阮蘧作亂海陽；銀茄賊伍廷鎔、段明振作亂山南。

⑤ “生徒”，見《欽定越史通鑑綱目》記載：“生徒，鄉試中三場，謂之生徒。黎初衙吏多以監生、儒生、生徒爲之。”

⑥ “丁丑”，即後黎顯宗黎維祧景興十八年（1757），當清乾隆十八年。

⑦ “戊寅”，即景興十九年（1758），當清乾隆十九年。

⑧ “癸巳年”，即景興三十四年（1773），當清乾隆三十八年。

⑨ “監生”，見《欽定越史通鑑綱目》記載：“鄉試中四場，充入國子監，謂之監生。”

之，無非欲造其宫牆矣。然垣墉既底，丹雘[①]未遑，卞致顯又於乙未年[②]再出榔木/十餘株，徧植其地，相與潤色損益。規模既定，條例亦成，行禮之日，典章文物，蔚然可觀，往/來者莫不寄目，與相語曰：“禮義之鄉固應如此。”間有一儒者，氣象占得，地步却闊，謂本會/曰：“崇儒重道，誰無是心？繼往開來，尤爲美意。本會既有名教樂地，天必佑之，固宜文運大/亨，儒科疊進，非但旁接所不能及，北境名勝亦無以加。蒼碏一斤，所費幾何，胡不鐫之以/示來者？”其言未已，本會同聲曰：“可，可，可。”因具道于予，予采其言，爲之贊曰：/

超類公河，洙泗[③]餘波。

文彬彬盛，儒濟濟多。

榮登周比，疊出漢科。/

相卿不絶，富貴無過。

求之遺藁，信其然耶！/

本會條例開列于後[④]/[⑤]

本會事例[⑥]

計/

一遞年春秋敬祭先賢，用二、八月二十三日，其禮物豬、酒、粢盛、金銀，取本社蘭佳錢每各古錢[⑦]叁/陌，不足照補，其熟食具輪次，每具盞鉢不過二十件，務在適中。午時行禮，祭畢，會在亭中飲酒。/

一從祀○先賢、監生以上，告禮用雞、粢一盤，酒一圩，芙蔔五十口。生徒如有教子登

---

① “丹”，是紅色，或塗染顏色；“雘”，《説文》云：“雘，善丹也。”“丹雘”，即以上好的紅色塗飾器物，《尚書・周書・梓材》：“若作梓材，既勤樸斲，惟其塗丹雘。”後又以“丹雘”引申作爲皇恩，《文選》顏延年《和謝監靈運》：“伊昔遘多幸，秉筆侍兩闈。雖慙丹雘施，未謂玄素睽。”李善注曰：“丹雘，喻君恩也。”

② “乙未年”，即景興三十六年（1775），當清乾隆四十年。

③ “洙泗”，即洙水和泗水。孔子曾在洙泗之間聚徒講學，《禮記・檀弓上》曾子謂子夏：“吾與女事夫子於洙泗之間，退而老於西河之上。”後亦以之代稱孔子或儒家。

④ “後”，碑原作“后”，因另兼正字，故改。

⑤ 以上爲拓片編號 03610 的内容。

⑥ “本會事例”，爲文址左碑（編號 03611）之後碑額。

⑦ “古錢”，見《欽定越史通鑑綱目・正編》“黎盛宗光順八年”注“使錢、古錢”引黎貴惇《芸臺類語》云：“北人以百文爲一陌。本國以三十六文爲一陌，謂之‘使錢’；六十文爲一陌，謂之‘古錢’。‘使錢’十陌，乃是‘古錢’六陌，準爲‘使錢’一貫。其‘古錢’十陌乃使錢之一貫六陌四十文。使錢別名閒錢，古錢別名貴錢。”

科，及弟子預中，/在會者加古錢一貫，亦許著名祀典，以重師道。無科場者，不許其有功；興造者，事係後人。/

一望入本會，先用芙蔔[①]徧報謁禮，豬一口，價古錢一貫五陌，粆米十二官鉢，酒一圩，芙蔔五十口，古/錢叁貫，若有脚色[②]饒蔭，而無科場，其錢用倍。白丁者不許其祭；又科場名在先監生以上，照品而/坐；生徒以下，以繼行文讀祝，並在科場，不得妄爭。/

一遞年會祭在隴廛祠，齋盤價古錢三陌，以次輪流，欠者咎在。/

一三月事神，逐日行禮，欠者捉每日古錢一陌。/

一債口折乾，古錢一貫，芙蔔一封，本會用粆、肉一具，並行往吊，并護葬以重其義。/

一本社先賢姓字以下：

丙戌科賜第三甲同進士出身、憲察使、子、文藻陳先生[③]；/

清朔衛典簿、字洵，陳先生；上洪府儒學訓導、字甲，阮先生；文江縣知縣、字良温，卞先生；/

國子監監生、字柄，黎先生；桂陽縣知縣、字冠芳，卞先生；國子監監生、字致知，卞先生；/

嘉定縣知縣兼理良才縣、字致顯，卞敬齋先生；國子監監生字春旦，阮先生；解元、國子監監生，字楦，阮善齋先生；/

生徒、字名相，卞先生；致中/之父。生徒、字冠世，卞先生；有志/之師。生徒、字致中，卞先生，致顯/之父。/

生徒、字公平，陳先生；如監/之師。生徒、字良弼，卞先生；致大/之師。生徒、字廷權，張先生；廷貴/之師。/

生徒、字伯倣，阮先生；有爲/之師。生徒、字致敬，卞先生；致效/之父。生徒、字曰�，阮先生；/

錦江縣知縣、字致泰，卞江領先生。/

景興叁拾柒年歲在丙申[④]叁月初柒日立碑/

---

① “芙蔔”，是一種藤類的植物，越文作Cây lá trầu。與檳榔同爲喜慶時必有之象徵性植物，尤其是在傳統婚俗文化中，檳榔、芙蔔與石頭（石灰）是兄弟和睦、夫妻相恩相愛之象徵。

② “脚色”，即履歷或出身。《唐六典·左、右監門衛》：“凡京司應以籍入宫殿門者，皆本司具其官爵、姓名，以移牒其門，以門同送于監門，勘同，然後聽入。”原注：“若流外官承脚色，並具其年紀、顔狀。”

③ “文藻陳”，莫端泰元年（1586）丙戌科第三甲同進士出身第十三名，《鼎鍥大越歷朝登科録》：“超類公河人，四十一歲中，效順，仕至憲察使。”

④ “景興叁拾柒年歲在丙申”，景興三十七年（1776），當清乾隆四十一年，歲次丙申。

舊任嘉定縣兼理良才縣知縣、卞致顯述/

縣尹、侍内書寫工番、縣丞何珍寫/

石工舊總知黎貴游鐫/[1]

---

① 以上爲拓片編號 03611 的内容。

二三六　内宫嬪阮氏玉欣修造延光寺並祭忌碑記

引言

碑立於北寧省超類縣柳林總尹舍社下村延光寺，爲寺前左邊一碑。碑刻單面，拓片編號03632，共二十一行字，滿行三十一字，碑額刻“修造延光寺碑”六字，碑題“快州府金洞縣赤滕社内宫嬪阮氏玉欣構作等座碑銘”二十二字，今依内容重訂篇題爲“内宫嬪阮氏玉欣修造延光寺並祭忌碑記”。碑之四邊刻有紋飾，碑額刻有兩層紋飾，内層爲雙龍昭日，外層與左右兩側以花草與祥鳥紋相連，碑底刻有獸紋。碑文書者多便社令史鄧世卿，刻者安越社前將臣阮德、社長阮仲富。碑文年代署作福泰（Phúc Thái）二年（1644），福泰爲後黎真宗（Lê Chân Tông）黎維祐（Lê Duy Hựu）年號，同年爲清順治元年，歲次甲申。現藏於漢喃研究院。

碑文内容記載侍内宫嬪阮氏玉欣出資修繕延光寺，惠澤尹舍社，故尹舍社塑阮氏玉欣與其父母之像於延光寺供奉，爲此阮氏玉欣捐田一畝，以作爲祭祀之資，文末則以十句四字銘文歌詠此事。

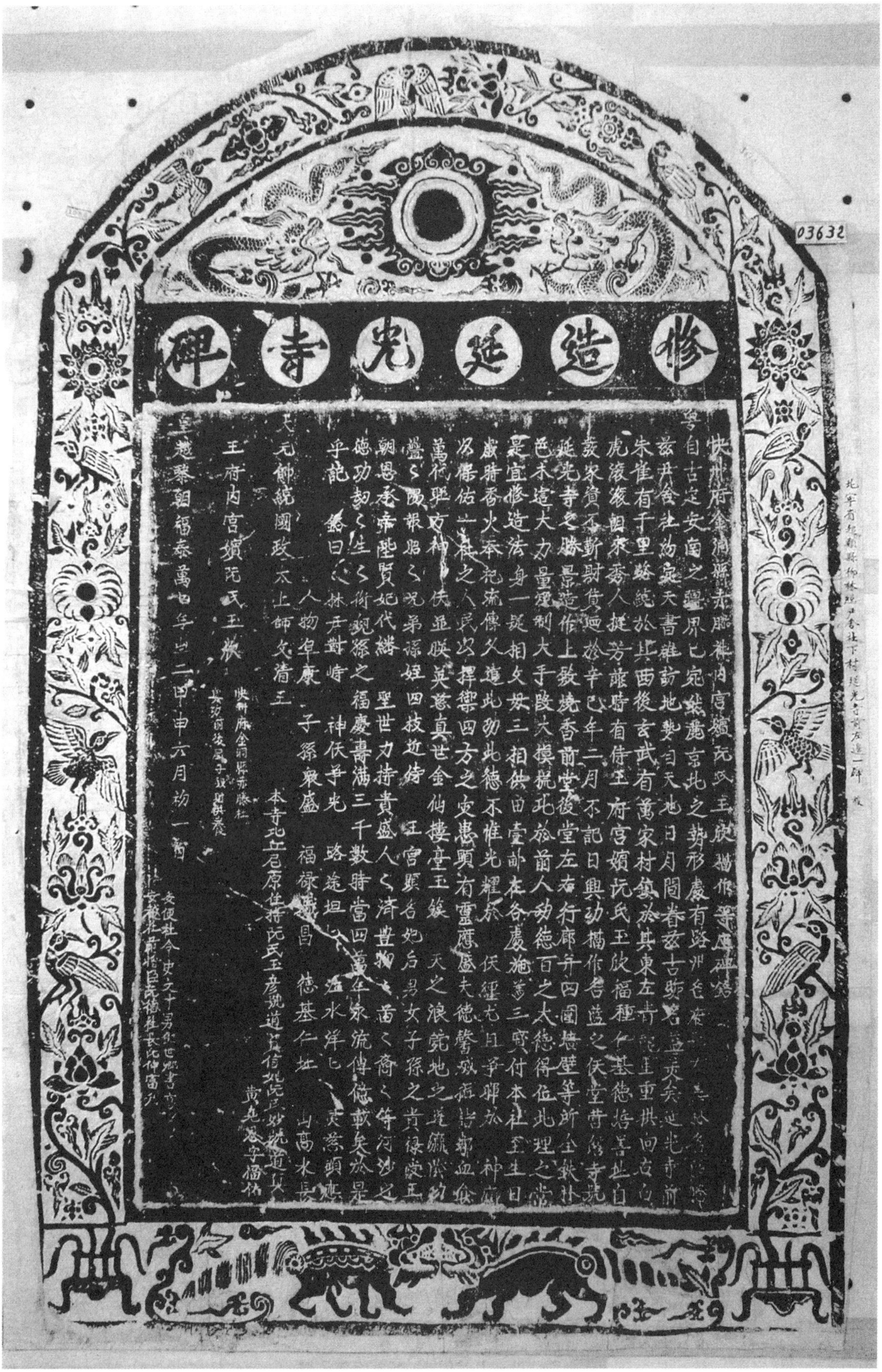
修造延光寺碑

編號：03632　出自《拓片總集》第四冊

釋文

【修造延光寺碑】

快州府金洞縣赤滕社内宫嬪阮氏玉欣構作等座碑銘[①]

粤自古定安南之疆界，已宛然麗京北之勢形，處有路州名府，縣有嘉林名區。睠/兹尹舍社約定天書，雄訪地勢，自天地日月間，眷兹古跡名藍美矣。延光寺前/朱雀，有千里路繞於其西，後玄武，有萬家村鎮於其東，左青龍重重拱向，右白/虎滚滚朝來。秀人挺芳菲，時有侍王府宫嬪阮氏玉欣，福種仁基，德培善址，自/發家資，不靳財貨，迺於辛巳年二月不記日興功，構作名藍之佛堂，營繕寺號/延光寺之勝景；造作上殿、燒香前堂、後堂、左右行廊并四圍牆壁等所，全鐵林/色木，這大力量規制、大手段、大模様，比於前人，功德百之。大德得位，此理之常，/是宜修造法身[②]一疑相[③]、父母三相，供田壹畝在各處，施爲三寶，付本社，至生日/歲時香火奉祀，流傳久遠。此功此德，不惟光耀於　佛纏[④]，尤且爭暉於　神廟，/以保佑一社之人民，以捍禦四方之災患。顯有靈應，盛夫德馨，滅攝諸鄰，血食/萬代，聯方神佛，並映英慈，真世金仙，樓臺玉簇，　天之浪苑[⑤]，地之蓬瀛，陰功/疊疊，陽報昭昭。兄弟孫姪，四枝近侍　王宫；顯名妃后，男女子孫之貴。禄受王/朝，恩承帝陛；賢妃代繼，　聖世力持。貴盛人人，濟豐物物。苗苗裔裔，等河沙[⑥]之/德功；劫劫生生，衍兒孫之福慶。壽滿

---

① 此爲碑題，今重定篇題爲“内宫嬪阮氏玉欣修造延光寺並祭忌碑記”。

② “法身”，指佛所説之正法、佛所得之無漏法，及佛之自性真如如來藏。二身之一，三身之一。又作法佛、理佛、法身佛、自性身、法性身、如如佛、實佛、第一身。

③ “疑相”，見實叉難陀譯《大乘入楞伽經·集一切法品第二之三》：“疑相者，於所證法善見相故，及先二種身見分别斷故，於諸法中疑不得生，亦不於餘生大師想爲淨不淨，是名疑相。”

④ “纏”，佛教術語，巴利文 Pariyutthana，又譯爲纏縛、纏煩惱，與結、漏、縛有類似意義，爲煩惱之一。（宋）賾藏主集《古尊宿語録·大鑑下三世（語之餘）》：“衹如今但不被一切有無諸境惑亂。亦不依住不惑亂。亦無不依住知解。是名偏學。是名勤護念。是名廣流布。未悟未解時名母。悟了名子。亦無無悟解知解。是名母子俱喪。無善纏。無惡纏。無佛纏。無衆生纏。量數亦然。乃至都無一切量數纏。故云佛是出纏過量人。”

⑤ “浪苑”，即“閬苑”，傳説中仙人的住處。逯欽立輯《先秦漢魏晉南北朝詩·隋》孔德紹《登白馬山護明寺詩》：“名岳標形勝，危峯遠鬱紆。成象建環極，大壯闡規模。層臺聳靈鷲，高殿邇陽烏。暫同遊閬苑，還類入仙都。”逯欽立注“閬苑”曰：“《初學記》作浪。”

⑥ “河沙”，譬數之多如恒河之沙，亦喻長壽。（宋）宗鑑《釋門正統·曇鸞》八曰：“其爲壽也，有劫石焉，有河沙焉。沙石之數有限，壽量之數無窮，是金仙氏長生也。”

三千數，時當四萬年，永流傳億載矣。於是/乎記。

銘曰：

林尹對峙，神佛爭光。路途坦坦，江水洋洋。

靈慈顯應，/人物阜康。子孫衆盛，福禄熾昌。

德基仁址，山高水長。/

大元帥、統國政、太上師父、清王①。

本寺比丘尼、原住持阮氏玉彦，號道賢；信娓②阮氏妙，號道真；/黄堯恩字福佑。/

王府内宫嬪阮氏玉欣。快州府金洞縣赤滕社/興功前後尼子錢財供養。/

皇越黎朝福泰萬萬年之二③甲申六月初一日/

多便社令史、文才男鄧世卿書寫/

安越社前將臣阮德、社長阮仲富刊/

---

① “清王”，即鄭梉，爲鄭主世祖明康太王鄭檢之孫，成祖哲王鄭松之子，翊扶真宗、神宗，進封大元帥，總國政、師父、清王，明朝册封副國王，加尊上主師父，臨政三十五年。

② “信娓”，越南稱未出家，而在寺廟中爲寺廟工作的女性爲“娓”。

③ “皇越黎朝福泰萬萬年之二”，“福泰”爲後黎真宗黎維祐年號，“二年”爲公元1644年，當清順治元年，歲次甲申。

二三七　茶林社文會造立文廟碑記

引言

碑立於北寧省超類縣姜寺總茶林社文址，爲文址内左邊第一碑。碑刻雙面，拓片編號03633/03634。拓片編號03633爲碑前，共二十三行字，滿行三十一字，碑額刻“造立文廟碑”五字，碑題“超類縣茶林社文會甲爲構作文廟立碑文事”十八字；拓片編號03634爲碑後，共十九行字，每行字數不一，碑額刻“先賢位號”四字。今依内容及性質重定篇題爲“茶林社文會造立文廟碑記”。碑兩面均刻有紋飾，拓片編號03433碑額有兩層紋飾，内層爲雙龍昭日，外層與左右兩邊以花草紋相連，拓片編號03634碑額内層爲日紋，外層與左右兩邊以捲草紋相連。碑文撰者士望阮滚，書者府生阮瑀。年代署作爲陽和（Dương Hòa）元年（1635），陽和爲後黎神宗（Lê Thần Tông）黎維祺（Lê Duy Kỳ）年號，同年爲明崇禎八年，歲次乙亥。

碑文内容記述茶林社先賢有功名者衆，有功於儒教，亦可教誨後人，故茶林社文會修建文廟，以表彰前人的功業，並勉後進，文末以二十四句四字銘文歌詠此事，並録參與修建文廟者題名，及茶林社先賢的名録。

03633
造立文廟碑
北寧省超類縣姜寺總茶林社文祉以左邊第一碑二面之前

編號：03633　出自《拓片總集》第四冊（下同）

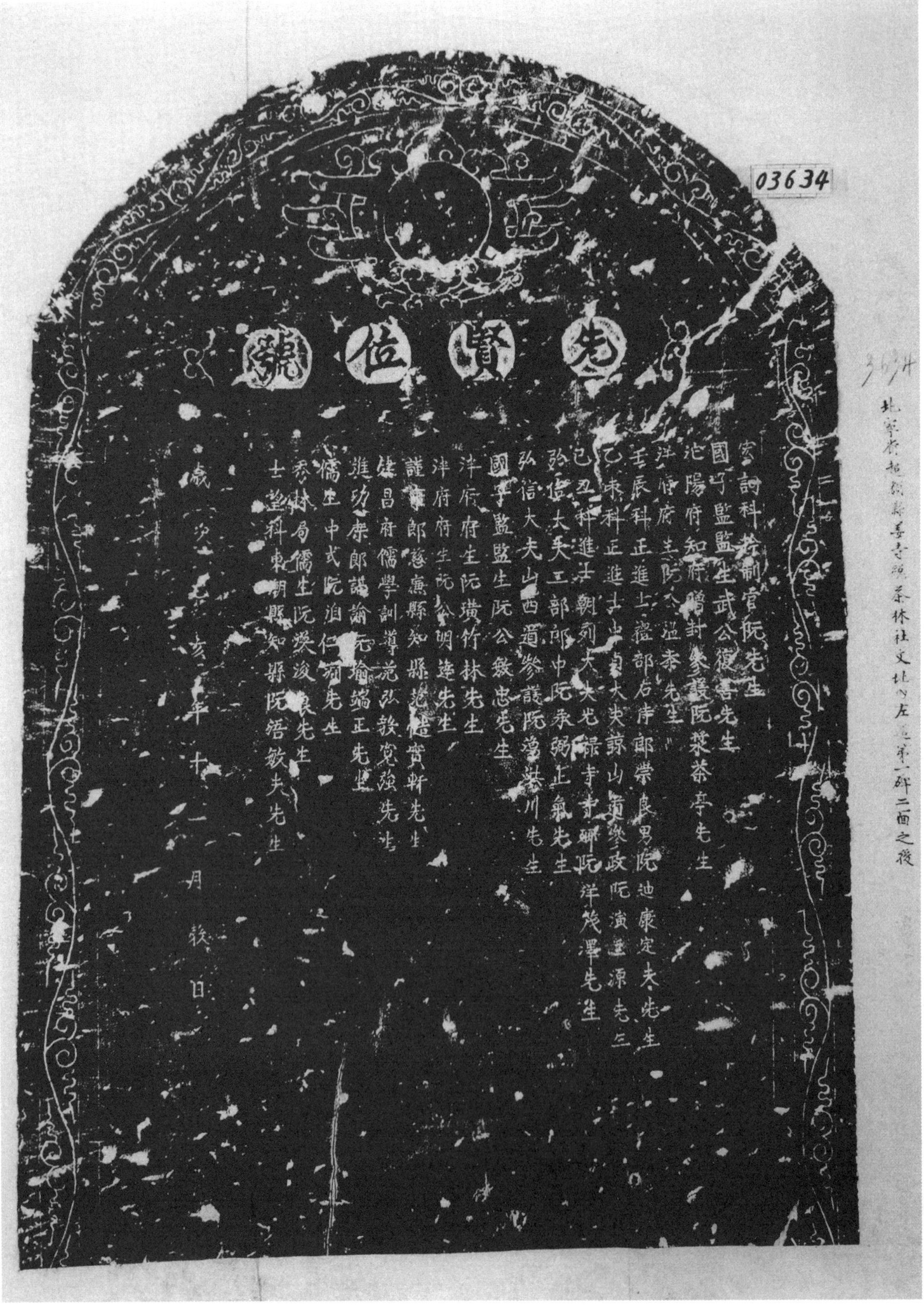
03634
先賢位號
宏詞科特制官阮先生
國子監監生武公復善先生
沱陽府知府贈封參議阮棨茶亭先生
泮停府主阮公謚恭先生
壬辰科正進士禮部右侍郎嵩良男阮迪康定夫先生
乙未科正進士中憲大夫諒山道參政阮演源先生
己丑科進士朝列大夫光祿寺卿阮洋茂澤先生
殄偉大夫工部郎中阮承弼止氣先生
弘信大夫山西道參議阮邃巒川先生
國子監監生阮公敘忠先生
泮府府生阮璜竹林先生
泮府府生阮公明達先生
謹事郎慈廉縣知縣范儘實軒先生
建昌府儒學訓導范弘毅寬強先生
進功康郎講諭范瑜端正先生
儒生中式阮泊仁翔先生
秀林局儒生阮燦浚良先生
士望科東朝縣知縣阮晤敏夫先生
歲次己亥年十一月穀日

編號：03634

釋文

【造立文廟碑】①

超類縣茶林社文會甲爲構作文廟立碑文事②

嘗謂經天緯地之謂文，凡與斯文者，禮有先師故也。得師友淵源者，其茶林之/先正乎！恭惟先正稟明敏之資，富知行之學，由科目途垂名竹帛中，居公卿位，致/君堯舜，上累朝德望，繼世衣冠。積善滚滚，生公侯而箕裘之業③不墜；進士彬彬，/出門户而《詩》《書》之澤猶存。有功儒教，誨誘後進，其功德顧可量歟！故建立祠宇，/以表先人之事業；鐫勒石碑，以爲後學之勸勉云。

銘曰：/

超類大縣，茶林名鄉。地鍾氣秀，人出才良。

恭惟先正，高出中常。/仁義夔稷，文學董楊。

科登將相，道引君王。家安國治，身顯功光。/

慶流苗裔，世繼冠裳。道教傳授，科第相望。

後人進祀，前德不忘。/一碑廟立，萬古名芳。

神靈相佑，福履綏將。子孫貴盛，天地久長。/

一構立文廟有功：/

阮仕富，仁美侯。**范怡**，秀林局儒生。**阮濱**，秀林局儒生。/**阮滚**，士望。**阮斑**，府生。**阮瑾**，秀林局儒生。**阮金梭**，府生。/**阮璿**，府生。**范有德**，府生。**范奇峰**，府生。**阮成績**，府生。/**阮世榮**，府生。**阮沚**，社長。**阮瑒**，府生，/京北處提吏。**阮錦**，社長。/**范潤民**，社長。**阮成功**，社長。**范仁貴**，府生，/清池縣縣丞。**阮承膺**，社長。/**阮濠**，府生。**阮瀛**，國子監監生。**阮�**，社長。**阮文徵**，府生。/**范同得**，府生。**阮迪嘉**，社長。**范賢能**，府生。**阮瑀**，府生。/**阮迪慎**，社長。**阮擢**，海陽處提

① 此爲拓片編號 03633 之額題，今依内容及性質重定篇題爲“茶林社文會造立文廟碑記”。

② 此爲拓片編號 03633 之碑題。

③ “箕裘之業”，指濡染之下，子承父業。《學記 · 禮記》：“良冶之子，必學爲裘；良弓之子，必學爲箕；始駕者反之，車在馬前。君子察於此三者，可以有志於學矣。”

吏。**阮成規，**社長。**阮能質，**社長。/**阮能讓，**府生。**阮光，**府生。**阮德望，**府生。**阮泳**社長。/

陽和元年[1]十一月穀日/

士望阮滚訥夫撰/

府生阮瑀書/[2]

【先賢位號】[3]

宏詞科拎制官阮先生/

國子監監生武公復善先生/

沱陽府知府、贈封參議阮漿、茶亭先生/

泮府府生阮公温恭先生/

壬辰科正進士、禮部右侍郎、崇良男阮迪康、定夫先生[4]/

乙未科正進士、中貞大夫、諒山道參政阮演、巨源先生[5]/

己丑科進士、朝列大夫、光禄寺寺卿阮洋、茂澤先生[6]/

弘信大夫、工部郎中阮承弼、正氣先生/

弘信大夫、山西道參議阮湧、洪川先生/

國子監監生阮公敏忠先生/

泮府府生阮璜竹林先生/

泮府府生阮公明達先生/

謹事郎、慈廉縣知縣范慥、實軒先生/

建昌府儒學訓導范弘毅、寬強先生/

進功庶郎、講論阮瑜、端正先生/

儒生中式阮洎、仁淵先生/

---

① “陽和元年”，“陽和”爲後黎神宗黎維祺年號，“元年”爲公元 1635 年，當明崇禎八年，歲次乙亥。

② 以上爲拓片編號 03633 的内容。

③ 此爲碑後額題，拓片編號 03634。

④ “阮迪康”，《鼎鍥大越歷朝登科録》莫太宗（莫登瀛）大正三年（1532）壬辰科第二甲進士出身第一名：“阮迪康。超類永世人，四十一歲中，仕至吏部左侍郎。”

⑤ “阮演”，《鼎鍥大越歷朝登科録》莫太宗（莫登瀛）大正六年（1535）乙未科第二甲進士出身第六名：“阮演。超類茶林人，三十三歲中，仕至參政，洋之兄，滚之祖。”

⑥ “阮洋”，《鼎鍥大越歷朝登科録》莫太祖（莫登庸）明德三年（1529）己丑科第三甲同進士出身第十五名：“阮洋。超類茶林人，二十六歲中，仕至寺卿，演之弟，滚之祖。”

秀林局儒生阮渙、浚良先生/

士望科、東潮縣知縣阮浯、敏夫先生/

歲次乙亥年①十一月穀日/②

題後

茶林社文址內左右各有一碑，本碑在左，右邊一碑爲後黎熙宗永治二年（1677）所立《再造文廟碑》（拓片編號03635/03636），與本碑刊刻時間差距四十三年，是碑主要補刻這個時間段中的儒生與科舉人士。其中，最重要的是後黎神宗陽和三年（1637）丁丑科進士阮滚。阮滚是本碑記阮演與阮洋的孫輩，一門三進士，阮演與阮洋均是莫朝時進士，阮滚四十九歲中第三甲同進士出身第一名，仕至提刑監察御史，出使中國道卒，追贈工部右侍郎。事見《鼎鍥大越歷朝登科録》。

---

① “乙亥年”即陽和元年（1635），當明崇禎八年，歲次乙亥。

② 以上爲拓片編號03634的内容。

二三八　茶林社海岳子阮名廉後神碑記

引言

碑立於北寧省超類縣姜寺總茶林社亭，爲亭前左邊一碑。碑刻雙面，拓片編號03640/03641，拓片編號03640爲碑前，共二十五行字，滿行五十字，碑額刻“奉事後神碑記”六字，碑題“後神碑文”四字；拓片編號03641爲碑後，共三十七行字，滿行五十字，碑額刻“本社奉事約文”六字。今依内容及性質重定篇題爲“茶林社海岳子阮名廉後神碑記”。兩面之四邊均刻有紋飾，碑額均刻龍紋，左右兩邊與碑底則飾以花草紋。年代署作景興（Cảnh Hưng）二十七年（1766），景興爲後黎顯宗（Lê Hiến Tông）黎維祧（Lê Duy Diêu）年號，同年爲清乾隆三十一年，歲次丙戌。

此碑爲茶林社爲海岳子阮名廉所立之後神碑。碑文記載承政使司承政使、海岳子阮名廉有恩於茶林社，除造壕壘以護社民外，亦協助處理茶林社大小事務。茶林社社民感念其恩德，共保阮名廉爲後神，爲此阮名廉捐田八畝與古錢二百貫，以作爲日後祭祀之資，文末以二十句四字銘文以永此事，並録有後神祭祀之事例規定。

03640

奉事后神碑記

嘗謂人生天地間惠之來者[illegible]之深施之爰者報之厚此人情之必然也我邑塔厚民字[illegible]惟天主朱[illegible]之名[illegible]也自伏中[illegible]
御[illegible]名雄地連[illegible]承催提衛兵丁壯黃催白[illegible]鄰心且以勲[illegible]之民[illegible]何[illegible]
本社[illegible]等[illegible]承政使[illegible]子阮學公公名廉詩禮門庭金玉君子綱常足八清慎[illegible]三[illegible]社
循良[illegible]之人物也乃[illegible]此民[illegible]不以芳費役此岐于中[illegible]武財訴[illegible]情[illegible]本社丁率使民力[illegible]之
曾[illegible]者今則怡怡如也公又為本社思立久安之計努力[illegible]外[illegible]
侵[illegible]居易[illegible]之鄉為平原之境公之功德在吾社民者豈不偉哉不止此也公又能推中心之和以和人率自己之善
以善人勸戒之爺華之俾鷄鴨犬吠邑里相望雀角鼠牙毫不動迹來三十年間本社大小諸事務公皆一一措了使四民皆
樂其[illegible]咸遂其生其所以敷遺我休如此其至銘恩刻澤在吾社民當何如耶今日斗山在望棟幹方隆本社官員鄉老邑
目上下等同辞共願保公為后神使他時雖芳祭祀長享春秋蓋將永以為好也然公之心猶以[illegible]惠未孚為念恐致煩于民者
復許本社園田在本社地分凡[illegible]畝[illegible]高并古錢貳百貫其植惠在吾民歲深月積又不可勝言者報答之念不[illegible]而同示乃集
我鄉紳[illegible]謀[illegible]始[illegible]相其地于本神祠之右[illegible]厚直[illegible]良林別作祠址[illegible]連[illegible]為後日奉祀公之祠所[illegible]見[illegible]盛粧俎備厥礼
後歲序[illegible]定為恒式百千萬年之後本社之冠紳華胄科甲對[illegible]歲時奉祀肅雖于祠宇班列于庭增莫不稱公之功德當曰
同辞咸謂本神與天地同其久長公祠與本神同其[illegible]異而公之子孫苗裔福慶流衍與公祠同其無疆千古美觀不隤厥問斯
則來世無窮之報也已爰述筆以識其實又為之銘并留于石以壽其傳云

銘云

我邑有人　梁棟我民　恒心恒産　兩做十分　惠我者厚
愛我者勤　願之康之　使我皆春　荷歆懿哉　厥德孔殷
何以報之　紓我丹身　爰立祠址　祀為后神　億年烝嘗
祀事苾芬　并識其實　留于貞珉　天長地久　以永不泯

一惠許本社肥田[illegible]畝[illegible]高并古錢貳百貫內取許本社至於每年該壹貳名田壹畝五高耕種近年三月八廟中[illegible]
正月八月祈福等禮候日每夜並辨[illegible]壹盤當糯米[illegible]升[illegible]壹斤[illegible]
循足遞供后神位前倘或其年無該益許扶[illegible]耕種[illegible]田依例奉祀[illegible]
一條內取許[illegible]塘[illegible]

黎朝景興萬萬年之二十有七竜韓丙戌孟春嘉平穀日

北寧省越類縣善寺總茶林社亭前左邊一碑二面之前

編號：03640　出自《拓片總集》第四冊（下同）

03641
本社奉事約文
北寧省超類縣姜寺總茶林社亭前左邊一碑二面之後

編號：03641

釋文

【奉事後[①]神碑記】[②]

後神碑文[③]

曾謂人生天地間，惠之永者慕之深，施之多者報之厚，此人情之必然也。我邑俗厚民淳，物華天寶，朱鳶之名鄉也。自庚申、辛酉/初、時值多難，地連草寇，累承催捉，衛[④]兵丁壯，黄催白放，蹙額叩心，且以惄遺之民，□□□□，□□□□，□□[⑤]無路，何處得通，賴有/

本社官員諒山等處贊治、承政使司承政使、海岳子阮尊公。公名廉，詩禮門庭，金玉君子，綱常足八[⑥]，清慎兼三[⑦]，處决則房杜[⑧]，/循良則龔黄[⑨]，第一流之人物也。乃懷此民瘼，不以勞費，彼此岐于中，應出錢財訴厥情弊，奉得减赦。本社丁率使民力獲舒，昔之/嘈嘈然者，今則怡怡如也。公又爲本社思立久安之計，努力備陳□□□□□□□□□□□□□[⑩]出粟錢大爲壕壘，從此外無/侵掠，内得寧居，易蹂躪之鄉，爲平原之境，公之功德在吾社民者，豈不偉哉？不止此也，公又能推中心之和以和人，舉自己之善/以善人，勸戒之，分解之，俾雞鳴犬吠，邑里相望，雀角鼠牙[⑪]，聲毫不動。邇來三十年間，本社大小諸事務，公皆一一擔

---

① “後”，原爲作“后”，另兼正字，故改，下同不另注。

② 此爲拓片編號 03640（碑前）的額題。

③ 此爲碑題，字迹模糊，今依内容及性質重定篇題爲“茶林社海岳子阮名廉後神碑記”。

④ “衛”，原爲俗體字“衘”，下同不另注。

⑤ 以上十字遭剜去。

⑥ “綱常足八”，指三綱五常。三綱指三種儒家認定的倫理關係的原則：君爲臣綱，父爲子綱，夫爲妻綱。五常指五種儒家認定的人倫關係的原則：仁、義、禮、智、信。

⑦ “清慎兼三”，指清廉、謹慎、勤勉。《三國志・魏志・李通傳》：“以寵異焉”裴松之注引（晉）王隱《晉書》：備（李秉）嘗答司馬文王問，因以爲《家誡》曰：昔侍坐於先帝，時有三長吏俱見。臨辭出，上曰：“爲官長當清，當慎，當勤，修此三者，何患不治乎？”後用以爲官箴。衙署公堂多書“清慎勤”三字作匾額。

⑧ “房杜”，即房玄齡、杜如晦。

⑨ “龔黄”，漢循吏龔遂與黄霸的並稱。亦泛指循吏。《宋書・良吏傳論》：“漢世户口殷盛，刑務簡闊，郡縣治民，無所横擾……龔黄之化，易以有成。”

⑩ 以上十三字遭剜去。

⑪ “雀角鼠牙”，語本《詩・召南・行露》：“誰謂雀無角，何以穿我屋？誰謂女無家，何以速我獄？”又：“誰謂鼠無牙，何以穿我墉？誰謂女無家，何以速我訟？”孔穎達疏：“此強暴之男，侵淩貞女；女不肯從，爲男所訟，故貞女與對，此陳其辭也。”

了，使四民皆/樂其業，闔境咸遂其生，其所以敷遺我休如此，其至銘恩刻澤在吾社，民當何如耶？今日斗山在望，揀幹方隆，本社官員、鄉老、色目、上下等，同辞共願保公爲後神，使他時聯芳肇祀，長享春秋，蓋將永以爲好也。然公之心，猶以益惠未孚爲念，恐致煩于民資，/復許本社園田，在本社地分，凡捌畝捌高；并古錢[1]貳百貫。其植惠在吾民，歲添月積，又不可勝言者。報答之念，不謀而同，爾乃集/我鄉紳，爰謀爰始，爰相其地于本神祠之右，發厚直，構良材，别作祠址貳連，預爲後日奉祀公之祠所焉。佇見粢盛牲俎，備厥禮/儀；歲序蒸嘗，定爲恒式。百千萬年之後，本社之冠紳輩出，科甲駢肩，歲時奉祀，肅雝[2]于祠宇，班列于庭堦，莫不稱公之功德。萬口/同辞，咸謂本神與天地同其久長，公祠與本神同其奕翼，而公之子孫苗裔，福慶流衍，與公祠同其無疆，千古美觀，不隕厥間，斯/則永世無窮之報也。已爰泚筆以識其實，又爲之銘，并留于石，以壽其傳云。/

銘云：/

我邑有人，梁棟我民。恒心恒産，兩做十分。

惠我者厚，/愛我者勤。頤之康之，使我皆春。

猗歟韙哉，厥德孔殷。/何以報之，舒我丹真。

爰立祠址，祀爲後神。億年蒸嘗，/祀事苾芬。

并識其實，留于貞硍。天長地久，以永不泯。/

一惠許本社肥田捌畝捌高，并古錢貳百貫内取，許本社至次每年該盎貳名，田壹畝五高耕種。遞年三月入席，與/正月、八月祈福等禮，每日每夜，整辦槁壹盤，當糯米陸升；香蕉壹斤拾貳果，芙蓠捌口，好金銀肆百降，香燈蠟/滴用足。遞供後神位前，倘或某年無該盎，許扶駕耕種這田，依例奉祀。其槁盤□日□□□貳盤，俵後神□□嘗□□當該/二甲□□□□正籌某甲任□田□□/

一條内取許□人田，在本社地分壹所，塘朋處，貳高，整買水油燈芯，日夜奉事。/

時

[1] “古錢”，見《欽定越史通鑑綱目・正編》“後黎盛宗光順八年”注“使錢、古錢”引黎貴惇《芸臺類語》云：“北人以百文爲一陌。本國以三十六文爲一陌，謂之‘使錢’；六十文爲一陌，謂之‘古錢’。‘使錢’十陌，乃是‘古錢’六陌，準爲‘使錢’一貫。其‘古錢’十陌乃使錢之一貫六陌四十文。使錢别名閒錢，古錢别名貴錢。”

[2] “肅雝”，見《詩經・周頌・清廟》：“於穆清廟，肅雝顯相。”毛傳：“肅，敬；雝，和。”

黎朝景興萬萬年之二十有七竜輯丙戌[1]孟春嘉平穀日/[2]

【本社奉事約文】[3]

順安府超類縣茶林社官員、鄉老、色目、社長、村長，阮佐泑，吴功藝，枚廷培，阮有馮，阮紹，阮有翼，阮屬，阮坐，阮德花，阮琛，阮登□，阮/敬逢，阮承廷，阮嚴，阮隆，阮俊基，阮有志，阮登元，吴文勢[4]，枚名冠，阮時中，阮登名，阮名揚，阮有體，阮登榜，阮奮庸，范得進，吴文贍，范/文述，范同春，阮文珪，黄文瑨，阮世斷，阮巽，黄文得，阮連，阮棇，阮莽，阮枯，仝社上下等承見/　　　　本社官員諒山等處贊治、承政使司承政使、海岳子阮名廉，簪紳門望，金玉心田，早步亨衢，密陪邃閣，其待人也厚，接物也温，知/作善之津，泛濟人之筏，適追先志，焕發良心，惠之以園田捌畝捌高，厚之以古錢共貳百貫，即無論從前盡心用力，俾彫殘之民完/復完足，而此舉又君子所爲。此衆口同辭，共推保爲本社後神，歲時奉祀，于以表在人之澤，永矢弗諼[5]，所有各節條例開列于後。/

計/

一[條]園田捌畝捌高，取五高置爲香火田，每年二甲爲當長，輪流耕種，係遞年生日、忌日并唱歌、樂成、壹疇等禮。至日買金銀、香燈、/水油、燈芯、酒、芙蒥與文樂錢，及整塩鹹盤席鉢磁箸等項。存陸畝，八甲認取，輪次耕種爲祀田，遞年生日、忌日、樂成疇等禮，取錢/在耕田人，整買豬、雞、�、酒、香蕉、芙蒥、水油并疇錢，依例内奉祀。　　茲後神添許田壹所隮宜處壹高貳尺，八甲輪耕，出鍋煮肉。/

一條係遞年九月初四、後神官生日，例有金銀好次壹百梭，當古錢叁拾文；香燈、水油、燈芯，當古錢叁拾文；芙蒥、檳榔壹匣叁拾口，/當古錢叁拾文；酒壹羞，當古錢叁拾陸文。文錢古錢叁拾陸文，樂錢古錢叁拾陸文，並取在當長二甲耕香火田五高應買。又八/甲每甲粇貳盤，糯米每盤捌升；雞每盤各壹隻，每隻當古錢壹陌。至日遞詣祠址行禮，例有祭文。其官員、斯文並齊整青吉衣、烏/紗帽；陪祭亦青吉衣帽，行禮如儀。其祭官用官員壹員，如官員

---

① "黎朝景興萬萬年之二十有七龍輯丙戌"，"景興" 爲後黎顯宗黎維祧年號，"二十七年" 爲公元 1766 年，當清乾隆三十一年。

② 以上爲拓片編號 03640 的内容。

③ 此爲拓片編號 03641 之額題。

④ "勢"，原作 "𫼳"，越南俗字。

⑤ "永矢弗諼"，見《詩經・國風・衛風・考槃》："考槃在澗，碩人之寬，獨寐寤言，永矢弗諼。" 箋云："寤、覺，永、長，矢、誓，諼、忘也。"

防阻，用斯文壹名，其陪祭用八甲仝盤，每甲叁人，祭畢，例有敬俵。/後神官於□□事，雞壹隻，祭官、斯文陪祭例有敬俵，�雞貳盤，止存八甲，同均分飲食。兹取半禮俵後神族，祭官、斯文、鄉老陪祭。/

一條後神官百歲後忌日，其金銀、香燈、水油、芙蕾、酒與文、樂錢並依生日禮，取在當長二甲耕香火田。又八甲每甲�貳盤，糯米每/盤捌升，其豬貳口，八甲仝盤同買，當古錢肆貫肆陌，酒當古錢貳陌。至日遞詣祠址行禮，並依生日例。其豬首敬俵後神官族壹/首，粿壹盤，其祭官例俵受有壹斤，斯文陪祭例俵粿各壹盤，止存豬、粿、酒，八甲同均分飲食。兹取半禮俵後神族，斯文、鄉老陪祭。/

一條遞年三月，本社入席，先迎尊神入亭中安位，該盎文會陪拜樂坊，再齊整衣帽，與八甲中男並就後神祠址，該盎整芙蕾壹/匣拾口，焚香行禮肆拜，跪告辞曰：今日本社請迎後神詣亭中。觀唱告畢，捧香瓶置龕座内，八甲割使中男每甲四人，齊整衣/帽，機帕、扇帽、籠包、衣包，帶儀仗并龕座、香案、皷號等件，迎至亭中，後神坐位于尊神左邊稍下壹級，樂成壹籌，行禮祭尊神畢。又/寫文行禮。祭後神如儀。其祭官用該盎壹名，行禮用斯文，陪祭用陪拜，席滿先送尊神回廟，再送後神回祠址，該盎文會陪拜，樂坊中/男依前迎日，該盎又整芙蕾壹匣拾口，跪告辞曰：今日席滿，請後神回祠址。該盎再整芙蕾壹匣拾口，與文會陪拜並行謝禮肆拜。/

一條後神樂成籌奉事尊神二位糯具貳盤，每盤粿拾升，香蕉壹斤貳拾果，芙蕾壹封拾口，後神位糯盤粿拾升，香蕉壹斤貳拾果，/芙蕾壹封捌口。該盎籌具貳盤，每盤粿五升，香蕉壹斤拾□果，芙蕾壹封陸口，籌錢古錢叁貫陸陌，水油、燈芯、香，古錢肆陌；酒祭/古錢叁陌；芙蕾迎送後神叁封，每封拾口；并芙蕾排辦壹百口，准古錢貳陌貳拾肆文，文錢古錢叁拾陸文，樂錢古錢壹陌。並/付當長二甲，取在各甲耕田人整辦，其排辦席貳拾隻，在當長二甲應出。/

一條後神官祠址貳連，并儀門及土園池五高在園渚處，東近池園，兑近阮名佐園，南近小巷，北近文勳等界。區内及肆園苗芽等/木，應許後神官長族，與八甲同監守。其賣青□錢取古錢貳貫肆陌添爲籌錢，存均爲拾分，許長族壹分，八甲捌分，守祠壹分，以爲/惠禄。其如祠址内及儀門等後有毁漏，許八甲共取祠内青芃等物以爲□□，與遞年入席迎請後神入亭中，并生日、忌日等禮，/八甲預前一日，例有删削，培築其祠内等木與肆園苗芽，不得擅自斬伐。倘或某人犯者，與放縱牛牢破毁祠内，應捉劵豬壹隻，/當使錢[1]叁貫，以爲謝後神禮。禮畢，任

---

① “使錢”，見本篇上文注所引。

許長男與八甲、守祠等見面均分飲食。其後神座位亭中并祭器後有毀裂，八甲修[1]作完好。/

一條後神官正室高貴氏，號貞淑孺人，係遞年正月二十四日忌，再付許本社使錢叁拾貫，并肥田壹畝壹高，其本社八甲輪流耕/種壹畝，至忌日盛作粎拾盤，每盤捌升；香蕉各壹斤拾陸果，芙蒥各壹封陸口，席拾隻，存壹高置爲香火，八甲輪流耕種。至日，買/金銀壹千梭，當古錢叁拾陸文；酒當古錢叁拾陸文，文香燈當古錢肆拾捌文。至日遞詣後神官祠址，擇文會甲壹名爲祭官，並/齊整烏紗帽、青吉衣，與八甲每甲仝盤陸人爲陪祭，文會寫文，行禮如儀。例有敬俵祭官、斯文、陪祭粎、蕉貳盤，止存每甲每壹盤，/見在飲食。又西室後佛二位百歲忌日，每忌捌盤，正旦肆盤，並詣祠址行禮。以上等條，八甲上下等並依遵據，毋得違越。兹約例。/[2]

---

① “修”，碑原作“脩”，因另兼正字，故改。
② 以上爲拓片編號 03641 的內容。

二三九　瓊壘社吴策詢等後神碑記

引言

碑立於河東省青池縣瓊壘亭，爲亭内左邊第二碑。碑刻四面，拓片編號 03645/03646/03647/03648（另拓片編號 00852/00853/00854/00855 爲此碑重出之拓片），拓片編號 03645 爲碑前，共二十行字，滿行三十六字，碑額刻“新造瓊礨亭”五字，碑題“常信府青池縣瓊礨社官員、鄉老、社村長、上下巨小全社等，爲敬事時望吴將相一堂配神永久碑序”三十九字；拓片編號 03646 爲碑左，共十九行字，滿行三十四字，碑額刻“天地長久”四字；拓片編號 03647 爲碑後，共二十行字，滿行四十四字，碑額刻“本社文約”四字；拓片編號 03648 爲碑右，共十四行字，滿行約三十四字，碑額刻“後神惠田”四字。今依内容及性質重定篇題爲“瓊礨社吴策詢等後神碑記”。碑四面之左右兩側均刻有龍紋與花紋。據碑文所載，碑文撰者爲丙寅科第一甲進士、翰林院待制武晟，書者武嘉人，刻者黎稱、黎迎。碑文年代署作正和（Chính Hòa）十三年（1692）歲次壬申，正和爲後黎熙宗（Lê Hy Tông）黎維祫（Lê Duy Cáp）年號，同年爲清康熙三十一年。拓片現藏於漢喃研究院。

此碑爲瓊礨社爲工部右侍郎、芳嶺男吴策詢與其夫人鄭氏玉璉，岳母賴氏待所立之後神碑。碑文記載工部右侍郎、芳領男吴策詢居於瓊礨社，惠施瓊礨社社民者甚多，故瓊礨社保吴策詢、其妻鄭氏玉璉，及岳母賴氏待爲太翁、太婆，百年之後則奉三人爲後神。吴策詢後又爲瓊礨社修亭一座命名文興，並捐田六頃“義立田”，瓊礨社感念乃撰文刻碑以傳永久，文末以四十八句四字銘文歌詠，並録有保後神文約，與忌供項目、建亭費用和義立田之位置。

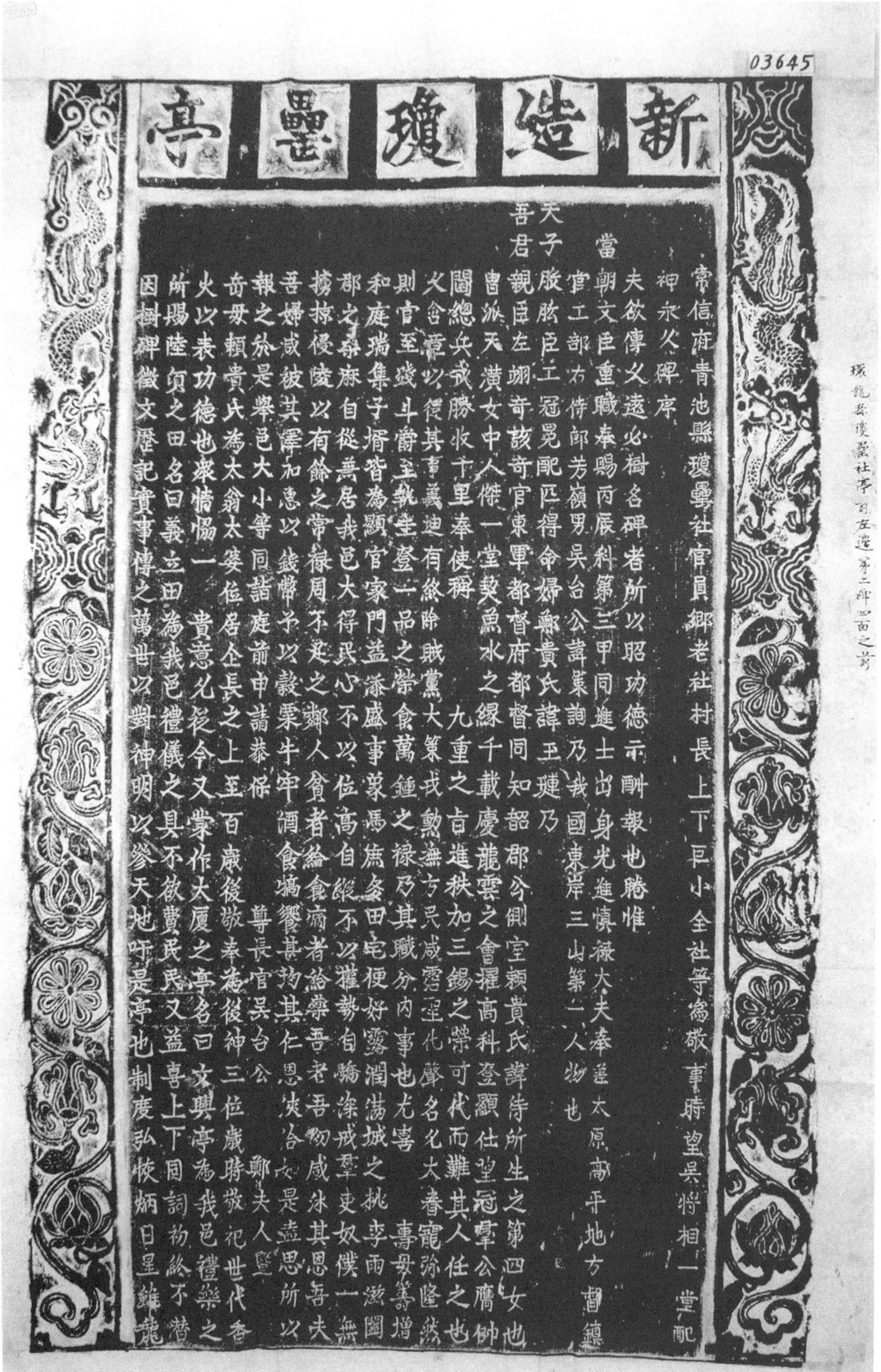
03645
新造瓊壘亭
常信府青池縣瓊壘社官員鄉老社村長上下巨小全社等爲敬事黎望吳將相一堂配
神永久碑序
夫欲傳久遠必樹名碑者所以昭功德示酬報也睠惟
當朝文臣重職奉賜丙辰科第三甲同進士出身光進慎祿大夫奉差太原高平地方督鎮
官工部右侍郎芳嶺男吳台公諱策詢乃我國東岸三山第一人物也
天子股肱臣工冠冕配匹得命婦鄭貴氏諱玉璉乃
吾君親臣左翊奇該奇官東軍都督府都督同知詔郡公側室賴貴氏諱侍所生之第四女也
曾派天潢女中人傑一堂契魚水之緣千載慶龍雲之會擢高科登顯仕望冠羣公膺帥
閫總兵戎勝收千里奉使稱 九重之旨進秩加三錫之榮可代而難其人任之也
父命誓以復其事義迪有終除 賊黨大策戎勲無方民咸需化聲名大 春寵弥隆然
則官至發斗爵至執圭登一品之榮食萬鍾之祿乃其職分內事也尤嘉 壽母壽增
和庭瑞集子婿皆爲顯官家門益添盛事蒙焉庶多田宅便好露潤滿城之桃李雨滋園
郡之桑麻自從兼居我邑大得民心不以位高自縱不以權勢自驕除戒羣吏奴僕一無
携掠侵陵以有餘之常祿周不足之鄉人貧者給食病者給藥吾老吾幼咸沐其恩吾夫
吾婦咸被其澤和惠以錢幣予以穀粟牛牢酒食犒饗甚均其仁恩浹洽如是盍思所以
報之於是舉邑大小等同詣庭前申請恭保 尊長官吳台公 鄭夫人暨
奇母賴貴氏爲太翁太婆位居上長之上至百歲後敬奉爲後神三位歲時敬祀世代香
火以表功德也衆情愜一 貴意允從令又蒙作大厦之亭名曰文興亭爲我邑禮樂之
所賜陸頃之田名曰義立田爲我邑禮儀之具不欲費民民又益喜上下同詞矜給不替
因樹碑徵文歷記實事傳之萬世以對神明以參天地吁是亭也制度弘恢炳日星雖龍

編號：03645　出自《拓片總集》第四冊（下同）

03646

天地長久

隆龍縣覽山社亭前左邊第二碑四面之左

樓對峙鳳閣同高未足為美觀是碑也青瑕屹立對天穹雖鐫石敲詩勒浯溪碑不足況
形容後之生斯邑者坐此亭勿視為常綠恍若召公之茇目此碑勿指為石常悵如叔子
之踪敬念祖父潤沐
台公夫父之澤式遵祖父酬答
台公夫人之恩蘋蘩明信黍稷馨香愈遠愈芳愈久愈光但見此功此德與天地同其長
父與日月同其光明乃鐫于石以壽其傳更為銘曰

天眷王國　閭出時名　三山吳族　繼代公卿
自家發竈　當世施賚　天潢之配　坤馬之貞
光家門戶　作國幹楨　將相科第　文武才英
內居要職　外作長城　撫民以德　克敵以兵
恩行感著　事濟功成　出膺帥閫　入秉鈞衡
恩承天寵　秩進日榮　功名赫奕　事業崢嶸
家傳忠孝　世守敬誠　事賴泰水　如母親生
充閭福慶　作後儀刑　擇芳鄰邇　得仁里環
嚴堂嚴室　載經載營　普施恩意　重賜敬亭
需諸實惠　慕也緣情　今保全上　後奉神明
中亭班左　三位羅星　歲時香火　黍稷香馨
立祀成典　鑿碑刻銘　一天悠久　萬古幽經
旹

編號：03646

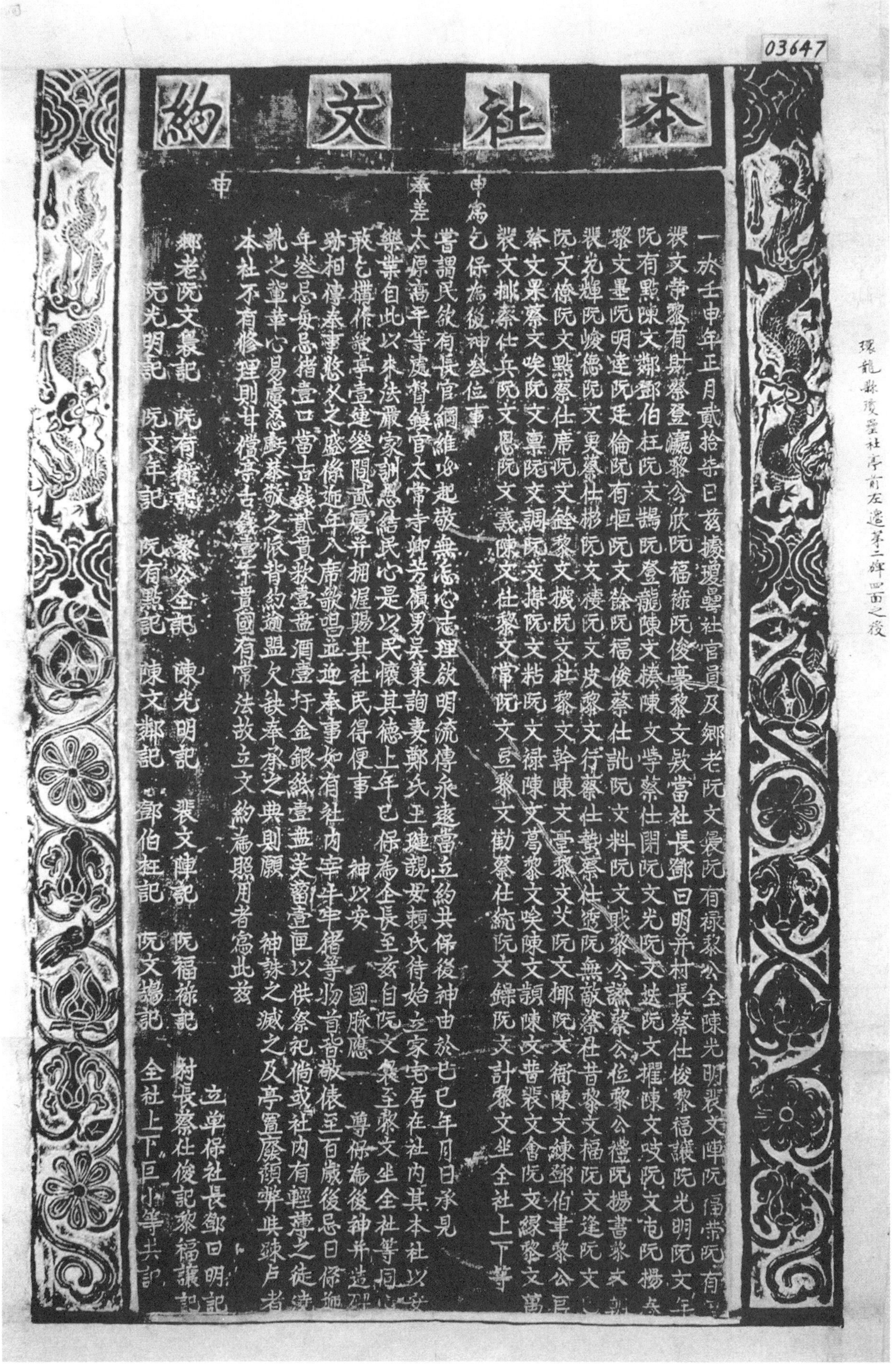
03647
本社文約
一於壬申年正月貳拾柒日茲據瓊壘社官員及鄉老阮文晨阮有祿黎公全陳光明裴文陣阮福祿阮有
裴文帝黎有財蔡登瀛黎公欣阮福祿阮俊豪黎文嶽當社長鄧曰明并村長蔡仕俊黎福讓阮光明阮文年
阮有點陳文鄰鄧伯柱阮文鵠阮登龍陳文橫陳文學蔡仕閑阮文光阮文迭阮文擢陳文吱阮文屯阮揚泰
黎文壘阮明達阮廷倫阮有恒阮文餘阮福俊蔡仕訛阮文料阮文戢黎公謙蔡公位黎公禮阮揚書黎文訓
裴光輝阮峻德阮文吏蔡仕彬阮文棲阮文皮黎文行蔡仕贄蔡仕遼阮無敵蔡仕昔黎文福阮文逢阮文
阮文僚阮文點蔡仕虒阮文銓黎文撥阮文社黎文幹陳文臺黎文艾阮文椰阮文衙陳文練鄧伯聿黎公巨
蔡文果蔡文唉阮文稟阮文調阮文撏阮文粘阮文祿陳文蒿黎文唉陳文韻陳文普裴文會阮文綠黎文萬
裴文椒蔡仕兵阮文恩阮文義陳文仕黎文常阮文巨黎文勸蔡仕統阮文錄阮文計黎文坐全社上下等
申爲乞保爲後神參位事
嘗謂民欲有長官綱維必起敬無忘心志理欲明流傳永遠當立約共保後神由於己巳年月日承見
奉差太原高平等處督鎮官太常寺卿芳嶺男吳策詢妻鄭氏玉璉親母賴氏待始立家宅居在社內其本社以安
樂業自此以來法嚴家訓恩德民心是以民懷其德上年已保爲全長至茲自阮文晨至黎文坐全社等同心
敢乞構作亭壹連叄間貳廈并捆渥賜其社民得便事　神以安　國脉應　尊保爲後神并造碑
跡相傳奉事慇懃之盛條逓年入席歌唱並迎奉事如有社內宰牛牢豬等物首皆敬俵至百歲後忌日保施
年叄忌每忌豬壹口當古錢貳貫粿壹盘酒壹㪷金銀紙壹盘芙蔞壹匣以供祭祀倘或社內有輕薄之徒
訛之輩革心易慮怨讟恭敬之懷背約逾盟欠缺奉承之典則願　神誅之滅之及亭置廢頹弊與殊戶者
本社不有修理則甘償壽古錢壹拾貫國有常法故立文約爲照用者寫此茲
立單保社長鄧曰明記
鄉老阮文晨記　阮有祿記　黎公全記　陳光明記　裴文陣記　阮福祿記　村長蔡仕俊記黎福讓記
申
阮光明記　阮文年記　阮有點記　陳文鄰記　鄧伯柱記　阮文鵠記　全社上下巨小等共記
環龍縣瓊壘社亭前左邊第二碑四面之後

編號：03647

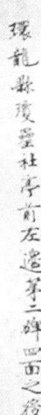

03648

後神惠田

一造作敬亭并古錢肆百捌拾貳貫肆陌留許瓊轝社
一始買田
一所同蓮處田貳高五畱
一所同拱處田壹高叁口
一所同蓮處田壹高貳口貳畱
一所祝枷處田壹高肆匕貳畱
各所田共陸高原實買古錢肆拾筵貫留許瓊轝社以為惠田至百歲後係逈年依如約
內以供祭祀

皇朝正和萬萬年之十三龍輯壬申孟冬節穀日立

奉賜丙寅科第一甲進士及第第三名翰林院待制海上惠榆武晟撰

山常青盛武嘉人寫
押作人瑞原縣扶黎社阮有論
淳祿縣由場社武文彥

接石人東山縣安獲社黎稱翁迎刊

瓊龍縣瓊瑩社亭前左邊第二碑四面之右

編號：03648

釋文

新造瓊礨亭/天地長久[①]

常信府青池縣瓊礨社官員、鄉老、社村長、上下巨小全社等，爲敬事時望吴將相一堂配/神永久碑序/

夫欲傳久遠，必樹名碑者；所以昭功德，示酬報也。睠惟/　　　當朝文臣重職奉賜丙辰科第三甲同進士出身、光進慎禄大夫、奉差太原、高平地方督鎮/官、工部右侍郎、芳嶺男吴臺公，諱策詢，[②] 乃我國東岸三山第一人物也。/　　　天子股肱，臣工冠冕，配匹得命婦鄭貴氏，諱玉璉，乃/　　　吾君親臣左翊奇該奇官、東軍都督府都督同知、韶郡公側室賴貴氏，諱待，所生之第四女也。/冑派天潢，女中人傑，一堂契魚水之緣，千載慶龍雲之會，擢高科，登顯仕，望冠羣公，膺帥/閫總，兵戎勝牧千里，奉使稱　　九重之旨，進秩加三錫[③]之榮，可代而難，其人任之也/久，含章以從其事，義迪有終。除賊黨，大策戎勳；撫方民，咸霑聖化。聲名允大，眷寵彌隆。然/則官至踐斗[④]，爵至執圭[⑤]，登一品之榮，食萬鍾之禄，乃其職分内事也。尤喜　　壽母籌增，/和庭瑞集，子壻皆爲顯官，家門益添盛事，象馬庶多，田宅便好，露潤滿城之桃李，雨滋闔/郡之桑麻。自從兼居我邑，大得民心，不以位高自縱，不以權勢自驕，深戒羣吏奴僕，一無/擄掠侵陵，以有餘之常禄，周不足之鄰人，貧者給食，病者給藥。吾老吾幼，咸沐其恩；吾夫/吾婦，咸被其澤。加惠以錢幣，予以穀粟、牛牢、酒食，犒饗甚均。其仁恩浹洽如是，盍思所以/報之？於是舉邑大小等同詣庭前，申請恭保　　尊長官吴臺公、　鄭夫人暨　/岳母賴貴氏爲太翁、太婆，位居仝長之上，至百

---

① 此爲拓片編號03645之額題，後附“天地長久”爲編號03646之額題。今依内容及性質重定篇題爲“瓊礨社吴策詢等後神碑記”。

② “吴策詢”，黎熙宗永治元年（1676）丙辰科第三甲同進士出身第五名，《鼎鍥大越歷朝登科録》：“吴策詢。東岸三山人，二十九中，會元，仕至吏部右侍郎，被絞。策試之子，策諭之弟，策訢之父，阮嘉謀之遠孫。”

③ “三錫”，即“三賜”，《禮記・曲禮》：“夫爲人子者三賜，不及車馬，故州閭鄉黨稱其孝也，兄弟親戚稱其慈也，僚友稱其弟也，執友稱其仁也，交遊稱其信也。”鄭玄注：“三賜，三命也。凡仕者，一命而受爵，再命而受衣服，三命而受車馬，車馬而身，所以尊者備矣。”

④ “踐斗”，宰臣。《史記・天官書》：“北斗七星，所謂‘旋、璣、玉衡以齊七政’。杓攜龍角，衡殷南斗，魁枕参首。”張守節正義：“南斗六星爲天廟，丞相、大宰之位，主薦賢良，授爵禄，又主兵，一曰天機。”

⑤ “執圭”，列侯。《説文・圭》：“瑞玉也。上圜下方，圭以封諸侯，故从重土。”

歲後敬奉爲後神三位，歲時敬祀，世代香/火，以表功德也。衆情協一，　貴意允從，今又蒙作大廈之亭，名曰文興亭，爲我邑禮樂之/所，賜陸頃之田，名曰義立田，爲我邑禮儀之具，不欲費民。民又益喜，上下同詞，初終不替，/因樹碑徵文，歷記實事，傳之萬世，以對神明，以參天地。吁！是亭也，制度弘恢炳日星，雖龍[①]/樓對峙，鳳閣同高，未足爲美觀。是碑也，青珉屹立對天穹，雖鐫石鼓詩[②]，勒浯溪碑[③]，不足以/形容。後之生斯邑者，坐此亭勿視爲常，深恍若召公之茇[④]；目此碑勿指爲石，常悵如叔子/之蹤[⑤]。敬念祖父潤沐/　　　　　　臺公夫人之澤，式遵祖父酬答/　　　　　　臺公夫人之恩。蘋蘩[⑥]明信，黍稷馨香，愈遠愈芳，愈久愈光。但見此功此德，與天地同其長/久，與日月同其光明，乃鐫于石，以壽其傳。更爲銘曰：/

天眷王國，間出時名。三山吴族，繼代公卿。/
自家跨寵，當世施聲。天潢之配，坤馬之貞。/
光家閎户，作國榦楨。將相科第，文武才英。/
内居要職，外作長城。撫民以德，克敵以兵。/
恩行威著，事濟功成。出膺帥閫，入秉鈞衡。/
恩承天寵，秩進日榮。功名赫奕，事業崢嶸。/
家傳忠孝，世守敬誠。事賴泰水，如母親生。/
充閭福慶，作後儀刑。擇芳鄰邇，得仁里瓊。/
厥堂厥室，載經載營。普施恩意，重賜歌亭。/

---

① 以上爲拓片編號 03645 的内容。

② “石鼓詩”，石鼓文又稱岐陽獵碣，記敘東周年間的秦國君主遊獵之事，唐朝初年在鳳翔府陳倉山（今陝西省寶鷄市石鼓山）出土，因文字刻在鼓狀圓石而得名，共十鼓，有“石刻之祖”之稱，出土後，韓愈曾作《石鼓詩》以傳頌，後蘇軾亦有和韓愈石鼓詩作。

③ “浯溪碑”，見（宋）吴曾《能改齋漫録·記文·浯溪銘》：“湖南浯溪在永州北一百餘里，流入湘江，其溪水石奇絶。唐上元中，邕管經略使元結罷任居焉。以其所著〈中興頌〉刻之崖石，撫州刺史顔真卿書。結復爲浯溪石堂西峯四獻亭銘，皆刻於崖上石。”

④ “召公之茇”，召公即召公奭，《詩經·國風·召南·甘棠》：“蔽芾甘棠，勿翦勿伐，召伯所茇。蔽芾甘棠，勿翦勿敗，召伯所憩。蔽芾甘棠，勿翦勿拜，召伯所説。”

⑤ “叔子之蹤”，叔子即羊祜。《晉書·羊祜傳》：“羊祜字叔子，泰山南城人也。……祜立身清儉，被服率素，禄俸所資，皆以贍給九族，賞賜軍士，家無餘財。……襄陽百姓於峴山祜平生游憩之所建碑立廟，歲時饗祭焉。望其碑者莫不流涕，杜預因名爲墮淚碑。”

⑥ “蘋蘩”，見《詩經·國風·召南·鵲巢》有《采蘋》《采蘩》，均爲頌婦人能循法度，不失職以承先祖、共祭祀的篇章。其中《采蘩》：“于以采蘩，于沼于沚，于以用之，公侯之事。”毛亨傳曰：“蘩，皤蒿也。于、於。沼、池，沚、渚也。公侯夫人執蘩菜以助祭神，饗德與信，不求備焉。沼沚谿澗之草，猶可以薦，王后則荇菜也。”又，鄭玄《詩譜序·周南召南譜》有曰：“在召南之篇，亦是用之於樂……《采蘋》取其循澗，以《采蘋》喻循法度以成君事；《采蘩》取夙夜在公。各取其篇之義，以爲戒也。”

霑諸實惠，慕也深情。今保仝上，後奉神明。/

中亭班左，三位羅星。歲時香火，黍稷香馨。/

立祀成典，鑿碑刻銘。一天悠久，萬古鏘鏗。/

時/①

本社文約②

一於壬申年正月貳拾柒日，玆據瓊疊社官員及鄉老阮文梟、阮有禄、黎公全、陳光明、裴文陣、阮福榮、阮有田、/裴文榮、黎有財、蔡登瀛、黎公欣、阮福禄、阮俊豪、黎文欸，當社長鄧曰明并村長蔡仕俊、黎福讓、阮光明、阮文年、/阮有點、陳文鄰、鄧伯枉、阮文鵠、阮登龍、陳文棱、陳文學、蔡仕閉、阮文光、阮文迭、阮文擢、陳文吱、阮文屯、阮楊春、/黎文墨、阮明達、阮廷倫、阮有恒、阮文餘、阮福俊、蔡仕訛、阮文料、阮文職、黎公謙、蔡公位、黎公禮、阮楊書、黎文朝、/裴光輝、阮峻德、阮文更、蔡仕彬、阮文樓、阮文皮、黎文行、蔡仕蟄、蔡仕透、阮無敵、蔡仕昔、黎文福、阮文逢、阮文巳、/阮文僚、阮文點、蔡仕席、阮文銓、黎文櫗、阮文杜、黎文幹、陳文臺、黎文艾、阮文椰、阮文衙、陳文練、鄧伯聿、黎公巨、/蔡文果、蔡文唉、阮文稟、阮文調、阮文楪、阮文粘、阮文禄、陳文葛、黎文唉、陳文穎、陳文普、裴文會、阮文緣、黎文萬、/裴文排、蔡仕兵、阮文恩、阮文義、陳文仕、黎文常、阮文豆、黎文勸、蔡仕統、阮文鏁、阮文計、黎文坐全社上下等/　　　　申爲乞保爲後神叁位事。/

嘗謂民欲有長官綱維，必起敬無忘心，志理欲明，流傳永遠，當立約共保後神。由於己巳年月日承見/　　　　奉差太原、高平等處督鎮官、太常寺卿、芳嶺男吴策詢、妻鄭氏玉璉、親母賴氏待，始立家宅居在社内，其本社以安/樂業，自此以來，法嚴家訓，恩結民心，是以民懷其德，上年已保爲仝長至兹，自阮文梟至黎文坐全社等，同心/敢乞構作歌亭，壹連、叁間、貳廈，并棡渥賜其社，民得便事　神，以安　國脈，應　尊保爲後神，并造碑/跡相傳，奉事悠久之盛，係遞年入席歌唱並迎奉事。如有社内宰牛牢豬等物首皆敬俵。至百歲後忌

① 以上爲拓片編號 03646 的内容。

② 此爲拓片編號 03647 碑額。

日，係遞/年叄忌，每忌豬壹口，當古錢[1]貳貫；粄壹盤，酒壹圩，金銀紙壹盤，芙蔔壹匣，以供祭祀。倘或社内有輕薄之徒，澆/訛之輩，革心易慮，忍虧恭敬之懷，背約逾盟，欠缺奉承之典，則願　神誅之滅之。及亭置廢頹弊與踈盧者，/本社不有修理，則甘償亭古錢壹千貫。國有常法，故立文約爲照用者，爲此茲/　　　　　申。

立單保社長鄧曰明記/

鄉老阮文㫺記，阮有禄記，黎公全記，陳光明記，裴文陣記，阮福禄記

村長蔡仕俊記，黎福讓記，/阮光明記，阮文年記，阮有點記，陳文鄰記，

鄧伯枉記，阮文鵠記，全社上下巨小等共記/[2]

後神惠田[3]

一造作歌亭共古錢肆百捌拾貳貫肆陌，留許瓊疊社。/

一始買田：/

一所同蓮處田貳蒿五篚，/

一所同枤處田壹蒿叄口，/

一所同蓮處田壹蒿貳口貳篚，/

一所祝枷處田壹蒿肆口貳篚。/

各所田共陸蒿，原實買古錢肆拾玖[4]貫，留許瓊疊社以爲惠田，至百歲後係遞年依如約/内，以供祭祀。/

皇朝正和萬萬年之十三龍輯壬申[5]孟冬節穀日立/

奉賜丙寅科第一甲進士及第第三名、翰林院待制、海上唐輪武晠撰/

山常青盛武嘉人寫/

押作人　瑞原縣扶黎社阮有論/

---

① “古錢”，見《欽定越史通鑑綱目·正編》“後黎盛宗光順八年”注“使錢、古錢”引黎貴惇《芸臺類語》云：“北人以百文爲一陌。本國以三十六文爲一陌，謂之‘使錢’；六十文爲一陌，謂之‘古錢’。‘使錢’十陌，乃是‘古錢’六陌，準爲‘使錢’一貫。其‘古錢’十陌乃使錢之一貫六陌四十文。使錢别名閒錢，古錢别名貴錢。”

② 以上爲拓片編號 03647 的内容。

③ 此爲拓片編號 03648 碑額。

④ “玖”，原作諱字。

⑤ “皇朝正和萬萬年之十三龍輯壬申”，“正和”爲後黎熙宗黎維祫年號，“十三年”爲公元 1692 年，當清康熙三十一年。

淳禄縣由場社武文彦/

拨　　石人東山縣安穫社黎稱、黎迎刊/①

題後

本碑記乃河東省青池縣瓊壘社爲鄉人芳嶺男吴策詢及其妻鄭氏玉璉、其母賴氏待設立寄忌，敬爲後神的碑記。吴策詢是後黎熙宗永治元年（1676）丙辰科第三甲同進士出身第五名，數代世科。其父吴策試爲後黎神宗永壽二年（1656）己亥科第三甲同進士出身第十五名。其兄吴策諭爲後黎玄宗景治二年（1664）甲辰科第三甲同進士出身第四名。其子吴策訢爲後黎裕宗保泰二年（1721）辛丑科第一甲進士及第第三名。

根據《登科録》之記載策諭爲“嘉謀之曾孫，有常之遠姪”。而阮有常爲莫朝景曆三年（1550）庚戌科第三甲同進士出身第三名，仕至左侍郎。爲阮嘉謀之叔。阮嘉謀則爲莫宣宗光寶六年（1559）己未科第三甲同進士出身第二名。

又，《登科録》記載：“吴策詢。東岸三山人，二十九中，會元，仕至吏部右侍郎，被絞。”事見《大越史記全書續編》卷一“黎熙宗正和十七年”：

> 十二月，户科都給事中吴策詢坐罪死。罷副都御史吴海職。初，策詢監試清華，見參從黎僖，僖語以諸子試卷用清華紙，策詢記之。及四場，僖子卷不入格，策詢自以舊有隙於僖，欲因此樹恩，以平宿怨，乃私送考官批取。提調吴海知之，誓爲隱匿。參政潘自疆發其事。下文武議，策詢絞死，海以不能持正，罷職。監考，覆考俱被罰，擢自彊僉都御史。

又，瓊壘社亭左邊尚有一碑，拓片編號03643/3644，碑題“奉天府壽昌縣瓊壘岧後神碑記”，有額題“瓊福寺碑記”，記載瓊壘社設立王府侍内宫嬪長南宫婕妤陳氏淨及其父基郡公陳忠實，其母黄氏貞行寄忌的碑文。

---

① 以上爲拓片編號03648的内容。

二四〇　基郡公院成珍碑記

引言

碑立於北寧省嘉林縣多遜總下巽社報答村基郡公祠址，爲祠址内右邊一碑。碑刻雙面，拓片編號03653/03654，拓片編號03653爲碑前，共二十六行字，滿行三十字，碑額刻“基郡公之碑”五字，碑題“阮令公碑記”五字；拓片編號03654爲碑後，共九行字，每行字數不一。今依内容及性質重定篇題爲“基郡公阮成珍碑記”。碑文撰者陪從兵部左侍郎陳仁齊，書者侍内書寫兵番高登朝，刻者阮維進及阮維仁，潤者據《越南漢喃碑銘拓片目録提要》補爲陪從吏部右侍郎阮登道。碑文署作年代爲正和（Chính Hòa）二十年（1699）歲次己卯，正和爲後黎熙宗（Lê Hy Tông）黎維祫（Lê Duy Cáp）年號，同年爲清康熙三十八年。拓片現藏於漢喃研究院。

碑文内容記述基郡公阮成珍之生平及其任官之經歷，與其功績，並記阮成珍逝世之後，後黎熙宗賜祠一座，以玆後人祭祀留念。

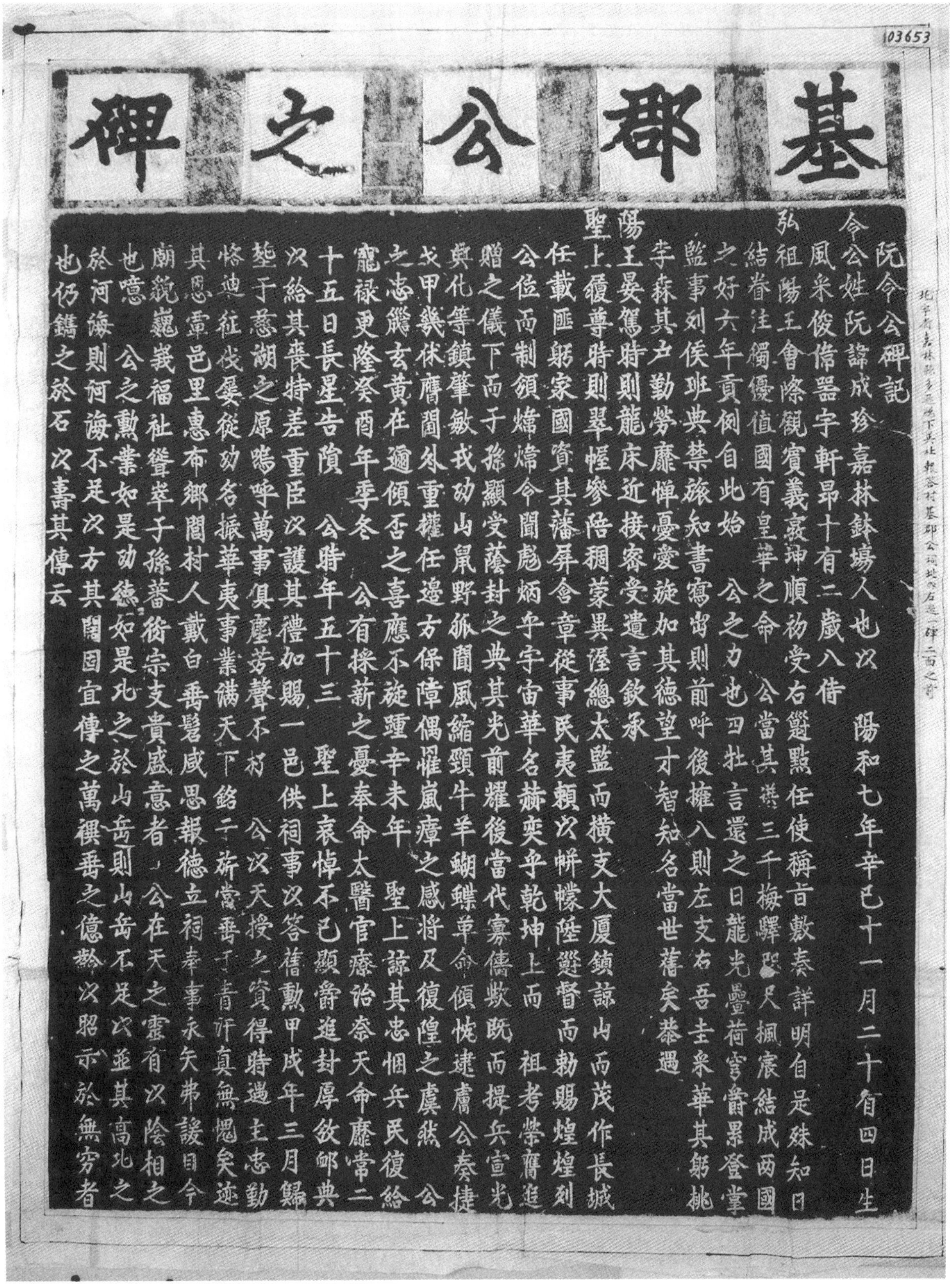

03653

北寧省嘉林縣多遜總下其社報答村基郡公祠地內右邊一碑二面之前

基郡公之碑

阮令公碑記
令公姓阮諱成珍嘉林鉢場人也以　陽和七年辛巳十一月二十有四日生
風采俊偉器宇軒昂十有二歲八侍
弘祖陽王會際觀賓義裒坤順初受右巡點任使稱旨數奏詳明自是殊知日
結眷注獨優值國有皇華之命　公當其選三千梅驛咫尺楓宸結成兩國
之好六年貢例自此始　公之力也四牡言還之日龍光疊荷寵爵累登掌
監事刘侯班典禁旅知書寫常則前呼後擁入則左支右吾圭衆華其郞桃
李森其户勤勞靡憚憂愛旋加其德望才智知名當世舊矣恭遇
陽王晏駕時則龍床近接寄受遺言欽承
聖上纘尊時則翠幄參陪稠蒙異渥總太監而橫支大厦鎮諒山而茂作長城
任載匪躬家國資其藩屏會章從事氏夷賴以帡幪陞避督而勅賜煌煌列
公位而制領煒煒令聞彪炳乎宇宙華名赫奕乎乾坤上而　祖考崇贈追
贈之儀下而子孫顯受蔭封之典其光前耀後當代寡儔歟既而提兵宣光
興化等鎮肇敵我功山鼠野狐聞風縮頸牛羊蝴蝶革命傾恍逮膚公奏捷
戊甲幾休膺閫外重權任邊方保障偶罹嵐瘴之感將及復隍之虞然　公
之忠嘉玄黃在邇傾否之喜應不旋踵辛未年　聖上諒其忠悃兵民復給
寵祿更隆癸酉年季冬　公有採薪之憂奉命太醫官療治奈天命靡常二
十五日長星告隕　公時年五十三　聖上哀悼不已顯爵進封厚斂郵典
以給其喪特差重臣以護其禮加賜一邑供祠事以答舊勳甲戌年三月歸
塟于慈湖之原嗚呼萬事俱塵芳聲不朽　公以天授之資得時遇主忠勤
恪迪征伐屢從功名振華夷事業滿天下銘之旂常垂之青竹真無愧矣迹
其恩覃邑里惠布鄉閭村人戴白垂髫咸思報德立祠奉事永矢弗諼曰今
廟貌巍峨福祉聳孝子孫蕃衍宗支貴盛意者　公在天之靈有以陰相之
也噫　公之勳業如是功德如是比之於山岳則山岳不足以並其高比之
於河海則河海不足以方其闊固宜傳之萬禩垂之億齡以昭示於無窮者
也仍鐫之於石以壽其傳云

編號：03653　出自《拓片總集》第四册（下同）

03654

北寧省嘉林縣多遜總下吳社教晉村基郡公祠址內右邊一碑二面之陽

令嗣
侍候轎前行五等船正隊長朝列大夫安壽侯阮成璋
侍候擇優左隊正隊長弘信大夫堂陵侯阮成理
前季男弘信大夫阮成璿 祔
仝立

旨

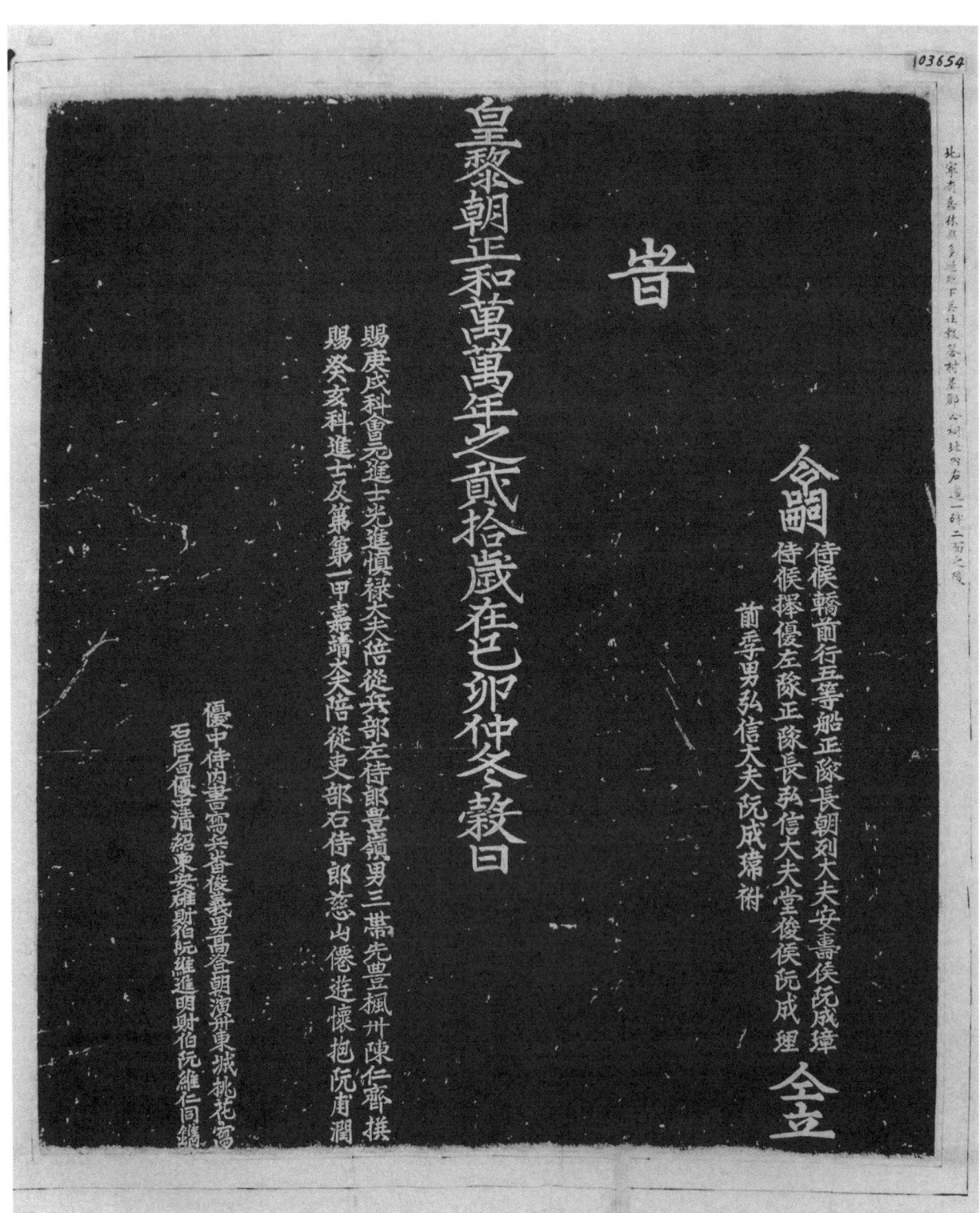

皇黎朝正和萬萬年之貳拾歲在己卯仲冬穀日

賜庚戌科會元進士光進慎祿大夫陪從兵部左侍郎豐嶺男三帶先豐楓卅陳仁齋 撰
賜癸亥科進士及第第一甲嘉靖大夫陪從吏部右侍郎慈山僊遊懷抱阮甫潤
優中侍內書寫兵番後義男高畓朝瀾卅東城桃花寫
石匠局優中清紹東安雍財伯阮維進明財伯阮維仁同鐫

編號：03654

釋文

【基郡公之碑】

阮令公碑記[①]

令公姓阮，諱成珍，嘉林鉢場人也，以　陽和七年辛巳[②]十一月二十有四日生，/風采俊偉，器宇軒昂。十有二歲入侍/　　　　　　弘祖陽王[③]，會際觀賓[④]，義敦坤順，初受右提[⑤]點，任使稱旨，敷奏詳明，自是殊知日/結，眷注獨優。值國有皇華之命[⑥]，　公當其選，三千梅驛[⑦]，咫尺楓宸[⑧]，結成兩國/之好，六年貢例自此始，　公之力也。四牡[⑨]言還之日，龍光疊荷，穹爵累登，掌/監事，列侯班，典禁旅，知書寫，出則前呼後擁，入則左支右吾，圭采華其躬，桃/李森其户，勤勞靡憚，憂愛旋加，其德望才智知名當世舊矣。恭遇/　　　　　　陽王晏駕[⑩]，時則龍床近接，密受遺言，欽承/　　　　　　聖上履尊，時則翠幄參陪，稠蒙異渥，總

---

① 此爲拓片編號 03653 的碑題，今依内容及性質重定篇題爲“基郡公阮成珍碑記”。

② “陽和七年辛巳”，“陽和”爲後黎神宗黎維祺年號，“七年”爲公元 1641 年，當明崇禎十四年。

③ “弘祖陽王”，即鄭柞（Trịnh Tạc）。文祖誼王鄭梉次子鄭主第五代領袖，“翊扶神宗、玄宗、嘉宗、熙宗四朝”“北復高平，殄除莫孽，勳烈極盛，臨政二十五年，壽七十七”。見《歷朝憲章類志・人物志・鄭主世系》。

④ “觀賓”，見《周易兼義・上經隨傳・觀》：“六四。觀國之光，利用賓于王。”孔穎達：“居在親近而得其位，明習國之禮儀，故曰利用賓于王庭也。”又《象》曰：“觀國之光，尚賓也。”正義注：“釋觀國之光義，以居近至尊之道，志意慕尚爲王賓也。”

⑤ “提”，原作諱字。

⑥ “皇華之命”，應帝王之命出使。《詩經・小雅・鹿鳴之什・皇皇者華》詩序：“《皇皇者華》，君遣使臣也，送之以禮樂，言遠而有光華也。”毛亨傳：“言臣出使能揚君之美，延其譽於四方，則爲不辱命也。”

⑦ “梅驛”，驛站的雅稱。《太平御覽・人事部》引《荆州記》：“陸凱與范曄爲友，江南寄梅花一枝來諸長安與曄，并贈詩曰：‘折花奉驛使，寄與隴頭人。江南無所得，聊贈一枝春。’”後遂以梅花使雅稱驛使，梅驛雅稱驛站。

⑧ “楓宸”，帝王的宫殿。《康熙字典・木・楓》引《説文解字》：“楓木，漢宫殿中多植之，故稱楓宸。”又，《謝疊山全集校注・代干丞相遷除啟》：“自登槐席之尊，益注楓宸之眷。”熊飛等人注“楓宸”曰：“楓宸：宫殿。漢宫殿中多植楓；宸，北宸所居，泛指帝王的殿庭。”

⑨ “四牡”，見《詩經・小雅・鹿鳴之什・四牡》詩序：“《四牡》，勞使臣之來也，有功而見知，則説矣。”

⑩ “晏駕”，古代帝王死亡之時的諱稱。《大越史記全書續編》卷一黎熙宗正和三年：“（八月）戊戌，大元帥掌國政尚師大父、德功仁威明聖西王薨。壽七十七，追尊陽王，謚聰憲，葬萬賴册，廟號弘祖。”

太監而横支大廈，鎮諒山而茂作長城。/任載匪躬，家國資其藩屏；含章從事[①]，民夷賴以帡幪[②]。陞提督而勅賜煌煌，列/公位而制頒煒煒，令聞彪炳乎宇宙，華名赫奕乎乾坤，上而　祖考榮膺追/贈之儀，下而子孫顯受蔭封之典。其光前耀後，當代寡儔歟！既而提兵宣光、/興化等鎮，肇敏戎功。山鼠野狐，聞風縮頸；牛羊蝴蝶，革命傾忱。逮膚公奏捷，/戈甲幾休，膺閫外重權，任邊方保障，偶罹嵐瘴之感，將及復隍之虞。然　公/之志誠[③]，玄黄在邇，傾否之喜[④]，應不旋踵。辛未年[⑤]　聖上諒其忠悃，兵民復給，/寵禄更隆。癸酉年季冬，　公有採薪之憂[⑥]，奉命太醫官療治，奈天命靡常，二/十五日長星告隕，　公時年五十三。　聖上哀悼不已，顯爵追封，厚放恤典/以給其喪，特差重臣以護其禮，加賜一邑供祠事，以答舊勳。甲戌年[⑦]三月歸/葬于慈湖之原。嗚呼！萬事俱塵，芳聲不朽。　公以天授之資，得時遇主，忠勤/恪迪，征伐屢從，功名振華夷，事業滿天下，銘于旂常[⑧]，垂于青汗[⑨]，真無愧矣。迹/其恩覃，邑里惠布，鄉閭村人戴白垂髫[⑩]，咸思報德，立祠奉事，永矢弗諼[⑪]。目今/廟貌巍峨，福祉聳崒，子孫蕃衍，宗支貴盛，意者　公在天之靈有以陰相之/也。噫！　公之勳業如是，功德如

---

① “含章從事”，見《周易兼義·上經乾傳·坤》：“六三。含章可貞，或從王事，无成有終。”王弼注：“三處下卦之極，而不疑於陽，應斯義者也，不爲事始，須唱乃應，待命乃發，含美而可正者也，故曰含章可貞也。有事則從不敢爲首，故曰或從王事也，不爲事主順命而終，故曰无成有終也。”

② “帡幪”，本指帳幕，後亦引申爲覆蓋、庇蔭與庇護。（漢）揚雄《法言·吾子》：“震風陵雨，然後知夏屋之爲帡幪也。虐政虐世，然後知聖人之爲郛郭也。”李軌注曰：“帡幪，蓋覆。”（宋）吕頤浩《忠穆集·河間帥吴述古遷職再任啟》：“某猥慚疲鈍，獲托帡幪。欣聞成命之傳，彌切慊心之慶。”

③ “誠”，原作諱字。

④ “傾否之喜”，先悲後喜。《周易兼義·上經需傳·否》：“上九。傾否，先否後喜。”王弼注：“先傾後通，故後喜也。始以傾爲否，後得通乃喜。”

⑤ “辛未年”，應爲後黎熙宗黎維祫正和十二年（1691），當清康熙三十年。

⑥ “採薪之憂”，又作“負薪之憂”。《禮記·曲禮下》：“君使士射，不能，則辭以疾言，曰‘某有負薪之憂。’”鄭玄注：“射者，所以觀德，唯有疾可以辭也。使士射謂以備耦也，憂或爲疾。”又，《孟子·公孫丑下》：“王使人問疾，醫來。孟仲子對曰：‘昔者有王命，有采薪之憂，不能造朝。今病小愈，趨造於朝，我不識能至否乎。’”

⑦ “甲戌年”，應爲後黎熙宗正和十五年（1694），當清康熙三十三年。

⑧ “旂常”，王侯的旗幟。《周禮·春官·大宗伯下》：“司常掌九旗之物，名各有屬，以待國事。日月爲常，交龍爲旂，通帛爲旜，雜帛爲物，熊虎爲旗，鳥隼爲旟，龜蛇爲旐，全羽爲旞，析羽爲旌……國之大閲贊，司馬頒旗物，王建大常，諸侯建旂，孤卿建旜，大夫士建物，師都建旗，州里建旟，縣鄙建旐，道車載旞，斿車載旌。”

⑨ “青汗”應即“汗青”，借指史籍。司馬彪《續漢書·吴佑傳》李賢注“殺青”曰：“殺青者，以火炙簡令汗，取其青易書，復不蠹，謂之殺青，亦謂汗簡。義見劉向别録也。”

⑩ “戴白垂髫”，指童幼及父老。見《後漢書·鄧寇列傳·鄧禹傳》：“禹所止輒停車住節，以勞來之，父老童穉，垂髮戴白，滿其車下，莫不感悦，於是名震關西。”李賢注曰：“垂髮，童幼也。戴白，父老也。”

⑪ “永矢弗諼”，見《詩經·國風·衛風·考槃》：“考槃在澗，碩人之寬，獨寐寤言，永矢弗諼。”箋云：“寤、覺，永、長，矢、誓，諼、忘也。”

是，比之於山岳，則山岳不足以並其高；比之/於河海，則河海不足以方其闊。固宜傳之萬禩，垂之億齡，以昭示於無窮者/也，仍鐫之於石，以壽其傳云。/[①]

侍候轎前行五等船正隊長、朝列大夫、安壽侯阮成璋

令嗣　　侍候擇優左隊正隊長、弘信大夫、堂俊侯阮成理　仝立/

前季男、弘信大夫阮成璋祔

時/

皇黎朝正和萬萬年之貳拾歲在己卯[②]仲冬穀日/

賜庚戌科會元進士、光進慎禄大夫、陪從兵部左侍郎、豐嶺男，三帶先豐楓州陳仁齊[③]撰/

賜癸亥科進士及第第一甲、嘉靖大夫、陪從吏部右侍郎、慈山僊遊懷抱阮甫[④]潤/

優中、侍内書寫兵番、俊義男高登朝，演州東城桃花寫/

石匠局優中、清紹東安、雄財伯阮維進、明財伯阮維仁同鐫/[⑤]

題後

本碑記潤文者爲賜癸亥科進士及第第一甲第一名、嘉靖大夫、陪從吏部右侍郎、慈山僊遊懷抱阮登道。阮登道爲科舉世家，其兄弟、父子皆登進士科。其兄阮登遵爲後黎嘉宗陽德二年（1673）癸丑科第三甲同進士出身第四名。其父阮登明爲後黎真宗福泰四年（1646）丙戌科第三甲同進士出身第四名，仕至祭酒，男爵。其伯父阮登鎬爲後黎真宗福泰四年（1646）丙戌科第一甲進士及第第三名。二十八中，會試、廷試及後黎神宗永壽二年（1659）己亥科東閣均第一，仕至東閣大學士，蓮瑞男。

據拓片題籤記載，基郡公祠内左邊尚有一碑，立於後黎熙宗正和十八年（1697）拓片編號

---

① 以上爲拓片編號 03653 的内容。

② “皇黎朝正和萬萬年之貳拾歲在己卯”，正和二十年（1699），當清康熙三十八年，歲次己卯。

③ “陳仁齊”，應即陳世榮。《鼎鍥大越歷朝登科録》黎玄宗景治八年（1670）庚戌科第三甲同進士出身第二十五名：“陳世榮。先豐楓州人，二十七中，會元，奉使，仕至兵部左侍郎、男爵；贈工部尚書，子爵。”

④ “阮甫”，即“阮登道”。《鼎鍥大越歷朝登科録》黎熙宗正和四年（1683）癸亥科第一甲進士及第第一名：“阮登道。仙遊懷抱人，士望。三十三中，應制合格。後改登璉。奉使，仕至參從，禮（部）尚書，伯爵兼東閣學士，壽六十九，贈吏部尚書、郡公。登鎬之姪，登明之子，登遵之弟。”

⑤ 以上爲拓片編號 03654 的内容。

爲 03649/03650/03651/03652，内容爲下巽社報答村爲基郡公阮敦璞立祠宇，置寄忌之事。奇怪的是，兩碑所立時間僅差兩年，本碑主名阮成珍（提督、總太監），另一碑主名阮敦璞（特進、輔國上將軍）；官職也有不同，爵位却都是“基郡公”，原因待查。

二四一　修造壽山亭並膠寺社鄧光進等後神碑記

引言

碑立於北寧省嘉林縣金山總膠寺社亭，爲亭内右邊一碑。碑刻四面，拓片編號 03655/03656/03657/03658，拓片編號 03655 爲碑前，共十八行字，滿行二十九字，碑額刻“造壽山亭”四字；拓片編號 03656 爲碑左，共二十三行字，滿行二十八字，碑額刻“立後神碑”四字；拓片編號 03657 爲碑後，共十九行字，滿行約三十五字；拓片編號 03658 爲碑後，共二十七行字，滿行約三十五字，碑額刻“全社記”三字。今依内容及性質重定篇題爲“修造壽山亭並膠寺社鄧光進等後神碑記”。碑四面皆有紋飾，拓片編號 03655 碑額刻有兩層紋飾，内層爲日紋、外層爲經幡紋，左右兩邊刻有花紋和回紋，碑底刻有蓮花與回紋；拓片編號 03656 碑額刻有雙鳳，中間有一蓮花；拓片編號 03657 碑額刻有兩層紋飾，内層雙龍，中間有一蓮花、外層刻有火紋，并與左右兩邊相連龍、祥鳥、花卉與魚紋，碑底似爲一水景圖；拓片編號 03658 碑額刻有雙龍昭日，碑底爲雲紋。碑文撰者據《越南漢喃碑銘拓片目録提要》補爲山南道監察御史阮當褒，書者乙卯科書算高第。年代署作爲永治（Vĩnh Trị）四年（1679）歲次己未，永治爲後黎朝熙宗（Lê Hy Tông）黎維祫（Lê Duy Cáp）年號，同年爲清康熙十八年。

此碑乃膠寺社所立之碑。拓片編號 03655/03656 主要内容爲膠寺社立後神事。前記載立司禮監參知監事、鳳庭候鄧光進爲後神之事，内容録有鄧光進一族之官職爵位，言鄧光進捐資爲膠寺社修造亭廟，爲此膠寺社保鄧光進爲後神。後有武氏茶、武氏囉等出資助修造之義舉，故膠寺社亦同保爲後神。拓片編號 03657 則記膠寺社與總金山社爭土興訟之事。拓片編號 03658 則爲參與參與膠寺社修亭者題名。

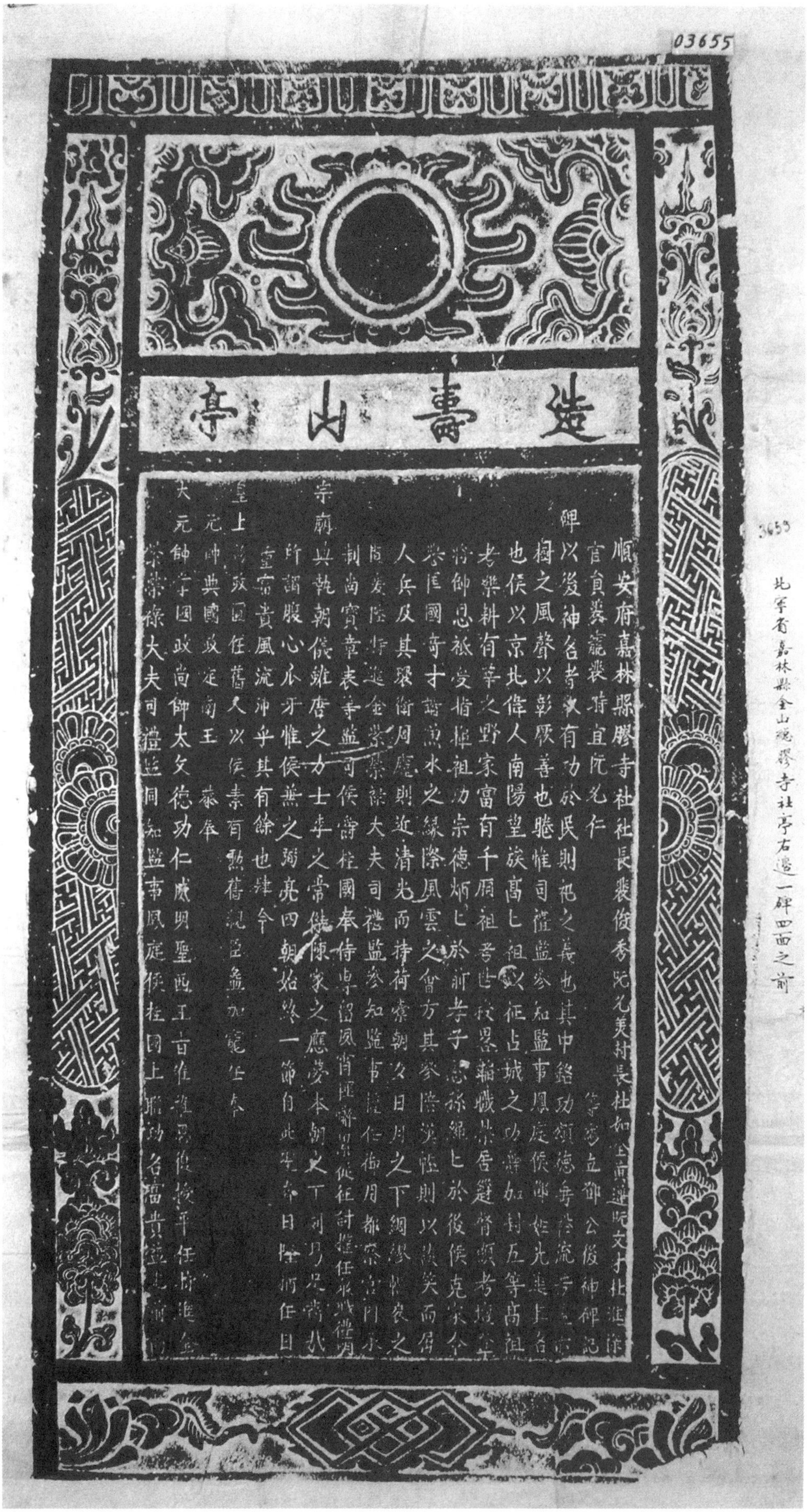
03655
造壽山亭
北寧省嘉林縣金山總膠寺社亭右邊一碑四面之前

編號：03655　出自《拓片總集》第四冊（下同）

03656
立後神碑
此字府嘉林縣金山總勝寺社亭右邊一碑四面之左

編號：03656

03657
3657.
北寧省嘉林縣金山總膠寺社亭右邊一碑四面之後

編號：03657

03658
金社記
此字在嘉林縣金山總慶寺社亭右邊一碑四面之右

編號：03658

釋文

造壽山亭/立後神碑[1]

順安府嘉林縣膠寺社社長裴俊秀、阮允美，村長杜如全、黄遵、阮文才、杜進禄，/官員裴寵、裴時宜、阮允仁　　　　等爲立鄧公後神碑記。/

碑以後神名者，取有功於民，則祀之義也，其中銘功頌德，垂裕流芳，蓋亦/樹之風聲，以彰厥善也。睠惟司禮監參知監事、鳳庭侯鄧姓，光進其名/也。侯以京北偉人，南陽望族，高高祖、以征占城之功，爵加封五等；高祖/考、樂耕有莘之野，家富有千廂；祖考、世授略韜，職榮居提[2]督；顯考、壇登/將帥，恩祇受指揮。祖功宗德，炳炳於前；孝子慈孫，繩繩於後。侯、克家令/譽，匡國奇才，諧魚水之緣，際風雲之會。方其參陪漢幄，則以談笑而屈/人兵；及其環衛周廬，則近清光而持荷橐。朝夕日月之下，綢繆帳扆之/間。爰陞特進、金紫榮禄大夫、司禮監參知監事，權任御用都察宫門，承/制尚寶章表等監司，侯爵柱國；奉侍專留，夙宵匪懈，累從征討，權任衆職，禮明/　　　　宗廟，典執朝儀，雖唐之力士，李之常傑，陳家之應夢，本朝之丁列，曷足齒哉！/所謂腹心爪牙，惟侯兼之，弼亮四朝，始終一節，自此聖眷日隆，柄任日/重，富貴風流，沛乎其有餘也。肆今/　　　　皇上初政，圖任舊人，以侯素有勳舊親臣，益加寵任，奉/　　　　元帥、典國政、定南王[3]，　恭奉/　　　　大元帥、掌國政、尚師、太父、德功仁威明聖西王[4]旨，准推恩復授平任特進、金/紫榮禄大夫、司禮監同知監事、鳳庭侯、柱國，上聯功名富貴，益光前而[5]/振後也。

遡觀侯之立心處事，月旦評之，其在/　　　　宗廟朝廷，便便言唯謹；其在村閭鄉黨，恂恂似不能。侯之深得聖人之教/有如是。夫又能和以待人，禮以接物，欲以餘波照鄰，乃出

---

① 此爲拓片編號 03655 之額題，今依内容及性質重定篇題爲“修造壽山亭並膠寺社鄧光進等後神碑記”。按，後附“立後神碑”爲編號 03656 之額題。

② “提”，原作諱字，下同不另出注。

③ “定南王”，即鄭根，西王鄭柞之子，越南鄭主第六代領袖，公元 1674 年進封定南王。

④ “西王”，即鄭柞，清王鄭梉之子，定南王鄭根之父。初封榮郡公，後進封西郡公，西國公、西定王，公元 1659 年進封西王。

⑤ 以上爲拓片編號 03655 的内容。

孔門之兄，/長腰之子，追其良晨，具其鐵林，巨小共貳百貳拾株，准價使錢[1]五百/陸拾捌貫，離婁[2]督繩，公輸[3]削墨[4]，爲本社構作亭廟，制度極其軒豁，規/模極其奐輪，以奉/

本土中等神祠，/　　　　國王、天子、良和皇太后，護國安民，人康物阜，其功不少矣。人之沐其恩受/其惠，其忍負之哉！迺知輕財愛人，固君子之大節，而投瓊報玖[5]，亦人道/之至情。故一鄉之中，亦有公論，其本社官員、鄉老上下等並應尊保爲/　　　　本社正後神左班，係有入席祈福，本社迎坐亭中觀舞聽[6]歌，以興仁讓/之風，以享太平之福。至百歲之後，本社四甲共作盤具與忌臘用，行/禮祭如儀。及四時八節入席，藏□等日，並預配享，血食萬代，以表恩/深□著。應保姓名具在，其所厚者厚之，道又何加於此哉？兹後本社/或有不軫前功，罔思後報，寒盟食言，明則有日月，幽則有鬼神，其鑒/臨之。然則斯碑之立，其所以昭示無窮而垂不朽云，因繫之。/

銘曰：/

嘉林膠寺，風厚俗敦。老老長長，貴貴尊尊。

鄧侯柱國，/恩被鄉村。後神配享，馨黍芳遵。

堅珉屹石，萬古乾坤。/

上洪府錦江縣金蘭社武氏茶，號妙香；武氏囉，號妙登等，有出家財使錢壹百五拾貫，許其/母貫膠寺社，領取置買鐵林木，構作亭廟，其本社上下等，應保爲本社後神二位，係有入席/祈福，請坐亭中視唱，以表風俗之厚。至百歲之後，與忌臘等日，本社四甲應作盤具，用行禮/祭，及四時八節入席藏□，並享厚福，血食萬代，並亦如之，以答其恩。若本社不報其

---

① “使錢”，見《欽定越史通鑑綱目正編》“後黎盛宗光順八年”注“使錢、古錢”引黎貴惇《芸臺類語》云：“北人以百文爲一陌。本國以三十六文爲一陌，謂之‘使錢’；六十文爲一陌，謂之‘古錢’。‘使錢’十陌，乃是‘古錢’六陌，準爲‘使錢’一貫。其‘古錢’十陌乃使錢之一貫六陌四十文。使錢別名閒錢，古錢別名貴錢。”

② “離婁”，《孟子·離婁上》：“孟子曰：‘離婁之明，公輸子之巧，不以規矩，不能成方圓。’”焦循正義：“離婁，古之明目者，黄帝時人也。黄帝亡其玄珠，使離朱索之。離朱，即離婁也，能視於百步之外，見秋毫之末。”

③ “公輸”，春秋時期有名的工匠家族。《禮記·檀弓下》：“季康子之母死，公輸若方小，斂，般請以機封。”鄭玄注曰：“公輸若，匠師也。般、若之族，多伎巧者也。”

④ “離婁督繩，公輸削墨”，全句語出《資治通鑑·漢紀·中宗孝宣皇帝中·神爵元年》載王褒《聖主得賢臣頌》：“夫賢者，國家之器用也。所任賢，則趨舍省而功施普；……使離婁督繩，公輸削墨，雖崇臺五層、延袤百丈而不溷者，工用相得也。”

⑤ “投瓊報玖”，語出《詩經·國風·衛風·木瓜》：“投我以木瓜，報之以瓊玖。”

⑥ “聽”，原作“咱”，“咱”爲“聽”之俗字。

功，則鬼神照鑒。/[1]

一本社須知簿事：/

計：

一本社有淵壹口，係遞年四□捉魚奉事神祠。/

一段塘午處壹百蒿，上自麻茶，下至塘潘。一段坡堵處壹百蒿。/

一段舉洌午處貳百蒿，上自梂矽，下至天德江。一段後撞處壹百陸蒿，上自梂膠，下夾坡堵。/

一段塘塔、塘安等處貳百蒿，上自亭塔，下塘艾。/

一本社所被本總金山社脅爭塘午，自甲寅年發告，已有評斷，還膠寺社，各斷爲此/刊碑，以貽後世。/

計/

一本府衙門官所斷，至如㦝午各家居，意果膠寺之鄉村。/

一承司衙門官所斷，係這訟依如府官所斷，以合條律。/

一憲司衙門官所斷，至如㦝午各家居連年居處，頗已經久，意者乃膠寺社之鄉村。/

一該道衙門官所斷，至如午村壹處，查見膠寺社寺碑有兑午甲并前有四文字，/該金山社等人取其□子，停其□禮，以表同居，再見靈龜社老饒[2]阮世科□謂/□□□□几茶，意此村者乃膠寺社之鄉村。/

一御史臺衙門等官。/

一付膠寺社等因，審此則知午村乃膠寺之鄉村。/

皇朝永治萬萬年之四[3]孟春節穀日造/

賜癸丑科第三甲同進士出身、山南道監察御史、威廉姥阮鈍甫撰/

乙卯科試中書筭奉□□□情得□□等□□都史□□□高□□木□□仕□□□□□□乃曾祖妣，申於膠寺之貫。/[4]

---

① 以上爲拓片編號 03656 的内容。

② “老饒”，越南人稱年六十以上者爲老饒。見《欽定越史通鑑綱目正編》黎熙宗永治二年“秋七月申定功臣文武世廕及吏民免役例”條：“民年五十爲老項，六十爲老饒。”

③ “皇朝永治萬萬年之四”，“永治”爲後黎熙宗黎維祫年號，“四年”爲公元 1679 年，當清康熙十八年，歲次己未。

④ 以上爲拓片編號 03657 的内容。

全社記[①]

官員司禮監同知監事、鳳庭侯鄧光進，國子監監生裴榮進、楊登佫，正隊長延廷侯阮允理，/弘良侯阮允讓。/

老饒陶必用，裴榮寵，裴宴，阮允仁，范必肥，蓋興仁，黄曰宙，黎文瑞，黄公石，使錢/五貫。蓋興讓，杜文強，/黄曰由，阮文用，阮公輔，□□/□□。杜如熊，吴馭，杜如全，阮墖，丁德重，裴實，阮□，陳有定，劉科，裴當，/杜如逢，杜如堂等，楊文福，右教院兼知仝長阮仁昭，楊如陵。古錢[②]/壹貫。/

東墖甲仝長、司禮監同知監事、鳳庭侯鄧光進，安越縣知縣楊儷，本甲黄公石，生/徒。吴馭，阮繼，/黄曰甲，黄卯，□□/□。陳有定，生/徒[③]。黄遵，社/長。鄧光道，饒/男。鄧文學，武文慶，黄文通，鄧廷全，令/史。陳資，□□/□□。/楊登佫，儒生/中式。陳鼎，阮普，陳賀，黄公全，鄧光遞，饒/男。楊登仕，儒/生。黄迪，鄧光造，楊登瀛，陳賞，阮知，/武文廣，練公堅，□□/□□□。楊登僚，□盛/子。鄧光逵，饒/男。黄蘭，阮顯，黄文岩，阮弄，陳文憲，劉公造，楊公達，/阮光暎，饒/□。武文通，鄧光迪，官員/子。黄公進，饒/男。鄧光廷，官員/子。陳寶，阮仁壽，黄曰貴，饒/男。陳有道，饒/男。黄光達，/吴進財，黄百才，陳有寔，生/徒。吴進榮，黄文道，鄧廷滚，阮良知，劉成名，陳世榮，鄧文譽，黄公造，社/長。鄧廷得，鄧光持，楊忠，鄧廷鑛，陳光映，劉成功，劉世濟，黄公權，阮允中，陳世賢，武世繼，鄧光遵。□□/□。/

東茶甲仝長本甲本社後神裴榮寵，本甲裴時宜，黄金枚，社/長。杜如全，裴實，生/徒。陶興整，阮尾，□□□/寶□□。/杜文強，周曰興，生/徒。裴賞，饒/男。周公相，裴榮進，國子監/監生。/裴德貿，陶權，裴得禄，□□/□。阮細，周世，周文睦，□/□。陶得壽，/阮忠，裴有宗，□□/□□。裴世榮，裴光庭，社/正。裴俊相，裴世胄，饒/男。陶興奉，吴有名，社/正。周公造，饒/男。黎進財，□/□。/阮光造，裴得豪，陶進榮，裴寔，□/□。楊公論，阮緒，杜文弘，蓋興鳳，裴俊秀，社/正。杜文張，周公暎，/杜公擢，□/□。周得壽，裴興盛，楊競，裴公冥，黄能安，陶興禮，阮编，裴公進，陶進明，裴廷貴，裴世盛，/周公正，周廷詩，蓋興進，蓋興達，蓋興造，社/胥。周興曜，周公平，□/□。黎俊德，周公權，楊文純，陶興義，/陶進公，

---

① 此爲拓片編號 03658 之碑額。

② “古錢”，見本篇前注所引。

③ “生徒”，見《欽定越史通鑑綱目》記載：“生徒，鄉試中三場，謂之生徒。黎初衙吏多以監生、儒生、生徒爲之。”

黄金極，裴世賢，周文春，周廷榮，□/□。阮纘，阮文科，裴德明，裴光顯，黎文權，周貴顯，/周廷禮，周公俊。/

西塔甲司禮太監監、郊郡公阮允義，范必肥，□/□。阮文塔，陶必禄，□/□。阮文堆，陶必貴，阮文才，/裴廷正，裴公全，阮儀，阮允理，□□/□□。裴庭榮，阮登仕，裴廷榮，阮公陳，阮允任，陶世榮，隨/行。阮允成，/陶世科，隨/行。阮越，阮登魁，黄文仕，阮進後。/

西午甲杜如熊，僧/録。阮公輔，□□/□。丁德重，杜如堂，生/徒。杜進禄，劉科，陶得榮，□□/□。丁熟，楊順，饒/男。阮任，□/□。/陳成，阮允財，社/長。楊值，舍/人。阮然，阮倫，阮允榮，饒/男。丁繼世，阮仕榮，丁豪，吴有用，阮公廷，杜有財，/阮有臨，吏部/都史。杜如屯，阮允能，阮公弼，饒/男。丁道高，阮役，杜有用，阮得財，吴有名，社/正。阮允美，社長。/阮公造，杜進財，阮功成，饒/男。鄧光選，官員/子。阮文先，阮允讓，□□□/□□侯。杜兼全，阮公厚，劉廷貴，阮允壽，楊進榮，阮有敬，/□□德，阮允禮，劉廷榮，阮得壽，阮允德，阮有德，杜進榜，阮允盛，全社四甲每人使錢貳貫五陌并飯拾貳盤。[①]

① 以上爲拓片編號 03658 的内容。

二四二　阮進賢夫妻恭奉配祀碑記

引言

碑立於太平省建昌府高邁總美元社寺，爲寺内左邊第二碑。碑刻雙面，拓片編號03704/03703，拓片編號03704爲碑前，共二十二行字，滿行二十五字，碑額刻“恭奉配碑”五字，字間飾有花紋，碑題“阮公寔諸實録銘碑”八字；拓片編號03703爲碑後，共十三行字，滿行約十七字，碑額刻“奉供惠田記”五字。今依内容及性質重定篇題爲“阮進賢夫妻恭奉配祀碑記”。兩面之碑額均刻有日紋。年代署作景治（Cảnh Trị）元年歲次癸卯（1663），景治爲後黎玄宗（Lê Huyền Tông）黎維禑（Lê Duy Vũ）年號，同年爲清康熙二年。

此碑記載錦衣衛都指揮使、仁忠候裴仁楊的次子、中軍都督府左都督總太監壽郡公阮登科養子阮進賢，於其養父阮登科之貫之東山寺供田，並安放本像受記於白雲菩薩，及妻賴氏磋像受記於妙音菩薩，於東山寺中供養爲後佛，文末則録其所捐贈惠田方位及所捐錢數。

03704

恭奉配碑

太平省建昌府高邁總美元社寺所在辺第二碑二面之前　攬

阮公寧諱貴縣銘碑
當關父黃在山南道建昌府真定縣美渠社阮舍村貼胄[illegible]
王孫祇受特進輔國上將軍錦衣衛都指揮使司都指揮使
仁忠侯裴仁樹字剛正謚道泰娶母黃清華處綏天府東山縣
銅鋪社大富村黎氏禪謚慈明夫妻宜合幸生得男女五人
阮公在次於、
黎朝時有大臣奉差清華處鎮守信諮知步兵令史衛門燕知
安捞府司禮監總太監掌監兼各監司事中軍都督府左都督
壽郡公阮登科所養阮公為房子許姓稱各曰阮進賢且阮善
見阮公長成才能聰敏文武兼全於是尊公至愛至親事崇日增
益培益厚樂對擇娶本處宋山縣光朗社左府仙郡公之女
賴氏羅夫妻真阮公雖藤當在職緣念曇劫因緣饒益公黃
來山寺忍古饒名蓋愛供惠田女本像開光懺悔奉號西天竺國
南邦嗣祖宗惠香度記白雲菩薩妻賴氏發記茶音菩薩此法身
法姓望一
弥陀怜憫降靈真像真形發慈悲從茲安先佛後佛總歸前劫之
因緣上座中座只是一圓之菩薩琉璃發痴翻拱闘般若之經云
王關門重謙省善音之表典御慈普聖萬萬古配享供養之久遠
保荷諸天德德載詞使斯民之拜伏在宮則環尔有佛祖出佳
在廟則凜若神明之旅茲因善種圓成家譜數言後記美乎美乎
雖鐫石鼓之詩篆磬溪之碑不足以形容出萬一哉
景治元年仲春穀日刻

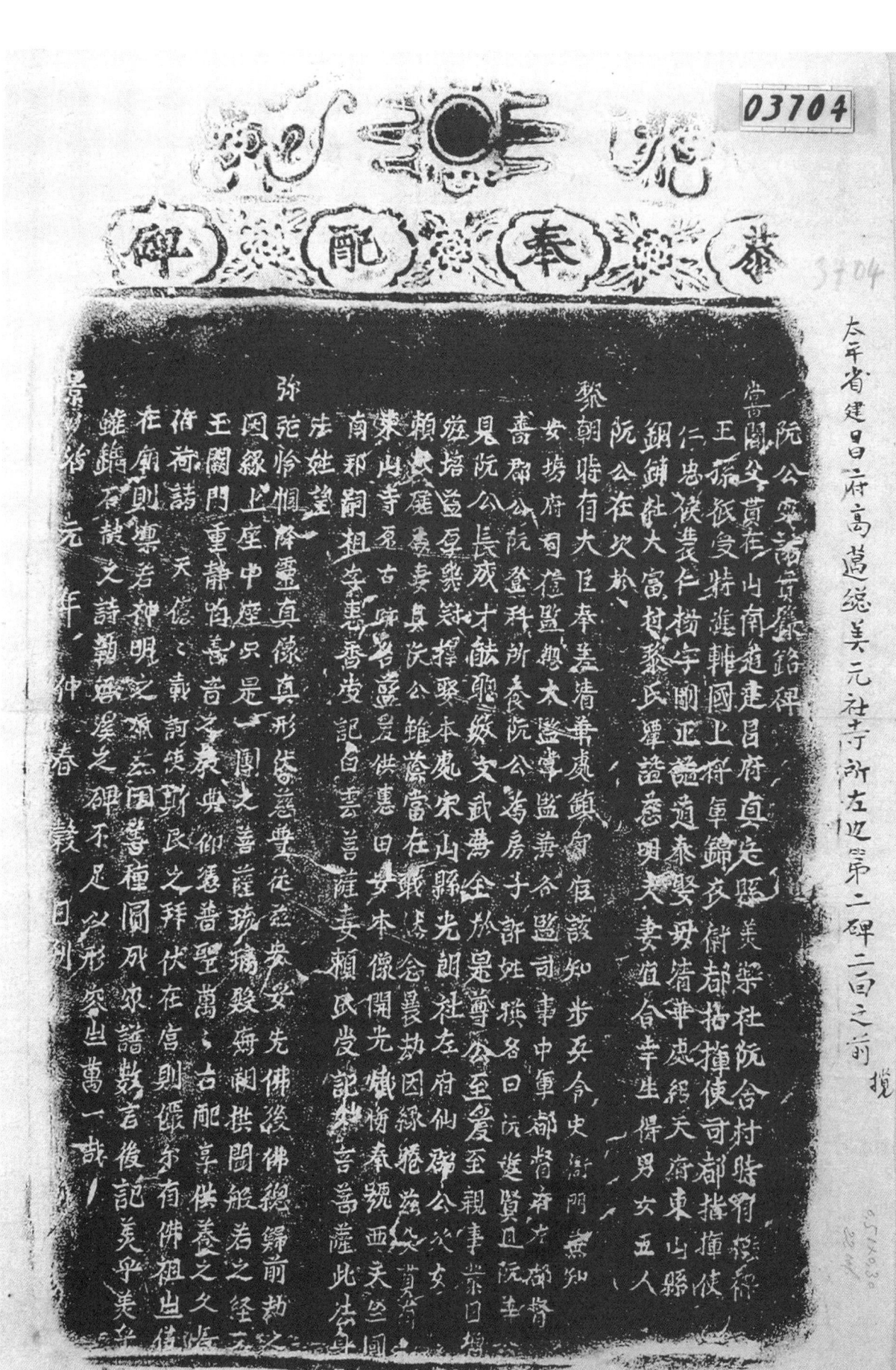

編號：03704　出自《拓片總集》第四冊（下同）

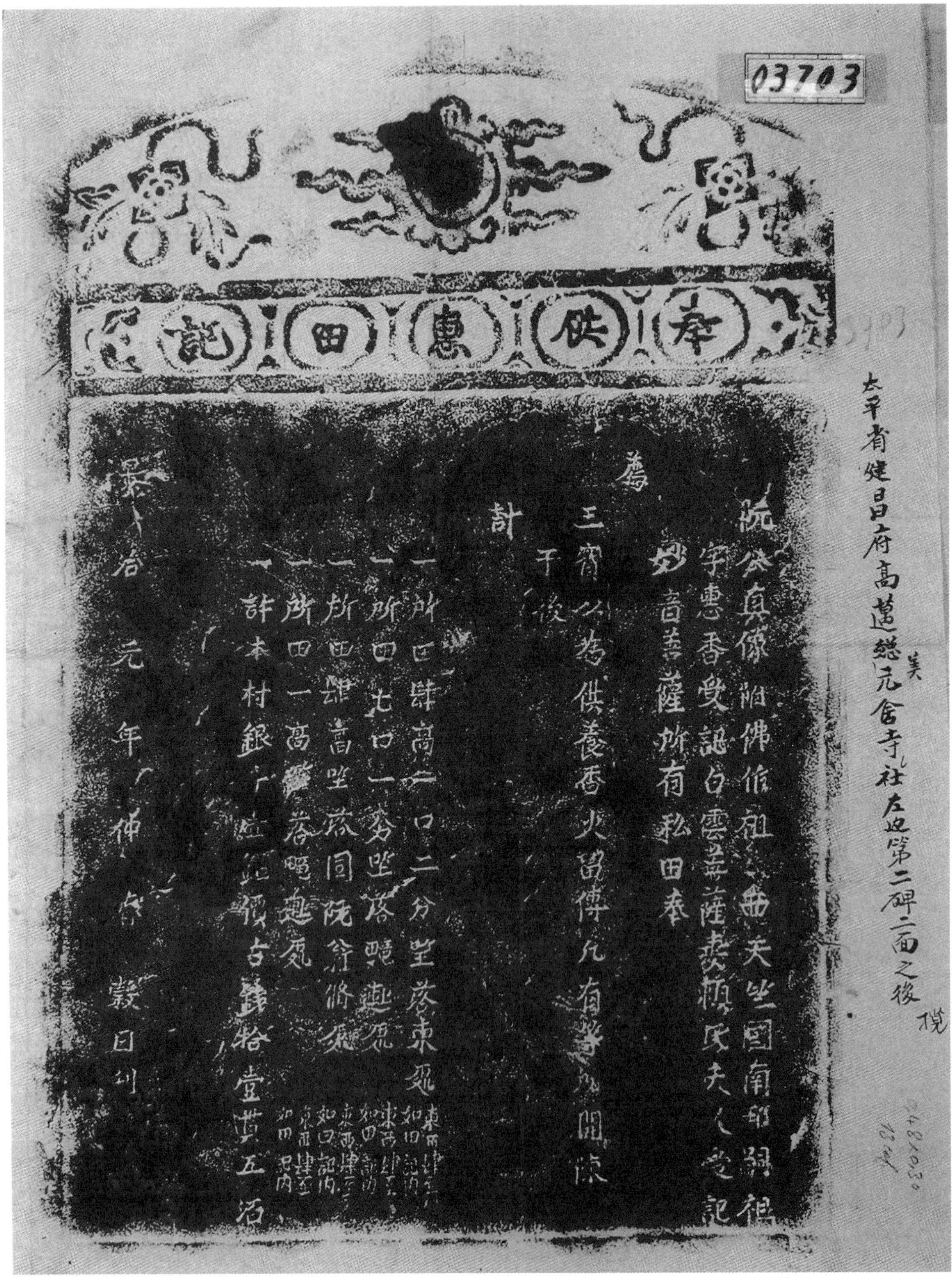
03703
奉供惠田記
阮公真像附佛作祖□西天竺國南部羅祖
字惠香受諡白雲菩薩妻賴氏夫人受記
妙音菩薩所有私田奉
為
三寶以為供養香火留傳凡有□□開陳
于後
計
一所田肆高二口二分坐落東處 東西肆至 如田記內
一所田七口一篙坐落暁邊處 東西肆至 如田記內
一所田肆高坐落同阮翁將處 東西肆至 如田記內
一所田一高□卷暁邊處 東西肆至 如田記內
一許本村銀□□鐵古錢拾壹貫五陌
景治元年□仲□穀日刊

編號：03703

釋文

【恭奉配碑】[①]

阮公寔諸實録銘碑[②]

嘗聞父貫在山南道建昌府真定縣美樂社阮舍村，時有襁褓/王孫，袛受特進、輔國上將軍、錦衣衛都指揮使司都指揮使、/仁忠侯裴仁楊，字剛正，謚道泰；娶母清華處紹天府東山縣/銅鋪社大富村黎氏潭，謚慈明。夫妻宜合，幸生得男女五人，/阮公在次。於/　　　　黎朝時有大臣奉差清華處鎮守官該知步兵令史衙門、兼知/　　安場府司禮監總太監、掌監兼各監司事、中軍都督府左都督、/壽郡公阮登科所養阮公爲房子，許姓撰名曰阮進賢，且阮尊公/見阮公長成，才能聰敏，文武兼全，於是尊公至愛至親，事業日增，/滋培益厚，幾冠，擇娶本處宋山縣光朗社左府仙郡公次女/　　賴氏磋爲妻。其阮公雖蔭當在職，然念曩劫因緣，睠兹父貫有/　東山寺，原古跡名藍，爰供惠田，安本像開光懺悔，奉號西天竺國/南邦嗣祖字惠香，受記白雲菩薩；妻賴氏受記妙音菩薩[③]。此法身[④]/法姓，望/　　　　彌陀[⑤]憐憫，降靈真像真形，伏〇慈尊從。兹安妥先佛後佛，總歸前劫之/因緣；上座中座，只是一團之菩薩。琉璃殿廡，朔拱聞般若[⑥]之經文；/玉闕門重，靜聽[⑦]善音之教典。仰憑普聖，萬萬古配享供養之久長；/俯荷諸　天，億億載訶使斯民之拜伏。在宫則儼爾有佛祖之儀，/在廟則凛若神明之風。

---

① 此爲拓片編號 03704 之額題。

② 此爲拓片編號 03704 之碑題，今依内容及性質重定篇題爲“阮進賢夫妻恭奉配祀碑記”。

③ “妙音”，爲梵語音譯，據《法華義疏》卷十二載：“言妙音者，此菩薩過去以十萬種伎樂供養於佛，故得美妙音聲，因以立名。”又《妙法蓮華經玄贊》卷十曰：“音者謂音聲，妙者謂殊妙。昔住因中好設樂以供佛，今居果位善説法以利生，雙彰業德以標其名，故稱妙音菩薩。”

④ “法身”，指佛所説之正法、佛所得之無漏法，及佛之自性真如如來藏。二身之一，三身之一。又作法佛、理佛、法身佛、自性身、法性身、如如佛、實佛、第一身。

⑤ “彌陀”，是阿彌陀佛的略稱，又稱無量壽佛、無量光佛。此佛之由來據《佛説阿彌陀經》云：“從是西方過十萬億佛土，有世界名曰極樂。其土有佛，號阿彌陀，今現在説法。”

⑥ “般若”，梵語 praj 的音譯，意譯是慧、智慧、明、黠慧，《大智度論》卷七十：“般若定實相，甚深極重；智慧輕薄，是故不能稱。”因此之故漢譯佛經多以音譯“般若”一詞。

⑦ “聽”，原作“咱”，“咱”爲“聽”之越南俗字，下同，不另出注。

玆因善種圓成，家譜數言後記，美乎美乎！/雖鐫石皷之詩[①]，勒浯溪之碑[②]，不足以形容之萬一哉。/

景治元年[③]仲春穀日刊/[④]

【奉供惠田記】[⑤]

阮公真像，附佛作祖， 西天竺國南邦嗣祖/字惠香，受記白雲菩薩，妻賴氏夫人受記/妙音菩薩，所有私田奉/ 薦/ 三寶，以爲供養香火留傳，凡有等所開陳/ 于後。

計/

一所田肆高一口二分坐落東處。東西肆至，/如田記内。/

一所田七口一分坐落（朧）連處。東西肆至，/如田記内。/

一所田肆高坐落同阮翁脩處。東西肆至，/如田記内。/

一所田一高坐落朧連處。東西肆至，/如田記内。/

一許本村銀子壹鎰價古錢拾壹貫五陌。/

景治元年仲春穀日刊/[⑥]

---

① “石皷之詩”，石鼓文又稱岐陽獵碣，記敘東周年間的秦國君主遊獵之事，唐朝初年在鳳翔府陳倉山（今陝西省寶鷄市石鼓山）出土，因文字刻在鼓狀圓石而得名，共十鼓，有“石刻之祖”之稱。出土後，韓愈曾作《石鼓詩》以傳頌，後蘇軾亦有和韓愈石鼓詩作。

② “浯溪之碑”，浯溪位於今湖南省祁陽縣西湘江邊上。唐代詩人元結卜居此地，命曰“浯溪”。唐肅宗上元二年（761），元結作《大唐中興頌》，並請當時的大書法家顔真卿寫成楷書鐫刻於江邊崖上。

③ “景治元年”，“景治”爲黎玄宗黎維禑年號，“元年”爲公元 1663 年，當清康熙二年，歲次癸卯。

④ 以上爲拓片編號 03734 的内容。

⑤ 此爲拓片編號 03703 之額題。

⑥ 以上爲拓片編號 3703 的内容。

題後

據拓片題籤記載，美元社寺共有下列三方碑誌（以《拓片總集》第1至4册爲調查範圍）：

編號	篇題	年代	位置
03703/03704	阮進賢夫妻恭奉配祀碑記*	後黎玄宗景治元年（1663）	寺左邊第二碑
03705/03708	滎陽侯裴進禄寄忌碑	後黎玄宗景治八年（1670）	寺右邊一碑
03706/03707	阮舍社文字碑記/阮公附廟碑記	後黎玄宗景治元年（1663）	寺左邊第一碑

注：* 表示此篇收入本書。

本碑與拓片編號03706/03707之碑記，同爲司禮監總太監壽郡公阮登科養子阮進賢的寄忌碑。碑中記載阮進賢原爲“王孫、祇受特進、輔國上將軍、錦衣衛都指揮使司都指揮使、仁忠侯裴仁楊”與“清華處紹天府東山縣銅鋪社大富村黎氏潭”的次子，受養於阮登科，娶宋山縣光朗社左府仙郡公次女賴氏磋爲妻，於其生父裴仁揚家鄉的東山寺塑立阮進賢與賴氏磋本像，奉號“西天竺國南邦嗣祖惠香”，受記爲白雲菩薩與妙音菩薩。祇是03706/03707之碑記又記載尊立阮進賢爲後神，號“顯靈感應通睿強毅大王”與本地城隍同享血食。

拓片編號03705/03708爲滎陽侯裴進禄的寄忌碑，碑立於後黎玄宗景治八年（1670）較本碑晚七年，裴進禄寄忌碑記載裴進禄既爲後佛亦爲後神，裴進禄亦立本像被稱爲“南邦寺祖字惠海，號青雲菩薩”，亦被立爲後神，稱“顯靈聰睿滎陽大王”配饗當地城隍。此三通寄忌碑既爲後佛又爲後神，基本上反映出寄忌在越南黎朝時期，血食的意義較之宗教性來得更重要。

二四三　楊烈社津渡村鄭氏玉藕等後神碑記

引言

碑立於北寧省文江縣奉公總揚烈社靈光殿，爲殿内一碑。碑刻單面，拓片編號03717，共三十行字，滿行約四十字，有界綫，碑額刻“後神靈光碑記”六字，碑題“豎造後神靈光正位配位碑并銘記”十四字，今依内容及性質重定篇題爲“楊烈社津渡村鄭氏玉藕等後神碑記”。碑四邊刻有紋飾，碑額刻有雙龍昭日，左右兩邊飾有花草與祥鳥紋，碑底刻有蓮座。碑文撰者詞壇村夫子訓導阮弘敞。年代署作景治（Cảnh Trị）元年（1663）歲次癸卯，景治爲後黎玄宗（Lê Huyền Tông）黎維禑（Lê Duy Vũ）年號，同年爲清康熙二年。碑文撰者爲訓導阮弘敞。

此碑爲楊烈社爲侍内宫嬪鄭氏玉藕與其父母所立之後神碑。碑文記載侍宫嬪鄭氏玉藕爲楊烈社津渡村人，曾出資代楊烈社繳納税款，並於出資、捐田整修楊烈社津渡村亭址時，津渡村感念其恩，保鄭氏玉藕爲中等大王神之後神，稱爲“德婆”，並配享其之父母，文末以二十四句四字銘文歌詠此事，並録有鄭氏玉藕捐與津渡村之財物與使用項目。

03717
后神靈光碑記

編號：03717　出自《拓片總集》第四冊

釋文

【後[1]神靈光碑記】

竪造後神靈光正位配位碑并銘記[2]

莊誦/　　　　先輩劉氏解義曰："人者，神也"，文公集註曰："德者，得也"。合二説觀之，其言至是始驗。又嘗聞韓先生詩曰："偶/然題作木居像，便有無窮求福人"[3]，此詠畢竟虚而實者。睠迺順安府文江縣楊烈社津渡村人、奉/　　　　鄭主大元帥、掌國政、尚師、西王[4]，王府入侍内宫嬪、庚申命鄭氏玉藕，巽初弄瓦，乾象稱圓，蘭謝氏鬥芳，竹徐/妃曉律，眷深銅雀鎖雲鬟，花顔帳裏樂天娛，柳腰桃口，荷蓮雖是泥沙之出，鸞鳳殆非枳棘之栖，百媚都/生談笑中，一朝選在君王側，承歡無閑暇，寵愛在身齊，麝自馨香，彩光生户，葛藟一纍於樛木，瑟琴/再詠於小棠，無作皺眉之事、守錢之癡，自有愛人之心、輕財之節，於本社奉官庫徵收季例，既代納家/錢緡，於本村定席亭修葺址遺，又推給家銀笏，及賜見存實田肆畝，且有無筭餘澤，累期腔乎軀殼，都/是仁膚浹髓，淪威及衆，是知有德人歸仰，立功人追思。于兹之時，全村貴賤子、車閭妹出此誠心，售其保語，/竝立爲南位固往中等大王神後靈光正位，奉呼爲德婆，及親父鄭巨公，字福慶先生，親母范氏摘爲配享/，兩位承呼曰翁婆㮛，係後遞年閱序，三位忌臘，視本家人先同祀；四季春秋，並本土大王同侑。期以一世、十世、百/世、千萬世、萬萬世，香火無窮，與天地長存。從今向後，如下村或某盤甲某員各萌其心，出其口，忘背恩義，留/廢忌臘，指賣祭田，撤踣記碑，即/　　　　天地鬼神、及本

---

① "後"，碑原作"后"，因另兼正字，故改。

② 此爲碑題，今依内容及性質重定篇題爲"楊烈社津渡村鄭氏玉藕等後神碑記"。

③ "偶然題作木居像，便有無窮求福人"，見（唐）韓愈《題木居士》二首，其一："火透波穿不計春，根如頭面榦如身。偶然題作木居士，便有無窮求福人。"題注："耒陽縣北沿流二三十里鼇口寺，退之所題木居士在焉。元豐初，以禱旱不應，爲邑令析而薪之。"

④ "西王"，即鄭柞。《歷朝憲章類志·人物志·鄭王世系》："弘祖陽王。諱柞，誼王第二子，初封榮郡公，改封西郡公，進討節制、太尉、西國公。明朝封爲輔政王，清王薨，尊封元帥、掌國政、西定王，進尊大元帥、總國政、尚師、西王，後加尊尚師、太父、德功仁威明聖西王，翊扶神宗、玄宗、嘉宗、熙宗四朝……北復高平、殄除莫孽，勳烈號稱極盛，臨政二十五年，壽七十七。"

土大王、并靈光本位，共行誅滅，使無尚遺，于以表賁五戔戔之義[①]，于以敦語十恂恂之情[②]，因是進/丐韓文，用鋟臺石，方得蓂葉[③]生十一之榖，特置村亭向兑二之中，字字綰蛇，行行縈蚓。綿綿永永，峙雕梁畫/楝以崢嶸；赫赫皇皇，現寶宇瓊章而華麗。宜乎靈光正位，稔有靈應，默以扶持，答謝填門。洋洋在上，在左/左，顯休如響；涓涓福/　　　　　國、福民生，十具曰疋。幼女二土，人之受辛也歟！故篆。/

時/

其銘曰：/

神玅百爲，德具衆理。王府宫嬪，優家異女。

畫雀價高，乘竜緣契。粉黛宫顔，波霑私里。/

津渡下村，鎰田銀子。位正靈光，侑同考妣。

香火流傳，春秋奉祀。黌院儒□，龜趺勒字。/

稔有英靈，孔弘相衛。大小陰陽，康寧富貴。

上喬錢年，中堯舜女。功等河沙[④]，名□天地。/

計/

一推給本村四甲財物，實古錢[⑤]壹百拾貫錢，准代納官季。

一推給本村肆甲財物，/實精銀子十笏，准造作本亭。

一遺下本村四甲香火田各所，實田各所肆畝，坐/落某處四至。

本村一上村、中村等證見。/

---

① “賁五戔戔之義”，見《周易兼義·上經隨傳·賁》：“六五。賁于丘園，束帛戔戔，吝終吉。”王弼注曰：“處得尊位爲飾之主，飾之盛者也，施飾於物其道害也，施飾丘園，盛莫大焉，故賁于束帛，丘園乃落，賁于丘園，帛乃戔戔，用莫過儉，泰而能約，故必吝焉，乃得終吉也。”

② “語十恂恂之情”，見《論語·鄉黨篇》：“孔子於鄉黨，恂恂如也，似不能言者。”正義曰：“此一節記言語及趨朝之禮容也，孔子於鄉黨恂恂如也，似不能言者，恂恂，温恭之貌；言孔子在於鄉黨中與故舊相接，常温和恭敬，恂恂然如似不能言語者，道其謙恭之甚也。”

③ “蓂葉”，即“蓂莢”。見（晉）葛洪《抱朴子·對俗》：“故太昊師蜘蛛而結網，金天據九鳫以正時，帝軒俟鳳鳴以調律，唐堯觀蓂莢以知月。”又，《文選·張平子東京賦》：“蓋蓂莢爲難蒔也，故曠世而不覿。”注曰：“蓂莢，瑞應之草。王者賢聖，太平和氣之所生。生於階下，始一日生一莢，至月半生十五莢；十六日落一莢，至晦日而盡，小月則一莢厭不落。王者以證知月之小大。”

④ “河沙”，譬數之多如恒河之沙，亦喻長壽。（宋）宗鑑《釋門正統·曇鸞》八曰：“其爲壽也，有劫石焉，有河沙焉。沙石之數有限，壽量之數無窮，是金仙氏長生也。”

⑤ “古錢”，見《欽定越史通鑑綱目·正編》“後黎盛宗光順八年”注“使錢、古錢”引黎貴惇《芸臺類語》云：“北人以百文爲一陌。本國以三十六文爲一陌，謂之‘使錢’；六十文爲一陌，謂之‘古錢’。‘使錢’十陌，乃是‘古錢’六陌，準爲‘使錢’一貫。其‘古錢’十陌乃使錢之一貫六陌四十文。使錢别名閒錢，古錢别名貴錢。”

皇朝景治萬萬年之初[1]孟冬節穀日/

詞壇村夫子訓導南常青弘琪阮弘敞甫撰/

① “景治初年”，應指景治元年，“景治”爲後黎玄宗黎維禑年號，“元年”爲公元 1663 年，當清康熙二年，歲次癸卯。

二四四　修造龍君殿碑記

引言

碑立於興安省金洞縣赤籐社龍君廟，爲廟内第一碑。碑刻雙面，拓片編號03737/03738，拓片編號03737爲碑前，共二十一行字，滿行四十字，碑額刻“祀神碑記”四字，碑題“龍君殿奉監守碑記”八字；拓片編號03738爲碑後，共二十四行字，滿行四十五行字，碑額刻“信供檀那”四字。按，今依此定篇題爲“修造龍殿碑記”。碑兩面之碑額均刻有雙龍昭日，拓片編號03737左右兩邊與碑底則刻有花草紋。碑文撰者中翊軍營勾稽阮惠迪及儒生中式范玄達，書者海上唐安禪子性皎，刻者阮世惠。年代署作景興（Cảnh Hưng）五年（1744）歲次甲子，景興爲後黎顯宗（Lê Hiến Tông）黎維祧（Lê Duy Diêu）年號，同年爲清乾隆九年。拓片現藏於漢喃研究院。

此碑記述修建龍君廟一事。内容記述後黎軍南征時，得龍君托夢保佑，因此取得勝利。戰事結束後，鄭主下令修龍君殿，並命令月堂寺住持正宗和尚，監守奉事香燈，以念龍君之靈，文末以六十八句四字銘文以詠此事，並録有參與修建功德者與後佛者題名。

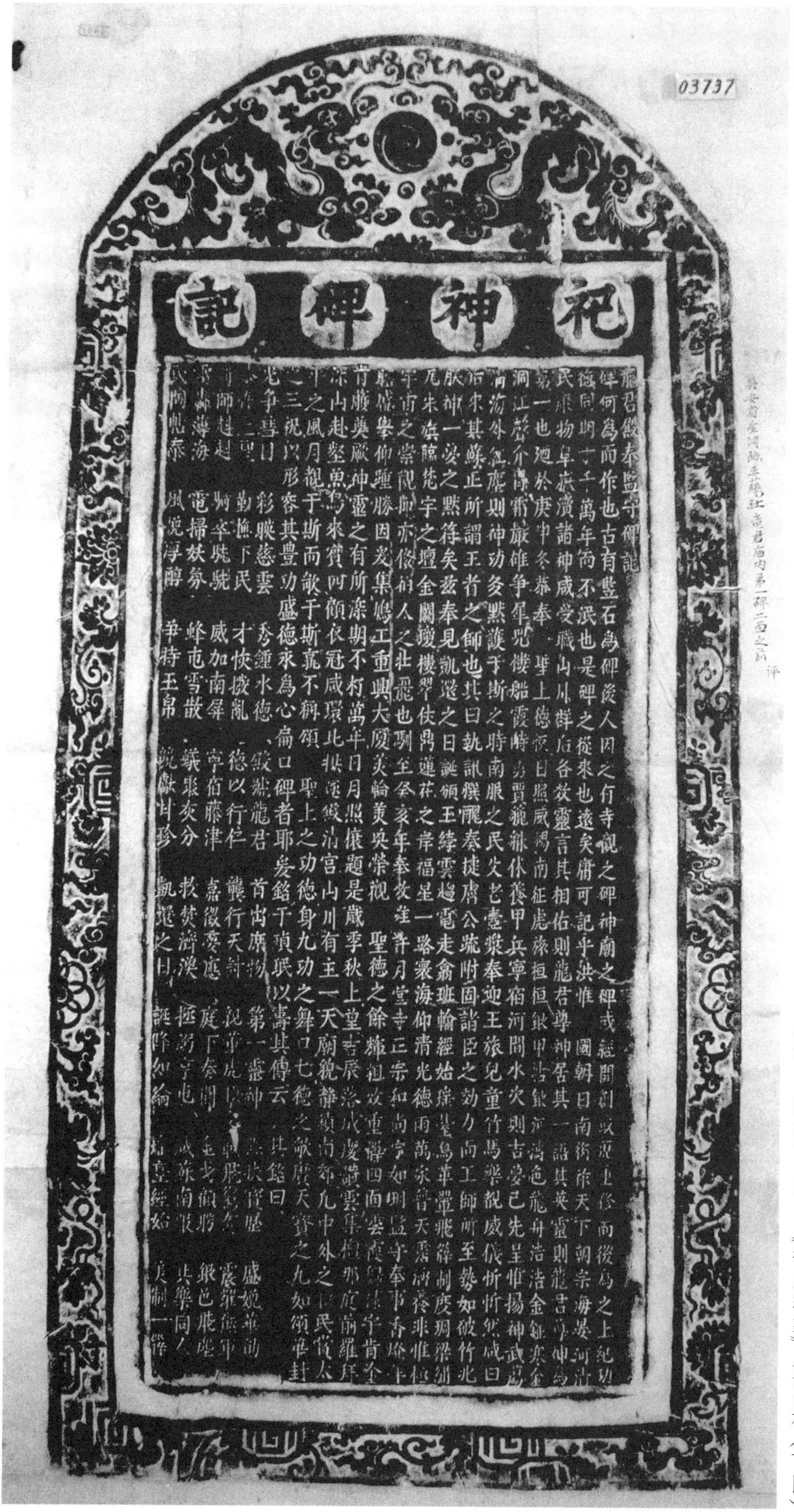
03737
祀神碑記

編號：03737　出自《拓片總集》第四册（下同）

03738
信供檀那
皇朝景興萬萬年之五歲在甲子仲春穀日

編號：03738

釋文

【祀神碑記/信供檀那】[①]

龍君殿奉監守碑記[②]

碑何爲而作也？古有竪石爲碑，後人因之，有寺觀之碑、神廟之碑，或經開創，或歷重修，而後爲之上紀功/德，同期于千萬年而不泯也，是碑之從來也遠矣，庸可記乎？洪惟　國朝日南衍祚，天下朝宗，海晏河清，/民康物阜，嶽瀆諸神咸受職，山川群后各效靈。言其相佑，則龍君尊神居其一；語其英靈，則龍君尊神爲/第一也。迺於庚申[③]冬恭奉　聖上德恢日照，威暢南征，虎旅桓桓，銀甲帖銀河濤色；龍舟浩浩，金鉦寒金/洞江聲。介胄霜嚴，雄爭犀兕；樓船霞峙，勇賈貔貅。休養甲兵，寧宿河間水次，則吉夢已先呈；惟揚神武，蕩/清海外紅塵，則神功多默護。于斯之時，南服之民。父老壺漿，奉迎王旅；兒童竹馬，樂覩威儀。忻忻然咸曰/“后來其蘇”，正所謂王者之師也。其曰執訊獲醜，奏捷膚公疏附，固諸臣之效力，而王師所至，勢如破竹，兆/朕神一夢之默符矣。玆奉見凱還之日，誕頒王綍，雲趨電走，翕班輸經始瑶臺，鳥革翬飛新[④]制度。琱梁繡/瓦，朱旗臨梵宇之壇；金闕瓊樓，翠仗鼎蓮花之岸。福星一路，寰海仰清光；德雨萬家，普天霑涵養。非惟極/宇宙之崇觀，抑亦侈神人之壯麗也。馴至癸亥年，奉攽准許月堂寺正宗和尚，字如玥，監守奉事香燈，拜/瞻盛舉，仰踵勝因。爰集鳩工，重興大廈。美輪美奂，榮觀　聖德之餘輝；粗效重新，四面雲霞歸棟宇。肯塗/肯臒，奠厥神靈之有所；深期不朽，萬年日月照榱題。是歲季秋上望，吉辰落成，慶讃雲集；檀那[⑤]庭前羅拜，/深山赴壑，魚鳥來賓。四顧衣冠咸環，北拱邃殿清宫，山川有主一天，廟貌静鎮南郊。凡中外之臣民，賞太/平之風月，覩于斯而歌于斯，孰不稱頌　聖上之功德。身九功之舞，口七德之歌，賡天寶之九如，頌華封/之三祝，以形容其豐功盛德，永爲心扁口碑者耶！爰銘于？榭j珉，以壽其傳云。其銘曰：/

---

① 此爲拓片編號 03737 之額題。按，後附“信供檀那”四字爲編號 03738 之額題。

② 此爲拓片編號 03737 之碑題，今依内容及性質重定篇題爲“修造龍君殿碑記”。

③ “庚申”，即後黎顯宗黎維祧景興元年（1740），當清乾隆五年。

④ “新”，原作諱字。

⑤ “檀那”，見法雲編《翻譯名義集·七衆弟子篇》引《要覽》曰：“或名檀那者。梵語陀那鉢底，唐言施主，今稱檀那。訛陀爲檀，去鉢底留那也。”又，“思《大乘論》云。能破慳恪嫉妬，及貧窮下賤苦，故稱陀。後得大富。及能引福德資糧，故稱那。又稱檀越者，檀即施也，此人行施，越貧窮海。”

光爭彗日，彩映慈雲。秀鍾水德，殿號龍君。

首出庶物，第一靈神。默扶寶歷，盛媲華勳。/

恭惟二聖，勤撫下民。才恢撥亂，德以行仁。

龔行天討，親董虎臣。載飛鸞駕，震耀熊軍。/

舟師赳赳，騎卒駪駪。威加南屏，寧宿藤津[①]。

嘉徵夢應，庭下奏聞。金戈顧盼，銀邑飛塵。/

雷轟薄海，電掃妖氛。蜂屯雪散，蟻聚灰分。

救焚濟涣，拯溺亨屯。咸蘇南服，共樂同人。/

民陶帖泰，風挽厚醇。爭持玉帛，競獻甘珍。

凱還之日，誕降如綸。瑶臺經始，美制一新[②]。/

奠神有所，靈貺自甄。拜觀盛舉，仰踵徽文。

字尊如玥，命荷洪鈞。香燈止敬，堂構彌勤。

苟完殿宇，/真美奂輪。水晶瑩徹，霞彩繽紛。

金容燦爛，寶鴨氤氲。衣冠翕集，文物盛陳。

神人胥慶，福禄咸臻。/聖王萬祺，國祚千春。

福增川至，命永天申。愈昌愈熾，可久可因。

普同燕賀，歷紀鴻勳。億年不泯，/斯之謂云。

信供檀那，所有姓名，開陳于後[③]。

一功德。奉差官僉知侍内書寫户番、侍近侍内監司禮監總太監、櫄壽侯蔡肇椹。/

一功德。副首號、侍侯擇一擇右并行八等船副、該官中尉、棆忠侯阮茂瑜；妻郡夫人阮氏鉾。/

後佛郡夫人阮氏兑，號妙智。李亨信，字福珍；妻鄧氏軫，號妙玉；林氏蘭，號妙利；阮氏寶，號妙珠。/

客人朱鄂妻楊氏璉，號妙謹。陳名譽，字福雲；妻黄氏弟，號妙敬。顧相公妻陳氏圓；范惟寘妻黄氏紹。/

信士黄道南妻王氏森，號妙萱。該/合。杜光副妻阮氏辰。阮文幹。吴廷昌，字福盛妻阮氏豪，號妙強。梁禮子妻阮氏淵。/

---

① “藤津”，水名。即白藤江。

② 以上爲拓片編號 03737 的内容。

③ “後”，碑原作“后”，因另兼正字，故改。

北國鄭銑妻林氏禄，號妙燈。該/合。杜平格，字法嚴、妻黎氏釧，號妙盛。郭助官妻羅氏旨。黄玩官妻范氏㕑。蘇世秀并妻。/林鏞官，字福常；妻戴氏若，號妙榮。黄悦官妻戴氏程，號妙顯。蘇合官妻阮氏宜，號妙德。汪亮官妻黄氏元、莊氏端。/許嫡山，字福敞；妻阮氏尋，號妙晏。黄文秀妻戴氏賢，號妙美。符紹忠妻洪氏勳，號妙芳。張宗紹妻陳氏好，號妙芳。/

一後佛。隨號總知千户、達武阮鏗鏘，字性朗；妻杜氏胡，號妙智。蔡寧官妻鄧氏𪏭，號妙淨。鄭朝瑞妻頭氏煎，號妙芳；/范氏些，號妙賢；范氏眷，號妙皎；范氏輦，號妙蓮；阮氏弟，號妙堂；洪氏栢，號妙貴；阮氏都，號妙蓮；范氏卯，號妙實；范氏特；/武氏李，號妙真；鄭氏劫，號妙當；陳氏可，號妙清；阮氏冷，號妙賢；阮公輝，字福潤；陳氏歲，號妙久；陳廷鉉；陳氏玄，號妙慶；/黄氏縣；林氏恨；范氏妹，號妙泰；黎氏森，號妙嚴；武氏霑，號妙莊；譚氏寬，號妙垂；阮氏陵，號妙性；阮氏芾，號妙忍；/阮氏晏，號妙安；阮氏纂，號妙財；洪氏貳，號妙什；鄧氏婚；張氏藴，號妙集；黄氏惠，號妙信；劉氏逡，號妙進；武氏張，號妙歷。/

一守隸赤藤社各甲上下等，黄崙官，字福道；妻武氏撞，號妙禄；武廷繼妻陳氏壹。/

一守寺衙門該合段伯煊；弘珖蓮；弘珖輝，字福流。阮氏顛，號妙喜；范氏榿，號妙田；梁氏顛，號妙儼；黎氏卯，號妙正；/陳氏？梱 I，號妙鸞；千户黄義欣，字性真；妻陳氏璿，號妙璉；/繼燈住持報天寺僧統[1]，字性清；范氏䞓，號妙歷；陳進聰，字性明。/

皇朝景興萬萬年之五歲在甲子[2]仲春穀日

中翊軍營勾稽洪福津阮字惠迪撰

洪安舍儒生中式范字玄達等/

海上唐安禪子阮字性皎奉寫/

荆門莢山敬主阮世惠奉鐫/[3]

① “僧統”，爲北魏所設以統監全國僧尼事務之僧官，又稱沙門統、道人統、都統、昭玄統。（宋）贊寧撰《大宋僧史略》卷中：“秦制關中，立僧正爲宗首。魏尊北土，改僧統領緇徒。”

② “皇朝景興萬萬年之五歲在甲子”，景興五年（1744），當清乾隆九年。

③ 以上爲拓片編號 03738 的内容。

題後

據拓片題籤載龍君廟内尚有一碑，立於景興十七年（1756）九月初六日，碑成卧碑形式，碑題作“曉誡”拓片編號 03739。碑記載龍君殿興建於後黎顯宗景興元年（1740），亦即本碑所記載“庚申冬、恭奉聖上德恢日照，威暢南征”之時，但在本碑中却云至癸亥年（1743）“重興大廈”，待解。根據内容《曉誡碑》爲一下馬碑。

二四五　月堂寺宗師碑記

引言

碑立於興安省金洞縣赤籐社寺，爲寺内右邊第六碑，碑刻四面，拓片編號 03747/03731/03746/03732，拓片編號 03747 爲碑前，共十一行字，滿行二十三字，碑額刻“宗師碑記”四字；拓片編號 03731 爲碑右，共五行字，滿行二十三字，碑額刻“弟子”二字；拓片編號 03746 爲碑後，共十二行字，滿行二十四字，碑額刻“置于庵塔”四字；拓片編號 03732 爲碑左，共六行字，滿行二十三字，碑額刻“門徒”二字，今依内容及性質重定篇題爲“月堂寺宗師碑記”。碑文書者僧人性皎，刻者使春。年代署作永祐（Vĩnh Hựu）五年（1739）歲次己未，永佑爲後黎懿宗（Lê Ý Tông）黎維祳（Lê Duy Thận）年號，同年爲清乾隆四年。

此碑記載月堂寺師祖的生平。内容主要記述真理顯密禪師之身世，以及修行、任僧官的經歷，與圓寂之後，弟子建塔塑像供奉之事，文末則録僧衆捐資興建庵塔者之題名與所捐金額。

03747
宗師碑記
嘗謂水之千流萬派始於源而遠深木之萬葉千柯縱於根
而遠固彼物之皆本於天而人之咸由於祖至若匠工百藝
亦奉承師之先恩况茲遺教諸生素敬重師之大義恭惟
宗師陶姓禿生元命壬子年六月二十七日未時建誕貫在
先興府青關縣桐井社原於高祖廷居下洪永頼文會之鄉
乃至曾傳祖考業行僧道往持社舍社同照村法雲寺傳至
祖父長老華僧名師檀越生宗尊師少年聰俊學儒流頗
論釋典智慧高超容儀挺特身長五尺十七歲出家受教皈依
於祖跡香海禪師印證置名法閒真理親師教授談論經文
日夜專勤手不釋卷先居青油禪矩寺得十餘年經過學道
參禪歷諸門釋結集六和為善知識至二十九歲乃庚辰年

編號：03747　出自《拓片總集》第四冊（下同）

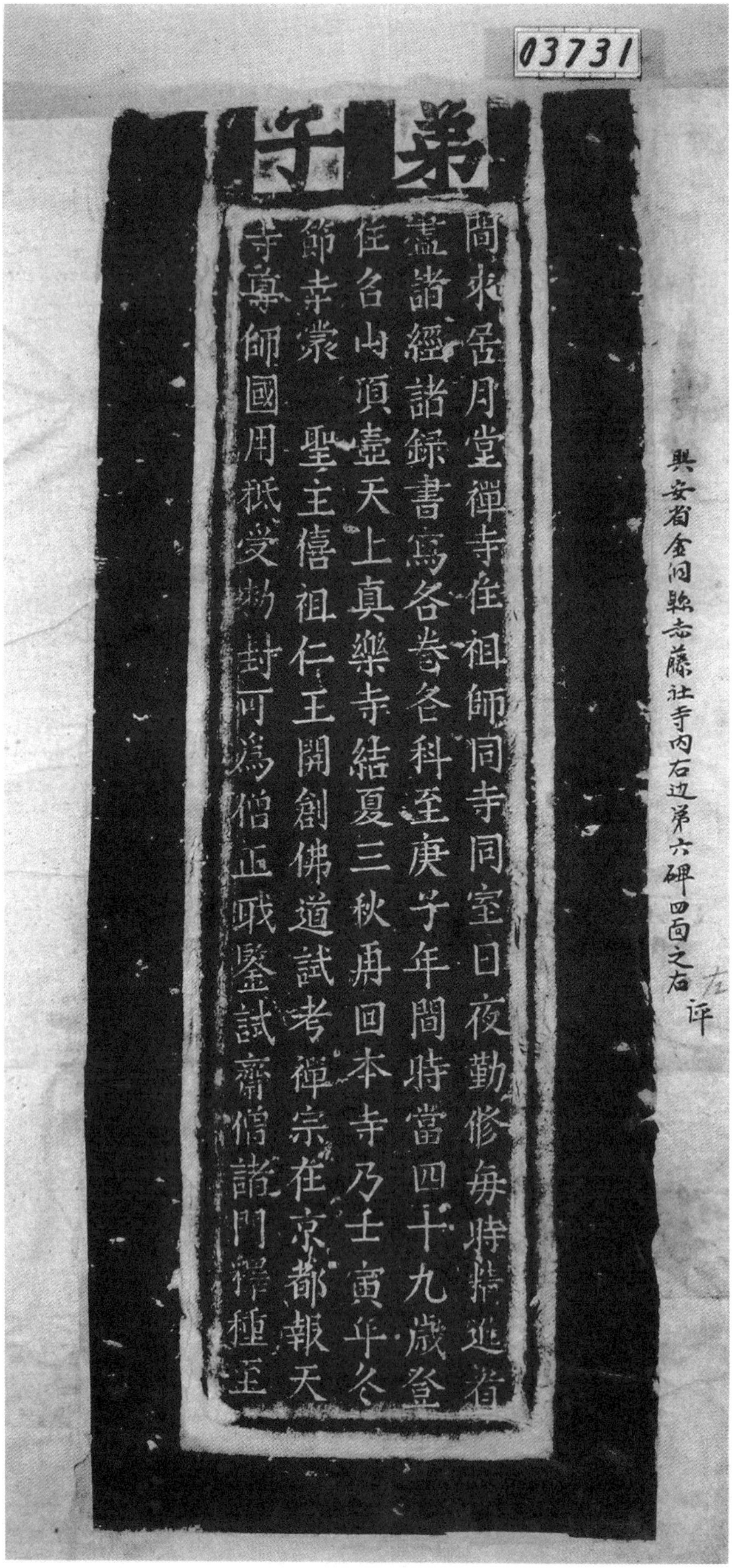
03731
興安省金洞縣志藤社寺內右边弟六碑四面之右
左
评

弟子

間來居月堂禪寺住祖師同寺同室日夜勤修毎時精進看
盡諸經諸錄書寫各卷各科至庚子年間時當四十九歲登
住名山頂壺天上真樂寺結夏三秋再回本寺乃壬寅年冬
節幸蒙　聖主僖祖仁王開創佛道試考禪宗在京都報天
寺尊師國用祗受勅封可為僧正戢鑒試齋僧諸門禪種至

編號：03731

03746

晉千庵塔

甲辰年幸遇國主仁王鑾駕至寺創開廣地包度四圍再造重
修規模勝境年〻龍駕春秋二期御回本寺問道談經奉賜尊
師為正法事至丁未年間再試僧道敕封為僧統職至戊申年
奉作大齋壇四十九日夜在本寺至壬子年當今太上御經里
到月堂寺設立慶讃大法會奉賜尊師為和尚職至甲寅年再
試齋僧選取為內壇奉侍日者於齋壇七日夜在報天寺至丙
辰年間駕御腹龍寺詔師登朝談經講道得一年餘再奉賜方
丈大和尚歸回本寺三載閒禪至己未年宗師六十八歲秋九
月初十日酉時歸寂徒弟兩門建成庵塔造像尊師奉事日長
所有貲財計開于後
一住持本寺香火繼燈僧統正宗和尚造作浮圖壹座
僧統阮如塔住持腹龍寺銀子叁錫僧正阮如恒住持拋山寺

興安省金洞縣赤藤社寺內右邊第六碑四面之後評

編號：03746

門徒

銀子貳笏僧副嗣如瑚住持乾陀寺錢貳拾五貫僧副如珀
住持國師寺錢五貫僧副字性清住持報天寺錢肆拾潰内
壇僧嗣如幸住持福林寺錢貳拾貫如珵住清救寺錢貳拾
貫以下如瑜如海金銀寺如會性瑾性可性琳性存性絢
性彩性碩性瑹性力性潤性堤性溢性宣性訓性請海邅
永佑五年歲在己未季冬節吉日　禪子字性痴承寫使嵩綿

03732

興安省金洞縣赤藤社寺内左边第六碑四面之底评

編號：03732

釋文

宗師碑記/弟子/門徒/置于庵塔①

嘗謂水之千流萬派，始於源而遐深；木之萬葉千柯，從於根/而遠固。彼物物皆本於天，而人人咸由於祖。至若匠工百藝，/亦奉承師之先恩，況兹道教諸生，素敬重師之大義。恭惟/　　宗師陶姓，托生元命，壬子年六月二十七日未時建誕，貫在/先興府青蘭縣桐井社，原於高祖遷居下洪永賴文會之鄉，/乃至遺傳祖考，業行僧道，住持②杜舍社同熙村法雲寺。傳至/祖、父長老華僧，名師檀越③，生出尊師，少年聰俊，博學儒流，頗/諳釋典，智慧高超，容儀挺特，身長五尺。十七出家，受教皈依④/於祖跡，香海禪師⑤印證置名，法嗣⑥真理，親師教授，談論經文，/日夜專勤，手不釋卷，先居青油禮矩寺，得十餘年，經過學道/參禪⑦，歷諸門

---

① 此爲拓片編號 03747 之額題，今依内容及性質重定篇題爲“月堂寺宗師碑記”。後附“弟子”“門徒”“置于庵塔”，分别爲編號 03731、03732、03746 之額題。按，此表明碑所立者爲其弟子、門徒。

② “住持”，見《敕修百丈清規》卷二：“佛教入中國四百年而達磨至，又八傳而至百丈，唯以道相授受，或岩居穴處，或寄律寺，未有住持之名。百丈以禪宗寖盛，上而君相王公，下而儒老百氏，皆嚮風問道，有徒實蕃，非崇其位，則師法不嚴，始奉其師爲住持。”禪宗由於住在寺内的徒衆甚多，故各寺均設住持一人，其下另置若干職位。至後世，此住持之稱也通用於其他諸宗。

③ “檀越”，又作旦那、柁那、檀那、馱曩。見法雲編《翻譯名義集・七衆弟子篇》引《要覽》曰：“或名檀那者。梵語陀那鉢底，唐言施主，今稱檀那。訛陀爲檀，去鉢底留那也。”又，“思《大乘論》云，能破慳悋嫉妬，及貧窮下賤苦，故稱陀。後得大富。及能引福德資糧，故稱那。又稱檀越者，檀即施也，此人行施，越貧窮海。”

④ “皈依”，又作歸依，指歸敬依投於佛、法、僧三寶。世親造，玄奘譯《阿毘達磨俱舍論・分别業品第四之二》：“諸有歸依佛，及歸依法僧，於四聖諦中，恒以慧觀察。知苦知苦集，知永超衆苦，知八支聖道，趣安隱涅槃。必因此歸依，能解脱衆苦。是故歸依普於一切受律儀處，爲方便門。”

⑤ 見本書篇二四七《明珠香海禪師碑記》。

⑥ “法嗣”，見《景德傳燈録》卷一載釋尊傳法予摩訶迦葉時，曾囑付曰：“吾以清淨法眼、涅槃妙心、實相無相微妙正法，將付於汝，汝當護持。”廣義言之，則泛指弟子承受其師之教法，並成爲其後嗣者。此一後嗣者通常稱爲“法嗣”。

⑦ “參禪”，禪林用語。指於師家之下坐禪修行，引申爲於禪定中參究真理。《正法眼藏》三昧王三昧（大八二・二四三下）：“參禪者，身心脱落也，祇管打坐始得，不要燒香、禮拜、念佛、修懺、看經。”

釋，結集六和[①]爲善知識[②]。至二十九歲，乃庚辰年[③]/間，來居月堂禪寺，住祖師同寺同室，日夜勤修，每時精進，看/盡諸經諸録，書寫各卷各科。至庚子年間，時當四十九歲，登/住名山頂壺天上真樂寺，結夏[④]三秋，再回本寺，乃壬寅年冬/節，幸蒙　聖主僖祖仁王[⑤]開創佛道，試考禪宗，在京都報天/寺，尊師國用，衹受敕封，可爲僧正職[⑥]，鑒試齋僧諸門釋種，至[⑦]/甲辰年，幸遇國主仁王[⑧]鑾駕至寺，創開廣地，包度四圍，再造重/修，規模勝境，年年龍駕，春秋二期，御回本寺，問道談經，奉賜尊/師爲正法事。至丁未年間再試僧道，敕封爲僧統職[⑨]，至戊申年/奉作大齋壇四十九日，夜在本寺，至壬子年當今太上御經里/到月堂寺，設立慶讃大法會，奉賜尊師爲和尚職[⑩]。至甲寅年再/試齋僧，選取爲内壇奉侍，日者作齋壇七日，夜在報天寺。至丙[⑪]/辰年間[⑫]，駕御腹龍寺，詔師登朝，談經講道，得一年餘，再奉賜方/丈大和尚，歸回本寺，三載間禪。至己未年宗師六十八歲，秋九/月初十日酉時歸寂，徒弟兩門建成庵塔，造像尊師，奉事日長，/所有資財計開于後。/

---

① “六和”，爲六和敬之略，即求菩提、修梵行之人須互相友愛、敬重之六種事：其一，身和敬，指同禮拜等之身業和敬；其二，口和敬，指同讚詠等之口業和敬；其三，意和敬，指同信心等之意業和敬；其四，戒和敬，指同戒法之和敬；其五，見和敬，指同聖智之見解和敬；其六，利和敬，指同衣食等之利益和敬。（唐）實叉難陀譯經、（唐）李通玄造論、（唐）志寧釐經合論《大方廣佛新華嚴經合論・明法品第十八之餘》李通玄論曰：“六和敬法者，一身、二口、三意、四戒、五施、六見，名爲六和，敬法於衆生田中下佛種子者，示一切衆生菩提理智故，及微少善根爲勝緣故。”

② “善知識”，指正直而有德行，能教導正道之人。釋弘贊在犙注，開詷記《溈山警策句釋記》卷下：“善知識者。聞名爲知。見形爲識。是人益我菩提之道。名善知識。”

③ 以上爲拓片編號 03747 的内容。

④ “結夏”，印度夏季之雨期達三月之久，此三個月間，出家人禁止外出而聚居一處以致力修行，稱爲安居，又作夏安居、雨安居、坐夏、夏坐、結夏、坐臘、一夏九旬、九旬禁足、結制安居、結制等。

⑤ “僖祖仁王”，即鄭棡，昭祖鄭根的曾孫，由於鄭根在位時間甚長，鄭棡的父親與祖父皆先鄭根去世，故鄭根於後黎裕宗永盛五年（1709）去世後由鄭棡繼位。昏德公永慶元年（1729）十月去世，計臨政二十年，壽四十四。見《歷朝憲章類志・人物志・鄭王世系》。

⑥ “僧正”，又稱僧主，係統領教團，並匡正僧尼行爲之僧官，爲僧綱之一，乃僧團中之最高職官。本制始於魏晉南北朝時代，爲中央僧官之職稱。惟自唐宋以降，多爲地方僧官，中央另設僧職機構。《大宋僧史略》卷中：“所言僧正者何，正政也，自正正人，克敷政令故云也。蓋以比丘無法，如馬無轡勒，牛無貫繩，漸染俗風，將乖雅則。故設有德望者，以法而繩之，令歸于正，故曰僧正也。”

⑦ 以上爲拓片編號 03731 的内容。

⑧ “仁王”，即鄭棡。

⑨ “僧統”，爲北魏所設以統監全國僧尼事務之僧官，又稱沙門統、道人統、都統、昭玄統。《大宋僧史略》卷中：“秦制關中，立僧正爲宗首。魏尊北土，改僧統領緇徒。”

⑩ “和尚”，指德高望重之出家人，後世用於作爲弟子對師父的尊稱，世俗則用以通指出家的男衆。《四分律》卷三十三中世尊曾言：“自今已去聽有和尚，和尚看弟子，當如兒意看；弟子看和尚，當如父意。展轉相敬，重相瞻視，如是正法便得久住。”

⑪ “丙”字闕筆，爲越南避諱字。

⑫ “間”字闕筆，爲越南避諱字。

一住持本寺香火繼燈僧統正宗和尚，造作浮圖[①]壹座。/

僧統嗣如塔、住持腹龍寺，銀子叁笏；僧正嗣如垣、住持拋山寺[②]，/銀子貳笏；僧副嗣如璛、住持乾陀寺，錢貳拾五貫；僧副如玶、/住持國師寺，錢五貫；僧副，字性清，住持報天寺，錢肆拾貫；内/壇僧嗣如幸、住持福林寺，錢貳拾貫，如珽、住清枚寺，錢貳拾/貫。以下如瑜、如海、金銀寺，如會、性璍、性可、性琳、性睿、性繼、/性彩、性碩、性瑅、性力、性潤、性瑅、性溢、性宣、性訓、性請、海璉。/

永佑五年歲在己未[③]季冬節吉日

禪子字性皎承寫

使春鐫/[④]

題後

據拓片題籤記載，赤藤社月堂寺共有下列四通碑誌(以《拓片總集》第1至4册爲調查範圍)：

編號	篇題	年代	位置
03731/03732/03746/03747	月堂寺宗師碑記*	後黎懿宗永祐五年（1739）	寺内右邊第六碑
03733/03734	重修月堂	後黎熙宗正和十六年（1695）	寺左邊碑
03740/03741	赤藤社馬氏閥後神碑記*	後黎顯宗景興二十八年（1767）	寺内右邊第二碑
03742/03743	明珠香海禪師碑記*	後黎裕宗永盛十一年（1715）	寺内右邊第五碑

注：* 表示此篇收入本書。

① “浮圖”，爲梵語音譯，又作浮屠、佛圖、蒲圖、休屠等，有二義，一爲佛陀之訛譯。《魏書・釋老志》：“浮屠，正號曰佛陀，佛陀與浮圖聲相近，皆西方言，其來轉爲二音，華言譯之謂淨覺。”二指佛寺、佛塔、卒塔婆而言。

② 以上爲拓片編號03746的内容。

③ “永佑五年歲在己未”，“永佑”爲後黎懿宗黎維祳年號，“五年”爲公元1739年，當清乾隆四年。

④ 以上爲拓片編號03732的内容。

據本書篇號二四七《明珠香海禪師碑記》之記載，本碑記主應爲圓通方丈大和尚、真理顯密禪師。本碑記記載禪師生平，謂其“遺傳祖考，業行僧道”，又受香海禪師印證置名，歷任僧正、僧統、和尚、方丈大和尚，碑文後詳細記載其法嗣弟子，對於越南禪宗的研究有一定的作用。

二四六　赤藤社馬氏𢇁後神碑記

引言

碑立於興安省金洞縣赤藤社寺，爲寺内右邊第二碑，碑刻雙面，拓片編號03741/03740。拓片編號03741爲碑前，共十五行字，滿行約三十一字，額題及碑題皆刻“後佛碑記”四字，額題兩側又各刻有一“壽”字；拓片編號03740爲碑後，共十五行字，滿行約三十一字，碑額刻“留傳萬代”四字，今依内容及性質重定篇題爲“赤藤社馬氏附後神碑記”。年代署作景興（Cảnh Hưng）二十八年（1767）歲次丁亥，景興爲後黎顯宗（Lê Hiến Tông）黎維祧（Lê Duy Diêu）年號，同年爲清乾隆三十二年。拓片現藏於漢喃研究院。

此碑爲赤藤社爲馬氏附所立之後神碑。馬氏附原籍大清廣東省廣州府順德縣水滕鄉人，後居於山南道快州府金洞縣安武社花蓋村北，馬氏附篤信佛教，曾捐與赤藤社古錢三十貫，與六分良田作爲三寶田，故赤藤社共保其爲後佛，並於社内寺中建塔，於馬氏附百年後將其之骨灰安葬於此。文末記有供祭規定及供田的位置。與馬氏附寄忌其之父母之田地與供祭規定。

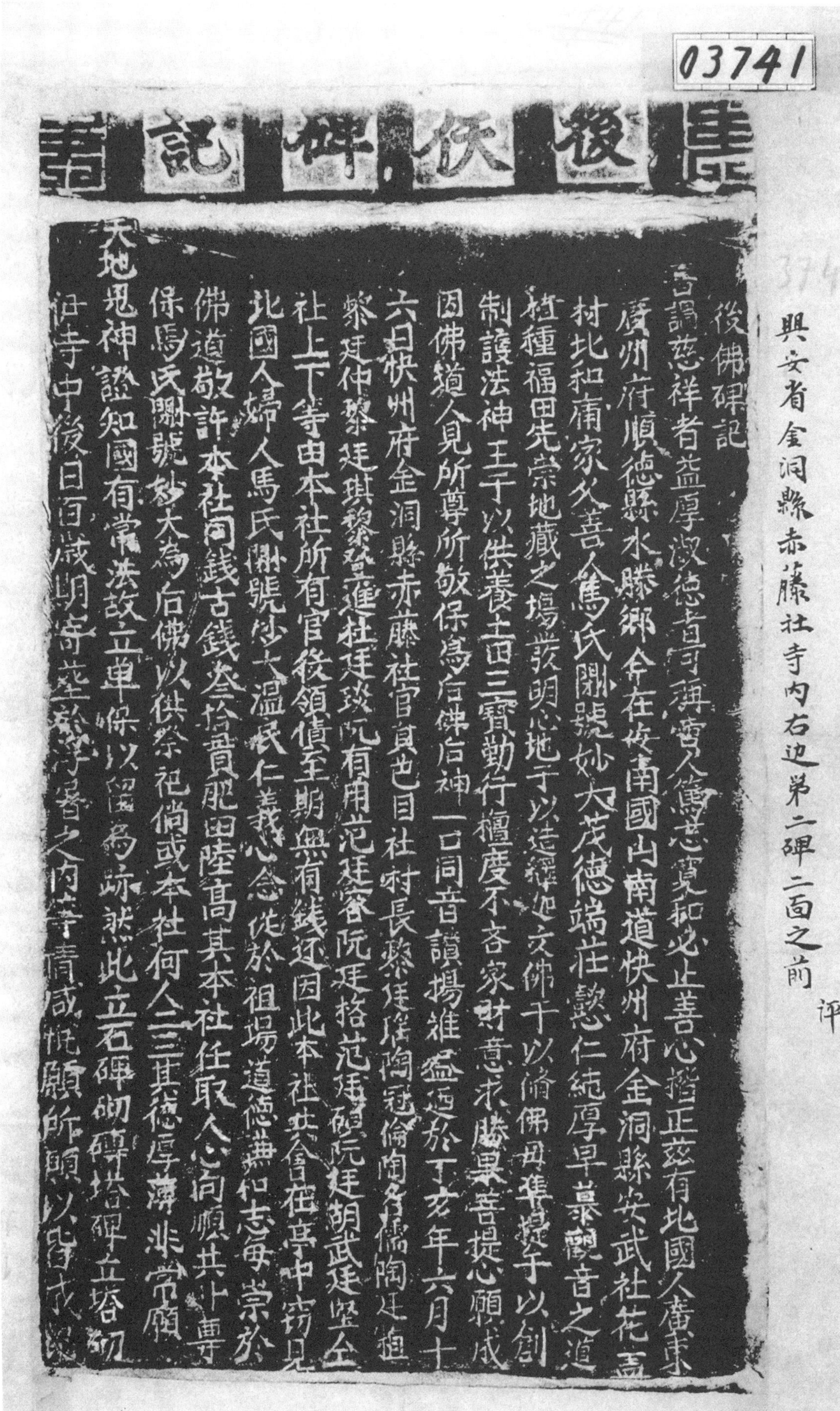

03741

寄後佛碑記

興安省金洞縣赤藤社寺内右边第二碑二面之前

評

後佛碑記

蓋謂慈祥者益厚淑德者可稱奮人篤志寬和必止善心揩正茲有北國人廣東

廣州府順德縣水滕鄉今在安南國山南道快州府金洞縣安武社花盂

村北和庯家父善人馬氏附號妙大茂德端莊懿仁純厚早慕觀音之道

植種福田先崇地藏之場發明心地于以造釋迦文佛于以脩佛毋準提于以創

制護法神王于以供養土田三寶勤行檀度不吝家財意求勝果菩提心願成

因佛道人見所尊所敬保爲后佛后神一日同音讚揚雄盛迺於丁亥年六月十

六日快州府金洞縣赤藤社官員邑目社村長黎廷瑶陶廷倫阮有儒陶廷廸

黎廷仲黎廷珙黎登進杜廷琰阮有用范廷睿阮廷揺范廷碩阮廷胡武廷堅仝

社上下等由本社所有官役領債至期無有錢還因此本社共會在亭中窃見

北國人婦人馬氏附號妙大溫良仁義心念從於祖場道德兼和志每崇於

佛道敬許本社古錢叁拾貫肥田陸高其本社任取人心向順共仝尊

保馬氏附號妙大爲后佛以供祭祀倘或本社何人二三其德厚薄非常願

天地鬼神證知國有常法故立單保以留爲跡然此立石碑刱碑塔碑立塔刱

在寺中後日百歲期寄塋於浮屠之内等責咸恨願所願以留我後

編號：03741　出自《拓片總集》第四冊（下同）

03740

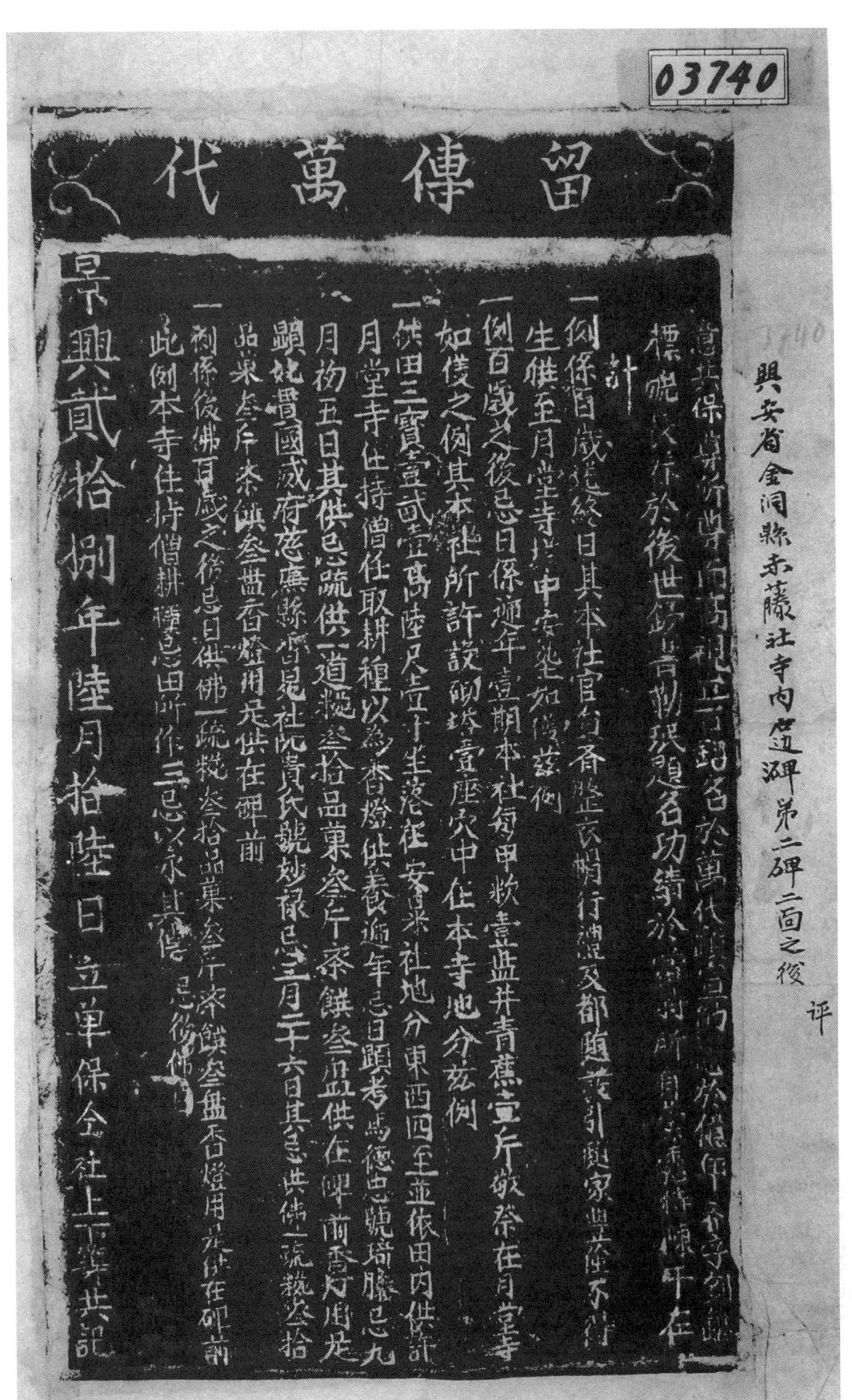

興安省金洞縣赤藤社寺内岩碑弟二碑二面之後

评

留傳萬代

意其保岩所岩向高祀立一碑留名於萬代此碑立向□於億年示字刻銘
標號以示於後世銘書勒碑題名功績於□□所□□流於□千在
計
一例係百歲之後終日其本社官員耆老並衣帽行禮及都與黄引與家豈不得
生供至月堂寺於中安老如僕茲例
一例百歲之後忌日係逓年壹期本社每甲欵壹盘并青蕉壹斤敬祭在月堂寺
如僕之例其本社所許設碑塔壹座穴中在本寺地分茲例
一供田三寶壹畝壹高陸尺壹寸坐落在安□來社地分東西四至並依田内供許
月堂寺住持僧任取耕種以爲香燈供養逓年忌日顯考爲德忠號瑞騰忌九
月初五日其供忌疏供一道糯叄拾品菓叄斤茶餅叄盘供在碑前香灯用是
顯妣□國威府慈廉縣□□見社阮貴氏號妙禄忌三月二十六日其忌供佛一疏糯叄拾
品菓叄斤茶餅叄盘香燈用是供在碑前
一例係後佛百歲之後忌日供佛一疏糯叄拾品菓叄斤茶餅叄盘香燈用是供在碑前
此例本寺住持僧耕種忌田所作三忌以永其傳　忌後佛日
景興貳拾捌年陸月拾陸日立單保金社上下等共記

編號：03740

釋文

後佛碑記/留傳萬代[①]

嘗謂慈祥者益厚，淑德者可稱，□人篤志，寬和必止，善心楷正。玆有北國人廣東/廣州府順德縣水滕鄉，今在安南國山南道快州府金洞縣安武社花蓋/村北和庯家久善人馬氏尌，號妙大，茂德端莊，懿仁純厚，早慕觀音之道，/植種福田，先崇地藏之場，發明心地，于以造釋迦文佛，于以修[②]佛母准提[③]，于以創/制護法[④]神王，于以供養土田三寶，勤行檀度[⑤]，不吝家財，意求勝果，菩提心願成，/因佛道人見所尊所敬，保爲後[⑥]佛後神，一口同音，讃揚難盡。迺於丁亥年六月十/六日、快州府金洞縣赤藤社官員、色目、社村長黎廷瑶、陶冠倫、陶名儒、陶廷植、/黎廷仲、黎廷琪、黎登進、杜廷琰、阮有用、范廷容、阮廷格、范廷碩、阮廷胡、武廷堅，仝/社上下等，由本社所有官役領債至期，無有錢還，因此本社共會在亭中，竊見/北國人婦人馬氏尌，號妙大；温良仁義，心念從於祖場，道德謙和，志每崇於/佛道，敬許本社同錢古錢叁拾貫，肥田陸高，其本社任取，人心向順，共協尊/保馬氏尌，號妙大爲後佛，以供祭祀。倘或本社何人二三其德，厚薄非常，願/　　　　天地鬼神證知，國有常法，故立單保以留爲跡。然此立石碑、砌磚塔，碑立塔砌/伊寺中，後日百歲，期寄葬於浮屠[⑦]之

---

① 此爲拓片編號 03741 之額題與碑題，今依内容及性質重定篇題爲“赤藤社馬氏㦬後神碑記”。按，後附“留傳萬代”四字爲編號 03740 之額題。

② “修”，碑原作“脩”，因另兼正字，故改。

③ “佛母準提”，又作準提、准提、准胝、准泥、准提觀音、准提佛母，意譯作清淨，爲護持佛法，並爲短命衆生延壽護命之菩薩。（唐）三藏金剛智譯《佛説七俱胝佛母准提大明陀羅尼經》“准字門者，於一切法是無等覺義；提字門者，於一切法是無取捨義。”丁福保《佛教大辭典・准提》：“（菩薩）caṇdi，又作准胝，尊提。稱爲天人丈夫觀音，人道之能化也。禪宗以準提爲觀音部之一尊。”

④ “護法”，佛教中謂保護、維持正法者稱爲“護法”。傳説佛陀派請四大聲聞、十六阿羅漢等護持佛法。又梵天、帝釋天、四天王、十二神將、二十八部衆等善神聽聞佛陀説法後，皆誓願護持正法，此等諸神總稱爲護法神，或稱護法善神。此外，人世之帝王及諸檀越，皆保護佛法之人，亦稱之爲護法。

⑤ “檀度”，即檀波羅蜜，爲六度（即六波羅蜜多）之一，謂度生死之行法。按“檀”爲“布施”dāna 音譯（檀那）的簡略，“度”爲達彼岸（涅槃）的意思，音譯爲“波羅蜜、波羅蜜多”pāramitā，可參考莊春江《阿含辭典》及丁福保《佛學大辭典》。（印）龍樹菩薩造、（後秦）鳩摩羅什譯《大智度論・釋照明品第八十一》：“須菩提！菩薩摩訶薩行檀波羅蜜時，成就衆生；是菩薩自行布施，亦教他人行布施，讚歎布施法，歡喜讚歎行布施者。”

⑥ “後”，碑原作“后”，因另兼正字，故改，下同不另出注。

⑦ “浮屠”，爲梵語音譯，又作浮圖、佛圖、蒲圖、休屠等，有二義，一爲佛陀之訛譯。《魏書・釋老志》：“浮屠，正號曰佛陀，佛陀與浮圖聲相近，皆西方言，其來轉爲二音，華言譯之謂淨覺。”

内。等情咸悦，願所願以皆成；衆[①]/意共保，尊所尊而高視。立石銘名於萬代，顯宣勳德於億年。□字刻鐫，/標□長□於後世；鋟書勒珉，題名功績於當時。所有蒙霑，特陳于左。/

計：/

一例係百歲送終日，其本社官員齊整衣帽行禮，及都□發引，隨家豐儉，不得/生獲，至月堂寺塔中安葬如儀，玆例。/

一例百歲之後忌日，係遞年壹期，本社每甲粎壹盤并青蕉壹斤，敬祭在月堂寺，/如儀之例，其本社所許設砌塔壹座穴中，在本寺地分，玆例。/

一供田三寶壹畝壹高陸尺壹寸，坐落在安杲社地分，東西四至並依田内，供許/月堂寺住持僧任取耕種，以爲香燈供養。

遞年忌日，顯考馬德忠，號琦滕，忌九/月初五日，其供忌疏供一道，粽叁拾品，果叁斤，齋饌叁盤，供在碑前，香燈用足。/

顯妣貫國威府慈廉縣香昆社阮貴氏，號妙禄，忌三月二十六日，其忌供佛一疏，粽叁拾/品，果叁斤，齋饌叁盤，香燈用足，供在碑前。/

一例係後佛百歲之後，忌日供佛一疏，粽叁拾品，果叁斤，齋饌叁盤，香燈用足，供在碑前，/此例。本寺住持僧耕種祭田所作三忌，以永其傳。忌後佛日。/

景興貳拾捌年[②]陸月拾陸日立單保，仝社上下等共記。/[③]

題後

本碑記爲“北國人”馬氏㴋之寄忌碑記，碑中記載馬氏㴋爲廣東廣州府順德縣水滕鄉人，因爲赤藤社積欠官役錢，馬氏㴋捐資獻田，解決了赤藤社的税務問題，故全社尊保馬氏㴋爲後佛，並對於已亡故的馬父馬德忠，及亡母阮氏妙禄也一併由月堂寺主持祭拜儀式及供養。然而，記中又云“因佛道人見所尊所敬，保爲後佛後神”，則對鄉民而言，後神、後佛的意義相

① 以上爲拓片編號 03741 的内容。

② “景興貳拾捌年”，“景興”爲後黎顯宗黎維祧年號，“貳拾捌年”爲公元 1767 年，當清乾隆三十二年，歲次丁亥。

③ 以上爲拓片編號 03740 的内容。

同，血食寄忌才是最重要的目的。

馬氏尉被稱爲“北國人”，因此，其身份顯然尚屬“外來者”，然而或許由於其母阮氏妙禄爲國威府慈廉縣香昆社人，因此，馬氏尉已經隨從越南的命名習俗，則“北國人”融入越南的機制與速率，或許無須數代之後，而“北國人”的北國認同，則是另一個文化的機制。按，關於主時代華人身份認同的變化，可參考葉少飛《越南黎朝鄭主時代華人身份的轉變與認同》（《海交史研究》，2022 年第 1 期）一文。

二四七　明珠香海禪師碑記

引言

碑立於興安省金洞縣赤藤社寺，爲寺内右邊第五碑。碑刻雙面，拓片編號 03743/03742，拓片編號 03743 爲碑前，共二十行字，滿行二十七字，碑額刻“祖師碑記”四字；拓片編號 03742 爲碑後，共二十行字，滿行三十字，今依内容及性質重定篇題爲“明珠香海禪師碑記”。碑文撰者僧人性晈。年代署作永盛（Vĩnh Thịnh）十一年（1715）歲次乙未，永盛爲後黎裕宗（Lê Dụ Tông）黎維禟（Lê Duy Đường）年號，同年爲清康熙五十四年。

此碑記載明珠香海禪師之生平。内容記述明珠香海禪師棄官學佛之經過，與修行、傳教之經歷，後鄭主命其住持山南處月堂寺，明珠香海禪師圓寂於此，爲此，其僧徒建塔立庵供奉，文末録有捐供塔錢之僧人名録。

03743

祖師碑記

嘗謂人生乎祖葉落歸根佛法世間不離此理恭惟祖師玄機[illegible]
法嗣明珠香海禪師昔者貫在乂安德光眞福盎度故鄉原於高祖
後居廣南處升華府舟匠屬平安上社本族功臣家傳閥閱挺生豪
貴少慕詩書十八登科位居知府至二十五起發道心愛樂禪林善
提覺性褰日辭官納戒爾時投佛家受教正宗於大滐圓實禪師
勸拳參問尋擇友知識願參日夜談經終朝看卷又參請碌湖圖
景禪師顯寄圓通蓋明宗旨三十五歲發足起方尋擇勝地靈山海
南處各劬勞尖筆羅山也世人呼號龍卧海中乃此境最靈最勝師
居禪定八載秋餘佛法顯揚從衆甚盛彼時幸值長官鎮守紹郡公
迎回受教皈依學道漸〻興隆名振京城廣南順化爾時正宮并公
子合家眷屬受教皈依道滿方法流世界兩門緇白信女善男荏
苒因旬日來月就時師五十[illegible]載亡親棄土辭別門徒在壬戌年間
春節三月師同弟子五十員[illegible]泛大慈航一心價海向歸故祖返本
還原時　黎朝正和三年　德主弘祖御治賞頒爵祿戒勑榮封送
歸山南住持月堂寺雲集禪徒豁開道教重興修造成大伽藍乃庚
辰年間時祖師七十一歲傳燈續熖宗派芬芳寺已圖成規摸完好
至乙未年祖師八十八歲夏五月十二日涅槃寂滅付法禪子奉賜
圓通方丈太和尚法嗣眞理顯寄禪師其禪師付囑禪孫奉侍齋僧
僧會司僧統正法事正宗和尚嗣如玥記言正派旁說無窮剃髮行
眞得七十四名行如得四十六名行性六十四名長髮僧徒不勝討

興安省金同縣赤藤社寺內右边弟五碑式面之前評

編號：03743　出自《拓片總集》第四册（下同）

03742

興安省金洞縣赤藤社寺內右边第五碑二面之後評

較至丙申年門徒建立庵堂二座雙蓮建石塔後高二十一尺內庵造像似祖
生時奉事如儀留傳代々尚家長髮善信檀那多少捐貲鐫于碑內
一法子禪子禪孫供祖庵塔錢真如性海等行自三十貫以下
首坐圓通方丈大和尚嗣真理真琮真純真璟真是真琜真鏡真壹真瓘真洪
真玫真寶真琮真宗真珪真耀真平真識真誠真庭真住真玶如玥如琮如珇
如肅如昊如珍如琳如智如銓如秉如寶如塔如垣如質如杲如衍如莛如海
如幸如疑如會如瑜如齊如瑰如楨如水如恐如靜如提如玶如賢
如策如堅如願如珩如玉如珥如壽如寄如本如琉如儒如貳如鳳
如碧性清性琳性瑋性可性弟性齊性祉性琤性揚性體性旺性睦
性達性長性融性圓性曜性何性何性海性閨性燭性寬性瑅性智性瑢性宣
性訓性軟性德性璋性樂性宗性會性鑄性基性瓊性遣性縈性祥性玩性山
性裕性祿性用性禪性梳性鐸性宣性慶性瘖性水性如性繼性壯性節性洒
性濯性川性壹性座性睿海璉海淨海梳海燭尼師妙湛妙壽妙忠妙和妙元
妙蘭妙宗妙雲妙寶妙長妙淨妙寶妙明妙超妙成妙禎妙正妙爍妙端妙新
妙登妙景妙坚阮氏究𤠔妙智順化處廣平府明靈縣河中社貴族榮門家
傳閥閱歷劫生來花開早覺自幼十一尚家志素童真入道禪學傳道釋典客
纘修煉轉持登龜鏡山二十載至五十八幸就月堂寄脩暫住留跡假身置于
龕塔在伽藍內涉彌尼陳妙真
永盛拾壹年歲在乙未冬節穀日
禪子字性㳂奉寫

編號：03742

釋文

祖師碑記[①]

嘗謂人生乎祖，葉落歸根，佛法世間，不離此理。恭惟　祖師玄機善覺/法嗣、明珠香海禪師，昔者，貫在乂安德光真福盎度故鄉，原於高祖/移居廣南處升華府舟匠屬平安上社，本族功臣，家傳閥閱，挺生豪/貴，少慕詩書。十八登科，位居知府，至二十五起發道心，愛樂禪林，菩/提[②]覺性。曩日辭官納職，爾時投佛出家，受教正宗於大深圓實禪師，/勤拳參問，再尋擇友，知識頗多，日夜談經，終朝看卷。又參請碌湖圓/景禪師，顯密圓通，益明宗旨。三十五歲發足超方，尋擇勝地靈山[③]海/南處，名劬勞尖筆羅山也，世人呼號“龍臥海中”，乃此境最靈最勝。師/居禪定八載秋餘，佛法顯揚，從衆甚盛，彼時幸值長官鎮守，純郡公/迎回受教，皈依[④]學道，漸漸興隆，名振京城廣南順化。爾時，正宮并公/子合家眷屬受教皈依，道滿□方，法流世界，兩門緇白，信女善男，荏/苒因旬，日來月就。時師五十□載，亡親棄土，辝別門徒，在壬戌年[⑤]間/春節三月，師同弟子五十員□，泛大慈航，一心價海，向歸故祖，返本/還原，時　黎朝正和三年，　德主弘祖[⑥]御治，賞頒爵禄，職敕榮封，送/歸山南，住持月堂寺。雲集禪徒，豁開道教，重興修造，成大伽藍。乃庚/辰年[⑦]間，時祖師七十一歲，傳燈[⑧]續

---

① 此爲拓片編號03743的額題，今依内容及性質重定篇題爲“明珠香海禪師碑記”。

② “菩提”，梵語音譯，意譯覺、智、知、道。廣義而言，乃斷絶世間煩惱而成就涅槃之智慧。

③ “靈山”，即釋尊在靈鷲山説法度生時之會座。有二種説法：一指演説法華經之會座。《法華經科注》卷一：“靈山會上玅法華經，昔日世尊金口宣暢。”二指拈花付法之會座。據《大梵天王問佛決疑經》載：“爾時如來，坐此寶座，受此蓮華，無説無言，但拈蓮華，入大會中。八萬四千人天時大衆，皆止默然。於時長老摩訶迦葉，見佛拈華示衆佛事，即今廓然，破顔微笑。佛即告言是也，我有正法眼藏涅槃妙心。”

④ “皈依”，又作歸依，指歸敬依投於佛、法、僧三寶。世親造，玄奘譯《阿毘達磨俱舍論・分別業品第四之二》：“諸有歸依佛，及歸依法僧，於四聖諦中，恒以慧觀察。知苦知苦集，知永超衆苦，知八支聖道，趣安隱涅槃。必因此歸依，能解脱衆苦。是故歸依普於一切受律儀處，爲方便門。”

⑤ “壬戌”，即黎熙宗黎維祫正和三年（1682），當清康熙二十一年，歲次王戌。

⑥ “弘祖”，即鄭弘祖鄭柞。鄭柞爲文祖誼王鄭梉第二子，翊扶後黎神宗、玄宗、嘉宗、熙宗四朝，臨政二十五年，壽七十七。”

⑦ “庚辰年”，即黎熙宗正和二十一年（1700），當清康熙三十九年。

⑧ “傳燈”，謂法脉展轉相傳而不絶，如燈火相續而不滅。《大般若波羅蜜多經》卷四〇六曰：“諸佛弟子凡有所説，一切皆承佛威神力。何以故？舍利子！如來爲他宣説法要，與諸法性常不相違。諸佛弟子依所説法，精勤修學，證法實性，由是爲他有所宣説，皆與法性能不相違，故佛所言，如燈傳照。”

焰，宗派芬芳，寺已圓成，規模完好。/至乙未年[①]祖師八十八歲，夏五月十二日涅槃[②]寂滅，付法禪子，奉賜/圓通方丈大和尚、法嗣[③]真理顯密禪師。其禪師付囑禪孫奉侍齋僧，/僧會司[④]僧統[⑤]正法事正宗和尚嗣如玥，記言正派，旁説無窮，剃髮行/真，得七十四，名行如；得四十六，名行性；六十四名長髮，僧徒不勝計/[⑥]較。至丙申年、門徒建立庵堂二座雙連，建石塔後高二十一尺，内庵造像似祖/生時，奉事如儀，留傳代代，出家長髮，善信檀那[⑦]，多少捐貲，鐫于碑内。/

一法子禪子禪孫供祖庵塔錢，真如、性海等，行自三十貫以下：/

首坐圓通方丈大和尚嗣真理、真瑞、真純、真璟、真是、真瑓、真鏡、真意、真琯、真法、/真玟、真寶、真琮、真宗、真珪、真曜、真平、真識、真誠、真庭、真住、真玶；

如玥、如琮、如珀、/如肅、如昊、如玜、如琳、如智、如銓、如乘、如寶、如塔、如垣、如質、如杲、如衍、如筵、如海、/如幸、如疑、如會、如瑜、如密、如瑰、如拔、如水、如忍、如靜、　　如瑅、如玠、如賢、/如策、如堅、如願、如珩、如玉、如琟、如壽、

如景、如本、如琉、如儒、如貳、如鳳、/如碧。

性清、性琳、性璍、性可、　　性弟、性齊、性祉、性琤、性楊、性體、性旺、性睦、/性達、性長、性融、性圍、性曜、性炳、性何、性海、性閏、性燭、性寬、性瑅、性智、性瑢、性宣、/性訓、性軟、性德、性輝、性爍、性宗、性會、性鏄、性基、性瓊、性遣、性潔、性祥、性玩、性山、/性裕、性禄、性用、性禪、性梳、性鐸、性宣、性慶、性璿、性水、性如、性繼、性壯、性節、性洒、/性濯、性川、性崇、性座、性睿。

---

① “乙未年”，即後黎裕宗黎維禟永盛十一年（1715），當清康熙五十四年。

② “涅槃”，爲梵語音譯，又作泥曰、泥洹、泥畔、涅槃那等。音譯爲滅，滅度，寂滅，不生，無爲，安樂，解脱等。

③ “法嗣”，《景德傳燈録》卷一載釋尊傳法予摩訶迦葉時，曾囑付曰：“吾以清淨法眼涅槃妙心實相無相微妙正法，將付於汝，汝當護持。”此一法統延續至今日，而世代嗣續之，稱爲嗣法。廣義言之，則泛指弟子承受其師之教法，並成爲其後嗣者。此一後嗣者通常稱爲“法嗣”。

④ “僧會司”，屬明朝僧官，明太祖洪武十五年，始置僧録司，各直省府屬置僧綱司，州屬置僧正司，縣屬置僧會司。

⑤ “僧統”，爲北魏所設以統監全國僧尼事務之僧官，又稱沙門統、道人統、都統、昭玄統。《大宋僧史略》卷中：“秦制關中，立僧正爲宗首。魏尊北土，改僧統領緇徒。”

⑥ 以上爲拓片編號 03743 的内容。

⑦ “檀那”，又作旦那、柁那、檀越、馱囊。法雲編《翻譯名義集·七衆弟子篇》引《要覽》曰：“或名檀那者。梵語陀那鉢底，唐言施主，今稱檀那。訛陀爲檀，去鉢底留那也。”又，“思《大乘論》云，能破慳悋嫉妬，及貧窮下賤苦，故稱陀。後得大富。及能引福德資糧，故稱那。又稱檀越者，檀即施也，此人行施，越貧窮海。”

海璉、海淨、海枕、海燭。

尼師妙湛、妙壽、妙忠、妙和、妙元、/妙蘭、妙宗、妙霑、妙寶、妙長、妙淨、妙寶、妙明、妙超、妙成、妙禎、妙正、妙爍、妙端、妙新、/妙登、妙景、妙堅。阮氏兑，號妙智。

順化處廣平府明靈縣河中社，貴族榮門，家/傳閥閱，歷劫生來，花開早覺，自幼十一出家，志素童真，入道禪學，博通釋典，密/顯修煉，轉持登龜鏡山二十載，至五十八幸就月堂寄修，暫住留跡，假身置于/甎塔在伽藍[①]内。沙彌尼[②]陳妙真。/

永盛拾壹年歲在乙未[③]冬節穀日/

禪子字性皎奉寫/[④]

題後

越南在歷史發展過程中，對於佛教信仰與儒家思想都相當重視，儒家思想與佛教信仰基本上互不排斥，從記載越南三大宗禪師的《禪苑集英》中探索越南各禪派禪師的生平歷世，可知，“聽習儒業”“善於著述”“熟稔漢文”幾乎是禪師們共同的特徵，有些禪師的住錫地甚至成爲“士子應試，多所祈夢，無不應驗”的徵象。明珠香海禪師“少慕詩書，十八登科，位居知府”，“至二十五起發道心”，“投佛出家”，正是儒釋、相融的好例證。

---

① “伽藍”，梵語，又作僧伽藍摩、僧伽藍，意譯稱僧園、僧院。原意指僧衆所居之園林，然一般用以稱僧侶所居之寺院、堂舍。《十誦律》卷五十六：“地法者，佛聽受地，爲僧伽藍故，聽僧起房舍故。”

② “沙彌尼”，爲梵語音譯，全稱室羅摩拏理迦，意譯勤策女、息慈女。五衆之一，七衆之一。指初出家受持十戒而未受具足戒之女子。

③ “永盛拾壹年歲在乙未”，永盛十一年（1715），當清康熙五十四年。

④ 以上爲拓片編號 03742 的内容。

二四八　赤滕社潘五卿夫妻後神後佛碑記

引言

碑立於興安省金洞縣赤藤社亭，爲亭前右邊碑，碑刻雙面，拓片編號03744/03745，拓片編號03744爲碑前，共十六行字，滿行三十字，碑額刻“後神後佛碑記”六字；拓片編號03745爲碑後，共十九行字，滿行約三十三字，碑額刻“萬古流芳”四字。今依内容及性質重定篇題爲“赤滕社潘五卿夫妻後神後佛碑記”。年代署作景興（Cảnh Hưng）二十九年（1768）歲次戊子，景興爲後黎顯宗（Lê Hiến Tông）黎維祧（Lê Duy Diêu）年號，同年爲清乾隆三十三年。拓片現藏於漢喃研究院。

此碑爲赤滕社尊保潘五卿與其妻馬氏憫爲後神所立之碑。原籍清國廣東省廣州府南海縣之人士潘五卿，與其妻馬氏憫，爲赤滕社繳清欠債所欠官役錢，爲感念其恩，乃保兩人爲社後神後佛，並塔與碑，爲此，潘五卿與馬氏憫又捐資以作爲祭祀之資，文末録供祭禮與百年之後安葬於赤滕社月堂寺浮屠之儀式規定，與其所捐之錢數與田地大小和位置。

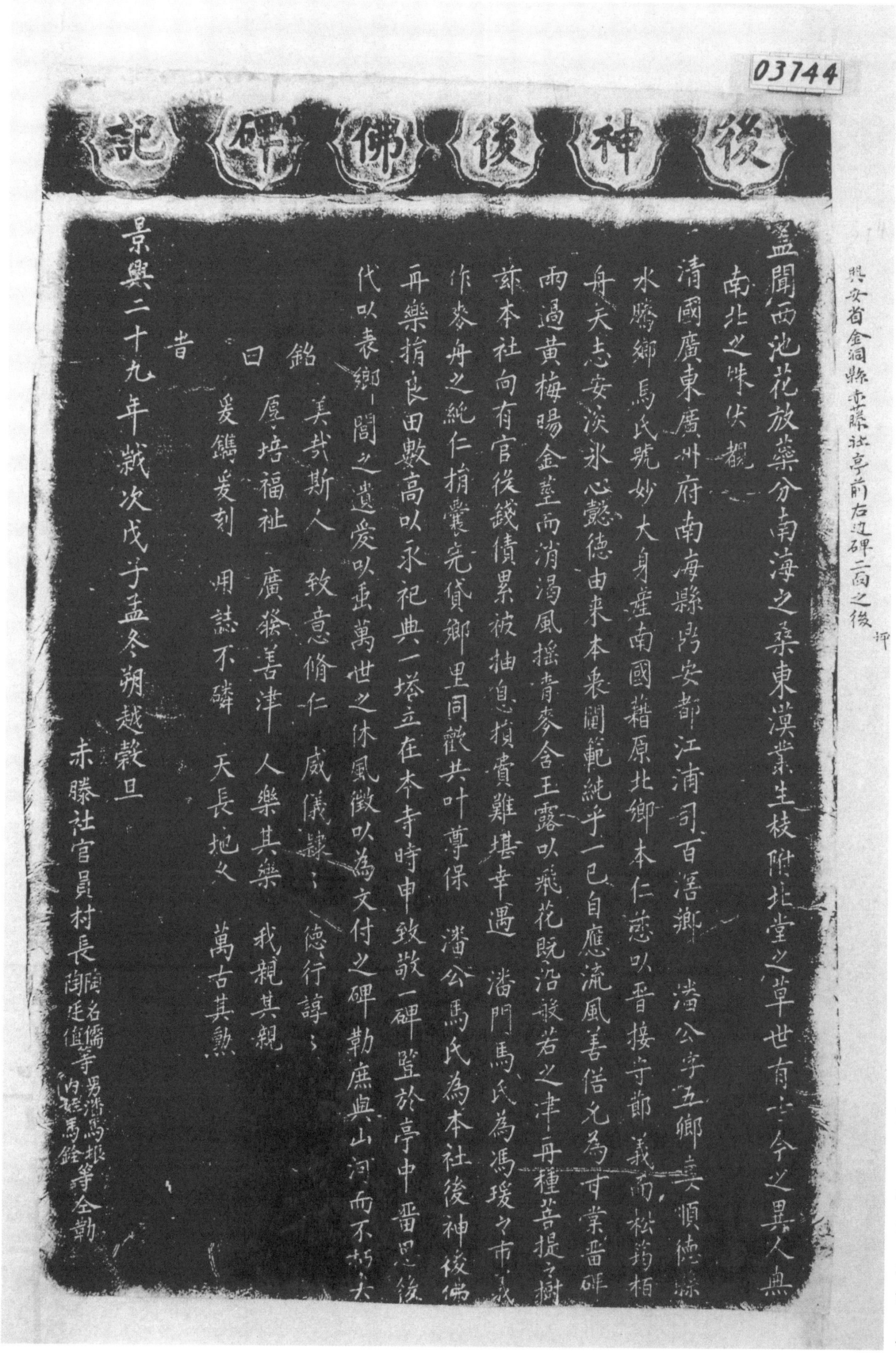

03744

後神後佛碑記

興安省金洞縣赤藤社亭前右边碑二面之後

盖聞西池花放蘂分南海之桑東漢葉生枝附北堂之草世有古今之異人無
南北之殊伏覩
清國廣東廣州府南海縣丹安都江浦司百滘鄉　潘公字五卿妻順德縣
水騰鄉馬氏號妙大身産南國籍原北鄉本仁慈以晋接守節義而松筠栢
舟天志安淡氷心懿德由来本衆閫範純乎一己自應流風善信允為甘棠留碑
雨過黃梅暘金莖而消渴風搖青麥含玉露以飛花既沿般若之津丹種菩提之樹
跡本社向有官後錢債累被抽息損貴難堪幸遇　潘門馬氏為馮瑗之市義
作麥舟之純仁捐囊完貸鄉里同歡共叶尊保　潘公馬氏為本社後神後佛
再樂捐良田數高以永祀典一塔立在本寺時申致敬一碑豎於亭中留思後
代以表鄉閭之遺愛以垂萬世之休風徵以為文付之碑勒庶與山河而不朽矣
銘　美哉斯人　致意脩仁　威儀棣棣　德行諄諄
曰　厚培福祉　廣發善津　人樂其樂　我親其親
爰鐫爰刻　用誌不磷　天長地久　萬古其勳
昔
景興二十九年歲次戊子孟冬朔越穀旦
赤滕社官員村長陶名儒陶廷偉等男潘馮根內姪馮銓等仝勒

編號：03744　出自《拓片總集》第四冊（下同）

03745

興安府金洞縣赤藤社亭前右邊碑二面之前評

萬古流芳

快州府金洞縣赤滕社官員色目村長耆目饒社中男上下全社等尊保為本社二名
後神後佛所有保例計開于后
皇恩寵錫潘公字五鄉號伯全府君
優婆夷潘門馬氏閑號妙大
一例係事神祈福祝　聖本社應俵猪一首粄一盘神惠一具或牛牢俵一頭又撑亭
中一座用鷄一隻酒一坩等物敬奉或這禮入席唱歌一日以下每日用具饌一盘敬奉
不浮踈忽其例
一例係春首本社用檳榔一榜就祀家及禮後神後佛及端節有新物本社應俵後神其例
一例後神潘公係逝年六月初七日忌辰用猪一隻粄一盘酒一坩等物其本社官員色目將
在亭中行禮如儀若後神忌臘家先應用此例
一例後神佛潘門馬氏號妙大逝年　月　日忌辰本社每甲用粄一盘青蒸一榜香
燈等物將在本寺其官員色目等行禮如儀
一例係百歲送終之日本社用沙牢一隻粄二盘酒一坩官員色目等齊整衣帽就草塋行禮[illegible]
員發引成行本社耆率都隨附鑿送至月堂寺各所通行扶棺入浮屠内安塋如儀其例
許給本社古錢陸拾貫田陸高坐落同湖處東四十二丈西三十五丈南四[illegible]丈北五十五丈以[illegible]祀[illegible]
一本社乞立碑一座建于亭中又乞立浮屠一座在本寺地分永遠為跡　音
縣丞陶名儒記　縣丞黎廷琪記　阮廷格記　阮有礼記
景興二十九年歲次戊子孟冬朔越吉日立文保黎名擢記　百户黎廷仲記　陶名佳記　阮有成記合社仝誌
縣丞陶廷值記　社長黎登進記　黎有幸記　阮珖㼆記

編號：03745

釋文

後神後佛碑記/萬古流芳①

蓋聞西池花放蕊，分南海之桑；東漢叢生枝，附北堂之草。世有古今之異，人無/南北之殊。伏覩/　　清國廣東廣州府南海縣鼎安都江浦司百滘鄉②　潘公字五卿，妻順德縣/水騰鄉③馬氏，號妙大，身産南國，籍原北鄉，本仁慈以晉接，守節義而松筠，栢/舟矢志④，安淡冰心，懿德由來，本衷閫範，純乎一己，自應流風，善俗允爲，甘棠⑤留碑，/雨過黄梅，賜金莖而消渴，風摇青麥，含玉露以飛花，既沿般若⑥之津，再種菩提⑦之樹。/兹本社向有官役錢債，累被抽息，損費難堪，幸遇　潘門馬氏爲馮瑗之市義⑧，/作麥舟之純仁⑨，捐囊完貸，鄉里同歡，共叶尊保　潘公、馬氏爲本社後神後佛，/再樂捐良田數高，以永祀典。一塔立在本寺，時申致敬，一碑竪於亭中，留思後/代，以表鄉閭之遺愛，以垂萬世之休風。徵以爲文，付之碑勒，庶與山河而不朽矣。/

---

① 此爲拓片編號 03744 之額題，今依内容及性質重定篇題爲“赤滕社潘五卿夫妻後神後佛碑記”。

② “清國廣東廣州府南海縣鼎安都江浦司百滘鄉”，即今中國廣東省佛山市南海區西樵鎮西北百東村、百西村一帶。

③ “順德縣水騰鄉”，即今佛山市順德區樂從鎮水藤村一帶。

④ “柏舟矢志”，典出《詩經·國風·鄘風·柏舟》，喻婦人矢志不另嫁。《詩序》曰：“柏舟，共姜自誓也。衛世子共伯蚤死，其妻守義，父母欲奪而嫁之，誓而弗許，故作是詩以絶之。”

⑤ “甘棠”，借稱頌循吏的美政和遺愛。典出《詩經·國風·召南·甘棠》，又見《史記·燕召公世家》：“周武王之滅紂，封召公於北燕……召公巡行鄉邑，有棠樹，決獄政事其下，自侯伯至庶人各得其所，無失職者。召公卒，而民人思召公之政，懷棠樹不敢伐，哥詠之，作《甘棠》之詩。”

⑥ “般若”，梵語 praj 的音譯，意譯是慧、智慧、明、黠慧，《大智度論》卷七十：“般若定實相，甚深極重；智慧輕薄，是故不能稱。”因此之故漢譯佛經多以音譯“般若”一詞。

⑦ “菩提”，梵語，意譯覺、智、知、道。廣義而言，乃斷絶世間煩惱而成就涅槃之智慧。

⑧ “馮瑗之市義”，事見《史記·孟嘗君列傳》：“孟嘗君時相齊，封萬户於薛。其食客三千人。邑入不足以奉客，使人出錢於薛。歲餘不入……孟嘗君乃進馮驩而請之……馮驩……至薛……召諸取錢者，能與息者皆來，不能與息者亦來，……乃持券如前合之，能與息者，與爲期；貧不能與息者，取其券而燒之。……馮驩曰：‘……焚無用虚債之券，捐不可得之虚計，令薛民親君而彰君之善聲也，君有何疑焉！’孟嘗君乃拊手而謝之。”

⑨ “麥舟之純仁”，見（宋）釋惠洪《冷齋夜話·范文正公麥舟》：“范文正公在睢陽，遣堯夫於姑蘇取麥五百斛。堯夫時尚少，既還，舟次丹陽，見石曼卿，問：‘寄此久近？’曼卿曰：‘兩月矣。三喪在淺土，欲喪之西北皈，無可與謀者。’堯夫以所載舟付之，單騎自長蘆捷徑而去。到家拜起，侍立良久。文正曰：‘東吴見故舊乎？’曰：‘曼卿爲三喪未舉，留滯丹陽，時無郭元振，莫可告知。’文正曰：‘何不以麥舟與之？’堯夫曰：‘已付之矣。’”

銘曰[①]：

美哉斯人，致意修仁。威儀棣棣，德行諄諄。/

厚培福祉，廣發善津。人樂其樂，我親其親。/

爰鐫爰刻，用誌不磷。天長地久，萬古其勳。/

時/

景興二十九年歲次戊子[②]孟冬朔越穀旦/

赤滕社官員村長陶名儒、陶廷值等

仝勒/[③]

男潘馬振、内姪馬銓等

快州府金洞縣赤滕社官員、色目、村長、耆目、饒社、中男、上下仝社等，尊保爲本社二名/後神後佛，所有保例計開于後[④]。/

皇恩寵錫潘公字五卿，號伯全府君。/

優婆姨潘門馬氏㶡，號妙大。/

一例係事神祈福祝　聖，本社應俵豬一首，粆一盤，神惠一具，或牛牢俵一頭，又擇亭/中一座，用雞一隻，酒一圩等物敬奉，或這禮入席唱歌，一日以下每日用具饌一盤敬奉，/不得疏欠。兹例。/

一例係春首，本社用檳榔一榜，就祀家及禮後神後佛，及端節有新物，本社應俵後神，兹例。/

一例後神潘公係遞年六月初七日忌辰，用豬一隻，粆一盤，酒一圩等物，其本社官員、色目將/在亭中行禮如儀，若後神忌臘家先，應用此例。/

一例後神佛潘門馬氏，號妙大，遞年　月　日忌辰，本社每甲用粆一盤，青蕉一榜，香/燈等物將在本寺，其官員、色目等，行禮如儀。/

一例係百歲送終之日，本社用沙牢[⑤]一隻，粆二盤，酒一圩，官員、色目等，齊整衣帽，

---

① “名曰”，二字横列銘文上端。

② “景興二十九年歲次戊子”，“景興”爲後黎顯宗黎維祧年號，“二十九年”爲公元1768年，當清乾隆三十三年。

③ 以上爲拓片編號03744的内容。

④ “後”，原作“后”，另兼正字，故改。

⑤ “沙牢”，即羊。源自“少牢”“小牢”，亦作“抄牢”。本義指用羊豬二牲或僅用羊的祭祀。此處代指用作祭品的羊。

就草堂行禮，其官/員發引成行，本社督率都隨附□，送至月堂寺各所通行，扶棺入浮屠[①]內，安葬如儀，茲例。/

一許給本社古錢[②]陸拾貫，田陸高，坐落同? 梏 F 處，東四十二丈，西三十五丈，南四十六丈，北五十五丈，以遺祀典。/

一本社乞立碑一座，建于亭中，又乞立浮屠一座，在本寺地分，永遠爲跡。

時/

景興二十九年歲次戊子孟冬朔越吉旦立

縣丞陶名儒記，縣丞黎廷琪記，阮廷格記，阮有禮記

文保黎名擢記，百户黎廷仲記，陶名佳記，阮有用記　合社仝誌/[③]

縣丞陶廷值記，社長黎登進記，黎有幸記，阮珖瑛記

題後

本碑記與篇號二四六同爲赤藤社馬氏酎之後佛碑，衹是二四六爲馬氏酎與其亡父馬德忠，及亡母阮氏妙禄母的後佛碑，而本碑記，則是馬氏惘與其夫潘五卿的寄忌碑，據碑記，潘五卿爲廣東廣州府南海縣鼎安都江浦司百滘鄉人，馬氏惘則爲“身産南國”的廣東廣州府順德縣水騰鄉人，立碑記者，則爲“男潘馬振、内姪馬銓”，如此，則後佛之立，非均爲無子者求血食，有子亦可立寄忌。

---

① “浮屠”，爲梵語音譯，又作浮圖、佛圖、蒲圖、休屠等，有二義，一爲佛陀之訛譯。《魏書・釋老志》：“浮屠，正號曰佛陀，佛陀與浮圖聲相近，皆西方言，其來轉爲二音，華言譯之謂淨覺。”二指佛寺、佛塔、卒塔婆而言。

② “古錢”，見《欽定越史通鑑綱目・正編》“後黎盛宗光順八年”注“使錢、古錢”引黎貴惇《芸臺類語》云：“北人以百文爲一陌。本國以三十六文爲一陌，謂之‘使錢’；六十文爲一陌，謂之‘古錢’。‘使錢’十陌，乃是‘古錢’六陌，準爲‘使錢’一貫。其‘古錢’十陌乃使錢之一貫六陌四十文。使錢别名閒錢，古錢别名貴錢。”

③ 以上爲拓片編號 03745 的内容。

二四九　藤蔓社孔名顯夫妻生祠後神碑記

引言

此碑立於興安省金洞縣藤蔓社亭，爲亭前右邊第二碑。碑刻雙面，拓片編號 03756/03755，拓片編號 03756 爲碑前，共十九行字，滿行約三十字，碑額刻“厚報碑記”四字，碑題“厚報孔相公梁淑娘碑序記”十一字，今依此碑題與内容重定篇題爲“藤蔓社孔名顯夫妻生祠後神碑記”；拓片編號 03755 爲碑後，共六行字，滿行約三十三字。碑兩面皆有紋飾，拓片編號 03756 之碑額内層刻有雙鳳昭月，外層與左右兩側以蓮花紋相連，拓片編號 03755 碑額亦内層爲日紋，外層與左右兩側以幾何紋相連。碑文撰者國子監監生黎弼校，書寫者侍内書寫水兵番都事阮富多，刻者安穫社拔石局耒德晴。碑文年代署作正和（Chính Hòa）十三年（1692）歲次壬申，正和爲後黎熙宗（Lê Hy Tông）黎維祫（Lê Duy Cáp）年號，同年爲清康熙三十一年。

此碑爲藤蔓社選立司禮監都太監、往安侯孔名顯與其妻梁淑娘後神碑。文中記載孔名顯與其妻對藤蔓社有恩，故藤蔓社爲兩人立生祠並附於神後，爲此孔名顯又爲藤蔓社修造亭址，並捐田八畝五分，末則記録見證者之題名與每年兩人生辰祭祀品項。

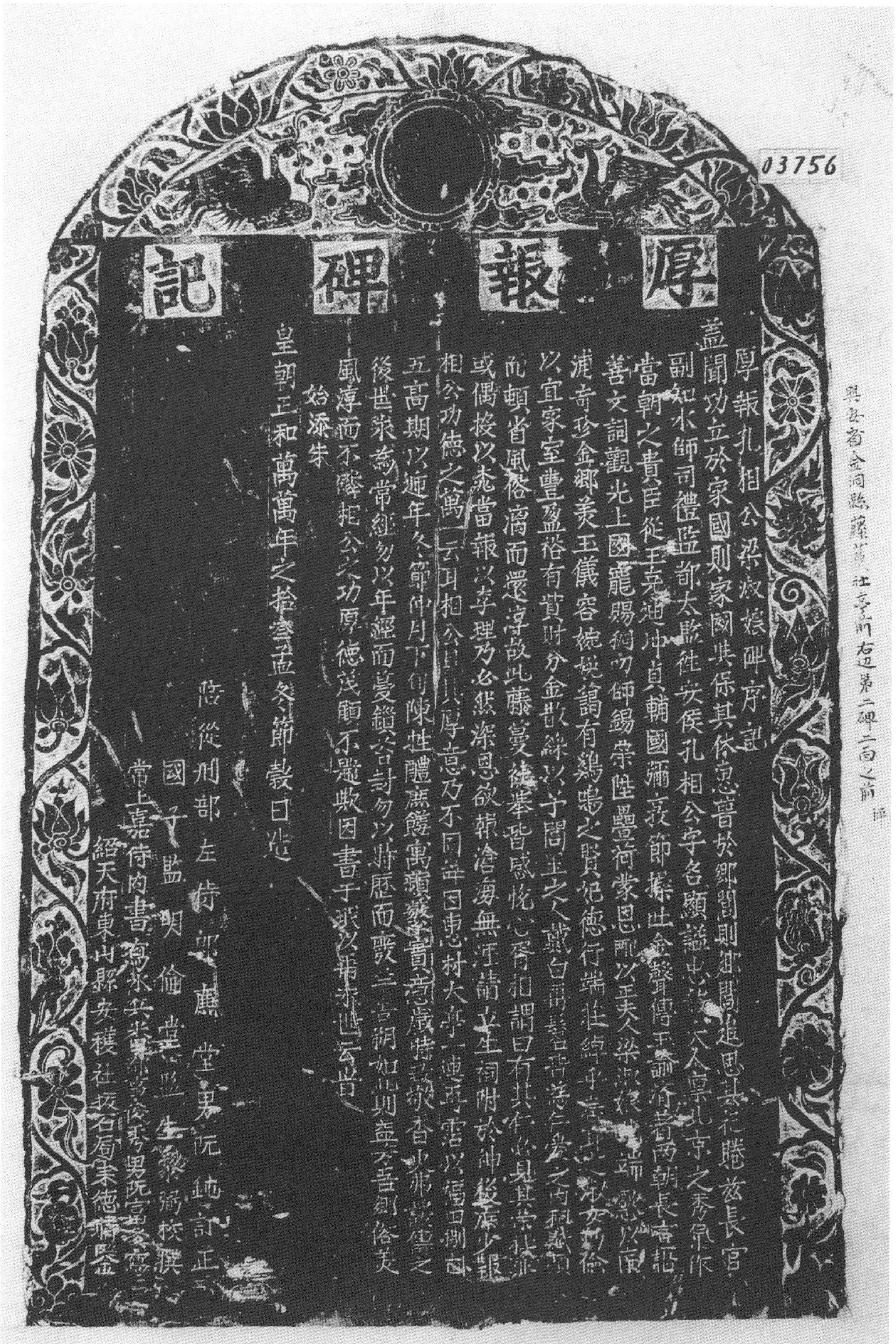
03756
興安省金洞縣藤蔓社亭前右边第二碑二面之前
厚報碑記
厚報孔相公梁淑娘碑序記
蓋聞功立於家國則家國共保其休恩普於鄉閭則鄉閭追思其德茲長官
副知水師司禮監都太監侍安侯孔相公字名顯謚忠毅夫人京北京之秀氣作
當朝之貴臣從王克造沖貞輔國彌衰節操此金聲傳玉諭濟晉兩朝長語
善文詞觀光上國寵賜稠叨師錫崇陛疊荷蒙恩配以正夫人梁淑娘端懿以寅
浦奇珍金鄉美玉儀容婉娩謳有鷄鳴之賢他德行端莊綽乎
以宜家室豐盈裕有貲財分金散緣以予閭里之人戴白
而頓省風俗漓而還淳敦此藤蔓社舉皆感悅心香相謂曰有其作必見其崇
或偶捘以恚當報以孝理乃必然深恩欲報滄海無涯請立生祠附於神後奉少報
相公功德之萬一云因相公與其厚意乃不同辛因惠村大亭一連到雷以福田捌畝
五高期以迺年冬節仲月下旬陳牲體庶饈寓讀祭贊意歲時致敬香火無窮傳之
後世永爲常經勿以年經而蔓鎖勿以時歷而衰三吉嗣如此則益吾吾鄉俗美
風淳而不齊拒公之功厚德茂顧不還歟因書于碑以垂永世云爾
始添朱
皇朝正和萬萬年之拾叁孟冬節穀日造
陪從刑部左侍郎麟堂男阮純訂正
國子監明倫堂監生黎校撰
常上嘉侍內書寫
紹天府東山縣安穫社技石匠秉德鐫豎

編號：03756　出自《拓片總集》第四冊（下同）

03755
快州府金洞縣藤蔓社官員鄉邑上下巨小等社長范曰富范曰庠范登進范曰全等
一甲范文知阮文臺阮有諸范文葦范曰貴阮有崇
二甲范得祿黎進祿范崇顯黎進武范曰秀黎遺
三甲范文信范進國范文言阮文勝范富求范乳
四甲梁文富阮文意梁文公阮公歡陳有祿陳有本
一例逐年十一月二十五日生辰節每甲炊壹盤猪壹口酒壹埒并金錄

興安省金洞縣藤蔓社亭前右边第二碑二面之後 评

編號：03755

釋文

【厚報碑記】

厚報孔相公梁淑娘碑序記[①]

蓋聞功立於家國，則家國與保其休；惠普於鄉閭，則鄉閭追思其祀。睠兹長官副/知水師、司禮監都太監、往安侯孔相公，字名顯，謚忠毅，大人稟北京之秀氣，作/當朝之貴臣。從王克迪，坤貞輔國，彌敦節操。吐金聲，傳玉諭，濟著兩朝；長言語，/善文詞，觀光上國。寵賜稠叨，師錫榮陞，疊荷蒙恩，配以正夫人梁淑娘，號端懿，以南/浦奇珍，金鄉美玉，儀容婉娩，藹有《雞鳴》之賢妃，德行端莊，綽乎《卷耳》之淑女，勤儉/以宜家室，豐盈裕有貲財，分金散綵以予閭里之人，戴白垂髫[②]皆爲仁愛之内，租賦煩/而頓省，風俗漓而還淳，故此藤蔓社舉皆感悦心，胥相謂曰："有其仁必見其榮，機非/或偶，投以桃當報以李，理乃必然，深恩欲報，滄海無涯，請立生祠附於神後，庶少報/相公功德之萬一云耳。"相公見其厚意，乃不固辞，因惠材大亭一連，再霑以福田捌畝/五高，期以遞年冬節仲月下旬陳牲醴庶饈，寓蘋蘩實意，歲時致敬，香火弗諼，傳之/後世，永爲常經，勿以年經而蔓鎖苔封，勿以時歷而廢羊告朔，如此則益芳吾鄉俗美/風淳而不磷，相公之功厚德茂，顧不韙歟？因書于珉，以垂永世云。

時/

（始添朱）[③] /

皇朝正和萬萬年之拾叁[④]孟冬節穀日造/

陪從刑部左侍郎、廉堂男阮鈍訂正/

國子監明倫堂監生黎弼校撰/

常上嘉侍内書寫水兵番都事、俊秀男阮富多寫/

---

① 此爲拓片編號 03756 之碑題，今依内容及性質重定篇題爲"藤蔓社孔名顯夫妻生祠後神碑記"。

② "戴白垂髫"，指童幼及父老。見《後漢書·鄧寇列傳·鄧禹傳》："禹所止輒停車住節，以勞來之，父老童穉，垂髮戴白，滿其車下，莫不感悦，於是名震關西。"李賢注曰："垂髮，童幼也。戴白，父老也。"

③ "始添朱"三字疑衍。

④ "皇朝正和萬萬年之拾叁"，"正和"爲後黎熙宗黎維祫年號，"拾叁年"爲公元 1692 年，當清康熙三十一年，歲次壬申。

紹天府東山縣安穫社拨石局耒德晴鑒/[1]

快州府金洞縣藤蔓社官員、鄉色、上下巨小等，社長范曰富、范曰庠、范登進、范曰全等。/

一角范文知、阮文臺、阮有諸、范文韋、范曰貴、阮有榮。/

二角范得禄、黎進禄、范榮顯、黎進武、范曰秀、黎遣。/

三角范文信、范進國、范文言、阮文勝、范富求、范乳。/

四角梁文富、阮文意、梁文公、阮公歡、陳有禄、陳有本。/

一例遞年十一月二十五日生辰節，每角粄壹盤，豬壹口，酒壹圩，并金銀。/[2]

題後

據拓片題籤載，藤蔓社亭共有下列四通碑記（以《拓片總集》第 1 至 4 册爲調查範圍）：

編號	篇題	年代	位置
03726/03727	盛德元年三月穀日建碑/阮氏玉銀碑	後黎神宗盛德元年（1653）	亭前左邊碑
03755/03756	藤蔓社孔名顯暨妻生祠後神碑記*	後黎熙宗正和十三年（1692）	亭前右邊第二碑
03757/03758	阮公字儒先生與妻黎氏建後神碑記	後黎懿宗永佑二年（1736）	亭前右邊第一碑
03759/03760	阮亞室與妻陳氏後神碑記	後黎顯宗景興二十四年（1763）	亭前右邊第三碑

注：* 表示此篇收入本書。

① 以上爲拓片編號 03756 的内容。
② 以上爲拓片編號 03755 的内容。

二五〇　鄧舍社侍內宮嬪王氏玉圓尊神碑記

引言

碑立於海陽省南策府安逸總安介社。碑刻單面，拓片編號03783，共十八行字，滿行三十九字，碑額刻“萬世奉祀碑”五字，額題左右兩側各刻有一龍紋，碑題“萬世奉祀碑記”六字，今依内容及性質重定篇題爲“鄧舍社侍内宫嬪王氏玉圓尊神碑記”。碑文撰者乙丑科第一甲進士探花武𣉙，書寫者侍内書寫范保承，鐫刻者拔石左隊黎祥及黎明。年代署作永盛（Vĩnh Thịnh）五年（1709）歲次己丑，永盛爲後黎裕宗（Lê Dụ Tông）黎維禟（Lê Duy Đường）年號，同年爲康熙四十八年。

此碑爲鄧舍社爲侍内宫嬪王氏玉圓立之尊神碑。文中記載原籍鄧舍社之侍内宫嬪王氏玉圓對於鄧舍社照顧有加，鄧舍社社民感念，請求供祀王氏，保其爲尊神。爲此，王氏玉圓捐與鄧舍社使錢一千二百貫，十二畝田地和一座湖泊以作爲供奉事宜之資。

03783

萬世奉祀碑

萬世奉祀碑記
竊惟德必酬恩必報理之當然義可動信可孚情斯為至蓋瑳玖桃爪之稱值僅為好然一時而然昔
香火之奉承寔長貽於億載顧茲海陽南策青林之鄧舍社海河毓秀光岳鍾奇淮其人傑而地靈
是以男昌而女貴恭惟
內殿侍內宮嬪王貴氏諱玉圓迺本社簪纓華胄也瓊葩吐艷琪樹凝香在廿
侍內宮嬪王貴氏謚妙榮健承乾運順配坤元撫育
聖躬長成龍德天下陰受其賜今　慈德以猶子之親蠶棠鞠養自青年八侍卅開出接清光承眷
寵誕生第二公主黎氏諱玉愳正配王孫中勁軍營副都將太保東郡公鄭諱桓夙齊体大堂友
輝桃李穠華瑟琴協韻韓侯之門瞻其有爛王姬之車曷不甫雝綏將蕃衍之休寔基於此　慈德
不自知其尊且貴也一惟用約處泰挹盈以謙事上恭而逮下　慈奉先孝而待族睦且又推同仁一
念以及鄉閭賙卹保愛之恩厥均伊溥闔邑之人頂仁佩德蓋匪一朝適因燕會耆童咸集治善緣
談盛事靡不慨慕感悅願以奉神之禮奉之仍嵩人詣闕具辭懇請　慈德推讓再三俱弗克拘而
衆志彌確終莫旨釋也　慈德亮体輿情乃始惠然金諾加許使錢壹千貳百貫田拾貳畝淛壹口
以為貴用之需黍稷之奉魚鮮之具焉衆既獲願心不勝歡遂相與立約共奉　慈德為
尊神迺年生日及四時節序祈福唱歆迎請拜謁暨百歲後正諱日祭祀如儀千萬斯年遵承不易而
今而後斯邑斯民体前人之心念　尊慈之德豐潔以享薦莊敬以奉承滄海桑田不隨變改青天
碧水並與長存如此則隆厚深遠之恩靡有究竟而忠信仁厚之俗亦相終始矣約成徵文勒碑以
紀其寧寧其傳云　晢
皇朝永盛萬匕年之五孟夏穀日
賜乙丑科第一甲進士及第探花郎本處上洪唐安丹輪武賊撰由拱
傾安嘉林蘇溪內監官正隊長海堂侯阮如海守後才武藝承抑作
上洪唐豪白衫侍內書寫水兵番范保承寫
拔石左隊欽武伯黎韓偓武伯黎明等

編號：03783　出自《拓片總集》第四冊

釋文

【萬世奉祀碑】

萬世奉祀碑記[①]

竊惟德必酬，恩必報，理之當然；義可動，信可孚，情斯爲至。蓋瑶玖桃瓜[②]之稱值，僅爲好於一時，而蒸嘗/香火之奉承，寔長貽於億載。顧兹海陽南策青林之鄧舍社，海河毓秀，光岳鍾奇，惟其人傑而地靈，/是以男昌而女貴。恭惟/　　　　內殿侍内宫嬪王貴氏，諱玉圓，迺本社簪纓華胄也。瓊葩吐艷，琪樹凝香，在昔/　　　　侍内宫嬪王貴氏，謚妙榮；健承乾運，順配坤元，撫育/　　　　聖躬長成，龍德天下，陰受其賜。今　慈德以猶子之親，蚤蒙鞠養，自青年入侍彤闈[③]，密接清光[④]，疊承眷/寵，誕生第二公主黎氏諱玉恩，正配王孫、中勁軍營副都將、太保、東郡公鄭，諱桓；鳳鸞齊體，奎壁[⑤]交/輝，桃李穠華，瑟琴協韻。韓侯之門，瞻其有爛[⑥]；王姬之車，曷不肅雝[⑦]。綏將蕃衍之休，寔基於此。　慈德/不自知其尊且貴也，一惟用約處泰，挹盈以謙，事上恭而逮下慈，奉先孝而待族睦。且又推同仁一/念，以及鄉閭；賙恤保愛之恩，厥均伊溥。闔邑之人，頂仁佩德，蓋匪一朝。適因燕會，耆童咸集，道善緣，/談盛事，靡不慨慕感悦，願以奉神之禮奉之，仍耑人詣闕，具辞懇請，慈德推讓再三，懼弗克稱，而/衆志彌確，終莫旨釋也。　慈德亮體真情，乃始惠然金諾，加

---

① 此爲碑題，今依内容及性質重定篇題爲"鄧舍社侍内宫嬪王氏玉圓尊神碑記"。

② "瑶玖桃瓜"，比喻相互贈答，厚往薄來。《詩經·國風·衛風·木瓜》："投我以木李，報之以瓊玖。匪報也，永以爲好也。"

③ "彤闈"，借指宫廷。漢代宫廷，因以朱漆塗飾，故稱。《漢書·外戚傳·孝成趙皇后》："皇后既立，後寵少衰，而弟絶幸，爲昭儀。居昭陽舍，其中庭彤朱，而殿上髤漆。"

④ "清光"，喻指皇帝的形貌風采。見《全上古三代秦漢三國六朝文·全漢文》載鼂錯《賢良文學對策》："今執事之臣。皆天下之選已。然莫能望陛下清光。譬之猶五帝之佐也。陛下不自躬親。而待不望清光之臣。"

⑤ "奎壁"，指奎星與壁星，兩者均掌文運。

⑥ "韓侯之門"，語出《詩經·大雅·蕩之什·韓奕》："韓侯取妻，汾王之甥，蹶父之子，韓侯迎止，于蹶之里，百兩彭彭，八鸞鏘鏘，不顯其光，諸娣從之，祁祁如雲，韓侯顧之，爛其盈門。"

⑦ "肅雝"，語出《詩經·國風·召南·何彼穠矣》："何彼襛矣，唐棣之華，曷不肅雝，王姬之車。"

許使錢[①]壹千貳百貫，田拾貳畝，湖壹口，/以爲費用之需，黍稷之奉，炰鮮之具焉。衆既獲願，心不勝歡，遂相與立約，共奉　慈德爲/　　　　　尊神，遞年生日，及四時節序、祈福、唱歌、迎請、拜謁，暨百歲後正諱日祭祀如儀，千萬斯年遵承不易，而/今而後，斯邑斯民，體前人之心，念　尊慈之德，豐潔以享薦，莊敬以奉承，滄海桑田不隨變改，青天/碧水並與長存，如此則隆厚深遠之恩靡有究竟，而忠信仁厚之俗，亦相終始矣。約成，徵文勒碑，以/紀其實、壽其傳云。

時/

皇朝永盛萬萬年之五[②]孟夏穀日/

賜乙丑科第一甲進士及第探花郎、本處上洪唐安丹輪武𣅶樸甫[③]撰/

順安嘉林蘇溪内監官正隊長、海堂侯阮如海，守役才武藝承押作/

上洪唐豪白衫侍内書寫水兵番范保承寫/

石左隊欽武伯黎祥、偃武伯黎明等/

題後

本碑記撰文者武𣅶是後黎熙宗正和六年（1685）乙丑科進士，其兄武暄與其子武暉均爲後黎裕宗永盛八年（1712）壬辰科進士。武暄爲第三甲同進士出身第十三名，四十三歲中，仕至東閣校書；武暉則爲第三甲同進士出身第十六名，二十七歲中，仕至右侍郎，奉使道卒，贈刑部左侍郎。

① “使錢”，見《欽定越史通鑑綱目·正編》“後黎盛宗光順八年”注“使錢、古錢”引黎貴惇《芸臺類語》云：“北人以百文爲一陌。本國以三十六文爲一陌，謂之‘使錢’；六十文爲一陌，謂之‘古錢’。‘使錢’十陌，乃是‘古錢’六陌，準爲‘使錢’一貫。其‘古錢’十陌乃使錢之一貫六陌四十文。使錢别名閒錢，古錢别名貴錢。”。

② “皇朝永盛萬萬年之五”，“永盛”爲後黎裕宗黎維禟年號，“五年”爲公元1709年，當清康熙四十八年，歲次己丑。

③ “武𣅶”，《鼎鍥大越歷朝登科録》黎熙宗正和六年（1685）乙丑科第一甲進士及第第三名：“武𣅶。壽昌報天人，屋唐安丹輪。解元，二十二中，仕至僉都御史，被罷，再召用，仕至寺卿，奉差教授武學，贈參政。暄之弟，暉之父。”

二五一　當境正位靈聰恭穆大王碑記

引言

碑立於海陽省南策府萬載總萬載社亭，爲亭所一碑。碑刻雙面，拓片編號03788/03789，拓片編號03788爲碑前，共二十行字，滿行約五十五字，碑額刻“當境正位事跡”六字；拓片編號03789爲碑後，共十八行字，滿行約四十八字。今依內容及性質重定篇題爲“當境正位靈聰恭穆大王碑記”。拓片編號03788面刻有紋飾，碑額爲内層雙龍昭日，外層以龍紋與花草紋與左右兩側相連。碑文撰者翰林院東閣大學士阮炳，抄録者管監百神知殿雄領少卿阮賢。碑文記撰文年代爲洪福（Hồng Phúc）元年（1572）歲次壬申，洪福是後黎朝世宗毅皇帝的年號，同年爲明隆慶六年；抄寫年代爲永佑（Vĩnh Hựu）三年（1737）歲次丁巳，永佑爲後黎懿宗（Lê Ý Tông）黎維祳（Lê Duy Thận）年號，三年爲清乾隆二年。拓片現藏於漢喃研究院。

此碑爲當境正位靈聰恭穆上上等福神大王之神跡碑。碑文記載之靈聰恭穆大王生平與其神蹟，及受封“靈聰恭穆上等福神大王”“靈聰恭穆神武上上等福神大王”等經過，文末記有祭日生辰、化日、夢賀日與祭品規定，及避諱事項。

03788
當境正位靈蹟

編號：03788　出自《拓片總集》第四冊（下同）

03789

編號：03789

釋文

當境正位事跡[1]

當境正位相傳華廬洞人，其父姓穆，諱部；母本洞人，姓陳，諱元。夫婦賢和，一般慈質，間值占寇來侵，坊民殘害，乃攜將避亂于嶺南，以佛道趨時。/當此十二使君作亂，嶺南兵變不常，公即再攜將往至海陽鎮青林縣萬載莊，乃探問本莊公老，乞以倚居守寺，本莊豪長陳公智/許焉。此時穆公夫婦，春秋已高，而熊羆未報[2]，經三、四年，日夜香燈，心誠求懇，是夜相臥于此，夢見殿上一官人衣冠齊整，公伏而看/之，聞大傳曰："令遣龍神部主，急命使者召穆公夫婦同來問故。"言訖，官人謂曰："穆家素是尊崇佛[3]道，金寶毛輕，佛仙心重，/福厚皇天，已照令許當境一人投入爲子。"言未已，公即醒來，以爲奇兆，忽然陳氏心動而有孕，期周月滿，丙□年正月初/十日寅時生。挺/生一男，面貌魁奇，身容高大，面如紅日，身皮黃色，迥出尋常，世間之所未有。保養長成三歲，命名曰："恭。"迨十四歲，親/父年外六旬命故，母子行禮寧葬，即五月/初七日。葬在本莊號埬高處。自此母子孤單，乃別立一草廬，社民居之，南近江邊處，/以賣南茶水油生業。經一年間，丁先皇起兵平十二使君，自立爲皇帝，時丁大將阮匐進兵經探使君兵伍地勢如何，以/接兵戰。途間經過本莊地界，駐兵一宿，公聞之，勃然起桑蓬之志[4]，乃募招本莊得一百人爲家臣，遂求謁，阮將匐見公狀貌，心甚/愛重，乃問姓名，公曰："本是穆家之子，有志於國而未有所屬，待時而發耳。今見將軍正是龍雲得志，魚水有緣，一願從征，/可否如何?"將軍大悦曰："果然天降才助國，帝業必成。"公乃告辭親母，將家臣隨阮匐回至帝所。即華/廬洞。此間丁家起義于/此，穆家亦舘在本府華廬/洞。地也。間者，先皇先夢見一黃龍自天直降王前，窈化一人，衣帽整齊，向前叩拜，王問何名職，夢/人對曰："臣承上帝，權爲當境本府司主，今天定聖人出世，使小官戮力從王。"言訖，帝乃

---

① 此爲03788之額題，今依内容及性質重定篇題爲"當境正位靈聰恭穆大王碑記"。

② "熊羆未報"，見《詩經·小雅·鴻鴈之什·斯干》："大人占之，維熊維羆，男子之祥；維虺維蛇，女子之祥。乃生男子，載寢之牀，載衣之裳載弄之璋。乃生女子，載寢之地，載衣之裼，載弄之瓦。"鄭玄箋云："大人占之，謂以聖人占夢之法占之也。熊羆在山，陽之祥也，故爲生男。虺蛇穴處，陰之祥也，故爲生女。"

③ "佛"，碑原作"仸"，因另兼正字故改，下同不另出注。

④ "桑蓬之志"，謂男子有四方之志。《禮記·射義》："男子生，桑弧蓬矢六以射天地四方。天地四方者，男子之所有事也。"

醒，暗想天神助國，乃召匐來議夢，/公乃隨匐入，王見公體貌一如夢中所見，乃問之，匐奏此人原在本府華蘆洞，今遷居萬載莊，具陳履歷始末，且言其/有智勇才能，王再試，果是非常，多能稱意，仍許爲掌領本府左道兵戎、兼贊謀事。王即與阮將許尊公進兵大戰一/陣，十二使君悉皆平定，王即皇帝位，時戊辰/元年。建國號大羅越，都花蘆洞。帝乃大開宴會，定封功臣，賞勞軍士，加封公權掌/領本府左道兵戎、兼贊謀事、太保、少保前軍，頒賜金銀錦繡外三百斤，恩賜歸鄉，生居倚館，即萬/載莊。公拜賀回鄉，帝再/頒恩詩一律：

局度寬洪操履純，天才定是早逢辰。

自將名望魁天下，一把英才澤我民。/

陰德夙徵來世及，危科登擢一時春。

永流萬載無窮慶，香火長留世世薰。/

公回，未至本莊，萬載莊之長老陳公孝先已夢報，見一官人衣冠甚偉，進兵回本莊之中，在東南罵人民曰：令民無禮，何不立[1]/行宫一所，以駐駕會宴。言未已，聞雷聲長吼，陳公忽醒，明日會人民談夢，自此民多病害，後三日見公與家臣百人進回/莊之西，立于土阜高一丈，號天三聲，弔哭椿堂之墓。埬/高。父老人民聞見，依如夢報，即行禮拜謁，公乃罵，一依前夢，人/民叩謝聽命，從此莊内安息如故。乃擇日立行宫，即八月/十二日。事訖，公賞青錢二百貫，紅絹七十匹，以爲恩賜微情。乃開宴/賞勞家臣軍士，間本莊家臣百人中有一人被旋風一陣，死在宫邊之右，後有封爲土令神。公自作一誦句云："龍雲一/會焕精神，萬載香煙在我民。"誦訖，自此即十一月/初十日。乃不食穀味，只食香花，日夜燈火，至十一月二十一日、衣帽整齊，臥于宫/中正寢死矣。此間人民仰望，見天中有黄雲一片，蔽于正所，即日表奏，王使廷臣就處行禮安葬，廷臣奉命迎葬在本莊/惠田處，傳立陵廟以爲香火奉祀焉。〇此間公親母愁思，惟飲酒湯，亦死。廷臣與人民亦將葬在惠田處陵邊之左，/地形魚臥。王再頒賜人民公錢五百貫以爲公禄香火，春秋國祭，並免兵徭各役，褒封美字，萬古血食，與國同休，永爲恒式，盛歟[2]！/ 王封本府靈聰恭穆上等福神大王，〇准許青林縣萬載莊爲護兒湯沐邑正生化所，香火奉祀無窮焉。/

迨夫丁運告終，黎家繼作，蕭墻亂起，奸臣僭國，雖有忠義事君，亦不能掣羣邪也，乃立壇禱祭天地鬼神以陰扶之也。/是夜，帝夢見百官羅列壇前，稱曰："臣是穆家之子，天降于塵，助丁之國，權司城隍，舘華蘆洞，生萬載莊，臣願陰扶，以有寸/功於國。"帝醒來，乃直

---

① 以上爲拓片編號 03788 的内容。

② "盛歟"，二字原横刻於本行末。

記名，一集以後驗之。從此羣奸自息，國勢增隆，天下太平，求有靈應，再褒封美字曰/

“本府靈聰恭穆神武上上等福神大王”，○准許青林縣萬載莊爲湯沐邑寓禄正所，香火依前奉祀焉。○再加封家臣一人爲土/令部主，亦從手足内刀同配祀。○後歷代帝王李陳黎開創洪圖，求稔靈應，皆有褒封美字，香火無窮焉。/　　　其生化、宫廟、諱字、并父母諱及色服行禮並禁。○一生日正月初十日，行禮用豬全黑色，粆用赤，酒用甘。○一化日十一月二十一日。/一□賀日八月十二日。○一諱字恭字切禁，并父母諱詳看跡内，宜避音，及黄色行禮不得服，與水油並禁。/

洪福元年[1]春吉日

翰林院東閣大學士阮炳奉撰/

皇朝永祐三年[2]冬吉日

管監百神知殿雄領少卿阮賢遵依前朝正本奉抄/[3]

題後

本碑記記載當境正位靈聰恭穆大王的神跡，也是當境城隍的神跡。碑記記載靈聰恭穆大王穆姓名恭，青林縣萬載莊是其湯沐邑與寓禄正所，曾協助丁先皇平定十二使君，“權司城隍”，後受到前黎、李、陳、後黎歷代的崇祀。越南當境大王就是城隍，本碑記可以作爲越南城隍信仰研究的資料。

本碑記提及家臣中有封爲土令神者，按，土令神在越南有稱白鶴江神、三江神，並封爲普濟大王者。根據《交州記》的記載，傳説在唐永徽年間交州都督李常明曾夢見兩神人，一稱土令，一稱石卿，互較神力，土令勝出，遂於白鶴江邊塑神像，立神祠以祭祀，稱爲“三江神”。後因默助李朝皇帝，被封爲忠誠大王，歷朝均有加封。事見《嶺南摭怪列傳·威顯白鶴神祠傳》《越甸幽靈集録全編·忠翊武輔威顯王》及各地輿志。

本碑記爲後黎懿宗永祐三年（1737）管監百神知殿雄領少卿阮賢，根據後黎英宗洪福元年（1572）阮炳撰文重刊而成，時間相隔一百六十五年。

---

① “洪福元年”，“洪福”爲後黎英宗黎維邦年號，“元年”爲公元1572年，當明隆慶六年，歲次壬申。
② “皇朝永祐三年”，“永佑”爲後黎懿宗黎維祳年號，“三年”爲公元1737年，當清乾隆二年，歲次丁巳。
③ 以上爲拓片編號03789的内容。

二五二　向善、向道居士大王碑記

引言

此碑立於海陽省南策府萬載總萬載社亭，爲亭所一碑。碑刻雙面，拓片編號03802/03787。拓片編號03802爲碑前，共二十行字，滿行約四十六字，碑額刻“當境二位事跡”六字；拓片編號03787爲碑後，共十一行字，每行字數不一。今依内容及性質重定篇題爲“向善、向道居士大王碑記”。拓片編號03802面有紋飾，碑額爲雙龍昭日，左右兩邊刻有花草紋和回紋。碑文撰者翰林院東閣大學士阮炳，抄録者管監百神知殿雄領少卿阮賢。碑文撰文年代爲洪福（Hồng Phúc）元年（1572）歲次壬申，洪福是後黎朝世宗毅皇帝的年號，同年爲明隆慶六年；抄寫年代爲永祐（Vĩnh Hựu）三年（1737）歲次丁巳，永佑爲後黎懿宗（Lê Ý Tông）黎維祳（Lê Duy Thận）年號，三年爲清乾隆二年。拓片現藏於漢喃研究院。

此碑爲向善、向道居士兩大王之事跡碑。内容記載向善與向道居士大王生平事蹟，包含初生之神異，幫助陳朝抵抗元軍之經過，與敕封神社、立廟奉祀、避諱等事項。

03802

編號：03802　出自《拓片總集》第四冊（下同）

03787
乃褒封美字萬古血食與國同休永爲恒式盛歟
一封向善居士大王
一封向道居士大王
一準許青林縣萬載庄爲湯沐邑一正所香火奉記無窮焉
一其諱字陵廟化生日列開于后
一諱字順信二字又
聖父聖母尊諱省跡內宮避音切禁
一生日化日八月十二日生化同日
洪福元年春吉日翰林院東閣大學士阮炳奉撰
皇朝永祐三年冬吉日管監百神知教雄領少卿阮賢
遵依前朝正本奉抄

編號：03787

釋文

當境二位事跡[①]

當境左右二位。其先本青林縣萬載莊名家令族也，父姓普諱奉，母本莊人范氏純，夫婦都是好人家世，素傳學業，前輝/後耀，經三、四世，家風清儉，蓬蓽門廬。時夫婦年踰不惑，普公教習他鄉，惟太婆居家，獨以賣雞爲業，路中往來，有一高燥/土阜，在民之南，常常日午臥宿于此。夢見一白頭翁告曰："坴莊高臺坦莊，䪼䄅神招，聖乙茹眉，再許以蓮花二朵。"自此心/感而有孕，孕後飲食居處異於平常。一日，公回家省探，太婆明告此夢，公以奇也。及其生月，太婆市回，午日再臥于此，夢見/雄雷雞相同飛舞，忽然醒覺回家，其後因號埬塘駽。是年丙寅年八月十二日寅時，生下挺出一胞二男，體面紅黄，身容/高大，父母珠愛，以爲福有重來，天之所賜。保養至三歲，命名第一曰"順"，第二曰"信"，及其十有六歲，聰明穎悟，體貌光花，一/皆使之入學，二公不肯。至辛巳年三月初六日親父命没，母子行禮葬在本莊居民之東北，相哭曰："天之哉，地之哉！將何以/報之哉？"後因名號曰嗎報。三年居喪，香火奉祀。自此第一公專以善事作爲，第二公專以道心出處，施行出處都從善道，/作爲無有一毫邪曲。此間李朝末造，陳家繼興，經至二年，即仁宗重/興年間。忽有烏馬兒元兵賊起[②]，僭其州城，侵其國地，王聞之/大患，召廷臣議進兵，至賊屯所，即白/滕江。乃密禱天地神祇。是夜，王夢見一神人手執金刀謂曰："欲平元賊，須至青林探/萬載普家二子，賊必平矣。"王即舉兵進至萬載莊，召人民問何家姓普，二公同來拜謁。再問人民二子有何才名，/越世民奏二子素以善道使人而已。因問二子善以何爲，道以何爲，二公奏曰："善者所以明誘人心，道者所以廣開/人性，善道二者，上以事君，下以事親，凡爲人子，百行之根，惟以善道爲本。"王曰："今元寇方衝，將何以平之？"二公拜奏/請往平之，乃封爲權掌統領六侯大將軍，二公領命，直進至哀牢地郡，先以善道開誘元兵，其賊將各頒官爵賜/銀錢，賊兵妥服，不敢違背，皆從善道作爲，賊自平矣。乃回朝拜謁，王大喜，問何方計而兵戈不犯，賊自平之。奏曰："何/必干戈以至勞損，惟以心干腹劍開告人情，則賊平易乎反掌矣。"王聞之益喜，

---

① 此爲拓片編號 03802 的額題，今依内容及性質重定篇題爲"向善、向道居士大王碑記"。

② 指公元 1287 年至 1288 年間元陳戰爭。詳見《元史》《大越史記全書》及《欽定越史通鑑綱目》。

再贈頒“才中狀元”四金字，加賞銀百斤，/錢五百貫。二公奉恩乞回本貫拜謁家先，乃賜人民[①]錢三百貫，以遺情義，宴事訖。是年，親母命没，即甲申年十/二月十一日。二公擇日/行葬在本地居民之南。居喪時日日出探陵墓，見陵上土蟲突起一塊，似人築造，後俗號埬墕壤。此時二公乃閒遊風水，/至民之東南，有一土阜行如竜眼，二公自立于此，忽然天地晦冥，風雨大作，二公自化没矣。即戊子年八/月十二日。人民見其化處靈應，後/號曰埬墕聖。民上表奏，王恤其勳勞忠義，命廷臣就行弔禮，再頒賜人民錢三百貫，以修立一廟所，以爲香火奉祀焉[②]。/乃褒封美字，萬古血食，與國同休，永爲恒式，盛歟！/

一封向善居士大王。/

一封向道居士大王。/

准許青林縣萬載莊爲湯沐邑正所，香火奉祀無窮焉。/

一其諱字、陵廟、化生日列開于後[③]。/

一諱字順信二字及/　　　　聖父、聖母諱，詳看跡内，宜避音，切禁。/

一生日、化日八月十二日生化/同日。/

洪福元年[④]春吉日

翰林院東閣大學士阮炳奉撰/

皇朝永祐三年[⑤]冬吉日

管監百神知殿雄領少卿阮賢/遵依前朝正本奉抄/

題後

本碑與篇號二五一《當境正位靈聰恭穆大王碑記》同爲後黎懿宗永佑三年（1737）管監百神知殿雄領少卿阮賢，依據後黎英宗洪福元年（1572）時翰林院東閣大學士阮柄撰文重刊之

---

① “賜人民”三字據前後文補。

② 以上爲拓片編號 03802 的内容。

③ “後”，碑原作“后”，因另兼正字，故改。

④ “洪福元年”，“洪福”爲後黎英宗黎維邦年號，“元年”爲公元 1572 年，當明隆慶六年，歲次壬申。

⑤ “皇朝永祐三年”，“永佑”爲後黎懿宗黎維祳年號，“三年”爲公元 1737 年，當清乾隆二年，歲次丁巳。

碑記。不同的是，本碑記有許多喃字如“丕莊高臺坦莊，𧀒猑神招，聖乙茹眉”“堣報”“埬堣”之類。同一作者，同時撰文，重刊的碑記內容，因何有不一樣的書寫方式？值得探討。

二五三　界際社裕澤大爺碑記

引言

碑立於安豐縣殷富總界際社張相公祠址，爲祠址内一碑。碑刻四面，拓片編號 03888/03889/03890/03891。拓片編號 03888 爲碑前，共十五行字，滿行三十五字，碑額刻“感德報祀”四字，碑題“慈山府安豐縣界際社感德報祀裕澤大爺碑記”十九字，今依此碑題重定篇題爲“界際社裕澤大爺碑記”；拓片編號 03889 爲碑左，共十二行字，滿行三十五字，碑額刻“張爺碑記”四字；拓片編號 03890 爲碑後，共十九行字，滿行四十八字，碑額刻“祭田祭物”四字；拓片編號 03891 爲碑右，共十五行字，滿行約四十六字，碑額刻“本社券文”四字。碑文未注明撰者，潤者據《越南漢喃碑銘拓片目録提要》補爲壬辰科進士、安江子申璿。碑文年代署作正和（Chính Hòa）四年（1683）歲次癸亥，正和爲後黎熙宗（Lê Hy Tông）黎維祫（Lê Duy Cáp）年號，同年爲清康熙二十二年。拓片現藏於漢喃研究院。

此碑乃界際社爲調郡公張曰貴所立之碑。内容記載調郡公張曰貴對於界際社民有恩，曾捐錢幫助該社社民渡過旱年饑饉。界際社感念其恩，請求尊選張曰貴爲後神，張曰貴婉拒不受。故界際社改尊張曰貴爲裕澤大爺以作日後奉祀，張曰貴接受此稱，並又捐銀兩與五畝五分田地，以作爲日後爲祭祀之資。文末記有祭禮儀式、祭文、祭品，祭田管理與耕作規定，與祭田方位及大小，並録有界際社所立之約券。

03888

感德報祀

慈山府安豐縣界際社感德報祀裕澤大爺碑記
夫有功德於民者則祀之此古今不易之通禮也聽茲
皇朝特進輔國上將軍該官調郡公張尊公諱曰貴乃我鄉人也公為人衷厚賦性聰明長而
際遇明時遭逢 正妻郡夫人黎氏玉侌為賢母
聖主陪龍鄉歷潛飛有日從虎闕經征伐多年勤勞茂著榮寵益隆公能好仁而親人推慈而
使衆學昔我鄉為他牧所苦公切憫之乃以私銀為求償牧而撫字之自是民得樂於耕
耘安於衽席全賴公之賜也我鄉德之瓊匣為報供爾公田公不肯納即焚其契而還其
田焉至若繼遺銀錢廣推衣食又不知其幾迨辛酉歲遭逢亢旱餓莩載途公又出家貲
賑救以活我十鄉之命斯時也人人保有生之樂家家陶飽暖之天於是本社巨小等胥
相謂曰生我者父母再生我者吾公公即父母父母即公也夫衖間然之有然則報答當
何如耶僉共論尊為本社後神衆心既協詣請于前公公聞言憬然良久曰我幸承餘慶
叨荷寵榮多賴土地之鍾靈鬼神之默相況鄉黨有相周之義而餘裔小惠於我何有焉
敢當此民雖再三懇請公則決一固辭乃返而再思曰我公素以謙謙為德意者自謂稱
為後神不惜乎至尊則瀆乎至幽宜其却而不受也今我等當稱其德而尊其號庶少慰
我鄉赤子之心因擬之謂 裕澤爺以明其德澤流裕於民既深且遠若父母然仍敍請

北寧省安豐縣獻當總界際社張相公祠址內一碑四面之前

後

編號：03888　出自《拓片總集》第四冊（下同）

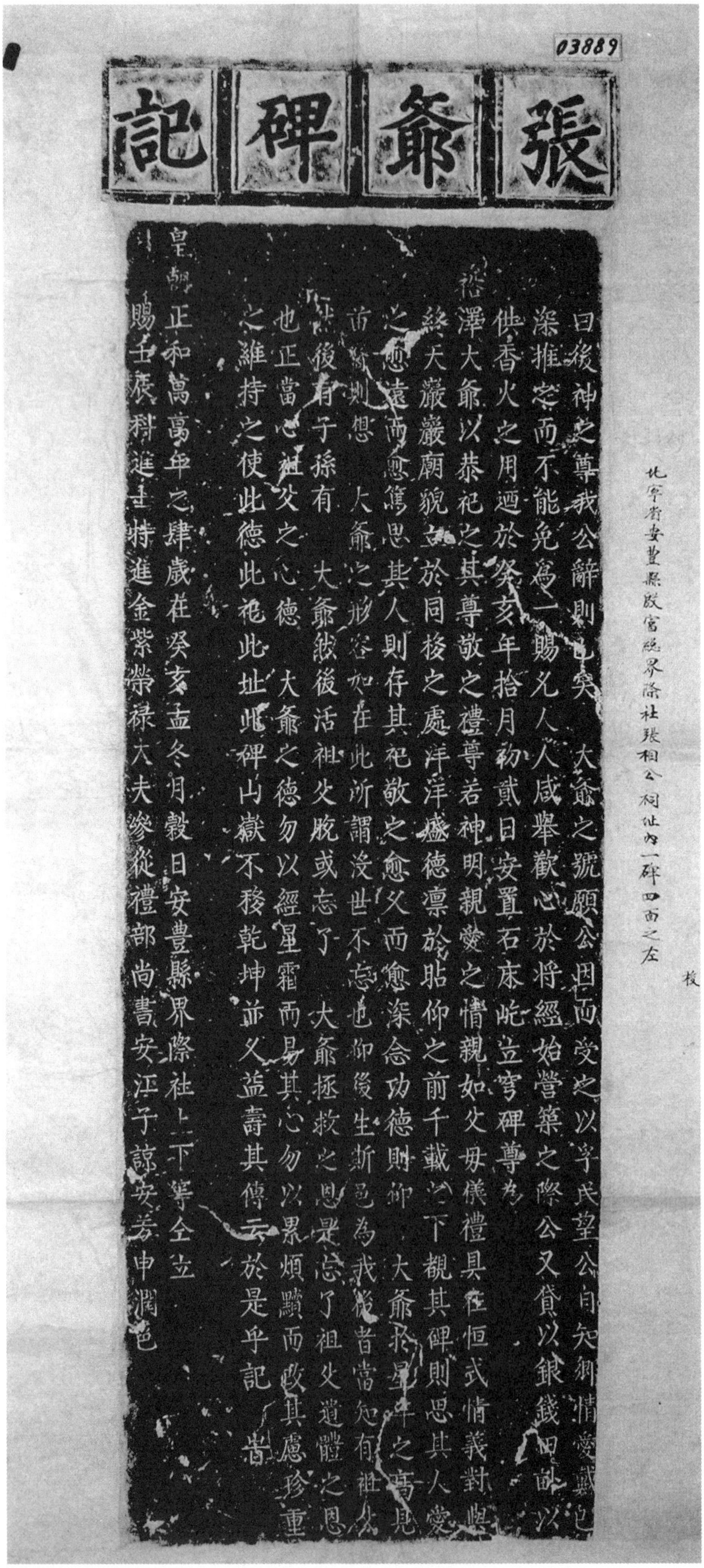

03889

張爺碑記

曰後神之尊我公辭則已矣 大爺之號顧公因而受之以字民望公自知衔情愛戴色
深推究而不能免為一賜允人人咸舉歡心於將經始營築之際公又貸以銀錢田畝以
供香火之用迺於癸亥年拾月初貳日安置石床屹立穹碑尊為
裕澤大爺以恭祀之其尊敬之禮尊若神明親愛之情親如父母儀禮具在恒式情義對與
終天巖巖廟貌立於同梭之處洋洋盛德凜於瞻仰之前千載之下覩其碑則思其人愛
之愈遠而愈篤思其人則存其祀敬之愈久而愈深念功德則仰 大爺於是年之高見
而爺則想 大爺之形容如在此所謂沒世不忘也仰後生斯邑為我後者當知有祖父
然後有子孫有 大爺然後活祖父贶或忘了 大爺拯救之恩是忘了祖父遺體之恩
也正當心祖父之心德 大爺之德勿以經星霜而易其心勿以累煩黷而改其慮珍重
之維持之使此德此祀此址此碑山嶽不移乾坤並久益壽其傳云於是乎記
皇朝正和萬萬年之肆歲在癸亥孟冬月穀日安豐縣界際社上下等仝立
賜壬辰科進士特進金紫榮祿大夫參從禮部尚書安江子諒安券申潤邑

北寧省安豐縣啟富總界際社張相公祠址內一碑四面之左

校

編號：03889

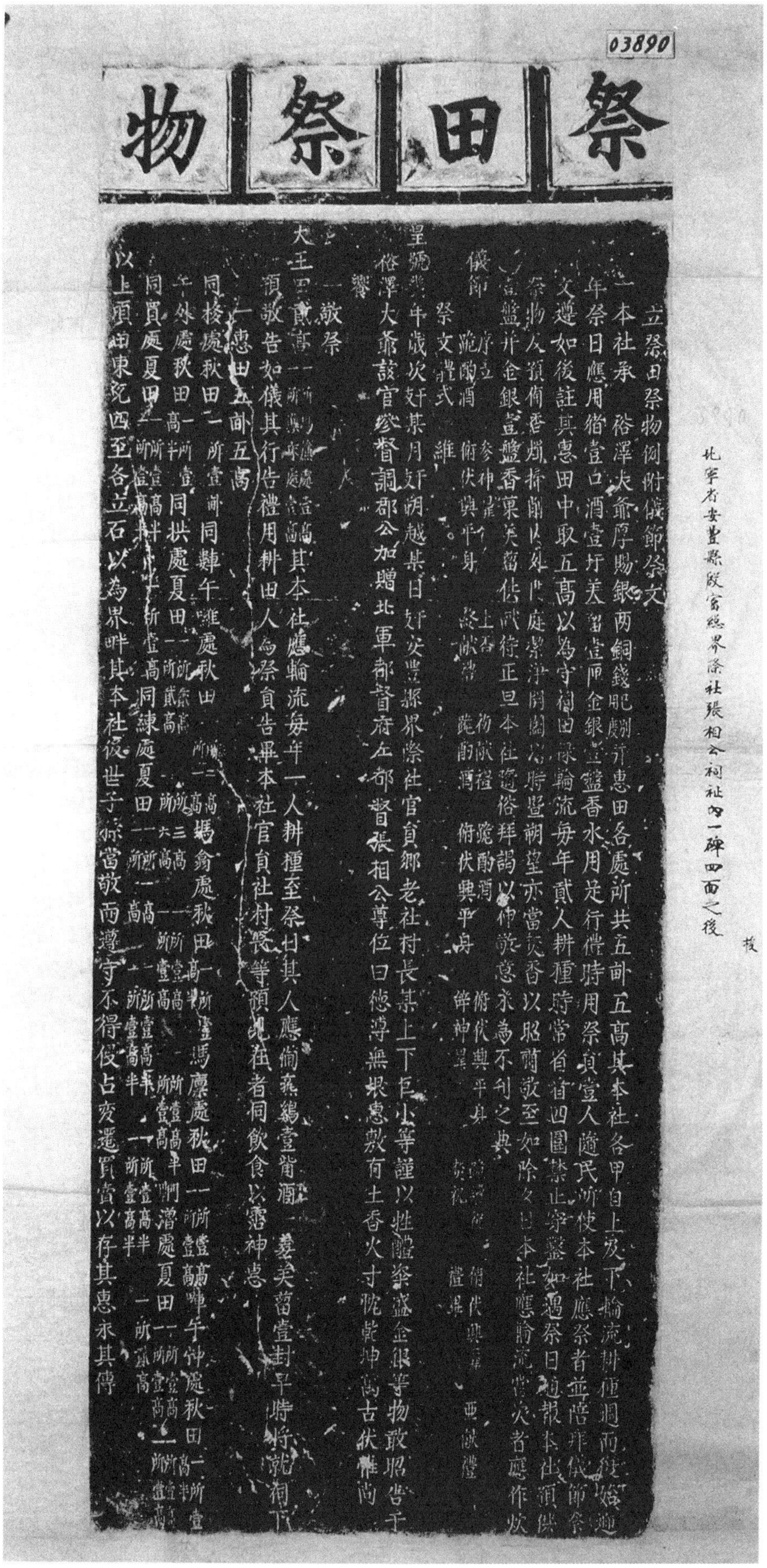

03890

祭田祭物

立祭田祭物例附儀節祭文

一本社承裕澤大爺厚賜銀兩銅錢肥瘠并惠田各處所共五畝五高其本社各甲自上及下輪流耕種週而復始

年祭日應用猪壹口酒壹埕芙留壹両金銀壹盤香水用是行禮時用祭員壹人隨民所使本社應祭者並陪祭儀節祭

文遵如後註其惠田中取五高以為守祠田祿輪流每年貳人耕種時常省省四圍禁止穿鑿如遇祭日通報本社須供

祭物及預備香燭掃開以外庭潔淨開閣啓時暨朔望亦當焚香以照齊敬至如除夕日本社應輪流當火者應作炊

壹盤并金銀壹盤香菓芙留侍武侍正旦本社遵俗拜謁以伸誠意永為不刊之典

儀節　序立　參神鞠躬　上香　初獻禮　跪酌酒　俯伏興平身　終獻禮　跪酌酒　俯伏興平身　辭神鞠躬　讀祝文　焚祝　俯伏興平身　禮畢　亞獻禮

祭文禮式　維

皇號※年歲次奸某月奸朔越某日奸安豐縣界際社官員鄉老社村長某上下巨小等謹以牲醴粢盛金銀等物敢昭告于

裕澤大爺該官參督調郡公加贈北軍都督府左都督張相公尊位曰德溥無根惠敷有土香火寸忱乾坤尚古伏惟尚

饗

一敬祭

大王田貳高一所……其本社應輪流每年一人耕種至祭日其人應備蒸鷄壹背酒一……芙留壹封早時將就祠下

須敬告如儀其行告禮用耕田人為祭員告畢本社官員社村長等預現在者同飲食以露神惠

一惠田五畝五高

同棱處秋田二所壹畝　同肆午雌處秋田……　馮翁處秋田高一所……　馬麖處秋田一一所壹高……　午仲處秋田一所壹……

午外處秋田高一半所壹……　同拱處夏田一一所……

同買處夏田……　同練處夏田……

以上項田東西四至各立石以為界畔其本社後世子孫當敬而遵守不得侵占変還買賣以存其惠永其傳

北寧省安豐縣殿富總界際社張相公祠社內一碑四面之後　拓

編號：03890

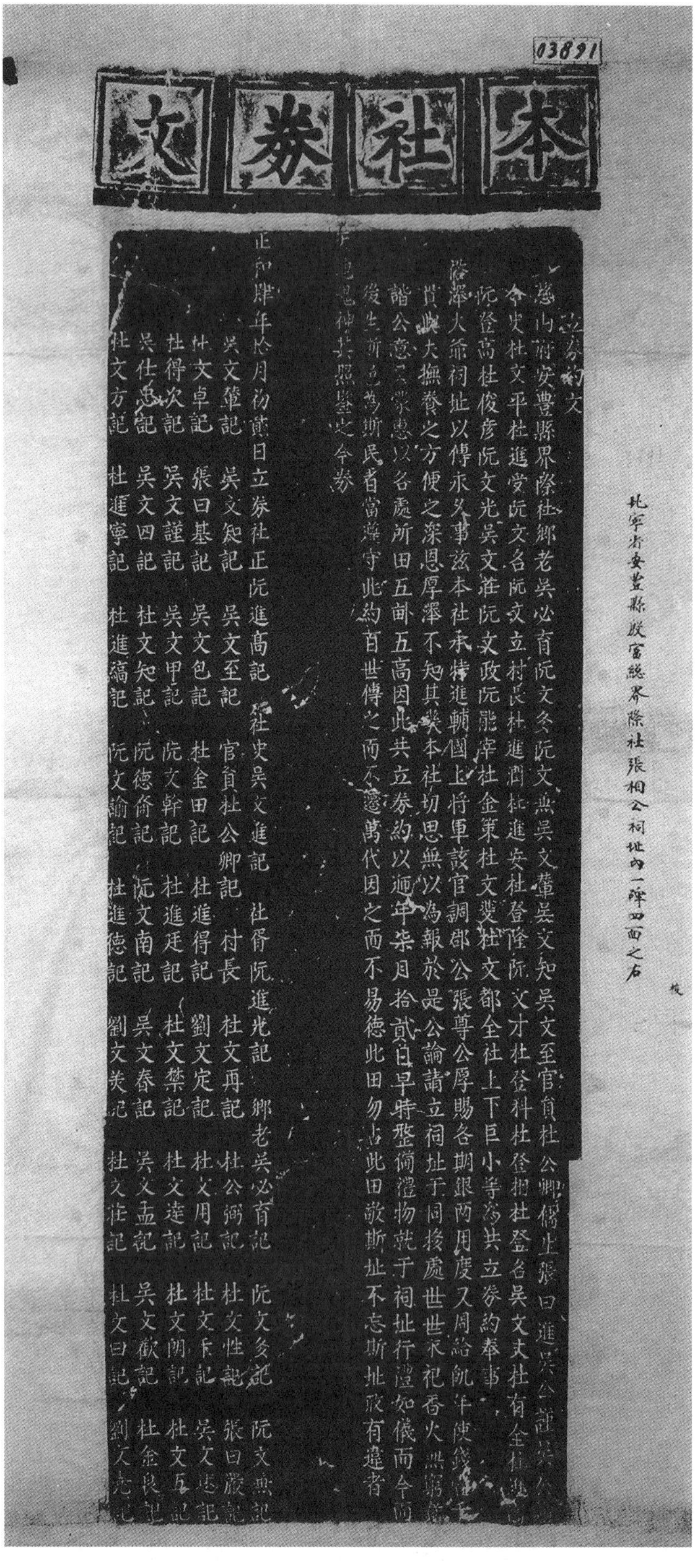
03891
本社券文
立券約文
慈山府安豐縣界際社鄉老吳必育阮文多阮文無吳文葦吳文知吳文至官貟杜公卿儒生張曰進吳公訓吳公
令史杜文平杜進堂阮文名阮文立村長杜進潤杜進安杜登隆阮文才杜登科杜登捐杜登名吳文丈杜有全杜進
阮登高杜俊彥阮文光吳文莊阮文敢阮能岸杜金策杜文斐杜文都全社上下巨小等為共立券約奉事
潞澤大爺祠址以傳永久事茲本社承特進輔國上將軍該官調郡公張尊公厚賜各期銀兩用度又周給飢年使錢
貫與夫撫養之方便之深恩厚澤不知其幾本社切思無以為報於是公論請立祠址于同掺處世世永祀香火無窮
諧公意以衆惠以名處所田五畝五高因此共立券約以迤年柒月拾貳日早特整備禮物就于祠址行禮如儀而今而
後生斯邑為斯民者當遵守此約百世傳之而不遷萬代因之而不易德此田勿占此田敬斯址不忘斯址敢有違者
鬼神共照鑒之今券
正和肆年拾月初貳日立券社正阮進高記 社史吳文進記 社胥阮進光記 鄉老吳必育記 阮文多記 阮文無記
吳文葦記 吳文知記 吳文至記 官貟杜公卿記 村長杜文再記 杜公弼記 杜文性記 張曰嚴記
杜文卓記 張曰基記 吳文包記 杜金田記 杜進得記 劉文定記 杜文用記 杜文卞記 吳文迷記
杜得次記 吳文謹記 吳文甲記 阮文幹記 杜進廷記 杜文禁記 杜文達記 杜文朗記 杜文五記
吳仕忠記 吳文四記 杜文知記 阮德脩記 阮文南記 吳文春記 吳文孟記 吳文歡記 杜金良記
杜文方記 杜進寧記 杜進稿記 阮文諭記 杜進德記 劉文美記 杜文莊記 杜文曰記 劉文亮記
北寧省安豐縣殿富總界際社張相公祠址內一碑四面之右

編號：03891

釋文

【感德報祀/張爺碑記】[1]

慈山府安豐縣界際社感德報祀裕澤大爺碑記[2]

夫有功德於民者，則祀之，此古今不易之通禮也。睠兹/　　　　皇朝特進、輔國上將軍、該官、調郡公張尊公，諱曰貴，乃我鄉人也。公爲人敦厚，賦性聰明，長而/際遇明時，遭逢[3]/　　　　聖主，陪龍邸，歷潛飛有日；從虎關，經征伐多年。勤勞茂著，榮寵益隆。公能好仁而親人，推慈而/使衆。粤昔我鄉，爲他牧所苦，公切憫之，乃以私銀爲求管牧而撫字之。自是民得樂於耕/耘，安於衽席，全賴公之賜也。我鄉德之，瓊匪爲報，供爾公田，公不肯納，即焚其契，而還其/田焉。至若繼遺銀錢，廣推衣食，又不知其幾。迨辛酉歲，適逢亢旱，餓莩載途，公又出家貲/賑救，以活我一鄉之命。斯時也，人人保有生之樂，家家陶飽暖之天，於是本社巨小等，胥/相謂曰："生我者父母，再生我者吾公。公即父母，父母即公也。夫何間然之有？然則報答當/何如耶？"仍共論尊爲本社後神，衆心既協，詣請于前。公一聞言，愕然良久，曰："我幸承餘慶，/叨荷寵榮，多賴土地之鍾靈，鬼神之默相。況鄉黨有相周之義，而餘裔小惠，於我何有，焉/敢當此？"民雖再三懇請，公則決一固辭，乃返而再思曰："我公素以謙謙爲德，意者自謂稱/爲後神，不僭乎至尊則瀆乎至幽，宜其却而不受也。今我等當稱其德而尊其號，庶少慰/我鄉赤子之心。"因擬之謂　裕澤爺，以明其德澤流裕於民，既深且遠，若父母然。仍復請[4]/曰："後神之尊，我公辭則已矣。　大爺之號，願公因而受之，以孚民望。"公自知鄉情愛戴已/深，推之而不能免，爲一賜允，人人咸舉歡心，於將經始營築之際，公又貸以銀錢田畝，以/供香火之用。迺於癸亥年拾月初貳日安置石床，屹立穹碑，尊爲/　　　　裕澤大爺，以恭祀之。其尊敬之禮，尊若神明；親愛之情，親如父母。儀禮具在恒式，情義對與/終天。巖巖廟貌，立於同移之處；洋洋盛德，凜於瞻仰之前。千載之下，覩其碑則思其人，愛/之愈遠而愈篤；思其人則存其祀，敬之愈久而愈深。念功德，則仰　大爺於星斗之高；見/苗裔，則想　大爺之形容如在。此所謂没世不忘也。仰後生斯邑爲我後者，

---

① 此爲拓片編號 03888 的額題。按，後附"張爺碑記"爲編號 03889 之額題。

② 此爲拓片編號 03888 的碑題，今依内容及性質重定篇題爲"界際社裕澤大爺碑記"。

③ "遭逢"下有後刻"正妻郡夫人玉佺爲賢母"十字。

④ 以上爲拓片編號 03888 的内容。

當知有祖父，/然後有子孫，有　大爺然後活祖父，脱或忘了　大爺拯救之恩，是忘了祖父遺體之恩/也。正當心祖父之心，德　大爺之德，勿以經星霜而易其心，勿以累煩黷而改其慮，珍重/之，維持之，使此德此祀，此址此碑，山嶽不移，乾坤並久，益壽其傳云。於是乎記。

時/

皇朝正和萬萬年之肆歲在癸亥[①]孟冬月穀日

安豐縣界際社上下等仝立/

賜壬辰科進士、特進、金紫榮禄大夫、參從、禮部尚書、安江子、諒安芳申[②]潤色/[③]

【祭田祭物】[④]

立祭田祭物例附儀節祭文

一本社承　裕澤大爺厚賜銀兩銅錢，已别/用度。并惠田各處所共五畝五高，其本社各甲自上及下輪流耕種，週而復始。遞/年祭日應用豬壹口，酒壹圩，芙蒥壹匣，金銀壹盤，香水用足，行禮時用祭員壹人，隨民所使。本社應祭者，並陪拜儀節、祭/文遵如後註。其惠田中取五高以爲守祠田禄，輪流每年貳人耕種，時常省看四圍，禁止穿鑿。如遇祭日，通報本社，預供/祭物，及預備香燭，掃削内外，門庭潔淨，開闔以時。暨朔望亦當焚香，以昭肅敬。至如除夕日，本社應輪流，當次者應作粄/壹盤，并金銀壹盤，香果、芙蒥供獻。待正旦本社隨俗拜謁，以伸敬意，永爲不刊之典。/

儀節：

序立。參神，四拜。上香。初獻禮：跪、酌酒；俯伏、興、平身；跪讀祝；俯伏、興。二拜。亞獻禮：/跪、酌酒；俯伏、興、平身。終獻禮：跪、酌酒；俯伏、興、平身。辞神，四拜。焚祝。禮畢。/

祭文體式：

維/

皇號幾年歲次干/支某月干/支。朔越某日，干/支。安豐縣界際社官員、鄉老、社村長某，上

---

① “皇朝正和萬萬年之肆歲在癸亥”，“正和”爲後黎熙宗黎維祫年號，“肆年”爲公元1683年，當清康熙二十二年。

② “諒安芳申”，即申璿，《鼎鍥大越歷朝登科録》黎神宗慶德四年（1652）壬辰科第三甲同進士出身第三名，世科：“安勇芳杜人，屋梅溪社，三十二中，改名申全，奉使，仕至參從、禮部尚書、伯爵，致仕贈吏部尚書，壽七十九。少保申珪之子，阮珩之父。”

③ 以上爲拓片編號03889的內容。

④ 此爲拓片編號03890之額題。

下巨小等，謹以牲、醴、粢盛、金銀等物，敢昭告于/裕澤大爺，該官參督、調郡公，加贈北軍都督府左都督張相公尊位曰：德溥無垠，惠敷有土，香火寸忱，乾坤萬古，伏惟尚/

饗。/

一敬祭：

大王田貳高，一所㙈簾處壹高，/一所襪床處壹高。其本社應輪流每年一人耕種，至祭日其人應備熟雞壹觜，酒一羞，芙蔔壹封，早時將就祠下/預敬告如儀，其行告禮用耕田人爲祭員，告畢，本社官員、社村長等預見在者同飲食，以霑神惠。/

一惠田五畝五高：/

同柂處秋田，一所壹畝。同𪨈午曤處秋田，一所二高，/一所一高。㙈翕處秋田，一所壹/高半。㙈廩處秋田，一所壹高，/一所壹高。𠻀午㚢處秋田，一所壹/高半。/午外處秋田，一所壹高半。同拱處夏田，一所貳高，一所三高，一所壹高，一所壹高半，/一所貳高，一所六高，一所壹高，一所壹高。𨷈澛處夏田，一所壹高，一所壹高，/一所壹高，一所壹高。/同買處夏田，一所壹高半，一所壹高，/一所壹高半。同練處夏田。一所一高，一所壹高半，一所壹高半，一所貳高，/一所一高，一所壹高半，一所壹高半。/

以上項田東兑四至各立石以爲界畔，其本社後世子孫當敬而遵守，不得侵占變遷買賣，以存其惠，永其傳①。/

【本社券文】②

立券約文

慈山府安豐縣界際社，鄉老：吴必育、阮文多、阮文兼、吴文輦、吴文知、吴文至。官員：杜公卿。儒生：張曰進、吴公謹、吴公諭。/令史：杜文平、杜進受、阮文名、阮文立。村長杜進潤、杜進安、杜登隆、阮文才、杜登科、杜登相、杜登名、吴文丈、杜有全、杜進高、/阮登高、杜俊彦、阮文光、吴文莊、阮文政、阮能宰、杜金策、杜文斐、杜文都，全社上下巨小等爲共立券約，奉事/　　　　　　裕澤大爺祠址以傳永久事。

---

① 以上爲拓片編號 03890 的内容。

② 此爲拓片編號 03891 之額題。

玆本社承特進、輔國上將軍、該官、調郡公張尊公，厚賜各期銀兩用度，又周給飢年使錢[1]壹千/貫，與夫撫養之，方便之，深恩厚澤，不知其幾。本社切思，無以爲報，於是公論請立祠址于同移處，世世永祀，香火無窮。竟/諧公意，又蒙惠以各處所田五畝五高，因此共立券約，以遞年柒月拾貳日早時，整備禮物，就于祠址，行禮如儀，而今而/後，生斯邑、爲斯民者，當遵守此約，百世傳之而不遷，萬代因之而不易，德此田，勿占此田，敬斯址，不忘斯址。敢有違者，/　　　　　天地鬼神其照鑒之。今券。/

正和肆年[2]拾月初貳日立券。

社正：阮進高記。社史：吴文進記。社胥：阮進光記。鄉老：吴必育記，阮文多記，阮文兼記，/吴文輦記，吴文知記，吴文至記。官員：杜公卿記。村長：杜文再記，杜公弼記，杜文性記，張曰嚴記，/杜文卓記，張曰基記，吴文包記，杜金田記，杜進得記，劉文定記，杜文用記，杜文千記，吴文述記，/杜得次記，吴文謹記，吴文甲記，阮文幹記，杜進廷記，杜文禁記，杜文達記，杜文朗記，杜文五記，/吴仕忠記，吴文四記，杜文知記，阮德裔記，阮文南記，吴文春記，吴文孟記，吴文歡記，杜金良記，/杜文方記，杜進寧記，杜進縞記，阮文諭記，杜進德記，劉文美記，杜文莊記，杜文曰記，劉文堯記。/[3]

題後

本碑記撰文者爲申璿，後黎神宗慶德四年（1652）壬辰科第三甲同進士出身第三名，士望；其父申珪爲後黎神宗永祚十年（1628）戊辰科第三甲同進士出身第七名，三十六歲中，仕至參政，奉使，道卒，贈工部右侍郎，侯爵。其子阮珩，爲阮性養子。後黎熙宗正和九年（1688）戊辰科第三甲同進士出身第二名，三十三歲中，癸酉年奉考詞命預中，奉使，仕至吏部左侍郎，子爵，贈工部尚書。

---

① “使錢”，見《欽定越史通鑑綱目·正編》“後黎盛宗光順八年”注“使錢、古錢”引黎貴惇《芸臺類語》云：“北人以百文爲一陌。本國以三十六文爲一陌，謂之‘使錢’；六十文爲一陌，謂之‘古錢’。‘使錢’十陌，乃是‘古錢’六陌，準爲‘使錢’一貫。其‘古錢’十陌乃使錢之一貫六陌四十文。使錢别名間錢，古錢别名貴錢。”

② “正和肆年”，當清康熙二十二年（1683），歲次癸亥。

③ 以上爲拓片編號 03891 的内容。

碑中提及鄉人張貴“以私銀爲求管牧而撫字之”，並“出家貲賑救，以活我一鄉之命”，鄉民原欲保“尊爲本社後神”，却爲張貴所拒絶，後以“安置石床，屹立穹碑，尊爲裕澤大爺”的方式取得張貴的同意，其原因在於設立後神，“不僭乎至尊則瀆乎至幽”，而張貴所接受的是“稱其德而尊其號”，可以“其尊敬之禮，尊若神明；親愛之情，親如父母”，由此可知設立後神與尊爲當地大王在崇敬的程度上是有差異的，然而，由碑記文中所記載的祭祀方式，又與後神、後佛基本相等，這樣的異同究竟可以如何解釋越南的寄忌風俗，值得再深入的瞭解。

二五四　香羅社總太監嶼郡公阮登用後神碑記

引言

碑立於北寧省安豐縣芳蘿總芳蘿社兑村二張祠，爲祠内左邊一碑。碑刻雙面，拓片編號03918/03919。拓片編號03918爲碑前，共三十六行字，滿行四十一字，碑額刻“立造廟亭施田”六字；拓片編號03919爲碑後，共二十九行字，每行字數不一，碑額刻“後神碑記”四字。今依内容及性質重定篇題爲“香羅社總太監嵲郡公阮登用後神碑記”。碑兩面刻有紋飾，拓片編號03918碑額刻有兩層紋飾，内層爲雙龍昭日，似有一猿舉日，外層刻有花草紋與獸紋，左右兩側飾以獸紋、龍紋、蓮藤紋，碑底爲蓮座，拓片編號03919碑額刻有兩層紋飾，内層爲雙龍昭日，外層刻有花草紋與鳥紋，左右兩側飾以獸紋、祥鳥紋、蓮藤紋，碑底爲蓮座。碑文撰者清華道監察御史丁必興，書者書寫攻文寺丞，鐫刻者刻石匠匠正。年代署作盛德（Thịnh Đức）元年歲次癸巳（1653），盛德爲後黎朝神宗（Lê Thần Tông）黎維祺（Lê Duy Kỳ）年號，同年爲清順治十年。拓片現藏於漢喃研究院。

此碑乃香羅社爲侍内監總太監、嵲郡公阮登用所立之後神碑。内容記載嵲郡公阮登用之家世與經歷，香羅社感念阮登用減輕賦税，且爲阮登用修造祠址、東、西二亭，又捐田以供社民耕作之恩德，故選阮登用爲後神並立壽庵，以供祀阮登用，文末以四十六句四字銘文歌詠此事，並録參與此事之官員題名。

立造廟亭施田
03918

編號：03918　出自《拓片總集》第四冊（下同）

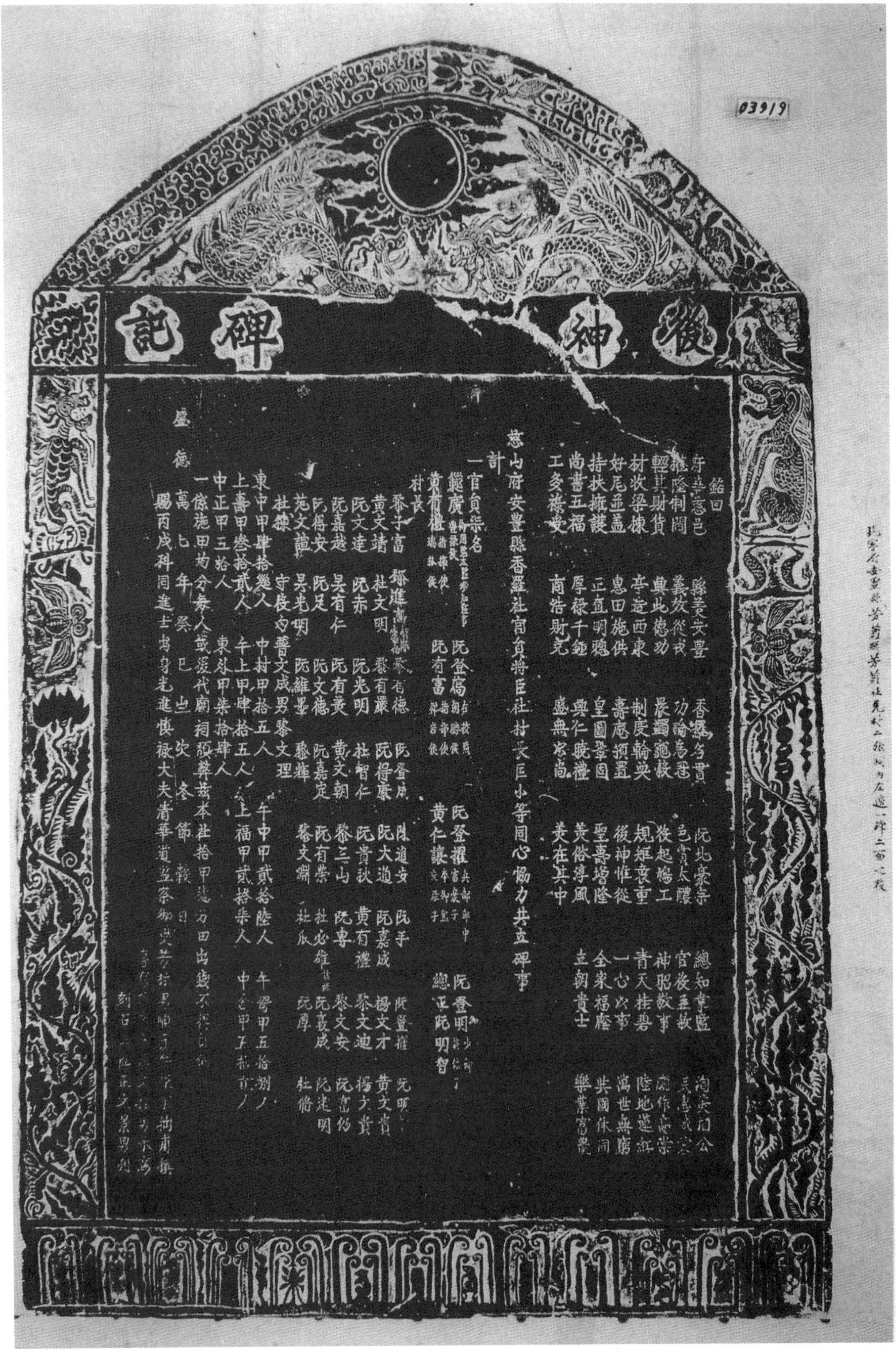
後神碑記

編號：03919

釋文

立造廟亭施田/後神碑記[①]

慈山府安豐縣香羅社翊運贊治功臣、特進、金紫榮禄大夫、/侍内監總太監掌監、兼掌御藥該官、[嶕]郡公/構作廟祠及東亭、西亭，并施田拾五畝敘并銘。/

嘗謂建廟、造亭、施田，所以昭奉事之心；置庵、後神、立碑，所以孚敬愛之意。其惟大力量、大功德之人見[立]。/

兹有慈山府安豐縣香羅社翊運贊治功臣、特進、金紫榮禄大夫、侍内監總太監掌監、兼掌御藥/　　　　該官、嶕郡公阮登用，天南巨派，阮北華宗。始祖，天下達尊，積厚福而家基肇始；妣，閨中正則，成慈德而家/道興，冥冥功德積，滚滚公侯生。顯祖，莅四品之校點，執五等之躬圭[②]，廕封太保、侯爵，得《隨》之有孚，協《履》/之無咎。顯祖妣，備四德之女行，全三從之婦道，廕封孺人，貴等迪咸之享貞[③]，法坤之含美[④]，澤存永永，緒[總]/繩繩。顯考，以錦衣指揮使，贈義陽侯，封太保之榮，而鎔慈性以茂金枝；慈母，由繡闥善慈儀，在安□[鄉]，封/宜人之貴，而陶仁心以榮玉葉。其祖功宗德，百世不遷，宜子孝孫賢，當世挺出。相公名有以立望者，于時/慎權處敬，有智將機謀；附鳳攀龍，多大夫素志。粤感風雲之會，茂攄健武之才，有寬有嚴，樂憚咸孚士卒，/能步能水，使令各當將才。内密陪帷幄畫謀，外可作干城禦侮。翊/　　　　上主於開創之始節，盡忠克復夏都；扶/　　　　副王[⑤]於征伐之秋，智奮勇悉夷漢難。論功冠一時之右，行賞居諸將之先，忠義滿朝廷，品位冠羣后，欽敕

---

① 此爲拓片編號 03918 之額題，今依内容及性質重定篇題爲“香羅社嶕郡公阮登用後神碑記”。按，後附“後神碑記”四字爲編號 03919 之額題。

② “躬圭”，見《周禮・春官・大宗伯》：“以玉作六瑞，以等邦國，王執鎮圭，公執桓圭，侯執信圭，伯執躬圭。”鄭玄注曰：“躬圭，蓋皆象以人形爲瑑飾，文有麤縟耳，欲其慎行以保身。”

③ “咸之享貞”，見《周易兼義・下經咸傳・咸》：“咸，亨利貞，取女吉。”孔穎達疏曰：“咸亨利貞取女吉者。咸，感也。此卦明人倫之始，夫婦之義，必須男女共相感應，方成夫婦。既相感應乃得亨通，若以邪道相通，則凶害斯及，故利在貞正，既感通以正，即是婚媾之善。”

④ “坤之含美”，見《郭氏傳家易説・上經・坤》：“陰能含美，則能從事。蓋坤之德，含弘爲先也。地道、妻道、臣道，皆坤之道也。”

⑤ “副王”，即鄭柮，明朝封其爲副國王。《大越史記全書・本紀》卷十八黎神宗慶德三年（1651）：“冬十月，明差官捧齎印來，封清王（鄭柮）爲副國王。”

受/郡公，好爵位極至榮，奉令給本貫内該民皆被澤，季錢饒赦，肯有一毫之侵，賦税薄征，自無重斂之苦，以/至搜差各役，遵如令内而行。内安田里之民，自無带佩；外絶萑蒲[1]之盜，不有吠驚。家家常給中，户户不閉/外，訢訢然老少之心，戴恩感德；謙謙有君子之節，輕財愛人。發無量之心，種將來之福。家之貲貨，發以興/功，庫之錢財，施而不吝。航中慈慧，筆下檀那[2]，市荆之材，買崑之瓦。迺於甲申年三月日晨蠲竈觳，役起鳩/工，仁基丕培，福地高築。祠宇之雕樑畫棟，以之巍業相望；祠廟之直檻横欄，以之嵯峨對峙。樓臺炣燦，院/宇崢嶸。再於壬辰年不愛千金之資，買豫樟楩梓之木，量度羣□，各適其用，構作東亭。至於癸巳年，奚惜/十家之産，收棟梁榱桷之材，指麾衆工，各趨其事，造作西亭。高低尊老氏之臺[3]，廣狹法華胥之國[4]，其規且/觀，其制且輪，如翬斯飛，如矢斯棘[5]，制作全資神力，經營助以慈航。馥郁青天，丹桂鮮明，陸地紅蓮，真美中/之好景也。又慮夫神能供給，禮以誠莊，乃施拾五畝田，留與本社各甲，使之一任耕種，以爲香火奉承，非/惟謹事神之心，抑亦見孚民之意。玆本社鄉老、官員、將臣、社村長，黎子富、黄仁靖，上下巨小等，仁讓之俗，/禮義之鄉，閭里本舒州之民，禮雖有隔，都督仰鎮周之治，衆共樂尊相公，於是預置壽庵一間，後神永使，/本社萬代奉事。有此功德之大，不忘香火之情，況神靈素稟良能，天下共齊明祭祀，而相公本稱善德，一/邑皆敬畏奉承，一則德大施爲，一則功弘相佑，神靈之護斯民者，禦災捍禍，民則物阜境安，咸躋仁壽之/域。相公之愛斯民者，輕徭[6]薄税，民則家給人足，始稱安豐之名。時或席啓唱歌，曷已人情頌讚，仰祝/　皇上億年有永，如日之升，如

---

[1] "萑蒲"，又作"萑浦""萑苻"，引喻爲盜匪聚集的地方。典出《左傳》魯昭公二十年："（子）大叔爲政，不忍猛而寬，鄭國多盜，取人於萑苻之澤。"杜預注："萑苻，澤名；於澤中劫人。"

[2] "檀那"，見法雲編《翻譯名義集·七衆弟子篇》引《要覽》曰："或名檀那者。梵語陀那鉢底，唐言施主，今稱檀那。訛陀爲檀，去鉢底留那也。"又，"思《大乘論》云，能破慳悋嫉妬，及貧窮下賤苦，故稱陀。後得大富。及能引福德資糧，故稱那。又稱檀越者，檀即施也，此人行施，越貧窮海。"

[3] "老氏之臺"，又稱"説經臺"，傳説是老子著《道德經》，説經與成仙之地。《道教靈驗記·宫觀靈驗·青羊肆驗》："成都青羊肆，在正見坊羅城之外，乃太上老君自終南與尹喜相别，將適流沙會期之所也。是歲，老君自説經臺上昇入太微。尹喜千日修行功成，入蜀尋覓青羊肆，得見老君即其地也。"

[4] "華胥之國"，傳説中的理想國度。典出《列子·黄帝》："（黄帝）三月不親政事。晝寢而夢，遊於華胥氏之國。華胥氏之國在弇州之西，台州之北，不知斯齊國幾千萬里；蓋非舟車足力之所及，神游而已。其國無師長，自然而已。其民無嗜慾，自然而已。不知樂生，不知惡死，故無夭殤；不知親己，不知疏物，故無愛憎；不知背逆，不知向順，故無利害；都無所愛惜，都無所畏忌。入水不溺，入火不熱。斫撻無傷痛，指擿無痟癢。乘空如履實，寢虚若處牀。雲霧不硋其視，雷霆不亂其聽，美惡不滑其心，山谷不躓其步，神行而已。"

[5] "如翬斯飛，如矢斯棘"，形容宫室華麗壯觀，見《詩經·小雅·鴻鴈之什·斯干》："如跂斯翼，如矢斯棘，如鳥斯革。如翬斯飛，君子攸躋。"孔穎達疏："毛以爲言宫室之制，如人跂足，竦此臂翼然；如矢之鏃，有此稜廉然；如鳥之舒，此革翼然；如翬之此奮飛然，宫室如此之美，君子所以升處也。"

[6] "徭"，本作"徑"。

月之恒；敬祝/　　　　　聖主萬歲無疆，如岡之陵，如山之壽，君享其福，臣誠其美。喜見相公累世勳舊，與國休同，待身以伊傅周召，/期君爲湯武成康，炳盛世之耆龜，迄當代之柱石。荷剖符封功之令典，踵錫壤光考之賢臣，禄享千鍾富，/位冠三公榮。爵而齒德，達天下之尊三①；富與壽康，兼《尚書》之福五②。勳益進於前，澤永垂于後，麟趾鳳毛之/種，濟濟挺生；龍標虎榜之名，彬彬相繼。衣冠舄奕，圭組蟬聯，而相公之□，福庇無窮；相公之名，萬代有□/矣。尤所喜者，本社户户周程，家家稷契。出作入息，太平咸樂堯天；積倍户增，富庶共陶漢日。情各遠安逸，/俗共圓渾淳。文則見登瀛盛選，事業優路國名臣；武則收先河甲功，忠義等汾陽貫日。士多濟位聯朝立，業各/安財浩泉來；農何勞沐雨櫛風，粟滿漢倉積外工。務專引繩規矩，功成傳相佛心。業咸樂土廛之賈，横浦之商；/產厚積麗水之金，崑崙之玉。人人共風流富貴，代代昌男女兒孫，斯爲盛矣，顧不韙歟！因勒于堅珉，以壽其傳云。/③

府華慈邑，縣美安豐。香羅名貫，阮北豪宗。
總知掌監，洵美相公。/權隆制閫，義效從戎。
功論爲冠，邑賞太醲。官役並赦，民惠咸蒙。/
輕其財貨，興此德功。晨鐲龜穀，役起鳩工。
神昭敬事，廟作高崇。/材收梁棟，亭造西東。
制度輪奂，規矩襲重。青天桂碧，陸地蓮紅。/
好瓦並蓋，惠田施供。壽庵預置，後神惟從。
一心以事，萬世無窮。/持扶擁護，正直明聰。
皇圖鞏固，聖壽增隆。全家福廕，與國休同。/
尚書五福，厚禄千鍾。興仁曉禮，美俗淳風。
立朝貴士，樂業富農。/工多禄受，商浩財充。
盛無以尚，美在其中。/
慈山府安豐縣香羅社官員將臣社村長巨小等同心協力共立碑事。/

① "達天下之尊三"，見《孟子・公孫丑下》："天下有達尊三：爵一、齒一、德一。朝廷莫如爵，鄉黨莫如齒，輔世長民莫如德。惡得有其一，以慢其二哉。故將大有爲之君，必有所不召之臣，欲有謀焉，則就之，其尊德樂道不如是，不足以有爲也。"

② "《尚書》之福五"，見《尚書・洪範》："箕子乃言曰：'我聞在昔，鯀堙洪水，汩陳其五行。帝乃震怒，不畀'洪範'九疇，彝倫攸斁……九、饗用五福：一曰壽，二曰富，三曰康寧，四曰攸好德，五曰考終命。"

③ 以上爲拓片編號 03918 的內容。

計/

一官員柒名：/

陳[1]廣，御用監太監參知監事，/豐禄侯。阮登高，右校點，/朝勝侯。阮登擢，兵部郎中，/富豪子。阮登明。少卿，/□禄子。/

黄有禮，指揮使，/瑞林侯。阮有富，指揮使，/祥岩侯。黄仁讓，奉御監，/安禄子。總正阮明智。/

村長：/

黎子富，黎進高，□□/廣寧伯。黎有德，阮登成，陳進安，阮手，阮登擢，阮明智，/黄文靖，杜文明，黎有嚴，阮得康，阮大通，阮嘉成，楊文才，黄文貴，/阮文達，阮赤，阮光明，杜智仁，阮貴秋，黄有禮，黎文迪，楊文貴，/阮嘉越，吴有仁，阮有美，黄文朝，黎三山，阮專，黎文安，阮富仍，/阮得安，阮足，阮文德，阮嘉定，阮有榮，杜必雄該隊，阮敦成，阮建明，/范文諠，吴光明，阮維墨，黎輝，黎文淵，杜瓜，阮厚，杜脩，/杜楝，守役勾稽、文成男黎文理。/

東中甲肆拾玖[2]人，中村甲拾五人，午中甲貳拾陸人，午胥甲五拾捌人。/上壽甲叁拾貳人，午上甲肆拾五人，上福甲貳拾柒人，中舍甲五拾貳人。/中正甲五拾人，東外甲柒拾肆人。/

一係施田均分，每人或後代廟祠頹弊，玆本社拾甲據分田出錢，不得顛倒。/

盛德萬萬年癸巳[3]之次冬節穀日/

賜丙戌科同進士出身、光進慎禄大夫、清華道監察御史、芳林男，順嘉午栜丁拙甫[4]撰/

書寫□文寺丞、文桂男承寫/

刻石匠匠正、文景男刊/[5]

---

① “陳”，原作倒部諱字。

② “玖”，原作倒部諱字。

③ “盛德萬萬年癸巳”，“盛德”爲後黎神宗黎維祺年號，“元年”爲公元1653年，當清順治十年，歲次癸巳。

④ “丁拙甫”，應即丁必興，福泰四年（1646）丙戌科第三甲同進士出身第八名，《鼎鍥大越歷朝登科録》：“丁必興，嘉林午橋人，三十中，仕至監察。”

⑤ 以上爲拓片編號03919的內容。

題後

本碑記主阮登用爲侍内監總太監掌監嶕郡公，碑文中有“扶副王於征伐之秋”句，按，“副王”即鄭文祖誼王鄭柮，鄭成祖鄭松的長子。永祚五年鄭松去世，鄭柮在平定其弟發動的奪權叛變之後，受封爲清都王開始掌權。神宗慶德三年（1651），是年爲南明永曆五年、清順治八年，時“（二月）明帝幸駕駐蹕于南寧城，有敕諭王，資其兵象糧銃，以助恢勦”。冬十月，南明差官捧齋勑印來，封清王爲副國王，其文曰：“朕惟祖宗肇有區夏，聲教誕敷，禮信外藩，以廣國家屏翰。爾安南王黎氏，介在南服，世奉車書，戴德懷忠，欽承靡替，原其所致，則惟爾輔國政鄭柮，乃祖乃父，後先同德，匡持翼贊之功，載在譯傳，夙昭國盟，傳至爾柮，功名盛著，夷屬傾心，匡主庇民，克修厥職，朕所鑒知。邇者朕蹕粵西，鋭圖光復，憂勤宵旰，五載于兹，今川楚諸勳臣，相次入扈，大師率止，萬竈雲屯，我軍大振。向之環兵入衛者，已經次第引去，而爾鄭柮奉表稱貢，自春徂秋，接踵間關，罔敢廢墜，朕甚嘉之，雖排抑有徒，朕不爲間，是用特崇殊典，晉封爾爲安南副國王，錫之勑印，爾其祗受，以裕來兹，於戲！朝廷置外藩，所以撫要荒、弘捍蔽，承平則漸濡德教，戡定則翊贊明威，維翰維城，無分中外，爾懋膺寵錫，務益忠貞，來輔黎氏，永修職貢，作朕南藩，永世勿替，欽哉！”（見《大越史記全書·本紀》卷十八）有此記載可略知當時永曆帝之境遇與策略。

二五五　始造石棣樣處碑記

引言

碑立於北寧省安豐縣芳蘿總芳蘿社東村亭，爲亭左邊一碑。碑刻雙面，拓片編號 03920/03921，拓片編號 03920 爲碑前，共二十四行字，滿行三十二字，碑額刻“東店石梂碑”五字，碑題“始造石梂槎處碑記并銘”十字，今依此碑題重定篇題爲“始造石梂槎處碑記”；拓片編號 03921 爲碑後，共二十三行字，滿行三十三字，有方界格，碑額刻“始造後碑記”五字。碑兩面之四邊刻有紋飾，拓片編號 03920 額刻有雙龍昭日，左右兩邊刻花紋、祥鳥紋，碑底刻蓮座；拓片編號 03921 碑額刻有日紋，左右兩邊刻有捲草紋，碑底刻有蓮座。碑文撰者上洪府知府黄樞，書寫者阮登名，鐫刻者安越局石阮文盛。年代署作永治（Vĩnh Trị）五年（1680）歲次庚申，永治爲後黎熙宗（Lê Hy Tông）黎維祫（Lê Duy Cáp）年號，同年爲清康熙十九年。拓片現藏於漢喃研究院。

此碑記載安豐縣香羅社修建古蹟梂槎之事。香羅社位於二甲亭旁原有一古蹟名之梂槎，因日久損壞，故東店村官員與鄉老捐錢買石重修此處。文末録有捐贈者的姓名與金額。

03920

編號：03920　出自《拓片總集》第四冊（下同）

始造後碑記
03921

編號：03921

釋文

【東店石梂碑】[①]

始造石梂槎處碑記并銘[②]

嘗謂道若大路，然人往來有路，路則有梂，能興功始造，可見於今日者矣。方今/

聖天子以上聖之資，撫中興之運，萬幾圖舜日，百度貞周王，寔賴/　　　　王府承祖宗基緒之傳，爲天地生民之主，專委/　　　　副王府統攝官僚，御臨區宇；曁親勳大臣、文武百執同心修[③]輔，以共成天下之治，國/安如磐石，勢[④]重訖泰山。當此之時，君君臣臣，父父子子，夫夫婦婦，百姓謳歌，謂之/太平天下，孰不知惡可羞而必去，知善可慕而必爲。

睠兹慈山府安豐縣香羅社，/里稱厚俗，人有行風，處家感東平蒼言，善爲最樂[⑤]，齊人行大夫産，惠心用豈[⑥]。私竊/見本社地方原古跡石梂槎處，前來千里路，後近二甲亭，一方形勝，實萃于斯。伊/昔規宏，奈久則敝，至兹東店官員、鄉老、社村長，上下巨小等，共發家財，悉資功德，/買取山間之石，造作路上之梂，使人人得便往來，既成鳩工，載開燕法，詣請余文，/以記夫事。余謂夫梂以石名，碑以石記，茍非實記，恐泯前蹤，余美之曰：地氣由兹/鍾秀，人才於是始生。語其文則科舉之文，國家柱石；語其武則韜略之武，廟堂棟/梁。兩途並用，其間四民各安其業，士魁科、農巨富、優廣微、媲稷大官；工巧思，賈多/財、冠伯垂，邁吕丞相。子孫榮盛，事業鏗鏘，爰刻爲碑，以永傳世，維鐫石鼓之詩[⑦]，勒/浯溪之碑[⑧]，不足以形容其萬一云耳。遂爲　　銘曰：/

---

① 此爲拓片編號 03920 之碑額題。

② 此爲拓片編號 03920 之碑題，今依此重定篇題爲“始造石梂槎處碑記”。

③ “修”，碑原作“脩”，因另兼正字故改。

④ “勢”，碑原作“𫝑”，越南俗字。

⑤ “爲善最樂”，見《東觀漢記》卷七《宗室列傳・東平憲王蒼》：“（明帝）嘗問（劉）蒼曰：‘在家何業最樂？’蒼對曰：‘爲善最樂’。”

⑥ “齊人行大夫産，惠心用豈”，見《論語・公冶長》：“子謂子産有君子之道四焉。其行己也恭，其事上也敬，其養民也惠，其使民也義。”

⑦ “石鼓之詩”，唐貞觀元年（627），在今陝西省寶雞市岐山北坡的荒郊發現十座外型上狹下寬，形似鼓的刻石。刻石上刻鑿上古文字，是中國現存最早的石刻文字。因其形似鼓，故稱石鼓，按照出土地或稱爲“岐陽石鼓”，也有稱爲“陳倉石碣”者。

⑧ “浯溪之碑”，浯溪位於今湖南省祁陽縣西湘江邊上。唐代詩人元結卜居此地，命曰“浯溪”。唐肅宗上元二年（761），元結作《大唐中興頌》，並請當時的大書法家顔真卿寫成楷書鐫刻於江邊崖上。

粵瞻京北，獨見香羅。地靈人傑，天寶物華。

原夫古跡，名曰梂槎。/頃已跡敝，今再功加。

工方告畢，會啓無遮。才由挺出，盛謁□□。/

文官心腹，武將爪牙。業安民回，慶及後多。

德同天地，善等河沙[①]。/一碑是立，萬古不磨。

一村長拾肆名。/

生徒黎得珠，該隊阮登富，黎金城，阮仕恩，阮世儒。内監官杜得榮，杜致高，杜進德，/黃如珠，阮世莊，黎文得，黃如湖，阮惟造，杜必德。社長杜必富，阮仕爵，陳光盛。/

皇越永治五年[②]庚申歲三月初一日立/

茂林佐郎、上洪府知府、安豐望月黃樞撰/[③]

【始造後碑記】[④]

東店鄉老上下等：/

黎可文，阮克成，阮登用，阮有富，阮文達，黎三山，黎德安，杜惟賢，阮公值，黃有傳，黃有禄，/黃如核，阮王環，阮公都，黎金訥，黎有功，黎可長，黎文顯，黃如罷，阮克使，黃有名，黃如鄰，/黎世冑，黎子圍，黎裴儒，阮都，黎得爵，黎文全，阮貴，阮光輝，阮有同，阮仕量，黎德業，/陳進就，阮惟紒，阮榮壽，黎文富，黃如海，杜進願，阮嘉貴，阮世知，阮克世，阮登名，阮世明，/黃如豁，黎德盛，黃如小，黃文翊，黃有林，黎金諺，黃文德，黃有年，阮世興，黎德良，阮公禮，/黎有量，黃公答，杜進彦，黃文仾，阮惟忝，陳進辰，黃有法，杜進榮，阮德容，阮榮福，阮文定，/黎登朝，阮文奴，黃文弘，黎惟調，阮公用，陳進景，黎金讓，黎文榮，黃有用，黃有省，阮仕通，/杜世萬，黃如此，阮公旦，黎金習，黃文甲，阮德基，黎文多，黎文會，黃有敬，黎惟佇，黎德泊，/阮仕任，黃如鑾，阮登存，黎文良，黃如河，黎可海，阮嘉石，黃如桂，黎金石，黎興造，阮公論，/阮榮顯，黃有美，黃文典，阮世盛，阮世寧，阮監，阮仕潭，黎廷名，黃有福，阮仕祥，黎可秀，/黎文

---

① “河沙”，見[印] 龍樹菩薩造，（後秦）鳩摩羅什譯《大智度論》卷七《大智度初品中放光釋論第十四》：“問曰：‘如閻浮提中種種大河，亦有過恒河者，何以常言恒河沙等？’答曰：‘恒河沙多，餘河不爾。’”

② “皇越永治五年”，“永治”爲後黎熙宗黎維祫年號，“五年”爲公元 1680 年，當清康熙十九年，歲次庚申。

③ 以上爲拓片編號 03920 的内容。

④ 此爲拓片編號 03921 之額題。

兼，阮公謹，阮什提，黎魁，黎璿，黎文品，黃如順，黎長盛，黎進朝，黎廷堅，黃有容，/黎登相，黃文材，阮士柱，阮克紗。/

一本店各人功德：/

黃有□字福成，錢四貫。/

侍內監右題點、乾良伯杜得榮，社長黎三山，生徒杜惟賢，阮公都，黃如枝，/黎世胄，杜進德每人錢壹貫。黃有傳錢四貫，黎氏帶錢二貫。黃氏碧，/范氏蘭，阮氏特，黃氏董，阮氏玉，阮氏熙，每人錢一貫。阮氏撰錢壹貫。/范氏立，阮氏仁，杜氏蕭，黎氏三每人錢五陌。阮氏所三陌。/黃氏□錢五陌。

本社功德：

阮登直錢壹貫，阮嘉壽，錢四/陌。黎有通錢四陌，/阮仕占錢五陌，阮仕志錢四陌。/

歲次庚申年[①]季春穀日/

本店阮登名寫/

超類安越局石阮文盛刊/[②]

題後

碑文有云“方今聖天子以上聖之資，撫中興之運，萬幾圖舜日，百度貞周王，寔賴王府承祖宗基緒之傳，爲天地生民之主，專委副王府統攝官僚，御臨區宇”；其中所云“副王”，即鄭文祖誼王鄭柣。南明永曆五年（1651），爲了要求越南資助兵象糧銃，遂封予實際掌握政權的鄭主鄭柣副國王的稱號，當時的永曆帝並無實際的力量，這樣的封贈也並没有實質的作用，但鄭柣使用了“副王”的稱號，由此亦可窺探中越之間的微妙互動。

① “歲次庚申年”，即後黎永治五年（1680），當清康熙十九年。

② 以上爲拓片編號 03921 的内容。

二五六　德光祠碑記

引言

碑立於北寧省安豐縣芳羅總如月社吴相公祠址，爲祠址内一碑，碑刻雙面，拓片編號03924/03925，拓片編號03924爲碑前，共三十六行字，滿行四十二字，碑額刻“豎德光祠碑”五字，今依此額題重定篇題爲“德光祠碑記”；拓片編號03925爲碑後，共二十行字，每行字數不一，碑額刻“惠田祀記”四字。拓片編號03924碑額刻有雙龍昭日，碑底刻有獸紋，拓片編號03925碑額刻有雙鳳昭月，碑底刻有龍紋。碑文撰者爲徽文殿詹事院典史武竹庵，書者王府侍内書寫、大理寺少卿范黄球，鐫刻者玉石局阮曰祥。年代署作盛德（Thịnh Đức）四年（1656）歲次丙申，盛德爲後黎朝神宗（Lê Thần Tông）黎維祺（Lê Duy Kỳ）年號，同年爲清順治十年。

此碑記載挺郡公吴公美立祠供奉祖先之事。内容敘述挺郡公吴公美之先世與其生平事業，吴公美在如月社立德光祠以供奉祖先及父母，並捐十兩銀子以作爲供奉祭供之用。並言吴公美百年之後，祭祀禮同其之父母，文末以四十六句四字銘文歌詠此事，並録有各處田地之位置。

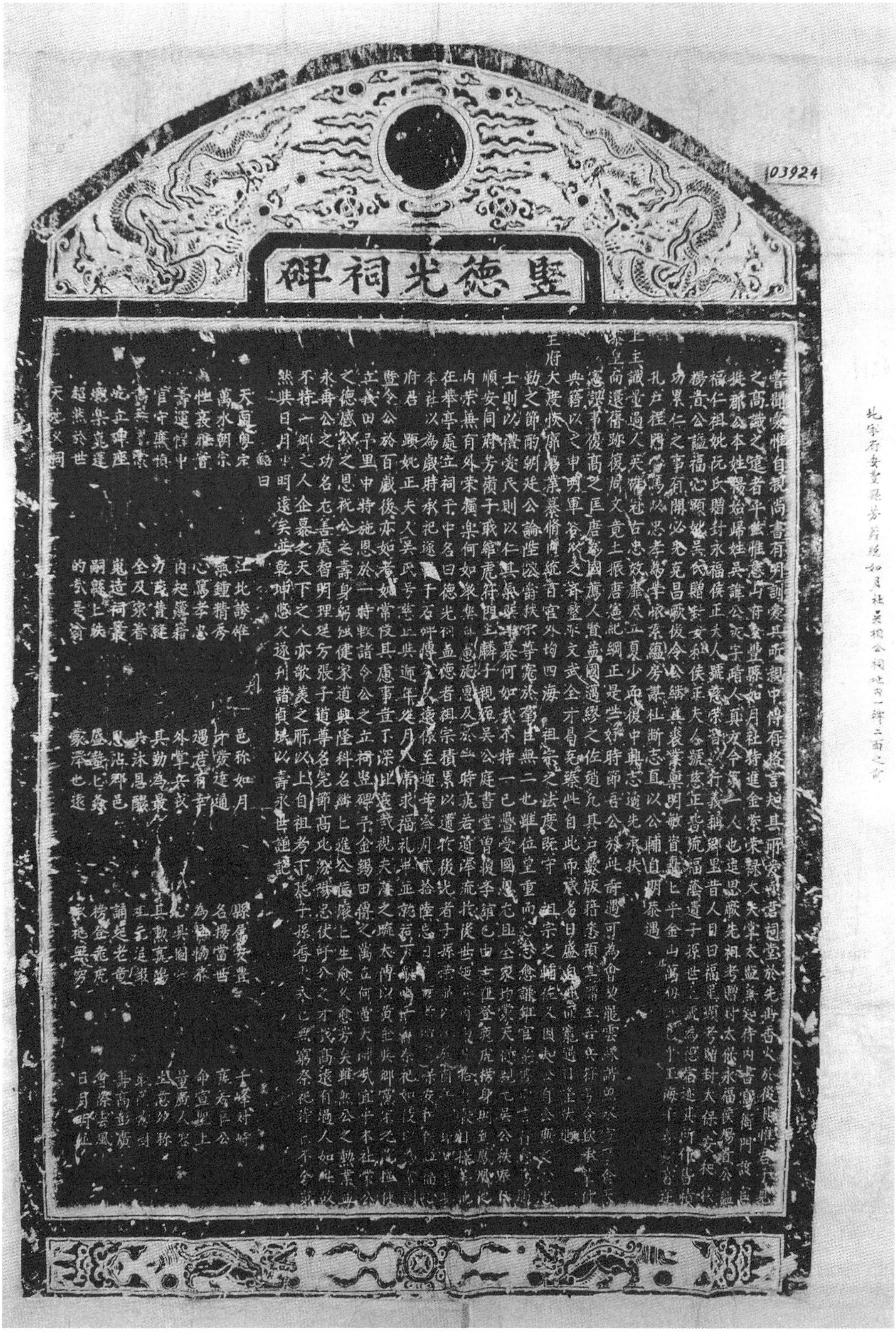
03924
豎德光祠碑
北寧省安豐縣芳蕎總如月社吳相公祠地內一碑二面之前

編號：03924　出自《拓片總集》第四冊（下同）

惠田祀記
03925

編號：03925

釋文

竪德光祠碑[1]

嘗謂愛惟自親，《尚書》有明訓[2]；愛其所親，中傳有格言[3]。知其所愛，而營祠堂於先，垂香火於後，其惟君子見/之高、識之遠者乎？

玆惟慈山府安豐縣如月社，特進、金紫榮禄大夫、掌太監兼知侍内書寫衙門該官、/挺郡公，本姓楊，始歸姓吴，諱公美，字靖人，真方今第一人也。追思厥先祖考，贈封太保、永福侯楊貴公，謚/福仁；祖妣，阮氏，贈封永福侯正夫人，號慈榮；皆以行義稱鄉里，昔人目曰福星。顯考，贈封太保、安和侯/楊貴公，謚福心；顯妣，吴氏，贈封安和侯正夫人，號慈正；皆流福蔭、遺子孫，世上號爲德宿。迹其所作，皆積/功累仁之事。有開必先，克昌厥後。令公繼箕裘業[4]，稟明敏資，矗矗乎金山萬仞，汪汪乎玉海千尋。身嘗遊/孔户程門，□篤以忠孝爲學；懷素藴房謀杜斷[5]，志直以公輔自期[6]。恭遇/　　　上主，識量過人，英雄冠古。忠效靡盡，立夏少而復中興；志遹先承，扶/　　　黎皇而還舊跡。復周文竟土，振唐憲紀綱，正是些好時節。吾公於此時遇，可爲會契龍雲，緣諧魚水。宣事含天/憲，謀事優高之匡唐；爲國薦人賢，益國邁繆之佐趙。凡其户數版籍，悉預掌關，至若兵符號令，欽承挈付，/典籍以之申明，軍容

---

① 此爲03924之額題，今依内容及性質重定篇題爲“德光祠碑記”。

② “嘗謂愛惟自親，《尚書》有明訓”，典出《尚書・康誥》：“王曰：封，元惡大憝，矧惟不孝不友。子弗祗服厥父事，大傷厥考心；於父不能字厥子，乃疾厥子。於弟弗念天顯，乃弗克恭厥兄；兄亦不念鞠子哀，大不友於弟。惟弔玆，不於我政人得罪，天惟與我民彝大泯亂，曰：乃其速由文王作罰，刑玆無赦。”孔穎達疏曰：“聖人緣心立法，人莫不緣身本於父母也，自親以及物，天然之理。故孝經曰：‘不愛其親，而愛他人者，謂之悖德。不敬其親而敬他人者，謂之悖禮。’”

③ “愛其所親，中傳有格言”，語出《中庸》第三十一：“踐其位，行其禮，奏其樂；敬其所尊，愛其所親；事死如事生，事亡如事存，孝之至也。”

④ “箕裘業”，指濡染之下，子承父業。《學記・禮記》：“良冶之子，必學爲裘；良弓之子，必學爲箕；始駕者反之，車在馬前。君子察於此三者，可以有志於學矣。”

⑤ “懷素藴房謀杜斷”，房杜即房玄齡、杜如誨。《舊唐書・杜如晦傳》劉昫論曰：“房、杜二公，皆以命世之才，遭逢明主，謀猷允協，以致昇平。議者以比漢之蕭、曹，信矣。然萊成之見用，文昭之所舉也。世傳太宗嘗與文昭圖事，則曰‘非如晦莫能籌之’。及如晦至焉，竟從玄齡之策也。蓋房知杜之能斷大事，杜知房之善建嘉謀，裨諶草創，東里潤色，相須而成，俾無悔事，賢達用心，良有以也。若以往哲方之，房則管仲、子產，杜則鮑叔、罕虎矣。”

⑥ “志直以公輔自期”，即姜公輔，事見《舊唐書・姜公輔傳》劉昫論曰：“（姜）公輔一言悟主，驟及台司，一言不合，禮遽疏薄，則加膝墜泉之間，君道可知矣！”《新唐書・姜公輔傳》曰，姜公輔爲“愛州日南人”。

以之齊整，非文武全才，曷克臻此？自此而威名日盛，自此而寵遇日隆。伏遇/　　王府大度恢廓，鴻業纂修[①]，内統百官，外均四海，　祖宗之法度既守，　祖宗之輔佐又因，知公有公廉之心，忠/勤之節，酌朝廷公論，陞公爵秩宗，尊寵於羣臣無二也。雖位望重，而心志愈謙；雖官爵高，而言行愈篤。遇/士則以禮，愛民則以仁，其氣概可慕何如哉。不特一己疊受國恩，尤且全家均蒙天禄。親兄吴公秩奉仕/順安同府、芳嶺子，職綰虎符，門生麟子；親姪吴公庭，書堂曾履，學舘已由，志在登龍虎榜[②]，身期到鳳凰池[③]。/内榮兼有外榮，獨樂何如衆樂？且慮施惠及於一時，孰若遺澤流於後世。迺於丙申年拾月穀日擇善地/在舉亭處，立祠于中，名曰“德光祠”。蓋德者，祖宗積累以遺於後；光者，子孫榮顯以光於前。并以銀田留與/本社，以爲歲時承祀，遂勒于石碑，傳之久遠。係至遞年叁月貳拾陸忌日，　顯考，贈太保、安和侯，謚福心/府君；　顯妣，正夫人吴氏，號慈正；與遞年玖[④]月入席求福。禮畢，並就祠下歌唱一籌，祭祀如儀，以爲常例，/暨令公於百歲後亦如考妣常儀。其慮事豈不深且遠哉！視夫漢之疏太傅以黄金與鄉黨[⑤]，宋之范樞使/立義田予里中[⑥]，特施恩於一時，較諸令公之立祠竪碑，予金錫田，傳之萬世，何啻天淵哉！宜乎本社蒙公/之德，感公之恩，祝公之壽，身躬強健，家道興隆，科名繼繼進，公侯滚滚生，愈久愈芳矣。雖然公之勳業益/永垂，公之功名尤善。處智明理，□方張子道；尊名完節，高比汾陽忠[⑦]。伏吁公之才識高遠，有過人如此，故/不特一鄉之人企慕之，天下之人亦歌羨之，所以上自祖考，下延子孫，香火永永無窮，祭祀時時不舍，巍[⑧]/然與日月光明，遠矣並乾坤悠久。遂刊諸貞珉，以壽永世，謹記。/

---

① “修”，原作“脩”，另兼正字，故改，下同不另注。

② “龍虎榜”，典出陸贄在唐貞元八年（792）主持的進士科試，當年有韓愈、歐陽詹、李觀等八人登第，時稱“龍虎榜”，譽爲“天下第一”。《新唐書・文藝列傳・歐陽詹》：“舉進士，與韓愈、李觀、李絳、崔羣、王涯、馮宿、庾承宣聯第，皆天下選，時稱‘龍虎榜’。”

③ “鳳凰池”，見《通典・職官典・中書省・中書令》：“魏晉以來，中書監、令掌贊詔命，記會時事，典作文書。以其地在樞近，多承寵任，是以人固其位，謂之‘鳳凰池’焉。”

④ “玖”，原作諱字。

⑤ “漢之疏太傅以黄金與鄉黨”，疏廣事見《漢書・疏廣傳》：“（疏）廣既歸鄉里，日令家共具設酒食，請族人故舊賓客，與相娱樂。數問其家金餘尚有幾所，趣賣以共具。……曰：‘……賢而多財，則損其志；愚而多財，則益其過。且夫富者，衆人之怨也；吾既亡以教化子孫，不欲益其過而生怨。又此金者，聖主所以惠養老臣也，故樂與鄉黨宗族共饗其賜，以盡吾餘日，不亦可乎！’”

⑥ “宋之范樞使立義田予里中”，事指范仲淹設義田，見錢公輔《義田記》：“范文正公方貴顯時，置負郭常稔之田千畝，號曰義田，以養濟羣族之人。”

⑦ “高比汾陽忠”，指郭子儀。安史之亂中多次擊敗叛軍，收復失地，屢建戰功。嘗封汾陽郡王、汾陽王，謚號忠武。詳見《舊唐書・郭子儀傳》。

⑧ “巍”，碑原作“嵬”，因另兼正字，故改。

銘曰：/

天南粵定，江北誇雄。邑稱如月，縣屬安豐。

千峰對峙，/萬水朝宗。氣鍾精秀，才發達通。

名揚當世，孰若巨公。/性敦雅實，心篤孝忠。

遇君有幸，爲臣協恭。命宣聖上，/籌運幄中。

内知簿籍，外掌兵戎。心具國愛，量廣人容。/

官守廉慎，德茂贊縫。其勤爲最，其勳孰鴻。

上意多稱，/高秩累蒙。全及家眷，共沐恩醲。

祖先追報，職蔭素封。/屹立碑座，巍造祠叢[1]。

恩沾鄉邑，誦起老童。壽高彭廣，/境樂崑蓬。

嗣緜緜瓞，盛蟄蟄螽。榜登龍虎，會際雲風。/

超然於世，的哉是翁。蒙澤也遠，承祀無窮。

日月明證，天地久同[2]。/

惠田祀記[3]

計/

一精銀子拾鎰。/

一各所田共禾貳百貳拾玖[4]擔，並秧田粟貳拾捌升，及土園壹所。/

在如月社拾五所：/

一所土園在㭕亭處，一所秧田壓佳處陸升，一所秧田同遺處玖升。/

一所田梂壓處陸擔，一所田同衞處肆擔，一所田同旁處拾擔。/

一所田同洑處五擔，一所田𫐆黄處拾擔，一所田㭕亭處捌擔。/

一所田同𠞺處捌擔，一所田同娘處拾貳擔，一所田同𦬑處柒擔。/

一所田亭明處陸擔，一所田同抛處五擔，一所田㭕柴處陸擔。/

在香羅社柒所：/

一所田梂石處玖擔，一所田同𦮲處拾擔，一所田茹𧈶處拾擔。/

---

① “叢”，原作諱字。

② 以上爲拓片編號 03924 的内容。

③ 此爲拓片編號 03925 之額題。

④ “玖”，原作諱字。下同，不另出注。

一所田同𧷝處拾擔，一所田同塢處玖擔，一所秧田同𡍢處拾叁擔。/

一所深田茹𪱡處玖擔。/

在安偉社柒所：/

一所田同婆處玖擔，一所田𡍢廊處拾擔，一所田𡍢同東處拾擔。/

一所田同章處貳段共貳拾擔，一所田𡍢同東處貳拾擔，一所田廊𡍢處陸擔。/一所田𡍢同東處拾擔。/

盛德萬萬年之四[①]孟冬節穀日/

光進慎禄大夫、徽文殿詹事院典史、香嶺男，洪唐慕澤武竹庵撰/

戊寅科試中書筭、華文正、王府侍内書寫、贊治功臣、特進、金紫榮禄大夫、

大理寺少卿、文書子，南青范黄球承寫/

玉石局順安嘉定大拜社阮曰祥鐫/[②]

題後

本碑記爲“特進、金紫榮禄大夫、掌太監兼知侍内書寫衙門該官、挺郡公”吴公美捐資立其功德碑，並爲生身父母設立寄忌。碑記主本人爲内監，而碑文有曰“身嘗遊孔户程門，□篤以忠孝爲學；懷素藴房謀杜斷，志直以公輔自期”，顯示其有儒學之素養，黎中興之後，鄭主當政，對於宦官特加重視，官職在文、武兩班之外，還設有監班，專由内監擔任。由大量的寄忌碑文中，可以發現如本碑主一般，内監具有儒學的素養，對於處理政務有一定的知識能力，由碑文中也可以知道，其親姪也是“書堂曾履，學舘已由”，且希望能够透過科舉取得仕進任官的機會，則其原身家族也是重視儒學者。這樣的家族何以有人從事内監的工作？是否與鄭主重視内監，使的内監在越南的地位與中國有所不同？

本碑記還有一點值得關注，碑記主原姓楊，本碑記記載在立碑稱頌碑記主之外，並爲其父母設立寄忌，因何改爲吴姓，却又爲楊姓父母設立寄忌，難道不是因爲碑記主是内監，無法育子？然碑文又云“親兄吴公秩奉仕順安同府、芳嶺子……；親姪吴公庭”，則其親兄與親姪也由楊姓改爲吴姓，並未保留姓楊，則越南黎朝中興之後的内監機制十分的複雜，值得深入探討。

---

① “盛德萬萬年之四”，“盛德”爲後黎神宗黎維祺年號，“四年”爲公元1656年，當清順治十三年，歲次丙申。

② 以上爲拓片編號03925的内容。

二五七　阮舍社侍宫嫔阮氏奏後神碑記

引言

碑立於北寧省安豐縣豐舍社清光寺，爲寺内左邊第一碑。碑刻四面，拓片編號 03937/03938/03939/03940。拓片編號 03937 爲碑前，共十二行字，滿行三十八字，碑額題“紀德碑”三字；拓片編號 03937 爲碑左，共十二行字，滿行約三十九字；拓片編號 03939 爲碑後，共十二行字，滿行約四十四字；拓片編號 03940 爲碑右，共七行字，每行字數不一。今依内容及性質重定篇題爲“阮舍社侍宫嬪阮氏奏後神碑記”。本碑撰者爲陳姓入侍陪從、御史臺副都御史，書寫者是提吏縣丞阮仲兼。年代署作景興（Cảnh Hưng）十二年（1751）歲次辛未，景興爲後黎顯宗（Lê Hiển Tông）黎維祧（Lê Duy Diêu）年號，同年爲清乾隆十六年。

此碑乃阮舍社阮村、涷梟村等村尊選侍宫嬪阮氏奏爲後神所立之碑。内容記載是王府侍内宫嬪阮氏奏曾於動亂之時，指定阮舍社爲寓禄民，遂得寬減租税；又取阮舍社爲隨候隊而得省減兵役。阮舍社感念其恩，遂保阮氏奏爲後佛，爲此阮氏奏捐出六畝四分田地和一連七間的房屋，作爲祭祀之用，後捐四畝田、池塘一口，用於尊其之父母爲後佛，並爲寄忌祖父母，文末記有每年祭供和所捐田地位置等相關規定。

03937

紀德碑

慈山府安豐縣阮舍社阮村東杲村等官員鄉老村長少鄉阮國潰奉管右驍騎司中尉阮國[illegible]副尉
使阮國績阮必能阮國語阮登明裴有功阮仁名阮廷瑾阮功謹阮登域裴有紹阮玉硯阮有則阮發神[illegible]
登客知事吳功賞首合社有亮材長阮廷賞阮廷功社丁酉社功俗阮玉皆裴功勤裴功[illegible]裴功奉
吳功杲裴登邊吳功迪阮廷立阮玉通社忠界全社上下等
嘗謂禮尚往来道通施報古今之常誼也肆惟
王府侍內宮嬪良人阮氏奏以蘭室之芳姿華堂之令族少從學海文焰騰蛟長侍。王宮功爰補
袞宮庭宣教鐸景仰同北斗泰山邊述沐恩波顒望若祥雲瑞日歷顯三朝之事業永垂千載
之風聲是亦周十臣之一也且於枌榆之里弘推慈德克擴仁端務安靜以厚其生戢允盈以樂其業
祖廟被刑者以財給之權豪侵擾者以法懲之時而賊徒經過民被彫殘則取本社為寓祿民向[illegible]
其租稅時而東西征討民疲兵役則取本社為遺侯隊而省減衛兵與其照勘社內民[illegible]頼社內
丁数奉得減率四十有七全社賴之百室盈寧其功德山高仁恩海闊黃童白叟莫不親愛而敬慕
顏相謂曰珠生川媚玉産山輝吾邑自慈德顯達以来户者寛之兵者恤之老者安之少者懷之惟

北寧省安豐縣豊舍社清光寺內左邊第一碑四面之前

編號：03937　出自《拓片總集》第四册（下同）

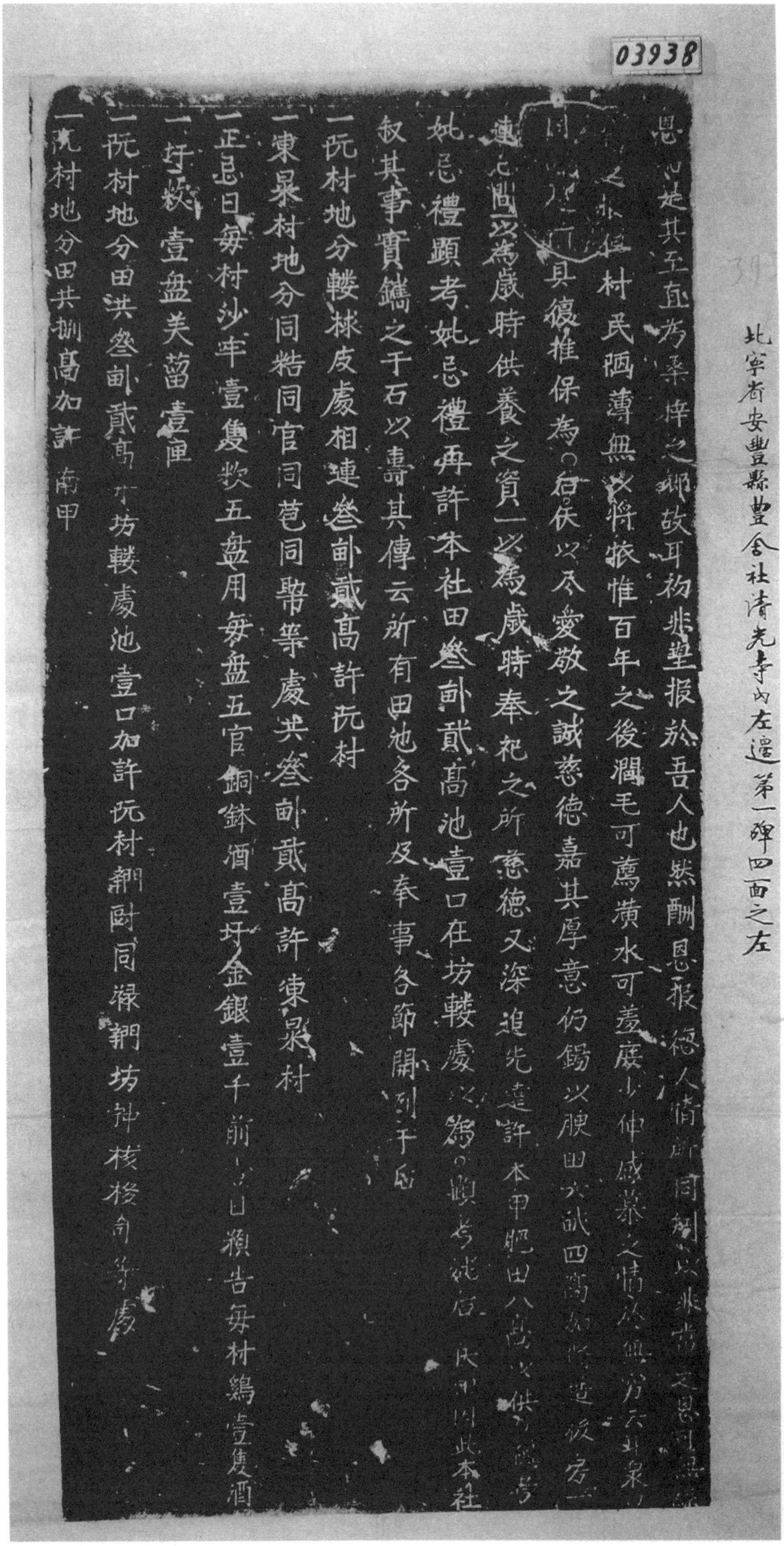
03938
北寧省安豐縣豐舍社清光寺內左邊第一碑四面之左
恩□是其至宜為桑梓之鄉故耳初悲塑振於吾人也然酬恩報德人情所同[illegible]
□之□□村民陋薄無以將報惟百年之後潤毛可薦潢水可羞庶少伸感慕之情[illegible]
□□□□具德推保為○后○佚以尽愛敬之誠慈德嘉其厚意仍錫以腴田□畝四高[illegible]
連□□以為歲時供養之資一以為歲時奉祀之所慈德又深追先遠許本甲肥田八高□供[illegible]
妣忌禮顯考妣忌禮再許本社田叁畝貳高池壹口在坊轄處以為○顯考妣后[illegible]本社
叙其事實鐫之于石以壽其傳云所有田池各所及奉事各節開列于后
一阮村地分轄林皮處相連叁畝貳高許阮村
一東泉村地分同粘同官同芑同帑等處共叁畝貳高許東泉村
一正忌日每村沙牢壹隻粄五盤用每盤五官銅鉢酒壹圩金銀壹千前一日[illegible]告每村鷄壹隻酒
一圩粄壹盘美畄壹匣
一阮村地分田洪叁畝貳高在坊轄處池壹口加許阮村綱尉同祿綱坊[illegible]處
一阮村地分田共捌高加許南甲

編號：03938

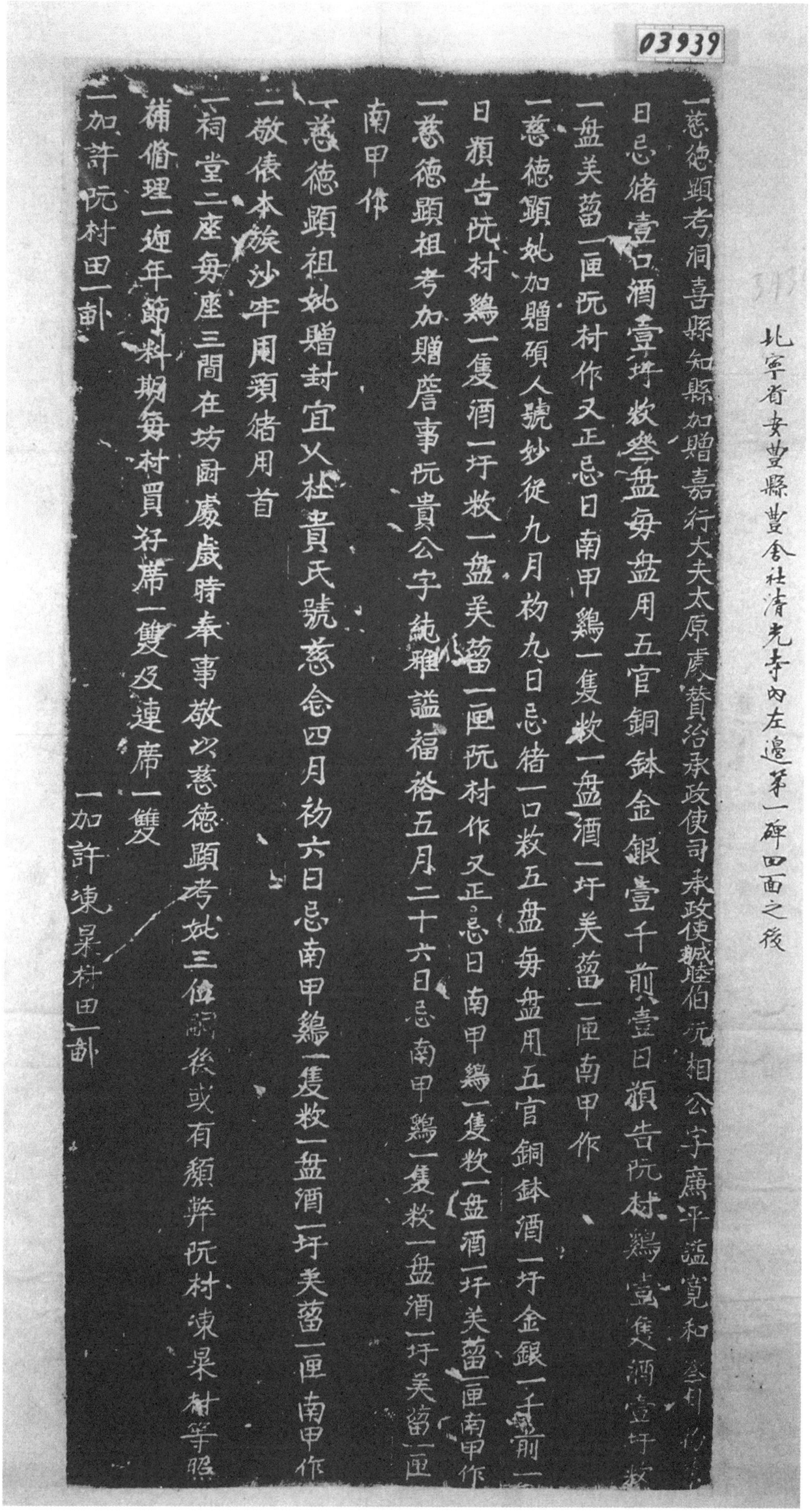

03939

一慈德顯考洞喜縣知縣加贈嘉行大夫太原處贊治承政使司承政使貳陸伯阮相公字廣平謚寬和叁月[illegible]
日忌豬壹口酒壹埒㪺叁盘每盘用五官銅鉢金銀壹千前壹日預告阮村鷄壹隻酒壹埒㪺
一盘美蒥一匣阮村作又正忌日南甲鷄一隻㪺一盘酒一埒美蒥一匣南甲作
一慈德顯妣加贈碩人號妙從九月初九日忌豬一口㪺五盘每盘用五官銅鉢酒一埒金銀一千前一
日預告阮村鷄一隻酒一埒㪺一盘美蒥一匣阮村作又正忌日南甲鷄一隻㪺一盘酒一埒美蒥一匣南甲作
一慈德顯祖考加贈詹事阮貴公字純雅謚福裕五月二十六日忌南甲鷄一隻㪺一盘酒一埒美蒥一匣
南甲作
一慈德顯祖妣贈封宜人杜貴氏號慈念四月初六日忌南甲鷄一隻㪺一盘酒一埒美蒥一匣南甲作
一敬係本族沙年周預豬用首
一祠堂二座每座三間在坊厨處歲時奉事敬以慈德顯考妣三位祠後或有頹弊阮村涷杲村等照
補修理一遆年節料期每村買好席一雙及連席一雙
一加許阮村田一畝　一加許涷杲村田一畝

北寧省安豐縣豐舍社清光寺內左邊第一碑四面之後

編號：03939

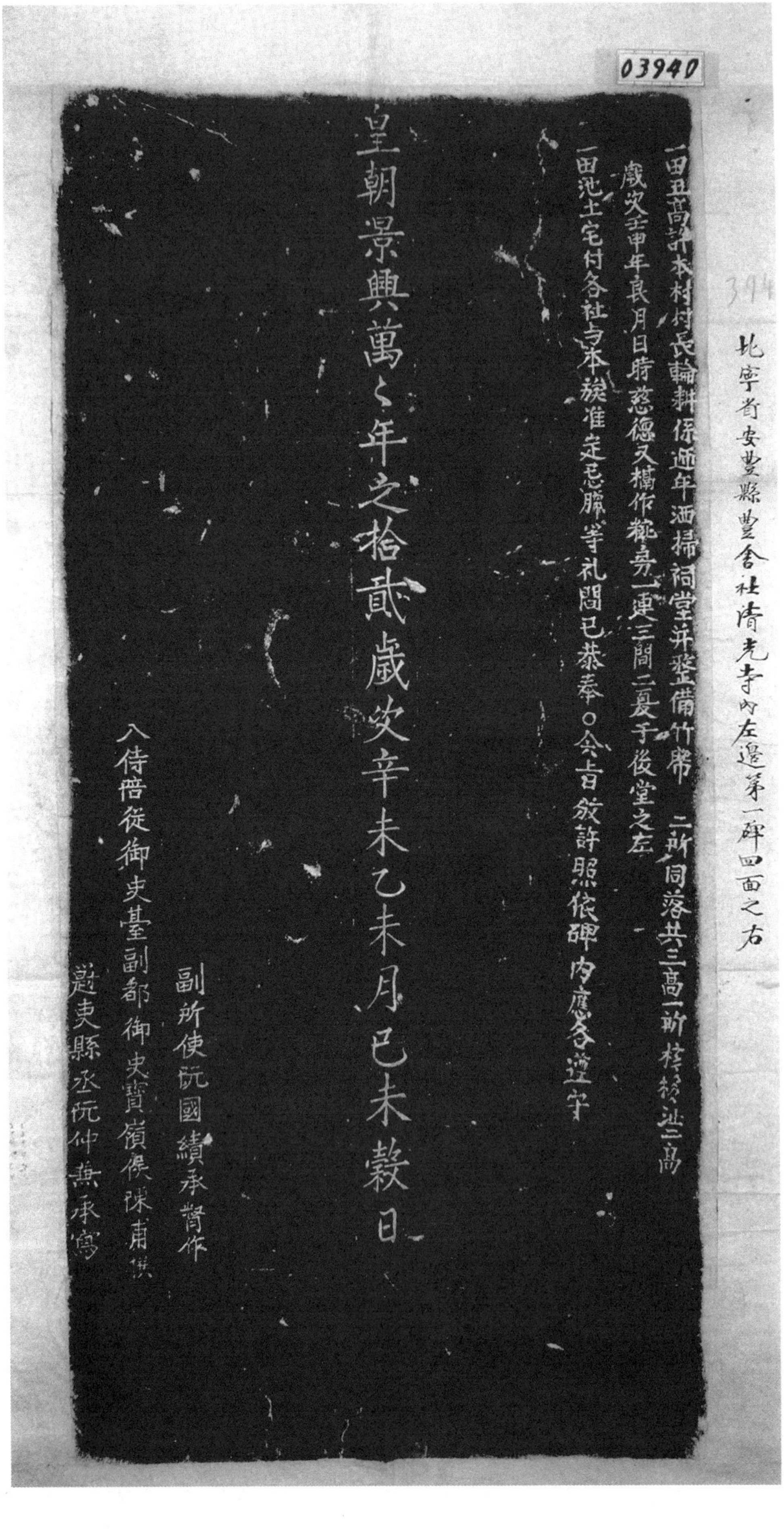
03940

北寧省安豐縣豐舍社清光寺內左邊第一碑四面之右

一田五高許本村村長輪耕保逝年洒掃祠堂并整備竹帑　二所同落共三高一所梓稜茈三高

歲次壬申年良月日時慈德又構作乾𡬷一連三間二夏于後堂之左

一田池土宅付各社与本族准定忌臘等礼間已恭奉○会旨敘許照依碑內應各𥙩字

皇朝景興萬萬年之拾貳歲次辛未乙未月己未穀日

副所使阮國績承嘗作

入侍陪從御史臺副都御史寶嶺侯陳甫撰

𨖨吏縣丞阮仲無承寫

編號：03940

釋文

紀德碑[①]

慈山府安豐縣阮舍社阮村、凍杲村等官員、鄉老、村長、少卿阮國纘，奉管右鑾駕、司中尉阮國緻，副所/使阮國績，阮必能，阮國語，阮登明，裴有功，阮仁名，阮廷望，阮功謹，阮登域，裴有紹，阮玉硯，阮有財，阮登仲，阮/登容，知事吴功賞；首合杜有亮；村長阮廷實，阮廷力，杜丁酉，杜功俗，阮玉皆，裴功勤，裴功祭，裴功奉，/吴功杲，裴登遵，吴功迪，阮廷立，阮玉通，杜忠界，仝社上下等。/

嘗謂禮尚往來，道通施報，古今之常誼也。睠惟/　　　　王府侍内宮嬪、良人阮氏奏，以蘭室之芳姿，華堂之令族，少從學海，文㶽騰蛟，長侍○王宮，功多補/衮。宮廷宣教，鐸景仰同北斗泰山；遐邇沐恩，波顒望若祥雲瑞日。歷顯三朝之事業，永垂千載/之風聲，是亦周十臣之一也。且於枌榆之里[②]，弘推懿德，克擴仁端，務安静以厚其生，戢亢濫以樂其業。/租庸被刷者，以財給之；權豪侵擾者，以法懲之。時而賊徒經過，民被凋殘，則取本社爲寓禄民，而寬/其租税，時而東西征討，民疲兵役，則取本社爲隨候隊，而省減衛[③]兵，與其照勘社内民居，備類社内/丁數奉得減率四十有七，仝社賴之，百室盈寧，其功德山高，仁恩海闊，黄童白叟莫不親愛而敬慕，/顧相謂曰："珠生川媚，玉産山輝，吾邑自慈德顯達以來，户者寛之，兵者恤之，老者安之，少者懷之，推[④]/恩如是，其至直爲桑梓之鄉故耳，初非望報於吾人也。然酬恩報德，人情所同，矧以非常之恩，可無絲/毫之報？但村民陋薄，無以將懷，惟百年之後，澗毛可薦，潢水可羞[⑤]，庶少伸感慕之情於無窮云耳。"衆口/同謀，趨前具復推保

① 此爲拓片編號03937的額題，今依内容及性質重定篇題爲"阮舍社侍宮嬪阮氏奏後神碑記"。

② "枌榆之里"，原作"粉榆之里"誤。"枌榆"，原爲漢高祖故鄉的里社名；後借指"帝鄉"，泛指"故鄉"。見《史記・封禪書》："高祖初起，禱豐枌榆社。"裴駰集解引張晏曰："社在豐東北十五里。"

③ "衛"，原爲越南俗字"衜"，故改，下同不另注。

④ 以上拓片編號03937的内容。

⑤ "澗毛可薦，潢水可羞"，謂以極爲微賤之物致祭。見《左傳・隱公三年》："（秋）周鄭交惡，君子曰：信不由中，質無益也。明恕而行，要之以禮，雖無有質，誰能間之，苟有明信，澗谿沼沚之毛，蘋蘩薀藻之菜，筐筥錡釜之器，潢汙行潦之水，可薦於鬼神，可羞於王公。"

爲〇後[1]佛，以盡愛敬之誠，慈德嘉其厚意，仍錫以腴田六畝四高，加修[2]造後房一/連七間，以爲歲時供養之資，一以爲歲時奉祀之所。慈德又深追先遠，許本甲肥田八高以供〇祖考/妣忌禮、顯考妣忌禮，再許本社田叁畝貳高、池壹口在坊彝處，以爲〇顯考妣後〇佛田，因此本社/敘其事實，鐫之于石以壽其傳云。所有田池各所，及奉事各節，開列于後。/

一阮村地分螻梂皮處相連，叁畝貳高，許阮村。/

一凍杲村地分同粘、同官、同苞、同幫等處共叁畝貳高，許凍杲村。/

一正忌日每村沙牢壹隻，粄五盤，用每盤五官銅鉢，酒壹圩，金銀壹千。前壹日預告，每村雞壹隻，酒/一圩，粄壹盤，芙蔔壹匣。/

一阮村地分田共叁畝貳高，并坊螻處池壹口，加許阮村㘨尌同淥㘨坊䏧核移奇等處。/

一阮村地分田共捌高，加許南甲。/[3]

一慈德顯考洞喜縣知縣，加贈嘉行大夫、太原處贊治、承政使司承政使、瞸睦伯阮相公，字廉平，謚寬和，叁月初柒/日忌，豬壹口，酒壹圩，粄叁盤，每盤用五官銅鉢，金銀壹千，前壹日預告，阮村雞壹隻，酒壹圩，粄/一盤，芙蔔一匣，阮村作。又正忌日，南甲，雞一隻，粄一盤，酒一圩，芙蔔一匣，南甲作。/

一慈德顯妣，加贈碩人，號妙從，九月初九日忌：豬一口，粄五盤，每盤用五官銅鉢，酒一圩，金銀一千，前一/日預告，阮村雞一隻，酒一圩，粄一盤，芙蔔一匣，阮村作。又正〇忌日，南甲，雞一隻，粄一盤，酒一圩，芙蔔一匣，南甲作。/

一慈德顯祖考加贈詹事阮貴公字純雅，謚福裕，五月二十六日忌，南甲，雞一隻，粄一盤，酒一圩，芙蔔一匣，/南甲作。/

一慈德顯祖妣、贈封宜人杜貴氏，號慈念，四月初六日忌，南甲，雞一隻，粄一盤，酒一圩，芙蔔一匣，南甲作。/

一敬俵本族沙牢[4]用頸，豬用首。/

一祠堂二座，每座三間，在坊廚處，歲時奉事，敬以慈德顯考妣三位，嗣後或有頹弊，阮村、凍杲村等照/補修理。一遞年節料，期每村買好席一雙及連席一雙。/

一加許阮村田一畝。

---

① “後”，碑原作“后”，因另兼正字，故改。

② “修”，碑原作“脩”，因另兼正字，故改。

③ 以上爲拓片編號 03938 的內容。

④ “沙牢”，即羊。源自“少牢”“小牢”，亦作“抄牢”。本義指用羊豬二牲或僅用羊的祭祀。此處代指用作祭品的羊。

一加許凍杲村田一畝。/①

一田五高許本村村長輪耕，係遞年洒掃祠堂并整備竹席，二所同落共三高，一所核移沚二高，/歲次壬申年良月日時，慈德又構作椀房一連三間、二廈于後堂之左。/

一田池土宅付各社與本族准定忌臘等禮，間已恭奉○令旨，敓許照依碑内應各遵守。/

皇朝景興萬萬年之拾貳歲次辛未②乙未月己未穀日/

副所使阮國績承督作/

入侍陪從、御史臺副都御史、寶嶺侯陳甫撰/

提③吏縣丞阮仲兼承寫/④

題後

據拓片題籤載，清光寺有以下五通碑記：

編號	篇題	年代	位置
03931/03932	清光寺碑/信官興造碑	後黎神宗陽和八年（1642）	寺内右邊第一碑
03933/03934	後佛碑記	後黎顯宗景興十四年（1753）	寺内右邊第二碑
03935/03936	紀德碑	後黎顯宗景興十八年（1757）	寺内左邊第二碑
03937/03938/03939/03940	阮舍社侍宫嬪阮氏奏後神碑記*	後黎顯宗景興十二年（1751）	寺内左邊第一碑
03945/03946	重修清光寺碑記*	後黎真宗福泰七年（1649）	寺内右邊第三碑

注：* 表示此篇收入本書。

① 以上爲拓片編號 03939 的内容。

② “皇朝景興萬萬年之拾貳歲次辛未”，“景興”爲後黎顯宗黎維祧年號，“拾貳年”爲公元 1751 年，當清乾隆十六年。

③ “提”，碑原作倒部諱字。

④ 以上爲拓片編號 03940 的内容。

二五八　重修清光寺碑記

引言

碑立於北寧省安豐縣豐舍總豐全社清光寺，爲寺内右邊第三碑。碑刻雙面，拓片編號03945/03946。拓片編號03945爲碑前，共二十行字，滿行約三十六字，碑額題“重修清光寺”五字，今依此額題重定篇題爲“重修清光寺碑記”；拓片編號03946爲碑後，共二十一行字，滿行約四十五字，碑額刻“造鑄洪鍾碑”五字。碑兩面之四邊均刻有紋飾，拓片編號03945碑額刻有兩層紋飾，内層爲雙龍昭日，外層與左右兩邊相連，刻有花鳥紋、龍紋，碑底刻獸紋；拓片編號03946碑額刻有日紋，外層與左右兩邊相連，刻有祥鳥與獸紋，碑底爲蓮座。碑文撰者阮姓慈僊内訓導，書者爲阮姓人士，鐫刻亦爲阮姓人士。碑文年代署作福泰（Phúc Thái）七年（1649），福泰爲後黎真宗（Lê Chân Tông）黎維祐（Lê Duy Hựu）年號，同年爲清順治六年，歲次己丑。

此碑記載重修清光寺一事。内容記載梅郡公與其妻陳氏玉公帶領民衆共同捐資重修阮舍社清光寺。修建内容包括前堂、後堂、鐘樓、走廊、鑄鐘、造像等，梅郡公子女爲彰顯梅郡公之功德，乃求將梅郡公爲清光寺諸佛之配祀，並捐田以作祭祀之用，文末以二十八句四字銘文歌詠，並録有會主所捐田地之位置，與參加修造者之題名。

03945
重修清光寺
北寧省安豐縣豊舍總豊舍社清光寺內右邊第三碑二面之前

編號：03945　出自《拓片總集》第四冊（下同）

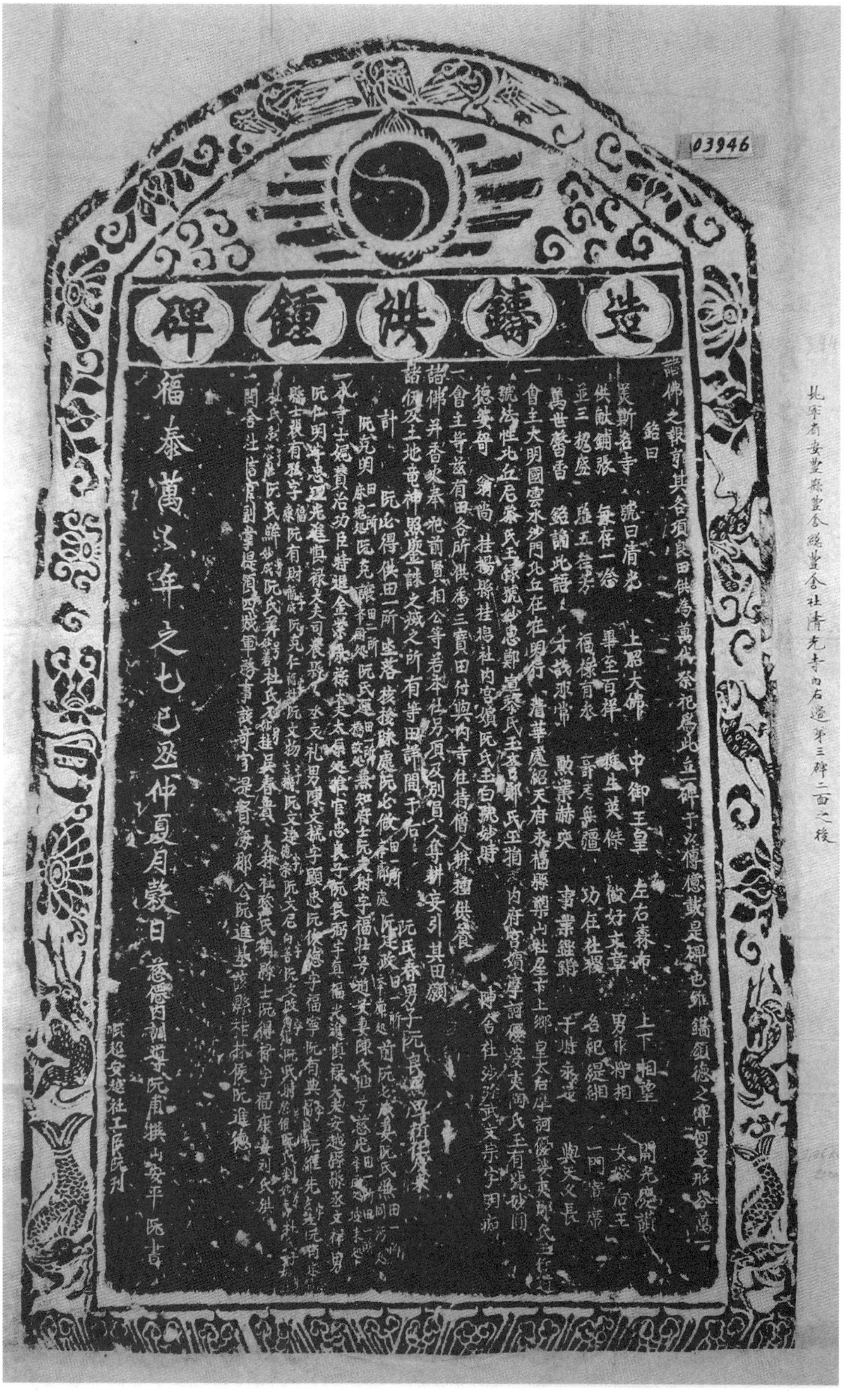
03946
造鑄洪鐘碑
北寧省安豐縣豊舍總豊舍社清光寺內右邊第三碑二面之後

編號：03946

釋文

重修清光寺/造鑄洪鍾碑[①]

慈山府安豐縣阮舍社，前翊運贊治功臣、特進、金紫榮禄大夫、工部尚書、/兼東閣大學士、少保、梅郡公致仕、郡夫人陳氏玉公，號慈安；親男光進慎禄/大夫、禮部儀制司清吏員外郎、芳嶺男阮必得，字真如；妻阮氏玉内，號妙盛；/杜氏玉油，號妙珍；男子阮必通、阮必濟、阮必聞，婚阮氏兼，號妙真；女子阮氏玄、/阮氏欽，阮必富、阮必改、阮必能。顯恭大夫、儒生阮必做，親母陳氏玉朗，號妙信，/妻阮氏坦，女子阮氏蘭。□□□弘信大夫、光禄寺寺丞、仁嶺男阮廷政，妻/阮氏可，男子阮廷進，阮氏添，阮氏濂。本社住持[②]本寺僧統[③]阮克明，字真信，阮克讓，/字真敬，阮克峻，阮克諧，阮克寬，阮克念等，信娓[④]阮氏運，號妙實，男子阮克勤等，/重修清光寺造佛像諸座，鑄洪鍾，構作前後堂行廊，砌瓦礰，供田各所及神祠廟并/碑銘敘

嘗歷觀/　　　　　皇越中國寺觀，中華名山，巍業相望，總是名藍[⑤]華靡，最愛阮舍榮鄉，藹有清光名寺，實乃文物/所都，衣冠所萃，無異蓬萊之山，琉璃之景，諒地毓英靈，知人生豪傑。玆惟阮侯增培積德之基，亶/受自天之祐，粤顯祖以蓋世之才，應取士之詔，網幸入於始包，恩獲蒙於晉接，任職以居其官，宜成/而預以播。暨　顯考才挺不羣，世比無與，德行冠賢，科聞望孚，聖世文章軋於柳韓，科第優於/王吕，躬執周之桓圭[⑥]，規定唐之臺閣。

---

① 此爲拓片編號 03945 之額題，今依内容及性質重定篇題爲“重修清光寺碑記”。後附“造鑄洪鍾碑”五字爲編號 03946 之額題。

② “住持”，見《敕修百丈清規》卷二：“佛教入中國四百年而達磨至，又八傳而至百丈，唯以道相授受，或岩居穴處，或寄律寺，未有住持之名。百丈以禪宗寖盛，上而君相王公，下而儒老百氏，皆嚮風問道，有徒實蕃，非崇其位，則師法不嚴，始奉其師爲住持。”禪宗由於住在寺内的徒衆甚多，故各寺均設住持一人，其下另置若干職位。至後世，此住持之稱也通用於其他諸宗。

③ “僧統”，爲北魏所設以統監全國僧尼事務之僧官，又稱沙門統、道人統、都統、昭玄統。《大宋僧史略》卷中：“秦制關中，立僧正爲宗首。魏尊北土，改僧統領緇徒。”

④ “信娓”，越南稱未出家，而在寺廟中爲寺廟工作的女性爲“娓”。

⑤ “名藍”，著名之伽藍，伽藍爲梵語音譯，即指寺院。

⑥ “桓圭”，古代公爵於朝聘時所執之玉圭。《周禮・春官・宗伯》：“典瑞：掌玉瑞、玉器之藏，辨其名物與其用事，設其服飾。王晉大圭，執鎮圭，繅藉五采五就，以朝日。公執桓圭，侯執信圭，伯執躬圭，繅皆三采三就；子執穀璧，男執蒲璧，繅皆二采再就；以朝、覲、宗、遇、會、同于王。諸侯相見，亦如之。”

明農致仕，與阿衡[①]而同科；完名高節，視令公而並駕。擅當時之/鉅公，爲人臣之師表，致茲功業炳彪，本自仁德積累，觀天地功德映輝，知子孫英豪挺出，承祖父之箕/裘[②]，著世家之閥閱，民望之所屬歸，國勢[③]之所倚重。灼知積善之家必有餘慶，乃自前年至茲年，造/

佛像，鑄洪鍾等，事今已完畢，奂乎名寺之規模，藹有名藍之風采。於佛道能篤尊崇，其家門必膺福/祉，子孫森有鳳竜，風流沛乎王謝，科重登將相之科，位布在廊廟之位，車馬冠于門，公侯優□/户。竊念爲人子者，以光顯祖宗爲榮，敬仰顯考之德勳，欲配[④]/　　　　諸佛之報享，其各項良田，供爲萬代祭祀，爲此立一碑，于以傳億載。是碑也，雖鐫頌德之碑，何足形容萬一。/

銘曰：/

美斯名寺，號曰清光。上昭大佛，中御王皇。

左右森布，上下相望。開光慶讃，/供獻鋪張。

每存一念，畢至百祥。挺生英傑，做好文章。

男作將相，女嫁后王。/並三槐盛，聯五桂芳。

福禄有永，壽考無疆。功在社稷，名紀緹緗。

一門寵席，/萬世馨香。銘誦此語，才識非常。

勳業赫奕，事業鏗鏘。于時永造，與天久長。/

一會主大明國雲水沙門比丘在在明行[⑤]，清華處紹天府永福縣槊山社屋下上鄉，皇太后、

① “阿衡”，見《尚書・商書・太甲上》：“惟嗣王不惠于阿衡。”孔安國傳：“阿、倚，衡、平，言不順伊尹之訓。”

② “箕裘”，指濡染之下，子承父業。《學記・禮記》：“良冶之子，必學爲裘；良弓之子，必學爲箕；始駕者反之，車在馬前。君子察於此三者，可以有志於學矣。”

③ “勢”，原文作“勚”，越南俗字。

④ 以上爲拓片編號 03945 的内容。

⑤ “在在明行”，即明行在在。明行在在禪師是圓炆拙拙禪師的弟子，兩人對於中國臨濟宗的傳入越南，居功至偉。明行是中國江西建昌人，在圓炆拙拙第二次到廣南順化時，成爲拙拙禪師的弟子，黎神宗德隆五年也就是明思宗崇禎六年（1633）隨拙拙至昇龍（河内），自此受到鄭主及其家屬的供養，以萬福寺與寧福寺爲基礎，建立法系，當時鄭主鄭梉、其女神宗皇后鄭氏玉竹、外孫女黎玉緣都是在在與拙拙的供養者。

摩訶[1]優婆夷[2]鄭氏玉竹[3]，道/號法性；比丘尼[4]黎氏玉緣，號妙惠[5]；鄭宣黎氏玉誾，鄭氏玉捐；内府宫嬪、摩訶優婆夷陶氏玉有，號妙圓，/德婆胥，翁尚；桂陽縣桂塢社，内宫嬪阮氏玉白，號妙時；陳舍社，沙彌[6]武文宗，字明癡。/

一會主等兹有田各所供爲三寶田，付與内寺住持僧人耕種供養/　　　　諸佛，并香火奉祀前賢相公等。若本社另項及别員人奪耕，妄引其田，願/　　　　諸佛[7]及土地、竜神照鑒，誅之滅之。所有等田詳開于後[8]。

計：

阮必得供田一所，坐落核移脈處。阮必做，田一所，/夆廊處。阮建政，田一所，/夆廊處。前阮必威妻阮氏兼，田一所，/同沔處。/阮克明，田一所，/麻塊處。阮克讓，田一所，/夆廚處。阮氏運，田一所，/橋故處。兼知府士阮文射，字福壯，號道安，妻陳氏興，號慈光，田一所，/夆廚處，/田一所，/坡末處。/

一本寺士娓、贊治功臣、特進、金紫榮禄大夫、太原處推官、忠良子阮良弼，字真福；光進慎禄大夫、安越縣縣丞、文祥男/阮仁明，字忠理；光進慎禄大夫、司農縣縣丞、文禮男陳文様，字顯忠；阮俊德字福寧，阮有典，字/福良。阮維先，字/玄珪。阮有定，字/福□。/縣士裴有私，字福/康。阮有財，字/福成。阮克仁，字/福好。阮文物，字/玄機。阮文達，字/德齋。阮文尼，

---

① “摩訶”，爲梵語音譯，又作莫訶、摩賀、摩醯，意譯爲大，乃大、多、勝、妙之意。《大智度論》卷三：“摩訶，秦言大，或多，或勝。”

② “優婆夷”，爲梵語音譯，又作優婆私訶、優婆斯、優波賜迦。譯爲清信女、近善女、近事女、近宿女、信女。《翻譯名義集》卷十三：“優婆塞、優婆夷。肇曰：義名信士男信士女。《淨名疏》云：此云清淨士、清淨女，亦云善宿男、善宿女，雖在居家，持五戒，男女不同宿，故云善宿。”

③ “鄭氏玉竹”，竹，一作栦，爲清王鄭椚與阮氏玉琇之女，而阮氏玉琇則爲後來阮主的祖先阮潢之女。鄭氏玉竹原來被鄭椚嫁給強郡公黎柱，並育有四子女，黎神宗德隆二年（1630），黎柱因罪入獄，鄭椚又將鄭氏玉竹上嫁神宗，神宗陽和九年（十月後爲真宗福泰元年，1643），神宗傳位於皇太子維祐，皇后鄭氏爲皇太后。事見《大越史記全書・本紀》卷十八。

④ “比丘尼”，爲梵語之音譯，又作苾蒭尼、苾芻尼、煏芻尼、備芻尼、比呼尼。意爲乞士女、除女、薰女，又稱沙門尼、尼，指出家得度受具足戒之女子。

⑤ “黎氏玉緣”，是神宗皇后鄭氏玉竹與前夫強郡公所生之女兒，尊父命結婚，然女兒夭折，遂於二十六歲開始茹素奉佛，三十歲時外祖父清王鄭椚爲其延請明行在在禪師爲其剃度，法名妙慧，法號善善。明行在在禪師即將坐化之際，將衣缽傳給妙慧。四十九歲自建普光寶塔於萬福寺。本書有兩篇黎氏玉緣之碑記，分别爲篇號一二五《萬福寺普光塔碑記》、篇號一八二《雁塔社長公主比丘尼妙慧碑記》。

⑥ “沙彌”，爲梵語音譯，全稱室羅摩拏洛迦、室羅末尼羅，又作室羅那拏，意譯求寂、法公、息惡、息慈、勤策、勞之少者。即止惡行慈、覓求圓寂之意，指佛教僧團（即僧伽）中，已受十戒，未受具足戒，年齡在七歲以上、未滿二十歲之出家男子。

⑦ “佛”，碑原作“仸”，因另兼正字，故改。

⑧ “後”，碑原作“后”，因另兼正字，故改。

字/向善。**阮文改，**字/向道。**阮氏時，**號慈信。**阮氏判，**號/妙壽。**杜氏好，**號/妙生。/**杜氏紂，**號/芯能。**阮氏**　號/妙成。**阮氏筭，**號/妙善。**杜氏□，**號/妙桂。**吴春貴，大林社黎氏禎；縣士阮得禄，字福康，妻劉氏洪。**/

一閔舍社信官副、掌提領四城軍務事、該奇官、提督、海郡公阮進基，該縣桂林侯阮進德。/

福泰萬萬年之七己丑[1]**仲夏月穀日，**

慈僊内訓導阮甫撰，

山安平阮書。/

順超安越社工匠阮刊/

阮氏春男子阮良屬田一所在處來[2]。

題後

明行在在在本書中，有篇號一八〇《寧福寺尊德塔記》和一八三《寧福寺獻瑞庵報嚴塔碑銘》兩篇塔銘，可資參考。

① “福泰萬萬年之七己丑”，“福泰”爲後黎真宗黎維祐年號，“七年”爲公元1649年，當清順治六年。

② 此句刻於“所有等田詳開于後”之下方。

二五九　洛汭社阮海傳等後佛碑記

引言

碑立於北寧省安豐縣豐舍總洛汭社延福寺，爲寺祖家内左邊一碑。碑刻雙面，拓片編號03991/03990，拓片編號03991爲碑前，共二十行字，滿行約五十六字，碑額刻“後佛碑記”四字；拓片編號03990爲碑左，共四行字，每行字數不一。今依内容及性質重定篇題爲“洛汭社阮海傳等後佛碑記”。碑文書者京北處督撫衙門提吏杜廷韶。年代署作永佑（Vĩnh Hựu）四年（1738），永佑爲後黎懿宗（Lê Ý Tông）黎維祳（Lê Duy Thận）年號，同年爲清乾隆三年，歲次戊午。

此碑記載王府左中宫廚、左媒該媒阮氏睢及軫壽侯阮克鏗爲父母及親姑尊選爲後佛之事。阮氏睢與阮克鏗二人請保父母鋭朝侯阮海傳與阮氏順爲洛汭社佛寺後佛，並捐與洛汭社使錢二百貫使錢及二畝八分田地以作寄忌之需，後又捐銀貳笏以作洛汭社爲公用，取此利息作爲事神禮。另又捐二錠銀及二畝田地，用於寄忌親姑，文末記有後佛祭祀規定，並有參與尊選人員名册。

後佛碑記

編號：03991　出自《拓片總集》第四冊（下同）

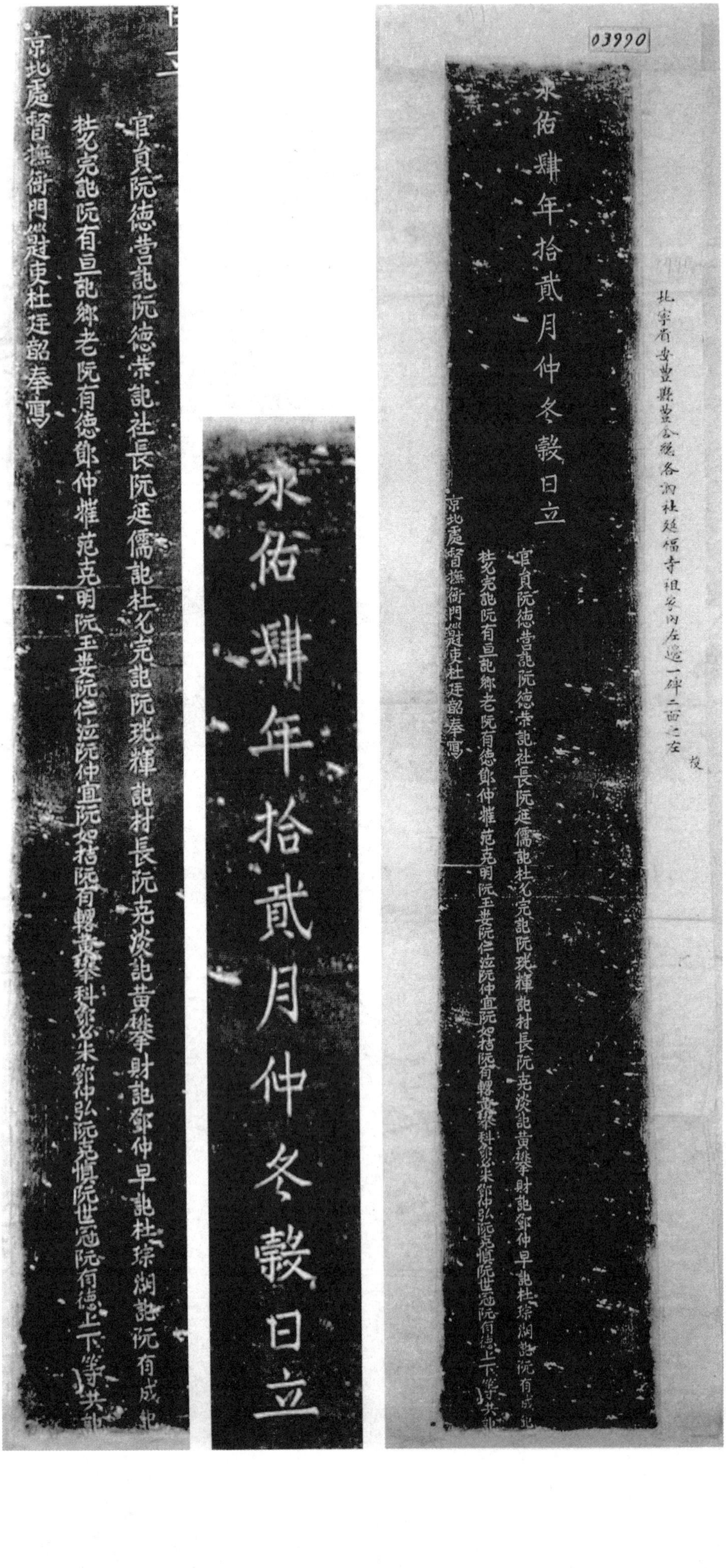
永佑肆年拾貳月仲冬穀日立
官員阮德营記阮德崇記社長阮廷儒記杜名完記阮珖輝記村長阮克淡記黃攀財記鄧仲早記杜琮瑚記阮有成記
杜名完記阮有亘記鄉老阮有德鄧仲权范克明阮玉𡗶阮仁泣阮仲宜阮如楷阮有轄黃攀科鄧必耒鄧仲弘阮克慎阮世忍阮有德上下等共記
京北處督撫衙門從吏杜廷韶奉寫
北寧省安豐縣豐谷總各洞社延福寺祖堂內左邊一碑二面之左

編號：03990

釋文

後佛碑記[1]

慈山府安豐縣洛汭社外鄉官員勾稽左番按吏升少卿、平壽子阮德營，勾稽左番按吏、顯義子阮德榮，社長阮延儒、杜允完、阮珖輝，村長阮克淡、/黄攀財、鄧仲早、杜琮湖、阮有成、杜允完、阮有亘。鄉老阮有德、鄧仲椎、范克明、阮玉委、阮仁泣、阮仲宜、阮如拮、阮有髒、黄攀科、鄧必朱、鄧仲弘、阮克慎、阮世冠、阮有德，/全社上下等，爲立記後佛碑事。/

蓋聞兩儀既立，二教並行，自出西天之中，獨冠南方之神者，佛也。佛之爲道，方便爲父，智度爲母，法善爲妻，慈悲爲子，曰父母、曰妻子，真是一個聖人大法，高出於衢曇之/上，固難窺者。是以梅子一見之餘，知夫佛即心，心即佛；智師一間之傾，頻悟佛是性，性是佛。渾然而無愛無憂，卓然而不生不滅。優鉢[2]也，菩提[3]也，所以結因緣之果，所以/開智慧之花，不但是也，慧日普照，智月常開，法雷頻響，慈雲遍覆。至神至妙，誠[4]無遮一大教也；救苦救難，純觀音一大德也。此天下之人所以致敬，而承祀/之。承祀也者，名藍[5]神像不徒見于中華文明之地，尤且遍于四海名山，巍業相望焉。佛能使人求祀如此，以至德配乎天地而已，人能體諸佛之心，以廣大慈悲爲德，/則是亦佛而已。有人如此，鄉邑之内，其可不加致敬之念乎！

玆本社社長阮廷儒、杜允完、阮珖輝，村長阮克淡、黄攀財、鄧仲早、杜琮湖、阮有成、杜允完、阮有亘，官員、/鄉老、上下巨小等，竊見本社王府左中宫廚、左媒該媒阮氏睢，勾稽刑番侍仍、軫壽侯阮克鏗，有前顯考正隊長、統制、勇力將軍、神武四衛[6]軍務事、雲騎中郎、/選尉、鋭朝侯阮貴公，字海傳，謚忠量府君；前生處世，積德修仁，嘗創神亭，重修佛寺，普施四方，福垂後裔。又見親母阮氏順，號慈和；貞淑天資，寬和地性，/優游鄉里，允膺天壽，

---

① 此爲拓片編號 03991 之額題，今依内容及性質重定篇題爲“洛汭社阮海傳等後佛碑記”。

② “優鉢”，乃梵語音譯，即“優鉢羅花”之省稱。又作烏曇羅花、憂曇波花、鄔曇羅花、優曇花、鬱曇花。略稱曇花。意譯作靈瑞花、空起花、起空花。《長阿含經》記載：優曇，傳説中的仙界極品之花，因其花“青白無俗豔”被尊爲佛家花，三千年一開，觀者受福。

③ “菩提”，梵語音譯，意譯覺、智、知、道。廣義而言，乃斷絶世間煩惱而成就涅槃之智慧。

④ “誠”，原作諱字。

⑤ “名藍”，著名之伽藍，伽藍爲梵語，即指寺院。

⑥ “衛”，原爲越南俗字“衛”，故改，下同不另注。

遐齡種樹，福田尤廣，仁恩施濟，積大善以興家，致後人之受禄，顯榮當代，富貴永綿，其盛如此，父母固當長享富盛，祀于百世，對同諸佛而後/爲善，美事也。玆本社上下等，一切恭敬同保顯正隊長、統制、勇力將軍、神武四衛軍務事、雲騎中郎、選尉、鋭朝侯阮貴公，字海傳，謚忠量府君，親母阮氏順，號慈和，尊爲/後佛，仰親母百歲之後，與顯考同其奉事。本寺玆承領使錢[①]貳百貫，田貳畝捌高，遞年忌臘、常先、秋月、正旦、入席等如儀。再承領銀子貳笏，以爲本社公/用，遞年取其息錢，以供事神之禮。維然其美猶未盡也，親之賢尤可祀焉。玆再見慈姑德伯阮貴氏，號妙后，厚德夙鍾，陰功廣大，可以同祀享歆，應再保爲/後佛，奉事本寺。玆承領銀子壹笏并田貳畝，遞年亦照忌日、秋節、正旦等節如儀。其禮節祥記于下，立碑之後，本社上下應照承守耕田，奉祀於萬萬世，以伸敬意，正/常儀。若某員名及不等人，於後來不得記以他故，妄自專賣，以明戒戢、表尊崇，庶乎報施之道，常昭萬世也，玆記碑。/

一尊顯考。正隊長統制、勇力將軍、神武四衛軍務事、雲騎中郎、選尉、鋭朝侯阮貴公，字海傳，謚忠量府君爲後佛，忌十二月十四日。米壹百五拾鉢，古錢[②]肆貫，正/旦米拾鉢，古錢壹貫，八月初六日入席，米拾鉢，豬、酒古錢五貫；常新米陸拾鉢，豬、酒古錢叁貫。/

一尊親母阮氏順，號慈和爲後佛，生日正月初十日，米壹百五拾鉢，古錢肆貫；常新米陸拾鉢，豬、酒古錢叁貫。/

一尊親姑阮貴氏，號妙后，爲後佛，正旦米拾五鉢，古錢壹貫；八月初六日入席，米貳拾鉢，古錢壹貫；忌四月初一日，米壹百鉢，古錢肆貫。/[③]

永佑肆年[④]拾貳月仲冬穀日立/

官員阮德誉記，阮德榮記，社長阮廷儒記，杜允完記，阮珗輝記，村長阮克淡記，黄攀財記，鄧仲早記，杜琮湖記，阮有成記，/杜允完記，阮有亘記。鄉老阮有德、鄧仲榷、范克明、阮玉婁、阮仁泣、阮仲宜、阮如拮、阮有犨、黄攀科、鄧必朱、鄧仲弘、阮克慎、阮世冠、阮有德上下等共記。/

京北處督撫衙門提[⑤]吏杜廷韶奉寫[⑥]

---

① “使錢”，見《欽定越史通鑑綱目・正編》“後黎盛宗光順八年”注“使錢、古錢”引黎貴惇《芸臺類語》云：“北人以百文爲一陌。本國以三十六文爲一陌，謂之‘使錢’；六十文爲一陌，謂之‘古錢’。‘使錢’十陌，乃是‘古錢’六陌，準爲‘使錢’一貫。其‘古錢’十陌乃使錢之一貫六陌四十文。使錢别名閒錢，古錢别名貴錢。”

② “古錢”，參見上條注。

③ 以上爲拓片編號 03991 的内容。

④ “永佑肆年”，“永佑”爲後黎懿宗黎維祳年號，“肆年”爲公元 1738 年，當清乾隆三年，歲次戊午。

⑤ “提”，原文爲越南避諱字。

⑥ 以上爲拓片編號 03990 的内容。

二六〇　勇烈社春荄村尊總太監藤福侯阮光耀等祔神碑記

引言

碑立於北寧省安豐縣勇烈總春荄社阮相公祠址，爲祠址内一碑。碑刻四面，拓片編號03995/03996/03997/03998，拓片編號03995爲碑前，共十五行字，滿行四十九字，碑額刻“四座祔神碑”五字，碑題“修阮家四座爲本村祔神碑記”十二字；拓片編號03996爲碑左，共十一行字，滿行四十四字，碑額刻“本村厚報”四字，拓片編號03997爲碑後，共六行字，每行字數不一，碑額與碑題均爲“賢侯先施”四字；拓片編號03998爲碑右，共四行字，每行字數不一。今依内容及性質重定篇題爲“勇烈社春荄村尊總太監藤福侯阮光耀等祔神碑記”。碑文撰者陪從吏部右侍郎阮文實，書者奉填充侍内司禮衙門、權各監司都吏高第，鐫刻者石匠局阮廷艮與阮金榜。碑文年代署作永治（Vĩnh Trị）五年（1680）歲次庚申，永治爲後黎熙宗（Lê Hy Tông）黎維祫（Lê Duy Cáp）年號，同年爲清康熙十九年。拓片現藏於漢喃研究院。

此碑記載勇烈社春荄村尊總太監藤福侯阮光耀及其妻與父母爲後神之事宜。内容敘述藤福侯阮光耀曾使錢六百餘貫爲社春荄村建造社亭，以作爲奉祀大王神之用，又舍池施田以及使錢三百爲社春荄村所用，感念阮光耀之恩，故春荄村配祀阮光耀父母阮明正與阮氏之尊位於大王神左，阮光耀與其妻裴氏弦於大王神右，文末記祭日、祭供儀式之規定，與阮光耀所施之項目。

C3995

四座祔神碑

修阮家四座為本村祔神碑記

嘗謂日月行於天而光明之所照萬世長存得其光者無不欣戴焉河海振於地而潤澤之所施千里遠及被其
潤者無不仰沐焉日月之光明而亙古常見河海之潤澤而入人彌深者[illegible]
司禮監總太監藤福侯阮公有取焉觀侯之為人也炳智先賢歷朝四聖忠愛施於國百度惟貞孝悌行於家
一堂共慶陪〇王府則乾進剛德儞王公則蒙養正功宮廟在天之靈奉明吉陳儀而奉事北府壽國之脉欽
令諭設禮以恭承治軍則軍服其恩威數啓進覺聞王陛臨民則民懷其德惠三登樂愛普錦鄉亡且出錢作
亭以事尊神舍池施田以孝本邑噫侯之德澤上可對越于神明下可感孚於閭里以此本村官員文屬鄉老
一下巨小等戴德不忘爭恩思報謀奉侯之舂萱堂尊位祔于
神之左及侯之鸞鳳友祔位祔于
神之右歲時奉祀香火流傳以報功德於萬世因相與呼誓自今而後敢忘厚意遵前言者
天地鬼神同其照鑒誓畢仍備情義懇請於侯侯辭謝再三乃勉從之君子辭受當於理也喜道者嘗以詩美之曰仁施一邑咸
人深奉事眕令衆所欽孝敬始甚償夙志愛恩終不負旂心德年血食傳香火四座星羅照古今天地山河同永久信知陽
報德由陰是詩也蓋稱侯之厚福本於德而得之也美哉壽乎顧侯之明德與日月之明同其明侯之風清與河海之清同
其清兆惟榮耀於一已尤且光顯於一家兆惟福留於當時尤且廟食於後世何其盛哉盛事如此苟無一言以識之則後
人踵斯亭目斯碑口斯記者安知侯之功德是以俾人敬畏奉承而快覩其洋洋如在其左右也哉因勒之于石以其傳[illegible]

北寧省安豐縣勇烈總春芗社阮相公祠址內一碑四面之前

編號：03995　出自《拓片總集》第四冊（下同）

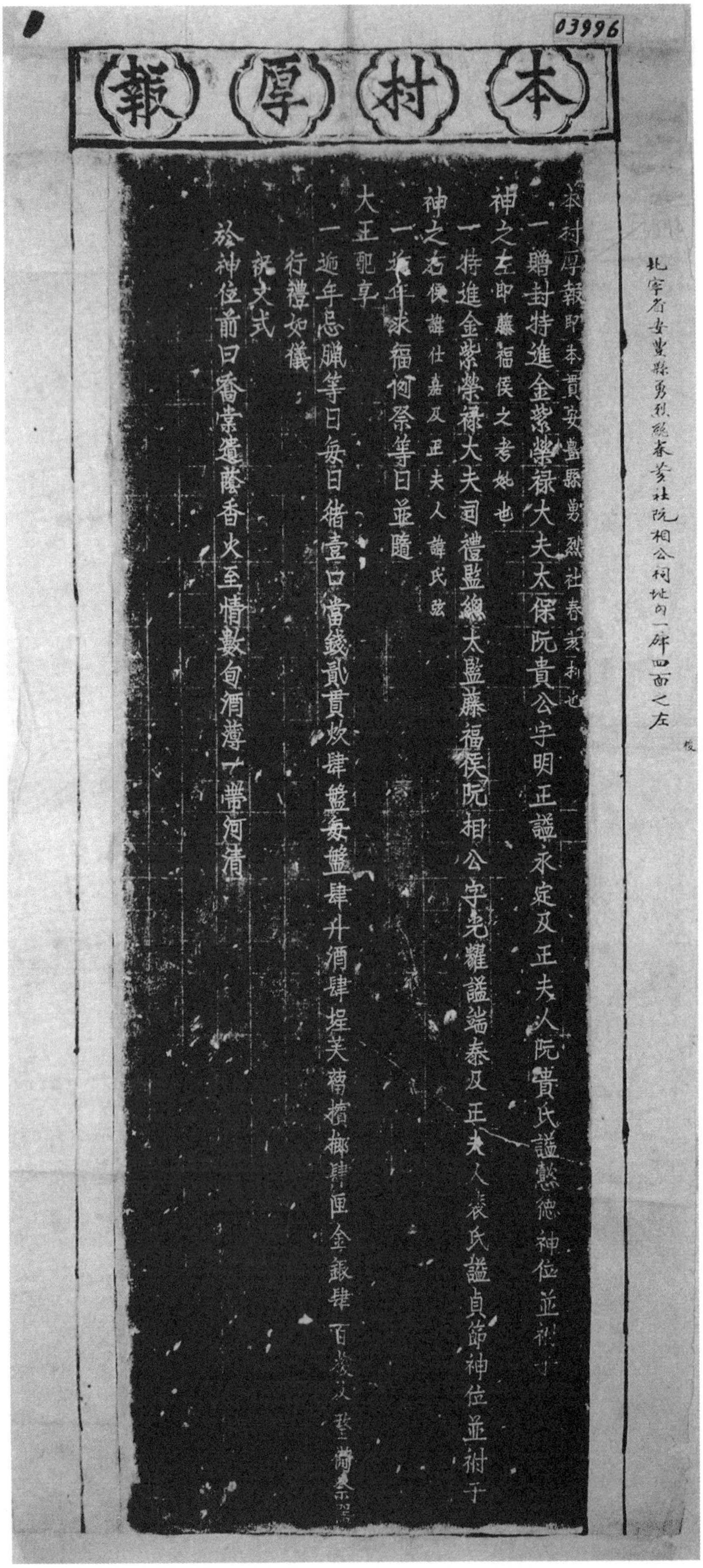
03996
本村厚報
本村厚報即本貫安豐縣勇烈社春荄村也
一贈封特進金紫榮祿大夫太保阮貴公字明正謚永定及正夫人阮貴氏謚懿德神位並祔于
神之左即藤福侯之考妣也
一特進金紫榮祿大夫司禮監總太監藤福侯阮相公字光耀謚端泰及正夫人裴氏謚貞節神位並祔于
神之右侯諱仕嘉及正夫人諱氏㢠
一每年永福例祭等日並隨
大王配享
一逝年忌臘等日每日備壹口當錢貳貫炊肆盤安盤肆升酒肆埕芙蒥擯榔肆匣金銀肆百歲以
行禮如儀
祝文式
於神位前曰香崇遺蔭香火至情數旬酒薦亻帶河清
此字在安豐縣勇烈總春荄社阮相公祠址內一所四面之左

編號：03996

03997
賢侯先施
賢侯先施
一擒作尾亭壹連叁間貳厦當使錢陸百餘貫與本村奉事
大王
一立義田坐落隴無處當花穀壹百擔許本村繼耕奉祀
一置福池壹口坐落韓鄰處肆畝當使錢五拾貫許本村放養花魚
一出使錢叁百貫許本村上下均分
北寧省安豐縣勇烈總春荄社阮相公祠址內一碑四面之後

編號：03997

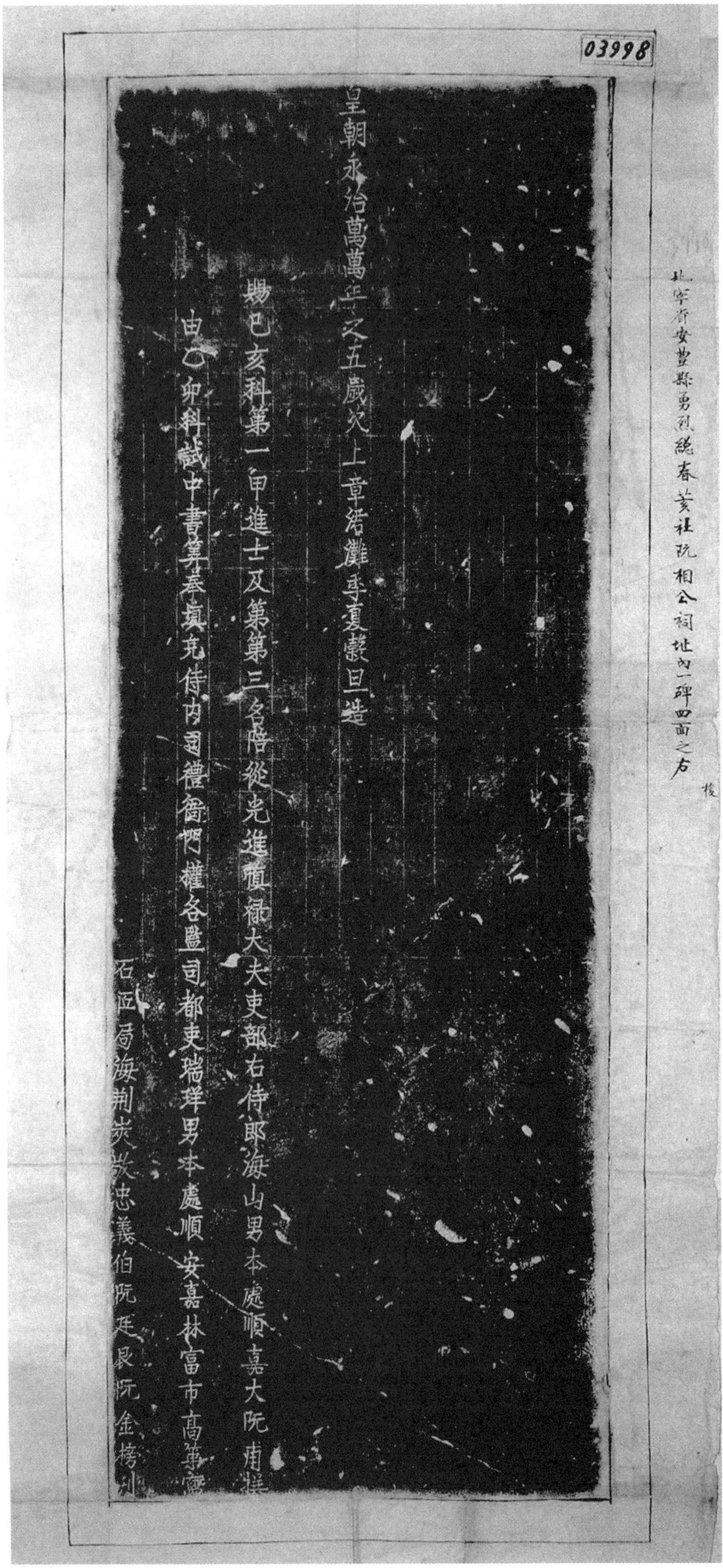
03998
北寧府安豐縣勇烈總春荄社阮相公祠址內一碑四面之右
皇朝永治萬萬年之五歲次上章涒灘季夏穀旦造
賜己亥科第一甲進士及第第三名陪從光進榮祿大夫吏部右侍郎海山男本處順嘉大阮甫攄
由乙卯科試中書算奉真充侍內司禮監門權各監司都吏瑞弾男本處順安嘉林富市高第齋
石匠居海荊炭敬忠義伯阮廷艮阮金榜刊

編號：03998

釋文

【四座祔神碑】[①]

修阮家四座爲本村祔神碑記[②]

嘗謂日月行於天，而光明之所照，萬世長存，得其光者無不欣戴焉；河海振於地，而潤澤之所施，千里遠及，獲其/潤者，無不仰沐焉。日月之光明而亘古常見，河海之潤澤而入人彌深者，余於/　　　　　司禮監總太監、藤福侯阮公有取焉。觀侯之爲人也，炳智先賢，歷朝四聖。忠愛施於國，百度惟貞；孝悌行於家，/一堂共慶。陪〇王府則乾進剛德，儞王公則蒙養正功，宮廟在天之靈，奉明旨陳儀而奉事；北府壽國之脈，欽/令諭設禮以恭承。治軍則軍服其恩威，數啟進獎聞玉陛；臨民則民懷其德惠，三登樂愛普錦鄉。方且出錢作/亭以事尊神，舍池施田以予本邑。噫！侯之德澤上可對越于神明，下可感孚於閭里，以此本村官員文屬鄉老/上下巨小等，戴德不忘，啣恩思報，謀奉侯之椿萱堂尊位祔于/　　　　　神之左；及侯之鸞鳳友[③]神位、祔于/　　　　　神之右。歲時奉祀，香火流傳，以報功德於萬世。因相與唪誓，自今而後，敢忘厚意，違前言者，/　　　　　天地鬼神同其照鑒。誓畢，仍備情義懇請於侯，侯辭謝再三，乃勉從之。君子辭受，當於理也，喜道者嘗以詩美之曰：

仁施一邑感/人深，奉事能令衆所欽。

孝敬始堪償夙志，愛恩終不負初心。

億年血食傳香火，四座星羅照古今。

天地山河同永久，信知陽/報德由陰。

是詩也，蓋稱侯之厚福，本於德而得之也。美哉壽乎！顧侯之明德，與日月之明同其明；侯之風清，與河海之清同/其清。非惟榮耀於一己，尤且光顯於一家，非惟福留於當時，尤且

---

① 此爲拓片編號 03995 之額題。

② 此爲拓片編號 03995 之碑題，今依内容及性質重定篇題爲"勇烈社春荄村尊總太監藤福侯阮光耀等祔神碑記"。

③ "鸞鳳友"，即夫妻。見（宋）劉斧《青瑣高議前集·流紅記》："記唐僖宗時，于祐於御溝拾一紅葉，上有詩云：'流水何太急，深宫盡日閒，殷勤謝紅葉，好去到人間。'祐亦題詩云：'曾聞葉上題紅怨，葉上題詩寄阿誰？'置溝上流，爲宫女韓翠蘋所拾。後帝放宫女，祐託韓詠門館，詠以韓氏同姓，遂作伐嫁妝。及成禮，各於笥中出紅葉相示，韓氏笑吟曰：'一聯佳句隨流水，十載幽思滿素懷，今日却成鸞鳳友，方知紅葉是良媒。'此類故事頗多，僅取其一，以注此詩。"

廟食於後世，何其盛哉！盛事如此，苟無一言以識之，則後/人踵斯亭，目斯碑，口斯記者，安知侯之功德，足以使人敬畏奉承，而怏覩其洋洋如在其左右也哉？因勒之于石，壽其傳云。/[①]

【本村厚報】[②]

本村厚報即本貫安豐縣勇烈社春荄村也。/

一贈封特進、金紫榮禄大夫、太保、阮貴公，字明正，謚永定；及正夫人阮貴氏，謚懿德，神位並祔于/　　　　神之左。即藤福侯之考妣也。/

一特進、金紫榮禄大夫、司禮監總太監、藤福侯阮相公，字光耀，謚端泰；及正夫人裴氏，謚貞節神位，並祔于/　　　　神之右。侯諱仕嘉，及正夫人諱氏弦。/

一遞年求福例祭等日並隨/　　　　大王配享。/

一遞年忌臘等日，每日豬壹口，當錢貳貫；炊粿肆盤，每盤肆升；酒肆埕；芙蒥、檳榔肆匣；金銀肆百梭；及整備祭器，/行禮如儀。/

祝文式：/

於神位前曰："喬棠遺蔭，香火至情，數旬酒薄，一帶河清。"/[③]

【賢侯先施】[④]

賢侯先施[⑤]

一構作瓦亭壹連叁間貳廈，當使錢[⑥]陸百餘貫，與本村奉事/　　　　大王。

一立義田坐落隴無處，當花穀壹百擔，許本村繼耕奉祀。/

一置福池壹口，坐落韓嶄處肆蒿，當使錢五拾貫，許本村放養花魚。/

---

① 以上爲拓片編號 03995 的内容。

② 此拓片編號 03996 之額題。

③ 以上爲拓片編號 03996 的内容。

④ 此爲拓片編號 03997 之額題。

⑤ 此爲拓片編號 03997 之碑題。

⑥ “使錢”，見《欽定越史通鑑綱目・正編》“後黎盛宗光順八年”注“使錢、古錢”引黎貴惇《芸臺類語》云：“北人以百文爲一陌。本國以三十六文爲一陌，謂之‘使錢’；六十文爲一陌，謂之‘古錢’。‘使錢’十陌，乃是‘古錢’六陌，準爲‘使錢’一貫。其‘古錢’十陌乃使錢之一貫六陌四十文。使錢别名閒錢，古錢别名貴錢。”

一出使錢叁百貫，許本村上下均分。/[①]

皇朝永治萬萬年之五[②]歲次上章涒灘[③]季夏穀旦造/

賜己亥科第一甲進士及第第三名、陪從、光進慎禄大夫、吏部右侍郎、

海山男，本處順嘉大阮甫[④]撰/

由乙卯科試中書筭、奉填充侍内司禮衙門、權各監司都吏、瑞群男，

本處順安嘉林富市高第寫/

石匠局海荆峽敬忠義伯阮廷艮、阮金榜刊/[⑤]

---

① 以上爲拓片編號03997的内容。

② “皇朝永治萬萬年之五”，“永治”爲後黎熙宗黎維祫年號，“五年”爲公元1680年，當清康熙十九年，歲次庚申。

③ “上章涒灘”，即庚申，《爾雅·釋天》：“大歲在甲曰閼逢，在乙曰旃蒙，在丙曰柔兆，在丁曰強圉，在戊曰著雍，在己曰屠維，在庚曰上章，在辛曰重光，在壬曰玄黓，在癸曰昭陽。大歲在寅曰攝提格，在卯曰單閼，在辰曰執徐，在巳曰大荒落，在午曰敦牂，在未曰協洽，在申曰涒灘，在酉曰作噩，在戌曰閹茂，在亥曰大淵獻，在子曰困敦，在丑曰赤奮若。”

④ “阮甫”，即阮文實，《鼎鍥大越歷朝登科録》黎神宗永壽二年（1659）己亥科第一甲進士及第第三名：“阮文實。嘉定大拜人，士望，二十九中，仕至兵部尚書，海山侯，入侍經筵，贈吏部尚書、郡公。”

⑤ 以上爲拓片編號03998的内容。

主要參考文獻

陳荆和編校，［越］吴士連等原著：校合本《大越史記全書》，東京大學東洋文化研究所 1984 年版；

陳久金編著：《中朝日越四國歷史紀年表》，群言出版社 2008 年版；

高等研究應用學院、漢喃研究院、法國遠東學院編：《越南漢喃銘文拓片總集》（1- 22 册），文化通訊出版社 2005- 2009 年版；

［越］黄文樓，耿慧玲主編：《越南漢喃銘文匯編》（第二輯：陳朝），新文豐出版公司 2002 年版；

［越］黎貴惇編：《芸臺類語》，影印本，臺大出版中心 2011 年版；

劉復、李家瑞編：《宋元以來俗字譜》，中研院歷史語言研究所 1930 年版，文字改革出版社 1957 年重印；

［越］潘輝注編著：《歷朝憲章類志》，越南社會科學院漢喃研究院藏鈔本（共 49 卷，編號 A. 2061/1- 3，A. 1358/1- 10，VHv. 1502/1- 16）；

［越］潘清簡等編：《欽定越史通鑑綱目》，《域外漢籍珍本文庫》（第三輯・史部），影印本，西南師範大學出版社、人民出版社 2012 年版；

［越］潘文閣、［法］蘇爾夢主編：《越南漢喃銘文匯編》（第一輯：北屬時期至李朝），越南漢喃研究院、法國遠東學院 1998 年版；

［越］阮朝國史館編：《大南實録正編》，日本慶應義塾大學言語文化研究所 1961- 1981 年版；

［越］阮朝國史館編：《（嗣德版）大南一統志》，影印本，西南師範大學出版社、人民出版社 2014 年版；

（唐）釋慧琳，（遼）釋希麟著：《正續一切經音義》（附索引兩種），上海古籍出版社 1986 年版；

孫曉主編，［越］吴士連等原著：《大越史記全書（標點校勘本）》，西南師範大學出版社、人民出版社 2015 年版；

（清）鐵珊輯：《增廣字學舉隅》，影印清同治十三年（1874）蘭州郡署刊本，李學勤主編《中華漢語工具書書庫》，安徽教育出版社 2002 年版；

［越］鄭克孟等編：《越南漢喃銘文拓片目録》（1-8 册），文化通訊出版社 2007-2012 年版。

耿慧玲：《越南史論——金石資料的歷史文化比較》，新文豐出版公司 2004 年版；

何華珍、劉正印等著《越南碑銘文獻的文字學研究》（全 2 册），中國社會科學出版社 2019 年版；

李寧寧：《越南碑銘文獻異構俗字研究》，鄭州大學碩士學位論文，2022 年；

劉正印：《漢字在越南的傳播、演變和影響研究》，鄭州大學博士學位論文，2021 年；

劉玉珺：《越南漢喃古籍的文獻學研究》，中華書局 2007 年版；

逯林威：《越南後黎朝碑銘俗字專題研究（1428-1789）》，浙江財經大學碩士學位論文，2019 年；

［越］潘青皇：《傳承與新變——黎朝進士題名碑研究》，臺灣中正大學碩士學位論文，2015 年；

［越］吴德壽：《昇龍文廟國子監進士題名碑》，河内出版社 2002 年版。

［越］丁克順：《關於北寧順城禪衆寺舍利塔銘文的新發現》，《漢喃雜誌》2013 年第 4 期；

［越］丁克順，葉少飛：《越南河内白馬神祠漢喃碑銘研究》，《形象史學》夏之卷，2021 年；

［越］丁克順，葉少飛：《越南新發現〈晉故使持節冠軍將軍交州牧陶列侯碑〉初考》，《元史及民族與邊疆研究集刊》總第 130 期，2015 年；

耿慧玲：《越南碑銘中漢文典故的應用》，《域外漢籍研究集刊》第五輯，2009 年；

耿慧玲：《越南文獻與碑誌中的李常傑》，載張伯偉編《風起雲揚——首届南京大學域外漢籍研究國際學術研討會論文集》，中華書局 2009 年版；

耿慧玲、潘青皇：《從不規範到規範——黎朝科舉制度之特色》，《廈門大學學報（哲學社會科學版）》，2016 年第 4 期；

郭洪義：《越南古代漢文銘刻整理研究的回顧與展望》，《域外漢籍研究集刊》第二十輯，

2020 年；

劉怡青：《越南碑志中所見的河内廣東移民》，《海洋史研究》第二十輯，2022 年 12 月；

［越］潘黎輝：《清懷村廟發現劉宋碑文認識》，《漢喃學通報》，2014 年；

［越］阮文原：《越南銘文及鄉村碑文簡介》，《成大中文學報》第 17 期，2007 年 7 月；

葉少飛：《越南黎朝鄭主時代華人身份的轉變與認同》，《海交史研究》2022 年第 1 期；

［越］鄭克孟：《進士題名碑及越南中代儒學科舉制度之教育政策》，載陳文新、余来明編《科舉文獻整理與研究：第八屆科舉制度與科舉學國際學術研討會論文集》，武漢大學出版社 2013 年版；

［越］吴德壽《整理漢文文獻與研究越南歷代避諱的一些通報》，《第一届東亞漢文文獻整理研究國際學術研討會論文集》，臺北大學古典文獻學研究所，2011 年；

朱鴻林：《20 世紀初越南北寧省的村社俗例》，《廣西民族大學學報（哲學社會科學版）》2007 年第 5 期。